SARDINIA
(SARDEGNA)
(Italy)
Cagliari
Golfo di Cagliari
Golfo di Orosei
T Y R R H E N I A N   S E A
M E D I T E R R A N E
Isole Lipari
Isola di Ustica
SICILY
(SICILIA)
Palermo
Trapani
Marsala
Agrigento
Caltanissetta
Catania
Messina
Syracuse
Ragusa
Gela
Sicilian Channel
Malta Channel
MALTA
Valletta
Gozo
Isola di Pantelleria
(Italy)
Isola di Lampedusa
(Italy)
Reggio
Catanzaro
Cosenza
Crotone
Golfo di Squillace
Golfo di Taranto
Taranto
Potenza
Salerno
Golfo di Salerno
Torre del Greco
Pozzuoli
TUNISIA
Tunis
Bizerte
Golfe de Tunis
Cap Bon
Golfe de Hammamet
Sousse
Monastir
Mahdia
Sfax
Kairouan
Annaba
GERIA

DIZIONARIO COREANO-ITALIANO
한국어-이탈리아어사전

한국외국어대학교 이탈리아어과

한국외국어대학교 지식출판원

머 리 말

한국어-이탈리아어사전 수정판을 펴내면서

2003년은 1963년에 한국외국어대학교 이탈리아어과가 설립된 지 40주년이 되는 뜻 깊은 해이다. 1960년대 우리나라의 학문적 배경에서 이탈리아라는 나라는 우리 국민들에게 큰 관심의 대상은 아니었다. 전후 경제 개발에 착수하면서 미국과 독일(당시 서독) 그리고 일본이 우리나라 미래의 모델이었다. 이러한 척박한 학문적 환경에도 불구하고 초기 이탈리아학의 선구자들은 G7의 일원인 이탈리아의 문학, 문화, 예술, 역사, 그리고 정치 · 경제 상황을 우리나라에 전달하고 후학들에게 가르치는데 크게 기여하였다.

20세기 중 · 후반에 이르러 이탈리아라는 나라는 우리의 관심의 중심에 서 있게 되고 수많은 우리 국민들이 이탈리아를 방문하고 많은 후학들이 소위 '이탈리아학'을 연구하기 위해 이탈리아에 체류하게 되었다. 이러한 학문적 수요가 있음에도 한국어 · 이탈리아어의 사전의 부재는 이탈리아를 처음 접하는 사람들에게 이탈리아에 다가가는데 큰 장애가 되었다.

이러한 사회적 수요를 감안하여 교육부 산하 학술진흥재단(현 연구재단)의 후원으로 우리 이탈리아어과 전임교수들이 모여 한-이사전 편찬에 착수하게 되었다. 사전 편찬은 그 어느 저술 활동에 비해 노력과 인내가 요구되는 지난한 작업이다. 그럼에도 우리 이탈리아어과 교수진은 각고의 노력 끝에 2003년 한-이사전 초판을 출간하였다.

2003년에 출간된 한-이사전 초판은 학술진흥재단과의 계약에 의한 집필기간의 한계로 인하여 편집 및 수정 보완작업이 충분히 이루지지 못한 관계로 많은 오류와 탈자 오자들이 있어, 책임 집필진은 초판 출간이후 수정 작업에 착수하였다. 2년여의 수정 작업 이후 2006년에 수정판이 발행되었다. 사전은 세월의 흐름에 따라 변화하는 언중들의 욕구와 언어적 트랜드를 반영해야한다고 본다. 그럼에도 집필진 인력의 부족과 재정상의 문제로 인해 충분한 수정 보완이 이루어지지 못하고 있음을 고백하는 바이다.

그럼에도 이번 2016년의 발행본에서는 내용의 일부 수정 및 독자들에게 유용한 자료를 보충하여 사회적 요구를 조금은 반영하였다. 부족하나마 본 사전이 이탈리아와 이탈리아학에 접근하려는 독자들에게 좋은 지침서가 되기를 기원할 따름이다.

2017년 1월

한국어-이탈리아어사전 집필 및 편찬위원

대표 **한 성 철**

머 리 말

한국어-이탈리아어사전을 펴내면서 -

2003년은 1963년에 한국외국어대학교 이탈리아어과가 설립된 지 40주년이 되는 뜻깊은 해이다. 1960년대 우리나라의 지적 환경에서 이탈리아는 한국 주류사회의 주 관심 대상은 아니었다. 척박한 연구 환경을 딛고 이탈리아학의 선구자들이 이탈리아 연구의 기반이 되는 이탈리아어-한국어사전 편찬에 착수하였고 각고의 노력 끝에 『이탈리아어-한국어사전』 초판이 본 대학출판부를 통해 세상에 나온 것이 1969년이었다.

그 동안 많은 사람들이 이 사전을 통해 이탈리아어를 공부하고 이탈리아를 접하였기에 사전의 역할은 외국학 연구에 있어서 어느 것과도 비길 수 없을만큼 크다고 할 수 있다.

『이탈리아어-한국어사전』이 이탈리아학 연구와 이탈리아학의 우리나라 전래에 크게 기여했다면 이번에 나오게 되는 『한국어-이탈리아어사전』이 우리의 것을 이탈리아에 소개하고 우리나라와 이탈리아의 상호교류에 크게 기여하리라 믿어 의심치 않는다. 『한국어-이탈리아어사전』의 출판은 수많은 여느 사전의 출판과는 그 의미가 다르다.

40년 전 우리나라에 이탈리아학의 씨앗이 뿌려졌고 『이탈리아어-한국어사전』을 통해 유년기와 청년기를 보냈다면 『한국어-이탈리아어사전』을 통해 비로소 이탈리아학의 성년기가 시작된다고 볼 수 있다. 그런 의미에서 2003년 『한국어-이탈리아어사전』의 출판은 이탈리아학 연구에 큰 전환기가 되리라 생각된다.

이 사전 편찬은 이탈리아어과 교수들 전원의 절대적인 협조와 참여 하에 이루어졌으며 10여명의 강사진의 헌신과 노력이 없었더라면 불가능하였을 방대한 작업이었다. 학술진흥재단 관계자들의 도움으로 이 사전 작업의 물꼬가 트였기에 이 지면을 빌어 감사의 말씀을 드린다.

그리고 사전 편찬의 기획부터 교정까지 함께 해 주신 은사이자 선배이신 한형곤 교수님, 이성훈 교수님 그리고 한국어-이탈리아어 대조 및 교정에 심혈을 아끼지 않은 Vincenzo Fraterrigo 교수님, 실무 작업을 위해 5년여의 시간을 희생하신 강사 선생님들께 진심으로 감사의 말씀을 드린다.

마지막으로 우리 집필진들은 보다 충실하고 오류가 없는 사전을 위해 다시 새롭게 시작할 것이며 본 사전이 독자 여러분들의 이탈리아 연구에 큰 도움이 되기를 기원한다.

2003년 2월

한국어-이탈리아어사전 편찬위원

대표 **한 성 철**

일러두기

1. 표제어는 고딕체 활자로 표시하고, 그에 상당하는 한자를 달았다.
   학문 學問

2. 표제어의 배열은 국어 사전에 의거, 우리말->한자어->외래어->접두사->접미사의 순으로 하였다.

3. 표제어 가운데 센말, 거센말은 따로 표제어로 삼지 않고 예삿말과 병기해 놓았다.
   가무러지다, 까무러지다 졸깃졸깃, 쫄깃쫄깃

4. 표제어 가운데 접두사, 접미사에는 그 말이 다른 말과 연결되는 위치에 하이픈(-)을 달아 표시하였다.
   준- 準 quasi-, semi-
   -**제** 制 sistema, organizzazione, istituzione

5. 표제어 가운데 명사나 부사에 접미사 [-하다]가 붙어 동사나 형용사로 되는 말은 따로 표제어로 삼지 않고 -하다로 표시하였다.
   만족 滿足 soddisfazione, contentezza -**하다** soddisfarsi, contentarsi
   멀뚱멀뚱 distrattamente, sbadatamente -**하다** (essere) distratto, sbadato

6. 표제어에 대한 용례는 표제어에 대한 역어 다음에 ¶기호 밑에 수록하였다.

7. 용례의 배열은 불가분의 관계에 있는 경우를 제외하고는 명사->형용사->부사->구->절->문장의 순서로 배열함을 원칙으로 하였다.

8. 한 표제어가 몇 가지 다른 말뜻을 가지고 있는 경우에는 ①, ②, ③ 등의 번호로 이를 분류하였다.

명 命 ① [목숨] vita ② [운명] destino, sorte ③ [명령] ordine, commando

9. 우리말 표제어 중 글자와 음이 같은 말에는 그 말 오른쪽 상단에 각각 1, 2, 3 …의 번호를 매겼다.

못[1] [연못] stagno, laghetto
못[2] chiodo, vite(나사못)
못[3] [손발의] callo, callosit

10. 표제어에 관한 용례가 끝난 다음에 별행을 잡아 *기호 밑에 복합어를 수록하였다. 복합어는 표제어의 뜻의 분류에(① ② ③...)에 구애치 않고 한데 실었다. 복합어 자체의 용례가 있을 경우 표제어의 용례와 마찬가지로 ¶기호 밑에 모았다.

11. 복합어의 배열은 [표제어+명사]를 앞에 놓고 [명사+표제어]를 뒤에 모았다. 복합어의 표제어는 -로 표시하였다.

문명 文明 civiltà , cultura * -**사회** società civilizzata **서양**- la civiltà occidentale

12. 표제어의 뜻이 ①②③으로 분류되는 경우에 그에 대한 동사형 또는 형용사형인 -**하다**는 ①②③마다 각각 따로 넣어주거나 역어의 분량이 적은 경우에는 ①②③의 뜻을 종합하여 맨뒤에 하나만 두었다.

13. 큰말·작은말의 관계에 있는 표제어의 역어는 원칙적으로 큰말 쪽에 역어를 실어주고 작은말 쪽에는 -〉 기호를 하여 큰말을 참조토록 하였다.

배각거리다 -〉 비격거리다

14. 표제어가 형용사이고 그에 대한 역어가 역시 형용사인 경우에는 한정·서술 양쪽으로 쓰이는 형용사 앞에는 원칙적으로 (essere)를 달았다. 형용사가 둘 이상 나열되는 경우에는 맨 앞의 형용사에만 (essere)를 달았다.

멋들어지다 (essere) splendido, magnifico, grandioso, meraviglioso

15. qualcosa는 qlco.로 qualcuno는 qlcu.의 약어로 표시하였다.

기 호

¶ 표제어 및 복합어의 용례 기호로 사용하였다.
무료 無料 ¶무료의 gratis, gratuito

* 복합어가 시작됨을 가리킨다.
문명 文明 civiltà , cultura * -**사회** società civilizzata
서양- la civiltà occidentale

[ ] 표제어 · 복합어 · 용례의 뜻을 부연하거나, 바꾸어 말하거나, 동의어를 기입하는데 사용하였다. 그 밖에 역어 · 역문의 용법상의 주의 · 보족 사항 따위를 기입하였다.
마음 ① [정신] mente, spirito, anima, cuore
② [사려] considerazione, simpatia

( ) (1) 서로 대체할 수 있는 어구를 기입하였다.
마음씨 indole, carattere
¶고운 (사나운) 마음씨 indole mite(violenta)
(2) 전치사 · 목적어 · 주어 그리고 명사 · 대명사의 일반형 및 동사의 일반형 따위를 기입하였다.
마음에 들다 essere contento (di), essere soddisfatto (di)

-> 동의어 · 작은말 · 큰말 따위, 서로 관련이 있는 표제어를 참조토록 지시하는 기호로 사용하였다.

// 용례가 둘 이상일 때 그 사이를 구분하였다.
무조건 無條件
¶무조건의 incondizionato // 무조건으로 incondizionamente, senza condizione // 무조건 받아들이다 accettare senza riserve

【 】 전문어임을 표시하였다.
메탄 【화학】 metano

ㄱ

가 ① [가장자리] orlo, bordo, sponda, ciglio, margine ¶ 바닷가 le sponde del mare // 강가 le sponde del fiume// 길가 il ciglio della strada ② [끝] estremità, limite

가 加 aggiunta **-하다** aggiungere

가 可 [옳음] buono, [찬성] approvazione, assenso, [등급] passabile, C(수, 우, 미의) **-하다** aver ragione

가- 假 [임시의] temporaneo, provvisorio [가짜의] falso

가 街 via, distretto, quartiere (구역) ¶ 나는 리볼리 가에 산다 Abito in via Rivoli.

가가대소(可可大笑) **-하다** fare una bella risata

까까머리 capelli tagliati a zero

가까스로 appena, a malapena, con sforzo, a stento ¶ 가까스로 …하다 riuscire a malapena a...

가까워지다 avvicinare, avvicinarsi, farsi vicino ¶ 여름이 가까워진다 L'estate s'avvicina. // 사실에 접근하다 avvicinarsi al vero, avvicinarsi al concreto

가까이 [거리] vicino, prossimo, [거의] quasi **-하다** frequentare, fare amicizia con... ¶ 저녁이 가까워졌다 La sera è vicina. // 일이 거의 끝나려 한다 La fine del lavoro è vicina.

가가호호 家家戶戶 ogni casa, tutte le case, di casa in casa

가감 加減 【수학】 aggiunta e sottrazione, [조절] moderazione **-하다** aggiungere (sommare) e sottrarre, aumentare e diminuire

가깝다 ① [거리] essere vicino a, essere a due passi, essere a portata di mano ¶ 우리 집은 역에 가깝다 La mia casa è vicina alla stazione // 그는 문 옆에 서있다 È in piedi vicino alla porta. ② [관계] essere stretto, essere intimo ¶ 가까운 일가 parenti stretti // 친교 amicizia stretta ③ [유사] somigliare, assomigliare ¶ 젊음은 봄과 같다 La gioventù assomiglia alla primavera.

가게 negozio, bottega, officina

가격 價格 prezzo, valore, costo ¶ **-변동** fluttuazione del prezzo 정가 prezzo fisso **소매-** prezzo al dettaglio [al minuto] **공장도-** prezzo di fabbrica **시장-** prezzo di mercato ¶ 헐값으로 a buon prezzo ¶ 가격을 정하다[내리다, 올리다] fissare [diminuire, alzare] il prezzo

ㄱ

가결 可決 adozione, approvazione, **-하다** approvare, votare(투표로) ¶ 법안을 가결하다 approvare [votare] una legge

가경 佳景 (un) bel paesaggio, (una) veduta bellissima

가경 佳境 [고비] momento più emozionante, culmine

가계 家系 albero genealogico

가계 家計 economia della casa, economia domestica

가곡 歌曲 canzone, canto

가공 加工 elaborazione, processo industriale, trattamento **-하다** trattare, elaborare ¶ 열처리 trattamento termico ¶ 철의 가공 공정 processo di laborazione del ferro

가공 架空 ① finzione ¶ 가공의 fantastico immaginario ② [공중 가설] ¶ 가공의 sopraelevato, aereo, * **공중 케이블카** teleferica, funivia

가공 可恐 ¶ 가공할 pauroso, spaventoso, terribile // 가공할 괴물 un terribile mostro

가관 可觀 vista, spettacolo, attrazione

가교 架橋 costruzione di un ponte **-하다** costruire un ponte

가교 假橋 ponte provvisorio[temporaneo]

가구 家口 famiglia, casa

가구 家具 mobili ¶ 가구 제조업자, 가구점 주인 mobiliere

가꾸다 ① coltivare, fare crescere ¶ 꽃을 가꾸다 coltivare i fiori ② [치장] decorare

가규 家規 regole della famiglia

까끄라기 [이삭의] barba

가극 歌劇 opera, lirica * **-장** teatro lirico

가끔 ogni tanto, di tanto in tanto

가금 家禽 pollame * **-상인** pollivendolo

가급적 可及的 ¶ 가급적 빨리 appena possibile, il più possibile // 가급적이면 se[appena] è possibile

가나다(라) [한글] alfabeto coreano [초보] alfabeto ¶ 우리는 수학의 기초를 공부하고 있다 Stiamo studiando l'alfabeto della matematica.

가난 miseria, povertà, indigenza **-하다** essere in povertà ¶ 가난하게 살다 vivere nell'indigenza // 가난한 사람들 i poveri

가난들다 [살림이] essere ridotto all'indigenza, rimanere al verde [all'asciutto] [부족, 결핍] rimanere senza qlco.

가난뱅이 povero, povero uomo

가내 家內 famiglia, casa * **-공업** industria domestica

가냘프다 essere sottile, essere snello, essere delicato, essere magro, essere esile 가냘픈 목소리 una voce sottile

까놓다 confidarsi con qlcu. ¶ 까놓고 말하다 parlare francamente

가누다 controllare, tenere sotto controllo ¶ 정신을 가누다 raccogliere le proprie idee

가느다랗다 essere fine, essere sottile

가는 귀 먹다 essere un po' sordo

가늘다 essere sottile, essere fine, essere snello ¶ 이슬비 una pioggerella fine

가늠 [겨냥] mira, scopo, mirino * **-쇠** bocca (da fuoco)

가능 可能 possibilità **-하다** è possibile~ ¶ 가능한 범위 내에서 nell'ambito [nei limiti] del possibile

가능성 可能性 possibilità ¶ 가능성이 있다 avere la possibilità di~ // 나는 너를 도와줄 수 없다 Non ho la possibilità di aiutarti. ¶ 성공할 가능성이 있다 C'è qualche possibilità di riuscire.

가다 ① [일반적] andare, procedere, viaggiare, frequentare 《scuola, corso》 ¶ 집에 [학교에, 회사에, 은행에] 가다 andare a casa [a scuola, in ufficio, alla banca] // 도시에 [시골에, 바다에, 산에, 호수에] 가다 andare in città [in campagna, al mare, in montagna, al lago] // 걸어서 가다 andare a piedi // 잠자러 가다 andare a letto // 본인이 직접가다 andare di persona // ~을 찾으러 가다 andare in cerca di ~ // 사람을 부르러 가다 andare per qlcu. // 나는 내년에 대학에 갈 것이다. Andrò all'università l'anno prossimo. ② [꺼지다] spegnersi ¶ 전기불이 갔다 La luce si è spenta. ③ [죽다] morire, andarsene ¶ 다른 세상으로 가다 andarsene all'altro mondo ④ [세월이] passare ⑤ [보존되다, 오래가다] durare ¶ 이 직물은 오래 간다 Questa stoffa dura molto.

까다[1] ① [벗기다] sbucciare, pelare, levare la buccia ¶ 밤을 까다 sbucciare le castagne ② [부화하다] uscire dal guscio, covare, ③ [치다] battere, picchiare

까다[2] [제하다] sottrarre [dedurre]

가다가 a volte, ogni tanto, di tanto in tanto, qualche volta

가다듬다 mettere in ordine, ravviarsi ¶ 생각을 가다듬다 ordinare le idee

까다롭다 ① [성미가] essere pignolo, essere fastidioso ¶ 성미가 까다로운 남자 un uomo fastidioso // 그는 음식에 아주 까다롭다 Lui è molto difficile nel mangiare. ② [문제 따위가] essere complicato, essere aggrovigliato

가닥 filo, striscia ¶ 한가닥 희망 un filo di speranza

까딱거리다 fare di sì col capo

까닭 ① [이유] ragione, motivo [원인] causa ¶ 까닭없이 senza ragione // 무슨 까닭으로 per quale ragione ② [연유] causa

가담 加擔 ① [편듦] parteggiamento [관여] partecipazione [공모] cospirazione, congiura ② [원조] sostegno, supporto **- 하다** prendere le parti di qlcu. parteggiare per qlcu. * **-자** complice

가당 可當 **- 하다** essere giusto

가당찮다 可當- essere irrazionale, essere irragionevole, essere ingiusto [지나치다] essere eccessivo, [대단하다] essere terribile

가댁질 chiapparello

가도 街道 strada principale, strada maestra

가동 稼動 **- 하다** essere in funzione

가동성 可動性 mobilità

가두 街頭 strada

ㄱ

가두다 rinchiudere, chiudere dentro ¶ 방에 가두다 rinchiudere in una stanza

가두리 orlo, tesa, cerchione

가드 guardia, guardiano

가드락거리다 ⇒ 거드럭거리다

가득 pieno ¶ 물이 가득 담긴 컵 un bicchiere pieno d'acqua

가뜩 [가득] pieno

가뜩이나 oltre a, in aggiunta a, per di più

가득하다 essere pieno (di), essere al completo, essere zeppo (di) ¶ 광장은 사람들로 가득했다 La piazza era piena di gente. // 여관이 사람들로 가득하다 L'albergo è al completo.

가뜬하다 essere leggero, essere agile [마음이] sentirsi leggero ¶ 가뜬하게 움직이다 essere leggero nel muoversi

가들막거리다 ⇒ 거드럭거리다 pavoneggiarsi

가라앉다 ① [침몰] affondare ¶ 배가 서서히 가라앉는다 La nave affonda lentamente. ② [마음이] calmarsi ③ [조용해지다] calmarsi, placarsi ¶ 바람이 가라앉았다 Il vento si è placato. ④ [고통 따위가] placarsi, calmarsi ¶ 복통이 가라앉았다 Il mal di stomaco si è calmato.

가라앉히다 ① [마음을] calmare ② [조용해지게] calmare, placare ¶ 비가 성난 바람을 가라앉혔다 La pioggia ha calmato la furia dei venti. // 분노를 가라앉히다 placarsi l'ira ③ [고통 따위를] placare, calmare ¶ 두통을 가라앉히다 calmare il mal di testa

가락 ① [음조] melodia, intonazione, timbro [박자] tempo, ritmo ② [솜씨] destreza, abilità

가람 伽藍 tempio, cattedrale

가랑눈 neve farinosa

가랑머리 treccia

가랑무우 ravanello biforcuto

가랑비 pioggerella, acquerugiola

가랑이 inforcatura

가랑잎 foglia morta

가래[1] [농사] vanga ＊ **-질** vangata ¶ 가래질하다 vangare

가래[2] [담] catarro

가래[3] [낱개] pezzo, fetta

가래침 sputo catarroso, saliva catarrosa ¶ 가래침을 뱉다 fare [lanciare] uno sputo catarroso, sputare

가량 假量 [쯤] circa, quasi, pressapoco ¶ 10시 가량이었다 Erano circa le dieci.

가려하다 佳麗 - essere bello, essere splendido, essere grazioso

가련하다 可憐 - essere povero, essere pietoso, essere miserabile, essere patetico

가렴 可斂 estorsione ＊ **- 주구** 誅求 estorsione

가렵다 [피부가] sentire un pizzicore, pizzicare, avere prurito a

가령 假令 se, supporre (che), ammettere (che)

가로 larghezza, ampiezza, [부사적] attraverso, orizzontale

가로 街路 strada ＊ **- 등** lampione

가로막다 interrompere, ostruire, bloccare, ostacolare ¶ 활동을 가로막다 ostacolare un'attività // 통행을 가로막다 ostruire un passaggio ¶ 내가 말할 때면 너는 항상 내 말을 가로막는다 Quando parlo m'interrompi sempre.

가로맡다 prendere il potere, assumere il controllo di

가로새다 allontanarsi di nascosto, sgattaiolare fuori da, uscire furtivamente

가로세로 [가로와 세로] larghezza e lunghezza, [부사적으로] orizzontalmente e verticalmente

가로지르다 attraversare ¶ 다리를 가로지르다 attraversare un ponte

가로채다 non lasciarsi sfuggire, cogliere, usurpare, intercettare

가료 加療 cure mediche

가루 [곡식의] farina, [분말] polvere ¶ 가루를 만들다 ridurre in polvere * **-약** polverina **-분** cipria

가르다 ① [분할] dividere, [분배] condividere, ripartire [분류] classificare [분리] separare ② [선과 악을] distinguere [separare] il bene dal male

가르랑거리다 ansimare, soffiare

가르치다 [지식 · 기술을] insegnare, istruire [교육] educare ¶ 영어를 가르치다 insegnare l'inglese // 그의 아내는 우리 학교에서 가르친다 Sua moglie insegna nella nostra scuola.

가르침 [교훈] insegnamento, lezione, istruzione ¶ 좋은 가르침을 따르다 seguire i buoni insegnamenti

가름 [분할] divisione [분류] classificazione [구별] distinzione [분배] distribuzione **-하다** ⇒ 가르다

가리[1] [갈비] costola di bue

가리[2] [더미] pila, mucchio

가리가리 in pezzi, a brandelli ¶ 가리가리 찢다 mandare in pezzi

가리다[1] ① [선택] scegliere [구별] distinguere, fare discriminazione ¶ 수단을 가리지 않고 con ogni mezzo // 진위를 가리다 distinguere il vero dal falso ② ¶ 우리 아이는 낯을 매우 가린다. Mio bambino è molto timido con gli sconosciuti.

가리다[2] [보이지 않게] nascondere, tenere nascosto (a), coprire ¶ 산이 도시를 가린다 Il monte nasconde la città. // 두 손으로 얼굴을 가리다 nascondere il viso tra le mani

가리다[3] [쌓다] accumulare, ammucchiare, fare una pila di

가리마 scriminatura ¶ 가리마를 타다 farsi la riga [scriminatura] nei capelli

가리우다 ⇒ 가리다[2]

가리키다 puntare, indicare, mostrare ¶ 손가락으로 가리키다 mostrare a dito // 길을 가리키다 indicare la strada

가리틀다 [훼방하다] interferire [부당하게 요구하다] pretendere irragionevolmente

가린스럽다 essere taccagno, essere avaro

가마 [가마솥] bollitore, pentola [기와굽는] fornace

까마귀 【새】 cornacchia, corvo(갈가마귀)

까마득하다 essere molto lontano ⇒ 까마아득하다

가마솥 bollitore

까마아득하다 [공간적] essere molto lontano [시간적] essere remoto ¶ 까마득한 옛날부터 dalle epoche più remote

까막눈이 ignorante, analfabeta, illetterato(a)

가만가만 furtivamente, silenziosamente, tranquillamente

가만있자 dunque

가만히 [조용히] fermo, immobile, tranquillo, silenzioso [살짝 · 몰래] furtivo ¶ 가만히 있다 stare fermo [방관] rimanere a guardare // 그는 가만히 서있었다 Lui era fermo in piedi.

가망 可望 speranza, promessa [전망] prospettiva [가능성] probabilità, possibilità ¶ 가망이 없다 essere disperato // 더 이상 구조될 가망이 없다 Non c'è più speranza di salvezza. // 가망이 있다 avere possibilità di // 성공할 가망이 있다 C'è qualche possibilità di riuscire.

가맣다, 까맣다 ① [검다] essere nero, essere buio ② [아득하다] essere lontano, essere in lontananza ¶ 마을은 아직도 까마득하다 Il villaggio è ancora lontano

가매장 假埋葬 sepoltura temporanea.

가맹 加盟 affiliazione ¶ 비밀 단체에 가맹하다 affiliarsi a una società segreta

가면 假面 maschera, travestimento ¶ 가면을 쓰다 portare la maschera, mascherare // 가면을 벗다 smascherare * - **무도회** ballo in maschera

가면허 假免許 patentino

가명 假名 falso nome, pseudonimo ¶ 존슨이라는 가명으로 알려지다 essere conosciuto sotto il falso nome di Johnson

가무 歌舞 canto e ballo

까무러뜨리다 stordire, tramortire

가무러지다 svenire

까무러치다 svenire, perdere i sensi, cadere in deliquio

가무스름하다 essere nero, essere scuro

가문 家門 famiglia ¶ 좋은 가문 출신이다 essere di buona famiglia

가문비 【식물】 abete

가물가물, 까물까물 indistintamente, confusamente

가물거리다, 까물거리다 ① [불빛이] tremolare, brillare ② [먼곳의 물건] essere debole, essere fioco ¶ 기억이 가물가물하다 essere debole di memoria, avere la memoria debole

가물다 seccare

가물음 siccità

가뭄 siccità ¶ 가뭄 피해 i danni della siccità

가뭇하다 essere nero

가미 加味 - **하다** aromatizzare, condire [부가] aggiungere

가발 假髮 parrucca

까발리다 rivelare, divulgare

가방 borsa, [소형] borsetta [대형] valigia

가법 加法 【수학】 addizione

가벼이 leggermente

가볍다 ① [무게] essere leggero ② [경미] essere minuto, essere piccolo ③ [경망] essere distratto, essere disattento, essere imprudente ④ [비중 · 가치] essere trascurabile, essere di poco conto ⑤ [산뜻 · 홀가분] essere disinvolto, leggero ¶ 가벼운 식사 cibo leggero // 가벼운 걸음걸이로 a passi leggeri

가봉 假縫 imbastitura **-하다** imbastire

가부 [옳고 그름] il giusto e l′ingiusto [찬부] i pro e i contro

까부르다 vagliare, spulare

가분수 假分數 【수학】 frazione impropria

가분하다, 가뿐하다 essere leggero, essere agile (민첩)

가불 假拂 anticipo, pagamento anticipato **-하다** pagare in anticipo, anticipare

까불다 ① [위아래로] muovere bruscamente, agitarsi, alzarsi ed abbassarsi ¶ 파도 때문에 배가 몹시 까불었다 L′imbarcazione era sballottata dalle onde. ② [경망] comportarsi imprudentemente

까불리다 [재물을] sperperare, sprecare

가쁘다 ① [숨이] avere il fiato grosso, essere senza fiato, ansimare ② [힘겹다] essere difficile, essere arduo

가사 家事 faccenda della casa

가사 袈裟 cotta

가산 加算 addizione **-하다** sommare, addizionare

가산 家産 proprietà familiare

가상 嘉尙 approvazione **-하다** approvare, lodare, elogiare

가상 假想 immaginazione, supposizione **-하다** immaginare ＊ **-적**(敵) nemici immaginari [potenziali]

가상 假像 fantasma, spettro

가설 架設 costruzione, installazione **-하다** costruire, installare, edificare ¶ 전화를 가설하다 installare il telefono // 가설 중인 in costruzione

가설 假說 [일시적] installazione temporanea [상정] supposizione -하다 supporre, presumere, presupporre ¶ 가설의 provvisorio, temporaneo

가설 假說 【논리】 ipotesi [가정] supposizione ¶ 가설을 세우다 formulare un′ipotesi

가성 苛性 【화학】 causticità ¶ 가성소다 soda caustica

가성 假性 ¶ 가성의 falso, pseudo ＊ **-근시** pseudomiopia

가성 假聲 falsetto ¶ 가성으로 노래하다 cantare in falsetto

가세 加勢 aiuto, assistenza **-하다** aiutare, assistere, sostenere

가소 可塑 ¶ 가소의 plastico ＊ **-성** plasticità ＊ **-제** plastificante

가소롭다 可笑- essere ridicolo

가속 加速 【물리】 accelerazione ＊ **-기** acceleratore

가솔린 gasolina

가수 歌手 cantante

가스 gas ＊ **-관** conduttura del gas ＊ **-등** lampione a gas ＊ **-계량기** contatore del gas

가스러지다 [성질이] diventare intrattabile, essere furibondo [잔털이] rizzarsi

ㄱ

가슬가슬하다 ⇒ 까슬까슬하다 essere rozzo, essere intrattabile

가슴 [흉부] petto, seno (여자의) [마음] cuore [의복의] petto ¶ 가슴이 아프다 avere una pena nel petto // 가슴에 안다 stringere al seno // 가슴 속에 어떤 감정을 품다 nutrire in seno un sentimento // 가슴에 손을 얹다 portarsi la mano sul cuore // 가슴을 터놓고 이야기하다 parlare a cuore aperto // (다른 사람에게) 마음을 터놓다 aprire il proprio cuore a qlcu. // 가슴을 치다 battersi il cuore

가슴츠레하다 assonnare, essere assonnato, essere sonnolento

가시 [나무·생선의] spina, [동식물 표피에 돋힌] aculeo ¶ 장미 가시에 찔리다 pungersi con una spina di rosa // 가시없는 장미는 없다 Non c'è rosa senza spine. // 가슴 속에 슬픔이 있다 avere una spina nel cuore

가시다 [씻다] lavare, sciacquare ¶ 입을 가시다 sciacquarsi la bocca

가시덤불 spineto

가시철 filo spinato

가식 假飾 affettazione, ostentazione ¶ 가식적으로 행동하다 comportarsi con affettazione

가제 garza * **소독 가제** garza sterilizzata

가압류 sequestro provvisorio

가언 假言 ipotesi ¶ 가언적 ipotetico

가없다 essere illimitato, essere sconfinato ¶ 가없는 바다 la distesa sconfinata del mare

가연물 可燃物 combustibile, infiammabile

가연성 可燃性 combustibilità, infiammabilità ¶ 가연성의 combustibile

가열 加熱 riscaldamento **-하다** riscaldare * **-기** termosifone, calorifero

가엾다 essere povero, essere pietoso, essere patetico ¶ 가엾게 여기다 compatire, commiserare

가옥 家屋 casa, edificio

가외 加外 extra, eccesso, surplus ¶ 가외의 extra, eccessivo

가요 歌謠 canzone, ballata * **-곡** canzonetta

가용 家用 [집안의 씀씀이] spese di mantenimento

가용성 可鎔性 fusibilità solubilità ¶ 가용성의 fusibile, solubile

가운 abito, toga

가운데 ① [복판] mezzo, centro, cuore ¶ 반으로 가르다 fare la meta di qlco. ② [안쪽] dentro ¶ 가운데로 지나가는 것이 더 좋다 È meglio passare in mezzo. ③ [중간·사이] mezzo ¶ 가운데에 a metà strada ④ [여럿 중의] tra, in mezzo a ¶ 그는 군중들 가운데로 사라졌다 È scomparso tra la folla.

가운뎃손가락 medio

가위 forbici [큰] cesoie ¶ 가위 한자루 un paio di forbici // 가위질하다 dare un colpo di forbici

가위 可謂 letteralmente, alla lettera, praticamente

가을 autunno

가이던스 【교육】 guida, direzione

가이드 guida

가일층 più, ancora

가입 加入**-하다** divenire socio di, entrare in(a), iscriversi a, farsi socio di ¶ 클럽의 회원으로 가입하다 farsi socio di un circolo * **-자** socio

가짜 假- [모조품] imitazione, falso [위조품] contraffazione, falsificazione ¶ 모조보석 gioielli d′ imitazione // 이 다이아몬드는 모조품이다 Questo brillante è falso.

가장 più, estremamente, sommamente ¶ 그는 반에서 가장 똑똑하다 Lui è il più bravo di tutta la classe.

가장 家長 capofamiglia

가장 假裝 ① [변장] travestimento, mimetizzazione **-하다** mimetizzare, travestirsi ② [거짓 꾸밈] finta, affettazione **-하다** fare una finta * **-무도회** mascherata

가장이 ramo, ramoscello

가장자리 orlo, bordo, margine, frangia

가재 gambero ¶ 가재걸음치다 camminare [andare] come un gambero

가재 家財 mobili

가전 家傳 ¶ 가전의 ereditario

가전(제)품 elettrodomestico

가절 佳節 la bella [buona] stagione

가정 家庭 casa, famiglia ¶ 가정의 domestico // 가정에서 a casa

가정 苛政 governo tirannico

가정 假定 supposizione [가설] ipotesi **-하다** supporre, presumere, presupporre

가정교사 家庭教師 insegnante privato, istitutore

가져가다 portare, prendere

가져오다 portare, prendere

가족 famiglia, casa ¶ 그녀는 한 가족 같다 Lei è come una di famiglia.

가죽 pelle, [무두질한] cuoio, [모피] pelliccia * **- 가방** borsa di pelle

가중 加重 aggiunta, aggravamento **-하다** aggravare

가증 可憎 **-하다** essere odioso, essere detestabile, essere abominevole, essere disgustoso

가지[1] ramo, [잔가지] ramoscello

가지[2] 【식물】 melanzana

가지[3] [종류] tipo, genere ¶ 여러가지의 vario

까지 ① [때] fino a, a // 그 순간까지 fino a quel momento // 나는 금요일까지 머무를 것이다 Resto fino a venerdì. // 언제까지요? 내일까지 입니다 Fino a quando? Fino a domani. ② [장소] fino a // 여기까지 fino a qui, fin qui // 여기서 런던까지 da qui fino a Londra ③ [정도 · 강세] perfino // 아이들까지 그것을 알고 있다. Perfino i bambini lo sanno.

가지가지 vario ¶ 가지가지 이유로 per varie ragioni

가지다 ① [손에] avere, tenere [휴대] portare, avere con sé ¶ 많은 돈을 가지고 있다 avere molto denaro // …을 손에 가지고 있다 avere qlco. in mano ② [소유] avere, possedere, essere proprietario di, ③ [아이를] essere incinta [새끼를] essere gravido

가지런히 **-하다** mettere in ordine ¶ 가지런히 uniformamente, in ordine

ㄱ

가지치다 [돋아나다] ramificare [자르다] diramare
가차없다 假借 - essere spietato, essere implacabile
가책 呵責 tortura, tormento [양심의] scrupolo ¶ 양심의 가책을 받다 essere tormentato dagli scrupoli
가청 udibile ¶ 가청거리에 있다 essere a portata di voce
가축 bestiame¶ 가축을 기르다 allevare del bestiame
가출 家出 scomparsa, scappata di casa * **-하다** scomparire di casa ¶ 그는 3년 전에 가출했다. È scomparso di casa tre anni fa.
가출옥 假出獄 libertà provvisoria
가치 價値 valore, merito ¶ 가치있는 prezioso, degno, di valore // 가치없는 inutile, privo di valore
까치【새】gazza
가칠하다, 까칠하다 essere tirato, essere emaciato, essere smunto, essere pallido
가칭 假稱 [임시의] nome provvisorio
가탄 可歎 **-하다** essere penoso, essere deplorevole
까탈부리다 fare delle difficoltà
가택 家宅 casa, residenza【법】domicilio
가택수색 家宅 搜索 ricerca di casa
가톨릭(교) cattolicesimo ¶ 가톨릭의 cattolico * **-도**(徒) cattolico
가통 可痛 **-하다** essere deplorevole, essere penoso
가파르다 essere ripido, essere brusco
가표 加票 plus del più《+》
가풀막 discesa ripida
가풍 家風 tradizione della casa
가필 加筆 correzione, revisione **-하다** ritoccare, correggere
가하다 可- [옳다] essere giusto [좋다] essere passabile
가하다 加- ① [가산 · 부가] aggiungere ② [주다] dare, infliggere ¶ 형벌을 가하다 infliggere una condanna
가학 加虐 maltrattamento, crudeltà **-하다** maltrattare, trattare con crudeltà
가해 加害 assalto, aggressione, violenza * **-자** assalitore
가호 加護 provvidenza divina
가혹 苛酷 severità, crudeltà **-하다** essere severo, essere duro, essere crudele, essere spietato ¶ 가혹한 판결 sentenza spietata
가훈 precetti della famiglia
가히 可- bene, facilmente, agevolmente
각 各 ogni, tutti(e)
각 角 [모] angolo, [네모] quadrato, [각도] angolo [뿔] corno
각가지 各- ogni genere, vari tipi ¶ 각가지의 vario
깍깍 gracchio ¶ 깍깍 울다 gracchiare
각각 ogni, tutti(e), separatamente ¶ 비용을 각각 부담하다 pagare separatamente
각각으로 刻刻- ogni momento
각계 各界 tutti i settori, ogni campo
각고 刻苦 lavoro arduo, sforzo instancabile
각골난망 刻骨難忘 **-하다** ricordarsi

per sempre
각광 luci della ribalta ¶ 각광을 받다 essere (venire) alla ribalta
각국 各國 ogni paese, ogni nazione ¶ 세계 각국 tutti i paesi del mondo
각기 脚氣 【의학】 beriberi
각기 各其 ciascuno, rispettivamente
각기둥 角- prisma
각도 角度 angolo ¶ 10도의 각도 un angolo di dieci gradi
각뜨다 脚- sminuzzare
깍듯하다 essere cortese, essere educato, essere garbato
각론 各論 discussione dettagliata, trattato speciale ¶ 각론으로 들어가다 entrare nei particolari
각료 閣僚 ministero, Consiglio dei ministeri
각박 刻薄 inumanità **-하다** essere inumano con qlcu.
각반 脚絆 ghetta
각방면 各方面 ogni senso, tutte le parti (direzioni), vari campi
각별 恪別 **-하다** ① [특별] essere speciale, essere particolare, [현저] essere marcato, [예외] essere eccezionale ¶ 각별히 particolarmente ② [깍듯하다] essere cortese, essere educato ¶ 각별히 cortesemente, educatamente
각본 脚本 scenario, sceneggiatura, dramma ¶ 각본화하다 sceneggiare * **-작가** scenarista, sceneggiatore
각부 各部 ogni sezione, ogni settore
각부분 各部分 ogni parte
각색 脚色 drammatizzazione, [소설 따위의] adattamento **-하다** drammatizzare ¶ 소설을 극에 맞춰 각색하다 adattare un romanzo per il teatro
각색 各色 ① [색채] vari colori, ogni colore ② [종류] ogni genere
각서 覺書 memorandum
각설 却說 **-하다** riassumere, abbreviare
각설탕 zucchero a quadretti
각성 覺醒 risveglio **-하다** svegliarsi, destarsi, risvegliarsi ¶ 각성시키다 svegliare, destare, risvegliare
각시 sposa
각양 各樣 diversità, varietà
각오 覺悟 ① [준비] preparazione [결심] risoluzione **-하다** prepararsi, decidersi ② [깨달음] percezione **-하다** percepire
각운 脚韻 rima
각위 各位 ognuno, ciascuno, tutti, signore
각의 閣議 un Consiglio dei ministri
각인 各人 ognuno, ciascuno, tutti
각자 各自 ogni, ciascuno, individualmente, rispettivamente
각재 角材 legname
각적 角笛 corno, tromba
깍정이 [인색한] avaro, taccagno, tirchio [약은 사람] furbo
각종 各種 ogni genere, vari generi, tutti i generi
각주 脚註 nota in fondo alla pagina
각지 各地 ogni parte, tutte le parti ¶ 전국 각지로부터 da tutte le parti del paese
깍지 [껍질] baccello, guscio

각질 角質 sostanza cornea 【화학】 cheratina * **-층** uno strato corneo

각처 各處 ogni posto, tutto il posto, dappertutto

각추렴 各- **-하다** raccogliere da ciascuno

각축 角逐 concorrenza, concorso **-하다** competere * **-장** l′arena di concorrenza

각층 各層 ogni piano, vari strati ¶ 사회 각층 vari strati della società

각파 各派 [정당] tutti i partiti, ogni partito

각판 各版 blocco

각필 咯筆 **-하다** smettere di scrivere

각하 閣下 Sua Eccellenza

각항 各項 ogni articolo

각혈 咯血 emottisi

각형 角形 forma quadrata, [사각형] quadrilatero

깎다 ① [물건을 얇게] tagliare, [대패로] piallare ¶ 손톱을 깎다 tagliarsi le unghie // 연필을 깎다 temperare la matita ② [머리 따위를] tagliare, spuntare, [풀을] falciare ¶ 수염을 깎다 farsi la barba, radersi la barba // 머리를 깎다 farsi tagliare i capelli ③ [값을] far abbassare [깎아주다] abbassare, diminuire ④ [체면 따위를] disonorare, macchiare, degradare

간 condimento **-하다** salare, condire

깐 calcolo, giudizio ¶ 내 깐에는 a mio giudizio

간 肝 [간장] fegato [배짱] coraggio ¶ 간이 큰 audace, coraggioso

간 間 ① [가옥의] stanza, locale ¶ 세 간 집 una casa di 3 locali ② [동안] durata, per, [장소] tra, fra ¶ 피렌체와 피사 간의 거리 una distanza tra Firenze e Pisa

간간이 間間- [때때로] ogni tanto, di tanto in tanto

깐깐하다 [끈질기다] essere appiccicoso [완고하다] essere tenace, [세심하다] essere meticoloso [엄격하다] essere severo, essere rigido [까다롭다] essere pignolo

간격 間隔 spazio, intervallo ¶ 10㎝ 간격으로 a intervalli di 10㎝

간결 簡潔 concisione, brevità ¶ 간결하게 con concisione

간계 奸計 trucco, artificio, inganno

간고 艱苦 privazioni, sofferenze

간곡 懇曲 gentilezza, cortesia **-하다** essere gentile, essere cordiale ¶ 간곡한 부탁 supplica

간과 看過 **-하다** lasciare da parte, lasciarsi scappare, chiudere un occhio su (묵인)

간과 干戈 [무기] armi [전쟁] lotta

간교 奸巧 furbizia, astuzia **-하다** essere astuto, essere furbo

간균 桿菌 bacillo

간극 間隙 spazio vuoto, apertura

간난 艱難 privazioni, sofferenze ¶ 간난을 겪다 soffrire, essere sofferente

간능 幹能 abilità, talento, capacità

간단 簡單 semplicità, **-하다** essere semplice, essere breve, essere corto ¶ 간단히 말하자면 in breve, per farla breve // 간단한 문제 un problema semplice

간단 間斷 interruzione, pausa ¶ 간단없는 continuo, incessante
간단명료 簡單明瞭 semplicità e chiarezza
간담 肝膽 [간과 쓸개] fegato e bile [마음 · 심중] cuore
간담 懇談 conversazione
간댕거리다 dondolare, oscillare
간독 奸毒 cattiveria, malvagità, malizia, crudezza
간독 懇篤 gentilezza, bontà
간동그리다 sistemare, ordinare, fare un fagotto di, raccogliere in un mucchio
간드랑거리다 dondolare, oscillare
간드러지다 essere delizioso, essere affascinante
간들간들 [바람이] lievemente
간들거리다 ① [바람이] soffiare ② [물체가] scuotere, ondeggiare, tremare ③ [태도가] civettare
간략 簡略 semplicità **-하다** essere semplice, essere breve, essere corto ¶ 간략하게 하다 semplificare
간막이 間- divisorio, tramezzo
간만 干滿 flusso e riflusso, marea
간망 懇望 supplica, sollecitazione **-하다** implorare, sollecitare
간맞추다 condire, aggiungere sale
간명 簡明 concisione
간물 acqua salata
간물 奸物 mascalzone
간밤 ieri sera (notte)
간병 看病 **-하다** curare, assistere
깐보다 [가늠하다] osservare [깔보다] abbassare gli occhi
간부 幹部 direttivo, dirigente, amministrazione, amministratore
간부 姦夫 adultero
간부 姦婦 adultera
간사 奸邪 perfidia, slealtà, cattiveria **-하다** essere cattivo, essere malizioso, essere malvagio ¶ 간사한 사람 malvagio
간사 奸詐 furbuzia, astuzia **-하다** essere furbo, essere astuto
간사 幹事 direttore
간살부리다 adulare, lusingare
간상 commerciante disonesto
간상균 桿狀菌 bacillo
간색 [판단] assaggio, [견본] campione
간선 幹線 linea principale * **-도로** strada principale
간섭 干涉 interferenza, intervento, intromissione **-하다** interferire, intervenire
간성 干城 baluardo, bastione, fortezza
간소 簡素 semplicità **-하다** essere semplice * **간소한 양식** stile semplice * **간소화** semplificazione
간솔 簡率 franchezza, schiettezza, semplicità
간수 -水 acqua salata, acqua salsa
간수 看守 guardia carceraria, secondino
간수하다 conservare, mantenere, mettere in conserva
간식 間食 spuntino **-하다** fare uno spuntino
간신 奸臣 suddito scellerato
간신히 艱辛- [곤란을 겪고] difficilmente, a fatica [겨우] appena, or ora ¶ 나는 간신히 도착했다 Ero appena arrivato.
간악 奸惡 cattiveria, malvagità, malizia **-하다** essere malizioso,

essere cattivo
간언 諫言 consiglio
간염 肝炎【의학】epatite
간요 肝要 importanza, necessità **-하다** essere importante, essere vitale, essere essenziale
간원 懇願 supplica, sollecitazione **-하다** implorare, supplicare
간위 奸僞 astuzia
간유 肝油 olio di fegato di merluzzo
간음 姦淫 adulterio **-하다** commettere un adulterio
간이 簡易 semplicità **-하다** essere semplice, essere facile, semplificare
간자 間者 spia ⇒ 간첩
간장 -醬 salsa di soia
간장 肝臟【해부】fegato
간재 奸才 furbizia, astuzia
간적 奸賊 traditore, ribelle, bandito, manigoldo
간절히 懇切- con fervore, con serietà
간접 間接 간접적인 indiretto // 간접적으로 indirettamente ＊ **-세** imposte indirette - **선거** elezione indiretta **-화법** discorso indiretto
간조 干潮 marea discendente, marea calante
간주 看做 **-하다** considerare
간주곡 間奏曲 intermezzo, interludio
간지 奸智 furbizia, astuzia
간지럼 solletico ¶ 간지럽히다 fare il solletico a
간지럽히다 solleticare, titillare, vellicare ¶ 발바닥을 간지럽히다 solleticare la pianta dei piedi
간직 -하다 ① [물건을] tenere, conservare, mettere da parte, risparmiare ② [마음에] fare tesoro di, nutrire ¶ 사랑을 간직하다 nutrire amore
간질 癎疾【의학】epilessia ＊ **- 환자** epilettico **- 발작** attacco epilettico
간질이다 fare il solletico a, solleticare
간책 奸策 astuzia, trucco
간척 bonificazione **-하다** bonificare ＊ **-지** bonifica
간첩 間諜 spia, agente segreto ¶ 간첩 노릇을 하다 fare la spia
간청 懇請 supplica, richiesta seria **-하다** implorare, supplicare, mendicare ¶ 간청하는 어조로 말하다 parlare in tono di supplica
간추리다 riassumere
간취하다 看取 **-하다** percepire, notare, accorgersi di
간통 姦通 adulterio **-하다** commettere un adulterio ＊ **-자** adultero
간특 furbizia, astuzia **-하다** essere furbo, essere astuto
간판 insegna, cartello
간편 comodità **-하다** essere comodo, essere semplice, essere facile, essere portabile ¶ 간편한 방법 metodo semplice
간품 看品 assaggio, controllo, ispezione **-하다** assaggiare, ispezionare
간하다 諫- fare le proprie rimostranze a qlcn. per qlco. consigliare
간행 刊行 pubblicazione **-하다** pubblicare, fare riuscire ＊ **-물** pub-

blicazione * **정기 -물** periodico

간헐 間歇 intermittenza ¶ 간헐적인 intermittente // 간헐적으로 a intermittenza * **-열** febbre intermittente

간호 cura **-하다** curare ¶ 환자를 간호하다 curare un malato

간호원 infermiere(a)

간혹 qualche volta, a volte, ogni tanto, di tanto in tanto

갇히다 essere rinchiuso, essere chiuso, essere imprigionato ¶ 나는 눈 때문에 집에 갇혀 있었다 La neve mi ha imprigionato in casa.

갇힌 물 acqua stagnante

갈가리 a pezzi

갈가마귀 【새】 taccola

깔깔 grosse risate

깔깔하다 ① essere ruvido, essere scarbo ② [성미가] essere pignolo

갈개 fosso, fossa, cunetta

깔개 cuscino, tappeto

갈갯군 [훼방꾼] uno che tocca a tutto, interruttore

갈겨먹다 strappare qlco. a qlcu. estorcere

갈겨쓰다 scribacchiare, scarabocchiare

갈고랑쇠 gancio, amo

갈고랑이 gancio, uncino, graffio

갈고리 ⇒ 갈고랑이

갈구 sete ⇒ 갈망

갈그랑거리다 ansimare

깔끔하다 [매끈하다] essere elegante [성질이] essere sveglio, essere svelto

갈기 criniera

갈기갈기 a pezzi ¶ 갈기갈기 찢다 strappare a pezzi

갈기다 ① [치다] colpire, battere [총으로] sparare, colpire ② [발로] dare un calcio a, tirare calcio a ¶ 그가 주먹으로 나를 갈겼다 Mi ha colpito con un pugno. ③ [연장으로 베다] tagliare ④ [글씨를] scribacchiare

갈다[1] [바꾸다] cambiare, trasformare ¶ A를 B로 갈다 sostituire A con B

갈다[2] ① [칼을] affilare, arrotare ¶ 가위를 갈다 affilare le forbici ② [맷돌로] macinare ③ [윤나게] lucidare, lustrare ④ [이를] digrignare i denti

갈다[3] [밭을] coltivare, arare ¶ 밭을 갈다 coltivare un campo // 밭에 밀을 갈다 seminare il grano nel campo

깔다 ① [밑에 펴다] stendere, coprire con ¶ 식탁에 식탁보를 깔다 stendere la tovaglia sulla tavola, coprire la tavola con la tovaglia // 타일을 깔다 pavimentare con piastrelle ② [늘어놓다] stendere ③ [눈을 아래로] abbassare gli occhi

갈대 canna

깔대기 imbuto

갈등 complicazioni, problemi, disaccordo, discordia, conflitto

갈라서다 separarsi da [이혼] divorziare da, divorziarsi

갈라지다 ① [쪼개지다] essere diviso, spaccarsi [구분] dividersi [분기] diramarsi, ramificarsi, biforcarsi ¶ 길이 두 갈래로 갈라졌다 La via si biforca. ② [사이가] separarsi da, dividersi ¶ 나의 처

와 나는 갈라서기로 결정했다 Mia moglie e io abbiamo deciso di dividerci.

갈래 [분파] ramo [분기] diramazione, biforcazione [구분] divisione

갈론 gallone

갈리다[1] [분열되다] essere diviso, spaccarsi [분기되다] diramarsi, ramificarsi

갈리다[2] [교대] sostituire con

갈리다[3] ① [갉음 당하다] essere macinato ② [갈게 하다] fare macinare, affilare

갈리다[4] [논을] fare arare, coltivare

깔리다 [흩어지다] spargersi

갈망 渴望 desiderio profondo [ardente] **-하다** desiderare ardentemente, essere assetato di, essere ansioso di

갈망하다 trattare con, fare affari con, mettere a posto

갈매기 gabbiano

갈무리하다 finire

갈보 prostituta, puttana ＊ **-집** bordello ¶ 갈보 노릇하다 prostituirsi

깔보다 disprezzare, snobbare, guardare in giù verso qlcu. ¶ 가난한 사람을 깔보면 안된다 Non devi disprezzare i poveri.

갈비 costola

갈빗대 costola

갈색 marrone

갈수록 col passare del tempo

갈아내다 rimuovere, sostituire, cambiare

갈아대다 rinnovare, cambiare

갈아들다 prendere il posto di qlcu.

갈아들이다 sostituire, rimpiazzare

갈아입다 cambiare vestito

갈아타다 cambiare ¶ 기차를 갈아타다 cambiare il treno

갈음질 affilatura

갈이 [경작] aratura, coltivazione

깔쭉깔쭉 -하다 essere ruvido, essere sabbioso

갈증 sete ¶ 갈증나다 avere sete

갈진 esaurimento **-하다** esaurire

갈채 applauso **-하다** applaudire ¶ 우뢰와 같은 박수 갈채 uno scroscio di applausi

갈취 -하다 estorcere, strappare

갈퀴 rastrello

갈탄 lignite

갈파하다 dichiarare, annunciare, proclamare, spiegare

갈팡질팡 -하다 essere confuso, agitarsi, non saper cosa fare

갈피 [사이] spazi tra le pieghe

갉다 [쏠다] rosicchiare, rodere, [긁다] graffiare, grattare, raschiare [갈퀴로] rastrellare [헐뜯다] cavillare [재물을] estorcere, strappare

갉아먹다 rosicchiare, rodere, [재물을] estorcere, strappare

감[1] cachi ＊ **-나무** albero di caco

감[2] [재료] materiale, roba

감 感 [느낌] sensazione [인상] impressione ¶ …한 감을 주다 fare una buon′impressione a(su), dare l′impressione di

감 減 deduzione, detrazione [감산] sottrazione **-하다** diminuire, dedurre ¶ 경비를 감할 필요가 있다 Occorre dedurre le spese.

감가 減價 deprezzamento, sconto, riduzione **-하다** deprezzare

감각 感覺 senso, sensazione, sensibilità ¶ 감각적인 sensuale, voluttuoso // 방향 감각이 있다 avere il senso dell'orientamento // 실제적인 감각이 있다 avere senso pratico

감감 -하다 [소식이] essere senza notizie [아득하다] essere in lontananza, essere remoto

깜깜하다 [어둡다] essere buio pesto [모르다] essere ignorante di

감개 感慨 emozione profonda

감격 感激 emozione profonda, impressione ¶ 감격적인 impressionante // 감격시키다 impressionare, fare una buon'impressione a(su)

감관 感官 organi di senso

감광 感光 esposizione, posa ¶ 감광시키다 esporre * **-필름** pellicola sensibile, **-감광지** carta sensibile -제 sensibilizzatore

감금 監禁 reclusione, detenzione **-하다** recludere, imprigionare, incarcerare * **불법** - detenzione arbitraria

감기 感氣 raffreddore, freddo [유행성] influenza ¶ 감기에 걸리다 prendere freddo, prendere raffreddore

감기다[1] ① avvolgersi [거치적거리다] aggrapparsi a [걸리다] ② [감게 하다] fare avvolgere

감기다[2] [눈이 스스로] (gli occhi) chiudersi [감게 하다] fare chiudere ¶ 졸려서 눈이 감긴다 Mi si chiudono gli occhi dal sonno.

감기다 [멱을] lavare ¶ …의 머리를 감기다 lavare la testa a qlcu.

감내 堪耐 perseveranza, pazienza **-하다** perseverare, pazientare, sopportare

감다[1] [실 따위를] rotolare, avvolgere, serpeggiare ¶ 머리에 붕대를 감다 avvolgere le bende alla testa

감다[2] ¶ 머리를 감다 lavarsi i capelli

감다[3] [눈을] chiudere gli occhi

감당 堪當 **-하다** essere all'altezza di, farcela con

감도 感度 [라디오의] sensibilità, ricezione

감독 監督 soprintendenza, supervisione, sorveglianza [감독자] sorvegliante, supervisore, ispettore, dirigente, direttore **-하다** sorvegliare, soprintendere a, assumere il controllo, dirigere, controllare ¶ 작업을 감독하다 soprintendere ai lavori * **무대** - direttore di scena

감돌다 [둘레를] girare, voltare [굽이치다] avvolgere, serpeggiare, curvarsi

감동 感動 impressione, emozione profonda, 감동시키다 impressionare, fare una buon'impressione a(su)

감등 減等 degradamento **-하다** degradare

감람 橄欖 【식물】 oliva

감로 甘露 nettare, manna

감리 監理 supervisione, sorveglianza

감면 減免 riduzione e esenzione, [형벌의] mitigazione e condono **-하다** [세금을] ridurre e esentare

감명 感銘 impressione profonda ¶ 감명을 주다 impressionare

감미 甘味 dolcezza ¶ 감미롭다 essere dolce * **-료** dolcificante, dolcificazione

깜박, 깜빡 [잠시] per un momento, da un momento all'altro [완전히] completamente ¶ 깜박 잠이 들다 appisolarsi // 깜박 잊다 dimenticare completamente

깜박거리다, 깜빡거리다 [불이] tremolare, lampeggiare, oscillare [눈·별이] scintillare, sbattere le palpebre ¶ 눈을 깜박거리다 sbattere le palpebre // 별이 깜박거린다 Tremolano le stelle.

감방 監房 cella

감배 減配 **-하다** ridurre il dividendo(배당), ridurre la razione(배급)

감법 減法 【수학】 sottrazione

감별 鑑別 discriminazione, discernimento **-하다** discriminare, discernere

감복 感服 ammirazione, meraviglia **-하다** ammirare, avere [nutrire, provare, sentire] ammirazione per qlcu. ¶ 감복할 만한 ammirabile // 감복시키다 destare l'ammirazione di [in] qlcu.

감봉 減俸 riduzione dello stipendio

깜부기 [곡식의] granello di fuliggine

감사 監査 controllo, ispezione **-하다** controllare, ispezionare ¶ 회계 감사 revisione dei conti

감사 感謝 ringraziamento, gratitudine, riconoscenza **-하다** ringraziare, essere grato [riconoscente] a ¶ 감사를 표하다 esprimere il ringraziamento // …에 대해 감사한 마음을 갖다 avere la propria riconoscenza a [per, verso] qlcu // 감사한 마음을 가지고서 con animo riconoscente * **-장** lettera di ringraziamento

감싸다 proteggere, riparare, salvaguardare

감산 減算 【수학】 sottrazione

감산 減産 riduzione di produzione **-하다** ridurre la produzione

감상 鑑賞 apprezzamento **-하다** apprezzare, gustare

감상 感傷 sentimentalità ¶ 감상적인 sentimentale

감상 感想 impressione, sentimento ¶ 감상을 말하다 dare la sua impressione di

감색 紺色 blu marino

감성 sensibilità, senso, suscettibilità (감수성)

감세 減稅 riduzione dell'imposta

감소 減少 diminuzione, calo, riduzione, ribasso **-하다** diminuire, far calare, ribassare, ridurre

감속 減速 【물리】 riduzione della velocità

감손 減損 [줄음] diminuzione, [손해] perdita [마손] logoramento

감수 甘受 **-하다** essere pronto a soffrire ¶ 모욕을 감수하다 inghiottire una ingiuria in silenzio

감수 監修 controllo editoriale

감수 減壽 **-하다** diminuire la propria vita

감수 減水 diminuzione dell'acqua

감수 減收 diminuzione del reddito [della produttività]

감수 感受 **-성** sensitività ¶ 감수성이 강하다 essere sensitivo

감수 減數 【수학】 sottraendo

감시 監視 sorveglianza, osservazione, veglia [감독] supervisione **-하다** sorvegliare, osservare ¶ 경찰이 모든 도로를 감시한다 La polizia sorveglia tutte le strade. * **-인** guardiano

감식 鑑識 [감정] giudizio [식별] discriminazione, discernimento [감상] apprezzamento **-하다** giudicare, distinguere, discernere, apprezzare * **-가** giudice, conoscitore (미술품의)

감식 減食 * **-하다** stare (essere) a dieta

감실거리다 tremolare, baluginare

감아올리다 arrotolare, issare

감안 勘案 considerazione **-하다** tenere conto di

감액 減額 riduzione, diminuzione **-하다** ridurre, diminuire

감언 甘言 adulazione, lusinga

감언이설 甘言利說 adulazione, lusinga ¶ 감언이설로 유혹하다 attirare con lusinghe

감연하다 敢然 - essere audace, essere ardito, essere coraggioso ¶ 감연히 audacemente, risolutamente

감염 感染 infezione [접촉에 의한] contagio **-하다** contagiare, infettare, contaminare ¶ 감염성의 contagioso, infettivo

감옥 監獄 prigione, carcere * **-살이** vita carceraria

감은 感恩 gratitudine, riconoscenza

감응 感應 [전기의] induzione [공감] comprensione [영감] ispirazione [기원의] risposta

감자 patata

감자 甘蔗 canna da zucchero

감자 減資 riduzione di capitale **-하다** ridurre il capitale

깜작, 깜짝[1] con una strizzatina d'occhio ¶ 깜짝거리다 [-이다, 하다] ammiccare

깜짝[2] [놀람] con la sorpresa ¶ 깜짝 놀라다 essere preso da stupore // 깜짝이야 Che sorpresa!

감전 感電 scossa elettrica ¶ 감전되다 prendere una scossa elettrica

감점 減點 voto di demerito, nota di demerito

감정 鑑定 [판정] giudizio, opinione esperto [평가] valutazione, stima **-하다** giudicare, dare un giudizio su, valutare, fare una stima di ¶ 토지 감정 la valutazione del terreno // 유산을 감정하다 fare una stima di patrimonio

감정 感情 sentimento, emozione ¶ 감정적 sentimentale // (다른 사람의) 감정을 상하게 하다 urtare i sentimenti di qlcu.

감정 憾情 risentimento, rancore ¶ …에게 감정이 있다 serbare [portare] rancore a qlcu.

감정가 鑑定家 giudice, [미술품의] conoscitore [술 따위의] assaggiatore

감정인 鑑定人 ⇒ 감정가

감쪽같다 ① essere perfetto, essere proprio così ② [완전] essere completo

감죄 減罪 commutazione di pena **-하다** commutare la pena

감지 感知 percezione **-하다** percepire, accorgersi, avvertire, intuire

깜찍스럽다 essere precoce

깜찍하다 [영리하다] essere furbo, essere precoce [단작스럽다] essere ingegnoso, astuto, abile [놀랄 만하다] essere sorprendente

감질 疳疾 ¶ 감질나다 sentirsi insaziabile

감찰 鑑札 autorizzazione, targa

감찰 監察 controllo, ispezione **-하다** controllare, sorvegliare * **-관** ispettore, sorvegliante

감채 減債 pagamento parziale d'un debito * **-기금** fondo di ammortamento

감청 紺靑 blu marino, azzurro oltremarino

감초 甘草 【식물】 liquirizia

감촉 感觸 tatto, senso

감추다 [숨기다] nascondere, tenere nascosto [비호] dar rifugio a, riparare [덮어서] coprire [가려서] velare, coprire con un velo [비밀로 하다] dissimulare, tenere qlco. segreto a qlcu. ¶ 보물을 땅 속에 감추다 nascondere un tesoro sotto terra // 종적을 감추다 scomparire, sparire

감축 減縮 riduzione, diminuzione **-하다** ridurre, diminuire

감치다 [마음에] persistere

감치다 [가장자리를] fare l'orlo a

감칠맛 [맛] sapore buono, buon gusto [매력] fascino

감탄 感歎, 感嘆 ammirazione, meraviglia **-하다** ammirare, meravigliare ¶ 감탄할 만한 ammirabile, meraviglioso * **-문** esclamazione **-부호** punto esclamativo

감탕 [곤죽] fango, melma, limo

감퇴 減退 diminuzione, calo, declino **-하다** diminuire, scadere ¶ 식욕 감퇴 perdita di appetito

감투 敢鬪 **-하다** combattere coraggiosamente * **-정신** spirito combattivo

감하다 減- ridurre

감행 敢行 azione decisiva, azione risoluta **-하다** rischiare, azzardare, osare

감형 減刑 commutazione di pena, mitigazione **-하다** commutare, mitigare ¶ 사형이 종신형으로 감형되다 commutare la pena capitale nell'ergastolo

감화 感化 influenza, [교정] riforma **-하다** influenzare, esercitare l'influenza su [바로 잡다] riformare, correggere ¶ 감화를 받다 subire l'influenza di

감회 感懷 [회포] sentimento, emozione [회상] memoria, reminiscenza

감흥 感興 interesse, divertimento ¶ 감흥을 깨뜨리다 fare il guastafeste

감히 敢- audacemente, arditamente, [주제넘게] imprudentemente ¶ 감히 …하다 osare

갑 甲 [차례의] il primo, A

갑 匣 scrigno, scatoletta [담배 따위의] pacchetto ¶ 담배 한 갑 un pacchetto di sigarette

갑 岬 capo, promontorio

갑각 甲殼 guscio, crosta * **-류**

crostacei

갑갑증 -症 noia, tedio

갑갑하다 essere noioso, [답답하다] essere mal ventilato [좁아서] essere stretto ¶ 갑갑해 죽겠다 morire di noia

갑론을박 甲論乙駁 pro e contro ¶ **-하다** portare degli argomenti contro [in favore di]

갑문 閘門 chiusa, porta di conca

갑부 甲富 ricco, milionario, miliardario

갑상선 甲狀腺【해부】tiroide

갑옷 甲- armatura, corazza ¶ 갑옷과 투구 armatura e elmo

갑자기 [별안간] improvvisamente, all′improvviso, di colpo, ad un tratto [뜻밖에] inaspettatamente, senza preavviso ¶ 갑자기 도착하다 arrivare improvvisamente

갑작스럽다 essere improvviso, essere brusco, essere inatteso ¶ 갑작스러운 방문 visita inattesa

갑작스레 improvvisamente, all′improvviso

갑절 ① [두 배] doppio **-하다** raddoppiare ¶ 생활비가 십년전의 갑절이다 La vita costa il doppio di dieci anni fa. ② [- 배] - volte ¶ 세 갑절 tre volte

갑주 甲冑 armatura

갑충 甲蟲【곤충】coleotteri

갑판 甲板 coperta

값 ① [가치] valore, ② [가격] prezzo, costo ¶ 값이 싸다 essere a buon mercato, 값이 비싸다 costare caro // 값을 정하다 fissare il prezzo // 값을 올리다 [내리다] alzare [diminuire] il prezzo // 값이 얼마입니까? Quanto costa?

값어치 valore

값지다 essere costoso, essere caro

갓 ① [금방 · 처음] fresco ② [겨우 · 바로] appena, esattamente

갓나다 essere neonato

갓난아이, 갓난애 neonato

강 江 fiume ¶ 강바닥 letto di fiume // 강 양쪽의 언덕 le rive di un fiume

강가 江- sponda, riva

강간 强姦 stupro, violenza carnale **-하다** violentare, stuprare * **-범** violentatore

강건 剛健 robustezza, solidità, virilità **-하다** essere robusto, essere forte, essere virile

강건 强健 robustezza **-하다** essere robusto, essere forte

강경 强硬 fermezza, solidità, risolutezza, durezza **-하다** essere forte, essere solido, essere fermo

강계 疆界 frontiera, confine

강고 强固 **-하다** essere solido, essere fermo, essere stabile

강관 鋼管 tubo di acciaio

강구 講究 studio, considerazione **-하다** [안출] scoprire, escogitare, ideare [수단을] concepire

강국 强國 grandi potenze

강권 强權 autorità

깡그리 tutto, completamente, pienamente

강남콩 江南- fagiolo, fagiuolo

강다짐하다 ① [누름] opprimere ② [강요] forzare a, costringere a ③ [나무라다] sgridare senza ragione

강단 講壇 [설교단] pulpito [연단] podio

강당 講堂 aula magna
강대 强大 **-하다** essere possente, essere potente ∗ **-국** stato potente
강도 强度 intensità, tenacia [경도] solidità
강도 强盜 [사람] ladro, rapinatore, scassinatore [소행] furto, rapina ¶ 강도질하다 commettere un furto
강독 講讀 lettura
강동거리다 saltellare, salterellare
강동하다, 깡똥하다 essere corto
강등 降等 degradazione **-하다** degradare
강력 强力 **-하다** essere forte, potente, possente
강렬 强烈 **-하다** essere forte, intenso, severo
강령 綱領 principio generale
강론 講論 discussione, insegnamento **-하다** spiegare, insegnare
강림 降臨 avvento, discesa **-하다** scendere a terra
강매 强買 acquisito con la forza **-하다** comprare (acquistare) con la forza
강모 剛毛 pelo, setola
강박 强迫 costrizione, obbligo **-하다** costringere ∗ **-관념** ossessione, mania di persecuzione
강변 江邊 riva del fiume
강변 强辯 cavillo, sofisticheria **-하다** cavillare, sofisticare
강병 强兵 soldato forte [병력] esercito forte
강사 講士 parlatore, oratore, conferenziere, lettore
강사 講師 docente universitario, istruttore, lettore
강삭 鋼索 cavo
강산 江山 [경치] paesaggio [강토] terra
강생 降生 incarnazione
강설 降雪 nevicata
강성 强盛 **-하다** essere forte, potente, possente
강세 强勢 【음성】 accento, enfasi
강수 降水 precipitazione atmosferica
강술 講述 conferenza, lezione **-하다** spiegare
강습 講襲 assalto, aggressione, tempesta **-하다** prendere d′assalto, infuriare
강신술 降神術 spiritismo
강심제 强心劑 cordiale
강아지 cucciolo, cagnolino
강압 强壓 oppressione, repressione, coercizione, pressione **-하다** opprimere, reprimere ¶ 강압적인 oppressivo, prepotente
강약 强弱 forte e debole
강연 講演 conferenza, discorso, allocuzione **-하다** fare [tenere] una conferenza ¶ 그는 학교 개혁에 관해 강연을 했다 Ha tenuto un discorso sulla riforma della scuola. ∗ **-자** conferenziere **-회** conferenza
강옥(석) 鋼玉(石) 【광물】 rubino(붉은), zaffiro
강요 綱要 [골자] elemento, essenziale [개요] traccia, riassunto, sommario
강요 强要 costringimento, costrizione, estorsione, concussione **-하다** costringere, forzare, sforzare ¶

우리는 그들에게 항복을 강요했다 Li costringemmo alla resa.

강우 降雨 pioggia, caduta di pioggia * **-량** piovosità **-기** la stagione delle piogge

강음 强音 accento, enfasi

강의 講義 lezione, discorso [해설] esposizione ¶ 강의에 참석하다 assistere ad una lezione

강인 强靭 durezza, tenacia, fermezza **-하다** essere duro, essere tenace, essere fermo ¶ 너의 강인함은 칭찬받을 만하다 La tua tenacia è degna di lode.

강자 强者 il forte ¶ 강자와 약자 il forte e il debole // 강자는 약자를 보호해야 한다 Il forte deve difendere il debole.

강장 强壯 **-하다** essere forte, essere robusto, essere vigoroso * **-제** tonico, ricostituente

강적 强敵 avversario [nemico] potente, avversario [nemico] forte

강점 强占 **-하다** occupare con la forza

강제 强制 costrizione, coercizione **-하다** forzare, costringere ¶ 강제적으로 con la forza, obbligatorio

강조 强調 enfasi, accento **-하다** sottolineare, accentuare, mettere in rilievo ¶ …의 중요성을 강조하다 accentuare l'importanza di.. // 그는 그 사업에서 얻어낼 수 있는 이익을 강조했다 Sottoline i vantaggi che si potevano ricavare da quell'affare.

강종거리다, 깡쫑거리다 saltellare

강좌 講座 [대학의] cattedra [강습의] corso

강직 剛直 robustezza, solidità, risolutezza **-하다** essere robusto, essere solido

강직 强直 rigidità, durezza, fermezza * **- 경련** tetano

강진 强震 terremoto violento

강철 鋼鐵 acciaio

강청 强請 [강요] domanda insistente [공갈로] estorsione

강타 强打 colpo mortale

강탄 强誕 nascita, natività, avvento **-하다** nascere, essere incarnato

강탈 强奪 depredazione, saccheggio, furto, rapina, sequestro, estorsione **-하다** depredare, saccheggiare, derubare * **-물** saccheggio, bottino, refurtiva **-자** saccheggiatore

강태공 姜太公 pescatore

강토 疆土 regno, territorio

깡통 scatola, 빈 ~ scatola vuota

강파르다 [됨됨이가] essere magro e impetuoso [가파르다] essere rapido

강판 薑板 grattugia

강판 鋼板 lastra in acciaio per stampare

깡패 teppista, manigoldo, gangster

강평 講評 commento, critica **-하다** commentare, criticare

강포 强暴 atrocità, brutalità **-하다** essere atroce, essere brutale

강풍 强風 bufera, vento forte

강하 降下 caduta, discesa [기압] depressione **-하다** cadere, discendere ¶ 기온의 강하 diminuzione di temperatura

강하다 强 - [강력] essere forte, essere possente ¶ 강하게 forte,

possentemente, potentemente // 강한 정신 anima forte // 강한 색채 colori forti

강하다 剛- essere potente, essere possente, essere formidabile

강행 强行 costringimento **-하다** forzare

강행군 强行軍 marcia forzata

강호 江湖 [강과 호수] fiumi e laghi [자연] natura [은거지] rifugio, ritiro [세상] mondo, pubblico * **- 제현** il grande pubblico

강화 講和 pace **-하다** fare la pace con * **- 조약** trattato di pace

강화 强化 rinforzamento, consolidamento, intensificazione **-하다** irrobustire, intensificare, consolidare, rinforzare, rafforzare ¶ 방위를 강화하다 rafforzare le difese

갖- pelo, pelle ¶ 갖바치 calzolaio

갖은 tutto, ogni ¶ …을 위해 갖은 수단을 다 쓰다 fare di tutto per // 그를 구출하기 위해 갖은 수단을 다 썼다 Fece di tutto per salvarlo.

갖추다 [준비] prepararsi [설비] arredare, equipaggiare, fornire [형식 · 격식을] osservare [구비] possedere ¶ 조건을 갖추다 soddisfare le esigenze di // 그는 많은 능력을 갖추었다 Possiede molte qualità.

갖풀 colla, gelatina

같다 ① [흡사] essere simile, essere uguale a, essere come ¶ 저 나무는 참나무 같다 Quell'albero è simile a una quercia. // 저 쌍둥이들은 정말 똑같다 Quei gemelli sono proprio uguali. // 벽에 대고 말하는 것 같다 È come parlare al muro. ② [동일] essere lo stesso, essere identico [균일] essere uguale a ③ [동등] essere uguale a, essere equivalente a ¶ 그의 요구는 명령과도 같은 것이었다 La sua preghiera era uguale ad un comando. ④ [종류] essere come ¶ 어디서 이와 같은 과일을 구할 수 있나요? Dove trovare frutta come questa? ⑤ [추측] apparire, comparire, sembrare, parere ¶ 그는 아주 현명한 사람 같았다 Sembrava un tipo intelligente. // 네가 이해를 못한 것 같다 Pare che tu non capisca.

같이 ① [흡사하게] come ¶ 그는 자기 아버지 같이 옷을 입는다 Veste come suo padre. ② [바로 · 그대로] come ¶ 보통 때와 같이 come al solito, come d'abitudine ③ [함께] insieme, insieme a, con ¶ 같이 살다 vivere insieme ④ [처럼] come se ¶ 그들은 그녀가 자기들의 하녀나 되는 것 같이 행동한다 Si comportavano con lei come se fosse stata una loro schiava. ⑤ [동등] ugualmente, in parti uguali ¶ 똑같이 나누다 dividere ugualmente

같이하다 condividere, partecipare, prender parte ad una attività ¶ 고뇌를 같이하다 partecipare al dolore

같잖다 [하찮다] essere futile, essere irrisorio, essere inutile, essere di poco conto [눈꼴사납다] essere sciocco, essere insensato, essere assurdo

갚다 ① [빚을] restituire, pagare, rimborsare ¶ 빚을 갚다 pagare un debito ② [보답] restituire, ricompensare, ricambiare ¶ 은혜를 갚다 ricambiare una gentilezza ③ [원수를] vendicare, vendicarsi

개[1] [포구] baia, insenatura

개[2] cane, segugio(사냥개), [암캐] cagna ¶ 개가 짖다 abbaiare

깨 sesamo

개 個, 箇, 介 pezzo

개가 凱歌 carmi trionfali

개가 改嫁 **-하다** risposarsi

개각 改閣 rimpasto ministeriale

개간 bonifica **-하다** bonificare, ricuperare

개간 改刊 revisione, ristampa **-하다** ristampare

개개 個個, 箇箇 [낱낱이] a uno a uno ¶ 개개의 individuale, separato

개개다 consumarsi, logorarsi

개골창 cunetta, scolo, fosso, fossa

개과 改過 pentimento **-하다** pentirsi, correggersi

개관 開館 apertura di teatro **-하다** aprire * **-식** inaugurazione

개관 概觀 quadro generale, profilo, riassunto **-하다** osservare, riassumere

개괄 概括 riassunto, sommario, generalizzazione **-하다** riassumere, ricapitolare, generalizzare

개구리 rana ¶ 개구리 헤엄을 치다 nuotare a rana

개구장이 birichino, monello

개국 開國 [건국] fondazione ¶ 로마개국 la fondazione di Roma

개그 gag

개근 皆勤 frequenza regolare **-하다** frequentare regolarmente

깨끗이 ① [청결] pulitamente, ordinatamente ¶ 깨끗이 하다 pulire, nettare, detergere, mettere in ordine // 집을 깨끗이 하다 pulire la casa ② [공정] in modo imparziale, lealmente, correttamente ¶ 깨끗이 승부하다 giocare correttamente ③ [완전히] completamente, tutto ④ [결백] puramente

깨끗하다 ① [청결] essere pulito, essere netto, essere puro [맑음] essere chiaro, essere limpido [참함] essere ordinato ② [공정] essere leale, essere corretto ③ [완전] essere completo, essere intero, essere tutto ④ [결백] essere puro, essere innocente, essere casto

개기 皆旣 【천문】 eclissi * **-일(월)식** eclissi solare [lunare]

깨나다 riprendere conoscenza, rivenire, riprendere i sensi, ritornare in senso

개념 概念 idea, concetto, nozione ¶ 개념적인 concettuale // 선과 악의 개념 il concetto di bene e quello di male

개다[1] [날씨가] schiarirsi, rasserenarsi [비가] smettere di piovere ¶ 하늘이 맑게 개었다 Il cielo si è rasserenato. // 비가 개었다 Ha smesso di piovere.

개다[2] [으깨다] impastare, confondere, mescolare ¶ 밀가루와 계

란을 반죽하다 impastare la farina con le uova

개다[3] piegare ¶ 옷[셔츠]을 개다 piegare un abito [camicia]

깨다 ① [잠이나 꿈이] svegliarsi, destarsi ¶ 갑자기 잠이 깨다 svegliarsi di soprassalto ② [술이] rendere sobrio, smaltire la sbornia ③ [미몽에서] destarsi, disingannarsi // 몽상에서 깨다 destarsi da un′illusione ④ [개화] essere civilizzato, essere illuminato

깨닫다 ① [알다] accorgersi, capire, avvertire, intuire, percepire ¶ 위험을 깨닫다 percepire un pericolo ② [자각] rendersi conto di, accorgersi di, capire, essere cosciente ¶ 나는 내가 실수했음을 깨달았다 Mi accorsi di avere sbagliato.// 나는 사태의 중요성을 완전히 깨닫고 있었다 Ero perfettamente cosciente della gravità della situazione.

개똥밭 [더러운 곳] luogo sporco ¶ 개똥밭에도 이슬 내릴 날이 있다 Il momento buono viene per tutti.

개똥벌레 【곤충】 lucciola

개돼지 ¶ 개돼지 같은 사람 bruto

깨뜨리다 ① [물건을] rompere, fratturare, infrangere, frantumare, distruggere ¶ 꽃병을 깨뜨리다 infrangere un vaso // 돌을 깨뜨리다 frantumare la pietra ② [일을] rendere vano, frustrare, rovinare ¶ 나의 계획이 깨졌다 I miei disegni sono stati rovinati.

개략 槪略 traccia, riassunto, sommario

개량 改良 miglioramento, riforma **-하다** migliorare, riformare

개런티 [출연료] garanzia

개론 槪論 introduzione, riassunto, sommario **-하다** riassumere, abbozzare, descrivere a grandi linee

개막 apertura * **-식** inaugurazione, cerimonia d′apertura

깨물다 mordere, morsicare ¶ 개가 내 팔을 물었다 Il cane mi ha morso il braccio.

개미 formica ¶ 개미굴 formicaio

개미허리 vita sottile

개발 [개척] bonifica, sfruttamento, sviluppo [계발] miglioramento **-하다** sviluppare, sfruttare, migliorare ¶ 한나라의 천연 자원을 개발하다 sviluppare le risorse naturali di un paese * **경제** - lo sviluppo economico * - **도상국** paese in via di sviluppo

개밥 cibo per i cani

개방 開放 [열어놓음] apertura ¶ 개방적인 aperto

개벽 開闢 Creazione

개변 改變 cambiamento, innovazione, rimessa a nuovo **-하다** fare delle innovazioni, rinnovare, cambiare

개별 caso individuale ¶ 개별적으로 individuale, separatamente * **-개념** concetto distributivo

개봉 開封 [편지 따위의] apertura [영화]

개비 rinnovo, ripresa **-하다** rinnovare, rimettere

개산 槪算 calcolo approssimativo

개서 改書 [다시 쓰기] riscritto [어

음·증서] rinnovamento **-하다** riscrivere, rinnovare

개선 凱旋 ritorno trionfale, ritorno di trionfo **-하다** trionfare

개선 ⇒ 옴

개선 改選 rielezione **-하다** rieleggere

개선 改善 miglioramento, progresso **-하다** migliorare ¶ 경제 조건의 개선 il miglioramento delle condizioni economiche // 외교 관계가 개선되었다 Le relazioni internazionali sono migliorate. * **-책** rimedio

개설 開設 apertura, impianto, stabilmento **-하다** aprire, stabilire ¶ 지점을 개설하다 stabilire una filiale

개설 概說 sommario, compendio, introduzione, riassunto **-하다** abbozzare, tracciare a grandi linee

개성 個性 individualità, personalità ¶ 그는 강한 개성을 가지고 있다 Ha una forte personlità.

개소리 ¶ 개소리 말라 Macchè! Che sciocchezze!

개솔린 benzina, petrolio

개수 改修 riparazione, aggiustatura, racconciatura, rammendatura **-하다** riparare, aggiustare, raccomodare, rammendare

개수 概數 cifra tonda

개술 概述 riassunto **-하다** riassumere, abbozzare

개시 開始 inizio **-하다** iniziare, cominciare

개신 改新 riforma, rinnovamento **-하다** riformare, rinnovare

개심 改心 riforma, emendamento **-하다** riformare, emendare

개악 改惡 cambiamento in peggio **-하다** cambiare in peggio, deteriorare

깨알 granello[chicco] di sesamo

개암 nocciuola, avellana

개업 開業 apertura **-하다** aprire ¶ 빵집[변호사 사무소]을 개업하다 aprire una panetteria [uno studio legale]

개역 改易 cambiamento, modifica

개역 改譯 ritraduzione **-하다** ritradurre

개연성 蓋然性 【철학】 probabilità

개요 概要 riassunto, sommario

깨우다 ① [잠을] svegliare, destare ¶ 아침 일찍 깨워주게 Destami di buon ora. ② [각성] riportare alla ragione, far rinsavire, destare

깨우치다 richiamare qlcu., all'attenzione di qlco., rammentare

개운하다 rinfrescarsi

개울 ruscello

개원 開院 apertura di un ospedale **-하다** aprire un ospedale

개원 改元 cambiamento di una era

개의 介意 **-하다** fare attenzione a, occuparsi di ¶ 개의치 말아 Non preoccuparti!

개인 個人 individuo, persona, privato ¶ 개인적으로 individualmente, personalmente, privatamente ¶ 개인의 이익 interessi individuali // 개개인의 개성 caratteristiche individuali // 개인적 의견 opinione personale

개인교수 個人敎授 lezione privata

개인전 個人展 mostra personale

개인주의 個人主義 individualismo ¶ 개인주의적인 individualistico [이기적] egoistico

개입 介入 intervento **-하다** intervenire, immischiarsi

개자 芥子 senape (겨자)

개작 改作 revisione, adattamento **-하다** revisionare, adattare

개장 開場 apertura **-하다** aprire

개장 改裝 conversione, trasformazione, rimodernamento **-하다** raddobbare, rimodellare, convertire

개재 介在 interposizione, intervento(개입) **-하다** interporsi, intervenire

개전 開戰 scoppio della guerra **-하다** scoppiare la guerra, aprire le ostilità

개전 改悛 pentimento, penitenza **-하다** pentirsi

개점 開店 **-하다** aprire un negozio

개정 改定 riforma **-하다** riformare

개정 改正 [수정] revisione, ripasso, emendamento [변경] cambiamento, modifica [개량] miglioramento **-하다** ripassare, rivedere, emendare, cambiare, migliorare, modificare ¶ 법률의 1개 조항을 개정하다 emendare un articolo di un legge

개정 改訂 revisione **-하다** ripassare, rivedere * **-판** edizione riveduta

개제 改題 **-하다** cambiare il titolo

개조 開祖 fondatore, inventore, iniziatore

개조 改造 ricostruzione, riedificazione **-하다** ricostruire, riedificare

개종 改宗 conversione **-하다** convertirsi ¶ 기독교로 개종하다 convertirsi al cristianesimo * **-자** convertito

개죽음 **-하다** morire invano

개중 個中 tra, in mezzo a

깨지다 ① [물건이] rompersi, frangersi, infrangersi ¶ 깨지기 쉬운 fragile // 깨지기 쉬운 물건 roba fragile ② [일이] essere frustrato, rendere vano

개진 開陣 dichiarazione, esposizione **-하다** dichiarare, esprimere,

개집 canile

개착 開鑿 scavo **-하다** scavare

개찬 改竄 **-하다** correggere, rettificare, ripassare

개찰 改札 **-하다** controllare i biglietti

개척 開拓 [개간] bonificazione, coltivazione, coltura [자원의] sfruttamento, sviluppo **-하다** bonificare, sviluppare, sfruttare

개천 fossa, ruscello

개청 開廳 inaugurazione, apertura (di un ufficio) **-하다** inaugurare, aprire un ufficio

개체 個體 individuo * **-발생** 【생물】 ontogenesi

개초 蓋草 [이엉] paglia * **-장이** chi fa coperture di paglia

개최 開催 **-하다** aprire ¶ 회의를 개최하다 aprire la seduta

개축 改築 ricostruzione **-하다** ricostruire

깨치다 [해득] capire, comprendere

깨치다 rompere ⇒ 깨뜨리다

개칠 改漆 **-하다** [그림 · 글씨를] ritoccare [칠을] dipingere [verni-

ciare] di nuovo
개키다 ripiegare
개탄 慨嘆 deplorazione, lamentela **-하다** deplorare, lamentare
개탕 solco, scanalatura
개통 開通 apertura ¶ 도로의 개통 apertura di una strada
개판 改版 [개정] revisione [개정판] edizione riveduta **-하다** rivedere, pubblicare un'edizione riveduta
개펄 distesa fangosa
개편 改編 riorganizzazione, riforma **-하다** riorganizzare
개평 mancia del vincitore ai perdenti del gioco
개평 概評 critica generale, commento generale
개폐 開閉 apertura e chiusura **-하다** aprire e chiudere * **-교** ponte levatoio **-기** interruttore
개폐 改廢 **-하다** riorganizzare, fare un cambiamento su
개표 開票 conteggio della scheda elettorale **-하다** contare le schede elettorali
개학 開學 inizio della scuola
개항 開港 **-하다** aprire un porto al commercio
개헌 改憲 correzione costituzionale **-하다** fare una modifica alla costituzione **-안** una fattura per emendamento della costituzione
개혁 改革 riforma **-하다** effettuare una riforma, riformare * **-안** un piano di riforma * **종교-** La Riforma
개화 開化 **-하다** essere civilizzato ¶ 개화한 civilizzato
개화 開花 fioritura **-하다** fiorire, aprirsi * **-기** fioritura
개황 概況 situazione generale * **일기 -** le condizioni atmosferiche generali
개회 開會 apertura della riunione, apertura della sessione **-하다** aprire la riunione, entrare nella sessione * **-사** allocuzione inaugurale * **-식** inaugurazione
객 客 ⇒ 손님
객관 客觀 obiettività, oggettività [대상] oggetto ¶ 객관적인 obiettivo, oggettivo // 객관적 판단 giudizio obiettivo // 객관적으로 생각하다 considerare con occhio obiettivo
객년 客年 anno passato
객담 客談 **-하다** dire parole inutili, dire sciocchezze
객담 喀痰 flemma
객비 客費 [낭비] spesa sprecata [여비] spese di viaggio
객석 客席 posto per gli invitati
객선 客船 nave per passeggeri
객소리 osservazione inutile
객스럽다 客- essere inefficace, essere inutile, essere inservibile
객식구 客食口 persona a carico
객실 客室 [배의] cabina di lusso, cabina passeggeri [가정의] salone per i ricevimenti, salotto
객차 客車 carrozza viaggiatori, vettura
객혈 喀血 ematemesi **-하다** sputare sangue
갱 ganster, bandito, sicario [총칭] banda
갱 [수직 갱] fossa, buca [갱도] galleria

깽깽 ¶ 깽깽 울다 guaire, strillare
갱내 坑內 buca, fossa
갱년기 更年期 [여성] menopausa
갱도 坑道 [가로갱] galleria [세로갱] buca, fossa
갱부 坑夫 minatore
갱생 更生 rinascita, rigenerazione, rinnovamento **-하다** rinascere, rianimare
갱신 更新 rinnovo, ripresa, rimessa a nuovo **-하다** rinnovare, riprendere, rimettere a nuovo ¶ 계약을 갱신하다 rinnovare un contratto
갱의실 更衣室 camerino
갸륵하다 essere lodevole, essere degno di lode
갸름하다 essere ovale ¶ 갸름하고 예쁜 얼굴 un bell′ovale
갹금 醵金 raccolta di fondi [기부금] contributo **-하다** organizzare [promuovere] la raccolta di fondi
갹출 醵出 donazione, contributo **-하다** contribuire, donare, fare dono di
거간 居間 [일] mediazione [사람] mediatore **-하다** fare da mediatore
거개 il più, la maggioranza
거거익심 去去益甚 **-하다** peggiorare sempre di più, andare di male in peggio
거구 巨軀 figura massiccia ed enorme
거꾸러뜨리다 ① [넘어뜨리다] stendere a terra, abbattere ② [지우다] battere, sconfiggere ③ [죽이다] uccidere, ammazzare
거꾸러지다 ① [엎어지다] capitolare, cadere ② [지다] essere sconfitto [망하다] essere rovinato ③ [죽다] morire, soccombere, arrendersi
거꾸로 sottosopra, alla rovescia [위 · 아래를] a testa in giù [오히려] al contrario ¶ 거꾸로 박히다 fare un capitolambolo, cadere
거국 擧國 ¶ 거국적 su scala nazionale // 거국 일치 un fronte unito
거금 巨金 grossa somma di denaro, mucchio di denaro
거금 距今 fa
거기 ① [장소] quel posto, là, lì ¶ 거기 있거라 Resta là dove sei! // 거기 놓아라 mettilo là! ② [그 일 · 그 정도] quel, fin qui // 거기까지는 좋았지만 fin qui tutto a posto, ma
거나하다 essere brillo, essere ubriaco ¶ 거나하게 취하다 ubriacarsi
꺼내다 ① [속에서] tirare fuori ② [이야기를] iniziare ¶ 어려운 문제를 꺼내다 fare presente un problema difficile
거느리다 essere a capo di, essere alla guida, essere in testa a
거느림채 edificio annesso, costruzione annessa
-거늘 ① [까닭] siccome, dato che, visto che ② [지만] benché, sebbene, anche se
거닐다 passeggiare, gironzolare
거당 擧黨 partito intero
거대 巨大 **-하다** essere enorme, essere smisurato, essere gigantesco
거덜거덜하다 essere traballante, é essere vacillante
거덜나다 crollare, cadere, fallire [결딴] andare in rovina [파산] fal-

lire
거동 擧動 [처신] condotta, comportamento, atteggiamento [행동] azione
거두다 ① [모으다] raccogliere, fare collezione di, fare il raccolto di ¶ 밀을 거두다 raccogliere il grano ② [얻다] ottenere, acquistare, raggiungere ¶ 희극은 대 성공을 거두었다 La commedia ottenne un gran successo. ③ [돌보다] occuparsi, prendersi cura di ④ [모양내다] ravviarsi ⑤ [그치다] smettere ¶ 숨을 거두다 mandare[rendere] l′ ultimo sospiro, morire
거드럭거리다, 꺼드럭거리다 pavoneggiarsi, darsi delle arie ¶ 거드럭거리며 걷다 pavoneggiarsi, camminare con superbia
거드름 aria altezzosa, alterezza
-거든 ① [가정] se, quando ¶ 그가 나보다 먼저 도착하거든 나를 기다리라고 말하라 Se per caso arrivasse prima di me, digli di aspettarmi. ② [하물며] ancora
거들 [코르셋] busto
거들다 dare una mano a, aiutare
거들떠보다 lanciare uno sguardo, dare un′occhiata, stare attento a, fare attenzione a
거들먹거리다 darsi delle arie
거듭 ancora, di nuovo, un′altra volta, ripetutamente, più e più volte ¶ 거듭거듭 ripetutamente
거래 affari, trattavia, rapporti d′ affari ¶ 거래를 시작하다 entrare in relazione d′affari con
거론 擧論 **-하다** trattare un argomento, fare un argomento di discussione
거룩하다 essere divino, essere sacro, essere santo [위대] grande ¶ 거룩한 정신 spirito nobile
거룻배 traghetto
거류 居留 residenza, abitazione, dimora **-하다** risedere, dimorare * **-민** residente
거르다[1] [여과] filtrare
거르다[2] [차례를] saltare, omettere ¶ 식사를 거르다 saltare il pasto
거름 concime, letame [화학 비료] fertizzante chimico **-하다** concimare, fertizzare
거리[1] via, strada, quartiere
거리[2] ① [재료] materiale, roba ¶ 먹을 거리 roba da mangiare ② [대상] causa, sorgente ¶ 웃음거리 zimbello // 친구들의 웃음거리가 되다 essere lo zimbello di una compagnia // 일거리 lavoro
거리 距離 distanza [간격] intervallo [차이] differenza ¶ 거리를 유지하다 mantenere le distanze // 로마에서 나폴리까지의 거리는 얼마입니까? Che distanza c′è da Roma a Napoli?
거리끼다 [사물에] intralciare il passaggio a, trattenere da [마음에] dare ai nervi, fare venire ai nervi ¶ 거리낌없이 apertamente, senza riserve
꺼리다 scansare, schivare, evitare, sfuggire a, essere restio a ¶ 그녀는 나를 도와주기 위해 모든 수고를 꺼리지 않았다 Ha fatto tutto il possibile per aiutarmi.
꺼림칙하다 fare venire ai nervi [양

심에] rimordere
거마비 車馬費 spesa per traffico
거만 倨慢 arroganza, altezzosità, sufficienza ¶ 거만하게 대답하다 rispondere con arroganza // 거만한 태도 aria di sufficienza
거매지다 abbronzarsi
거머리 sanguisuga
거머삼키다 inghiottire, trangugiare, deglutire voracemente
거머쥐다 afferrare, stringere
거멀못 morsetto, morsa
거멀장 morsetto, morsa
거목 巨木 albero grande, albero gigantesco
거무스름하다 essere di colorito scuro
거물 巨物 la più importante figura, magnate
거미 [동물] ragno * **-집** ragnatela
거미줄치다 tessere [굶다] soffrire la fame, affamarsi
거보 巨步 ¶ 거보를 내딛다 fare grandi passi avanti
거부 巨富 milionario, miliardario
거부 拒否 rifiuto, rigetto, disapprovazione, diniego, veto **-하다** rifiutare, negare, respingere, scartare ¶ 거부권을 행사하다 esercitare il diritto di veto
거북 【동물】 tartaruga , testuggine
거북하다 sentirsi scomodo, sentirsi a disagio [사물이 주어] essere imbarazzante, essere scomodo ¶ 거북한 상황 una situazione imbarazzante
거사 擧事 **-하다** passare all′azione, agire, sorgere
거상 居喪 lutto ¶ 거상 중이다 essere in lutto // 거상을 입다 portare il lutto
거상 巨商 ricco mercante
거상 巨像 statua gigantesca, colosso
거석 巨石 pietra enorme
거세 去勢 ① [가축 따위의] castrazione ② [세력 제거] esclusione, epurazione, sradicamento **-하다** castrare, escludere, sradicare
거세다 essere violento, essere selvatico, essere selvaggio, essere feroce, essere furioso
거소 居所 indirizzo, dimora
거스러미 [손톱] pipita [나무의] scheggia
거스러지다 ① [성질이] diventare incontrollabile, diventare violento ② [털이] diventare arruffato, rizzarsi
거스르다 ① [반대] opporsi a, dare contro a, attraversare ¶ ~에 거슬러 contro, contrario a ② [돈을] cambiare in spiccioli
거스름돈 spiccioli, resto ¶ 거스름돈을 건네다 dare il resto // 거스름돈은 가지십시오 Tenga il resto.
거슬러 올라가다 ① [상류로] rimontare la corrente ② [과거로] risalire
거슬리다 ① [거스른 상태] essere opposto ② [비위에] essere antipatico, essere spiacevole
거슴츠레하다 essere assonnato, essere sonnolento
거시적 巨視的 【의학】 macroscopico [관점이] comprensivo
거실 居室 soggiorno, salotto
거액 巨額 grassa somma di denaro

거역 拒逆 disubbidienza, opposizione, resistenza **-하다** disubbidire a ¶ 부모의 말을 거역하다 disubbidire ai genitori

거울 ① specchio ¶ 거울을 보다 guardarsi allo specchio ② [모범] modello ¶ …을 거울로 삼다 prendere a modello qlcu./qlco.

거위 【새】 oca

거의 [대체로] quasi [부정적] appena, a mala pena [약] circa, quasi, pressapoco [대부분] per lo più ¶ 그는 내게 거의 형과 다름없다 Lui è quasi un fratello per me. // 나는 거의 한 시간 전부터 기다리고 있다 Attendo da quasi un′ora. // 그는 거의 네 나이 또래이다 Ha pressapoco la tua età. // 거의 다 끝났다 È quasi finito.

거인 巨人 gigante [위인] grand′uomo

거장 巨匠 maestro

거저 gratis, gratuito, per niente ¶ 무료입장 ingresso gratis

거적 stuoia

거절 拒絶 rifiuto, rigetto **-하다** rifiutare, rinnegare, declinare, respingere¶ 초대를 거절하다 declinare un invito // 선물을 거절하다 respingere un dono

거점 據點 fortezza, punto ¶ 중요한 군사 거점 punto strategico

거족 擧族 ¶ 거족적으로 su scala nazionale

거주 居住 dimora, residenza **-하다** vivere, abitare ¶ 거주 증명서 certificato di residenza // 시골에 거주하다 abitare in campagna

거죽 [표면] superficie, [옷의] dritto, [외면부] esteriore

거중조정 居中調停 mediazione, intervento, arbitrato

거지 mendicante

꺼지다 ① [불이] spegnersi ¶ 불이 꺼지다 Il fuoco si è spento. ② [분이 풀어지다] placarsi ③ [사라지다] scomparire, sparire

거짓 ① [거짓말] bugia, menzogna, fabbrificazione, finzione ② [부사적] a torto, falsamente ¶ 거짓없이 우리에게 이야기 하십시오 Parlateci senza finzioni!

거짓말 bugia, menzogna, falsità, finzione **-하다** dire bugie ¶ 거짓말 투성이 un cumulo di menzogne ＊ **-장이** bugiardo

거창 巨創 ¶ 거창하게 su larga scala

거처 居處 dimora [거소] abitazione **-하다** dimorare, abitare

거추장스럽다 essere pesante e ingombrante, essere molesto

거취 去就 [태도] atteggiamento

거치다 passare

거치적거리다 impedire, ostacolare

거칠다 essere ruvido, essere grosso, essere violento ¶ 거친 피부 pelle ruvida // 거칠게 말하는 남자 uomo ruvido nel parlare

거침 ostacolo, intoppo, contrattempo

거침없다 essere senza legami, essere senza esitazione

거쿨지다 essere virile, essere autoritario, essere imperioso

거포 巨砲 fucile grande, cannone

거푸 ripetutamente, a più riprese

거푸집 [주형] forma, modello, calco

꺼풀 pelle, strato esterno

거품 bolla, bollicina [맥주의] lievito di birra [비누의] bolla di schiuma ¶ 거품이 이는 spumante, spumeggiante, spumoso

거하다 [산이] essere alto, essere erto [나무가] essere folto, essere denso

거한 巨漢 gigante, uomo grande

거행 擧行 svolgimento, adempimento, celebrazione **-하다** svolgere, adempire, celebrare, solennizzare

꺽꺽하다 essere duro, essere rigido

꺽다리 uomo di alta statua

꺽쇠 morsetto, punto metallico, graffa

걱정 ① [근심] ansia, ansietà, preoccupazione, apprensione ¶ 걱정으로 가득 찬 pieno di ansia // 저 아이는 내 걱정거리이다 Quel ragazzo è la mia preoccupazione. // (…에 대해) 걱정하다 nutrire apprensione per qlcu. // 나는 시험 때문에 걱정이다 Sono in apprensione per i miei esami. ② [나무람] sgridata, rimprovero **-하다** sgridare, rimproverare

꺽다 ① spezzare, rompere ¶ 나뭇가지를 꺽다 spezzare un ramo ② [접다] piegare, raddoppiare ③ [방향을] girare, voltare ¶ 오른쪽으로 꺽다 voltare a destra ④ [기운을] scoraggiare, demoralizzare

꺽어지다 [부러지다] rompersi, spezzarsi [접히다] piegarsi ⇒ 꺽이다

꺽이다 ① [부러지다] rompersi, spezzarsi ② [접히다] piegarsi ③ [방향이] piegarsi, curvarsi ④ [기운이] scoraggiarsi, demoralizzarsi ¶ 그는 처음의 실패로 기가 꺽였다 Si è demoralizzato al primo insuccesso

건 件 caso, faccenda, articolo

건 鍵 chiave

건 腱 【해부】 tendine 아킬레스 - tendine di Achille

건- 乾- secco, asciutto ¶ 건포도 uva secca

건각 健脚 gambe forti

건강 健康 salute **-하다** essere sano, essere in buona salute, essere salubre ¶ 건강이 좋지 않다 avere una salute cagionevole // 건강하다 avere una salute di ferro, essere sano di corpo // 건강을 보호하다 conservarsi in salute // 이것은 네 건강에 좋다 Questo ti fa bene alla salute.

건국 建國 costituzione di uno stato **-하다** fondare uno stato

건너가다 attraversare, varcare ¶ 길을 건너가다 attraversare la strada

건너다 attraversare, varcare ¶ 대양을 건너다 varcare l´oceano // 헤엄을 쳐 강을 건너다 attraversare il fiume a nuoto // 다리를 건너다 attraversare il ponte

건너편 parte opposita, lato opposito ¶ 길 건너편에 있다 stare sul lato opposto della strada // 건너편 보도 il marciapiedi opposto

건널목 incrocio, attraversamento * **-지기** guardiano

건달 乾達 libertino, vizioso

-건대 quando, se, secondo, stando a, visto che ¶ 그가 말한 것으로 보건대 stando a quanto dice

건둥그리다 mettere a posto, mettere in ordine

건둥하다 mettere in ordine, mettere a posto

건드리다 toccare [자극하다] provocare, irritare ¶ 상품을 손으로 만지는 것은 금지되어 있다 È proibito toccare la merce.

건들거리다 ① [움직이다] dondolare ② [바람이] soffiare ③ [빈둥거리다] oziare

건락 乾酪 formaggio, cacio

건류 乾溜 carbonizzazione (석탄의) **-하다** carbonizzare

건립 建立 costruzione, edificazione **-하다** costruire, edificare ¶ 새로운 사원의 건립 l'edificazione di una nuova cattedrale ¶ 건립중인 in (via di) costruzione

- 건마는 benché, sebbene, nonostante, malgrado, tuttavia ¶ 모든 노력을 다 기울였건마는 nonostante, tutti i sforzi

건망 健忘 poca memoria ＊ **-증** amnesia

건목 乾木 legname secco

건물 建物 edificio, costruzione, palazzo ¶ 석조[목조] 건물 costruzione di pietra [di legno]

건반 鍵盤 tastiera ＊ **-악기** strumenti a tastiera

건빵 乾- biscotto

건방지다 essere impertinente, essere impudente, essere impertinente, essere sfacciato ¶ 건방진 질문 domanda impertinente

건사하다 ① [간수] tenere ② [보살핌] occuparsi di, prendersi cura di

건선거 乾船渠 bacino di carenaggio

건설 建設 costruzione, edificazione [설립] costituzione **-하다** costruire, fabbricare ¶ 건설적인 costruttivo // 고층건물을 건설하다 costruire un grattacielo // 건설중이다 essere in costruzione ＊ **-업자** costruttore

건성 mancanza di attenzione, disattenzione, distrazione ¶ 건성으로 distrattamente // 건성으로 읽다 leggere con disattenzione

건성 乾性 ¶ 건성의 secco

건습 乾濕 secchezza e umidità

건실 健實 **-하다** essere serio, essere solido, essere affidabile ¶ 건실하게 solidamente

건아 健兒 bravo ragazzo, ragazzo in gamba

건어 乾魚 pesce secco

건의 建議 [제의] proposta, offerta, raccomandazione, suggerimento **-하다** proporre, raccomandare

건장 健壯 buona salute **-하다** essere in buona salute, essere sano, essere robusto

건재 建材 materiali da costruzione

건재 健在 **-하다** stare bene, essere in buona salute

건전 健全 **-하다** essere sano, essere salubre

건전지 乾電池 batteria

건조 乾燥 secchezza, aridità **-하다** essere secco, essere arido ¶ 건조한 공기 aria secca

건조 建造 costruzione, edificazione **-하다** costruire, edificare ＊ **-물** edificio, edilizia

건초 乾草 fieno

건축 建築 costruzione, edificazione, erezione * **-물** edificio, edilizia, architettura **-하다** costruire, edificare, architettare ¶ 건축상의 architettonico //건축중이다 essere in costruzione * **-가** architetto -업 impresa di costruzione

건판 乾板 【사진】 lastra

건포도 乾葡萄 uvetta, uva passa

건함 建艦 costruzione navale

걷다[1] ① [말다] piegare, ripiegare ② [치우다] rimuovere, eliminare, togliere ③ [돈 따위를] raccogliere

걷다[2] camminare, andare a piedi ¶ 비를 맞고 걷다 camminare sotto la pioggia // 그녀는 아기가 깨지 않도록 조용히 걸었다 Ella cammina silenziosamente per non svegliare il bambino.

걷어차다 dar dei calci, prendere a calci

걷어치우다 ① [치우다] mettere via, mettere da parte ② [하던 일을] cessare di, finire di, abbandonare, desistere da

걷잡다 trattenere, ritenere, arrestare [막다] reprimere, raffrenare, controllare ¶ 걷잡을 수 없는 혼란 la confusione incontrollabile // 걷잡을 새 없이 rapidamente, velocemente

걷히다 ① [구름 따위가] rischiararsi, dileguarsi, disperdersi ② [돈 따위가] essere raccolto

걸걸하다 essere franco, essere vivace

걸귀 [사람] ghiottone, goloso, mangione ¶ 걸귀들린 듯이 먹다 mangiare voracemente

껄끄럽다 essere ruvido, essere scabro, essere grossolano

걸다 ① [흙이] essere fertile, essere fecondo ② [입이] essere osceno, essere maldicente

걸다 ① [매달다] appendere ¶ 모자를 옷걸이에 걸다 appendere il cappello all'attaccapanni // 그림을 벽에 걸다 appendere un quadro al muro ② [말을] parlare // 농을 걸다 fare uno scherzo a qlcu. ③ [시비를] ¶ 싸움을 걸다 attaccare briga con qlcu. ④ [전화를] telefonare, fare un numero, fare una telefonata ⑤ [문고리 따위를] chiudere a chiave ⑥ [돈·목숨 따위를] scommettere, rischiare ¶ 나는 그가 옳다는 데에 10만 리라를 건다 Scommetto centomila lire che egli ha ragione.

껄렁하다 essere cattivo, essere spregevole, essere inutile

걸레 straccio, cencio

걸리다[1] ① [매달리다] appendersi ② [법따위에] essere contrario, transitare abusivamente ③ [잡히다] essere preso ④ [관계] essere [rimanere] coinvolto in ⑤ [함정 따위에] cadere in, cadere in trappola ⑥ [방해되다] essere bloccato ⑦ [병에] ammalarsi ⑧ [들다] volerci ¶ 내가 그 일을 하는데 두 시간 걸렸다 Mi ci sono volute due ore per farlo.

걸리다[2] [걷게 하다] fare camminare

걸맞다 essere assortito, essere adatto

걸머잡다 afferrare, cercare di affer-

rare, acchiappare
걸머지다 ① [등에] accollarsi, addossarsi ② [빚을] indebitarsi
걸물 傑物 grand'uomo
걸빵 [멜빵] bretella
걸상 banco, panca, sgabello
걸쇠 presa, chiavistello ¶ 걸쇠를 걸다 mettere il chiavistello
걸식 乞食 mendicità **-하다** mendicare
걸신 乞神 voracità
걸음 passo ¶ 한 걸음 한 걸음 passo a passo, un passo dietro l'altro
걸음걸이 passo, andatura ¶ 무거운 걸음걸이 andatura pesante
걸인 乞人 mendicante
걸작 傑作 capolavoro ¶ 저 그림은 걸작이다 Quel quadro è un capolavoro.
걸출 傑出 ¶ 걸출한 eminente, noto, prominente
걸치다 [범위] estendere, spiegare [계속하다] durare ¶ 일생에 걸쳐 vita naturale durante
걸터앉다 stare a cavalcioni [말 위에] stare in groppa a
걸터타다 montare a 《cavallo》, stare in groppa a
걸핏하면 spesso, prontamente ¶ 걸핏하면 …하다 avere la tendenza a fare
껌 chewing gum
검 劍 spada [군도] sciabola [총검] baionetta [단검] pugnale
검객 劍客 spadaccino
검거 檢擧 arresto **-하다** arrestare, fare una retata di ¶ 암살범은 아직도 검거되지 않았다 L'assassino non è ancora stato arrestato.
껌껌하다 essere buio pesto
검경판 檢鏡板 [현미경의] vetrino
검다, 껌다 [빛깔] essere nero, essere oscuro
검댕 fuliggine ¶ 검댕 투성이의 fuligginoso
검둥이 [흑인] negro
검량 檢量 misurazione
검류계 檢流計 [전류의] galvanometro
검무 劍舞 danza della spada
검문 檢問 ispezione, **-하다** ispezionare
검붉다 essere rosso scuro
검사 檢査 ispezione, controllo, verifica [회계 따위의] revisione, riscontro **-하다** ispezionare, controllare, revisionare, fare una revisione * **-관** ispettore [회계의] revisore dei conti
검사 檢事 procuratore
검산 檢算 **-하다** controllare i conti
검색 檢索 ricerca
검소 儉素 semplicità [절약] frugale **-하다** essere semplice, essere frugale ¶ 검소하게 alla semplice
검속 檢束 arresto **-하다** arrestare, mettere in detenzione preventiva
검술 劍術 scherma **-가** schermitore, spadaccino
검숭검숭 -하다 essere nerastro, essere nerognolo
검쓰다 essere amaro, [마음에] essere spiacevole
검시 檢屍 autopsia **-관** giudice istruttore che inquisisce sulle morti violente
검약 儉約 frugalità, economia, risparmio **-하다** risparmiare, economizzare

검역 檢疫 quarantena **-하다** fare la quarantena

검열 檢閱 ispezione [출판 · 영화의] censura [군대의] rivista **-하다** ispezionare, censurare, passare in rivista

검온기 檢溫器 termometro clinico

검은자위 iride

검인 檢印 bollo, timbro

검인정 檢認定 autorizzazione

검전기 檢電器 elettroscopio, rivelatore (누전용)

검정 nero

검정 檢定 autorizzazione, [검사] ispezione **-하다** autorizzare

검증 檢證 verifica, accertamento, ispezione giudiziaria **-하다** verificare, accertare

검찰 檢察 ispezione, investigazione e processo ¶ 검찰측 증인 testimone per l'accusa * **-관** procuratore **-총장** procuratore generale

검토 檢討 indagine, ispezione, esame scrupoloso **-하다** indagare su, esaminare attentamente

검푸르다 essere blu scuro

겁 怯 paura, spavento, vigliaccheria ¶ 겁장이 vigliacco, coniglio // …을 겁내다 avere paura di // 겁나게 하다 spaventare

겁나다 怯- avere paura di, temere ¶ 나는 지각할까 겁이 난다 Ho paura di essere in ritardo.

겁내다 怯- temere, avere paura di ¶ 그는 항상 실수를 범할까 겁낸다 Teme sempre di sbagliare.

껍데기 [곡물의] pula [조개의] guscio [밤 따위의] guscio di noce ¶ 달걀 껍데기 guscio d'uovo

겁장이 怯- vigliacco, coniglio

껍질 [나무의] corteccia [과실의] buccia, scorza ¶ 빵 껍질 la crosta del pane // 레몬 [사과] 껍질 buccia di limone [mela] // 콩껍질 buccia di fagiolo // 감자 껍질 buccia delle patate // 껍질을 벗기다 sbucciare, sgusciare // 삶은 계란 껍질을 벗기다 sgusciare un uovo sodo

겁탈 劫奪 [약탈] saccheggio [강간] sturpo, violenza carnale **-하다** saccheggiare, violentare, stuprare

것 [물체] cosa, oggetto [사물 · 일] cosa, materia

-껏 [있는대로 다] nei limiti del possibile, al più, tutt'al più ¶ 힘껏 하다 fare del proprio meglio // 양껏 먹다 mangiare a sazietà

껑충 **-뛰다** fare un balzo

겉 [표면] superficie, faccia [옷의] diritto [외면] esterno ¶ 겉으로는 esteriormente, apparentemente

겉가량 -假量 approssimazione, valutazione approssimativa

겉꺼풀 guscio, buccia

겉날리다 acciabattare

겉더깽이 pellicola, schiuma

겉돌다 girare a vuoto [사이가] non intendersela con

겉맞추다 adulare, lusingare

겉면 superficie, faccia, esterno

겉모양 -模樣 apparenza, mostra, figura

겉보기 ⇒ 겉모양 ¶ 겉보기에는 esteriormente, apparentemente, superficialmente

겉봉 -封 busta

겉싸개 copertura, fodera, copertina
겉옷 vestito esterno
겉잡다 fare una approssimazione
겉장 copertina
겉짐작 valutazione approssimativa
겉치레 apparenza, decorazione ostensibile **-하다** mettersi in eleganza, mettere in mostra, ostentare
겉치장 -治裝 decorazione ostensibile **-하다** mettersi elegante, presentare sotto una veste migliore
게 【게】 granchio
게거품 -물다 avere la schiuma alla bocca
께끄름하다 [사람이 주어] essere preoccupato, essere in ansia [사물이 주어] soppesare mentalmente, dare ai nervi
게다가 del resto, inoltre, per di più
게르만 tedesco
게릴라 guerrigliero ¶ 게릴라전 guerriglia
게시 揭示 avviso, preavviso, comunicato **-하다** dare avviso a * **-판** tabellone
게양 揭揚 **-하다** issare, esporre
게우다 vomitare, rimettere, rigurgitare, emettere
게으르다 essere pigro, essere ozioso, essere indolente, essere infingardo
게으름 pigrizia, ozio, indolenza ¶ 게으름은 그를 파멸시켰다 La pigrizia l′ha rovinato.
게으름뱅이 pigro, poltrone
게을리 -하다 trascurare, essere negligente ¶ 공부를 게을리하다 essere negligente nello studio
게임 gioco
게재 揭載 pubblicazione, stampa **-하다** pubblicare, stampare, inserire ¶ 신문에 광고를 게재하다 inserire un annuncio in un giornale
께죽거리다 [중얼거리다] brontolare, ringhiare
께지럭거리다 [음식을] mangiare senza appetito
게트림하다 ruttare arrogantemente
겨 pula, loppa, crusca
겨냥 ① scopo, mira [조준] mirino **-하다** mirare a, puntare ② [치수] dimensione, misura **-하다** misurare, prendere le misure di
겨누다 ① [겨냥] mirare a, puntare ¶ 과녁을 겨누다 prendere la mira, puntare ② [대보다] prendere le misure di
겨드랑이 ascella
껴들다 insinuarsi, inserirsi
겨레 [형제] fratello, [민족] popolo, compatriota, connazionale
겨루다 mettere a confronto con, rivaleggiare, competere, essere in concorrenza
겨를 tempo libero ¶ 겨를이 없다 essere occupato
껴안다 abbracciare, tenere stretto a, [안아 맡다] assumersi
겨우 appena, solo, soltanto ¶ 나는 겨우 어제서야 그녀를 만났다 L′ho vista appena ieri.
겨우내 durante tutto l′inverno
겨우살이[1] [옷] abiti invernali [과동]
겨우살이[2] 【식물】 vischio
겨울 inverno ¶ 겨울의 invernale * **-날** una giornata invernale **-철** la

stagione invernale

격자 senape

격 格 ① [지위] rango, posizione, stato [등급] classe, grado ② 【문법】 caso ＊ **주-** caso retto [nominativo]

격감 激減 diminuzione marcata **-하다** diminuire marcatamente

격납고 格納庫 aviorimessa

격년 隔年 ¶ 격년으로 ogni due anni

격노 激怒 collera, furia, ira **-하다** arrabbiarsi, diventare furioso

격돌 激突 scontro **-하다** scontrarsi

격동 激動 scossa violenta, scotimento, agitazione **-하다** scuotere violentemente, agitarsi

격랑 激浪 burrasca, mare agitato

격려 激勵 incoraggiamento **-하다** incoraggiare, spronare ¶ 공부하도록 격려하다 spronare a studiare

격렬 激烈 intensità, severità, violenza **-하다** intensificarsi,

격론 激論 discussione di fuoco, dibattimento, litigio

격류 激流 torrente, rapida

격리 隔離 isolamento **-하다** isolare, segregare ＊ **-병실** reparto di isolamento

격막 隔膜 【해부】 diaframma

격멸 擊滅 distruzione, annichilamento **-하다** distruggere, annichilare

격무 激務 lavoro duro

격문 檄文 manifesto, dichiarazione

격발 擊發 percussione

격발 激發 acceso, scoppio, esplosione **-하다** scoppiare, esplodere

격벽 隔壁 divisorio, tramezzo

격변 激變 convulsione, sconvolgimento 【지질】 cataclisma **-하다** cambiare rapidamente

격분 激忿 indignazione, ira, sdegno **-하다** provare sdegno, indignare

격세 隔世 epoche remote, [시대를 거름] ogni due generazioni ＊ **-유전** atavismo, reversione

격식 格式 forma, formalità, etichetta ¶ 격식을 차리지 않고 senza tante formalità

격심 激甚 severità, intensità **-하다** essere estremo, essere intenso, essere acuto

격앙 激昂 agitazione, rabbia, collera, furore **-하다** diventare agitato, rendere furioso, irritarsi, andare in collera

격언 格言 massima, proverbio, sentenza, motto

격외 格外 ¶ 격외의 straordinario, raro, eccezionale, speciale

격월 隔月 ogni due mesi ¶ 격월로 bimensile

격의 隔意 riserva ¶ 격의없는 franco, confidenziale

격일 隔日 un giorno si e uno no, a giorni alterni

격자 格子 grata, griglia ＊ **-창** finestra con grata, finestra con vetri piombati

격전 激戰 combattimento accanito, guerra calda, conflitto armato

격정 激情 emozione violento, passione, furia

격조 格調 [작품의] stile, ritmo, tono, [사람의] caratteristica, qualità, personalità ¶ 격조높은 nobile, raffinato, in tono elevato

격주 隔週 ¶ 격주의 quindicinale //

격주로 ogni due settimane, quindicinalmente

격차 格差, 隔差 differenza, differenziale, disparità ¶ 임금의 격차 differenziali salariali // 세대간의 격차 gap generazionale

격추 擊墜 abbattimento **-하다** abbattere, far cadere

격침 擊沈 affondamento **-하다** affondare

격퇴 擊退 respingimento **-하다** respingere, [진지에서] sloggiare ¶ 적을 격퇴하다 respingere i nemici

격투 激鬪 pugilato, lotta corpo a corpo **-하다** ingaggiare una lotta corpo a corpo, prendere a pugni

격파 擊破 **-하다** sconfiggere, schiacciare, distruggere

격하 格下 degradazione, retrocessione a un grado (a una classe inferiore) **-하다** degradare, abbassare di grado, far retrocedere a un grado

격하다 隔- [거리를] separare, dividere [막다] riparare, schermare [사이에 두다] interporre

격하다 激- essere violento, essere impetuoso, essere intenso, essere furioso, essere furibondo [화내다] arrabbiarsi ¶ 격한 감정 passione violenta // 격한 성미 un carattere violento // 격한 말 parole violente

격화 激化 intensificazione **-하다** intensificarsi, rafforzare, aggravarsi

겪다 ① [경험] subire, essere sottoposto a, sopportare ¶ 갖은 고초를 겪다 sopportare privazioni d'ogni genere ② [치르다] ricevere, accogliere, ospitare

견갑 肩胛 spalla * **-골** scapola

견강부회 牽强附會 sofisma, sofisticheria, cavillo

견고 堅固 **-하다** essere forte, essere robusto, essere solido ¶ 견고히 하다 fortificare, rafforzare

견과 堅果 【식물】 noce, nocciola

견디다 ① [참다] resistere, tollerare, sopportare, rassegnarsi a ¶ 견딜 수 없는 모욕 l'insulto intollerabile ② [배겨내다] sopportare, durare, resistere, opporre resistenza a ¶ 고통을 견디다 resistere al dolore

견딜성 -性 pazienza, resistenza, durata

견문 見聞 [지식] informazione, conoscenza [경험] esperienza

견본 見本 [상품의] campione [표본] modello, esemplare ¶ 견본과 같이 come da campione

견사 絹絲 seta

견습 見習 tirocinio, apprendistato [사람] apprendista

견식 見識 [의견] opinione, giudizio [인식] discernimento, intuizione [지식] conoscenza, informazione

견실 堅實 solidità, fermezza **-하다** essere solido, essere fermo, ¶ 견실한 일꾼 lavoratore assiduo

견인 堅忍 perseveranza, costanza, fermezza **-하다** essere perseverante, essere paziente, essere indomabile

견인 牽引 trazione, tirata **-하다** tirare, trascinare, trainare * **-차** trattore

견장 肩章 spallina
견적 見積 valutazione, stima, accertamento **-하다** stimare, valutare, accertare
견제 牽制 [제지] limitazioni, restrizioni [구속] costrizione **-하다** arrestare, tenere sotto controllo, controllare
견주다 paragonare, confrontare, mettere a confronto ¶ 견주어서 rispetto a, in confronto a // 견주어 보건대 a confronto
견지 堅持 **-하다** mantenere, tenere
견지 見地 punto di vista
견책 譴責 censura, condanna, rimprovero **-하다** condannare, rimproverare ¶ 엄격한 견책 rimprovero aspro
견치 犬齒 canino
견해 見解 opinione, punto di vista [해석] interpretazione ¶ 내 견해로는 a mio parere // 견해 차이 divergenza d'opinione // ~에 대한 견해를 갖다 essere dell'opinione
결 ① [나무 · 천 따위의] consistenza ¶ 결이거칠다 essere ruvido // 결이 곱다 essere fine ② [물 · 숨 · 소리 따위의] ondulazione ¶ 물결 ondulazione // 숨결 respirazione ③ [성질] indole, temperamento ④ [겨를 · 때 · 김] 잠결에 nel sonno
결강 缺講 assenza da lezione
결격 缺格 squalifica
결과 結果 risultato, conseguenza [결말] esito [효과] effettto [성과] frutto ¶ 시험 결과 l'esito degli esami // 연구 결과 il frutto della ricerca // 좋은 결과를 얻다 avere buon'esito // ~의 결과로 in conseguenza a, in seguito a, di conseguenza
결국 結局 alla fine, dopotutto, malgradotutto
결근 缺勤 assenza dal lavoro **-하다** essere assente ¶ 며칠 동안 결근했습니까? Quante assenze hai fatto?
결기 -氣 [급한 성질] temperamento irascibile (violento) [굳센 기상] impetuosità
결나다 perdere le staffe, andare su tutte le furie
결내다 arrabbiarsi, diventare indignato
결딴 ¶ 결딴 나다 essere rotto, essere guasto, essere distrutto // 결딴내다 rovinare, distruggere, guastare
결단 決斷 **-하다** organizzare
결단 決斷 decisione, determinazione, risolutezza **-하다** decidere, determinare ¶ 결단코 non... mai, per niente // 결단성 있게 con risolutezza
결렬 決裂 rottura, guasto, interruzione **-하다** rompere, guastare
결론 結論 conclusione ¶ 결론으로서 in conclusione // 결론이 안나는 의논 argomento che non conclude // 결론을 내리다 concludersi // 결론에 도달하다 giungere a una conclusione
결리다 [몸이] ¶ 가슴이 결리다 sentirsi un dolore nel cuore
결막 結膜 congiuntiva * **-염** congiuntivite

결말 結末 [끝] fine, conclusione [낙착] soluzione [결과] risultato ¶ 결말이 나다 concludere, risolvere

결박 結縛 rilegatura **-하다** legare

결백 [순결] purezza [무죄] innocenza [청렴] integrità **-하다** essere puro, essere onesto (retto), essere innocente ¶ 결백을 주장하다 dichiararsi innocente

결벽 潔癖 **-하다** essere pignolo

결별 訣別 **-하다** separarsi da, dare l'addio a, accomitarsi ¶ 그는 친구들과 영원히 결별했다 Si separa per sempre dagli amici.

결본 缺本 volume mancante

결부 結付 **-하다** collegare, associarsi a

결빙 結氷 gelamento **-하다** gelare, congelare

결사 結社 associazione, società **-하다** formare un'associazione, orgarzzarsi una società * **비밀 -** società segreta

결산 決算 liquidazione **-하다** liquidare * **-보고서** bilancio

결석 結石 【의학】 calcolo

결석 缺席 assenza [법] non presentarsi in giudizio **-하다** essere assente ¶ 학교를 결석하다 non andare a scuola // 나는 학교에 한 번도 결석한 일이 없다 Non ho fatto nessun'assenza a scuola.

결성 結成 **-하다** organizzare, formare * **-식** inaugurazione

결속 結束 unione, unità **-하다** unire, solidariezzare ¶ 결속하여 in armonia, in pieno accordo

결손 缺損 [손실] perdita [부족] deficit [손해] danno ¶ 결손을 채우다 colmare il deficit

결승 決勝 decisione [결승전] finale

결심 決心 determinazione, risolutezza **-하다** determinare, risolvere ¶ 결심하고 있다 essere determinato // 그는 떠나 있기로 결심했다 Determina di partire.

결여 缺如 mancanza, scarsità

결연 結緣 **-하다** mettere in relazione

결연 決然 **-하다** essere risoluto, essere fermo, essere solido, essere decisivo ¶ 결연히 risolutamente, fermamente, solidamente // 결연한 태도 atteggiamento decisivo

결의 決意 risolutezza, determinazione **-하다** determinare, risolvere

결의 決議 risoluzione, decisione **-하다** prendere una decisione, decidere

결장 結腸 【해부】 colon

결재 決裁 autorizzazione, rovazione, ratifica **-하다** autorizzare, approvare, ratificare * **-권** diritto di decisione

결전 決戰 battaglia decisiva, colpo decisivo [경기의] finale **-하다** fare un combattimento decisivo

결절 結節 nodo 【해부】 tubercolo 【병리】 nodo 【식물】 nodulo

결점 缺點 fallo, difetto, debolezza [흠] difetto [약점] il punto debole ¶ 결점이 없는 senza difetti // 결점이 있는 difettivo, difettoso

결정 決定 decisione, determinazione, conclusione, risoluzione **-하다** decidere, concludere, risolvere ¶ 결정적으로 decisamente, decisivamente, definitivamente // 결정판 edizione definitiva // 결정적 타격 colpo di grazia

결정 結晶 cristallizzazione [결정체] cristallo **-하다** cristallizzare ¶ 결정수 acqua di cristallizzazione // 노력의 결정 il frutto dello sforzo

결제 決濟 saldo, liquidazione **-하다** liquidare

결집 結集 **-하다** concentrare, far convergere

결코 決- mai, affatto, in nessun caso, a nessuna condizione ¶ 그런 일은 결코 다시 일어나지 않을 것이다 Non accadrà mai più.

결탁 結託 collusione, cospirazione, congiura **-하다** colludere, essere molto intimo con ¶ …와 결탁하여 in collusione con

결투 決鬪 duello **-하다** battersi in duello ¶ 결투를 신청하다 sfidare a duello

결핍 缺乏 mancanza, scarsità [부족] carenza, scarsità ¶ 비타민 결핍 carenza di vitamine

결함 缺陷 difetto ¶ 결함이 있는 difettivo, difettoso // 발음상의 결함 difetto di pronuncia // 제조의 결함 difetto di fabbrica

결합 結合 combinazione, unione 【전기】 accoppiamento

결핵 結核 【의학】 tubercolosi [결핵병] consunzione ¶ 결핵성의 tubercolotico ＊ **-요양소** tubercolosario **-환자** tubercoloso, tubercolotico, casa di riposo per i tubercolosi

결행 決行 **-하다** effetuare, compiere (risolutamente)

결혼 結婚 matrimonio, nozze, matrimonio **-하다** sposare, sposarsi, unirsi in matrimonio ¶ 결혼시키다 sposare // 그녀는 영국인과 결혼했다 Si è sposata con un inglese. // 결혼식을 거행하다 celebrare il matrimonio // 결혼식에 초대되다 ＊ **- 반지** anello matrimoniale **연애** - matrimonio d′amore, - **기념일** anniversario d′a moniale

결후 結喉 pomo di Adamo

겸비 兼備 **-하다** combinare, mettere insieme, unire ¶ 그녀는 미모와 지성을 겸비했다 Lei univa la bellezza all′intelligenza.

겸사 謙辭 [말] parola umile [거절] rifiuto umile

겸손 謙遜 modestia, umiltà **-하다** fare il modesto, umiliarsi ¶ 겸손한 태도를 지니다 avere un atteggiamento umile // 겸손하게 modestamente

겸양 謙讓 umiltà, modestia **-하다** fare il modesto, umiliarsi

겸업 兼業 lavoro secondario, occupazione marginale

겸연쩍다 慊然- essere vergognoso, essere confuso, sentirsi a disagio

겸자 鉗子 [의료기구] forcipe, pinza chirurgica

겸직 兼職 ufficio di occupazione

겸하다 兼- [겸용 · 겸비] combinare (con), unire (a) [겸임] ¶ 이익과 재미를 겸하다 unire l′utile al dilettevole

겸허 謙虛 **-하다** essere umile, essere modesto ¶ 겸허하게 umilmente, modestamente

겹 piega, ripiegatura

겹옷 abito foderato

겹질리다 prendere una storta al piede

겹창 -窓 finestra doppia

겹치다 accatastare, accumulare, sovrapporre

경 卿 signore

경- 輕 leggero ¶ 경음악 musica leggera // 경공업 industria leggera

-경 頃 circa, verso ¶ 9시경 circa alle nove

경각 頃刻 istante ¶ 경각에 a momenti, tra un momento

경각 傾角 inclinazione

경각심 警覺心 conoscenza (di se stesso), risveglio

경감 輕減 alleviamento, attenuazione, riduzione **-하다** attenuare, alleviare, ridurre ¶ 고통을 경감하다 alleviare una pena // 세금을 경감하다 ridurre l′imposta

경감 警監 ispettore di polizia

경건 敬虔 pietà, devozione, reverenza **-하다** essere devoto, essere religioso, essere pio ¶ 경건하게 기도드리다 pregare devotamente

경계 境界 limite, frontiera ＊ -선 linea di confine, linea di demarcazione

경계 警戒 [경비] guardia, vigilanza, sorveglianza [조심] precauzione **-하다** stare in guardia, montare la guardia, essere in stato di allerta ＊ **- 신호** segnale d′allarme

경고 警告 avvertimento, diffida, ammonizione **-하다** avvertire, ammonire

경골 脛骨 【해부】 tibia

경공업 輕工業 industria leggera

경과 經過 ① [시간의] passaggio, [기한 만료] fine, scadenza **-하다** passare, trascorrere, scadere(기한이) ¶ 시간의 경과에 따라 con l′andare del tempo ② [사물의] corso, progresso, sviluppo ¶ 연구의 경과 il corso degli studi

경관 景觀 scena, spettacolo, veduta [총칭] paesaggio

경관 警官 agente di polizia, poliziotto

경구 經口 ¶ 경구의 orale

경구 警句 aforisma, epigramma

경국 經國 amministrazione, abilità politica

경귀 警句 frizzo, epigramma

경금속 輕金屬 metallo leggero

경기 景氣 ① [형편] tempi, cose ② [상황] affare, commercio ＊ **- 순환** ciclo economico **불-** depressione

경기 競技 [시합] gioco, partita, gara [운동경기] gara **-하다** fare una partita, giocare ＊ **-자** giocatore **-장** campo, stadio

경기구 輕氣球 pallone

경내 境內 recinto, area cintata

경뇌막 硬腦膜 【해부】 duramadre

경대 鏡臺 (tavolo da) toletta

경도 傾度 gradiente, pendenza, inclinazione

경도 傾倒 **-하다** dedicarsi a, concentrarsi in, ammirare

경도 經度 ①【지리】longitudine ② [월경] mestruazione

경도 硬度 durezza, solidità ＊ **-계** durometro

경동맥 頸動脈【해부】carotide

경량 輕量 peso leggero

경력 經歷 carriera, precedenti ¶ 경력을 쌓다 fare carriera

경련 痙攣【의학】convulsione, spasmo ¶ 경련을 일으키다 avere le convulsioni

경례 敬禮 saluto, inchino **-하다** salutare, inchinare

경로 經路 corso, canale

경륜 經綸 amministrazione, arte di governo, arte politica

경리 經理 [회계] contabilità [처리] amministrazione, gestione

경마 競馬 ippica, corsa dei cavalli ＊ **- 기수** fantino ＊ **-장** ippodromo

경망 輕妄 frivolezza, leggerezza, imprudenza, futilità

경매 競賣 asta, vendita all′incanto ¶ 경매에 부치다 vendere (metere) all′asta // 이 집의 모든 가구는 경매에 부쳐질 것이다 Tutto il mobilio di questa casa sarà venduto all′asta. ＊ **-가격** offerta (a un′asta) ＊ **-인** banditore **- 통지** avviso d′asta **-장** sala d′asta

경멸 輕蔑 disprezzo, disdegno, scherno **-하다** disprezzare, disdegnare ¶ 경멸적인 sprezzante, disdegnoso

경모 敬慕 **-하다** guardare con rispetto, ammirare, adorare, venerare

경무관 警務官 sovrintendente di polizia

경미 輕微 leggerezza **-하다** essere leggero, essere lieve ¶ 경미한 손해 lievi danni

경박 輕薄 frivolezza, leggerezza **-하다** essere frivolo, essere leggero ¶ 아름답지만 경박한 소녀 una ragazza bella ma frivola

경범죄 輕犯罪 colpa lieve

경변증 硬變症【의학】cirrosi

경보 警報 allarme ＊ **공습-** allarme aereo

경부 頸部 collo

경비 經費 spesa, costo [지출] dispendio, spesa

경비 警備 difesa, guardia **-하다** difendere, stare in guardia

경사 傾斜 inclinazione, pendenza [언덕의] pendio, versante ¶ 경사진 inclinato, pendente

경사 慶事 un lieto evento

경산부 經產婦【의학】multipara

경상 輕傷 ferita leggera ¶ 경상을 입다 ferire leggermente

경상 經常 ¶ 경상의 ordinario, corrente ＊ **-비** spese di esercizio, spesa ordinaria

경색 梗塞 blocco, ostruzione【의학】infarto

경석 輕石【광물】pomice

경선 經線 longitudine, meridiano

경성 硬性 durezza, solidità

경세 經世 amministrazione [수완] arte di governo, arte politica ＊ **-가** statista, amministratore

경솔 輕率 sconsideratezza, sventatezza, avventatezza, imprudenza **-하다** essere sventato ¶ 경솔히 행동하다 agire con avventatezza

// 경솔한 판단 un giudizio avventato
경수 輕水 acqua leggera
경승 景勝 paesaggio pittoresco * -**지** luogo pittoresco
경시 輕視 disprezzo, negligenza **-하다** non dare importanza a, sottovalutare
경식 輕食 cibo leggero, spuntino * - **당** caffetteria
경신 更新 rinnovo, rinnovamento [개혁] rinnovazione **-하다** rinnovare ¶ 계약을 경신하다 rinnovare un contratto
경악 驚愕 sorpresa, stupore, meraviglia costernazione **-하다** stupire, sorprendere, essere preso da stupore, costernare
경어 敬語 espressione onorifica
경역 境域 [장소] regione [경계] limite, confine
경연 競演 concorso, gara, competizione
경연 慶宴 banchetto, convito, festino
경영 經營 [관리] direzione, gestione, amministrazione [운영] operazione ¶ 회사의 경영을 책임지다 assumere la gestione di un′ azienda // 경영에 참가하다 partecipare alla direzione
경옥 硬玉【광물】giada
경우 境遇 [형편] circostanza, situazione [어떤 때] di tanto in tanto¶ 경우에 따라서 secondo le circostanze // 그런 경우에 in tal caso // 여하한 경우에도 in nessun caso, a nessuna condizione
경위 經緯 ① [경위도] longitudine e latitudine ② [날과 씨] ordito e trama ③ [전말] circostanza
경위 涇渭 [옳고 그름] il giusto e l′ ingiusto [판단 · 식별력] giudizio, ragionevolezza ¶ 네 의견이 경위에 맞는다는 것을 인정한다 Riconosco la ragionevolezza del tuo parere.
경유 輕油 gasolio
경유 經由 **-하다** passare per
경유 鯨油 l′olio di balena
경음악 輕音樂 musica leggera
경의 敬意 rispetto, riguardo, onore ¶ 경의를 표하여 rispettoso
경이 驚異 meraviglia, stupore ¶ 경이적인 meraviglioso
경작 耕作 coltivazione **-하다** coltivare * **-자** coltivatore **-지** campo coltivato
경장 更張 rinnovazione, innovazione, riforma
경쟁 競爭 competizione, gara, lotta **-하다** competere, gareggiare, contestare, lottare ¶ 그와 경쟁할 사람은 아무도 없다 Nessuno può gareggiare con lui. * **-가격** prezzo competitivo **생존-** lotta per l′ esistenza
경적 警笛 fischio d′allarme [자동차] suono di clacson
경전 經典 Sacra scrittura [기독교의] Bibbia [회교의] Corano
경정 更訂 revisione **-하다** revisionare
경정맥 頸靜脈【해부】vene giugulari
경제 經濟 economia [재정] finanza [절약] economia, parsimonia ¶ 경제적 economico // 정부의 경제 정책 la politica economica del

governo * -학 l′economia (politica) - 학자 economista 가정 - l′economia della casa - 성장 crescita economica

경제력 經濟力 forza economica

경조 競漕 gara di canottaggio, regata

경조부박 輕 浮薄 frivolezza, leggerezza

경종 警鐘 [경고] avvertimento

경주 傾注 devozione, concentrazione **-하다** dedicarsi a

경주 競走 corsa **-하다** correre, fare una corsa ¶ 장애물 경주 corsa ad ostacoli

경지 境地 ① [상태] stato, condizione ② [분야] terreno, sfera ③ [장소] terra, terreno

경지 耕地 [경작지] terreno coltivabile [경작에 적합한] terreno arabile

경직 勁直 **-하다** essere ritto, essere solido

경직 硬直 rigidità **-되다** essere rigido

경질 硬質 ¶ 경질의 duro, incallito

경질 更迭 ricambio, cambiamento **-하다** cambiare ¶ 장관의 경질 rimpasto ministeriale

경찰 警察 polizia ¶ 경찰의 개입을 요청하다 chiedere l′intervento della polizia * **-관** agente di polizia, poliziotto **교통 -** polizia stradale **-견** cane poliziotto

경첩 cardine

경청 傾聽 **-하다** ascoltare attentamente

경축 慶祝 [축하] congratulazione **-하다** congratulare, festeggiare * -일 festa (nazionale)

경치 景致 scena, paesaggio

경쾌 輕快 **-하다** essere leggero, essere agile, essere vivace [마음] essere spensierato, essere gaio, essere allegro ¶ 경쾌하게 leggeramente, agilmente

경탄 驚歎 meraviglia, stupore, ammirazione **-하다** meravigliarsi

경품 景品 premio, dono

경하다 輕- [가볍다] essere leggero [경솔하다] essere imprudente, essere avventato [경미하다] essere leggero

경합 競合 concorrenza, gara, competizione **-하다** competere, contendersi

경향 傾向 tendenza, andamento [성향] inclinazione ¶ 경향이 있다 avere tendenza a, avere inclinazione per

경험 經驗 esperienza **-하다** provare, subire ¶ 경험이 풍부한 사람 persona di grande esperienza // 경험을 토대로 말하다 parlare per esperienza // 경험으로 알다 sapere per esperienza // 출판 분야에서 풍부한 경험을 쌓다 avere molta esperienza nel campo dell′editoria

경호 警護 guardia **-하다** fare la guardia a, stare a guardia a, scortare

경화 硬化 irrigidimento, incallimento **-하다** irridigire, incallire

경황 景況 situazione ¶ 경황이 없다 [흥이] non interessarsi di [바빠서] essere occupato

곁 [근처] vicinato, vicinanze [옆]

fianco, lato ¶ 곁에 a fianco, vicino a, accanto a // 내 곁에 앉으세요 Siediti accanto a me!
곁들다 aiutare, assistere, dare una mano a
곁들이다 guarnire con ¶ 구운 고기에 감자를 곁들이다 guarnire l'arrosto con patate
곁쇠 duplicato (della chiave)
계 戒 [계율] precetto, comandamento
계 計 [합계] totale [합계하여] in tutto [계기] contatore [계략] complotto
-계 系 [계통] sistema [혈통] linea [당파] fazione, partito
-계 界 cerchio, comunità, mondo, regno
계간 鷄姦 sodomia, pederasta
계간 季刊 periodico trimestrale * -**지** rivista trimestrale
계고 戒告 **-하다** avvertire, ammonire
계곡 溪谷 valle
계관 桂冠 * - **시인** poeta laureato
계교 計巧 complotto, congiura, trucco ¶ 계교를 꾸미다 complottare, congiurare
계급 階級 [신분] classe, casta [등급] grado * **사회-** le classi sociali **지도자-** la classe dirigente **특권-** le classi privilegiate
계기 契機 momento, opportunità, occasione
계기 計器 contatore, calibro, scala, strumento
계단 階段 scala ¶ 나선형 계단 scala a chiocciola
계도 系圖 genealogia, discendenza, pedigree
계략 計略 stratagemma, trucco, complotto, astuzia [계획] piano ¶ 계략을 꾸미다 complottare // 계략에 빠지다 cadere in trappola
계량 計量 pesata, pesatura [길이 · 부피] misurazione * **-기** bilancia, misuratore
계류 繫留 ormeggio **-하다** ormeggiare * **-지** posto d'ormeggio
계명 誡命 [종교] comandamento * **십-** i dieci Comandamenti
계모 繼母 matrigna
계몽 啓蒙 illuminazione, educazione * **-주의** l'Illuminismo ¶ 계몽적인 illuminante
계발 啓發 sviluppo **-하다** sviluppare
계보 系譜 genealogia, pedigree ¶ 계보의 genealogico
계부 繼父 patrigno
계사 鷄舍 gallinaio, allevamento del pollame
계산 計算 calcolo, conto **-하다** calcolare, contare [합계] addizionare * **-서** conto, resoconto
계선 繫船 ormeggio **-하다** ormeggiare
계속 繼續 continuazione, durata **-하다** continuare, mantenere [지속] durare ¶ 계속해서 continuamente, di continuo, di seguito
계수 係數 calcolo, conto **-하다** calcolare, contare * **-기** macchina calcolatrice
계수나무 【식물】 cannella
계승 繼承 successione, eredità, ascesa **-하다** succedere ¶ 왕위 계승 successione al trono * **-자**

successore

계시 啓示 rivelazione, apocalisse **-하다** rivelare

계시다 essere, stare

계약 契約 contratto, piatto, accordo(협정), contrattazione **-하다** contrattare ¶ 계약서에 서명하다 firmare un contratto

계약서 契約書 contratto

계엄령 戒嚴令 legge marziale

계열 系列 【생물】 ordine [당파] fazione, partito * - **회사** filiale

계율 戒律 comandamento

계절 季節 stagione ¶ 계절적인 stagionale // 계절병 malattie stagionali

계정 計定 resoconto * **당좌** [대체] 계정 conto corrente

계제 階悌 [단계] fase, stadio [기회] opportunità, occasione

계좌 計座 conto ¶ 은행에 계좌를 트다 aprire un conto in banca

계주 경기 corsa a staffetta

계책 計策 stratagemma, artificio, trucco

계측 計測 **-하다** misurare [토지 따위를] fare il rilevamento di

계층 階層 classe, strato

계통 系統 sistema [당파] partito ¶ 계통적인 sistematico // metodico

계획 計劃 piano, progetto, disegno [예정] programma **-하다** organizzare, programmare, pianificare, avere l'intenzione di fare ¶ 계획적으로 deliberatamente, di proposito * **경제 개발** - piano di sviluppo economico

고[1] [끈 따위위] cappio

고[2] 故 defunto, deceduto ¶ 고 김일원 씨 il signor defunto Ilwon Kim, il fu Ilwon Kim, 고인이 된 안토니오의 아들 figlio del fu Antonio

고[3] 高 [높이] altezza, [수 · 양] numero, quantità, volume [금액] somma * **생산-** produzione 수확- raccolto

고가 高價 caro, prezzo elevato ¶ 고가의 caro, costoso

고깔 cappuccio

고갈 枯渴 [물의] asciutezza [자원 따위의] esaurimento

고깝다 essere spiacevole, essere antipatico, essere sgradevole

고개 ① nuca, [머리] testa, capo ¶ 고개를 가로 흔들다 scuotere la testa // 고개를 숙이다 chinare il capo ② [언덕 · 산의] valico ③ [절정] cresta, cima, sommità

고객 顧客 cliente, compratore

고갱이 essenza

고결 高潔 nobiltà, purità **-하다** essere nobile, essere puro ¶ 고결한 영혼 anima nobile

고고 孤高 **-하다** essere nobile e solitario

고고학 考古學 archeologia ¶ 고고학의 archeologico // 고고학적으로 arheologicamente **-학자** archeologico

고골 枯骨 scheletro, ossatura

고공살이 雇工 - vita di bracciante

고과 考課 considerazione di servizio, valutazione di merito

고관 高官 alto funzionario, dignità, dignitario

고구마 patata dolce

고국 故國 patria ¶ 고국에 돌아오다

tornare in patria
고군 孤軍 forza isolata, forza abbandonata ¶ 고군분투하다 combattere da solo
고궁 古宮 casa antica, castello antico
고귀 高貴 **-하다** essere nobile, essere elevato
고금 古今 tempo passato e presente, tempo antico e moderno
고급 高級 [계급] alto livello, superiorità, [정도] classe alta * **-관리** alto funzionario **-승용차** automobile di lusso **-품** articoli di lusso, articoli di buona qualità
고기 [짐승의] carne [물고기] pesce ¶ 통조림한 고기 carne in scatola // 얼린 고기 carne congelata // 연한 [질긴] 고기 carne tenera [dura]
고기밥 [미끼] esca
고기압 alta pressione atmosferica, massimo barometrico
고기잡이 [어업] pesca [어부] pescatore * **-배** navi da pescatore
고난 苦難 difficoltà, privazione, sofferenza, disagio ¶ 고난을 극복하다 vincere le difficoltà
고뇌 苦惱 sofferenza, angoscia, pena, disagio ¶ 가난한 이들의 고뇌 le sofferenze dei poveri
고니 【새】 cigno
꼬다 ① [새끼 따위를] attorcigliare, intrecciare ② [몸을] contorcersi
고단하다 essere stanco, stancare, affaticare, essere stremato, essere consumato
고달프다 [심신이] essere stanco, essere stremato, essere consumato, stancare
고담 古談 leggenda, folclore
고답 高踏 ¶ 고답적인 trascendente **-주의** trascendentalismo
고대 古代 antichità ¶ 고대의 antico * **-세계** il mondo antico -철학자들 i filosofi antichi
고대광실 高臺廣室 palazzo di lusso, palazzo sontuoso (fastoso)
고도 高度 [높이] altitudine, altezza [정도] grado alto, alta potenza ¶ 고도의 progredito, avanzato, molto potente, ad alta potenza
고도 孤島 isola isolata
고도 古都 città antica
고독 [외로움] solitudine **-하다** essere solitario, sentirsi solo ¶ 고독한 사람 un uomo solitario
고동 ① [장치] interruttore, rubinetto di arresto, bottone d′accensione, motorino d′avviamento (수도 등의) manico ② [사이렌] sirena
고동 鼓動 [심장의] battito, pulsazione, palpitazione **- 하다** battere, pulsare, palpitare
고동색 古銅色 (rossiccio) marrone
고되다 essere duro, essere faticoso, essere difficile ¶ 고된 일 lavoro gravoso
꼬드기다 [부추김] incitare, istigare
고드름 ghiacciolo
고등 高等 ¶ 고등의 alto, superiore, avanzato * **-교육** istruzione superiore **-동물** animali superiori, **- 수학** alta matematica
고등어 【물고기】 sgombro
고딕 gotico * **- 예술** arte gotica, **-식 건축** architettura gotica
고락 苦樂 piacere e dolore, gioia e

dolore

고랑 [수갑] manette [족쇠] catena dei forzati ¶ 고랑을 채우다 mettere le manette

고랑 [두 둑 사이] solco ¶ 고랑을 짓다 solcare

고랑창 fosso, fossa

고래 【동물】 balena ¶ 고래 사냥 la caccia alla balena

고래고래 ad alta voce ¶ 고래고래 소리지르다 gridare ad alta voce

고래등 같다 essere molto grande

고려 考慮 considerazione, riflessione, deliberazione **-하다** considerare, riflettere, deliberare, prendere in considerazione ¶ ~을 고려하여 in considerazione di

고려 顧慮 riguardo, considerazione, rispetto **-하다** riguardare, considerare

고령 高齡 una bella età, età avanzata ¶ 고령의 나이까지 살다 vivere fino a una bella età // 90세 고령에 젊은이처럼 원기 왕성하다 Alla bella età di 90 anni è sano come un giovane.

고로 perciò , quindi, di conseguenza

고루 [같게] ugualmente, in parti uguali [공평하게] in modo imparziale [차별없이] indiscriminatamente ¶ 고루 나누다 dividere in parti uguali

고루 -하다 essere fanatico, essere di ristretto, essere conservativo

고르다 [균일] essere uniforme, essere uguale ¶ 고르게 uniformamente, in parti uguali, in modo imparziale // 고르지 않은 ineguale, disuguale, accidentato

고르다 ① [평평하게] diventare pianeggiante, spianare, appiattare ② [선택] scegliere, selezionare, distinguere ¶ 직업을 고르다 scegliere una carriera

고름 purulenza, pus

고리 [끼우는] anello ¶ 열쇠고리 anello per le chiavi // 커텐을 묶는 고리 anello delle tende

꼬리 coda, etichetta ¶ 꼬리를 감추고 도망가다 andarsene con la coda tra le gambe

고리 usura, interesse usurario ¶ 고리로 돈을 빌려주다 dare [prestare] denaro

고리다 [냄새가] essere fetido, essere puzzolante [행동이] essere ignobile, essere meschino

고리짝 bagaglio, baule

고리타분하다 ① [냄새가] essere rancido, essere fetido ② [성질이] essere ristretto, essere avaro, essere spilorcio

꼬리표 etichetta

고린내 puzzo, lezzo

고릴라 gorilla

고립 孤立 isolamento **-하다** isolare ¶ 고립된 isolato * **-주의** isolazionismo **-주의자** isolazionista

꼬마 bambino, piccolo [난장이] nano

고막 鼓膜 timpano

고맙다 ① essere grato, ringraziare ② essere gentile, essere cortese

고매 高邁 **-하다** essere nobile, essere superiore

고명 decorazione, guarnizione

고명 高名 [명성] fama, reputazione, rinomanza

고모 姑母 zia, zia paterna

고모부 姑母夫 zio, marito di zia (paterna)

고무 gomma * **합성** - gomma sintetica **-장화** stivali di gomma

고무 鼓舞 incoraggimento, ispirazione, stimolazione, incitazione **-하다** incoraggiare, ispirare, stimolare ¶ 병사의 사기를 고무하다 incoraggiare i soldati

고무래 rastrello (di legno)

고문 顧問 consigliere, consulente * **법률** - consulente legale

고문 拷問 tortura **-하다** torturare

고문 古文 scrittura antiquata

고물 [배의] poppa ¶ 고물 쪽으로 a poppa, verso poppa

고물 古物 [골동품] oggetto antico, pezzo d′antiquariato [낡은 것] articolo di seconda mano * **-상** antiquariato, antiquario

고민 苦悶 dolore atroce, angoscia, preoccupazione **-하다** angosciarsi, preoccuparsi ¶ 고민 속에서 살다 vivere nell′angoscia

고발 告發 [법] accusa, imputazione **-하다** accusare

고백 告白 confessione, ammissione, professione **-하다** confessare, professare ¶ 신앙 고백 confessione della fede // 나는 이 분야에 무지함을 솔직이 고백한다 Confesso la mia ignoranza in questo campo.

고별 告別 addio, commiato * **-파티** festa d′addio **-사** recita d′addio

고병 古兵 veterano

고본 稿本 manoscritto

고본 古本 libro di seconda mano

고봉 高峰 vetta, cima, picco

고봉 高捧 un mucchio (di), un sacco (di)

고부 姑婦 suocera e nuora

꼬부라지다 curvarsi, piegarsi [마음씨가] essere storto

고부랑하다, 꼬부랑하다 essere piegato, essere storto, essere tortuoso, essere serpeggiante (길이)

고부리다, 꼬부리다 curvare, piegare ¶ 등을 고부리다 curvare la schiena

고부조 高浮彫 rilievo alto

고분고분 ubbidientemente, gentilmente **-하다** essere ubbidiente, essere gentile, sottomettersi

고불고불, 꼬불꼬불 serpeggiante, tortuoso **-하다** serpeggiare

고비 [절정] culmine, cresta, altezza [위기] crisi, momento cruciale [전기] svolta decisiva

고삐 redine, briglia, cavezza ¶ 말고삐를 잡다 tenere un cavallo per le briglie // 말에 고삐를 메다 (묶다) mettere la briglia a un cavallo

고사 固辭 **-하다** rifiutare positivamente

고사 高射 * **-포** cannone antiaereo

고사 考査 [고찰] considerazione [시험] esame, controllo **-하다** considerare, esaminare, indagare su

고사 故事 tradizione, folclore

고사 古史 storia antica

고사 古事 avvenimento antico

고사리 【식물】 felce

고사포 cannone antiaereo (contraaereo) * **-대** batteria contraereo

고산 montagna alta ¶ 고산의 alpino **-식물** pianta alpina

고상 高尙 nobiltà, raffinitezza, eleganza **-하다** essere nobile [품위] essere raffinato, essere elegante ¶ 고상하게 행동하다 comportarsi con raffinitezza

고샅 [골목길] vicolo, vicoletto [골짜기] gola

고색 古色 aria antica

고생 苦生 sofferenza, privazione, dolore [수고] duro lavoro, fatica **-하다** soffrire [수고] lavorare sodo, faticare

고생대 古生代 【지질】 Paleozoico ¶ 고생대의 paleozoico

고생물 苦生物 * **-학** paleontologia

고서 古書 classico

고성 孤城 castello isolato (solitario)

고성 高聲 alta voce ¶ 고성으로 ad alta voce

고성 古城 antico castello

고성능 高性能 grande efficienza, alta potenza

고소 苦笑 sorriso amaro, riso forzato **-하다** sorridere amaramente

고소 高所 altitudine, altura

고소 告訴 accusa, imputazione **-하다** accusare

고소하다 essere saporito

고속 高速 rapidità, espresso * **-도로** autostrada

고수 固守 **-하다** aderire a, persistere in

고수 鼓手 tamburo

고수머리 ricciolo

고스란하다 tenere completamente, essere intatto ¶ 고스란히 interamente, completamente, tutto // 고스란히 그대로 있다 rimanere interamente

고슴도치 【동물】 riccio

고시 告示 avviso, annuncio, manifesto, bollettino **-하다** annunziare, avvisare

고시 考試 concorso esame, nazionale

고아 孤兒 orfano * **-원** asilo per orfani **전쟁 -** orfano di guerra

고아 高雅 **-하다** essere raffinato, essere elegante

고안 考案 disegno, congegno, idea **-하다** ideare, disegnare, inventare, escogitare ¶ 그가 새로운 유형의 기계를 고안해 냈다 Lui ha ideato un nuovo tipo di macchina. * **-자** disegnatore, progettista

고압 高壓 alta tensione

고액 高額 forte somma, grande importo * **- 납세자** alto contribuente **- 소득자** un grande guadagnatore di reddito

고약 膏藥 unguento

고약하다 [성미가] essere cattivo, essere malvagio, essere malizioso [날씨 · 냄새 · 용모 따위가] essere brutto, essere amaro, essere grottesco [일이] essere duro, essere difficile

고양이 【동물】 gatto, micio, micino

고어 古語 [옛말] parola arcaica, arcaismo [옛 속담] vecchio proverbio

고언 苦言 consiglio amaro, consiglio franco

고역 苦役 lavoro duro, fatica
고열 高熱 alta febbre
고옥 古屋 vecchia casa, palazzo antico
고온 高溫 temperatura alta
고요 -하다 essere silenzioso, essere tranquillo, essere quieto, essere calmo ¶ 고요히 tranquillamente, silenziosamente // 고요한 바다 mare tranquillo
고용 雇傭 occupazione **-하다** occupare * **-인** dipendente ¶ 완전 고용 piena occupazione
고용 雇用 occupazione **-하다** occupare * **-주** datore di lavoro ¶ 그를 내 회사에 고용했다 L'ho occupato nella mia azienda.
고원 高原 altopiano
고위 高位 dignità
고위도 高緯度 latitudine alta
고유 固有 [특유] caratteristica, peculiarità **-하다** [특유] essere peculiare, essere vero e proprio [특성] essere caratteristico * **-명사** nome proprio **-성** caratteristica, peculiarità
고을 paese, regione
고음 高音 tono alto * **-부** 【음악】 soprano
고읍 古邑 città antica
고의 故意 intenzione, scopo ¶ 고의의 intenzionale // 고의로 intenzionale, di proposito, apposta
고이 [곱게] splendidamente, magnificamente [편히] in pace, tranquillamente ¶ 고이 잠자다 dormire tranquillamente
꼬이다 ① [실·끈 등이] attorcigliarsi ② [일이] andare a monte, fallire ③ [마음이] essere storto
고인 故人 defunto, morto ¶ 고인이 되다 morire, spegnersi
고인돌 dolmen
고자세 高姿勢 aria autoritaria ¶ 고자세를 취하다 assumere un'aria autoritaria
고자질 告者- maldicenza **-하다** fare della maldicenza, svelare un segreto * **-장이** maldicente
고작 al massimo, tutt'al più
고장 [지방] paese [동식물의] habitat
고장 故障 [장해] intoppo, intralcio, ostacolo [사고] incidente, problema, guasto, rottura ¶ 고장나다 guastarsi, rompersi
꼬장꼬장하다 [노인이] essere in piena salute, essere vigoroso [성미가] essere austero, essere rigido
고저 高低 [높이] altezza, altura [기복] ineguaglianza, ondulazione, fluttuazione (시세의), intonazione (음성의)
고적 孤寂 solitudine **-하다** essere solitario
고적 古跡, 古蹟 resti storici, rovine
고적운 高積雲 【기상】 nube alta
고전 苦戰 duro combattimento, lotta dura, battaglia disperata ¶ 고전하다 combattere disperatamente
고전 古典 [문학작품] classico ¶ 고전적인 classico * **-작가** autore classico **-주의자** classicista **-주의** classicismo
고정 固定 fissaggio [자금의] immobilizzazione **-하다** fissare, immobilizzare, vincolare * **-가격**

prezzo fisso **-관념** idea fissa **-자본** capitale fisso

고조 高潮 [밀물의] alta marea [정점] punto culminate, culmine ¶ 최고조에 달하다 culminare, essere al punto culminante

고주망태 ubriachezza¶ 고주망태가 되다 prendere una solenne ubriacatura

고주파 高周波【물리】alta frequenza

고지 高地 altura, altezza [고원] altopiano

고지 告知 avviso, notifica, annuncio

고지대 高地帶 altura

고지식하다 essere semplice e onesto

고질 痼疾 cronicità ＊ **-환자** malato cronico

고집 固執 testardaggine, ostinazione **-하다** insistere, persistere ¶ 고집이 세다 essere testardo ＊ **-장이** testardo

꼬집다 [손가락으로] pizzicare

고집불통 固執不通 ostinatezza, testardaggine

고착 固着 **-하다** aderire a ＊ **-관념** idea fissa

고찰 考察 considerazione, studio, inchiesta **-하다** considerare, studiare, contemplare

고참 古參 anzianità [사람] anziano, maggiore, veterano

꼬챙이 spiedo ¶ 꼬챙이에 꿰다 infilzare in uno spiedo

고철 古鐵 ferraglia

고체 固體 solido, corpi solidi ¶ 고체의 solido // 고체 상태 stato solido

고체 古體 arcaismo

고초 苦楚 privazione, sofferenza, difficoltà ¶ 고초를 겪다 soffrire

고추 peperone, peperoncino

고충 苦衷 situazione difficile, situazione imbarazzante

고취 鼓吹 ispirazione **-하다** ispirare, istillare, [환기] risvegliare, svegliare

고층 高層 [건물의] piano superiore [대기의] strato superiore

고치 bozzolo

고치다 ① [병을] guarire, rimediare, cicatrizzare ② [수선] aggiustare, riparare, accomodare ¶ 구두를 고치다 riparare le scarpe ③ [교정] correggere, rettificare, riformare ¶ 라틴어 숙제를 고치다 correggere un compito di latino // 습관을 고치다 riformare i costumi ④ [변경] cambiare, modificare

고토 苦土【화학】magnesia ＊ **-운모** biotite

고통 苦痛 [아픔] dolore [괴로움] sofferenza [마음의] angoscia ¶ 고통을 받다 essere sofferente, soffrire

꼬투리 ① [깍지] baccello, guscio ② [꽁초] cicca ③ [사건의 발단] motivo, ragione

고패 puleggia

고풍 古風 stile arcaico, arcaismo

고프다 aver fame

고하 高下 [지위의] grado [품질의] qualità [시세의] fluttuazione

고하다 告- [말하다] dire, parlare [통고] informare, annunziare

고함 高喊 urlo, grido ¶ 고함지르다 urlare, gridare

고행 ascetismo, penitenza ¶ 고행 생활을 하다 vivere da asceta * **-자** asceta

고향 故鄕 natale, paese nativo, patria ¶ 고향에 돌아오다 tornare

고혈압 高血壓 ipertensione

고형 固形 solidità ¶ 고형의 solido // 고형화하다 solidificare * **-물** corpi solidi

고혹 蠱惑 fascino, incantesimo ¶ 고혹적인 fascinoso, affascinante, attraente

고혼 孤魂 spirito solitario

고환 睾丸 testicolo

꼭 ① [단단히] strettamente, saldamente, fermamente ¶ 꼭 쥐다 afferrarsi a, aggrapparsi a // 꼭 묶다 legare bene ② [빠듯이] stretto ¶ 꼭 끼는 신발 scarpe strette (누구를) 꼭 껴안다 tenere qlcu. stretto a ③ [정확히] esattamente, proprio, giustamente, con precisione ④ [반드시] certamente, sicuramente ⑤ [마치] come se

곡 曲 melodia, aria, musica

곡 哭 gemito, lamentazione

곡괭이 zappa, piccone ¶ 곡괭이질을 시작하다 dare il primo colpo di piccone

꼭대기 [물건의] cima, vetta, sommità, cresta

꼭두새벽 alba ¶ 꼭두새벽에 allo spuntare del giorno, sul far dell′alba, all′alba

꼭두각시 burattino, marionetta

곡류 曲流 meandro

곡류 穀類 cereali, granaglie

곡률 曲率 curvatura * **-반경** il raggio di curvatura

곡마 曲馬 **-단** circo equestre

곡목 曲目 programma (전체), selezione (곡)

곡물 穀物 cereali, granaglie * **-창고** granaio **-점** negozio di granaglie

곡사 曲射 -포 obice

곡선 曲線 curva * **-그래프** curva

곡성 哭聲 gemito, lamentazione

곡식 穀- cereali, granaglie

곡예 曲藝 acrobazia * **-비행** acrobazie aeree **-사** acrobata

곡절 曲折 [물리적] serpeggiamento, tortuosità, rientranza (해안의) [우회] meandro [파란] alti e bassi [복잡] complicazione [까닭] circostanza, motivo

곡조 曲調 melodia, aria, musica

꼭지 ① [수도 따위의] rubinetto ¶ 수도 꼭지를 틀다 aprire il rubinetto ② [뚜껑 따위의] pomo, manopola, capezzolo(우유병의 젖꼭지) [식물의] gambo, ③ [묶음] mazzo

곡창 穀倉 granaio

곡하다 哭 - lamentare

곡해 曲解 distorsione, travisamento **-하다** interpretare male, travisare

곤경 困境 posizione imbarazzante, situazione difficile ¶ 나는 곤경에 처해 있다 Mi trovo in una posizione imbarazzante.

곤궁 困窮 [빈곤] povertà, bisogno, indigenza ¶ 곤궁한 상황에 처하다 trovarsi nel bisogno

곤돌라 gondola

곤두박이다 cadere a capofitto

곤두서다 stare a testa in giù, fare

la verticale in appoggio [머리털이] rizzarsi
곤두세우다 mettere la testa in giù, innalzare [털이] rizzare
곤란 困難 difficoltà, problema [곤궁] bisogno, povertà [난처] imbarazzo, perplessità **-하다** essere difficile, essere duro [난처] essere imbarazzante [곤궁] essere bisognoso ¶ 생활이 곤란하다 vivere in miseria
곤봉 棍棒 randello, manganello, bastone
곤죽 [진창] melma, fango [뒤범벅] disordine
곤충 昆蟲 insetto
곤하다 困- essere stanco, essere faticoso, essere esaurito ¶ 곤히 잠들다 dormire profondamente
곧 ① [즉시] subito, immediatamente, direttamente, tra poco ¶ 나는 그것을 곧 알렸다 Lo avverto subito. // 곧 갑니다 Vengo subito. ② [즉] vale a dire, cioè
곧다 ① [물건이] essere diritto, essere eretto, essere diretto ② [마음이] essere onesto, essere retto ¶ 곧은 사람 un uomo retto
곧바로 subito, immediatamente
곧이곧대로 francamente, chiaramente, onestamente
곧이듣다 prendere sul serio
곧장 direttamente, senza indugio ¶ 그는 곧장 카페로 향했다 Se ne andò direttamente al caffè.
골[1] [노여움] rabbia, collera ¶ 골이 나다 arrabbiarsi
골[2] [틀] stampo
골[3] [골수] midollo [머릿골] cervello
꼴[1] [모양] forma [외양] apparizione [상태] stato, condizione, situazione [광경] vista, spettacolo, scena [얼굴] faccia * **세모-** triangolo
꼴[2] [풀] foraggio
골격 骨格 ossatura, corporatura
골고루 uniformemente, in parti uguali, indiscriminatamente
골다 russare
골똘하다 essere assorto in, essere intento a ¶ 골똘히 assortamente, intentamente
골동 -품 rarità, antichità
골라잡다 scegliere
골머리 cervello, testa ¶ 골머리를 앓다 rompersi la testa per fare qlco.
골목 vicolo, strada secondaria * **막다른 -** vicolo cieco
골몰 汨沒 **-하다** essere assorto in, essere intento a
골무 ditale
골반 骨盤 【해부】 bacino, pelvi
골병 malato incurabile
꼴불견 -不見 brutezza ¶ 꼴불견이다 essere brutto, non essere bello a vedersi
꼴사납다 essere brutto, essere disgustoso
골수 骨髓 【해부】 midollo
골자 骨子 elemento essenziale, sostanza
골짜기 valle [협곡] burrone, gola
골절 骨折 frattura ¶ 골절되다 fratturare
꼴찌 ultima persona, estremità, fine, coda
골치 testa ¶ 골치아프다 avere mal

di testa // 골치 앓다 rompersi la testa per una cosa
곪다 [상처가] suppurare covare [일이] maturare ¶ 상처가 곪았다 La ferita è suppurata.
곯다 ① [썩다] marcire ¶ 곯은 계란 uova marce ② [손해보다] soffrire, danneggiarsi
곯다 [배를] aver fame
곯리다 [썩히다] far marcire [해롭게 하다] danneggiare, giocare un tiro a
곯리다 [배를] far venire fame a
곯아떨어지다 [술에] essere ubricato fradicio [잠에] cadere in un sonno profondo
곰 【동물】 orso
곰곰 ¶ 곰곰 생각하다 riflettere attentamente
꼼꼼하다 essere molto accurato (attento), essere scrupoloso ¶ 꼼꼼히 accuratamente, attentamente ¶ 꼼꼼한 노동자 operaio attento e scrupoloso
곰보 ¶ 곰보의 butterato
곰살갑다 [너그럽다] essere generoso, essere di mente aperta [다정스럽다] essere gentile, essere cordiale, essere tenero
곰살궂다 essere gentile e buono, essere cordiale
꼼짝 -하다 spostare, smuovere, muovere
꼼짝못하다 ① non essere capace di muovere ② [곤경에 빠지다] essere in pasticcio, essere nei guai ③ [기를 못펴다] essere succube di ¶ 그는 마누라에게 꼼짝 못한다 È succube della moglie.
꼼틀 sinuosamente **-하다** muoversi sinuosamente, divincolarsi ¶ 물고기가 내 손에서 빠져나가려고 꼼틀거렸다 Il pesce si divincol a dalle mie mani.
곰팡이 muffa ¶ 곰팡 냄새 odore di muffa // 곰팡내 나는 muffoso 곰팡이 핀 muffido // 곰팡이 피다 muffire
곱 doppio **-하다** moltiplicare, raddoppiare *** 두 -** doppio, due volte **세 -** tre volte, triplice
곱다[1] [휘다] piegarsi, essere storto
곱다[2] [손·발이] essere intorpidito, essere indolenzito
곱다[3] essere bello, essere splendido [가루가] fine
꼽다 contare ¶ 손가락으로 꼽다 contare sulla dita
곱사등이 gobbo
곱살스럽다 [용모가] essere grazioso [마음씨가] essere gentile, essere cordiale
곱새기다 fraintendere, interpretare male
곱슬곱슬하다 essere riccio
곱절 [두 배] doppio **-하다** raddoppiare
곱치다 piegare in due
곳 [장소] luogo [좁은] posto [현장] scena [지방] località
곳간 -間 deposito, magazzino
곳곳 [부사적] tutte le parti, ogni parte, dappertutto, qua e là
꼿꼿하다 ① [곧다] essere diritto, essere eretto ② [정직] essere onesto, essere retto ¶ 의지가 꼿꼿하다 essere fermo ③ [굳다] essere duro, essere rigido

곳집 deposito, magazzino
공 [볼] palla, pallamano [원구] cerchio, sfera
공 公 ① [공사] affare pubblico ② [공작] principe, duca ③ [존칭] Vostra Altezza
공 功 merito ¶ 공을 세우다 meritare
공 空 [영(零)] zero [무(無)] niente, nulla [빈 것] vuoto [동그라미] cerchio
공간 空間 spazio ¶ 공간의 spaziale
공갈 恐喝 minaccia, intimidazione, ricatto **-하다** minacciare, intimidire, ricattare
공감 共感 simpatia **-하다** simpatizzare
공개 公開 **-하다** aprire a tutti ¶ 공개의 aperto, pubblico
공격 攻擊 attacco, aggressione, incursione (급습) **-하다** attaccare, assalire, assaltare ¶ 공격적인 offensivo, aggressivo ¶ 공격적인 성격 carattere aggressivo
공경 恭敬 rispetto, venerazione **-하다** rispettare, venerare ¶ 공경할 만한 rispettabile, venerabile
공고 公告 **-하다** annunziare, notificare
공고 鞏固 fermezza, solidità, stabilità **-하다** essere solido, essere fermo, essere stabile ¶ 공고히 stabilmente, fermamente, solidamente // 공고히 하다 solidificare // 공고한 기반 fondamenta solide
공공 公共 pubblico ¶ 공공의 pubblico, comune ∗ **- 사업** opere pubbliche 공공의 이익 il bene pubblico
공공연하다 公公然 **-하다** essere aperto, essere pubblico, essere dichiarato
공과 工科 facoltà d′ingegneria
공과금 公課金 tassa
공교롭다 工巧 [우연하다] essere fortuito, essere imprevisto, essere causale ¶ 공교롭게 per caso
공구 工具 attrezzo, arnese, strumento
공국 公國 ducato
공군 空軍 aviazione, forze dell′aria ∗ **- 장교** ufficiale d′aviazione
공권 公權 diritti civili, cittadinanza
공급 供給 fornitura, rifornimento [수도・개스 따위의] servizio **-하다** fornire ¶ 물을 공급하다 fare rifornimento d′acqua // 군대에 무기를 공급하다 fare un esercito di armi
공기 空器 [빈그릇] recipiente vuoto [사기 그릇] scodella
공기 空氣 aria [분위기] atmosfera ∗ **압축** - aria compressa ¶ 신선한 공기를 마시러 가다 andare a prendere una boccata d′aria
공단 工團 zona industriale
공당 公黨 partito politico
공덕 功德 【불교】 carità, atto pio
공돈 facili guadagni
공동 空洞 cavità, grotta, caverna
공동 共同 associazione, unione, cooperazione, collaborazione ∗ **- 제작** collaborazione ¶ 공동으로 사업하다 cooperare in un′impresa
공들이다 fare con accuratezza, elaborare
공략 攻落 **-하다** espugnare, con-

quistare ¶ 성을 공략하다 espugnare un castello
공란 空欄 vuoto
공랭식 空冷式 ¶ 공랭식의 raffreddato ad aria
공략 攻略 occupazione, presa [침략] invasione **-하다** occupare, espugnare, invadere
공로 空路 via aerea, linea aerea
공로 功勞 merito ¶ 공로가 있는 meritorio
공론 公論 [여론] opinione pubblica, consenso comune
공룡 恐龍 dinosauro
공리 bene pubblico
공리 功利 utilità ¶ 공리적인 utilitario * **-주의** utilitarismo
공리 公理 【수학 · 논리】 assioma, massima
공립 公立 * **-학교** scuola statale
공매 公賣 vendita all'asta pubblica **-하다** vendere all'asta pubblica
공명 公明 onestà, giustizia
공명 功名 * **-심** ambizione ¶ 공명심이 많다 essere ambizioso, essere pieno di ambizioni
공명 共鳴 【공감】 comprensione, simpatia 【물리】 risonanza, sonorità **-하다** [마음이] compatire, simpatizzare [물체가] essere risonante
공모 共謀 cospirazione **-하다** cospirare * **-자** complice, cospiratore
공무 公務 affari pubblici * **-원** pubblico ufficiale **국가** - funzionario statale, ufficiale di stato
꽁무니 [끝] coda, estremità ¶ 꽁무니 빼다 voltare la schiena, sfuggire a
공문 公文 [문서] documento pubblico
공물 貢物 tributo
공민 公民 cittadino * **-권** diritti civili, cittadinanza ¶ 공민권을 얻다 avere la cittadinanza
공박 攻駁 confutazione **-하다** confutare
공방 空房 [빈 방] stanza vuota
공방 攻防 offesa e difesa
공백 空白 vuoto [비유적] spazio vuoto ¶ (공백을) 메우다 riempire
공범 共犯 complice
공법 工法 metodo di costruzione
공병 工兵 ingegnere, [기계 공병] meccanico
공보 公報 notizia ufficiale, bollettino ufficiale * **-부** Servizio informazioni, ufficcio informazioni
공복 空腹 fame, stomaco vuoto
공부 工夫 studio **-하다** studiare, imparare ¶ 하루에 4시간 공부하다 fare quattro ore di studio al giorno
공분모 公分母 【수학】 denominatore comune
공비 公費 spese pubbliche
공사 公私 affari pubblici e privati
공사 工事 costruzione ¶ 공사중이다 essere in costruzione
공사 公事 affari pubblici
공사 公使 ministro (plenipotenziario)
공사 公社 azienda statale
공산 公算 probabilità
공산 共産 bene comune, comunione di proprietà * **- 주의** comunismo -당 partito comunista

¶ 공산주의화하다 comunistizzare
공산주의 共產主義 comunismo ¶ 공산주의의 comunistico
공산품 工產品 prodotti industriali
공상 空想 fantasia, immaginazione, sogno **-하다** immaginare, sognare ¶ 공상적인 immaginario * **-가** immaginatore, sognatore
공상 工商 industria e commercio
공생 共生【생물】commensalismo * **- 동물** commensale
공석 空席 posto libero, posto vacante
공설 公設 ¶ 공설의 pubblico [시립의] municipale
공세 攻勢 ¶ 공세를 취하다 passare all'offensiva
공소 控訴 appello, ricorso ¶ 공소의 appellativo, appellante // 공소장을 제출하다 presentare un ricorso in appello
공손 恭遜 cortesia, gentilezza ¶ 공손히 cortesemente, gentilmente
공수 空輸 ponte aereo
공수 攻守 offesa e diffesa
공수병 恐水炳【의학】idrofobia, rabbia
공술 供述 deposizione, **-하다** fare una deposizione
공습 空襲 incursione aerea
공시 公示 notizia ufficiale, avviso al pubblico
공식 公式【수학】formula [관청의] cerimonia ufficiale ¶ 공식의 formale, ufficiale // 공식적으로 formalmente, ufficialmente * **-방문** visita ufficiale **- 접대** ricevimento formale **- 성명** comunicato ufficiale
공언 公言 dichiarazione, professione **-하다** professare, dichiarare apertamente
공업 工業 industria ¶ 공업의 industriale **-화하다** industrializzare * **- 제품** prodotti industriali **-지대** zona industriale **- 발전** progresso industriale **-중심지** centro industriale **중-** industria pesante **-학교** istituto tecnico industriale
공연 公演 rappresentazione, spettacolo **-하다** rappresentare
공연하다 空然- ¶ 공연히 senza nessun risultato, inutilmente, invano // 공연한 일 futilità, cosa di poco valore // 공연한 일에 정신을 빼앗기지 말아라 Non perdersi in futilità!
공영 公營 gestione pubblica
공예 工藝 arti meccaniche
공용 公用 uso pubblico * **-어** lingua ufficiale
공용 共用 uso comune
공원 工員 operaio
공원 公園 parco, giardino pubblico * **국립 -** parco nazionale
공유 公有 statalizzazione ¶ 공유의 pubblico, statale
공유 共有 proprietà possesso comune
공으로 空- gratuito, gratis, per niente
공이 pestello
공이치기 martellamento
공익 公益 bene pubblico, interesse pubblico
공익 共益 interesse comune, bene comune
공인 公認 riconoscimento ufficiale,

autorizzazione ¶ 공인의 autorizzato

공일 空日 [일요일] domenica [공휴일] giorno di vacanza, vacanza

공임 工賃 paga

공짜 gratuità ¶ 공짜의 gratuito, gratis * **-입장** ingresso gratuito

공작 工作 [제작] costruzione [수공] lavoro artigianale [행동] manovra, operazione **-하다** costruire, fabbricare [꾀하다] manovrare

공작 公爵 duca

공작 孔雀【새】pavone

공장 工匠 artigiano

공장 工場 fabbrica, stabilmento, officina * **자동차 -** una fabbrica di automobile **-도 가격** prezzo di fabbrica

공저 共著 collaborazione * **-자** coautore

공적 公的 [일반의] pubblico [공식의] formale [관공의] ufficiale ¶ 공적으로 pubblicamente, formalmente, apertamente * **- 생활** vita pubblica

공적 功績 merito, impresa

공전 空前 ¶ 공전의 inaudito, senza precedenti

공전 空轉【천문】rivoluzione **-하다** girare attorno al sole

공전하다 公轉- ① [바퀴가] slittare [기계가] girare a vuoto ② [일이] rivelarsi inutile

공정 工程 [진척] progresso [과정] processo * **철의 가공 -** processo di lavorazione del ferro 제조 - processo di fabbricazione

공정 公正 imparzialità, giustizia, onestà **-하다** essere imparziale, essere giusto, essere equo

공정 公定 ¶ 공정의 ufficiale, legale

공제 控除 sottrazione, deduzione **-하다** sottrare, dedurre ¶ 봉급에서 공제 deduzione dallo stipendio

공존 共存 coesistenza ¶ 평화적 공존 una coesistenza pacifica

공주 公主 principessa

공중 公衆 pubblico ¶ 공중의 pubblico, comune // 공중 앞에서 in pubblico * **- 전화** telefono pubblico

공중 空中 ¶ 공중의 aereo // 공중에 in aria

공중제비 空中 - capriola, salto mortale, capitombolo

공증 公證 * **-인** notaio

꽁지 coda

공지 空地 vuoto

공직 公職 funzione pubblica

공창 工廠 arsenale

공채 公債 prestito pubblico

공책 空册 quaderno

꽁초 mozzicone, cicca

공치다 空- essere vano, essere inutile

공치사 -하다 lodarsi, eloggiarsi

공칭 公稱 ¶ 공칭의 nominale * - 자본금 capitale nominale

공탁 供託 deposito **-하다** depositare * **-소** depositario

공터 空- vuoto

공통 共通 **-하다** essere comune ¶ 공통의 이익 interessi comuni // 공통의 언어 lingua comune

공판 公判 processo, giudizio * -청 corte

공평 公平 equità, onestà, imparzialità, giustizia **-하다** essere imparziale, essere giusto ¶ 공평히 con giustizia, imparzialmente, giustamente // 공평함을 잃다 essere parziale, essere ingiusto

공포 公布 proclama, proclamazione **-하다** proclamare ¶ 법률을 공포하다 proclamare una legge

공포 恐怖 paura, terrore, orrore, panico (공황) ¶ 공포를 불러일으키다 suscitare terrore // ~ 때문에 공포로 전율하다 avere orrore per ~

공폭 空爆 bombardamento aereo

공표 公表 communicato, pubblicazione, proclamazione **-하다** proclamare, pubblicare

공학 工學 ingegneria, tecnologia ∗ **-부** facoltà d′ingegneria **전자 -** ingegneria elettronica **건축 -** tecnologia delle costruzioni **- 사전** dizionario tecnologico

공항 空港 aeroporto ∗ **국제 -** aeroporto internazionale

공해 公害 inquinamento, corruzione

공해 公海 mare libero [aperto]

공허 空虛 vuotezza, futilità, vanità ¶ 공허한 vuoto, futile, vano

공헌 貢獻 contribuzione, contributo **-하다** contribuire

공화 共和 ¶ 공화제의 repubblicano ∗ **-국** repubblica **-당** Partito repubblicano

공황 恐慌 panico, spavento, costernazione 【경제】 panico finanziario, crisi economica

공회 公會 assemblea pubblica

공훈 功勳 merito, impresa, valore ¶ 공훈을 세우다 meritare

공휴일 公休日 vacanza, giorno di vacanza

-곶 capo, promontorio

곶감 cachi disseccati

꽂다 [박다] ficcare, conficcare, piantare [끼우다] aggiungere, inserire [기를] issare ¶ 플러그를 콘센트에 꽂다 inserire la spina nella presa della corrente

공첩 公牒 dispaccio ufficiale

공청 公廳 ufficiale e pubblico

공청회 公廳會 udienza pubblica

꽁초 -草 mozzicone di sigaretta

공출 供出 consegna, distribuzione **-하다** consegnare ∗ **-가격** prezzo di consegna **-할당** assegnazione delle quote di consegna

꽁치 Luccio sgombro

공치다 空- ① disegnare un cerchio ② essere infruttuoso [inutile vano]

공치사 功致辭 lode di se stesso **-하다** autolodarsi, autoelogiarsi

공칭 公稱 공칭의 nominale, ufficiale ∗ **-자본금** capitale nominale

공탁 供託 deposito **-하다** depositare, deporre, posare ∗ **-금**(金) denaro in deposito **-물** articoli in deposito **-소** un deposito, magazzino **-자** depositante

공터 空- lotto vacante [vuoto, non occupato]

공통 共通 **-하다** essere comune ¶ 공통의 이익 interesse comune

공판 公判 giudizio, udienza ∗ **-정** corte

공판장 共販場 mercato comune

공편 共編 coedizione, compilazione congiunta

공평 公平 ugualianza, equità, imparzialità **-하다** essere giusto [imparziale] ¶ 공평하게 giustamente, imparzialmente 공평하게 일을 처리하다 far le cose giuste 공평하게 말하자면 per dirla giusta

공평 公評 opinione pubblica

공포 公包 promulgazione, proclamazione, dichiazazione **-하다** proclamare, promulgare, dichiarare

공포 【생물】 vacuoli

공포 空砲 colpo a salve ¶ 공포를 쏘다 sparare [tirare] un colpo a salve

공포 恐怖 paura, timore, terrore: orrore ¶ 공포에 떨게하다 far tremare di paura, suscitare paura in qlcu. ¶ 공포에 휩싸이다 essere colto dal terrore

공폭 公爆 bombardamento aereo

공표 公表 annuncio, dichiarazione, proclama, pubblicazione ufficiale [pubblica] **-하다** dichiarare, annunciare pubblicamente

꽁하다 (essere) introverso e chiuso, riservato e non socievole

공학 工學 ingegneria * **-부** facoltà di ingegneria **-사** [박사] dottore in ingegneria 토목[기계, 전기]- ingegneria civile [meccanica, elettronica]

공학 共學 educazione mista, istruzione in scuola mista ¶ 남녀 공학 classe mista

공한 公翰 lettera ufficiale

공한지 空閒地 terra vacante [vuota], incolta ⇒ 공지(空地)

공함 公函 ⇒ 공한

공항 空港 aeroporto ¶ 공항에 착륙하다 atterrare all'aeroporto

공해 公害 inquinamento, contaminazione

공해 公海 mare aperto

공허 空虛 vuotezza, vuotaggine, futilità * **-감** senso di vuotezza

공헌 貢獻 contributo, servizio **-하다** contribuire, fornire un servizio ¶ 평화에 크게 공헌하다 dare un grande contributo alla pace

공화 共和 ¶ 공화의 repubblicano * **-국** repubblica **-당** Partito Repubblicano

공황 恐慌 panico, sgomento, costernazione **경제-** panico [crisi] finanziario

공회 公會 riunione [assemblea] pubblica * **-당** palazzo pubblico, Municipio

공효 功效 successo, frutto, risultato, [보람] beneficio

공훈 功勳 merito, pregio, valore, impresa ¶ 공훈을 세우다 compiere [eseguire] un'impresa

공휴일 公休日[법정의] festa legale, [일반적] giorno festivo, festa

-곶 capo, promontorio

곶감 cachi secco

꽂다[박다] ficcare, conficcare, [끼우다] inserire, [기를] fissare [빗장을] sprangare ¶ 헝겊에 바늘을 꽂다 conficcare un ago nel tessuto [tela, stoffa]

꽂을대 bacchetta (di fucile), calcatoio, scovolo

꽂히다[박히다] essere inserto, essere ficcato

꽃 fiore * **-꽂이** (arte della) disposizione dei fiori **-말** linguaggio floreale [fiore] **-바구니** cesto di fiori **-집** negozio di fiore [fioraio]

꽃다발 mazzo di fiori

꽃동산 giardino di fiori

꽃무늬 disegno floreale

꽃밭 campo di fiori

꽃병 vaso da fiori

꽃샘 freddo primaverile

꽃송이 fiore

꽃술 stame (수술) pistillo (암술)

꽃시계 -時計 orologio di fiori

꽃식물 -植物 pianta da fiore ⇒ 현화식물

꽃잎 petalo

과 e, insieme con (a), contro, da ¶ 바늘과 실 ago e filo 그 사람과 같이 가다 andare con lui 곤란과 싸우다 lottare (dibattersi) contro le difficoltà

과 科[학과] ramo, [학교] dipartimento, [병원] reparto, [생물] famiglie, [병과] arma * **고양이** ~ famiglia dei felini

과 課 [학과] lezione, [분과] dipartamento, sezione

과감 果敢 **-하다** (essere) risoluto, deciso, audace, coraggioso

과객 過客 passante

과거 科擧 esame di Stato

과거 過去 passato, tempo passato, giorni passati, 문법 tempo passato ¶ 과거의 passato, scorso 과거의 역사 la storia del passato

과격 過激 ¶ 과격한 estremo, eccessivo, radicale, drastico, ultra 과격한 언사를 쓰다 impiegare un linguaggio violento

과공 過恭 **-하다** (essere) supermodesto ¶ 과공은 비례하다 Essere troppo modesto è scortese.

과꽃 식물 aster cinese

과남풀 식물 genziana

과녁 bersaglio ¶ 과녁에 맞다 cogliere nel bersaglio 과녁에 빗맞다 mancare il bersaglio

과년 瓜年 [여자] età da matrimonio

과년 過年 **-하다** aver passato l'età da matrimonio ¶ 과년한 처녀 donna nubile (zitella)

과년도 過年度 anno passato (역년도), passato anno fiscale (회계연도)

과념 過念 **-하다** preoccuparsi troppo, essere eccessivamente ansioso

과다 過多 eccesso, sovrabbondanza, sovrappiù **-하다** (essere) eccessivo, sovrabbondante, sovrappiù * **공급-** sovrarifornimento **지방-** eccesso di grasso

과단 果斷 risoluzione, pronto decisione * **-성** prontezza, risolutezza

과당 果糖 fruttosio

과당 過當 **-하다** (essere) eccessivo, più del necessario * **-경쟁** competizione eccessiva

과대 過大 **-하다** (essere) eccessivo, esagerato, stravagante, troppo grande ¶ 과대하게 eccessivamente, esageratamente 과대한 요구를 하다 fare una richiesta eccessiva * **-평가** sopravvalutazione

과대 誇大 esagerazione ¶ 과대한 광고 pubblicità ampollosa [sensazionale] 과대한 말 parole esagerate

과도 果刀 coltello da frutta

과도 過度 eccesso, smoderatezza, intemperanza ¶ 과도하게 eccessivamente, smodatamente

과도기 過渡期 periodo di transizione ¶ 과도기 문학 letteratura nel periodo di transizione

과두정치 寡頭政治 oligarchia

과람 過濫 **-하다** (essere) immeritato, eccessivo, superiore ai propri meriti

과려 過濾 **-하다** essere troppo [eccessivamente] preoccupato (per)

과로 過勞 superlavoro, lavoro eccessivo **-하다** fare lavorare eccessivamente, lavorare eccessivamente, abusare delle proprie forze ¶ 그는 과로로 인해서 건강을 해쳤다 Egli si è ammalato per il lavoro eccessivo.

과료 科料 법 multa, ammenda, penalità ¶ 과료에 처하다 multare

꽈리 식물 ciliegia a terra

과린산 過燐酸 화학 superfosforico acido * **-비료** superfosfato (fertilizzante) **-석회** superfosfato di calce **-염** superfosfato

과립 顆粒 granulo ¶ 과립모양의 granulare, granuloso 과립을 형성하다 granulare

과목 科目 soggetto, materia, [조목] articolo, [전과목] curriculum ¶ 입학시험과목 materia dell'esame d'ammissione * **선택-** materia facoltativa [opzionale] **필수-** materia obbligatoria

과목 果木 albero da frutto

과묵 寡默 taciturnità, reticenza **-하다** (essere) taciturno, reticente, riservato

과문 寡聞 **-하다** (essere) male informato, avere poco conoscenza

과물 果物 frutta * **-전** negozio di frutta

과민 過敏 **-하다** (essere) nervoso, trepidante, ipersensibile, suscettibile * **-증 의학** ipersensibilità, iperestesia, eretismo

과밀 過密 sovrappopolazione, sovraffollamento * **-도시** città sovrappopolata

과반 過半 la maggioranza, la grande massa, la maggior parte

과반 過般 l'altra volta ¶ 과반에 l'altro giorno

과반수 過半數 [대다수] la maggioranza, la maggior parte (di) ¶ 과반수를 차지하다 avere la maggioranza 의결은 과반수로 한다 La decisione viene presà a maggioranza.

과병 寡兵 armi a canna corta, insufficiente forza

과보 果報 [불교] retribuzione ⇒ 인과응보

과부 寡婦 vedova ¶ 과부가 되다 diventare vedova

과부족 過不足 eccesso e deficienza ¶ 과부족없는 non (essere) nè più nè (troppo) meno (poco)

과분 過分 **-하다** (essere) eccessivo, immeritato, sproporzionato ¶ 과

분하게 eccessivamente

과산화 過酸化 * **-망간** perossido di manganese **-물** perossido **-수소** perossido d'idrogeno

과세 課稅 tassazione, imposta **-하다** tassare, imporre una tassa * **-율** tasso delle imposte **-품** articolo tassabile **누진-** tassazione progressiva **인정-** tassazione opzionale **중-** pesante tassazione

과세 過歲 **-하다** celebrare l'anno nuovo

과소 過小, 過少 **-하다** (essere) troppo piccolo, troppo poco * **-평가** sottovalutazione ¶ 과소평가하다 sottovalutare

과소 寡少 **-하다** (essere) poco, piccolo, scarso

과속 過速 supervelocità, velocità eccessiva ¶ 과속으로 달리다 andare a velocità eccessiva * **-차량** veicolo della superveloce

과수 果樹 albero da frutto * **-원** frutteto

과시 誇示 ostentazione, esibizione **-하다** esibire, ostentare ¶ 힘의 과시 ostentazione della propria forza

과식 過食 **-하다** rimpinzarsi, mangiare troppo ¶ 과식하여 배탈이 나다 avere la diarrea per aver mangiato troppo

과신 過信 eccessiva fiducia, eccessiva sicurezza (di sè) **-하다** (essere) troppo sicuro di sè, farsi troppo di ¶ 자신의 힘을 과신하다 sopravvalutare le proprie forze

과실 果實 frutto, frutta ¶ 과실을 재배하다 coltivare frutto * **-밭** frutteto

과실 過失 difetto [잘못] errore, colpa, sbaglio [뜻밖의 과실] incidente [태만] negligenza, trascuratezza ¶ 과실을 범하다 commettere un errore [sbaglio], sbagliare

과액 寡額 piccola somma di denaro, piccola quantità

과언 過言 ¶ ~이라 해도 과언이 아니다 Non è troppo esagerato dire che ~

과업 課業[학과] lezione, compito [임무] dovere, incarico, lavoro, compito, obbligo

과연 果然 davvero, veramente, proprio

과열 過熱 surriscaldamento **-하다** surriscaldare

과오 過誤 sbaglio, colpa, errore grossolano ¶ 과오를 범하다 commettere uno sbaglio

과외 課外 lavoro etracurricolare, lezione privata * **-강의** conferenza [lezione] extracurricolare

과욕 過慾 avarizia, cupidigia, avidità, ingordigia ¶ 과욕을 부리다 essere avido [cupido, bramoso, avaro]

과욕 寡慾 altruismo **-하다** (essere) altruista, disinteressato

과용 過用 **-하다** sciupare, sprecare, consumare troppo, spendere troppo

과음 過淫 eccesso carnale, indulgenza sessuale **-하다** viziare, abbandonarsi ai piaceri sessuali

과음 過飮 il bere eccessivo **-하다** bere troppo

과일 frutto, frutta ⇒ 과실 * **-가게** negozio di frutta **-장수** fruttivendolo/a, fruttaiuolo [commerciante]

과잉 過剩 eccesso, sovrappiù, sovrabbondanza, eccedenza, avanzo * **생산-** sovrapproduzione **인구-** sovrappopolazione

과자 菓子 pasticcino, pasta, dolce, pralina, pasticceria, biscotto, crostata, focaccia ¶ 과자상자 scatola di dolci

과장 課長 capo [direttore, dirigente] di sezione, di settore, di dipartamento

과장 誇張 esagerazione, magniloquenza **-하다** esagerare ¶ 과장된 esagerato, ampolloso, prolisso 과장해서 ampollosamente, prolissamente, esageratamente 사실을 과장하다 esagerare un fatto

과정 過程 processo, corso ¶ 과정을 밟다 subire [seguire] un processo ~의 과정을 겪다 subire un processo (di) * **생산-** processo di produzione

과정 課程 [학과] un corso [전과정] curriculum ¶ 고교의 과정을 마치다 completare il curriculum del liceo

과제 課題 [제목] soggetto, tema, tesi [숙제] compito, esercizio

과주 果酒 vino di frutta

과줄 dolce di farina, miele e olio

과중 過重 sovrappeso ¶ 부담이 그에게는 과중하다 Il carico è troppo pesante per lui.

과즙 果汁 succo di frutta

과찬 過讚 **-하다** lodare oltremodo, fare lodi esagerate

과태금 過怠金 ⇒ 과태료

과태료 過怠料 multa per una mancanza, ammenda per una colpa

과표 課標 (tabella) standard di tassazione * **-액** ammontare tassabile, imponibile

과하다 過- [세금 따위를] imporre (una tassa, un tributo), assegnare (un compito)

과학 科學 scienza ¶ 과학적 scientifico 과학적으로 scientificamente 과학의 진보 avanzamento della scienza, progresso scientifico * **-계** mondo scientifico **-기술** tecnica scientifica **-소설** romanzo scientifico **-자** scienziato **-지식** conoscenza scientifica 순수 [응용, 자연]- scienza pura [applicata, naturale]

과히 過- troppo, eccessivamente ¶ 과히 심한 병은 아니다 Non è una malattia troppo grave.

곽 custodia, cassetta, scatola

꽉 ① [단단히] ⇒ 꼭 ② [가득히] pieno, ricolmo, zeppo ¶ 꽉 차다 essere pieno (di) ③ [참는 모양] ⇒ 꾹

꽉꽉 ① [힘주어] strettamente, fermamente, solidamente ¶ 꽉꽉 눌러 넣다 comprimere ② [가득] pieno

관 冠 corona, ghirlanda ¶ 관을 쓰다 portare una corona

관 棺 bara, scrigno ¶ 관에 넣다. posare [mettere] (una cadavere) nella bara.

관 貫[무게의 단위] un Guan (=3,75 kg)

관 管 condotto, tubo, conduttura

관 館[푸줏간] macelleria [요정] ristorante ricercato, [대건물] palazzo

관 觀 vista, prospettiva, veduta, prospettiva * **사회-** veduta della società **세계-** prospettiva del mondo **인생-** visione della vita

관개 灌漑 irrigazione * **-공사** lavori d'irrigazione

관객 觀客 spettatore, uditore, pubblico (총칭), [입장자] visitatore ¶ 많은 [적은] 관객 grande [piccolo] pubblico 축구 시합의 관객 spettatori di una partita di calcio

관건 關鍵 [문빗장] catenaccio, spranga, [중요점] chiave ¶ 그는 문제 해결의 관건을 쥐고 있다 Egli ha la chiave della soluzione del problema.

관계 關係① [관련] connessione, collegamento, relazione, [이해관계] interesse **-하다** essere in connessione in relazione, in collegamento con ¶ …와 관계없이 senza riguardo a, senza badare a …와 관계가 없다 non avere niente a che fare con... 관계를 끊다 interrompere la relazione (con) ② [관여] affare, faccenda, partecipazione, [연좌] implicazione, complicità **-하다** partecipare, interessarsi di qlco., occuparsi di qlco., [나쁜 일에] essere implicato (in) ¶ 관계를 끊다 lavarsi le mani di ③ [영향] influenza, [이유] ragione, conto **-하다** riguardare, influenzare, importare [남녀의] rapporto, relazione (sessuale), **-하다** avere una relazione con * **-관청** ufficio governativo interessato **-기관** organi interessati **-당국** le autorità interessate **-대명사** pronomi relativi **-서류** documenti relativi **-자** [관여자] le persone interessate, [이해의] le parti interessate **-회사** azienda interessata **거래-** rapporti commerciali **외교-** relazioni diplomatiche

관계 官界 mondo ufficiale, articoli ufficiali, burocrazia * **-쇄신** rinnovamento della burocrazia

관공리 官公吏 pubblici ufficiali

관공서 官公署 enti pubblici

관광 觀光 vista turistica **-하다** fare una vista turistica, visitare * **-객** turista **-국** [도시] paese turistico [città turistica] **-버스** pullman per turisti **-사업** industria turistica **-여행** viaggio turistico **-지** [호텔] luogo di soggiorno turistico [albergo]

관구 管區 distretto, quartiere, giurisdizione

관군 官軍 truppe governative militare, le Forze Armate [왕국의] le Forze reali

관권 官權 autorità di governo

관극 觀劇 visione di una rappresentazione teatrale **-하다** andare a teatro, assistere a una rappresentazione teatrale

관급 官給 fornitura [emissione] governativa * **품**(品) attrezzature fornite dal governo

관기 官紀 pubblica disciplina * **-문란** rilassatezza nella pubblica

disciplina **-숙정** rafforzamento della pubblica disciplina
관내 管內 ambito di giurisdizione
관념 觀念 [생각] idea, nozione [개념] concetto, concenzione, concepimento [의식] senso, spirito ¶ 그릇된 관념을 가지다 avere l′idea sbagliata 시간 관념이 없다 non avere la nozione di tempo 책임관념이 없다 non avere il senso di responsabilità
관능 官能 ① funzioni organiche ¶ 관능적인 funzionale, ② senso ¶ ～적인 dei sensi, ③ desiderio casuale ¶ ～적인 sensuale
관대 寬大 generosità, liberalità, magnanimità **-하다** (essere) generoso, liberale, magnanimo ¶ 관대하게 generosamente, liberalmente, magnanimamente
관대 寬待 ospitalità, accoglienza cordiale [affettuosa, calda] **-하다** fare un′accoglienza affettuosa
관등 官等 grado ufficiale, grado di servizio civile ＊ **-성명** suo grado ufficiale e nome
관등 觀燈 celebrazione del compleanno di Budda, Festa delle lanterne
관람 觀覽 ispezione, visione **-하다** vedere, ispezionare, osservare, visitare ¶ 일반의 관람을 허가한다 [불허한다] È aperto [chiuso] al pubblico. ＊ **-권** biglietto d′ingresso **-석** sedile, posto, palco **-자** spettatore, visitatore
관련 關聯 relazione, connezione, associazione **-하다** essere in relazione, avere relazione con ¶ 그것에 관련된 문제 affare collegato con quello -와 관련해서 riguardo a, in relazione (con) ＊ **-사항** affare correlato (con) **-산업** industria connessa
관례 冠禮 cerimonia di raggiungimento della maggior età
관례 慣例 [풍습] costume, usanza, consuetudine ¶ 관례적 abituale, consueto, consuetudinario 관례에 따라서 secondo le usanze 관례를 지키다 rispettare le consuetudini
관록 官祿 salario, stipendio
관록 貫祿 dignità, peso, importanza ¶ 관록이 붙다 acquistare, guadagnare in dignità
관료 官僚 burocrazia, [사람] brocrate ¶ 관료적인 burocratico, ufficiale ＊ **-정치** governo burocratico , burocrazia **-주의** burocraticismo
관류 貫流 **-하다** attraversare, scorrere, fluire
관리 官吏 ⇒ 공무(원)
관리 管理 direzione, amministrazione, [지배, 감독] supervisione, controllo [보관] incarico, cura **-하다** controllare, dirigere, amministrare, supervisionare, manovrare [보관] assumere l′incarico di ¶ 국제관리하에 있다 essere sotto il controllo internazionale ＊ **-인** sovrintendente, amministratore, [위탁물의] custode 생산 [업무]- direzione della produzione
관망 觀望 **-하다** osservare, guardare, aspettare e vedere ¶ 형세를 관망하다 osservare lo sviluppo

del caso 관망적 태도를 취하다 assumere un atteggiamento di attesa

관명 官名 titolo ufficiale

관명 官命 oridini ufficiali, missione ufficiale

관모 冠毛 [새의] cresta [식물의] pappo [민들레 따위의] piumino, piuma

관목 灌木 arbusto, cespuglio

관문 關門 barriera, palizzata, can cello, entrata, ingresso [국경의] frontiera ¶ 입학시험의 관문을 통과하다 superare la barriera dell′esame di ammissione

관물 官物 proprietà del governo (stato)

관민 官民 governo e popolo, ufficiale pubblici, cittadini e privati ¶ 관민이 협력하여 con gli sforzi congiunti del governo e del popolo

관변측 官邊側 circoli ufficiali, quartieri ufficiali, fonti ufficiali

관보 官報 gazzetta ufficiale, [전보] telegramma ufficiale

관복 官服 uniforme ufficiale

관비 官費 spese di governo * **-유학생** studente mandato all′estero dal governo

관사 官舍 residenza ufficiale

관사 冠詞 문법 articolo * **정** [부정]- articolo determinativo [indeterminativo]

관상 冠狀 ¶ 관상의 coronario, coronale, coronato * **-동맥** [정맥] arteria [vena] coronaria

관상 觀象 * **중앙-대** Osservatorio Meteorologico Centrale

관상 觀相 giudizio fisiognomico del carattere, interpretazione frenologica ¶ 관상을 보아주다 leggere fortuna dalla fisionomia * **-술** fisiognomia (골상학) **-장이** fisionomista, frenologo

관상 觀賞 **-하다** ammirare * **-식물** pianta decorativa, ornamentale **-어**(魚) pesce di acquario

관상 管狀 ¶ 관상의 tubolare, tubiforme * **-화** fiore tubolare

관서 官署 ufficio governativo

관선 官選 ¶ 관선의 scelto [designato] dal governo, ufficiale * **-변호사** avvocato designato dalla Corte (per difendere i non abbienti)

관성 慣性 【물리】 inerzia ¶ 관성의 법칙 legge d′inerzia * **-능률** momento d′inerzia

관세 關稅 dogana, dazio doganale [관세율] tariffa doganale, ¶ 관세가 붙는 soggetto a dogana 관세가 없는 esente da dogana 관세를 과하다 imporre la dogana

관솔 nodo (resinoso) di pino

관수 官需 domanda ufficiale * **-물자** forniture per uso governativo

관수 貫數 peso in Guan ¶ 관수가 나가다 pesare molto, essere pesante

관습 慣習 costume, usanza, consuetudine, pratica usuale ¶ 관습적 usuale, consueto, abituale 관습상 di solito, abitualmente 관습에 의하여 secondo il costume * **-법** legge convenzionale [tradizionale] **사회-** codice sociale

관심 關心 interesse ¶ 관심을 가지다 interessarsi di qlco., occuparsi di qlco. 정치에 관심없다 essere indifferente alla politica

관아 官衙 ufficio (agenzia) governativo

관악 管樂 음악 (musica) a fiato * -**기** strumento a fiato

관여 關與 partecipazione **-하다** partecipare, prendere parte ¶ 정치에 관여하다 partecipare alla politica 사건에 관여하다 essere coinvolto in un caso, partecipare a un affare

관용 寬容 tolleranza, indulgenza, generosità **-하다** tollerare, sopportare, permettere ¶ 관용한 tollerante, indulgente, generoso

관용 慣用 uso comune, utilizzo, impiego ¶ 관용의 abituale, consueto, usuale, convenzionale, [어구의] idiomatico * **-(어)구** idioma, idiomatismo, frase fatta, espressione idiomatica

관원 官員 ufficiale governativo, pubblico ufficiale, impiegato statale

관인 官印 timbro ufficiale [governo] ¶ 관인을 찍다 apporre il timbro ufficiale

관인 寬仁 generosità, liberalità, magnanimità

관자놀이 tempia

관작 官爵 ufficio governativo e titolo di corte ¶ 관작을 주다 concedere un ufficio governativo e un titolo di corte

관장 管掌 **-하다** avere l'incarico, la direzione di, dirigere, controllare, amministrare ¶ 사무를 관장하다 amministrare gli affari

관장 館長 sovrintendente, direttore, [도서관의] bibliotecario [박물관의] direttore di museo

관장 灌腸 clistere **-하다** somministrare [fare] un clistere * **-기** pompetta, siringa per clistere

관재 管財 custodia di proprietà, [유산의] amministrazione di una proprietà [파산시의] amministrazione fiduciaria **-하다** amministrare, porre (proprietà) sotto la sua custodia di ... * **-국** ufficio per la custodia proprietà **-인** [공공물의] fiduciario, curatore [유산의] amministratore [청산의] amministratore fiduciario

관저 官邸 residenza ufficiale

관전 觀戰 **-하다** osservare una guerra, [경기를] guardare (una partita) * **-기**(記) conto di una partita

관절 關節 해부 congiunzione, articolazione ¶ 팔의 관절이 빠지다 slogarsi l'articolazione del braccio

관절 冠絶 **-하다** essere unico insorpassato, senza pari, impareggiabile

관점 觀點 punto di vista ¶ 상업적인 관점에서 말하면 parlando dal punto di vista commerciale

관제 官制 organizzazione governativa , regolamento ufficiale

관제 官製 * **-엽서** cartolina postale

관제 管制 controllo * **등화-** controllo delle luci, **보도-** silenzio stampa **-탑** torre di controllo blackout

관조 觀照 contemplazione, meditazione **-하다** contemplare, meditare

관존민비 官尊民卑 preponderanza del pubblico sul privato, mettere il governo al di sopra del popolo

관중 觀衆 spettatori, pubblico ¶ 관중이 많다[적다] avere molti [pochi] spettatori

관직 官職 posizione di governo, impiego governativo ¶ 관직에 있다 essere in una posizione di governo

관찰 觀察 osservazione, visione, ispezione **-하다** osservare, vedere, ispezionare, guardare ¶ 관찰이 날카롭다 le osservazioni sono puntigliose. * **-력** capacità di osservazione **-안** occhio osservatore **-자** osservatore **-점** punto di vista [osservazione]

관철 貫徹 [수행] realizzazione, adempimento, consumazione, compimento **-하다** realizzare, compiere, portare a compimento, adempiere ¶ 목적을 관철하다 raggiungere lo scopo, ottenere lo scopo

관청 官廳 ufficio, dipartimento governativo * **-식** (式) burocratismo **해당-** autorità interessata **주무-** autorità competente

관측 觀測 osservazione, indagine **-하다** osservare, fare una osservazione, esaminare, ispezionare ¶ 희망적 관측 il credere vero qlco. perché lo si desidera intensamente 기상을 관측하다 fare osservazioni meteorologiche

관통 貫通 penetrazione, perforazione **-하다** penetrare, perforare ¶ 탄환이 심장을 관통했다 una pallottola ha perforato il cuore * **-총상**(銃傷) ferita da proiettile

관포 管鮑 ¶ 관포지교 amico intimo, amicizia, relazione intima

관하 管下 ¶ 관하의[에] sotto la giurisdizione [controllo] di

관하다 關- ① [대하다] riguardare, concernere, riferirsi a, essere connesso con ¶ ~에 관해서 su, quanto a, per quanto riguarda ② [관계하다] avere a che fare con, concernere, riguardare, avere influenza su ¶ 명예에 관한 문제 un problema riguardante l'onore

관할 管轄 giurisdizione, controllo, competenza **-하다** avere giurisdizione, controllare, governare ¶ 관할에 속하다 essere sotto la giurisdizione (di) * **-관청** autorità competente **-구역** giurisdizione territoriale **-권** potere giurisdizionale

관함식 觀艦式 rivista navale (cerimonia)

관행 慣行 pratica abituale ¶ 관행의 abituale, consueto 국제적 관행 pratica internazionale

관향 貫鄕 luogo di nascità del primo antenato

관허 官許 permesso [licenza] governativo ¶ 관허의 autorizzato, patentato * **-요금** prezzo autorizzato, prezzo governativo

관헌 官憲 le autorità di governo, [경찰] le autorità di polizia, gli ufficiali

관현 管絃 strumenti a fiato e a corda * **-악** orchestra, musica orchestrale **-악단** orchestra

관혼상제 冠婚喪祭 occasioni cerimoniali, cerimonie di raggiungimento della maggiore età, di matrimonio, di funerale, e di culto per gli antenati

관화 官話 [표준 중국어] Mandarino (cinese)

관후 寬厚 **-하다** (essere) generoso, liberale, indulgente, clemente, magnanimo * **-장자** gentiluomo generoso, gentiluomo di buon cuore

괄괄 gorgoglio

괄괄하다 [성질이] (essere) troppo di fuoco, ardente, impetuoso, virile, [풀기가] inamidato, rigido (inflessibile) duro

괄다 [화력이] (essere) troppo forte, intenso, alto

괄대 恝待 **-하다** trattare (qlcu.) freddamento, accogliere (qlcu.) freddamente, essere inospitale

괄목 刮目 ¶ 괄목할 만하다 essere degno di nota

괄선 括線 수학 parentesi

괄시 恝視 maltrattamento, inospitalità, negligenza, mancanza di riguardo **-하다** essere inospitale, mancare di riguardo

괄약근 括約筋 【해부】 sfintere (muscolo), costrittore (muscolo)

괄태충 括胎蟲 【동물】 lumacone (senza guscio)

괄호 括弧 [둥근] parentesi, [큰] graffa ¶ 괄호안의 부분 brano tra parentesi * **이중-** doppia parentesi

광 magazzino, deposito, granaio, fienile, stalla, cantina, scantinato

꽝 pum ¶ 문을 꽝 닫다 chiudere la porta violentemente 총소리가 꽝 하고 났다 Si udì un colpo di pistola.

광 光 lucentezza, splendore, lucidezza ¶ 광내다 lucidare, lustrare, vetrinare

광 廣 larghezza, ampiezza, area, estensione, lunghezza, dimensione

광 鑛 [갱] miniera, cava [덩어리] giacimento metallifero ¶ 철광 miniera di ferro

-광 狂[열광자] -mania, tifoso, ammiratore [광인] maniaco * **골프-** maniaco del golf **야구-** tifoso di baseball

광각 光角 【물리】 angolo ottico

광각 光覺 senso della luce , senso ottico

광각렌즈 廣角- (obiettivo) grandangolare

광갱 鑛坑 miniera, cava

광견 狂犬 cane rabbioso * **-병** idrofobia, rabbia

광경 光景 spettacolo, vista, scena, scenario ¶ 처참한 광경 scena terribile, scena disastrosa

광고 廣告 annunzio, avviso, [선전] pubblicità **-하다** fare pubblicità a, annunziare ¶ 신문에 광고를 내다 fare pubblicità sul giornale * **-기구**[풍선] pallone pubblicitario **-란** colonna pubblicitaria **-료** prezzo della pubblicità **-방송** programmma pubblicitaria

광공업 鑛工業 industria di estrazione e trasformazione

광구 光球 천문 fotosfera

광구 匡救 **-하다** rettificare, riparare, rimediare, raddrizzare, porre rimedio

광구 匡救 zona mineraria

광궤 廣軌 scartamento normale ＊ **-철도** binario a scartamento normale

광나다 光- essere lucido, essere lucente ¶ 구두가 광난다 Le scarpe sono lucide.

광내다 光- lucidare, lustrare, vetrinare

광년 光年【천문】anno luce

광대 attore, attrice(여자), clown, pagliaccio, esecutore, interprete, [얼굴] faccia

광대 廣大 **-하다** (essere) vasto, immenso, esteso, ampio, enorme, grande

광대뼈 zigomo ¶ 광대뼈가 나온 사람 persona con gli zigomi sporgenti

광도 光度【물리】intensità della luce, intensità luminosa ＊ **-계** (計) fotometro

광독 鑛毒 inquinamento minerale ¶ 광독의 피해 danno da inquinamento minerale

광란 狂亂 frenesia, parossismo, delirio, mania, pazzia, demenza, follia **-하다** diventare matto, impazzire, essere frenetico

광량자 光量子【물리】fotone, quantum (di luce)

광력 光力 luce【물리】intensità luminosa espressa in candele ＊ **-계**【사진】attiniometro

광림 光臨 la tua presenza (visita, compagnia, chiamata)

광막 廣漠 **-하다** (essere) vasto, esteso, ampio, enorme ¶ 광막한 땅 vasta estensione di terra

광망 光芒 raggio di luce

광맥 鑛脈 vena minerale, deposito, filone metalifero

광명 光明 [빛] luce [희망] speranza, futuro [prospettiva] fulgido ¶ 한 줄기 광명 raggio di speranza

광목 廣木 tessuto di cotone

광물 鑛物 un minerale ¶ 광물의 minerale 풍부한 광물자원 abbondanza di risorse minerarie

광범 廣範 largo [vasto, ampio] raggio (campo, sfera, area) **-하다** (essere) estensivo, vasto, ampio, largo ¶ 광범하게 estensivamente, vastamente, largamente

광범위 廣範圍 ⇒ 광범(廣範)

광복 光復 restaurazione dell′ indipendenza ＊ **-절** anniversario della proclamazione dell′ indipendenza coreana

광부 鑛夫 minatore, scavatore

광분 狂奔 **-하다** [뛰어다니다] darsi da fare, [날뜀] fare sforzi disperati, correre pazzamente ¶ 돈벌이에 광분하다 essere occupato a guadagnare soldi

광분열 狂分裂【물리】fotofissione

광산 鑛山 miniera ＊ **-기사** ingegnere minerario, **-노동자** minatore

광산 鑛産 prodotto minerale ＊ **-지**

area piena di depositi minerali
광상 鑛床 deposito minerale
광상곡 狂想曲 【음악】 rapsodia
광석 鑛石 minerale, metallo, cristallo (라디오의) * **-검파기** rivelatore di minerali
광선 光線 luce, raggio di luce ¶ 광선의 반사 rifrazione della luce 광선이 잘 드는 방 camera luminosa
광섬유 fibra ottica
광속 光束 fascio, pennello di luce * **-발산도** radiosità luminosa
광속 光速 velocità della luce
광속도 光速度 velocità della luce
광수 鑛水 acqua minerale
광신 狂信 fanatismo religioso **-하다** credere fanaticamente ¶ 광신적인 fanatico * **-자** fanatico
광심 光心 【물리】 centro ottico
광야 曠野 deserto, landa, prateria
광언 狂言 assurdità, sciocchezza
광업 鑛業 industria estrattiva * **-가** proprietario di miniera, operatore minerario
광역 廣域 area grande [vasta, ampia] * **-수사** ricerca su una vasta area
광열 光熱 luce e calore * **-비** (費) spese di luce e riscaldamento
광영 光榮 onore, gloria ⇒ 영광
광우리 장수 venditore ambulante con gli articoli in un canestro sul capo
광원 光源 【물리】 sorgente [fonte] di luce, sorgente luminosa
광원 廣遠 **-하다** (essere) vasto e di grande portata
광유 鑛油 olio minerale
광음 光陰 tempo * **-여류**(如流) 하다 il tempo vola (come freccia)
광의 廣義 senso largo [vasto] ¶ 광의로 해석하다 interpretare in un senso largo
광인 狂人 lunatico, pazzo, persona demente folle
광자 光子 【물리】 fotone, quanto di luce
광장 廣場 spazio aperto, piazza, [대광장] piazza grande
광재 鑛滓 scorie, loppa
광저기 식물 fagiolo dall′occhio (nero)
광적 狂的 matto, lunatico, fanatico, frenetico ¶ 광적으로 fanaticamente, freneticamente
광전 光電 【전기】 fotoelettricità * **-자** fotoelettrone
광점 光點 punto luminoso, punto radiante
광정 匡正 **-하다** riformare, emendare, correggere, rimediare (a), porre rimedio (a) ⇒ 교정 (矯正)
광주 鑛主 proprietario di una miniera
광주리 canestro rotondo (fatto di bambù, vimini, ramoscelli)
광증 狂症 pazzia, demenza, follia
광채 光彩 lucentezza, splendore, luminosità ¶ 광채를 내다 fare splendere, far brillare, lucidare // 광채가 찬연하다 essere brillante, essere abbagliante
광천 鑛泉 fonte minerale, stazione termale
광체 光體 【물리】 corpo luminoso
광축 光軸 asse ottico
광층 鑛層 letto minerario
광치다 [자랑하다] gloriarsi, vantare,

vantarsi, mettersi in mostra, [빛을 내다] scintillare, rilucere, brillare, splendere, lucidare, lisciare, lustrare

광태 狂態 condotta scandalosa vergognosa ¶ 광태를 부리다 comportarsi vergognosamente

광택 光澤 lucentezza, splendore, luminosità ¶ 광택있는 brillante, lucente, splendente // 광택없는 opaco, appannato, offuscato // 광택을 내다 dare lucentezza (a), fare splendere

광파 光波 【물리】 onde luminose

광포 狂暴 rabbia, delirio, furia **-하다** (essere) oltraggioso, frenetico, furioso

광폭 狂幅 [넓은 폭] duplice larghezza

광풍 狂風 vento furioso [impetuoso, violento], violenta tempesta di vento

광학 光學 ottica, scienza ottica ∗ **-기계** strumento ottico

광행차 光行差 【천문】 aberrazione

광화 鑛化 【광물】 mineralizzazione

광화학 光化學 【물리】 fotochimica

광활 廣濶 **-하다** (essere) spazioso, largo, ampio, esteso, estensivo, vasto ¶ 광활한 수면 vasta estensione d′acqua

광휘 光輝 brillantezza, splendore, lucentezza, gloria ¶ 광휘있는 glorioso, brillante, splendente

광희 狂喜 estasi, rapimento, grande gioia **-하다** essere estatico [rapito], pazzo di gioia

꽤 piuttosto, abbastanza, relativamente, notevole, parecchio, molto ¶ 꽤 많은 돈 una notevole somma di soldi 꽤 먼 거리 distanza molto notevole 영어를 꽤 잘한다 Egli parla inglese abbastanza bene.

괘걸 怪傑 uomo di talento straordinario, uomo misterioso, uomo prodigio

괘관 掛冠 rassegnazione **-하다** rassegnarsi a

괘념 掛念 **-하다** badare (a), aver cura (di), sorvegliare, preoccuparsi

괘도 掛圖 mappa [carta] da parete

괘력 掛曆 calendario da parente

괘선 罫線 linea, riga ~이 있는 공책 quaderno a righe

괘씸하다 (essere) insolente, arrogante, impertinente, disgustoso, odioso ¶ 괘씸한 사람 persona disgustosa [intollerabile] // 괘씸한 행동 atto improprio, azione offensiva

괘종 掛鐘 orologio da parente

괘지 罫紙 carta a righe

꽥 urlo **-하다** gridare. urlare, dare un grido

괜찮다 ① [쓸만하다] va bene, (essere) passabile, non male buono ¶ 괜찮은 수입 buona rendita // 영어를 괜찮게 하다 parlare inglese abbastanza bene ② [상관없다] non fa niente ¶ 이제 가도 괜찮다 Ora puoi anche andare ora.

괜히 inutilmente, senza ragione ⇒ 공연히

꽹과리 gong ¶ 꽹과리를 치다 suonare [battere] il gong

괭이 zappa, piccone ¶ 괭이로 파다 zappare

꾀 [지혜] saggezza, discernimento, intelligenza, ingegno, [계략] artificio, abilità, destrezza, trucco ¶ 꾀 많은 사람 persona piena di risorse, uomo di risorse // 꾀 없는 사람 uomo senza risorse // (남의) 꾀에 넘어가다 cadere preda dei stratagemmi di qlcu.

괴경 傀景 【식물】 tubero, seme (감자 따위) * **-식물** pianta tuberosa

꾀꼬리 usignolo

괴괴하다 (essere) silenzioso, deserto, quieto, calmo

괴근 塊根 식물 radice tuberosa

괴금 塊金 pepita (d′oro)

괴나리봇짐 zaino da viaggio

괴다 [물이] riunirsi, radunasie, raggrupparsi, accumularsi, raccoglieresi, ristagnare ¶ 비가 오면 물이 여기 괸다 Quando piove, l′acqua ristagna qui.

괴다 [받치다] supportare, puntellare, sostenere, reggere 나무로 괴다 puntellare (un muro) con un palo [sostegno]

괴다 [발효하다] fermentare, essere in fermentazione

꾀다 [유혹] tentare, sedurre, allettare, adescare, attirare ¶ 꾀어내다 indurre qlcu. a // 달콤한 말로 소녀를 꾀다 sedurre una ragazza con parole dolci

꾀다 [벌레 따위가] sciamare, pullulare, brulicare, brulicare di, essere pieno

괴담 怪談 storia di fantasmi

괴도 怪盜 ladro misterioso

괴란 壞亂 [풍속의] depravazione, corruzione [질서의] sovversione, distruzione **-하다** corrompere, sovvertire, distruggere

괴력 怪力 forza enorme, forza erculea

괴로워하다 soffrire, subire, patire, essere in pena [근심하다] preoccuparsi, stare in ansia

괴로움 [수고] tribolazione, preoccupazione, guaio, seccatura, noia [번민] afflizione, angoscia, agonia [고통] dolore, pena, sofferenza ¶ 삶의 괴로움 le preoccupazioni della vita // 많은 괴로움을 끼치다 dare molta angoscia a // 괴로움을 당하다 attraversare (sopportare) le avversità

괴롭다 [고통] (essere) doloroso, penoso, gravoso, arduo, amaro [곤란] fastidioso, seccante, preoccupante, [난처] scomodo, imbarazzato, imbarazazzante, difficile ¶ 괴로운 입장 situazione imbarazazzante // 괴로운 표정 espressione afflitta // 괴로워하다 essere afflitto, soffrire

괴롭히다 affligere, preoccupare, tormentare, dare pena

괴뢰 傀儡 marionetta, fantoccio, buratino * **-정부** governo fantoccio

괴망 怪妄 ingegno, mostruoso, scandaloso

괴멸 壞滅 distruzione, rovina, demolizione **-하다** (essere) distrutto [demolito, rovinato] ¶ 괴멸시키다 distruggere, demolire, rovinare

괴문 怪聞 diceria strana, [추문] scandalo

괴물 怪物 mostro, [유령] spettro, fantasma, [사람] uomo misterioso, sfinge ¶ 정계의 괴물 sfinge politica

괴벽 乖僻 eccentricità, particolarità, bizzarria, stranezza **-하다** (essere) eccentrico, strano, bizzarro, insolito, particolare

괴변 怪變 incidente strano, infortunio strano

꾀병 malattia finta [simulata] ¶ 꾀병을 부리다 fingersi malatto

꾀보 persona scaltra [infida]

꾀부리다 sottrarsi al proprio dovere, schivare, liberarsi di, evitare, scansare ¶ 꾀부리는 사람 scansafitiche // 꾀부리고 일을 하지 않다 schivare il lavoro

괴사 怪事 mistero, comportamento strano, scandalo

괴상 塊狀 ¶ 괴상의 massivo * **-암**(岩)[화산] pietra massicia [vulcano]

괴상 怪常 **-하다** (essere) strano, curioso, bizzarro, grottesco ¶ 괴상한 물건 [일] cosa strana, stranezza

괴수 魁首 capobanda, capo, boss

괴수 怪獸 mostro

괴숭아 【식물】 acetosa, acetosella

괴위 魁偉 **-하다** (essere) imponente, maestoso, gigantesco

괴이 怪異 **-하다** (essere) strano, misterioso, bizzarro, grottesco, mostruoso, soprannaturale

괴이쩍다 怪異- (essere) strano, bizzarro

괴짜 怪- persona strana, svitato, eccentrico

꾀잠 sonno finto [falso] ¶ 꾀잠자다 fingere di dormire

괴좆나무 ⇒ 구기자 (나무)

꾀죄하다 (essere) trasandato, sporco, cencioso, logoro, squallido, disordinato, sciatto ¶ 옷차림이 꾀죄하다 essere trasandato nel vestire

괴질 怪疾 malattia misteriosa, malattia di origine sconosciuta

괴철 塊鐵 lingotto di ferro, blumo

괴탄 塊炭 carbone in pezzatura grossa

괴팍하다 乖愎- (essere) meticoloso, esigente, pignolo ¶ 괴팍한 사람 persona meticolosa

꾀하다 ① macchinare, cospirare, tramare, complottare, attentare, ② fare la pianta, fare il rilievo, tracciare, progettare, pianificare, tentare ¶ 자살을 꾀하다 tentare il suicidio // 살해를 꾀하다 tramare un omicidio

괴한 怪漢 compagno veduto sospettosamente, carattere strano

괴혈병 壞血病 【의학】 scorbuto

괴화 怪火 incendio misterioso (di origine misteriosa)

꾐 tentazione, attrattiva, allettamento, seduzione ¶ 꾐에 빠지다 cadere in tentazione

굄돌 sostegno di pietra

굉굉하다 轟轟- (essere) temporalesco, tonante, fragoroso, tumultuoso, rombante, assordante

굉대 宏大 **-하다** (essere) vasto, immenso, grande, gigantesco

굉장 宏壯 **-하다** (essere) grande, magnifico, splendido ¶ 굉장히 grandemente, magnificamente, terribilmente // 굉장한 미인 donna bellissima

교 教 religione, fede,

교가 校歌 inno scolastico, inno di una scuola

교각 橋脚 struttura portante trasversale, pilastro, pilone (di ponte)

교각살우 矯角殺牛 Il rimedio è peggio del male.

교감 校監 direttore (di scuola) incaricato

교감신경 交感神經 nervo simpatico

교갑 膠匣 capsula, pericarpo

교골 交骨 【해부】 pube (ossa del bacino)

교과 教科 corso di studio, curriculum, programma di studi [학과] materia

교과서 教科書 testo (scolastico) * **검정-** testo autorizzato **국정-** testo nazionale

교관 教官 insegnante, istruttore, professore, [전체] corpo insegnante

교교하다 皎皎- (essere) luminoso, chiaro, brillante ¶ 교교히 luminosamente

교구 教區 parrocchia * **-민**(民) parrocchiano

교구 教具 strumenti per insegnare

교권 教權 [교회의] autorità ecclesiastica [교육 상의] autorità educativa (scolastica) * **-확립** costituzione dell'autorità degli insegnanti

교규 教規 regolamento scolastico

교근 咬筋 【해부】 muscolo masticatorio, massetere

교기 驕氣 aria orgogliosa, atteggiamento altezzoso ¶ 교기를 부리다 assumere un atteggiamento altezzoso

교기 校紀 disciplina scolastica

교기 校旗 bandiera della scuola

교내 校內 intero alla scuola, (tra le mura della) scuola ¶ 교내에서 nella scuola, all'interno della scuola

교단 教壇 piedella, [목사의] pulpito ¶ 교단 생활 20년 esperienza di 20 anni d'insegnamento // 교단에 서다 stare sulla predella, insegnare (a scuola), essere un insegnante

교당 教堂 chiesa, cappella, [성당] cattedrale, [절] tempio

교대 交代 alternanaza, cambio, turno **-하다** fare i turni, dare il cambio, alternare ¶ 교대로 a turno * **-시간** ora del cmbio **주야-** turno continuo

교도 教徒 credente, aderente a, seguace di

교도 教導 istruzione, insegnamento, allenamento, esercitazione **-하다** istruire, insegnare, guidare, allenare * **-민주주의** democrazia guidata (pilotata)

교도관 矯導官 carceriere, guardia carceraria

교도소 矯導所 prigione, carcere

교두보 橋頭堡 testa di ponte [해안의] testa di sbarco ¶ 교두보를 확보하다 creare una testa di ponte (di sbarco)

교란 攪亂 disturbo, scompigliare, agitazione **-하다** disturbare, agitare, sconvolgere, turbare, scompigliare ¶ 평화를 교린하다 disturbare la pace // 후방을 교란하다 bersagliare la retroguardia

교량 橋梁 ponte

교련 敎鍊 addestramento, allenamento, esercitazione, **-하다** ellenare, addestrare, esercitare

교료 校了 [부호] bene, O.K. **-하다** finire l′ultima correzione di bozze, tirare una prova * **-쇄**(刷) prova di stampa

교류 交流 scambio, avvicendamento 【전기】 corrente alternata ¶ 한미간의 문화교류 scambi culturali fra Corea e America * **-발【전기】** generatore di corrente alternata, alternatore **인사-** scambio di personale (fra)

교리 敎理 dottrina (religiosa), dogma, credo

교린 交隣 relazione col paese vicino * **-정책** politica di buono vicinato

교만 驕慢 orgoglio, amor proprio, superbia, presunzione, alterigia, arroganza **-하다** (essere) orgoglioso, superbo, presuntuoso, arrogante

교목 喬木 albero alto, albero da foresta * **-대**(帶) foresta albero zona

교묘 巧妙 abilità, destrezza **-하다** (essere) destro, abile, ingegnoso ¶ 교묘한 답변 risposta magistrale // 교묘한 솜씨 esecuzione abile // 교묘한 수단 un espediente ingegnoso

교무 敎務 [학교의] affari accademici [교회의] affari religiosi * **-과** sezione degli affari accademici **-주임** responsabile degli affari

교문 校門 ingresso (cancello) della scuola ¶ 교문을 나서다 lasciare la scuola, laurearsi

교미 交尾 copulazione, coito, accoppiamento **-하다** accoppiarsi * **-기**(期) stagione della riproduzione

교배 交配 incrocio, ibridazione **-하다** incrociare

교복 校服 uniforme (scuola), ibridare

교본 敎本 testo (scolastico)

교부 交付 consegna, distribuzione, trasporto **-하다** consegnare, distribuire, trasportare ¶ 통지서를 교부하다 notificare un avviso a * **-금** concessione, donazione, borsa di studio

교분 交分 amicizia ¶ 교분이 두텁다 essere in rapporti cordiali con, essere amici di

교빙 交聘 **-하다** scambiarsi inviati, visite ufficiali

교사 驕奢 lusso, sontuosità, prodigalità, **-하다** (essere) lussuoso, sontuoso, prodigo

교사 巧詐 **- 하다** (essere) scaltro, abile, astuto, subdolo, furbo

교사 敎唆 istigazione, incitamento, favoreggiamento **-하다** istigare, incitare ¶ 폭동을 교사하다 istigare alla ribellione * **-방조죄** istigazione e favoreggiamento

교사 敎師 insegnante, maestro, professore ¶ 교사이다 insegnare a scuola, essere insegnante * **-용 참고서** manuale dell'insegnante

교사 校舍 scuola, edificio scolastico

교살 絞殺 strangolamento, impiccagione **-하다** strangolare, strozzare, impiccare

교상 咬傷 morso, morsicatura

교생 教生 studente che fa il tirocinio d'insegnamento

교서 教書 messaggio, bolla (pontificia) ¶ 대통령의 교서 messaggio presidenziale

교섭 交涉 ① [담판] negoziazione, trattativa, colloquio, abboccamento **-하다** negoziare, trattare, contrattare, fare un approccio ¶ 교섭 중이다 essere in fase di negoziazione ② [관계] connessione, collegamento, relazione

교수 絞首 impiccagione, strangolamento, strozzatura **-하다** impiccare, strangolare, strozzare * **-대** forca, impiccagione, patibolo

교수 教授 insegnamento, istruzione [사람] professore, professorato **-하다** insegnare, istruire ¶ 피아노의 개인교수를 하다 dare lezioni pravate (di pianoforte) a (qlcu.)

교습 教習 educazione, addestramento, istruzione **-하다** educare, istruire, addestrare * **-소** scuola di educazione **피아노 -** scuola di pianoforte

교시 教示 istruzione, insegnamento **-하다** istruire, insegnare

교신 交信 communicazione, scambio di messaggi, corrispondenza **-하다** communicare, scambiare messaggi, mantenere una corrispondenza

교실 教室 classe, aula * **계단-** aula ad antiteatro **생물학-** aula di biologia

교안 教案 programma di insegnamento ¶ 교안을 짜다 fare un programma d'insegnamento

교양 教養 cultura, educazione, raffinatezza ¶ 교양있는 colto, istruito // 교양을 닦다 coltivarsi * **-과목** soggetto [materia] di cultura generale

교언 巧言 adulazione, lusinga * **-영색**(令色) parole adulatoria e aria insinuante

교역 交易 traffico, commercio, affare, baratto (물물교환) **-하다** commerciare, trafficare, negoziare, scambiare, barattare

교역자 交易者 operatore religioso, missionario

교열 校閱 revisione **-하다** rivedere, riesaminare * **-자**(者) revisore

교오 驕傲 **-하다** (essere) altezzoso, altero, arrogante, superbo, pomposo

교외 郊外 sobborghi, periferia, dintorni ¶ 교외의 suburbano, extraurbano, periferico // 서울 교외에 살다 vivere alla periferia di Seoul

교외 校外 ¶ 교외의 fuori della scuola [대학의] extrauniversitario * **-생**(-生) [강의록에 의한] studente esterno **-활동** attività extrauniversitarie

교우 交友 amico, compagno

conoscente [사귐] amicizia, -하다 frequentare qlcu., fare amicizia con, essere amico di qlcu. ¶ 교우 관계가 나쁘다 [좋다] intrattenere cattivi (buoni) rapporti con qlcu.

교우 校友 compagno di scuola [동창] ex-allievo (남자), ex-allieva (여자) * **-회** associazione degli ex-allievi, [회합] riunione degli ex-allievi

교우 教友【종교】compagno di fede [cristiano, buddista], membro di una chiesa

교원 教員 insegnante (scuola) [남자] maestro, insegnante, [여자] maestra, insegnante, [전체] corpo insegnante ¶ 그는 중학교의 교원이다 Egli è un insegnante di scuola media. Egli insegna nella scuola media.

교원병 膠原病【의학】malattia del tessuto connettivo

교유 交遊 amicizia, relazione sociale **-하다** associarsi con qlcu.

교육 教育 educazione, [교수] istruzione, insegnamento [훈련] addestramento **-하다** educare, istruire, insegnare, addestrare * **-가** educatore, pedagogo, pedagogista **-감** sovrintendente all′ istruzione **-계** circoli educativi **-영화** film educativi **-위원회** consiglio (comitato) per l′educazione **-제도** sistema educativo **가정-** educazione casalinga **과학-** educazione scientifica **음악-** educazione musicale **직업-** educazione professionale **학교-** educazione scolastica

교의 交誼 amicizia

교의 交椅 sedia

교의 校醫 medico scolastico

교의 教義 dottrina, dogma, insegnamento, credo

교인 教人 credente, aderente, seguace, discepolo, i credenti (총칭) * **기독-** cristiano

교자상 交子床 tavolata (di cibi)

교장 校長 direttore di scuola, (여자) direttrice di scuola

교장 校葬 funerale a spese della scuola

교장 教場 [교실] aula [교련장] campo di addestramento

교재 教材 testo, materiale per l′ insegnamento

교전 交戰 [전투] battaglia, combattimento, lotta, [전쟁 상태] guerra, belligeranza * **-국** paesi belligeranti

교점 交點 punto di intersezione【천문】nodo

교접 交接 [접촉] contatto [성교] coito, rapporto sessuale **-하다** contattare, mettersi in contatto (con), avere rapporti sessuali, accoppiarsi

교정 矯正 correzione, rettifica **-하다** correggere, rettificare, regolare, curare ¶ 교정하기 어려운 incorregibile, irrecuperabile // 말더듬하는 것을 교정하다 curare (qlcu.) dalla balbuzie

교정 校庭 campo di scuola, campus, [운동장] cortile di scuola

교정 校正 correzione di bozze **-하다** leggere la bozza, correggere * **-쇄** bozze di stampa **-원** correttore di bozze **-필** (畢) visto e corretto

교정 校正 revisione **-하다** rivedere, riesaminare * **-판** edizione rivista

교정 教程 [과정] corso di studi, curriculum, [방법] metodo d'insegnamento, [교보] testo, manuale

교제 交際 associazione, rapporto, amicizia **-하다** associarsi (con)

교조 教組 fondatore di una religione, capo di una setta religiosa

교졸 巧拙 abilità, destrezza [연기의] atto, rappresentazione [세공의] abilit tecnica

교주 校主 proprietario (fondatore) di scuola

교주 教主 fondatore di una religione, leader di una setta religiosa

교지 校誌 rivista [periodico] scolastica

교지 教旨 dottrina di una religione

교지 校地 area di una scuola

교직 交織 tessuto misto * **면모-** tessuto misto di cotone e lana

교직 教職 professione d'insegnante [대학의] professorato [종교의] presbiterato ¶ 교직에 있다 essere impiegato nell'insegnamento, essere insegnante * **-원** (membro del) corpo insegnante

교질 膠質 colloide ¶ 교직의 appiccicaticcio, viscoso, colloidale

교차 交叉 passaggio, incrocio, intersezione * **-로** incrocio, intersezione

교착 交錯 [착잡] complessità, complicazione, intrico [썩임] miscela, mistura **-하다** essere complicato, complesso, intricato, coinvolto ¶ 명암의 교착 misto di luce e ombra [미술] chiaroscuro

교착 膠着 agglutinazione, adesione, situazione di stallo, punto morto **-하다** aderire, incollare, appiccicare ¶ 교착상태에 빠지다 arrivare a un punto morto, impantanare // 교착상태를 타개하다 trovare la via d'uscita da una situazione di stallo

교체 交替 cambio, cambiamento, sostituzione, avvicendamento **-하다** cambiare, spostare, sostituire, avvicendare, alternare

교칙 校則 regolamento scolastico ¶ 교칙을 지키다 osservare il regolamento scolastico

교칙 教則 regole per insegnare

교탁 教卓 cattedra (dell'insegnante)

교태 嬌態 civetteria ¶ 교태를 부리다 civettare

교통 交通 traffico, comunicazione, trasporto ¶ 교통을 정리하다 controllare [regolare] il traffico * **-규칙** regolamento stradale **-망** rete stradale, rete di comunicazione **-비** spese di trasporto **-사고** incidente stradale **-순경** poliziotto della stradale **-신호** semaforo **-위반** violazione del regolamento stradale **-정리** controllo (regolazione) del traffico

교파 教派 setta, confessione religiosa ¶ 교파적 confessionale, settario

교편 敎鞭 bacchetta (dell'insegnante) [교육] insegnamento ¶ 교편을 잡다 insegnare, insegnare a scuola

교포 僑胞 [동포] coreano residente all'estero, [총칭] coreani d'oltremare

교풍 校風 spirito [tradizione, costumi, morale] della scuola

교합 交合 unione sessuale

교향곡 交響曲 【음악】 sinfonia

교향시 交響詩 poesia sinfonica

교향악 交響樂 【음악】 sinfonia * **-단** orchestra sinfonica

교호 交互 alternanza, reciprocità **-하다** alternarsi (con), essere reciproco * **-작용** azione reciproca

교화 敎化 educazione, cultura, civilizzazione, **-하다** educare, illuminare, civilizzare

교환 交換 scambio, baratto (물물교환), reciprocità, **-하다** scambiare, fare a cambio, barattare, contraccambiare ¶ 교환할 수 있는 scambiabile // 교환으로 in cambio * **-가치** valore di scambio **-교수** professore di scambio **-국** centralino telefonico **-대** tavolo di commutazione, centralino **-수** centralinista, operatore telefonico

교환 交驩 scambio di saluto (auguri, cortesie) **-하다** scambiarsi il saluto (auguri, cortesie), fraternizzare * **-경기** partita amichevole

교활 狡猾 **-하다** (essere) furbo, scaltro, astuto, ingegnoso, subdolo, furtivo ¶ 교활한 수단 trucco // 교활한 짓을 하다 agire furbamente

교황 敎皇 [로마의] Papa, Sommo Pontefice ¶ 교황의 papale * **-사절** delegato papale **-청** Vaticano

교회 敎會 chiesa, cappella, cattedrale (대성당) ¶ 교회에 다니는 사람 (cristiano) praticante // 교회에 가다 andare in chiesa * **-당** cappella

교회사 敎會師 cappellano (carcrario)

교훈 校訓 massime di una scuola, motto di una scuola

교훈 敎訓 insegnamento, precetto, lezione, morale (우화적인) ¶ 교훈적 istruttivo, morale, edificante // 산 교육 lezione vivente

구 九 nove, nono (제 9의)

구 句 문법 frase, [문구] espressione [글] passaggio, sentenza ⇒ 귀(句)

구 區 [시의] distretto, quartiere [구역] territorio, area, zona

구 球 globo, sfera [전구 따위의] lampadina [라디오 따위의] valvola [야구 따위의] palla

구- 舊 anteriore, precedente, ex ¶ 구세대 vecchia generazione

구가 謳歌 glorificazione, elogio, panegirico, plauso **-하다** glorificare, fare l'elogio, elogiare, lodare, plaudire, inneggiare ¶ 인생을 구가하다 inneggiare alla vita 자유를 구가하다 inneggiare alla libertà

구각 舊殼 ¶ 구각을 탈피하다 rompere con la vecchia convenzione [tradizione]

구간 區間 tratto, sezione (fra A e

B) ¶ 구간 버스 요금 prezzo dell′autobus per un tratto (di percorso)

구간 軀幹 [몸] corpo, fisico, corporatura

구간 舊刊 [서적의] vecchia edizione (o pubblicazione) [잡지의] numero arretrato

구갈 口渴 sete

구강 口腔 【해부】 cavità orale, bocca * **-외과** chirurgia orale **-위생** igiene della bocca

구개 口蓋 【해부】 palato * **-골** ossa palatine 【음성】 **-음** suono palatale **연(경)-** palato molle [duro]

구걸 求乞 mendicità , accattonaggio **-하다** chiedere (domandare) l′elemosina (la carità) ¶ 집집마다 구걸하다 chiedere l′elemosina di casa in casa

구경 **-하다** vedere, guardare, visitare ¶ 박물관을 구경하다 visitare il museo // 경주를 구경하다 visitare Gyungjoo

구경 球莖 【식물】 bulbo

구경 究竟 [결국] finalmente, alla fine, definitivamente 【불교】 estremo, ultimo, finale, definitivo

구경 口徑 calibro ¶ 18 구경의 포 cannone calibro 18

구경거리 vista, attrazione, spettacolo, oggetto d′interesse

구경꾼 [관광객] turista, visitatore, [관객] spettatore, uditore [방관자] spettatore

구공탄 九孔炭 formella di carbone con nove fori

구관 舊館 vecchio edificio

구교 舊敎 cattolicesimo romano, Chiesa cattolica romana * **-도** cattolico (romano)

구교 舊交 vecchia amicizia, vecchia conoscenza,

구구 九九 tavola pitagorica (표)

구구하다 區區- ① [변변찮다] (essere) insignificante, trascurabile, frivolo, banale ¶ 구구한 이익 profitto insignificante ② [다르다] (essere) diverso, vario, dissimile, differente, divergente, conflittuale ¶ 구구하게 variamente, diversamente // 구구한 보도 notizie divergenti

구국 救國 salvezza nazionale * **대한-선교단** Organizzazione Missionaria per la Salvezza della Corea

구균 球菌 micrococco

구근 球根 [나리 따위의] bulbo [감자 따위의] tubero [뿌리 줄기] rizoma * **-식물** pianta bulbosa, bulbo (통속)

구금 拘禁 detenzione, prigionia, confino, custodia, vigilanza, imprigionamento **-하다** relegare, confinare, imprigionare, detenere, custodire ¶ 자택에 구금당하다 essere detenuto in casa, essere agli arresti domiciliari

구급 救急 soccorso, aiuto, pronto soccorso * **-상자** scatola di pronto soccorso **-식량** cibo d′emergenza **-신호** SOS **-약품** rimedio d′emergenza, medicina di pronto soccorso **-차** ambulanza **-환자** caso d′emergenza

구기 piccolo mestolo

구기 球技 gioco con la palla
구기다, 꾸기다 stropicciare, spiegazzare, raggrinzire ¶ 구겨진 종이 carta spiegazzata
구기자 枸杞子 ＊ **-나무** vite matrimoniale cinese
구기적거리다, 꾸기적거리다 spiegazzare, raggrinzire, stropicciare, schiacciare
구김살 piega, piegatura, grinza ¶ 구김살을 펴다 appianare una piega
구깃구깃하다, 꾸깃꾸깃하다 (essere) spiegazzato, raggrinzito, essere pieno di pieghe
구난 救難 ricupero, salvataggio ＊ **-선** ricupero di una nave **-직업** lavori di ricupero
구내 構內 stabili, area intorno, terreni, luogo cintato ＊ **-식당** refettorio, mensa **역-** area attorno alla stazione
구내염 口內炎【의학】stomatite
구년 舊年 anno passato [scorso]
꾸다 [꿈을] sognare ⇒ 꿈
꾸다 [돈 따위를] prendere in prestito, farsi prestare ¶ 돈 100원을 꾸다 farsi prestare 1,000 won da (una persona)
구단 球團 club di baseball
구더기 larva ¶ 구더기가 들끓다 essere infestato dalle larve
구덩이 cavo, cavità, buca, depressione
구도 求道 aspirazione alla verità ＊ **-자**(者) ricercatore della verità
구도 構圖 composizione (di pitture)
구도 舊都 antica [vecchia] capitale
구독 購讀 sottoscrizione, abbonamento **-하다** sottoscrivere, abbonarsi ＊ **-료** prezzo di abbonamento **-자** abbonato
구두 [단화] scarpe, ¶ 신사 [여자] 용 구두 scarpe da uomo [da donna] 구두 한 컬레 un paio di scarpe 구두를 닦다 lucidare le scarpe ＊ **- 닦이** lustrascarpe
구두 句讀 punteggiatura ＊ **-점** segno di punteggiatura ¶ 구두점을 찍다 mettere la punteggiatura
구두 口頭 ¶ 구두의 orale, verbale, a parole // 구두로 oralmente, verbalmente
구두쇠 avaro, spilorcio
구드러지다, 꾸드러지다 seccarsi, ascigarsi, asciugarsi completamente
꾸들꾸들 piuttosto asciutto e sodo **-하다** (essere) asciutto e sodo
구들장 soletta di pietre per coprire, tubi di riscaldamento sotto il pavimento
구라파 歐羅巴 Europa ⇒ 유럽
구락부 俱樂部 club, circolo, luogo di ritrovo
구래 舊來 ¶ 구래의 vecchio, antico, tradizionale // 구래의 누습을 타파하다 rompere le vecchie cattive abitudini, liberarsi dalle cattive abitudini
-꾸러기 superviziato ＊ **장난-** ragazzo birichino [maliziosetto], monello, furbacchione, birbante
꾸러미 mazzo, fascio, fagotto, [작은] pacco, pacchetto ¶ 책 꾸러미 pacco di libri
구렁 [파인 곳] buca, depressione, cavo, cavità, [비유적] fondo,

abisso, profondità ¶ 절망의 구렁 profondità della disperazione

구렁이 동물 grande serpe, serpente ¶ 구렁이 담넘어 가듯 하다 realizzare una un proposito in maniera inosservata

구렁텅이 abbisso, voragine, burrone, profondità ¶ 불행의 구렁텅이에 빠지다 affondare in un abisso di miseria

구렛나루 basette

구력 舊曆 vecchio calendario lunare

구령 口令 comando a parole, ordine verbale **-하다** comandare, ordinare

구루 拘留 gobba, gibbosità * **-병** 【의학】 rachitismo

구류 拘留 detenzione, custodia **-하다** detenere, custodire ¶ 구류 중이다 essere in custodia [detenzione] // 10일 간의 구류에 처하다 essere condannato a 10 giorni di detenzione

구르다 [데굴데굴] rigirarsi

구르다 [발을] battere i piedi

꾸르륵 [배가] brontolio, gorgoglio (di stomaco)

구름 nuvola ¶ 구름 사이 uno squarcio tra le nuvole // 구름 한 점 없는 하늘 cielo senza nubi // 구름 사이로 나타나다 apparire tra le nuvole // 구름에 덮이다 essere coperto di nuvole.

구름다리 viadotto, cavalcavia, ponte elevato

구릉 丘陵 collona, colle, altura ¶ 구릉지대 zona collinare

구리 rame ¶ 구리빛의 di rame, color rame // 구리를 입힌 ramato // 구리를 함유한 che contiene rame

구리다 ① [냄새가] mandare un odore sgradevole, (essere) puzzolente, maleodolante, fetido ② [하는 짓이] (essere) vile, basso, spregevole, losco, disgustoso, sospettoso

꾸리다 ① [짐을] imballare, impacchettare, inscatolare, fare i bagagli ② [일을] controllare, dirigere, amministrare

구매 購買 acquisto, compera **-하다** comperare, acquistare * **-계원** (agente) compratore, acquistante **-력** forza d′acquisto **-자** acquirente **-조합** associazione dei consumatori

구멍 buco, buca, apertura, orifizio ¶ 바늘구멍 la cruna dell′ago // 구멍을 뚫다 bucare

구멍가게 piccola bottega

구메 농사 -農事 [소농] agricoltura su piccola scala , [작황] raccolto irregolare

구면 球面 【수학】 superficie sferica * **-기하학**[삼각법] geometria [trigonometria] sferica **-삼각형** triangolo sferico

구면 舊面 conoscenza, faccia familiare

구명 究明 studio, investigazione, indugine, inchiesta, domanda **-하다** studiare, indagare, investigare

구명 救命 salvataggio -하다 salvare la vita * **-대** cintura di salvataggio **-정** scialuppa [lancia] di salvataggio

구무럭거리다, 꾸무럭거리다 muoversi con lentezza, indugiare, tentennare, titubare ¶ 꾸물럭거리지 말고 senza indugio

구문 構文 construzione grammaticale, struttura della frase * **-법** sintassi

구문 口文 commissione, percentuale,

구문 舊聞 vecchia storia, notizie stantie

구물거리다, 꾸물거리다 ① ⇒ 구물럭거리다 ② [벌레 따위가] contorcersi, dimenarsi

구미 歐美 Europa e America, Occidente ¶ 구미의 europeo e americano, occidentale * **-인** europei e americani, occidentali **-제국** paesi dell′Ovest [occidentali]

구미 口味 appetito, gusto, palato ¶ 구미를 돋우다 stuzzicare l′appetito // 구미를 잃다 perdere l′appetito

꾸미다 ① [치장] decorare, ornare, adornare, abbellire, [얼굴을] truccarsi ¶ 방을 꾸미다 decorare una camera, ② [음모] macchinare, cospirare, complottare [가장] simulare, fingere, travestirsi ¶ 꾸민 말 invenzione ③ [조직] organizzare, formare, fare ¶ 가정을 꾸미다 metter su casa [작성] preparare, redigere, comporre

꾸밈 ¶ 꾸밈없는 semplice, sincero, schietto, franco

구박 驅迫 maltrattamento, cattivotrattamento, abuso **-하다** maltrattare, trattare male, abusare di

구배 勾配 pendenza, inclinazione, pendio, grado

꾸벅거리다, 꾸벅거리다 [졸려서] ciondolare il capo nel sonno, sonnecchiare [머리 숙이다] chinare (il capo) ripetivamente

꾸벅이다 ⇒ 꾸벅거리다

구변 口辯 parola, modo di parlare, lingua, linguaggio, eloquenza ¶ 구변이 좋은 사람 buon parlatore [oratore] 구변이 좋다 avere una linguaggio fluente

구별 區別 [차별] distinzione, differenza, discriminazione, [분류] classificazione, divisione **-하다** distinguere, discriminare, dividere, classificare ¶ 남녀의 구별없이 senza distinzione di sesso

구보 驅步 corsa, [말의] piccolo galoppo [군대의] doppio tempo ¶ 구보로 di corsa

구복 口腹 bocca e stomaco ¶ 구복지계 mezzo di sussistenza

구부러뜨리다, 꾸부러뜨리다 curvare, piegare, chinare

구부러지다, 꾸부러지다 curvare, piegare, chinare

구부리다, 꾸부리다 curvarsi, piegarsi, chinarsi

구부스름하다 ⇒ 구부정하다

구부정하다 (essere) piuttosto curvo [curvato, piegato]

구분 區分 [분할] divisione, [구획] sezione, [분류] classificazione, [한계] demarcazione, delimitazione **-하다** dividere, classificare, delimitare

구불구불, 꾸불꾸불 tortuosamente, **-하다** (essere) tortuoso, storto, curvo

구불텅구불텅, 꾸불텅꾸불텅 tortuosamente **-하다** (essere) tortuoso, storto, percorrere a zigzag

구비 具備 **-하다** possedere, avere, [재능 따위를] essere dotato di ¶ 모든 조건을 구비하다 avere tutti i requisiti

구비 口碑 tradizione orale, leggenda, folclore

구사 驅使 ① [부림] guida **-하다** essere sempre agli ordine di qlcu. ② [자유자재] uso libero **-하다** usare liberamente, avere padronanza

구사상 舊思想 idee vecchie

구사일생 九死一生 **-하다** cavarsela per miracolo, scamparla per un pelo

구상 構想 concenzione, idea, [작품의] intreccio, trama **-하다** progettare, formulare ¶ 소설의 구상 intreccio di un romanzo // 구상이 웅대하다 possedere una grande idea, concezione

구상 求償 richiesta di compenso * **-무역** commercio per compenso

구상 球狀 sfera ¶ 구상의 sferico, globulare

구상 具象 concretezza **-하다** concretare, incarnare, esprimere concretamente ¶ 구상적 concreto, tangibile * **-개념**[명사] concetto [sostantivo] concreto

구상 鉤狀 uncino ¶ 구상의 uncinato * **-골**(骨) osso uncinato

구상유취 口尙乳臭 **~하다** essere bambinesco [infantile], puerile

구새먹다 svuotare, scavare

구색 具色 assortimento

구석 angolo, cantuccio ¶ 구석자리 un posto d´angolo // 마음 한 구석 in un angolo del cuore

구석기 舊石器 paleolitico

구석기시대 舊石器時代 periodo paleolitico, Età delle pietra

구석지다 (essere) ritirato, appartato, isolato ¶ 구석진 곳 cantuccio

구설 口舌 pettegolezzo maligno

구성 構成 organizzazione, costituzione, costruzione, composizione, formazione **-하다** organizzare, costruire, costituire, formare, comporre ¶ 문장의 구성 costruzione di sentenza // 구성되다 essere composto di

구세 救世 salvezza * **-군** Esercito della Salvezza **-주** Salvatore

구세계 舊世界 vecchio mondo

구세대 舊世代 vecchia generazione

구세주 救世主 Salvatore, Redentore

구속 拘束 restrizione, limitazione, freno, detenzione, arresto, cattura **-하다** legare, reprimere, restringere, limitare, detenere, arrestare, catturare * **-력** forza obbligante **-영장** mandato di cattura

구수하다 ① [냄새, 맛이] (essere) buono, saporito, gustoso, di buon gusto ¶ 구수한 냄새 odore saporito // 맛이 구수하다 avere un buon sapore ② [말이] (essere) interessante, umoristico

구수회의 鳩首會議 conferenza, convegno **-하다** fare una conferenza, un convegno

구술 口述 dettatura, dettato, dichiarazione orale **-하다** dichiarare oralmente, dettare *** -시험** esame orale

구슬 perlina di vetro, perla (di collana), gemma, pietra preziosa, gioiello ¶ 구슬 같은 come una gemma

구슬땀 perline di sudore ¶ 구슬땀을 흘리며 일하다 lavorare imperlato di sudore

구슬리다 blandire, adulare, persuadere con lusinghe

구슬프다 (essere) triste, addolorato, afflitto, toccante, dolente¶ 구슬픈 목소리로 con la voce addolorata

구습 舊習 vecchia abitudine ¶ 구습을 고수하다 seguire le vecchie abitudini

구시렁거리다 brontolare, lagnarsi, borbottare

구식 舊式 vecchio stile ¶ 구식의 antiquato, fuori moda, all'antica

구신 具申 relazione, rapporto, -하다 fare una relazione, far notare, riferire, raccontare *** -서**(書) , rapporto, relazione

구실 ① [책임, 임무] dovere, obbligo, missione, ruolo ② [세금] dogana, dazio, tassa ¶ 너는 아버지로서의 구실을 다 해야한다 Devi adempire i tuoi doveri di padre.

구실 口實 scusa, pretesto ¶ 그는 바람 쐰다는 구실로 나갔다. Usce con la scusa di prendere un po' d'aria

구심 求心 attrazione verso il centro *** -력** forza centripeta

구심 求心 ricerca del vero spirito

구심 球審 【야구】 arbitro di base, arbitro principale(주심)

구십 九十 novanta ¶ 제구십 novantesimo

구아야콜 【약】 guiacolo

구아주 歐亞洲 Europa e Asia, Eurasia

구악 舊惡 crimine [delitto, misfatto] del passato

구애 拘 ostacolo, difficoltà, intoppo **-하다** attaccare, aderire a

구애 求愛 corte, corteggiamento, il fare l'amore **-하다** corteggiare, fare l'amore

구약성서 舊約聖書 Vecchio Testamento

구어 口語 linguaggio parlato, parola d'uso corrente ¶ 구어의 parlato, d'uso corrente, non ufficiale, non formale, colloquiale

구역 區域 zona, area, distretto, regione, [한계] limite, confine, [범위] sfera, ambito *** -담당** [순회하는] responsabilità direttore, [판매원의] responsabilità di zona

구역 嘔逆 nausea ⇒ 구역질

꾸역꾸역 in successione, uno dopo l'altro

구역질 嘔逆 nausea ¶ 구역질나다 venire la nausea // 구역질나는 nauseabondo, nauseante

구연 口演 narrazione orale **-하다** recitare, narrare (oralmente)

구연 舊緣 vecchia relazione [rapporto]

구연산 枸酸 【화학】 acido citrico

구옥 舊屋 [고옥] casa antica , [전에 살던 집] la vecchia (precedente) casa

구우 舊友 vecchio amico

구우일모 九牛一毛 una goccia nell′ oceano mare, poccolissima quantità

구운 석고 -石膏 scagliuola, gesso di Parigi

구워지다 (essere) cotto a fuoco (빵 따위), essere arrostito (고기 따위), essere cotto ai ferri (석쇠로)

구원 救援 salvataggio, soccorso, aiuto, salvezza, redenzione, librazione **-하다** liberare, salvare, aiutare, soccorrere, redimere ¶ 구원을 청하다 gridare per chiedere aiuto // 구원하러 가다 andare a salvare

구원 久遠 eternità, permanenza, perpetuità **-하다** (essere) eterno, perpetuo, permanente

구원 舊怨 vecchio malanimo [rancore]

구월 九月 settembre

구유 mangiatoia, trogolo

구의 舊誼 vecchia amicizia

구이 carne o pesce arrostito [cotto] ¶ 갈비구이 costolette arrostite

구인 拘引 arresto, cattura **-하다** arrestare, catturare

구인 求人 **-하다** offrire un lavoro, cercare aiuto * **-광고** pubblicità [annunzio] di ricerca dell, aiuto

구일 九日[아흐레] nono giorno [9일간] nove giorni

구입 購入 acquisto, compera **-하다** acquistare, comperare * **-가격** prezzo d′acquisto **-자** acquirente

구작 舊作 vecchia opera [lavoro]

구잠함 驅潛艦 caccia sommergibile

구장 球場 campo [terreno] di baseball, stadio

구저분하다 ⇒ 구접스럽다

구적 求積 【수학】 misurazione, calcolo delle aree (volumi) * **-법** stereometria

구전 口傳 trasmissione di bocca in bocca, tradizione orale

구절양장 九折羊腸 meandri, sentiero tortuoso

구절초 九節草 【식물】 crisantemo siberiano

구점 句點 punteggiatura

구접스럽다 (essere) sporco, trasandato, logoro, squallido, basso

구정 舊情 vecchia amicizia [conoscenza]

구정 舊正 Capodanno secondo il calendario lunare

구정물 risciacquatura, acqua sporca

구제 救濟 soccorso, salvataggio, salvezza **-하다** liberare, salvare, soccorrere ¶ 구제할 수 없는 senza rimedio, senza speranza, irrimediabile, incurabile * **-사업** lavoro sociale **-책** rimedio, misure di soccorso

구제 驅除 sterminio , distruzione **-하다** sterminare, distruggere

구제도 舊制度 vecchio sistema

구조 救助 soccorso, assistenza, salvezza, liberazione **-하다** salvare, liberare, andare in soccorso, soccorrere * **-대** squadra di salvataggio **-선** nave [barca] di salvataggio

구조 構造 costruzione, struttura, [조직] organizzazione **-하다** costruire, fare, organizzare ¶ 구조상의 strutturale // 인체의 구조 struttura del corpo umano * **-식** formula strutturale

구존 具存 **-하다** avere i genitori vivi

구좌 口座 conto ¶ 은행에 구좌를 두다 accendere [aprire] un conto in banca

구주 救主 [예수] il Redentore, il Salvatore

구주 歐洲 Europa ⇒ 유럽

구죽 mucchio di gusci d'ostrica

꾸준하다 (essere) incessante, persistente, continuo, costante, regolare ¶ 꾸준히 regolarmente, costantemente, continuamente

구중궁궐 九重宮闕 Palazzo Reale

구중중하다 (essere) sporco, sozzo, squallido, umido

꾸지람 sgridata, rimprovero, biasimo **-하다** sgridare, rimproverare, biasimare

구직 求職 ricerca di lavoro **-하다** cercare un lavoro

구질구질 indecentemente, sconvenientemente

꾸짖다 sgridare, rimproverare, biasimare ¶ 호되게 꾸짖다 sgridare severamente

구차하다 苟且- (essere) povero, bisognoso, indigente, ignobile, mortificante ¶ 구차한 목숨 esistenza ignobile

구창 口瘡 piaga [ferita] nella bocca

구척장신 九尺長身 gigante

구천 九泉 inferno

구청 區廳 ufficio distrettuale **-장** capo dell'ufficio distrettuale

구체 具體 concretezza ¶ 구체적인 concreto, definito, tangibile // 구체적인 사실을 말하다 venire al concreto // 구체화하다 materializzare, realizzare * **-화** materializzazione, incarnazione, attualizzazione, concretizzazione

구체 球體 sfera, globo

구체제 舊體制 vecchia struttura, vecchio ordine [sistema]

구축 構築 costruzione **-하다** costruire

구축 驅逐 **-하다** espellere, cacciare, soppiantare

구축함 驅逐艦 cacciatorpediniere

구출 救出 liberazione, salvezza, salvataggio, aiuto **-하다** liberare, salvare, aiutare

구충 驅蟲 **-하다** liberarsi dai (dei) vermi, sterminare insetti

구충약 驅蟲藥 polvere insettifuga, insetticida, [회충약] vermifugo, vermicida

구취 口臭 cattivo respiro, alito cattivo

구치 拘置 detenzione, custodia, confinamento **-하다** detenere, tenere in custodia, confinare qlcu. * **-소** prigione, celle di detenzione

구치 臼齒 molare, [작은 구치] premolare

구칭 舊稱 vecchio nome, precedente titolo

구타 毆打 assalto, attacco, colpo **-하다** assalire, attaccare, colpire

구태 舊態 vecchia condizione, vecchio stato delle cose

구태여 intenzionalmente, premeditatamente, deliberatamente, di proposito

구텐베르그 Gutenberg, Johannes

(독, 1398? - 1468)

구토 嘔吐 vomito, nausea **-하다** vomitare * **-설사** vomito e diarrea

구파 舊派 vecchia scuola [stile]

구판 舊版 vecchia edizione, [판] vecchia incisione

구푸리다, 꾸푸리다 curvarsi, piegarsi, chinarsi

구풍 舊風 uragano, ciclone, tifone

구하다 求- ① [사다] comperare, acquistare ② [바라다] domandare, sollecitare, chiedere ③ [가지고 싶어하다] cercare, desiderare, volere

구하다 救- liberare, salvare, aiutare ¶ 구할 도리가 없는 disperato, senza speranza // 목숨을 구하다 salvare la vita (a qlcu.)

구현 具現 incarnazione, materializzazione, realizzazione **-하다** incarnare, dare espressione concreta, realizzare, materializzare

구형 球形 forma sferica, globosità ¶ 구형의 sferico, globulare

구형 矩形 rettangolo ¶ 구형의 rettangolare

구형 求刑 processo, accusa **-하다** perseguire, intentare giudizio, chiedere una pena

구형 舊型 vecchio stile[tipo] ¶ 구형의 antiquato, fuori moda, all′antica

구호 口號 slogan, motto, slogan pubblicitario

구호 救護 salvezza, salvataggio, soccorso, aiuto **- 하다** aiutare, soccorrere, liberare, salvare * **-물자** provviste di soccorso **-사업** lavoro di soccorso

구혼 求婚 proposta di matrimonio, corte, corteggiamento **-하다** fare una proposta di matrimonio, corteggiare ¶ 구혼을 승낙하다[거절하다] accettare [rifiutare] una proposta di matrimonio * **-자** corteggiatore, spasimante

구황 救荒 **-하다** salvare dalla carestia

구획 區劃 [구분] divisione, demarcazione, sezione, [한계] confine, limite **-하다** dividere, separare, demarcare, ripartire * **-정리** ripianificazione delle aree **행정-** sezione amministrativa

구휼 救恤 soccorso, sollievo, aiuto **-하다** sollevare, alleviare, aiutare * **-금** fondo di assistenza

국 zuppa, minestra

꾹 strettamente, energicamente, pazientemente

국 局 ufficio, dipartimento

국가 國歌 inno nazionale

국가 國家 stato, nazione, paese ¶ 국가적 nazionale, statale // 국가적 견지 punto di vista nazionale // 국가에 이바지하다 servire il paese * **-경제** economia nazionale **-공무원** funzionario statale **-공무원법** legge sul servizio pubblico nazionale **-관념** sentimento patriottico, spirito di nazionalismo **-관리** controllo statale **-기관** organo statale **-사회주의** socialismo statale **-시험** esame statale **-주의** nazionalismo

국경 國境 confine, frontiera

국경일 國慶日 festa nazionale

국고 國庫 tesoreria nazionale * **-금** fondi nazionali **-보조** sussidio [sovvenzione] statale

국교 國交 relazioni diplomatiche ¶ 국교의 단절 rottura delle relazioni diplomatiche // 국교를 맺다 [끊다] allacciare [rompere] le relazioni diplomatiche

국교 國教 religione di stato ¶ 영국 국교 Chiesa d'Inghilterra, Chiesa angelicana (성공회)

꾹꾹 strettamente, energiticamente, con forza, pazientemente

국권 國權 sovranità [potere] nazionale ¶ 국권을 신장하다 estendere la potenza il prestigio nazionale

국기 國旗 bandiera nazionale

국기 國技 sport nazionale

국난 國難 [위기] crisi [emergenza] nazionale, [재난] calamità [disastro] nazionale ¶ 국난을 구하다 salvare la nazione da una grave crisi

국내 國內 interno [del paese] ¶ 국내의 interno, domestico

국도 國道 strada nazionale

국란 國亂 guerra civile, sconvolgimento nazionale, insurrezione

국량 局量 [도량] magnanimità, generosità, [재간] abilità, talento, capacità

국력 國力 potenza nazionale, [자원] risorse nazionali ¶ 국력을 기르다 accrescere [aumentare] la potenza nazionale

국록 國祿 stipendio (governativo)

국론 國論 opinione pubblica [nazionale] ¶ 국론을 통일하다 unificare l'opinione nazionale

국리 國利 interessi nazionali

국립 國立 ¶ 국립의 nazionale, statale * **-공원** parco nazionale **-대학** università statale **-도서관** biblioteca nazionale **-박물관** museo nazionale

국면 局面 aspetto, (fase) situazione

국명 局名 [무전의] segno di chiamata, [방송국명] nome di una stazione (trasmittente)

국명 國名 nome di una nazione paese

국모 國母 madre dello stato, regina, imperatrice

국무 國務 affari statali ¶ 국무를 맡아보다 amministrare gli affari statali * **-성** Dipartimento di Stato **-위원** membro del gabinetto **-장관** ministro **-총리** Primo Ministro

국무회의 國務會議 Consiglio dei ministri

국문 國文 [언어] lingua nazionale (coreana), [문학] letteratura nazionale (coreana), [한글] alfabeto coreano * **-과** corso di letteratura coreana **-법** grammatica coreana

국물 zuppa, brodo

국민 國民 [국민] nazione, popolo, [개인] cittadino * **-감정** sentimento nazionale **-개병** coscrizione **-생활** vita nazionale **-소득** rendita nazionale **-운동** movimento nazionale **-의례** cerimonia nazionale **-장** funerale di stato **-투표** plebiscito

국민학교 國民學校 scuola elementare

국방 國防 difesa nazionale ¶ 국방을 강화하다 rafforzare la difesa nazionale * **-부** Ministero della difesa (nazionale)

국번 局番 numero della centrale telefonica

국법 國法 legge nazionale, legge del paese ¶ 국법으로 금지하다 proibire per legge

국보 國寶 tesoro nazionale ¶ 국보로서 보존하다 preservare come tesoro nazionale

국보 局報 [관청의] telegramma di servizio, [국외] bolletino ufficiale

국보위 國保委 Consiglio di Sicurezza Nazionale

국부 國父 padre del paese

국부 國府 Cina nazionalista

국부 國富 ricchezza nazionale, risorse del paese * **-론** Ricchezza delle Nazioni (아담 스미스의)

국부 局部 [부분] parte, sezione, [환부] parte affetta, malata, [음부] parti intime, zona genitale ¶ 국부적 locale, parziale * **-마취** anestesia locale

국비 國費 spesa nazionale ¶ 국비로 a spese dello stato

국빈 國賓 ospite dello stato

국사 國史 storia di un paese, storia nazionale, storia della Corea * **-자료** materiale storiografico

국사 國事 affari di stato, affari statali ¶ 국사를 논하다 discutere gli affari di stato

국산 國産 produzione interna (domestica), [물건] prodotto nazionale, prodotto in Corea * **-자동차** automobile di produzione nazionale **-장려** incorraggiamento della produzione nazionale

국상 國喪 funerale di stato

국새 國璽 Gran Sigillo, sigillo di stato

국선변호인 國選辯護人 avvocato assegnato dalla corte, pubblico difensore assegna

국세 國稅 tassa nazionale * **-청** Ufficio Nazionale per l'Amministrazione della Tasse

국세 局勢 [판국] situazione, fase

국세 國勢 condizione nazionale, situazione del paese ¶ 국세 조사를 하다 fare il censimento

국소 局所 parte ⇒ 국부 (局部)

국수 tagliolini, vermicelli

국수 國粹 * **-주의** ultranazionalismo, patriottismo eccessivo

국수 國手 un maestro, un'autorità (in un settore), un campione

국시 國是 linee della politica nazionale

국악 國樂 musica tradizionale coreana

국어 國語 [언어] lingua, linguaggio, [자국어] lingua nazionale, [한국어] lingua coreana ¶ 2개 국어의 bilingue * **-교사** insegnante di lingua coreana **-독본** lettore coreano

국영 國營 amministrazione statale **-하다** nazionalizzare, mettere sotto l'amministrazione dello stato ¶ 국영의 amministrato dallo stato, statale

국왕 國王 re, monarca, sovrano

국외 國外 ¶ 국외로 all´estero, fuori dal paese

국외 局外 fuori, l´aperto, l´esterno ¶ 국외의 esterno, esteriore, coinvolto * **-자** estraneo **-중립** neutralità, neutralismo **-중립국** paese neutrale

국운 國運 fortuna destino di un paese, ¶ 국운의 성쇠 prosperità e declino del paese

국위 國威 prestigio [onore] di un paesenazionale ¶ 국위를 선양하다 acrescere il prestigio del paese

국유 國有 ¶ 국유의 statale, nazionalizzato, gestito dallo stato dallo stato 기간 사업을 국유화 nazionalizzazione delle industria di base 국유화하다 nazionalizzare * **-림** foresta nazionale **-재산** proprietà nazionale **-지** proprietà terriera demaniale 철도 ferrovia nazionale

국유치 局留置 (ufficio di) fermo posta * **-전보** telegramma inviato. all´ufficio di fermo posto

국유화 國有化 nazionalizzazione **-하다** nazionalizzare

국은 國恩 debito verso il proprio paese

국자 mestolo cucchiaione,

국장 局長 direttore di ufficio

국장 國葬 funerale di stato **-하다** fare il funerale di stato

국적 國籍 nazionalità, cittadinanza ¶ 국적을 취득하다 acquistare la cittadinanza

국전 國展 esposizione nazionale d´arte

국정 國情 condizioni d´un paese

국정 國政 amministrazione nazionale, governo, [국무] affari di stato ¶ 국정에 참여하다 partecipare all´amministrazione, al governo * **-자문회의** Consiglio Nazionale per gli sull´Affari di Stato

국정 國定 autorizzazione di stato ¶ 국정의 autorizzato dallo stato * **-교과서** testo (scolastico) statale

국제 國際 ¶ 국제적 internazionale 국제적으로 internazionalmente * **-경기** partita internazionale **-결혼** matrimonio internazionale **-공산주의** comunismo internazionale **-관리** controllo internazionale **-도시** città cosmopolita **-무역** commercio internazionale **-문제** problema internazionale **-법** legge internazionale **-사법재판소** corte internazionale di giustizia **-사회** comunità delle nazioni, società internazionale **-수지** bilancia di pagamento internazionale **-연맹** la Società delle Nazioni **-영화[가요]제** festival del cinema[della canzone] internazionale **-적십자사** Croce Rossa Internazionale **-정세** situazione internazionale **-주의** internazionalismo **-지구 관측년** Anno Geofisico Internazionale **-통화기금** Fondo Monetario Internazionale **-회의** conferenza internazionale

국제연합 國際聯合 Nazioni Unite * **-군** Esercito delle Nazioni

Unite **-총회** Assemblea Generale delle Nazioni Unite **-헌장** Carta delle Nazioni Unite

국지 局地 località ¶ 국지적 locale * **-전** guerra locale

국채 國債 [부채] debito nazionale, [공채] prestito pubblico, [증권] titoli di stato

국책 國策 politica del governo, politica nazionale

국체 國體 sistema di governo, struttura del paese

국치 國恥 umiliazione [disgrazia] nazionale * **-일** Giorno della Disgrazia Nazionale

국태민안 國泰民安 prosperità e benessere di un paese

국토 國土 paese, territorio ¶ 국토를 개발하다 valorizzare il territorio * **-개발계획** programma di sviluppo del territorio

국판 菊版 in ottavo piccolo (22x15cm), ¶ 국판 300페이지의 책 volume di 300-pagine in ottavo volume

국학 國學 letteratura classica nazionale * **-자** scolaro di letteratura classica nazionale

국한 局限 localizzazione **-하다** localizzare, limitare

국한문 國漢文 caratteri coreani e cinesi

국헌 國憲 costituzione nazionale, leggi dello stato

국호 國號 nome del paese

국화 國花 fiore nazionale

국화 菊花 crisantemo

국회 國會 Assemblea Nazionale (한국, 프), Parlamento (이, 영), Congresso (미) * **-도서관** Biblioteca del Parlamento **-법** Legge del Parlamento **-의사당** Palazzo del Parlamento **-의원** membro del Parlalmento **-의원 선거** elezione dei membri di Parlamento

군- extra, superfluo, eccessivo

군 軍 esercito, corpo militare, truppa

군 君 ① tu, ② signore (non sposato) ¶ 김군 signor Kim

군 郡 contea, distretto, paese, villaggio

군가 軍歌 canto di guerra

군거 群居 vita gregaria, in gruppo **-하다** vivere in gruppo, in branco

군 것 ¶ 군것질 il mangiare fra i pasti

군경 軍警 esercito e polizia

군고구마 patata dolce arrostita

군공 軍功 ⇒ 전공(戰功)

국관구 軍管區 distretto militare

군국 軍國 nazione militare * **-주의** militarismo

군기 軍旗 colori dell'esercito, bandiera di guerra, stendardo, insegna

군기 軍紀 disciplina militare

군기 軍機 segreto militare * **-누설** svelamento di un del segreto militare

군납 軍納 fornitura all'esercito

군내 odore cattivo, odore sgradevole

군단 軍團 corpo, reparto * **-장** comandante di corpo

군대 軍隊 esercito, forze armate,

truppe ¶ 군대에 들어가다 andare militare, entrare nell'esercito ＊ **-생활** vita militare

군더더기 superfluo, escrescenza, eccesso

군데 posto, luogo, parte

군데군데 qua e là, in diversi posti

군도 軍刀 scibola, spada

군도 群島 gruppo d'isole, arcipelago

군란 軍亂 insurrezione [ribellione] militare

군략 軍略 strategia militare, stratagemma, tattica ＊ **-가** stratega, tattico

군량 軍糧 provviste, vivere, provvigioni, razioni

군령 軍令 comando militare

군림 君臨 **-하다** regnare, governare, dominare, tiranneggiare

군마 軍馬 cavallo militare, [군사와 말] soldati e cavalli

군말 parole ridondanti, ridondanza, [조사, 허사] particelle espletive

군매점 軍賣店 spaccio in una base militare

군모 軍帽 berretto militare

군목 軍牧 cappellano

군무 軍務 affari [doveri] militari

군문 軍門 [문] entrata del campo(militare), [군무] servizio militare

군민 軍民 militari e civili

군민 郡民 abitanti di un paese, (di una conte, di un villaggio)

군밤 castagna arrostita, caldarrosta

군번 軍番 numero di serie

군벌 軍閥 clan [cricca] militare, portito militarista ＊ **-정치** governo militare, dittatura militare

군법 軍法 legge marziale ＊ **-회의** corte marziale, tribunale militare

군복 軍服 uniforme militare

군부 軍部 autorità militari ¶ 군부의 횡포 dispotismo militarista

군불 fuoco per riscaldare il pavimento

군비 軍費 spese dell'esercito, spese militari, il nerbo della guerra (denaro)

군비 軍備 preparativi militari, armamenti ¶ 군비를 확장[축소]하다 aumentare [ridurre] gli armamenti ＊ **-철폐** disarmo **-축소회의** conferenza per la riduzione degli armamenti **-확장경쟁** la corsa agli armamenti

군사 軍士 soldato semplice, truppa

군사 軍事 affari militari ¶ 군사상의 militare, strategico ＊ **-고문** consigliere militare **-고문단** gruppo di consulenza militare **-기지** base militare **- 동맹** alleanza militare **-력** forza militare **- 원조** aiuto militare

군사 軍使 inviato militare

군사람 persona superflua

군사령관 軍司令官 comandante militare

군사령부 軍司令部 quartier generale dell'esercito

군사설 -辭說 discorso lungo e superfluo, conferenza lunga

군살 carne superflua

군상 群像 gran numero di gente, una folla, un gruppo

군색 窘塞 poverità, indigenza **-하다** (essere) indigente, povero, bisognoso

군서 郡棲 gregarismo, istinto gregario **-하다** vivere in gruppo, in branco, in compagnia

군세 軍勢 potenza militare, truppe

군소 群小 [형용사적] minore, più piccolo * **-정당** partito politico minore

군소리 [군말] discorso inutile **-하다** fare un discorso inutile

군속 軍屬 civile, borghese(impiegato nell'esecito)

군수 郡守 capo di una contea, di un villaggio

군수 軍需 munizioni * **-공장** fabbrica di munizioni **-산업** industria bellica **-품** munizioni

군식구 -食口 parassita, dipendente

군신 君臣 sovrano e suddito

군신 軍神 dio della guerra, Marte (로마신화)

군악 軍樂 musica militare ¶ 육군[해군] 군악대 banda dell'esercito militare [della marina militare]

군영 軍營 campo militare, accompamento

군왕 君王 re, monarca

군용 軍用 uso [scopo] militare ¶ 군용의 militare, per 'uso militare * **-견** cane militare **-열차** treno militare **-품** equipaggiamento [attrezzatura] militare

군웅 群雄 barone rivale * **-할거**(割據) rivalità tra baroni locali

군원 軍援 aiuto [assistenza] militare

군율 軍律 [군법] legge marziale

군음식 -飮食 merenda, spuntino(tra i pasti)

군의 軍醫 ufficiale medico * **-관** ⇒ 군의

군인 軍人 [육군] militare, soldato, [해군] marinaio, [공군] aviatore ¶ 군인다운 militaresco, marziale * **-정신** spirito militare

군입정 pensiero continuo al mangiare **-하다** pensare sempre a mangiare, fare continui spuntini tra i parti

군자 君子 uomo di virtu', vero gentiluomo

군자금 軍資金 fondi per la guerra, fondi per una campagna

군장 軍裝 uniforme militare, corredo di guerra

군장 軍葬 funerale militare

군적 軍籍 lista d'arruolamento

군정 軍政 amministrazione militare

군제 軍制 organizzazione[sistema] militare

군주 君主 sovrano, monarca, re * **-국** monarchia

군중 群衆 folla, moltitudine, massa * **-심리** psicologia delle masse

군진 軍陣 campo militare

군집 群集 **-하다** affollare, ammassare, radunare

군청 群青 azzurro altremare, blumare

군청 郡廳 ufficio di contea(gun), di un rilleggio

군축 軍縮 riduzione degli armamenti, disarmo **-하다** ridurre le armi * **-회의** conferenza sul disarmo

군침 saliva eccessiva

군턱 doppio mento

군표 軍票 nota militare, certificato

di pagamento militare
군함 軍艦 nave da guerra, corazzata ¶ 군함을 파견하다 inviare una corazzata
군항 軍港 porto navale [stazione]
군호 軍號 parola d'ordine militare
군화 軍靴 scarponi militari
군후 君侯 signore [sovrano] feudale
굳건하다 (essere) forte e saldo, solido, sicuro ¶ 굳건히 fortemente, saldamente, solidamente
굳다 [굳어지다] indurire, diventare duro ¶ 굳어진 빵 pane indurito
굳다 (essere) solido, duro, rigido, adamantino [견고하다] forte, fermo, stabile, fisso ¶ 굳은 결심 risoluzione stabile // 굳은 신념 forte convinzione // 굳게 믿다 credere fermamente
굳세다 (essere) forte, fermo solido, fisso, adamentino, deciso ¶ 굳세게 risolutamente, coraggiosamente, intrepidamente
굳이 fermamente, solidamente, ostinatamente
굳히다 indurire, irrigidire, rafforzare, consolidare, solidificare
굴[조개] ostrica * **-껍질** guscio d'ostrica **-양식장** allevamento d'ostriche
꿀 miele, nettare * **-벌** ape domestica
굴 窟 ① [동굴] cava, caverna ② [터널] tunnel ③ [짐승의] tana, covo
꿀꺽 [삼키는 모양] d'un sorso, [참는 모양] pazientemente
굴곡 屈曲 curva, tornante, serpentina, frastagliatura, rifrazione(광선의) **-하다** (essere) curvato, curvo, piegato, a zigzag, serpeggiante, frastagliato * **-부** tendenza, inclinazione **-선** linea spezzata **-작용** flessione
꿀꿀 [물흐르는 소리] gorgoglio, [돼지의] grugnito **-하다** gorgogliare, grunire
굴다 agire, comportarsi, trattare
굴다리 viadotto
굴대 asse, permo, asta, bastone
꿀떡 inghiottimento, deglutizione, boccone, sorso
굴뚝 camino, ciminiera, (기선의) canna, gola
굴뚝새 【새】 scricciolo
굴렁쇠 cerchio
굴레 briglia ¶ 말에 굴레를 씌우다 allentare le briglie
굴리다 ① rotolare ② [내버려두다] lasciare, trascurare, tralasciare ③ [둥글게 깎다] appianare, arrotondare, [운영] utilizzare
꿀리다 ① [쭈그러지다] essere spiegazzato, raggrinzito ② [형편이] essere in ristrettezze, essere al verde ③ [기세, 형세가] essere sommerso, soccombere, cedere
꿀물 acqua con miele
굴밤 ghianda
굴복 屈服 sottomissione, abbandono, resa **-하다** sottomettersi, sottoporsi, arrendersi, cedere
굴신 屈伸 **-하다** piegare e spiegare, estendere e contrarre, essere elastico ¶ 굴신자재의 elastico, flessibile, pieghevole
굴욕 屈辱 umiliazione, disgrazia,

vergogna, disonore ¶ 굴욕적인 umiliante, vergognoso, disonorevole // 굴욕을 당하다 subire un'umiliazione // 굴욕을 참다 sopportare le umiliazioni

굴절 屈折 rifrazione, piegatura, curvatura **-하다** essere rifratto, piegare, curvare * **-광선** raggio rifratto **-렌즈** lente rifrangente, rifrattore **-어** linguaggio flessivo **-율** indice di rifrazione

굴젓 ostrich.e in salamonia

굴종 屈從 **-하다** sottomettersi, sottoporsi, piegarsi

굴지 屈指 ¶ 굴지의 dominante, importante, notevole, distinto

굴진 掘進 **-하다** vangare, scavare

굴착 掘鑿 **-하다** estrarre, tirar fuori, scavare, fare scavi * **-기** escavatore, escavatrice, pala meccnica

굴하다 屈- chinarsi, curvarsi, piegarsi, abbassarsi, umiliarsi, sottomettersi

굵기 spessore, grossezza

굵다 [몸피가] (essere) spesso, grosso, [목소리가] roco, grave, profondo, impastato ¶ 굵은 목소리로 con voce roca // 굵은 팔 braccio grosso, (행동 따위가) audace

굶기다 far morire di fame, morire di fame, far soffrire la fame, non mangiare, digiunare

굶다 morire di fame, soffrire la fame

굶주리다 aver fame, soffrire la fame ¶ 명예욕 avere fame di onori // 지식욕 avere fame di sapere // 금전욕 avere fame di denaro

꿇다 piegare le ginocchia, inginocchiarsi ¶ 무릎을 꿇고 앉다 sedersi in ginocchio, sedersi sui talloni

꿇어앉다 sedersi in ginocchio, sedersi sui talloni

꿈 sogno, [공상] visione, illusione ¶ 꿈 같은 이야기 storia fantastica // 무서운 꿈을 꾸다 fareogno terribile // 멋진 [나쁜] 꿈을 꾸다 fare un bel [brutto] sogno // 꿈에 보다 vedere in sogno // 내게는 마치 꿈같다 Mi pare un sogno.

꿈결 ¶ 꿈결에 nel dormiveglia vagamente // 꿈결같이 come in sogno

꿈꾸다 sognare

굼뜨다 (essere) lento, tardo

굼벵이 [벌레] larva, burco [사람] individuo lento, tardo

굼실거리다, 꿈실거리다 contorcersi, dimenarsi

꿈자리 ¶ 꿈자리가 사납다 (sogno) essere di cattivo presagio, fare un brutto sogno

굼적거리다 scostarsi, muoversi, agitarsi

꿈적없다 (essere) fermo, immobile, fisso

굼지럭거리다, 꿈지럭거리다 scostarsi, muoversi, agitarsi

굼틀거리다, 꿈틀거리다 contorcersi, dimenarsi

굽 [마소의] zoccolo, [구두의] tacco, [그릇의] fondo, base, stelo(di bicchiere)

굽다 (essere) curvato, storto, curvo ¶ 굽은 나무 albero storto // 굽은 길 sentiero tortuoso [curvo]

굽다 arrostire, cuocere al forno (감자 따위를), cuocere (빵 따위를), cuocere ai ferri, abbrustolire (석쇠로), ¶ 잘 구워진 ben cotto, ben arrostito // 덜 구워진 medio (중간), al sangue (설 구워진)

굽도리 la parte piu′ bassa delle pareti di una camera

굽실거리다 farsi piccolo, piegare la schiena servilmente

굽어보다 [내려다 보다] guardare dall′alto in basso, dominare dall′alto

굽이 curva, svolta, piega, curvatura, flessione

굽이굽이 [굽이마다] a ogni curva [svolta], [흐르는 모양] tortuosamente, sinnosamente ¶ 굽이굽이 흐르는 강 fiume che scorre sinnoso

굽이치다 serpeggiare, essere (scorrere) sinnoso, curvare, [파도의] solleversi, gonfiarsi

굽히다 curvarsi, piegarsi, inchinarsi, ¶ 등을 구부리다 curvare la schiena // (타인의) 의지에 굽히지 않다 non piegarsi alla volontà di qlcu.

굿 esorcismo **-하다** esorcizzare, fare un esorcisimo

꿋꿋하다 [견고] (essere) solido, forte, fermo, [바르다] ritto, inflessibile ¶ 꿋꿋한 결심 risoluzione ferma

굿바이 addio

굿바이히트 【야구】 colpo che chiude la partita

굿보다 [굿 구경을 하다] assistere a un esorcismo, [방관하다] essere neutrale, fare da spettatore

굿하다 esorcizzare, fare un esorcismo

꿍 corpo, rumore sordo, tonfo **-하다** fare un rumore sordo, cadere con un tonfo, battere rumorosamente, rimbombare

궁 宮 palazzo

궁경 窮境[가난] povertà, povertà estrema, [궁지] situazione difficile, impiccio, dilemma

꿍꿍 gemito, lamento, mormorio **-하다** gemere, lamentarsi

꿍꿍이셈 intenzione segreta, piano segreto

꿍꿍이속 motivo sottolineato ¶ 꿍꿍이속이 있다 avere un′intenzione segreta nel cuore

궁궐 宮闕 palazzo reale

궁극 窮極 estremo, carattere definitivo, eventualità ¶ 궁극의 finale, estremo, ultimo, definitivo // 궁극의 목적 obiettivo [fine] finale [ultimo]

궁금증 -症 ansietà, curiosità

궁금하다 (essere) curioso, ansioso, preoccupato, inquieto ¶ 소식이 궁금하다 (essere) ansioso (di avere notizie)

궁기 窮氣 infelicità, miseria, aspetto misero

궁끼다 (essere) impoverito, indigente, in povertà

궁내 宮內 corte reale, (nel) palazzo reale

궁녀 宮女 donna di corte, damigel-

la d'onore
궁노루 [동물] mosco
궁도 弓道 tiro all'arco
궁도련님 宮- pivello, giovane inesperto
궁도령 宮道令 ⇒ 궁도련님
궁둥방아 caduta battendo le natiche, caduta sul sedere
궁둥이 natiche, posteriore
궁륭 穹窿 cupola, volta
궁리 窮理 [연구함] studio delle leggi della natura, [생각함] considerazione, ponderazione, riflessione **-하다** ponderare, riflettere, considerare, [연구하다] studiare le leggi della natura
궁박 窮迫 **-하다** (essere) povero, indigente, colpito dalla povertà
궁벽 窮僻 **-하다** (essere) fuori mano, remoto, distante, lontano, non frequentato
궁상 弓狀 arco, arcata ¶ 궁상의 ad arco, arcuato
궁상 窮相 aspetto povero ¶ 궁상스럽다 [궁상떨다] avere un aspetto povero, simulare povertà
궁서 窮鼠 topo [ratto] nell'angolo
궁성 宮城 palazzo reale
궁수 弓手 arciere
궁술 弓術 tiro all'arco * **-가** arciere
궁시 弓矢 arco e freccia
궁여일책 窮餘一策 ultima risorsa
궁여지책 窮餘之策 ⇒ 궁여일책
궁전 宮殿 palazzo ¶ 궁전 같은 집 casa che sembra un palazzo
궁정 宮廷 Corte
궁지 窮地 situazione difficile, dilemma
궁터 宮- sito di un vecchio palazzo
궁핍 窮乏 povertà, indigenza, bisogno, necessità, penuria estrema **-하다** (essere) indigente, povero ¶ 궁핍한 생활 vita di miseria
궁하다 窮- [가난] (essere) povero, indigente, [난처] essere in un dilemma, non sapere che fare, essere in difficoltà ¶ 궁할 때 nel momento del bisogno // 대답에 궁하다 non trovare una risposta
궁합 宮合 armonia coniugale
궁형 弓形 (forma) luna crescente 【기하】 segmento di un cerchio, lunula ¶ 궁형의 ad arco, arcuato, a mezzaluna
궂기다 [일이] andare male, fallire, [죽다] morire
궂다 ① [날씨가] (essere, fare) cattivo [brutto] ② [성질이] brutto, cattivo, maligno
궂은비 pioggia persistente
궂은일 sfortuna, disgrazia
권 卷 [책의] volume, libro, [영화의] bobina
권 勸 [추천] raccomandazione, [권고] consiglio, suggerimento, [장려] incoraggiamento **-하다** raccomandare, consigliare, suggerire, offrire, incoraggiare
-권 券 documento, biglietto, talloncino, bigliettino, banconota ¶ 우대권 biglietto in omaggio
-권 圈 cerchio, circolo, sfera d'influenza, area, campo
-권 權 [권력] autorità, potenza, [권리] diritto, richiesta, [이권] concessione ¶ 입법권 potere legista-

tivo // 재산권 diritto di proprietà // 통치권 sovranità

권고 勸告 consiglio, avviso, avvertimento, raccomandazione **-하다** consigliare, raccomandare, esortare * **-서[장]** avviso scritto, lettera di avviso

권내 圈內 ¶ 권내에 nella sfera [cerchio, zona, area] 세력권내에 있다 essere nella sfera d'influenza

권농 勸農 **-하다** promuovere [incoraggiare] l'agricoltura

권능 權能 compotenza, funzione, facoltà, potere, autorità

권도 權道 convenienza politica, oppurtunità politica

권두 卷頭 principio [inizio] di un libro * **-사** prefazione

권력 權力 potere, autorità, [세력] influenza ¶ 국가의 권력 autorità dello stato [governo] * **-욕** desiderio di potere **-자** uomo di potere [influenza]

권리 權利 diritto, [청구권] richiesta, [소유권] titolo, [특권] privilegio, [권한] autorità, potere, [관직에 다루는] prerogativa ¶ 권리와 의무 diritto e dovere // 권리를 행사[남용]하다 esercitare[abusare dei]i propri diritti // 권리를 주장하다 rivendicare i diritti // 권리를 침해하다 usurpare i diritti di qlcu. // 권리를 취득[상실]하다 acquisire [perdere] un diritto * **-금** premio **-증서** certificato di titolo

권말 卷末 la fine di un libro

권면하다 勸勉- esortare, stimolare, incoraggiare

권모 權謀 trucco, inganno, macchinazione, complotto * **-가** furbo, intrigante

권모술수 權謀術數 inganno, stratagemma, macchinazione, machiavellismo

권문 權門 famiglia influente * **-세가** ⇒ 권문

권불십년 權不十年 Ogni flusso ha il suo riflusso.

권선 捲線 【전기】 bobina, avvogimento * **-기** macchina per avvogimenti

권선징악 勸善懲惡 promozione della virtù e riprovazione del vizio **-하다** promuovere il bene e punire il male

권세 權勢 potenza, influenza, autorità ¶ 권세를 부리다 esercitare l'autorità

권속 眷屬 [식구] famiglia, [아내] moglie ¶ 일가권속 una famiglia intera, parenti

권솔 眷率 famiglia, dipendenti, membri della famiglia

권수 卷鬚 【식물】 viticcio

권신 權臣 vassallo influente, cortigiano potente

권업 勸業 **-하다** incoraggiare [promuovere] l'industria

권외 圈外 ¶ 권외에 fuori del circolo [area, sfera] // 정치권 외에 fuori della sfera politica

권운 卷雲 cirro

권위 權威 [권력] autorità, potere, [위엄] dignità, prestigio, [대가] autorità ¶ 권위있는 autorevole, autoritario * **-주의** autoritarismo

권유 勸誘 [운동] sollecitazione, [유인] invito, esortazione, [장려]

persuasione **-하다** invitare esortare, sollecitare ¶ 보험을 권유하다 sollecitare l'assicurazione // 가입을 권유하다 invitare ad unirsi, a iscriversi ＊ **-원** sollecitatore

권익 權益 diritti e interessi

권장 勸奬 incoraggiamento, raccomandazione, esortazione, promozione **-하다** incoraggiare, raccomandare, promuovere, esortare

권적운 卷積雲 cirrocumulo

권좌 權座 posizione di potere

권척 卷尺 metro a nastro

권총 拳銃 pistola, rivoltella, cannone

권축 卷軸 rotolo (di pergamena di carta)

권층운 卷層雲 cirrostrato

권태 倦怠 noia, fastidio ¶ 권태를 느끼다 essere annoiato, sentire fastidio ＊ **-기** periodo di stanchezza, crisi di vita coniguale

권토중래 捲土重來 **-하다** riprovare con rinnovate energie

권투 拳鬪 pugilato **-하다** fare pugilato ＊ **-가** pugile, pugilatore **-시합** incontro di pugilato **-장** ring, quadrato

권하다 勸- ① [권고] persuadere, consigliare ② [추천] raccomandare ③ [음식, 물건을] offrire,dare ¶ 담배를 권하다 offrire una sigaretta

권한 權限 diritto, autorità, potere, [관할] giurisdizione, competenza ¶ 권한 내에[외에] entro [oltre] l' autorità // 권한을 부여하다 autorizzare

권화 權化 incarnazione, personificazione ⇒ 화신

궐 闕[궁궐] palazzo reale

궐기 蹶起 **-하다** insorgere, levarsi, sollevarsi

궐내 闕內 palazzo reale, corte imperiale

궐련 sigaretta ¶ 궐련을 피우다 fumare una sigaretta ＊ **-갑** pacchetto di sigarette

궐석 闕席 법 mancata comparizione[in tribunale], condumacia **-하다** condannare in contumacia ＊ **-재판** giudizio in contumacia

궐위 闕位 vacanza, l' essere vacante, posto vacante [왕위의] interregno **-하다** essere vacante

꿩 【새】 fagiano ＊ **수-** fagiano **암-** fagiana

궤 櫃 cassa, cassetta, scatola

꿰다 ① [구멍에] infilare ¶ 바늘에 실을 꿰다 infilare l'ago ② [찔러 꽂다] forare, penetrare ¶ 꼬챙이에 꿰다 mettere allo spiedo

궤도 軌道 [천체의] orbita, [기차의] binario¶ 인공위성을 궤도에 올리다 mettere in orbita un statellite artificiale // [일, 활동, 영향 따위가] ~의 세력에 들어가다 entrare nell' orbita di qlcu.

꿰뚫다[관통] penetrare, passare attraverso, perforare [정통] essere esperto in[di] ¶ 마음을 꿰뚫다 penetrare nell' animo di qlcu.

꿰뜨리다 rompere, spezzare, far scoppiare, far esplodere

꿰매다[깁다] cucire, suturare, accomodare, rappezzare

궤멸 潰滅 distruzione, demolizione,

[전멸] annientamento **-하다** distruggere, demolire, annientare

꿰미[끈] spago, corda, stringa

궤범 軌範 esempio, modello, schema, norma

궤변 詭辯 sofisma, sofistica ¶ 궤변적 sofistico, caviloso // 궤변을 부리다 sofisticare * **-가** sofista

궤양 潰瘍 【의학】 ulcera * **위-** ulcera gastrica

궤짝 櫃- cassa, cassetta, scatola

궤적 軌跡 【기하】 luogo (dei punti)

궤주 潰走 folla tumultuante, fuggi-fuggi, fuga disordinata

꿰지다[미어지다] strapparsi, lacerarsi, scucirsi, spezzarsi, scoppiare

꿰찌르다 perforare, spingere, ficcare, cacciare

꽥 urlo, strillo, grido ¶ 꽥 소리치다 urlare, strillare, fare [dare] uno strillo

귀 orecchio ¶ 귓속말하다 parlare all'orecchio // 귀를 기울이다 tendere l'orecchio // 귀가 나쁘다(잘 들리지 않는다) essere duro d'orecchi

귀 句 passaggio, frase, proposizione

귀가 歸家ri torno a casa **-하다** venire(andare) a casa, tornare a casa

귀감 龜鑑 modello, campione, esempio, ¶ 군인의 귀감 modello di soldato

귀거칠다 essere spiacevole da sentire, stridente per gli orecchi

귀걸이 [방한용] paraorecchie, [귀엣고리] orecchino

귀결 歸結 conclusione, fine, conseguenza, risultato

귀경 歸京 **-하다** ritornare a Seoul

귀골 貴骨 [사람] persona nobile di nascita, [골격] fisionomia nobile

귀공자 貴公子 giovane nobile ¶ 귀공자 같은 principesco, aristocratico

귀국 貴國 il vostro paese [stimato]

귀국 歸國 ritorno a casa [in patria] dall'estero **-하다** andare[venire, ritornare] a casa [in patria] dall'estero

귀글 句- verso, poema

귀금속 貴金屬 metallo prezioso * **-상** gioielliere (상인), gioielleria (상점)

귀나다 [의논이] differire di opinione, essere in disaccordo l'un con l'altro

귀납 歸納 논리 induzione **-하다** indurre, generalizzare ¶ 귀납적으로 induttivamente // 귀납적 논리 logica induttiva * **-법** induzione, metodo induttivo

귀농 歸農 **-하다** ritornare alla campagna, ritornare alla terra * **-민** contadini ritornati alla terra

뀌다 liberare, sganciare ¶ 방귀를 뀌다 scorreggiare, fare una scorreggia

귀담아 듣다 ascoltare attentamente

귀때 beccuccio

귀동냥 apprendimento a orecchio **-하다** imparare a orecchio

귀동자 貴童子 figlio prezioso

귀뚜라미 【곤충】 grillo

귀뚫귀뚫 pigolio, cinguettio **-하다** pigolare, cinguettare

귀둥 대동 incautamente, temerariamente, avventatamente, imprudentemente

귀뜀 suggerimento, cenno, accenno **-하다** suggerire, accennare

귀뜨다 comminciare a percepire i sonni per la prima volta [dopo la nascita]

귀뜨이다 prestare attenzione

귀로 歸路 via di casa ¶ 귀로에 오르다 partire per casa, mettersi sulla via di casa

귀리 【식물】 avena

귀머거리 sordo

귀먹다 essere sordo

귀물 貴物 oggetto prezioso [raro], tesoro

귀밑 ¶ 귀밑까지 빨개지다 arrossire fino alla radice degli orecchi

귀밝다 sentire bene, avere buoni orecchi

귀부 龜趺 basamento (per stele) a forma di tartaruga base di monumento pietroso

귀뿌리 radice dell′orecchio

귀부인 貴婦人 nobildonna

귀빈 貴賓 ospite d′onore, invitato importante, persona molto importante

귀사 貴社 la vostra compagnia

귀서 貴書 la vostra pregiata lettera

귀설다 (essere) sconosciuto, strano

귀성 歸省 ritorno a casa **-하다** visitare i genitori a casa

귀소본능 歸巢本能 l′istinto di ritornare a casa

귀속 歸屬 ritorno, reversione, [소속] possesso **-하다** ritornare, tornare indietro

귀순 歸順 sottomissione, obbedienza **-하다** sottomettersi, sottoporsi ＊ **-병** soldato disertore, soldato che si è arreso

귀신 鬼神 [죽은 넋] spirito, fantasma, spettro, [마귀] demonio ¶ 귀신같다 essere spaventevole, sembrare un fantasma

귀아프다 essere stufo di sentire, aver mal di orecchi(a furia di sentire stesse cose)

귀양 esilio ¶ 귀양보내다 esiliare, mandare in esilio esulare, 귀양살다 vivere in esilio

귀에지 cerume

귀엣고리 orecchino

귀엣말 bisbiglio, sussurro, mormorio **-하다** bisbigliare, sussurrare, mormorare

귀여겨 듣다 ascoltare attentamente, essere tutt′orecchi

귀여리다 (essere) credulo, credulone

귀여워하다 amare, vezzeggiare, coccolare

귀염 ¶ 귀염받다 essere amato

귀염성 avvenenza, belleza, attrattiva, amabilità, fascino, incanto

귀엽다 (essere) incantevole, affascinante, carino, grazioso

귀영 歸營 **-하다** ritornare in caserma ＊ **-시간** ora di ritornare in caserma

귀의 歸依 【종교】 conversione **-하다** convertirsi ＊ **-자** convertito

귀이개 pulisciorecchi

귀인 貴人 nobiluomo

귀일 歸一 unità, unificazione -하다 essere unificato

귀임 歸任 ritorno al proprio posto

(incarico) **-하다** ritornare al proprio posto (incarico)

귀잠 sonno profondo ¶ 귀잠들다 addormentarsi presto, addormentarsi profondamente

귀적 歸寂 morte

구절 句節 frase, paragrafo, versetto

귀접스럽다 [더럽다] [essere] sporco, sozzo, disgustoso, [천하다] vile, basso, spregevole, volgare

귀접이 -하다 arrotondare l'orlo

귀족 貴族 [전체] nobilità, aristocrazia * **-계급** classe aristocratica

귀중 貴中 signori

귀중 貴重 **-하다** (essere) prezioso, costoso, di gran valore ¶ 귀중한 인명 vita umana preziosa * **-품** oggetti di valore, preziosi

귀중중하다 (essere) sporco, sozzo, disgustoso

귀지 貴地 vostro luogo, costi

귀지 貴紙 vostra carta, vostra rubrica

귀지 貴誌 vostra rivista

귀질기다 (essere) insensibile, non reattivo

귀착 歸着 ① [돌아봄] ritorno **-하다** ritornare, tornare indietro ② [귀결] conclusinoe -하다 arrivare a (una conclusione)

귀찮다 (essere) noioso, fastidioso ¶ 귀찮게 noiosamente, fastidiosamente

귀천 貴賤 alto e basso, nobile e volgare, patrizio e plebeo

귀청 timpano ¶ 귀청이 터질 듯이 요란한 assordante, spacca orecchi

귀추 歸趨 tendenza, orientamento, inclinazione, [결과] conseguenza, risultato, conclusione

귀퉁이 [귀언저리] radice dell'orecchio, [모퉁이] angolo

귀틀 struttura, ossatura, armatura, intelaiatura (di legno) * **-집** capanna di legno

귀하 貴下 signore(남자), signora (기혼여성), signorina (미혼여성)

귀하다 貴- ① [신분이] (essere) nobile, alto, onorevole ¶ 귀하신 분 persona nobile ② [귀여운] (essere) carino, grazioso, amabile ③ [드물다] (essere) raro, prezioso, di valore

귀한 貴翰 vostra pregiata lettera

귀함 歸艦 **-하다** ritornare alla nave da guerra

귀항 歸航 **-하다** ritornare in porto

귀화 歸化 [국적 이전] naturalizzazione * **-인** cittadino naturalizzato, straniero naturalizzato

귀환 歸還 ritorno, rimpatrio **-하다** rimpatriare * **-병** (soldato) reduce

귀휴 歸休 **-하다** essere rilasciato prima della scadenza del proprio periodo di servizio

귓가 bordo [orlo] dell'orecchio

귓결 ¶ 귓결에 per caso

귓구멍 orecchio, apertura d'orecchio ¶ 귓구멍을 휘비다 pulirsi gli orecchii

귓등 il retro dell'orecchio

귓바퀴 padiglione auricolare

귓밥 [귀에지] cerume [귓볼의 두께] spessore del lobo dell'orecchio

귓볼 lobo dell′orecchio

귓속 interno dell′orecchio ¶ 귓속말로 sottovoce, a bassa voce

귓집 paraorecchie

규격 規格 standard, norma ¶ 규격외의 non-standard // 규격화하다 standardizzare ＊ **-통일** standardizzazione **-품** articolo standard

규례 規例 normativa, standard

규명 糾明 **-하다** esaminare

규모 規模 [구조] scala, portata, reggio, struttura, piano, [예상한도] limite di bilancio ¶ 대규모로 su larga scala

규방 閨房 camera per le donne

규범 規範 norma, standard, canone, [규모] modello, regola ¶ 규범적 법칙 legge normativa

규사 硅砂 【광물】 silice

규소 硅素 【화학】 silicio ＊ **-수지** resine al silicone

규수 閨秀 [처녀] fanciulla, giovinetta, vergine, [글하는 여자] donna letterata ＊ **-시인** poetessa, **-작가** scrittrice **-화가** pittrice

규약 規約 accordo, contratto, convenzione, patto, statuto, regole ¶ 규약을 정하다 stabilire delle regole ＊ **협회-** statuto associativo

규율 規律 [질서] ordine, disciplina, osservanza, [조직] sistema ¶ 규율있는 ordinato, disciplinato, sistematico // 규율없는 disordinato, indisciplinato // 규율 바르게 con [per, in] ordine // 규율을 지키다 obbedire agli ordini

규정 規程 regolamento ufficiale, regolamento ＊ **직무-** regolamento che definisce i doveri del personale

규정 規定 [조항] provvedimento, stipulazione, [규칙] regolamento, regola **-하다** stipulare, stabilire ＊ **직무-** regolamento che stabilisce i doveri del personale

규제 規制 regolamento (규칙), restrizione (제한), limitazione, controllo (통제) **-하다** regolare, restringere, limitare, controllare

규조 硅藻 【식물】 diatomea ＊ **-토**[土] diatomite, farina fossile, marna silicea

규중 閨中 camera per le donne ＊ **-처녀** giovanetta, vergine

규칙 規則 regola, regolamento ¶ 규칙적인 regolare, sistematico, metodico // 규칙적으로 regolarmente, sistematicamente, metodicamente // 규칙적인 생활 vita regolare // 규칙대로 secondo la regola // 규칙을 정하다 stabilire una regola // 규칙을 지키다 osservare la regola // 규칙을 위반하다 contravvenire a una regola ＊ **-동사** verbo regolare **-서** prospetto, programma

규탄 糾彈 denuncia, contestazione, censura, imputazione, accusa **-하다** censurare, criticare, imputare, denunziare, mettere in stato d′accusa

규합 糾合 raduno, adunata, riunione, assembramento **-하다** raccogliere, radunare, chiamare a raccolta

규화 硅化 silicificazione ＊ **-물**[物] siliciuro

균 菌 batterio, bacillo, germe ¶ 균 배양 batterio coltura

균등 均等 uguaglianza, parità, uniformità **-하다** (essere) uguale, simile, pari ¶ 균등하게 ugualmente // 모든 종업원을 동등하게 대우하다 trattare ugualmente tutti i dipendenti * **기회-** uguaglianza d′opportunità, pari opportunità * **결핵-** bacillo della tubercolosi

균류 菌類 fungo * **-학**(學) fungologia

균배 均配 **-하다** dividere in parti uguali

균분 均分 divisione uguale **-하다** dividere ugualmente, distribuire uniformemente

균열 龜裂 rottura, incrinatura, fessura, crepa ¶ 균열이 생기다 rompersi, incrinarsi

균일 均一 uniformità, uguaglianza **-하다** (essere) uniforme, uguale ¶ 균일하게 하다 uniformare * **-요금** aliquota costante

균점 均霑 assegnazione uguale dei profitti **-하다** dividere ugualmente i profitti

균질 均質 omogeneità * **-로**(爐) reattore omogeneo **-체**(體) sostanza omogenea

균형 均衡 equilibrio ¶ 힘의 균형 equilibrio delle forze // 균형이 잡힌 equilibrato // 균형을 잡다 mettere [tenere] in equilibrio

귤 橘 arancia * **-껍질** buccia d′arancia **-나무** arancio

그 [그것] codesto, quello, [그 사람] codesto quel uomo, quell′uomo, lui [esso, egli], lei [essa, ella] ¶ 그날 quel giorno // 그 때문에 per quello // 그 당시에 a quel tempo

그같이 così, come quello

그건 그렇고 comunque, in ogni caso, allora, bene

그것 codesto, codesta, quello, quella ¶ 그것만으로 quello da solo // 그것을 그렇지만 sì, ma..., va bene, ma...

그곳 quel posto [luogo] // 그곳에 là, lì, ivi

그끄러께 tre anni fa

그끄저께 fra quattro giorni

그글피 fra quattro giorni

그나마 perfino, anche, tuttavia, nondimeno

끄나블 stringa, spago ¶ 서적 소포를 끈으로 묶다 legare un pacco di libri con lo spago

그날 quel giorno

그냥 cosi′, tanto per

그네 dondolo, altalena ¶ 그네에서 놀다 giocare all′altalena

그네(들) quelle persone, quella gente, loro

그녀 lei, ella, essa

그놈 quel ragazzo, lui, egli, esso, quel bastardo

그느르다 aver cura di, badare a, occuparsi di sorvegliare

끄느름하다 (essere) oscuro, coperto, nuvoloso, annuvolato

그늘 [응달] ombra, [부모의 슬하] cura (dei genitori) ¶ 그늘진 ombroso, ombreggiato, all′ombra // 그늘지다 (essere) ombroso, ombreggiato

그닐거리다 [살갗이] sentire prurito,

prudere, [마음이] sentirsi(essere) nervoso [annsioso], irritato, inquieto
끄다 [불을] spegnere, estinguere
그다지 (non) tanto, molto ¶ 그다지 비싸지 않다 non essere tanto [troppo] caro
그대 tu, te
그때 allora, in quel tempo, in quell′occasione
그대로 così com′è, uguale, lo stesso
끄덕거리다, 끄떡거리다 fare un cenno col capo, chinare ripetutamente il capo ¶ 끄덕거리며 con cenni del capo
끄덕이다, 끄떡이다 fare un cenno col capo
끄떡없다 [안전] (essere) sicuro, salvo, (andare) tutto bene [태연] (essere) fisso, immobile
그동안 nel frattempo, durante quel tempo ¶ 그동안 어떻게 지냈어 Cosa hai fatto nel frattempo?
그득하다 (essere) pieno ⇒ 가득히
그들 loro, essi, ¶ 그들의 loro
그들먹하다 (essere) quasi [pressochè] pieno
그라운드 terra, campo, terreno di gioco, stadio
그라인더 macina, macinino
그라프 ⇒ 그래프
그람 grammo
그랑프리 gran premio
그래 [대답] Sì (긍정)/ No (부정)
그래 bene, bè, dunque
그래도 ma, tuttavia ¶ 이 기계는 낡았지만 그래도 작동은 잘 된다 E' un apparecchio vecchio, tuttavia funziona bene.
그래서 percio′, dunque ¶ 그래서? E percio′?, Dunque?
그래프 graffa * **-용지** carta grafica
그랜드 grande * **-오페라** gran opera
그랜드-피아노 gran pianoforte
그램 gramma
그러구러 per caso, casualmente, accidentalmente, in quel modo, in un modo o nell′altro, per ragione o per l′altra
그러나 ma, comunque, ad ogni modo, tuttavia
그러나 저러나 questo e quello, in ogni caso, comunque
그러넣다 raccogliere e mettere dentro, mangiare a quattro palmenti
그러니저러니 questo o quello ¶ 그러니 저러니 할 것없이 senza dire questo o quello, senza inutili obiezioni
그러담다 riunire, radunare, rastrellarelare, raccogliere e mettere dentro
그러면 allora, se è così, in tal caso
그러면 그렇지 bene, proprio così
그러모으다 riunire, radunare, raggruppare, rastrellare, raccogliere
그러므로 dunque, perciò, per questo motivo
그러자 allora, in quel momento, al che
그러잖아도 anche senza questo, al di là questo tuttavia, ciò nonostante, nondimeno
그러잡다 afferrare, acchiappare, agguantare, impadronirsi di
그러저러하다 (essere) così (e) così

그러쥐다 afferrare, acchiappare, far presa, conquistare
그러하다 essere così, simile
그럭저럭 ¶ 그럭저럭 하는 동안 nel frattempo, intanto
그런 tale, così, come tale
그런고로 ⇒ 그러므로
그런대로 a suo modo, comunque, nonostante tutto
그런데 ma, tuttavia, però
그런즉 quindi, perciò, di conseguenza
그럴듯하다 (essere) plausibile, credibile, probabile, probabile, verosimile
그럴법하다 (essere) probabile, possibile, verosimile
그럴싸하다 (essere) plausibile, credibile, probabile, verosimile ⇒ 그럴 듯 하다
그럼 ① [물론] certo, naturalmente, certamente ② [그러면] se è così, in tal caso
그렁그렁하다 [물이] essere quasi pieno
그렇게 così ¶ 그렇게까지 fino a questo, fino a tanto
그렇고말고 davvero, infatti, certamente, naturalmente, sicuramente
그렇다 va bene, d'accordo, è giusto, sì, no, [그러하다] (essere) così, tale
그렇듯(이) ⇒ 그렇게
그렇지 ① sì bene, proprio così, è giusto, d'accordo, ② ah, è vero, ah, sì, ③ vero?, non è vero?
그렇지않으면 altrimenti, se no
그레이하운드 levriero
그레코로만 【레슬링】 Stile Greco Romano
그로기 barcollante, malfermo, brillo ¶ 그로기하다 barcollare, essere barcollante
그로스 lordo
그로테스크 grottesco ¶ 그로테스크한 grottesco, bizzarro
그루 [농사] raccolto, semina, [나무의] ceppo, tronco
그루갈이 due raccolti all'anno, raccolto semi-annuale, doppio raccolto (o semina)
그루콩 fagiolo del secondo raccolto annuale
그루터기 ceppo, tronco (나무의), stoppia (벼 따위의)
그룹 gruppo * **-활동** attività di gruppo
그르다 ① [옳지 않다] avere torto, (essere) sbagliato, inesatto, in errore, falso, ingiusto ② [나쁘다] (essere) cattivo, orribile, dannoso, indisposto ③ [가망없다] (essere) senza speranza, disperato
끄르다 slacciare, sciogliere, slegare, sbottonare, sganciare ¶ 꾸러미를 끄르다 sciogliere un pacco // 묶음을 끄르다 sciogliere un nodo
그르렁거리다 ansare, ansimare, fare le fusa
끄르륵거리다 ruttare continuamente
그르치다 rovinare, sciupare, distruggere, demolire ¶ 건강을 그르치다 distruggere la salute
그릇 ① recipiente, vaso, contenitore ② [기량] capacità, abilità ¶ 대단히 능력있는 사람 persona di

molte capacità

그릇 erroneamente, falsamente, ingiustamente, per sbaglio **-하다** sbagliare, errare ¶ 그릇 생각하다 capire male, fraintendere

그릇되다 (essere) errato, rovinato, distrutto ¶ 그릇된 생각 idea erronea [sbagliata] // 그릇된 행실 misfatto, cattiva azione

그리① [그곳으로] là, lì, verso lì, in quella direzione ② [그다지, 그렇게] così

그리니지 Greenwich

그리다 disegnare, dipingere, illustrare, descrivere, immaginare, rappresentare ¶ 풍경을 그리다 dipingere un paesaggio // 푸른 색으로 벽을 칠하다 dipingere una parete di azzurro

그리다 [사모하다] sentire la mancanza, bramare, avere nostalgia

그리마 【동물】 millepiedi

그리스도 Cristo * **-교** cristianesimo

그리움 desiderio ardente, brama, struggimento, nostalgia

그리워하다 ⇒ 그리다

그리이스 Grecia ¶ 그리스의 greco, ellenico // 그리스 말 (사람) il greco(un greco)

그린 verde ¶ 그린벨트 zona verde

그릴 griglia

그림 quadro, ritratto, immagine, disegno, dipinto, pittura, illustrazione, fotografia ¶ 그림잡지 rivista illustrata // 그림같은 pittoresco

그림자 ombra, sagoma, immagine, riflesso ¶ 그림자 놀이 ombre cinesi // 그림자가 비치다 gettare l′ombra // 그림자 같은 come un′ ombra, spettrale

그립다 sentire la mancanza, desiderare fortemente, (essere) desiderato, pensato, caro ¶ 고향이 그립다 avere molta nostalgia del proprio paese

그만 ① basta, non più ¶ 그만 울어라 non piangere più ② [곧] subito, immediatamente

그만그만하다 essere quasi uguale

그만두다 [중지] smettere, interrompere, cessare, [취소] rinunciare, disdire, annullare [포기] abbandonare, [사퇴] rassegnare, dare le dimissioni, dimettersi ritirarsi, lasciare

그만저만하다 non essere nè... nè... , essere così e così, essere più o meno uguale

그만큼 così, così tanto

그만하다 essere quasi uguale

그맘때 circa a quel tempo

끄무러지다 (essere) nuvoloso, rannunvolarsi, (essere) oscuro, debole

끄무레하다 (diventare) nuvoloso, rannuvolarsi

그물 rete, ¶ 그물을 치다 tendere la rete

끄물끄물 -하다 (essere) nuvoloso variebile, instabile, incerto

그믐 la fine del mese

그믐날 ultimo giorno del mese

그믐밤 ultima notte del mese lunare

그밖 resto, altro, rimanente ¶ 그밖의 oltre, di più // 그밖에 inoltre, per di più, d'altronde, d'altra parte

그사이 frattempo, intervallo ¶ 그 사이에 nel frattempo

그슬리다 bruciare, ardere, scottare

그악스럽다 (essere) industrioso, diligente (부지런하다), feroce, crudele, eccessivo (너무하다)

그악하다 ⇒ 그악스럽다

그야말로 davvero, infatti, certamente

그예 finalmente, alla fine

그외 -外 oltre a quello, il resto, gli altri ¶ 그외에 inoltre, per di più, d'altronde, d'altra parte // 그 외의 del resto

그윽하다 [으늑하다] (essere) quieto, calmo, tranquillo, pacifico, silenzioso [깊다] profondo, sottile

그을다 [햇볕에] essere abbronzato, scottato [연기에] (essere) fuligginoso ¶ 햇볕에 그을린 얼굴 faccia abbronzata

그을음 fuliggine

그이 lui, egli, lei

그저 ① [줄곧] ancora, continuamente, senza posa, incessantemente ② [목적없이] casualmente, senza motivo, soltanto ③ [딴 뜻 없이] soltanto, meramente, semplicemente

그저께 l'altro ieri

그전 -前 prima, passato,¶ 그전 주소 indirizzo precedente // 그전에 precedentemente, in altri tempi, nel passato, tempo addietro

그제야 soltanto quando (dopo), solo allora, finalmente, alla fine

그중 -中 fra il resto, fra di loro, fra quelli

그즈음 quasi quel tempo

그지없다 (essere) infinito, interminabile, illimitato, sconfinato, incommensurabile, immenso

끄집다 raccogliere, prendere, rialzare

끄집어 내다 ① portare fuori, uscire ② [이야기를] cominciare

그치다 smettere, finire, desistere, fermarsi, cessare ¶ 그칠 새 없이 senza fine, continuamente // 그칠 새 없는 걱정 ansia costante, preoccupazione continua

그토록 così, tanto 끄트러기 [나머지] oggetti vari, rimasugli, avanzi, [나무조각] scheggia, frammento, pezzo

끄트머리 [끝] punta, cima, fine, coda, estremità, [단서] indizio, traccia bandolo, chiave

그 후 -後 dopo, poi, in seguito

극 劇 dramma, rappresentazione teatrale ¶ 극적인 drammatico // 극적으로 drammaticamente

극 極 [절정] cima, sommità, climax, apice, culmine

극광 極光 aurora, aurora polare

극구찬송 極口讚頌 la lode [elogio, adorazione] piu' alta **-하다** lodare, elogiare, encomiare, adorare (in sommo grado)

극권 極圈 circolo polare * **북(남)-** circolo polare artico [antartico]

극기 克己 abnegazione, autocontrollo **-하다** autocontrollarsi * **-심** spirito di abnegazione

극난 克難 **-하다** essere molto difficile, essere in difficoltà

극단 極端 estremo, estremità ¶ 극단의 estremo, radicale, eccessivo // 극단적으로 radicalmente, estremamente // 극단으로 흐르다 giungere agli estremi * **-론** visione estrema estremismo **-주의** estremismo, radicalismo

극단 劇團 compagnia d'arte drammatica [teatrale], troupe teatrale

극단 劇壇 palcoscenico, mondo del teatro

극대 極大 【수학】 massimo * **-치**(値) valore massimo

극도 極度 estremo, [최대한] massimo, [정상] zenit, culmine, apice ¶ 극도의 estremo, il più alto possibile

극동 極東 Estremo Oriente ¶ 극동의 estremo orientale

극락 極樂 paradiso, cielo, beatitudine (무상의 행복) * **-왕생**(하다) (fare) una morteserena **-조** uccello del paradiso

극력 極力 il possibile [부사적] con tutte le forze

극렬분자 極烈分子 radicale, estremista

극론 極論 argomento estremo [radicale] **-하다** portare un'argomentazione all'estremo

극미 極微 **-하다** (essere) microscopico, infimitesimale,

극복 克服 conquista **-하다** conquistare, vincere, sopraffare, soggiogare, ¶ 곤난을 극복하다 superare la difficoltà

극본 劇本 ⇒ 각본

극북 極北 Estremo Nord, Polo Nord [북극]

극비 極秘 stretto segreto, massimo segreto ¶ 극비의 segreto // 몰래 in segreto // 비밀로 해두다 tenere segreto

극빈 極貧 povertà estrema **-하다** (essere) estremamente povero , indigente * **-자** persona indigente, povero, indigente

극상 極上 di prima categoria, di qualità altissima, eccellente * **-품** articolo di ottima qualità

극서 極署 forte caldo, caldo intenso

극성 極盛 ¶ 극성스럽다 (essere) assai prospero [propizio], [성질이] essere estremistico[impetuoso, frenetico] // 극성스러운 언동 condotta smoderata // 극성떨다 (essere) impetuoso, furioso, furente

극소 極小 【수학】 minimo ¶ 극소의 minimo, infinitesimale * **-량** minimo **-치** valore minimo

극심 極甚 **-하다** (essere) duro, forte, intenso, severo, ¶ 극심한 더위 caldo intenso // 극심한 추위 freddo rigido

극악 極惡 **-하다** (essere) odioso, atroce, scellerato, brutale

극약 劇藥 sostanza medicinale potente, [독약] veleno, potente

극언 極言 critica [criticismo] senza riserve **-하다** criticare servamente

극영화 劇映畵 film drammatico

극우 極右 estrema destra ¶ 극우파 의원 parlamentare di estrema destra // 극우당 partito di estrema destra * **-파** estremisti di destra

극작 劇作 **-하다** scrivere un'opera [teatrale] ¶ 극작 상의 drammaturgico * **-가** scrittore di teatro

극장 劇場 teatro

극적 劇的 teatrale, drammatico ¶ 극적으로 drammaticamente // 극적 장면 scena drammatica

극점 極點 punto estremo, punto culminante, [절정] sommità, culmine, zenit

극좌 極左 estrema sinistra, ¶ 극좌의 appartenente alla sinistra * **-파** estremisti di sinistra

극지 極地 polo, regione polare * **-탐험** spedizione polare

극진 極盡 **-하다** (essere) molto cordiale, caloroso, ospitale ¶ 극진히 cordialmente, calorosamente // 극진히 대접하다 trattare cordialmente

극치 極致 culmine, acme, apogeo ¶ 미의 극치 bellezza ideale 극치에 이르다 raggiungere la perfezione

극통 極痛, 劇痛 dolore acuto, dolore violento

극한 極限 limite, confine, estremità * **-상황** situazione estrema **-치** 【수학】 valore limitativo **-투쟁** lotta estrema

극한 極寒 freddo intenso

극형 極刑 [사형] punzione capitale, pena di morte, [최대한의 형] la massima [estrema] pena ¶ 극형에 처하다 condannare a morte, condannare alla pena capitale

극히 極- estremamente, immensamente ¶ 극히 미묘한 assai delicato 극히 아름다운 molto bello

끈[줄] spago, corda, filo, nastro

근 斤 [misura di peso] Keun (601.04 gro)

근 根 【화학】 radicale, 【수학】 radice, radicale * **입방**[평방]-radice cubica [quadrata]

근 筋 muscolo, [심줄] tendine

근간 根幹 [뿌리와 줄기] radice e tronco, [근본] base, radice

근간 近刊 pubblicazione recente * **-서**(書) pubblicazione recente, libro appena pubblicato[예정] **-예고** annuncio di pubblicazione imminente

근간 近間[부사적] recentemente, ultimamente

근거 根據 base, fondamento, autorità ¶ 기초없는 privo di basi ~에 근거를 두다 basarsi su * **-지** base

근거리 近距離 corta [breve] distanza, breve raggio

근검 勤儉 diligenza e frugalità **-하다** (essere) frugale, parco

근경 根莖 【식물】 rizoma

근경 近景 visione da vicino [presso]

근고 近古 inizio dell'evo moderno

근골 筋骨 ossa e muscoli [체격] corporatura, fisico ¶ 근골이 늠름한 tendinoso, fibroso, forte, muscoloso

근교 近郊 sobborgo, periferia

끈끈이 vischio, pania

근근하다 [물이] (essere) pieno, colmo, [가렵다] essere pruriginoso, prudere

끈끈하다 ① [차지다] appiccicaticcio, adesivo, viscoso ¶ 끈끈한 풀 colla viscosa ② [검질기다]

(essere) tenace, persistente

근근히 僅僅- appena, con difficoltà, a malapena ¶ 겨우 기차에 탔다 Riuscii a malapena a prendere il treno.

끈기 -氣 ① [끈끈한 기운] adesirità, appiccicosità ② [참을성] tenacia, pertinacia, perseveranza, pazienza

근기 根氣 perseveranza, pazienza, resistenza, vigore, ¶ 근기있는 paziente

근기 根基 fondamento, base, radice

근년 近年 anni recenti ¶ 근년에 in questi ultimi anni

근농 勤農 coltivazione accurata

근대 【식물】 bietola

근대 近代 evo moderno, tempi moderni ＊ **-사** storia moderna

근대다 infastidire, stuzzicare, burlare, seccare

근덕거리다, 끈덕거리다 (essere) instabile, traballante, vacillante, scuotere, agitare

끈덕지다 (essere) paziente, tenace, persistente, perseverante ¶ 끈덕지게 tenacemente, persistentemente

근동 近東 Vicino Oriente

근들거리다 dondolare, scuotere, far oscillare

근래 近來[부사적] di recente, recentemente, in questi giorni ¶ 근래의 recente, moderno

근량 斤量 peso ¶ 근량을 속이다 rubare sul peso

근력 筋力 vigore muscoloso , forza fisica

근로 勤勞 lavoro, esercizio, sforzo, fatica, servizio **-하다** lavorare, sforzarsi ＊ **-계급** classe di lavoro **-소득세** tassa sul reddeto da lavoro

근류 根瘤 【식물】 nodulo radicale ＊ **-박테리아** batterio di nodulo radicale

근린 近隣 ⇒ 근처

근면 勤勉 industriosità, diligenza, applicazione, assiduità **-하다** (essere) industrioso, diligente ¶ 근면하게 industriosamente, diligentemente, assiduamente

근모 根毛 【식물】 pelo radicale, fabrolla

근무 勤務 dovere, obbligo, servizio, lavoro **-하다** lavorare ¶ 근무 중에 essere di servizio, 근무를 충실히 하다 essere fedele al proprio dovere [compito], svolgere con diligenza il proprio dovere

근방 近方 ⇒ 근처

근배 謹拜 [편지의 끝말] distinti saluti, sinceramente, in fede

근본 根本 [기초] fondamento, base, [근원] origine, sorgente, fonte ¶ 근본적 fondamentale, di base, basico // 근본적으로 fondamentalmente ＊ **-문제** questione fondamentale **-원칙** principio fondamentale

근사 近似 **-하다** (essere) approssimativo, essere molto simile a ＊ **-치** valore approssimativo

근사모으다 fare sforzi continui per

근성 根性 natura, disposizione, temperamento, spirito ¶ 상인근성을 드러내다 tradire uno spirito mercenario

근세 近世 evo moderno, tempi

recenti, ultimi anni ¶ 근세의 moderno, recente * -사 storia moderna

근소 僅少 **-하다** (essere) poco, piccolo

근속 勤續 servizio continuo **-하다** continuare nel servizio ¶ 10년 근속 dieci anni di servizio continuo * **-자** uomo di lungo servizio

근수 斤數 peso (espresso in Keun)

근수 根數 【수학】 radice, radicale * **부진**(不盡)- radice irrazionale

근시 近視 【의학】 miopia, vista corta ¶ 근시의 miope * **-경** occhiali per miopia

근신 近臣 servitore fidato

근신 謹愼 prudenza, circospezione, discrezione, buona condotta [자제] fautocontrollo, [개전] penitenza **-하다** comportarsi bene, controllarsi, essere prudente, essere penitente

근실 勤實 **-하다** (essere) diligente, assiduo

근실거리다 prudere

근심 ansietà, apprensione, inquietudine, preoccupazione, sollecitudine **-하다** preoccuparsi ¶ 근심거리 causa di preoccupazioni // 근심스럽게 ansiosamente // 근심으로 가득 찬 pieno di ansia

근엄 謹嚴 sobrietà, severità, rigorosità, rigidezza **-하다** (essere) severo, austero, rigido, rigoroso

근역 槿域 Corea

근염 筋炎 【의학】 miosite, infiammazione di un muscolo

근영 近影 propria fotografia recente

근왕 勤王 lealtà, fedeltà

근원 根源 origine, sorgente, fonte, radice, [원인] causa ¶ 근원을 찾아 거슬러 올라가다 risalire all′origine // 금전욕은 모든 악의 근원이다 L′amore del denaro è la radice di tutti mali

근위 近衛 guardia reale

근육 筋肉 muscolo, ¶ 근육의 발달 sviluppo muscolare // 근육질의 muscoloso, * **-노동**[노동자] lavoro manuale [manovale]

근인 近因 causa immediata [prossima]

근일 近日 subito, presto, a giorni

근일점 近日點 【천문】 perielio

근자 近者 ¶ 근자의 recente, ultimo // 근자에 recentemente, ultimamente

근작 近作 opera recente, l′ultima opera

근저 根底 fondamento, radice, fondo, base, sostrato

근저 近著 ultima opera letteraria

끈적거리다 [들러붙다] essere appiccicoso, aderire, [검질기다] (essere) perseverante, persistente, tenace, appicicoso

끈적끈적하다 (essere) appiccicooso, adesivo, viscido

끈적이다 ⇒ 끈적거리다

근절 根絶 sradicamento, estirpazione, sterminio, annichilamento **-하다** annichilare, sterminare, estirpare

근점 近點 [가까운] punto vicino, [근일점] perielio, [근지점] perigeo

근접 近接 approcio【천문】appulso, **-하다** avvicinarsi ¶ 근접한 vicino, contiguo

근정 謹呈 dono, omaggio, con gli omaggi dell′autore

근지럽다 ⇒ 간지럽다

근지점 近地點【천문】perigeo

근직 謹直 **-하다** (essere) coscienzioso, scrupoloso, onesto

근질거리다 prudere, sentir prurito

근착 近着 ¶ 근착의 arrivato recentemente, appena arrivato

근처 近處 vicino, vicinato, prossimità ¶ 근처의 vicino, contiguo // 이 근처에 qui vicino

근청 謹聽 **-하다** ascoltare attentamente

근치 根治 cura completa [radicale] **-하다** curare completamente [radicalmente]

근친 近親 relazione prossima, consanguineo, parente prossimo ＊ **-결혼** matrimonio fra consanguinei **-상간** incesto

근친 覲親 prima chiamata di una novella sposa ai suoi genitori **-하다** chiamare i genitori per la prima volta dopo il matrimonio

근하 謹賀 congratulazione cordiale **-하다** congratularsi cordialmente ＊ **-신년** Buon anno (nuovo)

근해 近海 costa, acque vicine ¶ 근해의 costiero, mare vicino alla costa ＊ **-어업** pesca vicino alla riva

근화 近火 fuoco [incendio] vicino

근황 近況 condizione recente, situazione recente degli affari ¶ 무역의 근황 situazione recente del commercio

끊다 ① tagliare ② [단절] staccare, rompere, interrompere ¶ 반으로 자르다 tagliare a metà // 재빨리 결론짓다 tagliare la testa al toro // 통신을 차단하다 tagliare la communicazione ③ [그만두다] abbandonare, smettere ¶ 술을 끊다 smettere di bere (liquori) [사다] comperare, acquistare ¶ 차표를 끊다 acquistare il biglietto [죽이다] uccidere, ammazzare ¶ 스스로 목숨을 끊다 tagliarsi la gola, uccidersi, suicidersi

끊어지다 ① [절단] rompersi, spezzarsi, essere tagliato ② [중단, 차단] cessare, (essere) interrotto, sospeso ¶ 소식이 끊어지다 cessare ogni notizia ③ [기한 따위] espirare, scadere [죽다] morire, spirare, finire

끊임없다 (essere) continuo, incessante, senza posa ¶ 끊임없이 costantemente, continuamente, sempre, senza fine

글 ① [공부] studio, lo studiare, ② [글자] carattere, ideogramma, lettera dell′alfabeto ③ [쓴 것] composizione, brano, sentenza opera letteraria, articolo ¶ 글을 짓다 fare la composizione, comporre // 글을 배우다 studiare, conseguire gli studi

끌 cesello, scalpello

글겅이 striglia ＊ **-질** lo strigliare (빗김), sfruttamente (착취)

글귀 -句 passo, brano, frase, sentenza, verso ¶ 글귀를 외다 memorizzare un passaggio

끌끌 schioccata ¶ 혀를 끌끌 차다 schioccare la lingua

끌끌하다 (essere) retto, onesto, pulito e puro

끌다 ① [잡아당기다] tirare, attirare, trarre ② [주위 따위를] attirare, attrarre, accattivare ③ [인도] condurre, guidare [늘어뜨리고 가다] trascinare, portare [미루다] prolungare, indugiare, ritardare [시설] applicare, allacciare, installare, incanalare

글동무 compagno di scuola

글라디올러스 【식물】 gladiolo

글라스 bicchiere

글라이더 aliante

글래머 거얼 vamp, ragazza (donna) affascinante

글러지다 [일이] andare di male in peggio, andare storto, peggiorare, deteriorarsi, [병이] diventare critico, peggiorare

끌러지다 sciogliersi, liberarsi, staccarsi, slacciarsi

글로브 guanto, manopola

글루타민산 -酸 acido glutammico
* **-소오다** glutammato di sodio

끌리다 ① essere attratto, attirato, affascinato ② [바닥에 끌리다] essere trascinato, trainato

글리세린 glicerina

글리코오겐 glicogeno

끌밋하다 (essere) bello, elegante, pulito, attraente

글방 -房 scuola privata

끌방망이 mazzuolo (per scalpello)

글썽글썽 con gli occhi pieni di lacrime **-하다** essere pieno di lacrime ¶ 눈물이 글썽글썽한 눈 occhi pieni di lacrime

글세 bè, bene

글씨 ideogramma, carattere, scrittura, calligrafia

끌어내다 tirare fuori, portare fuori

끌어내리다 tirare giù, ridurre [abbassare], degradare

끌어넣다 tirare dentro , trascinare dentro, portare dentro

끌어당기다 tirare, trascinare

끌어대다 ① [돈을] procurarsi denaro, raccogliere fondi ② [맞대다] mettere insieme ③ [인용] citare, fare riferimento a

끌어들이다 ① tirare [trascinare] dentro ② [교섭] sedurre, allettare

끌어안다 abbracciare ¶ 어머니가 아기를 끌어안았다. La madre abbracciò il bambino.

끌어 올리다 alzare, sollevare, levare, innalzare, [침몰선을] salvare, ricuperare, tirare su

글월[글] uno scritto, (문장) sentenza, frase [편지] lettera

글자 lettera, carattere, ideogramma (표의문자)

글제 -題 titolo [tema, soggetto, argomento] di un articolo [una composizione, una poesia]

글피 di qui a tre giorni

긁다 ① [가려워서] graffiare, scalfire, scrostare ② [끌어모으다] raccogliere ③ [감정을] provocare, offendere, irritare [착취] sfruttare, esorcere, spogliare(di denare)

긁어 당기다 rastrellare, raccogliere, racimolare

긁어 먹다 rodere, rosicchiare, sgra-

nocchiare, spolpare
긁적거리다 graffiare [grattare] continuamente
긁혀미다 essere graffiato, essere scalfito spogliato (di denare)
긁히다 ① essere graffiato ② [감정을] essere offeso ③ [착취] essere sfruttato
끓다 ① [물이] bollire ② [마음이] bruciare, ardere ③ ¶ 배가 끓다 lo stomaco brontola ¶ 가래가 목에 끓다 il muco ingorga la gola [솟다] fermentare, gonfiarsi, montare, sollevarsi [우글우글] sciamare, essere affollato, brulicare
끓이다 ① bollire, scaldare, riscaldare ¶ 차를 끓이다 preparare un tè ③ [속태우다] preoccuparsi, essere afflitti, turbato
금[값] prezzo, costo, valore
금[선] linea, [접은] piega, [홈] incrinatura
금 金 oro ¶ 금의 d′oro, aureo, dorato // 금반지 anello d′oro
금강력 金剛力 forza erculea [gigantesca]
금강사 金剛砂 smeriglio (polvere)
금강산 金剛山 Monte (Diamante) Kumgang
금강석 金剛石 diamante ¶ 금강석처럼 굳다 essere duro come il diamante
금계 禁界 territtorio proibito [vietato]
금고 禁錮 법 carcerazione, reclusione, imprigioniamento, confino
금고 金庫 cassaforte, camera di sicurezza (은행의), [국고금 취급소] deposito
금과옥조 金科玉條 regola d′oro
금관 金冠 corona d′oro
금관악기 金管樂器 ottone
금광 金鑛 [광산] miniera d′oro, [광석] metallo d′oro * **-맥** vena d′oro
금괴 金塊 pepita d′oro
금권 金權 potenza del denaro, influenza finanziario * **-정치** plutocrazia
금궤 金櫃 cassa, cassaforte, [금으로 만든] cassa d′oro
금귤 金橘 【식물】 arancino cinese
금기 禁忌 tabù, 【의학】 controindicazione **-하다** evitare, astenersi, essere tabù
금남 禁男 vietato agli uomini ¶ 금남의 집 casa senza l′uomo
금년 今年 quest′anno, anno corrente ¶ 금년 여름 방학 la vacanza di questa estate (la vacanza estiva di quest′anno)
금니 金- dente d′oro
금단 禁斷 proibizione **-하다** proibire, impedire ¶ 금단의 열매 frutto proibito
금도 襟度 generosità, liberalità, magnanimità
금도금 金鍍金 doratura **-하다** dorare, indorare ¶ 금도금한 dorato, placcato in oro
금란지계 金蘭之契 amicizia stretta, amicizia intima
금력 金力 potenza del denaro, influenza dei soldi * **-만능** mammonismo, culto del denaro **-정치** plutocrazia
금렵 禁獵 divieto di caccia **-하다**

proibire la caccia * -기 periodo (stagione) di chiusa -지 riserva (di caccia)

금령 禁令 proibizione, interdizione, ¶ 금령을 내리다 fare divieto, vietare 금령을 해제하다 levare il divieto

금리 金利 interesse, tasso d'interesse, costo del denaro

금맥 金脈 vena d'oro

금매달 medaglia d'oro

금명간 今明間 fra un giorno o due, oggi o domani

금모올 金- treccia d'oro, gallone d'oro

금물 禁物 tabù, cosa proibita

금박 金箔 lamina d'oro, foglia d'oro ¶ 금박을 입히다 dorare, indorare, rivestire d'oro, placcare in oro

금발 金髮 capelli biondi, capelli d'oro

금방 今方 proprio adesso, subito, in un momento

끔벅거리다, 끔뻑거리다 [불빛이] tremolare, brillare debolmente, scintillare, [눈을] battere le palpebre, strizzare l'occhio, fare l'occhiolino, ammiccare

금번 今番 questa volta, ultimamente, recentemente

금법 禁法 legge proibitiva, divieto

금본위 金本位 standard basato sull'oro

금분 金粉 polvere d'oro

금불 金佛 statua (immagine) d'oro di Budda

금붕어 金- pesce rosso (carassio dorato)

금붙이 金- oggetti d'oro

금비 金肥 fertilizzante chimico [artificiale]

금사 金絲 filo d'oro

금산 金山 miniera d'oro

금상 金像 statua d'oro, statua dorata

금새 quotazione, prezzo

금색 金色 color oro ¶ 금색의 colorato in oro

금석 今昔 passato e presente, ieri e oggi

금석 金石 metallo pietra * -문 epitaffio, -학 epigrafia

금설 金屑 polvere d'oro

금성 金星【천문】Venere

금성철벽 金城鐵壁 fortezza inespugnabile, cittadella

금세공 金細工 oggetto d'oro lavorato ¶ 금세공장이 orefice

금속 金屬 metallo ¶ 금속성의 소리 suono metallico * -공업 industria di lavorazione dei metalli -원소 elementi metallici 경- metallo leggero 귀- metallo prezioso 비- metallico base

금수 禽獸 uccelli e animali, bruto ¶ 금수같은 bestiale, brutale

금수 禁輸 embargo sulle esportazioni [importazioni] -하다 mettere l'embargo a * -품 merce sotto seguestro

금수강산 錦繡江山 paese dal bel paesaggio, Corea

금슬 琴瑟 ⇒ 금실

금시 今時 ¶ 이것은 금시초문이다 Questo per me è una novità * -초견(初見) visto per la prima volta

금시계 金時計 orologio d′oro
금시초문 今時初聞 ¶ 금시초문이다 E' una novità.
금실 琴瑟 armonia congiugale
금압 禁壓 soppressione, repressione, proibizione, interdizione, divieto **-하다** sopprimere, reprimere, proibire, interdire, vietare
금액 金額 ammontare (di soldi), somma
금야 今夜 questa notte
금어 禁漁 divieto di pesca
* **-기** periodo (stagione) di chiusura (della pesca) **-구역** riserva di pesca
금언 金言 saggio proverbio, detto, massima d′oro
금연 禁煙 proibizione di fumare, (게시) non fumare, vietato fumare **-하다** proibire di fumare
금요일 金曜日 venerdì
금욕 禁慾 astinenza, controllo della ascetismo **-하다** praticare l′ascetismo, reprimere le passioni
* **-주의** ascetismo, stoicismo
금월 今月 questo mese ⇒ 이달
금융 金融 finanza, circolazione monetaria ¶ 금융의 monetario, finanziario * **-계** mondo della finanza **-공황** crisi fidanzaria, panico finanziario **-기관** strutture bancarie **-단** sindicato **-시장** mercato finanziario **-업** attività fidanzaria **-정책** polizia finanziaria
금은 金銀 oro e argento * **-세공** lavorazione in oro e in argento
금의환향 錦衣還鄕 **-하다** ritornare a casa carico di gloria
금일 今日 oggi, questo giorno
금일봉 金一封 regalo in denaro
금자 金字 lettera d′oro [dorata]
금자탑 金子塔 piramide, lavoro monumentale
금작화 金雀花 【식물】 ginestra
금잔 金盞 [calice] d′oro
금잔화 金盞花 【식물】 calendula
금잡인 禁雜人 **-하다** vietare l′ingresso alle persone non autorizzate
금장식 金粧飾 decorazione d′oro
금전 金錢 denaro, soldi, moneta, contante ¶ 금전의 monetario * **-등록기** registratore di cassa **-출납부** libro di cassa
금점 金店 miniera d′oro ⇒ 금광
금제 禁制 proibizione, tabù, divieto ¶ 금제의 contrabbando, proibito
* **-품** merce proibita [di contrabbando]
금조개 金- conchiglia di orecchia di mare
금족 禁足 reclusione, imprigionamento, confino
금주 禁酒 astinenza dagli alcolici **-하다** astenersi dagli alcolici
금주 今週 questa settimana ¶ 금주중으로 entro questa settimana
금준비 金準備 경제 riserve d′oro
금줄 金- ① [줄, 선, 실] cinturino [gallone, filo] d′oro ② [금맥] vena d′oro
금중 禁中 Corte, Palazzo Reale
금지 金紙 carta dorata
금지 禁止 proibizione, divieto, tabu′, embargo **-하다** proibire, vietare ¶ 금지를 해제하다 togliere

il divieto, levare la proibizione 학교에서는 끽연이 금지되어 있다. È proibito fumare a scuola. * -구역 zona vietata -령 decreto di divieto -조항 clausola di divieto 상연- divieto di rappresentazione 판매- proibizione di vendita 수출입-품목 articoli sulla lista proibita (di contrabbando)

금지옥엽 金枝玉葉 persona dai natali reali

금지환 金指環 anello d'oro

끔찍스럽다 ⇒ 끔찍하다

끔찍하다 ① [팜혹] (essere) terribile, orribile, orrendo, crudele, atroce, spaventoso, [놀랄만한] tremendo, straordinario ¶ 끔찍한 광경 vista orribile ② [극진] (essere) molto sincero, cortese, cordiale ¶ 끔찍이 di cuore, cordinalmente, sinceramente

금치산 禁治産 incompetenza, incapacità, ~선고 interdinazione * -자[법] persona interdetta

금침 衾枕 quanto serve per un letto (coperte, materasso ecc.), lenzuola, coperte e cuscino

금테 金- [안경의] montatura d'oro, [액자의] cornice odorato ¶ 금테 안경 occhiali con la montatura d'oro

금패 金牌 placca [medaglia] d'oro

금품 金品 denaro e oggetti di valore, preziosi, contante e altri beni

금하다 禁- proibire, vietare, impedire, [억제] trattenere, reprimere ¶ 그들은 그에게 말하는 것을 금한다. Gli vietarono di parlare. 의사는 그에게 음주를 금했다. Il medico gli vietò di bere alcolici

금혼식 金婚式 nozze d'oro

금화 金貨 moneta d'oro

금환식 金環蝕 eclissi anulare (del sole)

금회 今回 questa volta ⇒ 이번

금후 今後 dopo questo, in futuro, d'ora in poi

급 級 ① [등급] categoria, grado ② [학급] classe, grado

급 急[위급] emergenza, pericolo, crisi, [긴급] urgenza ¶ 급을 요하는 urgente

급각도 急角度 angolo acuto ¶ 급각도로 rapidamente

급강하 急降下 caduta [discesa] immprovviso, picchiata -하다 cadere all'improvviso,lanciarsi in picchiata * -폭격 bombardamento in picchiata

급거 急遽 affrettatamente, precipitosamente, in fretta ¶ 급거 상경하다 andare in fretta a Seoul

급격 急激 -하다 (essere) rapido, improvviso, inaspettato ¶ 급격한 변화 cambiamento rapido

급격 急擊 attacco improvviso -하다 fare un attacco di sorpresa

급경사 急傾斜 pendio ripido, [치받이] salita ripida, [내리받이] discesa ripida

급고 急告 avviso urgente -하다 dare un avviso urgente

급급하다 汲汲- essere tutto intento a qlco., pensare solo a, essere assorbito da qlco.

급기야 及其也 alla fine, finalmente,

infine, insomma

급등 急騰 salto, salita improvvisa **-하다** saltare, salire improvvisamente

급락 急落 caduta [discesa] improvvisa, declino, crollo **-하다** declinare, crollare, cadere all′improvviso

급락 及落 promosso o bocciato, (risultato di un esame)

급료 給料 stipendio, salario, paga ¶ 많은 급료를 받다 avere un buon stipendio // 월급 stipendio mensile

급류 急流 corrente rapida, rapide

급무 急務 lavoro urgente, bisogno urgente, urgenza

급박 急迫 urgenza, impellenza **-하다** (essere) urgente, impellente

급변 急變 cambiamento rapido [improvviso] **-하다** cambiare improvvisamente

급병 急病 malattia improvvisa * **-환자** caso urgente, malato urgente

급보 急報 messaggio urgente, allarme, **-하다** riferire prontamente, spedire un messaggio urgente

급부 給付 [지급] fornitura, consegna, distribuzione, [지불] pagamento **-하다** consegnare, distribuire, fornire * **반대-** beneficio in compenso per, ricompensa per

급비 給費 borsa di studio

급사 急死 morte immprovvisa **-하다** morire all′improvviso

급사 急使 messagero espresso, corriere espresso

급사 給仕 [식사의] cameriere, cameriera (여자)

급사면 急斜面 pendio ripido

급살맞다 急煞- morire all′improvviso

급상승 急上昇 aumento improvviso, crescita improvvisa, salita a candela (비행기의) **-하다** crescere, aumentare improvvisamente, salire a candela

급선무 急先務 necessità impellente, emergenza

급선봉 急先鋒 precursore, capo, avanguardia

급성 急性 ¶ 급성의 acuto * **-병** malattia acuta **-맹장염** attacco acuto di appendicite

급소 急所 punto [parte] vitale, punto vulnerabile

급속 急速 rapidità, prontezza **-하다** (essere) rapido, veloce, celere, pronto ¶ 급속히 rapidamente, velocemente, sollecitamente, prontamente * **-냉동** congelamento rapido

급송 急送 **-하다** mandare in fretta, spedire, inviare (per espresso)

급수 給水 fornitura d′acqua **-하다** fornire [provvedere] l′acqua * **-관** acquedotto **-설비** installazioni per la fornitura d′acqua **-전** idrante

급수 級數 【수학】 progressione, serie * **기하** [등비]- progressione geometrica ¶ 기하급수적으로 증가하다 aumentare in progressione geometrica **산술[등차]-** progressione aritmetica

급습 急襲 attacco improvviso **-하다** attaccare all'improvviso
급승 急昇 ⇒ 급상승
급식 給食 vettovagliamento, approvvigionamento **-하다** vettovagliare, approvvigionare, fornire [provvedere] cibo
급여 給與 pagamento, indennità, assegno, stipendio, salario **-하다** pagare(lo stipendio) * **-금** pagamento, remunerazione **-수준** livello di pagamento
급용 急用 affare urgente, [약속] appuntamento urgente
급우 級友 compagno di classe
급유 給油 fornitura di carburante **-하다** rifornire di carburante * **-선** petroliera **-소** stazione di servizio
급작스럽다 (essere) inatteso [improvviso] ⇒ 갑작스럽다
급전 急轉 cambiamento improvviso **-하다** cambiare improvvisamente
급전직하 急轉直下 precipitazione, cambiamento improvviso **-하다** cambiare improvvisamente
급전환 急轉換 svolta [cambiamento] improvvisa
급정거 急停車 fermata improvvisa **-하다** fermare all'improvviso
급제 及第[합격] il superare l'esame, [진급] promozione **-하다** superare (esame), [진급] essere promosso * **-자** candidato promosso
급조 急造 **-하다** costruire in fretta
급증 急症 [급병] malattia improvvisa, [급성의 병] malattia acuta
급증 急增 aumento rapido [improvviso] **-하다** aumentare [crescere] rapidamente
급진 急進 progresso rapido **-하다** fare rapidi progressi, avanzare rapidamente ¶ 급진적인 radicale, estremo * **-분자** estremista **-주의** radicalismo **-주의자** radicale
급커어브 急- curva [svolta] brusca
급탄 給炭 fornitura di carbone * **-선** carboniera **-장** carbonile
급템포 **급-** (tempo) veloce ¶ 급템포의 veloce 급템포로 veloce(mente)
급파 急派 invio, rapido **-하다** inviare velocemente
급하다 急- ① [긴급] (essere) urgente, ¶ 급한 일 affare urgente ② [성급] (essere) frettoloso, impaziente, intollerante, irritabile ③ [위급] (essere) grave, serio, critico [급격] (essere) scosceso, ripido [급속도] (essere) rapido, ⑥ [일, 사태] imminente
급항 急航 navigazione veloce, rapida, **-하다** navigare rapidamente
급행 急行 [열차] treno espresso **-하다** affrettarsi * **-권** biglietto per treno espresso **-료** supplemento per treno espresso
급환 急患 caso di emergenza, malattia improvvisa * **-자** caso di emergenza, malato urgente
급히 急- ① [빨리] presto, rapidamente, velocemente, sveltamente, immediatamente ② [성급히] in fretta, frettolosamente ¶ 급히 떠나다 andarsene precipitosamente
긋다 demarcare, tracciare, segnare
끙끙 lamento, gemito, brontolio,

lagnanza **-하다** gemere, lamentarsi, lagnarsi,

긍긍하다 兢兢- (essere) pieno di trepidazione, tremare di paura

긍정 肯定 affermazione, conferma, ammissione **-하다** affermare, rispondere affermativamente, confermare ¶ 긍정적 affermativo ∗ **-문** sentenza(frase) affermativa

긍지 矜持 orgoglio, dignità ¶ 아들의 일을 자랑스럽게 이야기하다 parlare con orgoglio dei propri figli

긍휼 矜恤 compassione, pietà, commiserazione **-하다** avere compassione di

끝 ① [마지막] fine ¶ 끝의 finale, ultimo 끝없는 infinito, interminabile ② [첨단] punta, cima ¶ 혀끝 punta della lingua ③ [결과] risultato, conseguenza [단위] rotolo

끝갈망 -하다 aggiustare, sistemare, accomodare

끝끝내 fino alla fine, all′ultimo

끝나다 (essere) finito, concluso, portato a termine

끝내다 finire, concludere, portare a termine, completare

끝돈 resto, rimanenza

끝마감 fine, conclusione **-하다** finire, terminare, completare, concludere

끝마치다 finire, concludere, complitare, terminare

끝막다 finire, chiudere

끝맺다 ⇒ 끝내다

끝물 ultimo prodotto della stagione

끝수 -數【수학】frazione, resto

끝장 fine, termine, conclusione, [낙착] risoluzione

끝전 -錢 ⇒ 끝돈

끝판 ultima parte, fine, ultimo round [ripresa]

끼 pasto ¶ 한 끼를 거르다 saltare un pasto

기 氣 ① [원기] spirito, vigore, energia, vitalità ¶ 기가 나서 con esultanza, trionfalmente ② [온힘] tutte le forze, tutta l′energia ③ [숨] respiro, [정신력] forza di spirito, [철학] forza vitale, [객기] coraggio temerario, [냄새] profumo, odore, sfumatura, [감, 기운] sintomo, senso, sensazione

기 旗 bandiera ¶ 기를 올리다 [내리다] issare [ammainare] la bandiera ∗ **-수** portabandiera

기 忌 rosoconto, anniversario della morte

기 記 narrazione, racconto, [기록] annali, [역사] cronaca

기 期 [시대] età, [기간] periodo, [계절] stagione, [병의] stadio, fase

기각 棄却 abbandono, rifiuto, assoluzione **-하다** abbandonare, rifiutare, assolvere

기간 期間 periodo, termine, periodo di tempo , tempo

기간 基幹 ∗ **-산업** industria di base

기간 旣刊 ¶ 기간의 pubblicato prima, già pubblicato ∗ **-호** numero arretrato (di periodico)

기갈 飢渴 fame e sete, fame

기갑부대 機甲部隊 truppe corazzate

기강 紀綱 [관기] disciplina degli organi ufficiali, [질서] ordine pubblico ¶ 기강을 바로잡다 restaurare la disciplina

기개 氣概 spirito, corraggio, orgoglio, dignità, rispetto di sè

기거 起居 [건강] stato di salute, [일상생활] vita quotidinaia ∗ **-동작** comportamento, condotta

기꺼이 volentieri

기껍다 (essere) gaio, allegro, gioioso ⇒ 기쁘다

기껏 tutto il possibile ¶ 기껏 노력하다 fare del proprio meglio

기껏해야 al massimo, tutt'al più

기결 既決 ¶ 기결의 deciso, fissato, condannato (죄가) ∗ **-사항** cosa decisa fissata **-수** condannato

기경 起耕 **-하다** arare

기계 奇計 trucco, stratagemma, ingegnosità

기계 器械 strumento, apparecchio, apparecchiatura ∗ **의료-** apparecchiatura medica

기계 機械 macchina, [기계류] macchinario, [장치] meccanismo ¶ 기계를 중지하다 [움직이다] fermare [mettere in moto] una macchina // 기계를 조립하다 montare (assemblare) una macchina ∗ **-공** meccanico **-공업** industria meccanica **-학** meccanica

기계체조 器械體操 ginnastica pesante

기계화 機械化 meccanizzazione **-하다** meccanizzare ∗ **-부대** unità meccanizzata

기고 寄稿 contributo -하다 collaborare ∗ **-가** collaboratore

기고만장 氣高萬丈 eccitazione, esaltazione, euforia **-하다** ① [뽐내다] gonfiarsi, insuperbirsi, ② [성나다] (essere) esasperato

기골 氣骨 spina dorsale, nerbo, tempra, carattere

기공 起工 inizio dei lavori (di costruzione) ∗ **-식** cerimonia del conferimento della costruzione

기공 氣孔 【식물】 poro, 동물 stigma

기관 奇觀 meraviglia, spettacolo singolare, vista meravigliosa

기관 汽管 tubo del vapore

기관 汽罐 caldaia a vapore, generatore di vapore ∗ **-실** sala caldaie **기차-** caldaia di locomotiva

기관 機關 ① [기계] macchina, motore ② [수단] organo, mezzo, strumento ∗ **-고**(庫) riparo (capanno) per motore, locomotore **-공장** officina per motori, rimessa **-실** sala macchine **-장** ingegnere capo **-지**(紙) organo, bollettino **내연-** motore a combustione interna, **대행-** agenzia **디이젤-** motore Disel **언론-** organo di opinione pubblica **열-** macchina a vapore **자치-** organo autonomo, **전기-** macchina elettrica **증기-** locomotiva a vapore

기관 器官 organo **소화-** organi (apparato) della digestione

기관 氣管 trachea ∗ **-염** tracheite **-절개수술** tracheotomia

기관단총 機關短銃 fucile mitragliatore, mitra

기관지 氣管支 bronco ∗ **-염** bron-

chite
기관차 機關車 locomotiva * **-승무원** equipaggio di locomotiva **전기-** locomotiva elettrica, locomotore
기관총 機關銃 mitragliatrice
기괴 奇怪 **-하다** (essere) strano, misterioso, bizzarro, soprannaturale
기교 技巧 arte, perizia d'artigiano, abilità tecnica, [예술의] tecnica, (계책) artificio, trucco
기구 器具 utensile, arnese, strumento, [고정된] apparecchio
기구 機構 sistema, struttura, organizzazione, meccanismo, macchina * **-개혁** riorganizzazione, riforma strutturale **국제-** organizzazione internazionale **정치-** struttura del governo, apparato governativo **행정-** struttura amministrativa
기구 氣球 aerostato, pallone aerostatico * **-관측** osservatore aerostatico **광고-** pallone pubblicitario
기구 崎嶇 ① [운명의] vicissitudini, avversità, alti e bassi della vita **-하다** (essere) burrascoso, avverso, sfortunato ¶ 기구한 운명 destino avverso ② [산길이] **-하다** (essere) ripido, scosceso
기권 棄權 astensione dal voto, rinuncia ai propri diritti **~하다** astenersi dal voto, rinunciare ai propri diritti * **-자** astensionista **-표** scheda bianca
기권 氣圈 【기상】 atmosfera
기근 氣根 【식물】 radice aerea [eterea]
기근 饑饉 carestia, penuria, [결핍] scarsità
기금 基金 fondo, riserva, donazione * **구제-** fondo di assistenza
기급하다 氣急- essere pietrificato dal terrore, (essere) spaventato, atterrito
끼끗하다 (essere) ordinato, pulito, netto, lindo
기기 器機 macchinario e apparecchiature apparato
기기묘묘 奇奇妙妙 **-하다** (essere) molto strano, molto bizzarro
기나염 幾那鹽 sale di chinina, chinino
기낭 氣囊 camera d'aria, involucro contenente gas, [물고기의] vescica natatoria [식물] vescica aerifera
기년 期年 un anno, un anniversario
기념 記念 commemorazione **-하다** commemorare, onorare, ricordare ¶ 기념하는 commemorativo // 기념으로 in memoria di * **-도서관** biblioteca commemorativa **-비** monumento, memoriale **-사진** foto ricordo **-일** giornata commemorativa **-품** souvenir **-회** riunione commemorazione
기능 機能 funzione, facoltà ¶ 기능적 funzionale // 기능을 발휘하다 funzionare
기능 技能 abilità, capacità
끼니 pasto
기다 strisciare, avanzare lentamente, furtivamente, insinuarsi
끼다 ① [연기] fumare, [안개] diventare nebbioso ② [때가]

sporcarsi

끼다 ① [틈에] essere inserito, essere messo ② [반지 따위] portare, infilarsi ③ [팔짱을] incrociare (le braccia), [참가] unirsi, prendere parte, partecipare [따라서] ¶ …을 끼고 (andare) lungo, a fianco di, parallelo a

기다랗다 (essere) piuttosto lungo, prolisso

기다리다 aspettare, attendere, [기대] non vedere l′ora di, aspettare con ansia

기담 奇談 storia strana [misteriosa, bizzarra]

기대 期待 aattesa, speranza, aspettazione **-하다** aspettare, sperare, anticipare, prevedere ¶ 기대에 반하여 contro ogni aspettativa // ~을 기대하여 nella speranza di

기대다 ① appoggiarsi, reclinarsi, ② [의지] fidarsi, dipendere da, contare su

기도 企圖 piano, progetto, tentativo, **-하다** tentare, progettare, proporsi di

기도 氣道 corridoio aereo, aeroria

기도 祈禱 preghiera, invocazione, devozioni **-하다** pregare ∗ **-회** assemblea [riunione] di preghiera

기독교 基督敎 religione cristiana, cristianesimo ¶ 기독교의 cristiano ∗ **-교회** chiesa cristiana **-도** cristiano **-여자 청년회** UCDG, Unione Cristiana delle Giovani **-청년회** ACDG, Associazione Cristiana dei Giovani

기동 起動 movimento **-하다** muoversi, agitarsi

기동 機動 monovra ∗ **-력** mobilità, capacità di spostamento **-부대** unità operativa, reparto di pronto intervento **-연습** manovra **-작전** operazione mobile

기동차 汽動車 treno a diesel

기둥 pilastro, sostegno, colonna

기둥서방 ruffiano, magnaccia

기득 旣得 **~하다** essere già acquisito ∗ **-권** diritti acquisiti, interessi acquisiti

기라 綺羅 bel vestito, bell′abito ∗ **-성** stella brillante

기량 器量 capacità, talento, valore, competenza

기러기 oca selvatica

기러기발 [현악기의] ponte

기력 氣力 energia, vitalità, forza vigore, virilità ¶ 기력이 왕성한 vigoroso, forte, energetico // 기력이 없는 privo di energia, senza vigore // 기력이 쇠하다 perdere il vigore

기로 岐路 [갈림길] strada biforcata, diramazione (di strada), [십자로] incrocio

기록 記錄 nota, documentazione, documento, testimonianza, record, primato **-하다** registrare, mettere per iscritto, verbalizzare, allibrare ¶ 기록적인 da primato, da record // 세계기록 record mondiale // 기록을 깨다 battere il record ∗ **-계** registratore, [경기의] segnapunti **-보유자** detentore di un primato **-서류** dossier **-영화** film documentario **최고-** massimo record

기뢰 機雷 mina
끼룩거리다 sbirciare, spiare, allungare il collo
기류 氣流 corrente d'aria * **상승-** corrente d'aria ascentente
기류 寄留 residenza temporanea **-하다** risiedere temporaneamente * **-계** registrazione della resistenza temporanea **-지** luogo di residenza temporanea
기르다 allevare, coltivare, nutrire, dare da mangiare, educare, istruire
기름 olio, grasso ¶ 불에 기름을 붓다 gettare benzina sul fuoco, 기름에 담고 sotto [sott'] olio
기름기 grasso, untuosità ¶ 기름기가 많은 grasso, untuoso, oleoso
기름지다 ① (essere) untuoso, grasso, oleoso, unto, ② [비옥] (essere) fertile, ricco, produttivo
기름틀 frantoio
기름하다 (essere) piuttosto [un po'] lungo, allungato
-끼리 fra [tra]
끼리끼리 a gruppi, a coppie
기리다 applaudire, lodare, elogiare
기린 麒麟 동물 giraffa
기립 起立 alzata * **-투표** votazione per alzata
기마 騎馬 l'andare a cavallo, cavalcata, equitazione * **-병** cavaliere (soldato) **-순경** guardia a cavallo
기막히다 氣- ① essere soffocato, aver tolto il respiro ② [비유적] (essere) colpito, impressionato, [형용사] (essere) sorprendente, sbalorditivo ¶ 기막히게 terribilmente, moltissimo, sorprendentemente
기만 欺瞞 inganno, frode, truffa **-하다** ingannare, imbrogliare, illudere, deludere ¶ 기만적인 ingannevole, illusorio, menzognero
기말 期末 fine semestre * **-계정** conto di fine semestre **-시험** esame di fine semestre
기맥 氣脈 ¶ 기맥이 통하다 comprendersi
기명 記名 firma, sottoscrizione, registro, **-하다** firmare, sottoscrivere
기명 器皿 stoviglie, piatti e vasellame, vasellame
기묘 奇妙 **-하다** (essere) strano, curioso, bizzarro, singolare
기문 奇聞 notizia strana, storia curiosa
기문 氣門 【동물】 stigma
기물 器物 [용기] recipiente, vaso, [기구] utensile, [가구] mobili, attrezzature
기미 ¶ 기미가 끼다 avere macchie sul viso
기미 氣味 ① [냄새와 맛] odore e sapore ② [심기] senso, sensazione ③ [취미] gusto, disposizione, inclinazione
기미 機微 ⇒ 낌새
기민 機敏 prontezza, perspicacia, astuzia **-하다** (essere) vivace, svelto, celere, astuto, perspicace ¶ 기민하게 astutamente, vivacemente, prontamente, sveltamente
기민 饑民 popolo affamato
기밀 氣密 ¶ 기밀의 a tenuta d'aria, ermetico * **-실** camera a tenuta

d′aria

기밀 機密 segretezza, segreto, informazione segreta ¶ 기밀의 segreto, confidenziale, ¶ 기밀을 누설하다 lasciarsi sfuggire un segreto * **-비** fondo segreto **-사항** affare confidenziale **-서류** documento segreto

기박 奇薄 **-하다** (essere) sfortunato

기반 基盤 fondazione, base, fondamento, istituzione

기반 羈絆 giogo, vincolo, legame, ceppo, catena

기발 奇拔 originalità, straordinarietà **-하다** (essere) originale, insolito, acuto, straordinario, fantastico

기백 氣魄 spirito, anima, carattere

기뻐하다 (essere) lieto, soddisfatto, felice, contento

기범선 機帆船 motoscafo

기법 技法 tecnica

기벽 奇癖 abitudine eccentrica [strana]

기별 奇別,寄別 messaggio, informazione, notizia, lettera **-하다** dire, notificare, ¶ 기별을 듣다 avere notizie, sentire notizie

기병 騎兵 cavalleria, cavaliere [soldato]

기병 起兵 **-하다** raccogliere un esercito, chiamare alle armi

기보 既報 rapporto precedente, servizio [notizia] precedente

기복 起伏 su e giù, ondeggiamento 【지리】 rilievo, irregolarità **-하다** ondeggiare, ondulare, essere ondulato ¶ 기복 많은 인생 vita piena di alti e bassi

기본 基本 fondazione, base, fondamento, [기준] standard ¶ 기본적 fondamentale, di base, basico * **-과정** corso di base **-금** fondo [donazione] capitale **-급료** salario di base **-단위** unità standard **-법칙** legge fondamentale **-산업** industria di base **-원리** principio di base

기부 寄附 contributo, contribuzione, donazione, sottoscrizione **-하다** donare, contribuire, sottoscrivere * **-금** contribuzione, donazione **-자** contributore, donatore

기분 氣分 sensazione, sentimento, umore, stato d′animo ¶ 기분 좋은 piacevole, gradevole, confortante, // 기분이 나쁜 spiacevole, sgradevole, antipatico

기불 既拂 ¶ 기불의 pagato

기쁘다 (essere) felice, lieto, contento, allegro

기쁨 gioia, felicità, contentezza, delizia, piacere

기사 記事 articolo, resoconto, notizia * **신문-** articolo di giornale

기사 技師 ingegnere, tecnico * **건축-** architetto **토목-** ingegnere civile

기사 騎士 cavaliere, [무사] cavaliere * **-도** cavalierato, ordine dei cavalieri, cavaleria

기사 棋士 giocatore (professionista) di scacchi coreani

기사회생 起死回生 risuscitamento, ritorno alla vita **-하다** rinascere, rivivere, risuscitare, ritornare alla vita

기상 起床 alzata **-하다** alzarsi,

levarsi * -나팔 tromba della levata -시간 ora della levata

기상 氣象 fenomeni atmosferici, [천후] tempo ¶ 기상을 관측하다 fare l'osservazione meteorologica * -관측비행 volo d'osservazione meteorologica -대 osservatorio meteorologico -대원 meteorologo -도 cartina meteorologica -학 meteorologia -학자 meteorologo

기상 氣像 [성질] natura, tempra, carattere, disposizione, [기력] spirito

기상 奇想 idea fantastica, originale

기상 機上 ¶ 기상에 오르다 salire sull'aereo [a bordo]

기색 氣色 aspetto, aria, apparenza [기분] umore, stato d'animo ¶ 기색을 살피다 leggere in faccia a qlcu. // 불안한 기색을 하다 avere un aspetto ansioso, nervoso, agitato, inquietato

기색 基色 tre colori primari

기생 寄生 parassitismo -하다 parassitare, vivere da parassita * -동물 animale parassitario -충 parassita

기생 妓生 Kiseng (simile alla geisha)

기생식물 氣生植物 pianta aerea, aerofita

기선 汽船 piroscafo

기선 機先 ¶ 기선을 제하다 prevenire, anticipare, prendere l'iniziativa

기선 機船 motoscafo

기성 棋聖 gran maestro di scacchi [Badook]

기성 既成 ¶ 기성의 compiuto, finito, fatto, pronto, stabilito, fondato * -개념 preconcetto -도덕 moralità costituita -복 abito (pre)confezionato -사실 un fatto compiuto -작가 scrittore affermato -화 scarpe (pre)confezionate

기성 奇聲 ¶ 기성을 발하다 alzare la voce strana, strillare con voce strana

기성 氣盛 -하다 avere il morale alto

기성회 期成會 comitato, commissione, consiglio, [학교의] organizzazione di supporto della scuola

기세 氣勢 spirito, forza vigore, energia, [형세] situazione ¶ 기세를 올리다 risvegliare [stimolare] il proprio entusiasmo

기세 棄世 -하다 [죽다] morire, [은둔하다] appartarsi dalla società, ritirarsi dal mondo

기소 起訴 accusa, processo * -유예 sospensione dell'accusa -자 accusatore -장 atto d'accusa

기수 技手 aiuto ingegnere

기수 機首 muso di aeroplano

기수 旗手 bandiera, stendardo

기수 既遂 ¶ 기수의 consumato, perpetrato * -범 delitto perfetto

기수 騎手 cavalliere, fantino

기수 奇數 numero dispari

기수 基數 numero cardinale

기숙 寄宿 allogio, dimora, pensione * -사 dormitorio, pensionato universitario

기술 記述 descrizione -하다 descrivere ¶ 기술적 문법 grammatica

descrittiva
기술 奇術 artificio, gioco di prestigio, magia
기술 技術 arte, tecnica, abilità, destrezza ¶ 기술상의 곤란 difficoltà tecnica * **-원조** assistenza tecnica **-자** tecnico **생산-** tecnica di produzione
기쓰다 氣- sforzarsi al massimo, fare del proprio meglio
기스락 bordo [margine] della gronda
기슭 [강의] sponda, argine, [바다의] costa, litorale, [산의] piedi ¶ 산기슭 piedi della montagna
기습 奇襲 attacco a sorpresa, incursione scorreria improvvisa **-하다** attaccare all'improvviso
기습 奇習 abitudine strana
기승 奇勝 luogo con un bel panorama
기승 氣勝 **-하다** (essere) inflessibile, rigido
기식 寄食 **-하다** essere parassita, scroccare, vivere alle spalle di * **-자** parassita
기식 氣息 respiro, fiato ¶ 기식엄엄하다 respirare affannosamente, boccheggiare **~음** suono aspirato
기신호 旗信號 segnale di bandiere
기실 其實 in effetti ⇒ 사실
기아 棄兒 bambino abbandonato, trovatello
기아 饑餓 fame, inedia ¶ 기아에 허덕이다 soffrire la fame * **-임금** salario da fame
기악 器樂 【음악】 musica strumentale * **-편성법** strumentazione
기안 起案 abbozzo, schizzo, prima stesura **-하다** abbozzare, fare le prima stesura * **-자** estensore, chi abbozza (un progetto)
기암 괴석 奇岩怪石 rocce e pietre di forme curiose
기압 氣壓 pressione atmosferica * **-계** barometro **-골** trogolo della pressione atmosferica
기약 期約 promessa, appuntamento, impegno **-하다** promettere, impegnarsi
기약분수 既約分數 【수학】 frazione semplice
기어 meccanismo, ingranaggio, cambio (di velocità), marcia
기어이 期於- ad ogni costo, alla fine, infine
끼어팔기 vendita abbinata
기억 記憶 memoria, ricordo **-하다** ricordare, [암기] memorizzare, imparare a memoria ¶ 좋은 기억력을 가지고 있다 avere buon memoria [avere una memoria di ferro] // …의 기억으로 in memoria di
끼얹다 versare, riversare
기업 企業 impresa, ¶ 기업화하다 industrializzare * **-가** industriale **-연합** cartello **-조합** sindacato **-합동** consorzio
기여 寄與 contributo **-하다** contribuire
기여 其餘 il resto, gli altri
기역 其亦 ⇒ 역시
기연 奇緣 strano destino, curiosa coincidenza
기연미연하다 其然未然- (essere) ambiguo, incerto
기염 氣焰 [기세] morale alto, entu-

siasmo, il parlare ad alta voce

기예 技藝 arte, [수예] lavoro artigianale, artigianato, [예능] dote, talento

기예 氣銳 impetuosità **-하다** (essere) impetuoso, attivo, energico

기온 氣溫 temperatura * **-조절** controllo della temperatura **평균-** temperatura media

기와 tegola ¶ 기와로 잇다 coprire di tegole * **-지붕** tetto coperto di tegole

기왕 旣往 passato, [부사적] già ¶ 기왕의 passato, trascorso

기외 其外 il resto, inoltre, per di più

기용 起用 nomina, assegnazione **-하다** nominare, assegnare

기우 奇遇 incontro causale fortuito **-하다** incontrare inaspettatamente

기우 祈雨 preghiera per la pioggia * **-제** rito sciamanico per implorare la pioggia

기우 杞憂 paura [preoccupazione] infondata [immaginaria]

끼우다 [사이에] inserire

기우뚱거리다, 끼우뚱거리다 dondolare, oscillare

기우듬하다, 끼우뜸하다 (essere) un po′ inclinato [obliquo] ¶ 기우듬히 obliquamente, inclinatamente

기운 ① [힘] forza, energia ¶ 기운이 센 forte, energico // 기운없는 debole, depresso ② [원기] vigore, spirito, coraggio ¶ 기운있는 vigoroso, energico, ③ [기미] colpo, sintomo

기운 氣運 tendenza, inclione, direzione

기운 機運 [기회] opportunità, occasione

기울 crusca, semola * **-죽** semolino

기울다 ① [경사] essere inclinato, pendere ¶ 기운 inclinato, pendente ② [경향] inclinare, tendere, avere tendenza ③ [쇠하다] essere in declino, decadere, deperire, [해 따위가] declinare, discendere, calere

기울어뜨리다 inclinare, declinare

기울어지다 ⇒ 기울다

기웃거리다 sbriciare, guardare furtivamente, far capolino ¶ 이방 저방 기웃거리다 guardare furtivamente in questa e quella camera

기웃하다 (essere) un po′ inclinato

기원 技員 assistente tecnico statale

기원 紀元 era, epoca

기원 起願, 起源 origine **-하다** avere origine, derivare

기원 祈願 preghiera, desiderio, petizione, supplica -하다 pregare, supplicare ¶ 병든 자식을 위해 기도하다 pregare per il figlio malato // 신이여 도와주소서 Oh Dio, aiutami!

기원 棋院 club di Badook

기율 紀律 ordine, disciplina ¶ 기율있는 ordinato, disciplinato // 기율없는 indisciplinato, disordinato // 기율바르게 in [con, per] ordine

기이 奇異 **-하다** (essere) strano, eccentrico, curioso

기이다 tenere un segreto , coprire, velare, nascondere

끼이다 inserire

기인 奇人 persona eccentrica
기인 基因 causa fondamentale **-하다** avere origine, essere causato, provocato
기인 起因 causa, radice **-하다** essere originato, risultare, essere dovuto a, causato da
기일 忌日 ¶ 조부의 기일 anniversario della morte del nonno
기일 期日 data fissata, [기한] tempo limite ¶ 기일까지는 fino al giorno stabilito // 기일을 정하다 fissare la data
기입 記入 compilare **-하다** scrivere, compilare, registrare
기자 記者 giornalista, [신문기자] giornalista, cronista ∗ **-단** gruppo di giornalisti, corrispondenti **-석** tribuna stampa **-회견** conferenza stampa
기자 譏刺 sarcasmo, satira **-하다** satireggiare, insinuare
기장 【식물】 miglio
기장 lunghezza ⇒ 길이
기장 記章 medaglia, gallone, distintivo
기장 記帳 **-하다** registrare, scrivere, compilare
기장 機長 comandante d′aereo
기재 奇才 genio, talento particolare [speciale], [사람] genio
기재 機材 materiali, parti di macchinari
기재 記載 esposto, esposizione, dichiarazione, [장부에] registrare **-하다** affermare, dichiarare, fare menzione, nominare, [장부에] entrare ∗ **-사항** articoli menzionati
기저 基底 base, fondamento
기저귀 pannolino
기적 奇蹟 miracolo ¶ 기적적으로 miracolosamente // 기적을 행하다 fare [operare] un miracolo // 기적적으로 살아나다 sopravvivere per miracolo
기적 汽笛 fischio, sirena
끼적거리다 scarabocchiare, scribacchiare, scagliare
기전 起電 generazione di elettricità ∗ **-기** motore elettrico **-력** forza elettromotrice
기절 氣絶 svenimento **-하다** svenire
기점 起點 punto di partenza, [도로의] inizio
기점 基點 punto cardinale ¶ 방위기점 punto cardinale della bussola
기정 既定 ¶ 기정의 già deciso, stabilito // 기정사실 fatto compiuto
기제 忌祭 rito memoriale nell′anniversario della morte
기제 既濟 ¶ 기제의 già finito, già saldato
기조 基調 nota fondamentale, base ∗ **-연설** discorso sui punti fondamentali
기존 既存 ¶ 기존의 esistente, istituito
기준 基準 standard, base, [규범] criterio ∗ **-가격** prezzo standard **-량** quantità standard **-선** linea di riferimento base **-점** punto di riferimento
기중 忌中 ¶ 기중이다 essere in lutto
기중기 起重機 gru, argano ¶ 기중기로 들어올리다 sollevare con la gru

기증 寄贈 contribuzione, donazione **-하다** presentare, contribuire, donare * **-자** contributore, donatore **-품** regalo, dono

기지 既知 ¶ 기지의 사실 fatto noto * **-수** numero dato

기지 機智 ingegno, intelligenza, risorsa

기지 基地 base * **작전-** base operativa **항공-** base aerea **해군-** base navale

기지개 stiramento, tensione

기직 stuoia rozza di paglia e giunchi

기진 氣盡 esaurimento, spossatezza, stanchezza **-하다** essere esaurito * **-맥진** esaurimento assoluto

기질 氣質 disposizione, temperamento, tempra, natura * **상인-** spirito del mercante **학생-** spirito dello studente

기차 汽車 treno, ¶ 서울행 기차 treno per Seoul // 기차로 in treno // 기차를 놓치다 perdere il treno

기차다 氣- essere stupefatto, restare (essere) sbalordito

기착 寄着 sosta, fermata, arresto **-하다** interrompere un viaggio, sostare, fermarsi, fare scalo a

기채 起債 emissione di un prestito [mutuo], emissione di obbligazioni [titoli] **-하다** emettere un prestito, emettere obbligazione, finaziare * **-시장** mercato dei capitale, mercato finanziario

기척 segno, indicazione, traccia

기체 機體 macchina, [비행기의] cellula, fusoliera ¶ 비행기의 기체 la fusoliera dell'aereo

기체 氣體 gas, vapore, corpo gassoso, **~의** aereo, etereo, gassoso

기초 起草 ¶ 헌법을 기초하다 redigare la costituzione

기초 基礎 fondamento, base ¶ 기초적 basico, fondamentale * **-공사** lavori di fondazmenta

기총 機銃 mitragliatrice

기총소사 機銃掃射 **-하다** mitragliare, [비행기에서] mitragliare da bassa quota

기치 旗幟 bandiera, vessillo, insegna, stendardo

끼치다 [소름이] rabbrividire, tremare, venire la pelle d'oca

끼치다 ① [원인] causare, provocare, indurre, [공헌] contribuire, [폐] turbare, disturbare, ② [후세에] lasciare (in eredità), trasmettere, tramandare

기침 tosse **-하다** tossire ¶ 기침약 rimedio [medicina] per la tosse

기침 起寢 ⇒ 기상 (起床)

기타 其他 il resto, gli altri ecc.

기타 chitarra ¶ 기타를 연주하다 suonare la chitarra * **-연주가** chitarrista

기탁 寄託 deposizione, 【법】 figura giuridica che include elementi di comodato, deposito, locazione **-하다** depositare * **-물** deposito **-자** depositante

기탄 忌憚 scrupolo, riserva **-하다** temere, esitare ¶ 기탄없는 franco, onesto, sincero // 기탄없이 senza riserva, francamente

기통 氣筒 cilindro * **6-엔진 자동차** auto con motore a sei cilindri

기특하다 奇特- (essere) lodevole, ammirevole

기틀 punto chiave, punto cruciale

기펴다 氣- sentirsi alleggerito, sentirsi liberato, sentirsi rilassato, sentirsi a proprio agio

기포 氣泡 bolla d′aria, [주물의] sfia-tatoio, [유리의] bolla

기포 氣胞 【동물】 vescia natatoria

기폭제 起爆劑 esplosivo iniziale, innesco

기표 記票 il votare, voto **-하다** votare (a scrutinio segreto) * **-소** cabina elettorale

기품 氣品 dignità, grazia, raffinatezza ¶ 기품있는 nobile, dignitoso, raffinato, aggraziato

기풍 氣風 carattere, temperamento [단체의] morale, stato d′animo, [정신] spirito ¶ 학교의 기풍 spirito della scuola

기피 忌避 evasione, 법 ricusazione **-하다** evadere, evitare, ricusare

기필 期必 ¶ 기필코 ad ogni costo, ma certo!, sicuramente

기하 幾何 [기하학] geometria ¶ 기하학적 geometrico * **-급수** progressione geometrica **-평균** media geometrica **입체-** geometria solida **평면-** geometria piana **유클리드-** geometria euclidea

기하다 期- ① ⇒ 기대하다 ② [결의] fissare, determinare ③ [기약] promettere

기한 期限 periodo, termine, limite ¶ 일정기한에 per un certo periodo // 기한만료 il scadenza di un termine // 기한 내에 지불하다 pagare entro i termini * **유효-** periodo di validità, scadenza

기한 飢寒 fame e freddo

기함 旗艦 nave ammiraglia

기합 氣合 [기세, 소리] forza di volontà, [제재] punizione disciplinare

기항 寄港 scalo **-하다** fare scalo * **-지** porto di scalo

기행 紀行 resoconto di un viaggio, libro di viaggi, giornale di viaggio * **-문** descrizione di gita [di viaggio]

기형 奇形, 畸形 malformazione, deformazione, anormalità ¶ 기형의 malformato, anormale, deformato * **-아** bambino deforme

기호 記號 segno, marchio, simbolo 【음악】 nota ¶ 수학의 기호 simbolo matematico

기호 嗜好 gusto, simpatie e antipatie, preferenza

기혼 既婚 ¶ 기혼의 sposato // 기혼자 persona sposata

기화 奇貨 [물건] rarità, [호기] opportunità rara

기화 氣化 evaporazione **-하다** evaporare, vaporizzare * **-기** vaporizzatore, carburatore

기회 機會 opportunità, occasione * **-균등주의** principio di pari opportunità

기획 企劃 piano, progetto, **-하다** progettare, pianificare * **-부** ufficio di progettazione (programmazione) **-자** progettatore, progettista

기후 氣候 tempo, clima ¶ 불순한

기후 tempo fuori stagione

기휘 忌諱 cosa evitata, tabù **-하다** evitare, schivare, aborrire, sfuggire

끽 grido, strillo, **-하다** gridare, strillare, urlare

끽소리 urlo, strillo, grido di protesta

끽연 喫煙 fumo, fumata, il fumare **-하다** fumare * **-실** sala fumatori

긴급 緊急 emergenza, urgenza **-하다** (essere) urgente ¶ 긴급한 경우 caso d'emergenza * **-대책** contromisura urgente **-동의** mozione urgente **-명령** ordine d'emergenza **-조치** misura d'emergenza

긴말 tirata, conversazione lunga (noiosa) **-하다** fare una tirata noiosa

긴맛 【조개】 cannolicchio, cappalunga, cannello

긴밀 緊密 intimità, vicinanza **-하다** (essere) vicino, prossimo, intimo, stretto

긴박 緊迫 tensione **-하다** (essere) teso

긴요 緊要 importanza, necessità **-하다** (essere) importante, vitale, [필요] essenziale, [긴급] urgente, pressante ¶ 중대사건 un avvenimento importante

긴장 緊張 tensione, ¶ 국제간의 긴장 la tensione internazionale

긴축 緊縮 riduzione (di spesa), economia, austerità ¶ 재정을 긴축하다 ridurre delle finanze del budget * **-정책** politica di austerità

긴하다 緊- (essere) importante, vitale, essenziale, indispensabile, utile, urgente ¶ 긴한 문제 problema importante // 긴한 물건 articolo utile

긷다 prendere, tirare, pompare (acqua)

길 altezza di un uomo, fathom (misura di profondità)

길 ① [윤] lussuria, lucentezza ② [숙련] abilità, destrezza ③ [가축 따위] domesticazione, mansuetudine ¶ 길들인 원숭이 scimmia sottomessa

길 via, strada, cammino, sentiero, ① [통로] viottolo, percorso, linea, ② [도중] ¶ 학교 가는 길에 sulla via di scuola, ③ [방법] modo, maniera ¶ 상대를 납득시키려고 온갖 수단을 다쓰다. tentare ogni via per convincere la controparte, 생활의 길 maniera di vivere [진로] corso, via [가르침] via, dottrina

길 [등급] grado, classe ¶ 웃길의 di prima classe, di grado superiore

길 [질(帙)] serie di volumi

길가 bordo della strada, margine della strada

길거리 strada, via

낄낄 ¶ 낄낄거리다 far risatire sciocche, soffocate, ridere sotto i baffi

길길이 ① [높이] alto, in altezza ¶ 길길이 쌓아올리다 accumularsi in altezza

길년 吉年 anno di buon auspicio

길눈 [방향감각] senso della direzione ¶ 길 눈이 밝다 [어둡다] avere un buon [cattivo] senso della direzione

길다 (essere) lungo, prolisso, prolungato

길동무 compagno di viaggio **-하다** restare in compagnia (di una persona), viaggiare con un compagno

길드 gilda

길들다 ① [익숙] abituarsi a (fare) qlco. ¶ 길들지 않은 sconosciuto, poco conosciuto ② ¶ 길든 domestico, addomesticato ③ [윤나다] luccicare

길들이다 ① [익숙] abituare ② [동물이] essere domestico, addomesticato ¶ 길들인 원숭이 scimmia addomesticata ③ [윤나게] lucidare

길래 per sempre

길마 basto

길모퉁이 angolo della strada [via]

길목 ① [골목의] angolo, curva ② [중요한] punto chiave, punto strategico

길몽 吉夢 sogno fortunato

길보 吉報 buona notizia, lieta notizia

길쌈 tessitura a mano **-하다** tessere a mano, fare tessuti * **-군** tessitore

길손 viaggiatore, viandante

길운 吉運 ventura, buona fortuna

길이 lunghezza, estensione

길이 a lungo, per lungo tempo, per sempre¶ 길이길이 per lungo lungo tempo, per sempre

길일 吉日 giorno fortunato [di buon auspicio]

길조 吉兆 segno propizio, buon presagio

길쭉길쭉 -하다 (essere) lungo, allungato

길쭉하다 (essere) piuttosto lungo, allugato

길짐승 animale strisciante, rettili

길차다 [우거지다] (essere) fitto, folto, denso, [길다] snello ¶ 길찬 숲 bosco folto

길하다 吉- (essere) auspicale, fortunato, propizio, di buon augurio

길흉 吉凶 buona e/o cattiva ventura [sorte], luci e ombre, alti e bassi

김 alga commestibile essiccata

김 vapore ¶ 김이 나다 emettere vapore

김 [기회] occasione, opportunità

김나가다 perdere il proprio sapore, essere insipido, di cattivo gusto

김매다 sarchiare, strappare le erbacce

낌새 accenno, allusione, segreto ¶ 낌새채다 intuire

김장 Kimci preparato per tutto l′ inverno

김치 Kimci (vegetali in salamoia piccante con peperoncino, aglio, cipolline, zenzero, ecc.) ¶ 배추김치 cavolo cinese in salamoia piccante

깁 velo di seta, seta

깁다 cucire, rammendare, riparare

깁스【의학】gesso, ingessatura ¶ 깁스를 하다 ingessare, applicare il gesso

깃 [몫] parte, quota

깃 [옷깃] colletto, bavero

깃 [날개털] penna, piuma

깃 [가죽의] lettiera, strama

깃대 旗- asta, pennone

깃들이다 [새가] costruire il nido, fare il nido, nidificare, [짐승이] rintanarsi, dimorare

깃발 旗- bandiera

깃털 piume e peli, piuma d′uccello

낑낑 ¶ 낑낑거리다 gemere

깊다 ① (essere) profondo ¶ 깊이 profondamente ② [심오] (essere) profondo ¶ 깊은 관계 intima relazione // 깊은 관심 grande interesse // 깊은 인상 forte impressione ③ ¶ 깊은 잠이 들다 cadere nel sonno profondo, addormentarsi profondamente ¶ 깊은 밤 notte fonda

깊숙하다 (essere) profondo, ritirato, appartato, quieto

깊이[명사] profondità

깊이 profondamente, intensamente

ㄴ

나 io, me stesso, io stesso ¶ 나의 mio (mia) // 나로서는 da parte mia, per me

-나 ma, però, tuttavia ¶ 가난하나 정직하다 essere povero ma onesto

나가다 ① [밖으로] andare via, uscire ¶ 산보나가다 fuscire per una passeggiata ② [진출] lanciarsi, imbarcarsi in, entrare ③ [근무] lavorare ④ [참가] partecipare, far parte entrare ⑤ [팔리다] vendersi, essere venduto ¶ 잘 나가다 essere venduto bene, andare bene // 이 사전은 잘 나갑니다 Questo dizionario si vende bene ⑥ [해지다] (essere) sciupato, liso, logoro ⑦ [돈이] essere speso, ⑧ [가치가-무게가] valore, pesare ⑨ [퇴거] lasciare, traslocare, andare via, uscire ⑩ [앞으로] avanzare, procedere, [진보] fare progressi, progredire ⑪ [전기] andare via ⑫ [정신] uscire di senno

나가떨어지다 ① [넘어지다] cadere disteso ② [녹초가 되다] (essere) esaurito, indebolito, stanco

나가시 (di taxi) girare in cerca di clienti

나가자빠지다 ① cadere disteso, ruzzolare ② [손 끊다] ritirarsi, tirarsi indietro

나귀 asino, somaro

나그네 viaggiatore, vagabondo, (손) visitatore

나긋나긋하다 ① ¶ 나긋나긋한 고기 carne tenera ② ¶ 살결이 나긋나긋하다 avere la pelle morbida ③ [태도가] (essere) mite, affabile

-나기 persona di... ¶ 서울나기 persona di Seoul // 풋나기 persona inesperta

나나니벌 【곤충】 vespa scavatrice, sfegide

나날이 di giorno in giorno, giorno per (dopo) giorno, ogni giorno, giornalmente

나누기 divisione, ripartizione **-하다** dividere

나누다 ① [가르다] dividere, separare ② [분배] dividere, distribuire, ripartire ③ [구별] classificare [함께하다] condividere

나누이다 essere diviso

나눗셈 divisione **-하다** dividere

나닐다 svolazzare

나다 ①, [출생] nascere, venire al mondo ¶ 날때부터 dalla nascita // 그는 일본에서 태어났다. Egli è nato in Giappone. ② [생기다]

spuntare, crescere, rendere, fruttare ③ [발생] scoppiare, accadere, succedere, capitare ④ [냄새 따위] uscire, odorare ⑤ [병 따위] avere, prendere ¶ 병이 나다 prendere una malattia, ammalarsi ⑥ [생각 따위] venire in mente ⑦ [흐르다] scorrere, fluire ⑧ [산출] essere prodotto ⑨ [결과] risultare, rivelarsi ⑩ [나타나다] comparire, apparire ⑪ [구멍 따위가] aprirsi, farsi, crearsi

나다니다 girare, bighellonare, vagabondare

나다분하다 (essere) disordinato, trasandato, sciatto ⇒ 너더분하다

나달 quattro o cinque giorni, circa quattro giorni

나들이 l'andare fuori, breve visita ¶ 나들이 가다 fare un giro, far visita * **-옷** vestito da sera, vestito da festa

나라 ① [국가] paese, stato, nazione ¶ 나라를 위하여 per il proprio paese ② [세계] mondo * **꿈-** mondo dei sogni, terra da sogno **달-** luna, mondo lunare **별-** mondo stellare

나라님 re, sovrano

나락 inferno

나란히 ① [한줄로] in linea, fianco a fianco ¶ 나란히 서다 stare in fila 옆으로 나란히 서다 stare in fila di fianco ② [가지런히] in modo uguale, regolare, uniforme * **-꼴** 【수학】 parallelogramma

나래 [농기구] livellatore del terreno [suolo], [노] remo

나력 瘰癧 【의학】 scrofola, scrofolosi

나루 traghetto ¶ 나루를 건너다 traghettare * **-질** il traghettare **-터** molo dei traghetti

나룻 basette, baffi, barba

나룻배 traghetto, nave traghetto * **-사공** traghettatore

나르다 trasportare, portare

나르시스 【신화】 Narciso

나르시시즘 narcisismo

나른하다 (essere) fiaco, stanco, debole, delicato

나름 ¶ 그것은 그 사람 나름이다. Ciò dipende da quella persona.

나리 signore, vostro onore

나리 【식물】 giglio

-나마 sebbene, benchè

나마 喇 【종교】 lama (나마승) ¶ 달라이나마 Gran Dalai Lama * **-교** lamaismo **-교도** lamaico lamaista

나막신 zoccolo, scarpe di legno (per la pioggia)

나맥 裸麥 segale ⇒ 쌀보리

나머지 ① resto, avanzo, rimanenza, residuo ② [넘침] eccesso ¶ 기쁜 나머지 dall'eccesso di piacere (gioia)

나무 ① albero, pianta ¶ 나무를 심다 piantare alberi ② [재목] legno, legna, legname da costruzione ③ [땔나무] legna da ardere, combustibile * **-그늘** ombra dell'albero **-상자** scatola di legno 나뭇결 venatura di legno 나뭇군 boscaiolo, legnaiolo

나무딸기 【식물】 lampone

나무라다 biasimare, riprovare, incolpare, censurare, criticare,

rimproverare
나무람 biasimo, colpa, responsabilità
나무하다 raccogliere legna da ardere
나물 erba, odori
나빠지다 essere (stare) male [peggio], cattivo
나발 tromba ⇒ 나팔
나방 【곤충】 falena
나병 癩病 lebbra * **-원** lebbrosario **-자** lebbroso
나부 裸婦 donna svestita [nuda]
나부끼다 battere le ali, svolazzare, sventolare, ondeggiare
나부랭이 [조각] pezzo
나쁘다 ① [불량] (essere) cattivo, [부정] sbagliato, inesatto, ingiusto ¶ 나쁜 성격 cattivo carattere // 둔한 기억력 cattiva memoria // 악천후 tempo cattivo ② [병] (essere) male ③ [불쾌] male, ¶ 기분이 나쁘다 sentirsi male
나비 farfalla
나비 [폭] largahezza, ampiezza
나삐 male
나비가오리 [물고기] razza
나비매듭 nodo
나비춤 danza a farfalla
나사 vite, giro di vite
나사 stoffa di lana
나상 裸像 figura nuda (statua)
나상선 螺狀線 【기하】 linea a spirale, curva a spirale, elicoidale
나서다 ① [나와서다] avanzare, venire avanti, ② [나타나다] presentarsi, apparire, comparire ③ [간섭하다] mettersi in mezzo, interferire
나선 螺旋 vite (나사), spirale * **-강하** tuffo a spirale **-상승** salita a spirale **-운동** movimento a spirale **-장치** vite
나선상 螺旋狀 spirale * **-계단** scala a chiocciola **-성운** 【천문】 nebulosa a spirale
나슨하다 (essere) allentato, lento, rilassato ⇒ 느슨하다
나아가다 ① [전진] avanzare, andare avanti ② [진보] avanzare, progredire ③ [좋아지다] migliorare
나아지다 migliorare, diventare migliore, stare meglio
나약 懦弱 debolezza **-하다** (essere) debole, indeciso, non determinato
나열 羅列 ordine, **-하다** disporre in ordine, ordinare
나오다 ① [밖으로] uscire, venire fuori ② [유출] uscire, provenire, ③ [나타나다] apparire, presentarsi, mostrarsi ④ [발행] uscire, pubblicare ⑤ [게재] apparire, uscire, (essere) pubblicato, riportato ⑥ [식탁에] essere servito ⑦ [출석, 참가] assistere, attendere, presenziare, partecipare ⑧ [근원] derivare, provenire ⑨ [사직] lasciare, rinunciare, dare le dimissioni ⑩ [산출] essere prodotto, essere coltivato, risultare ⑪ [통하다] riaversi, essere all'altezza di ⑫ [태도] prendere, assumere ⑬ [석방] essere liberato ⑭ [문제] esserci ⑮ [싹] spuntare, germogliare ⑯ [돌출] proiettarsi, sporgere, proiettarsi
나위 spazio, margine, necessità ¶

더할 나위 없다 essere perfetto, ideale, esere più che sufficiente
나이 età, ¶ 미성년 la minore età // 성년 la maggiore età // 너는 몇 살이니? Quanti anni hai? // 결혼 적령기에 있다 essere in età da marito
나이브 ingenuo, semplice
나이트 notte ¶ 나이트클럽 locale notturno
나이팅게일 usignolo
나이프 coltello
나인 damigella d'onore
나일론 nailon
나잇값 comportamento adatto alla propria età
나자 식물 裸子植物 gimnosperma
나전 螺鈿 lavoro in madreperla
나전어 羅甸語 latino * **-학자** latinista
나절 ¶ 아침 한 나절 mattinata // 저녁 한 나절 serata
나조 -調 【음악】 si * **나장[단]조** si maggiore [minore]
나졸 邏卒 pattuglia, ronda
나중 **~에** dopo, in futuro, alla fine
나찌 nazista * **-당원** nazista **-즘** nazismo
나지리보다 disprezzare, guardare dall'alto in basso
나지막하다 (essere) piuttosto basso
나직 羅織 accusa falsa **-하다** porre (una persona) sotto falsa accusa
나직나직 ¶ 나직나직 말하다 parlare a voce bassa, parlare sottovoce
나직이 in basso, a voce bassa, teneramente, dolcemente
나직하다 [높이] (essere) basso, [소리] basso, [신분] umile, modesto
나체 裸體 corpo nudo, nudità * **-미** bellezza del nudo **-주의** nudismo **반-** semi nudità **전-** nudità completa
나치 拿致 **-하다** arrestare, afferrare
나침 羅針 ago della bussola
나침반 羅針盤 bussola * **항공-** bussola aerea **항해-** bussola nautica **회전-** bussola giroscopica
나타나다 ① [표현] apparire, emergere, presentarsi ② [보이다] comparire, vedersi ③ [출현] mostrarsi, manifestarsi, [드러나다] essere scoperto, [알려지다] diventare famoso [celebre]
나타내다 ① [표시] mostrare, manifestare, [드러내다] rivelare, esporre, svelare, [증명] provare, rivelare ② [표현] esprimere ③[대표, 상징] rappresentare, simboleggiare, rendersi famoso [celebre] 이름을 ~ farsi un nome
나태 懶怠 pigrizia, indolenza **-하다** (essere) pigro, indolente
나토 NATO
나트륨 sodio
나팔 喇叭 tromba ¶ 나팔을 불다 suonare la tromba * **-수** trombettiere
나팔거리다 battere le ali, svolazzare ⇒ 나붓거리다
나팔꽃 喇叭- convolvolo purpreo, campanella dei giardini
나팔관 喇叭管 【해부】 tromba di Fallloppio, salpinge uterina
나포 拿捕 cattura, confisca, sequestro **-하다** catturare, confiscare, sequestrare * **-선** nave catturata

나풀거리다 battere le ali, svolazzare
나풀나풀 suono onomatopeico dello sbattere le ali o dello svolazzare
나프탈렌 naftalina
나한 羅漢 discepolo di Budda
나획 拿獲 **-하다** arrestare, catturare, confiscare
나흗날 quarto giorno del mese
나흘 quattro giorni, quarto giorno del mese (나흗날)
낙 樂 piacere, delizia, gioia
낙가 落價 caduta, ribasso dei prezzi **-하다** diminuire, ribassare (i prezzi)
낙관 落款 timbro, sigillo, firma, **-하다** timbrare, firmare
낙관 樂觀 ottimismo **-하다** essere ottimista * **-론** visione ottimistica **-론자** ottimista
낙농 酪農 caseificio * **-가**(家) uomo che lavora in un caseificio **-장** caseificio **-제품** prodotto caseario, latticini
낙담 落膽 scoraggiamento, delusione, disappunto **-하다** essere deluso, essere scoraggiato
낙도 落島 isola remota
낙락장송 落落長松 pino alto e lussureggiante
낙뢰 落雷 caduta di un fulmine **-하다** cadere un fulmine
낙루 落淚 il versare lacrime **-하다** piangere, lacrimare
낙마 落馬 caduta dal cavallo **-하다** cadere dal cavallo
낙망 落望 disappunto, delusione **-하다** essere deluso, essere scorggiato
낙명 落命 morte **-하다** morire, perdere la vita
낙반 落磐 franamento, cedimento del tutto (di cava) - in ¶ 낙반이 되다 sporfondare, cedere, franare
낙방 落榜 bocciatura (di esame)
낙산 酪酸 【화학】 acido butirrico
낙상 落傷 ferita da caduta **-하다** ferirsi cadendo
낙서 落書 sgorbio, scarabocchio **-하다** scarabocchiare, scribacchiare
낙석 落石 caduta di massi * **-주의** Attenzione! Caduta massi.
낙선 落選 sconfitta alle elezioni, [출품의] rigettato, rifiutato, scartato **-하다** essere sconfitto alle elezioni
낙성 落成 completamento, **-하다** essere finito, essere completato * **-식** cerimonia di inaugurazione
낙숫물 落水- acqua di grondaia ¶ 낙숫물소리 tichettio delle goccia di pioggia cadenti dalla grondaia
낙승 樂勝 vittoria facile **-하다** ottenere una vittoria facile
낙심 落心 disappunto, delusione **-하다** essere deluso, scoraggiato
낙엽 落葉 foglie cadute, morte * **-송** larice
낙오 落伍 il rimanere indietro **-하다** restare distaccato dai ranghi, rimanere indietro * **-자** ritardatario, fallito (sociale)
낙원 樂園 paradiso, Eden
낙인 烙印 marchio, segno
낙자 落字 omissione, lettera omes-

sa
낙장 落張 pagina mancante, foglio mancante
낙제 落第 bocciatura, insuccesso, fallimento, [검사에서] scarto **-하다** essere bocciato, non superare, [검사에] essere scartato ¶ 시험에 낙제하다 non superare l′esame ＊ **-생** studente bocciato, ripetente **-점** voto da docciatura
낙조 落照 tramonto
낙지 polpo
낙지발송장개구리 【동물】 rana temporaria coreana
낙진 落塵 pioggia radioattiva ＊ **방사성-** pioggia (radiazione) radioattiva
낙질 落帙 volume mancante
낙차 落差 【물리】 testa, caduta, livello dell′acqua ＊ **고[저]-** testa alta [bassa] **유효-** testa effettiva
낙착 落着 fine, conclusione
낙찰 落札 offerta accettata (a un′ asta) **-하다** fare un′offerta accettata ＊ **-가** offerta più alta (o piu′ bassa)
낙천 樂天 ottimismo ¶ 낙천적 ottimistico ＊ **-가** ottimista **-주의** ottimismo
낙천자 落薦者 condidato respinto
낙체 落體 【물리】 corpo cadente
낙타 駱駝 cammello ＊ **-천** tessuto di pelo di cammello
낙태 落胎 aborto **-하다** abortire ＊ **-수술** operazione chirurgica dell′ aborto **인공-** aborto provocato, procurato
낙토 樂土 paradiso, cielo
낙하 落下 caduta, **-하다** cadere
낙하산 落下傘 paracadute ¶ 낙하산으로 내리다 paracadutarsi ＊ **-부대** truppe paracadutate
낙향 落鄕 il ritirarsi in campagna **-하다** ritirarsi a vivere in campagna,
낙형 烙刑 il marchiare
낙화 落花 fiori caduti, caduta dei fiori **-하다** cadere (i fiori)
낙화 落畵 pirografia
낙화생 落花生 arachide
낙후 落後 l′essere indietro **-하다** rimanere (essere) indietro, essere in ritardo
낚다 pescare
낚대 ⇒ 낚시대
낚시 amo ¶ 낚시에 미끼를 달다 metter l′esca all′amo ＊ **-미끼** esca **제물-** ricevitore
낚시찌 galleggiante, sughero
낚시질 pesca **-하다** pescare
낚시터 luogo di pesca
낚시군 pescatore
낚싯대 canna da pesca
낚시밥 esca
낚시줄 lenza
난 難 [곤란] difficoltà, [부족] carenza, mancanza ＊ **-공사** costruzione difficile **주택-** mancanza di case
난 欄 colonna ＊ **광고란** colonna della pubblicità **기입란** colonna, spazio vuoto **운동란** colonna dello sport
난간 欄干 balaustra, ringhiera, spond, parapetto
난감 難堪 **-하다** [견디기 어려움] (essere) insopportabile, intollerabile, [힘겨움] (essere) incapace

ㄴ

난공불락 難攻不落 ¶ 난공불락의 요새 fortezza inespugnabile
난관 難關 [장애] barriera, ostacolo, [곤란] difficoltà, [난국] situazione difficile, [교착] situazione insolubile, punto morto, nodo della situazione
난국 難局 situazione difficile, crisi ¶ 난국에 처하다 essere in posizione difficile, essere in cattive acque
난군 亂軍 esercito senza legge, truppe sfrenate
난낭 卵嚢 ovisacco
난다긴다하다 ¶ 난다긴다하는 사람 esperto, uomo di grande talento
난대 暖帶 zona subtropicale
난데없다 (essere) inatteso, imprevisto
난도질 亂刀- lacerazione, tagliuzzamento, tritamento **-하다** lacerare, tagliuzzare, fare a pezzi, rompere, [고기 따위를] tritare
난독 亂讀 **-하다** leggere irregolarmente, saltuariamente * **-가** lettore onnivoro
난동 亂動 disordine, agitazione, perturbazione, confusione, tumulto, sommossa, rivolta
난든집 나다 acquisire abilità, diventare pratico
난로 煖爐 stufa * **가스-** stufa a gas **석유-** stufa a petrolio **전기-** stufa elettrica
난류 暖流 corrente calda
난리 亂離 [전쟁] guerra, [반란] rivolta, ribellione, [소요] rivolta, tumulto
난립 亂立 **-하다** crearsi una confusione di canditature (di partiti)
난마 亂麻 [상태] caos, confusione, anarchia ¶ 난마처럼 얽히다 essere in uno stato caotico
난만 爛漫 **-하다** (essere) completamente sbocciato, in tutto il suo splendore
난망 難忘 indimenticabile ¶ 난망이다 (essere) indimenticabile
난맥 亂脈 caos, confusione ¶ 난맥에 빠지다 cadere nel caos
난무 亂舞 **-하다** danzare sfrenatamente
난문제 難問題 questione difficile, questione spinosa, punto cruciale
난민 難民 rifugiato (피난민), profugo
난민 亂民 insorti, ribelli, rivoltosi
난바다 mare lontano, mare aperto
난반사 亂反射 【물리】 riflessione diffusa
난발 亂髮 tiro [sparo] a caso,
난방 煖房 riscaldamento * **-장치** sistema di riscaldamento
난백 卵白 albume
난벌 abbigliamendo per uscire (da festa)
난봉 ¶ 난봉부리다 (essere) dissipato, dissoluto * **-자식** figliolo prodigo **-장이** libertino, dissoluto
난사 難事 difficoltà, lavoro difficile, compito duro
난사 亂射 tiro a caso [a casaccio] **-하다** sparare a caso
난사람 persona eccezionale, persona di capacità straordinaria
난산 難産 parto difficile **-하다** avere un parto difficile
난삽 難澁 difficoltà, **-하다** (essere)

difficile da capire
난색 難色 riluttanza, avversione, disapprovozione ¶ 난색을 보이다 esitare, mostrare disapprovazione
난생 卵生 【생물】 oviparità **-하다** essere oviparo * **-동물** animale oviparo
난생처음 per la prima volta nella vita
난세 亂世 tempi turbolenti
난세포 卵細胞【생물】uovo, ovulo
난소 卵巢 ovaia * **-염** ovarite **-호르몬** ormone ovarico
난수표 亂數表 tavola di numeri a caso
난숙 爛熟 ① [과일] sovrammaturazione **-하다** sovrammaturare ② [성숙의 극] pieno sviluppo, piena maturità **-하다** (essere) maturo, ragggiungere la piena maturità
난시 亂時 tempi turbolenti, tempo di confusione
난시 亂視 astigmatismo ¶ 난시인 사람 persona astigmatica * **-안** astigmatismo
난신 亂臣 traditore
난심 亂心 pazzia, follia
난외 欄外 margine, colonna marginale ¶ 난외의 여백 spazio marginale // 난외의 주 note marginali
난용 亂用 abuso, uso errato
난이 難易 difficoltà e/o facilità, (negative) difficoltà
난입 亂入 intrusione, acceso abusivo **-하다** introdursi, accedere abusivamente * **-자** intruso
난자 亂刺【외과】scarificazione **-하다** scarificare (피부를), pugnalare
난자 卵子 uova, ovale
난잡 亂雜 confusione, disordine **-하다** essere in disordine ¶ 난잡해지다 cadere nel disordine, diventare confuso
난장 亂場 ⇒ 난장판
난장이 nano, pigmeo
난장초 欄場草【식물】begonia
난장판 亂場- scena di confusione e disordine, caos, agitazione, tumulto
난적 亂賊 ribelle, insorto, nottoso
난전 亂戰 zuffa, tafferuglio, lotta accanita, rissa
난점 難點 punto difficile, [결점] difetto, pecca
난제 難題 problema difficile, punto cruciale, situazione imbarazzante
난조 亂調 [음악의] disarmonia, [혼란] disordine, [맥박의] irregolarità
난증 難症 malattia seria, caso incurabile
난질 condotta adultera da parte della donna
난처 難處 **-하다** (essere) goffo, imbarazzato, maldestro, imbranato ¶ 난처한 입장 situazione di imbarazzo
난청 難聽 difficoltà d´ascolto, problema di udito
난초 蘭草 orchidea
난추니【새】sparviero
난측하다 難測- (essere) incommensurabile, immenso
난층운 亂層雲 nembostrato
난치 難治 incurabilità, inguaribilità, cronicità
난침모 -針母 donna cucitrice a

giornata(enterna)

난타 亂打 colpi a caso, bastonale incontrollate **-하다** picchiare furentemente, dare una pioggia di botte

난투 亂鬪 lotta confusa, zuffa, rissa **-하다** azzuffarsi, accapigliarsi * **-극** scena di violenza e confusione

난파 難破 naufragio **-하다** naufragare * **-선** nave che ha subito un naufragio, nave naufragata

난파 暖波 corrente d´aria calda

난폭 亂暴 violenza, oltraggio, villania, villania, offesa **-하다** (essere) violento, oltraggioso, villano, rude, selvatico

난필 亂筆 scrittura affrettata, sgorbio, scarabocchio,

난하다 亂- (essere) forte, vistoso, pacchiano

난항 難航 viaggio burrascoso, volo difficile **-하다** avere una navigazione difficile

난해 難解 **-하다** essere difficile da capire, (essere) duro, astruso (심오한)

난행 難行[불교의] asceticismo

난행 亂行 condotta immorale, dissolutezza, violenza(stupro) **-하다** condurre una vita dissoluta, violentare

난형 卵形 forma d´uova ¶ 난형의 ovale, ovoidale

난형난제 難兄難弟 **-다** (essere difficile) scegliere fra due, dire cosa (quale) e´ meglio

난호어 蘭胡魚 ghiozzo, gobione

난황 卵黃 giallo d´uovo, tuorlo

낟 chicco di cereale ⇒ 낟알

낟가리 mucchio di fieno

낟알 chicco, grano, grano di riso

날 [날짜] ① giorno, data (날짜) ¶ **-마다** ogni giorno // **-로** giorno dopo giorno // **어느-** un giorno// 온종일 tutto il giorno ② [날씨] tempo ③ [경우, 때] quando, in caso di

날 [칼 따위의] lama, taglio

날 ¶ 베틀날 ordito al telaio

날- ¶ 날 것 cruda // 날계란 uovo crudo // 날고기 carne cruda, pesce crudo

날강도 -强盜 furbo, rapina

날개 ala ¶ 날개짓하다 battere le ali

날개죽지 ala, punto di congiunzione dell´ala

날 것 cosa cruda, cibo crudo, cosa verde[acerba]

날고기 carne cruda

날공전 -工錢 paga giornaliera

날김치 chimci preparato fresco

날다 ① [하늘을] volare ② [빨리가다] volare, correre ③ [달아나다] volare, fuggire

날다 ① [색이] sbiadire, scolorire ② [냄새가] svanire, sparire, evaporare

날다 [실을] filare

날다람쥐 【동물】 scoiattolo volante

날도둑놈 ladro sfacciato

날뛰다 saltare furiosamente, infuriarsi, scatenarsi, diventare furioso

날들다 schiarirsi

날라리 【음악】 clarinetto cinese

날래다 (essere) rapido, veloce, svelto, vivace

날려 보내다 ① far volare, liberare

② [재산을] sciupare, perdere

날렵하다 (essere) svelto, rapido, furbo, astuto

날름 [날쌔게] sveltamente, con uno scatto rapido

날름쇠 [무자위의] valvola, [총의] blocco [물건의] molla, [자물쇠의] cilindro

날리다 ① far volare ② [일을] abborracciare, eseguire male ③ [없애다] perdere, dissipare, sciupare ¶ 이름을 날리다 (essere) famoso, farsi un nome, ottenere fama

날리다 ¶ (깃발 따위가) 바람에 날리다 sventolare

날림 lavoro senza cura, neglienza ＊ **-글씨** uno scritto buttato giù, fatto in modo approssimativo **-일** lavoro affrettato

날림치 cosa fatta senza cura, lavoro affrettato

날마다 ogni giorno, giornalmente, un giorno dopo l′altro, giorno dopo giorno

날밑 guardamano, guardia di una spada

날빛 luce del giorno

날삯 paga [salario] giornata, **~꾼** lavoratore a giornata

날밤 castagna cruda

날밤 새우다 stare alzato tutta la notte

날붙이 arnese affilato

날새 (negli) ultimi giorni, (nei) giorni scorsi

날쌔다 (essere) svelto, pronto, veloce, agile

날샐녘 alba ¶ 날샐녁에 all′alba

날서다 essere affilato, aguzzo, tagliente

날세우다 ¶ 칼을 날세우다 affilare il coltello

날수 -數 ① (numero di) giorni ② ¶ 날수가 좋다 [나쁘다] avere un giorno fortunato [sfortunato]

날숨 ¶ 날숨쉬다 espirare

날씨 tempo ¶ 좋은 날씨 bel tempo // 날씨가 좋으면 se fa bel tempo // 오늘 날씨는 어떻냐? Come è il tempo oggi?, Che tempo fa oggi?

날씬하다 (essere) snello, sottile, magro

날실 [경사(經絲)] filo d′ordito, [삶지 않은 실] filo greggio

날아가다 ① [공중을] volare ② [없어짐] (essere) perso, dissipato ③ [파면] ¶ 모가지가 날아가다 perdere il lavoro, essere licenaiato, rimetterci il cillo

날염 捺染 stampa, calco, **-하다** stampare, imprimere

날인 捺印 **-하다** sigillare ¶ 서명날인하다 firmare e sigillare ＊ **-자** chi appene un sigillo a un documento

날짜 ① data ② [일수] ¶ 날짜는 얼마나 걸립니까? Quanti giorni ci vogliono?

날짜 ①[날 것] cosa cruda: cibo crudo ②[미숙한] pivello, inesperto, novizio

날짝지근하다 (essere) fiacco, stanco, pesante, lento

날조 捏造 invenzione, macchinazione, falsificazione **-하다** falsificare, inventare ＊ **-기사** articolo inventato

날줄 longitudine

날짐승 animale alato

날치 【물고기】 pesce volante, esoceto

날치기 scippo

날칫군 esperto tiratore al volo

날카롭다 (essere) aguzzo, acuto, pungente, nervoso, penetrante ¶ 날카롭게하다 affilare, fare la punta, aguzzare, fare innervosire

날탕 persona senza un soldo, buonannulla, scapestrato

날품 lavoro a giornata * **-삯** salario [paga] a giornata **-팔이꾼** lavoratore a giornata

날피 vomere

낡다 (essere) vecchio, antiquato, fuori moda, allantica, sciupato, usato

남 [타인] un′altra, (persona), estraneo, altrui, straniero

남 男 [남자] uomo, maschile, maschio (아들)

남 南 ¶ 남으로 a Sud * **-십자성** Croce del Sud **-향집** casa esposta a sud

남 藍 [남빛] indaco

남가일몽 南柯一夢 sogno vano

남경 男莖 pene

남계 男係 linea maschile, linea paterna ¶ 남계의 in linea maschile (paterna)

남구 南歐 Europa del Sud

남국 南國 paese del Sud

남극 南極 Polo Sud [australe] * **-광** aurora australe **-권** circolo polare antartico **-대륙** Antartide **-양** Oceano Antartico **-탐험** Spedizione Antartica

남근 男根 pene * **-숭배** culto del fallo

남기다 ① [뒤에] lasciare, lasciare dietro, [유산을] lasciare in eredità ② [이를 보다] guadagnare, fare profitto

남남동 南南東 Sud-Sud Est

남남북녀 南男北女 Nel sud è bello l′uomo e nel nord è bella la donna

남남서 南南西 Sud-Sud Ovest

남녀 男女 uomo e donna, maschile e femminile, entrambi i sessi * **-공학** coeducazione **-동권** parità di diritti tra i sessi

남녀노소 男女老少 ¶ 남녀노소를 막론하다. senza distinzione di età e sesso

남녀유별 男女有別 distinzione fra sesso

남녘 南- parte sud, il sud

남다 rimanere, restare

남다르다 (essere) particolare, speciale, differente, diverso

남단 南端 estremità sud

남달리 fuori dal comune, straordinariamente, particolarmente

남대문 南大門 porta Sud

남동 南東 Sud-Est ¶ 남동풍 vento di Sud-Est

남루 襤褸 abiti logori rattoppati, cencio **-하다** (essere) cencioso, logoro

남매 男妹 fratello e sorella

남모르다 (essere) segreto, sconosciuto agli altri

남미 南美 America del Sud ¶ 남미의 Sud americano

남바위 coricapo orlato di pelleccia
남반구 南半球 emisfero Sud
남발 濫發 ¶ 지폐의 남발 sovraemissione di banconote
남방 南方 il sud, la parte sud
남벌 濫伐 abbattimento indiscriminato (di alberi) **-하다** tagliere indiscriminatamente alberi, disoscare, indiscriminatamente
남복 男服 vestito da uomo **-하다** vestirsi da uomo
남부 南部 la parte sud, il sud
남부끄럽다 (essere) vergognoso, vergognarsi di
남부럽잖다 non (essere) invidioso
남북 南北 Nord e Sud * **-전쟁** Guerra civile (U.S.A)
남비 recipiente, pentola * **-뚜껑** recipiente-coperchio di pendola
남빙양 南氷洋 Oceano Antartico
남빛 藍- indaco
남사당 男寺黨 attore errante, compagnia di attori itinerante
남산골 샌님 南山- studioso senza un soldo
남살 濫殺 massacro, strage
남상 男相 viso di donna con tratti maschili
남상 濫觴 origine, principio, inizio ¶ 연극의 남상 origine del dramma
남색 男色 sodomia, pederastia * **-자** pederasta, sodomita
남색 藍色 indaco
남생이 tartaruga d'acqua dolce
남서 南西 Sud-Ovest ¶ 남서풍 vento di Sud-Ovest
남성 男性 maschio, il sesso maschile 【문법】 (genere) maschile ¶ 남성적 maschile, virile * **-미** bellezza maschile **-호르몬** ormone maschile
남성 男聲 voce maschile * **-4중창** quartetto maschile **-중음** baritono **-합창** coro maschile
남성지다 男性- ¶ 목소리가 남성지다 (di donna) avere voce maschile
남승 男僧 bonzo
남십자성 南十字星 Croce del Sud
남아 男兒 ragazzo, figlio, bambino, [대장부] uomo
남아 南阿 Sud-Africa * **-연방** Unione dell'Africa del Sud
남아메리카 南- America del Sud
남아프리카 南- ⇒ 남아 (南阿) * **-공화국** Repubblica del Sud Africa
남양 南洋 Mari del Sud * **-군도** Isole del Mare del Sud, Oceania, Polinesia
남여 藍與 portantina scoperta
남용 濫用 uso errato, abuso **-하다** usar male, abusare
남우세 disonore, vergogna, ignominia, derisione pubblica **-하다** disonorarsi, screditarsi ¶ 남우세스럽다 (essere) vergognoso, scandaloso, disonorevole
남위 南緯 latitudine sud ¶ 남위 15도 il 15° parallelo di latitudine sud * **-선** linea di latitudine sud
남유다르다 -類- essere differente da gli altri, (essere) insolito, unico, particolare ¶ 남유달리 eccezionalmente, insolitamente
남유럽 南- Europa del Sud
남의눈 attenzione, occhi, sguardi altri

남의세 ⇒ 남우세
남의집살다 lavorare come domestica in una famiglia
남자 男子 uomo, maschio
남작 男爵 barone, baronia ＊ **-부인** baronessa
남작 濫作 sovrapproduzione
남장 男裝 abbigliamento maschile **-하다** indossare abiti maschili
남정 男丁 adulto
남조 濫造 produzione eccessiva **-하다** produrre in eccesso
남쪽 南- Sud ¶ 남쪽의 meridionale, del Sud // 남쪽으로 a Sud, verso Sud
남존여비 男尊女卑 predominanza dell′uomo sulla donna
남종 男- schiavo, servo
남종화 南宗畵 pittura della scuola cinese del Sud
남지나해 南支那海 Mare della Cina del Sud
남진 南進 **-하다** andare [avanzare] verso Sud ＊ **-정책** politica di espansione verso Sud
남짓하다 essere un po′ più di
남창 男娼 uomo che si prostituisce
남창 男唱 [자람] donna che canta una parte maschile [노래] canzione cantata da una donna con voce maschile
남탕 男湯 bagno pubblico per uomini
남태평양 南太平洋 Oceano Pacifico del Sud
남편 男便 marito
남포 dinamite ¶ 남포질하다 far saltare con la dinamite
남포 [등] lampada
남풍 南風 vento del Sud
남하 南下 **-하다** andare a sud, avanzare verso sud
남한 南韓 Corea del Sud
남해 南海 Mare del Sud
남행 南行 **-하다** andare a sud ＊ **-열차** treno del Sud
남향 南向 **-하다** essere esposto a sud, a mezzogiorno, dare verso Sud ＊ **-집** casa esposta a Sud
남회귀선 南回歸線 Tropico del Capricorno
남획 濫獲 **-하다** pescare in sovrabbondanza
납 [화학] piombo
납 lega per saldatura ＊ **-접착제** fondente **백-** lega dolce **은-** lega dura
납 蠟 cera ＊ **-세공** lavoro in cera **-인형** statuetta, figura in cera
납거미 【곤충】 ragno di forma piatta
납골 納骨 il depositare le ceneri di un defunto (in un′urna) ¶ 납골당 ossario
납공 納貢 **-하다** pagare un tributo
납금 納金 pagamento, versamento denaro da pagare
납기 納期 scadenza per pagare
납땜 - saldatura **-하다** saldare
납득 納得 comprensione, **-하다** comprendere, essere persuaso, essere convinto **-시키다** convincere, persuadere
납량 納涼 **-하다** godersi il fresco ＊ **-음악회** concerto serale d′estate
납본 納本 presentazione di una copia di prova (alle autorità) **-하다** presentare la copia di prova

(alle autorità)
납부 納付 consegna (물품), pagamento (세금) **-하다** pagare, consegnare
납북 拉北 ratto da parte della Corea del Nord ¶ 납북되다 essere rapito dalla Corea del Nord * **-어부** pescatore rapito dalla Corea del Nord
납상 納上 **-하다** offrire, donare
납세 納稅 pagamento delle tasse **-하다** pagare le tasse * **-고지서** cedola di pagamento delle tasse **-자** contribuente **-액** ammontare delle tasse da pagare **-연체이자** interesse sulle tasse arretrate **-의무** obbligo di pagare le tasse **-필** [미필] tassa pagata [non pagata
납신거리다 schiamazzare ¶ 납신납신 con schiamazzi
납입 納入 pagamento, consegna * **-금** pagamento **-품** fornitura
납작 appiattito, piatto, disteso
납작보리 orzo appiattito
납작코 naso appiattito
납작하다 (essere) piatto, sottile, piano
납지 鑞紙 (carta) stagnola
납지 蠟紙 carta oleata
납질 蠟質 ¶ 납질의 di, come cera, cereo
납촉 蠟燭 candela di cera vergine
납치 拉致 sequestro **-하다** sequestrare
납폐 納幣 regali di nozze inviati dalla famiglia della sposa a quella dello sposo
납품 納品 consegna(di merci) **-하다** consegnare
납회 納會 l'ultimo incontro dell'anno, [증권] ultima sessione del mese
낫 falcetto, falce ¶ 낫으로 풀을 베다 falciare l'erba
낫다 (essere) meglio, migliore preferibile, superiore
낫다 [치유되다] migliorare, ricuperare, guarire, riprendersi
낫살 età, anni
낭군 caro marito
낭당하다 郎當- (essere) difficile a farcela
낭떠러지 dirupo, precipizio, strapiombo
낭독 朗讀 lettura ad alta voce, recitazione **-하다** leggere ad alta voce, recitare * **법** elocuzione, dizione **-자** lettore, recitatore
낭랑 朗朗 **-하다** (essere) chiaro e risonante, sonoro
낭만 浪漫 ¶ 낭만적 romantico
낭만주의 浪漫主義 romanticismo * **-문학** letteratura romantica
낭보 朗報 buona notizia
낭비 浪費 sciupio, spreco, scarto, dispendio esagerato **-하다** sciupare, sprecare, dissipare ¶ 낭비가 심한 sprecone, prodigo, sciupone * **-벽** abitudini da sprecone **-자** dissipatore, sciupone, sprecone, spendaccione
낭설 浪說 falsa diceria
낭성 狼星【천문】Sirio
낭송 朗誦 recitazione, lettura
낭음 郎吟 recitazione
낭인 浪人 ¶ 낭인이 되다 diventare disoccupato
낭자 娘子 giovanetta, vergine,

ragazza
낭자 狼藉 **-하다** [흩어진 꼴] essere in disordine, essere sparso qua e là
낭종 囊腫【의학】tumore
낭중 囊中 ¶ 낭중 무일푼이다 essere senza un soldo, essere al verde
낭중물 囊中物 cose in tasca
낭패 狼狽 insuccesso, fallimento, frustrazione, difficoltà, problema **-하다** fallire, essere frustrato, essere in difficoltà,
낭하 廊下 corridoio
낮 giorno, giornata
낮거리 rapporto sessuale di giorno
낮다 (essere) basso, povero, umile, modesto
낮도깨비 persona svergognata [sfacciata]
낮도둑 persona avida [bramosa], truffatore, profittatore
낮잠 siesta, sonnellino
낮잡다 sottovalutare
낮참 [점심] pranzo, interruzione (riposo) per pranzo
낮추다 abbassare, calare, umiliarsi, diminuire, degradare * **말씀을 -** dare del tu
낮추보다 guardare dall′alto in basso
낮춤말 -을 쓰다 dare del tu
낯 ① [얼굴] faccia, viso ② [면목] onore, prestigio, faccia
낯가리다 ① [어린애가] avere paura degli estranei ② [차별하다] discriminare, fare distinzione
낯가죽 senso del pudore **-이 두껍다** avere la faccia tosta, la faccia di bronzo
낯간지럽다 (avere) vergogna, vergognarsi, arrossire, essere preso dal rimorso
낯나다 ricevere onore, essere onorato
낯내다 farsi onore
낯두껍다 (essere) svergognato, sfacciato, avere la faccia tosta, la faccia di bronzo
낯바닥 faccia, aspetto, muso
낯부끄럽다 (essere) vergognoso, scandaloso
낯붉히다 diventare rosso in faccia
낯빛 colore della faccia
낯설다 (essere) strano, nuovo, sconosciuto
낯알다 ricordare la faccia, conoscere di faccia, essere famigliare
낯없다 vergognarsi di, non avere la faccia (il coraggio) di
낯익다 essere famigliare
낯짝 ⇒ 낯바닥
낱 pezzo, unità
낱개 un pezzo, ogni pezzo
낱개비 un pezzo (di legno)
낱낱이 ① uno per uno, a uno a uno, separatamente ② [모두] tutti, ognuno ③ [상세히] completamente, dettagliamente
낱돈 spiccioli
낱말 parola, vocabolario
낱알 ogni grano, ⇦ 채
낳다 filare, tessere
낳다 ① [출산] generare, dare alla luce, partorire, procreare ② [생기다] produrre
내 torrente, corso d′acua, ruscelletto

내 [연기] fumo
내 [냄새] odore, profumo
내 [나의] mio, mia, miei, mie [내가] Io
-내 ¶ 겨우내 per tutto l'inverno
내 來 ¶ 내주 settimana prossima 내년 anno prossimo
내가다 rimuovere, portar via
내각 內角 【기하】 angolo interno
내각 內閣 Gabinetto, consiglio dei ministri, ministero, governo ¶ 내각수반 Primo Ministro ＊ **-각료** membri del Gabinetto **-총사직** dimissioni generali del Gabinetto **연립-** coalizione di Gabinetto (governo)
내갈기다 battere, colpire, [글씨를] scribacchiare, buttar giù (uno scritto)
내깔기다 emettere, espellere
내강 risolutezza, determinazione, forza di carattere, forza interiore
내객 visitatore, ospite
내걸다 ① [밖에] alzare, esporre ② [내세우다] sostenere, difendere, patrocinare, [목숨을] rischiare
내경 內徑 diametro interno, calibro(원통의)
내계 內界 mondo interno
내공 耐空 resistenza in volo ＊ **-비행** volo di durata, resistenza **-성** navigabilità aerea
내공 來貢 **-하다** rendere un tributo a qlcu.
내공 內攻 【의학】 retrocessione **-하다** retrocedere
내과 內科 【의학】 medicina interna ＊ **-병동** reparto di medicina interna **-병원** ospedale per le malattie interne **-의** (medico) internista
내관 內官 [내시] eunuco
내관 內觀 riflessione, introspezione **-하다** riflettere, autoesaminarsi ¶ 내관적 introspettivo
내관 來觀 visita **-하다** visitare, ispezionare, assistere ＊ **-자** visitatore
내관 內棺 parte interna della bara
내교섭 內交涉 trattativa non ufficiale
내구 耐久 [지속] resistenza, sopportazione, persistenza, durata, [지구] durabilità **-하다** resistere, sopportare, durare, persistere ＊ **-력** durabilità, persistenza
내구 來寇 invasione, incursione **-하다** invadere
내국 內國 patria, paese natio ¶ 내국의 domestico, nazionale, interno
내규 內規 regole [regolamenti] interne, regolamento
내근 內勤 lavoro di ufficio **-하다** lavorare dentro, [in] ufficio
내금 內金 pagamento in conto ¶ 내금으로 in conto
내기 scommessa **-하다** scommettere ¶ 경마내기를 하다 fare una scommessa alle corse di cavalli
내남 없이 tutti (sensa eccezioni)
내내 per tutto il (tempo) sempre, dall'inizio alla fine
내내년 來來年 fra due anni
내내월 來來月 il mese dopo il prossimo, fra due mesi
내년 來年 l'anno prossimo
내놓다 ① [밖으로] uscire, mettere fuori, tirar fuori ② [노출] esporre,

svelare, mostrare, ③ [발간] pubblicare, [제출] presentare, [음식을] offrire, servire, [기부] donare, contribuire, [우리에서] lasciare, [팔려고] mettere in vendita, [혼처를] presentarsi per trovare un/a partner

내다 [연기가] fumare, fare fumo

내다 ① [밖으로] portare fuori, tirar fuori, uscire ② [제출] consegnare, presentare, ③ [발송] mandare, inviare, spedire ④ [발행, 발표] pubblicare, ⑤ [발휘] mettere fuori, mostrare, ⑥ [운행] fare andare, dirigere, guidare ⑦ [배출] produrre ⑧ [지불] pagare, dare, investire (투자), donare, contribuire (기부) ⑨ [출품] esibire, esporre ⑩ [시작] aprire, avviare, inaugurare, fondare ⑪ [음식을] apparecchiare, servirsi, offrire ⑫ [말을 내다] cominciare a parlare ⑬ [길, 시간 따위] aprire, approntare, accomodare, dare (tempo) ⑭ ¶ 빛을 내다 emettere luce ⑮ [빚, 허가] prendere (in prestito), permettere ⑯ [방을] liberare (비우다), costruire (만들다)

내다보다 ① [밖을] guardare fuori ② [앞일을] prevedere

내닫다 밖으로~ correre fuori

내달 來- mese prossimo

내담 來談 **-하다** venire a colloquio

내대다 opporsi, replicare

내던지다 ① buttare fuori, buttare giù, buttar via ② [버리다] abbandonare, rinunciare

내도 來到 arrivo, venuta

내돋다 spuntare, venire fuori

내돌리다 passare in giro (di mano in mano), far girare

내동댕이치다 ⇒ 내던지다

내두르다 ① [휘두르다] brandire, impugnare, agitare ② [마음대로] controllare

내둘리다 [어지럽다] avere il capogiro, essere preso dalle vertigini, essere stordito, essere nelle mani di qualcuno

내뚫다 forare, penetrare

내뜨리다 buttar fuori, far cadere, buttar via, gettare, scgliare, lanciare

내디디다 andare avanti, avanzare, 발을~ entrare

내락 內諾 consenso non ufficiale [informale]

내란 內亂 guerra civile, ribellione, insurrezione * **-죄** ribellione, (alto) tradimento

내레이션 narrazione

내레이터 narratore, [여자] narratrice

내려가다 scendere, cadere

내려갈기다 fustigare, flagellare, battere, picchiare, percuotere

내려깔기다 vuotare, liberare

내려긋다 disegnare una linea verticale

내려놓다 mettere giù [in basso]

내려다보다 guardare giù [in basso]

내려뜨리다 lasciar cadere, far cadere, far scendere

내려앉다 ① [옮겨앉다] sedersi giù ② [무너지다] crollare, sprofondare

내려오다 venire giù, scendere, scendere giù

내려지다 far cadere, lasciar cadere, far scendere

내려찍다 tagliare con un colpo dall'alto in basso

내려치다 dare un colpo

내력 來歷 storia personale, origini, carriera, vita passata

내륙 內陸 interno * **-지방** area interna **~운수** trasporto interno

내리 [줄곧] tutto il tempo, constantemente, dall'inizio alla fine, senza interruzione

내리깎다 ribassare i prezzi, abbassare i prezzi

내리깔다 abbassare gli occhi, lo sguardo

내리긋다 tirare una linea verticale

내리내리 incessantemente, continuamente (verso il basso)

내리다 ① [높은데서] scendere, discendere, cadere ② [값, 기온 따위] ridurre, far scendere, abbassare ③ [먹은 것이] digeribile, essere digerito, [살이] perdere (peso), [뿌리가] mettere le radici

내리다 ① tirare (mettere) giù, abbassare ② [값, 정도를] ridurre, far scendere, abbassare ③ [웃사람이] concedere, conferire, dare, assegnare, [뿌리를] radicarsi, mettere radici

내리닫이 finestra a ghigliottina

내리뜨다 abbassare, calare

내리받이 pendio discesa, declivio

내리사랑 amore dei più grandi per i più piccoli delle famiglie

내리쬐다 riversare, scendere

내리치다 ⇒ 내려치다

내림 [유전] ereditarietà, eredità, patrimonio

내림 [간수] interstizio tra costruzioni, ampiezza, larghezza

내림새 【건축】 tegole concave agli angoli della gronda

내림자 【수학】 serie discendente

내립떠보다 guardare con occhio torvo

내막 內幕 fatto interno

내막 內膜 【해부】 membrana interna

내맡기다 lasciare, affidare, porre, mettere

내면 內面 l'interno ¶ 내면적 interno, interiore

내명 內命 ordine segreto, istruzioni segrete

내명년 來明年 fra due anni

내몰다 mandare fuori, spingere fuori, espellere

내몽고 內蒙古 Mongolia Interna

내무 內務 affari interni * **-반** 【군사】 acquartieramento **-부** ministero degli Interni **-부 장관** Ministro degli Interni

내밀 內密 ¶ 내밀히 segretamente, privatamente, in segreto

내밀다 ① [끝이 나오다] venir fuori, sporgere ② [밖으로] tirare fuori ③ [좇아내다] espellere, cacciare

내밀리다 ¶ 밖으로 내밀리다 essere spinto [cacciato] fuori

내밀힘 forza di spinta, [배짱] fiducia in sè, coraggio, audacia

내발뺌 giustificazione, scusa (구실) **-하다** giustificarsi, discolparsi

내방 來訪 visita **-하다** visitare, andare a trovare una persona, far visita

내빼다 fuggire ⇒ 달아나다

내뱉다 sputare fuori, parlare con violenza, dire sdegnosamente

내버려 두다 lasciare stare, lasciare perdere, trascurare
내버리다 gettare, buttare via
내보내다 ① far uscire, mandare via, rilasciare, lasciare libero ② [해고] cacciare, espellere, licenziare
내복 內服 ① [옷] biancheria intima ② [약] uso interno **-하다** usare internamente, prendere, prendere(una medicina) * **-약** medicina interna
내부 內部 l′interno, l′interiore, la parte interna ¶ 내부의 interno
내분 內紛 interno, discordia domestica
내분비 內分泌 【생리】 secrezione internale * **-선** ghiandola endocrina **-액** secrezione endocrina, ormone
내불다 soffiare, alitare
내뿜다 sgorgare, gettare, [불, 연기 따위를] emettere
내빈 來賓 ospite, visita, visitatore, cliente * **-석** posto per gli ospiti **-실** sala di ricevimento
내사 內査 investigazione segreta **-하다** investigare segretamente
내상 內相 [내무장관] Ministro degli Interni
내상 內喪 morte della moglie
내색 -色 sguardo, aspetto rivelatore **-하다** tradire, mostrare, rivelare la propria emozione
내생 內生 【생물】 ¶ 내생의 endogeno
내생 來生 vita futura, vita dopo la morte
내선 內線 [전기의] cavi di collegamento, [전화의] estensione, [인터폰] interfono, citofono
내성 內省 introspezione, riflessione **-하다** autoesaminarsi, riflettere su se stesso, esaminarsi dentro
내세 來世 vita futura, vita dopo la morte
내세우다 ① ¶ 대열 앞에 내세우다 mandare avanti ② nominare, designare, presentare ③ [유리하게] insistere, [남이 보도록] alzare, mettere
내셔널리즘 nazionalismo
내소박 內疏薄 **-하다** trattare male il proprio marito
내수 內需 domanda interna, consumo interno * **-산업** impresa che produce merci per il mercato domestico
내수 耐需 impermeabile, a tenuta d′acqua * **-성** qualità di resistenza all′acqua
내수장 內修粧 decorazione interna
내숭 ¶ 내숭스러운 사람 persona scaltra [infida]
내숭스럽다 (essere) scaltro, infido, traditore
내쉬다 esalare, trasudare
내습 來襲 attacco, assalto, invasione **-하다** attaccare, assalire, invadere
내시 內示 annuncio non ufficiale **-하다** mostrare [annunciare] privatamente
내시 內侍 eunuco
내신 來信 lettera (ricevuta), messaggio
내신 內申 rapporto non ufficiale **-하다** riferire ufficiosamente * -

서 [학교의] pagella

내실 內室 [안방] camera principale, [남의 아내] (vostra) moglie

내심 內心[pensiero] intenzione reale [profondo] ¶ 내심으로 nel cuore, segretamente

내압복 內壓服 [비행용] tuta antipressione

내야 內野 【야구】 parte del campo vicino ala porta, diamante (del baseball) * **-수** ribattitore (all' interno)

내약 內約 tacito accordo (묵계), trattato segreto (밀약)

내역 內譯 particolari, dettagli, voci, specificazioni

내연 內燃 combustione interna * **-기관** motore a combustione interna

내연 內緣 matrimonio non registato ¶ 내연의 처 moglie senza vincolo matrimoniale

내열 耐熱 ¶ 내열의 resistente al caldo, refrattario * **-시험** testo di resistenza al caldo

내오다 rimuovere, togliere

내왕 來往 [통행] andirivieni traffico, [교제] relazione, rapporto **-하다** andare e venire

내외 內外 ① [안팎] interiore ed esteriore, interno ed esterno ② [국내외] all'interno ed all'estero ③ **-하다** tenere la distanza [부부] marito e moglie [약] circa, pressappoco * **-동포** conpatriota sia in patria che all'esterno **-사정** affari interni ed esteri (politica)

내용 內用 [내복] uso interno **-하다** usare internamente * **-약** medicina interna

내용 內容 contenuto, sostanza, [상세한] particolari, dettagli * **-증명** certificazione di contenuto **-증명우편** posta di contenuto certificato

내우 內憂 preoccupazioni famigliare(interne) * **-외환** tribolazioni all'interno ed all'esterno

내원 來援 **-하다** venire ad aiutare, offrire aiuto

내월 來月 mese prossimo

내유 來遊 visita **-하다** visitare, venire a trovare

내응 內應 collegamento segreto, collusione, tradimento **-하다** tradire, cospirare, congiurare

내의 內衣 indumento intimo, biancheria intima, maglietta, camiciola

내의 來意 intenzione della visita

내의 內意 [의중] vera intenzione, [견해] opinione personale

내이 內耳 [해부] orecchio interno, labirinto

내인 內人 moglie

내일 來日 domani ¶ 내일 저녁 domani sera

내자 內子 mia moglie

내자 內資 capitale [fondo] domestico

내장 內臟 organi interni, intestini, viscere

내장 內障 【의학】 cateratta (백내장), amaurosi (흑내장)

내장 內粧 decorazione interna

내장공사 內裝工事 lavoro di rifinitura all'interna

내재 內在 ¶ 내재적 immanente * -

가치 valore intrinseco **-철학** immanentismo

내적 內的 ¶ 내적 생활 vita interiore

내전 內殿 [왕비] regina

내전 內戰 guerra civile [intestina]

내전 來電 telegramma (in arrivo) (전보), telefonata (in arrivo)

내접 內接 **-하다** 【수학】 essere inscritto * **-원** cerchio inscritto

내젓다 scuotere, agitare

내정 內定 decisione non ufficiale **-하다** decidere ufficiosamente

내정 內情 circostanzi reali, situazione reale

내정 內庭 [안뜰] corte, cortile, [아낙] locali delle donne

내정 內定 politica interna, affari interni

내조 來朝 **-하다** venire (in Corea)

내조 內助 aiuto da parte della moglie **-하다** aiutare il proprio marito

내조 乃祖 nonno

내종 內從 cugino paterno

내쫓기다 (essere) licenziato, espulso

내쫓다 licenziare, espellere

내주 來週 settimana prossima

내주다 dare, dar via, distribuire, consegnare, emettere

내주장 內主張, 內主掌 ginecocrazia, comando delle moglie in casa **-하다** (la moglie) comandare in casa, (la moglie) portare i pantaloni

내지 乃至 da - a, tra - e, [또는] o ¶ 100 내지 200 da 100 a 200, tra cento e due cento

내직 內職 ① [본직 외의] lavoro secondario ② lavoro per le donne di casa

내진 耐震 ¶ 내진의 resistente terremoto

내착 來着 arrivo **-하다** arrivare, giungere, venire

내채 內債 prestito domestico

내처 senza pausa

내출혈 內出血 【의학】 emorragia interna

내치 內治 [내정] affare interno, amministrazione domestica

내치다 buttare via, sprecare, abbandonare, lasciare, respingere, bocciare

내치락들이치락 [변덕] **-하다** (essere) capriccio, stravagante, bizzarro, [병세가] **-하다** cambiare costantemente

내친걸음 ¶ 내친걸음이니 끝까지 해 볼 수 밖에 Ora stai fresco!

내키다 inclinare qlcu. a fare qlco., sentirsi disposto a (fare qlco.)

내탐 內探 investigazione segreta

내통 內通 [남녀의] relazione illecita, cattiva condotta, [내응] comunicazione segreta * **-자** traditore

내평 condizione interno

내포 內包 connotazione **-하다** implicare, significare, contenere

내풀로 spontaneamente

내핍 耐乏 austerita, privazione volontaria

내한 耐寒 resistente a freddo

내항 內港 porto interiore

내항성 耐航性 atto a tenere il mare

내해 內海 mare interno

내향성 內向性 introversione ¶ 내향적인 사람 introverso

내홍 disturbo interno
내화 內貨 incombustibile, resistente al fuoco **-벽돌** mattone retrattario
내환 內患 tribolazione (preoccupazione) domestica
내회 來會 presenza all'assemblea **-자** accompagnatore guardiano
내후년 un anno dopo l'altro
내흉 內凶 **-하다** tradire, muoversi furtivamente, strisciare
냄새 odore, [향기] profumo, [악취] puzzo fetore ¶ 연한 [향긋한] 냄새 odore lieve (sottile) 코를 찌르는 [독한] **냄새** odore in ebriante [fragrante]
냅다 ¶ 냅다 후려치다 dare un colpo severo
냅킨 tovagliolo
냇가 lungofiume, sponda
냇내 l'odore di fumo
냉 冷 [배의] stomaco freddo, [하체의 병] un corpo freddo
냉각하다 rinfrescare, raffreddore, refrigerare **-기** vano congelatore
냉각 冷却 sensazione di freddeza
냉국 zuppa preparata fredda
냉기 [찬공기] aria fresca, [찬기운] freddo, colpo di freddo
냉난방 冷煖房 condizionamento d'aria, [장치] condizionatore d'aria ∗ **-완비** climatizzato
냉담 [무관심] fresco indifferenza **-하다** (essere) indifferente apatico, [냉정] insensibilità
냉대 冷待 trattamento freddo, inospitalità **-하다** trattare freddamente
냉동 冷凍 refrigerazione ∗ **-기** frigorifero **- 식품** cibarie congelato **- 육** carne congelata
냉랭하다 avere freddo, fare freddo, [냉담] essere indifferente
냉방 冷房 camera fredda **-장치** condizionatore d'aria
냉소 冷笑 sorriso sardonico, sogghigno beffardo, scherno frecciata **-하다** mostrare disprezzo, sogghignare, schernire ¶ 냉소적 sardonico, cinico, beffardo
냉수 冷水 acqua fredda
냉수스럽다 (essere) tardo, monotono, noioso
냉습 冷濕 umidità, [병] reumatismo
냉엄 冷嚴 **-하다** (essere) torvo, arcigno, truce, cupo, lugubre, tetro, servo, austero, rigido, rigoroso
냉연 冷然 **-하다** aver freddo, essere indifferente
냉우 冷遇 trattamento freddo **-하다** trattare freddamento
냉육 冷肉 carne congelata
냉장 冷藏 conservazione in cella frigorifera, cella frigorifera **-하다** conservare a freddo ∗ **-고** frigorifero vano con gelatore
냉전 冷戰 guerra fredda
냉정 calma, fresco, frescura, sangue freddo, freddezza
냉차 冷茶 tè freddo
냉천 冷泉 fonte fredda
냉철 冷徹 **-하다** (essere) calmo, perspicace, pratico, realistico
냉큼 rapidamente, velocemente, immediatamente, sollecitamente
냉하다 (avere) freddo insensibile (마음이)
냉한 冷寒 sudore freddo

냉해 冷害 danno di freddo tempo
냉혈 冷血 [온혈에 대한] sangue freddo ¶ 냉혈의 crudele, efferato
냉혹 冷酷 crudezza, rudezza, asprezza, insensibilità
냥 [화폐 단위] vecchia unità di coniatura coreana
너 tu, 너에게 ti, a te
너그러이 generositamente, liberalmente, indulgentemente, di larghe vedute
너그럽다 (essere) di larghe vedute, generoso, magnanimo
너글너글하다 (essere) di larghe vedute
너나없이 senza riguardo a persone, ognuno, ciascuno, tutti
너더분하다 ① [지저분] (essere) disordinato, trasandato, sporgarsi ② [알이] (essere) lungo e noioso, tedioso
너덕너덕 ¶ 너덕너덕 기운 rappezzato
너덜거리다 ① [가락이] penzolare, ciondolare ② [지껄이다] chiacchierare, ciarlare, cinguettare, balbettare
너덜너덜 a cenci, a brandelli ¶ 누더기를 걸친 cencioso
너덧 circa quattro
너르다 (essere) esteso, ampio, vasto
너머 altre, al di là
너무 molto, eccessivamente
너부죽이 ① [너부죽하게] piuttosto piatto ② [엎드리다] prosternatamente
너불거리다 battere le ali, svolazzare, sventolare, ondeggiare, battere irregolarmente (di cuore, polso), sbattere, dare un colpetto
너비 larghezza, ampiezza
너울 cappuccio nero e spesso
너울거리다 [파도가] (essere) maroso, flutto, ondeggiare (머리털 따위) [나무 나뭇잎이] dondolare, oscillare, penzolare
너울너울 oscillante, dondolante
너저분하다 (essere) trasandato e disordinato, sporco, sudicio
너절하다 ① [허름하다] essere trasandato (consumato), logoro, brutto, spiacevole a vedersi, ② [웃다] ridere ad alta voce, scopiare dalla risa
너털너털 a cenci, a brandelli, con atteggiamento disordinato
너털웃음 risata sana, risata fragorosa
너털거리다 battere (le ali) irregolarmente
너풀거리다 sbattere, ondeggiare, fluttuare
너희 voi
너희들 voi
넉 ¶ 넉달 quattro mesi
넉넉하다 ① [족하다] (essere) abbastanza, sufficiente, abbondantemente ② (essere) ricco, fertile ③ avere cuore indulgente
넉살 ¶ 넉살부리다 comportarsi (agire) impudentemente (strontatamente) // 넉살스럽다 (essere) audace, sfrontato
넉살좋다 (essere) impudente, avventato, sfacciato
넉장 ¶ 넉장부리다 essere tardo, sprecare tempo, oziare

넋 anima, spirito
넋두리 ① [무당의] **-하다** (schiamano) parlare a favore del [per] morto ② [투덜거림] lamento, lagnaza, brontolo
넌더리 avversione, antipatia, disgusto, ripugnanza
넌덕부리다 avere la lingua affabile e brillante
넌센스 assurdità, sciocchezza
넌지시 indirettamente, allusivamente, implicitamente **-말하다** accennare, insinuare, alludere
넌출 vite, viticcio (호박 따위의)
널 ① [널빤지] asse tavola ② [관] bara ③ [유희용] altalena
널다 [펴놓다] spiegare, tendere, stendere, [걸다] appendere, sospendere
널따랗다 (essere) piuttosto largo, esteso, ampio, vasto, spazioso
널뛰기 altalena, fare l′altalena
널뛰다 fare l′altalena
널리 [광범위] largamente, molto, ampiamente, [보편적] generalmente, [도처에] dovunque
널리다 essere sparso, [넓히다] allargare
널빤지 asse, tavola, tabellone
널조각 un pezzo d′asse
널찍이 largamente, ampiamente ¶ 널찍한 마당 giardino esteso, campio vasto
널판장 muro di legno
넓다 (essere) largo, spazioso, esteso
넓이 [폭] larghezza, [면적] limite, zona
넓적다리 coscia -뼈 femore
넓적이 ① [사람] una persona con un viso largo (o rettangolare) ② [떡을 넓적이 썰다] tagliare la pasta di farina di riso a pezzetti larghi e sottili
넓적하다 essere largo e piano ¶ 넓적하게 in modo piatto, schiacciato, piano ⇒납작하게
넓죽[1] [입을] con la bocca spalancata ¶ 넓죽 받아먹다 mangiare a grandi bocconi
넓죽하다 ⇒ 넓적하다
넓히다 [널리다] allargare, ingrandire, espandere, ampliare, allungare
넘겨다보다 [넘어다보다] guardare (spiare) oltre (qlco.), sbirciare [탐내다] desiderare ardentemente
넘겨씌우다 biasimare, incolpare qlcu.
넘겨잡다 supporre, anticipare, prevedere ¶ 남의 뜻을 넘겨잡다 prevedere i desideri di qlcu.
넘겨짚다 indovinare, azzardare un′ipotesi, ipotizzare ¶ 남겨짚고 말하다 fare una supposizione, fare un′ipotesi
넘기다 ① far passare qlco. attraverso, passare oltra, [담너머로 넘기다] passare qlco. oltre la mura ② ¶ 나무를 잘라 넘기다 tagliare un albero ③ [기회, 기한을] perdere un′occasione, far scadere, eccedere ¶ 출원기한을 넘기다 superare i termini d′iscrizione ④ [권리 등] 재산을 아들에게 넘기다 trasferire la proprietà al proprio figlio ⑤ ¶ 책장을 넘기다 sfogliare le pagine d′

un libro ⑥ [인도] ¶ 도둑을 경찰에 넘기다 cosegnare un ladro alla polizia

넘나다 non essere proporzionato ai suoi mezzi

넘나들다 frequentare (liberamente) un luogo

넘다 ① [건너다] attraversare, andare oltre[초과] eccedere, oltrepassare ¶ 80이 넘었다 essere oltre gli ottanta ③ [고비를] superare le difficoltà ④ [넘치다] inondare ¶ 강물이 뚝을 넘다 il fiume rompe gli argini (o straripa) ⑤ [뛰어넘다] saltare

넘버 numero

넘버링[머시인] numeratore

넘보다 guardare qlcu. dall'alto in basso, sottovalutare, considerare qlcu. di poco conto

넘성거리다 allungare il collo (per vedere qlco.)

넘실거리다 ① [탐내다] desiderare ardentemente ② [물, 물결이] sollevarsi, riversarsi, ondaggiare, gonfiarsi ¶ 물이 뱃전에 넘실거린다 L'acqua si riversa su un lato della barca.

넘어가다 ① [지나가다] andare attraverso, superare ¶ 국경을 넘어가다 attraversare il confine ② [해, 달이] calare, tramontare ③ [속다] 쉽게 넘어가다 essere truffato (ingannato) facilmente ④ [쓰러지다] crollare(건물이), svenire(사람이) ⑤ [때, 시기가] passare, mancare, eccedere, essere in ritardo ⑥ [고비가] superare, sormontare

넘어뜨리다 ① battere a terra, abbattere [바람이] tirare giù, essere abbattuto dal vento ¶ 나무를 넘어뜨리다 abbattere un albero // 사람을 때려 넘어뜨리다 mettere qlcu. al tappeto ② ¶ 정부를 넘어뜨리다 rovesciare un governo

넘어서다 superare, attraversare, sormontare, passarci sopra ¶ 어려운 고비를 넘어서다 superare un periodo duro

넘어오다 ① oltrepassare ¶ 담이 뜰 쪽으로 넘어온다 Il muro crolla in direzione del giardino. ② [토하다] vomitare ③ [책임, 소유권] trasferire ④ [넘어서 오다] attraversare, passare [고비를] trovare una via d'uscita (alle difficoltà), superare

넘어지다 ① cadere, crollare ② [지다] essere sconfitto

넘치다 ① straripare, inondare ② [지나치다] eccedere, andare oltre (le proprie possibiltà)

넙치 【물고기】 sogliola

넝마 cencio, straccio * **-장수** straccivendolo

넝쿨 pianta arrampicante (edera, viticcio ecc.)

넣다 ① [속에] mettere dentro ¶ 커피에 우유를 넣다 mettere il latte nel caffè ② [끼워서] inserire, imbottire ¶ 솜을 넣다 imbottire qlco. con cotone ③ [포함] ¶ 애들까지 넣어서 20명이다 Compresi i bambini siamo in 20 ④ [수

용] accomodare, ammettere, contenere ¶ 이 회장에 500명을 넣을 수 있다 La sala può contenere 500 persone. ⑤ [보내다] ¶ 아이를 학교에 넣다 mandare un bambino a scuola ⑥ [유념] ¶ 마음에 넣어두다 considerare, tenere a mente ⑦ [기타] ¶ 가운뎃 사람을 넣어 교섭하다 negoziare attraverso un mediatore

네[1] ① [너] tu ② [너의] tuo ¶ 네 집 la casa tua

네[2] [넷] quattro ¶ 네식구 una famiglia di quattro (persone)

네[3] [대답] si, certamente, benissimo, molto bene, sicuro

네- ① [들] tutti ② [가족, 친척] ¶ 우리네 noi tutti // 그 사람네 a casa sua // 순이네 Sunyee e la sua famiglia

네가 [사진] nagativa (di un foto)

네가필름 una pellicola negativa

네거리 strada trasversale, traversa

네거티브 negativa ⇒ 네가

네것 la tua cosa, la tua [네꺼다] è tuo/a, tuoi/tue

네글리제 in veste da camera, in desabillè

네덜란드 Olanda, Paesi Bassi

네레우스 【신화】 Nereus

네로 Nerone (로마37-68)

네메시스 【신화】 Nemesis

네모 quadrato ¶ 네모진 quadrato (agg.)

네모꼴 quadrangolo, qudrilatero

네발 quattro piedi ¶ 네발 달린 quadrupede

네브래스카 Nebraska

네쌍동이 ① quattro gemelli ② ogni tipo dicombinazione a quattro

네오 Neo ¶ 네오클래시시즘 neoclassicismo

네오마이신 neomicina

네온 neon ¶ 네온사인 insegna al neon

네임 nome ¶ 네임플레이트 targhetta (sulla porta)

네째 quarto

네커치프 foulard

네클레이스 collana

네트 rete

네활개 le mani ed i piedi

활개 치다 ① camminare impettito ② muoversi, camminare ③ vantarsi, gloriarsi

넥타이 cravatta

넵튠 【신화】 Nettuno

넷 quattro

녀석 tipo (persona) 이런 녀석들 좀 봐! Guarda che tipi!

년 ① femmina ② 나쁜 년 stronza, donnaccia

년 anno 일 년 un anno

녘 [무렵] intorno, circa, [방향,지역] nella zona di ¶ 북 녘 nel nord // 해질 녘 al tramonto

노 [끈줄] stringa, cavo, corda

노 櫓 remo ¶ 노를 젓다 remare, vogare, spingere (un'imbarcazione) con i remi

노간주 【식물】 ginepro

노객 老客 una persona anziana

노경 老境 senilità

노고 勞苦 fatica, lavoro duro ¶ 노고를 아끼지 않다 fare tutto il possibile per

노고지리 allodola

노곤 勞困 affaticamento, stanchezza, logorio **-하다** essere affaticato, esausto, abbattuto

노골적 露骨的 ① [숨기지 않는] 노골적으로 apertamente, francamente ② [음란한] volgare, indecente ③ [현저한] cospicuo, acuto

노구 老 una donna anziana, una nonnina

노구 老軀 di età avanzata

노굿 i fiori delle piante leguminose

노그러지다 ① [피로] essere esausto, essere stanco morto ② [쏠리다] dedicarsi, abbandonarsi, andare pazzo per

노긋노긋하다 ① [촉감이] (essere) pieghevole, morbido, flessibile ② [성격이] (essere) adattabile, compiacente

노기 老妓 una donna di piacere (kisaeng) anziana

노기 怒氣 rabbia, furia ¶ 노기등등하다 essere in collera

노끈 stringa, corda

노년 老年 anziana, senile * **-기** senilità, anzianità

노농 勞農 Coltivatore * **-노서아** La Russia Sovietica

노느다[분배] distribuire, ripartire, assegnare, suddividere ¶ 이익을 반반씩 노느다 dividere (i profitti) a metà

노느매기 compartecipazione, **-하다** dividere a metà, spartire (a metà)

노닐다 passeggiare, bighellonare, andare in giro ¶ 해변에서 노닐다 passeggiare sulla spiaggia

노다지 ① [광맥] una miniera d'oro ② [행운] buona fortuna

노닥이다 chiacchierare, ciarlare

노대 露臺 balcone, palco all'aperto

노대가 老大家 vecchio maestro (supervisore)

노대국 老大國 Impero in declino, Vecchio Impero

노도 怒濤 mare mosso, mareggiata

노독 路毒 l'affaticamento d'un viaggio ¶ 노독을 풀다 riposarsi dopo un viaggio faticoso

노동 勞動 lavoro, fatica **-하다** lavorare, faticare ¶ 8시간의 노동 lavoro di otto ore (otto ore lavorative) * **-계급** la classe operaia **-계약** un contratto di lavoro **-관리** un gestione di lavoro **-당** il partito laburista **-당원** Laburista **-대중** la massa lavorativa **-력** manodopera **-수요** domanda di manodopera **-시간** ore lavorative **-시장** mercato del lavoro **-원가** costo della manodopera **-인구** popolazione lavorativa, forza-lavoro **-조건** condizioni di lavoro **강제-** lavoro obbligatorio(o forzato) **계절-** lavoro stagionale **국제-회의** Conferenza Internazionale sul Lavoro **두뇌-** lavoro di cervello **생산적-** lavoro produttivo **육체-** lavoro fisico 정신-lavoro mentale **중-** lavori forzati

노동자 勞動者 lavoratore, operaio * **-계급** la classe operaia **계절-** un lavoratore stagionale **임금-** un salariato **자유-** lavoratore a giornata **조직-** operaio organizzato

노동조합 勞動組合 un sindacato operaio ＊ **-간부** capo del sindacato **-원** membro d'un sindacato -주의 sindacalismo **-협의회** consiglio dei sindacati

노둔 魯鈍 stupidità **-하다** essere stupido, imbecille

노랑 colore giallo ＊ **-머리** capelli biondi

노랑이 una cosa gialla [구두쇠] avaro, spilorcio

노랗다 essere giallo

노래 canzone [민요] canzone folk, [시가] ode ¶ 피아노에 맞추어 노래하다 cantare accompagnto al piano // 노래부르자 Cantiamo.

노략 saccheggiare **-하다** depredare, spogliare

노려보다 guardare con occhio torvo, osservare acutamente, lanciare uno sguardo furibondo

노력 努力 sforzo, lavoro duro **-하다** sforzarsi, tentare, impiegarsi, fare uno sforzo ¶ 최선의 노력을 하다 fare del (proprio) meglio ＊ **-가** un grande lavoratore, uno che lavora molto

노력 勞力 [노동] lavoro, [수고] lo sforzo, fatica

노련 老鍊 esperienza maturata con l'età **-하다** (essere) esperto, avere esperienza 노련한 선수 un giocatore veterano ＊ **-가** esperto, veterano, persona con esperienza

노령 老齡 (una persona) di una certa età, essere in età avanzata

노루 capriolo

노루발 장도리 martello a granchio

노루잠 pisolino

노르다 essere giallo, dorato

노르마 norma, standard

노르만디 La Normandia

노르스름하다 essere giallastro

노르웨이 La Norvegia

노른자위 il tuorlo d'un uovo

노름 gioco d'azzardo **-하다** giocare d'azzardo ¶ 노름에 몰두하다 darsi al gioco d'azzardo

노름군 giocatore d'azzardo, biscazziere

노름빚 un debito da gioco

노름판 una casa di gioco, casin

노름패 un gruppo di giocatori

노릇 lavoro, funzione, ruolo ¶ 춘향이 노릇을 하다 Interpreta il ruolo(la parte) di Chunhyang.

노릇노릇 essere giallastro

노리개 ① [장신구] gingillo (ciondolo) ② [장난감] giocattolo, balocco

노리다[1] ① [냄새] essere puzzolente, rancido ② [마음씨가] avaro, spilorcio

노리다[2] spalancare gli occhi, osservare, badare a, mirare a, puntare su

노린내 un odore ripugnante, l'odore di peli bruciati

노망 老妄 rimbambimento, senilità

노멀 normale

노면 路面 fondo stradale ＊ **-교통** traffico di superficie **-포장** pavimentazione stradale

노목 老木 un vecchio albero

노무 勞務 lavoro, servizio **-관리** gestione del personale

노반 路盤 fondo stradale

노발대발 怒發大發 **-하다** infuriarsi, perdere la ragione
노방 路傍 il bordo della strada
노변 路邊 il bordo della strada, margine della strada
노변 爐邊 vicino al focolare
노병 老兵 un soldato veterano, un veterano di guerra
노병 老病 malato di vecchiaia **-으로 죽다** morire di vechiaia
노복 老僕 servo
노부 老父 il proprio padre anziano
노부 老婦 moglie anziana, donna anziana
노부모 老父母 genitori anziani, in tarda età
노비 奴婢 schiavi e schiave
노비 路費 spese di viaggio
노사 勞使 lavoro e capitale * **-관계** i rapporti fra capitale e lavoro **-분쟁** conflitto fra lavoro e capitale
노상 sempre, solitamente, abitualmente, costantemente
노상 路上 in strada, per strada ¶ 노상에서 놀다 giocare in strada **-강도** bandito, brigante, malvivente
노새 mulo
노색 怒色 rabbia, uno sguardo arrabbiato, verde dalla rabbia
노선 路線 itinerario, linea, percorso * **정치-** una linea politica **항공-** linea aerea
노성 怒聲 una voce concitata
노소 老少 giovane e vecchio, gioventù e vecchiaia **-를 막론하고** senza distinzione d´età
노송 老松 vecchio pino * **-나무** il cipresso giapponese
노쇠 老衰 debolezza, senilità **-하다** invecchiare
노숙 老熟 maturità **-하다** essere maturo
노숙 露宿 campeggio **-하다** dormire in tenda
노스캐롤라이나 La Carolina del nord
노스탤지어 nostalgia
노신 魯迅 Lu Hsun(중1881-1936)
노심 勞心 ansia, sollecitudine, preoccupazione **-하다** essere ansioso, essere preoccupato, preoccuparsi
노아 【성경】 Noe
노아가다 ① [배가] far valeggiare ② [말이] far galoppare
노안 老眼 presbiopia * **-경** occhiali (lenti) per presbiti
노어 露語 Russo, la lingua russa
노여움 rabbia, furia, indignazione ¶ 노여움을 사다 offendere qlcu., far indignare(arrabbiare) qlcu.
노여워하다 offendersi
노역 勞役 lavoro, lavoro faticoso **-하다** lavorare
노엽다 offendersi
노영 露營 accampamento, campeggio **-하다** accamparsi fuori * **-지** area riservata al campeggio
노예 奴隸 schiavo ¶ 노예로 만들다 asservire, fare schiavo * **-근성** uno spirito servile **-매매** tratta degli schiavi **-생활** schiavitù **-해방** emancipazione degli schiavi **-폐지론** abolizionismo
노오라기 un pezzetto di stringa, laccetto
노옹 老翁 un uomo di una certa

età
노유 老幼 giovane e vecchio
노이로제 neurosi, neurotico
노인 老人 un uomo anziano * **-병** una malattia da vecchiaia **-병학** gerontologia
노일 露日 * **-전쟁** la guerra Russo-Giapponese
노임 勞賃 stipendio * **-인상** un aumento di stipendio
노자 勞資 spese di viaggio
노작 勞作 [역작] un lavoro laborioso ¶ 다년간의 노작 lavoro di molti anni
노적 露積 un mucchio di grano * **-가리** grano ammucchiato
노점 露點 【물리】 punto di condensazione
노점 露店 bancarella, chiosco
노정 露呈 rilevazione, scoperta **-하다** rivelare
노정 路程 [잇수] distanza, [여정] itinerario, corso ¶ 하루의 노정 viaggio di un giorno, gita
노정골 顱程骨 l'osso parietale
노조 勞組 sindacato (노동조합)
노중 路中 a metà via, sulla via, a metà strada
노질 櫓- il remare **-하다** remare con la pagaia
노처녀 老處女 donna nubile, zitella
노천 露天 노천에서 all'aria aperta **-극장** teatro all'aperto
노총 勞總 federazione (coreana) dei sindacati (한국 노동조합 총연맹)
노총각 老總角 un scapolo, celibe
노출 露出 esposizione, rivelazione **-하다** rivelare, mettere a nudo, esporsi, esporre
노친 老親 genitori anziani
노카운트 nessun conteggio
노크 ¶ 문을 노크하다 bussare alla porta
노트 nota, appunto 노트북 taccuino
노티 老- segni dell'età
노파 老婆 donna anziana
노폐 老廢 pensione * **-물** materiale (prodotto) di scarto
노폭 路幅 la larghezza d'una strada
노하다 怒- arrabbiarsi, perdere le staffe con (qlcu.)
노형 老兄 Lei
노호 怒號 urlo di rabbia **-하다** urlare dalla rabbia
노화현상 老化現像 sintomi della senilità
노환 老患 infermità di senilità, malattia(infermità) da vecchiaia
노회 furbizia, bricconeria, furfanteria, astuzia ¶ 노회한 사람 una vecchia volpe
노획 虜獲 **-하다** catturare vivo
노획 鹵獲 confisca, sequestro, conquista, cattura
노후 老朽 inabilità per vecchiaia **-하다** essere antiquato * **-선** una vecchia nave **-화** deterioramento
노후 老後 la vecchiaia ¶ 노후를 편히 살다 vivere (la propria) vecchiaia in modo sereno
녹 stipendio
녹[1] 綠 verde * **-변** sgabello verde **-음** l'ombra degli alberi
녹[2] 綠 ruggine, appannamento ¶ 녹슨 arrugginito 녹슬다 arrugginire * **-물** macchia di ruggine
녹각 鹿角 corna di cervo

녹나무 albero di canfora
녹내장 綠內障【의학】glaucoma
녹녹하다 essere umido ⇒ 눅눅하다
녹다 ① [열에] sciogliere, disgelare, fondersi ② [용해] dissolversi, fondersi, liquefare ③ [반하다] essere affascinato ④ [손발이] riscaldarsi
녹다운 mandare al tappeto
녹두 綠豆 farina di mais * **-묵** gelatina di farina di mais
녹로 轆轤 tornio * **-세공** tornitura
녹록하다 essere povero, essere senza valore ¶ 녹록잖은 적 un nemico arduo
녹말 綠末 amido di farina * **-당** amido di zucchero
녹변 綠便 sgabello verde
녹봉 祿俸 stipendio
녹비 pelle di cervo, daino
녹비 綠肥 rovescio
녹색 綠色 verde ¶ 녹색의 verdeggiante, verde, smeraldo
녹수 綠樹 albero verde
녹신녹신하다 essere molto morbido e flessibile, molto elastico
녹엽 綠葉 foglie verdi
녹음 綠陰 ombra degli alberi
녹음 錄音 registrazione (del suono) **-하다** registrare ¶ 음악을 녹음 하다 registrare la musica * **-기** registratore
녹이다 ① [고체를] fondere ② [용해] dissolvere, liquefare [액화] ¶ 물에 녹이다 dissolvere una cosa in acqua ③ [반하게 하다] incantare, stregare, accattivare
녹지 綠地 un tratto di terra verde * **-대** una fascia verde
녹진녹진하다 essere morbido ed appiccicoso
녹채 鹿砦 groviglio, garbuglio
녹초 ① ¶ 옷이 다 떨어져 녹초가 되다 I suoi vestiti sono ridotti come uno straccio. ② [사람] ¶ 피로해서 녹초가 되다 essere esausto, sfinito, (essere) stanco dalla fatica
녹턴 【음악】notturno
녹피 鹿皮 pelle di cervo, daino
녹화 綠化 rimboschimento
논 risaia
논 論 [논의] argomento, discussione, [평론] commento, [논설] saggio, [이론] teoria, [문제] problema **-하다** discutere, dibattere ¶ 정치를 논하다 discutere di politica * **예술-** un saggio sull′arte **추상-** una discussione astratta **화폐-** dibattito monetario
논객 論客 una persona polemica, un polemico
논거 論據 motivi di discussione
논고 論告 azione giudiziaria **-하다** proseguire
논공 論功 valutazione dei meriti, l′esame di servizio **-하다** valutare il merito, esaminare il servizio
논공행상 論功行賞 ricompensa in base ai meriti **-하다** premiare secondo i meriti
논구 論究 una discussione esauriente **-하다** discutere, fare una discussione esauriente
논급 論及 riferimento, menzione **-하다** riferirsi a, alludere a, entrare in, prendere parte a
논길 viottolo tra le risaie

논다 dividere
논단 論壇 [연단] piattaforma, tribuna, [평론계] il mondo della critica pubblica
논단 論斷 conclusione **-하다** concludere
논도랑 una fossa intorno ad una risaia
논둑 gli argini di una risaia
논란 論難 accusa denuncia, censura **-하다** criticare, denunciare, accusare
논리 論理 logica ¶ 논리적인 logico, dialettico // 논리적으로 logicamente, dialetticamente
논리학 論理學 lo studio della logica * **-자** un logico **기호적-** logica simbolica **수학적-** logica matematica **순수-** logica pura
논문 論文 [일반적] trattato, [연구상의] tesi, [학회의] carta, [신문,잡지의] articolo * **박사-** tesi di dottorato **졸업-** tesi di laurea
논물 ¶ 논물을 대다 irrigare una risaia
논박 論駁 confutazione **-하다** confutare
논밭 risaia e campo
논배미 un campo di riso
논법 論法 ragionamento, logica * **삼단-** sillogismo
논봉 論鋒 ¶ 예리한 논봉 un discorso incisivo, [사설] articolo principale
논술 論述 discorso, dichiarazione **-하다** asserire, dichiarare, affermare
논외 論外 ¶ 논외의 irrilevante // 그것은 논외다 E' inammissibile.
논의 論議 discussione, dibattito, argomento **-하다** discutere ¶ 정치상의 논의 una discussione politica
논자 論者 [논객] oratore [주창자] fautore * **개혁-** fautore di una riforma
논쟁 論爭 una polemica **-하다** discutere, argomentare, polemizzare
논전 論戰 [입씨름] dibattito [논쟁] polemica, argomento **-하다** discutere, avere un dibattito
논점 論點 punto di discussione, l′ argomento in questione
논제 論題 oggetto, tema, soggetto
논조 論調 il tono d′un argomento ¶ 이 문제에 관한 각 신문의 논조는 모두 같다 Le osservazioni della stampa su questo problema sono dello stesso tono.
논증 論證 prova, evidenza **-하다** dimostrare, provare * **직접 (간접)-** dimostrazione diretta (indiretta)
논지 論旨 il punto d′un argomento ¶ 그의 논지는 철저하지가 못하다 Il punto della sua argomentazione è inconsistente.
논파 論破 controversia **-하다** confutare
논평 論評 critica, commento, recensione **-하다** criticare, rivedere
논풀다 trasformare la terra in risaia, creare una risaia
논픽션 nonfiction
놀¹ ¶ 저녁놀 rosso di sera
놀² [파도] onda gigante, mare mosso

놀다 ① [유희] giocare, divertirsi ¶ 장기를 두며 놀다 giocare a scacchi ② [유흥] divertirsi, darsi ai piaceri ③ [허송세월] stare in ozio, rilassarsi, non fare niente ④ [실직] essere disoccupato ¶ 그는 요즘 놀고 있다 E' senza lavoro attualmente. ⑤ ¶ 이가 놀다 Il dente dondola. **내 이가 놀다** Mi dondola un dente.

놀라다 ① [경악] sorprendersi ② [공포] spaventarsi ③ [경탄] essere sorpreso, stupirsi, meravigliarsi

놀라움 [경악] sorpresa, [공포] orrore, [경탄] meraviglia

놀래다 sorprendere, stupire, stordire, spaventare, terrorizzare

놀리다 ① [조롱] stuzzicare, burlare, ridere, scherzare ② [쉬게하다] dare un giorno di vacanza ¶ 학생들을 하루 놀리다 dare un giorno di vacanza agli studenti. ③ [움직이다] muoversi

놀림 prendere in giro, scherno, burla, scherzo

놀림감 zimbello

놀음놀이 divertimento, festa

놀이 gioco, divertimento, [소풍] picnic, scampagnata, passeggiata ¶ **뱃-** canottaggio

놀이터 cortile per la ricreazione, parco giochi

놀치다 ondeggiare, fluttare, gonfiarsi

놈 [사람] uomo (in senso dispregiativo), Tizio, tipo, amico [동물, 물건] bastardo, animale, cosa ¶ 고약한 놈 un uomo disgustoso, un tipo orripilante 나쁜 놈 (un tipo) cattivo, stronzo

놈팡이 [남자] uomo, tipo, [건달] fannullone

놉 un laboratore pagato a giornata, lavoratore giornaliero

놋 ottone [놋쇠] * **-대야** una bacinella d′ottone **-대접** una scodella d′ottone

놋그릇 vasellame d'ottone

놋좆 櫓- perno poggia-remo

놋칼 una lama d′ottone, una spada d′ottone

농 弄 [장난] scherzo, gioco, [농담] scherzo ¶ 농으로 per divertimento

농 膿 pus(고름)

농가 農家 fattoria, casa di campagna

농간 弄奸 trucco, piano diabolico ¶ 농간을 부리다 giocare un brutto tiro (a qlcu.)

농경 農耕 coltivazione, lavoro, agricolo

농공 農工 agricoltura e industria

농과 農科 (dipartimento di) agraria

농구 膿球 attrezzi agricoli

농구 農具 pallacanestro * **-선수** giocatore di pallacanestro

농군 農軍 coltivatore, contadino

농권 弄權 abuso di potere

농노 農奴 servo, vassallo

농단 壟斷 [독점] monopolizzazione [절벽] precipizio **-하다** monopolizzare ¶ 이익을 농단하다 monopolizzare i profitti

농담 濃淡 ombra * **-법** ombreggiatura

농담 弄談 scherzo, divertimento **-하**

다 scherzare ¶ 농담을 주고 받다 Si scherzano.
농땡이 pigrone
농도 濃度 spessore, densita, intensità (di colore), [화학] consistenza * -계 un densitometro
농들다 formare il pus, suppurare
농락 籠絡 -하다 scherzare, prendersi gioco di, prendere in giro (qlcu.)
농루 膿漏 【의학】 piorrea
농림 農林 agricoltura e silvicoltura
농막 農幕 capanna di campagna
농무 濃霧 una nebbia densa(fitta)
농민 農民 coltivatore, contadino, agricoltore
농번기 農繁期 la stagione di pieno lavoro agricolo
농병 農兵 milizia contadina <in passato, quando il paese subiva attachi esterni, chiamava alle armi anche i contadini>
농부 農夫 coltivatore, contadino
농사 農事 agricoltura * -시험장 sezione sperimentale per l'agricoltura
농산물 農産物 prodotti agricoli
농성 籠城 [성에] assedio -하다 assediare, sbarrare, rinchiudere -투쟁 occupazione (per protesta) della propria sede di lavoro
농수산 農水産 agricoltura ed industria della pesca * -부 ministero dell'agricoltura ed dell'industria della pesca
농아 聾啞 sordo e muto, sordomuto * -학교 scuola per sordomuti
농악 農樂 musica folkloristica contadina
농액 濃液 liquore denso
농액 膿液 pus, infezione
농약 農藥 antiparassitario per prodotti agricoli
농어 -漁 【물고기】 pesce persico, spigola
농업 農業 agricoltura ¶ 농업에 종사하다 occuparsi di agricoltura * -경제 economia agricola -국 paese agricolo -노동자 manodopera agricola -은행 banca dell'agricoltura -정책 politica agricola -협동조합 cooperativa agricola 집약- agricoltura intensa
농원 農園 podere, piantagione
농작 農作 agricoltura, coltivazione della terra
농작물 農作物 raccolto
농장 農場 podere, piantagione, fattoria
농정 農政 gestione agricola
농종 膿腫 ascesso
농지 農地 terreno agricolo, terreno coltivabile * -개혁 riforma agricola
농지거리 弄- scherzare
농축 濃縮 concentrazione -하다 concentrare, arricchire
농촌 農村 un villaggio agricolo ¶ 농촌의 rurale, agrario, agricolo
농토 農土 terreno coltivabile
농하다 弄- scherzare, dir delle facezie, dire sciocchezze
농학 農學 scienza di agricoltura, Agraria
농한기 農閒基 la stagione lenta del lavoro agricolo
농후 濃厚 spessore, densità
높낮이 alto e basso, relativamente

alto

높다 ① (essere) alto, elevato ¶ 높은 건물 un edificio alto // 높은 곳 in alto ② [지위, 명성이] (essere) alto, nobile ③ [값이] essere costoso ¶ 높은 생활비 alto costo della vita ④ ¶ 높은 소리로 ad alta voce, fortemente ⑤ ¶ 열이 높다 avere la febbre alta

높다랗다 essere alto

높으락낮으락 ondulatorio, su e giù

높이[1] altezza * **-뛰기** un alto salto

높이[2] [부사] in alto, altamente ¶ 높이 뛰다 saltare in alto, [소리] alta voce, una voce forte

높이다 aumentare, intensificarsi, elevare, alzare, promuovere, [개선] migliorare, [전압을] dare una spinta ¶ 둑을 높이다 costruire un argine // 정도를 높이다 alzare il livello

높이뛰기 salto in alto

높임말 parola onorifica

높직이 piuttosto forte

높직하다 essere piuttosto alto, essere piuttosto forte

놓다 ① [두다] mettere, disporre, porre ② [해방] liberare, slegare, sciogliere ¶ 그를 놓아주시오 Lo lasci andare. ③ [총포를] fare fuoco, sparare ④ [불을] appiccare il fuoco ⑤ [가설] costruire ¶ 전화를 놓다 installare un telefono // 강에 다리를 놓다 costruire un ponticello sopra un fiume ⑥ [주사를] immettere, iniettare ⑦ [마음을] calmare, sollevare, alleviare ⑧ ¶ 수를 놓다 ricamare ⑨ ¶ 주판을 놓다 utilizzare l′abaco ⑩ [값을] offrire un prezzo, chiamare un prezzo ⑪ [돈을] prestare ⑫ ¶ 속력을 놓다 accellerare, aumentare la velo-cità, dare velocità ⑬ [말을] usare uno stile di linguaggio più umile ⑭ [거간을] interporre come mediatore ⑮ [기르다] mantenere, crescersi, coltivare ¶ 참외를 놓다 coltivare il melone ⑯ [침을] fare l'agopuntura ⑰ [솜 따위를] ¶ 방석에 솜을 놓다 riempire un cuscino con il cotone

놓아두다 lasciare

놓아먹다 ¶ 놓아먹은 자식 ragazzo maleducato

놓아먹이다 pascere il bestiame, mettere il bestiame ad erba

놓아주다 lasciar andare liberamente ¶ 새를 놓아주다 liberare l'uccello

놓이다 ① [얹히다] (essere) messo, sistemato ② [마음이] sentirsi tanquillo, rilassato

놓치다 [기회 따위] mancare, [범인 따위] perdere ¶ 기차를 놓치다 perdere il treno

뇌 腦 il cervello, [지력] encefalo, [뇌의] cerebrale

뇌까리다 ripetere le stesse cose

뇌관 detonatore

뇌다 [말을] ripetere ¶ 같은 말을 뇌다 ripetersi, ripetere sempre le stesse cose

뇌동 雷同 **-하다** seguire la massa

뇌동맥경화 腦動脈硬化 arteriosclerosi cerebrale

뇌락- 磊落 **하다** allegro, vivace

뇌력 腦力 capienza cerebrale,

potenza cerebrale
뇌리 腦裏 mente
뇌막 腦膜 meninge * **-염** meningite
뇌명 雷鳴 tuono
뇌문 雷汶 fregio ornamentale
뇌물 賂物 bustarella
뇌병 腦病 malattia cerebrale * **-원** ⇒ 정신병원
뇌빈혈 腦貧血 【의학】 anemia cerebrale
뇌성 雷聲 tuono
뇌쇄 惱殺- **-하다** incantare, affascinare
뇌수 腦髓 encefalo
뇌수술 腦手術 operazione al cervello, intervento al cervello
뇌신 雷神 il dio di tuono
뇌신경 腦神經 nervo encefalitico
뇌염 腦炎 encefalite
뇌옥 牢獄 prigione
뇌우 雷雨 temporale
뇌일혈 腦溢血 emorragia cerebrale, apoplessia
뇌장 腦漿 cervellone, testa, cervello
뇌전 雷電 fulmine
뇌종양 腦腫瘍 【의학】 tumore del cervello
뇌진탕 腦震蕩 commozione cerebrale
뇌출혈 腦出血 【의학】 emorragia cerebrale
누 樓 torretta, [성의] torre di guardia
누 累 implicazione, difficoltà, coinvolgimento
누 壘 【야구】 base, sacchetto * **일-** la prima base
누가 【성경】 Luca * **-복음** Vangelo di Luca
누가 累加 accumulazione, aumento **-하다** accumularsi progressivamente, aumentare, accelerare
누각 樓閣 costruzione a torre
누계 累計 totale complessivo
누관 淚管 【해부】 il condotto lacrimale
누구 ① [의문] chi, di chi (누구의), a chi, chi (누구에게, 누구를) ¶ 누구세요 Chi è Lei? ② [누군가] qualcuno [의문,부정] chiunque, nessuno ¶ 누군가 적당한 사람 una certa persona adatta ③ [누구라도] chiunque, qualcuno, [부정] nessuno ¶ 누구나 약점은 있다 Tutti hanno punti deboli.
누그러뜨리다 ammorbidire (il proprio carattere, atteggiamento)
누그러지다 [날씨] essere mite, migliorare [값이] abbassarsi, scendere, [성질 따위가] calmarsi, tanquillizzarsi, essere tranquillo
누글누글 **-하다** (essere) tenero, morbido
누긋하다 [물건이] rendere plessibile, [성질이] (essere) placido, sereno, tranquillo
누기 漏氣 umidità
누기차다 inumidire, bagnare
누나 sorella maggiore (più grande)
누년 累年 molti anni, parecchi anni
누누이 屢屢- ripetutamente
누님 sorella maggiore (termine onorifico)
누다 ¶ 똥을 누다 defecare // 오줌을 누다 orinare, pisciare
누대 樓臺 torretta
누더기 abito stracciato, abito

rappezzato
누덕누덕 rappezzato ¶ 옷을 누덕 누덕 깁다 rappezzare
누되다 essere noioso, molesto, assillante(누를 끼치다)
누두 漏斗 imbuto
누락 漏落 omissione, lacuna
누란 累卵 ¶ 누란의 위기에 처하다 essere in imminente pericolo
누렁 giallo, tintura gialla
누렁물 acqua gialla
누렇다 essere giallino, essere giallo dorato
누룩 lievito, malto * **-덩이** tocchetto di lievito (usato per preparare liquori fermentati come il Makkoli e Dongdong-Ju)
누룽지 riso bruciacchiato (riso che rimane attaccato al fondo della pentola. In passato veniva mangiato come dessert)
누르께하다 essere tinto di giallo, dare una sfumatura gialla
누르다[1] essere giallo dorato ¶ 누른 빛 colore giallo
누르다[2] premere, comprimere, spingere [억압] reprimere, opprimere [감정] controllare
누르락붉으락 cambiare colore dalla rabbia, diventare rosso dalla rabbia
누르락푸르락 diventare verde di rabbia
누르스름하다 essere giallastro
누릇누릇-하다 ⇒ 노릇노릇-하다
누리[1] grandine(우박)
누리[2] [곤충] un genere di locusta
누리[3] mondo
누리다[1] [냄새가] puzzare
누리다[2] godere ¶ 행복을 누리다 godere di felicità
누린내 puzzo, puzza, fetore, malodore
누마루 veranda (nelle casa tradizionali nobiliari, spazio aperto situato nell'area riservata al capofamiglia)
누명 陋名 disonore ¶ 누명을 쓰다 essere disonorato, essere stigmatizzato
누문 漏聞 udire per caso (di nascosto)
누범 累犯 accusa per lo stesso crimine
누비 imbottitura a trapunta
누비다 ¶ 이불을 누비다 trapuntare, imbottire
누선 涙腺 【해부】 ghiandola lacrimale
누설 漏泄 perdita, fuoriuscita, divulgazione, fuga di notizie (비밀, 군기) **-하다** divulgare
누수 漏水 perdita d'acqua **-되다** gocciolare, perdere l'acqua
누습 陋習 cattiva abitudine
누승 累乘 【수학】 elevazione a potenza * **-적** prodotto elevato a potenza
누실 漏失 **-하다** perdere (qlco.)
누안 涙眼 occhi pieni di lacrime
누에 baco da seta **-치기** sericoltura
누옥 陋屋 casa malandata, in rovina
누우드 nudo
누워떡먹기 facile come bere un bicchiere d´acqua (modo di dire)
누이 sorella, [손위] sorella mag-

giore, [손아래] sorella minore

누이다 ① [대소변을] far defecare, urinare ② [눕히다] mettere a letto

누적 累積 accumulazione **-하다** accumulare

누전 漏電 cortocircuito * **-계** rilevatore di massa elettrica

누지다 essere umidiccio

누진 累進 avanzamento graduale **-하다** ① avanzare gradualmente (posizione) ② aumentare costantemente * **-과세** aumento stabile delle tasse * **-소득세** aumento fisso dell′imposta sul reddito

누차 屢次 ripetutamente, molte volte

누추 陋醜 sporcizia, sordidezza ¶ 누추한 sporco, modesto, umile, rovinato, malandato

누출 漏出 perdita

눅눅하다 (essere) umido ¶ 눅눅한 옷 vestiti bagnati, umidi

눅다 ① [반죽이] (essere) morbido, duttile ② [습해서] (essere) umido, bagnato, umido ¶ 담배가 눅다 Il tabacco è umido. ③ ¶ 성질이 눅은 사람 una persona dal temperamento mite(placido, tranquillo) ④ 날씨가 눅어졌다 Il tempo è più mite.

눅신하다 essere morbido e flessibile, essere elastico

눅이다 ① intenerire, ammorbidire ② [마음을] placare, lusingare, blandire, intenerire il cuore (di qlcu.) ③ [목소리를] schiarire

눅지지다 ammorbidirsi

눈 ① occhio ¶ 눈의 oculare, ottico // 눈 깜짝할 사이에 in un batter d′occhio // 눈을 감다, 너그럽게 봐주다 chiudere gli occhi // 눈을 뜨다 aprire gli occhi, svegliarsi // 눈이 부시다 avere gli occhi sbarrati (per lo stupore) // 눈이 아프다 avere male agli occhi // 눈을 가리다 bendare gli occhi // 눈을 내리깔다 abbassare gli occhi // 눈을 깜박이다 fare segno con gli occhi, fare l'occhiolino, sbattere le ciglia // 눈에 들다(사물이 주어) essere benvisto // 눈에 선하다 essere chiaro // 눈이 맞다 innamorarsi 부러운 눈으로 보다 guardare con invidia ② [시력] vista, visione ¶ 눈이 밝다 avere una buona vista // 눈이 나쁘다 non avere una buona vista // 눈이 멀다 essere cieco // 시력을 손상하다 cavarsi gli occhi // 날카로운 눈 sguardo penetrante // 흘끗보다 dare un' occhiata, gettar un occhio // 대충 훑어보다 scrutare (qlco.), scorrere (giornale, documento) ③ [주의] avviso, attenzione ¶ 눈에 띄다 essere notato // 눈을 끌다 attrarre l'attenzione // 사람의 눈을 피하다 evitare lo sguadro (di un altro) ④ [견지] punto di vista ¶ 서양 사람의 눈으로 보면 da un punto di vista occidentale ⑤ [안식] comprensione, giudizio ¶ 예술가의 눈으로 보나 vedere con l′occhio dell'artista // 분별력이 있다 avere buon occhio (per) // 눈이 높다 puntare in alto, essere ambizioso

눈² [싹] germoglio ¶ 눈이 나오다 germogliare [눈금] gradazione, scala ¶ 저울눈을 속이다 mentire sul peso [그물,체의] maglia, [편물의] punto

눈³ ¶ 함박눈이 내리다 La neve cade a grandi fiocchi. // 눈송이 fiocco di neve // 눈사람을 만든다 fare un pupazzo di neve // 눈사태 valanga di neve // 눈 같이 희고 차가운 팔 braccia fredde e bianche come la neve // 눈싸움을 하다, 눈을 치다 spalare la neve // 싸라기눈 grandine // 첫눈 la prima neve della stagione

눈가리개 benda per gli occhi, paraocchi

눈가림 inganno, [미봉책] ripiego ¶ 눈가림으로 하는일 un lavoro di ripiego

눈가죽 ⇒ 눈까풀

눈까풀 palpebra [눈꺼풀]

눈깔 occhio

눈감다 ① [눈을] chiudere gli occhi ② [죽다] morire // 눈감아주다 chiudere gli occhi su, lascia perdere, essere accondiscendente ¶ 죄를 눈감아 주다 chiudere un occhio su uno sbaglio

눈거칠다 (essere) brutto, spiacevole a vedersi

눈꺼풀 palpebra (눈까풀)

눈결 sguardo, occhiata, apparizione fugace

눈꼴사납다 essere disgustoso, [모양이] (essere) brutto, spiacevole a vedersi

눈구멍¹ [안공] orbita dell'occhio, [눈] occhio

눈구멍² ¶ 눈구멍에 빠지다 scivolare nella neve

눈구석 l'angolo dell'occhio

눈금 [자의] graduazione, scala ¶ 눈금을 긋다 graduare, ordinare in gradi, segnare, calibrare

눈기이다 ingannare

눈높다 ① pretendere troppo, puntare in alto, ambizioso, essere un tipo difficile, incontentabile ② [안식] sapere giudicare qlco., avere buon fiuto per, intendersi di, avere occhio per

눈다랭이 【물고기】 un genere di tonno

눈딱부리 [사람] occhi sporgenti, [눈] occhi gonfi

눈닥지 occhi brutti, sguardo sinistro, malocchio

눈대중 (misura) a occhio **-하다** misurare (una cosa) a occhio ¶ 눈대중으로 a occhio 눈독들이다 tenere d'occhio ¶ 그는 그녀의 재산에 눈독을 들이고 있다 Tiene d'occhio la sua proprietà.

눈동자 pupilla

눈두덩 le parti protuberanti delle palpebre

눈뜨다 aprire gli occhi, svegliarsi (깨닫다) ¶ 성에 눈뜨다 essere cosciente rigaurdo al sesso

눈뜬장님 [문맹] illetterato ¶ 그는 눈뜬장님이다 E' un illetterato.

눈띄다 attrarre l'attenzione, essere vistoso, che si fa notare, notevole

눈망울 bulbo oculare

눈맞다 innamorarsi

눈맞추다 scambiarsi un'occhiata
눈맵시 la forma degli occhi
눈멀다 diventare cieco, perdere la vista
눈물 ① lacrima ¶ 거짓눈물 lacrime di coccodrillo // 눈물겨운 이야기 una storia commovente // 눈물젖은 얼굴 viso in lacrime // 눈물이 고여 con le lacrime agli occhi // 눈물이 많은 dal cuore tenero // 눈물을 참다 trattenere le lacrime // 눈물을 잘흘리다 eseere facile al pianto ② [동정심] compassione, cuore tenero
눈물짓다 essere commosso fino alle lacrime, far piangere
눈바람 neve e vento
눈발 fiocchi della neve
눈방울 bulbo oculare
눈병 malattia dell'occhio
눈보라 bufera di neve, tormenta
눈부라리다 fulminare con lo sgaurdo
눈부시다 ① [빛이] abbagliare, accecare ② [혁혁하다] (essere) brillante, notevole, splendido ¶ 눈부신 발전 progresso notevole
눈빛 [안광] espressione degli occhi ¶ 눈빛이 날카롭다 avere uno sguardo penetrante
눈사람 pupazzo di neve
눈싸움 battaglia con la neve
눈사태 slavina, valanga
눈살 ¶ 눈살을 찌푸리다 aggrottare le sopracciglia
눈석임 disgelo **-하다** disgelare * **-물** neve sciolta, fanghiglia
눈설다 essere poco conosciuto ¶ 눈선 땅 un paese sconosciuto
눈썰미있다 essere veloce ad apprendere
눈썹 sopracciglio (pl. le sopracciglia)
눈속이다 truffare, ingannare
눈속임 inganno, truffa
눈송이 fiocco di neve
눈시울 il bordo d'una palpebra ¶ 눈시울이 뜨거워지다 essere spinto a piangere
눈알 bulbo oculare
눈앞 ① [면전] di fronte a (qlcu.), in presenza (di qlcu.), davanti ai propri occhi ¶ 바로 눈 앞에서 proprio sotto il naso ② [시간적] immediato, imminente
눈엣가시 una spina nel fianco, una persona odiosa
눈여겨보다 guardare con attenzione
눈요기하다 rallegrarsi alla vista di qlco.
눈웃음 ¶ 눈웃음치다 sorridere con gli occhi
눈익다 essere familiare ¶ 눈익은 얼굴 viso familiare
눈인사 -하다 fare un cenno col capo
눈자위 l'iride
눈정기 ¶ 눈정기 있다 avere occhi brillanti
눈주다 fare segno con gli occhi
눈짓 -하다 strizzare l'occhio, fare l'occhiolino
눈초리 espressione degli occhi, sguardo ¶ 악의있는 눈초리로 바라보다 guardare di malocchio
눈총기 ¶ 눈총기가 있다 avere una buona memoria visiva
눈총맞다 essere fulminato con lo

sguardo

눈치 ① [감지] senso, tatto, intuizione ¶ 눈치채다 rendersi conto di qlco. ② [기색] espressione, segno [태도] modo, sguardo ¶ 눈치보다 rendersi conto della situazione, conoscere la situazione

눈치레 ¶ 눈치레로 per salvare la faccia, per far vedere

눈코 occhio e naso ¶ 눈코 뜰 새 없다 essere molto occupato, non avere tempo nemmeno per respirare

눈흘기다 guardare con sospetto

눋다 bruciacchiarsi, brucciarsi ¶ 눋는 냄새가 난다 sentire odore di bruciato

눌러 [곧 이어서] in successione, consecutivamente, [관대히] generoso

눌러보다 perdonare, trattare con benevolenza

눌리다[1] ① essere schiaccitao ② [위압] essere sopraffatto, essere oppresso

눌리다[2] [눋게 하다] bruciare, scottare, bruciacchiare ¶ 밥을 눌리다 bruciare il riso

눌어붙다 ① [타서] ¶ 밥이 눌어붙다 Il riso si bruciacchia e si attacca. ② [한자리에] aggrapparsi a, aderire a

눌은밥 riso bruciacchiato

눌하다 essere balbuziente, balbettare

눕다 sdraiarsi, adagiarsi, allungarsi ¶ 자리에 눕다 sdraiarsi sul letto

눕히다 sdraiare, adagiare, allungare

눙치다 lusingare, fare dei complimenti

뉘[1] [쌀의] riso nella pula

뉘[2] chi ⇒ 누구

뉘앙스 sfumatura (프)

뉘엿거리다 ① ¶ 해가 뉘엿거린다 Il sole sta per sorgere(tramontare). ② [속이] avere la nausea

뉘엿뉘엿 ① [해가] calante ② [속이] con la nausea

뉘우쁘다 (essere) pentito, provare rimorso

뉘우치다 rammaricarsi, pentirsi, essere spiacente per, essere pentito ¶ 뉘우침 rimpianto, pentimento // 자기가 한 짓을 뉘우치다 pentirsi delle proprie azioni

뉴스 notizie

뉴욕 Nuova York

뉴질랜드 La Nuova Zelanda

뉴페이스 sconosciuto

느글거리다 sentirsi male, avere la nausea, avere conati di vomito

느긋하다 essere soddisfatto, contento, rilassato, sentirsi tranquillo

느끼다 ① [지각] sentire, provare, sperimentare, realizzare ② [감동] rimanere colpito

느끼하다 ① essere troppo grasso, essere pesante (per lo stomaco) ② [사람] viscido

느낌 sensazione, impressione [인상] sentimento [기분] tatto [촉감] ¶ 좋은 느낌을 주다 fare buona impressione su qlcu. * **감탄사** interiezione, esclamazione **-표** punto esclamativo

느닷없다 (essere) imprevviso, inatteso ¶ 느닷없는 짓 comportamento inatteso ed improprio

느닷없이 inaspettato, improvviso, inatteso ¶ 느닷없이 나타나다 comparire inaspettatamente
느렁이 【동물】 femmine di daino
느루 fare prolungare, far durare ¶ 느루먹다 mangiare con parsimonia
느른하다 essere esausto, essere senza forza, essere stanco
느릅나무 【식물】 olmo
느리광이 pigrone, fannullone
느리다 ① [속도, 동작이] essere lento ② ¶ 짜임새가 느린 천 tessuto allentato (a maglia lenta)
느림 nappa
느릿느릿 [속도가] lentamente, oziosamente, [짜임새가] largo allentato, lento ¶ 느릿느릿 걷다 camminare lentamente
느물거리다 dire (qlco.) volutamente, comportarsi (in un certo modo) deliberatamente
느슨하다 ① [밧줄 따위가] essere allentato, largo ¶ 느슨한 밧줄 corda lenta ② [언행, 마음이] distendersi
느즈러지다 ① [느슨해지다] slegare, allentare, rilassare, [마음이] essere tranquillo, distendersi ② [기한이] posporre, rimandare, ritardare
느지감치 ¶ 느지감치 일어나다 alzarsi a mattina inoltrata
느지막이 ¶ 느지막이 자다 andare a letto piùttosto tardi
늑간 【해부】 intercostale **-신경통** nevralgia intercostale, infiammazione del nervo intercostale
늑골 肋骨 【해부】 cassa toracica, costola ¶ 늑골의 costale * **-동맥** arteria intercostale **-통** dolore alla costola
늑대 lupo
늑막 肋膜 【해부】 pleura * **-염** pleurite
늑장부리다 oziare, bighellonare, perder tempo, indugiare, attardarsi
늑탈 勒奪 saccheggio, bottino
-는[1] [조사] ¶ 우리 학교는 언덕 위에 있다 La nostra scuola è sulla collina.
-는[2] [어미] ¶ 흐르는 물 acqua corrente
는적거리다 essere molle
늘 sempre, tutto il tempo, solitamente, abitualmente [습관], costantemente [부단히] ¶ 그는 늘 담배를 피우고 있다 Sta fumando per tutto il tempo. // 그는 늘 나에게 친절했다 È stato sempre gentile con me.
늘그막 ¶ 늘그막에 in tarda età, a tarda età
늘다 [수, 양이] aumentare, guadagnare, svilupparsi, moltiplicarsi ¶ 가족이 늘다 La famiglia è aumentata.
늘어가다 ① [수·양이] continuare ad aumentare ② [진보] avanzare, progredire
늘름 [날쌔게] con una presa rapida [혀를] movimento rapido della lingua dentro e fuori (la bocca)
늘름거리다 gesticolare con le mani, muovere rapidamente la linguetta fuori e dentro
늘리다 ① [양을] aumentare,

aggiungere, moltiplicarsi ¶ 인원수를 늘리다 aumentare il personale ② [면적] estendere, allargare, ingrandire una costruzione ¶ 구두를 늘리다 allargare le scarpe ③ ¶ 고무줄을 늘리다 allungare un elastico

늘보 pigrone, fannullone

늘비하다 essere in fila

늘쌩하다 essere grossolano(rozzo, ampio, largo)

늘씬하다 (essere) snello, sottile, snello ed elegante, slanciato

늘어가다 [수량이] continuare ad aumentare, essere in aumento ¶ 늘다 세계 인구가 늘어간다 La popolazione del mondo continua ad aumentare. [실력 따위가] stare avanzando, stare migliorando

늘어나다 estendersi, espandersi, allungare

늘어놓다 ① [여기저기] spargere ② [줄지어] organizzare le cose in una fila, [진열] esporre, stendere ③ [말을] enumerare ④ [사업을] estendere il commercio

늘어뜨리다 sospendere, far ciondolare

늘어서다 essere in piedi in fila, [차례로] fare la coda

늘어지다 ① [길어지다] allungarsi ② [처지다] estendersi, appendere, struggersi ¶ 늘어진 버드나무 salice piangente ③ [시간이] prolungare, proporre [연기] ④ [몸이] lasciarsi cadere ¶ 피곤해서 축 늘어지다 cascare dalla stanchezza

늘이다 [길이를] allungare, estendere

늘쩍지근하다 stancarsi, essere debole

늘컹거리다 essere molle

늙다 essere vecchio ¶ 늙은 사람 uomo anziano

늙다리 [사람] vecchio, rimbambito, [짐승] un vecchio animale

늙바탕 anziana età

늙어빠지다 essere molto vecchio

늙은이 un uomo invecchiato ¶ 늙은이의 망녕 rimbambimento // 늙정이 uomo anziano, vecchio rimbambito

늙히다 rendere vecchia (una persona), far invecchiare

늠렬 -하다 [추위] (essere) severo, deciso, [늠름] (essere) severo, imporsi, comandare

늠름하다 essere imponente, essere maestoso

늠연하다 imporsi, dominare

늡늡하다 (essere) di larghe vedute, liberale, franco

능 陵 mausoleo reale, tomba reale

능 稜 [기하] angolo, bordo

능가-하다 sorpassare, eccedere, essere superiore a

능간 possibilità

능구렁이 ① [동물] una serpe ② [사람] una vecchia volpe, un uomo scaltro

능글능글-하다 essere astuto, essere impudente

능금 mela [사과] * **-나무** melo

능동 attività ¶ 능동적 attivo, volontario * **-태**(문법) l'attivo

능라 금수 綾羅錦繡 merci di seta, sete, tessuti di seta

능란하다 (essere) abile, esperto ¶ 능란한 기수 un cavallerizzo esperto // 매우 능란한 솜씨를 보이다 visualizzare una grande abilità

능력 能力 [역량] abilità, facoltà, possibilità, [지력] facoltà mentali, [성능] capacità, [기능] facoltà ¶ 영어의 독해 능력 abilità nella lettura dell'inglese // 능력이 있다 potere, essere in grado di * **-급** pagamento secondo le capacità **-상실** inabilità **-자** una persona competente **생산-** capacità produttiva **정신-** capacità mentale **지불-** solvibilità

능률 能率 efficienza, rendimento [물리] momento, efficienza ¶ 능률적 efficiente // 능률의 저하 diminuzione del rendimento // 능률을 올리다 aumentare il rendimento * **-곡선** curva d'efficienza **-임금** paga in base al rendimento (del lavoro svolto) **노동-** rendimento del lavoro

능모 陵侮 disprezzo, sdegno

능변 能辯 eloquenza, padronanza del linguaggio ¶ 능변이다 parlare correntemente * **-가** un parlatore, eloquente

능선 稜線 cresta, crinale (di montagna)

능소 陵所 un mausoleo reale

능소 능대 能小能大 **-하다** essere abile in tutto, essere versatile, essere forte in

능수 能手 ① [수완] abilità, capacità ② [사람] esperto

능수버들 salice piangente

능숙 abilità, competenza **-하다** (essere) esperto, abile, esperto ¶ 능숙한 사람 un esperto // -에 능숙하다 essere esperto in (di)

능욕 ① insulto, affronto **-하다** insultare, offendere ② [여자를] violazione, oltraggio **-하다** oltraggiare, violare

능준하다 essere in gran quantità, abbondante

능지기 陵- il guardiano d'un mausoleo reale

능지처참 陵遲處斬 **-하다** smontare, disfare, tagliare pezzo per pezzo (a pezzi)

능철광 菱鐵鑛 siderite

능청 ¶ 능청부리다 essere astuto, ingannare, imbrogliare, illudere // 능청거리다 ondeggiare, oscillare // 능청스럽다 (essere) astuto, ipocrita

능통 能通 **-하다** (essere) competente, abile, avere una conoscenza completa di

능하다 能- eccellere, essere capace, essere in grado di, essere esperto, essere competente

능형 rombo

능히 abilmente, con abilità, facilmente

늦- ¶ 늦가을 tardo autunno // 늦곡식 ritardo nel raccolto

늦다[1] ① essere in ritardo ¶ 밤늦게 a notte tarda // 지금이라도 늦지 않았다 Non è ancora troppo tardi. ② ¶ 허리띠가 늦다 La cintura si è allentata.

늦다[2] [시간에] ritardare ¶ 기차가 눈 때문에 지연되었다 Il treno ha

fatto ritardo a causa della neve. // 나의 시계는 항상 5분 늦다 Il mio orologio è sempre indietro di cinque minuti.

늦더위 ultimo caldo, caldo tardivo

늦되다 maturare in ritardo, essere lento nella crescita, (essere) ritardato

늦바람 ① [저녁 바람] brezza della sera ② [빠르지 않은] una brezza delicata [난봉] darsi alla bella vita in tarda età

늦복 -福 (essere baciato dalla) fortuna a tarda età

늦봄 tarda primavera

늦부지런 scrupolosa con troppo ritardo ¶ 늦부지런내다 eseguire (un lavoro ecc.) con cura

늦서리 tarda gelata

늦여름 tarda estate

늦잠 dormire fino a tardi (la mattina) ¶ 늦잠자다 alzarsi tardi

늦추 ① ¶ 늦추 오다 venire in ritardo ② ¶ 허리띠를 늦추 매다 mettersi (allacciarsi) la cintura senza stringere

늦추다 ① [띠,고삐를] senza stringere allentare, [마음을] distendersi, rilassarsi ¶ 고삐를 늦추다 allentare le redini, lasciare andare le redini ② [속력을] allentarsi, rallentare ¶ 걸음을 늦추다 rallentare il passo ③ [미루다] posporre

늦추위 ultimo freddo, freddo tardivo

늪 palude, stagno

니그로 negro, una persona di colore

니스 vernice

니제르 Il Niger,

니켈 【화학】 nichel

니코틴 nicotina

니트로글리세린 【화학】 nitroglicerina

니트웨어 maglieria

니힐리즘 nichilismo

닉네임 soprannome, vezzeggiativo

-님 [존경] ¶ 아버님 caro padre // 주인님 Signore! // 선생님 Signore!

님프 ninfa

ㄷ

다 ① [모두] tutti, tutto, ognuno ¶ 다해서 in tutto // 다 같이 가자 Andiamo tutti insieme. // 나의 친구는 다 좋은 사람들 뿐이다 Tutti i miei amici sono brave persone. ② [철저히] completamente, effettivamente

-다 essere ¶ 높다 essere alto // 비싸다 essere costoso

다가놓다 portare vicino, avvicinare ¶ 책을 가까이 놓다 mettere un libro più vicino a

다가붙다 attaccare più vicino (a), avvicinarsi di più

다가서다 avvicinarsi, farsi più vicino

다가앉다 sedersi vicino

다가오다 avvicinarsi

다각 多角 * **-경영** impresa multilaterale **-농업** agricoltura differenziata **-무역** commercio multilaterale

다각적 多角的 differenziato, multilaterale

다각형 多角形 [기하] poligono

다갈색 茶褐色 colore marrone giallastro

다감 多感 sensibilità, suscettibilità **-하다** (essere) sensibile, suscettibile, sentimentale ¶ 다정 다감한 기질이다 essere di natura sentimentale

따갑다 [뜨겁다] bruciare, [쑤시듯이] (essere) spinoso, pungente

다공성 多孔性 다공성의 poroso

다과 多寡 in proporzione (in molto in poco) [양] quantità, [수] numero

다과 茶菓 rinfreschi * **-회** ricevimento

다국적 多國籍 multinazionale * **-기업** società multinazionale

따귀 -를 때리다 schiaffeggiare sulla guancia

다그다 [당기다] portare vicino ¶ 기일을 다그다 spostare in avanti la data, anticipare

다그치다 ① ⇒ 다그다 ② 몰아치다 incitare, spronare

따끔하다 ① bruciare, dolere, pungere, mordere ② [느낌이] (essere) crudele, duro, severo

다급하다 (essere) imminente, urgente ¶ 다급한 용무로 per affare urgente

다기 多岐 molte filiali (divisioni, sezioni)

다기지다 多氣- (essere) coraggioso ¶ 다기진 사람 una persona coraggiosa

다난 多難 **-하다** essere pieno di difficoltà ¶ 다난한 해 un anno tumultuoso
다녀가다 passare da (un luogo, qlcu.)
다녀오다 andare e tornare
다년 多年 ¶ 다년간 per molti anni **-생 식물** pianta millenaria
다뇨증【의학】poliuria
다눈치오 D'Annunzio Gabriele (伊 1863-1938)
다능 多能 la versatilità **-하다** (essere) versatile ¶ 다능한 사람 una persona d'intelligenza versatile
-다니 [의외] ¶ ① 그런 짓을 하다니 너도 바보다 stupido da parte tua aver fatto una tale cosa. ② 그런 정직한 사람을 내쫓다니 Come hanno potuto buttar fuori una persona cosi onesta!
다니다 ① [왕복] andare e ritornare ¶ 왕복 andata e ritorno ② [통근, 통학] frequentare la scuola, andare a, andare in ufficio [자주 가다] frequentare, visitare frequentemente
다니엘【성경】Daniele
따님 figlia (forma onorifica)
따다 ① scegliere, cogliere, pizzicare, [모으다] raccogliere, riunire ¶ 꽃을 따다 cogliere i fiori ② [터뜨리다] aprire, incidere ③ [얻다] ottenere, prendere, vincere, assicurarsi ¶ 노름판에서 돈을 많이 따다 guadagnare molti soldi al gioco ④ [발췌] selezionare, estrarre
다다르다 arrivare, raggiungere
다다이즘 Dadaismo
다닥다닥 in gruppo, ammassato
다닥치다 [닥치다] essere vicino, avvicinarsi, essere imminente, essere a portata di mano
다단 多端 [다망] pieno di cose da fare **-하다** essere occupato, essere complicato, essere pieno di lavoro
다달이 ogni mese, al mese, mensilmente, per mese
다대 多大 una grande quantità **-하다** essere molto grande ¶ 다대한 이익을 얻다 ottenere un notevole beneficio
다독 -하다 leggere molto
다독거리다 raccogliere e con un leggero colpo rimettere in ordine (fogli sparpagliati)
따돌리다 escludere, lasciare fuori
다듬거리다,따듬거리다 balbettare
다듬다 ① [나무, 돌따위를] ordinare, ripulire, tagliare [대패로] allisciare [칼로] smussare una pietra ¶ 돌을 다듬다 ripulire uniformamente una pietra ② [푸성귀를] tagliare ③ ripulirsi [깃을] mettere in ordine [머리를] ④ [땅바닥을] appianare, livellare
다듬이질 lisciare (stendere) il tessuto, follatura
다듬잇돌 blocco di pietra per la follatura
다듬잇 방망이 bastoncini per la follatura
다듬질 [조각] tocchi di rifinitura **-하다** dare il tocco finale, rifinare
따뜻이 ① [열로] al caldo, calorosamente ¶ 몸을 따뜻이 하다 [옷을

입고] tenere caldo ② [온정으로] calorosamente, gentilmente ¶ 따뜻이 맞아들이다 dare un caloroso benvenuto

따뜻하다 ① [온도] (essere) dolce, caldo, mite, tiepido ¶ 따뜻한 겨울 un inverno mite ② [온정] (essere) gentile, cordiale ¶ 따뜻한 환영 un caloroso benvenuto

따라가다 ① [동반] andare con, accompagnare [뒤를] seguire ¶ 길을 따라 가다 seguire un percorso ② [모방, 복종] obbedire, seguire, imitare ③ [뒤지지 않도록] mantenere i rapporti con, stare al passo con, raggiungere qlco.

따라서 ① [-대로] conforma a, a secondo di ¶ 사람에 따라서 a secondo della persona ② [비례해서] in proporzione a, in vase a ¶ 수입이 증가함에 따라서 in proporzione all′aumento del reddito // 문명이 발달함에 따라서 in base al progresso della civiltà ③ [그러므로] di conseguenza, conseguentemente, quindi, di modo che

따라오다 [뒤를] seguire, accompagnare, [모방] seguire, imitare, [좇아서] stare al passo con

따라지 ① [땔보] nano ② [노름판의] punto ③ [따분한 존재] un′esistenza misera

다락 spazio situato tra il tetto e il soffito della cucina e usato come deposito (nelle case tradizionali coreane Hanoak)

다락 같다 essere molto caro, essere costoso

다람쥐 【동물】 scoiattolo

다랑어 【물고기】 tonno

다래다래 -하다 pendere a grappoli

다량 多量 molto, una grande quantità ¶ 다량의 abbondante // 다량으로 abbondantemente * **-생산** fabbricazione in serie

따로 ① [별개의] separatamente, a parte ② [별도,여분] ulteriormente, in aggiunta a ③ [특별] in particolare, specialmente separatamente

따로따로 [떨어져] esclusivamente, diverso, [개별로] ciascuno, rispettivamente, uno per uno

다루다 ① [사람을] trattare, [손으로] funzionare, maneggiare, [처리] gestire, condurre ¶ 문제를 다루다 affrontare un problema // 함부로 다루다 trattare qlco. o qlcu. senza tatto ② [가죽 따위] conciare pelli

다르다 [상이] essere differente, differire, essere diverso da, [불일치] essere in disaccordo, non corrispondere a ¶ 그 점에서 너와 의견이 다르다 Non sono d'accordo con te su quel punto. // 사본이 원본과 다르다 La copia non corrisponde all′originale. // 운임은 거리에 따라 다르다 Il prezzo varia a secondo della distanza.

따르다[1] ① [뒤따르다, 수행하다] accompagnare, seguire, andare con qlcu. ② [복종] obbedire, seguire ¶ 명령을 따르다 obbedire gli ordini ③ [응하다] conformarsi a, accordarsi ④ [붙좇다] aderire strettamente, stringersi, mantenere radicato

따르다[2] versarsi, riempire (una tazza di caffè), mettere (l'acqua in una ciotola) ¶ 차를 따르다 versare il tè

따르르 ① [구르는 꼴] qlco. che rotola ¶ 따르르 구르다 rotolare ripetutamente ② [작은 종소리] tintinnio

따름 soltanto, semplicemente, solo ¶ 그 일을 해낼 사람으로는 오직 그가 있을 따름이다 L'unico che può farlo è solanto lui.

다름아니라 nient'altro che

다름없다 essere simile, essere tanto quanto ¶ 그는 거지나 다름없다 Non migliore d'un mendicante. Non è altro che un morto di fame. (dispregiativo)

다름없이 ugualmente, similmente, nello stesso modo, come

다리[1] gamba, (낙지 등의) tentacolo, piede di un mobile

다리[2] ponticello ¶ 다리를 놓다 costruire un ponticello attraverso un fiume

따리 adulazione ¶ 따리 붙이다 adulare

다리다 stirare

다리미 ferro da stiro ¶ 다리미질 하다 stirare

다리쇠 treppiedi, supporto

다림 il lavoro dell'idraulico, scandaglio

다림 보다 [겨냥대어] scandagliare

다림줄 filo a piombo

다림질 (하다) stirare

다림추 -錘 piombo, scandaglio

다림판 -板 spianata del carpentiere

다릿목 ponte su una strada d'accesso

다마스커스 Damasco

다만 ① [오직] soltanto, semplicemente, solo, altro che ② [그러나] ma, tuttavia, soltanto, [조건] a condizione che

다망 多忙 stress (da lavoro), (avere) troppo lavoro da fare, (essere) occupatissimo **-하다** essere occupato, essere pressato dal troppo lavoro

따먹다 ① [과실을] cogliere (un frutto) e mangiare ② [장기 따위에] mangiare ③ [여자를] farsela

다면 多面 multilaterale * **-각** un angolo polièdrico **-체** poliedro

다모작 多毛作 coltivazione intensiva

다목적 多目的 multiuso

다문 多聞 ¶ 다문박식 dotto

다물다 tenere la bocca chiusa, stare zitto

다민족국가 多民族國家 una nazione multietnica

다박나룻 barba folta

다발 gruppo, mazzo, covone [나락 따위] ¶ 짚 한 다발 fascio di paglia

다방 茶房 locale dove si beve principalmente caffè o tè

다방면 多方面 [방면] multiforme ¶ 다방면의 vario // 다방면으로 in molti aspetti

다변 多變 loquacità ¶ 다변의 loquace, di molte chiacchiere * **-가** un chiacchierone, uno che parla tanto

다변 multilaterale ＊ **-외교** diplomazia multilaterale **-형** poligono

다병 多病- **-하다** essere debole, essere infermo, essere incline alla malattia

다복 多福- **-하다** essere fortunato, essere baciato dalla fortuna

다부 일처 多夫一妻 poliandria (istituzione sociale dove una donna può avere più mariti)

다부지다 (essere) determinato, risoluto, costante ¶ 다부진 사람 un tipo duro, risoluto

따분하다 ① [느른하다] (essere) apatico, svogliato ② [지리하다] essere annoiato, snervato, insignificante ¶ 휴일을 따분하게 보내다 trascorrere un giorno festivo nella noia ③ [난처하다] (essere) imbarazzante, (essere) in una posizione difficile

다분히 多分- molto, principalmente, in massima parte

다불과 多不過 al massimo

다불다불 abbondantemente, pienamente, [꽃, 열매가] a mucchi, a mazzi

다붓다붓 uno vicino all′altro, fitto (folla, foresta, bosco, ecc.)

다붓하다 essere uno vicino all′altro, essere a breve distanza, essere fitto

다붙이다 essere vicini

다비 【불교】 cremazione

다사 多事 ① [일이 많음] ricco di eventi, essere occupato ② [간섭이 많음] 다사스럽다 (essere) importuno, indiscreto, intrigante, ufficioso, invadente

다산 多産 fertilità, fecondità ＊ **-계** una gallina prolifica

다색 多色 diversi colori

다색 茶色 ¶ 다색의 marrone chiaro, (머리카락) castano chiaro

다섯 cinque ¶ 다섯배(의) cinque volte, quintuplo // 다섯째 quinto

다소 多少 ① [수량] numero (수), quantità (양), importo (액) ② [얼마만큼] più o meno, piuttosto, un poco ¶ 영어를 다소 한다 parlare inglese un poco

다소곳이 [머리를 숙이고] con la testa abbassata, [온순하게] ubbidientemente

다소곳하다 assumere un atteggiamento umile tenendo il capo chino, essere ubbidiente ¶ 다소곳한 태도 un atteggiamento cortese ed ubbidiente

-다손 치더라도 anche se, per quanto, comunque, in qualunque modo

다수 多數 ① [수] un grande numero ¶ 다수의 molto, numeroso ② [대다수] la maggioranza ＊ **-당** partito di maggioranza **-표** pluralità(득표차)

다수결 多數決 la decisione a maggioranza

다스 dozzina

다스리다 ① [통치] governare, [관리] gestire, amministrare ¶ 무력으로 나라를 다스리다 governare il paese col pugno di ferro ② [평정] reprimere, sottomettere ③ [병을] guarire, curare, rimediare ④ [죄를] punire

다스하다, 따스하다 (날씨가) fare un caldo sopportabile
다습 多濕 **-하다** essere umido
다습다, 따습다 essere un caldo piacevole
다시 di nuovo, ancora una volta, una seconda volta ¶ 다시 쓰다 scrivere di nuovo, riscrivere
다시다 schioccare le labbra, [불쾌할 때] fare schioccare lingua
다시 없다 essere unico ¶ 다시없는 일품 un articolo unico
-다시피 [마찬가지로] come, [같은 정도로] quasi, tanto (buono) quanto ¶ 보다시피 come vedete
다식 多食 ghiottoneria, ingordigia **-하다** mangiare troppo * **-가** ghiottone, goloso
다신교 多神敎 politeismo * **-도** un politeista
다심 多心 **-하다** essere nervoso
다알리아 dalia
다액 多額 grande somma * **-납세자** un alto contribuente
다양 多樣 varietà, diversità, molteplicità
다언 多言 ① [다변] loquacità ② [여러 말] molte chaicchiere
다예 versatilità
다오 [물건을] dammelo (li, la, le)
따옴표 virgolette
다용 多用 **-하다** spendere troppo, usare molto
다우존스 -식 -式【증권】la formula di Dow-Jones * **-평균주가** l'indice (di Dow-Jones sulle azioni in borsa)
다운【권투】pugno che manda al tappeto, K.O (cappa o)
다원【철학】pluralismo ¶ 다원적 plurale * **-론** pluralismo **-론자** pluralista **-방정식** equazione multipla
따위 come, simile, qualsiasi, [등등] e così via, eccetera ¶ 그 따위 것 una tal cosa
다윗【성경】Davide
다육 多肉 carneo, ricco di polpa (다육질) **-하다** (essere) carnoso, polposo * **-과(엽)** frutta polposa
다음 다음의 seguente, seguendo, [제 2위의] dopo, secondo, secondariamente, secondo posto ¶ 다음 일요일 domenica prossima // 다음 정거장 la stazione seguente // 다음과 같다 (essere) come segue
다음 가다 essere al secondo posto, essere seguente
다음날 il giorno dopo ¶ 도착한 다음날 il giorno dopo il suo arrivo
다음다음 ¶ 다음다음 날 due giorni dopo, dopodomani, tra due giorni
다음달 il mese prossimo
다음절어 polisillabo, una parola polisillaba
다음 해 l'anno prossimo
다의 多義 ¶ 다의어 una parola con molti significati, parola polisemica
다이너 마이트 dinamite
다이빙 immersione (subacqua)
다이아몬드 diamante
다이알로그 dialogo
다이얼 scala (di frequenza radiofonica), tastiera (o disco) del telefono ¶ 다이얼을 돌리다

comporre un numero telefonico

다이오드 diodo

다이제스트 compendio, sommario, riassunto, rivista che pubblica estratti di libri

다인 [물리] dina o dine

다짜고짜로 senza avvertimento, inaspettamente, bruscamente [예고없이] senza avvertimento ¶ 다짜고짜로 뺨을 치다 schiaffeggiare la guancica all′ improvviso

다작 多作 **-하다** scrivere molte opere ¶ 다작의 prolifico

다잡다 ① [감독] esercitare un controllo rigido ¶ 학생들을 다잡다 mettere gli studenti sotto disciplina rigorosa ② [마음을] disciplinarsi

다재 多才 talento, versatilità **-하다** essere versatile ¶ 다재한 사람 una persona versatile

다정 多情 ① affettuoso, caloroso, cordiale ¶ 다정한 사람 una persona affettuosa(tenera) // 다정하게 teneramente, calorosamente, affettuosamente ② [우정] **-하다** essere intimo, essere vicino 다정하게 지내다 essere (amici) intimi

다정다감 多情多感 **-하다** (essere) appassionato, sentimentale

다족류 多足類 【곤충】 millepiedi

다죄다 stringere

다지다 ① assicurarsi, sollecitare una persona (per una risposta definita) ② [눌러서] indurirsi ¶ 땅을 다지다 indurire la terra ③ [음식을] premere ④ [고기를] tritare, sminuzzare

따지다 ① [시비를] distinguere ② [수지를] calcolare, contare

다짐 promessa, impegno, assicurazione **-하다** impegnarsi, fare voto di, promettere, giurare, assicurare

다채롭다 多彩- (essere) pieno di colori, variegato ¶ 다채로운 행사 avvenimenti variegati

다처 多妻 molte mogli ＊ **일부-** poligamia

다치다 ferirsi, farsi male (a) [다치게 하다] ferire

다크 호스 (essere) un′incognita, non prevedibile

다큐멘터리 documentario

다큐멘트 documento

다투다 ① [싸우다] litigare, attaccar briga con ② [겨루다] contendersi, competere, lottare ¶ 승패를 다투다 contendersi la vittoria

다툼 [싸움] lite, [논쟁] disputa, argomento, [경쟁] concorso, concorrenza, competizione ¶ 자리 다툼 la concorrenza per una posizione

다팔머리 capelli morbidi ed elastici

다하다[1] [소모] esaurirsi, finirsi, consumarsi, [끝나다] terminare, finire

다하다[2] ① [마치다] finire, compiere ¶ 자기의 의무를 다하다 fare il dovere ② [다들이다] consumare ¶ 수단을 다하다 provare tutti i mezzo

다항식 多項式 【수학】 polinomio

다행 多幸 fortuna **-하다** essere fortunato ¶ 다행히도 fortunatamente 다행이다 meno male

다혈 多血 ¶ 다혈의 sanguigno * -**질** temperamento sanguigno

다홍 -紅 crèmisi

딱 ① [정확하게] esattamente, precisamente, [들어맞게] perfettamente, [꽉] fortemente, molto attentamente ② [버티는 꼴] saldamente, rigidamente ③ [단호히] ¶ 딱 거절하다 rifiutare decisamente ④ [벌린 꼴] largamente ¶ 입을 딱 벌리고 con la bocca spalancata ⑤ [소리가] con uno scoppio

딱다구리 【새】 picchio

닥닥 [긁는 모양] grattarsi, grattare (ripetutamente)

딱딱 ① [꺽이는 꼴] con uno schiocco ② ¶ 손벽을 딱딱 치다 battere le mani

딱딱거리다 ① [나무,돌 따위가] schioccare, (essere) duro, severo [야채, 고기 따위가] (essere) duro ② [엄하다] essere rigido ¶ 아이들에게 딱딱하게 굴다 essere severo con i bambini ③ [글이] rigido, inflessibile

닥뜨리다 [직면] affrontare, confrontare, imbattersi in, subire

딱바라지다 ① [몸이] essere robusto ② [물건 모양이] essere largo e profondo

딱장대 una persona dura

딱장받다 torturare, tormentare

딱정벌레 [곤충] coleotteri

딱지[1] ① [부스럼의] crosta ② [종이티] macchia ③ [게, 거북 따위의] guscio, carapace ④ [시계의] cassa di orologio ⑤ [거절] rifiuto

딱지[2] etichetta, bollo (우표), cartellino

딱총 -銃 rivoltella ad aria compressa

닥치다 avvicinarsi, essere nelle vicinanze

닥터 medico

딱하다 ① [가엾다] essere pietoso [안되다] (essere) spiacente, spiacevole ¶ 딱한 사정 una circostanza pietosa ¶ 딱하게도 mi dispiace dire che ② [난처] essere imbarazzante ¶ 딱한 입장 una posizione scomoda

닦다 ① [윤내다] lucidare, pulire, brunire (un metallo) ② [훔치다] asciugare, pulire ¶ 걸레로 마루를 닦다 pulire il pavimento con lo straccio // 손을 닦다 pulirsi le mani ③ [고르다] livellare, appianare ¶ 길을 닦다 migliorare una strada ④ [연마] istruire, coltivare ¶ 기술을 닦다 migliorare le proprie abilità

닦달질 ① [나무람] **-하다** sgridare, rimproverare ② [닦음] **-하다** lucidare, lisciare

닦아세우다 sgridare (una persona) per, rimproverare (una persona)

닦음질 pulitura **-하다** asciugare, pulire, strofinare

닦이다 ① [윤냄] essere lucidato, [훔침] essere pulito ② [홀닦이다] essere rimproverato

단 gruppo, mazzo, covone ¶ 장작한 단 un fascio di legna

딴 [다른하나] altro ¶ 딴 것 altre

cose // 둘중의 나머지 altro // 딴데 altrove

단 段 ① [지적의 단위] un dan (0.245에이커) ¶ 밭 2단보 due dan di campo ② [신문에 난] colonna ③ [계급] grado, classe, rango ④ [문장의] paragrafo, passaggio ⑤ [계단] scala, scalino (1단)

단 單 soltanto, solo ¶ 단 한 사람 soltanto una persona

단 團 fascia, gruppo, partito, banda, gang (악인 따위의) * **외교-** corpo diplomatico

단 壇 piattaforma, fase, pulpito [설교단] palcoscenico * **문-** circolo letterario

단 但 ma, per quanto [조건] purché

단 斷 decisione, giudizio, risoluzione ¶ 단을 내리다 prendere una decisione

단가 短歌 danga, genere di poemetto coreano

단가 單價 costo per unità

단가 檀家 parrocchiano, sostenitore d′un tempio buddista

단가 團歌 la canzone ufficiale d′un′ associazione

단간 單間 stanza singola ¶ 단간 살림 vivere in una stanza singola

단간제 單刊制 edizione unica

단거리 短距離 breve distanza (사격의) * **-경주** una corsa di breve distanza, una breve corsa **-선수** velocista

단검 短劍 pugnale, stiletto

단것 cose dolci, dolce

딴것 altro, qualcos′altro, una cosa differente

단견 短見 ① [좁은 견해] di strette vedute, mentalità chiusa ② [자기의] la mia umile opinione

단결 團結 unità, unione, solidarietà **-하다** unirsi insieme ¶ 단결하여 con solidarietà, in massa * **-력** la forza dell′unione **-심** spirito di corpo

단결에 tutto d'un fiato, tutto di seguito

단경 斷經 * **-기** menopausa

단계 段階 punto, fase, passo, ordine (순서)

단곡 短曲 uno pezzo corto di musica, un morceau(프)

단골 短骨 d′abitudine

단골손님 cliente fisso, abitudinario

단과대학 單科大學 collegio universitario

단광색 單光色 monocromia

단교 斷交 rottura, rottura dei rapporti * **경제-** rottura dei rapporti economici

단구 短軀 bassa statura

딴군 - 軍 una spia della polizia

단꿈 un sogni d′oro 단꿈 꿔라 Sogni d′oro!

단권 單券 volume unico

단궤 單軌 monorotaia * **-철도** monorotaia

단귀 短句 frase corta

단근 單根 【화학】 radicale 【생물】 una radice semplice

단근질하다 torturare una persona con un ferro rovente

단기 單騎 cavallerizzo

단기 短期 breve scadenza **-대부** un prestito a breve scadenza

단기 團旗 la bandiera di una associazione, la banderia di un partito

단내 [눌어서] odore di burciato

단념 abbandono, cessione **-하다** abbandonare, rinunciare, cedere ¶ 단념 시키다 dissuadere // 나는 그의 출발을 단념 시켰다 L'ho dissuaso dal partire.

단단상약 un impegno costante

단단하다 ① [굳다] (essere) duro, solido, [견고] (essere) costante, forte, corpulento ¶ 단단한 땅 terra solida // 단단한 결심 una decisione definitiva // 단단한 약속 promessa solenne ② [매듭 따위가] (essere) stretto, forte ¶ 단단한 매듭 un nodo stretto ③ [대단하다] (essere) grande, straordinario ¶ 단단한 재미 grande divertimento

단단히, 딴딴히 ① [여무지게] duramente, solidamente ② [꽉] strettamente, saldamente ¶ 문을 단단히 잠그다 chiudere bene la porta ③ [견고히] saldamente, fortemente, solidamente, costantemente ¶ 단단히 결심하다 decidere risolutamente, prendere una risoluzione definitiva // 기초를 단단히 하다 porre basi solide ④ [크게] notevolmente, severamente ¶ 단단히 꾸짖다 rimproverare severamente

단당류 monosaccaride

단대목 svolta

딴데 un altro posto

단도 stiletto, pugnale ¶ 단도로 찌르다 pugnalare una persona

단도직입, 단도직입적으로 direttamente, francamente, semplicemente ¶ 단도직입적인 질문 una domanda franca(diretta)

단독, 단독의 singolo, solitario, solo, [개개의] individuale ¶ 단독적으로 indipendentemente, esclusivamente, [혼자서] da solo // 단독 행동을 취하다 intraprendere un′azione indipendentemente

단독비행 volo unico

단두 decapitazione

단두대 ghigliottina, patibolo ¶ 단두대로 처형하다 ghigliottinare

단둘 soltanto due persone ¶ 방엔 단둘 밖에 없다 Ci sono soltanto due persone nella stanza.

단락 [일의] conclusione, [문장의] la fine del paragrafo ¶ 단락짓다 concludere

단락【전기】cortocircuito **-하다** verificarsi un cortocircuito

단란 armonia, gruppo(circolo) felice [화합] **-하다** essere felice, in armonia

단량체【화학】monomero

단려 arazia, eleganza **-하다** (essere) grazioso, elegante

단련 ① [금속을] forgiatura, fucinatura **-하다** forgiare, acciaiare, fucinare ② [심신을] addestramento, disciplina **-하다** fortificare, rafforzare, disciplinare

단로【전기】togliere (l′elettricità) * **-스위치** interruttore **-플러그** spina

단리【경제】interesse semplice ¶ 단리로 ad interesse semplice,

딴마음 [타의] di intenzioni diverse, [악의] cattive intenzioni, malizia,

[속셈] uno scopo segreto, [반심] un′intenzione perfida
단막 atto ∗ **-극** atto unico
딴말 osservazione irrilevante, [관계없는] osservazione illogica
단말마 ultimi momenti ¶ 단말마의 고통 agonia della morte, l′ultima agonia
단맛 dolcezza, gusto dolce ¶ 단맛이 나다 essere dolce
딴맛 gusto differente, gusto particolare (특이한 맛)
딴머리 parrucca, capelli finti
단면 sezione, parte ¶ 사회생활의 한 단면 uno scorcio di vita sociale ∗ **횡-** una sezione trasversale
단명 una vita breve
단모음 ① monottongo, ② vocale breve
단무지 rafano bianco marinato
단문 [문장] frase breve
단문 【문법】 periodo semplice
단물 ① [담수] acqua dolce ¶ 단물 물고기 pesci d′acqua dolce ② [잇속 있는 부분] la parte migliore
단물나다 ① logorarsi, consumarsi, vestirsi con abiti logori ② sfiancare, essere distrutto, essere spossato
단박 immediatamente, subito, direttamente, sul posto
단발 單發 [한발] sparo, colpo
단발 短髮 capelli corti
단발 單髮 **-하다** tagliare i capelli (alla maschietta)
단방 斷房 **-하다** astenersi dai rapporti sessuali
단방 單放 [총포의] un solo colpo
단방 單方 [한가지 약의 처방] prescrizione di un solo medicinale, [효력이 있는 약] medicina efficace
단배 di buon appetito ¶ 단배 주리다 soffrire la fame
단백석 【광물】 opale
단백질 【화학】 proteina, albumina ¶ 단백질의 proteico, albuminoso ∗ **-뇨증** albuminuria
단번 soltanto una volta ¶ 단번에 d′un sol colpo, in una volta
단벌 solo uno, uno solo
단병전 lotta corpo a corpo
단봉낙타 單峰駱駝 【동물】 cammello arabo
단비례 單比例 【수학】 rapporto semplice, proporzione semplice,
단사 丹砂 【광물】 cinabro
딴사람 [타인] un′altra persona, un altro
단산 單産 **-하다** superare l′età feconda, non avere più gravidanze
딴살림 -하다 vivere separatamente
단상 壇上 ¶ 단상에 오르다 salire sulla piattaforma
단상 斷想 pensieri frammentari
단색 單色 monocromia ¶ 단색의 monocromatico ∗ **-광**(물리) luce monocromatica **-화** monocromia
딴생각 idea diversa, intenzione differente, [엉뚱한] scopo segreto ¶ 딴생각 먹다 avere un motivo recondito 딴 생각이 있다 pensarla diversamente, avere un′altra idea
단서 端緖 [기원] nascita, origine, [시작] inizio, [초보] il primo

punto, [실마리] indizio, ¶ 문제 해결의 단서 traccia, il primo punto verso la soluzione del problema, un indizio per risolvere un problema // 단서를 잡다 avere un indizio

단선 單線 [한줄] una singola riga, [단궤] unica linea

단선 斷線【전기】essere staccato

단성 單性【생물】monogenesi

단세포 單細胞【생물】una singola cellula ＊ **-동물**(식물) animali (piante) unicellulari

단소 短小 **-하다** (essere) piccolo e corto

딴소리 un′osservazione irrilevante

단속 團束 [관리] controllo, supervisione, gestione, ordine, [감독] controllo ¶ 단속의 강화 applicazione rigida dei regolamenti // 화기를 단속하다 controllare l′incendio

단속 斷續 intermittenza **-하다** interrompere ¶ 단속적 intermittente // 단속적으로 intermittentemente

단속곳 sottoveste

단수 斷水 sospensione del rifornimento d'acqua

단수 單數【문법】singolare ¶ 단수의 del singolare

단순 單純 **-하다** essere semplice ¶ 단순히 semplicemente // 단순하게 하다 facilitare, rendere semplice una cosa ＊ **-성** semplicità **-화** semplificazione

단순호치 丹脣皓齒 un bel viso, un viso carino

단술 una bevanda dolce

단숨에 單- tutto d′un fiato

단시 短詩 poemetto, sonetto ＊ **-작가** sonettista

단시간 短時間 un tempo breve ¶ 단시간에 in breve tempo

단시일 短時日 ¶ 단시일에 in un breve periodo di tempo

단식 斷食 digiuno **-하다** digiunare, osservare il digiuno **-투쟁**(파업) sciopero della fame

단신 單身 da solo

단신 短信 una lettera breve, un breve messaggio

단심 丹心 devozione

단심제 單審制 [법] processo per direttissima

단아 端雅 **-하다** (essere) grazioso, elegante, raffinato

단안 斷案 [결정] decisione ¶ 단안을 내리다 dare una risoluzione definitiva, dare un giudizio finale

단안경 單眼鏡 monocolo, [망원경] un telescopio monoculare

단애 斷崖 precipizio, scogliera

단어 單語 parola, vocabolo ＊ **-집** l′indice dei vocaboli

단언 斷言 affermazione, asserzione, dichiarazione **-하다** affermare, asserire, dichiarare ¶ 단언할 수 없지만 Non potrei affermarlo

단역 端役 parte secondaria, [사람] extra ¶ 단역을 하다 sostenere una parte secondaria

단연 斷煙 astinenza dal fumo

단연 斷然 ① [단호히] senza dubbio, sicuramente, assolutamente ¶ 단연 금주하다 giurare astinenza all′alcol ② [결정적으로] decisamente, definitivamente, assolutamente ¶ 단연 뛰어나다 mostrare una decisa superiorità

단오 端午 il quinto giorno del quinto mese del calendario lunare ＊ **-절** la festa di Dano

단원 團員 membro (d'un partito)

단위 單位 unità, 【철학】 monade, modulo ¶ 화폐의 단위 unità monetaria // 길이의 단위 l'unità di lunghezza // 무게의 단위 l'unità del peso // 십이진법 unità duodecima // 용적[중량] unità di volume

딴은 [제법] per quanto riguarda (qlco.) ¶ 내딴은 quanto a me

단음 單音 monotono ＊ **-절** monosillabo

단음 短音 【음악】 un suono corto ＊ **-계** secondario

단음 斷飮 astinenza dall'alcol

단일 單 **-하다** (essere) singolo, solo, unico, individuale(개별적) ＊ **-세율** tariffa di solo andata **-환율** tasso unico di cambio **-후보** unico candidato

단자 單子 【철학】 monade

단자 團子 gnocco di pasta

단자 端子 【전기】 morsetto

단자 短資 prestito a breve termine

단짝 amico intimo

단작 單作 monocoltura

단잠 sonno profondo

단장 丹粧 [화장] trucco [장식] ornamento **-하다** truccarsi, farsi bella, vestirsi bene [꾸미다] decorare, ornare, decorare

단장 短杖 bastone da passeggio

단장 團長 leader, capo, guida

단장 斷腸 ¶ 단장의 straziante

단적으로 端的- direttamente, chiaramente, francamente ¶ 단적으로 말하면 parlando francamente

딴전 **딴전보다** fare un altro lavoro ¶ 딴전 피우다 fingere, fingersi

단전 丹田 l'addome ¶ 단전에 힘을 주다 sforzare l'addome, affaticare l'addome

단절 斷切 **-하다** tagliare, dividere

단절 斷絶 [가문 따위의] estinzione, [국교의] rottura, [중단] interruzione ¶ 국교를 단절하다 interrompere i rapporti diplomatici

단점 短點 un punto debole, imperfezione, difetto

단접 鍛接 **-하다** saldare (metalli)

단정 端正 **-하다** (essere) corretto, adeguato, giusto ¶ 품행이 나쁘다 comportarsi male // 신사와 같이 행동하다 comportarsi da gentiluomo

단정 短艇 barca

단정 端正 [결론] conclusione, [판단] giudizio **-하다** concludere, giudicare

단조 單調 monotonia **-하다** (essere) monotono, noioso ¶ 단조한 생활을 하다 condurre una vita monotona

단조 短調 【음악】 (in) chiave minore

딴쪽 un altro senso, senso apposto, lato apposto(반대쪽)

단종 斷種 【의학】 sterilizzazione, castrazione

단죄 斷罪 condanna **-하다** condannare

단주 斷酒 **-하다** smettere di bere

단지 vaso, recipiente

단지 斷指 **-하다** tagliarsi un dito

단지 但只 soltanto

단지 團地 complesso residenziale [저소득층] progetto residenziale

단철 單鐵 ferro temprato

단청 丹靑 [채색] colori, [그림] un′immagine di molti colori e disegni

단체 團體 corpo, gruppo, azienda, partito, organizzazione ¶ 단체를 만들다 formare un′organizzazione * **-경기** gara (체조) un massgame **-교섭(권)** trattative sindacali **-정신** spirito di corpo **-생활** vita in comune **-쟁의** disputa collettiva **-행동** un′azione collettiva **-협약** un contratto collettivo

단총 短銃 pistola

단추 bottone, bottoncino ¶ (셔어츠 따위의) 단추를 끼우다 abbottonarsi // 단추를 끄르다 sbottonare

단축 短縮 riduzione, abbreviazione **-하다** ridurre, ridursi, accorciare ¶ 노동시간의 단축을 요구하다 richiedere una riduzione delle ore lavorative

단출하다 ① [식구가] essere piccolo ② [일, 차림] (essere) semplice, pratico ¶ 단출한 살림 vivere in semplicità

단충 丹忠 fedeltà

단층 斷層【지질】faglia

단칭 ¶ 단칭의 singolare * **-명사** sostantivo al singolare **-명제**(논리) proposizione al singolare

단타 單打【야구】base

단테 Dante Alighieri (伊 1265-1321)

단파 短波 onde corte * **-수신기** trasmettitore a onde corte **-방송** trasmissione radio su onde corte

딴판 ¶ 딴판이다 essere differente, differire da

단판 單- partita unica, un solo round

단편 短篇 novella

단편 斷片 parte, frammento, frazione ¶ 단편적인 frammentario

단평 短評 breve commento, breve critica * **시사-** un breve commento sugli eventi correnti

단풍 丹楓 [나무] acero, [잎] i colori delle foglie in autunno

단합 團合 unione

단행 單行 **-하다** effettuare, eseguire, realizzare

단행범 單行犯【법】reato ¶ 단행법 legge speciale

단행본 單行本 volume unico

단호 斷乎 **-하다** (essere) costante, risoluto, decisivo ¶ 단호히 decisamente, risolutamente // 단호한 조처를 취하다 prendere provvedimenti decisivi

단화 短靴 scarpe basse

닫다[1] [사람이] correre, [말이] galoppare

닫다[2] [닫치다] chiudere ¶ 문을 닫아 두다 tenere la porta chiusa // 문을 밀다 spingere la porta

닫아 걸다 ¶ 문을 닫아 걸다 bloccare la porta

닫집 ① baldacchino ② nicchia, altare

닫치다 essere chiuso, chiudere sbattendo, [입] chiudere la bocca, stare zitto

닫히다 chiudersi ¶ (문이) 저절로 닫히다 chiudersi da sé // 문이 잘 닫히지 않는다 La porta non si chiude.

달 ① luna ¶ 달이 비춰진 illuminato dalla luna // 달의 여신 Diana // 달의 궤도 l'orbita lunare // 달이 뜬다 La luna sorge. // 달이 차다 (이지러지다). La luna tramonta. ② [달력의] mese ③ [해산달] ¶ 달이 차지 않은 아이 un bambino prematuro * **-세계** (il pianeta) luna

딸 figlia ¶ 딸을 시집 보내다 fare sposare la (propria) figlia

달가당거리다, 딸가당거리다 tintinnare

달가락거리다, 딸가락거리다 crepitare, tintinnare, sferragliare, sbattere

달갑다 essere gradito ¶ 달갑지 않은 손님 un ospite sgradito (male accolto)

달개집 attico

달걀 uovo (le uova) ¶ 달걀 껍질 guscio d'uovo // 달걀 모양의 ovale // 달걀을 낳다 deporre le uova

달게 굴다 molestare, importunare con richieste continue

달게 받다 rassegnarsi(a), sottomettersi, sottoporsi, piegarsi

달견 達見 idea brillante, di larghi vedute

달곰새금하다 essere agro-dolce

달곰씁쓸하다 essere dolce-amaro

달곰하다 ① [맛이] (essere) dolce, amabile ② [말이] ¶ 달콤한 말 parole dolci (감언)

달관 di vedute larghe, mentalità aperta

달구다 scaldare, riscaldare

달구지 carro ¶ 달구지를 끌다 tirare un carro

달구질 pigiare, comprimere

달꾹질 singhiozzo

달그락거리다, 딸그락거리다 tintinnare

달그랑거리다, 달그랑거리다 tintinnare, sferragliare, sbattere

딸기 fragola * **-밭** fragolaia

달다[1] ① [맛이] (essere) dolce, zuccheroso ¶ 단것 dolci(과자) // 달게하다 zuccherare ② [입맛이] avere un buon appetito ¶ 달게 먹다 mangiare con un buon appetito

달다[2] ① [뜨거워지다] arroventarsi ¶ 빨갛게 단 부젓가락 tenaglie roventi // 얼굴이 화끈 달아 오른다 Il mio viso è arrossito ② [너무익다] essere stracotto ③ [마음이 타다] corrodersi, spazientirsi, essere ansioso di, brucciare dalla voglia di

달다[3] ① [걸다] attaccare, appendere ¶ 간판을 달다 appendere un'insegna ② [붙이다] attaccare ¶ 단추를 달다 attaccare un bottone ③ [가설] installare (il telefono) ④ [주름] annotare ⑤ [장부에] prendere nota

달다[4] [무게를] pesare

달달 볶다 cuocere qlco. mescolando ripetutamente, infastidire una persona

딸딸이 [울리는] cicalino, un campanello d'allarme

달라다 elemosinare, chiedere ¶ 출석해 달라다 chiedere assistenza

달라붙다 attaccare, aderire, ficcare, sopportare

달라지다 [변화] cambiare, alterarsi, variare ¶ (갖가지로) 달라지지 않다 essere immutato

달랑,딸랑-하다 ① [가슴이] spaventarsi ② [방울이] tintinnare

달랑거리다, 딸랑거리다 far tintinnare

달래다 [진정시키다] calmare, [어르다] placare, addolcire, persuadere

달려가다 correre, precipitarsi

달려들다 attaccare, balzare (sulla preda), piombare su qlco., essere alle prese con qlcu., qlco.

달력 calendario

달로켓 un missile lunare

달리 [다르게] diversamente, [따로] a parte, [각별히] esclusivamente, in particolare, specialmente **-하다** differire da, essere differente da

달리기 il correre, [경주] corsa * **-선수** corridore

달리다[1] [부족] essere insufficiente, mancare ¶ 사람손이 달리다 mancare braccia per fare qlco.

달리다[2] [기운이] essere depresso, avvilirsi, cadere (per la stanchezza)

달리다[3] [뛰다] correre, precipitarsi, far galoppare(말이), [몰다] condurre (un′automobile), lanciare al galoppo (un cavallo)

달리다[4] ① [걸리다] appendere, pendere, [매달리다] pendere ② [붙다] fissare ③ [가설] essere posto, ammobiliare, arredare

딸리다 essere fissato a, appartenere a

달맞이-하다 celebrare la luna piena (durante il Sollal, Chusok e Daeburun)

달맞이꽃 【식물】 bella di notte

달무리 alone intorno alla luna

달문 una composizione scritta, in modo chiaro un′eccellente composizione

달밤 una notte col chiaro di luna

달변 達辯 eloquenza, scioltezza nel parlare, favella * **-가** uno che sa parlare, una persona eloquente

달빛 chiaro di luna, [한 줄기의] un raggio di luna

달싹하다 [움직이다] muoversi un po′

달성 successo, attuazione, realizzazione **-하다** compire, realizzare uno scopo, raggiungere l′obiettivo, portare a buon fine

달아나다 ① [도망] evitare, sfuggire, fuggire, evadere ¶ 살짝 달아나다 andar via di soppiatto // 달아나는 적을 쫓다 inseguire il nemico in fuga ② [빨리가다] andare in fretta, correre velocemente

달아매다 [매달다] appendere, [묶다] legare

달아 보다 [무게를] pesare, [마음을] scandagliare, misurare, valutare l′abilità della persona

달아오르다 [뜨거워지다] diventare rovente, [얼굴, 몸이] aver caldo, bruciare, arrossire

달야 達夜 **-하다** rimanere sveglio tutta la notte

달이다 far bollire, fare un′infu-

sione, fare un decotto
달인 達人 supervisore, esperto, [철인] genio
달짝지근하다 avere un sapore dolciastro
달치다 [지나치게 달다] surriscaldarsi [바짝 끓이다] condensarsi
달카닥 con uno scatto **-하다** fare uno scatto, scricchiolare
달카닥거리다 crepitare, scoppiare, scricchiolare
달카당 con uno scoppio **-하다** scoppiare
달콤하다 essere dolce ¶ 달콤한 말 le parole dolci
달팽이 【동물】 lumaca
달포 circa un mese
달품 pagamento mensile
달필 calligrafia ¶ 달필을 휘두르다 scrivere con bella grafia ∗ **-가** calligrafo
달하다 ① [달성] compire, raggiungere il (proprio) scopo ② [도달] arrivare ¶ 절정에 달하다 raggiungere il massimo ③ [수량이] ammontare, equivalere
닭 [암탉] gallina, [수탉] gallo, [병아리] pulcino ∗ **-고기** pollo
닭싸움 combattimento di galli
닮다 essere come (qlco.), essere simile, assomigliare a, essere simile a
닳다 ① [해지다] essere consumato ② [졸다] ridursi
닳리다 ① [해뜨리다] consumarsi, consumare, logorare ② [졸이다] far ridurre
담 parete, recinzione (울타리) ¶ 담을 두르다 circondare di mura ∗ **돌(벽돌)-** mura di pietra
땀[1] sudore, traspirazione ¶ 땀을 흘리다 sudare, traspirare, trasudare // 땀 투성이가 되다 grondare sudore
땀[2] [바느질] punto (con l′ago)
담 痰 flemma, sputo, espettorato, catarro
담 膽 [담낭] cistifellea, [담력] il coraggio ¶ 담이 크다 essere coraggioso, audace, avere fegato
담가 擔架 barella
담그다 ① [액체에] inzupparsi, essere immerso ¶ 해면을 더운물에 담그다 immergere una spugna in acqua calda ② [김치 따위] conservare in salamonia, mettere sotto aceto, fare un infuso
땀기 ¶ 땀기가 있다 essere sudaticcio
담기다 essere pieno, riempire, contenere, [병에] imbottigliare, mettere in bottiglia
땀나다 ① sudare, traspirare ② [힘들다] (essere) duro, faticoso
담낭 膽囊 【해부】 cistifellea, bile
땀내 puzzo di sudore ¶ 땀내 나는 옷 indumenti che puzzano di sudore // 땀내다 far sudare // 땀내서 감기를 낫게하다 curare il raffreddore con una sudata
담다 riempire, imbottigliare (병에) [음식을] servire (un pasto) ¶ 사과를 광주리에 담다 mettere le mele in un cestino
담담하다 淡淡- ① [물이] essere chiaro ② [맛, 색채 따위가] (essere) insipido ③ 담담한 심경 mente serena ④ [달빛이] essere

luminoso
담당 擔當 incarico **-하다** essere responsabile, incaricato * **-검사** procuratore incaricato **-자** responsabile incaricato
담대 膽大 **-하다** (essere) audace, coraggioso
땀들이다 asciugare il sudore
땀띠 vampate di calore ¶ 땀띠가 나다 avere vampate di calore
담략 膽略 coraggio e astuzia
담력 膽力il coraggio ¶ 담력이 있다 (essere) coraggioso, audace
담론 談論 discussione **-하다** discutere
담박 淡泊 **-하다** ① [맛, 빛깔이] essere leggero, chiaro ② [마음이] essere indifferente ¶ 금전에 담박하다 non essere interessato ai soldi
땀받이 camiciola, maglia
땀방울 goccia di sudore
담배 [식물] il tabacco, [궐련] sigaretta ¶ 담배 한 갑 un pacchetto di sigarette // 담배 한 대 피우다 fumare una sigaretta * **-가게** tabaccheria
땀빼다 [수고] sudare (sui libri), [애먹음] soffrire severamente
담배쌈지 borsa per il tabacco
담뱃갑 scatola del tabacco, portasigarette
담뱃대 pipa
담뱃진 catrame del tabacco
담벼락 parete
담보 擔保 ipoteca, garanzia **-하다** impegnare qlco. ¶ 무담보로 senza garanzia, non garantita // 담보를 잡히다 dare(prestare) come garanzia // 담보를 받다 ricevere in garanzia per
담뿍 pieno, colmo, molto
담비 【동물】 martora
담쌓다 ① [담을 두르다] circondare di mura ② [관계를 끊다] interrompere ogni relazione con (una persona)
담색 淡色 colore chiaro
땀샘 【생리】 ghiandola sudorifera
담석 膽石 【의학】 un calcolo biliare
담소 談笑 chiacchierata, colloquio amichevole **-하다** chiacchierare con qlcu., avere una piacevole chiacchierata
담소 膽小 **-하다** (essere) codardo, pauroso
담수 淡水 acqua dolce * **-어** un pesce d'acqua dolce **-호** lago d'acqua dolce
담요 毯- coperta
담임 擔任 carica, dovere **-하다** avere un incarico, incaricare
담쟁이 【식물】 edera
담즙 膽汁 bile ¶ 담즙의 biliare * **-병** stato bilioso
담차다 essere audace
담청색 淡青色 blu-chiaro
담판 談判 trattativa ¶ 담판하다 negoziare, trattare, commerciare
담해 痰咳 tosse con catarro
담홍색 淡紅色 colore rosa
담화 談話 colloquio, conversazione **-하다** comunicare con qlcu., conversare con qlcu.
담황색 淡黃色 color giallo-limone
답 答 [대답] risposta, [해답] soluzione ¶ (문제의) 정확한 답을 내다 dare la risposta giusta

답곡 畓穀 graminacee di risaia **-답다** essere come, essere un vero ¶ 사내다운 maschio, virile // 여자다운 femminile

답답하다 沓沓- essere opprimente, soffocante ¶ 답답한 방 una stanza senz'aria // 답답한 날씨 tempo deprimente

답례 答禮 **-하다** [인사] restituire il saluto, [답례품] ricambiare il regalo

답배 答拜 **-하다** restituire un saluto

답변 答辯 [대답] risposta, [변론] difesa **-하다** rispondere, replicare ¶ 질문에 답변하다 rispondere alla domanda

답보 踏步 il fare un passo, il pestare i piedi, [정체] stallo, punto morto, vicolo cieco ¶ 답보 상태에 있다 essere ad un punto morto

답사 踏査 indagine, esplorazione, ricerca ¶ 현지를 답사하다 fare una ricerca sul campo

답사 答謝 risposta ¶ 답사를 하다 rispondere

답서 答書 risposta ¶ 답서를 내다 rispondere ad una lettera

답습 踏襲 **-하다** seguire

답신 答申 ¶ 답신을 내다 presentare un rapporto * **-서** un rapporto scritto

답안 答案 esame scritto

답장 答狀 risposta **-하다** rispondere ad una lettera

답전 答電 un telegramma di risposta

답지 遝至 **-하다** affollarsi, accalcarsi

답파 踏破 **-하다** viaggiare a piedi, battere le strade a piedi

닷 ¶ 닷말 cinque mal

닷새 cinque giorni (5일간), il quinto giorno (5일)

닷샛날 il quinto

땅[1] ① terra ② [영토] territorio ③ [토지] terra, [택지, 대지] letto di terra, bene immobile (미), [소유지] proprietà ④ [흙] terreno ¶ 땅을 일구다 coltivare un terreno

땅[2] [총소리 따위] scoppio!

당 黨 [당파] partito, [도당] fazione, cricca ¶ 당에 가입하다 associarsi ad un partito * **-대회** congresso del partito

-당 當 a, per, a testa ¶ 1인당 per pro-capite persona // 인구 1인당 popolazione pro-capite // 톤당 a tonnellata

당 當 ① 당, 부당은 여하간에 giustamente o ingiustamente ② [당해] questo, [위에 말한] il suddetto [문제의] in questione, in discussione

땅강아지 【곤충】 grillo-talpa

땅거미 crepuscolo, penombra, luce fioca, soffusa ¶ 땅거미가 질때 all'imbrunire

당고 當故 **-하다** mettere il lutto

당고모 堂姑母 cugina del (proprio) padre (termine informale) ⇒ 종고모(從姑母)

당과 糖菓 caramella

당구 撞球 biliardo [공] biglia ¶ 당구를 치다 giocare a biliardo * **-대** un tavolo da biliardo

당국 當局 autorità * **-자** una persona d'autorità **군-** le autorità

militari
땅군 incantatore di serpenti
당권 黨權 presidenza del partito
당규 黨規 regole di partito
당근 carota
당기 disciplina di partito
당기다[1] [끌어서] tirare, trascinare
당기다[2] [입맛이] stimolare ¶ 입맛이 당기기 시작하다 cominciare ad avere appetito, cominciare a sentire appetito
당나귀 asino
당내 黨內 all'interno del partito
당년 當年 [금년] quest'anno [그해] quell'anno ¶ 당년 18세이다 Quest'anno fa diciotto anni. * -**치** prodotti dell'anno
당년 當年치기 merce che dura soltanto un anno
당뇨병 糖尿病【의학】diabete * -**환자** diabetico
땅딸막하다 ① (essere) fitto, folto ② (essere) tarchiato
땅딸보 una persona tarchiata
당닭 唐【새】① un genere di gallo da combattimento, detto 'bantam' ② (사람) tarchiato
땅땅 [총소리] scoppio
땅땅거리다 ① [큰 소리] vantarsi ② [호화롭게] vivere alla grande
당당하다 堂堂- essere magnifico, splendido ¶ 당당히 in maniere signorile, in grande stile, magnificamente
당대 當代 dei nostri giorni, attuale, del momento ¶ 당대의 대음악가 un grande musicista dei nostri giorni
땅덩이 la terra (지구), il territorio (지역)
당도 當到 -**하다** arrivare a, raggiungere, ottenere ¶ 목전에 당도한 위험 pericolo imminente
당돌 唐突하다 (essere) presuntuoso, rude ¶ 당돌하게 굴다 comportarsi in modo rude
땅뙈기 un piccolo lotto di terra
당락 當落 risultato d'un'elezione, il risultato d'un successo o d'una sconfitta allo scrutinio
당략 黨略 politica di partito
당량 當量【화학】equivalente, equivalenza
당로 當路 [집권] raggiungere un posto autorevole, avere l'autorità * -**자** le autorità
당론 l'opinione d'un partito
당류 糖類 zuccheri【화학】saccaroide
당리 黨利 interesse del partito
땅마지기 alcuni acri di terreno
당면 當面 -**하다** fronteggiare, confrontare ¶ 당면한 과제 tema attuale, questione del giorno
당면 tagliatelle cinesi
당목 唐木 particolare tessuto in cotone originario della Cina
당무 黨務 affari del partito
당밀 唐蜜 melassa
땅바닥 terra ¶ 땅바닥에 주저앉다 sedersi a terra
땅버들【식물】salice
당번 當番 servizio, dovere, obbligo, compito -**하다** essere di servizio * -**사관** un ufficiale di servizio
땅벌【곤충】un tipo di vespa della famiglia degli imenotteri
땅벌레 verme, larva

당부 當否 giusto o sbagliato, corretto o scorretto

당부 當付 **-하다** chiedere ad una persona di fare

당분 糖分 zucchero * **-측정기** saccarimetro o saccarometro

당분간 當分間 per il momento ¶ 당분간 비는 오지 않을 것이다 Non pioverà per un certo tempo.

당비 黨費 spese del partito

당사국 當事國 il paese concernente

당사자 當事者 la persona concernente, la parte contraente ¶ 결혼의 당사자 le parti contraenti in un matrimonio

당선 當選 vincita (의원의) **-하다** essere scelto, vincere un′elezione ¶ 당선 가능성이 있는 후보자 un candidato che puòvincere, un candidato forte * **-무효** invalidità dei risultati elettorali **-자** una persona scelta, un candidato promosso, un vincitore premiato

당세 黨勢 influenza del partito

당세 當世 l′epoca attuale, il presente

당수 黨首 la guida d′un partito

당숙 堂叔 cugino del (proprio) padre

당시 黨是 un principio del partito

당시 唐詩 poesia cinese

당시 當時 quei giorni, quella volta, allora ¶ 당시의 di quei giorni ¶ 나는 당시 파리에 있었다 Ero allora a Parigi.

당신 當身 [2인칭] tu, Lei

당아욱 【식물】 malva

당야 當夜 quella notte

당연 當然 **-하다** (essere) certo, naturale, giusto, corretto ¶ 당연히 naturalmente, giustamente, correttamente

땅울림 tremore della terra, rombo della terra

당원 黨員 membro d′un partito * **-명부** la lista dei membri del partito **평-** un membro delle fila d′un partito

당의 黨議 [회의] un consiglio del partito, [결의] una decisione del partito

당인 黨人 un membro d′un partito

당일 當日 il giorno stabilito, in quel giorno ¶ 발행 당일만 유효하다 (essere) valido solo nel giorno di emissione

당일 當日치기 ¶ 당일치기 여행 gita di un giorno

당장 當場 immediatamente, subito

당쟁 黨爭 disputa di partito

당적 黨籍 registro del partito ¶ 당적을 가지다 affiliarsi(associarsi) ad un partito politico

당조짐하다 esercitare un controllo rigoroso, sorvegliare rigorosamente

당좌 當座 [예금] deposito in conto corrente ¶ 당좌를 트다 aprire un conto corrente in banca * **-계정** conto corrente **-대부금** credito esigibile in qualsiasi momento, prestito da rimborsare su richiesta **-대월** scoperto (di conto corrente) **-예금** conto corrente

당지 當地 questo posto, qui

당지기 當- il portiere d′una scuola privata

당지다 indurirsi, temprare il carattere, essere duro

당직 黨職 dovere, obbligo, incarico, compito **-하다** essere di servizio, montare la guardia * **-원** una persona in servizio

당질 堂姪 figlio d′un cugino (con lo stesso cognome)

땅질성 -性 【식물】 geotropismo negativo

당집 tempio, altare

당차다 essere piccola ma robusta

당착 撞着 contraddizione, conflitto **-하다** contraddire, negare, essere in conflitto // **-자가당착에 빠지다** essere in contraddizione con se stesso

당찮다 ¶ 당찮은 짓 un atto irragionevole // 당찮은 생각 un′idea irrazionale

당첨 當籤 vincita premiata * **-번호** un numero di vincita **-자** un vincitore premiato

당초 當初 inizio ¶ 당초의 originale, iniziale, in anticipo // 당초에 inizialmente, all′ inizio (원래), originariamente

당초문 唐草紋 arabesco

당칙 黨則 regole del partito

땅콩 arachide

당파 黨派 partito, [당내의] fazione, [도당] giunta, [파벌] cricca * **-심** spirito partigiano

당폐 黨弊 abusi del partito

당하다 ① [겪다] avere, incontrare, affrontarsi ② [감당] opporre, pareggiare, uguagliare, confrontare

-당하다 soffrire, subire

당해 當該 proprio, adatto, competente ¶ 당해 관청 le autorità competenti, le autorità interessate

당황 唐惶, 唐慌 **-하다** confondersi, perdere la testa, [허둥지둥] essere agitato

닻 àncora ¶ 닻을 내리다 gettare l′ àncora // 닻을 올리다 levare l′ àncora // 닻을 내리고 정박하고 있다 essere ancorata

닿다 ① raggiungere, arrivare ¶ 손 닿지 않는 곳에 fuori dalla portata di, al sicuro da ② [줄이] 어떤 사람과 연락을 취하다 mettersi in collegamento con qlcu.

땋다 intrecciare (i capelli)

대[1] un bambù ¶ 대쪽같은 사람 un uomo tutto d′un pezzo * **-껍질** una guaina di bambù **-마디** nodosità del bambù **-비** una scopa di bambù **-잎** fogliame del bambù **-창** una lancia di bambù

대[2] ① [줄기] fusto, stelo, [대나무 따위의] palo, asta , [담뱃대] pipa ② [담배의] fumo ¶ 담배를 한 대 피우다 fare una fumata ③ [주먹 따위] colpo ¶ 한대에 con un colpo * **-저울** una stadera

때[1] ① [시간] tempo, ora ¶ 점심시간 ora di pranzo // 때를 놓치지 않고 immediatamente ② [그때, 당시] allora, a quel tempo ¶ **-할 때** (접속사) quando, **(-하는 동안)** mentre // 어릴때부터 da bambino, dall′ infanzia ③ [기회, 경우] occasione, caso ¶ 어떤때는 a volte, occasionalmente // 때에 따라서는 a seconda dell′occasione

마침 좋은 때에 appena in tempo, in giusto tempo, in tempo utile 기회가 있을 때에 all'occasione // 때를 만나다 vivere un periodo favorevole, avere un buon periodo // 때를 놓치다 perdere l'occasione ④ [시대, 당시] età, periodo ¶ 그 때의 del periodo, allora ⑤ [끼니] pasto

때² [더러움] sporcizia, sudiciuma, sporco, [오점, 얼룩] macchia ¶ 때를 벗은 raffinato, elegante, messo a lucido ¶ 때를 못벗은 non lucidato, non raffinato // 때가 묻다 sporcarsi, insudiciarsi

대 大 grandezza(크기) ¶ 대참사 un incidente terribile // 대음악회 un grande concerto // 실물대 in grandezza naturale

대 隊 [일행] brigata, [군인] squadra, plotone, [악대의] banda, [대오] riga

대 臺 ① [밑받침,걸이] base, sostegno, supporto, [시렁 따위] una cremagliera, [탁자] tavola, [지주] supporto, [비석따위의] base, [기초] fondamento, ② [단위] automobile, aereo, ③ [액수] contrassegno, livello, segno ¶ 수십억대의 자본가 un capitalista miliardario * **악보-** un leggio

대 對 ① [짝] controparte, [쌍] coppia ② [상대] contro ¶ 민주주의 대 공산주의 democrazia contro communismo

대 帶 zona * **온(한)-** zona temperata

대 代 ① [시대] età, [세대] generazione, [치세] regno ② [대신] sostituto ③ [값] tassa, costo

대가 大家 [대가옥] una casa grande, un palazzo, [큰 집안] una famiglia numerosa, [권위자] autorità, [거장] supervisore

대가 代價 prezzo, [비용] costo, [희생] prezzo ¶ 비싼 대가를 치르다 pagare un occhio della testa // 어떤 대가를 치르더라도 a qualsiasi prezzo

대가극 大歌劇 una grande opera

대가다 [시간에] arrivare in tempo

대가족 大家族 famiglia allargata * **-제도** sistema della famiglia allargata (antropologia)

대각 對角 【기하】 l'angolo opposto ¶ 대각의 방향으로 diagonalmente, obliquamente * **-선** una linea diagonale

대각 大覺 **-하다** ottenere l'illuminazione divino, percepire la verità assoluta

대각거리다 scricchiolare

대간첩작전 對間諜作戰 un'operazione di controspionaggio

대갈 un chiodo a ferro di cavallo

때깔 disegno e colore (di un tessuto)

대갈 大喝 **-하다** urlare, gridare, strillare, tuonare

대갈못 un chiodo a testa larga, ribattino

대감 大監 Sua Eccellenza

대감독 大監督 arcivescovo, il primate (영국교회의)

대강 大綱 ① [대강령] principi generali, [개요] profilo, caratteristiche generali, [골자] la sostanza ¶ 대강을 말하다 delineare, fare un sommario di ② [대충] generalmente, in generale, approssimativamente ¶ 대강 훑어보다 gettare uno sguardo * -령 principio fondamentale

대강 代講 **-하다** insegnare come sostituto, insegnare al posto di un altro

대갚음 對 **-하다** restituire, ripagare, ricompensare, ricambiare, [보복] vendicarsi

대개 大槪 [대략] principalmente, per la maggior parte, [일반적으로] generalmente, in generale, [거의] quasi, [주로] principalmente, [대요] profilo ¶ 나는 대개 7시에 일어난다 Mi alzo solitamente alle sette.

대개념 大槪念 【논리】 un concetto importante

대거 大擧 [한꺼번에] in massa, in forza, [대규모로] in grande scala

대거리 對 **-하다** riportare, ritirare, ritrattare, ritorcere, ribattere

대검 帶劍 arma personale **-하다** portare una spada

대검찰청 大檢察廳 Ufficio del Pubblico Ministero

대견하다 ① [흡족] (essere) sufficiente, abbastanza ¶ 대견하게 여기다 stimare molto ② [견디기가] essere duro a sopportare, essere intollerabile

대결 對決 confronto **-하다** confrontare

대경 大驚 **-하다** stupirsi molto, meravigliarsi, sorprendersi

대경실색 大驚失色 **-하다** impallidire d′ orrore, diventare pallido

대계 大計 un programma a lungo raggio, un grande progetto

대계 大系 profilo

대고모 大姑母 una prozia dal lato paterno * **-부** il marito d′una prozia dal lato paterno

대공 【건축】 monaco

대공 大功 un grande merito, un atto notevole ¶ 대공을 세우다 realizzare le grandi cose

대공 對空 antiaereo

대공 大公 duca * **-국** ducato **-비** duchessa

대과 大過 un errore serio, un errore grave, un errore grossolano ¶ 대과 없이 senza seri errori

대과거 大過去 【문법】 il trapassato prossimo

대관 大觀 [개관] un′indagine generale, a grandi linee

대관 大官 dignitario di corte

대관 戴冠 incoronazione **-하다** incoronare

대관절 in poche parole, in pratica, diavolo, cavolo 대관절 어디 갔다 오는 거요? Dove diavolo eri finito?

대괄호 大括弧 【수학】 parentesi

대꾸 [말] risposta

대구 【물고기】 merluzzo * **알-** le uova di merluzzo

대구루루,때구루루 rotolare ¶ 때구루루 굴리다 rullare sopra il pavimento // 대구루루 굴러가다 rotolarsi ripetutamente

대국 大局 situazione generale

대국 大國 un paese grande, una grande potenza (강대국)

대국 對局 ① [바둑따위] gioco ② -**하다** affrontare una situazione

대군 大軍 un grande esercito, una grande forza ¶ 대군을 거느리다 guidare un grande esercito, guidare una grande forza

대군 大君 principe

대굴대굴, 때굴때굴 rotolare continuamente

대궁 cibo avanzato

대권 大權 [왕권] la potenza suprema, sovranità, autorità reale [통치권] potenza governante ¶ 대권을 장악하다 regnare con supremazia // 대궐 palazzo reale

대규모 大規模 larga scala ¶ 대규모로 su larga scala * -**작전** operazione militare su(di) vasta scala

대그락거리다 far rumore

대근 代勤 -**하다** subentrare a qlcu. nel lavoro

대금 大金 una grande somma di denaro

대금 代金 prezzo, soldi, costo ¶ 대금을 치르다 pagare (il prezzo) per

대금 [돈놀이] denaro in prestito, [고리의] usura, [돈] prestito * -**업자** usuraio

대기 大氣 atmosfera ¶ 대기의 압력 pressione atmosferica

대기 大器 [큰그릇] un grande recipiente, [큰 인물] un grande talento * -**만성** i frutti migliori maturano tardi (prov.)

대길 大吉 un colpo di fortuna -**하다** essere molto fortunato

대난 大難 una grande sfortuna, iella

대남 對南 ¶ 대남의 contro il sud * -**공작** operazioni militari contro il sud

대납 代納 pagamento per procura -**하다** pagare per conto di un altro

대낮 pieno giorno

대내 對內 ¶ 대내의 domestico, interno * -**문제** problema domestico -**정책** politica domestica

대농 大農 [대농업] attività agricola su vasta scala, [사람] un coltivatore benestante

대뇌 大腦 【해부】 l'encefalo * -**막** la membrana cerebrale

대다[1] ① [닿게 하다] mettere, porre, tenere, posare ¶ 수화기를 귀에 대다 tenere il ricevitore all'orecchio ② [비교] paragonare qualcosa con ③ [손을] tastare, toccare ¶ 이마에 손을 대다 porre la mano sulla fronte // 손을 대지 않다 non toccare, lasciare ④ [일에 손을] mettersi a, darsi a ⑤ [대면] mettersi in contatto con qlcu. ⑥ [의지] appoggiarsi su ⑦ [향해서] puntare (il fucile) contro qlcu. ⑧ [시간에] arrivare in tempo

대다[2] ① [돈, 물건을] fornire una persona di qlco. ② [물을] annaffiare, irrigare

대다[3] [사실대로] dire la verità, confessare

대다[4] ¶ (심히) 울어대다 piangere molto

때다 [불을] dare fuoco, bruciare ¶

아궁이에 불을 때다 accendere il fuoco nel focolare
대다수 la maggioranza ¶ 대다수의 지지를 받다 essere sostenuto dalla maggioranza
대단원 estremità
대단찮다 ① [수] non essere molto, ② [병세] non essere grave, ③ [대수롭지 않다] essere insignificante
대단찮은 일 sciocchezza, inezia
대단하다 (essere) enorme, severo, intenso, serio, grave, grande ¶ 병이 대단하다 essere malato seriamente
대담 大膽 [대담성] audacia
대담 對談 colloquio, conversazione, intervista, dialogo
대답 對答 risposta ¶ 확실한 대답 una risposta sicura
대대 大隊 battaglione
대대 代代 대대로 per generazioni
때때로 occasionalmente, a volte, qualche volta, di tanto in tanto
때때옷 (nel linguaggio dei bambini) bel vestito
대대적 esteso ¶ 대대적으로 in modo esteso, ampiamente
대도 大道 ① [큰길] una strada principale ② [도의] un principio morale
대도구 大道具 [연극의] scena, messa in scena ¶ 대도구계 un macchinista
대도시 大都市 una grande città ＊ -권(圈) l'area metropolitana
대독-하다 essere letto da
대동 大同 somiglianza ¶ 대동소이하다 essere molto simile, essere quasi identico
대동 帶同 accompagnamento **-하다** essere accompagnato da, portare qlcu. con
대동단결 大同團結 solidarietà, unione, cooperazione **-하다** essere unito, cooperare, stare insieme
대동맥 大動脈 【해부】 vena aorta
대두 大豆 soia
대두 擡頭 **-하다** sollevare la testa, acquistare potere
대들다 ribellarsi
대들보 trave ¶ 집안의 대들보 il sostegno d'una famiglia
대뜸 immediatamente, subito, istantaneamente ¶ 대뜸 승낙하다 accettare subito
대등 uguaglianza, parità **-하다** (essere) uguale, pari, stare allo stesso livello
대란 大亂 gran tumulto, grande agitazione
대략 大略 ① [뛰어난] riassunto, sommario ② [개요] contorno, [적요] sommario ¶ 대강을 요약하다 riassumere per sommi capi ③ [대충] approssimativamente
대량 大量 una grande quantità ¶ 대량 수출하다 esportare in grande quantità ＊ **-생산** fabbricazione in serie **-주문** ordine all'ingrosso
대령 大領 colonnello [육군], capitano [해군] ¶ 대령의 직위 grado di colonnello
대령 待令 **-하다** aspettare un ordine (un comando)
대례 大禮 [국가의] cerimonia di stato, [결혼식] cerimonia di

nozze

대로 ① [-같이] come, secondo ¶ 규칙대로 secondo la regola // 본대로 얘기하다 raccontare esattamente quello che si è visto ② [곧] appena ③ [할때마다] ogni volta che-

대로 大怒 collera, rabbia, furia **-하다** arrabbiarsi

대롱 un tubo sottile di bambù, [물레의] una bobina per la filatura

대롱 oscillare, far ciondolare, far penzolare

대류 對流【물리】corrente di convezione

대륙 大陸 un continente ¶ 대륙의 continentale * **-간 탄도탄** un missile balistico intercontinentale **-붕** una piattaforma continentale **-성 기후** un clima continentale

대리 代理 [행위] rappresentanza, agenzia, [법] procura, [사람] delegato **-하다** agire per conto di, rappresentare ¶ 대리로 per procura **-위임장** procura **-점** un' agenzia di rappresentanza (**교장-**) presidente ad interim **법정-인** un rappresentante legale

때리다 ① [치다] colpire, battere, picchiare ¶ 뺨을 때리다 dare uno schiaffo, schiaffeggiare // 때려부수다 distruggere, fracassare, rompere ② [비난, 공격] 신문에서 때리다 attaccare una persona nella stampa

대리석 大理石 marmo

대리인 代理人 rappresentante, agente, [법] procuratore

대립 對立 opposizione, confronto **-하다** opporre, confrontare ¶ 고용주와 피고용인간의 대립 l'antagonismo fra il datore di lavoro e l'impiegato * **-개념** un concetto coordinato

대마 大魔 canapa

대마루 sommità del tetto, il colmo

때마침 al momento giusto

대만원 大滿員 pieno zeppo, affollato ¶ 대만원을 이루다 affollare

대망 大望 ambizione ¶ 대망을 품다 essere pieno di ambizioni

대망 待望 **-하다** aspettarsi, non vedere l'ora di

대매출 大賣出 una grande svendita

대머리 calvizie, calvo, senza capelli, pelato, rasato

대면 對面 intervista **-하다** intervistare

대명사 代名詞【문법】pronome ¶ 대명사의 pronominale * **관계**(지시, 의문, 인칭) il pronome relativo (dimostrativo, interrogativo, personale)

대명사 大名辭【논리】il termine principale

대모 代母 madrina

대목 [고비] occasione importante, il momento vitale ¶ 특별한 때에 per l'occasione // 위험한 대목에서 in un momento critico * **-장** fiera di fine anno

대목 大木 carpentiere

대못 piolo di bambù

때문 ¶ 때문에 a causa di // 그 때문에 perciò // 전쟁 때문에 a causa della guerra // **- 때문이다** essere dovuto a, essere causato da

대문 大門 porta d′entrata
대문자 大文字 una lettera maiuscola
대문장 大文章 [글] opera letteraria magistrale
때묻다 [더러워지다] sporcare, [인색하다] essere avaro
때물 cattivo gusto, [때물을 벗다] essere lucidato
대물 對物 대물의 reale, obiettivo ＊ **-렌즈** un obiettivo (videocamera, ecc)
대미 對美 ¶ 대미무역을 촉진하다 promuovere il commercio con l′America, ＊ **-관계** rapporti con l′America
대민 對民 ＊ **-봉사활동** servizio per il benessere pubblico **-사업** lavori pubblici
대바구니 un cestino di bambù
대바늘 un ago di bambù
대받다 代 succedere a, ereditare
대발 saliscendi in bambù
대밭 un boschetto di bambù
대번에 [곧] immediatamente, [쉽사리] facilmente ¶ 대번에 알아 맞히다 indovinare immediatamente
대범 大汎 **-하다** non scomporsi, non agitarsi ¶ 대범한 태도 un′aria magnanima
대법원 大法院 Corte Suprema ＊ **-장** presidente della Corte Suprema
대변 大便 feci, escrementi ¶ 대변을 보다 defecare, andare di corpo
대변 代辯 **-하다** testimoniare per ＊ **-자** un portavoce
대별 大別 **-하다** classificare approssimativamente, fare una classificazione approssimativa
대보 大寶 [보물] un tesoro di grande valore
대보다 paragonare una cosa con un′altra, [대조하다] contrastare ¶ 길고 짧은 것은 대보아야 안다 Non bisogna giudicare le persone dall′aspetto.
대본 臺本 [극, 영화의] scenario, sceneggiatura, [가극의] manoscritto
대본 貸本 libri a prestito ＊ **-서점** libreria a prestito
대본산 大本山 quartier generale, direzione
대봉 代捧 ¶ 대봉치다 sostituire con (qlco.)
대부 貸付 prestito **-하다** prestare ＊ **-계** (은행의) ufficio prestitito **신용-** accredito, **예금-** mutuo **은행-** banca di credito **장기(단기)-** un prestito a lunga(breve) scadenza
대부 大父 padrino
대부분 大部分 maggioranza
대부인 大夫人 la Sua (Vostra) egregia madre
대불 大佛 una grande statua di Budda
대비 對備 misura, preparazione **-하다** fornire
대비 對比 contrasto (대조) confronto (대비) **-하다** mettere a confronto, paragonare
대비 大妃 regina
대빗 pettine di bambù
대사 大事 [큰일] una cosa grande, [중요한일] un cosa importante, [대례] una cerimonia di matrimonio

대사 大師 primo sacerdote (Buddista)

대사 大赦 amnistia **-하다** applicare un′amnistia, amnistiare * **-령** un decreto d′amnistia ¶ 대사령을 내리다 dare l′amnistia

대사 臺詞 testo, dialogo, parte, scritto ¶ 대사를 말하다 recitare la propria parte * **독백-** monologo

대사 大使 ambasciatore, rappresentante diplomatico ¶ 주미한국대사 l′ambasciatore coreano in America * **-부인** ambasciatrice **변리-** un ambasciatore residente

대사관 大使館 ambasciata ¶ 주미 한국 대사관 l′ambasciata coreana a Washington * **-원** il personale dell′ambasciata 서기관 segretario di un′ambasciata **-참사관** un consigliere di un′ambasciata

대사업 大事業 grande impresa, multinazionale

대상 代償 ① [변상] compensazione, risarcimento, indennità **-하다** compensare, indennizzare ② [대신하는 변상] compensazione vicariante **-하다** compensare a nome di un altro * **-수입** importazioni compensative

대상 大祥 il secondo anniversario d′una morte

대상 隊商 carovana

대상 對象 oggetto, argomento ¶ 공격의 대상 obiettivo d′attacco

대생 對生【식물】simmetria, opposizione * **-엽** fogli opposti

대서 代書 **-하다** scrivere per una persona * **-인** scrivano pubblico

대서다 ① 뒤에 대서서 가다 stare alla calcagna di qlcu. ② [대들다] sfidare, resistere

대서양 大西洋 l′Atlantico * **-항로** emisfero atlantico

대서특필 大書特筆 **-하다** fare una menzione specialmente ¶ 대서특필할 만한 사건 un evento degno di essere menzionato

대석 臺石 basamento, piedistallo

대선 大船 nave

대선거구 大選擧區 una circoscrizione elettorale importante

대설 大雪 [큰눈] grande nevicata

대성 大成 **-하다** realizzarsi, [인격의] raggiungere il successo ¶ 대성할 인물 un uomo che promette bene

대성 大聲 una voce forte ¶ 대성통곡하다 lamentarsi fortemente

대성황 大盛況 prosperità

대세 大勢 [형세] situazione generale [추세] tendenza generale

대소 大笑 **-하다** ridere ad alta voce, fare una bella risata

대소 大小 formati grandi e piccoli, [크기] formato, dimensione ¶ 대소의 grande e piccolo // 대소를 막론하고 con noncuranza

대소 代訴 causa (giudiziaria) per procura **-하다** citare in giudizio a nome di qlcu.

대소동 大騷動 agitazione, scompiglio, confusione

대소변 大小便 [변] urina e feci

대소쿠리 cestino di bambù ⇒ 바구니

대속 代贖 redenzione, liberazione,

riscatto, salvezza, [성경] l'Espiazione

대손 貸損 credito infruttifero

대솔 大- albero di pino **-잎** ago di pino

대수 代數 algebra ¶ 대수의 algebrico // 대수로 풀다 risolvere (un problema) algebricamente

대수 大數 ① [큰수] un gran numero ② [대운] buona fortuna, molta fortuna * **-표** tabella dei logaritmi

대수롭다 essere importante ¶ 대수롭지 않다 essere insignificante

대수술 大手術 un'operazione chirurgica importante

대숲 un boschetto di bambù

대승 大乘 Mahayana(법) ¶ 대승적 견지에서 문제를 해결하다 risolvere un problema partendo da un largo punto di vista * **-경** il Sutra Mahayana **-불교** Buddismo Mahayano

대승 大勝 vittoria ¶ (선거에서) **-하다** vincere con una vittoria schiacciante

대승리 大勝利 una vittoria schiacciante

대승정 大僧正 【불교】 arcivescovo, monaco superiore (Buddismo)

대시 ① contrattacco (sport) ② trattino(-)

대식 大食 pasto principale **-하다** mangiare molto * **-가** ghiottone

대신 代身 ① [대리, 대용] sostituzione, [사람] sostituto, delegato ¶ 대신에 al posto di, invece di, a nome di // 대신으로 al posto di, come sostituto ② [대상] in cambio di ③ [한편] invece, ma

대신 大臣 un membro del gabinetto (ministeriale), ministro di Stato

대심 對審 processo, scontro ¶ 대심하다 mettere a confronto l'accusato con l'accusatore

때아닌 fuori-stagione

대안 代案 un programma alternativo

대안 對岸 l'altro lato d'un fiume, argine opposto ¶ 대안의 화재 구경하듯 하다 restare indifferente, essere distaccato da, fare da spettatore

대안 對眼 * **-경** lenti **-렌즈** lente

대야 lavandino

대양 大洋 oceano ¶ 대양의 oceanico * **-학** oceanografia **-항로** orizzonte dell'oceano

대양주 大洋州 Oceania ¶ 대양주사람 (nativo) dell'Oceania

대언장어 大言壯語 spavaldere **-하다** vantarsi di, millantare * **-가** un millantatore

대업 大業 un grande successo, una grande impresa

대여 貸與 prestito **-하다** prestare

대여섯 circa cinque o sei

대역 大逆 tradimento * **-사건** un caso di tradimento

대역 大役 un dovere (incarico) importante

대역 代役 sostituto **-하다** recitare al posto di qlcu. (a teatro, ecc.)

대역 對譯 traduzione con testo in lingua originale versione bilingue

대열 隊列 fila, ranghi, truppa ¶ 대

열을 지어 행진하다 marciare in fila
대영 對英 * **-무역** commercio con la Gran Bretagna **-정책** politica verso la Gran Bretagna
대오 隊伍 [대열] fila, truppa, riga, [진열] allineamento, [행렬] processione ¶ 대오를 짓고 in riga // 대오를 짓다 formare una fila
대오 大悟 risveglio dello spirito **-하다** raggiungere il risveglio dello spirito (Buddismo)
대오다 arrivare puntuale
대왕 大王 Sua Maestà, il Grande ¶ 알렉산더 대왕 Alessandro il Grande
대왕풀 【식물】 un tipo di orchidea
대외 對外 estero, esterno * **-무역** commercio estero **-방송** (TV, radio) trasmettere all'estero **-원조** aiuti internazionali **-정책** politica estera **-투자** investimenti esteri
대요 大要 sommario, compendio, profilo ¶ 대요를 설명하다 presentare un profilo su
대용 代用 sostituzione **-하다** sostituire * **-식** alimento integratore **-품** un prodotto sostitutivo
대우 待遇 [취급] trattamento, [접대] accoglienza, [급료] paga ¶ 대우를 개선하다 migliorare le condizioni di lavoro [조건을], aumentare la paga [급료를] // 대우를 받다 essere trattato gentilmente * **-개선** un aumento dello stipendio, un miglioramento del trattamento
대우 對偶 【논리】 opposizione * **-법** antitesi **-정리** una contrapposizione
때우다 ① [깨어진 곳을] saldare ¶ 솥을 때우다 saldare una pentola ② [깁다] accomodare, rappezzare ③ [끼니를] sostituire ¶ 빵으로 점심을 때우다 mangiare un panino al posto del pranzo
대우주 大宇宙 【철학】 l'universo, il macrocosmo
대웅성 大熊星 l'Orsa Maggiore
대웅전 大雄殿 l'altare principale di un tempio
대원수 大元帥 il generalissimo, il comandante-in-capo
대월 貸越 un conto non pagato (미불), scoperto (di conto corrente) (은행의)
대위 大尉 [육군, 공군] capitano, [해군] un primo tenente
대위법 對位法 【음악】 contrappunto ¶ 대위법의 contrappuntistico
대음 大飮 **-하다** alzare il gomito
대응 對應 [마주대함] confronto, opposizione, [상응] corrispondenza **-하다** confrontarsi, fare fronte a * **-책** contromisure
대의 大意 [요지] idea generale, argomento, [개략] sommario, profilo, ¶ 연설의 대의를 간추려 말하다 dire il succo del discorso
대의 大義 ci che è giusto, grande dovere * **-명분** una giusta cosa
대의 代議 rappresentazione * **-정치** governo rappresentativo **-제도** un sistema rappresentativo **-원** un deputato
대인 大人 ① [어른] adulto ¶ 대인용 per adulti ② [군자] un gentiluo-

mo ③ [존칭] (forma onorifica) padre (altrui) ④ [관대한 사람] una persona di larghe vedute

대인 對人 ＊ **-관계**(신용) rapporti personali **-담보** sicurezza personale

대인기 大人氣 una grande popolarità ¶ 그 음악은 학생들간에 대인기다 Quella musica è molto popolare fra gli studenti.

대인물 大人物 un grand′uomo

대일 對日 ¶ 대일감정 il sentimento verso il Giappone // 대리외교정책 politica diplomatica verso il Giappone

대임 大任 [임무] grande responsabilità, una carica importante ¶ 대임을 맡다 intraprendere un incarico importante

대짜 大- (una cosa) grande

대자대비 大慈大悲 grande misericordia e pietà

대자보 大字報 cartellone

대자연 大自然 Madre Natura

대작 大作 capolavoro

대작 代作 il scrivere per altri, [작품] opera di uno scrittore-ombra ＊ **-자** scrittore-ombra

대작 對酌 **-하다** farsi uno goccio insieme

대장 隊長 un capitano ＊ **탐험-** una guida d′una spedizione,

대장 臺帳 un registro 대장에 기입하다 registrare, scrivere nel libro mastro, **토지-** un catasto

대장 大腸 【해부】 intestino crasso **-염** colite

대장 大將 generale [육군, 공군], un ammiraglio [해군]

대장경 大藏經 la collezione completa dei Sutra buddisti

대장부 eroe, 대장부답게 굴다 comportarsi come un uomo

대저 大抵 generalmente

대저 大著 un grande opera (libro)

대적 對敵 **-하다** lottare contro ＊ **-행위** azione ostile, ostilità

대적 大敵 un grande nemico [경쟁자] un grande rivale

대전 大典 [의식] una cerimonia di stato, [축전] un festival grande, [법전] codice, [종교의] canone

대전 大全 [전집] l′opera completa

대전 大戰 una grande guerra ¶ 제1(2)차 세계대전 la prima (seconda) guerra mondiale

대전 帶電 【물리】 elettrificazione **-하다** elettrificare

대전 對戰 **-하다** lottare

대전제 大前提 【논리】 le premesse (di un sillogismo), ragionamento logico

대전차 大戰車 anti-carro

대절 貸切 prenotazione **-하다** riservare, noleggiare ＊ **-차** un automobile noleggiata

대점포 大店鋪 un negozio in affitto

대접 ⇒ 사발 ① piatto fondo, ciotola da minestra ② 막걸리 한 대접 una ciotola di liquore di riso fermentato

대접 待接 ospitalità, intrattenimento

대정맥 大靜脈 arterie

대제 大帝 imperatore

대제 大祭 un grande festival

대제사장 大祭司長 alto sacerdote

대조 對照 contrasto, antitesi, [비교] confronto **-하다** contrapporre ¶

뚜렷한 대조를 이루고 있다 essere in contrasto notevole con qlco.

대종 大宗 il lignaggio principale ＊ **-가** la famiglia del lignaggio principale **-손** erede diretto del capostipite

대좌 對坐 **-하다** sedersi a faccia a faccia

대좌 臺座 basamento, piedistallo

대죄 大罪 [도덕상의] un peccato mortale, [법률상의] un crimine capitale, crimine ＊ **-인** un criminale

대죄 待罪 **-하다** attendere il verdetto

대주 貸主 creditore

대주교 大主教 arcivescovo

대주다 fornire ¶ 일감을 대주다 fornire un lavoro

대중 ① [대중잡다] fare una valutazione approssimativa, fare un preventivo ② [기준] standard

대중 大衆 massa, pubblico, popolo ¶ 대중화하다 diffondere, popolarizzare // 대중의 지지를 얻다 avere il supporto del pubblico ＊ **-문학** letteratura popolare **-성** popolarità **-식당** trattoria **-오락** spettacolo popolare

대중없다 essere incoerente, innaffidabile, imprevedibile

대증요법 對症療法 cura sintomatica, allopatia

대지 垈地 luogo ＊ **건축-** un luogo in costruzione

대지 大地 la Terra

대지 大志 grande ambizione, aspirazione ¶ 대지를 품다 avere una grande ambizione

대지 對地 대지공격 attacco da terra

대지 臺紙 cartone, carta a terra (사진의) ¶ 사진을 대지에 붙이다 montare una fotografia

대지 臺地 altopiano, acrocoro ＊ **용암-** altopiano di lava

대지주 大地主 grosso proprietario terriero

대진 代診 **-하다** esaminare un paziente a nome d′un altro medico ¶ 대진의사 un medico assistente

대진 對陣 **-하다** schierarsi su due fronti (in guerra)

대질 對質 confronto

때찔래 【식물】 una erica bianca

대집행 代執行 【법】 per procura

대차 大差 una grossa differenza ¶ 대차없다 C'è poca differenza fra A와 B사이에.

대차 大車 【체조】 trapezio (attrezzo usato)

대차 貸借 credito ¶ 대차를 결산하다 azzerare il credito ＊ **-관계** rapporto finanziario **-계정** conto corrente **-소송** azione legale per questioni finanziarie **-대조표** bilancio di esercizio

대찰 大刹 tempio maggiore

대책 對策 contromisura ¶ 대책을 강구하다 prendere in considerazione un′altra soluzione

대처 對處 **-하다** affrontare, far fronte

대처승 帶妻僧 monaco buddista sposato

대척 對蹠 대척의 agli antipodi, direttamente di fronte a ＊ **-자** antipode **-지** gli estremi

대천지원수 戴天之怨讐 un nemico inconciliabile
대첩 大捷 una vittoria schiacciante **-하다** vincere in modo schiacciante
대청 大廳 corridoio
대청 大青【식물】guado
대체 大體 ① [개요] profilo, sommario ② [대체로] ¶ 대체로 말해서 generalmente parlando
대체 代替 **-하다** alternare, cambiare * **-물(법)** sostituto
대체 對替 trasferimento **-하다** trasferire un conto * **-계정** giroconto
대추 giuggiola
대출 貸出 prestito **-하다** prestare * **-금** soldi prestati
대충 approssimativamente, superficialmente
대충 代充 **-하다** integrare con qlco.
대충자금 對充資金 fondi integrativi
대취 大醉 **-하다** essere ubriaco fradicio
대치 對峙 **-하다** confrontarsi
대통 大通 ¶ 운수가 대통하다 avere un periodo fortunato
대통령 大統領 il presidente (미) ¶ 대통령의 presidenziale // 대통령 선거 l′elezione del presidente * **-관저** la residenza presidenziale **-교서** un messaggio presidenziale
대통령 선거인 大統領 選擧人 i delegati per le elezioni presidenziali
대퇴 大腿 [대뇌부] coscia, femore * **-골** un femore
대파 大破 **-하다** [건물 따위] danneggiare notevolmente, [무찌르다] sconfiggere
대파 代播 **-하다** sostituire la coltivazione di riso con grano
대판 大- ¶ 대판 싸우다 avere una grossa lite
대판 大版 formato grande
대패 pialla ¶ 대팻날 una lamina a pialla // 대패질 piallatura
대패 大敗 ¶ 대패를 당하다 subire una sconfitta schiacciante
대포 大砲 ① [병기] artigliera, arma [총칭] ¶ 대포소리 un colpo d′arma da fuoco, 대포를 쏘다 sparare con un′arma ② [거짓말] bugia
대폭 大幅 ① [폭이 넓음] ampio margine ② [부사적] drastico, forte, con un grande margine ¶ 대폭인상 un forte aumento, un aumento netto
대표 代表 rappresentazione, [대표자] un rappresentante, un delegato, una delegazione, [집합적] **-하다** rappresentare ¶ 대표적 rappresentante, tipico (종류의)
대풍 大豊 un raccolto abbondante
대피 待避**하다** [철도] deviare [공습 따위를] ripararsi ¶ 대피로 un′estrazione, 대피역 una stazione di smistamento
대필 代筆 **-하다** scrivere una lettera per una persona
대하 大河 un grande fiume * **-소설** un romanzo saga
대하 帶下 leucorrea, perdite bianche
대하다 對- ① [마주보다] affrontare, confrontarsi ¶ 서로 얼굴을 대하다 trovarsi faccia a faccia ② [향하

다, 관하다] verso, a, dentro, vicino, rispetto a [관하여] ¶ 문학에 대한 흥미 interesse nella letteratura, 어버이에 대한 의무 il dovere verso i genitori ③ [대조] in contrasto con, contrariamente a ④ [응대] ricevere ¶ 친절하게 대하다 essere gentile con qlcu., ricevere una persona calorosamente ⑤ [대항] contro ¶ 결정에 대한 항의 una protesta contro una decisione [비교, 비례] rispetto a, in confronto, per, a ⑥ [보수로서] in cambio di

대학 大學 [종합] università ¶ 대학1학년생 matricola ＊ **-교수** un professore universitario **-병원** un ospedale dell'università **-생** studente diplomato **대학원 학생** studente laureato **-총장** un rettore dell'università **-출신자** un laureato **-학장** direttore di dipartimento **국립-** un'università statale **의과** (문리과, 법과, 공과, 농과, 상과, 사범, 미술, 음악, 치과, 약학, 수의과, 항공) - una facoltà di medicina (fisica, legge, ingegneria, agraria, economia e commercio, scienze della formazione, belle arti, musica, odontoiatria, farmacia, medicina veterinaria, aeronautica)

대학자 大學者 un famoso erudito (scolaro)

대한 大寒 il solstizio d'inverno, la stagione invernale

대한 大韓 Corea ＊ **-민국** la Repubblica di Corea **-해협** lo Stretto della Corea

대합 大蛤 [조개] mollusco

대합실 待合室 sala d'aspetto

대항 對抗 opposizione, rivalità **-하다** rivaleggiare, affrontare a, **에 대항하여** in opposizione a, contro ＊ **-자** avversario, competitore **-책** contromisura

대해 大害 grave danno

대해 大海 oceano

대행 代行 processo esecutivo per procura **-하다** ＊ **-기관** agenzia di rappresentanza

대형 大形 ¶ 대형의 grande, d'un formato grande, misura grande

대형 隊形 formazione, armata (militare), plotone

대화 對話 conversazione, dialogo (둘의), **-하다** conversare

대회 大會 congresso generale, raduno [총회] una riunione generale, congresso [경기의] un raduno, 대회를 열다 tenere una riunione

대흉 大凶 [불길] male, [흉년] raccolto cattivo

댁 宅 [남의 집] [la forma onorifica] la Sua (vostra) casa, [가족] la Sua (vostra) famiglia, [상대자] Lei, voi, [남의 부인] la moglie d'una persona

댁내 宅內 la Sua (vostra) famiglia

댁대구루루 rotolante ¶ 댁대구루루 굴러가다 rotolare

댄서 danzatore, ballerino

댄스 ballo, danza, ＊ **-교습소(교사)** una scuola di ballo **-파티** (festa da) ballo **-홀** una sala da ballo

땔감 combustibile

땔나무 [장작] legna da ardere, [섶] sottobosco

댐 diga

땜 * **-납** saldatura **-장이** stagnaio, calderaio, saldatore

땜질하다 saldare, stagnare, riparare

댓 circa cinque ¶ 댓번 circa cinque volte

댓돌 臺- ① [섬돌] nelle casa tradizionali la pietra dove si lasicano le scarpe prima di entrare in casa ② (한옥) pietre poste agli angoli della casa dove scende l'acqua piovana

땟물 ① [자대] figura, apparenza ② [씻어낸] acqua sporca, sporcizia

댓진 nicotina accumulatasi nella pipa

땡 [소리] suono metallico, fragore

땡감 un cachi non maturo

댕그랑거리다, 땡그랑거리다 tintinnare

댕기 un nastro per treccia ¶ 댕기를 매다 legare un nastro alla treccia

댕기다 [불이] prendere fuoco, [불을] illuminarsi, accendere

댕댕, 땡땡 ¶ 종이 땡땡 친다 il campanello suona.

땡땡하다 essere stretto

댕돌같다 essere duro come un mattone

땡잡다 essere baciato dalla fortuna

더 [수량, 정도] più, [시간] più a lungo, [거리] più lontano ¶ 더 많이 (양) molto di più, (수) molto // 더 한층 sempre più, ancora di più

더가다 [거리] andare avanti, [시계가] andare in avanti, [정도] superare, oltrepassare

떠꺼머리 처녀(총각) -處女(總角) pettinatura usata nel passato prima di contrarre matrimonio

더껑이 pellicola, pelle, schiuma, crema

더께 strati di sporcizia, sporcizia accumulata

더군다나 inoltre

떠나다 ① [출발] andare, partire, lasciare il porto (배가) ¶ 미국으로 떠나다 partire per l'America ② [관계를 끊다] interrompere, mettere fine a ¶ 그는 관계를 끊었다 Ha interrotto ogni rapporto. ③ [세상을] morire, lasciare questa vita

떠내다 prendere, scavare, tirar fuori ¶ 국자로 국을 떠내다 versare la minestra con un mestolo

떠다니다 [공중에] fluttuare, [물위에] esser trasportato (dalla corrente), galleggiare

떠다밀다 ① [손으로] respingere, allontanare ¶ 사람을 떠다밀다 spingere la gente ② [남에게] dare la colpa a

더덕더덕 a mucchi, in gruppo, raggruppato

떠돌다 ① [소문이] diffondersi (di notizie), circolare ② [물위에] galleggiare ③ [방랑] vagare

떠돌이 vagabondo

떠들다 ① [큰소리로] fare rumore, fare una scenata, fare clamore ② [소문이 나다] divulgare, rendere pubblico

떠들썩하다 ① [시끄럽다] (essere) rumoroso, chiassoso ¶ 떠들썩

하게 rumorosamente, clamorosamente ② [소문이] diffondersi

떠들어대다 creare un frastuono, fare molto rumore, provocare disordini ¶ 쓸데없는 일로 떠들어대다 fare molto rumore per nulla

더듬거리다, 떠듬거리다 [말을] balbettare, tartagliare, esitare

더듬다 ① [손으로] annaspare per trovare qlco., cercare qlco. a tentoni ② [길을] andare avanti a tentoni, [근원을] tracciare la memoria, seguire le tracce, provare a ricordare ③ [말을] balbettare, esitare

더듬더듬 [말을] balbettare, pronunciare (qlco) con voce rotta, [손으로] a tastoni, alla cieca

더듬이 【동물】 tentacolo, spessimetro, [말더듬이] balbuziente, balbettone

더디다 (essere) lento, tardo, in ritardo ¶ 진보가 더디다 fare lenti progressi

-더라 ho trovato che, si dice che, ho notato che

-더라도 anche se ¶ 어떠한 일이 있더라도 qualunque cosa sia

더러 [어쩌다] occasionalmente, ogni tanto, di tanto in tanto ② [얼마쯤] alcuni, un po′

더러워지다 macchiarsi, sporcarsi

더럭 겁이 나다 avere timore all′ improvviso, impaurirsi

더럭더럭 con insistenza, ostinatamente, importunamente ¶ 돈을 달라고 더럭더럭 조르다 chiedere insistentemente soldi

더럼타다 sporcarsi facilmente

더럽다 ① [불결] (essere) sporco, ripugnante, sporcarsi ¶ 더러운 옷 vestiti sporchi ② [추잡] (essere) indecente, osceno ¶ 더러운 계집 una donna impura ③ [야비] (essere) vile, spregevole, basso ④ [인색] (essere) avaro, spilorcio ⑤ [비겁] (essere) ripugnante, subdolo ¶ 더럽게 이기다 vincere in modo sleale

더럽히다 ① [때묻히다] rendere sporco, macchiare ¶ 책을 더럽히다 sporcare un libro ② [명예 따위를] disonorare, [모독] profanare ¶ 가문의 명예를 더럽히다 disonorare il nome di famiglia ③ [여자를] disonorare, oltraggiare, violare ¶ 몸을 더럽히다 perdere la sua purezza (verginità)

떠름하다 ① [맛이] aspro ② [내키지 않다] non avere voglia di, essere riluttante a ③ [꺼림하다] essere prudente

떠맡기다 affidare ad altri, addossare (la responsabilità) a qlcu.

떠맡다 rilevare, succedere (a qlcu), assumersi la responsabilità di qlco.

떠메다 sollevare (una cosa) e mettersela sulle spalle

더미 mucchio, pila ¶ 쓰레기 더미 un mucchio di rifiuti

더미씌우다 addossare la responsabilità sulle spalle di un altro, fare un torto a qlcu.

떠받다 [머리나 뿔로] urtare violentemente con la testa (le corona)

떠받들다 ① [쳐들다] sollevare, tenere in alto ② [공경] servire fedelmente ③ [소중히] tenere in grande considerazione

떠받치다 supportare, sostenere, puntellare ¶ 벽을 기둥으로 떠받치다 sostenere una parete con un palo

떠버리 un chiacchierone

더벅머리 [소년] (un ragazzo) con i capelli arruffati, spettinati

떠벌리다 [과장] esagerare, vantarsi

떠보다 ① [무게를] pesare ② [사람 됨을] misurare ③ [속뜻을] scandagliare, misurare la profondità di

더부룩하다 (essere) folto ¶ 더부룩한 머리 chioma folta

더부살이 un servo residente nella casa del padrone, una parassita (식객)

더불어 insieme, con, insieme ad una persona

더블 doppio

더블류시 un gabinetto, W.C

더빙 [영화, TV] doppiaggio

떠세하다 usare l′influenza di un altro

더없이 soprattutto

떠오르다 ① [해, 달이] sorgere, levarsi ② [생각이] balenare ¶ 좋은 생각이 그의 머리에 떠올랐다 Nella sua mente gli balena un′idea.

더우기 inoltre

더욱 più, ancora di più, sempre più ¶ 더욱 노력하다 sforzarsi di più, lavorare molto

더위 calore, caldo ¶ 더위를 견디다 resistere (durare) al caldo

더위먹다 soffrire il calore

더위타다 essere sensibile al calore, sentire il caldo

더퍼리 una persona indiscreta, intrigante, impiccione

더펄개 un cane del pelo arruffato (irsuto, peloso)

더펄거리다 rimbalzare su e giù

더펄머리 chioma fluente

더하다 ① [심해지다] peggiorare, degenerare, stare peggio ② [보태다] aggiungere, riassumere ¶ 둘에 둘을 더하면 넷이다 Due più due fa quattro. ③ [늘이다] aggiungere, aumentare, accrescere

더하다 [비교해서] essere più ¶ 독하기는 그것보다 이 술이 더하다 Questo liquore è più forte di quello.

더할 나위 없다 (essere) perfetto, la cosa migliore, ideale ¶ 더할 나위 없이 perfettamente

떡[1] dolce di riso, pasticcino di riso ¶ 떡을치다 lavorare la pasta di riso per preparare i pasticcini

떡[2] ① [버티는 꼴] saldamente ② [벌리는 꼴] completamente aperto

덕 德 ① [덕행] virtù, morale ¶ 덕행이 높은 사람 un uomo virtuoso // 덕을 닦다 praticare la Via della Virtù (Morale) ② [덕분] favore, indebitamento ¶ 덕으로 grazie a

떡가래 un pezzo di dolce di riso

떡가루 farina di riso ¶ 떡가루를 빻다 pestare il riso e ridurlo in

farina
떡갈나무 【식물】 quercia
덕망 德望 influenza morale ¶ 덕망이 있다 avere un′influenza morale * -가 un uomo di alta rinomanza morale
떡밥 [낙시미끼] un′esca, impasto di riso
떡방아 un mulino per il riso ¶ 떡방아를 찧다 battere (polverizzare) il riso per trasformarlo in farina
떡벌어지다 ① essere largo, vasto ② [틈] aperto, spazioso
덕분 德分 indebitamento
덕성 德性 (carattere) morale, virtù ¶ 덕성스럽다 essere di buon carattere
덕업 德業 atti virtuosi
덕육 德育 educazione alla morale
떡잎 cotiledone, germoglio
덕지덕지 ¶ 때가 덕지덕지 끼다 essere coperto di strati di sporcizia
덕택 德澤 in debito, favore, beneficio [조력] sussidio, [후원] supporto ¶ 덕택으로 grazie a
떡판 ① [널빤지] tavola usata per preparare la pasta di riso ② [엉덩이] deretano femminile
덕행 德行 comportamento virtuoso
덕화 德化 riforma morale
덖다 friggere in olio
던적스럽다 [비열] essere sordido, [추잡] indecente, osceno, ripugnante
던지다 ① [내던지다] tirare, lanciare, gettare [세게] scagliare, lanciare [위로] gettare ② [투표] 깨끗한 한 표를 던지다 dare un voto pulito
던지럽다 (essere) ripugnante, osceno
덜 di meno, in modo incompleto ¶ 덜 구워진 non abbastanza cotto // 덜익은 과일 frutta non matura
덜거덕거리다,떨꺼덕거리다 tintinnare, sferragliare, scricchiolare
떨거지 marmaglia, gentaglia, razzumoglia
떨기 [한송이] mazzo, gruppo, [한포기] pianta ¶ 한 떨기 국화 un crisantemo
덜다 ① [절약] risparmiare, [감하다] alleggerire, attenuarsi, diminuire, ridurre ¶ 근심을 덜다 rilassare la (propria) mente ② [빼다] sottrarre, dedurre, togliere, rimuovere
떨다[1] [몸을] tremare, avere i brividi, agitarsi, rabbrividire, [현악기의 줄이] vibrare ¶ 추워서 떨다 avere brividi di freddo // 무서워서 떨다 tremare dalla paura
떨다[2] ① [먼지 따위] togliere la polvere ② [덜어내다] togliere, dedurre ③ [부리다] agire, fare ¶ 애교를 떨다 mostrare fascino ⑤ [주머니나 돈을] non avere un euro in tasca
덜덜[1] ¶ 무서워서 덜덜 떨다 tremare per la paura // 추워서 덜덜 떨다 tremare di freddo
덜덜[2] 떨떨 tintinnante, sferragliante, scricchiolante
덜되다 ① [미완성] (essere) incompleto, non finito ② [사람됨이] 덜된놈 uno buono a niente
덜렁거리다, 떨렁거리다 ① [소리]

tintinnare ② [행동] comportarsi frivolamente

덜렁이 una persona frivola

덜름하다 (essere) piuttosto corto [옷]

덜리다 ridursi, diminuire

떨리다[1] [몸이] tremare, rabbrividire, agitarsi ¶ 말소리가 떨렸다 La (sua) voce tremava.

떨리다[2] ① [먼지따위가] essere distrutto, crollare ② [떨려나다] essere rifiutato, escluso

덜미 nuca (del collo) ¶ **덜미잡이 하다** prendere una persona per il collo

떨어뜨리다 ① [낙하] cadere ¶ 컵을 마루에 떨어뜨리다 cadere un bicchiere sul pavimento ② [놓치다] perdere ③ [잃다] perdere ¶ 명성을 떨어뜨리다 perdere la sua reputazione ④ [함락] bloccare ⑤ [지위를] degradare ⑥ [실추] svalutare, ridurre il suo merito ⑦ [낮추다] diminuire, abbassare ¶ 속력을 떨어뜨리다 rallentare (un automobile) ⑧ 품질을 떨어뜨리다 abbassare la qualità, deteriorare ⑨ [남기다] lasciare [경매에서] ribassare ⑩ [경쟁자를] sorpassare, distanziare ⑪ [시험에서] non superare ⑫ [해뜨리다] logorare

떨어지다 ① [낙하, 추락] cadere ¶ 처마에서 빗방울이 떨어진다 l'acqua cade dal cornicione. ② [해나 달이 지다] calare, tramontare ③ [낙제] non superare (un esame) ④ [흘러서 빠지다] scivolare, sfilarsi ⑤ [붙었던 것이] staccarsi ⑥ [분리] separarsi ¶ 떨어질 수 없는 inseparabile ⑦ [온도나 열] calare, abbassarsi ⑧ [물가가] abbassarsi, diminuire ⑨ [실추] cadere di valore, svalutarsi ⑩ [손 안에] cadere in ⑪ [딴 것만 못하다] essere inferiore a ⑫ [함락] catturare, bloccare ⑬ [남아있다] rimanere, avanzare ⑭ [경쟁에서] essere sorpassato ⑮ [계급이] scendere, degradarsi ⑯ [해지다] logorarsi ⑰ [뒤가딸린다] esaurirsi, venire a mancare ⑱ [거리가] essere lontano (distanza)

떨이 occasione, liquidazione della merce, svendita totale

떨치다 [명성을] rendere noto (a tutti)

덜커덕 ① [소리] scatto **-하다** scattare ② [갑자기] improvvisamente, inattesamente ③ [가슴이] **-하다** essere scioccato, avere il cuore in gola

덜커덕거리다 scattare, scricchiolare

덜컥 ① [의외로 빨리] improvvisamente, inaspettamente ② [소리] colpo, rumore sordo

덜하다 ① [동사] diminuire ② [견주어서] essere di meno

떫다 essere aspro

덤 supplemento, aggiunta

덤덤하다 essere senza parole, rimanere silenzioso

덤벙 [물속에] tonfo ¶ 덤벙 물에 떨어지다 fare un tonfo nell'acqua

덤벙거리다 ① [경솔하게] agire in modo frivolo ¶ 덤벙거리며 일을 함부로 하다 trascurare il proprio lavoro ② [물속에서] spruzzare,

sguazzare ¶ 발을 물에 담그고 덤벙거리다 sguazzare i piedi nell′acqua
덤불 cespuglio ¶ 가시덤불 un cespuglio spinoso
덤비다 ① [달려들다] attaccare ② [서둘다] affrettarsi ¶ 덤비지 말라 Vacci piano!
덤핑 vendere sottocosto
덥다 [온도가] essere caldo, fare caldo ¶ 몸이 덥다 avere la febbre // 더워지다 prendere calore
덥석 rapidamente, improvvisamente
덧 un tempo breve, un breve periodo ¶ 어느 덧 prima che uno sappia
덧나다[1] ① [병이] aggravarsi ② [성나다] offendersi
덧나다[2] [이가] svilupparsi, crescere uno sull′altro
덧내다 [병을] peggiorare
덧니 un doppio dente * **-박이** una persona con un doppio dente
떳떳이 onoratamente, ragionevolmente ¶ 떳떳이 승부를 겨루다 ① agire con lealtà ② giocare onestamente
떳떳하다 (essere) giusto, leale, diritto ¶ 떳떳하지 못한 짓 comportamento poco onorevole
덧문 -門 porta esterna, (con doppi infissi) finestra esterna
덧버선 babucce da casa
덧붙이다 [보탬] aggiungere
덧셈 addizione, **-하다** addizionare
덧신 scarpine con suola in gomma che si usano in luoghi al chiuso
덧없다 ¶ 덧없는 인생 vita transitoria
덧없이 transitoriamente,
덧저고리 giacca (dell′abito tradizionale coreano) indossata sul Jeogori, soprabito
덩굴 una vite, un viticcio
덩굴손 [식물] un viticcio
덩그렇다 [높이] essere statuario
덩달다 imitare, seguire alla cieca
떵떵거리다 vivere prodigamente
덩실거리다 baltellare, danzare in modo allegro ¶ 기뻐서 덩실거리다 ballare con gioia
덩어리 grumo, massa, zolla, cubetto ¶ 얼음덩어리 un cubetto di ghiaccio
덩어리지다 raggrumarsi, ammassarsi
덩이 grumo, massa, pezzo
덫 trappola ¶ 덫을 놓다 mettere una trappola
덮개 ① coperta, trapunta
덮다 [씌우다] coprire, velare [은폐] nascondere, celare [닫다] chiudere ¶ 책을 덮다 chiudere un libro
덮어놓고 indiscriminatamente, senza una ragione ¶ 덮어놓고 사람을 치다 colpire una persona senza motivo
덮어두다 ① passare sopra a, trascurare, ignorare ¶ 잘못을 덮어두다 lasciare perdere, chiudere un occhio ② [비밀로] mantenere un segreto
덮어쓰다, **-의 책임을 지다** prendersi la colpa di qlcu.
덮어씌우다 ① [가림] coprire, ricoprire, rivestire ② [죄를] dare (attribuire) a qlcu. (la colpa)
덮이다 (essere) coperto, velato,

nascosto ¶ 눈에 덮이다 essere coperto di neve

덮치다 ① [겹쳐누르다] tenere premuto (un tasto), [습격] attaccare ¶ 폭풍우가 그 배를 덮쳤다 Una tempesta avvolse la nave.

데 [곳] posto, punto, [부분] parte, [경우] caso ¶ 강한데 un punto forte

떼[1] [무리] gruppo, folla, calca, [소, 말] gregge, [양] moltitudine, [엽견] pacchetto, [새의] moltitudine, [고기의] banco(di pesci), [벌레의] sciame

떼[2] piota, tappeto erboso

떼[3] [고집] una richiesta irragionevole ¶ 떼를 쓰다 molestare, importunare (con richieste continue)

떼거리 richiesta impossibile

데꺽 [손쉽게] in uno schiocco, facilmente, come niente

데걱거리다 far fracasso, crepitare

데구루루 il rotolare

데꾼하다 svuotare, scavare

데굴데굴 rotolare

데다 ① [화상] bruciarsi, scottarsi, scottare [끓는 물에] ¶ 덴자국 ustione // 손을 데다 bruciarsi la mano ② [진저리나다] avere un′esperienza amara

떼다 ① [붙은 것을] togliere, rimuovere ② [갈라지게] separare [잡아당겨서] separare, staccare ¶ 아이 젖을 떼다 svezzare un bambino ③ [거절] rifiutare, respingere ④ [봉한 것을] aprire, rompere il sigillo ⑤ [수표 따위를] emettere ⑥ [끝내다] finire ⑦ [빼다] sottrarre, dedurre ¶ 봉급에서 떼다 detrarre una somma dallo stipendio ⑧ [병을] 학질을 떼다 eliminare la malaria, [비유적] eliminare un fastidio

데드 마스크 calco per fare una maschera

데드라인 una scadenza

데려가다 portare ¶ 아이를 학교에 데려가다 portare i bambini a scuola

데려오다 portare (una persona), venire con qlcu., aver con sè qlcu.

데리다 essere accompagnato, portarsi qlcu. ¶ 종 다섯 사람을 데리고 assistito da cinque servi

데릴사위 genero (adottato dalla famiglia della sposa)

데마 demagogia

떼먹다 [갚지않다] frodare, [잘라먹다] imbrogliare

데먹지다 [너무크다] essere troppo grande, [너무 많다] essere superiore

데모 manifestazione, dimostrazione

데모크라시 democrazia

떼밀다 spingere, spingere con il gomito (팔꿈치로) ¶ 떼밀지 마라 Non spingere.

데뷔 debutto (프), 데뷔하다 debuttare

데삶다 scottare, bollire leggermente (un poco) (un′uovo)

데생【미술】abbozzo

떼새【새】piviere (물떼새), [새의 무리] uno stormo

데설궂다 essere rude, non raffinato

데스크 scrittoio

데알다 sapere, conoscere in modo superficiale

떼어놓다 ① [경주에서] sorpassare ② [사람을] separare ¶ 두 애인 사이를 떼어놓다 separare una coppia

떼어먹다 frodare(횡령), imbrogliare ¶ 빚을 떼어먹고 행방을 감추다 fuggire senza pagare i debiti

데우다 scaldare, riscaldare (식은 것을)

떼이다 (essere) frodato, truffato

데이비스 컵 Coppa Davis ¶ 데이비스 컵 쟁탈전 i tornei della Coppa Davis

데이터 dati

데이트 appuntamento romantico, uscire insieme

데익다 essere mezzo cotto

떼짓다 formare (costituire) un gruppo

데치다 ① [끓는 물에] bollire (un po′) ② [혼내주다] punire severamente

떼치다 ① [붙은 것을] staccare distaccare ② [거절] rifiutare

데카당 decadenza

데카리터 decalitro

데카미터 decametro

데퉁스럽다 (essere) impacciato (goffo)

덴가슴 uno che si spaventa facilmente a causa di una terribile esperienza passata

델리케이트 fragile

델타 delta [나일강 입구의] il delta di un fiume ¶ 델타지대 zona del delta

뗏목 zattera

뗏장 un tappeto d′erba

뎅그렁거리다 tintinnare

뎅뎅, 뗑뗑 din-don, din don

도 ① [및] e, così come, sia... che [...도 역시] anche [...도 아니고 ...도 아니다] nè... nè ¶ 그는 영어도 알고 불어도 안다 Capisce sia il francese che l′inglese. // 그는 나에게 돈도 주고 옷까지 주었다 Mi ha dato sia dei vestiti che dei soldi. ② [비록 ~일지라도] parto anche se piove ¶ 나는 비가 올지라도 떠난다 parto anche se piove. ③ [~혹은 ~도] oppure의 준말 o... o... ¶ 여러분은 빵을 먹을수도 있고 포도국을 먹을수도 있습니다 potete mangiare o pane o vino

도 [음악] do (nota musicale)

도 道 【행정구역】 regione ¶ 도(립)의 regionale * **-지사** presidente regionale **경기-** Regione di Gyunggi

도 道 ① [술] arte ② [가르침] insegnamento, dottrina, verità (진리) ¶ 공자의 도 gliinsegnamenti di Confucio // 도를 구하다 aspirare alla verità

도 度 ① [온도, 각도] grado ¶ 섭씨 5도 cinque gradi celsius // 18도의 안경 lenti di 18 diottrie ② [정도] grado, limite ¶ 도를 넘다 eccedere troppo, essere intemperante

또 ① [다시] di nuovo, [한번더] una volta di più, ripetutamente (반복해서) ¶ 승리 또 승리 vittoria dopo vittoria // 또 언제든지 (나중에) dopo, più in là ② [그리고] [게다가] e, inoltre, [그 위에] oltre a ci ¶ 그는 어학자요 또 음악가이기도 하다 Lui è sia un linguista che un musicista. [한편] alternativamente, da una parte

도가니 crogiolo ¶ 홍분의 도가니가 되다 scatenarsi in modo selvaggio

도가머리 una cresta d'un uccello

도각 倒閣 ¶ 도각운동을 일으키다 organizare un movimento per rovesciare il Governo

도감 圖鑑 un libro illustrato

도강 渡江 **-하다** attraversare un fiume

또깡또깡 (분명하게) chiaramente, distintamente

도개 跳開橋 un ponte levatoio

도깨그릇 porcellana, terracotta 도자기

도깨비 spauracchio, uno spirito maligno, spettro ¶ 도깨비가 나오는 집 una casa frequentata dagli spiriti

도깨비 바늘 【식물】 erba cipressina

도깨비불 un fuoco fatuo, un fuoco dell'elfo

도거리 in grosse quantità, all'ingrosso ¶ 도거리로 all'ingrosso

도검 刀劍 spada

도계 道界 il confine regionale

도공 陶工 vasaio, ceramista * **-술** ceramica, terracotta

도관 導管 condotto, tubo

도괴 倒壞 crollo **- 하다** crollare, cadere

도구 道具 ① [연장] utensile, strumento (공구) ② [방편] mezzo, strumento ¶ 언어는 사상 전달의 도구다 Il linguaggio è il veicolo del pensiero.

도국 島國 un paese insulare * **-근성** uno spirito insulare

도굴 盜掘 estrazione mineraria illegale **-하다** estrarre di nascosto

도규 刀圭 ① [의술] arti mediche ② [약 숟가락] un cucchiaio di sciroppo * **-가** un medico **-계** l'ordine dei medici

도그마 dogma, dogmatismo

도금 鍍金 placcatura, doratura **-하다** placcare, dorare ¶ 금 도금하다 placcare in oro * **-술** arte della placcatura, doratura artificiale **-액** una soluzione per la placcatura **-제품** articoli placcati **전기-** placcatura elettrica

도급 都給 un contratto di lavoro, impresa ¶ 도급주다 dare (ad una persona) un contratto per, contrarre un lavoro // 도급 맡다 intraprendere

도기 陶器 [토기] terracotta, porcellana, [오지 그릇] porcellana, terracotta * **-상** un commerciante della porcellana

도끼 ascia, accetta (손도끼)

도끼눈 sguardo sfolgorante

도난 盜難 rapina, furto ¶ 도난당하다 essere rubato (물건이 주어) * **-경보기** un impianto antifurto **-사건** rapina, furto

도넛 una ciambella

도내 道內의 nella regione, regionale

또다시 [한번 더] di nuovo, una volta di più, [새로] di nuovo ¶ 또 다시 일어나다 ricorrere, rinnovare // 또 다시하다 ripetere

또닥거리다 colpire, picchiettare, dare un colpetto

도달 到達 arrivo **-하다** arrivare, raggiungere, giunggere ¶ 같은 결론에 도달하다 giungere alla stessa conclusione // 목적지에 도달하다 raggiungere la destinazione * **-지점** la destinazione

도당 徒黨 fazione, cricca

도대체 cavolo, diavolo ¶ 도대체 그는 무슨 말을 하고 있는가 Che (cosa) cavolo sta dicendo?

도덕 道德 moralità, etica morale * **-가** un moralista **-관념** un senso morale **-교육** educazione morale **-률** codice morale **-철학** filosofia morale, etica

도떼기 시장 un mercato all´aperto

도도록하다 gonfiare (부풀리다)

도도하다 (essere) arrogante, altezzoso, borioso ¶ 도도하게 굴다 comportarsi arrogantemente

도도하다 ① [물이] scorrere veloce (rapido) ¶ 도도히 흐르다 fluire velocemente ② [말이] (essere) fluente

도둑 [도둑놈] ladro, scassinatore, [좀도둑] borseggiatore, taccheggiatore, [도둑질] furto, rapina ¶ 도둑 맞다 essere rubato, derubato

도둑고양이 un gatto randagio

도둑놈 ladro

도둑질 furto **-하다** rubare, commettere un furto ¶ 도둑질 하러 들어가 다 entrare per rubare, irrompere (in un appartamento)

도드라지다 [현저하다] essere gonfio, protuberante, evidente

도라지 【식물】 un tipo di radice di origine cinese della famiglia delle Araliacee

도락 道樂 ① [방탕] dissolutezza -하다 condurre una vita dissoluta ② [취미] hobby, svago, passatempo

도란거리다 mormorare, sussurrare

도랑 fosso, buca ¶ 도랑을 치다 coprire un fosso

도랑이 scabbia

또랑또랑하다 essere molto chiaro

또랑치마 una gonna corta

도래 到來 [사물의] introduzione ¶ 불교의 도래 l´introduzione del Buddismo

도래 渡來 arrivo, avvenimento **-하다** venire, arrivare

또래 età, misura ¶ 모두 그 또래다 Tutti sono della stessa età.

도량 跳梁 **-하다** (essere) rampante, dominante, prevalente

도량 度量 magnanimità, generosità ¶ 도량이 큰 generoso, magnanimo, aperto, di larghe vedute

도량 道揚 luogo dove si praticano gli insegnamenti di Budda

도량형 度量衡 pesi e misure **-기** strumenti di misura

도려내다 cavare, raschiare, tagliare, asportare ¶ 사과의 썩은 곳을 도려내다 togliere la parte marcia della mela

또렷하다 essere chiaro

도령 uomo celibe, ragazzo, (시동생) cognato

도로 [되짚어] posteriore, retro, [먼저대로] come era prima, [또다시] ancora 도로가다 andare indietro 도로주다 dare una cosa indietro, restituire una cosa

도로 道路 strada, via ¶ 도로상에서 sulla strada, sulla via * **-공사** lavori di riparazione della strada **-청소부** operatore ecologico, spazzino

도로 徒勞 sforzo inutile, lavoro inutile ¶ 도로에 그치다 lavorare invano, finire in niente

도로건설 道路建設 costruzione delle strade * **-계획** progettazione di costruzione stradale **-기사** un assistente tecnico della strada **-장비** apparecchiatura per la costruzione stradale

도로아미타불 -阿彌陀佛 avere una ricaduta ¶ 병세가 좀 나아지는 듯 하더니 도로아미타불이 되고 말았다 Sembrava essersi ripreso dalla sua malattia ma ha avuto una ricaduta.

-도록 ① [목적] in modo che, affinché, per ¶ 급행 열차에 댈 수 있도록 빨리 일어났다 Mi sono alzato presto in modo da essere in tempo per l'espresso. ② [...때까지] fino a ¶ 밤이 늦도록 일하다 lavorare fino a tardi notte // 죽도록 사랑하다 amare fino alla morte

도료 塗料 vernice * **-분무기** uno spruzzatore per la vernice

도롱뇽 【동물】 salamandra

도륙 屠戮 **-하다** massacrare, macellare

도르다 [분배] distribuire, passare intorno, servire, [배달] trasportare ¶ 초대장을 도르다 spedire gli inviti

도르래 puleggia

도르르 rollo

도리 道理 ① [이치] causa, motivo, ragione, verità, giustizia [정의] ¶ 도리상 d'ordinaria amministrazione ¶ 도리에 맞다 essere ragionevole, essere costante con motivo // 도리에 벗어나다 essere irragionevole, essere contrario ② [방도] modo, metodo, mezzo ¶ 기다릴수 밖에 딴 도리가 없다 Non avete nient'altro da fare che attendere. ③ [의리] dovere, obbligo, giustizia ¶ 자식의 도리 dovere filiale

도리암직하다 essere astuto

도리어 al contrario, invece, piuttosto ¶ 도리어 좋다 essere tanto meglio // 좋기는 커녕 도리어 해롭다 Fa più danno che bene.

도리질-하다 [bambino] dondolare il capo per gioco

도립 道立의 provinciale * **-병원** un ospedale provinciale

도마 un tagliere

도마뱀 lucertola

도마뱀붙이 geco

도망 逃亡 fuga, diserzione **-하다** fuggire, scappare ¶ 망명하다 fuggire dalla propria patria * **-병** disertore

도망자 逃亡者 fuggitivo, fuggiasco, disertore

도맡다 ① [책임을] assumersi la responsabilità, prendersi la responsabilità, essere responsabile ¶ 빚을 도맡다 essere responsabile per un debito ② [도거리로] rilevare, succedere a qlcu.

도매 都賣 all'ingrosso **-하다** vendere all'ingrosso ¶ 도매상 un grossista

도면 圖面 illustrazione, abbozzo, disegno * **설계-** pianta

도모 圖謀 **-하다** progettare, pianificare, escogitare, inventare, macchinare ¶ 그들은 다만 사리만을 도모했을 뿐이었다 Non hanno fatto altro che cercare i propri interessi.

도무지 affatto, per niente, del tutto ¶ 도무지 알 수 없다 Non riesco a capirlo affatto.

도미【물고기】abramide

도미 渡美 **-하다** andare in America

도미노 domino * **-이론** teoria di domino

도미니카【나라】Dominica

도민【지역】gli abitanti d'una regione

도민【섬】un'isolano, gli abitanti di un'isola

또바기 sicuramente, sempre, solitamente, completamente

도박 賭博 gioco **-하다** giocare **-꾼** giocatore **-장** una casa da gioco, un casino **사기-** gioco fraudolento

또박또박 ① [정확히] ordinatamente, esattamente, con attenzione **-하다** (essere) accurato, esatto, attento ¶ 또박또박 쓴 글씨 grafia accurata // 글씨를 또박또박 쓰다 scrivere ordinatamente // 갯수를 또박또박 세어 받다 controllare bene il numero prima di accettare ② [거르지 않고] puntualmente ¶ 또박또박 제 시간에 대 오다 venire puntuale, arrivare in tempo // 빚을 또박또박 갚다 pagare il proprio debito regolarmente

도발 挑發 provocazione **-하다** destare, eccitare, provocare, incitare ¶ 도발적 provocatorio

도배 塗褙 **-하다** mettere la carta da parti, tappezzare (le pareti) * **-장이** tappezziere **-지** carta da parti

도버해협 -海峽 lo Stretto di Dover

도벌 盜伐 **하다** abbattere alberi senza permesso

도범 盜犯 furto

도법 圖法 illustrazione * **평면-** proiezione

도벽 盜癖 cleptomania ¶ 도벽이 있다 essere cleptomane

도벽 塗壁 **-하다** intonacare una parete

도별 道別 dalla regione * **-인구표** una tabella demografica di ogni regione

도보 徒步 passeggiata, camminata ¶ 도보로가다 camminare, andare a piedi // 도보 여행을 하다 viaggiare a piedi **-여행가** un viaggiatore a piedi

도부 到付치다 fare il venditore ambulante, vendere al minuto ¶ 도붓장수 un venditore ambulante

도불 渡佛 una visita in Francia **-하다** andare in Francia

도사 道士 un buddista illuminato, saggio

도사리다 ① sedersi a gambe accavallate ② rilassare la mente ¶ 뱀이 몸을 도사리다 un serpente in posizione attorcigliata

도산 逃散 dispersion - **하다** disperdersi, spargere via

도산 倒産 ① [의학] nascita trasversale, ② [파산] fallimento, bancarotta

도살 盜殺 macello **-하다** macellare * **-자** macellaio **-장** macelleria

도상 圖上 * **-작전** ① piano di guerra ② war game

도색 桃色 colore rosa, rosa, romantico ¶ 도색의 ottimistico, colore rosa * **-유희** un affare amoroso **-잡지** un giornale scandalistico

도서 島嶼 isole

도서 圖書 libri * **-목록** elenco dei libri **-실** sala di lettura **-열람실** una sala di consultazione **-열람자** un lettore **-해제** note bibliografiche

도서관 圖書館 biblioteca ¶ 도서관에서 책을 빌리다 prendere in prestito un libro da una bibllioteca * **-원** un bibliotecario **-장** il bibliotecа **-학** scienza della catalogazione dei libri **공공-** una biblioteca pubblica **국립-** una biblioteca nazionale **대학-** una biblioteca universitaria **순회-** una biblioteca ambulante

도선 導線 filo conduttore

도선 渡船 un traghetto * **-임** prezzo del traghetto, **-장** stazione dei targhetti

도설 圖說 rappresentazione diagrammatica * **곤충-** diagramma entomologico

도성 都城 una città capitale, città-castello

도수 徒手 una mano vuota * **-체조** ginnastica a corpo libero

도수 度數 ① [회수] il numero di volte, la frequenza ② [온도, 안경 따위의] il grado ¶ 안경돗수 gradazione delle lenti ③ [알코올의] la percentuale di alcool

도수장 mattatoio, macelleria

도승 道僧 monaco buddista che ha raggiunto il risveglio spirituale

도시 都市 città, comunità urbana ¶ 도시의 urbano * **-계획** pianificazione della città **-국가** la città-stato **-생활** vita di città, vita urbana **-인구** popolazione urbana **-행정** amministrazione municipale **대학-** una città universitaria **상업-** una città commerciale

도시 圖示 **-하다** illustrare

도시락 [점심] pranzo, [그릇] pranzo al sacco, ¶ 도시락을 가지고 가다 pranzo a portar via

도식 圖式 schema, diagramma, grafico ¶ 도식으로 나타내다 schematizzare * **-화** schematizzazione

도식 徒食 **-하다** vivere in ozio

도심 都心 il centro (d′una città) * **-지** la zona centrale

도안 圖案 disegno, abbozzo * **-가** un progettista **-과** il corso di disegno

도야 陶冶 formazione, educazione, addestramento **-하다** educare, addestrare, formare ¶ 인격을 도야하다 formare il carattere

도약 跳躍 salto [경기] **-하다** saltare * **-운동** un esercizio di salto **-판** una pedana, un trampolino

도열 堵列 [줄] fila **-하다** mettersi

in coda, fare la coda

도열병 稻熱病 carie del riso

도영 渡英 una visita in Inghilterra **-하다** andare in Inghilterra

도예 陶藝 arte della ceramica ＊ **-가** un vasaio

도와주다 aiutare, dare una mano, assistere ¶ 점심식사 후 산보는 소화를 돕는다. Una passeggiata. dopo pranzo aiuta la digestione.

도외시 度外視 **-하다** ignorare, trascurare, non tenere in considerazione

도요새 [새] beccaccino

도용 盜用 [금전의] appropriazione, malversazione **-하다** appropriarsi, sottrarre, malversare, rubare ¶ 사인을 도용하다 utilizzare di nascosto la firma di un altro

도움 aiuto, sussidio, assistenza, supporto ¶ 도움이 되다 essere di aiuto, essere utile // 큰 도움이 되었다 stato di grande aiuto per me

도움 cupola

도읍 都邑 la (città) capitale ¶ 도읍을 정하다 fondare (costruire) la capitale a ＊ **-지** la sede del governo

도의 道義 moralità, principii morali ¶ 도의의 퇴폐 demoralizzazione // 도의적으로 봐서 dal punto di vista morale ＊ **-심** senso morale, moralità

도입 導入 **-하다** introdurre ＊ **-부(음악)** overture(franc.)

도자기 陶瓷器 ceramica, porcellana ＊ **-공** un ceramista

도장 道場 una palestra ＊ **태권도장** una palestra di Taekwondo

도장 圖章 sigillo, timbro ¶ 도장을 파다 incidere un timbro // 도장을 찍다 timbare, mettere il timbro ＊ **-방(포)** un negozio per timbri

도저히 per niente, assolutamente

도적 盜賊 ladro

도전 挑戰 sfida **-하다** sfidare, fare una sfida ¶ 도전적 aggressivo // 도전에 응하다 accettare la sfida ＊ **-장** messagggio di sfida, 결투를 신청하다. lanciare una sfida a qlcu.

도전자 挑戰者 sfidante

도정 道程 distanza, distanza in miglia, [길] un percorso ¶ 100마일의 도정 una distanza di 100 miglia

도제 徒弟 apprendista ＊ **-기간** il periodo di apprendistato **-제도** apprendistato

도조 賭租 mezzadria (소작제로)

도주 逃走 fuga

도중 途中 ¶ 도중에서 sulla via, per strada // 도중에서 포기하다 rinunciare a metà strada, abbandonare a mezza strada

도지다[1] [심하다] (essere) estremo, severo, duro, [몸이] (essere) robusto, forte

도지다[2] [사람이 주어] avere una ricaduta, [병이 주어] svilupparsi ¶ 그의 병세가 도졌다 Il suo stato è peggiorato.

도지사 道知事 (antico) un governatore provinciale, amministratore regionale

도착 到着 arrivo **-하다** arrivare, raggiungere ¶ 서울에 도착하다 arrivare a Seoul ∗ **-지** la destinazione **-항** un porto di destinazione

도착 倒錯 perversione ∗ **성도착자** pervertito sessuale

도처 到處 ¶ 도처에 dappertutto // 국내 도처에서 per tutto il paese

도청 都廳 (anticamente) l'ufficio provinciale, la Regione ∗ **-소재지** (anticamente) la sede del governo provinciale, sede della Regione

도체 導體【물리】un conduttore (열, 전기의), un medio (매개) ∗ **반-** un' semiconduttore **부 -** un`isolante **양(불량)-** un buono conduttore (difettoso)

도취 陶醉 ① intossicazione ② fascino **-하다** ① intossicare ② affascinare ∗ **자기-** narcisismo

도치 倒置 [문법] inversione **-하다** invertire ∗ **-법** inversione

도킹 aggancio ¶ 도킹을 풀다 sganciarsi

도탄 塗炭 miseria, afflizione ¶ 도탄에 빠지다 cadere in afflizione profonda

도태 淘汰 selezione **-하다** selezionare ∗ **자연(인위)-** selezione naturale

도토리 una ghianda ∗ **-받침** cupola della ghianda

도통 道通 **-하다** raggiungere l'illuminazione, essere risvegliato spiritualmente (Buddismo)

도포 塗布 **-하다** spalmare, applicare ∗ **-약(연고)** un unguento (물약) un linimento

도표 道標 segnale stradale

도표 圖表 tabella, diagramma ∗ **-통계** una tabella statistica

도품 盜品 merci rubate

도피 逃避 fuga **-하다** fuggire ∗ **-생활** una vita di fuga **-여행** un viaggio di fuga **-주의자** un evaso

도하 都下 ¶ 도하의 각 중학교 le scuole medie della capitale

도하 渡河 **-하다** attraversare un fiume

도학 道學 etica, filosofia morale ¶ 도학 군자 un signore virtuoso ∗ **-자** uno studioso di etica

또한 ① anche, pure, inoltre ¶ 그 책은 흥미도 있거니와 또한 교훈적이었다 Il libro era interessante ed anche istruttivo. ② [그 위에] e inoltre, inoltre ¶ 그는 약속을 했으며 또한 그것을 실행했다 Ha fatto una promessa e l'ha mantenuta.

도합 都合 [총계] il totale, somma, [합해서] in tutto, interamente, complessivamente ¶ 도합 5만원이다 Il totale viene cinquanta mila won.

도항 渡航 traversata **-하다** fare una traversata, andare per mare ∗ **-자** un viaggiatore **-증** un passaporto

도해 圖解 schema, illustrazione ∗ **-사전** un dizionario dell'illustrazione

도형 圖形 figura, schema ∗ **-기하학** la geometria descrittiva **평면 -** una figura piana

도화 桃花 un fiore di pesco

도화 圖畫 disegno, immagine * -**용지** carta da disegno

도화선 導火線 fusibile, valvola, [유인] causa, motivo ¶ 반란의 도화선이 되다 causare una rivolta popolare

도회 都會 città * -**지** aree urbane

도회생활 都會生活 vita urbana

독 vaso, giara [양조, 염색용] ¶ 그는 독안에 든 쥐다 Lui è un topo in trappola.

독 毒 [독물] veleno, [병독, 독소] tossina, [독사의] veleno ¶ 독이 있다 essere tossico // 독(약)을 마시다 prendere veleno // 독을 제거하다 neutralizzare un veleno * -**부** una donna cattiva, una strega -**사** un serpente velenoso, una vipera -**충** un insetto nocivo

똑[1] [두드리는, 떨어지는 소리] con un colpetto, con un tonfo, [부러지는소리] con uno schiocco

똑[2] [꼭] esattamente, giusto, proprio ¶ 똑 같다 essere esattamente uguale // 똑 제시간에 proprio in tempo

독감 毒感 influenza

똑같이 ugualmente, uniformemente(한결같이), imparzialmente (공평하게), indiscriminatamente (차별없이)

독개스 毒- gas tossico * -**공격** attacco di gas tossico - **마스크** una maschera antigas

독거 獨居 vita in solitudine, vita solitaria -**하다** vivere da solo, condurre una vita solitaria

독경 讀經 -**하다** recitare un sutra

독기 毒氣 tossicità, veleno, [악의] malignità ¶ 독기있는 nocivo, tossico, cattivo

독녀 獨女 figlia unica

독농 篤農 alta produzione agricola

독농가 篤農家 un coltivatore diretto molto efficiente

똑딱거리다 battere, ticchettare, scattare

똑딱선 un battello a vapore, barca a motore

독단 獨斷 decisione arbitraria, dogmatismo ¶ 독단적 arbitrario, dogmatico * -**가** una persona arbitraria, un dogmatico -**론** dogma, dogmatismo

똑똑 [떨어지는소리] gocciolio, [부러지는 소리] con uno schiocco [두드리는 소리] battente ¶ 책상을 똑똑 두드리다 dare dei colpetti sulla scrivania

똑똑하다 ① [명백] (essere) chiaro, distinto ② [사람] (essere) intelligente ¶ 똑똑한 아이 un bambino intelligente

똑똑히 [분명히] chiaramente, distintamente, definitivamente, [영리하게] brillantemente, con intelligenza

독두 禿頭 * -**병** alopecia

독려 督勵 incoraggiamento -**하다** consigliare, stimolare, sollecitare, spronare, spingere con insistenza

독력 獨力 ¶ 독력으로 con i propri sforzi, da se stesso, senza aiuto

독립 獨立 [자립] indipendenza -**하다** essere indipendente, diventare indipendente da ¶ 독립을 선언하다 dichiarare l′indipendenza * -**구문(문법)** una costruzione indipendente **-국** stato indipendente **-심** uno spirito indipendente **-자존** indipendenza e dignità **- 전쟁(미국)** la guerra d′ indipendenza **- 채산제** il sistema di pagamento a forfait

독무대 獨舞臺 ¶ 독무대이다 essere il solo, essere senza rivali, avere il monopolio

독물 毒物 [독] sostanza tossica, tossico, [사람] una persona viziosa * **-학** tossicologia

똑바로 ① [모양, 방법] diritto, in linea retta, in modo eretto, [꼿꼿이] dritto, eretto, [수직] verticalmente, [직행] direttamente ¶ 똑바로 서다 stare diritto // 똑바로 가다 proseguire diritto // 몸을 똑바로 하다 tenersi diritto ② [정직] onesto, franco, diretto ¶ 말을 똑바로 하는 사람 una persona franca // 똑바로 대다 dire la verità, parlare in modo diretto

독방 獨房 camera singola, cella d′ isolamento (교도소 따위의) ¶ 독방에 감금당하다 essere messo in cella d′isolamento

독백 獨白 soliloquio, monologo (무대의) **-하다** fare un soliloquio, fare un monologo

독버섯 毒- un fungo velenoso

독법 讀法 [읽는법] regole di lettura, [해석] lettura, [발음] pronuncia

독보 獨步 ¶ 독보의 unico, senza rivale, senza pari

독본 讀本 lettura * **부-** una lettura supplementare **영어** - una lettura inglese

독부 毒婦 una donna cattiva, una strega

독불 獨佛 la Francia e la Germania ¶ 독불의 Franco-tedesco, Francese-tedesco

독불장군 獨不將軍 [독불] una persona isolata, [고집장이] prepotente

독사 毒蛇 un serpente velenoso, una vipera, aspide

독살 毒殺 [죽임] avvelenamento **-하다** avvelenare, uccidere una persona con il veleno * **-자** un avvelenatore

독살림 ¶ 독살림하다 vivere indipendentemente // 부모를 떠나 독살림하다 vivere indipendentemente dai genitori

독살 毒殺부리다 agire per dispetto, comportarsi male, agire con cattiveria

독살 毒殺스럽다 (essere) velenoso, dispettoso, malevolo ¶ 독살스런 말을 하다 parlare male di qlcu.

독생자 獨生子 Gesù Cristo

독서 讀書 lettura **-하다** leggere i libri ¶ 독서를 좋아하다 amare la lettura * **-가** un amante della lettura **-력** abilità nella lettura **-실** sala di lettura **-회** un circolo della lettura

독선 獨善 ¶ 독선적 che si considera giusto, auto-compiacente, spaccone

독설 毒舌 una lingua velenosa, linguaggio maligno (malevo) ¶ 독설을 퍼붓다 parlare male di qlcu.

독성 毒性 tossicità ¶ 독성의 tossico, velenoso

독소 毒素 tossina

독수공방 獨守空房 **-하다** vivere da solo, condurre una vita solitaria

독수리 [새] aquila

독식 獨食 monopolio **-하다** monopolizzare

독신 獨身 vita celibetaria, [남자] celibe, [여자] nubile ¶ 독신의 single // 일생을 독신으로 지내다 rimanere nubile tutta la vita(여), rimanere celibe a vita(남) * **-주의** celibato **-주의자** celibe, nubile

독신 瀆神 blasfemia, profanazione, sacrilegio

독신 篤信 devozione **-하다** essere devoto * **-자** devoto

독실 篤實 sincerità, fedeltà **-하다** (essere) sincero, fedele

독심 毒心 malizia, rancore

독심술 讀心術 lettura della mente, telepatia

독아 毒牙 un dente velenoso (serpente)

독액 毒液 liquido tossico, succo velenoso [과실즙], linfa tossica [나무진]

독약 毒藥 veleno, droga tossica * **-학** tossicologia

독연 獨演 spettacolo come solista

독영 獨英 l'Inghilterra e la Germania

독일 獨逸 la Germania ¶ 독일의 tedesco * **-어** tedesco **-인** un tedesco, i tedeschi

독자 讀者 lettore, [구독자] abbonato, [일반의] un pubblico di lettori. ¶ 그 신문은 백만 독자가 있다 Il gionale ha un milione di lettori. * **-란** la colonna del lettore

독자 獨子 figlio unico

독자 獨自 ¶ 독자의 [개인적] specifico, personale, [독특한] originale, unico * **-성** originalità, carattere

독작 獨酌 **하다** bere da solo

독장수셈 uno sforzo inutile

독장치다 獨場- essere il solo supervisore, essere senza rivale

독재 獨裁 dittatura, autocrazia * **-국가** una nazione dittatoriale **-군주국** monarchia assoluta **-자** dittatore, autocrate **-정치** politica dittatoriale

독재적 獨裁的 dittatoriale, dispotico

독전 督戰 **-하다** incitare a combattere

독점 獨占 monopolio, monopolizzazione **-하다** monoplizzare ¶ 독점적 monopolistico, esclusivo // 방을 독점하다 avere una stanza per se stesso * **-가격** monopolizzare un prezzo **-사업** un' impresa monopolistica **-자본** capitale monopolistico

독종 毒種 [사람] una persona malvagia, una mela marcia

독주 毒酒 [독한술] alcolici forti, [독을 탄술] liquore avvelenato

독주 獨奏 **-하다** recitare da solista, fare il solista, suonare da solista

독주 獨奏 recital, assolo * **-곡** un assolo **-자** un (una) solista **-회** un recital **-피아노** un concerto per piano

독지 篤志 [자선] benevolenza, carità ¶ 익명의 독지가 un benefattore anonimo * **-가** un uomo caritatevole, benefattore, filantropo

독직 瀆職 corruzione **-하다** corrompersi * -공무원 un pubblico ufficiale corrotto -사건 uno scandalo di corruzione -죄 corruzione

독차지 獨- possesso esclusivo, monopolizzazione **-하다** possedere esclusivamente, monopolizzare ¶ 사람을 독차지하다 monopolizzare l′amore di un altro

독창 獨唱 un assolo vocale **-하다** cantare un assolo, dare un assolo vocale * **-곡** una parte unica **-자** un (una) solista **-회** un recital musicale

독창 獨創 originalità ¶ 독창적 originale, creativo // 그는 독창력이 풍부하다 Lui èicco di originalità.

독초 毒草 [풀] una pianta tossica, [담배] tabacco forte

독촉 督促 pressione, sollecitazione **-하다** sollecitare (una persona), spingere, fare pressione su qlcu. ¶ 지불을 독촉받다 essere sollecitato a pagare i debiti * **-수수료** prezzo di domanda **-장** nota di domanda

독충 毒蟲 un insetto velenoso

독침 毒針 [곤충 따위의] una puntura d′insetto velenoso, [독을 칠한 바늘] l′ago tossico

독탕 獨湯 un bagno riservato (privato)

독특 獨特 **-하다** (essere) unico, particolare, caratteristico, speciale ¶ 한국의 독특한 풍습 un′abitudine particolare della Corea

독파 讀破 **-하다** leggere un libro completamente, leggere dall′ inizio alla fine

독판 獨- **-치다** monopolizzare

독하다 毒- ① [독기 있다] (essere) tossico, nocivo [독한가스] gas tossico ② [진하다] essere forte, 독한 술 liquore forte ③ [잔인] (essere) malevolo, malvagio, vizioso 독한 여자 una donna dispettosa ④ [굳세다] (essere) costante, duro ¶ 독한 마음을 먹고 공부하다 studiare con impegno

독학 獨學 da autodidatta **-하다** studiare da autodidatta ¶ 독학한 사람 un (una) autodidatta

독항 獨航 navigazione solitaria * **-선** un peschereccio indipendente

독해력 讀解力 comprensione

독행 篤行 un atto di carità, atti di bontà

독행 獨行 **하다** [가다] andarsene, [행동] azione indipendente

독혈 毒血 sangue cattivo * **-증 (의학)** tossiemia

독회 讀會 lettura (di un documento, emendamento, ecc.)

독후감 讀後感 la propria impressione su un libro

돈 [금전] soldi, contanti, moneta, [재산] ricchezza ¶ 돈 많은 사람 una persona ricca // 돈을 헤프게 쓰는 사람 uno sprecone // 돈 한 푼 없다 non avere un soldo // 돈 힘으로 la forza di soldi // 돈이 많이 들다 essere molto costoso // 돈을 내다 pagare per (치르다) // contribuire i soldi a (기부) // 돈을 벌다 fare i soldi, guadagnare // 돈없이는 아무 것도 할 수 없다 Senza soldi non si fa nulla. // 돈으로는 행복을 사지 못한다 I soldi non fanno la felicità. // 한 푼의 가치도 없다 non valere un soldo // 조금씩 조금씩 poco a poco

돈꿰미 una stringa per infilare le monete

돈냥 ¶ 돈냥이나 있는 집안 una famiglia benestante

돈놀이 usura [고리의], **- 하다** praticare usura ¶ 돈놀이 하는 사람 un usuraio

돈독 敦篤 ⇒ 돈후

돈복 -福 fortuna con soldi

돈수 頓首 ① [편지에서] Cordiali Saluti ② [절] un inchino (cerimonioso) **-하다** inchinarsi

돈아 豚兒 mio figlio (in forma umile) ⇒ 가아

돈좌 頓挫 contrattempo, controllo, pausa **-하다** avere un contrattempo, subire una pausa (un arresto)

돈주머니 un borsellino, un portamonete

돈줄 fonte di credito ¶ 돈줄이 떨어지다 perdere il sostegno finanziario

돈지갑 -紙匣 un portafogli

돈푼 una piccola somma di soldi ¶ 돈푼이나 모으다 risparmiare una bella sommetta

돈후 敦厚 sincerità

돋구다 aumentare, rendere (migliore, superiore, più)

돋다 ① [해, 달이] sorgere ¶ 해가 돋는다 Il sole sorge. ② [싹 따위가] germogliare ¶ 날개가 돋다 sviluppare le ali ③ [종기 따위가] formarsi

돋보기 ① occhiali ② lenti [확대경] una lente d'ingrandimento

돋우다 ① [높이다] fare più su, aumentare ¶ 심지를 돋우다 voltare all'insù lo stoppino della candela // 땅을 돋우다 ammonticchiare la terra ② [감정 따위를] eccitare, stimolare, incitare, provocare ¶ 부아를 돋우다 fare arrabbiare // 호기심을 돋우다 incuriosirsi, essere incuriosito da // 식욕을 돋우다 stimolare l'appetito ③ [용기, 힘을] incoraggiare ¶ 기운을 돋우다 sollevare il morale

돋움 supporto

돋을새김 rilievo

돋치다 ① [내밀다] venir fuori, [새로 생기다] svilupparsi ¶ 날개가 돋치다 mettere le ali (비유적) ② [값이 오르다] aumentare il prezzo

돌 pietra, ciottolo ¶ 돌집 un edificio in pietra // 돌이 많다 essere pieno di pietre

돌 compleanno, [첫돌] il primo compleanno **다섯-** il quinto compleanno

돌개바람 turbine

돌격 突擊 assalto, attacco **- 하다** assalire, prendere d'assalto, precipitarsi su ¶ 적진에 돌격하다 prendere d'assalto la posizione del nemico * **-대** truppe d'assalto

돌계집 una donna sterile

돌고드름 stalattite

돌고래 delfino

돌곰기다 suppurare (una ferita)

돌공이 un pestello di pietra

돌기 突起 sporgenza, protuberanza, [해부] appendice **-하다** sporgere, formarsi una protuberanza

돌기둥 una colonna di pietra

돌기와 ardesia

돌날 il primo compleanno

돌다 [회전] girare, roteare, ruotare ¶ 뺑뺑 돌다 girare intorno // 오른쪽으로 돌다 girarsi a destra // 지구는 태양 주위를 돌다 La terra gira attorno al sole [순회] fare il giro [우회] girare intorno, fare una deviazione [순환, 유통] circolare, funzionare, essere corrente, [소문이] circolare, diffondersi ¶ 피는 혈관을 통하여 온몸을 돈다 Il sangue circola nel corpo tramite le vene [술, 약 따위의 효과] avere effetto, entrare in azione [현기나다] avere le vertigini, essere stordito [소생] restaurare ¶ 정신이 돌다 recuperare i sensi [정신이] impazzire, diventare matto [전염병이] prevalere, essere prevalente

돌다리 un ponticello di pietra

돌담 una parete di pietra

돌대가리 una persona stupida

돌덩이 un pezzo di pietra, una pietra

돌도끼 un'ascia in pietra

돌돌,똘똘 ¶ 종이를 돌돌 말다 arrotolare un foglio di carta

돌돌하다 (똑똑하다) (essere) intelligente, brillante, bravo

돌라주다 distribuire, ripartirsi

돌려내다 [부당취득] portare via a qlcu. [사람을] lasciare una persona nel freddo

돌려놓다 [방향을] girare dall'altra parte, cambiare direzione ¶ 시계를 돌려놓다 girare l'orologio [사람을] omettere

돌려보내다 restituire, mandare indietro, [반송] mandare indietro

돌려보다 dare un'occhiata in giro

돌려쓰다 prendere in prestito i soldi

돌려주다 restituire, dare indietro [변통] prestare ¶ 5만원을 돌려주다 prestare 50,000 won

돌리다 [회전] girare, roteare ¶ 핸들을 돌리다 girare il volante // 팽이를 돌리다 far girare una trottola [보내다, 넘기다] passare, spedire, far girare ¶ 술잔을 죽 돌리다 far girare un bicchiere intorno [방향을] girare, cambiare, deviare ¶ 화제를 돌리다 cambiare un oggetto // 주의를 딴데로 돌리다 rivolgere l'attenzione da una cosa all'altra [감정을] cambiare idea [빌리다] prendere in prestito [원인, 책임을] A를 B의 탓으로 돌리다 attribuire A a B // 실패를 불운의 탓으로 돌리다 attribuire il fallimento alla sfortuna

돌림 ① [교대] volta, giro, rotazione ¶ 교대로, 순번으로 a turno ② ¶ 돌림병 contagio, epidemia

돌림감기 -感氣 influenza (che gira)

돌림병 -病 malattia contagiosa, epidemia

돌림장이 un escluso, un reietto

돌멩이 una pietra

돌멩이질 -하다 gettare una pietra

(a)

돌무더기 un mucchio di pietre

돌무덤 una tomba di pietra, tumulo (di pietra)

돌발 突發 scoppio **-하다** scoppiare, accadere all'improvviso ¶ 돌발적으로 improvvisamente, in modo inaspettato * **-사건** un incidente imprevisto

돌변 突變 un cambiamento improvviso **-하다** cambiare improvvisamente, subire un cambiamento improvviso

돌보다 aver cura di, preoccuparsi per (di), badare a, occuparsi di, assistere a ¶ 환자를 돌보다 occuparsi d'un paziente

돌부리 punta dentellata di una pietra

돌부처 statua in pietra di Budda

돌비늘 mica, colla di pesce

돌산 -山 una montagna rocciosa

돌솜 amianto

돌아가다 [다시가다] tornare, ritornare, girare ¶ 집으로 돌아가다 tornare a casa [원상으로] ritornare a restituire, ricominciare, riprendere ¶ 정상상태로 돌아가다 ritornare alla normalità [우회] girare, fare una deviazione, voltare, fare il giro [되어가다] risultare, riuscire, svilupparsi ¶ 일이 돌아가는 꼴을 주시하다 stare a osservare lo sviluppo degli eventi [...의 결과가 되다] venire a, risultare ¶ 실패로 돌아가다 risultare un fallimento [귀속] cadere nelle mani di, finire

돌아눕다 sdraiarsi sull'altro lato

돌아다니다 [쏘다니다] vagare, andare in giro, camminare, [순회] girare, [여행] fare un giro ¶ 들판을 배회하다 vagare per i campi [병이] prevalere, essere prevalente ¶ 유행성 감기가 돌아다닌다 In questo periodo gira l'influenza. [소문 따위가] ¶ 소문을 퍼뜨리다 mettere in giro una chiacchiera

돌아보다 [뒤를] guardare indietro, girare la testa, voltarsi indietro ¶ 잠깐 돌아보다 girarsi un attimo [회상] riflettere, rispecchiare [고려] riguardare, considerare ¶ 앞뒤를 돌아보지 않고 senza considerare le circostanze

돌아서다 [뒤로] girare i tacchi, voltare le spalle [등지다] rivoltarsi

돌아앉다 sedersi in senso inverso (dall'altro lato)

돌아오다 ① [귀환] ritornare ¶ 부자가 되어 고향에 돌아오다 ritornare al paese natale da uomo ricco ② [돌아서] girare (intorno a) ¶ 옆문으로 돌아오다 girare dalla porta laterale

돌알[안경알] lente di cristallino (degli occhiali)

돌연 突然 improvviso, inaspettato, inatteso **-하다** (essere) improvviso, inatteso ¶ 돌연 해고하다 licenziare una persona senza avviso // 돌연변이 una mutazione

돌옷 muschio sulla roccia

돌이키다 ① [고개를] girare intorno, girare la testa ② [마음을] cambiare idea ¶ 돌이켜 생각컨데

ripensandoci ③ [원상 회복하다] recuperare, ristabilire ¶ 돌이킬수 없는 irrevocabile, irreparabile

돌입 突入 irruzione **-하다** entrare precipitosamente

돌잔치 festa del primo compleanno (del bambino)

돌장이 un bambino di un anno

돌쩌귀 cerniera

돌절구 un mortaio in pietra

돌제 突堤 frangiflutti, molo

돌진 突進 assalto, carica **-하다** balzare, precipitarsi, attaccare ¶ 적을 향해서 돌진하다 scagliarsi sul nemico

돌집 un edificio in pietra

돌출 突出 sporgenza, protuberanza **-하다** sporgere * **-부** una parte protuberante

돌층계 -層階 una scala di pietra

돌파 突破 **-하다** aprirsi un varco (attraverso), [초과] passare, [극복] superare, sormontare ¶ 난관을 돌파하다 superare la difficoltà

돌팔매질 **-하다** gettare pietre, scagliare

돌풍 突風 raffica, scoppio forte

돌피 miglio selvatico

돌확 un mortaio in pietra

돕다 [조력] aiutare, assistere, soccorrere, dare una mano ¶ 하늘은 스스로 돕는 자를 돕는다 Aiutati che Dio ti aiuta. [구제] alleviare, aiutare ¶ 가난한 사람을 돕다 aiutare i poveri [조장] promuovere, contribuire a ¶ 소화를 돕다 aiutare la digestione

돗바늘 un ago da rammendo

돗자리 tappetino[총칭] ¶ 돗자리를 깔다 stendere un tappetino

동 ① [조리] motivo, logica, [일관성] filo del ragionamento ② [한동안] pausa, tempo, intervallo ¶ 동뜨다 avere un intervallo ③ [저고리의] polsino ④ [줄기] un gambo

동 同 lo stesso, il detto ¶ 작년 동일 lo stesso giorno dell'anno scorso * **-회사** la stessa azienda

동 東 orientale ¶ 동으로 가다 andare verso est [verso l'est] // 동이 트다 Si fa giorno.

동 銅 rame 구리 * **-선** cavo (filo) di rame **-세공** oggetto in rame **-화** una moneta di rame

동 洞 un dong (un'unità amministrativa), un blocco, un quartiere

똥 merda, cacca

동가 同價 lo stesso prezzo

동감 同感 ① accordo (di opinione) ② simpatia, stesso sentimento **-하다** accordarsi, essere d'accordo di, essere della stessa opinione ¶ 너와 동감이다 Sono d'accordo con te.

동갑 同甲 la stessa età ¶ 우리는 동갑이다 Siamo della stessa età.

똥값 un bassissimo prezzo ¶ 똥값으로 팔다 vendere quasi per niente

동강 una parte ¶ 두 동강나다 essere rotto in due parti

동개 faretra

동거 同居 **-하다** vivere insieme, coabitare, vivere sotto lo stesso tetto * **-인** un(a) pigionante, compagno di stanza

똥겨 주다 [남모르게] accennare,

insinuare, alludere
동격 同格 [같은 지위] lo stesso rango, [문법] apposizione
동결 凍結 congelamento **-하다** congelare
동경 東經 la longitudine (est)
동경 銅鏡 uno specchio di rame
동경 aspirazione **-하다** ambire, desiderare ardentemente ¶ 도시 생활을 동경하다 bramare la vita della città
동계 動悸 palpitazione
동계 同系 ¶ 동계의 stesso gruppo * **-회사** un'azienda consociata
동고동락 同苦同樂 **-하다** condividere gioie e dispiaceri con qlcu.
동공 瞳孔 la pupilla * **-확대** dilatazione della pupilla
동광 銅鑛 rame grezzo [광산] una miniera di rame
동구 東歐 Europa Orientale
동구 洞口 l'entrata di un villaggio
똥구멍 l'ano
동국 東國 lo stesso paese * **-인** un compatriota, un compaesano
동굴 洞窟 caverna, spelonca, grotta
동궁 東宮 [세자] il principe, [세자궁] il palazzo del principe
동권 同權 uguaglianza di diritti
동그라미 cerchio (원), uno zero ¶ 동그라미를 그리다 descrivere un cerchio
동그라지다 cadere
동그랗다 똥그랗다 (essere) rotondo, circolare, ¶ 동그랗게 a cerchio
동글다 ⇒ 둥글다
동급 同級 la stessa classe, [동등] lo stesso livello * **-생** un compagno di classe
동기 同期 lo stesso periodo, [동창] la stessa classe
동기 同氣 fratelli, sorelle * **-간** fratellanza
동기 銅器 oggetti in rame
동기 動機 motivo ¶ 불순한 동기 un motivo interessato // …이 동기가 되어 motivato da
동기 冬期 l'inverno (stagione) * **-강습** (frequentare) il corso invernale // **-휴가** vacanze invernali
똥기다 ⇒ 똥겨 주다
동나다 finire, non averne più, essere esaurito
동나무 legna da ardere (per la vendita)
동남 東南 il sud-est ¶ 동남의 sudorientale, del sud-est
동냥[동냥질] elemosina **-하다** elemosinare * **-자루** sacchetto per l'elemosina **-중** mendicante
동네 洞- vicinato, villaggio ¶ 동네 사람 un vicino, compaesano
동년 同年 [같은 해] lo stesso anno, quell'anno
동년배 同年輩 ¶ 동년배이다 essere quasi della stessa età
동녘 東- l'Orientale
똥누다 andare di corpo, cacare (volg.)
동댕이치다 gettare via, buttar via [포기] abbandonare, rinunciare
동닿다 [조리가] essere ragionevole, essere logico, [일관되다] essere coerente, essere costante ¶ 동닿치 않다 essere illogico, essere irragionevole, essere incoerente, essere contradditorio

동대다 [조리를] rendere plausibilie, (logico)
동떨어지다 essere lontani da, essere ai poli opposti, [관계가] essere irrilevante
동떨어진 소리 un′affermazione assurda (거리가 먼), un′osservazione senza senso (어리석은)
동독(일) 東獨(逸) Repubblica Democratica Tedesca, Germania dell′est
동동 ① galleggiante ⇒ 둥실둥실 ② 발을 동동 구르다 pestare, battere i piedi sul pavimento
똥똥하다 [생김새가] (essere) grassoccio, tarchiato, corpulento ¶ 똥똥한 여자 una donna corta e corpulenta // 배가 똥똥하다 essere panciuto
동등 同等 uguaglianza, equivalenza, parità ¶ 동등한 권리 diritti uguali
동란 動亂 * **한국-** la guerra di Coreana (1950-1953)
동량 棟樑 ① [기둥과 들보] una trave e una colonna ② [큰 인재] la colonna (dello Stato)
동력 動力 【기계】 potenza, forza 【역할】 dinamico ¶ 동력으로 움직이는 azionato da un motore * **-계** un dinamometro **- 사정** condizione di potenza **- 선** una linea elettrica **- 학** cinetica
동력학 動力學 【물리】 cinetica
동렬 同列 lo stesso livello, stessa categoria
동록 銅綠 verderame
동료 同僚 socio, collega, camerata
동류 同類 [같은 종류] lo stesso [categoria], [공모자] un complice, [동류의 것] i simili * **- 상종** Ogni simile ama il suo simile.
동리 洞里 villaggio ¶ 동리 사람들 la gente del villaggio
동마루 棟- il colmo del tetto (a tegola)
동막이 -하다 costruire degli argini, arginare
동맥 動脈 【해부】 arteria ¶ 동맥의 arterioso // 동맥 절개 수술 arteriotomia * **-경화증** arteriosclerosi, l′indurimento delle arterie **대-** l′arteria principale, l′aorta
동맹 同盟 alleanza, unione, lega **-하다** allearsi con, legare con ¶ 학생들은 동맹 휴교를 했다 Gli allievi sono entrati in sciopero
동맹국 同盟國 alleato
동맹 파업 同盟 罷業 sciopero **- 하다** mettersi (entrare) in sciopero, scioperare * **-자** uno scioperante
동메달 銅- una medaglia di bronzo 《미》
동면 冬眠 letargo, ibernazione * **-동물** animale in letargo
동명 同名 lo stesso nome * **-이인** un omonimo
동명사 動名詞 【문법】 un gerundio
동무 amico, compagno, camerata ¶ 말동무 un compagno con cui parla // 여자 동무 una ragazza
동문 同文 ① [문자나 문장의] frase identica, duplicato ② [언어로서의] in comune ¶ 이하동문 e così via
동문 同門 [동창] un compagno di studi, [졸업생] un(a) alunno(a), *

-회 l'associazione degli alunni
동문서답 東問西答 una risposta irrilevante **-하다** rispondere in modo irrilevante
동문수학 同門修學 **-하다** studiare con lo stesso insegnante, essere lo stesso studente (di)
동물 動物 animale, bestia (짐승) * **-계** il regno animale **-원** un giardino zoologico **-질** materia animale **-학** zoologia **-학자** uno zoologo **고등(하등)-** il più alto (basso) **냉혈(온혈)-** animali a sangue freddo (caldo) **육식(초식)-** un animale carnivoro (erbivoro)
동민 洞民 la gente del villaggio 《총칭》
동반 同伴 **-하다** accompagnare, assistere, andare con ¶ 그는 가족 동반이다. Ha accompagnato la sua famiglia. * **-자** un compagno
동반구 東半球 emisfero orientale ¶ 남반구 emisfero meridionale // 북반구 emisfero settentrionale
동반자살 同伴自殺 [남녀의] suicidio di amanti, [한 집안의] suicidio di un'intera famiglia ¶ 모자 동반 자살 un suicidio di madre e figli
동방 東方 l'Orientale ¶ 동방의 orientale // 동방에 verso oriente
동방 東邦[동방의 나라] un paese dell'Est, [동양] l'est, [한국] La Corea ¶ 동방의 Orientale
동방 洞房 ① [침실] una camera da letto ② [신방] la stanza nuziale
동배 同輩 socio, collega
똥배 pancione
동백 冬柏 semi di camelia * **-기름** olio della camelia **- 나무** una camelia
동병 同病 la stessa malattia
동복 同腹 bambini nati dalla stessa madre, 동복의 uterino * **-형제(자매)** fratelli (sorelle) uterni
동복 冬服 vestiti invernali, abbigliamento invernale
동봉 同封 **-하다** accludere ab una lettera ¶ 사진을 편지에 동봉하다 accludere una fotografia alla lettera
동부 東部 la parte orientale
동부인 同夫人 **-하다** uscire con la propria moglie, accompagnare (essere accompagnato da) la propria moglie
동북 東北 (di) nord-est * **-동** nord-orientale **-지방** il distretto di nordest // **-풍** il vento di nord-est
동북향 東北向 ¶ 동북향 집 una casa con la facciata a nord-est
동분모 同分母 【수학】 comune denominatore
동분서주 東奔西走 **-하다** essere terribilmente occupato con qlco.
동사 動詞 【문법】 un verbo ¶ 동사의 verbale * **-변화** coniugazione **규칙[불규칙] -** un verbo regolare (irregolare) **자[타]-** verbo intransitivo (transitivo) **완전[불완전] -** verbo completo [incompleto]
동사 凍死 morte per assideramento
똥싸다 ① [똥을] cacare ② [혼나다] essere faticoso, essere un inferno
동사무소 洞事務所 l'ufficio amministrativo del villaggio
동산 giardino * **-바치** un giar-

diniere
동산 動産 proprietà mobile, proprietà personale, beni mobili
동상 同上 come sopra, idem, come suddetto
동상 銅像 una statua di (in) bronzo ¶ 동상을 세우다 erigere una statua in bronzo
동상 凍傷 congelamento ¶ 동상에 걸리다 essere congelato
동색 同色 lo stesso colore ¶ 초록은 동색이다(속담) Il simile attrae il simile.
동생 同生 un fratello (sorella) minore
동서 東西 [동과 서] l'est e l'ovest
동서 同棲 coabitazione **-하다** vivere insieme, coabitare con una persona ∗ **-자** un coabitatore
동서 同壻 [자매의 남편] il marito della sorella (della propria moglie), cognato [형제의 아내] la moglie del fratello (del proprio marito), cognata
동서남북 東西南北 i punti cardinali, nord, est, sud ed ovest
동석 同席 **-하다** sedersi insieme ∗ **-자** i presenti
동선 同船 [배] la stessa nave **-하다** prendere la stessa nave ∗ **-자** un passeggero
동선 銅線 filo metallico di rame
동설 同說 la stessa opinione
동성 同性 [이성에 대해] lo stesso sesso, [같은 성질] omogeneità, congenialità, affinità 동성의 omosessuale, [동성질의] omogeneo, congeniale ∗ **-(연)애** amore omosessuale, omosessualità, [여성간의] lesbismo, saffismo, omosessualità femminile
동성 同姓 lo stesso cognome (nome di famiglia) ¶ 동성의 사람 un omonimo, una persona con lo stesso nome ∗ **-동본** lo stesso cognome e la stessa origine della famiglia
동소 同所 lo stesso posto
동소체 同素體【화학】un allotropo
동수 同數 lo stesso numero ¶ …의 동수의 altrettanto, dello stesso numero
동숙 同宿 **-하다** alloggiare nella stessa casa con un altro
동승 同乘 **-하다** cavalcare insieme (말에), essere nello stesso vagone (del treno) (기차) ∗ **-자** un passeggero, compagno di volo (비행기의)
동시 同時 lo stesso tempo ¶ 동시의 simultaneo, sincrono // 동시에 allo stesso tempo, simultaneamente con, [일시에] temporaneamente
동시녹음 同時錄音 registrazione sincronica **-하다** sincronizzare
동시대 同時代 ¶ 동시대의 사람 un contemporaneo, un coevo
동식물 動植物 animali e piante, [어느 지역, 시대의] fauna e flora
동실동실 ⇒ 둥실둥실
동심 同心 ① [한 마음] accordo, un'anima sola, stesso parere ¶ 두 사람은 동심 일체이다 I due sono praticamente dello stesso parere. ②【기하】concentricità ∗ **-원** un cerchio concentrico - **협력** cooperazione armoniosa

동심 童心 cuore puro (come un bambino), innocenza, ingenuità

동아 東亞 Asia Orientale, [동양] l′est, [극동] l′Estremo-Oriente

동아리 ① [부분] una parte, porzione ¶ 윗동아리 la parte superiore ② [무리] circolo (학교의), gruppo

동아줄 corda (spessa)

동안 ① [기간] periodo, intervallo, [부사적] per, fra, durante ¶ 과거 5년 동안 gli ultimi 5 anni // 그 동안 nel frattempo // 잠깐 동안 per breve (poco) tempo ② [간격] intervallo, spazio

동안 東岸 il litorale est, la costa orientale

동안 童顔 viso da bambino

동액 同額 lo stesso importo [somma] ¶ 동액의 equivalente (nell′importo)

동양 東洋 l′Oriente, l′orientale ¶ 동양의 Orientale * **-문명(사)** civiltà (storia) Orientale **-인** un Orientale, gli Orientali 《총칭》

동업 同業 stesso mestiere, stessa impresa **-하다** occuparsi di affari in società, fare affari insieme * **-자** compagno d′affari **-조합** un′associazione di affari commerciali, una cooperativa, una società

동여매다 legare, fissare

똥오줌 feci ed urina, escrementi

동요 童謠 canzone per bambini

동요 動搖 ondeggiamento [배의] (좌우로), beccheggio (상하로), [차, 마차 따위의] sobbalzo, [인심의] agitazione, [소요] confusione, trambusto **-하다** tremare, scuotere, agitare, [생각이] esitare

동우 同友 amici simili, un collega

동원 動員 mobilitazione **-하다** mobilitare * **-령** un ordine di mobilitazione **-해제** smobilitazione **인력(산업) -** mobilitazione industriale

동월 同月 lo stesso mese

동위 同位 ¶ 동위의 coordinata, corrispondente * **-각** un angolo corrispondente **- 원소** isotopi

동음 同音 lo stesso suono, 【음성】 omofonia * **-이의어** un′omonimia

동의 同意 [찬성] consenso, stessa opinione, accordo a **-하다** approvare di, essere conforme con una persona ad una proposta

동의 同義 sinonimia, lo stesso significato ¶ 동의의 sinonimo, dello stesso significato * **-어** un sinonimo

동의 動議 mozione **-하다** fare una mozione ¶ 동의에 찬성하다 appoggiare una mozione // 동의가 가결[부결]되었다 Una mozione è approvata [rifiutata]. * **긴급 -** una mozione urgente

동이 caraffa * **물-** caraffa d′acqua

-동이 bambino, il piccolino ¶ 막내동이 il figlio più giovane, il piccolo (di famiglia)

동이다 legare, incatenare, allacciare

동인 同人 ① [같은 사람] la stessa persona ② [뜻이 같은 사람] soci, colleghi

동인도 東印度 le Indie orientali

동일 同一 **-하다** essere uguale, essere identico, essere simile * **-개념** una concezione identica **-원리** il principio dell′identità

동일시 同一視 **-하다** identificare (qlco.) con (un′altro), non fare discriminazioni

동자 童子 bambino, un ragazzo giovane

동자 瞳子 ⇒ 눈동자

동자르다 [관계를] interrompere, dividere, tagliare [길게 끊다] tagliare di lungo

동작 動作 azione, movimento, [거동] modo, comportamento, [몸짓] gesto ¶ 동작이 민활하다 essere rapido nell′agire

동장 洞長 responsabile amministrativo di distretto

동장군 冬將軍 un inverno duro

동저고리 soprabito da uomo (tradizionale coreano)

동적 動的 dinamico, cinetico, attivo ¶ (인구의) 동적 밀도 densità di popolazione attiva

동전 銅錢 monetina, spiccioli ¶ 동전 한푼 없다 essere senza un soldo

동절 冬節 stagione invernale

동점 同點 [점수] lo stesso punteggio, [경기] un pareggio

동점 東漸 penetrazione a est, 《avanzare》 verso est

동정 un colletto (fissato ad un cappotto tradizionale coreano)

동정 同情 compassione, pietà, simpatia **-하다** avere compassione, compatire, avere pietà di qlcu., 동정적 simpatico, compassionevole ¶ 동정을 구하다 assicurarsi la simpatia di * **-자** un simpatizzante

동정 童貞 verginità, [잃다] conservare (perdere) la sua castità * **-녀** una vergine

동정 動靜 movimento, condizioni sviluppi ¶ 적의 동정을 살피다 osservare i movimenti del nemico

동제 銅製 ¶ 동제의 di rame, fatto di rame * **-품** prodotti in rame

동조 同調 allineamento,【전기】sintonizzazione,【무선】sintonia **-하다** parteggiare per * **-자** un simpatizzante

동족 同族 [종족] la stessa tribù, [일족] la stessa famiglia

동쪽 東- l′Oriente, l'est ¶ 동쪽의 orientale, d′est // 동쪽으로 verso l′est, in oriente // 동쪽에서 부는 바람 un vento (che soffia) dall′est

동종 同宗 [일족] la stessa famiglia, [같은 종파]le stesse fazioni

동종 同種 lo stesso genere

동지 冬至 il solstizio di inverno * **-선** il tropico del capricorno **-선달** gli undicesimi e dodicesimi mesi del calendario lunare

동지 同志 [사람] camerata, collega

동지나해 東支那海 il mare orientale della Cina

동진 東進 **-하다** muovere (spostare) verso l′est, continuare verso est

동질 同質 la stessa qualità, omogeneità ¶ 동질의 omogeneo

동짓달 冬至- l′undicesimo mese del calendario lunare

동차 童車 carrozzina, passeggino (per bambini)

동창 同窓 [사람] un collega (di scuola), [졸업생] un laureato ＊ **-회** [조직] un′associazione studentesca [회합] una riunione degli studenti

동철 銅鐵 rame e ferro

동철 冬鐵 [신의] scarpe con i chiodi (che si usano sul ghiaccio), [편자의] chiodi per ferro di cavallo

동체 胴體 corpo, tronco, [조상의] torso, [비행기의] fusoliera

동치 同値 【수학】 equazione

동치미 rape marinate in acqua salata

똥칠하다 macchiare il proprio nome, disonorare ¶ 얼굴에 똥칠하다 disonorare il proprio nome

동침 同寢 **-하다** dormire con una persona, condividere il letto con una persona

동태 動態 movimento ＊ **-경제** economia dinamica **-통계** statistiche dinamiche **인구-** il movimento delle popolazioni

동통 疼痛 dolore

동트다 albeggiare ¶ 동틀 무렵에 all′alba

동티나다 [지신의 노여움을 사서 화를 입다] provocare la collera divina, [잘못되다] subire una punizione divina

동파 同派 la stessa scuola, gruppo, setta

동포 同胞 [형제] fratelli, [동국민] fratelli, compaesano, compatriota ＊ **-애** fraternità

동풍 東風 il vento orientale

동하다 ① [행동] muoversi ② [마음이] commuoversi, essere attirato (da)

동학 同學 un compagno di scuola

동해 東海 il mare d'est (orientale)

동해안 東海岸 il litorale orientale

동행 同行 **-하다** accompagnare una persona ¶ 동행은 5인이었다 Eravamo un gruppo di cinque. ＊ **-자** compagno di viaggio

동향 東向 un′esposizione a est ¶ 동향집 una casa esposta a est

동향 同鄕 ＊ **-인** un compaesano

동향 動向 tendenza ¶ 경제동향 tendenza economica

동혈 洞穴 caverna, spelonca, grotta

동형 同型 lo stesso tipo

동호 同好 ＊ **-인** persone con interessi simili (취미), persone interessate a (이해관계)

동화 同化 assimilazione, 【생물】 anabolismo, [순응] adattamento -하다 assimilare ¶ 외국의 풍습에 동화되다 adattarsi alle abitudini di un altro paese

동화 銅貨 moneta di rame

동화 童話 fiaba, favola ＊ **-극** un teatro per bambini

동화력 同化力 potenza assimilativa

동화 작용 同化 作用 assimilazione, metabolismo (세포의), anabolismo (음식물의)

동활차 動活車 una puleggia mobile

동회 洞會 un consiglio amministrativo distrettuale ＊ **-사무소** un ufficio del consiglio amministrativo distrettuale

돛 vela, una tela di canapa ¶ 돛을 달다 issare la vela // 돛을 내리다

ammainare (la vela)

돛단배 imbarcazione a vela

돛대 albero (di un′imbarcazione)

똬리 ∗ **-쇠** rondella

뙈기 [논밭의] un piccolo pezzo di terra

돼지 maiale [암컷] una scrofa, [수컷] un verro, [비유적] una persona disgustosa ¶ 돼지고기 carne di maiale // 돼지기름 lardo // 돼지우리 un porcile // 사육 돼지 maiali di conservazione, maiali di aumento ∗ **새끼** - un maialino, un porcellino

되 unità di misura antica che equivle circa a 1,8 lt // 되를 속이다 imbrogliare sul peso

되게[몹시] molto, eccessivamente, duramente, estremamente

되넘기 mediazione

되넘기다 rivendere

되는대로 [마구] a caso, [거칠게] approssimativamente, come capita ¶ 되는대로 지껄이다 parlare a caso

되다 ① [빡빡하다] (essere) spesso, duro ¶ 되게 fitto, spesso // 된 밥 riso duro ② [줄따위가] (essere) teso, stretto ¶ 되게 동이다 legare (in modo) stretto ③ [심하다] (essere) severo, duro, intenso ¶ 된 서리 gelo pungente ④ [힘들다] (essere) duro ¶ 된 일 grosso lavoro, un lavoro duro

되다 [되질] misurare, pesare ¶ 쌀을 되다 pesare il riso // 되어 팔다 vendere a peso

되다 ① [지위, 신분, 상태 따위가] diventare, svilupparsi, [때가] venire ¶ 겨울이 되면 in inverno, quando viene l′inverno // 부자가 되다 diventare ricco ② [변하다] cambiare, trasformarsi, sviluppare // 달걀이 병아리가 된다 Un uovo sviluppa un pulcino. ③ [성립] consistere di, comporsi, formare, costituire ④ [성취] realizzare, completare ¶ 공사가 다 되었다 Il lavoro è stato completato. ⑤ [결과가] risultare ⑥ [수량이] venire a ¶ 합계 3,000원이 됩니다 Viene 3.000 won in tutto. ⑦ [구실] recitare, fare la parte di, servire ¶ (연극에서) 오델로가 되다 recitare la parte di Otello ⑧ [연령, 시일] raggiungere, [경과] trascorrere, passare ¶ 오후를 독서로 보내다 trascorrere il pomeriggio a leggere ⑨ [시작] cominciare a, imparare a ¶ 좋아하게 되다 cominciare ad amare una cosa ⑩ [가능] potere, essere possibile ⑪ [자라다] crescere, prosperare ¶ 올해는 쌀이 잘 됐다. Abbiamo avuto un buon raccolto di riso quest′anno. ⑫ [쓸만하다] ¶ 그거면 돼! Basta cosi!

되도록 ① [될 수 있는 대로] se possibile ¶ 되도록 빨리 il più presto possibile ② [될 수 있게] in modo che diventi

되돌아가다 ① [오던 길로] ritornare ¶ 도중에서 되돌아가다 tornare indietro a metà strada ② [원상으로] ¶ 본론으로 되돌아가다 ritornare all′argomento principale

되돌아오다 tornare dietro

되룽거리다 ondeggiare, oscillare, ciondolare, penzolare

되묻다 ① [다시 묻다] chiedere ancora ② [반문] rispondere con un′altra domanda

되바라지다 ① [노출되다] (essere) basso, poco profondo ¶ 되바라진 접시 un piatto piano ② [편협] essere superficiale ③ [너무 똑똑하다] essere eccessivamente astuto

되부르다 richiamare

되살다 ① [먹은 음식이] rimanere sullo stomaco ② [소생] fare rivivere, ritornare in vita

되새기다 masticare ripetutamente

되씌우다 incolpare qlcu. di qlco.

되씹다 ① [말을] ripetere ② [음식을] masticare

되알지다[무리한 고집] (essere) agressivo, coercitivo, [힘에 벅차다] essere oltre la proprie possibiltà

뙤약볕 sole cocente ¶ 뙤약볕에 쪼이며 sotto un sole cocente

되어가다 andare bene, procedere ¶ 잘 되어 가다 (il lavoro) va bene (prcede bene)

되지 못하다 ① [미달] a corto di ② [미완성] (non essere) rifinito, completato ③ [격이] non potere diventare ④ [사람답지 못함] non essere buono a nulla, [건방짐] essere impudente

되직하다 essere abbasatanza duro, essere un po′ troppo doppio (spesso)

되치이다 essere contraccato

되풀이 ripetizione, reiterazione **-하다** ripetere molte volte ¶ 되풀이하여 ripetutamente // 잘못을 되풀이하다 ripetere più volte un errore

된밥 riso cucinato troppo al dente

된비알 una strada ripida

된서리 forte gelo ¶ 된서리 맞다 soffrire di un forte gelo

됨됨이 ① [사람] la propria natura (carattere) ¶ 됨됨이가 정직하다 di carattere onesto. ② [물건] la marca

됫박질-하다 pesare a ciotola, [조금씩 사다] comprare il riso in piccola quantità

두 due, una coppia ¶ 두배 doppio, due volte // 두 번 due volte, una seconda volta

뚜 suono onomatopeico (della tromba, o della nave)

두각 頭角 두각을 나타내다 ¶ distinguersi, essere una persona di spicco

두개 頭蓋 cranio * **-골** cranio

두꺼비 【동물】 un rospo

두꺼비집 [전기] un contenitore di un fusibile (valvola)

두건 頭巾 un cappuccio

두겁 * **붓** - una protezione della spazzola di scrittura

두껍다 (essere) spesso, doppio, pesante ¶ 두꺼운 판자 tavola spessa in compensato // 두꺼운 벽 una parete pesante // 두꺼운 책 un libro massiccio(voluminoso)

뚜껑 un coperchio (솥, 상자의), una copertura (덮개의), tappo di

protezione (병, 만년필의), tapo (붓 따위의), un contenitore (시계 따위의) ¶ 뚜껑을 열다 togliere il coperchio, scoprire // 뚜껑을 닫다 coprire (con un coperchio), mettere un coperchio

두께 spessore

두견 杜鵑 ① ⇒ 소쩍새 ② ⇒ 진달래

두고두고 per un periodo lungo, [영원히] per sempre

두골 頭骨 le ossa craniche, il cranio

두근거리다 palpitare ¶ 가슴을 두근거리며 con il cuore palpitante

두근두근 battito, palpito

두길마보다 sedersi a cavalcioni

두뇌 頭腦 testa, cervello ¶ 치밀한 두뇌 cervello fine (astuto) // 두뇌가 명석하다 sapere usare la testa * **전자** - un cervello elettronico

두다 ① [놓다] mettere, porre, disporre, depositare ② [보관] conservare, depositare ③ [남겨두다] lasciare ¶ 우산을 버스에 두고 내리다 lasciare l'ombrello in un autobus ④ [배치] assegnare un posto (a), collocare ⑤ [고용] impiegare, occuparsi ¶ 양자를 두다 adottare un figlio ⑥ [설치] mettere, stabilire, aprire ¶ 부산에 지점을 두다 aprire una succursale a Busan ⑦ [간격을] lasciare ¶ 5 피이트 간격을 두다 lasciare uno spazio di 5 piedi ⑧ [품다] avere in mente, intrattenere ¶ 희망을 두다 intrattenere una speranza ⑨ [장기 따위를] giocare ¶ 장기를 한 판 두다 giocare agli scacchi cinesi ⑩ [넣다] mettere ¶ 이불에 솜을 두다 imbottire una trapunta con del cotone ⑪ [조동사] lasciare ¶ 그대로 놓아 두라 Lascia stare.

두더지 【동물】 talpa

뚜덕거리다 colpire, battere

두덩 argine

두둑 un argine

두둑하다 [두텁다] essere spesso, [넉넉하다] essere ampio, abbondare ¶ 두둑한 사례 grande ricompensa

두둔 **-하다** sostenere, aiutare, stare al fianco di qlcu. (più debole, indifeso)

두둥실 galleggiare, stare in aria, fluttuare

두드러기 orticaria

두드러지다 ① [내밀다] gonfiarsi, sporgere ② (essere) prominente, notevole, evidente

두드리다, 뚜드리다 battere, colpire

두들기다 battere, colpire

두런거리다 mormorare, sussurare

두렁 argine, sponda * **-길** strada sulla sponda

두레 [모임] cooperativa agricola locale

두려움 [공포] timore, terrore, [걱정] apprensione, ansia, (어른에 대한) riverenza, venerazione, timore

두려워하다 ① [무서워하다] temere, impaurirsi ② [어른을] avere soggezione di (qlcu., qlco.)

두렵다 ① [무섭다] avere paura, impaurirsi ② [걱정] temere ¶ 사

고가 있을까 두렵다 Ho paura che un incidente possa accadere.

두렷이, 뚜렷이 chiaramente, distintamente, evidentemente, ovviamente

두렷하다, 뚜렷하다 (essere) chiaro, distinto, normale, evidente, manifesto, apparente ¶ 뚜렷한 사실 un fatto evidente ¶ 뚜렷한 증거 una prova positiva

두령 guida, capo

두루 ampiamente, generalmente, universalmente, dappertutto, uniformemente ¶ 나는 세계를 두루 여행하였다 Ho viaggiato dappertutto.

두루마기 un cappotto del vestito tradizionale coreano (Hanbok)

두루마리 rotolo di carta (da lettera), rotolo (di pergamena)

두루뭉수리 ① [엉망] una confusione, un disordine ② [사람] un buono a nulla

두루미 【새】 una gru * **-자리** 【천문】 la costellazione della gru

두루치기[돌려쓰기] usare una cosa per vari scopi

두르다 ① [싸서 가리다] accludere, circondare, [옷을] indossare, portare ¶ 뜰을 판자로 두르다 recintare un giardino con pezzi di legno compensato ② [변통] prendere a prestito dei soldi ¶ 만원을 둘러주다 prestare a una persona 10.000 won

두름 ① una stecca (in legno dove s′infilzano un numero) di pesci secchi ② un fascio di verdure

두름성 adattabilità, versatilità ¶ 두름성 있는 사람 un persona versatile

두리반 un grande tavolo da pranzo rotondo e portatile

두리번거리다 guardarsi in giro

두마음 ipocrisia, doppia-faccia

두말 -하다 rompere la promessa, dire prima una cosa e poi un′altra ¶ 두말 않고 senza farselo ripetere due volte

두메 un villaggio di montagna, un distretto montagnoso ¶ 두멧사람 montanaro, alpinista

두목 頭目 capo, guida

두문불출 杜門不出 **-하다** rintanarsi, isolarsi

두문자 頭文字 [처음의 한자] il primo ideogramma, [이름의] lettera iniziale

두발 頭髮 i capelli

뚜벅거리다 muoversi, camminare con boria

두벌갈이 il secondo raccolto **-하다** seminare due volte

두부 豆腐 fagioli di soia cagliati, Tubu 두부한모 un pezzo di Tubu

두부 頭部 la testa, 두부의 cefalico

두상 頭相 [머리 모양] forma della testa, [머리] la testa ¶ 두상이 크다 avere una testa grande

두서 頭緖 ① [단서] 일의 두서를 잡다 ottenere un indizio ② [순서] 두서없는 inconsistente, assurdo, stupido, senza senso

두엄 concime * **-더미** un mucchio di concime

두운 頭韻 alliterazione

뚜쟁이 mezzano (di matrimoni)

두절 杜絶 interruzione, cessazione ¶ 폭풍으로 교통이 두절되었다 Il traffico è bloccato a causa di un forte temporale. * **전신** - interruzione telegrafica
두주 斗酒 barili di vino ¶ 두주를 불사하다 bere come una spugna
두주 頭註 note marginali
두찬 杜撰 libro pieno di errori
두텁다 (essere) caloroso, cordiale, affezionato, profondo ¶ 두터운 우의 un'amicizia profonda
두통 頭痛 mal di testa, emicrania ¶ 두통이 나다 avere un'emicrania, avere mal di testa
두툴 두툴-하다 (essere) irregolare
두툼하다 (essere) piuttosto spesso ¶ 두툼한 판자 un'asse piuttosto spessa
두호 斗護 **-하다** proteggere, patroncinare, favorire ¶ 두호 아래 sotto il patronato
둑 argine, sponda ¶ 둑을 쌓다 costruire un argine
뚝 ① [갑자기] improvvisamente ¶ 전화가 도중에 뚝 끊어졌다 La comunicazione telefonica si è interrotta. ② [떨어지는 소리] con un tonfo ¶ 뚝떨어지다 cadere con un tonfo ③ [부러지는 소리] con un schiocco
뚝뚝 ① [물방울 소리] gocciolio ② [부러지는 소리] con uno schiocco ③ [두드리는 소리] ticchettio
뚝뚝하다 [굳다] (essere) duro, rigido, (성질이) (essere) poco socievole come un orso
뚝배기 pentola in terraccotta per cucinare
뚝별나다 (essere) collerico, suscettibile, irratibile, stizzoso
뚝심 resistenza, tenacia
둔각 鈍角 【기하】 un angolo ottuso * **-삼각형** un triangolo ottuso
둔감 鈍感 **-하다** (essere) insensibile, stupido
둔갑술 遁甲術 arti occulte
둔기 鈍器 un'arma contundente
둔덕 (luogo) collinare, come una collina
둔부 臀部 l'anca, i fianchi
둔사 遁辭 scusa, pretesto, sotterfugio
둔세 遁世 **-하다** abbandonare il mondo materiale
둔재 鈍才 ottusità, stupidità, [사람] somaro, asino
둔전 屯田 nei luoghi di stazionamento dell'esercito, terreno coltivato per il vettovagliamento delle truppe (역사)
둔주 遁走 **-하다** fuggire via * **-곡** 【음악】 fuga
둔질 鈍質 stupidità, ottusità ¶ 둔질의 imbecille, stupido
둔탁 鈍濁 **-하다** essere opaco, ottuso, spento ¶ 둔탁한 소리 un suono sordo
둔통 鈍痛 un dolore attenuato, leggero
둔팍하다 鈍- (essere) stupido, ottuso, lento a capire
둔하다 鈍- [머리가] (essere) lento, stupido, [칼날이] essere smussato
둘 due ¶ 둘씩 due alla volta, a coppie // 둘로 접은 piegato due volte // 둘 중 하나 uno dei due // 둘도 없는 unico, incomparabile

// 둘로 나누다 dividere una cosa per due

둘되다 (essere) stupido, lento, ottuso

둘둘, 뚤뚤 ① 둘둘 감다 avvolgere una corda intorno ad una cosa ② 둘둘 굴리다 far rotolare una cosa ripetutamente

둘러대다 ① [변통] riuscire ad ottenere un prestito ¶ 집을 사려고 돈을 둘러대다 prendere a prestito per comprare una casa ② [꾸며대다] fingere

둘러막다 circondare, recintare, accerchiare

둘러붙다 cambiare direzione ¶ 유리한 쪽에 둘러붙다 recarsi nella direzione più vantaggiosa

둘러싸다 assediare, circondare, cingere, attornare

둘러쌓다 accumulare (qlco.) a modo di cerchio

둘러서다 stare in piedi in cerchio

둘러쓰다 ① [머리에] portare intorno al capo ② [변통] prendere in prestito dei soldi

둘러앉다 sedersi in cerchio, sedersi intorno a

둘러치다 ① [두르다] recintare, circondare, accerchiare ¶ 집에 돌담을 둘러치다 recintare una casa con mura in pietra ② [내던지다] scagliare (una persona) a terra

둘레 circonferenza, giro

둘레둘레 rotondo, intorno, circa ¶ 둘레둘레 보다 osservare intorno (in giro)

둘리다 ① [둘러막히다] essere circondato, essere recintato ② ⇒휘둘리다,

둘째 il secondo, numero due ¶ 둘째로 in secondo // 둘째의 secondario

둘하다 essere goffo, impacciato

뚫다 ① [구멍을] bucare, forare, perforare, [관통] perforare, attraversare, penetrare (침투) ¶ 법망을 뚫다 eludere la legge ¶ 적진을 뚫다 penetrare nel campo nemico ② [길을] forare ¶ 산길을 뚫다 traforare una montagna ③ [틈을 비집다-무릅쓰다] attraversare, penetrare ¶ 인파 속을 뚫고 나아가다 penetrare la folla

뚫리다 ① [구멍이] essere bucato, essere forato, essere perforato ② [이치가] (essere) raggiunto, conosciuto

뚫어내다 perforare fuori, forare fuori, [학문의 이치를] riuscire ad acquistare

뚫어지게 보다 stare a guardare, fissare ¶ 사람의 얼굴을 뚫어지게 보다 fissare una persona in faccia

뚫어지다 [구멍이] (essere) perforato, [길이] essere aperto

둥 tamtam, con un tam

둥 ¶ 그는 조반을 먹는 둥 마는 둥 외출하였다 È uscito facendo la colazione in un lampo.

둥개다 imbarazzarsi, essere in difficoltà

둥그렇다, 뚱그렇다 (essere) tondo, circolare ¶ 둥그렇게 in un cerchio, rotondo, tondo

둥그스름하다 essere piuttosto rotondo

둥근톱 una sega elettrica (di forma

circolare)

둥글다 (essere) tondo, circolare, rotondo ¶ 둥근 달 una luna piena // 얼굴이 둥근 viso rotondo

둥글둥글, 뚱글뚱글 ① [둥그렇게] in rotondo, in cerchio ② [원만하게] amichevolmente 둥글둥글하게 살다 vivere (con qlcu.) in armonia

둥글리다 arrotondare (깍아서), smussare

뚱딴지 [사람] stupido, sciocco, [전기기구] un isolante ¶ 뚱단지 같은 irragionevole, insensato

뚱당거리다 suonare la musica ¶ 뚱땅거리며 놀다 fare baldoria

둥덩 둥덩거리다 fare baldoria

둥둥 [북소리] tam-tam ¶ 북을 둥둥 울리다 suonare un tamburo

둥둥 galleggiante ⇒ 둥실둥실

뚱뚱보 un uomo corpulento, uno grasso, una persona grassoccia

뚱뚱하다 (essere) grasso, corpulento

뚱보 ① [뚱한 사람] una persona taciturna ② [뚱뚱보] una persona grassoccia

둥실둥실 galleggiante ¶ 배가 둥실둥실 뜨다 Una barca sta galleggiando.

둥싯둥싯 lentamente, pigramente

둥우리 gabbia per uccelli

둥지 nido

둥치 la base del tronco di un albero

둥치다 legare insieme, avvolgere

뚱하다 ① [말이 적다] (essere) taciturno, reticente ② [못마땅하다] (essere) di malumore, depresso

뒈지다 tirare le cuoia, morire

뒤 ① [후방] dietro, la parte posterio-re ¶ 뒤에 남다 rimanere indietro // 되돌아서다 tornare indietro, girare i tacchi // 뒤돌아보다 voltarsi indietro, guardare indie-tro // 뒤따라가다 seguire una persona ② [미래, 장래] il futuro ③ [나중, 다음] 뒤에 dopo, successivamente, più tardi, in seguito ¶ 조반 뒤에 dopo la colazione ④ [배후] 뒤에서 조종하다 manovrare i fili ⑤ [배경] sostenere, supportare ¶ 뒤를 밀어주다 supportare una persona ⑥ [후계] un successore ¶ 아버지의 뒤를 잇다 succedere al proprio padre ⑦ [대변] 뒤를 보다 evacuare

뒤꼍 cortile

뒤꼭지치다 essere scoraggiato, essere deluso ¶ 그 책은 나를 실망시켰다 Quel libro mi ha deluso.

뒤꿈치 tallone

뒤끓다 ① [끓다] ribollire ② [소란하다] pullulare, brulicare (di gente)

뒤끝 la fine, la conclusione

뒤내다 rescindere (un contratto), tirarsi indietro, stancarsi di

뒤넘기치다 gettare a terra

뒤넘다 capovolgere

뒤넘스럽다 (essere) presuntuoso, impudente, sfacciato

뒤놀다 [흔들리다] tremare, essere tremolante, [배가 파도에서] rollare, [방랑하다] vagare

뛰놀다 [뛰어놀다] saltare, saltellare ¶ 새끼 양들이 들에서 뛰논다 Gli agnellini saltellano nei campi.

뒤늦다 essere troppo in ritardo ¶ 뒤늦게 troppo in ritardo

뛰다 ① [튀다] schizzare, spruzzare, polverizzare, scintillare (불꽃이) ② [도망] fuggire ③ [두근두근하다] palpitare

뛰다 ① [달리다] correre ② [도약] saltare, balzare ¶ 기뻐서 뛰다 saltra di gioia

뛰다 [그네를] giocare all'altalena, [널을] fare l'altalena

뒤따르다 seguire, accompagnare

뒤대다 [공급] -에게 -를 공급하다 fornire qlcu. di qlco.(qlco. a qlcu.) ¶ 아들의 학비를 뒤대다 fornire le spese della scuola al proprio figlio

뒤떨어지다 ① [처지다] rimanere in, essere in arretrato ¶ 시대[유행]에 뒤떨어지다 essere fuori moda, essere antiquato ② [남다] rimanere indietro

뒤덮다 ① [덮다] coprire ¶ 지붕을 짚으로 덮다 coprire una casa con le tegole ② [감싸주다] cercava di coprire le mancanze di suo figlio

뒤덮이다 essere coperto

뒤돌아보다 girare la testa, guardare indietro

뒤뚱거리다 (essere) vacillante, instabile, tremolante

뒤둥그러지다 ① essere contorto ② [생각,성질이] essere perverso

뒤뜰 cortile, un giardino posteriore

뒤란 cortile

뒤룩거리다, 뛰룩거리다 ① [눈을] guardare di malocchio ② [몸을] oscillare il corpo ③ [성나서] guardare in modo minaccioso

뒤룽거리다 oscillare, ondeggiare

뒤미처 poco dopo, subito

뒤바꾸다 invertire ¶ 순서를 뒤바꾸다 invertire l'ordine

뒤바뀌다 invertirsi, essere invertito ¶ 순서가 뒤바뀌다 L'ordine è stato invertito.

뒤밟다 tracciare, seguire

뒤버무리다 mescolare insieme

뒤범벅 되다 mescolarsi

뒤보다 [용변] defecare

뒤보아주다 curare, aiutare

뒤서다 stare dietro ¶ 뒤서서 가다 seguire

뒤섞다 miscelare, mescolare insieme ¶ 흙과 모래를 뒤섞다 mescolare la terra con la sabbia, aggiungere la sabbia alla terra

뒤섞이다 mescolarsi

뒤숭숭하다 ① [혼란] (essere) confuso, nel disordine, nel caos ¶ 세상이 뒤숭숭해졌다 Il mondo è nel caos. ② [마음이] (essere) confuso, nervoso, a disagio

뒤스럭거리다 [뒤지다] annaspare, andare a tentoni

뒤스르다 organizzare, mettere le cose in ordine, ordinare, accomodare

뛰어가다 correre, scorrere, precipitarsi

뛰어 나가다 correre avanti

뛰어나다 eccellere, essere superiore a, distinguersi ¶ 뛰어나게 estremamente, eccessivamente // 뛰어난 학자 uno studioso eccezionale

뛰어내리다 saltare giù (fuori)

뛰어넘다 ① [넘다] sorpassare ② [거르다] saltare
뛰어다니다 [깡충깡충] saltare qua e là, saltellare [바쁘게] precipitarsi
뛰어들다 ① [몸을 내켜] saltare in, incorrere in, imbattersi in ② [끼어들다] ficcare il naso (in), intervenire
뛰어오다 accorrere
뛰어오르다 saltare su, [값이 aumentare improvvisamente ¶ 달리는 차에 뛰어오르다 saltare su un automobile
뒤엉키다 aggrovigliarsi, ingarbugliarsi
뒤엎다 rovesciare ¶ 판결을 뒤엎다 cambiare un giudizio
뒤웅박 zucca svuotata e essiccata
뒤적거리다 cercare, trovare buttando all′aria ¶ 편지를 찾으려고 서랍을 뒤적거리다 frugare (rovistare) nel cassetto per cercare una lettera // 서류를 뒤적거리다 rovistare tra le carte // 책을 뒤적거리다 leggiucchiare un libro
뒤적이다 ⇒ 뒤적거리다
뒤져내다 scovare
뒤조지다 assicurarsi di
뒤주 cassettone dei risi
뒤죽박죽 confuso, disordinato, capovolto, sottosopra, scompigliato
뒤쥐 【동물】 toporagno
뒤지 -紙 carta igienica
뒤지다[1] ricercare, scovare, frugare (경찰이) perquisire
뒤지다[2] attardarsi indietro, essere sorpassato ¶ 경주에서 뒤지다 rimanere dietro in una corsa // 남에게 뒤지지 않도록 하다 provare ad andare di pari passo con qlco.
뒤집다 ① [안을 밖으로] capovolgere, rivoltare, rigirare ¶ 상의를 뒤집다 rivoltare un cappotto ② [순서를] invertire ③ [전복] capovolgere ¶ 배를 뒤집어 엎다 rovesciare la barca // 판결을 뒤집어 엎다 capovolgere un giudizio ④ [혼란시키다] mettere confusione, rovesciare
뒤집어쓰다 ① [머리에] 모자를 뒤집어쓰다 mettere il cappello ② [온몸에] coprire ¶ 이불을 뒤집어쓰다 coprire la trapunta, (죄를) incaricarsi di, impegnarsi a
뒤집어 엎다 capovolgere, rovesciare
뒤집히다 ① [물건이] essere rovescio, essere rivolto all'insù ② [순서가] essere invertito ③ [전복] capovolgersi, rovesciarsi, ribaltarsi
뒤쫓다 seguire, perseguire, inseguire
뒤채 una casetta sul retro
뒤채다 (많다) essere all′eccesso
뒤처리하다 mettere in ordine, concludere
뒤척거리다 scovare, ricercare, frufare
뒤축 il tallone, il tacco ¶ 뒤축이 높은신 scarpe con il tacco alto
뒤치다 girare
뒤치다꺼리 ① [돌봄] cura ¶ 어린애들의 뒤치다꺼리를 하다 prendersi cura dei bambini ② [정리] (빚등을) regolamento, (가재도구 등

을) insediamento ¶ 식사 뒤치다꺼리를 하다 lavare i piatti

뒤통수 la regione occipitale, la parte posteriore del capo

뒤퉁스럽다 essere goffo, essere insensato

뒤틀다 ① [비틀다] torcere, distorcere, altorcigliare ¶ 팔을 뒤틀다 torcere il braccio di una persona ② [일을] frustrare, confondere, ostruire

뒤틀리다 ① [비틀어지다] essere torto, distorcersi attorcigliarsi [휘어지다] (essere) deformato, storto, [마음이] essere perverso ② [일이] (essere) eluso, ostacolato ¶ 계획이 뒤틀렸다 Il proggetto è stato ostacolato.

뒤틀어지다 ① [물건이] deformarsi, curvarsi ② [일이] fallire, essere frustrato

뒤흔들다 ① [사물을] scuotere violentemente, scrollare ② [마음을] disturbare, agitare la mente (di una persona), stimolare

뒤흔들리다 ① [사물이] essere agitato ② [마음이] (essere) disturbato, agitato, distrubarsi, agitarsi

뜀 [달리기] corsa, [뛰기] salto, balzo

뜀뛰기 [경기] salto * **-선수** un saltatore, **-운동** un' esercitazione di salto, **-판** una pedana, un trampolino

뜀뛰다 [달리다] correre, [뛰다] saltare

뜀박질 [달리기] corsa, [뛰기] salto

뜀틀 cavallina (atletica)

뒷간 -間 gabinetto, bagno

뒷갈망 liquidazione

뒷갈이 aratura del campo dopo la raccolta

뒷거래 -去來 commercio illegale (sotto banco)

뒷걸음치다 camminare indietro, [무서워서] indietreggiare

뒷골목 un vicolo (alle spalle) dietro

뒷공론 -公論 pettegolezzi, chiacchiere **-하다** chiacchierare, fare pettegolezzi, dire dietro a qlcu.

뒷구멍 ① [뒷문] la porta di servizio, la porta sul retro, un mezzo ingiusto ② [항문] ano

뒷굽 ① [동물의] lo zoccolo posteriore d'un animale ② [신의] tacco delle scarpe

뒷길 un sentiero laterale (샛길)

뒷날 tra alcuni giorni, dopo alcuni giorni, nei giorni a venire, futuro

뒷다리 zampe posteriori

뒷담당 incaricato (di problemi secondari) **-하다** essere responsabile (del resto delle case)

뒷덜미 la nuca, la parte posteriore del collo ¶ 뒷덜미를 붙잡다 prendere per la nuca

뒷동산 una collina dietro (la casa)

뒷마당 un cortile nella parte posteriore d'una casa

뒷말 pettegolezzi, chiacchiere

뒷맛 retrosapore, retrogusto, il sapore che rimane in bocca

뒷맵시 vista posteriore della (propria) figura

뒷모양 -模樣 forma posteriore, l'aspetto visto di spalle

뒷바라지 cura **-하다** aiutare, pren-

dersi cura di (cura per)
뒷바퀴 una ruota posteriore
뒷받침 sostegno, supporto **-하다** sostenere, supportare ¶ 그는 나의 사업에 뒷받침이 되어주었다 Lui mi ha sostenuto nell'affare.
뒷발 ① [동물의] zampa posteriore, ¶ 뒷발길질하다 calciare con la zampa posteriore
뒷배 sostegno, supporto ¶ 뒷배 보다 supportare, sostenere (una persona)
뒷보증 -保證 **-하다** confermare, appoggiare, firmare
뒷북치다 agitarsi per qlco. in ritardo
뒷생각 ripensamento
뒷소문 pettegolezzi, chiacchiere
뒷손가락질 -하다 parlare male di (una persona)
뒷손없다 essere noncurante (trascurato) nelle cose
뒷수쇄 收刷 **-하다** mettere le cose in ordine, regolare
뒷수습 -收拾 sistemazione (d'un affare) ¶ 사건의 뒷수습을 하다 sistemare i propri affari
뒷이야기 il seguito della storia
뒷일 [장래] facende future, facende dopo la propria morte (사후의), [남은 일] il resto ¶ 친구에게 애들의 뒷일을 부탁하다 affidare ad un amico la cura dei propri figli
뒷자리 un posto dietro, in fondo
뒷조사 -調査 una ricerca dettagliata **-하다** studiare (indagare) a fondo
뒷짐지다 piegare le mani dietro
뒹굴다 ① [누워서] 잠자리에서 뒹굴다 rigirarsi nel letto ② [빈들빈들 지내다] oziare, essere ozioso ¶ 하루종일 집에서 뒹굴며 지내다 stare in ozio tutto il giorno
듀랄루민 【화학】 duralumino
듀스 pari
듀엣 duetto
뜨개질 lavoro a maglia **-하다** lavorare a maglia * **-바늘** uncino per lavorare a maglia
뜨겁다 scottare, essere caldo, bruciare ¶ 뜨거워지다 diventare caldo
뜨끈뜨끈 -하다 (essere) caldo
뜨금하다 bruciare, pizzicare, pungersi ¶ 양심이 뜨끔하다 rimordersi
-뜨기 uno, tizio, tipo ¶ 사팔뜨기 strabico/a, 시골뜨기 bifolco/a
드나들다 ① [출입] entrare ed uscire, [방문] visitare (spesso), frequentare ② ¶ 해안선이 드나들다 La costa è molto frastagliata.
뜨내기 [방랑자] vagabondo/a
뜨내기 손님 un ospite avventizio
뜨내기 장사 gli affari avventizi
드넓다 essere spazioso, vasto, esteso
드높다 essere alto ¶ 하늘 드높이 molto in alto nel cielo
뜨다[1] ① [느리다] essere lento ¶ 걸음이 뜨다 camminare a passi lenti ② [둔하다] (essere) tardo, ottuso ③ [입이] (essere) taciturno, reticente ④ [무디다] non essere tagliente, essere spuntato ⑤ [사이가] essere separato, allontanarsi
뜨다[2] ① galleggiare, rimanere a galla ¶ 하늘에 경비행기가 뜨다

L'aerostato galleggia nell'aria. ② [해, 별이] sorgere ¶ 해가 뜬다 Il sole sorge.

뜨다[3] ① [썩다] essere stantio, [발효] fermentare ② [얼굴빛이] essere giallastro

뜨다[4] [뜸을] cauterizzare

뜨다[5] [자리를] lasciare, andarsene da, uscire da, [옮기다] spostare

뜨다[6] ① [잔디, 얼음 따위를] prendere con la pala, spalare , roccogliere con la paletta ¶ 흙을 삽으로 뜨다 spalare la terra ② [국을] servire con il mestolo ③ [공간적] essere separato ④ [붙어 있던 것이] scappare, staccarsi, essere staccato

뜨다[7] ① [눈을] aprire, essere conscio di ¶ 성에 눈을 뜨다 aprire gli occhi su il sesso ② [귀를] ascoltare, sentire, cogliere, capire ¶ 음악에 귀를 뜨다 redersi conto di musica

뜨다[8] ① [그물 따위를] fare a maglia, lavorare all'uncinetto ② [바느질] cucire ③ [문신] tatuare

뜨다[9] [본을] copiare, imitare

뜨뜻이 caldo

뜨뜻하다 essere caldo ¶ 접시를 뜨뜻하게 하다 tenere in caldo un piatto

드디어 finalmente, alla fine ¶ 그는 드디어 성공했다 Alla fine lui ha avuto successo.

드라마 dramma

드라이 secco ¶ 드라이 크리이닝 lavatura a secco, 드라이 아이스 ghiaccio secco

드라이버 cacciavite

드라이브 giro, passeggiata (in macchina)

드라이어 [머리] asciugacapelli [옷] asciugabiancheria

드러나다 ① [유명] rendersi noto, diventare famoso ② [표면에] rivelarsi, scoprirsi, mostrarsi ③ [노출] esporrsi, scoprirsi ¶ 오늘 너는 노출이 너무 심하다 Oggi ti sei scoperto troppo. // 그와 말할 때 네 정체가 드러나지 않도록 조심해라 Quando parli con lui stai attento a non rivelarti. ④ [비밀이] rivelarsi, scoprirsi

드러내다 ① [유명하게] rendere riconocibile, distinguere ② [표면에] disporre, esporre, mostrare ③ [노출] esporre, scoprire, rivelare ¶ 자신의 의도를 드러내다 scoprire le proprie intenzioni ④ [비밀을] rivelare, scoprire

드러눕다 sdraiarsi, distendersi ¶ 풀밭에 드러눕다 sdraiarsi sull'erba

드러쌓이다 [쌓이다] accumularsi [많아지다] essere pieno di

드럼 tamburo

드렁드렁 ¶ 코를 드렁드렁 골다 russare in modo fastidioso

드레스 vestito, abito ¶ 디자이너 disegnatore

드레지다 essere persona degna, essere pieno di dignità

드레질하다 farsi un'idea di, valutare

드로잉 disegno

드롭 【야구】 drop

드르렁거리다 russare sonoramente

드르르 [미끄럽게] ondeggiante, tremolante, [거침없이] liscio, dolcemente, senza scosse, in modo mellifluo

드리다[1] dare, offrire, presentare

드리다[2] [방, 마루 따위를] mettere, fare, costruire

드리블 dribbling

드리우다 [늘어뜨리다] lasciare giù, calare giù ¶ 머리카락을 어깨에 드리우다 porta i capelli giù per le spalle

드릴 ① [전율] brivido ② [송곳, 훈련] trapano

드림 [기(旗) 드림] stella filante, [장막] tenda, tendaggi

드문드문 ① [시간적] ogni tanto, di tanto in tanto ② [공간적] scarsamente, sparso

뜨물 l'acqua in cui il riso è stato lavato

드물다 essere raro, insolito, scarso ¶ 드물게 raramente, di raro

드새다 passare la notte

드세다 (essere) potente, influente, molto forte

뜨음하다 essere infrequente, raro

뜨이다 ① [눈이] aprire, svegliarsi, essere cosciente(conscio) di ¶ 나는 매일 아침 다섯시에 눈이 뜨인다 Ogni mattina mi sveglio alle cinque. ② [눈에] essere notevole

드잡이 [싸움] tafferuglio, tumulto -하다 venire alle mani, azzuffarsi (con) [압류] sequestro, confisca -**하다** sequestrare

드티다 [자리, 날짜가] estendersi, protrarsi [자리, 날짜를] estendere, protrarre

득 得 [이익] profitto, vantaggio [유리] vantaggio [절약] risparmio

득남 得男 avere un figlio

득녀 得女 avere una figlia

득득 ① [줄을 긋는 꼴] (tracciare un linea) fermamente ② [얼어붙은 꼴] ¶ 득득 얼어붙다 essere congelato ③ [긁는 꼴] ¶ 머리를 득득 긁다 grattarsi forte il capo

득명 得名 fama: **-하다** avere la fama

득병 得病 **-하다** ammalarsi

득세 得勢 **-하다** ascendere al potere

득승 得承 **-하다** vincere

득실 得失 [손익] il pro e il contro, il vantaggio e lo svantaggio [성패] successo e fallimento

득의 得意 ① [성공] prosperità ② [자랑] esultanza ¶ 득의의 trionfante, soddisfatto di sè

득인심 得人心 **-하다** conquistare il cuore di qlcu.

득점 得點 segni, [경기의] un punto, [총괄적] punteggio **-하다** segnare, fare i punti

득책 得策 la cosa migliore, una buona politica

득표 得票 il numero di voti ottenuti ¶ 그들은 65%의 득표를 했다 Hanno ottenuto 65% dei voti.

-든 o...o...

뜬구름 ① [구름] nuvole alla deriva ② [덧없는 일] mutabilità

뜬눈 ¶ 뜬눈으로 밤을 새우다 passare una notte in bianco

든든하다 ① [굳세다] (essere) forte, solido, resistente ② [미덥다] (essere) sicuro, rassicurante, fidato ③ [배가] riempirsi lo stomaco

뜬소문 rumore infondato

-든지 o... o ..., se ... (o no) ¶ 그가

올지 안올지 확실히 모르겠다 Non so con certezza se verrà (o no), Non sono sicuro che venga.

듣직하다 essere calmo, composto

뜯기다 ① [물리다] essere morso (da pulce, zanzara, insetto) ② [빼앗기다] essere estorto ③ [머리털 따위] essere tirato

듣다[1] ① [소리를] ascoltare, udire, porgere l'orecchio ¶ 내 말을 끝까지 들어주십시오 Ascoltatemi fino in fondo. // 라디오를 듣다 ascoltare la radio ② [칭찬, 꾸지람] ricevere, prendersi ¶ 잔소리를 듣다 prendersi una sgridata // 많은 칭찬을 듣다 ricevere grandi lodi ③ [충고, 청 따위를] ascoltare, seguire, prendere, accogliere ¶ 충고를 듣다 seguire i consigli // 요구를 듣다 accogliere una richiesta ④ [효험] fare effetto, essere efficace ¶ 효험있는 치료 rimedio efficace // 잘 듣지 않다 non andare bene per ⑤ [작용] operare, funzionare ¶ 브레이크가 안 듣는다 Il freno non funziona.

듣다[2] [물, 눈물 따위가] gocciare, cadere ¶ 빗방울이 듣다 Le gocce di pioggia cadono.

뜯다 ① [떼다] sottrare (da), togliere, demolire, smontare [풀, 털 따위] cogliere, strappare ¶ 집을 뜯다 demolire una casa ② [현악기를] suonare, strimpellare ③ [빼앗다] estorcere, strappare

듣보다 perquisire, cercare

뜯어내다 ① togliere, rimuovere, eliminare ② [돈을] estorcere, strappare

뜯어말리다 smontare, separare

뜯어먹다 ① [뼈, 풀 등을] rodere, rosicchiare, pascolare ② [남을 것을] vivere alle spalle di, vivere a spese di ¶ 남의 것을 뜯어먹고 살다 vivere alle spalle di altro.

뜯어버리다 togliere e buttare via, rimuovere

뜯어벌리다 [벌리어 놓다] fare i pezzi

뜯어보다 ① [열어보다] aprire e guardare ¶ 편지를 뜯어보다 aprire una lettera ② [살펴보다] esaminare attentamente, scrutare ③ [겨우 읽다] leggere con difficoltà ¶ 뜯어보기 힘든 필적 una scrittura difficile da decifrare

들[1] campo, [전답] i campi, [평야] pianura, [농지] fattoria ¶ 밭을 경작하다 arare(coltivare) un campo.

들[2] [등등] e cosi via, e via dicendo, ecc.

뜰 giardino * **뒤뜰** giardino sul retro 앞뜰 giardino sul davanti

들것 barella

들고나다 [간섭] interferire ((in)), intromettersi ((in))

들국화 -菊花【식물】crisantemo selvaggio

들끓다 brulicare, affollarsi [이 따위가] essere infestato da ¶ 집에 쥐들이 들끓었다. La casa era infestata dai topi.

들녁 campagna, pianura

들놀이 picnic **-하다** fare un picnic ¶ 들놀이 가다 andare a fare un picnic.

들다[1] ① [날씨가] rasserenarsi, schiarire ② [땀이] cessare, fermarsi

들다[2] [날이] essere affilato, tagliente ¶ 잘 드는 칼 coltello tagliente

들다[3] [나이가] invecchiare

들다[4] ① [손에] tenere, portare ¶ 신문을 손에 들다 tenere in mano un giornale. ② [사실, 예를] dare (un esempio), citare, menzionare ③ [높이다] sollevare, alzare ¶ 손을 들다 alzare la mano // 돌을 들다 sollevare una pietra ④ [음식을] prendere, mangiare

들다 ① [들어가다] entrare [살다] vivere, sistemarsi, alloggiare ¶ 우리는 한 호텔에 들었다. Noi ci siamo sistemati in un'albergo. // 잠자리에 들다 andare a letto ② [가입] unirsi, associarsi, diventare socio, farsi socio ¶ 생명 보험에 들다 assicurare la vita // 동아리에 들다 associarsi a circolo. ③ [풍년, 흉년, 절기 따위] venire, cominciare ④ [염색] tingersi ⑤ [버릇 따위가] prendere l'abitudine di, abituarsi ⑥ [마음에] essere soddisfatto (contento) di, affezionarsi a ⑦ [포함] contenere, mantenere, [들어 있다] essere compreso(inculso) ⑧ [병이] ammalarsi ¶ 폐병이 들다 ammalarsi di tubercolosi ⑨ [잠이] addormentarsi, [정이] innamorarsi ⑩ [맛이] (essere) saporito, stagionato ¶ 김치가 맛이 들었다. Il Gimchi è stagionato.

들떠들다 fare un rumore

들뜨다 ① [떨어져서] staccarsi, allentarsi ② [마음이] vagare, essere inquieto ③ [안색이] sembrare giallo e gonfio

들락날락하다 entrare e uscire frequentamente

들랑거리다 frequentare

들러리 [신랑의] testimone, [신부의] damigella d´onore

들러붙다 aderire a, attaccarsi a ¶ 국수가 냄비에 달라붙었다 La pasta si è attaccata alla pentola.

들려주다 [알리다] raccontare, informare, avvertire

들르다 fare un salto a, passare da ¶ 로마에 잠깐 들르다 fare un salto a Roma

들리다[1] ① [소리가] sentire [울리다] sonare ¶ 그는 귀가 들리지 않는다. Egli non sente. ② [소문이] dirsi in giro

들리다[2] [고갈] esaurirsi, finire

들리다[3] ① [병이] ammalarsi ¶ 감기 들리다 prendere un raffreddore ② [귀신이] essere ossesionato da, essere abitato da

들리다[4] [올려지다] sollevarsi, [들게 하다] far sollevare, [운반시키다] far portare

들먹거리다, 뜰먹거리다 ① [물건이] scuotere, spostare in alto e in basso ② [마음이] essere eccitato, agitarsi ③ [남의 마음을] far agitare, promuovere, istigare ④ [들추다] accennare, menzionare

들먹들먹 ① [움직임] spostando in alto e in basso ② [불안정] inquietamente, preoccupato, provvisorio

들보 trave

들볶다 tormentare, molestare, stuzziccare ¶ 들볶이다 essere tormentato

들부시다 fare a pezzi, sfasciare

들새 uccello selvatico

들썩거리다 ① [움직이다] spostare in alto e in basso ② [마음이] essere inquieto (irrequieto), [충동하다] istigare ¶ 기분이 들썩이다. sentirsi irrequieto

들썽거리다 essere impaziente

들소 bue selvatico

들손 manico

들숨 ispirazione

들쓰다 [이불 따위를] tirare sopra la testa, [물을] essere bagnato di, [먼지를] essere coperto di, [허물, 책임을] prendersi la responsabilità di

들씌우다 [이불 따위를] far tirare sopra la testa, [물을] versare, buttare via, [먼지를] coprire di, [모자를] coprire il capo, [죄 따위를] attribuire la responsabilità di qlco. a qlcu, dare la colpa di qlco. a qlcu.

뜰아래채 la fiancata esterna di una casa

뜰아랫방 una stanza nella fiancata esterna di una casa

들어가다 ① [안으로] entrare ((in, a)) ¶ 집으로 들어가다 entrare in casa ② [가입] unirsi a, partecipare a, prendere parte a, entrare in ¶ 군대에 들어가다 entrare nell'esericito ③ [포함] contenere, includere ④ [사이에] passare, inserirsi ⑤ [비용이] costare ⑥ [시작] cominciare ⑦ [눈 등이] infossarsi ¶ 피로로 그녀의 뺨이 쑥 들어갔다. Le guance le si erano infossati per la stanchezza.

들어내다 ① [쫓아내다] mandar via, [지위에서] cacciare, soppiantare ② [내놓다] portare fuori, rimuovere

들어맞다 ① [알맞다] stare bene a, andare bene a, adattarsi a ¶ 그 모자는 그녀의 얼굴에 잘 어울린다. Quel cappellino le sta molto bene al viso. ② [명중] colpire, [실현] apparire vero ③ [해당] corrispondere a ④ [꼭 같다] essere d'accordo con, conformarsi a, rispondere a

들어먹다 ① [탕진] sperperare, scialacquare ¶ 그는 가산을 모두 들어먹었다. Ha scialacquato il patrimonio di famiglia. ② [남의 것을] appropriarsi indebitamente di

들어박히다 ① [빠지다] cadere in ¶ 진창에 들어박히다 cadere nel fango ② [촘촘히] essere confezionato, riempirsi di ③ [나오지 않다] rimanere a casa, restare in casa, rinchiudersi in una stanza

들어붓다 ① [비가] piovere a dirotto ② [술을] bere come una spugna ③ [액체를] versare

들어서다 ① [안쪽으로] entrare ② [꽉 차다] riempirsi di, essere affolato di, essere pieno di ③ [수효가] arrivare a ④ [제시간에] arrivare in tempo

들어앉다 ① [안쪽으로] sedersi all′

interno ② [퇴직] andare in pensione, ritirarsi ③ [지위에] intraprendere la carriera di, prendersi la risponsabilità di, assumere la propria carica ¶ 지배인으로 들어앉다 assumere la propria carica di gestore

들어오다 ① [안으로] entrare ② [수입이] guadagnare ③ [직업, 자리로] unirsi a, entrare in ④ [사이에] inserirsi in

들어주다 accordare, accogliere

들어차다 riempirsi di, essere pieno di

들엉기다 coagularsi, solidificarsi

들엎드리다 rinchiudersi in

들여가다 ① [안으로] portare dentro, far entrare ② [사다] comprare, acquistare

들여놓다 portare dentro, [발을] entrare, fare un passo

들여다보다 ① [밖에서] guardare dentro ② [빤히] fissare, guardare fissamente ¶ 사람을 빤히 들여다보는 것은 예의가 아니다. Non è educato fissare le persone.

들여다보이다 [속이] trasparire ¶ 빤히 들여다보이는 거짓말 una bugia trasparente

들여보내다 far entrare

들여앉히다 [여자를] far sistemare una donna nella propria casa

들여오다 ① [안으로] portare in ② [사다] comprare, acquistare

들은 풍월 -風月 idee raccolte dagli altri

들이다 ① [안으로] lasciare entrare ② [물건을] portare dentro ③ [비용, 힘을] spendere, sforzarsi di fare qlcu. ¶ 큰 돈을 들여서 a caro prezzo ④ [고용, 임용] assumere, impiegare ¶ 여자 종업원을 들이다 assumere una cameriera ⑤ [맛을] fare il gusto a ¶ 돈에 맛을 들이다 fare il gusto a denaro ⑥ [잠을] addormentare ⑦ [물감을] tingere ¶ 머리를 붉게 물들이다 tingere i capelli in rosso ⑧ [길을] addomesticare

들이닥치다 avvicinarsi imprevedibilmente, essere imminente ¶ 뜻하지 않은 손님이 들이 닥치다 essere visitato dagli ospiti imprevisti

들이대다 ① [반항] sfidare, resistere a, contestare ② [물건을] cacciare, spingere ¶ 그는 내 손 안에 책 한권을 들이댔다 Mi ha cacciato un libro tra le mani. ③ [공급] fornire continuamente

들이덤비다 scagliarsi su, sfidare

들이마시다 [기체를] inspirare, aspirare, [액체를] bersi con gli occhi, deglutire, [술을] tracannare ¶ 담배 연기를 들이마시다 aspirare il fumo

들이몰다 [안으로] spingere dentro [차를] guidare veloce

들이밀다 [안으로] spingere dentro, cacciare dentro

들이밀리다 [안으로] essere spinto, essere cacciato, [한 곳으로] affollarsi, brulicare

들이받다 dare una testata a, sbattere contro, urtare contro ¶ 벽을 들이받다 urtare contro il muro

들이빨다 aspirare, succhiare

들이불다 [안으로] soffiare in
들이붓다 versare dentro
들이쑤시다 [아프다] bruciare, pungere
들이쉬다 inspirare ¶ 숨을 깊이 들이쉬다 inspirare profondamente
들이키다 ① [마시다] bere tutto, deglutire ② [안쪽으로] tirare in dentro
들이퍼붓다 [그릇에] versare pesante, [쏟아짐] piovere a dirotto
들일 lavoro sul campo
들입다 violentemente, duramente, [계속] continuamente ¶ 들입다 달아나다 darsela a gambe, alzare i tacchi
들장미 rosa selvatica
들쩍지근하다 essere dolciastro
들쭉나무 【식물】 mirtillo
들쭉날쭉하다 essere disuguale, frastagliato, intaccato
들쥐 【동물】 ratto selvatico
들짐승 animali selvatici
들창코 naso camuso
들척지근하다 essere dolciastro
들추다 ① [뒤지다] rovistare, frugare ¶ 호주머니 속을 들추다 frugare nella tasca ② [들어올리다] sollevare, alzare ③ [드러내다] rivelare ¶ 비밀을 들추다 rivelare un segreto
들추어내다 ① [파내다] scalzare, dissotterrare ② [찾아내다] scoprire, frugare ③ [드러내다] rivelare, scoprire ¶ 진실을 들추어내다 scoprire la verità
뜰층계 -層階 scale dal cortile alla veranda
들치기 [행위] taccheggio, [사람] taccheggiatore/trice
들키다 [발견되다] essere trovato, essere scoperto
들통 -筒 secchio
들판 campo, pianura
뜸 cauterio
뜸들이다 ① [음식물을] cucinare completamente ② [일할 때] dare tempo abbastanza
뜸뿍 pienamente, traboccantemente
뜸뿍뜸뿍 molto, tanto, abbastanza
듬성듬성 scarsamente
듬쑥 pieno
뜸직하다 essere dignitoso, essere imponente
뜸질 cauterizzazione **-하다** cauterizzare
뜸하다 [머춤하다] calmarsi, pausare
뜻 ① [의지] volontà, [의향] intenzione, [목적] scopo, [희망] speranza, [야망] ambizione ¶ 자신의 뜻을 밝히다 manifestare le proprie intenzioni ② [의미] significato, senso ¶ 뜻이 분명하다 (애매모호하다) Il significato è chiaro (ambiguo). 단어의 뜻 Il significato di una parola.
뜻맞다 essere simpatico a ql.co., affezionarsi a
뜻밖 ¶ 뜻밖의 inatteso, imprevisto, inaspettato, sorprendente // 뜻밖에 inaspettatamente, all' improvviso // 그것은 천만 뜻밖이었다! Non me l'aspettavo!
듯싶다 [것 같다] sembrare, parere
듯이 come ¶ 내가 이미 말했듯이 come ho già detto
뜻있게 significativamente
듯하다 sembrare, parere ¶ 어려운

듯하다 sembra in difficoltà. // 그녀가 너를 알고 있는 듯하다 sembra(pare) che lei ti conosca.

뜻하다 ① [계획] intendere, mirare a, avere in mente, [결심] determinare ② [의미] significare ¶ 그것은 무엇을 뜻합니까? Che cosa significa? Che cosa vuol dire?

등 schiena ¶ 등을 돌리다 voltare la schiena // 등에 통증을 느끼다 sentire un dolore alla schiena.

등 等 ① [등급] categoria, livello, grado ¶ 일등급 학교 scuola di primo grado ② [따위] ecc., e cosi via ¶ 종이, 연필, 고무, 자 등등 carta, matita, gomma, riga ecc.

등 燈 lampada, lanterna

등 藤【식물】canna

등가 等價【화학】equivalenza * **등가량** equivalente

등각 等角【기하】angoli uguali * **등각삼각형** triangolo equiangolo

등갓 燈- paralume

등거리 等距離 equidistanza ¶ 등거리의 equidistante

등걸 mozzicone

등겨 pula di riso

등고선 等高線 isoipsa, curva di livello * **-지도** carta a curve di livello

등골 spina dorsale

등과 等科 **-하다** passare l'esame di amministrazione

등교 登校 **-하다** andare a scuola

등귀 騰貴 aumento di prezzo **-하다** aumentare, salire

등극 登極 **-하다** salire al trono

등급 等級 classe, grado, categoria

등기 登記 registrazione **-하다** registrare * **-소** anagrafe, Ufficio del registro **-부** registro **-료** tassa di registrazione **-말소** cancellazione di registrazione

등널 spalliera

등단 登壇 **-하다** salire sul podio

등달다 essere troppo ansioso, avere il nervoso

등대 燈臺 faro * **-지기** guardiano di faro

등대다 contare su, appoggiarsi a

등등 等等 ecc., e cosi via

등등하다 騰騰- ¶ 기세가 등등하다 essere trionfante

등락 騰落 fluttuazioni, alti e bassi

등록 登錄 registrazione, iscrizione **-하다** registrare, iscrivere * **-금** tassa d'iscrizione **-세** tassa di registrazione

등마루 cresta [정상] cresta, cima, vetta, sommità

등반 登攀 **-하다** scalare * **암벽 등반** alpinismo su roccia

등받이 spalliera

등뼈 spina dorsale * **-동물** vertebrato

등변 等邊【수학】lati uguali ¶ 등변의 equilatero * **-삼각형** triangolo equilatero

등본 謄本 * **호적-** certificato di stato civile

등분 等分 divisione in parti uguali **-하다** dividere ugualmente ¶ 케익을 6등분하다 dividere una torta in sei porzioni. // 반으로 나누다 dividere per(a) metà

등불 燈- lume della rampada ¶ 등불을 켜다 accendere la lampada.

등비 等比 【수학】 proporzione geometrica ＊ **-급수** progressione geometrica **-수열** serie geometriche
등사 謄寫 copia, trascrizione **-하다** copiare, trascrivere
등산 登山 alpinismo **-하다** scalare la montagna ＊ **-가** alpinista **-화** scarponi da montagna
등쌀 irritabilità, seccata, fastidio ¶ 등쌀내다 tormentare, seccare
등색 橙色 arancio, arancione
등성마루 cresta, vetta
등성이 schiena(잔등), cresta(산의)
등속 等速 【물리】 velocità uniforme ＊ **-운동** moto uniforme
등수 等數 ① [차례] grado, classe ② [같은 수] numero uguale
등식 等式 【수학】 ugualianza
등신 等神 sciocco, stupido, buffone, asino, somaro ¶ 등신같은 짓을 하다 fare lo sciocco
등심 -心 stoppino
등압선 等壓線 linea isobarica
등어리 schiena
등에 【곤충】 tafano, mosca cavallina
등온 等溫 ¶ 등온의 isotermo ＊ **-선** isoterma
등외 等外 ¶ 등외의 sotto il grado regolare
등용 登用 [임용] nomina, [승진] promozione **-하다** nominare, assumere, promuovere
등용 燈用 ＊ **-가스** gas illuminante
등원 登院 **-하다** andare alla Camera
등위 等位 classe, grado ＊ **-접속사** 【문법】 coniugazione coordinativa
등유 燈油 cherosene
등자 staffa
등잔 燈盞 tazza da olio per la lampada
등장 登場 [무대에] ingresso, entrata, [출현] apparizione, comparsa **-하다** entrare in scena ＊ **-인물** personaggio
등재 登載 registrazione, registro **-하다** registrare
등정 登頂 **-하다** raggiungere la cima di un monte
등정 登程 partenza **-하다** partire
등줄기 la parte sporgente di spina dorsale
등지다 ① [틀어지다] litigare con, essere in disaccordo con ② [배반] tradire, dare contro a ③ [등 뒤에 두다] essere di spalle ¶ 등지고 있어서 그는 나를 보지 못했다. Era di spalle e non mi ha visto.
등짐 zaino ＊ **-장수** venditore ambulante
등차 等差 ＊ **-급수** 【수학】 progressione aritmetica
등청 登廳 frequeza a ufficio ＊ **-하다** andare in ufficio
등촉 燈燭 lume della lampada
등치다 ① [치다] sbattere alle spalle ② [빼앗다] ricattare, estorcere
등피 燈皮 lampada
등한 等閒 negligenza **-하다** essere negligente, essere noncurante ¶ 등한히 하다 trascurare, ignorare, non tenere conto di
등화 燈火 lume, lume della lampada ＊ **-관제** interruzione di corrente elettrica

띄다 ① [눈에] scorgere ② [연, 배 따위를] far volare, far galleggiare

띄어 쓰다 scrivere lasciando spazio

띄엄띄엄 poco, scarsamente

띄우다[1] ① [공중에] far volare, pilotare, trasportare in aereo ¶ 연을 띄우다 far volare un aquilone ② [물 위에] far galleggiare, lanciare, ③ [얼굴에] esprimere ¶ 늘 입가에 미소를 띠우다 avere sempre il sorriso sulle labbra ④ [편지를] mandare, spedire

띄우다[2] [발효] far fermentare, [쇠를] colare, fondere

띄우다[3] [사이를] lasciare spazio, lasciare un intervallo

띠 ① [허리의] cintura, fusciacca, fascia ¶ 띠를 매다 allacciarsi la cintura ② [물건의] fascia, nastro ③ ¶ 그녀는 말띠이다 É nata nell'anno del Cavallo

디기탈리스 【약】 digitalina, 【식물】 digitale

띠다 ① [띠를] allacciarsi la cintura ② [지니다] portare, avere con sè ③ [빛, 기색 따위를] assumere, avere ¶ 노기를 띠다 sembrare arrabbiato

디디다 [밟다] fare un passo, calpestare ¶ 잔디를 디디다 calpestare l'erba

디데이 D-day(giorno dello sbarco alleato in Normandia)

디렉터 direttore, dirigente

디스카운트 sconto, riduzione ¶ 디스카운트하다 fare un sconto su qlcu.

디스코테크 discoteca

디스크 자키 disc-jockey

디스토마 distoma

디아스타제 【화학】 diastasi

띠엄띠엄 ① [드문드문] scarsamente, sporadicamente, discontinuamente ¶ 띠엄띠엄 나무를 심다 piantare alberi scarsamente ② [천천히] piano piano

디오니소스 【신화】 Dioniso

디자이너 disegnatore/trice

디자인 disegno, modello, progetto

디저트 dissert, dolce

디지털 digitale

디젤기관 motore diesel **-기관차** locomotiva diesel

디파트먼트 스토어 un grande magazzino

디프테리아 difterite

디플레이션 【경제】 deflazione

딜레머 dilemma ¶ 딜레머에 빠지다 essere di fronte a un dilemma

딜레탕티즘 dilettantismo

딩딩하다, 띵띵하다 ① [힘이 세다] essere forte, essere robusto ② [핑핑하다] essere teso, essere stretto ③ [기반이] essere stabile, essere sicuro, essere fermo

ㄹ

-ㄹ까 ¶ 그럴까? Davvero? // 그 여자는 올지 내게 물어 보았다 Mi sono chiesto se lei venisse.

-ㄹ걸 ① [한탄] ¶ 나도 거기에 갔으면 좋았을걸 Vorrei esserci andato anch'io. ② [추측] ¶ 그는 꼭 성공할 걸 Sono sicuro che lui avrà successo.

-ㄹ것 같다 [... 같이 보이다] sembrare, parere [...라고 생각되다] sembrare che [...일 것이다] probabilmente, essere probabile che ¶ 비가 올 것 같다 Mi sa che sta per piovere.

-ㄹ는지 [불확실] ¶ 그가 여기 있을는지 모르겠다 Non so se ci sia.

-ㄹ듯이 ¶ 그는 떠날 듯이 자리에서 일어났다 Si è alzato come per andarsene.

-ㄹ라 ¶ 조심해라 발각될라 Fate attenzione che non vi veda.

-ㄹ망정 ma, tuttavia, anche se, nonostante ¶ 굶어 죽을망정 도둑질은 안한다 Anche se muoio di fame, non voglio rubare.

-ㄹ바에 ¶ 할 바에는 잘해라 Fa bene se tu lo fai

-ㄹ밖에 ¶ 달리 방법이 없으니 갈 밖에 Non c′è altra scelta che andare.

-뿐더러 non solo ... ma anche, oltre a ¶ 그녀는 피아노를 칠뿐더러 노래도 한다 Oltre a suonare il piano, canta. Lei non solo suona il piano ma anche canta.

-ㄹ수록 [비교] più .. più, meno... meno ¶ 네가 주면 줄수록 더 바란다 Più gliene dai e più ne vuole.

-ㄹ수 없다 essere impossibile, non essere capace di

-ㄹ지 se, che + congiuntivo(접속법) ¶ 그가 올지 어떨지 모르겠다 Non so con certezza se verrà (o no), non sono sicuro che venga.

-ㄹ지라도 anche se, nonostante, tuttavia ¶ 비가 올지라도 anche se piove

-ㄹ지어다 dovere

-ㄹ지언정 piuttosto ¶ 죽을지언정 배반하지 않겠다 Preferisco che muoia piuttosto che tradisca.

-ㄹ진대 [가령] se [-ㄹ것 같으면] secondo ¶ 내가 볼진대 그는 성공하지 못한다 Secondo me lui non avrà successo.

라고 come ¶ 나는 그를 위대한 학자라고 생각하지 않는다 Non penso a lui come un grande studioso.

-라고 ¶ 기다리라고 해라 Digli che aspetti.

라는 chiamato ¶ 마리오라는 남자 un uomo di nome Mario
라도 [..까지도] anche [설사 .. 일지라도] anche se [어떤.. 라도] qualsiasi, qualunque ¶ 어떤 사람이라도 그렇게 할 것이다 Qualunque persona agirebbe cosi. 어떤 희생을 치르고라도 a qualunque costo
라돈 【화학】 radon ((Rn))
라듐 radio ((Ra))
라드 lardo
라디에터 radiatore
라디오 radio
라르고 【음악】 largo
라마 [라마승] lama ＊ **-교** lamaismo **-교도** lamaista
라면 [국수] pasta conreana
라스베가스 Las Vegas
라우드 스피이커 altoparlante
라운드 round
라이노타이프 【인쇄】 linotipia
라이벌 rivale
라이터 ① autore, scrittore ② accendino, accendisigari
라이트 ① destra ② luce ¶ 라이트를 켜다 accendere la luce
라이플총 -銃 fucile, carabina
라인 linea
라인강 -江 il Reno
라일락 【식물】 lilla
라임라이트 ribalta
라조 -調 【음악】 ¶ 라 장(단)조 D maggiore(minore)
라케트 racchetta
라틴 Latino ¶ 라틴의 latino
라틴 아메리카 America Latina
라파엘로 Raffaello Sanzio (이 1483-1520)

-락말락 ¶ 담이 무너질락말락 한다 Il muro è sul punto di crollare.
란도셀 zaino
란제리 biancheria intima femminile, lingerie ((프))
랍소디 【음악】 rapsodia
랑데부 appuntamento, punto di ritrovo **-하다** ritrovarsi, effettuare un rendezvous
래커 lacca
랜턴 lanterna
램프 lampada ¶ 석유 램프 lampada a petrolio
랭크 fila, grado
러너 corridore, partente, pattino, lama, guida
러닝 corrente
러닝메이트 candidato alla vicepresidenza
러버 [애인] amante [고무] gomma
러브 amore ¶ 러브 스토리 storia d′amore // 러브 레터 lettera d′amore
러시 affollamento, ressa
러시아 Russia ＊ **-말** il russo
러시아워 ora di punta
럭비 rugby
럭키 fortunato
런던 Londra((영국))
런치 pranzo
럼 rum ＊ **-주**(酒) rum
레가타 [경조(競漕)] regata
레귤러 [정식의] regolare
레머네이드 limonata
레먼 limone
레바논 Il Libano
레벨 livello
레뷰 revisione, rivista
레스비언 lesbica

레스토랑 ristorante
레슨 lezione
레슬링 lotta libera
레오나르도 다빈치 Leonardo da Vinci (이 1452-1519)
레용 raion
레이다 radar
레이디 signora
레이스 corsa
레이저 laser * **-광선** raggio laser
레인코우트 impermeabile
레일 sbarra, traversa
레저 svago
레즈비언 lesbica
레지스턴스 resistenza * **-운동** movimento della resistenza
레커차 -車 [구난차] carro attrezzi
레코드 ① [기록] record ② [축음기의] disco
레크리에이션 ricreazione
레테르 etichetta ¶ 레테르를 붙이다 mettere l′etichetta, marcare
레토르트 【화학】 storta
레퍼리 arbitro, referenza
레퍼터리 repertorio
렌즈 lente
렌치 [공구] chiave
렌터카아 macchina da noleggio
로 ① [수단, 기구] in, con ¶ 기차로 in treno, con il treno // 도보로 in piedi // 영어로 in inglese ② [원인, 이유] da, di ¶ 뇌일혈로 죽다 morire di apolessia cerebrale ③ [원료, 재료] da, di, con ¶ 치즈는 우유로 만들어지고 의자는 나무로 만들어진다 Il formaggio è fatto col latte e gli sgabelli sono fatti di legno. ④ [척도, 단위, 정도] per, di ¶ 10으로 나누다 dividere per dieci ⑤ [방향] a, per ¶ 서울로 떠나다 partire per Seoul ⑥ [지위, 자격] da, come ¶ 그는 정치인으로 성공했다 Come politico ha avuto successo.
로고스 logos
로그 【수학】 log
로디지아 Rhodesia
로드워크 lavoro stradale
로랜 [장거리항법] loran
로마 Roma (이탈리아)
로마네스크 romanico
로맨스 romanzo, storia d′amore
로맨티시즘 romanticismo
로맨틱 romantico
로봇 [인조인간] robot [허수아비 같은 사람] figura rappresentativa
로비 atrio, gruppo di pressione ¶ 로비하다 fare pressioni
로서 [지위, 신분, 자격] come, da ¶ 그는 시장으로서 많은 것을 했다 Da sindaco ha fatto molto cose.
로스 perdita
로션 lozione
로스트 arrosto ¶ 로스트 비프 arrosto di manzo
로제타석 -石 rosetta
로카빌리 【음악】 rockabilly
로케(이션) posto, posizione
로코코 식 -式 rococo
로큰롤 rock′n roll
로키 산맥 -山脈 Le Montagne Rocciose
로터리 rotatorio
로테이션 rotazione
로프 corda
로 하여금 ¶ -하여금 -을 시키다 [강제] costrignere qlcu. a fare qlco., [허락] permette di

로히일 scarpe col tacco basso
록 클라이밍 alpinismo su roccia
록펠러 Rochefeller John Davison (미 1839-1937)
-론 論 ① [논설] saggio ② [논의] argomento, discussione
롤러 rullo ¶ 롤러 스케이트 pattinaggio a rotelle
롤링 ondeggiante, ondulato
-롭다 essere ¶ 향기롭다 essere fragnante // 해롭다 essere nocivo (a), essere dannoso (a)
롱 플레이 레코드 (disco) 33 giri = L.P.
뢴트켄 ¶ 렌트겐선 raggi Rontgen // 뢴트겐 사진 radiografia, radiogramma
루마니아 Romania
루머티스, 루머티즘 reumatismo
루비 rubino
루블 rublo
루즈 rossetto, belletto ¶ 루즈를 바르다 mettersi il rossetto
룰 regola
룰렛 roulette
룩색 zaino
룩셈부르크 Lussemburgo
룩스 lux(조명의 단위)
루트 [경로] itinerario, canale * **해상 루트** rotte marittime // 버스 루우트 percorso dell'autobus
루피 rupia (인도의 화폐)
룸펜 disoccupato, ozioso, vagabondo
-류 類 ① [강(綱)] classe ② [목(目)] ordine ③ [유파] tipo
-류 流 ① [형] stile, modello ② [등급] ordine, classe
류머티즘 【의학】reumatismo
르네상스 Rinascimento
르포르타주 reportage, rapporto
를 ① [동사의 목적어] ¶ 우표를 수집하다 collezionare francobolli ② [전치사의 목적어] ¶ 개를 무서워하다 avere paura del cane
리 理 ¶ **-리가 없다** non dovere, essere possibile (che) ¶ 벌써 떠났을리가 없다 Non è possibile che siano già partiti. // 사실일 리가 없다 Non può essere vero.
리그 associazione, lega
-리다 ① ¶ 믿을만한 소식이라는 걸 책임지리다 Ti garantisco che la notizia è degna di fiducia. ② [경고] ¶ 빨리 서두르시오, 늦으리다. Si sbrighi o sarà in ritardo.
리더 capo, reader
리드 [앞섬] indizio, ruolo principale **-하다** essere in testa
리드미컬 ritmico
리듬 ritmo
리라 lira (이탈리아 화폐 단위)
리릭 lirica
리마 Lima
리바이벌 ripresa
리버티 libertà
리베리아 Liberia
리보핵산 -核酸 acido ribonucleico
리본 nastro
리비아 Libia
리사이틀 recital, concerto ¶ 리사이틀을 열다 dare un recital
리셉션 ricevimento, ricezione, reception
리스본 Lisbona
리스트 lista, elenco ¶ 리스트를 작성하다 fare la lista
리시버 ricetattore/trice

리아스식 -式【지리】ria ¶ 리아스식 해안 coste a rias
리얼리즘 realismo
리퀘스트 richiesta, domanda
리턴 매치 partita di ritorno
리트머스 tornasole ¶ 리트머스 종이 cartina di tornasole
리포트 rapporto
리허설 prova
린네르 lino
린치 linciare
릴 mulinello, rocchetto
릴레이 corsa a staffetta
릴리프 rilievo, sollievo
립스틱 rossetto
링 ring
링크 ① legame ② pista di pattinaggio

ㅁ

ㅁ

마[1] 【남쪽】 sud

마[2] 【식물】 igname

마[3] 【음악】 mi

마 魔 demonio, diavolo

마 瑪 iarda, yard ¶ 마로 팔다 vendere al metro

-마 魔 persona diabolica ¶ 살인마 assassino diabolico

마가린 margarina

마가목 【식물】 frassino di montagna

마가복음 -福音 【성경】 Vangelo di Marco

마각 馬脚 zampe di cavallo, colori veri di qn ¶ 마각을 드러내다 rivelare il proprio carattere vero

마감 chiusura, fine **-하다** chiudere, finire, concludere ¶ 일을 마감하다 finire un lavoro ∗ **-날** scadenza

마개 tappo ¶ 마개를 막다 tappare // 병 마개를 뽑다 stappare una bottiglia ∗ **-뽑이** cavatappi **귀-** tappi per le orecchie

마구 ① con disattenzione, distrattamente, a caso, senza tatto ¶ 돈을 마구 쓰다 sprecare il denaro distrattamente // 말을 마구하다 parlare a caso ② [세차게] duramente, forte ¶ 비가 마구 오고 있다. Sta piovendo forte.

마구 馬具 bardatura, finimenti ¶ 마구를 달다 bardare, mettere i finimenti

마구간 馬廐間 stalla

마구잡이 comportamento causale, atto imprudente

마굴 魔窟 ① [마귀의] covo di diavoli ② [악인의] covo ((di ladri)) ③ [창녀의] bordello

마귀 魔鬼 diavolo, demonio ¶ 마귀 같은 diabolico, demoniaco ∗ **-할멈** sterega

마그나카르타 【역사】 Magna Carta

마그네사이트 【광물】 magnesite

마그네슘 【화학】 magnesio

마그네시아 【화학】 magnesia

마냥 a volontà ¶ 마냥 즐기다 divertirsi a volontà

마네킹 manichino

마녀 魔女 strega

마노 瑪瑙 【광물】 agata

마누라 [아내] moglie ¶ 마누라를 얻다 prendere moglie

마늘 aglio

마니교 摩尼教 Manicheismo

마닐라 Manila

마님 signora

마다 ogni, ciascuno ¶ 집집마다 ogni casa // 10년마다 ogni dieci anni

마담 signora
마당 ① [뜰] cortile ② [경우] caso ¶ 이 급한 마당에 도대체 무엇을 하고 있는거야? Che diavolo stai facendo in caso di emergenza?
마당발 piedi piatti
마땅하다 ① [적합] essere adatto, opportuno, giusto, appropriato ¶ 마땅한 장소 un luogo adatto // 마땅한 대답 risposta appropriata ② [당연] essere giusto, appropriato ¶ 마땅한 벌 pena giusta
마땅히 ① [당연히] giustamente, naturalmente ② [적당히] appropriatamente, opportunamente
마도로스 marinaio
마돈나 [성모] Madonna
마뜩하다 essere soddisfacente, piacevole
마들가리 [나무의] ramoscello
마디 ① [관절] articolazione, [결절] nodo ② [말, 노래] parola, canto
마디다 essere resistente, durevole
마디마디 ① ogni articolazione ② [말 따위] ¶ 마디마디에 깊은 뜻이 있다 Tutte le parole sono significativi.
마디지다 avere nodi, essere nodoso
마라톤 maratona
마량 馬糧 foraggio
마력 馬力 【물리】 cavallo (- vapore)
마력 魔力 potere magico, incantesimo, [여자의] incanto, fascino
마련 piano, progetto, programmi, preparativi **-하다** [준비] preparare, organizzare, stabilire, [조달] fornire, [처리] trattare, maneggiare ¶ 돈을 마련하다 preparare i soldi
마렵다 ¶ 오줌이 마렵다 sentire un impulso a orinare
마루 ① [집의] pavimento ¶ 마루를 놓다 pavimentare ② [지붕, 산의] cresta, colmo ③ [일의] la parte finale di un avvenimento * **-판** asse di pavimento **산-** cresta di montagna **용-** colmo di tetto
마루청 -廳 asse di pavimento
마루터기 cima, vetta
마룻바닥 pavimento
마르다 ① [건조] asciugarsi, appassire ¶ 마른 가지 ramo appassito ② [여위다] diventare magro, languire, deperire ¶ 마른 magro, snello, esile ③ [목이] aver sete
마르다 tagliare
마르모토 marmotta, porcellino d′ India, cavia
마르세이유 Marsiglia
마르스 【신화】 Marte
마르코니 Marconi, Guglielmo (이 1874-1937)
마르코 폴로 Polo, Marco (이 1254-1324)
마르크 marco
마른기침 tosse secca
마른반찬 carne o pesce secca
마른버짐 【의학】 psoriasi
마른안주 carne o pesce secco che mangia quando beve un liquore.
마른옴 【의학】 prurito
마른일 cucito e tessitura
마른하늘 cielo sereno ¶ 마른하늘에 날벼락 un fulmine a cielo sereno
마른행주 strofinaccio secco
마름자 metro, criterio
마름질 tagliatura ¶ **-하다** tagliare
마리 numero di animali ¶ 고양이

다섯마리 cinque gatti
마리아 【성경】 Maria
마리아(막달라의) 【성경】 Maria Maddalena
마리화나 marijuana
마마 【의학】 vaiolo
마마 瑪瑪 maestà
마맛자국 butteratura
마멸 磨滅 logoramento, logorio, usura ¶ **-하다** logorarsi, consumarsi
마못 【동물】 marmotta

ㅁ

마무르다 ① [일을] finire, completare, concludere ¶ 일을 마무르다 concludere un lavoro ② [가장자리를] fare l'orlo
마무리 finitura ¶ **-하다** finire, completare, concludere
마물 魔物 cosa di diavolo
마법 魔法 magia, incanto ¶ 마법을 걸다 incantare // 마법을 쓰다 praticare la magia ＊ **-사** mago/a
마부 馬夫 cocchiere, vetturino, carrozziere
마분 馬糞 sterco di cavallo
마분지 馬糞紙 cartella
마비 痲痺 paralisi ¶ 마비되다 essere paralizzato // 마비시키다 paralizzare ＊ **소아-** paralisi infantile **심장** - arresto cardiaco
마사지 massaggio ¶ 팔다리를 마사지하다 massaggiare un arto
마상 馬上 ¶ 마상에서 a cavallo
마상이 canoa, barca
마소 bestiame grosso
마손 魔損 usura
마수 魔手 influenza malvagia
마술 魔術 magia, incanto, stregoneria ¶ 마술을 쓰다 usare magia // 마술을 걸다 incantare ＊ **-사** mago/a
마술 馬術 equitazione
마스카라 mascara
마스코트 mascotte
마스크 maschera
마스터 ① dominare, capire a fondo, avere la padronanza di ② padrone, maestro
마스터베이션 masturbazione
마스터키이 passepartout
마스터플랜 piano generale, progetto di massima
마스트 albero, asta, pilone
마시다 ① [액체를] bere, prendere, [들이키다] inghiottire, ingoiare ¶ 물을 마시다 bere acqua ② [호흡] inspirare, aspirare ¶ 담배 연기를 들여마시다 aspirare il fumo
마약 痲藥 narcotico, oppiato, droga ＊ **-상용자** tossicodipendente, tossicomane
마왕 魔王 Il diavolo, Il demonio, satana
마요네스 maionese
마운드 terrapieno, mucchio, collinetta
마을 [동리] villaggio, paesino ¶ 마을 사람 abitante di paese
마음 ① [정신] mente, spirito, anima, cuore ¶ 마음이 고운 사람 una persona molto gentile // 마음이 큰 di mente aperta // 마음속으로 dentro di sè // 마음에 품다 covare, nutrire // 마음을 끌다 attirare // 마음에 그리다 immaginare // 마음을 가라앉히다 calmare // 마음에 걸리다 soppesare

mentalmente ② [사려] considerazione, simpatia, tenerezza ③ [주의] attenzione, cura ¶ 마음을 쓰다 stare attento, fare attenzione ④ [의지] intenzione, inclinazione, volontà ¶ 마음대로 a volontà ⑤ [취미] voglia, gusto, [기분] umore ¶ 마음에 들다 avere voglia di, affezionarsi a

마음가짐 ① [마음 태도] modo di pensare ② [결심] determinazione

마음껏 ① [실컷] a volontà ¶ 마음껏 울다 piangere a volontà ② [충심으로] con tutto il cuore, dal profondo del cuore

마음결 disposizione mentale

마음놓다 ① [안심] allentarsi, rilassarsi, svagarsi ¶ 마음놓고 senza preoccupazioni, in pace ② [방심] (essere) disattento, distratto ¶ 마음놓지 않다 essere di guardia

마음대로 come si vuole [자유 의지로] spontaneamente, di sua iniziativa, [독단으로] d'autorità, [무단으로] senza nemmeno chiedere il permesso ¶ 자기 마음대로 하다 fare come si vuole // 네 마음대로 해라 Fa come vuoi (come ti pare).

마음먹다 ① [의도] avere intenzione di fare ql.co, intendere di fare qc, avere voglia di ② [결심] essere determinato(=deciso) a fare ql.co

마음보 temperamento, indole ¶ 마음보가 곱다 essere debole per temperamento(= di indole)

마음속 il profondo del cuore ¶ 마음 속을 털어놓다 sfogarsi

마음쓰다 [유의] stare attento, fare attenzione, [동정] avere simpatia per

마음씨 temperamento, indole, carattere ¶ 고운(사나운) 마음씨 indole mite(violenta) // 마음씨가 좋다 essere affabile

마음에 들다 essere contento (di), essere soddisfatto (di) ¶ 나는 그가 매우 마음에 든다 Sono soddisfatto di lui.

마음조이다 preoccuparsi (per), essere preoccupato (per)

마음졸이다 preoccuparsi (per), essere preoccupato (per)

마이너스 meno, sottrazione

마이동풍 馬耳東風 ¶ 마이동풍이다 fare orecchi da mercante a qc

마이크로 micro ¶ 마이크로필름 microfilm // 마이크로웨이브 microonda

마이크(로포운) microfono

마인 魔人 demone di un uomo

마일 miglio

마작 痲雀 Mah-jong

마장 馬場 [목장] pascolo, [경마장] campo di equitazione

마저[1] [부사] con il resto, senza nemmeno lasciare

마저[2] [조사] perfino, per di più, anche ¶ 그의 형마저 거부했다 Perfino suo fratello lo respinge.

마적 馬賊 bandito, brigante

마전 candeggio, varechina **-하다** candeggiare, sbiancare

마조 -調 【음악】 il tono E ¶ 마장(단)조 E maggiore(minore)

마조히즘 masochismo

마주 a quattr'occhi, rispetto a ¶ 마

주 보다 guardarsi in faccia // 마주 보고 앉다 sedersi a quattr'occhi

마주서다 stare in piedi a quattr'occhi, affrontarsi

마주치다 ① [부딪치다] scontrarsi con, urtare contro, sbattere contro ② [우연히] incontrarsi con

마중 incontro, ricevimento(영접) **-하다** incontrare, ricevere ¶ 그는 아버지를 마중하러 역에 갔다. Lui è andato alla stazione per incontrare suo padre.

마지기 ¶ 논 한 마지기 un appezzamento di risaia // 밭 세 마지기 tre apprezzamenti di campi

마지막 l´ultimo, fine ¶ 마지막으로 infine, per ultimo, per finire // 마지막까지 fino all´ultimo

마지못하다 forzare a fare ql.co., costringere a fare ql.co. ¶ 마지못해서 di malavoglia, a malincuore, mal volentieri // 마지못해 일하다 lavorare di malavoglia

마지않다 non essere mai stanco di ¶ 감사하여 마지않습니다 Non sono mai stanco di ringraziare.

마진 margine

마질 -하다 misurare con mal misura

마차 馬車 carrozza, vagone

마찬가지 monotonia, identità ¶ 마찬가지의 [동일한] lo stesso, identico, [동등한] uguale, [유사한] simile // 마찬가지로 simile, uguale, nello stesso modo

마찰 摩擦 ① sfregatura, stropicciamento ② 【물리】 frizione, attrito **-하다** sfregare, stropicare ③ [알력] disaccordo, frizione

마천루 摩天樓 grattacielo

마초 馬草 foraggio, fieno

마추다 [주문] ordinare ¶ 마춘 양복 abito su misura

마춤 abbigliamento su misura ¶ 마춤옷 abito su misura // 마춤 양복점 un negozio di abbigliamento su misura

마취 痲醉 anestesia, narcosi ¶ 마취시키다 anestetizzare, narcotizzare * **-법** narcoterapia, anestesia **-제** anestetico, narcotico 국부(전신) anestesia locale(totale)

마치[1] come se, come ¶ 그들은 그를 마치 자신들의 노예처럼 다뤘다. Si comportavano con lui come fosse una loro schiava.

마치[2] [장도리] martello piccolo, [망치] martello

마치다 finire, completare ¶ 학업을 마치다 finire gli studi

마침 proprio, esattamente ¶ 마침 내가 원하던 것이다. È proprio quello che volevo.

마침가락 ¶ 마침가락으로 그가 왔다. È venuto proprio in quel momento.

마침내 infine, alla fine, finalmente, definitivamente ¶ 마침내 성공했다. Alla fine è successo.

마침표 -標 punto

마카로니 maccheroni

마케도니아 Macedonia

마케팅 marketing * **-리서치** ricerca di marketing

마켓 mercato

마크 marca, marchio di fabbrica

마키아벨리즘 Machiavellismo

마태복음 -福音 【성경】 Vangelo di Matteo
마티네 matinèe (프)
마파람 il vento soffiato da sud
마포 麻布 canapa
마필 馬匹 cavalli
마하 【물리】 mach
마호가니 mogano
마호멧 Maometto (아라비아 570?-632)
마호멧교 -教 maomettismo
마흔 quaranta
막[1] [방금] appena [바야흐로] sul punto di ¶ 책이 막 나왔다 il libro è appena stato pubblicato. // 막 전화하려던 참이었다. Stavo proprio per telefonare.
막[2] [함부로] con disattenzione, distrattamente, con poco impegno, [사납게] violentamente, severamente ¶ 막되다 essere maleducato, essere sfrenato
막[3] [마지막] l´ultimo * **-차** l'ultimo treno
막 膜 【해부】 membrana ¶ **고-** membrana del timpano
막 幕 ① [집] capanna, villetta, cottage ② [휘장] tenda, sipario ③ [연극의] atto ¶ 1막짜리 연극 atto unico ④ [끝장] fine, chiusura
막간 幕間 intervallo, intermezzo ¶ 막간극 intermezzo
막내 l´ultimo nato
막노동 lavori forzati
막다 ① [봉하다] bloccare, chiudere ② [차단] bloccare ¶ 교통을 차단하다 bloccare il traffico ③ [간막다] fare da paravento ④ [방어] difendere, proteggiare, [방지] tenere lontano (da), [예방] prevenire ¶ 추위를 막다 difendere dal freddo
막다르다 giungere a punto morto ¶ 막다른 골목 vicolo cieco
막다른골 [골목] vicolo cieco, [사태] il punto morto ¶ 막다른골에 다다르다 giungere a punto morto
막다른집 una casa in fondo al vicolo cieco
막대 莫大 **-하다** essere vasto, immenso, enorme ¶ 막대한 비용 spese enorme
막대기 bastone, bastoncino, asticella
막동이 [막내] l'ultimo nato
막되다 essere maleducato ¶ 막되게 굴다 comportarsi maleducatamente
막료 幕僚 ufficale di Stato Maggiore [총칭] Stato Maggiore
막막 莫莫 **-하다** (essere) nero, desolato, deserto, solitario
막막 漠漠 **-하다** (essere) vasto, esteso, illimitato, sconfinato
막말 parola causale **-하다** parlare bruscamente (sconsideratamente)
막무가내 莫無可奈 ¶ 막무가내로 ostinatamente
막바지 fine, fondo ¶ 골목 막바지 il fondo del vicolo
막벌이 -하다 lavorare senza specialità solitamente a giornata o stagionale
막벌이 -꾼 bracciante, manovale, tuttofare
막사 幕舍 campo, caserma
막상 davvero, veramente, in realtà
막상막하 莫上莫下 **-하다** uguagliare

¶ 미모에 있어 두 자매는 서로 막상 막하이다. Quanto a bellezza, le due sorelle si uguagliano.

막심하다 莫甚 - (essere) immenso, enorme, tremendo ¶ 막심한 손해 gravi perdite

막아내다 respingere, scongiurare, tenere a distanza, bloccare ¶ 적을 막아내다 bloccare il nemico // 추위를 막아내다 difendersi dal freddo

막역 莫逆 intimità **-하다** essere intimo ¶ 막역한 친구 amico intimo

막일 lavoro fisico **-하다** lavorare senza specialità * **-군** bracciante, manovale

막자 pestello * **-사발** mortaio

막중 莫重 **-하다** (essere) molto prezioso, molto importante

막차 -車 l'ultimo treno, l′ultimo autubus

막판 ① [마지막 판] l′ultima scena, l'ultimo round, [중대한 때] l′ultimo momento ② [뒤범범 판] scena a caso

막후 幕後 sullo sfondo, nell′ombra

막히다 ① [폐색] essere bloccato, chiudersi ¶ 숨이 막히다 soffocarsi // 파이프 구멍이 막히다 Il tubo è bloccato. ② [차단] essere bloccato, essere chiuso

만[1] ① [단지] solo, soltanto, solamente ¶ 빵만으로는 살 수 없다 Non si vive di solo pane. ② [정도, 범위] quanto, per quanto ¶ 그는 버는 만큼만 쓴다. Spende tanto quanto guadagna. ③ [상당] degno ¶ 이 책은 읽을 만하다 Questo libro è degno d'essere letto. ④ [적어도] almeno ¶ 네가 도착하는 시간만은 내게 알려줘. Fammi sapere almeno quando arrivi. ⑤ [비교] cosi.. come ¶ 이 꽃은 그만 못하다. Questo fiore non è cosi bello come quello.

만[2] [때] ¶ 상경 후 5년 만에 cinque anni dopo che è venuto a Seoul.

만 萬 dieci mila ¶ 수만 decine di migliaia

만 灣 golfo, baia ¶ 페르시아만 Il Golfo Persico

만 滿 pieno, completo

만 卍 svastica

만가 挽歌 nenia, elegia

만감 萬感 migliaia di semtimenti

만강 萬康 pace, benessere, salute

만강 滿腔 tutto cuore ¶ 만강의 축의를 표하다 congratularsi di tutto cuore

만경 萬頃 vastezza, enormità, sconfinatezza

만고 萬古 [옛] antichità, [영원] eternità ¶ 만고의 진리 una verità eterna

만고 불변 萬古不變 permanenza **-하다** essere di permanenza, essere immutabile

만고 풍상 萬古風霜 ¶ 만고풍상을 겪다 subire privazioni e sofferenze di ogni sorta

만곡 彎曲 **-하다** curvarsi, piegarsi, fare una curva * **척주 -** deviazione della colonna vertebrale

만구 灣口 entrata di golfo

만국 萬國 tutte le nazioni ¶ 만국의 internazionale

만금 萬金 una grossa somma di

denaro

만기 滿期 scadenza ¶ 만기의 scaduto // 만기가 되다 scadere // 면허증이 만기가 되었다. La patente è scaduta. // 단(장)기의 a breve (lunga) scadenza

만끽 滿喫 **-하다** [먹다] mangiare (bere) a sazietà, [즐기다] godere in sè, divertirsi un mondo

만나다 ① [사람을] incontrare, [면담] intervistare, sottoporre a colloquio ¶ 뜻밖에 만나다 incontrare per caso ② [재앙, 화, 때를] incontrare, imbattersi in ¶ 악천우를 만나다 incontrare il cattivo tempo // 넘을 수 없는 장애를 만나다 imbattersi in un ostacolo insuperabile

만난 萬難 tutte le difficoltà, ogni genere di ostacoli ¶ 만난을 무릅쓰고 a tutti i costi, a ogni costo, nonostante tutte le difficoltà

만날 sempre

만년 晩年 in età avanzata

만년 萬年 dieci mila anni, perpetuità

만년필 萬年筆 penna stilografica

만능 萬能 onnipotenza ¶ 만능의 onnipotente

만단 萬端 tutto ¶ 만단의 준비가 되어 있다. è tutto pronto.

만담 漫談 [한담] chiacchiere, pettegolezzi * **-가** comico

만대 萬代 eternità ¶ 만대에 in eternà, per sempre

만돌린 mandolino

만동 晩冬 tardo inverno, fine inverno

만들다 ① [창조] fare, creare ② [제작, 제조] fare, fabbricare ¶ 종이로 만든 fatto di carte 손으로 만든 fatto a mano ③ [양조] fare, formentare ④ [작성] fare, redigere, formulare ¶ 의사록을 만들다 redigere un verbale ⑤ [건조] fare, costruire ⑥ [주조] coniare, fondere ¶ 종을 주조하다 fondere una campana ⑦ [조성, 조직] formare, organizzare, fondare ¶ 당을 만들다 formare un partito ⑧ [양육] allevare, coltivare ⑨ [허구] inventare ¶ 만들어낸 이야기 racconto inventato ⑩ [하게 하다] fare, lasciare ¶ 믿게 만들다 far credere ⑪ [음식을] preparare, cucinare

만듦새 [구조] struttura, [세공] fattura, [옷의] taglio

만료 滿了 scadenza **-하다** scadere, completare * **-일** scadenza **계약** - scadenza d'un contratto

만류 挽留 limitazione, trattenimento **-하다** trattenere, far restare, controllare, impedire a ¶ 그는 용서를 구하며 우리를 만류했다. Ci ha trattenuto con una scusa.

만류 灣流 la Corrente del Golfo

만리 萬里 * **-장성** Grande Muraglia Cinese

만만하다 ① [보드랍다] essere morbido, essere tenero ② [용이하다] essere facile, essere non pesante ¶ 만만치 않은 duro, difficile // 만만한 일 un lavoro non pesante ③ [우습게 보이다] ¶ 만만찮은 적 un nemico formidabile // 만만하게 보다 prendere alla leggera ql.co, non dare peso a ql.co

만만하다 滿滿- ¶ 야심이 만만하다 essere ambizioso // 자신이 만만하다 essere pieno di sicurezza di sè

만만히 ① [무르게] morbidamente, teneramente ② [용이하게] facilmente ③ [우습게] negligentemente

만면 滿面 ¶ 회색이 만면하다 essere raggiante, avere il volto ridente

만무 萬無 **-하다** non potere, non essere possibile ¶ 벌써 떠났을 리가 만무하다 Non è possibile che siano già partiti.

만문 漫文 [수필] saggio

만물 萬物 creatura * **-박사** una persona ben informata, un'enciclopedia ambulante

만민 萬民 tutto il popolo

만반 萬般 tutte le cose, materie di ogni sorte ¶ 만반의 준비를 갖추다 essere tutto pronto ((per))

만발 滿發 piena fioritura **-하다** essere in piena fioritura(sboccio)

만방 萬邦 tutte le nazioni, tutti i paesi ¶ 만방의 internazionale, universale

만병 萬病 ogni genere di malattie ¶ 만병 통치약 panacea, toccasana

만보 漫步 passeggiata, giretto

만복 萬福 ogni genere di fortuna ¶ 귀하의 만복을 빕니다 Le auguro ogni felicità.

만부당 萬不當 **-하다** (essere) completamente ingiusto, irragionevole, assurdo

만분지일 萬分之一 un diecimillesimo

만사 萬事 tutto ¶ 만사가 잘 되었다. Tutto va bene.

만사 태평 萬事太平 **-하다** [일이] tutto va bene, [성질이] (essere) disinvolto, indifferente

만사 형통 萬事亨通 **-하다** tutto va bene

만삭 滿朔 l'ultimo mese di gravidanza

만산 滿山 la montagna intera

만상 萬象 universo, creatura

만석군 萬石君 ricco, milionario

만성 晩成 **-하다** essere lento in maturità

만성 慢性 【의학】 cronicità * **-병** malattia cronica

만세 萬世 tutte le generazioni

만세 萬歲 ① [만년] diecimila anni ② [외치는 소리] evviva, urrà ¶ 만세 삼창하다 mandare tre evviva

만세력 萬歲歷 calendario perpetuo

만속 蠻俗 costumi barbari

만수 萬壽 vita lunga

만시 晩時 ¶ pentirsi di perdere l′occasione

만신 滿身 corpo intero * **-창이** uno corpo coperto di ferite dappertutto

만심 慢心 superbia, orgoglio, amore proprio **-하다** essere superbo, gonfio

만안 萬安 pace, tranquillità, salute

만약 萬若 se

만연 蔓延 diffusione, propagazione **-하다** diffondersi, spargersi, propagarsi, estendersi

만용 蠻勇 coraggio imprudente

만우절 萬愚節 il primo d'aprile

만원 滿員 sala piena ¶ 만원을 이루

다 essere pieno, affollato

만월 滿月 luna piena

만유 萬有 tutte le cose, creazione * **-인력** gravitazione universale

만인 萬人 tutti, ognuno

만일 萬一 se, in caso, supporre che ¶ 만일의 경우에 in caso di emergenza, se venisse qualcosa

만입 灣入 penetramento **-하다** penetrare

만자 卍字 svastica

만장 萬丈 profondità(larghezza, altezza) insondabile

만장 滿場 ¶ 만장일치 unanimità // 만장일치로 선출되다 (essere) eletto all'unanimità di voti

만재 滿載 carico pieno **-하다** caricare pienamente

만전 萬全 perfezione ¶ 만전의 perfetto, sicuro ¶ 만전을 기하다 assicurare doppiamente

만점 滿點 pieni voti ¶ 영어에서 만점을 받다 ottenere pieni voti in inglese.

만져보다 sentire, toccare, tastare

만조 滿潮 alta marea

만족 滿足 soddisfazione, contentezza **-하다** soddisfarsi, contentarsi, essee soddisfatto(contento) di ¶ 만족스러운 soddisfatto, contento // 만족시키다 soddisfare, contentare // 너희들을 봐서 만족스럽다 Sono contento di vedervi.

만종 晩鐘 campana della sera, coprifuoco

만지다 toccare, tastare, sentire ¶ 손가락으로 만지다 toccare con le dita // 어깨를 만지다 toccare sulle spalle a ql.cu

만지작거리다 toccare, tastare, giocherellare

만질만질하다 (essere) morbido, dolce

만찬 晩餐 cena ¶ 만찬을 베풀다 dare una cena

만천하 滿天下 ¶ 만천하에 in tutto il mondo

만초 蔓草 vite, rampicante

만추 晩秋 tardo autunno

만춘 晩春 tarda primavera

만취 滿醉 **-하다** essere ubriaco, ubriacarsi

만큼 ① [비교] cosi.. come, tanto... quanto ¶ 그녀는 총명한 만큼 아름답다 lei è tanto intelligente quanto è bella. ② [어느 만큼] quanto ③ [정도] cosi... da(che), abbastanza ¶ 그는 내게 돈을 빌려줄 만큼 친절하다. Lui è cosi gentile da prestarmi soldi.

만태 萬態 vari fasi

만판 completamente, [실컷] pienamente, a volontà ¶ 그는 만판 놀기만 한다. Lui passa tutto il tempo oziando.

만평 漫評 critica disordinata, pettegolezzi letterari **-하다** criticare disordinatamente, far pettegolezzi

만하 晩夏 tarda estate

만하다 ① [정도가] cosi piccolo (grande) come (quanto) ¶ 달걀만하다 essere cosi piccolo come l′uovo ② [가치나 힘이] essere degno ¶ 칭찬받을 만하다 essere degno di lode

만학 晩學 studio in età avanzata ¶ **-하다** studiare in età avanzata

ㅁ

만행 蠻行 brutalità, astrocità
만혼 晩婚 tardo matrimonio **-하다** sposare in età avanzata
만화 漫畵 caricatura (인물, 풍자), vignetta, cartone animato, fumetto * **-가** caricaturista, vignettista, artista di cartone animato **-영화** cartone animato **-책** fumetto
만화경 萬華鏡 caleidoscopio
만회 挽回 ricupero, ripresa **-하다** ritrovare, ricuperare, riprendere ¶ 만회하기 어려운 irrecuperabile
많다 ① [수] essere numeroso, essere molti(e), [양] essere molto(a), [수, 양] essere abbondante ② [도수] (essere) frequente, diffuso
많이 ① [수량] molto, tanto, in abbondanza, in gran quantità ¶ 그는 많이 당황했다. era molto imbarazzato ② [대개] spesso, frequentemente
맏 primo nato, maggiore ¶ 그는 나의 맏형이다. lui è il maggiore dei miei fratelli * **-형** fratello maggiore **-딸** figlia maggiore **-아들** figlio maggiore
맏물 il primo raccolto
맏이 primo nato, maggiore
맏형 -兄 fratello maggiore
말[1] cavallo, stallone (수말), giumenta, cavalla (암말), pony (망아지) ¶ 말을 타고 가다 andare a cavallo // 말을 타다 montare(salire) a cavallo // 말에서 내리다 scendere da cavallo
말[2] unità di misura
말[3] ① [회화] conversazione, colloqui, [연설] discorso, [진술] commento ¶ 말이 많은 사람 una persona loquace, chiacchierone(a) // 말이 적은 사람 una persona reticente // 말을 하다 parlare, dire, chiacchierare ② [언어] linguaggio, parola, [단어] parola ¶ 시골말 il dialetto del luogo // 표준말 linguaggio standard // 말을 삼가다 mostrarsi reticente, fare attenzione a parlare
말[4] [장기, 윷 따위의] segnapunti in scacchi
말 末 ① [종말] la fine, chiusura ② [가루] polvere
말갈기 criniera di cavallo
말갛다 (essere) chiaro, limpido
말꼬리 ¶ 말꼬리를 잡다 cavillare // 말꼬리를 흐리다 parlare ambiguamente
말고삐 redine, briglia
말꼬투리 cavillatura
말공대 -恭待 espressione cortese **-하다** parlare cortesemente
말괄량이 maschiaccio
말구종 -驅從 palafreniere, lacchè
말굴레 briglia, cavezza
말굽 ferro di cavallo, zoccolo
말귀 ① [말] importazione delle parole ② [이해하는 힘] senso, comprensione, comprendonio ¶ 말귀가 어둡다 essere duro di comprendonio
말끄러미 ¶ 얼굴을 말끄러미 들여다보다 guardare fissamente in faccia
말끔 tutto, completamente, assolutamente ¶ 빚을 말끔히 청산하다 saldare(liquidare) un debito

말끔하다 (essere) pulito, netto, [매력적] essere bello ¶ 그의 방은 언제나 말끔하다. la sua camera è sempre pulita.

말끝 ¶ 말끝에 in conclusione, a proposito

말기 末期 la fine, chiusura, l'ultimo fase

말내다 ① [얘기삼아] cominciare a parlare, tirare le conversazioni ② [비밀을] rivelare, scoprire

말년 末年 ① [인생의] l'età cadente ② [말기] gli ultimi anni, l'ultimo periodo

말눈치 suggerimento, allusione

말다[1] [종이 따위를] rotolare ¶ 종이를 말다 rotolare la carta

말다[2] [음식을] mettere in brodo, mescolare ¶ 국수를 말다 mettere la pastina in brodo

말다[3] [중지] smettere, cessare, abbandonare ¶ 이야기를 말다 smettere di parlare // 장사를 말다 abbandonare gli affari

말다[4] ① [금지] non fare ¶ 기다리게 하지 말라 non far aspettare. ② [필경 …되다] ¶ 그는 드디어 가고 말았다. finalmente lui è andato via.

말다툼 disputa, discussione, controversia **-하다** discutere, disputare, polemizzare

말단 末端 la fine, estremità ¶ 말단의 finale, estremo

말대꾸 -對- risposta per le rime **-하다** rispondere per le rime, ribattere

말더듬다 balbettare

말더듬이 balbuzie

말똥말똥 con lo sguardo fisso, ad occhi aperti, con uno sguardo assente **-하다** tenere lo sguardo fisso

말동무 compagno(a)

말뚝 pila, palo, bastoncino

말라깽이 persona magra, gracile, mingherlina

말라리아 malaria

말라빠지다 (essere) sottile, magro, scarno, emaciarsi, scarnirsi ¶ 말라빠진 magro, scarno, emaciato

말라카 해협 -海峽 Lo Stretto di Malacca

말랑거리다 sentirsi morbido

말랑하다 [감 따위가] essere morbido, essere sensibile al tatto, essere maturo e tenero, [성질이] essere dolce

말려들다 coinvolgersi, essere implicato

말로 末路 la fine, gli ultimi anni

말리다[1] rotorarsi, arricciarsi

말리다[2] [건조] asciugare, seccare ¶ 말린 고기 carne secca // 머리를 말리다 asciugarsi i capelli

말리다[3] impedire (a ql.cu di fare ql.co), trattenere (da), fermare

말림 riserva

말마디 parola, locuzione, conservazione

말막음 -하다 cercare di far passare sotto silenzio, mettere a tacere, far stare zitto

말머리 ¶ 말머리를 돌리다 cambiare argomento

말먹이 foraggio di cavallo

말문 -門 ¶ 말문이 막히다 ammutolire, essere senza parole

말미 permesso, un giorno libero ¶ 말미를 얻다 ottenere il permesso
말미 末尾 la fine
말미암다 venire da, derivare ¶ -으로 말미암아 a causa di
말미잘 【동물】 anemone di mare, attinia
말버릇 modo di parlare
말벌 【말벌】 vespa, calabrone
말벗 compagno di conversazione ¶ 말벗이 되다 fare compagnia a conversare
말본 grammatica
말살 抹殺 cancellazione **-하다** cancellare
말상 -相 faccia lunga
말석 末席 l´ultimo posto, il posto più basso
말썽 problemi, difficoltà, guai, pasticci ¶ 말썽을 부리다 fare un reclamo, causare problemi
말썽거리 causa di problemi, questione per lamentarsi
말썽군 attaccabrighe, litighino
말세 末世 la fine del mondo
말소 抹消 cancellare **-하다** cancellare ¶ 등기 말소 cancellazione di registrazione
말소리 voce, mormorio, sussurro ＊ **-갈** fonetica
말솜씨 facoltà di parlare, loquela
말수 -數 parole ¶ 말수가 적다 essere taciturno
말쑥하다 (essere) ordinato, pulito, curato ¶ 그녀는 항상 말쑥한 옷차림을 하고 있다. Lei è sempre curato nel vestire.
말씀 parole, conversazione
말승냥이 ① [늑대] lupo ② [키 큰 사람] uomo di alta statura
말씨 modo di parlare ¶ 친절한 말씨 parole cortesi
말실수 -失手 un lapsus linguae, errore involontario nel parlare
말아니다 ① [이치에 맞지 않다] essere irragionevole, assurdo ② [형편이] essere misero, disgraziato
말안되다 essere irragionevole, assurdo, nonsenso
말없이 [조용히] in silenzio, senza parole, [말썽 없이] senza causare problemi, [무단으로] senza permesso ¶ 말없이 바라보다 guardare in silenzio
말엽 末葉 la fine
말일 末日 l'ultimo giorno
말짱하다 [흠 없다] essere impeccabile, [깨끗하다] essere pulito ¶ 정신이 말짱하다 essere sano di mente
말짱히 senza rischi, al sicuro
말째 末- ultimo, fondo
말재기 pettegolo(a), chiacchierone (a)
말재주 eloqueza, scilinguagnolo sciolto ¶ 말재주가 있다 avere lo scilinguagnolo sciolto
말전주하다 fare la spia
말절 末節 l´ultimo paragrafo(문장의), l´ultima parte
말조심 -操心 attenzione al parlare -하다 stare attento a parlare
말주변 facoltà di parlare
말직 末職 la posizione inferiore
말질 disputa **-하다** contestare, disputare
말참견 -參見 interferenza, intromis-

sione, interposizione **-하다** interferire, intromettere, interporre

말채찍 frusta

말총 crine di cavallo

말치레하다 parlare a ben piacere

말캉말캉 -하다 (essere) morbido, flaccido

말투 modo di parlare ¶ 말투가 거칠다 parlare violentemente

말판 scacchiera

말편자 ferro di cavallo

말하다 parlare, dire, conversare, chiacchierare ¶ 말할 수 없는 indescrivibile // 어떤 사람을 좋게 말하다 parlare bene(male) di qualcuno // 진실을 말하다 parlare sul vero, dire la verità // 작은(큰) 소리로 말하다 parlare a bassa(alta) voce // 속으로 말하다 parlare tra sè(dentro di sè) // 명확하게 말하다 parlare con chiarezza(precisione) // 생각없이 말하다 parlare senza riflettere

말하자면 [이를테면] per cosi dire

맑다 essere chiaro, sereno, limpido, puro, trasparente, [살림이] essere misero, povero ¶ 맑은 물 acqua chiara // 맑은 눈 occhio chiaro

맘보 mambo

맛 gusto, sapore ¶ 맛좋은 saporito, succulento, delizioso, squisito, gustoso, saporoso, appetitoso // 맛없는 disgustoso

맛깔 gusto

맛깔스럽다 ① [맛이] (essere) gustoso, delizioso ¶ 맛깔스러운 음식 cibo gustoso ② [마음에] (essere) accettabile, gradito

맛나다 essere gustoso, saporito, delizioso

맛난이 ① [조미료] salsa, condimento, aroma ② [음식] cibo gustoso

맛들다 diventare gustoso, maturarsi

맛들이다 ① condire, aromatizzare ② [재미를] prendersi il gusto (di) ¶ 그는 스포츠카에 맛들였다. Gli ha preso il gusto delle macchine sportive.

맛보다 [음식을] gustare, assaggiare, [경험을] provare, subire

맛부리다 comportarsi insipidamente

맛없다 ① essere disgustoso, immangiabile, insipido ② [재미, 흥미가] essere insipido, noioso, poco avvincente

맛있다 (essere) gustoso, delizioso, saporito

맛적다 (essere) insipido, disgustoso, immangiabile, [재미적다] (essere) noioso, insipido

망 望 guardia, sorveglianza ¶ 망보다 stare in guardia, fare la guardia * **-대** torre di vedetta

망 望 [만월] luna piena

망 網 rete ¶ 망에 걸리다 cadere nella rete // 망을 치다 tendere la rete * **철도(항공, 도로)-** rete ferroviaria(aerea, stradale) // 라이우노 네트워크 la rete 1 della RAI

망각 忘却 oblio **-하다** dimenticarsi, obliare ¶ 잊혀지다 cadere nell'oblio, essere dimenticato

망간 【화학】 manganese (Mn)

망거 妄擧 tentativo imprudente

망건 網巾 fascia per i capelli fatti

di crine

망고 【식물】 mango

망구다 rovinare, distruggere

망국 亡國 decadenza nazionale, paese rovinato

망그러뜨리다 distruggere, rovinare, danneggiare, indebolire, rompere ¶ 장난감을 망그러뜨리다 rompere un giocattolo

망그러지다 rompersi, rovinarsi, danneggiarsi ¶ 망그러진 길 strada rotta

망극 罔極 **-하다** essere incommensurabile, grande

망나니 ① [사형 집행인] boia ② [못된 사람] mascalzone, birbante

망녕 rimbambimento ¶ 망녕 든 rimbambito // 망녕들다 rimbambire

망녕되다 rimbambinire, essere infantile, (essere) ridicolo, sciocco, stupido

망또 manto

망동 妄動 **-하다** agire ciecamente, comportarsi imprudentemente * **경거** - un imprudente tentativo e cieco comportamento

망라 網羅 **-하다** ¶ 모든 것을 망라한 esauriente, esteso, di vasta portata

망령 亡靈 anima scomparsa, [유령] fantasma

망루 望樓 torre di guardia

망막 網膜 【의학】 retina * **-염** retinite

망막 茫漠 **-하다** ① [넓다] (essere) vasto, illimitato ② [막연] (essere) vago, oscuro

망망하다 茫茫- (essere) vasto, largo, illimitato ¶ 망망한 바다 il vasto mare

망명 亡命 **-하다** esiliarsi * **-자** esule, rifugiato, profugo **-정부** governo in esilio

망발 妄發 **-하다** fare dei commenti assurdi

망보다 望- stare in guardia, fare la guardia

망부 亡父 il fu (=defunto) padre

망부 亡夫 il fu (=defunto) marito

망사 網沙 garza

망상 妄想 fantasia * **과대-증** megalomane **피해** - mania di persecuzione

망상 網狀 forma di rete, reticolamento ¶ 망상의 reticolato, reticolare

망상스럽다 essere frivolo, incostante

망새 gargolla

망석중이 burattino, marionetta

망설이다 esitare ¶ 망설이지 않고 senza esitanza

망신 亡身 vergogna, pudore, disonore, umilazione **-하다** fare una pessima figura, essere disonorato ¶ 망신을 주다 disonorare, umiliare

망실 亡失 perdita **-하다** perdere

망실 妄失 ① [잃음] perdita ② [망각] oblio **-하다** perdere, dimenticare

망아지 puledro(a)

망언 妄言 commento assurdo (imprudente) **-하다** fare i commenti assurdi, parlare stupidamente

망연자실 茫然自失 **-하다** intontirsi,

sbalordire

망연하다 茫然- ① [아득함] essere vasto, esteso, illimitato ② [멍하다] (essere) vacuo, distratto ¶ 망연히 distrattamente

망외 望外 ¶ 망외의 inatteso, imprevisto

망울 ① [덩어리] zoletta, palla, bocciolo ② 【의학】 gonfiore

망원가늠자 望遠- 【물리】 vista telescopica

망원경 望遠鏡 telescopio, binocolo (쌍안경) * **반사** - telescopio riflettore **전자** - telescopio elettronico

망원렌즈 望遠- teleobiettivo

망원 사진 望遠寫眞 telefoto, telefotografia * **-기** telecamera

망월 望月 luna piena

망인 亡人 morto

망일 望日 girno di luna piena

망자 亡者 morto, defunto

망제 亡弟 il fu fratello minore

망조 亡兆 segno di rovina

망종 亡種 mascalzone, briccone

망지소조 罔知所措 **-하다** non saper come fare

망집 妄執 ossessione

망처 亡妻 la fu moglie

망측 罔測 **-하다** (essere) eccessivo, assurdo, insensato

망치 martello ¶ 망치로 두드리다 martellare

망치다 rovinare, distruggere, rompere, danneggiare ¶ 건강을 해치다 rovinarsi la salute

망태기 網- sacco a maglia

망토 manto

망평 忘評 commento imprudente, critica assurda

망하다 亡- rovinarsi, fallire ¶ 회사가 망하다 la ditta fallisce

맞- [마주] di fronte, insieme ¶ 맞대면 colloquio a quattr'occhi * **-바람** vento di prua

맞고소 -告訴 contraccusa **-하다** intentare causa contro

맞꼭지각 【수학】 angoli verticali

맞교대 -交代 cambiamento

맞다 ① [옳다] essere giusto, corretto, esatto ¶ 네 말이 옳다 Hai rigione. ② [적합, 조화] essere d'accordo, corrispondere a ¶ 도리에 맞다 è logico ③ [취미, 음식] essere piacevole, fare per, essere adatto a ¶ 내 입에 맞다 È di mio gusto. ④ [물건이] stare(andare) bene a, adattarsi a ¶ 네게 잘 맞는다 ti sta bene ⑤ [합치] essere d'accordo ⑥ [수지] essere vantaggioso ¶ 수지에 맞는 장사 un affare vantaggioso ⑦ [적중] colpire

맞다 ① [사람을] ricevere, accogliere ¶ 친구를 반가이 맞다 accogliere con piacere un amico // 아이 두 명을 양자로 맞다 adottare due fanciullini ② [날을] ③ [비, 바람, 눈 따위] offrirsi, porsi in ¶ 비를 맞다 offrirsi alla pioggia ④ [매를] essere colpito, battuto, picchiato, frustato ¶ 뺨을 맞다 prendere uno schiaffo ⑤ [도둑을] essere rubato, [퇴짜를] (essere) rifiutato, respinto, [야단을] (essere) sgridato, rimproverato

맞닥뜨리다 trovarsi di fronte a,

affrontarsi ¶ 어려운 문제에 맞닥뜨리다 trovarsi di fronte a difficili problemi
맞당기다 trarre l'un l'altro
맞닿다 toccare l'un l'altro
맞대다 affrontare l'un l'altro ¶ 맞대고 욕하다 insultare in faccia.
맞대면 -對面 intervista a quattr'occhi **-하다** intervistare a quattr'occhi
맞대하다 -對- affrontarsi l'un l'altro
맞돈 denaro contante ¶ 맞돈을 내다 pagare in contanti
맞들다 ① [마주] sollevare insieme, alzare insieme ② [협력] cooperare, lavorare insieme
맞먹다 [힘이] avere la stessa forza, [비등] equivalere a
맞모금 diagonale
맞물다 ① [이가] mordere l´un l´altro ② [톱니바퀴가] ingranare
맞물리다 [기어가] ingranare, innestarsi
맞바꾸다 scambiarsi, barattare A con B
맞바람 vento di prua
맞받다 [정면으로] ricevere frontalmente, [호응] rispondere subito, [들이받다] scontrarsi frontalmente
맞보다 guardarsi in faccia
맞부딪다 colpire l'un l'altro
맞부닥치다 sbattere contro
맞붙다 attaccarsi insieme ¶ 맞붙어 싸우다 essere alle prese con, lottare con
맞붙들다 afferrare insieme, prendere insieme
맞붙이다 ① [붙이다] attaccare insieme ② [대면] portare a quattr´occhi
맞붙잡다 afferrare l´un l´altro
맞상 -床 tavola per due
맞상대 -相對 scontro diretto
맞서다 ① [마주서다] stare in piedi l'uno di fronte all'altro ② [버티다] resistere
맞소송 -訴訟 contraccusa
맞쇠 passepartout
맞수 -手 uguale, pari
맞아떨어지다 corrispondere a, essere corretto
맞은편 la parte opposta ¶ 길맞은편 l´altro lato della strada // 학교 맞은편 집 una casa di fronte alla scuola
맞이 accoglienza, ricevimento **-하다** accogliere, ricevere, dare il benvenuto a
맞잡다 ① [서로 잡다] tenere l´un l´altro ¶ 손을 맞잡다 tenersi per mano ② [협동] cooperare, lavorare insieme, aiutarsi l´un l´altro
맞잡이 uguale, pari
맞장구치다 farsi eco di ql.co
맞적수 -敵手 uguale, pari
맞절 inchino reciproco **-하다** scambiarsi inchini
맞추다 ① [조립] montare, mettere insieme ¶ 기계를 맞추다 montare una macchina ② [맞게 하다] regolare, correggere ③ [적합] regolare, aggiustare, adattare ¶ 시계의 시간을 맞추다 aggiustare un orologio // 환경에 맞추다 adattarsi alle circostanze // 망원경의 초점을 맞추다 regolare il

cannocchiale ④ [주문] ordinare ¶ 맞추어 만든 fatto su commissione, fatto su misura

맞춤법 ortografia ¶ 한글 맞춤법 ortografia coreana

맞히다 ① [명중] colpire ¶ 표적을 맞히다 colpire il bersaglio ② [눈, 비 따위를] esporre a ¶ 비를 맞히다 esporre alla pioggia

맡기다 ① [물건을] depositare ¶ 은행에 돈을 맡기다 depositare in banca il proprio denaro ② [위임] affidare qlco. a qlcu. ¶ 아이들의 교육을 유능한 교사에게 맡기다 affidare l′educazione dei figli a un valente maestro.

맡다 ① [보관] mantenere, ricevere in deposito, [담당, 감독] assumere ¶ 책임을 맡다 assumere una responsabilità ② [허가, 인가를] ottenere, avere un permesso ¶ 허가를 맡다 ottenere un permesso ③ [냄새를] fiutare, sniffare, odorare, annusare, sentire un odore ④ [낌새를] fiutare

매[1] ① frusta ¶ 매를 때리다 frustare ② [매질] frusta, botte, fustigazione

매[2] [맷돌] macina, mola

매[3] [새] falco

매[4] [맵시] figura, forma

매[5] stesso ¶ 나한테는 매한가지다 Per me fa lo stesso.

매- 每 ogni, tutti(e) ¶ 매일 ogni giorno, tutti i giorni

매가 賣家 una casa in vendita

매각 賣却 vendita **-하다** vendere

매개 媒介 mediazione **-하다** mediare, fare da mediatore, intervenire * **매물** medium, mezzo [병의] veicolo ¶ 전염병의 매개물 il veicolo di infezioni * **-자** mediatore, intermediario, agente

매거 枚擧 **-하다** enumerare, menzionare, accennare ¶ 일일이 매거할 수 없다 essere troppo lungo per elencare

매국하다 tradire la propria patria * **-노** traditore della patria

매끄럽다 essere liscio, essere scivoloso ¶ 매끄러운 표면 superficie liscia

매기 每氣 ogni stagione(periodo), ogni semestre(trimestre)

매기다 [값을] chiedere, far pagare, fare un′offerta(경매에서) ¶ 점수를 매기다 dare un voto, segnare, fare punti, valutare // 등급을 매기다 classificare, graduare

매나니 [맨손] mani vuote ¶ 매나니로 a mani vuote

매너 maniera, comportamento, atteggiamento ¶ 좋은 매너 buona educazione, buone maniere // 나쁜 매너 maleducazione

매너리즘 manierismo

매년 每年 ogni anno ¶ 매년의 annuale

매니저 direttore, gestore, manager

매니큐어 manicure

매다 [동여매다] legare, allacciare, annodare ¶ 개를 매다 legare il cane alla catena // 머리를 매다 legare i capelli // 허리띠를 매다 allacciare la cintura

매다[2] [김을] strappare le erbacce

매달 每- ogni mese ¶ 매달의 mensile

매달다 appendere, sospendere ¶ 줄로 매달다 appendere con la corda

매달리다 ① appendersi, essere sospeso ② [붙들다, 늘어지다] aggrapparsi, attaccarsi, pendere, penzolare

매도 罵倒 condanna, pubblica accusa, insulti, ingiurie **-하다** accusare pubblicamente, condannare, insultare

매도 賣渡 vendita **-하다** vendere, [어음 따위를] negoziare, trattare * **-인** venditore(-trice) **-증서** atto di vendita

매독 梅毒 【의학】 sifilide ¶ 매독의 sifilitico // 매독에 걸리다 essere affetto da sifilide

매듭 nodo ¶ 매듭을 풀다 disfare un nodo

매듭짓다 ① fare un nodo, annodare ② [끝맺다] concludere, completare ¶ 일을 매듭짓다 concludere un lavoro

매력 魅力 fascino, incanto, attrattiva ¶ 매력있는 웃음 sorriso fascinoso // 매력이 있다 essere fascinoso, essere attrattivo

매립 埋立 bonifica **-하다** bonificare, fare il pieno

매만지다 [머리등을] regolare tagliando, ravviarsi

매맞다 [매로] essere frustato, [얻어맞다] essere colpito, essere battuto

매매 賣買 compra e vendita [거래] transazioni, rapporti d'affari **-하다** comprare e vendere, barattare, trafficare ¶ 매매 계약하다 fare un patto, concludere un affare, contrattare

매몰 埋沒 seppellimento **-하다** seppellire

매몰스럽다 (essere) freddo, severo, duro, scortese, poco gentile ¶ 매몰스럽게 spietatamente, crudelmente, freddamente

매몰차다 (essere) molto freddo, crudele, spietato ¶ 매몰하게 spietatamente, crudelmente, severamente

매무새 aspetto, figura

매물 賣物 oggetto in vendita, vendesi ¶ 매물로 내놓다 mettere in vendita

매미 【곤충】 locusta, cavalletta

매번 每番 ogni volta

매복 埋伏 imboscata, agguato **-하다** stare in agguato, tendere un agguato, fare(tendere) un′imboscata

매부 妹夫 il marito di proria sorella, cognato

매부리 un becco di falco

매사냥 falconeria **-하다** falconare

매사냥군 falconiere

매상 買上 acquisto, compra **-하다** acquistare, comprare

매설 埋設 installazione **-하다** installare sottoterra

매섭다 (essere) feroce, severo, rigido

매소부 賣笑婦 prostituta

매수 買收 acquisto, compra **-하다** comprare, acquistare, [사람을] corrompere

매수 買受 **-하다** assumere il controllo di * **-인** acquirente, com-

pratore/-trice
매스 massa ¶ 매스컴 communicazione di massa // 매스 미디어 mass media
매시 每時 ogni ora
매식 買食 **-하다** pranzare o cenare fuori
매실 梅實 prugna, susino
매암돌다 girarsi su se stesso
매암돌리다 girare su se stesso
매약 賣約 contratto di vendita
매약 賣藥 specialità medicinale **-하다** vendere la specialità medicinale
매양 每樣 sempre, ogni volta, continuamente
매연 煤煙 fumo fuligginoso
매우 molto ¶ 매우 행복하다 essere molto felice // 매우 덥다 fa molto caldo.
매월 每月 ogni mese
매음 賣淫 prostituzione **-하다** prostituire
매이다 essere legato, [일에] essere obbligato(tenuto) a, [속박] essere incatenato, [목을] essere impiccato
매인 每人 ogni persona
매일 每日 ogni giorni, tutti i giorni
매일반 -般 lo stesso
매입 買入 acquisto, compra **-하다** comprare, acquistare * **-가격** prezzo d′acquisto
매장 埋葬 selpoltura, seppellimento **-하다** seppellire, mettere sottoterra, [사회적으로] ostracizzare, dare l′ostracismo * **-지** sepolcro **가-** sepoltura temporanea
매장 埋藏 deposito **-하다** depositare, lasciare in deposito, [묻혀 있다] essere sepolto
매장 賣場 negozio
매저키즘 【의학】 masochismo
매점 賣店 bancarella, cabina, banco, stand * **신문 -** edicola
매점 賣店 accaparramento, monopolizzazione **-하다** accaparrare, monopolizzare
매정스럽다 (essere) insensibile, severo, duro, spietato ¶ 매정스럽게도 spietatamente, crudelmente
매제 妹弟 marito di sorella minore, cognato
매주 每週 ogni settimana
매주 買主 compratore/trice, acquirente
매지근하다 essere tiepido
매직 magico
매진 賣盡 il tutto esaurito **-되다** essere esauriti, vendere tutto
매진 邁進 **-하다** fare ogni sforzo per fare ql.co.
매질 frustata, botte **-하다** frustare, fustigare
매질 媒質 【물리】 medium
매체 媒體 medium, media
매축 埋築 ricupero, bonifica **-하다** ricuperare, bonificare
매춘 賣春 prostituzione **-하다** prostituire * **-부** prostituta
매출 賣出 vendita **-하다** vendere, lanciare sul mercato ¶ 염가 대매출 svendita, saldi * **-가격** prezzo di vendita
매캐하다 ① [연기내] essere fumoso ② [곰팡내] (essere) di stantio, di muffa
매콤하다 essere un po' piccante e

dolce
매트 tappetino, zerbino
매트리스 materasso
매파 -派 falco
매표소 賣票所 [극장의] botteghino, [승차권 등의] biglietteria
매품 賣品 oggetto in vendita
매한가지 lo stesso
매형 妹兄 marito di sorella maggiore, cognato
매호 每戶 ogni casa
매혹 魅惑 fascino, incanto **-하다** affascinare ¶ 매혹적인 affascinante, incantevole
맥 脈 [맥박] polso, pulsazione, [광맥] vena
맥고 모자 麥藁帽子 cappello di paglia, paglietta
맥관 脈管 vaso sanguigno
맥락 脈絡 vena, [기맥을 통함] interconnessione ¶ 맥락을 통하다 essere in accordo segreto con
맥맥하다 ① [코가] avere il naso chiuso ② [생각이] non saper più che fare, avere esaurito tutte le risorse
맥빠지다 脈- ① [지치다] essere stanco ② [낙심] (essere) deluso, frustrato
맥박 脈搏 polso, pulsazione * **-계** pulsimetro
맥보다 脈- [맥박을] tastare il polso a qlcu., [의향을] sondare le opinioni di qlcu.
맥비 麥肥 fertilizzante per orzo
맥아 麥牙 malto * **-당** maltosio
맥없다 sentirsi stanco, essere scoraggiato, essere giù di morale
맥없이 ① [힘없이] debolmente, stancamente ② [까닭없이] senza motivo
맥이풀리다 diventare giù di morale, essere scoraggiato
맥작 麥作 coltivazione di orzo
맥적다 ① [심심하다] essere noioso ② [낯없다] vergognarsi
맥주 麥酒 birra * **-양조장** fabbrica di birra **생-** birra alla spina **흑-** birra scura **저장-** birra bionda, birra chiara
맥추 麥秋 il tempo della raccolta d'orzo
맨[1] nient'altro che, soltanto
맨[2] ¶ 맨 처음 il primissimo, proprio il primo 맨 마지막 l'ultimissimo, proprio l'ultimo
맨- nudo ¶ 맨발 i piedi nudi
맨끝 l'ultimissimo, proprio l'ultimo ¶ 맨 나중의 ultimo, finale // 맨 나중에 alla fine, in fine
맨 땅 la nuda terra
맨둥맨둥하다 (essere) nudo, spoglio
맨 뒤 l'ultimissimo, coda
맨머리 testa nuda ¶ 맨머리 바람으로 외출하다 uscire a testa nuda
맨 먼저 [최초에] proprio l'ultimo, [첫째로] prima di tutto
맨몸 [알몸] nudo ¶ 맨몸으로 nudo
맨발 piedi nudi ¶ 맨발로 걷다 camminare a piedi nudi
맨션 villa, maniero
맨손 mani nude ¶ 맨손으로 a mani nude, senz'armi
맨송맨송하다 ① [털이 없음] essere calvo, [나무가 없음] essere spoglio ② [안 취함] essere sobrio
맨아래 fondo

맨 앞 testa, capo ¶ 맨 앞에 a capo di, in testa a, alla testa di
맨위 cima, testa, vetta ¶ 맨위의 il (la) più alto(a)
맨입 bocca vuota
맨주먹 mani vuote
맨처음 il primissimo, proprio il primo, originale
맨투맨 방어 - 防禦 difesa da uomo a uomo
맨틀피이스 mensola del caminetto
맨호올 botola stradale
맵다 ① [맛이] essere piccante ② [욕하다] (essere) severo, rigido
맵시 figura, eleganza ¶ 맵시가 있다 (essere) ben fatto, di moda, elegante
맷돌 macina, mola
맹격 猛擊 attacco feroce
맹견 猛犬 cane feroce ¶ 맹견주의 attenti al cane feroce!
맹꽁맹꽁 gracidio **-하다** gracidare
맹꽁이 자물쇠 lucchetto
멩그로브 【식물】 mangrovia
맹금 猛禽 【새】 uccello da preda * **-류** rapace
맹독 猛毒 veleno mortale
맹랑하다 孟浪- ① [허망하다] essere falso, [근거없다] essere infondato, [터무니없다] essere assurdo, [믿을 수 없다] essere incredibile ② [허수롭지 않다] essere resistente nel previsto
맹렬하다 猛烈- (essere) violente, feroce, furioso ¶ 맹렬히 violentemente, furiosamente, ferocemente
맹목 盲目 cecità ¶ 맹목의 cieco // 맹목적으로 ciecamente
맹물 ① [물] acqua ② [사람] persona insipida
맹방 盟邦 alleato, confederato
맹세 giuramento, voto, promessa (약속) ¶ 맹세코 sotto giuramento // 성서에 손을 얹고 맹세하다 giurare sulla Bibbia // 신께 맹세하다 giurare per Dio // 그리스도의 이름으로 맹세하다 giurare nel nome di cristo
맹수 猛獸 bestia feroce
맹습 猛襲 attacco vigoroso **-하다** attaccare vigorosamente
맹신 盲信 credulità **-하다** essere credulo
맹아 盲啞 sordomuto * **-학교** scuola per sordomuti
맹아 萌芽 [발아] germinazione, [싹] germe, gemma, germoglio
맹약 盟約 [서약] promessa solenne, [협정] patto, [동맹] alleanza, confederazione
맹연습 猛練習 allenamento rigoroso
맹위 猛威 furia, ferocia, violenza ¶ 맹위를 떨치다 infuriare, imperversare
맹인 cieco
맹장 盲腸 【해부】 appendice(- vermiforme) * **-수술** appendicectomia
맹장염 appendicite
맹장 猛將 veterano del combattimento, campione
맹점 盲點 punto cieco, angolo morto, punto debole
맹종 盲從 ubbidienza cieca **-하다** ubbidire ciecamente
맹주 盟主 capo, leader
맹진 盲進 **-하다** gettarsi con vio-

lenza, scaraventarsi
맹추 stupido, sciocco
맹타 猛打 colpo duro **-하다** colpire duramente
맹탕 ① [국물] minestra insipida ② [사람] persona insipida
맹폭 盲爆 bombardamento cieco **-하다** bombardare ciecamente
맹폭 猛暴 bombardamento forte (pesante) **-하다** bombardare pesantemente
맹풍 猛風 vento violento
맹학교 盲學校 scuola per ciechi
맹호 猛虎 tigre feroce
맹활약 猛活躍 piena attività **-하다** essere in piena attività
맹훈련 猛訓練 allenamento rigoroso **-하다** allenare rigorosamente
맺다 ① [매듭을] fare un nodo, legare ② [결실] produrre, fruttare ③ [관계를] stringere una relazione, contrarre ④ [완결] concludere, finire ⑤ [원한 등을] covare
맺음말 conclusione
맺히다 ① [열매가] fruttarsi ② [매듭이] essere fatto con nodo, essere legato ③ [눈물, 이슬이] formarsi ¶ 눈물 맺힌 눈 occhi umidi di lacrime
머금다 ① [입에] tenere in ② [마음에] prendere in considerazione, nutrire ③ [눈물을] trattenere le lacrime ④ [웃음을] avere il sorriso sulle labbra
머리 ① [두부] testa ¶ 머리가 어지럽다 avere giramenti di testa // 머리를 숙이다 chinare la testa sul petto // 머리에서 발끝까지 dalla testa ai piedi // 머리가 아프다 avere mal di testa ② [두뇌, 사고력] cervello, testa, intelletto ¶ 머리가 좋다 avere buona testa, essere intelligente ③ [정신상태] mente ④ [머리털] capelli ¶ 머리를 깍다 farsi tagliare i capelli ⑤ [꼭대기] cima
머리기름 brillantina
머리띠 fascia per i capelli
머리말 prefazione, introduzione
머리말 ¶ 머리맡에 al capezzale di qualcuno
머리치장 pettinatura, acconciatura di capelli
머리카락 capello ¶ 흰머리카락 capello bianco // 머리카락이 빠지다 perdere i capelli
머리핀 forcina
머릿수 il numero di persone, il capo di conteggio
머무르다 ① [묵다] alloggiare, stare ② [쉬다] fermarsi ③ [남아있다] restare, rimanere, stare ¶ 친구들과 남다 stare con degli amici
머무적거리다 esitare ¶ 머무적거리지 말고 senza esitazione
머뭇거리다 esitare
머쓱하다 ① [키크다] (essere) spilungone, allampanato ② [기죽다] (essere) scoraggiato, abbattuto
머슴 servo, bracciante ¶ 머슴살다 servire come bracciante
머슴살이 il servare come bracciante
머춤하다 formarsi per un po'
머큐로크롬 mercurocromo
머플러 sciarpa

먹 inchiostro di china

먹구름 nuvole nere ¶ 먹구름이 하늘을 덮고 있다. Il cielo è nuvoloso.

먹다[1] ① [음식을] mangiare, prendere ¶ 배불리 먹다 mangiare a sazietà // 먹을 수 있다 essere mangiabile ② [먹고 살다] vivere, guadagnarsi da vivere ¶ 간신히 먹고 살다 riusire a stento a guadagnarsi da vivere, non guadagnare abbastanza per vivere // 먹기 위해 일하다 lavorare per mangiare ③ [벌레 먹다] cariarsi(이), tarmare(옷) ¶ 벌레 먹은 이 un dente cariato // 좀이 먹은 옷 un vestito tarmato ④ [담배, 물 따위를] fumare, bere ⑤ [남의 것을] sequestrare, appropriarsi ¶ 뇌물을 먹다 prendere la bustarella // 남의 재물을 먹다 appropriarsi i beni altrui ⑥ [욕을] essere denigrato, essere insultato ⑦ [겁을] temere, avere paura di ⑧ [마음을] avere l'intenzione di fare ql.co, intendere fare ql.co, determinare, decidere ¶ 떠나기로 마음먹다 determinare di partire ⑨ [나이를] invecchiare ⑩ [해치다] ferire, danneggiare, far male a ⑪ [상금, 판돈 따위를] vincere

먹다[2] ① [귀가] divenire sordo(a), assordare ② [물감이] tingersi, [풀이] inamidarsi, [잉크 따위가] spargersi ③ [소비하다] consumare, spendere

먹먹하다 essere sordo

먹물 inchiostro di china

먹성 appetito ¶ 먹성이 좋다 avere (godere di) un ottimo appetito

먹음새 maniera a tavola

먹음직스럽다 sembrare delizioso (squisito)

먹이 mangime, foraggio, razione, cibo ¶ 개먹이 cibo per cani

먹이다[1] ① [음식을] far mangiare, servire, offrire ② [부양, 사육] alimentare, allevare, nutrire, sostenere, sorreggere ¶ 자신의 가족을 먹여 살리다 nutrire la propria famiglia ③ [뇌물을] dare la bustaella, corrompere ④ [겁을] spaventare, impaurire, minacciare ⑤ [때리다] ¶ 한대 먹이다 dare un colpo

먹이다[2] ① [물감을] tingere, [풀을] inamidare, [초를] dare la cera a, [기름을] oliare, lubrificare ¶ 셔어츠에 풀을 먹이다 inamidare una camicia ② [돈을] spendere

먹칠하다 -漆 spalmare d'inchiostro, [명예 따위에] disonorare, nuocere

먹히다 ① essere consumato, essere inghiottito ② [빼앗기다] farsi sottrarre, essere rubato ③ [돈이] essere speso

먼길 molta strada ¶ 먼길을 가다 fare molta strada

먼나라 paese lontano

먼눈 ① occhio cieco ② vista lontana

먼데 luogo lontano ¶ 먼데에 in distanza // 먼데서 오다 fare molta strada

먼동 alba ¶ 먼동이 틀때에 all′alba, allo spuntare del giorno

먼발치 ¶ 먼발치에서 보다 guardare a distanza

먼빛 ¶ 먼빛으로 da lontano

먼저 ① [순위] prima, prima di tutto, più di tutto, innazi tutto ¶ 먼저 도착하다 arrivare prima // 먼저 가십시오 prima lei, dopo di lei ② [이전에] fa, prima, in precedenza, precedentemente ¶ 내가 너보다 먼저 돌아왔다. Sono tornato prima di te.

먼지 polvere ¶ 먼지가 일다 impolverarsi // 먼지를 일으키다 impolverare // 먼지를 털다 spolverare * **-떨이** straccio per la polvere

멀거니 vacunamente, distrattamente

멀겋다 essere un bel po' chiaro, [묽다] essere poco denso, essere acquoso ¶ 멀건 우유 latte poco denso

멀끔하다 essere chiaro ⇒ 말끔하다

멀다 [눈이] diventare cieco, accecare ¶ 눈 먼 사람 cieco // 욕망에 눈이 멀었다. era accecato dal desiderio

멀다 ① [거리] (essere) lontano, remoto ¶ 먼 곳에 in distanza ② [시간] essere remoto, lontano ¶ 먼 옛날에 molto tempo fa ③ [관계] essere distante ¶ 안 보면 멀어진다 lontano dagli occhi lontano dal cuore ④ ¶ 귀가 멀다 divenire sordo(a), assordare, essere debole d'udito

멀뚱멀뚱 vacuamente, distrattamente, in modo sbadato, stupidamente **-하다** (essere) vacuo, distratto, sbadato, [국물이] (essere) acquoso, poco denso

멀리 lontano, in lontanaza ¶ 멀리 가다 andare lontano

멀리 -하다 tenere lontano da, evitare, sfuggire, astenersi ¶ 술을 멀리하다 astenersi dal vino

멀미 vomito * **배-** il mal di mare **비행기-** il mal d'aereo(d'aria) **차-** il mal d'auto

멀쑥하다 ① [키가] essere spilungone(a) ② [국물이] essere poco denso, essere acquoso ③ [모양이] (essere) netto, ordinato

멀어지다 ① [소원] alienarsi, allontanarsi ¶ 현실에서 멀어지다 alienarsi dalla realtà ② [거리가] allontanarsi ¶ 해안에서 멀어지다 allontanarsi dalla riva ③ [소리가] spegnersi

멀쩡하다 ① [온전] (essere) intero, compiuto, intatto, sano ¶ 멀쩡한 그릇 un piatto in perfette condizioni // 정신이 멀쩡하다 essere sano di mente ② [가식] essere ipocrita, [뻔뻔하다] (essere) imprudente, famigerato, sfrontato

멀찌막하다 essere piuttosto lontano

멀찍멀찍 a grande distanza ¶ 멀찍멀찍 떨어져 앉다 sedersi a grande distanza

멀찍이 a distanza, in lontananza ¶ 멀찍이 사이를 두다 mantenere (tenere) le distanze

멈추다 fermare, cessare, arrestare ¶ 일을 멈추다 fermare il lavoro

멈칫 -하다 ritirarsi (da), fermare bruscamente per un momento

멈칫거리다 esitare (a), oscillare, essere riluttante (dal fare) ¶ 출발

하지 않고 멈칫거리다 esitare a partire

멋 ① [세련된 몸매] eleganza, raffinatezza, [멋부림] dandismo ¶ 멋있다 (essere) elegante, raffinato, di moda ② [풍취] gusto, eleganza ¶ 멋있게 di(con) gran gusto // 멋있다 avere gusto // 멋있는 남자 un uomo di buon gusto // 아주 멋있는 가구 arredamento di ottimo gusto // 멋이 없다 (essere) insipido, poco interessante, insulso, in cattivo gusto ③ [이유, 원인] ragione, motivo ¶ 멋모르고 senza sapere qualcosa

멋내다 abbellire, ravvivare, far bello, farsi bello, vestirsi raffinatamente

멋대로 a proprio modo, intenzionalmente, egoisticamente, come si vuole ¶ 멋대로 굴다 fare a propria modo,

멋들어지다 (essere) splendido, magnifico, grandioso, meraviglioso, stupendo ¶ 멋들어지게 splendidamente, magnificamente, elegantemente

멋없다 (essere) insipido, poco interessante, di cattivo gusto ¶ 멋없는 사람 una persona insipida

멋장이 dandy, elegantone

멋적다 ① [멋없다] essere di cattivo gusto ② [불쾌] (essere) antipatico, spiacevole, sgradevole ③ [어색] disagiarsi, sentirsi a disagio

멋지다 (essere) splendido, meraviglioso, magnifico

멍 ① [맺힌 피] livido, contusione, ammaccatura ¶ 멍들다 farsi un livido // 나는 쉽게 멍이 든다 Mi vengono facilmente i lividi sulla pelle. ② [타격] colpo, shock

멍멍 짖다 abbaiare

멍석 stuoia di paglia

멍에 giogo ¶ 소들에게 멍에를 씌우다 aggiogare i buoi

멍울 [덩이] pezzo, zolla, grumo, bernoccolo, [염증] infiammazione

멍울멍울하다 (essere) grumoso, bitorzoluto

멍청이 stupido(a), sciocco(a)

멍청하다 (essere) stupido, sciocco, insulso, ottuso

멍하니 distrattamente, a mente assente

멍하다 (essere) astratto, assente, distratto, vacuo ¶ 귀가 멍멍하다 essere assordato

메 [방망이] martello(철제), mazzuolo(목제)

메가사이클 megaciclo

메가톤 megaton, megatono

메가폰 megafono

메뉴 menu

메다[1] [어깨에] portare qc. a spalla, accollarsi, addossarsi

메다[2] bloccarsi, intasarsi, soffocare ¶ 코가 메었다 Mi si è intasato il naso.

메달 medaglia

메달리스트 medaglista

메뚜기 [곤충] cavalletta, locusta

메들리 pot-pourri

메리야스 maglietta, maglieria

메린스 mussola

메마르다 (essere) secco, asciutto, sterile, arido, infruttuoso

메모 promemoria
메부수수하다 (essere) da zoticone, da bifolco, rustico
메숲지다 (essere) folto, spesso ¶ 메숲진 숲 una foresta spessa
메스 coltello anatomico
메스껍다 ① [구역나다] nauseare, avere la nausea ② [불쾌하다] (essere) disgustoso, nauseante, abominevole
메슥거리다 avere conato di vomito, avere la nausea
메시아 [구세주] Messia
메시지 messaggio
메신저 messaggero(a)
메아리 eco ¶ 메아리가 울리다 echeggiare
메어치다 gettare alle spalle
메우다[1] ① [빈 곳을] fare il pieno, riempire, bonificare(바다 따위를) ② [결손] riempire, recuperare, riguadagnare, farsi perdonare, rimediare, compensare ¶ 잃은 시간을 메우다 recuperare il tempo perduto // 받은 손해를 메우다 rimediare ai danni subiti
메우다[2] ① [테를] mettere sotto il torchio ② [짐 따위를] far portare ¶ 세금을 메우다 tassare ③ [멍에를] aggiogare
메이커 fabbricante
메이크업 trucco
메조소프라노 mezzo soprano
메지다 non essere colloso, non essere appiccicoso
메질하다 martellare, picchiare
메추리 quaglia
메커니즘 meccanismo
메케하다 ① [곰팡내] (essere) di stanito, di muffa ¶ 메케한 냄새가 나다 sapere(puzzare) di stanito ② [연기 냄새] (essere) fumoso ¶ 방이 메케하다 la stanza è fumosa.
메타놀 【화학】 metanolo
메탄 【화학】 metano
메탈 metallo
메트로놈 【음악】 metronomo
메틸알코올 alcool denaturato
멕시코 Messico
멕시코만 -灣 Golfo del Messico
멘셰비키 【역사】 menscevico
멜로드라마 melodramma
멜로디 melodia
멜론 melone
멜빵 bretella, reggicalze
멤버 membro
멥쌀 riso non colloso
멧누에 baco selvatico da seta
멧닭 【새】 gallo cedrone, urogallo
멧돼지 【동물】 cinghiale
멧부리 vetta, cima
-며 ① [어미] e ② [면서] ¶ 웃으면서 말하다 dire sorridendo
며느리 nuora
며느리발톱 【동물, 새】 sperone
며칠 [시일] che giorno del mese, [일수] quanto tempo, [수일] alcuni giorni ¶ 오늘이 며칠입니까? Quanti ne abbiamo oggi? // 그는 며칠 전에 떠났다 Lui è partito alcuni giorni fa.
멱[1] [목] gola
멱[2] [목욕] bagno ¶ 멱감다 fare il bagno
멱 冪 [수학] potenza ¶ 3승멱 la terza potenza ＊**-수** esponente
멱살 gola ¶ 멱살을 잡다 prendere

per la gola
멱서리 borsa di paglia
멱통 gola
-면 se, in caso ¶ 필요하면 in caso di bisogno // 누가 오면 se viene qualcuno
면 面 ① [얼굴] faccia, viso ② [체면] prestigio, onore ③ [표면] superficie, faccia ④ [방면] aspetto, lato ⑤ [가면] maschera
면 綿 cotone
면경 面鏡 specchietto
면괴 面愧 vergogna **-하다** vergognarsi
면구스럽다 面灸- essere tutto vergognoso, vergognarsi
면나다 ① [체면] salvare la faccia ② [광채] splendere, brillare
면내다 面- salvare la faccia
면담 面談 intervista, colloquio **-하다** sottoporre a colloquio, intervistare
면대 面對 **-하다** incontrare a quattr'occhi ¶ 면대하여 a quattr'occhi
면도 面刀 ① [면도질] **-하다** farsi la barba, radersi, rasarsi ② [면도칼] rasoio ＊**-날** lametta // 안전-rasoio di sicurezza
면려 勉勵 ① [근면] diligenza, industria, applicazione ② [격려] incoraggiare, favorire, insistere
면류 麵類 pastina
면류관 冕旒冠 corona
면면하다 綿綿- (essere) continuo, ininterotto, senza fine ¶ 면면이 continuamente, ininterrottamente
면모 面貌 [얼굴의] lineamenti, fattezze, [일의] aspetto
면목 面目 ① [체면] faccia, onore ¶ 면목을 세우다 salvare la faccia // 면목이 없다 vergognarsi ② [양상] aspetto
면밀 綿密 minuziosità, elaboratezza, scrupolosità **-하다** [세밀하다] (essere) minuzioso, elaborato, [주의깊다] (essere) attento, scrupoloso ¶ 면밀이 minuziosamente, elaboratamente // 면밀한 연구 indagini minuziose
면바르다 面- essere liscio
면박 面駁 riprovazione personale, confutazione in faccia **-하다** confutare in faccia
면방적 綿紡績 tessitura di cotone
면벽 面壁 meditazione di fronte al muro
면부득 免不得 **-하다** essere inevitabile
면사 綿絲 filato di cotone
면사 免死 **-하다** sfuggire alla morte
면사포 面紗布 velo nuziale, velo da sposa
면상 面上 faccia, lineamenti
-면서 ① [불구하고] benchè, sebbene, nonostante, malgrado ② [동시에] con, mentre ¶ 그는 책을 읽으면서 잠이 들었다. Si è addormentato mentre stava leggendo.
면세 免稅 esenzione fiscale, immunità fiscale **-하다** esentare dalle tasse ¶ 면세의 esente da dogana(dazio), immune da tasse ＊**-점** duty free shop **-품** merci esenti da dazio(dogana)
면소 免訴 proscioglimento, assoluzione **-하다** assolvere, prosciogliere

면식 面識 conoscenza ¶ 면식이 있는 사람 conoscente // 면식이 있다 fare conoscenza con qlcu.

면양 綿羊 [동물] pecora

면역 免疫 immunità **-하다** immunizzare ¶ 면역되다 immunizzarsi, essere immune

면역 免役 [병역] esenzione dal servizio militare, [노역의] esenzione dai servizi pubblici, [죄수의] rilascio, assoluzione

면적 面積 area, superficie, dimensione ¶ 건물 면적 area di un edificio

면전 面前 ¶ 면전에서 in prescenza di, davanti a

면접 面接 intervista, colloquio **-하다** sottoporre a colloquio, intervistare

면제 免除 esenzione, immunità, assoluzione **-하다** esentare qlcu. da, assolvere, liberare, esonerare ¶ 수업료 면제 esonero dalle tasse scolastiche // 조세를 면하다 esentare dalle tasse, esonerare dalle imposte

면제품 綿製品 articoli di cotone

면직 免職 licenziamento, destituzione **-하다** licenziare, destituire ¶ 면직되다 licenziarsi, essere destituito

면직물 綿織物 stoffa(tessuto) di cotone

면책 面責 riprovazione privata

면책 免責 esenzione dalla responsabilità(dall'obbligo) ¶ 면책되다 esentarsi dall'obbligo

면치레 面- **-하다** salvare la faccia

면포 綿布 stoffa(tessuto) di cotone

면하다 免- ① [벗어나다] sfuggire a, scampare a, evitare, liberarsi (da, di), sbarazzarsi ¶ 면할 수 없다 essere inevitabile // 죽음을 면하다 sfuggire alla morte // 책임을 면하다 liberarsi dalla responsabilità ② [면제] esentare da, liberarsi da ¶ 병역을 면하다 liberarsi dal servizio militare

면하다 面- affrontare, rimanere a guardare

면학 勉學 studio **-하다** studiare

면허 免許 licenza, permesso **-하다** permettere, autorizzare qn a fare ¶ 면허를 얻다 ottenere licenza

면허장 免許狀 licenza, autorizzazione, patente, certificato(증명서), permesso(허가증) ¶ 운전면허증 patente di guida // 운전면허증을 취득하다(제시하다) prendere (esibire) la patente // 기한이 지난 면허증을 갱신하다 rinnovare la patente scaduta

면화 棉花 cotone greggio

면회 面會 intervista, incontro, visita **-하다** incontrare, intervistare, fare una visita a ¶ 면회를 청하다 chiedere un'intervista * **-사절** non disturbare **-시간** ore di visita **-인** visitatore(-trice)

멸균 滅菌 sterilizzazione **-하다** sterilizzare * **저온-** pastorizzazione // 저온멸균우유 latte pastorizzato // 멸균소독기 macchina sterilizzatrice

멸망 滅亡 rovina, crollo, caduta, fallimento **-하다** rovinare, crollare, cadere, fallire

멸시 蔑視 disprezzo, disdegno,

ignoranza **-하다** disprezzare, ignorare
멸절 滅絶 sterminamento
멸족 滅族 **-하다** sterminare una famiglia
멸종 滅種 sterminamento **-하다** sterminare ¶ 야생동물을 멸종시키다 sterminare la selvaggina
멸치 acciuga, alice
멸하다 rovinare, distruggere, sterminare
명 [무명] tessuto(stoffa) di cotone, [목화] cotone
명 名 ① [인원수] persona ② [이름] nome, fama ③ [유명한] famoso, celebre
명 命 ① [목숨] vita ② [운명] destino, sorte ③ [명령] ordine, commando ¶ **-명에 따라** per ordine di
명 銘 [기념비의] iscrizione, [묘비의] epitaffio
명가 名家 ① [명문] famiglia degna di fiducia ② [사람] maestro, persona illustre
명가수 名歌手 cantante famoso
명검 名劍 spada famosa
명경 明鏡 specchio chiaro, [분명한 증거] prove sicure
명계 冥界 la terra della morte, l'altro mondo
명곡 名曲 musica famosa
명공 名工 esperto, artigiano abile, maestro
명관 明官 governatore celebre, magistrato saggio
명관【해부】siringe
명군 monarca illuminato
명궁 名弓 [사람] arciere esperto, [활] arco famoso
명귀 名句 frase famosa, sagge parole
명금 鳴禽 uccello canoro
명기 明記 **-하다** scrivere chiaramente, specificare ¶ 규칙에 명기되어 있다 essere specificato nel regolamento
명년 明年 l'anno prossimo, l'anno che viene, un altr'anno
명단 名單 elenco, lista
명단 明斷 ¶ 명단을 내리다 passare a giudizio chiaro
명담 名談 sagge parole, commento spiritoso
명답 明答 una risposta definitiva
명답 名答 [바른] una risposta giusta(esatta), [교묘한] una risposta intelligente
명당 明堂 ① [무덤 앞 땅] spazio piano davanti alla tomba ② [묏자리] cantiere adatto al tomba
명도 名刀 spada celebre
명도 冥途 [불교] inferi
명도 明度 luminosità
명도 明渡 consegna **-하다** evacuare (비우다), [인도] consegnare, lasciare(집 등을) * **-통고** avviso di sfratto
명랑 明朗 vivacità, allegria **-하다** allegrarsi, stare in allegria, stare allegro ¶ 명랑하게 allegramente, gaiamente // 명랑한 얼굴 faccia allegra
명령 命令 ordine, comando, indicazioni, [법령] legge, decreto **-하다** ordinare, comandare, dare direttive a qn di fare qc. ¶ 명령적 imperativo, autorevole, impo-

nente, tassativo // 명령적으로 imperativamente, autorevolmente // 명령대로 per ordine di // 명령에 따르다 ubbidire agli ordini * -법 [문법] modo imperativo -서 mandato precetto -위반 violazione dell'ordine -자 comandante, dittatore

명론 名論 opinione eccellente

명료 明瞭 chiarezza, semplicità, distinzione **-하다** (essere) chiaro, distinto, limpido ¶ 명료하게 발음하다 pronunciare distintamente

명리 名利 fama e ricchezza, nome e fortuna

명마 名馬 un ottimo cavallo

명망 名望 riputazione, rinomanza, fama ¶ 명망을 얻다 avere fama, godere fama

명망가 名望家 una persona che ha una buona reputazione

명맥 命脈 vita, esistenza

명멸 明滅 **-하다** tremolare, baluginare, lampeggiare

명명 命名 denominazione, battesimo **-하다** denominare, dare un nome, battezzare * **-자** denominatore **-식** battesimo, cerimonia inaugurativa(di qc.)

명명백백 明明白白 **-하다** (essere) ovvio, evidente, essere chiaro come il sole

명목 名目 ① [명칭] nome, titolo ② [구실] pretesto ¶ 명목상의 nominale, del nome // 명목자본 capitale nominale

명문 名文 composizione eccellente

명문 名門 buona famiglia, famiglia nobile

명물 名物 [산물] prodotto tipico e esclusivo, specialità, [사람] personaggio pubblico ¶ 밀라노의 명물 una specialità di Milano

명미 明媚 **-하다** (essere) bello, pittoresco

명민 明敏 sagacia, chiarezza, perspicacia, intelligenza **-하다** (essere) sagace, intelligente, acuto

명백 明白 **-하다** (essere) chiaro, evidente, ovvio ¶ 명백하게 chiaramente, evidentemente, ovviamente

명복 冥福 felicità nell'altro mondo, beatitudine celeste

명부 名簿 lista, elenco, registro ¶ 명부에 기입하다 fare una lista, registrare // 선거인 명부 lista elettorale

명분 名分 giustificazione, giustizia ¶ 명분이 서지 않는 ingiustificabile // 명분을 세우다 giustificare

명사 名士 persona celebre

명사 名詞 [문법] sostantivo, nome

명산 名山 montagna famosa

명산 名産 prodotto tipico e esclusivo, specialità

명상 瞑想 meditazione, comtemplazione **-하다** meditare, contemplare ¶ 명상적인 meditativo // 명상에 잠기는 sprofondarsi nella meditazione // 명상가 contemplatore

명색 名色 nome, titolo

명석 明晳 perspicacia, sagacia, intelligenza **-하다** (essere) sagace, intelligente

명성 名聲 fama, reputazione,

celebrità ¶ 명성이 자자하다 (essere) celebre, famoso, noto // 명성을 잃다 perdere la reputazione

명성 明星 ① [천문] Venere ② [인기인] stella

명세 明細 particolare, dettaglio, [내역] articolo **-하다** (essere) dettagliato, particolare ¶ 명세하게 nei dettagli, nei particolari // 명세하게 설명하다 dettagliare

명세서 明細書 specificazione, lista di particolari ¶ 물품 가격 명세서 la specificazione dei prezzi delle merci

명소 名所 un luogo eminente, un bel posto

명수 名手 maestro, esperto

명승 名僧 un celebre monaco buddista

명시 明示 dichiarazione **-하다** dichiarare, esprimere chiaramente

명실 名實 nome e fatto ¶ 명실공히 di nome e di fatto

명심 銘心 **-하다** tenere presente, ricordare

명안 名案 buon'idea, piano eccellente

명암 明暗 luce e ombra * **-법** chiaroscuro **-도** luminosità

명약관화 明若觀火 **-하다** essere chiaro come il sole, essere evidente

명언 名言 sagge parole

명언 明言 **-하다** dichiarare, esprimere chiaramente

명역 名譯 traduzione eccellente

명예 名譽 onore, [영광] gloria, [신망] credito, [명성] fame, [체면] prestigio ¶ 명예로운 onorevole // 명예를 존중하는 사람 uomo d'onore // 명예를 손상하다 disonorare * **-교수** professore onorario **-회원** membro onorario **-회장** presidente onorario **-회손** diffamazione, libello

명왕성 冥王星 【천문】 Plutone

명우 名優 un celebre attore, una celebre attrice

명운 命運 destino, sorte

명월 明月 luna chiara, luna piena, plenilunio

명의 名義 [이름] nome ¶ 명의상의 nominale // 명의 변경을 하다 trasferire il nome

명의 名義 un buon medico

명인 名人 maestro, una persona famosa

명일 明日 domani

명일 名日 festa

명작 名作 capolavoro, opera eccellente

명장 明匠 maestro, un artigiano esperto

명장 名將 un gran comandante, un generale famoso

명저 名著 capolavoro, opera eccellente

명절 名節 festa

명정 酩酊 ubriachezza, ubriacatura, ebbrezza

명제 命題 ① [논리] proposizione, tesi ② [제목] soggetto, argomento

명조 明朝 ① [내일 아침] domani mattina ② La dinastia Ming

명주 明紬 seta, [견직물] tessuto di

seta ∗ -실 filo di seta

명중 命中 colpo **-하다** colpire, [예언이] avverarsi ¶ 과녁에 명중하다 colpire il bersaglio

명찰 明察 perspicacia, discernimento **-하다** distinguere, discernere, potersi rendere conto

명찰 名札 etichetta con il nome, segnaposto(자리의), targa(문패)

명창 名唱 [노래] una canzone famosa, [사람] cantante famoso (a)

명철 明哲 sagacità, [사람] saggio

명추 明秋 l'autunno prossimo

명춘 明春 la primavera prossima

명치 la bocca dello stomaco

명칭 名稱 nome, titolo

명콤비 una bella coppia ¶ 명콤비를 이루다 formare una bella coppia

명쾌 明快 lucidità, chiarezza **-하다** (essere) chiaro, lucido, esplicito ¶ 명쾌하게 chiaramente, lucidamente, esplicitamente

명필 名筆 ① [필적] scrittura eccellente, [사람] calligrafia famosa ② [명화] dipinto famoso, [사람] pittore famoso

명하다 命- ① [명령] ordinare, comandare ② [임명] nominare

명함 名啣 biglietto da(di) visita, [영업용] biglietto da visita della ditta

명현 名賢 saggio famoso

명화 名畵 quadro(= dipinto) famoso, capolavoro, un bel film

명확 明確 precisione, definitezza **-하다** (essere) preciso, definito ¶ 명확하게 definitivamente, precisamente

몇 [약간] alcuni(e), un po', parecchi(ie), diversi(e), qualche, [얼마] quanto ¶ 몇해 quanti anni // 몇시 che ora(e)

몇 몇 alcuni(e), parecchi(ie), qualche ¶ 몇몇은 이쪽으로 갔고 몇몇은 저쪽으로 갔다. Alcuni andarono di qua e alcuni di là.

모[1] [모종] piantime, [묘목] piantina

모[2] ① [각] angolo, [모서리] orlo, bordo, spigolo ② [성질, 사물] rigidità, freddezza ¶ 모난 angoloso, spigoloso, (태도) piuttosto freddo, poco socievole

모 某 [어떤] un certo ¶ 김모씨 un certo signore Kim

모가지 collo

모가치 parte

모개로 in massa, in blocco, all'ingrosso ¶ 모개로 팔다 vendere all'ingrosso

모계 謀計 trucco, scherzo, stratagemma

모계 母系 linea materna

모골 毛骨 capelli e osso ¶ 모골이 송연하다 rabbrividire

모공 毛孔 pori cutanei

모관현상 fenomeno capillare

모국 母國 patria ∗ -어 lingua materna, madrelingua

모권 母權 autorità materna, diritto materno ∗ -사회 matriarcato

모근 毛根 la radice dei capelli

모금 sorso, boccone, goccio, goccino ¶ 물한모금 마시다 bere un sorso d'acqua

모금 募金 **-하다** raccogliere fondi, raccogliere un contributo in denaro

모기 【곤충】 zanzara * **-장** zanzariera **-약** zanzaricida

모나다 ① [각이 지다] (essere) angoloso, spigoloso ② [성질이] (essere) freddo, rigido, poco socievole ③ [유효하다] (essere) utile, efficace

모나코 Monaco

모내기 il trapianto a dimora di piantine di riso **-하다** trapiantare le piantine di riso

모내다 ① [벼의] trapiantare piantine di riso ② [각을] fare angoloso

모녀 母女 madre e figlia

모노레일 monorotaia

모노타이프 monotipia

모놀로오그 monologo

모니터 monitore

모닥불 falo

모더니즘 modernismo

모던 moderno

모데라토 【음악】 moderato

모델 modello

모독 冒瀆 bestemmia, imprecazione, maledizione, [신성모독] profanazione, sacrilegio **-하다** profanare, bestemmiare

모두 tutti(e), [합계] tutto sommato, [다 함께] in tutto, in complesso, nell'insieme ¶ 모두 얼마입니까? Quant'è in tutto? // 내 책 모두 tutti i miei libri // 모두 참석했다. Erano tutti presenti.

모두 冒頭 inizio, principio ¶ 모두에 all'inizio

모뜨다 ① [본뜨다] copiare, riprodurre ② [흉내] imitare, copiare

모든 tutto(a), ogni ¶ 모든 사람들 tutti gli uomini

모들뜨기 strabico

모라토리엄 moratoria

모락모락 ① [힘차게] rapidamente ② [연기, 김이] densamente

모란 peonia

모랄 morale, etica

모래 sabbia ¶ 모래가 많은 sabbioso // 모래를 뿌리다 sabbiare * **-사장** spiaggia **-주머니** sacco di sabbia **-성** castello di sabbia **-찜질** sabbiatura **-시계** orologio a sabbia, clessidra

모래집 amnio

모략 謀略 [음모] intrigo, tresca, [계략] stratagemma ¶ 모략을 꾸미다 intrigare, trescare

모레 dopodomani

모로 [비스듬이] in diagonale, diagonalmente, obliquamente, [옆으로] di lato, di fianco, con la coda dell'occhio

모로코 Marocco

모롱이 [산의] sperone

모루 incudine

모르다 ① non conoscere, ignorare, non rendersi conto di ¶ 모르는 sconosciuto, ignoto // 자기도 모르게 inconsciamente, senza rendersi conto // 어떻게 설명해야 할지 모르다 non saper come fare a spiegare ② [깨치지 못하다] non capire, non conoscere, non sapere ¶ 왜 안오는지 모르겠다 Non capisco perché non viene. // 무슨 말인지 하나도 모르겠다. Non ci capisco una parola ③ [안면이 없다] non conoscere, essere sconosciuto ¶ 모르는 사람

sconosciuto(a) // 전혀 모르는 사람이다 Non lo conosco affatto., Per me è un perfetto sconosciuto. ④ [못 알아차리다] non rendersi conto di, essere inconsapevole(inconscio) di - ¶ 위험을 모르다 essere inconsapevole del rischio ⑤ [느끼지 못하다] non sentire, essere inconsapevole (inconscio) di, essere privo di sensi ⑥ [기억 못하다] non ricordare ⑦ [알아보지 못하다] non riconoscere ¶ 누군지 모르겠다 Non posso riconoscere chi è. ⑧ [관계가 없다] non riguardare ¶ 나는 모르는 일이다. Non sono affari miei., Non mi rigarda. ⑨ [경험이 없다] non sapere, essere ignaro di, non avere esperienza ¶ 가난을 모르다 non sapere la povertà

모르몬교 mormonismo

모르스 부호 alfabeto Morse

모르타르 malta

모르핀 morfina

모른체하다 fingersi ignorante, far finta di essere ignorante

모름지기 certamente, necessariamente

모리 謀利 affarismo **-하다** speculare

모면 謀免 evasione, fuga **-하다** evadere, sfuggiare a, scampare ¶ 죽음을 모면하다 sfuggire alla morte

모멸 侮蔑 disprezzo, disdegno **-하다** disprezzare, sdegnare, disdegnare

모모 某某 una certa persona ¶ 모모씨 il signor tal dei tali

모모한 degno di menzione, celebre

모반 謀叛 [반란] ribellione, rivolta, [반역] tradimento, cospirazione -하다 rivoltarsi, ribellarsi, congiurare, cospirare * **-자** ribelle, insorto, rivoltoso

모반 母班【해부】voglia

모반 毛髮 capelli

모방 模倣 imitazione, mimetismo - **하다** imitare, copiare

모범 模範 modello, esempio ¶ 모범적 esemplare, tipico // 모범으로 삼다 prendere a modello // 모범적 생활 vita esemplare

모병 募兵 reclutamento, coscrizione **-하다** reclutare, chiamare sotto le armi, arruolare

모본 模本 ① esempio ② modello ③ imitazione

모사 謀士 stratego, tattico

모사 謀事 **-하다** complottare, tramare, far progetti, escogitare

모살 謀殺 **-하다** assassinare, massacrare

모상 母喪 la morte della madre

모새 sabbia fine

모색 摸索 **-하다** brancolare, andare (cercare) a tentoni

모서리 angolo, orlo, bordo

모성 母性 maternità

모세 [성경] Mosè

모세관 毛細管【물리】capillare * **-현상** fenomeno capillare

모세혈관【해부】vaso capillare, capillare

모순 矛盾 contraddizione, conflitto ¶ 모순없는 costante // 모순된 contraddittorio, non costante //

모순되다 contraddire, non essere coerente, essere in contraddizione (con)
모스크 [회교의 사원] moschea
모스크바 Mosca
모슬린 mussola
모습 figura, apparizione, immagine
모시 ramiè
모시 某時 una certa ora
모씨 某氏 una certa persona, il signor tal dei tali
모시다 ① [웃어른을] servire, seguire, [수행] accompagnare, scortare ② [신으로] adorare
모심기 il trapianto a dimora di piantine di riso
모아들다 riunire, affollarsi, radunare ¶ 군중이 경기장으로 모아들었다 Il pubblico si affollava nello stadio.
모양 模樣 ① [형태] forma, figura, aspetto ¶ 모양을 이루다 prendere forma // 모양이 좋다 essere ben fatto // 모양을 내다 ornarsi ② [동태] segno, indizio ¶ **-한 모양이다** sembrare ③ [방법] modo ¶ 이 모양으로 cosi, in questo modo ④ [무늬] disegno
모양새 模樣- ① [생김새] forma, figura, aspetto ¶ 모양새가 예쁘다 (essere) bello, ben fatto ② [체면] rispettabilità, dignità
모어 母語 lingua madre
모여들다 raccogliersi, radunarsi, assembrarsi, accumularsi
모역 謀逆 ribellione, cospirazione, congiura **-하다** cospirare, congiurare
모옥 茅屋 tugurio
모욕 侮辱 insulto, disprezzo, disdegno, umiliazione, affronto **-하다** insultare, disprezzare, fare un affronto ¶ 모욕을 당하다 offendersi // 법정모독죄 oltraggio alla Corte
모우션 movimento
모우터 motore * **-보우트** motoscafo **-사이클** motocicletta
모유 母乳 latte di madre
모으다 ① [여럿을] cogliere, radunare, riunire, [수집] fare collezione di ¶ **-에 관한 정보를 모으다** raccogliere informazioni su qlco. // 우표를 모으다 raccogliere francobolli ② [집중] concentrare ¶ 정신을 모으다 concentrarsi ③ [저축] accumulare, ammassare, risparmiare ¶ 돈을 모으다 fare (i) soldi ④ [쌓아올리다] accumulare, ammucchiare
모음 母音【음성】vocale
모의 謀議 conferenza, convegno, congresso, cospirazione, congiura(음모) **-하다** congiurare, complottare
모의 模擬 imitazione, copia ¶ 모의의 falso, finto, simulato // 모의전 battaglia finta
모이 foraggio, mangime
모이다 ① [떼지어] affollarsi, ammassarsi, raccogliersi ¶ 사람들이 광장으로 모였다. La gente si affollava nella piazza. ② [회의에] radunarsi, riunirsi, assembrarsi
모일 某日 un certo giorno
모임 riunione, assemblea, incontro
모자 帽子 cappello ¶ 밀집 모자

cappello di paglia
모자 母子 madre e figlio
모자라다 essere insufficiente, essere a corto di ql.co, mancare, [사람이] (essere) stupido, sciocco ¶ 시간이 모자라다 Manca il tempo.
모자이크 mosaico
모정 母情 affetto materno
모정 慕情 desiderio struggente
모조 模造 imitazione **-하다** imitare, riprodurre, contraffare, falsificare (위조하다) ∗ **-보석** gioielli falsi, gioielli d'imitazione **-품** imitazione
모조리 tutto(a), completamente, del tutto
모종 【농업】 piantime **-하다** trapiantare ∗ **나무 -** alberello
모종 某種 ¶ 모종의 un certo, anonimo
모종삽 paletta da giardiniere
모지다 ① [뾰족하다] (essere) angoloso, appuntito, quadrato ② [성질, 일 따위] essere spigoloso
모지라지다 consumarsi
모지락스럽다 essere crudele ⇒ 모질다
모직 lana ∗ **- 옷감** stoffa di lana
모질다 ① [잔인] (essere) crudele, spietato ¶ 모진 사람 uomo spietato // 모진 운명 destino crudele ② [베겨내다] sopportare, reggere ③ [정도가] (essere) intenso, severo, estremo
모집 募集 ① [지원자의] invito, [군인의] reclutamento **-하다** invitare, [군인을] reclutare ¶ 직공을 모집하다 reclutare operai ② [공채, 기부금 따위의] raccolta **-하다** raccogliere ¶ 기금 모금 la raccolta di fondi
모처 某處 un certo luogo
모처럼 ① [오랫만에] dopo molto tempo, finalmente ② particolarmente (특별히), appostamente (일부러), gentilmente (친절하게도)
모친 母親 madre
모태 母胎 il grembo di madre
모토 moto
모퉁이 angolo ¶ 길모퉁이 l'angolo della strada // 모퉁이를 돌다 fare una svolta
모티브 motivo
모판 vivaio
모포 毛布 coperta
모표 帽標 un distintivo del berretto
모피 pelo, pelle, pelliccia ¶ 모피코트 pelliccia // 모피상 pelliciaio(a)
모함 謀陷 **-하다** prendere in trappola, intrappolare
모해 謀害 **-하다** complottare, tramare
모험 冒險 avventura, rischio, impresa **-하다** rischiare, avventurarsi ¶ 모험적인 avventuroso, pericoloso, rischioso(위험이 많은) // 모험 소설 romanzo d'avventure // 모험가 avventuriere // 모험정신 uno spirito avventuroso
모형 母型 [활자의] matrice, [원형] prototipo
모형 模型 modello, [주조의] campione ∗ **-차** modellino di auto **-지도** carta in rilievo
모호 模糊 vaghezza, ambiguità, equivocità, oscurità **-하다**

(essere) vago, ambiguo, equivoco, oscuro

모회사 母會社 società madre, holding

목 ① [동물의] collo ¶ 목 졸라 죽이다 strozzare, strangolare // 목매달아 죽이다 impiccare ② [인후] gola ¶ 목이 마르다 avere sete // 목이 아프다 avere mal di gola // 목이 메다 avere un nodo alla gola ③ [길의] punto strategico ④ [물건의] collo ¶ 병의 목 부분 il collo di una bottiglia

목 目 ① [항목] articolo, [분류상의] ordine ② [바둑 돌] pezzo, [판의 눈] incrocio

목사 牧師 pastore ¶ 목가적 pastorale

목각 木刻 incisione su legno

목간 沐間 bagno **-하다** fare il bagno

목걸이 collana, [개수] collare ¶ 진주 목걸이 collana di perle

목검 spada di legno

목격 目擊 osservazione, testimonianza oculare **-하다** osservare, testimoniare * **-자** testimone oculare

목공 木工 [사람] falegname, carpentiere, [일] carpenteria * **-소** carpenteria

목관 木棺 tubo di legno * **-악기** legni

목구멍 gola, trachea

목금 木琴 [음악] xilofono

목기 木器 contenitore(=recipiente) di legno

목단 牧丹 peonia

목덜미 nuca ¶ 목덜미를 잡다 colpire ql.co alla nuca

목도 木刀 la spada di legno

목도 osservazione

목도리 sciarpa, scialle

목돈 una somma forte

목동 牧童 [양의] pastore, [소의] cowboy

목련 木蓮【식물】magnolia

목례 目禮 cenno del capo **-하다** fare un cenno col capo a qlcu.

목로 bar * **- 주점** taverna

목록 目錄 catalogo, [목차] indice, [일람표] lista, tabella ¶ 목록을 만들다 catalogare, fare una lista (di) * **재산 -** inventario

목마 木馬 cavallo di legno, [어린이용] cavallo a dondolo * **회전 -** giostra

목마르다 ① avere sete ② [갈망] essere assetato di, avere molto desiderio di ¶ 지식에 목마르다 essere assetato di conoscenza

목말 ¶ 목말을 태우다 portare qlco. a spalla

목매다 [남을] strangolare, strozzare, [스스로] strozzarsi

목메다 avere un nodo alla gola

목면 木棉 ① [목화] cotone ② [무명] stoffa(=tessuto) di cotone

목민 governare il popolo * **-관** governatore

목사 牧師 pastore

목상 木像 immagine di legno

목석 木石 ① alberi e pietre, [생명이 없는 것] oggetto inanimato ② [비유적] insensibiltà ¶ 목석 같은 사람 una persona priva di sensi

목선 木船 vascello di legno

목성 木星【천문】Giove

목소리 voce ¶ 큰(낮은) 목소리로 ad alta(a bassa) voce // 슬픈 목소리 voce triste(=di pianto) // 목소리를 높이다(낮추다) alzare(abbassare) la voce // 목소리가 나오지 않다 perdere la voce

목수 falegname, carpentiere

목수 木髓 midollo, parte bianca della scorza

목숨 vita ¶ 목숨을 잃다 perdere la vita // -의 목숨을 구하다 salvare la vita a(di) qlcu. // -위해 목숨을 바치다 dare la vita per // 목숨을 걸다 mettere a rischio la propria vita

목쉬다 essere rauco

목양 牧羊 l'allevare pecore

목요일 giovedì

목욕 沐浴 bagno **-하다** fare il bagno, fare una doccia(샤워하다) * **공중 -탕** bagno pubblico **-타올** acciugamano da bagno **진흙-** bagno di fango **-통** vasca da bagno

목욕 재계 沐浴齋戒 purificazione **-하다** purificarsi

목자 牧者 ① [목양자] pastore ② [성직자] pastore, prete

목자르다 ① [목베다] decapitare ② [해고] licenziare

목잠기다 essere rauco, perdere la voce

목장 牧場 pascolo, prato

목장갑 guanti di cotone

목재 木材 legno, [건축용] legname * **-상** commerciante in legname

목적 目的 scopo, obiettivo, intenzione, il fine ¶ 목적이 없는 senza scopo // -할 목적으로 a scopo di // 목적을 달성하다 raggiungere uno scopo // 목적 달성에 실패하다 fallire lo scopo * **-격** [문법] oggettivo 목적지 destinazione

목전 目前 ¶ 목전의 immediato, imminente // 목전에 sotto gli occhi di // 목전에 닥치다 essere imminente

목젖 【해부】 ugola, uvula

목제 木製 ¶ 목제의 di legno // 목제품 manufatto di legno

목질 木質 legnosità ¶ 목질의 legnoso

목차 目次 indice

목책 木柵 steccato

목청 [성대] corde vocali, [목소리] voce ¶ 목청을 높이다 alzare la voce

목초 木草 erba ¶ 목초를 뜯다 pascolare * **-지** prateria, pascolo

목축 牧畜 l'allevamento del bestiame * **-업자** allevatore di bestiame

목측 目測 misurazione a occhio **-하다** misurare a occhio

목침 木枕 cuscino di legno

목탁 木鐸 ① 【불교】 gong di legno ¶ 목탁을 두드리다 suonare un gong di legno ② [지도자] capo, leader

목탄 木炭 carbone, carboncino(그림용) * **-차** carboncino

목판 una tavoletta di legno * **-술(화)** xilografia

목표 目標 [표적] bersaglio, [목적] scopo, obiettivo, [표지] guida **-하다** prendere la mira, mirare ¶ 목표에 도달하다 raggiungere uno scopo // 1997년 생산 목표 gli obiettivi della produzione per il 1997

목피 木皮 corteccia

목하 目下 adesso, ora, al momento, attualmente ¶ 목하의 presente, corrente

목형 木形 un modello di legno

목화 木花 cotone ¶ 목화솜 cotone idrofilo

몫 parte, porzione ¶ 한 몫 끼다 aver parte in qlco // 각자는 자신의 몫을 다해야 한다 Ciascuno deve fare la sua parte.

몬수운 【기상】 monsone

몰각 沒却 insensibilità, indifferenza, noncuranza, disprezzo **-하다** [무시] ignorare, non tenere conto di, trascurare, non curarsi di, [잊다] dimenticare

몰골 apparizione, forma ¶ 몰골 사나운 indecoroso

몰다 ① spingere, guidare ¶ 말을 몰다 guidare i cavalli // 자동차를 몰다 guidare l′automobile ② [쫓다] dare la caccia, cacciare ¶ 고양이가 쥐들을 몰다 Il gatto dà la caccia ai topi. ③ [궁지에] intrappolare, mettere in trappola, fare pressione su qlcu. spingere agli estremi ④ [죄인으로] accusare ⑤ [한 쪽으로] raccogliere

몰두 沒頭 devozione, dedizione, assorbimento **-하다** (essere) assorto, immerso, dedicarsi ¶ 그는 책 읽는데 몰두했다. Era assorto nella lettura di un libro. // 예술에 몰두하다 dedicarsi all'arte

몰라보다 [무시] ignorare, non curarsi di, chiudere un occhio su, trascurare

몰락 沒落 rovina, caduta, [파산] fallimento, bancarotta **-하다** rovinare, cadere, [파산] fallire, fare fallimento, fare bancarotta

몰래 in segreto, segretamente, silenziosamente, senza far rumore, di nascosto, furtivamente ¶ 몰래 빠져나가다 uscire furtivamente

몰려 가다 ① [쫓겨] essere guidato, essere inseguito ② [떼지어] affollarsi, ammassarsi ¶ 사람들이 영화관 앞으로 몰려간다 La gente si affolla davanti al cinema.

몰려 나다 ① [쫓겨나다] essere espulso, essere cacciato, [해고] essere licenziato ② [떼지어] uscire in gruppo

몰려 다니다 ① [쫓겨] essere espulso, essere cacciato ② [떼지어] muoversi in gruppo

몰려 들다 ① [쫓겨] essere sospinto ② [떼지어] entrare in gruppo, affollarsi

몰려 오다 ① [쫓겨] essere sospinto, essere conficcato in, [퇴각] ritirarsi ② [떼지어] entrare in gruppo, affollarsi, entrare come una furia

몰리다 ① [쫓기다] essere espulso, [사냥에서] essere cacciato ② [궁지에] essere costretto, essere spinto agli estremi ③ [한 곳에] accalcarsi, affollarsi ¶ 군중이 출구쪽으로 몰렸다. La folla si accalcava all'uscita. ④ [죄인으로] essere accusato

몰사 沒死 estinzione **-하다** estinguersi

몰살 沒殺 massacro, sterminamento, annichilamento **-하다** massacrare, annientrare, annichilire, sterminare ¶ 적의 함대를 몰살하다 annichilare la flotta nemica

몰상식 沒常識 mancanza di buon senso **-하다** mancare di buon senso, essere insensato

몰수 沒收 confiscazione, sequestro, presa **-하다** confiscare ql.co a ql.cu, sequestrare ¶ 몰수당하다 essere confiscato

몰씬 [물렁] morbido, tenero, [냄새가] tragrante **-하다** (essere) morbido, tenero

몰아 tutto, tutti insieme, nel suo insieme ¶ 몰아 사다 comprare in grande quantità

몰아가다 ① [몰고] guidare ¶ 말들을 몰아가다 guidare i cavalli ② [휩쓸어] portare via

몰아내다 espellere, mandare via ¶ 나라 밖으로 몰아내다 espellere qlcu. da uno Stato

몰아넣다 ① spingere dentro, cacciare dentro, ficcare dentro ② ¶ 궁지로 몰다 spingere agli estremi ③ [휩쓸어] mettere tutto dentro

몰아대다 ① [재촉] fare pressioni per, raccomandare vivamente, spronare ② [막 해대다] rimproverare

몰아붙이다 spingere a un lato

몰아세우다 rimproverare fortemente

몰아오다 ① [자동사: 한꺼번에] entrare in massa, entrare come una furia, affollarsi ② [타동사: 휩쓸어] spingere, comprare in gran quantità

몰아주다 dare tutto in una volta

몰아치다 ① [한 곳으로] spingere tutto a un lato ② [급하게] fare tutt'a un tratto, cacciare in gran fretta

몰염치 沒廉恥 impudenza, spudoratezza, svergognatezza **-하다** (essere) svergognato, spudorato, impudente ¶ 몰염치하게도 svergognatamente, spudoratamente, impudentemente

몰이 [사냥의] caccia **-하다** dare la caccia, mettersi all'inseguimento, correre dietro a ql.cu

몰이해 沒理解 incomprensione, mancanza di comprensione

몰인정 沒人情 inumanità, disumanità **-하다** (essere) inumano, disumano, spietato

몰입 沒入 ① [빠짐] devozione, dedizione, assorbimento ② [몰수] confiscazione, dedicarsi

몰지각 沒知覺 indiscrezione **-하다** essere indiscreto

몰취미 沒趣味 **-하다** mancare di gusto, essere secco

몰하다 歿- morire, spegnersi

몸 ① [신체] corpo, [체격] fisico, corporatura ¶ 몸이 큰 grande // 몸이 호리호리한 snello, magro, esile // 몸이 뚱뚱한 corpulento, grasso // 몸이 약하다 essere di debole costituzione // 몸이 건강하다 essere di forte costituzione // 몸을 닦다 lavarsi ② [건강]

salute ¶ 몸이 편치 않다 non essere in forma // 몸 조심하다 curarsi // 건강에 좋다 fa bene alla salute ③ [몸통] corpo, tronco ④ [사람 자신] se stesso ¶ 내 몸 io stesso // 몸을 의지하다 appoggiarsi a // 몸을 팔다 prostituire // 몸을 바치다 dedicarsi ⑤ [지위, 신분] posizione, condizione sociale

몸가짐 comportamento, atteggiamento ¶ 몸가짐이 얌전하다 comportarsi bene

몸값 [화대] il denaro pagato per la prostituzione, [포로 따위의] riscatto ¶ 사람을 억류하고 몸값을 요구하다 tenere in ostaggio

몸나다 ingrossare

몸단장 decorazione **-하다** vestirsi

몸달다 essere impaziente(=ansioso) di

몸두다 stare, rimanere, restare

몸뚱이 corpo, corporatura

몸매 figura

몸부림 lotta **-하다** agitarsi, lottare, contorcersi ¶ 고통으로 몸부림치다 contorcersi per dolore

몸살 soffrirsi di fatica

몸서리 brivio, disgusto ¶ 몸서리치다 rabbrividire, disgustarsi, essere disgustato ¶ 고통스런 장면에 몸서리치다 rabbrividire allo spettacolo doloroso

몸소 in persona, personalmente

몸수색 -搜索 perquisizione personale **-하다** perquisire, frugare

몸져눕다 essere costretto a letto ¶ 감기로 몸져눕다 essere costretto con l′influenza

몸조리 -調理 **-하다** prendersi cura della propria salute

몸조심 -操心 [건강에] prendersi cura della propria salute, comportarsi bene ¶ 병에 걸리지 않도록 몸조심하다 prendersi cura di non ammalarsi

몸집 corpo, corporatura, fisico ¶ 몸집이 크다 essere di corporatura grossa

몸짓 gesto **-하다** fare un gesto, gesticolare

몸채 grosso

몸치장 -治裝 **-하다** mettersi elegante

몸통 torace

몸풀다 fare venire al mondo, partorire

몸피 fisico, corporatura

몹쓸 cattivo, malvagio, malizioso ¶ 몹쓸 짓 misfatto

몹시 molto, severamente, gravemente, forte, terribilmente, [과도] smodatamente, eccessivamente, esageratamente, [극도] estremamente ¶ 비가 몹시오다 piovere a dirotto // 몹시 취하다 essere ubriaco eccessivamente

못[1] [연못] stagno, laghetto

못[2] chiodo, vite(나사못) ¶ 못박다 inchiodare, conficcare un chiodo // 못을 뽑다 estrarre(=levare) un chiodo

못[3] [손발의] callo, callosità ¶ 발바닥의 못 callosità della pianta di un piede

못[4] non, neanche, non potere, non volere ¶ 못 가겠다 Io non posso andare.

못나다 ① [용모가] essere brutto ② [어리석다] (essere) stupido, sciocco ¶ 못난 짓 stupidità, atto stupido

못난이 stupido, sciocco, semplicione

못내 per sempre, sempre ¶ 못내 잊지 못하다 non dimenticare mai

못되다 ① [미완] non essere finito ② [미달] essere sotto, essere a corto di ¶ 20세가 못되다 essere sotto venti anni ③ [건강, 상태] sembrare povero, essere giù di forma, peggiorare ④ [악하다] (essere) cattivo, malvagio ¶ 못되게 굴다 comportarsi male

못마땅하다 [사물이 주어] (essere) poco soddisfacente, insufficiente, spiacevole, sgradevole, [사람이 주어] essere scontento di ¶ 못마땅한 기색이다 sembrare scontento

못박이다 ① [손발에] avere i calli ¶ 손(발)에 못이 박히다 avere i calli alle mani (ai piedi) ② [가슴에] offendersi

못본체하다 fingere di non vedere, chiudere un occhio su, [돌보지 않음] snobbare, trascurare

못살게 굴다 tormentare

못생기다 essere brutto

못쓰다 ① [행위, 사람] (essere) cattivo, malvagio ¶ 몹쓸 짓 malvagità ② [사물] (essere) inferiore, scadente

못자리 ① [묘판] vivaio ② [씨 뿌리기] seminare i semi di risi

못지 않다 non essere inferiore (a)

못질 inchiodatura **-하다** inchiodare, conficcare un chiodo

못하다[1] [불능] non potere, essere impossibile, [부정] non essere ¶ 너무 어려워서 나는 못한다. Così difficile che non lo posso fare. // 물이 맑지 못하다 L'acqua non è chiara.

못하다[2] [일등] essere inferiore, essere peggio di

몽고 Mongolia

몽글몽글하다 essere grumoso, essere bitorzoluto

몽니 ¶ 몽니 궂은 maligno, avaro // 몽니 부리다 comportarsi male

몽땅 tutto, completamente, pienamente

몽당비 scopa consunto

몽당치마 gonna corta e consunta

몽똑 -하다 (essere) mozzo, spuntato

몽둥이 bastone, randello ¶ 몽둥이로 때리다 bastonare, randellare // 몽둥이 세례 bastacchiata

몽롱 朦朧 vago **-하다** (essere) vago, indistinto ¶ 몽롱하게 vagamente, indistintamente

몽매 夢昧 ignoranza **-하다** (essere) ingnorante, incivile, barbaro

몽블랑산 -山 monte bianco

몽상 夢想 sogno, visione **-하다** sognare, immaginare ¶ 몽상가 sognatore/ sognatrice

몽실몽실하다 (essere) bene in carne, gonfio, bagguto

몽유병 夢遊病 【의학】 sonnambulismo * **-자** sonnambulo(a)

몽조 夢兆 sogno, il segno di un sogno

몽치 bastone, sbarra

몽타아지 montaggio
몽톡하다 essere spuntato, non essere tagliato
몽혼 夢昏 【의학】 anestesia
몽환 夢幻 sogno e fantasma, visione ¶ 몽환의 sognante, fantastico
뫼 ① [산] montagna, collina ② [무덤] tomba, sepolcro
묘 tomba, sepolcro
묘 墓 [현묘 (玄妙)] mistero, miracolo, [교묘] abilità ¶ 묘를 터득하고 있다 (essere) abile, esperto
묘 廟 [문묘] sepolcro, [종묘] mausoleo
묘계 妙計 piano ingegnoso
묘기 妙技 abilità raffinata, rappresentazione meraviglioso
묘리 妙理 principio raffinato
묘목 苗木 piantone
묘미 妙味 bello, fascino, incanto
묘방 妙方 ricetta eccellente
묘법 妙法 [처방] metodo eccellente
묘비 墓碑 pietra tombale * **-명** epitaffio
묘사 描寫 descrizione **-하다** descrivere, rappresentare, delineare, [그림으로] disegnare ¶
묘사적 descrittivo // 인물 묘사 caratterizzazione
묘상 苗床 vivaio
묘소 墓所 cimitero
묘수 妙手 [바둑 따위] mossa bella, [사람] esperto, maestro
묘안 妙案 idea meravigliosa
묘약 妙藥 specifico, un eccellente rimedio
묘역 墓域 cimitero
묘연하다 杳然- [멀어서] (essere) lontano, assente, [기억이] essere vago, [소식이] essere ignoto
묘지 墓地 cimitero * **전몰자** - cimitero di guerra **코끼리** - cimitero degli elefanti
묘지 墓誌 epitaffio
묘지기 墓- guardiano del cimitero
묘책 妙策 piano ingegnoso
묘판 苗板 vivaio
묘포 苗圃 vivaio
묘하다 妙- ① [이상] (essere) squisito, raffinato ② [이상] (essere) strano, curioso, misterioso ¶ 묘한 사람 una persona strana, eccentrico
묘혈 墓穴 tomba
무 【의학】 periostio
무 ravanello
무 武 affari militari, [무예] arte militare
무 無 niente, nulla, zero ¶ 무가 되다 finire in nulla
무가당 無加糖 ¶ 무가당의 senza zucchero, naturale
무가치 無價値 inutilità **-하다** essere inutile, essere privo di valore
무간 無間 **-하다** essere intimo ¶ -와 무간하다 essere amico intimo di qlcu.
무간섭 無干涉 non intervento
무감각 無感覺 [무지각] insensibilità, intorpidimento, intirizzimento, [무관심] indifferenza aperta **-하다** (essere) insensibile, insensato, indifferente, privo di sensi, senza conoscenza ¶ 내 다리가 무감각했다 Mi si è intorpidita una gamba.
무강 無疆 eternità, immortalità **-하**

다 (essere) eterno, immortale

무개 無蓋 ¶ 무개의 senza coperchio, aperto, scoperto

무거리 crusca

무겁다 ① essere pesante ¶ 무거운 가방 una valigia pesante ② [신중] (essere) grave, serio, quieto ¶ 입이 무겁다 essere taciturno ③ [우울] essere(sentirsi) depresso ④ [중하다] (essere) grave, severo ¶ 무거운 법 punizione severa ⑤ [증대] (essere) importante, grave ¶ 무거운 책임 responsabilità grave

무게 ① [중량] peso ¶ 무게를 달다 pesare // 무게가 있다 essere pesante // 무게가 1톤 나가다 pesare una tonnellata ② [중요성, 위엄] peso, dignità, importanza ¶ 무게 있는 사람 uomo dignitoso

무결석 無缺席 frequenza regolare (perfetto)

무경쟁 無競爭 ¶ 무경쟁으로 senza competizione

무경험 無經驗 inesperienza ¶ 무경험의 inesperto

무계획 無計劃 **-하다** essere imprevisto, essere casuale

무고 無故 ① ¶ 무고하게 senza ragione ② [탈 없음] **-하다** non c'è problema, non avere dei disturbi, essere salvo ¶ 무고히 fuori pericolo, senza rischi, [병 없이] bene, sano

무고 無辜 innocenza **-하다** essere innocente

무고 誣告 **-하다** calunniare, diffamare * **-죄** calunnia, diffamazione

무곡 舞曲 danza

무골충 無骨蟲 ① [벌레] verme che non ha l'osso ② [사람] uomo insulso

무공 武功 impresa militare

무과 武科 esame militare

무관 武官 ufficiale militare

무관 無關 non avere rapporto, essere senza rapporto ¶ 너와는 무관한 일이다. Non sono affari tuoi!

무관심 無關心 indifferenza **-하다** essere indifferente ¶ 무관심한 체하다 fingere di essere indifferente

무교육 無敎育 ¶ 무교육의 senza istruzione, incolto * **-자** persona senza istruzione, analfabeta, illetterato

무구 無垢 purezza, innocenza **-하다** (essere) puro, innocente, sicuro, impeccabile

무국적 無國籍 perdità di nazionalità * **-자** persona snazionalizzata

무궁 無窮 eternità, infinità -하다 (essere) eterno, infinito ¶ 무궁토록 eternamente, infinitamente

무궁무진 無窮無盡 **-하다** (essere) infinito, illimitato, senza fine, inesauribile

무궤도 無軌道 ¶ 무궤도의 senza rotaia, senza binario, [벗어난] eccessivo

무균 無菌 【의학】 asepsi ¶ 무균의 sterilizzatrice

무근 無根 ¶ 무근의 infondato, senza fondamento

무급 無給 ¶ 무급의 non retribuito

// 무급으로 일하다 lavorare senza paga // 무급 휴가 ferie non pagate

무기 武器 arma * **-고** armamentario

무기 無期 ¶ 무기의 indefinito

무기 無機 ¶ 무기의 inorganico * **-화학** chimica inorganica -화합물 composto inorganico

무기력 無氣力 snervamento, letargo **-하다** (essere) snervante, letargico, languido

무기명 無記名 ¶ 무기명의 non registrato * **-투표** votazione segreta

무기징역 無期懲役 l′ergastolo

무기한 無期限 un periodo indefinito ¶ 무기한의 senza fine, indefinito // 무기한 연기되다 essere rimandato indefinitamente

무난 無難 ① [쉬움] facilità ② [안전] sicurezza ③ [난점이 없음] passibilità **-하다** (essere) facile, semplice, [안전] essere sicuro, [난점이 없음] (essere) passabile, accettabile ¶ 그는 무난히 그의 임무을 수행했다 Lui ha fatto il suo dovere senza difficoltà.

무남독녀 無男獨女 figlia unica

무너뜨리다 tirare giù, stendere a terra, demolire, buttar giù ¶ 다리를 무너뜨리다 demolire un ponte

무너지다 crollare, cadere, cedere

무념 無念 libertà da distrazione * **무념무상** un impassibile stato di mente

무능 無能 incapacità, inabilità **-하다** essere incapace di, essere incompetente * -자 incompetente

무늬 disegno, figura

무단 無斷 ¶ 무단의 [허가 없이] senza permesso, [예고 없이] senza avvertimento * **-결석** assenza senza permesso

무담보 無擔保 ¶ 무담보의 senza garanzia // 무담보로 돈을 꾸어주다 prestare senza garanzia // 무담보 대부 prestito senza garanzia

무당 巫堂 strega

무당벌레 【곤충】 coccinella

무대 舞臺 [연극의] palco, piattaforma, palcoscenico, [활동의] sfera, arena ¶ 무대를 처음 밟다 debuttare, fare il proprio debutto // 무대에 들어가다 entrare in scena // 무대에서 나오다 uscire dalla scena * **-감독** direttore di scena

무더기 mucchio, cumulo ¶ 무더기로 쌓이다 accumularsi

무던하다 ① (essere) generoso, di mente aperta ② [충분하다] (essere) abbastanza, sufficiente

무던히 ① generosamente, gentilmente ② [어지간히] abbastanza, piuttosto, notevolmente

무덤 tomba ¶ 요람에서 무덤까지 dalla culla alla tomba // 가족 무덤 tomba di famiglia

무덥다 essere afoso ¶ 무더운 하루 una giornata afosa

무도 舞蹈 ballo, danza * **-곡** musica da ballo **-홀** sala da ballo **-화** scarpetta da ballo **-병** ballo di S. Vito

무독 無毒 **-하다** essere innocuo

무두장이 conciatore

무두질 conciatura **-하다** conciare
무뚝뚝하다 (essere) brutale, brusco ¶ 무뚝뚝한 어조 tono brusco
무디다 ① [칼날이] non essere tagliente, essere spuntato ¶ 무딘 연필 matita spuntata // 무딘 칼날 una lama non tagliente ② [둔하다] (essere) lento, ottuso, insulso ¶ 무딘 사람 una persona insulsa ③ [말씨가] (essere) brutale, brusco
무람없다 (essere) scortese, sgarbato, impudente, maleducato
무량 無量 **-하다** (essere) infinito, incommensurabile
무럭무럭 ① [성장] rapidamente ② [냄새, 연기가] densamente
무려 無慮 molti, tanti ¶ 모임에 무려 100명이 참석했다. Alla riunione c'erano ben 100 persone.
무력 無力 **-하다** (essere) impotente, incapace, incompetente
무력 武力 le forze armate, potere militare ¶ 무력에 호소하다 ricorrere alla violenza // 무력 간섭 un intervento armato
무렵 quando, tempo, momento
무례 無禮 **-하다** (essere) scortese, sgarbato, maleducato, impudente ¶ 무례한 짓을 하다 essere maleducato con ql.cu
무뢰한 無賴漢 mascalzone, manigoldo, tepista, bricconcello
무료 無聊 noia **-하다** essere noioso, annoiarsi ¶ 무료함을 달래다 ammazzare (vincere) la noia
무료 無料 ¶ 무료의 gratis, gratuito // 무료로 gratuitamente // 무료입장 ingresso gratis
무루 無漏 senza eccezioni
무르다[1] ① [연하다] (essere) morbido, tenero, molle ② [마음이] (essere) debole, infermo
무르다[2] [물러지다] (diventare) morbido, tenero
무르다[3] restituire, rimborsare ¶ 관객들에게 표값을 무르다 rimborsare gli spettatori del prezzo del biglietto
무르익다 ① [과실 따위가] maturare ¶ 무르익은 곡식 grano maturo ② [시기가] maturare ¶ 기회가 무르익고 있다 I tempi stanno maturando.
무르춤하다 fermarsi, arrestarsi, ritrarsi da
무릅쓰다 rischiare, arrischiare, osare ¶ 성공하려면 종종 위험을 무릅쓸 필요가 있다. Per riuscire, spesso bisogna arrischiare
무릇 in genere, nel complesso
무릎 ginocchio ¶ 무릎을 꿇다 piegare le ginocchia, [굴복하다] mettere in ginocchio, cedere, arrendersi
무리 ① [한패] banda, gruppo, truppa, comitiva ¶ 무리를 짓다 mettersi in gruppo ② [철] stagione ¶ 청어무리 la stagione della aringa
무리[1] [해, 달의] aureola, alone
무리[2] 無理 ① **-하다** (essere) irrazionale, irragionevole, innaturale ¶ 무리한 요구 pretesa irragionevole // 그가 당신을 나무라는 것도 무리가 아니다 Ha ragione di rimproverarti. ② [강

제] ¶ 무리하게 con la forza // 무리하게 잡아당기다 tirare con la forza ③ [불가능] **-하다** essere impossibile ¶ 무리한 일을 하다 fare l'impossibile ④ [과도] **-하다** (essere) eccessivo, smodato ¶ 무리하게 일하다 lavorare troppo

무마 撫摩 **-하다** [손으로] accarezzare, dare dei colpetti leggeri, [달래다] calmare, alleviare, convincere, convincere a fare placare

무망중 無妄中 inaspettatamente, senza preavviso

무면허 無免許 ¶ 무면허의 senza licenza

무명 cotone * **-실** filato di cotone

무명 無名 anonimo ¶ 무명의 senza nome, sconosciuto, ignoto, [익명의] anonimo ¶ 무명 용사 il Milite Ignoto

무명지 無名指 anulare

무모 無謀 **-하다** (essere) imprudente, incosciente, spericolato ¶ 무모하게 imprudentemente

무미 無味 **-하다** (essere) insipido, di cattivo gusto, prosaico ¶ 무미건조하다 (essere) prosaico, asciutto

무반주 無伴奏 ¶ 무반주의 senza accompagnamento

무방 無妨 **-하다** far del mal, non importare ¶ 무방하다면 se non ti dispiace

무방비 無防備 ¶ 무방비의 inerme, indifeso

무법 無法 **-하다** non conoscere nessuna legge, (essere) ingiusto, irragionevole * **-자** fuorilegge, bandito **-천지** anarchia

무변 武弁 militare, soldato, guerriero

무변 無邊 **-하다** (essere) illimitato, sconfinito, infinito

무변화 無變化 immutabilità, [단조] monotonia ¶ 무변화의 immutabile, monotono

무보수 無報酬 ¶ 무보수의 gratuito, gratis // 무보수로 gratuitamente

무분별 無分別 indiscrezione, imprudenza **-하다** (essere) indiscreto, imprudente ¶ 무분별하게 행동하다 agire imprudentemente

무비 無比 **-하다** (essere) disuguale, senza pari, unico

무비판 無批判 ¶ 무비판적 che manca di senso critico

무사 武士 guerriero(a), soldato, cavaliere * **-도** cavalleria

무사 無事 [안전] sicurezza, [평온] pace, tranquilità, quiete, [건강] il stare bene **-하다** (essere) salvo, fuori pericolo, pacifico, tranquillo, [건강] stare bene ¶ 무사히 senza rischi, trnaquillamente, in pace, senza violenza // 무사히 지내다 vivere in pace, stare bene

무사 無私 **-하다** (essere) imparziale, equo, disinteressato

무사마귀 porro

무사분주 無事奔走 **-하다** essere molto occupato per cosa da niente

무사태평 無事泰平 **-하다** (essere) tranquillo, pacifico, accomodante

무산 無産 ¶ 무산의 proletario, senza proprietà // 무산계급 pro-

letariato // 무산자 proletario
무산 霧散 **-하다** dissipare, svanire
무산증 無酸症【의학】acloridria
무상 無上 ¶ 무상의 supremo, massimo
무상 無常 incertezza, transizione, mutazione **-하**다 (essere) incerto, instabile, transitorio
무상 無償 ¶ 무상의 gratis, gratuito
무쌍 無雙 **-하다** (essere) impareggiabile, senza pari, insuperato
무상 출입 無常出入 **-하다** entrare e uscire continuamente, ottenere libero accesso
무색 無色 ① [빛깔] **-하다** essere incolore ¶ 무색 투명한 액체 un liquido incolore e trasparente ② [부끄럼] **-하다** vergognarsi
무생물 無生物 oggetto inanimato ∗ **-계** natura inanimata
무서움 paura, terrore, spavento, orrore ¶ 무서움이 없다 non temere
무서워하다 temere, avere paura (di), spaventarsi ¶ 죽음을 무서워하다 temere la morte, avere paura della morte
무선 전신 無線電信 radio ∗ **-국** stazione radio **-기** apparecchio radio
무선 전화 無線電話 telefono senza fili
무선 조종 無線操縱 radiocomando ¶ **-의** radiocomandato
무섭다 ① [겁나다] temere, avere paura, essere terribile, [사납다] essere feroce ¶ 무서운 괴물 un terribile mostro // 무서운 광경 uno spettacolo spaventoso // 무서운 망령 una tremenda apparizione ② [모질다] (essere) terribile, orribile ¶ 무서운 선생 un maestro terribile // 무섭게 노력하다 fare uno sforzo terribile
무성 茂盛 **-하다** (essere) fitto, folto, spesso, esuberante ¶ 무성한 나무 alberi folti
무성의 無誠意 insincerità **-하다** (essere) insincero, ipocrita, falso, infedele, disonesto
무세 無稅 ¶ 무세의 esentasse, esente da tasse(da imposte)
무소【동물】rinoceronte
무소 부재 無所不在 onnipresenza **-하다** essere onnipresente
무소 부지 無所不知 onniscienza **-하다** essere onnisciente
무소 불능 無所不能 onnipotenza **-하다** essere onnipotente
무소속 無所屬 ¶ 무소속의 indipendente
무소식 無消息 **-하다** non avere notizia di
무쇠 ferro
무수 無數 **-하다** essere innumerevole ¶ 무수히 senza numero, innumerabilmente
무수 無水 ¶ 무수의 anidro ∗ **-산** anidride **-탄산** anidride carbonica
무숙자 vagabondo(a)
무순 無順 senza ordine, a caso
무술 武術 arte militare
무슨 che, quale ¶ 무슨 까닭에 perchè, per quale motivo // 무슨 일이냐? Che cosa succede? // 무슨 일이 있어도 qualsiasi cosa succeda
무승부 無勝負 pareggio ¶ 시합이 무

승부로 끝났다 La partità è finita con un pareggio.
무시 無視 **-하다** ignorare, non tenere conto di, trascurare ¶ 타인의 친절을 무시하다 ignorare le gentilezze altrui
무시로 無時- in qualsiasi momento
무시무시하다 (essere) terribile, spaventoso, tremendo ¶ 무시무시한 광경 uno spettacolo spaventoso
무시험 ¶ 무시험 입학 ammissione senza esame
무식 無識 ignoranza **-하다** (essere) ignorante, illetterato ＊ **-쟁이** illetterato(a), ignorante
무신 武臣 ufficiale militare
무신경 無神經 **-하다** (essere) privo di sensi, ottuso, apatico, indifferente
무신론 無神論 ateismo ¶ 무신론적 ateistico // 무신론자 ateo(a), ateista
무실점 無失點 ¶ 무실점으로 senza perdere un punto
무심 無心 **-하다** (essere) involontario, inconsapevole, distratto, non essere intenzionale ¶ 무심히 senza volerlo, distrattamente
무아 無我 estasi, dimenticanza di sè
무안 無顔 **-하다** (essere) pieno di vergogna, vergognarsi ¶ 무안주다 far sfigurare ql.co
무어 ① che, quale ⇒ 무엇 ② [반문] cosa!, come! ¶ 무어, 커피가 없다고! Come, non c´è caffè!
무언 無言 silenzio **-하다** (essere) silenzioso, muto ¶ 무언중 senza parole, in silenzio, mutamente
무언극 無言劇 pantomina, spettacolo natalizio
무엄 無嚴 **-하다** (essere) imprudente, indiscreto, audace ¶ 무엄하게도 - 하다 essere indiscreto a
무엇 che, qualche cosa, qualcosa ¶ 무엇이나 qualsiasi cosa, qualunque cosa // 무엇보다 più di tutto
무역 貿易 commercio, affari **-하다** fare affari con ql.cu, intrattenere relazioni commerciali con ql.cu ¶ 무역을 진흥하다 promuovere il commercio estero ＊ **-균형** bilancia commerciale **-상** importatore & esportatore **-풍** aliseo
무연 無煙 ¶ 무연의 che non dà fumo // 무연탄 antracite
무연고 無緣故 ¶ 무연고의 senza relazioni
무예 武藝 arte militare
무용 無用 ¶ 무용의 inutile, [불필요한] non neccessario
무용 武勇 valore, coraggio, prodezza
무용 舞踊 danza, ballo **-하다** ballare, danzare ＊ **-단** corpo di ballo
무용지물 無用之物 buono a nulla
무우 ravanello
무우드 umore
무운 武運 fortuna di guerra ¶ 무운을 빌다 augurare buona fortuna alla guerra
무위 無爲 pigrizia, ozio ＊ **-도식** una vita d'ozio
무위 武威 prestigio militare
무의무탁 無依無托 **-하다** essere

incapace, non avere nessuno per dipendere
무의미 無意味 insignificanza **-하다** (essere) senza senso, insignificante
무의식 無意識 l'inconscio ¶ 무의식적으로 inconsciamente, senza rendersi conto, involontariamente, [기계적으로] meccanicamente // 무의식 상태 stato inconscio
무의촌 無醫村 villaggio privo di medico
무이자 無利子 ¶ 무이자로 senza la richiesta dell'interesse // 무이자 대부 prestito gratuito
무익 無益 **-하다** (essere) inutile, futile
무인도 無人島 un'isola deserta, un'isola disabitata
무인지경 無人之境 una regione disabitata
무일푼 ¶ 무일푼이다 essere senza un soldo
무임 無賃 fratuito
무자각 無自覺 ¶ 무자각한 privo di sensi, inconsapevole
무자격 無資格 squalifica, [법] incapacità ¶ 무자격의 squalificato // 무자격자 incompetente, incapace
무자력 無資力 insolvenza
무자본 無資本 ¶ 무자본으로 senza fondi
무자비 無慈悲 **-하다** (essere) spietato, crudele
무작위 추출 표본 campione estratto a sorte
무작정 無酌定 **-하다** (essere) senza scopo, imprudente, avventato ¶ 무작정 imprudentemente, senza scopo, ciecamente
무장 武裝 armi, armamenti **-하다** armare ¶ 무장한 armato // 무장해제하다 disarmare
무장 武將 comandante, generale
무장지졸 無將之卒 esercito senza comandante
무저항 無抵抗 ¶ 무저항의 non resistente
무적 無敵 ¶ 무적의 invincibile
무전 無錢 ¶ 무전여행하다 viaggiare senza denaro, fare l'autostop // 무전여행 viaggio senza denaro
무전 無電 radio
무절제 無節制 smoderatezza **-하다** essere smoderato ¶ 무절제한 욕망 un desiderio smoderato
무절조 無節操 **-하다** (essere) incostante, senza scrupoli
무정 無情 **-하다** (essere) spietato, crudele, insensibile
무정거 無停車 ¶ 무정거의 senza sosta
무정견 無定見 **-하다** (essere) incostante, volubile, non aver un principio fisso
무정부 無政府 anarchia ¶ 무정부의 anarchico // 무정부주의 anarchismo // 무정부주의자 anarchico
무정형 無定型 ¶ 무정형의 informe, senza forma, amorfo
무제한 無制限 illimitatezza ¶ 무제한의 illimitato // 무제한으로 senza limitazioni, liberamente
무조건 無條件 ¶ 무조건의 incondizionato // 무조건으로 incondizionamente, senza condizione // 무조건 받아들이다 accettare

senza riserve // 무조건 항복 resa incondizionata
무종교 無宗教 irreligione ¶ 무종교의 irreligioso, empio, ate
무죄 無罪 innocenza **-하다** essere innocente * **-석방** assoluzione
무주의 無主義 ¶ 무주의의 senza scrupoli
무주택자 senzatetto
무중력 無重力 mancanza di peso
무증거 無證據 mancanza di prove
무지 無知 ignoranza **-하다** (essere) ignorante, illetterato, analfabeta
무지개 arcobaleno
무지근하다 sentire pesante
무지러지다 non essere tagliente, essere spuntato, consumarsi
무지렁이 sciocco, stupido
무찌르다 ① [살육] sterminare, eliminare, soffocare ② [공격] attaccare, assaltare, conquistare
무지막지 無知莫知 **-하다** essere ignorante e maleducato ¶ 무지막지한 짓을 하다 commettere atrocità
무지스럽다 無知- essere ignorante, [우악함] (essere) crudele, maleducato
무직 無職 disoccupazione ¶ 무직이다 essere disoccupato
무진 無盡 **-하다** (essere) interminabile, senza fine, illimitato
무진장 無盡藏 **-하다** (essere) inesauribile, illimitato
무질서 無秩序 disordine **-하다** (essere) disordinato, confuso, caotico
무차별 無差別 indiscrezione ¶ 무차별의 indiscriminato
무착륙 無着陸 diretto senza sosta ¶ 무착륙 비행 un volo diretto
무참 無慘 **-하다** (essere) crudele, spietato, tragico ¶ 무참한 광경 uno spettacolo spaventoso
무참 無慚 **-하다** (essere) pieno di vergogna, vergognarsi, mortificarsi
무채색 無彩色 colore acromatico
무책 無策 mancanza di politica
무책임 無責任 irresponsabilità **-하다** essere irresponsabile
무척 molto, estremamente ¶ 무척 피곤하다 essere molto stanco
무척추 동물 無脊椎動物 invertebrato
무취 無臭 ¶ 무취의 inodore
무취미 無趣味 **-하다** (essere) asciutto, insipido, prosaico
무탈 ¶ 무탈한 sano, in buona salute
무턱대고 ciecamente, imprudentemente, senza ragione
무테 ¶ 무테의 non cerchiati
무통 無痛 ¶ 무통의 indolore // 무통 분만 parto indolore
무표정 無表情 **-하다** (essere) senza espressione, vacuo
무풍 無風 ¶ **무풍의** senza vento, calmo
무학 無學 ignoranza **-하다** (essere) ignorante, illetterato
무한 無限 infinità, illimitatezza ¶ 무한이 infinitamente, eternamente * **-궤도** cingolato **-소** infinitesimale **-량** un'illimitata quantità **-책임** responsabilità illimitata
무한정 無限定 ¶ 무한정(으로) [무기한으로] a tempo indeterminato,

[영구이] eternamente
무해 無害 **-하다** essere innocuo
무허가 無許可 ¶ 무허가 판매 vendità non licenziata
무혈 無血 senza spargimento di sangue
무협 武俠 cavalleria, eroismo
무형 無形 ¶ 무형의 [비물질적] immateriale, [정신적] morale spirituale, [추상적] astratto, [보이지 않는] informe, invisibile ¶ 무형의 재산 proprietà immateriale
무화과 無花果 fico * **-나무** fico
무효 無效 [보람없음] inefficacia, [법적] invalidità, nullità **-하다** (essere) inefficace, futile, vano, invalido ¶ 무효로 하다 annullare // 무효가 되다 diventare nullo
무훈 武勳 impresa militare
무휴 無休 ¶ 무휴이다 non avere le ferie
무희 舞姬 ballerina
묵 gelatina * **도토리** - gelatina di ghianda
묵객 calligrafia(서예가), pittore(화가)
묵계 默契 accordo tacito **-하다** essere d'accordo tacitamente
묵과 默過 connivenza **-하다** chiudere un occhio su, lasciarsi scappare
묵낙 默諾 acquiescenza, consenso tacito **-하다** acconsentire tacitamente
묵념 默念 ① meditazione ② preghiera muta **-하다** meditare, contemplare, pregare mutamente
묵다[1] [오래되다] invecchiare ¶ 묵은 사상 un′idea antiquata
묵다[2] [숙박하다] alleggiare, stare
묵도 默禱 preghiera muta **-하다** pregare mutamente
묵독 默讀 lettura muta **-하다** reggere mutamente
묵례 默禮 inchino muto **-하다** inchinare mutamente
묵묵 默默 **-하다** (essere) silenzioso, muto ¶ 묵묵히 in silenzio, silenziosamente, mutamente
묵살 默殺 **-하다** ignorare, non tenere in nessun conto ¶ 제안을 묵살하다 ignorare una proposta
묵상 默想 meditazione, contemplazione **-하다** meditare, contemplare, rimuginare su
묵시 默示 ① [신의] rivelazione ¶ 묵시록 Rivelazione, Apocalisse ② [암시] implicazione **-하다** insinuare, implicare
묵시 默視 **-하다** chiudere un occhio su, tollerare
묵은 해 l'altro anno, l'anno passato
묵인 默認 connivenza, consenso tacito **-하다** chiudere un occhio su
묵주 默珠【카톨릭】rosario
묵지 墨紙 carta carbone
묵직이 pesantemente
묵직하다 ① essere pesante ② [언행이] (essere) grave, serio
묵화 墨畵 un dipinto ad inchiostro di china
묵히다 lasciare non usato
묶다 legare, allacciare, raccogliere in un fascio ¶ 개를 줄에 묶다 legare il cane alla catena // 배를 부두에 묶다 legare la barca al

molo
묶음 fascio, mazzo, grappolo ¶ 장작 묶음 fascio di legna
문 文 ① [문장] proposizione, periodo ② [학문] lettera
문 門 ① [입구] uscita, porta ¶ 문을 열다 aprire la porta, [기회] dare l'opportunità ② [부류] sezione, reparto ③ [생물] divisione(식물)
문 問 problema ⇒ 문제 ¶ 제 3문 il terzo problema
문간 門間 entrata, ingresso, porta
文匣 cassapanca
문고 文庫 ① [서고] biblioteca ② [총서] biblioteca ¶ 아동문고 biblioteca per ragazzi
문고리 maniglia
문과 文科 ① [교육] lettere ② [옛 시험제도] esame d'amministrazione pubblica
문관 文官 civile borghese, funzionario statale, amministrazione pubblica(총칭)
문교 文教 educazione * **문교부** Ministero dell′Istruzione Pubblica 문교부 장관 ministro dell′Istruzione Pubblica
문구 文句 passaggio, paragrafo, frase, [표현] espressione
문구멍 un buco nella porta
문단 文壇 il mondo letterario
문단속 門團束 **-하다** chiudere bene la porta
문답 問答 domanda e risposta, dialogo **-하다** catechizzare(교리를), dialogizzare
문대다 strofinare
문둥병 -病 lebbra ¶ 문둥병 환자 lebbroso // 문둥병 환자 수용소 lebbrosario
문드러지다 suppurare, decomporsi
문득, 문뜩 improvvisamente, all′improvviso, di colpo, inaspettatamente ¶ 문득 생각하다 improvvisamente viene in mente
문란 紊亂 disordine, confusione, corruzione **-하다** essere in disordine ¶ 문란케하다 disordinare, corrempere
문례 esempio
문리 文理 ① [문과와 이과] lettere e scienze ② [문맥] contesto ③ [이치를 깨달음] comprensione * **문리학부** facoltà di lettere e scienze
문맥 文脈 contesto ¶ 문맥상의 contestuale
문맹 文盲 analfabeta, ignoranza, [사람] analfabeta, illetterato * **-하다** una crociata contro analfabeta
문명 文明 civiltà, cultura ¶ 문명의 civilizzato, civile * **-사회** società civilizzata **물질-** la civiltà materiale **서양-** la civiltà occidentale
문묘 文廟 tempio confuciano
문무 文武 [일] affari civili e militari, la spada e la penna * **-백관** funzionari civili e militari
문물 文物 civiltà, cultura
문밖 門- ① [대문밖] all′aperto, all′aria aperta ② [성문밖] sobborghi, periferia ¶ 서울 문 밖에 살다 abitare in periferia di Seoul
문방구 文房具 oggetti di cancelleria * **-점** cartoleria
문벌 門閥 famiglia, linea ¶ 문벌이

좋은 사람 l'uomo di buona nascita
문법 文法 grammatica ¶ 문법의 grammaticale // 문법에 맞다 essere corretto grammaticamente
문병 visita a un malato **-하다** fare una visita ad un malato, andare in vista da un malato
문사 文士 letterato, scrittore
문상 問喪 condoglianze
문서 文書 documento, archivio, scritto ¶ 문서로 in(per) scritto * **-보관소** archivio **위조-** documento contraffatto **-철** cartella
문설주 門- pilastrino del cancello
문소리 un suono alla porta
문신 文身 tatuaggio **-하다** tatuare
문안 門- ① [문의 안] all'interno, in casa ② [성의 안] in centro della città ¶ 문안에 살다 abitare in centro della città
문안 問安 visita di cortesia **-하다** fare una visita di cortesia
문안 文案 abbozzo ¶ 문안을 작성하다 stendere, abbozzare
문어 文語 lingua scritta, linguaggio letterario
문어 文魚 piovra
문예 文藝 letteratura(문학), arte e letteratura(문학 예술) * **-비평** critica letteraria **-부흥** Rinascimento
문외한 門外漢 estraneo, outsider
문우 門友 amico letterario
문원 文苑 [문단] il mondo letterario
문의 問議 domanda, richiesta di informazioni **-하다** informarsi (di o su)
문인 文人 letterato
문자 文字 ① [글자] carattere, lettera, alfabeto ② [구, 관용구] locuzione, frasi idiomatiche ¶ 문자 그대로 letteralmente, alla lettera
문장 文章 [작문] composizione, [논문] saggio, articolo, [문체] stile * **-론** sintesi **-가** un bravo scrittore
문재 文才 talento letterario
문전 門前 questione, problema, [제목] soggetto, argomento ¶ 사회 문제 un problema sociale // 금전 문제 questioni finanziarie // 문제 삼다 mettere(porre) in questione // 문제의 인물 la persona in questione // 문제를 제기하다 proporre una questione
문죄 問罪 accusa **-하다** accusare qlcu (di)
문중 門中 famiglia, clan
문지기 門- portiere, custode, bidello
문지르다 sfregare, strofinare ¶ 문을 문지르다 sfregare gli occhi
문지방 門地枋 soglia
문진 文鎭 fermacarte
문책 問責 censura, condanna **-하다** censurare, rimproverare, condannare ¶ 문책받다 essere rimproverato
문체 文體 stile ¶ 우아한 문체 stile elegante // 문체론 stilistica
문초 問招 interrogazione, ispezione **-하다** interrogare, ispezionare
문턱 soglia
문투 文套 stile letterario
문틈 fessura fra le parti della porta

문패 門牌 targa ¶ 대문에 문패를 붙이다 applicare sulla porta di casa una targa con il proprio nome

문필 文筆 scrittura * **-가** letterato, scrittore

문하생 門下生 discepolo, studente, seguace

문학 letteratura * **-개론** introduzione alla letteratura **-사** laurea in lettera **-자** letterato **-운동** movimento letterario **-잡지** rivista letteraria

문헌 文獻 documenti, bibliografia * **-학** filologia

문호 文豪 un grande scrittore

문호 門戶 porta ¶ 문호를 개방하다 aprire la porta // 문호개방정책 porta aperta

문화 文化 cultura, civiltà * **-사** la storia della civiltà **-사절** missione culturale **-수준** livello culturale **-협회** associazione culturale **-활동** attività culturale **-제** festival culturale **-재** beni culturali

묻다[1] ① [파묻다] seppellire ¶ 죽은 사람을 묻다 seppellire un morto ② [감추다] coprire, nascondere, tenere nascosto

묻다[2] macchiarsi, sbavare ¶ 루주가 묻다 il rossetto sbava

묻다[3] ① [질문하다] domandare, interrogare ② [안부, 소식 따위] domandare(chiedere) notizie di

묻히다[1] sbavare, macchiare

묻히다[2] seppellirsi, nascondersi ¶ 눈에 묻히다 essere isolato a causa della neve // 시골에 묻혀 살다 seppellirsi in campagna

물[1] ① acqua ¶ 수돗물 acqua corrente // 물 한 잔을 마시고 싶다 Vorrei un bicchiere d′acqua ② [액체] liquido, fluido ③ [홍수] inondazione

물[2] colore, colorante, tintura ¶ 물을 들이다 tingere // 물들인 머리 capelli tinti // 금발물을 들이다 farsi biondo // 빨갛게 물들이다 tingere di(in) rosso

물가 riva, sponda, spiaggia, costa

물가 物價 i prezzi ¶ 물가 조절 controllo dei prezzi

물갈래 [지류] ramo, [분기점] biforcazione, bivio

물갈퀴 membrana interdigitale, palmato

물감 colorante ¶ 물감을 들이다 tingere

물개 【동물】 foca ¶ 물개 가죽 pelle di foca

물거품 bolla, schiuma

물건 [물품] cosa, articolo, oggetto ¶ 물건이 좋다 essere di buona qualità

물것 insetto pungente

물결 onda ¶ 잔물결 increspatura // 큰 물결 impeto, ondata // 물결을 가르며 나아가다 tagliare l'onda // 물결을 타다 seguire l'onda

물결치다 ondare ¶ 물결치는 머리 capelli a onde

물경 straordinariamente

물계 物- prezzo corrente(시가)

물꼬 chiusa ⇒ 수문

물고 物故 ¶ 물고나다 morire

물고기 pesce ¶ 물고기 장수 pescivendolo

물고 늘어지다 ① [입으로] dare un morso a qualcosa e tenere ② [집요하게] attaccarsi
물고동 rubinetto ¶ 물고동을 틀다 aprire il rubinetto dell′acqua
물곬 ¶ 도랑에 물곬을 내다 far scolare
물구나무서다 mettere in piedi ¶ 물구나무서기 verticale(체조)
물구덩이 pozza, pozzanghera
물굽이 curva, gomito ¶ 물굽이 지다 fare un gomito
물권 物權 diritti reali
물끄러미 vacuamente, vuotamente, distrattamente, assentemente
물금 【화학】 amalgama
물기 -氣 umidità ¶ 물기가 있다 essere umido
물기름 brillantina
물난리 ① [수재] inondazione ② [식수난] problema dalla scarsità d′acqua
물납 物納 pagamento in natura **-하다** pagare in natura
물너울 mare lungo, cavallone,
물놀이하다 sguazzare nell'acqua
물다[1] ① [깨물다] mordere ② [물것이] mordere ③ [이권 따위를] prendere ④ [입에] tenere in bocca ⑤ [톱니바퀴 따위가] innestare ¶ 맞물고 있는 톱니바퀴 ingranaggi innestati
물다[2] ① [갚다] pagare ¶ 세금을 물다 pagare le tasse ② [손해를] compensare, indennizzare ¶ 손해를 물어주다 indennizzare ql.cu di (per) un danno
물독 vaso d′acqua
물들다 ① [빛깔이] tingersi ¶ 잘 물들다 tingere bene ② [오염] macchiarsi ¶ 피로 물들다 macchiarsi di sangue ③ [감염] infangarsi, macchiarsi ¶ 악에 물들다 infangarsi nel vizio
물들이다 tingere ¶ 천을 녹색으로 물들이다 tingere una stoffa di(in) verde
물량 物量 la quantità totale di materiali
물러가다 ① [뒤로] ritrarsi, tirarsi indietro ¶ 한걸음 뒤로 물러가다 fare un passo indietro ② [떠나다] allontanarsi (da), ritirarsi (da), andarsene (da), [사직] dimettersi (da) ¶ 공직에서 물러가다 dimettersi da un pubblico impiego
물러나다 ① [어긋나다] allentarsi ② [후퇴] ritrarsi, tirarsi indietro, ritirarsi ¶ 정치에서 물러나다 ritirarsi dalla politica
물러서다 ① fare un passo indietro ② [사임] dimettersi
물러 앉다 ① [뒤로] spostare indietro ② [지위에서] dimettersi, ritirarsi
물렁하다 ① (essere) morbido, troppo maturo ¶ 감이 익어 물렁하다 Il caco è maturo e succoso. ② [성질] (essere) morbido, tenero ¶ 물렁한 사람 un uomo flaccido
물레 filatoio
물레방아 mulino ad acqua
물려받다 ereditare, prendere il lavoro di qn. ¶ 부친의 재능을 물려받다 ereditare l'ingegno paterno
물려주다 trasferire, abdicare(왕위

를), passare, cedere
물려지내다 essere alla mercè di qlcu., essere succube di qlcu.
물력 物力 forza fisica, potenza materiale
물론 勿論 certo, naturalmente
물리 物理 fisica ¶ 물리적 fisico // 물리요법 fisioterapia
물리다[1] [싫증나다] essere stufo (di), essere saziato ¶ 물리도록 먹다 fare il pieno
물리다[2] [익히다] ammorbidire
물리다[3] ① [미루다] rimandare, rinviare ② [옮겨 놓다] voltare, spostare ③ trasferire, abdicare, cedere
물리다[4] [치우다] mettere via
물리다[5] [쫓다] spingere, espellere, dissipare
물리다[6] far pagare, far compensare
물리다[7] ① [거절] declinare, rifiutare, respingere ¶ 요구를 거부하다 respingere una domanda ② [격퇴] ributtare indietro, respingere ¶ 적을 물리치다 respingere i nemici ③ [사람을] tenere lontano da
물리학 物理學 fisica ¶ 물리학적 fisico // 물리학자 fisico // 핵물리학 fisica nucleare
물망 物望 favore popolare
물망초 勿忘草 【식물】 nontiscordardimè
물매[1] ¶ 물매맞다 essere frustato molto
물매[2] [경사] pendio, versante
물멀미 mal di mare
물목 物目 catalogo, lista di articoli
물물교환 物物交換 **-하다** barattare ¶ 커피와 달걀을 물물교환하다 barattare caffè con uova
물미 scarpa
물밀다 alzarsi, salire ¶ 물밀 때 alta marea
물밑 [바닥] il fondo del fiume, il fondo del mare
물방아 [물레방아] mulino ad acqua
물방앗간 mulino ad acqua
물방울 goccia d'acqua
물벼락 ¶ 물벼락 맞다 infradiciare
물병 bottiglia d´acqua
물보라 spruzzi
물부리 ① [담뱃대의] imboccatura ② [궐련의] bocchino
물분 trucco liquido
물비누 sapone liquido, lusinghe
물산 物産 ① [사물] oggetto ② [현상] fenomeno materiale ③ [학과] scienze, fisiche
물새 uccello d´acqua
물색 物色 **-하다** ① [찾다] cercare dappertutto, perquisire ¶ 집을 물색하다 perquisire una casa ② [고르다] scegliere, selezionare
물샐틈없다 ① essere stagno ② [완벽하다] (essere) preciso, rigido
물소 【동물】 bufalo
물속 in acqua
물쑥 【식물】 artemisià
물쓰듯하다 spendere molto
물시계 orologio ad acqua
물씬하다 ① (essere) morbido, tenero ② [냄새가] profumarsi
물심 物心 ¶ 물심양면으로 entrambi materialmente e moralmente(fisicamente e spiritualmente)
물안경 occhiali da bagno
물약 medicina liquida

물어내다 ① portare via in bocca (짐승이), far uscire di contrabbando ② [누설] spifferare ③ [변상] compensare
물어넣다 rimborsare
물어떼다 staccare con un morso
물어뜯다 mordere, staccare con un morso
물어보다 [묻다] domandare, interrogare, [조회] riferirsi a, chiedere informazioni, informarsi ¶ 가격을 물어보다 domandare il prezzo
물어주다 pagare, compensare
물엿 melassa
물오르다 ① [초목에] crescere ② [가난한 사람이] diventare ricco, fare soldi
물오리 【새】 anatra selvatica
물욕 物慾 desiderio materiale
물위 ① [수면] superficie del mare o di altre distese di acque ¶ 빙산이 물위에 떠있다 Il ghiaccio galleggiano sull′acqua.
물음 questione, domanda * **-표** punto interrogativo
물의 物議 scandalo, problemi, critica pubblica ¶ 물의를 일으키다 sollevare scandalo
물자 物資 [상품] prodotti, [원료] materiali, [자원] risorsa ¶ 물자를 보급하다 fornire, approvvigionare // 생활물자 prodotti vitali
물장구 lo sguazza con le mani o i piedi nell'acqua
물장난 ① [어린이의] lo squazzare con ② [홍수] inondazione **-하다** sguazzare nell′acqua
물적 物的 materiale ¶ 물적 증거 prove materiali
물정 lo stato di cose, [세상 인심] sentimento pubblico ¶ 세상 물정에 어둡다 essere ignorante di mondo
물주 ① [자본주] finanziatore (finanziatrice) ② [노름의] banchiere
물주다 innaffiare(식물에), abbeverare(말, 소등에)
물줄기 ① [흐르는] corso d'acqua, corrente, flusso ② [분출하는] getto d'acqua
물지게 telaio per portare acqua
물질 materia, sostanza ¶ 물질적인 materiale * **-계** mondo materiale **-명사** sostantivo materiale **-문명** civiltà materiale **-주의** materialismo
물집 vescica ¶ 물집이 생기다 produrre vesciche
물체 物體 corpo, oggetto
물컥 terribilmente, con un forte puzzo ¶ 달걀 썩은 냄새가 물컥나다 puzzare di uova marce
물컹이 ① [물컹한 것] cosa morbida ¶ 물컹이 봉숭아 pesca troppo matura ② [사람] rammollito(a), persona dal cuore tenero
물통 secchio dell′acqua
물표 物標 biglietto, certificato
물품 物品 [물건] oggetto, articolo, [상품] prodotti
물화 物貨 prodotti, merce
묽다 ① essere acquoso ¶ 묽은 우유 latte acquoso ② [사람이] (essere) debole, tenero
뭇 [여러] molto, numeroso, tutti ¶ 뭇 사람이 다 그를 칭찬한다 Tutte

le persone lo lodano.
뭇매 botte ¶ 뭇매를 때리다 riempire ql.cu di botte
뭇발길 ¶ 뭇발길을 하다 dare calci
뭇소리 pettegolezzi
뭇입 rimprovero pubblico
뭉개다 ① [짓이기다] schiacciare, sbriciolare ② [갈팡질팡] non sapere come fare, rovinarsi
뭉개다 [자리에서] ciondolare, bighellonare
뭉개뭉개 a fette grosse
뭉그러뜨리다 schiacciare, crollare, cadere ¶ 감자를 뭉그러뜨리다 schiacciare patate
뭉그러지다 schiacciarsi, cadere
뭉뚝하다 (essere) tozzo, mozzo, non tagliente ¶ 뭉뚝한 연필 matita spuntata
뭉실뭉실하다 (essere) bene in carne, gonfio
뭉치 ① fagotto, fascio, mucchio ¶ 서류뭉치 un fascio di documenti ② [쇠고기의] fetta
뭉치다 ① [덩이지다] mettere insieme, fare zollette ② [단결] unirsi ¶ 뭉쳐서 in massa ③ [타동사] adunare, [단결] unire
뭉클뭉클하다 essere grumoso
뭉클하다 ① [먹을 것이] essere pesante sullo stomaco ② [감동] avere un nodo alla gola
뭉키다 [덩이지다] fare zollette
뭉툭하다 (essere) mozzo, spuntato, non essere tagliente
뭍 terra, spiaggia(배에서 본)
뭐 che ⇒ 무엇
뮤지컬 musical
-므로 perché, per ¶ 그는 아팠으므로 오지 못했다 Lui non è venuto perché era ammalato.
미 美 bellezza, bello, grazia ¶ 자연미 bellezza naturale // 육체미 bellezza fisica
미- 未 in-, non ¶ 미완성 incompiuto
미가 米價 il prezzo di riso
미가공 未加工 ¶ 미가공의 crudo
미각 味覺 palato, sapore, gusto ¶ 미각을 돋으는 음식 aperitivo, cibo che stuzzica il palato
미간 眉間 il centro del fronte
미간지 未墾地 terra selvaggia
미개 未開 ① [야만] **-하다** (essere) selvaggio, incivile, barbaro ② [꽃 따위가] **-하다** non essere in fiore, non fiorire * **-국** paese incivile **-인** barbaro
미개간지 未開墾地 una terra selvaggia
미개발 未開發 ¶ 미개발의 non sfruttato, sottosviluppato
미개척 未開拓 ¶ 미개척의 non sfruttato, sottosviluppato
미거 未擧 lodevole atto
미결 未決 ¶ 미결의 non risolto, incerto, instabile
미곡 米穀 riso
미공인 未公認 ¶ 미공인의 ufficioso, non autorizzato
미관 美觀 bello spettacolo
미관 微官 [관직] ufficio inferiore, [관리] ufficiale inferiore
미관 味官 l'organo del gusto
미구 未久 ¶ 미구에 subito, tra poco, in un prossimo futuro
미국 美國 America, gli Stati Uniti ¶ 미국의 americano // 미국인

americano

미군 美軍 l'armata degli Stati Uniti

미궁 迷宮 labirinto, dedalo, mistero

미균 微菌 bacillo, batteri, germe, microbo * **-학** batteriologia

미끄러지다 scivolare, [실패] fallire ¶ 빙판에서 미끄러지다 scivolare sul ghiaccio

미끄럼 scivolone, scivolata * **-대(판)** scivolo

미끄럽다 (essere) liscio, scivoloso

미끈거리다 (essere) scivoloso, sdrucciololoso

미끈미끈 scivoloso, sdrucciololoso, liscio **-하다** essere molto scivoloso

미끈하다 (essere) azzimato, bello

미끼 ① [낚시밥] esca ¶ 낚시에 미끼를 물리다 innescare, attaccare l'esca all'amo ② [유혹물] esca, tranello ¶ 미끼를 유혹하다 prendere qlcu. all'esca

미기 美技 rappresentazione, un bello spettacolo

미나리 【식물】 prezzemolo

미남자 美男子 bello

미납 未納 ¶ 미납의 non pagato, da pagare, arretrato // 미납금 arretrato

미네랄 minerale

미녀 美女 bella, donna bella

미뉴에트 【음악】 minuetto

미늘 punto

미니 mini ¶ 미니스커트 minigonna

미니어처 miniatura

미닫이 porta scorrevole

미담 美談 aneddoto lodevole

미덕 美德 virtù

미덥다 (essere) attendibile, affidabile, fidato ¶ 미더운 친구 amico fidato

미동 微動 tremito, fremito, brivido ¶ 미동도 하지 않다 Non smuovere di un dito.

미듭급 -級 peso medio

미등 微騰 fanalino di coda, luce di coda

미래 未來 futuro, 【문법】 futuro * **-파** futurismo, futuristi

미량 微量 molta piccola quantità * **-분석** microanalisi

미러 specchio ¶ 백미러 retrovisore

미러클 miracolo

미려 美麗 **-하다** (essere) bello, elegante

미력 微力 piccola abilità, poca influenza

미련 stupidità **-하다** essere stupido ¶ 미련둥이 stupido

미련 未練 rimpianto, rammarico ¶ 미련이 있다 rimpiangere, essere dispiaciuto

미로 迷路 dedalo, labirinto ¶ 미로에서 나오다 uscire da un labirinto

미루다 ① [연기] rimandare, rinviare, posticipare ¶ 파리를 내일로 미루다 rimandare a domani la festa ② [전가] trasferire ¶ 일을 남에게 미루다 trasferire il dovere a qualcun altro ③ [추측] dedurre, indovinare ¶ 모든 점에서 미루어 볼 때 tutto sommato, tutto considerato

미루적거리다 prolungare, rimandare

미리 prima, in anticipo, in precedenza

미립 微粒 particella, granello
미립자 微粒子 【전기】 globulo ¶ 미립의 globulare
미만 sotto, al di sotto, meno ¶ 14세 미만의 소녀들 ragazze dai 14 anni in giù // 만원 미만 meno di 10000 won
미망인 未亡人 vedova ¶ 전쟁 미망인 vedova di guerra
미명 未明 alba presto ¶ 미명에 all'alba presto
미명 美名 un buon nome ¶ 자선이란 미명하에 in nome della carità
미모 美貌 bella faccia, bellezza ¶ 미모의 bella
미목 眉目 aspetto, lineamenti, fattezze, faccia
미몽 illusione ¶ 미몽에서 깨어나다 disilludersi
미묘 微妙 **-하다** (essere) delicato, sottile, fino
미문 美文 prosa elegante
미물 微物 ① [세균] microbo ② [하찮은 물건] cosa di poco valore, sciocchezza
미미 美味 [맛] buon sapore ¶ 미미의 squisito delizioso
미미 微微 **-하다** (essere) minuto, piccolo, leggero, insignificante ¶ 미미한 증가 un aumento insignificante
미발표 未發表 ¶ 미발표의 inedito
미복 微服 travestimento
미봉 彌縫 **-하다** rattoppare, temporeggiare
미부 尾部 coda
미분 微分 【수학】 differenziale * **-방정식** equazione differenziale
미분자 微分子 atomo, melecola
미불 未拂 dollaro
미쁘다 (essere) fidato, attendibile
미비 未備 **-하다** (essere) insufficiente, difettoso, imperfetto ¶ 미비한 점이 많다 lascia molto a desiderare
미사 messa
미사 美辭 linguaggio fiorito
미사일 missile ¶ 대륙간 탄도 미사일 missile balistico intercontinentale // 지대공 미사일 missile terra-aria // 대공 미사일 missile antiaereo
미상 未詳 **-하다** (essere) sconsciuto, ignoto, non identificato ¶ 저자 미상의 anonimo, non identificato
미상불 未嘗不 veramente, infatti, in effetti
미상환 未償還 ¶ 미상환의 non ammortato
미생물 微生物 microorganismo, microbo ¶ 미생물의 microbico // 미생물학 microbiologia // 미생물학자 microbiologo
미성 未成 voce bella(dolce)
미성년 未成年 minoranza ¶ 미성년자 minore, minorenne // 미성년 노동 lavoro minorile
미세 微細 **-하다** (essere) minuto, delicato, fine
미소 微小 **-하다** (essere) minuto, microscopico, infinitesimale
미소 微少 molto poca quantita **-하다** essere molto poco
미소 微笑 sorriso **-하다** sorridere ¶ 미소를 띄우고 col sorriso, sorridente
미소 美蘇 ¶ 미소의 America-Soviet

미소년 美少年 bel ragazzo

미수 未收 ¶ 미수의 non ritirato, non portato via, non riscosso

미수 未遂 ¶ 미수로 끝나다 finire per tentativo

미숙 未熟 **-하다** [과실이] (essere) acerbo, verde, immaturo, [숙달하지 못한] inesperto, non specializzato ¶ 미숙한자 una persona inesperta

미숙련 未熟練 ¶ 미숙련의 inesperto // 미숙련공 operaio inesperto

미술 美術 le belle arti, arti figurative * **-가** artista **-계** il mondo artistico **-관** museo galleria d'arte **-사** storia dell'arte **-품** opera d'arte **-비평가** critico d'arte

미스 ① [실패] errore, sbaglio ② [양] signorina

미스터 signor

미스터리 mistero

미스프린트 errore di stampa, refuso

미식 美食 cibo delicato * **-가** buongustaio

미식 축구 football americano

미신 迷信 superstizione ¶ 미신의 superstizioso

미심하다 (essere) indeciso, dubbioso, equivoco, sospettoso ¶ 미심쩍은 듯이 con sospetto, in modo sospetto

미싱 macchina da cucire

미아 迷兒 il bambino che si era smarrito

미안하다 dispiacersi, essere deplorevole ¶ 폐를 끼쳐 미안합니다 Mi dispiace disturbarLa. // 당신들의 파티에 갈 수 없어 미안합니다. Mi dispiace di non poter venir alla vostra festa.

미안 美顔 faccia bella

미안쩍다 dispiacersi, esser deplorevole

미안해하다 essere dispiaciuto, dispiacersi

미역[1] 【식물】 alghe brune

미역[2] bagno, nuoto ¶ 미역감다 fare una nuotata, nuotare

미역국 minestra di alghe brune ¶ 미역국을 먹다 essere licenziato

미연 未然 ¶ 미연에 prima di succedere, in precedenza

미열 微熱 una febbre leggera ¶ 미열이 있다 avere una febbre leggera

미온 微溫 ¶ 미온적 tiepido, poco entusiasta

미완성 未完成 incompiutezza ¶ 미완성의 incompiuto, non finito * **- 교향악** sinfonia incompiuta

미용 美容 bellezza ¶ 미용사 parrucchiere

미움 odio, avversione ¶ 미움을 받다 essere(venire) in odio // 미움을 사다 attirarsi l'odio

미워하다 odiare, detestare

미의식 美意識 coscienza estetica

미이라 mummia

미이팅 incontro, riunione

미익 尾翼 [비행기의] coda

미인 美人 ① donna bella, bellezza ¶ 미인대회 concorso di bellezza ② [미국인] americano

미작 米作 [수확] raccolto del riso, [재배] coltura del riso

미장원 istituto di bellezza

미장이 intonacatore
미적 美的 estetico ¶ 미적 센스 senso estetico
미적분 微積分 calcolo differenziale e integrale
미적지근하다 (essere) tiepido, poco entusiasta
미전 美展 mostra dell'arte, esposizione di opere d'arte
미점 美點 virtù, merito, lato positivo
미정 未定 ¶ 미정의 incerto, non risolto, instabile
미제 未濟 ¶ 미제의 non finito, in sospeso
미제 未製 ¶ 미제의 non finito, grezzo
미제 美製 ¶ 미제의 fabbricato in America // 미제 자동차 macchina fabbricata in America
미주 美洲 America
미주알고주알 curiosamente
미증유 未曾有 ¶ 미증유의 inaudito, senza precedenti
미지 未知 ¶ 미지의 sconosciuto, ignoto * **-수** incognita
미지근하다 essere tiepido, [하는 짓이] essere poco entusiasta ¶ 미즈근한 물 l'acqua tiepida
미진 微塵 scossa leggera
미진 未盡 **-하다** essere incompleto, non essere finito
미착 未着 ¶ non ancora arrivato, non recapitato
미처 ancora, già
미천 微賤 anonimato, umile stato **-하다** (essere) umile, modesto ¶ 미천하게 태어나다 essere di umili origini, essere di bassi natali
미추 美醜 bellezza e bruttezza
미취학 美就學 ¶ 미취학의 in età prescolastica * **-아동** bambino prescolastico
미치광이 ① [광인] pazzo, folle, matto ② [열광자] maniaco, appassionato, tifoso, fanatico ¶ 미치광이 짓을 하다 agire pazzo, fare da matto // 그는 영화 미치광이다. Va pazzo per il film.
미치다 ① impazzire, diventare matto ¶ 미친 사람 matto, pazzo, folle ② [열광] essere pazzo di, andare matto per
미치다 ① [이르다] raggiungere, arrivare ¶ 힘이 미치지 못하다 essere al di là dei poteri ② [영향] influire su, avere un effetto su ¶ 사업에 영향이 미치다 avere un effetto sugli affari
미침 eufemismo
미크론 micron * **밀리-** millimicron
미터 ① [길이] metro ② [계기] metro, diametro * **-법** sistema metrico
미트 [야구] guantone
미풍 微風 il buon costume
미풍 微風 brezza, venticello
미필 未畢 incompiutezza ¶ 미필의 non finito, incompiuto
미학 美學 estetica * **-자** esteta
미해결 未解決 ¶ 미해결의 incerto, non risolto
미행 尾行 **-하다** pedinare, seguire ¶ 경찰에 미행당하다 essere pedinato dalla polizia
미행 美行 buona condotta

미혹 迷惑 [헷갈림] confusione, perplessità, sbalordimento, [홀림] illusione, fissazione **-하다** (essere) confuso, perplesso, sedotto, infatuarsi ¶ 여자에게 미혹되다 infatuarsi di una ragazza

미혼 未婚 scapolo, celibe (남자), nubile (여자)

미화 美貨 dollaro

미화 美化 abbellimento, abbellitura **-하다** abbellire

미확인 未確認 non identificato * **-비행물체** oggetto volante non identificato (UFO) // **-보도** notizie da una sorgente non confermata

미흡 未洽 **-하다** (essere) insufficiente, poco soddisfacente ¶ 미흡한 점 difetto // 미흡한 점이 많다 lascia molto a desiderare

미희 美姬 una bella ragazza, bella

믹서 frullatore

믹스 mistura ¶ 믹스하다 mescolare

민가 民家 casa privata

민간 民間 ¶ 민간의 civile, privato, non militare(군에 대해서) * **-방송국** stazione trasmittente privata

민간인 民間人 civile

민감 敏感 **-하다** (essere) sensibile, delicato, suscettibile ¶ 극히 민감한 ipersensibile

민권 民權 diritti civili * **-운동** movimento democratico

민단 民團 associazione, società

민둥민둥하다 (essere) nudo, spoglio

민둥산 montagna nuda

민들레 【식물】 dente di leone

민란 民亂 rivolta, insurrezione

민망 民望 [희망] desiderio pubblico, [신망] confidenza pubblica

민망 憫忙-하다 essere imbarazzato

민머리 ① [대머리] calvo ② [벼슬 없는] una persona senza carica

민물 acqua dolce * **-고기** pesce d'acqua dolce

민박 民泊 **-하다** alloggiare alla casa privata

민방위 民防衛 protezione civile

민법 民法 codice civile * **-학자** uno studioso di codice civile

민병 民兵 milizie

민복 民福 il benessere del popolo

민본주의 民本主義 democrazia

민사 民事 affari civili * **- 소송** causa civile **- 재판** processo civile

민생 民生 mezzi di sostentamento del popolo * **- 문제** problemi riguardo al benessere del popolo

민선 民選 elezione poporale * **-의원** deputato eletto dalla votazione popolare

민속 民俗 folclore * **-학** folclore **-학자** folclorista

민숭민숭하다 ① (essere) nudo, spoglio ② [말짱하다] essere sobrio

민심 民心 sentimento popolare ¶ 민심을 잃다 perdere la popolarità

민약설 民約說 teoria di contratto sociale

민영 民營 ¶ 민영의 diretto privamente * **-사업** impresa privata

민예 民藝 arti folk

민완 敏腕 abilità ¶ 민완의 abile, capabile

민요 民謠 canzone folk

민원 民怨 lamentela popolare, odio popolare

민원 民願 desiderio del popolo

민의 民意 volontà del popolo

민의원 民議院 la Camera dei Rappresentanti * **-의원** un membro della Camera dei Rappresentanti

민정 民政 amministrazione (governo) civile

민정 民情 condizione del popolo ¶ 민정을 살피다 osservare le condizìoni di vita di popolo

민족 民族 razza, nazione, popolo * **-성** caratteristiche razziali **-운동** movimento razziale **-의식** coscienza razziale **-자본** capitale nazionale **-자결주의** principio di autodeterminazione **-정신** spirito razziale nazionale **-주의** razzismo, nazionalismo **-학** etnologia

민주 民主 democrazia ¶ 민주적인 democratico * **-공화국** repubblica democratica **-국**가 stato democratico **-당** partito democratico **-사상** idee democratiche

민주대다 detestare, odiare, aborrire

민주주의 民主主義 democrazia * **-국가** stato democratico **-자** democratico

민중 民衆 popolo, folla, massa, volgo ¶ 민중의 popolare * **-예술** arte popolare **-화** volgarizzazione

민첩 敏捷 **-하다** (essere) rapido, agile, svelto ¶ 행동이 민첩하다 essere pronto nell′agire

민툿하다 essere uniforme e liscio

민활 敏活 **-하다** (essere) rapido, agile, svelto, pronto ¶ 민활하게 행동하다 agire prontamente

믿다 ① [의심치 않다] credere ¶ 믿을 수 없는 이야기 storia incredibile // 남이 말한대로 믿다 credere a tutto ciò che si dice ② [신뢰] avere fiducia in, [의지] dipendere da ¶ 믿을 수 없는 사람 persona non affidabile // 믿을 만하다 essere fidato, attendibile, autentico ③ [확신] essere sicuro di, avere fiducia in ¶ 성공을 믿다 essere sicuro del successo ④ [신앙] credere in ¶ 불교를 믿다 credere nel Buddismo

믿음 ① [신뢰] fidùcia, confidenza ¶ 믿음을 얻다(잃다) ottenere(perdere) la fiducia di qlcu. ② [신앙] credenza, fede ¶ 믿음을 가지다 avere la fede

믿음성 -性 attendibilità, affidabilità, responsabilità, autenticità

믿음직하다 (essere) attendibile, autentico ¶ 믿음직하게 여기다 avere fidùcia in

밀[1] frumento, grano * **-밭** un campo di frumento (grano)

밀[2] [밀랍] cera d'api, cera ¶ 밀먹인 cerato

밀가루 farina di frumento (grano)

밀감 蜜柑 mandarino ¶ 밀감 껍질을 벗기다 sbucciare un mandarino

밀계 piano, progetto segreto ¶ 밀계를 꾸미다 complottare in segreto

밀고 密告 denunzia segreta **-하다** denunziare * **-자** denunziatòre

밀국수 vermicello

밀기울 crusca(pasta)

밀다 ① [때밀다] spingere, urtare,

sospingere ¶ 문을 밀다 spingere la porta ② [깎다] radere, piallare ¶ 수염을 밀다 radersi la barba ③ [추천] raccomandare, sostenere ¶ 김씨를 회장으로 밀다 sostenere il signor Kim come presidente

밀담 密談 conversazióne privata (segreta), collòquio confidenziale **-하다** parlare segretamente, avere un collòquio confidenziale (con)

밀도 密度 densità * **-계** densimetro **인구-** densità della popolazione

밀도살 密屠殺 macello illegale

밀랍 蜜蠟 céra d'api

밀렵 caccia di frodo, bracconaggio **-하다** cacciare di frodo ¶ 꿩을 밀렵하다 cacciare fagiani di frodo

밀리다 ① [일이] accumulare, essere indietro con indugiare, rimardare ② [지불이] essere in arretrato ③ [떼밀리다] essere spinto, strofinare

밀림 密林 foresta fitta, giungla * **-지대** zona di fitto bosco

밀매 密賣 commercio clandestino, contrabbondo **-하다** vendere di contrabbondo, fare contrabbondo * **-자** contrabbandiere **-품** merce di contrabbando

밀매매 密賣買 traffico clandestino (di)

밀매음 密賣淫 prostituzione clandestina **-하다** prostituirsi illegalmente

밀모 密謀 ⇒ 음모(陰謀)

밀무역 密貿易 contrabbando **-하다** fare contrabbondo di * **-업자** contrabbandiere

밀물 afflusso, corrente, marea ¶ 밀물이 들어오다 La marea aumenta.

밀보리 frumento e orzo

밀봉 密封 **-하다** sigillare, suggellare * **-교육** preparazionei segreta

밀봉 蜜蜂 ape

밀사 密使 inviato segreto, agente dei servizi segreti

밀서 密書 lettera segreta, messaggio confidenziale

밀수 密輸 contrabbando **-하다** fare contrabando di * **-단** gruppo di contrabbandieri **-선** nave di contrabbandieri **-업자** contrabbandiere **-입** importazione illegale ¶ 밀수입하다 importare illegalmente

밀수출 密輸出 esportazione illegale **-하다** esportare illegalmente

밀실 密室 camera segreta

밀약 密約 promessa di segreto, [협약] accordo segreto **-하다** fare una promessa segreta ¶ 밀약을 맺다 concludere un trattato segreto

밀어 密語 discorso confidenziale (privato), bisbìglio dell'amante ¶ 밀어를 속삭이다 susurrare parole in segreto

밀월 蜜月 luna di miele * **-여행** viaggio di nozze

밀의 密議 conferenza segreta, consultazione segreta **-하다** fare una conferenza segreta

밀입국 密入國 entrata clandestino (illegale) in un paese **-하다**

entrare in un paese clandestinamente
밀접 密接 intimità **-하다** essere intimo
밀정 密偵 agente segreto, spia
밀조 密造 **-하다** produrre illegalmente
밀주 密酒 vino(alcool) fatto in casa ¶ 밀주를 담그다 fare liquori in casa * **-양조장** luogo per fare liquori in casa
밀집 密集 **-하다** affollare, riempire, aggregare densamente ¶ 밀접한 stretto, denso, compatto, affollato * **-부대** truppa ammassate
밀짚 pàglia * **-모자** cappello di paglia
밀착 密着 adesione, aderenza **-하다** aderire, attaccarsi a
밀초 candela di cera
밀치다 spingere vigorosamente, acciare ¶ 밀치락달치락하다 spingersi l'un l'altro // 군중 사이로 밀치고 나아가다 farsi largo tra la folla
밀타승 [화학] litargirio
밀통 密通 adulterio **-하다** commettere adultèrio
밀폐 密閉 **-하다** chiudere, serrare ¶ 밀폐한 상자 scatola ermetica
밀항 密航 traversata clandestina **-하다** traversare clandestinamente * **-자** passeggiero clandestino
밀행 密行 **-하다** gironzolare, girellare, andare segretamente
밀회 密會 riunione clandestina, convegno segreto **-하다** fare una riunione clandestina * **-장소** luogo di una riunione clandestina
밉다 (essere) odioso, abominero, detestabile ¶ 밉게 굴다 comportarsi in modo odioso
밉살스럽다 (essere) odioso, detestabile, disgustoso ¶ 밉살스러운 녀석 individuo detestabile
밉상 -相 faccia detestabile, disgustosa
밋밋이 ¶ 나무가 밋밋이 자란다 L'albero cresce bene slanciato.
밍밍하다 (essere) insipido, piatto, fiacco, aquoso
밍크 visone ¶ 밍크코트 pelliccia di visone
및 e, anche
밑 ① [하부] fondo, parte inferiore, base ¶ 밑에 sotto, giù // 나무 밑에 sotto un albero // 밑에서 바치다 sostenere da sotto // 안선생님 밑에서 일한다 Lavoro sotto il signor Ahn. ② [근본] radice, base, origine, risorsa ③ [뿌리] radice, bulbo [구근] ④ [음부] parte intime ⑤ [바닥] fondo, letto(하천, 하수, 바다), suola (구두창) ¶ 바다밑에 nel fondo del mare
밑거름 [농업] concime usato prima della semina
밑그림 abbozzo, schizzo
밑돌다 (essere) meno di, inferiore a
밑동 parte inferiore, base, radice, ceppo
밑바닥 fondo, base, letto ¶ 강의 밑바닥에 sul letto del fiume
밑바탕 ① [본질] essenza, [기초] fondamento, base, suolo ¶ 서구

민주주의의 밑바탕 L'idea base della democrazia occidentale ② [본성] natura

밑받침 supporto, sostegno, appoggio, cuscinetto

밑변 -邊【기하】base

밑조사 investigazione preliminare, lavoro preparatorio

밑줄기 parte inferiore di uno stelo

밑지다 perderci ¶ 천원을 밑지다 perderci mille won

밑창 parte inferiore, suola (di una scarpe)

밑천 [자본] capitale, fondo ¶ 밑천을 대다 fornire i fondi

밑층 -層 pian terreno

밑판 -板 asse di fondo

ㅂ

-ㅂ시다 ¶ 갑시다 andiamo

바[1] 【음악】 fa

바[2] che ¶ 내가 아는 바로는 per quello che ne so io // 위에서 말한 바와 같이 come ho detto sopra, come suddetto

바가지 cucurbita, zucca, recipiente ricavato da mezzo guscio essiccato di una zucca ¶ 바가지를 긁다 rimbrottare (il proprio marito)

바가지쓰다 pagare un occhio della testa, pagare eccessivamente

바깥 fuori, all´aperto, [문밖] fuori casa ¶ 바깥일 affari all´esterno // 바깥의 esterno, fuori, esteriore // 바깥에 나가다 andare fuori

바깥양반 capo (di una famiglia), marito

바깥쪽 parte esterna, l´esterno, l´esteriore

빠개다 ① spaccare, fendere ② [망치다] guastare, rovinare

빠개지다 ① [조각나다] spaccare, fendere, rompere ② [일이] essere guastato, rovinarsi

바께스 secchia

바구니 cesto, paniere ¶ 손바구니 cestello

바꾸다 ① [교환] cambiare, scambiare ¶ 수표를 현금으로 바꾸다 scambiare l´assegno in contanti ② [대신, 변경] sostituire, cambiare, alternare ¶ 바꾸어 말하자면 per meglio dire // A를 B로 바꾸다 sostituire A con B

바구미 [곤충] calandra del riso

바뀌다 cambiarsi, trasformarsi, subire un cambiamento

바그르르 [물, 거품이] bollore, bollimento, spuma **-하다** gorgogliare, bollire, spumare

바글바글 ¶ 바글바글 끓다 bollire // 물을 바글바글 끓이다 bollire l´acqua

바느질 lavoro d´ago, cucito **-하다** cucire

바늘 ago, spillo, [낚시 바늘] amo 바늘에 실을 꿰다 infilare l´ago

바늘 구멍 cruna dell´ago

바늘귀 cruna dell´ago

바늘방석 ¶ 바늘방석에 앉은 것 같다 Mi sembra di essere seduto sulle spine

바늘쌈 pacchetto di aghi

바다 mare, [대양] oceano ¶ 바닷바람 brezza marine // 바다를 건너다 attraversare il mare

바다표범 foca

바닥 ① [평면] pavimento, terra ¶ 땅바닥 terra // 마룻바닥 pavimento ② [밑, 부분] fondo, [강 따위의] letto, [신의] suola ③ [끝] fine

바닥나다 (essere) esaurito, finito, consumato

바닥짐 zavòrra ¶ 바닥짐을 싣다 imbarcare zavòrra

바닥첫째 ¶ 나는 우리 반에서 바닥 첫째다 Io sono l'ultimo della mia classe, il primo della fine

바닷가 spiaggia ¶ 바닷가를 산책하다 fare una passeggiata sulla spiaggia

바닷물 acqua di mare

바닷사람 marinaio, navigatore

바닷새 uccelli acquatici

바동거리다 lottare, contorcersi, torcersi

바둑 Paduk(gioco con pedine bianche e nere che vengono messe su una scacchiera) ¶ 바둑을 두다 giocare a Paduk * **-돌** pedine del Paduk **-판** scacchiera del Paduk

바둑무늬 disegno quadrettato

바둑이 cane a chiazze bianco-nere

바드득, 빠드득 scricchio **-하다** scricchiare ¶ 이를 바드득 갈다 digrignare i denti

빠드득거리다 scricchiolare, far stridere

빠뜨리다 ① [빠지게 하다] far cadere, gettare, buttare, (함정에) intrappolare ¶ 함정에 빠뜨리다 far cadere in trappola ② [빼어놓다] omettere, tralasciare ¶ 한 줄을 빠뜨리다 omettere una riga ③ [잃다] perdere, lasciare ¶ 지갑을 빠뜨렸다 Ho perso il portafoglio.

바득바득 persistentemente, ostinatamente, accanitamente ¶ 바득바득 우기다 ostinarsi nella propria idea

바듯하다, 빠듯하다 ① [겨우 차다] essere appena sufficiente, bastare appena ¶ 빠듯이 appena, strettamente, scarsamente ② [꼭 맞다] adattarsi, stare bene a, essere attillato, essere stretto

바라다 ① [소원] desiderare, volere, sperare, aspirare, [부탁] domandare, richiedere, sollecitare ¶ 너희가 나의 말에 귀기울이기를 바란다 Voglio che voi mi ascoltate ② [기대, 예상] sperare, attendere

바라보다 [건너다보다] vedere, osservare, [응시] contemplare, [관망] guardare ¶ 바다가 바라보이는 집 una casa che dà sul mare // 경치를 바라보다 guardare il panorama

바라보이다 dare su, controllarsi, vedersi

바락바락 disperatamente, insistentemente ¶ 바락바락 기를 쓰다 fare del proprio meglio insistentemente, fare sforzi disperati

바람[1] ① vento, [미풍] venticello, [강풍] bufera, [폭풍] temporale, [외풍] spiffero, [선풍기 따위의] corrente d'aria ¶ 바람을 쐬다 perdere aria // 바람이 잘 통하다 essere arioso // 바람이 인다 alzarsi il vento // 바람이 잔다 calmarsi il vento ② [들뜬 마음] volubilità, incostanza, [행위] amorazzo ¶ 바람난 incostante, volubile, licenzioso, scostumato

③ [과장] esagerazione ④ [풍병] paralisi

바람² ① [기세] risultato (di), influenza, effetto di ② [차림] ¶ 샤츠 바람으로 in maniche di camicia

바람개비 banderuòla, [장난감] giràndola

바람결 chiacchiera, diceria

바람기 -氣 forza del vento

바람나다 condurre una vita licenziosa

바람둥이 ① [허풍선이] vantatore ② [바람잡이] farfallone, playboy

바람막이 frangivento, parabrezza

바람맞다 essere ingannato, [여자에게] essere respinto da ¶ 여자한테 바람맞다 È stato respinto da una donna ② [풍병에 걸리다] avere una paralisi

바람맞히다 respingere, voltare le spalle, [기다리는 사람을] far aspettare qlcu. invano, [데이트 상대를] non presentarsi a un appuntamento con.

바람직하다 (essere) desideràbile, consigliàbile, auspicabile

바랑 zaino

바래다¹ ① [퇴색] scolorire, sbiadire ② [표백] decolorare

바래다² accompagnare ¶ 집까지 바래다주다 accompagnare fino a casa

바로 ① [바르게] rettamente, onestamente, correttamente, propriamente, dirittamente ¶ 바로 말하다 parlare francamente // 이 길로 곧장 바로 가다 andare diritto per questa strada ② [정확히] proprio, esattamente, precisamente ¶ 바로 1시 정각 all'una precisa // 바로 그때에 proprio in quel momento // 오늘이 바로 내 생일이다 Proprio oggi è il mio compleanno ③ [곧] immediatamente, subito ¶ 식사가 끝나면 바로 subito dopo pranzo

바로잡다 ① [굽음을] drizzare, raddrizzare ② [잘못을] correggere, rettificare, riformare ¶ 행실을 바로잡다 riformare i costumi // 마음을 바로잡다 riformarsi, correggersi

바륨 【화학】 bario ((Ba))

바르다¹ ① [곧다] (essere) retto ¶ 자세를 바르게 하다 raddrizzarsi, essere in posizione correta ② [옳다] (essere) retto, giusto, ragionevole, onesto, vero, franco ¶ 마음이 바르다 essere ammodo

바르다² ① [붙이다] incollare, appiccicare, attaccare ② [칠하다] dipingere, spalmare(페인트를), intonaccare, stuccare(회반죽을), fregare, strofinare(문질러서), incipriare(분을) ¶ 버터 바른 빵 pane con burro // 벽에 종이를 바르다 tappezzare la parete

빠르다 ① [속도가] (essere) veloce, rapido, agile, svelto(날쌔다) ¶ 눈치가 빠르다 avere un buon fiuto, capire al volo // 진보가 빠르다 fare rapido progresso ② [이르다] (essere) in anticipo, presto, prematuro ¶ 빠를수록 좋다 prima è, meglio è

바르르 ① [끓다] gorgogliamento, ribollimento ② [성내다] ¶ 분노로

화를 내다 ribollire di rabbia ③ [떨다] tremare, rabbrividire ¶ 무서워서 바르르 떨다 tremare di paura

바르작거리다 ⇒ 버르적거리다

바른길 ① [곧은 길] strada diritta ② [옳은 길] retta via

바른말 [옳은 말] verità, parola ragionevole, [직언] parola franca ¶ 바른말하다 dire la verità

바른쪽 lato destro

바리 [짐의 단위] unità di misura per certe materie

바리새인 -人 【성경】 fariseo

바리전 -廛 bottega di oggetti in ottone

바리캉 macchinetta per tosare

바리콘 【전기】 condensatore variabile

바보 sciocco, imbecille, somaro, asino, idiota, stupido ¶ 바보 같은 짓을 하다 agire da sciocco

바쁘다 ① [다망하다] (essere) occupato ¶ 바쁜 일정 giornata piena // 바쁘게 alacremente // 눈코 뜰 새 없이 바쁘다 essere molto indaffarato // 그는 시험 준비에 바쁘다 Lui è occupato a prepararsi per l'esame. ② [급하다] (essere) pressante (urgente), avere fretta ¶ 바쁜 걸음으로 con passi affrettati // 바쁜 용무로 per affari urgenti

바삐 alacremente, [급히] in fretta, rapidamente, affrettatamente ¶ 바삐 걷다 camminare con passi affrettati // 바삐걷다 camminare in fretta

바삭 con un fruscio

바싹 [마른 모양] completamente, secco, asciutto [죄는 모양] in modo aderente, strettamente, fermamente ¶ 바싹 마른 얼굴 figura emaciata // 옆에 바싹 다가앉다 sedersi molto vicino a qlcu.

바삭거리다 frusciare, scalpicciare ¶ 잡목 숲을 바삭거리며 지나가다 attraversare con fruscio il boschetto

바삭바삭 fruscio, rumore di passi sulla neve o sulla ghiaia

바셀린 [화학] vaselina

바소 [침] lancetta

바소쿠리 paniere di vimini, corbello

바수다 ⇒ 부수다

바스러뜨리다 frantumare, schiacciare, premere

바스러지다 frantumarsi, andare in pezzi

바심[1] [타작] trebbiatura

바심[2] [제목의] -하다 levigare

바아[1] [기압 단위] bar * 밀리- millibar

바야흐로 ¶ 바야흐로 …하다 stare sul punto di

-바에야 [이왕 …이면] affatto, punto, [차라리] piuttosto, piuttosto che

-바와 같이 come, simile ¶ 아시는 바와 같이 come sa

바위 roccia ¶ 바위가 많은 roccioso

바음자리표 【음악】 chiave di F, chiave di basso

바자위다 (essere) avaro, spilorcio

바짝 completamente, strettamente

바작바작 ¶ 바작바작 타다 crepitare // 속이 바작바작타다 essere divorato dall'ansieta

바지 calzoni, pantaloni * **속-** pantaloncini intimi, mutande

빠지다 ① [떨어지다] cadere in (물에), trovarsi in (어떤 상태에) ¶ 어려운 상태에 있다 trovarsi in cattive acque // 혼수상태에 빠지다 cadere in deliquio ② [마음을 빼앗기다] essere preso da qlco., darsi a, dedicarsi, abbandonarsi ¶ 주색에 빠지다 essere deditosi(darsi) alle donne e al vino ③ [박힌 것이] distaccarsi, staccarsi ¶ 머리카락이 빠지다 divenire calvo ④ [없다] essere omesso ¶ 두 페이지가 빠졌다 mancano due pagine // 명부에서 그의 이름이 빠졌다 Il suo nome non è incluso nella lista. ⑤ [흘러나가다] drenare, prosciugare ¶ 그 땅은 물이 잘 빠진다 Quel terreno è ben drenato. ⑥ [없어지다] essere escluso, staccarsi ⑦ [살이] dimagrire, perdere peso ⑧ [탈출하다] sfuggire, evitare, schivare, scansare, fuggire ⑨ [지나가다] passare, attraversare ⑩ [못하다] essere inferiore a

바지저고리 pantaloni e giacca, [비유적] poltrone ¶ 그는 바지저고리다 Lui è uomo di paglia, Lui è un fantoccio

바지지 con un sibilo

빠짐없이 senza eccezione, completamente, tutti, esaurientemente

바치다[1] [드리다] dare, offrire, regalare, dedicare (책, 물건을), consacrare (헌신), [세금 따위를] pagare ¶ 평생을 바치다 dedicare tutta la sua vita // 세금을 바치다 pagare le tasse

바치다[2] [즐기다] essere molto amante di ¶ 그는 음악을 바친다 Lui è amante della musica

바퀴[1] ruota, [일주] giro, svolta ¶ 앞[뒷] 바퀴 ruota anteriore [posteriore] // 세계여행을 한바퀴하다 fare il giro del mondo

바퀴[2] [곤충] scarafaggio

바퀴살 raggio (di ruota)

바탕[1] ① [기질] disposizione, carattere, natura ② [품질] materiale, qualità ③ [기반] base ¶ 흰 바탕에 얼룩 무늬 disegno a macchia su sfondo bianco

바탕[2] partita, volta, turno, lotta ¶ 골프 한바탕하다 fare una partita di golf

바투 vicino ¶ 바투앉다 sedersi vicino

바특하다 [국물이] essere denso

박 zucca * **-꽃** fiore di zucca

박 箔 foglia ¶ 금박 foglia d'oro

박격 迫擊 **-하다** assalire, attaccare * **-포** mortaio

박공 牔栱 【건축】 timpano, frontone ¶ 박공지붕 tetto a due falde su timpano

박다 ① [못 따위를] conficcare, martellare ¶ 벽에 못을 두드려 박다 conficcare un chiodo nel muro ② [인쇄, 사진] stampare, imprimere ③ [바느질] cucire, suturare

박대 薄待 maltrattamento **-하다** trattare male, trattare freddamente

박덕 薄德 mancanza di virtù

ㅂ

박두 迫頭 **-하다** avvicinarsi, essere vicino, essere imminente, incombere

박람회 博覽會 esposizione, fiera ¶ 만국 박람회 esposizione internazionale 전시관 palazzo delle esposizioni

박력 迫力 forza, energia, potenza ¶ 박력있는 forte, potente, efficace

박리다매 薄利多賣 vendità veloce a poco profitto

박멸 撲滅 sterminio, estirpazione, distruzione ¶ 종양의 박멸 estirpazione di un tumore

박명 薄命 triste destino, infelicità, sfortuna **-하다** (essere) sfortunato * **가인-** La bellezza spesso non s′accorda con la fortuna, La bellezza e la fortuna raramente vanno d′accordo

박물관 博物館 museo * **국립-** museo nazionale

박물학 博物學 storia naturale * **-자** naturalista

빡빡하다 ① [물기가 적다] (essere) denso ¶ 빡빡해지다 addensarsi, rendere più denso // 밀가루로 소스가 더욱 빡빡해진다 rendere più densa la salsa con la farina ② [꽉 차다] (essere) pieno zeppo ¶ 방이 사람으로 꽉 차 있었다 La stanza era piena zeppa di gente.

박복 薄福 sfortuna, disgrazia **-하다** (essere) sfortunato, sventurato

박봉 薄俸 stipendio scarso(piccolo), salario insufficiente ¶ 박봉으로 겨우 살아가다 vivere appena con uno scarso salario

박사 博士 laureato, dottore ¶ 박사 학위를 수료하다 conseguire il dottorato

박살 搏殺 **-하다** percuotere a morte una persona ¶ 박살 당했어! Mi e venuto un accidente! // 박살내다 distruggere, demolire

박색 薄色 brutta faccia, brutto aspetto, una donna brutta

박수 indovino, stregone, sciamano

박수 拍手 applauso **-하다** applaudire ¶ 우뢰와 같은 박수 scroscio di applausi

박식 博識 vasta conoscenza, erudizione ¶ 그는 고고학에 박식하다 È erudito in archeologia

박신거리다 affollare, brulicare, stipare

박애 博愛 filantropia ¶ 박애의 filantropico * **-주의자** filantropo

박약 薄弱 **-하다** (essere) debole, fragile, infermo [근거가] inattendibile, insufficiente ¶ 근거가 박약하다 Le prove sono insufficienti.

박음질 cucito, lavoro di cucito, cucitura

박음질하다 cucire

-박이 qualcosa intarsiata, appiccicata

박이다 ① [끼어 있다] essere conficcato ② [마음에] rimanere impresso (nel cuore), [인이] avere l′abitudine di ③ [인쇄, 사진] fare stampare, farsi fotografare

박자 拍子 tempo, ritmo, battuta ¶ 정확한 박자로 a tempo // 삼바 박자 tempo di samba

박작거리다 affollare, ammassare, stipare

박작박작 in trambusto, in scompiglio ¶ 사람들이 박작박작 모여들다 La gente si assiepa in una folla.

빡작지근하다 ⇒ 빽적지근하다

박장 拍掌 **-하다** battere le mani ¶ 박장대소하다 ridere ad alta voce battendo le mani

박절 迫切 **-하다** (essere) duro di cuore, apatico, senza cuore, insensibile

박정 薄情 **-하다** (essere) freddo di cuore [senza cuore] ¶ 박정한 사람 uomo senza cuore

박제 剝製 imbottitura, imbalsamazione ¶ 박제 표본[동물] modello[animale] imbalsamato

박쥐 pipistrello

박진 迫眞 **-하다** essere fedele alla realta, essere verosimile ¶ 박진의 realistico

박차 拍車 sprone, spronata ¶ 박차를 가하다 dare una spronata, accelerare

박차다 dare un calcio, [거절] rifiutare, rigettare ¶ 요구를 박차다 rifiutare una domanda

박치기하다 dare testate

박탈 剝奪 **-하다** privare di, spogliare di

박테리어 batterio

박토 剝土 teremo sterile, infruttuoso

박하 薄荷 [식물] menta peperita * **-사탕** caramella alla menta **-수** soluzione alla menta

박하다 薄- [인색하다] (essere)avaro, spilorcio, stretto, severo [인정이] duro di cuore, coriaceo, inumano

박학 博學 vasta conoscenza, erudizione **-하다** (essere) erudito, dotto

박해 迫害 persecuzione, oppressione, **-하다** perseguitare, opprimere, tormentare ¶ 양심의 박해를 받다 essere perseguitato dal rimorso

박히다 [못 따위가] (essere) inchiodato, conficcato, ficcato, [인쇄물이] (essere) stampato, impresso

밖 ① [바깥] fuori, esterno (외면), [호외] fuori della porta, all′aperto ¶ 밖의 esterno, all′aperto, fuori, esteriore //밖에 나가다 andare fuori, uscire di casa // 밖에서 놀다 giocare all′aperto // 밖으로 내쫓아 버리다 mettere qlcu. alla porta ② [이외] resto, eccetto, tranne, altro ¶ 그밖에 inoltre, per di più, in aggiunta a // 그렇게 생각하는 사람은 너밖에 없다 Nessuno pensa cosi tranne te

반 半 metà, messo, semi-, a mezza strada, parziale ¶ 반 시간 mezz′ora // 1시 반 l′una e mezza

반 班 gruppo [compagnia, cerchia, comitiva], [학급] classe, [군대] squadra, [동네의] associazione dei vicini

반- 反 anti- * **-제국주의** anti-imperialismo

반가공품 半加工品 semi-manufatto

반가와하다 (essere) lieto [felice, contento] ¶ 나를 보고 반가와 했

ㅂ

다 Fu lieto di vedermi
반가움 delizia, piaccre, gioia
반가이 volentieri, con piacere, con gioia ¶ 반가이 맞다 fare buona accoglienza a qlcu.
반감 反感 antipatia, animosità ¶ 반감을 가지다 avere antipatia per // 반감을 품다 nutrire dell'animosità verso
반감기 半減期 [물리] meta periodo di radioattività (di un emento)
반갑다 (essere) felice, lieto, soddisfatto ¶ 반가운 손님 ospite gradito // 반가운 소식 buona notizia
반값 ¶ 반값으로 a mezzo prezzo
반거들충이 半- persona superficiale, saputello
반걸음 半- mezzo passo
반격 反擊 **-하다** contrattaccare, fare un contrattacco
반경 半徑 [수학] raggio, semidiametro ¶ 행동 반경 raggio d'azione
반골 叛骨 ¶ 반골의 rigido, inflessibile * **-정신** spirito inflessibile, spirito rigido
반공 反共 anti-comunismo ¶ 반공의 anticomunista * **-정책** politica anticomunista
반관반민 半官半民 semi-governo ¶ 반관반민 회사 impresa semigovernativa
반구 半球 emisfero ¶ 서반구 emisfero occidentale
반군 叛軍 truppe di ribelli
반기 反旗 stendardo di rivolta ¶ 반기를 들다 alzare lo stendardo della rivòlta
반기 半旗 semestre ¶ 반기 결산 chiusura dei conti semestrale // 상[하] 반기 primo[secondo] semestre dell'anno
반기다 rallegrarsi (di), essere felice (di) ¶ 누군가를 진정으로 반기다 accogliere qlcu. a braccia aperte
반나절 半- una mezza giornata
반나체 半裸體 mezzo-nudo, seminudo
반납 返納 **-하다** restituire, rimettere, riportare
반년 半年 metà anno, sei mese, semestre ¶ 반년마다 semiannualmente, ogni sei mesi
반닫이 半- armadietto con meta facciata apribile
반달 半- [반개월] mezzo mese, quindici giorni, due settimane, [달의] mezza luna ¶ 반달분 급료 salario per quindici giorni
반당 反黨 ¶ 반당 행위 attività antipartito
반대 反對 ① [반항] contrario, opposto, [이의] obiezione, dissenso, opposizione **-하다** opporsi, essere contrario, essere contro, essere ostile a, fare obiezione ¶ 반대 심문 esame incrociato // 반대의 opposto, contrario, avverso ② [역] rovescio, opposto, contrario // 반대로 al contrario // 반대 방향으로 in direzione opposta * **-당** [야당] partito d'opposizione **-론** opinione contraria, controargomento, **-어** antonimo
반도 半島 penisola * **한-** penisola coreana

반도 叛徒 ribelli, insorti

반도체 半導體 semiconduttore

반독 反獨 antitedesco

반동 反動 reazione, rimbalzo, [총 따위의] rinculo, rimbalzo **-하다** rimbalzare, reagire, rinculare ¶ 반동작 reazionario * **-력** reazione

반드럽다 ① [매끈매끈하다] (essere) liscio, lucido ② [약빠르다] (essere) abile, acuto, svelto, astuto ¶ 반드럽게 하다 lisciare, appianare

반드르르, 빤드르르 lucidamente, lisciamente **-하다** (essere) lucente, splendente, luminoso

반드시 [확실히] certamente, sicuramente, [꼭] senz′altro, [필연적으로] necessariamente, inevitabilmente, [늘] sempre ¶ 반드시 성공하다 avere sicuramente successo // **반드시 --하지는 않다** non sempre…

반들거리다, 빤들거리다 ① (essere) ozioso, presuntuoso, pigro, vanitoso ② [약게 굴다] (essere) furbo, astuto, perspicace, [매끈하다] scintillare, lucciare

반들반들, 빤들빤들 lisciamente, lucentemente, splendentemente, [게으르게] oziosamente, pigramente, indolentemente

반듯하다, 반뜻하다 [바르다] (essere) diritto, liscio, squadrato, [흠없다] (essere) pulito, senza difetti, senza crepe, lindo, netto, [반반하다] (essere) rispettabile, ben fatto, decente, carino, grazioso ¶ 반듯이 (in posizione) squadrata e a livello, diritta, eretta

반등 反騰 【경제】 aumento dei prezzi in nazione, rimbalzo

반디 lucciola

반딧불 splendore della lucciola

반락 反落 caduta dei prezzi in nazione

반란 反亂 rivolta, ribellione, ammutinamento, insurrezione **-하다** ribellarsi ¶ 반란을 진압하다 reprimere una rivolta * **-군** esercito ribelle **-자** ribelle

반려 伴侶 compagno, partner ¶ 인생의 반려 compagno di vita, moglie

반려 返戾 **-하다** rinviare indietro, restituire, retrocedere ¶ 사표를 반려하다 ritirare le dimissioni

반론 反論 [이론] obiezione, confutazione, dissenso, [의론 전환] controargomento **-하다** obiettare, sollevare un′obiezione

반말 半- [낮춤말] lingua basso, volgare **-하다** parlare rudemente, volgarmente

반면 反面 rovescio, contrario, opposto, altra parte ¶ 반면에 d′altra parte

반면 半面 [사물의] una parte, una metà, [얼굴이] profilo, mezza faccia ¶ 문제의 반면만 보다 guardare solo una parte della questione, guardare solo una faccia della medaglia

반모음 半母音 semivocale

반목 反目 antagonismo, ostilità, inimicìzia **-하다** essere ostile (a), essere antagonistico (a), essere

ㅂ

in antagonismo (con)

반문 班紋 macchiolina, macchia

반문 反問 **-하다** fare una controdomanda, ritorcere un argomento

반물 blu scuro, indaco

반미치광이 mattoide, persona mezza pazza

반바지 半- calzolcini corti, calzoni alla zuava

반박 反駁 confutazione, rimbeccata **-하다** confutare, contraddire

반반 半半 metà e metà ¶ 반반으로 a metà, imparzialmente, in due parti uguali // 반반으로 나누다 dividere in due parti uguali, dividere a metà

반반하다 ① [바닥이] (essere) liscio, piano, appiattito, regolare ¶ 길을 반반하게 고르다 spianare la strada ② [생김이] (essere) carino, bello ¶ 반반한 용모 fisionomia carina

반발 反撥 repulsione, ripugnanza **-하다** respingere, ripugnare, rimbalzare ∗ **-력** forza repulsiva

반백 半白 (capelli) grigi, brizzolati

반벙어리 半- uomo di pronuzia blesa, mezzo muto, balbuziente

반병신 半病身 persona parzialmente deformata, persona mezzo paralitica (반신불수)

반복 反復 ripetizione, reiterazione -하다 ripetere, reiterare ¶ 반복하여 ripetutamente, più e più volte

반복 反覆 **-하다** cambiare continuamente ¶ 반복무상한 variabile, incostante

반분 半分 **-하다** dividere in due, fare a metà

반비례 反比例 [수학] proporzione inversa **-하다** essere in proporzione inversa

반사 反射 riflessione, riflesso, riverbero **-하다** riflettere, riverberare ¶ 전반사 riflessione totale ∗ **-각[선]** angolo[linea] di riflessione **-경** riflettore **-광선** raggi riflessi **-작용** azione riflessa **조건-** riflesso condizionato

반사회적 反社會的 anti sociale

반삭 半朔 quindici giorni, mezzo mese

반상기 飯床器 servizio da tavola

반상회 班常會 riunione di quartiere mensile

반색하다 essere lieto, felice (di), avere piacere di ¶ 반색하며 맞이하다 accogliere con piacere

반생 半生 metà della vita

반석 盤石 roccia, rupe ¶ 반석같다 essere stabile come una roccia

반성 反省 esame di coscienza, riflessione, riesame **-하다** fare l′esame di coscienza, riflettere, riconsiderare ¶ 반성을 촉구하다 invitare qlcu. a una seria riflessione

반세기 半世紀 mezzo secolo

반소 反訴 opposizione, replica

반소 反蘇 anti-sovietico

반소매 半- mezze maniche, manichette ¶ 반소매 셔츠 camicia a mezze maniche

반송 返送 **-하다** rinviare, rimandare

반송장 半- persona mezza morta, persona con un piede nella tomba

반수 半數 metà (del numero), metà(dei membri)

반숙 ¶ 반숙의 [달걀 따위] cotto a metà, [과일] mezzo-maturo, verde * **-란** uovo a la coque

반시간 半時間 mezz′ora, trenta minuti

반시류 半翅類 [곤충] Hemiptera

반식민지 半植民地 * **-국가** stato semicoloniale

반신 半身 metà del corpo * **-불수** emiplegia ¶ 반신불수의 emiplegico

반신 返信 risposta, replica ¶ 반신료 tariffa di risposta

반신반의 半信半疑 **-하다** essere in dubbio, essere dubbioso (incerto)

반암 班岩 [광물] porfido

반액 半額 metà della somma, metà del prezzo ¶ 반액으로 a metà prezzo * **-할인** sconto del 50 per cento ¶ 반액할인하다 fare uno sconto del 50 per cento

반양자 反陽子 [물리] antiprotone

반어 反語 ironia, espressione ironica ¶ 반어적(으로) ironica(mente)

반역 叛逆 tradimento, ribellione, insurrezione **-하다** sollevare una rivolta, ribellarsi, rivoltarsi ¶ 반역적 ribelle * **-자** traditore **-죄** alto tradimento

반영 反映 riflessione **-하다** riflettere ¶ 신문은 세론을 반영한다 I giornali riflettono l′opinione pubblica

반영구적 半永久的 semi-permanente

반원 半圓 semi-cerchio ¶ 반원을 그리다 tracciare un semi cerchio

반월 半月 mezza luna ¶ 반월형의 semilunare

반유동체 半流動體 semifluido, semiliquido

반유태 反猶太 ¶ 반유태의 anti-semitico * **-주의** anti-semitismo

반음 半音 【음악】 (cromatico) semitono, mezzo tono

반응 反應 reazione, risposta, [효과] effetto **-하다** reagire, rispondere, agire ¶ 반응이 없다 non avere effetto

반의반 半-半 metà della metà, quarto

반의어 反意語 antonimo, opposto, contrario

반일 反日 ¶ 반일의 anti- Giappone

반입 搬入 **-하다** portare dentro

반작, 빤짝 ¶ 반작반작 lucentemente // 반짝이다 scintillare, lucciare, brillare // 햇빛에 반짝거리다 scintillare sotto il sole

반짝 ① [쉽게] leggermente, facilmente ② [높이] alto, in alto ¶ 반짝 들리다 essere alzato in alto

반작용 反作用 reazione **-하다** reagire

반장 班長 capo di una squadra (gruppo, sezione), [학급의] capoclasse

반장화 半長靴 stivaletto

반전[1] 反戰 ¶ 반전의 contro la guerra // 반전론 pacifismo // 반전운동 movimento contro la guerra

반전[2] 反轉 rovescio **-하다** rovesciare, risvoltare

반절 半折 **-하다** dividere a metà

반점 斑點 macchia, macchiolina ¶ 반점이 있는 macchiato

반정 反正 restaurazione, rinnova-

mento
반정부 反政府 contro il governo
반제국주의 反帝國主義 anti-imperialismo ¶ 반제국주의의 anti-imperialistico
반제품 半製品 prodotto semifinito
반쪽 mezzo, metà
반주 伴奏 【음악】 accompagnamento **-하다** accompagnare ¶ 오케스트라의 반주 accompagnamento orchestrale ＊ **-부** accompagnamento **-자** accompagnatore
반주 飯酒 apertivo, bevanda alcolica che si beve prima dei pasti per stimolare l′appetito
반죽 impasto -하다 impastare ¶ 밀가루와 계란을 반죽하다 impastare la farina con le uova
반죽음 半- mezza morte
반즈봉 半- calzoni alla zuava, calzoncini
반쯤 半- (circa) mezzo, a mezza strada
반증 反證 prova del contrario, confutazione, controprova ¶ 반증을 제시하다 presentare la controprova
반지 斑指 anello ¶ 반지를 끼다 portare un anello al dito ＊ **결혼[약혼]-** anello di matrimonio [fidanzamento] **금-** anello d′oro **보석-** anello con gioiello
반지랍다 (essere) liscio e lucido, lisciare
반지르르 uniformametro
반지름 半- raggio, semidiamametro ⇒ 반경
반지빠르다 ① [얄밉도록] (essere) snobistico, affettato, sfacciato, impertinente ② [어중되다] goffo, imbarazzato, inadeguato
반짇고리 astuccio per ricamo
반질거리다, 빤질거리다 ① [매끄럽다] essere lucido [liscio, sdrucciolevole] ② [교활하다] essere scaltro [furbo]
반질반질, 빤질빤질 uniformamente, liscio, lucido, scivoloso **-하다** (essere) sdrucciolevole, liscio, lucido
반찬 飯饌 piatto, pietanza, ciascuna delle pietanze di cui si compone un pasto ¶ 반찬 가게 drogheria, alimentari
반창고 絆瘡膏 cerotto ¶ 반창고를 바르다 applicare un cerotto
반추 反芻 ruminazione **-하다** ruminare ＊ **-동물** ruminante
반출 搬出 **-하다** portare fuori
반취 半醉 **-하다** essere mezzo ubriaco
반칙 反則 violazione, irregolarità **-하다** violare le regole ＊ **-자** trasgressore
반투명 半透明 ¶ 반투명의 traslucido, semi trasparente
반편 半偏 sciocco, semplicione, stupido
반포 頒布 promulgazione **-하다** promulgare
반품 返品 restituzione di merce **-하다** restituire le merci
반하다[1] innamorarsi ¶ 첫눈에 반했다 Si è innamorato a prima vista.
반하다[2]**, 빤하다** ① [환하다] (essere) chiaro, luminoso ② [틈나다] avere tempo, essere libero ¶ 반

한 틈 tempo libero ③ [병세가] riprendersi, migliorare ④ [분명하다] (essere) ovvio, chiaro, evidente ¶ 빤한 이치 verità evidente

반하다 反- (essere) contrario a, contro, opposto a ¶ …에 반하여 al contrario di... // 나의 의사에 반하여 contro il mio volere

반합 飯盒 gavetta, portapietanze

반항 反抗 [저항] resistenza, [반대] opposizione, antagonismo [도전] sfida **-하다** resistere, opporsi, sfidare, ribellarsi ((contro)) ¶ 반항적 ribelle, recalcitrante, ostile * **-심** spirito d′insubordinazione

반향 反響 eco, risonanza, [반응] reazione **-하다** risonare, riecheggiare ¶ 대단한 반향을 일으키다 destare una grande sensazione

반혁명 反革命 controrivoluzione

반환 返還 ritorno, restaurazione **-하다** ritornare, restaurare

빤히 ① [명백히] chiaramente, ovviamente, evidentemente ¶ 빤히 알다 sapere con certezza ② [뚫어지게] fissamente, intensamente

받다 ① [수령, 수납] ricevere, accettare ¶ 교육을 받다 ricevere l′educazione // 존경을 받다 godere la stima ② [입다] ricevere ¶ 모욕을 입다 ricevere un′offesa ③ [겪다] subire ¶ 취조를 받다 subire un′interrogazione ④ [공 따위를] prendere, afferrare, ricevere ¶ 공을 받다 ricevere un pallone ⑤ [우산을] usare l′ombrello ⑥ ¶ 뿔로 받다 incronare ⑦ [빛을] ¶ 햇볕을 받다 prendere il sole

받들다 ① [공경하다] onorare, rispettare ¶ 스승을 받들다 rispettare il maestro ② [받쳐들다] sostenere ③ [보좌하다] assistere ¶ 회장을 받들다 assistere il presidente

받아들이다 accettare, ricevere, adottare ¶ 요구를 받아들이다 accettare le richieste, accondiscendere alle richieste // 제안을 받아들이다 approvare la proposta

받아쓰기 dettato **-하다** fare il dettato

받아쓰다 annotare, prendere appunti ¶ 받아 쓰게 하다 dettare (qlco.) a (qlcu.)

받치다 ① [괴다] supportare, sostenere ¶ 기둥을 받치다 sostenere con una colonna ② ¶ 먹은 것이 받치다 essere indigesto

받침 [괴는] supporto, sostegno ¶ 받침을 괴다 puntellare con un sopporto * **-대** supporto, sostegno

받히다 essere urtato, essere incornato ¶ 소에게 받히다 essere incornato da un bue

발[1] piede, zampa (발톱있는 동물의), ventosa, tentacolo(문어의) ¶ 네발 달린 책상 tavola a quattro piedi

발[2] [가리는] tendina di bambù ¶ 발을 치다 abbassare la tendina di bambù

발[3] [길이, 깊이의 단위] braccio (misura di profondità e di lunghezza)

-발 發 ① [출발] partenza, [발송]

invio, dispaccio ¶ AP통신발 dispaccio dell'AP // 서울역 6시 20분발 기차 treno che parte da Seoul alle 6 e 20 ② [탄수] colpo, sparo(소총의), proiettile(대포의) ¶ 다섯발을 쏘다 sparare cinque colpi

발 拔 epilogo, poscritto

발가락 dito del piede

발가벗다 spogliarsi, denudarsi ¶ 발가벗기다 spogliare, denudare

발가숭이 nudità

발깍 ¶ 성이 발깍 나다 prendersi un'arrabbiatura // 발깍 소리지르다 urlare dall'ira

발각 發覺 ¶ 발각되다 essere scoperto, venire alla luce

발간, 빨간 completo, assoluto, puro e semplice, vero e proprio

발간 發刊 pubblicazione, emissione **-하다** pubblicare, emettere

빨강 rosso, scarlatto

발강이, 빨강이 [물건] roba di colore rosso, [공산주의자] Rosso, comunista

발갛다, 빨갛다 essere rosso, arrossire ¶ 빨갛게 되다 diventare rosso, farsi rosso, accendersi in viso (얼굴이)

발개지다, 빨개지다 diventare rosso, farsi rosso ¶ 얼굴이 발개지다 accendersi in viso // 성이 나서 빨개졌다 essere diventato rossso per la rabbia

발걸음 passo, andatura ¶ 가벼운 걸음으로 con andatura leggera

발견 發見 scoperta **-하다** scoprire, portare alla luce ¶ 아메리카대륙의 발견 la scoperta dell'America

* **-자** scopritore

발광 發狂 **-하다** andare pazzo, diventare matto, perdere la testa ¶ 발광적 matto, lunatico

발광 發光 radiazione, luminescenza **-하다** irradiare, emettere luce * **-균** batterio luminoso **-도료** vernice luminosa **-신호** segnale luminoso **-체** corpi luminosi

발구르다 battere i piedi

발군 拔群 ¶ 발군의 rilevante, fuori del comune, eminente, cospicuo, notevole

발굴 發掘 scavo, esumazione **-하다** dissotterrare, scavare, esumare ¶ 시체를 발굴하다 esumare un cadavere

발꿈치 calcagno

발굽 zoccolo

발권 發券 emissione di biglietto * **-은행** istituto d'emissione

발그레하다 diventare rossiccio, essere tinto di rosso

발그림자 pedata, orma, traccia

발그스름하다 essere rossiccio

발끈 ¶ 발끈 화를 내다 avere uno scatto d'ira

발끈거리다 essere irritabile, avere uno scatto d'ira, irritarsi facilmente

발급 發給 **-하다** emettere ¶ 여권을 발급하다 emettere un passaporto

발긋발긋, 빨긋빨긋 -하다 spruzzare di rosso

발끝 punta dei piedi ¶ 머리에서 발끝까지 dalla testa ai piedi

발기 發起 [제안] proposta, suggerimento, [솔선] iniziazione, [사업의] promozione, [주최] auspicio

-하다 proporre, suggerire, promuovere ¶ …의 발기로 sotto gli auspici di * -인 [계획의] progettista, promotore(회사 따위의) -인회 riunione di promotori

발기 勃起 【생리】 erezione

발기다 crollare, andare a pezzi

발길 ¶ 발길로 차다 dare un calcio // 발길이 잦다 frequentare, avere contatti frequenti con // 발길을 돌리다 volgere le spalle a * -질 pedata, calcio

빨다[1] sorseggiare, succhiare, [피우다] fumare, [흡수하다] assorbire ¶ 젖을 빨다 succhiare la mammella

빨다[2] [세탁하다] lavare ¶ 이 천은 빨아도 줄지 않는다 Questo tessuto è irrestringibile

발딱 ¶ 발딱 일어서다 scattare in piedi

발딱거리다, 빨딱거리다 battere, pulsare, palpitare ¶ 가슴을 발딱거리며 con il palpito al cuore

발단 發端 [일의] apertura, principio, inizio, origine -하다 cominciare, iniziare, avere origine

발달 發達 sviluppo, crescita, [진보] avanzamento, avanzata, progresso **-하다** svilupparsi, progredire, crescere, evolversi ¶ 공업의 발달 sviluppo industriale // 발달시키다 fare sviluppare, fare progredire

빨대 cannuccia

발돋움 -하다 stirarsi, stare in punta di piedi

발동 發動 [일의] moto, [권력의] esercizio **-하다** esercitare, muovere, mettere in moto * -기 motore, **-선** motoscafo **-력** forza motrice

발뒤꿈치, 발뒤축 calcagno ¶ 발뒤축이 높은(낮은) 구두 scarpe con il tacco alto(basso)

발등 collo del piede ¶ 사람의 발등을 밟다 calpestare il collo del piede

발라내다 sbucciare, pulire, sgusciare ¶ 살구씨를 발라내다 togliere il nocciolo dall'albicocca

발라맞추다 blandire, persuadere con lusinghe, adulare, lusingare

발랄 潑剌 **-하다** [약동] (essere) vivace, fresco, pieno di vita, allegro, vigoroso ¶ 생기가 발랄하다 essere pieno di vita

빨랑빨랑 affrettatamente, in fretta ¶ 빨랑빨랑 해라 Sbrigati!

빨래 bucato **-하다** lavare, fare il bucato ¶ 빨래줄 corda per stendere il bucato // 빨래를 널어말리다 stendere i panni ad asciugare

발레 balletto

발령 發令 nominazione, proclamazione, pubblicazione nella gazzetta ufficiale **-하다** annunciare ufficialmente, proclamare

발로 發露 espressione, manifestazione **-하다** manifestare, esprimere, rivelare ¶ 우정의 발로 manifestazione d'amicizia

발름하다 spalancare, avere la bocca aperta

빨리 in fretta, frettolosamente, rapidamente, velocemente, prontamente [일찍] presto **-하다** affrettarsi, fare in fretta ¶ 걸음을 빨리 하다 affrettarsi a camminare

빨리다 [흡수] essere succhiato [assorbito], [착취] essere spremuto, [빨아 먹이다] allattare

발맞다 tenere il passo ¶ 발맞지 않다 non tenere il passo

발맞추다 tenere il passo (con), [같이 행동하다] agire in accordo (con)

발매 發賣 vendita ⇒ 판매 **-하다** vendere

발명 發明 invenzione **-하다** inventare, escogitare ¶ 발명의 inventivo * **-자** inventore 신-품 [una nuova] invenzione

발목 caviglia ¶ 그는 발목을 삐었다 Si è slogato la caviglia.

발문 跋文 epilogo, proscritto

발밑 ¶ 발밑에 sotto i piedi

발바닥 pianta del piede

발바리 spaniel, pekinese

발발 勃發 scoppio, esplosione **-하다** scoppiare, esplodere ¶ 전쟁의 발발 scoppio della guerra

발빼다 lasciare, lavarsi le mani, abbandonare, rompere (con)

발뺌 scusa, pretesto, evasione: alibi **-하다** cercare scuse

발버둥치다 sfozarsi, contorcersi, dibattersi

발벗다 ¶ 발벗고 나서다 fare del proprio meglio, agire con entusiasmo

빨병 bottiglia d′acqua, borraccia, thermos

발병 發病 attacco (di un malattia) **-하다** ammalarsi

발본색원 拔本塞源 **-하다** sradicare la fonte del male

발부리 (punta del) dito del piede

발브 valvola

발사 發射 scarica **-하다** fare esplodere, scaricare, sparare ¶ 권총을 발사하다 sparare con la pistola * **-관** lanciasiluro **-대** rampa di lancio

발싸개 avvolgimenti per i piedi

발산 發散 emissione, emanazione, evaporazione(증기의), radiazione **-하다** radiare, evaporare, diffondere, emanare ¶ 태양이 광채를 발산하다 Il sole diffonde la sua luce.

발상 發想 【음악】 espressione, [사상] concezione

발상지 發祥地 culla (luogo di nascita) ¶ 문명의 발상지 culla della civiltà

발생 發生 [생겨남] nascita, origine, produzione, generazione(화학적), avvenimento, [생물] crescita, sviluppo **-하다** sorgere, verificarsi, essere generato, prodursi ¶ 사고의 발생 il verificarsi di un accidente * **-기** [화학] generatore **자연-** generazione spontanea

발설 發說 **-하다** scoprire, svelare, divulgare

발성 發聲 pronuncia **-하다** parlare, emettere suoni * **-기** organo vocale, apparato fonatorio **-법** 【음악】 vocalizzazione

발소리 rumore dei passi ¶ 발소리를 죽이고 con orme furtive, di soppiato

발송 發送 invio, spedizione **-하다** inviare, spedire, mandar fuori, [우편물을] inviare per posta, impostare * **-계** ufficio di spedizione postale **-역** stazione di spedizione **-인** mittente, speditore

발씨 abilità con i piedi, camminata, andatura ¶ 발씨 익은 길 sentiero familiare

발신 發信 invio (di un messaggio) **-하다** inviare, spedire, telegrafare ＊ **-국** ufficio (di postale) di spedizione **-기** trasmettitore **-음** segnale di linea libera(전화의), segnale(무선의) **-인** mittente -지 luogo di emissione

발아 發芽 germinazione, gemmazione **-하다** germinare, germogliare, mettere le gemme

빨아내다 succhiare fuori, [의학] aspirare(고름 따위를)

빨아들이다 [기체를] inspirare, inalare, [액체를] succhiare, assorbire, asciugare(압지로)

빨아먹다 ① [음식을] succhiare, sorseggiare ② [우려내다] spremere ¶ 백성의 피를 빨아먹다 spremere il popolo, succhiare il sangue al popolo

발악 發惡 **-하다** ingiuriare, insultare, delirare, inveire

발안 發案 suggerimento, proposta, mozione(동의) **-하다** suggerire, proporre, iniziare ＊ **-자** proponitore, iniziatore

발암 發癌 ¶ 발암성의 cancerogeno ＊ **-물질** sostanza cancerogena, cancerogeno

발언 發言 espressione, parlata **-하다** esprimere, parlare, prendere la parola ¶ 발언을 허락하다 dare la parola ＊ **-자** parlatore, oratore

발연 發煙 emissione di fumo ＊ **-탄**[폭탄] bomba fumogena

발열 發熱 generazione di calore **-하다** generare calore, emettere calore, avere febbre ＊ **-량** valore caloric

발원 發源 **-하다** avere origine, derivare, sorgere

발육 發育 crescita, sviluppo **-하다** crescere, svilupparsi ¶ 발육기의 아이 bambino in fase di crescita // 발육을 돕다 promuovere la crescita ＊ **-기관** organo preposta alla crescita **-부진** rachitismo, ipoplasia

발음 發音 pronuncia, articolazione (음절을 나누어서) **-하다** pronunciare, articolare ＊ **-기관** organi fonatori **-기호** segno fonetico

발의 發議 istanza, [제안] proposta, [동의] mozione **-하다** proporre, suggerire ＊ **-권** iniziativa **-자** proponente, presentatore

발인 發靷 **-하다** partenza del corteo funebre

발자국 orma, traccia ¶ 발자국 소리 rumore dei passi

발자귀 traccia di un animale (orma)

발자취 [발자국] orma, impronta, [종적] traccia, segno ¶ 발자취를 남기다 lasciare traccia (nella storia)

발작 發作 parossismo, convulsione, [의학] spasmo **-하다** avere un attacco (di) ¶ 발작적으로 spasmodicamente, convulsamente

발장구치다 [헤엄] sguazzare con i

piedi in acqua, [태평하게] passare una giornata nell'indolenza, oziare

발장단 -長短 ¶ 음악에 맞추어 발장단을 치다 battere il tempo della musica con i piedi

발전 發展 [발달] sviluppo, crescita, [융성] prosperità **-하다** sviluppare, crescere, prosperare ¶ 도시의 발전 crescita sviluppo della città

발정 發情 eccitazione sessuale * **-기** pubertà, [동물의] stagione dell'accoppiamento

발족 發足 **-하다** cominciare, essere in corso, essere inaugurato

발주 發注 **-하다** ordinare, fare un ordine

발진 發疹 eruzione cutanea, esantema * **-티푸스** tifo

발진기 發振器 [물리] oscillatore

발차 發車 partenza **-하다** partire * **-시간** orario di partenza **-신호** segnale di partenza

발착 發着 partenza e arrivo **-하다** arrivare e partire

발췌 拔萃 estrazione, selezione, estratto **-하다** estrarre, selezionare, fare un estratto

발치 angolo di una stanza, [근처] vicinanza

빨치산 partigiano, guerriglia

발칙하다 [버릇없다] (essere) maleducato, impertinente, rude, [괘씸하다] (essere) oltraggioso, insolente, detestabile ¶ 발칙한 놈 individuo oltraggioso, insolente

발칵 improvvisamente, ad un tratto

발탁 拔擢 selezione, scelta **-하다** scegliere, selezionare

발톱 unghia di dito del piede (사람의), artiglio (짐승의), zoccolo (마소의) ¶ 발톱으로 할퀴다 graffiare con le unghie, dilaniare con gli artigli

발파 發破 **-하다** fare esplodere

발판 -板 punto d'appeggio, ponteggio, impalcatura

발포 發布 promulgazione, proclamazione, emissione **-하다** promulgare, proclamare, emettere

발포 發砲 **-하다** scaricare ((il fucile)), sparare, fare fuoco

발표 發表 [공표] annuncio, dichiarazione, comunicato, pubblicazione **-하다** annunciare, proclamare, esprimere, manifestare, rendere pubblico, presentare

발하다 發- ① [피다] fiorire, sbocciare, essere in fiore ② [떠나다] partire per ③ [파견하다] inviare, spedire, mandare ④ [내리다] annunciare, pubblicare, emettere ¶ 명령을 발하다 emettere un ordine ⑤ [내다] emettere (소리를), [열, 빛을] emettere, emanare, radiare ⑥ [기원하다] originare, saltare su, spuntare

발한 發汗 **-하다** traspirare, sudare * **-제** sudorifero

발행 發行 [도서의] pubblicazione, [채권, 지폐] emissione **-하다** pubblicare, emettere

발호 跋扈 arroganza, tirannia, dominazione **-하다** (essere) arrogante, dominatore

발화 發火 incendio, [점화] ignizione, combustione **-하다** accendere * 자연- combustione spontanea

발회 發會 riunione inaugurale **-하다** inaugurare un'associazione * **-식** inaugurazione d'una associazione

발효 醱酵 fermentazione **-하다** fermentare

발효 發效 effettuazione **-하다** diventare effettivo

발휘 發揮 **-하다** mostrare, manifestare, rivelare, esporre ¶ 수완을 발휘하다 mostrare le proprie capacità

발흥 發興 **-하다** svilupparsi rapidamente, crescere, affermarsi, aumentare ¶ 민족주의의 발흥 l' ascesa del nazionalismo

밝기 [명도] luminosità

밝다 ① [환하다] (essere)luminoso, chiaro, promettente(전망이) ¶ 밝게 하다 illuminare, far brillare ② [눈,귀가] (essere)acuto, penetrante, fine ¶ 귀가 밝다 avere orecchio fine ③ [능통하다] essere esperto in, essere familiare con ¶ 그는 일본 사정에 밝다 Egli è esperto di affari giapponesi.

밝다[2] [날이] albeggiare, spuntare ¶ 날이 밝기 전에 prima dell'alba

밝을녘 alba, spuntar del giorno, le prime luci del giorno

밝히다 ① [밝게 하다] illuminare, far brillare, accendere ② [분명히 하다] chiarire, rendere manifesto, risolvere ¶ 입장을 밝히다 chiarire la propria opinione ③ [밤을] rimanere alzato fino a tardi

뼘다 misurare una distanza a braccia distese

밟다 ① mettere(posare) i piedi su, calpestare ¶ 모국 땅을 밟다 mettere i piedi sulla propria patria, tornare in patria ② [뒤를] seguire una persona, inseguire, pedinare una persona ③ [순서를 거치다] seguire, adempiere, completare (이행하다) ¶ 수속을 밟다 adempiere le formalità

밟히다 essere calpestato da

밤[1] notte, sera(저녁) ¶ 밤에 di notte // 밤이고 낮이고 giorno e notte // 월요일 밤 la notte di lunedì

밤[2] castagna ¶ 밤색의 castano * **-나무** castagno

밤길 cammina di notte, viaggio notturno ¶ 밤길을 가다 camminare di notte, fare un viaggio notturno

밤낚시 pesca notturna **-하다** pescare di notte, mandare due righe di notte ¶ 밤낚시군 pescatore notturno

밤낮 notte e giorno

밤눈 [시력] vista notturna ¶ 밤눈이 어둡다 non vederci bene di notte // **-이 밝다** vederci come un gatto

밤도와 durante tutta la notte

밤마다 ogni notte, tutte le notti

밤바 [완충기] paraurti

밤사이 durante la notte

밤새도록 tutta la notte ¶ 밤새도록 마시다 bere tutta la notte

밤새우다 stare sveglio tutta la notte ¶ 밤새워 일을 끝내다 finire

una cosa lavorando tutta la notte

밤새움, 밤샘 -하다 stare alzato tutta la notte, passare la notte in bianco ¶ 밤새움은 건강에 나쁘다 Non fa bene alla salute passare la notte in bianco

밤소경 cieco notturno, cecità notturna

밤소일 -消日 serata di permesso, divertimento notturno **-하다** divertirsi la notte

밤손님 ladro notturno ¶ 밤손님이 들었다 È entrato un ladro di notte.

밤송이 riccio di castagna

밤안개 nebbia notturna

밤알 castagna

밤이슬 rugiada notturna ¶ 밤이슬을 맞다 essere bagnato di rugiada notturna, andare in giro tutta la notte

밤일 lavoro notturno, turno di notte(야근)

밤잠 sonno notturno

밤중 -中 ¶ 밤중에 di notte, durante la notte // 한밤중에 a notte fonda

밤차 -車 treno di notte ¶ 밤차를 타다 prendere il treno di notte

밤참 spuntino notturno

밤톨 castagna ¶ 밤톨만한 grande come una castagna

밤하늘 cielo notturno

밥 ① [쌀밥] riso cotto ② [식사] pasto, cibo ¶ 밥을 먹다 prendere il pasto, mangiare, guadagnarsi la pagnotta(밥벌이 하다) ③ [먹이] alimentazione, nutrimento, cibo, esca(낚시용), preda[vittima] (다른 동물의) ¶ 돼지밥 cibo da maiale // 밥이 되다 diventare preda

밥값 prezzo del pasto

밥그릇 scodella da riso

밥맛 appetito(식욕), il gusto del riso

밥벌레 buonannulla, fannullone, poltrone

밥벌이 -하다 guadagnarsi da vivere

밥보자, 밥보자기 -褓子- velo per coprire la tavola apparecchiata

밥상 -床 tavola ¶ 밥상을 차리다 [치우다] apparecchiare[sparecchiare] la tavola

밥솥 pentola per cuocere il riso * **전기-** pentola elettrica per cuocere il riso

밥술 una cucchiaiata di riso

밥알 chicco di riso cotto

밥장사하다 gestire un ristorante

밥장수 gestore di un ristorante

밥주걱 mestola da riso

밥줄 mezzi di sussistenza, fonte di introito ¶ 밥줄이 끊어지다 perdere le risorse economiche

밥집 ristorante

밥짓다 bollire(cuocere) il riso, cucinare

밥통 -桶 ① [그릇] scodella da riso ② [위] stomaco ③ [밥벌레] fannullone

밥투정 -하다 lamentarsi del cibo, aver da ridire sul cibo

밥풀 [밥알] chicchi di riso cotto, [풀] colla di riso

빳빳하다 ① [꼿꼿하다] (essere) rigido, inflessibile ② [성질이] (essere) ostinato, testardo, deciso

¶ 빳빳한 칼라 colletto duro, rigido

빵 pane ¶ 빵문제 problema di sussistenza // 빵 부스러기 briciola // 빵 한 조각 un pezzo di pane // 한 덩어리의 빵 pagnotta di pane

방 放 [총알 따위의] sparo, colpo ¶ 총을 한 방 쏘다 sparare un colpo di fucile

방 房 camera, sala, stanza ¶ 방을 세내다 dare in affitto una camera

방 ① [방목] lista di candidati che hanno superato l'esame ② [방문] manifesto, notifica pubblica

-방 ① [방위] direzione ② [댁] presso ¶ 이영세 씨방 홍길동 씨 signor Hong Gil Dong, presso il signor Lee Young Se

방갈로 bungalow

방게 [동물] un tipo di granchietto

방계 傍系 ¶ 방계의 collaterale, sussidiario * **-친족** parenti alla lontana

방공 防空 difesa aerea * **-호** rifugio antiaereo

방과 放課 ¶ 방과후 dopo la lezione(l'ora di chiusura)

방관 傍觀 **-하다** restare spettatore, rimanere indifferente ¶ 방관적 태도를 취하다 assumere un atteggiamento di indifferenza da spettatore * **방관자** astante, spettatore, passante

방광 膀胱 [해부] vescica * **-결석** [의학] calcolo alla vescica

빵꾸 scoppio (di uno pneumatico), foratura ¶ 빵꾸나다 forare, bucare

방귀 scorreggia ¶ 방귀뀌다 scorreggiare

방그레 ¶ 방그레 웃다 sorridere(dolcemente), fare un sorriso radioso

방글거리다 sorridere

방금 proprio adesso, ora, poco fa ¶ 방금 떠났다 È partito poco fa.

방긋 con un sorriso ¶ 방긋 웃다 sorridere dolcemente, fare un bel sorriso

방긋거리다 sorridere radiosamente

방긋이 ① [웃으며] con un sorriso ⇒ 방그레 ② [열린 꼴] socchiuso, semischiuso(fiore) ¶ 문을 방긋 열다 aprire la porta leggermente

방기 Bangui (중앙아프리카 공화국)

방년 芳年 fior dell'età ¶ 방년 20세의 처녀 una ragazza nel fiore dei venti anni

방놓다 房- dare in affitto una camera

방뇨 放尿 **-하다** orinare

방대 尨大 **-하다** (essere) enorme, vasto, immenso, massiccio, gigantesco ¶ 방대한 예산 bilancio enorme

방도 方途 via, metodo, modi e mezzi, misura ¶ 다른 방도가 없다 Non c'è altra alternativa.

방독 防毒 **-하다** proteggersi da sostanze velenose * **-마스크[면]** maschera antigas

방랑 放浪 **-하다** vagare ¶ 방랑 생활을 하다 vivere da vagabondo * **-객** vagabondo, nomade, girovago **-벽** abitudine da vagabondo **-생활** vita da vagabondo

방략 方略 [정책] politica, [계획] progetto, [책략] stratagemma, [수단] metodo

방망이 randello, manganello, bastone, mazzuolo ¶ 방망이질하다 battere con un randello

방매 放賣 vendita **-하다** mettere in vendita

방면 方面 [방향] direzione, [지역] quartiere, [일의 분야] sfera, campo ¶ 각 방면에서 in tutte le direzioni, sotto tutti gli aspetti

방면 放免 liberazione, remissione, [무죄 방면] assoluzione **-하다** liberare, assolvere

방명 芳名 nome onorabile, buon nome, buona reputazione ∗ **-록** registro dei visitatori

방목 放牧 pascolo, pastura **-하다** pascolare, far pascolare ∗ **-권** diritto di pascolo **-지** zona di pascolo

방문 訪問 visita, intervista **-하다** fare una visita, visitare ∗ **-객** visitatore

방물 장수 venditòre ambulante di articoli da donna

방미 訪美 visita negli Stati Uniti ¶ 방미 길에 오르다 partire per America

방바닥 pavimento di una camera

빵빵 ⇒ 뻥뻥

방방곡곡 坊坊曲曲 ¶ 방방곡곡에 in tutte le parti del paese, in ogni angolo del paese

방범 防犯 prevenzione del crimine **-하다** prevenire il crimine

방법 方法 via, metodo, procedura, processo, maniera, sistema, [수단] mezzi, [계획] progetto, [제법] formula, [연구] invenzione ¶ 방법에 따라서 alla maniera (di) ∗ **-론** metodologìa

방벽 防壁 barriera, barricata, muro di protezione

방부 防腐 prevenzione contro la putrefazione, preservazione dalla putrefazione, antisettico ¶ 방부의 antisettico // 방부 처치하다 applicare il trattamento antisettico ∗ **방부제** antisettico

방불 彷佛 **-하다** assomigliare molto ¶ 방불케하다 ricordare, assomigliare qlcu. a qlco.

방비 防備 difesa **-하다** difendere, proteggere, fortificare ¶ 방비가 없는 senza difesa

방사 放射 [광열의] radiazione, [빛, 열, 냄새의] emissione, emanazione **-하다** radiare, emettere, emanare ¶ 방사상의 radiale ∗ **-능[성]** radioattività **-상[형]** forma radiale **-선** raggi X **-선 사진** radiografia, [사진술] radiografia **-선 요법** radioterapia -선학 radiologia **-성 동위원소** isotopi radioattivi **-성 원소[원자]** elementi radioattivi **-성 낙진** pioggia radioattiva[polvere]

방생 放生 [불교] liberazione di animali in cattività

방석 方席 cuscino ¶ 방석에 앉다 sedere su un cuscino

방성대곡 放聲大哭 **-하다** piangere amaramente ad alta voce, essere afflitto per

방세 房貰 affitto di una camera

방세간 房- mobilia, arredamento

방송 放送 [라디오] radiodiffusione, programma radiofonico(1회의) **-하다** radiodiffondere, trasmettere per radio ¶ 해외 방송 servizi di radiodiffusione d'oltremare // 방송중이다 essere in corso di trasmissione * **-국** radiostazione **-극** radiodramma **-방해** disturbo di trasmissione **텔레비젼-** teletrasmissione

방수 放水 **-하다** drenare * **-관** canale di scolo, grondaia **-로** canale di drenaggio

방수 防水 ¶ 방수의 impermeabile, stagno **-하다** stagnare, impermeabilizzare * **-장치** sistema di impermeabilizzazione **-포** tessuto impermeabile **-화** scarpe di gomma, impermeabile

방수 傍受 **-하다** ristabilirsi, intercettare ¶ 무전을 방수하다 intercettare un radiomessaggio

방습 防濕 protezione contro l'umidità, a prova d'umidità

방식 方式 [형식] forma, [방법] metodo, processo, [정식] formula, [수속] formalità, [관례] costume * **생활-** modo di vita

방식제 防蝕劑 anti corrosivo

방실거리다 sorridere radiosamente

방심 放心 ① stato dio assenza mentale, distrazione **-하다** essere mentalmente assente ② [안심] sollievo -하다 sollevare, [부주의] essere noncurante ¶ 방심하지 않다 non mancare d'attenzione, essere attento

방아 mulino, mortaio * **물-** mulino ad acqua

방아깨비 【곤충】 un tipo di cavalletta, locusta

방아쇠 grilletto ¶ 방아쇠를 당기다 tirare il grilletto

방안 方案 piano, progetto, schema ¶ 방안을 세우다 disegnare un piano

방안지 方眼紙 carta quadrettata

방앗간 -間 mulino

방약무인 傍若無人 **-하다** (essere) audace, arrogante, oltraggioso, insolente

방어 防禦 difésa, protezione ⇒ 방위 **-하다** difendere, proteggere, salvaguardare

방언 方言 dialetto * **-연구** dialettòlogia

방역 防役 prevenzione contro le epidemìe **-하다** prevenire un'epidemìa di

방열 放熱 irradiazione di calore **-하다** irradiare calore * **방열기** radiatore

방영하다 放映- trasmettere per televisione

방울 ① [쇠방울] campanella ¶ 방울소리 tintinnio di campanella ② [물의] goccia * **눈물-** goccia di lacrima **물-** goccia d'acqua **빗-** goccia di pioggia

방울뱀 【동물】 serpente a sonagli

방울 집게 tenaglia

방위 方位 direzione, un punto della bussola ¶ 방위를 알다 conoscere la direzione * **-각** angolo azimutale **-나침판** bussola azimutale

방위 防衛 difesa, protezione, salvaguardia **-하다** difendere, proteggere, salvaguardare * **-군** corpo di difesa **-계획** programma di difésa

방음 防音 insonorizzazione ¶ 방음의 insonorizzato * **-실** cabina insonorizzata **-벽** parete insonorizzante, isolante

방임 放任 **-하다** lasciare stare, lasciare in pace * **-주의** lassismo, permissivismo

방자 放恣 **-하다** (essere) impertinente, licenzioso, arrogante

방잠망 防潛網 rete antisottomarino

방적 紡績 filatura * **-공업** industria della filatura **-공장** filanda **-기계** filatoio **-사** filato **-회사** compagnia di filatura

방전 放電【물리】scarica elettrica **-하다** scaricare (elettricità) * **-전류** corrente di scarica **-관** tubo di scarica **공중-** scarica atmosferica

방점 傍點 punto laterale

방정 ⇒ 방정떨다, 방정맞다

방정 方正 **-하다** [언행이] (essere) buono, irreprensibile, retto, [물건이] ordinato e quadrato ¶ 품행 방정 buona condotta, condotta irreprensibile

방정떨다 comportarsi frivolamente, mostrare mancanza di serietà

방정맞다 (essere) frivolo, avventato, imprudente

방정식 方程式 equazione * **2차(3차)** - equazione di secondo (terzo) grado // **연립-** equazioni simultanee

방조 傍助 aiuto, assistenza, [법] complicità * **-자** sostenitore, [범죄의] complice

방조제 防潮堤 argine di marea, argine, frangiflutti

방종 放縱 **-하다** (essere) sfrenato, dissoluto, licenzioso ¶ 방종한 생활을 누리다 mantenere una vita dissoluta

방주 方舟 arca ¶ 노아의 방주 Arca di Noe

방주 note marginali

방죽 argine, diga, banco ¶ 방죽을 쌓다 costruire una diga, alzare argini

방증 傍證 prova indiziaria

방지 防止 prevenzione, controllo **-하다** prevenire, impedire, fermare, controllare * **-책** misura preventiva

방직 紡織 filatura e tessitura * **-공업** industria tessile **-업자** produttore tessile

빵집 panetteria

방책 方策 piano, schema, [방침] politica, , [수단] mezzi

방책 防柵 palizzata, stecconata

방첩 防諜 controspionaggio

방청 傍聽 udienza, presenza **-하다** udire, assistere, ascoltare ¶ 재판을 방청하다 assistere al processo * **-권** biglietto d′ammissione **-석** posto per uditore

방추 方錐 trapano ad angolo retto ¶ 방추의 piramidale * **-형** piramide quadrangoloare

방추 紡錘 fuso ¶ 방추형의 fusiforme

방축 防築 diga, argine

방출 放出 **-하다** [방산] emettere,

radiare, [배출] scaricare, rimettere

방충제 防蟲劑 insetticida, [좀약] pallina antitarmica, naftalina

방취 防臭 deodorazione * **-제** deodorante

방치 放置 **-하다** lasciar stare, lasciar in pace, trascurare, lasciar fare il suo corso

방침 方針 direzione, [정책] politica, [주의] princìpio, [계획] piano, [목적] scopo, mira, obbiettivo ¶ 방침을 정하다 determinare l'orientamento

방콕 Bangkok(타이)

방탄 防彈 antiproiettile ¶ 방탄의 blindato **-하다** proteggere dalle pallottolle * **-유리** vetro antiproiettile

방탕 放蕩 dissipazione, dissolutezza **-하다** essere dissipato, condurre una vita dissoluta * **-자** dissipatore, dissoluto, libertino

방파제 防波堤 frangiflutti

방패 防牌 scudo

방편 方便 convenienza, opportunità, [수단] mezzi, [도구] strumento ¶ 일시적인 방편 convenienza temporanea // 방편으로 쓰다 usare come strumento

방풍림 防風林 cintura verde, frangivento

방학 放學 giorni festivi, vacanze **-하다** essere in vacanza // 시골에서 방학을 보내다 passare le vacanze in campagna

방한 防寒 protezione contro il freddo **-하다** proteggere contro il freddo, tener lontano il freddo * **-모** berretto invernale **-화[복]** scarpe [vestiti] invernali

방한 訪韓 vìsita in Corea **-하다** fare una vìsita in Corea

방해 妨害 [장애물] ostacolo, impaccio, [훼방] disturbo, interruzione, ostruzione, interferenza **-하다** ostacolare, urbare, interrompere ¶ 의사 방해 ostruzionismo // 공부에 방해가 되다 ostacolare lo studio * **-물** ostàcolo **-방송** disturbo(radio)

방해석 方解石 [광물] calcite

방향 方向 [방위] direzione, orientamento, [진로] corso ¶ 반대 방향으로 in direzione opposta * **-탐지기** cercatore di direzione, radar

방향 芳香 odore gradevole, profumo, fragranza, aroma ¶ 방향의 fragrante, aromatico, odorato

방형 方形 quadrato ¶ 방형의 quadrato

방호 方壺 protezione **-하다** proteggere, difendere

방화 放火 incendio volontario, [법] incendio doloso, [화재] fuoco incendiario **-하다** dare fuoco (a una casa)

방화 防火 prevezione contro il fuoco ¶ 방화 건축물 costruzione antincendio resistente al fuoco // 방화 설비 attrezzature antincendio // 방화 훈련 esercitazione antincendio

방황 彷徨 **-하다** vagare, errare

밭 campo, fattoria, giardino ¶ 밭갈다 coltivare la terra, arare la terra

밭갈이 coltivazione **-하다** coltivare
밭고랑 solco
밭곡식 -穀- raccolto dei campi
밭농사 -農事 coltivazione dei campi
밭이랑 porca dei solchi in un campo
밭일 lavoro dei campi **-하다** lavorare nei campi
빻다 macinare, polverizzare
배[1] ① [복부] addome, ventre, pancia, stomaco ¶ 배가 아프다 avere mal di stomaco // 배가 부르다 essere sazio ② [뱃속] cuore, mente, intenzione ¶ 배가 아프다 essere verde dell'invidia ③ [자궁] ¶ 배가 부르다 essere incinta // 배가 다르다 essere nato da una madre diversa
배[2] [선박] nave, vascello, barca, imbarcazione(총칭), piroscafo (기선), giunca (중국의) ¶ 다음 배편으로 con la prossima nave // 배를 타다 prendere la barca // 배를 젓다 remare in barca
배[3] pera * **-나무** pero
배 胚 embrione, feto
배 倍 [2 배] doppio, due volte ¶ 배가 되다 raddoppiare, diventare doppio // 3배로 하다 triplicare // A의 2배 크기이다 essere grande il doppio di A
배가 倍加 **-하다** raddoppiare, essere doppio, crescere del doppio ¶ 노력을 배가하다 raddoppiare il proprio sforzo
배각거리다 ⇒ 비걱거리다
배겨나다 sopportare, soffrire pazientemente, resistere
배격 排擊 **-하다** rifiutare, denunziare, disapprovare, condannare
배경 背景 ① sfondo, [무대의] scenario, scena ¶ 동양을 배경으로 한 소설 romanzo ambientato in Oriente ② [후원] sostegno, appoggio, supporto [사람] sostenitore, sostegno, protettore ¶ 배경이 없다 essere privo di appoggi
배고프다 avere fame ¶ 배고파 죽겠다 avere fame da morire
배곯다 avere lo stomaco vuoto
배꼽 ombelico
배관 配管 tubazioni di scarico **-하다** porre le tubazioni
배교 背教 apostasia, rinnegamento * **-자** rinnegatore, apostata
배구 排球 palla a volo **-하다** giocare a palla a volo * **-시합** partita di palla a volo
배금 拜金 adorazione del denaro
배급 配給 distribuzione, ripartizione, razione(통제), **-하다** distribuire, razionare ¶ 배급을 받다 ricevere una razione
빼기 【수학】 sottrazione
배기 排氣 ventilazione, scarico, evacuazione * **-가스** gas di scarico
배낭 背囊 zaino ¶ 배낭을 싸다 fare lo zaino
빼내다 ① [뽑다] far uscire, estrarre, togliere ¶ 못을 빼내다 estrarre un chiodo ② [골라내다] scegliere, distinguere ③ [돌라내다] rubacchiare, rubare ¶ 마음을 빼내다 conquistare il cuore ④ [꾀어내다] sedurre, adescare ⑤

[얽매인 몸을] riscattare, redimere ¶ 몸값을 치르고 창녀를 빼내다 riscattare una prostituta

배냇병신 -病身 storpio congenito dalla nascita

빼놓다 ① [제쳐놓다] escludere, omettere ¶ 일요일을 빼놓고는 매일 집에 있다 Sono a casa ogni giorno tranne la domenica. ② [뽑아 놓다] far uscire, estrarre ③ [골라 놓다] scegliere, distinguere

배뇨 排尿 minzione **-하다** urinare

배니싱크림 crema evanescente

배다[1] [조밀하다] (essere) compatto, spesso, denso

배다[1] ① [침윤] penetrare in, infiltrarsi in ¶ 붕대에 피가 배어 있다 La benda si è impregnata di sangue. ② [익숙하다] essere abituato a, avere l'abitudine di, essere familiare con ¶ 손에 밴 일 lavoro familiare

배다[3] [잉태하다] concepire, essere incinta ¶ 아이를 배다 essere incinta

빼다 ① [빼내다] estrarre, far uscire ¶ 병마개를 빼다 stappare una bottiglia ② [덜다] detrarre, defalcare ¶ 열에서 둘을 빼다 sottrarre, detrarre 2 da 10 ③ [삭제하다] levare, rimuovere, cancellare ¶ 얼룩을 빼다 levare una macchia ④ [꾸미다] ostentare, simulare ⑤ [회피하다] evadere, evitare, eludere, schivare ¶ 꽁무니를 빼다 sottrarsi al proprio dovere, alla responsibilità // 발을 빼다 lavarsene le mani ⑥ [차려 입다] vestirsi elegamente

배다르다 essere nato da una madre diversa ¶ 배다른 형제 fratellastro[sorellastra]

배달 倍達 il primo nome della Corea * **-민족** razza coreana

배달 配達 consegna, distribuzione **-하다** consegnare, distribuire ¶ 무료로 배달되다 essere consegnato gratis * **-료** spese di consegna **-부** fattorino, [우편] portalettere, [우유] lattaio, fattorino del latte, [신문] giornalaio, fattorino dei giornali **-증명서** ricevuta di consegna

배당 配當 ripartizione, dividendo (주주의), quota **-하다** distribuire, pagare il dividendo ¶ 이익 배당을 받다 ricevere il dividendo

배당금 配當金 dividendo, quota * **특별-** bonus, dividendo extra

배두렁이 fasce per neonati

배드민턴 volano

배란 排卵 ovulazione **-하다** ovulare, avere l'ovulazione

배려 配慮 cura, affare, considerazione, [전력] tribolazione, preoccupazione, buoni uffici **-하다** considerare, prendersi cura

배례 拜禮 **-하다** profondersi in ringraziamenti, salutare rispettosamente

배맞다 avere un rapporto illecito, commettere adulterio

빼먹다 [빠뜨리다] omettere, saltare, [돌려대다] rubacchiare, sgraffignare ¶ 몇군데 빼먹고 읽다 leggere saltando diverse parti // 학교를 빼먹다 marinare la scuola

배면 背面 schiena, dorso, retro ¶

적의 배면을 공격하다 attaccare il nemico da dietro, alle spalle
빼물다 [거만하게] fare il broncio
배밀이 **-하다** strisciare
배반 背反 **-하다** tradire, ribellarsi, mettersi contro ¶ 나라를 배반하다 tradire la patria // 친구를 배반하다 tradire un amico * **-자** traditòre
배변 排便 evacuazione, defecazione **-하다** evacuare le feci, defecare
배본 配本 distribuzione di libri **-하다** distribuire (i libri)
배부 配付 distribuzione **-하다** distribuire, consegnare
배부르다 riempirsi lo stomaco, essere sazio ¶ 배부르게 먹다 mangiare a sazietà // 배부른 소리하다 parlare a stomaco pieno
배분 配分 distribuzione **-하다** distribuire, assegnare
배불뚝이 pancione
배비 配備 **-하다** disporre, combinare, preparare
배사 背斜 [치질] anticlinale ¶ 배사의 anticlinale
배상 賠償 riparazione, indennità, compensazione **-하다** indennizzare, fare riparazione per compensare ¶ 손해를 배상하다 indennizzare per un danno * **-금** indennità **-자** indennizzatore **-책임** responsabilità di riparazione **-청구권** diritto a richiedere la compensazione
배색 配色 combinazione, accostamento di colore, colorazione **-하다** combinare, accostare i colori
배서 背書 girata **-하다** girare (un assegno) * **-인** girante **피-인** giratario
배석 陪席 **-하다** sedere in compagna ((del prorio superiore)) * **-판사** giudice subalterno
배선 配線 impianto, cavi di collegamento **-하다** fare l'impianto elettrico in una casa
배설 排泄 escrezione, evacuazione **-하다** eliminare, evacuare le feci, defecare * **-기** organi escretori **-물** escremento **-작용** evacuazione
배속 配屬 assegnazione **-하다** assegnare
배수 排水 drenaggio **-하다** drenare ¶ 배수가 잘되다 essere drenato bene * **-공사** lavori di drenaggio **-관** canale di scolo **-량** quantità di discarica
배수 拜受 **-하다** ricevere qlco. con gratitudine, accettare
배수 倍數 multiplo * **-비례** proporzione multipla
배수성 排水性 [식물] idrotropismo negativo
배신 背信 tradimento, infedeltà **-하다** tradire la fiducia, * **-행위** tradimento
배심 陪審 giuria * **-재판** processo con giuria **-제도** sistema di giuria
배심원 陪審員 [총칭] giuria, [개인] giurato * **-석** banco dei giurati
배아 胚芽 germe, cellula embrionale
배알 拜謁 udienza **-하다** avere una udienza con
빼앗기다 ① [탈취] essere derubato

di qlco. (도난), essere privato di (박탈) ¶ 시계를 빼앗기다 essere derubato dell'orologio ② [매혹] essere affascinato, essere ammaliato, essere assorbito ¶ 얼을 빼앗기다 essere cattivato ((da una donna))

빼앗다 ① [탈취하다] portar via, derubare qlcu. di qlco. (훔치다), saccheggiare(약탈), privare qlcu. di qlco. (박탈) ¶ 남의 물건을 빼앗다 portare via la roba degli altri ② [매혹하다] affascinare, incantare, ammaliare ¶ 관객의 얼을 빼앗다 affascinare l'uditorio ③ [짓밟다] trasgredire, calpestare (인권을) ¶ 정조를 빼앗다 violare una donna

배액 倍額 il doppio della una somma, due volte il costo

배양 培養 coltivazione, coltura **-하다** coltivare

빼어나다 essere superiore a, superare, essere eccellente, essere eminente

배역 配役 cast, assegnazione delle parti ¶ 배역을 정하다 distribuire le parti (agli attori)

배열 排列 combinazione **-하다** combinare, disporre, mettere in ordine ¶ ABC 순으로 배열하다 disporre in ordine alfabetico

배엽 胚葉 margotta germinale, blastoderma

배영 背泳 bracciata (nel nuoto sul dorso) **-하다** nuotare sul dorso
 ＊ **-선수** nuotatore sul dorso

배외 排外 ¶ 배외의 antiforestiero

배우 俳優 attore(남자), attrice(여자) ¶ 배우가 되다 diventare un attore(un'attrice)

배우다 imparare, studiare, prendere lezioni di, [연습] praticare, esercitare ¶ 피아노를 배우다 prendere lezioni di piano // 실수하면서 배운다 Sbagliando, s'impara

배우자 配偶者 compagno, coniuge

배움 apprendimento, studio ¶ 배움의 길 apprendimento, (occasione di) studio

배웅 -하다 accompagnare qlcu., far uscire ¶ 현관까지 배웅하다 accompagnare alla porta

배유 胚乳 [식물] albume

배율 倍率 ingrandimento ¶ 10배율의 확대경 lente a 10 ingrandimenti

배은 背恩 ingratitudine ¶ 배은의 ingrato // 배은 망덕하다 essere ingrato, mancare di gratitudine
 ＊ **-자** una persona ingrata

배음 倍音 [음악] armonia, ipertono, [물리] armonica superiore

배일성 背日性 [식물] eliotropismo negativo

배임 背任 atto illecito, abuso di fiducia

배자 褙子 gilet(da donna che s'indossa sul bolero)

배짱 ① ¶ 배짱이 있다 essere presuntuoso, essere insolente // 배짱이 없다 non avere coraggio // 배짱이 세다 avere molta audacia ② [속마음] parere, idea, intenzione ¶ 알수 없다. 이해할 수 없다 essere impenetrabile, essere enigmatico

배전 倍前 ¶ 배전의 raddoppiato

배전 配電 **-하다** fornire elettricità, distribuire alimentazione elettrica ＊ **-반** quadro dei commandi, pannello di distribuzione

배점 配點 distribuzione dei punti

배정 配定 assegnazione **-하다** distribuire, assegnare

배제 排除 esclusione, eliminazione, rimozione **-하다** escludere, eliminare, rimuovere

배죽거리다 ⇒ 비죽거리다

배증 倍增 **-하다** raddoppiare, aumentare del doppio ＊ **소득-** raddoppio della rendita

배지 distintivo

배지성 背地性 [식물] geotropismo negativo

배차 配車 assegnazione delle corse **-하다** assegnare le partenze

배척 排斥 esclusione, boicottàggio **-하다** escludere, boicottare ¶ 일본 상품을 배척하다 boicottare i prodotti giapponesi

배추 cavolo cinese ＊ **-김치** Kimchi, cavolo in salamoia piccante

배출 排出 scarico, scappamento **-하다** scaricare, evacurare ＊ **-관** tubo di scarico, di scappamento **-구** emissione, sbocco

배출 輩出 **-하다** produrre

배치 背馳 **-하다** essere contrario, essere opposto

배치 配置 sistemazione, collocazione, disposizione **-하다** disporre, collocare, sistemare, [부서에] dislocare, assegnare un posto ¶ 그는 지금 부산에 배치되어 있다 Ora lui è dislocato a Pusan. ＊ **방어-** disposizione difensiva

배타 排他 esclusione ¶ 배타적 esclusivo ＊ **-론자** esclusivista

배탈 - disturbo di stomaco ¶ 배탈나다 avere un disturbo di stomaco

배태 胚胎 [임신] gestazione, gravidanza, [원인] origine **-하다** [임신] essere incinta, [원인] trarre origine, avere origine, risultare (da)

배터 ballitore

배터리 batteria

배터 복스 [야구] zona del battitore

배트 [야구] mazza

배편 -便 trasporto per nave ¶ 배편으로 per nave

배포 ¶ 배포가 크다 essere magnanimo, pensare in grande

배포 配布 distribuzione **-하다** distribuire **-망** rete di distribuzione

배필 配匹 coniuge, consorte, compagno ¶ 적당한 배필을 고르다 scegliere un coniuge appropriato

배합 配合 combinazione, mescolanza, accostamento, armonia **-하다** combinare, mescolare, comporre ¶ 색의 배합 combinazione di colori

배화 排貨 boicottàggio **-하다** boicottare

배화교 拜火教 culto di fuoco, zoroastrismo ＊ **-도** fedele del zoroastrismo

배회 徘徊 **-하다** indugiare, bighellonare, gironzolare

배후 背後 tergo, retroguardia, dietro ¶ 배후에 a tergo, alle spalle // 적의 배후를 찌르다 attaccare i nemici alle spalle

* **-조종사** maneggione, intrallazzatore, faccendiere
백 伯 [백작] conte
백 百 cento ¶ 100번 째 centesimo
빽[1] ① ¶ 빽빽 울다 pigolare, fare cip cip ② [빽빽하게] densamente
백[2] [연줄, 배경] conoscenze, connessioni, sostegno, [후원자] sostenitore, protettore
백계 百計 tutti i mezzi, tutte le risorse * **-무책이다** esaurire tutte le risorse
백계노인 白系露人 Russo Bianco
백곡 百穀 tutti i tipi di cerali
백골 白骨 osso biano, scheletro ¶ 백골이 난망하다 non dimenticare mai la cortesia(favore)
백곰 白- orso polare, orso bianco
백과 사전 百科事典 enciclopedia
백관 百官 tutti gli ufficiali governativi * **문무-** ufficiali civili e militari
백군 白軍 [역사] Armata Bianca russa, [경기에서] squadra con abbigliamento sportivo bianco, i bianchi
백그라운드 sfondo, scenario, ambien-te, formazione, informazioni e dati
백금 白金 platino, oro bianco ¶ 백금상의 platinato
백기 白旗 bandiera bianca, bandiera di tregua(항복의 표시)
백날 百- [아기의 백일] centesimo giorno di vita d′un bambino piccolo ¶ 백날 잔치 festa per celebrare il centesimo giorno di vita
백납 白- [의학] vitiligine, leucoma
백내장 白內障 [의학] cateratta
백넘버 numero arretrato
백년 百年 cent′anni, un secolo
백년 가약 百年佳約 contratto di matrimonio ¶ 백년 가약을 맺다 contrarre matrimonio
백년 해로 百年偕老 vivere una felice unione coniugale fino alle morte
백대하 白帶下 [의학] leucorrea
백동 白銅 [합금] nichel, [백동화] monetina di nichel, nichelino, moneta da cinque cents
백랍[1] 白蠟 [초원료] cera bianca(raffinata)
백랍[2] 白鑞 peltro, lega per saldatura
백러시아 百- Russia Bianca, Bielorussia
백로 白鷺 [새] egretta, airone bianco
백만 百萬 un milione ¶ 백만분의 일 un milionesimo
백만 장자 百萬長者 milionàrio
백면 서생 白面書生 uomo di studio ignaro del mondo, studente diligente
백모 伯母 zia
백미 白米 riso bianco, riso ripulito
백미 白眉 il meglio, il migliore
백미러 specchio retrovisore
백반 白礬 allume
백반 白飯 riso cotto, riso bollito
백발 白髮 capelli bianchi(grigi)
백발 백중 百發百中 infallibilità **-하다** colpire nel segno, centrare l′obbiettivo
백방 百方 ① [여러 방법] in tutti i modi ¶ 백방으로 손을 쓰다 fare

del proprio meglio, fare tutto il possibile ② [여러 방향] in ogni direzione ¶ 백방으로 사람을 구하다 guardare dappertutto per trovare una persona

백배 百倍 cento volte, centuplo **-하다** moltiplicare per cento ¶ 백배의 centuplo

백배 百拜 **-하다** inchinarsi molte volte ¶ 백배 사죄하다 fare le scuse chinando la testa molte volte

빽빽이 strettamente, densamente

빽빽하다 ① [촘촘하다] essere denso(folto, stretto) ¶ 빽빽하게 strettamente, densamente ② [구멍이 막혀] essere soffocante, afoso(갑갑하다)

백병전 白兵戰 combattimento a corpo a corpo

백부 伯父 zio

백분 白粉 cipria

백분 百分 **-하다** dividere in cento parti ¶ 백분의 20 venti centesimi, 20 percento * **-율** percentuale

백사 白沙 sabbia bianca * **-기** porcellana bianca **-장** spiaggia di sabbia bianca, banco di sabbia bianca

백색 白色 bianco ¶ 백색의 bianco * **-인종** razza bianca **-테러** terrore bianco

백서 白書 carta bianca, libro bianco * **경제-** libro bianco sull′ economia

백설 白雪 neve ¶ 백설 같은 bianco come la neve

백설기 **백-** torta di riso cotto a vapore

백설탕 白雪糖 zucchero bianco(raffinato)

백성 百姓 popolo, volgo

백수 百獸 ¶ 백수의 왕 re degli animali

백수 건달 白手乾達 debosciato, barbone senza un soldo, barbone senza lavoro

백숙 白熟 carne o pesce bollito nell′acqua

백스트로두크 [배영] bracciata (nel nuoto sul dorso)

백씨 伯氏 tuo (suo) fratello maggiore

백악 白堊 gesso * **-기** [지질] periodo cretaceo **-관** Casa Bianca

백안시 白眼視 **-하다** guardare freddamente, guardare con sospetto, guardare con pregiudizio

백야 白夜 notte col sole di mezzanotte

백약 百藥 ogni tipo di medicina ¶ 백약이 무효하다 essere inutile ogni tipo di medicina

백양 白楊 [식물] pioppo bianco

백양 白羊 agnello bianco * **-궁** [천문] Ariete

백업 [야구] riserva **-하다** sostenere

백연 白鉛 biacca, cerussa(화장분용) * **-광** cerussite

백열 白熱 [온도의] calore bianco, incandescenza ¶ 백열화하다 diventare incandescente * **-등** lampada elettrica a incandescenza **-전** competizione sportiva

백옥 白玉 gemma bianca

백운 白雲 nuvola bianca

백운모 白雨母【광물】mica bianca
백의 白衣 vestimento bianco * -**민족** popolo dal vestito bianco, popolo di Corea
백인 白人 uomo bianco * -**종** razza bianca
백일 白日 pieno giorno, la giornata ¶ 백일 하에 드러나다 scoprire, portare alla luce * -**몽** sogno ad occhi aperti, fantasia
백일 百日 [백일간] cento giorni, [어린이의] centesimo giorno di vita
백일 기도 百日祈禱 preghiera per cento giorni
백일장 白日場 gara di composizione * **주부-** competizione letteraria per donne di casa
백일해 百日咳 [의학] pertosse
백작 伯爵 conte * -**부인** contessa
백장 macellaio
백전 노장 百戰老將 veterano, vecchio del mestiere, vecchia volpe
백전 백승 百戰百勝 imbattibilità, invincibilità -**하다** essere sempre vittorioso, imbattibile
백절 불굴 百折不屈 -**하다** (essere) infaticabile, indomabile(spirito)
백점 百點 cento punti, pieni voti
백정 白丁 ⇒ 백장
백조 白鳥【새】cigno (고니)
백주 白酒 liquore bianco
백주 白晝 ¶ 백주에 in pieno giorno
백중 伯仲 -**하다** (essere) uguale
백중 百中 festa buddista per tutte le anime(15 luglio del calendario) * -**날** 15 luglio del calendario lunare
백지 白紙 ① [흰종이] carta bianca ② [공지] tabula rasa ¶ 백지 답안을 내다 consegnare il foglio d'esame non compilato * -**위임장** procura in bianco
백척 간두 百尺竿頭 l'ultima estremità
백출 百出 apparire in gran numero
백치 白痴 idiozia, ebetismo, imbecillità, [치인] imbecille, idiota
백태 白苔 patina linguale ¶ 백태가 끼다 Formarsi una patina sulla lingua
백팔 百八 centotto * -**번뇌** [불교] centotto passioni di questo mondo
백팔십도 百八十道 180 gradi
백포도주 白葡萄酒 vino bianco
백합 百合 giglio
백해 무익 百害無益 -**하다** essere più male che bene
백핸드【정구】rovescio
백혈구 白血球【해부】globulo bianco, leucocito * -**감소증** leucopenia
백혈병 白血病 leucemia
백형 伯兄 fratello maggiore
백화 百花 cento fiori, ogni tipo di fiore
백화 白話 cinese colloquiale
백화점 百貨店 grande magazzino
밴대질 lesbismo
뺀둥거리다 ⇒ 뺀들거리다
밴드 nastro, cinghia
뺀들거리다 oziare, condurre vita passiva, perdere il proprio tempo ¶ 뺀들뺀들 oziosamente, pigramente
밴조우【악기】banjo
밴텀급 -級 peso gallo

밸러드 ballata
밸런스 bilancio, equilibrio
밸브 [안전핀] valvola
뺄셈 sottrazione
뱀 serpente, serpe ¶ 뱀 같은 [모양] serpentino, serpeggiante * **-가죽** pelle di serpente
뱀딸기 【식물】 fragola indiana
뱀뱀이 cortesia, gentilezza, etichetta, maniere, disciplina ¶ 뱀뱀이가 없는 mal educato
뱀장어 -長魚 【물고기】 anguilla
뱁새눈이 una persona con gli occhi piccoli e stretti
뱃고동 fischio di nave
뱃길 canale navigabile
뱃노래 canzone di mare
뱃놀이 giro in barca
뱃놈 marinaio
뱃대끈 [마소의] straccale, sottopancia
뱃머리 prua, prora ¶ 뱃머리를 돌리다 virare, cabiare rotta
뱃멀미 mal di mare ¶ **-하다** avere il mal di mare
뱃사공 marinaio ¶ 뱃사람이 되다 diventare marinàio
뱃삯 [승객의] tariffa, [화물의] nolo, costo di trasporto, [승선료] tariffa, [나룻배의] (prezzo del) traghetto
뱃살 ¶ 뱃살을 잡다 contorcersi dalle risa, torcersi dalle risa
뱃속 ① [복부] stomaco ¶ 뱃속이 비다 aver fame, avere lo stomaco vuoto ② [속마음] intenzione, animo, mente ¶ 뱃속이 검다 avere l′animo perfido
뱃심 ¶ 뱃심이 좋다 essere insolente, essere sfacciato
뱃전 frisata, fanco di una nave
뱃짐 carico(di nave) ¶ 뱃짐을 싣다 caricare una nave
뱅, 뺑 intorno, in giro ¶ 뺑돌다 girare, ruotare attorno
뱅그르르, 뺑그르르 ⇒ 빙그르르
뱅뱅 attorno, intorno, in cerchio
뺑소니 ¶ 뺑소니치다 fuggire, scappare // 사람을 치고 뺑소니치다 investire qlcu. e fuggire
뱅어 -魚 【물고기】 bianchetti, pesciolini
뱅충맞다 (essere) stupido, tonto, impacciato, goffo
뱅충(맞)이 persona stupida e impacciata, uomo goffo, tonto
뱉다 ① sputare fuori ¶ 가래를 뱉다 espettorare ② [비유적] vomitare
뺨 guancia, [넓이] larghezza, ampiezza ¶ 뺨치다 dare uno schiaffo (a qlcu.) sulla guancia
뺨치다 ① [때리다] dare uno schiaffo (a una persona) sulla guancia ② [능가하다] superare, fare meglio, sorpassare in merito ¶ 전문가를 뺨치는 솜씨다 fare meglio di un professionista
버걱, 뻐걱 ¶ 버걱버걱 con stridio
버걱거리다 stridere, cigolare, scricchiolare, grattare
뻐꾸기 【새】 cuculo
버그러뜨리다 spaccare, strappare, rompere
버그러지다 slegarsi, allentarsi, separarsi, spaccarsi
뻐그러지다 spaccarsi
뻐근하다 sentirsi indolenzito, aver

un dolore persistente ¶ 어깨가 뻐근하다 aver la spalla indolenzita

버글버글 ¶ 버글버글 끓다 bollire, traboccare bollendo, [거품이] gorgogliare, ribollire

버금 ¶ 버금가다 essere al secondo posto, essere secondo a, essere dopo

뻐금하다 (essere) aperto, profondo e largo, spaccato

버긋하다 (essere) un po' aperto, essere socchiuso ¶ 석류가 버긋하게 벌어졌다 La melagrana è un po' spaccata.

뻐기다 [잘난 체하다] darsi delle arie, essere arrogante, essere superbo ¶ 뻐기며 arrogantemente, spavaldamente

버너 bruciatore * **가스-** bruciatore a gas

뻐덕뻐덕 -하다 essere inflessibile, essere rigiro, 여개 ¶ 가죽이 뻐덕뻐덕하다 Il cuoio è duro.

버둥거리다 mostrare imbarazzo, contorcersi, lottare ¶ 진창 속에서 버둥거리다 muoversi faticosamente nel fango

버드나무 salice

버드러지다, 뻐드러지다 ① sporgere, proiettarsi(이가), tirar fuori, protendere ② [뻣뻣해지다] irrigidirsi ③ [죽다] morire

뻐드렁니 dente sporgente

버들 salice

버들고리 cesta di vimini

버라이어티 varietà ¶ 버라이어티 쇼우 spettacolo di varietà

버럭 ¶ 버럭 소리를 지르다 gridare improvvisamente // 버럭 화를 내다 avere un'esplosione di rabbia

버르적거리다 contorcersi, dimenarsi, sfozarsi

버름하다 essere socchiuso, (essere) leggermente aperto

버릇 ① [습관] abitudine, **-하다** far l'abitudine ¶ 고치기 어려운 버릇 abitudine inveterata // 버릇이 생기다 prendere l'abitudine // 버릇을 고치다 correggere le cattive abitudini, liberarsi dall'abitudine // 나쁜 버릇은 붙기 쉽고 고치기는 어렵다 È facile prendere le cattive abitudini ed è difficile correggerle. ② [성벽] tendenza, caratteristica, particolarità ¶ 말버릇 modo particolare di parlare ③ [예의] maniera, etichetta, comportamento ¶ 버릇 없는 mal educato, sgarbato // 버릇 없이 sgarbatamente

버리다[1] ① [내던지다] buttar via, gettare ¶ 쓰레기를 버리다 buttar via i rifiuti ② [포기] abbandonare, smettere, rinunciare ¶ 지위를 버리다 abbandonare la propria posizione ③ [망치다] rovinare, sciupare

버리다[2] [끝내다] finire, terminare ¶ 나는 돈을 다 써버렸다 Ho speso tutti i miei soldi.

버림 ¶ 버림받다 essere abbandonato (da)

버림치 qualcosa di inutile, scarto

버마 Birmania

버무리다 mescolare, condire ¶ 나물을 버무리다 condire l'insalata

버몬트 Vermont (Vt)

버새 【동물】 bardotto

버석거리다 stormire, frusciare
버석버석 con fruscio
버선 calzino coreano ¶ 버선을 벗다(신다) togliere(mettere) i calzini * -**목** caviglia del calzino -**발** piede con calzino -**본** disegno per calzino -**볼** larghezza del calzino
버섯 fungo ¶ 버섯따러 가다 andare a raccogliere funghi
버성기다 ① [틈이] essere incrinato[crepato, spaccato], essere allentato, ampio, largo ② [사이가] essere difficile, incompatibile
버스 autobus
버스럭거리다 ⇒ 버석거리다
버스러지다 ① [분쇄되다] sbriciolarsi, andare in frantumi ② [벗겨지다] spellarsi, sfaldarsi ③ [벗나가다] superare, eccedere, essere in eccesso di, andare oltre
버스름하다 [틈이] essere aperto leggermente
버스트 busto, petto, seno
버쩍 ① [마른 모양] completamente, arido, secco ⇒ 바싹 ② [죄는 모양] fortemente, strettamente ③ [우기는 모양] testardamente, ostinatamente ④ [느는 모양] considerevolmente, notevolmente ¶ 버쩍 늘다 accrescere notevolmente
버젓하다 essere rispettabile, decoroso, buono, (essere) aperto ¶ 버젓이 decorosamente // 버젓이 말하다 parlare decorosamente
버지니아 Virginia (Va)
버찌 ciliegia, grappolino di ciliegie * -**씨** nocciolo di ciliegia
버짐 tigna (진, 버짐), psoriasi, pitiriasi (마른 버짐)
버캐 incrostazione
버커리 vecchia donna sfiorita, megera
버클 fibbia
버터 burro
버터플라이 farfalla
버튼 bottone ¶ 버튼을 잠그다 abbottonare
버티다 ① [견디다] resistere, sopportare, tollerare, rimanere saldo ¶ 모든 어려운 일을 버티다 resistere a ogni avversità ② [겨루다] resistere, opporsi a ¶ 서로 버티다 competere con gli altri ③ [괴다] sostenere, puntellare ¶ 막대기로 나무를 버티다 puntellare l'albero con un bastone
버팀 puntello, sostegno
벅벅 ¶ 담배를 빽빽 피우다 fumare con sbuffi di fumo
뻑뻑하다 ⇒ 빡빡하다
벅적거리다 muoversi, agitarsi, essere affollato ¶ 거리는 몹시 벅적거렸다 La via era piena di trambusto, di agitazione.
뻑적지근하다 sentirsi esausto ⇒ 뻐근하다
벅차다 ① [힘에 겹다] superare le proprie forze, andare oltre le proprie possibilità ¶ 이 일은 내게 벅차다 Questo lavoro va oltre le mie capacità. ② [넘치다] essere molto pieno, traboccare ¶ 가슴이 벅차서 말이 안 나온다 Il mio cuore è troppo pieno per parlare.
번 番 ① [당번] servizio ¶ 번들다

essere in servizio, far la guardia ② [차례] turno ¶ 번갈다 prendere turno, alternarsi, rilevare ③ [회수] volta ¶ 여러 번 molte volte ④ [번호] numero ¶ 1 (2)번 numero uno (due)

번갈아 番- alternativamente, a turno ¶ 번갈아 일을 한다 lavorare a turno

번개 lampo, fulmine ¶ 번갯불 fulmine saetta, lampo // 번개같이 날새게 veloce come un fulmine // 번개가 번쩍이다 fulminare, lampeggiare

번거롭다 (essere) fastidioso, complicato, intricato ¶ 번거로운 규칙 regola burocratica

번나다 番- finire il servizio, essere rilevato

번뇌 煩惱 agonia, angoscia, an-sietà, passione **-하다** essere in ansietà, essere in angoscia

번다 煩多 **-하다** (essere) oneroso, ressatorio, fastidioso

번답 反畓 **-하다** trasformare un terreno arido in risaia

번데기 crisalide

번드르르, 뻔드르르 lucidamente, lisciamente **-하다** (essere) lucido, liscio

번득, 번뜩 con luccichio

번득거리다 brillare, lucciare, scintillare

번들거리다 (essere) lucido, liscio, lucente

번들다 番- essere di guardia, essere in servizio

번들번들 lucentemente, lisciamente

번듯하다, 번뜻하다 essere equilibrato, essere ben regolare, essere in buon ordine

번문욕례 繁文縟禮 burocrazia, burocratismo

번민 煩悶 agonia, angoscia, inquietudine, afflizione **-하다** tormentarsi, essere in agonia, soffrire, essere in angoscia

번번이 ogni volta, ogni occasione, ogni qualvolta, sempre

뻔뻔하다 avere una faccia di bronzo, essere svergognato[sfacciato, impudico, sfrontato, impertinente] ¶ 뻔뻔하게 imprudentemente, audacemente, sfrontatamente, sfacciatamente

번복 飜覆 **-하다** cambiare, capovolgere ¶ 결심을 번복하다 cambiare la propria decisione

번서다 番- stare di guardia, andare (essere) in servizio

번성 蕃盛 prosperità, [수목 따위의] rigoglio **-하다** prosperare, [수목 따위가] essere rigoglioso, lussureggiare

번성 繁盛 prosperità, successo **-하다** prosperare, essere in pieno rigoglio ¶ 가정의 번성 prosperità della famiglia

번식 繁殖 propagazione, generazione, riproduzione ¶ **-하다** accrescere, propagare, generare, proliferare

번안 飜案 [안건의] cambiamento, [작품의] adattamento **-하다** [안건을] cambiare piano, [작품을] adattare, modificare * **-소설** romanzo adattato

번역 飜譯 traduzione **-하다** tradurre

dall′(inglese) in (coreano), [암호를] decifrare, decodificare * **-권** diritti di traduzione -costo di traduzione **-서** testo della traduzione **-자** traduttore

번영 繁榮 prosperita, fioritura **-하다** prosperare, fiorire ¶ 국가의 번영 prosperità nazionale

번의 翻意 **-하다** cambiare il proprio pensiero, rovesciare la decisione

번잡 煩雜 complessità, confusione **-하다** (essere) complicato, comples-so, complicare ¶ 번잡한 거리 via affollata, **-한 절차** procedura complicata

번쩍 ① leggermente, facilmente, senza sforzo ¶ 무거운 돌을 번쩍 든다 alzare una pietra pesante facilmente ② in un baleno ¶ 번쩍하다 lampeggiare, balenare

번적거리다, 번쩍거리다 scintillare (별 따위), luccicare (반사로), brillare, [섬광] splendere, lampeggiare

번쩍하면 facilmente ¶ 번쩍하면 울다 piangere facilmente

번전 反田 **-하다** trasformare una risaia in un campo arido

번지 番地 numero civico, numero (di indirizzo) ¶ 댁은 몇 번지입니까? Qual è il tuo numero di casa?

번지다 ① [물 따위가] spargersi, dilagare, stendersi ② [사건 따위가] divenire grave, aggravarsi ③ [옮아가다] propagarsi, diffondersi

번지르르, 뻔지르르 -하다 (essere) liscio, lucido ¶ 번지르르한 머리털 capelli lisci

뻔질나게 continuamente, frequentamente ¶ 뻔질나게 출입하다 frequentare (un posto)

번차례 番次例 ordine, turno **-로** alternativamente, a turno

번창 繁昌 prosperità, successo **-하다** essere prospero, fiorire, prosperare

번철 燔鐵 padella

번트【야구】palla smorzata con la mazza **-하다** smorzare la palla con la mazza

번하다[1], **뻔하다**[1] ① [훤하다] (essere) chiaro, luminoso ② [분명] (essere) chiaro, evidente, ovvio ¶ 뻔한 사실 verità ovvia // 뻔한 거짓말 bugia palpabile

번하다[2], **뻔하다**[2] stare per ¶ 차에 부딪칠 뻔하다 stare per urtare contro una macchina

번호 番號 numero ¶ 번호 순서로 in ordine di numero // 번호를 붙이다 numerare * **-표** biglietto numerato

번화 繁華 **-하다** (essere) vivace, attivo, prospero, rigoglioso ¶ 번화한 도시 città prospera * **-가** strada piena di vita

뻔히 ⇒ 빤히

벋가다 deviare, smarrirsi, deviare dalla retta via

벋다, 뻗다[1] stendersi, sgranchirsi, estendere ¶ 세력을 뻗다 estendere la propria influenza

뻗다[2] allungare ¶ 팔을 뻗다 sgranchirsi le braccia

벋대다, 뻗대다 [버티다] resistere, [맞서다] opporsi, stare contro ¶

부모에게 뻗대다 resistere ai genitori

뻗치다 estendere, stendere, allungare ¶ 펜을 잡기 위해 손을 뻗치다 allungare la mano per prendere la penna // 세력을 뻗치다 estendere l'influenza

벌[1] [들] campo, prato, pianura ¶ 황량한 벌 deserto, landa

벌[2] ape ¶ 벌집 alveare // 벌떼 sciame d'api

벌[3] servizio (da tavola), capo (d'abbigliamento) ¶ 찻잔 한벌 servizio da tè

뻘 [혈족 관계] relazione per discendenza ¶ 그는 나의 아저씨 뻘이 된다 Lui è un mio zio.

벌 罰 punizione, pena, penalità ¶ 벌을 주다 punire ((una persona)) // 벌을 받다 essere punito

벌 閥 cricca, fazione, settarismo

벌개지다, 뻘개지다 diventare rosso, arrossare, arrossire

벌거벗다 spogliarsi, denudarsi ¶ 벌거벗기다 denudare, svestire, spogliare

벌거숭이 corpo nudo, nudità ¶ 벌거숭이의 nudo, spogliato, svestito * **-산** montagna nuda

벌겋다, 뻘겋다 (essere) rosso, cremisi,

벌꿀 miele

벌그스름하다 (essere) rossiccio

벌끈 [성내는 모양] in collera, in rabbia, [소란한 모양] con gran tumulto **-하다** andare in collera

벌금 罰金 multa, penalità, pena pecuniaria ¶ 교통 위반으로 2만원의 벌금을 물었다 Ho pagato la multa di 20,000 won per violazione del codice stradale. * **-형** pena pecuniaria

벌다[1] diventare più largo, allargarsi

벌다[2] guadagnare, fare soldi ¶ 생활비를 벌다 guadagnarsi da vivere

벌떡 improvvisamente, bruscamente ¶ 벌떡 일어서다 saltare in piedi

벌떡거리다 ① [가슴이] palpitare, fremere ¶ 벌떡거리는 가슴 cuore palpitante ② [마시다] ingoiare, tracannare

벌렁 all'indietro ¶ 벌렁 자빠지다 cadere all'indietro

벌레 [곤충] insetto, [연충] verme, [나방] falena ¶ 벌레 먹은 verminoso, mangiato dai vermi

벌름거리다 gonfiare e sgonfiare alternativamente, inspirare ed espirare, palpitare

벌름하다 spalancare

벌리다 [사이를] allargare, ampliare, aprire, [펴다] allungare, spiegare, [늘어놓다] stendere, accomodare ¶ 입을 벌리다 aprire la bocca // 두팔을 벌리다 allungare le braccia

벌목 伐木 abbattimento di alberi **-하다** tagliare (abbattere) gli alberi

벌벌 con tremore ¶ 무서워서 벌벌 떨다 tremare di paura

벌써 già, ancora, ormai (지금쯤은) ¶ 기차가 벌써 떠났습니까?-벌써 떠났습니다 È già partito il treno? Si, è già partito.

벌쓰다 罰- essere punito, subire una punizione

벌씌우다 punire, infiggere una

punizione, imporre una penalità
벌어먹다 guadagnarsi il pane, lavorare per mantenimenersi
벌어지다 ① [틈이] allargarsi, ampliarsi, incrinarsi ¶ 사이가 벌어졌다 I loro rapporti si sono incrinati ② [일이] diventare serio, allargarsi [터지다] scoppiare, succedere, verificarsi ¶ 원유회가 벌어졌다 Ha avuto luogo una festa nel giardino. ③ [몸이] diventare largo [robusto] ¶ 어깨가 딱 벌어졌다 Si è allargato di spalle.
벌이 il guadagnarsi da vivere, il fare soldi(돈벌이), guadagno, reddito ¶ 벌이가 좋다 avere un buon reddito
벌이다 iniziare, aprire, cominciare ¶ 운동을 벌이다 iniziare un movimento // 사업을 벌이다 intraprendere un′attività
벌잇줄 sorgente di guadagno, mezzi di sussistenza, lavoro ¶ 벌잇줄이 끊기다 perdere il lavoro
벌점 罰點 punti di demerito
벌족 閥族 famiglia influente, clan
벌주 罰酒 liquore che si è forzati a bere come punizione
벌쭉거리다 continuare ad aprire e chiudere (la bocca)
벌집 alveare, favo ¶ 방안이 벌집 쑤셔 놓은 듯 하였다 La camera era come vespaio.
벌채 伐採 abbattimento, taglio del bosco, disboscamento **-하다** abbattere, tagliare (alberi) ¶ 삼림을 벌채하다 abbattere una foresta
벌초 伐草 **-하다** estirpare, tagliare l′erba attorno alle tomba
벌충 compenso, risarcimento, indennizzo, recupero **-하다** compensare, risarcire, indennizzare, recuperare
벌칙 罰則 regolamento penale, provvedimenti punitivi ¶ 벌칙에 저촉되다 violare il regolamento penale
벌컥 all′improvviso ⇒ 발칵
벌통 -桶 alveare
벌판 [평야] pianura, prateria, [황야] deserto
범 tigre ¶ 새끼범 tigrotto
범 犯 offesa, violazione **-하다** offendere, violare, trasgredire
범- 汎 Pan- ¶ 범아메리카주의 Pan-Americanismo
범국민 汎國民 ¶ 범국민적인 a livello nazionale * **-운동** campagna a livello nazionale
범띠 attributo (di chi è nato nell′anno) della tigre
범람 氾濫, 汎濫 inondazione, diluvio **-하다** inondare, straripare
범례 凡例 osservazioni introduttive, note esplicative
범벅 [음식] semolino di cereali misti, [일] miscuglio, confusione, affare complicato, pot-pourri ¶ 범벅이 되다 confondersi, mescolarsi, diventare confuso
범법 犯法 violazione della legge **-하다** violare la legge
범부 凡夫 persona ordinaria, comune mortale, [불교] laico
범사 凡事 ① [만사] tutti gli affari, ogni cosa ② [평범한 일] faccenda ordinaria, affare comune

범상 凡常 **-하다** (essere) ordinario, comune, trito, normale, mediocre ¶ 범상치 않은 straordinario, insolito, eccezionale

범서 梵書 testi sacri di Buddisti (불경), libro scritto in Sanscrito

범선 帆船 veliero

범속 凡俗 mediocrità, banalità, volgarità **-하다** (essere) comune, mediocre, ordinario, volgare

범신론 汎神論 panteismo ¶ 범신론적 panteistico ＊ **-자** panteista

범아랍 汎- Pan-arabo ＊ **-주의** pan-arabismo

범안 凡眼 occhio profano

범어 梵語 Sanscrito ¶ 범어의 sanscrito ＊ **-학자** sanscritista

범용 凡庸 mediocrità, banalità **-하다** (essere) mediocre, comune, banale ¶ **-지재** talento mediocre

범위 範圍 portata, sfera, campo, estensione, [제한] limite, portata ¶ 세력 범위 sfera di influenza // 활동 범위 sfera di attività

범의귀 [식물] sassifraga, rampicante

범인 凡人 uomo ordinario, categoria comune degli uomini (총칭)

범인 犯人 criminale, colpevole, delinquente ¶ 범인을 은닉하다 dare asilio a un criminale // 범인은 아직 체포되지 않았다 Il criminale è ancora in libertà.

범재 凡才 (gente di) abilità comune (ordinario), mediocrità

범절 凡節 etichetta, decoro, regole della buona educazione

범죄 犯罪 delitto, infrazione, crimine, azione criminale **-하다** commettere un delitto, violare la legge ¶ 범죄의 현장 luogo di delitto // 범죄적 criminale ＊ **-사회학** sociologia criminale **-심리학** psicologia criminale **-자** criminale, deliquente **-학** criminologia **-행위** atto criminale

범주 範疇 categoria ¶ ...의 범주에 들다 entrare nella categoria di...

범천(왕) 梵天(王) Brahma (il Creato-re)

범칙 犯則 violazione [infrazione] del regolamento **-하다** infrangere [violare] il regolamento, trasgredire ＊ **-자** trasgressore, violatore

범하다 犯- [죄를] commettere, perpetrare, [법률을] violare, infrangere, [여자를] violare, oltraggiare, violentare ¶ 교칙을 범하다 violare il regolamento della scuola

범행 犯行 delitto, crimine, infrazione ¶ 범행을 부인[자백]하다 negare [confessare] di aver commesso il delitto ＊ **-현장** luogo del delitto

법 法 ① [법률] diritto, [총칭] legge, [법전] codice, [사법] giustizia ¶ 법에 어그러지지 않는 legale // 법에 호소하다 appellarsi alla legge // 법을 위반하다 violare la legge // 법을 지키다 osservare la legge ② [방법] metodo, modo ¶ 교수법 metodo d′insegnamento ③ [도리] giustificazione, buona ragione

법계 法界 [불교] società buddista, mondo buddista, [법조계] ambito legale, ambiente giudiziario

법과 法科 [학부] sezione legale, [과정] corso legale ¶ 법과를 수학하다 laurearsi in legge ∗ **-대학** facoltà di legge **-학생** studente di legge

법관 法官 giudice, ufficiale giudiziario, giudicatura(총칭), magistratura(집합적)

법규 法規 leggi e regolamenti, legislazione ¶ 현행 법규를 무시하다 non rispettare la legge in vigore

법당 法堂 santuario buddista

법도 法度 legge, regola, regolamento

법랑 琺瑯 smalto (di ceramica) ∗ **-질** smalto (di denti)

법령 法令 statuto, legge, ordinanza ∗ **-양식** formalità legale

법률 法律 legge, statuto, legislazione ¶ 법률을 잘 지키는 국민 popolo che rispetta la legge // 법률상의 legale, giudiziale // 법률상 dal punto di vista legale, legalmente // 법률에 위반되는 illegale, illecito // 법률에 규정되어 있다 essere specificato nella legge // 법률을 지키다 osservare la legge ∗ **-가** avvocato, giurista **-고문** consulente legale **-사무소** ufficio legale **-위반** violazione della legge **-학** giurisprudenza

법리 法理 principio della legge ∗ **-학** giurisprudenza ¶ 법리학적 legale, relativo alla giurisprudenza **-학자** giurista, giurisperito, giureconsulto

법망 法網 maglie della legge, giusti-zia ¶ 법망을 피하다 evadere le maglie della legge

법명 法名【불교】nome buddista

법무 法務 affari giudiziari ∗ **-관** [군사] presidente del tribunale militare

법무부 法務部 ministero della giusti-zia ∗ **-장관** ministro della giustizia

법문 法門 Buddismo, ordinazione buddista ¶ 법문에 들어가다 ricevere l'ordinazione Buddista, diventare monaco Buddista

법복 法服 toga (di giudice), [승려의] abito clericale

법석 rumore, fragore, chiasso, trambusto ¶ 법석 떨다 sollevare clamore, fare una scenata, fare trambusto

법식 法式 [형식] forma, [방법] metodo, processo, [정식] formalità, [수속] formalità, [관례] usanza ¶ 관례에 따르다 seguire le usanze

법안 法案 progetto di legge ¶ 법안을 제출하다 presentare un progetto di legge

법열 法悅 estasi, rapimento, [불교] estasi [esultanza] religiosa

법왕 法王 ① [불교] Budda ② Papa ⇒ 교황

법원 法院 corte, tribunale ∗ **가정-** corte degli affari familiari **고등-** corte d'appello 대- corte suprema (di cassazione)

법의 法衣 ⇒ 법복

법의학 法醫學 medicina legale, giurisprudenza medica ¶ 법의학의

medico-legale

법인 法人 [법] persona giuridica, corporazione, ente morale ¶ 법인 조직으로 하다 incorporare ((una ditta)) * **-세** imposta sulle società **-소득** reddito della so-cie-tà

법적 法的 legale ¶ 법적으로 legalmente //법적 근거 base legale

법전 法典 codice (legale), statuto, [종교] canone * **현행-** codice in vigore

법정 法廷 corte, corte di giustizia, tribunale ¶ 법정에 나가다 presentarsi alla corte, andare in tribunale

법정 法定 ¶ 법정의 legale, statutario **-하다** essere previsto dalla legge, essere decretato dalla legge * **-가격** prezzo legale **-대리인** rappresentante legale **-상속인** erede leggittimo **-세율** tariffa statutaria **-이자** interesse legale **-적립금(준비금)** riserva reale **-전염병** malattia infettiva designata dalla legge **-화폐** valuta legale

법제 法制 legislazione, legge **-처(장)** (direttore dell') ufficio legislativo

법조 法曹 ufficiale giuridico, professione legale * **-계** ambiente legale

법치 法治 governo costituzionale * **-국** stato costituzionale **-주의** costituzionalismo, legalismo

법칙 法則 legge, regola ¶ 자연의 법칙 legge di natura

법하다 sembrare ragionevole (che), avere ragione di ¶ 그가 화날 법도하다 Lui ha ragione di essere in collera.

법학 法學 legge, giurisprudènza * **-박사** dottore in legge **-생** studente di legge **-자** giurista **-통론** compendio [sommàrio] della legge

법화 法貨 [경제] valuta a corso legale

법회 法會 cerimonia buddista

벗 amico, compagno, camerata ¶ 책을 벗삼다 avere i libri come amici

벗겨지다 spellarsi [squamarsi, di-stac-car-si], sticcarsi, togliersi(색칠이) ⇒ 벗기어지다

벗기다 ① [옷을] svestire, spogliare, togliere ② [껍질을] sbucciare, scuoiare, tagliare, scortecciare ¶ 나무 껍질을 벗기다 scortecciare un albero ③ [제거하다] rimuovere, togliere

벗나가다 deviare, smarrirsi

벗다[1] ① togliere, svestirsi ¶ 옷을 벗다 togliere i vestiti ② [누명, 짐을] rimuovere ¶ 짐을 벗다 togliersi un peso // 책임을 벗다 liberarsi da una responsabilità

뻣뻣하다 (essere) inflessibile, rigido, duro

벗어나다 ① liberarsi da, evitare, evadere, uscire ¶ 위기를 벗어나다 evadere dal pericolo ② [눈에] perdere il favore di ¶ 그는 사장 눈에 벗어났다 Lui ha perso il favore del capo. ③ [어그러지다] essere contrario di, essere contro ¶ 도리에 벗어나다 È contrario alla ragione.

벗어던지다 ⇒ 벗어버리다
벗어버리다 buttar fuori, smettere, togliere, liberarsi, gettar via ¶ 책임을 벗어 버리다 liberarsi completamente da una responsabilità
벗어지다 ① [옷 따위가] scivolar giù ② [머리가] diventare calvo ③ [거죽이] spellarsi
벗하다 fare amicizia con, essere compagno di ¶ 책과 벗하다 avere i libri come amici // 자연을 벗하다 vivere con la natura
뻥 ① [소리] detonazione, botto, scoppio ¶ 뻥하고 con un botto ② [구멍이] aprirsi con violenza ③ [거짓] bugia
벙거지 cappello
벙글거리다 sorridere, sorridere radiosamente ¶ 사람을 보고 벙글거리다 sorridere alla gente
벙글벙글 con un largo sorriso, sorridente
뻥긋거리다 ⇒ 벙글거리다
벙벙하다 essere stupefatto senza parole ¶ 어안이 벙벙하다 essere imbarazzato, non saper che dire
뻥뻥하다 essere perplesso, essere imbarazzato
벙실거리다, 뻥실거리다 sorridere gentilmente, sorridere radiosamente
벙어리 [사람] muto, [저금통] cassetta dei risparmi, salvadanaio a forma di porcellino
벙커 bunker, fortino, piccolo forte.
벚꽃 fiore di ciliegia
벚나무 ciliegio
베 tessuto di canapa
베개 guanciale, [공기 베개] cuscino ¶ 베개를 베다 posare su un guanciale
베갯머리 capezzale
베고니다 【식물】 begonia
베끼다 copiare, prendere una copia ¶ 서류를 베끼다 copiare un documento
베네주엘라 (Rep. di) Venezuela
베니스 Venezia
베니어 impiallacciatura
베다[1] [베개를] posare la testa su un guanciale ¶ 팔베개를 베다 posare il capo su un braccio
베다[2] [자르다] tagliare, spaccare, tritare (잘게), segare (톱으로), tosare (가위로), trinciare (식탁에서 고기를), fendere (얇게), tagliare a fette (얇게), abbattere [spaccare] (나무를), separare (베어 나누다), mietere [raccogliere, fare il raccolto] (곡물을), falciare (풀을) ¶ 손가락을 베다 tagliarsi un dito // 목을 베다 tagliare la gola // 나무를 베다 abbattere un albero
베돌다 starsene per proprio conto, starsene in disparte, non mescolarsi con
베드 letto
베드로 【성경】 Pietro
베들레헴 Betlemme
베란다 veranda
베레모 -帽 berretto
베르디 Verdi, Giuseppe (이1813-1901)
베르사이유 Versailles
베를린 Berlino
베릴륨 【화학】 berillio
베링해 -海 mare di Bering

베물다 mordere, portare via con un morso
베스트 il meglio, il migliore
베어내다 abbattere, tagliere ¶ 나무를 베어내다 abbattere un albero
베어먹다 tagliare e mangiare ¶ 과자를 베어먹다 tagliare un dolce e mangiarlo
베어버리다 tagliare via, abbattere
베오그라드 Belgrado (유고슬라비아)
베옷 vestito di canapa
베이다 farsi un taglio
베이루트 Beirut (레바논)
베이비 bambino
베이스[1] 【음악】 basso
베이스[2] ① 【야구】 base ¶ 베이스를 밟다 raggiungere la base ② [기준] base ＊ **임금-** paga base
베이스 캠프 [등산] campo base
베이지 bigio, beige ¶ 베이지 색의 bigio, beige (colore)
베이컨[1] pancetta
베이컨[2] Bacone, Francesco (영 1561-1626)
베이클라이트 【화학】 bachelite
베이킹파우더 lievito in polvere
베일 velo
베짱이 【곤충】 cavalletta
베타 beta
베터런 veterano, vecchia volpe, esperto
베토벤 Beethoven, Ludwig van (독 1770-1827)
베틀 telaio per tessitura ¶ 베틀로 피륙을 짜다 intrecciare i fili sul telàio
베풀다 [잔치 따위를] dare, offrire (un banchetto), [은혜 따위를] dare, concedere, accordare, rendere, mostrare ¶ 자선을 베풀다 fare un favore
벤젠 【화학】 benzene, benzolo
벤진 【화학】 benzina
벤치 banco, panca
벨 campana, campanello (della porta)
벨 Bell, Alexander Grahaam(미 1847-1922)
벨그라드 Belgrado
벨기에 Belgio
벨벳 [옷감] velluto
벨트 cintura, cinghia
뼁끼 ⇒ 페인트
벼 pianta di riso ¶ 벼를 심다 piantare il riso // 벼를 베다 mietere il riso
뼈 ① osso (동물의), ceneri, resti (유골) ¶ 뼈 속까지 fin dentro le ossa // 뼈를 바르다 disossare (un pesce), togliere le spine a // 뼈저리게 느끼다 sentire un brivido nelle ossa // 뼈와 가죽만 남아있다 essere pelle e ossa ② [골자] essenza, sostanza, parte essenziale ③ [저의] ¶ 뼈 있는 말만 말하다 dire solo l′essenziale ④ [기골] spina dorsale, carattere, spirito
벼농사 -農事 coltura del riso
뼈다귀 osso, pezzo d′osso
뼈대 struttura, ossatura, scheletro, forma, fisico ¶ 뼈대가 굵은 d′ossatura grossa // 뼈대가 굵어지다 diventare ossatura grossa, [자라다] crescere d′ossatura
벼락 tuono, fulmine ¶ 벼락같은 temporalesco, tonante // 벼락 맞다 essere colpito da un fulmine

벼락감투 posto inatteso ¶ 벼락감투를 쓰다 ottenere un posizione dio governo dall′oggi al domani

벼락공부 -工夫 **-하다** imbottirsi di nozioni

벼락부자 ricco improvviso, villano rifatto ¶ 벼락부자가 되다 diventare ricco improvvvisamente

벼락치다 cadere (un fulmine) ¶ 그 집에 벼락이 쳤다 Su quella casa è caduto un fulmine.

벼랑 strapiombo, dirupo, precipizio, scogliera ripida

벼르다 intendere (di), progettare, essere determinato a ¶ 벼르던 기회 occasione tanto attesa // 기회를 벼르다 aspettare l′occasione

벼리 corda attaccata al bordo di rete da pesce

벼리다 affilare, rifare la punta

뼈물다 [옷치장하다] vestirsi elegantemente, [성내다] essere permaloso, [벼르다] progettare

벼슬 rango ufficiale, posto di governo **-하다** ricevere un posto elevato nell′amministrazione

벼슬살이 carriera, vita di funzionario **-하다** fare carriera, fare una vita di funzionario

뼈저리다 essere penetrante, penetrare profondamente nella mente ¶ 상호 협력의 필요성을 뼈저리게 느끼다 sentire vivamente la necessità d′aiuto vicendevole

뼈지다 [옹골차다] (essere) solido, compatto, [말이] (essere) pungente, pepato

벼훑이 trebbiatore, trebbiatrice

벽 ⇒ 버릇

벽 壁 muro, parete ¶ 벽을 칠하다 verniciare un muro (una parete)

벽개 劈開 【광물】 fenditura **-하다** fendere, spaccare

벽걸이 壁- tappezzeria, addobbi da parete

벽공 碧空 cielo blu [azzuro]

벽난로 壁煖爐 focolare, caminetto

벽돌 壁- mattone ¶ 벽돌을 쌓다 porre i mattoni

벽두 劈頭 [글의] esordio, [일의] inizio ¶ 벽두에 all′inizio, prima di tutto

벽력 霹靂 fulmine, scroscio ¶ 청천의 벽력 fulmine a ciel sereno

벽로 壁爐 caminetto * **-선반** cappa di caminetto

벽보 壁報 locandina, poster, manifesto, affisso

벽시계 壁時計 orologio da muro

벽신문 壁新聞 giornale murale

벽안 碧眼 occhi blu

벽옥 碧玉 diaspro, giada verde

벽장 壁欌 armadio a muro

벽장코 naso camuso

벽지 僻地 luogo remoto

벽지 壁紙 carta da pareti

벽지다 僻- (essere) appartato, isolato, solitario

벽창호 persona ostinata, fanatico, testone

벽촌 僻村 villaggio remoto

벽토 壁土 gesso, calcina, intonaco

벽해 碧海 mare blu

벽화 壁畵 pittura murale, affresco * **-가** affrescatore, muralista

변[1] 邊 ① [각의] lato, [수학] lato ② [한자의] radicale sinistro di carattere cinese

변² 邊 [변리] (tasso di) interesse ¶ 비싼(싼) 변으로 ad alto(basso) tasso d'interesse * **-돈** prestito, mutuo

변 變 [변고] incidente, sfortuna, calamità, disastro, [변란] tumulto, rivolta ¶ 변을 당하다 subire una disgrazia

변 便 feci, escrementi ¶ 변을 보다 defecare, [소변을] urinare

변개 變改 cambiamento, alterazione, modificazione **-하다** cambiare, alterare, modificare, emendare

변경 邊境 frontiera, confine * **-개척자** abitante di frontiera **-개척정신** spirito di frontiera

변경 變更 cambiamento, alterazione, modificazione, trasferiménto(명의의) **-하다** cambiare, alterare, modificare ¶ 변경할 수 없는 immutabile, inalterabile // 날짜를 변경하다 cambiare la data

변계 邊界 frontiera, confine

변고 變故 incidente, disgrazia, sfortuna, disastro ¶ 변고를 당하다 subire una disgrazia

변괴 變怪 calamità straordinaria

변기 便器 vaso da notte

변덕 變德 incostanza, volubilità, capriccio, ghiribizzo ¶ 변덕스럽다 essere capriccioso [volubile] * **-장이** persona incostante [capricciosa]

변돈 邊- prestito, mutuo

변동 變動 cambiamento, variazione, oscillazione **-하다** cambiare, alterare, essere alterato, oscillare ¶ 물가의 변동 oscillazione dei prezzi // 사회적 대변동 sconvolgimento sociale, radicale cambiamento sociale // 변동이 없는 immutato, inalterato, stazionario

변두리 邊- ① sobborghi, periferia ¶ 서울의 변두리 periferia di Seoul ② [가장자리] bordo, orlo, margine, ciglio

변란 變亂 tumulto (sociale), disòrdine, guerra civile, rivolgimento

변론 辯論 discussione, argomento, dibattito, difesa(법정의) **-하다** discutere, dibattere, difendere, perorare ¶ 친구를 위하여 변론하다 perorare in difesa di un amico * **-가** controversista

변류기 變流器 [전기] convertitore

변리 邊利 interesse ⇒ 변

변리 辨理 direzione, gestione **-하다** controllare, dirigere, condurre, gestire * **-공사** ministro residente **-사** procuratore per brevetti

변명 辨明 spiegazione, [변호] difesa, rivendicazione **-하다** spiegare, difendersi, rivendicare, discolparsi

변모 變貌 trasfigurazione, trasformazione **-하다** essere trasfigurato, trasformato

변모없다 [무뚝뚝하다] (essere) brusco, rude, [변통성 없다] (essere) inflessibile, inadattabile

변박 辨駁 confutazione **-하다** confutare, contraddire

변방 邊方 regione remota, margini, lati

변변하다 [생김새] (essere) bello, di

bell'aspetto, [성격, 사물이] tolleràbile, rispettabile, passabile, decente, bello ¶ 변변치 못하다 essere non attraente, essere senza pretese, essere stupido // 변변치 못한 사람 persona poco credibile // 사람이 변변하다 avere un carattere abbastanza buono

변복 變服 travestimento **-하다** travestire, travestirsi ((da)) ¶ 변복으로 travestito, in incognito

변비증 便秘症 stitichezza, costipazione ¶ 변비로 고생하다 soffrire di stitichézza

변사 辯士 parlatore, oratore

변사 變死 morte violenta, morte innaturale **-하다** morire accidentalmente, di morte innaturale * **-자** persona morta di morte innaturale

변상 辨償 pagamento, compensaziòne, indennizzo, rimborso **-하다** pagare, rimborsare, indennizzare, compensare ¶ 손해를 변상하다 indennizzare ((ql.cu.)) di un danno * **-금** indennità, compensazione

변색 變色 scolorimento **-하다** scolorire, sbiadire, cambiare colore

변설 辯舌 discorso, eloquenza ¶ 변설이 유창하다 essere eloquente, avere la parola facile * **-가** parlatore eloquente, oratore

변성 變成 rinascità, rigeneraziòne, metamòrfosi * **-작용** [지질] metamorfismo

변성 變姓 **-하다** cambiare il proprio cognome

변성 變聲 cambiamento di voce * **-기** pubertà

변성명 變姓名 **-하다** cambiare il proprio nome

변소 便所 bagno, gabinetto, toletta (미), latrina (공장 따위의) ¶ 변소에 가다 andare al gabinetto, andare in bagno * **공중-** gabinetto pubblico **수세식-** gabinetto a serbatoio d'acqua

변수 變數 【수학】 variabile

변스럽다 變- (essere) strano, bizzarro, eccentrico

변신 變身 travestimento, trasformazione, metamorfosi **-하다** trasvestirsi (da), essere trasformato (in)

변심 變心 cambiamento di mente [cuore], infedeltà **-하다** cambiare idea, [배반] tradire (una persona), ingannare ql.cu.

변압 變壓 trasformazione * **-기** trasformatore (di corrente, di potenza)

변위 變位 【물리】 dislocamento, spestamento * **-전류** corrente di spostamento

변음 變音 bemolle

변이 變異 cambiamento, [생물] variazione, mutamento * **-설** teoria delle variazione

변장 變裝 travestimento **-하다** travestirsi (da), essere travestito (da) ¶ 변장한 탐정 investigatore travestito // 여자로 변장하다 tra/ve/stirsi da donna * **-술** arte di travestimento

변전 變轉 mutamento, cambiamento, vicissitùdini **-하다** cambiare, mutare

변전소 變電所 sottostazione, stazione

변절 變節 apostasia, defezione, tradimento, slealtà **-하다** apostatare, traviarsi ∗ **-자** voltagabbana, rinnegato, traditore, apòstata

변제 辨濟 rimborso, ricompensa, liquidazione **-하다** ripagare, ricompensare, rimborsare, liquidare

변조 變造 alterazione, contraffazione, falsificazione **-하다** alterare, contraffare, falsificare ¶ 문서를 변조하다 alterare il documento ∗ **-화폐** moneta contraffatta

변조 變調 【음악】 cambiamento di tono, variazione, modulazione, [불규칙] irregolarità, [이상] anormalità ∗ **-관** tubo di modulazione **-기** modulatore **주파(수)-** modulazione di frequenza(FM) **진폭-** modulazione di ampiezza(AM)

변종 變種 varietà, variante, mutazione, specie anomala di pianta

변주곡 變奏曲 【음악】 variazione

변함없다 變- essere[rimanere] immutato(costante) ¶ 변함없는 immutabile, costante, continuo // 변함없이 senza cambiamento, costantemente, come sempre // 언제나 변함없이 애호하여 주시기 바랍니다 Confidiamo sempre sulla sua protezione continua.

변혁 變革 combiamento, riforma, rivoluzione(혁명) **-하다** rivoluzionare, riformare, cambiare

변형 變形 metamorfosi, trasformazione, variazione **-하다** essere trasformato (in), trasformarsi

변호 辯護 difesa, autodifesa(자기 변호) **-하다** difendere, perorare (per), giustificare ¶ 변호하는 사람 avvocato // 변호하다 parlare in difésa (di) ∗ **-료** onorario di un avvocato **-의뢰인** cliente **-인** avvocato, procuratore legale

변호사 辯護士 avvocato ¶ 변호사를 하다 fare l′avvocato // 변호사를 대다 prendere un avvocato ∗ **-사무소** studio di un avvocato **-업** attività professionale di legge **-회** associazione degli avvocati **고문-** avvocato consulente

변화 變化 cambiamento, [변경] alterazione, variazione, mutazione [변태] trasformazione, [문법] declinazione (inflessione) (격의), coniugazione (동사의) **-하다** cambiare, mutare, trasformarsi, variare, alterarsi ¶ 변화하는 mutabile, mutevole //변화없는 stazionario, monòtono, immutabile

변환 變換 **-하다** cambiare, convertire, deviare

별 [천문] stella ¶ 별이 밝은 밤 notte stellata // 별이 반짝이고 있다 brillare le stelle

별갑 鱉甲 guscio di tartaruga

별개 別個 una cosa differente, una cosa separata, un′altra cosa ¶ 별

개의 separato, distinto, differente

별거 別居 separazione, separazione legale **-하다** vivere separatamente da (marito) * **-수당** assegni alimentari

별 것 別- rarità, curiosità, stranezza ¶ 그것은 별 것 아니다 Non è niente di speciale.

별고 別故 ① [뜻밖의] intoppo, difficoltà ② [까닭] ragione speciale ¶ 별고 없이 senza nessuna difficoltà // 별고 없다 Non esserci niente di speciale, andare bene

별꼴 別- cosa brutta e spiacevole, qualcosa disgustosa, un pugno nell´occhio ¶ 별꼴이야 Che brutto spettàcolo!

별꽃 【식물】 centonchio, erba gallina

별관 別館 locale annesso, estensione, edificio annesso

별궁 別宮 palazzo staccato, villa reale, palazzo dello regina

별나다 (essere) particolare, strano, eccentrico, bizzarro ¶ 별난 사람 una persona particolare, una persona strana // 별나게 stranamente, curiosamente

별놈 別- una persona eccentrica, una persona originale

별다르다 別- essere di specie particolare, (essere) straordinario, eccenzionale, particolare ¶ 별다른 일 qualcosadi // 별다른 일 없이 지냅니다 Se la passa come sempre, senza niente di speciale

별도 別途 modo separato, uso differente ¶ 별도의 speciale, separato // 별도의 지출 spesa speciale

별도리 別道理 alternativa, modo migliore, scelta ¶ 별도리 없다 Non ha altra alternativa.

별똥 stella cadente, meteora ¶ 별똥이 떨어지다 cadere una stella

별동대 別動隊 forze distaccate, distaccamento

별로 別- specialmente, particolarmente, in particolare ¶ 별로 이야기 할 것도 없다 Non c´è niente di speciale da dire. // 별로 할 일도 없다 Non sono occupato., Non ho niente di particolare da fare.

별말 別- parole assurde, cose assurde **-하다** dire cose assurde ¶ 별말 다 한다 dire delle assurdità // 별 말씀 다 하십니다 Non c´è di che. Prego.

별명 別名 pseudonimo, falso nome, soprannome ¶ 별명을 붙이다 dare un soprannome (a ql.cu.)

별문제 別問題 un´altra questione, un´altra cosa ¶ 이것과 그것은 별문제이다 Sono due questioni differenti.

별미 別味 delicatezza, bocconcino, squisitezza

별반 別般 particolarmente, specialmente ¶ 별반 좋지 않다 Non è particolarmente buono.

별별 別別 di specie varie e insolite ¶ 별별 일 cose varie e strane, di tutto 별별 사람 persone di tutti i generi

별빛 chiarore stellare ¶ 별빛이 밝다 Le stelle sono splendenti.

별사람 別- persona originale, persona eccentrica ¶ 별사람 다 보겠

다 È proprio un tipo originale, Non ho mai visto un tipo cosi strano.

별석 別席 posto speciale

별세 別世 **-하다** morire, decedere

별세계 別世界 altro mondo, mondo differente, mondo diverso

별소리 別- cose, parole assurde ⇒ 별말

별수 別數 ① [운수] ventura speciale, fortuna straordinaria ¶ 별수가 나다 trovare l'America // 거기 가봐야 별수 없을 게다, 가지 말라 Non andarci, non ci troverai nessuna fortuna straordinaria. ② [수단, 방법] modo speciale, segreto, formula magica, tocco magico

별스럽다 別- ⇒ 별나다

별식 別食 cibo, piatto speciale, cibo straordinario

별실 altra camera, camera speciale, camera separata

별안간 瞥眼間 all'improvviso, improvvisamente, bruscamente ¶ 별안간 날씨가 변했다 Il tempo è cambiato all'improvviso.

별일 別- cosa particolare, evento inusuale, cosa strana ¶ 별일없이 serenamente, senza nessun incidente // 별일 없이 지내다 stare bene // 별일 다 보겠다 Ridicolo!

별자리 [천문] costellazione

별장 別莊 villa (영), casa di campagna, cottage (여름의), villino (미)

별종 別種 varietà (speciale), genere diverso, speccie distinta

별지 別紙 allegato ¶ 별지와 같이 come in allegato

별차 別差 differenza ¶ 별차없다 essere più o meno uguale, non esserci molta differenza

별책 別冊 supplemento, [장지의] numero speciale

별천지 別天地 altro mondo ⇒ 별세계

별표 -票 stella, asterisco

별표 別表 lista allegata, tavola allegata ¶ 별표 양식 formulario allegato

별항 別項 clausola a parte, altra clausola, paragrafo a parte

별행 別行 altra linea, altra riga ¶ 별행에 쓰다 scrivere su un altra riga

별호 別號 [호] pseudonimo, [별명] soprannome

뼘 spanna, spanna di una mano ¶ 뼘으로 재다 misurare a spanne

볍씨 riso da semina

볏 cresta di gallo, cresta, corona

볏가리 mucchio di paglia di riso

볏단 covone di riso

볏섬 sacco di riso

볏짚 paglia di riso

병 甁 bottiglia, flacone, fiada ¶ 꽃병 vaso // 아가리가 넓은 병 giara // 맥주 한 병 una bottiglia di birra // 병에 담다 imbottigliare

병 病 ① [일반적] malattia, male, morbo, [경증] indisposizione, [국부적] turba, disturbo ¶ 중병 malattia grave // 가벼운 병 malattia leggera // 병 문안을 하다 informarsi sulla salute (di qualcuno) // 병난 malatto, indisposto, ammalato // 병으로 인해 a causa di una malattia // 병에 걸리다 ammalarsi, essere colpito da una malattia, prendersi una malattia // 병이 낫다 guarire (da una malattia), ricuperare la salute // 병을 고치다 curare una malattia // 병으로 결석하다 assentarsi a causa di una malattia // 병으로 죽다 morire di malattia ② [약점] debole, debolezza, difetto ③ [탈] disturbo, guasto ¶ 병이 나다 essere guasto, guastarsi * **눈-** malattia degli occhi **심장-** malattia di cuore **폐-** malattia polmonare **위장-** malattia di stomaco **정신-** malattia mentale

병가 病暇 licenza per malattia

병결 病缺 assenza a causa di una malattia

병고 病苦 dolore, sofferenza di una malattia ¶ 병고에 시달리다 essere afflitto da una malattia, soffrire acutamente a causa di una malattia

병과 兵科 ramo delle forze armate ¶ 병과 장교 sottufficiale di combattimento

병구 病軀 corpo malato, salute cagionevole, costituzione debole ¶ 병구를 무릅쓰고 malgrado il corpo malato

병구완 curo, sorveglianza **-하다** curare, badare (a), avere cura (di) ¶ 병구완하여 환자를 회복시키다 guarire un ammalato con le cure

병권 兵權 potere militare[autorità], comando delle forze armate

병기 兵器 armi, materiale militare, armi da guerra * **-창고** arsenale, armeria

병나다 病- ① [질환] prendere una malattia, perdere la salute, essere malato ¶ 과로해서 병나다 ammalarsi a causa del superlavoro ② [고장] guastarsi, essere guasto in disordine

병독 病毒 germe patogeno, virus, infezione

병동 病棟 reparto, corsia (di ospedale) ¶ 격리 병동 corsia (reparto) di isolamento

병들다 ammalarsi, prendersi una malattia, essere malato

병란 兵亂 guerra, agitazione militare

병략 兵略 strategia, tattica

병력 兵力 forza militare, forza delle armi

병력 病歷 cartella clinica, storia di un caso (clinico)

병렬 竝列 fila, linea **-의** parallelo **-하다** essere in fila, stare in fila

병리 病理 patologìa * **-학** patologia **-학자** patologo

병립 竝立 **-하다** essere compatibile, stare insieme, coesistere

병마 兵馬 [군대]truppe, [군사] affari militari, [전쟁] guerra

병마 病魔 disgrazia di una malattia, demone della salute cagionevole

병마개 tappo di bottiglia, turacciolo ¶ 병마개를 뽑다 sturare, stappare una bottiglia, aprire una bottiglia // 병마개를 막다 tappare una bottiglia

병명 病名 nome di una malattia ¶ 병명 미상의 병 malattia non identificata

병몰 病沒 morte di malattia ⇒ 병사

병무 兵務 amministrazione militare

병발 併發 concorso di circostanze, complicazione **-하다** concorrere, verificarsi nello stesso tempo * **-증** complicazione

병법 兵法 strategia, tattica * **-가** tattico, stratega

병사 兵士 soldato, militare, soldato semplice

병사 兵舍 caserma

병사 病死 morte di malattia **-하다** morire di malattia

병상 病床 letto di ammalato ¶ 병상에 눕다 essere costretto a letto da una malattia, essere a letto ammalato * **-일지** [병원의] referto clinico

병상병 病床兵 soldato malato e ferito, invalido

병색 病色 aspetto malaticcio, brutta cera

병서 兵書 libro di strategia, libro d'arte militare

병석 病席 letto di ammalato ⇒ 병상

병선 兵船 nave da guerra, vascello militare

병세 病勢 condizione di una malattia ¶ 병세가 악화되다 aggravarsi // 병세가 나아지다 migliorare

병술 瓶- liquore in bottiglia

병신 病身 ① [불구자] persona deforma, stòrpio (다리 병신), persona incapace ¶ 병신을 만들다 deformare, sfigurare, storpiare, mutilare // 병신이 되다 essere deformato, essere storpiato ② [병자] malato cronico, invalido ③ [바보] sciocco, stupido, somaro ④ [물건] cosa difettosa, serie incompleta

병신 구실 病身- sciocchezza, buffonata **-하다** rendersi ridicolo, fare la parte di un deficiente

병실 病室 camera di malato, infermerìa (공장 따위의), corsia (병원의)

병아리 pulcino

병약 病弱 debolezza, costituzione debole **-하다** (essere) debole, delicato di costituzione

병역 兵役 servizio militare ¶ 병역 면제 esenzione dal servizio militare // 병역 의무 obbligo del servizio militare // 병역을 기피하다 eludere il servizio militare, farsi riformare

병영 兵營 caserma ¶ 병영 생활 vita di caserma

병용 併用 **-하다** usare (una cosa) insieme, usare nello stesso tempo

병원 兵員 personale militare, forze (di un esercito)

병원 病院 ospedale, infermerìa, casa di cura ¶ 병원에 다니다 andare in ospedale // 병원에 데리고 가다 accompagnare (una persona) all'ospedale // 병원에 입원시키다 fare ricoverare // 병원에 입원하고 있다 essere ricoverato (in ospedale) * **-선** nave ospedale **-장** direttore di un ospedale

병원 病原 causa di una malattia * **-균** germe, virus, bacillo **-체** organismo patogenico, agente patogeno **-학** etiologia

병인 病因 causa di una malattia, causa(fattore) etiologica(o)

병자 病者 malato, paziente(환자) ¶ 그는 병자 같다 Sembra malato.

병장 兵長 sergente

병적 病的 (esistenza) morboso, malsano, patologico, anormale ¶ 병적으로 morbosamente * **-성격** carattere anormale **-소질** predisposizione patologica

병적 兵籍 registro militare, stato militare, condizione militare ¶ 병적에 들다 arruolarsi(nell'esercito)

병정 兵丁 soldato

병졸 兵卒 soldato semplice, soldato, truppa(총칭)

병종[1] 兵種 ramo dell'esercito

병종[2] 丙種 terza classe [grado]

병중 病中 ¶ 병중임에도 불구하고 malgrado la malattia

병증 病症 sintomi di una malattia

병진 竝進 **-하다** avanzare fianco a fianco, andare di pari passo con

병참 兵站 bagagli, logistica * **-감** capo del dipartimento amministrazione e alloggi **-기지** centro di rifornimento **-부** dipartimento di approvviggimamento **-장교** commissario, furiere **-학** logistica

병창 並唱 **-하다** cantare insieme (in coro)

병충해 病蟲害 danno causato dagìinsetti

병칭 竝稱 **-하다** classificare, confrontare qlcu. con un'altro

병탄 倂呑 assorbimento, annessiòne **-하다** assorbire, annettere

병폐 病弊 male, vizio, abuso(악습)

병풍 屛風 paravento ¶ 병풍을 치다 mettere un paravento

병합 倂合 amalgamazione, incorporazione, annessione **-하다** amalgamare, annettere, assorbire, incorporare

병행 竝行 parallelismo **-하다** andare di pari passo, andare fianco e fianco ¶ 선로와 병행하다 essere parallelo alla ferrovia

병화 兵火 guerra, fiamma della guerra

병환 病患 malattia, male, morbo

병후 病後 convalescenza, stato di convalescenza ¶ 병후의 convalescente // 병후(의) 정양 assistenza(sanitaria postospedaliera) // **-양호하다** essere in stato convalescenza favorevole

볕 luce(raggi) del sole, sole ¶ 볕이 잘 안드는 곳 luogo senza sole dove non batte il sole // 볕에 타다 essere abbronzato // 볕에 말리다 seccare dal sole

볕들다 splendere, brillare ¶ 방에 볕 들다 Il sole penetra nella camera

보 步 [걸음] passo, andatura

보 保 [보증] garanzia, garante, sicurezza, [보증인] garante, cauziòne ¶ 보증을 서다 essere garante di qlco. // 보증을 세우다 farsi garante per qlcu.

보 洑 serbatoio per irrigazione

보 褓 tessuto da imballaggio, tovaglia (da tavola)

보 補 assistente * **서기-** cancellière aggiunto **차관-** sottosegretario

보각 補角 angolo supplementare, supplemento

보감 寶鑑 [귀감] esemplare, modello, [책 따위의] manuale, guida

보강 補强 rinforzo **-하다** rinforzare * **-공사** lavoro del rinforzo

보강 補講 lezione supplementare, lezione di recupero **-하다** recuperare una lezione persa

보깨다 soffrire di indigestione, rimanere sullo stomaco

보건 保健 salute, salvaguardia della salute, [위생] igiene, misure igieniche * **-위생성** ministero della sanità 세계 보건 기구 Organizzazione Mondiale della Sanità (O.M.S.)

보결 補缺 supplenza, sostituto(사람) **-하다** coprire un posto vacante, sostituire ¶ 보결의 supplementare, sostitutivo * **-모집** arruolamento di studenti per coprire i posti vacanti **-선거** elezione straordinaria **-선수** giocatore di riserva, riserva

보고 報告 rapporto, relazione referto, informazione (정보), rendiconto(통계적), saggio(학술상의) **-하다** riferire, informare di, fare un relazione a un convegno(학회에서) ¶ 국세 조사 보고 rendiconto del censimento * **-서** rapporto, rendiconto, [학회의] saggio **-자** relatore 연차[중간]- rapporto annuale

보고 寶庫 tesoreria

보관 保管 custodia, deposito, cura **-하다** custodire, tenere in deposito, conservare * **-료** costo di deposito, magazzinaggio(창고의) **-물** articoli in custodia **-인** custode, guardiano

보관 寶冠 [왕의] corona, [귀족, 왕족의] corona, ghirlanda

보국 報國 patriottismo, servizio allo stato

보궐 補闕 * **-선거** elezione straordinaria

보균 保菌 **-하다** essere infetto, portare microbi * **-자** portatore di microbi, persona infetta

보글보글 ¶ 보글보글 끓다 bollire lentamente

보금자리 nido, giaciglio, dimora ¶ 사랑의 보금자리 nido d'amore

보급 普及 espansione, diffusione, propagazione **-하다** diffondere, estendere, propagare ¶ 텔레비젼이 보급되었다 La televisione si è diffusa. * **-판** edizione popolare

보급 普及 rifornimento **-하다** fornire, provvedere ¶ 보급이 끊어지다 tagliare i viveri(i rifornimenti) * **-관** [군사] furiere **-기지** base di rifornimento **-로** retrovie

보기[1] [실례] esempio ¶ 보기를 들면 per esempio

보기[2] [보는 각도] punto di vista

보기차 -車 carrello

보내다 ① mandare, inviare, spedire, trasmettere(전신을),

rimettere(돈을), passare(시간을) ¶ 편지를 보내다 spedire una lettera // 심부름을 보내다 mandare (una persona) a far commissioni // 찬사를 보내다 fare complimenti // 돈을 보내다 rimettere (a qlcu.) un vaglia postale // 데리러 보내다 mandare a prendere ② [전송] accompagnare ¶ 역까지 보내다 accompagnare fino alla stazione ③ [세월을] spendere, passare, vivere ¶ 시간을 보내기 위해서 per prendere tempo, per far passare il tempo

보낸저 filone d′oro (d′argento), ricchezza, colpo di fortuna

보늬 pelle astringente (come quella delle castagne)

보다[1] ① vedere, guardare ¶ 보는데서 sotto gli occhi // 얼핏 보기에 a prima vista // 얼른 보다 vedere di sfuggita // 자세히 보다 guardare in dettaglio // 죽 훑어보다 dare una scorsa a, sfogliare (un libro), 얼굴을 보다 guardare (qlcu.) in faccia // 잘못을 못 본체하다 chiudere un occhio su una colpa // 사람을 위 아래로 보다 guardare dall′alto in basso ② [고찰, 간주] considerare, ritenere, vedere, osservare ¶ 내가 보기에는 secondo me // 대체로 보아 nel complesso // 어느 모로 보나 sotto tutti gli aspetti // 사태가 중대하다고 보다 ritenere la situazione seria // 저마다 보는 바가 다르다 Ognuno ha la propria opinione. ③ [구경] vedere, osservare, visitare, guardare ¶ 텔레비전을 보다 guardare la televisione // 영화를 보러가다 andare a vedere un film // 공장을 보러 가다 andare a visitare una fabblica ④ [읽다] leggere, sfogliare ¶ 신문을 보다 leggere il giornale // 책을 보다 leggere, sfogliare un libro ⑤ [돌보다] badare a, custodire, avere cura ¶ 아이를 보다 badare a un bambino // 집을 보다 badare alla casa // 상을 보다 apparecchiare la tavola ⑥ [일을] dirigere, amministrare, occuparsi di ¶ 사무를 보다 fare il lavoro d′ufficio // 일을 보다 lavorare ⑦ [치르다] fare ¶ 시험을 보다 fare l′esame ⑧ [당하다] esperimentare, subire ¶ 거래에서 이익을 보다 guadagnare da una transazione // 손해를 보다 subire una perdita ⑨ [기타] ¶ 장보러 가다 andare a fare la spesa // 손자를 보다 avere un nipote // 손금을 보다 farsi dire la buona sorte // 소변을 보다 urinare // 두고 보자 Stiamo a vedere.

보다[2] ① [시험삼아] provare, tentare ¶ 새 옷을 입어 보다 provare un nuovo vestito ② [경험] ¶ 영국에 가 보았느냐? Sei stato in Inghilterra?

보다[3] [추측, 의향] sembrare, parere, apparire ¶ 그는 아픈가 보다 Sembra che lui sia malato. // 신사 같이 보인다 Pare un gentiluomo.

보다[4] [비교의] che, di ¶ 나는 내 어머니보다 더 키가 크다 Sono più alto di mia madre.

보따리 fagotto, imballaggio, pacco * **-장수** venditore ambulante,

보답 報答 ricompensa, compensazione **-하다** ripagare, ricompensare ¶ 보답으로 in ricompensa (di) // 수고에 보답하다 ricompensare qlcu. per i suoi servizi

보도 步道 sentiero pedonale, marciapiede ¶ 횡단보도 passaggio pedonale

보도 輔導 guida, direzione **-하다** guidare, condurre, dirigere ¶ 직업 보도 orientamento professionale

보도 寶刀 spada sacra

보도 報道 notizie, referto, informazione **-하다** riferire, informare qlcu. di, comunicare , descrivere * **-기관** organo d'informazione

보도독거리다 cigolare, stridere, scricchiolare

보동보동 -하다 (essere) paffuto, pienotto, grassotello, carnoso

보드랍다 (essere) soffice, liscio, flessibile, pieghevole

보들보들하다 (essere) soffice, tenero, flessibile

보듬다 abbracciare

보디 corpo * **-가드** guardia del corpo

보라 ⇒ 보랏빛

보라매 falchetto

보람 valore, effetto, frutto, risultato ¶ 보람있는 fruttifero, che vale la pena // 보람없는 vano, futile, di nessun valore // 보람 없이 invano, senza frutto // 연구는 결과적으로 보람이 없었다 Le ricerche sono risultate vane.

보랏빛 porpora, colore viola ¶ 보랏빛 수정 ametista * **연-** lilla **진-** violetto (viola scuro)

보로통하다, 뾰로통하다 ① (essere) gonfio [tumido] ¶ 뾰로통한 손 mani tumide ② [성이 나다] (essere) imbronciato, accigliato ¶ 뾰로통한 얼굴 faccia imbronciata // 뾰로통해지다 tenere il broncio, imbronciarsi

보료 pouf decorato

보루 堡壘 forte, fortezza, piazzaforte, roccaforte ¶ 보루를 구축하다 fortificare, fare lavori di difesa

보류 保留 riserva **-하다** riservare, differire, rimandare ¶ 결정은 다음 회의 때까지 보류되었다 La decisone è stata differita fino alla prossima riunione.

보름 ① [동안] metà mese ¶ 보름 안에 entro quindici giorni ② [날] quindici giorni ¶ 보름달 plenilunio, luna piena

보리 orzo * **-차** tisana d'orzo **맥주-** orzo da birra **-밀** farina d'orzo

보리타작 -打作 trebbiatura dell'orzo **-하다** trebbiare l'orzo

보릿고개 crisi primaverile, crisi d'orzo, periodo difficile prima della raccolta d'orzo

보매 apparentemente, in apparenza ¶ 얼핏보매 a prima vista

보모 保姆 bambinaia, balia asciutta, governante, insegnante d'asilo

보무 步武 ¶ 보무 당당히 전진하다 procedere a petto in fuori, avanzare con orgoglio

보무라지 pezzetto, frammento, brandello

보물 寶物 tesoro, gioiello ¶ 나라의 보물 tesoro nazionale // 보물 찾기 caccia al tesoro * **-섬** isola del tesoro **-선** nave del tesoro

보배 tesoro, cosa preziosa, gioiello ¶ 숨은 보배 tesoro nascosto

보배스럽다 (essere) prezioso, co-sto-so

보병 步兵 fante, fanteria

뽀뽀 bacio, bacino

보복 報復 pariglia, rappresaglia, vendetta, rivincita **-하다** rendere la pariglia, vendicarsi, fare rappresaglie ¶ 보복으로써 per rappresaglia

보살 菩薩 [불교] Santo buddista

보살피다 curare, badare a, sorvegliare, avere cura di ¶ 환자를 보살피다 avere cura di un malato

보상 報償 ricompensa, remunerazione, retribuzione **-하다** ricompensare, remunerare, retribuire

보상 補償 retribuzione, indennità, riparazione, risarcimento **-하다** compensare, indennizzare di[per], risarcire ¶ 손해를 보상하다 risarcire i danni * **-금** indennità, compenso, risarcimento

보색 補色 colore complementare

보석 保釋 cauzione, garanzia, consegna di merci (da custodire) **-하다** dar garanzia (per), ottenere per qlcu. la libertà provvisoria dietro cauzione * **-금** cauziòne

보석 寶石 gioiello, gemma, pietra preziosa ¶ 보석 박다 incastonare una gemma * **-목걸이** collana di gioielli **-상** gioielliere

보선[1] 保線 * **-공** guardalinea, guardafili

보선[2] 普選 suffragio universale, popolare

보세 保稅 vincolo, legame, obbligazione * **-창고** magazzino doganale

보송보송하다 (essere) disseccato, asciugato completamente ¶ 보송보송한 살결 pelle liscia e asciutta

보수 保守 conservatorismo ¶ 보수적 conservativo, conservatore * **-당** partito conservatore **-주의** conservatorismo **-주의자** conservatore

보수 補修 riparazione, rammendo **-하다** riparare, rammendare

보수 報酬 rimunerazione, ricompensa, compensazione, paga, onorario(의사, 변호사의) ¶ 보수를 받지 않고 senza rimunerazione [paga], per niente // 보수를 주다 rimunerare, pagare un onorario

보수계 步數計 pedometro

보슬보슬 gentilmente, teneramente, dolcemente, delicatamente

보슬비 pioggerella, pioggia fine e fitta

보습 parte, quota

보습 補習 lezioni supplementare * **-과** corso supplementare **-교육** educazione supplementare

보시 布施 [불교에서] elemosina **-하**

다 elemosinare

보시기 scodelletta, scodellina

보신 補身 **-하다** tirarsi su prendendo tonici energetici * **-탕** zuppa di carne di cane

보신 補腎 **-하다** rinvigorirsi prendendo tonici * **-제** tonico corroborante

보아란 듯이 ostentata, con ostentazione

보아주다 curare, badare a, vegliare su ¶ 아이를 보아주다 badare a un bambino

보안 保安 mantenimento della sicurezza pubblica * **-관** sceriffo **-과** servizi di sicurezza

보약 補藥 tonico, ricostituente, corroborante

보양 保養 recupero (di salute), ricerca (di salute), ripresa(병후의) **-하다** recuperare, riacquistare la salute ¶ 보양을 위하여 per la salute * **-지** stazione climatica

보얗다, 뽀얗다 (essere) bianco come il latte, perlaceo, nebbioso, opaco ¶ 보얀 살결 pelle perlacea

보어 補語 complemento * **목적격-** complemento oggettivo **주격-** complemento soggettivo

보여주다 mostrare, rappresentare, manifestare, esporre ¶ 신분증을 보여 주십시오 Mi mostri la sua carta d'identità.

보온 保溫 **-하다** mantenere la temperatura

보올 palla

보올-펜 penna (a sfera)

보우 保佑 protezione, aiuto **-하다** proteggere, aiutare, assistere, dare una mano

보우너스 compenso, premio, gratifica

보우컬 vocale ¶ 보우컬 뮤직 musica vocale

보우트 barca, battello, scafo, lancia * **-레이스** gara di canottaggio, [각종의] regata **-선수** canottiere

보울링 bowling, gioco dei birilli automatici * **-장** corsia per il gioco dei birilli automatici, corsia del bowling

보유 保有 possesso, possessione, possedimento **-하다** possedere, avere * **-물** patrimonio, possedimenti, proprietà **-미** riserva di riso **한국의 금-고** riserva aurea della Corea **핵무기의-** possessione di armi nucleari

보유스름하다 (essere) biancastro, latteo, nebbioso

보육 保育 nutrimento, allevamento, educazìone **-하다** allevare, educare * **-원** scuola materna, asilo

보은 報恩 gratitudine, riconoscenza, ricompensa per la cortesìa **-하다** ricompensare, ripagare

보응 報應 retribuzione **-하다** retribuire, ricompensare

보이다[1] ① [눈에] vedere, intravvedere, [사물이 주어] essere visibile, mostrare, apparire ¶ 눈에 보이는 visibile // 보이지 않다 non essere visto, essere invisibile, non potere trovare, essere smarrito // 너는 피곤해 보인다 Ti vedo stanco. //

눈이 잘 보이다 vedere bene // 멀리 산이 보인다 Si può vedere la montagna in lontananza. // 내 시계가 안 보인다 Non posso trovare il mio orologio. ② [...인 것 같다] sembrare, apparire ¶ 건강해 보이다 avere una bella cera // 장삿군같이 보이다 avere l'aria da mercante

보이다² [보이게 하다] mostrare, manifestare, esporre ¶ 앨범을 보이다 mostrare l'album delle fotografie // 실력을- mostrare la propria abilità

보자기 fazzolettone da imballaggio

보잘 것 없다 (essere) di nessun valore, inutile, vano ¶ 보잘 것 없는 일 affari insignificante

보짱 opinione, intenzione, coraggio, audacia

보장 保障 garanzia, sicurezza **-하다** garantire, assicurare ¶ 사회 보장 sicurezza sociale // 출판의 자유를 보장하다 garantire la libertà di stampa

보전 保全 conservazione, preservazione, mantenimento, integrità **-하다** preservare, salvaguardare l'integrità, mantenere intatto

보정 補正 revisione, [수학, 물리] correzione, [기계] compensazione **-하다** rivedere, correggere

보조 輔助 assistenza, supporto, aiuto, sostegno **-하다** sostenere, aiutare, assistere, sussidiare ¶ 정부의 보조 concessione del governo ＊ **-익** alettone **-자** sostenitore **-화폐** moneta sussidiaria

보조 步調 passo, andatura, cadenza ¶ 경쾌한 보조 andatura leggera // 보조가 맞지 않다 non tenere il passo // 보조를 맞추다 stare al passo (con qlcu.), tenersi al passo (con qlcu.)

보조개 fossetta ¶ 양볼에 보조개가 있다 Ha le fossette su entrambe le guance

보조금 補助金 sussidio, donazione, sovvenzione

보족 補足 complemento, supplemento **-하다** completare, integrare ¶ 보족적(인) complementare, supplementare

보존 保存 preservazione, conservazione **-하다** preservare, conservare, mantenere ¶ 보존 상태가 양호하다 essere in buono stato di conservazione

보좌 補佐 assistenza(보조), consiglio(조언), **-인** assistente(보좌역), consigliere(고문) **-하다** aiutare, assistere, consigliare, informare

보좌 寶座 [왕의] trono, [부처의] trono di Budda

보증 保證 garanzia, cauzione, assicurazione **-하다** garantire, assicurare, certificare, garantire per, attestare ¶ 보증된 garantito, assicurato // 그의 정직함은 내가 보증한다 Garantisco io della sua onestà. // 완치를 보증합니다 Garantisco la guarigione completa. ＊ **-금** cauzione, deposito (착수금) ¶ 보증금을 치르다 dare una cauzione **-인** garante

보지 vulva

보지 保持 mantenimento, preservazione, conservazione **-하다** mantenere, preservare, conservare

보직 補職 carica, impiego, incarico **-하다** assegnare a una carica

보채다 piangere per, inquietare, affliggere, importunare ¶ 보채는 아이 bambino irritato // 과자를 달라고 보채다 importunare con richiesta di biscotti

보철 補綴 **-하다** integrare, riempire

보청기 補聽器 cornetto acustico

보초 步哨 sentinella, guardia ¶ 보초를 서다 stare di sentinella, montare la guardia * **-근무** servitizio di sentinella **-병** soldato di guardia, sentinella

보충 補充 supplemento, riempimento, sostituzione **-하다** sostituire, riempire, completare, colmare ¶ 보충의 supplementare, complementare * **-병** soldato di riserva **-대** fondi di riserva

보칙 補則 regole supplementari

보크사이트 [광물] bauxite

보태다 ① [보충] integrare, supplire, completare ¶ 모자람을 보태다 colmare una deficienza ② [가산] aggiungere, addizionare, sommare ¶ 6에 3을 보태다 aggiungere 3 a 6

보통 普通 ¶ 보통의 [정상] normale, [통상] ordinario, comune, solito, [일반적] generale, medio(평균의), [중위의] medio, mediocre(범용한) // 보통 사람 persona ordinaria // 보통(으로) di solito, ordinariamente, generalmente, comunemente // 보통 아닌 straordinario, non comune, raro // 보통 이상이다 essere sopra la media * **-교육** educazione generale **-명사** [문법] nome comune **-법** [법] legge comune **-선거** suffragio universale **-우편** posta ordinaria

보퉁이 褓- involto, pacco, pacchetto ¶ 보퉁이를 꾸리다 impaccare, imballare

보편 普遍 universalità, cattolicità, ubiquità ¶ 보편적인 universale, onnipresente * **-개념** concetto universale **-성** universalità, cattolicità **-타당성** validità universale

보폭 步幅 passo, andatura

보표 譜表 rigo musicale, pentagramma

보풀 pelo (di tessuto), peluria, lanugine

보풀리다 garzare, cardare, spazzolare contropelo

보풀보풀 con pelo, con lanugine **-하다** avere il pelo, essere peloso

보필 輔弼 assistenza(al trono) **-하다** assistere, consigliare

보하다 補- [몸을] intensificare, accentuare, [보직] stabilire, assegnare, nominare

보학 譜學 studio della genealogia

보합 保合 [경제] stabilità **-하다** tenere l'equilibrio, rimanere lo stesso

보행 步行 marcia, passeggio **-하다** camminare, andare a piedi * **-자** camminatore, pedone

보험 保險 [보증] garanzia, [생명, 화재 따위의] assicurazione ¶ 보

험금을 지불하다 pagare l'assicurazione * **-금** indennità **-료** premio d'assicurazione **-회사** società d'assicurazione **-증서** polizza d'assicurazione **생명-** assicurazione sulla vita **-업자** assicuratore

보혈 寶血 [기독교] Preziosissimo Sangue

보혈 補血 nutrimento del sangue **-하다** nutrire il sangue

보호 保護 protezione, riparo, rifugio, salvaguardia **-하다** proteggere, riparare, rifugiarsi, [옹호] salvaguardare, [돌보다] badare a ¶ …의 보호 아래 두다 mettere sotto la protezione di // 보호를 받다 essere protetto da, ricevere la protezione * **-벽** muro protettivo **-국** protettorato **-무역 주의** protezionismo **-색** colore protettivo **-자** protettore, difensore, patrono

보화 寶貨 tesoro, oggetti di valore

복 [물고기] pesce palla

복 伏 canicola ⇒ 복날

복 福 fortuna, benedizione, felicità, beatitudine ¶ 복된 felice, benedetto, beato // 복이 많다 essere fortunato // 복을 받다 essere benedetto // 새해 복 많이 받으세요 Buon capodanno!, Buon Anno Nuovo!

복각 伏角 [물리] angolo, inclinazione * **-계** clinometro

복간 復刊 ristampa

복강 腹腔 cavità addominale * **-임신** gravidanza addominale

복걸 伏乞 **-하다** prostrarsi e implorare

복고 復古 [정치상의] restaurazione, restauro, [회복] ricupero **-하다** ricuperare, restaurare * **-론자** reazionario **-주의** reazionarismo

복교 復校 reintegrazione **-하다** essere reintegrato(a scuola), ritornare a scuola

복구 復舊 restaurazione, ricostruzione, riabilitazione **-하다** essere restaurato, essere riabilitato

복권 福券 biglietto di lotterira ¶ 복권이 맞았다 vincere alla lotteria

복권 復權 riabilitaziòne, ristabiliménto

복귀 復歸 ritorno, ripristino **-하다** ritornare, tornare indietro, ripristinare ¶ 직장에 복귀하다 ritornare al lavoro

복날 伏- canicola

복대기 scoria, loppa

복대기다 ① [법석] fare trambusto, fare scompiglio, essere in agitazione ¶ 복대기는 거리 strada attiva, molto frequentata ② [정신을 못차리다] essere importunato, essere schiacciato, essere spinto a gomitate

복대기차다 ⇒ 복대기다

복더위 伏- caldo durante la canicola

복덕방 福德房 agenzia immobiliare

복도 複道 corridoio, passaggio, anticamera, vestibolo

복리 複利 interesse composto ¶ 복리로 계산하다 calcolare a interesse composto

복리 福利 benessere, prosperità ¶ 국민의 복리를 증진하다 promuo-

vere il benessere del popolo
복마전 卜馬殿 pandemonio, focolaio
복막 腹膜 【해부】 peritoneo ＊ **-염** peritonite
복면 腹面 maschera, finzione, velo **-하다** mascherarsi ¶ 복면 강도 bandito mascherato
복모음 複母音 【음성】 dittongo
복무 服務 servizio **-하다** servire, essere in servizio ¶ 복무 규정[군사] regolamentaziòne del servizio // 복무 연한 termini del servìzio
복문 複文 【문법】 frase composta
복받치다 scaturire, sgorgare ⇒ 북받치다
복병 伏兵 imboscata, agguato, appostamento **-하다** mettersi in agguato ¶ 복병을 두다 stare in agguato
복본위제 複本位制 【경제】 bimetallismo, doppio sistema monetario
복부 腹部 【해부】 addome, ventre, pancia ¶ 복부의 addominale
복비례 複比例 【수학】 proporzione composta
복사 複寫 riproduzione, [복사물] riproduzione, copia, fotocopia duplicato **-하다** riprodurre, copia-re, fotocopiare ¶ 원고를 복사하다 copiare un manoscritto ＊ **-기** ciclostile, duplicatore, fotocopiatrice **-지** carta carbone
복사 輻射 radiazione **-하다** radiare, emettere radiazioni, essere radiattivo ＊ **-선** raggio radiante **-열** calore radiante **-체** radiatòre
복사뼈 malleolo
복상 服喪 **-하다** mettere il lutto, portare il lutto
복색 服色 abbigliamento, abiti, apparenza (personale)
복선 複線 [복선 궤도] doppia rotaia
복선 伏線 intrigo, prefigurazione, manovra
복성 複姓 nome di famiglia composto da due caratteri cinesi
복성스럽다 essere paffuto
복소수 複素數 numero complesso
복수 復讐 vendetta, [보복] pariglia **-하다** vendicarsi, rendere la pariglia ¶ 누구에게 복수하다 vendicarsi di qlcu. ＊ **-심** spirito di vendetta **-자** vendicatore **-전** guerra di vendetta, [경기의] partita di ritorno
복수 複數 (numero) plurale ¶ 복수의 plurale ＊ **-형** [문법] forma plurale
복술 卜術 arte della divinazione
복숭아 【식물】 pesca ¶ 복숭아 나무 pesco // 복숭아 쥬스 succo di pesca
복스럽다 福- avere una bella cera, avere un buon aspetto
복슬복슬하다 (essere) irusto, peloso, cespuglioso
복습 復習 revisione **-하다** rivedere la lezione, riesaminare
복시 複視 【의학】 diplopia
복시합 複試合 【정구】 doppio gioco
복식 服飾 abito e suoi ornamenti
복식 複式 formule multiple, [부기] contabilità in partita doppia ＊ **-부기** partita doppia, [수학] espressione complessa

복식호흡 複式呼吸 respirazione addominale

복안 腹案 progetto, idea ¶ 복안이 서 있다 avere un piano pronto

복약 服藥 **-하다** prendere la medicina

복역 服役 [병역] servizio militare, [징역] lavori forzati **-하다** [병역에] fare un servizio militare, [징역에] essere in prigione, scontare una condanna

복연 復緣 riconciliazione (dopo separazione) **-하다** riconciliare

복용 服用 [약의] presa, assunzione, [옷의] indossamento **-하다** prendere (medicina), [옷을] vestire, indossare ¶ 1일 3회 식후 복용 prendere tre volte al giorno dopo i pasti ＊ **-량** dosaggio, dose

복원 復元 restaurazione **-하다** restaurare, tornare allo stato originario

복원 復員 smobilitazione, scioglimento **-하다** smobilitare, sciogliere

복위 復位 restaurazione, ristabilimento, riabilitazione **-하다** restaurare, ristabilire, riabilitare

복음 福音 [소식] buona novella, [복음서] Vangelo ¶ 복음을 전하다 predicare il vangelo, evangelizzare ＊ **-교회** chiesa evangelica **-서** [성경] i Vangeli

복입다 服- portare il lutto

복자 福者 persona benedetta, Beato

복작거리다 ① [사람이] essere affollato, essere accalato, brulicare(벌레떼처럼) ② [끓어 오르다] traboccare, ribollire

복잡 複雜 complicazione, complessità, intrico **-하다** (essere) complicato, intricato, complesso ¶ 복잡한 문제 problema intricato, problema complicato // 복잡하게 되다 diventare complicato

복장 服裝 abbigliamento, abiti, vestiti ¶ 하얀 복장을 하고 있다 essere vestito di bianco ＊ **-검사** ispezione del vestito

복제 服制 regolamento sull′abbigliamento

복제 複製 riproduzione, ristampa, duplicazione **-하다** riprodurre, ristampare, duplicare ＊ **-품** riproduzione, duplicato

복종 服從 ubbidienza, sottomissione **-하다** ubbidire, sottomettersi ¶ 복종적 ubbidiente, sottomesso

복죄 服罪 **-하다** dichiarsi colpevole, sottoporsi a una sentenza

복중 伏中 (periodo della) canicola, cuore dell′estate

복중 服中 (in) lutto

복지 福池 terra di beatitudine, [성경] Terra Promessa

복지 福祉 benessere, prosperità ＊ **-국가** Stato assistenziale **국민의-** benessere del popolo

복직 復職 reintegrazione, riabilitazione **-하다** riassumere, essere riabilitato, reintegrare nella propria funzione

복창 復唱 **-하다** ripetere un ordine

복채 卜債 onorario d′indovino

복첨 福籤 lotteria ¶ 복첨을 뽑다 scegliere la lotteria

복통 腹痛 male di stomaco, dolore addominale

복판 [한 가운데] mezzo, centro, cuore, parte principale ¶ 복판에 nel mezzo di, nel cuore di

복합 複合 complesso, composto, composizione * **-동사** [문법] verbo composto **-명사** nome composto **-체** [화학] complesso

복화술 複話術 ventriloquio, arte ventrìloqua

볶다 ① [불에] bruciare, arrostire, tostare, friggere(기름에) ¶ 볶은 콩 fagiolo essicato // 고기를 볶다 arrostire la carne ② [들볶다] stuzzicare, importunare, dar noia, seccare ¶ 과자를 사달라고 어머니를 볶다 importunare la madre per farsi comprare dei dolci

볶아대다 importunare, dare noia

볶아치다 fare premura, sollecitare, premere, affrettarsi

볶음 arrostitura, cibo arrostito, arrosto * **-밥** riso fritto

볶이다 ① [불에] essere arrostito, essere fritto ② [들볶이다] essere stuzzicato, essere importunato, essere bersagliato

본 本 ① [본보기] esempio, modello, campione ② [본관] origine (di una famiglia)

본- 本 ① 본점 negozio, sede centrale ② ¶ 본명 nome reale

본가 本家 [본집] casa centrale, casa dei genitori

본값 本- prezzo di costo, costo originale ¶ 본 값에 팔다 vendere a prezzo di costo

본거 本據 quartier generale, roccaforte, base

본건 本件 affare in questione, quest'affare, questo caso

본격 本格 stile genuino [regolare] ¶ 본격적인 regolare, reale

본견 本絹 pura seta

본고장 本 - ① [고향] paese natio ② [원산지] luogo ideale (per), centro, habitat[서식지]

본고향 本故鄕 paese natio, patria

본과 本科 corso regolare * **-생** studente regolare

본관 本館 edificio principale

본관 本管 conduttura, tubatura principale **수도(가스)-** conduttura dell'acqua (del gas)

본관 本貫 luogo di origine, origine della famiglia

본교 本校 questa [nostra] scuola, [분교에 대한] sede centrale della scuola

본국 本國 patria, il proprio paese

본남편 本男便 primo marito, marito legale

본능 本能 istinto ¶ 본능적(으로) istintivo(-(a)mente)

본때 [본보기] esempio, modello, campione ¶ 본때 있다 essere elegante, essere alla moda // 본때 없다 essere poco attraente

본대 本隊 corpo principale dell'esercito

본댁 本宅 residenza principale

본뜨다 rifarasi a, imitare, copiare da

본뜻 本 - ① intenzione reale, la propria volontà ② [근본의 뜻] significato originale (원의), senso vero (진의), significato base (근본의)

본디 本- originalmente, per natura, dall′inizio

본래 本來 originalmente, primariamente, essenzialmente (본질적), naturalmente, per natura, intrinsecamente ¶ 본래의 originale, primitivo, essenziale, naturale, intrinseco, proprio

본론 本論 argomento (principale) ¶ 본론으로 들어가다 entrare in argomento

본루 本壘 [본거] casa base, base, fortezza

본류 本流 corrente, corso principale

본말 本末 causa ed effetto, mezzo e fine

본맛 gusto [sapore] originale

본명 本名 nome effettivo, nome di battesimo

본무대 本舞臺 palcoscenico principale

본문 本文 corpo (di una lettera), testo (di un trattato)

본밑천 本- capitale, titolo, azione, fondo

본바닥 本- patria luogo di, origine, luogo natale ¶ 본바닥의 nativo, indigeno // 커피의 본바닥 la patria del caffè

본바탕 本- essenza, sostanza, natura intrinseca, disposizione (naturale)

본받다 本- rifarsi a, imitare, seguire ⇒ 본뜨다

본보기 本- esempio, modello, campione ¶ 본보기로 삼다 prendere qlcu. come modello // 본보기를 보이다 dare esempio a qlcu.

본봉 本俸 salario regolare, salario di base

본부 本部 quartier generale, sede centrale

본분 本分 dovere, obbligo ¶ 본분을 다하다 fare il proprio dovere

본사 本社 [본점] sede centrale

본산 本山 [불교의] tempio principale, centrale di una setta buddista)

본새 [생김새] aspetto, [본바탕] natura, qualità ¶ 본새가 곱다 essere di buona natura

본색 本色 carattere reale, proprio vero carattere ¶ 본색을 드러내다 rivelare il proprio vero carattere

본서 本署 ufficio principale, ufficio principale di polizia, questo ufficio

본선 本線 linea principale, tratto principale

본성 本性 carattere reale, proprio vero carattere

본성 本姓 cognome originale

본시 本是 originalmente, essenzialmente, primariamente

본심 本心 [진의] intenzione reale, sentimento profondo ¶ 본심을 밝히다 sfogarsi, aprirsi con qlcu.

본안 本案 [원안] piano di origine, progetto iniziale, [이 안건] questo progetto

본업 本業 occupazione principale, lavoro regolare ¶ 본업 외의 일 attività secondaria

본연 本然 ¶ 본연의 naturale, proprio

본영 本營 quartier generale
본원 本源 origine, sorgente, radice (근원)
본위 本位 standard(기본), principio (주의) ¶ 자기 본위의 사람 egoista, persona egoistica * **-기호** [음악] bequadro
본의 本意 volontà, intenzione reale ¶ 본의 아니다 non essere l'intenzione reale
본인 本人 [당자] persona in questiòne, la persona stessa, titolare (대리인에 대한) ¶ 본인 자신이 personalmente, in persona // 본인을 만났다 Ho incontrato la persona in questione.
본적 本籍 domicilio legale, domicilio permanente
본전 本錢 [원금] capitale
본점 本店 sede centrale, [이 상점] questo negozio
본제 本題 soggetto principale, materia
본지 本旨 oggetto principale, vero scopo
본직 本職 [본업] professioone, occupazione principale, [자신] proprio io, me stesso
본진 本陣 quartier generale
본질 本質 natura reale, essenza, sostanza ¶ 본질적으로 essenzialmente, intrinsecamente, in sostanza
본집 本- la propria casa, la casa dei genitori
본처 本妻 moglie legale
본체 本體 ① [형태] vera forma, vera natura [본질] essenza, natura intrinseca ② [철학] sostanza, noumeno, entità, [불교] realtà * **-론** ontologia
본체만체 **-하다** trascurare, mostrare indifferenza, fingere di non vedere
본초 자오선 antimeridiano (meridiano di Greenwich)
본토 本土 terraferma, continente, paese vero e proprio ¶ 한국 본토 la Corea vera e propria * **-박이** indigeno, nativo, aborigeno
본회의 本會議 assemblea plenaria (총회), sessione plenaria
볼 ① [뺨] guancia ¶ 장미빛 볼을 가진 소녀 una ragazza con le guànce rosee ② [넓이] larghezza, ampiezza ¶ 볼이 좁다[넓다] essere stretto[largo]
볼가심 boccone **-하다** mangiare un boccone
볼꼴사납다 (essere) brutto, spiacevole a vedersi, indecente, sconveniente, improprio
볼기 natiche, sedere ¶ 볼기를 때리다 sculacciare
볼되다 ① [벅차다] (essere) difficile per, duro per ② [억세다] essere tenace
볼록거리다 palpitare
볼록거울 【물리】 specchio convesso
볼록렌즈 【물리】 lente convessa
볼록면 -面 superficie convessa, convessità
볼륨 volume
볼만하다 meritare di vedere, essere degno da vedere, valere la pena di vedere
볼멘소리 tono imbronciato ¶ 볼멘소리로 대답하다 rispondere con

tono imbronciato

볼모 pegno, garanzia, sicurezza, ostaggio ¶ 볼모로 잡다 prendere in ostaggio // 볼모로 잡아두다 tenere come ostaggio

볼썽 ¶ 볼썽 사납다 essere brutto, essere spiacevole da vedersi

볼일 affare, impegno, faccenda, commissione(심부름) ¶ 볼 일보러 가다 andare a fare una commissione, andare a fare le proprie cose // 볼일이 있어 per affari // 볼일이 있다 avere qualcosa da fare // 볼일이 없다 essere libero

볼장 다보다 essere tutto finito

볼트 volt, voltaggio

볼품 apparenza, aspetto ¶ 볼품 있다 avere un bell'aspetto, essere attraente // 볼품 없다 essere poco attraente

불호령 -號令 urlo di rabbia, grido **-하다** urlare di rabbia, gridare

봄 primavera ¶ 봄의 primaverile ∗ **-기운** aria di primavera **-날** giorno di primavera **-햇살** sole di primavera, raggi primaverili **-바람** brezza di primavera

봄내 durante tutta la primavera

뽐내다 [체하다] essere affettato, darsi delle arie, [자랑] gloriarsi, vantarsi, essere orgoglioso di, essere prepotente, essere arrogante ¶ 뽐내며 걷다 camminare con boria // 요리 솜씨를 뽐낸다 Lei è orgogliosa della sua cucina.

봄눈 neve di primavera

봄맞이꽃 【식물】 sassifraga

봄보리 orzo di primavera

봄새 apparenza, aspetto ⇒ 볼품

봄철 stagione primaverile

봄추위 freddo protratto in primavera, ultimi freddi

봄타다 sentire la primavera

뽑다 ① [빼내다] far uscire, estrarre(이를), tirar fuori ¶ 이를 뽑다 estrarre un dente // 제비를 뽑다 tirare, estrarre a sorte ② [가려내다] scegliere, selezionare, eleggere(선거) ③ [모집] reclutare

뽑히다 ① [빠지다] essere tirato fuori, essere estratto ② [선발] essere scelto, essere eletto

뽕 【식물】 mora (di gelso) ∗ **-나무** gelso

봉 封 sacchetto di carta, bustina

봉 鳳 fenice

봉건 封建 feudalesimo, sistema feudale ¶ 봉건적 feudale, [시대에 뒤떨어진] antiquato, fuori moda ∗ **-사상** mentalità feudale **-영주** signore feudale **-주의** feudalesimo

봉고도 棒高跳 salto con l'asta

봉급 俸給 salario, stipendio, paga ¶ 봉급을 인상하다 aumentare il salario ∗ **-생활자** stipendiato **-일** giorno di paga

봉기 蜂起 rivòlta, insurrezione **-하다** ribellarsi

봉납 捧納 dedicazione, offerta ¶ **-하다** dedicare, offrire, consacrare ∗ **-물** offerta, offerta votiva **-자** dedicatore, offerente

봉돌 [낚싯줄의] piombino

봉두난발 蓬頭亂髮 capelli arruffati

봉랍 封蠟 ceralacca

뽕빠지다 fallire, andare in rovina

봉박다 mettere una toppa, rattoppare

봉변 逢變 ① [욕을 당함] insulto, offesa, umiliazione ② [화를 당함] infortunio, disgrazia, amara esperienza **-하다** (essere) insultato, offeso, umiliato, , [화를 당함] passare un tempo d′inverno, fare amare esperienze

봉분 封墳 **-하다** fare un tumulo sulla tomba

봉사 奉仕 servizio, assistenza **-하다** servire, essere al servizio di ¶ 사회 봉사를 하다 servire la comunità, fare un servizio sociale

봉사 奉事 ① [장님] cieco ② [섬김] servizio, assistenza **-하다** servire, assistere, essere al servizio

봉쇄 封鎖 blocco, assedio **-하다** bloccare, assediare ¶ 봉쇄를 풀다 togliere il blocco, togliere l′assedio

봉서 封書 lettera sigillata

봉선화 鳳仙花 balsamina, erba impaziente

봉숭아 balsamina

봉안 奉安 conservazione **-하다** rinchiudere (in un reliquiàrio), conservare, custodire

봉양 奉養 mantenimento dei genitori **-하다** mantenere i propri genitori, servire fedelmente i genitori

봉오리 gemma, bocciolo ¶ 봉오리를 맺다 germogliare, mettere le gemme

봉욕 逢辱 **-하다** subire un insulto

봉인 封印 sigillazione, sigillo **-하다** sigillare, mettere il sigillo

뽕잎 foglie di gelso

봉접 蜂蝶 api e farfalle

봉정 奉呈 presentazione, **-하다** presentare, offrire

봉제 縫製 cucito, lavoro ad ago, cucitura * **-사** cucitore(남자), cucitrice(여자) **-기계** macchina da cucire

봉지 封紙 sacchetto di carta ¶ 약 한봉지 un bustina di medicina

봉직 奉職 lavoro nell′amministrazione (pubblica) **-하다** svolgere un lavoro pubblico(statale)

봉착 逢着 **-하다** incontrare, imbattersi, affrontare

봉토 封土 feudo, territorio feudale

봉투 封套 busta ¶ 봉투를 봉하다 sigillare una busta

봉피 封皮 involucro, involucro di carta

봉하다 封 ① sigillare, chiudere, suggellare ¶ 편지를 봉하다 sigillare una lettera ② [제후를] infeudare, investire di un feudo ③ [작위 따위를] conferire un titolo nobiliare

봉함 封緘 sigillo, timbro **-하다** sigillare (una lettera)

봉합 封合 sutura **-하다** suturare, cucire

봉헌 奉獻 dedicazione, presentazione, consacrazione

봉화 烽火 fuoco di segnale, razzo ¶ 봉화를 올리다 lanciare un razzo di segnalazione

봉황 鳳凰 fenice

봐하니 apparentemente, in apparenza, a quel che sembra

뵙다 [웃어른을] vedere, incontrare, avere un′udienza con ¶ 가 뵙겠습니다 Andrò(verrò) a trovarLa

뾰로통하다 sporgere le labbra, (essere) imbronciato

뾰롱뾰롱하다 essere di cattivo umore, imbronciato

뾰루지 foruncolo, eruzione cutanea, brufolo

뾰족탑 -塔 guglia, campanile, pinnacolo

뾰족하다 (essere) appuntito, aguzzo, affusolato ¶ 뾰족하게 하다 affilare, fare la punta, appuntire, aguzzare

부 父 padre

부 否 voto contrario

부 部 ① [부문] dipartimento, divisione, sezione ② [부수] copia, volume ¶ 부원 personale, membro del personale

부 富 ricchezza, abbondanza, fortuna ¶ 부의 분배 distribuzione della ricchezza

부 賦 ode, prosa poetica

부- 副 assistente, delegato, sostituto, deputato, vice-, sotto- * **-독본** lettore supplementare **-의장** vice presidente

-부 附 ① [날짜] in data, datato ② [부속] attaccato, al servizio di, annesso e connesso

부가 附加 addizione, somma, supplemento **-하다** completare, addizionare, annettere, appore ¶ 부가적 addizionale, supplementare, straordinario * **-가치세** imposta sul valore aggiunto **-물** addizione, allegato, appendice **-세** imposta addizionale

부각 浮刻 rilievo **-하다** sbalzare, goffrare, lavorare a sbalzo, [새기다] incidere in rilievo

부감 俯瞰 sguardo generale * **-도** veduta a volo d′uccello, veduta aerea

부강 富强 ricchezza e potenza **-하다** (essere) ricco e potente

부걱거리다 gorgogliare, scaturire

부결 否決 rifiuto, vote negativo **-하다** rifiutare, respingere, bocciare, mettere il veto ¶ 부결되다 essere rifiutato, essere respinto, essere bocciato

부계 父系 ascendenza paterna

부고 訃告 necrologia, annuncio della morte (di qualcuno)

부과 賦課 imposta, tributo **-하다** imporre (una tassa, un tributo) * **-금** tasse, tributo

부관 副棺 aiutante (ufficiale), **전속부관-** aiutante di campo

부교 浮橋 ponte di barche

부교재 副教材 testo ausiliare

부국 富國 paese ricco * **-강병** ricchezza e potenza militare di un paese

부군 夫君 marito

부권 父權 autorità paterna

부귀 富貴 ricchézze e onori, ricchezza e fama * **-공명** ricchezza, rango e fama

부끄럼 [수줍음] timidezza, vergogna, riservatezza ¶ 부끄럼타다 essere timido // 부끄럼을 모르다 essere svergognato, essere sfacciato // 부끄럼을 알다 avere il senso di riservatezza

부끄럽다 ① [수치] (essere) vergognoso, disonorevole ¶ 부끄러워하다 [수줍음] essere timido, essere vergognoso, [창피] vergognarsi // 부끄럽습니다 mi vergogno // 네가 한 것에 부끄럽게 생각해야 해 Dovresti vergognarti di ciò che hai fatto. ② [수줍다] (essere) timido, vergognoso, ritroso

부그르르 bollore, bollimento

부근 附近 vicinato, vicinanze, dintorni ¶ 부근의 vicino, contiguo // 이 부근에 in queste vicinanze, qui vicino

부글거리다 bollire, schiumare, essere in subbuglio, gorgogliare, scaturire

부금 賦金 rata, quota, premio

부기 簿記 contabilità ¶ 부기를 하다 tenere la contabilità

부기 附記 addizione, aggiunta, nota supplementare **-하다** aggiungere

부나비 【곤충】 farfalla notturna

부낭 浮囊 ① ⇒ 부레 ② [구명용] cintura di salvataggio, galleggiante ③ [수영용] salvagente

부녀자 婦女子 ① [부인] signora ② [총칭] le donne, il sesso femminile

부농 富農 ricco contadino

부닥치다 fronteggiare, affrontare, confrontarsi con, incontrarsi con, scontarsi ¶ 곤란에 부닥치다 affrontare difficoltà, incontrare difficoltà

부단 不斷 continuità, costanza, stabilità **-하다** (essere) continuo, costante, stabile ¶ 부단한 노력 sfòrzo continuo

부담 負擔 peso, carico, responsabilità **-하다** sopportare, sostenere, assumere, addossarsi, condividere ¶ 비용을 부담하다 sostenere le spese

부당 不當 ingiustipzia, irragionevolezza **-하다** (essere) ingiusto, irragionevole, improprio, [과하다] indebito, eccessivo ¶ 부당한 요구 richièsta eccessiva // 부당한 값 prezzo irragionevole * **-이득** profitto eccessivo

부대 負袋 sacco ¶ 밀가루 한 부대 un sacco di farina

부대 部隊 unità, reparto, corpo militare, distaccaménto * **-장** comandante **기동-** unità operativa **외인-** Legione Straniera

부대 附帶 fattore di poca importanza, accessorio **-하다** accompagnare, essere accidentale, essere secondario

부대끼다 essere importunato, essere disturbato, essere afflitto ¶ 더위에 몹시 부대끼다 soffrire molto il caldo

부덕 不德 mancanza di virtù **-하다** essere indegno, mancare di virtù

부덕 婦德 virtù femminili

부도 不渡 【경제】 mancato pagamento ¶ 부도나다 fallire per mancato pagamento * **-수표** assegno a vuoto

부도덕 不道德 immoralità **-하다** essere immorale

부도체 不導體 [물리] isolante, coibente, materiale isolante

부독본 副讀本 libro di lettura complementare

부동 不同 **-하다** (essere) ineguale, disuguale, dissimile, irregolare

부동 符同 **-하다** cospirare, mettersi in combutta

부동 浮動 **-하다** galleggiare, oscillare, sospingere(sull′acqua) ¶ 부동하는 galleggiante, fluttuante * **-주** azioni fluttuanti **-표** voti indecisi

부동산 不動産 beni immobili, proprietà immobiliare ¶ 부동산이 있다 avere dei beni immobili * **-등기** registrazione di beni immòbili **-사무소** agenzia immobiliare

부동액 不凍液 antigelo

부두 埠頭 banchina, molo, pontile

부뚜막 fornello di cucina

부둥키다 afferrare, stringere, tenere in braccio ¶ 부둥켜 안다 abbracciare

부드득, 뿌드득 con un suono di digrigno **-하다** digrignare, grattare, stringere, cigolare ¶ 이를 부드둑 갈다 digrignare i denti

부드럽다 (essere) soffice, liscio, tenero ¶ 부드러운 손 mano soffice, mano liscia // 부드러운 살결 pelle liscia // 마음씨가 부드러운 사람이다 È una persona di buon cuore.

부득부득 persistentemente, ostinatamente

부득불 不得不 inevitabilmente, necessariamente, [싫지만] con riluttanza ¶ **부득불.....하다** essere costretto a

부들 【식물】 giunco, canna, stiancia

부들부들 ¶ 부들부들 떨다 [무서워] tremare (di paura), [격해서] avere i brividi, [추워서] rabbrividire

부들부들하다 (essere) soffice, liscio, tenero, flessibile

부듯하다, 뿌듯하다 (essere) pieno, teso ¶ 가슴이 뿌듯해서 말을 못하다 Essere troppo emozionato per parlare

부등 不等 ineguaglianza, disparità

부등깃 piumaggio, lanùgine, pelùria

부등변 不等邊 ¶ 부등변의 scaleno

부디 in ogni caso, a qualunque costo ¶ 부디 와 주십시오 Venga ad ogni costo.

부딧뜨리다 sbattere contro

부딪다 incontrare qlcu. per caso, imbattersi in

부딪치다 urtare contro, incontrare qlcu. per caso, collidere, sbattere contro ¶ 머리를 벽에 부딪치다 urtare col capo nel muro // 길에서 사람에게 부딪치다 urtare qlcu. per la strada // 위험에 부딪치다 incorrere in un pericolo

부딪히다 essere sbattuto contro, essere urtato da, essere entrare in collisione con

부라리다 guardare con occhio torvo

부락 部落 villaggio, paesino * **-민** abitante di un villaggio

부란 孵卵 incubazióne * **-기** incubatrice

부랑 浮浪 vagabondaggio **-하다** andare alla ventura, vagare * **-아** trovatello, ragazzo di strada **-자** vagabondo, barbone

부랴부랴 in gran fretta, precipitosamente ¶ 부랴부랴 가버리다 andarsene precipitosamente
부러 apposta, intenzionalmente, deliberatatamente ¶ 부러 하지 않았다 Non l'ha fatto apposta.
부러뜨리다 rompere, spezzare(딱하고) ¶ 지팡이를 부러뜨리다 spezzare il bastone
부러워하다 invidiare, essere invidioso di ¶ 그들은 그의 행운을 부러워한다 Loro gli invidiano la sua fortuna.
부러지다 rompersi, spezzarsi, cedere
부럽다 (essere) invidiabile ¶ 네가- Ti invidio, Sei invidiabile.
부레 vescica natatoria * **-풀** colla di pesce
부려먹다 far lavorare sodo, far sudare
부력 浮力 【물리】 galleggiabilità, spinta di galleggiamento
부력 富力 ricchezza, risorse, finanze
부령 部令 ordinanza ministeriale
부록 附錄 supplemento, appendìce
부루말 cavallo bianco
부루퉁, 뿌루퉁하다 (essere) gonfio, rigonfio, [불만] accigliato, imbronciato, scontroso ¶ 부루퉁한 손 mano gonfia
부룩소 piccolo toro, torello
부류 部類 [종류] classe, genere, specie, [범주] categoria, [항목] intestazione ¶ 부류로 나누다 classificare // 같은 부류에 속하다 appartenere alla stessa categorìa
부류 浮流 **-하다** galleggiare, andare alla deriva, circolare * **-물** relitti galleggianti, alla deriva
부르다[1] ① [배] (essere) pieno, sazio, avere mangiato a sazietà ¶ 배 부르게 먹다 mangiare a sazietà ② [임신] essere incinta ¶ 그 여자는 배가 부르다 Lei è incinta. ③ [독, 통따위] (essere) gonfio, rigonfio
부르다[2] ① chiamare, gridare, [불러오다] convocare, mandare a chiamare ¶ 부르면 들리는 곳에 a portata di voce // 불러내다 far chiamare // 큰 소리로 부르다 chiamare ad alta voce // 의사를 부르다 chiamare il medico // 택시를 부르다 chiamare un tassì // 전화로 간호사를 불러내다 chiamare l' infermiera per telefono // 잔치에 사람을 부르다 invitare qlcu. alla festa ② [일컫다] chiamare, denominare, designare, marchiare a fuoco(악명) ¶ 그 아이는 조오지라고 부르다 Il bambino si chiama George. ③ [값을] stabilire un prezzo ④ [노래를] cantare ¶ 노래를 부르다 cantare una canzone
부르르 부르르 떨다 tremare (di paura), rabbrividire
부르주아 borghesia
부르쥐다 [주먹을] stringere, tenere stretto ¶ 주먹을 부르쥐다 serrare i pugni
부르짖다 ① [외치다] gridare, emettere un grido, esclamare, urlare, strillare, [통곡] gemere ② [사회에] chiedere qlco. a gran voce ¶ 괴로워서 부르짖다 gridare di

dolore
부르짖음 [외침] grido, scalpore, chiasso, clamore, [비명] strillo, [노호] urlo ¶ 개혁의 부르짖음 grido per le riforme
부르트다 coprirsi di vesciche, avere la vescichetta
부릅뜨다 guardare con un occhio torvo ¶ 눈을 부릅뜨고 con occhi minacciosi
부리 ① [새의] becco, rostro ② [물건의] punta, cima
뿌리 ① [식물의] radice, [부스러기의] nucleo, [밑동] radice ¶ 뿌리를 내리다 mettere radici // 뿌리째 뽑다 sradicare ② [근본] radice, causa, fonte ¶ 뿌리 뽑다 sradicare, estirpare
부리나케 in fretta, affrettatamente, precipitosamente ¶ 부리나케 일을 하다 lavorare in fretta // 부리나케 도망가다 fuggire in fretta e furia
부리다 ① [사람, 말을] controllare, dirigere, impiegare ② [기계, 기구를] manovrare, operare ¶ 자동차를 부리다 guidare una macchina ③ [재주, 꾀를] usare, esercitare
뿌리다 ① spargere, spruzzare, innaffiare ② [끼얹다] far cadere a piccole gocce ¶ 씨를 뿌리다 spargere i semi
부리망 -網 museruola
부리부리하다 (essere) grande e brillante
뿌리치다 scuotersi da, scuotere, liberarsi di, disimpegnarsi, [만류, 권고를] rifiutare, respingere ¶ 유혹을 뿌리치다 respingere la tentazione
부모 父母 padre e madre, genitori ¶ 부모의 사랑 amore dei genitori
부목 副木【의학】stecca ¶ 팔에 부목을 대다 steccare un braccio
부문 部門 sezione, dipartimento, [분류] classe, gruppo, categorìa
부박 浮薄 **-하다** (essere) frivolo, leggero, incostante, insincero
부본 副本 [복사] copia, duplicato
부부 夫婦 marito e moglie, coniugi ¶ 부부가 되다 Si sono sposati, diventare marito e moglie * **신혼-** sposini
부분 部分 parte, porzione, seziòne, pezzo, frammento ¶ 부분적으로 in parte, parzialmente * **-식** eclissi parziale
부분색맹 部分色盲【의학】daltonismo parziale
부빙 浮氷 banchisa, banco di ghiac-cio
부사 副使 delegato deputato
부사 副詞【문법】avverbio * **-구** locuzione avverbiale
부산물 副産物 prodotto residuo
부산하다 [바쁘다] (essere) occupato, [시끄럽다] chiassoso, rumoroso ¶ 부산히 rumorosamente, chiassosamente
부삽 -插 pala di ferro
부상 父喪 morte del padre
부상 負傷 ferita, taglio(벤 상처) **-하다** essere ferito, ferirsi ¶ 왼쪽 팔에 부상을 입다 È stato ferito al braccio sinistro. * **-자** ferito
부상 副賞 premio, ricompensa supplementare

부서 部署 posto, luogo ¶ 부서를 지키다 stare al proprio posto, diffondere il proprio posto

부서지다 rompersi, spezzarsi, andare in pezzi, [파손] essere distrutto(demolito), guastarsi ¶ 부서지기 쉽다 spezzarsi facilmente, essere fragile

부썩 ⇒ 바싹

부석부석 ¶ 부석부석한 얼굴 viso leggermente gonfiato

부선거 浮船渠 bacino galleggiante

부설 附設 attaccamento, annessione ¶ 부설 도서관 libreria annessa

부설 敷設 costruzione, installazione **-하다** posare, collocare, costruire ¶ 철도를 부설하다 costruire la ferrovia

부성애 父性愛 amore paterno

부속 附屬 attaccamento, affiliazione, aggiunta **-하다** essere attaccato, essere annesso, appartenere ¶ 서울대학교 부속 병원 ospedale dell'Università di Seoul * **-물** aggiunta **-품** accessori, equipaggiamento

부수 附隨 **-하다** accompagnare, essere incidentale ¶ 부수적 incidentale, annesso

부수 部數 numero di copie, circolazione, edizione ¶ 부수에 제한이 있다 Il numero di copie è limitato.

부수다 rompere, frantumare, distruggere, demolire ¶ 산산이 부수다 rompere a pezzi, fracassare, frantumare

부수수 in disordine **-하다** (essere) arruffato, disordinato

부수입 副收入 rendita secondaria, entrate extra

부숭부숭하다 [마르다] (essere) secco, inaridito, [곱다] bello, pulito

부스러기 piccoli frammenti, briciole, pezzetti, oggetti vari, rimasugli ¶ 종이 부스러기 carta straccia // 고기 부스러기 pezzetti di carne // 빵 부스러기 briciole di pane

부스러뜨리다 frantumare, fare a pezzi, distruggere

부스러지다 rompersi, sbriciolarsi, cadere in pezzi, crollare ¶ 빵이 부스러지다 il pane si sbriciola // 부스러지기 쉽다 È facile da sbriciolarsi.

부스럭거리다 frusciare, stormire

부스럼 foruncolo, piaga, ulcera, ascesso, tumore

부스스 lentamente, gentilmente, senza far rumore

부슬부슬 gentilmente, teneramente ¶ 부슬부슬 내리는 비 pioggia fine e fitta // 비가 부슬부슬 내리고 있다 pioviggina

부시다[1] (essere) abbagliante, accecante ¶ 눈부시게 비추다 abbagliare, accecare // 눈부신 하늘 cielo radioso

부시다[2] [씻다] lavare (piatti), sciacquare, pulire

부식 扶植 impianto **-하다** piantare, impiantare, installare ¶ 세력을 부식하다 estendere la propria influenza

부식 副食 ⇒ 부식물 (副食物)

부식 腐蝕 corrosione, erosione **-하**

다 corrodere, erodere(산에 의해), imputridire, arrugginire (녹슬다) * -작용 erosione (corrosione), azione corrosiva -제 corrosivo

부식물 副食物 contorno, pietanza

부식토 腐植土 humus, terriccio

부신 副腎 ghiandole surrenali

부실 不實 **-하다** ① [불성실] (essere) inattendibile, insincero, infedele, insolvente ② [내용이] (essere) insufficiente, incompleto, non soddisfacente, scarso ¶ 조사가 부실하다 L'investigazione è incompleta. ③ ¶ 몸이 부실하다 (essere) debole, delicato, malaticcio

부심 腐心 cura, sforzo, fatica -하다 sforzarsi di, fare qlco. con cura

부싯깃 esca (per accendere il fuoco) * **-통** scatola contenente l'esca e l'acciarino

부싯돌 【광물】 pietra focaia

부아 [폐] polmoni, [분개] esasperazione, rabbia, risentimento, indignazione ¶ 부아가 나다 (essere) esasperato, arrabbiato

부액 扶腋 **-하다** aiutare, sostenere

부양 扶養 sostegno, supporto **-하다** sostenere, supportare, mantenere * **-가족** famiglia a carico **-자** sostegno della famiglia

부양 浮揚 galleggiamento **-하다** galleggiare, essere galleggiante, rimanere a galla * **-력** galleggiamento, galleggiabilità

부언 附言 parole addizionali, poscritto **-하다** aggiungere

부얼부얼 **-하다** (essere) paffutto, pienotto

부업 副業 occupazione secondaria, attività secondaria

부엉이 【새】 혀래, civetta, allocco, 혀래

부엌 cucina * **-용품** utensìle da cucina **-칼** coltello da cucina

부여 附與 concessione, assegnazione **-하다** dare, concedere, assegnare, conferire

부여 賦與 donazione, sussidio **-하다** dotare, sussidiare, provvedere, fornire

부여잡다 acchiappare, afferrare

부연 敷衍 amplificazione, ampliamento, commento elaborato **-하다** dilungarsi, espandere, ampliare

부영사 vice console

부옇다, 뿌옇다 (essere) latteo, lattiginoso, nebbioso ¶ 살결이 부옇다 avere la pelle perlacea

부예지다 [물건이] diventare nebbioso, oscuro, [눈이] offuscarsi

부용 芙蓉 [연꽃] loto

부원 部員 staff, personale, membro del personale * **편집-** membro dello staff editoriale

부유 富裕 ricchezza, abbondanza, opulenza, prosperità **-하다** (essere) ricco, avere ricchezze ¶ 부유하게 살다 vivere nell'opulenza // 부유한 사람 ricco

부유 浮遊 galleggiamento, flottazione **-하다** galleggiare, stare a galla, flottarre, fluttuare * **-기뢰** miniera di superficie **-물** particella in sospensione **-생물** plancton

부유스름하다, 뿌유스름하다 (essere)

piuttosto perlaceo, lattiginoso
부음 訃音 annuncio di morte
부응하다 副應- essere conforme, raggiungere, soddisfare, corrispondere
부의 附議 **-하다** sottomettere, riferire, mettere in programma
부의 賻儀 offerta per condoglianza * **-금** denaro di condogliànza
부의장 副議長 vice presidente
부인 夫人 signora, moglie
부인 婦人 donna, signora, [총칭] sesso femminile ¶ 부인다운 femminile, da signora * **-과** ginecologia **-과 의사** ginecologo **-병** malattia femminile **-회** associazione femminile
부인 否認 [부정] diniego, rifiuto, disapprovazione, [거부] veto **-하다** negare, disapprovare, mettere il veto, ripudiare ¶ 부인할 수 없다 essere innegabile
부임 赴任 accesso a un nuovo incarico ¶ 새로 부임해온 교장 nuovo direttore di scuola * **-지** nuovo posto, incarico
부자 父子 padre e figlio
부자 富者 ricco, persona ricca, [부호] milionario
부자연 不自然 **-하다** (essere) innaturale, artificioso, non spontaneo, affettato
부자유 不自由 scomodità, disturbo, incomodo, mancanza di libertà **-하다** essere limitato, non essere libero, (essere) scomodo, incomodo ¶ 부자유를 참다 sopportare le scomodita
부작용 副作用 reazione, effetto collaterale ¶ 부작용 없는 innocuo // 부작용을 일으키다 produrre effetti collaterali
부잔교 浮棧橋 ponte galleggiante
부잣집 富者- famiglia ricca, casa di ricco
부장 部長 capo[direttore, dirigente] di settore
부장품 副葬品 oggetti sepolti nella tòmba col defunto
부재 不在 assenza **-하다** essere assente, essere fuori, essere andato via ¶ 부재중에 durante la mia assènza * **-자** assente **-지주** proprietario non residente
부쩍 [우기는 모양] testardamente, persistentemente, [갑자기] rapidamente, [눈에 띄게] notevolmente, marcatamente ¶ 부쩍 우기다 persistere testardamente
부적 符籍 amuleto, talismano
부적격 不適格 ¶ 부적격의 incapace, incompetente, non adatto
부적당 不適當 inadeguatézza, inattitudine **-하다** (essere) inadatto, inadeguato, improprio
부적임 不適任 inadeguatezza, incompetenza ¶ 부적임의 inadeguato, inadatto, incapace * **-자** persona non qualificata
부적절 不適切 inopportunità, improprietà **-하다** (essere) inopportuno, improprio
부전 附箋 etichetta, cartellino ¶ 부전을 붙이다 mettere un′etichétta, attaccare un cartellino
부전 不戰 * **-조약** patto di non belligeranza, trattato di pace
부전승 不戰勝 vittoria per sorteggio

¶ 부전승이 되다 vincere una partita senza giocarla

부전자승 父傳子承 **-하다** tramandare di padre in figlio

부전자전 父傳子傳 ⇒ 부전자승

부절 不絶 **-하다** (essere) incessante, continuo, costante, perpetuo

부절제 不節制 intemperanza, eccesso, smoderatezza **-하다** (essere) smoderato, intemperante ¶ 부절제하게 먹다 essere intemperante nel mangiare

부젓가락 pinze (per braciere)

부정 不淨 ① impurità, sporcizia ② evento spiacevole **-하다** (essere) sporco, impuro ¶ 부정한 생각 pensiero impuro 부정한 사람 uomo immondo

부정 不貞 infedeltà, impudicizia, incontinenza **-하다** (essere) impudico, infedele, impuro

부정 不定 incertezza, indefinitezza, indeterminata **-하다** (essere) incerto, indefinito, irregolare, indeterminato ¶ 주소 부정의 사람 un uomo dal domicilio incerto ∗ **-관사** [문법] articolo indefinito

부정 不正 ingiustizia, disonestà, iniquità **-하다** (essere) ingiusto, non equo, disonesto, illegale ¶ 부정한 수단으로 ingiustamente con mezzi ingiusti ∗ **-사건** scandalo, [수회] caso di corruzione **-품** prodotto falso **-행위** azione disonesta, peccato, [시험 때의] imbròglio

부정 否定 diniego, negazione, contraddizione **-하다** negare, contraddire, ripudiare ¶ 부정적 negativo // 부정할 수 없는 innegabile, indiscutibile ∗ **-명제** proposizione negativa **-문** [문법] frase negativa

부정기 不定期 ¶ 부정기의 irregolare, indeterminato ∗ **-선** nave irregolare **-항공(로)** volo irregolare

부정당 不正當 **-하다** (essere) ingiusto, iniquo, improprio, illegale

부정직 不正直 disonestà **-하다** (essere) disonesto

부정확 不正確 inesattezza, incertezza, incorrettezza **-하다** (essere) inesatto, incerto, incorretto

부조 浮彫 rilievo, scultura in rilièvo

부조 扶助 sostegno, appoggio, aiuto, [잔치, 상가에 보내는] contributo (per le spese) **-하다** sostenere, aiutare, assistere ∗ **-금** fondo di **상호-** aiuto mutuo

부조리 不條理 irrazionalità, assurdità

부조화 不調和 disarmonia, mancanza di armonia, dissonanza **-하다** (essere) in disaccordo, discorde

부족 部族 tribù

부족 不足 [결핍] carenza, mancanza, insufficienza, [금액] deficit **-하다** (essere) scarso, mancante, insufficiente

부주의 不注意 inattenzione, negligenza **-하다** (essere) noncurante, inattento, negligente, sventato ¶ 부주의로 a causa dell'inattenzione // 옷차림에 부주의하다

essere negligente nel vestire

부증 浮症 edema, tumefazione ¶ 흉부 부증 edema polmonare

부지 敷地 terreno, area fabbricabile, lotto ¶ 부지의 선정 scélta del terreno * **건축-** terreno fabbricabile

부지 扶支 **-하다** tollerare, resistere, sopportare, avere pazienza ¶ 부지 못하다 non avere pazienza, essere incapace di sopportare

부지깽이 attizzatoio

부지기수 不知其數 innumerevole

부지런하다 (essere) industrioso, diligente, assìduo ¶ 부지런히 일하다 lavorare sodo // 부지런히 일하는 사람 lavoratore assiduo // 부지런히 공부하다 studiare diligentemente

부지불식간 ¶ 부지불식간에 inconsapevolmente, inconsciamente, inavvertitamente

부지중 不知中 ⇒ 부지불식간에

부지하세월 不知何歲月 ¶ 부지하세월이다 non sapere quando si finirà

부진 不振 depressione, inattività, inerzia, ristagno, stagnazione **-하다** (essere) inattivo, depresso, stagnante, in cattivo stato ¶ 사업이 부진하다 Gli affari languono

부진 不進 ¶ 지지 부진하다 avanzare lentamente, avanzare a passo di lumaca

부질없다 (essere) vano, inutile, futile ¶ 부질없이 invano, inutilmente // 부질없는 약속 promesse vane

부집게 smoccolatoio

부차적 副次的 secondario

부착 附着 aderenza, adesione **-하다** aderire, attaccare * **-력** adesione, forza di adesione

부채 ventaglio ¶ 부채질하다 farsi vento col ventaglio

부채 負債 debito, passivo ¶ 부채를 지다 far debiti // 부채가 있다 avere debiti

부처 [석가모니] Budda, [불상] immagine di Budda

부처 夫妻 marito e moglie, coppia ¶ 윌슨 부처 I signori Wilson

부추 【식물】 porro

부추기다 incitare, istigare, agitare ¶ 부추기어서 싸움하게 하다 incitare qlcu. alla lite

부축 **-하다** aiutare, assistere (una persona)

부치다[1] [편지, 물건을] mandare, spedire, inviare, rimettere(돈을), impostare ¶ 편지를 부치다 spedire una lettera // 소포를 항공편으로 부치다 spedire un pacchetto per via aerea

부치다[2] [부채를] far vento ¶ 부채를 부치다 farsi vento col ventaglio

부치다[3] [힘에] essere superiore alle proprie forze

부치다[4] [논밭을] dissodare, coltivare, arare

부치다[5] [음식을] friggere, cuocere sulla piastra

부칙 附則 [규칙] regole supplementari

부친 父親 padre

부침 浮沈 vicissitudini, alti e bassi

부탁 付託 domanda, richiesta, favore, sollecitazione **-하다** domandare, chiedere un favore, sollecitare, fare una richiesta ¶ .....의 부탁으로 su richiesta di (qlcu.) // 부탁을 거절하다 rifiutare una richiesta

부터 ① [시간] da, da allora ¶ 언제부터 da quando // 아침부터 저녁까지 dalla mattina alla sera // 다음부터 조심해라! D'ora in poi stai attento! ② [순서] fin dal principio, all'inizio, in primo luogo ¶ 처음부터 끝까지 dal principio alla fine

부통령 副統領 vice presidente

부패 腐敗 ① decomposizione, alterazione, putrefazione **-하다** essere decomposto, putrefarsi, corrompersi, imputridire, [달걀이] marcire, [음식이] alterarsi ¶ 부패한 corrotto, marcio // 부패하기 쉬운 deperibile, corrutibile ② [정신적] corruzione, decadimento, depravazione **-하다** decadere, diventare corrotto

부평초 浮萍草 lenticchia d'acqua

부표 浮票 gavitello, boa, massa galleggiante ＊ **-등** boa luminosa

부표 否票 voto negativo

부풀다 ① [붓다, 커지다] gonfiarsi, divenire voluminoso ② [성나다] andare in collera con, arrabbiarsi ④ 빵이 부풀다 il pane cresce

부풀리다 gonfiare, espandere ¶ 풍선을 부풀리다 gonfiare un palloncino // 호주머니를 부풀리다 gonfiare la tasca (con qlco.)

부품 部品 parti, componenti, pezzi di ricambio

부프다 ① [부피가] (essere) voluminoso ② [성급하다] (essere) impaziente, collerico

부피 massa, volume, grandezza ¶ 부피있는 voluminoso, massiccio

부하 部下 subordinato, seguace, discepolo, [전체] personale (di servizio, ufficio) ¶ ...의 부하로서 일하다 lavorare sotto (una persona)

부합 符合 coincidenza, conformità, corrispondenza, accordo **-하다** coincidere con, corrispondere a, essere conforme a, rispondere a ¶ 부합하지 않다 essere discorde, essere discrepante

부형 父兄 genitori e fratelli (maggiori) ＊ **-회** associazione dei genitori

부호 符號 segno, simbolo, [전신의] codice ¶ 부호로 쓰다 scrivere in codice

부호 富豪 ricco, milionario, magnate ¶ 부호가 되다 divenire ricco, accumulare ricchezze

부화 孵化 incubazione ＊ **인공-** incubazione artificiale

부활 復活 [갱생] risurrezione, [회복] rinascita, [부흥] restaurazione **-하다** rinascere, rivivere, risuscitare ¶ 예수의 부활 Risurrezione (di Gesù) ＊ **-전야** Vigilie di Pasqua **-주일** settimana di Pasqua

부회장 副會長 vice presidente

부흥 復興 [재건] ricostruzione, [부활] rinascita, [정신상의] rinascimento **-하다** ricostruire, rinascere, rivivere, restaurare ＊ **경제-** ripresa economica **문예-** [역

사] Rinascimento

북[1] spola, navetta

북[2] tamburo ¶ 북을 치다 suonare il tamburo

북 北 nord ¶ 북의 nordico, settentrionale, diretto a nord

북경 北京 Pechino

북괴 北傀 regime comunista del Nord Corea

북구 北歐 Nord Europa ¶ 북구의 scandinavo, nordico

북극 北極 Polo Nord, polo artico ¶ 북극의 polare, artico * **-광** aurora boreale **-성** stella polare **-양** Oceano artico **-지방** Regione artica **-탐험** spedizione artica

북녘 北- direzione Nord, Parte settentrionale

북단 北端 estremità settentrionale

북대서양 北大西洋 Oceano Atlantico del Nord * **-조약기구** Patto Atlantico (NATO)

북돋우다 ① [흙을] ammucchiare la terra, interrare ② [고무] incoraggiare, stimolare, rafforzare ¶ 사기를 북돋아주다 stimolare il morale, tirare sul morale

북동 北東 nord-est * **-풍** grecale, vento di nord-est

북두칠성 北斗七星 [천문] Gran Carro, Orsa maggiore

북반구 北半球 emisfero settentrionale

북받치다 montare, sollevare, sgorgare, zampillare

북방 北方 [방향] nord, direzione settentrionale, [지방] regione settentrionale

북벌 北伐 spedizione per conquistare il nord

북북서 nord-nord ovest

북빙양 北氷洋 Oceano Artico

북상 北上 **-하다** andare a nord, procedere verso nord

북새 confuzione, trambusto, scompiglio, agitazione ¶ 북새통에 아이를 잃다 perdere un bambino nella confuzione di folla

북서 北西 nord-ovest * **-풍** vento di nord-ovest

북슬개 gran cane peloso

북슬북슬 -하다 (essere) pelòso, paffuto e peloso

북안 北岸 costa nord

북양 北洋 oceano settentrionale ¶ 북양어업 pesca nei mari del Nord

북위 北緯 latitudine nord ¶ 북위 30도 30 gradi di latitudine (a) nord (dell′equatore) * **북위선** parallelo nord

북적거리다 muoversi, agitarsi, affollarsi, accalcarsi

북적북적 in trambusto, tumultuosamente

북쪽 direzione nord ¶ 북쪽의 nordico, settentrionale, verso nord // 북쪽에 a nord // 북쪽으로 verso nord

북주다 interrare

북진 北進 **-하다** espandersi verso nord, marciare verso nord, salpare verso nord

북풍 北風 vento di tramontana

북한 北韓 Corea del Nord

북해 北海 [영국 북쪽의] Mare del Nord, [북쪽의] mare settentrionale

북향 北向 esposizione a settentrione **-하다** essere orientato a nord ¶ 북향집 casa esposta a settentrione

북회귀선 北回歸線 Tropico del Cancro

분 ¶ 이분 questo(a) signore(a) // 여러분 Signore e signori, voi tutti

뿐 solo, unicamente, meramente ¶ 뿐만 아니라 d'altra parte, inoltre, per di più, non solo, in aggiunta a // 갖고 있는 것이라고는 이것뿐이다 Questo è tutto ciò che ho. // 그는 가난할 뿐만 아니라 몸도 허약하다 Lui non è solo povero, ma anche debole.

분 分 ① [부분] parte, porzione ¶ 4분의 1 un quarto ② [단위] minu-to ¶ 15분 quindici minuti // 4시 5분 le quattro e cinque // 북위 25도 15분 25 gradi e 15 primi di latitudine nord ③ [몫, 분량] parte, quota, porzione ④ [신분] posizione sociale, rango, [자격] risorse finanziarie, [상태] stato ¶ 분에 넘치게 생활하다 vivere al di sopra dei propri mezzi

분 粉 cipria ¶ 분내 profumo della cipria // 분첩 piumino per la cipria

분 盆 vaso * **화-** vaso da fiori

분 忿 indignaziòne, còllera, ira ¶ 분이 나다 indignarsi, essere arrabbiato

분 糞 escremento, sterco, letame

분가 分家 ramo di famiglia

분간 分揀 discriminazione, distinzione **-하다** distinguere, discriminare, riconoscere ¶ 분간하기 어려운 indistinguibile // 그는 그 차이를 분간할 수 없다 Lui non riesce a distinguere la differenza.

분갑 粉匣 cipria compatta

분개 憤慨 indignazione, risentimento, sdegno **-하다** (essere) indignato, arrabbiato, risentito ¶ 분개하여 con indignaziòne

분격 憤激 esasperazione, indignazione **-하다** essere esasperato, essere arrabbiato, indignato

분견 分遣 distaccamento * **-대** distaccamento (militare)

분계 分界 limite, frontiera, demarcazione, delimitazione * **-선** linea di demarcazione, linea di frontiera

분골쇄신 粉骨碎身 **-하다** fare del proprio meglio, fare tutto il possibile

분공장 分工場 succursale di una fabbrica

분과 分科 dipartimento, sezione, [부문] ramo * **-위원회** sottocommissione

분관 分館 edificio secondario, annesso

분광 分光 spettro * **-기** spettroscopio **-분석** analisi spettrale

분교 分校 scuola distaccata

분국 分局 ufficio governativo, dipartimento

분권 分權 decentramento amministrativo **-하다** decentrare

분규 紛糾 complicazione, imbroglio, confusione, disordine **-하다** divenire complicato, essere in imbroglio, far confusione ¶ 분규시키다 complicare

분극 分極 【전기】 polarizzazione

분기 分岐 divergenza, ramificazione **-하다** biforcarsi, diramarsi, divergere * **-점** crocicchio, bivio, crocevia, biforcazione (철도의)

분기 憤氣 indignazione

분기 奮起 rivolta, agitazione, sollevamento, animazione **-하다** sollevarsi, agitarsi, destarsi

분기 憤氣 espulsione, sgorgo, emissione

분김 忿- accesso di collera

분납 分納 pagamento a rate **-하다** pagare a rate(돈을), consegnare a consegne ripartite(물품을)

분노 忿怒,憤怒 collera, ira, indignazione, rabbia, furia **-하다** arrabbiarsi, essere furente, indignarsi ¶ 분노케 하다 far arrabbiare, esasperare

분뇨 糞尿 escrezioni, feci e urina

분단 分斷 **-하다** dividere (in sezione), separare * **-국** nazione divisa

분담 分擔 assegnazione, distribuzione, parte **-하다** partecipare a, condividere ¶ 분담시키다 assegnare, distribuire * **-금** contribuzione, contributo

분대 分隊 squadra, divisione, distaccamento

분대질 -하다 infastidire, distrubare, crear problemi

-뿐더러 non solo...ma anche, oltre a

분도기 分度器 goniometro

분동 分銅 contrappeso

분란 紛亂 disordine, confusione, caos, tribolazione

분량 分量 quantità, misura, dose ¶ 분량을 늘이다(줄이다) aumentare (diminuire) la quantità

분류 分類 classificazione **-하다** classificare, dividere, assortire, catecchizzare * **-법** sistema di classificazione

분류 分流 distillazione, segregaziòne(격리) **-하다** separare, dividere, segregare, staccare ¶ 분리할 수 없는 inseparabile, indivisibile * **-기** separatore **-운동** movimento separatista

분립 分立 separazione, indipendenza **-하다** separarsi, essere indipendente

분만 分娩 parto **-하다** partorire, dare alla luce * **-휴가** congedo di maternità

분말 粉末 polvere ¶ 분말로 만들다 polverizzare, ridurre in polvere

분망 奔忙 attività frenetica **-하다** (essere) molto occupato, affaccendato

분명 分明 evidenza, chiarezza **-하다** (essere) chiaro, evidente, ovvio, distinto ¶ 분명히 chiaramente, evidentemente, distintamente // 분명히 하다 chiarificare, essere chiaro

분모 分母 【수학】 denominatore ¶ 최소 공분모 minimo comune

분묘 墳墓 tomba, sepolcro

분무기 噴霧器 atomizzatore, vaporizzatore, spruzzatore

분바르다 粉- incipriarsi

분발 奮發 sforzo, sforzo strenuo **-하다** sforzarsi, fare del proprio meglio meglio

분배 分配 divisione, distribuzione, parte assegnata **-하다** dividere, distribuire, condividere ¶ 부의 분배 distribuzione delle ricchezze

분변 分辨 discriminazione

분별 分別 [분류] classificazione, [분변] discriminazione **-하다** dividere, classificare, distinguere, discriminare

분봉 分封 [제후를] infeudazione **-하다** infeudare

분부 分付 ordine, comando, direzione, istruzione **-하다** comandare, ordinare, dirigere

분분하다 紛紛- [시끄럽다] (essere) rumoroso, [어수선하다] turbolento ¶ 의견이 분분하다 Le opinioni sono diverse.

분비 分泌 [생물] secrezione * **-물** secrezione **-선** ghiandole di secrezione **내-** secrezione interna

분사 憤死 **-하다** morire per un accesso di indignazione

분사 噴射 getto

분사 分司【언어】participio * **과거-** participio passato **현재-** participio presente

분산 分散 dispersione, decentrolizzazione, disgregazione **-하다** disperdere, spargere, disperdersi, decentrare

분상 粉狀 ¶ 분상의 in polvere, polverizzato

분서 焚書 bruciamento di libri

분석 分析 analisi **-하다** saggiare, analizzare ¶ 문장을 분석하다 fare l′analisi di una frase * **정량[정성]-** analisi quantitativa[qualitativa]

분설 分設 **-하다** fondare una filiale

분성 分性【물리】divisibilità

분손 分損【경제】perdita parziale

분쇄 粉碎, 分碎 **-하다** frantumare, schiacciare, stritolare, polverizzare [적을]annichilire * **-기** frantoio, mola, mulino, polverizzatore

분수 ① [분한] posizione sociale, mezzi economici(자력) ② [분별] discrezione, prudenza, buon senso ¶ 분수 없는 indiscreto

분수 分數【수학】frazione, numero frazionario ¶ 분수의 frazionàrio * **기약-** frazione irriducibile **진[가]-** frazione ordinaria(impropria)

분수 噴水 fontana, fonte, getto d′acqua

분수령 分水嶺 spartiacque

분식 粉食 alimento a base di farina **-하다** mangiare alimenti a base di farina

분식 粉飾 trucco, toletta, ornamento, abbellimento **-하다** truccarsi, ornare, abbellire, decorare

분신 分身 incarnazione di Budda, metamorfosi, alter′ego

분실 分室 succursale, ufficio distaccato

분실 紛失 perdita **-하다** perdere, smarrire ¶ 반지가 분실되었다 È stato perso un anello. * **-물** oggetti smarriti

분압 分壓【기계】pressione parziale

분야 分野 sfera, campo, competenza

분양 分讓 **-하다** vendere a lotti, spartire, distribuire

분업 分業 divisione del lavoro, 【경제】 specializzazione **-하다** dividere il lavoro, specializzarsi

분연 奮然 **-히** coraggiosamente, risolutamente, vigorosamente **-하다** (essere) risoluto, vigoroso

분열 分裂 smembramento, scissura, divisiòne **-하다** essere spaccato, essere smembrato, essere separato * **-생식** riproduzione per fissione **원자핵-** fissione nucleare

분외 分外 ¶ 분외의 immeritato, ingiusto, inadatto, eccessivo, sproporzionato ¶ 분외의 지위 posizione immeritata

분요 紛擾 ⇒ 분란 ¶ 분요를 일으키다 provocare disordini

분원 分院 distaccamento di un ospedale

분위기 雰圍氣 atmosfera, ambiente, condizioni ambientali(환경), aria(대기) ¶ 자유로운 분위기 속에서 in un′atmosfera di libertà // 분위기를 깨뜨리다 distruggere l′atmosfèra

분유 粉乳 latte in polvere

분자 分子 【물리】 molecola, 【수학】 numeratore, [요소] elemento * **-량** peso molecolare **-식** formula molecolare

분잡 紛雜 confusione, disordine, pasticcio **-하다** essere in confusione, essere affollato

분장 分掌 divisione dei compiti **-하다** (dividere) gli obblighi, le mansioni, i compiti

분장 扮裝 trucco, travestimento **-하다** truccarsi, travestirsi ¶ 여자로 분장하다 travestirsi da donna

분재 盆栽 piantata in un vaso **-하다** coltivare una pianta in un vaso, piantare in un vaso

분쟁 紛爭 disputa, contesa, conflitto **-하다** avere una disputa, entrare in conflitto ¶ 분쟁을 일으키다 provocare conflitti

분전 奮戰 lotta disperata **-하다** combattere disperatamente

분점 分店 succursale, filiale, sede secondaria

분주 奔走 **-하다** (essere) occupato ¶ 분주한 거리 strada frequentata

분지 盆地 【지리】 bacino

분지르다 rompere ⇒ 부러뜨리다

분책 分冊 volume separato, fascicolo

분첩 粉貼 piumino per cipria

분초 分秒 un minuto e un secondo, un momento, un istante ¶ 분초를 다투는 문제이다 essere un affare molto urgente

분출 噴出 eruzione **-하다** [액체를] sgorgare, [연기, 불을] eruttare, [방출] emettere

분침 分針 lancétta dei minuti

분탕질 焚蕩- **-하다** sprecare, sperperare, scialacquare, dissipare

분통 憤痛 rabbia, collera, furia ¶ 분통이 터지다 arrabiarsi, infuriarsi

분투 奮鬪 strenuo sforzo, lotta dura **-하다** combattere, lottare, sforzarsi, fare uno sforzo strenuo

분파 分派 setta(종교의), ramo,

fazione **-하다** ramificarsi, dividersi

분포 分布 distribuzione **-하다** essere distribuito ¶ 식물의 지리적 분포 distribuzione geografica delle piante

분풀이 憤- vendetta, pariglia, rappresaglia **-하다** dare sfogo alla propria ira, vendicarsi, fare rappresaglie contro

분필 粉筆 gesso, gessetto ¶ 분필로 쓰다 scrivere col gesso

분하다 憤- ① [원통하다] vessare, opprimere, mortificare ¶ 분해하다 essere oppreso, essere mortificato // 분해서 이를 갈다 digrignare i denti a causa dell′ irritazione ② [아깝다] essere dispiaciuto, essere rammaricato ¶ 분해하다 rimpiangere, sentire dispiacere

분할 分割 partizione, divisione **-하다** dividere, ripartire * **-지급** pagamento a rate **-매입** acquisto a rate

분해 分解 analisi, [용해] dissoluzione, [물질의 분해] scomposizione, disassemblaggio, smantellamento **-하다** analizzare, dissolvere, scomporre, [기계를] smantellare ¶ 기계를 분해하다 smembrare una macchina // 인수 분해하다 scomporre un numero

분향 焚香 **-하다** bruciare l′incenso, incensare

분홍 粉紅 rosa(colore)

분화 分化 specializzazione **-하다** specializzare, differenziare

분화 噴火 eruzione, eruzione vulcanica **-하다** eruttare * **-구** cratere

분회 分會 capitolo (locale), sede locale

붇다 ① [젖어서] gonfiare, essere inzuppato d′acqua ¶ 쌀이 물에 불었다 Il riso si è gonfiato nell′ acqua. ② [늘다] accrescere, aumentare, gonfiare ¶ 체중이 붇다 ingrassare

불[1] ① [타는 현상] fuoco, fiamma, vampa ¶ 불이 붙는 bruciante, scottante, acceso // 불이 잘 붙는 infiammabile // 불을 끄다 spegnere il fuoco // 불을 붙이다 accendere il fuoco // 불을 쬐다 scaldarsi al fuoco // 불이 붙다 prendere fuoco // 불이 훨훨 타오르다 divampare ② [등화] luce, lampada ¶ 불을 끄다 spegnere la luce // 불을 키다 accendere la luce // 불이 나가다 andare via la luce ③ [화재] fuoco, incendio, conflagrazione(큰불) ¶ 불조심 pericolo d′incendio // 집에 불을 지르다 dare fuoco alla casa ④ [비유적] ¶ 정열의 불 il fuoco della passione

불[2] [음낭] scroto, [불알] testicolo

뿔 corno, corno ramificato(사슴의) ¶ 뿔로 받다 ferire con le corna, incornare

불 弗 dollaro

불 佛 [부처님] Budda, [프랑스] Francia

불 不 non-, in-, dis-

불가 不可 **-하다** non essere giusto, essere sbagliato

불가 佛家 ① [신자] Buddista, [불

문] clero buddista ② [절] tèmpio buddista
불가결 不可缺 indispensabilità **-하다** (essere) indispensabile, essenziale
불가능 不可能 impossibilità **-하다** (essere) impossibile, impraticabile ¶ 불가능한 일 una cosa impossibile
불까다 castrare, evirare
불가래 paletta (di legno)
불가분 不可分 indivisibilità ¶ 불가분의 친구들 amici indivisibili
불가불 不可不 inevitabilmente, necessariamente
불가사리 【동물】 stella di mare, asteroide, [상상적 동물] mostro immaginario
불가사의 不可思議 mistero, meraviglia, mir colo **-하다** (essere) misterioso [miracoloso, strano], incomprensibile, inscrutabile, magico
불가역성 不可逆性 irreversibilità
불가역 현상 不可逆現象 fenomeno irreversibile
불가지 不可知 ¶ 불가지의 inscrutabile, inconcepìbile
불가침 不可侵 invisibilità, non-aggressione ¶ 불가침 조약을 맺다 concludere un patto di non aggressione
불가피 不可避 inevitabilità **-하다** (essere) inevitabile ¶ 전쟁은 불가피한 것이 아니다 La guerra non è inevitabile.
불가항력 不可抗力 forza irresistibile
불가해 不可解 inscrutabilità, mistero **-하다** (essere) misterioso, incomprensibile, inscrutabile
불간섭 不干涉 non-intervento, neutralità, non-interferenza * **-원칙** principio del non intervènto
불감증 不感症 【의학】 frigidità
불개입 不介入 non-intervento, non-ingerenza
불거웃 peluria pubica
불거지다 sporgersi, proiettarsi, sporgere
불걱거리다 [씹다] masticare, [빨래를] strofinare, sfregare
불건강 不健康 insalubrità, morbosità **-하다** (essere) malsano, insalubre
불건전 不健全 insalubrità, morbosità **-하다** (essere) malsano, insalubre
불결 不潔 sporcizia, condizione antigienica **-하다** (essere) sporco, antigienico
불경 不敬 mancanza di rispetto, irriverenza, bestemmia(신에 대한) **-하다** (essere) scortese, incivile, irriverente, irrispettoso, blasfemo
불경 佛經 scritture sacre buddiste, sutra
불경기 不景氣 tempi difficili(일반적), depressione(상업의), recessione(후퇴), declino
불경제 不經濟 economia povera, consumo inutile ¶ 시간과 노력의 불경제 consumo inutile di tempo e fatica
불고 不顧 **-하다** ignorare, trascurare, non curarsi di
불고기 carne marinata arrostita
불공 不恭 mancanza di rispetto,

irriverenza **-하다** (essere) irriverente, irrispettoso
불공 佛供 offerta a Budda, sacrificio a Budda ¶ 불공드리다 offrire un sacrificio a Budda
불공대천지수 不共戴天之 nemico mortale
불공평 不公平 ingiustizia, parzialità -하다 (essere) ingiusto, parziale, discriminante ¶ 불공평하게 취급하다 discriminare (una persona)
불꽃 [화염] fiamma, vampa, [불똥] scintilla, [놀이의] fuoco artificiale ¶ 불꽃이 튀다 scintillare, brillare
불과 不過 soltanto, meramente -하다 essere nient'altro che ¶ 구실에 불과하다 Quella è soltanto una scusa.
불교 佛敎 Buddismo ¶ 불교를 믿다 avere fede Buddista, credere nel Buddismo * **-도** credente Buddista **-문화** civiltà Buddista
불구 不具 [기형] deformità, malformazione, [얼굴의] sfiguramento, [절름발이] storpio ¶ 불구의 stòrpio, defòrme * **-자** storpio, (persona) deforme, disabile, portatore di handicap
불구 不拘 **-하다** ignorare, trascurare, mancare d'attenzione ¶ 불구하고 a dispetto di, malgrado
불구대천 不俱戴天 ⇒ 불공대천지수
불구속 不拘束 ¶ 불구속으로 senza detenzione fisica
불굴 不屈 inflessibilità, forza d'animo **-하다** (essere) indomabile, ferreo, inflessibile
불귀객 不歸客 morto ¶ 불귀객이 되다 morire
불규칙 不規則 irregolarità **-하다** (essere) irregolare ¶ 불규칙하게 irregolarmente * **-동사** [문법] verbo irregolare **-변화** [문법] coniugazione irregolare
불균형 不均衡 sproporzione, sbilanciamento, mancanza di equilibrio **-하다** (essere) sproporzionato, sbilanciato
불그데데하다 (essere) rosso opaco
불그레하다 (essere) rossìccio, rosso
불그죽죽하다 ⇒ 불그데데하다
불끈 [갑자기] ad un tratto, improvvisamente, [단단히] strettamente, fortemente ¶ 불끈 성을 내다 montare in furia // 주먹을 불끈 쥐다 serrare i pugni // 불끈 동여매다 legare strettamente
불급 不急 **-하다** non essere urgente ¶ 불급한 문제 questione di urgenza secondaria
불긋불긋 **-하다** essere punteggiato di rosso
불기 -氣 calore del fuoco ¶ 불기 없는 non riscaldato
불기 佛紀 Era Buddista
불기둥 colonna di fuoco
불긴 不緊 **-하다** non essere necessario, non essere essenziale, essere di poca importanza
불길 fiamma, vampa ¶ 불길에 싸이다 essere avvolto dalle fiamme
불길 不吉 sfortuna **-하다** (essere) sfortunato, sinistro, infausto ¶ 불길한 예감 presentimento infausto // 불길한 징조 malaugurio
불나다 incendiarsi
불난리 -亂離 confusione in occa-

sione di un incèndio
불내다 dare fuoco, incendire
불놀이 fuochi d'artificio **-하다** fare fuochi d'artificio, [불장난] giocare col fuoco
불놓다 dare fuoco (alla casa)(방화)
불능 不能 incapacità, inabilità, incompetenza, impossibilità **-하다** (essere) incapace, incompetènte, impotente, (성적으로) impossibile * **지불-** insolvènza
불다 ① [바람이] tirare, soffiare ¶ 바람이 모질게 불다 tira forte vento ② [입으로] soffiare ¶ 촛불을 불어 끄다 soffiare su una candela // 휘파람을 불다 fischiare ③ [악기를] suonare ¶ 나팔을 불다 suonare la tromba // 피리를 불다 suonare il flauto ④ [고백] confessare, ammettere
불단 佛壇 altare buddistico
불당 佛堂 tempio buddista
불때다 fare fuoco ¶ 교실에 불때다 scaldare la classe
불덩어리 metèora, stella cadente, massa di fuoco
불도 佛道 Buddismo, dottrina di Budda
불도 佛徒 credente Buddista
불똥 ① [탄 심지] moccolo ② [작은 불덩이] scintilla
불되다 (essere) oppressivo, severo
불등걸 tizzone
불란서 佛蘭西 Francia
불량 不良 [행실이] delinquenza, [질이] cattiva qualità **-하다** (essere) bruto, depravato, malvagio, delinquente, scadente, inferiore ¶ 사람이 불량해지다 diventare delinquente * **-도체** cattivo conduttore, coibente **-배** depravato **-소년** giovane delinquente **-품** artìcoli inferiòri, scadenti
불러내다 chiamare, citare(법정에), telefonare(전화로)
불러오다 chiamare, convocare, [사람을 보내] mandare a chiamare
불러일으키다 destare, svegliare, agitare, ridestare ¶ 센세이션을 불러일으키다 fare colpo, impressionare
불로 不老 eterna giovinezza * **-불사** eterna giovinezza ed immortalità **-불사약** elisir di lunga vita
불로소득 不勞所得 rendita patrimoniale, guadagno inaspettato
불룩거리다 gonfiarsi
불룩하다 (essere) rigonfio, gonfiato ¶ 불룩해지다 gonfiarsi, espandersi, lievitare(빵이)
불륜 不倫 immoralità, evasività ¶ 불륜의 immorale, illecito
불리 不利 svantaggio, intralcio **-하다** (essere) svantaggioso, sfavorevole ¶ 불리한 입장에 있다 essere in svantaggio
불리다[1] [배를] riempire, saziare, 배를- riempire lo stomaco, saziarsi, [비유적] arricchirsi
불리다[2] [쇠를] temperare, [곡식을] vagliare, spulare
불리다[3] [액체에] inzuppare, bagnare, immergere, macerare, [재물을] accrescere, aumentare
불만 不滿 malcontento, malumore **-하다** (essere) insoddisfatto, scontento ¶ 지위에 불만을 가지다 Essere scontento del proprio

posto

불만스럽다 不滿- (essere) insoddisfatto, scontento

불매 동맹 不買同盟 boicottaggio

불면 불휴 不眠不休 ¶ 불면불휴로 giorno e notte, senza posa

불면증 不眠症 insonnia

불멸 不滅 immortalità, indistruttibilità **-하다** (essere) immortale, imperituro, indistruttibile ¶ 영혼의 불멸 immortalità dell'anima

불명 不明 [불분명] oscurità, ambiguità, [두둔] ignoranza **-하다** (essere) oscuro, vago ambiguo, ignorante, stupido

불명료 不明瞭 ambiguità, oscurità **-하다** (essere) indistinto, non essere chiaro, essere ambiguo

불명예 不名譽 disonore, infamia, ignominia, disgrazia **-하다** (essere)disgraziato, disonorevole, ignominoso ¶ 불명예보다 차라리 죽음이 더 좋다 Preferisco la morte al disonore.

불모 不毛 ¶ 불모의 sterile, arido

불목 不睦 discordia, disaccordo, dissènso **-하다** essere in disaccordo, avere inimicizia con qlcu., essere in cattivi rapporti con

불문 不問 noncuranza, inosservanza ¶ 불문에 부치다 chiudere un occhio, ignorare, passare sopra

불문 佛門 frase francese * **-과** dipartimento di letteratura francese **-학** letteratura francese

불문가지 不問可知 ¶ 불문 가지다 essere evidente

불문율 不文律 diritto naturale, diritto consuetudinario

불미 不美 **-하다** (essere) brutto, disgustoso, scandaloso, vergognoso

불민 不敏 incompetenza, stupidità, mancanza di sagacia **-하다** (essere) incompetente, tardo, stupido

불발 不發 mancata esplosione **-하다** fare cilecca, incepparsi * **-탄** bomba proiettile inesploso

불법 不法 illegalità, ingiustizia **-하다** (essere) illegale, ingiusto * **-감금** arresto illegale **-입국** immigrazione illegale **-행위** infrazione, comportamento illegale

불벼락 ① [번갯불] fulmine ② [비유적] ordinanza tirannica

불변 不變 immutabilità, costanza, permanenza **-하다** essere costante [immutabile, invariabile], non cambiare * **-색** colore permanente **-성** immutabilità **-수** costante **-자본** capitale fisso

불복 不服 insubordinazione, disobbedienza **-하다** essere insubordinato, disobbedire, protestare contro

불복종 不服從 disobbedienza

불분명 不分明 **-하다** (essere) indistinto, oscuro, ambiguo, non essere chiaro

뿔뿔이 sparpagliatamente, in ogni direzione ¶ 뿔뿔이 흩어지다 disperdersi, essere sparso, dissiparsi

불붙다 prendere fuoco ¶ 불붙기 쉽

다 essere combustibile, infiammabile
불붙이다 accendere, mettere sul fuoco
불비 不備 difetto, mancanza, deficienza, insufficienza **-하다** (essere) deficiente, difettoso ¶ 불비한 점 difetto, imperfezione
불사 不死 immortalità, vita eterna ∗ **-조** fenice **-약** elisir di lunga vita
불사르다 bruciare, mettere sul fuoco
불사신 不死身 invulnerabilità ¶ 불사신의 invulnerabile, immortale
불사하다 不辭- ¶ ...하기를 불사하다 essere pronto a (fare), osare
불상 不詳 **-하다** (essere) sinistro, di cattivo augurio, infausto, disonorevole, scandaloso ∗ **-사** scandalo, avento infausto
불상 佛像 imagine di Budda, statua di Budda
불상놈 persona molto volgare
불쌍하다 (essere) povero, commiserabile, patetico, toccante ¶ 불쌍한 고아 povero orfano // 불쌍하게도 sfortunamente, purtroppo // 불쌍히 여기다 avere pietà
불서 佛書 scritture buddiste, letteratura buddista
불선명 不鮮明 oscurità, mancanza di precisione, imprecisione **-하다** (essere) indistinto, non chiaro, oscuro
불성립 不成立 **-하다** fallire
불성실 不誠實 insincerità, disonesta, perfidia **-하다** (essere) insincero, disonesto, perfido
불성인사 不省人事 ⇒ 인사불성 incoscienza **-하다** perdere la coscienza
불소 弗素 【화학】 fluoro (F)
불손 不遜 insolenza, arroganza **-하다** (essere) insolente, arrogante
불수 不隨 paralisi ∗ **반신-** emiplegia **전신-** paralisi totale
불수의 不隨意 involontario ∗ **-근** muscolo involontario
불쑥 improvvisamente, bruscamente, inaspettatamente ¶ 불쑥 방문하다 visitare inaspettatamente, senza preavviso
불순 不純 **-하다** (essere) impuro, sporco ¶ 불순한 사상 idea indesiderabile // 불순한 동기에서 da un motivo disonesto ∗ **-물** impurità
불순하다 不順- [성질이] (essere) disubbidiente, ribelle, [일기가] fuori stagione, mutevole
불승인 不承認 disapprovazione, veto, non riconoscimento
불시 不時 ¶ 불시의 accidentale, inatteso, imprevisto, fuori tempo, intempestivo, emergente (긴급한) // 불시에 inaspettamente, incidentalmente, prematuramente
불시착 不時着 atterraggio d′emergenza **-하다** fare un atterraggio forzato (d′emergenza)
불식 拂拭 **-하다** spazzare via, annientare, fare pulizia
불신 不信 diffidenza, sospetto, incredulità, mancanza di fiducia **-하다** diffidare di, non avere fiducia in, non credere a ¶ 불신을 사다 perdere la credibilità

불신임 不信任 mancanza di fiducia **-하다** diffidare di, non avere fiducia in

불심 不審 dubbio, sospetto * **-검문** inchiesta per atteggiamento sospettoso

불안 不安 ansietà, inquietudine, preoccupazione, insicurezza **-하다** (essere) ansioso, inquieto, preoccupato, incerto, malsicuro ¶ 정치적 불안 stabilità politica // 불안한 하루밤을 지내다 passare una notte d'ansietà // 불안한 시선 Sguardo inquieto

불안정 不安定 instabilità, in quietùdine **-하다** (essere) instabile [malsicuro]

불알 testicoli ¶ 불알을 까다 castrare, evirare

불어 佛語 francese, lingua francese ¶ 불어를 하다 parlare la lingua francese

불어나다 accrescere, guadagnare, aumentare, generare(번식), moltiplicare(배가)

불여의 不如意 **-하다** andare male ¶ 매사가 불여의하다 Tutto va male.

불연 不然 ¶ 불연이면 altrimenti, oppure

불연속선 不連續線 【기상】 linea di discontinuità

불온 不穩 inquietudine, agitazione **-하다** (essere) inquietante, minaccioso, pericoloso, sedizioso, sovversivo ¶ 불온한 행동 comportamento improprio // 불온한 언사를 쓰다 usare un linguaggio improprio (violento) * **-문서** documento sovversivo

불완전 不完全 imperfezione, incompletezza, deficienza **-하다** (essere) imperfetto, incompleto, difettoso ¶ 불완전한 점 difetto, imperfezione // 불완전하게 imperfettamente, incompletamente, difettosamente * **-동사** [문법] verbo difettivo

불요불급 不要不急 **-하다** non essere urgente, essenziale

불용성 不溶性 insolubilità ¶ 불용성의 insolubile

불우 不遇 avversità, sfortuna **-하다** (essere) sfortunato, sfavorevole, avverso, nato sotto una cattiva stella ¶ 불우한 처지에 있다 essere in circostanze avverse

불운 不運 sfortuna, disgrazia, avversità **-하다** (essere) sfortunato, disgraziato, sventurato ¶ 불운하게도 sfortunatamente, purtroppo

불원 不遠 **-하다** ① [거리] non essere lontano da ② [시간] (essere) presto, fra non molto ¶ 불원간 presto, fra breve, in un prossimo futuro

불유쾌 不愉快 spiacevolezza, disagio **-하다** (essere) spiacevole, sgradevole, scomodo ¶ 불유쾌하게 spiacevolmente, scomodamente, sgradevolmente // 불유쾌한 느낌을 주다 fare una impressione sgradevole

불응 不應 **-하다** non conformarsi a, non accettare, disobbedire

불의 不意 subitaneità, repentinità, imprevisto ¶ 불의의 방문 visita inattesa // 불의에 inaspettatamente, improvvisamente

불의 不義 immoralità, iniquità, ingiustizia **-하다** (essere) immorale, iniquo, ingiusto

불이익 不利益 svantaggio, inconvenienza, inopportunità ¶ 불이익의 svantaggioso, inopportuno, sfavorevole

불인가 不認可 disapprovazione, rifiuto

불일내 不日內 presto, fra breve, in un prossimo futuro

불일듯하다 (essere) prospero

불일치 不一致 discordia, dissenso, disaccordo **-하다** (essere) discorde, dissenziente, essere in disaccordo con qlcu. ¶ 언행 불일치 disaccordo tra le parole e i fatti

불임 不姙 sterilità ¶ 불임의 sterile ＊ **-증** sterilità, infertilità

불입 拂入 pagamento, versamento **-하다** pagare, versare ＊ **-금** somma dovuta **전액-** pagamento completo

불잉걸 carbone bruciato

불자동차 autopompa, idrante

불잡다 [진화] domare un incendio

불장 佛葬 funerale buddista

불장난 **-하다** scherzare con il fuoco, fare un′azione pericolosa

불전 佛殿 santuario buddista

불전 佛典 classici del Buddismo, sutra

불제 祓除 **-하다** esorcizzare, purificare

불조심 -操心 pericolo d′incendio **-하다** fare attenzione al fuoco

불쬐다 scaldarsi al fuoco

불지르다 dare fuoco a, provocare un incendio

불지피다 far fuoco, accendere il fuoco

불질하다 [불때다] far fuoco, [발사] sparare, tirare

불집 vespaio ¶ 불집을 건드리다 suscitare un vespaio

불찬성 不贊成 disapprovazione, dissenso, disaccordo **-하다** disapprovare, dissentire ¶ 나는 너의 주의에 불찬성이다 Disapprovo i tuoi principi. ＊ **-자** dissenziente

불찰 不察 negligenza, trascuratezza, sbaglio ¶ 불찰로 per negligenza // 종업원의 불찰이 사고를 초래했다 La negligenza di un impiegato ha causato l′incidente.

불참 不參 assenza **-하다** essere assente, assentarsi (da) ＊ **-자** assente

불철저 不徹底 **-하다** non essere completo, (essere) a mezza strada, [논지가] incosistente

불철주야 不撤晝夜 giorno e notte, di giorno e di notte

불청객 不請客 ospite non invitato, autoinvitato

불초 不肖 figlio indegno del padre, io, me stesso (자칭)

불충 不忠 slealtà, infedeltà **-하다** (essere) sleale, infedele

불충분 不充分 insufficienza, inadeguatezza, carenza, mancanza **-하다** (essere) insufficiente, inadeguato, non soddisfacente ¶ 증거 불충분으로 per la mancaza di evidenze (di prove)

불충실 不忠實 **-하다** (essere) sleale,

infedele

불측 不測 **-하다** (essere) incommensurabile, inscrutabile, [흉칙] (essere) male, malvagio, vizioso

불치[1] animale cacciato, cacciagione

불치[2] 不治 [병] incurabilità ¶ 불치의 incurabile, fatale, maligno * **-병** malattia incurabile

불친소 manzo, bue giovane

불친절 不親切 scortesia **-하다** (essere) scortese, sgarbato, poco socievole, inospitale

불침번 不寢番 veglia, guardia notturna ¶ 불침번 서다 vegliare, stare di guardia la notte

불켜다 accendere, illuminare, accendere la luce

불쾌 不快 ① **-하다** (essere) spiacevole, sgradevole, dispiaciuto, maldisposto ¶ 불쾌한 냄새 odore sgradevole // 아주 불쾌한 인상을 주다 fare una impressione spiace-vole ② [편찮음] indisposizione **-하다** essere in cattiva

불타 佛陀 Budda

불타다 bruciare, ardere, avvampare ¶ 불타는 사랑 amore ardente // 불타기 쉽다 Essere facilmente infiammabile // 배가 불타고 있다 La nave è in fiamme.

불탑 佛塔 pagoda

불통 不通 ① interruzione, sospensione, blocco ¶ 전신 불통 interruzione della communicazione telegrafica // 불통이 되다 interrompersi ② [의사가] incomprensiòne ¶ 의사가 서로 불통이다 Non capirsi l'un l'altro

불퇴전 不退轉 determinazione, ferma risoluzione **-하다** essere determinato, essere risoluto, essere instancabile ¶ 불투명한 태도 proposito risoluto

불투명 不透明 opacità **-하다** (essere) opaco, oscuro, nebuloso, non chiaro ¶ 불퇴전의 결의 atteggiamento ambiguo * **-색** colore opaco

불퉁스럽다 (essere) rude, burbero, brusco

불퉁하다 (essere) protuberante, rigonfio

불티 scintilla, favilla

불편 不便 scomodità, [몸이] disagio, indisposizione **-하다** (essere) incomodo, scomodo, [몸이] sentirsi a disagio, essere indisposto ¶ 불편을 느끼다 sentirsi a disagio

불편부당 不偏不黨 imparzialità, neutralità **-하다** (essere) neutrale, imparziale, indipendente

불평 不平 scontento, insoddisfazione, lamento, motivo di lagnanza **-하다** lamentarsi di, lagnarsi ¶ 불평을 품다 essere scontento (di)

불평등 不平等 inegualianza **-하다** (essere) ineguale, disuguale * **-조약** contratto ineguale

불포화 不飽和 insaturazione

불피우다 far fuoco, accendere il fuoco

불필요 不必要 **-하다** essere inutile, non essere necessario, essere superfluo ¶ 불필요하게 inutilmente, senza necessità ¶ 불필요한 지출 spesa superflua

불하 拂下 liquidazione, vendita, cessione (di proprietà governativa) **-하다** liquidare, vendere, cedere

불학 무식 不學無識 analfabetismo **-하다** (essere) analfabeta, ignorante

불한당 不汗黨 briganti, banditi, banda

불합격 不合格 bocciatura, esclusione, insuccesso, eliminazione **-하다** (essere) rifiutato, eliminato, respinto, escluso ¶ 불합격이 되다 essere respinto a un esame * **-자** candidato respinto **-품** articolo scartato, articolo di scarto

불합리 不合理 assurdità, irrazionalità **-하다** (essere) assurdo, irragionevole, illogico

불행 不幸 sfortuna, disgrazia, infelicità **-하다** (essere) infelice, sfortunato, disgraziato, triste ¶ 불행하게도 sfortunatamente, per disgrazia // 불행은 겹치기 마련이다 Le disgrazie non vengono mai sole.

불허 不許 disapprovazione **-하다** disapprovare, non permettere

불현 듯이 improvvisamente, bruscamente, inaspettatamente

불협화음 不協和音 dissonanza, disarmonia, cacofonia

불호령 不號令 ordine impetuoso, comando rigido

불화 不和 disaccordo, discordia, dissenso, conflitto **-하다** (essere) in discordia, in disaccordo

불화 佛畵 immagine di Budda, Pittura buddista

불확대 不擴大 localizzazione

불확실 不確實 incertezza, mancanza di attendibilità **-하다** (essere) incerto, in dubbio, insicuro

불확정 不確定 **-하다** (essere) indeterminato, indefinito, incerto, indeciso

불환지폐 不換紙幣 banconota inconvertibile, moneta a forzoso

불활성 不活性 inattività, inerzia * **-가스** gas inerte

불황 不況 depressione, recessione ¶ 불황의 depresso, fiacco, stagnante

불효 不孝 disubbidienza, mancanza di rispetto filiale

불후 不朽 immortalità **-하다** (essere) immortale, imperituro, eterno ¶ 불후의 명성 fama immortale

붉다 (essere) rosso, cremisi(심홍), scarlatto(진홍) ¶ 붉어지다 arrossire, diventare rosso

붉덩물 corso d'acqua melmosa

붉디붉다 (essere) tutto rosso

붉히다 arrossire, farsi rosso

뿜다 [액체를] zampillare, sgorgare, scaturire, [연기, 불을] eruttare, lanciare, [방출] emettere 고래가 물을 뿜다 La balena lancia un getto d'acqua.

붐비다 (essere) congestionato, affollato ¶ 교통이 붐비다 C'è un gran traffico.

붓 pennello, penna ¶ 붓을 들다 scrivere, dipingere, disegnare

붓꽃 【식물】 iride

붓끝 ① punta di penna ② [필봉] tratto di penna

붓다[1] ① [살가죽이] gonfiarsi, diventare gonfio ¶ 뺨이 부어오르다 gonfiarsi le guance ② [성나서] (essere) imbronciato, scontroso ¶ 부은 얼굴 faccia imbronciata

붓다[2] ① [쏟다] versare ② [씨앗을] seminare ¶ 모래판에 씨앗을 붓다 seminare in un semenzaio ③ [계돈, 월부금] pagare a rate

붓대 impugnatura di un pennello

붓두껍 cappuccio di un pennello

붓순 【식물】 anice giapponese

붕괴 崩壞 crollo, collasso, caduta, [화학] disintegrazione, [지질] digradazione **-하다** crollare, cedere, collassare ＊ **-물** detriti

붕긋하다 ① [언덕, 산봉우리가] (essere) un po' elevato, formare una piccola collina ② [배가] (essere) pieno, gonfio ③ [물건이 들뜨다] essere un po' slegato

붕당 朋黨 fazione, cricca

붕대 繃帶 benda, fascia

붕붕거리다 ronzare, mormorare, bisbigliare, [자동차 따위가] rombare

붕사 硼砂 borace

붕산 硼酸 【화학】 acido borico

붕소 硼素 boro

붕어[1] 【물고기】 carassio, carpa prussiana

붕어[2] 崩御 decesso, morte **-하다** morire

붕우 朋友 amico, compagno

붕장어 -長魚 【물고기】 grongo, anguilla di mare

붙다 ① [접착] incollarsi, attaccarsi, aderire ¶ 밀가루가 냄비에 달라붙었다 La farina si è attaccata alla pentola. // 벽지가 벽에 붙다 La tappezzeria aderisce alla parete ② [가담] unirsi, accostarsi, parteggiare per qlcu. ③ [불이] prendere (fuoco) ④ [시험에] passare, superare ⑤ [교미] accoppiarsi

붙들다 ① [꽉쥐다] prendere, afferrare, acchiappare ¶ 날으는 공을 붙들다 acchiappare la palla al volo ② [잡다] prendere, arrestare, catturare ¶ 도둑을 붙들다 prendere (arrestare) il ladro ③ [만류] trattenere, detenere ¶ 그들은 식사를 같이 하자고 나를 붙들었다 Mi hanno trattenuto a cena con loro. ④ [돕다] aiutare, dare una mano a

붙들리다 essere arrestato, essere preso, essere trattenuto, essere detenuto ¶ 붙들리지 않고 있다 rimanere in libertà // 그에게 두 시간 붙들렸다 Sono stato trattenuto per due ore da lui.

붙박이 fissaggio, installazioni fisse ¶ 붙박이로 costantemente, immobilmente

붙박이다 essere fissato immobilmente

붙어다니다 seguire, seguire come un'ombra, accodarsi, ronzare intorno a

-붙이 ① [동물, 속의 뜻] genere, specie, sorta ② [동족, 동류] famiglia, categoria ＊ **가루-** prodotto alimentare a base di farina **살-** parenti **솜-** vestiti imbottiti **쇠-** ferramenta **젖갈-**

sottaceti

붙이다 ① [부착, 첨부] mettere, applicare, attaccare, fissare, indossare, incollare ¶ 편지에 우표를 붙이다 attaccare il francobollo a una lettera // 포스터를 붙이다 mettere un poster ② [이름을] dare un nome, battezzare ¶ 별명을 붙이다 dare un soprannome ③ [사람을] avere (una persona) al servizio di ④ [불을] accendere, dare fuoco ¶ 담배에 불을 붙이다 accendere una sigaretta ⑤ [중간에서] interporsi ⑥ [기식] vivere alle spalle di ⑦ [첨가] esprimere l'opinione ⑧ [때리다] schiaffeggiare ⑨ [교미] accoppiare ⑩ [가입] fare entrare, ammettere ⑪ [내기에서] scommettere

붙임성 socievolezza, amabilità, affabilità ¶ 붙임성이 있다 essere facile da avvicinarsi

붙잡다 afferrare, prendere, acchiappare ¶ 도둑을 붙잡다 arrestare (prendere) il ladro // 누구누구의 손을 붙잡다 prendere qlcu. per mano // 붙잡아 주다 aiutare, dare una mano

붙잡히다 essere arrestato ⇒ 붙들리다

붙장 -欌 credenza a muro

비[1] pioggia, piovosità ¶ 억수같이 퍼붓는 비 pioggia a dirotto // 이슬비 pioggerella, pioggia fine e fitta // 큰 비 pioggia forte // 비를 맞으며 sotto la pioggia // 비가 그쳤다 La pioggia è cessata. // 비오듯 내리는 폭탄 una pioggia di bombe

비[2] [쓰는] scopa ¶ 빗자루 manico di scopa

비 碑 lapide, monumento ¶ 비를 세우다 erigere un monumento, porre una lapide

비 妃 [왕비] regina

비 比 [비율] rapporto, proporzione, [비교] comparazione, [대조] contrasto, [필적] pari, simile **-하다** paragonare ¶ 두 숫자의 비 rapporto tra due numeri

비- 非 [반] non, dis-, in-, anti- ¶ 비과학적 anti-scientifico

비강 鼻腔 【해부】 cavità nasale

비걱거리다, 삐걱거리다 cigolare, scricchiolare

비겁 卑怯 codardia, viltà **-하다** (essere) codardo, [남자] non virile, [비열] vile ¶ 비겁한 자 codardo // 비겁한 행동을 하다 comportarsi da codardo

비견 比肩 **-하다** classificare, essere paragonabile a

비결 秘訣 segreto, chiave ¶ 성공의 비결 segreto del successo

비경 悲境 regione inesplorata, terra misteriosa

비계 grasso, lardo

비계 秘計 progetto segreto, piano segreto

비고 備考 nota, appunto

비꼬다 ① [꼬다] intrecciare, attorcigliare, torcere ② [말을] ironizzare su ¶ 비꼬아 말하다 parlare ironicamente

비꼬이다 andare torto, [심술 궂다] pervertirsi ¶ 비꼬인 생각 idee storte, perverse

비곡 悲曲 melodia lamentosa
비곡 秘曲 musica esoterica
비공개 非公開 segreto * **-회의** sessione segreta, conclave **-문서** documento confidenziale
비공식 非公式 informalità, non ufficialità ¶ 비공식적인 informale, non ufficiale
비공인 非公認 ¶ 비공인의 non ufficiale, non autorizzato, abusivo
비과세 非課稅 esenzione da dazio * **-품** merci esenti da dazio
비과학적 非科學的 anti-scientifico
비관 悲觀 pessimismo, [낙담] delusione, disappunto **-하다** essere pessimistico, [낙담] scoraggiarsi ¶ 비관적 pessimistico * **-론** pessimismo **-론자** pessimista
비교 比較 comparaziòne, [대조] confronto, parallelo **-하다** paragonare ¶ 비교적(으로) comparatamente, relativamente // **-와 비교하면** a comparazione di, a paragone di * **-급** [문법] comparativo
비구니 比丘尼 monaca buddista
비구름 nuvola canica di pioggia, [기상] nembo
비구승 比丘僧 monaco buddista
비국민 非國民 persona non patriottica, traditore
비군사 非軍事 ¶ 비군사적 nonmilitare * **-화** smilitarizzazione
비굴 卑屈 servilismo, servilità **-하다** (essere) servile, basso, [사내답지 않다] non virile
비극 悲劇 tragedia ¶ 비극적 tragico * **-배우** attore tragico
비근 卑近 **-하다** (essere) familiare, comune ¶ 비근한 예를 들다 dare un esempio familiare
비금속 卑金屬 metallo vile
비금속 非金屬 metalloide, nonmetallo
비끗거리다, 삐끗거리다 ① [잘 안되다] riuscire male, fallire ② [어긋나다] non combaciare
비기다[1] [승부를] essere pari, pareggiare
비기다[2] [견중, 비유] paragonare
비난 非難 critica, rimprovero, denunzia **-하다** criticare, rimproverare, denunziare, attaccare, biasimare, condannare ¶ 비난할 만한 riprovevole, biasimevole // 태만함을 비난하다 rimproverare per la pigrizia
비녀 forcina ornamentale (a bastoncino)
비논리적 非論理的 illogico, irrazionale
비뇨 泌尿 【의학】 minzione * **-기** apparato urinario **-기과 의사** urologo
비누 sapone ¶ 물비누 sapone liquido
비늘 scaglia, sguama ¶ 비늘을 벗기다 scagliare, squamare
비능률 非能率 inefficienza ¶ 비능률적인 inefficiente
비다 essere vuoto, essere libero(손이), essere incavato(속이) ¶ 빈 시간 tempo libero // 빈 아파트 appartamento vuoto
삐다[1] [물이] abbassarsi
삐다[2] [뼈를] distorcersi, slogarsi, lussarsi ¶ 다리를 삐었다 Si è slogato una gamba.

비딱, 삐딱 -하다 (essere) traballente, insicuro

비딱거리다 (essere) tremolante, traballente, insicuro

비단 非但 semplicemente

비단 緋緞 seta * **-옷** vestito di seta

비단결 緋緞- trama di seta, trama vellutata ¶ 비단결 같다 essere morbido come la seta

비대 肥大 corpulenza, obesità, 【의학】 ipertrofia **-하다** (essere) grasso, corpulento, obeso

삐대다 infastidire, seccare, annoiare

비대발광 supplica, petizione, sollecitazione

비도덕적 非道德的 immorale

비뚜로, 삐뚜로 obliquamente, di sghembo, diagonalmente

비뚜름하다, 삐뚜름하다 (essere) storto, inclinato, obliquo

비뚝거리다, 삐뚝거리다 ① [흔들거리다] essere traballante, essere insicuro ② [걸음을] zoppicare

비둔 肥鈍 **-하다** (essere) paffuto, grasso, [동작이] goffo

비뚤거리다, 삐뚤거리다 ① [흔들거리다] barcollare, vacillare, oscillare, traballare ② [구부러지다] curvarsi, serpeggiare

비둘기 colomba, piccione * **-장** colombaia

비뚤비뚤, 삐뚤삐뚤 [흔들흔들] barcolloni, [꼬불꼬불] sinuosamente ¶ 비뚤비뚤한 길 sentiero sinuoso // 비뚤비뚤 걷다 andare barcolloni

비뚤어지다, 삐뚤어지다 ① [기울다] inclinarsi, curvarsi ② [마음이] pervertirsi ¶ 마음이 비뚤어지다 avere la mente perversa

비듬 forfora

비등 比等 **-하다** essere quasi uguale

비등 沸騰 ebollizione, bollitura **-하다** bollire, essere in subbuglio, [의논이] essere agitato * **-점** punto di ebollizione

삐라 manifestino, affiso, poster

비래 飛來 **-하다** venire volando, venire in aereo

비럭질 mendicità **-하다** mendicare

비련 悲戀 amore appasito

비례 比例 [비교] comparazione, [비율] rapporto, proporzione **-하다** paragonare con, [비하다] essere proporzionato ¶ 정[반]비례 proporzione diretta[inversa] * **-대표제** rappresentanza proporzionale **-식** espressione proporzionale

비록 sebbene, benché ¶ 비록 나이는 젊지만 benché sia giovane

비록 秘錄 documento confidenziale

비롯하다 cominciare, avere inizio, provenire (da) (기원하다) ¶ ...을 비롯하여 a cominciare da, oltre che

비료 肥料 fertilizzante, concime ¶ 비료를 주다 concimare, fertilizzare * **화학-** fertilizzante chimico

비루 鄙陋 **-하다** (essere) vile [basso], spregevole

비리 非理 irrazionalità, irragionevolezza, assurdità

비리다 ① [냄새가] odorarsi di pesce, essere sanguinolento,

odorare di sangue(피가) ¶ 비린내 odore di pesce[sangue] // 비린내가 나다 fare odore di pesce [sangue] ② [아니꼽다] (essere) disgustoso, ripugnante, nauseante

비릿하다 avere un legger odore di pesce(sangue)

비만 肥滿 pinguedine, corpulenza, obesità **-하다** (essere) grasso, corpulento, paffutto, pienotto, obeso

비말 飛沫 spruzzo, schizzo

비망록 備忘錄 memorandum, appunto, quaderno degli appunti

비매동맹 非賣同盟 boicottaggio

비매품 非賣品 articolo non in vendita

비명 非命 ¶ 비명에 죽다 morire di morte violenta

비명 悲鳴 strillo, urlo, grido ¶ 비명을 지르다 gridare, strillare

비명 碑銘 epitaffio, iscrizione

비무장 非武裝 smilitarizzazione * **-지대** zona smilitarizzata

비문 碑文 epitaffio, iscrizione, epigrafe

비밀 秘密 segreto, segretezza **-하다** (essere) segreto, confidenziale ¶ 비밀히 segretamente, in segretezza, confidenzialmente // 비밀로 해두다 tenere segreto // 비밀을 밝히다 rilevare un segreto, svelare segreto * **-조약** trattato segreto

비바람 pioggia e vento, tempesta

비방 秘方 ricetta segreta, [비법] metodo segreto

비방 誹謗 insulti, calunnia, diffamazione, maldicenza **-하다** insultare, calunniare, diffamare, parlare male di ¶ 비방하는 자 calunniatore

비번 非番 fuori servizio ¶ 비번이다 non essere in servizio

비범 非凡 **-하다** (essere) raro, straordinario, unico ¶ 비범한 인물 persona straordinaria

비법 秘法 metodo segreto, segreto, mistero

비보 悲報 notizia triste, cattiva notizia

비복 婢僕 servitore, domestico

비분 悲憤 indignazione, risentimento, rancore ¶ 비분 강개하다 indignarsi per, deplorare

삐삐[1] emaciato, scarno ¶ 삐삐 마르다 essere emaciato, essere tutte ossa

삐삐[2] fischio, strillo ¶ 삐삐 울다 strillare

비비 狒狒 【동물】 babbuino

비비꼬다 intrecciarsi, ritorcersi

비비꼬이다 essere torto[intrecciato]

비비다 ① [문지르다] fregare, strofinare, grattare ② [송곳을] roteare (un punteruolo) tra le mani ③ [둥글게] arrotondare, rotolare ④ [뒤섞다] mescolare

비비송곳 trapano, punta di trapano, perforatrice

비비적거리다 fregare ripetutamente

비비틀다 torcere con forza

비비틀리다 essere torto con forza

비빈 妃嬪 la regina e la concubina reale

비빔밥 riso bollito mescolato con vari condimenti

비사교적 非社交的 poco socievole,

amante della solitudine

비싸다 (essere) costoso, caro, alto ¶ 이건 너무 비싸다 È troppo caro. // 비싸게 팔다 vendere a caro prezzo // 비싼 가격을 지불하다 pagare un occhio della testa // 값이 너무 비싸다 Il prezzo è troppo alto.

비상 非常 ① [이상함] emergenza, contingenza **-하다** (essere) urgente ② [비범] singolarità, straordinarietà **-하다** (essere) straordinario, singolare, eccezionale. ¶ 그는 비상한 머리를 가지고 있다 Lui ha un talento eccezionale * **-경보** segnale di allarme **-구** uscita di sicurezza **-소집** assemblea straordinaria

비상 飛霜 veleno a base d'arsenico

비상 飛翔 volo **-하다** volare

비상근 非常勤 ¶ 비상근의 a orario ridotto

비상사태 非常事態 stato di emergenza ¶ 비상 사태를 선언하다 proclamare lo stato di emergenza

비상선 非常線 cordone (di polizia)

비상시 非常時 emergenza, crisi ¶ 비상시에 대비하다 prepararsi alle emergenze

비생산 非生産 ¶ 비생산적 improduttivo, sterile, infruttifero

비서 秘書 [책] libro custodito gelosamente, [비서직] segretario/a ¶ 장관 비서 segretario/a del ministro

비석 碑石 pietra tombale, lapide funeraria ¶ 비석을 세우다 erigere una lapide funeraria

비소 砒素 arsenico (As)

비속 卑俗 volgarità, trivialità **-하다** (essere) volgare, trivale

비수 匕首 stiletto, pugnale, coltello, lama

비수 悲愁 dolore, afflizione, pena

비술 秘術 arte segreta, i segreti di un'arte)

비스듬하다 (essere) inclinato, di traverso, obliquo, diagonale

비스름하다 (essere) piuttosto simile

비슬거리다 [비쓱거리다] vacillare, barcollare, [배돌다] oziare, bighellonare

비슷비슷하다 essere pressappoco uguale, essere più o meno lo stesso

비슷하다 essere simile, assomigliare a, essere assomigliante ¶ 그는 그의 아버지와 비슷하다 È assomigliante a suo padre.

비신사적 非紳士的 ignobile, indegno d'un gentiluomo

비실제적 非實際的 irrealistico, inattuabile

비아냥거리다 essere sarcastico, essere cinico

비악, 삐악 ¶ 삐악삐악 울다 pigolare, squittire

비애 悲哀 dispiacere, dolore, pena, afflizione

비애국적 非愛國的 poco patriottico, non patriottico

비약 飛躍 salto, balzo, sussulto **-하다** saltare, balzare, [발전] fare un progresso rapido, [활동] essere attivo, giocare un ruolo attivo

비어 卑語 volgarità, parola volgare, gergo

비어지다 ① [내밀다] venir fuori, sporgere ② [드러나다] essere rilevato, venire alla luce

비역 [계간] sodomia

비열 卑劣 bassezza, viltà **-하다** (essere) vile, basso, cordardo, sordido

비영리 非營利 non profitto, non lucro

비예술적 非藝術的 inartistico

비옥 肥沃 **-하다** (essere) fertile, ricco, produttivo, fruttuoso

비옷 impermeabile

비용 費用 spesa, costo ¶ 비용을 절약하다 ridurre la spesa // 많은 비용으로 con grandi spese // 비용이 얼마나 듭니까? Quanto costa?

비우다 vuotare, evacurare ¶ 잔을 비우다 vuotare il bicchiere // evacurare una casa

비우호적 非友好的 poco socievole, scortese, poco amichevole, ostile

비운 悲運 sfortuna, disgrazia

비웃【물고기】aringa

비웃다 ridere sprezzante, mettere in ridicolo, beffare, prendere in giro, deridere

비웃음 sogghigno beffardo, derisione ¶ ...를 비웃다 deridere qlcu.

비원 秘苑 giardino segreto, giardino reale

비위 脾胃 ① [비장과 위] milza e stomaco ② [기호, 미각] gusto, sapore, preferenza ¶ 비위가 좋다 avere stomaco di struzzo // 프랑스 요리는 내 비위에 맞다 La cucina francese è di mio gusto. ③ [기분] umore, temperamento, stato d'animo ④ [뻔뻔스러움] impudenza, audacia ¶ 비위가 좋다 (essere) impudente, audace

비위생 非衛生 ¶ 비위생적 antigienico, insalubre, malsano

비유 比喩 metafora (은유), similitudine (직유), favola (우화) **-하다** paragonare, confrontare, illustrare ¶ 비유적 metaforico, simbolico, figurato

비율 比率 rapporto, percentuale, proporzione ¶ 5대 2의 비율 un rapporto di 5 a 2

비음 鼻音 nasale, suono nasale

비인도 非人道 ¶ 비인도적 inumano

비인칭 非人稱 ¶ 비인칭의 impersonale

비일비재 非一非再 ¶ 비일 비재하다 essere frequente, essere comune, essere ripetito

비장 秘藏 **-하다** custodire gelosamente, conservare con cura, apprezzare, tenere sotto chiave * **-물** tesoro, articolo custodito gelosamente

비장 悲壯 **-하다** (essere) tragico, patetico

비장 脾臟 milza

비적 匪賊 bandito, brigante, ribelle, fuorilegge

비전 秘傳 segreto, ricetta

비전투원 非戰鬪員 non combattente, civile

비정 非情 ¶ 비정의 senza cuore,

crudele
비정 秕政 malgoverno, cattiva amministrazione
비정규군 非正規軍 trappe irregolari
비조 裨助 fondatore, progenitore, padre
비좁다 (essere) stretto, piccolo
비종교적 非宗敎的 non-religioso
비쭉 ¶ 입을 비쭉 내밀다 mettere il broncio
비죽거리다, 비쭉거리다 sporgere le labbra, fare il broncio
비준 批准 ratificazione ¶ 조약을 비준하다 ratificare un trattato
비중 比重 gravità specifica, [중요성의] importanza relativa * **-계** idrometro
비지 sedimenti cagliata di fagioli
비지땀 perlatura di sudore ¶ 비지땀을 흘리다 essere imperlato di sudore, sudare copiosamente
비질 -하다 spazzare con una scopa
비집다 [눈을] sfregarsi gli occhi, [틈을] spingere, aprirsi un varco
비참 悲慘 miseria, infelicità, disgrazia **-하다** (essere) disgraziato, infelice ¶ 비참한 생활 vita miserabile
비창 悲愴 tristezza, commozione **-하다** (essere) triste, patetico, addolorato
비척거리다 barcollare, vacillare
비척걸음 camminata barcollante
비척비척 barcolloni ¶ 비척비척 걷다 andare(camminare) barcolloni
비천 卑賤 **-하다** (essere) basso, umile, modesto, oscuro
비철금속 非鐵金屬 metallo non ferroso
비추다 ① [빛을] far luce, illuminare ¶ 불이 방을 비추다 La lampada illumina la camera ② [그림자를] riflettere, rispecchiare, proiettare ¶ 거울에 비추어 보다 guardarsi nello specchio ③ [비교, 참조] paragonare con, giudicare da ¶ 사실에 비추어 alla luce dei fatti
비축하다 備蓄- mettere [tenere, avere] in serbo per emergenza
비취 翡翠 【새】 martin pescatore, [보석] giada * **-색** verde giada
비치 備置 attrezzature, forniture, equipaggiamento **-하다** fornire, equipaggiare, attrezzare
비치다 ① [빛이] splendere, brillare ¶ 햇빛이 찬란하게 비치다 Splende il sole radioso ② [그림자가] essere riflesso ③ [드러나다] lasciar trasparire, essere trasparente ④ [암시] accennare, insinuare
비칭 卑稱 nome umile
비켜나다 indietreggiare, spostarsi di lato
비켜서다 indietreggiare, farsi da parte
비탄 dolore, afflizione, dispiacere, lamento **-하다** lamentarsi, affliggersi, addolorarsi, piangere, deplorare
비탈 pendenza, inclinazione ¶ 비탈지다 essere in pendenza * **-길** pendio
비통 悲痛 dolore, commozione, tristezza **-하다** (essere) triste, addolorato, amareggiato, com-

mosso

비틀거리다 barcollare, vacillare, oscillare

비틀걸음 camminata barcollante

비틀다 distorcere, attorcigliare, torcere ¶ 어떤 이의 팔을 비틀다 torcere un braccio a qlcu.

비틀리다 torcersi, attorcigliarsi

비틀비틀 barcolloni

비틀어지다 torcersi, essere distorto, pervertirsi

비파 琵琶 tipo di liuto orientale

비판 批判 critica, commento **-하다** criticare, commentare, giudicare ¶ 비판적 critico * **-력** abilità critica **-자** critico

비평 批評 critica, commento, recensione **-하다** criticare, commentare, recensire * **-가** recensore, critico **문학-** critica letteraria

비품 備品 attrezzature, arredamento, equipaggiamento * **-목록** lista alle attrezzature, inventario

비하 卑下 [낮춤] degradazione, [낮음] pianura, luogo pianeggiante, [자유] posizione non elevata, bassa

비하다 比- comparare ⇒ 비교

비합리적 非合理的 【철학】 irrazionale, illogico

비합법적 非合法的 illegale, illecito, illegittimo

비행 非行 misfatto, cattiva condotta, trasgressione

비행 飛行 volo, aviazione(비행술) **-하다** volare, prendere l'aereo * **-가(사)** aviatore, pilota **-기지** base aerea **-시간** orario di volo **야간-** volo notturno **곡예-** volo acrobatico **시험-** volo di collaudo

비행기 飛行機 aereo, aeroplano ¶ 비행기에 오르다 prendere l'aereo

비행선 飛行船 aeronave, dirigibile

비행장 飛行場 campo d'aviazione, aeroporto

비행정 飛行艇 idroplano, idrovolante

비현실적 非現實的 irreale, irrealistico, fantastico, immaginario

비호 飛虎 tigre agile

비호 庇護 protezione, patronato **-하다** proteggere, patroncinare, dare asilio a ¶ 비호하에 sotto il patronato * **-자** protettore, patrocinatore

비화 飛火 [불똥] faville (di un fuoco) **-하다** schizzare, saltare, sbalzare

비화 秘話 storia segreta

삑 densamente, fittamente, [소리] con stridio

빈객 賓客 ospite, ospite d'onore

빈곤 貧困 povertà, indigenza, povertà estrema, miseria **-하다** (essere) povero, bisognoso, indigente ¶ 빈곤한 집에서 태어나다 nascere da una famiglia povera

빈궁 貧窮 povertà estrema, indigenza **-하다** (essere) indigente, povero

빈농 貧農 agricoltore povero

빈대 cimice

빈도 頻度 frequenza ¶ 빈도가 높은 말 parola di alta frequenza

빈둥거리다, 삔둥거리다 oziare, condurre una vita oziosa

빈들거리다, 삔들거리다 essere ozioso, oziare, indugiare, bighellonare

빈말 parola priva di senso, parola inutile, parola vuota

빈민 貧民 poveri, indigenti ¶ 빈민을 구제하다 aiutare i poveri * **-굴** quartieri poveri, bassifondi

빈발 頻發 avvenimento frequente, frequenza **-하다** avvenire frequentemente, essere frequente

빈방 -房 camera vuota

빈번 頻繁 frequenza **-하다** (essere) frequente, incessante ¶ 빈번히 frequentemente, incessantemente, ripetutamente

빈부 貧富 ricchezza e povertà ¶ 빈부의 격차 l'abisso tra ricchi e poveri

빈사 瀕死 ¶ 빈사 상태에 있다 essere in agonia // 빈사의 환자 paziente moribondo

빈손 ¶ 빈손으로 a mani vuote

빈약 貧弱 povertà, insufficienza **-하다** (essere) povero, scarso, limitato, insufficiente

빈자리 posto libero, posto vacante

빈정거리다 canzonare, prendere in giro

빈집 casa vuota, casa vacante

빈천 貧賤 povertà (e umiltà) **-하다** (essere) povero e umile

빈촌 貧村 villaggio povero

빈축 嚬蹙 cipiglio, smorfia **-하다** aggrottare le cìglia, fare una smòrfia

빈칸 spazio vuoto ⇒ 공백

빈탕 vuotezza, vacanza, guscio vuoto, lacuna, spazio vuoto

빈털터리 persona senza un soldo ¶ 빈털털이다 non avere un soldo

빈틈 ① [간격] incrinatura, interstizio, fessura, crepa ¶ 빈틈없이 compattamente, strettamente ② [불비] impreparazione, lacuna, inattenzione, imprudenza ¶ 빈틈없이 경계하다 stare all'erta

빈한 貧寒 povertà, indigenza **-하다** (essere) povero, bisognoso, indigente

빈혈 貧血 anemia * **악성-** anemia perniciosa

빌다[1] ① [구걸] domandare, chiedere, mendicare ¶ 빌어 먹다 chiedere l'elemosina ② [기원] pregare, supplicare, invocare, implorare ¶ 병든 자식을 위해 하느님께 빌다 pregare Dio per il figlio malato ③ [사죄] chiedere perdono, chiedere la scusa a, scusarsi

빌다[2] ① [차용] prendere in prestito, farsi prestare ¶ 책을 빌다 prendere un libro in prestito ② [힘을] adoperare, usare, basarsi su ③ [방을] ¶ 집을 빌다 prendere in affitto una casa

빌려주다 ⇒ 빌리다

빌리다 ① [대여] prestare, dare in prestito ¶ 힘을 빌리다 prestare aiuto ② [임대] affittare, dare a nolo ③ prendere in prestito ④ farsi aiutare

빌붙다 adulare, lusingare, accattivarsi il favore di

빌어먹다 chiedere l'elemosina

빗 pettine ¶ 빗으로 머리를 빗다 pettinarsi

빗- sbagliato, erroneo, falso
빗각 -角【수학】angolo obliquo
빗나가다 andare da un′altra parte, deviare, fallire il segno
빗다 pettinare
빗대다 spergiurare, testimoniare il falso ¶ 이름을 빗대다 dare un nome falso
빗돌 碑- stele
빗뜨다 guardare di traverso
빗듣다 udire male, intendere male, essere disinformato
빗디디다 ⇒ 헛디디다
빗맞다 [빗나가다] mancare il bersaglio, fallire, sfiorare
빗먹다 [틈이] deviare, curvarsi, piegarsi
빗물 acqua piovana
빗발 densità della pioggia, pioggia ¶ 빗발처럼 내리는 폭탄 pioggia di bombe
빗방울 goccia di pioggia
빗변【수학】ipotenusa
빗장 catenaccio, spranga ¶ 문에 빗장을 지르다 chiudere una porta col catenaccio
빗접 pettiniera
빗줄기 ¶ 빗줄기가 세차다 diluviare, piovere a dirotto
빗질하다 pettinarsi
빙, 삥 in cerchio, attorno, in giro ¶ 식탁에 삥 둘러앉다 sedersi intorno alla tavola
빙결 氷結 congelamento, congelazione
빙고 氷庫 ghiacciaia
빙과 氷菓 ghiaccio, gelato, dolce gelato
빙괴 氷塊 banco di ghiaccio (galleggiante), massa di ghiaccio
빙그레, 삥그레 con faccia sorridente, sorridente **-하다** sorridere
빙그르르, 삥그르르 ¶ 빙그르르 돌다 girare e voltare lisciamente
빙글거리다, 삥글거리다 sorridere
빙글빙글, 삥글삥글 pattinare attorno scorrevolmente
빙긋거리다, 삥긋거리다, 삥끗거리다 sorridere ⇒ 빙글거리다
빙낭 氷囊 borsa di ghiaccio
빙부 氷夫 ⇒ 장인
빙빙, 삥삥 ¶ 빙빙 돌다 girare intorno
빙사탕 氷砂糖 zucchero candito
빙산 氷山 ghiaccio galleggiante, iceburg
빙상 氷上 ¶ 빙상에서 sul ghiaccio
 * **-경기** gare sul ghiaccio
빙설 氷雪 ghiaccio e neve
빙수 氷水 acqua gelata, ghiaccio macinato
빙원 氷原 campo di ghiaccio, banco di ghiaccio
빙자 憑藉 ① [의지] fiducia, affidamento **-하다** fidarsi di, fare affidamento 녀 ② [핑계] scusa, pretesto **-하다** creare un pretesto, creare una scusa ¶ ...을 빙자하여 col pretesto di
빙점 氷點 punto di congelamento
빙초산 氷醋酸【화학】acido acetico glaciale
빙충맞다 (essere) goffo, stupido e timido
빙충(맞)이 imbecille, idiòta
빙탄 氷炭 ghiaccio e carbonella, [부조화] incompatibilità
빙퉁그러지다 andare male, [성질

이] avere una mentalità perversa

빙판 氷板 lastra di ghiaccio, strada ricoperta di ghiaccio

빙하 氷河 [강] fiume ghiacciato, [지질] ghiacciaio * **-기** periodo glaciale **-작용** glaciazione

빚 debito, prestito, obbligo ¶ 빚을 갚다 pagare un debito // 빚을 지다 contrarre un debito, essere in debito

빚꾸러기 persona indebitata

빚내다 prendere denaro in prestito, fare(ottenere) un prestito

빚놓다 prestare

빚다 ① [술을] ¶ 술을 빚다 fare un liquore ② [만두, 송편 따위를] fare, impastare ③ [조성하다] causare, provocare ¶ 가난이 빚은 비극 tragedia causata dalla povertà

빚돈 debito, prestito ¶ 빚돈을 내다 prendere denaro in prestito

빚물이하다 pagare il debito di un′altra persona

빚받이하다 recuperare un debito

빚어내다 causare, provocare, creare

빚장이 creditore, esattore, usuraio

빚주다 dare in prestito

빚지다 contrarre un debito, essere in debito

빛 ① [광명] luce, [광선] raggio, [섬광] bagliore, [광휘] splendore, radiosità, scintillio, [희미한] barlume, luccicchio ¶ 빛을 발하다 emettere luce ② [빛깔] colore, sfumatura, tinta, gradazione ¶ 밝은 빛 tinta chiara ③ [안색 따위] aria, espressione, aspetto ¶ 행복한 빛 un′espressione felice (di felicità)

빛깔 colore, sfumatura, tinta, gradazione

빛나다 ① [빛이] splendere, brillare, scintillare, rilucere, luccicare, risplendere, essere lucente ¶ 태양이 하늘에서 빛나다 Il sole splende nel cielo. ② [출중하다] brillare, fare una bella figura

빛내다 fare brillare, lucidare ¶ 세계에 그 이름을 빛내다 farsi unareputazione mondiale

빛살 raggi di luce

ㅅ

사[1] punto a occhiello
사[2] 〈음악〉 G, sol (이)
사 士 [사람] ufficiale, gentiluomo, [장기에서] pezzo degli scacchi coreani
사 巳 [십이지의] segno del serpente, [방향] Direzione del Serpente, [시간] Ora del Serpente
사 四 quattro, [제 4] quarto ¶ 사분의 일 un quarto * **-차원** [수학] quattro dimensioni
사 死 morte ⇒ 죽음
사 寺 tempio
사 私 [공에 대한] privatezza, [정실] parzialità, segreto [비밀] intimità 사적인 privato, personale
사 邪 [부정] ingiustizia, [사악] male, [악의] malizia
사 社 [회사] compagnia, [상회] ditta, [사무소] ufficio, [결사] società
사 赦 perdono, clemenza **-하다** perdonare, condonare
사 詞 [말] parola, frase * **명-** sostantivo, nome **형용-** aggettivo
사 紗 garza, tessuto finissimo
사 辭 [인사] discorso, parole * **송별-** discorso d'addio
사가 史家 storico
사각 射角 angolo di tiro
사각 四角 quadrato, rettangolo * **-주** colonna quadrata **-형** quadrilatero, quadrangolo
사각 死角 [군사] angolo della morte
사각 斜角 angolo obliquo, spigolo ad angolo non retto
사각거리다 sgranocchiare, essere croccante
사각모자 四角帽子 tocco, cappello accademico
사감 私憾 dispetto, rancore, risentimento, malanimo, malizia
사감 舍監 decano del dormitorio, ispettore del dormitorio
사개 incastro a coda di rondine
싸개 coperta, copertura, carta da imballaggio
사거 死去 morte, decesso **-하다** morire, decedere
사거리 四- incrocio (di due strade)
사건 事件 [큰 사건] evento, [사소한] incidente, [일] affare, faccenda, [사고] incidente, [우연의] avvenimento, [법률상의] caso, [음모] cospirazione, [분규] tribolazione ¶ 중요한 사건을 다루다 trattare un affare importante // 추문 사건 scandalo * **살인 사건** caso di omicidio

사격 射擊 tiro, fucilata, colpo, [사격술] abilità nel tiro **-하다** tirare, sparare 사격 연습 esercitazione di, tiro a segno

사견 私見 la propria opinione personale, il proprio punto di vista ¶ 사견으로는 secondo me

사경 死境 in punto di morte, rischio di morte ¶ 사경에 처하다 essere vicino alla morte, essere prossimo alla morte, essere in punto di morte

사경제 私經濟 economia privata, economia individuale, economia personale

사계 四季 [계절] le quattro stagioni ¶ 사계의 변화 mutamenti delle quattro stagioni

사계 斯界 campo, settore ¶ 사계에서 nel campo, nel settore // 사계의 권위자 un autorità nel campo

사고 四顧 ¶ 사고 무친 하다 essere orfano e senza amici, essere solo e senza aiuto

사고 社告 un annuncio (di una ditta), la pubblicità della ditta

사고 事故 [예기치 않은] un incidente, una disgrazia, un infortunio, un disastro ¶ 사고를 일으키다 causare un incidente, sollevare un problema // 비행기가 착륙시에 사고가 났다 L'aereo ha avuto un incidente nell atterraggio. // 그는 교통사고로 사망했다 Lui è rimasto ucciso in un incidente stradale. * **-뭉치** sobillatore, agitatore **도난-** caso di furto **자동차-** incidente automobilistico **열차-** incidente ferroviario, disastro ferroviario **비행기-** disastro aereo **교통-** incidente stradale **근무중의-** incidente sul lavoro **사망-** incidente mortale

사고 思考 pensiero, riflessione, meditazione, considerazione, contemplazione, speculazione **-하다** pensare, riflettere su, meditare, considerare, contemplare, speculare ¶ 나의 사고로는 a mio avviso, a mio modo di vedere, a mio parere * **-력** forza del pensiero **-방식** modo di pensare **-작용** processo del pensiero

사공 沙工 un barcaiolo, un rematore, un traghettatore

사과 沙果 una mela ¶ 사과를 깍다 sbucciare una mela // (얼굴이) 사과처럼 둥근 tondo come una mela * **-나무** un melo **-파이** torta di mele **아담의-** pomo di Adamo

사과 謝過 scusa, giustificazione **-하다** chiedere(domandare) scusa, domandare perdono, scusarsi con qulc. ¶ presentare le proprie scuse a qulc. 나는 너의 사과를 받아 들일 수 없다 Non posso accettare le tue scuse. // 그는 자기가 늦게 온 것에 대해 사과했다 Lui si scusò di essere in ritardo. // 사과할 필요 없다 Non c'è bisogno di scuse. // 그점을 여러분에게 미리 말씀드리지 못한 것에 대해서 사과드립니다 Mi scuso di non avervelo detto prima. // 그는 회의에 오지 못한점에 대해서 원장에게 사과를 드렸다 Si scusò col direttore di non essere venuto

ㅅ

alla riunione. // 잘못을 사과했다 Si scusò dello sbaglio. // 포도주를 쏟은 것에 대해서 사과했다 Si scusò di aver rovesciato il vino. // 네가 늦은 것에 대해서 그에게 사과해야 한다 Devi chiedere scusa a lui del ritardo. // * **-편지** una lettera di scuse

사관 士官 ufficiale ¶ 육군 사관학교 Accademia Militare // 해군 사관학교 Accademia Navale // 공군 사관학교 Accademia Aeronautica Militare * **-후보생** aspirante, accademista, cadetto, allievo **육군-** ufficiale dell'esercito **공군-** ufficiale dell'aeronautica **해군-** ufficiale di marina

사관 史觀 una visione storica * **유물-** la visione materialistica della storia

사교 社交 rapporti sociali, vita sociale ¶ 사교적인 socievole * **-가** una persona socievole **-계** società, circolo sociale **사교계 사람들** gente di mondo **사교계에 출입하다** frequentare il bel mondo **사교계에 진출하다** entrare in società, debuttare in società **-생활** vita di società **-게임** giochi di società **-란** rubrica di cronaca mondana - **소식** notizie mondane **-성** socievolezza, socialità **-술** l'arte della socialità **-춤** un ballo di società

사교 邪交 eresia, paganesimo, falsa religione, dottrine * **-국** paese dove regna il paganesimo **-도** pagano, eretico

사구 砂丘 duna, colline di sabbie

사군자 四君子 le quattro piante graziose (prugno, orchidea, crisantemo e bambù)

사귀다 [친하게] fare amicizia con, uscire con, [교제] frequentare qlcu, fare comunella con qlcu., corteggiare qlcu, lasciarsi corteggiare da qlcu ¶ 나쁜 사람들과 사귀다 frequentare cattive compagnie

사귐성 ¶ 사귐성이 있다 essere socievole // 사귐성이 없다 essere asociale

사그라지다 calare, decrescere, andare giù, abbassarsi, [썩어서] decomporsi, [눈따위가 녹아서] sciogliersi completamente, dileguarsi, [안개 따위가] disperdersi, diradarsi

사극 史劇 dramma storico

사근사근하다 [성질이] (essere) amabile, affabile, gradevole, piacevole, simpatico, sottomesso, ubbidiente, [먹기에] croccante, fresco

사금 砂金 polvere d' oro, sabbie d'oro

사기 史記 storia, cronaca, annali storici

사기 士氣 morale, spirito combattente ¶ 사기가 높다 essere su di morale // 사기가 낮다 essere giù di morale // 군대의 사기의 매우 높았다 Il morale delle truppe era altissimo. // 병사들의 사기가 낮았다 Il morale dei soldati era basso. // 백성들의 사기를 돋구다 tenere su il morale del popolo

사기 (沙器) porcellana, stoviglie di

porcellana * **-인형** bambola di ceramica

사기 (詐欺) frode, raggiro, truffa **-하다** frodare, raggirare, truffare, perpetrare una frode, ottenere con la frode ¶ 나에게 돈을 사기쳤다 Mi frodò di una somma. // 사기를 당하다 essere frodato * **-군** traffatore **탈세-** frode fiscale **우체국-** frode postale

사기업 impresa privata(individuale)

사나이 [남자] uomo, maschio, [남자다움] ¶ 사나이 다운 virile, maschio, risoluto // 사나이답게 굴다 comportarsi da uomo, essere un uomo // 사나이답게 참다 sopportare qlco. da uomo

사나토륨 sanatori

사날[1] tre o quattro giorni, qualche giorno, alcuni giorni

사날[2] ¶ 사날좋은 che indulge verso se stesso, che indulge ai piaceri, caparbio, volonteroso // 사날 좋게 굴다 fare di testa propria, non seguire gli altri

사납다 (essere) feroce, fiero, violento, crudele, incontrollato, sfrenato, ribelle, sregolato, [운수가] (essere) sfortunato ¶ 사나운 개 cane feroce // 사나운 짐승 bestia feroce // 사납게 ferocemente, fieramente, violentemente // 성질이 사납다 avere un carattere violento

사내 uomo ⇒ 사나이

사내아이 ragazzino, ragazzo, fanciullo, adolescente, garzone, bambino

사내종 servitore, persona di servizio, domestico, servo

사냥 caccia **-하다** cacciare ¶ 사냥가다 andare a caccia // 여우 사냥에 참가하다 partecipare a una caccia alla volpe * **토끼-** caccia alla lepre **여우-** caccia alla volpe **고래-** caccia alla balena **역-** caccia alla rovescia

사냥개 cane da caccia

사냥군 cacciatore

사냥터 riserva di caccia

사냥철 stagione della caccia

사냥총 fucile da caccia

사냥허가 licenza di caccia

사념 cattivi pensieri, pensieri maligni, pensieri malvagi

사농공상 le quattro tradizionali classi sociali (studiosi, contadini, artigiani e commercianti)

사늘하다/싸늘하다 [날씨가] essere gelido, essere piuttosto freddo, [태도가] essere freddo, mostrarsi freddo con qlcu.

사다 ① [구매] comprare, acquistare ¶ 비싸게 사다 comprare a un prezzo alto 싸게 사다 comprare a buon mercato // 외상으로 사다 comprare a credito // 도매로 사다 comprare all' ingrosso // 할부로 사다 comprare a rate // 현금으로 사다 comprare in contanti // 중고를 사다 comprare di seconda mano // 경매로 사다 comprare all asta, comprare all incanto // 대량으로 사다 comprare in blocco // 유리한 조건으로 사다 comprare a condizioni favorevoli ② [초래하다] causare ¶ 원한을 사다 provocare un risentimento // 환

ㅅ

심을 사다 conquistarsi i favori, conquistarsi la benevolenza di qlcu. ③ [인정하다] apprezzare, stimare, valutare giustamente ¶ 높이 사다 attribuire merito (a qlcu.) per // 그의 정직한 점을 사 주다 apprezzare la sua onestà

싸다¹ impachettare, avvolgere, coprire, [짐싸다] fare i bagagli, [가리다] coprire con qlco. ¶ 보자기에 싸다 avvolgere in un panno // 그것을 종이로 싸주시오 Lo avvolga nella carta, per favore!

싸다² [똥 · 오줌을 싸다] espellere, secernere, eliminare ¶ 오줌을 싸다 urinare, orinare, fare la pipì // 똥을 싸다 espellere escrementi

싸다³ [동작이 빠르다] lesto, rapido, veloce, agile, svelto, pronto ¶ [싸게 걷다] camminare con passo svelto // 싸게 alla svelta // 불이 싸다 Il fuoco brucia velocemente.

싸다⁴ [값이] economico, non costoso, poco costoso, a buon mercato, a basso prezzo, di poco conto ¶ 값싸게 a buon prezzo, economicamente // 싸게 구입하다 comprare qlco. a buon mercato // 값이 비싸졌다 Il prezzo è salito. // 값이 싸졌다 Il prezzo è diminuito. // 값싸고 질이 나쁜 di poco prezzo e di cattiva qualità // 싼 물건 articolo economico, articolo a buon mercato // 매우 싼 convenientissimo, a bassissimo prezzo // 싼가격 prezzo basso

싸다니다 andare a zonzo, bighellonare

사다리 scala ¶ 사다리에 올라가다 salire su una scala * **소방용-** scala da pompieri * **긴-** scala a pioli * **접이-** scala pieghevole

사다리꼴 [기하] trapezoide

사다새 [새] pellicano

사닥다리 scala a piuoli ¶ 사닥다리차 autoscala * **-층계** scala, scalone

사단 社團 associazione, corporazione * **-법인** società corporativa, impresa corporativa

사단 師團 militare divisione, reparto, sezione * **-장** comandante di divisione

사담 私談 discorso privato, conversazione privata ¶ 사담하다 fare una conversazione privata con qlcu.

사당 祠堂 santuario delle lapidi ancestrali

사대 事大 sottomissione al più forte, rispetto del potente * **-주의** servilismo **-주의자** persona servile, leccapiedi, tirapiedi

사대부 士大夫 persona di famiglia nobile

사또 [주장, 원님에게] signore

사도 使徒 apostolo * **-신경** credo, simbolo apostolico **-교부** Padri della chiesa **-직** apostolato

사도 斯道 moralità confuciana

사돈 membri della famiglia del genero o della nuora ¶ 사돈의 팔촌 parenti lontani, parenti alla lontana

사들이다 approvvigionarsi, acquistare, tenere in magazzino

사라지다 scomparire, svanire ¶ 어둠속으로 사라지다 svanire nell'oscurità // 군중속으로 사라지다 sparire, perdersi nella folla // 너는 급히 사라졌다 Sei scomparso improvvisamente.

사람 ① [인류] uomo, il genere umano, gli uomini, [개인] uomo, persona ¶ 사람은 죽게 마련이다 L'uomo è mortale. // 사람의 일생 vita dell'uomo // 그는 마산 사람이다 Lui è di Masan. // 정직한 사람 uomo buono // 가난한 사람 uomo povero // 양심적인 사람 uomo di coscienza // 정이 많은 사람 uomo di cuore // 보통사람 uomo di strada // 우수한 자질을 지닌사람 uomo d'oro // 그는 정직한 사람이다 Lui è una persona onesta. // 사람의 모임 riunione di persone // 10인의 식사 pranzo per dieci persone, ② [세인] popolo, gente, pubblico, [타인] gli altri, [아내] (mia) moglie, [자신] io, [심부름군] messaggero ¶ 우리집 사람 mia moglie // 사람 앞에서 창피를 주다 umiliare (una persona) in pubblico // 사람을 부르러 보내다 mandare qualcuno chiamare, ③ [인품] carattere, personalità, [인재] un uomo d'ingegno ¶ 말이 앞서는 사람 uomo di parola // 사람 답게 처신해라 Comportati da uomo. // 말수가 적은 사람 uomo di poche parole // 믿을만한 사람 uomo di fiducia // 잘생긴 사람 un bell'uomo // 위대한 사람 un grand'uomo // 참다운 인간 uomo sincero

사람답다 (essere) umano, (essere) un vero uomo, (essere) degno del nome d'uomo

사랑 amore, [애정] affetto, [애착] affezione, affetto, [애욕] passione **-하다** amare, volere bene a qlcu., essere innamorato di, adorare, andare pazzo per ¶ 그녀는 아버지를 사랑한다 Lei ama suo padre. // 조국을 사랑하다 amare la patria // 산을 사랑하다 amare la montagna // 죽도록 사랑하다 amare da morire, amare fino alla follia // 남에게 사랑을 받다 farsi amare da qlcu // 조용함을 사랑하다 amare la tranquillità // 나는 음악을 무척 사랑한다 Amo molto la musica. // 나는 추위는 사랑하지 않는다 Non amo il freddo. // 우리가 서로 사랑한지 3년 되었습니다 Sono tre anni che ci amiamo, Ci amiamo da tre anni. // 정신적인 사랑 amore platonico // 자신의 사랑을 선언하다 dichiarare il proprio amore // 사랑의 열병을 앓다 soffrire di mal d'amore // 자신에 대한 사랑 amore di sè // 사랑하는 caro, amato, diletto // 아버지의 사랑 amore paterno // 자식의 사랑 amore filiale // 어머니의 사랑 amore materno // 첫사랑 il primo amore // 그녀는 내인생의 첫사랑이었다 Lei è stata il mio primo amore della mia vita. // 사랑의 신호를 보내다 mandare saluti affettuosi a qlcu. // 사랑에 빠지다 innamorarsi, invaghirsi // 누구를 사랑하게 되다 essere innamorato di qualcuno // 첫눈에 반한 사랑 amore a prima vista // 연애 편지 lettera di amore // 러브송 romanza, canzone d'amore // 그는 축구를 미친 듯이 사랑하다 Lui ha una gran passione per il calcio. // 나는 소피아 로렌을 미치도록 사랑한다 Io vado pazzo per Sofia Loren. [연인] amore mio, tesoro, caro mio

사랑 舍廊 camera degli ospiti, stanza di soggiorno distaccata(isolata, separata]

사랑니 dente del giudizio

사레 ¶ 사레들리다 inghiottire di traverso, soffocarsi

사려 思慮 considerazione, buon senso, prudenza, discrezione, pensiero, riflessione, meditazione **-하다** ponderare, considerare, riflettere, pensare, meditare ¶ 사려있는 profondo, meditato, giudizioso, ponderato, serio, prudente // 사려가 없는 imprudente, sconsiderato, sventato, irriflessivo, avventato // 사려깊은 대답 risposta ponderata // 사려 없는 행위 atti sconsiderati // 사려 없는 여자 ragazza sconsiderata

사력 死力 sforzo disperato ¶ 사력을 다해 싸우다 battersi fino alla morte

사련 邪戀 amore illecito, illecita storia d'amore

사령 司令 ① posizione di comando, controllo, comandante ② ufficiale di servizio * **-관** comandante, appellativo di chi ha il comando di una unità ¶ 총사령관 comandante in capo, comandante supremo **-부** comando **-탑** torre di controllo, torretta di direzione // 총사령부 comando, il comando generale // 최고사령부 il comando supremo // 잠수함의 사령탑 torretta dei sommergibili

사령 辭令 [발령] ordine ufficiale, [발령장] mandato ufficiale di nomina ¶ 임명사령 avviso di nomina, [언사] parole legali, espressione allocuzione ¶ 외교사령 lingua diplomatica

사례 事例 caso, esempio ¶ 그러한 사례는 드물다 Quei casi sono rari.

사례 謝禮 [감사] ringraziamento, gratitudine, grazie, [보수] ricompensa, remunerazione **-하다** ringraziare, essere grato a, ricompensare, remunerare // **-로** in ricompensa di ¶ 두둑히 사례하다 ricompensare generosamente

사로자다 dormire sonni irrequieti, dormire con sonno agitato

사로잠그다 socchiudere la porta, lasciare mezza aperta

사로잡다 catturare, fare prigioniero ¶ 범을 사로잡다 catturare una tigre

사로잡히다 essere catturato ¶ 적군에게 사로잡히다 essere catturato dai nemici

사론 史論 saggo storico

사료 史料 materiale storico

사료 思料 considerazione **-하다** considerare, stimare, tenere conto di

사료 飼料 foraggio, biada

사륙배판 四六倍判 grande volume in ottavo

사르다 [태워버리다] buttare nel fuoco, bruciare, dare fuoco a qlco.

사르르 dolcemente, tranquillamente, gentilmente

사르트르 Sartre, Jean Paul (Francia 1905-1980)

사리 rotolo ¶ 새끼 한 사리 un rotolo di corda

싸리 【식물】 trifoglio

사리 私利 profitto personale, interesse personale ¶ 사리를 도모하다 cercare il profitto personale

사리 事理 fatti, ragione, proprietà ¶ 사리에 밝은 사람 un uomo di giudizio

사리다 ① [새끼를] avvolgere la fune, ② [국수를] avvolgere la pasta, ③ [뱀이] attorcigliarsi ¶ 뱀이 먹이 주위에 사리고 있다 Il serpente si attorciglia attorno alla preda. ④ [몸을] risparmiarsi, evitare le fatiche ¶ 그는 위험 앞에서 절대로 몸을 사리지 않는다 Lui non indietreggia mai di fronte al pericolo.

사리사리 una spira dopo l'altra, un rotolo dopo l'altro

사린 四隣 l'intero vicinato, i paesi circostanti

사립 私立 privato, non governativo ＊**-학교** la scuola privata **-탐정** investigatore privato

사립문 un cancello fatto di rami e frasche

사마귀 porro, verruca, bitorzolo, escrescenza ¶ 사마귀가 많은 pieno di escrescenze, verrucoso

사막 沙漠 deserto ¶ 사막의 desertico

사망 死亡 morte, decesso, fine **-하다** morire, decedere ¶ 사망 통지하다 notificare la morte ＊**-신고** notifica di morte **-진단서** atto di morte **-선고** sentenza di morte **-률** mortalità **-자** persona morta

사면 四面 quattro lati [모든 면] tutti i lati, tutte le direzioni ＊**-체** tetraedro **-초가하다** avere tutto il mondo contro, essere circondato da nemici, essere abbandonato da tutti

사면 斜面 pendio, declivio ＊**-도** sezione obliqua, sezione inclinata **-급** passo inclinato

사면 赦免 perdono, grazia, remissione, assoluzione, amnistia **-하다** perdonare, rimettere, liberare da, assolvere ＊**-령** decreto d' amnistia

사면 辭免 dimissioni

사멸 死滅 estinzione, annientamento, distruzione, morte **-하다** morire, perire, estingersi, venire annientato, essere estirpato

사명 使命 missione, commissione ¶ 사명을 띠다 accolarsi una missione, farsi carico di una missione

사모 思慕 [경모] adorazione, ammirazione, amore, affetto profondo **-하다** adorare, ammirare, amare, desiderare ardentemente, avere molta voglia di

사모 師母 [스승의 아내] la moglie

ㅅ

del propiro maestro, [호칭] signora

사무 事務 lavoro, lavoro d'ufficio, ¶ 사무적인 metodico, efficiente, pratico // 사무적으로 in maniera metodica // 사무용품 attrezzature d'ufficio // 사무절차 routine di lavoro // 사무직원 impiegato // 사무에 밝다 essere esperto nel lavoro d'ufficio // 사무를 인계하다 passare il lavoro d'ufficio a qlcu. // 사무를 보다 essere al lavoro, essere sul posto di lavoro * **-관** ministro preposto a un dicastero, ufficiale amministrativo, [3급을류] ufficiale amministrativo di terzo livello **-국** segretariato **-복** abito da ufficio **-실** ufficio **-원** impiegato **-장** capoufficio **-총장** segretario generale

사무치다 trafiggere, commuovere, toccare il cuore di qlcu. ¶ 원한이 사무치다 serbare rancore contro qlcu.

사문 査問 indagine, inchiesta, interrogazione **-하다** indagare, esaminare, interrogare

사문 死文 lettera non recapitata, lettera morta ¶ 사문화되다 diventare lettera morta

사문서 私文書 documento privato, carte private

사물 私物 proprietà personale, cose personali, effetti personali

사물 事物 oggetti, cose, materie

사뭇 [멋대로] come si vuole, di testa propria, a proprio piacere, [줄곧] per tutto il tempo, senza interruzione

사바사바-하다 corrompere un funzionario

사박거리다 scricchiolare

사반 四半 un quarto * **-기** quarto [misura di peso]

사발 沙鉢 scodella ¶ 내가 수우프를 두사발이나 먹었다 Mi sono mangiato due scodelle di minestra.

사방 四方 le quattro direzioni, quattro lati, tutte le direzioni ¶ 팔방으로 찾다 cercare dappertutto

사방 砂防 controllo dell'erosione, bloccaggio di un banco di sabbia * **-공사** lavori antierosione, bloccaggio delle sabbie

사범 師範 un modello per altri, un supervisore di judo, un istruttore, un allenatore, un precettore * **-교육** formazione degli insegnanti, formazione normale **-대학** università di formazione **-학교** istituto magistrale, scuola magistrale

사범 事犯 crimine, delitto, illegalità ¶ 선거 사범 broglio elettorale // 경제 사범 reato economico

사법 司法 applicazione della giustizia, amministrazione della giustizia, magistratura ¶사법의 giudiziario * **-부** magistratura **-경찰** la polizia giudiziaria **-관** un ufficiale giudiziario **-권** potere giudiziario **-기관** dispositivo di legge, la macchina della giustizia **-서사** uno scrivano giudiziario **-재판** giudizio **-재판관** un funzionario giudiziario **-재판소** la Corte di Giustizia **-제도** il sistema giudiziario -**국제 재판소** la Corte di Giustizia internazionale

사변 四邊 i quattro lati, tutti i lati ＊ - **형** quadrilatero

사변 事變 [사고] un incidente, [변란] rivolta, insurrezione, conflitto, [급변] emergenza ＊ **-6.25 사변** la guerra civile del 25-06-1950

사변 思辨 [구별] dicriminzaione, [사유] speculazione ＊ **-철학** filosofia speculativa

사변 斜邊 [기하] ipotenusa, lato obliquo

사별 死別 separazione dalla morte, separato da una persona dalla morte ¶ 부인과 사별하다 perdere la propria moglie

사병 士兵 soldato, riservista, la truppa

사보타주 sabotaggio

사보텐 cactus

사복 私服 abiti civili, vestiti abituali ＊ **-경찰관** un poliziotto in borghese

사복 私腹 il proprio stomaco, il proprio interesse personale ¶ 사복을 채우다 riempirsi le proprie tasche

사복음 四福音 [성경] i quattro vangeli

사본 寫本 manoscritto [부본] copia, duplicato, [등사물] trascrizione ¶ 사본을 만들다 fare una copia

사부 四部 [네부분] quattro parti ＊ **-작** tetralogia **-합창** quartetto vocale

사부 師父 [스승과 부친] il proprio padre e maestro, [스승] il proprio insegnante, [왕자의] insegnante privato del principe, precettore, tutore

사부랑거리다 ⇒ 시부랑거리다

사북 [부채의] perno, [요점] il punto chiave

사분 四分 quattro minuti, un quarto **-하다** dividere in quattro ¶ 사분의 일 un quarto ＊ **-음부** [음악] semiminima **-의** quadrante

사뿐 morbidamente, leggermente, con passi leggeri

사분오열 四分五裂 rottura assoluta **-하다** andare in pezzi, strapparsi

사비 私費 spese personali ¶ 사비로 a proprie spese

사사 私事 affari riservati, affari personali

사사 事事 tutte le cose, tutti i casi ＊ - **건건** in tutti i casi

사사 師事 **-하다** studiare sotto una persona, essere un discepolo di

사사로이 personalmente, privatamente, informalmente

사사일 私私一 cose private, affari privati

사산 死産 nascita di un bambino morto **-하다** dare alla luce un bambino morto, avere un bambino morto ＊ **-아** bambino nato morto

사살 射殺 **-하다** uccidere sparando

사상 事相 fenomeno, evento, caso, aspetto, fase

사상 死傷 morte e ferita, vittime, feriti (di uomini) ＊ **-병** soldati feriti e morti **-자수** numero di morti e feriti

사상 思想 pensiero, ideologia,

ㅅ

opinione, nozione, concetto ¶ 건전한 사상 buoni pensieri * -가 pensatore, filosofo -계 il mondo del pensiero -범 reati d'opinione -운동 movimento ideologico 과격- idee radicali

사상 絲狀 ¶ 사상의 filamentoso, filiforme, fibroso, filaccioso * -균 [식물] funghi filamentosi

사상 史上 nella storia ¶ 사상 초유의 거사 avvenimento che fa epoca

사색 思索 speculazione, pensieri, cogitazione, meditazione, riflessione, contemplazione **-하다** meditare, contemplare, speculare ¶ 사색적인 speculativo, contemplativo // 사색에 잠기다 immergersi nel pensiero, sprofondare nella meditazione * -가 pensatore, filosofo

사색 四色 quattro colori, [당파] quattro fazioni del periodo di mezzo della dinastia Lee * -당쟁 conflitto fra le quattro fazioni

사생 死生 vita e/o morte * -관두 (關頭) sull'orlo della morte -결단 mettere a rischio la vita, mettere a repentaglio la vita

사생 寫生 schizzo dal vero **-하다** fare uno schizzo dal vero * -화 schizzo

사생아 私生兒 bastardo, figlio illegittimo, figlio naturale, figlio adulterino ¶ 그는 사생아이다 Lui è un figlio illegittimo.

사생활 私生活 vita privata, faccenda privata

사서 司書 bibliotecario

사서 四書 i Quattro libri (della Cina antica)

사서 史書 libro storico

사서 私書 documento personale, lettera confidenziale, lettera privata * -함 casella postale

사서 辭書 dizionario ⇒ 사전

사석 私席 occasione non ufficiale, informale

사선 死線 [죽을 고비] crisi, linea della morte, termine, ultimo

사선 斜線 [기하] linea obliqua, [지도 따위의] zona protetta

사설 社說 articolo di fondo, editoriale

사설 私設 decisione privata ¶ 사설의 fondato privatamente

사성 四聖 I quattri grandi saggi (Confucio, Budda, Gesù e Socrate)

사소 些少 **-하다** (essere) insignificante, banale, lieve, da poco ¶ 사소한 일 cosa da poco, cosa da nulla // 사소한 잘못 piccolo sbaglio // 사소한 일을 걱정하다 preoccuparsi delle piccole cose

사수 死守 difesa disperata **-하다** difendere disperatamente, difendere fino all'ultimo ¶ 참호를 사수하다 difendere il fortino fino all'ultimo momento

사수 射手 tiratore, [포수] artigliere, cannoniere, fucilare

사숙 私塾 scuola privata

사숙 私淑 **-하다** prendere a modello qlcu., ammirare qulc. e seguirne l'esempio, emulare una persona come modello

사순재 四旬齋 [기독교의] quaresima ¶ 사순재의 quaresimale

사순절 四旬節 [기독교] quaresima

사슬 catena ¶ 사슬로 매다 incatenare, legare, mettere qlcu in catena // 개가 하루종인 사슬에 묶여 있었다 Il cane era tenuto alla catena tutto il giorno. // 개를 사슬에 묶다 mettere un cane alla catena // 우정의 사슬 catena dell'amicizia // 관례주의 사슬에서 벗어나다 liberarsi dalla catena del convenzionalismo // 사슬을 깨다 spezzare la catena, rompere la catena * **-고리** anello della catena, legame, collegamento

사슴 cervo, daino, capriolo, qualsiasi cervide, [숫사슴] cervo, daino, [5세 이상의 수컷] cervo [암사슴] cerva [새끼사슴], cerbiatto, daino * **-가죽** pelle di daino **-고기** carne di cervo, carne di daino **-뿔** corna di cervo

사시나무 【식물】 pioppo tremulo

사식 私食 cibo inviato privamente a un prigioniero

사신 私信 messagio privato, corrispondenza personale

사신 使臣 rappresentante diplomatico, ministro plenipotenziario, inviato, ambasciatore

사실 事實 fatto, realtà, verità ¶ 사실상 in effetti, infatti, in verità, di fatto // 사실인즉 a dire il vero, a dire la verità, per dire la verità // 사실말이지 veramente, davvero // 사실상의 attuale, reale, virtuale // 사실조사 in chiesta // 기정의 사실 fatto fondato // 엄연한 사실 fatto solenne // 나는 오직 사실에만 관심이 있다 A me interessano solo i fatti. // 사실과 허위 il vero e il falso // 사실을 말하다 dire la verità // 사실대로 말해, 아직 걱정되지? Dimmi la verità, sei ancora preoccupato? // 이것은 진짜 사실이다 Questa è la pura verità.

사실 査實 ispezione, investigazione dei fatti

사실 寫實 pittura realistica, realismo, descrizione oggettiva **-하다** descrivere geograficamente, rappresentare le cose come sono realmente ¶ 사실적인 realistico, oggettivo, grafico * **-소설** romanzo realistico **-주의** realismo **-주의자** realista

사실 私室 camera privata

사심 私心 [사욕] egoismo, interesse personale, parzialità ¶ 사심을 품다 nutrire motivi di interesse

사십 四十 quaranta ¶ 벌써 40년을 넘겼다 Ha già passato i quaranta anni. // 40대 gli anni quaranta // 우리는 40명이었다 Eravamo in quaranta.

사악 邪惡 malvagità, male, vizio **-하다** (essere) malvagio, vizioso, peccaminoso, rabbioso, crudele, dispettoso, maligno, malevolo

사안 私案 piano privato, disegno privato

사암 砂巖 【지질】 arenaria

사약 賜藥 somministrazione di veleno come pena di morte

사양 斜陽 il sole di sera, il sole del crepuscolo * **-산업** industria in declino

사양 辭讓 [사절] rifiuto, [겸양] riservatezza, deferenza, modestia **-하다** rifiutare gentilmente, scusarsi per ¶ 그는 초대를 정중히 사양했다 Lui ha rifiutato cortesemente l'invito.

사어 死語 parola morta, parola obsoleta

사업 事業 [일, 기업] lavoro, impresa, attività, iniziativa, progetto, [실업] affari, [직업] vocazione, [업적] conseguimento, raggiungimento ¶ 큰 사업 il grande capitale, la grande industria // 사업을 시작하다 iniziare un´attività, mettersi nel commercio // 사업에 종사하다 occuparsi di un impresa // 사업을 하다 fare affari con, commerciare con // 사업을 그만두다 ritirarsi dagli affari // 컴퓨터 사업을 해서 돈을 벌다 far soldi nel settore dei computer // 사업 약속이 있다 avere un appuntamento d´affari // 사업에 대해 이야기하다 parlare d´affari // 사업 이야기를 합시다! Vaniamo agli affari! // 무슨 사업을 하십니까? Che genere d´attività svolge? * **-가** uomo d´affari **-부** sezione operativa **-비** spese d´imprese **-세** tasse

사역 使役 impiego, occupazione, lavoro **-하다** impiegare, adoperare, prendere a lavoro * **동사** verbi causativi

사연 事緣 tutta la storia, l´origine e le circostanze di un caso ¶ 사연이 이러하다면 Se le cose stanno così

사연 辭緣 contenuto (di una lettera), essenza ¶ 편지의 사연 il testo della lettera

사열 査閱 ispezione (di truppa), parata, rivista **-하다** esaminare, ispezionare, passare in rivista ¶ 사열을 받다 essere ispezionato da * **-관** ispettore, esaminatore, sovraintendente

사염화 四鹽化 【화학】 tetracloruro * **-탄소** tetracloruro di carbonio

사영 私營 operazione privata, amministrazione privata * **-사업** impresa privata

사영 射影 [수학] proiezione * **-기하학** geometria proiettiva

사옥 社屋 palazzo di una compagnia (di ufficio)

사욕 私慾 interesse personale, desiderio egoistico ¶ 사욕의 egoistico, interessato // 사욕을 채우다 soddisfare il proprio desiderio egoistico

사용 私用 [쓰임] uso personale, uso privato, impiego personale, appropriazione indebita **-하다** fare uso indebito di, appropriarsi indebitamente

사용 使用 uso, impiego, applicazione(적용), consumo(소비) -하다 uso, fare uso di, usare, adoperare, servirsi di, consumare, esaurirè, 무엇을 잘 사용하다 fare buon uso di // 자신의 돈을 잘 사용하다 fare buon uso del proprio denaro // 자신의 돈을 잘못 사용하다 fare cattivo uso del proprio denaro // 사용되지 않는 fuori uso // 이 표현 방식은 사용하지 않는다 Questo modo di dire non si usa.

// 사전의 사용을 허락하다 permettere l´uso del dizionario // 프랑스에서는 이탈리아보다 버터를 더 많이 사용한다 In Francia si fa più uso di burro che in Italia. // 사용법을 보여주다 fare vedere a qlcu. come si usa qlco. // 좋은 곳에 사용하다 impiegare bene qlco. // 소용이 없다 È inutile. // 어디에 사용되는 거지? A che serve? ＊ **-가치** valore d'utilità **-량** quantità usata **-자** utente, chi usa, consumatore, datore di lavoro(고용인) **-중 [게시]** in uso, in funzione

싸우다 [적과] lottare, combattere, [곤란과] lottare, combattere, [사람과] litigare, attaccare briga, bisticciare, discutere, questionare ¶ 누구와 무엇 때문에 싸우다 litigare con qlcu. per qlco. // 운명에 대해서 싸우다 lottare contro il destino // 침입자에 대항에 싸우다 combattere contro l´invasore // 병에 대항하여 싸우다 combattere contro le malattie // 조국을 위해서 싸우다 combattere per la patria // 사상을 위해 싸우다 combattere per un ideale // 적과 싸우다 combattere contro il nemico // 무지와 싸우다 combattere l´ignoranza // 서로 싸우다 combattersi // 졸음과 싸우다 lottare contro il sonno // 침입자와 싸우다 combattere con l'invasore // 모든 개혁에 맞서 싸우다 lottare per le riforme

사우디 아라비아 Arabia Saudita ¶ 사우디아라비아인 saudita

사운 社運 ¶ 사운을 걸다 mettere a rischio il futuro della compagnia

싸움 ① [투쟁] lotta, combattimento, [전투] battaglia, combattimento [전쟁] guerra, conflitto, [논전] competizione, gara **-하다** combattere, lottare ¶ 삶과의 싸움(생존경쟁) lotta per la vita // 누구와 싸움을 하다 sostenere una lotta con qlcu. // 싸움을 좋아하는 guerriero, bellicoso // 싸움에 이기다 essere vittorioso, vincere una battaglia // 싸움을 걸다 provocare una lite, attacare briga ② [언쟁, 불화] lite, disputa, contesa [분쟁] conflitto **-하다** discutere, contestare ¶ 누구와 언쟁을 시작하다 attaccare lite con qlcu. // 싸움에 지다 perdere in una lite // 불꽃튀는 싸움이 일어났다 Era scoppiata una lite furibonda. // 철학적인 싸움 disputa filosofica // 가열된 싸움 una disputa accalorata // 싸움을 하게 되다 venire a contesa

싸움군 persona litigiosa, attaccabrighe

싸움터 campo di battaglia

싸움판 scena di lotta, scena di combattimento

싸움패 gruppo di scellerati

사원 私怨 impiegato (di una compagnia), personale, [사무원] impiegato, [회원] membro, [조합원] partner, compagno, socio ¶ 사원이 되다 entrare in una ditta, diventare impiegato

사원 寺院 monastero, tempio (buddista)

사월 四月 aprile
사위 [서랑] genero
사위다 bruciarsi, ridursi in cenere
사위스럽다 (essere) odioso, ripugnante
사유 私有 proprietà privata, possesso **-하다** possedere ¶ 사유의 privato *** -권** diritto di proprietà privata **-물** beni privati **-재산** patrimonio personale
사유 思惟 pensiero, speculazione -하다 pensare su, considerare, speculare, meditare
사유 事由 ragione, causa ¶ 사유없이 senza ragione, senza motivo
사육 飼育 allevamento **-하다** allevare, educare, coltivare *** -자** allevatore **-장** fattoria
사육제 謝肉祭 carnevale
사은 謝恩 ringraziamento per la gentilezza, espressione di gratitudine *** -회** festa di ringraziamento ¶ 사은회를 열다 dare una festa di ringraziamento per il maestro
사의 謝意 [감사] gratitudine, ringraziamneto, [사의] scusa, giustificazione ¶사의를 표하다 rivolgere a qlcu. espressioni di gratitudine // 그는 나에게 아주 멋진 선물로 사의를 표했다 Lui mi ha dimostrato la sua gratudine con un bellissimo regalo. // 나의 은사님에게 사의를 느낀다 Sento una sincera gratitudine per i miei maestri.
사의 辭意 [말뜻] significato, [사퇴할 마음] risoluzione di dimettersi ¶ 자신의 사의를 표명하다 presentare le proprie dimissioni // 사의를 수리하다 accettare le dimissioni // 사의를 거부하다 respingere le dimissioni di qlcu. // 자진 사의 dimissioni volontarie
사이 ① [공간] spazio, [간격] intervallo, [거리] distanza, [차이] differenza ¶ 사이에 tra, fra // 기차가 파도바와 베네치아 사이에 멈춰 섰다 Il treno si è fermato tra Padova e Venezia. // 팔 사이에 무엇을 끼고 다니다 portare qlco. fra le braccia // 나무사이에 숨다 nascondersi fra gli alberi ② [시간] fra, intervallo ¶ 두 달 사이 un intervallo di due mesi // 일년 사이에 in un anno // 한시와 두 시 사이에 fra l´una e le due // 눈 깜짝 하는 사이에 in un battere d´occhio // 집에 없는 사이에 mentre (qulc.) non era a casa // 어느 사이에 senza accorgersene ③ [관계] fra ¶ 너와 나 사이에 fra te e me // 우리 두 사람 사이에 fra noi due // 그와 나 사이는 13년 연차가 진다 Fra lui e me ci sono tredici anni di differenza. // 두 국가 사이의 관계가 많이 나아졌다 I rapporti fra i due stati sono molto migliorati.
사이다 soda, sidro
싸이다 essere incartata (종이에), essere avvolto, essere coperto, essere circondato
사이드 lato, fianco, parte ¶ 사이드카 side-car, motocarrozzetta
사이렌 sirena
사이비 似而非 falso, finto *** -군자** ipocrita **-종교** falsa religione

사이사이 ① [공간] spazio, intervallo ② [시간] ogni ora
사이언스 scienza
사이언티스트 scienziato
사이즈 taglia, numero, misura ¶ 사이즈 몇 입으세요? Che taglia porta?, Che misura porta?// 신발 사이즈 몇 신으세요? Che numero porta?
사이참 [휴식] intervallo, [음식] merenda, spuntino
사인 firma, autografo ¶ 사인하다 firmare, autografare
사인 死因 la causa della morte
사인조 四人組 quartetto, compagnia di quattro persone, partita di golf in quattro
사일로 silo
사임 辭任 dimissioni **-하다** rassegnare le dimissioni, rinunciare a, dimettersi da ¶ 사임을 권고하다 raccomandare a una persona di dimettersi
사자 死者 una persona morta, [총칭] i morti, i defunti
사자 使者 inviato, messaggero, missione ¶ 사자를 보내다 mandare un messaggero
사자 獅子 leone * **-~의 새끼** leonino **암-** leonessa
사자 嗣子 erede, ereditiera, successore
사장 沙場 banco di sabbia, spiaggia
사장 社長 presidente (di una compagnia) ¶ 무역회사 사장 il presidente d′un′azienda commerciale
사장 死藏 ¶ **-하다** accumulare, conservare cose inutili (in soffita)
사재 私財 fondi privati, proprietà privata ¶ 사재를 털어서 a propria spesa, dalla propria tasca
사저 私邸 residenza privata
사적 史的 storico
사적 史蹟 sito, storico, luogo d′interesse storico, resti storici
사적 私的 privato, personale, riservato ¶ 그의 방문은 사적인 것이었다 La sua visita era di carattere riservato.
사전 事前 ¶ 사전에 in anticipo * **-검사** controllo preliminare **-검열** censura preventiva **-선거운동** campagna elettorale **-승인** previa approvazione
사전 辭典 dizionario, lessico (특정 언어의 어록집), vocabolario (일반 언어) ¶ 인명사전 dizionario biografico // 사전을 찾다 cercare nel dizionario, consultare il vocabolario // 만약 네가 그 단어의 뜻을 모르면, 사전에서 그것을 찾아보아라 Se non sai il significato di quella parola, cercala nel dizionario. // 사전 편찬자 dizionarista * **백과-** enciclopedia **포켓-** dizionario tascabile **음악-** dizionario della musica **방어-** dizionario dialettale **어원-** dizionario etimologico **역사-** dizionario storico **지명-** dizionario geografico
사절 使節 delegato, inviato, ambasciatore, emissario, missione, delegazione * **-단** missione, delegazione
사절 謝絶 rifiuto, smentita **-하다** rifiutare, declinare, negare ¶ 면회

를 사절하다 rifiutare di vedere una persona, rifiutarsi agli ospiti * **면회**- [게시] No visitatori **외상**- [게시] Contanti, prego!, Non si fa credito., [미성년 불가] Vietato ai minorenni, Adulti soltanto.

사정 事情 ① circostanza, condizioni, ragioni ¶ 부득이한 사정으로 a causa di circostanze inevitabili // 가정 사정으로 per motivi di famiglia // 어떤 사정일지라도 in tutte le circostanze // 사정이 허락된다면 Se le circostanze mi consentono // 미국 사정에 밝다 essere al corrente delle regioni americane // 새로운 법률에 밝다 essere al corrente delle nuove regole ② [정상] considerazione **-하다** chiedere un favore ¶ 사정이 없다 non avere clemenza per, essere crudele con qlcu.

사정 査正 [세금] valutazione, [예산] revisione **-하다** valutare, rivedere, riesaminare * **-가격** valore distinto **-액** reddito stimato (수입),

사정 射程 rosa di tiro ¶ 사정거리 내에 a un tiro di schioppo, entro la rosa di tiro // 사정거리 밖에 있다 essere fuori tiro // 사정거리 내에 있다 trovarsi a tiro, essere a tiro

사정 射精 eiaculazione, emissione di sperma **-하다** eiaculazione, emettere sperma

사정사정 supplichevolmente, in tono supplichevole

사정없다 ¶ 사정없이 spietatamente, crudelmente, senza pietà

사제 司祭 sacerdote, prete

사제 私製 fatto privatamente, manifattura privata, produzione privata * **-품** merci prodotte privatamente

사제 師弟 maestro e discepolo

사조 思潮 tendenza di pensiero, la direzione dell opinione pubblica, * **근대**- la corrente di pensiero moderno **문예**- la tendenza letteraria **시대**- lo spirito del tempo

사족 四足 quattro gambe, membra ¶ 사족의 a quattro gambe // 사족을 못쓰다 essere affascinato, essere incantato

사족 蛇足 ridondanza, superfluo, eccesso

사죄 謝罪 scusa, giustificazione **-하다** scusarsi, chiedere scusa ¶ 누구에게 무엇 때문에 사죄하다 chiedere scusa a qlcu. per qlco.

사주 使嗾 istigazione, incitamento **-하다** incitare, istigare

사주 四柱 i quattro pilastri (anno, mese, giorno, e ore delle nascita), fato, destino ¶ 사주보다 leggere il destino * **-장이** indovino, chiromante

사주팔자 四柱八字 [운수] destino, fato, fortuna ¶ 사주팔자가 좋다 essere nato sotto una buona stella // 사주팔자가 세다 essere nato sotto una cattiva stella

사중 四重 [네겹] ~ 의 quadruplo * **-창** quartetto vocale **현악-주** quartetto di strumenti a corda

사증 査證 [증명] certificato, permesso, licenza [입국허가의] visto **-하다** vistare 면허 사증을 받다 ricevere un'annotazione d'infrazione sulla patente // 여권의 사증을 받다 ricevere il visto sul passaporto

사지 四肢 arti, membra

사지 死地 luogo di morte, posizione fatale

사직 司直 autorità giudiziaria, la corte, amministrazione della giustizia

사직 社稷 sovranità, lo stato

사직 辭職 dimissioni **-하다** dare le dimissioni, dimettersi da, riunciare a ¶ 그는 병 때문에 사직했다 Lui si è dimesso a causa della sua malattia. // 사직을 철회하다 ritirare le dimissioni * **-표** lettera di dimissioni **-자** dimissionario **총-** dimissioni generali

사진 寫眞 fotografia, fotografia istantanea (스냅) ¶ 사진을 찍어주다 fare una foto a qlcu. // 네 사진 한장 찍어줄까? Ti faccio una foto? // 사진 한장 같이 찍자 Facciamo una foto insieme! // 자신의 사진을 찍게 하다 farsi fare la foto // 즉석사진(스냅) fotografia istantanea // 사진 원판을 주실 수 있습니까? Potrebbe darmi la negativa? // 사진을 확대하다 fare l' ingrandimento di una fotografia // 사진을 현상하다 sviluppare la foto // 어떤 아이의 사진을 찍다 fotografare un bambino // 흑백사진을 찍다 fare fotografie in bianco e nero // 칼라사진을 찍다 fare fotografie a colori // 사진 강좌를 다니다 seguire un corso di fotografia // 그는 칼라사진 전문가이다 Lui è esperto in fotografie a colori. * **-가** fotografo **-경기회** concorso fotografico **-관** fotografo, studio fotografico **-기** macchina fotografica **-기 상점** negozio di macchine fotografiche **-첩** album di fotografie **-틀** cornice per fotografie **-판** [요판] fotoincisione [철판] macchina fotocopiatrice **-화보** rivista illustrata **몽타주-** fotomontaggio **전신-** fotografia in piedi **반신-** fotografia a mezzo busto **명함판-** una fotografia in formato biglietto da visita **항공-** fotografia aerea **흑백-** fotografia in bianco e nero

사차 四次 ¶ 사차의 biquadratico * **-방정식** equazione biquadratica **-식** di quarto grado **-원** la quarta dimensione **-원의** quadridimensionale

사찰 寺刹 tempio buddista ⇒ 절

사찰 査察 investigazione, ispezione **-하다** investigare, ispezionare

사창 私娼 prostituta, passeggiatrice, donna di strada * **-굴** bordello, casa malfamata

사채 私債 debito personale ¶ 사채시장 mercato monetario segreto

사채 社債 compagnia d'obbligazioni

사철 le quattro stagioni, [부사적] tutto l' anno ¶ 사철꽃 un fiore perenne

사체 死體 salma, cadavere, [동물

의] carcassa, [미이라] mummia

사촌 四寸 cugino * **외**- cugino materno **이웃**- vicini

사춘기 思春期 adolescenza, pubertà ¶ 사춘기 소년 ragazzo adolescente

사출 射出 sparatoria, emissione, radiazione, eiaculazione **-하다** emettere, proiettare, catapultare, irradiare * **-기** catapulta

사취 詐取 frode, impostura, inganno, intrallazzo

사치 奢侈 lusso, prodigalità **-하다** essere prodigo ¶ 사치한 사람 persona prodiga // 사치스런 생활을 하다 vivere nel lusso // 사치스런 가구를 구비하다 arredare una casa con lusso // 내게 자동차는 사치다 Per me l'automobile è un lusso. // 사치를 사랑하다 amare il lusso // 웬 사치야! Che lusso! * **-품** articoli di lusso

사치스럽다 (essere) prodigo ¶ 사치스럽게 lussuosamente

사칙 社則 [수학] le quattro operazioni aritmetiche

사친회 師親會 Associazione di genitori-insegnanti

사칭 詐稱 l'assumere una personalità fittizia, falsa dichiarazione **-하다** assumere un nome falso * **신분**- personalità fittizia **학력**- dichiarazione fittizia di carriera accademica

사카린 saccarina, inguine

사커 football, calcio

사타구니 inforcatura

사탄 Satana

사탑 斜塔 ¶ 피사의 사탑 la torre di Pisa

사탕 砂糖 ① [설탕] zucchero ② [과자] zucchero caramellato, caramella ¶ 솜사탕 zucchero filato * **-가루** zucchero in polvere **-무우** bietola, barbabietola da zucchero **-수수** canna da zucchero

사탕발림 paroline dolci **-하다** adulare, lusingare ¶ 누구에게 사탕발림 말을 하다 dire paroline dolci a qlcu.

사태 沙汰 ① [산 따위의] smottamento ② [많음] flusso, diluvio, moltitudine, massa, folla, gran numero * **눈**- valanga di neve **사람**- una valanga di persone **편지**- una valanga di lettere

사태 事態 situazione, l´aspetto di una situazione ¶ 곤란한 사태 situazione difficile o penosa // 사태는 호전되었다 La situazione è cambiata in meglio.

사택 社宅 casa di una compagnia per i propri impiegati

사토 沙土 Terreno sabbioso

사통 私通 [밀통] adulterio, rapporto illecito, cattiva condotta, comportamento sconveniente, [편지의] corrispondenza illecita, intrigo

사통오달 四通五達 **-하다** estendersi in ogni direzione

사퇴 辭退 [사양] rifiuto **-하다** rifiutare, [사직] dimissioni **-하다** rinunciare a, dimettersi * **자진**- dimissioni volontarie

사투 死鬪 lotta disperata **-하다** lottare disperatamente, lottare

fino alla morte
사투리 dialetto locale * **시골-** dialetto provinciale
사특 邪慝 ¶ 사특한 malvagio, vizioso, cattivo sinistro
사파 娑婆 questo mondo
사파이어 zaffiro, colore blu zaffiro
사팔눈 strabismo ¶ 사팔눈의 strabico
사팔뜨기 persona strabico
사포 砂布 carta vetrata
사표 師表 modello, esempio, campione
사표 辭表 dimissioni, lettera di dimissioni ¶ 사표를 제출하다 rassegnare le dimissioni, dare le dimissioni // 사표를 수리하다 accettare le dimissioni // 사표를 철회하다 respingere le dimissioni
사푼 leggermente, con passo leggero
사필귀정 事必歸正 alla fine prevale sempre la verità, la giustizia
싸하다 (essere) pungente, piccante
사하다 perdonare, rimettere, assolvere, accordare clemenza
사하라 사막 deserto del Sahara
사학 史學 storia, scienza storica
사학 私學 [학교] scuola privata, [학설] teoria personale
사할린 Sakhalin
사항 事項 [일] cose, argomenti, soggetti, [항목] articoli, particolari dettagli ¶ 불만이 있는 사항에 대하여 riguardo alle cause dello scontento * **회의** - ordine del giorno
사해 死海 Mare Morto
사해 四海 i sette mari, il mondo intero * **-동포** fratellanza universale
사행 射倖 speculazione, avventura, impresa **-하다** speculare * **-심** spirito speculativo
사향 麝香 muschio * **-노루** mosco **-뒤쥐** topo muschiato
사형 私刑 linciaggio, giustizia sommarià ¶ 사형을 가하다 linciare
사형 死刑 pena capitale, condanna a morte ¶ 사형에 처하다 essere condannato a morte * **-선고** condanna a morte **-수** criminale condannato a morte **-수** 감방 cella dei condannati a morte **-집행** esecuzione capitale, [교수] impiccagione, [전기] sedia elettrica **-장** luogo d´esecuzione
사화 士禍 massacro di intelletuali, epurazione di persone colte
사화산 死火山 vulcano inattivo, vulcano spento
사환 使喚 fattorino, messaggero
사활 死活 vita e/o morte * **-문제** questione di vita o di morte
사회 司會 direzione di una riunione, presidenza, [사회자] presidente, direttore, conduttore **-하다** presiedere a, condurre ¶ A 교수의 사회로 sotto la presidenza del professore A * **-자** maestro di cerimonie, chi annuncia il brindisi a un banchetto, direttore, conduttore
사회 社會 società, comunità, [세계] il mondo, [공중] il pubblico ¶ 사회적으로 socialmente // 인간은 사회적 동물이다 L´uomo è un animale socievole. // 인간사회

società umana // 근대 사회 società moderna // 공업 사회 società industriale // 소비 사회 società dei consumi // 복지 사회 società del benessere // 상류 사회 l'alta società // 사회적 지위 posizione sociale // 사회의 이익 interesse pubblico // 사회에 나가다 entrare nella società // 사회에 공헌하다 contribuire al benessere pubblico // 사회를 위해 일하다 lavorare per il bene pubblico * **-문제** problemi di ordine sociale **-보장** previdenza sociale **-과학** scienze sociali **-계약** contratto sociale **-계층** ceto sociale **-정책** politica sociale **-사업** assistenza sociale **-질서** ordine sociale **-관계** relazioni sociali **-관습** convenzione sociale **-범죄** discriminazione sociale **-개량** riforma sociale **-경제** economia sociale **-계약설** teoria del contratto sociale **-도태** selezione sociale **-면** notizie locali, la pagina delle notizie cittadine **-민주주의** la democrazia sociale **-민주당** partito democratico sociale // **-사** storia sociale **-사상** pensiero sociale, idee sociali **-봉사** servizio sociale **-상** condizioni sociali, aspetti della vita **-생활** vita nella comunità sociale, vita sociale **-상식** conoscenza sociale **-성** natura sociale, socialità **-악** malvagità sociale, abusi sociali **-운동** movimento sociale, compagna sociale **-윤리** etica sociale, moralità sociale **-의식** coscienza sociale **-인** membro della società **-인류학** antropologia sociale **-장** funerale pubblico **-질서** ordine sociale **-정세** condizione sociale **-층** strato sociale **-주의** socialismo **-학** sociologia **-혁명** rivoluzione sociale **-현상** fenomono sociale **-형태론** sistema sociale **-화** socializzazione **문명-** società civile **봉건-** società feudale **원시-** società primitiva

사후 死後 ¶ 사후의 dopo la morte, postumo // 사후약 방문 arrivo del medico dopo la morte del paziente * **-강직** [의학] rigidità cadeverica, rigor mortis **-신탁** **[법]** fiducia nell eredità

사후 事後 ¶ dopo il fatto, post factum * **-검열** censura **-보고** rapporto post factum

사흗날 terzo giorno del mese ⇒ 초사흗날

사흘 tre giorni, il terzo giorno (del mese) ¶ 사흘 걸러 ogni tre giorni

싹[1] [씨앗의] germoglio, [가지의] germoglio, [근원, 시초] germe ¶ 싹이 트다 germogliare, sbocciare

싹[2] ① [베는 소리나 모양] con un colpo netto ¶ 천을 싹둑 자르다 tagliare un panno con un colpo solo ② [모두] completamente, interamente

삭감 削減 riduzione, abbreviazione, taglio **-하다** accorciare, tagliare, ridurre, diminuire ¶ 예산을 삭감하다 ridurre il budget

삭과 索果 【식물】 una capsula

삭구 索具 attrezzatura

삭다 [옷 따위가] logorarsi, diventare liso, [새끼 따위가] rovinarsi, [죽 따위가] deperire, [먹는 음식 따위가] essere digesto, [술 따위가] fermentare, [종기 따위가] essere risolto, [김치 따위가] acquistare sapore, maturare, [정이] alleviarsi, calmarsi

삭도 索道 teleferica, funivia

싹독거리다 fare tagli, tagliare, tagliare a fette, tagliare in parti, dividere, tritare, tagliuzzare

싹독싹독 ¶ ~ 잘린 (essere) spezzettato

삭막 索漠 **-하다** (essere) oscuro, indistinto, [광야 따위가] desolato, solitario, brullo, tetro, monotono

삭발 削髮 taglio dei capelli **-하다** farsi tagliare tutti i capelli

싹싹[1] in tono supplichevole, umilmente ¶ 잘못했다고 싹싹 빌다 chiedere scusa in tono supplichevole

싹싹[2] ① [베다] con un colpo netto ② [쓸다] con un colpo solo

싹싹하다 (essere) affabile, cortese, dolce ¶ 그 여자는 누구에게나 싹싹하다 Lei è affabile con tutti.

싹수 promessa, speranza ¶ 싹수가 있다 essere promettente

사글세 朔月貰 affitto mensile ¶ 사글세 방 camera in affitto mensile

삭이다 digerire, placare, mitigare ¶ 분을 삭이다 ingoiare la rabbia

삭정이 ramo morto

삭제 削蹄 eliminazione, cancellzione, rimazione **-하다** eliminare, cancellare, rimuovere ¶ 두 자를 삭제하다 cancellare due parole // 명부에서 삭제하다 togliere un nome da un elenco ＊ **-판** edizione espurgata

삭치다 cancellare, togliere, eliminare

싹트다 germogliare, sbocciare, cominciare a svilupparsi

삭풍 朔風 vento invernale del nord

삭히다 [소화] digerire, stagionare, fare maturare, maturare, [발효] fare fermentare [종기 따위의] risolversi

삯 [품삯] pagamento, stipendio, salario, [요금] tariffa, prezzo di una corsa, costo, spesa, [보수] rimunerazione ＊ **-꾼** salariato, cottimista **-바느질** lavoro con l'ago, ricamo **-품** lavoro retribuito

산 山 monte, montagna, collina (언덕), altura (고지), picco (고봉) ¶ 설악산 il Monte Seorak // 산이 많은 collinoso, montuoso // 산같이 높은 alto come una montagna // 연산 una catena di montagne // 산정 la vetta // 산같이 쌓인 낙엽 una montagna di foglie // 산같이 큰 grande come una montagna // 높은 산 alta montagna // 산을 올라가다 scalare una montagna // 산에 가다 andare in montagna // 산에서 여름을 보내다 passare l'estate in montagna // 산을 좋아하니 아니면 바다를 더 좋아하니? Preferisci la montagna o il mare? // 산에 대한 그의 사랑은 굉장하다 Il suo amore per la montagna è grandissimo. // 산바람 aria di montagna

산 酸 acido
-산 産 prodotto a, fabbricato a ¶ 제주도 산의 말 cavallo dall isola di Cheju
산간 山間 fra i monti, luogo remoto ＊ -벽지 un posto isolato sulle montagne
싼값 prezzo basso ¶ 싼값으로 물건을 사다 comprare una cosa a prezzo basso
산개 散開 (militare) spiegamento, estensione, sviluppo -하다 tendere, estendersi, spargersi, stendersi ＊ -대열 ordine libero -전 scaramuccia
산견되다 essere visto dappertutto
산계 山系 sistema di montagna ＊ 알프스- il sistema alpino, il sistema delle Alpi
산꼭대기 cima, sommità
산골 distretto montuoso, valle isolata ¶ 산골사람 montanaro
산골짜기 valle isolata, gola, voragine
산과 産科 ostetricia ＊ -병원 clinica osterica -의사 ostetrico -학 ostetrici, arte della levatrice
산광 散光【물리】luce diffusa
산금 産金 miniera d'oro ＊ -량 produzione in oro -지대 bacino aurifero
산기 産氣 doglie del parto, travaglio [진통]
산기슭 i piedi della montagna
산길 sentiero di montagna, un percoso di montagna
산나물 verdura selvatica
산더미 una montagna di, una quantità di, un mucchio di, un sacco di // 할 일이 산더미 같다 avere un mucchio di cose da fare // 산더미같이 in quantità
산돼지 cinghiale
산들거리다 alitare, soffiare leggeramente
산들바람 un alito di vento
산들산들 gentilmente, teneramente, dolcemente, delicatamente
산뜻하다 (essere) limpido, pulito, lindo, fresco, chiaro, luminoso, ordinato ¶ 산뜻한 빛 colore chiaro // 그 여자는 산뜻하게 치장했다 Lei si è vestita in modo fresco.
산등 ⇒ 산등성이
산등성이 cresta di montagna
산란 産卵 uova covate, deposizione delle uova ＊ -기 stagione della riproduzione
산란 散亂 dispersione, disordine, turbamento, agitazione -하다 essere in disordine, [마음이] essere agitato, essere irrequieto
산록 山麓 i piedi della montagna, base della montagna, la parte bassa di una montagna ＊ -지대 regione ai piedi del monte
산마루 cima di una montagna ＊ -터기 sommità di una montagna
산마리노 San Marino
산만 散漫 l'esser diffuso, vaghezza, inaccuratezza, saltuarità, scioltezza -하다 (essere) inaccurato, vago, distratto, saltuario, sconnesso ¶ 주의가 산만한 disattento, sbadato
산매 散賣 vendita al dettaglio, vendita al minuto ＊ -상 det-

tagliante **-업** commercio al minuto
산맥 山脈 catena montuosa ¶ 알프스 산맥 la catena delle Alpi
산모 産母 puerpera, donna in puerperio, partoriente
산모퉁이 un angolo di montagna
산목숨 vita
산문 散文 prosa ¶ 산문적인 prosaico // 산문가 prosatore // 산문체의 prosastico // 산문적으로 prosaicamente // 산문극 teatro di prosa ＊ **-체** stile di prosa, in prosa
산물 産物 [생산물] prodotto, produzione, [성과] prodotto, risultato ¶ 주요산물 prodotti principali // 노력의 산물 il frutto del lavoro
산미 酸味 acidità, gusto acido ¶ 신미가 있는 acido
산발 散發 caso sporadico ¶ 산발적인 sporadico, sparso
산발 散髮 cappelli arruffati, trasandati **-하다** avere i capelli arruffati
산벼락 ¶ 산벼락 맞다 sopportare (subire) un'esperienza terribile
산병 散兵 sodati dispersi [상태] ordine sparso, ordine libero
산보 散步 passeggiata, camminata, quattro passi
산복 山腹 il fianco di una montagna, il lato d'una montagna, pendio, fianco di collina
산봉우리 il picco di una montagna, la sommità di un monte
산부 産婦 partoriente
산부인과 産婦人科 ostetricia e ginecologia ＊ **-의사** [산과] ostetricia, [부인과] ginecologo
산불 incendio di boschi
산비탈 pendio ripido di montagna
산사나무 biancospino
산사태 山沙汰 frana, smottamento
산산이 a pezzi, in pezzi
산산조각 pezzetti, frammenti ¶ 꽃병이 떨어져서 산산조각이 났다 Il vaso cadde e andò in pezzi., Il vaso è caduto ed è andato in mille pezzi.
산삼 山蔘 ginseng selvatico
산상 山上 in cima ad una montagna
산새 uccello di montagna
산색 paesaggio di montagna
산성 山城 fortezza in montanga
산성 酸性 acidità ¶ 산성의 acido // 산성으로 만들다 acidificare ＊ **-도** grado di acidità **-반응** reazione acida **-산화물** un ossido di acido **-색** colore dell'acido **-시험** una prova di acidità **-토양** suolo acido
산소 山所 tomba, sepoltura ancestrale
산소 酸素【화학】ossigeno ＊ **-요법** trattamento con ossigeno **-마스크** maschera a ossigeno **-용접** saldatura **-화합물** ossido, composto dell'ossigeno **-흡입** inalazione di ossigeno **-흡입기** inalatore di ossigeno
산수 山水 monti ed acque, [경치] paesaggio ＊ **-도** cartina geofisica di monti
산수 算數 conto, calcolo, computo, matematica, aritmetica ＊ **-문제** problema aritmetico
산수소 酸水素【화학】ossidrico ＊ **-용**

접 saldatura ossidrica
산수화 山水畵 pittura di paesaggio
산술 算術 aritmetica ¶ 산술을 하다 sommare, addizionare * **-가** matematico **-평균** media aritmetica
산스크리트 Sanscrito * **-학자** studioso di Sanscrito
산식 算式 un′espressione aritmetica, una formula
산신령 山神靈 lo spirito protettore d′una montagna
산실 産室 sala parto
산아 産兒 un bambino neonato * **-제한** controllo delle nascite
산악 山岳 montagne * **-병** malattia della montagna **-부** circolo di alpinismo **-전** guerra di montagna **-지방** regione montagnosa **-회** club alpino
산액 産額 produttività, produzione, rendimento
산야 山野 campi e montagne
산업 産業 industria ¶ 산업의 industriale // 산업별 노동조합 unione industriale // 산업의 국영화 nazionalizzazione delle industrie * **-가** industriale **-예비군** corpo di riserva industriale **-정책** politica industriale **-조합** associazione industriale **-혁명** rivoluzione industriale **전시-** industria di guerra **기간-** le industrie chiavi **철강-** industria siderurgica
산욕 産褥 la trapunta usata per la nascita del bambino ¶ 산욕기의 puerperale * **-열** febbre puerperale **-기** periodo puerperale
산용 山容 l′aspetto d′una montagna
산울림 eco
산울타리 siepe viva
산월 産月 mese del parto
산입 算入 l′inclusione **-하다** includere
산자수명 山紫水明 paesaggio bello, bello scenario
산장 山莊 villa di montagna, cottage di montagna
산재 散在 **-하다** essere sparso, trovarsi dapperttutto
산적 山積 accumulazione **-하다** accumulare, avere un sacco di lavoro
산적 山賊 bandito, brigante
산적 散炙 spiedino fatto di pezzi di carne e vegetali * **-꼬챙이** spiedo
산전 産前 ¶ prima del parto
산전수전 山戰水戰 ¶ 산전수전 다 겪다 attraversare tutte le peripezie (della vita)
산정 山頂 la cima di un monte
산정 算定 computo, calcolo, valutazione, accertamento **-하다** valutare, computare, calcolare, stimare, accertare * **-가격** valore accertato
산줄기 una catena di montagne
산중 山中 ¶ 산중에 fra le montagne, nelle montagne
산중턱 ⇒ 산복(山腹) ¶ 산중턱에 있는 집 una casa in collina
산증 疝症 lombaggine, essere scrotale ¶ 산증을 앓다 soffrire di lombaggine
산지 山地 regione montuosa
산지 産地 luogo di produzione,

centro di produzione, [말 따위의] centro d'allevamento, [식물의] zona di coltivazione ¶ 쌀의 산지 regione produttrice di riso

산지기 guardia forestale, [능지기] guardiano del cimitero

산채 山寨 fortezza di montagna, luogo fortificato di montagna, [산적의] tana di banditi della montagna

산책 散策 passeggiata, camminata **-하다** fare una passeggiata, fare due passi, fare quattro passi, passeggiare, andare a spasso ¶ 산책 나가다 andare a fare una passeggiata

산촌 山村 villaggio di montagna

산출 產出 produzione, rendimento * **-력** produttività, rendimento **-물** produzione, prodotti **-지** luogo di produzione

산출 算出 calcolo, computo **-하다** calcolare, computare, stimare

산타클로스 Babbo Natale

산탄 霰彈 grossa cartuccia, pallottola, colpo

산토끼 lepre

산토닌 acido santonico

산통 算筒 cestino per mettere i ramoscelli di bambù quando il cieco profettizza ¶ 산통을 깨다 sventare la congiura

산파 產婆 infermiera del reparto, maternità, levatrice, ostetrica * **-술** professione della levatrice, ostetricia

산패 酸敗 acidificazione * **-유** latte acido

산표 voti dispersi

산하 傘下 sotto l'influsso di qlcu., affiliato ¶ 산하에 들어가다 diventare un'affiliato di * **-회사** filiale, società controllata **-노동조합** unione di lavoro affiliato

산학공동체 產學共同體 comunità educativo-industriale

산해진미 山海珍味 leccornie di ogni terra e ogni mare, banchette sontuoso

산허리 versante, fianco di montagna

산협 山峽 [계곡] burrone, gola

산호 珊瑚 corallo ¶ 산호 모양의 coralliforme, simile al corallo * **-도**(島) isola corallina **-초** barriera corallina **-해** il mare dei Coralli

산화 酸化 ossidazione **-하다** ossidare, ossigenare * **-물** ossido **-수소** ossido d' idrogeno **-연**(鉛) ossido di piombo **-제** agente ossidante **-질소** ossido nitrico **-철** acciaio ossidato

산회 散會 aggiornamento, chiusura (di una seduta) **-하다** aggiornare, chiudere, sciogliere

산후 產後 ¶ 산후에 dopo il parto

싼흥정 buon affare

살[1] [일반적] carne, [특히 식육] carne, [근육] muscolo ¶ 살이 많은 과일 frutto polposo * **-덩이** un pezzo di carne

살[2] [나무오리, 대오리] grata, inferriato, stecca, sbarra, [빗의] denti * **-창** finestra con sbarre **우산-** stecca di ombrello, **빗-** dente di pettine **창-** grata

살[3] [화살] freccia, [빗살] raggio,

[물살] corrente * 햇- raggio di sole
살[4] [벌의] pungiglione, aculeo
살[5] [나이] anni di età ¶ 서른 살입니다 Ho trenta anni.
쌀 riso ¶ 쌀을 씻다 lavare il riso // 쌀을 안치다 preparare il riso da cuocere * **-가게** negozio di riso **-가루** farina di riso **-뜨물** acqua di riso **-알** chicco di riso **-겨** crusca di riso **-장수** commerciante di riso
살 煞 peste, dannazione, spirito maligno, diavolo ¶ 그 여자는 살이 세다 Lei è posseduta dal diavolo.
살가죽 pelle ⇒ 피부
살갈퀴 【식물】 veccia ¶ 살갈퀴 덩굴이 섞인 vecciato
살갑다 [너르다] (essere) più largo, più ampio di quanto sembri, [다정하다] affabile, cortese, gentile
살강 scaffale da cucina
살갗 pelle, carnagione
살거리 carnosità, grassezza ¶ 살거리가 좋은 carnoso, polposo
살결 carnagione, pelle, aspetto ¶ 고운 살결 bella carnagione, bell'aspetto
살결박 -結縛 lo spogliare e legare qlcu.
쌀고치 bozzolo bianco
쌀광 contenitore per il riso
살구 【식물】 albicocca * **-꽃** fiore di albicocco **-나무** albero di albicocche
살균 殺菌 sterilizzazione, pastorizzazione ¶ 살균우유 latte pastorizzato // 살균력이 있는 germicida // 우유를 살균하다 sterilizzare il latte * **-력** potere di sterilizzazione **-법** metodo Pasteur (per la cura dell'idrofobia) **-제** agente germicida **-소독기** macchina sterilizzatrice
살그머니 furtivamente, clandestinamente, in segreto, silenziosamente ¶ 살그머니 나가다 uscire furtivamente // 살그머니 쳐다보다 guardare furtivamente
살근거리다 frusciare, stormire, sfregarsi
살근살근 con un fruscio
살금살금 furtivamente, nascostamente, silenziosamente ¶ 살금 살금 걷다 camminare in punta di piedi
살긋하다 (essere) curvato, piegato, distorto
살기 ⇒ 살거리
살기 殺氣 spirito sanguinario, temperamento violento, assetato di sangue ¶ 살기 띤 minaccioso, feroce, assetato di sangue // 살기를 띠다 essere assetato di sangue
살길 mezzi per vivere, mezzi di sussistenza ¶ 살길을 찾다 cercare il modo di guadagnarsi da vivere
살깃 le piume di una freccia
쌀농사 -農事 [재배] coltivazione del riso, [수확] raccolto del riso ¶ 쌀농사가 잘되다 avere un buon raccolto di riso
쌀눈 involucro del riso
살다 ① [생존] vivere, essere vivo ¶ 의사가 오래 살지 못할 것이라고 말했다 Il medico ha detto che

non vivrà a lungo. // 그가 사는 한 finchè vive, vita naturale durante // 독재하에 살다 vivere sotto una dittatura // 나의 할아버지는 79세까지 사셨다 Mio nonno visse fino a 79 anni. // 오래 살다 vivere a lungo // 의사는 이틀 이상 살지 못할 것이라고 생각한다 Il dottore crede che non vivrà più di due giorni. // 생존하다 vivere ancora // 사는데 지쳤다 essere stanco di vivere // 장수하다 vivere fino a tarda età ② [생활] vivere, campare 하루 벌어 먹고 살다 vivere alla giornata // 물질적으로 풍족하게 살다 vivere bene // 미래에 대한 생각없이 살다 vivere senza pensare al futuro // 검소하게 살다 vivere modestamente // 죄책감에 시달리며 살다 vivere nel peccato // 그와 헤어진후 나는 사는게 사는 것이 아니었다 Da quando l'ho lasciato non vivo più. // 그 여자는 사는 방법을 모른다 Quella donna non sa vivere. ③ [거주] abitare, vivere, dimorare, stare 시골에 살다 vivere in campagna // 그들은 더 이상 같이 살지 않는다 Loro non vivono più insieme. // 따로 떨어져서 살다 vivere separati // 이중생활을 하다 vivere una doppia vita // 외롭게 살다 vivere in solitudine // 혼자 살다 vivere solo // 로마에 살다 vivere a Roma // 도시에 살다 abitare in città // 자신의 월급으로 살다 vivere del proprio stipendio // 자신의 일로 생활하다 vivere del proprio lavoro // 자신의 이마땀으로 살다 vivere del sudore della propria fronte // 남의 신세를 져서 살다 vivere alle spalle di qlcu. // 구걸하여 살다 vivere di elemosina // 편안하게 살다 vivere negli agi ④ [생동] 그해 여름이 아직도 내 기억 속에 생생하게 살아있다 Quell'estate è ancora viva nei miei ricordi. ④ [바둑에서] sfuggire alla cattura [야구에서] essere in salvo

살대[1] [화살대] asticella di freccia

살대[2] [버팀나무] sostegno temporaneo, puntello

살덩어리 un pezzo di carne

살돈 denaro versato, investimento (originario)

쌀되 [되] misura usata per misurare riso un secchiello di riso

살뜰하다 [애정깊다] (essere) affettuoso, affezionato, attaccato, [알뜰하다] economo, frugale ¶ 살뜰히 [애정깊게] affettuosamente, teneramente, [알뜰하게] frugalmente

살랑거리다 [바람 따위가] soffiare leggermente, [걸음걸이가] camminare con grazia

살랑하다 (essere) freddoloso

살래살래 ¶ 고래를 살래살래 흔들다 scuotere la testa

살려내다 [위험, 죽음에서] salvare qlcu. da un pericolo incombente, [악] 악에서 벗어나게 하다 liberare qlcu. dal male ¶ 어떤 회사를 파산에서 살려내다 salvare una società dal fallimento // 어려움에 처해있는 기업을 살려내다 salvare un'azienda in difficoltà

살롱 salone

살리다 ① [목숨을] salvare ¶ 목숨을 살리다 salvare la vita a qlcu. // 죽어가는 환자를 살리다 salvare un paziente moribondo ② [활용] fare uso di, dare vita a, ③ [크기, 넓이, 길이를] fare uscire, allargare, allungare

살리실산 acido salicilico

살림 [생계] mezzi di sostentamento, mezzi di sussistenza, [살림살이] il governo della casa, economia domestica **-하다** governare la casa, governare econmia domestica ¶ 집안 살림 vita domestica // 살림이 넉넉하다 gudagnare bene, essere ricco, fare una buona vita // 살림이 넉넉하지 못하다 fare una vita difficile // 분에 맞는 살림을 하다 vivere secondo le prorpie possibilità // 살림을 잘하다 essere buon governante della casa

살림꾼 buona casalinga ¶ 그 여자는 살림꾼이다 Lei è un'esemplare casalingua.

살림맡다 assumere il governo della famiglia

살림살이 il governo della casa, l'econima domestica

살림집 casa privata, dimora privata

살맛[1] conoscenza carnale

살맛[2] piacere di vivere ¶ 살며시 [살그머니] segretamente, furtivamente, nascostamente, [소리없이] tranquillamente, silenziosamente, senza rumore, delicatamente ¶ 문을 살며시 열다 aprire delicatamente // 살며시 자리를 뜨다 lasciare una sede senza fare rumore

살몃살몃 furtivamente, leggermente ¶ 살몃살몃 걷다 camminare leggermente, camminare in punta di piedi

살목 supporto, puntello ¶ 살목으로 버티다 puntellare

살몽혼 anestesia locale **-하다** anestetizzare localmente

살무사 un tipo di vipera

살문 porta con grata, cancello

살밑 ⇒ 살촉

살바람 [틈으로의] corrente d'aria, [봄의] vento freddo di primavera

쌀밥 riso cotto, riso bollito

살벌 殺伐 **-하다** (essere) violento, sanguinario, brutale, selvaggio, bellicoso

쌀벌레 tonghio, calandra del riso

쌀보리 una specie di orzo

쌀부대 sacco di riso

살붙이 [친족] conoscenti e parenti

살빛 colore della pelle, colorito, carnagione

살사리 persona vile, orditore, persona abietta, chi agisce alle spalle

살살 gentilmente, lentamente, tranquillamente, nascostamente, morbidamente ¶ 살살 피하다 evitare furtivamente // 아이를 살살 달래다 confortare un bambino con delicatezza

쌀쌀 ¶ 배가 쌀쌀 아프다 provare un piccolo dolore di pancia

쌀쌀맞다 (essere) freddoloso, infreddolito, ghiacile

쌀쌀하다 (essere) freddo, gelido ¶

쌀쌀하게 freddamente, indifferentemente // 쌀쌀한 바람 vento gelido // 쌀쌀한 태도 atteggiamento freddo // 쌀쌀하게 대하다 trattare con indifferenza, con fredezza

살상 殺傷 **-하다** estinguere la vita, uccidere animali ¶ proibire di uccidere gli animali

살생 殺生 **-하다** uccidere ¶ 살생을 금하다 proibire di uccidere gli animali

살성 struttura, grana

살신성인 殺身成仁 **-하다** sacrificarsi per preservare l'integrità

살아가다 vivere, campare, condurre la vita ¶ 그럭저럭 살아가다 campare alla meno peggio // 동냥으로 살아가다 campare di elemosina // 근근히 살아가다 campare alla giornata

살아나다 rinascere, rivivere, rianimarsi, [위기 모면] evadere, evitare

살아생전 ¶ 살아생전에 per tutta la durata della vita, lungo tutta la vita

살얼음 ghiaccio sottile

살오르다 ingrassare

살육 殺戮 macello, carneficina, strage. massacro **-하다** massacrare, trucidare, macellare, far strage di

살의 殺意 intenzione omicida ¶ 살의를 품다 avere intenzione di assassinare

살인 殺人 omicidio, assassinio **-하다** assassinare, uccidere, commettere un omicidio ¶ 살인적인 omicida // 고의적인 살인 omicidio volontario * **-광** mania omicida **-미수** tentato omicidio **-범** omicidia **-죄** delitto di omicidio **-소송** processo per omicidio ¶ 살인죄로 체포되다 essere arrestato per omicidio

살짝 [모르게] furtivamente, nascostamente, [쉽게] facilmente, [가볍게] leggermente

살잡다 supportare

살잡히다 [구김살지다] essere spiegazzato, raggrinzito

살점 un pezzo di carne

살지다 [몸이] (essere) grasso, corpulento, [땅이] ricco, fertile ¶ 살진 돼지 porco grasso ¶ 살진 땅 terreno fertile

살지다 diventare grasso, ingrassare, [비옥] diventare fertile, diventare ricco ¶ 살찐 fertile, grasso

살찌우다 fare ingrassare

살집 carnosità ¶ 살집이 좋다 essere carnoso

살창 finestra con grate

살촉 punta di freccia

살충 殺蟲 **-하다** uccidere gli insetti * **-제** insetticida

살충등 lampada insetticida

살코기 carne magra, carne rossa

살팍지다 (essere) muscoloso

살판나다 ereditare una fortuna

살펴보다 esaminare, osservare, guardarsi intorno, dare un'occhiata ¶ 사방을 살펴보다 guardarsi tutto intorno

살포 撒布 spargimento, sparpagliamento, spruzzamento **-하다** spargere, sparpagliare, disseminare, spruzzare * -기 spruzzatoio, innaffiatoio

살풀이 esorcismo **-하다** esorcizzare, scacciare via i cattivi spiriti

살품 petto, seno

살풍경 殺風景 **-하다** (essere) inelegante, rozzo, tetro, monotono, non raffinato, grossolano ¶ 살풍경한 경치 panorama tetro, paesaggio nudo

살피다 ① [잘보다] guardarsi in giro, osservare, ispezionare, esaminare, considerare, studiare ¶ 그는 주의깊게 살펴보고 있었다 Lui si guardava intorno con circospezione. ② [판단] giudicare

살해 殺害 assassinio, omicidio **-하다** assassinare, uccidere

삵괭이 gatto selvatico, lince

삵피 pelle di gatto selvatico

삶 vita ¶ ~을 위한 투쟁 la lotta per la vita // 삶에 지치다 essere stanco della vita // ~을 즐기다 godersi la vita

삶다 ① [물에] bollire, cuocere, lessare ¶ 삶은 달걀 uovo bollito // 삶은 감자 patate lesse // 삶은 고기 carne lessa ② [사람을] vincere, indurre a, corrompere

삶아지다 essere bollito, essere lessato ¶ 잘 삶아진 lessato bene

삼 【식물】 canapa

쌈[1] riso avvolto in foglie di lattuga

쌈[2] ⇒ 싸움

삼 tre ¶ 제 3 terzo

삼 ginseng ⇒ 인삼

삼가 rispettosamente, deferentemente

삼가다 ① [조심] essere prudente, discreto, moderato, cauto, attento ¶ 말을 삼가다 trattenere la lingua // 언행을 삼가다 essere prudente nelle parole e nelle azioni ② [억제, 절제] trattenersi da, trattenersi dal fare ¶ 술을 삼가다 trattenersi dal bere alcoolici

삼각 三角 triangolo (삼각형), trigonometria (삼각법) ¶ 삼각의 triangolare // 삼각형으로 a triangolo * **-건** bendaggio triangolare **-관계** triangolo rapporto a tre (남녀 관계의) **-공업지대** il triangolo industriale **-종이 기저귀** pannolino triangolare **-동맹** triplice alleanza **-무역** commercio triangolare **-뿔** piramide triangolare **-자** squadra a triangolo **-주** delta **-함수** funzione trigonometrica **-법** trigonometria **-방정식** equazione trigonometrico **-법** misurazione trigonometrica **-측량** triangolazione

삼각 三脚 tre piedini, tripode ¶ 삼각의 fornito di tre gambe, a tre gambe * **-걸상** sgabello a tre gambe **-대** tripode

삼각익 三角翼 ala di delta

삼각형 三角形 triangolo ¶ 삼각형의 triangolare // 삼각형으로 만들다 fare a triangolo

삼간초가 三間草架 piccolo cottage coperto con paglia

삼강 三綱 tre vincoli, le tre relazioni umani di base (sovrano-suddito, padre-figlio, marito-moglie) * **-오륜** i tre vincoli principali e le cinque regole morali nei rapporti umani

삼거리 incrocio di tre strada
삼경 三更 mezzanotte, notte fonda
삼경 三經 i tre classici (della Cina antica)
삼계 三界 ① tre mondi (del cielo, della terra e della gente) ② delle esistenze del passato, presente e futuro
삼꽃 fiore della canapa (usato come erba medicinale)
삼관왕 三冠王 [경기] triregno, tiara pontificia, Triplice Corona
삼국 三國 tre paesi, tre nazioni ＊ **-동맹** triplice alleanza **-시대** il periodo dei tre regni **-통일** unificazione di tre nazioni
삼군 三軍 le forze armate, l'esercito intero ¶ **삼군을 호령하다** comandare un grande esercito
삼권분립 la separazione dei tre poteri (del governo)
삼극 **三極** ¶ ～의 tripolare // 삼극관 triodo
삼년 tre anni ¶ 삼년마다의 triennale, ogni tre anni ＊ **-상(喪)** un dolore di tre anni **-생** un allievo del terzo anno
삼노 corda di canapa
삼다 [무엇으로] fare, rendere, prendere ¶ 아내로 맞이하다 prendere in sposa // 남편으로 맞이하다 prendere un uomo per marito // 본보기로 삼다 prendere qlcu. a modello // 양자로 삼다 prendere come figlio addottivo // 석탄을 연료로 삼다 usare il carbone come combustibile // 짚신을 삼다 fare sandali di paglia // 삼을 삼다 filare la canapa
삼단 ¶ 삼단 같은 머리 capelli spessi e lunghi
삼단계 tre fasi, terza fase ＊ **-로케트** un razzo a tre fasi
삼단 논법 三段論法 sillogismo ¶ 삼단논법으로 논하다 sillogizzare, fare sillogismi
삼단뛰기 salto triplo ¶ 삼단 높이 뛰기 salto triplo
삼대 三代 tre generazioni
삼도내 il fiume Stige ¶ ～를 건너다 attraversare lo Stige, morire
삼동 三冬 i tre mesi invernali
삼두근 三頭筋【해부】tricipite
삼두정치 三頭政治 triumvirato, triarchio
삼등 三等 il terzo posto, la terza categoria, la terza classe ¶ 삼등석으로 예약하다 prenotare in terza classe
삼등분 三等分-하다 dividere in tre parti uguali
삼라만상 森羅萬象 la natura, la creazione, l'universo intero
삼루 三壘【야구】la terza base ＊ **-수** uomo della terza base
삼류 三流 ¶ 삼류의 di terza categoria
삼륜차 三輪車 triciclo, velocipede(어린이용) ¶ 삼륜차를 타다 andare in triciclo
삼릉 三稜 triangolo ＊ **-경** prisma
삼림 森林 foresta ¶ 삼림을 도벌하다 tagliare un albero della foresta di nascosto ＊ **-구획** sezione della foresta **-보호** protezione della foresta **-지대** zona forestale, terreno boscoso **-학** silvicoltura **-행정** gestione della foresta

삼매 三昧 concentrazione, estasi, assorbimento * **-경** stato perfetto di concentrazione spirituale ¶ 삼매경에 들어서다 raggiungere la condizione perfetta di concentrazione dello spirito // 독서- assorbimento nella lettura

삼면 三面 tre lati ¶ 삼면이 산으로 둘러싸이다 essere circondato dai monti, [신문의] la terza pagina ¶ 범죄사건으로 가득한 삼면 la terza pagina della cronaca nera * **-기사** storie di interesse umano, notizie della città, notizie della polizia

삼모작 tre raccolti all'anno

삼목 杉木 cedro giapponese

삼바 【음악】 samba

삼박자 三拍子 tripla

삼반규관 三半規管 tre canali semicircolari

삼발이 treppiedi, tripode

삼배 三培 tre volte **-하다** triplicare, moltiplicare per tre ¶ 값이 삼배나 뛰었다 I prezzi sono triplicati. // 이익을 삼배로 하다 triplicare i guadagni // 삼배로된 가격 prezzo triplicato // 삼배의 triplice

삼베 tessuto di canapa

삼보 三寶 tre tesori (orecchie, bocca, occhi)

삼복 三伏 il periodo più caldo dell'estate, giorni della canicola, mezz'estate * **-더위** il tempo afoso dei giorni della canicola, il caldo di mezz'estate

삼부 三部 tre parti, tre atti, tre copie, tre reparti (부서), tre volumi (서적) * **-작** trilogia **-합주** trio, terzetto

삼분 三分 trisezione, [시간] tre minuti **-하다** dividere una cosa in tre parti, tripartire, dividere in tre parti uguali

삼분오열 三分五裂 rottura, spaccatura

삼사 三思 speculazione, riflessione **-하다** pensare ripetutamente, speculare

삼사분기 三四分期 il terzo trimestre dell'anno

삼산화물 三酸貨物 triossido

삼삼오오 三三五五 ¶ 삼삼오오 떼지어 오다 venire a gruppi di due o di tre

삼삼하다 [맛이] essere leggermente salato ma gustoso, [기억] essere indimenticabile, fresco, vivido, [난감하다] non sapere come fare

삼쌈동이 (uno di) tre gemelli

삼색 三色 tre colori, tricolore ¶ 삼색의 tricolore * **-기** bandiera tricolore

삼색오랑캐꽃 viola del pensiero

삼선 三選 elezione per la terza volta ¶ 삼선되다 essere eletto per la terza volta (consecutiva)

삼성 三聖 Samsung (una ditta coreana), i tre saggi (Budda, Confucio, Cristo) ¶ 그는 삼성에 근무한다 Lui lavora alla Samsung.

삼세 三世 [불교] i tre stati o esistenze (passato, presente, futuro), i tre mondi (cielo, terra, il mondo dei morti), tre generazioni, la terza generazione

삼세번 tre volte

삼손 【성경】 Sansone

삼승 三乘 【수학】 cubo **-하다** elevare al cubo ∗ **-근** radice cubica
삼씨 seme di canapa ∗ **-기름** olio di semi di canapa
삼시 三時 [세끼] tre pasti quotidiani (colazione, pranzo, cena)
삼신 sandali di canapa
삼십 三十 trenta ¶ 30세의 trentenne // 30번째의 trentesimo // 30년간 trentennio
삼십팔도선 三十八度線 il trentottesimo parallelo, 38 gradi di latitudine
삼엄 森嚴 **-하다** essere solenne, grave
삼옷 abito da bambino
삼원색 三原色 i tre colori primari
삼월 三月 Marzo
삼위일체 三位一體 【성경】 Trinità ∗ **-론** dogma della Trinità **-론자** trinitario **-설** dottrina della Trinità
삼인 三仁 tre persone ∗ **-조** trio
삼인칭 三人稱 la terza persona ∗ **-단수** la terza persona singolare
삼일 三日 il terzo giorno (del mese), tre giorni ¶ 삼일동안 per tre giorni
삼일운동 三一運動 il Movimento coreano d´Indipendenza del 1919
삼일장 三日葬 sepoltura del terzo giorno dopo la morte
삼일절 三一節 Festa del primo Marzo (anniversario del Movimento Coreano d´Indipendenza del 1919)
삼잎 foglia di canapa
삼재 三災 [민속] una delle stelle malefiche, [불교] i tre disastri (inondazione, fuoco e vento o guerra, pestilenza e carestia)
삼족 三族 tre generazioni di parenti ¶ 삼족을 멸하다 eliminare l' intera famiglia e i suoi parenti più prossimi
삼종 三從 il terzo cugino
삼종 三鐘 la terza classe, tre serie
삼중 三重 ¶ 삼중의 triplo, triplice // 삼중으로 triplamente
쌈지 busta da tabacco
삼지창 tridente
삼짇날 il terzo giorno del terzo mese lunare
쌈질 lotta, combattimento, disputa, lite, contesa **-하다** litigare, attaccare briga, bisticciare
삼차 三次 la terza volta ∗ **-방정식** equazione cubica **-원** la terza dimensione
삼척동자 三尺童子 un semplice bambino
삼촌 三寸 [촌수] zio ¶ 친삼촌 zio paterno // 외삼촌 zio materno
삼총사 trio, terzetto
삼추 i tre mesi autunnali, tre autunni, tre anni
삼출 滲出 trasudamento
삼층 secondo piano ¶ 삼층에 al secondo piano
삼치 【물고기】 una specie di sgombro
삼칠일 三七日 il ventunesimo giorno del bambino dopo la nascita
삼키다 ① inghiottire, abboccare, lasciarsi prendere all' amo ¶ 삼

킴 inghottimento // 모욕을 삼키다 inghiottire una ingiuria, inghiottire un insulto // 눈물을 삼키다 inghiottire le lacrime // 침을 삼키다 inghiottire la saliva ② [남의 것을] appropriarsi

삼태 bambino nato da un parto trigemino

삼투 滲透 saturazione, infiltrazione, permeazione **-하다** infiltrare, saturare, permeare

삼파전 三巴戰 contesto triangolare

삼팔선 il trentottesimo parallelo

삼하다 essere irritabile, stizzoso

삼한사온 三寒四溫 ciclo di tre giorni freddi e tre giorni più caldi

삼할미 levatrice

삽 插 pala ¶ 삽으로 도랑을 파다 scavare una fossa con la pala

삽살개 un cane irsuto, cane con pelo arruffato

쌉살하다 essere un po amaro

삽시간 插時間 ¶ ~ 에 in un istante, in un momento, in un batter d′occhio

삽입 插入 inserzione, aggiunta **-하다** inserire ¶ 삽입 inserimento // 이름을 명부에 삽입하다 inserire un nome in una lista *** -구** parentesi **-어** interpolazione

삽질 palata

삽화 插話 episodio ¶ 삽화의 episodico // 삽화적 요소 elementi episodici

삽화 插畵 illustrazione ¶ 삽화가 들어 있는 잡지 rivista illustrata // 삽화를 그리다 illustrare *** -화가** illustratore

삽화 插花 ⇒ 꽂꽂이

삿갓 cappello conico di bambù

삿대 palo, asta

상 上 [상부] capo, parte superiore, sommità, cima, apice, capo, [상등] la prima classe, [상권] il primo volume ¶ 상반신 parte superiore del corpo di una persona // 상업상 commercialmente // 교육상 educativamente

상 床 tavolo, tavola ¶ 상을 차리다 apparecchiare la tavola // 상을 치우다 sparecchiare la tavola

상 賞 premio, trofeo [보수] ricompensa ¶ 상을 주다 dare un premio, concedere un premio // 상을 타다 vincere un premio // 자동차를 상으로 받다 ricevere in premio un′auto // 노벨 문학상 Premio Nobel per la letteratura *** 일등-** il primo premio **장려-** premio di consolazione

상 相 [용모] figura, aspetto, espressione del volto, aria, fisionomia ¶ 상을 찌푸리다 fare una smorfia // 어떤 사람에게 찌푸린 상을 보여주다 fare smorfie a qlcu.

상 商 [상업] commercio [상인] commerciante [수학] quoziente

상 像 figura, statua, immagine [화상] ritratto, descrizione

상 喪 lutto, cordoglio, afflizione ¶ 상을 입다 mettere il lutto // 상을 벗다 smettere il lutto // 상복을 입다 portare l′abito da letto

쌍 雙 un paio di, una coppia di

상가 商街 centro di una città, zona

degli affari, via commerciale
상가 喪家 casa di chi è in lutto
상가 商家 negozio
쌍가마 雙- doppia treccia di capelli sulla sommità della testa di qualcuno
쌍가마 雙駕馬 portantina tirata da due cavalli
상각 償却 rimborso, restituzione, riscatto **-하다** restituire, riscattare ＊ **-자금** fondo di ammortamento
상간 相姦 fornicazione ＊ **근친-** incesto
쌍갈랫길 strada biforcata, incrocio
상감 上監 il re, Sua maestà
상객 上客 ospite d'onore
상객 常客 cliente regolare
상거 相距 distanza
상거래 商去來 affare commerciale, transazione commerciale
쌍거풀 doppia palpebra ¶ 쌍거풀지다 avere una doppia palpebra
상격 相隔 **-하다** essere separato
상견 想見 immaginazione **-하다** immaginare, farsi un'idea di, immaginarsi
쌍견 雙肩 spalle
상경 上京 **-하다** venire alla capitale (Seoul), partire per la capitale
상계 商界 mondo del commercio, mondo degli affari
상고 上古 tempi antichi ¶ 상고의 antico ＊ **-사** storia antica
상고 上告 [법] appello, ricorso **-하다** appellarsi, fare appello, ricorrere ＊ **-기한** il periodo per l'appello
상고 詳考 **-하다** esaminare attentamente, considerare completamente, consultare in dettaglio
상고 尙古 **-하다** adorare la cultura antica ＊ **-주의** classicismo
상고머리 capelli a caschetto
쌍곡선 雙曲線【기하】iperbole ＊ **-공간** spazio iperbolico
상공 上空 il cielo, i cieli, l'alto dei cieli
상공 商工 commercio e industria ＊ **-부** Ministero del Commercio e dell'Industria **-회의소** Camera di Commercio (e Industria)
상공업 商工業 commercio e industria ¶ 상공업의 commerciale e industriale ＊ **-자** commercianti e industriali
상과 corso commerciale, dipartimento di amministrazione commerciale ＊ **-대학** Facoltà di economia e commercio
상관 上官 un ufficiale più alto, capo superiore
상관 相關 [관여] relazione, connessione, partecipazione **-하다** [관련] essere in relazione con, essere implicato in, essere in correlazione con ¶ 상관적 correlativo // 상관적으로 correlativamente // 상관하지 않고 senza badare a ＊ **-관계** correlazione **-용어** termine correlativo
상관 商館 ditta, società, azienda
상관습 商慣習 pratica commerciale
상궁 尙宮 donna di corte
상권 商圈 [권력] potenza commerciale, [권리] diritto commerciale
상궤 常軌 normale corso, normalità, percorso normale, strada

battuta

상규 常規 regola stabilita, uso normale

상그레 ¶ 상그레 웃다 sorridere gentilmente

상극 相剋 conflitto, incompatabilità ¶ 상극이다 essere incompatabile con

상근 常勤 tempo pieno ¶ 상근의 a orario pieno

상글거리다 sorridere dolcemente

상금 尙今 finora, ancora, fino ad ora

상금 賞金 premio [현상금] ricompensa ¶ 상금을 타다 vincere un premio

상급 上級 classi elevate [과목] corso avanzato ¶ 상급의 superiore, più alto, più elevato * **-관리** ufficiale superiore **-생** studente di classe superiore **-재판소** tribunale superiore **-학교** scuola avanzata, scuola di grado superiore

상급 賞給 ricompensa, premio

상긋 con un sorriso improvviso

상긋거리다 sorridere blandamente

상긋하다 scoppiare a ridere

상기 上氣 **-하다** arrossire ¶ 상기한 볼 guance arrossate

상기 上記 ⇒ 상술

상기 詳記 **-하다** descrivere in dettaglio, specificare dettagliatamente

상기 想起 **-하다** ricordarsi di, ricordare ¶ 상기시키다 ricordare, rammentare, richiamare alla mente // 약속을 상기시키다 ricordare a qlcu. la propria promessa // 너의 존재는 너의 아버지를 상기시킨다. Mi ricordi tuo padre. // 6.25 전쟁을 상기하다 fare la memoria la guerra di Corea

상기 喪期 il termine del dolore, il periodo di dolore

상길 ottima qualità ¶ 상길의 담배 sigarette di ottima qualità

쌍날 una doppia lama, doppio taglio * **-칼** una spada a doppio taglio

상납 上納 **-하다** pagare al governo * **-금** soldi pagati come tassa **-미** riso pagato come tassa

상냥하다 [부드럽다] (essere) tenero, soave [정답다] dolce, affettuoso, affezionato, amorevole, [싹싹하다] amabile, gentile ¶ 상냥한 목소리로 부르다 chiamare con voce soave

상년 donna volgare, donna di umili origini

상념 想念 concezione, nozione, idea ¶ 상념에 사로 잡히다 essere assorbito da un′idea, essere soprappensiero

상노 床奴 servo da ragazzo

상놈 uomo volgare, uomo di umili origini

상늙은이 il più vecchio d′un gruppo di uomini anziani

상다리 le gambe del tavolo ¶ 상다리가 휘어지게 음식을 차리다 servire a tavola moltissimi piatti

상단 上端 capo, estremità superiore, punta ¶ 안테나의 상단 l′estremità superiore di un′antenna

상담 相談 consultazione, consulenza, conferenza **-하다** consultarsi con, conferire, prendere consulenti legali ¶ 상담하러 가다 andare a chiedere un consiglio // 상담에 응하다 dare un consiglio // 변호사에 상담하다 consultare un avvocato * **-소** ufficio informazioni **투자-** ufficio consulenza per investimenti

상담 商談 colloquio d' affari, negoziazione, trattativa ¶ 상담을 성립시키다 concludere una trattativa

상답 上畓 campo molto produttivo

상당 相當 **-하다** [적당하다] (essere) adeguato, adatto [어울리다] stare bene [정당하다] essere giusto, ragionevole [훌륭하다] essere considerevole rispettabile, buono [맞먹다] equivalente, corrispondentè ¶ 상당히 ragionevolmente, considerevolmente, de-centemente, adeguatamente // 사회적 지휘가 상당한 di buona posizione sociale // 상당한 금액 una somma considerevole // 상당한 인물 una persona rispettabile, una persona degna di stima // 상당한 교육 una buona formazione // 상당히 비싼 값 un prezzo molto alto // 1달러는 한국 돈으로 치면 950원에 상당한다 Un dollaro è equivalente a 950 won.

상대 上代 periodi antichi

상대 相對 ① [서로 대합] **-하다** fronteggiarsi ② [짝패] compagno, seguace **-하다** corteggiare qlcu., lasciarsi corteggiare da qlcu. ¶ 술상대 compagno di liquore // 의논 상대 consigliere ③ [적수] avversario, rivale, controparte, antagonista **-하다** contendere, controbattere ④ relatività ¶ 상대적인 relativo // 상대적으로 relativamente, correlativamente // 상대적 진리 verità relativa * **-분산도** [물리] dispersione relativa **-빈도** frequenza relativa **-성** relatività **-성 원리** [물리] la teoria della relatività **-습도** [기상] umidità relativa **-운동[속도]** [물리] moto relativo **-주의** relativismo

상대론 相對論 【철학】 relativismo

상대방 相對方 ⇒ 상대편

상도 常道 corso normale ¶ 헌정의 상도 corso normale d' un governo costituzionale

상도 想到 **-하다** pensare a, considerare

상도덕 商道德 moralità commerciale

상동 相同 lo stesso rapporto [생물] omologia

쌍동밤 castagne gemellari

쌍동이 gemello ¶ 쌍동이를 낳다 dare alla luce gemelli

상되다 (essere) volgare, basso, ignobile

쌍두 雙頭 coppia di cavalli, animali appaiati

상등 上等 superiorità, eccellenza, livello superiore * **-석** una sede migliore, posto di prima classe

상등 相等 **-하다** essere equivalente a, corrispondere a

상등병 上等兵 caporale

상란 上欄 colonna in alto

상람 上覽 controllo reale
상량 商量 **-하다** deliberare, riflettere, speculare
상량 上樑 **-하다** completare la struttura, porre la trave che forma il colmo del tetto
상련 相憐 ¶ 동병상련하다 mal comune mezzo gaudio
상례 常例 uso comune, abitudine consolidata, pratica abituale ¶ 상례의 abituale, d'uso comune, usuale, convenzionale // 상례를 따르다 seguire la pratica convenzionale
상례 喪禮 riti funebri, cerimonie funebri
상로 商路 viaggio di affari
상록 詳錄 ⇒ 상기
상록 常綠 sempreverde ∗ **-송** pino sempreverde **-수** albero sempreverde
상론 相論 **-하다** trattare dettagliatamente
상류 上流 [하천의] corso superiore (di fiume) [사회의] alta società ∗ **-계급** le classi alte **-사회** l′alta società **-인사** gente d′alto bordo **-부르조아 계급** l′alta borghesia
상륙 上陸 **-하다** atterrare [군대가] sbarcare [선원이] toccare terra ∗ **-거점** testa di sbarco **-지점** approdo **-속도** velocità d′atterraggio
상마 stallone
상막하다 (essere) vago, indistinto, oscuro
상말 parola volgare, volgarità, parolaccia
상망 想望 [사모] adorazione, venerazione **-하다** adorare [기대] attesa, aspettativa, prospettiva **-하다** aspettare, attendersi
상머리 ¶ ~에 앉다 sedersi a tavola
상머슴 bracciante agricolo superiore
상면 上面 la superficie, la parte superiore,
상면 相面 **-하다** incontrarsi, vedersi per la prima volta
상몽 祥夢 sogno augurale
상무 尙武 militarismo ¶ 상무의 기상 spirito militaristico
상무 常務 affari regolari, lavoro di routine, lavoro di ogni giorno ∗ **-이사** direttore esecutivo
상무 商務 affari commerciali ∗ **-관** addetto commerciale **-성** Dipartimento del Commercio
쌍무 雙務 ¶ 쌍무적 bilaterale, reciproco ∗ **-계약 협정** contratto di collaborazione **-주의** bilateralismo
쌍무지개 doppio arcobaleno
상문 尙文 incoraggiamento allo studio
상미 上米 riso di prima categoria, riso di ottima qualità
상미 賞味 **-하다** apprezzare il sapore di, gustare
상미 賞美 ammirazione **-하다** ammirare, adorare, apprezzare (la bellezza)
상민 常民 gente comune
상박 上膊 arto superiore, braccio ∗ **-골** omero **-근** muscolo brachiale **-부** regione omerale
상반 相伴 **-하다** essere contrario,

andare contrario, essere in disaccordo ∗ -교배(잡종) [생물] ibrido

상반기 上半期 la prima metà dell' anno

상반신 上半身 la metà superiore del corpo, busto ¶ 상반신 사진 fotografia a mezzo busto // 상반신 초상화 un ritratto a mezzo busto

쌍발 雙發 ¶ 쌍발의 a due motori, bimotore ∗ -비행기 (aeroplano) bimotore

쌍방 le due parti, entrambe le parti ¶ 쌍방의 tutti e due, entrambi, entrambe, mutuo, reciproco // 쌍방의 이익 interesse reciproco

상배 喪配 la morte della moglie -하다 perdere la moglie

상벌 賞罰 ricompensa e punizione ¶ 상벌 없음 Nessuna ricompensa e nessuna punizione.

상법 商法 legge commerciale

쌍벽 雙璧 [옥] un paio di gioielli [사람] i due grandi maestri ¶ 한국 문단의 쌍벽 i due grandi scrittori della Corea

상병 傷兵 soldato ferito [제대 후의] veterano disabile ¶ 부상병 soldati malati e feriti, soldati invalidi ¶ 부상병을 후송하다 mandare via i soldati malati e feriti ∗ -수송기 aeroplano di soccorso -차 ambulanza

상보 床褓 tovaglia

상보 相補 rapporto dettagliato, particolari, dettagli -하다 riportare in dettaglio, riferire dettagliatamente, fare una relazione dettagliata di

상보다 apparecchiare la tavola, preparare per mangiare

상복 喪服 abito da lutto, vestito da lutto ¶ 상복을 입고 있다 essere in lutto // 완전 상복 lutto stretto // 반상복 mezzo lutto // 상복을 입다 portare (mettere, mettersi) il lutto // 상복을 벗다 deporre (smettere, togliersi) il lutto // 상복으로 입다 vestirsi a lutto

상봉 相逢 -하다 incontrarsi, vedersi l'un l'altro

상부 上部 parte superiore, capo [위측] lato, parte superiore [표면] superficie [위관청] ufficio superiore, autorità ¶ 상부의 di parte superiore // 명령 ordine dell'alto ∗ -구조 sovrastruttura

상부 喪夫 -하다 essere vedova, perdere il marito di una persona

상부상조 相扶相助 interdipendenza, aiuto reciproco

쌍분 雙墳 tombe gemelle

상비 常備 -하다 riservare, avere qualcosa di preparato ¶ 상비의 permanente, regolare, stabile ∗ -군 esercito permanente -금 fondi di riserva 가정-약 medicine domestiche

상빈 上賓 ⇒ 상객

상사 上士 sergente in prima

상사 上司 [관청] autorità [사람] superiore ¶ 상사의 허가를 구하다 chiedere il permesso al superiore

상사 相似 rassomiglianza, somiglianza, similiarità, [생물] analogia, similitudine -하다 simigliare, essere simile a, essere analogo

* -삼각형 [기하] triangolo omologo

상사 相思 amore reciproco **-하다** amarsi l'un l'altro

상사 商社 ditta, compagnia, società

상사 商事 affari commerciali * **-계약** contratto commerciale **-회사** ditta commerciale

상사 常事 evento comune, avvenimento quotidiano

상사 喪事 morte, lutto, cordoglio

상사람 una persona comune, un plebeo, la gente comune

상사병 相思病 mal d' amore ¶ 상사병에 걸리다 soffrire di mal d' amore

상상 想像 immaginazione [공상] fantasia [가정] supposizione [추측] congettura **-하다** immaginare, pensare, figurarsi, supporre, indovinare ¶ 상상적 immaginafico, fantasioso // 상상할 수 없는 inimmaginabile, inconcepibile // 모든 것이 그의 상상의 산물이다 È tutto frutto della sua immaginazione. // 상상력이 풍부하다 essere immaginativo * **-력** capacità d' immaginazione **-임신** gravidanza immaginaria **-화** pittura fantasiosa

상상봉 上上峰 il picco più alto

쌍쌍이 in coppia

상서 上書 lettera scritta a un superiore **-하다** scrivere una lettera a un superiore

상서 祥瑞 auspicio presagio di fortunà ¶ 상서롭다 essere di buon auspicio

상석 上席 anzianità, precedenza, posto più alto, posto d'onore

상석 床石 il tavolino di pietra davanti alla tomba

상선 商船 nave mercantile, vascello mercantile * **-기** bandiera mercantile **-대** marina mercantile [회사의] flotta mercantile

상설 詳說 spiegazione dettagliata **-하다** spiegare in dettaglio

상설 霜雪 brina e neve

상세 詳細 dettagli, particolari **-하다** (essere) dettagliato, minuto, particolare ¶ 상세히 in dettaglio, precisamente, minuziosamente

상소 上疏 **-하다** presentare un memoriale al re

상소 上訴 appello, ricorso **-하다** fare appello, fare ricorso * **-권** il diritto d appello

상소리 parole volgari, parolacce, parole indecenti **-하다** usare parole volgari

상속 相續 successione, eredità **-하다** succedere, succedere come erede, ereditare ¶ 상속받다 ricevere un'eredità // 상속하다 lasciare in eredità // 한 삼촌이 그에게 전재산을 상속했다 Uno zio gli ha lasciato in eredità tutti i suoi beni. // 어떤 사람을 무엇에 대한 상속인으로 지명하다 nominare qlcu. erede di qlco. // 집을 상속하다 ereditare una casa // 그는 상속받은 돈을 모두 써버렸다 Ha speso tutto il denaro che aveva ereditato. // 돈을 목적으로 여자 상속인과 결혼하다 sposare per interesse un'ereditiera * **-권** diritto ereditario **-법** legge sull' eredità **-세** tassa di succesione **-재산** patrimonio ereditario **추정-인** erede presunto **법정-인** erede legittimo **유언-인** erede testamentario **명의-인** erede universale **직계-인** erede in linea diretta

상쇄 相殺 **-하다** annullarsi, eliminarsi, controbilanciarsi a vicenda

상수 常數【수학】costante, numero invariabile ＊**절대-** costante assoluta

쌍수 雙手 le due mani, tutte e due le mani, entrambe le mani

상수도 上水道 impianto idrico, acquedotto

상수리【식물】ghianda

상순 上脣 labbro superiore

상순 上旬 i primi dieci giorni del mese ¶ 6월 상순에 i primi giorni di giugno

상술 上述 ¶ 상술의 suddetto, summenzionato // 상술한 이유로 per le ragioni suddette ¶ 상술한 바와 같이 come suddetto

상술 詳述 **-하다** fornire una spiegazione dettagliata

상술 商術 abilità commerciale, spirito mercantile

상스럽다 (essere) volgare, triviale, basso, indecente, vile, spregevole ¶ 상스러운 이야기 discorso indecente

상습 常習 [세상의] costume, convenzione, pratica comune, usanza, [개인의] abitudine ¶ 상습의 abituale, consueto, comune, regolare // 상습적 도박군 giocatore d'azzardo inveterato ＊**-범** delinquente, criminale, recidivo

상승 上昇 innalzamento, levata, ascensione, ascesa, progresso, avanzamento ¶ 상승하고 있는 ascendente ＊**-기류** corrente ascendente **-식물** pianta rampicante

상승 常勝 ¶ 상승의 invincibile, invitto

상승 相乘 moltiplicazione **-하다** moltiplicare ＊**-법** metodo di moltiplicazione **-비** rapporto geometrico **-평균** media geometrica

상시 常侍 [평상시] tempi ordinari, [언제나] sempre ＊**-고용인** impiegati regolari

상식 常食 alimento principale, cibi di ogni giorno

상식 常識 senso comune, buon senso (양식) ¶ 상식적인 sensato, giudizioso, assennato, saggio, razionale // 상식이 있는 사람 un uomo di buon senso // 상식적으로 생각해서 in nome del senso comune // 상식이 있다 avere buon senso // 상식에서 벗어나다 essere eccentrico

상실 喪失 perdita **-하다** perdere, smarrire ¶ 식욕상실 inappetenza // 기억을 상실하다 perdere la memoria // 자신의 길을 상실하다 smarrirsi // 기운을 상실하다 perdersi d'animo // 시력을 상실하다 perdere la vista // 감각을 상실하다 perdere la sensibilità // 길을 상실하다 perdere la strada // 자제력을 상실하다 perdere la testa ＊**권리-** perdita dei diritti

상심 喪心 **-하다** (essere) depresso, scoraggiato

상심 傷心 crepacuore, dolore, afflizione **-하다** affliggersi, addolorarsi ¶ 그의 편지는 나를 아주 상심시켰다 La sua lettera mi ha profondamente afflitto. // 너는 상심할 이유가 없다 Non hai motivo di affliggerti. // 친구의 죽음으로 상심해 있다 affliggersi per la morte dell'amico // 사사로운 일에 상심하지 마 Non addolorarti per cose da poco. // 사사로운 일에 상심하다 addolorarsi per cose da poco // 그는 그의 말에 상심해 있다 Si è addolorato per le sue parole.

쌍심지 doppio lucignolo, doppio stoppino ¶ 쌍심지가 나다 infiammarsi, indignarsi

상아 象牙 avorio ¶ 상아로 만든 d'avorio // 식물상아 avorio vegetale // 비잔틴 시대의 상아품전 esposizione di avori bizantini // 상아와 진미구를 끼워넣은 세공 intarsi d'avorio e madreperla ＊ **-소상** statuetta di avorio **-수집** collezione di avori **-색** carnagione d'avorio **-상인** mercante d'avorio **-블랙** avorio nero **-탑** torre d'avorio

상악 上顎 mascella superiore

쌍안경 雙眼鏡 binocolo

상어 pescecane, squalo ＊ **-가죽** zigrino **-기름** olio di pescecane

상업 商業 commercio, affari, business ¶ 상업의 commerciale, mercantile // 상업상 commercialmente // 상업에 종사하다 occuparsi di commercio ＊ **-통신문** corrispondenza commerciale **-도시** città commerciale **-상법** diritto commerciale, Codice di commercio **-상사** ditta commerciale **-관계** relazione commerciale **-방침** direzione commerciale **-영화** film commerciale **-제품** prodotti commerciali **-활동** attività mercantile, attività commerciale **-은행** Banca Commerciale **-중심지** centro commerciale **-명** nome commerciale **-편지** lettera commerciale **-학교** scuola commerciale

상여 喪輿 bara, feretro ¶ 상여를 메다 portare il feretro ＊ **상여꾼** portatore di feretro

상여금 賞與金 premio di merito, ricompensa, compenso, premio, extradividendo, gratifica ¶ 연말상여금 gratifica di fine anno

상연 上椽 rappresentazione, spettacolo teatrale, interpretazione **-하다** rappresentare, interpretare ＊ **-권** diritti di rappresentazione

상영 上映 **-하다** rappresentare, dare, proiettare sullo schermo, adattare per lo schermo ¶ 로마 영화관에서는 탐정물이 상영되고 있다 Al cinema Roma rappresentano un film giallo. // 명동극장엔 무슨 영화를 상영하고 있지? Che film danno al cinema Myeongdong?

상온 常溫 temperatura normale

상용 常用 uso comune, uso quotidiano, uso giornaliero, uso abituale **-하다** usare abitualmente, fare l'uso regolare di ¶ 마약을 상용하다 È un tossicodipendente // 상용적으로 per uso ＊ **-어** parola d'uso comune **-한자** carattere cinese d'uso corrente

상용 商用 ¶ 상용으로 per lavoro ＊ **-문** corrispondenza commerciale

상원 上院 senato

상위 上位 alto rango, precedenza ¶ 상위를 차지하다 prendere la precedenza su qlcu // 상위의 di primo piano, di alto rango

상위 相違 differenza, divergenza, disaccordo **-하다** essere diverso da, differire, non essere d´accordo

상응 相應 ① [호응] **-하다** corrispondere a, essere corrispondente ② [상당] **-하다** essere adatto a ¶ 다수의 경우 언행은 일치하지 않는다 Spesso non corrispondono alle parole.

상의 上衣 giacca ¶ 상의를 입다 mettersi la giacca // 상의를 입혀주다 vestire la giacca a qlcu.

상의 相議 consultazione, consulto, conferenza, abboccamento ¶ [담판] trattativa, negoziazione **-하다** consultarsi con // 나는 친구들과 상의했다 Mi consultai con gli amici. // 그들은 서로 상의한다 Loro si consultano. // 변호사와 상의하다 consultarsi con l´avvocato, consultare l´avvocato

상이 傷痍 ＊ **군인** soldato ferito

상인 商人 mercante, commerciante, negoziante ¶ 도매상인 commerciante all´ingrosso // 소매상인 commerciante al minuto, negoziante al dettaglio // 곡물상인 commerciante in granaglia // 포도주 상인 commerciante di vino

상임 常任 ¶ 상임의 fisso, immutabile, permanente ＊ **-위원회** commissione permanente

상자 箱子 scatola, cassa, cassetta ¶ 구두상자 scatola delle scarpe // 요술상자 scatola magica, scatola a sorpresa // 쵸콜렛 상자 scatola di cioccolatini // 상자에 넣다 mettere in scatola

쌍자엽 雙子葉 ＊ **-식물** dicotiledone

상잔 相殘 **-하다** lottare, dibattersi, divincolarsi, cercare di liberarsi

상장 喪章 crespo da lutto, striscia da lutto, fascia da lutto ¶ 상장을 달다 portare il crespo da lutto sui cappelli

상장 賞狀 attestato d´onore, certificato di premiazione

상장 上場 **-하다** elencare, catalogare, mettere in listino ¶ 상장회사 società in Borsa

상재 商材 abilità negli affari

상쟁 相爭 **-하다** competere un contro l'altro, concorrere, gareggiare, lottare con

상전 上典 padrone di qualcuno, signore, sovrano

상점 商店 negozio, bottega, magazzino ¶ 상점을 개점하다 aprire un negozio // 상점문을 닫다 chiudere il negozio ＊ **-주인** proprietario di negozio

상접 相接 contatto **-하다** mettersi in contatto con, tenersi in contatto con

상정 上程 **-하다** presentare

상제 上帝 Dio

상제 喪制 [사람] chi è in lutto, chi accompagna un funerale ¶ 상제가 되다 portare il lutto per qlcu., mettere il lutto * **-들** i dolenti

상조 尙早 ¶ 상조의 prematuro // 우리가 바캉스를 어디로 갈까 생각하는 것은 아직 시기상조이다. È prematuro pensare dove andremo in vacanza.

상조 相助 aiuto reciproco, mutuo soccorso **-하다** aiutarsi reciprocamente, cooperare

상좌 上座 sedile alto, posto alto

상주 常主 residenza legale, soggiorno **-하다** risiedere, abitare

상중 喪中 ¶ 상중이다 essere in lutto

상중하 上中下 sommità, parte media e fondo (in alto, in mezzo e in basso)

상징 象徵 simbolo, emblema **-하다** simboleggiare ¶ 상징적인 simbolico // 상징적인 의미의 선물 dono simbolico // 비둘기는 평화의 상징이다 La colomba simboleggia la pace., La colomba è il simbolo della pace. // 흰색은 순수함의 상징이다 Il bianco è il simbolo della purezza. // 상징적으로 simbolicamente * **-주의** simbolismo **-주의자** simbolista **-시** poesia simbolica

쌍창 雙窓 doppia finestra

상책 上策 piano principale, il modo migliore

상처 喪妻 morte della moglie **-하다** perdere la moglie

상처 傷處 ferita, danno, lesione, offesa ¶ 상처를 입히다 ferire, infliggere una ferita a qlcu. // 상처가 나다 farsi una ferita // 가벼운 상처 una ferita leggera // 깊은 상처 una ferita profonda // 상처를 돌보다 curare una ferita // 상처를 닦아내다 pulire una ferita // 상처를 치료하다 medicare una ferita // 사랑의 상처 ferita d'amore // 자존심에 상처 ferita al proprio orgoglio // 그녀를 다시 보았을 때 옛날의 상처가 되살아났다 Nel rivederla gli si aprì la veccha ferita. // 상처자국 cicatrice // 커다란 상처로 보기 흉하게 된 얼굴 volto sfigurato da una grossa cicatrice

상체 上體 parte superiore del corpo umano

상층 上層 [건물의] piani alti dell' edificio // 상류층 사람 persona di alto rango // 상류 계급의 여성 donna di classe

상치 lattuga

상쾌 爽快 **-하다** (essere) rinfrescante, ristoratore, piacevole

상큼상큼 vivacemente, sveltamente, in modo vispo

상타다 ricevere un premio ¶ 상주다 concedere un premio, dare un premio // 그는 자동차 한 대를 상받았다 Lui ha ricevuto un'automobile in premio. // 전시회에서 상타다 vincere un premio a una mostra

상태 狀態 condizione, situazione, stato ¶ 어려운 상태에 있다 trovarsi in una situazione difficile // 그는 건강 상태가 좋지 않다 È in cattive condizioni di salute. // 그는 여행할 건강 상태가 아니다 Non è in condizione di viaggiare. // 경제적 상태 situazione economica // 정치적 상태 situazione politica // 제정 상태 situazione finanziaria // 당황스런 상태에 놓이다 essere in una situazione imbarazzante // 시장 상태 situazione del mercato

상통 相通 **-하다** comunicare, farsi capire reciprocamente

상투 常套 ¶ 상투의 convenzionale, tradizionale, trito, privo di originalità, banale, comune ＊ **-수단** trucco comune **-어** espressione comune, banalità

상팔자 buona fortuna

상패 賞牌 medaglia ¶ 작은 상패 medaglietta // 큰상패 medaglione // 상패를 수여하다 conferire una medaglia a qlcu. // 금메달을 따다 vincere la medaglia d'oro // 은메달을 따다 vincere la medaglia d'argento // 동메달을 따다 vincere la medaglia di bronzo

상편 上篇 primo volume

상표 商標 marchio di fabbrica, marchio registrato, marca ¶ 등록 상표 marchio (di fabbrica) depositato

상품 上品 articolo di ottima qualità

상품 商品 articolo, cosa, merce, derrata, prodotto, oggetto di prima necessità, [총칭] merci, beni ¶ 호화상품 articoli di lusso // 브랜드 상품 articolo di marca // 잘 안팔리는 상품 articolo che non si vende molto // 패션 상품 articoli di moda // 가죽 상품 articoli in pelle // 특매 상품 articolo civetta // 스포츠 상품 articolo sportivo ＊ **-견본** campione **-권** biglietto di scambio **-목록** catalogo **-진열장** vetrina

상품 賞品 premio ¶ 상품을 타다 ricevere un premio, vincere un premio // 상품을 수여하다 dare un premio, conferire un premio

상피 上皮 【생물】 epitelio, epidermide ＊ **-세포** cellula epidermica

상하 上下 estremità e sommità ① [위아래] su e giù ¶ 상하로 di su e di giù [높고 낮게] alto e basso ② [신분] i superiori e i sudditti ¶ 상하구별없이 indipendetemente dal rango ③ [책] 상하 2권으로 된 책 un libro in due volumi

상하 常夏 estate continua, estate eterna

상하다 ① [해손] essere offeso, essere ferito ② [음식이] andare a male, guastarsi ¶ 고기가 상했다 La carne è andata a male. ③ [상심] offendersi, essere preoccupato ¶ 감정이 상하다 sentirsi offeso // 어머니 속을 상하다 dare preoccupazione alla madre

상학 商學 scienze economiche ＊ **-박사** dottore in scienze economiche

상한 上限 massimo

상한 象限 [기하] quadrante ＊ **-의** [천문] quadrante

상해 傷害 ferita, danno, lesione, offesa, torto **-하다** ferire, danneggiare, ledere, offendere ＊ **-보험** assicurazione contro gli infortuni

-죄 delitto contro una persona
상해 詳解 **-하다** spiegare in dettaglio
상해 霜害 danno a causa del gelo ¶ 상해를 입다 essere danneggiato dal gelo, guastato dal gelo
상행 上行 **-하다** andare in su * **-열차** un treno diretto verso la città
상행위 商行爲 affari commerciali
상현 上弦【천문】primo quarto ¶ 상현달이다 È il primo quarto di luna.
상형문자 象形文字 carattere geroglifico, geroglifico
상호 相互¶ 상호의 mutuo, reciproco * **-영향** mutuo affetto **-협조** mutuo soccorso **-보험회사** mutua società d'assicurazione **-일치** mutuo consenso **-유도자** mutua induttanza **-부조** assistenza reciproca **-사랑** amore reciproco **-무역협정** accordo commerciale reciproco **-관계** relazione reciproca **-의존** interdipendenza reciproca
상호 商號 marchio depositato
상혼 商魂 spirito commerciale, mercantilismo
상환 償還 **-하다** rifondere, rimborsare, restituire denaro, effettuare un rimborso ¶ 외국 차관을 상환하다 pagare un debito estero * **-금** rimborso, ricompensa **-기한** termine di rimborso, scadenza di rimborso
상황 常況 condizione, situazione, circostanza ¶ 현 상황으로는 nella situazione attuale
상회 商會 ditta, società, compagnia
상회 上廻 **-하다** eccedere, oltrepassare, superare
상흔 傷痕 cicatrice, graffio, sfregio, segno di bruciatura
샅 inforcatura
샅샅이 dappertutto, in ogni parte di, da capo ¶ 자신의 주머니를 샅샅이 뒤지다 frugarsi le tasche
쌓다 ① [겹겹이 포갬] ammucchiare, accatastare ② [구축] costruire, fabbricare ③ [축적] accumulare, ammassare ¶ 경험을 쌓다 fare esperienza
쌓이다 [퇴적] essere accumulato, ammucchiarsi
새[1] [새] uccello
새[2] nuovo, recente, fresco ¶ 새생활 la nuova vita
새[3] intervallo
새가슴 ¶ 새가슴의 dal petto carenato, con il torace carenato
새고샜다 (essere) superfluo, eccessivo
새근거리다 rimanere senza fiato, ansimare, ansare, avere il fiato grosso, pulsare, palpitare ¶ 새근거리며 말하다 parlare col fiato mozzo
새끼[1] corda di paglia
새끼[2] ① [새의] cucciolo di animale, [새의] uccellino, [개의] cagnolino ¶ 새끼를 낳다 dare alla luce i cuccioli ② [욕] bastardo ③ [자식] bambino, bambina, figlio, figlia
새기다 ① [조각하다] scolpire, incidere, intagliare, cesellare ¶ 부조를 새기다 scolpire un bassorilievo ② [간직하다] imprimersi,

essere scolpito, essere impressionato ¶ 그의 말은 내 기억 속에 새겨졌다 Le sue parole si sono scolpite nella mia memoria. // 기억을 가슴속에 간직하다 imprimere un ricordo nella mente

새끼발가락 mignolo del piede

새끼손가락 dito mignolo

새겨듣다 ascoltare con attenzione, prestare orecchio a qlcu., fare attenzione a qlcu.

새김 ① [뜻의] interpretazione, spiegazione, traduzione(번역) ② [조각] scultura, intaglio, incisione, arte dell incisione, silografia

새김질 ① [조각] scultura, intaglio, incisione, xilografia **-하다** scolpire, incidere, cesellare, intagliare ② [반추] ruminazione **-하다** ruminare, meditare

새노랗다 (essere) dorato, giallo chi-aro

새다 ① [날이] albeggiare, sorgere, spuntare ¶ 날이 샌다 Spunta il giorno. ② [기체·액체가] trapelare, fuggire, evadere ¶ 지붕에서 비가 샌다 Piove dal tetto. ③ [말이] uscire, sfuggire ¶ 해서는 안될 말이 그의 입에서 새나왔다 Gli sfuggirono cose di bocca che non avrebbe dovuto dire.

새달 mese prossimo, mese venturo ¶ 새달의 오늘 questo stesso giorno del mese prossimo

새댁 [신부] sposa, sposina

새뜨다 (essere) separato, essere a distanza, essere distanziato

새들 [말안장] sella

새뜻하다 (essere) fresco e chiaro, limpido e pulito

새디즘 sadismo

새로 recentemente, da poco, di nuovo ¶ 새로 오신 선생님 nuovo insegnante // 새로 시작하다 ricominciare, riprendere a, rimettersi a

새롭다 (essere) nuovo, recente, fresco, vivido, insolito ¶ 새로운 것 novità // 아직도 기억에 새롭다 essere ancora vivido nella memoria

새마을 운동 Movimento per il Rinnovamento del Paese

새매 [새] sparviero asiatico

새물 [과일, 생선] primi prodotti stagionali, primizie

새빨갛다 essere rosso fuoco, arrossire 새빨간 거짓말 vera e propria bugia // 새빨갛게 되다 diventare rosso fuoco

새벽 alba ¶ 새벽에 all′alba, allo spuntare del giorno

새봄 l′inizio della primavera

새사냥 caccia agli uccelli **-가다** andare a caccia di uccelli

새사람 ① [신인] un viso nuovo, nuovo venuto ② [신부] sposa ③ [회복자] persona guarita ④ [갱생자] un uomo rinato, un′altra persona ¶ 그는 아주 새사람이 되었다 Lui è completatmente diventato un′altra persona.

새싹 germoglio, tallo, gemma, bocciolo ¶ 새싹이 나다 germogliare, sbocciare

새삼스럽다 provare una sensazione

fresca (nuova) ¶ 새삼스럽게 ancora, di nuovo, di modo nuovo

새색시 sposa novella

새서방 sposo novello

새알 uovo d'ucello

새암 gelosia, invidia **-하다** essere geloso, essere invidioso, essere guardingo, invidiare

새앙 【식물】 zenzero

새옹지마 塞翁之馬 L'ironia del destino, un beneficio inaspettato da una situazione negativa, le vie del cielo sono infinite

새우 [큰새우] aragosta, [보리새우] gamberone, [작은 새우] gamberetto

새우다 stare alzato sveglio tutta la notte ¶ 이야기로 밤을 새우다 passare la notte discorrendo

새우잠 ¶ 새우잠을 자다 dormire rannicchiato

새우젖 gamberetti in salamoia sotto sale

새장 uccelliera, gabbia per uccelli ¶ 새를 새장에 두다 tenere un uccello in gabbia

새집[1] casa nuova

새집[2] [새의] nido di uccelli

① 새총[공기총] fucile ad aria compressa ② catapulta

새출발 nuovo inizio, nuova partenza **-하다** ricominciare da capo ¶ 인생을 새출발하다 rifarsi una vita nuova

새치 canizie prematura ¶ 새치가 나다 avere i capelli grigi da giovane

새치기 [끼어듬] interruzione, [빼앗음] strappo **-하다** non rispettare la fila, passare avanti nella fila

새치름하다 [체하다] essere freddo, essere indifferente, essere in disparte

새큰하다 (essere) doloroso, dolorante, indolenzito

새털 piuma

새털구름 【천문】 cirro

새파랗다 ① (essere) blu scuro, (얼굴이) pallido ② [젊다] (essere) giovane ¶ 무서워서 얼굴이 새파랗게 질리다 diventare pallido di paura, farsi pallido (in viso) di paura

새하얗다 (essere) biancaneve

새해 capodanno, anno nuovo ¶ 새해 복 많이 받으세요 Buon capodanno, Felice anno nuovo

새해 문안 auguri di capodanno

색 色 colore ¶ 색을 좋아하다 essere libidinoso, essere bramoso di sesso

색감 色感 senso del colore

색골 色骨 libertino

색광 色狂 [남자] maniaco sessuale, erotomane, uomo sensuale, satiro, [여자] ninfomane

색구 色球 attrezzatura

색다르다 (essere) insolito, eccezionale, raro ¶ 색다른 것 qualcosa d' insolito, qualcosa di diverso

색도 索道 teleferica

색동 strisce multicolori * **-저고리** la giacchetta con le maniche a strisce multicolori

색마 色魔 maniaco sessuale

색맹 色盲 acromatopsia, daltonismo, acromasia, discromatopsia

색색거리다 ansimare, ansare

색소 色素 pigmento, colore * **-결핍증** [의학] albinismo

색시 [신부] sposina, [처녀] ragazza, [아내] moglie, [접대부] cameriera al banco ¶ 색시를 얻다 prendere moglie

색실 filo colorato

색안경 色眼鏡 occhiali da sole, occhiali colorati

색연필 色鉛筆 matita colorata

색욕 色慾 lussuria, brama, cupidigia

색유리 色琉璃 vetro colorato

색인 索引 indice ¶ 색인을 달다 mettere l′indice, preparare l′indice di (un libro)

색정 色情 lussuria, brama, desiderio carnale, passione sessuale

색종이 foglio colorato

색주가 色酒家 [작부] una barista emancipata, una prostituta, [술집] un bar equivoco, bordello

색채 色彩 coloritura tinta, colorazione ¶ 색채의 배합 combinazione di colori * **-감각** senso del colore **-효과** effetto di colore **-중시주의** colorismo pittorico

색출 索出 **-하다** scovare, scoprire, cercare, ricercare

색칠 色漆 coloritura, verniciatura, tinteggiatura **-하다** colorare, dipingere, verniciare, tingere, colorire ¶ 배경을 붉은색으로 색칠하다 colorare di rosso uno sfondo // 그림에 색칠하다 colorire un quadro

색판 色板 * **-인쇄** stampa a colori

샌님 ① [생원님] persona raffinata e studiosa ② [풍부한] un tipo schizzinoso, una persona indecisa

샌드위치 tramezzino

샌들 sandali

샐녘 [여명] all′alba, al sorgere del giorno, di primo mattino

샐러드 insalata ¶ 야채 샐러드 insalata verde // 감자 샐러드 insalata di patate // 단순한 샐러드 insalata semplice // 복합 샐러드 insalta mista // 샐러드 간을 맞추다 condire l′insalata * **-유** olio da insalata

샘[1] fonte, fontana

샘[2] gelosia, invidia

샘물 acqua di fonte

샘바르다 (essere) geloso, invidioso

샘터 fontanella

샘플 campione

샛길 stradina laterale, viuzza

샛별 Venere, Lucifero, la stella del mattino

샛서방 amante

생 生 ① [생명] vita ¶ 생의 철학 filosofia di vita ② [삶] mezzo di sostentamento, vita

생 生 ① [익지않은] immaturo, acerbo ② [가공하지 않은] greggio, grezzo, crudo ③ [살아 있는] vivo ④ [공연한] irragionevole, assurdo, arbitrario

생가 生家 casa natale, casa nativa

생가죽 [무두질하지 않은] cuoio grezzo

생각 ① [사고] pensiero, [사상] riflessione, meditazione, idea [관

념] concetto, nozione **-하다** pensare, considerare, prendere in considerazione, avere in mente ¶ 좋은 생각 una buona idea, un′ottima idea, un′idea luminosa // 생각에 잠기다 essere immerso nei propri pensieri // 내 생각으로는 a mio avviso, a mio modo di vedere // 내게 좋은 생각이 떠 올랐다 Mi è venuta una buona idea. ② [의도] intenzione, scopo, mira, disegno **-하다** avere l′intenzione di, avere in mente, intendere, avere in animo, avere in mente di, pensare di ¶ 아무 생각 없이 senza nessuna intenzione // 나는 이탈리아에 공부하러 갈 생각이다 Ho l′intenzione di andare a studiare in Italia. // 무슨 생각을 갖고 있니? Che intenzione hai? // 나는 결혼할 생각이 없다 Io non ho l' intenzione di sposarmi. // 아직 오스트리아에 갈 생각을 하고 있어? Pensi ancora di andare in Austria? // 머리속에 정확하게 무슨 생각을 하고 있었던 거야? Che cosa avevi in mente di preciso? ③ [추억, 숙고] memoria, reminiscenza, ricordo **-하다** riflettere, pensare, ricordare, fare venire in mente ¶ 나는 그것에 대해 전혀 생각나지 않는다 Non me ne ricordo affatto. // 내 기억으로는 per quanto mi ricordo // 생각한 끝에 나는 그곳에 가지 않기로 결심했다 Dopo averci pensato, ho deciso di non andarci. // 그것을 생각해 볼게요 Ci penserò. // 그녀의 이름을 생각해낼 수가 없다 Non riesco a ricordare il nome di quella donna. // 네 생각을 하고 있다 Ti penso., Penso a te. ④ [상상] immaginazione, supposizione **-하다** immaginare, immaginarsi, credere, supporre ¶ 생각할 수 없는 inimmaginabile, inconcepibile, inammissibile // 생각 좀 해 봐. Prova a immaginare. // 넌 그것을 상상할 수 없었을거야. Non potevi immaginarlo. // 나는 그러리라고 상상하고 있었어. Me lo immaginavo. ⑤ [소원] desiderio, speranza **-하다** desiderare, desiderare fortemente, non vedere l′ora di // 자기 집이 간절히 생각나다 avere molta nostalgia di casa propria ⑥ [기대] aspettativa, prospettiva, speranza, fiducia **-하다** aspettare, aspettarsi, sperare ¶ 생각했던 것보다 일이 쉬웠다 Il lavoro è stato più facile di quanto mi aspettassi. // 그녀가 놀란 것을 생각해 봐. Immagina la sua sorpresa! ⑦ [분별] discrezione, discernimento, prudenza, capacità di giudizio **-하다** considerare, prendere in considerazione, occuparsi di ¶ 생각있는 prudente, circospetto, discreto, riflessivo, pensieroso, meditabondo // 생각없이 sconsideratamente, imprudentemente // 내 생각으로는 a mio avviso // 당신 생각 대로 하십시오 Faccia come vuole! // 네 생각 대로 해 Fai come ti pare! // 걱정하지 마, 내가 모두 알아서 할게 Non preoccuparti, penserò a tutto io. // 당신의 건강을 생각하십시오 Pensi alla Sua salute! // 그의 유일한 생각은 그녀를 돕는 것이다 Il suo unico pensiero è di aiutarla. ⑧ [의견] opinione, [제안] suggerimento **-하다** riflettere, pensare ¶ 내 생각으로는 secondo la mia opinione, per quanto mi riguarda, a mio parere // 전문가들의 생각으로는 secondo l'opinione degli esperti // 생각을 나누다 condividere l'opinionde di qlcu. // 생각을 바꾸다 cambiare idea, cambiare opinione // 자기 생각을 말하다 dire la propria opinione // 자기 생각에 대한 용기를 갖다 avere il coraggio delle proprie opinioni // 무엇에 대해서 좋은 생각을 갖다 avere una buona opinione di qlco. // 무엇에 대해서 생각을 갖다 avere un' opinione in merito a qlco. // 나는 이 점에 대해서 너의 생각과 같지 않다 Non sono del tuo parere a questo riguardo. // 이것이 나의 생각이다 Questo è il mio parere. Questa è la mia opinione. // 다른 사람의 생각을 듣다 sentire il parere di qlcu. ⑨ [각오] risoluzione, deliberazione, decisione

생각나다 ricordarsi, venire in mente // 그 책을 어디에 두었는지 생각나니? Ti ricordi dove hai messo quel libro? // 그 이름이 생각나지 않는다 Non mi ricordo quel nome. // 좋은 생각이 생각났다 Mi è venuta una buona idea. // 이 양식은 바로코 양식을 생각나게 한다 Questo stile ricorda il barocco. // 그의 주소를 생각해 낼 수가 없다 Non riesco a ricordarmi il suo indirizzo. // 나는 그 일을 어제같이 생각하고 있다 Me ne ricordo come fosse ieri. // 그에게 약속을 생각나게 해주자 Ricordiamogli la promessa.

생각되다 sembrare, parere, apparire ¶ 이것에 대해 어떻게 생각하니? Come te ne pare? Che te ne sembra?

생각해내다 [안출] pensare, escogitare, [상기] ricordare, richiamare alla mente, ricordarsi

생강 zenzero

생경 生硬 **-하다** (essere) crudo, greggio, grezzo

생계 生計 mezzi di sussistenza, sostentamento ¶ 그는 요리사를 하여 생계를 번다 Lui si guadagna da vivere facendo il cuoco.

생과부 生寡婦 donna separata dal marito, donna divorziata

생과자 生菓子 dolce, pasta da dolci, pasticceria

생글거리다 sorridere

생금 生金 oro grezzo (캐 낸 그대로의 황금)

생기 生氣 animazione, vita, vitalità, spirito ¶ 생기있는 animato, vitale

생기다 ① [손에 들어오다] ottenere, ricevere, trovare ¶ 직업이 생기다 trovare lavoro ② [발생] succedere, accadere, capitare, risultare ¶ 무슨 일이 생겼니? Che cosa è successo? // 내 신변에 큰 일이 연달아 생겼다 Mi è successa una serie di disgrazie. ③ [존

재하게 되다] nascere, formarsi, sorgere
생김새 aspetto della persona, figura
생나무 albero verde, albero vivo
생년 生年 ¶ -월일 data di nascita
생떼거리 ¶ 생떼거리를 쓰다 molestare, importunare con richieste continue
생도 生徒 allievo, scolaro ¶ 사관- cadetto
생돈 ¶ soldi spesi inutilmente
생동 生動 **-하다** (essere) animato, pieno di vita
생득 生得 ¶ ~의 innato, istintivo, congenito ∗ **-관념** idea innata **-권** diritto acquisito fin dalla nascita
생래 生來 ¶ 생래의 naturale, innato, congenito, costituzionale
생략 省略 [뺌] omissione, [줄임] abbreviazione, sunto, sommario, compendio **-하다** omettere, abbreviare, accorciare ∗ **-형** forma abbreviata **-부호** apostrofo **-법** ellissi
생령 生靈 anima, spirito
생리 [여성] mestruazione ∗ **-통** dolore mensile, dolore femminile **-주기** circolo mestruale
생리 生理 fisiologia ¶ 생리적인 fisiologico // 수면은 생리학적으로 필요한 것이다 Il sonno è un bisogno fisiologico. // 생리학적으로 fisiologicamente ∗ **-작용** funzione fisiologica **-학** fisiologia, scienze fisiologiche
생매장 生埋葬 **-하다** seppellire vivo
생맥주 生麥酒 birra alla spina ¶ 생맥주를 마시다 bere una birra alla spina
생면 生面 **-하다** fare la conoscenza di qlcu. ∗ **-부지** una persona mai incontrata **-목** faccia nuova
생명 生命 [목숨] vita ¶ 생명을 빼앗다 togliere la vita a qlcu // 생명을 구하다 salvare la vita a qlcu. // 생명을 불어넣다 dare la vita a qlco. // 생명을 무릅서다 rischiare la vita // 생명을 잃다 perdere la vita ∗ **영원한** - vita eterna **-보험** assicurazione sulla vita
생명선 生命線 linea della vita
생명수 生命水 acqua vivificante, acqua della vita
생모 生母 madre naturale
생목숨 ① [목숨] vita ② [죄 없는 목숨] vita innocente
생무지 pivello, inesperto
생물 生物 essere vivente, organismo vivente, creatura vivente ∗ **-계** creature viventi **-물리학** biofisica **-체** organismo **-화학** biochimica **-화학자** biochimico
생물학 生物學 biologia, scienze biologiche ¶ 생물학적 biologico // 생물학적으로 biologicamente ∗ **-자** biologo **-전** guerra biologica
생방송 生放送 trasmissione in diretta ¶ **-하다** trasmettere in diretta
생벼락 fulmine a cielo sereno ¶ 생벼락맞다 ricevere un rimprovero senza aspettarselo (saperne la ragione)
생부 生父 padre naturale
생부모 生父母 genitori naturali
생불 生佛 Budda vivente, incarnazione di Budda
생사 生死 vita e morte ¶ 생사의 갈

림길에 있다 essere tra la vita e la morte

생사 生絲 seta greggia

생사람 [죄없는] persona innocente ¶ 생사람 잡다 [살해] uccidere una persona innocente, [관계없는] persona non implicata nella faccenda

생산 生産 produzione **-하다** produrre ¶ 생산을 늘리다 aumentare la produzione // 생산을 줄이다 diminuire la produzione // 생산 문제에 종사하다 occuparsi dei problemi della produzione // 생산적인 produttivo * **국내-** produzione nazionale **해외-** produzione estera **-비용** spese di produzione **대량-** produzione in serie **공동-** produzione in compartecipazione **과잉-** produzione in eccesso **-력** capacità produttiva **치이즈-** produzione del formaggio **-기술** tecnica di produzione **-자** produttore **-요소** fattori produttivi **-국** paese produttore

생색 生色 buona impressione ¶ 생색을 내다 atteggiarsi a benefattore

생생하다 生生- (essere) fresco vivido, vivo, vivace ¶ 기억이 생생하다 avere la memoria vivida // 어머니의 모습이 눈앞에 생생하다 avere viva dinanzi agli occhi l' immagine della madre

생석회 生石灰 calce viva

생선 生鮮 pesce ¶ 생선을 요리하다 cucinare il pesce // 생선을 먹다 mangiare il pesce // 싱싱한 생선 pesce fresco // 훈제한 생선 pesce affumicato // 냉동 생선 pesce surgelato // 튀긴 생선 pesce fritto // 말린 생선 pesce secco * **-가게** pescheria, dal pescivendolo **생선회** pesce crudo

생성 生成 creazione, formazione, generazione **-하다** creare, formare, generare, [이루어지다] essere creato, essere formato

생소 生疎 **-하다** (essere) poco familiare, sconosciuto, estraneo, ignaro, inesperto, non al corrente

생수 生水 acqua di fonte

생시 生時 ① [출생] ora di nascita ② [인생] corso della vita

생식 生食 **-하다** mangiare cibi crudi

생식 生殖 riproduzione, procreazione, generazione **-하다** riprodurre, generare, procreare ¶ 생식력있는 generativo, riproduttivo * **-기** periodo della riproduzione **-기능** funzione generativa **-력** facoltà generativa **-세포** cellule generative **-불능자** impotente **-선(샘)** ghiandola genitale, gonade

생신 ⇒ 생일

생애 生涯 vita, carriera, tutta la vita

생약 生藥 medicina d'erbe

생억지 ¶ 생억지를 쓰다 chiedere di seguire il proprio irragionevole punto di vista

생업 生業 occupazione, mestiere, professione

생울타리 siepe, recinto, steccato

생으로 [날로] crudo, [무리하게]

irragionevolemente, assurdamente, arbitrariamente

생이별 生離別 **-하다** lasciare forzatamente qlcu. per sempre, separarsi per sempre a causa delle circostanze

생일 生日 compleanno ¶ ~의 생일을 축하하다 festeggiare il compleanno di qualcuno, celebrare il compleanno di qualcuno // 실비아는 자기 생일을 위한 파티를 열고 싶어한다 Silvia vuole dare una festa per il suo compleanno. // ~을 축하해 Buon compleanno! Auguri di buon compleanno. // 생일 축하합니다 (노래) Tanti auguri a te. * **-선물** ragalo di compleanno **-잔치** festa di compleanno

생장 生長 crescita, aumento, sviluppo

생장작 生長斫 legna da ardere non stagionata

생전 生前 tutta la vita, arco della vita, vita ¶ 생전에 in vita, durante tutta la vita

생존 生存 esistenza, essere vita, sopravvivenza, sussistenza **-하다** esistere, sopravvivere, rimanere in vita, essere in vita * **-권** diritto alla vita **-자** superstite **-경쟁** lotta per la sopravvivenza

생죽음 morte violenta **-하다** morire come un cane, fare una tragica fine, morire di morte violenta

생쥐 topo, topolino

생지옥 生地獄 inferno sulla terra, vero e proprio inferno

생질 甥姪 nipote, figlio della sorella * **-녀** figlia della sorella, nipote

생채기 graffiatura, graffio

생철 lamiera

생청붙이다 dire qualcosa di assurdo, dire qualcosa di irrazionale

생체 essere vivente, organismo * **-해부** vivisezione

생태 生態 modo di vivere, ecologia * **-변화** adattamento ecologico **-학** ecologia ~ **계** ecosistema

생트집 falsa accusa, critica pedante fatta di proposito ¶ ~을 잡다 fare una falsa accusa, provocare, creare un pretesto per litigare

생판 生板 [부사적] completamente, totalmente, interamente ¶ 생판 속이다 ingannare senza pietà

생포 生捕 **-하다** catturare, fare prigioniero

생호령 生號令 **-하다** rimproverare ingiustamente

생화 生化 fiore naturale, fiore vero

생화학 生化學 biochimica * **-자** biochimico

생환 生還 ¶ **~하다** ritornare vivo, ritornare sano e salvo * **-자** superstite, sopravvissuto

생활 生活 vita, esistenza, mezzi di sussistenza **-하다** vivere ¶ 편안한 생활을 하다 condurre una vita tranquilla, vivere negli agi // 무질서한 생활을 하다 vivere una vita disordinata // 왕처럼 살다 fare una vita da re // 정직하게 살다 vivere onestamente // 죄속에 살다 vivere nel peccato // 생활하는데 충분한 돈을 벌다 guadagnare abbastanza per vivere // 생

활하기 위해 일하다 lavorare per vivere ＊**-난** difficoltà di vivere **-력** vitalità, disponibilità per vivere **-상태** condizioni di vita **-수준** livello di vita, tenore di vita **-양식** modo di vivere **-방법** arte di vivere **-필수품** occorrente per vivere **-환경** ambiente di vita

생회 生灰 calcare, calce viva

생후 生後 dopo la nascita

샤쓰 camicia

샤아프 ① [날카로운] tagliente, angoloso, ad angolo acuto, appuntito ② [음악] diesis

샤워 doccia ¶ 샤워하다 fare la doccia

샴페인 spumante

샹송 canzone francese

서 序 prefazione

서 西 Ovest ¶ 서쪽에 a Ovest // 토리노는 밀라노 서쪽에 있다 Torino è a ovest di Milano. // 서쪽을 향하여 verso ovest // 서쪽 방향으로 in direzione ovest ＊**~풍** vento dell′ovest **~방** una stanza esposta a ovest

서 署 ufficio, stazione ＊**~서** stazione di polizia, ufficio di polizia

서가 書架 scaffale, scansia

서가 書家 calligrafo

서까래 trave inclinata del tetto

서간 書簡 epistola, corrispondenza, lettera ＊**-체 소설** romanzo epistolare **-집** epistolario

서거 逝去 morte, decesso **-하다** morire, decedere

서경 西經 longitudine ovest

서고 書庫 biblioteca, salalibri

서곡 序曲 preludio, overture, prologo, introduzione

서관 書館 [서점] libreria, [출판사] casa editrice, editore

서광 曙光 alba, [희망] barlume, sprazzo ¶ 성공의 서광 barlume di successo

서구 西歐 Europa occidentale

서기 西紀 anno del Signore, Anno Domini

서기 書記 chierico, segretario ¶ 일등서기관 primo segretario ＊**-국** segretariato **-장**(長) capufficio **-관** segretario

서기 瑞氣 segno di buon auspicio

서글서글하다 (essere) franco, sincero, magnanimo, gentile, affabile, amabile

서글프다 (essere) solo, solitario, abbandonato, triste, malinconico

서남 西南 Sud-Ovest ¶ 서남에 a Sud-Ovest // 서남으로 verso sud-ovest

서남풍 西南風 vento di sud-ovest, verso sud-ovest

서너 tre o quattro, alcuni

서너너덧 quattro-cinque, alcuni

써넣다 inserire una scritta

서녘 verso Ovest, verso occidente

서늘하다 ① [신선하다] (essere) fresco, rinfrescante, ristoratore, piacevole ¶ 서늘한 바람 brezza fresca, venticello fresco ② [마음이] (essere) freddo, gelido, agghiacciato ¶ 나는 몸이 서늘함을 느꼈다 Mi sono sentito rabbrividire // 그는 소식에 놀라서 간이 서늘하게 얼어붙은 것 같았다. A quella notizia gli sembrò che si agghiacciasse il sangue per la paura.

서다 ① [기립] stare in piedi, rizzarsi, alzarsi in piedi, stare ritto ¶ 하루종일 서있다 stare in piedi tutto il giorno ② [멈추다] fermarsi, fermare ¶ 서라! Fermati! // 갑자기 ~ fermarsi all′ improvviso ③ [건립] essere costruito, sorgere ¶ 그의 기념 동상이 섰다 È stata eretta una statura in sua memoria. // 새 정부가 들어섰다 È stato costituito un nuovo governo. ④ [조리가] 서다 restare valido, essere consistente (di prove, di argomentazioni) ⑤ [남을 위해서] presentarsi come, servire da, fare da ¶ 보증을 ~ farsi garante per qlcu., farsi mallevadore // 증인으로 ~ fare da testimone ⑥ [체면이] salvare la faccia ⑦ [칼날 따위가] essere affilato, essere tagliente, essere appuntito, essere acuminato ⑧ [장이] 서다 aprirsi, tenersi, avere luogo ¶ 장이 서는 날 giorno di mercato ⑨ [잉태] ¶ 아이가 서다 essere incinta ¶ 아이가 선지 3개월이다 È incinta da tre mesi. ⑩ [만들어지다] essere stabilito, essere formato ¶ 계획이 섰다 Ho stabilito il piano. ⑪ [결심이] 서다 prendere una decisione, decidere, decidersi

써다 [조소가] rifluire (del mare), recedere

서당 書堂 edificio scolastico, scuola privata

서도 書道 calligrafia

서독(일) 西獨(逸) Germania dell' Ovest

서두 書頭 introduzione, apertura (di composizione o discorso)

서두르다 fare presto, sbrigarsi, affrettarsi, essere solleciti ¶ 서둘러 in fretta

서랍 cassetto

서러워하다 affliggersi, lamentarsi, addolorarsi ¶ 서러워하는 얼굴 faccia afflitta

서럽다 (essere) infelice, addolorato, afflitto, penoso, doloroso, deplorevole

써레 [농업] erpice, rastrello

서로 reciprocamente, l′un l′altro ¶ 서로돕다 aiutarsi l′un l′altro

서론 序論 introduzione, prefazione

서류 書類 documento ¶ 서류를 인정하다 legalizzare il documento // 서류를 제출하다 presentare un documento ∗ **거짓**~ documento falso

서류전형 書類銓衡 ¶ **~하다** esaminare i documenti, esaminare le carte

서른 trenta ¶ 서른 살 trenta anni // 서른번째 trentesima

서리 gelo, brina ¶ 서리가 내리다 gelare, formarsi la brina, cadere la brina ∗ **-바람** vento freddo (in una mattinata con brina) ~ 제거 장치 sbrinatore

서리 署理 procuratore, delegato, incaricato d′affari

서리다 [김이] appannarsi ¶ 창문에 김이 서렸다 La finestra si è appannata.

서리맞다 (essere) gelato, brinato,

coperto di brina, bruciato dalla brina

서막 序幕 [극의] apertura di scena, alzarsi il sipario [일의] inizio, preludio, apertura

서머타임 ora legale

서먹하다 sentirsi a disagio, sentirsi estraneo, sentirsi fuori luogo

서면 書面 [편지] lettera, [문서] documento scritto ¶ 서면으로 per iscritto

서명 署名 firma, autografo **-하다** firmare, sottoscrivere, mettere la firma, apporre la firma, fare la firma ¶ 자기 이름을 서명하다 fare la propria firma // 계약에 서명하다 sottoscrivere un contratto // 남편의 이름으로 서명하다 firmare col nome del marito // 서명을 위조하다 falsificare la firma ***-국** firmatario **본인-** firma dell' interessato

서명 書名 titolo di libro

서모 庶母 matrigna

서몽 瑞夢 sogno di buon spicio

서무 庶務 affari generali * **-과** sezione degli affari generali

서문 序文 prefazione, introduzione ¶ 서문을 쓰다 scrivere la prefazione (di un libro)

서민 庶民 gente comune, persona comune

서반구 西半球 emisfero occidentale

서방 西方 [서쪽] l'Ovest

서방 書房 marito, maritino

서방질 adulterio di una donna ¶ **-하다** tradire il marito, mettere la corna al marito

서벅거리다 essere croccante

서법 書法 calligrafia

서부 西部 l'occidente, l'Ovest

서북 西北 Nord-Ovest ¶ 서북의 di Nord-Ovest, nord-occidentale // 서북으로 verso Nord-Ovest * **-풍** vento di Nord-Ovest

서브 servizio ¶ 서브하다 [스포츠] servire (la palla), battere il servizio

서브타이틀 sottotitolo, [영화] didascalia, sottotitolo

서비스 servizio ¶ 서비스하다 servire // 음식은 맛있지만, 서비스가 형편없다 Si mangia bene, ma il servizio è pessimo. // 서비스 중이다 essere in servizio * **전화-** servizio telefonico **우편-** servizio postale

서사 徐事 narrazione, descrizione **~하다** narrare, descrivere ¶ 서사시의 epico * **-시** poesia (poema) epica **-시인** poeta epico

서생 書生 [유생] studente dei classici

서서히 lentamente, adagio, gradualmente

서설 序說 introduzione, osservazioni introduttive

서설 序說 neve gradita, neve propizia

서성거리다 andare avanti e indietro per, andare su e giù per ¶ (누구. 어디 주의를) 서성거리다 girare attorno a

서수 序數 【수학】 numero ordinale

서술 敍述 descrizione, narrazione **-하다** descrivere, narrare ¶ ~적인 descrittivo, narrativo * **-어** predicato **-자** narratore **-형용사** aggettivo predicativo

서스펜스 suspense, ansia, tensione

서슬 [칼날] filo (di lama) ¶ 서슬이 시퍼런 칼 spada affilata, [기세] irresitibile, impetuoso

서슴다 esitare, titubare ¶ 서슴없이 senza complimenti, senza esitazione // 서슴거리며 con esitazione, esitando

서식 書式 forma, formula, modulo ¶ ~ 대로 nella forma prescritta

서식 棲息 abitazione, dimora **-하다** dimorare, abitare ¶ 서식할 수 있다 (essere) abitabile ∗**-지** ambiente naturale, habitat

서신 書信 [편지] lettera, messaggio, epistola, [편지왕래] corrispondenza

서악 序樂 ouverture

서약 誓約 giuramento, voto, promessa solenne ¶ **-하다** giurare, fare voto di, promettere solennemente, pronunciare i voti // 맹세코 sotto giuramento // 그것을 맹세하겠습니다 Ci giurerei ∗**-서** contratto scritto, patto, alleanza

서양 西洋 occidente ¶ 서양식으로 옷을 입다 vestire all' occidentale // 서양의 사고방식을 가지다 avere una mentalità occidentale ∗**-문명** civiltà occidentale **-제국** paesi occidentali **-식** all occidentale **-인** un occidentale

서언 序言 prefazione, introduzione

서열 序列 ordine, rango, grado ¶ ~에 따라 in ordine d′importanza

서운하다 spiacente, spiacevole, deplorevole, rincrescere, dispiacere

서울 Seoul [capitale della Corea del Sud]

서원 書院 [글방] auditorio, sala conferenza

서이 [세사람] tre persone

서인도제도 西印度諸島 le Indie occidentali

서임 敍任 nomina, carica, investitura ¶ **-하다** nominare, incaricare, investire

서자 庶子 [사생아] figlio illegittimo

서장 書狀 lettera, nota

서장 署長 capo ∗**-경찰** capo dell′ufficio di polizia

서재 書齋 studio, biblioteca

서적 書籍 libri, pubblicazione

서점 書店 libreria

서정 庶政 affari amministrativi generali, servizi civili

서정 敍情 lirismo **-하다** delineare, tracciare ∗**-시** poesia lirica, poema lirico **-시조** accento lirico **-시인** poeta lirico **-성** lirismo **-적인** lirico **-적으로** liricamente

서쪽 occidente, Ovest ¶ 서쪽의 occidentale, dell Ovest // 서쪽으로 verso Ovest, verso occidente

서지 書誌 bibliografia, studi bibliografici ∗**-학** bibliografia

서진 書鎭 fermacarte

서치라이터 riflettore, fascio di luce

서책 書册 libri, pubblicazioni

서체 書體 grafia, scrittura

서출 庶出 ¶ figlio illegittimo

서클 circolo

서투르다 [소원하다] (essere) poco conosciuto, [미숙하다] (essere) non esperto, inesperto, inabile

서평 書評 una revisione di un libro ***-가** revisore di libri
서표 書標 segnalibro
서풍 書風 vento di ponente, zefiro
서한 書翰 lettera
서해 西海 mare occidentale ¶ [황해] mar giallo
서행 徐行 bassa velocità **-하다** andare lentamente, procedere a velocità ridotta, rallentare
서혜 鼠蹊【해부】inguine ¶ 서혜의 inguinale
서화 書畵 pittura e scrittura ***-전람회** una mostra di pitture e iscrizioni
서훈 敍勳 (conferimento di una) decorazione **-하다** conferire una decorazione, decorare
석 tre ¶ 석달 tre mesi
썩 ① [아주] molto, assai, straordinariamente, estremamente ¶ 노래를 썩 잘부른다 Lui canta molto bene. ② [곧] immediatamente, subito ¶ 썩 물러가거라 Vattene via subito!
석 錫 [주석] latta
석가모니 釋迦牟尼 Sakyamuni (563 ? -483 ?), Budda
석가산 石假山 una collina artificiale, un giardino roccioso
석간 夕刊 un giornale della sera, l′edizione serale
석고 石膏 pietra da gesso ***-붕대** fasciatura gessata **-상** statura in gesso **-세공** intonaco
석공 石工 [석수] scalpellino muratore, [석공업] arte muraria, costruzione in muratura
석광 石鑛 miniera di stagno
석굴 石窟 una caverna di pietra, una spelonca rocciosa
석권 席卷 **-하다** fare la conquista di, conquistare, sopraffare
석기 石器 ***-시대** età della pietra **구-시대** età paleolitica **신-시대** età neolitica
석남 石南【식물】rododendro
썩다 ① [부패] andare a male, imputridire, marcire, corrompersi, decomporsi ¶ 썩은 marcio, corrotto, guasto ② [속이] rattristare, addolorare ③ [재주가] arrugginirsi
석류 石榴【식물】melagrana ***-나무** melograno
석면 石綿【광물】amianto
석명 釋明 spiegazione delucidazione ¶ **-하다** spiegare, delucidare
석문 石門 un ingresso di pietra, porta di pietra
석방 釋放 liberazione, rilascio, assoluzione **-하다** liberare, assolvere, lasciare libero, rilasciare
석벽 石壁 una parete di pietra, scogliera(절벽), strapiombo, scogliera
석별 惜別 **-하다** partire con rammarico
석부 石斧 un′ascia di pietra
석불 石佛 una statura litica di Budda
석비 石碑 monumento in pietra
석사 碩士 titolo accademico di master ¶ 문학석사 master in letteratura
석상 席上 ¶ 석상에서 alla riunione
석쇠 griglia, graticola

석수 石手 scalpellino, muratore ¶ 석수질 lavoro in muratura

석순 石筍 stalagmite

석양 夕陽 tramonto ¶ 석양에 al tramonto

석연하다 釋然- essere liberato dal dubbio, essere soddisfatto della spiegazione

석영 石英 【광물】 quarzo ∗**-암** quarzite

석유 石油 petrolio, cherosene ¶ 석유를 발견하다 trovare il petrolio // 석유 원류 petrolio greggio // 유전 pozzo petrolifero // 유층 giacimento petrolifero ∗**-화학** petrolchimica **-채굴노무자** petroliere **-주** azioni petrolifere **-램프** lampada a petrolio **-스토브** fornello a petrolio **-정제** raffinazione del petrolio **-수출국 기구** Organizzazione dei paesi esportatori di petrolio (OPEC)

썩이다 [부패] corrompere, guastare [방치] lasciare andare in malora [속을] 썩이다 affliggere, dare preoccupazione, deludere qualcuno

석재 石材 pietra

석전 石戰 [놀이] festival in onore di Confucii

석조 石造 ¶ 석조의 fatto di pietra, in pietra

석존 釋尊 Sakyamuni, Budda

석종유 石鐘乳 【광물】 stalattite

석주 石柱 una colonna di pietra

석차 席次 l′ordine secondo il punteggio ¶ 졸업석차 ordine secondo il punteggio del diploma

석축 石築 muro di sostegno in pietra

석탄 石炭 carbone, carbone fossile ¶ 석탄을 연료로 쓰다 usare carbone come combustile ∗**-가스** gas illuminante **-갱** miniera di carbone **-갱부** minatore

석탄산 石炭酸 【화학】 fenolo, acido fenico

석탑 石塔 pagoda

석판 石板 litografia (기술), riproduzione litografica (그림) ∗**-인쇄** litografia, stampa litografica **-화** litografia, riproduzione litografica

석패 惜敗 sconfitta con uno stretto margine **-하다** essere sconfitti di misura, perdere per un pelo

석학 碩學 un grande studioso, un uomo erudito

석회 石灰 calcè ¶ 석회가 되다 calcificarsi, calcinarsi // 소석회 calce spenta // 생석회 calce viva // 석회질의 calcareo ∗**-석** calcare **-수** acqua di calce **-유** latte di calce

섞갈리다 confondersi, complicarsi

섞다 mescolare ¶ 빨강에 흰색을 섞다 mescolare il rosso con il bianco

섞이다 essere mescolato, essere mischieto, essere confuso ¶ 물과 기름은 섞이지 않는다 Olio e acqua non si mischiano.

섟 [노염] uno scatto d′ira, [의심] un improvviso dubbio

선 un incontro di presentazione con prospettiva di matrimonio ¶ 선보다 avere un incontro con un probabile futuro/a sposo/a

선 先 [장기, 바둑에서] la prima mossa, [죽은] defunto, deceduto ¶ 선대인 il tuo defunto padre

선 善 bene, bontà, virtù, buoni azioni ¶ 선과 악 il bene e il male

선 線 linea ¶ 선을 긋다 porre un limite

선 腺 ghiandola

선각 先覺 preveggenza ¶ **-하다** prevedere, percepire in anticipo

선객 船客 viaggiatore, passeggero ∗ **-명부** lista dei passegeri **-실** alloggio dei passeggeri **일등-** passeggero di prima classe

선거 船渠 elezione **-하다** eleggere, scegliere, votare per, fare le elezioni, tenere le elezioni ¶ 선거에 입후보하다 presentarsi candidato alle elezioni // 대통령 선거 elezioni del presidente // 선거일 il giorno delle elezioni // 교황선거 elezione del Papa // 지방선거 elezioni amministrative, elezioni regionali // 의원 총선거 elezioni politiche // 간접선거 elezione indiretta // 직접선거 elezione diretta // 총선거 elezioni generali ∗ **-관리위원회** Comitato per le elezioni **-구** collegio elettoriale, circoscrizione elettorale **-권** diritto di voto **-법** legge elettorale **-운동** campagna elettorale, propaganda elettorale **-인** elettore **중앙 -관리 위원회** commissione centrale per la gestione delle elezioni

선견 先見 preveggenza ¶ 선견지명이 있는 previdente

선결 先決 **-하다** decidere in anticipo

선경 仙境 paese della fata

선고 宣告 ① [법] sentenza, condanna (선결), giudizio (심판), verdetto (배심원의) **-하다** giudicare, condannare, pronunciare una condanna contro ② [의사 따위의] dichiarazione solenne, pronunciamento **-하다** pronunciare una sentenzà ¶ 종신 선고 condanna all′ergastolo // 사형선고 condanna a morte // 사형선고를 받다 essere condannato a morte

선광 選鑛 concentrazione, concentramento **-하다** concentrarsi

선교 宣敎 attività missionaria **-하다** evangelizzare ∗ **-단** missione **-사** missionario

선구 船具 attrezzatura, attrezzi, sartiame, paranco

선구자 先驅者 messaggero, pioniere, precursore, antesignano

선글라스 occhiali da sole

선금 先金 pagamento anticipato, anticipo ¶ 선금을 치르다 pagare anticipatamente, pagare in anticipo

선급 先給 pagamento anticipato **-하다** pagare anticipatamente

선남선녀 善男善女 gentiluomo e nobildonna

선납 先納 pagamento anticipato **-하다** pagare in anticipo

선내 船內 ¶ -에 sulla nave, a bordo

선녀 仙女 ninfa, driade

선단 船團 una flotta

선대 先代 generazione precedente

선도 先導 guida, direzione, comando **-하다** guidare, dirigere, controllare *-**자** guida, capopartito, chi conduce una corsa

선도 善導 **-하다** guidare correttamente, istruire

선동 煽動 istigazione, incitamento, agitazione **-하다** istigare, incitare ¶ 파업을 선동하다 incitare allo sciopero *-**자** istigatore, agitatore

선두 先頭 cima, vetta, sommità, apice, vertice ¶ 선두에 서다 essere alla testa di

선두 船頭 prua, prora

선두르다 ornare con una frangia, orlare, bordare ¶ 테이블보에 선두르다 orlare una tovaglia da tavola

선득, (선뜩) -하다 [추워서] rabbrividire, avere i brividi, tremare, [놀라서,무서워서] fremere (di paura), fremere (di orrore) ¶ 일어날 일을 생각만 해도 선뜩하다. Tremo al solo pensiero di ciò che accadrà.

선들거리다 soffiare gentilmente, alitare, sibilare ¶ 바람이 선들거림 un alito di vento

선뜻 ① [빨리] presto, rapidamente, senza indugio, prontamente ② [쾌히] volentieri, senza difficoltà, con piacere ¶ 선뜻 승낙하다 consentire volentieri, consentire senza difficoltà

선량 善良 **-하다** essere virtuoso, essere onesto, essere retto

선량 選良 un rappresentante del popolo, un parlamentare

선령 船齡 anni di una nave

선례 先例 precedente ¶ 선례를 남기다 creare un precedente

선로 線路 linea ferroviaria, strada ferrata, ferrovia *-**인부** guardalinea, guardafili

선린 善隣 rapporto di buon vicinato *-**정책** politica di buon vicinato

선망 先望 invidia **-하다** invidiare, provare invidia per ¶ 선망의 대상이 되다 diventare oggetto d' invidia

선매 先買 vendità anticipata, vendità in anticipo

선매권 先買權 diritto di prelazione

선머슴 ragazzo irrequieto, monello, diavoletto

선명 鮮明 **-하다** (essere) chiaro, definito, netto, nitido, distinto ¶ 선명한 소리 suono chiaro // 가치를 선명히 하다 assumere un atteggiamento chiaro, definire la propria posizione

선무 宣撫 pacificazione, conciliazione *-**공작** lavoro di pacificazione **-반** squadra di pacificazione

선무당 un giovane sciamano

선물 膳物 regalo, dono **-하다** regalare, fare un regalo, fare un dono ¶ 선물을 받다 ricevere (accettare) un regalo, ricevere qlco. in dono // 누구에게 선물을 주다 fare un dono a qlcu., dare un regalo a qlcu. // 친구에게 책을 선물하다 regalare un libro a un amico // 결혼선물 regalo di nozze // 크리스마스 선물 regalo natalizio // 선물로 in regalo // 크

리스마스때 나한테 무슨 선물할 거야? Che cosa mi regalerai a Natale?

선물 先物 【경제】 contratto a termine ∗**-거래** negoziazione a termine

선미 船尾 poppa ¶ 선미에 a poppa

선박 nave, vascello, bastimento [집합적] flotta, flottiglia, navi ∗**-국적 증서** il certificato di nazionnalità di una nave **-서류** documenti di una nave **-회사** compagna di navigazione

선반 palchetto, ripiano, mensola, scaffale, scansia ¶ 선반에 얹다 mettere qualcosa sullo scaffale

선반 旋盤 tornio

선발 先發 **-하다** partire in anticipo, andare avanti prima

선발 選拔 selezione, scelta **-하다** scegliere, selezionare ¶ 선발된 scelto, selezionato // 육상 선발팀 squadra selezionata d'atletica leggera ∗**-시험** esame selettivo **-경기** gare eliminatorie

선배 先輩 più vecchio, più anziano che ha anzianità (di lavoro, di ufficio) un anziano, un superiore ¶ 대선배 un grande anziano

선별 選別 classificazione, selezione, ordinamento **-하다** definire, selezionare

선병 腺病 un disordine ghiandolare, scrofolosi

선복 船腹 [배의 내부] carena, [수송능력] tonnellaggio

선봉 先鋒 avanguardia ¶ 선봉이 되다 essere alla testa di, capeggiare

선부 先父 il proprio marito defunto

선불 先拂 pagamento anticipato **-하다** pagare in anticipo

선비 un erudito, una persona dotta

선사 [선물] dono, omaggio ¶ 친구에게 선사하다 fare un dono a un amico

선사 先史 ¶ 선사의 preistorico ∗**-시대** l'era preistorica

선산 先山 cimitero di famiglia

선생 先生 ① [교사] insegnante, istruttore, maestro, professore, dottore ② [총칭] signore/a

선서 宣誓 giuramento, parola d'onore **-하다** giurare, promettere solennemente, prestare giuramento, dare la parola d'onore ¶ 취임선서를 하다 prestare giuramento come presidente ∗**-문** deposizione scritta **-식** cerimonia di giuramento **-증언** testimonianza sotto giuramento **-증인** teste, testimone

선선하다 ① [시원하다] (essere) fresco, rinfrescante ¶ 신선한 눈매 occhi chiari // 선선해지다 diventare fresco, farsi fresco ② [성질이] (essere) franco, sincero, aperto ¶ 선선히 대답하다 rispondere francamente

선셈 pagamento anticipato

선소리 assurdità, sciocchezza

선손 ¶ 선손쓰다 prendere l'iniziativa // 선손걸다 fare il primo tiro

선수 先手 [선손] iniziativa, [바둑에서] mettere la prima pedina, [장기] fare la prima mossa ¶ 선수를 놓다 prendere l'iniziativa nel fare qlco., fare il primo movimento

선수 選手 giocatore, atleta ¶ 축구선수 giocatore di calcio // 당구선수 giocatore di biliardo // 프로 선수 giocatore professionista // 테니스 선수 giocatore di tennis // 무적의 선수 giocatore imbattibile // 농구 선수 giocatore di pallacanestro // 야구 선수 giocatore di baseball // 잠시후에 선수들이 입장할 것입니다 Fra pochi minuti entreranno i giocatori. ∗ **-권** titolo di campione, campionato

선술집 osteria, taverna

선승 先勝 **-하다** vincere la partita, fare il primo punto

선승 禪僧 monaco Zen

선실 船室 cabina, cabina di lusso (1등의) ¶ 층계식 침대의 선실 cabina a cuccetta // 주갑판 선실 cabina di coperta // 후부 선실 cabina di poppa // 계원 선실 cabina del personale di servizio

선심 善心 ① [착한 마음] animo virtuoso, cuore buono ② [남을 돕는 마음] generosità, benevolenza ¶ 선심을 쓰다 fare un′opera buona

선심 線審 guardalinee

선악 善惡 bene e male, bontà e malvagità, giusto e ingiusto (정과 사) ¶ 선과 악을 구별할 줄 알다 sapere distinguere il bene dal male

선약 先約 un impegno precedente, un appuntamento precedente

선약이 있다 avere un altro impegno precedente

선양 宣揚 elevamento, aumento, accrescimento, rinforzo, miglioramento, esaltazione, innalzamento **-하다** esaltare, magnificare, elevare ¶ 국위를 선양하다 accrescere il prestigio nazionale

선언 宣言 dichiarazione, proclamazione, proclama, annuncio **-하다** dichiarare, professare, pronunciare, annunciare ¶ 무죄를 선언하다 dichiarare innocente // 독립선언 dichiarazione d' indipendenza // 인권 선언 la dichiarazione dei diritti dell′uomo

선열 先烈 valoroso caduto (per la patria)

선왕 先王 il re precedente

선용 善用 **-하다** fare buon uso di, impiegare bene (il denaro, il tempo libero)¶ 여가선용 buon uso del tempo libero, passatempo

선웃음 sorriso forzato, sorriso finto ¶ 선웃음 치다 accennare un riso forzato

선원 船員 [집합적] equipaggio, ciurma, [개인] marinaio

선율 旋律 melodia ¶ 선율적인 melodioso // 선율의 melodico

선의 善意 senso favorevole (좋은 의미) buona intenzione (좋은 의도) ¶ 선의의 bene intenzionato, fatto a fin di bene ¶ 선의로 해석하다 prendere un senso favorevole

선의 船醫 il medico di bordo

선인 仙人 eremita, asceta

선인 先人 [선친] predecessore

선인 善人 persona virtuosa, brava persona

선인장 仙人掌【식물】cactus

선임 先任 anzianità, [전임자] predecessore ¶ 선임장교 ufficiale superiore

선임 選任 **-하다** selezionare e nominare, eleggere, assegnare ¶ (관선) 변호사의 선임 designazione dell′avvocato

선입관 先入觀 preconcetto, pregiudizio, prevenzione, preoccupazione ¶ 선입관을 갖다 avere un pregiudizio, avere un′opinione preconcetta // 누구에 대해 선입관을 갖다 avere dei preconcetti nei confronti di qlcu.

선잠 sonnellino, assopimento, sonnolenza ¶ 선잠자다 assopirsi, sonnecchiare

선장 船匠 capitano, comandante (di nave) ＊**-면허장** licenza di capitano **-실** cabina del capitano **-직** grado di capitano (di una nave)

선재 船材 legname da costruzione

선적 船積 ① la nazionalità d′una nave ¶ 미국의 선적을 가진 배 una nave di nazionalità americana ② (등기부) la registrazione d'una nave

선적 船籍 [발송] trasporto, spedizione, [적재] caricamento, carico ＊**-송장** fattura di spedizione **-항** porto d′imbarco

선전 宣傳 propaganda, pubblicità **-하다** fare pubblicità, fare propaganda ¶ 자기 선전 autopubblicità ＊**-삐라** volantino **-부** ufficio pubblicità **-원** pubblicitario (상품의) **-전** guerra pubblicitaria

선전 宣戰 **-하다** dichiarare guerra contro ＊**-포고** proclamazione di guerra, dichiarazione di guerra

선전 善戰 **-하다** combattere una buona battaglia

선정 善政 buon governo, buona gestione, regime giusto ¶ 선정을 베풀다 governare bene

선정 選定 scelta, selezione **-하다** selezionare, scegliere

선정적 煽情的 eccitante, sensuale, lascivo, voluttuoso ¶ -소설 romanzo lascivo, storia lussuriosa

선제공격 先制攻擊 offensiva di contenimento **-하다** attaccare il nemico per primi

선조 先祖 antenato

선조총 旋條銃 fucile

선주 先主 ＊**-민족** aborigeno, indigeno **-자** un ex occupante

선주 船主 proprietario d'una nave

선지 sangue di animale macellato

선지자 先知者 profeta, indovino

선진 先陳 (essere) avanzato ¶ -국 nazione progredita

선집 選集 selezione, antologia ¶ 영미 선집 una selezione di poemi inglesi

선착 先着 ¶ 선착순으로 secondo l′ordine d′arrivo

선창 船窓 oblò, finestrino

선창 船艙 pontile, banchina, molo

선책 善策 un buon programma, una buona politica, un ottimo progetto

선처 善處 gestione confacente, trattamento adeguato **-하다** fare la cosa migliore, trattare adeguatamente, prendere le misure adeguate

선천 先天 ¶ 선천적인 naturale, innato, congenito // 선천적으로 di natura, naturalmente, in modo congenito ＊**-병** una malattia congenita

선철 銑鐵 ghisa

선체 船體 lo scafo (d'una nave)

선출 選出 elezione, scelta **-하다** eleggere, scegliere ¶ 부산에서 선출되다 essere eletto a Pusan

선취 先取 **-하다** prendere per primo

선취특권 先取特權 diritto di precedenza, diritto di rivendicazione

선측 船側 la fiancata ＊**-인도** franco sotto bordo

선친 先親 il mio padre defunto

선탁 宣託 oracolo, rivelazione divina, ispirazione

선탄 選炭 preparazione del carbone, lavaggio del carbone

선태 蘚苔【식물】muschio

선택 選擇 selezione, scelta, opzione **-하다** selezionare, scegliere ¶선택의 자유 libertà di scelta // 선택을 잘못하다 fare una scelta errata ＊**-과목** materia facoltativa

선팽창 線膨脹 estensione lineare

선편 船便 servizio marittimo ¶ 선편으로 via mare

선포 宣布 proclamazione, promulgazione **-하다** proclamare, affermare, promulgare

선풍 旋風 turbine, vortice, tromba d'aria, ciclone ¶ 선풍같은 ciclonico // 선풍을 일으키다 destare una grande sensazione

선풍기 扇風機 ventilatore, ventilatore elettrico ¶ 선풍기를 켜다 accendere il ventilatore

선하 船荷 carico, trasporto ＊**-증권** polizza di carico

선하다 (essere) chiaro, vivo, vivido, fresco ¶ 그 광경이 아직도 눈에 선하다 Quella scena è ancora viva nei miei occhi.

선행 善行 buon condotto, buon comportamento ¶ 선행을 표창하다 riconoscere (ufficialmente) la buona condotta di qualcuno

선행 先行 **-하다** precedere, essere davanti a

선험 先驗 trascendenza ¶ 선험적인 trascendentale ＊**-적 인식** conoscenza trascendentale **-철학** filosofia trascendentale **-주의** trascendentalismo

선현 先賢 saggi antichi

선혈 鮮血 sangue fresco, linfa vitale

선형 扇形 forma di ventaglio, [기하] settore

선화 線畵 disegno a tratto

선회 旋回 rotazione, giro **-하다** rotare, ruotare, girare ＊**-비행** volo circolare **-운동** movimento di rotazione **-축** cardine, perno

선후 先後 [앞 뒤] anteriore e posteriore, inizio e fine, [순서] ordine, sequenza

선후책 先後策 rimedio, contromisura ¶ 선후책을 강구하다 considerare i rimedi, ricorrere a un espediente

섣달 dicembre, l'ultimo mese dell'anno lunare ¶ 섣달 그믐 la vigilia del nuovo anno

섣불리 maldestramente, goffamente, rozzamente, imprudentemente

설 capodanno ¶ 설을 쇠다 celebrare il nuovo anno

-설 設 teoria, dottrina (종교상의), [의견] opinione, veduta

설겅거리다 masticare duro

설거지 il lavare i piatti **-하다** lavare i piatti

설경 雪景 veduta coperta di neve, paesaggio innevato

설계 設計 progetto, disegno **-하다** progettare, disegnare, tracciare un progetto ¶ 생활설계 progetto di vita // 건물을 설계하다 progettare una costruzione *** -도** progetto disegno(도면), pianta(지도), [청사진] cianografia, progetto **-자** progettista

설교 說教 predicazione, predica, sermone **-하다** predicare, fare un sermone ¶ 성직자가 신자에게 설교하다 Il sacerdote predica ai fedeli. // 설교를 듣다 ascoltare un sermone // 그 사제는 설교를 참 잘한다 Quel prete fa delle belle prediche. // 설교를 들으러 가다 andare alla predica // 그는 나쁜 설교자이다 Lui è un cattivo predicatore. // 설교따윈 집어 치워! Smettila di fare il predicatore. *** -단** pulpito **-자** predicatore

설날 Il primo giorno del nuovo anno, il capodanno

설다 ① [덜익다] essere immaturo, acerbo ¶ 선과일 frutta non matura, frutta acerba ② essere poco pratico

썰다 tagliare, affettare, tritare, tagliuzzare

설다루다 trattare impropriamente, dirigere male, amministrare male, maneggiare scorrettamente, fare un lavoro non perfetto

설대 [담뱃대] cannuccia di bambù per pipa

설득 說得 persuasione **-하다** persuadere ¶ 그는 가게끔 설득되었다 Fu persuaso ad andarsene. // 나는 그에게 조용히 하도록 설득하였다 Io lo persuasi a star zitto. // 설득시킬수 있는 persuasivo, persuadibile // 젊은이들에게는 권위가 아닌 설득으로 대해야 한다 Con i giovani si deve usare la persuasione non l'autorità. // 설득력있는 의논 argomento persuasivo // 설득력있는 대화 discorso persuasivo // 설득력이 있다 essere persuasivo // 설득력 있는 해석 interpretazione persuasiva // 쉽게 설득되는 사람 uomo facilmente persuadibile // 보이지 않은 설득 persuasione occulta // 설득력있게 in modo persuasivo *** -력** il potere di persuazione, la forza di persuasione,

설렁탕 zuppa di carne di manzo con riso

설렁하다 essere una freddura

썰레놓다 rendere possibile una cosa difficile

설레다 [가슴이] palpitare, battere forte il cuorè ¶ 그 소식을 듣고 그는 마음이 설레였다 La notizia gli fece battere forte il cuore.

설레설레 ¶ 머리를 설레설레 흔들다 agitare la testa

설령 設令 anche se, sebbene, quantunque

설립 設立 fondazione, istituzione **-하다** fondare, instaurare, istituire ＊**-자** fondatore

설마 impossibile!, incredibile!, per niente al mondo

설맞다 ricevere una ferita superficiale ¶ 나는 총알에 설 맞았다 Ho ricevuto una ferita superficiale da proiettile.

썰매 slitta ¶ 썰매를 타다 andare in slitta, guidare una slitta // 썰매용개 cane da slitta // 식료품을 썰매로 운반하다 trasportare i viveri in slitta

설면하다 essere estraniato, alineato, allontanato, [정답지 않다] essere in rapporti poco familiari

설명 說明 spiegazione **-하다** spiegare, illustrare (예시), dare una spiegazione, giustificare (이유를), descrivere ¶ 이유를 설명하다 spiegare il motivo // 말의 뜻을 설명하다 spiegare il significato di una parola // 교수의 설명을 듣다 ascoltare la spiegazione del professore

설문 說問 domanda, questione

썰물 bassa marea, riflusso ¶ 썰물 때에 quando c′è bassa marea

설백 雪白 bianco puro, bianconeve

설법 說法 predica, sermone Buddista **-하다** pronunciare un sermone

설복 說服 persuasione **-하다** persuadere

설봉 舌鋒 ¶ 날카로운 설봉으로 con lingua pungente, criticandi acutamente

설비 設備 apparecchiatura, attrezzatura impianto **-하다** attrezzare, impiantare, equipaggiare ¶ 그 호텔은 설비가 좋다 Quell albergo è dotato di buoni servizi.

설빔 abito di Capodanno **-하다** vestirsi per il Capodanno

설사 設使 **-하다** avere la diarrea ＊**-약** rimedio (medicina) contro la diarrea

설산 雪山 montagna innevata, montagna coperta di neve

설상가상 雪上加霜 di male in peggio

설선 雪線 [지리] il limite della neve

설설[1] ¶ 물이 설설 끓다 L′acqua incomincia a bollire., L′acqua bolle lentamente. // 방이 설설 끓다 La stanza è confortevolmente calda.

설설[2] 설설 기다 farsi piccolo per il timore, per la timidezza, piegarsi servilmente

설암 舌癌 il cancro alla lingua

설염 舌炎 【의학】 infezione alla glottide

설왕설래 說往說來 **-하다** discutere con pareri contrastanti

설욕 雪辱 **-하다** prendersi la rivincita

설움 dispiacere, dolore, tristezza ¶ 설움을 못 이기다 essere sopraffatto dal dolore

설원 雪原 grande estensione di neve o di ghiaccio

설유 說諭 ammonimento, esortazione **-하다** ammonire, richiamare, esortare

설음 舌音【언어】suono linguale

설익다 essere acerbo, immaturo

설전 舌戰 battaglia verbale **-벌이다** impegnarsi in una battaglia verbale, lottare verbalmente

설정 設定 instaurazione, istituzione, **-하다** instaurare, istituire, creare

설차림 preparare i piatti (cibi) di Capodanno, preparare il piatto del nuovo anno

설치 設置 installazione, fondazione ¶ 위원회를 설치하다 organizzare un comitato

설치다[1] fare una cosa a metà strada ¶ 간밤에는 잠을 설쳤다 Stanotte non ho dormito bene.

설치다[2] essere sregolato, essere indisciplinato

설치류 齧齒類 roditore

설탕 zucchero ¶ 설탕을 넣다 mettere lo zucchero, zuccherare // 설탕 가루 zucchero in polvere // 설탕이 든 zuccheroso // 설탕으로 달게한 zuccherato ＊**-물** acqua zuccherata 각- zucchero a zollette

설파 **說破** ① [밝힘] delucidazione ② [깨트림] confutazione **-하다** delucidare, chiarire, confutare, esporre

설피다 (essere) grossolano, rozzo, grezzo

설핏하다 (essere) un po′ grossolano, un po′ rozzo

설하선 **舌下腺** ghiandola sublinguale

설해 **雪害** danno causato dalla neve

설형 **楔形** ¶ 설형의 cuneiforme, sfenoidale ＊**-문자** carattere cuneiforme

설화 **雪花** ① [눈송이] fiocco di neve ② [나무가지의] neve sui rami ＊**-석고** alabastro

설화 **說話** racconto, narrazione, fiaba, favola

섬[1] ① 용기 sacco di paglia ¶ 쌀 섬 sacco da riso ②[단위] seom (unità di volume = 216,58 litri)

섬[2] isola, [작은 섬] isolotto ¶ 섬사람 isolano

섬거적 stuoia di paglia

섬게【동물】riccio di mare

섬광 **閃光** bagliore, lampo, baleno, flash ＊**-사진** fotografia col flash **-전구** lampadina da flash

섬기다 essere servizio, lavorare sotto qualcuno, [모시다] assistere, occuparsi di ¶ 남편을 섬기다 dedicarsi al proprio marito

섬나라 nazione insulare

섬돌 scalini in pietra, rampa di scale

섬뜩하다 avere paura, spaventarsi per, essere spaventato

섬멸 殲滅 annichilimento, distruzione totale **-하다** annichilire, distruggere completamente, sterminare ＊**-전** guerra di sterminio

섬벅, 섬뻑, 썸벅, 썸뻑 (tagliare) con un colpo leggero **-하다** fare un leggero taglio

섬섬 纖纖 **-하다** essere snello ¶ 섬섬 옥수 mano delicato, mano fragile

섬세 纖細 delicatezza, finezza,

squisitezza **-하다** (essere) delicato, sensibile, fine, sottile, squisito ¶ 섬세한 감정 sentimento delicato

섬약 纖弱 **-하다** essere fragile, essere sottile, essere delicato

섬유 纖維 fibra, trefolo ¶ 섬유성의 fibroso // 섬유상의 fibriforme *-**공업** industria tessile **-소** crusca di cereali [생리] fibrina **-유리** fibra di vetro **-조직** tessuto fibroso **-질** materiale fibroso **-품** merci del settore delle fibre

섭금류 涉禽類 [새] trampoliere

섭렵 涉獵 vasta lettura **-하다** leggere estesamente ¶ 여러 학자의 저술을 섭렵하다 sfogliare i libri di diversi autori

섭리 攝理 provvidenza ¶ 신의 섭리에 맡기다 fidarsi della divina provvidenza

섭생 攝生 cura della salute, [의학] regime di salute **-하다** avere cura della salute * **-법** regola per la salute, igiene

섭섭하다 (essere) dispiaciuto, deluso, (rammaricato) ¶ 섭섭해지다 rimanere dispiaciuto, deluso, rammaricato

섭씨 攝氏 centigrado ¶ 37 gradi Celsius, 37 gradi centigradi * -**온도계** termometro centigrado

섭외 涉外 relazioni pubbliche, collegamento * **-계원** agente di pubbliche relazioni

섭정 攝政 reggenza, reggente **-하다** governare da reggente, reggere * **-왕후** la regina reggente

섭취 攝取 presa, adozione, ingestione **-하다** ingerire, adottare ¶ 타국의 문명을 섭취하다 adottare una civiltà straniera

성 collera, rabbia, stizza ¶ 성나다 essere divorato dalla collera, andare in collera, montare in collera // 성이 나서 반항하다 reagire con stizza // 성이 나서 부들부들 떨다 fremere di furore // 누구에게 성을 내다 essere in collera con qlcu. // 누구를 성나게 하다 fare andare qlcu. in collera // 누구에게 성내다 fare dispetto a qlcu.

성 姓 cognome, nome di famiglia ¶ 성과 이름 nome e cognome

성 性 [문법] genere, [남녀의] sesso ¶ 성관계 relazione sessuale // 성적 sessuale // 성에 눈뜨다 svegliarsi sessualmente * **-교육** educazione sessuale **-기** organi genitali, organi riproduttivi **-도덕** moralità sessuale

성 城 castello, fortezza, piazzaforte ¶ 성을 내놓다 cedere un castello

성 省 [행정부] ministero, dipartimento, [중국의 행정구역] provincia

성 聖 santo [형용사] santo, sacro ¶ 성 베드로 San Pietro

성가 聖歌 inno, canto sacro * **-대** coro **-집** libro di inni sacri

성가시다 essere fastidioso, seccante, importuno ¶ 성가시게 질문하다 disturbare una persona con domande

성깔 temperamento tagliente

성감 性感 sensibilità sessuale * **-대** zona erogena

성격 性格 carattere, personalità ¶ 성격의 차이 diversità di carattere
성결 聖潔 ¶ 성결한 santo e puro
성경 聖經 Bibbia, testo sacro, Sacra Scrittura ¶ 성경의 구절 espressione biblica, frase biblica ＊**-이야기** storia biblica **-학자** studioso della Bibbia, biblista
성공 成功 successo, conseguimento (성취) **-하다** avere successo, riuscire ¶ 성공의 가망이 있다 avere probablità di successo // 성공을 빕니다 Le auguro il successo. ＊**-자** un uomo che ha avuto successo
성공회 聖公會 la Chiesa Anglicana, la Chiesa Episcopale
성과 成果 risultato, frutto, prodotto ¶ 노력의 성과 il risultato degli sforzi
성곽 城郭 castello, cittadella, fortezza, rocca
성교 性交 rapporto sessuale **-하다** fare all′amore, avere un rapporto sessuale *-**불능** impotenza **-불능자** impotente
성구 成句 frase, espressione idiomatica
성군 星君 gruppo di tre asterischi
성글벙글 con un blando sorriso, con uno sguardo raggiante
성금 誠金 donazione, contribuzione, contributo ¶ 성금을 내다 versare un contributo, fare una donazione
성급하다 (essere) frettoloso, impaziente, collerico, impetuoso ¶ 성급한 사람 un uomo collerico, impetuoso, impaziente
성기다 ① [거리, 간격이] (essere) poco denso, rado ¶ 성근천 panno allenato // 올이 성근 그물 rete a maglie sottili ② [관계가] (essere) alienato
성나다 infuriarsi ¶ 누구에게 성이나다 essere infuriato con qlcu., essere in collera con qlcu. // 그는 아들에게 성을 냈다 Egli si infuriò con il figlio. // 나의 아버지는 내가 늦어진 것에 대해 성이 났다 Mio padre si è infuriato con me per il ritardo. // 성이 난 나머지 in un momento di collera
성냥 fiammifero ¶ 성냥 한 갑 una scatola di fiammiferi // 성냥을 켜다 accendere un fiammifero // 안전 성냥 fiammifero svedese ＊**-갑** scatola di fiammiferi
성년 成年 la maggiore età ¶ 성년이 되다 diventare maggiorenne
성능 性能 efficienza, capacità, prestazione *-**검사** esame delle prestazioni
성단 星團 un gruppo di stelle, costellazione
성당 聖堂 chiesa cattolica, santuario
성대 盛大 **-하다** (essere) prospero, fiorente, [훌륭하다] splendido, magnifico, grande ¶ 성대하게 splendidamente, magnificamente
성대 聲帶 corde vocali ¶성대 모방 mimica vocale
성도 聖徒 santo, apostolo, discepolo di Cristo
성량 聲量 volume di voce ¶ 성량이 풍부하다 avere una voce potente
성령 聖靈 lo Spirito Santo ＊**-강림**

절 Pentecoste
성례 成禮 **-하다** fare una cerimonia nuziale
성루 城樓 torretta di un castello
성루 城壘 fortezza, rocca, bastione
성리 性理 natura umana e leggi di natura
성립 成立 compimento, conclusione, adempimento (완성), materializzazione, organizzazione, realizzazione (실현) ¶ **-하다** [조직] essere formato, [실현] essere realizzato, materializzato, [이뤄지다] essere composto di
성마르다 (essere) di idee ristrette, impulsivo, violento, una testa calda
성망 聲望 reputazione, fama, popolarità ¶ 성망이 높다 (essere) molto stimato, molto popolare, altamente reputato
성명 姓名 nome e cognome ¶ 성명 미상의 non identificato, sconosciuto, ignoto
성명 聲名 dichiarazione, affermazione, annuncio ¶ **-하다** dichiarare, affermare, fare una dichiarazione * **-서** dichiarazione ¶ 성명서를 발표하다 fare una dichiarazione // 장관은 다음 주에 성명서를 발표할 것이다 Il ministro farà una dichiarazione la settimana prossima.
성모 聖母 la Vergine, Madonna * **-마리아** Santa Maria, la Vergine Maria
성묘 省墓 **-하다** visitare le tombe degli antenati * **-객** visitatore delle tombe di famiglia
성문 成文 ¶ 성문의 scritto * **-법** legge scritta, statuto, regolamento
성문 城門 portone di un castello
성미 性味 natura, disposizione, temperamento, indole, carattere ¶ 성미에 맞다 [음식·일 따위가] essere congeniale al gusto di qlcu.
성범죄 性犯罪 delitto sessuale
성벽 性癖 disposizione naturale, propensione, abitudine mentale, tendenza, inclinazione
성벽 城壁 mura di un castello, bastione
성별 性別 distinzione di sesso, distinzione di genere
성병 性病 malattia venerea ¶ 성병의 예방 prevenzione delle malattie veneree
성복 成服 **-하다** portare il lutto, essere in lutto
성부 成否 ⇒ 성불성
성분 成分 ingrediente, componente, elemento, costituente ¶ 주요 성분 ingredienti principali, elementi principali
성불 成佛 **-하다** entrare nel nirvana
성불성 成不成 successo e fallimento, conseguenza, risultato
성사 成事 conseguimento, raggiungimento **-하다** riuscire, compiere, realizzare, effettuare
성산 成算 fiducia di successo ¶ 성산이 있다 avere fiducia nel successo
성상 星霜 anni, tempo
성상 聖上 re, Sua Maestà

성상 聖像 icona, immagine sacra

성서 聖書 Bibbia, Sacra Scrittura, testo sacro * **-협회** società biblica

성선 性腺 [해부] gonade, ghiandola sessuale

성선설 性善說 la dottrina etica della bontà innata, punto di vista etico che l'uomo è buono per natura

성성이 猩猩- 【동물】 orangutan

성성하다 (essere) grigio, brizzolato ¶ 백발이 성성한 노인 un vecchio dai capelli grigi

성쇠 盛衰 alti e bassi, prosperità e declino, vicissitudini ¶ 흥망성쇠 una vicenda di successi e insuccessi // 로마의 성쇠 la prosperità e il declino di Roma

성수 [천문] stelle, costellazione

성수 聖水 acqua santa * **-반** acquasantiera, contenitore d'acqua sacra

성수기 盛需期 ¶ 성수기에 nell'alta stagione // 비성수기에 nella bassa stagione

성숙 成熟 **-하다** essere maturo, maturare , [발육] raggiungere il completo sviluppo ¶ 성숙한 처녀 ragazza matura, ragazza in età da matrimonio // 그녀는 이제 성숙한 소녀이다 Ormai è una donna matura.

성숙기 成熟期 pubertà, adolescenza, età della maturità ¶ 성숙기에 달하다 arrivare al pubertà, arrivare all'adolescenza, compiere la maturità // 사람의 성숙기는 30대이다 La maturità dell'uomo è sui trent'anni.

성스럽다 (essere) sacro, divino, santo

성신 星辰 stelle, corpi celesti

성신 聖神 Spirito Santo * **-강림** la discesa dello Spirito Santo

성실 誠實 [성실성] sincerità, onestà **-하다** (essere) sincero, fedele, onesto

성심 誠心 sincerità, buona fede ¶ 성심성의를 다하다 mettere anima e corpo in una cosa

성싶다 sembrare, parere, apparire ¶ 눈이 올 성싶다 Pare che nevicherà.

성악 聲樂 musica vocale, musica lirica * **-가** cantante lirico

성악설 性惡說 punto di vista etico che la natura umana è cattiva

성안 成案 piano definito, programma concreto **-하다** fare un programma concreto

성애 性愛 amore sessuale

성업 成業 compimento del lavoro, completamento degli studi

성업 盛業 ¶ 성업 중이다 gestire un'azienda fiorente

성에 gelo, brina

성연 盛宴 grande banchetto, grande festa

성염 盛炎 il caldo del solstizio d'estate, il caldo di mezza estate

성왕 聖王 re saggio

성외 城外 ¶ 성외에 fuori le mura (del castello, delle città)

성욕 性慾 desiderio sessuale, appetito sessuale, appetito carnale ¶ 성욕을 자극하다 stimolare il desiderio sessuale * **-도착** perversione sessuale

성우 聲優 attore radiofonico doppiatore

성운 星雲 nebulosa

성원 成員 quorum ¶ 성원을 이루다 raggiungere il quorum ＊**-미달** mancanza del quorum

성원 聲援 grido d'incoraggiamento(di sostegno,d' appoggio), applauso(경기의) **-하다** incoraggiare, sostenere, applaudire

성은 聖恩 favore reale (왕의), favore divino (신의)

성음 聲音 suono vocale

성의 誠意 sincerità, buona fede ¶ 성의있는 sincero

성인 成人 adulto, persona adulta ¶ 성인이 되다 diventare adulto ＊**-영화** film per adulti **-교육** insegnamento per adulti

성인 聖人 il santo, saggio

성장 成長 crescita **-하다** crescere, diventare adulto, ¶ 성장한 adulto // 성장이 빠르다 crescere velocemente

성장 盛裝 abito da cerimonia **-하다** essere in costume di gola, vestirsi elegantemente

성적 成績 risultato, grado, merito, punteggio ¶ 성적이 좋다 // 성적이 나쁘다 avere un buon punteggio // avere un cattivo punteggio ＊**-제** graduatoria di merito **-표** la pagella dell'allievo

성적 性的 sessuale ＊**-매력** attrazione sessuale **-충동** impulso sessuale **-흥분** agitazione sessuale

성전 聖戰 guerra santa

성전 聖典 ⇒ 성경

성전환 性轉換 cambiamento di sesso, trasformazione di sesso ＊**-수술** operazione di cambiamento del sesso

성정 性情 carattere, natura, disposizione, temperamento

성좌 星座 costellazione

성주 城主 signore di un castello, signore feudale

성지 城地 le rovine di un castello, i ruderi di un castello

성지 聖地 suolo sacro, la Terra Santa, la Palestina ＊**-순례** pellegrinaggio // 성지 순례를 가다 fare un pellegrinaggio (in Terrasanta)

성직 聖職 ministro sacro ＊**-자** clero, ecclesiastico (집합적), ecclesiastico, prete // 200명의 성직자들이 참석했다 Erano presenti duecento membri del clero.

성질 性質 ① [기질] natura, disposizione, temperamento ¶ 성질이 좋은 di buon cuore, di buon carattere // 성질이 나쁜 di cattivo carattere ② [고유한 특성] proprietà, qualità, attributo // 석탄의 성질 la proprietà del carbone ③ [사물의 성질] carattere, natura ¶ 그 문제의 성질상 dalla natura di quel problema

성찬 盛饌 cena sontuosa, cena fastosa ¶ 성찬을 베풀다 offrire una cena sontuosa

성찬 聖餐 Eucarestia ＊**-배** calice

성찬식 聖餐式 Eucarestia, celebrazione dell'Eucarestia

성찰 省察 riflessione, considerazione, introspezione

성채 城砦 forte fortezza, piazzaforte

성취 成就 adempimento, compiemento, realizzazione, conseguimento, completamento, raggiungimento **-하다** adempiere, eseguire, compiere, conseguire, raggiungere, completare, realizzare ¶ 소원 성취를 빌다 pregare per la realizazzione dei suoi desideri

성층권 成層圈 stratosfera ¶ 성층권의 stratosferico * **-비행기** volo stratosferico

성큼성큼 a grandi passi ¶ 성큼성큼 걷다 camminare a gran passi

성탄 聖誕 nascita di un santo o di un re

성탄절 聖誕節 Natale

성패 成敗 successo o fallimento

성품 性品 natura, disposizione, carattere, temperamento

성하 城下 ¶ 성하지맹 resa, capitolazione

성하 盛夏 mezza estate, piena estate

성하다 [온전하다] (essere) intatto, immutato, intero, integro, non danneggiato, non guasto, non avariato [건강하다] (essere) sano, robusto, in forma, in buone condizioni

성함 姓銜 (il tuo, il Suo) nome

성행 盛行 grande diffusione, moda, voga **-하다** essere molto popolare, molto diffuso, essere in voga, essere alla moda

성향 性向 inclinazione, disposizione, propensione * **소비**[저축] propensione al consumo

성현 聖賢 santi, saggi, sapienti dell antichità, dottore ¶ 성현의 가르침 l'insegnamento dei santi

성혼 成婚 matrimonio, sposalizio, nozze

성홍열 猩紅熱 [의학] scarlattina

성화 星火 ① [운성] meteora ② [불빛] la scia luminosa di una stella cadente [급한일] pressante, insistente, importante, urgente ¶ 성화같이 재촉하다 fare una richiesta urgente, sollecitare

성화 聖化 fuoco sacro, sacra torcia

성황 盛況 prosperità, boom, successo ¶ 성황을 이루다 avere un grande successo

성히 in buona condizione, in forma, in gamba

섶 [옷의] parte esterna del collo, gherone

세 tre ¶ 세사람 tre uomini

세 稅 tassa, dazio, doganà 재산세 imposta patrimoniale // 세를 징수하다 prelevare un'imposta // 직접세 tassa diretta // 간접세 tassa indiretta // 소득세 imposta sul reddito // 소비세 imposta sui consumi

세 世 ¶ 루이 14세 Luigi XIV

세 貰 affitto, nolo, noleggio ¶ 집을 세얻다 prendere in affitto una casa // 아파트를 세주다 dare in affitto un appartamento

세 勢 ⇒ 세력

세간 casalinghi, utensili necessari per la casa ¶ 세간내다 mettere su un'altra casa (per il figlio)

세간 世間 ⇒ 세상 [불교] società

mondana, mondanità
세거리 trivio, punto d′incontro di tre strade
세계 世界 ① mondo, terra, globo ¶ 세계적 internazionale, mondiale, universale // 세계 일주 여행을 하다 girare il mondo, fare il giro del mondo ② [우주] universo, cosmo ③ [특수한 사회] mondo, società ¶ 꿈의 세계 regno dei sogni // 공상의 세계 mondo della fantasia // 어린이의 세계 mondo dei bambini // 어린아이의 세계 mondo infantile // 스포츠 세계 mondo dello sport // 사업 세계 mondo degli affari // 동물의 세계 mondo animale // 카톨릭 세계 mondo cattolico // 과학의 세계 mondo della scienza *-**경제** economia mondiale internazionale -**관** veduta del mondo -**어** linguaggio universale -**은행** banca mondiale -**인** cosmopolita -**주의** cosmopolitismo
세공 細工 abilità d′artigiano, perizia d′artigiano, lavoro fatto a mano, abilità tecnica *-**사** artigiano -**품** articolo fatto a mano
세관 稅關 dogana ¶ 세관에서 소지품을 신고하다 dichiarare gli oggetti personali in dogana *-**검사관** doganale -**수송** formalità doganali, procedura d'ingresso -**원** doganiere -**사무소** ufficio doganale -**신고서** dichiarazione
세광 洗鑛 [광산] lavaggio di un minerale -**하다** lavare un minerale, lavare *-**조** vagoncino
세궁역진 勢窮力震 -**하다** (essere) portato agli esterni, spinto all′estremità
세균 細菌 bacillo, microbo, batterio, germe ¶ 세균의 batterico, bacillare // 세균성 질환 malattia batterica // 세균 검사를 하다 fare un esame esaminare batteriologico *-**검사** esame batteriologico -**학** batteriologia -**학자** batteriologo -**요법** batterioterapia
세금 稅金 tassa, dazio ¶ 세금을 부과하다 imporre una tassa su qlco. // 세금 공제하고 dedotte le imposte, al netto delle imposte // 세금 공제 전 al lordo delle imposte
세기 世紀 secolo ¶ 19세기 후기 fine del 19esimo secolo
세기말 世紀末 la fine di un secolo
세나다 vendere bene, avere molte richieste
세납 稅納 pagamento delle tasse
세내다 prendere in affitto, noleggiare 을 세내다 prendere in affitto una casa // 자동차를 세내다 noleggiare una macchina
세놓다 dare in affitto, dare a noleggio, dare a nolo
세뇌 洗腦 lavaggio del cervello, indottrinamento -**하다** fare il lavaggio del cervello, indottrinare
세다[1] ① [강력] (essere) potente, efficace, forte, vigoroso, muscoloso (힘이), robusto ② [강렬] (essere) tenace, ostinato, deciso, risoluto, resistente, intenso, duro, severo, fermo ¶ 터가 세다 (una sede) essere mal destinato // 그

는 술이 세다 Lui è un forte bevitore. // 고집이 세다 essere ostinao, essere tenace

세다[2] contare, fare il conto, numerare, calcolare ¶ 잘못 세다 sbagliare il conto, calcolare male, sbagliare il calcolo

세단 berlina (macchina)

세대 世代 generazione ¶ 젊은 세대 la nuova generazione ＊**-교체** ricambio generazione

세대 世帶 famiglia, unità familiare ＊**-수** numeri delle famiglie **-주** capofamiglia

세도 勢道 potere politico, influenza politica

세레나드 serenata

세력 勢力 influenza, potere, forza, efficacia, energia ¶ 세력을 갖고 있다 essere influente, essere potente, essere efficace // 세력을 얻다 giungere al potere, diventare potente, diventare influente ＊**-가** persona influen-te **-다툼** lotta per il potere, lotta di potere **-범위(권)** sfera d'influenza

세련 洗練 raffinamento **-하다** raffinarsi ¶ 세련된 문체 stile raffinato, elegante

세례 洗禮 battesimo ¶ 세례를 받다 ricevere il battesimo // 세례를 주다 battezzare, dare il battesimo // 포화세례 battesimo del fuoco // 세례식에 쓰이는 battesimale // 세례를 받은 사람 battezzato // 세례를 주는 사람 battezzatore ＊**-명** nome di battesimo **-자** battista

세로 [명사] lunghezza [부사] perpendicolarmente, verticalmente, longitudinalmente ¶ 세로 2미터 가로 3미터 lungo due metri e largo tre metri

세론 世論 opinione pubblica

세류 細流 ruscelletto, rivolo d' acqua

세륨 [화학] cerio metallo

세면 洗面 **-하다** lavarsi la faccia ＊**-기** lavandino **-대** lavabo **-소** gabinetto, bagno

세모 ¶ 세모나다 (essere) triangolare, avere tre angoli ＊**-꼴** triangolo **-뿔** piramide triangolare

세목 稅目 dettagli, particolari, descrizione particolareggiata ¶ 세목으로 나누다 specificare, dettagliare, esporre in dettaglio

세무 稅務 lavoro di tassazione ＊**-관** ufficiale del fisco **-서** ufficio delle imposte **-변호사** avvocato tributarista **-서장** sopraintendente dell'ufficio delle imposte **-회계** contabilità di imposta

세미 semi ¶ 세미파이널 semifinale // 세미콜론을 찍다 mettere il punto e virgola

세미나 seminario

세미콜론 punto e virgola

세밀 細密 **-하다** (essere) minuzioso, preciso, dettagliato, elaborato ¶ 세밀하게 precisamente, dettagliatamente, minuziosamente, in dettaglio

세발 洗髮 lavaggio dei capelli **-하다** lavarsi i capelli ＊**-제** shampoo

세발 자전거 [어린이의] triciclo (per bambini), velocipede

세배 歲拜 [인사] inchino profondo

da inginocchiati per augurare buon Capodanno ai più anziani

세법 稅法 diritto tributario, legge tributaria, sistema di tassazione

세부 細部 dettagli particolari ¶ 세부에 이르다 entrare nei particolari

세부득이 勢不得已 a causa della circostanza, a causa delle circostanze, per una circostanza inevitabile

세분 細分 suddivisione, frazionamento **-하다** suddividere, frazionare, specificare

세비 歲費 indennità annuale (수당), spese annuali (비용) // 의원의 세비 indennità parlamentare

세상 世上 ① [세계 · 사회] mondo, società ¶ 세상일을 잘 알다 sapere come va il mondo // 세상의 종말 la fine del mondo // 세상의 창조 la creazione del mondo ② [사람들] gente, mondo, pubblico ¶ 그는 온세상에 알려져 있다 Lui è conosciuto in tutto il mondo. ③ [인생] mondo, vita ¶ 세상 경험이 많은 사람 uomo di mondo // 세상을 떠나다 morire, partire da questo mondo // 세상을 포기하다 abbandonare il mondo ④ [독무대] ¶ 그는 자기 세상에 빠져 산다 Lui vive in un mondo tutto suo.

세상살이 la vita, il vivere **-하다** vivere

세상없어도 per nulla al mondo, assolutamente ¶ 세상 없어도 그런 일은 못하겠다 Non lavorerei per nulla al mondo.

세상에 Dio mio! ¶ 원세상에 누가 그런 말을 했어? Dio mio! Chi ha detto ciò? // 세상에 이게 무슨 일이람 Dio mio! Che cosa è mai questo?

세세하다 (essere) circostanziato, preciso, minuzioso, dettagliato ¶ 세세히 기록하다 annotare i particolari, scrivere in dettaglio

세속 世俗 vita secolare, vita mondana, costumi comuni, costumi popolari (세상 풍속) ¶ 세속의 di questo mondo, di questa terra // 세속을 떠난 spirituale, non terreno, ultraterreno

세수 洗手 **-하다** lavarsi la faccia ***-대야** lavabo **-물** acqua per lavarsi **-비누** sapone da bagno **-수건** asciugamano

세수 稅收 redditi di imposta, valutazione dell'aliquota di imposta

세습 世襲 trasmissione (di beni) eredità **-하다** trasmettere di generazione all'altra ***-재산** proprietà ereditaria, eredità, patrimonio

세심 細心 ¶ 세심한 prudente, attento, scrupoloso, circospetto // 세심한 주의를 하다 fare attenzione a, stare attento a

세안 洗眼 **-하다** lavarsi gli occhi ***-약** collirio

세액 稅額 l'ammontare di una tassà ***-감정** stima dell'aliquota di imposta

세에느강 la Senna (fiume)

세우 細雨 pioggerella, pioggia fine e fitta

세우다 ① [서게 하다] rizzare, raddrizzare, allineare, fermare ② [건조] costruire, erigere, fabbricare ¶ 새로 집을 세우다 costruire una casa nuova // 어떤 사람의 동상을 세우다 erigere una statua a qlcu. ③ [설립, 조직] stabilire, fondare, organizzare, istituire ④ [계획을] progettare, programmare, pianificare ⑤ [학설 따위를] stabilire, formulare (una teoria) ⑥ [공훈을] fare un′azione meritevole ⑦ [뜻을] 세우다 prefiggersi uno scopo ⑧ [사람을 위치에] nominare ⑨ [날따위를] affilare, fare la punta ⑩ [체면을] salvare la faccia

세원 稅源 entrata fiscale

세월 歲月 ① tempo, anni ¶ 세월이 유수같다 Il tempo passa come un lampo ② [시세] tempi, condizione, cose, affari ¶ 세월이 좋다 I tempi sono buoni. // 세월이 나쁘다 I tempi sono cattivi.

세율 稅率 tariffa

세이브 parata ¶ 세이브하다 parare (calcio)

세이프 [야구] (dichiarare) al sicuro

세인 世人 popolo, pubblico, gente ¶ 세인의 이목을 피하다 evitare la curiosità del pubblico (della gente)

세일러복 vestito alla marinara

세일즈맨 venditore, commesso, commesso viaggiatore

세입 歲入 [국가의] reddito pubblico, [개인의] reddito annuo (연간), reddito mensile (월)

세입 稅入 gettito fiscale

세자 世子 ereditario

세정 世情 [세상물정] situazione sociale [인정] natura umana

세정 稅政 politica fiscale

세제 稅制 sistema fiscale **＊-개혁** riforma fiscale

세제 洗劑 detergente, prodotto per la pulizia, detersivo

세제곱 [수학] cubo **-하다** elevare al cubo **＊-근** radice cubica

세족 勢族 clan, famiglia potente

세존 世尊 Budda

세주다 dare in affitto, affittare ¶ 집을 세주다 dare in affitto una casa

세차 洗車 lavaggio dell automobile **-하다** lavare la macchina, lavare l'automobile **＊-장** autolavaggio

세차다 (essere) violento, intenso, potente, vigoroso ¶ 비가 세차게 뿌리다 piove a dirotto, piove a catinelle

세찬 歲饌 [음식] piatti di capodanno [선물] regalo di capodanno

세책 貰冊 libro in prestito

세척 洗滌 **-하다** lavare, risciacquare ¶ 위를 세척하다 effettuare una lavanda gastrica **＊-기** lavastoviglie

세출 歲出 spese annuali

세칙 細則 modalità, regolamenti, ordinanze **＊-시행** regole per il funzionamento, per l′applicazione della legge

세탁 bucato **-하다** fare il bucato (빨래) **＊-기** lavatrice, **-비누** sapone da bucato **-소** lavanderia

세태 世態 condizioni sociali

세톱 seghetto

세트 ① [한벌] un insieme di, un set ¶ 커피 세트 un servizio da caffè ② [영화의] scenografia, scena, set

세파 世波 ¶ 세파에 시달리다 sperimentare le difficoltà della vita
세편 細片 pezzo sottile, scheggia
세평 世評 opinione pubblica, giudizio verdetto popolare, [인기] popolarità
세포 細胞 [생물] cellula ¶ **-의** cellulare * **-막** membrana cellulare **-분열** divisione cellulare, segmentazione **-조직** tessuto cellulare **-질** citoplasma **-학** citologia **생식-** cellula generativa
섹스 sesso
센머리 capelli bianchi, capelli grigi
센물 [경수] acqua pesante
센터 [중앙, 중심] centro [야구] centrocampo, centrocampista (사람)
센털 setola, pelo ispido, capello grigio, bianco
센티미터 centimetro
센트 centesimo
셀로판 cellophane
셀룰로이드 celluloide
셀프서비스 self-service
셈 [계산] computo, calcolo, conto **-하다** contare, calcolare ¶ 셈이 틀리다 calcolare male, sbagliare un calcolo // 셈을 치르다 pagare il conto
셈본 ⇒ 산수
셈속 [내막] la situazione reale delle cose, [속마음] mente, intenzione nascosta
셈치다 supporre, presumere, ammettere, fingere
셈판 ① la situazione delle cose, le circostanze, la causa, il motivo ② [주판] abaco
셈(평) 펴이다 intravedere giorni migliori, avere un miglioramento di prospettive
셋 tre ¶ 셋째로 in terzo luogo
셋돈 affitto
셋방 貰房 camera in affitto, camera affittata ¶ 셋방살이 vivere in una stanza affittata
셋집 casa in affitto, casa affittata ¶ 셋집을 구하다 trovare una casa in affitto
셔터 saracinesca ¶ 셔터를 내리다 abbassare la saracinesca // 셔터를 올리다 alzare la saracinesca
셰이커 frullato di latte, frappè
셰익스피어 William Shakespeare (영국 1564-1616)
셰퍼드 pastore tedesco
소 mucca (젖소), toro (황소), bue (식용의 거세한 소) ¶ 도살용 소 bue da macello // 소잃고 외양간 고치다 chiudere la stalla quando sono fuggiti i buoi // 소처럼 느린 걸음으로 a passo di lumaca * **-가죽** pelle bovina, pelle di vitello
소 小 piccolo [형용사적] poco, minore, in miniatura // 소규모의 사람들 un piccolo gruppo di persone * **-도시** piccola città, piccolo paese **-위원회** sottocomitato
소 少 poco, scarso, raro
소 沼 palude, pantano, acquitrino ⇒ 늪 * **-택지** luogo paludoso, luogo acquitrinoso
소가족 小家族 piccola famiglia * **-제도** sistema di piccole famigliare
소각 燒却 **-하다** bruciare, incenerire ¶ 쓰레기를 소각하다 bruciare i

rifuti *-기 inceneritore

소간(사) affari, lavoro

소갈머리 natura, temperamento, disposizione, [생각] intenzione ¶ 소갈머리 없는 사람 persona imprudente, persona sconsiderata, avventata

소감 所感 impressione, pensieri, [의견] opinione ¶ 소감을 말하다 dire la propria impressione

소강 小康 bonaccia, momento di tregua ¶ 전투는 일시 소강상태에 있다 Il combattimento è in una fase di tregua.

소개 紹介 presentazione, introduzione [추천] raccomandazione **-하다** presentare qlcu. a, ¶ 자기 소개를 하다 presentarsi // 당신께 제 아내를 소개합니다 Le presento mia moglie. // 제 소개를 할게요. Permetta che mi presenti. // 너의 남자 친구를 나에게 소개시켜 줄 수 있니? Puoi presentarmi il tuo ragazzo? // 상품소개 presentazione di un prodotto * **-자** presentatore **-장** lettera di presentazione **직업 -소** ufficio di collocamento, agenzia di collocamento

소개 疏開 dispersione, rimozione, allontanamento, trasferimento, trasloco, smantellamento, evacuazione, sfollamento **-하다** disperdere, rimuovere, evacuare, sfollare, smantellare

소거 消去 riduzione al minimo denominatore **-하다** eliminare *-**법** eliminazione

소게 小憩 riposino, un po di riposo

소격 疏隔 ⇒ 소원

소견 所見 opinione, punto di vista, impressione, veduta ¶ 얕은 소견 opinione superficiale // 소견을 말하다 esprimersi la propira opinione

소경 cieco ¶ 소경이 되다 diventare cieco

소고 小鼓 tamburello

소곡 小曲 breve brano musicale

소곤거리다 bisbigliare, sussurrare, parlare a bassa voce, mormorare

소곤소곤 ¶ 소곤소곤 이야기하다 parlare a bassa voce, parlare sottovoce

소관 所管 giurisdizione, [권능] competenza ¶ 소관 밖이다 essere fuori dalla giurisdizione di // ~ 소관이다 rientrare nella giurisdizione di * **-청** le autorità competenti **외무부 -사항** i temi sotto la giurisdizione del Ministero degli Affari Esteri

소관 所關 (materia) concernente, in relazione, in rapporto * **-사** affari personali, affari propri **-서류** tutti i documenti in relazione con la materia

소국 小國 un piccolo paese (nazione)

소굴 巢窟 rifugio, focolaio, covo, [범죄의] focolaio // 도둑의 소굴 covo di ladri

소꿉놀이 gioco di imitazione degli adulti

소극 消極 ¶ 소극적 negativo, passivo, conservativo

소극 笑劇 farsa

소금 sale ¶ 소금에 절인 salato // 소

금을 넣다 mettere il sale // 소금을 건네주다 passare il sale // 나에게 소금 좀 건네 주겠니? Potresti passarmi il sale? // 소금량이 적당하다 essere giusto di sale // 소금에 절이다 mettere qlco. sotto sale // 소금에 절이기 salatura // 목욕용 소금 sale da bagno

소금기 ¶ 소금기 있는 salato

소금물 acqua salata // 소금물에 담그다 immergere (qlco) nell acqua salata

소급 遡及 effetto retroattivo, retroattività, risalita **-하다** risalire, essere retrospettivo ∗ **-력** effetto retroattivo -법 legge retroattiva

소기 所期 ¶ 소기의 previsto, atteso // 소기의 성과를 올리다 raggiungere i risultati previsti

소나기 acquazzone, rovescio, scroscio di pioggia, tempesta passeggera

소나무 pino ¶ 소나무 잎 ago di pino // 야생 소나무 pino silvestre // 해안에서 자라는 소나무 pino marittimo

소나타 sonata

소나티네 sonatina

소네트 sonetto ¶ 단테의 소네트 un sonetto di Dante // 소네트 시인 sonettista

소녀 少女 ragazza, fanciulla, bambina, ragazzina ¶ 소녀다운 fanciullesco ∗ **-시절** adolescenza

소년 少年 ragazzo, ragazzino, bambino, fanciullo, adolescente ∗**-단원** giovane esploratore, boy scout **-시절** fanciullezza **-문학** letteratura giovanile **-범죄** delinquenza giovanile **-원** riformatorio

소농 小農 piccolo agricoltore, piccolo fattore ∗ **-가** famiglia di un piccolo coltivatore **-지(地)** terra di un piccolo coltivatore

소뇌 小腦 [해부] cervelletto

쏘다 ① lanciare, gettare, sparare, tirare ¶ 권총을 쏘다 tirare un colpo di fucile // 화살을 쏘다 tirare una freccia // 대포를 쏘다 tirare una cannonata, sparare con un cannone // 산토끼를 쏘다 sparare a una lepre ② [벌레가] pungere ③ [말로] criticare, censurare, inveire contro, attacare

소다 soda ¶ 세척 소다 soda per lavare // 가성 소다 soda caustica

쏘다니다 vagabondare, andare in giro, gironzolare

소달구지 carro trainato da buoi

소담스럽다 (essere) delizioso, buono e maturo

소담하다 (essere) paffuto, pienotto, grasso

소대 小隊 plotone ∗ **-장** comandante di plotone

소도구 小道具 piccolo attrezzo, piccolo utensile

소도리 piccolo martello, martelletto

소독 消毒 disinfezione, sterilizzazione, pastorizzazione (우유 따위의) **-하다** disinfettare, sterilizzare, pastorizzare ¶ 끓는 물에 소독하다 sterilizzare in acqua bollente // 상처를 소독하다 disinfettare le ferite ∗ **-기** sterilizzatore **-면** cotone idofilo **-수**

soluzione antisettica **-제** disinfettante

소동 騷動 [소란] chiasso, disturbo, agitazione [다툼] disputa [혼란] confusione, tumulto, scompiglio, disordini [폭동] rivolta ¶ 소동을 일으키다 provocare disordini

소두 小斗 misura di capacità per cereali

소두 小豆 fagiolo rosso

소득 所得 reddito, guadagno, profitto ¶ 연 100만원 소득이 있다 avere un reddito annuo d'un milione ＊**-세** imposta sul reddito **-층** categoria di reddito **근로-** reddito da lavoro **불로-** reddito di rendita **순(총)-** reddito netto (lordo) **실질-** reddito reale **종합-세** imposta sul reddito consolidato **현물-** reddito in natura

소등 消燈 mancanza di corrente elettrica **-하다** spegnere le luci

소라고동 conchiglia, tritone

소란 小欄 cancellata, ringhiera, inferriata

소란 騷亂 chiasso, tumulto, disordine, confusione, scompiglio **-하다** (essere) rumoroso, disturbato ¶ 소란을 일으키다 provocare disordini

소량 小量 una piccola quantità, una piccola parte, una piccola dose ¶ 소량의 물 poca acqua, piccola quantità di acqua

소련 蘇聯 Unione Sovietica, l' Unione delle Repubbliche Socialiste Sovietiche

소령 少領 [육군] tenente colonnello [해군] capitano di corvetta [공군] tenente colonnello, comandante di stormo

소로 小路 strada stretto, vicolo, viottolo

소루 疏漏 **-하다** (essere) trascurante, negligente, spensierato, sbadato

소름 pelle d'oca, brivido ¶ 온몸에 소름이 끼치다 sentirsi i brividi nelle ossa

소리 ① suono, rumore, fragore, chiasso, schiamazzo ¶ 나팔소리 suono di tromba // 대포소리 rombo di un cannone // 종소리 suono di campanello // 바이올린 소리 suono di violino // 소리를 내다 emettere un suono, fare un suono ② [음성] voce, suono, tuono, grido, strillo, urlo ¶ 소리를 지르다 gridare, strillare, urlare // 그게 무슨 소리야? Che vuoi dire? // [노래] canto, ballata **-하다** cantare una canzone ¶ 소리를 잘하다 cantare bene

소리 小利 piccolo profitto, piccolo guadagno

소리값 valore fonetico

소리결 onda sonora

소리굽쇠 diapason

소리마디 sillaba

소리맵시 colore della voce

소리지르다 ⇒ 소리치다

소리치다 gridare, strillare, urlare

소립자 particella elementare

소마 orina, urina

소마소마 nervosamente, timidamente, con timori

소말리아 Somalia

소망 所望 desiderio, speranza,

voglia, augurio **-하다** desiderare, avere voglia, di sperare, auguare

소매 manica ¶ 소매가 긴 a maniche lunghe // 짧은 소매 a maniche corte // 반소매 a mezze maniche // 반소매 와이셔츠 una camicia a mezze maniche // 어깨를 부풀게 한 소매 maniche a sbuffo // 짧은 소매의 옷 abito a maniche corte // 칠부 소매 maniche a tre quarti // 소매가 없는 senza maniche // 누구의 소매를 잡아 당기다 tirare qlcu. per la manica

소매 小賣 vendita al dettaglio, vendita al minuto **-하다** vendere al minuto * **-가격** prezzo al minuto **-상인** dettagliante **-점** negozio che vende al minuto **-업** commercio al minuto

소매치기 [사람] borsaiolo, ladro **-하다** borseggiare

소매통 ampiezza della manica, larghezza della manica

소맥 小脈 ⇒ 밀

소멸 消滅 [절멸] estinzione [소실] scomparsa [실효] estinguinamento, annullamento **-하다** scomparire, (essere) estinto, annullato ¶ 자연 소멸하다 estinguersi // 소멸될 수 있는 estinguibile // 소멸된 저당권 un ipoteca estinta *-**시효** prescrizione estinta

소멸 燒滅 **-하다** (-을) bruciare, ridurre in cenere -(이) 소멸하다 bruciarsi, ridurrsi in cenere

소명 召命 convocazione reale

소모 消耗 consumo, esaurimento, sciupio, spreco **-하다** consumare, sciupare, sprecare, esaurire * **-품** articoli di consumo

소목장이 ebanista

소몰이 vaccaro, mandriano

소묘 素描 schizzo

소문 所聞 diceria, voce, chiacchiera ¶ 선생님이 떠날 것이라는 소문이 나돈다 Si dice in giro che il professore se ne va. // 그 뉴스는 소문이었다 La notizia era fondata su voci di corridoio. // 소문을 퍼뜨리다 fare correre la voce, spargere la voce su

소문만복래 il ridere porta fortuna

소박 素朴 semplicità **-하다** (essere) semplice, ingenuo, rozzo

소박 疏薄 maltrattamento **-하다** maltrattare

소박데기 moglie maltrattata

소박이 김치 Kimci di cetrioli

소방 消防 lotta antincendio * **-관** pompiere, vigile del fuoco **-서** caserma dei pompieri **-대** corpo dei pompieri, vigili del fuoco **-기구** apparecchiatura anticendio

소변 小便 urina, orina ¶ 소변을 보다 urinare, fare pipi * **-금지** Vietato orinare qui

소복 素服 abito da lutto, sottabito bianco **-하다** mettersi il sottabito bianco, portare il lutto per qlcu.

소비 消費 consumo, impiego **-하다** consumare, spendere, impiegare, spendere ¶ 일인당 쌀의 소비량 consumo di riso a persona * **-고** la quantità di consumo **-자** consumatore **-자 가격** prezzo al consumatore **-조합** cooperativa dei consumatori

소비에트 연방 Unione Sovietica, l'Unione delle Repubbliche Socialiste Sovietiche

소사 掃射 mitragliamento **-하다** mitragliare

소사 燒死 morte per ustionamento ＊ **-자** una persona morta per ustionamento

쏘삭거리다 istigare, incitare, indurre

소산 所産 prodotto, risultato, conseguenza, frutto ＊ **-물** prodotti

소산 消散 dispersione, scomparsa **-하다** dissipare, sparire, svanire [증발] evaporare

소상 小祥 il primo anniversario della morte di una persona

소상 塑像 statua di plastica

소생 小生 io

소생 所生 la propria prole

소생 蘇生 rinascita, risuscitamento, rianimazione **-하다** ritornare in vita, risuscitare dalla morte, essere richiamato alla vita, essere rianimato, riacquistare la conoscenza

소석회 calce spenta, idrossido di calcio

소선거구 小選擧區 piccolo distretto elettorale

소설 romanzo, storia ¶ 소설같은 이야기 storia romanzesca // 소설을 각색하다 adattare un romanzo ＊ **-전기** biografia romanzata **단편-** romanzo breve **연재-** romanzo a puntate **모험-** romanzo d'avventure **풍속-** romanzo di costume **공상 과학-** romanzo di fantascienza **서간 형식의-** romanzo epistolare **추리-** romanzo giallo **괴기-** romanzo dell'orrore **연애-** romanzo rosa **역사-** romanzo storico **대하-** romanzo fiume **-가** romanziere

소소하다 (essere) insignificante, trascurabile, piccolo

소속하다 appartenere a, essere fissato a, essere unito a, essere sotto il controllo di ¶ 공화당 소속의 국회 의원 parlamentare del (che appartiene al) partito repubblicano // 소속시키다 assegnare, aggregare a

소송 訴訟 istanza, causa, azione legale, lite **-하다** intentare causa a, fare causa a // 소송에 응하다 essere parte in causa // 소송에 지다 perdere la causa ＊ ***민사-** causa civile **형사-** causa penale **-관계원** contendente **-당사자** le parti in causa **-대리인** consulente legale **-사건** caso giudiziario **-수속** procedura legale **-의뢰인** cliente **-인** querelante, parte civile

소수 小數 【수학】 decimale ＊ **-위** un posto decimale **점-** un punto decimale

소수 小數 un piccolo numero, una minoranza, pochi ＊ **-당** partito di minoranza, un partito minore **-독점** oligopolio **-의견** opinione della minoranza

소수 素數 numero

소스 salsa, condimento

소스라치다 essere spaventato, essere impaurito, avere un moto di sorpresa, essere colto alla sprovvista

소슬하다 (essere) desolato, brullo, freddo ¶ 소슬한 가을 바람 il vento mugghiante d'autunno
소승 小乘 【불교】 Buddismo Hinayana, Buddismo del Sudo ¶ 소승적 견지 un punto di vista ristretto
소시 少時 la propria gioventù
쏘시개 esca
소시민 小市民 piccolo borghese
소시지 salsiccia
소식 小食 **-하다** mangiare poco, fare un piccolo pasto
소식 消息 notizia, informazione, notizie ¶ 기쁜 소식 buona notizia // 나쁜 소식 cattiva notizia // 소식을 듣다 avere notizie di qlcu., sentire parlare di qlcu. // 소식을 전하다 dare notizie 소식을 가져오다 portare la notizia
소식자 消息子【의학】sonda
소신 所信 la sua credenza, la sua convinzione, la sua opinione ¶ 소신대로 행동하다 agire secondo la sua convinzione
소실 少室 concubina *** 자식** un bambino nato da una concubina
소실 消失 scomparsa, perdita **-하다** scomparire, svanire, perdere qlco.
소실 燒失 **-하다** essere ridotto in cenere, essere distrutto dal fuoco, bruciarsi
소심 小心 timidezza, vigliaccheria **-하다** [담이작다] (essere) timido, codardo [조심스럽다] essere prudente, cauto * **-자** vigliacco, una persona codarda
소아 小兒 un bambino piccolo, un infante * **-마비** paralisi infantile, poliomielite **-병** malattia infantile
소아 小我 [철학] ego
소아과 小兒科 pediatria ¶ 그 의사는 소아과 전문이다 Quel medico si è specializzato in pediatria. * **-병원** ospedale pediatrico **-의사** pediatra
소아시아 Asia Minore
쏘아올리다 sparare in alto [인공위성을] lanciare ¶ 인공위성을 쏘아올리다 lanciare un satellite artificiale
소액 少額 piccola somma * **-국채** piccolo importo di soldi **-대부금** piccolo prestito **-보험** piccola assicurazione
소야곡 小夜曲 [음악] serenata
소양 素養 [소지] conoscenza elementare [조예] acquisizioni, cultura [수련] addestramento, educazione ¶ 소양이 있는 coltivato, addestrato, preparato // 문학적 소양 cognizioni letterari
소연 騷然 **-하다** (essere) rumoroso, agitato, turbolento, confuso, tumultuoso
소염제 消炎劑 antiflogistico
소옥 小屋 casetta di campagna, capanna, baracca [가축] riparo
소외 疏外 estranamento, alienazione **-하다** evitare la compagnia, estranearsi
소요 所要 requisito ¶ 소요의 richiesto, necessario * **-금액** somma richiesta **-시간** tempo richiesto
소요 所要 passeggiata, quattro passi **-하다** camminare senza fretta,

passeggiare, gironzolare, fare quattro passi * **-학파** Scuola peripatetica

소요 騷擾 disturbo, agitazione, perturbazione, disordine, tumulto, sedizione, confusione

소용 所用 uso, necessità, servizio ¶ 소용되다 essere utile, essere necessario, servire, occorrere // 소용없다 essere inutile, non necessario

소용돌이 mulinello, turbinio, vortice * **-꼴** turbine, vortice, mulinello

소용돌이치다 girare rapidamente, roteare, turbinare

소원 所員 desiderio ¶ 소원대로 secondo il proprio desidero di qlcu. // 소원성취하다 realizzare i propri desideri

소원 疏遠 **-하다** (essere) alienato, estraneato ¶ 소원하여지다 diventare alienato, estraneato da

소위 所謂 il cosiddetto

소위 小謂 [육군] sottotenente, [해군] alfiere

소위 所爲 comportamento, atto, condotta, azione

소유 所有 possesso, proprietà **-하다** possedere, avere // 저작권 소유 proprietà di un diritto d'autore * **-권** diritto di proprietà **-이전** trasferimento di proprietà **-권 침해** violenza del diritto di proprietà **-격** i possessivi **-본능** avidità di possesso **-자** proprietario **-지** beni, terra posseduta da una persona

소유욕 所有慾 desiderio di possesso

소음 騷音 chiasso, rumore, fragore, schiamazzo ¶ 거리의 소음 rumore della strada * **-방지** prevenzione del rumore

소음기 消音器 silenziatore

소이 所以 causa, motivo, il perchè

쏘이다 ① [벌레에] (essere) puntato ¶ 벌에 쏘이다 essere puntato da un ape ② [볕에] ⇒ 쐬다

소이탄 燒夷彈 incendiario, bomba incendiaria

소인 小人 [어린] bambino, piccolo, minore, [키가] omino, uomo piccolo, nano, [사람됨이] una persona mediocre

소인 消印 timbro postale, annullamento (con timbro)

소일 消日 **-하다** ammazzare il tempo ¶ 독서로 소일하다 passare il tempo libero a leggere, ammazzare il tempo con la lettura * **-거리** passatempo, diversivo

소임 所任 il proprio dovere, la propria missione ¶ 소임을 다하다 fare in pieno il proprio dovere

소자 素子 [전자공학] elemento, dato

소작 小作 locazione, affitto, usufrutto, terreno in affitto **-하다** affittare, tenere in affitto, occupare come inquilino * **-권** diritto di affittanza **-인** affittuario, fittavolo **-생활** vita da fittavolo

소장 小壯 ¶ 소장의 giovane, giovanile * **-학파** scuola giovanile **-파** il gruppo del membri più giovani

소장 小腸 [해부] intestino tenue

소장 小將 [육군] generale di divisione [해군] ammiraglio [공군] generale di brigata

소장 所長 capufficio, direttore di ufficio

소장 所藏 possesso ¶ 김씨 소장의 in possesso del sig. Kim

소장 訴狀 petizione, supplica, ricorso

소재 所在 [사람의] luogo, zona, paraggi (dove una persona), [물건의] il luogo in cui sono tenuti gli oggetti, [건물 따위의] terreno, area fabbricabile, posizione, [위치] posizione, sito ¶ 소재 불명이다 Il luogo è sconosciuto. * **-지** posizione, sito, collocazione, sede, ubicazione

소재 素材 materiale [작품의] soggetto (di un′opera)

소저 小姐 signorina, una donna giovane, fanciulla, ragazza

소쩍새 [새] cuculo

소전제 小前提 [논리] premessa minore

소정 所定 ¶ 소정의 fissato prescritto, stabilito, designato ¶ 소정의 양식 forma prescritta // 소정의 시간 ora fissata, orario prescritto

소주 燒酒 liquori distillati, liquori forti, soju

소죽 foraggio bollito

소중 所重 **-하다** (essere) importante, prezioso, di gran valore ¶ 소중히 con attenzione, accuratamente, con cura, con cautela, con prudenza, attentamente // 소중한 물건 oggetti di valore

소지 所持 possesso **-하다** possedere, portare con sè ¶ 여권을 소지하다 avere il passaporto // 여권을 소지하고 계십니까? Ha il passaporto? // 예, 그것을 소지하고 있습니다 Sì, ce l'ho. * **-자** possessore, proprietario **-품** effetti personali

소지 素地 fondazione, istituzione, base, fondamento

소진 消盡 **-하다** svanire totalmente, sparire completamente

소진 燒盡 **-하다** essere ridotto in cenere, essere raso al suolo

소질 素質 [자질] inclinazione, carattere, natura, fibra, composizione, qualità, [체질] costituzione, predisposizione (병의) ¶ 유전적 범죄 소질 tendenze criminali ereditarie // 정치가의 소질이 있는 un uomo di carattere politica // 그는 음악에 소질이 있다 Lui ha una predisposizione per la musica.

소집 召集 convocazione, chiamata, [동원] precettazione, mobilitazione, [의회 따위의] convocazione, appello, [징집] leva, arruolamento **-하다** convocare (una riunione), fare appello, adunare (un′assemblea) ¶ 임시국회를 소집하다 convocare una sessione speciale del parlamento // 의회를 소집하다 convocare il parlamento // 연습을 위해 선수들을 소집하다 convocare i giocatori per un allenamento // 하원의 소집 convocazione della camera * **-영장** cartolina di precetto

소차 小差 una piccola differenza,

poca differenza, leggera differenza

소창 消暢 svago, divertimento, passatempo **-하다** divertirsi

소채 蔬菜 vegetali, verdura, ortaggi

소책자 小策子 opuscolo, libretto, volantino, trattatello

소청 所請 domanda, richiesta, preghiera, petizione, supplica

소총 小銃 fucile * **-사정거리** poligono di tiro, portata di fucile **-탄** colpo di fucile

소추 訴追 azione legale, perseguimento **-하다** perseguire un azione legale, intentare causa * **-자** accusatore

소출 所出 raccolto, prodotti, messe

소치 所致 causa, motivo, ragione ¶ 의 소치로 a causa di // 과실을 타인의 소치로 돌리다 attribuire la colpa ad un′altra persona

소켓 [전기] presa di corrente

소쿠라지다 gonfiarsi, infuriarsi

소쿠리 cesta di bambù

소크라테스 Socrate

소탈 疎脫 **-하다** (essere) informale di comportamento

소탐대실 小貪大失 **-하다** avere una grande perdita dopo un piccolo guadagno

소탕 掃蕩 spazzatura **-하다** spazzare, scopare, rastrellare ¶ 적을 소탕하다 rastrellare i nemici * **-작전** operazione di rastrellamento

소택 沼澤 palude, acquitrino

소통 疏通 comprensione reciproca, comunicazione **-하다** arrivare alla comprensione reciproca

소파 sofa, divano

소포 小包 pacchetto, pacco ¶ 소포로 보내다 spedire per pacco * **-우편** servizio pacchi postali

소품 小品 [문예의] un pastello [제작품의] una piccola parte [물건의] oggetti di poca importanza

소풍 逍風 passeggiata, gita, escursione, scampagnata **-하다** fare una gita, fare una passeggiata, fare un′escursione // 산으로 소풍가다 fare un′escursione in montagna

소프라노 soprano

소프트 cappello di feltro, cappello morbido, [아이스크림] gelato molle

소피 所避 ¶ 소피보다 urinare, fare pipi

소피스트 sofista, cavilloso

소피아 Sofia ((불가리아))

소하물 小荷物 pacchetto ¶ 소하물을 보내다 mandare un pacchetto, spedire un pacco

소할 所轄 ⇒ 관할

소해 掃海 **-하다** dragare il mare, ripulire il mare

소행 所行 azione, condotta, operato ¶ 그의 소행이 틀림없다 Deve essere certamente opera sua

소행 素行 comportamento, condotta ¶ 소행이 좋지 않다 tenere una cattiva condotta // 소행이 좋다 tenere una buona condotta // 소행이 나쁜 사람 un uomo dal comportamento scorretto

소형 小形 piccolo formato ¶ 소형의 di piccole dimensioni * **-자동차** piccola automobile **-트럭** piccolo autocarro

소혹성 小惑星 asteroide, pianeta secondario

소홀 疎忽 **-하다** essere trascurato, negligente, disattento ¶ **-히** trascuratamente, approssimativamente, negligentemente // 공부를 소홀히 하다 trascurare gli studi, trascurare le lezioni

소화 消化 digestione, assimilazione, assorbimento **-하다** digerire, assimilare, assorbire ¶ 이 음식은 소화하기 쉬운 음식이다 Questo cibo è di facile digestione. // 이 음식은 소화가 잘 안되는 음식이다 Questo cibo è pesante. // 소화력이 좋다 avere una buona digestione // 소화력이 나쁘다 avere una cattiva digestione // 나의 위는 아무 음식이나 소화해 낸다 Il mio stomaco digerisce facilmente qualsiasi cibo. * **-기관** organi digerenti, apparato digerente **-기 질환** difficoltà di digestione **-불량** disturbo digestivo **-선** ghiandola peptica **-액** liquido digestivo **-작용** processo digestivo **-제** digestivo

소화 消火 spengimento di un fuoco, azione antincendio **-하다** spegnere un fuoco, spegnere un incendio // 소화할 수 있는 spegnibile, estinguibile // 화재는 단시간에 소화되었다 L'incendio si estinse in poco tempo. * **-기** estintore **-용수** acqua disponibile per la lotta contro il fuoco **-전** idrante

소환 召喚 convocazione, chiamata, citazione, mandato di comparizione ¶ 법정에 소환되다 essere convocato a corte, comparire davanti alla corte

속 ① [깊숙한] interno, interiore, segreto, confidenziale ¶ 깊은 산속 in mezzo ai boschi // 깊은 물속 acqua profonda ② [마음의] cuore, intimo // 가슴속에 in cuor suo // 마음 속에 찔리는 말 parole che vanno dritte al cuore // 속을 털어 놓다 sfogarsi, aprire il cuore a qlcu. // 마음속에서 del cuore // 속을 터놓고 이야기하다 parlare a cuore aperto ③ [속에 든 것] contenuto, sostanza ¶ 속을 넣다 (이불 따위의) riempire, imbottire, farcire

속 屬 [생물] genere

속 續 continuazione, seguito [부분의] serie

속간 續刊 **-하다** continuare a pubblicare, continuare le pubblicazioni

속개 續開 continuazione, ripresa **-하다** continuare, riprendere (una riunione)

속껍질 lo strato interno della pelle, entotelio

속결 速決 decisione immediata, decisione sollecita **-하다** decidere immediatamente, decidere su due piedi, decidere sollecitamente * **-속행** decisione ed esecuzione rapida

속계 俗界 società mondana, mondo terrestre ¶ 속계의 일 affari mondani

속고 續稿 resti manoscritti

속고갱이 il nucleo, il cuore

속곳 sottoveste, biancheria intima

속공 速攻 **-하다** lanciare un attacco veloce

속국 屬國 un paese soggetto ad un altro paese ¶ 속국이 되다 diventare un paese tributario

속궁리 considerazione, riflessione **-하다** rimuginare

속기 速記 ① [속필] scrivere rapidamente **-하다** prendere note radipdamente, prendere appunti rapidamente ② 속기법 stenografia **-하다** stenografare ¶ 연설을 속기하다 stenografare un discorso // 속기로 stenograficamente * **-법** metodo stenografico **-사** stenografo **-문자** stenogramma **-타이피스트** stenodattilografo

속눈썹 le ciglia ¶ 인조 속눈썹 ciglia finte

속다 (essere) ingannato, imbrogliato, truffato, frodato ¶ 속은 느낌이 들다 sentirsi ingannato // 속기 쉬운 사람 credulone

속단 速斷 conclusione avventata, decisione affrettato, giudizio affrettato **-하다** decidere avventatamente, concludere avventatamente, fare una conclusione affrettata, dare un giudizio affrettato

속달 速達 espresso ¶ 속달편으로 편지를 보내다 spedire una lettera per espresso // 속달 요금의 우표를 사다 comprare un espresso // 속달로 per espresso // 속달로 소포를 보내다 mandare un pacco per espresso * **-편지** lettera espressa

속달다 essere ansioso, inquieto, preoccupato, impaziente, nervoso

속담 俗談 proverbio, detto, massima ¶ 속담에 있듯이 come dice il proverbio // 속담은 사람들의 지혜이다 I proverbi sono la saggezza dei popoli. * **-집** libro dei proverbi

속대 il cuore (di vegetale, bambù) * **-쌈** involtino in foglia vegetale tenera

속도 velocità, rapidità, celerità, fretta [음악] tempo ¶ 자동차는 시속 40킬로 미터로 달린다 La macchina va a una velocità di 40 chilometri all′ora. // 고속으로 a grande velocità // 속도 제한 지역 zona con limite di velocità // 속도를 늦추다 rallentare la velocità // 속도를 올리다 accelerare la velocità * **제한-** velocità limite **평균-** velocità media **잠수-** velocità di immersione **각-** velocità angolare **빛의-** velocità della luce **착륙-** velocità di decollo **이륙-** velocità d′atterraggio **최대-** velocità massima **-계** tachimetro, indicatore di velocità

속독 速讀 lettura rapida **-하다** leggere velocemente (rapidamente)

속되다 (essere) volgare, triviale, basso, plebeo, comune, popolare [성직에 대하여] mondano, temporale, secolare ¶ 속된 표현 espressione volgare // 속된 언어 linguaggio scurrile // 속된 취미 gusto volgare

속등 續騰 un aumento continuo, un

avanzamento continuo **-하다** continuare, avanzare a spirale

속락 續落 caduta continua, declino ulteriore **-하다** cadere continuamente, declinare incessantemente

속력 velocità, rapidità, celerità ¶ 속력이 빠른 rapido, veloce, celere, pronto, spedito // 전속력으로 a tutta velocità, alla massima velocità, a briglia sciolta, a gambe levate // 위험천만의 속력으로 a rotta di collo // 어떤 것을 전 속력으로 하다 fare qlco. in tutta fretta // 시속 40마일의 속력으로 a una velocità di 40 miglia all'ora // 속력은 레이다의 통제를 받는다 La velocità è controllata dal radar. // 너는 속력을 줄여야만 한다 Devi ridurre la velocità. * **-시험** prova di velocità **-제한** limite di velocità **경제-** velocità economica

속령 屬領 territorio, possedimento, provincia, paese assoggettato ad un altro, dipendenza

속론 俗論 opinione popolare, opinione corrente, convenzionalismo

속마음 il profondo del cuore, intenzione reale, desiderio intimo ¶나의 속마음은 nel profondo del mio cuore // 속마음을 털어놓다 sfogarsi, rivelare la propria intenzione reale, aprire il proprio cuore // 속마음을 터놓고 a titolo confidenziale

속말 colloquio confidenziale, colloquio riservato

속명 俗名 ① [본명 이외의] nome popolare, nome comune ② [속된 명성] fama mondana, reputazione mondana ③ [법명에 대한] nome secolare

속명 屬名 [생물] nome generico

속문학 俗文學 letteratura popolare

속물 俗物 snob, persona mondana, persona di bassi gusti * **-근성** snobismo, filisteismo

속박 束縛 limitazione, costrizione, restrizione **-하다** restringere, limitare, ridurre, imporre controlli su ¶ 속박당한 것을 느끼다 sentirsi in gabbia, sentirsi a disagio, sentirsi costretto

속발 續發 evento successivo, una successione (di eventi) ⇒ 연발 **-하다** succedere a brevi intervalli, accadere in succesione

속배포 piano, intenzione, disegno, altro motivo intimo, nascosto

속병 malattia interna (cronica)

속보 速步 passo svelto, marcia rapida

속보 速報 un rapporto veloce, un annuncio flash **-하다** annunciare prontamente, riferire sollecitamente, fare un rapporto veloce

속보 速報 ulteriori notizie, ulteriori particolari

속보이다 rivelarsi, fare capire le proprie intenzioni, essere come un libro aperto

속사 速射 sparo fuoco **-하다** fare fuoco rapidamente * **-포** mitraglietta, mitragliatrice

속삭이다 bisbigliare, sussurrare, mormorare ¶ 속삭임 bisbiglio, sussuro, mormorio // 귀에 대고

속삭이다 mormorare all'orecchio

속산 速算 calcolo veloce

속살 ① [옷속의] nudità, parti del corpo ricoperte dai vestiti ② la carne interna di un aragosta

속살찌다 [살찜] essere grosso, essere più grosso di quanto si sembri, più grosso di quanto sembra, [실속] (essere) sostanzioso, solido, ricco

속싸스 maglia, camiciola, maglietta

속성 速成 tironcinio intensivo, corso accelerato **-하다** completare rapidamente, fare un tirocinio intensivo, fare un corso accelerato * **-과** corso intensivo **-법** metodo sollecito, scorciatoia

속성 屬性 [논리] attributo, proprietà

속세 俗世 vita mondana, questo mondo, esistenza terrena ¶ 속세를 떠난 spirituale, non terreno, ultraterreno // 속세를 버리다 rinunciare al mondo, ritirarsi dal mondo

속세간 俗世間 ⇒ 속세

속셈 ① intenzione, pensieri intimi, ciò che si ha in mente, disegno, scopo ¶......할 속셈으로 con l′ intenzione di // 어떤 속셈인지 전혀 모르겠다 Non capisco affatto cosa abbia in mente. [암산] calcolo mentale

속속 續屬 uno dopo l altro, in successione (veloce), a ruota

속속들이 totalmente, interamente, completamente, del tutto ¶ 마음을 속속들이 알다 capire una persona completamente

속수무책 束手無策 ¶ 속수무책이다 essere indifeso, senza risorse, essere perplesso, non sapere più cosa fare

속아넘어가다 essere ingannato

속악 俗惡 **-하다** (essere) volgare, triviale, plebeo, grossolano, rozzo, basso

속악 俗樂 musica popolare

속어 俗語 slang, gergo, espressione familiare, colloquiale

속어림 ¶ 나의 속어림으로 secondo me, a mio avviso

속옷 biancheria intima, indumento intimo

속요 俗謠 canzone popolare, canzonetta

속음 俗音 pronucia popolare di un carattere cinese

속이다 ingannare, frodare, imbrogliare, illudere, trarre in inganno ¶ 속기 쉬운 credulone // 이름을 속이다 dare un nome falso // 아내를 속이다 ingannare la moglie // 남편을 속이다 ingannare il marito

속인 俗人 ① [속물] persona mondana, materiale ② [불문에 대한] laico

속인 屬人 ¶ 속인의 individuale, singolo, personale * **-주의** [법] principio personale, principio di nazionalità **-특권** privilegio personale

속임수 trucco, inganno, frode, imbroglio ¶ 속임수를 쓰다 usare l′inganno

속잎 le fogle interne

속자 俗子 forma popolare semplificato di un carattere cinese

속장 le pagine interne

속전 贖錢 riscatto, prezzo del riscatto

속전속결 速戰速決 un attacco a sorpresa, un blitz

속절없다 (essere) futile, vano, inutile, inefficace **-하다** espiare, riparare ¶ 속절없이 futilmente, invano // 속절없는 세상 mondo futile

속죄 贖罪 espiazione, riparazione, redenzione 속죄하기 위해 a espiazione della propria colpa // 죽음으로 속죄하다 espiare un crimine con la morte * **-양** capro espiatorio

속주다 aprire il suo cuore ad una persona, prendere una persona in confidenza

속지 屬地 possesso, dipendenza, territorio, dominio * **-주의** principio territoriale, principio di privilegio territoriale per giursidizione

속진 俗塵 il mondo, gli affari terreni // 속진을 피하다 vivere lontano dal mondo

속짐작 la propria valutazione personale, congettura, ipotesi

속창 soletta di scarpa ¶ 속창을 깔다 mettere una soletta

속출 續出 ricorso continuò 사고의 속출 una serie di incidenti

속취 俗臭 volgarità, materialità ¶ 속취가 나는 volgare, di cattivo gusto

속취 俗趣 gusto volgare, prosaico

속치마 sottoveste

속칭 俗稱 designazione popolare, nome comune, nome familiare **-하다** chiamare comunemente, nominare popolarmente ¶ 속칭 ..이라하다 essere conosciuto dal popolo come ~

속타다 essere afflitto, essere angustiato, essere infastidito, essere preoccupato ¶ 속타게 하다 affliggere, angustiare, infastidire, dare preoccupazione

속탈 disturbo di stomaco, disordine di stomaco

속태우다 [스스로] preoccuparsi, essere nervoso, essere ansioso ¶ 하찮은 일에 속태우다 preoccuparsi delle sciocchezze

속편 續編 conseguenza, seguito, continuazione [영화] film seriale

속필 速筆 lo scrivere veloce, una mano celere ¶ 그는 속필이다 Lui scrive molto velocemente.

속하다 (essere) rapido, veloce, celere, svelto, pronto, agile ¶ 속히 presto, velocemente, rapidamente // 속히 해라 Sbrigati!

속하다 [소속하다] appartenere a, fare parte di [가입하다] unirsi, congiungersi ¶ 고래는 동물에 속한다 La balena appartiene al mondo animale.

속한 俗漢 snob, persona di basso gusto

속행 速行 [걸음] il camminare veloce [행동] azione pronta, azione sollecita **-하다** camminare veloce, eseguire (progetti, ordini, istruzioni) rapidamente

속행 續行 continuazione, continuità,

durata **-하다** procedere, continuare, ricominciare, riprendere ¶ 경기를 속행하다 continuare il gioco

속화 俗話 volgarizzazione **-하다** volgarizzare

속효 速效 effetto immediato ¶ 속효가 있다 produrre un effetto immediato [의학] essere attivo ＊ **-약** rimedio rapido

솎다 diradare, sfoltire

손[1] ① mano ¶ 오른손 mano destra // 왼손 mano sinistra // 가느다란 손 mani affusolate // 통통한 손 mani tozze // 마디가 있는 손 mani nodose // 거친 손 mani callose // 손을 들다 alzare la mano. // 손을 펴다 aprire la mano // 손짓을 하다 gesticolare con le mani // 무엇 무엇을 손으로 가지다 prendere in mano qlco. // 누구 누구의 손을 잡다 prendere qlcu. per mano // 나의 손을 다쳤다 Mi sono fatto male alla mano. // 손 씻으러 가라! Vai a lavarti le mani! // 박수치다 battere le mani // 손으로 물건을 나르다 consegnare qlco. a mano, trasportare qlco. a mano // 손에 무엇을 들고 있다 avere qlco. in mano // 손잡고 산책하다 passeggiare mano nella mano // 손들어!(강도가) Mani in alto! // 손내려! Giù le mani! // 핸드볼 pallo di mano // 손이 깨끗하다 avere le mani pulite // 손이 더럽다 avere le mani sporche // 손대지 마시오 Non toccare! // ② [일손] ¶ 손을 빌려주다 dare una mano // 손이 모자라다 avere bisogno di una mano // 손이 바쁘다 essere occupato, avere da fare ③ [소유] 손에 들어오다 venire alle mani // 적의 손에 넘어가다 cadere in mano mia // 나의 운명은 너의 손에 달려있다 Il mio destino è nelle tue mani. // 그 남자는 나의 손아귀에 있다 Quell′uomo è in mia mano. // 성공을 손에 쥐다 avere in mano il successo ④ [수고] mano, cura ¶ 그림에 마지막 손질을 가하다 dare l′ultima mano a un quadro // 그녀는 손재주가 있다 Lei ha le dita d′oro. // 손이 가다 richiedere cura, richiedere attenzione ⑤ [관계] collegamento, connessione ¶ 손을 씻다 lavarsi le mani, togliersi (tirarsi fuori) da qualche affare // 손을 대다 avere rapporto con // 일에 손을 대다 mettere mano a un lavoro

손 ospite, cliente, visitatore

손 孫 ⇒ 후손

손 損 danno, perdita, guasto

손가락 dito ¶ 사람마다 손에는 다섯 손가락이 있다 Nella mano di ogni persona vi sono cinque dita. // 손가락으로 무엇을 먹다 mangiare qlco. con le mani //저 소년은 손가락으로 코를 후비는 나쁜 버릇이 있다 Quel ragazzo ha il brutto vizio di mettersi le dita nel naso. // 이 장갑의 손가락은 너무 짧다 Questo guanto ha le dita troppo corte. // 손가락을 입술에 갖다대다 mettersi il dito sulla bocca // 손가락으로 셀 수

있는 contarsi sulle dita // 손버릇이 나쁘다 avere il vizio di alzare le mani * **엄지-** pollice **집게-** indice **가운데-** medio **약지-** anulare **새끼-** mignolo

손가락질 -하다 indicare col dito, incolpare qlcu., disprezzare, disdegnare ¶ 손가락질 받다 essere disprezzato da qlcu., essere indicato a dito

손가방 valigetta diplomatica, borsetta a mano

손거울 specchietto

손거칠다 (essere) ladresco, furtivo, avere la mano lesta

손겪다 [대접함] ricevere un ospite, ospitare qlcu.

손곱다 (le mani di qlcu.) essere intorpidito, essere intirizzito ¶ 추워서 손이 곱았다 Il freddo ha intirizzito le mani.

손꼽다 contare sulla dita ¶ 손꼽아 기다리다 non vedere l´ora di ~

손그릇 utensili per la casa

손금 le linee di mano ¶ 손금을 보다 leggere la mano * **-쟁이** chiromante che legge la mano

손끝맵다 avere una mano diabolica, avere un tocco sfortunato

손끝 맺다 rimanere pigro, fare una pausa con le braccia incrociate

손길 [도움의] una mano (per aiuto) ¶ 따뜻한 구호의 손길을 뻗다 tendere una mano d´aiuto

손넘기다 [시기를 잃다] perdere l'occasione, perdere l´opportunità [잘못세다] contare male.

손녀 孫女 la nipote (del nonno)

손놓다 smettere di, lavarsi le mani, lasciar perdere

손님 ① [방문객] ospite, visitatore, invitato (초대한) ¶ 불의의 손님 ospite, visitatore inatteso // 손님을 초대하다 invitare un ospite a ② [고객] cliente (변호사 따위의), ospite ¶ 손님이 없다 non avere clienti // 손님을 끌다 attrarre i clienti ③ [승객] viaggiatore, passeggero ④ [관중] uditorio, pubblico, spettatori ¶ 입장 손님이 많다 esserci tanti spettatori

손때 sporcizia delle mani

손대다 ① [만지다] toccare, mettere le mani addosso a qlco. ¶ 손대지 말라 Non toccare! (게시) ② [착수] mettersi a, cominciare, avere parte in qlco. ¶ 일에 손대다 mettersi al lavoro // 연구에 손대다 intraprendere una ricerca, intraprendere un indirizzo di studi ③ [때리다] battere, colpire, urtare, percuotere, picchiare, schiaffeggiare ¶ 얼굴에 손대다 colpire al viso ④ [관계] intraprendere qlco.

손대중 misura manuale **-하다** misurare a mano

손떼다 finire, completare, smettere, lavarsi le mani, rompere con qlcu. o qlco.

손도끼 accetta

손도장 impronta digitale ¶ 손도장 찍다 sigillare con un impronta digitale

손독 un´infezione contratta attraverso il tatto ¶ 손독이 오르다 infettarsi attraversi il tatto

손득 損得 ⇒ 손익

손들다 ① [거수] alzare la mano ② [지다] essere sconfitto ③ [애먹다] essere infastidito

손등 il dorso della mano

손료 損料 nolo, noleggio, affitto

손맑다 ① [생기는 것이 없다] non avere fortuna negli affari ② [인색하다] essere avaro, spilorcio

손모 損耗 logorio, consumo

손목 polso ¶ 손목을 잡다 prendere qlcu. per i polsi // 누구의 손목에 수갑을 채우다 mettere le manette ai polsi di qlcu.

손바느질 lavoro con l'ago, ricamo

손바닥 palmo della mano

손바람 vento provocato dalla mano ¶ 손바람이 나다 fare vento con la mano

손발 mani e piedi, gli arti ¶ 손발이 맞다 essere in combutta con qlcu., andare/mettersi d'accordo, essere in stretta relazione con qlcu. // servire come uno schiavo // 손발을 묶다 legare mani e piedi

손버릇 ¶ 손버릇이 나쁘다 essere lesto di mano

손뼉 ¶ 손뼉치다 battere le mani, applaudire

손보다 riparare, fare funzionare, aggiustare

손봐주다 dare una mano, aiutare, assistere

손붙이다 cominciare, iniziare, mettersi a

손빌리다 farsi aiutare

손싸다 (essere) destro, essere lesto di mano

쏜살같다 essere svelto ¶ 쏜살같이 날다 volare come una freccia

손상 損傷 danno, guasto [법] causa del danno **-하다** danneggiare, ledere, offendere ¶ 손상이 되다 essere ferito, danneggiato, offeso

손색 遜色 inferiorità ¶ 손색이 없다 non mancare di niente nei confronti di, reggere il confronto

손서투르다 (essere) goffo, sgraziato, imbranato

손속 la fortuna nel gioco d'azzardo ¶ 손속이 좋다 avere fortuna

손수 in persona, personalmente, con le proprie mani ¶ 손수 검사하다 fare un'ispezione personalmente

손수건 fazzoletto

손수레 carretto, carriola

손쉽다 (essere) semplice, facile 손쉬운 문제 questione semplice // 손쉽게 facilmente, comodamente, senza difficoltà

손쓰다 fare un passo, fare una mossa [애쓰다] sforzarsi di, fare ogni sforzo ¶ 미리 손쓰다 fare i preparativi // 손을 쓸 수 없다 Non poterci fare niente.

손실 損失 perdita ¶ 큰 손실 una gran perdita // 손실을 초래하다 causare una perdita

손심부름 piccolo incarico, commissioncina

손아귀 lo spazio tra il pollice e le dita ¶ 손아귀에 있다 avere qlcu. in pugno // 손아귀에 넣다 avere qlcu. sotto controllo // 의 손아귀에 빠지다 cadere tra [nelle, sotto] le unghie di // 그녀는 마을의 가장 부유한 남자를 손아귀에

넣었다 E′riuscita a mettere le mani sullo scapolo più ricco del paese. // 손아귀에서 벗어나다 liberarsi dalle grinfie di qlcu.

손아래 ¶ 손아래의 minore, subordinato, inferiore // 손아랫 사람 chi è più giovane, chi ha un grado inferiore

손어림 misura manuale **-하다** misurare a mano

손위 ¶ 손위의 chi ha più anni di qlcu., maggiore di età, senilità

손익 損益 profitto e perdita

손익다 essere abituato a

손일 lavoro manuale, lavoro a mano

손자 孫子 nipote (per i nonni)

손잡기다 essere occupato, avere da fare

손잡이 manico, maniglia, manovella ¶ 가방의 손잡이 manico della valigia // 망치의 손잡이 manico del martello

손재주 abilità manuale ¶ 손재주 없는 사람 persona dalle mani di pastafrolla ¶ 그녀는 손재주가 있다 Lei ha le dita d'oro.

손찌검 -하다 battere, picchiare, colpire, percuotere

손질 cura, [수선] riparazione, restauro **-하다** riparare, fare riparazioni, curare ¶ 손질이 잘된 정원 giardino ben tenuto // 나무를 손질하다 potare un albero

손짓 movimento delle mani, gesto **-하다** gesticolare, esprimere a gesti, segnare, fare segno a, fare cenno a ¶ 그는 웨이터를 손짓하여 부르자 그자가 왔다 Lui chiamò il cameriere con un cenno e questi arrivò. // 그는 그들에게 가라고 손짓했다 Lui fece loro cenno di allontanarsi. // 그는 나에게 앉으라고 손짓했다 Lui mi invitò a sedere., Mi fece cenno di sedere.

손치르다 ricevere, ospitare, dare una festa, intrattenersi gli ospiti

손크다 ① [후하다] generoso, magnanimo ② [수단이 좋다] pieno di risorse

손톱 unghie della mano ¶ 손톱을 깨물다 mangiarsi le unghie // 손톱을 깍다 tagliarsi le unghie // 빨간 메니큐를 손톱에 바르다 dipingersi le unghie con smalto rosso // 그는 양심이라곤 손톱만큼도 없다 Non ha neanche un briciolo di coscienza. * **-가위** forbici per le unghie **-깍이** tagliaunghie

손풍금 fisarmonica, organetto

손해 損害 [손상] danno, pregiudizio, ferita, lesione, [손실] perdita, [사상] perdita, morti ¶ 막대한 손해 grave danno // 손해보며 일하다 lavorare in perdita // 손해보고 팔다 vendere in perdita // 손해보고 문을 닫다 chiudere in perdita // 손해를 입히다 arrecare danno a, danneggiare, far subire dei danni a, fare male a, far torto a, nuocere, ferire, ledere, offendere // 손해를 치르다 pagare i danni * **-보험** assicurazione contro i danni la perdita **-액** ammontare dei danni

손해배상 損害賠償 compensazione

per i danni, indennità // 손해배상을 청구하다 chiedere di pagare i danni

손회목 polso

쏟다 versare, elargire, rovesciare, vuotare, svuotare, evacuare, sgombrare [마음을] dedicarsi a, concentrare ¶ 연구에 정력을 쏟다 dedicare le proprie energie allo studio // 관심을 다 쏟다 concentrare la propria attenzione su

쏟아지다 versare, concentrarsi, essere versato ¶ 비가 쏟아진다 Piove dirotto.

솔[1] pino

솔[2] spazzola ¶ 먼지를 솔로 털다 spolverare con la spazzola

솔가지 ramo di pino

솔기 cucitura, giuntura, linea di giuntura ¶ 솔기없는 senza giunture, senza cuciture

솔깃하다 interessarsi di(a), entusiasmarsi per qlco. ¶ 솔깃해서 con interesse, con entusiasmo

쏠다 [쥐 따위가] rodere, rosicchiare

솔로 [음악] solo * **-가수** solista

쏠리다 ¶ 귀가 쏠리다 ascoltare con benevolenza qlcu. // 누구한테 마음이 쏠린다 sentirsi attratto da qlcu.

솔방울 pigna, cono di pino

솔밭 pineta

솔선 率先 **-하다** condurre, guidare, prendere l'iniziativa, marciare alla testa ¶ 솔선하여 ....하다 prendere l'iniziativa nel fare qlco.

솔솔 teneramente, dolcemente, delicatamente ¶ 바람이 솔솔분다 Il vento soffia dolcemente

솔숲 pineta

솔잎 ago di pino

솔직 率直 franchezza **-하다** (essere) candido, sincero, schietto, diretto, aperto ¶ 솔직히 말하면 a dire il vero, a dire la verità

솔질 spazzolata **-하다** dare una spazzolata, spazzolare ¶ 옷을 솔질하다 spazzolare gli abiti // 외투를 솔질하다 dare una spazzolata al cappotto

솜 cotone ¶ 솜을 넣다 imbottire di cotone * **-뭉치** un rotolo di cotone

솜사탕 zucchero filato

솜씨 abilità, destrezza, capacità ¶ 훌륭한 솜씨 splendida esecuzione, abilità fantastica // 솜씨 좋은 abile, esperto, ingegnoso, eseguito con abilità // 솜씨가 있다 essere abile a fare qlco.

솜씨를 보이다 mostrare la propria abilità

솜옷 vestiti imbottiti di cotone

솜저고리 giacca imbottita di cotone

솜털 lanugine, peluria, piumino ¶ 솜털이 돋은 lanuginoso

솜틀 sgranatrice (per cotone)

솜화약 fulmicotone

솟구다 alzare, rialzare ¶ 몸을 솟구다 alzarsi sulle punte dei piedi

솟다 ① [높이] innalzarsi, liberarsi, torreggiare su, sorgere, balzare in piedi ② [샘 따위가] sgorgare

솟아나다 sorgere

송 頌 elogio, panegirico

송가 頌歌 inno

송골매 falcone pellegrino
송곳 succhiello (나사송곳), punteruolo (작은 송곳), trivella (큰송곳), trapano (치과), punta di trapano, perforatrice ¶ 송곳으로 구멍을 뚫다 praticare un foro con un succhiello
송곳니 dente canino
송곳칼 una combinazione di lama e trapano
송구 悚懼 **-하다** (essere) pieno di timore, grato di, spiacente per qlco.
송구영신 送舊迎新 **-하다** dire addio all'anno vecchio e aspettare l'anno nuovo
송금 rimessa **-하다** inviare/rimettere i soldi a qlcu., fare una rimessa a qlcu. // 누구에게 금액을 송금하다 rimettere a qlcu. una somma // 우편환으로 오만원을 송금하다 rimettere 50,000 won per vaglia postale // 대체 송금 rimessa in conto corrente // 전보환 송금 rimessa telegrafica // 우리는 여러분들에게 백만원을 송금했습니다 Vi abbiamo fatto un versamento di un milione. * **-수수료** spese di rimessa **-수취인** destinatario di rimessa **-수표** assegno di rimessa **-액** somma di rimessa **-은행** banca di rimessa **-인** chi rimette, chi invia
송기 送氣 dotazione d'aria **-하다** dotare d'aria * **-관** tubo dell'aria
송년 送年 (festa per) dire addio all'anno che finisce
송달 送達 consegna, spedizione **-하다** consegnare, spedire, trasmettere, trasportare, servire
송당송당 자르다 tritare, sminuzzare
송덕 頌德 elogio, panegirico **-하다** elogiare, lodare * **-비** monumento in onore di qlcu.
송독 誦讀 **-하다** recitare (a memoria)
송두리째 tutto, completamente, interamente ¶ 도박으로 재산을 송두리째 없애다 perdere l'intera proprietà al gioco
송로 松露 [식물] tartufo
송료 送料 tariffa postale ¶ 책의 송료 tariffa postale di un libro, affrancatura d'un libro * **-선불** porto prepagato
송림 松林 legno di pino, bosco di pini, pineta
송별 送別 addio, festa d'addio, commiato **-하다** salutare qlcu. che parte, organizzare una festa d'addio per qlcu. * **-사** discorso d' addio
송부 送付 **-하다** trasmettere, spedire, rimettere
송사 訟事 causa, procedure legali
송사리 [물고기] pesciolino
송송 ¶ 파를 송송 썰다 tagliare a pezzetti una cipollina, affettare una cipollina
송수 送水 rifornimento idrico **-하다** rifornire acqua * **-관** tubo dell'acqua
송수신기 送受信機 [라디오] ricetrasmettitore
송수화기 送手話機 ricevitore telefonico
송신 送信 trasmissione d'un messag-

gio **-하다** trasmettere continuativamente un messaggio, inviare una lettera ∗ **-국** stazione trasmittente **-기** trasmettitore

송아지 vitello ¶ 송아지를 낳다 figliare (partorire, dare alla luce) un vitello * **-고기** carne di vitello

송어 松魚 trota

송영 送迎 **-하다** dare il benvenuto e congedare

송영 誦詠 **-하다** recitare una poesia

송이 fiocco di (neve), grappolo di (uva), mazzo di (fiori) ¶ 포도송이 grappolo d'uva // 바나나 송이 casco di banane

송이송이 a grappoli, a fiocchi, abbondantemente

송장 cadavere, corpo morto, spoglie mortali ¶ 그는 산 송장이다 Lui è un cadavere ambulante.

송장 送狀 fattura, bolletta di spedizione ∗ **-대장** libro delle fattura

송전 送電 trasmissione di potenza, trasmissione di elettricità, fornitura elettrica **-하다** trasmettere potenza, fornire la corrente elettrica ¶ 송전을 끊다 togliere la corrente, chiudere la corrente

송죽 松竹 il pino e il bambù

송지 松枝⇒ 송진

송진 松津 resina (di pino), pece

송청 送廳 **-하다** mandare gli atti all'ufficio del procuratore, consegnare (un imputato) per la pena

송축 頌祝 **-하다** elogiare, lodare, approvare

송충이 bruco da pino

송치 送致 **-하다** mandare, affidare, rimettere, inviare

송편 tipico dolce di riso cotto a vapore su uno strato di aghi di pino

송풍 松風 getto d'aria, ventilazione * **-기** ventilatore

송화 送話 trasmissione (di un discorso) **-하다** trasmettere ∗ **-구** boccaglio **-기** cornetta del telefono **-료** le spese di telefono

송환 送還 rimpatrio, deportazione **-하다** rimpatriare, deportare ¶ 포로를 조국에 송환하다 rimpatriare i prigionieri di guerra // 강제 송환 rimpatrio forzato ∗ **-자** rimpatriato

솥 calderone, pentola, bollitore (물 끓이는) ¶ 같은 솥밥을 먹다 mangiare nello stesso piatto (pentola) * **-뚜껑** coperchio della pentola

솨, 쏴 ¶ 바람이 쏴 분다 Il vento fischia tra i rami. // 바람이 쏴하는 소리 il fischio del vento, il sibilio del vento

쇄골 鎖骨 [해부] clavicola

쇄광기 碎鑛機 macchina per triturare, frantoio per minerali

쇄국 鎖國 isolamento nazionale **-하다** chiudere le porte agli stranieri, chiudere il paese ∗ **-주의** isolazionismo **-정책** politica di isolamento nazionale

쐐기 cuneo, zeppa, tassello di legno ¶ 쐐기형의 a forma di cuneo // 쐐기를 박다 puntare il cuneo

쇄도 殺到 afflusso, flusso, grande

richiesta **-하다** affluire, scorrere impetuosamente, irrompere ¶ 주문이 쇄도하다 avere una valanga di ordini

쇄빙선 碎氷船 rompighiaccio

쇄신 刷新 riforma, miglioramento, innovazione, rinnovamento **-하다** rinnovare, fare innovazioni, migliorare, emendare

쇄편 碎片 frammento, scheggia

쇠 ferro, metallo, chiave (열쇠), serratura (자물쇠)

쇠가죽 pelle bovina, cuoio

쇠고기 manzo, carne di manzo * **-장수** macellaio

쇠고랑 manette ¶ 쇠고랑을 채우다 ammanettare

쇠꼬챙이 spiedo di ferro

쇠골 cervello di bue

쇠공이 pestello di ferro

쇠귀 ¶ 쇠귀에 경읽기 parlare al muro

쇠다 [명절을] celebrare, festeggiare, osservare ¶ 성탄절을 쇠다 festeggiare il Natale

쐬다 esporre, aerare, arieggiare, ventilare ¶ 뙤약볕에 쐬다 esporsi al sole

쇠똥[1] [쇠부스러기] scorie ferrose

쇠똥[2] [소의] sterco di mucca

쇠망 衰亡 rovina, declino, decadenza, deperimento, caduta **-하다** andare in rovina, deteriorarsi, decadere, deperire, declinare

쇠망치 martello di ferro

쇠멸 衰滅 ⇒ 쇠망

쇠몽둥이 bastone di ferro, bacchetta di ferro bastoncino di metallo

쇠뭉치 una mazza di ferro, lingotto di ferro

쇠미 衰微 declino, decadenza, deperimento **-하다** decrescere, calare, diminuire, declinare, deperire

쇠뼈 osso di bue

쇠뿔 corno di bue ¶ 쇠뿔도 단김에 빼라 Battere il ferro finché è caldo.

쇠붙이 ferramenta

쇠사슬 catena di ferro ¶ 쇠사슬을 풀다 rompere la catena di ferro

쇠새 [새] martin pescatore

쇠스랑 rastrello

쇠약 衰弱 debolezza, debilità, prostrazione, dimagrimento [의약] astenia **-하다** indebolirsi, infiacchirsi, debilitarsi ¶ 쇠약한 debole

쇠운 衰運 fortuna in declino

쇠잔 衰殘 **-하다** decadere, declinare [쇠약] essere debilitato

쇠줄 filo metallico, cavo, catena

쇠지레 grimaldello

쇠진 衰盡 **-하다** decadere, esaurirsi, stancarsi, essere esausto

쇠코뚜레 anello al naso del bue

쇠파리 tafano

쇠푼 piccola somma di denaro

쇠하다 [쇠약] debolirsi, perdere vigore, essere snervato, languire, [시들다] scolorirsi, sbiadire, [쇠망] decadere, [쇠퇴] indebolirsi, venire meno ¶ 그의 힘이 쇠하여져 갔다 Le sue forze andavano diminuendo lentamente. // 다리가 쇠약하다 essere debole di gambe

쇳내 sapore metallico, odore metallico

쇳물 acqua rugginosa

쇳소리 suono metallico
쇳조각 pezzo di metallo
쇳줄 vena minerale
쇼비니즘 sciovinismo
쇼룸 sala d'esposizione
쇼케이스 vetrinetta
쇼윈도 vetrina
쇼크 colpo, violenta emozione, shock, forte impressione ¶ 쇼크를 받다 subire uno shock
쇼킹 che colpisce, vistoso, molto vivace, brillante, scandoloso, riprovevole, sconveniente
쇼핑 shopping **-하다** fare shopping, fare spese
숄 scialle ¶ 숄을 걸치다 mettersi lo scialle
수 手 ① [수단] mezzi, mano, [꾀] artificio, trucco, [장기 따위의] mossa ¶ 별 수 없다 Non c'è altra scelta. ② [가능성, 능력] possibilità
수 數 ① [운수] fortuna, sorte, ventura ¶ 수가 좋다 avere buona fortuna ② [수효] numero, figura ¶ 수많은 numeroso, molto // 수를 세다 contare, fare il conto, numerare ③ [몇] alcuni, qualche ¶ 수년 후에 fra molti anni, fra alcuni anni
수 壽 ① [장수] longevità, vita lunga ② [연령] età ¶ 수하다 godersi la vita, vivere a lungo, tirare per le lunghe
수 繡 ricamo ¶ 손수건에 손으로 수를 놓다 ricamare a mano un fazzoletto // 비단실로 수놓다 ricamare in seta // 자수가 놓인 테이블보 tovaglia ricamata ∗ **-틀** telaio da ricamo, tamburello
수 首 un pezzo, una poesia
수감 收監 imprigionamento, arresto, carcerazione **-하다** imprigionare, tenere entro certi limiti
수갑 手匣 manette ¶ 수갑을 채우다 mettere le manette 수갑을 풀다 spezzare [rompere] le manette
수강 受講 **-하다** frequentare un corso ∗ **-생** chi frequenta un corso
수개 數箇 ¶ 수개의 alcuni, diversi, qualche
수갱 竪坑 cava, pozzo
수건 手巾 asciugamano, fazzoletto (손수건), asciugatoio ¶ 수건걸이 portasciugamano // 수건으로 닦다 asciugare [pulire, strofinare] con un asciugamano
수검 **-하다** (essere) sotto esame, esaminato, ispezionato, soggetto a ispezione ∗ **-자** esaminando, esaminato
수결 手決 firma ¶ 수결을 두다 firmare
수고 lavoro, sforzo, fatica **-하다** lavorare molto, fare uno sforzo, fare tutti gli esercizi, faticare
수고롭다 (essere) faticoso
수공 lavoro fatto a mano, lavoro artigianale, artigianato ∗ **-업** industria artigianale, lavoro manuale, manufatto **-업자** artigiano
수꽃 [식물] fiore di sesso maschile
수괴 首魁 capo, capobanda
수교 手交 **-하다** consegnare, rilasciare
수교 修交 amicizia, relazione d'amicizia

수구 守舊 conservatorismo **-하다** aderire ai costumi tradizionali, essere conservatore * **-파** conservatori

수군 forze navali, marina militare

수군거리다 parlare sottovoce, parlare a bassa voce, bisbigliare, sussurare, mormorare ¶ 수군수군 sottovoce, a bassa voce

수군수군 ⇒ 수군거리다

수그러지다 [머리가] cadere, lasciarsi cadere, inchinarsi, [기세, 정도] abbassarsi, inchinare il capo ¶ 열이 수그러지다 La febbre si abbassa.

수그리다 inclinare, abbassare

수금 收金 riscossione, incasso **-하다** riscuotere, incassare, esigere * **-인** riscotitore

수급 需給 domanda e offerta ¶ 수급을 조정하다 bilanciare la domanda [richiesta] e l'offerta * **-계획** programmazione di domanda e offerta **-관계** relazione, rapporto fra la domanda e l'offerta

수긍 首肯 assenso, consenso, cenno del capo **-하다** dare il proprio assenso, assentire, dare l' approvazione [납득하다] essere convinto di/che

수기 手記 nota, promemoria ¶ 수기를 적다 prendere nota di, registrare qualcosa

수기 手旗 bandiera, bandiera segnaletica * **-신호** segnale con la bandiera, semaforo

수난 水難 disastro a causa dell' acqua

수난 受難 sofferenza, dolore, dura prova, cimento , sopportazione, tolleranza **-하다** soffrire

수납 ricezione, ricevuta, quietanza, accettazione **-하다** ricevere, accettare * **-자** ricevente, destinatario

수냉식 ¶ -의 raffreddato ad acqua

수녀 suora, monaca, sorella ¶ 수녀가 되다 farsi suora * **-원** convento di suore

수년 數年 molti anni, alcuni anni, qualche anno ¶ 수년간 per molti anni // 수년전 molti anni fa

수뇌 首腦 cervello * **-부** corpo dirigente

수뇨관 [해부] uretere

쑤다 cuocere, cucinare, bollire, preparare ¶ 풀을 쑤다 preparare la colla

수다 數多 ① [다수] moltissimo, numeroso ② [말이 많은] loquacità ¶ 수다장이 chiacchierone

수다스럽다 (essere) loquace, chiachierone, garrulo

수단 Sudan (Repubblica del Sudan)

수단 手段 mezzi, misura, modo, [궁리] espediente, strattagemma ¶ 수단과 방법 mezzi e modi // 효과적인 mezzi efficaci // 비합법적인 수단 mezzi illeciti // 모든 수단을 동원하다 ricorrere a tutti i mezzi // 대중교통 수단으로 여행하다 viaggiare con i mezzi pubblici // 이것이 그일을 해내는 유일한 수단이었다 Questo era l'unico mezzo per raggiungerlo. * **전달-**

mezzi di comunicazione **교통-** mezzi di trasporto **방송-** mezzi audiovisivi **생활-** mezzi di sussistenza

수달 水獺 [동물] lontra

수당 手當 indennità, assegno, pensione, compenso, premio, gratifica, extradividendo ¶ 물가연에 따른 수당 indennità di contingenza ∗ **근속-** indennità di anzianità **실업-** indennità di disoccupazione **주택-** indennità di sede **급식-** indennità di mensa **가족-** assegni familiari **실업-** assegni di disoccupazione, indennità di disoccuppazione **해고-** indennità di licenziamento, indennità di fine rapporto **이사-** indennità di missione, indennità di trasferta **성과-** indennità di buonuscita

수더분하다 (essere) semplice e onesto, genuino, naturale

수도 水道 [설비] impianto idrico, acquedotto, [용수] servizio idrico ¶ 수도꼭지를 틀다 aprire il rubinetto dell' acqua // 수도꼭지를 잠그다 chiudere il rubinetto dell′acqua ∗ **-꼭지** rubinetto dell′acqua **-공사** impianto idrico, acquedotto **-료** le spese per l′acqua **-물** acqua corrente, acqua della città, acqua di servizio **-관** tubo dell′acqua

수도 首都 capitale, metropoli ¶ 수도의 metropolitano

수도 修道 ascetismo, pratica, ascetica, disciplina spirituale **-하다** coltivarsi, praticare l′ascetismo ∗ **-사** monaco, frate, religioso **-원** monastero, convento, casa religiosa **-원장** superiore/a, abate **-회** ordine religioso, congregazione religiosa

수도권 首都圈 area metropolitana ∗ **-방위** difesa dell′area metropolitana **-전철화** elettrificazione delle ferrovie metropolitane

수동 受動 passività ¶ 수동의 passivo // 수동적으로 passivamente ∗ **-태** la voce passiva

수동 手動 ¶ 수동의 manuale // 수동펌프 una pompa a mano

수두 水痘 [의학] varicella

수두룩하다 essere abbondante, pieno zeppo, traboccante ¶ 우리는 할 일이 수두룩합니다 Abbiamo un sacco di cose da fare

수득수득 **-하다** (essere) raggrinzito, appassito

수들수들 ⇒ 수득수득

수라 pasto regale, il pranzo del re ¶ -간(상) una tavola regale

수라장 修羅場 una scena di confusione assoluta, pandemonio

수락 受諾 accettazione, accordo **-하다** accettare, acconsentire a

수란 水卵 un uovo affogato ¶ 수란을 뜨다 cuocere uovo in camicia

수란관 輸卵管 [해부] ovidotto

수량 水量 volume dell′acqua ¶ 수량이 늘다 aumentare il volume dell'acqua

수량 數量 quantità, volume ¶ 수량이 늘다 aumentare in quantità // 수량이 줄다 diminuire in quantità

수렁 palude, pantano, fango, melma ¶ 수렁에 빠지다 cadere nel fango

수레 vagone, carrello, veicolo * -**바퀴** rotella, ruota, una ruota del carro -**홈** carreggiata

수려 秀麗 -**하다** (essere) grazioso, fine, bello, splendido, magnifico

수력 水力 energia idraulica, potenza dell'acqua, forza idraulica * -**발전** produzione di energia idrica, generazione di energia idroelettrica -**발전소** centrale idroelettrica

수련 修練 addestramento, pratica, disciplina -**하다** addestrare, esercitare, coltivare, disciplinare

수련 垂憐 giglio acquatico, giglio di stagno

수렵 狩獵 caccia -**하다** andare a sparare, andare a caccia * -**가** cacciatore -**지** terreno (luogo) di caccia

수령 首領 capo di banda, boss

수령 受領 ricevuta, accettazione -**하다** ricevere, accettare ¶ 정히 수령하였습니다 ricevuto con ringraziamenti * -**자** ricevitore

수령 樹齡 età d'un albero

수로 水路 canale navigabile, corso d'acqua * -**교** acquedotto -**도** mappa idrografica -**측량** indagine idrografica

수록 收錄 -**하다** raccogliere [기재하다] annotare, registrare ¶ 사전에 수록되어 있다 trovarsi nel dizionario

수뢰 水雷 siluro, mina d'acqua, torpedine * -**구축함** cacciatorpediniere

수료 修了 compimento, completamento -**하다** completare, finire un corso ¶ 전과정을 수료하다 completare il corso regolare di studi

수류 水流 corrente, corso d'acqua, flusso

수류탄 手榴彈 bomba a mano ¶ 수류탄을 던지다 lanciare una bomba a mano

수륙 水陸 terra e acqua (mare) * -**공동작전** operazione anfibia -**양서동물** anfibio, animale anfibio -**양용 비행기** aereo anfibio

수리 [새] aquila * -**부엉이** gufo reale, barbagianni

수리 水利 utilizzazione dell'acqua, impianto idrico, irrigazione [관개] * -**공사** lavori d'irrigazione -**권** diritto d'acqua -**조합** associazione per il controllo delle acque

수리 受理 accettazione, accoglienza favorevole, consenso, approvazione, ricezione, ricevimento -**하다** accettare, ricevere

수리 修理 riparazione, rammendo -**하다** riparare, rammendare, accomodare, aggiustare ¶ 수리중이다 essere in riparazione // 수리중 lavori in corso // 시계를 수리하다 riparare l'orologio // 수리중인 집 una casa in ristrutturazione // 이 구두는 조금 수리할 필요가 있다 Queste scarpe hanno bisogno di qualche riparazione. // 응급수리 riparazione d'emergenza // 이것 저것 수리하다 fare delle riparazioni // 구두를 수리하다 riparare le scarpe // 자동차를 수리하다 riparare la macchina // 이

집은 많을 수리를 할 필요가 있다 Questa casa ha bisogno di molti restauri. // 집을 수리하다 ristrutturare la casa // 자전거를 수리하다 aggiustare la bici * **-공** riparatore, tecnico riparatore **-공장** officina (di riparazione)

수리 數理 principio matematico ¶ 수리적으로 matematicamente * **-경제학** economia matematica

수립 樹立 instaurazione, creazione, fondazione, costituzione ¶ 정부를 수립하다 formare un governo

수마 睡魔 [의인적] omino del sonno (che fa addormentare i bambini gettando loro la sabbia negli occhi), Morfeo ¶ 수마와 싸우다 cercare di non addormentarsi, lottare col sonno

수마 水磨 inondazione, alluvione

수만 數萬 decine di migliaia ¶ 수만의 관광객 decine di migliaia di turisti

수매 收買 acquisto, compera * **추곡-** acquisto di riso da parte dello Stato **-하다** acquistare, comperare

수맥 水脈 falda idrica ¶ 수맥을 찾아내다 trovare una falda idrica

수면 水面 superficie dell'acqua ¶ 수면에 a fior d'acqua // 수면에 떠오르다 venire a galla, salire in superficie (잠수함이)

수면 睡眠 sonno, riposo, sopore, dormita ¶ 충분한 수면을 취하다 dormire molto, dormire bene, prendere un buon riposo, fare una bella dormita * **-병** malattia del sonno **-부족** mancanza di sonno, sonno insufficiente **-시간** ore di sonno **-제** sonnifero

수명 壽命 lunghezza della vita, durata della vita, periodo di vita ¶ 인간의 평균 수명 durata media della vita dell′uomo // 자동차의 수명 la durata prevista d′automobile // 제품의 수명 la durata di un prodotto * **예상-** speranza di vita, speranza media di vita

수모 受侮 umiliazione, disprezzo, sdegno ¶ 수모를 견디다 sopportare tante umiliazioni // 수모를 받다 subire un umiliazione, soffrire l′insulto, essere insultato, essere umiliato

수모자 首謨者 ⇒ 주모자

수목 樹木 alberi ¶ 수목의 arboreo, boschivo * **-원** arboreto

수문 水門 cateratta, chiusa, serratura ¶ 수문을 열다 alzare la chiusa // 수문을 닫다 abbassare la chiusa

수문 守文 **-하다** sorvegliare un cancello, fare sorvegliare la porta da qlcu.

수미 首尾 l′inizio e la fine di qlco, tutti i particoari, dalla A alla Z, dall′inizio alla fine

수미 愁眉 sguardo preoccupato, ciglia aggrottate, fronte corrugata

수박 [식물] anguria, cocomero // 수박 겉 핥기 conoscenza superficiale, infarinatura

수반 首班 la testa ¶ 내각의 수반 primo ministro, capo del governo

수반 隨伴 accompagnamento **-하다** accompagnare, andare con * **-자** un addetto, un seguace, aderente, affiliato

수배 手配 sistemazione, preparazione, disposizione (degli uomini)[배치] **-하다** preparare, sistemare, combinare, predisporre, ricercare ¶ 경찰에서 수배중인 사람 una persona ricercata dalla polizia

수배 數培 mille volte, molte volte, parecchie volte

수백 數百 centinaia ¶ 수백명 diverse centinaia di persone, centinaia di uomini

수범 垂範 **-하다** dare l'esempio a, essere d'esempio per qlcu. ¶ 솔선수범하다 prendere l´iniziativa ed essere d'esempio per qlcu.

수법 手法 tecnica, stile, modo di fare, metodo

수병 水兵 marinaio, membro dell equipaggio di una nave * **-모** cappello da marinaio **-복** vestito da marinaio

수보다 essere fortunato, avere fortuna, fare un grosso colpo

수복 收復 ricupero, riconquista **-하다** recuperare, riconquistare, riguadagnare * **-민** popolazione in una zona riconquistata **-지구** zona recuperata, territorio riconquistato

수복 壽福 vita lunga e felicità ¶ 수복강녕 vita lunga, felicità e pace

수부 水夫 marinaio, navigatore ¶ 수부가 되다 diventare marinaio, diventare navigatore * **-장** nostromo

수부 首富 capitale, metropoli

수북수북 ¶ 밥을 수북수북 담다 riempire una ciotola di riso

수북하다 essere pieno zeppo di, essere colmo ¶ 할 일이 수북하다 avere un mucchio di cose da fare

수분 水分 umidità, acqua ¶ 수분이 많은 acquoso, umido, succoso

수분 受粉 impollinazione **-하다** impollinare * **인공-** impollinazione artificiale

수불 受拂 entrate e uscite **-하다** incassare e spendere incassi e esborsi * **-금** incassi e esborsi

수비 守備 difesa [야구], misure difensive **-하다** difendere, assumere la difensiva, presidiare, fornire di guarnigione ¶ 수비를 맡다 essere (stare) di guardia, [야구] essere in difesa * **-대** guarnigione **-병** soldato di guarnigione

수사 修辭 retorica, figura retorica * **-학** retorica **-학자** retore **-의문** questione retorica

수사 數詞 [문법] numerale

수사 搜查 investigazione, indagine, ricerca **-하다** investigare, indagare, fare indagini su un reato ¶ 범죄의 동기를 수사하다 investigare sulle motivazioni del delitto // 사고의 원인을 수사하다 investigare sulle cause di un incidente // 경찰은 납치에 관해 수사중이다 La polizia sta investigando sulla rapina. // 수사 방침을 바꾸다 cambiare i criteri di indagini // 수사 가능한 investigabile * **-과** settore investigazioni **-관** agente investigativo **-원** investigatore

수사납다 (essere) sfortunato, disgraziato, sventurato

수산 水産 [수산물] prodotti del mare, prodotti marini ¶ 수산물이 풍부하다 abbondare di prodotti marini * **-업** industria della pesca, industria dei prodotti marini **-협동조합** Cooperativa delle industrie della pesca

수산화 水仙花 [화학] idratazione * **-물** idrossido **-아연** idrossido di zinco **-철** ferro idrato **-칼슘** idrossido di calcio

수삼 水蔘 ginseng fresco

수삼차 數三次 parecchie volte

수상 水上 ¶ **-의** acquatico **-에서** sull'acqua * **-경기** sport acquatici **-경찰** guardia costiera **-비행** idrovolante **-운송** trasporto per via d' acqua

수상 首相 il primo ministro, premier ¶ 수상직 dignità di primo ministro

수상 受像 (televisione) immagine televisiva **-하다** ricevere l' immagine (TV), trasmettere per televisione * **-기** apparecchio telericevente

수상 受賞 **-하다** ricevere un premio, vincere un premio * **-자** vincitore di un premio ¶ 노벨 수상자 vincitore del premio Nobel

수상 隨想 pensieri occasionali * **-록** saggi

수상 殊常 **-하다** essere sospettoso, dubbioso ¶ 수상한 여자 una donna sospettosa (di carattere) // 수상히 여기다 sospettare

수색 搜索 ricerca, caccia **-하다** fare una ricerca, cercare ¶ 수색중이다 essere in cerca, essere alla ricerca di qlco, qlcu. * **-대** squadra di ricerca **-영장** mandato di perquisizione

수색 愁色 sguardo preoccupato, aria malinconica, aria tenebrosa

수생 水生 ¶ 수생의 acquatico

수서 水棲 ¶ -의 acquatico, che vive nell'acqua * **-동물** animale acquatico

수석 首席 la posizione più alto, il capo [사람] ¶ 수석의 del capo

쑤석거리다 [찾느라고] frugare, rovistare, cercare buttando all' aria, [선동하다] incitare, spronare, stimolare, istigare

수선 trambusto, confusione, chiasso, scalpore ¶ 수선스럽다 (essere) rumoroso, tumultuoso // 수선피우다 fare trambusto, fare confusione

수선 修繕 riparazione, rammendo **-하다** riparare, rammendare, accomodare, aggiustare * * **-공** riparatore **-공장** officina riparazioni **-비** spese di riparazione

수선 垂線 linea perpendicolare

수선화 水仙花 [나팔수선] narciso 【식물】 trombone, tromboncino

수성 水性 Mercurio

수성 獸性 bestialità, brutalità ¶ 수성의 bestiale, brutale, sensuale, lussurioso, carnale

수성암 水成岩 roccia sedimentaria

수세 守勢 la posizione difensiva, [검술에서] parata ¶ 수세의 passivo, difensivo // 수세를 취하다 allestire la difesa, assumere la difensiva

수세공 水細工 artigianato * **-공품** prodotti fatti a mano, prodotti manuali, artiginali

수세미 spugnetta per lavare

수소 toro, bue

수소 水素 idrogeno * **-산** idracido **-폭탄** bomba all idrogeno **-중** idrogeno pesante, deuterio

수속 手續 processo, procedura(소송의), procedimento, formalità, passo **-하다** fare i passi necessari, prendere le misure necessarie ¶ 수속상의 문제 problemi procedurali // 입법수속 procedimento legislativo [amministrativo] // 형사소송 수속 procedimento penale // 민사소송 수속 procedimento civile // 정식적인 수속을 밟다 adempire le formalità // 여권 취득 수속 le formalità per ottenere il passaporto // 대학 입학 수속 procedura di accesso all' università

수송 輸送 trasporto, trasporti **-하다** trasportare, portare ¶ 비행기 수송 trasporto merci per via aerea // 수송중이다 essere in transito * **- 경비** spese di trasporto **-비행기** aereo da trasporto **-난** difficoltà di trasporto **-량** volume di traffico

수쇠 [자물쇠의] chiavetta, [돌쩌귀의] perno di cerniera, [맷돌의] alberino del laminatoio

수수【식물】miglio indiano

수수 授受 **-하다** dare e ricevere, trasferire, consegnare

수수께끼 enigma, mistero, quiz, indovinello, puzzle ¶ 수수께끼의 인물 uomo misterioso, uomo enigmatico // 수수께끼같은 misterioso, enigmatico, imbarazzante // 수수께끼를 풀다 risolvere un enigma // 수수께끼를 내다 proporre un enigma

수수료 手數料 commissione, tassa, spesa per un servizio

수수방관 袖手傍觀 **-하다** osservare dall'alto a bracca conserte, essere spettatore inerte

수수하다 [맵시가] (essere) normale, modesto, semplice, senza pretese, [질이] modesto, medio ¶ 수수하게 옷을 차리다 vestirsi modestamente

수술【식물】stame

수술 手術 operazione, operazione chirurgica **-하다** operare, fare un' operazione, fare un intervento chirurgico ¶ 응급 수술을 하다 operare con urgenza // 맹장염 환자의 수술을 하다 operare un malato di appendicite // 수술을 받다 subire un'operazione chirurgica

수습 收拾 controllo **-하다** controllare, governare, salvare ¶ 사태를 수습하다 salvare la situazione, controllare la situazione

쑤시개 piccone, attrezzo a punta * **이-** stuzzicadenti

쑤시다 [아프다] causare dolore acuto a, fare male, tormentare, [찌르다] trafiggere ¶ 이가 쑤시다 avere un forte mal di denti

수식 修飾 ornamento, decorazione, abbellimento【문법】modificazione **-하다** ornare, abbellire 【문법】 modificare, qualificare * **-어** modificatore qualificatore

수신 受信 ricezione d'un messaggio, ricezione **-하다** ricevere un messaggio * **-국** stazione di ricezione **-기** ricevente, un insieme di ricezione **-인** destinatario

수신 修身 addestramento morale, etica morale, scienza morale **-하다** praticare la morale ¶ 수신제가하다 praticare la morale e gover-nare la casa

수심 水心 profondità dell'acqua ¶ 수심을 재다 misurare la profondità dell'acqua

수심 愁心 ansietà, malinconia, afflizione, dolore, tristezza ¶ 수심에 빠져 immerso nella malinconia

수십 數十 decenni ¶ 수십만 권의 책 centinaia di migliaia di libri

수압 水壓 pressione idraulica * **-기** pressa idraulica **-기관** idromotore

수액 水液 (나무) linfa dell'albero

수양 收養 adozione **-하다** adottare * **-딸** una figlia adottiva **-아들** un figlio adottivo **-아버지** padrino, padre adottivo **-어머니** madre adottiva

수양 修養 esercizio, addestramento della mente **-하다** migliorarsi, addestrare la propria mente, coltivarsi ¶ 수양을 쌓다 sforzarsi molto nell'auto-miglioramento

수양버들 salice piangente

수업 授業 lezione, istruzione **-하다** insegnare, dare lezione, fare lezioni ¶ 수업받으러 가다 andare a lezione // 수업을 받다 prendere lezioni // 오늘 수업이 없다 Oggi non c' è lezione. // 개인 수업 lezione privata // 대학 수업 lezione universitaria // 수업을 복습하다 ripassare la lezione, ripetere la lezione // 수업을 공부하다 studiare la lezione // 그는 철학수업에는 빠지지 않는다 Non manca mai alla lezione di filosofia. // 수업시간 ora di lezione // 수업중에 durante la lezione * **-료** tasse scolastiche

수업 修業 [면학] perseguimento della conoscenza, studio, [수료] completamento d'un corso **-하다** proseguire gli studi, perseguire la conoscenza, studiare,

수없다[1] ① [재수없다] (essere) sfortunato, disgraziato, sventurato ② [도리없다] essere impossibilitato, non essere in grado di fare qlco, non potere

수없다[2] [무수하다] (essere) innumerevole, innumerabile

수여 授與 [증서 따위의] assegnazione, conferimento, presentazione **-하다** conferire, assegnare ¶ 상을 수여하다 conferire un premio // 박사학위를 수여하다 conferire il titolo di dottore a qlcu. // 졸업증서를 수여하다 conferire il diploma di laurea

수역 水域 le acque ¶ 중립- acque neutrali

수연 水鉛 molibdeno

수열 數列 progressione numerica

∗ -등비 progressione geometrica -등차 progressione aritmetica

수염 鬚髥 [턱수염] barba, [콧수염] baffi ¶ 수염이 텁수룩한 con la barba // 수염을 기르다 farsi crescere la barba // 수염이 나다 avere la barba // 수염을 깍다 farsi la barba // 수염을 깍아주다 fare la barba a qlcu.

수영 水泳 nuoto, nuotata, bagno **-하다** nuotare, fare una nuotata, fare un bagno ¶ 수영하러 가다 andare a fare un bagno // 능숙하게 수영하다 nuotare come un pesce // 평영을 하다 nuotare a rana // 접영을 하다 nuotare a farfalla // 배영을 하다 nuotare sul dorso // 돌핀 킥으로 수영하다 nuotare a delfino // 잠수해서 수영하다 nuotare sott′acqua // 자유수영 하다 nuotare a stile libero // 수영에 능숙하다 essere esperto nuotatore // 수영 경기에 참가하다 partecipare ad una gara di nuoto // 나는 어려서 수영학교에서 수영을 배웠다 Ho imparato a nuotare da bambino alla scuola di nuoto. // 올림픽 수영선수 nuotatore olimpionico ∗ **-장** piscina **-복** costume da bagno **-경기** gara di nuoto **-교실** scuola di nuoto **-선수** nuotatore

수예 手藝 lavoro manuale, artigianato, abilità manuale ∗ **-품** articoli d′artigianato

수온 水溫 mercurio ¶ 수온의 di mercurio, mercurico ∗ **-기압계** barometro a mercurio **-등** lampada a vapori di mercurio **-연고** unguento mercurico **-온도계** termometro

수온 水溫 temperatura dell acqua

수완 手腕 abilità, capacità, destrezza ¶ 수완이 있는 abile, esperto, capace // 수완을 발휘하다 mostare la propria abilità ∗ **-가** un uomo abile, arrivista

수요 需要 domanda, richiesta ¶ 공급과 수요의 원칙 la legge della domanda e dell′offerta // 수요가 있다 essere richiesto // 수요가 없다 essere poco richiesto

수요일 水曜日 mercoledì

수용 收用 espropriazione **-하다** espropriare ¶ 토지를 수용하다 espropriare qlcu. della terra

수용 收容 alloggio, ricezione, sistemazione, ammissione, [불량소년 따위의] consegna **-하다** ammettere, lasciare entrare, ricevere, ospitare, accettare ¶ 피난민을 수용하다 dare asilo a rifugiati ∗ **-능력** capacità di alloggio **-소** asilo, rifugio, campo **-자** ricoverato (양로원 따위의)

수우 水牛 bufalo

수우프 minestra, brodo, zuppa ∗ **-접시** zuppiera

수운 水運 trasporto via acqua, traffico via acqua

수원 水源 fonte, sorgente di un fiume ∗ **-지** serbatoio, cisterna, bacino di riserva

수월찮다 essere faticoso, difficile ¶ 수월찮이 무겁다 essere più pesante di quanto sembri

수월하다 (essere) facile, semplice ¶ 수월하게 senza difficoltà, age-

volment, facilmente, comodamente
수위 首位 il primo posto, la prima posizione ¶ 수위를 차지하다 occupare la prima posizione
수위 水位 livello dell′acqua * **-계** indicatore di livello dell acqua **-표** livello d'acqua di (fiume, mare)
수위 守衛 portiere, portinaio, custode, guardiano
수유 授乳 **-하다** allattare, nutrire
수육 獸肉 carne animale
수음 手淫 masturbazione, onanismo **-하다** masturbarsi
수의 壽衣 sudario, vestito per il morto
수의 隨意 ¶ 수의의 volontario, facoltativo, opzionale // 수의로 volontariamente, a volontà, * **-계약** contratto privato, contratto facoltativo
수의 獸醫 veterinario * **-과 대학** università veterinaria **-학** scienze di medicina veterinaria
수익 收益 guadagni(총수익), profitto(이익), rendita(불로수익), ricompensa(투자에 대한), rendimento ¶ 수익이 있는 vantaggioso, lucroso // 수익을 올리다 realizzare profitti // 자본의 수익 resa del capitale, profitti da capitale * **-금** profitto, guadagno, vantaggio, beneficio, reddito **-률** tasso di profitto **-세** tassa sugli utili
수인 囚人 prigioniero, condannato, forzato
수인 數人 alcune persone, parecchie persone, qualche persona
수일 數日 qualche giorno, alcuni giorni, parecchi giorni ¶ 수일 전에 alcuni giorni fa, qualche giorno fa
수임 受任 accettazione di una nomina **-하다** essere nominato, accettare la nomina * **-자** persona nominata, candidato, designato
수입 收入 rendita, reddito, entrata ¶ 수입이 많다 avere molte entrate // 수입과 지출 le entrate e le uscite // 총실수입 entrate lorde(nette) // 그의 총 수입은 50만원이다. Lui ha cinquecentomila won d′entrata. // 수입이 감소되었다 Sono diminuite le entrate. * **-인지** tassa sul reddito **고정-** reddito fisso **월-** reddito mensile **잡-** entrate varie **조세-** introiti fiscali
수입 輸入 importazione, introduzione **-하다** importare, introdurre * **-국** paese di importazione **-면장** autorizzazione all′importazione **-상** importatore **-세** tariffa di importazione **-증명서** certificato d'importazione **-품** articoli d importazione, articoli importati **-소속** processo d′importazione **-신고서** dichiarazione d′importazione **-초과** eccesso d′importazione
수있다 [사람이 주어] potere, essere capace di, riuscire a ¶ 할 수 있으면 se è possibile [재수있다] (essere) fortunato, avere fortuna
수자 數字 figura numerica ¶ 숫자

상의 errore numerico, errori numerici // 천문학적 숫자 figure astronomiche // 숫자상으로 numericamente // 숫자로 나타내다 esprimere in figure numeriche * **로마(아라비아)-** numeri romani (arabi)

수자리 protezione delle frontiere **-하다** custodire la frontiera

수자원 水資源 le risorse idriche * **-개발** sviluppo delle risorse idriche

수작 酬酌 **-하다** [술잔을] scambiare i bicchieri del vino, [말을] scambiarsi delle parole ¶ -을 부리다 fare storie, dire sciocchezze

수장 水葬 sepoltura in mare **-하다** seppellire in mare

수장 授章 cordone, nastro * **대-** Grande Cordone

수재 水災 disastro causato dall' inondazione * **-민** le vittime dell' inondazione, senzatetto

수재 秀才 genio, persona intelligente * **-교육** formazione per geni

수저 水底 ① cucchiaio ② cucchiaio e bastoncini

수적 手迹 ⇒ 필적

수전노 守錢奴 avaro, spilorcio, taccagno

수절 守節 **-하다** rimanere fedele, casto

수정 水晶 cristallo di rocca * **-석** criolite **-체** obiettivo cristallino, lentiforme(안구의)

수정 受精 【동물】 fecondazione, fertilizzazione, 【식물】 impollinazione **-하다** (essere) fercondato, fertilizzato, impollinato *** 인공-** inseminazione artificiale, fertilizzazione artificiale

수정 修正 correzione, revisione, modificazione **-하다** correggere, modificare, rivedere, riesaminare ¶ 일부를 수정하다 fare una revisione parziale di * **-안** una fattura emendata **-예산** preventivo modificato **-자본주의** capitalismo modificato **-주의** revisionista

수정과 水正果 bevanda con cacchi

수제 手製 lavoro fatto a mano ¶ 수제의 fatto a mano **-하다** lavorare a mano * **-품** articolo fatto a mano

수제비 minestra con tocchetti di farina

수제자 首弟子 allievo migliore

수조 水槽 serbatoio d'acqua, cisterma, acquario(양어용)

수족 水族 animali acquatici * **-관** acquario

수족 手足 mani e piedi, gli arti ¶ 수족을 결박하다 legare qlcu. mani e piedi

수종 隨從 [시중] assistenza, servizio, [사람] addetto, servitore, domestico **-하다** assistere, servire, curare

수준 水準 livello dell'acqua, [표준] livello stendard, modello, campione, tipo, misura, norma ¶ 수준에 달하다 raggiungere il livello // 우리는 그 수준이 아니다 Noi non siamo a quei livelli. // 학생의 교육 수준 livello d'istruzione di uno studente // 누구의 수준으로 내려가다 scendere al livello di qlcu. // 수준이 높은 모임 riunione ad alto livello * **-기** livello dell′acqua **-선** linea orizzontale **문화-** livello culturale **생활-** livello di vita, tenore di vita

수줍다 essere timido

수줍음 timidezza

수중 水中 ¶ 수중의 subacqueo, sottomarino // 수중에 sott′acqua * **-안경** maschera subacqua **-전파탐지기** ecogoniometro

수중 手中 ¶ 수중에 in mano, nelle mani // 수중에 들어오다 cadere nelle mani di qlcu.

수증기 vapore

수지 reddito, entrate e uscite ¶ 수지 결산을 하다 saldare un conto

수지맞다 [사물이 주어] essere vantaggioso ¶ 수지맞는 장사 commercio vantaggioso

수직 垂直 perpendicolarità, verticalità ¶ 수직의 perpendicolare, verticale // 수직으로 perpendicolarmente * **-강하** [항공] discesa verticale **-선** riga perpendicolare, verticale **-안전판** stabilizzatore verticale d′aeroplano **-이착륙기** decollo e atterraggio verticale

수직 手織 ¶ 수직의 tessuto a mano, a lavorazione artigianale * **-기** telaio a mano **-물** tessuto fatto a mano

수진 搜珍 edizione tascabile * **-사전** dizionario tascabile

수질 水質 qualità dell′acqua * **-오염** contaminazione delle acque

수집 蒐集 collezione, compilazione **-하다** collezionare, compilare

수차 數次 parecchie volte, alcune volte, molte volte, diverse volte

수찬 修撰 **-하다** curare la pubblicazione, redigere, editare

수채 fogna, cloaca * * **-구멍** foce, inghiottitoio **-통** canale (tubo) di scolo, canale di scarico

수채움 -하다 scrivere il numero

수채화 水彩畵 acquerello * **-물감** acqua, acquerelli

수척 瘦瘠 **-하다** (essere) disfatto, stravolto, magro, emaciato ¶ 수척한 얼굴 모습 figura emaciata

수천 數千 migliaià ¶ 수천의 사람 migliaia di persone

수첩 手帖 taccuino

수축 收縮 contrazione, compressione, restringimento **-하다** contrarre, restringere, comprimere ¶ 통화를 수축시키다 deflazionare

수축 修築 **-하다** riparare, rinnovare ¶ 집을 약간 수축하다 migliorare un po′ la casa

수출 輸出 esportazione **-하다** esportare ¶ 소맥의 수출을 금지하다 proibire l′esportazione di grano // 직물 수출 Le esporazioni tessuti // 이탈리아의 수출은 증가하고 있다 Le esportazione italiane sono in aumento. // 농산품을 수출하다 esportare prodotti agricoli // 우리는 이 상품을 일본에 수출하고 싶습니다 Vorremmo esportare questo articolo in Giappone. * **-가격** prezzo d′esportazione **-금지** divieto d′esportazione **-면장** licenza di esportazione **-무역** commercio d′esportazione **-수속** formalità d′esportazione **-액** fatturato d′

esportazione **-업자** esportatore **-국** paese esportatore **-회사** dittà esportatrice **-상품** merci d esportazione **-품** articolo d esportazione **-장려금** sussidio di esportazione **-초과** eccedenza per l'esportazione **-할당제** quota di esportazione

수출입 輸出入 esportazione e importazione * **-업** commercio d' esportazione e importazione **-업자** esportatore e importatore **-은행** banca di esportazione e importazione

수취 受取 ricezione **-하다** ricevere, accettare, prendere * **-인** ricevitore, destinario di rimessa (송금의), beneficiario(연금, 보험금 따위의), consegnatario (하물의)

수치 羞恥 vergogna, disonore, disgrazia ¶ 수치스럽다 (essere) vergognoso, disonorevole // 수치를 모르다 (essere) svergognato, sfacciato, impudico

수캉아지 cucciolo

수캐 cane

수컷 maschio (animale)

수코양이 gatto

수탁 受託 fiducia, fede [상품 판매의] * **-금** deposito fiduciario **-자** fiduciario, consegnatario **-판매** vendita fiduciaria

수탈 收奪 sfruttamento **-하다** sfruttare, saccheggiare, usurpare

수탉 gallo

수태 受胎 concezione, concepimento, fecondazione **-하다** concepire, essere incinta ¶ 성모마리아의 수태 l'Immacolata Concezione

수퇘지 maiale, porco

수통 bottiglia d'acqua

수틀 tamburo

수평 水平 orizzontalità ¶ 수평의 orizzontale // 수평선에 all'orizzonte // 수평으로 orizzontalmente // 수평으로 놓다 mettere in posizione orizzontale // 수평으로 되어 있다 stare in posizione orizzontale // 배 한채가 수평선에 나타났다 Una nave apparive all'orizzonte. * **-거리** distanza orizzontale **-면** superficie piana **-선** linea orizzontale **-상태** orizzontalità

수포 水泡 [거품] schiuma, bolla ¶ 수포로 돌아가다 andare a vuoto, andare a monte, andare in fumo

수포 水泡 【의학】 vescichetta, bolla

수폭 水爆 bomba atomica, bomba all'idrogeno * **-실험** prova della bomba atomica

수표 手票 assegno ¶ 10만원 짜리 수표를 발행하다 emettere un assegno da 100,000 Won * **-발행인** chi emette l'assegno **무기명-** assegno al portatore **부도-** assegno a vuoto **지불보증-** assegno bancario a copertura garantita

수풀 bosco, foresta

수피 樹皮 scorza, corteccia

수필 隨筆 saggio * **-가** saggista **-집** raccolta di saggi

수하 手下 subordinato, secondario, seguace, discepolo ¶ 수하에 sotto il controllo di, sotto la potenza di

수하 誰何 ① [불심] sfida ② [누구] qualcuno **-하다** sfidare

수하다 vivere a lungo, godere di

lunga vita

수하물 手荷物 bagaglio ¶ 수하물을 맡기다 depositare i bagagli // 수하물을 발송하다 spedire il bagaglio a mano // 수하물을 가지고 여행하다 viaggiare con bagaglio * **-계** deposito bagagli

수학 修學 studio **-하다** studiare, imparare, apprendere * **-여행** gita scolastica

수학 數學 matematica ¶ 수학의 matematico // 응용 수학 matematica applicata 고등 수학 alta matematica // 수학 시험 esame di matematica // 수학시험을 보다 dare l'esame di matematica // 수학적으로 matematicamente * **-자** matematico

수해 水害 [손해] danno da alluvione, [홍수] inondazione, alluvione, diluvio ¶ 수해를 입다 subire i danni dell'alluvione * **-구제** soccorso in caso d' inondazione **-대책** misure contro le inondazioni **-방지** prevenzione delle inondazioni **-이재민** senzatetto a causa dell'inondazione, vittime dell alluvione **-지구** zona alluvionata

수행 遂行 realizzazione, adempimento, esecuzione **-하다** realizzare, compire, adempire, effettuare, eseguire ¶ 직무 수행 adempimento del dovere

수행 隨行 assistenza, servizio, prestazioni **-하다** accompagnare, seguire, assistere * **-원** membro del seguito, accompagnatore

수험 受驗 **-하다** fare un esame ¶ 수험 준비를 하다 prepararsi per un esame * **-과목** materia d'esame **-료** tassa d' esame

수혈 輸血 trasfusione di sangue **-하다** fare una trasfusione di sangue a qlcu. ¶ 수혈 제공자 donatore di sangue

수호 守護 protezione, salvaguardia **-하다** proteggere, custodire, difendere * **-신** divinità tutelare, Santo protettore

수호 修好 amicizia, relazione **-하다** trascorrere amichevolmente

수화 繡畵 immagine ricamata

수화 水化 idratazione * **-물** idrato

수화기 受話器 ricevitore telefonico ¶ 수화기를 들다 staccare il ricevitore // 수화기를 놓다 agganciare il telefono

수화법 手話法 chirologia ¶ 수화법으로 이야기 하다 parlare con le dita

수확 收穫 [농작물] raccolto, messe, mietitura **-하다** mietere, raccogliere, fare il raccolto ¶ 수확이 많다 avere un buon raccolto * **-고** prodotto, raccolto **-기** mietitore **-기(期)** stagione (tempo) della raccolta **-예상** prospettiva di raccolto

수회 收賄 corruzione * **-사건** caso di corruzione **-자** funzionario corrotto

수회 數回 parecchie volte, alcune volte, molte volte

수효 數爻 numero ⇒ 수(數)

수훈 垂訓 **-하다** insegnare, istruire ¶ 신상수훈 Discorso della Montagna, le Beatitudini

수훈 殊勳 **-하다** servizio eminente, atto meritario ¶ 수훈을 세우다 distinguersi per il servizio meritevole • **-자** persona distintasi per il servizio meritevole

쑥[1] 【식물】 artemisia, assenzio

쑥[2] scemo(바보) ¶ 너도 쑥이다 Vergognati!

쑥[3] ¶ 쑥내민 눈썹 sopracciglio sporgente // 쑥 들어간 눈 occhi incavati ② [힘차게] dare uno strattone ¶ 쑥 잡아당기다 tirare uno strattone // 칼을 쑥 뽑다 sguainare la spada

쑥갓 【식물】 Chrysantemum coronaria

숙고 熟考 ponderatezza, riflessione matura **-하다** considerare attentamente, meditare, riflettare, ponderare ¶ 숙고한 끝에 dopo una matura riflessione

숙군 肅軍 restaurazione della disciplina militare

숙녀 淑女 signora, gentildonna ¶ 숙녀다운 signorile, raffinato

숙다 ① [앞으로] essere abbassato, essere inchinato ② [기운이] decrescere

숙달 熟達 abilità, competenza, maestria **-하다** (essere) esperto, competente

숙당 肅黨 epurazione di partito

쑥대강이 capelli spettinati

쑥대밭 ¶ 쑥대밭이 되다 essere devastato

숙덕 淑德 virtù femminile, grazie femminili

숙덕거리다 bisbigliare, sussurare, mormorare

쑥덕거리다 ⇒ 숙덕거리다

쑥덕공론 conferenza segreta, dialogo segreto **-하다** discutere sottovoce, tenere una discussione in segreto

숙덕숙덕 sottovoce, a bassa voce

숙덕이다 ⇒ 숙덕거리다

숙독 熟讀 lettura attenta **-하다** leggere attentamente, leggere con attenzione

숙려 熟廬 ⇒ 숙고 (熟考)

숙련 熟練 abilità, destrezza, maestria ¶ 숙련된 esperto, versato, abile, pratico, preparato * **-공** lavoratore esperto **-자** esperto

숙망 宿望 forte desiderio, desiderio a lungo accarezzato

숙맥 菽麥 sciocco, stupido, imbecille

숙면 熟眠 sonno profondo **-하다** dormire bene, avere un buon sonno, cadere in un sonno profondo

숙명 宿命 destino, fato, fatalità, predestinazione ¶ 숙명적인 fatale, predestinato * **-론** fatalismo **-론자** fatalista

숙모 叔母 zia (moglie del fratello minore del proprio padre)

숙박 宿泊 **-하다** alloggiare, dormire, sistemarsi ¶ 숙박시키다 alloggiare, ospitare // 호텔에 숙박시키다 alloggiare in un albergo // 하룻밤 숙박을 부탁하다 chiedere alloggio per una notte * **-료** spese d'alloggio, spese d'albergo **-부** registro dell'albergo **-소** alloggio **-인** **[하숙인]** pigionante, inquilino

숙부 叔父 zio

숙사 宿舍 alloggio, quartiere * **-할당** assegnazione di quartiere

숙성 夙成 maturità **-하다** (essere) maturo, precoce ¶ 숙성한 아이 bambino precoce

숙소 宿所 residenza, alloggio, luogo di residenza ¶ 숙소를 옮기다 cambiare alloggio, cambiare residenza

쑥스럽다 (essere) indecente, disdicevole, ridicolo, improprio

숙시 熟視 **-하다** guardare, osservare, contemplare, scrutare, esaminare

숙식 宿食 vitto e alloggio **-하다** prendere a pensione, dormire e mangiare ¶ 숙식제공 pensione completa

숙어 熟語 idioma, frase idiomatica ¶ 숙어집 raccolta di idiomi

숙어지다 abbassarsi, calare, decrescere ⇒ 수그러지다

숙연하다 (essere) silenzioso, solenne ¶ 숙연히 silenziosamente, tranquillamente, solennemente, rispettosamente

숙영하다 宿營 **-하다** (essere) alloggiato, bivaccare, campeggiare * **-지** accampamento

숙원 宿願 desiderio nutrito da molto tempo

숙의 熟議 deliberazione giusta, consultazione accurata, discussione esauriente **-하다** deliberare, riflettere su qualcosa, considerare attentamente ¶ 숙의한 끝에 dopo attenta considerazione

숙이다 abbassarsi, inchinarsi ¶ 부끄러워서 고개를 숙였다 Chinò la testa per la timidezza.

숙적 宿敵 vecchio nemico, nemico mortale

숙정 肅正 regolazione, applicazione ¶ 관기를 숙정하다 fare rispettare la disciplina

숙제 宿題 compito a casa, assegnazione ¶ 방학 숙제 compito delle vacanze // 숙제를 하다 fare il compito // 나는 아직 숙제를 하지 않았다 Non ho ancora fatto i miei compiti. * **-장** quaderno per i compiti

숙주(나물) germogli verdi di fagioli

숙지 熟知 conoscenza completa, familiarità **-하다** sapere bene, essere completamente informato su, avere una conoscenza su

숙직 宿直 guardia notturna **-하다** vigilare di notte, mantenere la vigilanza notturna

숙질 叔姪 zio e nipote

숙청 肅淸 eliminazione dei fogli inceppati, liquidazione, epurazione **-하다** liquidare, organizzare un′epurazione

숙취 宿醉 stato di confusione e malessere dopo una sbornia, postumi di sbornia **-하다** essere in uno stato di confusione e malessere dopo una sbornia

숙환 宿患 malattia cronica, malattia inveterata

숙흥야매 夙興夜寐 **-하다** alzarsi presto e andare a letto tardi

순 旬 ① [10일간] un periodo di dieci giorni ② [10년] decennio, decina, decade

순 筍 germoglio ¶ 순이 나다 germogliare

순- 純 puro, genuino ¶ 순한국식 tipico stile coreano // 순수입 reddito netto

순 順 ordine ¶ 연령순으로 in ordine di età, 중요한 순서로 in ordine d´importanza

순간 瞬間 momento, istante, secondo, attimo ¶ 순간적 momentaneo, istantaneo // 순간적으로 in un momento, in un istante, all' istante // 순간적으로 하다 fare in un istante

순검 巡檢 ⇒ 순찰

순견 純絹 pura seta

순결 純潔 purezza, integrità, innocenza, castità, verginità **-하다** (essere) puro, vergine, innocente, pulito ¶ 순결한 사랑 amore platonico, amore puro

순경 巡更 poliziotto, commissario ＊**교통-** vigile **기마-** poliziotto a cavallo

순경 順境 circostanza favorevole, propizie

순교 殉教 martirio **-하다** morire da martire ＊ **-자** martire

순국 殉國 **-하다** morire per la propria patria, morire per il proprio paese ＊ **-선열** martire per la patria **-정신** spirito di martirio, patriottismo

순금 純金 oro puro

순난 殉難 **-하다** morire per la propria patria, per la propria causa

순대 salsiccia di sangue di maiale con verdure e spaghetti di soia

순도 純度 (grado di) purezza, finezza

순라 巡邏 pattuglia, ronda ＊ **-군** poliziotto

순량 純良 ¶ 순량한 puro, genuino

순력 巡歷 giro, viaggio, escursione, giro d' ispezione **-하다** viaggiare, fare un viaggio, fare un giro, girare

순례 巡禮 pellegrinaggio ＊ **-자** pellegrino

순록 馴鹿 renna

순리 順理 ragione pura ¶ 순리론적인 razionalistico

순리하다 essere razionale

순면 純綿 puro cotone ¶ 순면의 di puro cotone

순모 純毛 pura lana

순무 【식물】 rapa

순문학 純文學 pura letteratura, belle lettere ¶ 순문학의 di belle lettere

순박 淳朴 **-하다** [성질이] (essere) semplice, non sofisticato, non adulterato, genuino, naturale

순방 巡訪 giro di chiamate **-하다** fare un giro di chiamate ¶ 각국을 순방하다 visitare i vari paesi, fare una visita ai vari paesi

순배 巡杯 **-하다** fare passare dall´uno all´altro il bicchiere di vino

순백 純白 bianco puro ¶ 순백의 bianco come la neve, immacolato

순번 順番 ordine, sequenza, successione, turno ¶ 순번으로 a turno

순분도 純分度 purezza (per oro e argento), carato(캐럿)

순산 順産 nascità facile, parto facile **-하다** partorire facilmente

순서 順序 [차례] ordine, sequenza, [방법] sistema, [수속] formalità ¶ 순서 있는 sistematico, ordinato // 순서있게 in ordine, con ordine, per ordine // 알파벳 순서 ordine alfabetico // 도착 순서 ordine d′arrivo // 연대기 순 ordine cronologico // 번호순서 ordine numerico * **-표** lista, programma

순소득 純所得 reddito netto

순수 純粹 purezza, genuinità, sincerità **-하다** (essere) puro, genuino, sincero * **-이성** ragione pura **-직관** intuizione pura **-시** poesia pura **-주의** purismo **-철학** metafisica

순수 巡狩 giro reale

순수입 純收入 reddito netto

순순하다 淳淳 **-하다** (essere) gentile

순순하다 順順 **-하다** ① [태도가] (essere) ubbidiente, docile, sottomesso, remissivo ¶ 순순히 자백하다 confessarsi francamente ② [음식이] (essere) leggero, semplice

순시 巡視 ispezione, giro d' ispezione **-하다** fare un giro d' ispezione * **-인** poliziotto

순식간 瞬息間 un breve istante ¶ 순식간에 in un batter d' occhio

순양 巡洋 crociera **-하다** fare una crociera * **-함** nave da crociera

순연 順延 rinvio, differimento **-하다** posporre, rimandare. differire

순연 純然 **-하다** (essere) puro, assoluto, perfetto, si-si no-no

순열 順列 【수학】 permutazione, ordinamento lineare

순위 順位 ordine, posizione in una gradutoria, posizione in una classifica

순은 純銀 argento puro

순음 脣音 【음성】 suono labiale

순응 順應 adattamento, accomodamento **-하다** adattarsi, conformarsi, conciliare, mettersi d′accordo ¶ 환경에 순응하다 conformarsi all′ambiente * **-성** adattabilità

순이익 純利益 profitto netto

순일 旬日 [초열흘] il decimo giorno del mese lunare

순잎 foglie germogliate

순전 純全 **-하다** (essere) puro, senza macchia ¶ 순전한 [순수한] puro, semplice [전적인] completo, totale // 순전히 puramente, completamente, totalmente // 순전한 개인 문제 problema completamente personale

순절 殉節 **-하다** morire per la propria castità

순정 純情 ingenuità, cuore puro ¶ 순정 소설 storia di romanza

순조 順調 condizione favorevole [날씨의] opportunità, tempestività ¶ 순조로이 favorevolmente, propiziamente, senza difficoltà // 순조롭다 essere favorevole, soddisfacente, opportuno, tempestivo // 순조로이 진행되다 progredire in modo soddisfacente, andare avanti bene, progredire favorevolmente

순종 純種 sangue puro ¶ 순종의 purosangue, di sangue puro

순종 順從 ubbidienza, sottomissione **-하다** ubbidire (a)

순직 殉職 **-하다** morire sulla breccia, morire nell′adempimento del proprio dovere * **-경찰관** un poliziotto morto in servizio

순진 純眞 innocenza, ingenuità, purezza **-하다** (essere) ingenuo, innocente, puro, semplice ¶ 너는 순진하구나 Sei un ingenuo. // 순진한체하다 fare l'ingenuo

순차 循次 ordine, turno ¶ 순차적으로[차례로] in ordine, in successione

순찰 巡察 pattuglia, ronda, perlustrazione **-하다** fare la ronda, essere di pattuglia ¶ 순찰중이다 essere di pattuglia * **-근무** servizio di pattuglia **-대** piccolo gruppo di pattuglie

순치 馴致 [길들임] addomesticamento, acclimatazione [초래] **-하다** causare, determinare, condurre gradatamente a, preparare la via a

순탄 順坦 **-하다** [길이] (essere) piano, piatto [성질이] gentile, dolce, non fastidioso

순풍 順風 vento favorevole ¶ 순풍에 돛을 달다 avere il vento in poppa

순하다 ① [성질이] (essere) gentile, docile, amabile, ubbidiente ② [맛이] (essere) gradevole, leggero ③ [일이] andare bene, essere semplice, facile

순항 巡航 crociera **-하다** andare in crociera, fare una crociera

순행 巡幸 giro imperiale

순행 巡行 **-하다** andare in giro, fare il giro (della zona)

순혈 純血 sange puro

순화 醇化 raffinazione, sublimazione **-하다** raffinare, purificare, sublimare

순화 純化 purificazione **-하다** purificare

순환 循環 circolazione, rotazione, circolo **-하다** circolare, ruotare, ricorrere ¶ 혈액이 혈관속에서 순환한다 Il sangue circola nelle vene. // 이미 독이 순환하기 시작했다 È già entrato in circolazione. 순환성의 circolatorio // 혈액 순환 la circolazione del sangue // 악순환 circolo vizioso

순회 巡廻 ronda, perlustrazione, giro **-하다** fare la ronda, girare, fare un giro, **-여행** viaggio circolare **-강연** giro di conferenza

순후 淳厚 ¶ 순후한 cordiale, affettuoso, caloroso

숟가락 cucchiaio, cucchiaino ¶ 설탕 한 숟가락 un cucchiaio di zucchero * **밥-** cucchiaio **찻-** cucchiaino

술[1] liquore, bevanda alcoolica, vino di riso ¶ 술을 마시다 bere alcolici, prendere alcolici // 술을 빚다 fare fermentare il vino di riso // 포도주는 그를 쉽게 취하게 한다 Il vino lo inebria facilmente. // 술에 취하다 ubriacarsi // 크게 취하다 prendere una solenne sobornia // 술에 흠뻑 취하다 essere ubriaco fradicio // 그가 술에 취했을 때 난폭해진다 Quando è ubriaco diventa violento. // 술고래 ubriacone // 술을

끊다 smettere di bere liquori // 술을 따르다 versare alcolici // 술 마시면서 이야기 하자 Parliamo bevendo alcolici. // 술에 약하다 ubricarsi facilmente // 술꾼 ubriacone

술² [장식용] fiocco, ciuffo, frangia

술³ [식물] i pistilli e gli stami di un fiore * **-수** stame **암-** pistillo

술 戌 Segno del Cane

술군 bevitore, ubriacone

술기운 l´effetto dell´alcool

술김 liquore ¶ 술김에 sotto l' effetto del liquore

술래잡기 [눈감고하는] nascondino **-하다** giocare a nascondino

술렁거리다 (essere) turbato, sconvolto, disturbato

술망나니 ubriacone

술밥 riso cotto per la fermentazione del liquore

술법 trucco magico, magia ¶ 술법을 쓰다 esercitare la magia

술병 bottiglia di liquore

술부대 ⇒ 술고래

술상 tavola dove ci si siede bere liquori ¶ 술상을 차리다 apparecchiare la tavola per bere liquori

술수 術數 ⇒ 술고래

술술 [막힘없이] fluentemente, [순조롭게] senza difficoltà, [쉽게] facilmente, [솔직하게] sinceramente, francamente ¶ 술술 말하다 parlare fluentemente // 어려운 문제를 술술 풀다 risolvere un problema difficile senza difficoltà

술어 述語【문법】predicato

술어 術語 termine tecnico [총칭] terminologia scientifica, linguaggio tecnico

술자리 festa dove si bevono alcolici

술잔 calice, bicchiere, tazza per alcolici ¶ 술잔을 돌리다 passarsi il bicchiere versando da bere // 술잔을 비우다 bere il liquore che è nel bicchiere

술장사 negozio di bevande alcoliche

술집 bar, taverna, osteria

술책 術策 artificio, trucco, strategia, tattica ¶ 술책을 부리다 esercitare un artificio

술타령 -하다 [술에 빠지다] abbandonarsi al bere, esagere nel bere, [술을 청하다] chiedere una bevanda alcolica

술통 barilotto, tino

술회 述懷 ① [털어 놓음] effusione di pensieri e sentimenti **-하다** esprimere i propri pensieri e sentimenti ② [회상] ricordo

숨 alito, respirazione ¶ 숨막히는 afoso, senz´aria, mal ventilato // 숨이 가쁘게 affannosamente // 숨쉬다 respirare, prendere fiato // 숨을 깊이 쉬다 respirare profondamente // 살찐 그 남자는 숨이 가빴다 Quell´uomo grasso ha il fiato corto. // 그는 경기를 끝냈을 때 무척 숨이 가빴다 Lui respirava a fatica, quando finì la gara. // 마지막 숨을 들이키다 esalare l´ultimo respiro // 깊은 숨을 내쉬다 emettere un profondo respiro // 숨을 되쉬다 rendere l´ultimo respiro // 그는 숨쉴 겨를도 없다 Lui non ha mai respiro, non ha neanche il tempo di respirare. 일 때문에 숨쉴 겨를도 없다 Il lavoro non mi dà respiro.

숨결 ¶ 숨결이 거칠다 respirare a fatica, avere il respiro affannoso

숨구멍 【해부】 trachea

숨기다 [안보이게] nascondere, [몰래] tenere qlcu. all' oscuro di qlco, [덮어서] coprire ¶ 숨김없이 apertamente, francamente // 경찰에 쫓기고 있는 사람을 몰래 숨기다 nascondere una persona ricercata dalla polizia // 나는 동요를 숨겼다 Nascosi il mio turbamento.

숨넘어가다 rendere l'ultimo respiro, spirare

숨다 ① [몸을 숨기다] nascondersi, [안보이게 되다] sparire, 숨어서 nascostamente, di nascosto ¶ 이런 친절 뒤에는 계략이 숨어 있다 Questa gentilezza nasconde un' insidia. // 산에 도시가 가려서 보이지 않는다 Il monte nasconde la città. ② [은둔] ritirarsi a vita privata ③ [알려져 있지 않다] essere sconosciuto ¶ 숨은 천재 un genio sconosciuto

숨막히다 soffocare ¶ 숨막히는 soffocante, oppressivo

숨바꼭질 nascondino **-하다** giocare a nascondino

숨소리 il rumore del respiro ¶ 숨소리를 죽이다 trattenere il respiro

숨쉬다 respirare, prendere fiato

숨지다 morire, rendere l'ultimo respiro, esalare l'ultimo respiro

숨차다 essere a corto di respiro

숨통 apparato respiratorio

숫- puro, senza macchia, innocente ¶ 숫처녀 vergine

숫것 pivello, inesperto, persona ingenua

숫기 innocente franchezza ¶ 숫기가 좋다 essere senza vergogna, essere sfacciato

숫돌 mola, molare ¶ 숫돌에 칼을 갈다 affilare un coltello con la mola

숫되다 (essere) ingenuo, semplice, candido, non sofisticato, non adulterato, naturale

숫보기 persona ingenua

숫제 ① [차라리] preferibilmente, di preferenza, anzi, piuttosto che ¶ 숫제 죽는 편이 낫겠다 Piuttosto preferisco morire che vivere. ② [진심으로] sinceramente ③ [전적으로] affatto, dal principio

숫지다 (essere) semplice, ingenuo

숫처녀 vergine illibata

숫총각 celibe illibato, scapolo illibato

숭고 崇高 sublimità **-하다** (essere) sublime, supremo, nobile, alto, elevato * **-미** bellezza suprema

숭굴숭굴하다 (essere) grassoccio, [태도가] affabile, cortese, amabile

숭늉 acqua bollita in pentola coi resti di riso bollito sul fondo

숭덩숭덩 ¶ 숭덩숭덩 자르다 tagliare a fette grosse // 빵을 숭덩 숭덩 자르다 tagliare il pane a fette grosse

숭배 崇拜 adorazione, venerazione,

culto, ammirazione **-하다** adorare, venerare, idolatrare * **-자** adoratore, **영웅-** culto degli eroi **우상-** idolatria

숭상 崇尙 rispetto, onore, stima **-하다** rispettare, riverire, venerare, stimare

숭숭 tritato, tagliuzzato

숭어 【물고기】 cefalo

숭엄 崇嚴 solennità, maestà, sublimità **-하다** (essere) solenne, sublime, supremo, maestoso

숯 carbonella ¶ 숯을 굽다 fare la carbonella * **-덩이** un pezzo di carbonella **-불** fuoco di carbonella

숯검정 fuliggine di carbonella, cenere di carbone di legna

숯내 fumo di carbonella, odore di carbonella che brucia

숯머리 emicrania causata da anidride carbonica

숯장수 commerciante di carbone di legna

숱 spessore, densità, quantità [수량] **-하다** (essere) ricco, denso, pieno, abbondante

숲 bosco, foresta ¶ 나무만 보고 숲을 못보다 perdersi nei dettagli

쉬[1] [조요히] zitto, silenzio

쉬[2] [곧] subito, tra poco, subito dopo, poco dopo, ben presto, quanto prima

쉬다[1] [음식이] andare a male, inacidire

쉬다[2] [목소리가] diventare rauco ¶ 큰소리를 질러 목이 쉬다 diventare rauco a forza di gridare ¶ 쉰 목소리 raucedine // 너무 떠들어 목이 쉬어 있다 Sono diventato rauco perchè ho parlarto troppo. // 그는 쉰 목소리로 대답했다 Lui mi rispose con voce rauca.

쉬다[3] ① [휴식] riposarsi, riposare ¶ 나는 조금도 쉴 시간이 없다 Non ho un minuto per riposarmi // 저 사람은 휴식중이니까, 방해하지 마 Non disturbarlo, sta riposando // 너는 피곤하니까, 조금 쉬어라 Riposati un po, sei stanco // 그를 쉬게 내버려 둬 Lasciatelo riposare in pace // 드러누워서 쉬어 Sdraiati e riposa ② [일을] 쉬다 smettere di lavorare, prendersi un periodo di riposo // 학교를 쉬다 assentarsi dalla scuola ¶ 쉬지않고 continuamente, senza pausa // 쉬는 날 giorno di riposo

쉬다[4] [숨을] respirare ¶ 부상자는 아직 숨을 쉬고 있다 Il ferito respira ancora.// 심호흡하다 respirare a pieni polmoni // 무엇인가 숨을 쉬고 있다 respirare a fatica // 물고기는 아가미로 숨을 쉰다 I pesci respirano con le branchie

쉬쉬하다 mettere qlcu. a parte di un segreto, tenere celato, fare tacere ¶ 스캔들을 쉬쉬하다 soffocare uno scandalo

쉬엄쉬엄 saltuariamente, di tanto in tanto

쉬이 facilmente, agevolmente, comodamente, senza difficoltà

쉬파리 tafano, moscone verde o azzuro

쉬하다 (어린아이) fare pip

쉰 cinquanta

쉼표 【음악】 pausa

쉽다 ① [용이] facile, semplice ¶ 쉬운책 libro facile // 쉬운 방법 metodo semplice // 쉽게 사용할 수 있는 facile da usarsi // 쉽게 접근할 수 있는 di facile accesso // 손이 쉽게 닿는 곳에 facile a raggiungersi // 말하긴 쉽다 è facile a dirsi.// 쉽지 않은 non facile // 이 일은 작업하기 쉽다 Questo lavoro è facile da eseguire ② [경향] 쉽게 화를 내는 사람 persona facile all'ira // 쉽게 우울해지는 성격 indole facile a maliconia // 쉽게 마음이 맞는 사람 persona con cui è facile andare d'accordo

쉽사리 facilmente, agevolemente, comodamente, senza difficoltà ¶ 돈을 쉽사리 벌다 guadagnare senza difficoltà

슈즈 [구두] scarpe

슈트케이스 valigia

슈퍼마켓 supermercato

슈퍼맨 superuomo

슛 spari, colpi **-하다** sparare, tirare

스낵 spuntino ¶ 간식을 먹다 fare uno spuntino

스냅 【사진】 istantanea ¶ 스냅 사진을 찍다 scattare una istantanea

스님 [중] monaco, buddista

쓰다[1] [글씨를] scrivere, [글을] comporre 시를 쓰다 comporre una poesia, [적다] scrivere ¶ 연필로 쓰다 scrivere con la matita

쓰다[2] ① [사용] usare, fare uso di ¶ 현미경을 어떻게 사용하는지 네게 보여 주겠다 Ti farò vedere come si usa il microscopio. // 오래된 재봉틀을 어떻게 이용해야할지 나는 알고 있다 So come utilizzare la vecchia macchina per cucire. // 머리를 쓰다 usare il cervello ② [사람을] prendere a servizio, assumere // 직원을 고용하다 assumere un impiegato ③ [소비] spendere ¶ 돈을 쓰다 spendere denaro. // 그는 책에다 십만 리라를 썼다 Lui ha speso 100.000 lire in libri // 나는 그 외투에다 돈을 엄청나게 썼다 Io ho speso un occhio della testa per quel cappotto. // 그는 여행과 오락에 돈을 많이 쓴다 Spende molto in viaggi, in divertimenti. ④ [말을] 쓰다 parlare // 이 나라에는 영어를 쓴다 In questo paese si parla l'inglese. ⑤ [약을] 쓰다 somministrare una medicina // 입안이 쓰다, 괴로운 생각을 하다 avere la bocca amara

쓰다[3] coprirsi, mettersi ¶ 모자를 쓰다 mettersi il cappello // 안경을 쓰다 portare gli occhiali // 우산을 쓰다 aprire l'ombrello

쓰다[4] [맛] essere amaro ¶ 나는 커피를 쓰게 마신다 Il caffè lo prendo amaro // 쓸개처럼 쓴 amaro come il fiele

쓰다듬다 accarezzare, lisciare, dare una lisciata ¶ 개를 쓰다 듬다 lisciare il pelo al cane

쓰디쓰다 essere troppo amaro

쓰라리다 (essere) doloroso, acuto ¶ 쓰라린 경험 esperienza amara // 쓰라린 미소 riso amaro // 호된 패배를 맛보다 subire un'amara sconfitta // 쓰라린 상처 ferita dolorosa

스라소니 lince

쓰러뜨리다 stendere a terra, abbattere ¶ (누구를) 땅에 쓰러 뜨리다 stendere qlcu. a terra. // 한방으로 그를 때려 눕혔다 Con un pugno lo stese a terra // 권투 선수는 몇 초 후에 쓰러졌다 Il pugile fu abbattuto dopo pochi secondi.

쓰러지다 ① cadere a terra, cadere al suolo, crollare ¶ 그는 넘어져서 다리를 부러뜨렸다 Lui è caduto e si è rotto una gamba. // 지진이 발생한 동안에 전등이 떨어졌다 Durante il terremoto cadde il lampadario. // 그림이 벽에서 떨어졌다 Il quadro cadde dalla parete. ② [병고, 피로 따위로] essere costretto a letto ③ [몰락] crollare, andare in rovina, rovinare

쓰레기 scarto, rifiuto, residui, scorie, immondizie * **-꾼** spazzino, netturbino **-통** pattumiera, bidone della spazzatura

쓰레받기 paletta per la spazzatura

쓰레질 -하다 spazzare, scopare

쓰르라미 cicala

스르르 teneramente, dolcemente, delicatamente ¶ 눈을 스르르 감다 chiudere gli occhi teneramente

쓰리다 acuto, pungente, forte ¶ 그 소식에 마음이 쓰렸다 A quella notizia provò una fitta al cuore.

스마아트한 sveglio, intelligente, spiritoso

스모그 smog

스물 venti ¶ 스무번째 ventesimo

스미다 sprofondare, penetrare, immergersi, conficcarsi, spargere ¶ 불빛이 창문으로 스며든다 La luci penetra dalla finestra. // 그의 말이 내 머리속에 스며든다 Le sue parole mi si impresero nella mente.

스스럽다 (essere) diffidente, riservato, timido ¶ 스스럼없이 할 수 있는 사람 persona senza scrupoli // 스스럼없이 senza riserva

스스로[1] [자기자신] in persona

스스로[2] ① [저절로] automaticamente, personalmente, spontaneamente ② [혼자서] da solo, da sé ③ [명사적] se stesso

스승 maestro, insegnante, professore

스웨덴 Svezia

스웨터 maglione

스위스 Svizzera

스위트 dolce

스위치 interruttore

쓰이다[1] [글씨가] essere scritto, venire scritto, scriversi ¶ 이 펜은 글씨가 잘 안써진다. Con questa penna non si scrive bene.

쓰이다[2] ① [들다, 소용되다] servire, volerci ¶ 그 일에는 많은 사람이 쓰인다 Ci vogliono molte persone per quel lavoro. ② [사용되다] fare uso di, usare ¶ 프랑스에서는 이태리에서보다 버터를 더 많이 사용한다 In Francia si fa più uso di burro che in Italia. // 사용되지 않는 fuori uso

스쳐보다 dare un′occhiata, portare lo sguardo su

스튜디어스 hostess

스치다 deviare, sfiorare, rasentare, passare rasente, fare il pelo ¶ 제

비가 수면을 스치며 날아갔다 La rondine sfirò l'acqua. // 네트에 스치다 sfiorare la rete // 벽을 스치며 지나가다 passare rasente al muro

스카이 cielo

스카이 다이빙 paracadutismo acrobatico

스카프 sciarpa

스칸디니비아반도 Scandinavo

스캔들 scandalo

스커트 gonna

스컹크【동물】moffetta

스케르쵸【음악】scherzo

스케이트 pattino

스케일 scala

스케쥴 programma

스케치 schizzo

스코어 punti

스코틀랜드 Scozia

스콜라철학 scolastica

스쿠터 scooter, motoretta

스크랩 pezzo, briciolo, ritagli(di giornale), fotografie ritagliate ¶ 스크랩북 album per fotografie ritagliate, album per ritagli di giornale

스크럼 (럭비에서) mischia ¶ 스크럼을 짜다 fare una mischia

스크루 (기계, 목공) vite

스크린 paravento, (영화, 연극) schermo

스키【스포츠】ski, sci **-타다** sciare

스킨 pelle, cute ¶ 스킨 파우더 cipria

스킨 다이빙 subacqueo

스타 stella, astro, celebrità,【영화】diva,divo ¶ 스타 플레이어 il giocatore più importante // 스타가 되다 diventare un astro

스타디움 (*pl.* stadia,stadiums)【스포츠】stadio

스타일 stile, maniera, modo ¶ 스타일북(활자 견본첩, 인쇄편람) manuale di uniformazione tipografica

스타일리스트 [명문가] stilista, [멋쟁이] figurinista, disegnatore

스타카토【음악】staccato

스타킹 (un paio di) calze

스타터 iniziatore,【스포츠】starter,【자동차, 기계】motore d'avviamento

스타트 principio, partenza ¶ 스타트라인 linea di partenza // 스타트 신호 segnale di partenza

스타팅 inizio, partenza,【기계】messa in moto ¶ 스타팅 포인트 punto di partenza

스태미너 robustezza, fibra, vigore

스탠더드 stendardo, campione, modello, criterio

스탠드 (경기장에서) tribuna, stand, mobile fatto per posarvi ¶ 스탠드-인 (대역) sostituito,【연극, 영화) controfigura

스탬프 francobollo, impronta, stampo, bollo, timbro

스탭 personale, dipendenti, impiegati, staff ¶ 스탭의 한 사람이다 far parte del personale

스테디움 stadio

스테레오 stereo

스테이션 stazione, posto

스테이지 piattaforma, palco,【연극, 영화) palcoscenico, scena

스테이크 fetta di carne, bistecca(di manzo)

스테인레스 acciaio inossidabile

스텝 passo, andatura, misura

스토리 storia, racconto, intreccio, trama
스토브 stufa, fornello
스토어 magazzino, deposito, bottega, negozio
스톡 [재고] stock, assortimento, scorta
스톡홀름 (스웨덴) Stoccolma
스톱 arresto, fermata, pausa, sosta ¶ 스톱워치 cronometro (a scatto), contasecondi
스튜던트 파워 potere studentesco
스튜디오 studio
스트라이크 【경제】 sciopero, 【야구, 보울링】 gioco delle bocce
스트레스 sforzo, tensione, stress ¶ 스트레스 학설 teoria di stress
스트렙토마이신 streptomicina
스트로 cannuccia (per bere)
스트로크 [수영, 골프에서] bracciata, colpo, [보오트] vogata, battuta
스트립쇼 spogliarello
스틱 bastone da passeggio, mazza, canna
스틸 【금속】 acciaio
스팀 vapore, [난방] riscaldamento a vapore ¶ 스팀이 들어오다 La camera è riscaldata a vapore.
스파게티 spaghetti
스파르타 Sparta
스파링 【권투】 allenarsi nel pugilato ¶ 스파링 파트너 allenatore (di un pugile)
스파이 spia, spione, agente segreto
스파이크 [구두의] punta, chiodo, lancia, [배구의] schiacciata
스패너 chiave, spinta con torsione, chiave di manovra
스페어 di ricambio, di scorta
스페이스 spazio, posto
스페인 Spagna
스펙터클 spettacolo, vista, scena
스펙트럼 spettro
스펠링 ortografia, grafia, scrittura
스포크스맨 portavoce
스포츠 sport, gare atletiche, incontri sportivi
스포트 라이트 luce di proscenico, ribalta
스포티 sportivo, amante dello sport
스폰서 garante, padrino, finanziatore, sponsor
스폰지 spugna
스푼 cucchiaio
스프링 ① [용수철] balzo, salto, 【금속】 molla ② [봄] primavera * **-보드** trampolino **-코트** soprabito leggero
스프링클러 spruzzatore, annaffiatoio
스피드 velocità, rapidità, sveltezza
스피츠 (cane) pomero
스피치 parlare, discorso
스피커 parlatore, altoparlante
스핑크스 sfinge
쓱 [슬쩍](passare inosservato) svelto e quieto, [척] (sprangare) bruscamente, improvvisamente, [빨리] (passare oltre) rapidamente, [슬슬] (sfregare) destramente, alla leggera
쓱싹 -하다 ① [돈 따위를] appropriarsi indebitamente di (qlcu.), sottrare, portare di nascosto ¶ 남의 돈을 쓱싹하다 appropriarsi indebitamente di (denaro pubblico) ② [상쇄] compensare, bilanciarsi, annullarsi, pagare (un

debito) ③ [얼버무리다] celare, nascondere

쓴맛단맛 il dolce e l'agro ¶ 인생의 쓴맛단맛을 다 겪다 gustare il dolce e l'agro della vita

쓴웃음 sorriso amaro ¶ 쓴웃음 짓다 sorridere amaramente

쓸까스르다 prendere in giro, mettere in ridicolo

쓸개 【해부】 cistifellea ¶ 쓸개빠진 놈 uomo avvilito

슬개골 膝蓋骨 rotula, ginocchiera

슬그머니 furtivamente, di nascosto, in segreto, alla chetichella ¶ 슬그머니 들어오다[나가다] entrare [uscire] alla chetichella // 슬그머니 돈을 쥐어주다 infilare una moneta nella tasca a qlcu.

슬금슬금 furtivamente, di nascosto ¶ 슬금슬금 내빼다 andarsene di soppiatto, svignarsela

슬기 saggezza, buon senso, intelligenza, prudenza ¶ 슬기가 있다 avere buon senso, essere intelligente

슬기롭다 (essere) saggio, prudente, intelligente, ragionevole

슬다 ① [알을] deporre, fare uova (파리, 물고기가) ② [녹이] arrugginire, arrugginirsi ¶ 녹이 슨 칼 un coltello arrugginito

쓸다[1] spazzare, scopare ¶ 마루를 쓸다 spazzare il pavimento // 먼지를 쓸어내다 spazzare via il sudiciume

쓸다[2] [줄로] raspare, limare con la raspa, raschiare

쓸데없다 essere inutile, privo di valore ¶ 쓸데없이 inutilmente, invano // 쓸데없는 놈 un buono a nulla, un inconcludente // 쓸데없는 책 un libro indegno // 쓸데없이 돈을 쓰다 sciupare il denaro

슬라브 -말, -민족, -사람 slavo

슬라이드 scivolare, sdrucciolare

슬라이딩 lo scivolare, lo sdrucciolare

슬랙스 (un paio di) calzoni larghi (특히 여성용)

슬랭 slang, gergo

슬럼가 -街 quartiere povero e squallido, slum, bassifondi

슬럼프 crollo (dei prezzi), calo d'interesse, apatia ¶ 슬럼프에 빠지다 lasciarsi cadere, crollare

슬레이트 ardesia * **-집** casa d'ardesia

슬로우 lentamente, adagio, piano

슬로건 slogan, motto pubblicitario

쓸리다[1] ① [쓸게 하다] fare qlcu. spazzare ② [피동] essere spazzato, essere portato via ¶ 홍수에 다리가 쓸려 나갔다 Il ponte era spazzato via dal fiume gonfiato.

쓸리다[2] [줄,톱으로] essere rischiato, essere limato con la raspa

슬리퍼 pantofole

슬립 sottabito, sottoveste

쓸만하다 (essere) utile, di gran valore, pratico

슬며시 furtivamente, alla chetichella, [가만히] dolcemente, lievemente, teneramente

쓸모 utilità, uso, usanza ¶ 쓸모 있다 essere utile, essere vantaggioso // 쓸모 없다 essere inutile // 쓸모가 많다 essere tanto utile

슬슬 lentamente, agilmente, lievemente ¶ 슬슬 걷다 passeggiare con comodo [senza fretta] // 우는 아이를 슬슬 달래다 calmare un bambino piangente senza fretta

쓸쓸하다 [적적하다] (essere) solitario, isolato, [날씨가] cupo, fosco, tetro ¶ 쓸쓸한 웃음 un debole(triste) sorriso // 쓸쓸하게 지내다 condurre una vita solitaria

쓸어버리다 portare via, spazzare per bene

슬쩍 ① [몰래] in segreto, furtivamente, alla chetichella, di nascosto ¶ 슬쩍 보다 dare un′occhiata furtiva a qlcu., guardare qlcu. di soppiatto // 슬쩍 훔치다 portare via di nascosto, rubacchiare ② [능숙하게] destramente, agevolmente, facilmente

슬퍼하다 addolorarsi, affliggersi, dolersi, [애석] lamentare, rimpiangere ¶ 슬퍼해야 할 spiacevole, deplorevole, lacrimevole // 남의 불행을 슬퍼하다 lamentarsi della sfortuna (di qlcu.)

슬프다 (essere) triste, malinconico, afflitto, doloroso, infelice ¶ 슬픈 이야기 una storia triste // 슬픈 곡조 una melodia lamentosa // 슬프도다! ahime! ohime!

슬픔 dolore, tristezza, affanno, angoscia, dolore, lamentazione

슬피 tristemente, dolorosamente, mestamente ¶ 슬피 울다 piangere dolorosamente

슬하 膝下 presso i (propri) genitori ¶ 부모 슬하에서 지내다 vivere presso i genitori, essere sotto il tetto dei genitori

씀바귀 【식물】 cicerbita

슴베 codolo, parte (d′un coltello) che entra nel manico

씀씀이 spesa ¶ 씀씀이가 크다 fare grandi spese

습격 襲擊 attacco, assalto, incursione **-하다** attaccare, assalire, fare un′incursione in

습관 習慣 abitudine, consuetudine, usanza, uso ¶ 습관적 abituale, consueto, ordinario, solito, usuale // 습관적으로 abitualmente, per forza d′abitudine // 습관성의 che dà assuefazione // 습관을 기르다 prendere l′abitudine di // 습관이 붙다 abituarsi a // 습관을 고치다 correggere brutte abitudini

습기 濕氣 umidità, umido ¶ 습기가 끼다 inumidirsi, diventare umido

습도 濕度 umidità * **-계** igrometro, igroscopio

습득 拾得 **-하다** scoprire, trovare per caso * **-물** oggetto trovato

습득 習得 apprendimento **-하다** imparare, apprendere

습래 襲來 attacco, invasione

습성 習性 abitudine, consuetudine

습속 習俗 convenzione, usanza

씁슬하다 (essere) amaro, spiacevole, amarognolo

습유 拾遺 aggiunta, supplemento

습윤 濕潤 umidità, umido

습자 習字 calligrafia, scrittura

습작 習作 composizione, tema

습전기 濕電氣 elettricità galvanica

습전지 濕電池 batteria(pila) galvanica

습지 濕地 acquitrino, palude, terreno paludoso
습진 濕疹 【의학】 eczema
습 濕하다 (essere) umido, umidiccio, caldo e bagnato
승 升 misura di capacità
승 乘 【수학】 moltiplicazione **-하다** moltiplicare ¶ 2승[3승,4승]하다 elevare alla seconda [terza, quarta] potenza
승 僧 monaco, frate ⇒ 중
승강 昇降 ascesa e discesa **-하다** salire e discendere * **-구** entrata **-기** elevatore, ascensore
승강이 litigio, baruffa **-하다** litigare, altercare
승객 乘客 passeggero, passeggera (택시 따위의) * **-수** numero di passeggeri portati
승격 昇格 salita di grado **-하다** essere promosso di grado, essere a più alto grado della carriera
승경 勝景 bella vista, paesaggio magnifico
승계 承繼 successione ⇒ 계승
승급 昇級 promozione, avanzamento, progresso **-하다** avere una promozione (di grado)
승급 昇給 aumento di stipendio **-하다** aumentare [accrescere] lo stipendio di qlcu.
승기 勝機 l'occasione di vincere
승낙 承諾 consenso, assenso, approvazione **-하다** acconsentire, assentire, approvare, dare il proprio consenso
승냥이 sciacallo
승려 僧侶 monaco buddista
승률 勝率 percentuale di vincere
승리 勝利 vittoria, trionfo, successo(경기의) ¶ 사랑의 승리자 amante trionfante // 정의의 승리 vittoria di giustizia // 승리를 얻다 riportare una vittoria, riuscire vittorioso * **-자** vincitore, vincitrice
승마 乘馬 equitazione **-하다** Fare l'equitozione, montare un cavallo ¶ 승마[구령] A cavallo! * **-복** abito da cavallerizza, amazzone (여자용) **-술** equitazione
승멱 乘冪 【수학】 potenza
승무 僧舞 danza buddistica
승무원 乘務員 [열차] ferroviere, [비행기] assistente di volo, (총칭) equipaggio
승방 僧房 convento buddistico
승벽 勝癖 spirito agonistico
승병 僧兵 monaco soldato
승복 承服 **-하다** [자백] confessare un peccato, [따르다] affermare, cadere a
승복 僧服 abito monacale
승부 勝負 [승패] vittoria e sconfitta, esito, risultato, uscita(결과), [시합] competizione, concorso, gara, partita, incontro ¶ 승부 없는 시합 una partita chiusa in pareggio
승산 勝算 probabilità di vincere, probabilità di riuscita ¶ 승산이 있다 avere una probabilità di vincere // 전혀 승산이 없다 non avere alcuna probabilità di successo
승선 乘船 imbarco, il salire a bordo **-하다** imbarcare, salire a

bordo di (una nave)

승소 勝訴 vincita di causa **-하다** vincere un processo [causa]

승수 乘數【수학】moltiplicatore ＊ **피-** moltiplicando

승압기 昇壓器【전기】trasformatore elevatore (di tensione), elevatore (di pressione, ecc.)

승용차 乘用車 automobile, macchina, autovettura, berlina

승원 僧院 convento, monastero, chiostro

승인 承認 [용인] riconoscimento, accettazione, [동의] consenso, accordo, convenzione, [인가] approvazione, benestare **-하다** riconoscere, ammettere, approvare

승자 勝者 vincitore, vincitrice

승적 僧籍 sacerdozio, clero, prete

승전 勝戰 trionfo, vittoria **-하다** vincere una battaglia

승정 僧正 vescovo

승제 乘除【수학】moltiplicazione e divisione ＊**가감-** quattro operazioni fondamentali dell'aritmetica(addizione, sottrazione, moltiplicazione, divisione su numeri)

승직 昇職 sacerdozio

승진 昇進 promozione, avanzamento **-하다** promuovere, avere una promozione, essere promosso

승차 乘車 **-하다** salire su (un treno, autobus, tram, ecc.), prendere, montare ＊ **-구** entrata **-권** biglietto **-권 매표구** sportello (di biglietteria), biglietteria **무임-권** biglietto gratuito, tessera di libero ingresso

승천 昇天, 陞天 ascensione **-하다** ascendere, andare al Creatore, morire(죽다) ¶ 성모의 승천 l'Assunzione della Vergine ＊ **-일** giorno dell'Ascensione

승패 勝敗 vittria e sconfitta ¶ 승패를 결하다 misurarsi con qlcu., fare a gara con qlcu.

승하 昇遐 morte di un re **-하다** (un re) morire, trasmettere (titolo, corona, ecc.) per morte

승합 乘合 ⇒합승

승홍【화학】sublimato corrossivo, bicloruro di mercurio ＊ **-수** soluzione di sublimato corrosivo

승화 昇華【화학】sublimazione **-하다** sublimare ＊ **-물** sublimato

씌우다 [모자 따위를] prendere, indossare, coprire, [죄 따위를] imputare qlcu. (a colpa)

시[1] [감탄사] puh!, puah!, uff!

시[2]【음악】si

시 市 città, municipio, [시장] mercato, fiera, mostra ＊ **-당국** autorità cittadina **-청** municipio

시 是 equanimità, rettitudine, giustezza

시 時 ora, tempo ¶ 3시 letre ore

시 詩 poesia (총칭), [한편의] poesia, poema, versi, ode ¶ 시와 산문 poesia e prosa // 시를 짓다 comporre una poesia ＊ **-어** stile poetico **극-** poesia drammatica **산문-** poesia prosaica **서사-** poesia epica, epica **서정-** poesia lirica

씨[1] ① [종자]seme(di mela, pera, arancia, ecc.), sperma, [핵 속의] nocciolo ¶ 씨가 많은 pieno di semi // 씨를 뿌리다 seminare, gettare il seme // 밭에 씨를 뿌리

다 seminare un campo ② [동물의] razza, [혈통] famiglia, stirpe, [아이] figlio, discendente ¶ 씨가 좋다 essere di buona famiglia ③ [원인,재료] causa, sorgente, origi-ne ¶ 불화의 씨를 뿌리다 seminare discordia

씨² [피륙의] trama ¶ 씨와 날 ordito e trama

씨³ [품사] una parte del discorso

씨 氏 [경칭] Signor (Sig.), Signora, Signorina, [가계,혈통] lignaggio, discendenza, stirpe, famiglia, [성] cognome ¶ 김씨 Sig. Kim

시가 市價 prezzo di mercato

시가 市街 strada (specialm. di città) * **-지** distretto urbano (in cui si divide la città)

시가 時價 prezzo corrente, prezzo di mercato ¶ 시가로 a prezzo corrente

시가 媤家 famiglia di proprio marito

시가 詩歌 poesia

시가레트 sigaretta

시가아 sigaro

시각 時刻 tempo, ora, momento ¶ 약속한 시각 ora fissata

시각 視覺 il senso della vista, vista, visione, giudizio * **-기관** organo visivo

시간 時間 ① ora, tempo [한 시간] un′ora ② [학교의] ora di scuola, lezione ¶ 정확한 시간 l′ora esatta // 영어 시간 lezione inglese // 한 시간의 산책 una passeggiata di un′ora // 반시간 mezz′ora // 시간에 맞추어서 puntualmente, puntuale, in orario // 한가한 시간에 a tempo perso // 시간제로 일하다 lavorare a part time // 시간을 낭비하다 sciupare il tempo // 시간을 지키다 essere puntuale // 시간에 늦다 arrivare in ritardo // 시간을 절약하다 risparmiare tempo // 시간이 걸린다 Ci vuole tempo. // 시간이 없다 Il tempo incalza. // (끝날) 시간입니다 È ora (di andare, di consegnare il compito, ecc.) //이제 잘 시간입니다 È ora d′andare a letto. // 시간이 충분히 있습니다 C′È tempo. // 몇시간 걸립니까? Quanto tempo ci vuole? • **-관념** il concetto di tempo **-문제** il problema del momento, la questione d′attualità **-엄수** puntualità **-제한** limite di tempo **-표** orario **수업-** ora di scuola [lezione] **영업-** ore lavorative, ora di lavoro **점심-** ora di pranzo **집무-** ore d′ufficio **통행금지-** ore di coprifuoco **휴식-** intervallo di tempo

시꺼멓다 (essere) nero come il carbone

시경찰국 Questura metropolitana

시계 時計 orologio da muro(괘종), orologio da tasca(회중), orologio da polso(손목), cronometro ¶ 시계를 태엽에 감다 caricare l′orologio // 시계가 빠르다 l′orologio è avanti. // 시계가 늦다 l′orologio è indietro. // 시계가 잘 맞는다 l′orologio segna l′ora esatta. // 시계를 시보에 맞추다 mettere un orologio all′ora esatta // 시계가 멈췄다 l′orologio s′è fermato. // 시계가 1시를 치다 l'orologio batte un'ora * -장치 meccanismo d'orologio -탑 torre dell'orologio -포 orologiaio 전자- orologio elettrico

시계 視界 il campo visivo

시골 campagna, distretti rurali, provincia, [고향] paese natale ¶ 시골의 campestre, rurale(전원적), rustico(촌스런), provinciale // 시골 사투리 accento dialettale, accento provinciale // 시골 풍경 paesaggio agreste // 시골 생활 vita di campagna // 시골티 나는 rustico, campagnolo, rurale

시골구석 un villaggio fuori mano, remoto villaggio

시골뜨기 zotico, campagnolo, contadino, villano

시골말 dialetto provinciale

시공 施工 costruzione **-하다** compiere, eseguire (costruzione)

시공 時空 【물리】 spazio-tempo

시국 時局 situazione, stato delle cose, (비상시) emergenza, circostanza imprevista ¶ 시국에 대처하다 fronteggiare una situazione

시굴 試掘 prospezione **-하다** fare prospezione per trovare (oro), fare trivellazioni in cerca di (petrolio) * **-권** diritto di prospezione **-자** cercatore (specialmente d'oro), prospettore

시궁창 fogna, fossa, chiavica

시귀 詩句 verso, strofa, stanza

시그널 segnale

시끄럽다 (essere) rumoroso, chiassoso, clamoroso, fragoroso ¶ 시끄럽게 rumorosamente, fragorosamente, clamorosamente // 시끄러운 거리 strada rumorosa // 시끄러워서 a causa di rumore // 시끄럽게 떠들다 far tanto rumore // 시끄러워! silenzio!

시근거리다, 씨근거리다 [숨을] prendere fiato a fatica, ansare, ansimare

시글시글하다 dimenarsi

시금 試金 saggiatura (di minerali) **-하다** saggiare * **-석** pietra di paragone

시금떨떨하다 (essere) agro e severo, acido e astringente

시금치 [식물] spinaccio

시급 時急 emergenza, urgenza **-하다** (essere) urgente, incalzante, imminente, pressante ¶ 시급히 urgentemente, immediatamente

시기 時期 tempo, periodo, epoca, [계절] stagione, [경우] occasione

시기 時機 opportunità, occasione, tempo ¶ 시기가 적합하다 essere opportuno // 시기를 기다리다 aspettare l'occasione propizia // 시기를 잡다 afferrare un'opportunità, cogliere un'occasione // 시기를 놓치다 perdere l'occasione

시기 猜忌 gelosia, invidia, rivalità **-하다** essere geloso(invidioso) di

시나리오 scenario (pl. -s) * **-라이터** sceneggiatore

시나브로 [틈틈히] a tempo perso

시난고난 **-하다** stare peggio a poco a poco

시내 ruscello, torrente, rivoletto

시내 市內 città ¶ 시내 구경을 하다 visitare una città * **-거주자** abitanti della città

시냇가 sponda di ruscello

시냇물 acqua di ruscello

시네라마 cinerama (상표)

시네마 cinema

시녀 侍女 donna di servizio, fantesca, cameriera, domestica

시누이 cognata

시누올케 cognata

시늉 [흉내] imitazione, mimica, [체] finzione **-하다** fingere, far finta, simulare ¶ 미친 시늉을 하다 simulare la pazzia, fare finta d'essere matto // 바보 시늉을 하다 comportarsi da sciocco // 죽은 시늉을 하다 fingersi morto, fingere d'essere morto

시니어 seniore

시니칼 cinico

시다 [맛이] (essere) acido, aspro, acerbo ¶ 신맛이 나다 saper d'agro [d'acido] (al gusto)

시단 詩壇 il mondo di poesia, circolo poetico

시달 示達 ordine, istruzione **-하다** dare istruzioni a, ordinare, comandare

시달리다 essere tormentato da, soffrire di ¶ 병에 시달리다 soffrire di una malattia // 빚에 시달리다 essere molestato da un debito

씨닭 gallina, chioccia

시당숙 媤堂叔 cugino di suocero

시대 時代 ① [시기] età, era, periodo, epoca, tempo ¶ 조선 시대 il periodo della dinastia di Chosen // 원자력 시대 l'età atomica ② [시대] tempo ¶ 시대에 앞서다 essere in anticipo sui tempi, essere un precursore // 시대에 뒤떨어지다 essere antiquato, essere vecchio // 시대에 역행하다 mettere indietro l'orologio // 시대와 보조를 맞추다 marciare con i tempi * **-극** il dramma storico **-사조** opinioni correnti **-정신** lo spirito del tempo **-착오** anacronismo **암흑-** l'alto Medioevo

시댁 媤宅 la casa del proprio marito

시도 試圖 tentativo, esperimento, prova **-하다** tentare, provare, mettere alla prova ¶ 그 방법을 시도하다 mettere alla prova il metodo

시동 始動 avviamento, messa in moto ¶ 시동을 걸다 mettere in moto, avviare, far partire * **-기** motore d'avviamento **-장치** starter (depositivo d'avviamento di carburatore) (segnale di partenza)

시동생 媤同生 cognato, fratello del proprio marito

시들다 [초목이] seccarsi, appassire, avvizzire, [기세가] essere scoraggiato, essere depresso ¶ 서리에 꽃이 시들어 버렸다 il gelo ha fatto morire i fiori. // 그의 인기도 시들었다 La sua popolarità è in declino.

시들부들, 시들시들 appassito esilmente **-하다** appassire esilmente

시들하다 ① (essere) riluttante, indisponibile ② (essere) difettoso, insipido ③ (essere) insoddisfatto, scontento ¶ 시들한 이야기 un discorso tedioso // ...의 말

을 시들하게 듣다 ascoltare (qlcu.) apaticamente

시뜻하다 ①⇒시들하다 ② [싫증나다] essere disgustato di qlco., essere stufo di, sentirsi stanco

시디시다 essere molto aspro

시래기 foglie seccate di ravanello

시량 柴糧 combustibile e alimento

시럽 sciroppo

시렁 rastrelliera, piccolo scaffale a più piani

시력 視力 vista, visione ¶ 시력이 약하다 essere di vista debole // 시력을 잃다 perdere la vista ＊ **-검사** una visita oculistica

시련 試鍊 prova, esperimento, trafila, ordalia **-하다** provare, mettere alla prova ¶ 신의 시련 ordalia di Dio // 시련을 당하다 passare per tutta la trafila, su-pera-re una serie di prova

시론 時論 opinioni correnti, [여론] opinione pubblica, [시평] commento su circostanza attuale

시론 詩論 poetica, saggio di poesia

시료 施療 cura medica gratuita

시루 pentola a pressione di terracotta ＊ **-떡** dolce di riso vapo-riz-zato

시류 時流 [풍조] il corso del mondo, la direzione del tempo

시르죽다 (essere) abbattuto, depresso

시름 ansia, inquietudine, preoccupazione ¶ 시름이 많다 essere carico d'affanni // 시름을 놓다 sentirsi sollevato, essere confortato

씨름 lotta, un incontro di lotta **-하다** fare la lotta ＊ **-군** lottatore

시름없다 (essere) distratto, ansioso, preoccupato ¶ 시름없이 distrattamente, con la mente altrove, con aria assente

시리다 essere freddo

시리아 【지리】 Siria

시리즈 serie

시립 市立 ¶ 시립의 municipale, comune ＊ **-도서관** una biblioteca comune **-병원** un ospedale comune

시말서 始末書 le scuse per iscritto

시맥 翅脈 【곤충】 nervo

시멘트 cemento

씨명 氏名 ⇒ 성명(姓名)

시모 媤母 suocera

시무 時務 affari correnti

시무 視務 adempimento del proprio affare **-하다** occuparsi d'affari, fare un lavoro ＊ **-시간** orario d'ufficio

시무룩하다 (essere) scontento di, accigliato, imbronciato, [날씨가] tetro, cupo

시무식 始務式 cerimonie di apertura

시문 詩文 poesia e prosa

시문 試問 intervista, colloquio

시미이즈 camicia (da donna)

시민 市民 cittadino, gente di città, cittadinanza(총칭) ¶ 서울 시민 i cittadini di Seoul ＊ **-계급** borghe-sia **-권** cittadinanza **-사회** società civile

시발 始發 partenza **-하다** partire, m mettersi in viaggio ¶ 서울 시발 부산행 열차 un treno in viaggio per Pusan da Seoul ＊ **-역** stazione di testa, capolinea

시뻘겋다 essere cremisi ¶ 시뻘겋게 되다 arrossire

시범 示範 esempio, modello, campione **-하다** dare il buon esempio

시베리아 Siberia

시보 時報 ① [평론] recensione, critica, bollettino ② [시간을 알림] segnale orario

시부 媤父 suocero

시부렁거리다, 씨부렁거리다 ciarlare, chiacchierare

시부모 媤父母 i genitori del proprio marito

시비 是非 [잘잘못] il bene e il male, la ragione e il torto, cortezza, [싸움] lite, disputa ¶ 시비를 가리다 distinguere tra il bene e il male // 시비를 걸다 attaccare lite con * **-곡직** la ragione e il torto, il bene e il male

시비 施肥 fertilizzazione, fecondazione **-하다** fertilizzare

시사 時事 avvenimento, evento, caso attuale ¶ 시사를 논하다 discutere eventi attuali // 시사를 해설하다 commentare l′avvenimento * **-문제** questione attuale **-평론** critica su argomento corrente **-해설** commento su questione attuale **-해설가** commentatore

시사 試寫 anteprima **-하다** vedere (un film) in anteprima, visionare ¶ 시사회를 하다 proiettare scene di (un film) per pubblicità

시사 示唆 suggerimento, accenno **-하다** suggerire, accennare

시산 試算 prova (di calcolo) * **-표** bilancio di verifica

시삼촌 媤三寸 zio del proprio marito

시상 施賞 assegnazione (di un premio) **-하다** assegnare un premio

시상 詩想 un′idea poetica, un sentimento della poesia

시새 sabbia fine

시새우다 avere una fortissima invidia per, invidiare, essere geloso di

시선 視線 sguardo, vista ¶ 시선을 던지다 dare uno sguardo, gettare l′occhio su // 시선을 피하다 sfuggire agli sguardi di // 시선을 돌리다 distogliere gli occhi da // 시선을 모으다 attirare gli sguardi di

시선 詩選 antologia

시설 施設 fondazione, costituzione, istituzione, [시설물] attrezzature, mezzi, servizi **-하다** stabilire, attrezzare, equipaggiare

시성 詩聖 un grande poeta

시세 時世 tempo ¶ 시세에 역행하다 andare controcorrente, nuotare contro corrente

시세 時勢 ① corrente del tempo, tendenza del tempo ② [시가] prezzo del mercato, prezzo corrente ¶ 거래소의 시세 quotazione dei cambi // 오르는[내리는] 시세 tendenza in aumento[abbassamento]

시속 時速 velocità all′ora ¶ 시속 30마일 30 miglia all′ora

시술 施術 un′operazoine chirurgica **-하다** eseguire un′operazione, fare un′operazione chirurgica

시스템 sistema

시승 試乘 cavalcata di prova **-하다** provare (un veicolo)

시시각각 時時刻刻 ogni ora, d′ora in ora, da un momento all′altro ¶ 시시각각으로 변화하다 cambiare da un momento all′altro

시시덕거리다 parlare di niente ridendo

시시부지 -하다 finire in niente, andare in fumo, sfumare ¶ 우리의 계획은 시시부지하게 끝났다 i nostri progetti andarono in fumo

시시비비 是是非非 **-하다** distinguere la ragione e il torto [il bene e il male]

시시하다 (essere) privo di valore, che non vale niente, da nulla, senza importanza ¶ 시시한 것 una cosa da nulla, una faccenda trascurabile // 시시한 책 il libro indegno

시식 試食 degustazione, assaggio **-하다** assaggiare, degustare

시신 侍臣 cortigiano, gentiluomo di corte

시신 屍身 cadavere

시신경 視神經 nervo ottico

씨아 sgranatrice (di cotone) ¶ 씨아로 목화의 씨를 빼다 sgranare cotone

시아버지 suocero

시아주머니 cognato

시안 試案 un programma sperimentale

씨알 ① [종란] uova gallate ② [광산] pepita

씨암탉 una gallina da riproduzione

시앗 concubina del proprio marito

씨앗 seme ¶ 씨앗을 뿌리다 seminare, gettare il seme

시야 視野 il campo visivo, [시계] visibilità, visuale ¶ 시야에 들어오다 giungere in vista di // 시야에서 멀어지면 마음에서도 멀어진다 lontano dagli occhi, lontano dal cuore

시약 施藥 la distribuzione di medicine **-하다** distribuire medicine

시어 詩語 stile poetico

시어머니 suocera

시업 始業 **-하다** cominciare un lavoro ＊ **-식** cerimonia inaugurale [di apertura]

시에라리온 Sierra Leone (아프리카 서부의 공화국)

시여 施與 donazione, offerta **-하다** dare, donare, dispensare, distribuire

시역 弑逆 regicidio ⇒ 시살

시연 試演 prova, dimostrazione **-하다** provare (un dramma, ecc.), fare lc prove

시영 市營 municipalizzazione ＊ **-사업** azienda municipalizzata

시오니즘 sionismo

시온 Sione, Sionne

시외 市外 periferia, sobborghi ¶ 시외의 suburbano, della periferia // 시외에 nei sobborghi, in periferia, alla periferia della città ＊ **-전화** linea interurbana

시외삼촌 媤外三寸 zio materno del proprio marito

시용 試用 prova **-하다** provare, mettere alla prova

시우 時雨 pioggia di stagione

시우쇠 ghisa grezza

시운 時運 fortuna, sorte, ventura

시운전 試運轉 [기차 따위] viaggio di prova, prova su strada, [기계 따위] prova **-하다** compiere prova su strada, mettere alla prova

시원스럽다 [태도가] (essere) attivo, vivace, [성질이] franco, schietto ¶ 시원스러운 대답 una risposta schietta

시원시원하다 (essere) chiaro e attivo, brillante, vivace

시원찮다 (essere) insoddisfacente, manchevole, tardo ¶ 시원찮은 사람이다 lui è incerto [perplesso].

시원하다 ① (essere) fresco, rinfrescante, [기분이] sentirsi sollevato [confortato] ② [태도가] vivace, brillante, (언어가) chiaro, franco ¶ 시원한 바람 una brezza che dà refrigerio

시월 十月 ottobre

시위 示威 dimostrazione, manifestazione (di protesta) **-하다** dimostrare, manifestare, mettere in mostra ¶ 전쟁 반대 시위 una dimostrazione contro la guerra * **-운동** dimostrazione **-운동자** dimostrante

시유 市有 municipalizzazione ¶ 시유의 municipalizzato * **-재산** proprietà municipale

시음 試飮 assaggio, degustazione (di vini) **-하다** degustare, assaggiare (vini)

시읍면 市邑面 municipalità, città grandi e piccole, e paesi

시의 侍醫 medico per il re

시의 時宜 circostanza, occasione ¶ 시의를 얻은 opportuno, tempestivo, a proposito

시의 猜疑 sospetto (의혹), sfiducia (불신), gelosia (시기) **-하다** sospettare, diffidare di, essere geloso di

시의회 市議會 assemblea municipale * **-의원** membro d'assemblea municipale

시소 altalena

시인 scena

시인 是認 approvazione, riconoscenza, ammissione **-하다** approvare, riconoscere, ammettere

시인 詩人 poeta, poetessa(여류)

시일 時日 [때] tempo, [날짜] data, tempo ¶ 시일의 경과 il passare del tempo // 시일과 장소 tempo e spazio // 시일이 걸리다 volerci del tempo

시일링 soffitto

시작 試作 manifestazione di prova, (재배) coltivazione di prova, (예술품) bozzetto, abbozzo, (문장, 그림 따위) saggio, prova **-하다** coltivare in prova, fabbricare alla prova

시작 詩作 versificazione **-하다** mettere in versi, verseggiare

시작 始作 inizio, principio, avvio, origine (기원) **-하다** iniziare, cominciare, principiare ¶ 시작부터 fin dall'inizio // 장사를 시작하다 mettersi in affari // 사업을 시작하다 imbarcarsi in una impresa // 일을 시작하다 mettersi a lavorare, intraprendere il proprio lavoro // 새생활을 시작하다 cominciare una nuova carriera // 시작이 반이다 chi ben comincia è a metà dell′opera

시장 fame, appetito **-하다** avere fame, sentirsi lo stomaco vuoto ¶ 몹시 시장하다 soffrire la fame // 시장해 하다 patire la fame

시장 市場 mercato, fiera, mostra ¶ 시장에 가다 andare al mercato // 시장 보다 fare la spesa // 시장에 내놓다 lanciare (un articolo) sul mercato, mettere (un articolo) in vendita * **-가격** prezzo di mercato, prezzo corrente **주식-** Borsa Valori

시장 市長 sindaco, [직무] carica di sindaco ¶ 서울 시장 il sindaco di Seoul // 런던 시장 il sindaco di Londra

시재 詩才 il genio della poesia, l′estro poetico

시적 詩的 poetico, della poesia ¶ 시적미 la bellezza della poesia // 시적 정서 il sentimento poetico

시절 時節 tempo, occasione, stagione ¶ 젊은 시절에 in gioventù // 학교 시절에 nei giorni di scuola

시점 視點 punto visuale, [관점] punto di vista

시정 市井 [거리] città, strada [사람] cittadino

시정 是正 correzione, rettifica **-하다** correggere, aggiustare, rettificare ¶ 잘못을 시정하다 correggere un errore

시정 施政 amministrazione, governo **-하다** amministrare, governare * **-방침** politica amministrativa

시정 市政 governo municipale ¶ 시정의 civile, municipale

시정 詩情 sentimento poetico

시제 時制 【문법】 tempo

시조 始祖 fondatore, iniziatore, progenitore

시조 時調 verso [ode] coreano

씨족 氏族 clan, gruppo di famiglia

씨종 schiavo ereditario

시종 侍從 ciambellano, camerario

시주 施主 [사람] offerente, donatore, [행위] offerta, oblazione **-하다** offrire, donare

씨주머니 sacco di seme

시준 視準 collimazione **-하다** collimare * **-기** collimatore di mercurio

시중 servizio, disposizione, assistenza **-하다** assistere, aver cura di, servire, prendersi cura di ¶ 시중 들고 있다 essere al servizio di

시중 市中 (nella) città

시즌 stagione ¶ 야구 시즌 la stagione di baseball

시지에스 단위(- 單位) sistema di C.G.S.[c.g.s., cgs] (centimetro-grammo-secondo)

시진 視診 una visita oculare

시집 媤- famiglia del proprio marito ¶ 시집 보내다 accasare (propria figlia) // 시집 가다 sposare, sposarsi

시집 詩集 antologia, raccolta delle poesie

시집살이 vita matrimoniale presso i genitori del proprio marito

시차 時差 equazione del tempo, differenza del tempo

시차 視差 【천문】 parallasse

시찰 視察 ispezione, visita **-하다** ispezionare, visitare, esaminare

* -여행 giro d'ispezione
시채 市債 prestito municipale
시책 施策 politica, linea di condotta
시척지근하다 essere acidulo
시청 市廳 municipio
시청 視聽 vista e udito ¶ 시청각 교육 istruzione audiovisiva
시청 試聽 audizione **-하다** sottoporre un'audizione
시체 屍體 cadavere, carcassa(동물의) * **-검시** indagine (fatta da un coroner) **-검시관** coroner, magistrato che indaga sui casi di morte violenta o comunque sospetti **-유기** disposizione criminale di un cadavere
시체 時體 stile poetico
시초 始初 inizio, principio, origine ¶ 시초의 primo, iniziale, originale
시초 詩抄 raccolta delle poesie
시취 詩趣 sentimento poetico
시치다 imbastire ¶ 시침질 imbastitura
시치미 innocenza [ignoranza] finta, indifferenza ostentata
시칠리아 Sicilia
시침 時針 lancetta delle ore (dell' orologio)
시커멓다 essere nero come carbone
시큰거리다 pizzicare, sentire il dolore lancinante
시큰둥하다 (essere) impudente, sfacciato, impertinente
시큼시큼하다 essere aspretto
시큼하다 essere acidulo
시키다 [강제] fare, costringere, [허가] permettere, [방임] lasciare, [의뢰] ordinare ¶ 식사를 시키다 ordinare il pranzo // 차를 수리시키다 far riparare l'automobile
시탄 柴炭 legna (da ardere) e carbone, combustibile
시트 [자리] posto (a sedere), [우표의] foglio
시판 市販 marketing, smercio, compravendita **-하다** portare al mercato, smerciare, mettere in vendita
시퍼렇다 (essere) blu profondo, mortalmente pallido(창백), [권세가] potente, influente
시편 詩篇 【성경】 il Libro dei Salmi
시평 時評 commenti su avvenimenti attuali
시폐 時弊 mali dei tempi, mali [abusi] presenti
시하 侍下 l'essere sotto il tetto dei propri genitori
시하다 視- considerare, riguardare
시학 詩學 poetica, arte poetica
시한 時限 limite di tempo, (문 닫는) ora di chiusura, coprifuoco (통금) * **-폭탄** bomba a orologeria
시할머니 nonna del proprio marito
시할아버지 nonno del proprio marito
시합 試合 partita, gara, incontro, competizione, scontro, contesa, torneo **-하다** gareggiare, giocare, incontrare ¶ 시합에 이기다[지다] vincere [perdere] la partita * **-장** corte (정구), diamante (야구), ring, quadrato (권투), campo (축구)
시행 施行 operazione, applicazione, esecuzione **-하다** eseguire un' operazione, applicare ¶ 시행되다 avere effetto, entrare in vigore,

acquistare efficacia // 시행되고 있다 essere in azione
시행착오 施行錯誤 【심리】 metodo per tentativo
시허옇다 (essere) niveo, bianco come la neve
시험 試驗 ① esame, prova **-하다** esaminare, provare ¶ 시험을 치르다 sostenere un esame // 시험에 합격하다 superare un esame ② [실험] esperimento, prova, test **-하다** sperimentare, provare, esaminare ¶ 시험적 sperimentale // 시험적으로 in prova, alla prova // 시험해보다 mettere alla prova, saggiare * **-관** esaminatore **-기** tester, collaudatore **-비행** volo sperimentale **-실** laboratorio **구두-** un esame orale **입학-** un esame d'ammissione **자격-** esame d'abilitazione **필기-** una prova scritta
시험관 試驗管 provetta
시험지 試驗紙 foglio d'esame, 【화학】 cartina al tornasole
시현 示現 **-하다** rivelare, manifestare
시형 詩形 metro (di poesia)
시호 諡號 epiteto[nome] postumo
시화 視話 leggere le labbra, il capire dal movimento delle labbra di chi parla
시화 詩畵 poesia e pittura
시황 市況 mercato ¶ 활발한 시황 mercato attivo * **주식-** mercato azionario, mercato dei titoli finanziari
시효 時效 【법】 prescrizione ¶ 형의 소멸 시효 prescrizione (estintiva) penale * **-정지** sospensione della prescrizione **소멸[취득]-** prescrizione estintiva[acquisitiva]
시후 詩候 [계절] stagione, [기후] tempo, clima
시흥 詩興 ispirazione poetica **-씩** ciascuno, ogni, rispettivamente, a testa ¶ 조금씩 a poco a poco, piano piano // 하나씩 a uno a uno, uno alla volta // 날마다 여덟 시간씩 otto ore al giorno
식 式 [양식] forma, [형] stile, tipo, maniera, modo, piano, [방법] metodo ¶ 서양식으로 secondo la moda europea[occidentale] [의식] cerimonia, riti ¶ 식을 올리다 tenere una cerimonia [수학, 화학의] espressione (algebrica), formula * **결혼-** matrimonio **구조-** formula strutturale **분자-** formula molecolare
식객 食客 persona a carico, tirapiedi, parassita ¶ 식객 노릇하다 vivere alle spalle di
식견 識見 discernimento, intuito, persipicacia
식곤증 食困症 sonnolenza dopo un pasto
식구 食口 famiglia ¶ 많은 식구 una famiglia numerosa
식권 食券 buon pasto
식기 食器 piatti e posate, servizio da tavola, [주발] scodella
식다 raffreddarsi, [열의가] raffreddarsi, calmarsi
식단 食單 menu, lista delle vivande
식당 食堂 sala da pranzo, refettorio, ristorante, tavola calda * **-차** carrozza ristorante

식도 食刀 coltello
식도 食道【해부】gola, esofago
식도락 食道樂 golosità, ghiottoneria * **-가** buongustaio, ghiotto
씩둑거리다 ciarlare, chiacchierare
식량 食糧 alimento, provviste, viveri ¶ 식량이 떨어지다 restare a corto di provviste
식료 食料 alimento, provviste, razione * **-품** provviste, viveri, generi alimentari **-품점** drogheria, alimentari
식림 植林 imboschimento **-하다** imboschire, mettere (un terreno) a bosco
식모 食母 cuoca, sguattera
식목 植木 **-하다** piantare alberi, trapiantare alberi * **-일** la festa degli alberi ((미))
식물 食物 provviste, viveri, alimento
식물 植物 pianta, vegetazione((총칭)), flora ¶ 식물의 vegetale, botanico * **-계** il regno vegetale **-원** orto botanico **-학** botanica **-학자** botanico, studioso di botanica
식민 植民 colonizzazione, [사람] coloniale, colono **-하다** colonizzare * **-주의** colonialismo **-지** colonia
식빵 食- pane
식별 識別 discernimento, identificazione, discriminazione **-하다** distinguere, discernere, discriminare ¶ 식별할 수 있는 distinguibile // A와 B를 식별하다 distinguere A da B * **-력** discernimento
식비 食費 spese del vitto ¶ 숙식비로 얼마나 내지? quanto spendi per vitto e alloggio?
식사 式辭 allocuzione formale, (축사) un discorso di congratulazione
식사 食事 pasto, cibo, pranzo, desinare, vitto(하숙의) **-하다** pranzare, desinare, mangiare ¶ 식사중이다 essere a tavola * **-시간** ora del pasto, ora di pranzo
식상 食傷 intossicazione alimentare(중독), indigestione(소화불량), rimpinzamento(물림) **-하다** rimpin-zarsi, satollarsi
식생활 食生活 vita dietetica
식성 食性 gusto, preferenza ¶ 식성이 까다롭다 essere schizzinoso per il mangiare
식수 植樹 **-하다** piantare alberi
식수 食水 acqua potabile[bevibile]
식식거리다 boccheggiare, ansare
씩씩하다 (essere) coraggioso, valoroso, virile ¶ 씩씩하게 coraggiosamente, valorosamente
식언 食言 il ritrattare le proprie parole **-하다** ritirare la parola data
식염 食鹽 sale da tavola, sale comune * **-수** soluzione (di sale)
식욕 食慾 appetito ¶ 식욕을 잃다 perdere l'appetito // 왕성한 식욕으로 먹다 mangiare con appetito
식용 食用 commestibilità ¶ 식용의 commestibile, edule, mangiabile * **-버섯** fango edule **-색소** colorito alimentare, colorito consentito
식육 食肉 carne

식은땀 sudore freddo ¶ 식은땀을 흘리다 sudare freddo

식이 食餌 dieta * **-요법** regime dietetico[alimentare]

식인 食人 cannibalismo * **-종** cannibale, antropofago

식자 植字 [인쇄] composizione, tipografia **-하다** comporre * **-공** compositore

식자 識者 un uomo colto, erudito, dotto

식장 式場 sala per cerimonie

식전 食前 ¶ 식전에 prima di colazione, prima del pasto

식전 式典 cerimonia, riti, rituale

식중독 食中毒 intossicazione alimentare ¶ 식중독에 걸리다 intossicarsi da cibo

식지 食指 indice

식체 食滯 indigestione, dispepsia

식초 食醋 aceto **-산 [화학]** acido acetico

식충 食蟲 persona spregevole, [대식가] ghiottone, goloso, buongustaio

식칼 coltello

식탁 食卓 tavola ¶ 식탁에 앉다 sedersi a tavola //식탁을 보다 apparecchiare la tavola //식탁을 치우다 sparecchiare la tavola

식품 食品 alimento, generi alimentari ⇒ 식료품

식피 植皮 【의학】 innesto epidermico, trapianto cutaneo **-하다** trapiantare la pelle * **-술** operazione del trapianto cutaneo

식후 食後 ¶ 식후에 dopo pranzo[pasto]

식히다 rinfrescare, raffreddare

신[1] calzature, scarpe ¶ 신을 신다 calzare le scarpe // 신을 벗다 scalzarsi

신[2] gioia, entusiasmo, eccitamento, agitazione ¶ 신이 나다 eccitarsi, agitarsi

신[3] 臣 [신민] suddito, [가신] seguace

신[4] 信 fede, fiducia, fedeltà, credenza

신[5] 神 Dio, l'Onnipotente, [주] Signo-re, Iddio, [조물주] il Creatore, [신령] spirito, [귀신] demone ¶ 전능의 신 Dio Onnipotente // 신에게 기도 드리다 pregare Iddio // 신을 믿다 credere in Dio

신[6] -新 nuovo, moderno, recente, novello, alla moda

신가정 新家庭 famiglia nuova, famiglia di sposini novelli

신간 新刊 una pubblicazione recente

신개발지 新開發地 città satellite

신격 神格 divinità, natura divina

신격화 神格化 deificazione **-하다** deificare

신경 神經 nervo ¶ 신경의 nervoso // 신경을 건드리다 dare ai nervi a, urtare i nervi di // 신경이 날카롭다 essere sensibile, essere nervoso[eccitabile] * **-계통** il sistema nervoso **-세포** cellula nervosa, neurone **-병** nervosi, neurosi **-쇠약** un collassonervoso, nevrastenia **-과민** ipersensibilità, nervosità ¶ 그는 신경과민이다 lui è sensibile[permaloso], **-질** nervosità **-통** nevralgia

신경지 新境地 terra nuova
신경향 新傾向 tendenza nuova
신고 申告 dichiarazione, relazione (보고) **-하다** dichiarare, fare una relazione su ¶ 소득세의 신고를 하다 fare la dichiarazione dei redditi * **-서** rendiconto **-자** rapportatore
신고 辛苦 fatica, pena, tribolazione, [고심] lavoro, dolore
신곡 新曲 melodia nuova
신곡 新穀 grano nuovo
신곡 神曲 La Divina Commedia (di Dante)
신관 信管 spoletta, detonatore * **시한-** spoletta a tempo
신관 新館 edificio nuovo
신교 信教 religione, credenza religiosa ¶ 신교의 자유 libertà di religione
신교 新教 protestantesimo * **-도** protestante
신구 新舊 ¶ 신구의 vecchio e nuovo
신국면 新局面 aspetto nuovo ¶ 신국면을 전개하다 prendere un aspetto diverso
신권 神權 diritto divino * **-정치** teocrazia
신규 新規 ¶ 신규의 nuovo // 신규로 di nuovo, da capo, di fresco
신극 新劇 dramma nuovo
신기 神技 abilità sovrumana[meravigliosa]
신기 新奇 **-하다** (essere) nuovo, insolito, originale
신기 神奇 **-하다** (essere) meraviglioso, miracoloso, fantastico ¶ 약이 신기하게 잘 듣는다 La medicina funziona come per incanto.
신기록 新記錄 primato ¶ 신기록을 세우다 stabilire un primato
신기루 蜃氣樓 miraggio
신기원 新紀元 epoca nuova ¶ 신기원을 이루는 사건 avvenimento storico
신기축 新機軸 originalità
신나 [희석제] diluente, solvente
신나다 andare su di giro, eccitarsi, agitarsi ¶ 신나는 이야기 una storia emozionante
신남 信男【불교】credente maschile
신녀 信女【불교】credente femminile
신년 新年 il primo (giorno) dell′anno, capodanno ¶ 근하신년 Buon Capodanno!
신념 信念 fede, fiducia, credenza, convinzione(확신) ¶ 신념에 살다 comportarsi all′altezza della propria convinzione
신다 portare, indossare, mettersi ¶ 양말을 신다 mettersi i calzini
신당 新黨 partito politico nuovo
신대륙 新大陸 il Nuovo Mondo, l′America
신도 信徒 i fedeli, i credenti(총칭), seguace
신동 神童 un bambino prodigio
신디케이트 sindacato
신랄 辛辣 **-하다** (essere) acre, amaro, pungente, molesto, severo
신랑 新郎 sposo (novello) * **-신부** sposa e sposo
신령 神靈 spirito divino, anima
신례 新例 esempio [precedente] nuovo
신록 新綠 verdura fresca

신뢰 信賴 fiducia, confidenza, fede **-하다** confidare in, avere fede [fiducia] in, fare affidamento su
신망 信望 fiducia e popolazione ¶ 신망을 얻다 [잃다] godere [perdere] la fiducia
신명 神明 deità, divinità, Dio
신명기 申命記 【성경】 Deuteronomio
신명나다 divertirsi, spassarsela, essere rapito in estasi
신묘 神妙 **-하다** (essere) misterioso, meraviglioso, stupendo
신문 訊問 inchiesta, interrogatorio **-하다** interrogare, escutere, investigare * **-조서** interrogatorio
신문 新聞 giornale, gazzetta, stampa((총칭)) ¶ 신문의 giornalistico //신문을 정기구독하다 essere abbonato a un giornale * **-광고** annuncio giornalistico **-구독료** abbonamento al giornale **-구독자** abbonato **-기사** articolo, notizia **-기자** giornalista, cronista **-기자석** tribuna [galleria] della stampa **-매점** edicola (di giornalaio) **-팔이** strillone, giornalaio, edicolante **석간-** quotidiano della sera **일간-** quotidiano **주간-** settimanale
신물 ¶ 신물이 나다 essere stufo di
신민 臣民 sudditi
신바람 eccitamento, agitazione ⇒ 신[2]
신발 calzature ⇒ 신[1]
신발명 新發明 invenzione ultima [nuova]
신발족 新發足 《fare》 una partenza nuova
신방 新房 camera da sposa
신벌 神罰 castigo [punizione] divino
신병 身病 malattia, malanno, male, infermità
신병 新兵 coscritto, recluta
신복 臣僕 seguace, servitore
신복 信服 sottomissione **-하다** cedere, piegarsi ¶ 신복시키다 convincere
신봉 信奉 fiducia, fede, credenza **-하다** credere in, aver fede in * **-자** devoto, fedele, appassionato
신부 神父 padre ¶ 신부가 되다 essere ordinato sacerdote
신부 新婦 sposa
신분 身分 [지위] posizione [condizione] sociale, [신원] identità ¶ 신분이 높은 사람 persona altolocata[d′ elevata condizione sociale] // 신분을 증명하다 identificarsi
신분 증명 身分證明 identificazione * **-서** carta d′identità
신불 神佛 ¶ 신불의 가호 protezione divina
신비 神秘 mistero ¶ 신비스럽다 (essere) mistico, misterioso * **-소설** romanzo giallo **-주의** misticismo
신빙 信憑 credito, credenza **-하다** prestar fede a, dare credito a * **-성** autenticità
신사 紳士 gentiluomo, signore ¶ 신사다운 da gentiluomo, signorile // 비신사적인 grossolano, scortese * **-도** il codice del gentiluomo **-협정** un accordo leale, un accordo tra gentiluomini
신사복 紳士服 abito da passeggio, abito completo

신산 辛酸 fatica, sofferenza

신상 身上 [몸] proprio corpo, [형편] propria condizione, [경력] propria carriera

신색 身色 aspetto, aria, sembianza

신생 新生 nascita nuova * **-대(代)** [지질] il cenozoico, l′era cenozoica

신생아 新生兒 neonato

신생활 新生活 una vita nuova

신서 信書 lettera, epistola, corrispondenza(총칭)

신석기 新石器【고고】neolitico * **-인** l′uomo neolitico

신선 新鮮 freschezza **-하다** essere fresco ¶ 신선한 과실[야채] frutta[verdura] fresca

신설 新設 stabilimento nuovo **-하다** stabilire di recente, fondare * **-공장** una fabbrica nuova

신설 新說 teoria [dottrina] nuova(학설), vista nuova(견해)

신성 神聖 santita, sacralita **-하다** (essere) sacro, santo ¶ 신성불가침이다 essere sacro e inviolabile

신성 神性 divinita

신세 un debito di gratitudine, obbligazione ¶ 신세를 지다 essere obligato a, essere in debito verso qlco. // 신세를 갚다 ricambiare una gentilezza

신세 身世 propria condizine [circostanza]

신세계 新世界 un mondo nuovo, il Nuovo Mondo, l′America(미대륙)

신세대 新世代 generazione nuova

신소리 bisticcio, freddura, gioco di parole

신속 迅速 prontezza, rapidita, sveltezza **-하다** (essere) pronto, svelto, rapido ¶ 신속히 rapidamente, sveltamnte, prontamente

신수 身手 apparenza, aspetto, figura

신승 辛勝 **-하다** vincere con un voto di stretta misura

신시 新詩 poesia moderna

신시대 新時代 tempo [età, epoca] nuovo

신식 新式 stile [tipo, modo] nuovo ¶ 신식의 di stile nuovo, [현대적] al corrente, alla moda, moderno

신신부탁 申申付託 **-하다** implorare, supplicare, pregare

신실 信實 sincerità, fedeltà, onestà, lealtà

신심 信心 fede, devozione, religiosità

신안 新案 idea [dßisegno, piano] nuova ¶ 신안특허 brevetto industriale (nuovo)

신앙 信仰 fede, crdenza **-하다** credere in, avere fede in ¶ 신앙의 자유 liberta di religione * **-요법** guarigione (di malati) per mezzo della preghiera **-인** credente **-생활** vita religiosa

신약 新約【성경】il Nuovo Testamento

신어 新語 parola coniata, parole nuove, neologismo * **-사용** neologismo

신여성 新女性 donna moderna

신역 新譯 versione [traduzione] nuova

신열 身熱 febbre ¶ 신열이 나다 avere la febbre alta

신예 新銳 ¶ 신예의 nuovo e

potente

신용 信用 fiducia, confidenza **-하다** aver fiducia in, confidare in, fidarsi di ¶ 신용할 수 있는 fidato, attendibile // 신용할 수 없는 inattendibile, infido // 신용을 얻다 [잃다] godere [perdere] la fiducia ∗ **-거래** vendita a credito **-장** lettere di credito **-카드** carta di credito, credicarta

신용대부 信用貸付 credito **-하다** fare credito

신원 身元 identità, origine ¶ 신원을 증명하다 identificarsi // 신원불명의 non identificato ∗ **-증명서** carta d'identità **-보증인** referenza

신월 新月 luna nuova, novilunio

신음 呻吟 lamento, gemito, profondo sospiro **-하다** lamentare, gemere

신의 信義 fede, fiducia ¶ 신의가 있다 essere fedele // 신의가 없다 essere perfido[infido] // 신의를 지키다 mantenere la parola data

신인 神人 ① un uomo di dio ② Dio e uomo

신임 信任 confidenza, fede **-하다** confidare in, aver fiducia in, fidarsi su ¶ 신임을 얻다 godere la fiducia ∗ **-투표** voto di fiducia **-장** credenziali, lettera di presentazione

신임 新任 nomina nuova ∗ **-대사** ambasciatore accreditato

신입 新入 nuovo, estrante, in arrivo ∗ **-생** matricola, studente del primo anno **-자** un nuovo venuto, novizio

신자 信者 credente, devoto, fedele((총칭)) ∗ **불교-** credente in Buddismo

신작 新作 opera nuova, produzione nuova, composizione nuova (작곡)

신작로 新作路 strada pubblica, via, strada principale

신장 伸張 estensione, espansione **-하다** estendere, allargare, allungare

신장 身長 altezza, statura ¶ 너의 신장이 몇이지? Qual è la tua statura?, quanto sei alto?

신장 腎臟 【해부】 rene ∗ **-염** nefrite **-결석** calcolo renale **인공-** rene artificiale

신장 新裝 [복장] abbigliamento nuovo, [장비] equipaggiamento nuovo, [장정] rilegatura **-하다** rifare, ricostruire

신저 新著 opera nuova, [신간서] pubblicazione nuova

신전 神殿 luogo sacro, tempio, santuario

신접살이 新接- vita in una casa nuova

신정 神政 teocrazia

신정 新正 Capodanno

신정권 新政權 regime nuovo, sistema politico nuovo

신정판 新訂版 edizione riveduta di recente

신제 新制 nuovo sistema

신제 新製 manifattura nuova

신조 信條 credo, dottrina, [신념] principio

신중 愼重 prudenza, cautela, avveduto **-하다** (essere) prudente, dal canto mio, avveduto ¶ 신중하게

con prudenza

신지식 新知識 conoscenza aggiornata, idea d'attualità

신진 新進 sorgente, promettente * **-작가** scrittore promettente

신진대사 新陳代謝 [신구대체] sostituzione, rimpiazzo, [생리] metabo-lismo, metastasi **-하다** essere sostituito, rigenerarsi ¶ 신진대사의 metabolico

신착 新着 nuovo arrivato

신찬 新撰 complicazione nuova

신참 新參 un nuovo venuto, [미숙자] novizio, novellino, principiante

신천봉 信天翁 【새】albatro

신천지 新天地 un nuovo mondo

신청 申請 applicazione, domanda, richiesta, petizione **-하다** fare domanda formale, richiedere, rivolgersi, chiedere umilmente * **-인** richiedente

신체 身體 corpo ¶ 신체의 fisico, corporale, personale // 신체의 자유 libertà personale * **-검사** visita (medica) di controllo **-장애자** minorato fisico

신체시 新體詩 poema di nuovo stile

신체제 新體制 struttura nuova, sistema nuovo

신축 新築 costruzione, edilizia **-하다** costruire[edificare] di nuovo

신축 伸縮 espansione e contrazione **-하다** espandere e contrarre * **-성** elasticità **-세율** tariffa flessibile

신축자재 伸縮自在 elasticità ¶ 신축자재의 elastico, flessibile

신춘 新春 la primavera appena iniziata, il primo della primavera(이른 봄), Nuovo Anno(신년)

신출 新出 [사람] un nuovo uomo

신출귀몰 新出鬼沒 elusività, celerità soprannaturale **-하다** comparire improvvisamente e discomparire improvvisamente ¶ 신출귀몰의 fantasmatico, elusivo

신출내기 un nuovo uomo, novizio principiante

신코 mascherina

신탁 信託 fiducia **-하다** avere fiducia in * **-기금** fondo fiduciario **-증서** atto fiduciario **-통치** amministrazione fiduciaria

신탁 神託 oracolo

신통 神通 **-하다** (essere) meraviglioso, prodigioso * **-력** potere occulto[soprannaturale]

신판 新版 edizione nuova, pubblicazione nuova

신편 新編 edizione nuova

신품 新品 articolo nuovo

신하 臣下 suddito, seguace

신학 神學 teologia ¶ 대신덕 (對神德:신학상의 3덕) le virtù teologali * **-교** scuola teologica **-박사** dottore in teologia **-자** teologo

신학기 新學期 semestre accademico nuovo

신학문 新學問 scienza moderna

신형 新型 stile [modello] nuovo

신호 信號 segnale, segnalazione **-하다** segnalare, fare segnali a * **-기** segnaletica **-등** fanale di segnalazione **-수** segnalatore **교통-** semaforo **수기-** segnalazione con bandiera **위험-** segnale di perico-

lo 조난- segnale d'aiuto(S.O.S.)
신혼 新婚 nozze, sposalizio **-하다** sposare ¶ 신혼의 appena sposato ＊ **-부부** sposini novelli, due persone appena sposate **-여행** luna di miele, viaggio di nozze
신화 神話 mito, mitologia(총칭) ＊ **-시대** età leggendaria[mitologica] **-학** mitologia, studio dei miti
산환자 新患者 malato nuovo
신흥 新興 sorgente, nascente, levante ＊ **-국** nazione sorgente **-계급** classe sorgente
싣다 ① [적재] caricare, portare (dentro) ② [기재] pubblicare, riportare(una notizia) ③ [물을] depositare
실 filo (바느질실), filato (방적사) ¶ 바늘에 실을 꿰다 infilare un ago ＊ **-밥** cascame di filatura, filetto **-패** rocchetto, bobina, spola
실 室 camera, stanza
실 失 errore, colpa(과실), svantaggio(불리), perdita(손실)
실 實 verità(진실), attualità (현실), sostanza(실질)
실가 實價 ① [진가] valore intrinseco ② [가격] prezzo reale [attuale] ③ [원가] prezzo di costo
실각 失脚 caduta, crollo, sfacelo **-하다** cadere, rovesciare
실감 實感 sentimento[sensazione] reale[vivo] **-하다** sentire realmente ¶ 실감나는 realistico, vivo, vivido
실감개 rocchetto, bobina, aspo
실개천 ruscelletto, torrentello
실격 失格 squalifica, eliminazione, 【법】 incapacità **-하다** squalificare, rendere incapace
실경 實景 natura, vista viva
실과 實科 corso pratico
실과 實果 frutto ⇒과실 (果實)
실꾸리 gomitolo di filo [filato]
실국수 taglietelle sottili
실국화-菊花 margheritina
실권 實權 potere ¶ 정치의 실권을 쥐다 prendere le redini del governo
실그러지다, 씰그러지다 essere distorto
실금 fessura fine
실기 失機 **-하다** fallire, perdere un' occasione
실기 實技 talento pratico
실낱 filo, caposingolo ¶ 실낱같은 목숨 una vita sospesa a un filo
실내 室內 interno, parte interna ¶ 실내의 interno // 실내에서 in casa, all'interno ＊ **-음악** musica da camera **-장식** arredamento (di casa)
실농 失農 **-하다** perdere la stagione della coltivazione
실답다 實- (essere) sincero, attendibile, degno di fiducia ¶ 실답지 않은 indegno di fede, infido, sleale
실뜨기 ripiglione
실락원 失樂園 [밀튼의] paradiso perduto
실랑이질 **-하다** mettersi di malumore
실러블 sillaba
실력 實力 abilità, capacità, ingegno, [진가] valore, merito, pregio, [무력] forza, potenza ¶ 실력이 있다

essere abile, essere capace//실력 있는 사람 un uomo di merito [di valore] * -자 una persona potente [influente] -주의 criterio meritocratico, sistema di promozione in base al solo merito

실례 失禮 scortesia, maleducazione, villania, impudenza, sfacciataggine ¶ 실례를 불구하고 ...하다 prendersi la libertà di fare q.c. // 실례합니다 perdono!, scusi!, permesso! //잠깐 실례합니다 scusami un momento! , mi scusi un momento!

실례 實例 esempio, caso, illustrazione ¶ 실례를 들다 dare un esempio

실로 實- veramente, davvero, proprio, invero, certo

실로폰 silofono, xilofono

실록 實錄 cronaca, cronistoria

실루엣 siluetta, contorno, profilo

실룩거리다, 씰룩거리다 contorcersi, torcersi spasmodicamente

실리 實利 utilità, profitto, vantaggio ¶ 실리적 utilitario, pratico, funzionale * -주의 utilitarismo, materialismo

실리다 ① [기재되다] stamparsi, riportarsi ② [실어서 보냄] caricare, essere sotto carico

실리콘 silicio

실린더 cilindro

실마리 ① [실끝] estremità di un filo ② [단서] (사건 해결의) indizio, fonte

실망 失望 delusione, scoraggiamento -하다 rimanere deluso di ¶ 실망시키다 deludere, scoraggiare

실명 失明 -하다 diventare cieco * -자 un cieco

실무 實務 affari pratici, servizio

실물 實物 un oggetto reale, una cosa genuina[naturale] , l'originale ¶ 실물의 reale, genuino // 실물대의 사진 una fotografia a grandezza naturale

실뭉치 un gomitolo di filo

실밥 ① [실보무라지] filetto, cascame di filatura ② [솔기] cucitura, costura

실버들 salice piangente

실보무라지 filetto, cascame di filatura

실비 實費 [비용] costo effettivo, prezzi reali ¶ 실비로 팔다 vendere a prezzo di costo

실사 實辭 -하다 ispezionare, studiare, visitare

실사회 實社會 mondo reale

실상 實狀 circostanza reale, condizione attuale

실상 實像 【물리】 immagine reale

실색 失色 -하다 impallidire, sbiancarsi, alterarsi in viso

실생활 實生活 vita reale [vissuta]

실성 失性 -하다 ammattire, impazzire, perdere la ragione

실소 失笑 -하다 scoppiare a ridere, mettersi a ridere ¶ 실소를 금치 못하다 non potere evitare di ridere

실속 實速 sostanza, materia, contenuto

실수 失手 ① [실책] errore, sbaglio, svista ② scortesia ⇒ 실례(失禮) -하다 fare uno sbaglio, commettere un errore ¶ 어마어마한 실수

를 저지르다 prendere una cantonata[un granchio] // 말을 실수하다 dire una parola sfuggita per errore

실수 實收 entrate nette, utile netto, salario [stipendio] netto

실수요 實需要 domanda reale [attuale]

실습 實習 addestramento, pratica, esercizio **-하다** addestrare, fare pratica * **-생** principiante, (병원의) studente di medicina **-과정** corso di formazione professionale **-기간** periodo d'addestramento

실시 實施 esecuzione, operazione **-하다** mettere qlco. in esecuzione, eseguire un'operazione, mettere in atto ¶ 실시되다 entrare in vigore, acquistare efficacia, avere effetto

실신 失神 deliquio, svenimento **-하다** perdere la conoscenza, venir meno, svenire, perdere i sensi

실액 實額 importo reale

실어증 失語症 【의학】 afasia

실언 失言 《lapsus linguae》, una parola sfuggita per errore, commento inadatto **-하다** fare una parola sfuggita per errore

실업 失業 disoccupazione **-하다** essere disoccupato ¶ 실업자를 구제하다 soccorrere i disoccupati * **-문제** problema di disoccupazione **-수당** sussidio di disoccupazione **-자** i disoccupati **-보험** assicurazione contro la dissocupazione **-률** tasso di disoccupazione **-보상** cassa integrazione

실업 實業 industria (생산업), affare, commercio * **-가** uomo d'affari, industriale(상업,실무) **-학교** una scuola professionale

실없다 (essere) indegno di fiducia, infido, sciocco ¶ 실없는 소리 osservazioni sciocche[insensate]

실없이 frivolosamente

실연 失戀 **-하다** essere sfortunato in amore

실연 實演 [공연] spettacolo **-하다** mettere in scena, eseguire

실외 室外 esterno, di fuori, all'aperto ¶ 실외에서 fuori (di casa), all'aperto

실용 實用 utilità, uso pratico ¶ 실용적인 pratico, pragmatico, utilitario // 실용적인 물건 articoli funziona-li [utili] * **-주의** utilitarismo, 【철학】 pragmatismo

실은 實- realmente, di fatto, in realtà

실의 失意 disperazione, delusione **-하다** rimanere deluso di, disperarsi ¶ 실의에 잠긴 사람 una persona delusa, uomo disperato

실익 實益 utile netto ¶ 실익이 있다 essere utili

실인심 失人心 **-하다** diventare impopolare

실재 實在 esistenza reale, realtà **-하다** esistere, trovarsi ¶ 실재의 esistente, attuale, presente * **-론** 【철학】 realismo

실적 實績 risultati attuali, [업적] opera bene compiuta, risultato ¶ 실적을 올리다 dare risultati attuali

실전 實戰 combattimento reale ¶ 실

전에 참가하다 prendere parte a una lotta attuale

실정 失政 malgoverno, cattiva amministrazione(della cosa pubblica)

실정 實情 circostanza reale, condizione attuale ¶ 실정을 알다 conoscere la circostanza attuale

실제 實弟 fratello carnale

실제 實際 [사실] verità, fatto, [이론이 아닌] pratica, [현실] realtà, attualità, [실정] condizione attuale ¶ 실제의 reale, vero, attuale, pratico //실제로 있었던 일 avvenimento reale ＊ **-문제** questione [faccenda] pratica **-소득** entrata reale

실족 失足 **-하다** mettere il piede in fallo, sciovolare

실존 實存 esistenza ＊ **-주의** esistenzialismo **-주의자** esistenzialista

실종 失踪 scomparsa, sparizione **-하다** scomparire, scappare, darsi alla latitanza ¶ 돈을 가지고 실종하다 scappare con il denaro

실주 實株 [증권] azioni, titoli

실쭉하다 ① [물건의 꼴이] deformare ¶ 공이 실쭉하다 il pallone è giù di forma. ② [얼굴이] essere accigliato

실쭉실쭉 [모양이] deformato, [얼굴이] accigliato → 실쭉

실증 實證 prova, verifica, dimostrazione **-하다** mettere alla prova ¶ 실증적 positivo

실지 失地 territorio perduto ¶ 실지를 회복하다 ricuperare il territorio perduto

실지 實地 pratica, attualità, realtà ¶ 실지로 in pratica, effettivamente, di fatto, in realtà ＊ **-견학** studio diretto(di prima mano) **-관찰** osservazione attuale **-연습** pratica, esercizio pratico **-조사** ispezione attuale

실직 失職 disoccupazione **-하다** essere disoccupato ＊ **-자** i disoccupati, i senza lavoro

실질 實質 sostanza(물질), essenza(본질), qualità(성질), contenuto(내용), valore(진가) ¶ 실질적 sostanziale, essenziale, effettivo // 실질상 sostanzialmente, realmente, effettivamente // 실질적 차이 una differenza sostanziale ＊ **-임금** salario effettivo

실책 失策 errore, sbaglio, fallo ¶ 실책을 저지르다 fare uno sbaglio, prendere una cantonata

실천 實踐 pratica **-하다** mettere in pratica

실체 實體 [철학] sostanza, soggetto, essenza ¶ 실체가 없는 incorporeo, immateriale

실추 失墜 caduta, perdita **-하다** cadere, perdere

실측 實測 rilevamento, rilievo, prospezione **-하다** misurare, rilevare, fare i rilievi di(un terreno) ＊ **-도** carta topografica ufficiale

실컷 a proprio piacimento, con grande soddisfazione, fino all′estremo, fino all′ultimo, appieno, pienamente, al massimo, completamente ¶ 실컷 울다 piangere tutte le proprie lacrime // 실컷 먹다 mangiare a sazietà // 실컷 마

시다 bere a volontà

실크-햇 cappello a cilindro, cilindro

실탄 實彈 [소총의] proiettile, palla, pallottola, [대포의] granata, bomba, obice

실태 失態 strafalcione, indiscrezione, disgrazia(창피)

실태 實態 condizione attuale, realtà

실토 實吐 confessione **-하다** confessare, dire la verità

실팍지다 (essere) massiccio, solido, coraggioso, forte, vigoroso

실패 rocchetto, bobina, spola

실패 失敗 fallimento, insuccesso, fiasco, sbaglio **-하다** fallire, far fiasco, non riuscire ¶ 실패로 끝나다 fallire, far fiasco // 모든 계획이 실패했다 Tutti i progetti fallirono.

실하다 實- ① [건강] (essere) sano, forte, vigoroso, robusto ② [내용이] (essere) pieno, solido, sostanziale ③ [풍유] (essere) ricco, abbondante ④ [믿을 만하다] (essere) fidato, attenibile, sicuro

실학 實學 scienza pratica, realismo * **-파** scuola positiva

실행 實行 [이행] compimento, [실시] esecuzione, [실천] pratica, [수행] adempimento **-하다** adempire, compiere, eseguire, disimpegnare ¶ 실행할 수 있는 praticabile, fattibile, attuabile // 실행불가능한 impraticabile, inattuabile, ineffettuabile // 계획을 실행하다 portare a termine un piano

실험 實驗 [개개의] esperimento, prova, [실험하는 일] sperimentazione **-하다** fare un esperimento, sperimentare ¶ 실험적 sperimentale, empirico // 실험적으로 sperimentamente // 물리실험을 하다 fare un esperimento di fisica // 동물실험을 하다 fare esperimenti su animali * **-과학** scienza empirica **-대** banco di prova **-물리학** fisica sperimentale **-실** labo-ratorio

실현 實現 realizzazione, materializzazione **-하다** realizzare, attuare ¶ 실현되다 avverarsi (희망따위가), essere realizzato // 그의 꿈이 실현되었다 Il suo sogno si è avverato.

실행 實行 imprigionamento, incarcerazione

실화 失火 fuoco accidentale

실화 實話 una storia vera(reale)

실황 實況 condizione reale, scena attuale * **-방송** teletrasmissione sul posto

실효 失效 decadenza, prescrizione, invalidazione **-하다** decadere, cadere in prescrizione

실효 實效 efficacia, [약의] efficienza ¶ 실효가 있다 (essere) efficace, efficiente

싫다 ① [사물이 주어] (essere) sgradevole, spiacevole, ripugnante ② [사람이 주어] detestare, non poter soffrire, odiare ¶ 싫은 일 lavoro spiacevole // (보기)싫은 녀석 tipo antipatico[ripugnante] // 싫어지다 essere stufo di, essere disgustato di, essere stanco di

싫어하다 detestare, odiare, non volere, essere riluttante a

싫증 -症 disgusto, repulsione ¶ 싫

증이 나다 essere stufo di, essere stanco di // 그는 일에 싫증이 났다 Lui è stufo del suo lavoro.

심 [심줄] tendine

심 心 ① [마음] mente, sentimento ¶ 심적 mentale, psicologico ② [핵심] cuore, nucleo, centro ③ [심지] stoppino, lucignolo ④ [연필의] mina, grafite

심각 深刻 serietà, gravità, importanza **-하다** (essere) serio, grave, preoccupante, acuto ¶ 심각해지다 rendere più intenso[grave], aggravarsi

심정 心情 uno stato d'animo ¶ 심정의 변화 il cambiamento dell'animo

심계항진 心界亢進 【의학】 palpitazione

심곡 深谷 burrone, gola, forra

심근 心筋 【해부】 miocardio

심금 心琴 le corde del cuore, i sentimenti più profondi ¶ 심금을 울리다 toccare le corde del cuore

심기 心氣 stato d'animo, umore, sentimento

심기 心機 mente, idea ¶ 심기일전하다 cambiare idea, mutar parere

심다 piantare(alberi, semi), piantare, seminare

심대 甚大 **-하다** (essere) enorme, grande, smisurato

심덕 心德 virtù ¶ 심덕이 좋은 사람 un uomo virtuoso

심도 深度 profondità * **-계** scandaglio della profondità

심드렁하다 ① [마음에] (essere) riluttante, essere di malavoglia ② [병이] (essere) prolungato

심란 心亂 disturbo, incomodo, confusione **-하다** essere disturbato [confuso]

심려 心慮 ansia, inquietudine, preoccupazione **-하다** aver paura di, temere, paventare ¶ 심려를 끼치다 dare fastidio, combinare guai

심력 心力 facoltà mentale

심령 心靈 spirito, anima ¶ 심령의 spirituale * **-계** il mondo spirituale **-학** spiritismo

심로 心勞 cure, ansietà, affanni, preoccupazioni ¶ 심로의 logorato dalle preoccupazioni

심록색 verde profondo

심리 心理 stato di mente, mente, psicologia * **-소설** romanzo psicologico **-묘사** descrizione psicologica **-상태** stato di mente, psicologia **-작용** psicosi **-현상** fenomeno psicologico

심리 審理 pocesso, giudizio, inchiesta, [형사사건의] udienza **-하다** processare, giudicare, esaminare

심리학 心理學 psicologia, psicologia mentale ¶ 심리상(으로) psicologico(-amente) * **-자** psicologo **교육-** psicopedagogia **범죄-** psicologia criminale **산업-** psicologia industriale **일반 [변태, 비교, 문화]-** psicologia generale [subnormale, comparata, culturale] **행동-** psicologia comportamentistica

심마니 cercatore di ginseng selvatico

심문 審問 udienza, inchiesta, esaminazione **-하다** ascoltare (testimonianze), esaminare (prove), giudicare (una causa) ¶ 심문을 받다 essere giudicato

심미 **審美** riconoscimento della bellezza ¶ 심미적 estetico * **-가** esteta **-안** senso estetico **-주의** estetismo

심방 **心房** 【해부】atrio (pl.atria,atriums)

심방 **尋訪** breve visita, giro **-하다** fare una breve visita a

심벌 simbolo, emblema

심벌리즘 simbolismo

심병 心病 ① [근심] ansia, inquietudine, preoccupazione ② [졸도] sincope, convulsione

심보 carattere, indole, disposizione ¶ 심보가 고약한 사람 uomo cattivo[bisbetico], un malevolo

심복 **心服** obbedienza assoluta **-하다** essere sottomesso assolutamente

심복 心腹 [믿는 사람] confidente, amico intimo ¶ 심복부하 servitore fidato

심부름 commissione, incarico, messaggio **-하다** fare commissioni, portare ambasciate * **-꾼** fattorino, messaggero

심사 心思 malevolenza, malanimo, malignità, perversità ¶ 심사가 나다 avere malevolo // 심사가 사납다 essere malevolo

심사 審査 giudizio, esame, ispezione **-하다** giudicare, esaminare, ispezionare ¶ 심사에 합격하다 superare un esame * **-관** giudice, magistrato, esaminatore

심사숙고 深思熟考 meditazione, deliberazione **-하다** meditare, riflettere, contemplare ¶ 심사숙고 끝에 dopo lunga discussione

심산 心算 intenzione, proposito, fine ¶ ...할 심산으로 con lo scopo di, con la speranza di //...할 심산이다 avere intenzione di, avere in animo di

심상 尋常 **-하다** (essere) ordinario, comune, solito ¶ 심상치 않다 (essere) insolito, inusitato, [사태가] essere preoccupante

심상 心象 immagine mentale

심성 心性 natura, mente, disposizione, indole

심술 心術 malanimo, perversità, malevolenza ¶ 심술궂다 (essere) malevolo, maligno // 심술부리다 essere di cattivo * **-꾸러기** persona irritabile, un malevolo

심신 心身 corpo e mente

심심 深深 ¶ 심심한 profondo (gratitudine), cordiale

심심소일 -消日 passatempo

심심풀이 [소일] passatempo, divertimento, svago **-하다** ammazzare il tempo, passare il tempo piacevolmente

심심하다[1] essere annoiato, essere tediato ¶ 심심하여 죽을 지경이다 essere annoiato a morte

심심하다[2] [맛이] essere insaporo, sentire insipido

심안 心眼 gli occhi della mente, gli occhi dell′animo

심야 深夜 cuore della notte, mezzanotte ¶ 심야에 nel cuore della notte * **-작업** turno di notte

심약 心弱 **-하다** (essere) debole di mente, frenastenico, privo di volontà, irresoluto

심연 深淵 abisso, baratro abissale

심오 深奧 profondità, astruseria **-하**

다 (essere) profondo, astruso, esoterico

심원 深源 profondità **-하다** (essere) profondo, astruso

심의 審議 deliberazione, considerazione, discussione **-하다** considerare, discutere, deliberare ¶ 심의중이다[사물이 주어] essere in discussione[considerazione] ＊ **-회** commissione d'inchiesta

심장 心腸 cuore ¶ 심장의 고동 battito[pulsazione] del cuore * **-마비** attacco di cuore **-병** mal di cuore, malattia del cuore **-부** il cuore (della città)

심장 深長 **-하다** essere profondo ¶ 의미심장하다 essere assai espressivo[significativo]

심적 心的 mentale, psicologico ＊ **-상태** stato mentale, stato di anima **-태도** abito mentale

심전계 心電計【의학】elettrocardiografo

심전도 心電圖【의학】elettrocardiogramma(ECG)

심정 心情 cuore, sentimento, affezione

심줄 tendine

심중 心中 mente, intenzione, i pensieri più segreti ¶ 심중에 품다 mantenere (un segreto) nel cuore // 심중을 털어놓다 aprire il proprio animo, sfogarsi

심증 心證 impressione,【법】convinzione

심지 心- stoppino, lucignolo ¶ 심지를 끊다 spegnere una candela(초의), smoccolare

심지 心地 natura, disposizione ¶ 심지바른 사람 uomo equanime [onesto, retto]

심지어 甚至於 perfino, persino, fino a

심청 深青 blu scuro[marino]

심취 心醉 [도취] fascino, infatuazione, [감복] ammirazione, devozione **-하다** essere affascinato, infaturarsi di ＊ **-자** ammiratore, fanatico, tifoso

심통 心統 disposizione (cattiva) ⇒ 심지(心地)

심판 審判 [경기의] arbitraggio, [하나님의] giudizio, [재판] sentenza, [사람] arbitro, giudice **-하다** arbitrare, fare da arbitro (in una gara), giudicare, condannare(재판하다) ¶ 심판의 판정 decisione di arbitro // 최후심판의 날 il giorno del Giudizio ＊ **-관** giudice

심포니 sinfonia

심포지움 simposio

심하다 甚-[격렬] (essere) violente, pesante, intenso, forte, grave, grande, acuto ¶ 심한 폭풍우 una violenta tempesta // 심한 비 forte pioggia // 심한 두통 un forte mal di testa // 심한 차이 una grande differenza tra // 심한 경쟁 una forte concorrenza // 심한 추위 freddo intenso // 감기가 심하다 avere un forte raffreddore

심해 深海 ＊ **-어** pesca d'alto mare **-업** pescaoceanica, pesca al largo

심혈 心血 sangue vitale, vita ¶ 심혈을 다하여 con tutta l'anima

심호흡 深呼吸 profondo respiro **-하다** trarre un profondo respiro

심혼 心魂 anima ⇒ 심혈
심홍 深紅 cremisi, scarlatto
심화 心火 rabbia, astio, rancore ¶ 심화가 나다 ardere dalla collera [gelosia]
심화 深化 **-하다** approfondare, approfondire
심황 【식물】 curcuma
심황 深黃 giallo scuro, zafferano
심회 心懷 pensieri del cuore
심히 甚- assai, molto, oltremodo, estremamente, in sommo grado
씹 ① [음부] vulva, vagina ② [성교] rapporti sessuali **-하다** fare i rapporti sessuali ((con)), accoppiarsi
십 十 dieci, il decimo ¶ 십분의 일 uno decimo * **-배** decuplo
십각형 十角形 decagono ¶ 십각형의 decagonale
십계명 十誡命 【성경】 i dieci Comandamenti, decalogo
십구 十九 diciannove * **-세기** il secolo decimonono
십년 十年 dieci anni, decade ¶ 십년마다 ogni dieci anni // 십년 감수하다 essere spaventato a morte
씹다 masticare
십대 十代 adolescenza, l′età fra i 13 e i 19 anni ¶ 십대들 teenagers, adolescente(fra i 13 e i 19 anni d′età)
십만 十萬 un cento mila
십면체 十面體 【수학】 decaedro
십분 十分 [시간] dieci minuti, [수학] divisione, [충분히] abbastanza, a sufficienza * **-의** decimo, decimale **-일** un decimo
십사 十四 quattordici ¶ 제십사 il quattordicesimo
십상 [어울림] eccellente, ottimo, perfetto
십시일반 十匙一飯 il fare i nostri sforzi congiunti per aiutare una persona
십억 十億 bilione, miliardo
십이 十二 dodici, dozzina ¶ 제 십이 il dodicesimo * **-진법** [수학] sistema dodicimale
십이월 十二月 dicembre
십이지장 十二指腸 【해부】 duodeno * **-궤양** ulcera duodenale **-충** anchilostoma
십인십색 十人十色 tante teste, tanti pareri
십일 十一 undici ¶ 제십일 undicesimo, undecimo
십일월 十日月 novembre
십자 十字 croce ¶ 십자의 crociato // 십자로 in croce // 십자를 긋다 [기도] farsi il segno della croce * **-군** crociata **-포화** fuoco incrociato, tiro incrociato **적-** la Croce Rossa
십자가 十字架 croce, [예수의] il Santo Croce ¶ 십자가에 못박히다 essere crocifisso * **-상** crocifisso
십자매 十姉妹 【새】 pappagallino
십장 什長 capomastro, capo (di operai)
십종경기 十種競技 decathlon
십중팔구 十中八九 dieci contro uno, nove probabilità su dieci, probabilmente
십진 十進 ¶ 십진의 decimale * **-법** sistema decimale
씹히다 essere masticato

씻가시다 lavare e sciacquare
씻기다 lavarsi, farsi spazzare via(풍랑에)
싯누렇다 essere giallo vivido
씻다 ① lavare, pulire, sciacquare ¶ 얼굴을 씻다 lavarsi la faccia // 몸을 씻다 lavarsi il corpo ② [누명을] cancellare il disonore ¶ 씻을 수 없는 치욕 un′onta incancellabile ③ [닦아내다] asciugare, togliere strofinando ¶ 눈물을 씻다 asciugare le lacrime
싯뻘겋다 essere rosso vivido
씻부시다 pulire, nettare
씻은듯이 chiaro, limpido, a fondo, completamente
씽 il fischiare, fischio
싱겁다 ① essere insipido ¶ 음식이 싱겁다 i piatti sono insipidi ② [하는 짓이] essere monotono, noioso, tedioso ¶ 싱거운 사람 una persona noiosa
싱그레, 씽그레 sorriso dolce
싱글거리다 sorridere dolcemente
싱글벙글 -하다 sorridere radiosamente
싱숭생숭 -하다 sentirsi agitato, stare sulle spine ¶ 오필리아의 마음이 싱숭생숭해지기 시작했다 La mente di Ofelia cominciò a vaneggiare.
싱싱하다 (essere) fresco, nuovo ¶ 싱싱한 야채[과일] verdura[frutta] fresca
싶다 ① [하고 싶다] volere, desiderare, sperare, piacere a ¶ 너와 함께 가고 싶다 mi piacerebbe venire con te ② […같이 보이다] sembrare
싶어하다 avere voglia di, volere, desiderare ⇒ 싶다

ㅇ

아[1] ah!, ahime!, ohime!, Dio mio!, povero me!, santo cielo!

아[2] ehi!ola!, di′ un po′!, senti (un po′)!

아-(亞) sub-, quasi, secondario, [아시아] Asia, asiatico * **-열대의** subtropicale **-황산** acido solforoso

아-(阿) Africa, Africano

아가 bambino, bambina, bimbo, bimba ⇒ 아기, [호칭] tesoro mio!

아까 un po′ fa, poco fa, poco prima

아가미 branchia

아가씨 signorina, giovanetta, vergine, zitella, [호칭] signorina!

아가위 biancospino * **-나무** biancospino

아깝다 (essere) deplorabile, pietoso, [귀중하다] prezioso, costoso ¶ 아깝게도 spiacevolmente // 아까운 듯이 a malincuore, di malavoglia

아교 阿膠 colla ¶ 아교질의 colloso, glutinoso

아국 我國 Nostro Paese

아군 我軍 soldati nostri

아궁이 focolare, camino

아귀 ① [갈라진 곳] biforcazione, bivio ② [씨의] ¶ 씨가 아귀트다 germogliare, germinare

아귀다툼 dibattito, disputa ⇒ 말다툼

아귀세다 (essere) duro, tenace, fermo, deciso, risoluto

아그레망 approvazione, accettazione

아기 ① bambino, bambina, bimbo, bimba, infante ② [딸, 며느리] cara, mio tesoro!

아끼다 risparmiare, fare a meno di, economizzare, lesinare ¶ 아끼지 않다 prodigare // 돈을 아끼다 spendere con parsimonia // 사람을 아끼다 dare grande importanza a, tenere in grande considerazione // 비용을 아끼다 risparmiare spese // 수고를 아끼지 않다 non risparmiare fatiche

아기서다 essere incinta, concepire ⇒ 임신

아기자기 **-하다** (essere) dolce, amabile, piacevole, gradito ¶ 아기자기한 분위기 un′aria di famiglia, fratellanza

아기작거리다 trotterellare, sgambettare, camminare a passi incerti

아기집 utero, grembo

아낌없이 generosamente, prodigamente, senza limite, senza restrizione ¶ (공부에) 돈을 아낌없이 쓰다 profondere denaro (per il suo studio)

아나운서 annunciatore

아낙네 donna, moglie ¶ 아낙네들 le donne

아내 moglie, sposa, consorte ¶ 아내를 얻다 prendere moglie, sposare

아네모네 anemone

아녀자 兒女子 i bambini e le donne, una ragazza giovanile

아뇨 no(대답이 부정일 때), sì(대답이 긍정일 때)

아늑하다 (essere) comodo, agiato

아는 체하다 pretendere di sapere

아니 ① [부사] non ¶ 조금도...아니다 niente affatto, per niente // 아니 가다 non andare // 모두가 오고 싶어하는 것은 아니다 non tutti vogliono venire ② [대답] no ¶ 우리와 함께 가시겠어요? - 아니, 괜찮습니다 vuoi venire con noi? - no, grazie. ③ [놀람] ma come, che diamine, beh, ma via! ¶ 아니, 뭐가 문제지? beh, che c'è che non va?

아니꼽다 ① [사물이 주어] disgustoso, sgradevole, ripugnante ¶ 아니꼬운 장면 uno spettacolo disgustoso ② [사람이 주어] aver la nausea

아니나다를까 certamente, di sicuro, senza dubbio, infatti ¶ 그가 너를 속였을 거라고 생각했었는데, 아니나다를까 그랬구나 Pensavo che lui ti avrebbe imbrogliato, e infatti è andata cosi.

아니다 non ¶ 오늘은 추운 날씨가 아니다 Non è freddo oggi.

아니면 o ¶ 그는 로마가 아니면 피렌체에 있다 É o a Roma o a Firenze. // 오늘 아니면 내일 오거라 Vieni oggi o domani.

아닌게아니라 infatti, certamente, di sicuro

아닌 밤중에 ¶ 아닌 밤중에 홍두깨 un fulmine a ciel sereno // 아닌 밤중에 홍두깨격으로 improvvisamente, a un tratto, di colpo, repentinamente

아닐린【화학】anilina

아따 gesummaria!, gesummio!, eccome!, perbacco!

아다지오【음악, 무용】adagio

아담【성경】Adamo

아담 雅淡 **-하다** (essere) bello, raffinato, elegante, carino

아데노이드【의학】adenoide

아동 兒童 fanciullo, fanciulla, bambino, bambina, ragazzi e ragazze, giovane ¶ 아동의 del giovane, 아동학

아둔하다 (essere) ottuso, stupido, tardo di mente

아드님 il Vostro figlio

아득하다 (essere) molto lontano, distante, assai remoto ¶ 아득한 옛날 tempi remoti

아뜩하다 (essere) stordito, che dà le vertigini

아들 figlio, figliolo ¶ 내게는 아들과 딸이 있다 ho un figlio e una figlia

아랍 arabo

아랑곳 cosa che concerne, interessa, riguarda **-하다** occuparsi, interessarsi ¶ 내가 아랑곳할 것 없다 questo non è affare mio

아랑곳 없다 non avere nulla a che fare con q., non essere affatto in relazione con qlco.

아래 fondo, base, la parte inferiore ¶ 아래의 inferiore, più basso, sotto, [하위의] subordinato // 아래에 giù, in giù, abbasso, [하층에] di sotto, al piano di sotto // ...의 보호아래 sotto la protezione di // 언덕 아래에 ai piedi di un colle // 아래에 내려놓다 mettere giù

아래위 su e giù, sopra e sotto ¶ 아래위사람 giovani e anziani

아래윗벌 abito completo

아래쪽 sotto, il sud

아래층 di sotto, il piano di sotto

아래턱 la mascella inferiore

아랫니 i denti inferiori

아랫방 -房 una camera isolata (non unita ad altre)

아랫배 pancia, addome

아랫사람 [연령이] persona più giovane (di un′ altra), [지위가] inferiore, subalterno, subordinato

아랫수염 -鬚髥 barba caorina, barbetta a punta

아랫입술 il labbro inferiore

아량 雅量 ¶ 아량 있는 generoso, liberale, magnanimo // 아량을 베풀다 tener conto di, concedere attenuanti a

아련하다 (essere) fioco, vago, oscuro, fosco, pallido

아령 啞鈴 * **-체조** ginnastica coi manubri

아로새기다 incidere, intagliare, cesellare, imprimere ¶ 마음에 아로새기다 imprimere nella mente

아롱지다 (essere) variegato, screziato

아뢰다 dire [informare] al superiore

아류 亞流 [주의, 학설 추종자] aderente, seguace, [유파의 둘째] epigono ¶ 그는 소월의 아류였다 lui era l′epigono di Sowol

아르 ara (misura di superficie, 100 평방미터)

아르곤 【화학】 argon, argo

아르메니아 Armenia

아르바이트 arbeit, laborino

아르헨티나 Argentina

아른거리다 brillare a intervalli o di luce incerta, tremolare

아름 bracciata (quanto sta sulle braccia) ¶ 한아름의 장작 una bracciata di legna

아름답다 [얼굴이] di bell′aspetto, di belle forme ¶ 아름다운 여자 una bella donna, una bellezza // 아름다운 경치 un paesaggio bello // 아름답게 finemente, delicatamente, magnificamente // 아름답게 꾸미다 ordinare delicatamente

아름드리 bracciata

아리다 [맛이] (essere) pungente, aspro, doloroso, [상처가] acuto, severo, [수족이] intorpito ¶ 맛이 아리다 (essere) pungente, piccante, frizzante

아리땁다 (essere) bello, affascinante, incantevole, delizioso

아리송하다 (essere) ambiguo, equivoco

아리아 【음악】 aria

아리안 ariano (di stirpe, la lingua)

ㅇ

아릿하다 (essere) pungente, aspro, doloroso

아마 亞麻 lino * **-유** l'olio di lino

아마 forse, probabilmente, può darsi ¶ 아마 그것이 더 나을 것이다 Forse è meglio così. // 나는 제시간에 도착할 수 없을 것이다 Forse non arriverò in tempo.

아마추어 armatura, dilettante

아말감【화학】amalgama

아메바 ameba(=amoeba)

아멘【기독교】amen

아무 ① [사람] qualcuno, ognuno, ciascuno, tutti, [부정] nessuno ¶ 아무나 ognuno, l'uomo della strada // 그것은 아무나 할 수 있다 Chiunque sa farlo. // 아무도 없었다 non c'era nessuno ② [사물] qualche, [부정] niente affatto, per niente ¶ 아무 관계도 없다 non avere nulla a che fare con q. // 아무때나 오시오 Venga da me in qualunque momento. // 아무말도 하지 않았다 Non ha detto niente.

아무개 qualcuno, un tizio, un tale

아무것 qualche cosa, qualcosa, [부정] niente, nulla, (사람) nessuno ¶ 할 일이 아무것도 없다 non c'è nulla da fare

아무때 in qualsiasi ora, in qualunque momento, sempre, ogni qualvolta

아무데 in qualche luogo, da qualche parte, dovunque, in nessuno luogo ¶ 아무데나 가도 좋다 Puoi andare dovunque.

아무래도 ① ad ogni modo, in qualche modo ② [결코 ...이 아닌] in nessun modo, non...affatto, per nulla ¶ 아무래도 그를 설득할 수 없었다 Non riuscii a convincerlo in nessun modo. // 아무래도 그를 봐야겠다 Lo vedrò ad ogni modo.

아무런 [부정] nessuno, non, niente ¶ 아무런 사고없이 con nessun incidente

아무렇거나 in ogni modo, comunque, a ogni costo, almeno, per lo meno ¶ 아무렇거나 너는 네 일을 끝내야 한다 Devi fare il tuo lavoro in ogni modo.

아무렇게나 indifferentemente, senza importanza, apaticamente ¶ 아무렇게나 말하다 dire alla cieca

아무렇게도 ¶ 아무렇게도 생각 안하다 capire poco di qlco.

아무렇든지 in ogni caso, qualunque cosa accada, in nessun modo, comunque, a ogni costo

아무렴 certo, naturalmente, certamente, senza dubbio

아무리 comunque, in qualunque modo, per quanto ¶ 네가 아무리 애써봐도 per quanto tu possa sforzarti // 네가 아무리 부자라도 per quanto ricco tu sia

아무말 una parola ¶ 아무말도 없이 senza una parola

아무일 qualcosa, (부정) niente, nulla

아무쪼록 in nessun modo, come meglio si può ¶ 아무쪼록 빨리 al più presto possibile, quanto prima // 아무쪼록 몸조심하십시오 Abbiti cura come meglio si può

아물거리다 ① [물체가] apparire in forma incerta ¶ 희미한 불빛이 아

물거리고 있었다 una luce fioca tremolava ② [똑똑찮게] dire imprecisamente ¶ 대답을 아물거리다 dare una risposta vaga

아물다 guarire, rimettersi in salute ¶ 상처가 아물었다 La ferita si rimarginò.

아물아물 fiocamente

아뭏든(지) comunque, a ogni modo, a ogni costo

아미 蛾眉 sopracciglio

아미노 ¶ 아미노산 [화학] (pl.) amminoacidi

아빠 babbo, papà

아버지 padre, [어린이말] babbo, papà ¶ 아버지를 닮다 prendere da padre, somigliare al padre

아범 padre, [하인] un servitore anziano

아베마리아 Ave Maria

아베크 una coppia di innamorati, essere insieme

아부 阿附 adulazione, lusinga, blandizie **-하다** adulare, blandire, lusingare

아뿔싸 perbacco!, perdinci!, povero me!, Dio mio!

아비 padre

아비규환 阿鼻叫喚 grida tormentosa

아비산 亞砒酸【화학】acidoarsenioso

아사 餓死 inedia, fame **-하다** morire d'inedia, morire di fame ¶ 아사시키다 affamare, far morire di fame

아삭거리다 essere croccante

아서라 no!, smettila!, sciocchezze!,

아성 牙城 fortezza, roccaforte, [본부] centrale

아성층권 亞成層圈 stratosfera

아세테이트【화학】acetato

아세톤【화학】acetone

아세틸렌【화학】acetilene

아쉬워하다 accorgersi della mancanza di ¶ 아쉬운 감이 들다 sentire la mancanza di

아쉽다 accorgersi della mancanza di ¶ 아쉬움을 느끼다 sentire la mancanza di

아스파라거스【식물】asparago, asparagi

아스팔트 asfalto ¶ 아스팔트를 깔다 asfaltare * **-길** strada asfaltata

아스피린【약】aspirina

아슬아슬 **-하다** ① (essere) pericoloso, rischioso ¶ 아슬아슬하게 per un pelo, a mala pena // 아슬아슬 구조되다 scamparla per miracolo ② [춥다] sentirsi infreddolito

아씨 [호칭] signora, signorina

아시아 Asia

아식축구 -式蹴球 calcio

아아 oh! ah!

아아 阿亞 afroasiatico

아악 雅樂 musica classica

아야 ahi!

아양 civetteria ¶ 아양스럽다 essere civettuolo // 아양부리다 fare la civetta, civettare

아어 雅語 dizione raffinato, espressione delicata

아역 兒役 gioco da bambini

아연 亞鉛【화학】zinco ¶ 아연을 씌운 zincato * **-제판** zincografia **-철판** ferro zincato **-판** [인쇄] lamiera di zinco

아연 俄然 improvvisamente, a un tratto, di colpo

아연 啞然 ¶ 아연해하다 essere ammutolito, essere colto alla sprovvista // 아연케하다 fare ammutolire, rendere perplesso

아열대 亞熱帶 subtropico ¶ **-의** subtropicale * **-식물** pianta subtropicale

아예 mai, giammai

아옹 il miagolare, miao! **-하다** fare miao, miagolare

아옹다옹하다 essere scontentato

아우 un fratello minore, una sorella minore

아우르다 mettere insieme, fondersi ¶ 힘을 아울러서 con gli sforzi congiunti

아우성 clamore, schiamazzo ¶ 아우성치다 fare un grande clamore, rumoreggiare

아우트【야구】fuori * **-라인** contorno, profilo, sagoma

아욱【식물】malva

아울러 insieme

아이 fanciullo, fanciulla, bambino, bambina, [자기의] figlio, figlia ¶ 아이가 없다 essere senza figli // 아이를 보다 fare la baby-sitter

아이고(머니) ahi! Buon Dio! ¶ 아이고머니나 povero me! Dio Mio! // 아이고 가엾어라 che peccato!

아이디어 idea

아이러니 ironia

아이론 ferro da stiro

아이스 ghiaccio * **-박스** ghiacciaia, frigorifero **-크림** gelato

아이젠 [등산용] (pl.) ramponi

아이큐 quoziente d'intelligenza

아장거리다 sgambettare, trotterellare

아저씨 zio, zietto

아주 ① [무척] assai, molto, del tutto, affatto, completamente ¶ 오늘 아주 춥다 Oggi fa davvero freddo. ② [감탄사] lo è davvero (약간 조롱조로) oh, certo!

아주 亞州 il continente asiatico

아주 阿州 il continente nero

아주까리【식물】ricino ¶ 아주까리 기름 olio di ricino

아주머니 zia, zietta

아주버니 il fratello maggiore del marito

아지랭이 scintillazione terrestre

아지작거리다 schiacciare, masticare rumorosamente

아지트 coro

아직 ancora, finora, per ora ¶ 아직 때가 아니다 Non è ancora il momento. // 그는 아직 오지 않았다 Non è ancora arrivato.

아직까지 finora, sinora

아질산 acido nitroso * **-염** nitrato

아질, 아찔하다 avere le vertigini, avere il capogiro, sentirsi svenire

아집 我執 egoismo, ostinatezza, testardaggine ¶ 아집이 있다 si fa valere, (essere) autoritario, arrogante

아차 santo cielo! Dio mio! povero me!

아첨 阿諂 adulazione, lusinga **-하다** adulare, lusingare * **-장이** adulatore, lusingatore

아취 雅趣 buon gusto, eleganza * **-있다** essere di buon gusto, essere fine **-없다** essere di cattivo gusto **-아치** ¶ 동냥아치 mendicante // 장사아치 spacciatore

ㅇ

아치 雅致 buon gusto, eleganza • -**있는** fine, elegante, di buon gusto
아치 arco
아침 mattina ¶ 아침 일찌기 di prima mattina // 아침부터 저녁까지 dalla mattina alla sera // 오늘 아침 stamattina // 내일 아침 domani mattina, domattina * -**나절** mattinata -**밥** colazione
아침저녁 la mattina e la sera [조반과 석반] la colazione e la cena
아침참 colazione
아카데미 accademia
아카시아 acacia
아케이드 galleria
아코디언 fisarmonica
아크 arca, barcone
아퀴 finitura, composizione
아킬레스건 -腱 il tendine d'Achille
아트 arte
아틀리에 studio
아파트 appartamento
아편 阿片 oppio, narcotico * -**굴** fumeria d'oppio -**중독** oppiomania -**중독자** oppiomane
아폴로(아폴론) 【신화】 Apollo
아프다 ① avere male di ¶ 아파하다 stare in pena, sentir male, soffrire // 아픈데를 건드리다 [비유적] toccare sul vivo, mettere il dito sulla piaga // 머리가 아프다 avere mal di testa // 배가 아프다 avere mal di stomaco // 목[발] 이 아프다 avere mal di gola【piede】 ② [마음이] dolere, essere doloroso, soffrire
아프리카 Africa
아프터서비스 assistenza alla clientela
아프터케어 assistenza postoperatoria
아픔 pena, dolore, male, [쑤시는] acuto dolore, [마음의] pena mentale
아하 ah!
아한대 亞寒帶 subartico
아호 雅號 pseudonimo, nome d'arte
아홉 nove ¶ 아홉째 nono
아황산 亞黃酸【화학】 acido solforoso
아흐레 il giorno nono (del mese)
아흔 novanta
아희 兒戲 un gioco da ragazzi
악[1] Dio mio! ah!
악[2] disperazione, collera ¶ 악받치어 disperatamente, freneticamente
악[3] 惡 male,【부정】peccato,【악덕】vizio,【사악】malvagità -**하다** (essere) cattivo, disonesto ¶ 선과 악 bene e male // 악한 사람 un uomo malvagio // 악을 선으로 갚다 ricambiare il bene per il male // 악에 빠지다 cadere in miseria
악감정 惡感情 cattiva volontà, mal umore, animosità, mala volontà, malanima
악곡 樂曲 un brano musicale, composizione, melodia
악귀 惡鬼 diavolo, demonio
악극 樂劇 opera * -**단** compagnia musicale
악기 樂器 strumento musicale ¶ 악기를 연주하다 suonare uno strumento musicale * -**반주** accompagnamento strumentale **건반**- strumenti a tastiera **취주[관]** -

ㅇ

strumenti a fiato **타-** strumenti a percussione **현-** strumenti a corde

악녀 惡女 una donna malvagia

악다구니하다 rissare, litigare violentemente, gettare fango su q.

악단 樂團 orchestra * **교향-** un'orchestra sinfonica

악담 calunnia, maldicenza **-하다** calunniare, dire male di q.

악당 惡黨 briccone, canaglia

악대 樂隊 banda musicale, fanfara ¶ 군악대 banda militare * **-장** capobanda

악덕 惡德 vizio, immoralità, corruzione

악독 惡毒 viziosità, immoralità, perversione **-하다** (essere) vizioso, immorale, perverso

악랄 惡辣 viziosità, bricconeria **-하다** (essere) vizioso, sgarbato, maligno ¶ 악랄한 수단 gioco falloso, disonestà

악력 握力 presa, stretta * **-계** dinamometro

악례 惡例 cattivo esempio, cattivo precedente(선례) ¶ 악례를 남기다 dare il cattivo esempio

악마 惡魔 spirito maligno, diavolo, [마왕] Satana ¶ 악마같은 diabolico, demoniaco

악명 惡名 cattiva reputazione, dubbia fama ¶ 악명이 자자하다 diventare notorio

악몽 惡夢 incubo, brutto sogno ¶ 악몽에 시달리다 soffrire di brutto sogno

악물다 stringere i denti

악바리 uomo temprato

악보 樂譜 musica, partitura, spartito ¶ 악보를 읽다 leggere la musica • **-대** leggio per lo spartito

악사 樂士 bandista, musicante

악성 惡性 malignità, malvagità

악센트 accento tonico

악셀 acceleratore

악수 握手 stretta di mano ¶ 악수를 청하다 tendere la mano ¶ 악수하다 stringere le mani

악순환 惡循環 circolo vizioso

악쓰다 惡- gridare di rabbia, urlare

악습 惡習 [버릇] brutta abitudine, vizio [악폐] pratiche non lecite

악식 惡食 [음식] vitto scadente, cibi grossolani, cibo semplice

악어 鰐魚 [동물] coccodrillo(아프리카산), alligatore(북미산), gaviale (인도산)

악역 惡役 parte di briccone

악연 愕然 atterito, spaventato, scioccato **-하다** essere scioccato, essere stupefatto

악영향 惡影響 influsso malefico ¶ 악영향을 미치다 esercitare un influsso malefico su q.

악용 惡用 cattivo uso, abuso, uso scorretto **-하다** fare cattivo uso di, abusare di, adoperare male

악우 惡友 compagno cattivo, cattiva amicizia

악운 惡運 sfortuna, mala sorte, la cattiva fortuna

악의 惡意 malevolenza, malanimo, dispetto, malvagio ¶ 악의있는 malizioso, malevole, dispettoso, malvagio // 악의에서 per dispetto, per picca // 악의를 품다 avere malanimo verso

악인 惡人 uomo malvagio, briccone

악장 樂長 direttore d'orchestra, capobanda

악장 樂章 movimento, capitolo

악장치다 litigare violentemente, accapigliarsi

악전고투 惡戰苦鬪 **-하다** combattere disperatamente, lottare furiosamente

악정 惡政 ⇒ 비정(非情)

악조건 惡條件 condizione avversa

악종 惡種 malvivente, uligano, bandito

악질 惡質 malvagità, cattiveria, perfidia

악착 齷齪 pertinacia, durezza, tenacia(끈기) ¶ 악착같다 (essere) pertinace, inflessibile

악처 惡妻 moglie cattiva

악천후 惡天候 tempo inclemente

악취 惡臭 cattivo odore, fetore, puzzo, tanfo

악취미 惡趣味 gusto cattivo

악평 惡評 [평판] reputazione cattiva, [비난] critica sfavorevole **-하다** dire male di q., criticare avversamente

악폐 惡弊 male, vizio, pratica cattiva, cattivo uso

악한 惡漢 un uomo malvagio, briccone, canaglia, mascalzone

악행 惡行 condotta cattiva, male, peccato

악화 惡化 [정세 따위의] un mutamento in peggio, peggioramento, aggravamento, [품질] deterioramento, [심정 따위] degenerazione, corruzione **-되다** cambiare in peggio, peggiorare, aggravare, deteriorare

안 ① [내] interno, parte interna ¶ 안으로부터 dall'interno // 안으로 모시다 accompagnare q. alla camera degli ospiti ② [이내] entro, meno di, dentro ¶ 1주일안에 entro una settimana // 기한안에 entro un limite di tempo ③ [이면] rovescio, retro, parte posteriore ¶ 안을 뒤집다 rovesciare ④ [옷의] fodera ⑤ [내실] gabinetto di toletta(da signora) ⑥ [아내] moglie, [여자] le donne ＊ **-방** gabinetto di toletta (da signora) **-사돈** suocera **-주인** padrona di casa

안[2] (案) [제안] proposta, offerta, [고안] congegno, dispositiva, [계획] progetto, programma, [의안] disegno di legge ¶ 안을 거부하다 respingere il disegno di legge | ＊ **결의**- risoluzione

안간힘 ¶ 안간힘을 쓰다 trattenere (indignazione)

안감 fodera

안강 鮟鱇 【물고기】 rana pescatrice, Lofidi

안개 nebbia, bruma, foschia ¶ 안개가 짙은 nebbioso // 안개 낀 아침 mattina nebbiosa // 짙은 안개 nebbia fitta(densa) // 안개가 걷힌다 la nebbia si alza. // 안개가 끼어있다 C'è nebbia.

안건 案件 faccenda, causa, questione

안경 眼鏡 occhiali, lenti, [방진, 비행사용] occhiali di protezione ¶ 원시 안경 occhiali da presbite //

근시 안경 occhiali da miope // 안경을 쓰다[벗다] mettersi[levarsi] gli occhiali

안계 眼界 il campo visivo ¶ 안계내[외] 에 dentro[fuori] vista // 안계에 들어오다 giungere in vista di

안고나다 assumersi il compito, incaricarsi, impegnarsi

안과 眼科【의학】oftalmologia * **-의** oculista

안광 眼光 luminosità degli occhi

안구 眼球 globo dell'occhio, bulbo oculare * **-결막** congiuntiva oculare **-염** oftalmia

안기다 ① [품에] abbracciarsi ¶ 안기고 있다 Si è abbracciato. ② [알을] mettere a covare ③ [죄, 책임 따위를] attribuire la responsabilità a q., dimostrare la colpevolezza di q.

안내 案內 [인도] guida, [초대] invito, [통지] avviso **-하다** accompagnare, condurre, guidare, portare ¶ 좌석에 안내하다 accompagnare al posto * **-서** guida **-소** ufficio informazioni **-인** guida, [좌석의] maschera

안녕 安寧 ①pace, benessere, buona salute **-하다** stare bene ② [인사] ¶ 안녕하십니까 Come sta?, (오전에) Buon giorno!

안다 [팔에] abbracciare

안단테【음악】andante

안달 irritazione, impazienza **-하다** agitarsi, irritare, essere impaziente, non sopportare qlco. ¶ 가지못해 안달하다 essere ansioso di andare * **-뱅이** una persona nervosa

안도 安堵 sollievo, conforto **-하다** essere sollevato, trovarsi a proprio agio * **-감** il senso di sollievo

안되다 ① [금지] non dovere, non fare(하지 마라), essere impedito [proibito] (금지), non essere permesso (허가되지 아니하다) ¶ 개는 안된다 I cani non sono ammessi. // 그것에 손대면 안된다 Non devi toccare quello. // 그는 술을 마시면 안된다 Gli è stato proibito il vino. ② [필요, 의무] dovere, bisognare (필요), essere richiesto (요구) ¶ 규칙을 어겨서는 안된다 Devi rispettare le regole. // 그들이 거기에 가지 않으면 안되지 않을까요? Dovrebbero andarci, no? // 우리는 이웃을 사랑하지 않으면 안된다 Dovremmo amare il prossimo. ③ [예방] ¶ ...하면 안되니까 per paura che, affinché, per tema che // 비가 오면 안되니까 per paura che piovesse

안뜰 cortile, corte

안락 安樂 agio, comodità **-하다** (essere) agevole, comodo ¶ 안락한 생활 una vita agiata, comoda // 안락하게 지내다 vivere nell'agiatezza * **-사** eutanasia **-의자** una poltrona

안력 眼力 forza di visione, capacità di osservazione

안료 顔料 [화장용] cosmetico, [도료] vernice, [색소] pigmento

안마 按摩 massaggio **-하다** massaggiare * **-요법** osteopatia

안마당 corte interna

안면 安眠 una bella dormita **-하다**

dormire bene, passare una buona nottata, dormire un sonno profondo ¶ 안면을 방해하다 disturbare una dormita

안면 顔面 ① [얼굴] faccia ¶ 안면의 facciale // 안면의 표정 espressione facciale ② [지면] conoscenza ¶ 그와는 안면이 있다 Lo conosco. * **안면각** angolo facciale

안목 眼目 il senso di discriminazione ¶ 안목이 있는 사람 un uomo dotato di buon intuito // 안목이 있다 avere buon occhio, sapere giudicare

안무 按撫 pacificazione **-하다** pacificare, calmare

안무 按舞 composizione di danza, [사람] coreografo **-하다** comporre (un ballo)

안방 -房 stanza interna, camera da donna

안배 按配 [배치] sistemazione, [배분] assegnazione **-하다** accomodare, distribuire, assegnare, ordinare

안벽 岸壁 banchina, molo interno, calata

안보 安保 sicurezza

안부 安否 salvezza, benessere, salute, [소식] notizie ¶ 안부를 묻다 informarsi della salute di q., chiedere notizie di q. // 어머님께 안부 전해주십시오 La prego di porgere i miei ossequi a Sua madre

안사돈- 査頓 suocera della figlia

안사람 (mia) moglie

안색 顔色 ① [혈색] carnagione, colorito ¶ 혈색이 좋다[나쁘다] avere una bella[brutta] carnagione // 안색이 변하다 impallidire ② [표정] espressione (del volto), fisionomia ¶ 그의 감정이 안색에 나타났다 Il suo viso tradiva i suoi sentimenti.

안성마춤 安城- proprio quello che ci vuole[che ci voleva], proprio cosi, proprio quella cosa ¶ 안성마춤의 appropriato, adatto, conveniente

안수 按手 **-하다** confermare * **-례** confermazione

안식 安息 riposo, pace, rilasciamento **-하다** riposare, riposarsi * **-교** Avventisti del settimo giorno **-일** giorno di riposo, sabato

안식 眼識 acume, discernimento, intuito ¶ 안식이 있는 사람 un uomo dotato di buon intuito

안식처 安息處 rifugio, ricovero

안식향 安息香【화학】benzoine

안심 安心 conforto, sollievo, tranquillità dello spirito **-하다** essere confortato, sentirsi sollevato, trovarsi a suo agio ¶ 그 소식을 듣고 안심했다 A quella notizia mi sentii assai sollevato.

안심찮다 安心- ① trovarsi a disagio, (essere) inquieto, ansioso ② essere addolorato

안아맡다 assumersi la responsabilità

안염 眼炎 oftalmia

안온 安穩 pace, tranquillità, quiete, calma **-하다** (essere) pieno di calma, quieto, tranquillo

안위 安危 sicurezza, benessere, fato

안이 安易 agevolezza, facilità, comodità **-하다** (essere) agevole, facile ¶ 안이한 comodono // 안이하게 agevolmente, facilmente

안일 faccenda domestica

안일 安逸 ozio, pigrizia, inattività, indolenza **-하다** (essere) ozioso, pigro, inattivo, indolente ¶ 안일하게 살다 vivere nell'ozio

안짝 entro

안장 鞍裝 sella ¶ 안장을 얹다 sellare (un cavallo)

안전 安全 sicurezza, salvezza **-하다** (essere) al sicuro, salvo ¶ 안전한 장소 un posto sicuro // 안전히 in salvo, al sicuro, con sicurezza // * **-기** catenaccio di sicurezza, chiavistello di sicurezza **-면도** rasoio di sicurezza **-보장** sicurezza **-보장 이사회** il Consiglio di sicurezza **-성** sicurezza **-핀** spilla di sicurezza, spilla da balia **-제안** cautezza

안전 眼前 ¶ 안전의 immediato, imminente, sovrastante // 안전에 sotto il naso di q.

안절부절못하다 (essere) irrequieto, nervoso, aver il fuoco al sedere, smaniare, stare sulle spine, non stare più in sè per la smania ¶ 안절부절 못하여 nervosamente, impazientemente

안정 安靜 riposo, calma, pace **-하다** (essere) quieto, calmo, tranquillo ¶ 절대안정 riposo assoluto // 안정시키다 acquietare, calmare, tranquillare * **-요법** cura del riposo

안정 安定 stabilità, [평형] equilibrio, [안정화] stabilizzazione, [침착] sistemazione, composizione **-하다** stabilizzarsi, sistemarsi ¶ 안정되어 있다 essere stabile // 통화를 안정시키다 rendere stabile una moneta // 정치적 안정 equilibrio politico * **-감** il senso di stabilità

안정 眼睛 pupilla

안쪽 parte interna, interno ¶ 안쪽의 interno, interiore // 안쪽에 all'interno, dentro

안주 安住 conforto, comodità **-하다** vivere nell'ozio

안주 按酒 aperitivo con i liquori, guarnizione ¶ 술과 안주 vini e commestibili

안주인 padrona di casa

안중 眼中 ¶ 안중에 두지 않다 non tenere in alcun conto, sprezzare, sfidare

안질 眼疾 occhi che fanno male

안집 casa interna

안차다 (essere) audace, coraggioso, , netto

안착 安着 arrivo sicuro **-하다** raggiungere (un posto) sano e salvo, arrivare al sicuro

안출 案出 invenzione, escogitazione **-하다** escogitare, trovare, elaborare, inventare * **-자** chi fa piani, inventore

안치 安置 **-하다** mettere in una reliquia

안타 安打【야구】colpo ¶ 안타를 치다 far colpo, avere successo

안타까와하다 ① [애태우다] essere ansioso di, essere contrariato ② [애처로와하다] essere straziante

안타깝다 (essere) contrariato, irritato

안테나 antenna

안티피린【약】antipirina

안팍 ① [안과밖] l´interiore e l'esteriore, interno e esterno ② [표리] due lati ¶ 안팍이 있는 사람 imbroglione // 안팍이 없는 sincero, schietto ③ [내외] più o meno, press´a poco, circa ¶ 일주일 안팍 circa una settimana

안표 眼標 segno, contrassegno **-하다** segnare, rivelare

안하 眼下 ¶ 안하에 sotto gli occhi di q., apertamente, scopertamente

안하무인 眼下無人 ¶ 안하무인이다 non tenere in alcuna considerazione, essere arrogante, non pensare che a se stesso

앉다 ① [자리에] sedere, prendere posto a sedere, mettersi a sedere ¶ 식탁에 앉다 sedere a tavola // 편하게 앉다 accomodarsi ② [지위에] occupare (un posto) ¶ 책임 있는 지위에 앉다 occupare un posto di grande responsabilità ③ [새 따위가] posarsi, appollaiarsi¶ 새들이 나무위에 앉았다 Luccello si posò su un ramo.

앉은뱅이 mutilato

앉은 일 lavoro sedentario

앉은 저울 bascula, bilancia a bilico

앉을 자리 un posto da sedersi

앉히다 ① [앉게 하다] collocare, far sedere ② [자리에] nominare, designare

않다 non ¶ 그는 정직하지 않다 Lui non è sincero.

않을 수 없다 essere costretto [obbligato] a, non potere evitare di, fare a meno di ¶ 웃지 않을 수 없다 fare a meno di ridere // 가지 않을 수 없다 essere costretto ad andare

알[1] uovo ¶ 알을 낳다 fare un uovo, deporre (le uova)

알[2] ① [난알] grano, chicco ② [작고 둥근 것] globo ¶ 눈알 globo dell´occhio, bulbo oculare

알- nudo, spoglio, privo ¶ 알밤 castagna sgusciata // 알몸 corpo nudo

알곡 -穀 cereali, granaglie

알다 ① [일반적] sapere, conoscere, rendersi conto bene di ¶ 내가 아는 바로는 per quel che ne so io, a mia conoscenza // 아는 체하다 fingere di sapere // 이름[얼굴] 을 알다 conoscere q. di nome[di vista] ② [이해] capire, comprendere, intendere, [의미 따위를] afferrare, [어려운 것을] accorgersi di, decifrare, [설명, 강의 따위를] seguire, [음악 따위를] apprezzare ¶ 알았습니다 Vedo, Capisco, Sì. // 그의 편지는 무엇을 말하고 있는지 알 수 없다 Non posso capire il senso della sua lettera // 나는 내 잘못임을 알았다 Mi sono accorto che avevo torto. ③ [아는 사이] conoscere, fare la conoscenza di q. ¶ 아는 사람은 많아도 친구는 별로 없다 Ho molti conoscenti ma pochi amici. ④ [인정하다, 깨닫다] riconoscere, ravvisare, accorgersi di, essere convinto di ¶ 위험을

알다 accorgersi del pericolo, sentire il pericolo ⑤ [발견] accorgersi di, avvertire ¶ 물정을 아는 사람 una persona dotata di buon senso, un uomo sensato ⑥ [관여(關與) 하다] essere in relazione con, centrare in ¶ 네가 알 바 아니다 Non è affare tuo // 나는 그 일에 아는 바 없다 Io non c'entro. ⑦ [느끼다] sentire, essere conscio di, capire pienamente ¶ 나는 내 결점을 안다 Sono conscio dei miei difetti. ⑧[간주하다] considerare, riguardare, giudicare ¶ 나는 그를 진실한 친구로 안다 Lo considero un amico sincero

알뚝배기 scodella di terracotta

알뜰살뜰 -하다 (essere) parsimonioso, frugale

알뜰하다 (essere) economico, parsimonioso, assiduo ¶ 알뜰한 살림꾼 una massaia parsimoniosa // 알뜰히 economicamente, frugalmente

알랑거리다 cercare d'ingraziarsi q. adulandolo, adulare, lusingare, [여자가] civettare, fare la civetta

알랑쇠 adulatore, adulatrice, lusingatore, lusingatrice

알랑알랑 furbamente

알량하다 [반의적] (essere) proprio fine, raffinato

알레그로【음악】allegro

알레르기 allergia ¶ 알레르기성의 allergico

알려지다 (essere) noto, conosciuto, rinomato, diventare famoso ¶ 잘 알려진 famoso, noto, notorio // 알려지지 않게 하다 mantenere un segreto

알력 軋轢 attrito, dissenso, disaccordo ¶ 두 이사 간에 알력이 있을 것이다 Ci sarà attrito fra i due amministratori.

알로까다 (essere) acuto, accorto, avveduto

알록달록 screziatamente ⇒ 얼룩덜룩하다

알루미니움 alluminium

알른거리다 scintillare, vibrare, tremolare ⇒ 어른거리다

알리다 far sapere, avvertire, avvisare, informare, comunicare ¶ 미리 알리다 informare in anticipo // 알리지 않고 두다 mantenere un segreto // 경찰에 알리다 annunziare alla polizia

알리바이 alibi

알맞다 (essere) appropriato, adatto, conveniente, opportuno ¶ 알맞은 값 prezzi modici[ragionevole] // 알맞은 때에 in un momento opportuno // 알맞은 대답 una risposta adeguata // 알맞게 adattamente, adeguatamente // 이 일에 알맞은 도구 l'arnese adatto a questo lavoro

알맹이 [과실] nocciolo, osso, [실질] sostanza, materia, contenuto ¶ 알맹이 없는 vuoto // 알맹이 있는 sostanziale, concreto

알몸뚱이 corpo nudo

알밤 castagna

알배기 pesca piena di uova

알부랑자- 浮浪者 briccone, sfacciato

알부민【화학】albuminia

알부피 massa netta

알싸하다 avere sapore acuto[piccante]

알쌈 involtino primavera

알선 斡旋 buoni uffici, interessamento, mediazione(중개) **-하다** dire una buona parola in favore di q., raccontare qlcu., intercedere ¶ 그는 아버지의 알선으로 취직하였다 Lui ha ottenuto il posto (di lavoro) per l'interessamento di mio padre. * **-자** mediatore, intercessore

알쏭달쏭하다 ① [무늬가] (essere) multicolore, variegato, screziato ¶ 알쏭달쏭한 광대옷 un abito multicolore (portato un empo dai buffoni) ② [뜻이] (essere) ambiguo, equivoco, oscuro, elusivo ¶ 알쏭달쏭하게 말하다 equivocare (su qlco.), dire in modo ambiguo // 알쏭달쏭한 태도를 취하다 Tenere un atteggiamento ambiguo.

알슬다 (물고기, 곤충, 닭이) deporre (le uova)

알아내다 scoprire, trovare, scorgere, individuare(장소를) ¶ 비밀을 알아내다 Scoprire un segreto.

알아듣다 [의미를] afferrare, [도리를] ascoltare la voce della ragione, [납득] capire, comprendere ¶ 내말을 알아듣겠소? Comprendi quel che voglio dire?

알아맞히다 indovinare, cogliere nel segno, azzeccare giusto ¶ 새단어의 뜻을 알아 맞히다 indovinare il senso di una parola nuova

알아보다 [문의] domandare, chiedere, rivolgersi (a q. per informazioni) ¶ 사무실에 알아봐라 Rivolgersi all'ufficio. // 마음을 알아보다 cercare di penetrare il cuore (di q.)

알아주다 riconoscere, ammettere

알아차리다 essere consapevole di qlco., rendere conto di qlco., accorgersi di

알아채다 essere consapevole di, essere conscio di, sentire il pericolo, percepire, avere sentore di, fiutare ¶ 사람의 눈치를 알아채다 Leggere nel cuore degli uomini.

알아하다 fare secondo la propria discrezione, fare a proprio giudizio ¶ 알아해라 Fai a modo tuo.

알 에이치 RH(Rhesus) * **-팩틴** [인자] fattore RH, fattore Rhesus

알알하다 (essere) pungente, dolore ¶ 찬바람에 얼굴이 알알하다 Il vento freddo mi fa bruciare la faccia. // 손이 알알하다 Ho un dolore a una mano.

알약 pasticca, compressa

알은체 -하다 ① interferire, ingerirsi ② [인사] riconoscere come amico, salutare

알음알음 [아는 관계] conoscenza mutuale, [친분] rapporti intimi

알짜 essenza, quintessenza, parte migliore

알짱거리다 [알랑거리다] cercare d'ingraziarsi q. adulando, adulare, bighellonare

알젓 caviale salato

알칼리 alcali

알콜 alcol, alcool

알토 alto

알통 muscolo

알파 alfa ¶ 알파선 raggio di alfa

알파베트 alfabeto

알파카 【동물】 alpaca

알프스 산맥 le Alpi

알피니스트 alpinista

알현 謁見 udienza **-하다** avere una udienza ¶ 알현을 허락하다 concedere un′udienza

앓는 소리 lamento, mormorio **-하다** lamentarsi, brontolare, lagnarsi

앓다 essere malato, essere ammalato, soffrire di ¶ 이를 앓다 avere mal di dente // 독감을 앓다 soffrire di grossi raffreddori ∗ **-앓이** male, dolore ¶ 배앓이 mal di pancia // 이앓이 mal di dente // 가슴앓이 dolore di petto

암[1] [암컷] femminile, femmineo ¶ 암캐 cagna // 암코양이 gatta // 암탉 gallina, chioccia

암[2] [감탄사] certo!, naturalmente!, senza dubbio!, volentieri!

암 癌 【의학】 cancro ¶ 식도암에 걸리다 avere un cancro della gola

암거 暗渠 canale sotterraneo, galleria filtrante ∗ **-배수** canale sotterraneo di scolo

암거래 暗去來 transazione al mercato nero

암꽃 【식물】 pistillato

암굴 岩窟 caverna, grotta

암기 暗記 memoria **-하다** memorizzare, imparare a memoria ∗ **-력** memoria ¶ 암기력이 좋다 avere buona memoria di, avere una memoria di ferro

암나사 -螺絲 vite femmina

암내 ① odore di ascella, odore di corpo ② (암내나다) essere in fregola

암달러 暗- dollaro al mercato nero

암담 暗澹 **-하다** (essere) deprimente ¶ 암담한 전도 una previsione deprimente // 암담한 상황 una situazione deprimente

암류 暗流 sottocorrente

암만해도 secondo ogni apparenza, a ogni costo, in ogni modo, a tutti i costi

암말 nessuna parola ¶ 암말 않고 senza nessuna parola

암매상 borsanerista, borsa nera, [주류의] contrabandiera

암매장 暗埋葬 ⇒ 암장(暗葬)

암모니아 ammoniaca

암모니움 ammonio

암묵 暗默 silenzio

암벽 岩壁 **등반** scalate su roccia ∗ **-가** rocciatore

암살 暗殺 assassinio **-하다** assassinare ¶ 대통령의 암살을 기도하다 fare un attentato contro la vita del Presidente ∗ **-범** assassino, sicario

암상부리다 rivelare gelosia

암상스럽다 (essere) geloso, invidioso

암상피우다 ⇒ 암상부리다

암석(岩石) roccia ¶ 암석이 많은 roccioso, pieno di rocce, sassoso ∗ **-학** petrologia, petrografia

암소 vacca, mucca

암송 暗誦 brano imparato a memoria **-하다** recitare a memoria

암수 maschio e femmina

암수 暗數 ⇒ 속임수

암술【식물】pistillo
암시 暗示 accenno, allusione, suggerimento **-하다** accennare, alludere, suggerire ¶ 암시를 주다 far capire qlco. // 암시적인 allusivo
암시장 暗市場 borsa nera
암실 暗室 camera oscura
암암리 暗暗裡 ¶ 암암리에 tacitamente, implicitamente
암약 暗躍 l'azione segreta
암염 岩鹽【광물】salgemma ＊ **-갱** miniera di salgemma
암영 暗影 ombra, oscurità, buio ¶ 암영을 던지다 gettare ombra su, rattristare, gettare nella tristezza
암운 暗雲 nuvola nera ¶ 암운으로 덮히다 essere nascosto dalla nuvola nera
암유 暗喩 [수사] metafora
암자 庵子 eremitaggio, eremo, romitaggio
암자색 暗紫色 porpora scura
암장 暗葬 seppellimento segreto **-하다** seppellire segretamente
암종 癌腫【의학】cancro
암죽 -粥 pappa acquosa
암중 nel buio ¶ 암중모색하다 brancolare nel buio, tentare a tentoni
암초 暗礁 scogliera, banco di scogli a fior d'acqua ¶ 암초에 걸리다 urtare negli scogli, naufragare
암캐 cagna
암컷 femmina
암탉 gallina, chioccia
암퇘지 troia
암투 暗鬪 conflitto nascosto, lotta segreta, disaccordo
암팡스럽다 (essere) baldo, audace, coraggioso, impavido
암팡지다 (essere) baldo, coraggioso
암펄 ape regina
암페어 ampere
암평아리 pollastra
암표상 speculatore
암행 暗行 il viaggiare in incognito **-하다** viaggiare in incognito
암호 暗號 [주로 상업용] codice, [군호] parola d'ordine, [비밀 암호] cifra ¶ 암호로 쓰다 scrivere in codice // 암호를 묻다 chiedere la parola d'ordine ＊ **-장** cifrario **-전보** telegramma cifrato **-문** crittogramma **-해독법** crittografia
암흑 暗黑 oscurità, buio ＊ **-시대** [중세의] l'alto Medievo **-가** il mondo del crimine, la malavita **-색** nero come la pece
압권 壓卷 punto culminante, momento di maggior interesse, parte migliore, acme
압도 壓倒 **-하다** opprimere, sopraffare, schiacciare ¶ 압도적인 승리 vittoria sopraffatta, [선거에서의] schiacciante vittoria elettorale
압력 壓力 pressione, stress ¶ 대기의 압력 pressione atmosfera // 압력을 가하다 fare pressioni su q. ＊ **-계** misuratore di pressione, manometro **-단체** gruppo di pressione
압류 押留 sequestro, pignoramento **-하다** confiscare, sequestrare, pignorare ¶ 그의 재산은 압류되었다 le sue proprietà furono messe sotto sequestro. ＊ **-영장** ordine di sequestro **-인** creditore che fa

sequestrare i beni altrui, sequestratore

압박 壓迫 pressione, oppressione **-하다** opprimere, sopprimere, imporre, ottenere con la forza ¶ 압박을 받고 sotto pressione, sotto lo stimolo di * **-자** oppressore, tiranno **-감** il senso di oppressione

압사 壓死 morte da pressione [schiacciamento] **-하다** morire schiacciato da, schiacciare, stritolare

압송 押送 **-하다** scortare (un criminale)

압수 押收 confisca **-하다** confiscare, entrare in possesso di ¶ 밀수품을 압수하다 confiscare le merci di contrabbando * **-품** proprietà

압승 壓勝 vittoria sopraffatta, schiacciante vittoria **-하다** vincere sopraffattamente

압연 壓延 laminatura **-하다** laminare * **-공장** laminatoio

압운 押韻 [시] rima **-하다** rimare

압정 押釘 bulletta, puntina da disegno

압정 壓政 tirannia(학정), despotismo(전제)

압제 壓制 [압박] oppressione, [폭정] tirannia, [강제] dispotismo, coercizione **-하다** opprimere, tiranneggiare ¶ 압제적 oppressivo, tirannico, dispotico, prepotente // 압제적으로 oppressivamente, prepotentemente * **-자** oppressore, tiranno, dispota **-정치** dispotismo

압지 壓紙 carta assorbente

압착 壓搾 pressione, compressione **-하다** comprimere, primere * **-기** compressore **-공기** aria compressa **-가스** gas compresso

압축 壓縮 compressione, contrazione, condensazione **-하다** comprimere, contrazione, condensazione

앗 ah!, Dio mio!, Santo cielo!

앗기다 ⇒ 빼앗기다

앗다 ① [빼앗다] portare via, privare ⇒ 빼앗다 ② [씨빼다] ginnare (cotone)

앗아가다 rapire, sequestrare

앗아라 no!, smettila!

앙가슴 centro di petto

앙감질하다 saltare

앙갚음 vendetta, rivalsa **-하다** far vendetta su q., vendicarsi di q. ¶ 원수에게 앙갚음하다 far rappresaglie su di un avversario

앙그러지다 ① [음식이] (essere) appetitoso ② [어울리다] (essere) adatto, conveniente

앙금 sedimento, (pl.) fondi(커피 따위의), feccia(술찌꺼기), posatura

앙금앙금 strisciantemente ⇒ 엉금엉금

앙등 仰騰 salita improvvisa, aumento improvviso, salto **-하다** salire all'improvviso

앙망 仰望 speranza, gran desiderio, voglia, richiesta

앙모 -하다 仰慕 ammirare, adorare, amare molto, venerare

앙바틈하다 (essere) tozzo, tarchiato, corto

앙상궂다 (essere) macilente, scarno

앙상블 complesso
앙상하다 (essere) allampanato, smunto, sparuto
앙숙 怏宿 ¶ 앙숙이다 avere rapporti tesi con q.
앙심 怏心 rancore, dispetto, ostilità ¶ 앙심깊은 dispettoso, vendicativo // 앙심품다 nutrire rancore verso
앙앙하다 怏怏- (essere) sconsolato, disgraziato, infelice, sventurato
앙양 昂揚 elevamento, aumento **-하다** elevare, innalzare, aumentare, sollevare
앙증스럽다 ⇒ 앙증하다
앙증하다 (essere) molto piccolo, piccino
앙천대소하다 ridere rumorosamente [sguaiatamente]
앙칼스럽다 (essere) fiero, acuto, tenace, persistente
앙케이트 richiesta d'informazioni, indagine
앙코르 bis, ancora
앙큼스럽다 ⇒ 엉큼스럽다
앙큼하다 ⇒ 엉큼하다
앙탈 -하다 rimbottare, infastidire ¶ 앙탈부리는 아내 una moglie bisbetica
앙화 殃禍 calamità, disastro, disgrazia, sventura
앞 ① [미래] futuro, avvenire, prospettiva ¶ 앞으로 in futuro, per l'avvenire, d'ora innanzi, d'ora in poi, d'ora in avanti // 앞으로 10년후 dieci anni d'ora in poi ② [전방, 전면] fronte, parte anteriore ¶ 앞으로(에) di fronte a, dirimpetto a, davanti a, prima di, in anticipo a, in avanti // 앞줄 prima fila // 집앞에 di fronte alla casa // 1마일앞에 a un miglio di distanza // [구령] 앞으로 가! Marcia in avanti! ③ [면전] presenza ¶ 앞에서 alla presenza di, al cospetto di, a dispetto di // 신 앞에서 만민은 평등하다 Al cospetto di Dio tutti gli uomini sono uguali. // 나는 모든 사람들 앞에서 그것을 하겠다 Lo farò alla presenza di tutti. // 사람들 앞에서 in compagnia, in pubblico ④ [순위] il primo, [이전] precedente ¶ 앞서 in anticipo su, in testa a, davanti a, in precedente, tempo addietro // 앞서 말한 predetto, suddetto, sopraccitato // 앞서 가다 progredire, andare avanti, tirar diritto ⑤ [몫] porzione, parte ⑥ [편지의] rivolto a ¶ 그 편지는 내가 아니라 네 앞으로 온 것이다 Quella lettera è rivolta a te, non a me.
앞가슴 mammella, seno, petto
앞길 futuro, prospettiva, vista, speranza ¶ 앞길이 유망한 청년 un giovane promettente // 앞길이 유망하다 avere un brillante avvenire in
앞날 [장래] futuro, [여생] il resto della propria vita ¶ 여생을 위해 저축하다 risparmiare denaro per il futuro
앞니 denti incisivi
앞다리 [짐승의] zampa anteriore
앞당기다 anticipare (una data)
앞대문 -大門 frontale porta
앞뒤 [전후] avanti e dietro, anterio-

re e posteriore, [순서] ordine, successione, [결과] conseguenza ¶ 앞뒤 생각없이 incurantemente, incurante della conseguenza // 앞뒤가 맞지 않다 essere contraddittorio[incoerente]

앞뒷집 vicini, prossimi

앞뜰 il giardino davanti alla casa

앞머리 fronte

앞못보다 essere cieco

앞문 -門 porta frontale

앞바다 mare aperto, il largo

앞바퀴 ruote anteriori, ruote davanti

앞발 zampa anteriore (di quadrupede)

앞서 ① [이전에] davanti, prima di, precedentemente, in precedente ¶ 이에 앞서 prima di questo ② [미리] in anticipo, in precedente, tempo addietro

앞서다 [선행] andare avanti, precedere, venire prima di, andare in testa, prendere l'iniziativa, [탁월] eccellere, sorpassare, superare ¶ 경기에서 앞서다 essere in (posizione di) testa in una gara

앞서서 prima di ¶ 출발에 앞서서 prima della partenza

앞세우다 far andare avanti

앞앞이 ciascuno, rispettivamente

앞에 총(銃) [구령] Portat'armi!

앞이마 fronte

앞일 futuro ¶ 앞일에 대비하다 accingersi al futuro // 앞일을 생각하다 contare sul futuro

앞자락 parte anteriore (della giacca)

앞잡이 ① [안내] guida, cicerone(관광객의) ¶ 앞잡이가 되다 agire da guida ② [주구] agente, marionetta, strumento (del vole altrui) ¶ 경찰의 앞잡이 agente di polizia

앞장 [일] testa, capo, [사람] guida ¶ 앞장서서 alla testa di // 앞장서다 essere all'avanguardia, condurre, guidare, essere in testa a

앞정강이 stinco

앞지르다 passare, oltrepassare, superare, avvantaggiarsi su

앞집 casa di fronte

앞치마 grembiule senza maniche

애[1] [수고] agitazioni, sforzo, fatica, [걱정] ansia, preoccupazione ¶ 애쓰다 fare uno sforzo, sforzarsi, darsi pena, stentare(수고) // 애타다 essere preoccupato per qlco.

애[2] bambino, bambina ⇒ 아이

애가 哀歌 elegia, canto funebre, nenia

애개 ma come!, povero me!, beh!, perbacco!

애걸 哀乞 implorazione, supplica, preghiera **-하다** elemosinare, chiedere l'elemosina, implorare

애걸복걸 -하다 哀乞伏乞 implorare, supplicare

애견가 愛犬家 appassionato dei cani

애고 愛顧 favore, benevolenza **-하다** favorire, proteggere

애고 beh! perbacco!

애고머니 [감탄사] Santo cielo!, Dio mio! ⇒ 아이고

애곡 哀哭 lamento, lamentazione, lutto

애교 愛嬌 fascino, incanto, attratti-

va ¶ 애교있는 affascinante, delizioso, attraente, incantevole // 애교부리다 essere tutto sorridente
애교심 愛校心 amore per la propria scuola
애꾸눈이 monocolo
애국 愛國 patriottismo, amore per il proprio paese ¶ 애국심 patriottismo // 애국적인 patriottico * **-자** patriota
애국가 愛國歌 l'inno nazionale
애꿎다 ¶ 애꿎은 사람 una persona irreprensibile[innocente]
애끓다 agitarsi, affliggersi, preoccuparsi
애금가 愛禽家 avicoltore, ornitologo
애달프다 (essere) straziante, assai doloroso, patetico
애당초 per prima cosa, avvio, primo passo, principio ¶ 애당초의 primo, originale, iniziale // 애당초에 in principio, dapprima, sulle prime, fin dall'inizio, [원래] primariamente // 애당초부터 fin dal principio
애도 哀悼 lutto, afflizione, rammarico **-하다** lamentare, accorarsi, deplorare ¶ 애도의 뜻을 표하다 esprimere il proprio rammarico per qlco.
애독 愛讀 amore per la lettura **-하다** leggere piacevolmente ¶ 나는 모라비아를 애독한다 Moravia è il mio romanziere prediletto.
애드 pubblicità, annuncio pubblicitario
애드벌룬 pallone
애련 哀憐 pietà, compassione
애로 隘路 strozzatura, gola(산중의), strettoia(일의)
애림 愛林 conservazione delle foreste
애마 愛馬 il cavallo prediletto
애매 曖昧 ambiguità (말뜻의), possibilità di duplice interpretazione, espressione equivoca (용어의) **-하다** (essere) vago, oscuro, ambiguo, dubbio, evasivo, equivoco ¶ 애매한 대답을 하다 dare una risposta equivoca // 애매한 태도 condotta equivoca
애먹다 essere preoccupato per qlco.
애먹이다 molestare, tormentare, turbare, dare da fare, infastidire
애모 愛慕 attaccamento, affezione **-하다** amare, voler bene a
애무 carezza, gesto affettuoso **-하다** accarezzare, coccolare, vezzeggiare
애벌 la prima volta
애벌레 larva
애브노멀 anormale
애사 哀史 storia dolorosa
애사 愛社 * **-정신** devozione alla propria compagnia
애서가 愛書家 bibliofilo
애석 愛惜 **-하다** (essere) riluttante a
애석 哀惜 lamentazione, afflizione, cordoglio **-하다** lamentare, accorare, affliggersi ¶ 애석한 일이다 È un peccato.
애소 哀訴 appello, implorazione, petizione **-하다** fare appello a, implorare, rivolgere una supplica a
애송 愛誦 amore per la recitazione * **-시** poesia favorita

애송이 sempliciotto, novellino
애수 哀愁 dolore, affanno, lamento cordoglio
애숭이 sempliciotto ⇒ 애송이
애쓰다 fare sforzi, sforzarsi, fare possibile ¶ 몹시 애쓰다 fare ogni sforzo per
애연가 愛煙家 un fumatore impenitente
애오라지 ⇒ 한갓, 오직
애완 愛玩 **-하다** essere molto affezionato a, voler molto bene a * **-물** cosa favorita, animale prediletto **-견** cane prediletto **-자** amatore, appassionato, cultore, intenditore
애욕 愛慾 passione, entusiasmo ¶ 애욕의 노예가 되다 diventare schiavo delle proprie passioni
애용 愛用 uso abituale **-하다** essere cliente abituale di, patrocinare * **-자** cliente abituale
애원 哀願 implorazione, supplica, appello, preghiera **-하다** implorare, supplicare, far appello a * **-자** supplicante
애육 愛育 **-하다** trattare con grande cura
애음 愛飮 **-하다** amare a bere, bere abitualmente * **-애음가** un bevitore impenitente
애인 愛人 amante, innamorato(남자), innamorata(여자)
애자 碍子【전기】isolatore
애절하다 哀切- (essere) triste, patetico, commovente
애정 愛情 affezione, amore, affetto ¶ 애정이 넘치는 amoroso, affettuoso, tenero // 애정없는 결혼 un′unione senz′amore
애제자 愛弟子 discepolo prediletto
애조 哀調 melodia lamentosa, [음악] chiave minore
애족 愛族 **-하다** amare il proprio popolo
애주 愛酒 amore per il vino **-하다** amare i liquori * **-가** un bevitore abituale
애증 愛憎 amore e odio
애지중지 愛之重之 **-하다** tesoreggiare, apprezzare, aver caro
애착 愛着 affezione, attaccamento
애창 愛唱 **-하다** divertirsi molto a cantare
애처 愛妻 moglie adorata * **-가** un devoto marito
애처롭다 [슬프다] (essere) pietoso, compassionevole, misericordioso, lacrimevole, commovente, penoso ¶ 애처로운 장면 una scena penosa // 애처롭게 생각하다 aver pietà di q.
애첩 愛妾 mantenuta prediletta
애초 ¶ 애초에 in principio, dapprima, primariamente, originalmente // 애초의 계획 il progetto iniziale
애칭 愛稱 nomignolo, vezzeggiativo
애타 愛他적 altruistico * **-심** [주의] altruismo **-주의자** altruista
애타다 (essere) preoccupato per, troppo ansioso
애태우다 ① [자기] preoccuparsi (di), tormentarsi ② [남을] infastidire, importunare, seccare, affliggere
애통 哀痛 deplorazione, afflizione,

angoscia **-하다** lamentare, deplorare, accorare, rattristare ¶ 애통한 실수 un deplorevole errore
애틋하다 (essere) doloroso, straziante
애티 fanciullaggine, puerilità ¶ 애티 나다 essere fanciullesco, infantile
애호 愛好 amore, interesse appassionato, passione **-하다** essere appassionato per, voler bene a, amare • **-가** ammiratore, appassionato,
애호 愛護 [보호] protezione, cura amorosa, [보존] conservazione **-하다** proteggere, preservare
애호박 verde zucca
애화 哀話 storia triste [patetica]
애환 哀歡 gioia e dolore (della vita)
액 厄 sventura, sorte avversa, malasorte, disastro ¶ 액을 당하다 aver un incidente
액 額 [금액] somma, quantità, ammontare ¶ 소액 지폐 banconote di piccolo taglio
액 液 [액체] liquido, fluido, [용액] soluzione, [즙] succo(과실의), linfa [나무의]
액년 厄年 anno sventurato
액달 厄- mese sfortunato
액량 液量 misura per liquidi
액면 額面 valore facciale, valore nominale ¶ 액면 이하로 sotto la pari // 액면 이상으로 sopra la pari
액사 縊死 **-하다** impiccarsi
액셀레이터 accelleratore
액세서리 accessorio
액션 azione
액수 額數 somma, ammontare, numero ¶ 상당한 액수 una bella somma
액운 厄運 sventura, disastro, calamità
액일 厄日 giorno sfortunato
액자 額子 la cornice (d'un quadro)
액체 液體 liquido, fluido ¶ 액체의 liquido, fluido * **-공기** aria liqui-da **-동력학** idrodinamica classica **-비중계** idrometro
액취 腋臭 ⇒ 암내 ①
액화 液化【화학】liquefazione **-하다** liquefare, liquefarsi * **-가스** gas liquido[liquefatto]
앨범 album
앰플 ampollo
앰프 amplificatore
앳되다 avere un aspetto giovanile
앵 ronzio
앵두 ciliegia * **-나무** ciliegio
앵무새 鸚鵡- pappagallo
앵속 罌粟 papavero
앵앵 ronzio, brusio ¶ 앵앵거리다 ronzare, fare un brusio
앵하다 (essere) risentito, sentirsi spiacevole
야[1] ① [놀라서] beh!, Dio mio!, Santo cielo!, povero me! ② [부를 때] ehi!, ciao!
야[2] ① [들] campo, podere ② [야당] partito d'opposizione ¶ 야에 있다 essere all'opposizione
야간 夜間 notte ¶ **-의** notturno, della notte * **-근무** lavoro notturno, turno di notte **-통행금지** coprifuoco
야견 野犬 dingo
야경 夜景 vista notturna
야경 夜警 vigilanza notturna,

guardia di notte **-하다** essere di sentinella notturna * **-단** gruppo volontario di cittadini organizzatisi per mantenere l′ordine pubblico in assenza di

야광충 夜光蟲 nottiluca

야구 野球 baseball, pallabase

야구르트 yogurt

야근 夜勤 lavoro notturno, turno di notte

야금 冶金 metallurgia * **-학** metallurgia

야금야금 a poco a poco, un po′ alla volta

야기 夜氣 [밤공기] aria di notte

야기 惹起 **-하다** causare, essere la causa di, far nascere, dare origine a, provocare, produrre, suscitare

야뇨증 夜尿症 enuresi

야단 惹端 ① [소란] clamore, chiasso, [곤란] guaio, imbroglio **-하다** essere chiassoso ② [호령, 호통] sgridata, rimprovero

야담 野談 romanzo storico

야당 野黨 partito d′opposizione

야드르(르) 하다 ⇒ 야들야들하다

야들야들하다 (essere) dolce e delicato, soave, lucido

야료 惹鬧 scotolatura, fischio **-하다** disturbare, interrompere (un oratore), fischiare * **-군** interruttore

야릇하다 (essere) strano, bizzarro, curioso, insolito

야만 野蠻 selvaticchezza, barbarie, stato selvaggio **-하다** (essere) selvaggio, barbaro, incivile

야말로 davvero, proprio, appunto, esattamente, giusto ¶ 그거야말로 내가 찾던 것이다 Proprio quel che cercavo!

야망 野望 ambizione, aspirazione ¶ 야망있는 ambizioso // 그의 최대 야망은 변호사가 되는 것이었다 La sua massima ambizione era di diventare avvocato.

야맹 夜盲【의학】nictalopia

야멸스럽다 (essere) irriverente, crudele, insensibile ¶ 야멸스러운 행동 atti irriverenti // 그는 야멸스러운 사람이다 Lui ha il cuore di pietra.

야멸치다 ⇒ 야멸스럽다

야무지다 (essere) coraggioso, solido, risoluto, robusto ¶ 야무지게 fermamente, stabilmente

야바위 astuzia, frode, inganno ¶ **-하다** frodare, imbrogliare * **-꾼** imbroglione, truffatore, farabutto

야박 野薄 mancanza di cuore, insensibilità **-하다** (essere) freddo, insensibile, arido, crudele ¶ 야박한 세상 mondo freddo

야반 夜半 mezzanotte ¶ 야반에 mezzanotte

야밤중 夜- mezzanotte

야비 野卑 volgarità, grossolanità, rozzezza **-하다** (essere) volgare, rozzo, grossolano ¶ 야비한 말 espressione volgare, volgarismo

야사 野史 storia non ufficiale

야산 野山 collina

야상곡 夜想曲 [음악] notturno

야생 野生 ¶ 야생의 selvatico, selvaggio, incolto **-하다** crescere spontaneamente, rinselvatichire * **-동물** animali selvatici

야성 野性 natura selvatica, rusticità, rozzezza ¶ 야성적 sfrenato, rozzo, zotico // 야성을 나타내다 [동물이] diventare sfrenato

야속 野俗 **-하다** (essere) freddo, insensibile, arido, avventato ¶ 야속한 말을 하다 dire le parole aspre

야수 野獸 bestia, animale ¶ 야수같은 bestiale, da bestia, brutale // 야수성 brutalità

야수 野手 esterno, giocatore che prende e rilancia la palla * **내-** ≪infielder≫, interno **외-** ≪outfielder≫, esterno

야습 夜襲 assalto notturno **-하다** dare assalto notturno a

야시 夜市 mercato notturno

야식 夜食 [저녁밥] cena, [밤참] pasto di mezzanotte

야심 夜深 **-하다** essere tardi di notte ¶ 야심토록 일하다 lavorare fino a tardi

야심 野心 [야망] ambizione, aspirazione(포부), [음모] un disegno malvagio ¶ 야심적 ambizioso // 야심을 품다 essere ambizioso

야아드 iarda

야업 夜業 **-하다** lavorare di notte, fare il lavoro notturno, fare il fatto di notte

야영 野營 campeggio, accampamento, bivacco **-하다** accamparsi, campeggiare, bivaccare * **-지** terreno per campeggio, camping

야옹 miao, il miagolare ¶ 야옹하고 울다 miagolare, fare miao

야외 野外 [들판] campo, [교외] sobborghi, periferia ¶ 야외의 esterno, di fuori // 야외에서 all′aperto, fuori

야위다 dimagrire, assottigliarsi ⇒ 여위다 ¶ 야윈 sottile, magro, scarno

야유 揶揄 bonarie prese in giro, canzonatura, motteggio **-하다** beffarsi, prendersi gioco di, mettere in ridicolo, prendere in giro

야유 野游 merenda all′aperto, scampagnata, picnic

야음 夜陰 tenebre della notte, cuore della notte ¶ 야음을 타고 col favore delle tenebre

야인 野人 [촌사람] rustico, zotico, bifolco

야자 椰子【식물】cocco * **-열매** palma di cocco

야전 野戰 batteria campale • **-병원** ospedale da campo **-포** cannone da campo

야조 夜鳥 uccello notturno

야채 野菜 verdure, ortaggi ¶ 야채의 vegetale * **-밭** orto **-스프** zuppa di verdura **-다이어트** dieta vegetale

야틈하다 (essere) poco profondo

야포 野砲 cannone da campagna, artiglieria da campo(총칭)

야하다 冶- [빛깔이] (essere) fastoso, vistoso

야학 夜學 scuola serale

야합 野合 connessione illegale, [공모] cospirazione **-하다** formare una connessione illegale, [공모] cospirare

야행 夜行 un giro di notte **-하다** girare di notte

야회 夜會 serata, trattenimento, [무

도회] danza * **-복** abito da sera

약 略 [축소] abbreviazione, [생략] omissione, [약자] abbreviazione **-하다** abbreviare, omettere, accorciare, decurtare, tagliare corto

약 約 [대략] circa, pressappoco, intorno

약 藥 ① medicina, fermaco, droga, pillola(알약), specifico(특효약), tonico(강장제), rimedio(치료제) ¶ 약의 medico, di medicina ② [화학약품] prodotto chimico ③ [이익] beneficio, vantaggio * **-병** una bottiglia di medicina **가루-** polvere medicinale, polverina **구두-** lucido per scarpe **두통-** rimedio per il mal di testa **물-** medicina liquida

약간 若干 un po', poco, pochino ¶ 약간의 poco, qualche

약값 藥- prezzo della medicina

약골 弱骨 individuo malaticcio, smidollato, persona dal carattere debole

약과 藥果 ① [과줄] pasta fatta di grano, olio e miele ② [쉬운 일] cosa facile, passeggiata ¶ 그것은 약과다 Per me è una passeggiata.

약관 弱冠 un giovane di vent' anni, l' essere giovanile

약관 約款 stipulazione, patto, clausola

약국 藥局 farmacia, [병원의] dispensario

약기 略記 un primo abbozzo, lineamenti **-하다** dare un primo abbozzo, schizzare, delineare, abbozzare

약다 (essere) accorto, acuto, perspicace, avveduto ¶ 약은 수작 mezzo abile // 약게 굴다 comportarsi accortamente, essere pieno di tatto

약대 【동물】 cammello ⇒ 낙타

약도 略圖 uno schizzo grossolano, un disegno schematico, [지도] una cartina schematica

약동 躍動 vivace movimento, agitazione **-하다** muoversi vivacemente, essere pieno di vita, agitarsi

약력 略歴 breve storia (personale)

약리 藥理 * **-작용** azione medicale

약물 藥物 droga, medicina * **-치료** medicamento

약빠르다 (essere) accorto, acuto, perspicace ¶ 약빠르게 accortamente, avvedutamente // 약빠른 사람 un uomo accorto // 약빠르게 굴다 comportarsi accortamente

약방 藥房 farmacia

약방문 藥方文 prescrizione, ricetta (medica)

약변화 弱變化 【문법】 congiunzione debole(동사의) * **-동사** verbi deboli

약병 藥瓶 fiala, boccetta

약복 略服 vestiti consueti

약사[1] 略史 storia breve, lineamenti

약사[2] 藥師 farmacista

약삭빠르다 essere accorto ¶ 약삭빠른 사람 un uomo avveduto

약석 藥石 medicina

약설 略說 sommario, riassunto

약소 略少 **-하다** (essere) insufficiente, manchevole

약소 弱小 il minore * **-국가** una nazione debole

약속 約束 appuntamento, promessa **-하다** fare una promessa ¶ 약속을

지키다 mantenere un appuntamento // 약속을 깨뜨리다 non tenere fede a un impegno, mancare a un appuntamento
약속어음 約束- pagherò, vaglia cambiario * **-발행인** promettitore
약손가락 (dito) anulare
약솜 ⇒ 탈지 면
약수 藥水 acqua minerale
약수 約數【수학】divisore * **공-** comune divisore
약수터 sorgente termale, terme
약술 略述 riassunto, compendio, breve trattazione **-하다** riassumere, compendiare, schizzare
약시 弱視【의학】ambliopia ¶ 약시의 dalla vista debole
약시중 藥- somministrazione della medicina **-하다** somministrare medicine
약식 略式 mancanza di formalità, tono familiare ¶ 약식의 non ufficiale, informale // 약식으로 senza formalità * **-재판** giustizia sommaria
약어 略語 abbreviazione
약언 略言 **-하다** riassumere ¶ 약언하면 in una parola, in breve
약오르다 [사람이 주어] adirarsi, arrabbiarsi, essere irritato, essere infastidito, sentirsi offeso da
약올리다 fare andare in collera q., fare arrabbiare q., irritare, fare adirare, infastidire, provocare
약용 藥用 uso medicinale
약육강식 弱肉强食의 법칙 la legge della giungla
약음기 弱音器 sordina
약자 略字 [약어] abbreviazione
약자 弱者 una persona debole, perdente
약장 藥欌 armadietto farmaceutico
약전 略傳 schizzo biografico
약전기 弱電氣 leggero elettrodomestico
약점 弱點 il punto vulnerabile, il punto debole, difetto, [불리한 점] svantaggio ¶ 남의 약점을 건드리다 toccare[pungere] sul vivo, mettere il dito sulla piaga
약정 約定 contratto, patto, accordo **-하다** contrarre, fare un contratto con q., promettere ¶ 약정한 pattuito, convenuto // 약정에 의해 secondo accordo
약제 藥劑 medicinale, farmaco * **-사** farmacista
약조 約條 **-하다** promettere, impegnare
약종 藥種 farmacopea
약진 躍進 **-하다** [돌진] lanciare, passare a tutta velocità, avanzare, fare un balzo, [진보] far progresso ¶ 일대약진을 하다 fare un grande progresso
약질 弱質 individuo malaticcio, persona dal carattere debole
약차약차 若此若此 **-하다** (essere) così e cosa
약체 弱體 un corpo debole
약초 藥草 pianta medica
약칭 略稱 abbreviazione
약탈 掠奪 saccheggio, sciacallaggio **-하다** depredare, saccheggiare, mettere a sacco * **-물** spoglie, bottino (di guerra), saccheggio, preda **-자** saccheggiatore, predatore

약품 藥品 medicina, prodotto chimico [화학 약품]

약하다 弱- [연약] (essere) debole, fievole, [섬약] fragile, [허약] malfermo, [미약] indistinto, [섬세] delicato, [술따위가] leggero, mite ¶ 약한 술 vino leggero // 마음이 약한 pusillanime, timido, pietoso // 의지가 약한 di carattere debole // 약하게 debolmente, fragilmente, fievolmente // 약하게 하다 indebolire, affievolire // 약해지다 indebolirsi

약하다 略- abbreviare, accorciare, [생략] tralasciare, omettere, lasciare fuori ¶ 약하여 in breve

약학 藥學 farmacia, farmacologia ∗ **-자** farmacologo

약해 略解 spiegazione approssimativa

약호 略號 indirizzo convenuto, abbreviazione

약혼 約婚 promessa di matrimonio, fidanzamento **-하다** essere fidanzato con, fidanzarsi con ¶ 약혼한 남녀 una coppia di fidanzati // ...와 약혼한 사이다 essere fidanzato con ∗ **-반지** anello di fidanzamento **-자** fidanzato, fidanzata, promesso sposo, promessa sposa

약화 略畵 un disegno schematico

약화 弱化 indebolimento **-하다** indebolir(si), infiacchire

약효 藥效 effetto [virtù] della medicina ¶ 이 약은 약효가 나타나지 않았다 Questa medicina non ha lasciato alcun effetto.

얄궂다 (essere) brutto, cattivo ¶ 얄궂은 날씨 cattivo tempo

얄긋거리다 tremare, essere instabile

얄따랗다 (essere) sottile

얄망궂다 (essere) imprudente

얄밉다 (essere) offensivo, disgustoso, sgradevole, spiacevole, odioso

얄팍하다 (essere) leggero

얇다 (essere) fino ⇒ 엷다

얌심 gelosia ¶ 얌심부리다 dimostrare gelosia ∗ **-데기** persona invidiosa

얌전하다 ① [행동] (essere) gentile, modesto, educato, grazioso, gradevole ¶ 얌전하게 gentilmente, modestamente, gradevolmente // 얌전한 아이 ragazzo gentile // 얌전하게 굴다 comportarsi bene ② [일, 작품] (essere) bravo, eccellente, ben fatto ¶ 얌전한 옷 un bel vestito // 얌전한 작품 un lavoro accurato, ben fatto

양 羊 ariete, montone(수컷), pecora(암컷), montone castrato(거세한), agnello(새끼양) ¶ 양치는 사람 pastore, pecoraio ∗ **-가죽** pelle di pecora **-고기** carne di montone **-떼** un gregge di pecore **-털** lana

양 陽 qualità positiva

양 量 ①[분량] quantità, gran numero, volume ¶ 양적[으로] quantitativo [quantitativamente] // 양이 줄다 diminuire in quantità ② [식량] capacità di cibo ¶ 양껏 먹다[마시다] mangiare[bere] a volontà // 양껏 in quantità, a sazietà

양 良 buono, bravo, onesto ¶ 양민

le fate // 양서 libri adatti
양- 洋- forestiero, estero, occidentale ¶ 양품 prodotti esteri
-양 **洋** oceano ¶ 대서양 l′Oceano Atlantico // 인도양 l′Oceano Indiano
양 -兩 ambedue, entrambi, due, coppia ¶ 양면 ambo i lati, due facce
양 -孃 signorina ¶ 김양 signorina Kim
양가 良家 buona famiglia ¶ 양가의 처녀 una ragazza di buona famiglia
양가 兩家 ambo le famiglie
양가 養家 famiglia adottiva
양각 陽刻 rilievo, sbalzo ¶ 양각으로 하다 lavorare a sbalzo * **-세공** lavoro in rilievo
양각기 兩脚器 compasso
양간 陽幹 **-하다** seccare al sole * **-벽돌** mattone cotto al sole
양계 養鷄 pollicoltura, avicoltura **-하다** coltivare i polli * **-업** pollicoltura **-장** allevamento di polli **-가** pollicoltore, allevatore di polli
양곡 糧穀 cereale, granaglie, grano, frumento, provviste * **-상** commerciante in granaglie
양국 兩國 ambedue i paesi
양군 兩軍 ambo le armi
양궁 洋弓 arte del tiro con l′arco(궁술), arco occidentale(도구)
양귀비 楊貴妃【식물】papavero da oppio
양극 陽極【전기】polo positivo, anodo
양극 兩極 due poli, polo positivo e polo negativo ¶ 양극의 bipolare * **-지방** circolo polare
양극단 兩極端 due estremi ¶ 양극단은 일치한다 Gli estremi si toccano.
양금 洋琴 una specie di cetra tirolese
양기 陽氣 ① [볕] luce del sole, splendore del sole ② [남자의] vigore, energia, vitalità
양난 兩難 dilemma
양날 兩- lama a doppio taglio
양녀 養女 figlia adottiva
양념 spezie, condimento ¶ 양념을 치다 condire con spezie, insaporire, dare sapore a // 양념이 든 (ben) condito, insaporito
양다리 兩- ¶ 양다리 걸치다 rimanere neutrale
양단 兩端 ambo le estremità
양단 兩斷 **-하다** tagliare in due
양단 洋緞 raso occidentale
양단간 兩端間 in qualche modo, per qualche motivo, a ogni modo, a tutti i costi ¶ 양단간에 그 일을 끝내야 한다 A ogni modo devo finirlo.
양담배 洋- tabacco importato
양떼구름 羊- cirrocumulo
양도 讓渡 trasferimento, cessionario, trapasso, atto di cessione **-하다** trasferire, cedere, trasmettere (proprietà da altri) ¶ 양도할 수 있는 trasferibile * **-인** cedente **피-인** cessionario
양도체 良導體【전기】buono conduttore (d′elettricità)
양돈 養豚 allevamento di suini **-하다** allevare i maiali * **-가** allevatore

di maiali
양동이 洋- vasca metallica
양동작전 陽動作戰 dimostrazione
양두 兩頭 * **-정치** diarchia
양력 陽曆 calendario giuliano
양로 養老 * **-보험** assicurazione mista **-연금** pensione di vecchiaia, pensione sociale **-원** ricovero di vecchiaia
양륙 揚陸 sbarco, approdo **-하다** sbarcare, scaricare * **-장** approdo, scalo
양립 兩立 coesistenza, compatibilità, conciliabilità **-하다** essere compatibile, coesistere ¶ 양립할 수 있다[없다] essere conciliabile [inconciliabile] con
양막 羊膜【해부】amnio
양말 洋襪 calza corta(짧은), calzino, calza lunga(긴) ¶ 양말 한켤레 un paio di calze * **-대님** giarrettiere **-류** calze e calzoni, calzettiera
양면 兩面 ¶ 양면의 doppio, falso, ipocrita, bifronte
양모 養母 madre adottiva
양모 羊毛 lana ¶ 양모의 di lana * **-상** commerciante di lana
양미간 兩眉間 fronte
양민 良民 le fate
양반 兩班 signore, nobile, nobiluomo, gentiluomo, cittadini rispettosi della legge
양방 兩方 entrambi, ambedue, l′uno e l′altro, tutt′e due, [부정] ne l′uno e l′altro
양배추 洋- cavolo
양버들 洋-【식물】pioppo
양병 養兵 l′addestramento delle truppe **-하다** addestrare truppe
양보 讓步 concessione, conciliazione **-하다** concedere, fare una concessione ¶ 양보적 concessivo, conciliativo
양복 洋服 abbigliamento occidentale ¶ 주문 양복 abito fatto su ordinazione * **-감** panno **-걸이** attaccappanni **-장** guardaroba, armadio **-장이** sarto **-점** sartoria
양봉 養蜂 apicoltura **-하다** allevare le api * **-가** apicoltore
양부 良否 qualità
양부 養父 padre adottivo
양부모 養父母 genitori adottivi
양분 兩分 bisezione **-하다** biforcare, tagliare in due
양분 養分 nutrimento, alimento, sostanza nutriente ¶ 양분이 있다 essere nutriente
양산 量産 produzione in serie
양산 洋傘, 陽傘 parasole, ombrellino da sole
양상 樣相 aspetto, fase, apparenza, condizione, [논리] modalità
양상군자 梁上君子 ladro, ladrone
양생 養生 [보건] cura della salute, [보양] ricupero della salute **-하다** avere cura della salute, rimettersi in salute * **-법** igiene
양서 洋書 libro occidentale
양서 良書 libro di gran valore
양서 兩棲 ¶ 양서의 [동물] anfibio * **-동물** anfibio, animale anfibio **-류** anfibio
양성 陽性 positività ¶ 양성의 positivo, attivo * **-반응** reazione posi-tiva
양성 兩性 ambo i sessi ¶ 양성의

bisessuale * **-화**(花) ermafrodito **-생식** gamogenesi

양성 養成 addestramento, educazione **-하다** addestrare, coltivare, allenare * **-소** scuola di tirocinio **교원-소** scuola di tirocinio per insegnanti

양속 良俗 convenzioni adatti

양손 兩- due mani, ambo le mani

양송이 fungo mangereccio * **-재배** coltivazione di funghi

양수 讓受 acquisizione **-하다** acquisire il controllo di * **-인** concessionario

양수 兩手 ambo le mani * **-잡이** persona ambidestra

양수 羊水 fluido amniotico

양수 揚水 pompaggio di un fluido * **-기** pompa d' acqua

양수 陽數【수학】positivo

양수기 揚水機 pompa d' acqua

양순 良順 **-하다** (essere) mite, umile, mansueto ¶ 양순한 백성 popolo rispettoso della legge // 양순한 어린이 bambino docile

양식 洋式 stile occidentale ¶ 양식의[으로] alla moda occidentale

양식 洋食 cibo occidentale, piatti esteri

양식 良識 buon senso ¶ 양식있는 사람 una persona dotata di buon senso, una persona sensata

양식 養殖 coltivazione, allevamento **-하다** far crescere, coltivare * **굴-** vivaio di ostriche

양식 樣式 moda, forma, modalità, [건축] stile ¶ 일정한 양식 forma stabile * **생활-** modo di vivere

양식 糧食 provviste, viveri, vettovaglie, cibo, nutrimento ¶ 마음의 양식 nutrimento per la mente // 양식이 부족했다 le provviste vennero a mancare, [사람이 주어] restare a corto di viveri

양식기 洋食器 piatti e posate, servizio da tavola

양심 良心 coscienza, coscienziosità, la voce della coscienza(양심의 속삭임) ¶ 양심의 가책 i rimorsi della coscienza(i tormenti del rimorso) // 양심적(으로) coscienziosamente // 양심에 부끄럽지 않다 avere la coscienza pulita // 양심에 부끄럽다 aver la coscienza sporca // 양심의 가책을 받다 sentire il rimorso della coscienza

양아들 養- figlio adottivo

양아버지 養- padre adottivo

양아욱 洋-【식물】geranio

양악 洋樂 musica occidentale

양안 兩眼 ambo gli occhi

양약 良藥 medicina buona ¶ 양약이 입에 쓰다 la medicina buona sa d'amaro

양약 洋藥 medicina occidentale

양양 洋洋 **-하다** (essere) ampio, vasto, enorme, [전도가] brillante ¶ 그에게는 정치학에 양양한 전도가 있다 Lui ha un brillante avvenire nella vita politica.

양양하다 揚揚- (essere) trionfante, esultante ¶ 의기양양하게 trionfalmente, esaltatamente, esultantemente

양어 養魚 piscicoltura **-하다** allevare i pesci * **-장** piscina **-가** piscicoltore

양어머니 養- madre adottiva

양언 揚言 **-하다** dichiarare, proclamare
양여 讓與 trasferimento, concessione(이권의) ⇒ 양도 **-하다** trasferire, concedere
양요리 洋料理 ⇒ 양식(洋食)
양용 兩用 doppio uso
양웅 兩雄 due grandi uomini
양원 兩院 due Camere * **-제도** sistema bicamerale **상하-** la Camera dei Comuni e la Camera dei Lord, la Camera dei Rappresentanti e Consiglieri
양위 讓位 abdicazione **-하다** abdicare a, rinunciare a
양유 羊乳 latte di capra
양육 羊肉 carne di montone
양육 養育 far crescere (dei figli) **-하다** allevare, educare
양은 洋銀 argentone **-냄비** pentola d'argentone
양의 良醫 buon medico
양이 洋夷 **-론자** fautore di una politica d'esclusione (di merci stranieri, immigranti, ecc.)
양이온 陽-【물리】positivo ione
양인 兩人 due persone, ambo i partiti, coppia
양익 兩翼 ambo le ali
양자 兩者 entrambi
양자 量子【물리】quantum * **-론** teoria quantistica
양자 陽子【물리, 화학】protone
양자 養子 figlio adottivo, genero
양잠 養蠶 sericoltura, bachicoltura * **-가** sericoltore, bachicoltore
양장 洋裝 abito di stile occidentale
양재 良材 [재목] legname buono, [인재] un uomo di abilità
양재 洋裁 confezione d'abiti di stile occidentali * **-사** sarta, sarto, cucitrice, cucitore
양재기 洋- stoviglie smaltate
양잿물 soda causatica
양적 量的 quantitativo ¶ 양적으로 quantitativamente
양전기 陽電氣【물리】elettricità positiva * **-선** raggio positivo
양전자 陽電子【물리】positone
양젖 羊- latte di capra
양조 釀造 fabbricazione della birra, distillazione **-하다** fabbricare (il vino) * **-장** fabbrica di birra, distilleria **-학** zimologia
양쪽 兩- ambo i lati, [사람] tutt'e due, l'uno e l'altro ⇒ 두사람 ¶ 양쪽의 ambedue, entrambi, né l'uno né l'altro, nessuno dei due
양주 洋酒 vino occidentale, liquori esteri
양주 兩主 marito e moglie, uomo e donna
양지 洋紙 carta
양지 陽地 un posto al sole, punto esposto al sole ¶ 양지의 soleggiato, al sole * **-쪽** il lato esposto al sole
양지 諒知 comprensione, accordo **-하다** capire, intendere, apprendere
양지바르다 陽地- essere soleggiato, essere assoluto
양질 良質 buona qualità, qualità superiore ¶ 양질의 superiore, di qualità
양찰 讓察 compensazione simpatica **-하다** apprezzare, comprendere, prendere qlco. in considerazione

¶ 사정을 양찰하다 tener conto della circostanza

양책 良策 buona idea, progetto eccellente

양처 良妻 moglie avveduta

양철 洋鐵 banda stagnata, latta * **-깡통** lattina

양초 洋- candela ¶ 양초가 다 탔다 La candela s'è consumata.

양추 凉秋 autunno fresco

양춘 陽春 primavera, stagione primaverile

양측 兩側 ambo i lati

양치 養齒 **-하다** pulirsi i denti con lo spazzolino, sciacquarsi la bocca

양치기 羊- pastore

양치류 羊齒類【식물】felci

양친 兩親 genitore, padre e madre

양탄자 洋- tappeto, tappettino ¶ 양탄자를 깔다 stendere un tappeto

양털 羊- lana

양토 養兎 allevamento di conigli, cunicoltura

양파 洋- cipolla

양팔 兩- ambo le braccia

양편 兩便 ambo i lati

양푼 catino d'ottone

양품 洋品 * **-점** negozio d'abbigliamento

양풍 良風 convenzioni buoni

양풍 洋風 stile occidentale

양피지 carta pergamenata, pergamena

양학 洋學 dottrina occidentale

양해 羊- l'anno di pecora

양해 諒解 [이해] comprensione, accordo, intesa, approvazione **-하다** comprendere, capire, approvare, consentire ¶ 양해할 수 있는 comprensibile, intelligibile // 양해가 되다 raggiungere un accordo

양행 洋行 [외국행] il viaggio all'estero **-하다** viaggiare all'estero

양호 良好 **-하다** (essere) convincente, buono, soddisfacente, esauriente ¶ 경과가 양호하다 far progressi soddisfacenti

양화 洋畵 [그림] pittura di stile occidentale, [영화] film estero

양화 陽畵 [사진] positiva

양화 洋靴 scarpe, stivale, scarpe alte(장화) * **-점** bottega di calzo-laio, calzoleria **-점 주인** calzolaio

양회 洋灰 cemento

얕다 ① [깊이가] (essere) basso ¶ 얕은 물 acqua bassa, bassofondo // 얕은 강 un fiume poco profondo ② [천박] (essere) leggero, superficiale ③ [빛깔] (essere) leggero, pallido ④ [관계] (essere) lieve, leggero ⑤ [높이] (essere) basso, [키] corte ⑥ [지위] basso, umile, volgare

얕보다 guardare q. dall'alto in basso, disprezzare q., trattare con alterigia q. ¶ 아이들을 가난하다고해서 얕보아서는 안된다 Non trattare mai dall'alto in basso ragazzi o ragazze meno abbienti!

얕잡다 ⇒ 얕보다

얘 [호칭] figlio mio, ragazzo mio, tu, voi, ehi!, ola!

어 [감탄] ehi!, ela!, [대답] sì

어 語 parola, termine(전문어), lingua(언어, 국어) * **전문-** termine tecnico **비속-** slang, gergo, volgarismo **모국-** lingua materna **외국-** lingua straniera

어간 語幹 ceppo di una parola

어감 語感 senso linguistico, sensibilità per la lingua

어깨 ① spalle ¶ 넓은 어깨 spalle larghe // 굽은 어깨 spalle curve // 어깨를 움츠리다 alzare le spalle, stringersi nelle spalle // 어깨에 메다 prendere sulle spalle, caricarsi di ② [비유적] ¶ 어깨를 나란히 하다 essere alla pari con, corrispondere a

어개 魚介 frutti di mare, pesci di mare commestibili

어깨걸이 scialle

어깨뼈 scapola

어깨총 -銃 [구령] bracc′armi!, spall′armi!

어깨춤추다 ballare dalla gioia

어깻바람 aria burbanzosa

어거하다 馭車- [마소를] spingere, [제어] maneggiare, controllare

어구 漁具 arnesi da pesca

어구 漁區 peschiera, vivaio, zona di pesca

어구수하다 (essere) succoso, gustoso, saporito, [말씨] simpatico

어군 語群 [문법] gruppo di parole

어귀 entrata, accesso, ingresso, via ad accesso ¶ 강의 어귀 estuario

어귀 語句 frase, parola e frase

어그러지다 [빗나가다] essere slogato, deviare da, [불일치] essere contrariamente a, essere in contrasto con, andare male ¶ 기대가 어그러지다 essere contrariamente all′aspettativa // 법에 어그러지다 essere contro la legge

어근 語根 radice di una parola, etimo

어근버근 * **-하다** non collegare, non tirare avanti

어금니 un (dente) molare

어긋나다 ① [엇갈리다] incrociarsi, [빗나가다] andare male, andare storto, andar di traverso ¶ 예상이 어긋나다 sbagliare, non indovinare // 결과가 우리 기대에 어긋났다 Il risultato ha deluso le nostre speranze. ② [틀리다, 위반되다] allontanarsi da, deviare da, essere contrario ¶ 규칙에 어긋나게 행동하다 agire contro le regole

어긋매끼다 alternare, avvicendare

어긋물리다 ingranare la marcia

어긋버긋하다 (essere) disuguale, ineguale, irregolare, scabroso

어기다 andare contro, essere contrario a, agire in opposizione a, [위반] infrangere, violare, trasgredire 기대를 어기다 deludere la speranza // 규칙을 어기다 infrangere la regola // 명성을 어기다 disobbedire agli ordini // 법을 어기다 violare una legge // 약속을 어기다 mancare una promessa // 약속을 어기지 않다 mantenere una promessa // 시간을 어기지 않다 essere puntuale esattamente // 규칙을 어기지 말라 Non agire contro le regole

어기대다 disobbedire, andare contro

어기적거리다 barcollare, essere malfermo

어기중하다 於其中- essere a metà

di, essere medio

어기차다 (essere) ostinato, testardo

어김 infrazione, violazione ¶ 어김없는 infallibile, sicuro // 어김없이 di sicuro // 그는 어김없이 올 것이다 Verrà di sicuro.

어눌 語訥 **-하다** (essere) indistinto, inarticolato, balbettare

어느 ① [의문] quale, quali, che ¶ 어느 누구 chi // 어느 책을 읽어야 할까? Che libro debbo leggere? ② [어느...이나] qualsiasi, ogni, [부정문에서] nessuno ¶ 어느것이나 chiunque, qualunque, qualsiasi cosa // 어느색이나 좋다 qualsiasi colore va bene ③ [한] un, uno, un certo ¶ 어느날 un giorno // 어느날 저녁 una notte // 어느 의미로 in un certo senso

어느것 quale, quali, che cosa ¶ 어느것이나 qualunque, chiunque, qualsiasi, [부정의 경우] nessuno // 어느것이든지 qualsiasi cosa, qualunque // 어느것이 좋습니까? Quale vuoi?

어느때 quando ¶ 어느때든지 in qualsiasi momento, sempre, [부정] mai // 어느때든지 오거라 Vieni in qualunque momento.

어느덧 all′insaputa di q,, senza che q. lo sappia

어느새 in un attimo, in un baleno, in un batter d′occhio

어느정도 fino a un certo punto, in un certo grado, alquanto, più o meno, pressappoco ¶ 텔레비젼에 대해 어느정도 알고 있다 avere una certa pratica di televisori // 우리가 그를 어느정도 믿을 수 있지? Fino a che punto possiamo fidarci di lui?

어느쪽 ① [의문] quale parte ¶ 어느쪽이냐하면 se mai // 동전 어느쪽이 나왔느냐? È venuta testa o croce? ② [무엇이든] qualunque ③ [선택] o...o, (부정) nè...nè ¶ 그들과 그녀, 어느쪽도 거기에 가지 않을 것이다 Non ci andranno nè loro nè lei. ④ ambedue, entrambi ¶ 우리들 어느쪽이나 다 참석했었다 Eravamo entrambi presenti.

어느틈 in un attimo, in un baleno

어따 su, suvvia, coraggio ⇒ 아따 ¶ 아따, 울지 마라! Coraggio, non piangere!

어떠하다 (essere) come ⇒ 어떻다

어떤 ① [여하한, 어떠한] quale sorte di, com′è, che tipo è ¶ 어떤 이유로 perché, per quale motivo // 어떤 것이든 qualsiasi cosa // 어떤 일이 있더라도 qualunque cosa accada // 네 남자친구는 어떤 사람이지? Com′è il tuo ragazzo? ② [어떤 ...라도] qualsiasi, qualunque, ogni, chiunque, nessuno ¶ 어떤 사람이라도 chiunque, ognuno, nessuno(부정) // 어떤 짓을 해서라도 a ogni costo, in ogni modo, a tutti i costi // 어떤 일이 있더라도 qualunque cosa accada, a tutti i costi, [결코 (...않다)] per nessun motivo ¶ 내가 너라면 어떤 것도 개의치 않겠다 Se fossi in te, non me ne darei il minimo pensiero ③ [어떤] un certo ¶ 어떤 아침[저녁] una mattina[notte] // 어떤 사람 una certa persona, qualcuno // 어떤 경

우에는 in un certo caso, qualvolta // 어떤 의미로는 in un certo senso, sotto un certo aspetto

어떻게 come, in qualche modo, in qualche maniera ¶ 어떻게 해서라도 in ogni modo, a ogni costo, a tutti i costi // 어떻게 된 일인지 그에게 말하거라 Digli in che modo si fa. // 거기에 어떻게 간 거지? Come hai datto ad arrivarci?

어떻게 되다 andare a finire, essere presentato, esserne di ¶ 일이 어떻게 되어가는지 보자 Stiamo a vedere come va a finire. // 그의 계획은 어떻게 되었지? Che risultato ha avuto il suo progetto? // 다른 사람들은 어떻게 되었을까? Mi chiedo che cosa ne sia degli altri.

어떻게 하다 fare in un modo o nell′altro, farcela ¶ 어떻게 하여(서든지) a tutti i costi, in ogni modo // 어떻게 해서든 그들은 문제를 해결하였다 In qualche modo hanno risolto il problema. // 어떻게 해서든 그 일을 해내겠다 Ce la farò a tutti i costi.

어떻다 ① come ¶ 재미가 어떻습니까? Come vanno gli affari? Vanno bene? ② [권하면서] ¶ 맥주 한잔 어떻습니까? Che ne dici di un bicchiere di birra? // 지금 당장 나가는 게 어떻습니까 Che ne diresti d′uscire subito?

어떻든지 ad ogni modo, qualunque cosa accada ¶ 무엇이 어떻든지간에 in ogni modo, comunque, almeno

어두컴컴하다 (essere) buio, oscuro ¶ 어두컴컴한 밤이었다 Era una notte buia.

어둑어둑하다 (essere) fosco, scuro ¶ 어둑어둑해진다 Comincia a farsi buio.

어둔 語鈍 **-하다** essere lento nel parlare, essere affetto da anchiloglossia

어둑하다 essere indistinto

어둠 oscurità, buio, tenebre, [저녁] crepuscolo ¶ 어둠속에서 al buio // 어둠을 타고 col favore delle tenebre

어둠침침하다 (essere) buio, scuro, indistinto, fioco ¶ 어둠침침한 빛 una luce debole[fioca]

어둡다 ① (essere) buio, fosco(희미한), scuro(어스레한), lugubre(음침한) ¶ 어두운 밤 camera oscura // 어둡기 전에 prima del calar delle tenebre // 어두워진 뒤 a notte fatta // 어두워지다 imbrunire, farsi buio, [하늘이] essere annuvolato // 점점 어두워진다 Comincia a farsi buio. // 등불을 어둡게 하다 abbassare le luci ② [무지] essere ignaro di ¶ 나는 이곳 지리에 어둡다 Non conosco il luogo. ③ [정신이] (essere) cupo, tetro ¶ 어두운 면만 보다 vedere soltanto il lato nero delle cose, essere pessimista ④ [감각이] (essere) duro, debole ¶ 그는 눈이 어둡다 Lui ci vede poco // 귀가 어둡다 essere duro d′orecchio

어드 [무전] terra, massa

어디[1] ① dove ¶ 그들은 어디에 갔지? Dove sono andati? // 어디를 읽었

느냐? Dove l'hai letto? // 어디에서 시작해야하지? Da dove dobbiamo cominciare? ② ¶ 어디에도 dovunque, in qualsiasi luogo, [부정] in nessun luogo, da nessuna parte // 어디에 가도 dovunque tu vada // 어디든지 가도 좋다 Puoi andare dovunque. ③ ¶ 어디에서 왔습니까? Di dove sei?(출신지) ④ ¶ 어디엔가 in qualche luogo, in qualche posto ⑤ ¶ 어디까지 fino a che punto, fin dove // 어디까지 걸을 수 있지? Fin dove puoi camminare? // 저사람을 어디까지 신용할 수 있을까? Fino a che punto possiamo fidarci di lui? ⑥ ¶ 어디나[어디든지] dovunque ⑦ ¶ 어디까지나 senza fine(끝없이), completamente, da capo a piedi // 그는 어디까지나 정치인이다 Lui completamente è un uomo politico.

어디[2] via, dunque ¶ 어디, 좀 보자 Via, fammi vedere!

어란 魚卵 uova di pesce

어레미 setaccio, crivello

어려워하다 trovarsi a disagio, essere inquieto, farsi scrupolo di, aver paura di ¶ 어려워하지 않고 senza scrupoli // 어려워하지 않다 trovarsi a proprio agio (in)

어련하다 (essere) certo, ragionevole, giusto

어련히 certamente, di sicuro, senza dubbio, per certo

어렴풋이 fiocamente, indistintamente ¶ 어렴풋이 기억하고 있다 avere un ricordo indistinto, confuso

어렴풋하다 (essere) fievole, indistinto, debole ¶ 어렴풋한 소리 suoni fievoli, indistinti // 어렴풋한 빛 luce debole

어렵 漁獵 pesca, industria della pesca

어렵다 ① [곤란] (essere) duro, difficile ¶ 참기 어려운 intollerabile, insopportabile // 믿기 어려운 incredibile // 어려운 문제 domande difficili // 어려운 결정 una decisione difficile // 비위맞추기 어렵다 essere difficile da contentare // 너무 어렵게 생각하다 prendere qlco. troppo sul serio ②[어려워하다] sentirsi a disagio, essere inquieto, farsi scrupolo di ③ [생활이] (essere) povero, indigente, bisognoso

어렴칙하다 (essere) fosco, vago

어로 漁撈 pesca **-하다** pescare * **-선** peschereccio, basca da pesca

어로불변 魚魯不變 ignoranza, mancanza d'istruzione

어록 語錄 analecta, massimo

어뢰 魚雷 siluro ¶ 어뢰를 발사하다 lanciare un siluro * **공중-** siluro aereo **-정** torpediniera, silurante **-발사관** lanciasiluri

어루더듬다 cercare a tastoni, brancolare, andare a tentoni

어루러기【의학】macula

어루만지다 ① [가볍게 문지르다] passare la mano su, lisciare, accarezzare, dare un colpetto (affettuoso) a ¶ 개를 어루만지다 accarezzare un cane ② [위로하다] pacificare, calmare, placare

어룽더룽하다 (essere) chiazzato,

screziato, variegato

어류 魚類 pesce ＊ **-학** ittiologia

어르다 cullare, ninnare(un bambino) (무릎에 앉히고), allattare, coccolare

어른 ① [성인] uomo, adulto, grande ¶ 어른의 adulto, maturo // 어른이 되다 farsi grande, diventare adulto // 어른답지 않다 essere puerile ② [웃사람] seniore, anziano, maggiore, superiore ¶ 집안의 어른 il capo d'una famiglia

어른거리다 guizzare, vibrare, tremolare ¶ 전쟁의 기억들이 눈앞에 어른거렸다 I ricordi della guerra mi ossessionavano.

어른스럽다 (essere) beneducato, aver l'aria di un adulto

어름거리다 ① [말을] dire in modo ambiguo, equivocare ¶ 대답을 어름거리다 biascicare la risposta ② [일을] abborracciare

어름어름 in modo ambiguo(말을), equivocamente, frettolosamente(일을)

어리 (병아리의) stia, gabbia per polli, pollaio, pulcino

어리광 ¶ 어리광부리다 comportarsi da bambino

어리다[1] [유소] (essere) piccolo, giovane, giovanile, [유치] puerile, infantile, [미숙] inesperto, di primo pelo ¶ 어린 나무 pianta giovane // 어릴 때부터 fin da bambino

어리다[2] [눈물이] offuscarsi dalle lacrime, traboccare di lacrime ¶ 눈물어린 눈 occhi offuscati dalle lacrime, occhi bagnati di lacrime

어리둥절하다 confondersi, rimanere perplesso, essere sbalordito ¶ 어리둥절케 하다 confondere, sconcertare, rendere perplesso // 어리둥절해서 어찌할 바를 모르다 non riuscire a sapere qlco.

어리벙벙하다 (essere) confuso, perplesso, disorientato, sconcertato

어리석다 (essere) stupido, sciocco, insensato, stolto, tardo di mente, ottuso ¶ 어리석게도 scioccamente // 어리석은 사람 stupido, sciocco, torto // 어리석은대답 una risposta insensata

어린 것 bambino, bimbo, piccino

어린애 bimbo, bambino, infante, minore

어린이 fanciullo, fanciulla, bambino, bambina, infante, giovinello, ragazzotto ¶ 어린이같은 fanciullesco, infantile // 어린이가 없는 senza figli // 어린이 장난같은 puerile, come gioco da bambini // 어린이 취급하다 trattare (una persona) da bambino ＊ **-집** asilo infantile, nido d'infanzia

어림잡아 grosso modo, ad occhio e croce, a un calcolo approssimativo ¶ 어림잡다 tirare a indovinare, calcolare

어림없다 essere più di, essere lontano da ¶ 나로선 어림없다 Non ci arrivo. // 어림없는 이야기 storia impossibile

어림짐작 congettura, supposizione, opinione basata su congetture ¶ 어림짐작으로 a occhio e croce, a lume di naso

어릿광대 clown, pagliaccio, buffone

어마 perbacco!, santo cielo!

어마나 Dio mio! perdinci! povero me! ma come! mamma mia!

어마어마하다 [당당] (essere) grande, magnifico, maestoso, [과장적] pomposo, pretenzioso, [대단] tremendo, enorme ¶ 어마어마한 고층건물 grattacielo imponente

어망 漁網 rete da pesca, rete a strascico(끄는 것), giacchio(투망)

어머니 ① madre ¶ 어머니의 materno, di madre // 어머니의 사랑 amor di madre, amore materno // 어머니다운 materno, da madre ② [사물의 근본] sorgente, causa, motivo ¶ 필요는 발명의 어머니 il bisogno aguzza l'ingegno * **-날** la festa della Mamma

어멈 [하녀] domestica, donna di servizio, cameriera

어명 御命 comando reale

어물 魚物 stoccafisso, baccala

어물거리다 equivocare, parlare in modo evasivo[ambiguo]

어물어물 equivocamente, evasivamente, irresolutamente, con esitazione ¶ 입안에서 어물어물하다 mormorare

어미 語尾 suffisso ¶ 어미에 붙이다 suffissare, aggiungere come suffisso * **-변화** congiunzione, declinazione **-탈락** apocope

어버이 genitori, padre e madre ¶ 어버이의 parentale, dei genitori // 어버이다운 genitoriale

어법 語法 dizione, espressione, fraseologia, [문법] grammatica ¶ 어법에 어긋나다 fare un errore di grammatica

어부 漁夫 pescatore ¶ 어부지리를 얻다 pescare nel torbido

어불성설 語不成說 ¶ 어불성설이다 essere illegale, non essere valido

어사 御使 ispettore segreto reale

어색 語塞 **-하다** sentirsi goffo, trovarsi a disagio ¶ 어색한 몸가짐 maniere rudi

어서 ① [빨리] in fretta, rapidamente, velocemente, in fretta e furia(급히) ② [환영] per favore! ¶ 어서 오십시오 benvenuto!, benvenuti!

어선 漁船 peschereccio, barca da pesca

어설프다 ① [성기다] (essere) grezzo, ruvido, rozzo ② [탐탁찮다] (essere) disattento, negligente[부주의] ¶ 어설피 negligentemente

어세 語勢 accento, enfasi

어수룩하다 (essere) ingenuo, innocente, semplice, schietto, candido

어수선하다 essere in disordine, essere guasto ¶ 어수선해지다 confondersi, rimanere perplesso

어순 語順【문법】costruzione della frase

어스레하다 [남이] (essere) oscuro, buio

어스름 crepuscolo ¶ 어스름녘에 al crepuscolo

어슬렁거리다 bighellonare, ciondolare, gironzolare, vagolare, aggirarsi

어슴푸레하다 (essere) fosco, vago

어슷비슷하다 essere quasi simile,

essere pressoché uguale

어슷하다 (essere) inclinato, obliquo ¶ 어슷하게 a sghembo, di traverso

어안렌즈 lente grandangolare

어안이 벙벙하다 essere stupito, essere ammutolito

어어 oh-oh ⇒ 아아

어언간 於焉間 inavvertitamente, di sorpresa, inaspettatamente, alla sprovvista

어업 漁業 pesca, industria della pesca * **연안**- pesca costiera **원양**- pesca in alto mare **-권** diritto di pesca

어여차 issa!

어엿하다 (essere) rispettabile, onesto, decoroso ¶ 어엿한 행동 condotta decorosa

어우르다 ⇒ 아우르다

어울리다 ① [조화] stare bene a, convenirsi, adattarsi ¶ 새옷이 너에게 어울리지 않는다 Il vestito nuovo non ti sta bene. // 어울리지 않는 non adatto, inadatto, inopportuno, sconveniente // 어울리지 않는 행동 condotta indecorosa ②[교제] congiungersi, unirsi, associarsi ¶ 저 소년은 잘 어울리지 못한다 Quel ragazzo non è molto socievole

어원 語原 etimologia ¶ 어원을 조사하다 scoprire l'origine d'una parola * **-학** etimologia **-학자** etimologista, etimologo

어육 魚肉 pesce

어음 [상업] biglietto, effetto, tratta, cambiale * **-중매인** agente di sconto **-환** cambiale, tratta **-교환소** stanza di compensazione **-교환** compensazione **-발행인** traente

어의 語義 il significato d'una parola • **-론** semantica

어이 [어찌] ma via!, beh!, ma come! ⇒ 어찌

어이구 ahi!, toccato! ⇒ 아이고

어이없다 (essere) stupito, ammutolito, stordito

어장 漁場 peschiera, vivaio, zona di pesca

어째(서) perché, per quale ragione, per quale motivo ⇒ 어찌하여 ¶ 어째서 거기에 갔느냐 Perché ci sei andato?

어쨌든 a ogni modo, alla meglio, in qualche modo ¶ 어쨌든 그들은 문제를 해결했다 In qualche modo hanno risolto il problema.

어저께 ⇒ 어제

어쩌다가 per caso, accidentalmente, causalmente, [이따금] di quando in quando, di tanto in tanto ¶ 한 사람이 어쩌다가 그곳을 지나가게 되었다 Un uomo passava di là per caso

어쩌면 ① [추측] forse, probabilmente, può darsi ¶ 어쩌면 그럴는지도 모른다 forse sì // 어쩌면 그것이 사실일지 모른다 Può darsi che sia vero. ② [감탄] come ¶ 어쩌면 그렇게 이쁠까! Com'è bello!

어적거리다 masticare rumorosamente, sgranocchiare, schiacciare

어쩐지 ① [웬일인지] per un motivo o per l'altro ¶ 어쩐지 두렵다 avere una paura inesplicabile // 그는 늘 해낼 것 같았지만 어쩐지 한

번도 해내지 못했다 Sembra sempre sul punto di riuscire, ma, per un motivo o per l'altro, non riesce mai. ② [그래서] non fa meraviglia che..., non c'è da meravigliarsi se...

어정거리다 bighellonare, gironzolare, andare a zonzo, girovagare

어정쩡하다 (essere) dubbioso, dubbio, incerto, indistinto, evasivo, [애매하다] vago, ambiguo

어제 ieri ¶ 어제아침 ieri mattina // 어제저녁 ieri sera

어조 語調 eufonia, accento ¶ 어조를 낮추다 moderare i termini[le parole], abbassare la voce

어족 語族 la famiglia della lingua

어족 魚族 pesce

어줍다 [언동이] (essere) duro, indeciso, [솜씨가] malfatto, rozzo, mal costruito

어쭙잖다 (essere) ridicolo, spregevole, assurdo

어중간 於中間 a metà (strada), a mezzo **-하다** essere posto a mezza strada ¶ 일을 어중간히 하다 fare le cose a metà

어중되다 於中- [서술적] essere troppo piccolo oppure troppo grande, essere inopportuno

어중이떠중이 (qualcuno e) tutti, tutte le persone

어찌 ① [방법] come, in quale maniera ⇒ 어떻게 ¶ 어찌해서든지 in ogni costo, a tutti i costi // 어찌할 수 없는 inevitabile, ineluttabile ② [왜] ¶ 어찌해서 perché ⇒ 어째 ③ [반문] come, perché ④ [감탄] ⇒ 어찌나

어지간하다 ① [상당하다] (essere) tollerabile, accettabile ② [무던하다] discreto, abbastanza, soddisfacente, adeguato ¶ 어지간히 discretamente, abbastanza, passabilmente, tollerabilmente // 어지간히 잘 abbastanza bene // 어지간히 어려운 piuttosto difficile // 어지간히 좋은 abbastanza buono, discreto // 오늘 어지간히 춥다 Oggi fa davvero freddo.

어찌나 tanto, troppo, affatto

어지럼 vertigini, capogiro ¶ 어지럼을 타다 avere le vertigini[il capogiro]

어지럽다 ① [눈, 머리가] che ha le vertigini, avere il capogiro ¶ 어지러운 정도로 높은 곳 un'altezza vertiginosa ② [무질서] essere in disordine, (essere) disturbato, turbato

어지르다 mettere in disordine, disordinare, confondere ¶ 어지러져 있다[물건이] essere sbaragliato, [방따위가] essere disordinato // 침실을 어지르다 mettere in disordine la camera da letto

어지빠르다 [서술적] (essere) inadeguato, opportuno

어찌씨 avverbio ⇒ 부사

어질다 (essere) di buon cuore, generoso, comprensivo ¶ 어진 마음 benevolenza

어차피 於此彼 in un modo qualsiasi, alla meglio, a ogni modo, dopo tutto, alla fin fine, in conclusione ¶ 어차피 그를 볼 거다 Lo vedrò ad ogni modo.

어처구니없다 (essere) stupito,

assurdo, che passa il segno ¶ 어처구니없는 계획 progetti avventati // 어처구니없는 실수 uno sbaglio enorme

-어치 ¶ 우표를 2천원어치 샀다 Comprai francobolli per due mila won.

어투 語套 il modo di dire

어퍼커트 [권투] colpire con un montante

어폐 語弊 ¶ 어폐가 있다 essere falso

어프로치 [길] accesso, via d′accesso, [접근] approccio

어필 appello

어학 語學 filologia, linguistica ¶ 어학의 linguistico * **-자** linguistico

어항 魚缸 vaso per i pesci rossi

어항 漁港 porto

어허 be′! ebbene!

어험 ≪ehm≫, uhm!

어형 語形**변화** coniugazione flessione

어획 漁獲 presa, retata ¶ 어획이 많다 essere una bella retata * **-고** retata

어휘 語彙 vocabolario glossario

억 億 cento milioni ¶ 10억 miliardo(영), bilione(미)

억누르다 tenere giù, opprimere, tenere a freno, controllare, reprimere ¶ 화를 억누르다 tenere a freno l′ira // 억누를 수 없는 incontrollabile, irrefrenabile // 감정을 억누르다 reprimere i propri sentimenti

억류 抑留 detenzione, internamento **-하다** internare, tenere agli arresti, internare * **-자** detenzione **-소** un campo d′internamento **피-자** internato

억만 億萬 [억] cento milioni, [무수] miriade, dieci migliaia

억병 ¶ 그는 억병이다 Lui beve come una spugna.

억보 persona caparbia[ostinata]

억설 臆說 [억측] congettura, speculazione, [가정] ipotesi, supposizione **-하다** fare una congettura, congetturare, supporre, presumere, fare ipotesi

억세다 ① [세차다] (essere) forte, robusto, vigoroso, risoluto ¶ 억세게 testardamente, ostinatamente ② [빳빳하다] (essere) solido, duro, rigido ¶ 억센(질긴) 고기 carne coriacea, tigliosa // 억센 일 un lavoro duro

억수 acquazzone, rovescio di pioggia, forte piovasco ¶ 비가 억수같이 내린다 piove a dirotto[a catinelle], diluvia

억압 抑壓 restrizione, soppressione, pressione, freno, [심리] repressione **-하다** reprimere, opprimere, soffocare ¶ 자유를 억압하다 soffocare la libertà // 억압당하다 essere oppresso[represso]

억양 抑揚 [음조의] intonazione, modulazione, tono, accento, cadenza ¶ 억양을 붙이다 modulare, intonare

억울 抑鬱 ① [답답함] **-하다** (essere) deplorabile, irritato, mortificato ② [원통, 누명] **-하다** subire ingiustizia, sentirsi sacrificato

억제 抑制 soppressione, repressione, controllo, retrizione **-하다**

reprimere, sopprimere, controllare, contenere, [절제] moderare ¶ 억제할 수 없는 incontrollabile, irrefrenabile // 감정을 억제하다 reprimere il sentimento

억조 億兆 ¶ 억조창생 popolo, massa

억지 irragionevolezza, ostinatezza ¶ 억지부리다 insistere ostinatamente, ostinarsi * **-웃음** un sorriso forzato

억지로 a forza, per forza, forzatamente, volente o nolente ¶ 억지로 ...하게 하다 costringere a // 억지로 웃다 fare un sorriso forzato

억척 ¶ 억척스럽다 (essere) rigido, inflessibile, coraggioso, intrepido, risoluto * **-꾸러기** persona pratica

억측 臆測 congettura, supposizione, speculazione **-하다** congetturare, suppore, presumere

억패듯 duramente, ruvidamente

언감생심 come osi...? ¶ 언감생심 여길 왔느냐? Come osi venire qui ancora?

언급 言及 riferimento, commento **-하다** riferirsi (a), trattare (di), rifarsi (a), rapportarsi ¶ 이미 언급한 summenzionato, suddetto

언니 sorella maggiore

언더셔츠 camiciola, maglietta

언더웨어 biancheria intima

언덕 collina, monticello, altura ¶ 언덕진 collinare, inclinato // 가파른 언덕 una china ripida * **-길** una strada in pendenza **-배기** cima di colle

언더라인 sottolineatura

언도 言渡 condanna **-하다** condannare, pronunziare ¶ 판결을 언도하다 emettere una sentenza, condannare

언동 言動 parlata e condotta ¶ 언동을 삼가다 stare attento alle propria parlata e condotta

언뜻 in un lampo, in un attimo, all′improvviso, [우연히] per caso ¶ 언뜻 보다 fare in rapido accento a qlco. // 언뜻 눈에 띄다 vedere per un momento, intravedere // 언뜻 머리에 떠오르다 venire in mente

언론 言論 parola, discussione, stampa ¶ 언론의 자유 libertà di parola * **-계** la stampa

언명 言明 dichiarazione, asserzione **-하다** dichiarare, asserire

언문 言文 la lingua scritta e la lingua parlata

언밸런스 non equilibrato, squilibrato (정신력으로)

언변 言辯 eloquenza, oratoria ¶ 언변이 좋다 essere eloquente

언사 言辭 parola, lingua, espressione(표현) ¶ 외교적 언사 lingua diplomatica

언성 言聲 voce, tono ¶ 언성을 높이다 alzare la voce // 언성을 높여 ad alta voce, a voce alta

언약 言約 promessa verbale, voto solenne **-하다** promettere, dare la parola, fare la promessa solenne ¶ 굳게 언약하다 dare la parola d′onore

언어 言語 linguaggio, parola, lingua * **-학** filologia, linguistica **-공동체** comunità linguistica

언어도단 言語道斷 ¶ 언어도단의[당

찮은] oltraggioso, abominevole, [어리석은] assurdo, ridicolo, irragionevole

언짢다 (essere) brutto, di cattivo umore, sentirsi male ¶ 속이 언짢다 avere la nausea

언쟁 言爭 lite, disputa, argomento **-하다** litigare, disputare, dibattere

언저리 estremità, margine, orlo, bordo

언제 ① [의문] quando, a che ora, fra quanto tempo?, che giorno? ¶ 그가 언제 도착할까? Quando arriverà? // 그일이 언제 일어났는지 궁금하다 Vorrei sapere quando accadde, Mi chiedo quando sia accaduto. ② [미래] Un giorno, per un po′, un po′ di tempo ③ [과거] una volta, un tempo

언제까지 fino a quando ¶ 언제까지 나를 기다릴 수 있겠니? Fino a quando puoi aspettarmi?

언제나 sempre(항상), di solito(평소에), abitualmente(습관적으로), ogni volta che..., tutte le volte che... ¶ 그녀를 만날 때마다 그녀는 내게 미소짓는다 Ogni volta che la incontro, mi sorride.

언제든지 in qualunque momento, a qualsiasi ora, [항상] sempre, ogni volta ¶ 언제든지 오거라 Vieni quando vuoi.

언제부터 da che tempo, da quando

언젠가 [미래의] un giorno, un′altra volta, [과거의] una volta, un tempo

언죽번죽 impudentemente, sfacciatamente, sfrontatamente

언질 言質 impegno, promessa, suggello ¶ 언질을 주다 dare la parola, impegnare l′onore

언청이 labbro leporino

언치 [마소의] gualdrappa

언필칭 言必稱 sempre, abitualmente

언행 言行 parola e condotta ¶ 언행이 성실한 onesto a parola e nei fatti // 언행이 일치하다 mantenere le promesse, essere un uomo di parola

얹다 mettere (a), collocare, porre, caricare(짐을) ¶ ...의 어깨에 손을 얹다 mettere le mani addosso a qlcu.

얹히다 ① [놓이다] essere collocato [posto, messo] a ② [음식이] restare sullo stomaco, appesantire lo stomaco di qlcu. ③ [붙어 살다] essere una persona a carico (di qlcu.) ④ [좌초하다] essere arenato, essere incagliato

얻다 [획득] ottenere, [노력따위로] acquistare, procurarsi, prendere, [지위따위를] ottenere, [일해서] procurarsi, [승리, 이익따위를] raggiungere (con sforzo), vincere, [부귀따위를] procurarsi, acquistare, [받다] accogliere ¶ 좋은 일자리를 얻다 ottenere un buon impiego // 명성을 얻다 procurarsi la fama // 얻을 수 있다 essere ottenibile, essere a tiro // 그것은 나로선 얻을 수 없는 것이다 Ciò è fuori delle mie capacità.

얻어듣다 sapere qlco. per sentito dire, avere sentore di, giungere all′orecchio di qlcu. ¶ 경찰은 그에게서 한마디도 얻어듣지 못했다 La polizia non riuscì a cavargli una parola.

얻어맞다 ricevere un colpo

얻어먹다 ① chiedere un pasto in elemosina(빌어먹다) ② [욕따위를] essere calunnato, subire parole aspre

얼 [정신] spirito, [혼] anima, [의지] velocità ¶ 한국의 얼 spirito di Corea // 얼이 빠지다 essere con la mente altrove // 얼을 빼다 attirare (l′attenzione di qlcu.)

얼간이 sciocco, stupido, imbecille

얼거리 profilo, lineamenti

얼굴 ① [낯] faccia, volto, apparenza ¶ 잘생긴 얼굴 bell′aspetto // 얼굴을 붉히다 diventare rosso, arrossire, vergognarsi // 그의 비겁함 때문에 가족이 얼굴을 못 들게 되었다 La sua codardia recò onta alla famiglia. // 얼굴을 맞대다 incontrarsi faccia a faccia con qlcu. // 그는 두손으로 얼굴을 가렸다 Nascose la faccia tra le mani. // 얼굴을 보이다 mostrare la faccia, farsi appena vedere // 얼굴을 들여다보다 guardare qlcu. in faccia ②[표정] aspetto, aria, cera, espressione(del volto) ¶ 밝은 얼굴 buona cera // 불만스런[실망한] 얼굴을 하다 fare la faccia scura, fare il muso, assumere un aspetto di scontentezza // 얼굴을 찡그리다 fare le boccacce a qlcu.

얼굴빛 ① [안색] carnagione, colorito ¶ 얼굴빛이 좋다 avere una bella carnagione // 얼굴빛이 변하다 cambiare colore, diventare di mille colori, [창백하게] impallidire ② [표정] aspetto, aria, cera, espressione ¶ 표정을 살피다 scrutare la faccia di qlcu.

얼근하다 ① [맵다] (essere) pepato, pungente ② [취하다] essere abbastanza ubriaco, ubriacarsi di vino

얼기설기 ¶ 얼기설기 얽힌 complicato, imbrogliato, intricato // 얼기설기 얽힌 문제 una questione complicata

얼김 ¶ 얼김에 su due piedi, lì per lì, d′impulso

얼다 gelarsi, intrizzirsi(몸이) ¶ 언 gelato // 연못은 1월에 얼어 있었다 Lo stagno gelò in gennaio. // 길이 얼어붙었다 Le strade erano coperte di ghiaccio.

얼떨떨하다 (essere) confuso, agitato, perplesso, disordinato, imbarazzato, perdere la testa ¶ 얼떨떨하여 confusamente // 얼떨떨해지다 confondersi, rimanere perplesso, perdere la testa // 얼떨떨하게 하다 confondere, rendere perplesso, disorientare

얼뜨기 stupido, idiota, imbecille

얼뜨다 (essere) stupido, sciocco, ottuso, tardo di mente ¶ 얼뜬짓을 하다 fare una stupidaggine

얼렁뚱땅 astutamente, ingannevolmente, a casaccio ¶ 얼렁뚱땅 얻어내다 ottenere con lusinghe, procurarsi con moine

얼렁얼렁 lusinghevolmente, astutamente

얼레 bobina, rocchetto, spola ¶ 얼레에 감다 avvolgere sull′ago, annaspare

얼룩 [오점] macchia, onta, sfregio,

[반점] chiazza, macchietta ¶ 얼룩진 chiazzato, macchiato * -고양이 gatto soriano, gatto tigrato -말 zebra(아프리카의)

얼룩덜룩하다 (essere) chiazzato, screziato, variegato

얼룩얼룩하다 (essere) chiazzato, screziato, macchiettato, pezzato(호랑이, 고양이 따위가)

얼룩지다 macchiarsi, tingersi ¶ 얼룩진 chiazzato, macchiato, [무늬진] variegato, screziato

얼른 [빨리] in fretta, presto, rapidamente, subito, immediatamente ¶ 얼른 해라 Sbrigati!, Spicciati!

얼리다 congelare, gelare, [얼게되다] gelarsi ¶ 고기를 얼리다 congelare carne

얼마 ① [수량] quanto ¶ 설탕을 얼마나 가지고 있느냐? Quanto zucchero hai? ② [금액] quanto ¶ 오늘 계란은 얼마지? Quanto costano le uova oggi? ③ [정도] un po′ ¶ 얼마 있다가 dopo un po′ (di tempo), di lì a poco // 얼마 있으면 fra non molto, fra breve, fra poco, subito, a momenti // 얼마 멀지 않은 곳에 non lontano, non distante

얼마나 ① [의문] [수량, 거리, 크기, 높이, 무게, 금액] quanto, [정도] come, [시간] quanto tempo ¶ 얼마나 많은 설탕을 가지고 있느냐? Quanto zucchero hai? // 시간은 얼마나 걸립니까? Quanto tempo ci vuole? // 이곳에 계신지 얼마나 됩니까? Da quanto tempo vieni qui? // 여기에서 런던까지 거리는 얼마나 됩니까? Quanto c′è di qui a Londra? ② [감탄] come, quanto ¶ 얼마나 아름다운가 Com′è bello! // 그가 얼마나 고통스러워했던가 Quanto ha sofferto!

얼마든지 senza limiti, illimitatamente, (tanto) ...quanto ¶ 얼마든지 가져라! Prendine (tanto) quanto ne vuoi!

얼마만큼 ① [어느정도] fino a un certo punto, quanto ② ⇒ 얼마나

얼마쯤 ⇒ 얼마만큼

얼마큼 ① [의문] ⇒ 얼마나 ② [정도] qualche, qualcosa, alquanto, un po′, in parte, parzialmente, pressappoco, più o meno

얼빠지다 (essere) distratto, ottuso, sbalordito, essere con la mente altrove ¶ 얼빠진 짓을 하다 fare una stupidaggine // 얼빠진 사람같이 보인다 sembra uno stupido, ha l′aspetto di scemo

얼빼다 fare perdere la mente a q., fare ammutolire (per l′orrore, lo spavento, ecc.), attirare (l′attenzione di q.)

얼버무리다 ① [말을] dire in modo ambiguo, equivocare, tergiversare, essere evasivo ¶ 적당히 얼버무리다 dare una risposta evasiva ② [섞어 버무리다] mescolare bene, mettere insieme

얼보이다 vederci sfocatamente [incertamente]

얼싸 viva!, urra!, evviva!

얼싸안다 abbracciare, stringere fra le braccia

얼씨구 urra!, evviva!

얼씬거리다 [오다] farsi vedere, comparire, mostrarsi, [어른거리

다] vacillare, tremolare

얼씬못하다 non osare mostrarsi

얼씬 아니하다 non riapparire

얼어붙다 gelare, ghiacciare, coprirsi di ghiaccio, irrigidirsi, rimanere paralizzato (per il terrore) (몸이) ¶ 연못이 얼어붙다 Lo stagno gelò.

얼얼하다 [상처가] (essere) doloroso, [맛이] pungente, cocente

얼음 ghiaccio ¶ 얼음장 calotta glaciale // 얼음같은 ghiacciato, gelato, glaciale // 손이 얼음장같다 Ho le mani di ghiaccio. // 얼음을 녹이다 fondere il ghiaccio // 살얼음위를 걷다 trovarsi in una stazione rischiosa, camminare sul filo del rasoio * **-주머니** borsa per ghiaccio, banco di ghiaccio, pack, impacco di ghiaccio **-장수** uomo del ghiaccio, chi fa il ghiaccio **사각-** cubetti di ghiaccio(냉장고에 생기는)

얼쩍지근하다 ① [맛이] (essere) un po' drogato, pepato ② [상처가] (essere) acuto, pungente

얼추 [거의] quasi, pressappoco, circa ¶ 얼추 출발할 시간이다 È quasi ora di partire.

얼추잡다 fare un calcolo approssimativo ¶ 손해를 얼추잡다 periziare i danni approssimativamente

얼치기 mezz'e mezzo ¶ 얼치기로 일을 하다 fare le cose a metà // 얼치기의 posto a mezza strada, di mezzo

얼토당토 아니하다 (essere) irrilevante, assurdo, eccessivo, non pertinente ¶ 얼토당토 않은 질문 domande non pertinenti

얽다[1] ① [엮다] legare, intrecciare, intessere ¶ 얽어매다 fasciare, legare, bendare // 꽃을 얽어 화관을 만들다 fare una ghirlanda intrecciando fiori ② [꾸며대다] inventare ¶ 이야기를 얽다 inventare una storia

얽다[2] ① [마마자국] essere butterato ¶ 얽은 자국 buttero, cicatrice // 얽은 얼굴 un viso butterato ② [흠] essere sfregiato

얽매다 [결속] legare, allacciare, [구속] restringere ¶ 규칙으로 얽매다 restringere (una persona) secondo le regole

얽매이다 [속박] essere collegato, mettersi con q., essere ristretto, [분주하다] essere pieno d'attività

얽죽얽죽 -하다 essere butterato gravemente

얽히다 rimanere impigliato, essere intricato, essere complicato ¶ 얽힌 것을 풀다 sbrogliare, districare, sciogliere

엄격 嚴格 **-하다** (essere) severo, rigoroso, rigido, austero ¶ 엄격한 선생님 un insegnante severo // 엄격한 규칙 regole rigide // 엄격한 훈련 disciplina rigorosa // 엄격히 말하자면 in senso stretto, a rigor di termini

엄금 嚴禁 **-하다** proibire[vietare] severamente, interdire

엄동 嚴冬 un inverno rigido

엄마 [어린이말] mamma, mammina

엄명 嚴命 ordine[comando] severo

-하다 dare ordini severi
엄밀 嚴密 **-하다** (essere) preciso, severo, rigoroso, stretto ¶ 엄밀한 검사 esame preciso, ispezione rigida // 엄밀히 severamente, esattamente, precisamente // 엄밀한 의미에서 in senso stretto
엄벌 嚴罰 punizione, pena severa **-하다** punire severamente
엄벙덤벙 avventatamente, imprudentemente, sconsideratamente **-하다** azionare avventatamente, essere frivolo
엄부 嚴父 [엄한 아버지] un padre severo, [아버지] padre
엄부렁하다 (essere) sciatto, trasandato, sciolto
엄살 ¶ 엄살부리다 esagerare [ingrandire] pena[fatica]
엄선 嚴選 selezione accurata **-하다** selezionare accuratamente
엄수 嚴守 osservanza severa, aderenza rigida **-하다** osservare severamente ¶ 법을 엄수하다 osservare le leggi // 시간을 엄수하다 essere puntuale
엄숙 嚴肅 solennità, gravità, serietà **-하다** (essere) grave, serio, solenne ¶ 엄숙히 gravemente, seriamente, solennemente // 엄숙한 의식 cerimonia solenne, cerimonia impressionante
엄습 掩襲 **-하다** fare un attacco di sorpresa, prendere (il nemico) di sorpresa
엄연 儼然 **-하다** (essere) solenne, grave, austero ¶ 엄연히 solennemente, gravemente // 엄연한 현실 la dura realità
엄정 嚴正 **-하다** (essere) esatto, giusto, equo, imparziale, equanime ¶ 엄정한 비판 una critica giusta, oggettiva // 엄정한 심판관 un giudice equanime
엄중 嚴重 **-하다** (essere) severo, serio, rigido, rigoroso ¶ 엄중히 severamente, rigidamente // 엄중한 조사 l'esame preciso // 엄중히 처벌하다 punire severamente
엄지 [손의] pollice, [발의] alluce
엄책 嚴責 **-하다** rimproverare severamente
엄청나다 (essere) assurdo, terribile, esorbitante, enorme ¶ 엄청나게 terribilmente, tremendamente, assurdamente // 엄청나게 큰 gigantesco, immenso, enorme, grandissimo, smisurato, vasto // 엄청난 빚 un mucchio di debiti // 엄청난 차이 una differenza enorme
엄칙 嚴飭 **-하다** ammonire severamente
엄친 嚴親 un padre severo, [자기의] il proprio padre
엄탐 嚴探 **-하다** ricercare esattamente, stare in guardia precisa
엄파이어 arbitro
엄폐 掩蔽 **-하다** coprire completamente, celare, nascondere, occultare * **-호壕** trincea, bunker, fortino
엄포 ¶ 엄포놓다 bluffare, minacciare, spaventare, intimidire
엄하다 嚴- (essere) severo, rigido, rigoroso, duro ¶ 엄하게 severamente, rigidamente, rigorosamente // 엄하게 벌주다 punire

severamente // 법을 엄하게 시행하다 applicare una legge severamente
엄한 嚴寒 freddo intenso
엄호 掩護 copertura, protezione **-하다** coprire, difendere, proteggere
업[1] 業 [직업] occupazione, impiego, lavoro, professione(전문의), mestiere ¶ 그는 목수일을 업으로 하고 있다 Lui di mestiere fa il falegname.
업[2] 業 [불교] Karma
업계 業界 industria
업무 業務 affare, affari, servizio, dovere ¶ 업무를 태만히 하다 trascurare i propri doveri * **-집행** adempimento del proprio dovere
업신여기다 disprezzare, sdegnare, guardare qlcu. dall'alto in basso, trattare con alterigia qlcu., tenere qlcu. in poco conto, tenere in dispregio
업자 業者 commerciante[mercante, venditore, uomo d'affari] interessato
업저버 osservatore, osservatrice
업적 業績 risultato (positivo), conquista, scoperta ¶ 삼촌은 그의 과학적 업적으로 노벨상을 받았다 A mio zio fu assegnato il premio Nobel per le sue scoperte scientifiche
업종 業種 genere d'affari, settore d'attività
없다 ① [존재하지 않다] non esistere, non c'è ¶ 먹을 것이라곤 없었다 Non c'era niente da mangiare. // 거기에는 아무도 없었다 Là non c'era nessuno. ② [소유하지 않다] non avere ¶ 돈없이 senza denaro // 없는 사람들 i poveri // 있는 사람과 없는 사람 i ricchi e i poveri ③ [결여] mancare, [다하다] restare a corto di qlco., rimanere senza qlco. ¶ 세간 없는 방 una stanza vuota // 재수없다 essere sfortunato // 경험이 없다 essere privo di esperienza // 그것을 해낼 용기가 없다 Mi manca il coraggio di farlo. ④ [눈에 띄지 않다] perdersi, smarrirsi, andare smarrito ¶ 편지가 없어진 것 같다 sembra che la lettera sia andata smarrita ⑤ [결점 따위가] essere privo di, essere libero da ⑥ ¶ ...이 없었더라면 se non fosse (stato) per, salvo per, fatta eccezione per, senza // 너의 도움이 없었더라면 나는 실패했을 것이다 Se non fosse stato per il tuo aiuto, avrei fatto fiasco.
없애다 [제거] rimuovere, togliere, [낭비] sciupare, spendere, sprecare ¶ 고통의 원인을 없애다 eliminare le cause della sofferenza
없어지다 ① [분실하다] perdersi, smarrirsi, andare smarrito ¶ 없어진 물건들 oggetti smarriti // 편지가 없어진 것 같다 Sembra che la lettera sia andata smarrita. ② [다하다] [사물이 주어] esaurirsi, finire, essere consumato, [사람이 주어] rimanere senza qlco. ¶ 식량이 없어졌다 Ci vennero meno le provviste. ③ [소멸하다] sparire, svanire ¶ 내 희망이 없어졌다 Le mie speranze sono svanite // 얼룩이 없어졌다. La macchia è scom-

parsa.

없이 senza ¶ 지체없이 senza indugio // 의심없이 senza dubbio // 끝없이 senza fine, eterno // 한마디 말도 없이 senza dire una parola

없이 살다 passarsela male, essere senza quattrini

엇 obliquamente, a sghembo, di traverso

엇가다 andare fuori strada, traviarsi, sviarsi

엇갈리다 incrociarsi ¶ 우리는 길에서 엇갈렸다 Ci siamo incrociati per strada. // 우리 편지가 엇갈렸다 Le nostre lettere si sono incrociate.

엇걸리다 intersecarsi

엇대다 fissare obliquamente

엇바꾸다 scambiare

엇베다 tagliare diagonalmente

엇보 -保 garanzia mutua

엉거주춤하다 esitare, titubare

엉겅퀴 carbo

엉금엉금 a quattro zampe, a carponi

엉기다 [응축] congelarsi, cagliare (우유따위), raggrumare(피가), coagulare ¶ 엉긴 머리칼 capelli appiccicati in ciocche (per il sangue, il sudiciume, ecc.)

엉덩방아 ¶ 엉덩방아찧다 cadere in natica

엉덩이 natica, anca, groppa ¶ 엉덩이가 무겁다 essere indolente, essere pigro, [오래 머무르다] trattenersi più del necessario, diventare un ospite sgradito

엉덩춤 hula-hula

엉덩판 anca, natica, groppa

엉뚱하다 (essere) straordinario, eccezionale, raro, bizzarro, irragionevole, assurdo ¶ 엉뚱한 요구 richieste irragionevoli // 엉뚱한 행동 condotta stravagante

엉망 ¶ 엉망이 되다 perdere la forma, deformarsi, sformarsi

엉성하다 ① [마르다] (essere) macilento, magro, scarno ¶ 말라서 뼈만 엉성하다 È tutto pelle e ossa. ② [안째이다] (essere) allentato, sguaiato ③ [눈에 서툴다] (essere) poco familiare, strano, [탐탁치 않다] (essere) insoddisfatto

엉엉거리다 piangere lacrime amare, consumarsi gli occhi dal piangere

엉클다 aggrovigliare, ingarbugliare ¶ 실을 엉클다 ingarbugliare un filo

엉클어지다 rimanere impigliato, restare impegolato ¶ 엉클어진 것을 풀다 sbrogliare, liberare

엉큼성큼 di buon passo, a gran passi ¶ 엉큼성큼 걷다 camminare a grandi passi[a lunghi passi]

엉큼스럽다 (essere) immoderato, sfrenato, smoderato ¶ 엉큼스런 생각 una brama sfrenata

엉큼하다 (essere) pieno di sfrenata brama

엉터리 ① contraffazione, falsificazione ¶ 엉터리 의사 medicastro, guaritore ② [근거] fondamento, causa

엊그저께, 엊그제 ieri l'altro, l'altro ieri

엊저녁 ieri sera, ieri notte

엎다 capovolgere, rovesciare, abbattere, far cadere

엎드러지다 cadere in piedi

엎드리다 prostrarsi, prosternarsi ¶ 그는 왕앞에 엎드렸다 Si prostrò ai piedi del re, si prosternò davanti al re

엎지르다 versare, versarsi, rovesciare ¶ 나는 커피를 엎질렀다 Ho rovesciato il caffè.

엎치락뒤치락 -하다 dimenarsi, volgere e rivolgere ¶ 나는 밤새 엎치락뒤치락했다 Mi sono dimenato (nel letto) tutta la notte.

엎친 물 ¶ 엎친 물은 다시 그릇에 담을 수 없다 Non serve piangere sul latte versato.

에 ① [시간] a, di, in ¶ 2시에 alle due (ore) // 아침에 di mattina // 저녁에 di sera // 1979년에 nel 1979 // 내 생애에 in tutta la mia vita // 제시간에 in tempo, in tempo utile ② [나이] a, in ¶ 20대에 negli anni venti // 그는 20세에 결혼했다 Lui è sposato a 20 anni. // 그녀는 30세에 아이를 낳았다 Lei ha avuto un figlio a 30 anni. ③ [장소] a, in, su ¶ 집에 a casa // 학교에 a scuola // 병원에 in ospedale // 피렌체에 a Firenze // 이탈리아에 in Italia // 네 주머니에 넣어라 Mettilo in tasca. // 그는 테이블에 앉았다 Si sedette sulla tavola. ④ [방향] a, verso ¶ 남쪽에 verso sud // 화살이 땅에 떨어졌다 La freccia cadde a terra. ⑤ [간접목적] a ¶ 은행에 보내다 mandare (qlco.) alla banca ⑥ [비례] su, a ¶ 백에 하나 uno su cento // 이 칼은 개당 5파운드에 팔린다 Questi coltelli si vendono a cinque sterline l'uno. // 나는 로마에 한달에 두번 간다 Vado a Roma due volte al mese. ⑦ [관련] per, a, in, di ¶ 지프는 험한 길을 달리기에 좋다 La jeep è adatta per guidare su strade cattive. // 그것은 내 취향에 맞지 않는다 Ciò non è di mio gradimento. // 기타에 맞춰 노래하다 cantare accompagnandosi con la chitarra ⑧ [동작주] da, con ¶ 센주먹에 맞다 essere colpito da un terribile pugno ⑨ [원인] per, a causa di, da ¶ 추위에 감각을 잃다 essere intirizzito dal freddo ⑩ [열거] e, e simili, e così via, ecc. ¶ 그는 생물학에 동물학까지 연구한다 Lui studia biologia, zoologia, e simili. [대조] contro, su, in contrasto con ¶ 흰 바탕에 검정 nero su sfondo bianco

에게 a, per, verso (una persona) ¶ ...에게 불친절하다 essere scortese verso (qlco.) // 나는 어제 그에게 편지를 썼다 Ho scritto a lui ieri. // 그에게 그것을 주었다 Glielo diedi.

에게로 a, verso (una persona) ¶ 모든 돈이 그에게로 갔다 Tutti i soldi andarono a lui.

에게서 da (una persona) ¶ 엄마에게서 편지가 오다 ricevere una lettera dalla mamma

에고이즘 egoismo

에끼 uh!, puh!, oibo!

에끼다 annullare, cancellare

에나멜 smalto

에너지 energia ¶ 에너지의 불멸[소멸] conservazione[dissipazione] dell'energia

에네르기 ⇒ 에너지

에누리 [비싸게] prezzo eccessivo, eccesso di prezzo, [감가] ribasso dei prezzi, sconto, [과장] esagerazione **-하다** [비싸게] far pagare (un articolo) troppo caro a (qlcu.), [깎다] far calare il prezzo, determinare il ribasso del prezzo, [과장] esagerazione ¶ 에누리하지 않고 senza tirare il prezzo

에는 a, secondo, quanto a ¶ 내 생각에는 a mio avviso, secondo me

에다 su, a ¶ 그는 종이에다 몇자 적었다 Lui tracciò poche parole su un pezzo di carta. // 20에다 10을 더하면 30이다 Somma dieci a venti e avrai trenta.

에덴동산 eden, paradiso terrestre

에델바이스【식물】stella alpina

에돌다 gironzolare intorno a, fare il giro lungo

에두르다 circondare, cingere, recingere ¶ 성벽이 도시를 에두르고 있다 Un muro cinge la città. // 과수원을 울타리로 에두르다 circondare un orto con uno steccato

에라 ① [체념] perbacco!, santo cielo! ② [주의 환기] ehi!, ola!

에러 errore

에로 erotismo

에로틱 erotico

에머럴드 smeraldo

에보나이트 ebanite

에부수수하다 (essere) grossolano, rozzo, rude

에서 ① [장소] a, in ¶ 집에서 a casa // 병원에서 in ospedale ② [출발점] da ¶ 런던에서 출발하다 partire da Londra // 집에서 멀다 essere lontano da casa ③ [동기, 원인] da, di ④ [견지] da, secondo, in rapporto con

에세이 saggio

에센스 essenza

에스오에스 S.O.S, richiesta di soccorso

에스컬레이터 scala mobile

에스키모 eschimese

에스토니아 Estonia

에스파니아 Spagna

에스페란토 Esperanto

에어컨(디셔너) condizionatore d'aria

에어컴프레서 compressore

에어포켓 vuoto d'aria

에우다 [에워싸다] circondare, cingere

에움길 una via traversa

에워싸다 cingere, recingere, circondare ¶ 과수원을 울타리로 에워싸다 circondare un orto con uno steccato

에이다 [도려내다] cavare(un occhio con un dito), scavare, fare (un buco) raspando ¶ 살을 에이듯이 추웠다 Il freddo era pungente.

에이스 asso, campione

에이커 acro

에이프런 grembiule, grembiale

에잇 [불쾌] al diavolo!, va al diavolo!, accidenti!, maledizione!

에쿠아도르인 ecuadoriano

에크 Dio mio!, santo cielo!, perbacco!

에테르【화학】etere

에티켓 etichetta, galateo

에틸렌【화학】etilene

에틸 알콜 alcool etilico

에페【펜싱】spada
에프엠 FM (moderazione di frequenza) a **-라디오** un radioricevitore a moderazione di frequenza
에피소드 episodio
에필로그 epilogo
에헴 ehm! **-하다** fare ≪ehm!≫, schiarirsi la voce, tossicchiare
엑스 "X" * **-광선** raggi X
엑스트라 comparsa
엑조틱 esotico
엔간하다 (essere) considerabile, buono, passabile, discreto, indulgente ¶ 엔간한 월급 un salario discreto // 엔간한 선생님 un professore indulgente // 엔간한 사람들 gente per bene // 엔간히 discretamente, passabilmente
엔담 recinto, steccato
엔들 anche, perfino, anche se ¶ 명공엔들 실수가 없으랴 Sonnecchia talvolta anche il buon Omero.
엔조이 godere
엔지니어 ingegnere
엔진 motore
엔트로피【물리】entropia
엔트리 iscrizione ¶ 엔트리를 마치다 iscriversi
엘레지 elegia
엘렉트론【물리】elettrone
엘리베이터 elevatore, ascensore
엠피 [헌병] M.P., soldato della polizia militare
여 女 ⇒ 여자
-여 餘 oltre, più di ¶ 백여명 oltre cento persone
여가 餘暇 agio, comodi, tempo libero ¶ 여가가 있다 aver agio di fare qlco.
여각 餘角【기하】angoli complementari
여간 如干 un po′
여간내기 如干- ¶ 그는 여간내기가 아니다 Lui è eccezionale.
여간 아니다 (essere) insolito, eccezionale, fuori del comune, straordinario ¶ 그의 피아노 연주 실력이 여간 아니다 Lui è un pianista di raro talento.
여객 旅客 passeggero, passeggera, viaggiatore, viaggiatrice, turista * **-열차** treno viaggiatori // **-기** aereo di linea
여걸 女傑 eroina, protagonista
여겨듣다 ascoltare attentamente
여겨보다 guardare attentamente
여계 女系 la linea femminile (d′una famiglia)
여공 女工 lavoratrice, operaio
여과 濾過 filtrazione **-하다** filtrare, colare, passare * **-기** filtro **-성** filtrabilità **-성 병원체** un virus filtrabile **-액** filtrato, liquido filtrato
여관 旅館 albergo * **-업** attività alberghiera // **-주인** albergatore, albergatrice, padrone, locandiera
여광 餘光 ≪afterglow≫, ultimo bagliore
여교사 女教師 insegnante, docente, professoressa
여권 旅券 passaporto * **-사증** visa
여권 女權 diritto di voto esteso alle donne, suffragio femminile, il voto alle donne * **-신장론** femminismo **-신장론자** femminista
여급 女給 cameriera, donna di servizio, barista

여기 qui, quà, a questo punto ¶ 여기로 와라 Vieni qui. [quà]. // 여기는 지금 봄이다 Quà è primavera ora.

여기 餘技 hobby, passatempo preferito

여기다 pensare, considerare, riguardare ¶ 그들은 그 사람을 용감한 군인으로 여긴다 Lo considerano un soldato valoroso.

여기자 女記者 un cronista, una giornalista

여기저기 quà e là

여남은 oltre dieci, una decina ¶ 여남은 사람 una decina di uomini

여념 餘念 ¶ 여념이 없다 essere immerso in, essere tutto intento a, dedicare a

여느 [보통의] ordinario, comune, usuale, [그밖의] altro, differente

여단 旅團 brigata

여닫다 aprire e chiudere

여담 餘談 digressione, divagazione ¶ 여담이지만 incidentalmente, a proposito

여당 與黨 partito del governo, partito ministeriale ¶ 여당(측)의 ministeriale

여대생 女大生 una studentessa universitaria

여덟 otto ¶ 여덟번 otto volte // 여덟째 l'ottavo

여독 旅毒 postumo

여동생 女同生 sorella minore

여드레 [8일간] otto giorni, [여드렛날] l'ottavo giorno

여드름 pustola, acne ¶ 여드름난 얼굴 faccia pustolosa

여든 ottanta ¶ 여든째 ottantesimo

여러 alcuni, diversi, vari, parecchi, molto ¶ 여러 상자가 망가졌다 Diverse casse erano rotte. // 나는 이미 여러개 가지고 있다 Ne ho già parecchi.

여러가지 diverso, vario ¶ 여러가지 이유로 per varie ragioni // 여러가지 유형 tipi diversi // 여러가지 의견 diversi pareri // 여러가지로 diversamente

여러번 molte volte, spesso, alcune volte, [되풀이해서] più volte, ripetutamente, mille volte ¶ 나는 너에게 그것을 여러번 말했다 Te l'ho detto mille volte.

여러분 signori, signori e signore, tutti voi

여러해 alcuni anni

여럿 molti, numerosi, parecchi ¶ 사고로 여럿이 죽었다 Molti morirono nell'incidente.

여력 餘力 forza tenuta in serbo, energia sovrabbondante

여로 旅路 viaggio, tragitto ¶ 여로에 오르다 mettersi in viaggio

여론 與論 opinione pubblica * **-조사** sondaggio d'opinione, indagine demoscopica

여류 女流 donna, femmina * **-비행사** aviatrice **-시인** poetessa **-작가** autrice

여름 estate, stagione estiva ¶ 한여름에 a mezza estate // 여름캠프 campeggio estivo // 여름학교 scuola estiva // 여름학기 corso estivo (di studi)

여리다 (essere) debole, tenero, morbido, fragile, [모자라다] (essere) scarso, insufficiente

여망 餘望 popolarità, confidenza, stima **-하다** fare grande conto di qlcu., avere qlcu. in grande stima

여명 黎明 alba, spuntar del giorno, l'albeggiare

여무지다 (essere) duro, solido, maturo, perfetto ¶ 여무진 사람 un uomo maturo

여물 foraggio secco, biada

여물다 ① [익다] maturare, maturarsi, rendere maturo ② [사람이] (essere) saldo, tenace, duro

여미다 sistemare, aggiustare

여배우 女俳優 attrice

여백 餘白 spazio vuoto [in bianco], vuoto, margine(난외의) ¶ 여백을 남기다 lasciare spazio

여벌 餘- avanzi, resti, rimasugli ¶ 여벌의 신발 scarpe di ricambio

여병 餘病 complicazione

여보 ciao, senti!, vedi! [부부간에] caro, cara, tesoro, amore

여보세요 senti!, di' un po'!, ascolta!, eh!, per favore!, [전화에서] pronto!

여부 與否 sì o no, se

여부없다 (essere) sicuro, certo, incontestabile, chiaro, evidente

여북 assai, tanto, molto

여분 餘分 eccesso, soprappiù, sovrappiù, avanzo, eccedenza

여불비(례) 餘不備(禮) cordiali saluti

여비 旅費 spese di viaggio, indennità di viaggio

여사 女史 [기혼자] signora, [미혼자] signorina

여사무원 女事務員 impiegata d'ufficio

여상 女相 viso femminile

여색 女色 [미색] bellezza (della donna), fascino femminile, [성교] rapporti sessuali (con una donna), [색욕] concupiscenza, lussuria, libidine ¶ 여색을 좋아하는 lascivo, lussurioso, libidinoso // 여색에 빠지다 appagare i desideri cardinali

여생 餘生 il resto della propria vita

여섯 sei ¶ 여섯째 il sesto

여성 女性 donna, femmina, femminilità(총칭), le donne, il sesso femminile, il gentil sesso, [문법] genere femminile ¶ 여성적인 femminile, , degno di una donna, [유약한] effeminato * **-미** bellezza femminile **-복** vestiti da donna **-운** rima tranca **-해방론** femminismo

여성 女聲 una voce femminea

여송연 呂宋煙 sigaro

여수 女囚 prigioniera, carcerata, detenuta

여수 旅愁 noia [tedio] per il viaggio

여승 女僧 monaca buddista

여식 女息 figlia

여신 女神 dea

여신 與信 credito, fiducia ¶ 여신을 주다 dare credito * **-한도** fido

여신 餘燼 brace, cenere ardente, resti di qlco. non ancora spento

여실 如實 **-하다** (essere) vivido, naturale, realistico ¶ 여실히 realisticamente, naturalmente

여아 女兒 figlia, bambina ¶ 여아를 분만하다 mettere al mondo una figlia

여앙 餘殃 calamità, disastro
여염 閭閻 quartiere residenziale ＊ **-집** famiglia rispettabile ¶ 여염집 여자 una donna decorosa
여왕 女王 regina ¶ 여왕같은 regale, di [da] regina ＊ **-벌** l'ape regina
여우【동물】volpe, volpe femmina(암컷), cucciolo(새끼) ¶ 여우 같은 volpino, da volpe // 여우 같은 얼굴 una faccia da volpe // 여우같은 놈 volpone, furbacchione // 그는 늙은 여우같다 Lui è una vecchia volpe. ＊ **-굴** tana di volpe **-사냥** caccia alla volpe
여우 女優 attrice ＊ **-지망자** attrice che vorrebbe essere
여울 rapida (di fiume), bassofondo, secca ¶ 여울을 건너다 guadare la rapida
여위다 dimagrire, emaciarsi ¶ 여윈 magro, emaciato, macilento, scarno // 여위어 볼품이 없다 ridursi al lumicino
여윈 잠 il sonno leggero
여유 餘裕 ① [여력] riserva, [잉여] soprappiù, margine, [여지] spazio, [시일의] tempo(libero), [활동의] libertà d'azione ¶ 마음의 여유 libertà di pensiero // 여유가 없다 Non ho tempo (libero). // 우리는 여유가 만만하다 Ne abbiamo più che a sufficienza. ② [침착] calma, serenità
여의 女醫 dottoressa
여의 如意 **-치 않다** sbagliare strada, andare storto, deludere le proprie speranze
여의다 perdere (i propri genitori), [출가시키다] sposare (la propria figlia) ¶ 양친을 여의다 perdere i propri genitori // 남편을 여의다 perdere il proprio marito
여인 女人 donna
여인숙 旅人宿 locanda, alberghetto
여일 如一 **-하다** (essere) costante, immutabile, lo stesso ¶ 시종여일하게 costantemente, invariabilmente
여자 女子 donna, femmina, ragazza, signora, il sesso femminile ¶ 여자의 femminile, della donna, femmino, della ragazza // 여자용의 da donna, per signore // 여자같은 femminile, da donna effeminato(나쁜 뜻에서) // 여자다운 femminile, donnesco, degno di una donna(좋은 뜻에서) // 여자답지 않은 poco femminile, indegno d'una donna // 여자를 좋아하다 essere appassionato per la donna
여장 女裝 **-하다** essere vestito da donna
여장 旅裝 attrezzatura di viaggio ¶ 여장을 차리다 attrezzarsi per un viaggio // 여장을 풀다 riposarsi dopo il viaggio
여장부 女丈夫 eroina
여전 如前 **-하다** (essere) lo stesso, immutato, invarietato ¶ 그는 여전하다 Lui è lo stesso di prima. Non è mutato affatto.
여점원 女店員 commessa (di negozio)
여정 旅程 viaggio, itinerario
여존 女尊 rispetto per la donna
여쭈다 dire, esporre, chiedere ¶ 잠

깐 여쭤보겠습니다 scusi, (ma)...
여줄가리 pezzetti, oggetti spaiati
여쭙다 dire (al superiore), informarsi ¶ 잠깐 여쭙겠습니다 scusi, (ma)...
여중군자 女中君子 una vera donna
여지 餘地 spazio, margine, adito, motivo ¶ 의심의 여지 adito al dubbio // 논쟁의 여지가 없다 Non c'è alcun motivo di lite. // 여지없이 거절하다 rifiutare recisamente qlco. // 여지없이 패하다 essere superato di gran lunga
여지 [식물] itchi, [열매] frutto del itchi seccato
여차 如此 ¶ 여차하면 al bisogno, occorrendo // 여차여차하다 essere tale // 여차여차한 이유로 date le circostanze
여축 餘蓄 [저금] risparmio, [저장] riserva, provvista, scorta **-하다** risparmiare, mettere da parte, conservare, far provvista di, accumulare
여치 grossa cavalletta verde
여탕 女湯 bagno per donne
여태까지 finora, sino a ora, fino a ora ¶ 여태까지 무엇을 하고 있었느냐 Che cosa hai fatto tutto questo tempo?
여파 餘波 strascico ¶ 경제위기의 여파 gli strascichi di una crisi economica
여편네 [아내] la propria moglie, [결혼한 여자] signora
여필 女筆 scrittura femminile
여하 如何 che, come, condizione, stato ¶ 여하한 che, come, che tipo // 여하한 일이 있어도 qualunque cosa accada // 여하한 희생을 내더라도 in ogni caso, ad ogni costo
여하간 如何間 in qualche modo, in ogni modo, in qualunque modo, qualunque cosa accada
여하튼 如何- in qualche modo, in ogni modo, in qualunque modo, qualunque cosa accada ¶ 여하튼 너는 네 일을 해야 한다 Devi fare il tuo lavoro in ogni modo.
여학교 女學校 scuola delle donne
여학생 女學生 studentessa, scolara
여한 餘恨 risentimento covato
여행 旅行 viaggio, gita, tragitto, escursione(유람), traversata(바다의) **-하다** viaggiare, fare un viaggio ¶ 도보로 [기차로] 여행하다 andare a piedi [in treno] // 전세계를 여행하다 viaggiare per tutto il mondo * **-사** [안내소] agenzia di viaggi **-사 직원** titolare agenzia di viaggi **-자** viaggiatore, viaggiatrice, turista ¶ 여행자용 수표 assegno turistico **-일정** itinerario **-안내서** guida (turistica) **-가** viaggiatore **-가방** valigia **-기** libri di viaggi ¶ 여행기를 출간하다 pubblicare i libri sui propri viaggi **강연-** un giro di conferenze **시찰-** giro d'ispezioni **도보-** giro turistico a piedi, gita a piedi **무전-** viaggio senza i soldi **세계일주-** un viaggio intorno al mondo **수학-** gita scolastica **신혼-** viaggio di nozze, luna di miele **우주-** viaggi interplanetari
여행 勵行 rafforzamento rigido **-하다** eseguire rigidamente

여향 餘響 eco
여현 餘弦【기하】coseno
여호와【성경】Geova, Iehova
여흥 餘興 divertimento, spettacolo secondario ¶ 여흥으로 da divertimento
역 亦 [역시] pure, anche
역 譯 traduzione, versione ⇒ 번역
역 驛 stazione (ferroviaria) * **-전** di fronte alla stazione
역 役 [연극의] parte, ruolo ¶ 주인공역을 하다 fare la parte del protagonista, avere il ruolo principale // 춘향이역을 하다 avere una parte di Chunhyang
역 逆 (l')opposto, il contrario, inverso, invertito, [수학] inverso ¶ 역의 contrario, opposto, inverso, invertito 역으로 viceversa * **-로케트** retrorazzo, razzo frenante
역경 逆境 avversità, sfortuna, situazione difficile ¶ 역경을 극복하다 sormontare una situazione difficile
역군 役軍 [coolie], operaio, facchino, servo, un lavoratore del braccio
역기 力技 ⇒ 역도
역대 歷代 generazioni successive
역도 逆徒 ribelli, rivoltosi, traditori
역도 力道 sollevamento pesi * **-선수** pesista
역량 力量 abilità, capacità, capacitività ¶ 역량있는 abile, bravo, competente // 역량을 나타내다 mostrare la propria abilità
역력 歷歷 **-하다** (essere) chiaro, evidente, ovvio, vivido ¶ 역력히 chiaramente, evidentemente, ovviamente
역류 逆流 [흐름] riflusso, controcorrente [조류] **-하다** rifluire
역마차 驛馬車 diligenza
역모 逆謀 cospirazione, congiura, tradimento **-하다** cospirare (contro), congiurare (contro)
역무원 驛務員 impiegato della stazione, portabagagli(수화물을 운반하는)
역문 譯文 traduzione
역반응 逆反應 reazione inversa
역방 歷訪 un giro [una serie] di visite **-하다** fare un giro [una serie] di visite
역병 疫病 malattia epidemica, epidemia, peste
역비례 逆比例 ragione [proporzione] inversa **-하다** essere in ragione [proporzione] inversa
역사 力士 un uomo forte, un uomo dalla forza fisica
역사 歷史 ① storia, [기록] annali, cronache ¶ 역사의 storico, relativo alla storia // 역사상의 사실 un fatto storico // 한국의 역사 la storia di Corea // 역사상 유명한 곳 un luogo storico // 역사에 남다 passare alla storia, fare storia // 역사적 근거 prove storiche ② [내력] storia, tradizione(전통) * **-가** storico, storiografo **-소설** un romanzo storico **-학** studi storici **-수업** una lezione di storia
역사 轢死 **-하다** essere stato investito e stato ucciso, essere ucciso da un'auto
역산 逆産 ①【의학】nascita trasversale ② [재산] la proprietà di un

traditore

역산 逆算 **-하다** contare indietro, calcolare indietro

역서 曆書 almanacco, calendario

역선전 逆宣傳 propaganda contraria **-하다** effettuare contro la propaganda

역설 力說 asserzione **-하다** accentuare, sottolineare, asserire enfatico ¶ 그 점은 역설할 필요가 있다. Merita un′importanza particolare.

역설 逆說 un paradosso ¶ 역설적 paradossale // 역설적으로 말하면 per cosi dire paradossalmente

역성 parzialità, favoritismo ¶ 역성들다 prendere il lato debole con, dare il favore parziale a

역수 逆數【수학】un reciproco (numero)

역수입 逆輸入 importazione contraria, **-하다** importare contrariamente

역수출 逆輸出 esportazione contraria, **-하다** esportare contrariamente

역습 逆襲 contrattacco, controffensiva **-하다** fare un contrattacco (contro), contro attacco

역시 亦是 [또한] anche, pure, inoltre, [아직도] ancora, (giusto) lo stesso, [결국] finalmente, [예상대로] come è stato previsto

역어 譯語 parole tradotte, parole usate in una traduzione ¶ 이 말에 대한 적당한 역어가 없다 Non c′è nessuna espressione coreana adatta o equivalente a questa parola.

역연 歷然 **-하다** (essere) radura, manifesto, evidente, pianura, distinto

역용 逆用 **-하다** fare un uso d′inversione (di)

역원 役員 un funzionario, un ufficiale, la scheda, * **-선거** l′elezione degli ufficiali

역원 驛員 un impiegato della stazione, [총칭] il personale della stazione

역임 歷任 **-하다** tenere i vari posti nella successione

역자 譯者 traduttore

역작 力作 lavoro grande [elaborato] * **-품** capolavoro

역작용 逆作用 reazione, azione inversa

역장 驛長 capostazione * **-실** l′ufficio di capostazione

역저 力著 un fine lavoro letterario, opera elaborata

역적 逆賊 ribelle, traditore, un insorgente ¶ 역적모의하다 cospirare (contro)

역전 力戰 una lotta dura, Com Dattimento Ualoroso. **-하다** battersi, Combattere Valorosamente

역전 逆戰 inversione, reversione rovesciamento **-하다** invertirsi, rovesciare mettersi in una disposizione contraria a quella precedente ¶ 형세가 역전했다 La situazione è stata cambiata.

역전 驛前 ⇒ 역

역전 경주 驛傳競走 una corsa a staffetta di distanza lunga

역점 力點 enfasi, il punto di enfasi

역정 逆情 rabbia, dispiacere ¶ 역정

나다 essere arrabbiato (con una persona, ad un aspetto) // 역정 내다 essere arrabbiato con qualcuno, con qlco.

역조 歷朝 dinastia successiva

역조 逆調 condizione avversa ¶ 무역의 역조(현상) un′avversa bilancia commerciale

역주하다 力走 scattare, correre di scatto

역진 力盡 **-하다** essere esaurito, esaurire la propria resistenza

역청 靑 bitume, asfalto * **-탄** bituminoso carbone

역추진 로켓 逆推進— retrorazzo

역코스 逆— il corso inverso.

역투 力鬪 **-하다** [야구] lanciare con tutta la propria resistenza

역풍 逆風 vento contrario

역하다 逆— ① [비위가] seufirsii nousea sentire disgusto, sentirsi male, essere offensivo ② [마음에 거슬리다] essere respinto (da)

역학 力學 dinamica, cinetica ¶ 역학의 dinamico *** 동-** cinetica **응용-** la dinamica applicata **정-** statica

역학 易學 scienza della divinazione

역할 役割 parte, ruolo, complesso di un atto, ¶ 중대한 역할을 하다 svolgere un ruolo importante

역행 逆行 retrogressione, movimento retrogressivo, movimento d′inversione **-하다** andare indietro, regredire, essere un retrogrado , [상반하다] funzionare al contrario di ¶ 시대에 역행하다 remare (nuotare) contro il flusso

역효과 逆效果 contro risultato, una reazione avversa, effetto inverso.

엮다 ① [얽어 만들다] intrecciare, lavorare a maglia insieme, tessere ¶ 짚을 엮다 intrecciare delle paglie ② [편찬] compilare, curare ¶ 역사를 엮다 compilare una storia

연 鉛 piombo ⇒ 납

연 鳶 cervo volante, aquilone ¶ 연을 날리다 pilotare un cervo volante

연 蓮 [식물] loto * **-꽃** un fiore di loto **-못** stagno di loti

연 年 anno ¶ 연 1회 una volta all′anno // 연 1회의 all′anno, annuale // 연 2회의 biennale // 연 4회의 trimestrale * **-평균** media annuale

연 延 ¶ 연인원 il numero totale di persone // 연일수 il numero totale di giorni // 연평수 l′ingombro totale a pavimento

연 蓮 ① [종이의] risma ② [계속] consecutivamente, continuamente ¶ 연사흘 동안 per tre successivi giorni

연가 戀歌 canzone di amore, poesia di amore

연간 年間 * **-계획** il programma per l′anno **-생산고** l′uscita annuale

연감 年鑑 annuario, annuale

연갑 年甲 contemporaneo, una persona quasi uguale di età

연거푸 continuamente, successivamente, consecutivamente, nella successione ¶ 총소리가 세 번 연거푸 났다 C′erano tre colpi della pistola nella successione veloce.

연결 連結 connezione **-하다** collegare, fissare, coppiare, collegare, unirsi ¶ 섬과 육지를 연결하는 다리 un ponticello che collega un′isola per atterrare

연계 連繫 un pollo ⇒ 영계

연고 軟膏 un salve, un unguento, un saluto

연고 緣故 collegamento, legame ¶ 연고가 없다 non avere connezione (con)

연골 軟骨 una cartilagine

연공 年功 servizio lungo (e meritorio), [경험] l′esperienza lunga ¶ 연공을 쌓다 avere esperienza lunga * **-가봉** uno stipendio supplementare per la regola lunga **-제도** anzianità di servizio

연공 年貢 un tributo annuale

연관 聯關 collegamento, relazione, [생물] linkage **-하다** essere collegato (assocciato) con, collegare con ¶ 긴밀한 연관이 있다 essere molto collegato con

연관 鉛關 un tubo del cavo, impianto idraulico [총칭] * **-공** un impianto idraulico del **-공사** dell′idraulico

연구 硏究 studio, ricerca(전문적), [조사] investigazione, inchiesta **-하다** studiare, fare uno studio (di), ricercare, [조사] investigare, ¶ 과학적 연구 ricerca scientifica 전문으로 연구하다 fare uno studio speciale di * **-가** un allievo, un ricercatore **-문제** un argomento di studio **-발표회** una riunione della lettura **-방법** un metodo dello studio **-생** un ricercatore **-소** un istituto di ricerca

연구개 軟口蓋 【생물】 palato molle

연극 演劇 prestazioni drammatiche, un gioco, dramma, ¶ 연극조의 teatrale, non spontaneo // 연극을 하다 giocare, ripresentare // 연극을 상연하다 ripresentare un dramma sulla scena 소설을 연극화하다 drammatizzare una novella * **-계** il mondo teatrale **-비평** la critica drammatica

연근 蓮根 una radice di loto

연금 軟禁 relegazione informale, l′arresto in casa **-하다** limitare informalmente, mettere sotto arresto in casa

연금술 鍊金術 alchimia * **-사** un alchimista

연기 延期 rinvio(회의의) **-하다** rimandare, rinviare ¶ 처형의 연기 un rinvio dell′esecuzione 연기되다 essere rimandato, essere rinviato

연기 煙氣 fumo ¶ 연기로 숨이 막히다 essere soffocato dal fumo 연기처럼 사라지다 sparire in aria sottile, sparire in fumo

연기 演技 azione, comportarsi, ¶ 좋은 연기를 보여주다 conoscere bene la sua parte * **-자** un attore

연기 連記 **-하다** listare, annotare insieme, catalogare

연내 年內 ¶ 연내에 prima della conclusione dell′anno, entro l′anno

연년 年年 ogni anno, anno dopo l′

anno, annualmente

연년 連年 anni successivi, un anno dopo un altro, per una serie di anni

연년생 連年生 un bambino nato dopo un anno ¶ 그들은 연년생이다 Sono fratelli [sorelle] fra un anno. // 아이가 연년생으로 태어났다 I bambini sono nati un anno dopo un altro.

연놈 uomo e donna

연단 演壇 piattaforma, la tribuna, [설교단] un pulpito ¶ 연단에 서다 prendere la piattaforma, comparire prima dei pubblici

연달다 continuare, conservare sopra, continuare, essere continuo, seguire ¶ 연달아 uno dopo un altro, senza una pausa, continuamente, successivamente

연대 年代 [시대] un età, epoca, periodo¶ 역사상의 연대 date storiche 연대순으로 nell′ordine cronologico * **-기** cronologia, cronaca

연대 連帶 la solidarità **-하다** essere responsabile collettivamente (a qc. per q.c) ¶ 연대로 돈을 꾸다 prendere in prestito insieme

연대 聯隊 reggimento

연도 年度 anno, termine, calendario dell′anno(달력의), anno fiscale(회계의), anno scolastico(학교의), anno di affari(사업의) ¶ 1971년도 회계 un esercizio fiscale 1971

연도 沿道 ¶ 연도에 lungo la strada, dal bordo della strada

연독 鉛毒 piombo avvelenato

연동 蠕動 peristalsi

연동 聯動 cambio **-하다** essere collegato (con) * **-기** una frizione **-장치** cambio (della macchina)

연두 [빛깔] verde leggero

연두 年頭 inizio dell′anno, capodanno(설날) **-사** il mesaggio del nuovo anno

연락 連絡 collegamento, contatto, collegamento, la comunicazione **-하다** stabilire il contatto con, ottenere il tocco con, collegare con, [통신] comunicare a, informare a ¶ 연락이 끊어지다 perdere il contatto con * **-선** un traghetto **-장교** un ufficiale di collegamento

연래 年來 per parecchi anni, questi anni ¶ 연래의 희망 un affezionato desiderio

연령 年齡 età, anno ¶ 연령의 차 disparità dell′anno 연령순으로 in ordine di età * **-별** una staffa di età **-제한** il limite di età **결혼-** età di matrimonio

연례 年例 ¶ 연례의 annualmente, annuale * **-보고** un rapporto annuale **-행사** eventi annuali

연로 年老 **-하다**(essere) vecchio, invecchiato

연료 燃料 combustibile ¶ 연료 부족 때문에 a causa della mancanza di combustibile * **-보급** rifornimento di carburante **-보급소** una stazione di rifornimento **-비** un costo di rifornimento **-유** olio combustibile

연루 連累 [연좌] implicazione, complicità, impegno **-하다** essere implicated(impegnato) (in) * -자 un complice, un confederato, un socio, una persona coinvolta

연륜 年輪 anello (di albero), anello (di vita)¶ 연륜을 쌓다 avere lunga esperienza

연리 年利 interesse (rate) annuale ¶ 연리 1할로 per un interesse annuale di dieci per cento

연립 聯立 alleanza, unione, coalizione * **-내각** un gabinetto di coalizione **-방정식** equazioni simultanee

연마 硏磨 **-하다** ① [기계] pulire, molare, lucidare ② [연구] studiare, ricercare

연마 鍊磨 **-하다** esercitare, migliorare ¶ 기술을 연마하다 migliorare la sua abilità

연막 煙幕 schermo di fumo ¶ 연막을 치다 sollevare uno schermo di fumo, [속이다] nascondere dietro uno schermo di fumo

연만 年滿 **-하다** (essere) abbastanza vecchio, invecchiato, senile

연말 年末 la fine dell'anno

연맹 聯盟 lega, federazione, unione, confederazione ¶ 연맹에 가입하다 fare parte d'una lega

연면 連綿 **-하다** (essere) continuo, ininterrotto, ¶ 연면히 continuamente, consecutivamente

연명 延命 **-하다** vivere a mala pena, vivere con difficoltà ¶ 간신히 연명하다 vivere con molta difficoltà

연모 [도구] uno strumento, [재료] materiale

연모 戀慕 amore **-하다** essere innamorato di qualcuno

연목구어 緣木求魚 **-하다** pescare su un albero, cercare [desiderare] l'impossibile

연못 蓮― stagno di loto, stagno

연무 煙霧 foschia, nebbia e fumo, smog (도시의)

연무 鍊武 esercizio militare **-하다** militare * **-장** uno stadio di esercizio militare

연문 戀文 lettera d'amore

연미복 燕尾服 cappotto da sera, un abito da sera (ceremonia)

연민 憐憫 pietà, misericordia **-하다** (essere) pietoso ¶ 연민의 정을 느끼다 avere pietà di qualcuno

연발 連發 ① [사격] **-하다** colpire nella successione veloce ② [발생] **-하다** arrivare dopo un altro, avvenire nella successione ¶ 사고가 연발하다 Gli Accidenti accadono l'uno dopo l' altro. * **-총** fucile a ripetizione

연발 延發 partenza in ritardo **-하다** partire tardi [in ritardo]

연방 continuamente ⇒ 연해연방

연방 聯邦 unione (federale), confederazione, federazione, stato federale * **-재판소** una corte federale **-정부** un governo federale

연배 年輩 [동년배] una persona della stessa età, un contemporaneo

연변 年邊 interesse annuale

연병 練兵 esercizio militare **-하다** militare, sfilare * **-장** uno stadio di parata〔esercizio〕

연보 年報 rapporto annuale, relazione

annuale

연보 年譜 una personale storia cronologica

연보 捐補 offerta della chiesa, oblazione, elemosina, carità **-하다** fare un′elemosina

연봉 年俸 stipendio annuale ¶ 연봉 1만불로 con $10,000 all′anno, con lo stipendio annuale di $ 10,000

연봉 連峰 una catena di montagne, una gamma di colori

연부 年賦, 연불 年拂 una rata annuale

연분 緣分 predestinazione, legame predestinato ¶ 연분을 맺다 avere il legame coniugale 그들 부부는 천생 연분이다 Loro sono fatti per l′uomo e la moglie.

연분홍 軟粉紅 rosa chiaro

연불 延拂 pagamento rinviato ¶ 연불방식으로 su un′esportazione di base * **-수출** esportazione di pagamento rinviato

연비 連比【수학】un rapporto continuato

연비례 連比例【수학】proporzione continuata

연사 演士 un parlante, un oratore

연산 年産 una produzione annuale * **-능력** una produzione annuale di capacità

연산 連山 una gamma di montagne

연상 年上 [사람] primogenito, maggiore (di età) ¶ 연상의 maggiore 연상의 처 una moglie più vecchia di qualcuno

연상 聯想 ① evocazione ② [유추] analogia, associazione delle idee **-하다** associare (A a B), pensare (a) ¶ 연상시키다 fare pensare, ricordare

연석 宴席 un banchetto ¶ 연석에 참석하다 presentarsi al banchetto [alla festa, al pranzo]

연선 沿線 ¶ 철도 연선에 sul binario

연설 演說 un discorso una conferenza, una lezione **-하다** fare un discorso, parlare (a un pubblico, su un soggetto) ¶ 영어 연설 un discorso inglese 연설조로 con il tono di discorso * **-법** dizione **-자** un parlante **-집** una collezione di propri discorsi **명-** un discorso eloquente **즉석-** un discorso improvvisato **탁상-** un discorso del dopo pranzo, un discorso della tabella

연성하감 軟性下疳【의학】ulcera

연세 年歲 età ¶ 연세가 많다 essere vecchio

연소 年少 **-하다** essere giovane * **-자** un giovane, un minore(미성년자)

연소 延燒 **-하다** [불이] spargersi, [건물이] prendere fuoco

연소 撚燒 combustione **-하다** bruciare ¶ 연소성의 combustibile, infiammabile * **-력** combustibilità **-물** combustibili, articoli infiammabili **전-** combustione perfetta [completa] **자연-** autocombustione

연속 連續 continuità, continuazione, successione, sequenza, una serie **-하다** essere continuo, ultimo, seguire dopo altro ¶ 연속적 successivo 3회 연속 강연 una serie di tre lezioni 불행의 연속 una serie di sfortuna * **-만화** fumetto **-물** sceneggiativo (televisivo), teleromanzo **-방송극** un pezzo televisivo a episodio **-상연** spettacolo permanente **-상영** permanente spettacolo teatrale **-소설** una serie di storia

연쇄 連鎖 una catena, un collegamento * **-반응** [물리] riazione di catena **-법** [논리] sorite, [수학] la regola congiunta **-상(狀)세균** [의학] streptococco **-점** grande magazzino (con varie succursali)

연수 年數 il numero di anni

연수 硏修 periodo di tirocinio **-하다** fare pratica in uno studio * **-생** tirocinante, apprendista **-소** un istituto di addestramento

연수 年收 reddito annuale

연수 軟水 acqua (non calcarea)

연수정 煙水晶 quarzo di color fumo

연습 練習 pratica, esercitazione, addestramento, un trivello, una recita (연극의) **-하다** praticare, esercitare, recitare ¶ 영어 문법 연습 un esercizio in grammatica inglese 경기에 대비해서 연습하다 praticare per la corsa 외국인을 상대로 영어 회화를 연습하다 praticare a parlare inglese con uno straniero * **-곡** [음악] uno studio **-문제** esercizi **-생** allievo, alunno **-장** quaderno da esercizi

연습 演習 [익힘] practica, esercizio, [기동 훈련] manovre, [모의전] una battaglia finta, un seminario (대학의) **-하다** effettuare le esercitazioni, tenere le manovre

연승 連勝 **-하다** vincerė vittoria successiva, vincere vittoria dopo la vittoria, vincere tutte le battaglie ¶ 3연승하다 vincere tre volte successivamente

연시 年始 l'inizio dell'anno

연시 軟柹 cachi rosato [maturato]

연식 年式 palla molle

연안 沿岸 la costa, il litorale ¶ 연안에 sulla [lungo] costa * **-무역** cambiamento commerciale effettuto dal mare **-어업** pesca costiera [rivierasca] **-항로** la linea costiera **-항로선** bastimento [cabotiero] **지중해-지방** un locale costiero dal Mediterraneo

연애 戀愛 amore, passione tenera, l'amore **-하다** innamorarsi (di) ¶ 정신적 연애 amore platonico * **-결혼** un matrimonio d'amore ¶ 연애 결혼을 하다 sposarsi per amore **-관** una vista di amore **-사건** una faccenda d'amore **-소설** una romanza d'amore

연액 年額 una somma annuale, un totale annuale

연야 連夜 notte dopo la notte

연약 軟弱 **-하다** (essere) debole, sottile ¶ 연약해지다 diventare debole * **-외교** diplomazia troppo debole

연어 연魚 il salmone * **-통조림** salmoni inscatolati

연역 演繹 deduzione **-하다** dedurre (da), evolvere ¶ 연역적(으로) deduttivo(deduttivamente), a priori * **-법** il metodo deduttivo

연연 戀戀 **-하다** essere profondamente attaccato (a)

연예 演藝 una rappresentazione, ¶ 연예계의 사람 uomo nel mondo di spettacoli * **-란** la colonna di spettacoli **-인** un esecutore, un presentatore, un artista

연옥 煉獄 purgatorio ¶ 연옥의 고통을 겪다 passare attraverso il purgatorio

연와 煉瓦 mattone, laterizio ⇒ 벽돌

연원 淵源 origine, sorgente, un inizio **-하다** venire da, provenire

연월일 年月日 la data ¶ 연월일을 기입하다 datare, dare la data

연유 煉乳 latte condensato

연유 緣由 [유래] origine, motivo [사유] ragione

연인 戀人 gli innamorati(남녀), gli amanti ¶ 한 쌍의 연인 una coppia di innamorati

연일 連日 ogni giorno, giorno dopo giorno ¶ 극장은 연일 대만원이다 Il teatro è affollato ogni giorno.

연임 連任 **-하다** essere rieletto, riprendere l'ufficio

연잇다 連— [연속하다] continuare, seguire continuamente uno dopo un altro ¶ 연이어, successivamente, nei giorni successivi, di successione 연이어 3일간 per tre giorni di seguito

연자매 硏子— macina, macina che funziona con il bue o con il cavallo

연장 strumento, arnese, utensile(특수용), ¶ 농사에 쓰이는 연장 strumento d'agricoltura * **-궤** cassetta degli arnesi

연장 年長 anzianità ¶ 연장의 più vecchio 마을의 최고 연장자 l'uomo più anziano nel villaggio * **-자** anziano meritevole(원로), un maggiore(연상)

연장 延長 estensione, prolungamento ¶ 철도를 연장하다 estendere una ferrovia 수명을 연장하다 allungare la sua vita * **-선** una linea d'estensione **-전** [스포츠] prolungazione

연재 連載 pubblicazione seriale **-하다** scrivere (un romanzo) regolarmente * **-만화** un fumetto **-소설** una storia seriale

연적 硯滴 contenitore dell'acqua per inchiostro cinese

연적 戀敵 rivale nell'amore

연전 年前 ¶ 연전에 qualche anno fa

연전 連戰 * **-연승** [연패] successione delle vittorie[sconfitte] successive ¶ 연전 연승하다 vincere ogni battaglia

연접 連接 collegamento **-하다** collegare, combinare, connettere(열차를), commutare(전화를) * **-봉** biella

연정 戀情 (sensibilità di) amore, affezione, affezione tenera ¶ 연정을 느끼다 avere affezione per qlcu. qualcuno

연제 演題 soggetto (di una conferenza), il tema ¶ 문명이란 연제로 강연하다 parlare a proposito di civilizzazione

연제 年祭 l'anniversario ¶ 50년제 il quinquagenario 100년제 l'anniversario centennale 200년제 il bicentenario 300년제 il trecentenario

연좌 連坐 ① implicazione ② posizione seduta **-하다** essere implicato (in) **-스트라이크** sciopero bianco

연주 演奏 prestazione musicale **-하다** giocare ¶ (악대가) 국가를 연주하다 giocare l'inno nazionale * **-곡목** un repertorio, un programma **-법** esecuzione, tecnica **-자** giocatore, esecutore **-회** concerto

연주창 連珠瘡 [의학] scrofola, scrofolosi

연줄 緣— rapporto, collegamento, influenza(세력)¶ ...의 연줄로 per un rapporto (di)

연줄연줄 緣—緣— attraverso i suoi rapporti, attraverso un rapporto dopo un altro

연중 年中 l'anno intero, tutto l'anno, durante l'anno * **-행사** gli eventi principali dell' anno, un evento annuale

연지 -脂 rossetto ¶ 연지를 바르다 truccare le labbra con il rossetto * **-분** rossetto e polvere

연차 年次 ¶ 연차의 annuale * **-계획** programma annuale **-대회** assemblea annuale **-보고** rapporto annuale

연착 延着 arrivo in ritardo **-하다** arrivare in ritardo ¶ 그 열차는 한 시간 연착했다 Il treno è arrivato dopo un'ora.

연천 年淺 **-하다** essere giovane, essere giovanile, non essere lungo

연철 鍊鐵 [야금] ferro battuto

연체 延滯 ritardo, l'arretrato **-하다** essere in ritardo, essere ritardato * **-금** ammenda per il ritardo d'un pagamento **-이자** interesse per il ritardo

연체 동물 軟滯動物 molluschi

연초 煙草 ⇒ 담배

연출 演出 produzione, presentazione **-하다** mettere un pezzo in scena * **-가** un direttore di scena

연충 蟲 verme, parassita

연탄 煉炭 formella (di carbone) * **-공장** un'officina di formelle **-난로** la stufa da formella **십구공-** una formella con 19 buchi

연통 煙筒 tubo della stufa, fumaiolo(공장의, 기선의), camino(굴뚝) * **-소제부** spazzacamino

연판 連判 firma colletiva **-하다** fare la firma insieme * **-장** atto segnato da parecchie persone

연판 鉛版 una stereotipia ¶ 연판을 뜨다 eseguire delle stereotipie, stereotipare * **-공** un stereotipista **-인쇄** stereotipia

연패 連敗 **-하다** soffrire le sconfitte successive

연포 練布 panno lucidato

연표 年表 una tabella cronologica, [연대기] cronologia * **세계사-** una tabella cronologica di storia del mondo

연필 鉛筆 matita (di piombo) ¶ 연필끝 un punto di matita 연필심 mina 연필을 깎다 affilare una matita 연필로 쓰다 scrivere con la matita * **-깎개** un temperamatite

연하 年下 giovane ¶ 연하의 giovane

연하 年賀 auguri del nuovo anno ∗ **-객** una visita del nuovo anno **-장** un biglietto del nuovo anno

연하다 軟— ① [무르다] (essere) tenero ¶ 연한 고기 carne tenera 연하게 하다 ammorbidire, fare la morbidezza, intenerire ② [빛이] essere poco scuro, essere chiaro ¶ 연한 빛깔 una luce chiara di colore 연한 차 tè leggero

연하다 連— collegare, unirsi, congiungere ¶ 두 집이 서로 연해 있다 Le due case si congiungono.

연하다 然— fare sembrare, comportarsi come ¶ 학자연하다 avere l'aria di uno studioso

연한 年限 termine, periodo ∗ **복무-** il termine di servizio **의무-** il termine di obbligo **재직-** un periodo dell'ufficio

연합 聯合 combinazione(연결), unione(조합), alleanza(동맹), concordo(일치), amalgamazione(합동), confederanza, coalizione(정당의) **-하다** combinare (con) ∗ **-국** l'alleato

연해 沿海 acque costiere, litorale, costa ⇒ 연안 ¶ 연해의 litoraneo 연해안을 항해하다 navigare lungo il litorale

연해 連— successivamente, incessantemente, continuamente, senza sosta

연해연방 successivamente, continuamente, uno dopo un altro ¶ 연해연방 손님이 오다 avere un flusso costante degli ospiti

연행 連行 **-하다** condurre, portare con sé 경찰서로 연행되다 essere preso alla stazione di polizia

연혁 沿革 storia, origine e sviluppo ¶ 방문자에게 학교의 연혁을 설명하다 spiegare la storia della scuola al visitatore

연호 年號 era cronologica

연화 軟化 **-하다** ammorbidire, rammollirsi

연화 軟貨 carta moneta

연회 宴會 festa, banchetto ¶ 연회를 열다 fare un banchetto ∗ **-장** la sala da banchetto

연후 然後 ¶ 연후에 dopo quello, da allora in poi, in seguito

열 dieci ¶ 열번 째 il decimo

열 列 riga, colonna(종렬), fila(횡렬) ¶ 열을 지어 in fila // 2열로 in due file // 열을 짓다 mettere in fila

열 熱 ① [열기] calore ¶ 열의 calorico, calore di // 열을 발생하다 essere febbrile // 열을 가하다 fare sallire il calore ② [체온] temperatura, [병열] febbre ¶ 열을 재다 controllare la temperatura di calore 열이 나다 avere la febbre, aumentare l'entusiasmo ③ [열광-유행] entusiasmo, febbre, mania ¶ 열을 내다 diventare caldo, andare pazzo per qualcosa // 열이 식다 raffreddarsi, calmarsi // 공부에 열을 안내다 prendere poco interesse col suo studio ∗ **-단위** unità calorica **야구-** entusiasmo per baseball **태양-** il calore solare

열강 列强 le grandi potenze ¶ 세계

의 열강 le grandi potenze nel mondo

열거 列擧 l'enumerazione **-하다** enumerare, elencare ¶ 이루 다 열거할 수 없다 sono troppi da enumerare

열광 熱狂 entusiasmo, selvaggio, eccitamento, fanatismo, frenesia **-하다** andare selvaggio con entusiasmo, essere sfrenatamente eccitato ¶ 열광적인 selvaggio, frenetico, fanatico(광신적) // 열광적 환영을 받다 avere ricevuto con selvaggio entusiasmo

열기 熱氣 ① [더운 공기] calore, riscaldamento ¶ 열기를 뿜다 irradiare il calore ② [열정] ardore ③ [신열] febbre ¶ 열기가 좀 있군요 Hai una febbre leggera. * **-기관** il motore dall'aria calda -난방 riscaldamento

열기 列記 **-하다** enumerare, elencare

열김 熱― ¶ 열김에 con passione, con rabbia

열나다 熱― ① [몸에] avere la febbre ② [열중] andare pazzo per ¶ 열이 나서 춤추다 Va pazzo per la danza. ③ [화나다] arrabbiarsi, essere arrabiato con ¶ 열이 나서 이야기하다 parlare con frenesia.

열녀 烈女 una eroina, una donna eroica, una donna di virtù

열다[1] ① aprire(뚜껑을), schiudere(펴다), sciogliere(꾸러미를), aprire(자물쇠를) ¶ 비틀어 열다 aprire col distorcere 부숴 열다 aprire col rompere 문을 열어 놓다 tenere la porta aperta ② [개시] aprire ¶ 가게를 열다 aprire la bottega ③ [개최] dare

열다[2] [열매가] formarsi, avere dei frutti ¶ 열매가 잔뜩 열린 나무 un albero con molti frutti

열대 熱帶 i tropici, la zona tropicale ¶ 열대의 tropicale * **-병** una malattia tropicale **-성 저기압** tropicale pressione atmosferica **-식물** piante tropicali **-지방** i tropici

열댓 circa quindici

열도 列島 una catena di isole, un arcipelago

열독 閱讀 attenta lettura **-하다** leggere attentamente, esaminare (un libro)

열등 劣等 inferiorità **-하다** (essere) inferiore * **-감** sentimento d'inferiorità **-생** uno studente arretrato

열락 悅樂 gioia, piacere

열람 閱覽 lettura attenta **-하다** leggere attentamente, ispezionare * **-권** un biglietto di ammissione alla biblioteca **-실** una sala di lettura

열량 熱量 quantità di caloria(단위) ¶ 열량이 많다(적다) essere grande (piccola) in caloria * **-계** un calorimetro

열렬 熱烈 **-하다** (essere) ardente, fervente, appassionato ¶ 열렬히 ardentemente, appassionatamente 열렬한 애국자 un patriota ardente

열리다 ① aprirsi, essere aperto ¶ 9시에 막이 열린다 La tenda sale alle 9. ② [개최] avvenire, essere dato, essere aperto ¶ 체육 대회는

5월 5일에 열린다 La riunione atletica è aperta il 5 di maggio. ③ [개발] diventare civilizzato, essere modernizzato ④ [열매가] formarsi, avere dei frutti ¶ 열매가 많이 열린 나무 un albero con i molti frutti ⑤ [길이] essere aperto ¶ 출세길이 열리다 essere dato una probabilità di successo nella vita

열망 熱望 desiderio ardente **-하다** desiderare [volere] ardentemente ¶ 그 여자는 여배우 되기를 열망하고 있다 Lei desidera ardentemente di divenire un′attrice.

열매 frutta(총칭), un frutto, una bacca, una noce(견과), un chicco(장과) ¶ 열매를 맺다 fruttificare, maturare gli interressi(비유적)

열무 un ravanello giovane * **-김치** kimchi, prodotti dai ravanelli giovani

열반 涅槃 [불교] Nirvana

열변 熱辯 discorso veemente (fervente, eloquente) ¶ 열변을 토하다 fare un discorso veemente

열병 熱病 febbre, una malattia febbrile ¶ 열병에 걸리다 soffrire di una febbre

열병 熱兵 parata **-하다** sfilare in parata * **-식** una sfilata in parata

열분해 熱分解 [화학] pirolisi **-하다** pirolizzare

열비 劣比 ragione minore

열사 烈士 patriota * **순국-** un martire

열사병 熱射病 colpo di calore

열상 裂傷 lacerazione, ferita lacerata

열쌔다 (essere) svelto, astuto, agile

열석 列席 **-하다** presentare, presentarsi * **-자** un presente [총칭] presenza

열선 熱線 raggio termico (calorifico)

열성 列星 [역대의 왕] re successivi, [성인] i santi

열성 熱誠 dedizione, ardore, entusiasmo, zelo, devozione(헌신) ¶ 열성적 dedicato, sincero, entusiastico // 열성을 다하여 con entusiasmo, con ardore, dedicatamente * **-가** un entusiasta, un fanatico(열광자)

열세 劣勢 inferiorità numerica, l′inferiorità nei numeri **-하다** essere inferiore in numero ¶ 열세를 만회하다 cambiare le carte in tavola

열쇠 una chiave ¶ 한 다발의 열쇠 un mazzo di chiavi // 열쇠 구멍 il buco della chiave // 열쇠로 자물쇠를 열다 aprire con la chiave 열쇠를 채우다 chiudere (la porta) con la chiave

열씨 列氏 Reaumur * **-온도계** un termometro di Reaumur

열심 熱心 dedizione, ardore, entusiasmo, zelo, devozione(헌신) **-하다** (essere) entusiastico, desideroso, assiduo, sincero, ardente, zelante, acuto ¶ 열심히 zelosamente, ardentemente // 열심히 공부하는 학생 uno studente che studia sodo // 열심히 듣다 ascoltare attentamente 열심히 공

부하다 studiare sodo
열십자 一十字 croce, incrocio ¶ 열십자의 incrociato 열십자로 una forma di croce
열악 劣惡 **-하다** (essere) inferiore, rozzo, grossolano
열애 熱愛 amore ardente(passionata) **-하다** amare qlcu. passionatamente, amare da morire
열어젖뜨리다 spingere e aprire, spalancare una porta
열없다 ① [겸연쩍다] (essere) timido, confuso, sentirsi imbarazzato ② [겁많다] (essere) timido, esitante
열역학 熱力學 termodinamica
열연 熱演 una rappresentazione ardente **-하다** recitare (una parte) con passione
열용량 熱容量【물리】capacità termica
열원 熱源 fonte di calore
열의 熱意 zelo, ardore, entusiasmo ¶ 열의 있는 zelante, ardente, entusiastico // 대단한 열의를 갖고 con grande entusiasmo // 열의가 없다 non essere entusiastico
열이온 熱— termoione * **-관** valvola termoionica **-방사** emissione termoelettronica
열자기 熱磁氣【물리】termomagnetismo * **-효과** effetto termomagnetico
열전 列傳 serie di biografie
열전 熱戰 lotta accanita, [경기] gioco serrato, concorso serrato, guerra calda(냉전에 대하여)
열전기 熱電氣 termoelettricità
열전도 熱傳導 conduzione di calore
열전류 熱電流 termocorrente
열정 劣情 passione bassa
열정 熱情 ardore, impeto, passione ¶ 열정적 appassionato, ardente, passionale * **-가** una persona ardente, una persona dal sangue caldo(열렬한)
열중 熱中 entusiasmo, zelo **-하다** dedicarsi (a), essere appassionato (di), entusiasmarsi (per) ¶ 독서에(공부에) 열중하다 essere immerso nel libro (nello studio) // 경기에 열중하다 essere assorbito nel gioco
열진 烈震 un terremoto violento
열차 列車 treno ¶ 열차편으로 in treno * **-사고** un incidente del treno **급행-** treno direttissimo **보통(완행)-** treno accelerato **상행(하행)-** treno dai dintorni al capoluogo(dal capoluogo ai dintorni) **야간-** treno di notte **임시-** treno straordinario **특급-** treno rapido **특별-** treno di lusso **화물-** treno di trasporto
열탕 熱湯 acqua bollente (brodo) ¶ 열탕소독하다 sterilizzare con acqua bollente, disinfettare con acqua bollente
열통적다 (essere) scomodo, goffo
열파 熱波 un′onda termica
열풍 烈風 un vento forte
열풍 熱風 un vento caldo, un scirocco(사하라 사막의)
열하다 熱— calore, rendere caldo
열하루 undici giorni, [제11일] l′undicesimo giorno
열핵 熱核 * **-반응(융합)** reazione

termonucleare **-병기** un′arma termonucleare **-전쟁** una guerra termonucleare

열혈 熱血 * **-아** un uomo dal sangue caldo(passionato)

열호 劣弧【수학】un arco minore

열화 烈火 fuoco (infuriantesi) ardente ¶ 열화같이 노하다 andare su tutte le furie

열화 熱火 fuoco cocente ¶ 열화 같은 더위 caldo rovente

열화학 熱化學 termochimica

열흘 [10일] dieci giorni, [열흘째] il decimo (giorno)

엷다 ① [두께가] (essere) sottile ⇒ 얇다 ② [빛깔이] (essere) chiaro, pallido ¶ 엷은 빛 un colore chiaro ③ [천박하다] (essere) poco profondo, superficiale ¶ 정이 엷다 non essere vicino

염 殮 avvolgere in un lenzuolo funebre ⇒ 염습(殮襲)

염 炎 infiammazione

염 鹽 sale * **-류** sali

염가 廉價 un prezzo (basso) economico ¶ 염가의 a buon mercato // 염가로 사다 comprare a buon mercato // 염가로 팔다 vendere a buon mercato * **-판** un′edizione economica **-판매** una vendita speciale

염고 [식물] scalogno

염광 鑛 miniera di sale

염기 厭忌 **-하다** avversare, detestare

염기 鹽基 [화학] base ¶ 염기성의 basico * **-도(度)** basicità **-류** gruppo basico **-성 반응** reazione basica **-성 산화물** ossido basico

염두 念頭 ¶ 염두에 두다 tenere (mantenere) a mente qlco. 염두에 두지 않다 non importarsene, non preoccuparsi per

염라대왕 閻羅大王 Yama (범), Plutone(라), il re dell′inferno

염려 念慮 [걱정] ansia, ansietà, preoccupazione, inquietudine, apprensione [불안] timore, apprensione **-하다** preoccuparsi, essere in ansia, tormentarsi ¶ 염려를 끼치다 causare(provocare) ansia

염료 染料 tinta, colorante, tintura ¶ 염료가 좋다(나쁘다) tingere bene(male). * **-공업** industria della tintura **무기-** tintura minerale **천연(합성)-** tintura naturale (sintetica)

염류 鹽類 sali

염매 廉賣 una vendita a buon mercato, una svendita **-하다** vendere a buon mercato, vendere a prezzo di svendita

염모제 染毛劑 tintura per capelli

염문 艶聞 relazione (amorosa) ¶ 그는 자기보다 나이가 절반이나 어린 소녀와 염문을 뿌린다. Ha una relazione con una ragazza che ha la metà dei suoi anni.

염밭 —un podere di sale

염병 染病 ① ⇒ 장티푸스 ¶ 염병할 놈아 Vai al diavolo! ② ⇒ 전염병

염복 艶福 fortuna nell′amore, molto romantico * **-가** cocco di mamma

염분 鹽分 sale ¶ 염분있는 salino, salato

염불 念佛 invocazione buddistica (preghiera) **-하다** pregare Budda

염산 鹽酸 [화학] acido clorico * **-가리** clorato di potassio **-아연** burro di zinco

염색 染色 tintura, colorante, tinta **-하다** tingere * **-공** tintore **-물** le merci tinte **-법** processo di tinta **-소** tintoria **-체 [생물]** cromosoma **성-체** cromosoma del sesso

염서 炎署 calore intenso * **-지절** nel tempo dei giorni caldi d'estate

염세 厭世 pessimismo ¶ 염세적인 pessimistico * **-가** pessimista **-주의** pessimismo **-철학** filosofia pessimistica

염소 capra * **-가죽** pelle di capra **-가죽 장갑** guanti di pelle di capretto **-새끼** capretto **-수염** barbetta a punta **숫(암)-** capro, caprone(capra)

염소 鹽素 cloro ¶ 염소를 함유한 cloroso * **-산** acido clorico

염수 鹽水 acqua salata, salamoia

염습 殮襲 avvolgimento nel sudario **-하다** avvolgere nel sudario

염열 炎熱 calore intenso

염오 厭惡 avversione, antipatia, ripugnanza **-하다** non piacere, non amare, detestare, provare avversione

염원 念願 desiderio, brama, passione, voglia **-하다** desiderare fortemente, volere, aver voglia di

염전 鹽田 salina, un podere di sale

염좌 捻挫 distorsione **-하다** ⇒ 삐다[2]

염주 念珠 rosario ¶ 염주를 세다 dire il rosario

염증 厭症 ripugnanza, antipatia, avversione ⇒ 싫증

염증 炎症 infiammazione ¶ 염증을 일으키다 essere infiammato

염직 染織 **-하다** tingere e tessere

염천 炎天 tempo caldo ¶ 염천 하에 sotto il sole ardente

염치 廉恥 un senso di onore ¶ 염치가 없다 non avere un senso di onore, essere svergognato

염탐 廉探 **-하다** spiare, fare la spia, essere una spia * **-군** spia, delatore, informatore

염통 del cuore

염화 鹽化 clorurazione **-하다** clorurare * **-가리** cloruro di potassio **-물** cloruro **-은** cloruro di argento

엽견 獵犬 cane da caccia

엽관 운동 獵官運動 ufficio di caccia ¶ 엽관 운동을 하다 correre (cacciare) per ufficio

엽궐련 葉— un sigaro

엽기 獵奇 **-하다** cercare (cacciare) la bizzarria ¶ 엽기적 che dare i brividi * **-소설** una storia bizzarra **-심** curiosità (anormale)

엽렵하다 獵獵— (essere) intelligente, astuto, premuroso

엽록소 葉綠素 [식물] clorofilla

엽맥 葉脈 [식물] una vena, un nervo

엽색 獵色 * **-하다** essere un donnaiolo, essere un casanova * **-가** cascamorto, donnaiolo, casanova

엽서 葉書 una cartolina * **우편－** cartolina postale **그림－** cartolina illustrata

엽전 葉錢 moneta coreana d'ottone

엽초 葉鞘 [식물] a vagina, fodero, guaina

엽초 葉草 foglia di tabacco

엽총 獵銃 un fucile da caccia

엿 frumento di glutine, gelatina di riso glutinoso * **－장수** venditore del frumento di glutine

엿－ sei ¶ 엿새 sei giorni

엿가락 bastone del frumento di glutine

엿기름 malto, orzo tallito ¶ 엿기름을 만들다 far germogliare (l'orzo), tallire

엿듣다 origliare, udire per caso ¶ 엿듣는 사람 chi origlia

엿보다 sbirciare, guardare con la coda dell'occhio, guardare furtivamente, lanciare occhiate ¶ 기회를 엿보다 sbirciare la probabilità // 형세를 엿보다 guardare da che parte tira il vento

영 令 [명령] ordine, comando, [법령] ordinanza, legge, decreto ¶ 영을 내리다 ordinare, comandare, ingiungere, disporre

영 嶺 cresta, passaggio (della montagna)

영 零 zero, insignificante, niente ¶ 1 대 0으로 col punteggio di 1 a 0

영 靈 [신령] anima, spirito, [망령] fantasma, spettro ¶ 영적 spirituale 영과 육 corpo e anima

영감 令監 uomo anziano, il suo marito(남편), [존칭] signore

영감 靈感 inspirazione, ispirazione [심리] extrasenso ¶ 영감을 받다 essere ispirato

영걸 英傑 [인물] un grand'uomo, eroe

영검 靈— virtù miracolosa

영겁 永劫 ⇒ 영원(永遠)

영결 永訣 separazione dalla morte, l'ultima divisione (finale) **－하다** essere separato dalla morte * **－식** cerimonia funebre

영계 —鷄 un pollo giovane, una donna giovane

영계 靈界 [영적인 세계] mondo spirituale, [종교계] mondo religioso

영고 榮枯 prosperità e declino, aumento e caduta ¶ 인생의 영고성쇠 le vicissitudini di vita

영공 領空 spazio aereo ¶ 중국의 영공을 침범하다 violare lo spazio aereo di Cina * **－침범** violazione dello spazio aereo

영관 榮冠 corona, alloro, ghirlanda

영관 領官 ufficiale del campo ¶ 영관급 장교 un ufficiale del grado di campo

영광 榮光 onore, reputazione, gloria ¶ 영광스럽다 essere glorioso, essere onorabile, essere onorato // 영광으로 여기다 considerare un onore // …로 영광이다 avere l'onore di (+inf.)

영구 靈柩 bara, cassa da morto * **－차** carro funebre, carro necrologico

영구 永久 **－하다** durare, permanere, essere eterno ¶ 영구히 eternamente, permanentemente, per sempre // 반영구적인 semipermanente // 영구 불변하다

remanere immutato per sempre * -성 permanenza, l′essere permanente -운동 movimento perpetuo -자석 magnete permanente -치(齒) denti permanenti -소득 reddito permanente -채무 debito consolidato

영국 英國 Inghilterra ¶ 영국의 inglese 영국제의 fabbricato in Inghilterra -교회 la chiesa dell'Inghilterra -국기 Union Jack (bandiera nazionale britannica) -연방 il Commonwealth Britannico -인 inglese -해협 la Manica

영내 營內 ¶ 영내의 in baraccamento * -근무 servizio in baraccamento -생활 vita del baraccamento

영농 營農 lavorare la terra, agricoltura, coltivazione -하다 coltivare, fare l′agricoltore * -자금 fondo di agricoltura

영단 營團 corporazione, entemorale * -주택 cooperativa immobiliare

영단 英斷 misura decisiva, passo deciso ¶ 영단을 내리다 fare un passo deciso

영달 榮達 distinzione, promozione, avanzamento ¶ 영달을 바라다 aspirare a onore

영도 領導 leadership, guida, direzione, comando -하다 condurre, guidare, capeggiare, dirigere * -자 leader, capo, guida, comandante, dirigente, capopartito

영도 零度 zero (grado), la caduta (zero) gelida del punto ¶ 영도 이하로 내리다 cadere sotto zero

영락 零落 rovina, cadura, crollo -하다 rovinare(finanziariamente), andare in rovina * -생활 una vita infelice, disgraziata

영락없다 (essere) infallibile, sicuro, determinato ¶ 영락없이 certamente, sicuramente, infallibilmente

영령 英靈 lo spirito (anima) dei morti

영롱 玲瓏 -하다 (essere) brillante, lucido, traslucido ¶ 영롱한 문체 stile cristallino, stile limpido, stile che non lascia dubbi

영리 怜悧 -하다 (essere) intelligente, saggio, savio, sveglio, abile, brillante ¶ 영리한 아이 un bambino sveglio 영리한 말을 하다 dire le cose brillanti

영리 營利 profitto, guadagno, vantaggio, beneficio ¶ 영리적인 vantaggioso, utile, proficuo, commerciale * -사업 un′impresa per il profitto, un′impresa commerciale -주의 spirito commerciale, mercantilismo 비-단체 un′organizzazione senza scopo di lucro

영림 營林 selvicoltura * -서 un ufficio locale di selvicoltura

영마루 嶺— parte superiore d′un passaggio della montagna

영매 靈媒 media di spirito

영면 永眠 sonno eterno, passaggio di morte -하다 morire, sparire

영명 令名 fama, reputazione

영명 英明 -하다 (essere) intelligente, luminoso, saggio

영묘 靈妙 -하다 (essere) etereo, inscrutabile, misterioso

영문 ① [까닭] causa, ragione, motivo ¶ 무슨 영문인지 모르지만 per un certo motivo sconosciuto // 영문을 모르겠다 non conoscere il perché ② [형편] circostanza, condizione

영문 營門 cancello del barrack

영문 英文 inglese, composizione inglese, frase inglese ¶ 영문을 한글로 번역하다 tradurre l'inglese in coreano * **-과** dipartimento dell'inglese **-법** grammatica inglese **-통신** corrispondenza inglese **-편지** lettera in inglese **-학** letteratura inglese **-학사** storia di letteratura inglese **-학자** un erudito di letteratura inglese

영미 英美 l'Inghilterra e l'America ¶ 영미의 angloamericano

영민 英敏 **-하다** (essere) acuto, luminoso, intelligente, sagace, acuto

영별 永別 **-하다** dividere, separare per sempre

영봉 靈峰 una montagna sacra (picca)

영부인 令夫人 Sig.ra...

영사 領事 console * **-관** consolato **-관원** funzionario consolare **-보** assistente consolare

영사 映寫 progetto, proiezione **-하다** progettare sullo schermo * **-기** proiettore **-기사** operatore **-막** schermo **-실** cabina di proiezione

영상 映像 immagine, una riflessione, riflesso

영생 永生 vita eterna, immortalità **-하다** vivere eternamente

영서 英書 libro inglese, letteratura inglese

영선 營繕 costruzione e riparazione **-하다** costruire e riparare * **-과** sezione di Costruzione e riparazione

영성 靈性 divinità, spiritualità

영세 零細 ¶ 영세한 piccolo, povero 농가의 영세화 restringimento di unità coltivabile * **-농** piccolo coltivatore

영세 永世 eternità, permanenza, l'essere permanente ¶ 영세의 eterno, permanente * **-중립** neutralità permanente **-중립국** nazione neutrale permanente

영속 永續 **-하다** durare a lungo, rimanere permanentemente ¶ 영속적인 durevole, duraturo, permanente, perpetuo, continuo

영솔 領率 **-하다** condurre, guidare, capeggiare, dirigere

영송 迎送 **-하다** dare il benvenuto a, fare buona accoglienza a, salutare

영수 領收, 領受 ricevuta **-하다** ricevere ¶ 영수증을 쓰다 fare una ricevuta // 영수증에 서명하다 firmare una ricevuta * **-자** chi riceve, destinatario, ricevitore **-증** ricevuta, quietanza

영수 領袖 leader, capo, guida, comandante, dirigente ¶ 정당의 영수 guida di partito politico

영시 英詩 poesia inglese, poema inglese

영시 零時 dodici in punto, l'ora di zero, mezzogiorno(정오), mez-

zanotte(자정)
영식 令息 tuo [suo] figlio
영아 孀兒 neonato, infante, bambino * **-사망률** mortalità infantile
영악 獰惡 **-하다** (essere) fiero, feroce, crudele, selvaggio, (essere) intelligente, abile, esperto, ingegnoso, furbo
영약 靈藥 medicina miracolosa, rimedio meraviglioso, elisir reale
영양 令孃 tua [sua] figlia, signorina...
영양 營養, 榮養 alimentazione, nutrizione ¶ 영양이 좋은 ben nutrito 영양부족의 denutrito * **-가** valore nutritivo **-과다** supernutrizione **-물** nutrimento
영양 羚羊 [동물] antilope
영어 囹圄 prigione ¶ 영어의 몸이 되다 andare in galera, andare in prigione
영어 營魚 pesca * **-자금** fondo della pesca (industriale)
영어 英語 inglese ¶ 영어의 inglese 영어로 쓴 편지 una lettera in inglese // 영어를 사용하는 국민 popolo che parla inglese // 영어로 말하다 parlare in inglese // 영어로 번역하다 tradurre in inglese // 영어를 쓰다 parlare inglese, scrivere inglese // 영어를 잘하다 (영어가 서툴다) parlare bene l′inglese (non parlare bene) * **-교사** insegnante di inglese **-독본** lettore inglese **-시험** esame d′inglese **-학** filologia inglese **고대(중세, 근세)-** inglese antico, anglosassone (medievale, moderno) **미국(영국)-** l′inglese come si parla in America(Inghilterra) **상업-** inglese commerciale **시사-** inglese corrente **표준-** inglese di stendardo
영업 營業 affari, lavoro, commercio **-하다** essere negli affari, lavorare, commerciare ¶ 영업용의 per il commercio // 영업 중이다 essere in operazione // 영업을 허가하다 autorizzare qlcu. a fare affari * **-감찰** licenza commerciale **-과목** descrizione commerciale **-방침** politica commerciale **-보고** notizia commerciale **-부** reparto commerciale **-비** spese commerciali **-세(稅)** tassa commerciale **-소** ufficio commerciale, ufficio di affari(장소) **-시간** ore di affari **-정지** sospensione di affari **-주** proprietario (di affari)
영역 領域 [영토] territorio, regione [분야] provincia, campo, sfera ¶ …의 영역이다 essere la sua provincia // 자기의 영역을 벗어나다 muovere in sfera d′altro
영역 英譯 traduzione inglese **-하다** tradurre in inglese ¶ 다음 문장을 영역하라 Tradurre in inglese la seguente frase.
영영 무궁 永永無窮 **-하다** (essere) eterno, perpetuo, infinito ¶ 영영 무궁토록 per sempre, eternamente, permanentemente
영영 永永 per sempre, eternamente, permanentemente ¶ 조국을 영영 떠나다 lasciare la sua patria per sempre
영예 榮譽 onore, reputazione, buon

nome, fama(명성) ¶ 영예로운 onorabile, degno d'onore, onorato, onorevole

영욕 榮辱 gloria e vergogna, onore e disprezzo

영웅 英雄 eroe ¶ 영웅적 행위 atto eroico // 영웅심에 불타다 ardere dall'ambizione eroica // 영웅처럼 죽다 morire da eroe * **－숭배** culto degli eroi **－주의** eroismo **－시대** età eroica **－시** poema eroico

영원 [동물] tritone

영원 永遠 eternità, permanenza, perpetuità **－하다** (essere) eterno, perpetuo, continuo, permanente ¶ 영원히 eternamente, per sempre, permanentemente, perpetuamente

영위 營爲 **－하다** continuare, proseguire, funzionare

영유 領有 **－하다** possedere, essere padrone di, avere * **－권** dominio **－지(물)** possesso

영윤 令胤 tuo [suo] figlio

영인 英人 un inglese, una donna inglese, l'inglese (총칭)

영일 寧日 ¶ 영일이 없다 essere occupato tutto il tempo

영자 英姿 figura impressionante

영자 英字 lettera inglese ¶ 영자의 inglese * **－신문** un giornale inglese

영장 令狀 mandato, autorizzazione, ordine * **체포－** mandato di arresto **수색－** mandato di perquisizione **구속－** mandato di cattura ¶ 영장을 발부하다 emettere un mandato

영장 靈長 ¶ 사람은 만물의 영장이다 L'uomo è il signore(capo) di tutte le creazioni. * **－류 [동물]** Primati

영재 英才 [재주] genio, abilità, ingegno, [사람] uomo d'ingegno, persona di genio * **－교육** educazione speciale per i bambini dotati

영전 榮轉 promozione, avanzamento **－하다** ottenere una promozione ¶ 그는 본사로 영전됐다 Fu trasferito in sede principale per la promozione.

영전 靈前 ¶ 고인의 영전에 바치다 offrire allo spirito del morto (defunto)

영점 零點 zero, punto zero, [경기에서] (punteggio) zero ¶ 영점을 맞다 ottenere zero

영접 迎接 ricevimento, il ricevere **－하다** ricevere, accogliere * **－위원(회)** una ricettazione

영정 影幀 ritratto

영제 令弟 tuo(suo) fratello minore

영조 營造 **－하다** costruire, fabbricare, edificare * **－물** edificio, costruzione, fabbricato

영존 永存 **－하다** rimanere (esistere) per sempre * **－성** perpetuità, eternità, continuità

영주 領主 signore feudale, signore del feudo

영주 永住 residenza permanente **－하다** risiedere permanentemente * **－권** cittadinanza **－민** cittadino **－지** domicilio permanente

영주 英主 governatore(sovrano, dominatore) saggio (re)

영지 領地 ① [영토] territorio,

dominio, proprietà terrera ② [봉토] feudo, possesso feudale

영지 靈地 terra santa, posto sacro

영진 榮進 **-하다** essere promosso, essere avanzato

영차 issa!

영창 영唱 [음악] aria

영창 映窓 finestra di carta

영창 營倉 luogo di detenzione ¶ 영창에 갇히다 essere detenuto, essere imprigionato

영철 英哲 **-하다** (essere) sagace, acuto, perspicace

영치 領置 **-하다** trattenere, detenere, custodire * **-물** effetti personali che sono mantenuti in custodia

영탄 詠嘆 [감탄] esclamazione **-하다** esclamare, ammirare

영토 領土 territorio, possesso, dominio * **-권** diritto territoriale **-보전** integrità territoriale **-침범** invasione territoriale (di altro paese) **-확장** espansione territoriale

영특하다 英特— (essere) saggio, intelligente, sagace, acuto

영판 proprio come, [아주] molto ¶ 그녀는 영판 아버지와 닮았다 È precisa a suo padre.

영패 零敗 partita in cui una delle due parti in gara non fa punti **-하다** non riuscire a fare un punto, [야구] lasciare a zero (la squadra avversaria) ¶ 영패시키다 stravincere (senza permettere all'avversario di segnare punti), dare cappotto

영하 零下 sotto zero ¶ 영하 16도로 내리다 La temperatura è scesa a 16 gradi sotto zero.

영한 英韓 Inglese-Coreano * **-사전** dizionario Inglese-Coreano

영합 迎合 adulazione, lusinga **-하다** adulare, lusingare, blandire ¶ 여론에서 영합하다 essere ben assortito con il tempo corrente

영해 領海 acque territoriali, mare chiuso

영향 影響 influenza, effetto(결과), affezione(일시적) ¶ 영향을 미치다 influenzare, avere influenza su // 영향을 받다 essere influenzato

영험 靈驗 un miracolo ⇒ 영검

영현 英顯 lo spirito del partito

영형 令兄 tuo [suo] fratello maggiore

영혼 靈魂 anima, spirito * **-불멸(설)** (dottrina di) immortalità dell'anima

영화 映畵 cinema, cinematografo, film ¶ 영화화하다 filmare, riprodurre cinematograficamente // 이 소설은 영화화 되었다 Questo romanzo è stato filmato // 영화를 상영하다 dare un film // 영화구경 가다 andare a vedere un film * **-각본** scenario **-감독** regista **-계** film mondiale **-관** cinema **-배우** attore, attrice **-제** film festivo **-제작자** produttore del film **-촬영소** studio (del cinema)

영화 榮華 [번영] gloria, splendore, [호화] lusso ¶ 영화로운 glorioso, lussoso

영화 英貨 moneta britannica, sterlina ¶ 영화 100파운드 100 lire sterline

옆 lato, fianco ¶ 옆에(서) accanto

a, presso, vicino a // 옆으로 lateralmente, obliquamente ¶ 내 옆에 앉은 사람 persona seduta accanto a me // 옆을 지나가다 passare vicino, passare a fianco di // 옆으로 비키다 lasciare il passo

옆구리 lato, fianco ¶ 옆구리를 쿡쿡 찌르다 dare una gomitata nelle costole a qlcuno

옆들다 aiutare, assistere, dare una mano, soccorrere

옆모습 profilo, contorno, sagoma ¶ 그녀는 옆모습이 아름답다 Ha un bel profilo. // 옆모습을 그린 초상화 ritratto disegnato di profilo

옆바람 un vento laterale

옆질 [배의] rotolamento **-하다** rotolare

옆집 la casa accanto ¶ 옆집의 accanto, vicino, della porta accanto // 그 여자는 우리 옆집에 산다 Vive accanto a me. * **-사람** vicino di casa

옆쪽 il lato, il fianco

옆찌르다 dare una gomitata nelle costole

옆폭 asse laterale

예 例 ① [실례] esempio, caso, illustrazione, modello ¶ 예를 들면 per esempio // 예를 들다 esemplificare, dare(fare, citare) un esempio ② [전례] precedente

예 禮 ① [절] saluto, gesto di saluto ② [예의] cortesia, gentilezza, etichetta ¶ 예를 다하다 fare la cortesia con cura // 그는 예의를 중요시 여긴다 ci tiene molto all′etichetta

예[1] tempo antico ¶ 예로부터 da tempo antico

예[2] ① [대답] sì, certamente [출석의 대답] presente! ¶ 예 알았습니다 sì, certamente, signore.② [반문] Eh? Cosa? ¶ 예 그러세요? Ah, sì? È vero?

예각 銳角 [기하] un angolo acuto

예감 豫感 impressione, sospetto, intuizione, presentimento **-하다** avere un presentimento ¶ 어쩐지 네가 오늘 올 것 같은 예감이 들었다 Avevo un presentimento che saresti venuto oggi.

예견 豫見 **-하다** prevedere

예고 豫告 avviso, avvertimento, annuncio **-하다** avvertire, avvisare, annunciare ¶ 예고 없이 senza avviso 한달 전에 예고하다 avvertire(avvisare, annunciare) un mese fa * **-편** anteprima

예과 豫科 corso preparatorio (과정), reparto preparatorio (부) * **-생** un allievo preparatorio di corso

예광탄 曳光彈 tracciante

예규 例規 una regola stabilita (regolazione)

예금 預金 deposito, deposito bancario, versamento **-하다** depositare ¶ 예금을 찾다 ritirare i suoi soldi dalla banca // 3만원 예금이 있다 avere un conto bancario di 30,000 won * **-대부** prestito di deposito **-이자** interesse di deposito **-자** depositante **-통장** libretto di risparmio **당좌(저축, 정기, 보통)-** deposito in conto corrente(a risparmio, vincolato, ordinario)

예기 豫期 [기대] attesa, aspettativa, prospettiva, [희망] speranza, [선견] preveggenza, prescienza **-하다** aspettarsi, attendere, anticipare, prevedere ¶ 예기치 않은 inatteso // …을 예기하고 in attesa di // 기대에 부응하다 rispondere all'aspettativa // 그는 그녀의 기대를 실망시켰다 Egli deluse le sue spe-ranze.

예기지르다 銳氣— spezzare la volontà di qlc.

예납 豫納 pagamento in acconto **-하다** pagare in anticipo

예년 例年 anno normale, anno medio(평년), ogni anno(매년) ¶ 예년의 행사 evento annuale 예년에 비해 paragonare ad altri anni

예능 藝能 dote, talento, arte * **-계** mondo artistico **-과** corso di arte **-인** artista

예니레 sei o sette giorni

예닐곱 sei o sette

예단 豫斷 ⇒ 예측(豫測)

예도 藝道 strada di arte

예라 [비켜라] Và via! [그리 말라] Smettila! [시도-포기] bene, va bene ¶ 예라 울지마라 Piantala! Non piangere!

예령 豫令 [구령의] circospezione, cautela

예리 銳利 **-하다** [연장이] (essere) tagliente, affilato, appuntito, acuminato, [두뇌-판단이] acuto, penetrante ¶ 예리한 비평 critica tagliente

예매 豫買 acquisto in anticipo **-하다** acquistare in anticipo

예매 豫賣 vendita in anticipo **-하다** vendere in anticipo * **-권** un biglietto venduto in anticipo

예명 藝名 nome professionale

예모 禮帽 cappello cerimoniale

예모 禮貌 decoro, buona creanza, senso della dignità ¶ 예모 바른 사람 persona ben educato

예문 例文 una frase illustrativa, un esempio

예물 禮物 regalo ¶ 예물을 교환하다 scambiare regali matrimoniali

예민 銳敏 **-하다** (essere) acuto, intelligente, accorto, perspicace ¶ 예민한 관찰 osservazione acuta // 예민한 감각 senso acuto

예바르다 禮— (essere) educato, gentile, cortese, garbato

예방 禮訪 chiamata(visita) cortese **-하다** fare una visita cortese

예방 豫防 [방지] prevenzione, protezione **-하다** prevenire, proteggere ¶ 치료보다 예방 È meglio prevenire che curare. * **-의학** medicina preventiva **-제** rimedio preventivo **-전쟁** guerra preventiva **-주사** iniezione preventiva ¶ 예방주사를 맞다 essere vaccinato (contro) **-책** misure preventive

예배 禮拜 adorazione, venerazione, culto **-하다** adorare, venerare ¶ 그리스인들은 많은 신들에게 예배했다. I greci adoravano molti dei.

예법 禮法 modi, maniere, decoro, etichetta ¶ 그는 예법을 모른다 È uno zoticone, non ha educazione.

예보 豫報 previsione, pronostico **-하다** prevedere, pronosticare ¶ 일기를 예보하다 prevedere il tempo

* **일기-** previsioni del tempo

예복 禮服 abito da cerimonia ¶ 예복을 입다 essere in alta tenuta * **궁중-** abito di corte

예봉 銳鋒 [칼끝] punto tagliente, [논봉-필봉] urto di attacco¶ 예봉을 꺾다 spezzare l'urto (di attacco del nemico)

예비 豫備 [준비] preparazione, [마련] riseva, scorta **-하다** preparare, riservare ¶ 예비의 preparatorio, preliminare

예쁘다 (essere) grazioso, attraente, carino, piacevole, bello ¶ 예쁜 여자 ragazza carina, bella ragazza

예쁘장하다 (essere) bello, grazioso, carino, attraente, piacevole

예사 例事 fatto comune, frequente, affare ordinario ¶ 예사롭다 essere usuale, essere ordinario // 예사가 아닌 non comune, insolito, raro, eccezionale

예산 豫算 stima, valutazione **-하다** stimare, valutare, fare la stima di ¶ 3천만원의 예산으로 fare la stima di 30 milioni won

예상 豫想 [예기] attesa, aspettativa, anticipazione, [예측] previsione, presunzione, supposizione **-하다** anticipare, presumere, supporre ¶ 예상외로 inattesamente, inaspettatamente, imprevistamente // …을 예상하고 in attesa di // 예상을 뒤엎고 contro tutte le aspettative // 예상대로 되다 rispondere all'aspettativa // 예상이 빗나가다 non corrispondere all'aspettativa

예선 豫選 [경기] una partita preliminare, [선거] un'elezione preliminare **-하다** tenere un concorso preliminare ¶ 예선에서 통과되다 essere qualificato nel concorso preliminare

예속 隷屬 subordinazione **-하다** essere sotto controllo, essere subordinato ¶ 예속시키다 soggiogare, asservire, assoggettare

예수 그리스도 Jesu Cristo

예순 sessanta

예술 藝術 arte, le belle arti(미술) ¶ 예술적 가치가 있는 작품 un lavoro di valore artistico * **자유-** le arti liberali * **공업-** le arti industriali * **-가** artista

예스 맨 persona servile, persona accondiscendente, tirapiedi

예습 豫習 preparazioni delle lezioni, prova(극음악따위) **-하다** preparare le lezioni, provare, fare le prove di ¶ 내일 학과의 예습을 하다 preparare le lezioni di domani 연극 예습(리허설)을 하다 fare le prove di una commedia

예시 例示 illustrazione, esemplificazione **-하다** illustrare con esempi, esemplificare

예시 豫示 indicazione **-하다** indicare, mostrare

예식 禮式 [예법] etichetta, maniere, [의식] cerimonia, ritoetiquette, [의식] una cerimonia, un rito

예식 例式 una forma stabilita

예심 豫審 udienza preliminare (prova, esame)

예약 豫約 prenotazione, abbonamento(출판물), impegno(기부금따위), vendita in avanti(제품) **-하다** riservare, prenotare, vendere in anticipo, impegnare [기부금] ¶ 좌석을 예약하다 prenotare un posto * -금 deposito -자 abbonato

예언 豫言 predizione, profezia -하다 predire, profetizzare, pronosticare ¶ 미래를 예언하다 predire il futuro * -자 profeta, indovino

예외 例外 eccezione ¶ 예외의 eccezionale // 예외 없이 senza eccezione // …은 예외로 하고 eccetto, ad eccezione di, tranne

예우 禮遇 trattamento onorato, ricezione cordiale -하다 ricevere qlcu. cortesemente, trattare qlcu. con rispetto

예의 禮儀 cortesia, gentilezza, [예절] maniere, etichetta, decoro ¶ 예의 바른 cortese, educato, gentile, garbato // 예의 바르게 cortesemente, gentilmente, educatamente // 예의상 dalla cortesia // 예의를 지키다 rispettare le convenienze * -범절 (le regole di) etichetta

예의 銳意 zelantemente, premurosamente, appassionatamente ¶ 예의 검토하다 investigare su qlco. assiduamente

예인망 曳引網 rete a strascico

예인선 曳引船 rimorchiatore

예장 禮狀 lettera di ringraziamento (apprezzamento)

예장 禮裝 -하다 portare un vestito cerimoniale

예전 一前 tempo antico ¶ 예전 사람들 uomini del tempo antico // 예전부터 dal tempo antico // 예전에 in antico, una volta, nel tempo passato // 예전대로 come al solito

예절 禮節 convenienze, decoro, etichetta, maniere¶ 예절을 지키다 rispettare le convenienze

예정 豫定 programma, progetto -하다 programmare, progettare, pianificare, mettere in programma ¶ 예정된 disposto, programmatico 예정대로 secondo il programma // 예정한 시간에 in orario * -액 somma approssimativa

예제 [여기 저기] qui e là, dappertutto

예제 例題 [보기] un esempio, [연습 문제] un′esercitazione

예증 例證 illustrazione, esempio -하다 illustrare, esemplificare

예지 叡智 saggezza, sagacia, perspicacia

예지 豫知 -하다 prevedere, presentire, sapere in anticipo

예진 豫診 visita(esame) medica preliminare -하다 diagnosticare in anticipo

예진 豫震 tremito preliminare, scossa preliminare

예찬 禮讚 ammirazione, glorificazione, lode, elogio, approvazione, encomio -하다 ammirare, glorificare, lodare, elogiare, encomiare ¶ 미의 예찬 culto di bellezza, glorificazione di bellezza * -자 laudatore, ammiratore

예측 豫測 previsione, aspettativa -하다 prevedere, predire ¶ 대풍작이 될 것으로 예측하다 prevedere un raccolto eccezionalmente abbondante // 승패는 예측할 수

없다 Il destino di battaglia non può essere previsto.

예치금 預置金 deposito

예치물 預置物 un articolo che è lasciato incaricato

예탁 預託 **－하다** depositare ＊ **－금** soldi del deposito

예탐 豫探 **－하다** spiare, fare la spia

예편 豫編 **－하다** trasferire nella prima riserva, mettere sulla lista della riserva ¶ 예편되다 entrare nella prima riserva, essere disposto (registrato) sulla lista della riserva

예포 禮砲 un saluto (della pistola) ¶ 21발의 예포를 쏘다 infornare un saluto di 21 pistole

예항 曳航 **－하다** rimorchiare, trainare

예해 例解 esempio, un′illustrazione **－하다** illustrare, dare un esempio

예행 豫行 **－하다** provare, fare le prove di ＊ **－연습** prova, un′esercitazione preliminare

예후 豫後 prognosi, convalescenza

옛 vecchio, antico ＊ **－글** scritture antiche **－친구** un vecchio amico anziano

옛날 periodi antichi, vecchi giorni ¶ 옛날 이야기 una storia vecchia // 옛날에 nei giorni precedenti, precedentemente, una volta che // 옛날 옛적에 c′era una volta...

옛말 parola arcaica(고어), proverbio antico

옛모습 tracce, vestigi, la figura dei suoi nei giorni antichi

옛사람 gli antichi, (죽은이)defunto

옛스럽다 (essere) antiquato, arcaico

옛이야기 racconto vecchio, storia vecchia

옛일 una cosa passata, il passato, evento passato ¶ 옛일을 생각하다 pensare al passato

옛추억 ─追憶 memorie vecchie

옜다 Eccolo!

오 oh, ah ¶ 오 고통스럽다! Oh! che pena!

오 五 cinque ¶ 제 5 il quinto 5배(의) quintupli, quintuplo 5분의 일 un quinto

오 午 il cavallo ＊ **－년** l′anno del cavallo **－시** mezzogiorno

오가리 ① [호박의] fette secche della zucca ② [나무잎의] accartocciato

오각형 五角形 un pentagono ¶ 오각형의 pentagonale

오개년 五個年 ＊ **－계획** un programma quinquennale

오경 五經 i cinque classici (della Cina antica)

오계 五戒 i cinque ordini buddisti

오고가다 venire ed andare ¶ 오고 가는 많은 사람들 una fiumana di gente di andirivieni

오곡 五穀 cinque grani (cereali)

오관 五官 i cinque organi (di senso)

오구 烏口 penna di progettazione

오그라들다 rattrappirsi, restringersi, contrarsi, accorciarsi ¶ 추워서 오그라들다 essere rattrappito per il freddo

오그라뜨리다 ⇒ 오그리다 venire a

mancare un commercio

오그라지다 essere schiacciato, essere deformato ¶ 오그라진 냄비 una pentola battuta

오그랑장사 un commercio fallito

오그리다 ① [몸을] arricciaturare (il propri. corpo) in su, accovacciarsi, accoccolarsi ¶ 몸을 오그리고 자다 dormire arricciato su ② [물건을] colpire, battere, schiacciare, premere ¶ 남비를 오그리다 battere una pentola ③ [줄어들게 하다] contrattare, grinzare

오글거리다 ① [물이] bollire nella bolla, sobbollire, bollire lentamente, sfrigolare ② [벌레가] brulicare ⇒ 우글거리다

오글쪼글 -하다 (essere) corrugato e sfiorito, accartocciato, appassito

오금 genuflessione ¶ 오금을 못 쓰다 non potere spostarsi, [비유적] essere oppresso da qlcu., subire l'influenza di qlcu.

오금뜨다 essere sempre sul movimento, vagabondare

오금박다 cavillare su parole precedenti di una persona, interferire (una persona) nel suo contraddizione, schiacciare

오금탱이 l'angolo interno d'una curvatura

오긋하다 (essere) introdotto, curvato piacevolmente, ammaccato

오기 傲氣 spirito rigido, temperamento fiero ¶ 오기부리다 avere la propria strada

오기 誤記 un errore nella scrittura **-하다** fare un errore nella scrittura

오나가나 sempre, tutto il tempo, dappertutto

오냐 Sì, va bene ¶ 오냐 알았다 Si, lo so. // 오냐 오냐 울지마라. Va bene, Non piangere.

오뇌 懊惱 agonia, angoscia mentale **-하다** essere nell'angoscia, avere sofferenza mentale

오누이 fratello e sorella

오뉘죽 riso e farinata semiliquida d'avena sono mescolati con fagioli rossi mischiati

오뉴월 五六月 maggio e giugno ¶ 오뉴월 긴긴 해 tempo lungo d'estate * **-염천** tempo caldo del solstizio d'estate

오는 prossimo, vicino, seguente ¶ 오는 일요일에 domenica prossima

오늘 oggi, quest'oggi ¶ 오늘밤 stasera // 오늘 아침(오후) stamattina (oggi pomeriggio) // 내주의 오늘 oggi a otto // 오늘내일로 dall'oggi al domani // 바로 오늘 quest'oggi // 오늘은 무슨 요일 입니까 Che giorno è oggi? // 오늘은 일요일 입니다 Oggi è domenica.

오늘날 attualmente, il tempo attuale, al giorno d'oggi, oggi ¶ 오늘날의 한국 Corea al presente

오늬 la tacca d'una freccia

오다 ① [도착] venire, arrivare, [나타나다] apparire, presentarsi, mostrarsi ¶ 미국에서 온 사람 una persona viene dall'America // 기차가 올 때까지 finché arriva il treno // 가지러(데리러)오다 venire a prendere, passare a prendere // 올라오다 salire su // 이리 오너라 Vieni qui. // 그는 오늘

안 올 것이다 Non verrà oggi. // 무슨 일인지 보고 오너라 Vai a vedere cosa succede. // 역에 까지 갔다왔다 Ero alla stazione. // 좋은 기회가 온다 Sopravviene una buona opportunità. ② [계절 · 시일이] rinvenire, instaurarsi, essere scaduto(기한이) ¶ 크리스마스가 다음 주로 다가왔다 Natale è la prossima settimana. ③ [비 · 눈이] ¶ 비가 온다. Piove. // 서리가 온다. Fa gelare. ④ [율] provenire da ⑤ [기인] provenire, venire fuori da, risultare da, derivare ¶ 과식에서 나온 병 la malattia deriva dal mangiare troppo ⑥ [되다] diventare, divenire ¶ 따뜻해 오다 Sta facendo caldo.

오다가다 occasionalmente, ogni tanto, di tanto in tanto, qualche volta, di quando in quando, talvolta, per caso ¶ 오다가다 만나다 incontrare per caso

오달지다 [물건이] (essere) solido, compatto, [짜임새가] stretto e forte, [사람이] deciso, risoluto, forte

오대양 五大洋 i cinque oceani

오대주 五大洲 i cinque continenti

오도 悟道 **-하다** raggiungere il chiarimento, essere svegliato, raggiungere la saggezza suprema

오도독 con un suono sgranocchiante * **-뼈** cartilagine

오도방정 un colpo di testa ¶ 오도방정을 떨다 agire frivolamente, comportarsi leggermente

오독 誤讀 **-하다** leggere erroneamente

오돌오돌 -하다 (essere) duro e grumoso, duro

오동 烏銅 rame ossidato

오동나무 梧桐— [식물] paulonia

오동통하다 (essere) tozzo, grasso e tozzo, grassoccio, corpulento

오두막 —幕 capanna, casupola, baracca, tugurio ¶ 오두막을 짓다 costruire una baracca

오드득 con uno scricchiolio sano ¶ 오드득거리다 sgranocchiare

오들오들 ¶ 오들오들 떨다 tremare, fremere, palpitare, avere i brividi, rabbrividire ¶ 그는 추위로 오들오들 떨었다 Tremava di freddo. // 그녀의 목소리가 떨렸다 Lei tremò la voce.

오디 un gelso

오똑 ⇒우뚝 **-하다** (essere) duro e grumoso, duro

오뚝이 una bambola di barilatura, una chiavetta

오라[1] [오라줄] una corda per legare un criminale con ¶ 오라로 묶다 legare (legare in su) un criminale

오라[2] giusto, esatto, sì ¶ 오라 네가 옳다 Sì, hai ragione!

오라기 pezzi del filetto (panno, carta) ¶ 헝겊 오라기 una parte (scarto) del panno

오라버니 fratello maggiore

오라토리오 oratorio

오락 娛樂 divertimento, ricreazione, passatempo, trattenimento, svago ¶ 오락으로 per passatempo // 독서는 좋은 오락이다 La lettura è un buon passatempo * **-가** centro di svago **-시설** impianto

di ricreazione per divertimento pubblico **-실** sala da svago
오랑캐 barbaro, selvaggio, rozzo
오랑캐꽃 una viola
오래 lungo, per molto tempo ¶ 오래된 antico, vecchio, antiquato // 오래 전 molto tempo fa // 오래 살다 vivere a lungo // 오래 끌다 essere prolungato // 오래 걸리다 occorrere(volerci) molto tempo
오래가다 durare a lungo, rimanare lungamente, vivere a lungo (병자가) ¶ 오래가는 durevole, duraturo, permanente // 오래 못 가다 avere vita breve
오래간만 dopo lungo tempo (separazione, assenza) ¶ 오래간만입니다 Da quanto tempo non ci vediamo!
오래다 essere molto tempo(fa) ¶ 오랜 기억 memoria tenace // 오래된 친구 amico di vecchia data // 그녀를 보지 못한지 오래다 È molto tempo che non la vedo.
오래도록 per molto (tempo), a lungo ¶ 네 차좀 빌려줄 수 있니? 오래 필요치는 않은데 Puoi prestarmi la macchina? Non mi occorre per molto (tempo). // 그는 전쟁이 오래가지 않을거라 생각했다 Pensava che la guerra non sarebbe durata a lungo.
오래오래 per sempre, eternamente
오랫동안 per molto tempo, a lungo
오레오마이신 [약] aureomicina
오렌지 arancia ¶ 오렌지색 colore arancio // 오렌지주우스 succo d'arancia // 오렌지 나무 arancio
오려내다 tagliare
오로라 aurora
오로지 solo, soltanto, unicamente, semplicemente ¶ 그 소식을 들었을 때, 그녀는 오로지 웃기만했다 Quando apprese la notizia si limitò a sorridere. // 너는 오로지 버튼만 누르면 기계가 다 알아서한다 Basta soltanto premere il bottone e la macchina fa tutto.
오롱이조롱이 un gruppo di piccole cose (persone)
오류 誤謬 errore, sbaglio ¶ 오류를 범하다 fare un errore, commettere uno sbaglio
오륜 五倫 regole morali per governare i cinque rapporti umani (del supervisore e del servo, del padre e del figlio, del marito e della moglie, dei fratelli, degli amici)
오륜대회 五輪大會 i giochi olimpici, l'olimpiade
오르가슴 orgasmo
오르간 organo **＊전자-** organo elettrico **-연주가** organista
오르내리다 ① salire e scendere, [열이] essere intermittente ＊열이 오르내림 febbre intermittente 맥박이 오르내림 polso intermittente ¶ 층계를 오르내리다 salire e scendere le scale ② [입에] fare pettegolezzi su
오르다 ① salire (su, a), risalire, ascendere [타다] montare ¶ 언덕(사다리)에 오르다 salire su una collina (una scala) // 나무에 오르다 salire sull'albero // 계단을 오르다 salire le scale // 왕위에 오르다 salire, ascendere al trono //

말에 오르다 montare a cavallo // 자전거에 오르다 montare in bicicletta ¶ 그는 다람쥐처럼 나무에 올랐다 È salito sull′albero con l′agilità di uno scoiattolo. // 마리아의 부엌에서 2막의 커튼은 올라갔다 Il secondo atto inizia con una scena nella cucina di Maria. // 커튼은 언제 오르지? Quando inizia lo spettacolo? ② [게재] registrare, protocollare, iscrivere ¶ 출생 신고를 올리다 registrare una nascita ③ [전염] essere infetto ④ [입에] fare pettegolezzi su ¶ 그것은 사람들의 입에 오를만한 문제이다 È una faccenda molto chiacchierata. ⑤ [기타] ¶ 약이 오르다 adirarsi, andare in collera 약오르게 하다 fare andare in collera

오르락내리락 caduta e scesa, ascesa e caduta

오르막 pendio ascendente * **-길** una strada in salita

오른 la destra

오른손 la mano destra

오른쪽 lato destro ¶ 오른쪽으로 가다(돌다) andare (voltare) a destra

오름세 una tendenza ascendente (del mercato) ¶ 오름세를 보이다 mostrare una tendenza ascendente

오리 anatra **·새끼-** anatroccolo 미운-새끼 il brutto anatroccolo

오리 汚吏 un funzionario corrotto

오리나무 [식물] un ontano

오리다 tagliare via, ritagliare da ¶ 신문에서 사진을 오려내다 ritagliare una fotografia da un giornale

오리목 一木 un′assicella, una striscia della scheda

오리무중 五里霧中 ¶ 오리무중이다 essere in una nebbia, essere tutti in mare

오리발 piede palmato

오리엔탈 Orientale

오리엔테이션 orientazione

오리온 Orione (성좌)

오리지날 originale

오막살이 una vita di baracca

오만 五萬 innumerabile, migliaia, milioni, tanto ¶ 오만가지 일 tante cose

오만 傲慢 arroganza, orgoglio **-하다** (essere) arrogante, orgoglioso ¶ 오만한 태도 comportamento orgoglioso

오면체 五面體 [수학] pentaedro

오명 汚名 disonore, vergogna, infamia ¶ 자신의 가문에 오명을 남기다 disonorare la propria famiglia, coprire la propria famiglia d′infamia

오목 五目 un gioco di badook con cinque pietre disposte a scacchiera

오목렌즈 un obiettivo concavo

오목하다 (essere) premuto, schiacciato, abbassato, depresso ¶ 오목한 눈 occhi infossati

오묘 奧妙 **-하다** (essere) profondo, astruso, difficile da capire

오물 汚物 sporcizia, polvere, acque di rifiuto (하수도의), rifiuti (부엌의), escrezione, secrezione, bottino (분뇨) ¶ * **-(쓰레기)** 처리기 tritarifiuti **-(쓰레기)통** pattumiera * **-수거인** netturbino **-운반차**

camion della nettezza urbana
오물거리다 ① [벌레 따위가] contorcersi, dimenarsi ② [음식을] biascicare ¶ 노파가 빵 한 조각을 오물거린다 La vecchietta biascica un pezzo di pane. ③ [말을] mormorare, borbottare
오므라들다 restringersi, ridursi, ritirarsi, accorciarsi ¶ 이 옷은 오므라들지 않는다 Questa stoffa è irrestringibile.
오므라지다 (essere) ritirato, restringente, diventare stretto
오므리다 contrarre (입), corrugare (이마) ¶ 입을 오므리다 contrarre le labbra
오밀조밀하다 奧密稠密— [면밀] (essere) scrupoloso, [솜씨가] elaborato, accurato, minuzioso
오발 誤發 fucilata (sparo, tiro, scarica, cannonata) per caso **-하다** sparare (tirare) una fucilata per caso
오버 un cappotto
오버스로 [야구] tiro alto
오버랩 [영화] sovrapposizione
오버워크 lavoro eccessivo, superlavoro
오버타임 tempo supplementare [스포츠]
오버핸드 fatto con il braccio sollevato al di sopra della spalla (di tiro)
오변형 五邊形 pentagono
오보 誤報 notizia (diceria, informazione) inesatta (erronea, sbagliata) **-하다** dare informazioni sbagliate (a)
오보에 [음악] oboe * **-연주자** oboista
오불관언 吾不關焉 un'aria indifferente ¶ 오불관언이다 essere indifferente
오붓하다 (essere) ampio, sufficiente ¶ 오붓하게 살다 condurre una vita comoda
오븐 un forno
오블라토 una cialda medicinale
오빠 fratello maggiore
오사바사하다 (essere) affabile ma incostante
오산 誤算 calcolo errato **-하다** calcolar male
오색 五色 cinque colori cardinali (azzuro, giallo, rosso, bianco, nero)
오선지 五線紙 carta da musica
오세아니아 [대양주] Oceania
오소리 [동물] un tasso
오손 汚損 macchia, sporcizia **-하다** macchiare, sporcare
오솔길 un percorso (stretto), un vicolo (solo) ¶ 숲 속의 오솔길 un percorso attraverso una foresta
오수 午睡 pisolino, sonnellino, un siesta
오수 汚水 acque luride, acqua ripugnante, * **-관** un tubo del terreno
오순도순 armoniosamente, buoni rapporti (con) ¶ 오순도순 지내다 essere buoni rapporti con qlcu.
오스트레일리아 Australia ¶ 오스트레일리아의 australiano * **-사람** un australiano
오스트리아 Austria ¶ 오스트리아의 austriaco * **-사람** un austriaco
오슬오슬 **-하다** (avere) freddo, i

brividi ¶ 오슬오슬한 날씨 tempo freddo

오시 午時 l'ora del cavallo

오식 誤植 errore tipografico **-하다** stampare con refusi ¶ 제목이 오식되었다 Ci sono errori di stampa nel titolo.

오신 誤信 **-하다** avere una falsa credenza, credere in una falsa dottrina, credere erroneamente

오실로그래프 oscillografo

오심 誤審 giudizio erroneo, opinione sbagliata **-하다** giudicare male, farsi un'opinione sbagliata (di)

오십 五十 cinquanta ¶ 오십대에 nei suoi anni '50

오싹오싹 glaciale, agghiacciante, gelante, tremante, tremolante

오아시스 un'oasi

오얏 una prugna * **-나무** un prugno (di albero)

오언절귀 五言絶句 una quartina con cinque caratteri cinesi in ogni riga

오역 誤譯 traduzione erronea, errore di traduzione **-하다** tradurre in modo errato

오연 傲然 arroganza **-하다** (essere) arrogante, orgoglioso, altezzoso

오열 五列 quinta colonna, un quinto giornalista(대원)

오열 嗚咽 il singhiozzare, singhiozzi **-하다** piangiare singhiozzando ¶ 강아지가 죽었을 때, 그는 오열했다 Gli ha pianto l'anima quando gli è morto il cane. // 소녀는 자신의 슬픈 이야기를 오열하며 말했다 La fanciulla raccontò tra i singhiozzi la sua triste storia.

오염 汚染 inquinamento **-하다** inquinare * **대기-** inquinamento atmosferico **환경-** inquinamento ambientale

오욕 汚辱 disonore, vergogna, infamia **-하다** disonorare

오용 誤用 abuso, cattivo uso di, uso erroneo **-하다** usare erroneamente, usare male, fare un cattivo uso di, abusare di * **권력-** abuso di autorità

오월 五月 Maggio

오유 烏有 ¶ 오유로 돌아가다 essere ridotto a niente, essere bruciato giù

오의 奧義 i segreti, i misteri, significato profondo

오이 un cetriolo * **-채** il cetriolo tritato condito con aceto

오인 吾人 [나] io [우리] noi

오인 誤認 fraintendimento, idea sbagliata **-하다** fraintendere, farsi un'idea sbagliata di

오일 olio

오일 五日 [다섯 날] cinque giorni, [닷새] il quinto giorno (del mese)

오입 誤入 **-하다** andare a donne, andare con prostitute * **-장이** libertino **-판** mondo ai margini della buona società

오자 誤字 una parola errata, un errore di stampa (인쇄의), errore di trascrizione

오장 五臟 i cinque visceri (cuore, fegato, milza, polmoni e reni)

오장육부 五臟六腑 i cinque visceri

e le sei interiora, gli organi interni di tutto
오쟁이 un piccolo sacchetto della paglia
오 전 午前 mattina, a.m., A.M. (antimeridiano) ¶ 오전 9시에 alle dieci antimeridiane, alle 9 a.m.
오전 誤傳 ⇒ 오보
오점 汚點 una macchia, uno sgorbio, una chiazza [결점] difetto, imperfezione
오정 午正 mezzogiorno ¶ 오정에 a mezzogiorno
오존 [화학] ozono * **-계** un ozonometro
오종경기 五種競技 pentathlon (스포츠) * **근대-** pentathlon moderno
오죽 molto, assai, davvero ¶ 여기서 역까지는 오죽 멀구나 Quanto è distante di qui la stazione!
오줌 urina, piscia ≪속≫ ¶ 오줌누다 urinare, pisciare ≪속≫
오지 奧地 l'interiore, il retroterra, il paese posteriore
오지그릇 terraglie
오지끈 -하다 scoppiettare, spezzare, scricchiolare, frantumare ¶ 막대기가 오지끈 부러졌다 Il bastone si spezzò con un colpo secco.
오직 solo, soltanto, unicamente * **-한번** soltanto una volta ¶ 그는 오직 나에게만 말했다 Parlò soltanto a me.
오직 汚 ⇒ 독직(瀆職)
오진 誤診 una diagnosi sbagliata **-하다** fare una diagnosi errata
오징어 una seppia [한치], un calamaro
오차 誤差 [수학] un errore * **관측-** un errore d'osservazione
오찬 午餐 pranzo ¶ 오찬을 들다 pranzare, mangiare il pranzo * **-회** una riunione di pranzo
오체 五體 il corpo (intero), la struttura intera, le membra
오츠크 해—海 Mare di Okhotsk
오케스트라 un'orchestra
오케이 O.K., Va bene.
오키스트러 orchestra ¶ 오키스트러를 지휘하다 dirigere un'orchestra
오토대제 —大帝 Otto il Grande (로마 912—973)
오토 레이스 una corsa automatica
오토매틱 automatico
오토메이션 automazione
오토바이 un motociclo, una bicicletta a motore
오토자이로 un autogiro
오톨도톨 -하다 ⇒ 우툴두툴
오트밀 farina d'avena
오트볼터 (Rep.of) Haute Volta
오판 誤判 giudizio erroneo, opinione sbagliata **-하다** giudicare male, farsi un'opinione sbagliata (di)
오퍼 [상업] offerta * **-상** agente commissione **구매(판매)-** offerta d'acquisto(vendita)
오페라 un'opera
오페레타 operetta
오펙 OPEC l'organizzazione dei paesi di esportazione del petrolio
오펜하이머 Oppenheimer, John Rebert (미 1904—)
오픈게임 un gioco aperto
오픈카 una macchina aperta

오피스 un ufficio ¶ 오피스 걸 una ragazza di ufficio

오한 惡寒 colpo di freddo, (sensazione di) freddo, [med.] brivido ¶ 오한이 나다 sentire un freddo

오합지졸 烏合之卒 turba, una folla disordinata, gentaglia

오해 誤解 malinteso, fraintendimento, equivoco **-하다** fraintendere, equivocare ¶ 오해를 받다 essere frainteso // 오해를 사다 prendere il malinteso // 오해를 풀다 sciogliere il malinteso

오호 嗚呼 ahime`! ¶ 오호! 신성을 더럽힌 나의 주먹(W.SCOTT) Ahimè! quel mio sacrilego pugno.

오호호 Ah! Ah! Ah!

오후 午後 pomeriggio, p.m.¶ 오후 5시에 alle 5 p.m., alle cinque del pomeriggio // 어제 오후에 ieri pomeriggio

오히려 piuttosto ¶ 여기는 봄보다는 오히려 가을에 비가 내린다 Qui piove sia in autunno che in primavera.

오 헨리 O.Henry (미 1862—1910)

옥 獄 una prigione, un carcere ¶ 옥에 가두다 imprigionare una persona, gettare una persona nella prigione

옥 玉 ① giada ¶ 옥가락지 anello di giada ② [보석] pietra preziosa, bijou, gioiello

옥고 獄苦 la difficoltà di vita della prigione ¶ 옥고를 치르다 condannare in prigione, servire il suo termine dell′imprigionamento gemono (languish) in prigione, servire il suo termine dell′ imprigionamento

옥내 屋內 ¶ 옥내의 interno, al coperto, dentro casa // 옥내에서 in casa, al coperto, all′interno * **-수영장** piscina al coperto **-유희**(게임) un gioco da farsi in casa -옥외에서 dentro e fuori

옥니 i denti artificiali * **-박이** una persona con i denti artificiali

옥다 [오그라져있다] piegarsi verso l′interno [밑지다] perdere (soldi)

옥답 沃畓 risaia fertile

옥당목 玉唐木 inferiore calico

옥도 沃度 iodio * **-정기** tintura dello iodio

옥돌 玉— una pietra preziosa, una gemma

옥동자 玉童子 un figlio prezioso, un angelo di un figlio

옥문 獄門 un cancello della prigione

옥바라지 獄— **-하다** inviare dei vestiti ed alimentare ad un prigioniero

옥사 獄死 morte in prigione **-하다** morire in prigione

옥상 屋上 tetto ¶ 옥상에서 외치다 divulgare, annunciare, gridare a tutti i venti

옥새 玉璽 il sigillo di re

옥색 玉色 chiaro blu

옥생각 -하다 storcere, pervertire

옥석 玉石 ① [옥돌] pietre preziose, giada ② [옥과 돌] giade e pietre ③ [좋은 것과 나쁜 것] grano e tara

옥석구분 玉石俱焚 distruzione indiscriminata di buono e difettoso

옥석혼효 玉石混淆 un miscuglio di grano e tara

옥셈 calcolo errato contro i propri interessi **-하다** calcolare erratamente al suo proprio svantaggio

옥소 沃素 iodio ⇒옥도

옥쇄 玉碎 una morte per onore **-하다** soffrire una morte onorata

옥수 玉手 [왕의] le mani di re [미인의] le mani di donna bella

옥수수 granturco, mais * **-가루** farina di mais

옥신각신 -하다 altercare, rissare, litigare, discutere

옥신거리다 ① [복작거리다] sciamare, formicolare, affollare ¶ 사람들이 옥신거리다 affollarsi con la gente ② [환부가] pizzicare, dolere

옥안 玉顔 [왕의] il viso di re [미인의] il viso di donna bella

옥야 沃野 una pianura fertile (ricco)¶ 옥야천리 una stirata ampia fertile della pianura

옥양목 玉洋木 calico, cotone stampato

옥외 屋外 ¶ 옥외의 esterno, all'aperto, all'aria aperta // 옥외에서 all'aperto, fuori di casa * **-게임** giochi all'aria aperta **-운동** sport all'aperto

옥잠화 玉簪花 piantaggine

옥좌 玉座 la sedia di re

옥죄이다 sentire restretto, essere stretto

옥중 獄中 ¶ 옥중에 in prigione, in carcere * **-기** un diario che scritto in prigione

옥체 玉體 ① [임금의] la persona del re ② [존체] Suo corpo

옥타브 una ottava del diciottesimo (in musica)

옥탄가 一價 [화학] numero di ottano (valutazione)

옥토 沃土 la terra fertile (ricca)

옥토끼 [흰토끼] un coniglio bianco [전설의] un coniglio bianco dell' uomo

옥편 玉篇 un dizionario cinese - coreano [사전] un dizionario, un vocabolario

옥황상제 玉皇上帝 il signore, dio, l' essere supremo

온 tutto, intero ¶ 온 세상 tutto il mondo 온 가족 tutta la famiglia 온 종일 tutto il giorno 온 도시가 그 이야기를 한다 Tutta la città ne parla.

온각 溫覺 il senso di calore, sensazione di temperatura

온감 溫感 il senso di calore

온갖 tutti i tipi, ogni genere di, tutti, ogni, vario ¶ 온갖 것 tutto

온건 穩健 **-하다** (essere) moderato, sano, lento e costante ¶ 온건한 생각 opinione moderata * **-주의** moderatismo **-파** il partito moderato, moderato

온고지신 溫故知新 **-하다** trasportare la conoscenza guadagnata nel nuovo campo, prendere un foglio dal libro saggio dell' uomo

온기 溫氣 calore, aria calda

온난 溫暖 **-하다** (essere) caldo, mite

온당 穩當 **-하다** (essere) adeguato,

ragionevole, giusto ¶ 온당한 요구 un reclamo ragionevole // 온당한 조치 una misura giusta ed adeguata

온대 溫帶 la zona temperata, le latitudini calde * **-식물** la flora della zona temperata **-지방** le regioni temperate

온도 溫度 temperatura ¶ 높은 (낮은)온도 una temperatura alta (bassa) 온도를 재다 prendere la temperatura * **-조절** il controllo termostatico **-조절 장치** un termostato **실내-** la temperatura nella camera

온도계 溫度計 termometro * **-온도계** termometro a mercurio **섭씨(화씨)-** termometro centigrado (Fahrenheit) **최고(최저)-** termometro a massima (minima) **특수-** termometro differenziale

온라인 in linea

온면 溫麵 le tagliatelle servite in minestra calda, tagliatelle calde

온상 溫床 letto caldo, concimaia, focolaio ¶ 부패의 온상 focolaio di corruzione

온수 溫水 acqua calda

온순 溫順 **-하다** (essere) docile, mite, mansueto

온스 un′oncia

온실 溫室 serra ¶ 온실에서 핀 꽃 un fiore di serra // 온실에서 자란 사람은 남에게 돌을 던지지 못한다 Chi è senza peccato scagli la prima pietra.

온아 溫雅 **-하다** (essere) grazioso, dolce, amabile

온유 溫柔 **-하다** (essere) gentile, docile, mite, dolce

온음 一音 [음악] un tono intero * **-계** scala diatonica **-표** semibreve

온장 一張 il foglio intero, un pezzo di carta intera, carta non tagliata

온장고 溫藏庫 armadietto riscaldante

온전 穩全 **-하다** (essere) sano, intero, perfetto ¶ 집안에 온전한 접시라고는 하나도 없다 Non c′è una piastra intera nella casa.

온정 溫情 affettuosità, una sensibilità calda ¶ 온정있는 affettuoso, gentile, amichevole, benevolo

온종일 一終日 tutto il giorno

온집안 tutta la famiglia

온채 la casa intera

온천 溫泉 una fonte calda, una terme(광천) ¶ 온천에 가다 andare alla terme * **-수** acque termali **-요법** cura termale **-시설** stabilimento termale

온축 蘊蓄 conoscenza profonda, erudizione

온탕 溫湯 [온천] una fonte calda, [욕탕] acqua calda

온통 tutti, interamente, completamente

온폭 一幅 la larghezza totale

온혈동물 溫血動物 l′animale a sangue caldo

온화 溫和 **-하다** (essere) mite, dolce, gentile, delicato, temperato (기후가) ¶ 온화한 기후 un clima mite

온후 溫厚 **-하다** (essere) dolce, delicato, soave, affabile

올[1] ① [가닥] filo, trefolo, trama ¶

실올 무늬 filigrana (delle banconote) 한 올의 빛 un filo di luce ② [직물의 날] ordito

올[2] quest'anno ⇒ 올해 ¶ 올 안에 nel corso di questo // 올 여름 휴가 la vacanza prossima d'estate, la vacanza passata d'estate (지나간)

올[3] presto ¶ 올벼 riso precoce

올가미 nodo scorsoio, cappio, trappola [꾀] trucco, espediente¶ 올가미를 놓다 tendere una trappola

올곧다 [사람이] (essere) dritto, onesto, [줄이] diritto, diretto

올드 미스 una zitella

올되다 ① [직물의 올이] (essere) fitto, compatto ② [지능이] (essere) precoce, maturo ③ [곡물이] (essere) precoce 올라가다 ① [높이] salire, ascendere, arrampicarsi, scalare, svettare (솟다) ¶ 나무에 올라가다 arrampicarsi su un albero // 산에 올라가다 scalare una montagna ② [승진] essere promosso ¶ 그는 상사로 계급이 올라갔다 Fu promosso sergente. // 월급이 올라가다 aumentare lo stipendio ③ [물가가] aumentare, salire, salire rapidamente (폭등하다) ¶ 물가가 올라간다 i prezzi salgono (aumentano)

올라서다 [높은 데로] salire (ascendere) [su una piattaforma], muovere un passo su [지위가] essere promosso

올라오다 salire su ⇒오르다

올라이트 Va bene, O.K., Tutto bene.

올리다 ① [위로] alzare, levare, elevare, innalzare, sollevare, tirare su ¶ 눈썹을 올리다 aggrottare le sopracciglia // 모자를 올리다 levarsi il cappello (per salutare) // 손을 올리다 alzare la mano su ② [거행] tenere, organizzare, celebrare ¶ 결혼식을 올리다 celebrare il matrimonio ③ [드리다] offrire, proporre ¶ 기도를 올리다 elevare le preghiere // 선생님에게 편지를 올리다 scrivere (una lettera) all'insegnante ④ [얻다] ottenere, raggiungere, vincere, guadagnare ¶ 우리는 5점을 올렸다 Facemmo cinque punti ⑤ [기재] registrare, protocollare, iscrivere ¶ 이름을 올리다 iscrivere un nome ⑥ [기타] ¶ 질병을 올리다 infettare // 기와 (짚)로 지붕을 올리다 ricoprire con tetto di tegole (paglie)

올리브 oliva ¶ 올리브 기름 olio d'oliva

올림 [증정] presentazione

올림픽 i giochi olimpici ¶ **-위원회** comitato olimpico **-대회** olimpiade, i giochi olimpici **-경기장** stadio olimpico

올망 —網 una rete da pesca di alto mare

올망졸망 le cose piccole di ogni genere, le cose piccole di grandezza varia

올무 un laccio, lacciolo, una presa, un nodo scorsoio

올바로 onestamente, francamente, dirittamente ¶ 올바른 가격 prezzo onesto

올밤 una castagna precoce

올백 ¶ 올백으로 하다 pettinare la sua parte posteriore dei capelli in diritto

올벼 una pianta di riso precoce, riso precoce

올빼미 un gufo, un barbagianni ¶ 올빼미 우는 소리 un grido di gufo

올차다 ① [사람이] (essere) vigoroso, forte, robusto, solido, resistente ¶ 올찬 아이 bambino robusto ② [곡식이] (essere) precoce ¶ 올찬 벼 riso precoce

올챙이 un girino

올케 cognata, la moglie del fratello maggiore

올콩 fagiolo precoce

올팥 rosso fagiolo precoce

올해 l'anno, quest'anno ¶ 올해는 비가 많이 왔다 Ha piovuto molto quest'anno.

옭걸다 legare ed appendere, legarsi

옭다 ① [잡아매다] legare, incatenare ② [올가미로] legare ≪intorno al collo≫ con fune ③ [사람을 속이다] intrappolare, far cadere in un tranello

옭매다 legare un nodo veloce, fissarsi

옭아내다 [남을 속여서] truffare qlco. a qlcu. ¶ 마리아는 그에게 2만리라를 옭아냈다 Maria gli ha truffato ventimila lire.

옭아매다 legare, incatenare ⇒ 옭다

옭히다 ① [올가미에] essere legato ② [얽히다] essere aggrovigliato ③ [걸리다] essere coinvolto, essere trascinato dentro con forza

옮기다 ① [이동] muovere, spostare, trasferire ¶ 한 걸음도 옮기지 않다 non muovere un passo // 나는 의자를 불가로 옮겼다 Ho avvicinato la sedia al fuoco. ② [병을] comunicare malattia, infettare ③ [말을] dire, riferire a qlcu., spargere (퍼뜨리다) ¶ 루머를 퍼뜨리다 spargere notizie false ④ [그릇에] travasare, versare (붓다), vuotare (비우다) ¶ 포도주를 병에 옮겨담다 Travasare il vino dalla botte nelle bottiglie ⑤ [번역] tradurre, [암호따위를] decifrare (해독하다)

옮다 ① muovere ⇒ 옮기다 ② [사람이 병에] essere infettato [con una malattia] [병이 사람에게] trasmettere [una malattia], infettare ¶ 병이 옮은 사람 una persona infettata // 옮기 쉽다 (essere) contagioso, infettivo

옮아가다 ① [이동] muovere, rimuovere, allontanarsi, spostare ② [퍼지다] diffondersi, divulgarsi ¶ 그 뉴스는 온 나라로 옮아갔다 La notizia si diffuse nel paese.

옳다[1] (essere) giusto, onesto [정당] appropriato [정의] retto, virtuoso [틀림없음] corretto, giusto, preciso [정확] esatto, giusto, preciso [진실] onesto, sincero, vero ¶ 옳게 onestamente, veramente, giustamente, correttamente, esattamente, rettamente // 옳은 말 la parola giusta // 옳은 마음을 가진 사람 una persona onesta // 옳지 않다 (essere) erroneo, sbagliato, inesatto, scorretto // 옳은 대답 la risposta giusta

옳다[2] [감탄사] O.K.! Va bene! Sì!
옳은 길 la strada giusta, la via onesta, giustizia
옳은 말 la parola giusta, verità ¶ 옳은 말을 하다 dire la verità // 그가 말한 것 중에도 옳은 말이 약간 있다 C'è del vero in ciò che disse.
옳지 Buono! Destra! Sì! ¶ 옳지 그만하면 됐어 Basta! Va bene!
옴[1] [의학] prurito, scabbia
옴[2] il processo molto piccolo intorno all'ugello di madre nuova
옴[3] [전기] un ohm ¶ 옴의 법칙 la legge di Ohm
옴나위 camera da muoversi ¶ 옴나위없다 non avere spazio sufficiente
옴니버스 omnibus
옴죽거리다 contorcersi, muovere imbarazzo, dimenarsi
옴짝달싹 ¶ 옴짝달싹 않다 non indietreggiare di un centimetro // 옴짝달싹 못할 지경이다 essere nei guai
옴츠리다 ritrarsi, farsi piccolo ⇒ 움츠리다
옴팍눈 occhi incavati [사람] una persona con i occhi incavati
옴패다 diventare incavato, diventare depresso, formare un vuoto ¶ 옴패인 곳 un posto dispersore, una depressione
옴폭 -**하다** (essere) infossato, concavo, incavato ¶ 옴폭한 눈 occhi infossati
옵사이드 [축구] fuori gioco
옵셋 [인쇄] offset * -**인쇄** stampa offset
옷 abito, vestito, indumento ¶ 옷을 입다 vestirsi, mettersi // 새 옷을 입어보다 provare di mettersi
옷가슴 la parte anteriore della camicia
옷감 panno, stoffa, taglio d'abito, tessuti, aridi ¶ 얇은 옷감 stoffa leggera, panno sottile
옷걸이 appendiabiti(매다는 것), attaccapanni(거는 것)
옷고름 un fermaglio del cappotto ¶ 옷고름을 매다(풀다) annodare (sciogliere) una stringa del cappotto
옷깃 il collare (collo) di un cappotto ¶ 옷깃을 세우다 alzare il suo collare
옷단 orlo, basta, pedana, falda ¶ 옷단을 감치다 orlare, bordare
옷보 —褓 un panno per lo spostamento dei vestiti, un involucro (del panno)
옷자락 le estremità più inferiori dei vestiti, il pannello esterno ¶ 옷자락을 끌다 strasciare l'orlo
옷장 —欌 un guardaroba
옷차림 vestito, abbigliamento, la sua apparenza ¶ 옷차림이 얌전하다 essere elegante in suo vestito
옹 翁 un uomo vecchio (anziano) ¶ 도산옹 il vecchio signore Tosan
옹고집 壅固執 ostinazione, intransigenza, un testardo (사람)
옹골지다 (essere) notevole, solido
옹골차다 (essere) vigoroso, notevole, solido ¶ 옹골찬 사람 una persona vigorosa
옹구 un basto
옹기 甕器 ⇒ 오지그릇

옹기장수 甕器— un commerciante di terraglie
옹기장이 甕器匠— un vasaio
옹기전 甕器廛 una bottega di terraglie
옹기종기 con uno stuolo, densamente
옹달 una cavità, una depressione * **-샘** una fonte (folla) piccola
옹동고라지다 essere ridotto (contratto)
옹립 擁立 **-하다** dare la protezione a, supportare, instaurare
옹벽 壅壁 [토목] una parete del seno, un rivestimento
옹색하다 壅塞— ① [궁핍하다] (essere) povero, misero ¶ 돈에 옹색하다 fare denaro a palate // 옹색하게 살다 essere in miseria ② [좁은] (essere) stretto, ristretto
옹생원 壅生員 una persona meschina
옹서 翁壻 suocero e genero
옹위 擁衛 **-하다** guardare, scortare
옹이 essere un nodo, un vertice ¶ 옹이있는 nodoso, grinzoso
옹잘거리다 mormorarsi
옹졸하다 壅拙— (essere) stretto a cuore, intollerante, insofferente
옹주 翁主 una principessa
옹호 擁護 [보호] protezione, salvaguardia [지원] supporto, assistenza **-하다** sopportare, proteggere * **-자** un sostenitore
옻 lacca ¶ 옻칠한 laccato // 옻오르다 essere avvelenato con lacca
와[1] e ¶ 너와 나 tu ed io
와[2] rumorosamente ¶ 와 웃다 ridere ad alta voce // 와 달아나다 fuggire rumorosamente
와글거리다 ① sciamare, formicolare ¶ 시장에 사람들이 와글거린다 Il mercato è affollato. ② essere clamoroso
와니스 vernice
와다닥 improvvisamente, tutto d′un tratto ¶ 와다닥 방에서 뛰어나가다 uscire dalla camera improvvisamente
와드등와드등 con un baccano
와들와들 ¶ 추워서 와들와들 떨다 rabbrividire dal freddo // 무서워서 와들와들 떨다 tremare con timore
와락 improvvisamente, tutto d′un tratto ¶ 문을 와락 열다 aprire la porta improvvisamente
와르르 in fretta e furia ¶ 그들은 와르르 역으로 몰려갔다 Loro sono andati alla stazione in fretta e furia.
와병 臥病 **-하다** cadere malato al letto, essere malato al letto
와사 臥斯 gas
와삭거리다 frusciare, stormire ¶ 가랑잎이 바람에 와삭거린다 I fogli dei morti frusciano nel vento.
와언 訛言 un rapporto falso, una voce senza fonte esatta [사투리] dialetto
와음 訛音 una correzione del suono, una correzione fonetica
와이드 스크린 [영화] la scena larga
와이셔츠 una camicetta
와이어 wire ¶ 와이어 로우프 a wire rope
와이엠시에이 Y.M.C.A. ≪Young Men′s Christian Association≫
와이프 moglie, wife ≪in inglese≫

와인 [술] vino

와짝 ① forzosamentemente, vigorosamente ¶ 줄을 와짝 잡아당기다 tirare una corda con forza ② improvvisamente, ad un tratto

와전 訛傳 una dichiarazione falsa, un rapporto falso **-하다** snaturare, fare un rapporto falso

와중 渦中 un mulinello, un vortice ¶ …의 와중에 휩쓸려 들다 essere travolto nel vortice di 와지끈 sconquasso, di scoppio **-하다** fracassare, fracassarsi ¶ 가구를 와지끈 부수다 rompere un mobile di scoppio

와트[1] [전기] watt

와트[2] Watt, James (영 1736—1819)

와해 瓦解 crollo, dispersione, rottura **-하다** crollare, cadere, fallire, andare a pezzi

왁스 cera

왁자지껄하다 (essere) rumoroso, clamoroso, violento, tumultuoso

왁찐 vaccino ¶ 왁찐 주사 vaccinazione

완강 頑强 ostinazione **-하다** (essere) ostinato, testardo, accanito, tenace ¶ 그들은 완강히 거절했다 Hanno offerto una resistenza testarda.

완결 完結 la conclusione, il completamento **-하다** concludere, completare, finire ¶ 완결되다 essere completo (conclusivo) 사건을 완결짓다 portare il caso ad una conclusione

완고 頑固 ostinazione, bigottismo, intransigenza **-하다** (essere) testardo, bigotto, intransigente

완곡 婉曲 [표현] circolocuzione, eufemismo **-하다** (essere) eufemistico, giro di parole, perifrastico ¶ 완곡히 말하다 insinuare, parlare in modo di perifrastico

완구 玩具 un giocattolo ⇒ 장난감

완급 緩急 lentezza e velocità, tempo

완납 完納 pagamento completo **-하다** pagare completamente, pagare l′intero

완두 豌豆 un pisello

완력 腕力 forza fisica, forza muscolare ¶ 완력으로 이기다 vincere con la forza

완료 完了 il completamento **-하다** completare, finire ¶ 완료되다 essere completato (finito) * **-형**(시제) [문법] tempo perfetto

완만 緩慢 **-하다** (essere) lento, allentato, inattivo ¶ 완만한 경사 un delicato (graduale) pendio

완미 頑迷 **-하다** (essere) bigotto, intransigente, ostinato

완벽 完璧 perfezione, totalità **-하다** (essere) perfetto, completato, ¶ 완벽을 기하다 puntare sulla perfezione

완보 緩步 una camminata lenta **-하다** camminare lentamente

완본 完本 un insieme completo dei libri

완비 完備 perfezione, completamento, apparecchiatura piena **-하다** perfezionare, completare, rendere una cosa perfetta, dotare (fornire) completamente ¶ 완비되어 있다 completo è fornito (dotato) con

완상 玩賞 apprezzamento, ammirazione **-하다** godere, apprezzare, ammirare

완성 完成 completamento, perfezione, realizzazione **-하다** completare, perfezionare, finire, compire, portare una cosa a perfezione ¶ 완성에 가깝다 essere quasi perfezione

완수 完遂 realizzazione, completamento **-하다** portare ad una conclusione riuscita, compire, completare ¶ 목적을 완수하다 compire il suo scopo

완승 完勝 **-하다** vincere una vittoria (scopante) completa

완연 宛然 **-하다** (essere) chiaro, evidente, distinto ¶ 완연히 chiaramente, distintamente, vividamente

완자 [만자(卍字)] svastica

완장 腕章 una fascia del braccio, un distintivo del braccio

완전 完全 perfezione, totalità **-하다** (essere) perfetto, completo, intero ¶ 완전히 a perfezione, perfettamente, completamente, interamente // 완전하게 하다 perfezionare, completare, consummare, rendere perfetto, portare una cosa a perfezione // 완전하게 되다 essere reso perfetto, diventare completo // 완전을 기하다 puntare sulla perfezione

완전무결 完全無缺 **-하다** (essere) perfetto e inappuntabile, assolutamente perfetto, senza difetti ¶ 완전무결한 사람은 없다 Nessuno è perfetto e inappuntabile. // 완전무결 Difetto zero.

완주하다 完走― [경기에서] correre la distanza intera, rimanere il corso

완초 莞草 giunco ⇒ 왕골

완충 緩衝 **-하다** ammortizzare, assorbire la scossa, attutire la scossa * **-국** un paese di amplificatore **-기** cuscinetto, paraurti **-장치** un amplificatore, un ammortizzatore, un cuscino ammortizzatore **-지대** una zona di amplificatore

완치 完治 una cura perfetta, un recupero completo **-하다** completamente curarsi

완쾌 完快 [병이] **-하다** ricuperare (completamente) [dalla malattia], essere ristabilito a salute, stare bene

완투하다 完投― [야구] lanciare un gioco intero, andare a distanza completa

완행 緩行 **-하다** andare (correre) lento * **-열차** un treno (lento) locale, un treno di sistemazione

왈가닥 una poca di buono, una ragazza impudente, una maschietta

왈가닥거리다 baccare, scuotere

왈가왈부 曰可曰否 **-하다** discutere il pro ed il contro

왈왈하다 (essere) ruvido, violento

왈츠 [춤-곡] [danza]waltz

왈칵 tutto l′improvviso, tutto d′un tratto ¶ 왈칵 잡아당기다 tirare ≪una cosa≫ tutto l′improvviso // 왈칵 성을 내다 divampare

왈패 曰牌 [망나니] un collega selvaggio, un attaccabrighe, una maschietta (여자)

왔다 갔다 -하다 venire ed andare, bighellonare, passeggiare, vagabondare (배회) ¶ 거리를 왔다 갔다하다 passeggiare senza intento tramite le vie

왕 王 un re, un monarca (군주), un governatore (통치자) ¶ 왕의 di re 왕다운 regalmente // 짐승의 왕 il re delle bestie // 자동차의 왕 il re degli automobili // 꽃중의 왕 la regina dei fiori

왕가 王家 una famiglia reale

왕개미 王— una formica di Ercole, una formica dell'esercito

왕거미 王— un grande ragno

왕겨 王— paglia, crusca di riso

왕골 giunco, giunco di palude

왕관 王冠 una corona, un diadema

왕국 王國 un regno, un monarca

왕궁 王宮 il palazzo reale (di re)

왕권 王權 autorità reale, pontenze (diritti) sovrane [왕위] il trono, la sovranità

왕녀 王女 una principessa

왕년 往年 i prossimi anni passati, gli anni precedenti

왕눈이 una persona con gli occhi grandi

왕당 王黨 realista, monarchico, il Tories (영국의)

왕대 un genere di grande bambù

왕대비 王大妃 la regina madre

왕도 王道 la strada reale, la regola della destra, governo retto ¶ 학문에는 왕도가 없다 Non c'è la strada reale ad imparare.

왕도 王都 la capitale (d'un regno)

왕래 往來 ① [통행] andare e venire, andata e ritorno, traffico **-하다** andare e venire ¶ 왕래가 빈번한 거리 una via pubblica occupata // 사람의 왕래 il traffico di richieste degli uomini ② [친교] corrispondenza **-하다** associare con, avere richieste (azienda di conservazione) con, scambiare le lettere con (서신 왕래)

왕릉 王陵 una tomba reale, un mausoleo reale

왕림 枉臨 presenza, visita **-하다** visitare, onorarci con una visita

왕명 王命 l'ordine del re, un ordine (comando) reale

왕모래 sabbia di massima, granulosità

왕밤 una castagna grande

왕방울 王— una flangia grande ¶ 눈이 왕방울같다 avere occhi come i piattini

왕벌 王— ape legnaiuola (호박벌), un calabrone (말벌)

왕복 往復 andata e ritorno **-하다** andare e ritornare, fare la spola tra (배가) ¶ 서울 수원간을 왕복하는 기차 un treno che va e ritorna fra Seoul e Suwon * **-비행** un volo di andata e ritorno **-엽서** una cartolina di andata e ritorno **-차비** un prezzo di andata e ritorno **-차표** un biglietto di andata e ritorno

왕복운동 往復運動 [기계] reciproco, un movimento alternato

왕봉 王蜂 [곤충] ape regina, basilessa

왕비 王妃 una regina

왕새우 王— [동물] gamberetto del mare giallo

왕생 往生 morte **-하다** morire, partire da questa vita, passare via

왕생극락 往生極樂 eutanasia, un passaggio facile in eternità **-하다** andare al paradiso, passare via pacificamente

왕성 旺盛 **-하다** (essere) eccellente, prosperoso, vigoroso, energico, in pieno di vigore ¶ 혈기 왕성한 청년 un giovane ardente // 원기 왕성하다 essere pieno di vigore // 사기가 왕성하다 essere con il morale alto

왕세손 王世孫 il nipote più anziano del re ≪in una riga diretta≫

왕세자 王世子 la corona principe, il principe Wales(영국의) * **-비** la corona principessa

왕손 王孫 un nipote d′un re, i discendenti reali

왕수 王水 [화학] acquaragia

왕실 王室 la famiglia reale

왕업 王業 regalità, il regno d′un re

왕왕 往往 occasionalmente, di tempo in tempo, spesso ¶ 학생들에게 왕왕 있는 일이지만 come è spesso il caso con gli allievi

왕위 王位 il trono, la corona ¶ 왕위 계승 la successione al trono 왕위에 오르다 salire al trono

왕자 王子 un principe reale

왕자 王者 un re, un monarca, un sovrano ¶ 정구계의 왕자 il campione del mondo di tennis

왕정 王政 monarchia * **-복고** il ripristino della regola imperiale (reale)

왕조 王朝 una dinastia ¶ 왕조의 di dinastia // 이 왕조 la dinastia Yi

왕족 王族 la famiglia reale, sovranità, un membro di sovranità (개인)

왕좌 王座 il trono, la posizione premiere posizione

왕지네 un grande centopiedi

왕진 往診 una visita del medico (a un paziente) **-하다** visitare un paziente * **-료** una tassa per la chiamata **-시간** le ore delle visite **야간-** una chiamata di notte

왕청되다 essere ampiamente disparato, essere differente quanto luci ed ombre

왕콩 王— grandi fagioli

왕통 王統 i discendenti reali, la riga reale

왕후 王后 una regina

왕후 王侯 re e principi, principi e signori ¶ 왕후같은 생활을 하다 vivere come un principe

왜 perché, come, per quale ragione ¶ 왜냐 하면 perché, per, il motivo è // 왜 그런지 senza conoscere il perché, in qualche modo

왜 倭 Giappone, giapponese

왜가리 [새] un airone commune

왜간장 倭—醬 salsa giapponese di fagioli

왜곡 歪曲 ⇒ 의곡

왜구 倭寇 invasore (pirata) giapponese

왜낫 倭— un falcetto con la lama acuta
왜놈 倭— un giapponese, il giapponese ≪총칭≫
왜말 倭— giapponese, la lingua giapponese
왜바람 un vento incostante
왜반물 倭— blu scuro coloranti
왜색 倭色 i modi giapponesi
왜소 矮小 **-하다** (essere) piccolo, diminutivo, nano
왜식 倭式 stile giapponese
왜식 倭食 alimento (cucina) di stile giapponese * **-집** un ristorante giapponese
왜인 倭人 un giapponese, il giapponese ≪총칭≫
왜인 矮人 un nano
왜정 倭政 governo dal Giappone
왜풍 倭風 stile giapponese, modo giapponese
왱왱 ad alta voce, rumorosamente **-하다** [바람이] fischiare [책을] ≪leggere≫ ad alta voce [벌떼가] ronzare
외 un cetriolo ⇒ 오이
외- [홀] soltanto, solo, uno, singolo * **-눈이** una persona monocola
외 外 ① tranne, eccetto, ad eccezione di ⇒ 이외 ¶ 그 외 di resto // 그 외에 inoltre, per di più, d'altronde // 이외에는 아무것도 가진 것이 없다 Non ho che questo.
외 [건축] una striscia di legno
외가 外家 la famiglia (casa) di madre
외각 外殼 copertura esterna, crosta
외각 外角 [기하] un angolo esterno
외견 外見 apparenza (esterna) ¶ 외견상(으로) dall'apparenza esterna
외겹 ¶ 외겹의 singolo
외경 畏敬 estremo rispetto **-하다** venerare, riverire, tenere ≪una persona≫ nell'estremo rispetto
외계 外界 il mondo esterno, [철학] fenomeno esterno, il mondo fisico (정신계에 대한)
외고집 —固執 ostinazione ¶ 외고집의 impenitente, incallito, accanito * **-장이** testardo
외곬 ¶ 외곬으로 attentamente, semplicemente, solamente // 외곬으로 생각하다 vedere le cose da (soltanto) un solo punto di vista
외과 外科 chirurgia ¶ 외과 수술을 받다 subire un'operazione chirurgica * **-수술실** una sala operatoria **-의사** un chirurgo **-병원** chirurgia
외과피 外果皮 [식물] un epicarpo 또는 in epicarpio, un esocarpo
외곽 外廓 il blocco esterno, la linea esterna * **-단체** un organo ausiliario
외관 外觀 apparenza (esterna), una vista esterna ¶ 외관상 esternamente, apparentemente, apparentemente // 건물의 외관 l'esterno d'una costruzione
외교 外交 diplomazia, relazioni diplomatiche (관계) ¶ 외교의 diplomatico // 외교에 능한 사람 un diplomatico // 외교적 수완 talento della diplomazia // 외교 관계를 수립하다 (단절하다) stabilire (interrompere) relazioni

diplomatiche ≪con≫ * **-관** un diplomatico, un funzionario diplomatico **-단** il corpo diplomatico **-문제** una questione diplomatica **-술** una strategia diplomatica, diplomazia **-정책** una politica straniera

외구 畏懼 estremo rispetto, timore sacro **-하다** essere pieno di timore sacro, essere colpito con estremo rispetto

외국 外國 un paese straniero ¶ 외국의 straniero // 외국에서 all′estero, // 외국풍의 d′oltremare, esotico // 외국제의 prodotto all′estero // 외국에 가다 andare all′estero // 외국에 있다 trovarsi all′estero * **-관광객** un turista straniero **-무역** commercio straniero **-사절** un congedo straniero **-상사** una ditta straniera **-상품** merci stranieri **-선** una nave straniera **-시장** un mercato straniero **-자본** il capitale straniero **-풍** modo straniero, esoticismo **-항로** un itinerario straniero (di servizio) **-환 (시세)** tasso straniero

외국어 外國語 la lingua straniera ¶ 외국어로 in una lingua straniera

외국인 外國人 uno straniero

외근 外勤 dovere (servizio) esterno, canvassing (외교원의) **-하다** essere sul dovere esterno ¶ 외근의 sul servizio esterno * **-기자** un cronista, un reporter **-자** una persona sul dovere esterno

외기 外氣 aria fresca ¶ 외기에 쐬다 esporre ≪una cosa≫ all′aria, ventilare ≪una cosa≫

외기노조 外機勞組 l′unione degli impiegati di organizzazioni straniere

외길 un percorso singolo

외김치 cetriolo sottaceto

외나무다리 un ponticello di ceppo

외날 un singolo bordo ¶ 외날 면도칼 un rasoio con una lametta

외다 recitare ⇒ 외우다

외도 外道 [오입] scopata [나쁜길] un corso cattivo, un corso malvagio **-하다** puttaneggiare, fare l′amore con [일탈] traviarsi

외등 外燈 una lampada esterna

외따로 separato, isolato ¶ 벌판에 조그만 집이 외따로 서 있다 Nel mezzo del campo c′è una casetta solitaria.

외딴 separato, isolato ¶ 외딴 섬 un′isola isolata

외딴집 una casa isolata, una casa solitaria

외딸다 (essere) separato, isolato, appartato

외람 猥濫 **-하다** (essere) sfrontato, presuntuoso, avanzato, impertinente ¶ 외람하오나 scusi, potrei parlarLe ≪che≫, forse, oserei dire

외래 外來 ¶ 외래의 straniero, importato * **-사상** idea straniera **-어** una parola dell′ origine straniera **-품** le merci importate **-환자** un paziente esterno

외로이 da solo, solamente, solitariamente ¶ 외로이 살다 vivere una vita solitaria

외롭다 (essere) solo, solitario ¶ 외

로운 나그네 un solo (solitario) viaggiatore

외륜산 外輪山 [지리] una somma

외마딧 소리 un pianto singolo, un grido di dolore ¶ 외마딧 소리를 지르다 gridare, strillare, stridere

외면[1] 外面 apparenza esterna, la parte esterna * **-치레** mettersi in mostra ¶ 외면치레하다 mostrare fuori, fare l'esposizione esterna

외면[2] 外面 **-하다** girare ≪la sua faccia≫, evitare i suoi occhi ≪da≫¶ 그는 나를 외면하고 지나갔다 Ha passato vicino con la sua faccia evitata.

외모 外貌 apparenza (esterna), aspetto esterno

외무 外務 affari esteri * **-부** il (reparto) Ministero degli affari esteri **-부장관** il ministro degli affari esteri, la segretaria di Stato (국무 장관) **-원** un commesso straniero, rappresentante **-위원회** il comitato di affari esteri

외미 外米 riso straniero (importato)

외박 外泊 **-하다** dormire fuori, rimanere (fermarsi) fuori

외방 外方 [외지] una terra di oltre mare, una parte esterna straniera, [바깥] fuori

외벽 外壁 [건축] una parete esterna

외부 外部 la parte esterna ¶ 외부의 esterno, 외부로부터 dall'esterno 외부 사람 un estraneo * **-간섭** interferenza esterna

외분비 外分泌 [의학] secrezione esterna * **-선** una ghiandola esocrina

외빈 外賓 un visitatore straniero

외사 外事 affari esterni * **-과** la sezione degli affari esteri

외사촌 外四寸 un cugino materno

외삼촌 外三寸 uno zio materno, uno zio dal lato di madre

외상 credito ¶ 외상으로 팔다 (사다) vendere (comprare) a credito * **-거래** transazioni a credito

외상 外傷 un trauma esterno [의학] trauma ¶ 외상성의 traumatico

외서 外書 un libro straniero

외설 猥褻 oscenità, sconcezza, indecenza **-하다** (essere) osceno, lascivo, indecente, sconveniente, licenzioso ¶ 외설한 이야기를 하다 parlare indecentemente * **-문학** pornografia

외세 外勢 [형세] condizioni esterne, [세력] influenza (forza) esterna ¶ 외세에 의존하다 dipendere dalla potenza straniera d'un paese

외손 ¶ 외손의 che ha una mano sola

외손 外孫 un nipote di sua figlia, discendenti nella riga della figlia

외숙 外叔 uno zio materno

외숙모 外叔母 moglie di suo zio materno

외식 外食 **-하다** mangiare fuori

외식 外飾 ⇒ 면치레

외신 外信 notizie straniere, un telegramma (messaggio) straniero, una spedizione d'oltremare

외심 外心 [기하] un circocentro, un centro esterno * **-점** the metacenter

외아들 un figlio unico

외야 外野 [야구] il campo esterno * **－석** posti per gli esterni **－수** un esterno

외양 外洋 il mare aperto, l′oceano

외양 外樣 apparenza (esterna), aspetto ¶ 외양은 nell′apparenza, esteriormente // 외양을 꾸미다 prendere alloggio // 외양이 그럴듯 하다 avere una buona apparenza

외양간 常養間 una stalla ¶ 말을 외양간에 넣다 mettere un cavallo in una stalla

외연 外延 [논리] estensione, denotazione * **－약** una medicina per uso esterno

외연기관 外燃機關 un motore esterno a combustione

외용 外用 applicazione esterna **－하다** usare esternamente * **－약** una medicina per uso esterno

외우 外憂 [외환] timori di invasione straniera (esterna)

외우 畏友 un amico stimato

외우다 [암송] recitare a memoria, [암기] imparare a memoria ¶ 시를 외우다 recitare una poesia

외유 外遊 un viaggio all′estero **－하다** viaggiare (andare) all′estero

외이 外耳 [해부] l′orecchio esterno * **－염** [의학] otite externa

외인 外人 [외국인] uno straniero [관계없는 사람] uno sconosciuto, una persona indipendente * **－거류지** uno stabilimento straniero **－부대** legione straniera **－상사** uno straniero ditta (di affari)

외자 外資 capitale straniero * **－도입** introduzione straniera del capitale straniero

외짝 un membro dispari d′un accoppiamento, un lato singolo

외적 外敵 un nemico (invasore) straniero

외적 外的 externo, fuori

외전 外電 una spedizione straniera, un telegramma straniero ¶ 외전이 전하는 바에 의하면 notizia straniera dice ≪che≫, secondo le notizie straniere

외접 外接 [기하] circoscrizione **－하다** circoscrivere, essere circoscritto * **－원** un cerchio circoscritto

외제 外製 ¶ 외제의 prodotto all′estero * **－차** una macchina prodotta all′estero **－품** merci importate

외종 外從 un cugino dal lato di madre sua

외지 外地 una terra d′oltremare ¶ 외지로 건너가다 andare all′estero * **－근무** il servizio d′oltremare

외지다 essere isolato (appartato)

외채 外債 [경제] un prestito estero (차관), obbligazione estera (증권), un debito estero (채무)

외척 外戚 una parentela materna

외청도 外聽道 [해부] un esterno canale uditivo

외출 外出 uscita **－하다** uscire (di casa) ¶ 외출 중에 mentre è fuori // 어제는 비가 와서 외출할 수 없었다 La pioggia mi ha impedito di uscire ieri. * **－금지령** coprifuoco **－복** un abito della domenica **－일** una vacanza

외치다 urlare, gridare, esclamare,

[비명을] stridere, strillare // 살려 달라고 외치다 gridare per aiutare // 찬성이라고 외치다 gridare approvazione // 반대라고 외치다 fare clamore contro // 목이 쉬도록 외치다 gridarsi rauco

외탁 外— **-하다** assomigliare all′aspetto materno nell′apparenza

외토리 una persona solitaria

외톨 * **-박이** aglio con un bulbo (마늘) castagna con un seme (밤)

외투 外套 un soprabito, un soprabito di mezza stazione (가벼운) un cappotto pesante (무거운)

외판원 外販員 un commesso, una commessa, venditore, un sollecitatore (보험) un agente viaggiatore

외풍 外風 [바람] corrente d′aria

외피 外皮 crosta, pelle, scorza, guscio (계란의) una conchiglia (조개 따위의) una buccia (과일의) una spoglia (곡식의) cuticola (피부의)

외항 外港 un porto esterno

외항선 外航船 una nave d′alto mare

외향성 外向性 [심리] estroversione ¶ 외향성의 estroverso, estroverti-to

외해 外海 il mare aperto, l′alto mare

외형 外形 ① una forma esterna, figura ② [거래액] un giro d′affari, il volume ¶ 외형이 둥글다 essere di forma rotonda

외화 外貨 soldi stranieri, denaro straniero

외화 外畵 un film straniero

외환 外換 divise, valuta

외환 外患 timore dell′invasione straniera, difficoltà straniere

왼 di sinistra, a mano sinistra

왼손 sinistra, la mano sinistra ¶ 왼손 편 il lato di sinistra

왼손잡이 [사람] un mancino, una persona che usa la mano sinistra ¶ 왼손잡이의 mancino

왼쪽 sinistro ¶ 왼쪽에 a sinistra // 왼쪽으로 돌다 girare a sinistra

왼편 la sinistra ¶ 왼편의 sinistro

요[1] ① questo, questi ¶ 요까짓… cosi come... // 요 놈 tu piccolo ② [시간-공간적] vicino ¶ 요 근처에 qui vicino

요[2] ① [의문] ¶ 저 이는 누구요 Chi è lui? ② [단정] ¶ 이것은 호랑이요 Questo è tigro.

요 un materasso ¶ 요를 깔다 porre un materasso

요 要 ¶ 요는 riepilogare, per farla breve

요가 yoga ¶ 요가 수행자 un yogin * **-철학** yogismo

요강 要綱 il principio principale, un sommario, il profilo

요강 orinale

요건 要件 [필요, 조건] un requisito, uno stato (fattore) essenziale [요긴한 일] un aspetto importante ¶ 요건을 갖추다 completare la condizione necessaria

요격 邀擊 un′imboscata, intercettazione, un′imboscata di attacco **-하다** appostarsi, intercettare * **-기** un intercettore **-용 미사일** un missile dell′intercettore

요괴 妖怪 un fantasma, un'apparizione, uno spettro, [괴물] un folletto

요괴스럽다 妖怪― (essere) cattivo e misterioso, spettrale, bizzarro, straordinario

요구 要求 pretesa, richiesta, concessione, requisito **-하다** richiedere, chiamare per, invitare ≪una persona per fare≫ ¶ 시대의 요구 la richiesta del tempo // 부당한 요구 una richiesta irragionevole // 임금 인상 요구 una richiesta per più alto stipendio // 요구에 의해서 a richiesta, dietro richiesta // 요구에 응하다 accettare la richiesta di * **-불** pagamento della domanda **-액** somma richiesta

요구르트 yogurt

요귀 妖鬼 un fantasma, un'apparizione, uno spettro

요금 料金 una carica, una tassa, un prezzo ¶ 요금을 내다 pagare la tassa // 요금을 징수하다 raccogliersi la tassa * **-표** una tariffa, una lista dell'acqua **수도 [전기] -** la tassa di acqua (corrente elettrica)

요기 療飢 **-하다** soddisfare la sua fame ¶ 사과로 요기하다 soddisfare la sua fame con le mele

요기 妖氣 un'aria bizzarra (spettrale)

요긴 要緊 **-하다** (essere) essenziale, importante, necessario, urgente, vitale

요녀 妖女 un'incantatrice, una sirena, una strega, una vamp

요다음 prossimo ¶ 요다음에 prossima volta

요담 要談 un colloquio importante **-하다** avere un colloquio con una persona importante sul commercio

요도 尿道 [해부] uretra * **-검사** uretroscopia **-관** canale urinario **-염** ureterite

요독증 尿毒症 [의학] uremia

요동 搖動 **-하다** scuotere, scrollare, tremare ¶ 천지를 요동하다 tremare il cielo e la terra

요뒤 sotto la biancheria d'un materasso

요란 擾亂 **-하다** (essere) rumoroso, clamoroso, violento ¶ 요란하게 rumorosamente, violentamente

요람 要覽 un'indagine, un sommario, un profilo [안내서] un manuale, una guida

요람 搖籃 una culla ¶ 요람에서 무덤까지 dalla culla alla tomba * **-기** infanzia **-지** la culla, il luogo di nascita, il domestico

요략 要略 un sommario, un profilo, un riassunto

요량 料量 [짐작] congettura, stima [생각] un'intenzione, un'idea [판단] giudizio, discrezione **-하다** congetturare, supporre, indovinare, credere ¶ 내 요량으로는 secondo me

요런 come, questo, come questo ¶ 요런 식으로 in questa maniera

요령 要領 [요점] il punto, il necessario, l'essenza, il punto principale [기교] una destrezza ¶ 요령이 있는 사람 un uomo ragionevole // 보고의 요령 il punto di rapporto // 요령 있게 말하다 parlare a proposito

요령 搖鈴 campanello

요로 要路 [고위] una posizione importante, un alto ufficio, [당국] le autorità, [길] una strada principale ¶ 요로에 있는 사람들 questi nelle autorità, le autorità 교통의 요로에 있다 // essere nell′arteria principale di traffico

요론 要論 un argomento importante

요리 料理 ① [만들기] cottura, cucina [음식] un piatto **-하다** cucinare, preparare ¶ 요리의 culinario // 요리를 내다 servire dei piatti // 요리를 잘[못]하다 cucinare bene [male] ② [처리] direzione, gestione **-하다** gestire, maneggiare, dirigere ¶ 일을 요리하다 maneggiare il lavoro * **-법** l′arte culinaria **-사** un cuoco **-집** un ristorante **-책** libro di cucina **중화 (한국, 서양)-** un piatto cinese (coreano, straniero)

요리조리 qui e là, questo modo e quel modo ¶ 요리조리 핑계를 대다 ricorrere a tutti

요마 妖魔 un fantasma, un′apparizione, uno spettro

요만 così insignificante, così leggero ¶ 요만일 una tal sciocchezza // 요만큼 così un po′, in questa piccola misura ⇒ 이만큼

요망 妖妄 ¶ 요망스럽다 (essere) perfido, cattivo , frivolo, volubile, malvagio

요망 要望 un desiderio ≪per≫, una richiesta ≪per≫ **-하다** desiderare, richiedere

요망떨다 妖妄― agire frivolamente, comportarsi malvagiamente

요면 凹面 concavo, concavità * **-경** uno specchio concavo

요목 要目 articoli principali, il punto (principale) * **교수-** un programma

요물 妖物 [괴물] un fantasma, un′apparizione, uno spettro, un mostro [사람] una persona furba

요밀(요밀)하다 要密― [세밀] (essere) minuto, fine, detagliato, [주도] (essere) elaborato, scrupoloso, meticoloso, circospetto

요밀조밀하다 [면밀] scrupoloso, meticoloso, circospetto ¶ 일을 요밀조밀하게 하다 fare una cosa con cura meticolosa

요법 療法 un rimedio, un metodo del trattamento, una cura

요부 要部 una parte principale

요부 妖婦 un′incantatrice, una sirena, una strega, una vamp

요부 腰部 la vita, i fianchi

요사 夭死 una morte immatura **-하다** morire immaturo

요사 妖邪 ¶ 요사스럽다 (essere) perfido, cattivo, frivolo, volubile, malvagio // 요사부리다 comportarsi malvagiamente

요사이 ⇒ 요새

요산 尿酸 [화학] acido urico

요새 recentemente, ultimamente, questi giorni, oggi ¶ 요새 청년 i giovani d′oggi 요새 일어난 일 un evento recente

요새 要塞 una fortezza, una piazzaforte, fortificazione ¶ 하늘의 요새 una fortezza volante * -사령관 il comandante d′una fortezza -지대 una zona fortificata (strategica)

요석 尿石 [의학] un urolito

요소 要素 un elemento, un fattore, una parte essenziale ¶ 생물체의 구성 요소 gli elementi dei corpi viventi // 생산의 3요소 i tre requisiti per salute di produzione // 건강은 행복의 요소다 Salute è essenziale per felicità

요소 要所 una posizione importante, un punto strategico ¶ 요소 요소에 ad un punto importante

요소 尿素 [화학] urea * **-수지**(樹脂) resine ureiche

요술 妖術 magia, arte nera (마술), stregoneria, inganno ¶ 요술을 걸다 incantare ≪una persona≫ // 요술을 부리다 giocoliere, fare l′imbroglione, usare magia * **-쟁이** un giocoliere, un illusionista (마술사), un mago (남자), una strega (여자)

요시찰인 명부 要視察人名簿 una lista nera

요식 要式 ¶ 요식의 formale * **-계약** un contratto convenzionale **-행위** un atto convenzionale

요식업 料食業 commercio del ristorante * **-자** un proprietario del ristorante

요약 要約 sommario, una raccolta, un′epitome **-하다** ricapitolare, epitomizare, riassumere, dare un profilo di, ridurre ¶ 요약해서 말하자면 in una parola, nel riassunto, in breve

요양 療養 il ricupero **-하다** ricuperare * **-소** un sanatorio, un ospitale convalescente (병후의)

요업 窯業 l′industria ceramica, ceramica, * **-가** un ceramista **-미술** arte ceramica

요연하다 然— (essere) chiaro, evidente ¶ 그것은 일목 요연하다 essere chiaro con un′occhiata.

요염 妖艶 **-하다** (essere) stregato, voluttuoso, affascinante, incantevole ¶ 요염한 눈매로 con occhi civettuoli

요오드 iodio * **-포름** iodoformio **-칼리** iodio di potassio

요원 要員 gli operai richiesti * **-기간** un membro speciale

요원 原 una prateria su fuoco ¶ 요원의 불길처럼 퍼지다 crescere come la gramigna

요원 遼遠 **-하다** (essere) molto lontano, fuori, rimoto ¶ 전도 요원하다 [사람이 주어] desiderare di andare, volere andare

요인 要人 una persona importante, un uomo prominente, una persona notevole

요인 要因 un fattore, un elemento, una causa principale

요일 曜日 un giorno di finesettimana ¶ 오늘은 무슨 요일이냐 Che ne abbiamo oggi?

요전 [며칠 전] l′altro giorno, alcuni giorni fa [전번], precedente, prima, ultima volta ¶ 요전날 밤 l′altra sera

요절 夭折 una morte prematura

-하다 morire prematuro

요절 腰折 **-하다** spaccare i suoi lati con il riso, essere scosso con il riso ¶ 요절케 하다 metter in convulsioni

요절나다 ① [못쓰게 되다] andare alle parti, essere rotto ¶ 요절난 차 una macchina rotta ② [일이] essere guastato, essere demolito ¶ 우리의 계획이 요절났다 Il nostro programma è demolito.

요점 要點 il punto, il necessario, l′essenza, il punto principale ¶ 요점을 파악하다 impugnare il punto su un soggetto // 요점을 말하다 dire l′essenza di

요정 了定 ¶ 요정나다 essere deciso, essere depositato, essere conclusivo // 요정짓다 decidere ≪su≫ portare un aspetto ad una fine, mettere un termine a

요정 妖精 una fata, uno spirito, un elfo, una ninfa

요정 料亭 una ristorante

요조 窈窕 **-하다** (essere) grazioso, raffinato, casto

요즈막 recentemente, ultimamente, attualmente, ultimi giorni

요즈음 ⇒ 요새

요지 要地 un posto importante, un punto strategico

요지 要旨 [요점] il punto, il necessario, l′essenza, il punto principale [대요] un sommario [취지] il senso

요지경 瑤池鏡 un caleidoscopio ¶ 요지경 같은 come caleidoscopio

요지부동 搖之不動 ¶ 요지부동이다 (essere) fermo, risoluto, stare fermo come roccia

요직 要職 una posizione importante ¶ 정부 요직에 있다 avere una posizione importante nel governo

요처 要處 un punto strategico (importante)

요철 凹凸 **-하다** (essere) irregolare, dentellato, rozzo * **-렌즈** un obiettivo concavo-convesso

요청 要請 richiesta, domanda **-하다** richiedere, chiedere ≪per≫ ¶ 요청에 의하여 dietro sua richiesta

요충 蟯蟲 nematodi

요충지 要衝地 un punto importante, un punto strategico ¶ 지브랄타르는 지중해의 요충지이다 Gibilterra è il punto importante del mare mediterraneo.

요컨대 要— in breve, in una parola, nella somma, dopo tutto

요통 腰痛 lombaggine, un torcicollo nel posteriore

요트 un yacht

요판 凹版 intaglio * **-인쇄** stampa dell′intaglio

요하다 要— richiedere, bisognare, essere necessario, volerci ¶ 휴식을 요하다 essere necessario di riposare // 주의를 요하다 volerci la cura

요함 僚艦 un consorte

요항 要項 il punto, il necessario, l′essenza, il punto principale

요항 要港 un porto importante, un navale porto strategico ¶ 진해는 해군의 요항이다 Chinhae è un navale porto importante.

요해 要害 [요새] fortezza, roccaforte [요지] un punto strategico ¶ 요해 견고한 imprendibile, inattacabile * -지(점) un punto strategico

요행 僥倖 fortuna, per caso, buona fortuna, un colpo fortunato, una manna (del cielo) ¶ 요행으로 da fortuna, fortunatamente, per caso // 요행을 바라다 fidarsi di fortuna * -수 un caso fortunato (felice)

요혈 尿血 [의학] ematuria

요형 凹型 ¶ 요형의 concavo

욕 辱 ① [욕설] abuso, maldicenza, bestemmia, linguaggio abusivo **-하다** maledire di ≪una persona≫, bestemmiare, maldire ¶ 뒤에서 욕하다 parlare male d′una persona dietro ② [치욕] vergogna, disgrazia, umiliazione, insulto ¶ 욕보이다 disonorare, umiliare, privare del favore [능욕] rapimento, stupro ③ [수고] difficoltà, privazioni, dolore ¶ 욕을 보다 passare con le difficoltà , avere un duro tempo

욕 慾 un desiderio ⇒ 욕망 * **권세**- l′amore per potenza **금전**- l′ amore per i soldi, desiderio per ricchezza

욕감태기 辱— un′estremità di abuso

욕객 浴客 un bagnante

욕구 慾求 desiderio, stimolo, aspirazione, voglia **-하다** desiderare, volere, aspirare ¶ 생의 욕구 la volontà di vivere // 생리적 욕구를 채우다 // soddisfare la frustrazione naturale * **-불만** frustrazione

욕기 부리다 慾氣— desiderare, agognare, essere avaro, essere ingordo

욕념 欲念 desiderio, appetito, passione

욕되다 辱— essere una disgrazia ≪a≫, (essere) vergognoso, disonorevole ¶ 학교 이름을 욕되게 하다 portare il disonore sulla sua scuola

욕망 慾望 un desiderio, un appetito, un′ambizione (야망), voglia (욕구) ¶ 욕망을 채우다 compiacere il suo desiderio

욕먹다 essere abusato, essere insultato, essere diffamato, essere rimproverato

욕보다 ① [곤란] divertirsi, subire le difficoltà, soffrire le difficoltà ② [치욕] disonorare, umiliare, privare del favore ③ [능욕] essere rapito

욕보이다 ① [치욕] disonare, umiliare, privare del favore ② [괴롭힘] mettere ≪una persona≫ in pericolo, trovarsi in pericolo ③ [능욕] rapimento, stupro

욕실 浴室 un bagno

욕심 慾心 [탐욕] avarizia, avidità, rapacità [이기심] egoismo, interesse ¶ 욕심 많은 avaro, ingordo // 욕심 없는 disinteressato // 욕심에 눈이 멀다 essere cieco con avarizia

욕장이 辱— una persona sboccata (oscena)

욕정 欲情 [색욕] passioni, desiderio sfrenato, desiderio sessuale ¶ 욕정을 억제하다 controllare

(ritenere) le sue passioni
욕조 浴槽 bagno, vasca da bagno
욕지거리 lingua abusiva ⇒ 욕설
욕지기 nausea, preoccupazione ¶ 욕지기 나다 sentire nausea (male)
욧속 褥— materiale per imbottitura, ovatta, batuffolo di cotone
욧잇 una biancheria
용 用 [접미어] da, per ¶ 남자 (여자)용 per uomini (donne)
용 茸 ⇒ 녹용
용 龍 un drago
용감 勇敢 coraggio, eroismo, valore **-하다** (essere) valoroso, coraggioso, eroico, gallante ¶ 용감히 싸우다 litigare coraggiosamente
용건 用件 commercio, un aspetto del commercio ¶ 급한 용건으로 sul commercio urgente (prepotente)
용골 龍骨 [선박의] la chiglia
용공 容共 ＊ **-정책** una politica pro-Communista
용광로 鎔鑛爐 una fornace di fusione, un forno
용구 用具 un utensile, un attrezzo, uno strumento, un apparecchio, un apparato ＊ **-가정** utensile domestico **교육-** sussidi didattici **운동-** articoli sportivi
용꿈 ¶ 용꿈꾸다 sognare un sogno auspicale, sognare d'un drago
용궁 龍宮 il palazzo di drago
용기 用器 [기구] un utensile, un attrezzo, uno strumento, un apparecchio, un apparato
용기 容器 un vaso, una presa a parete, un contenitore
용기 勇氣 coraggio, eroismo, valore ¶ 용기가 있다 (essere) valoroso, coraggioso, eroico, galante // 용기가 없다 essere codardo, essere timido // 용기를 내다 armarsi coraggio di // 용기를 잃다 mancare di coraggio // 용기를 돋우어 주다 infondere coraggio a
용기병 龍騎兵 dragone
용납 容納 **-하다** tollerare, approvare, concedere, ammettere ¶ 용납할 수 없는 imperdonabile
용뇌 龍腦 canfora raffinata del Borneo (Sumatra), borneolo
용단 勇斷 una misura decisiva, un punto (drastico) risoluto ¶ 용단을 내리다 prendere una decisione risoluta ≪su un aspetto≫
용달 用達 il servizio di distribuzione **-하다** trasportare ≪le merci≫, provvedere (fornire) ≪le merci≫¶ 용달 가다 fare una commissione ＊ **-사(社)** un agente di consegna
용도 用度 spesa
용도 用途 uso, servizio ¶ 용도가 넓다 avere molti usi
용돈 用— soldi tascabili, denaro per le piccole spese personali ≪미≫ ¶ 용돈이 떨어지다 essere al verde
용두 龍頭 il gambo d'una vigilanza
용두레 una benna della paletta
용두사미 龍頭蛇尾 l'inizio luminoso e la rifinitura opaca ¶ 용두사미로 끝나다 andare in su come un razzo e essere sceso come un bastone
용두질 masturbazione, organismo

-하다 masturbarsi

용량 用量 [약의] dose, boccone amaro, dosatura

용량 容量 capacità, volume, misura di capacità

용력 用力 **-하다** impiegarsi, lavorare, regolare il suo cuore sopra, dedicarsi

용렬 庸劣 mediocrità, stupidità **-하다** (essere) mediocre, inferiore, stupido, impacciato ¶ 용렬한 짓 un errore madornale, un′abborracciatura

용례 用例 un esempio, un′illustrazione, un caso ¶ 용례를 들다 fornire un esempio

용마루 un displuvio (di un tetto)

용마름 龍― il coperto d′un displuvio o d′una parete del fango

용매 溶媒 [화학] un solvente (agente)

용맹 勇猛 intrepidezza, valore, coraggio **-하다** (essere) intrepido, valoroso, coraggioso ¶ 용맹심 uno spirito intrepido

용명 勇名 una fama per vittoria ¶ 용명을 떨치다 vincere una fama per vittoria

용모 容貌 una faccia, un volto, caratteristiche ¶ 매력적인 용모 una faccia affascinante

용무 用務 commercio, un aspetto di affari ¶ 용무를 띠고 per affari // 용무를 마치다 finire il suo affare

용법 用法 il modo di usare, uso, usanza, direzioni (약품 따위의) ¶ 용법을 모르다 non sapere usarlo

용변 用便 ¶ 용변 보다 alleviarsi, lavarsi le sue mani, facilitare la natura

용병 用兵 tattiche, la manipolazione delle truppe **-하다** maneggiare (manovrare) le truppe * **-술** tattiche, strategia

용병 傭兵 un mercenario (soldato)

용봉탕 龍鳳湯 la minestra della carpa e del pollo bolliti insieme

용불용 用不用 uso e disuso * **-설** la teoria di uso e disuso

용사 勇士 un uomo bravo, il bravo, un uomo di coraggio, un guerriero ¶ 용사중의 용사 l′uomo bravissimo

용상 龍床 una sedia reale, il trono

용색 用色 **-하다** accoppiarsi sessualmente

용서 容恕 perdono **-하다** perdonare, graziare, scusare≪la sua colpa≫, essere tollerante di (묵과) ¶ 용서할 수 없는 imperdonabile, ingiustificabile 용서 없이 implacabile, spietatamente 용서를 빌다 chiedere scusa per

용선 傭船 * **-료** soldi della lettera

용설란 龍舌蘭 [식물] un′agave

용솟음 **-치다** sgorgare, zampillare

용수 用水 acqua, acqua corrente (수도) acqua da irrigazione (관개용)

용수철 龍鬚鐵 una molla

용쓰다 [기운을 쓰다] concentrare la sua energia [참다] resistere con forza

용신 容身 ① **-하다** spostare il suo corpo ¶ 용신 못하다 non può muoversi ② **-하다** fare una vita nuda, sbarcare il lunario

용심부리다 用心— infliggere la sua gelosia

용안 龍顔 il volto reale

용암 熔岩 [지질] lava, roccia fusa * **-대지** un altipiano della lava

용액 溶液 una soluzione, un solvente

용약 勇躍 **-하다** esultare, tripudiare, prendere coraggio, essere animato ¶ 용약하여 in alti spiriti

용어 用語 terminologia, un termine, dicitura, fraseologia, vocabolario ***전문-** terminologia tecnica **-학생** gergo degli studenti

용언 用言 [문법] una parola declinabile (flessibile)

용역 用役 servizio * **(민간)-단** (團) il servizio civile

용왕 龍王 il re drago

용왕매진 勇往邁進 **-하다** avanzare coraggiosamente, precipitare avanti**용원** 傭員 un impiegato provvisorio

용의 用意 [조심] precauzione, attenzione, prudenza [준비] preparazione ¶ 용의 주도한 molto prudente circospetto // 용의가 있다 essere pronto≪a≫

용의자 容疑者 un sospetto, una persona sospetta, un criminale presunto ¶ 살인용의자 un assassino sospetto

용이 容易 facilità **-하다** (essere) facile, semplice ¶ 용이하게 semplicemente, facilmente, senza difficoltà // 하기가 용이하다 essere facile di fare // 용이한 일이 아니다 Non è un caso facile.

용인 容認 tolleranza, ammissione **-하다** tollerare, ammettere, approvare

용자 容姿 una figura, la faccia e la caratteristica, sguardo, apparenza

용자창 用字窓 una finestra a graticcio

용잠 龍簪 una forcella ornamentale nella figura della testa del drago

용장 勇將 un generale bravo, un soldato bravo

용재 用材 materiali (persone) da usare [재목] legname **건축-** materiali da costruzione

용적 容積 capacità (용량) volume (체적) massa (부피) [기하] contenuto, misura cubica (solida) * **-량** misura di capacità **-톤** una tonnellata di misura

용전 勇戰 lotta brava **-하다** lottare bravamente

용전 用箋 carta da lettere, cancelleria

용점 熔點 il punto di fusione

용접 鎔接 saldatura **-하다** saldare * **-공** un saldatore **-관** un tubo saldato **-기** una saldatrice **-제** un agente della saldatura **전기-** saldatura elettrica

용제 溶劑 un solvente, una soluzione

용졸 庸拙 confusione **-하다** (essere) impacciato, misero, stupido

용지 用紙 carta, un formulario, una forma stampata, cancelleria (용전) ¶ 소정의 용지 la forma stampata * **시험-** la carta da esame **신문-** foglio per i giornali **신청**

(원서)- un modulo di domanda 전보- una forma del telegrafo 주문- un ordine (foglio) in bianco

용지 用地 terra richiesta ≪per gli impianti≫, un luogo (부지) * 주택- un luogo da casa 철도- una terra ferroviaria

용진 勇進 andamento avanti **-하다** avanzare coraggiosamente, precipitare avanti

용질 溶質 soluto

용출 湧出 getto, fiotto **-하다** zampillare, sgorgare

용퇴 勇退 la pensione volontaria **-하다** ritirarsi volontariamente

용트림 rutto in un modo affettato

용품 用品 rifornimenti, un articolo ≪per l'uso degli articoli di≫ * 가정- le merci di famiglia 일상- gli articoli per uso quotidiano 학교- rifornimenti della scuola

용필 用筆 l'uso della spazzola (da scrittura), il modo di maneggiare un uso della spazzola **-하다** usare una spazzola

용하다 ①(essere) abile, bravo a, intelligente ¶ 병을 용하게 고치다 essere un medico celebre ② [장하다] ¶ 참 용하다 Benissimo! Eccellente! Bravo!

용해 溶解 fusione, soluzione **-하다** sciogliere, fondere, dissolversi ¶ 용해성의 di liquefazione, liquescente, solubile // 물에 용해하다 essere solubile nell'acqua * **-도** solubilità **-력** solvenza **-속도** la velocità di dissoluzione **-액** una soluzione **-점** il punto di fusione **-제** un solvente

용해 鎔解 [금속의] fusione, soluzione **-하다** sciogliere, fondere, dissolversi ¶ 용해성의 liquescente, solubile // 불에 용해하다 essere solubile nel fuoco * **-로** un forno di fusione **-성** fusibilità **-점** il punto di fusione

용호 龍虎 ① [용과 범] il drago e il tigre ② [두 영웅] i due rivali eroi

용화 熔化 fusione, liquefazione **-하다** sciogliere, fondere, dissolversi

용훼 容喙 **-하다** mettere in una parola, intromettersi in

우 repentinamente, in fretta ¶ 우하고 몰려오다 affollarsi, affrettarsi

우 優 [등급] eccellente, un A

우 右 la destra ¶ 우로 봐 [구령] Voltate a destra! 우향 우 [구령] Fianco a destra!

우거 寓居 una residenza provvisoria

우거지 [배추의] i fogli esterni di cavolo o di altre verdure

우거지다 svilupparsi, invadere, essere cresciuto troppo ¶ 뜰에는 잡초가 우거져 있었다 Il giardino era invaso dalle erbacce.

우거지상 一相 una faccia acida, un cipiglio

우겨대다 aderire testardamente a, appendere sopra a, insistere sul suo proprio modo, attaccare strettamente a ¶ 자기 말만 우겨대다 attaccare strettamente al punto di vista

우겨싸다 circondare, involgere

우격다짐 arbitrario, coercizione **-하다** intimidire, intimorire, esercitare la pressione su ¶ 우격다짐으로 con forza, per forza
우격으로 con forza, per forza
우견 愚見 [자기 의견] il mio parere (opinione) umile
우경 右傾 giro a destra **-하다** girare a destra, andare a destra
우국 憂國 patriottismo * **-지사** un patriota
우군 右軍 l′ala di destra d′un esercito
우군 友軍 forze amichevoli, un esercito alleato
우그러뜨리다 schiacciare, frantumare, inserire, ammaccare
우그러지다 essere schiacciato, frantumato, ammaccato
우그르르 [물이] con un suono di sfrigolio [벌레가] sciamio
우그리다 schiacciare, frantumare ⇒ 오그리다
우글거리다 ① sciamare, formicolare, ammucchiarsi, essere vivo con, colare con ¶ 거리에 거지가 우글거린다 Ci sono degli affollati medicanti per la strada. ② [끓다] ribollire
우글우글 brulicante di, pieno zeppo di **-하다** ammucchiarsi, essere vivo con
우글쭈글 **-하다** (essere) sgualcito, spiegazzato, appassito
우금 于今 fino ad ora, finora
우긋하다 (essere) curvato (piegato) interno un po′
우기 雨期 la stagione delle piogge
우기 右記 ¶ 우기의 suddetto, sopradetto, succitato
우기다 richiedere il (suo) proprio modo, forzare le sue idee a, insistere in ¶ 자기 의견이 옳다고 우기다 insistere nella propria idea
우김성 一性 ostinazione, persistenza
우는소리 un reclamo, un piagnisteo **-하다** pignucolare, guaire, uggiolare, lagnarsi
우단 羽緞 velluto
우당탕 con un tonfo, urto **-하다** fare un rumore sordo
우당탕퉁탕 con un tonfo, urto, pesantemente
우대 優待 trattamento preferenziale (speciale), il trattamento privilegiato (considerato) **-하다** trattare preferenzialmente, ossequiare cordialmente ¶ 우대받다 ricevere un trattamento preferenziale * **-권** un biglietto gratuito
우두 牛痘 vaiolo bovino ¶ 우두를 맞다 prendere vaccinazione, essere vaccinato
우두둑 crac, con un suono di crac
우두망찰하다 innervosire, eccitare, essere (diventare) confuso, essere perplesso
우두머리 [꼭대기] la parte superiore, la testa [장] un capo, un comandante, un capobanda ¶ 우두머리가 되다 ammettere un capo [di un gruppo]
우두커니 con l′aria assente ¶ 우두커니 바라보다 guardare con l′aria assente
우뚝 alto, in alto, sopra **-하다** (essere) alto, elevato [뛰어나다]

prominente, conspicuo

우둔 愚鈍 stupidità, schiocchezza, stupidaggine **-하다** (essere) stupido, poco svelto

우등 優等 il grado superiore, il grado eccellente, superiorità ¶ 우등으로 대학을 졸업하다 laurersi da un´università in onore ＊**-상** un premio di onore

우라늄 uranio

우락부락 [난폭] approssimativamente, sfrenatamente **-하다** (essere) rude, sgarbato, rozzo, scabroso ¶ 우락부락하게 굴다 comportarsi rozzamente

우란 ⇒ 우라늄

우랄 urali, uralico ＊**-산맥** Urali

우람하다 (essere) imponente, grande, maestoso, magnifico

우량 雨量 acquazzone, pioggia ＊**-계** un calibro della pioggia, un pluviometro

우량 優良 superiorità, eccellenza **-하다** (essere) superiore, eccellente, alto grado ＊**-아** un bambino ideale, un bambino fisicamente perfetto **-품** articoli di qualità superiore

우러나다 impregnarsi fuori ¶ 이 차는 잘 우러난다 È facile (di) ottenere l´infusione di tè.

우러나오다 sorgere, essere sincero ¶ 진심에서 우러나온 감사 grazie sincere // 바위 틈에서 물이 우러나온다 Acqua sorge dalla roccia.

우러러보다 [쳐다보다] guardare [앙모하다] ammirare, guardare con ammirazione

우러르다 alzare la sua testa, ammirare, guardare con ammirazione

우렁우렁 con fracasso, con strepito **-하다** rimbombare, gorgogliare, tonare, rombare

우렁이 una lumaca d´acqua dolce, un lumaca dello stagno (del fango)

우렁차다 [목소리가] (essere) risonante, strepitoso [으리으리하다] magnificente, imponente

우려 憂慮 preoccupazione, ansia, timore, apprensione **-하다** preoccuparsi, essere ansioso di, tremare

우려내다 estorcere, stringersi ¶ 돈을 우려내다 stringere dei soldi da [una persona]

우려먹다 ⇒ 우려내다

우로 雨露 pioggia e rugiada

우롱 愚弄 dileggio, scherno, zimbello **-하다** farsi gioco di, deridere, schernire, farsi beffe di, prendersi gioco di

우뢰 tuono ¶ 우뢰 소리 uno scroscio (ruggito, applauso) di tuono 우뢰와 같은 갈채 una tempesta di applauso

우루과이 l´Uruguai ¶ 우루과이의 uruguaiano ＊**-사람** un uruguaiano

우르르 ① [떼지어] tutti in un gruppo, con sbalzi, tutto ad´un tratto ② [물 끓는 소리] bollente, a fiotti ③ [무너지는 소리] con fracasso ¶ 담이 우르르 무너졌다 La mura si è rotta con fracasso. ④ [천둥소리] scroscio, ruggito

우리[1] una gabbia (맹수의), un recinto (가축의), un ovile (양 따위의)

우리[2] noi, nostro (우리의), ci (우리에게), ci (우리를)

우리다 ① [물에 담가서] infondere ② [우려내다] estorcere, stringersi ③ [때리다] schiaffeggiare

우마 牛馬 buoi e cavalli, bestiame grosso [총칭] * **-차** carrelli

우매 愚昧 stupidità ed ignoranza **-하다** (essere) stupido e ignorante, sciocco, scemo ¶ 우매한 사람들을 계몽하다 chiarire l'ignorante

우모 羽毛 piume

우무 gelatina di verdure

우묵우묵 **-하다** (essere) scavato qui e là, ammaccato dappertutto

우묵하다 (essere) vuoto, ammaccato, depresso ¶ 우묵해지다 diventare vuoto, depresso

우문 愚問 una questione stupida * **-우답** un dialogo stupido **-현답** una risposta saggia ad una domanda stupida

우물 un pozzo ¶ 우물가 lato di pozzo 우물물 acqua di pozzo // 우물물을 긷다 tirare acqua da un pozzo

우물거리다[1] [여럿이] sciamare con, ammucchiarsi con, colare con, contorcersi

우물거리다[2] ① [씹다] biasciare, farfugliare ② [말을] mormorare

우물우물 [여럿이] brulicare, formicolare, pullulare, abbondare ¶ 우물우물 말하다 (씹다) biasciare, farfugliare

우물쭈물 esitantemente, indecisamente **-하다** esitare, vacillare, tentennare, titubare ¶ 우물쭈물 대답하다 rispondere esitantemente // 우물쭈물 일하다 lavorare esitantemente

우뭇가사리 [식물] galga marina, agar-agar

우므러들다 diventare più stretto, stretto, raggrinzirsi

우므리다 chiudere [la mano], arricciare [la bocca]

우미 優美 tolleranza, eleganza, perfezionamento **-하다** (essere) grazioso, elegante, raffinato, squisito

우민 愚民 gente ignorante, le masse stupide * **-정치** mobocrazia

우박 雨雹 grandine, chicco di grandine ¶ 우박이 오다 Grandina.

우발 偶發 caso accidentale **-하다** accadere casualmente, succedere per caso * **-사건** un accidente, una contingenza

우방 友邦 una nazione (un paese) amichevole, [맹방] un alleato, una nazione alleata

우범 虞犯 forte criminalità * **-소년** un giovane criminale **-지대** zona di forte criminalità

우비 雨備 un impermeabile, un ombrello, un parapioggia

우비다 pulire, nettare, purgare ¶ 귀(코)를 우비다 nettare suo naso (orecchio)

우비적거리다 pulire, nettare, purgare, incavare

우산 雨傘 un ombrello

우상 偶像 un idolo ¶ 우상을 숭배하다 adorare degli idoli * **-숭배** idolatria

우상 羽狀 ¶ 우상의 pinnato
우생학 優生學 eugenetica ¶ 우생학적인 eugenetico
우선 于先 prima, in primo luogo, prima di tutto, nel primo posto, per cominciare con ¶ 우선 건강이다 Salute è primo.
우선 優先 preferenza, priorità, precedenza **-하다** avere priorità ≪a≫, avere preferenza ≪a≫, prendere la precedenza ≪a≫, precedere, essere priore a ¶ 우선적으로 preferenzialmente * **-권** una priorità, una preferenza **-배당** dividendi preferiti **-순위** l′ordine di priorità **-주** azione preferita
우성 優性 [유전] una dominante , un carattere dominante ¶ 우성의 dominante * **-유전** prepotenza -형질 un carattere dominante
우세 onta, disonore, umiliazione, mortificazione, disprezzo, sprezzo **-하다** essere oggetto di sprezzo // 우세스럽다 essere spregevole
우세 郵稅 affrancatura
우세 優勢 superiorità, predominanza **-하다** (essere) superiore (nel numero o nella forza), predominante, essere in vantaggio rispetto a ¶ 우세를 보이다 mostrare una predominanza 그들은 수에 있어서 우세하다 Sono superiori in numero a noi.
우송 郵送 spedizione, invio per (la) posta **-하다** trasmettere per (la) posta
우수 右手 la mano destra
우수 偶數 un numero pari
우수 優秀 superiorità, predominanza, eccellenza **-하다** (essere) superiore, predominante, eccellente ¶ 우수한 성적으로 con i voti ottimi
우수 憂愁 malinconia, uggia, preoccupazione ¶ 우수의 malinconico, lugubre, triste 우수에 잠기다 essere affondato nella tristezza
우수리 [단수] una somma dispari, una frazione ¶ 우수리를 떼다 ignorare frazioni
우수수 [stormire] con un rumore leggero e frusciante ¶ 나뭇잎이 바람에 우수수 떤다 Le foglie stanno stormendo in vento.
우스개 battuta, facezia * **-소리** uno scherzo, una burla **-짓** comicità, buffonata
우스꽝스럽다 (essere) ridicolo, comico, faceto, risibile
우습게 보다 desdegnare, disprezzare ¶ 사람을 우습게 보다 disprezzare ≪una persona≫
우습다 [재미있다] (essere) divertente, comico, buffo [가소롭다] (essere) ridicolo, comico, faceto, risibile ¶ 우스운 소리를 하다 dire una storia buffa
우승 優勝 vittoria, campionato (선수권) **-하다** vincere una vittoria (un campionato), vincere (un gioco) * **-기** la bandiera di campionato **-배** la tazza di campionato **-자** un vincitore **-팀** una squadra di vincita
우승열패 優勝劣敗 selezione naturale

우시장 牛市場 un mercato di bestiami

우심하다 尤甚— (essere) estremo, eccessivo, pesante

우아 優雅 eleganza, perfezionamento **-하다** (essere) elegante, raffinato, grazioso ¶ 동작이 우아하다 essere grazioso nel modo

우악스럽다 愚惡— (essere) feroce, crudele, violento, selvaggio ¶ 우악스럽게 approssimativamente, con severità, sfrenatamente

우안 右岸 la riva destra

우애 友愛 amicizia, fraternità, compagnia ¶ 우애롭다 essere amichevole

우엉 [식물] bardana, lappola

우여 곡절 迂餘曲折 perifezie ¶ 우여곡절 끝에 dopo molte perifezie

우연 偶然 probabilità, accidente **-하다** (essere) accidentale, casuale, incidentale ¶ 우연히 per caso, casualmente // 우연의 일치 una coincidenza // 우연한 일 un accidente // 우연히 만나다 incontrare per caso // 나는 우연히 그 자리에 있었다 Ci sono stato io per caso.

우열 優劣 superiorità ed inferiorità, i pro ed i contro ¶ 우열을 다투다 contendersi per superiorità, lottare (sforzarsi) per padronanza

우왕좌왕 右往左往 **-하다** affrettare senza fine

우울 憂鬱 malinconia, uggia, preoccupazione **-하다** (essere) malinconico, lugubre, triste ¶ 우울한 기분으로 con malinconia 우울해지다 sentirsi triste 우울하게 만들다 rendere [una persona] malinconicamente * **-증** malinconia, ipocondria

우월 優越 superiorità, predominanza, eccellenza **-하다** (essere) superiore, predominante, eccellente * **-감** un senso di superiorità

우위 優位 superiorità, predominanza, eccellenza , una posizione di vantaggio ¶ 우위를 차지하다. prendere la superiorità a

우유 牛乳 latte (di mucca) ¶ 우유를 짜다 trarre il latte

우유부단 優柔不斷 indecisione, incertezza, irresolutezza **-하다** (essere) irresoluto, indeciso, vacillante, esitante ¶ 그는 우유 부단한 사람이다 Non conosce la (sua) propria mente.

우육 牛肉 manzo

우의 雨衣 un impermeabile

우의 友誼 amicizia, compagnia, rapporti amichevoli ¶ 우의가 두텁다 L'amicizia è profondo. // 우의를 두텁게 하다 profondare i rapporti amichevoli con * **국제-** compagnia internazionale

우익 右翼 [날개] l'ala di destra [대열] il fianco [colonna, ala] di destra [경기] l'ala di destra (야구의) l'ala di destra (축구의) [정당] la destra, l'ala di destra * **-단체** un gruppo di destra **-수** l'ala di destra (야구의) **-정당** L'ala di destra

우익 羽翼 [깃] traversa (degli uccelli) [보좌] assistenza, sussidio, aiuto

우자 愚者 uno sciocco, una persona stupida, un semplicione, un idiota

우장 雨裝 indumenti impermeabili, impermeabile

우정 友情 amicizia, compagnia, rapporti amichevoli ¶ 우정이 있는 amico, amichevole, amabile // 우정을 두텁게 하다 profondare i rapporti amichevoli con

우정 郵政 servizio [gestione] postale

우주 宇宙 l'universo, lo spazio ¶ 우주의 universale, cosmico ∗ **-과학** la scienza di spazio **-론** cosmologia **-복** un vestito dello spazio **-비행** un volo [viaggio] dello spazio **-비행사** un astronauta, un pilota dello spazio **-선** [물리] il raggio cosmico, [수학] riga del mondo **-선** una nave spaziale **-시대** l'età cosmica **-여행** un viaggio nell'universo, un viaggio dello spazio **-인** un astronauta

우죽 un ramo superiore (d'un albero)

우쭐거리다 muovere con eleganza

우쭐하다 essere fiero [arrogante], essere soffiato su (con)

우중 雨中 ¶ 우중에 con questa pioggia // 우중에도 불구하고 nonostante la pioggia

우중충하다 ① [침침하다] (essere) tenebroso, tetro ② lugubre [빛깔이] (essere) scolorito, sbiadito

우지 un piagnucolone

우지 牛脂 sego del manzo, grasso di rognone

우지끈 con uno schiocco [scoppio] **-하다** scontro, schiocco, crepitare

우직 愚直 simplicità e onestà **-하다** (essere) stupidamente onesto, onesto ad un difetto

우천 雨天 tempo piovoso [bagnato], un giorno piovoso [bagnato] ¶ 우천인 경우 nel caso di pioggia, se piove

우체 郵遞 posta, servizio postale ∗ **-국** l'uffico della posta **-국장** un ricevitore postale **-부** un postino, un portalettere

우측 右側 la parte di destra, la mano destra ¶ 우측에 a destra ∗ **-통행** attenzione alla destra

우툴두툴 -하다 (essere) robusto, nodoso, spinoso

우파 右派 l'ala di destra, la fazione giusta

우편 郵便 posta, servizio postale ¶ 우편으로 보내다 trasmettere per posta ∗ **-물** materia postale **-배달** consegna di posta **-배달부** un postino, un portalettere **-엽서** cartolina postale **-요금** tariffa postale **-저금** risparmio postale **-주문** un ordine di posta **등기-** una posta registrata **속달-** la consegna speciale **항공-** la posta di aria

우편환 郵便換 vaglia postale

우표 郵票 un francobollo ¶ 10원짜리 우표 un francobollo da dieci won // 우표를 붙이다 apporre l'affrancarura ∗ **-수집** filatelia

우피 牛皮 pelle bovina

우향 右向 ¶ 우향앞으로 가 [구령]

Andate a destra! // 우향 우(右) [구령] Fianco [Fronte] a destra!
우현 右舷 [항해] tribordo, dritta
우호 友好 amicizia ¶ 우호적 amichevole * **-국** una nazione amichevole **-조약** un trattato di amicizia
우화 寓話 una favola, un'allegoria
우환 憂患 ① [근심, 걱정] difficoltà, ansia, preoccupazione, apprensione ¶ 우환이 있다 preoccuparsi ② [병] malattia
우회 迂回 deviazione, giro **-하다** fare una deviazione, girare, muoversi in giro
우회전 右回轉 **-하다** girare a destra * **-금지** [교통 표지] Non giri a destra!
우후 雨後 dopo la pioggia ¶ 우후 죽순처럼 나오다 generarsi come i funghi dopo la pioggia
욱기 -氣 impetuosità, vivacità
욱다 ① [굽다] essere piegato dentro ② [기운이] indebolirsi
욱박지르다 intimidire, intimorire
욱시글득시글 **-하다** pullulare, formicolare, brulicare
욱신거리다 ① [쑤시다] pizzicare, fremere ② [떼가] spullulare, formicolare, brulicare, abbondare di
욱이다 ripiegare dentro
욱적거리다 spullulare, formicolare, brulicare
욱하다 cadere in una passione, essere vivo, essere goffo
운 運 [행운] fortuna, destino [운명] il suo lotto, destinità, probabilità [기회] opportunità ¶ 운이 좋다 avere fortuna, essere fortunato // 운이 나쁘다 essere sfortunato // 운 좋게 fortunatamente // 운 나쁘게 sfortunatamente
운 韻 rima¶ 운을 맞추다 rimare
운니 雲泥 [운니지차 雲泥之差] una grande differenza
운동 運動 ① [물리] movimento ② [체육상의] esercizio fisico [경기] sport, giochi [체조] ginnastica **-하다** fare l'esercizio ¶ 가벼운 운동 esercizio leggero // 운동 부족으로 per mancanza del movimento // 적당히 운동하다 prendere l'esercizio moderato [adeguato] ③ [노력, 활동, 투쟁] uno sforzo [단체적인] un movimento [선거의] campagna elettorale ¶ 독립운동 un movimento per l'indipendenza // 정치 [학생] 운동 un movimento politicante [studentesco] // 운동을 일으키다 iniziare il movimento studentesco // 취직 운동을 하다 sforzare di ottenere la posizione * **-가** un atleta, uno sportivo **-경기** sport atletici **-기구** un'apparecchiatura di sport **-란** una colonna di sport **-량[물리]** momento **-신경[해부]** un nervo motore **-정신** spirito sportivo **-회** un raduno atletico **실내-** sport dell'interno **옥외-** sport all'esterno
운동화 運動靴 scarpe sportive
운두 l'altezza dei pattini [ciotole]
운명 殞命 **-하다** morire, espirare, respirare il suo ultimo
운명 運命 destino, il suo lotto, fortuna ¶ 운명에 맡기다 abban-

donare alla sua fortuna // 운명을 개척하다 migliorare la sua fortuna // 운명을 같이 하다 dividere la fortuna con // 운명 지어지다 essere destinato a * **-론** fatalismo -론자 un/una fatalista

운모 雲母 [광물] mica * **백-** muscovite **흑-**- biotite

운무 雲霧 nuvola e foschia [nebbia]

운문 韻文 verso, una poesia * **-극** trama di verso

운반 運搬 trasporto **-하다** trasportare

운산 運算 operazione, calcolazione **-하다** operare, lavorare, calcolare

운석 隕石 una pietra meteorica, una meteorite

운송 運送 trasporto, spedizione **-하다** trasportare, spedire * **-료** porto, costo di trasporto **-보험** assicurazione di transito **-업자** portatore, un agente di spedizione **-장** avviso di spedizione **-품** merci **여객-** passeggero traffico **해상 [육상] -** trasporto per mare[terra] **화물-** porto delle merci

운수 運數 fortuna, probabilità, opportunità ¶ 운수가 좋다 avere fortuna, essere fortunato

운수 運輸 trasporto, messaggeria

운신 運身 **-하다** muoversi, spostarsi ¶ 운신조차 못하다 non potere muoversi affatto

운영 運營 operazione, gestione **-하다** gestire, funzionare, amministrare ¶ 호텔을 운영하다 amministrare un hotel * **-위원회** un comitato di direzione **-자금** fondi di rotazione

운용 運用 applicazione, funzionamento, uso, occupazione **-하다** applicare, impiegare, usare, funzionare ¶ 법의 운용 l'applicazione della legge

운운 云云 così e così, e così via, eccetera **-하다** dire qualcosa o altra (di, su)

운율 韻律 un ritmo, un battimento, una cadenza, un metro ¶ 운율의 ritmico, metrico

운임 運賃 costo di trasporto, porto * **-선불** pagamento in anticipo **여객-** prezzo di biglietto

운전 運轉 conduttura (차량의), manovra (기계의) **-하다** condurre, manovrare, operare (기계를) ¶ 운전중이다 essere nel movimento, stare guidando (un automobile) // 자동차를 운전하다 guidare la macchina * **-면허장** la patente da guida **-사 [기사]** un autista, un conducente

운지법 運指法 [음악] diteggiatura

운집 雲集 adunanza **-하다** riunirsi, sciamare, formicolare

운철 隕鐵 [광물] ferro meteorico

운치 韻致 gusto, perfezionamento, eleganza, l'effetto artistico ¶ 운치 있다 essere elegante, essere grazioso

운필 運筆 scrittura, calligrafia, colpi di penna, l'uso di penna

운하 運河 un canale, un canale navigabile * **-지대** una zona di canale **-통과료** diritto di passaggio sotto un canale **수에즈-** il Canale di Suez **파나마-** il Canale di Panama

운항 運航 navigazione, servizio marittimo **-하다** fare il servizio, navigare

운행 運行 giro, movimento, operazione, servizio (d'automobile) **-하다** far rotare, girare ¶ 열차의 운행 un orario del treno // 천체의 운행 rivoluzionare delle stelle * **열차-시간표** un orario della ferrovia

운휴 運休 sospensione [interruzione] del servizio

울 [울타리] una recinzione, una barriera ¶ 울안에 dentro una recinzione // 울을 치다 recingere, murare

울가망하다 essere inquieto, preoccupato, ansioso, temere

울걱거리다 gargaizzare, risciacquare la sua bocca

울근불근하다 essere nella discordia, essere alle condizioni difettose

울긋불긋 -하다 (essere) colorito, multicolore, variopinto

울다 ① [사람이] piangere, singhiozzare (흐느끼다), gemere (통곡), lamentarsi (엉엉) // 젖 달라고 울다 piangere per il suo latte // 아파서 울다 piangere con il dolore ② [동물이] abbaiare (개), miagolare (고양이), muggire (소), nitrire (말), ragliare (당나귀), barrire (코끼리), cicalare (원숭이), squittire (쥐, 토끼), ringhiare (곰), muggire (사자, 범), grugnire (돼지), belare (산양, 양), ululare (늑대), fare chicchirichi (수탉), chiocciare (암탉), gloglottare (칠면조), zittire (부엉이), fare qua qua(오리), tubare (비둘기), gracchiare (까마귀), gorgheggiare (종달새), gracidare (개구리), cantare (새, 벌레), ronzare (벌) ③ [장판, 의복 따위가] ottenere spiegazzato, essere raggrinzito ④ [종이] suonare, squillare [천둥이] tonare, rombare ¶ 종이 울다 Il campanello suona ⑤ [기타] ¶ 귀가 울다 avere dei ronzii // 하찮은 일에 우는 소리를 하다 piagnucolare sulle bazzecole

울대[1] [울타리의] picchetti (d'una recinzione)

울대[2] [새의] siringa d'un uccello

울렁거리다 ① [두근거리다] palpitare, pulsare, battere ¶ 무서워서 가슴이 울렁거리다 palpitare il cuore di paura ② [흔들리다] rotolare, agitare ③ [메슥하다] ¶ 속이 울렁거리다 avere la nausea, provare la nausea

울리다 ① [울게 하다] fare piangere (una persona) ¶ 심금을 울리는 이야기 una storia commovente // 아이를 울리지 마라 Non faccia piangere il bambino! ② [소리나게 하다] fare suonare ¶ 경적을 울리다 suonare (un tamburo) // 종을 울리다 suonare una campana ③ [명성을] essere famoso, godere la popolarità [세력을] maneggiare (influenza) ④ [자동사] suonare [반향] risonare echeggiarre [진동이] riverberare ¶ 종이 울리다 Una campana suona.

울림 un suono, un disturbo, uno squillo, un rombo [반향] un eco [진동] una vibrazione ¶ 산울림이 울리다 Echi risonano.

울바자 uno schermo della palude canna, una recinzione con la paglia

울보 un piagnucolone

울분 鬱憤 rabbia, rancore, ira, vendetta **-하다** (essere) represso ¶ 울분을 터뜨리다 crepare di rabbia

울상 -相 una faccia lacrimosa, occhi piangenti

울새 [새] un pettorossa

울쑥불쑥 dentellato, dentato, irregolare

울음 lacrime, singhiozzo ¶ 울음이 터지다 prorompere in lacrime, scoppiare in lacrime

울음소리 un pianto, una voce lacrimosa

울짱 una palizzata, un picchetto, una recinzione con pali

울적 鬱寂 **-하다** (essere) malinconico, depresso, triste ¶ 기분이 울적하다 essere triste, inquieto, angoscioso, malinconico

울창 鬱蒼 rigoglio, esuberanza **-하다** (essere) lussureggiante, ridondante, esuberante, spesso, denso ¶ 울창하게 esuberante, densamente

울타리 una barriera, una recinzione, una transenna ¶ 울나리를 치다 accludere (una casa) con una recinzione, recinare rotondo (una casa)

울퉁불퉁 -하다 essere dentellato, dentato, irregolare

울혈 鬱血 congestione di sangue

울화 鬱火 rabbia repressa, rancore represso ¶ 울화가 치밀다 provare la rabbia repressa // 울화통이 터져서 con la rabbia repressa

욹하다 volare in una collera, scoppiare in una rabbia improvvisa, adirarsi

움[1] [싹] un attrezzo, un germoglio, un tiro ¶ 움이 트다 germinare, germogliare

움[2] [움막] escavazione, scavo, seminterrato ¶ 채소를 움에 묻다 sotterrare le verdure in semiterrato

움딸 seconda moglie di genero disconsciuto

움돋다 germinare, germogliare ¶ 작약이 움돋기 시작하였다 La peonia comincia a germinare.

움막 -幕 escavazione, scavo, casolare nel fango

움매 muggito

움쑥하다 (essere) infossato

움실거리다 sciamare, formicolare

움씰하다 indietreggiare, retrocedere, ritirarsi

움죽거리다 muoversi, agitarsi

움직거리다 agitarsi, muoversi leggeramente

움직이다 ① muovere, mescolarsi, spostarsi, agitarsi, cambiare la posizione, essere mosso ¶ 움직이고 있다 essere nel movimento, (stare) spostando ② [기계 따위를] mettere [porre] (una macchina) nel movimento, operare (una macchina) ③ [마음을]

muovere, commovere, toccare [마음이] essere mosso [commovente e toccato] ④ [변경하다] cambiare, alterare ¶ 움직일 수 없는 결심 una risoluzione costante // 움직일 수 없는 사실 un atto innegabile

움직임 [이동] movimento, attività [활동] tendenza [동향] direzione, movimento ¶ 세계의 움직임 la tendenza del mondo

움집 escavazione, scavo, casolare nel fango

움츠러뜨리다 raggrinzire, restringere, contrattare

움츠러들다 raggrinzire, restringere, contrattare [몸이] raggomitolarsi [두려워서] rannicchiarsi, sgomentarsi

움츠리다 raggrinzire, restringere, contrattare ¶ 목을 움츠리다 abbassare la sua testa

움칫 con un inizio [salto] **-하다** iniziare, indietreggiare, essere eccitato

움켜잡다 grippare, impugnare, afferrare ¶ 멱살을 움켜잡다 grippare (una persona) dalla gola

움켜쥐다 grippare, impugnare, afferrare ¶ 손을 움켜쥐다 grippare la mano (di una persona)

웅큼 una manata, una manciata ¶ 모래 한 웅큼 una manata di sabbia

움키다 grippare, impugnare, afferrare

움파다 scavare, sterrare (una roccia)

움패다 divenire butterato, divenire infossato

움펑눈 occhi incavati * **-이** una persona con gli occhi incavati

움푹 incavato, infossato **-하다** (essere) incavato, bucato, ammaccato, infossato

웃기다 fare (una persona) una risata, sollevare [provocare] un sorriso, eccitare (una persona), divertire (una persona) ¶ 그만 웃겨라 Smetti di fare risarmi.

웃녘 la parte superiore, il lato superiore

웃니 [윗니] il dente superiore

웃다 ridere, sorridere (미소) ridere scioccamente, ridacchiare (낄낄, 껄껄) ¶ 웃으면서 con il sorriso, sorridendo // 소리내어 웃다 ridere fortemente // 속으로 웃다 ridere dentro // 웃어넘기다 prendere sotto gamba, non dare importanza a

웃더껑이 un beccuccio (뚜껑) una coperta (덮개) una patta (호주머니의)

윗도리 [상체] la parte superiore del corpo [웃옷] un cappotto

웃돈 differenza, supero ¶ 웃돈을 치르다 pagare la differenza in contanti

웃돌다 eccedere, essere più di, essere sopra ¶ 평년작을 웃돌다 eccedere il raccolto medio

웃목 il lato superiore del pavimento lontano dal camino

웃물 [상류] il flusso superiore

윗사람 il suo anziano, il suo maggiore, il suo superiore

웃옷 una giacca, un cappotto, un

soprabito
웃음 una risata, un riso, un sorriso (미소) una derisione, uno scherno (조소) ¶ 너털웃음 una sghignazzata // 쓴웃음 un sorriso amaro // 아첨하는 웃음 un sorriso lusinghiero // 억지 웃음 un sorriso forzato // 큰 웃음 un sorriso ad alta voce // 웃음을 짓다 avere il sorriso sulla bocca // 웃음을 참다 sopprimere il sorriso // 웃음을 터뜨리다 scoppiare il sorriso
웃음거리 ludibrio, zimbello ¶ 남의 웃음거리가 되다 essere oggetto da riso
웃음판 una scena di riso rumoroso ¶ 그의 이야기로 좌중에 웃음판이 벌어졌다 Alla sua storia è scoppiata una risata.
웃자리 la sede più alta, la sede superiore, la sede d'onore
웃통 ① busto, torso ② [물건의 윗부분] la parte superiore (di un oggetto) ③ [웃도리의 옷] un cappotto, un soprabito ¶ 웃통을 벗다 togliere il suo cappotto
웅거 雄據 **-하다** tenere e difendere il suo territorio
웅그리다 accoccolarsi, accovacciare giù
웅굿쭝굿 -하다 (fare salire) qui e là, in modo irregolare
웅기중기 ⇒ 옹기종기
웅담 熊膽 bile d'orso
웅대 雄大 grandiosità, magnificenza **-하다** (essere) grande, magnifico, maestoso
웅도 雄圖 un progetto ambizioso
웅변 雄辯 eloquenza, facilità di parola ¶ 웅변의 eloquente, fluente * **-가** oratore **-대회** un concorso oratorio **-술** oratoria
웅보 雄- un salto [volo] grande, generosità, magnanimità **-하다** prendere un salto grande
웅성거리다 fare il rumore
웅숭그리다 ⇒ 웅크리다
웅숭깊다 (essere) generoso, profondo, inscrutabile
웅얼거리다 borbottare, mormorare
웅자 雄姿 un'apparenza valorosa [magnifica]
웅장 雄壯 grandiosità, magnificenza **-하다** (essere) grande, magnifico, maestoso, splendido ¶ 웅장한 건물 un edificio magnifico
웅크리다 accoccolarsi, accovacciare giù
웅편 雄篇 un capolavoro, un grande lavoro letterario
웅혼 雄渾 grandiosità **-하다** (essere) grande, magnifico
워낙 [본디] in origine, originalmente, naturalmente ¶ 그는 워낙 몸이 약하다 Era nato debole sopportato.
워석 fruscio, fru-fru
워즈워드 Wordsworth, William (영 1770-1850)
워키토키 trasmettitore-ricevitore potabile
원 [화폐단위] won (\)
원 員 un cerchio ¶ 원을 그리다 tirare un cerchio // 원을 그리며 날다 volare in un cerchio
원 願 [소망] un desiderio, [부탁] una richiesta [기원] una preghiera **-하다** [소망] desiderare,

volere [부탁] chiedere, richiedere [간청] mendicare [기원] pregare ¶ 원을 이루다 realizzare il suo desiderio // 미국 가기를 원하다 volere andare in America // 의사 되기를 원하다 volere diventare un medico

원가 原價 il costo, il costo principale ¶ 원가로 팔다 vendere a prezzo di costo * **고정-** costo marginale 생산- costo di produzione

원거리 遠距離 una distanza lunga, raggio d′azione (사정)

원격 遠隔 * **-조작** telecomandato, comando a distanza **-측정** telemetria

원경 遠景 una vista distante, prospettiva

원고 原告 un querelante, un accusatore

원고 原稿 un manoscritto, una copia, prima stesura * **-료** tassa di contributo, pagamento per la copia **-용지** carta per copie

원광 圓光 un alone, un′aureola, un nimbo

원광 圓鑛 un minerale grezzo, un minerale

원교 遠郊 un periferico remoto del posto da una città

원군 援軍 un rinforzo, cambio ¶ 원군을 보내다 rinforzare, mandare dei rinforzi

원근 遠近 allontanamento e prossimità, distanza ¶ 원근에 따라 다르다 cambiare secondo la distanza * **-법** prospettiva (rappresentazione)

원금 元金 [밑천] il capitale [이자의] il principale

원급 原級 [문법] il grado positivo, [원래의 급] la classe originale

원기 元氣 vigore, energia, vitalità, spiriti ¶ 원기가 왕성하다 essere nel vigore completo, avere un flusso di spiriti

원기둥 圓- ⇒ 원주(圓柱)

원내 院內 * **-총무** segretario generale (di un partito alla assemblea)

원년 元年 il primo anno (di un periodo)

원단 元旦 Capodanno, il primo giorno dell′anno

원대 遠大 ampiezza grande **-하다** (essere) grande, gradioso ¶ 원대한 계획 un proggetto grandioso //원대한 포부 un′ambizione grandiosa

원대 原隊 la sua unità ¶ 원대에 복귀하다 ritornare alla sua unità

원도 原圖 l′illustrazione originale

원동 原動 un motivo per azione * **-기** un motore, un motore primo, una forza motrice

원동력 原動力 forza motrice, il motore principale, potenza generativa, forza di azionamento ¶ 사회의 원동력 la forza di azionamento del mondo

원두막 圓頭幕 una cabina (per guardare il campo di meloni e di anguri etc.)

원둘레 圓- circonferenza

원래 元來 in origine, originalmente, naturalmente, essenzialmente ¶ 인간은 원래 사회적인 동물이다

L′uomo è un animale sociale in origine.

원려 遠慮 prudenza, premeditazione, previdenza

원로 遠路 una via [distanza] lunga, un viaggio lungo

원로 元老 un anziano, un veterano ＊ **-원** il senato

원론 原論 una teoria, i principi (di) ＊ **경제학** - i principi di economia

원료 原料 materia prima, materiali ¶ 원료를 확보하다 ottenere materie prime

원리 元利 principale ed interesse

원리 原理 un principio, una teoria, la verità fondamentale ¶ 생활의 지도 원리 il principio di regolamento [funzionare] di vita

원만 圓滿 [완전] perfezione [만족] soddisfazione [조화] armonia [원활] la scorrevolezza **-하다** [조화] armonioso [성격이] dolce, soave, affabile ¶ 원만히 armoniosamente, uniformemente, amichevolmente // 원만한 해결 uno stabilimento pacifico

원망 願望 un desiderio, un augurio

원망 怨望 [원한] rancore, odio [증오] livore [불평] lagnanza **-하다** risentirsi per, risentirsi con (una persona), rimproverare ¶ 원망스럽게 rimproverabilmente // 원망스러운 얼굴 un viso rimproverabile // 자신을 원망하다 rimproverarsi

원면 原綿 cotone crudo

원명 原名 nome originale, nome reale

원모 原毛 lana cruda

원목 原木 un legno non elaborato, pasta (제지용)

원무 圓舞 ① [원진의 춤] una ronda ② danza (come waltz) ③ [원무곡] una ronda ＊ **-곡** un waltz

원문 原文 il testo originale ¶ 원문에 충실하게 번역하다 rendere una traduzione fedele all′originale

원반 原盤 un disco ＊ **투-** lancio di un disco **-선수** un discobolo

원방 遠方 un posto distante, una distanza ¶ 원방의 distante, lontano

원병 援兵 rinforzo(della truppa), un cambio ¶ 원병을 보내다 mandare dei rinforzi

원본 原本 l′originale, la copia originale, il documento originale, il testo [법] lo scritto

원부 原簿 il registro originale [부기] un libro mastro

원뿔 圓- un cono, un cono circolare

원사 寃死 **-하다** essere messo alla morte su una carica falsa

원산 原産 l′origine d′un prodotto ¶ 커피의 원산지 l′origine di caffè ＊ **-물** prodotti originari **-지** il luogo d′origine

원상 原狀 la condizione originale, lo stato precedente, status quo ¶ 원상으로 복구하다 restaurare alla condizione originale

원색 原色 un colore primario, colore originale ＊ **-사진** una fotografia a colori **-판** un′impressione a colori **삼-** tre colori primari

원생 原生 ¶ 원생의 ＊ **-동물** proto-

zoi -림 una foresta vergine -암석 roccia primaria
원서 原書 l'originale (testo)
원서 願書 un'applicazione, una richiesta scritta ¶ 원서를 제출하다 presentare un'applicazione * **-용지** un'applicazione in bianco **입학-** una domanda di ammissione
원석 原石 [보석의] una pietra cruda [원광] una mina cruda ¶ 다이아몬드의 원석 un diamante crudo
원성 怨聲 una rimostranza, un reclamo
원소 元素 [화학] un elemento, un elemento chimico * **-분석** analisi ultimo [elementare] **-주기율** la legge periodica degli elementi
원수 元首 il capo del paese, un governante
원수 元帥 maresciallo (육군의) ammiraglio * **대-** generalissimo, comandante supremo
원수 員數 il membro di persone
원수 怨讐 un nemico, un avversario, l'oggetto del suo rancore ¶ 원수지간 nemici reciproci // 원수지다 divenire nemico (di)// 원수를 갚다 vendicare, fare le vendette di
원수폭 原水爆 bombe atomiche e all'idrogeno, una bomba nucleare
원숙 圓熟 maturità, perfezione **-하다** (essere) maturo, stagionato, pronto, diventare perfetto ¶ 원숙해지다 diventare maturo
원숭이 una scimmia
원시 原始, 元始 l'inizio, origine, genesi, la condizione originale [primitiva] della natura ¶ 원시적 primitivo, primordiale, originale * **-동물** protozoi **-림** una foresta vergine [primordiale] **-시대** l'età primitiva **-인** primitivo
원시 遠視 ipermetropia
원심 圓心 [기하] il centro (di un cerchio)
원심 原審 il giudizio [decisione] originale ¶ 원심을 파기하다 cambiare il giudizio originale
원심력 遠心力 [물리] la forza centrifuga
원아 園兒 bambini di asilo infantile
원안 原案 la prima stesura (초안) l'originale, la copia originale, il documento originale, il testo [법] lo scritto ¶ 원안대로 가결하다 passare uno scritto in forma originale
원앙 鴛鴦 un'anatra mandarina, una coppia degli amori * **-금** il letto matrimoniale
원액 元額, 原額 la somma originale
원액 原液 una soluzione non diluita
원양 遠洋 un oceano ¶ 원양의 pelagico * **-어업** grande pesca **-항로** linea di navigazione **-항해** navigazione nell'oceano, una crociera lunga
원어 原語 la lingua [parola] originale
원영 遠泳 una nuotata di distanza lunga
원예 園藝 giardinaggio, orticoltura, floricultura (꽃재배) * **-가** un giardiniere, un orticoltore **- 술**

arte [tecnica] di giardinaggio **-식물** una pianta del giardino, **-장** un vivaio

원외 院外 ¶ 원외의 fuori dell'istituzione [Camera]

원외 員外 soprannumero

원용 援用 citazione (di un testo) **-하다** citare, invocare, allegare

원음 原音 pronunzia [suono] originale [음악] toni fondamentali

원유 原油 petrolio [olio] crudo

원유회 園游會 una festa nel giardino, un picnic

원의 原意, 原義 intenzione originale, significato originale [primario]

원의 院議 una decisione della Camera

원인 原因 un corso, un fattore [근원] l'origine, la fonte ¶ 원인과 결과 causa ed effetto // 원인 불명의 죽음 la morte la cui la causa è sconosciuta // ....이 원인이다 essere causato da, iniziare da, venire di, risultare da, essere dovuto a

원인 遠因 una causa remota

원인 願人 un candidato, un istante

원일점 遠日點 [천문] l'afelio

원자 原子 un atomo, un corpuscolo ¶ 원자의 atomico * **-가** un valore atomico **-량** peso atomico **-력** energia atomica **-력 관리** cotrollo atomico **-력 발전소** centrale nucleare **-력 잠수함** sottomarino atomico **-력 평화이용** energia atomica di uso pacifico **-로** un mucchio [reattore, fornace] atomico **-론** una teoria atomica, atomismo **-물리학** fisica atomica [nucleare] **-탄두** una testa nucleare **-포** una cannone atomica **-폭발** un'esplosione atomica **-폭탄** una bomba atomica **-학** nucleonica **-핵** un nucleo atomico, un nucleo **-핵 반응** reazione nucleare **- 핵 분열** fissione nucleare

원자재 原資材 materiali crudi

원작 原作 l'originale * **-자** l'autore, lo scrittore

원장 園長 il presidente [capo, direttore] (d'un giardino zoologico, d'un asilo)

원장 院長 il direttore [presidente, soprintendente] (d'un ospedale, d'un'istituzione)

원장 元帳 un registro, un mastro

원저 原著 l'opera [il libro] originale * **-자** l'autore, lo scrittore

원적 原籍 una residenza permanente, un domicile (originale), il punto d'origine

원전 原典 il testo originale, il prototipo

원점 原點 il punto d'inizio, l'origine

원정 園丁 un giardiniere

원정 遠征 una spedizione, una campagna, un'invasione (침입) un giro sportivo(운동 선수의) **-하다** spedire, invadere, fare una razzia, fare un giro di gioco di (운동 선수가) * **-대** forza di spedizione

원조 元祖 il fondatore, il creatore, il padre, il pioniere, l'inventore (발명가)

원조 援助 assistenza, supporto, aiuto **-하다** supportare, aiutare, sussidiare ¶ 원조를 얻다 ricevere l′assistenza ∗ **-국** un paese del sussidio **-물자** soccorso **-자** un sostenitore, un patrono **재정-** finanziario sussidio

원족 遠足 ⇒ 소풍

원죄 原罪 [종교] peccato originale

원죄 冤罪 una accusa [carica] falsa

원주 圓柱 una colonna, un cilindro

원주 圓周 circonferenza ∗ **-율** il rapporto della circonferenza d′ un cerchio relativo al diametro, pi (π)

원주민 原住民 un nativo, nativi [총칭] la gente indigena

원지 原紙 una carta dallo stampino, uno stampino

원지 遠地 area remota

원지 遠志 una grande ambizione, un′aspirazione elevata

원지점 遠地點 [천문] l′apogeo

원질 原質 carattere fondamentale ∗ **유전-** [생리] un gene

원천 源泉 la sorgente, l′origine ∗ **- 징수제도** il sistema ritenuto

원촌 遠寸 un parente distante, una parentela distante

원촌 原寸 taglia attuale [naturale] ¶ 원촌의 di taglia attuale

원추 圓錐 un cono, figura conica, [원추제] un cono circolare ¶ 원추형의 conico

원추리 [식물] emerocallide, giglio giovane

원칙 原則 un principio, una regola [legge] fondamentale , regola (generale) ¶ 원칙적으로 in regola (generale), nel principio

원컨대 願- Io vorrei, Io pregherei, per favore, per cortesia

원탁 圓卓 una tavola rotonda ∗ **-회의** una conferenza intorno alla tavola rotonda

원통 圓筒 un cilindro

원통 冤痛 rancore, mortificazione, cruccio, dispiacere **-하다** (essere) irritato, spiacevole, dispiacevole ¶ 원통해하다 essere mortificato (a)

원판 原版 un negativo (사진의), un film (영화의), una diapositiva (환등의)

원폭 原爆 una bomba atomica ∗ **- 기지** una base atomica **- 실험**(금지) una prova atomica (divietata) **-희생자** vittime della bomba atomica

원피이스 un pezzo di vestito

원하다 願- desiderare ⇒ 원

원한 怨恨 rancore, una sensibilità amara, dispetto ¶ 원한을 갚다 vendicarsi (l′offensore) // 원한을 사다 attirarsi il risentimento // 원한을 품다 avere del rancore verso (una persona)

원항 遠航 navigazione di oceano, una crociera lunga ¶ 원항길에 오르다 navigare sulla crociera lunga

원해어 遠海魚 un pesce pelagico

원행 遠行 un viaggio lungo **-하다** fare [continuare] un viaggio lungo

원형 原形 la forma originale

원형 原型 un archetipo, un prototipo

원형 圓形 una figura [forma] rotonda, un cerchio, circolo ¶ 원형의 circolare, rotondo, cicloidale, discoide (식물의) * **-극장** un anfiteatro

원형질 原形質 [생물] protoplasma * **-체** protoplasto , cellula protoplasmatica

원호 援護 assistenza, sussidio **-하다** assistere, proteggere, sussidiare * **-기금** fondi di sussidio

원호 圓弧 un arco circolare, un arco di circolo

원혼 寃魂 spiriti maligni

원화 原畵 la pittura originale

원활 圓滑 **-하다** (essere) liscio, armonioso, pacifico ¶ amichevole 원활하게 uniformemente, armoniosamente, pacificamente, amichevolmente, senza un legamento (지장없이)

원훈 元勳 un veterano statista, un uomo di più alto merito, un servizio eminente

원흉 元兇 un capobanda, il capo colpevole

월 [문장] una frase

월 月 la luna, un mese, lunedì (월요일)

월간 月刊 pubblicazione [edizione] mensile ¶ 월간의 mensile * **-잡지** una rivista mensile

월경 月經 periodo mestruale, mestruazione, mestrui ¶ 월경의 mestruale // 월경이 있다 avere mestrui mensile

월경 越境 azione di passare la frontiera **-하다** attraversare la frontiera [bordo] , oltrepassare il bordo

월계 月計 un conto mensile

월계관 月桂冠 corona d'alloro ¶ 월계관을 차지하다 vincere la corona d'alloro

월광 月光 chiaro di luna * **-곡** Sonata di chiaro di luna

월권 越權 arrogazione, abuso di potenza **-하다** commettere l'abuso di potenza, eccedere la sua autorità ¶ 그런 짓은 월권이다 Non hai garanzia per farlo * **-행위** un atto d'arrogazione, reato di pubblico funzionario

월급 月給 salario (mensile), stipendio, retribuzione ¶ 적은 월급 un piccolo stipendio // 월급을 받다 prendere lo stipendio // 월급이 오르다 avere il salario aumentato * **-날** un giorno di pagamento **-장이** un salario, uno stipendidato

월남 越南 **-하다** passare dalla Corea del Nord alla Corea del Sud

월내 月內 ¶ 월내에 entro il mese

월동 越冬 azione di passare l'inverno **-하다** passare l'inverno, inverno * **-준비** preparazioni per passare l'inverno

월등 越等 una differenza ampia nel grado **-하다** (essere) notevolmente differente, straordinario ¶ 월등히 straordinariamente, di gran lunga

월력 月曆 un calendario

월례 月例 ¶ 월례의 mensile * **-회** una riunione mensile

월리 月利 interesse mensile

월말 月末 ¶ 월말에 alla fine del mese * **-지불** pagamento alla fine del mese
월면 月面 la superficie della luna, la superficie lunare * **-착륙** un atterraggio lunare
월변 月邊 un interesse mensile
월보 月報 un rapporto mensile * **무역-** mensili commerciali ritorni
월부 月賦 pagamento mensile ¶ 3 개월의 월부로 사다 comprare qualcosa per 3 pagamenti mensili
월북 越北 **-하다** andare alla Corea del Nord
월산 月産 una produzione mensile
월색 月色 chiaro di luna
월세 月貰 affitto mensile
월세계 月世界 la luna, il mondo lunare
월수 月收 [수입] un reddito mensile, [빚] un prestito al mensile, interesse
월식 月蝕 [천문] un′eclisse lunare, un′eclisse di luna * **개기-** un′eclisse totale di luna **부분-** un′eclisse parziale di luna
월액 **月額** il conto mensile
월야 **月夜** la notte al chiaro di luna
월여 **月餘** un mese e qualche giorno ¶ 월여간이나 in un mese // 월여전(前)에 più d′un mese fa (지금부터) più d′un mese prima (그때까지)
월요일 月曜日 lunedì
월일 月日 il mese ed il giorno, la data * **생년-** la data di (la sua) nascita
월전 **月前** ¶ 월전에 un mese fa
월정 **月定** un contratto mensile * **-구독료** un abbonamento mensile **-구독자** un abbonato mensile
월초 月初 ¶ 월초에 all′inizio del mese
월편 越便 ¶ 월편에 sul lato opposto [altro]
월평 月評 una critica mensile
월하 月下 chiaro di luna * **-빙인** un paraninfo, un intermediario
월훈 月暈 un alone [anello] intorno alla luna
웨이터 un cameriere
웨이트레스 una cameriera
웬 che, che cosa, cosa, che tipo di, perché ¶ 웬 일이냐 Cosa succede? // 웬 사람이냐 Chi è lui?
웬만큼 [알맞게] correttamente, [어느 정도] in una certa misura, [어지간히] considerevolmente, ragionevolmente, abbastanza ¶ 독일어를 웬만큼 하다 parlare tedesco ragionevolmente buono
웬만하다 (essere) passabile, tollerabile ¶ 수입이 웬만하다 dare un buon reddito // 웬만하면 se ti piace
웬일 che cosa, quale intenzione ¶ 웬일인지 per quale motivo
웰터급 peso medio leggero
웽그렁뎅그렁 clangore
웽웽 ⇒ 왱왱
위 ① [상부] la parte superiore, la suddetta ¶ 위에 su, sopra // 바다 위를 날다 volare sul mare // 위로 오르다 volare su ② [꼭대기] la parte superiore, la sommità ¶ 산 위에 sulla parte superiore della

montagna ③ [표면] la superficie ¶ 책상 위에 sulla tavola ④ [상위] anzianità ¶ 위의 più vecchio, più grande

위 位 ① [등급] posizione, grado, ¶ 제 1위 [제2위, 제3위] la prima [seconda, terza] posizione ② [신위] anime

위 胃 lo stomaco (사람의), la pancia (동물의), fauci (포유 동물의), gozzo (새의) ¶ 위의 gastrico // 위가 아프다 avere mal di stomaco

위경 胃鏡 [의학] un gastroscopio

위경련 胃痙攣 [의학] spasmi dello stomaco, gastralgia

위계 位階 grado di un pubblico funzionario

위계 僞計 un programma ingannevole ¶ 위계를 쓰다 usare uno schema ingannevole

위관 尉官 ufficiale subalterno

위광 威光 autorità, potenza, influenza

위구 危懼 timore, apprensioni **-하다** essere impaurito di, avere dubbio su, sentirsi male (di)

위국 危局 una crisi, una situazione critica

위국 爲國 **-하다** servire il suo paese

위궤양 胃潰瘍 [의학] ulcera gastrica

위급 危急 un′emergenza, una crisi, un′esigenza **-하다** (essere) critico, cruciale ¶ esigente 위급 시에 in caso d′emergenza

위기 危機 un′emergenza, una crisi, un momento critico ¶ 위기의 critico, acuto // 위기에 처하다 trovarsi [essere] in pericolo // 위기를 벗어나다 essere fuori pericolo

위기 圍碁 gioco di baduk ⇒ 바둑

위난 危難 pericolo, afflizione

위대 偉大 eminenza, eccellenza **-하다** (essere) eminente, eccellente, grande ¶ 위대한 인물 un uomo grande

위덕 偉德 virtù ed influenza

위도 緯度 latitudine * **고-** latitudine alta 저- latitudine bassa

위독 危篤 uno stato critico [serio] della malattia **-하다** stare pericolosamente [criticamente, seriamente] male, essere in una condizione critica ¶ 모친 위독 곧 귀가하라 Tua madre si sente male, torna immediatamente (전문)

위력 威力 potenza, forza, autorità, influenza ¶ 위력 있는 potente, grandissimo // 돈의 위력 la potenza dei soldi

위력 偉力 forza forte, forza grandissima

위령제 慰靈祭 un servizio commemorativo ¶ 전몰 장병 위령제 un servizio commemorativo per la guerra guasto

위로 慰勞 ① [치하] ricompensa **-하다** ricompensare ② [위안] consolazione, conforto **-하다** consolare, confortare ¶ 불행을 위로하다 consolare la sua disgrazia // 위로의 말을 하다 fare le condoglianze

위명 威名 fama, rinomanza, prestigio

위명 僞名 un nome falso

위무 慰撫 acquietamento, consolazione **-하다** consolare, placare, sedare, pacificare

위문 慰問 consolazione, una visita consolatoria **-하다** consolare, fare una visita * **-대(袋)** un pacco per i soldati **-문** una lettera consolatoria **-품** un conforto, un oggetto di conforto

위반 違反 violazione, infrazione, una frattura **-하다** violare (legge), infrangere, rompere (una promessa), disubbidire (ordini) ¶ 선거법 위반으로 per una frattura della legge di elezione * **-자** un offensore **-행위** un′offesa **교통-** violazione delle discipline del traffico **법률-** un′offesa contro la legge **조약-** l′infrazione d′un trattato

위배 違背 violazione ⇒ 위반

위법 違法 violazione di legge, illegalità ¶ 위법의 illegale * **-자** un violatore della legge, un offensore **-행위** una disposizione illegale **-처분** un atto illegale, un′irregolarità

위벽 胃壁 la parete dello stomaco

위병 胃病 un mal di stomaco

위병 衛兵 una guardia, una sentinella * **-교대** cambio di guardia **-근무** servizio di gurdia **-소** locale di detenzione **-장교** un ufficiale di guardia

위산 胃散 polvere medicinale per lo stomaco

위산 胃酸 acido nello stomaco * **-과다** acido eccedente [eccessivo] nello stomaco ¶ 위산과다의 iperacido **-과다증** iperacidità

위상 位相 [전기] fase

위생 衛生 igiene, risanamento, conservazione di salute ¶ 위생의 igienico, sanitario // 위생상 per ragione di risanamento * **-법** igiene **-상태** condizione sanitaria **-시설** facilità per salute **-학** igiene **공중-** salute pubblica **정신-** igiene mentale

위서다 accompagnare una sposa [uno sposo] (a)

위선 胃腺 [해부] ghiandole peptiche

위선 緯線 un parallelo (della latitudine)

위선 僞善 ipocrisia ¶ 위선적 ipocrita

위성 衛星 [천문] un satellite * **-국** nazione satellite **-도시** un satellite **인공-** satellite artificiale

위세 威勢 potenza, influenza, spiriti alti ¶ 위세 있는 potente, influente, poderoso // 위세부리다 esercitare la sua forza (su)

위세척 胃洗滌 [의학] lavanda gastrica, irrigazione gastrica

위수 衛戍 una guarnigione * **-근무** servizio di guarnigione **-병원** ospedale di guarnigione **-사령관** il comandante della guarnigione acquartiera

위시 爲始 **-하다** cominciare, iniziare, mettersi a ¶ 위시하여 tanto come, non meno che

위신 威信 prestigio, dignità, autorità ¶ 나라의 위신을 높이다 aumentare il prestigio nazionale

위아래 su e giù, alto e basso ¶ 위아래로 훑어보다 guardare (una persona) su e giu′

위 아토니 胃- [의학] atonia gastrica

위안 慰安 ricompensa, consolazione, conforto, amenità **-하다** ricompensare, consolare, confortare ¶ 위안을 구하다 cercare la consolazione in (musica)

위암 胃癌 [의학] cancro di stomaco

위압 威壓 coercizione, pressione, costrizione **-하다** costringere, premere, sopraffare, intimidire ¶ 위압당하다 essere oggetto di una pressione

위액 胃液 spremuta gastrica * **-선** ghiandole peptiche

위약 胃弱 indigestione, dispepsia

위약 違約 una frattura della rottura di promessa [contratto] **-하다** rompere una promessa [un accordo], rompere la sua parola

위엄 威嚴 dignità, prestanza ¶ 위엄 있는 dignitoso, maestoso, imponente // 위엄이 없는 poco decoroso, indegno

위업 偉業 un′impresa grande, un lavoro grande

위염 胃炎 [의학] gastrite

위요 圍繞 **-하다** circondare ⇒ 둘러싸다

위용 偉容 un′apparenza grande [maestoso]

위원 委員 un membro d′un comitato, un uomo del comitato, il commissario ¶ 김씨도 위원의 한 사람이다 Anche il sig. Kim è del comitato * **-장** un presidente d′un comitato **-제도** il sistema del comitato **국무-** un membro del Governo, un Ministro

위원회 委員會 un comitato, una commissione, una scheda * **분과-** un sottocomitato **소-** un piccolo comitato **조사-** una commissione dell′inchiesta

위의 威儀 dignità, solennità ¶ 위의를 갖추고 in modo degno, solennemente, cortesemente

위인 偉人 un uomo grande, una mente direttiva, un eroe * **-전** la vita d′un uomo grande

위인 爲人 il suo carattere, la personalità ¶ 위인이 훌륭하다 essere un uomo di buon carattere.

위임 委任 fiducia, commissione, carica, [법] mandato **-하다** dare mandato a (una persona) ¶ 전권을 위임하다 dare carta bianca (a una persona) // 권능을 위임하다 delegare potenza (a una persona)

위임장 委任狀 la potenza dell′avvocato, una procura, credenziali

위임통치 委任統治 mandato, regola mandataria

위자 慰藉 consolazione * **-료** danni e interessi, alimonia ¶ 위자료를 요구하다 domandare compensazione per

위장 胃腸 lo stomaco e gli intestini [viscere] ¶ 위장의 gastroenterico, gastrointestinale * **-병** difficoltà gastroenterica **-약** una medicina per lo stomaco e le viscere **-염**

gastroenterite

위장 僞裝 camuffamento, travestimento **-하다** mascherare, camuffare, dissimulare, travestirsi (come) ¶ 위장된 camuffato

위정자 爲政者 un amministratore, uno statista

위조 僞造 falso, falsificazione, contraffazione, fabbricazione, forgia di montaggio **-하다** forgiare, contraffare, fabbricare ¶ 위조의 forgiato, contraffatto, spurio // 서류를 위조하다 forgiare un documento // 화폐를 위조하다 contraffare delle monete

위주 爲主 **-하다** dare la prima considerazione (a) ¶ 장사는 이익 위주다 Profitto è la prima considerazione nel commercio

위중 危重 **-하다** (essere) nello stato critico, criticamente malato

위증 僞證 [법] testimonianza falsa, spergiuro **-하다** spergiurarsi, testimoniare erroneamente, sopportare la testimonianza falsa ∗ **-자** spergiuratore **-죄** spergiuro

위촉 委囑 commissione, richiesta (의뢰), carica (담당) **-하다** caricare (una persona) di, confidare a (una persona) ¶ 위촉에 의해 dalla richiesta

위축 萎縮 restringimento, contrazione, [의학] atrofia **-하다** appassire, raggrinzirsi, rannicchiarsi [기관이] diventare atrofizzato

위층 -層 piano di sopra

위치 位置 [장소] una situazione, una posizione [처지, 지위] un basamento, una posizione, un posto **-하다** essere situato, trovarsi ¶ 학교의 위치가 좋다 La scuola si trova in un buon luogo.

위탁 委託 fiducia, commissione, [상품의] consegna **-하다** caricare (una persona) di, confidare a (una persona) ∗ **-금** moneta consegnata **-자** chi depone in giudizio, depositante, consegnatario **-판매** vendità alla commissione **-판매인** una commerciante di commissione **-품** una consegna

위태 危殆 pericolo **-하다** (essere) pericoloso, rischioso ¶ 위태롭게 하다 mettere in pericolo, mettere a repentaglio

위통 胃痛 mal di stomaco, [의학] gastralgia

위트 bellospirito ¶ 위트가 있는 spiritoso, divertente

위패 位牌 una tavoletta mortuaria [commemorativa] ¶ 조상의 위패 una tavoletta degli antennati

위폐 僞幣 soldi di falsificazione [falsi] ∗ **-범** un contraffattore

위풍 威風 un′aria maestosa, un′apparenza imponente ¶ 위풍 당당한 maestoso, imponente

위필 僞筆 scrittura a mano forgiata, un′immagine forgiata (그림)

위하다 爲- ① [잘되게 하다] fare per, ② [이롭게 하다] fare un favore di, ¶ 위하여 per, negli interessi di a nome del ③ [존경하다] rispettare ④ [소중히 하다] trattare (una persona) confidenzialmente ⑤ [도우려고 하다]

dedicarsi a

위하수 胃下垂 [의학] ptosi di stomaco

위해 危害 danno, ferita, rischio, pericolo ¶ 위해를 가하다 fare una ferita, infliggere una ferita

위헌 違憲 incostituzionalità, violazione della costituzione ¶ 위헌의 incostituzionale

위험 危險 pericolo, rischio, repentaglio **-하다** (essere) pericoloso, rischioso ¶ 위험을 무릅쓰다 correre un rischio // 위험에 직면하다 trovarsi [essere] in pericolo * **-물** un oggetto pericoloso **-사업** un'impresa pericolosa **-상태** uno stato pericoloso [critico] **-신호** un segnale pericoloso **-인물** un carattere pericoloso, una persona di carattere **-직업** occupazione pericolosa **-지대** una zona pericolosa

위협 威脅 minaccia, intimidazione **-하다** minacciare, intimidire, spaventare, intimorire ¶ 위협적인 minaccioso // 위협해서 돈을 빼앗다 ricattare (una persona) * **-사격** un fuoco di intimidazione, un fuoco d'avvertimento **-수단** una misura intimidatoria

위화감 違和感 un senso d'incompatibilità, il senso dell'incongruità

위확장 胃擴張 [의학] dilatazione dello stomaco, dilatazione gastrica

위훈 偉勳 un grande successo, un'azione brillante

윈터 스포오츠 sport d'inverno

윗니 i denti superiori

윙크 un ammicco **-하다** ammiccare, strizzare d'occhio

유 有 [존재] esistenza, essere ¶ 무에서 유가 생기지 않는다 da niente, niente viene

유 類 ① [무리] un gruppo, una folla ② [종류] un genere, un tipo, una classe (부류) ③ [생물] una famiglia, un genere * **거미류** un genere del ragno

유가 有價 [esistenza di un] valore * **-증권** valori

유가 儒家 ① [유교] confucianesimo ② [사람] un confucionista * **-서**(書) lettura di confucianesimo

유가족 遺家族 una famiglia di un defunto * **군경-** la famiglia di un defunto dei morti in guerra

유감 遺憾 rammarico, pentimento ¶ 유감없이 soddisfacentemente, completamente // 유감스럽다 essere spiacente di // 재능을 유감없이 발휘하다 presentare completamente le sue abilità

유개 有蓋 ¶ 유개의 coperto, con il coperchio * **-화차** un vagone coperto

유개념 類概念 [논리] un genere

유건 악기 有鍵樂器 uno strumento musicale

유격 遊擊 [군사] attacco mobile **-하다** attaccare con una truppa mobile * **-대** truppa mobile **-병** un commando, un guerrigliero, un partigiano **-수** **[야구]** interbase **-전** guerriglia

유계 幽界 l'altro mondo, aldilà ¶ 유계를 달리하다 andare all'altro mondo, morire

유고 有故 [사고] un accidente, (una) difficoltà [까닭] causa, motivo ¶ 유고시에 ai tempi di un incidente

유고 遺稿 opere postume, manoscritti postumi, manoscritti lasciati da (una persona)

유고 油庫 un carbonile di olio

유고슬라비아 Iugoslavia ¶ 유고슬라비아의 iugoslavo ∗ **-사람** un iugoslavo

유곡 幽谷 una valle profonda

유골 遺骨 [사람의] ceneri, resti mortali, [동물의] resti d'animale ¶ 유골을 봉안하다 depositare le ceneri in un tempio

유공 有功 gran merito ∗ **-자** un uomo di merito **-훈장** l'ordine di merito

유공충 有孔蟲 [동물] foraminiferi

유괴 誘拐 rapimento, abduzione **-하다** rapire, rapinare (un bambino), sedurre (una ragazza), imbarcare a viva forza ∗ **-사건** un caso di abduzione **-자** un abduttore **-죄** abduzione

유교 儒敎 confucianesimo ∗ **-사상** idee di confucianesimo

유구 悠久 eternità, perpetuità **-하다** (essere) eterno, perpetuo, permanente

유구무언 有口無言 silenzio, mutismo ¶ **-이다** rimanere muto, restare in silenzio

유권자 有權者 [선거의] un elettore, elettorato (총칭)

유권해석 有權解釋 un'interpretazione autorevole

유금류 游禽類 [새] palmipedi

유급 有給 ¶ 유급의 pagato, stipendiato, ∗ **-자** una persona stipendiata **-직** un impiego retribuito **-직원** uno stipendiato **-휴가** una vacanza pagata

유기 有期 ¶ 유기의 a termine, limitato ∗ **-공채** un prestito a termine **-징역** penale, lavori forzati per un termine definito

유기 有機 ¶ 유기의 [화학] organico ∗ **-물** materia [sostanza] organica **-비료** un fertilizzante organico **-산** un acido organico **-체** un organismo, un corpo organico **-화학** chimica organica

유기 遺棄 abbandono, diserzione **-하다** abbandonare, lasciare (una cosa) dietro, disertare (un morte) ∗ **-물** una cosa abbandonata **-시체** un cadavere abbandonato **불법-** abbandono illegale **영아-** l'abbandono d'un bambino

유기 鍮器 recipiente di ottone

유기음 有氣音 [음성] aspirazione, un suono aspirato

유기적 有機的 organico, sistematico

유난 ① rarità, stranezza ② gusto difficile **-하다** (essere) insolito, eccezionale, fastidioso , pignolo, meticoloso

유네스코 UNESCO the United Nations Educational Scientific and Cultural Organization (=Organizzazione delle nazioni Unite per l'Educazione, la

Scienza e la Cultura)

유년 幼年 infanzia, puerilità [법] infanzia naturale (7세까지) ¶ 유년의 giovanile, puerile

유념 留念 attenzione, considerazione **-하다** tenere presente, tenerne conto, fare attenzione

유뇨증 留尿症 [의학] enuresi

유능 有能 abilità, competenza **-하다** (essere) in grado di, capace, competente ¶ 유능한 사람 un uomo capace

유니버시아드 [경기] l'Universiade

유다르다 (essere) raro, insolito, cospicuo ¶ 유달리 insolitamente, cospicuamente, specialmente

유단자 有段者 un titolare di grado dan (in yudo, recintante, scacchi)

유당 乳糖 [화학] lattossio, zucchero di latte

유대 紐帶 un legame [관계] relazione ¶ 긴밀한 유대를 맺다 essere in stretta relazione con

유대류 有袋類 [동물] marsupiali

유덕 有德 **-하다** (essere) virtuoso, buono

유덕 遺德 influenza postuma

유도 柔道 judo * **-복** un vestito per pratica di judo **-사범** un istruttore di judo

유도 誘導 guida, condotta, stimolo, [전기] induzione [화학, 수학] derivazione **-하다** indurre, incitare [화학] derivare ¶ 사람을 유도하다 indurre (una persona) a

유도신문 誘導訊問 una questione fatta per ottenere una risposta aspettata

유독 有毒 **-하다** (essere) tossico, nocivo, velenoso * **-가스** un gas tossico

유독 惟獨 soltanto, separatamente, unicamente, da solo

유동 流動 flusso, fluttuazione **-하다** fluire * **-물** fluido **-성** liquidità [사회] mobilità **-식(물)** alimento liquido **-자본** capitale liquido **-자산[자금]** liquidità, fondi liquidi

유두 乳頭 [해부] un ugello, un capezzolo

유두 流頭 il giorno quindicesimo del sesto mese lunare

유들유들 **-하다** (essere) sfrontato, impudente, sfacciato

유람 遊覽 turismo, escursione, un viaggio di piacere **-하다** fare del turismo, fare un'escursione * **-객** turista **-단체** un gruppo dei turisti **-버스** un autobus da turismo **-선** una nave di piacere **-지** una terra di piacere, un luogo turistico

유랑 流浪 vagabondaggio **-하다** vagare, vagabondare, errare * **-민** una gente nomade **-생활** una vita errante **-자** un vagabondo

유래 由來 [기원] origine [내력] storia [출처] sorgente **-하다** essere derivato (da), avere origine da

유량 流量 [물리] flusso * **-계** un contatore dell'acqua

유럽 Europa ¶ 유럽의 europeo * **-사람** un europeo

유려하다 流麗- (essere) corrente, elegante ¶ 유려한 문장 uno stile

corrente ed elegante

유력 有力 **-하다** (essere) potente, forte, influente ¶ 유력한 신문 // giornale influente // 유력한 용의자 offensore probabile // 유력한 증거 un′evidenza valida // 유력한 후보자 un candidato forte ＊ **-자** una persona influente, un potente

유령 幽靈 uno spirito dei morti, un fantasma, un′apparizione, uno spettro ¶ 유령 같은 fantomatico, spettrale ＊ **-선** una nave da fantasma **-회사** un′azienda finta

유례 類例 un esempio simile, un caso parallelo ¶ 유례가 없다 essere senza esempio nella storia, essere senza precedenti

유료 有料 ¶ 유료의 pagato, con la tariffa ＊ **-도로** autostrada a pedaggio **-도서관** biblioteca pagata **-시사회** una previsione pagata **-입장** ammissione pagata

유루 遺漏 omissione (빠짐), una fuga (샘) ¶ 유루없이 senza omissione

유류 遺留 **-하다** lasciare dietro ＊ **-물**(품) una cosa lasciata, un articolo perso

유리 有理 **-하다** (essere) ragionevole, razionale ＊ **-수 [식] [수학]** un numero razionale **-함수 [수학]** una funzione razionale

유리 有利 **-하다** (essere) vantaggioso, lucrativo [사정 따위가] favorevole, avvantaggioso ¶ 유리한 점 vantaggio, un punto di vantaggio // 유리한 조건 termini avvantaggiosi

유리 遊離 [화학] isolazione [헤어짐] separazione **-하다** isolare, separare, essere isolato [separato]

유리 琉璃 vetro, vetro di finestra (창문의) ＊ **-공장** una vetreria **-그릇** cristalleria **-병** una bottiglia di vetro **-잔** un vetro **-제품** un oggetto di vetro **-컵** un vetro da bere **색-** il vetro macchiato [colorato] **판-** vetro della piastra

유린 蹂躪 devastazione [침해] infrazione **-하다** sovraccaricare, devastare [침해] infrangere (diritti personali), violare ¶ 인권을 유린하다 infrangere diritti umani ＊ **인권-** l′infrazione dei diritti personali

유림 儒林 (la classe di) Confuciano, confuciani

유망 有望 un prospetto luminoso, promessa grande **-하다** (essere) favorevole

유머 umore ¶ 유우머를 알다 avere il senso di umore fine ＊ **-소설 [작가]** un romanzo [autore] divertente

유명 幽冥 [어둠] nerezza [저승] l′altro mondo

유명 遺命 la sua volontà, il suo ultimo desiderio

유명 有名 **-하다** (essere) famoso, celebre, notorio, ben noto, celebrato ¶ 유명한 사람들 celebrità // 유명하게 되다 diventare famoso // 그는 유명한 작가이다 Lui è un ben noto autore. // 스위스는 자연미로 매우 유명하다 La Svizzera è molto famoso per la bellezza naturale. * -세 una pena della grandezza

유명론 唯名論 [철학] nominalismo

유명무실 有名無實 **-하다** (essere) nominale, titolare, essere nel nome soltanto ¶ 유명무실한 회장 un presidente nominale

유모 乳母 balia, nutrice //유모를 하러 가다 andare a far la balia.

유목 遊牧 nomadismo * **-민** una gente nomade, nomade **-민족** tribù nomade **-생활** un vita nomade, nomadismo

유무 有無 [존재의] esistenza (e non esistenza), presenza [여부] sì o no

유묵 遺墨 autografia d'una persona (che è morto)

유문 幽門 [해부] il piloro

유문 遺文 le sue scritture postume

유물 遺物 una reliquia, resti [유증물] un legato, un lascito

유물 唯物 ¶ 유물적 di materialismo * **-론** materialismo **-론자** un/una materialista **-사관** la storia di concezione materialistica **사적-론** materialismo storico

유미 唯美 ¶ 유미의 estetico * **-주의** estetismo

유미 乳糜 [해부] chilo * **-관(管)** un vasello chilifero

유민 流民 rifugiato, i migranti

유밀과 油蜜果 pasticceria con olio e miele

유발 乳鉢 mortaio

유발 誘發 **-하다** causare, indurre, provocare

유방 乳房 seno (di donna)

유배 流配 bando, esilio **-하다** esiliare (una persona in un'isola) * **-자** un esule

유별 類別 classificazione **-하다** classificare, assortire, assortirsi

유별 有別 distinzione, differenza **-하다** esserci una distinzione [differenza] (tra)

유별나다 有別- (essere) distintivo, differente ¶ 유별난 사람 una persona particolare, un uomo strano

유보 留保 riservazione ⇒ 보류

유복 有福 **-하다** (essere) benedetto, fortunato

유복 裕福 opulenza, abbondanza, prosperità **-하다** (essere) ricco, opulento, abbondante ¶ 유복하게 살다 vivere ricco

유복자 遺腹子 un bambino [figlio] postumo

유부녀 有夫女 una donna sposata

유사 [시계의] una spirale, una molla di equilibrio

유사 類似 somiglianza, rassomiglianza, apparenza, analogia **-하다** essere analogo, essere simile, assomigliare ¶ 유사한 simile * **-품** un'imitazione

유사 有史 ¶ 유사 이전의 preistorico // 유사 이래 nella storia, dall'alba di storia

유사시 有事時 ¶ 유사시에 in un'emergenza, in caso d'emergenza // 유사시에 대비하다 fornire contro le emergenze

유산 有産 possidenza * **-계급** possidenza, la classe possidente, la borghesia **-자** un possidente, un borghese

유산 乳酸 [화학] acido lattico

＊ -균 fermenti lattici
유산 流産 aborto [실패] insuccesso **-하다** abortire [실패] fallire
유산 遺産 un'eredità, proprietà lasciata (da)¶ 유산을 남기다 lasciare un'eredità
유산 硫酸 [화학] acido sulfureo ⇒ 황산
유상 有償 compensazione [법] considerazione ＊ **-계약** un contratto fatto per una considerazione **-취득** acquisizione per valore
유상 油狀 ¶ 유상의 oleoso, come olio
유상무상 有象無象 ① [삼라만상] tutte le cose nel mondo, l'universo, creazione ② [어중이 떠중이] tutte le specie e agli stati della gente, la gentaglia
유색 有色 ¶ 유색의 colorato ＊ **-인종** razze colorate
유생 儒生 un confuciano, un allievo del Confucianesimo
유서 由緖 [내력] una storia ¶ 유서 있는 storico
유서 遺書 una nota lasciata da una persona morta, un testamento
유서 類書 libri della stessa specie
유선 有線 filo ＊ **-식** il sistema di filo **-전신[전화]** telegrafo [telefono] di filo
유선 乳腺 [해부] la ghiandola mammaria
유선형 流線型 ¶ 유선형의 aerodinamico
유설 un'osservazione falsa [errata], un'opinione erronea, una fallacia [오보] un rapporto falso
유성 有聲 ¶ 유성의 sonoro ＊ **-영화** un'immagine [pellicola] sonora **-음[자음]** un suono sonoro
유성 油性 ¶ 유성의 oleoso, grasso ＊ **-페인트** una pittura ad olio
유성 流星 una stella cadente, una meteora
유성 遊星 un pianeta ¶ 유성의 planetario ＊ **대-** i pianeti principali 소- un pianeta minore
유성 有性 ¶ 유성의 sessuale ＊ **-생식** riproduzione sessuale
유성기 留聲機 ⇒ 축음기
유세 遊說 una campagna elettorale, un discorso di campagna [선전] propaganda [유세 여행] giro di propaganda, **-하다** fare una campagna elettorale
유세 有勢 ① ⇒ 유력(有力) ② [세도부림] **-하다** maneggiare la potenza [l'influenza]
유소 幼少 infanzia **-하다** (essere) giovane, giovanile
유속 流涑 la velocità d'una corrente
유수 有數 **-하다** (essere) prominente, principale, primo
유수 流水 acqua corrente, un flusso fluente
유숙 留宿 alloggio **-하다** alloggiare ＊ **-자** un inquilino
유순 柔順 presentazione, obbedienza **-하다** (essere) sottomesso, ubbidiente, docile, mansueto
유습 遺習 una vecchia abitudine, abitudini ereditarie
유시 幼時 infanzia
유시 酉時 l'ora di uccello
유시 諭時 ammonizione, istru-

zione, un messaggio **-하다** ammonire, insegnare, dare un′ istruzione

유식 有識 erudizione **-하다** (essere) istruito, intelligente * **-계급** la classe istruita [intellettuale] **-자** una persona intelligente

유신 維新 ripristino, il rinnovamento (혁신) **-하다** rinnovare

유신 遺臣 un ministro precedente della dinastia

유신론 有神論 teismo ¶ 유신론의 teistico * **-자** un/una teista

유실 遺失 la perdita **-하다** perdere, lasciare * **-물** un oggetto perso **-물 보관소** un ufficio per degli oggetti persi **-자** un perdente

유실 流失 **-하다** essere scopato [portato, lavato] via

유심 有心 attenzione **-하다** fare attenzione ¶ 유심히 듣다 sentirsi attentamente

유심론 唯心論 [철학] spiritualismo, idealismo * **-론자** una/uno spiritualista, un/una idealista

유아 幼兒 un bambino, un infantile

유아 乳兒 un lattante, un bambino

유아 遺兒 [내버린] un bambino abbandonato

유아 幼芽 un germoglio giovane

유아등 誘蛾燈 una trappola di lampada

유안 硫安 [화학] solfato dell′ ammonio

유암 乳癌 [의학] cancro mammario

유압 油壓 pressione dell′olio * **-계** un manometro dell′olio

유액 乳液 ① [식물] lattice, liquido latteo ② [화장품] lozione lattea

유야무야하다 有耶無耶- (essere) evasivo, vago, ambiguo ¶ 유야무야하게 되다 essere caduto, essere sepolto in oblio

유약 幼弱 **-하다** (essere) debole e fragile

유약 柔弱 debolezza, effeminatezza **-하다** (essere) debole, effemminato, fragile, non virile, codardo

유약 釉藥 glassa, smalto

유양 돌기 乳樣突起 [의학] mastoide

유어 類語 sinonimo

유어 游魚 pesce sotto l′acqua

유언 遺言 un testamento [구두의] parole ultime **-하다** fare un testamento ¶ 유언에 의해서 dal testamento * **-자** un testatore **-장** un testamento

유언 流言 una voce, un rapporto falso ¶ 유언(비어)를 퍼뜨리다 spargere una voce

유업 遺業 il lavoro lasciato da qualcuno, un lavoro non finito

유업 乳業 l′industria lattiera, industria casearia

유역 流域 la zona innaffiata da un fiume * **양자강-** la valle del Yangtze

유연 柔軟 morbidezza, flessibilezza **-하다** (essere) morbido, flessibile * **-체조** ginnastica leggera, ginnastica a corpo libero

유연 悠然 calma, tranquilità **-하다** (essere) calmo, composto ¶ 유연히 con un′aria perfetta di calma

유연탄 有煙炭 carbone bituminoso [molle]

유영 游泳 nuotata **-하다** nuotare, navigare * **-기관** **[동물]** un organo natatorio

유예 猶豫 rinvio, dilazione (지불의), estensione (di tempo), ritardo (지연), [집행 유예] una dilazione, una proroga **-하다** rinviare, rimandare, posporre, * **지불-** una dilazione del pagamento

유용 有用 utilizzabilità, uso, utilità **-하다** (essere) utile, importante ¶ 돈을 유용하게 쓰다 fare l'uso migliore dei suoi soldi

유용 流用 diversione, misappropriation **-하다** deviare, applicarsi, usare (dei soldi) per altri scopi, adattare

유원지 遊園地 un parco di divertimento, una terra di piacere, centro di villeggiatura

유월 六月 giugno

유월절 踰越節 pasqua ebraica

유위 有爲 **-하다** (essere) capace, in grado, efficiente

유위전변 有爲轉變 le vicissitudini (di fortuna), su e giù (di vita)

유유 悠悠 **-하다** (essere) calmo, composto, sereno, lento ¶ 유유히 tranquillamente, serenamente, tranquillamente

유유낙낙하다 唯唯諾諾- acconsentire volentieri, accettare senza condizione

유유자적 悠悠自適 vivendo facile con la pensione

유의 留意 **-하다** tenere presente, badare (a), fare attenzione ¶ 유의해서 듣다 sentire attentamente // 유의하지 않다 non badare a

유익 有益 **-하다** (essere) vantaggioso, favorevole, lucrativo [유용하다] utile ¶ 유익하게 utilmente // 유익한 교훈 una lezione istruttiva

유인 柔靭 **-하다** (essere) elastico, flessibile * **-성** elasticità, flessibilità

유인 誘引 tentazione, fascino, attrazione **-하다** attrarre, provocare, tentare, indurre ¶ 나쁜 짓을 하도록 유인하다 incitare qualcuno al male

유인 誘因 una causa prossima, un'occasione, un motivo

유인물 油印物 materia stampata

유인원 類人猿 scimmia antropoide

유일 唯一 **-하다** (essere) unico, singolo ¶ 유일무이한 unico

유임 留任 mantenimento in ufficio **-하다** rimanere in ufficio

유입 流入 un'affluenza, un afflusso **-하다** fluire dentro

유자 柚子 [식물] un cedro

유자격자 有資格者 una persona qualificata (per un posto)

유자녀 遺子女 un bambino dei defunti, un bambino vivente

유작 遺作 opere postume

유장 乳漿 siero di latte, plasma, siero

유장 悠長 **-하다** ① [지리하다] (essere) lungo, noioso ② [성미, 태도가] (essere) lento, ritardano

유저 遺著 un'opera postuma

유적 遺跡 resti, reliquie, rovine ¶ 역사상의 유적 un posto storico di interesse

유적 幽寂 **-하다** (essere) sequestrato, calmo

유전 遺傳 eredità, la trasmissione ereditaria **-하다** essere ereditato, essere ereditario ¶ 유전성의 ereditato, ereditario * **-론** ereditismo **- 법** la legge dell' eredità **-학** ereditario di malattia **-자** lo studio sull'eredità, la geneti-ca

유전 油田 un pozzo petrolifero

유전 流轉 [유랑] vagabondaggio, [변전] vicissitudine, [불교] trasmigrazione **-하다** vagabondare per, trasmigrare (영혼이)

유전기 流電氣 elettricità galvanica [voltaica]

유정 有情 umanità, sensibilità simpatiche

유정 遺精 [의학] emissione involontaria di seme, inquinamento notturno

유정 油井 un pozzo di petrolio

유제 油劑 una medicina oleosa, [연고] un unguento

유제 乳劑 [화학] un'emulsione

유제 동물 有蹄動物 ungulato

유제품 乳製品 latticini

유조 油槽 un serbatoio dell'olio * **-선** una petroliera **-차** un carro botte

유족 遺族 una famiglia sopravvivente, i superstiti

유족하다 裕足- (essere) abbondante, ricco

유종 **有終** compimento ¶ 유종의 미를 거두다 chiudere in bellezza

유종 乳腫 [의학] mastite

유죄 **有罪** colpevolezza, criminalità, criminosità **-하다** trovarsi colpevole, (essere) colpevole ¶ 유죄를 선고하다 condannare (una persona) del crimine * **-인** una persona colpevole **- 판결** convinzione

유증 遺贈 [법] [동산의] legato, lascito **-하다** legare, lasciare in eredità (동산), devise (부동산) * **-물** un legato **피 -자** un legatario

유지 油紙 carta oleata

유지 遺志 l'ultima volontà

유지 遺址 resti, reliquie, rovine

유지 油脂 olio

유지 維持 manutenzione, conservazione, sostentamento (생계의) **-하다** continuare, conservare, sopportare * **-비** la manutenzione delle spese **-책** una misura per manutenzione

유지 有志 [사람] una persona interessata, un volontario, un simpatizzante * **-일동** a tutte le persone interessato

유질 流質 [법] preclusione, l'ipoteca confiscata **-하다** essere precluso

유징 油徵 indicazione dell'olio

유착 癒着 adesione, unione, conglutinazione **-하다** aderirsi, conglutinare

유찬 類纂 compilazione

유창하다 流暢- (essere) fluente, scorrevole ¶ 유창하게 fluentemente

유체 有體 ¶ 유체의 materiale, tangibile [법] corporeo * **-동산** beni mobili corporei

유체 流體 un liquido * **-공학** ingegneria idraulica **-압력** pressione del fluido **-역학** idrodinamica

유추 類推 analogia **-하다** inferire ¶ 유추적 analogico * **-법** analogia, metodo analogico **-해석** interpretazione analogica

유축농업 有畜農業 agricoltura di animale

유출 流出 scorrimento, scarico, scolo **-하다** uscire, scaricare ¶ 금의 유출 uscita [uno scolo] di oro

유충 幼蟲 larva ¶ 유충의 larvale

유취 類聚 **-하다** classificare, raccogliere nei gruppi

유층 油層 uno strato dell'olio

유치 誘致 incitamento, attrazione, tentazione **-하다** indurre, attrarre ¶ 외자를 유치하다 attrarre il capitale straniero

유치 幼稚 **-하다** (essere) infantile, puerile [미숙] grezzo, primitivo ¶ 유치한 생각 un'idea come infantile

유치 留置 [억류] detenzione, custodia **-하다** ritenere, conservare (una persona) nella custodia, tenere * **-권 [법]** diritto di pegno, diritto di garanzia **-장** una casa di detenzione

유치 乳齒 un dente di latte, i denti del bambino

유치원 幼稚園 un asilo infantile

유쾌 愉快 piacere, allegrezza, allegria **-하다** (essere) allegro, piacevole, delizioso ¶ 유쾌하게 piacevolmente, deliziosamente

유탄 una granata * **-포 [군사]** obice

유탄 流彈 una pallottola perduta

유태 猶太 Giudea ¶ 유태(인)의 giudeo, giudaico * **-교** giudaismo **-인** giudeo

유택 幽宅 una tomba, l'ultima sede

유통 流通 [화폐] circolazione, [환기] ventilazione **-하다** circolare, ventilare¶ 화폐의 유통 la circolazione di soldi * **-성** negoziabilità (어음의) **-증권** titolo negoziabile

유파 流派 una scuola, una setta

유폐 幽閉 sequestro **-하다** confinare, sequestrare

유포 流布 circolazione, diffusione **-하다** circolare, mettere nella circolazione¶ 유포되고 있다 essere nella circolazione, essere corrente

유품 遺品 un oggetto lasciato dai defunti

유풍 遺風 una vecchia abitudine, abitudini ereditarie, tradizione

유하다 柔- (essere) morbido, delicato, geniale, affabile, benigno

유하다 留- rimanere, restare, trovarsi, fermarsi

유학 留學 lo studio all'estero **-하다** studiare all'estero, andare a studiare all'estero * **-생** uno studente che studia all'estero

유학 儒學 confucianesimo * **-자** un confuciano

유학 遊學 **-하다** studiare dov'è lontano dalla casa

유한 有限 **-하다** (essere) limitato * **-급수** la serie limitata **-수** numero limitato **-책임** una responsabilità limitata

유한 有閑 svago, tempo libero * **-계급** la classe agiata

유한 遺恨 risentimento, rancore

유해 遺骸 corpo morto, resti, reliquie, rovine ⇒ 유골

유해 有害 dannosità **-하다** (essere) nocivo, difettoso, male, dannoso ¶ 건강에 유해하다 stare male per salute * **-곤충** insetti nocivi **-물** un oggetto nocivo **-식품** cibo tossico

유행 流行 moda, voga **-하다** essere in voga, essere in moda, essere popolare ¶ 최신 유행 l'ultima moda // 유행을 따르다 seguire la moda

유행가 流行歌 una canzone popolare * **-가수** un cantante popolare di canzone

유행병 流行病 un'epidemia, malattia epidemica

유행성 감기 流行性感氣 influenza

유향 乳香 olibano

유현 幽玄 **-하다** (essere) sottile e profondo, astruso

유현 儒賢 i saggi di confucianesimo

유혈 流血 massacro ¶ 유혈의 참사 accidente omicida

유혈암 油頁岩 argillite petrolifera

유형 有形 materialità, calcestruzzo **-하다** (essere) materiale, corporeo * **-문화재** eredità culturale **-자본** un capitale corporeo **-재산** beni materiali

유형 流刑 deportazione, esilio, relegazione * **-지** terra d'esilio

유형 類型 tipo ¶ 유형적인 tipico

유혹 誘惑 tentazione, seduzione **-하다** tentare, incantare, sedurre, attrarre ¶ 바다의 유혹 l'incanto del mare // 유혹을 이겨내다 vincere una tentazione * **-물** una tentazione **-자** un adescatore

유화 油畵 una pittura a olio * **-가** un pittore dell'olio

유화 乳化 emulsione

유화 宥和 indulgenza **-하다** essere indulgente (con) * **-정책** una politica d'acquietamento

유화 硫化 solforazione ⇒ 황화 **-하다** solforare * **-물** solfuro

유황 硫黃 zolfo ¶ 유황의 di solfuro

유회 流會 aggiornamento d'una riunione, annullamento d'una riunione

유효 有效 validità, disponibilità, efficacia **-하다** (essere) valido, disponibile, efficace ¶ **-을 유효하게 쓰다** utilizzare bene qualcosa * **-수요** una richiesta efficace **-투표** una valida scheda elettorale

유훈 遺訓 le istruzioni dei defunti

유휴 遊休 riposo * **-자본** capitale improduttivo

유흥 遊興 piacere, divertimento **-하다** rendere allegro, avere divertimento, divertirsi * **-비** la tassa sul divertimento

유희 遊戱 ① [놀이] divertimento ② [운동] un gioco, sport **-하다** rendere allegro, divertirsi, giocare

육 六 sei ¶ 육분의 1 un sesto

육 肉 carne, manzo (쇠고기) ¶ 육과 영 carne e anima

육각 六角 sei angoli, esagono ¶ 육각의 esagonale, * **-형** esagono

육감 六感 il sesto senso

육감 肉感 sensibilità sessuale, sensualità ¶ 육감적인 sensuale,

voluttuoso 육감적인 미인 una bellezza voluttuosa
육계 肉桂 [식물] cannella
육괴 肉塊 un pezzo di carne
육교 肉交 relazioni sessuali
육교 陸橋 viadotto, passerella
육군 陸軍 l'esercito, il servizio militare ¶ 육군의 militare, dell' esercito * **-사관학교** l'aecademia militare
육대주 六大洲 i sei continenti
육로 陸路 un itinerario di terra ¶ 육로로 per terra, da un itinerario terrestre
육류 肉類 carne
육면체 六面體 esaedro ¶ 육면체의 esaedrico * **정-** esaedro regolare, un cubo
육모 六- esagono * **-정** chiosco esagonale
육미 肉味 [음식] piatti dalla carne, [맛] il gusto di carne * **-붙이** carne, piatti dalla carne
육박 肉薄 **-하다** incalzare, stringere, serrare
육발이 六- una persona che ha sei dita del piede
육배 六倍 sei volte
육법 六法 i sei codici di legge * **-전서** un compendio di leggi
육보 肉補 una dieta di carne **-하다** stare a dieta di carne
육봉 肉峰 una gobba
육부 六腑 ⇒ 오장육부
육산(물) 陸産(物) prodotti della terra, prodotti del terreno
육삼삼제 六三三制 [교육] il 6.3.3. sistema di educazione
육상 陸上 (sopra) terra, (sul) terreno * **-경기** sport atletici, eventi della pista e del campo **-수송** trasporto sulla terra **-운동회** una riunione atletica
육서 陸棲 ¶ 육서의 terrestre * **-동물** animale terrestre
육성 育成 educazione, formazione **-하다** elevare, educare, formare
육성 肉聲 una voce viva, una voce naturale, una voce
육손이 六- una persona che ha sei dita
육송 陸送 trasporto della terra
육수 肉水 sugo di carne
육순 六旬 sessanta anni * **-노인** sessantenne
육시 戮屍 decapitazione postuma * **처참**(處斬) ⇒ 육시
육식 肉食 una dieta di carne, alimenti della carne **-하다** mangiare la carne ¶ 나는 육식보다 채식을 좋아한다 preferisco una dieta di verdure ad alimento animale * **-동물** un animale [predatore] carnivoro, una bestia da preda **-조** un uccello predatore, un uccello da preda
육신 肉身 il corpo
육십 六十 sessanta ¶ 제60 il sessantesimo, 60대의 사람 sessantenne
육아 育兒 puericoltura **-하다** allevare un bambino * **-법** arte di allevare degli infanti **-실** una scuola materna
육아 肉芽 **-식물** la granulazione ¶ 육아가 생기다 granulare
육안 肉眼 l'occhio nudo ¶ 육안으로 보다 vedere con l'occhio nudo

육영 育英 educazione * **-사업** lavoro educativo

육욕 肉慾 i desideri carnali, le passioni animali

육우 肉牛 bovini da carne

육운 陸運 carrello della terra, trasporto terrestre

육종 育種 selezione, miglioramento sei specie

육종 肉腫 sarcoma

육중 肉重 **-하다** [무겁다] (essere) pesante, voluminoso [말이] (essere) esagerato

육지 陸地 terra ¶ 육지의 동물 un animale della terra

육체 肉體 la carne, il corpo ¶ 육체의 corporale, fisico // 육체와 정신 corpo e spirito // 건전한 육체에 건전한 정신 Una mente sana in un corpo sano. * **-노동** lavoro di fisico **- 미** bellezza di fisico

육촌 六寸 ① [길이] sei pollici ② [재종] un secondo cugino

육친 六親 un parente, il suo immediato parente

육탄 肉彈 una bomba di uomo * **-전** un combattimento a corpo a corpo

육태 陸태 carico ¶ 육태질하다 scaricare

육포 肉脯 fette secche di manzo

육풍 陸風 una brezza [un vento] della terra

육필 肉筆 la propria scrittura a mano, un autografo

육합 六合 [우주] l'universo

육회 肉膾 un piatto tritato di manzo grezzo

윤 潤 lucentezza, lustro

윤간 輪姦 una violenza di gruppo **-하다** rapire uno dopo l'altro

윤곽 輪廓 ① [개관] un profilo, una vista generale, un abbozzo ② [외형] profili, curve

윤기 潤氣 lucentezza, lustro, smalto

윤나다 潤- essere lucido, essere brillante

윤내다 潤- fare brillare, lustrare, pulire

윤년 閏年 anno bisestile

윤달 閏- mese bisestile

윤독 輪讀 **-하다** leggere uno dopo l'altro

윤락 淪落 rovina, caduta **-하다** essere rovinato, andare a rovinare * **-여성** una prostituta, una putana

윤리 倫理 etica (학문), morali, un codice di comportamento ¶ 윤리적 etico, morale

윤리학 倫理學 etica, filosofia morale * **-자** un moralista

윤무 輪舞 un giro

윤번 輪番 girata, rotazione **-하다** fare rotazione ¶ 윤번으로 da uno dopo l'altro, alternativamente, da rotazione * **-제** un sistema di rotazione

윤색 潤色 abbellimento, levigazione, politura

윤생 輪生 [식물] verticillo

윤일 閏日 un giorno intercalare

윤작 輪作 la rotazione di raccolto **-하다** ruotare i raccolti

윤전 輪轉 la rotazione **-하다** ruotare, girare * **-기** una pressa del cilindro, una pressa rotativa

윤축 la rotella e l'asse

윤택 潤澤 ① [광택] lucentezza, lustro ② [풍부] abbondanza, ricchezza **-하다** essere lucido, abbondante ¶ 생활이 윤택하다 vivere nelle circostanze comode

윤필 潤筆 scrittura, pittura * **-료** una tassa per scrittura [pittura]

윤허 允許 sanzione reale **-하다** (essere) consentito (dal re)

윤형 輪形 un cerchio, un anello

윤화 輪禍 un incidente di traffico ¶ 윤화를 당하다 avere un incidente di traffico

윤활 潤滑 lubrificazione * **-유** un olio lubrificante **-제** un lubrificante

윤회 輪廻 ① [유전] movimento perpetuo ② [불교] trasmigrazione delle anime **-하다** fare costantemente un movimento, ruotare

율 率 ① [비율] un rapporto, una proporzione, una percentuale [물리] un indice, un modulo [수학] costante ② [능률] efficienza * **굴절-** indice di rifrazione **보험-** un percentuale di assicurazione **사망-** una percentuale di mortalità **출산-** una percentuale di natalità

율 律 ① [법] una legge ② [운율] un ritmo * **도덕-** la legge morale **자연-** la legge naturale

율동 律動 ritmo, movimento ritmico ¶ 생의 율동 ritmo di vita * **체조** ritmica ginnastica

율법 律法 [법률] legge [계율] comandamenti

융 絨 flanella del cotone

융기 隆起 elevazione [지질] sollevamento **-하다** sporgere, sollevare, elevare

융단 絨緞 un tappeto

융모 絨毛 lana [해부] un villo

융비술 隆鼻術 rinoplastica

융성 隆盛 prosperità **-하다** (essere) prosperoso, florido

융숭 隆崇 alto rispetto, ospitalità **-하다** avere un rispetto profondo a, intrattenere calorosamente ¶ 융숭히 대접하다 intrattenere (una persona) cordialmente

융열 融熱 il calore di fusione

융자 融資 finanziamento, un prestito **-하다** fornire i fondi monetari (ad un′azienda), fare un prestito * **-금** un prestito, un mutuo **-알선** una facilitazione di prestito **단기-** un prestito di breve durata

융점 融點 il punto di fusione

융통 融通 ① [유통] circolazione (di capitale), un mutuo **-하다** finanziare, circolare, prendere in prestito ② [재주·성질] adattabilità * **자금-** un capitale circolare

융통성 融通性 adattabilità, flessibilità, versatilità ¶ 융통성이 있다 essere adattabile, essere flessibile, essere versatile, essere inventivo

융합 融合 fusione, unione, amalgamazione **-하다** unire, amalgamare

융해 融解 fusione, dissoluzione **-하다** dissolversi, liquefare * **-점** il punto di fusione

융화 融化 deliquescenza **-하다** ammorbidire

융화 融和 armonia, propiziazione **-하다** essere riconciliato (con), armonizzare

융흥 隆興 prosperità

윷 [놀이] il gioco di iut (giocare con li quattro battone)

으깨다 ① [부스러뜨리다] schiacciare, spappolare ② ammorbidire, impastare

으드득 ① [이가는 소리] **-하다** grattare suoi denti ② [깨무는 소리] **-하다** sgranocchiare

으드등거리다 urlare con un ringhio, ringhiare, brontolare

으뜸 ① [첫째] la parte superiore, la testa, il primo (posto) ¶ 반에서 으뜸가다 essere alla testa della classe ② [두목] un capo ③ [근본] la base, il fondamento, la radice

으레 ① [마땅히] abitualmente, solitamente, correttamente, naturalmente ② [틀림없이] invariabilmente, solitamente, sempre, sicuramente

으로 da, con ⇒ 로 ¶ 부산으로 가는 차 un treno per Busan 주먹으로 con le mani nude 배편으로 in nave

으로서 come, da ⇒ 로서

으로써 con, da, in

으르다 ① [위협하다] minacciare, intimidire ② [놀라게 하다] spaventare, terrorizzare ¶ 죽인다고 으르다 minacciare di uccidere (una persona)

으르대다 ringhiare ⇒ 으르다

으르렁거리다 ① [짐승이] ringhiare, ruggire ② [다투다] litigare, essere in lotta

으르르 tremendamente, con brividio

으름 [식물] clematide

으름장 intimidazione **-하다** intimidire, minacciare

으리으리 -하다 (essere) magnifico, maestoso ¶ 으리으리하게 solennemente

으썩 ¶ 으썩 깨물다 sgranocchiare

으스러뜨리다 sconquassare, sfracellare ⇒ 부스러뜨리다

으스러지다 andare a pezzi, polverizzarsi ⇒ 부스러지다

으스름달밤 una notte nebbiosa al chiaro di luna

으스스 -하다 (essere) freddo, fresco

으쓱거리다 fare lo spavaldo, vantarsi, pavoneggiarsi

으슥하다 (essere) isolato, pensionato, desolato

으쓱하다 [무섭다] (essere) orribile, [춥다] freddo

으슬으슬 -하다 (essere) fresco, avere paura

으슴푸레하다 (essere) nebbioso, fioco ¶ 달빛이 으슴푸레하다 La luna lucida fioco.

으아 [갓난애기] mulo

으악 uh! buh!

으크러뜨리다 sconquassare, sfracellare, ringhiare, ruggire

으크러지다 essere schiacciato, essere battuto

윽박지르다 gridare, intimidire

은 銀 argento ¶ 은 그릇 argenteria // 은테 안경 occhiali d´argento //

은(제)의 d'argento

은거 隱居 ritiro, allontanmento **-하다** andare in pensione

은고 恩顧 patronato, favori, protezione ¶ 은고를 받다 ricevere i favori (da)

은공 恩功 favore, meriti

은광 銀鑛 una miniera d'argento

은근 慇懃 ① [정중] cortesia **-하다** (essere) cortese, gentile ¶ 은근히 cortesemente, gentilmente ② [다정] intimità **-하다** (essere) intimo, essere nelle condizioni intime (con)

은근짜 una prostituta

은금 銀金 argento ed oro

은급 恩給 una pensione ⇒ 연금

은기 銀器 argenteria , l'argento

은니 銀泥 la polvere d'argento in una colla, vernice d'argento

은닉 隱匿 dissimulazione, la secrezione **-하다** nascondere, celare, dare rifugio a * **물자-** le merci celate

은덕 恩德 un beneficio, un favore

은덕 隱德 buono fatto di nascosto, un atto segreto di carità

은도금 銀鍍金 argentatura, una lamina d'argento **-하다** laminare con argento

은둔 隱遁 ritiro (dal mondo) **-하다** ritirare dal mondo, andare in pensione * **-생활** una vita in pensione **-자** recluso, eremita

은막 銀幕 schermo d'argento [영화계] il mondo del cinematografo

은메달 銀 una medaglia d'argento

은밀 隱密 segretezza **-하다** (essere) segreto, confidenziale ¶ 은밀히 in segreto, confidenzialmente

은박 銀箔 argento battuto, foglio d'argento * **-지** carta d'argento

은반 銀盤 ① [소반] una lamina d'argento ② [달] la luna ③ [스케이트장] pista di pattinaggio

은발 銀髮 capello d'argento

은방 銀房 un negozio d'argento, un negozio di gioielli

은방울꽃 銀 식물 mughetto

은배 銀杯 una coppa d'argento

은백색 銀白色 un colore d'argento bianco

은분 銀粉 polvere d'argento

은붙이 銀- [총칭] argenteria

은빛 銀 colore d'argento ¶ 은빛의 colorato d'argento

은사 恩師 il suo insegnante (rispettato e caro)

은사 隱士 recluso, eremita

은세계 銀世界 il mondo d'argento, una scena ampia nevosa

은세공 銀細工 lavoro d'argento [세공품] argenteria * **-인** argentiere

은수저 銀 cucchiai e bacchette d'argento, argento

은신 隱身 **-하다** nascondersi * **-처** nascondiglio, rifugio, tana (범인의)

은실 銀 filo d'argento

은어 隱語 linguaggio segreto, un gergo

은연 隱然 **-하다** (essere) latente, nascosto, segreto ¶ 은연중 nel segreto, dietro le scene, segretamente

은옥색 銀玉色 verde tenero

은유 隱喩 metafora

은은하다 殷殷 tonare, risonare ¶ 은은히 con il suono di ringhio

은은하다 隱隱- ① [귀에] (essere) distante, debole, indistinto ② [눈에] (essere) vago, oscuro ¶ 은은히 보이다 essere visto fioco

은인 恩人 un benefattore, un patrono ¶ 그는 나의 생명의 은인이다 Lui è il mio salvatore.

은인 隱忍 resistenza, pazienza **-하다** essere paziente, resistere, soffrire nel silenzio

은인 隱人 eremita, anacoreta

은자 隱者 eremita, anacoreta

은잔 銀盞 una tazza d′argento

은장도 銀粧刀 un coltello d′argento ornamentale

은저울 銀 un piccolo equilibrio per pesare i metalli preziosi

은전 恩典 (ricevere, essere assegnato) un favore speciale, un privilegio

은전 銀錢 una moneta d′argento

은정 恩情 affetto benevolo [grazioso]

은종이 銀 carta d′argento

은총 恩寵 favore, tolleranza ¶ 은총을 입다 essere nel favore con (una persona)

은퇴 隱退 pensione (da un posto), reclusione (dal mondo) **-하다** ritirare (da vita attiva), con tiraggio (da vita pubblica)

은파 銀波 vago argenteo (sotto la luce di luna)

은폐 隱蔽 dissimulazione, soppressione **-하다** coprire, dissimulare, tenere segreto ¶ 사실을 은폐하다 coprire un fatto

은하 銀河 la galassia, la Via Lattea * **-계** il sistema galattico

은합 銀盒 una ciotola d′argento con un coperchio

은행 銀行 una banca, un banco ¶ 은행에 예금하다 risparmiare dei soldi in banca // 은행과 거래를 트다 [끊다] aprire [chiudere] un conto con un banca // 은행에서 돈을 대여 받다 fare un prestito in banca // 은행에 1만 달러의 예금이 있다 avere il conto in banca di $10, 000 in banca * **-가** un banchiere **-거래** un conto di banca **-권** una banconota un biglietto **-예금** deposito di banca **-원** un impiegato di banca **-이자** interesse di banca **-장** il presidente d′una banca **한국-** la Banca di Corea

은행 銀行 ginkgo * **-나무** un albero di ginkgo

은혜 恩惠 favori, benefici, bontà ¶ 은혜를 베풀다 fare un favore (a una persona) // 은혜를 입다 ricevere il favore di, trovarsi in favore, essere in favore

은혼식 銀婚式 nozze d′argento (anniversario) ¶ 은혼식을 올리다 celebrare (loro) le nozze d′argento

은홍색 殷紅色 colore rosa (debole)

은화 銀貨 un argento (moneta) * **- 본위제** l′argento standard

은화 식물 隱花植物 crittogama

은회색 銀灰色 argento grigio

을 ① [목적격 조사] ¶ 말을 타다 montare a cavallo 신문을 읽다

leggere il giornale ② [목표·방향] ¶ 언제 서울을 가느냐 Quando vai a Seoul? ③ [어디] ¶ 하늘을 날다 volare in cielo ④ [목적] 여행을 떠나다 mettersi in viaggio ⑤ [동안] ¶ 두 시간을 잠자다 dormire per due ore ⑥ [구어용법] ¶ 앞장을 서다 prendere la testa (di un movimento) ⑦ [관계] ¶ A군을 상대로 con A per le controparti

을 乙 il secondo (둘째), (B급수의) B, questo(후자)

을러메다 [협박] minacciare, [강제] costringere ¶ 죽인다고 을러메다 minacciare di morte

을 망정 anche se, piuttosto... che

을밋을밋 tardo, da quotidiano

을씨년스럽다 ① [쓸쓸해보이다] (essere) desolato, misero, disgraziato ② [군색] (essere) povero, miserabile

을종 乙種 classe B, secondo grado

읊다 recitare [cantare] (una poesia), scrivere [comporre] (una poesia)

읊조리다 recitare

음 音 ① [소리] un suono, una nota, un tono ② [자음] una pronuncia (d′un carattere cinese) ¶ 한자를 음으로 읽다 leggere i caratteri cinesi foneticamente

음 陰 il principio negativo in natura ¶ 음으로 양으로 implicitamente ed esplicitamente

음각 陰刻 intaglio, incisione (diminuito) **-하다** incidere

음감 교육 音感敎育 educazione uditiva, addestramento acustico

음경 陰莖 il pene

음계 音階 la scala (musicale) * **장[단]-** la scala principale [secondaria] **전-** la gamma, la scala diatonica **평균-** una scala temperata

음계 音界 물리 il campo di suono

음곡 音曲 musica, prestazioni musicali

음공 陰功 meriti nascosti

음극 陰極 il palo negativo, il catodo * **-선** il raggio catodico

음기 陰氣 [찬 기운] un freddo [음침한] oscurità, tristezza [몸안의] l′elemento negativo

음낭 陰囊 lo scroto

음녀 淫女 una donna impudica

음담 淫談 conversazione oscena, colloquio indecente

음덕 陰德 virtù nascosta

음덕 蔭德 la virtù dell′antenato ¶ 음덕을 베풀다 praticare la virtù

음독 音讀 ① la lettura cinese d′un carattere **-하다** leggere foneticamente il carattere cinese ② lettura ad alta voce **-하다** leggere ad alta voce

음독 飮毒 **-하다** azione di bere veleno * **-자살** suicidio col veleno

음란 淫亂 vizio, libertinaggio, scostumatezza, lussuria, lascivia **-하다** (essere) vizioso, libertino, scostumato, impudico, osceno

음랭 陰冷 **-하다** (essere) oscuro e freddo, tenebroso, squalido

음량 音量 volume (della voce o del suono)**음력** 陰曆 il calendario lunare ¶ 음력 8월 15일 il 15

agosto lunare del calendario
음료 飮料 una bevanda ¶ 음료로 적합하다 essere potabile
음료수 飮料水 acqua potabile, acqua da bere
음률 音律 ritmo, metro, tono
음매 [소우는 소리] muggito ¶ 음매 울다 muggire
음모 陰毛 capelli pubichi
음모 陰謀 un diagramma, un intrigo (underhand), una cospirazione **-하다** formare una cospirazione, intrigare, cospirare ¶ 음모에 가담하다 essere implicato in un diagramma * **-자** un cospiratore
음문 陰門 la vulva
음미 吟味 apprezzamento **-하다** apprezzare, esaminare in modo approfondito, studiare dettagliatamente
음반 音盤 un disco
음부 音符 una nota (musicale) ¶ 음부를 읽다 leggere le note * **2분-** le due note 4분 [8분, 16분, 32분] - le [quattro, otto, diciassei, trentadue] note
음부 陰部 la regione di pube, sesso
음부 淫婦 una donna impudica [indecente, oscena]
음산 陰散 **-하다** (essere) nuvoloso e tenebroso, triste e freddo
음색 音色 la qualità d'un tono, un tono
음서 淫書 letteratura oscena, pornografia
음성 音聲 [목소리] una voce ¶ 좋은 [감미로운] 음성 buona [dolce] voce
음성 陰性 negativo, passività, inerzia, assenza ¶ 음성의 negativo, dormiente * **-콜레라** collera dormiente
음소 音素 un fonema
음속 音速 la velocità del suono ¶ 음속의 sonico * **초-** supersonica velocità
음수 陰數 un numero negativo, un meno
음순 陰脣 il labbro
음습 陰濕 **-하다** (essere) oscuro ed umido, ombreggiato e maledetto
음식 飮食 alimento (e bevanda), nutrimento, cibo, un pasto // 음식의 즐거움 un piacere del pasto * **-용** per tavola **-점** tavola calda, un ristorante
음신 音信 notizie, corrispondenza, comunicazione, una lettera
음심 淫心 l'inclinazione per lussuria
음악 音樂 musica ¶ 음악적인 musicale, melodioso // 음악을 좋아하는 filarmonico, musicale * **-가** un/una musicista **-계** cerchi musicali **-선생** un insegnante di musica, un supervisore di musica **-애호가** una filarmonica, dilettante di musica **-영화** un film musicale **-학** musicologia **-효과** effetti musicali **교회-** musica della chiesa
음양 陰陽 i principi maschili e femminili [전기.자기의] il negativo ed il positivo * **-가[장이]** un negromante, un/una cartomante

-성 polarità, dualità
음역 音域 gamma musicale, registro, diapason
음역 音譯 la trascrizione **-하다** traslitterare
음영 吟詠 **-하다** recitare
음영 陰影 ombra
음욕 淫慾 desiderio carnale, appetito sessuale, desiderio sfrenato
음용 飮用 uno scopo da bere **-하다** bere, prendere
음운 音韻 la struttura fonologica d'una parola * **-조직** il sistema di suono **-학** fonologia
음울 陰鬱 tristezza, malinconia **-하다** (essere) tenebroso, triste, malinconico
음위 陰 impotenza ¶ 음위의 impotente
음의 音義 il suono ed il significato d'un carattere cinese
음자 音字 un segno fonetico, fonogramma
음자리표 音 標 [음악] una chiave
음전기 音電氣 elettricità negativa
음전자 陰電子 [물리] negatrone, un elettrone negativo
음전하다 (essere) gentile, modesto, elegante, raffinato
음절 音節 ① [음의 단위] una sillaba ② [음곡] una misura musicale, una barra di musica * **-문자** scrittura syllabica
음정 音程 un intervallo musicale, un tono * **반-** un semitono **전-** un tono, un punto (intero)
음조 音調 aria, ritmo, melodia ¶ 음조의 변화 flessione della voce, modulazione
음주 飮酒 il bere **-하다** bere ¶ 상습적인 음주자 un bevitore inveterato * **-벽** abitudine di bevanda
음지 陰地 un punto ombreggiato
음질 音質 qualità di tono
음차 音叉 diapason
음충맞다 (essere) sornione, dissimulato, astuto, cattivo
음충하다 (essere) astuto, cattivo, sornione, dissimulato
음치 音癡 stonatura, una persona che canta falso
음침하다 陰沈 (essere) tenebroso, triste, malinconico
음탕 淫蕩 dissolutezza, vizio **-하다** (essere) dissoluto, depravato, vizioso
음파 音波 un'onda sonora * **-탐지기** sonar, ecogonimetro
음표 문자 音標文字 notazione [segno] fonetica, fonogramma * **만국-** segno fonetico internazionale
음해 陰害 **-하다** fare del male (una persona) segretamente [중상하다] sparlare
음핵 陰核 [해부] clitoride
음행 淫行 comportamento lascivo, un atto osceno
음향 音響 un suono, un disturbo, un rapporto ¶ 음향의 효과 un effetto di suono acustico * **-학** acustica
음험 陰險 **-하다** (essere) insidioso, furbo, ingannevole, astuto
음화 陰畵 una stampa negativa, bozza negativa
음훈 音訓 la pronuncia ed il significato (d'un carattere cinese)

음흉 陰凶 malvagità, cattività **-하다** (essere) astuto, scaltro, furbo, ingannevole, perfido

읍 邑 una città

읍 揖 **-하다** salutare gentilmente con le mani (unite) nella parte anteriore

읍민 邑民 [총칭] i cittadini, i concittadini

읍소 泣訴 appello, supplicazione **-하다** implorare [pregare] (una persona per misericordia) con i pianti nei suoi occhi

읍지 邑誌 la storia d'una città, una cronaca della città

응 Sì, Va bene, D'accordo ¶ 응하고 대답하다 dire di sì

응결 凝結 congelazione , coagulazione, condensazione, il caglio **-하다** congelare, coagulare, cagliare, condensare * **-점** il punto di congelazione

응고 凝固 solidificazione, congelazione (액체가), coagulazione (혈액 따위가), condensazione (기체가) **-하다** solidificarsi, congelare, coagulare

응급 應急 emergenza **-하다** prendere un espediente provvisorio * **-차** un' automobile di emergenza, un'automobile dell'ambulanza

응급 치료 應急治療 primo soccorso **-하다** dare il primo soccorso * **-소** pronto soccorso

응낙 應諾 consenso, approvazione, accettazione **-하다** consentire a, essere d'accordo ¶ 응낙 없이 senza l'accettazione

응달 ombra, il lato di ombra ¶ 응달에서 쉬다 restare all'ombra

응답 應答 una risposta **-하다** rispondere * **질의-** questioni e risposte

응당 應當 per sicuro, sicuramente, necessariamente

응대 應對 ① [응답] una risposta ② [면담] una intervista **-하다** rispondere a, avere un'intervista con

응대 應待 accettazione, ricevimento

응등그러지다 [오그라들다] contrarsi, restringersi, raggrinzirsi [뒤틀리다] essere torto, deformare

응등그리다 contrarsi, abbassare

응모 應募 abbonamento (예약), applicazione (지원), entrata (참가), arruolamento **-하다** iscriversi a, abbonarsi a, arruolare, entrare per (giochi, un concorso) * **-신청** una domanda di abbonamento **-자** un candidato, un abbonato

응보 應報 retribuzione, ricompensa

응분 應分 accordo con le sue circostanze ¶ 응분의 adeguato, ragionevole, adatto

응사 應射 risposta **-하다** rispondere ad un colpo di fucile

응석 comportamento da bambino (어린애가) **-하다** comportarsi come un bambino guastato, giocare da bambino

응석받다 indulgere, veggezziare * **-응석받이** guastatore

응소 應召 **-하다** rispondere alla chiamata * **병-** un coscritto, una recluta

응수 應酬 una risposta, una storta **-하 다** rispondere, stortare, ritornare

응시 應試 canditatura a un esame **-하다** dare l'esame * **-자** candidato a un esame

응시 凝視 uno sguardo fisso costante **-하다** guardare attentamente, sguardare

응아응아 응애응애

응애응애 piagnucolio ¶ 응애응애 울다 piagnucolare

응어리 ① [근육의] un indurimento muscolare ② [속] il midollo, il nucleo

응얼거리다 mormorare, borbottare, grugnire

응용 應用 applicazione pratica, adattamento, pratica **-하다** applicarsi, adattarsi, mettere ad uso pratico, mettere in pratica ¶ 응용할 수 있는 praticabile, applicabile * **-경제학** economia pratica **-미술** arte applicata

응원 應援 sussidio, aiuto, supporto, rinforzo (원병), [경기의] incoraggiamento **-하다** aiutare, sopportare, applaudire * **-단** un gruppo dei tifosi

응응 ¶ 응응 울다 piangere ad alta voce, lamentarsi

응전 應戰 una risposta **-하다** rispondere all'attacco

응접 應接 ricezione, intervista **-하다** ricevere (una persona), ospitare * **-실** sala da ricezione

응집 凝集 **-하다** aderire, condensare * **-력** potenza coesiva, coesione ¶ 응집력이 있는 coesivo, condensabile **-소 [의학]** agglutinina

응징 膺懲 castigo, punizione, penale **-하다** punire, disciplinare

응축 凝縮 condensazione, concentrazione **-하다** condensare, essere compresso

응하다 應- ① [답하다] rispondere ¶ 질문에 응하다 rispondere alla questione ② [승락] accettare ¶ 쾌히 응하다 accettare con piacere 초대에 응하다 accettare un invito ③ [필요.수요에] soddisfare ¶ 수요에 응하다 soddisfare una richiesta ④ [모집에] applicare, iscriversi ¶ 학생 모집에 응하다 dare il bando di concorso a scuola ¶ 에 응해서 in risposta a, in proporzione a, secondo

응혈 凝血 sangue coagulato

의 ① [소유, 소속, 동격] di ¶ 형의 책 il libro di mio fratello // 돈의 가치 la valuta di denaro // 인간의 가치 il degno di uomo ② [이 들어 있는, 으로 되어 있는] ¶ 한 상자의 초콜릿 캔디 una scatola di caramella al cioccolato ③ [에 관한] ¶ 기하의 교과서 un manuale di geometria // 고대 문학의 권위 un'autorità di letteratura antica ④ [장소 · 시간] ¶ 세계의 나라들 le paese dappertutto // 서울의 사람 la persona di Seoul ⑤ [에 의한, 으로 부터의] ¶ 형님의 편지 una lettera da mio fratello // 찰스 디킨즈의 소설 un romanzo (scritto) da Charles Dickens ⑥ ¶ 나의 친구에의 선물 un regalo per il mio amico // 감기의 약 una medicina per l′influenza // 어린이(용)의 책 un libro dei bambini ⑦ [기타] ¶ 흑의의 여인 una donna in nero // 영어의 편지 una lettera in inglese //15세의 소녀 una ragazza di quindici anni

의 誼 rapporto, amicizia intimima ¶ 의좋게 in buone relazioni, come i buoni amici in armonia // 의가 좋다 essere buono con, essere amichevole // 의가 나쁘다 essere male con // 의를 끊다 rompere le relazioni con

의 義 ① [정의] giustizia ② [의리] legami, relazione

의거 依據 dipendenza, dipendenza da prova **-하다** dipendere da prova

의거 義擧 un′impresa degna, un atto eroico (의협적인), un movimento nell′interesse pubblico

의걸이 衣 [장] portabiti

의견 意見 un′opinione, una vista, un′idea, un suggerimento ¶ 의견의 일치 un consenso, un accordo in // 의견을 말하다 parlare della sua opinione

의견서 意見書 un′opnione scritta

의결 議決 una risoluzione, una decisione (d′una riunione) **-하다** decidere, risolvere, passare ad un voto (di) * **-권** un diritto di voto, il diritto di votare **-기관** un organo legislativo

의고 擬古 imitazione di stile antico

의곡 distorsione, perversione **-하다** storcere, sforzare, pervertire ¶ 의곡된 해석 una vista storta

의과 醫科 il servizio medico [과정] il corso medico * **-대학** un′università di medicina

의관 衣冠 i vestiti ed il cappello

의구 依舊 **-하다** rimanere come era, restare immutato

의구심 疑懼心 timore, apprensione ¶ 의구심을 품다 avere dubbi in merito a qlco. 의구심이 일다 sollevare dei dubbi

의기 意氣 vigore, vitalità, vivacità, spirito ¶ 의기 양양한 trionfante // 의기 왕성하다 essere energico // 의기 소침하다 essere depresso

의기 義氣 eroismo, condotta cavalleresca ¶ 의기 있는 cavalleresco, eroico

의기양양 意氣揚揚 **-하다** (essere) trionfante, esultante ¶ 의기 양양하게 esultante, trionfantemente

의논 議論 [상의] consultazione, conferenza, deliberazione **-하다** conferire, consultarsi, deliberare

의당 宜當 propriamente, naturalmente, necessariamente **-하다** (essere) naturale, proprio

의도 意圖 intenzione, scopo, disegno, mira **-하다** intendere, aver l′intenzione di, aver per scopo, proporsi

의례 儀禮 cerimoniale, cerimonie, etichetta ¶ 의례적인 cerimoniale

의례히 依例- come al solito 으레

의론 議論 [논의] discussione, disputa, controversia, dibattito **-하다** discutere, dibattere, disputare ¶ 의론의 여지 없이 indiscutibilmente, incontestabilmente

의롭다 義 (essere) giusto, giustificato, retto, onesto

의뢰 依賴 ① [의지] dipendenza ② [부탁] richiesta **-하다** richiedere, pregare, dipendere (da), essere a carico (di) * **-인** cliente (dell′ avvocato)

의료 醫療 cure mediche * **-기관** medi-cal institution **-기구** strumento chirurgico **-기록** cartella clinica

의료 衣料 abiti, vestiti, indumenti

의류 衣類 abiti, vestiti, indumenti

의리 義理 ① [도리] giustizia, moralità ② [신의] lealtà, fedeltà ¶ 의리가 있다 essere fedele // 의리있는 친구 un amico fedele // 의리를 지키다 restare fedele a qlcu.

의모 義母 matrigna

의무 義務 dovere, obbligo, impegno, obbligazione ¶ 의무적인 obbligatorio 의무가 있다 avere un obbligo verso qlcu. 의무를 다하다 fare il proprio dovere

의문 疑問 domanda, interrogazione, dubbio **-하다** interrogare, fare domande a, dubitare ¶ 이 부분에 의문이 간다 su questo punto ci sono dubbi // 그의 능력에 대해서는 의문의 여지가 없다 Non ci sono dubbi sulle sue capacità // 네가 가는 것에 대해서는 의문의 여지가 없다 Il fatto che tu vada è fuori discussione. * **-문** una frase interrogativa **-부호** punto interrogativo

의뭉스럽다 (essere) scaltro, furbo, astuto

의미 意味 senso (특수한), significato (의의), intenzione (취지), punto (요점) **-하다** intendere, significare, voler dire ¶ 의미 있는 significativo, eloquente // 의미 없는 insignificante, senza senso // 이것은 무슨 의미입니까? Che cosa significa questo?

의법 依法 * **-처벌** punizione a norma di legge

의병 義兵 truppe leali

의복 衣服 abiti, vestiti, indumenti

의부 義父 patrigno

의분 義憤 giusta indignazione

의붓 * **-딸** figliastra **-아들** figliastro **-아비** patrigno **-어미** matrigna **-자식** figliastro

의사 意思 intenzione, idea, mente ¶ 의사가 통하다 giungere a un accordo con qlcu.

의사 義士 una persona giusta

의사 醫師 medico, dottore, chirurgo (외과의) ¶ 의사를 부르다 chiamare un dottore 의사의 진찰을 받다 consultare un medico * **여-** dottoressa

의사 議事 conferenza, consultazione, abboccamento * **-당** sala da riunioni

의사표시 意思表示 dichiarazione d′intenzione **-하다** dichiararsi

의상 衣裳 abiti, vestiti, indumenti, costume (특히 연극용)

의생 醫生 un medico generico della scuola cinese

의서 醫書 un libro di medicina

의석 議席 seggio (in Parlamento), seggio parlamentare ¶ 의석을 보유하다 avere un seggio (in Parlamento)

의성 擬聲 onomatopea

의수 義手 un braccio artificiale

의술 醫術 medicina ¶ 의술의 medico

의식 衣食 cibo e abito ¶ 그의 수입으로는 의식을 충분히 해결할 수 있다 guadagna abbastanza per mangiare e vestirsi

의식 意識 coscienza, conoscenza **-하다** essere cosciente ¶ 의식적(으로) cosciente(mente) // 의식을 잃다 perdere conoscenza, i sensi

의식 儀式 cerimoniale, cerimonie, [예식] formalità, [종교의] rito

의식주 衣食住 cibo, abito e riparo

의심 疑心 dubbio, incertezza [불신] diffidenza [혐의] sospetto **-하다** dubitare di, mettere in dubbio, esitare a credere, [불신] diffidare, [혐의] sospettare ¶ 의심스러운 점 un punto dubbio // 의심스럽게 dubbiamente // 의심 없이 senza dubbio // 의심스러운 시선 uno sguardo diffidente // 의심스럽다 essere in dubbio // 의심할 여지 없이 al di là di ogni dubbio, certamente // 의심을 품다 avere dubbi in merito a qlco. // 나는 그것이 의심스럽다 ne dubito // 그것에 대해서는 의심의 여지가 없다 Non c'è dubbio quanto a questo.

의아 疑訝 dubbio, incertezza, diffidenza, sospetto **-하다** dubitare di, mettere in dubbio, esitare a credere, diffidare, sospettare ¶ 의아스러운 듯이 dubbiamente, sospettosamente

의안 議案 progetto di legge (presentato al Parlamento) ¶ 의회가 의안을 부결했다 Il Congresso bocciò la proposta di legge.

의약 醫藥 [약] medicina

의역 意譯 traduzione libera **-하다** tradurre liberamente

의연 義捐 contributo, subscription, donazione, elargizione **-하다** contribuire , donare, elargire

의연히 毅然- risolutamente, fermamente, decisamente, determinante

의예과 醫豫科 corso propedeutico di medicina

의옥 疑獄 scandalo (pubblico) ¶ 정치적 의옥 사건 scandalo politico

의외 意外 ¶ 의외의 [뜻밖의] inatteso, inaspettato, imprevisto [우연한] casuale [놀라운] sorpreso // 의외의 일 una sorpresa // 의외로 inattesamente, inaspettatamente

의욕 意慾 volizione, volontà, desiderio * **-부족** mancanza di volontà **강한(약한)-** volontà forte (debole)

의용 義勇 lealtà e coraggio * **-군** esercito di volontari

의용 儀容 aspetto, portamento, maniere (di una persona) ¶ 그는 의용을 갖추지 못했다 uno zoticone, non ha educazione

의원 議院 parlamento * **-내각제** sistema parlamentare

의원 醫院 dispensario, clinico, ospedale

의원 依願 in conformità con richiesta

의원 議員 deputato, deputato della camera bassa (di alcuni stati americani), membro del parlamento (M.P), membro del Congresso (M.C) (미),

의의 意義 significato, senso ¶ 의의

있는 significativo, eloquente
의인 義人 una persona giusta
의인법 擬人法 personificazione
의자 倚子 sedia (걸상), divano, sofà, sedia a sdraio, poltrona (팔걸이 있는), sgabello (등이 없는), sedia a dondolo (안락의자) ¶ 의자에 앉다 sedersi
의장 意匠 ornato * **-가** designer, progettista
의장 儀仗 guardia, corpo di soldati * **-병** guardia d'onore
의장 議長 presidente, presidentessa (di consiglio, assemblea)
의장대 儀仗隊 guardia d'onore
의적 義賊 rapinatore cavalleresco
의전 儀典 cerimonie, protocollo * **-실** ufficio del protocollo
의절 義絶 **-하다** rompere con [자식과] ripudiare ¶ 가족과 의절하다 rompere con la propria famiglia
의젓하다 (essere) dignitoso, austero
의정 議定 concordato * **-서** protocollo
의제 義弟 fratello minore giurato
의제 議題 argomento, tema in discussione, programma ((미))
의족 義足 una gamba artificiale
의존 依存 dipendenza, affidamento **-하다** dipendere da, fare affidamento su * **상호-** interdipendenza
의중 意中 pensieri intimi
의지 依支 aiuto, assistenza, dipendenza, affidamento, protezione **-하다** dipendere da, fare affidamento su, incoraggiare ¶ 의지할 곳 없는 indifeso, senza aiuto
의지 意志 volizione, volontà, desiderio * **-부족** mancanza di volontà **강한(약한)-** volontà forte (debole)
의지 義肢 arto artificiale
의지가지없다 (essere) indifeso, senza aiuto
의처증 疑妻症 un sospetto morboso della castità di sua moglie
의초 fraternità
의취 義趣 inclinazione, disposizione
의치 義齒 dente artificiale, dentiera
의탁 依託 dipendenza, affidamento **-하다** fare affidamento su
의태 擬態 mimica, mimesi * **-색** colorazione mimetica
의표 意表 ¶ 의표를 찌르다 cogliere qlcu. di sorpresa
의하다 依- [원인] essere causato da [의존] dipendere da [근거] essere di base a [수단] appellarsi a ¶ 에 의하여 secondo, conformemente a [수단] per mezzo di // 요청에 의해서 su richiesta
의학 醫學 scienza medica ¶ 의학상의 medico 의학상으로 da medico * **-계** l'ordine dei medici **-부** dipartimento medico **-사** laureato medico **-생** studente di medicina **-실습생** (medico) interno
의향 意向 intenzione, inclinazione, disposizione, tendenza [생각] idea ¶ 의향이 있다 avere la tendenza a, avere l'intenzione di // 의향이 없다 non avere l'intenzione di
의협심 義俠心 condotta cavalleresca
의형제 義兄弟 fratello giurato
의혹 疑惑 sospetto, dubbio, diffidenza **-하다** sospettare, dubitare,

diffidare ¶ 의혹을 품다 avere un dubbio su qlco.

의회 議會 parlamento, congresso (미) * **영국**- parlamento d′ inglese **일본 [덴마아크, 스위스]**- dieta giapponese [danese, svizzera]

이[1] ① dente, dente molare (어금니), dente canino (송곳니), dente cariato (충치), dente finto (의치) ¶ 이의 dentale // 이가 없는 senza denti, sdentato // 이가 나다 mettere i denti // 이를 악물다 stringere i denti //이가 아프다 avere mal di denti //이를 뽑다 farsi cavare un dente //이를 갈다 digrignare i denti ② [기계의] dente (di sega, di lima, di ruota dentata ecc.) ③ [사기그릇 따위의] orli spezzati (di un bicchiere, vaso)

이[2] pidocchio

이[3] questo(a), presente, corrente ¶ 이 여름 quest′estate 이로써 con questo 이 달 questo mese 이 책 questo libro

이 二 due, secondo (제2의)

이 利 ① [이득] profitto, beneficio ② [유익] interesse, profitto, vantaggio(장점) ¶ 이가 되다 beneficiare, trarre vantaggio, approfittare ③ [이자] interesse ¶ 그가 빌려준 돈의 이자가 얼마나 되니? A quale interesse ti ha prestato il denaro?

이 里 ① [거리] ri, una lega coreana (0.244 miglia 약 400 metri) ② [행정구역] ri, villaggio

이 miglio nautico (internazionale) (=1, 852km)

이 理 ① [도리] ragione, [진리] verità, [공정] giustizia ② [원칙] principio

이가 二價 ¶ 이가의 화학 bivalente

이가원소 二價元素 [화학] diade, coppia di elementi

이까짓 così insignificante

이간 離間 alienazione, estraniazione **-하다** alienare, allontanare, estraniare, separare

이갈다 digrignare i denti

이같이 come questo, così, in questo modo, perciò

이것 ① [지시] questo ¶ 이것으로 con questo 이것 참 야단났군 buon Dio! ② [부를때] ¶ 이것 좀 봐 ehi!

이것저것 questo e quello

이견 異見 una divergenza di opinioni, [이의] obiezione ¶ 이견을 제기하다 sollevare un′obiezione

이겹실 a due capi di filo

이경 二更 verso 10 p.m

이골나다 abituarsi a fare qlco.

이곳 qui, qua ¶ 이곳에 qui, qua, a questo punto

이공 理工 scienza e ingegneria * **-과** facoltà di scienza e ingegneria

이과 理科 [학문] scienza, [과목] corso di scienza, [학부] facoltà di scienza

이관 移管 trasferimento di autorità **-하다** trasferire autorità

이교 異教 [기독교에서 본] paganesimo, [이단] eresia, eterodossia ¶ 이교의 pagano, ereticale * **-관습** usanze pagane **-도** paganus, pagano, eretico

이구동성 異口同聲 ¶ 이구 동성으로 all'unanimità, unanimemente

이국 異國 paese straniero, terra straniera ¶ 이국적인 esotico * **-인** straniero, forestiero **-정취** umore esotico, esotismo

이군 二軍 [야구] gruppo di giocatori di riserva * **-선수** recluta, marmittone

이궁 離宮 [별궁] un palazzo distaccato

이권 利權 diritto e interesse, concessione (광산, 철도의)

이끌다 guidare, condurre, capeggiare, dirigere ¶ 오케스트라를 이끌다 dirigere un'orchestra

이끌리다 (essere) guidato, condotto

이글이글 (bruciare) molto ardente **-하다** bruciare in fiamme, con vivacità, molto cocente, [얼굴이] rosso (in viso) ¶ 이글이글 타는 태양 sole ardente

이끼 muschio, musco * **-낀** muscoso, coperto di muschio

이기 利己 interesse personale, egoismo ¶ 이기적인 egoistico, egoista, interessato * **-주의** egoismo **-주의자** egoista

이기 利器 convenienza ¶ 문명의 이기 una convenienza moderna

이끼나 Oh!, Dio mio!

이기다[1] ① [승리] vincere, riportare la vittoria, [쳐부수다] sconfiggere, [정복] conquistare ¶ 싸움에 이기다 vincere una battaglia 내기에 이기다 vincere una scommessa ② [극복] superare, vincere, dominare ¶ 장애를 이겨내다 superare un ostacolo

이기다[2] ① [반죽] (밀가루) impastare, intridere, mescolare, (감자) schiacciare ¶ 진흙을 이기다 intridere argilla ② [짓찧다] tritare, tagliuzzare, sminuzzare ¶ 고기를 이기다 tritare carne

이기죽거리다 fare delle osservazioni spiacevoli

이나 ① [그러나] ma, però ② [정도] circa, pressappoco, quasi ¶ 그는 내 나이쯤 됐다 Ha pressappoco la mia età. ③ [선택] o, e, l'uno o l'altro

이나마 나마

이날 [오늘] oggi, al giorno d'oggi ¶ 이날에 이르기까지 finora, fino ad ora, fino a un certo punto

이날저날 un giorno dopo l'altro, di giorno in giorno

이남 以南 Corea del Sud, del sud, situato verso sud

이내 [곧] presto, tra poco, immediatamente, [그후 내쳐] da allora(in poi)

이내 以內 entro, in, dentro ¶ 1주일 이내 entro una settimana

이냥 com'è

이네들 loro, questi popoli

이년 二年 due anni

이념 理念 idea, ideologia, dottrina (교리)

이노베이션 innovazione

이놈 questo tipo

이농 離農 **-하다** abbandonare coltivazione

이뇨 利尿 urinazione **-하다** urinare

＊ -제 diuretico

이니셜 sigla

이니시어티브 iniziativa ¶ 이니시어티브를 잡다 prendere l'iniziativa nel fare qlco.

이다 ① [지정하는 말] essere ¶ 개는 집에서 기르는 동물이다 il cane è un animale domestico. ② [되다] diventare, essere ③ [수량] numerare, appesantire

이따금 di tanto in tanto, occasionalmente, una volta ogni tanto ¶ 이따금 오다 venire occasionalmente

이따위 tale, questo genere di

이다지 così tanto, così ¶ 이다지 많다 così tanto, così tanti 이다지 오래 tanto tempo

이단 異端 eresia, paganesimo, eterodossia ¶ 이단의 eretico, pagano ＊ -자 eretico, pagano

이달 corrente mese

이때 ora, in questo momento, adesso

이대로 com'è, immutato, non toccato

이데올로기 ideologia

이도 吏道 il dovere dei funzionari ＊ -쇄신 rinnovazione di burocrazia

이똥 impurità sui denti, [치석] tartaro

이동 移動 movimento, trasferimento, migrazione **-하다** muovere, trasferirsi, spostarsi, migrare ¶ 이동식의 movibile, mobile ＊ -도서관 biblioteca circolante 악센트가 마지막 음절로 이동하다 L'accento si sposta sull'ultima sillaba.

이동 異動 cambiamento, mutamento, cambio, sostituzione ¶ 내각의 이동 rimaneggiamento di gabinetto

이동 以東 (Seoul) dell'est

이득 利得 guadagno, profitto, utile, [법] rendita (부동산 따위의) ＊ **부당**- arricchimento disonesto **부당-자** profittatore

이든지 l'uno o l'altro, o, non importa come, dovunque, qualunque ⇒ 든지 ¶ 무엇이든지 qualsiasi, qualunque cosa

이들이들하다 (essere) lucido, lucente, brillante

이듬 [다음] ¶ 이듬해 l'anno prossimo

연금 年金 un vitalizio, una pensione ¶ 퇴직하여 연금으로 생활하다 andare in pensione ＊ **-수령자** un pensionato

오스트레일리아 Australia ¶ 오스트레일리아의 australiano ＊ **-사람** australiano

올리브 oliva ¶ 올리브 기름 olio d'oliva

완화 緩和 rilievo, mitigazione, alleviamento **-하다** alleviare, attenuarsi, temperare, attenuare ¶ 교통난을 완화하다 alleviare la congestione di traffico ＊ **-제** lenitivo, tranquillante, antispastico

외구 畏寇 invasore (invasione) giapponese

외분 外分 [기하] la divisione esterna **-하다** dividersi esternamente

욕설 辱說 abuso, maldicenza,

bestemmia, linguaggio abusivo **-하다** maledire ≪una persona≫, bestemmiare, maledire di una persona

우각 牛角 corno della mucca

우듬지 cima dell'albero

우물지다 ①[보조개가] fossetta ②[패이다] diventare vuoto, formare una cavità, affondarsi

이등변 삼각형 二等邊 三角形 [수학] triangolo isoscele

이등분 二等分 bisezione **-하다** dividere in due parti uguali, bisecare

이디오피아 Etiopia ＊ **-사람** etiopico, etiope

이라고 ⇒ 라고 ¶ 이것은 무엇이라고 하느냐? Come si chiama questo?

이라크 Iraq ＊ **-사람** iracheno ＊ **-어** iracheno, lingua irachena

이란 Iran ＊ **-사람** iraniano ＊ **-어** iranico

이란성 二卵性 ＊ **-쌍생아** gemello dizigotico

이랑 la porca e il solco≪dei campi≫

이랑 e, o, con

이래 以來 〔그후〕 da allora, dopo, da, 〔금후〕 in futuro, d'ora in poi, in avanti, in seguito

이래저래 in un modo o nell'altro, in qualche modo

이랬다저랬다 in questo modo e in quel modo, variabile, incostante, inaffidabile

이러〔마소를 몰 때〕forza!

이러구러 ① 〔우연히〕 per caso, inaspettatamente, in modo imprevisto ¶ 이러구러 그녀를 만나게 되었다 L'ho incontrata per caso ② 〔이럭저럭〕 così e così

이러니저러니 un motivo o l'altro, qualche cosa ¶ 이러니 저러니 말하다 criticare //그는 자신이 늦은 것에 대해 이러니저러니 말했다 Ha detto qualche cosa a proposito del suo ritardo

이러이러하다 essere tale, certo ¶ 이러이러한 사람 un tale, uno così e così

이러쿵저러쿵 이러니저러니

이러하다 essere in questo modo, così, in questa maniera, ¶ 그것을 이렇게 해라 Fallo così

이럭저럭 ① in qualche modo, in un modo o nell'altro ¶ 이럭저럭 그것을 해보지요 In qualche modo lo farò. ② [어느덧] inaspettatamente, inavvertitamente ¶ 어느덧 폭풍우가 우리를 덮쳤다 Il temporale ci colse alla sprovvista.

이런 ① [이러한] simile, tale, come, così, in questo modo, questo genere di ②[감탄] mio Dio!, povero me!/ santo cielo!/ Che sorpresa!/ Per Giove!

이렇게 così, in questo modo, in questa maniera ¶ 이렇게 해라 Fallo in questo modo

이렇다 이러하다 ¶ 이렇다할 degno di nota, di qualche importanza // 그 고장은 이렇다할 천연자원을 가지고 있지 않다 Quella zona non ha risorse minerali degne di nota. // 별로 이렇다 할 만한 것이 못 되다 Non è niente degno d'essere menzionato, nulla d'

importante (o di speciale)

이렇듯 così, in questo modo, come questo

이레 [날짜] il settimo giorno(del mese), [날수] sette giorni

이력 履歷 curriculum(vitae), precedenti (personali) 그의 이력은 그가 이 일에 적합함을 보여준다 I suoi precedenti dimostrano che è adatto per questo lavoro. * **-서** curriculum vitae≪라≫

이례 異例 eccezione, caso eccezionale [이례] anticonformismo ¶ 이례의 eccezionale, straordinario, senza (o che non ha) precedenti(전례가 없는), nuovo, anticonformista, anticonformistico, non convenzionale

이론 異論 obiezione, opposizione, divergenza, dissenso ¶ 네가 이론이 없다면 Se non hai niente in contrario(o da ridire) // 이론을 제기하다 muovere(o fare) un′ obiezione // …에 이론을 주장하다 avere da obiettare su qualcosa.

이론 理論 teoria, dottrina ¶ 이론적 teoretico, teorico // 이론상 teoricamente, in teoria * **-가** teoreta, chi teorizza , teorico

이롭다 利- valere, fare bene ¶ 이 약은 너를 이롭게 할 것이다. Questa medicina ti farà bene, [유익하다] fare bene, recare giovamento, giovare, favorire ¶ 햇빛은 모든 식물에게 이롭다 La luce del sole reca giovamento a tutte le piante., [도움이 되다] essere utile, vantaggioso, istruttivo ¶ 너의 조언은 매우 이로웠다 Il tuo suggerimento è stato utilissimo. // 이롭지 않다 far male a, essere nocivo per(o a)

이루 per niente, non … affatto, in nessun modo, assolutamente, totalmente, completamente ¶ 이루 말할 수 없는 che non si può esprimere // 이루 헤아릴 수 없는 innumerevole, inspiegabile, imponderabile

이루 二壘 【야구】 la seconda base * **-수** il difensore della seconda base

이루다 ① [성취] portare a termine, raggiungere, conseguire, [실현] realizzare, attuare, [완성] portare a compimento, completare, finire, [실행] adempiere, compiere, eseguire ¶ 이룰 수 없는 소망 desiderio irraggiungibile (o inaccessibile) // 이룰 수 있는 raggiungibile, ottenibile, accessibile, realizzabile ② [형성] fare, costruire, formare ¶ 길이 빙판을 이루었다 Sulle strade si è formato il ghiaccio // 한 가정을 이루다 Formare una famiglia

이루어지다 ①[성취 · 실현] essere compiuto(finito, realizzato) ② [형성] essere formato (o composto) di

이룩하다 [건립 · 수립] erigere, costruire, fabbricare, fondare, istituire, [성취] completare, realizzare ¶ 수도회를 세우다 fondare un ordine religioso

이류 二流 ¶ 이류의 di seconda categoria (o classe), di seconda qualità (o categoria), di second′

ordine

이륙 離陸 decollo, involo **-하다** [비행기가] decollare, alzarsi in volo

이륜 二輪 due ruote * **-차** veicolo a due ruote

이르다[1][시간이] essere in anticipo, essere prematuro, precoce ¶ 이른 아침에 di primo mattino

이르다[2]① [도착] raggiungere, giungere, arrivare ¶ 결론에 이르다 giungere alla conclusione // 우리는 그 날 밤 항구에 이르렀다. Raggiungemmo il porto quella notte ② [정도 · 범위] estendersi fino a, arrivare a, giungere(o spingersi) fino a ¶ 내 소유지는 강까지 이른다 La mia proprietà si estende fino al fiume. // 물이 그녀의 무릎까지 이르다(차 오르다) L'acqua le arriva al ginocchio.

이르다[3][알리다] informare≪di≫, rendere noto, annunciare, comunicare, dire a, far sapere a ¶ 네가 어디로 가야 하는지 알려줄 것이다 Ti sarà detto dove devi andare.

이를테면 per così dire, in altri termini, per dirla altrimenti, in altre parole, [요컨대] in poche parole, in una parola, (per dirla) in breve, a (o per) farla breve ¶ 요컨대 그의 태도는 알 수가 없다 In una parola, il suo atteggiamento è inspiegabile.

이름 ① nome, [성명] nome e cognome, [실명 · 통칭] nome (di battesimo), [성] cognome, casato ¶ 이름을 알 수 없는 non identificato // 이름을 짓다 dare un nome a // 너의 이름이 뭐니 Come ti chiami? 내 이름은 알베르토야 Mi chiamo Alberto // 이름을 대다 dire il nome // 넌 저 스타의 이름을 아니? Sai il nome di quella stella? // 그들은 아들의 이름을 죠반니로 지었다 Chiamarono il figlio Giovanni // 그는 삼촌의 이름을 따서 이름지어졌다 Gli fu dato il nome dello zio ② [명칭] nome, titolo ¶ 이름뿐인 왕 un re solo di nome // 법의 이름으로 in nome della legge ③ [명성] reputazione, fama, nome ¶ 유명한 사람 // 이름 없는 ignoto, sconosciuto, senza nome, che non ha un nome ¶ 이름 없는 시인 un poeta ignoto // 이름 없는 무덤 una tomba anonima ④[구실] pretesto, scusa

이름씨 sostantivo, nome

이름표 -標 targa, targhetta col nome

이리[1] [물고기의] latte di pesce

이리[2]【동물】lupo ¶ 이리떼 un branco di lupi

이리[3] ① [방향] qui, qua ¶ 이리 와 Vieni qua ② [이렇게] in questo modo, così, in questa maniera

이리듐【화학】iridio

이리저리 [이쪽저쪽으로] qui e là, [이렇게 저렇게] così e così, [곳곳에] in diversi punti, qua e là

이리하다 fare così ⇒ 이러하다

이마 fronte

이마적 recentemente, ultimamente

이만 soltanto questo, tanto ¶ 이만큼 왔으니 계속하는 게 유리하다 Arrivati a questo punto, tanto vale continuare. // 오늘은 이만 합시다 Oggi basta così!

이만저만 [정도] un poco, discretamente, [수] ¶ 나는 이만저만 피곤한 게 아니었다 Ero molto stanco.

이만큼 così tanto, tanto, tanti, così ¶ 이 만큼이면 된다 Basta così // 이 만큼이나! così tanto!

이맘때 intorno a quest'ora, verso questo periodo (dell'anno) ¶ 작년 이맘때 l'anno scorso in questo periodo

이맛살 rughe sulla fronte ¶ 이맛살을 찌푸리다 corrugare la fronte, aggrottare le sopracciglia, accigliarsi

이맞다 combaciare, incastrarsi, adeguarsi, adattarsi

이면 [조사] se, posto che, nel caso che, qualora, nell'eventualità che ¶ 내가 만약 너라면 Se fossi in te // 비가 온다면 nel caso che piova, se piovesse, se dovesse piovere // 너희들이 먼저 도착했다면 se foste arrivati prima

이면 二面 ① [두 면] due facce, due lati ② [신문의] seconda pagina * **－각(角)** 【기하】 angolo diedro

이면 裏面 [뒤쪽] dietro, retro, parte posteriore, l'altra parte, rovescio, [내면] fondo, interno, parte interna ¶ 집의 내부 l'interno di una casa // 도시의 이면 l'altra parte della città // 동전의 이면 il rovescio di una moneta

이명 異名 altro nome, pseudonimo, soprannome, nomignolo

이명 耳鳴 ronzio auricolare * **－증** tinnito auricolare

이모 姨母 zia materna

이모부 姨母夫 il marito della una zia materna, zio

이모저모 tutti gli aspetti ¶ 그는 그 문제를 이모저모로 살폈다 Esaminò il problema sotto tutti gli aspetti.

이목 耳目 [귀와 눈] occhio e orecchio, [주의] attenzione (pubblica) ¶ 이목을 끌다 attrarre l'attenzione

이목구비 耳目口鼻 [용모] lineamenti, fattezze, faccia, fisionomia, aspetto

이무기 anaconda, bea aquatico

이문 移文 profitto, margine, utile, guadagno, lucro, vantaggio, resa ¶ 이문을 얻다 ricavare un profitto // 이문을 보다 fare del profitto

이물 prua, prora

이미 ① [벌써] già, di già, ormai ¶ 나는 벌써 여기에 십 년 동안 살았다 Vivo qui ormai da dieci anni. // 이미 때가 늦다 È troppo tardi ormai. ② [앞서] precedentemente, in precedenza, prima

이미지 immagine, figura ¶ 그리스도의 이미지 un'immagine di Cristo

이민 移民 [이주] emigrazione (외국으로), immigrazione (외국에서), [이주자] emigrante (외국에 간), immigrante (외국에서 온), colonizzatore (f -trice) (개척지의) **-하다** emigrare (외국으로), immigrare (외국에서), ¶ 이민 제한 limitazione all'immigrazione

이바지 **-하다** ① [공급] fornire, rifornire, provvedere, dotare ¶ 도

시에 물을 공급하다 fornire acqua alla città ② [공헌] contribuire, dare il proprio contributo (a)

이반 離反, 離叛 [인심의] alienazione, discordia, distacco **-하다** alienarsi (da), allontanarsi, distaccarsi

이발 理髮 [깎음] taglio dei capelli, [드라이로 다듬기] acconciatura, (직업) (mestiere di) parrucchiere, barbiere, (로션 등등) lozione per capelli **-하다** farsi tagliare i capelli * **-기계** macchinetta per tagliare i capelli * **-사** (per donne) parrucchiere, (per uomini) barbiere

이방 異邦 paese straniero * **-인** straniero, forestiero

이배 二倍 doppio, due volte **-하다** raddoppiare, moltiplicare (per due) ¶ 이 배의 doppio, duplice 이 배의 이익 un doppio vantaggio // 이 배의 목표를 좇다 servire a un duplice scopo

이번 [금번] questa volta, [최근] recentemente, ultimamente, di recente, [현재의] presente, corrente, adesso, ora, in questo momento, [다음번] la prossima volta, la prossima occasione, [머지않아] tra poco, tra breve, presto ¶ 머지않아 그는 은퇴할 것이다 Tra poco andrà in pensione, [다음의] ① (장소) prossimo, più vicino ¶ 다음 마을 il villaggio più vicino // 우리 집 다음 집 la casa accanto alla nostra ② (순서) prossimo, successivo, seguente ¶ 다음 정류장 la prossima fermata // 다음 장 il capitolo seguente // 다음 주 la settimana prossima, [지난번의] scorso, passato, ultimo ¶ 작년 l'anno scorso (o passato)

이번 二番 numero due, il secondo

이변 異變 [사고] incidente, disgrazia, [재앙] disastro, calamità, sinistro

이별 離別 separazione distacco, addio, divorzio(이혼) **-하다** separarsi, dividersi, lasciarsi (da), [이혼] divorziare ¶ 이별의 키스 bacio d'addio // 이별을 고하다 dare l'addio a qlcu., salutare qlcu.

이병 二兵 soldato semplice

이병 罹病 이환(罹患)

이보다 ¶ 이보다 앞서 prima d'ora // 그 책은 그 영화보다 낫다 Il libro è migliore del film.

이복 異腹 ¶ **-형제** fratellastro // -자매 sorellastra

이봐 ehi!, ehilà, senta, guardi

이부 二部 due parti, [제 2의] la seconda parte // secondo atto

이부자리 biancheria e coperte da letto ¶ 이부자리를 펴다 rifare il letto

이북 以北 Corea del nord

이분 二分 **-하다** dividere in due parti uguali, fare a metà, tagliare a metà, dimezzare, ¶ 이분의 일 un mezzo, una metà

이분자 異分子 un elemento eterogeneo

이불 [이부자리] biancheria e coperti da letto, [누비 이불] trapunta, coltre, coperta imbottita, [침대 덮개] copriletto, [홑이불]

lenzuolo

이브닝 sera ¶ 이브닝 드레스 abito (o vestito) da sera, abito lungo

이비 耳鼻 orecchio e naso * **-인후과** otorinolaringoiatria

이사 移徙 trasferimento, trasloco, sgombero **-하다** trasferirsi, traslocare, cambiare casa

이사 理事 direttore, dirigente, [공공단체의] amministratore fiduciario * **-관** segretario, consigliere, commissario **-장** presidente del consiglio di amministrazione **-회** consiglio d'amministrazione

이삭 spiga ¶ 이삭을 줍다 spigolare

이산 離散 dispersione, sfacelo, disfacimento, smembramento, separazione

이산화 二酸化 【화학】 diossido, biossido * **-탄소** biossido di carbonio, anidride carbonica

이삼 二三 due o tre ¶ 이삼일 내에 fra qualche giorno, entro due o tre giorni

이상 以上 ① [수량 · 정도] più di, oltre, sopra ¶ 그의 나이는 오십세 이상이다 Ha più di cinquant' anni // 사십만 이상 oltre quattrocentomila // 수입 이상의 (분에 넘치는) 생활을 하다 vivere al di sopra dei propri mezzi // 그들은 예정된 시간 이상을 머물렀다 Si fermarono più del tempo stabilito(o oltre il previsto). ② [위에서 말한] ¶ 이상 말한 바 sopraccitato, predetto, suddetto ③ […한 바에는] visto che, dato che, poiché, giacché, siccome, ora che ¶ 네가 부자인 이상 너는 쉽게 내게 십 파운드를 빌려 줄 수 있다 Dato che sei così ricco, puoi ben prestarmi dieci sterline.

이상 異常 stranezza, stramberia, bizzarria, anormalità **-하다** (essere) strano, bizzaro, [보통과 다름] insolito, inusitato, inconsueto, raro, non comune, anormale, straordinario, [수상] sospetto, che desta sospetto ¶ 이상한 취미 un hobby insolito // 이상한 동물 un animale raro // 이상한 아름다움 strane bellezza // 이상한 성격 un tipo strano, carattere strano

이상 異狀 [몸의] indisposizione, (가벼운 병) indisposizione, malessere, anomalia, [불건전] (육체적 건강이 나쁨) cagionevolezza, cattiva salute, (정신적) malato di mente, pazzia, squilibrio mentale, (음식의) (essere) andato a male, guasto (o avariato), [고장] disordine, confusione, [변화] cambiamento, mutamento ¶ 이상이 있다 esserci qualche problema, essere anormale, (육체적으로 좋지 못함) essere non in buona salute, non sano, malsano, malato, (정신적으로) malato (o non sano) di mente, (도덕적으로) corrotto, pervertito, vizioso, (음식의) andato a male, guasto, avariato, (기계가) guasto, fuori servizio, non funzionante ¶ 승강기가 고장났다 L'ascensore è guasto. // 내 건강은 이상이 없다고 의사가 말한다 Il medico dice che sto bene di salute.

이상 理想 ideale, scopo, fine, meta, oggetto, il fine supremo ¶ 이상적 ideale 항해하기에 이상적인 날씨 tempo ideale per la vela // 이상을 추구하다 perseguire (cercare di raggiungere) un ideale // 이상을 실현하다 realizzare uno scopo // 이상이 높다 mirare in alto * **－가** idealista **－주의** idealismo

이색 異色 cosa nuova, novità ¶ 이색적 nuovo, unico, originale, eccezionale, straordinario

이서 裏書 (Econ) girata **－하다** girare, firmare, attergare ¶ 수표에 이서하다 girare un assegno * **－인** (Econ) girante

이설 異說 eterodossia, eresia, opinione diversa, visione diversa ¶ 이설을 펴다 esprimere opinioni diverse

이성 理性 ragione, razionalità, 【철학】 nous, inteletto ¶ 이성적 razionale, ragionevole. // 인간은 이성적인 존재이다 L'uomo è un essere razionale // 이성적인 산업 정책 una politica industriale razionale // 이성적인 결정 una decisione ragionevole // 이성이 없는 privo di ragione, irragionevole, irrazionale 동물들은 이성이 없다 Gli animali sono privi di ragione * **－론** razionalismo **순수－** ragion pura

이성 異性 l'altro sesso ¶ 이성을 알다 conoscere l'altro sesso

이세 二世 ①[인명 뒤에] junior, figlio, secondo ¶ 제임스 존스 이세 il sig. James Jones junior ② [다음 세대] seconda generazione

이솝 Esopo

이송 移送 trasferimento, trasporto, spostamento **－하다** spostare, trasportare, trasferire

이수 里數 distanza(거리)

이수 履修 completamento (di un corso di studio) **－하다** completare, finire

이쑤시개 stuzzicadente, stecchino

이순 耳順 sessantenne, sessagenario

이스라엘 Israele, (성경) popolo ebraico, popolo eletto ¶ 이스라엘의 israeliano * **－사람** israeliano

이스트 lievito

이슬 ① rugiada, gocce di rugiada(방울진) ¶ 이슬 맺힌 꽃 fiori rugiadosi(carichi di rugiada) // 이슬이 맺힘 formazione di rugiada // 이슬로 적시다 bagnare di rugiada ② [눈물] lacrima

이슬람 (종교) Islam, islamismo, (집단) islam, musulmani ¶ 이슬람의 islamico, musulmano * **－교** Islam **－교도** islamita

이슬비 pioggerella, acquerugiola ¶ 이슬비가 내리다 piovigginare, piovere a goccioline

이승 questo mondo, questa vita

이식 利息 이자(利子)

이식 利殖 trapianto, [식물의] l'acclimatarsi, acclimatamento, acclimatazione, naturalizzazione, [피부의] innesto **－하다** trapiantare, essere trapiantabile, [식물을] naturalizzarsi, acclimatarsi, [피부를] innestare

이신론 理神論 deismo * **－자** deista

이심 二心 [두마음] doppiezza, falsità, malafede, [배신] tradimento

이심률 離心率 【수학】 eccentricità

이심전심 以心傳心 telepatia, comprensione tacita ¶ 이심 전심으로 tacitamente, per telepatia

이십 二十 venti, (제 20의) ventesimo ¶ 이십 명 가량의 사람들 una ventina di persone // 이십대다 essere nella ventina, dai venti ai trent´anni

이악하다 (essere) scaltro, astuto, accorto, furbo ¶ 이악한 사업가 uno scaltro uomo d´affari

이앓이 mal di denti, odontalgia

이앙 移秧 il trapianto del riso **-하다** trapiantare il riso

이야기 ① [담화] conversazione, discorso, colloquio, [잡담]chiacchierata, quattro chacchiere, pettegolezzo, diceria **-하다** parlare, conversare (con), discorrere (con), chiacchierare, ciarlare ¶ 조용히 이야기하다 parlare piano // 우리는 여러 시간동안 이야기를 했다. Parlammo per diverse ore. // 누구누구에게 무엇에 대해 말하다 parlare a (o con) qlcu. di qlco. // 전화로 누구누구와 말하다 parlare al telefono con qlcu. ②[화제] argomento, tema, soggetto, **-하다** parlare su, tenere un discorso su ¶ 넌 무슨 이야기를 하는 중이야? Di che cosa stai parlando? ③ [사실 · 허구] storia, racconto, descrizione, leggenda **-하다** raccontare, narrare, riferire, riportare ④ [소문] diceria, voce, chiacchiera ¶ ...라는 이야기가(소문이) 있다 corre voce che ..., si sente dire che, si dice che, dicono che // 파업이 일어나리란 이야기다(소문이다) corre voce che ci sarà uno sciopero. // 그의 죽음이 임박해 있다는 이야기가(소문이) 돈다 Si dice che stia per morire. ⑤ [진술] esposizione, enunciazione, asserzione, affermazione **-하다** dichiarare, affermare, asserire¶그 진술을 거짓이다 Quell´asserzione è falsa. // 정부는 경제적 위기가 없다고 진술했다. Il governo ha dichiarato che non c´è crisi economica. ⑥ [기타] negoziato, trattativa(교섭), ¶ 이야기를 하다(교섭을 수행하다) condurre le trattative // 누구누구와 이야기(교섭)에 들어가다 intavolare negoziati con qlcu., entrare in trattative con qlcu. // 누구누구와 교섭을 진행중이다 essere in trattative con qlcu., consultazione (상담) ¶ 변호사와 이야기하다 consultarsi con un avvocato, accordo, intesa (합의) ¶ 누구누구와 이야기(합의)하다 essere d´accordo con qlcu., l´intendere, comprensione (의사소통)

이양 移讓 trasferimento, abbandono, rinuncia **-하다** trasferire, abbandonare, rinunciare, cedere, consegnare

이어 이語 [비어] volgarità, grossolanità, espressione volgare, [속어] espressione colloquiale, colloquialismo, gergo, slang

이어(서) successivamente, in seguito, susseguentemente, subito dopo

이어폰 auricolare, cuffia d'ascolto

이언정 benché, sebbene, quantunque, anche se ¶ 이상하게 보일지언정 anche se può sembrare strano.

이엉 paglia, filo di paglia ¶ 이엉집 casa di paglia

이에 per cui, in conseguenza di ciò, subito (o immediatamente) dopo, al che, dopo di che

이에짬 congiungimento, giunzione, punto di giunzione, connessione, giuntura

이역 異域 [이국] un paese straniero

이역 二役 doppio ruolo, doppia parte

이연발 二連發 [총] fucile a due canne, doppietta

이열 二列 due file ¶ 이 열로 a due file, in doppia fila

이염 耳炎 otite, l'infiammazione dell'orecchio

이염화물 二鹽化物 【화학】 bicloruro

이온 【화학】 ione

이완 弛緩 rilassamento, allentamento, distensione, lentezza, mollezza, scioltezza, 【의학】 atonia **-하다** allentare, diminuire la tensione di, mollare, rilassare, distendere ¶ 근육을 이완시키다 rilassare i muscoli

이왕 已往 ormai ¶ 이왕의 passato, del passato, scorso, trascorso //이왕에 già, di già, ora che // 이왕지사 물에 흘려 보내라(과거는 잊어버려라) Il passato è passato, Acqua passata non macina più, Dimentica il passato

이외 以外 [제외] eccetto, escluso, salvo, tranne, all'infuori di ¶ 일요일을 제외한 모든 날 tutti i giorni eccetto la domenica // 나는 여기 이외의 모든 곳을 살폈다 Ho guardato dappertutto tranne qui.

이욕 利慾 ingordigia, bramosia, avidità, cupidigia

이용 利用 uso, impiego, utilizzo(사용방법) ¶ 도서관 이용은 무료다 Luso della biblioteca è gratuito. // 도구의 올바른 사용 il giusto uso di uno strumento **-하다** usare, adoperare, fare uso di, utilizzare, servirsi di ¶ 당신의 전화를 이용할 수 있을까요? Posso usare il Suo telefono? // 내가 없는 동안 내 사무실을 이용할 수 있다 Puoi servirti del mio ufficio mentre sono fuori. // 어디에 이용하는 거죠? Per cosa serve? * **-자** chi usa, utente ¶ 전화 이용자 utenti del telefono

이울다 appassire, avvizzire, seccare, seccarsi, inaridire, <Astr.> calare, decrescere, declinare, scemare

이웃 vicinanza, prossimità, [사람] vicino (f -a) (di casa), vicinato, vicini ¶ 이웃의 vicino, che abita accanto, della porta accanto, adiacente, confinante // 이웃 사람들 i vicini di casa // 이웃 마을 il villaggio vicino

이원 二元 dualità * **-론** dualismo

이월 移越 **-하다** portare (o mandare) avanti ¶ 계획을 이월하다 portare(mandare) avanti un progetto

이유 理由 [까닭] ragione, motivo,

causa, [동기] motivo, causa, [구실] pretesto, scusa ¶ 이유없이 senza motivo (o ragione) // 놀랄 이유가 없다 non c'è ragione di sorprendersi // 종교적인 이유로 per motivi religiosi // 의심하는 이유 causa di sospetto // 너는 불평할 이유가 없다 Non hai (davvero) ragione di lamentarti. // 원인과 이유 il perché e il percome, causa e ragione // 이렇게 방해하는 이유가 뭡니까? Qual è la ragione di questa interruzione? // …의 이유로 a causa di, per motivo di // …라는 이유(구실)로 col pretesto di, con la scusa di // …할만한 이유가 있다 avere motivo (o ragione) di fare qlco. // 우리가 믿는 이유가 있다 Abbiamo motivo di credere, Abbiamo (qualche) ragione di pensare.

이유 離乳 svezzamento, divezzamento, slattamento **-하다** svezzare ¶ 아기에게 이유하다(젖을 떼다) svezzare un bambino

이윤 利潤 profitto, utile, guadagno, lucro, vantaggio ¶ 이윤을 올리다 ricavare un buon profitto

이율 利律 saggio(o tasso)d'interesse, aliquota, quota percentuale, interesse

이율배반 二律背反 antinomia, contraddizione

이윽고 entro breve tempo, fra poco, fra un momento, dopo un po', presto, tra poco, tra breve

이음매 giuntura, congiunzione, commessura ¶ 이음매가 없는 senza cucitura(o giuntura), intero

이의 異意 opinione diversa

이의 異議 [반대] obiezione, opposizione, [항의] protesta, rimostranza, reclamo, [불찬성] dissenso, dissidio, 【법】 eccezione perentoria, obiezione ¶ 네가 이의가 없다면 se non hai niente in contrarario (o da obiettare, da ridire) // 이의를 제기하다 obiettare, muovere (o fare) un'obiezione // …에 대해 이의를 말하다 avere da obiettare su qlco.

이익 利益 ① [이윤] profitto, guadagno, utile, frutto, [매상고] rendimento, resa, ricavato, ricavo, incasso ¶ 이익이 있는 proficuo, vantaggioso, utile, lucroso, lucrativo, rimunerativo // 이익이 없는 non redditizio, non rimunerativo, infruttuoso // 투자에서 상당한 이윤을 올리다 ricavare un buon profitto da un investimento // 판매 이익금은 자선단체로 갈 것이다 Il ricavato della vendita sarà devoluto in beneficenza, // 어떤 품목으로 이익을 얻다 realizzare un utile su un articolo ② [도움] vantaggio, beneficio, utilità, giovamento, [편리] comodo, vantaggio, [유리] interessi ¶ 공공의 이익 interesse pubblico // 이익이 있는 che fa bene, che reca giovamento, giovevole, vantaggioso, proficuo 태양은 모든 식물에게 유익하다 La luce del sole reca giovamento a tutte le piante. // …의 이익을 위하여 a favore di, nell'interesse di // 좋은

교육의 이익(유리함) i vantaggi di una buona eduazione // 이익을 주다 fare bene, dare beneficio // 이 약은 너에게 이익을 줄 것이다(이로울 것이다) Questa medicina ti farà bene. * **-배당금** dividendo, distribuzione degli utili **순-(금)** utile netto **총-(금)** utile lordo

이인 二人 due persone * **-승** (자동차) vettura sportiva (o a due posti), (비행기) aereo biposto, biposto **-조** duetto, duo **-칭** seconda persona (dei verbi)

이인 異人 ① [기재] persona straordinaria, genio, mago ② [다른 사람] persona diversa * **동명-** omonimo, persona diversa con lo stesso nome

이입 移入 **-하다** introdurre, importare ¶ 새로운 패션을 이입하다 introdurre una nuova moda.

이자 pancreas(췌장)

이자 利子 interesse, tornacone ¶ 이자가 붙다 fruttare interessi // 10 퍼센트의 이자가 붙다 dare il 10 % di interessi.

이장 里長 il capo di un villaggio

이재 理財 finanza, attività finanziaria, affari finanziari, economia

이재 罹災 sofferenza(per una calamità) * **-구호금** fondo d'assistenza(o di soccorso) **-민** vittime(di una calamità), sofferenti

이적 異蹟 miracolo, portento, prodigio ¶ 이적을 행하다 fare miracoli, fare (o operare) portenti

이적 利敵 fare del bene al nemico, giovare al nemico

이전 以前 tempi passati ¶ 이전에 in passato, precedentemente, una volta, prima // 이전의 precedente, antecedente, anteriore, di prima // 이전의 세입자 l'inquilino precedente

이전 移轉 trasloco, trasferimento **-하다** traslocare, trasferirsi, spostarsi, trasferire ¶ 새로운 동네로 이전하다 traslocare in un nuovo quartiere.

이점 利點 vantaggio, superiorità, posizione vantagiosa

이정 里程 distanza, chilometraggio * **-표(標)** pietra miliare, pietra segnamiglio, <비유적> pietra miliare

이제 adesso, ora, in questo momento 지금

이조 李朝 la dinastia Yi

이쪽 questo lato, questa direzione ¶ 이쪽으로 di qui, di qua, da questa parte

이족 異族 [이인종] razza diversa

이종 姨從 i cugini materni

이종 異種 varietà, specie diversa * **-교배** ibridazione, incrocio

이주 移住 trasferimento, trasloco, sgombero, [사람·동물의] migrazione, [외국으로] emigrazione, [외국에서] immigrazione **-하다** trasferirsi, traslocare, migrare, emigrare, immigrare * **-민** emigrante, immigrante, colonizzatore

이주간 二週間 due settimane

이죽거리다 이기죽 거리다

이중 二重 duplicazione, raddoppiamento, duplicità ¶ 이중의 doppio, duplice, duale // 이중으로 doppiamente, due volte // 이중으로 하다[되다] raddoppiare, moltiplicare (per due), fare in duplice copia, fare un duplicato di * **-결혼** bigamia **-과세** doppia tassazione **-국적** doppia cittadinanza **-주** duetto

이즈음 ultimamente, recentemente, di recente,

이즘 ismo, dottrina, tendenza

이지 理智 intelletto, intelligenza, facoltà intellettive ¶ 이지적 intellettivo, dell' intelletto, intelligente * **-주의** intellettualismo

이지러지다 scheggiarsi, [날이, 달이] calare, decrescere, declinare, scemare ¶ 날이 이지러지기 시작했다 il giorno volgeva alla fine

이지마는 ma, però, tuttavia, per quanto, benché, sebbene, quantunque ¶ 그는 바쁘지만 올 것이다 verrà, benché sia occupato.

이직 離職 inerruzione del rapporto di lavoro **-하다** lasciare il proprio lavoro

이직자 離職者 <집단> disoccupati

이질 痢疾【의학】dissenteria

이질 異質 ① [성질이] eterogeneità ② [재주] qualità (o talento) eccezionale ¶ 이질의 eterogeneo, di diversa natura

이질 姨姪 nipote(figlio della sorella della propria moglie)

이질풀 痢疾-【식물】(un tipo di) geranio

이차 二次 ① [두번째] il secondo, secondario(부차) ②【수학】quadratico, di secondo grado * **-대전** la seconda guerra mondiale **-방정식** equazione quadratica

이차피 以此彼 어차피

이착 二着 [2위] secondo posto, [사람]secondo classificato

이착륙 離着陸 decollo e atterraggio

이채 異彩 colore vistoso ¶ 이채를 띠다 essere vistoso, avere un aspetto appariscente

이처럼 così, in questo modo(o maniera)

이첩 移牒 **-하다** riferire, notificare, rendere noto, annunciare, far sapere, trasmettere

이층 二層 primo piano, due piani

이치 理致 ragione, logica, principio ¶ 그것은 이치에 맞다 è logico, è ovvio, è ragionevole

이칭 異稱 soprannome, nomignolo, pseudonimo, falso nome

이커서니 oh, issa / ohe

이키나 [놀람] oh, ah, oh, Dio!

이타 利他 altruismo ¶ 이타적 altruistico * **-주의** altruismo **-주의자** altruista

이탈 離脫 secessione, separazione **-하다** staccarsi, separarsi, ritirarsi (da) ¶ 협회를 이탈하다 staccarsi da un′associazione // 직장을 이탈하다 abbandonare il (proprio) lavoro * **-자** chi si stacca, secessionista, separatista

이탈리아 Italia ¶ 이탈리아의 italiano * **-말** italiano **-사람** italiano

이태 due anni

이탤릭 corsivo, italico ¶ **-체로 하다** stampare in italico

이토 泥土 진흙

이토록 tanto, così

이튿날 [다음날] il giorno dopo

이틀 ① due giorni ② [초 이틀] il secondo giorno (del mese)

이판암 泥板岩 【광물】 argillite, scisto cristallino

이팔 二八 sedici

이페리트 【화학】 yprite, iprite, gas mostarda

이편 ① [이쪽] questo lato, questa parte ② [자기] parte mia(o nostra)

이하 以下 ① [수량] sotto, meno di, al di sotto di ¶ 6세 이하의 어린이들 bambini sotto i sei anni // 그는 내가 기대했던 것 이하로 질문을 했다 Domandò meno di quanto pensassi. ② [하기] il resto, il seguito

이하선 耳下腺 ghiandola parotidea, parotide ＊ **－염(炎)** parotite, orecchioni

이학 理學 ① fisica, scienze fisiche ② [철학] filosofia ＊ **－박사** dottore in scienze fisiche

이항 二項 binomio ¶ 이항의 binomiale, <생물학> binomio ＊ **－방정식** equazione binomiale

이항 移項 【수학】 trasposizione (di un termine) **－하다** trasporre

이해 利害 interessi, vantaggi e svantaggi, perdita e profitto ¶ 이해 관계자 le parti interessate

이해 理解 apprendimento, comprensione **－하다** apprendere, comprendere, capire, avere comprensione per, essere comprensivo con ¶ 이해할 수 있다 essere comprensibile // 너는 그 아티클을 이해했니? Hai capito quell'articolo? 난 네가 말했던 것을 이해하지 못했다 Non ho capito quello che hai detto. // 프랑스어를 이해하다 capire il francese // 자기 말을 남에게 이해시키다 farsi capire

이해력 理解力 capacità di comprensione, intendimento

이행 移行 **－하다** girare, voltare, cambiare direzione, virare di bordo (풍향이)

이행 履行 esecuzione, adempimento, compimento, osservanza, assolvimento ¶ 자신의 임무 이행 adempimento dei propri doveri **－하다** adempiere, compiere, eseguire, attuare, svolgere ¶ 자신의 의무를 이행하다 compiere il proprio dovere // 약속을 이행하다 mantenere una promessa // 명령을 이행하다 eseguire un ordine ＊ **－자** esecutore (f -trice), realizzatore (f -trice)

이향 離鄕 **－하다** andarsene dal proprio paese

이호 二號 numero due

이혼 離婚 divorzio **－하다** divorziare, concedere il divorzio a ¶ 이혼 선고 sentenza di divorzio // 이혼 소송을 시작하다 iniziare la pratica di divorzio // 이혼 신청서를 제출하다 inoltrare la richiesta di divorzio // 이혼 소송을 제기하다 iniziare una causa di divorzio // 이혼 법정 tribunale per le cause di divorzio

이화학 理化學 fisica e chimica

이환 罹患 contrazione di una malattia, affezione **－하다** contrarre un morbo, prendere una malattia

이회 二回 due volte ¶ 1일 2회 due volte al giorno // 연 이회 semestralmente, due volte all'anno

이후 以後 dopo questo, dopo ciò, d'ora in avanti, per l'avvenire, in seguito, in futuro ¶ 그 이후 da allora (in poi), dopo, poi, successivamente, in seguito, dopo di ciò, dopo di che

익 翼 [날개] ala, piano portante, 【군사】 lato, fianco, 【항공】 profilo alare

익년 翌年 l'anno dopo, l'anno seguente

익다 ① [과일 · 기회 따위가] essere maturo, maturare, diventare maturo ¶ 익은 maturo, stagionato, pronto // 익은 과일 frutta matura // 옥수수가 익다 Il granturco è maturo. // 익지 않은 acerbo, immaturo, verde, non stagionato // 풋과일 frutto acerbo // 너무 익은 troppo maturo ② [익숙하다] abituarsi a, fare l'abitudine a, essere in intimità con qc., essere esperto in qlco. ¶ 익은 abituale, consueto, solito, abituato, avvezzo (a) // 익지 않은 non abituato, non avezzo, non pratico, non esperto (di) // 그의 이름이 내게 익지 않다 Il suo nome non mi è familiare. // 나는 대중 앞에서 말하는 게 익숙하지 않다 Non sono abituato a parlare in pubblico. // 어떤 과목에 익숙해지다 acquistare dimestichezza (o familiarità) con una materia/ 나는 과학 용어에 익(숙)지 않다 Non ho dimestichezza con i termini scientifici. ③ [음식이] essere cucinato, essere cotto ¶ 잘 익은 ben cotto

익명 匿名 anonimato, anonimo ¶ 익명의 편지 una lettera anonima

익사 溺死 **-하다** affogare, annegare ¶ 그는 호수에서 익사했다 Annegò nel lago.

익살 cosa divertente, buffoneria, comicità, scherzo, facezia, spiritosaggine, battuta, buffonata, beffa, burla ¶ 익살을 부리다 fare una battuta, scherzare, celiare // 익살스러운 comico, buffo, faceto, ameno * **-군** tipo ameno, spiritoso, burlone, comico, buffone, pagliaccio

익숙하다 [능숙] essere esperto (competente, capace, bravo, pratico), abile, [잘 알다] (essere) consueto, familiare, abituato ¶ 무엇 무엇에 익숙하다 essere esperto in qlco.

익애 溺愛 amore sviscerato, infatuazione **-하다** stravedere, avere una passione (per), amare svisceratamente (qlcu.)

익일 翌日 il giorno dopo

익조 益鳥 uccello utile

익충 益蟲 insetto utile

익히다 ① [과일을] fare maturare, [술 · 간장 · 와인을] fare mediante fermentazione, fare fermentare, far invecchiare, far maturare, fare stagionare, [음식을] cucinare, cuocere, bollire, far bollire, (끓는 물에 익히기) lessare ② [익숙] familiarizzarsi (con), essere abituato, avere l′abitudine, imparare ad avere, esercitarsi in (o a), addestrarsi a, far pratica di (o in) ¶ 그는 힘든 일에 익숙하지 않았다. Non era abituato a lavorare sodo. // 참는 법을 익히다 imparare ad avere pazienza // 쓰는 법을 익히다 esercitarsi a scrivere.

인 仁 virtù perfetta, umanità, benevolenza, bontà

인 印 sigillo, timbro, bollo, stampo, stampiglia

인 燐 【화학】 fosforo ¶ 인의 fosforoso

인 人 uomo, umanità, persona

인가 人家 casa, domicilio, dimora

인가 認可 licenza, autorizzazione, approvazione, permesso, sanzione **-하다** autorizzare, permettere, approvare, dare la licenza

인각 印刻 **-하다** intagliare, scolpire, incidere

인간 人間 uomo, essere umano, persona, [인류] umanità, genere umano ¶ 인간의 umano // 인력자본 capitale umano * **-미(味)** umanità, benevolenza **-사** vicende umane **-성** natura umana, umanità **-역사** storia dell′umanità

인갑 鱗甲 [비늘 모양의 껍데기] armatura a scaglie (o squame)

인건비 人件費 spese del personale, costo del lavoro

인걸 人傑 eroe, uomo eccezionale

인격 人格 personalità, carattere, indole * **-자** un uomo di carattere

인견 人絹 raion, seta artificiale * **-사** filo di raion

인경 grande segnale che dava il segnale del comprifuoco

인계 引繼 successione (a) ¶ 왕위 인계 successione al trono **-받다** ricevere le consegne **-하다** consegnare, dare le consegne, assumere la direzione di ¶ 다른 회사를 인계하다 assumere la direzione di un′altra società

인공 人工 lavoro umano, arte, abilità umana ¶ 자연과 인공 natura e arte // 인공의 artificiale, innaturale, fatto dall′uomo * **-물** artefatto, manufatto **-지능** intelligenza artificiale **-수정** fecondazione artificiale **-수정아** bambino nato per inseminazione artificiale **-위성** satellite artificiale

인과 因果 [원인 · 결과] causa ed effetto, [응보] retribuzione, punizione * **-성** causalità **-응보** retribuzione

인광 燐光 fosforescenza

인광 燐鑛 【광물】 fosfato minerale

인구 人口 popolazione ¶ 인구 조사를 실시하다 effettuare un censimento della popolazione * **세계-** popolazione mondiale **-증가** incremento demografico **-감소** regresso demografico **-폭발** esplosione demografica, boom delle nascite **-통계** statistica demografica **-조사** indagine demografica **-정책** politica demografica **-과잉** sovrappopolazione

인권 人權 diritti dell′uomo ¶ 인권

을 유린하다 calpestare i diritti umani * -선언 dichiarazione dei diritti umani

인근 隣近 dintorni, paraggi, vicinanze ¶ 인근의 vicino, adiacente, confinante

인기 人氣 popolarità ¶ 인기 있는 popolare, benvoluto, favorito, prediletto // 이 선생님은 학생들에게 인기가 없다 Questo insegnante non è benvoluto dai suoi studenti. // 인기가 있다 godere popolarità * **-배우** divo, stella, star **-소설** romanzo di successo

인내 忍耐 pazienza, sopportazione, perseveranza, tolleranza **-하다** sopportare, soffrire, tollerare, sorbirsi ¶ 인내성 있는 paziente, tollerante, che sopporta // 인내심 있는 선생님 un insegnante tollerante(o paziente) // 누구누구의 인내심을 이용하다 abusare della pazienza di qualcuno // 나는 2시간 동안 하는 강연회를 인내해야 했다 Mi son dovuto sorbire una conferenza di due ore. // 참아라 Abbi(ate) pazienza, un po′ di pazienza // 누구누구에 대해 인내심을 잃다 Perdere la pazienza con qlcu., non poterne più di qlcu.

인대 靭帶【해부】legamento

인덕 人德 virtù naturale

인덕 仁德 benevolenza

인덱스 indice

인도 人道 ①[인륜] umanità ¶ 인도적 umanitario, umano ②[보도] marciapiede * **-교** passerella, cavalcavia **-주의** umanitarismo, filantropia **-주의자** umanitario , filantropo

인도 引渡 consegna, distribuzione, trasferimento, resa, capitolazione (죄인의) **-하다** trasferire, consegnare, distribuire, presentare ¶ 상품을 인도하다 consegnare la merce

인도 引導 guida, consiglio, direzione, indicazione **-하다** essere di guida a, fare da guida a, guidare, dirigere, condurre, portare, accompagnare, indicare la strada ¶ 누구누구의 안내로 무엇 무엇을 하다 fare qlco. sotto la guida di qlcu. // 누구누구에게 길을 인도하다 guidare qlcu., fare strada a qlcu. * **-자** guida

인도네시아 사람 indonesiano * **-어** indonesiano

인동초 忍冬草【식물】caprifoglio

인두 ferro da stiro, saldatrice, cauterio * **-질** [다림질] stiratura, [땜질] saldatura ¶ 인두질하다 stirare, saldare, cauterizzare

인두 咽頭【해부】faringe * **-염** faringite

인두겁 人- aspetto umano

인두세 人頭稅 imposta (o tributo) pro capite, capitazione

인디고 indaco

인디언 indiano, (indano d′America) amerindo ¶ 인디언의 indiano, (아메리카 인디언과 관련해서) degli amerindi

인력 人力 potenza umana, forza (o forze) lavoro **-자원** risorse umane

인력 引力 gravitazione (universale) (지구의), attrazione(물질간의),

magnetismo(자기의) * 만유- gravitazione universale

인력거 人力車 risciò

인류 人類 umanità, genere umano, natura umana, uomo ¶ 인류의 umano, dell'uomo * **-발달사** stroria del progresso umano **-학** antropologia **-학자** antropologo

인륜 人倫 [도덕] moralità, probità morale, [인도] umanità

인망 人望 popolarità ¶ 인망 있는 popolare

인맥 人脈 linea dei contatti personali

인멸 湮滅 estinzione (자연적), distruzione (고의적), rovina, crollo, fine

인명 人命 vita umana, vita

인명 人名 * **-록** elenco dei nominativi

인문 人文 civilizzazione, cultura, belle lettere, studi umanistici(o classici) * **-주의** umanesimo

인물 人物 [사람] uomo, persona, [인품] personalità, [수완가] un uomo di capacità, [인격자] un uomo di buon carattere, [작품중의] personaggio ¶ 위대한 인물 un grand'uomo, un uomo di grande levatura * **-분석** analisi caratteriale **-화 [초상화]** ritratto

인민 人民 popolo, popolazione, sudditi, [공중] pubblico, gente, cittadini ¶ 인민에 의한 정부 il governo [del popolo](o popolare) // 인민의 권리 diritti del popolo * **-공화국** repubblica popolare -전선 fronte popolare **-당** partito popolare (o del popolo)

인박이다 essere dedito a

인발 印- l'impronta di un sigillo

인방 隣邦 paese vicino(o confinante), nazione vicina

인본 印本 libro stampato

인본주의 人本主義 umanesimo * **-자** umanista

인부 人夫 portatore(indigeno), serro, [운반부] facchino, portabagagli, portatore

인분 人糞 escrementi umani, bottino (liquame di pozzi)

인사 人士 gente, persona

인사 人事 ① saluto, cenno di saluto, [절] inchino, [감사] gratitudine, riconoscenza [예절] ossequi, saluti, maniere, comportamento **-하다** salutare, fare un inchino, inchinarsi, fare un cenno di saluto ¶ 누구누구에게 모자를 벗고 인사하다 fare tanto di cappello a qlcu. ② [사람이 하는 일] vicende umane ③ [직원관계] personale, dipendenti * **-과** ufficio del personale **-정책** politica del personale

인사불성 人事不省 inconsapevolezza, perdita dei sensi

인사이드 interno

인산 燐酸 【화학】 acido fosforico * **-비료** fertilizzante fosfatico **-칼리** fosfato di potassio

인산인해 人山人海 una torma di persone

인삼 人蔘 ginseng

인상 人相 aspetto, apparenza, lineamenti, fattezze, faccia, fisionomia

인상 引上 [가격 따위의] aumento,

rialzo, rincaro **-하다** aumentare, alzare, elevare ¶ 가격을 인상하다 alzare i prezzi // 월급을 10% 인상해서 받다 ottenere un aumento di stipendio del dieci percento.

인상 印象 impressione, impronta ¶ 인상적 impressionante, che impressiona, che colpisce // 인상적인 장면 una scena impressionante // 누구누구에게 좋은 인상을 주다 fare buona impressione a qlcu. // 그는 네게 어떤 인상을 주었니? Che impressione ti ha fatto quella persona? // 어떤 장소에 대한 첫인상 la prima impressione di un posto // 그것은 우리에게 깊은 인상을 주었다 Ci fece una profonda impressione. * **-주의** impressionismo **-파** la scuola impressionista

인상 鱗狀 ¶ 인상의 squamoso, squamato, scaglioso

인색 吝嗇 avarizia ¶ 인색한 avaro, spilorcio, tirchio, taccagno, gretto, tirchio

인생 人生 vita ¶ 이것이 인생이다 Questa è la vita. * **-행로** vita, corso delle cose umane, corso della vita

인선 人選 selezione della persona appropriata, scelta del personale

인성 人性 natura umana, umanità * **-학**(學) etologia

인성 人聲 voce umana

인세 印稅 diritti d′autore, diritto di bollo

인솔 引率 **-하다** guidare, condurre, comandare, avere il controllo di ¶ 말을 물로 인솔(인도)하다 condurre un cavallo all′abbeverata * **-자** capo, guida, leader, condottiero

인쇄 印刷 stampa, lavoro tipografico (o di stampa) **-하다** stampare ¶ 신문을 인쇄하다 stampare un giornale * **-공** tipografo, stampatore **-물** stampe, stampati **-산업** industria tipografica **-소** tipografia, stamperia

인수 人數 il numero delle persone

인수 因數 【수학】 fattore * **-분해** scomposizione in fattori

인수 引受 [부담 · 담당] impresa, iniziativa, [수락] accettazione, consenso, [환어음의 보증] avallo, malleveria **-하다** intraprendere, accingersi, prendersi cura di, accettare, garantire, avallare

인슐린 【약】 insulina

인스턴트 istantaneo

인습 因習 convenzione, consuetudine, [전통] tradizione ¶ 인습적인 convenzionale, tradizionale // 사회적 인습 convenzioni sociali

인식 認識 riconoscimento, [이해] comprensione **-하다** rendersi conto di, accorgersi di, riconoscere, comprendere, apprezzare ¶ 권리에 대한 인식 riconoscimento di un diritto * **-론** 【철학】 epistemologia, teoria della conoscenza

인신 人身 il corpo umano * **-공격** attacco personale

인심 人心 mente umana, cuore dell′uomo ¶ 인심이 좋다 essere di animo buono, generoso

인심 仁心 benevolenza, generosità,

gentilezza, umanità ¶ 인심 쓰다 essere generoso

인애 仁愛 carità, umanità, benevolenza

인양 引揚 salvataggio(난파선의) **-하다** tirare su, salvare, trarre in salvo

인어 人魚 sirena, abile nuotatrice, ondina(수영 잘 하는 여자), tritone(숫컷), abile nuotatore(수영 잘 하는 남자)

인연 因緣 Karma, destino, fato, [연분] affinità, connessione [유래] origine

인욕 忍辱 fortezza, fermezza, forza morale, pazienza, sopportazione, tolleranza

인용 引用 citazione, brano (o passo) citato **-하다** citare, fare delle citazione, citare brani (o passi), vedere (참조) ¶ 성경에서 인용 una citazione dalla Bibbia // 호머의 싯귀를 인용하다 citare un verso di Omero // 밀턴을 인용하다 citare Milton // 세익스피어에서 인용하다 fare delle citazioni da Shakespeare * **-부호** virgolette

인원 人員 [인수] il numero delle persone, [직원] staff, gruppo di assistenti (o funzionari), personale, dipendenti

인위 人爲 lavoro umano, artificiosità, artificialità

인육 人肉 carne umana * **-시장** mercato degli schiavi, casa di prostituzione

인의 仁義 umanità e giustizia

인자 仁者 persona (molto) umana, virtuosa, benevolente

인자 因子 fattore, elemento, coefficiente

* **유전-** fattore, gene

인자 仁慈 carità, benevolenza, clemenza **-하다** (essere) indulgente, benigno, benevolo, caritatevole

인자 人子 il Figlio dell'Uomo, Gesù Cristo

인장 印章 sigillo, l'impronta di un sigillo(인발)

인재 人材 un uomo di talento, persona capace, talento, persona d'ingegno

인적 人的 umano, dell'uomo ¶ 인적 자원 forza (o forze) lavoro, risorse umane

인적 人跡 tracce umane ¶ 인적이 끊어진 disabitato, deserto, abbandonato, fuori mano, distante, remoto

인절미 pane fatto con il riso glutinoso

인접 隣接 contiguità, adiacenza, vicinanza, prossimità **-하다** essere contiguo a, essere vicino a

인정 人情 ① sentimenti umani, natura umana, umanità ② benevolenza, comprensione, simpatia ¶ 인정이 있는 사람 persona affettuosa (o cordiale, umana) // 인정이 있다 essere gentile(o umano) 그는 모두에게 인정이 있다(친절하다) Egli è gentile con tutti. // 인정이 없다 (essere) crudele, spietato, duro di cuore, freddo, indifferente

인정 仁政 governo benevolo

인정 認定 riconoscimento, ammissione(승인), attestazione, conferma(확인), approvazione, benestare, sanzione, ratifica, autorizzazione, permesso(공인 · 인증) **-하다** riconoscere, ammettere, confermare, approvare ¶ 권리의 인정 riconoscimento di un diritto // 자신의 실수 인정 riconoscimento dei propri errori // 패배를 인정하다 riconoscere la sconfitta, ammettere d'essere stato sconfitto

인제 ora, adesso, in questo momento, d'ora in avanti (o poi), d'ora innanzi ¶ 이제라도 anche solo ora

인조 人造 ¶ 인조의 artificiale, finto, imitazione(모조), riproduzione, copia, prodotto sintetico(합성) * **-견** seta artificiale(sintetica), raion **-고무** gomma sintetica **-가죽** cuoio sintetico

인종 人種 razza umana, specie umana, genere umano ¶ 인종적 razziale, etnologico(인종학상의), etnico // 인종차별 discriminazione razziale, razzismo * **-평등** uguaglianza delle razze(o razziale) **-학** etnologia **백-** razza bianca **흑색-** razza nera **황-** razza gialle

인주 印朱 inchiostro rosso per timbrare * **-함** tampore

인증 認證 certificazione, autenticazione, convalidazione, convalida **-하다** certificare, autenticare, legalizzare, convalidare

인지 印紙 bollo, marca (di carta) * **수입-** marca da bollo **-세** diritto di bollo, imposta

인지 認知 riconoscimento(legale) **-하다** riconoscere, accettare

인지상정 人之常情 natura umana, umnaità

인질 人質 ostaggio ¶ 인질로 잡다 prendere in ostaggio

인찰지 印札紙 carta a righe

인책 引責 **-하다** addossarsi(o prendersi) una responsabilità

인체 人體 corpo umano, carne, corpo * **-구조** la struttura del corpo umano

인출 引出 ritiro, prelevamento, prelievo **-하다** prelevare, ritirare ¶ 자신의 예금을 인출하다 prelevare i propri risparmi

인치 引致 custodia, detenzione **-하다** arrestare

인치 pollice(2.54cm)

인칭 人稱 【문법】 persona ¶ 제1 [2, 3]인칭 la prima [seconda, terza] persona * **-대명사** pronome personale

인터폰 citofono

인터폴 INTERPOL(polizia internazionale)

인턴 interno (f -a), medico interno

인토네이션 intonazione

인파 人波 un'onda di popolo, una marea (o un flusso) di persone

인편 人便 ad opera di una persona, da una persona

인플루엔자 influenza(med.)

인품 人品 personalità, carattere, indole, natura

인플레(이션) inflazione

인하 引下 riduzione, diminuzione ¶

가격을 인하하다 ridurre i prezzi // 가격의 10퍼센트 인하 una riduzione dei prezzi pari al dieci per cento

인허 認許 **-하다** acconsentire, consentire (a), riconoscere

인형 仁兄 [편지에서] caro

인형 人形 bambola, pupazzo, burattino, marionetta, fantoccio ¶ 인형 같은 simile a una bambola, che sembra una bambola * **-극** spettacolo di burattini

인화 人和 buona armonia tra le persone

인화 印畵 stampa, riproduzione **-하다** stampare

인화물 燐化物 fosfuro

인후 咽喉 gola ¶ 인후의 punto d′infiammabilità, delle fauci, gutturale

일 ① lavoro, attività, opera, impiego, [직업] mestiere, occupazione, [사명] missione, compito **-하다** lavorare, svolgere un′attività, fare un lavoro, avere un lavoro (o impiego) ¶ 나는 내 일을 끝냈다 Ho terminato il mio lavoro // 너의 일(직업)이 뭐니? Qual è il tuo lavoro? // 일을 찾다 cercare lavoro // 출판사에서 일하다 lavorare per una casa editrice // 비서로 일하다 lavorare come segretaria ② faccenda, affare, cosa, affare, faccenda ¶ 나는 처리해야 할 일이 몇 가지 있다 Ho parecchie cose da fare. // 그것은 심각한 일이다 E′ una faccenda seria. // 나는 오늘 해야할 일이 많다 Ho tante cose da fare oggi. // 이 모든 일 때문에 나는 피곤하다 Sono stanco di tutta questa faccenda. // 네가 참견할 일이 아니다 Non sono affari tuoi. // 그것은 내 일이야(넌 상관 마) Non ti riguarda. ③ [사정] circostanza, fatto, dettaglio, circostanze ¶ 어떤 일도 간과되어서는 안 된다 Nessun dettaglio deve essere trascurato ④ [사건] avvenimento, caso, evento, incidente, [사고] accidente, incidente, [분규] disturbo ¶ 유감스러운 일 un caso spiacevole ⑤ [경험] esperienza ⑥ [계획·사업] piano, programma, progetto, piano, disegno ¶ 일을 꾸미다 fare progetti

일 一 un, uno ¶ 일등 il primo, il più importante, il numero uno

일가 一家 ① [가정] famiglia, casa, focolare domestico, [가족] famiglia, nucleo familiare, [일가친척] parenti, parentela, parentado ¶ 일가의 di famiglia, domestico, familiare, casalingo, di casa ② [학파] scuola ¶ 플라톤학파 la scuola di Platone

일가 一價 【화학】 monovalenza ¶ 일가의 monovalente, univalente * **-원소** monade

일가견 一家見 la propria opinione

일가족 一家族 tutta la famiglia, una famiglia

일각 一角 angolo, spigolo, parte

일각 一刻 momento, attimo, istante, minuto

일간 日刊 pubblicazione quotidiana ¶ 일간의 quotidiano, giornaliero * **-신문** quotidiano, giornale quotidiano

일간 日間 (fra) qualche giorno

일갈 一喝 **-하다** tuonare, rimbombare

일개 一介 ¶ 일개의 solo, semplice ¶ 그녀는 일개의 어린애다 Lei è solo una bambina.

일개 一箇 un, uno, una ¶ 일개의 un, uno, solo, unico

일깨우다 convincere, persuadere, far aprire gli occhi

일개인 一個人 individuo, singolo, un privato ¶ 일개인의 individuale, personale // 일개인의 권리 i diritti dell′individuo

일거 一擧 ¶ 일거에 in un attimo, in un battibaleno, d′un tratto

일거리 lavoro, cosa da fare ¶ 나는 해야할 일거리가 몇 개 있다 Devo fare alcuni lavori. // 일거리가 없다 essere senza lavoro(o disoccupato), non aver niente da fare

일거양득 prendere due piccioni con una fava

일건 一件 un affare, una faccenda * **-기록** documenti relativi agli affari

일껏 con sforzo (o fatica)

일격 一擊 colpo, botta, tratto ¶ 일격에 in un colpo, in una volta, in un soffio

일견 一見 occhiata, sguardo, guardata, scorsa, rapido sguardo **-하다** dare una scorsa a, dare uno sguardo, lanciare (o dare) un′occhiata ¶ 일견하여 al primo sguardo // 백문이 불여일견이다 Vedere per credere

일고 一考 considerazione, attenzione **-하다** considerare, pensare a, riflettere su, pensarci ¶ 일고의 여지가 있다 prendere in considerazione qlco.

일고 一顧 attenzione, considerazione

일곱 sette ¶ 일곱번째 settimo

일공 日工 lavoro a giornata, lavoratore a giornata, giornaliero (f -a)

일과 一過 **-하다** [지나가다] passare, cessare, svanire, scomparire

일과 日課 lavoro giornaliero, lezione quotidiana, routine giornaliera ¶ 일과를 주다 dare lavori giornalieri

일관 一貫 costanza, coerenza ¶ 일관된 fermo, costante

일관작업 一貫作業 catena di montaggio, [단위공정의] fase della catena di montaggio

일괄 一括 fascio, fastello, pezzo **-하다** fare un fagotto, [총괄] riassumere, ricapitolare, ammucchiare ¶ 일괄하여 tutto in una (sola) volta, in blocco, collettivamente, collegialmente, sommariamente * **-계약** contratto di massa

일광 日光 luce solare, calore del sole, raggio di sole ¶ 일광에 소독하다 esporsi al sole * **-욕** bagno di sole

일구다 preparare il terreno per la coltivazione, diboscare e dissodare il terreno

일구이언 一口二言 ¶ 일구이언의 falso, infido, ipocrita

일군 ① [품팔이] operario, lavoratore (f -trice), portatore

indigeno, coolie, scavatore, sterratore, terrazziere(막일의) ② [역량 있는 사람] uomo d'abilità

일그러지다 stravolto, distorto, contorto ¶ 그의 얼굴이 화가 나서 일그러졌다 Aveva il volto stravolto dall'ira. // 고통으로 일그러진 stravolto dal dolore

일급 一級 la prima classe ¶ 일급의 di prima qualità (o classe), di prim'ordine, eccellente

일급 日給 paga giornaliera ¶ 일급으로 일하다 lavorare a giornata * **-노동자** lavoratore (f -trice) a giornata, giornaliero(f -a)

일긋거리다 essere barcolante (o traballante, vacillante)

일기 一期 ① [기간] un periodo (di tempo), durata ② [일생] tutta la vita, vita

일기 一騎 un cavallerizzo

일기 日記 diario, giornale (di bordo, di viaggio) ¶ 일기를 적다 tenere un diario

일기 日氣 tempo, condizioni atmosferiche ¶ 좋은 (궂은) 날씨 bel (brutto) tempo

일기죽거리다 ancheggiare, sculettare

일년 一年 un anno, annata ¶ 일년의 annuale, annuo // 일년에 한 번씩 una volta all'anno, annualmente

일년생 一年生 ① [학년] un ragazzo della prima classe, [대학 따위의] studente del primo anno, matricola ② [일년생 초본] programma di studi del primo anno

일념 一念 volontà, un ardente desiderio, determinazione

일다[1] aumentare, crescere

일다[2] [일구다] dissodare un terreno ¶ 일구지 않은 땅 terreno non coltivato

일다[3] pulire strofinando (o sfregando), ripulire, lavare

일단 一旦 intanato, [잠깐] nel frattempo ¶ 우리가 일단 긴장을 늦추면 길을 잃게 되 Se ci lasciamo andare, siamo perduti.

일단 一團 corpo, gruppo, comitiva, brigata, gang, banda, combriccola (패거리), (teat.) troupe

일단 一段 ① [단계] primo stadio ② [계단의] scala, scalinata ③ [급수] il primo grado ④ [글의] passo, passaggio, brano, paragrafo, capoverso

일단락 一段落 pausa, intervallo (쉼), conclusione della prima parte di qualcosa (결말), capitolo

일당 一堂 ¶ 일당에 모이다 radunarsi in una sala

일당 一黨 cricca, combricola, gano

일당 日當 paga giornaliera ¶ 일당으로 돈을 받다 essere pagato a giornata // 일당으로 일하다 lavorare a giornata

일대 一代 una generazione * **-기** storia di una vita, biografia

일대 一隊 reparto, squadra, compagnia, brigata

일대 一帶 tutta la zona, quartiere, zona

일도양단 一刀兩斷 misura decisiva, misura drastica **-하다** tagliare (o troncare) un nodo gordiano, tagliare in due con un solo colpo

일독 一讀 attenta lettura **-하다** leggere (un libro) da cima a fondo, leggere attentamente, sottoporre ad attenta lettura

일동 一同 tutte le persone presente, tutti * **회원**- tutti i membri

일되다 maturare presto, crescere preccemente

일득 一得 un merito

일등 一等 prima, prima classe, primo rango ¶ 일등의 di prim′ ordine, [della migliore] (o di prima) qualità, eccellente, ottimo

일란성 一卵性 [형용사적] monovulare, monozigote * **-쌍생아** gemelli monovulari, monozigoti

일람 一覽 occhiata, controllo rapido **-하다** dare un′occhiata a, dare uno sguardo a * **-표** tabella, tavola, tabella informativa, quadro informativo

일러두기 note esplicative, legenda, note preliminari

일러두다 dire qlco. a qlcu., ordinare ¶ 단단히 일러두다 dare ordini rigidi

일러바치다 fare pettegolezzi (o della maldicenza), svelare un segreto, fare la spia (학생이)

일러주다 ① [알려주다] far conoscere, dire a, far sapere a, informare, avvisare, notificare ¶ 그 결과를 내가 네게 일러줄게 Ti farò conoscere il risultato. // 네가 어디로 가야할지 일러줄 것이다 Ti sarà detto dove devi andare. ② [가르치다] insegnare, istruire

일렁거리다 ballonzolare, andare su e giù, far oscillare, dondolare ¶ 파도 때문에 배가 일렁거렸다 Le onde facevano dondolare la barca.

일련 一連 serie, successione, sequela, catena

일련탁생 一連托生 essere tutti nella stessa barca

일렬 一列 una linea, una fila, riga ¶ 일렬로 allineato, in riga, in linea

일례 一例 esempio ¶ 일례로 per (o ad) esempio

일로 一路 [곧장] diritto, in linea retta, [길] una strada diritta

일루 一壘 【야구】 prima base * **-수** il primo difensore della base **-타** battuta con cui il giocatore conquista la prima base

일루 一縷 un filo(di speranza), un barlume (di speranza) ¶ 일루의 희망을 갖다 attaccarsi all′ultima speranza

일류 一流 prima classe (o qualità), il più importante, il più alto (o elevato) in grado, di prim′ ordine, [독특] peculiarità, particolarità

일률 一率 [균등] uniformità, uguaglianza ¶ 일률적으로 uniformemente, [무차별로] indiscriminatamente, [전체적으로] nel complesso, nell′insieme

일리 一理 (essereci)qualche ragione, qualcosa di vero

일막 一幕 un atto (teatr.) * **-극** atto unico

일말 一抹 ¶ 일말의 un leggero senso di

일망타진 一網打盡 retata, operazione di rastrellamento ¶ **-하다** fare una retata

일매지다 (essere) uniforme, uguale, pari

일맥 一脈 vena ¶ 일맥 상통하다 avere qualcosa in comune

일면 一面 [반면] un lato, [전면] una superficie, [양상] un aspetto, [신문의] la prima pagina ¶ 일면적 unilaterale

일면식 一面識 [사람에 대해서] conoscere di vista, [사물에 대해서] conoscenza superficiale ¶ 일면식도 없는 사람 un completo estraneo

일명 一名 [한 사람] una persona, [별명] secondo nome, pseudonimo, falso nome

일모 日暮 [일몰] tramonto, calar del sole, imbrunire, [황혼] crepuscolo, luce crepuscolare, [저녁때] sera, serata

일모작 一毛作 un solo raccolto all′anno

일목 一目 scorsa, rapido sguardo, occhiata ¶ 일목용연하다 essere chiaro al primo sguardo * **-장군** orbo come una talpa

일몰 日沒 tramonto, calar del sole

일문 一門 una famiglia, gruppo (o nucleo) familiare

일문일답 一問一答 domanda e risposta, intervista **-하다** avere un colloquio con, rispondere alle domande, dare una risposta ad ogni domanda

일미 一味 sapore superbo(o delizioso)

일박 一泊 **-하다** pernottare ¶ 일박의 per (o di) una notte // 일박 투숙객 ospite per una notte * **-여행** fare un viaggio di notte

일반 一般 ¶ 일반의[전반의] generale, [보편의] universale, [통례의] comune, solito, usuale, consueto, abituale, [대중의] popolare, del popolo // 일반적으로 generalmente, in genere, di solito // 일반적으로 말하면 genericamente parlando // 일반화하다 generalizzare, diffondere, rendere generale (o comune)

일반사면 一般赦免 amnistia

일발 一發 uno sparo, un colpo, scarica ¶ 일발의 총성 lo scoppio di uno sparo

일방 一方 [한 쪽] un lato, una parte, [딴 쪽] l′altra parte, [상대방의] l′altra parte ¶ 일방적 unilaterale, parziale, impari, disuguale (게임이나 경기) // 일방통행의 a senso unico // 일방통행 도로 una strada a senso unico

일번 一番 il primo, il migliore, la migliore, il num. 1, il meglio, la parte migliore ¶ 일번의 primo, più importante, principale, migliore * **-타자** 【야구】 giocatore che dà inizio alla partita

일벌 【곤충】 ape operaia, ape bottinatrice, bottinatrice

일변 一變 cambiamento completo **-하다** cambiare completamente, trasformarsi ¶ 태도를 일변하다 assumere (o prendere) un atteggiamento diverso, cambiare completamente atteggiamento

일변 日邊 interesse giornaliero

일별 一瞥 scorsa, rapido sguardo, occhiata **-하다** dare una scorsa a, intravedere (o vedere di sfuggita) qlco.

일병 一兵 일등병

일보 一步 passo ¶ 일보 전진하다 fare un passo avanti // 일보 일보 passo passo, passo dopo passo, per gradi // 붕괴 일보 전에 있다 essere sull′orlo della rovina

일보 日報 quotidiano, giornale quotidiano

일보다 avere (o prendersi) cura di un lavoro, occuparsi di un lavoro, lavorare

일본 日本 Giappone ¶ 일본의 giapponese, del Giappone, nipponico * **-국민** giapponesi, popolo giapponese **-말** (lingua) giapponese **-인** (persona) giapponese

일봉 一封 dono in denaro

일부 一夫 un marito ¶ 일부 일처(주의)의 monogamo, monogamico * **-일처** monogamia **-다처** poligamia

일부 一部 parte, porzione, una singola copia (di un libro) ¶ 일부의 parziale, limitato, divisionale, sezionale

일부 日賦 paga giornaliera * **-금** somma pagata giornalmente

일부러 [고의로] apposta, di proposito, intenzionalmente, [짐짓] di proposito, deliberatamente, consapevolmente, [특히] specialmente ¶ 일부러 …하다 darsi da fare, darsi (o prendersi) pena

일부분 一部分 una parte (porzione, sezione, divisione)

일사 一事 una cosa, un articolo

일사병 日射病 colpo di sole, insolazione, colpo di calore

일사분기 一四分期 il primo trimestre (di)

일사불란 一絲不亂 **-하다** essere in perfetto ordine

일사천리 一瀉千里 avanzamento veloce ¶ 일사천리로 di slancio, d′impeto, a precipizio

일산 日産 [생산고] produzione quotidiana, [일본산] prodotti giapponesi

일산화 一酸化 * **-물** monossido **-탄소** monossido di carbonio

일삼다 farsi dovere di fare qlco., assumersi il compito di fare qlco., [전념] dedicarsi a

일상 日常 ¶ 일상의 di tutti i giorni, di ogni giorno, quotidiano

일색 一色 [한빛] dello stesso colore, [미인] una vera bellezza ¶ 천하 일색 una bellezza senza pari

일생 一生 un′intera vita, per tutta la vita ¶ 일생의 che dura tutta la vita, di tutta una vita, a vita, per tutta la vita, fino alla morte // 일생에 한 번 una volta nella vita * **-사업** il lavoro di tutta la vita **-소원** desidero permanente

일석이조 一石二鳥 prendere due piccioni con una fava

일선 一線 una linea, [전선] la prima linea battagliera, il fronte

일설 一說 un rapporto, opinione diversa

일세 一世 [그 시대] tempo, epoca, età, [일대] una generazione, [첫

즉위자] il primo ¶ 헨리 1세 Enrico I [primo] // 일세의 영웅 il più grande eroe del tempo

일소 一笑 una risata, un sorriso ¶ 일소에 부치자 minimizzare qlco., riderci sopra

일소 一掃 spazzata, epurazione, repulisti **-하다** spazzar via, eliminare, distruggere, togliere di mezzo, detergere ¶ 편견을 일소하다 eliminare i pregiudizi

일손 lavoro manuale, [일솜씨] abilità, destrezza, [사람] un aiuto al lavoro ¶ 일손이 모자라다 essere a corto di personale (o manodopera)

일쑤 abitudine, usuanza, consuetudine, pratica

일수 日收 guadagni giornalieri

일수 日數 il numero dei giorni, tempo, [날의 운수] giorno fortunato 일진(日辰)

일순간 一瞬間 un istante, un momento ¶ 일순간의 momentaneo, passeggero, brevissimo // 일순간에 in un istante

일습 一襲 [의복의] un abito, [도구의] serie, assortimento ¶ 일습의 un assortimento di, una serie di

일승일패 一勝一敗 una vittoria ed una sconfitta

일시 一時 [한때] un tempo, una volta, in passato, [잠시] un momento, [일시로] temporaneamente, provvisoriamente, [동시에] allo stesso tempo ¶ 일시 고장 temporaneamente guasto // 일시적 방편 soluzione provvisoria, espediente temporaneo, ripiego // 일시적 현상 fenomeno passeggero

일시금 一時金 forfait

일식 日蝕 eclissi solare

일신 一新 rinnovamento, rinnovo, restauro **-하다** restaurare, rinnovare, cambiare completamente

일신 一身 sè, se stesso, se stessa, il proprio corpo ¶ 일신상의 personale, privato

일신교 一神敎 monoteismo ¶ 일신교의 monoteistico, monoteista

일심 一審 prima istanza (gior.)

일심 一心 un animo, concentrazione totale su qlco.

일약 一躍 [부사적] con un balzo

일어 日語 giapponese

일어나다 ① [기상] alzarsi (dal letto), levarsi ¶ 우리는 새벽에 일어났다 Ci alzammo all'alba // 일찍 일어나다 alzarsi presto ② [일어서다] alzarsi (in piedi) ¶ 그가 들어왔을 때 아무도 일어나지 않았다 Nessuno si alzò quando entrò ③ [자지 않고 있다] stare sveglio, stare seduto (a letto), rimanere alzato ¶ 그는 자정이 지나도록 일어나 있었다 Rimase alzato fin dopo la mezzanotte. ④ [발생] succedere, accadere, avvenire, scoppiare, prorompere ¶ 여기선 아무 일도 일어나지 않는다 Non succede mai nulla qui. // 그 일은 우연이 일어났다 E' successo per caso. // 전쟁이 일어난 그 날 il giorno in cui scoppiò la guerra ⑤ [원인] sorgere, presentarsi, essere causato, risultare, derivare (da) ¶ 손해는 순전히 게으름 때문

에 일어났다 Il danno fu causato da pura negligenza.

일어서다 alzarsi (in piedi), [분기] darsi da fare, muoversi, prepararsi, farsi coraggio, chiamare a raccolta le proprie forze ¶ 일어설 때가 되었다 E′ ora di darsi da fare.

일언 一言 una (singola) parola **-하다** dire una parola, fare dei commenti su qlcu.

일없다 non voluto, non desiderato, non richiesto, inutile, non necessario

일엽편주 一葉片舟 una piccola barca

일요일 日曜日 domenica ¶ 다음 일요일에 domenica prossima // 일요일 신문 un giornale che esce la domenica * **-판** edizione domenicale

일용 日用 di uso quotidiano (o giornaliero) * **-기구** articoli di uns quotidiano **-품** necessità giornaliere(o quotidiane)

일원 一圓 [일대] tutta la zona, quartiere

일원 一元 ¶ 일원적 unitario, singolo * **-론** monismo **-화** unificazione

일원 一員 membro, componente

일원제 一院制 il sistema unicamerale

일월 一月 gennaio

일월 日月 il sole e la luna, [때] tempo, giorni e mesi

일위 一位 [첫째] il primo posto, num. 1, il primo, il migliore ¶ 일위를 차지하다 arrivare (o essere) primo

일으키다 ① [세우다] alzare, sollevare, elevare, innalzare, erigere ¶ 텐트를 세우다 montare una tenda ② [깨우다] svegliarsi, destarsi, risvegliarsi ③ [창시] istituire, fondare, creare, iniziare ④ [야기] dare luogo a, far nascere, causare, provocare, causare, produrre ¶ 담배는 암을 일으킨다 Il fumo provoca il cancro. // 웃음을 일으키다 suscitare risa(o risate) ⑤ [불을] accendere, appicare (o dare) fuoco a ¶ 불을 일으키다 accendere un fuoco ⑥ [발생] generare, produrre ¶ 예기치 못한 결과를 일으키다 produrre risultati inaspettati

일익 一翼 una parte, un ruolo

일인 一人 una persona * **-독재** la dittatura di una persona **-분** una porzione **-이역** (fare) un doppio ruolo **-자** la persona più importante

일인 日人 giapponese, (집단적) giapponesi, popolo giapponese

일인당 一人當 a testa, pro capite

일일 一日 un giorno, il primo giorno (del mese)

일일이 [하나씩] uno alla volta, (a) uno a uno, [상세히] minuziosamente, dettagliatamente, [모두] tutto, ogni cosa

일임 一任 **-하다** lasciare (fare a), fidarsi di, affidare qlco. alle cure di qlcu. ¶ 네게 그것을 결정하도록 일임하마 Lo lascio decidere a te. // 내게 일임해! Lascia fare a me!

일자 日字 [날짜] data, [날 수] il numero dei giorni * **-변경선** (지리학에서 국제적인 날짜 변경선) linea del cambiamento di data, (신문의 뉴스에서) data sulla testata di un giornale

일자리 lavoro, occupazione, impiego, mestiere ¶ 일자리를 찾다 cercare lavoro

일자무식 一字無識 completa ignoranza, analfabetismo * **-군(꾼)** illetterato (f -a), analfabeta

일잠 ¶ 일잠 자다 andare a letto presto

일전 日前 l'altro giorno, qualche tempo fa

일전 一戰 una battaglia, uno scontro, un combattimento

일절 一切 del tutto, totalmente, completamente, assolutamente ¶ 일절 …하지 않다 non ... mai, mai // 그녀는 일절 외출하지 않는다 Non esce mai.

일정 日程 il programma giornaliero, [의사] l'ordine del giorno

일정 一定 **-하다** essere fissato (stabilito), essere regolare ¶ 일정한 수입 reddito regolare

일제 一齊 ¶ 일제히 tutto sommato, in tutto(다같이), d'un tratto, improvvisamente (동시에), in coro, simultaneamente (이구동성으로) * **-검거** retata, operazione di rastrellamento

일조 一朝 ¶ 일조에 in un giorno

일족 一族 [친족] parente, congiunto, consanguineo, tutto il gruppo familiare, [가족] tutta la famiglia

일종 一種 una specie, un genere, un tipo, ¶ 일종의 una specie di, della stessa natura

일주 一周 un giro, percorso circolare, gita, circumnavigazione **-하다** fare un giro intorno a, girare intorno a ¶ 세계를 일주하다 viaggiare (o girare) il mondo * **-기(期)** 【천문】 periodo **-년** il primo anniversario **-여행** viaggio di andata e ritorno

일주 一週 ① 일주(一周) ② [일주일] una settimana ¶ 일주 일회 una volta alla settimana, settimanale * **-5일제** settimana [di cinque giorni lavorativi] (o corta)

일지 日誌 diario, agenda

일찌감치 presto, di buon'ora, in anticipo

일찌기 ① all'inizio, al principio, presto, di buon'ora, di buon mattino, in anticipio ¶ 일찌기 일어나다 alzarsi presto ② [전에] in passato, tempo addietro, un tempo, precedentemente

일찍 presto 일찌기

일직 日直 giorno di lavoro * **-장교** ufficiale di giornata

일진 日辰 fortuna gionaliera

일진 一陣 [진지] campo militare, avanguardia, [한바탕의] una raffica di vento, un soffio di vento * **-광풍** una forte di vento

일진월보 日進月步 rapido progresso

일진일퇴 一進一退 flusso e riflusso **-하다** avanzare e ritirare

일차 一次 una volta, un tempo, il primo, 【수학】 lineare ¶ 일차의 primo, primario * **-방정식**

equazione di primo grado
일차원 一次元 ¶ 일차원의 invariabile numerica
일착 一着 [경주의] il primo arrivato **-하다** arrivare primo
일책 一策 piano, programma, un′idea
일처다부 一妻多夫 poliandria, poligamia
일체 一體 ¶ 일체가 되어 in massa, tutti insieme * **-화** unificazione
일체 一切 tutto, ogni cosa, intero, [부사적] completamente, interamente, del tutto, pienamente, totalmente ¶ 일체의 비용 il costo totale // 일체의 관계를 끊다 interrompere tutte le relazioni
일축 一蹴 **-하다** [걷어차다] dare un calcio a, prendere a calci (o pedate) ¶ 공을 걷어차다 dare un calcio a una palla, [거절] respingere, rifiutare categoricamente, [이기다] rifiutare facilmente
일출 日出 alba, aurora, sorgere (o levar) del sole
일취월장 日就月將 **-하다** progredire velocemente ¶ 일취월장의 progressista
일층 一層 ① [건물의] pianterreno, piano terra ② [더욱] più, ancora, in più, tanto (o ancora) più
일치 一致 accordo, intesa, [조화] armonia, concordia, [통일] unità, [부합] corrispondenza, [협력] cooperazione, collaborazione, 【문법】[수·성·인칭] concordanza, [시제의] correlazione (dei tempi) **-하다** essere d′accordo, convenire (con), accordarsi, concordare (con), armonizzare, mettere in accordo, corrispondere (a) ¶ 의견의 일치 unanimità di opinioni // 일치된 unito, d′accordo, in armonia, unanime // 나는 너와 전적으로 의견이 일치한다 Sono completamente d′accordo con te. // 그의 이야기는 그녀의 이야기와 일치한다 Il suo racconto concorda con il vostro. // 이론을 사실과 일치시키다 far corrispondere la teoria ai fatti // 행위는 약속과 일치해야 한다 I fatti devono corrispondere alle promesse. * **-단결** unione, armonia, concordia, solidarietà **-점** punto d′intersezione, incontro **-협력** sforzi congiunti
일컫다 ① chiamare, dare un nome a, mettere nome a, denominare, designare ¶ 그는 자신을 백작이라 일컫는다 Si fa chiamare conte ② [칭찬] lodare, elogiare, encomiare ¶ 용기 때문에 누군가를 일컬어주다(칭찬해주다) lodare qlcu. per il suo coraggio
일탈 逸脫 omissione, deviazione, divergenza **-하다** deviare, allontanarsi, scostarsi (da) ¶ 규칙에서 일탈 devianza
일터 officina, laboratorio, ufficio, studio, (il) posto di lavoro
일파 一派 [유파] una scuola, [파당] squadra, gruppo, partito, [종파] setta
일패 一敗 sconfitta * **-도지**(塗地) un completo fallimento, una completa sconfitta, una disfatta

일편 一片 un pezzo, un pezzetto, un frammento * **-단심** sincerità, franchezza, schiettezza, fedeltà

일편 一篇 passo, pezzo, brano

일평생 一平生 tutta la vita, [부사적] per tutta la vita ¶ 연구에 일평생을 바치다 dedicare la propria vita allo studio

일폭 一幅 rotolo di carta (o pergamena)

일표 一票 un voto ¶ 일표를 행사하다 passare ai voti, votare

일품 一品 un articolo di buona qualità, [요리] un piatto, pietanza

일품 逸品 una cosa eccellente, un capolavoro, una cosa rara

일하다 lavorare, svolgere un'attività, fare un lavoro, [근무] lavorare, avere un lavoro (o impiego) ¶ 열심히 일하다 lavorare sodo // 출판사 일을 하다 lavorare per una casa editrice // 비서로 일하다 lavorare come segretaria // 지나치게 일하다 lavorare troppo, affaticarsi, strapazzarsi

일한 日限 una data, un tempo fisso, un termine, un tempo limite

일할 一割 dieci percento, 10 %

일행 一行 ① [동아리] gruppo, comitiva, compagnia, brigata, adunata di persone, seguito, scorta(수행원), compagnia ambulante(흥행단) ¶ 장관 일행 il ministro e il suo seguito // 일행의 사람들 i membri del gruppo ② [한줄] una linea, un fila, una riga, un verso(시의)(sost.)

일혈 溢血 * **뇌-** emorragia cerebrale, apoplessia

일호 一號 num. 1, numero uno

일화 逸話 aneddoto * **-집** aneddotica, raccolta di aneddoti

일확천금 一攫千金 **-하다** accumulare una fortuna grande in un attimo(o tutto in un colpo)

일환 一環 collegamento, anello ¶ 계획의 일환을 이루다 costruire l'anello di un progetto

일회 一回 una volta, una partita, un round, un giro ¶ 일주일에 일회 una volta alla settimana * **-분** dose **-전** la prima partita

일훈 日暈 l'alone del sole

일흔 settanta, settantina, settant' anni (나이)

일희일비 一喜一悲 **-하다** essere a momenti felice, a momenti triste

읽다 leggere, (신호, 상징등을) leggere, interpretare, decifrare, leggere attenatamente, sottoporre ad attenta lettura, [암송] recitare, declamare ¶ 읽기 lettura // 읽고 쓰기 lettura e scrittura, leggere e scrivere // 소리내어 읽다 leggere ad alta voce // 신문을 읽다 leggere il giornale // 이 구절을 어떻게 읽었니? Come interpreti questo brano? // 누구누구의 마음을 읽다 leggere nel pensiero di qualcuno

잃다 perdere, smarrire, essere privato di ¶ 균형을 잃다 perdere l'equilibrio // 아버지를 잃다 perdere il padre // 나는 시계를 잃어버렸다 Ho perso l'orologio // 그는 게을

러서 일자리를 잃었다 La sua negligenza gli ha fatto perdere l'impiego // 생명을 잃다 perdere la vita // 길을 잃다 perdersi, smarrirsi

임 amato (f -a), diletto (f -a), adorato (f -a), innamorato (f -a)

임검 臨檢 ispezione ufficiale, perquisizione, [급습] irruzione (경찰의) colpo(범죄자들의), imbarco(배의) **-하다** ¶ 현장을 임검하다 fare un'ispezione ufficiale del luogo

임계 臨界 critico * **-각** angolo critico(fis.chim.)

임관 任官 nomina, insediamento, decreto di nomina a ufficiale(장교의), grado di ufficiale(계급) **-하다** essere nominato, insediare, affidare il comando a

임금 re, monarca, sovrano, regnante

임금 賃金 paga, retribuzione, ricompensa, salario(때때로 복수로 사용) ¶ 그는 좋은 임금을 받는다 Ha un buon salario * **-노동자** salariato (f -a) **-인상** incremento salariale **-지수** indice dei salari **기본-** salario base **최고-** salario massimo **최저-** minimo garantito **생활-** salario minimo, minimo vitale **최저-제** sistema del salario minimo garantito

임기 任期 periodo di permanenza in carica, mandato, durata di una carica ¶ 임기를 마치다 terminare il proprio servizio * **-만료** completamento del proprio periodo di permanenza in carica

임기응변 臨機應變 adattamento alle circostanze **-하다** agire secondo le circostanze, adattarsi alle circostanze ¶ 임기응변의 emergenza, espediente // 임기응변으로 secondo le circostanze

임대 賃貸 locazione, affitto, noleggio, appezzamento di terreno(부동산의) **-하다** affittare, dare in affitto(o locazione), locare(토지, 가옥 따위를), dare a nolo (o noleggio), noleggiare, offrire dietro (o per un) compenso, prendere a noleggio ¶ 비행기를 임대하다 noleggiare un aereo * **-가격** valore locativo **-계약** contratto [d' affitto](o di locazione) **-수입** reddito da locazione

임립 林立 **-하다** stare allineati e vicini

임면 任免 nomina e destituzione

임명 任命 nomina, carica, decreto di nomina a ufficiale(군인) **-하다** nominare, designare ¶ 그는 의장으로 임명되었다. Fu nominato presidente. // 임명권을 갖다 avere la facoltà di nominare * **-권** diritto di nomina

임무 任務 dovere, compito, mansione, missione(사명) ¶ 신입사원의 임무 le mansioni del nuovo impiegato

임박 臨迫 l'avvicinarsi, l'approssimarsi, avvicinamento **-하다** avvicinarsi, approssimarsi, essere imminente (o vicino), incombere, (essere) molto vicino, imminente, prossimo ¶ 겨울

이 임박하고 있다 L′inverno si sta avvicinando. // 시험이 임박했다 L′esame è prossimo.

임부 姙婦 donna incinta, una donna in attesa

임산물 林産物 prodotti della foresta

임상 臨床 【의학】 clinica ¶ 임상의 clinico // 임상적으로 clinicamente

임석 臨席 presenza, frequenza ＊ **－경관** poliziotto di servizio

임시 臨時 ¶ 임시의 temporaneo, provvisorio, transitorio, supplementare, straordinario, speciale // 임시의 일 lavoro occasionale ＊ **－고용인** avventizio **－수당** assegno speciale **－시험** esame speciale **－열차** treno speciale **－예산** bilancio provvisorio **－정부** governo provvisorio **－임시직** un lavoro provvisorio **－해결책** una soluzione temporanea

임시변통 臨時變通 espediente, ripiego, compromesso **－하다** ricorrere ad un espediente temporaneo ¶ 임시변통의 improvvisato, di fortuna, di ripiego, estemporaneo, temporaneo

임신 姙娠 stato interessante (o di gravidanza), (기간) gravidanza, gestazione **－하다** essere in stato interessante, essere incinta, rimanere incinta ¶ 그녀는 임신 3개월이다 E′ al terzo mese di gravidanza

임야 林野 terreno boscoso, foreste e campi

임어 臨御 viaggio della corte(arc.)

임업 林業 silvicoltura

임용 任用 nomina, impiego **－하다** nominare, designare

임원 任員 dirigente, funzionario, esecutivo, comitato esecutivo(집단), ufficiale

임의 任意 possibilità (o diritto) di scelta, alternativa, scelta, opzione ¶ 임의의 facoltativo, opzionale, libero, non obbligatorio // 임의의 3각형 un triangolo qualsiasi, un triangolo a scelta // 임의로 a piacimento, a volontà, a piacere

임자 [소유자] proprietario (f -a), possessore, padrone (f -a) ¶ 임자없는 senza padrone // 임자없는 자리 un posto (a sedere) libero

임전 臨戰 **－하다** entrare in azione, andare in battaglia(mil.)

임종 臨終 ① l′ora della morte ¶ 임종의 말 ultima parola ② [부모의] **－하다** essere presente al momento della morte(dei genitori)

임지 任地 posizione, posto, collocazione

임질 淋疾 【의학】 gonorrea, blenorragia

임차 賃借 noleggio, nolo, locazione, affitto **－하다** noleggiare, prendere a nolo, prendere in affitto ＊ **－권** il diritto d′affitto **－료** prezzo del noleggio

임치 任置 deposito, sedimento **－하다** depositare ＊ **－자** depositante

임파 淋巴 【해부】 linfa ¶ 임파의 linfatico ＊ **－관** vaso linfatico

임하다 臨－ ① [면하다] essere (o stare) di fronte a, guardare verso, fronteggiare ¶ 우리 집은 공원에 임해 있다 La nostra casa è di fronte al parco. ② [당면하다] fronteggiare, far fronte a ¶ 죽음에 임하여 in punto di morire

임학 林學 silvicoltura, dendrologia ＊ **－자** esperto forestale, dendrologo

임해 臨海 costa, litorale, spiaggia, marina, lido ＊ **－공업지대** complesso industriale costiero

입 ① bocca, labbro(입술) ¶ 한입에 in un boccone // 입을 벌리고 a bocca aperta // 입을 벌리다[다물다] aprire [chiudere] la bocca ② [말씨 · 말투] lingua, parola ¶ 입을 모아 in coro, all′unisono // 입밖에 내다 svelare, rendere noto, divulgare, tradire, accennare a, menzionare, parlare di // 입이 가볍다 (essere) loquace, di molte parole, chiacchierone, ciarliero // 입에 오르내리다 di cui si parla, chiacchierato // 입에 많이 오르내리는 영화배우 un′attrice di cui si parla molto ③ [식구] bocca da sfamare, dipendente ¶ 그는 네입을 먹여 살린다 Ha quattro bocche da sfamare. ④ [미각] gusto, palato ¶ 입에 맞다 andare bene per il proprio gusto ⑤ [부리] becco, rostro,

입가심 **－하다** togliere un brutto sapore rimasto in bocca

입각 入閣 entrata nel gabinetto(pol.) **－하다** diventare un membro del gabinetto

입각 立脚 **－하다** basarsi su qlco.

입감 入監 imprigionamento, incarcerazione ¶ 입감중이다 essere in prigione

입거 入渠 **－하다** mettere in bacino, entrare in bacino ＊ **－료(料)** diritti di bacino (o banchina)

입건 立件 **－하다** incriminare ¶ 그는 살인 혐의로 입건되었다 Venne incriminato per omicidio.

입고 入庫 [상품의] immagazzinamento **－하다** depositare, mettere in magazzino, immagazzinare

입관 入棺 **－하다** chiudere nella bara

입구 入口 entrata, ingresso

입국 入國 entrata in un paese **－하다** entrare in un paese

입궐 入闕 **－하다** andare al Palazzo reale

입금 入金 [수령금] incassi, introiti, entrate, proventi, denaro ricevuto, [대금] acconto ＊ **－전표** distinta (o modulo) di versamento

입길 pettegolezzo, chiacchiera, diceria, chiacchierata

입김 fiato, respiro

입다 ① [옷을] indossare, mettersi, infilare, infilarsi, [입고 있다] indossare, portare, avere addosso (o indosso), vestirsi ¶ 그녀는 붉은 색 옷을 입었다. Indossava un abito rosso. ② [은혜를] dovere, essere debitore di, [손해를] soffrire, subire danno, essere danneggiato ¶ 은혜를 입다 avere il patrocinio di qualcuno ③ [상을 입다] essere in lutto per qlcu.

입담 loquacità, parlantina, eloquenza ¶ 입담이 좋은 loquace, chiacchierone, ciarliero, che ha la parola pronta (e facile), che ha la lingua sciolta

입당 入黨 partecipazione al partito **-하다** iscriversi ad un partito politico

입대 入隊 arruolamento, leva, servizio di leva **-하다** entrare nell'esercito, andare sotto le armi ¶ 해군에 입대하다 arruolarsi in marina

입덧 nausea

입동 立冬 l'inizio dell'inverno

입뜨다 (essere) reticente, taciturno, silenzioso

입론 立論 **-하다** discutere, avere una discussione con qlcu. su qlco.

입맛 appetito, gusto ¶ 입맛을 잃다 perdere l'appetito

입맛다시다 leccarsi le labbra, [못마땅해] schioccare la lingua

입맛쓰다 sentire il sapore amaro, sentirsi molto male, (essere) contrariato, dispiaciuto

입맞추다 baciare, dare un bacio a qlcu. ¶ 누구누구의 볼에 입맞추다 baciare qlcu. sulla guancia, baciare la guancia di qlcu.

입멸 入滅 morte (di un santo buddista), l'entrata nel nirvana

입목 立木 albero in vita

입문 入門 ① [제자가 됨] **-하다** entrare in una scuola privata, diventare allievo (di una persona) ② [책] guida, manuale, introduzione * **문학-** un'introduzione allo studio della letteratura

입바르다 franco, schietto, sincero: [che non ha] (o senza) peli sulla lingua ¶ 입바른 소리를 하다 parlare chiaro

입방 立方 【수학】 cubo * **-근** radice cubica **-미터** metro cubico

입방아찧다 criticare continuamente, trovare sempre da ridire (sul conto di)

입버릇 il proprio modo di parlare

입법 立法 legislazione, ¶ 입법의 legislativo * **-권** potere legislativo **-부** legislatura, assemblea legislativa **-자** legislatore

입사 入社 **-하다** entrare a far parte di una ditta

입사 入射 【물리】 incidenza 투사 ¶ 입사의 incidente, che incide * **-각** angolo d'incidenza

입사 入絲 **-하다** inserire (per ottenere effetti decorativi), intarsiare, lavorare a intarsio

입산 入山 **-하다** entrare in un'area montana, scalare una montagna, [절에] farsi monaco buddista

입상 入賞 **-하다** vincere un premio ¶ 일등으로 입상하다 vincere il primo premio * **-자** vincitore (*f* -trice) di un premio, premiato (*f* -a)

입상 立像 statua in piedi

입선 入選 **-하다** essere accettato, essere scelto * **-자** vincitore (*f* -trice), vincente

입성 [옷] abiti, vestiti, indumenti, [총칭] vestiario, abbigliamento

입성 入城 **-하다** entrare in trionfo in una città(o in un castello)

입소 入所 entrata, ammissione (a), [교도소에] imprigionamento, incarcerazione **-하다** entrare (un istituto), essere ammesso, essere imprigionato

입수 入手 **-하다** ricevere, raccogliere, ottenere ¶ 정보를 입수하다 ottenere informazioni

입술 labbra ¶ 윗(아래)입술 il labbro superiore(inferiore) // 입술을 깨물다 mordersi le labbra

입시 入試 ¶ 입시 준비를 하다 prepararsi per l'esame d'ammissione

입씨름 controversia, disputa, discussione **-하다** discutere, avere una discussione, litigare, avere un alterco

입신 立身 **-하다** avere successo nella vita

입심 ¶ 입심이 좋다 spararle grosse, essere loquace

입씻기다 dare il denaro a qualcuno per non farlo parlare, pagare il prezzo del silenzio, comprare il silenzio di qualcuno

입씻이 ① [입씻기는] il prezzo del silenzio ② 입가심

입아귀 angoli della bocca

입안 立案 stesura, redazione, formulazione **-하다** abbozzare, disegnare, fare la prima stesura, concepire, escogitare, ideare * **-자** progettista, ideatore (f - trice), artefice, modellista, disegnatore

입양 入養 adozione **-하다** adottare ¶ 입양된 아이 un bambino adottato

입영 入營 arruolamento, leva, servizio di leva **-하다** entrare nell'esercito, andare sotto le armi

입욕 入浴 balneazione, bagno **-하다** fare il bagno

입원 入院 ¶ 입원 중이다 essere ricoverato in ospedale * **-환자** degente, paziente

입자 粒子 【물리】 granello, particella

입짧다 mangiare poco

입장 入場 ammissione, accesso, ingresso, entrata **-하다** entrare ¶ 입장 금지 vietato l'ingresso * **-권** [역의] biglietto d'ingresso **-권 판매소** ufficio (o agenzia) prenotazioni, biglietteria **-료** tassa d'ammissione **-무료** entrata libera

입장 立場 posizione, situazione, stato, [견지] punto di vista, prospettiva

입전 入電 telegramma ricevuto

입주 入住 **-하다** entrare, impadronirsi di, prendere possesso di, occupare ¶ 그들은 지난 주에 새 아파트에 입주했다 Entrarono nel nuovo appartamento la settimana scorsa. * **-자** un inquilino, un residente

입증 立證 prova, dimostrazione **-하다** provare, dimostrare, fornire la prova di ¶ 누구누구의 죄를 입증하다 dimostrare la colpevolezza di qlcu.

입지 立地 collocazione, posto, luogo ¶ 공장에 적합한 입지 un posto adatto per una fabbrica

입찰 入札 offerta **-하다** offrire, fare un'offerta di ¶ 계약을 입찰하다 fare un'offerta per un appalto * **-가격** prezzo d'offerta **-보증**

금 garanzia per un'offerta **-일** il giorno dell'offerta **-자** offerente ¶ 가장 높은 입찰자 il miglior offerente, appaltatore (f -trice)

입천장 -天障 palato ¶ 입천장의 palatino

입체 立體 solido ¶ 입체의 solido, cubico ¶ 입체적인 tridimensionale * **-감** effetto tridimensionale (o solido) **-기하학** geometria solida **-영화** film tridimensionale, cinerama **-음향 시스템** sistema stereofonico **-파【**미술**】** cubismo

입초 立哨 sorveglianza, vigilanza, guardia ¶ 입초서다 essere (o stare)di guardia, [군대] fare servizio di guardia, essere (o montare) di guardia * **-병** sentinella, soldato di guardia

입초 入超 eccesso di importazioni

입추 立秋 l'inizio dell'autunno

입춘 立春 l'inizio della primavera

입하 立夏 l'inizio dell'estate

입하 入荷 l'arrivo delle merci, la fornitura delle merci

입학 入學 ammissione alla scuola **-하다** entrare a scuola, essere ammesso a scuola, immatricolarsi (all'università) * **-금** quota d'ammissione **-시험** esame d'ammissione

입항 入港 entrata nel porto, arrivo al porto **-하다** giungere al porto, entrare al porto

입헌 立憲 costituzionalizzazione ¶ 입헌적인 costituzionale * **-군주 정체** monarchia costituzionale **-주의** costituzionalismo

입회 入會 ammissione, entrata **-하다** associarsi a, entrare a far parte di, iscriversi a, farsi socio di ¶ 클럽에 입회하다 iscriversi ad un circolo, diventare membro di un circolo

입회 立會 presenza, frequenza, [거래소의] sessione, seduta ¶ 입회하에 in (o alla) presenza di, davanti a * **-인** testimone (증인), scrutinatore (f -trice)

입후보 立候補 candidatura **-하다** [presentarsi candidato] (o porre la candidatura) a * **-자** candidato (f -a)

입히다 ① [옷을] vestire, infilare ¶ 어린이에게 옷을 입히다 vestire un bambino ② [도금] dorare, indorare, rivestire(o vestire) di uno strato, placcare ③ [씌우다] coprire, impiallacciare ¶ 사탕을 입힌 ricoperto di zucchero ④ [손해 따위] infliggere, portare (o recare) danno a

잇다¹ [지붕을] mettere un tetto a, coprire con un tetto, ricoprire di paglia(이엉으로), coprire con assicelle (널빤지로), coprire con tegole, piastrellare (기와로), ricoprire d'ardesia (슬레이트로) ¶ 지붕을 이엉으로 잇다 ricoprire un tetto con la paglia // 지붕을 슬레이트로 잇다 ricoprire un tetto d'ardesia

잇다² ① [접속] unire, congiungere, collegare, mettere in comunicazione, allacciare, connettere ¶ 나무 두 조각을 잇다 congiungere due pezzi di legno // 다리 하나가

섬과 대륙을 잇다 Un ponte collega l′isola alla terraferma. ② [계속] continuare a, proseguire, seguire, [계승] succedere a , subentrare a, ereditare ¶ 그 길이 이어져 있었다 La strada proseguiva., [유지] conservare, preservare ¶ 이어서 di seguito, in successione

잇달다 continuare, proseguire ¶ 잇달아서 continuamente, consecutivamente, di seguito, successivamente

잇닿다 continuare, seguitare, essere adiacente a, essere collegato a ¶ 방은 복도와 잇닿아 있다 La stanza da su un corridoio.

잇몸 gengiva, arcata alveolare

잇솔 spazzolino da denti

있다 ① [존재하다] essere, esistere, c′è (ci sono) ¶ 산 위에 집이 있다 C′è una casa sulla collina. ② [머무르다] rimanere, stare, restare, trattenersi, fermarsi ¶ 있다가 dopo un po′ // 너는 거기에 얼마나 있었니? Quanto tempo sei rimasto là? // 버스가 올 때까지 너와 있으마 Starò con te fino all′arrivo dell′autobus. // 난 무슨 일이 있어났는가 보기 위해 있었다 Mi tratenni per vedere che cosa sarebbe successo // 우린 친구로 있을 수 있어 Possiamo restare amici. ③ [위치하다] [산 · 건물 · 도시등] essere situato, trovarsi, stare, ¶ 그 집은 언덕 위에 있다 La casa è su una collina. // 도시는 강의 북쪽에 있다 La città si trova a nord del fiume. ④ [...에] consistere in ⑤ [소유하다] avere, possedere, [부여되다] avere la fortuna di (좋은 것을), ¶ 너 차 있니? Possiedi un automobile? // 꿈이 있다 avere un sogno // 그에겐 폭력적인 성격이 있다 Per sua disgrazia ha un carattere violento. // 아들이 둘 있다 avere due figli ⑥ [팔다] vendere, avere, tenere ¶ 우리는 이런 상품이 없습니다 Non abbiamo questo prodotto. ⑦ [거행하다] tenere una riunione, riunirsi, adunarsi, aprire ¶ 다음 회는 언제 있니? Quando si terrà la prossima riunione? ⑧ [발생하다] c′è (ci sono), avvenire, succedere, accadere, capitare ¶ 여기선 결코 아무 일이 없다 Non succede mai nulla qui. ⑨ [경험하다] avere esperienza ¶ 당신은 가르쳐 본경험이 있습니까? Ha precedenti esperienze d′insegnamento? ⑩ [포함하다] contenere, includere, comprendere ¶ 리스트에 이름이 있다 includere un nome in una lista // 아이들을 제외하고 우리는 네 명이다 Siamo in quattro esclusi i bambini. ⑪ [설비가] attrezzare, fornire, corredare ⑫ [재산] essere ricco ¶ 있는 사람 benestante, ricco ⑬ [상태] tenere, mantenere, restare, rimanere ¶ 불을 켜두고 있다 mantere acceso un fuoco // 우리는 친구로 남았다 Siamo rimasti amici.

잉꼬【새】ara

잉글랜드 Inghilterra

잉어 carpa

잉여 剩餘 sovrappiù, eccedenza, eccesso, surplus, margine * **－가치** plusvalore

잉카 Inca

잉크 inchiostro ¶ 잉크 젯 프린터 stampante a getto d'inchiostro // 잉크 스텐드 calamaio da scrittoio

잉태 孕胎 concepimento, stato interessante (o di gravidanza) **－하다** concepire, rimanere incinta di

잊다 ① [망각] dimenticare, dimenticarsi, scordare, scordarsi ¶ 나는 네가 온다는 걸 잊었었다 Avevo(o mi ero) dimenticato che venivi. // 잊을 수 없는 indimenticabile, memorabile // 난 완전히 잊어버리고 있었다 Me ne sono completamente scordato. ② [단념] abbandonare, accantonare ¶ 실용적이지 못하다는 이유로 어떤 생각을 잊다 accantonare un'idea perchè poco pratica ③ [놓고 오다] dimenticare, dimenticarsi, omettere ¶ 나는 우산을 잊었다 Ho dimenticato l'ombrello.

잎 foglia, petalo, filo (풀의), ago (침엽), fogliame, foglie (집합적) ¶ 잎이 없는 senza foglie (o fronde), sfrondato, spoglio (나무의)

잎사귀 foglia, foglia volante, fogliolina

잎파랑이 【식물】 clorofilla

ㅈ

자[1] ① [단위] misura coreana, *ja* (0.33m) ② [도구] regolo, riga, righello, squadra ¶ 자로 재다 misurare con un regolo * **삼각-** (da disegno)squadra a triangolo **만곡(원형)-** regolo curvato **평행-** parallele **티이-** riga a T

자[2] [감탄사] ti prego, per favore; ecco (qui) ¶ 자, 내게 키스해 줘 Ti prego, dammi un bacio, // 자 네 책이야 Ecco il tuo libro.

-자 [하자마자] (non) appena; quando, nel momento in cui ¶ 밖에 나가자 비가 내렸다 Quando sono uscito pioveva.

자 子 [십이지의] il segno del Topo * **-년** l'anno del Topo

자 字 ① [글자] carattere, lettera; ideogramma, scrittura ② [이름의] pseudonimo, nome fittizio

자 者 [사람] persona, uno, uomo, tipo, individuo ¶ 좋은 자 un tipo simpatico

자가 自家 [집] la propria casa, [자기] sé, se stesso, se stessa * **-당착** contraddizione in termini, autocontraddizione

자가용 自家用 [자가용차] automobile privata, automobile per uso personale ¶ 자가용차를 자기가 운전하는 사람 la persona che guida è il proprietario dell'automobile

자각 自覺 coscienza, autocoscienza, autoconsapevolezza **-하다** essere conscio di, rendersi conto (di), aprire gli occhi (su) * **-증상** (avvertire) I sintomni di una malattia

자간 子癎 【의학】 eclampsia

자갈 ghiaia, ciottolo, sassolino, massicciata, macadam ¶ 길에 자갈을 깔다 inghiaiare la strada * **-길** strada di ghiaia

자개 madreperla

짜개다 spaccare, fendere, rompere ⇒ 쪼개다

자객 刺客 assassino, uccisore (*f* ucciditrice), (고용된 킬러) sicario

자격 資格 qualifica, requisito, [능력] capacità, abilità, competenza, perizia, [회원의] eleggibilità ¶ 일에 필요한 자격을 가지다 avere i requisiti necessari per un impiego // 그는 기계공으로서 커다란 자격을 보여준다 dimostra una grande competenza come meccanico // 개인 자격으로 a titolo personale // ...의 자격으로 in qualità di // 기술 고문 자격으로 in qualità di consigliere tecnico // 자격이 있다 qualificarsi (per, a), avere i titoli richiesti (per), (요구된 기준에 직면하여) ottenere una qualifica, qualificarsi // 일에 자격이 있다 qualificarsi per un impiego // 그는 이제 숙련된 목수의 자격을 얻을 수 있다 E′ in grado di ottenere la qualifica di esperto carpentiere. * **-시험** esame d′abilitazione **-증** certificato di abilitazione (professionale) 입학- requisiti d′ammissione

자격지심 自激之心 (avere) coscienza della propria colpa

자결 自決 ① autodeterminazione, autodecisione ② [자살] suicidio **-하다** suicidarsi

자고로 自古- tradizionalmente ¶ 자고로 내려온 풍습 tradizioni 「consacrati dal tempo」 (venerabili)

자꾸 ① [여러번] ripetutamente, reiteratamente ② [끊임없이] costantemente, continuamente ③ [열심히] accanitamente, con tenacia

자국 segno, impronta, traccia, striscia, (바퀴의) solco ¶ 종이에 자국을 만들다 fare un segno sulla carta // 더러운 손바닥 자국 impronte di mani sporche // 눈 위의 썰매 자국 la traccia di una slitta sulla neve // 긁힌 자국 graffio, graffiatura, scalfittura // 다리에 긁힌 자국 un graffio sulla gamba * **피-** macchia di sangue

자국 自國 il proprio paese, la propria (madre) patria, il proprio paese d′origine ¶ 자국의 natale, nativo, nativo, (raro) vernacolare * **-민** un compatriota **-어** la propria madre lingua

자궁 子宮 【해부】 utero

자귀 字句 forma (della frase), formulazione (in parole), dicitura, frasario, fraseologia 《집합적》 ¶ 자귀의 verbale

자그마치 un po′, alquanto, pochi, alcuni, [반의적] non meno di, ben, almeno ¶ 그는 자그마치 하루에 스무 개피의 담배를 피운다 Fuma non meno di venti sigarette al giorno,

자그마하다 (essere) piuttosto piccolo, piccoletto, (키가) piccolo, basso

자극 刺戟 stimolo, pungolo, sprone, incitamento, spinta, impulso, incentivo **-하다** stimolare, spronare, spingere, incitare, dar sprone a ¶ 자극적 emozionante, eccitante // 패배는 그의 노력을 더욱 크게 자극할 뿐이었다 La sconfitta non fece che stimolarlo a intensificare i suoi sforzi. // 야망에 의해 자극을 받다 essere spronato dall′ambizione

자극 磁極 (지리학) polo magnetico 자끈하다 schioccare, spaccarsi, spezzarsi, incrinarsi, fendersi

자금 資金 fondi, denaro, capitale ¶ 자금을 모으다 raccogliere fondi // 자금이 갖춰져 있다 essere fornito di capitale // 누구누구에게 자금을 제공하다 fornire il denaro a qualcuno * **-난** difficoltà finanziarie

자급 自給 il mantenersi da sé (*o*

solo), indipendenza economica **-하다** mantenersi da sé, (essere) autosufficiente, (경제) (essere) autarchico ¶ 자급하는 che si mantiene da sé, economicamente indipendente * **-경제주의** autarchia **-자족** autosufficienza, (경제) autarchia

자긍 自矜 [자찬] autostima, [자부] presunzione, alto concetto di sé, orgoglio **-하다** vantarsi, gloriarsi

자기 自己 si, sé, se stesso, se stessa, Io ¶ 자기의 proprio, personale, privato // 자기 스스로 personalmente, di (*o* in) persona, da solo, da sé (혼자 힘으로) * **-기만** autoinganno **-도취** narcisismo, egoismo **-만족** autocompiacimento **-희생** sacrificio di sé, abnegazione

자기 磁氣 magnetismo ¶ 자기를 띤 magnetico * **-감응** autoinduzione **-녹음기** registratore a nastro magnetico, magnetofono **-폭풍** tempesta magnetica **-학** magnetofisica

자기 自記 ① [자기가 씀] **-하다** autoregistrare ② [자동기록] registratore (automaticamente) ¶ 자기의 registrazione automatica * **-기압계** barografo **-온도계** termometro a registrazione automatica

자기 瓷器 porcellana

자나깨나 giorno e notte, continuamente

자네 tu

자녀 子女 bambino (*f* -a), fanciullo (*f* -a), ragazzo (*f* -a), figlio (*f* -a)

자다 ① [잠을] dormire, riposare, (잠이 들다) addormentarsi, prendere sonno, [잠자리에 들다] andare a letto, ritirarsi ¶ 잘 자다 dormire bene // 그는 불을 끄고 잤다 Spense la luce e si addormentò. // 일해, 자지 말고! Lavora, non dormire! // 잘 자! Buona notte! ② [정지하다] (바람이) diminuire, calare, placarsi, quietarsi, calmarsi

짜다[1] ① [맛이] salato, salso, salino, salmastro ② [인색한] avaro, spilorcio, tirchio ③ [마음이] sgradevole, spiacevole

짜다[2] ① [만들다] riparare aggiungendo (dei) pezzi, mettere insieme, unire, assemblare, costruire, fare, fabbricare ¶ 다리를 만들다 costruire un ponte ② [편성하다] organizzare, formare, costituire, comporre ¶ 위원회를 짜다 formare un comitato ③ [한통이 되다] cooperare, collaborare (con), agire in collusione, colludere (con), cospirare, congiurare, complottare ¶ 남과 짜고 in combutta con, insieme a (*o* con), unitamente a ④ [실·끈으로] tessere, usare per la tessitura, tessere, intrecciare, intessere, filare ¶ 천을 짜다 tessere la stoffa // 바구니를 짜다 intrecciare un canestro ⑤ [물기를] torcere, strizzare, spremere, pigiare, spremere, pressare(쥬스를 짜다) ¶ 젖은 타올을 짜다 strizzare un asciugamano bagnato // 레몬을 짜다

spremere un limone // 우유를 짜다 mungere una vacca // 포도즙을 짜다 pigiare l'uva // 올리브기름을 짜다 pressare le olive ⑥ [억지로] pressare, lambiccarsi il cervello ⑦ [착취] sfruttare, strizzare, spremere, estorcere ¶ 노동자 계급을 쥐어짜다 sfruttare le classi operaie // 누구누구에게 돈을 짜내다 estorcere denaro a qualcuno

자당 自黨 il proprio partito politico

자당 慈堂 tua (sua) madre

자도 紫桃 【식물】 prugna, susina * **-나무** prugno, susino

자독 自瀆 masturbazione ⇒ 수음

자동 自動 movimento automatico, automatismo **-하다** muoversi automaticamente ¶ 자동식의 automatico * **-응답기** segreteria telefonica **-판매기** distributore automatico **-사진기** macchina fotografica automatica

자동사 自動詞 verbo intransitivo

자동차 自動車 automobile, auto, macchina ¶ 자동차를 운전하다 guidare una macchina * **-경주** corsa automobilistica **-공업** industria automobilistica **-번호판** numero di targa, targa **-운전수** guidatore (*f* -trice), conducente, autista (자가용차의) **-차고** (auto)rimessa, garage **영업용-** tassì, taxi, autopubblica **화물-** autocarro, camion

자두 ⇒ 자도

짜드락나다 essere scoperto, essere scovato

자득 自得 **-하다** ① [만족] compiacersi di sé stesso, (essere) autocompiaciuti ② [터득] comprendere, capire

자디잘다 (essere) minuscolo, minuto, molto piccolo, minimo

자라 【동물】 tartaruga d'acqua dolce

자라다¹ [성장하다] crescere, diventare adulto

자라다² ① [충분하다] (essere) sufficiente, abbastanza, bastante ② [도달하다] raggiungere, giungere a, arrivare a

자랑 lode (*o* elogio) di sé, vanteria, millanteria, spacconeria, vanto **-하다** essere orgoglioso (*o* fiero) di, boriarsi, vantarsi, millantarsi (di) ¶ 자랑할 것이 아무것도 없다 non c'è da vantarsene // 제 자랑을 하다 tessere (*o* cantare) le proprie lodi

자랑거리 superbia, orgoglio, alterigia

자력 資力 mezzi, possibilità (economiche), capitali, fondi, denaro

자력 自力 la propria forza, il proprio sforzo ¶ 자력으로 da solo, da sé

자력 磁力【물리】 magnetismo, forza magnetica ¶ 자력의 magnetico * **-계** magnetometro

자료 資料 materiale. documentazione, documento ¶ 자서전을 쓰기 위한 자료를 모으다 raccogliere materiale per una biografia

자루¹ [주머니] sacco, sacchetto ¶ 밀가루 자루 un sacco di farina

자루² [손잡이] manico, impugnatura, (문의) maniglia, manopola, impugnatura, (노의) girone, (칼 따위의) elsa, (창 따위의) asta ¶ 빗자루 손잡이 il manico della scopa

자르다 tagliare, spaccare ¶ 빵 한 조각을 자르다 tagliare una fetta di pane // 머리를 자르다(이발하다) farsi tagliare i capelli // 목재를 자르다 spaccare legna

자리 ① [좌석] sedile, sedia, posto ¶ 불의 옆 자리 un posto vicino al fuoco // 앞 자리 il sedile anteriore // 자리에 앉다 prendere posto, mettersi a sedere // 자기 자리에 앉다 occupare il proprio posto // 자리를 지키다 rimanere seduto // 자리에 앉으시지요! (Accomodatevi) Ai vostri posti, per favore!, (기차에서) In vettura! ② [여지] posto, spazio ¶ 우린 다른 가구들을 들일 자리가 없다 Non abbiamo posto per altri mobili ③ [현장] scena, luogo ¶ 범죄의 자리 la scena del delitto ④ [위치] posizione, ubicazione, collocazione ⑤ [지위] posizione, posto, impiego, carica, ufficio ⑥ [계산상의] cifra, numero, [숫자의] decimali [성경의] traccia ⑦ [안정된 상태] stabilità ¶ 자리가 잡히다 stabilirsi, sistemarsi // 결혼해서 자리를 잡을 때다 E′ ora che ti sposi e ti sistemi. ⑧ [자국] segno ⑨ [깔개] stuoia, stoino, (현관의) zerbino, tappetino, materasso, biancheria e coperte da letto ¶ 자리를 보다 rifare il letto

-짜리 [가치] valore, equivalente (in denaro) ¶ 5 달러 짜리 지폐 un biglietto da cinque dollari

자리보전 -保全 **-하다** stare a letto perchè ammalato

자리옷 biancheria per la notte, camicia da notte (da donna o da bambina), [남자의] camicia da notte, pigiama자리잡다 prendere posto, accomodarsi (al proprio posto), essere (situato), trovarsi, stare ¶ 시청은 시 중앙에 자리잡고 있다 il Municipio si trova al centro della città.

자립 自立 [독립] indipendenza, l′ autosostentamento [자활] il mantenersi da sé (*o* solo) **-하다** essere indipendente, essere autosufficiente * **-경제** indipendenza economica

자릿자릿 -하다 [저리다] (essere) intrizzito, [쑤시다] pizzicante, pungente, [마음조이다] entusiasmante, eccitante, elettrizzante

자막 字幕 [영화의] titoli (di testa), sottotitolo, didascaglia * **설명-** scena di collegamento, inserto, sottotitolo, didascaglia

자만 自慢 presunzione, alto concetto di sé, autoammirazione, lode (*o* elogio) di sé, vanità, superbia, orgoglio **-하다** boriarsi, vantarsi, millantarsi (di), essere superbo (di)

자매 姉妹 sorelle ¶ 자매의(같은) di (*o* da) sorella * **-기관** istiuzione gemellare **-편** opera complementare **-학교** scuola gemellata **-회사** società controllata, filiale

ㅈ

자매결연 姉妹結緣 relazioni fraterne ¶ 자매결연을 하다(맺다) costruire relazioni fraterne

자메이카 Giamaica

자멸 自滅 autodistruzione, suicidio, decadimento naturale **-하다** andare in rovina, essere distrutto, deteriorarsi, andare a male, rovinarsi ¶ 자멸적 autodistruttivo, funesto, rovinoso, suicida // 자멸적인 경제 정책 una politica economica rovinosa

자명 自明 **-하다** (essere) evidente, manifesto, ovvio, lapalissiano ¶ 자명한 이치 verità ovvia (*o* lapalissiana), truismo, assioma

자명종 自鳴鐘 sveglia

자모 字母 ① [음표 문자] alfabeto, lettera, sillaba ② [활자] matrice

자모음 字母音 vocali e cosonanti

자못 molto, assai, oltremodo

자문 諮問 domanda, richiesta, consultazione **-하다** consultare, chiedere, domandare, ∗ **-기관** organo consultivo **-위원** comitato consultivo

자문 自問 **-하다** farsi una domanda ∗ **-자답** il parlare tra sé e sé, il fare soliloqui, <희곡> monologo, soliloquio

자물쇠 serratura, lucchetto (맹꽁이), serratura a scatto (자동)

자바 Giava ∗ **-어** giavanese **-인** giavanese

자빠뜨리다 「far cadere」 (*o* buttare giù) con un urto (*o* colpo) ¶ 그는 꽃병을 테이블 아래로 자빠뜨렸다 Con un urto fece cadere il vaso dal tavolo.

자빠지다 [넘어지다] cadere, crollare, ruzzolare

자반뒤집기 **-하다** contorcersi dal dolore

자발 自發 ¶ 자발적 spontaneo, volontario ∗ **-성** spontaneità

자발없다 (essere) impaziente, sconsiderato, affrettato

자방 子房 【식물】 ovario

자백 自白 confessione(고백), ammissione, dichiarazione **-하다** confessare, riconoscersi colpevole (di), rendere confessione, ammettere ¶ 자신의 죄를 고백하다 confessare i propri peccati

자벌레 【곤충】 geometride

자변 自辯 **-하다** pagare le proprie spese

자복 自服 ⇒ 자백(自白)

자본 資本 capitale, capitali, fondi, denaro ¶ 자본의 축적 accumulazione del capitale ∗ **-가** capitalista **-가 계급** capitalisti, classe capitalista **-금** capitale sociale (*o* azionario), capitale **-주의** capitalismo **-주의 국가** paese capitalista (*o* a regime capitalistico) **고정-** capitale fisso **외국-** capitale estero **유동-** capitale circolante **투하-** capitale investito

자봉침 自縫針 macchina da cucire

자봉틀 自縫- ⇒ 재봉틀

자부 子婦 nuora

자부 自負 presunzione, alto concetto di sé, boria, orgoglio, vanità -하다 essere sicuro di sé, presuntuoso, borioso

자부 慈父 padre amoroso

자부심 自負心 presunzione, alto

ㅈ

concetto di sé, boria ¶ 자부심 강한 presuntuoso, pieno di sé, sicuro di sé

자비 自費 ¶ 자비로 a proprie spese

자비 慈悲 [인정] misericordia, [자선] carità, benevolenza, [동정] pietà, compassione **-하다** (essere) misericordioso, pietoso, clemente, benevolo, ben disposto, d'animo gentile, compassionevole ¶ 누구누구에게 자비를 베풀다 avere pietà di quacuno, usare misericordia con qualcuno

자산 資産 proprietà, bene, possesso, fortuna, ricchezze, patrimonio ¶ 자산과 부채 attivo e passivo, attività e passività * **-가** un possidente 고정- capitale fisso 유동- capitale circolante

자살 自殺 suicidio **-하다** suicidarsi ¶ 자살적 suicida, di suicidio * **-자** suicida

자상 仔詳 **-하다** (essere) dettagliato, particolareggiato, circostanziato, minuzioso

자상스럽다 仔詳- ⇒ 자상(**-하다**)

자색 姿色 ¶ 자색의 di carnagione chiara, bello

자색 紫色 color porpora, porpora, violetto

자생 自生 [우연 발생] autogenesi, autogenia, [야생] crescita selvatica

자서 自序 la prefazione dell'autore **-하다** scrivere la prefazione

자서전 自敍傳 autobiografia ¶ 자서전을 쓰다 scrivere la propria biografia * **-작자** autobiografo (f -a)

자석 磁石 magnete, calamita', bussola (지남철), magnetite (천연자석)

자석영 磁石英 ⇒ 자수정

자선 慈善 atti (*o* opere) di carità, elemosina, carità, benevolenza, gentilezza, atto di gentilezza ¶ 자선의 caritatevole, indulgente, benevolo, filantropico, filantropo * **-가** filantropo (*f* -a), persona caritatevole **-기금** fondi di beneficenza **-무도회** ballo di beneficenza **-병원** ospedale gratuito per i poveri **-시** bazar, vendita di beneficenza

자성 自省 introspezione, esame di coscienza, riflessione (반성) **-하다** riflettere, analizzare i propri sentimenti

자성 資性 natura, carattere, indole, temperamento ⇒ 천성

자성 자성 magnetismo ¶ 자성의 magnetico

자세 仔細 **-하다** (essere) minuzioso, minuto, dettagliato, particolareggiato, circostanziato ¶ 자세히 minuziosamente, dettagliatamente

자세 姿勢 posizione, atteggiamento, posa ¶ 앉은 자세에서 (in posizione) seduta // 차려 자세를 취하다 stare sull'attenti

자속 磁束 【물리】 flusso magnetico (*o* d'induzione magnetica)

자손 子孫 discendente, posteri, prole

자수 自手 * **-성가** fare fortuna

자수 自首 arrendevolezza, acquiescenza

자수 刺繡 ricamo **-하다** ricamare

자수정 紫水晶 ametista

자숙 自肅 autodisciplina, autocontrollo

자습 自習 autodidattismo **-하다** studiare da solo ＊ **-문제(방과후의)** compito (a casa)

자습서 自習書 chiave, soluzione, manuale di autoistruzione

자승 自乘 quadrato **-하다** elevare un numero al quadrato, quadrare ＊ **-근** radice quadrata

자승자박 自繩自縛 **-하다** intrappolarsi con le proprie mani, (fig.) autoincastrarsi

자시 子時 mezzanotte

자식 子息 ① [자녀] i propri figli, bambino (*f* -a) ¶ 자식이 없는 senza figli ② [욕] tipo, tizio, uomo, individuo

자신 自身 sé, se stesso, se stessa ¶ 자신의 proprio // 자신의 손으로 무엇을 하다 fare qlco. con le proprie mani // 나 자신 io (stesso), proprio io, io in persona // 나 자신을 위해서 나는 그 일을 했다 L´ho fatto per me stesso // 나 자신이 그 일을 하겠다 Lo farò (proprio) io. // 자신이 da solo, in (o di) persona (몸소)

자신 自信 sicurezza di sé, fiducia nelle proprie capacità, baldanza, confidenza **-하다** essere fiducioso in, avere fiducia in se stesso ¶ 우리는 성공을 자신한다 Siamo fiduciosi nel buon esito. // 자신이 없다 non avere fiducia in se stesso

자실 自失 **-하다** perdere la coscienza (o conoscenza)

자심 滋甚 aggravamento, peggioramento **-하다** peggiorare, aggravarsi

자아 自我 io, sé, se stesso, ego ＊ **-의식** la coscienza di sé, autocoscienza

자아내다 ① [실을] dipanare, filare ② [느낌 따위를] evocare, rievocare ¶ 슬픔을 자아내다 far sentire triste

자애 慈愛 affetto, affezione, amore, benevolenza, gentilezza ¶ 자애깊은 affettuoso, amorevole, tenero

자애 自愛 narcisismo, egoismo, egocentrismo

자약 自若 **-하다** avere autocontrollo, essere padrone di sé, composto, calmo ¶ 자약하게 con calma, tranquillamente, compostamente, serenamente

자양 滋養 nutrizione, alimentazione, alimento, cibo ¶ 자양분이 많다 (essere) nutriente, sostanzioso, nutritivo

자업 自業 ⇒ 자득

자연 自然 natura ¶ 자연의 naturale, di (*o* della) natura, spontaneo [꾸밈없는] sincero, naturale, genuino, [야생의] selvatico // 자연히 per (*o* di) natura, naturalmente, spontaneamente // 자연의 선물 i doni della natura // 자연사 morte naturale ＊ **-계** natura, mondo della natura **-과학** scienze naturali **-도태** selezione naturale **-발생** abiogenesi, autogenia **-법칙** le leggi della natura **-환경** ambiente naturale

자오선 子午線 circolo meridiano ¶

ㅈ

본초 자오선 meridiano iniziale
자옥하다 (essere) fitto, folto, spesso, denso ¶ 자옥하게 fitto, fittamente
자외선 紫外線 raggi ultravioletti 자욱하다 denso, fitto, folto, spesso ¶ 자욱하게 끼다 avvolgere, circondare
자웅 雌雄 maschio e femmina, i due sessi, [승패] vittoria e sconfitta ¶ 자웅양성의 bisessuale
자원 資源 risorse ¶ 인적 자원 risorse umane // 나라의 자원 le risorse del paese
자위 albume, bianco, (anat.) corpovitreo
자위 自慰 ① **-하다** confortarsi, consolarsi ② ⇒ 수음
자위 自衛 autodifesa, autotutela **-하다** difendere se stesso
자유 自由 libertà ¶ 신앙의 자유 libertà di culto // 출판의 자유 libertà di stampa // 언론의 자유 libertà di parola // 언론과 출판의 자유 libertà d′informazione // 선택의 자유 libertà di scelta // 자유화 liberalizzazione // 자유로이 liberamente, spontaneamente // 자유롭다 essere libero (o in libertà) // 나를 믿든지 믿지 않든지 너의 자유다 Sei libero di credermi o no. // 자유로운 선택 una libera scelta // 자유의사에 따라 행동하다 operare di proprio arbitrio * **-결혼** matrimonio d′amore **-교육** arti liberali(edu.) **-권** diritti civili **-당** partito liberale **-무역** liberoscambi **-민** cittadino onorario **-방임** non interferenza, laissez faire, politica liberistica **-방임주의** laissez faire **-선택** libera scelta **-시**(詩) verso libero **-의사** spontanea volontà, (철학) libero arbitrio **-인** uomo libero **-주의** (정치, 경제) liberalismo, larghezza di vedute **-주의자** liberista, liberale
자유자재 自由自在 **-하다** (essee) libero, senza limitazioni (*o* restrizioni) ¶ 자유 자재로 a piacere, a piacimento, a volontà, liberamente
자율 自律 autocontrollo, padronanza (*o* dominanza) di sé, indipendenza, libertà, 【철학】 autonomia ¶ 자율적 autonomo
자음 子音 【음성】 consonante ¶ 자음의 consonantico, di consonante
자의 自意 la propria volontà ¶ 자의로 volontariamente
자의 字義 il significato di una parola
자의 恣意 ¶ 자의로 arbitrariamente, caparbiamente, cocciutamente, testardamente, sventatamente
자의식 自意識 (철학) autocoscienza, autoconsapevolezza
자이레 Zaire
자이로스코우프 giroscopio
자이로컴퍼스 bussola girostatica (*o* giroscopica), girobussola
자이언트 gigante
자인 自認 **-하다** 「darsi per」 (*o* dichiararsi) vinto, confessare
자인력 磁引力 【물리】 attrazione magnetica
자일 corda, cordata
자임 自任 pretesa **-하다** considerar-

si, apprezzarsi, stimarsi, avere la pretesa di essere ...짜임새 composizione, struttura, [피륙의] armatura, tessitura, trama

자자 藉藉 **-하다** [소문 따위가] (essere) molto esteso, assai diffuso, divulgare, propalare, diffondere ¶ 칭찬이 자자 하다 avere larga ammirazione(o approvazione)

자자손손 子子孫孫 discendenza, posteri, discendente ¶ 자자손손 전해지다 tramandare ai posteri

자작 自作 ① il proprio lavoro, la propria opera **-하다** lavorare (scrivere) da solo, fare qlco. con le proprie mani ② [농업] coltivazione del prorprio podere ＊ **-농** coltivatore indipendente

자작 自酌 **-하다** servirsi da bere da solo

자작 子爵 visconte ＊**-부인** viscontessa

자작나무 【식물】 betulla bianca

자잘하다 (essere) minuscolo, molto piccolo

짜장 veramente, in verità, davvero

자장 磁場 【물리】 campo magnetico

자장가 -歌 ninnananna

자장자장 fa' la nanna

자재 資材 materiale, materia, risorsa ＊ **-과** sezione d'offerta 건축 materiali da costruzione

자재 資財 proprietà, beni, averi, sostanze, tenuta, possedimento

자재 自在 **-하다** (essere) libero, illimitato

자적 自適 **-하다** (essere) compiaciuto di sé, essere soddisfatto di sé

자전 字典 dizionario, vocabolario, lessico

자전 自傳 autobiografia

자전 自轉 rotazione, rivoluzione

자전거 自轉車 bicicletta, bici, monociclo(1륜), triciclo(3륜) ¶ 자전거로 가다 andare in bicicletta ＊ **-여행** cicloturismo

자정 子正 mezzanotte

자정향 紫丁香 【식물】 serenella, lil(l)à

자제 子弟 figlio, bambino, ragazzo, fanciullo

자제 自制 autocontrollo, padronanza (*o* dominio) di sé **-하다** controllare se stesso ＊ **-력** il potere d'autocontrollo

자제 自製 di fabbricazione propria ¶ 자제의 fatto in casa

자조 自嘲 disprezzo di sé **-하다** disprezzare se stesso

자조 自助 il fare da sé, autotutela, fiducia in se stesso

자족 自足 autosufficienza, (경제) autarchia **-하다** (essere) autosufficiente, (경제) autarchico ¶ 자족의 autosufficiente, autarchico

자존 自尊 rispetto per se stesso, stima (*o* rispetto) di sé, presunzione, boria (자긍), superbia, orgoglio **-하다** avere rispetto di sé, rispettare se stesso, essere orgoglioso

자존심 自尊心 rispetto per se stesso, orgoglio, superbia ¶ 자존심이 있다 essere rispettoso di se stesso

자주 spesso, di frequente, sovente

자주 自主 indipendenza, libertà,

autonomia ¶ 자주적 indipendente, autonomo, libero, [자발적] volontario // 자주적인 생활을 하다 essere indipendente, bastare a se stesso * **-국** uno stato indipendente **-권** autonomia, diritto di sovranità **-독립** indipendenza **-성** indipendenza

자주빛 紫朱- porpora, color porpora, violetto, viola ¶ 자주빛으로 물들이다 tingere qualcosa nella porpora

자중 自重 amore di sé, egoismo, egocentrismo, rispetto per se stesso, [신중] prudenza, giudizio, circospezione **-하다** rispettare se stesso, avere (*o* prendersi) cura di se stesso, essere prudente, essere cauto

짜증 irascibilità, irritabilità, irritazione, fastidio, rabbia ¶ 짜증내다 mostrare irritazione, essere irritato, contrariato, infastidito, seccato // 지체된 것에 짜증을 내다 infastidirsi a causa di un ritardo

자지 pene, uccello(속어)

자지러뜨리다 ritirarsi, indietreggiare, rinculare, tirarsi (*o* farsi) indietro, fare morire qualcuno dallo spavento

자지러지다 farsi piccolo (per la paura), rannicchiarsi

자진 自進 **-하다** offrirsi (*o* presentarsi) spontaneamente (*o* volontariamente), fare un lavoro spontaneamente (*o* di propria iniziativa)

자질 資質 carattere, indole, temperamento, qualità ¶ 그는 좋은 자질을 많이 가지고 있다 Ha molte buone qualità.

자질구레하다 (essere) piccolo, insignificante, di poca (*o* scarsa) importanza, futile, trascurabile, da nulla ¶ 자질구레한 세부사항 particolari trascurabili // 자질구레한 일 cosetta (da nulla), sciocchezza

자찬 自讚 lode (*o* elogio) di sé **-하다** lodare se stesso

자책 自責 autoaccusa, autocondanna **-하다** accusare se stesso di ¶ 자책하는 마음을 갖다 avere la coscienza sporca

자처 自處 [자살] suicidio, [자임] pretesa, presunzione, arroganza **-하다** [자살하다] uccidersi, ammazzarsi, suicidarsi, [체하다] posare, atteggiarsi, fingere di essere

자천 自薦 **-하다** raccomandare se stesso, autoraccomandarsi

자철 磁鐵 ferro magnetite

자청 自請 **-하다** offrirsi (*o* presentarsi) spontaneamente (*o* volontariamente)

자체 自體 se stesso, se stessa, si, sé, il proprio corpo (제몸)

자초 自招 **-하다** andare in cerca di guai, cercare guai ¶ 위험을 자초하다 cercare il pericolo

자초지종 自初至終 tutta la storia, tutti i particolari dall'inizio alla fine ¶ 나는 자초지종을 알아야 한다 Devo conoscere tutta la storia. // 자초지종을 알리다 dare ampi ragguagli, fornire tutti i particolari, dare un ragguaglio della situazione

자축 自祝 **-하다** festeggiarsi

자취 traccia, segno, impronta, vestigio, orma ¶ 석기 시대 마을의 자취 le vestigia di un villaggio dell'età della pietra // 자취를 감추다 scomparire, sparire, far sparire le proprie traccie

자취 自炊 **-하다** cucinare qualcosa per se stesso

자치 自治 autogoverno, autonomia (di governo) **-하다** autogovernarsi ¶ 자치의 indipendente, autonomo * **-권** diritto autonomo, autonomia **-령** dominio

자친 慈親 la propria madre

자침 磁針 ago magnetico * **-방위** rilevamento magnetico

자칫 ¶ 자칫하면 ...하기 쉽다 essere incline a (fare qualcosa)

자칭 自稱 **-하다** autodefinirsi, autonomiarsi

자카르타 Giacarta

자켓 giacca, giacchetta

자탄 自嘆 **-하다** lagnarsi di se stesso, rammaricarsi di se stesso

자태 姿態 figura, personale, posa

자택 自宅 la propria casa, residenza privata

자토 瓷土 caolino

자퇴 自退 **-하다** lasciare (*o* abbandonare) volontariamente

자투리 scampolo

자파 自派 il proprio partito, il proprio gruppo

자판 自判 【법】 sentenza di rettificazione

자폐 自斃 * **-선**【수학】ciclo **-성(증)** 【심리】 autismo

자포자기 自暴自棄 disperazione, abnegazione, rinuncia di sé **-하다** arrivare alla disperazione, essere in preda alla disperazione

자폭 自爆 autodistruzione, suicidio **-하다** [배가] autoaffondare, distruggere se stesso

자필 自筆 un proprio scritto, manoscritto autografo, autografo

짜하다 [소문이] essere molto esteso, assai diffuso, diffondersi

자학 自虐 il tormentarsi **-하다** tormentarsi

자해 自害 suicidio, autolesione **-하다** ferire se stesso

자형 兄 il marito della sorella maggiore, cognato

자혜 慈惠 carità, atti (*o* opere) di carità, benevolenza, filantropia * **-병원** ospedale gratuito per i poveri

자화상 自畵像 autoritratto

자화수정 自花受精 【식물】 autofertilizzazione, 【생물】 autofecondazione

자화자찬 自畵自讚 lode (*o* elogio) di sé, autoammirazione **-하다** lodare se stesso, tessere (*o* cantare) le proprie lodi

자활 自活 il mantenersi da sé (*o* solo), indipendenza economica **-하다** mantenersi da sé

자회사 子會社 società sussidiaria (o consociata), società affilata

짝[1] [쌍] paio, coppia, [한벌] serie, assortimento, servizio ¶ 접시 한 벌 un servizio di piatti, [쌍의 한 쪽] compagno, coppia ¶ 이 장갑

한 쪽은 어디에 있니? Dov′è il compagno di questo guanto?

짝² [갈비의] un lato di costoletta

작 作 [작품] opera, lavoro, produzione, [농작] messe, raccolto ¶ 문학 작품 lavori letterari

작 爵 paria, titolo (*o* dignità) di pari

작가 作家 persona che scrive, chi scrive, scrittore (*f* -trice), autore (*f* -trice)

작고 作故 decesso, morte **-하다** morire, decedere ¶ 작고한(최근에 사망한) defunto, (povero) // 작고한 나의 할머니 la mia povera nonna

작곡 作曲 composizione **-하다** comporre, mettere una canzone in musica, musicare una canzone ＊ **-가** compositore (*f* -trice)

작금 昨今 in questi giorni, recentemente, ultimamente ¶ 작금의 recente

작년 昨年 l′anno passato, l′anno scorso ＊ **-여름** l′estate scorsa

작다 [크기가] (essere) piccolo, piccino, piccolo, basso, [사소한] piccolo, minuto, insignificante, di poca (*o* scarsa) importanza, futile, [연소한] giovane, piccolo ¶ 작은 호텔 un piccolo albergo // 키작은 남자 un uomo basso // 작은 아이들 bambini piccoli

작다리 persona di bassa statura, (농담으로) mezza cartuccia (*o* porzione)

작달막하다 tozzo, grosso e corto, (사람에 대해서) tozzo, tracagnotto, tarchiato

작당 作黨 **-하다** riunirsi in una combriccola, agire in gruppo

작대기 verga, bacchetta, bastoncino

작도 作圖 【기하】 costruzione **-하다** costruire

작동하다 作動- funzionare, lavorare, essere in funzione ¶ 이 텔레비젼은 배터리로 작동한다 Questa televisione funziona a batterie.

작두 斫- tagliatore di paglia

작렬 炸裂 esplosione, detonazione **-하다** esplodere

짝맞다 corrispondere, essere uguale ¶ 두 조각이 짝맞지 않다 I due pezzi non corrispondono.

짝맞추다 accoppiare, appaiare

작명 作名 **-하다** dare un nome a, chiamare, mettere nome a

작문 作文 composizione, componimento, scrittura, lo scrivere **-하다** scrivere, comporre

작물 作物 raccolto, messe

작배 作配 **-하다** accoppiarsi, mettersi in coppia (con)

작법 作法 composizione

작별 作別 commiato, congedo, addio **-하다** dare l′addio a qlcu., salutare qlcu., congedarsi, fare gli addii ¶ 작별 공연 ultima rappresentazione di uno spettacolo teatrale

작부 酌婦 barista, cameriera

작부면적 作付面積 area coltivata

작사 作詞 versi **-하다** scrivere dei versi ＊ **-자** paroliere

짝사랑 amore unilaterale, amore non corrisposto

작살 rampone, arpione

작성 作成 **-하다** compilare, stendere, redigere, escogitare, ideare, formare ¶ 계약서를 작성하다 stendere un contratto // 계획서를 작성하다 escogitare un piano

짝수 -數 numeri pari ¶ 짝수로 con numeri pari

작시 作詩 **-하다** dire (*o* narrare) in versi, versificare, scrivere una poesia * **-법** prosodia, versificazione

짝신 una scarpa scompagnata

작심 作心 **-하다** decidere, determinare, stabilire * **-3일** decisione di breve durata

작야 昨夜 ieri sera

작약 芍藥 【식물】 peonia

작업 作業 lavoro, operazione, corvé(군대의) **-하다** lavorare, svolgere un′attività, fare un lavoro * **-교대** lavoro a turni **-능률** efficienza operativa **-복** tuta (da lavoro), tenuta di corvé(군대의) **-시간** ora 「di lavoro」(*o* lavorativa) **-실** locale (*o* stanza) di lavoro, laboratorio

짝없다 [비길 데 없다] (essere) senza pari, ineguagliabile, incomparabile, impareggiabile, [주책없다] assurdo, insensato, irragionevole ¶ 비할 데 없는 아름다움 bellezza incomparabile

작열 灼熱 calore bianco, incandescenza **-하다** (essere) infocato, ardente, cocente, scottante ¶ 작열하는 태양 il sole cocente

작용 作用 azione, influenza, effetto, [기능] funzione **-하다** agire su, azionare, influire, operare, funzionare ¶ 알콜은 뇌에 작용한다 L′alcool agisce sul cervello. * **동화-** il processo dell′assimilazione

작위 爵位 paria, titolo di pari, peerage

작은곰자리 【천문】 Orsa minore

작은아버지 zio, fratello più giovane del proprio padre

작은어머니 zia, la moglie del fratello più giovane del proprio padre

작자 作者 [소작인] mezzadro, [저자] autore (*f* -trice), scrittore (*f* -trice), [위인] personalità, personaggio, [살 사람] compratore (*f* -trice), acquirente

짝자꿍 -하다 battere le mani(gioco per bambini)

작작 con moderazione, moderatamente, non troppo ¶ 술을 작작 마셔라 Non bere troppo

짝짝 ¶ 짝짝 찢다 strappare, fare a pezzi, stracciare

짝짝이 un paio spaiato ¶ 짝짝이의 scompagnato, spaiato, scompagno

작전 作戰 operazione, operazioni (belliche), manovre, esercitazioni, tattica, strategia ¶ 작전상 tatticamente, strategicamente * **-개시일** D-day, giorno dell′attacco **-계획** piano delle operazioni **-명령** ordine d′attacco **공격-** operazioni offensive

작정 作定 decisione, determinazione, intenzione, pensiero, idea, piano, proposito **-하다** decidere, determinare, avere intenzione, intenzionare, propor-

si, progettare ¶ 무엇을 할 작정이다 avere intenzione di fare qc
작주 昨週 la settimana scorsa
짝짓다 appaiare, accoppiare, mettere in coppia
짝패 (con)socio (*f* -a), associato (*f* -a)
작폐 作弊 **-하다** dare delle noie, creare fastidi
작품 作品 opera, lavoro, produzione
작풍 作風 stile, maniera, stile di scrivere
짝하다 partecipare, prendere parte a, diventare partner (*o* compagno), prendere qlcu. con socio
작황 作況 mietitura, messe, raccolto
잔 盞 tazza, coppa, calice, bicchiere ¶ 커피 한 잔 una tazza di caffé // 찻잔 tazza da tè // 포도주 잔 un bicchire da vino
잔가시 spine sottili di pesce
잔고 殘高 bilancia, pareggio, saldo, remainder * **-표** bilancio patrimoniale(대차대조표)
잔교 棧橋 pila, pilone, pontile, imbarcadero, imbarcatoio
잔금 殘金 la bilancia, il remainder, il resto ¶ 잔금을 치르다 pagare la bilancia
잔기 殘期 il resto del periodo, il tempo rimanente
잔기침 tosse leggera, tosse secca ¶ 잔기침하다 avere dei colpi di tosse secca e insistente
잔당 superstite, scampato(*f* -a)
잔돈 spiccioli, soldi spiccioli, ·moneta spicciola
잔돈푼 [용돈] denaro per le piccole spese, denaro (assegnato alla moglie *o* alla figlia) per le spese
잔돌 sassolino
잔뜩 in pieno, fino in fondo, al massimo ¶ 잔뜩 먹다 mangiare a sazietà
잔디 prato, erba, tappeto (*o* terreno) erboso ¶ 잔디를 심다 coprire con un tappeto erboso, ricoprire di zolle erbose, piotare * **-밭** prato inglese (*o* a tappeto), campo erboso
잔류 殘溜 **-하다** rimanere dietro
잔말 chiacchiere, insulsaggini **-하다** parlare a vanvera, dire (*o* scrivere) sciocchezze
짠맛 gusto salato
잔망 殘亡 ¶ 잔망스럽다 andare in rovina, andare in decadente
잔명 殘命 quello che ci resta da vivere
잔무 殘務 affari rimasti in sospeso
짠물 acqua salata (*o* salmastra)
잔물결 crespa, increspatura
잔병 -病 salute malferma (*o* cagionevole), l′essere malsano, insalubrità
잔부 殘部 resto, rimanente
잔상 殘像【심리】sensazione persistente
잔설 殘雪 la neve rimasta dopo una nevicata
잔소리 lavata di capo, rimprovero, sgridata, rabbuffo **-하다** rimproverare, riprendere, fare una lavata di capo
잔손 cura minuziosa, lavoro mi-

nuzioso fatto a mano
잔심부름 diverse commissioni
잔악 殘惡 **-하다** (essere) atroce, feroce, efferato, brutale
잔액 殘額 rimanenza, resto, rimanente, avanzo, residui
잔약 孱弱 **-하다** (essere) delicato, fragile, debole, gracile
잔업 殘業 lavoro straordinario, straordinario **-하다** lavorare oltre l′ orario stabilito * **-수당** straordinario, idennità di lavoro straordinario
잔여 殘餘 resto, rimanente, avanzo * **-액** rimanenza, resto
잔영 殘影 tracce, resti, avanzi
잔월 殘月 luna calante
잔인 殘忍 crudeltà, brutalità, disumanità, inumanità **-하다** (essere) crudele, spietato, brutale, atroce ¶ 잔인한 운명 destino crudele
잔일 lavoretto, lavoro occasionale
잔잔하다 (essere) quieto, silenzioso, tranquillo, calmo, placido ¶ 잔잔한 바다 mare calmo
잔재 殘滓 [찌끼] scorie, rifiuti, traccia, ombra, residuo
잔재미 ¶ 잔재미를 보다 passare un po′ di tempo piacevolmente
잔재주 piccolo artificio, stratagemma, trucco ¶ 잔재주가 있는 scaltro, astuto, furbo, accorto
잔적 殘敵 il resto dell′armata nemica ¶ 잔적을 소탕하다 sterminare il nemico
잔존 殘存 sopravvivenza **-하다** sopravvivere, restare in vita, essere ancora esistente, [잔류하다] avanzare, restare, rimanere ¶ 잔존자 superstite, sopravvissuto // 잔존하는 sopravvivente, ancora in vita, superstite
잔주름 rughe sottili
짠지 ravanello conservato sotto sale
잔챙이 piccolo pesce, bambini, fanciulli
잔치 festa, festività, banchetto, convitto, festino ¶ 생일 잔치 una festa di compleanno // 잔치를 열다 festeggiare, fare un banchetto (in onore di)
잔칼질 -하다 tritare, triturare, sminuzzare ¶ 고기에 잔칼질을 하다 tritare (la) carne
잔털 pelo sottile
잔품 殘品 merce (o scorte) in magazzino, giacenza, scorta, assortimento, stock * **-정리** svendita, liquidazione
잔학 殘虐 **-하다** (essere)crudele, atroce, brutale, inumano, disumano ⇒ 잔인
잔해 殘骸 avanzi, resti, residui, salma, resti (*o* spoglie) mortali (유해), carcassa, carcame(동물의), [파괴물] rovina, rudere, macerie, rottame
잔향 殘響【물리】riverberazione
잔허리 reni
잔혹 殘酷 **-하다** (essere) crudele, brutale, atroce, spietato ¶ 잔혹한 행동 un′azione crudele ⇒ 잔인
잗다랗다 (essere) estremamente piccolo
잘 ① [익숙] bene, abilmente, con abilità, con destrezza, destramente, con bravura ¶ 그는 글을

잘 쓴다 Scrive bene // 그는 물리학을 잘 한다 E′bravo in fisica // 그는 이태리어를 잘 한다 Parla bene l′italiano. // 잘 했어! Ben fatto!, Bene! Bravo! ② [충분히] bene, completamente, pienamente, del tutto, interamente ¶ 잘 자다 dormire bene // 이 칼은 잘 잘린다 Questo coltello taglia bene. // 나는 그것을 잘 기억한다 Lo ricordo bene. ③ [편히] bene ¶ 모든 일이 잘 됐다 (va) tutto bene, tutto a posto // 편히 느끼다 sentirsi bene // 잘 있거라 arrivederci, addio // 잘 살다 vivere agiatamente (*o* bene), vivere nell′agiatezza ④ [곧잘] facilmente, senza difficoltà [자주] spesso, di frequente, sovente ¶ 그는 곧잘 실수를 한다 Ha spesso torto // 그는 잘 잊어버린다 Dimentica facilmente // 너는 잘 상상할 수 있다 Puoi facilmente immaginare. ⑤ [기타] ¶ 잘 생기다 essere bello, attraente, di bell′aspetto // 우산을 가져오길 잘 했다 Ho fatto bene a portare l′ombrello // 누구누구에 대해서 잘 말하다 parlare bene di qualcuno // 셰익스피어가 잘 관찰했듯이 인간은 이상한 창조물이다 Come ha affermato Shakespeare, l′uomo è una strana creatura.

짤까닥 ① con un colpo secco ¶ 짤까닥 거리다 fare uno scatto, dare un colpo secco, scattare

잘강잘강 il masticare ⇒ 질겅질겅

잘그랑 tintinnante, che fa un rumore secco **-하다** fare un rumore secco, tintinnare

짤그랑거리다 tintinnare, stridere, mandare un suono stridulo (o aspro)

잘끈 saldamente, fissamente, completamente, del tutto ¶ 잘끈 맨 신발 scarpe strette

찔끔거리다 ⇒ 질금거리다

잘나다 ① [잘 생기다] (essere) bello, di bell′aspetto, benfatto, attraente ¶ 잘난 사내아이 un bel ragazzo ② di grande levatura, [뛰어나다] eminente, illustre, esimio, (사물이) brillante, splendido ¶ 잘난 경력 una carriera brillante // 잘난 체하다 darsi delle arie ③ [반의적] (essere) di nessun valore, senza (*o* privo di) valore, inutile, che non serve (a nulla), buono a nulla ¶ 잘난 것 una cosa inutile

잘다 (essere) fine, sottile, fino, minuscolo, minuto, molto piccolo, minimo ¶ 잔 모래 sabbia fine

잘되다 andare bene ¶ 일이 어떻게 진척되고 있니? -그리 잘되지는 않아. Come procede il lavoro? Non va molto bene, [번영] far prosperare, rendere prospero, prosperare, fiorire, essere fiorente ¶ 산업은 새로운 체제 하에서 잘될 것이다 L′industria prosperò sotto il nuovo regime.

잘라먹다 ① tagliare e mangiare, staccare con un morso ② [떼먹다] non pagare, evadere ¶ 빚을 떼먹다 non pagare un debito

잘랑잘랑 tintinnio, tin tin

잘래잘래, 짤래짤래 ¶ 잘래잘래 머리

를 흔들다 scuotere la testa

잘록잘록, 짤록짤록 -하다 essere concavo(in diversi punti), restringersi(in diversi punti)

잘록하다 (essere) sottile, snello, ristretto, limitato, stretto

잘리다 ① essere tagliato, tagliarsi, spezzarsi ¶ 버터는 쉽게 잘린다 Il burro si taglia facilmente. // 목이 잘리다 essere decapitato ② [떼이다] essere defraudato di qlco.

짤막짤막 corto, piccolo, basso

짤막하다 essere piuttosto corto

잘못 [과실] errore, sbaglio, fallo, [잘못된 행동] colpa, mancanza, responsabilità, colpa (꾸중들어야 할 일, 과실의 책임), gaffe, errore, grossolano, cantonata, granchio (큰 잘못) ¶ 큰 잘못을 저지르다 prendere una cantonata, fallimento, male, peccato, torto, ingiustizia ¶ 잘 잘못을 가리다 distinguere il bene dal male, [부사적] per sbaglio, in modo scorretto (*o* non esatto), scorrettamente, erroneamente, (나쁘게) male, malamente, (부당하게) a torto, ingiustamente **-하다** commettere un errore, sbagliarsi, essere in errore, avere torto ¶ 잘못 알다 fraintendere, capire (*o* intendere) male // 누구 잘못이니? Di chi è la colpa? // 누구누구의 잘못을 찾다 trovare da (*o* a) ridere sul conto di qlcu. // 잘못한 사람은 바로 너다 Sei tu il colpevole. // 누구의 잘못도 아니다 Non è colpa di nessuno // 잘못에 대한 책임을 지다 assumersi la responsabilità di qlco., prendersi la colpa di qlco. // 잘못에 대한 책임을 누구누구에게 씌우다 incolpare (o dare la colpa a) qlcu. // 너의 잘못은 오로지 네게만 있다(너 이외엔 아무도 탓할 사람이 없다) Non hai che da「prendertela con」(o ringraziare) te // 우린 잘못하면서 배운다 Sbagliando s'impara // 큰 잘못을 저지르다 sbagliare di grosso // <속담> 우리는 모두 잘못을 한다 Sbaglia anche il prete all'altare, Tutti possono sbagliare // 잘못은 아무 것도 없다 Non ci sono dubbi. // 네가 잘못했어 Ti sbagli, Hai torto, Sei in errore // 어떤 것에 대해 잘못하다 sbagliarsi su qlco. //

잘 생기다 (essere) di bell'aspetto, bello, benfatto

잘자리 letto ¶ 잘자리에 들다 andare a letto

잘잘, 짤짤 [끓다] cuocere (*o* bollire) a fuoco lento, sobbollire, [치마자락 따위가] trascinare, strascinare, strascicare, [흔들다] scuotere, scollare, [윤기가] oleoso, lucido, lucente

잘잘못 il bene e il male, il merito e il demerito ¶ 잘잘못을 헤아리다 distinguere il bene dal male

잘하다 fare bene, [현명하게] fare bene, agire bene, [발전하다] essere bravo, andar bene, [자주] fare spesso ¶ 잘 해야 nel migliore dei casi, nella migliore delle ipotesi, al massimo, tutt'al più, a dir tanto // 네가 거절한 건 잘한 일이다 Hai fatto bene a rifiutare. // 내 아들은 학교에서 매우 잘하고 있다 Mio figlio va molto bene a scuola. // 영어를 잘하다 essere bravo in inglese // 참 잘했다 Ben fatto!, bene! bravo!

짧다 ① corto, breve, di breve durata, (길이가 충분치 않은) corto, di lunghezza scarsa (*o* insufficiente) ¶ 짧은 다리 gambe corte // 짧은 머리 capelli corti // 짧은 여행 un viaggio breve // 인생은 짧다 La vita è breve. // 짧은 연설 un breve discorso // 이 옷은 내게 짧다 Quest′abito mi va corto. // 짧게 말하면 per farla breve, in breve, insomma 짧게 말하면 난 너를 도울 수 없다 Per farla breve, non posso aiutarti. // 짧게 하다 accorciare, scorciare, ridurre, abbreviare // 로프를 짧게 하다 accorciare una fune // 에세이를 짧게 하다 ridurre un saggio ② [부족] scarso (di), debole (in), che mancanza, mancante, [돈이 부족한] a corto di quattrini ¶ 그는 독창성이 짧다(부족하다) E' scarso di originalità.

짧다랗다 (essere) piuttosto corto

잠 sonno, dormire, (기간) dormita, sonno, [죽음] sonno (*o* riposo) eterno, morte, [낮잠, 선잠] pisolino, sonnellino, dormitina ¶ 오랜 잠 una lunga dormita // 잠들다 prendere sonno, addormentarsi // 깊은 잠에 빠지다 cadere in un sonno profondo // 잠자면서 nel sonno, <fig> a occhi chiusi(눈을 감고서도) // 잠을 좀 자다 farsi un sonnellino (*o* una dormitina) // 잠을 재우다 ① (fare) addormentare, far dormire 아이를 잠재우다 addormentare un bambino ② (완곡어법) far addormentare per sempre, uccidere // 점심식사 후에 낮잠을 자다 schiacciare un pisolino dopo pranzo

짬 ① [겨를] agio, tempo (libero, disponibile) ¶ 짬이 없다 Non c′è tempo da perdere // 짬짬이 nel proprio tempo libero, con comodo, a proprio (bell′) agio, senza fretta // 짬이 있다 essere libero ② [틈] incrinatura, spaccatura, fessura ¶ 얼음의 틈 crepe nel ghiaccio // 문틈 una fessura nella porta

잠깐 un momento ¶ 잠깐 기다려 Attenda un momento! // 잠깐 있다가 dopo un po′

잠깨다 svegliarsi, destarsi, risvegliarsi (비유적 의미로도)

잠결 ¶ 잠결에 nel sonno

잠꼬대 il parlare nel sonno, soliloquio, [실없는 말] sciocchezze, stupidaggini, corbellerie **-하다** parlare nel sonno, dire sciocchezze

잠꾸러기 dormiglione (*f* -a) ¶ 잠꾸러기가 되다 avere il sonno pesante, essere uno che dorme sodo

잠귀 ¶ 잠귀가 밝다 avere il sonno leggero

잠그다[1] [자물쇠를] chiudere a chiave, serrare con la chiave ¶ 문을 잠그다 chiudere la porta a chiave // 꼭지를 틀어서 잠그다 chiudere il rubinetto

잠그다[2] [물에] immergere, tuffare, mettere a bagno (*o* mollo), inzuppare, imbevere, ammollare ¶ 스폰지를 물에 잠그다 inzuppare la spugna d'acqua // 세탁물을 물에 잠그다 mettere a bagno il bucato

잠기다[1] chiudersi (a chiave) ¶ 문이 잠기질 않는다 La porta non vuole chiudersi(non si chiude).

잠기다[2] [물에] essere bagnato, essere immerso, tuffato, allagarsi (홍수에), [열중하다] essere immerso, assorto (in), intento (a) ¶ 생각에 잠긴 immerso nei propri pensieri // 생각에 잠기다 meditare su, riflettere su

잠동무 compagno (*f* -a)

잠두 蠶豆 【식물】 fava

잠들다 addormentarsi ¶ 그는 불을 끄고 잠들었다 Spense la luce e si addormentò.

잠망경 潛望鏡 periscopio

잠바 giacca, giacchetta

잠방이 calzoni corti (*o* alla zuava)

잠복 潛伏 occultamento, il nascondere, imboscata, agguato, [병의] incubazione, latenza **-하다** nascondersi, essere nascosto, latente * **-기** incubazione, periodo d'incubazione

잠비아 zambia

잠사 蠶絲 filo di seta * **-업** industria di sericoltura

잠상 潛商 contrabbandiere, (은어) spallone

잠세력 潛勢力 energia potenziale, forza latente

잠수 潛水 il tuffarsi, tuffi, immersione, sommersione **-하다** tuffarsi (in), immergersi, sommergersi ¶ 진주를 따기 위해 잠수하다 tuffarsi per pescare perle * **-복** scafandro **-부** tuffatore (*f* -trice), tuffista **-함** sommergibile, sottomarino

잠시 暫時 un momento, un attimo

잠식 蠶食 usurpazione, invasione, incursione, scorreria **-하다** usurpare, invadere ¶ 한 국가의 국토를 잠식하다 invadere il territorio di uno stato

잠언 箴言 aforisma, massima, sentenza, detto, 【성경】 proverbio

잠업 蠶業 sericoltura

잠열 潛熱 tempreatura latente

잠옷 biancheria da notte, [남자용] camica da notte (da uomo *o* bambino), [부인·어린이용] camicia da notte (da donna, *o* bambina), pigiama

잠입 潛入 infiltrazione, infiltramento **-하다** muoversi furtivamente, strisciare, lavorare sott'acqua, agire di nascosto

잠자다 addormentarsi, dormire, riposare, andare a letto(취침), schiacciare un pisolino(낮잠) ¶ 잠을 잘 자다 dormire bene // 깊이 잠자다 dormire saporitamente, dormire sodo, <비유적> dormire tranquillo (*o* tra due guanciali)

잠자리[1] libellula

잠자리[2] letto, giaciglio ¶ 잠자리를 펴다 rifare il letto, preparare il letto per la notte // 잠자리에 들다 andare a letto

잠자코 in silenzio, [이의없이] senza obiezione ¶ 잠자코 있다 mantenere il silenzio

잠잠하다 (essere) quieto, silenzioso, tranquillo, calmo ¶ 잠잠하게 tranquillamente, con calma, quietamente

잠재 潛在 latenza, potenzialità, capacità latente **-하다** essere latente, nascosto, celato ¶ 잠재적 latente, nascosto, potenziale, subcosciente * **-능력** potenza latente, potenzialità **-의식** subcosciente

잠적 潛跡 **-하다** nascondersi, darsi alla macchia, scomparire, sparire

잠정 暫定 ¶ 잠정의 provvisorio, temporaneo, transitorio ¶ 잠정적으로 provvisoriamente, temporaneamente

잠함 潛函 cassone, cassone d′immersione * **-병** embolia gassosa, malattia dei cassoni (*o* palombari)

잠항 潛航 viaggio sottacqua, passaggio sottomarino * **-정** sottomarino

잠행 潛行 **-하다** viaggiare in incognito

잡가 雜歌 canto popolare (*o* folcloristico)

잡거 雜居 **-하다** vivere insieme

잡건 雜件 articoli vari, oggetti di vario genere, mescolanza, mistura, miscellanea

잡것 雜- [사물] varie cose, articoli vari, oggetti di vario genere, avanzi d′ogni genere, rimasugli, [사람] umili, meschini

잡곡 雜穀 cereali (miscellanei), granaglie

잡귀 雜鬼 diavoli, demoni, spiriti maligni

잡기 雜技 giochi miscellanei, gioco d′azzardo

잡기 雜記 note miscellanea * **-장** taccuino (per note), notes, quaderno degli appunti

잡년 雜- donna trasandata (*o* sciatta), sciattona, sciamannona, puttana

잡념 雜念 pensieri mondani, pensieri futili

잡놈 雜- persona volgare

잡다[1] ① [손으로] prendere, afferrare, acchiappare, agguantare, abbrancare ¶ 공을 잡다 afferrare una palla // 누구누구의 어깨를 잡다 prendere qlcu. per le spalle // 누구누구의 손을 잡다 afferrare la mano di qlcu. // 누구누구의 팔을 잡다 afferrare qlcu. per un braccio // 그는 내 팔을 잡았다 Mi afferrò per un braccio. ② [체포] prendere, catturare, acciuffare, acchiappare, far prigioniero, arrestare ¶ 도둑을 잡다 prendere un ladro③ [권력·기회 따위를] cogliere, approfittare di, avvalersi di // 기회를 잡다 cogliere un′occasione④ [담보로] prendere qlco. in pegno ¶ 저당을 잡고 돈을 꾸어주다 prestare denaro dietro (*o* su) garanzia ⑤ [결정] fissare, [선정] scegliere, [예약] prenotare, riservare ¶ 가격을 잡다 fissare i prezzi // 기차에서 자리를 잡아두다 prenotare un posto in treno //

일자리를 잡다 ottenere il lavoro ⑥ [결점을] trovare da (*o* a) ridire su (*o* sul conto di qlcu.), criticare ⑦ [기타] ¶ (논에) 물을 잡다 irrigare acqua // 실증을 잡다 avere una prova positiva // 초를 잡다 abbozzare, disegnare, fare la prima stesura di // 계획을 잡다 abbozzare un progetto

잡다[2] [요량] fare un preventivo, calcolare, valutare ¶ 무엇무엇을 오천 리라로 잡다 valutare qc cinquemila lire

잡다[3] ① [죽이다] macellare, scannare, uccidere ¶ 돼지를 잡다 macellare un maiale ② [모함] complottare ai danni di qlcu., calunniare, diffamare ③ [불을] spegnere, smorzare, estinguere ④ [마음을] calmarsi, acquietarsi

잡다[4] [주름을] fare la piega a, pieghettare ¶ 치마에 주름을 잡다 fare la piega a gonna

잡다 雜多 **-하다** (essere) miscellaneo, svariato, vario, diverso

잡담 雜談 pettegolezzo, chiacchiera, diceria, chiacchiere, insulsaggini **-하다** chiacchierare, fare pettegolezzi, (s)pettegolare (su)

잡도리하다 soprintendere a, vigilare su, dirigere, sorvegliare

잡동사니 articoli vari, oggetti di vario genere, rimasugli vari, avanzi d′ogni genere

잡되다 雜- (essere) volgare, grossolano, rozzo, (essere) indecente, osceno, impudico

잡록 雜錄 mescolanza, mistura, miscellanea, <문학> miscellanea

잡맛 雜- gusto artefatto, gusto alterato

잡목 雜木 alberi miscellanei, vegetazione bassa e stentata * **-숲** ceduo, bosco ceduo

잡무 雜務 lavoro miscellaneo, cose di ordinaria amministrazione

잡문 雜文 miscellanea, mescolanza, <문학> miscellanea * **-가** scrittore (*f* -trice) di miscellanea

잡물 雜物 [불순물] articoli vari, cianfrusglie

잡배 雜輩 persona volgare

잡병 雜病 varie malattie

잡보 雜報 notizie generali

잡부 雜夫 uomo tuttofare (*o* che sa fare un po′di tutto)

잡비 雜費 spese varie

잡살뱅이 rimasugli vari, avanzo d′ogni genere, cianfrusaglie, ciarpame, guazzabuglio, miscuglio, accozzaglia

잡상스럽다 雜- ① [음탕] (essere) lascivo, impudico, dissoluto, scostumato, osceno, licenzioso ② [상스럽다] (essere) volgare, grossolano, spregevole, vile, basso, meschino

잡상인 雜商人 mercante (f -essa) di oggetti vari

잡색 雜色 colori svariati ¶ 잡색의 multicolore, variopinto

잡세 雜稅 varie tasse, tasse assortite

잡소리 雜- [외설적인] parola oscena, [잡담] chiacchiere, conversazione inutile

잡수시다 mangiare, prendere

잡수입 雜收入 reddito miscellaneo,

vari incassi
잡숩다 ⇒ 먹다
잡스럽다 雜- ⇒ 잡되다
잡식성 雜食性 【동물】polifagia ¶ 잡식성의 onnivoro, polifago
잡신 雜神 spiriti cattivi
잡아가다 portare(con sospetto dalla polizia)
잡아내다 [결점] trovare da ridire su (*o* sul conto di), criticare
잡아당기다 [끌다] trascinare, tirare, trainare, stendere, distendere, tendere, allungare(팽팽하게), tirare indietro(뒤로), dare uno strappo, strappare ¶ 그녀는 나를 응접실로 잡아당겼다 Mi trascinò nel salotto // 레버를 잡아당기다 tirare una leva // 팔을 머리 위로 잡아당기다 stendere le braccia sopra la testa // 목을 잡아당기다 allungare il collo
잡아떼다 ① [손으로] staccare, separare, togliere, levare ② [모른다고] simulare ignoranza, fare l′innocente
잡아매다 legare, fasciare, bendare, attaccare, fissare
잡아먹다 ① [먹다] macellare, acannare, divorare(짐승이) ② [괴롭히다] tormentare, torturare, martoriare, affliggere
잡역 雜役 lavoro occasionale, [군사] corvè * **-부(夫)** uomo tuttofare(*o* che sa fare un po′di tutto)
잡음 雜音 rumore, frastuono, chiasso
잡인 雜人 estraneo (*f* -a)
잡일 雜- affari miscellanei, [일상의] faccende domestiche, lavori domestici, lavoretto, lavoro ingrato
짭짤하다 (essere) piuttosto salato, salaticcio, [값지다] (essere) prezioso, discreto, abbastanza buono
짭짭 ¶ 짭짭 입맛을 다시다 leccarsi i baffi (*o* le labbra)
잡종 雜種 incrocio, ibridazione, ibrido ¶ 잡종의 ibrido, incrociato
잡죄다 ① ⇒ 잡도리 하다 ② [독촉하다] affrettarsi, spicciarsi, sbrigarsi, fare presto (*o* in fretta)
잡지 雜誌 rivista, periodico ¶ 잡지를 구독하다 abbonarsi a // 나는 주간지 몇 권을 구독한다 sono abbonato a diversi settimanali * **월간[주간]-** rivista mensile[settimanale]
잡지출 diversi, spese diverse
잡초 雜草 erbaccia, malerva, pinata infestante ¶ 잡초가 우거진 pieno (*o* coperto) di erbacce, infestato dalle erbacce * **-제거기** sarchiatrice
잡치다 rovinare, sciupare, guastare ¶ 누구누구의 기분을 잡치다 offendere i sentimenti di qlcu. // 날씨가 우리의 계획을 잡쳤다 Il tempo ha scombussolato il nostro programma
잡탕 雜湯 ① [국] pot-pourri ② [뒤범벅] miscuglio, accozzaglia, guazzabuglio
잡혼 雜婚 matrimonio misto, matrimonio tra due membri di differenti gruppi sociali, promiscuità
잡화 雜貨 merci miscellanee, [식료

잡화] generi di drogheria, coloniali * **-상[사람]** droghiere (*f* -a) **-점** drogheria

잡히다[1] ① [손에] essere preso, essere catturato ② [담보로] impegnare, dare in pegno, pignorare ¶ 시계를 잡히다 impegnare il proprio orologio

잡히다[2] ① 함정에 잡히다 essere (*o* rimanere) intrappolato, essere preso in trappola ② [불이] essere spento ③ [마음이] calmarsi, acquietarsi

잡히다[3] ① [굽은 것이] essere raddrizzato ② [주름이] essere sgualcito, spiegazzato

잣 pinolo, pinocchio * **-나무** pino

잣다 ① [물을] tirare su con una pompa, pompare, aspirare, assorbire ② [실을] filare

잣새 【새】 crociere

잣송이 pigna

장 長 ① [우두머리] comando, capo, comandante ¶ 탐험대의 장 il comando della spedizione ② [장점] valore, merito, pregio

장 張 pagina, foglio (페이지), foglio(종이의)

장 章 [책의] capitolo ⇒ 기장 ¶ 제 1장 il primo capitolo

장[1] 場 mercato, fiera ¶ 장에 가다 andare al mercato

장[2] 場 [장소] luogo, posto, regione, zona, località, campo, terreno, [연극의] scena, scenario, [물리에서] campo ¶ 축구장 un campo di football // 골프장 campo di golf

장 腸 intestino, <비유적> viscere ¶ 장의 intestinale

장 欌 guardaroba, armadio guardaroba, armadio, stipo, armadietto

장 臟 ⇒ 장기(臟器)

-장 丈 [척도] misura di lunghezza, [존칭] persona più anziana stimata

장가 [결혼] matrimonio ¶ 장가들다 sposarsi, unirsi in matrimonio

장갑 掌匣 (un paio di) guanti, manopola, manicotto (벙어리 장갑), guantoni(권투용) ¶ 장갑을 끼다 mettere i guanti a

장갑 裝甲 armatura, corazza, blindatura **-하다** corazzare, blindare * **-부대** divisione corrazzata **-자동차** autoblindo, autoblinda

장거리 長距離 [전화] interurbano, [기상학] (일기예보의) a lungo termine, [전술] a lungo raggio, a lunga portata, <비유적> a lungo termine ¶ 장거리로 in interurbana * **-경주** corsa di fondo **-전화** telefonata (o chiamata) interurbana

장검 長劍 (lunga) spada

장골 壯骨 muscoloso

장과 漿果 【식물】 bacca, [보리의] chicco

장관 壯觀 uno spettacolo grandioso, un panorama grandioso

장관 長官 ministro, membro del gabinetto, [우두머리] capo, comandante, governatore * **국무-** ministro di stato **국방-** ministro della difesa

장관 將官 [육군] generale, [해군] capitano di 「nave ammiraglia」 (*o* bandiera), ammiraglio

장광설 長廣舌 un discorso lungo, sproloquio ¶ 장광설을 늘어놓다 arringare, tenere (*o* fare) un lungo discorso

장교 將校 unfficiale ¶ 장교와 사병 ufficiali e soldati * **해군-** ufficiale di marina

장구 tamburo a testa doppia stretto al centro

장구 長久 lungo tempo, eternità **-하다** essere durevole (*o* duraturo)

장구대가리, 장구머리 fronte sporgente

장구벌레 larva di zanzara

장국 醬- minestra di soia

장군 vaso di terracotta

장군 將軍 generale, comandante in capo [장기의] scacco al re

장군풀 【식물】 rabarbaro

장금 場- prezzo corrente (*o* in corso), prezzo di mercato

장기 長技 abilità speciale, forte, punto forte, specialità

장기 臟器 viscere

장기 將棋 gioco degli scacchi coreano, scacchi coreani ¶ 장기를 두다 giocare a scacchi coreani * **-짝** pezzo (degli scacchi) **-판** scacchiera

장기 掌記, 帳記 contabilità

장기 長期 lungo termine, lunga scadenza (경제) ¶ 장기의 a lunga scadenza, prolungato, allungato * **-계획** programma a lungo termine **-어음** cambiale a lunga scadenza

장끼 【새】 fagiano maschio

장난 [놀이] gioco, [희롱] birichinata, monelleria, cattiveria, scherzo, beffa, celia, [실없는 일] sciocchezza, cosetta (da nulla), carbattola **-하다** giocare, giocherellare, trastullarsi, divertirsi, scherzare (con) ¶ 장난으로 per scherzo // 장난에 열중한 아이들 bambini intenti al gioco

장난감 giocattolo, balocco, trastullo

장난군 bambino birichino, monello, discolo

장남 il figlio maggiore, il figlio più vecchio, il primogenito

장내 場內 ¶ 장내에 nella sala, nel salone

장녀 長女 la figlia maggiore, la primafiglia, la primogenita

장년 壯年 età virile

장뇌 樟腦 canfora * **-유** olio canforato

장님 cieco, non vedentie ¶ 장님이 되다 diventare cieco // 눈뜬 장님 persona incolta

장다리 peduncolo (florale) ¶ 장다리가 나다 sementare, fare seme

장단 長短 [길이] lunghezza, [장단점] meriti e demeriti, [박자] ritmo

장딴지 polpaccio

장담 壯談 assicurazione, promessa, asserzione, affermazione **-하다** assicurare, garantire, dare l'assicurazione a qlcu., attestare, asserire, affermare ¶ 아무것도 성공을 장담할 수 없다 Niente può garantire il successo. // 나는 이것이 사실임을 장담할 수 있다 Posso garantire che (questo) è vero.

장대 palo di bambù

장대 壯大 **-하다** (essere) grande e

forte, corpulento, grasso, pingue, grande, magnifico
장도 長途 il lungo, lunga distanza
장도리 martello ¶ 장도리로 벽에 못을 박다 piantare un chiodo nel muro col martello
장돌뱅이 場- commesso viaggiatore
장래 將來 futuro, avvenire, [부사적] in (*o* per il) futuro, in (*o* per il) avvenire, un giorno (*o* l′altro) ¶ 장래의 venturo, futuro, a venire // 장래가 촉망되는 청년 giovane promettente * **-성** possibilità, prospettiva ¶ 장래성 있는 promettente, che promette bene
장려 壯麗 **-하다** (essere) splendido, fastodo, sontuoso, magnifico, grandioso
장려 奬勵 incoraggiamento, incitamento, stimolo **-하다** incoraggiare, incitare, stimolare, promuovere * **-금** sovvenzione, sussidio, aiuto finanziario
장력 張力【물리】tensione
장렬 壯烈 **-하다** eroico, coraggioso, valoroso
장렬 葬列 funerale, corteo funebre
장례 葬禮 funerale, esequie, cerimonia funebre ¶ 장례식을 거행하다 celebrare un rito di funebre * **-차** carro funebre
장로 長老 anziano (*f* -a), membro anziano, [교회의] presbitero * **-교회** Chiesa Presbiteriana
장롱 欌籠 guardaroba, armadio guardaroba, toletta, cassettone
장르 genere, categoria, tipo
장마 un periodo piovoso nell′estate, tempo piovoso * **-철** la stagione delle piogge
장막 帳幕 tenda, cortina, barriera, sipario ¶ 철의 장막 cortina di ferro
장만 **-하다** preparare, allestire, approntare, predisporre ¶ 집을 장만하다 comprare una casa
장면 場面 scena, situazione drammatica (연극의), luogo(장소), spettacolo(광경)
장모 丈母 suocera, madre della moglie
장목 長木 legname (segato), alberi da legname * **-전** deposito di legname
장문 長文 articolo lungo, una lunga lettera
장물 贓物 refurtiva, malloppo * **-고매자** ricettatore
장미 薔薇 rosa ¶ 장미빛의 roseo, rosato, rosa, di color rosa * **-나무** rosaio, pianta di rose **들-** rosa selvatica (*o* canina)
장바닥 場- mercato
장발 長髮 capelli lunghi chi porta i capelli lunghi ¶ 장발의 dai capelli lunghi
장방형 長方形 rettangolo ¶ 장방형의 rettangolare
장벽 障壁 barriera, muro ¶ 장벽을 쌓다 erigere una barriera // 관세의 장벽 barriera doganale
장병 長病 malattia cronica
장병 將兵 ufficiali e soldati, soldati
장보다 場- ⇒ **장**[1]
장복 長服 **-하다** prendere (una medicina) abitualmente
장본인 張本人 capobanda, caporione, motore primo, causa prima,

chi dà origine

장부 【건축】 tenone, maschio dell′ incastro * **장붓구멍** mortasa, mortisa

장부 丈夫 uomo maturo, uomo virile

장부 帳簿 registro (*o* libro) contabile, registro ¶ 장부에 기입하다 registrare, annotare, elencare, segnare * **-검사** revisione, verifica dei libri contabili **-계** contabile, ragioniere

장비 裝備 attrezzatura, apparecchiatura, equipaggiamento, corredo **-하다** attrezzare, equipaggiare, fornire, provvedere, dotare, armare una nave ¶ 스키 장비 equipaggiamento da sci

장사 commercio, scambio di merci, affari, affare, operazione (거래) **-하다** fare affari (con), occuparsi di, commerciare in ¶ 장사를 시작하다 darsi agli affari, mettersi nel commercio

장사 葬事 funerale, sepoltura ¶ 장사를 지내다 seppellire

장사 壯士 uomo muscoloso, uomo forte, lottatore(씨름의)

장사(아)치 venditore am-bulante, commerciante, mercante, trafficante

장사진 長蛇陳 una lunga fila ¶ 장사진을 치다 formarsi una lunga fila

장삿속 spirito commerciale

장색 匠色 artigiano

장서 藏書 collezione dei libri, la propria biblioteca **-하다** raccogliere libri * **-가** bibliofilo **-벽** bibliomania

장성 將星 generale

장성 長城 muro lungo

장성 長成 **-하다** crescere, diventare adulto

장소 場所 posto, luogo, punto, [위치] posizione, collocazione, ubicazione, [부지] area, posto, località, [좌석] sedile, sedia, [공간] spazio, posto, luogo ¶ 소풍하기에 알맞은 장소 un posto adatto per un picnic // 새 학교를 위한 장소 area per una nuova scuola

장손 長孫 il primo nipote(il primo figlio del primo figlio maschio)

장송 pino alto

장송 葬送 **-하다** partecipare ad un funerale * **-곡** marcia funebre

장수 mercante (*f* -essa), commerciante, trafficante, venditore, commesso (di negozio), [행상인] venditore ambulante

장수 長壽 longevità, lunga vita **-하다** vivere a lungo

장수 張數 il numero dei fogli(*o* delle pagine)

장수 將帥 generale, comandante

장수벌 將帥-【곤충】 ape regina

장승 長丞 palo raffigurante un totem, totem

장시간 長時間 molte ore, molto tempo

장시세 場時勢 prezzo di mercato (*o* corrente), quotazione

장식 粧飾 il mettersi in ghingheri, l′azzimare

장식 裝飾 decorazione, ornamento, addobbo **-하다** decorare, adornare, addobbare ¶ 크리스마스 장식 decorazioni natalizie * **-품**

decorazioni, ornamenti, addobbi, [장신구] ciondolo, gingillo, ninnolo **무대-** decorazione scenica **실내-** arredamento

장신 長身 statura alta

장신구 裝身具 ornamenti personali, accessorio, ciondoli, gingilli

장악 掌握 **-하다** tenere, afferrare, abbrancare, dominare, controllare, avere il controllo di

장안 長安 città capitale

장애 障碍 ostacolo, impedimento, intralcio, impaccio, disturbo(병) ¶ 장애가 되다 mettere i bastoni fra le ruote a qlcu., ostacolare, intralciare, impedire, impacciare * **-물** ostacolo, ostruzione, blocco, intasamento, ostacolo(경기의) **-경주** corsa a ostacoli

장액 漿液 siero (혈장)

장어 長魚 anguilla

장엄 莊嚴 grandiosità, imponenza, magnificenza, splendore, solennità **-하다** (essere) magnifico, grandioso, sontuoso, solenne

장염 腸炎【의학】enterite

장원 壯元 persona che ha vinto il primo posto(ottenuto il miglior punteggio) nell'esame nazionale

장원 莊園 maniero

장유 長幼 vecchio e giovane

장음 長音 suono prolungato, [음성] vocale lunga

장음계 長音階【음악】gamma, scala (musicale)

장의 葬儀 funerale, esequie * **-사(師)** impresario di pompe funebri **-사(社)** impresa di pompe funebri **-차** carro funebre

장인 丈人 suocero, padre della moglie

장인 匠人 artigiano [비유적] artista, maestro

장자 長子 il maggiore, il primogenito

장자 長者 ① [어른] persona più anziana, il maggiore ② [덕망가] uomo moralmente influente ③ [부자] un uomo ricco, riccone, milionario (백만장자)

장작 長斫 legna da ardere ¶ 장작을 패다 spaccare legna da ardere

장전 裝塡 carica ¶ 장전하다 caricare un cannone

장점 長點 valore, merito, pregio, forte, punto forte, specialità, vantaggio (이점)

장정 壯丁 uomo robusto (*o* forte), adulto

장정 裝幀 legatura, rilegatura **-하다** legare, disegnare (la copertina)

장조 長調【음악】tono maggiore

장조모 丈祖母 nonna della moglie

장조부 丈祖父 nonno della moglie

장족 長足 ¶ 장족의 발전을 하다 fare grandi progressi

장졸 將卒 ufficiali e soldati

장주릅 場- mediatore, intermediario, agente

장죽 長竹 pipa lunga

장중 莊重 solennità, gravità **-하다** (essere) solenne, grave ¶ 장중하게 solennemente, gravemente

장지 porta scorrevole di carta

장지 長指 medio, dito medio

장지 葬地 cimitero, camposanto

장질부사 ⇒ **장티푸스**

장차 將次 in (*o* per il) futuro, in (*o*

per l') avvenire

장차다 長- [길다] (essere) diritto e lungo, [멀다] lontano, remoto, distante

장창 長槍 lancia lunga

장처 長處 punto forte, il proprio forte

장총 長銃 carabina, fucile

장취 長醉 **-하다** essere sempre ubriaco

장취 將就 **-하다** progredire, fare progressi, migliorare

장치 裝置 attrezzatura, apparecchiatura, installazione, impianto, macchinari installati, congegno, dipositivo, apparato **-하다** attrezzare, fornire, corredare, installare, collocare (e montare), [군대] essere armato con (*o* di), essere dotato di * **난방-** riscaldamento **냉방-** impianto per il condizionamento dell'aria *o,* l'aria condizionata **무전-** installazione d'apparecchi radio **발화-** congegno d'accensione

장침 長針 ago lungo, [시계의] lancetta dei minuti

장쾌 壯快 **-하다** (essere) eccitante, emozionante, vivace, animato, brioso, brillante

장탄 裝彈 caricamento **-하다** caricare un cannone

장탄식 長歎息 sospiro lungo, lamento triste

장터 場- mercato, sbocco commerciale

장티푸스 腸-【의학】febbre tifoide, tifoidea, febbre enterica * **-균** bacillo del tifo

장파 長波 onda lunga * **-라디오** radio a onda lunga

장판 場- mercato

장판 壯版 pavimento coperto di carta laminata

장편 長篇 opera lunga * **-소설** romanzo

장편 掌篇 racconto, novella

장하다 壯- [훌륭하다] (essere) bravo, pregevole, eccellente, grande, magnifico, splendido, brillante, coraggioso(용감하다), ammirevole, ammirabile

장학 奬學 incoraggiamento all'apprendimento * **-금** borsa di studio **-사** ispettore scolastico

장해 障害 ⇒ **장애**(障碍)

장행회 壯行會 festa d'addio

장화 長靴 stivale

장황 張皇 **-하다** (essere) lungo, noioso, tedioso, uggioso, ¶ 장황한 연설 un discorso noioso, tirata, filippica, lunga invettiva

잦다 [빈번하다] (essere) frequente ¶ 잦은 방문 visite frequenti

잦뜨리다 gettarsi (buttarsi) all'indietro

잦아지다 seccarsi, inaridirsi, abbassarsi, diminuire, ridursi, calare, affondare, andare a fondo

잦은 걸음 ¶ 잦은 걸음으로 a passo di marcia, un'andatura svelta

잦혀놓다 [뒤집다] (ri)voltare, girare, capovolgere, rovesciare, [뒤로 미루다] mettere da parte, accantonare

잦혀지다 [뒤집히다] essere (ri) voltato, girato, capovolto

잦히다[1] [뒤집다] (ri)voltare, girare,

capovolgere, rovesciare, mettere a faccia in giù, [몸을 뒤로] tirarsi indietro (da), sottrarsi (a), scansare (qlco.), appoggiarsi (in dietro)

잦히다[2] [밥을] stufare, cuocere a fuoco lento(*o* in umido), bollire a fuoco lento, sobbollire

재[1] [타고 남은] cenere, [유해] ceneri ¶ 재 같은 di cenere, cinereo, livido // 재색 grigio cenere

재[2] [고개] catena (di montagne), giogaia, passo (o valico) di montagna

재 災 calamità, disastro

재 財 [부] ricchezza, [재산] fortuna, ricchezze, patrimonio, proprietà, beni, averi, 【경제】 merce ∗ **생산-** beni strumentali **소비-** beni di consumo

재- 再 ancora, di nuovo, un′altra volta, una seconda volta, ri- ∗ **-출발** nuovo inizio, ripartenza

-째 [그대로] insieme a (*o* con), unitamente a

재가 再嫁 secondo matrimonio **-하다** risposare, sposare di nuovo

재가 裁可 benestare, approvazione, consenso, permesso **-하다** autorizzare, permettere, consentire, approvare, essere d′accordo su

재깍 [소리] con uno scatto, con un colpo secco, [일을] velocemente, rapidamente, prontamente, con prontezza, senza indugio

재깍거리다 fare tic tac, ticchettare, battere ¶ 시계가 재깍거렸다 l′orologio faceva tic tac.

재간 再刊 abilità, capacità, talento, qualità ¶ 재간 있는 abile, esperto, capace, competente, di gran talento ∗ **손-** abilità manuale

재갈 morso, freno ¶ 재갈먹이다 [물리다] mettere il morso (*o* freno) a

재갈매기 【새】 gabbiano reale

재감 在監 **-하다** essere in prigione, essere imprigionato ∗ **-자** carcerato, detenuto

재강 sedimento di liquore fermentato

재개 再開 il riprendere, il riaprire, il ricominciare, ripresa **-하다** riprendere, riaprire, ricominciare ¶ 대화를 재개하다 riprendere una conversazione

재건 再建 ricostruzione, riabilitazione **-하다** ricostruire, riedificare, riabilitare

재검사 再檢査 nuovo esame, riesame

재검토 再檢討 rivalutazione, ripensamento, nuovo esame, riesame **-하다** riesaminare, rivalutare, rivedere, riconsiderare

재결 裁決 decisione, giudizio, sentenza, verdetto(배심원의) **-하다** decidere, prendere una decisione ∗ **-권** voto decisivo

재경 在京 **-하다** essere a Seoul, stare a Seoul

재계 財界 [금융계] mondo finanziario, [경제계] mondo economico, [실업계] mondo aziendale ¶ 재계의 거물 finanziere di primo piano

재계 齋戒 purificazione, depurazione, abluzione **-하다** purificarsi

재고 再考 riconsiderazione, riesame **-하다** riconsiderare, riesaminare, riprendere in considerazione, ripensarci (su), riflettere ancora ¶ 재고한 후에 a rifletterci, riflettendoci bene, pensandoci sopra (*o* su)

재고 在庫 provvista, scorta, riserva, merce (*o* scorte) in magazzino, giacenza, scorta, assortimento, stock ¶ 재고의 in magazzino, disponibile (per la vendita), in stock * **-조사** inventario **-품** beni inventariati, scorte (*o* giacenze) in magazzino

재고정리 在庫整理 liberazione, rimozione, sgombro, inventario * **-대매출** svendita, liquidazione

재교육 再教育 rieducazione **-하다** rieducare, riqualificare

재구속 再拘束 【법】 rinvio in carcere **-하다** rimandare (*o* rinviare) in carcere

재군비 再軍備 riarmo, riarmamento, rimilitarizzazione **-하다** riarmare, rimilitarizzare

재귀 再歸 **-하다** rientrare, (ri)tornare, fare ritorno * **-대명사** pro-nome riflessivo **-동사** verbo ri-flessivo **-열** 【의학】 febbre ricorrente

재근 在勤 ⇒ **재직**(在職)

재기 才氣 spirito, arguzia, intelligenza, talento, ingegno ¶ 재기 발랄하다 essere molto spiritoso (*o* faceto)

재기 再起 ritorno, rientro, [회복] ritrovamento, ricupero **-하다** rientrare, (ri)tornare, ricuperare

재난 災難 [불행] sfortuna, sventura, disgrazia, [재액] calamità, disastro, [불의의 사고] incidente, disgrazia, infortunio, catastrofe

재능 才能 talento, ingegno, capacità, dono, dote naturale, disposizione ¶ 재능있는 di gran talento, dotato, provvisto, fornito (di), abile, esperto, capace, competente // 그 아이는 재능이 있다 Il bambino ha talento // 재능있는 예술가 artista di talento.

재다[1] ① [자로] misurare, prendere le misure a, calibrare ¶ 수심을 재다 misurare la profondità dell′acqua // 옷을 만들기 위해 칫수를 재다 prendere le misure a qlcu. per un vestito ② [헤아리다] osservare, guardare attentamente, scrutare ③ [탄환을] caricare, fare il carico ④ [으시대다] essere orgoglioso di, vantarsi, gloriarsi (di) ¶ 그것은 잴 만한 일이 못된다 Non c′è da vantarsene. ⑤ [쟁이다] incagliarsi, arenarsi

재다[2] [동작이] (essere) veloce, svelto, spedito, rapido, lesto, agile, [입이] loquace, di molte parole, chicchierone, ciarliero

째다 ① [찢다 · 절개하다] strappare, fare a pezzi, stracciare, [머리를] strappare, [옷을] lacerare, spaccare qlco., incidere ② [부족하다] insufficiente, scarso, essere a corto di ③ [작다] attillato, aderente, stretto, troppo aderente, tirato

재단 財團 fondazione, istituzione * **금융-** sindacato

재단 裁斷 [재결] decisione, giudizione, sentenza, [마름질] taglio, incisione **-하다** giudicare, esaminare, decidere, tagliare(마르다) * **-기** tagliatrice **-법** taglio, incisione **-사** tagliatore

재담 才談 arguzia, facezia, spiritosaggine **-하다** parlare argutamente

재덕 才德 talento e virtù

재떨이 portacenere, posacenere

재동 才童 bambino prodigio

재래 在來 ¶ 재래의 solito, usuale, consueto, abituale, comune, convenzionale, formale * **-식** tipo convenzionale

재래 再來 **-하다** venire di nuovo ⇒ **재림**(再臨)

재래 齎來 **-하다** provocare, causare

재략 才略 risorse, tatto, delicatezza, riguardo ¶ 재략이 있다 essere pieno di risorse, ingegnoso, intraprendente, essere pieno di tatto(*o* riguardo), delicato, discreto

재량 裁量 discrezione, arbitrio, decisione ¶ ...의 재량으로 a discrezione, a volontà // 누구누구의 재량으로 a discrezione di qlcu. * **-권** potere(*o* facoltà) discrezionale, discrezionalità

재력 財力 potere finaziario, mezzi, possibilità (economiche), ricchezza, denaro

재롱 才弄 ¶ 재롱을 부리다 agire graziosamente

재료 材料 materia, sostanza, materiale, [원료] materiale greggio (*o* non lavorato), materia prima, [자료] dati (di fatto), premesse, ingrediente (성분)

재류 在留 **-하다** abitare, risiedere, vivere, rimanere, stare, restare

재림 再臨 avvento ¶ 그리스도의 재림 (secondo) avvento di Gesù

재목 材木 legno, legname, alberi da legname, legname (segato), tronco d'albero(통나무) * **-적재장** deposito di legname

째못 piolo, cavicchio

재무 財務 affari finanziari * **-감독관** controllore **-부** ministero delle finanze e del tesoro **-부 장관** ministro delle finanze e del tesoro

재무장 再武裝 riarmo, riarmamento

재물 財物 proprietà, bene, possesso, ricchezza, denaro, tesoro

재미 interesse, interessamento, divertimento, spasso, piacere, gioia, soddisfazione ¶ 재미있다 (essere) interessante, divertente, spassoso, piacevole // 재미있는 영화 un film interessante // 재미없다 (essere) non interessante, privo d'interesse, noioso, tedioso, monotono // 재미를 보다 divertirsi // 재미를 붙이다 interessarsi (molto) a qlco.

재미 在美 * **-교포** residenti coreani in America

재민 災民 chi soffre, sofferente, malato, vittima

재빠르다 (essere) veloce, svelto, spedito, rapido, lesto, sbrigato, spicciativo, immediato, pronto ¶ 재빠른 손동작 un rapido movimento della mano // 재빨리 velocemente, alla svelta, rapidamente

재발 再發 [병의] recidiva, riccorenza, ritorno **-하다** **[병이]** ricorrere, ripresentarsi, ripetersi, essere recidivo

재발급 再發給 **-하다** ristampare, ripubblicare

재발족 再發足 **-하다** ricominciare

재발행 再發行 **-하다** ristampare, ripubblicare

재방송 再放送 **-하다** ritrasmettere

재배 再拜 [편지 끝에] "cordiali (o distiniti) saluti" **-하다** inchinarsi due volte

재배 栽培 coltivazione, coltura **-하다** coltivare ¶ 꽃을 재배하다 coltivare i fiori * **-법** metodo di coltivazione **-자** coltivatore

재배치 再配置 nuova assegnazione, 【경제】 nuova cessione, nuovo trasferimento, trasferimento, 【군대】 dislocamento, 【정보학】 rilocazione **-하다** riassegnare, cedere di nuovo, trasferire nuovamente, trasferire, spostare, dislocare

재벌 財閥 plutocrazia, plutocrate, gruppo finanziario

재범 再犯 lo stesso reato(죄), una persona che commette due volte lo stesso crimine(범인)

재변 災變 calamità, disastro

재보 財寶 ricchezza, ricchezze, tesoro, beni, sostanze

재보험 再保險 riassicurazione **-하다** riassicurare * **-자** riassicuratore

재복무 再服務 rafferma **-하다** arruolarsi di nuovo, prolungare il proprio arruolamento

재봉 裁縫 cucire, cucitura, cucito (직업), lavoro (di cucito) **-하다** cucire * **-사** sarto, sarto (f -a)

재봉틀 裁縫- macchina da cucire

재분배 再分配 ridistribuzione **-하다** ridistribuire

재산 財産 proprietà, bene, possesso, beni, averi, fortuna, ricchezze, patrimonio, tenuta, possedimento, (고인의) asse ereditario ¶ 그는 화재로 재산을 모두 날렸다 Perse tutti i suoi beni nell'incendio. // 석유로 재산을 모으다(만들다) farsi una fortuna con il petrolio * **-가** un uomo ricco, possessore **-권** diritto pa-trimoniale **-목록** inventario **-상속** eredità patrimoniale **-세** imposta patrimoniale **-차압** la conquista del patrimonio

재삼 再三 due o tre volte, [부사적] ripetutamente, reiteratamente, spesso, più volte ¶ 재삼 재사 ripetutamente, più e più volte

재상 宰相 primo ministro

재상영 再上映 (TV, 영화) presentazione di un film in seconda visione, replica **-하다** replicare, presentare (*o* dare) in seconda visione

재색 才色 arguzia e bellezza ¶ 재색을 겸비하다 essere bello e di talento

재생 再生 risveglio, rifioritura, rinascita, rianimazione, risorgimento, [폐물의] ringiovanimento,

(종교) rigenerazione, rinascita spirituale **-하다** rianimare, far rinvenire, risuscitare, far rivivere, riportare (*o* far ritornare) in vita, [폐물을] rigenerare, produrre di nuovo, riprodurre ＊ **-고무** gomma rigenerata

재생산 再生産 riproduzione **-하다** produrre di nuovo, riprodurre

재선 再選 rielezione **-하다** rieleggere ¶ 재선되다 essere rieletto

재세 在世 ¶ 재세 시에 per la vita, durante la vita

재소자 在所者 prigioniero, carcerato, detenuto

재수 再修 **-하다** preparare l'esame d'ammisione all'università

재수 財數 fortuna, buona sorte ¶ 재수가 좋다 (essere) fortunato ¶ 재수 없게 sfortunatamente, per disgrazia

재수입 再輸入 **-하다** importare di nuovo(*o* nuovamente) ＊ **-품** articolo importato di nuovo

재수출 再輸出 -하다 riesportare ＊ **-품** merce riesportata

재시합 再試合 rivincita

재시험 再試驗 nuovo esame, riesame **-하다** riesaminare

재심 再審 nuovo interrogatorio, [재판의] nuovo processo **-하다** interrogare di nuovo, processare di nuovo, giudicare di nuovo

재심사 再審査 nuovo esame, riesame **-하다** riesaminare, esaminare di nuovo

재앙 災殃 disastro, calamità, sinistro, [불행] sfortuna, sventura, disgrazia, male ¶ 재앙을 당하다 incontrare la sfortuna

재액 災厄 calamità, contrattempo, disavventura, disgrazia, incidente

째어지다 spaccare, fendere, rompere, strappare, lacerare, stracciare

재연 再演 **-하다** mettere (*o* portare) in scena di nuovo, rappresentare di nuovo

재연 再燃 ricorrenza, risveglio, rifioritura, rinascita, rianimazione **-하다** rianimare, fare rinvenire, risuscitare, fare rivivere

재열 再熱 【물리】 ricalescenza, riscaldare una seconda volta

재예 才藝 talento

재외 在外 ¶ 재외의 all'estero, oltremare, oltreoceano ＊ **-공관** ambasciate e legazioni all'estero **-교포** residenti coreani all'estero

재우 velocemente, rapidamente, celermente, lestamente

재우다 [자게 하다] mettere a letto (un bambino), [숙박] potere ospitare, alloggiare

재우치다 sbrigare, liquidare

재원 才媛 una signorina di gran talento

재원 財源 risorse finanziarie, fonte finanziaria

재위 在位 **-하다** essere sul trono, regnare ¶ 죠지 3세의 재위 시에 durante il regno di Giorgio Ⅲ

재음미 再吟味 **-하다** riesaminare, rivedere, riconsiderare

재인 才人① ⇒ 재사 ② [광대] chi esegue esercizi acrobatici, acrobata

재인식 再認識 nuova comprensione,

nuova percezione **-하다** avere una nuova comprensione, riavvertire

재일 在日 ¶ 재일의 in Giappone * **-교포** residenti coreani in Giappone

재임 在任 **-하다** essere in carica, rivestire (*o* assumere) la carica di

재임 再任 nuova (*o* seconda) nomina, reincarico

재입국 再入國 rientro (in un paese) **-하다** rientrare in, entrare di nuovo in

재입학 再入學 riammissione ¶ 재입학을 허락하다 riammettere

재잘거리다 ⇒ **재재거리다**

재재거리다 chiacchierare, ciarlare, cicalare, cianciare, parlare a vanvera

재적 在籍 iscrizione **-하다** essere in organico

재전환 再轉換 nuova conversione (*o* trasformazione)

재정 再訂 **-하다** rivedere (*o* correggere) di nuovo * **-판** edizione di sconda bozza

재정 裁定 decisione, arbitrato **-하다** decidere, arbitrare, fare da arbitro

재정 財政 finanza, attività finanziaria, economia ¶ 재정상의 finanziario ¶ 재정이 곤란하다 trovarsi in difficoltà finanziarie * **-고문** consulente finanziario **-학** finanza, scienza delle finanze **국가-** finanza nazionale **지방-** finanza locale **흑자-** finanza bilanciata

재제 再製 riproduzione **-하다** produrre di nuovo, riprodurre, fare di nuovo ⇒ **재생**

재조사 再調査 nuovo esame, riesame, nuovo interrogatorio, **-하다** riesaminare, interrogare di nuovo, investigare di nuovo

재종 再從 cugino (*f* -a) di secondo grado, secondo cugino

재주 [재능] abilità, capacità, talento, qualità, dono, dote naturale, disposizione, [솜씨] abilità, perizia, destrezza ¶ 재주있는 (dotato) di talento, d′ingegno, capace // 그는 협상자로서 상당한 재주를 보였다 Mostrò considerevole abilità come negoziatore

재주넘다 fare una capriola (*o* un salto mortale)

재주문 再注文 il rinnovo di un ordine **-하다** riordinare, fare una nuova ordinazione di

재줏군 una persona di talento

재즈 jazz, musica jazz, (춤) ballo jazz ¶ 재즈의 (di) jazz, jazzistico // 재즈 가수 cantante jazz // 재즈 밴드 una banda jazz

재직 在職 **-하다** rivestire (o assumere) la carica di, essere in carica * **-연한** permanenza in carica **-자** titolare, occupante

재질 才質 dono naturale, dote, talento

재차 再次 [부사적] due volte, di nuovo, nuovamente, seconda volta, [한번 더] ancora una volta, un′altra volta

재채기 starnuto **-하다** starnutire, fare uno starnuto

재천 在天 ¶ 재천의 celeste, del cielo

재청 再請 bis **-하다** appoggiare, sostenere ¶ 재청을 요구하다 chiedere il bis di, chiedere il bis a qlcu.

재촉 pressione, insistenza, domanda, richiesta **-하다** pressare. incalzare, mettere alle strette, sollecitare, spingere ¶ 채권자에게 재촉을 받다 essere pressato dai creditori

재출발 再出發 **-하다** ripartire, ricominciare, ridare inizio a

재취 再娶 nuovo matrimonio **-하다** risposare, sposare di nuovo

재치 才致 spirito, arguzia, umorismo, intelligenza, tatto ¶ 재치가 있다 (essere) svelto, lesto di mente, pronto d′ingegno, spiritoso, faceto, arguto

재침 再侵 nuova invasione **-하다** invadere di nuovo

재크나이프 coltello a serramanico

재탕 再湯 [다시 달임] nuova decozione, [개작] rifacimento, rimaneggiamento

재투표 再投票 **-하다** mettere ai voti di nuovo

재판 再版 [중판] ristampa, seconda edizione **-하다** ristampare

재판 裁判 giustizia, [공판] processo, giudizio, [판결] giudizio, sentenza, decisione **-하다** pronunciare un giudizio (*o* una sentenza) su qlcu., sentenziare, (사건에 대해) giudicare, (사람에 대해) processare ¶ 재판이 진행중이다 essere sotto processo // 재판을 받다 subire un processo, essere processato * **-관** giudice, magistrato, magistratura(총칭) **-권** giurisdizione, competenza giurisdizionale

재판소 裁判所 corte di giustizia, tribunale (di prima istanza), palazzo di giustizia

재편성 再編成 riorganizzazione **-하다** riorganizzare, effettuare una riorganizzazione, riformare, apportare riforme a, rimpastare, rimaneggiare, riordinare ¶ 정부를 재편성하다 rimpastare il governo

재평가 再評價 rivalutazione, nuovo accertamento **-하다** rivalutare, accertare di nuovo, calcolare di nuovo

재하자 在下者 subalterno (*f* -a), subordinato, sottoposto

재학 在學 **-하다** essere a scuola, frequentare la scuola ¶ 너는 어느 학교에 재학중이니? Che scuola frenquenti?

재할인 再割引 **-하다** scontare di nuovo, riscontare

재합성 再合成 nuova sintesi **-하다** sintetizzare di nuovo

재해 災害 [재난] disastro, calamità, accidente(사고) ¶ 재해를 입다 soffrire per un disastro * **-방지** prevenzione di un disastro **-보험** assicurazione contro gli infortuni

재향군인 在鄕軍人 veterano, ex-combattente, reduce

재현 再現 **-하다** riapparire, ricomparire, ripetere * **-부** 【음악】 ricapitolazione

재혼 再婚 secondo matrimonio,

nuovo matrimonio, seconde nozze **-하다** risposare, sposare di nuovo

재화 災禍 [재난] calamità, disastro, [불행] sfortuna

재화 載貨 [상품] merce, prodotto, derrata, [재산] beni, proprietà, averi

재확인 再確認 riconferma **-하다** riconfermare

재회 再會 **-하다** ricontrarsi, rivedersi

재흥 再興 risveglio, rifioritura, rinascita, restaurazione, ristabilimento, reintegrazione **-하다** ristabilire, ripristinare, restaurare, rianimare, risuscitare, fare rivivere

잭 [기중기] martinetto, cricco, binda, [트럼프] fante

짹소리 ⇒ **찍소리**

짹짹거리다 cinguettare, pigolare

잼 marmellata, confettura, conserva di frutta

잼버리 raduno di giovani esploratori, jamboree

잽 【권투】 jab, diretto sinistro (di pugilato)

잽싸다 (essere) agile, sciolto, lesto, svelto, veloce, spedito, rapido ¶ 잽싼 걸음 un passo svelto

잿물[1] liscivia, [가성소다] soda caustica

잿물[2] [유약] smalto

잿빛 color cenere, grigio cenere, grigio ¶ 잿빛이 도는 cinereo, grigiastro

쨍 con un tintinnio

쟁강거리다, 쨍강거리다 fare un rumore metallico, tintinnare

쟁기 aratro ＊ **-질** aratura

쟁론 爭論 controversia, disputa, discussione **-하다** discutere, dibattere, trattare, mettere in discussione (*o* dubbio)

쟁반 錚盤 vassoio, guantiera

쟁의 爭議 controversia, disputa, discussione ¶ 쟁의를 조정하다 mediare una controversia ＊ **노동-** controversia sindacale

쟁이다 accumulare, ammassare

쨍쨍 -하다 (essere) in fiamme, fiammeggiante, ardere, avvampare

쟁쟁하다 錚錚- [뛰어나다] importante, insigne, illustre, eminente, notevole, cospicuo, rilevante ¶ 쟁쟁한 작가 un eminente scrittore

쟁쟁하다 - ① [귀에 남다] risonare, essere lento a sparire ② [소리가] (essere) chiaro, distinto, chiaramente udibile, sonoro, risonante

쟁점 爭點 il punto in questione, in punto di disaccordo

쟁탈 爭奪 combattimento, lotta, zuffa, mischia, baruffa **-하다** lottare, combattere

쟁투 爭鬪 lotta, conflitto, guerra, discordia, combattimento **-하다** combattere, lottare, battersi

쟁패전 爭霸戰 torneo, gara

저[1] [나] io [자기] sé, se stesso ¶ 저희들 noi // 저의 의견으로는 secondo me, a mio parere, secondo il mio punto di vista

저[2] [악기] flauto, piffero

저[3] [지칭] quello ¶ 저 신문을 내게

줘 Dammi quel giornale. // 저 사람들은 누구니? Chi è quella gente?

저[4] [느낌씨] allora, ebbene, beh, diciamo, circa

저 著 ¶ 송박사 저 scritto dal dottor *Song*

저 箸 [젓가락] bacchetta, bastoncino

저까짓 quel tipo di, quel genere di, tale

저간 這間 quel periodo, allora

저같이 in quel modo, così, simile, siffatto, di quella specie

저개발 低開發 sottosviluppo * **-국가** paese sottosviluppato

저것 quello, quella cosa ¶ 이것 저것 questo e quello

저격 狙擊 tiro, il tirare **-하다** sparare (a), uccidere con un′arma da fuoco, fucilare, passare alle mani ¶ 저격당하다 essere fucilato * **-병** franco tiratore, cecchino, tiratore scelto **-자** tiratore

저고리 soprabito, cappotto, giacca coreana

저공 低空 ¶ 저공으로 비행하다 volare a bassa quota * **-비행** volo a bassa quota

저금 貯金 risparmio, economia, risparmi, economie (돈), deposito, versamento **-하다** risparmiare, economizzare, depositare ¶ 저금을 찾다 attingere ai propri risparmi * **-통장** libretto di deposito 우편- risparmio postale

저급 低級 qualità inferiore, basso grado, inferiorità **-하다** essere di qualità inferiore, di basso grado, essere inferiore ¶ 저급한 작가 scrittorello, scribacchino // 저급한 저널리스트 giornalista da strapazzo

저기 quel luogo, là, lì, costà, costì ¶ 저기에 그것을 놓아라 Mettilo lì // 여기 저기 qui e lì, qua e là

저기압 低氣壓 bassa pressione, depressione(atmosferica) ¶ 저기압의 a bassa pressione, [기후] di bassa pressione, privo di aggressività, non aggressivo, [기분] irritabili, irascibile

저널 giornale

저널리스트 giornalista

저널리즘 giornalismo

저녁 ① sera ¶ 오늘(어제, 내일) 저녁 questa (ieri, domani) sera // 저녁에 di sera, la sera ② [식사] cena ¶ 저녁을 먹다 cenare // 저녁에 초대하다 invitare qlcu. a cena

저녁때 serata, crepuscolo, tramonto ¶ 저녁때에 di sera, la sera

저녁밥 cena ¶ 저녁밥을 먹다 cenare

저놈 quel tipo, lui

저능 低能 intelligenza inferiore, debolezza di mente, frenastenia, scemezza, imbecillità **-하다** (essere) debole di mente, deficente, stupido, sciocco, imbecille, scemo, ritardato * **-아** imbecille, scemo (*f* -a)

저다지 così, tanto, in quel (*o* questo) modo

저당 抵當 ipoteca, contratto ipotecario **-하다** ipotecare ¶ 집을 저당잡히다 ipotecare la propria casa

// 저당을 잡히고 돈을 빌리다 prendere a prestito su garanzia ipotecaria * **-권** ipoteca **-권자** creditore ipotecario **-대부금** mutuo ipotecario **-물** deposito a garanzia, pegno, ipoteca **동산-** ipoteca su beni mobili

저대로 come stanno le cose, già

저돌 猪突 noncuranza, avventatezza, sconsideratezza, sventatezza, temerarietà ¶ 저돌적인 avventato, sconsiderato, precipitoso, sventato // 저돌적인 행동 un colpo di testa // 저돌적으로 con noncuranza, sprezzantemente

저들 loro, quelli, coloro

저락 低落 caduta, declino, decadenza, decadimento, svalutazione, deprezzamento **-하다** cadere, cascare, declinare, svalutare, deprezzare

저러하다 essere così, essere simile, siffatto, di tal sorta ¶ 저런 사람들 persone simili (*o* del genere) // 저런 것들 cose simili (*o* del genere) // 저런 사람들은 위험하다 La gente simile è pericolosa. // 그는 저런 속인수에 결코 넘어가지 않을 것이다 Non si abbasserebbe mai a un trucco del genere.

저런 [감탄사] mio Dio!/ povero me!/ santo cielo!

저력 底力 energia latente, riserve di energia ¶ 저력있는 energico

저렴 低廉 economicità, moderatezza **-하다** poco costoso, conveniente, economico, a buon mercato, moderato, modico ¶ 저렴한 값 prezzi moderati

저류 底流 corrente sottomarina, tendenza occulta

저리 [저렇게] così, tanto, in quel modo, [방향] là, lì ¶ 이리 저리 qui e lì, qua e là // 저리 가거라 va′via!, vattene!

저리 低利 basso interesse

저리다 [손발이] addormentato, intorpidito, intirizzito, paralizzato, [쑤시다] doloroso, dolente, che fa male ¶ 내 발이 저린다 Mi si è addormentato il piede

저마다 ognuno, ciascuno, tutti

저만큼 così, tanto

저맘때 in quel momento, allora

저명 著名 rilievo, evidenza, risalto, spicco, eminenza **-하다** (essere) eminente, illustre, insigne, ben noto, famoso, rinomato, celebre, sporgente, prominente, rilevato ¶ 저명한 사람 persona di rilievo // 저명한 학자 un insigne studioso // 저명한 과학자 un illustre scienziato * **-인사** persona eminente (*o* insigne)

저물가 低物價 prezzi bassi

저물다 farsi scuro (*o* buio), (해가) tramontare, calare, (밤이) cadere, scendere, declinare ¶ 해가 서쪽으로 저문다 Il sole tramonta ad occidente.

저미다 affettare, tagliare (*o* fare) a fette

저버리다 abbandonare, tradire, voltare le spalle a qlcu., fare marcia indietro, rinunciare ¶ 신념을 저버리다 abbandonare la fede // 처자를 저버리다 abbandonare la moglie e i bambini

저벅거리다 camminare pesantemente (*o* con passo pesante)

저벅저벅 con passi pesanti

저번 這番 ultimamente, l'ultima volta, l'altro giorno, precedentemente, in precedenza, prima ¶ 저번의 ultimo, scorso, passato, precedente, antecedente, prima // 저번 주 la settimana scorsa

저변 底邊 base

저상 沮喪 abbattimento, depressione, scoraggiamento, demoralizzazione **-하다** essere abbattuto, demoralizzato, scoraggiato, depresso ¶ 의기를 저상시키다 scoraggiare, demoralizzare

저서 著書 scritti, opere (scritte), lavori, libro ¶ 세익스피어의 저서들 le opere di Shakespeare

저성 低聲 voce pacata, voce abbassata, tono sommesso (*o* smorzato) ¶ 저성으로 말하다 parlare in tono sommesso

저속 低俗 volgarità, grossolanità, [저속한 행동] volgarità, trivialità, [저속한 표현] espressione volgare, volgarità, basezza morale, ignobilità, meschinità **-하다** (essere) volgare, grossolano, rozzo, basso, vile, spregevole, ignobile, meschino ¶ 매우 저속한 사람 una persona molto volgare

저속도 低速度 velocità bassa * **-기어** marcia bassa

저수 貯水 serbatoio d'acqua **-하다** tenere in serbo acqua * **-량** capacità di un bacino **-지** bacino idrico(*o* di riserva), lago artificiale

저술 著述 scrittura, lo scrivere, [저작물] libro, lavoro, opera **-하다** scrivere * **-가** scrittore (*f* -trice), autore (*f* -trice)

저습지 低濕地 terreno paludoso

저승 l'atro mondo, l'aldilà ¶ 저승으로 가다 morire, passare a miglior vita

저압 低壓 bassa pressione, 【전기】 bassa tensione, basso voltaggio ¶ 저압의 a bassa pressione, a bassa tensione, a basso voltaggio

저어하다 avere paura di, temere

저열 低劣 volgarità, grossolanità **-하다** (essere)volgare, grossolano, rozzo, basso, meschino, ignobile

저온 低溫 bassa temperatura

저울 [천칭] bilancia, strumento per misurare, [대저울] giogo

저육 肉 maiale, porco * **-구이** maiale arrosto

저율 低率 aliquota bassa

저음 低音 basso, nota bassa, voce bassa * **-가수** basso, contralto

저의 底意 la propria intenzione reale, la propria volontà

저이 quella persona, lui, lei ¶ 저이들 quelle persone, loro

저인망 底引網 rete a strascico, (비유적) retata, pesca a strascico

저임금 低賃金 salario basso

저자 [시장] mercato, fiera ⇒ **장**[1]

저자 著者 scrittore (*f* -trice), autore (*f* -trice)

저자세 低姿勢 ¶ 저자세를 취하다 abbassarsi, assumere un atteggiamento umile, modesto

저작 著作 [저서] libro, lavoro, [저술] scrittura, opere lette-rarie **-하**

다 scrivere (un libro) * -가(자) scrittore (*f* -trice), autore (*f* -trice) -권 diritto d′autore

저장 貯藏 provvista, riserva, scorta **-하다** fare provvista di, mettere in serbo (*o* da parte), conservare, tenere in serbo, serbare ¶ 저장할 수 있는 adatto alla conservazione, da conservare // 겨울을 위해 과일을 저장하다 fare provvosta di frutta per l′inverno // 저장해 둔 da parte, di scorta, di riserva * **-고** magazzino, deposito **-물** rifornimenti, scorte **내동-** refrigerazione

저절로 automaticamente, da solo, spontaneamente, con spontaneità

저조 低調 [소리] tono sommesso (*o* smorzato) ¶ 저조의 basso, profondo, sommesso, moderato, pacato, attenuato, [침체한] intorpidito, torpido, depresso, scoraggiato, inattivo, inerte

저조 低潮 bassa marea, riflusso, (강물, 호) basso livello * **최-** marea di quadratura

저쪽 quella parte, quella direzione, l′altro lato ¶ 저쪽에 là, lì, costà, costì // 그것을 저쪽에 두거라 Mettilo lì

저주 詛呪 maledizione, imprecazione **-하다** maledire, imprecare (*o* imbecare) contro, lanciare imprecazioni (*o* maledizioni) ¶ 저주받은 predestinato, maledetto, dannato // 이 저주받을 날씨 questo maledetto tempo // 저주받고 있다 avere una maledizione addosso

저주파 低周波 ¶ 저주파의 a bassa frequenza

저지 沮止 ostruzione, blocco, intasamento, occlusione, ostacolo, impedimento, intralcio **-하다** bloccare, ostruire, intasare, ostacolare, impedire, intralciare, arrestare, trattenere, frenare ¶ 인플레이션을 저지하다 frenare l′inflazione

저지 低地 bassopiano, pianura

저지르다 fare, commettere, compiere ¶ 범죄를 저지르다 commettere un delitto

저처럼 in quel modo, così ⇒ 저같이

저촉 抵觸 conflitto, scontro, collisione, contrasto, contraddizione-**하다** essere in conflitto(*o* contrasto) (con), essere in contraddizione con, smentire

저축 貯蓄 risparmio, economia **-하다** risparmiare, economizzare, mettere da parte, riporre, conservare ¶ 늙은 시절을 대비해 돈을 저축하다 mettere da parte denaro per la vecchiaia * **-성향** propensione al risparmio **-예금** deposito a risparmio **-은행** cassa di risparmio

저축거리다 zoppicare, camminare (*o* andare) zoppo

저탄 貯炭 scorta di carbone * **-소** carbonaia

저택 邸宅 palazzo, casa (*o* abitazione) signorile * **-가** zona residenziale

저편 quella parte ⇒ **저쪽**

저하 低下 caduta, ribasso, diminuzione, calo, abbassamento, (가격의) svalutazione, deprezzamento, (품질의) deterioramento **-하다** cadere, abbassarsi, diminuire, calare, svalutare, deprezzare, deprezzarsi, diminuire di valore ¶ 가격의 저하 un ribasso dei prezzi // 기온이 급격히 저하했다 La temperatura si abbassò rapidamente.

저항 抵抗 resistenza, opposizione (반대), ostilità **-하다** resistere a, respingere, opporsi a, contrastare, essere contrario a ¶ 적에게 저항하다 resistere al nemico // 적의 저항을 무찌르다 vincere la resistenza del nemico // 공기의 저항 la resistenza dell'aria // 권위에 저항하다 opporsi all'autorità // 그 조치는 단호한 저항에 부딛쳤다 Il provvedimento ha incontrato una decisa opposizione. * **-기(器)** resistore

저해 沮害 ostruzione, ostacolo, impedimento, intralcio **-하다** bloccare, ostruire, intasare, impedire, ostacolare, intralciare, impacciare

저혈압 低血壓 ipotensione, bassa pressione sanguigna

저희들 noi ¶ 저희들의 nostro // 저희들을 (직접목적어) ci, noi

적 [때] il tempo (quando) ¶ 우리가 마지막으로 만났을 적에 in occasione del nostro ultimo incontro

적 賊 [도둑] ladro (*f* -a), rapinatore, [역적] ribelle, ri-voltoso (*f* -a), insorto (*f* -a), traditore ¶ 조국을 배반한 역적 un traditore del proprio paese

적 敵 nemico (*f* -a), avversario (*f* -a), [적수] oppositore, antagonista, avversario, rivale, concorrente ¶ 음주는 그의 가장 나쁜 적이다 Il bere è il suo peggior nemico. // 적을 만들다 farsi nemico qlcu., inimicarsi qlcu.

적 積 【수학】 [승적] prodotto, [면적] area

적 籍 [호적] domicilio, [단체의] l'essere membro (*o* socio), appartenenza (*o* iscrizione) a un'associazione (*o* circolo ecc.) ¶ 적을 두다 firmare un registro, immatricolarsi, essere un membro

적 的 ① [목표] meta, traguardo, obiettivo, scopo ② ¶ 경제적 economico // 동양적 orientale // 세계적 universale, mondiale // 직업적 professionale

적갈색 marrone rossiccio

적개심 敵愾心 ostilità, antagonismo, inimicizia, animosità, malanimo ¶ 누구누구에게 적개심을 가지다 essere in cattivi rapporti con qlcu.

적격 適格 requisito opportuno, competenza, capacità, eleggibilità

적국 敵國 paese nemico, nemico

적군 赤軍 armata rossa

적군 敵軍 nemico ¶ 적군이 후퇴했다 Il nemico fu ricacciato.

적권운 積卷雲 【기상】 cirrocumulo

적극 積極 ¶ 적극적 positivo, concreto, reale, effettivo * **-성** l'essere positivo, sicurezza di sé

적기 摘記 riassunto, sommario,

epitome

적기 敵機 aeroplano nemico

적기 赤旗 (공산당의 상징) bandiera rossa, (노래) Bandiera Rossa, (위험 신호) bandiera rossa

적기 適期 ¶ 적기의 tempestivo, (che giunge al momento) opportuno

적나라 赤裸裸 nudità, evidenza, aridità, sterilità, [솔직] franchezza, sincerità, schiettezza, lealtà **-하다** essere nudo, spoglio, [솔직] franco, sincero, schietto, aperto, manifesto, chiaro

적다[1] [기록하다] scrivere, prendere nota di, registrare, annotare ¶ 연필로 적다 scrivere a matita // 일과를 적다 prendere nota degli avvenimento della giornata // 시간과 장소를 적다 prendere nota del tempo e del luogo

적다[2] [수가] pochi, alcuni, qualche, [양이] piccolo, poco, [드물다] raro, [많지 않다] scarso, insufficiente, poco, limitato ¶ 그는 친구들이 적다 Ha pochi amici. // 적지 않은 parecchi, non pochi, molto, assai, considerevole, notevole // 적지 않은 총액 una somma considerevole // 적지 않게 considerevolmente, notevolmente, grandemente, molto, assai // 적은 희망 poca speranza // 적어지다 diminuire, decrescere, calare

-쩍다 sentire, provare un senso di ¶ 겸연쩍다 avere vergogna, vergognarsi // 미심쩍다 essere in dubbio su // 성공을 미심쩍어 하다 dubitare del successo

적당 適當 convenienza, opportunità, adeguatezza, proprietà, giustezza **-하다** essere appropriato, opportuno, adatto, adeguato ¶ 운전하기에 적당 abilità alla guida // 적당하게 in modo adatto, adeguatamente

적대 敵對 ostilità, antagonismo **-하다** (essere) ostile, nemico, antagonistico

적도 赤道 equatore ¶ 적도의 equatoriale * **-의(儀)** equatoriale, cannocchiale astronomico **자기-** equatore magnetico **지구-** equatore terrestre **천구-** equatore celeste

적동광 赤銅鑛【광물】cuprite

적란운 積亂雲 [소나기구름] cumulonembo

적량 積量 portata, tonnellaggio

적령 適齡 l'anno adatto (per) ¶ 결혼 적령기가 되다 essere in età da marito

적례 適例 buon esempio

적록 摘錄 sommario, compendio

적리 赤痢 dissenteria

적립 積立 accumulazione **-하다** risparmiare, economizzare, mettere da parte, riporre, accumulare * **-금** fondo di riserva **-배당금** dividendo accumulato **법정-금** riserva legale

적막 寂寞 solitudine, isolamento, desolazione, squallore **-하다** (essere) solitario, solo, deserto ¶ 적막한 거리 una strada solitaria

적바림 sommario, nota **-하다** annotare, appuntare

적발 摘發 rivelazione, divulgazione, denunzia, smascheramento **-하다**

svelare, rendere noto, scoprire, rivelare, smascherare ¶ 배신자를 적발하다 smascherare un traditore

적법 適法 legalità, legittimità **-하다** (essere) legale, legittimo ¶ 적법한 결혼 un matrimonio legittimo

적병 敵兵 soldato nemico

적부 適否 opportunità, convenienza, proprietà, giustezza, adeguatezza

적분 積分 【수학】 calcolo integrale ¶ 적분의 integrale

적빈 赤貧 indigenza, estrema povertà

적색 赤色 [빛깔] rosso, color rosso, [공산주의] comunismo, rosso, rivoluzionario, persona di sinistra ¶ 적색의 rosso // 적색 옷을 입다 essere vestito di rosso

적선 積善 carità, atti virtuosi

적선지대 赤線地帶 quartiere malfamato

적설 積雪 cumulo di neve

적설초 積雪草 【식물】 edera che si dirama sul terreno

적성 適性 attitudine, idoneità ∗ **-검사** test attitudinale

적성 敵性 ostilità, animosità ∗ **-국가** paese ostile

적세 賊勢 la forza del nemico ¶ 적세를 무찌르다 distruggere il nemico

적소 適所 il posto giusto

적송 赤松 【식물】 ⇒ **소나무**

적송 積送 imbarco, operazioni di carico, [위탁 판매를 위한] consegna in conto deposito **-하다** consegnare, inviare, spedire, imbarcare, caricare, prendere (*o* mettere) a bordo ∗ **-인** spedizio-niere marittimo, spedizioniere

적쇠 griglia, graticola, gratella ⇒ **석쇠**

적수 赤手 mani nude ¶ 적수로 a mani nude, disarmato, inerme

적수 敵手 oppositore, opponente, rivale, concorrente, competitore

적수 공권 赤手空拳 mani vuote, mani nude ¶ 적수 공권으로 a mani vuote, a mani nude, solo, da sé

적시 敵視 ostilità **-하다** (essere) ostile, considerare come un nemico

적시 適時 ¶ 적시의 tempestivo, opportuno, al momento adatto, che capita (*o* arriva) a proposito

적시다 bagnare, inzuppare, infradiciare, inumidire, umettare ¶ 손을 적시다 bagnarsi le mani

적신호 赤信號 segnale (rosso) di pericolo, luce rossa del semaforo

적십자 赤十字 croce rossa

적약 適藥 specifico, rimedio specifico

적어도 almeno, a dir poco, al minimo

적역 適役 posto adatto, carica appropriata

적역 適譯 traduzione adeguata

적열 赤熱 calore rosso ¶ 적열의 infocato, ardente

적외선 赤外線 raggi infrarossi ∗ **-램프** lampada a raggi infrarossi **-감지기** sensore a raggi infrarossi

적요 摘要 sommarioi, epitome, riassunto, compendio

적용 適用 applicazione, impiego **-하다** applicare ¶ 새 기술의 적용 l'impiego di nuove tecniche

적운 積雲 cumulo

적위군 赤緯軍 guardia rossa

적은집 casa della concubina

적응 適應 adattamento **-하다** adattarsi a, corrispondere a, adeguarsi ¶ 적응시키다 adattare * **-성** flessibilità, adattabilità

적의 敵意 animosità, ostilità, malanimo, inimicizia, odio ¶ 적의있는 ostile, antagonistico

적의 適宜 appropriatezza, opportunità, adeguatezza **-하다** (essere) adatto, appropriato, conveniente, opportuno

적이 piuttosto, alquanto, un po'

적임 適任 convenienza, opportunità, competenza, capacità, abilità, perizia ¶ 적임의 competente, capace, esperto, adatto, approrpriato

적자 赤字 lettere rosse, [결손] deficit, disavanzo, perdita ¶ 적자가 나다 essere in passivo, essere in rosso * **-지출** finanziamento in disavanzo, deficit spending

적자 嫡子 figlio legittimo

적자 適者 ¶ 적자생존 la selezione naturale

적재 適材 una persona adatta al posto, l'uomo adatto (a)

적재 積載 carico, caricamento **-하다** caricare ¶ 트럭에 돌을 적재하다 caricare un camion di pietre * **-량** portata **-배수량** dislocamento a pieno carico

적적하다 寂寂- (essere) solitario, solo, deserto ¶ 적적한 감 solitudine, isolamento // 적적한 느낌이 들다 sentirsi solo

적절 適切 pertinenza, proprietà, opportunità, convenienza, felicità (표현의) **-하다** (essere) pertinente, attinente, adatto, appropriato, adeguato, opportuno, conveniente ¶ 표현의 적절 pertinenza d'espressione // 적절한 질문 una domanda pertinente // 아이들에게 적절한 adatto ai bambini // 적절한 때가 아니다 non è il momento opportuno.

적정 敵情 i movimenti del nemico

적정 適正 proprietà **-하다** (essere) opportuno, giusto, appropriato, normale, ragionevole, equo ¶ 적정한 가격 un prezzo ragionevole

적중 的中 colpo, botta, [스포츠] centro, colpo andato a segno **-하다** colpire, tirare, [예언 따위가] avverarsi, verificarsi, [상상이] indovinare, cogliere nel segno

적진 敵陣 il campo nemico

적철광 赤鐵鑛【광물】ematite

적출 積出 imbarco, operazioni di carico, invio, spedizione **-하다** imbarcare, caricare, prendere (*o* mettere) a bordo, spedire, inviare * **-인** spedizioniere marittimo

적출 摘出 estrazione **-하다** estrarre, cavare, tirar fuori

적출 嫡出 legittimazione

적치 積置 **-하다** incagliarsi, arenarsi, ammucchiare, accumulare, accatastare

적평 適評 giusta critica, commento

appropriato
적폐 積弊 male radicato
적하 積荷 carico, trasporto di merci, [적재] caricamento, carico, imbarco, spedizione * **-목록** manifesto del carico (배의)
적함 敵艦 nave nemica da guerra
적합 適合 opportunità, convenienza, adeguatezza **-하다** (essere) appropriato, opportuno, adatto, adeguato, convenirsi a, confarsi a, addirsi a
적혈 赤血 sangue rosso * **-구** globulo rosso, eritrocito, emazia
적화 赤化 bolscevizzazione, sovietizzazione, comunistizzazione **-하다** rendere di proprietà statalizzare, nazionalizzare, comunistizzare
적화 積貨 ⇒ **적하**(積荷)
적확 的確 esattezza, precisione **-하다** (essere) preciso, esatto ¶ 적확한 시간 l'ora esatta
적히다 (essere) scritto, registrato, annotato
전 田 campo, podere ⇒ **밭**
전 前 [앞] la facciata, il davanti, parte anteriore, innanzi a, davanti a, in presenza di (사람의) [편지에서] caro, [부사적] prima di, fa, [과거] il passato, il tempo passato ¶ 왕 앞에 있다 trovarsi davanti al re // 아홉 시 전에 prima delle nove // 전 날 il giorno prima // 오래 전에 molto tempo fa // 전에 nel passato // 이 주일 전에 due settimane fa
전 煎 frittura ¶ 전을 부치다 friggere
전 廛 bottega, negozio
전 錢 [돈] denaro, moneta, [단위] jeun
전- 全 tutto, intero, qualsiasi, ogni, totale, complessivo, assoluto, integrale, completo
-전 傳 [전기] biografia, vita ¶ 나폴레옹전 una biografia di Napoleone
-전 殿 palazzo, sala, salone * **불-** tempio buddista
-전 戰 guerra, combattimento, battaglia, [경기의] partita, round, giro, match, incontro * **시가-** rissa
전가 轉嫁 [재혼] secondo matrimonio, nuovo matrimonio, [죄·책임의] imputazione, attribuzione **-하다** [재혼하다] risposare, sposare di nuovo, [책임 따위를] attribuire, addebitare, imputare ¶ 잘못을 다른 사람에게 전가하다 scaricare la colpa su qlcu. altro
전가 傳家 ¶ 전가의 ereditario * **-지보** ricordo (*o* cimelio) di famiglia
전각 殿閣 palazzo reale
전간 癲癇 【의학】 epilessia ⇒ 지랄(병)
전갈 全 【동물】scorpione * **-좌** 【천문】 Scorpione
전갈 傳喝 messaggio orale, comunicazione, annuncio
전개 展開 sviluppo, crescita, evoluzione, ampliamento, schieramento (군대의) **-하다** svolgere, sviluppare, svilupparsi, svolgersi, schierare, spiegare
전거 典據 autorità ¶ 화실한 전거에

의하여 무엇무엇을 터득하다 apprendere qlco. da fonte sicura
전거 轉居 trasferimento, sgombero **-하다** spostare, trasferire, traslocare
전격 電擊 [충격] scossa elettrica **-하다** bombardare, attaccare rapidamente ¶ 전격적 lampo, rapido, velocissimo * **-전** guerra lampo
전경 全景 vista completa
전곡 錢穀 denaro e grano
전공 專攻 specialità, materia (*o* disciplina) di specializzazione **-하다** studiare specialmente, specializzarsi, perfezionarsi ¶ 역사를 전공하다 specializzarsi in storia * **-논문** monografia
전공 電工 elettricista, ingegnere elettronico
전과 全科 tutto il corso
전과 轉科 **-하다** cambiare il proprio corso(*o* la propria specializzazione)
전과 前科 condanna precedente
전관 前官 [전임자] predecessore
전광 電光 lampo, fulmine, baleno, saetta ¶ 전광석화같이 in un lampo, velocemente
전교 轉交 consegna **-하다** mandare, spedire
전교 傳敎 ⇒ **전학**
전교 全校 tutta la scuola * **-생** tutti gli studenti di una scuola
전구 前驅 avanguardia, precursore, antesignano
전구 電球 lampadina * **백열-** lampadina incandescende
전국 全- sostanza non diluita [per salsa di soia e alcool] ¶ 전국의 non diluito, puro
전국 全國 tutto il paese ¶ 전국의 nazionale, su scala nazionale
전국 戰國 un paese in guerra * **-시대** età di guerre civili
전국 全局 la situazione della guerra
전권 全權 pieni poteri, potere plenipotenziario * **-대사** ambasciatore plenipotenziario **-위원** plenipotenziario
전권 專權 diritto esclusivo, potere arbitrario
전권 全卷 tutto il libro, l'intero volume ¶ 전권을 통하여 dalla prima all'ultima pagina, da cima a fondo
전극 電極 elettrodo, polo, [양극] polo positivo, [음극] polo negativo
전근 轉勤 trasferimento
전기 前記 ¶ 전기의 suddetto, summenzionato, sunnominato, precedente, antecedente
전기 前期 il primo tempo, il primo semestre
전기 電氣 elettricità ¶ 전기의 elettrico * **-공** elettricista **-광학** elettro(o)ttica **-기구** elettrodomestici **-담요** termocoperta **-도금** oggetti placcati (mediante galvanostegia) ¶ 전기 도금을 하다 trattare con galvanostegia, galvanizzare, elettrizzare **-마사지** elettromassaggio, massaggio elettrico **-발동기** elettromotore **-분석** elettroanalisi **-분해** elettrolisi **-스탠드** lampada da scrittoio (*o* tavolo) **-역학** elettrodinamica **-의자** sedia elettrica **-자석** elettro-

calamita, elettromagnete **-철도** ferrovia a trazione elettrica **-화학** elettrochimica **공중-** elettricità atmosferica **동-** elettricità dinamica **마찰-** elettricità frizionale **수력** [**화력**]- elettricità idraulica [di forza vapore] **양**[**음**]- elettricità positiva [negativa] **유-** elettricità gavanica **자-** elettricità magnetica **정-** elettricità statica

전기 傳記 vita, biografia * **-문학** letteratura biografica **-작가** biografo

전기 轉機 svolta (decisiva)

전깃줄 電氣- filo elettrico

전나무 【식물】 abete

전날 前- l'altro giorno, precedentemente, in precedenza, prima

전납 前納 pagamento anticipato **-하다** pagare anticipamente(*o* in anticipo)

전납 全納 pagamento a saldo, saldo

전년 前年 l'anno precedente, l'anno scorso (작년)

전념 專念 ⇒ **전렴**

전능 全能 onnipotenza **-하다** (essere) onnipotente ¶ 전능의 신 Onnipotente, Dio

전단 全段 [신문 따위의] tutta la pagina * **-표제** titolo, testa

전단 傳單 volantino, manifestino, foglio volante

전단 專斷 decisione arbitraria, arbitrarietà **-하다** agire arbitrariamente

전달 前- il mese scorso

전달 傳達 consegna, trasporto, trasmissione **-하다** consegnare, condurre, trasportare, portare, convogliare, trasmettere, avvisare, informare, notificare a ¶ 자신의 의견을 전달하다 comunicare (*o* esprimere) il proprio pensiero

전담 全擔 **-하다** assumersi il carico di qualcuno, assumersi la responsabilità di qualcuno

전담 專擔 la responsabilità esclusiva **-하다** prendersi cura di qlco., essere responsabile di

전답 田畓 podere, tenuta, campo

전당 全黨 * **-대회** Convenzione (nazionale), convenzione di un partito

전당 典當 l'essere impegnato (*o* pignorato), pegno, garanzia ¶ 전당 잡히다 impegnare, dare in pegno, pignorare // 시계를 전당 잡히다 impegnare il proprio orologio * **-물** pegno ¶ 전당물을 찾다 spignorare, riscattare **-포** agenzia di pegno, banco di pegni, monte dei pegni (*o* di pietà)

전당 殿堂 tempio, luogo sacro, santuario, palazzo

전대 戰隊 squadra, corpo di battaglia

전대 纏帶 zaino tradizionale coreano fatto di stoffa per mettere i soldi

전대 轉貸 subaffitto, sublocazione **-하다** [토지를] subaffittare * **-인** chi subaffitta, sublocatore

전대 前代 generazione precedente ¶ 전대 미문의 senza precedenti, straordinario, inaudito, incredibile

전도 全島 tutta l'isola

전도 前導 ⇒ 선도 (先導)

전도 前途 il proprio futuro, prospettive, aspettative, previsione ¶ 전도 유망한 청년 un giovane con buone prospettive // 전도가 밝지 않다 le prospettive per il futuro non sono promettenti

전도 傳道 missione, lavoro missionario, lavoro evangelico, propagazione **-하다** predicare, propagare, evangelizzare ¶ 아프리카에서 카톨릭 전도 una missione cattolica in Africa // 복음을 전도하다 predicare il Vangelo * **-사** evangelista, prete, pastore, 【성경】 ecclesiaste, missionario

전도 顚倒 inversione, capovolgimento, rovesciamento **-하다** rovesciare, capovolgere, invertire ¶ 파도가 배를 전도시켰다 L′onda capovolse la barca.

전도 傳導 conduzione (열 따위의), trasmissione (음향 따위의) **-하다** condurre, trasmettere ¶ 구리는 전기를 전도한다 il rame conduce l′elettricità * **-성** conducibilità, conduttività **-체** conduttore

전동 電動 ¶ 전동(식)의 elettromotore * **-력** forza elettromotrice **-발전기** gruppo motogeneratore, motore dinamo, convertitore **-자** indotto, armatura

전동기 電動機 elettromotore * **교류-** motore a corrente alternata **유도-** motore a induzione **직류-** motore a corrente continua

전두 前頭 fronte * **-골** osso frontale, frontale **-부** fronte

전등 電燈 luce elettrica ¶ 전등을 끄다 spegnere la luce elettrica * **회중-** pila tascabile, torcia elettrica

전라 全裸 ¶ 전라의 completamente nudo, nudo come un verme

전락 轉落 caduta, rovina, crollo, tracollo, [타락] degradazione **-하다** cadere, crollare, degradare, subire un tracollo, ridursi, essere in crisi

전란 戰亂 guerra, ostilità

전람 展覽 mostra, esposizione **-하다** esporre, mostrare * **-품** oggetto (*o* pezzo) d′esposizione **-회** mostra, esposizione

전래 傳來 trasmissione, introduzione **-하다** essere trasmesso, essere introdotto, essere tramandato, tramandarsi ¶ 아버지에서 아들로 전래된 tramandato di padre in figlio // 전래의 tradizionale, ereditario

전략 戰略 strategia, stratagemma, tattica ¶ 전략적 strategico // 전략적으로 strategicamente // 전략적 후퇴 ritirata strategica * **-가** stratega

전량 全量 tutta la quantità

전력 全力 tutta la propria forza, uno sforzo totale, il meglio, (tutto) il possibile ¶ 전력을 다하다 fare del (*o* il) proprio meglio // 전력을 다해 어떤 일을 하다 fare qlco. con il massimo impegno

전력 前歷 il proprio passato

전력 電力 energia elettrica, elettricità * **-계** wattmetro, wattometro **-선** linea elettrica **-학** elettrodinamica

전력 戰力 potenziale bellico

전렴 專念 devozione **-하다** dedicarsi a ¶ 좋은 일 하는 데 전렴하다 dedicarsi alle opere di bene

전령 傳令 [사람] messaggero (*f* -a), attendente, [명령] messaggio ufficiale **-하다** portare un ordine, trasmettere un messaggio ufficiale

전례 典禮 cerimonia, rito

전례 前例 precedente, esempio precedente ¶ 전례 없는 senza precedenti, nuovo

전류 電流 corrente elettrica ¶ 전류가 통한 철사 filo sotto tensione ＊ **-계** amperometro **-량** ameperaggio **-차단기** ruttore **-측정** galvanometria **고[저]압-** corrente ad alto [basso] voltaggio **교[직]류-** corrente alternata [continua]

전리 電離【물리】ionizzazione **-하다** ionizzare ＊ **-층** ionosfera

전리품 戰利品 trofeo, [약탈품] bottino, preda, spoglie di guerra

전립선 前立腺【해부】prostata, ghiandola prostatica

전말 顚末 [상세] particolari, dettagli, [경위] il corso degli eventi, [사정] circostanze ＊ **-서** resoconto, rendiconto

전망 展望 vista, veduta, panorama, prospettiva, vista panoramica **-하다** avere in vista, osservare, guardare con attenzione ¶ 테라스에서 전망이 매우 좋다 C'è una magnifica vista dalla terrazza. // 너는 그 자리에 누구를 전망하니? Chi hai in mente(prevedi) per quel posto? ＊ **-차** carrozza belvedere

전매 轉賣 **-하다** rivendere

전매 專賣 monopolio, monopolizzazione **-하다** monopolizzare ＊ **-권** monopolio

전매 특허 專賣特許 brevetto (d'invenzione) ¶ 전매 특허를 얻다 (far) brevettare

전면 前面 fronte, facciata, davanti, facciata, prospetto (건물의) ¶ 전면에 davanti, di fronte

전면 全面 tutta la superficie ¶ 전면적 generale, a scala naturale, totale, integrale, completo

전멸 全滅 distruzione completa, annientamento, annichilamento, sterminio **-하다** essere completamente distrutto, essere annientato, essere annichilito ¶ 전멸시키다 distruggere completamente, annientare, annichilire

전모 全貌 tutti gli aspetti, complesso di circostanze

전무 全無 mancanza totale, assenza totale **-하다** essere completamente mancante, assente

전무 專務 dovere speciale, [회사의] amministratore delegato

전무식 全無識 ⇒ **판무식**

전무후무 前無後無 senza precedenti nella storia **-하다** (essere) senza precedenti, nuovo, essere inaudito

전문 全文 tutta la frase, tutto il testo ¶ 전문을 인용하다 citare tutta la frase

전문 前文 la frase precedente, (책

이나 서류 따위의) proemio, introduzione, prefazione

전문 專門 specialità, particolarità, singolarità, lavoro speciale, specializzazione, materia (*o* disciplina) di specializzazione ¶ 전문의 speciale, eccezionale, tecnico (기술상), professionale (직업상), esperto // 전문적으로 specialmente, in special modo, professionalmente, da professionista, tecnicamente // 전문적 지식 conoscenza professionale // 전문화하다 essere specializzato, specializzarsi (in) * **-가** esperto, specialista, professionista **-어** liguaggio tecnico **-학교** scuola tecnica, istituto (*o* scuola) di specializzazione **-화** specializzazione

전문 轉聞 diceria, voce, pettegolezzo **-하다** sapere qlco. per sentito dire

전반 前半 primo tempo

전반 全般 tutto, intero ¶ 전반적 tutto, completo, intero, totale, generale, complessivo, globale // 전반적으로 generalmente, universalmente, in genere

전반사 全反射【물리】riflessione totale

전방 前方 facciata, davanti, fronte, prima linea ¶ 전방의 anteriore, frontale, davanti // 전방에 davanti, di fronte, (in) avanti

전방 廛房 negozio, bottega

전번 前番 l′altro giorno, ultima volta ¶ 전번의 scorso, passato, ultimo, precedente, prima, anteriore

전범 戰犯 [사람] criminale di guerra

전법 戰法 tattica, strategia

전변 轉變 variabilità, mutevolezza, incostanza **-하다** cambiare, mutare, variare

전별 餞別 saluto, commiato, addio, congedo **-하다** salutare (alla partenza), accomiatarsi, dare l′addio a qlcu., salutare qlcu. d′addio * **-공연** spettacolo di chiusura

전병 煎餠 pancake, frittella

전보 塡補 supplemento, integrazione, aggunta **-하다** integrare, completare ¶ 결손을 전보하다 colmare il disavanzo

전보 電報 telegramma, telegrafo, [무전의] radiotelegramma, radiogramma, [해외] cablogramma, cablo **-하다** telegrafare, mandare telegraficamente (*o* per telegramma) ¶ 메세지를 전보로 보내다 inviare un messaggio per telegrafo // 도착하면 네게 전보를 보내마 Ti telegrafo quando arrivo. * **-국** ufficio telegrafico **-약호** indirizzo telegrafico

전보 轉報 trasferimento **-하다** trasferire, spostare

전복 顚覆 capovolgimento, rovesciamento, sovversione, sovvertimento, [정부 따위] rovesciamento, abbattimento **-하다** capovolgere, rovesciare, abbattere, far cadere, ribaltare ¶ 파도가 배를 전복시켰다 L′onda capovolse la barca // 정부를 전복하다 rovesciare il governo

전복 全鰒【조개】conchiglia

전부 全部 tutto, [부사적] tutto, interamente, completamente, totalmente, in tutto ¶ 전부를 잃다 perdere tutto // 전부 오십 명의 사람들 cinquanta persone in tutto ¶ 전부의 tutto, intero, tutti, qualsiasi, ogni, alcuno, intero, totale, completo // 그는 공범관계를 전부 부정했다 Negò qualsiasi complicità.

전분 澱粉 amido, farina, destrina ¶ 전분질의 amidaceo, amilaceo, farinaceo

전사 戰士 soldato, militare, combattente, guerriero

전사 戰死 morte in battaglia **-하다** essere morto in battaglia

전사 轉寫 trascrizione **-하다** fare una copia, copiare, trascrivere ∗ **-잉크** inchiostro da trasporto (*o* litografico)

전사 戰史 storia militare

전상 戰傷 ferita della guerra **-하다** essere ferito in guerra ∗ **-병** un soldato ferito

전색맹 全色盲 daltonismo, acromatopsia

전생 前生 vita precedente ¶ 전생의 인연 predestinazione

전생애 全生涯 tutta la vita

전서 全書 compendio, (collezione) completa di libri ∗ **법령-** compendio di leggi

전서구 傳書鳩【새】piccione (*o* colombo) viaggiatore

전선 電線 filo elettrico, cavo elettrico, cavo telegrafico ∗ **해저-** cavo sottomarino

전선 戰船 nave da guerra

전선 戰線 prima linea, posto di battaglia, fronte ¶ 전선에 보내어지다 essere mandato al fronte

전선 前線 [일선] prima linea, [기상] fronte ∗ **한랭-** fronte del freddo

전설 傳說 tradizione, leggenda ¶ 전설적 tradizionale, leggendario, mitico ∗ **-집** leggendario

전성 全盛 apice del successo **-하다** essere all'apice del successo ∗ **-시대** in fiore, età d'oro, periodo aureo, la primavera (della vita)

전성 展性【물리】malleabilità

전성관 傳聲管 portavoce, tubo portavoce(arc.)

전세 前世 ① vita precedente ⇒ **전생** ② [전대] generazioni precedenti

전세 傳貰 ∗ **-계약** contratto d'affitto(o di locazione), locazione, affitto

전세 專貰 prenotazione ¶ 전세 내다 prenotare, riservare, fissare, noleggiare

전세계 全世界 tutto il mondo ¶ 전세계에 이름이 알려진 di fama mondiale, famoso (*o* celebre) in tutto il mondo

전세기 前世紀 il secolo scorso

전소 全燒 distruzione totale a causa di incendi **-하다** essere distrutto dal fuoco

전속 專屬 **-하다** appartenere esclusivamente a ∗ **-부관** aiutante di campo

전속 轉屬 trasferimento **-하다** trasferirsi

전속력 全速力 velocità massima

전송 傳送 trasmissione, comunicazione **-하다** trasmettere, comunicare

전송 餞送 saluto, commiato **-하다** salutare qlcu. (alla partenza)

전송 轉送 invio, spedizione **-하다** spedire, inviare

전송 電送 trasmissione elettrica **-하다** telegrafare, trasmettere * **-사진** telefoto(grafia)

전수 傳受 **-하다** ereditare

전수 傳授 istruzione, insegnamento, iniziazione **-하다** dare istruzione, iniziare qlcu. a, introdurre

전수 專修 specializzazione **-하다** essere specializzato (in), specializ zarsi in, perfezionarsi in

전술 前述 ¶ 전술의 suddetto, summenzionato, sunnominato, precedente, antecedente

전술 戰術 tattica, l′arte della guerra ¶ 전술상의 tattico // 전술상의 과오 un errore tattico // 전술적으로 tatticamente * **-가** tattico

전승 全勝 vittoria completa **-하다** riportare una vittoria completa

전승 傳承 trasmissione, tradizione **-하다** trasmettere oralmente, tramandare oralmente * **-문학** letteratura orale **민간-** folclore

전승 戰勝 vittoria, trionfo **-하다** trionfare, vincere, riportare una vittoria

전시 展示 mostra, esposizione **-하다** esporre, mettere in mostra, esibire * **-물** oggetto d′esposizione (*o* esposto)

전시 戰時 tempo di guerra ¶ 전시에 nel tempo di guerra, nel periodo bellico * **-경제** economia del tempo di guerra **-공채** prestito contratto durante la guerra

전시대 前時代 tempi andati, generazioni passate

전신 全身 tutto il corpo * **-마취** anestesia totale

전신 前身 se stesso, predecessore (*f* -a), precedenti ¶ 그는 자신의 전신의 그림자일 뿐이다 Non è che l′ombra di se stesso

전신 電信 telegrafo, [해저 전신] cablogramma, cablo ¶ 전신을 치다 cablare, trasmettere per cablogramma, telegrafare, mandare un telegramma a * **-계** fattorino dei telegrammi **-국** ufficio telegrafico **-법** telegrafia **-약호** indirizzo telegrafico **-주** palo telegrafico (*o* del telegrafo)

전심 全心 ¶ 전심을 다해 cordiale, espansivo, (선한 의지로) di tutto cuore, con tutto il cuore

전심 專心 concentrazione mentale, tutto il cuore **-하다** dedicarsi a ¶ 전심으로 con tutto il cuore, di tutto cuore, devotamente

전아 典雅 **-하다** (essere) grazioso, aggraziato, raffinato

전압 電壓 voltaggio, tensione * **-계** volt(o)metro, voltimetro

전액 全額 l′importo totale, somma, totale * **-지불** pagamento a saldo, saldo

전야 田野 campo

전야 前夜 la sera precedente, la notte scorsa, vigilia ¶ 그의 결혼 전야에 alla vigilia delle sue nozze // 크리스마스 이브 vigilia di natale

전언 傳言 messaggio, comunicazione, annuncio **-하다** mandare un messaggio ¶ 전언을 남기다 lasciare un messaggio per qlcu.

전업 專業 occupazione, specialità, professione ¶ 전업으로 하다 specializzarsi (in), essere specializzato in

전업 電業 industria elettrica

전업 轉業 cambio del lavoro **-하다** cambiare il proprio lavoro

전역 全域 tutta l'area, tutto il campo

전역 全譯 traduzione completa **-하다** tradurre completamente

전역 戰役 guerra, battaglia, campagna

전역 戰域 area di guerra

전역 轉役 **-하다** trasferire, spostare

전연 全然 completamente, interamente, del tutto, pienamente, totalmente

전열 電熱 calore elettrico * **-기** stufa elettrica (난방용)

전열 前烈 prima fila, prim'ordine

전염 傳染 infezione, contaminazione, inquinamento, trasmissione **-하다** essere contagioso, essere infettivo ¶ 전염성의 contagioso, infettivo, trasmissibile, comunicabile, epidemico

전염병 傳染病 epidemia, malattia infettiva * **-유행지** focolaio epidemico, località infestata dalla peste

전옥 典獄 【법】 guardia carceraria, carceriere, secondino

전용 專用 uso esclusivo **-하다** usare esclusivamente ¶ 전용의 esclusivo, privato (개인의)

전용 轉用 diversione, deviazione **-하다** distogliere, stornare, distrarre ¶ 개인적인 사용으로 자금을 전용하다 stornare fondi per uso personale // 자금의 전용 storno di fondi

전우 戰友 compagno d'armi, commilitone * **-애** cameratismo, colleganza

전운 戰雲 minaccia di guerra

전원 田園 campo e giardino, [시골] campagna, [교외] periferia, sobborghi, suburbio ¶ 전원의 campestre, rurale, di campagna, agreste * **-도시** città giardino **-생활** vita campestre **-시** idillio, poesia pastorale

전원 全員 tutti i membri ¶ 전원일치로 all'unanimità, unanimemente

전월 前月 il mese scorso

전위 前衛 【군사】 avanguardia, [축구·농구의] attaccante

전위 電位 【물리】 potenziale elettrico * **-강화** caduta del potenziale **-계** elettrometro **-차** differenza di potenziale

전위 傳位 **-하다** [왕위를] abdicare

전유 專有 possesso esclusivo **-하다** possedere esclusivamente, monopolizzare * **-권** monopolio

전율 戰慄 fremito, brivido, tremito, tremore, [공포] terrore, forte paura (*o* spavento), orrore **-하다** rabbrividire, raccapricciare, fremere¶ 그것은 나를 전율케 한다 Mi fa rabbrividire, Mi fa accapponare la pelle // 그 생각을 하자

나는 전율이 느껴진다 Rabbrividisco al pensiero di ciò.
전음 顫音【음악】trillo
전의 轉義 (significato) figurativo
전의 戰意 intenzione di combattere
전의 詮議 [조사] indagine, ricerca, investigazione, [심의] considerazione, deliberazione **-하다** indagare su, ponderare, riflettere su, ponderare, investigare su
전이 轉移 [변화] cambiamento, [환부의] metastasi, innesto **-하다** cambiare, riprodursi per metastasi, metastatizzare, metastatizzarsi
전인 全人 una persona completa
전일 前日 l'altro giorno, qualche giorno fa, precedentemente, prima
전임 專任 occupazione a tempo pieno
전임 傳任 trasferimento **-하다** trasferirsi
전입 轉入 **-하다** entrare in
전자 前者 [questo에 대하여] quello, [l'altro에 대하여] l'uno, [questi에 대하여] quegli, [il secondo에 대하여] il primo
전자 電子 elettrone ¶ 전자의 elettronico * **-계산기** elaboratore elettronico **-공학** elettronica, inge-gneria elettronica **-두뇌** cervello elettronico **-음악** musica elettronica **-현미경** microscopio elettronico
전자 電磁 ¶ 전자의 elettromagnetico * **-기** elettromagnetismo **-석** elettrocalamita
전작 田作 aridocoltura **-하다** coltivare senza irrigazione
전장 全長 la lunghezza totale
전장 前場 [econ.] apertura della borsa
전장 電場【물리】campo elettrostatico
전장 戰場 campo di battaglia
전재 轉載 ristampa, riproduzione **-하다** ristampare, riprodurre
전재 戰災 danno di guerra * **-고아** orfano (*f* -a) di guerra **-지구** area devastata dalla guerra
전쟁 戰爭 guerra, ostilità, conflitto, battaglia, combattimento, scontro, lotta **-하다** muovere guerra (a, contro), [개전하다] entrare in guerra (con, contro), [전투하다] combattere ¶ 전쟁 전의 anteguerra // 전쟁 후의 del (*o* relativo al) dopoguerra, postbellico // 휴전 tregua // 전쟁에 이기다 vincere una guerra // 전쟁을 일으키다 provocare una guerra // 전쟁을 선포하다 dichiarare guerra (a) * **-범죄** criminale di guerra **국내-** guerra civile **침략-** guerra di aggressione (*o* offesa)
전적 轉籍 trasferimento del registro familiare **-하다** trasferire il proprio domicilio
전적 全的 [형용사적] totale, completo, intero ¶ 전적으로 completamente, totalmente, interamente, in tutto e per tutto // 전적으로 잘못한 completamente sbagliato
전적 戰績 atti ufficiali di guerra, [경기의] risultato, record, punti, punteggio
전전 前前 due giorni fa, [그저께]

ieri l′altro, l′altro ieri

전전 輾轉 **-하다** [임자를 바꾸다] cambiare proprietario più volte, [헤매다] vagare, errare, girare senza meta, [구르다] rotolare

전전 戰前 ¶ 전전의 anteguerra // 전전에 nell′anteguerra, prima della guerra

전전긍긍 戰戰兢兢 **-하다** tremare dalla paura

전정 前庭 [앞뜰] giardino davanti alla casa, [귀의] vestibolo

전정 剪定 **-하다** potare (un albero), cimare * **-가위** cesoie, forbici da giardiniere

전제 前提 【논리】 premessa, presupposizione, presupposto **-하다** presupporre, ritenere, dare per scontato (*o* certo), ammettere per ipotesi ¶ ...을 전제로 하고 supponendo (*o* nell′ipotesi) (che), con la premessa (che) * **대-** premessa maggiore, maggiore **소-** premessa minore, minore

전제 專制 dispotismo, autocrazia **-하다** essere dispotico, essere tirannico * **-국** monarchia assoluta **-군주** autocrate, despota

전조 前兆 presagio, segno, indizio, presentimento, auspicio, premonizione, pronostico ¶ 다가올 고난의 전조 un presagio di guai futuri // 나쁜 전조 cattivo augurio

전조 前條 l′articolo precedente

전조 轉調 【음악】 modulazione

전조등 前照燈 faro (anteriore), proiettore

전죄 前罪 delitto precedente

전주 電柱 palo elettrico, palo telegrafico (o telefonico)

전주 前週 la settimana scorsa

전주 前奏 preludio, ouverture * **-곡** preludio, ouverture

전주 錢主 creditore, finanziere

전중이 prigioniero, carcerato, galeotto

전지 全紙 a tutto foglio, l′intera facciata di

전지 全知 onniscienza ¶ 전지전능한 신 Dio onnipotente

전지 電池 batteria * **건-** batteria (*o* pila) a secco **축-** accumulatore della batteria

전지 戰地 campo di battaglia, il fronte

전지 轉地 **-하다** andare in un posto per cambiare aria

전직 轉職 cambiamento di lavoro **-하다** cambiare il proprio lavoro

전직 前職 il lavoro(*o* il posto) occupato precedentemente * **-장관** ex ministro

전진 前進 avanzamento, movimento in avanti **-하다** avanzare, andare innanzi, procedere * **-기지** [군대] avamposto, base, [비유적] posizione avanzata

전진 戰陣 ordine di battaglia, campo militare

전집 全集 opere complete, collezone completa ¶ 세익스피어 전집 le opere complete di Shakespeare

전차 電車 automobile elettrica, vettura tramviaria, tram, tranvai

전차 戰車 carro armato, tank * **-병** carrista **대-포** cannone anticarro, bazooka

전차 轉借 **-하다** subaffittare * **-인**(人) chi subaffitta, sublocatore

전채 前菜 【요리】 antipasto(음식), aperitivo(음료)

전채 戰債 debito di guerra

전책임 全責任 piena responsabilità per (*o* di)

전처 前妻 ex-moglie, moglie precedente

전천후 全天候 ¶ 전천후의 per qualsiasi tempo (*o* stagione)

전철 前轍 ¶ 전철을 밟다 seguire le orme (*o* l'esempio) di

전철 轉轍 **-하다** smistare, instradare * **-기** scambio, deviazione **-수** deviatore, scambista

전철 電鐵 ferrovia a trazione elettrica

전첩 戰捷 vittoria, trionfo **-하다** riportare una vittoria

전체 全體 intero, tutto, insieme, complesso ¶ 전체의 tutto, completo, intero, generale // 전체적으로 generalmente, nel complesso, tutto sommato, nell'insieme * **-주의** totalitarismo **-회의** assemblea generale

전초 前哨 avamposto, base * **-전** scaramuccia

전축 電蓄 giradischi

전출 轉出 **-하다** sgombrare

전취 戰取 **-하다** vincere, ottenere, raggiungere, conquistare

전치 全治 ristabilimento completo **-하다** ristabilirsi completamente, guarire completamente, essere curato completamente

전치사 前置詞 preposizione ¶ 전치사 용법 uso prepositivo * **-구** locuzione prepositiva

전통 傳統 tradizione, convenzione ¶ 전통적인 tradizionale, convenzionale // 전통적으로 tradizionalmente * **-주의** tradizionalismo

전투 戰鬪 combattimento, battaglia, scontro, lotta **-하다** combattere, lottare contro, battagliare ¶ 전투력을 상실시키다 rendere inabile * **-기** caccia, aereo da combattimento **-대형** ordine di battaglia **-복** uniforme da campo **-폭격기** cacciabombardiere

전파 電波 radioonda, onda hertziana * **-계** ondametro **-방해** jamming, disturbo intenzionale **-탐지기** radar **수중-탐지기** sonar, ecogoniometro

전파 傳播 diffusione, propagazione **-하다** diffondere, divulgare, propagare ¶ 혁명 사상의 전파 la diffusione di idee rivoluzionarie

전판 全- tutto, intero

전패 戰敗 sconfitta, disfatta **-하다** perdere una guerra

전패 全敗 sconfitta completa, sconfitta schiacciante **-하다** essere completamente sconfitto, perdere tutti i giochi

전편 全篇 tutto il libro, tutta la bobina (영화의) ¶ 전편을 통해서 dalla prima all'ultima pagina, da cima a fondo

전편 前篇 la prima parte, il primo volume

전폐 全廢 abolizione totale **-하다** abolire completamente, disfarsi di, liberarsi di ¶ 노예 제도의 전폐 abolizione della schiavitù

전폭 全幅 tutti i pezzi ¶ 전폭적 completo, pieno, massimo, estremo // 전폭적으로 completamente, pienamente

전폭기 戰爆機 cacciabombardiere

전표 傳票 nota, conto, (작은 종이 조각) scontrino, tagliando, biglietto

전하 殿下 Sua Altezza Reale

전하다 傳- ① [전달하다] trasmettere, comunicare, dare, annunciare, rendere noto, dire [열 · 빛 따위를] convogliare, portare, trasmettere, condurre ② [전수하다] dare, iniziare, introdurre, avviare, rivelare, comunicare, far conoscere, insegnare, introdurre ③ [남겨주다] essere tramandato, tramandarsi, passare ¶ 아버지에서 아들로 전해진 tramandato di padre in figlio

전학 轉學 cambiamento di scuola **-하다** trasferirsi in un′altra scuola

전함 戰艦 nave da guerra

전항 前項 la proposizione precedente, il pragrafo precedente, 【수학】 antecedente

전해 前- l′anno precedente, l′anno passato (*o* scorso)(작년)

전해 電解 elettrolisi

전향 轉向 conversione, trasformazione **-하다** convertirsi, voltarsi, girarsi, [개심하다] correggersi, ravvedersi ＊ **-자** convertito, voltagabbana

전혀 全- completamente, interamente, del tutto, pienamente, assolutamente, totalmente, affatto

전형 典型 modello, esempio, esemplare ¶ 전형적 tipico, tipo, esemplare, modello, perfetto(모범적) // 전형적인 영국인 un inglese tipico // 덕의 전형 un modello di virtù

전형 銓衡 scelta, selezione, **-하다** scegliere, selezionare, prescegliere, fare una scelta ¶ 전형중이다 essere in fase di selezione

전호 前號 il numero precedente

전화 電話 telefono **-하다** telefonare a, chiamare (al telefono), fare una telefonata a ¶ 전화로 per telefono, telefonicamente // 전화로 메세지를 보내다 mandare un messaggio per telefono // 내일 네게 전화할게 Ti telefono domani. // 전화를 끊다 interrompere la comunicazione, riattaccare, // 전화가 오다 essere desiderato al telefono // 전화 중이다 essere (*o* stare parlando) al telefono ＊ **-가입자** abbonato (al telefono) **-교환국** centralino telefonico **-교환수** telefonista, centralinista **-기** telefono, apparecchio telefonico **-번호** numero telefonico (o di telefono) **-번호부** elenco del telefono (o telefonico), elenco degli abbonati **-실** cabina telefonica - **자동 응답 서비스** segretaria telefoncia **공중-** telefono pubblico **시내-** telefonata (*o* chiamata) urbana **시외-** telefonata (*o* chiamata) interurbana, interurbana **장거리-** telefonata interurbana

전화 戰禍 le devastazioni della guerra

전화 電化 elettrificazione **-하다**

elettrificare ¶ 철도 노선을 전화하다 elettrificare una linea ferroviaria

전화 轉化 **-하다** cambiare, essere traformato

전환 轉換 conversione, trasformazione, capovolgimento, ribaltamento, passaggio, cambiamento, diversione, (기분의) passatempo, svago, diversivo, distrazione **-하다** convertire, trasformare, distogliere, stornare, distrarre, (기분을) divertire, svagare, distrarre ¶ 기금을 개인의 용도로 전환하다 stornare fondi per uso personale

전황 戰況 [전투 상황] il progredire di una battaglia, [전국] situzione della guerra

전회 前回 l'ultima volta, la scorsa dispensa(연속물의) ¶ 전회의 scorso, passato, ultimo, precedente

전회 轉回 **-하다** rotare, girare

전횡 專橫 arbitrarietà, dispotismo, tirannia, tirannide **-하다** agire arbitrariamente, tiranneggiare, opprimere, agire da tiranno (con)

전후 前後 [순서] ordine, successione, ordinamento: [앞과 뒤] fronte e retro, [부사적] avanti e dietro, più o meno, o giù di lì, circa, approssimativamente ¶ 알파벳 순서 ordine alfabetico

전후 戰後 ¶ 전후의 dopoguerra, postbellico, post-bellum 《라》, après guerre 《프》

절[1] [사찰] tempio buddista

절[2] [인사] inchino, saluto, riverenza **-하다** inchinarsi, fare un inchino, salutare ¶ 누구누구에게 절하다 fare l'inchino a qlcu.

절 節 [문법] proposizione, [문장의] pragrafo, capoverso, [시의] stanza, strofa

-절 節 [접미어] stagione, giorno festivo

절감 切感 **-하다** sentire intensamente

절감 節減 riduzione, diminuzione, abbreviazione **-하다** ridurre, diminuire, contrarre

절개 節槪 castità, purezza, fedeltà ¶ 절개 있는 casto, puro, leale, fedele, devoto // 절개 있는 신하 un suddito leale

절개 切開 incisione, taglio, operazione **-하다** incidere, tagliare, operare

절경 絶景 una visione superba, una visione meravigliosa

절교 絶交 fine dell'amicizia **-하다** rompere un'amicizia

절구 絶句 mortaio ¶ 절구와 절구공이 un mortaio col pestello

절귀 絶句 quartina cinese (한시의)

절규 絶叫 grido, strillo, urlo, esclamazione **-하다** urlare, gridare, strillare, esclamare ¶ 고통의 절규 un grido di dolore

절그렁 tintinnante, che fa un rumore secco ¶ 절그렁거리다 tintinnare, fare un rumore secco, (셔터나 창문등이) sbattere, sbatacchiare

절기 節氣 stagione, la suddivisione delle stagioni

절다[1] [소금에] essere salato, essere

conservato (*o* messo) sotto sale

절다[2] [발을] zoppicare, azzopparsi, camminare (*o* andare) zoppo, claudicare ¶ 한 쪽 다리를 저는 zoppo a una gamba // 발을 저는 zoppo, storpio, floscio, molle

절단 切斷, 截斷 taglio, incisione, separazione, disgiunzione, amputazione(수족의) **-하다** tagliare, mozzare, troncare, (절단하여 나누기) recidere, troncare, mozzare, amputare ¶ 로프를 절단하다 tagliare una corda * **-기** tagliatrice

절대 絶大 **-하다** (essere) grandissimo, enorme, tremendo, immenso

절대 絶對 assolutezza ¶ 절대로 assolutamente, completamente, del tutto, incondizionatamente, imperativamente ¶ 너 절대로 확신해? Sei assolutamente sicuro? // 절대로 금하다 impedire in modo assoluto * **-군주** monarchia assoluta **-금주** astinenza dalle bevande alcoliche, antialcolismo **-다수** maggioranza assoluta **-론자** assolutista **-명령** ordine perentorio **-온도** temperatura assoluta **-음감** diapason assoluto **-주의** assolutismo

절도 節度 moderazione, sobrietà, temperanza ¶ 절도를 지키다 essere moderato, sobrio, misurato, temperato

절도 竊盜 [사람] ladro (*f* -a) ¶ 절도질하다 rubare, sottrarre * **-광** cleptomania **-죄** furto, ruberia

절뚝거리다 zoppicare, camminare (*o* andare) zoppo, claudicare, andare zoppicando

절뚝발이 storpio (*f* -a), sciancato (*f* -a), zoppo (*f* -a)

절렁거리다, 쩔렁거리다 tintinnare, far tintinnare ¶ 그는 주머니 속의 동전들을 쩔렁거렸다 Faceva tintinnare le monete in tasca.

절로 ① automaticamente ⇒ **저절로** ② là ⇒ **저리로**

절륜 絶倫 **-하다** (essere) impareggiabile, incomparabile, senza pari

절름거리다 zoppicare

절름발이 zoppo (*f* -a), storpio (*f* -a)

절망 絶望 disperazione **-하다** disperare, disperarsi, perdere la speranza ¶ 절망적 disperato, senza (*o* privo di) speranza // 절망적인 상황 una situazione disperata // 절망에 사로잡히다 essere in preda alla disperazione // 누구누구를 절망시키다 spingere qlcu. alla disperazione

절멸 絶滅 estinzione, sterminio, distruzione, sradicamento, estirpazione **-하다** estinguersi, sterminare, distruggere, annientare, sradicare, estirpare, eliminare

절명 絶命 morte **-하다** morire, spirare

절묘 絶妙 **-하다** (essere) superbo, eccellente, mirabile, stupendo ¶ 절묘한 맛 un gusto squisito

절무 絶無 niente, nulla

절박 切迫 urgenza, l′essere urgente, imminenza **-하다** (essere) imminente, essere prossimo, avvicinarsi ¶ 절박한

urgente, pressante, impellente // 무엇무엇이 절박하게 필요하다 avere urgente bisogno di qlco.

절반 折半 metà, mezzo **-하다** tagliare a metà, dimezzare, smezzare, dividere (in due parti uguali), fare a metà di

절버덕 schizzo, spruzzo ⇒ 철벅

절벅거리다 spruzzare, schizzare

절벙거리다 cadere con un tonfo, fare un tonfo

절벽 絶壁 [낭떠러지] precipizio, burrone, dirupo, [사람] stupido, sciocco ¶ 절벽을 기어오르다 scalare un precipizio

절삭 切削 taglio, incisione * **-공구** utensile da taglio

절색 絶色 vera bellezza, una bellissima ragazza, un modello di bellezza, una bellezza ineguagliabile

절세 絶世 ¶ 절세의 impareggiabile, incomparabile, senza pari

절수 節水 **-하다** risparmiare l'acqua

절승 絶勝 paesaggio stupendo, bellezze naturali

절식 絶食 [단식] digiuno **-하다** digiunare, astenersi dal cibo

절식 節食 una dieta moderata **-하다** mangiare con moderazione

절실 切實 **-하다** (essere) urgente, incalzante, pressante, sincero ¶ 하게 sinceramente, francamente, con sincerità, acutamente, accuratamente, con perspicacia

절약 節約 economia, risparmio, parsimonia, frugalità **-하다** fare economia (di, su), economizzare, risparmiare

절연 絶緣【전기】isolamento **-하다** [인연을] rompere (*o* chiuderla) con,【전기】isolare ¶ 가족과 절연하다 rompere con la (propria) famiglia * **-체** isolatore, materiale coibente (*o* isolante)

절이다 [소금에] mettere in salamoia, conservare sottaceto, salare, condire con sale, (소금으로 보관하다) salare, conservare (*o* mettere) sotto sale

절절, 쩔쩔 [끓는 모양] bollente, molto caldo

쩔쩔매다 non saper più che fare, non sapere che pesci pigliare, essere perplesso, incerto ¶ 할 말을 찾지 못해 쩔쩔매다 non riuscire a trovare le parole, non sapere cosa dire

절정 絶頂 [산 꼭대기] cima, vetta, sommità, [정점] culmine, colmo, apice, punto culminante ¶ 행복의 절정 il colmo della felicità // 권력의 절정 il culmine del potere

절제 切除【의학】resezione **-하다** tagliare, mozzare, troncare, asportare, tagliar via, recidere

절제 節制 temperanza, moderazione, riservo, riservatezza **-하다** essere temperato, (술버릇 따위를) essere misurato (*o* moderato, sorbrio) nel bere, essere continente ¶ 절제있는 대답 una risposta misurata

절조 節操 onestà, integrità, probità, onore, fedeltà, decenza, castigatezza

절주 節酒 moderazione nel bere **-하다** essere moderato nel bere

절지 동물 節肢動物 artropodi

절차 節次 processo, procedimento, procedura, formalità, procedimento, azione legale (*o* giudiziaria) ¶ 절차를 밟다 procedere (per vie legali) contro qlcu. ∗ **소송-** procedimento giudiziario

절찬 絶讚 grande ammirazione **-하다** esaltare, magnificare, celebrare ¶ 절찬을 받다 ottenre grande ammirazione // conquistarsi l′applauso (di)

절충 折衷 compromesso, transazione, accomodamento, eclettismo, eclettticismo **-하다** venire a un compromesso ∗ **-설** eclettismo, eclettcicismo **-자** eclettico

절충 折衝 [외교·담판] negoziato, trattativa, conferenza **-하다** trattare con, condurre le trattative di ¶ 강대국과 절충하다 trattare con una potenza stranierea

절취 截取 **-하다** rubare, sottrarre, rubacchiare, sgraffignare

절친 切親 intimità, amicizia stretta **-하다** essere intimo, legato, vicino, unito

절통 切痛 **-하다** (essere) molto spiacevole, essere mortificante

절판 絶版 **-하다** essere esaurito

절품 絶品 rarità, un ottimo articolo

절품 切品 **-하다** essere esaurito, non essere disponibile, vendere interamente, vendere tutta la merce

절하 切下 riduzione, diminuzione, devalutazione, svalutazione (평가의) **-하다** ridurre (a), diminuire ¶ 평가 절하하다 svalutare

절해 絶海 il più lontano mare

절호 絶好 **-하다** (essere) splendido, grande, capitale, primario, ottimo, d′oro, prezioso ¶ 절호의 기회 un′occasione d′oro

절후 節候 la suddivisione della stagione

젊다 (essere) giovane, giovanile, di (*o* da) giovane, [손 아래] più giovane (tra due), minore, junior ¶ 젊음 gioventù, giovinezza, adolescenza // 젊은이 giovane, giovanotto, ragazzo // 젊은 시절은 한 번 뿐이다 Si è giovani una volta sola.

점 占 divinazione, predizione **-하다** profetizzare, leggere (*o* predire) la fortuna a qlcu., prevedere ∗ **-장이** indovino (*f* -a)

점 點 ① [반점] pallino, punto, puntino, macchiolina, piccolo segno, ticchio ¶ 태양의 흑점 macchia solare ② [표기] punto, puntino, marchio, marca ¶ 점을 찍다 mettere il punto (*o* puntino) su, punteggiare ③ [점수] punto, voto, punto, run (야구), rete, goal (축구) ¶ 그는 좋은 점(수)을 받았다 Ottenne un buon voto. ④ [논점] argomento, punto, particolare, dettaglio ¶ 문제점 l′argomento in questione // 좋은 점 forte, valore, merito // 나쁜 점 debolezza, punto debole, (piccolo) difetto ⑤ [입장] punto di vista, opinione, prospettiva, angolazione, visuale ⑥ [지점] punto, posto, luogo determinato, ambito, sfera (범위) ⑦ [소수점] virgola alla sinistra della frazione decimale ⑧ 【화학】 punto ¶ 비등점 punto (*o* temperatura) di ebollizione ⑨ [바둑의] pezzo ⑩ [피부의] voglia, macchia, neo (검은) ＊ -선 linea punteggiata

점가 漸加 aumento graduale **-하다** accellerare, aumentare gradualmente

점감 漸減 diminuzione graduale **-하다** diminuire, decrescere, scemare, ridursi

점거 占據 occupazione ⇒ **점령**

점검 點檢 ispezione, esame, controllo, appello(인원의) **-하다** esaminare, ispezionare, controllare, fare l′appello

점괘 占卦 segno premonitore

점근 漸近 avvicinamento graduale **-하다** avvicinarsi a, accostarsi a, farsi accanto a

점도 粘度 viscosità

점두 店頭 vetrina (di negozio)(진열장)

점등 點燈 illuminazione **-하다** accendere

점등 漸騰 rialzo graduale, aumento graduale

점락 漸落 ribasso graduale **-하다** ribassare

점령 占領 occupazione, possesso, conquista, presa **-하다** occupare, impadronirsi, prendere possesso di, conquistare, espugnare ＊ **-군** esercito d′occupazione

점막 粘膜 mucosa, membrana mucosa ＊**-분비물** muco, catarro

점멸 點滅 tremolio, sfarfallio **-하다** tremolare, vacillare

점묘 點描 schizzo, abbozzo

점박이 點- [동물] animale screziato, [웃음거리] zimbello, scherno

점선 點線 linea punteggiata, linea tratteggiata

점성 性 viscosità, coesione

점성 占星 oroscopo ＊ **-가** astrologo (*f* -a), chi guarda (*o* osserva) le stelle **-학(술)** astrologia

점수 點數 voto, punto ¶ 만 점 pieni voti // 그는 좋은 점수를 얻었다 Ottenne un buon voto.

점술 占術 predizione, vaticinio, previsione pronostico

점심 pasto (leggero) di mezzogiorno, pranzo ¶ 점심을 먹다 pranzare

점안 點眼 ＊ **-수** gocce per gli occhi, collirio

점액 粘液 muco, fluido viscoso ¶ 점액성의 mucoso, relativo (*o* simile) al muco, viscoso, appiccicoso, attaccaticcio

점원 店員 commesso (*f* -a), venditore

점유 占有 possesso, occupazione **-하다** occupare, prendere possesso di, possedere, avere ＊ **-권** diritto di possesso **-물** bene, avere, possesso, proprietà **-자** chi occupa, occupante, possessore (*f* posseditrice), occupatore (trice), proprietario

점입가경 漸入佳境 **-하다** raggiungere il punto culminante, essere al colmo

점자 點字 braille, lettere in rilievo ¶ 점자를 읽다 leggere i caratteri braille

점잔 ¶ 점잔부리다 assumere un′aria dignitosa, darsi delle arie

점잖다 (essere) dignitoso, educato, beneducato, rispettabile, stimabile, onorabile ¶ 점잖은 사람 gentiluomo, gentleman // 점잖게 굴다 comportarsi bene // 점잖지 못하다 essere irrispettoso, scortese, sgarbato, rozzo, volgare, grossolano

점장이 占- indovino (*f* -a),

점재 點在 **-하다** essere sparso [sparpagliato, punteggiato, costellato]

점점 漸漸 sempre più(많이), sempre (di) meno(적게), gradatamente, per gradi(차차), a poco a poco, gradualmente

점점이 點點- [여기저기] qua e lì, qui e là, sparso, disseminato, sporadicamente, [하나씩] uno alla volta, (a) uno a uno

점주 店主 negoziante, bottegaio

점증 漸增 aumento graduale **-하다** aumentare gradualmente

점진 漸進 progresso graduale, gradazione **-하다** avanzare gradualmente ¶ 점진적 graduale, moderato * **-주의** progressivismo graduale

점차 漸次 gradualmente, gradatamente, per gradi, passo passo, a passo a passo, a poco a poco

점착 粘着 viscosità, adesione, coesione **-하다** aderire a, incollare, unire (*o* attaccare con la colla) * **-력** viscosità **-성** adesione, viscosità, aderenza ¶ 점착성의 adesivo, collante, colloso, coesivo

점철 點綴 **-하다** segnare con un punto, essere sparso, sparpagliare

점토 粘土 argilla, creta ¶ 점토질의 argilloso, cretoso * **내화-** ceramica vetrificata

점포 店鋪 negozio, bottega

점프 salto, balzo

점하다 占- occupare, coprire, tenere ⇒ **차지하다**

점호 點呼 appello **-하다** fare l′appello

점화 點火 accensione, illuminazione **-하다** dare fuoco a, incendiare, accendere * **-기** accenditore, accendiario **-장치** candela

접 innesto ¶ 접붙이다 innestare **-하다** ⇒ **접하다**

접각 接角【기하】angolo contiguo

접객 接客 il ricevere un ospite **-하다** ricevere, accogliere, dare il benvenuto a, fare una buona accoglienza * **-원** receptionist, addetto (*f* -a) alla ricezione(호텔 따위의)

접견 接見 colloquio, abboccamento, intervista **-하다** ricevere, avere un colloquio con, intervistare

접경 接境 zona di confine, confine, limite, frontiera, linea di confine **-하다** essere contiguo a, essere assai vicino (a), rasentare (qlco.)

접근 接近 l′avvicinarsi, l′approssimarsi, avvicinamento **-하다** avvicinarsi a, approssimarsi, accostarsi a, farsi accanto a ¶ 접근하기 어렵다 essere di difficile accesso (*o* difficilmente raggiungibile) * **-전** corpo a corpo(권투의)

접다 [종이 · 옷 따위를] (ri)piegare, smontare, chiudere, avvolgere ¶ 텐트를 접다 smon-tare una tenda // 우산을 접다 chiudere un ombrello

접때 l'altro giorno, qualche giorno fa

접대 接待 ricevimento, ricezione, (in)trattenimento, l'ospitare, l'avere ospiti **-하다** ricevere, accogliere, ospitare * **-계** receptionist, addetto (*f* -a) alla rice-zione **-부** approvvigionatrice, cameriera **-실** salone per ricevimenti

접두어 接頭語 prefisso

접목 接木 innesto, pianta innestata **-하다** innestare

접물경 接物鏡 ⇒ **대물경**

접미어 接尾語 suffisso

접본 接本 pianta innestata

접선 接線 【기하】 tangente, [접촉] contatto **-하다** prendere contatto con, mettere in contatto ¶ 적과 접선하다 prendere contatto col nemico

접속 接續 connessione, collegamento, **-하다** avere relazioni (o rapporti) con, essere in contatto con, congiungere, collegare, connettere * **-사** 【문법】 congiunzione **-법** il congiuntivo

접수 接受 ricevimento, accettazione **-하다** ricevere, accettare

접수 接收 il prendere, presa, requisizione **-하다** prendere il comando. (*o* la direzione di), requisire

접시 piatto(평평한), piatto da portata(큰), sottocoppa, piattino(받침 접시), piatto della bilancia(저울의) ¶ 접시를 씻다 lavare i piatti // 음식을 접시에 담다 mettere nel piatto

접시꽃 【식물】 malvone

접신 接神 **-하다** essere posseduto (da uno spirito) * **-론** teosofia

접안경 接眼境 oculare, lente oculare, lente

접어 接語 affisso

접어넣다 avvolgere, avviluppare, incartare, [접어 끼우다] inserire

접어들다 entrare, [세월이] avvicinarsi, approssimarsi ¶ 겨울로 접어든다 l'inverno si sta avvicinando

접어주다 ① [너그럽게 봐주다] chiudere un occhio su, passare sopra a, non tenere conto di, trascurare ¶ 이번엔 너의 경솔함을 접어주마 Per questa volta non terrò conto della tua indiscrezione. ② [바둑 따위에서] dare vantaggio di

접의자 una sedia pieghevole

접자 摺- regolo pieghevole

접전 接戰 combattimento corpo a corpo **-하다** combattere corpo a corpo

쩝쩝거리다, 쩝쩝하다 leccarsi i baffi (*o* le dita)

접종 接種 inoculazione, vaccinazione **-하다** vaccinare, inoculare

접지 接地 【전기】 una presa di terra, massa, terra

접지 摺紙 **-하다** piegare un foglio c **-기계** piegatrice (meccanica), piegafogli

접질리다 storcersi ¶ 발목을 접질리다 storcersi una caviglia

접착 接着 【화학】 adesione **-하다** aderire, attaccarsi a * **-제** adesivo, collante

접촉 接觸 contatto, tocco, 【기하】 tangenza **-하다** stabilire il contatto, toccare, essere (*o* venire) a contatto con ¶ 적과 접촉하다 prendere contatto col nemico // 접촉을 끊다 interrompere il contatto // 접촉을 계속하다 mantenersi in contatto con qlcu. * **-감염** contagio, (malattia) contagiosa **-반응** catalisi

접치다 (ri)piegare, chiudere (우산을)

접칼 摺- temperino

접피술 接皮術 trapianto cutaneo

접하다 接- ① [접촉하다] essere vicino a, essere a contatto con, [인접하다] confinare (con), essere contiguo a ¶ 정원은 도로에 접해있다 Il giardino confina con la strada ② [응접하다] ricevere, vedere ③ [받다] ricevere, avere ¶ 당황스럽게 소식을 접하다 ricevere la notizia con sgomento

접합 接合 unione, giunzione **-하다** unire, congiungere, 【생물】 accoppiarsi * **-세포** zigosi **-자[체]** zigote

접히다 ① [접다] essere piegato, ② [바둑에서] prendersi vantaggio

젓 pesci in salamoia * **새우-** gamberetti messi in salamoia

젓가락 (un paio di) bacchette(per mangiare), bastoncini

젓다 ① [배를] remare, vogare, brattare, vogare a bratto ② [액체를] mescolare, rimestare, rimescolare, sbattere in una zangola ¶ 너의 차가 잘 저어지지 않았다 Il tuo tè non è mescolato. ③ [손을] fare segno (*o* cenno), comunicare con un gesto (*o* cenno), gesticolare, fare gesti, gestire, [머리를] scuotere

정[1] [쇠연장] scalpello, cesello, bulino

정[2] [참으로] sul serio, davvero, veramente, realmente

정 情 [감정] emozione, sentimento, [애정] amore, affetto profondo, affezione, [정조] sentimento, [열정] passione, [인정] natura umana, [동정] commiserazione, compassione, pietà, [심정] animo, cuore ¶ 정에 호소하다 fare appello ai sentimenti // 누구누구에게 정을 느끼다 avere dell′affetto per q1cu., essere affezionato a qlcu. // 정이 많다 essere affettuoso, cordiale, caloroso

정 疔 【의학】 carbonchio, foruncolo

정 正 [옳음] giustizia, imparzialità, rettitudine, 【수학】 [정수] numero positivo

정 靜 silenzio, quiete

정가 正價 prezzo normale

정가 定價 prezzo fisso ¶ 정가에 일할을 뺌 una riduzione dei prezzi pari al dieci percento * **-표** cartellino del prezzo

정가극 正歌劇 opera lirica, opera seria

정각 正刻 l′ora esatta, [부사적] esattamente, proprio, (per l′)appunto, puntualmente, con puntualità

정각 定刻 l′ora fissata ¶ 정각에 in orario, puntuale // 기차가 정각에 도착했다 Il treno era in orario.

정각 頂角【기하】angolo verticale

정간 停刊 il sospendere la pubblicazione di qualcosa

정간 井間 quadrettatura, disegno a quadri (*o* scacchi)

정갈스럽다 ⇒ **정갈하다**

정갈하다 (essere) pulito, lindo, netto, elegante, pulito e ordinato (*o* in ordine)

정감 情感 emozione, sentimento

정강 政綱 principio politico, [정당의] politica, indirizzo (politico)

정강이 tibia, stinco ¶ 정강이뼈 tibia, stinco * **-받이** parastinchi, paragambe(경기용의), gambiera, schiniere(갑옷의)

정객 政客 uomo politico, politico, statista

정거 停車 arresto, fermata, sosta **-하다** fermare, fare una fermata, fermarsi, fare una sosta, (far) ritardare, trattenere ¶ 기차는 이 역에 정거하지 않는다 Il treno non ferma in questa stazione.

정거장 停車場 stazione (ferroviaria), deposito, fermata(버스의), posteggio(택시의)

정격 政格 forma appropriata, regolarità ¶ 정격의 regolare, corretto, giusto, esatto

정견 定見 opinione precisa, principio fisso, convinzione

정견 政見 piattaforma, programma (di base) (정당의), idee politiche

정결 貞潔 **-하다** (essere) fedele, puro, casto

정결 淨潔 **-하다** (essere) pulito e ordinato, igienico, sanitario ¶ 정결히 하다 riordinare, mettere in ordine

정경 情景 [민망한 광경] uno spettacolo toccante(*o* patetico)

정경 政經 economia politica, politica ed economia

정경분리 政經分離 separazione dell′economia dalla politica

정계 政界 mondo politico ¶ 정계에 들어가다 darsi alla politica

정계 正系 lignaggio diretto

정계 定界 [경계] limite, [경계를 정함] delimitazione, demarcazione

정곡 正鵠 punto essenziale, nocciolo, centro del bersaglio, affermazione che fa centro (o colpisce in pieno)

정공 正攻 attacco frontale

정관 定款 legge (del parlamento): statuto

정관 靜觀 contemplazione serena, attesa **-하다** attendere con calma, contemplare, osservare * **-정책** una politica di attesa, attendismo

정관 精管【해부】dotto deferente (o spermatico) * **-수술** vasectomia

정관사 定冠詞 articolo determinativo

정광 精鑛【야금】concentrato

정교 政教 [정치와 종교] chiesa e stato, [정치와 교육] politica ed

educazione, stato e scuola

정교 情交 [친교] amicizia intima, [육체 관계] rapporti sessuali, rapporti intimi **-하다** essere in rapporti amichevoli con qlcu., avere rapporti intimi con qlcu.

정교 精巧 **-하다** (essere) elaborato, minuzioso, dettagliato, raffinato, squisito

정교 正教 ortodossia * **-회** chiesa ortodossa

정구 庭球 tennis su un prato, tennis **-하다** giocare a tennis * **-공** palla da tennis **-라켓** racchetta da tennis **-선수** tennista **-장** campo di (*o* da) tennis **-화** scarpe da tennis

정국 政局 la situazione politica

정권 政權 potenza politica, potenza, redine del governo ¶ 정권을 잃다. perdere la potenza // 정권을 유지하다 mantenere la potenza // 정권을 장악하다. ammontare la potenza, prendere la potenza, afferrare la potenza

정규 正規 regolarità, legalità ¶ 정규의 regolare, legale, proprio * **-군** l'esercito regolare **-병**, soldato regolare

정근 精勤 diligenza [무결근] servizio regolare. **-하다** (essere) diligente, industrioso, sollecito (attento) nel dovere

정글 giungla

정금 正金 [정화] denaro contante, denaro d'oro, [순금] oro puro, oro solido, [현금] cassa, contante, denaro contante ¶ 정금으로 지불하다 pagare in contanti * **-결핍** mancanza(carenza) di contanti **- 은행** banca di contanti

정기 定期 tempo rigido, tempo fisso [periodo di tempo], intervallo regolare [상업] mercato dell'opzione ¶ 정기의 fisso, rigido, periodico, regolare * **-간행물** rivista periodica, pubblicazione periodica **-(승차)권.** biglietto di commutazione, biglietto di stagione(tempo) **-대부** prestito di tempo **-선** linea regolare **-시험** [휴업, 검사] esame [vacanza, ispezione] regolare **-예금** deposito vincolato(fisso) **-총회** assemblea ordinaria **-항공** volo di linea, servizio dell'aeroplano regolare **-항로** servizio regolare [linea regolare] **-항해** servizio del piroscafo [vapore] regolare

정기 精氣 essenza, spirito e energia

정나미 情- ¶ 정나미가 떨어지다 disgustare con, essere disgustato

정남 正南 sud giusto

정남 貞男 maschio vergine

정낭 精囊 vescichetta(vescicola) seminale, sacco spermatico

정녀 貞女 donna casta [conveniente, decente], [처녀] vergine

정년 丁年 l'età maggiorenne ¶ 정년에 달하다 raggiungere l'età maggiorenne, diventare maggiorenne * **-자** adulto, maggiorenne

정년 停年 limite dell'età, l'età di ritiro ¶ 정년에 달하다 arrivare all'età di ritiro // 정년으로 퇴직하다 ritirare dall'età, andare in pensione * **-법** legge dell'età di limite

정녕 丁寧 con sicurezza, certamente, senza dubbio, d′accordo ¶ 정녕 그러냐 davvero?

정다각형 正多角形 poligono equilatero [regolare]

정다면체 正多面體 poliedro regolare

정담 政談 (chiacchierata) politica, conversazione politica, discorso politico

정담 情談 chiacchierata favorevole [amichevole], [남녀간의] colloquio a quattrocchi

정답 正答 soluzione giusta (esatta), risposta esatta

정답다 情- (essere) amichevole, affettuoso, affezionato, amoroson ¶ 정다운 관계 relazione profonda(intima) // 정다운 인사 saluto affettuoso // 손님을 정답게 맞다 ricevere l′ospite[visitatore] cordialmente

정당 正當 giustezza, proprietà, legalità, leggitimità **-하다** (essere) giusto, raddrizzare, rendere giustizia, conveniente, ragionevole, legale ¶ 정당한 이유없이 senza causa giusta // 정당한 수단으로 con mezzo chiaro, con il giusto mezzo * **-방위** autodifesa **-행위** legittima azione

정당 政黨 partito politico ¶ 정당출신의 각료[수상] ministro [primo ministro] del partito politico // 정당에 관계가 없는 non partigiano * **-내각** gabinetto del partito **-대회** convenzione del partito **-원** membro del partito politico, uomo del partito **-정치** politica del partito, governo del partito **기성-** partito politico esistente **양대-** partito politico entrambi principali **양대-주의** sistema di due partiti

정당 精糖 zucchero raffinato[정제설탕] * **-소** raffineria[il mulino] dello zucchero

정대 正大 **-하다** (essere) ritto, eretto, montante, onorato, luminoso

정떨어지다 disgustato , (essere) ripugnante

정도 正道 giustizia, linea giusta

정도 程度 [도] grado, rango, condizione, [분량] misura, [비율]corso, prezzo, [범위] estensione, [한도] limite, [표준] standard, modello, livello, [적도] moderazione ¶ 정도문제 faccenda(l′affare, l′argomento)del grado // 손해 정도 estensione della perdita // 어느 정도 까지 fino a qualche rango, per alcuni gradi, a un certo punto

정독 精讀 lettura con attenzione **-하다** leggere con attenzione [cura], leggere attentamente

정돈 整頓 ordine, accomodamento, ordinamento, adattamento **-하다** accomodare, ordinare, mettere in ordine

정돈 停頓 arresto, fermata, pausa, stallo, punto morto, vicolo cieco, situazione insolubile **-하다** raggiungere il punto morto ¶ 정돈상태에 있다 essere in fermata // 정돈상태를 타개하다 rompere (spezzare) il punto morto

정동 正東 direzione dell′est, est giusto

정동 精銅 rame rafinato
정동사 定動詞【문법】verbo finito
정들다 diventare intimo(profondo) con ¶ 정든 님 proprio amato, innamorato // 여자(남자)와 정들다 amare una donna(un uomo)
정들이다 amare, piacere, aver simpatia per, affezionare, attrarre, avvincere
정란 精亂 **-하다** sopprimere la ribellione, reprimere il disturbo
정랑 精郞 amante, innamorato
정략 政略 politica, progetto politico ¶ 정략적 relativo alla politica * **-가** tattico politico **-결혼** matrimonio di vantaggio[convenienza]
정량 定量 quantita fissa, capacità standard, dose(내복약의) * **-분석** analisi quantitativa
정려 精勵 diligenza, industria, applicazione **-하다** applicare a, essere industrioso, essere diligente
정력 精力 energia, vigore, vitalità ¶ 정력 왕성한 energico, vigoroso, forte // 정력을 돋우다 riempire di energia, agire con vigore, rinforzare, rianimare * **-가** uomo di energia grande, persona energica
정력학 靜力學 statica
정련 精鍊 raffinamento, affinamento[affinazione](구리의), temperanza(철의)**-하다** raffinare, fondere(minerale), affinare(il matello) mediante la fusione, purificare * **-소** raffineria, fonderia **-업** industria del raffinamento
정렬 貞烈 castità, virtù **-하다** (essere) virtuoso, conveniente * **-부인** donna della virtù
정렬 整列 ordine, allineamento **-하다** mettersi in coda, allinearsi, entrare in linea ¶ 정렬하여 기다리다 aspettare in linea
정령 政令 governo ordinanza [decreto], ordine del gabinetto
정령 精靈 anima (del defunto), spirito * **-설**【철학】animismo, spi-ritismo
정례 定例 uso, impiego, usanza, trattamento, costume, precedente ¶ 정례의 usuale, congenito, abituale, ordinario, regolare * **-국무회의** riunione del gabinetto regolare, consiglio dei ministri regolare **-기자회견** conferenza stampa regolare[intervista, abboccamento]
정론 正論 argomento buono, opinione chiara
정론 政論 argomento politico
정론 定論 teoria stabilita (fondata), vista [sguardo, opinione] fissata
정류 停留 **-하다** fermare, interrompere, fermarsi, trattenersi * **-장** fermata, stazione
정류 精溜 rettificazione, raffinazione, purificazione **-하다** purificare, rettificare, raffinare * **-주정** spirito raffinato
정류 整流【전기】rettificazione, commutazione **-하다** rettificare * **-기** rettificatore **-자** commutatore
정률 定率 corso fisso [rigido] * **-세** tassazione [imposte] pro-

porzionale

정률 定律【물리】 legge fissa, regola fissa

정리 廷吏 corte[cortile] impiegato

정리 定理 teorema ¶ 다항[2항]식 정리 teorema di polinomio [binomio]

정리 整理 accomodamento, regolamento, adattamento **-하다** regolare, accomodare, ordinare, aggiustare, mettere in ordine ¶ 가사를 정리하다 aggiustarsi i propri l'affari casalinghi // 교통을 정리하다 regolare[controllare] il traffico // 부채를 정리하다 estingere il proprio debito

정리 情理 ragione e sentimento [sensazione], cuore e mente

정립 鼎立 **-하다** mettere a posizione triangolare, essere in competizione a tre punte * **-전** competizione a tre punte

정말 正- verità, storia vera, realtà, fatto, [부사적] veramente, davvero, sinceramente, in verità, sul serio, seriamente, affatto del tutto, infatti, proprio esatto ¶ 정말같은 이야기 una storia verosimile // 정말같은 거짓말 una bugia plausibile [credibile] // 정말 감사합니다 Grazie tante // 정말일까 Può essere vero?

정맥 靜脈 【해부】 vena ¶ 정맥의 venoso * **-경화증** flebosclerosi **-염** flebite **-울혈** congestione venoso **-주사** iniezione endovenosa **-혈** sangue venoso

정맥 精麥 orzo ripulito [보리]

정면 正面 fronte, parte anteriore, facciata ¶ 정면의 di fronte, davanti, frontale // 정면에 davanti a // 정면 공격하다 fare l'attacco frontale // 정면 충돌하다 cozzare[collidere] frontale (con), avere la collisione frontale (con) // 정면으로 반대하다 essere contro assolutamente, opporre pubblicamente * **-도** vista fronte **-석** panca frontale(의회 따위의), prima galleria[balconata](극장의)

정명 定命 [운명] destino, fato, [수명] corso della vita propria(predestinato)

정모 正帽 cappello dell'uniforme di gala, cappello formale

정묘 精妙 **-하다** essere squisito, fine, sensibile, delicato, sottile

정무 政務 affare di stato * **-관** ufficiale amministrativo **-차관** viceministro parlamentare

정문 正門 porta frontale, entrata principale

정문 頂門 **-정수리** ¶ 정문에 일침을 놓다 dare l'ammonimento a un punto

정물 靜物 natura morta, natura immobile * **-화** quadro di natura immobile **-화가** pittore di natura immobile

정미 精米 lucidamento di riso, [쌀] riso lucidato **-하다** lucidare il riso * **-소** mulino di pulitura del riso

정미 精美 bellezza raffinata(massima, suprema), eleganza **-하다** (essere) stupendo, magnifico, bello squisitamente(estremamente)

정미 情味 cuore caldo(affettuoso) ¶ 정미있는 affettuoso, generoso, compassionevole

정미 正味 contenuto netto[peso] ¶ 정미 1파운드 una libbra netto

정밀 精密 precisione, accuratezza **-하다** (essere) minuto, vicino, preciso, esatto, accurato ¶ 정밀히 minuziosamente, vicinamente, interamente, elaboratamente, precisamente, esattamente, accuratamente * **-공업** manifattura(lavorazione) di precisione **-과학** scienza esatta **-기계** strumento di precisione **-화** maniatura

정밀 靜謐 pace(ordine pubblico), tranquilità, serenità **-하다** (essere) pacifico, tranquile, sereno

정박 碇泊 ancoraggio, ormeggio **-하다** gettare l´ancora, ormeggiare ¶ 항구에 정박하고 있는 배 nave(giacente) all´ancora nel porto * **-기간** giorno della posata **-등** luce dell´ancoraggio **-료** dovuto dell ancoraggio, controstallia **-선** nave all´ancora **-지** ancoraggio **-항** porto ancoraggio

정반대 正反對 opposizione diretta, rovescio esatto ¶ 정반대의 opposto diretto, contrario completamente a, rovescio // 정반대로 opposto diagonalmente[direttamente], diametralmente

정반합 正反合 【철학】 tesi- antitesi-sintesi

정방형 正方形 quadrato regolare, quadrato perfetto[esatto] ¶ 정방형의 quadrato

정배 定配 esilio, bando **-하다** bandare, esiliare ¶ 정배가다 andare all´esilio

정백 精白 bianco puro * **-당** zucchero raffinato **-미** riso lucidato

정벌 征伐 [원정] spedizione, [전쟁] campagna, [정복] conquista, soggiogamento(asservimento) **-하다** soggiogare, conquistare

정범 正犯 offesa(offensore) principale, capo criminale * **-자** offensore principale

정변 政變 mutamento(cambiamento) politico, [내각경질] cambiamento di Governo

정병 精兵 torma(frotta, truppa) scelta, fiore di un esercito

정보 情報 informazione, intelligenza, rapporto, notizie, [밀고] informazioni cavalli ¶ 정보를 얻다 ottenere l´informazione di // 정보를 누설하다 divulgare(rivelare) l´informazione * **-기관** macchinario(meccanismo) dell´informazione-riunione, corpo [gruppo] del contatore-intelligenza **-부** sezione(un ufficio) d´informazione **중앙-국** agente dell´intelligenza centrale, agente centrale dell´intelligenza

정복 正服 abito formale, uniforme * **-경찰관** poliziotto in uniforme

정복 征服 conquista, soggiogamento, maestria **-하다** conquistare, soggiogare, vincere, reprimere, far conquistare ¶ 정복할 수 없는 invincibile, indomabile * **-욕** brama(lussuria) di conquista **-자** conquistatore, soggiogatore, vincitore

정복 整復 【의학】 riduzione **-하다** ridurre, riparare, rimettere a posto, riaffilare

정본 正本 copia originale, testo ¶ 정본과 사본 originale e copia

정부 正否 giustizia e ingiustizia

정부 正副 direttore e vicedirettore, anziano e minore, [서류의] originale e copia ＊ **-의장** parlatore e viceparlatore, presidente e vicepresidente

정부 正負 【수학】 positivo e negativo, più e meno

정부 政府 governo, amministrazione, [내각] ministero ¶ 정부의 governamentale, ministeriale ＊ **-당국** l′autorità del governo **-안** dimensione(certificato) del governo **중앙[지방]-** governo centrale [locale] **세계-** governo mondiale

정부 情夫 innamorato, amante, adultero

정부 情婦 signora, amante

정북 正北 nord giusto

정분 情分 amicizia cordiale, affezione(affetto), intimità ¶ 정분이 있다 essere in intimità con qlcu.

정비 整備 equipaggiamento completo, consolidamento **-하다** equipaggiare completamente, introdurre un buon ordine, aggiustare, accomodare, mantenere, consolidare ¶ 전선을 정비하다 consolidare la parte anteriore(frontale) ＊ **-군** esercito equipaggiato completamente **-원** tecnico di mantenimento

정비례 正比例 proporzione diretta **-하다** essere in proporzione diretta a, essere proporzionale direttamente a

정사 正史 storia autentica

정사 正邪 giusto e ingiusto, buono e cattivo

정사 政事 affari governativi, [정무] azienda am-ministrativa

정사 情死 suicidio doppio(per l′amore) **-하다** morire insieme per amore, commettere il suicidio doppio ＊ **-미수** tentativo di suicidio doppio

정사 情事 relazione amorosa, avventura ¶ 정사에 눈뜨다 diventare risvegliato sessualmente, diventare adolescente

정사 精査 investigazione compatta, esame accurato **-하다** esaminare a fondo, investigare minuziosamente

정사 情史 storia d′amore, romanza

정사 淨寫 copiatura chiara

정사각형 正四角形 【수학】 squadra regolare

정사면체 正四面體 tetraedro regolare

정사영 正射影 【기하】 proiezione ortogonale

정사원 正社員 membro regolare, membro intero di un sostegno

정산 精算 calcolo esatto, acconto accurato, [결산] risoluzione degli acconti, continuare a tenere l′acconto accurato

정삼각형 正三角形 triangolo equilatero(regolare)

정상 正常 normalità ＊ **-가격** prezzo normale **-상태** stato normale **-속도** velocità normale

정상 情狀 condizione, circostanza ¶ 정상을 참작하다 prendere le circostanze in considerazione

정상 頂上 cima, sommità , culmine, picco, [작은산의] cresta, [극점] apice, culmine, zenit, acme, apice * **-회담** discorso sommo, conferenza al vertice

정상 政商 nuovo d′affari con sfondo politico[affiliazione, connessione] * **-배** uomo d′affari con cravatta parte

정상파 定常波 【물리】 onda stazionaria

정상화 正常化 normalizzazione **-하다** normalizzare, essere normalizzato

정색 正色 [얼굴 · 태도] espressione del volto serio, serietà **-하다** mantenere[pretendere] l′espressione del volto serio, mostrare la propria serietà, avere un′aria sobrio

정서 正書 [또박또박쓰기] **-하다** scrivere a forma di quadrato,

정서 情緖 **-하다** scrivere attentamente[precisamente], trascrivere con precisione

정서 淨書 copia chiara, scrittura netta **-하다** copiare[trascrivere] chiaro, far copiare chiaro[luminoso]

정서 情緖 emozione, sentimento, corde del sentimento ¶ 정서가 면면하다 avere il sentimento affettuoso

정서 正西 ovest giusto

정석 定石 [바둑 따위에서] formula (in gioco di Badook), tattica di stabilità(dimostrata), [원칙] principio cardinale ¶ 정석대로 두다 giocare con un libro

정선 精選 selezione accurata **-하다** selezionare accuratamente, scegliere, distinguere, discriminare * **-품** merce sceltà, merce selezionata

정선 停船 intoppo di nave(recipiente) **-하다** fermata, sollevarsi, levare l′ancora, emettere, trascinare, tenere al nave in quarantena

정설 定說 teoria di stabilità, [개인의] opinione definita, convinzione fissata(stabilizzata)

정성 精誠 [성의] cuore vero (genuino, reale), sincerità, onestà, serio, devozione ¶ 정성어린 선물 dono con desiderio, desiderio proprio migliore // 정성껏 con una propria sincerità estrema, con il cuore sincero

정성분석 定性分析 【화학】 analisi qualitativi

정세 情勢 [정황] i fatti e le circostanze relative alle cose [affari], situazione, condizione, circostanze ¶ 유럽의 정세 situazione europea // 정세의 변화 cambiamento di situazione // 세계정세 situazione mondiale

정소 精巢 【해부】 ghiandola spermatica

정수 淨水 acqua pulita * **-장** apparato del filtraggio

정수 精粹 ¶ 정수의 genuino, puro

정수 靜水 acqua stagnante (ferma,

immobile)

정수 定數 [수] numero fissato, quorum, 【수학】 costante ¶ 정수에 달하다 comporre un numero fissato * **-비례** proporzione costante

정수 精髓 midollo, essenza, parte centrale ¶ 동양문화의 정수 un′ essenza di cultura orientale

정수 正數 numero positivo

정수 整數 numero integrale

정수리 頂- corona di una testa, vertice corona

정숙 貞淑 castità, virtù femminile **-하다** (essere) casto[conveniente], virtuoso

정숙 靜肅 silenzio **-하다** (essere) in silenzio, calmo, tacito

정승 政丞 ministro di stato, primo ministro

정시 正視 guardo diretto, 【의학】 stigmatismo **-하다** guardare in faccia (qlcu. in viso) guardare direttamente ¶ 사실을 정시하다 guardare il fatto onestamente

정시 定時 tempo regolare (fisso), ¶ 정시에 regolare, periodicale, mettere in orario

정식 正式 formalità, forma regolare (propria, adatta) ¶ 정식의 formale, regolare, adatto, officiale, proprio // 정식으로 formalmente, propriamemte, regolarmente, debitamente, in forma adatta * **-결혼** matrimonio legale **-수락** accettazione formale **-통지** l' avviso formale

정식 定式 [규정] forma prescritta, formula ¶ 정식의 formula, regolare, formale

정식 定食 tavola comune, [집에서의] pasto regolare

정식 整式 【수학】 espressione integrale

정신 精神 mente, spirito, anima, volere, desiderio, mentalità ¶ 정신적인 mentale, morale, spirituale // 정신적으로 mentalmente, moralmemte, spiritualmemte * **-감정** analisi psichiatrica [la prova psichiatrica] **-계** mondo spirituale **-과학** scienza mentale **-교육** educazione morale **-노동** lavoro di cervello [mentale] **-력** potere mentale **-병** malattia mentale, psicosi **-병리학** psicopatologia **-병원** ospedale psichiatrico **-병 전문의** psichiatra **-병학** psichiatria **-병 환자** paziente psichiatrico, psicopatico **-분석** psicanalisi **-분석가** psicanalista **-분열증** schizofrenia **-상태** condizione mentale, disposizione d′ animo **-수양** cultura mentale **-신경증** psiconevrosi **-요법가** psicoterapie (정신요법) **-위생** igiene mentale **-이상** disordine mentale, alienazione **-장애** disordine mentale **-착란** disordine mentale **-통일** concentrazione mentale

정신 艇身 lunghezza di una barca ¶ 일 정신의 차로 지다 perdere una corsa a causa della lunghezza di un barca

정신 挺身 **-하다** offrirsi, offrirsi spontaneamente ¶ 난국에 정신하다 offrirsi spontaneamente per garantire un incarico difficile * **-대** volontario

정신기능 精神機能 funzione psichico(mentale) ¶ 정신기능의 쇠퇴 fallimento(insuccesso) della funzione psichica

정실 正室 moglie legale

정실 情實 avvenimento privato, connessione speciale, favolitismo ¶ 정실에 흐르다 essere influezato da considerazione personale

정애 情愛 affezione, amore

정액 定額 ammontare fisso, ammontare specifico * **-등** lampada fissa **-소득** entrata fissa

정액 精液 sperma, fluido spermatico * **-관** condotto di sperma **-사출** emissione seminale

정양 靜養 resto, riposo, ricupero, convalescenza(병후의) **-하다** riposarsi quietamente, ristabilire, fare un riposo

정어리 【물고기】 sardina, sarda * **-통조림** sardina in scatola

정언적 定言的【논리】categorico

정업 正業 impiego onesto (legale, sincero), occupazione legittima

정업 定業 occupazione fissa, impiego regolare

정역학 靜力學【물리】statica

정연 整然 **-하다** (essere) ordinato, regolare, sistematico ¶ 정연히 in ordine, nella via ordinata, sistematicamente

정열 情熱 passione, ardore, fervore, entusiasmo ¶ 정열적 passionale, appassionato, ardente

정염 情炎 fuoco di passione, fiamma d′amore ¶ 정염을 불태우다 bruciare con passione

정예 精銳 scelta, il meglio, fior fiore * **-부대** truppa (soldati) scelta

정오 正午 mezzogiorno

정오 正誤 correzione, rettifica, rettificazione **-하다** correggere l′errore, rettificare * **-표** errata corrige, lista di errori della stampa

정온 定溫 temperatura fissa * **-동물** anlmale omoetermico **-층** strato invariabile

정욕 情慾 desiderio sessuale, lassuria, brama, desiderio carnale

정원 定員 sostegno regolare, personale, numero intero (pieno), capacità (수용능력), quorum (정족수) ¶ 버스의 정원 capacità sedente dell′autobus // 정원에 달하다 raggiungere un numero regolare

정원 庭園 giardino, [넓은] parco ¶ 정원을 만들다 stendere il giardino * **-사** giardiniere **-술** (paesaggio) giardinaggio

정월 正月 Gennaio ¶ 정월 초하루 capodanno

정위치 定位置 proprio posizione regolare

정유 精油 olio raffinato (purificato) * **-공장** raffineria di petrolio

정육 精肉 carne fresca, carne condita * **-상** macellaio **-점** negozio (magazzino) di macellaio, mercato della carne

정육면체 正六面體 esaedro regolare

정은 正銀 argento puro

정의 正義 giusto, giustizia, giudice ¶ 정의의 virtuoso, giustificato, giusto

정의 定義 definizione ¶ 자유란 말의

정의 definizione di una parola "libertà"

정의 情誼 amicizia, compagnia, associazione, sentimento amichevole, affezione ¶ 깊은 정의 amicizia profonda // 정의가 두텁다 essere molto amichevole, essere gentile e compassionevole (generoso)

정의 情意 emozione e volontà (energia), sentimento

정의 精義 [뜻] significato esatto, [해설] esposizione(spiegazione) dettagliata, commentario(commento)

정의상통 情意相通 comprensione (conoscenza) mutua (reciproca, comune) [sentimento, affezione], connessione passionale (남녀간의) **-하다** piacere(godere) comprensione mutua, diventare intimo (profondo) (남녀가)

정인 情人 [남녀] innamorato, [남자] amante, [여자] amante (padrona)

정일 定日 data fissa, giorno fissato ¶ 정일에 ad una data fissa

정자 正字 lettera corretta, carattere (scrittura) nonsemplificata

정자 亭子 padiglione, pergola, chiosco, padiglione in un giardino

정자 精子 spermatozoo * **-낭** spermatogenesi **-은행** banca di sperma

정자형 丁字形 forma- T [-Sagoma], figura T ¶ 정자형의 자 squadro -T

정작 [부사적] veramente, realmente, sinceramente, praticamente, effettivamente

정장 正裝 vestito formale, uniforme intera(completa)

정장 艇長 nostromo, capitano

정장석 正長石 【광물】 ortoclasio

정장제 整腸劑 medicina per disordine intestinale

정재 淨財 proprietà per offerta votiva, offertorio

정쟁 政爭 contesa politica [controversia, polemica]

정적 靜的 passivo, quieto, calmo, statico

정적 靜寂 silenzio, quiete **-하다** (essere) in silenzio, quiete

정적 政敵 avversario politico

정전 正殿 palazzo dove un re ha usato per tenere l'uditorio della mattinata

정전 停電 interruzione della potenza elettrica, fallimento dell'elettricità, connessione, legame(전차의) **-하다** la corrente elettrica è andata via, un automobile è legato

정전 停戰 fuoco cessante, sospensione[cessazione] di ostilità, la tregua, l'armistizio **-하다** sospendere l'ostilità, avere la tregua * **-교섭** trattativa del fuoco cessante **-명령** ordine della tregua **-회담** consultazione del fuoco cessante, discorso della tregua

정전 靜電 * **-감응** investitura elettrostatica **-계** campo elettrostatico **-용량** qualificazione **-학** elettrostatica

정전기 靜電氣 【물리】 elettricità statica

정절 貞節 fedeltà, castità, verginità, devozione ¶ 정절한 fedele, consacrato, costante

정점 定點 【기하】 punto definito (fisso)

정점 頂點 vertice, cima, picco, sommità, altezza, [극치] culmine, apice, zenit ¶ 3각형의 정점 apice del triangolo

정정 訂正 correzione, rettifica, rettificazione, [개정] revisione **-하다** correggere, rettificare, rivedere ＊ **-판** edizione riesaminata

정정 政情 condizione politica

정정당당 正正堂堂 **-하다** (essere) chiaro e onesto, aperto e leale ¶ 정정당당히 lealmente(e onestamente), apertamente

정정하다 亭亭- [노익장하다] (essere) robusto (sano) e sincero, vigoroso, forte ¶ 정정한 노인 un vecchio vigoroso

정제 整除 【수학】 divisibilità ¶ 정제되는 (esattamente)divisibile [il numero] ＊ **-수** parte aliquota, divisore esatto

정제 錠劑 tavoletta, pastiglia, pillola, palla ¶ 비타민 정제 tavoletta vitamina

정제 精製 raffinamento **-하다** raffinare, raffinarsi, sottilizzare, purificare ¶ 정제한 raffinato // 정제한 상품 merci scelte ＊ **-당[식염]** zucchero[sale] raffinato **-법** metodo di raffinamento **-소** raffineria

정조 貞操 castità, verginità, costanza, fedeltà, onore ¶ 정조를 지키다 mantenere fedeltà al proprio marito ＊ **-대** cintura della castità **-유린** violazione della castità

정조 情調 atmosfera, stato d′animo, tono

정족 鼎足 gambe dei trepiedi ¶ 정족지세 posizione triangolare, situazione tre-angolare

정족수 定足數 numero fisso

정종 正宗 liquore del riso raffinato

정좌 靜坐 **-하다** sedere quietamente, sedere in meditazione

정좌 正坐 **-하다** sedere ritto(eretto)al proprio posto, sedere su diritto

정주 定住 determinazione, domiciliazione **-하다** domiciliarsi, stabilirsi in un luogo, affermare un domicilio ＊ **-지[자]** casa permanente[residente]

정중 鄭重 cortesia, gentilezza, educazione **-하다** (essere) cortese, gentile, educato ¶ 정중히 cortesemente, gentilmente, con cortesia

정지 停止 sosta, fermata, sospensione (중지), interruzione (중절) **-하다** arrestare, interrompere, sospendere ¶ 지불을 정지하다 sospendere il pagamento

정지 靜止 quiescenza, arresto, pausa **-하다** riposare, fermare, essere in pausa

정지 整地 [건축을 위한] terra in ricostruzione **-하다** ricostruire la terra per costruzione

정직 正直 onestà **-하다** (essere) onesto, ritto ¶ 정직하게 onestamente, lealmente, direttamente //

정직한 사람 una persona onesta

정직 停職 sospensione dall′ufficio (dalla carica)

정진 精進 concentrazione d′animo, applicazione da vicino, [금욕] astinenza dalla carne, [종교적] purificazione religiosa **-하다** dedicarsi a, applicare, astenersi dalla polpa

정차 停車 sosta, fermata **-하다** fermare a, fermare per derubare(사고 때문에) ¶ 5분간 정차 una fermata per cinque minuti

정착 定着 fissazione, [사진의] fissaggio **-하다** fissare * **-물** fissag-gio **-액**【사진】soluzione fissaggio **-제**【사진】agente fissaggio

정찬 正餐 pranzo formale

정찰 正札 etichetta di prezzo fisso, segno di prezzo fisso ¶ 500원 정찰이 붙은 상품 un articolo segnato con cinquecento won. * **-가격** prezzo segnato, prezzo netto, prezzo fisso

정찰 偵察 ricognizione, perlustrazione, pattuglia **-하다** esplorare, perlustrare, fare la ronda ¶ 적정을 정찰하다 sentire [provare, esplorare] il nemico * **-기** aereo da ricognizione **-대** partito esplorativo, attacco di rondo **-병** esploratore **-비행** volo di ricognizione

정채 精彩 lucentezza, colorito, vitalità, vivacità, vigore

정책 政策 politica, misura politica ¶ 정책변경 cambiamento della politica * **사회**[상업, 산업]- politica sociale[commerciale, industriale] **외교**[대외]- politica diplomatica [forestiero]

정처 正妻 moglie legale

정처 定處 posto fisso [dimora], destinazione definita ¶ 정처없이 non con obiettivo definito in visione, senza scopo

정청 政廳 ufficio del governo

정체 正體 carattere reale, identità ¶ 정체불명의 사람 estraneo totale, una persona sospettosa, una persona non identificata

정체 政體 forma [sistema] di governo, sistema politico * **민주-** democrazia **입헌**[**전제**]- forma costituzionale[dittatoriale] di governo

정체 停滯 [쌓임] accumulamento, [혼잡] congestione, [침체] ristagno, [자금, 화물의] bloccare, vincolare, [지불의 지연] caduta in arretrato **-하다** ristagnare, accumularsi, ammucchiarsi, collegare, dividersi in arretrato ¶ 정체된 stagnante, indolente * **교통-** lo stiparsi [l′incepparsi] del traffico

정초 正初 i primi dieci giorni di gennaio ¶ 정초에 i primi in gennaio

정초 定礎 **-하다** posare la pietra angolare (di una costruzione)

정충 精蟲 spermatozoo * **-형성** genesi dello spermatozoo

정취 情趣 [기분] umore, [느낌] sentimento, [아치] effetto artistico, contatto romantico ¶ 정취있는 commovente, raffinato

정치 政治 politica, governo,

amministrazione ¶ 정치적인 politico // 정치적으로 politicamente // 정치적 수완 abilità politica, capacità politica * -가 uomo di stato, statista, uomo politico -계 mondo politico, galleria politica -공작 manovra politica -과 corso in scienze politiche -기구 struttura politica, corpo politico -단체 organizzazione politica -도덕 moralità politica -란 colonna politica -문제 problema politica -범 offesa politica, offensore politico -사상 idea politica -학 scienza politica, politica -헌금 donazione politica 관료- governo burocratico

정치 定置 **-하다** assegnare un posto, collocare ¶ 정치의 stazionario, fermo, fisso * **-망** rete fissa della costa **-망 어업** pesca della rete-deriva (spinta)

정치 精緻 [정교] squisitezza, bellezza, finezza, [섬세] delicatezza **-하다** (essere) squisito, fine, delicato

정치 情致 effetto affascinante, contatto romantico, commovente, attraente

정칙 正則 sistema regolare, regolarità

정칙 定則 legge, una regola stabilita

정크 giunca (중국의 범선)

정탐 偵探 spiamento, spionaggio(군사상의) **-하다** spiare * **-군** spia, detective secreto

정태 情態 ¶ 정태의 statico, stazionario, di stanza * **-통계** statistica statica

정토 淨土 paradiso, esilio buddisto

정통 正統 legittimità, ortodossia ¶ 정통적인 legittimo, ortodosso * **-정부** governo giurato **-파** scuola ortodossa

정통 精通 compiuto, perfetto, conoscenza **-하다** conoscere interamente, informare bene di, avere una conoscenza perfetta di qlco.

정판 整版 【인쇄】 ricomposizione **-하다** ricomporre

정평 定評 reputazione, opinione fissata ¶ 정평있는 riconosciuto

정표 情表 simbolo (segno) d′ amore, ricordo, pegno

정풍운동 整風運動 impulso di purificazione

정하다 淨 - (essere) chiaro, pulito, puro

정하다 定 - [결정] decidere, fissare, posare, determinare, [협정] accomodare, accordarsi, [날짜를] stabilire,nominare, assegnare, [선정] scegliere, [결심] scomporre, determinare, essere risoluto, [규칙] deporre, formulare ¶ 법령이 정하는 바에 따라 come provvedere da un legge

정학 停學 sospensione dalla scuola, rustico

정해 正解 risposta corretta, comprensione corretta **-하다** dare una risposta corretta, comprendere [interpretare] correttamente * **-자** solutore corretto

정해 精解 soluzione [interpretazione] precisa [accurata] **-하다**

solvere [interpretare] precisamente

정해지다 定- ① [결정] essere deciso, essere fisso,essere determinato, [합의] essere d'accordo su, essere accomodato ② [규정] essere formulare, essere prescritto (dimostrativo) stabilito

정형 整形 rimodellamento * **-수술** trattamento (cura) ortopedico, operazione plastica **-외과** ortopedia, chirurgia plastica **-외과의** ortopedico

정형 定型 esempio situato, tipo fisso, forma definita ¶ 정형적 tipico * **-시** verso di forma completa

정형 定形 forma fissa [regolare]

정혼 定婚 promettere in matrimonio, fidanzamento, promessa **-하다** accordarsi il matrimonio, fidanzare

정화 正貨 denaro contante ¶ 정화로 con denaro contante * **-결핍** carenza [mancanza] di denaro **-보유고** possedimento di denaro **-유출[유입]** uscita [l'afflusso] di denaro contanto **-준비** riserva di denaro **-지불** pagamento in denaro

정화 情火 passione [la fiamma] dell'amore, fuoco di passione ¶ 정화가 불타다 bruciare con passione [amore]

정화 淨火 fuoco sacro

정화 淨化 purificazione, ripulita **-하다** purificare, espiare, purgare * **-운동** purga, movimento della ripulita **-장치** impianto di purificazione, [하수의] scarico, fognatura, acque di scarico dai mezzi disposti

정화 精華 essenza, fiore, gloria

정화수 井華水 acqua molto pulita, acqua tratta alla prima alba

정확 正確 correttezza, accuratezza, precisione, esattezza **-하다** (essere) corretto, esatto, accurato, precisato ¶ 정확한 기계 strumento preciso // 정확한 시간 tempo corretto (esatto) // 정확하게 말하자면 correttamente, precisamente parlante

정확 精確 accuratezza, precisione, esattezza **-하다** (essere) accurato, preciso, esatto

정황 政況 situazione politica

정황 情況 condizione, avvenimento, situazione

정회 停會 sospensione di un incontro, [의회의] aggiornamento, [휴회] aggiornamento **-하다** sospendere, prorogare, aggiornare

정회원 正會員 membro regolare

정훈 政訓 informazione forma e educazione

정휴일 定休日 festa regolare, vacanza regolare

정히 正- esattamente, precisamente, certamente, con sicurezza, veramente, davvero

젖 [유방] seno, petto, mammella, poppa, [유즙] latte ¶ 소 젖 latte di mucca // 어머니 젖 latte di madre // 젖을 빨다 succhiare latte // 젖을 주다 allattare, nutrire * **-가슴** mammella, petto **-니** denti di latte **-먹이** lattante, lattonzolo **-멍울** grumo di petto **-빛** colore del latte, colore latteo **-소** mucca da latte **-어머니** nutrice **-통** mammelle

젖내 odore di latte

젖내나다 sentire l′odore di latte, annusare il latte, essere (ancora) lattante, essere bambinesco (infantile) [immaturo, puerile]

젖다 diventare umido, bagnarsi inzuppare, essere inumidito, essere umettato ¶ 젖은 옷 [땅] vestiti umidi [terra umida] // 비에 젖다 bagnarsi sotto la pioggia // 땀에 젖다 essere bagnare della traspirazione // 함빡 젖다 essere bagnato fino alle ossa

젖떨어지다 essere [prendere] slattare, svezzare (slattato, svezzato)

젖혀지다 essere rovesciato[rovesciarsi, voltarsi all′insù]

젖히다 ① rovesciare, capovolgere (fogli di un libro), voltare, ripiegare ② tirare indietro (proprie spalle), pendere indietro ③ spalancare la porta violentemente, spalancare ④ mettere da parte (proprio lavoro), abbandonare, costringere all′inattività, separare

제 [저 자기] io, me stesso, sé stesso [자기의] (da) solo, proprio ¶ 제가 결정한 autodeterminato // 제 일로 propri affari privati

-제 祭 [제사] servizio religioso [축제] festa, festività * **50년-** giubileo 100년- centenario 200년- duecentesimo 300년- trecentesimo

제 題 argomento

제 弟 [자칭] Io, [아우] fratello minore(giovane)

제 帝 imperatore

제 諸 molti, diversi, alcuni, vario, variopinto, diverso, molteplice, multiforme

제- 第 numero, versi ¶ 제일[이삼] la prima[seconda, terza]

-제 劑 medicina, prodotto farmaceutico * **소화-** aiuto per digestione, digestivo

-제 制 sistema, organizzazione, istituzione ¶ 8시간제 sistema di otto ore

-제 製 fattura, manifatura ¶ 영국제의 fatto d′Inghilterra, composto d′Inghilterra

제가 齊家 **-하다** governare una famiglia, controllare la famiglia

제가 諸家 [여러학자] molti maestri, molti studiosi, [친척들] tutti i parenti

제각기 -各其 ogni, ognuno, rispettivamente, separatamente, individualmente

제깐에 in proprio stima

제강 製鋼 manifattura (fabbricazione) d′acciaio * **-법** corso (svolgimento) della fattura d′acciaio **-소** officina d′acciaio **-업** industria d′acciaio

제거 除去 esclusione, rimozione, eliminazione **-하다** escludere, rimuovere, togliere, liberarsi da, eliminare ¶ 수술에 의한 난소의 제거 rimozione operativa dell′ovaia

제꺽 con il suono secco(metallico)

[schiocco], [급히] rapidamente, in fretta ¶ 제꺽거리다 produrre un suono secco, far schioccare la lingua, far tintinnare, sferragliare

제것 proprio, proprio possesso [proprietà,rova] ¶ 제것이 되다 cadere in proprio mano

제격 -格 adatto al proprio stato

제고하다 提高- sollevare, provocare, alzare

제곱 【수학】 quadrato **-하다** squadrare, moltiplicarsi

제공 提供 offerta, proposta, profferta **-하다** offrire, offrirsi, proferrire, procurare, fornire ¶ 정보를 제공하다 fornire un′informazione

제공권 制空權 comando(ordine) dell′aria, supremazia dell′aria ¶ 제공권을 잡다 [잃다]conquistare (vincere) [perdere] comando dell′aria, assicurare (perdere, smarrire) il comando dell′aria

제과 製菓 pasticcino, confetteria * **-업** industria della confetteria **-업자** pasticciere, confettiere **-점** pasticceria

제관 祭官 sacerdote, prete, esercizio del prete

제관 帝冠 corona, diadema

제관 製罐 fabbricazione (confezione) di bidoni

제구 祭具 utensile (arnese) usato in servizio religioso

제구력 制球力 【야구】 controllo del pallone

제구실 proprio funzione, proprio dovere (의무), proprio compito (incarico) (직무), proprio obbligo ¶ 제구실을 하다 fare il proprio pezzettino (bocconcino), provare adeguato (sufficiente), valere il proprio spirito

제국 帝國 impero ¶ 제국의 imperiale, maestoso * **-주의** imperialismo **-주의자** imperialista

제군 諸君 gentiluomini, signori, [연설의 경우] signore e signori!

제금 提琴 violino * **-가** violinista

제기[1] [유희] specie di gioco volano per giocare con i piedi ¶ 제기를 차다 giocare con il volano

제기[2] sciocchezze!, accidenti!, maledetto, al diavolo, vergogna! ¶ 제기랄 maledetto!

제기 祭器 piatti usati per il servizio religioso

제기 提起 [제의] proposta, [소송] istituzione, [항의] alloggio, dimora, [발언] suggestione **-하다** presentare, proporre, istituire, alloggiare, condurre (portare), [문제 따위를] diri-gersi ¶ 소송을 제기하다 istituire (alloggiare) una causa

제네바 Ginevra

제노바 Genova

제단 祭壇 altar

제딴은 per la propria parte, per proprio, la propria opinione ¶ 제딴은 큰 학자로 믿고 있다. Si pensa di sè uno studioso grande.

제당 製糖 * **-소** fabbrica di zucchero **-업** industria di fabbricazione dello zucchero

제때 in tempo, a tempo

제대 除隊 scarico(liberazione) dal servizio militare, smobilitazione

-하다 essere liberato dal servizio militare, essere smobilitato * -병 soldato smobilitato

제대 梯隊【군사】scaglione, grado, livello

제대로 come viene, come piace, intatto, integno, non toccato, inviolato, fluentemente ¶ 제대로 두다 lasciarlo come viene, permetterlo solo, lasciarlo stare

제도 制度 sistema, [시설] istituzione ¶ 영국의 문물제도 La cultura d'Inghilterra e le istituzioni * 결혼- istituzione del matrimonio 현행- sistema esistente

제도 製圖 abbozzo, schizzo, cartografia (지도), 【기하】disegno -하다 tirare, attirare, disegnare, abbozzare, distaccare * -가 disegnatore -기구 strumento di disegno -실 posto di disegno (abbozzo)

제도 製陶 manifattura delle terraglie, fattura della porcellana * -술 arte della ceramica

제도 諸島 gruppo di isole, arcipelago * 남양- l'arcipelago del Mare del Sud

제도 濟度 salvezza, redenzione -하다 salvare, redimere, riscattare

제독 制毒 -하다 proteggere contro il veleno, contrapporsi all'effetto velenoso

제독 提督 ammiraglio, commodoro

제동 制動 freno -을 걸다 frenare (la macchina), inumidire, smorzare

제동기 制動機 frenatura ¶ 제동기를 걸다 mettere il freno * 공기- freno ad aria compressa 동력- freno a potenza (facoltà) 비상- freno di sicurezza 수동- freno a mano 자동- freno automatico 자력- freno magnetico 전기- freno elettrico 진공- freno a depressione

제등 提燈 lanterna * -행렬 processione con lanterna

제등수 諸等數【수학】numero composto

제라늄 geranio

제련 製鍊 raffinatezza, affinamento -하다 raffinare, fondere, affinare, purificare * -소 raffineria -업 industria di raffinatura -업자 raffinatore, affinatore

제령 制令 regolamento, regola, legge

제례 祭禮 cerimonie religiose -하다 osservare le cerimonie religiose

제로 zero

제마 製麻 manifattura di canapa

제막 除幕 -하다 togliere il velo a (una statua, un busto) * -식 cerimonia dello scoprimento di una statua

제멋 contento di sé, troppo compiacimento di sé, presunzione ¶ 제멋대로 a volontà, a piacimento, come uno piacere, a proprio piacere

제면 製綿 -하다 sgranatrice di cotone

제면 製麵 -하다 fare la pastina * -기 macchina di fabbricare la pastina

제명 除名 espulsione, congedo (licenziamento) dall'essere membro -하다 espellere, cacciare, togliere un nome dalla lista ¶ 제명되다 essere cancellato dalla lista, essere espulso dalla lista

제명 題名 titolo ¶ ...의 제명으로 출판되다 essere pubblicato sotto il titolo

제모 制帽 fattura del cappello, manifattura di cappelli * **-업** industria del cappello

제목 題目 argomento, soggetto, tema, materia, titolo (책의), intestazione, didascalia (사진의) ¶ 제목을 붙이다 dare un titolo a, intitolare // 제목은 자유이다 Gli argomenti possono essere scelti liberamente.

제문 祭文 discorso funebre, allocuzione commemorativa

제물 祭物 offerta, oblazione, sacrificio

제물낚시 mosca di pesca, mosca artificiale

제물에 di proprio accordo, di sé, da solo

제반 諸般 tutti i generi ¶ 제반의 vario, diverso, tutti, ogni

제발 gentile, benevolo, per favore, di grazia, chiedo scusa, scusi, [반드시] ad ogni costo, ma certo ¶ 제발 용서하셔요 Mi scusi, per favore. // 제발 농담 좀 그만두어라 Per favore smetti di scherzare.

제방 堤防 terrapieno, argine, diga

제백사 除百事 ¶ 제백사하고 prima di tutto altro, soprattutto

제번 除煩 **-하다** salvare (difendere) disturbo, senza cerimonia (편지에서)

제법 completamente, del tutto, piuttosto, abbastanza, onestamente, considerevole, parecchio, certamente ¶ 제법 좋은 수입 rendita (reddito) considerevole // 제법 덥다 essere piuttosto caldo // 영어를 제법하다 avere un buona conoscenza dell'inglese, parla inglese abbastanza bene

제법 製法 metodo della manifattura

제복 制服 uniforme, abbigliamento, regolamento, [고용인의] livrea, [법관 따위의] toga, veste ¶ 학교의 제복 uniforme della scuola // 제복을 입은 in divisa, in uniforme

제복 祭服 toga rituale del prete, toga del sacrificio, [카톨릭] pallio

제본 製本 rilegatura **-하다** rilegare (un libro) * **-소** rilegatore **-업자** rilegatore

제분 製粉 macinata, polverizzamento **-하다** macinare, polverizzare, molare * **-기** macchina per macinare, macinatoio, macinino **-소** mulino **-업** industria della macinatura **-업자** macinatore

제비[1] quantità, lotteria, lotto, biglietto-lotteria(표) ¶ 제비 뽑다 tirare, estrarre a sorte // 제비에 맞다 tirare un numero vincente (vincitore), vincere il premio

제비[2] 【새】 rondine

제비꽃 【식물】 violetta, viola del pensiero, finocchio

제빙 製氷 manifattura del ghiaccio * **-기** macchina del ghiaccio, frigorifero ghiacciaia **-소**[공장] manifattura del ghiaccio **-회사**

società di fabbricazione del ghiaccio

제사 第四 quarto * **-계급** proletariato

제사 祭祀 servizio religioso, cerimonia di sacrificio ¶ 제사를 지내다 eseguire un servizio religioso [cerimonia di sacrificio]

제사 製絲 filatura **-하다** tirare seta, fare il filo * **-공** filatore **-공장** filatoio **-기계** filatrice **-업** industria della filatura

제살붙이 proprio persona (popolo), propri parenti

제삼 第三 terzo, numero tre, terziario * **-기** termine terzo **-세력** forza terza **-알코올** alcool terziario **-염** sale terziario

제삼계급 第三階級 borghesia, proprietà terza

제삼국 第三國 potenza terza * **-인** cittadino terzo

제삼자 第三者 persona terza, estraneo

제상 除霜 sbrinare, sgelare, antighiaccio * **-장치** visiera termica, antighiaccio

제상 祭床 tavola usata in servizio religioso, tavola di sacrificio

제설 諸設 opinione diverse, teorie varie

제설 除雪 rimozione della neve **-하다** rimuovere (togliere) la neve * **-기** spazzaneve **-차** automobile di spazzaneve, locomotiva

제세 濟世 salvezza del mondo

제소 提訴 **-하다** portare una causa contro, citare in giudizio, si lima una richiesta

제수 弟嫂 moglie del fratello minore, cognata

제수 除數【수학】divisore

제수 祭需 cose necessarie per un servizio religioso

제스처 gesto

제습 除濕 **-하다** deumidificare * **-기** deumidificatore

제시 提示 presentazione **-하다**【법】rivelare, esibire, presentare * **-기간** tempo di presentazione **-부**【음악, 연극】spiegazione **-불** pagamento in vista

제씨 弟氏 fratello minore

제씨 諸氏 gentiluomo (signore)

제시간 -時間 tempo appropriato ¶ 제시간에 puntualmente, a tempo appropriato

제안 提案 proposta, progetto, proposizione, suggerimento, approccio **-하다** proporre, suggerire ¶ 제안을 가결 [부결]하다 adottare [rifiutare] proposta // 제안을 설명하다 enunciare una proposizione * **-자** proponitore

제암성 制癌性 ¶ 제암성의 anticancerogeno **-하다** controllare, migliorare, carcinomatoso (암세포파괴의)

제압 制壓 oppresione, dominazione **-하다** controllare, dominare

제야 除夜 vigilia dell'anno nuovo, nelle ore di veglia ¶ 제야의 종소리 campagna delle ore di veglia

제약 製藥 [제조] manifattura di medicine, farmacia, [약] medicina **-하다** fabbricare (confezionare) la sostanza medicinale [medicine] * **-공장** [회사] fab-

brica farmaceutica
제약 制約 [조건] condizione, [속박] restrizione **-하다** controllare, restringere ¶ 시간의 제약을 받다 avere tempo ristretto
제어 制御 controllo, governo, dominazione, supremazia, gestione **-하다** controllare, dominare, approfondire, governare, dirigere ¶ 제어하기 어렵다 essere duro di controllare, essere incontrollabile (ingovernabile), essere intrattabile (indomabile) * **-기**【**전기**】 controllore, sovrintendente, combinatore
제염 製鹽 manifattura di sale **-하다** fabbricare il sale * **-소** saline, fabbrica di sale **-업** industria di sale
제오 第五 quinto, numero cinque [No.5] * **-열** quinta colonna, quinta rubricista
제5공화국 第五共和國 la quinta Repubblica
제왕 帝王 imperatore, monarca, sovrano * **-신권설** teoria del diritto divino del re **-절개수술**【의학】 operazione cesarea
제외 除外 esclusione, eccezione, [면제] esenzione, esonero **-하다** eccettuare, escludere da, esentare qlcu. da ¶ ...을 제외하고 ad eccezione di * **-례** un′eccezione, un′esenzione **-조항** articolo d′evazione
제요 提要 sommario, epitome
제우 諸友 propri amici
제우스【희랍신화】 Zeus, Giove
제웅【민속】 effigie di paglia
제위 帝位 trono, la corona ¶ 제위에 오르다 salire (ascendere) al trono // 제위를 계승하다 ereditare il trono
제위 諸位 gentiluomo
제위 祭位 divinità venerata
제유 製油 manifattura di olio * **-소** fabbrica di olio
제유법 提喩法【수사】 sineddoche
제육 porco
제육감 第六感 sesto senso ¶ 제육감으로 안다 Sapere per istinto. Il mio sesto senso mi parla tutto.
제의 提議 proposta, proposizione, offerta, suggestione **-하다** proporre, offrire, fare un′offerta, suggerire ¶ 강화의 제의 offerta pacifico // ...의 제의로 dalla proposta // 계획을 제의하다 proporre un progetto * **-자** proponitore
제이 第二 seconda, secondario ¶ 제이의 secondo, [또 하나의] un secondo, altro, [중요성이] secondario * **-군**【야구】 giocatore di riserva, squadra **-당** partito secondo grandissimo
제인 諸人 tutta la persona, pubblico
제일 祭日 giorno sacrificato, giorno di adorazione dell′antenato
제일 第一 numero uno[No.1], primo, migliore, [부사적]maggiorente, di più ¶ 제일의 primo, iniziale, primario (중요한), principale, il più importante, [으뜸인] il migliore, grandissimo // 제일먼저 in primo luogo, per primo, per la prima volta, piuttosto // 세계 제일의 부자 uomo richissi-

mo in tutto il mondo * **-과** la prima lezione, lezione prima **-기** primo periodo, primo grado (병의) **-기 불입** pagamento della prima parte **-당** primo partito, partito principale **-선** linea principale **-심** primo giudizio **-인칭** 【문법】 prima persona **-종 우편** prima classe (posta) d′argomento

제자 弟子 discepolo, pupillo, apprendista, studente

제자 諸子 [호격] voi, signore, [아들들] propri figli, [현자] saggio, maestro * **-백가** tutti filosofi e studiosi letterari

제자 題字 motto [iscrizione] nella testa di un libro

제자리 posto proprio, posto originale, [사물이] essere fermo, essere in stallo

제작 製作 fabbricazione, manifattura, produzione **-하다** fabbricare, confezionare, produrre, formare, segnare ¶ 비행기를 제작하다 produrre un aeroplano * **-번호** numero di manifattura **-비** la costa di produzione **-소** fabbrica, officina, laboratorio, bottega, stabilmento **-자** costruttore, fabbricante, produttore (영화의)

제재 制裁 freno, limitazione, ritegno, autorizzazione, sanzione, punizione **-하다** ritenere, punire, applicare per sanzione ¶ 사회적 제재 limitazione sociale // 경제적 제재를 가하다 applicare per sanzione economica

제재 製材 ingombro **-하다** ingombrare, fare ingombro * **-소** officina d′ingomba

제재 題材 faccenda soggetta, tema, argomento, soggetto

제적 除籍 rimozione dal registro, [국적박탈] snazionalizzazione **-하다** rimuovere, destituire (un nome di persona) dal registro, [학적에서] espellere, snazionalizzare ¶ 학교에서 제적을 당하다 essere rimosso dal registro di scuola, essere espulso dalla scuola

제전 祭典 festival, festa, festività ¶ 제전을 베풀다 tenere (sostenere) una festa

제절 諸節 tutta la famiglia, affari vari ¶ 댁내 제절이 무고하신지요 Come sta la vostra famiglia?

제정 制定 promulgazione, istituzione **-하다** promulgare, decretare, fondare (un legge), formulare (una regola) ¶ 법률을 제정하다 promulgare un decreto, legiferare * **-자** legislatore

제정 帝政 governo imperiale, governo monarchico * **-시대** giorni monarchici **-러시아** Russia zarista

제정 祭政 chiesa e stato * **-일치** l′unità di chiesa e stato, [제도] teocrazia

제정신 -精神 [기절에 대하여] coscienza, sensi, [미치지 않은] sanità di mente, buon senso, [술에서 깬] sobrietà ¶ 제정신이 들다 riprendere la coscienza

쩨쩨하다 [인색] essere spilorcio, taccagno, avaro, [다랍다] umile, modesto, [시시하다] essere immeritevole, di nessun valore ¶ 쩨

쩨한 사람 avaro

제조 製造 manifattura, produzione **-하다** fare, fabbricare, produrre, confezionare ¶ 미국에서 제조한 prodotto in America, di America * **-능력** capacità di fabbricazione **-법** metodo della manifattura, [비결] ricetta **-비** costo di manifattura **-소** manifattura, fabbrica, officina **-업** industria di manifattura

제주 祭酒 liquore sacro, bevenda (sostanza liquida) offrta davanti all'altare ¶ 제주를 올리다 offrire liquore davanti all'altare

제주 祭主 [상제] uomo principale piangente [주재자] padrone della cerimonia religiosa

제주도 濟州道 isola Jeju

제지 制止 freno, limitazione, repressione, controllo, pausa, ostacolo **-하다** reprimere, limitare, contenere, controllare, frenare, far fermare, arrestare

제지 製紙 manifattura di carta, fattura di carta **-하다** fabbricare [produrre] la carta ¶ 제지용 펄프 pasta di cellulosa per fare la carta * **-공장** officina di carta **-업** industria della carta-manifattura **-회사** compagnia di fabbricazione della carta

재차 諸車 specie vari di veicolo * **-통행금지 [게시]** chiuso a tutti i veicoli, Divieto di transito per i veicoli

제창 提唱 [제의] proposta, [창도] avvocatura, difesa **-하다** proporre, difendere, patrocinare * **-자** difensore, divulgatore, esponente

제창 齊唱 unisono **-하다** cantare in unisono

제척 除斥 **-하다** escludere, cacciare, espellere, sfidare, provocare (il giurato)

제철 stagione giusta, tempo adatto ¶ 제철이다 È la stagione. // 제철이 지나다 fuori stagione (bassa stagione)

제철 製鐵 manifattura di ferro [acciaio] **-하다** fabbricare ferro * **-소** ferriera **-업** industria siderurgica

제쳐놓다 mettere da parte, accantonare, separare

제초 除草 **-하다** sarchiare, fare sarchiamento * **-기** sarchiatrice **-제** erbicida

제출 提出 presentazione, sottomissione, [항의] alloggio, dimora **-하다** presentare, sottomettersi, offrire, produrre, riportare ¶ 사표를 제출하다 dare le dimissioni //증거를 제출하다 presentare la testimonianza, produrre la prova * **-자** introduttore, presentatore

제충 除蟲 sterminio di insetto **-하다** approntare, insinuarsi, liberare dai vermi * **-제** insetticida, polvere insetticida (가루약)

제충국 除蟲菊【식물】piretro

제취 除臭 deodorizzazione **-하다** deodorare * **-제** deodorante

제칠 第七 settimo * **-천국** settimo cielo **-함대** la settima flotta

제트 getto, zampillo ¶ 제트기 aereo

a getto

제판 製版 faltura di lamina **-하다** placcare, rivestire di lamiere, fare un modo stereotipato [galvanoplastico] di lamina * **-소** bottega (officina) di fabbricante della lamina

제팔 第八 ottavo

제패 制覇 conquista, maestria, supremazia **-하다** conquidere, dominare, guadagnare la supremazia

제폐 除弊 **-하다** fare lontano (via) con abuso (ingiuria, insulto) 제풀로, 제풀에 di proprio accordo, di stesso, spontaneamente

제품 製品 manufatti, merci finiti ¶ 외국제품 articolo forestiero, prodotti forestieri

제하다 除- [제외] escludere, eccettuare, [빼다] dedurre, detrarre, defalcare, [나누다] dividere, [제거] eliminare ¶ 세금을 제하고 5만원의 수입 reddito di 50000 won eccetto la tassa

제한 制限 limite, restringimento, limitazione **-하다** restringere, limitare ¶ 제한없이 senza limite // 연령의 제한 limite d'età * **-속도** limite di velocità, velocità regolamentare **-시간** limite di tempo **산아-** controllo delle nascite **생산-** abbreviazione di produzione **수입-** restringimento d'importazione

제해권 制海權 controllo del mare, ordine (il comando) del mare ¶ 제해권을 잡다 avere (assicurare) il comando del mare

제헌 制憲 instaurazione (affermazione) di una costituzione * **-국회** riunione costituzionale **-절** Giorno di costituzione

제혁 製革 conciatura, concia, fabbricazione di pelle **-하다** fabbricare la pelle

제현 諸賢 Signori e Signore

제형 梯形 trapezoide, formazione di scaglione (livello, grado)

제형 蹄形 sagoma di piede ¶ 제형의 piede- sagomato

제호 題號 titolo (di un libro)

제화 製靴 calzatura * **-공** calzolaio

제휴 提携 cooperazione, concertare, coalizione **-하다** collegare le mani con, fare(agire) in concerto con, cooperare con, legare sicuramente, bloccare ¶ 제휴하여 in concerto, in cooperazione * **-기술** cooperazione tecnica

젠장 maledizione, accidenti, impiccati

젠체하다 fingere in aria, assumere un'aria d'importanza, stare con la propria dignità ¶ 젠체하는 affettato, presuntuoso, vanitoso

젠틀맨 gentiluomo

젤라틴 【화학】 gelatina

젤리 gelatina

젯밥 祭- cucinato il riso che era stato offerto in sacrificio

젱그렁거리다, 쩽그렁거리다 tintinnio, sferragliamento, suono metallico, fragore, rumore secco

조 【식물】 miglio

조 兆 trilione

조 組 compagnia, gruppo, classe (급), squadra (인부의), attacco (경

기의), equipaggio (승무원), ganga ¶ 같은 조가 되다 unire le forze, cooperare

조 調 [곡조] melodia, [접미어] ¶ 장난조로 per scherzo, ridendo // 시비조로 provocantemente

조 朝 [왕조] dinastia

조 條 articolo, numero, clausola ¶ 소년법 제 24조 1항 1호 Numero 1 di Para.1 di Art.24 della legge giovanile

조가 弔歌 inno, canto funebre, elegia

조가비 conchiglia * **-세공** lavoro di conchiglia

조각 pezzo, poco, striscia, porzione, frammento, taglio, [고기 따위의] costata, [파편] frammento

조각 彫刻 scultura, intaglio, arte dell′incisione **-하다** intagliare, scolpire * **-가** incisore, scultore, intagliatore **-도** intagliatore, bulino, coltello per intaglio **-물** pezzo di scultura, intaglio **-술** arte di scultura, scultura, arte plastica

조각 組閣 formazione [organizzazione] del gabinetto [ministero] **-하다** formare [organizzare] il gabinetto [ministero]

조각나다 essere spezzato in pezzi, spaccarsi (dividersi) in pezzi, scheggiarsi, rompersi, [갈라지다] scapparsi, fendersi

조각조각 il pezzo [un poco, frammento]

조간 giornali del mattino * **-신문** giornali del mattino

조갈 燥渴 sete

조감도 鳥瞰圖 veduta a volo d′uccello

조감독 助監督 vice direttore, aiutoregista

조강 粗鋼 acciaio (lama) grezzo

조강 糟糠 scarto (trinciata) e crusca, paglia e crusca ¶ 조강지처 propria moglie buona e vecchia

조개 crostaceo, mollusco bivalve commestibile * **-껍질** scorza **-무지** mucchio di crostaceo

쪼개다 spaccare, rompere, separare ¶ 나무를 쪼개다 spaccare il legno

쪼개지다 spaccarsi, dividersi, rompersi

조객 弔客 visitatore per fare le condoglianza * **-록** libro dell′ospite per condoglianza

조건 條件 condizione, termini, stipulazione, clausola ¶ 계약의 조건 termini di contratto // 필수조건 // 조건부의 condizionato, qualificato, competente // 조건부로 condizionatamente, a condizione che // 무조건으로 incondizionatamente

조경 造景 architettura di paesaggio [giardinaggio] * **-사** architetto di paesaggio

조계 早計 schema prematuro

조계 租界 determinazione, sistemazione, concessione britannica

조곡 組曲 【음악】 suite (musicale)

조공 朝貢 tributo, presentazione di un tributo a un paese **-하다** tributare * **-국** stato tributario

조관 條款 stipulazione, provisione, articolo, clausola ¶ 최혜국 조관

clausola di una nazione favorita di più

조광권 粗鑛權 diritto di minare, percentuale sugli utili di miniera

조교 助教 assistente, assistete del professore

조교 早橋 ponte di sospensione

조교 調教 educazione, addestramento, allenamento **-하다** allevare, educare, (domare un cavallo) ＊ **-사** (cavallo) istruttore, allenatore

조교수 助教授 professore assistente

조국 祖國 (madre) patria, propria patria ¶ 조국을 위하여 싸우다 combattere per la propria patria ＊ **-애** patriottismo, amore per il proprio paese

조규 條規 stipulazione, articoli (regolamenti) di una legge

조그마하다 piccolo, piccino, minuscolo ¶ 조그마하게 su un scaglia piccola, in misura piccola, in uno stato piccolo // 조그마한 일 sciocchezza, inezia, faccenda piccola

조그만큼 [양] soltanto un pochino, [정도] un po′ di

조금 ① [양] quantità piccola, un po′ di ¶ 조금 더 soltanto un pochino più // 조금씩 a poco a poco ② [수] numero esiguo, pochi ¶ 아주 조금 soltanto alcuni, in numeri esigui // 조금 더 soltanto alcuni in più ③ [정도] piuttosto, leggermente, scarsamente, un po′, un poco [명사적] qualche cosa ¶ 조금도 per niente affatto, niente affato, no davvero ④ [시간] tra un momento, minuto, appunto, un istante, secondo, istante ¶ 조금전에 un istante fa //조금 있으면 in un istante, in orario ridotto, presto, fra breve, concisamente, brevemente, tra poco, subito dopo ⑤ [거리] via breve, una distanza corta ¶ 조금 떨어져서 poco lontano

조금 潮-【지리】piccola marea

조급 躁急 carattere affrettato, impazienza **-하다** essere impaziente, impetuoso, frettoloso, rapido, avventato, temperato rapido ¶ 조급히 impetuosamente, in fretta, avventatamente, impazientemente

조끼 farsetto

조끼 brocca, boccale, bricco ¶ 맥주 한 조끼 una brocca di birra

조기 弔旗 bandiera cordoglia, bandiera a mezz′asta ¶ 조기를 달다 appendere una bandiera, abbrunata a lutto

조기 早起 alzarsi presto **-하다** alzarsi di buon mattino

조기 早期 primo periodo ＊ **-치료[진단]** trattamento [cura] svelto

조난 遭難 disastro, accidente, [파선] naufragio **-하다** incontrare un disastro [un accidente], [파선] essere naufragato ＊ **-선** nave in pericolo, nave naufragata **-신호** segnale [segno] di pericolo, segnale di soccorso

쪼다 [모이를] beccare, [돌 따위를]cesellare

조달 調達 [공급] rifornimento, [관청에서] procurare, [식량 따위의]

provvedimento, [자금] sollevamento, [주문의] esecuzione, attuazione **-하 다** fornire provvedere [cibo], sollevare [denaro], eseguire [un ordine]

조당 組糖 zucchero crudo [grezzo]

조대 tubo, (condotto) di creta (bambù)

조도 照度 illuminamento, intensità di illuminazione

조동사 助動詞 【문법】 verbo ausiliare

쪼들리다 essere nei guai [contrariato, irritato], essere in condizione di angustiato ¶ 돈에 쪼들리다 essere difficile col denaro

조라기 pezzettini di canapa, rimorchio

조라떨다 agire avventatamente, creare un gran disordine, mandare a monte

조락 凋落 fulminante, sprezzante, [영락] in strettezze, [몰락] declino, decadenza **-하다** [시들다] appassire, disseccare, sbiadire, [영락] in strettezze, [쇠퇴] decadimento, declino, deperimento

조력 助力 aiuto, assistenza, soccorso, sostegno **-하다** aiutare, soccorrere assistere

조력발전소 潮力發電所 pianta (apparato) della marea

조련 操鍊 trapano (perforatrice) militare **-하다** trapanare, fare esercitazioni

조령모개 朝令暮改 corso sconvolto (non sistematico) di azione, mancanza di principale **-하다** cambiare un ordine frequentemente

조례 弔禮 etichetta di condoglianza

조례 條例 riunone del mattino

조로 早老 prematuro antico ¶ 조로한 prematuramente

조로 아스터 【종교】 zoroastro * **-교** seguace di Zoroastro

조롱 早籠 gabbia (prigione) pendente

조롱 鳥籠 gabbia d′uccello

조롱 嘲弄 ridicolo, derisione, ironia, scherno **-하다** mettere in ridicolo, beffare, deridere, schernire, ridere di, prendere in giro

조롱박 【식물】 pianta e frutto delle cucurbitacee, zucca vuota, zucca lunga

조루 早漏 eiaculazione prematura

조류 鳥類 uccelli, galline, tribù piumosa * **-학** ornitologia **-학자** ornitologo

조류 潮流 [해류] marea, corrente della marea oceana, [풍조] corrente, ondata, tendenza

조류 藻類 【식물】 alga marina ¶ 조류의 조륙 造陸 * **-운동** 【지질】 movimento

조르다 [죄다] serrare, stringere, [요구] importunare, stuzzicare, cardare, chiedere, [재촉] schiacciare, sollecitare a ¶ 허리띠를 조르다 legare una cintura, allacciarsi [strin-gersi] la cintura

조르르 쪼르르 gocciolare, corrente di acqua

조리 mestolo di bambù, filtro di bambù

조리 條理 logico, ragione ¶ 조리있는 ragionevole, coerente, consistente

조리 調理 [조섭] cura della salute, [처리] disposizione porticolare, [요리] cucina **-하다** aver cura della salute [요리하다] cuocere, cucinare, [처리] trattare una facenda propriamente ＊ **-대** credenza, **-실** cucina

조리개 [끈] corda sottile, spago sottile, [사진기의] iride

조리다 bollire, condensare

조리차하다 economizzare, lesinare su, razionare

조림 造林 imboschimento **-하다** imboschire, rimboscare ＊ **-학** silvicoltura

조립 組立 costruzione, [조직] organizzazione, [기계의] assemblea, montaggio **-하다** costruire, riunire, montare, mettere insieme, fondare ＊ **-식 침대** letto ripiegato **-주택** casa prefabbricata

조마 調馬 allenamento del cavallo **-하다** educare il cavallo ＊ **-사** allenatore, istruttore **-장** campo di cavalcata, ippodromo

조마조마 nervosamente, scomodamente, sospensione eccitante (emozionante) **-하다** sentire nervoso, essere scomodo(a disagio), essere irrequieto ¶ 사람을 조마조마하게 한다 mettere una persona sul battito, tenere una persona in sospensione

조막손이 mani di artigli

조만간 早晩間 presto o tardi, prima o poi, in tempo

조망 眺望 vista, prospettiva, vigilanza, guardia **-하다** prendere una vista di

조명 照明 fulmine, lampo, illuminazione **-하다** illuminare, accendere ＊ **-공학** ingegneria d'illuminazione **-기** illuminatore **-탄** bomba di razzo **-효과** effetto di luce **무대-** fulmine di stadio

조모 祖母 nonna

조목 條目 articolo, clausola, capo

조몰락거리다 toccare con le dita, annaspare

조무라기 ① [물건] articoli piccoli, generi diversi, cianfrusaglie, oggetti vari ② [아이] bambino piccolo, ragazzo piccolo

조문 弔問 chiamata di condoglianza **-하다** fare chiamare per le condoglianze ＊ **-객** visitatore per fare le condoglianze

조문 弔文 discorso funebre, allocuzione memoriale

조문 條文 [본문] testo di regolamento, [조항] provvedimento

조물주 造物主 creatore, essere supremo, Dio

조미 調味 condimento, gusto **-하다** condire, far maturare, insaporire ＊ **-료** condimenti, allestimento materiale, spezie

조밀 稠密 densità **-하다** essere denso, popoloso, affollato ¶ 인구 조밀한 지방 regione popolate densamente

조바심 ansia, inquietudine, preoccupazioni, desiderio

조바심하다 preoccuparsi, tormentarsi, essere nervoso, annoiarsi, essere impaziente

조박 粗粕 [술찌꺼기] cereali della

fabbrica di birra, feccia, [옛 학문의] feccia, avanzi, rifiuti
조반 朝飯 prima colazione
조발 調髮 taglio di capelli, arte del parrucchierre
조밥 miglio cucinato
조방농업 粗放農業 agricoltura estesa
조변석개 朝變夕改 **-하다** cambiare costantamente
쪼뼛쪼뼛 **-하다** (essere) timido e esitante
조병창 造兵廠 arsenale
조복 朝服 vestito di corte, abbigliamento officiale
조부 祖父 nonno * **-모** nonno e nonna
조분석 鳥糞石 guano
조붓하다 essere un po′ limitato
조사 弔詞 parola di condoglianza, discorso funelare [memoriale]
조사 助詞 parola ausiliare, particella
조사 早死 morte prematura **-하다** morire in giovane età
조사 調査 domanda, indagine, inchiesta, esame, investigazione, [연구] ricerca, censo, censimento (인구 따위의) **-하다** chiedere, indagare, investigare, esaminare ¶ 조사중이다 essere in investigazione * **-결과** scoperta, sentenza **-국** ufficio di ricerca **-서** scrivere per investigazione **-용지** questionario **-위원회** comitato di investigazione **-자료** dati per ricerca[investigazione]
조사 祖師 fondatore della setta
조사 照射 irradiazione ¶ x선을 조사하다 applicare la radiologia
조산 早産 nascita prematura **-하다** dare nascita prematura a * **-아** infante nato prematuro
조산 助産 professione di levatrice, ostetricia * **-부[원]** levatrice, ostetrica, infermiera maternità(di gestante) **-술** ostetrico, ostetricia
조산 造山 mucchio artificiale, collina in miniatura, giardino
조산원 助産員 levatrice, ostetrica, maternità, infermiera di gestante
조상 祖上 antenato, avo ¶ 조상의 avito, ancestrale
조상 彫像 statua
조상 弔喪 condoglianza **-하다** condolersi con i parenti delle vittime
조색 調色 colori mescolati
조색기구 阻塞氣球 pallone di sbarramento
조생종 早生種 【농업】 specie precoce, pianta maturata presto
조서 詔書 editto reale
조서 調書 protocollo, nota, scrittura di testimonianza ¶ 조서를 작성하다 mettere una deposizione in un documento
조석 朝夕 mattina e sera
조선 造船 costruzione navale **-하다** costruire, fabbricare la nave * **-공** costruttore navale **-기사** macchinista marino **-대** via navale, scivolata **-소** cantiere navale, arsenale **-업** industria di costruzione navale **-학** architettura navale
조섭 調攝 cura di salute
조성 造成 manifattura **-하다** for-

mare, fabbricare, produrre

조성 組成 formazione, composizione **-하다** comporre, costituire, formare * **-체** organismo

조성 助成 [조장] aiuto, assistenza, promozione, [기여] aiuto, soccorso, sussidi, assistenza **-하다** promuovere, favorire, assistere, contribuire, aiutare, soccorrere

조세 租稅 tassa, tassazione, imposte ¶ 조세를 부과하다 imporre una tassa

조소 嘲笑 risata, sprezzante [derisorio], scherno, derisione **-하다** ridere sprezzantamente, mettere in ridicolo, deridere, schernire, prendersi gioco di qlcu., rifare il verso ¶ 조소를 사다 incorrere in scherno, presentarsi da sé come scherno

조소 彫塑 scultura e modellato, modello di creta

조속히 早速- appena che, tosto che, il più presto possibile

조수 助手 assistenza, assistente, aiuto, aiutante ¶ 외과의 조수 assistente di chirurgo, assistente chirurgico

조수 鳥獸 uccelli e bestie, pelo (pelame) e penna (piuma)

조수 潮水 marea, ondata, acqua della marea * **-표** tabella della marea

조숙 早熟 prima maturità, crescita prematuro, prematurità **-하다** maturare (scadere) prima, crescere primo * **-아** bambino precoce

조식 粗食 dieta semplice, cibo rozzo, farina (pasto) frugale (economo) **-하다** continuare a vivere con tariffa chiara, prendere farina semplice

조신 朝臣 cortigiano, alto funzionario della corte

조신 操身 accuratezza di condotta (comportamento), circospezione **-하다** procedere con circospezione, essere prudente, comportarsi bene prudentemente

조실부모 早失父母 perdità dei propri genitori presto nella vita **-하다** perdere i genitori presto nella vita

조심 操心 [주의] attenzione, [경계] cautela, accortezza, precauzione, guardia, sentinella [신중] prudenza, discrezione **-하다** aver cura di, essere attento di, prendere precauzione contro, mettersi in guardia contro, essere attento contro, essere prudente ¶ 조심하여 attentamente, cautamente, con attenzione

조심성 操心性 prudenza, cautezza ¶ 조심성이 없다 mal cauto, essere noncurante, essere sventato

조아리다 comportarsi ossequiosamente

쪼아먹다 beccare e mangiare, mangiucchiare

조아팔다 vendere in poca quantità

조악 粗惡 grossolanità e duro **-하다** essere di qualità inferiore, essere grezzo, essere grossolano (rozzo) * **-품** articolo inferiore

조야 粗野 rustichezza, rudimento, vigorosità **-하다** (essere) scortese, rustico, grezzo, grossolano

조야 朝野 il governo e la persona, tutta la nazione

조약 條約 tratto, dissertazione, assemblea, patto, contratto, accordo ¶ 조약을 체결하다 concludere un tratto * **-규정** condizione di tratto

조약돌 ghiaia, ciottolo

조어 造語 [말] coniare una parola, coniatura, [만들기] invenzione, coniatura, valuta

조언 助言 consiglio, avvertimento, opinione, suggestione **-하다** consigliarsi, raccomandare, dare a qlcu. un consiglio [avvertimento, suggerimento] * **-자** consigliere, consulente, avvocato

조업 操業 lavoro, operazione **-하다** operare, lavorare * **-일수** giorni operativi

조역 助役 [일] azione assistente, [사람] sostegno d′ufficio, assistente di capostazione (역의), aiutante **-하다** aiutare [assistere]

조연 助演 atto di sostegno **-하다** recitare un ruolo di sostegno * **-자** attore di sostegno

조예 造詣 raggiungimento, realizzazione, cultura, erudizione ¶ ...에 조예가 깊다 essere esperto in

조용하다 [잠잠] (essere) quieto, silenzioso, calmo, tranquillo, quiete [태도가] tenero, gentile, [한적] disertato, [평안] riposante ¶ 조용히 quietamente, calmamente, pacificamente

조우 遭遇 [만남] incontro, riunione **-하다** incontrare, imbattarsi (in), affrontarsi, incorrere in, imbattersi in, raggiungere

조운 漕運 trasportazione marina, far imbarcare

조울병 躁鬱病 【의학】 follia maniaca(mania)[psicosi] * **-환자** un maniaco-depresso, una follia maniaca-depressa

조원 造園 paesaggio, giardinaggio **-하다** formare[stendere] un giardino * **-가** giardiniere

조위 弔慰 (l′espressione di) condoglianza **-하다** condolersi con * **-금** denaro di condoglianza

조율 調律 accordatura, sintonia, intonazione **-하다** mettere un pianoforte in accordo(tono), accordare * **-기** tono, regolatore **-사** sintonizzatore

조음 調音 [목소리의] articolazone, modulazione, [악기의] accordatura **-하다** articolare

조의 弔意 [유족에 대한] condoglianza, [고인에 대한] marchio di rispetto a un morto ¶ 조의를 표하다 esprimere le proprie condoglianze

조인 鳥人 aviatore

조인 調印 firma, ceralacca **-하다** apporre, sigillare, mettere un sigillo, segnare un trattato * **-식** cerimonia di firma

조작 造作 [제조] manifattura, costruzione, [날조] fabbricazione, invenzione **-하다** [날조] fabbricare, forgiare, contraffare, inv-entare, preparare, fare, architettare, [만들다] costruire, confezionare

조작 操作 operazione, maneggiamento, manipolazione **-하다** operare, maneggiare ＊ **금융[시장]-** manipolazione monetaria [mercato] **자동-** operazione automatica

조잡 粗雜 volgarità, grossolanità, crudità **-하다** essere grezzo (crudo, rozzo, volgare), rendere ruvido, arrufare

조장 助長 promozione **-하다** promuovere, favorire

조장 組長 capo, capo-officina, capomastro

조전 弔電 telegramma di condoglianze ¶ 조전을 치다 spedire une telegramma di condoglianze

조절 調節 regolamento, adattamento, compromesso, controllo, modulazione, accordatura (악기의) **-하다** regolare (una macchina), adattare (prezzo), controllare (nascita), governare, modulare (propria voce), accordare (piano), sintonizzarsi (la radio) ＊ **-기** regolatore, modulatore(라디오의)

조정 朝廷 corte (reale)

조정 調停 mediazione, intercessione, arbitrato **-하다** fare da intermediario (in una disputa), arbitrare (tra le partite) ＊ **-안** progetto di mediazione, proposta d'arbitrato **-위원** mediatore, arbitro

조정 調整 regolamento, adattamento, controllo, coordinazione **-하다** regolare, adattare, coordinare ¶ 가격을 조정하다 adattare il prezzo

조정 漕艇 remata, canottaggio **-하다** remare ＊ **-경기** corsa di barca (nave)

조제 粗製 manifattura grossolana [cruda] **-하다** fabbricare articoli crudi ＊ **-품** articolo crudo[inferiore]

조제 調劑 preparazione (composizione) di medicina **-하다** preparare la medicine, fare la prescrizione (ricetta), dare la ricetta (처방에 의해) ＊ **-사** farmacista, chimico, gestore **-실** farmacia dispensario

조제 調製 confezione (su ordinazione), preparazione (조합) **-하다** fare, preparare, comporre, eseguire

조조 早朝 mattina presto, buon mattino

조종 弔鐘 campanello funebre, rintocco funebre

조종 祖宗 antenati reale

조종 操縱 controllo, direzione, gestione, manipolazione **-하다** amministrare, controllare, maneggiare, funzionare, manovrare, pilotare (비행기를), manobrare i fili (di marionette), tenere il filo (di una situazione) (배후에서) ¶ 기를 조종하다 maneggiare una macchina ＊ **-간** bastone di controllo **-법** operazione, controllo **-사** pilota

조주 助奏 【음악】 obbligato

조준 照準 mira, punto di mira, scopo, mirino **-하다** mirare a, prendere di mira, scommettere ¶ 대포의 조준각 elevazione di cannone

조지다 ① [단단히 맞추다] fissare strettamente, stringere ② [단속하다] controllare strettamente

조직 組織 [결성] organizzazione, [구성] costruzione, struttura, [체계, 제도] sistema, [생물] tessuto **-하다** formare, organizzare, costruire ¶ 조직적 sistematico, metodico // 조직적으로 sistematicalmente, metodicalmente * **-노동자** lavoratori organizzati **-망** rete di un sistema **-자** organizzatore **-체** organismo, corpo organico **-학** 【생물】 istologia **경제-** struttura economica

조짐 兆朕 sintomi, segni, auspicio, augurio, presagio

조짚 paglia di miglio

조차 anche, pure, in aggiunta, per giunta, in più, per di più

조차 操車 (ferrovia) operazione **-하다** operare * **-계** invio di treno **-장** cortile di scambio

조차 潮差 catena (gamma) di marea

조차 租借 contratto d'affitto di territorio **-하다** affittare, dare in affitto, affittare un territorio da * **-권** contratto d'affitto

조찬 朝餐 prima colazione

조처 措處 amministrazione, condotta, comportamento, accomodamento, arrangiamento **-하다** controllare, amministrare, condurre, accomodare, decidere, fissare, disporre ¶필요한 조처를 하다 portare la misura necessaria

조청 造淸 sciroppo di cereali 조촐하다 [아담하다] (essere) intimo, confortevole, benfatto, [단정하다] azzimato, attivo, chiaro, netto, raffinato, purificato, pulito, [해사하다] grazioso, leggiadro

조총 鳥銃 fucile di uccellagione, fucile a miccia

조총 弔銃 raffica di fucile in servizio funebre

조총련 朝總聯 chochongnyon, il pro-Pyongyang federazione di coreani residenti in Giappone

조추 早秋 primo autunno

조춘 早春 prima primavera

조치 措置 maneggio, intrigo

조칙 詔勅 editto reale(messaggio reale)

조카 nipote * **-딸** figlia del nipote **-며느리** moglie del nipote **-사위** marito della nipote

조타 操舵 guida, governo del timore, alloggio comune dei passeggeri della classe più economica **-하다** sterzare * **-기** meccanismo di guida **-수** timoniere **-실** casato del piloto

조탁 彫琢 [보석의] scultura, intaglio, lisciamento **-하다** scolpire, incidere, cesellare, lucidare

조탄 粗炭 carbone di grado basso

조탕 潮湯 bagno di acqua salmastra

조퇴 早退 **-하다** ritirarsi da (ufficio, scuola) primoa dell'abituale ¶ 3시간 일찍 조퇴하다 lasciare (lavoro) tre ore prima

조판 組版 composizione **-하다** costituire una tipografia, fare composizione

조팝나무 【식물】 ghirlanda (corora, raffica) nuziale

조폐 造幣 coniatura, conio

조포 弔砲 artiglieria di saluto (per i morti)

조피나무 albero di pepe del Giappone

조합 調合 [약 따위의] mescolanza, miscuglio, preparazione, composizione, [조미] saporito **-하다** mescolare, comporre, preparare, [조미하다] saporire, condire, decorare * **-물** mescolanza, preparazione

조합 組合 associazione, unione, lega, società(합자의) 【수학】 combinazione ¶ 조합에 가입하다 collegare in associazione * **-규약** articoli di un'associazione **-운동** attività di unione **-원** numero dell'associazione, unione dei membri, compagno **구매-** associazione cooperativa d'acquirente di consumatore **노동-** unione d'occupazione, unione di lavoro **변호사-** associazione di sbarra **산업-** unione industriale **직업-** unione di mestiere **판매-** associazione cooperativa di compravendita

조항 條項 [법률따위] articoli, clausole, [항목] numeri, dati, provvedimenti

조해 潮解 【화학】 soluzione **-하다** solvere

조행 操行 maniera, comportamento, contegno

조혈 造血 ematopoiesi, emopoiesi **-하다** aumentare il sangue

조형 造形 modellatura, getto, fusione * **-미술** arte formativa (plastica)

조혼 早婚 matrimonio in fretta **-하다** sposarsi presto

조화 弔花 tributo floreale, offerta dei fiori

조화 造化 creazione, natura ¶ 조화의 묘 meraviglia di natura

조화 造花 fiore artificiale

조화 調和 [일치] armonia, accordo, [음색의] sinfonia, [균형] simmetria **-하다** armonizzarsi con, accordarsi, convenire, essere coerente con ¶ 조화된 armonioso [균형이 잡힌] simmetrico

조회 照會 domanda, indagine, riferimento **-하다** chiedere, indagar di qlcu. informarsi, alludere * **-장** lettera di domanda

조회 朝會 incontro (riunione) di mattina, sessione(assemblea) di mattina in scuola

족 足 piede, [동물의] piede fesso, zoccolo, gambale (소의)

-족 族 [생물의] famiglia, [종족] tribù, razza * **몽고-** tribù Mongol

쪽[1] [낭자] chignon

쪽[2] [조각] un pezzo, un taglio, una parte

쪽[3] [방향] direzione, lato, distanza

쪽[4] [늘어선 모양] in fila

쪽[5] 【식물】 pianta d'indaco

족대기다 [볶아치다] affrettare qlcu. a fare qlcu. torturare, tormentare, [우기다] persistere, ostinarsi

쪽마루 veranda di uno o due pavimenti

쪽매붙임 mosaico, parquet, pavimento di legno
쪽박 pianta e frutto delle cucurbitacee
족발 garretto di maiale
족벌 族閥 clan, tribù * **-정치** governo di clan **-주의** nepotismo **-주의자** nepotista
족보 族譜 tabella genealogico, genealogia, stirpe, lignaggio, albero genealogico
족생 簇生 **-하다** crescere in gruppo * **-식물** una pianta di gruppo
족속 族屬 [가족] famiglia, [일가] parente, clan, relativo
족쇄 足鎖 ceppi, manette, catene ¶ 족쇄를 채우다 incatenare, mettere in catene
족자 簇子 ritratto pendente
족자리 stretta di mano, morsa della mano (di pentola)
족장 族長 patriarca * **-시대** l'età di patriarca
족적 足跡 orma, traccia ¶ 족적을 남기다 lasciare le proprie orma
족제비 【동물】 donnola
-족족 [마다] ogni tempo, ogniqualvolta ¶ 오는족족 ogniqualvolta uno viene
쪽지 scivolata di carta, cartellino
쪽찌다 far sui propri capelli in un chignon ¶ 쪽찐머리 chignon
족집게 pinzette ¶ 족집게로 털을 뽑다 tirare i capelli con pinzette
족치다 ① [작게 만들다] tritare, fare a pezzi ② [차차줄이다] sciupare, frantumare ③ [깨뜨리다] distruggere, demolire ④ [족대기다] costringere, obbligare, premere
족친 族親 parenti (distanti) 족하다 [충분] sufficiente, bastevole, essere sufficiente, bastare, adeguato ¶ 그것으로 족하다 Basta cosi.
족히 abbastanza, completamente, ampiamente, sufficientemente, certamente ¶ 족히 1시간 abbastanza un ora
존 zona * **-디펜스** zona di difesa **스트라이크-** 【야구】 zona di attacco
존경 尊敬 rispetto, stima, aspetto, riguardo, onore, considerazione **-하다** rispettare, onorare, venerare, riverire, avere un riguardo a, onorare qlcu. con alta considerazione ¶ 존경하는 onorando, considerabile, rispettabile
존귀 尊貴 nobiltà **-하다** (essere) alto e nobile
존대 尊待 **-하다** trattare con rispetto, onorare con alta considerazione * **-어** condizione di rispetto, onorifico
존득거리다, 쫀득거리다 (essere) appiccicaticcio, autoadesivo, sgradevole, gommoso, coriaceo, difficile (질긴)
존립 存立 esistenza, vita **-하다** esistere, essere esistente * **-기간** [법] durata
존망 存亡 vita e morte, esistenza, destino
존비 尊卑 ricchi e poveri
존속 存續 continuità, continuato, esistenza **-하다** continuare a esistere, sostenere
존속 尊屬 [법] antenato, avo,

ascendente in linea diretta (직계의) * **-살해** parricida, parricidio

존숭 尊崇 venerazione **-하다** venerare, rispettare

존안 尊顔 vostra faccia

존엄 尊嚴 dignità, maestà **-하다** (essere) dignitoso, maestoso, augusto ¶ 법의 존엄 dignità di legge

존의 尊意 vostra opinione

존장 尊長 maggiore (venerabile), anziano

존재 存在 esistenza, sussistenza, essere **-하다** esistere, sussistere, essere ¶ 존재하고 있는 esistente, ancora esistente * **-론** ontologia **-물** esistenza, creatura **-의의** significato d′esistenza

존절하다 essere economico [parco, limitato] ¶ 존절히 frugalmente, economicamente

존존하다, 쫀쫀하다 essere intrecciato bene

존중 尊重 rispetto, stima, riguardo **-하다** rispettare, stimare, valutare, apprezzare, tratenere in alto rispetto

존칭 尊稱 titolo di onore [rispetto], titolo onorifico

존체 尊體 vostro sé stesso (stimato), vostro saluto

존폐 存廢 mantenimento o abolizione, esistenza * **-문제** questione di mantenimento o abolizione

존함 尊啣 vostro nome

졸 卒 [장기의] pedina di scacchi della Corea

졸경치(르)다 avere l′esperienza amara, avere un tempo duro

졸고 拙稿 manoscritto indegno

졸깃졸깃 쫄깃쫄깃 -하다 (essere) appiccicaticcio, adesivo

졸년 卒年 anno di morte di una persona

졸다[1] sonnecchiare, essere assonnato, schiacciare un pisolino, [깜박] cadere addormentato, [앉아서] addormentarsi nel proprio posto, far cadere addormentato, assopirsi

졸다[2] [물 따위가] condensare, ridursi

쫄딱 completamente, totalmente, assolutamente, del tutto ¶ 쫄딱 망하다 essere rovinato completamente

졸때기 ① [일] affare di piccola scala, lavoro piccolo ② [사람] persona insignificante, uomo stupido

졸도 卒倒 svenimento, [의학] sincope **-하다** cadere per svenimento

졸라대다 molestare importunare con richieste continue, stuzzicare qlcu. per vociferare

졸라매다 legare sicuramente, stringere, tendersi

졸렬 拙劣 sgraziataggine, gofferia **-하다** (essere) povero, goffo, imbranato

졸리다[1] [남에게] fare stuzzicato [importunato, schiacciato] da qlcu. per qlco. essere molestato da qlcu. per fare

졸리다[2] [매이다] essere serato [stretto, fissato, spremuto]

졸리다[3] sentirsi assonnato, aumentare la sonnolenza
졸막졸막 -하다 (essere) screziato, in misura diversa
졸망졸만 -하다 (essere) piccola-misura [grandezza], essere tutto ineguale
졸문 [자기글] mia scrittura indegna
졸병 卒兵 soldato comune
졸부 猝富 ricchi improvvisi, milionario durante la notte
졸속주의 拙速主義 metodo irregolare e pronto
졸아들다 restringersi, consumarsi
졸아붙다 [물 따위가] essere bollito arido, essere bollito in giù
졸업 卒業 laurea **-하다** laurearsi, diplomarsi, completare unx corso, finire la scuola, prendere il diploma di scuola ¶ 졸업하면 dopo la laurea * **-논문** tesi di laurea **-시험** esame di laurea **-식** cerimonia di laurea **-장** diploma
졸음 sonnellino, assopimento ¶ 졸음이 오다 sentirsi assonnato
졸이다 [고기 따위를] condensare, ridursi [마음을] sentire ansioso [nervoso] ¶ 마음을 졸이다 essere irrequieto(nervoso)
졸작 拙作 [졸렬한] lavoro povero, cosa da poco conto, [자기의] mio lavoro indegno
졸장부 拙丈夫 uomo di mentalità ristretta
졸저 拙著 [자기 작품] mio umile lavoro
졸중 卒中【의학】apoplessia
졸지 猝地 ¶ 졸지에 inaspettatamente, bruscamente, repentinamente, improvvisamente
졸책 拙策 politica povera
졸필 拙筆 [악필] calligrafia povera, scrittura povera, [악필가] persona con povera scrittura, [자기 필적] mia scrittura indegna
졸하다 卒- morire
좀[1]【곤충】falena, tignola, topo di biblioteca ¶ 좀먹은 tarlato, retribo, trito
좀[2] [그 얼마나] quanto, quanti, con sicurezza, senza dubbio, certamente, davvero, infatti
좀[3] [청할 때] proprio, per favore, [조금] un po′, un po′ di ¶ 좀 기다려 주십시오 Aspetti un momento, per favore
좀- piccolo
좀것 [사람] uomo di mentalità ristretta, [물건] piccolino, inezia
좀더 [양] un po′ di più, [수] alcuni di più, [시간] un po′ di piu lungo di tempo, ancora un po′
좀도둑 persona vile, ladro * **-질** furtino ladroneccio, ladruncolo
좀먹다 essere tarlato, essere trito
좀생이 [잔물건] piccolino
좀스럽다 [성질이] (essere) di mentalità ristretta, piccolo, trascurabile, [규모가] piccolo, (essere) insignificante ¶ 좀스러운 사람 una persona gretta
좀약 pallina antitarmica
좀처럼 [여간해서] raramente, lontano dal cuore [쉽사리] prontamente, facilmente ¶ 이 지방은 좀처럼 눈이 안온다. In questa stagione nevica raramente
좀팽이 una persona insignificante

좁다 [폭이] (essere) limitato [stretto], [면적이] piccolo, [갑갑하다] corpo a corpo, stretto, teso, [마음이] essere di idee ristrette ¶ 좁은 문 porta stretta // 마음이 좁은 사람 una persona ha idee ristrette

좁다랗다 (essere) stretto e vicino, piuttosto stretto

좁쌀 miglio sgusciato ∗ **-영감** vecchio insignificante

좁히다 fare stringere, restringere, [족대기다] forzare, fare violenza, costringere, obbligare

종 servitore, schiavo, selvaggio

종 縱 lunghezza, estensione, durata ¶ 종의 verticale, longitudinale // 종으로 longitudinalmente, verticalmente

종 種 [종류] sorta, genere, classe, varietà, assortimento, [분류단위] specie, [종자] seme, sperma, [동물] razza, famiglia, stirpe ¶ 각종의 ogni varietà di ∗ **-마** stallone ∗ **-우** toro ∗ **잡-** ibrido

종 鐘 campana, cicala, sirena, campanello (현관의), campanello di mano (손종), gong (징), [교회의] rintocco, melodia, accordo ¶ 종을 울리다 suonare la campana ∗ **-소리** suono di campana

종- 從 ¶ 종형 proprio cugino

-종 宗 setta religiosa ¶ 조계종 la setta di Choge

종가 宗家 famiglia principale (capitale)

종가래 piccola vanga

종각 鐘閣 cella campanaria, campanile

종견 種犬 cane d'educazione (di generazione)

종결 終結 fine, estremità, termine, conclusione **-하다** finire, concludersi, essere concluso, condurre a termine, terminare, limitare ¶ 종결시키다 far fermare

종곡 終曲 【음악】 finale

종관 縱貫 **-하다** penetrare longitudinalmente ∗ **-철도** ferrovia per corrente

종교 宗教 religione, fiducia, credo, culto venerazione ¶ 종교적 religioso, spirituale, ecclesiastico // 종교를 믿다 avere fiducia, credere in una religione ∗ **-가** prete, pastore **-개혁** riforma religiosa **-계** mondo religioso **-교육** educazione religiosa **-문학** letteratura religiosa **-사** storia di religione **-심** spirito religioso **-재판** inquisizione **-철학** filosofia di religione **-학** studioscena di religione, teologia (신학) **-회의** consultazione religiosa

종구라기, 종구락 pianta e frutto delle cucurbitacee piccola

종국 終局 fine, conclusione, terminazione, [바둑의] fine del gioco finale ¶ 종국의 finale, estremo, ultimo, definitivo

종군 從軍 seguito (partito) d'esercito **-하다**. servire nella guerra, accompagnare l'esercito (비전투원이) ∗ **-간호원** infermiera di guerra **-기자 (기장)** corrispondente [medaglia] di guerra

종극 終極 carattere definitivo, determinatezza ¶ 종극의 finale, ultimo

쫑긋거리다 muovere le labbra, muovere le orecchie [비유적] 귀 기울이다 tender l'orrecchio.

쫑긋쫑긋 muovere le labbra, le orecchie in movimento

종기 終期 fine (di un termine), termine, cadenza

종기 腫氣 rigonfiamento, tumore, foruncolo

종내 終乃 [마침내] alla fine, finalmente, definitivamente

종다래끼 canestrino di bambù

종다수 從多數 **-하다** seguire gli sguardi(visioni) della maggioranza

종단 宗團 ordine religioso

종단 縱斷 spaccato, [분할] crepa, rottura, **-하다** attraversare verticalmente(longitudinalmente), trapassare (산맥 따위가), attraversare * **-면** sezione longitudinale [verticale]

종달거리다 lagnarsi, brontolare, lamentarsi

종달새 allodola

종답 宗畓 risaia che produce un raccolto usato per il sacrificio ancestrale di un clan

종당 從當 cosa ovvia

종대 縱隊 colonna, fila ¶ 2열 종대로 in doppie colonne * **중대-** colonna di compagnia

종돈 種豚 maiale di buone maniere

종두 種痘 vaccinazione per vaiolo, inoculazione **-하다** vaccinare, inoculare con vaccino

종래 從來 [부사적] finora, fino a ora ¶ 종래의 usuale, abituale, tradizionale, consueto

종량세 從量稅 tassa commerciale specifica [tariffa]

종려 棕櫚 【식물】 canapa palma, palma * **-수** albero di palma **-유** olio di palma

종렬 縱列 colonna, pilastro, fila, serie

종료 終了 fine, conclusione, [완료] completezza, compimento **-하다** [마치다] finire, concludere, terminare, [끝나다] essere finito, essere concluso

종루 鐘樓 campanile, cella campanaria

종류 種類 genere, sorta, classe, [동·식물의] specie, varietà, assortimento, [형] tipo ¶ 같은 종류 specie uguale // 이런 종류의 범죄 crimini di questi generi

종마 種馬 stallone, cavallo di buon genere

종막 終幕 ultimo atto (di una commedia)

종말 終末 fine, conclusione

종말론 終末論 【종교】 escatologia

종매 從妹 cugina piccola

종목 種目 articolo, linea, eventualità, avvenimento, gara (경기의) * **영업-** linea d'affari

종묘 種苗 [싹을 기름] piantaggione di un semenzale, [묘목] semenzale [alberello] * **-장** vivaio (giardino)

종묘 宗廟 tempio ancestrale della fimiglia reale

종물 從物 accessorio

종반전 終盤戰 [바둑·장기의] gioco termine (di conclusione), [선거

등의] l'ultimo stadio

종발 鐘鉢 scodellina, piccola ciotola

종배 終- ultima nidiata [covata]

종범 從犯 partecipazione in un crimine accessorio ¶ 살인죄의 종범 accessorio per assassinio ＊ **-자** accessorio a un crimine, complice

종별 種別 classificazione **-하다** classificare, assortire

종복 從僕 servitore, domestico, accompagnatore, guardiano

종사 從事 **-하다** [전렴하다] dedicarsi a, [집무에] essere occupato ad affari, seguire, praticare (esercitare), occupararsi ¶ 그는 무슨 직업에 종사하고 있습니까? Di che cosa si occupa?

종사 宗嗣 erede della famiglia principale di un clan

종산 宗山 cimitero di famiglia

종서 縱書 scrivere in verticale **-하다** scrivere in verticale

종선 縱線 linea verticale, [악보의] striscia, sbarretta

종성 鐘聲 suono di campana

종성 宗姓 famiglia reale (clan)

종성 終聲 【언어】 consonante finale

종속 從屬 subordinazione **-하다** essere subordinato [assoggettare], essere dipendente a ¶ 종속적인 subordinato, secondario, sussidiario ＊ **-구[절]** frase subordinata [proposizione subordinata] **-국** stato di vassallo

종손 宗孫 maggiore nipote della famiglia principale

종손 從孫 pronipote

종손녀 從孫女 pronipote

종씨 宗氏 persona di clan (del congnome uguale)

종씨 [자기의] cugino paterno, [남의] cugino paterno di una persona stimato

종시속 從時俗 **-하다** seguire il costume del giorno

종식 終熄 cessazione, sradicamento **-하다** desistere, fermarsi, essere sradicato ¶ 종식시키다 fermarsi a

종신 終身 ① [한평생] tutta la vita ② [죽음] fine di vita **-하다** essere a morto ¶ 종신 징역을 살다 seguire una vita di sentenza ＊ **-연금** pensione **-직** vita di possesso **-징역** ergastolo **-징역자** ergastolano **-형** ergastolo **-회원** membro di vita

종실 宗室 famiglia reale

종심 終審 【법】 giudizio finale [esame giudiziale]

종아리 polpaccio della gamba ¶ 종아리를 맞다 prendere una battuta al polpaccio

종아리뼈 osso di stecca (soprosso)

종아리채 interruttore, capelli posticci, treccia falsa

종알거리다 mormorare, lagnarsi [dolersi]

종양 腫瘍 tumore ＊ **양성[악성]-** tumore benigno [maligno]

종언 終焉 [임종] fine (di vita), [종말] fine, termine **-하다** morire, finirsi

종업 從業 lavoro in servizio **-하다** essere impiegato [al servizio] di un lavoro ＊ **-시간** ora operante **-원**[한사람] impiegato, operaio, lavoratore, lavorante

종업 終業 fine [conclusione] di lavoro, [학교의] termine della scuola (del periodo scolastico) **-하다** finire [completare] un lavoro * **-식** cerimonia di chiusura

종연 終演 fine di una mostra

종요롭다 (essere) importante, indispensabile

종용 慫慂 persuasione, suggerimento, consiglio **-하다** persuadere, suggerire, proporre, spronare, comsigliarsi

종우 種牛 toro

종유동 鐘乳洞 grotta di stalattite

종유석 鐘乳石 stalattite

종이 carta ¶ 종이 한 장 un foglio di carta // 종이조각 pezzo (pezzetto) di carta

종일 終日 tutto il giorno, da mattina a notte

종자 宗子 il figlio maggiore della famiglia principale

종자 從者 seguace, discepolo, servitore, funzionario, corteo [suite] (수행자)

종자 種子 [식물의] seme, sperma, discendenza, [동물의] razza, stirpe

종자매 從姉妹 cugine

종작 essenza [punto], idea ruvida (scabra)

종작없다 (essere) spuntato, insensato, inconsistente

종잡다 prendere l'essenza [punto] dell'argomento, prendere l'idea ruvida

종장 終章 ultima dei 3 versi di un (Sijo) poema, ultima parte di una canzone

종적 迹 propria traccia [dove, in che luogo] ¶ 종적을 감추다 scomparire, nascondersi, vendersi latitante

종전 從前 ¶ 종전의 precedente, anteriore, usuale // 종전과 같이 come usuale, come prima,

종전 終戰 fine della guerra, termine di ostilità **-하다** finire la guerra

종점 終點 terminale, termine, confine ¶ 버스종점 capolinea

종제 從弟 cugino piccolo di parte paterna

종조 宗祖 fondatore, padre

종조모 從祖母 prozia

종조부 從祖父 prozio

종족 宗族 clan, famiglia, parenti

종족 種族 razza, tribù, [동·식물의] famiglia, specie, genere * **-보존** preservazione delle specie **-본능** istinto razziale

종졸 從卒 servitore di un soldato, servitore d'ufficiale

종종 種種 varietà di cosa, [부사적] ogni tanto, spesso, raramente

종종걸음 passo veloce, andatura breve e vivace, andatura affrettata(smorfiosa)

종주 宗主 signore fondiario * **-국** Stato avente diritto di sovranità su un altro Stato

종중 宗中 famiglie del clan uguale

종지 piatto piccolo [coppa, ciotolina]

종지 終止 ferma, terminazione, fine, conclusione **-하다** terminare, finire, fermarsi * **-부**

periodo di sosta intera
종지 宗旨 significato (valore) principale, significato fondamentale
종지뼈 rotula, ginocchiera
종진 縱陣 colonna, pilastro, linea in avanti
종질 schiavitù **-하다** essere uno schiavo
종질 從姪 figlio del cugino
종질녀 從姪女 figlia del cugino
종착역 終着驛 stazione terminale, termine
종축 種畜 allevamento di tronco ＊ **-장** fattoria di piantagione di tronchi d′alberi
종친 宗親 famiglia reale
종탑 鐘塔 campanile, torre campanaria
종파 宗派 ramo principale di famiglia 【종교】 setta ＊ **-싸움** lotta settaria **-심** settarismo
종파 種播 seminagione
종피 種皮 【식물】 tiglio
종합 綜合 sintesi, generalizzazione 【철학】 **-하다** sintetizzare, integrare ¶ 종합적 sintetico, composito // 종합적으로 sinteticamente ＊ **-대학** università **-명사** sostantivo(nome) collttivo **-병원** ospedale generale **-예술** arte sintetica (composta)
종형 從兄 cugino maggiore
종형제 從兄弟 cugini
종횡 縱橫 lunghezza e larghezza ¶ 종횡으로 longitudinalmente e in larghezza, tutte le direzione
쫓기다 essere inseguito, essere guidato [espellere, estromettere], [일에] essere pressati 《con lavoro》 ¶ 돈에 쫓기다 essere a corto di denaro
좇다 seguire, inseguire, conformarsi, ubbidire ¶ 순서를 좇아 in ordine // 뒤를 좇다 seguire qlcu. correre dietro qlcu.
쫓다 ① [쫓아버리다] portare via, spingere glcu. scacciare glcu. ¶ 파리떼를 쫓다 scacciare via le mosche ② [뒤쫓다] correre dietro qlcu. inseguire, perseguire ¶ 도둑을 쫓다 seguire un ladro ③ [따르다] seguire, rispondere dello stesso seme ¶ 유행을 쫓다 imitare [seguire] alla moda ④ [따라가다] raggiungere qlcu, competere con, mantenere i rapporti con, stare al passo con
쫓아가다 ① [뒤를] andare all′ inseguimento [caccia], seguire ② [추종하다] rispondere dello stesso, andare con ③ [따라잡다] raggiungere qlcu. ¶ 앞서가는 사람을 쫓아가다 raggiungere qlcu. avanti
쫓아내다 [밖으로] espellere, mettere alla porta, [해고하다] scaricare, rilasciare, licenziare
쫓아오다 [바싹 뒤따르다] mettersi all′inseguimento di, seguire qlcu. [뛰어서] correre dietro qlcu.
좋다[1] ① (essere) buono, bene, simpatico ¶ 좋은 집 casa bella // 좋은 소식 notizie buone ② [유익] (essere) benefico, utile, favorevole ¶ 건강에 좋다 essere benefico per la salute ③ [적당] (essere) giusto, esperto, versato, conve-

niente, competente, adatto ¶ 좋을 대로 하다 fare come ad uno piace ④ [기교] (essere) abile, versato, esperto ¶ 손재주가 좋다 essere destro, essere buono con le proprie mani ⑤ [기호] piacere, volere, desiderare, [비교] (essere) meglio, [선택] preferire ¶ 이것이 훨씬 좋다 Questo è meglio (di quello) ⑥ [소원] volere, desiderare, sperare, chiedere ¶ 살아 생전에 그것을 보았으면 좋겠다 Voglio vederlo quando sono ancora vivo. ⑦ [(...해도) 상관없다] non gliene importa, non si interessa ¶ 내 사전을 써도 좋다 Puoi usare il mio dizionario se vuoi. ⑧ [(...하지 않아도) 좋다] non occorre, non è necessario, non è obbligato ¶ 점심을 가지고 오지 않아도 좋다 Non è necessario portare il tuo pranzo.

좋다[2] [느낌] Bene!/ Va bene!/ benissimo! [환성] evviva!

좋아지다 ① [상태가] diventare [crescere] meglio, migliorarsi [아름다워지다] diventare bello ¶ 날씨가 좋아진다 Il tempo diventa chiaro. ② [좋아하게 되다] avvenire a piacere qlco. diventare amante di, essere amante di ¶ 점점 좋아지다 sviluppare una preferenza

좋아하다 ① piacere, essere amante di, amare(사랑하다), [특별히] essere parziale con, [주로 음식을] avere una debolezza per, [의문·부정에] provar piacere in, voler bene a, curare, provvedere a [보다] preferire ¶ 좋아하는 책 libro preferito // 음악을 좋아하다. amare la musica // 그들은 서로 좋아하는 사이다 Si amarono l'uno e l'altro. ② [유쾌해 하다] essere soddisfatto di, essere contentissimo di, essere lieto con, (di)

좋이 bene, esattamente, completamente, correttamente, propriamente, adattamente ¶ 역까지 좋이 2마일이 된다. Occorrono due miglia completamente per andare alla stazione.

좋지않다 ① [불량] (essere) cattivo, inferiore, brutto ¶ 날씨가 좋지 않디 Il tempo è brutto. // 품질이 좋지 않다 essere di qualità inferiore // 머리가 좋지않다 essere stupido ② [도덕상] (essere) male, infausto, inesatto ¶ 좋지 않은 일 ingiustizia, torto un atto cattivo ③ [악하다] (essere) male, infausto, malvagio ¶ 좋지 않은 사람 uomo malizioso, mascalzone, furfante ④ [해롭다] nocivo, dannoso, [불리] (essere) svantaggiamente ¶ 눈에 좋지 않다 essere nocivo per gli occhi ⑤ [기분·건강 등이] (essere) ammalato, indisposto ¶ 위가 좋지 않다 avere un mal di stomaco // 기분이 좋지않다 sentire ammalato ⑥ [불길] (essere) ammalato, sfortunato, sventurato ¶ 좋지 않은 징조 auspicio (augurio) ammalato

좌 左 sinistra

좌 座 sedile, [성좌] costellazione,

[극단] compagnia teatrale

좌객 座客 ospite, invitato (chi è presente)

좌경 左傾 inclinazione (tendenza) della sinistra **-하다** inclinare alla sinistra, diventare sinistro * **-분자** elemento radicale [appartenente alla sinistra, sinistroso], la sinistra **-사상** pensiero sinistroide, pensiero da progressista

좌고 座高 propria altezza di seduta

좌고우면 左雇右眄 **-하다** essere irresoluto, oscillare (nel proprio atteggiamento), essere neutrale, fare da spettatore

좌골 坐骨 ischio, * **-신경통** sciatica, gotta di fianco, osso iliaco

좌기 左記 ¶ 좌기의 menzionato in calce, in seguito

좌담 座談 conversazione ¶ 좌담회 conversazione di tavola rotonda (familiare), incontro di discussione, simposio

좌르르 con gran assalto (afflusso), con uno schizzo

좌불안석 坐不安席 ¶ 좌불안석이다 sentirsi a proprio agio cattivo

좌상 坐像 figura seduta

좌상 座上 ① [좌중] in società, parte ② [연장] il maggiore (anziano) in una società

좌상 坐商 guardia [osservanza] di una bottega

좌석 座席 [자리] posto, [비행기의] cabina, abitacolo, [자동차] sedile, [교회의] banco, [앉을 장소] posto di seduta ¶ 천명의 좌석이 있는 강당 auditorio con posti accomodanti per mille persone

좌선 坐禪 posa in meditazione buddista **-하다** sedere in meditazione

좌선회 左旋回 rotazione per il sinistro **-하다** rotare al sinistro

좌시 坐視 **-하다** stare (durare) oziosamente ¶ 차마 좌시할 수 없다 Non posso stare ozioso osservarlo.

좌식 坐食 mangiare il pane dell′ ozio (inutilità) **-하다** vivere in ozio

좌안 左岸 riva sinistra

좌약 坐藥 supposta

좌완투수 左腕投手 mancino (lanciatore)

좌욕 坐浴 semicupio

좌우 左右 ① destra e sinistra, [열] proprio fianco (lato) ② [사람] proprio accompagnatore **-하다** [지배] comandare, controllare, dominare, oscillare, [영향을 주다] affettare, influenzare ¶ 좌우의 destra e sinistra, entrambi i lati, [사상의] menbri di destra e sinistra

좌우 座右 ¶ 좌우에 맞추다 costringere a [vicino] * **-명** moto favorito

좌우간 左右間 comunque, in ogni caso

좌우익 左右翼 [군대의] ali di destra e sinistra di un esercito, [사상의] ala della destra e sinistra

좌익 左翼 [대형] ala [fianco] della sinistra, [사람] membro della sinistra [야구] campo della sinistra ¶ 좌익의 appartenente alla sinistra * **-단체** organizzazione sinistroide **-분자** elemento di ala sinistra **-사상** politica di sinistra **-수** 【야구】 avversarto di sinistra

좌장 座長 presidente, [흥행의] proprietario, [한 자리에서의 어른] la piu vecchia persona presente

좌절 挫折 contrattempo, regresso, ricaduta, collasso, insuccesso, crollo, rovina, frustrazione, [용기의] scoraggiamento **-하다** [계획이] essere rovinato, essere rovesciato, crollare, soffrire contrattempo, essere frustrato [용기나 기력이] scoraggiarsi ¶ 계획이 좌절되다 Il progetto è rovinato.

좌정 坐定 **-하다** sedere, essere seduto, prendere un posto

좌지우지 左之右之 **-하다** comandare, controllare

좌천 左遷 relegamento, retrocessione **-하다** avere retroceduto, avere degradato, relegare

좌초 坐礁 arenamento, incagliamento, incaglio **-하다** arenarsi, incagliarsi ¶ 좌초한 배 nave incagliata

좌측 左側 lato sinistro ¶ 길의 좌측에 sulla sinistra della strada * **-통행** mantenimento della sinistra

좌파 左派 ala sinistra, [사람] chi appartiene alla sinistra * **-사회당** la socialista appartenente alla sinistra

좌판 坐板 tavola di seduto

좌편 左便 lato sinistro, sinistra

좌표 座標 【수학】 coordinata ¶ 각좌표 coordinata angolare * **-축** l' asse di coordinata

좌향 左向 ¶ 좌향좌 svolta a sinistra

좌현 左舷 babordo ¶ 좌현으로 기울다 sbandare a babordo

좌회전 左回轉 svolta a sinistra **-하다** svoltare a sinistra, * **-금지** [게시] Non svolta a sinistra!

좍 ① largamente, ampiamente, estesamente ¶ 소문이 좍 퍼졌다 La passaparola presa all'estero. ② largamente, ¶ 문을 좍 열다 spalancare la porta ③ diluviare, piovere a dirotto ¶ 비가 좍 퍼붓는다 piove a dirotto

좍좍 ① [비가] Piove a torrente. ② [물이] ¶ 물을 좍좍 끼얹다 dare grande quantità d'acqua ③ [시원히] con alleviamento, fluentemente

좔좔 con un getto, eccessivamente espansivo, soffocante

좽이 gettare la rete

죄 罪 [법률상의] crimine, [종교·도덕상의] immoralità, [악덕] vizio, [과실·허물] biasimo, [벌] punizione, [유죄] colpa, [반칙] delitto, infrazione, offesa, innocente // 죄를 범하다 commettere un crimine, essere colpevole di un crimine // 죄를 씌우다 mettere il biasimo a qlcu.

죄과 罪科 offesa, crimine, colpa

죄과 罪過 offesa, immoralità (죄악), errore (과오)

죄다[1] ① stringersi, indurire, irrigidire, sforzarsi, tendere ¶ 나사를 죄다 stringere un vite ② [마음을] sentiresi ansioso [nervoso, impacciato] ¶ 마음을 죄다 essere irrequieto, Si è trattenuto in sospensione, essere nervoso.

죄다[2] tutto, totalmente, inferamente ¶ 죄다 자백하다 confessare tutto

쬐다 ① [별이 비치다] [il sole] splendere ② [볕·불에] esporre al sole, porre sul fuoco ¶ 햇볕에 쬐다 crogiolarsi al sole, prendere il sole

죄명 罪名 incarico, accusa ¶ 사기의 죄명으로 accusa per frode

죄받다 essere punito [condannato]

죄벌 罪罰 punizione per un crimine

죄상 罪狀 avvenimento di crimine, natura di un crimine, colpa ¶ 죄상이 명백해지다. essere trovato colpevole

죄송 罪悚 rimpianto, rincrescimento **-하다** (essere) spiacente per, rimpiangere, rammaricarsi ¶ 죄송하지만 mi dispiace dire che, ma / Scusi, ma

죄수 罪囚 prigioniero, condannato

죄악 罪惡 [종교상] malvagità, immoralità, [법률상] crimine, [도덕상] vizio ∗ **-감** senso di colpa

죄어들다 diventare stretto, restringersi, contrarsi

죄어 치다 [죄다] stringersi, [몰다·족대기다] premere, spronare,

죄업 罪業 【불교】 malvagità, immoralità

죄이다 [물건이] essere stretto, [마음이] sentirsi ansioso

죄인 罪人 condannato, forzato, criminale, offensore, colpevole, imputato, [종교·도덕상의] peccatore

죄증 罪證 prova [dimostrazione] di colpa, testimonianza

죄짓다 commettere un crimine, [종교상의] commettere una malvagità

죄책 罪責 [죄의 책임] disposizione [responsabilità] di un crimine

주 主 [주인] padrone, signore, [수령] capo, comandante, [신] Signore, [주요부분] parte principale ¶ 주가 되는 principale, il più importante // 주로 soprattutto, principalmente, [대개] generalmente, per lo più ∗ **-기도문** il Paternostro

주 州 provincia, stato ¶ 뉴욕주 lo stato di New York

주 註 annotazione ¶ 주를 달다 annotare, fare nota a

주 株 ① [주식] quota, interesse (in un affare) ¶ 주를 사다 conquistare titoli, ottenere (comprare) un interesse (in un affare) ② [그루] ¶ 나무 한 주 un albero ∗ **-권** certificato di quota **-주** azionista

주 週 settimana ¶ 금주 questa settimana

주 洲 banco di sabbia, [대륙] continente ∗ **삼각-** delta **아시아-** continente di Asia

주가 株價 prezzo di una borsa

주간 主幹 (comandante) direttore, [편집의] redattore dirigente **-하다** dirigere (affari), [편집을] curare [redigere]

주간 週刊 settimanale, pubblicazione settimanale ∗ **-잡지** rivista settimanale

주간 晝間 giorno, giornata ¶ 주간에 in giornata

주간 週間 settimana * **교통안전-** una settimana di stabilita per la sicurezza del traffico

주객 主客 [사람] ospite e oste [사물] principale e ausiliare ¶ 주객 전도이다 mettere il carro davanti ai buoi

주객 酒客 bevitore, bevone

주거 住居 residenza, abitazione, dimora **-하다** restare, dimorare, abitare * **-인** occupante di una casa

주걱 mestolo di riso

주검 [시체] spoglie mortali, salma, cadàvere

주격 主格【문법】nominativo

주견 主見 proprio opinione [visione], idea indipendente

주경야독 晝耕夜讀 coltivare di giorno e studiare di notte

주고도 走高跳 salto con rincorsa alta

주고받기 -하다 dare e prendere, scambiare, ricambiare

주공 鑄工 lavoratore di ghisa, lavoratore incrollabile

주관 主管 maneggio, sorveglianza **-하다** sorvegliare, amministrare * **-사항** argomento in propria sorveglianza

주관 主觀 soggetto, [자아] argomento, materia, ego ¶ 주관적 soggettivo

주광 酒狂 [사람] ubriaco disordinato

주광도 走廣跳 salto con rincorsa ampia

주광색 전구 晝光色 電球 lampada di luce del giorno

주광성 走光性【생물】

주교 主教 [교직] prelato, primate, vescovo, arcivescovo

주교 舟橋 ponte di barche

주구 走狗 [앞잡이] arnese, zampa di gatto, [사냥개] segugio, bracco

주구 誅求 esazione, esigenza, estorsione **-하다** esigere, estorcere, comprimere

주권 株券 certificato di parte, certificato di azioni * **가-** scrittura a mano **기명-** parte registrato **무기명-** certificato di parte al portatore

주권 主權 sovranità, potenza sovrana, supremazia * **-국** sovranità, stato sovrano **-자** sovrano, governatore, regolo

쭈그러뜨리다 premere [comprimere] sformato, schiacciare, abbattere, spiegazzare

쭈그러지다 essere schiacciato, essere spiegazzato, essere presso formato, [살기가] essere appassito, accartocciare, aggrinzare

쭈그렁이 [물건] cosa schiacciato sformato, [사람] vecchio appassito

쭈그리다 [쭈그러뜨리다] abbattere, [몸을] accovacciarsi, accoccolarsi, curvarsi

주근깨 lentiggine, efelide

쭈글쭈글 -하다 (essere) spiegazzato, sgualcito, corrugato, raggrinzito

주금 株金 quota, titolo

주금 鑄金 getto, colata

주금류 走禽類【새】uccello di cursore, fattorino

주급 週給 salari settimanali

주기 酒氣 odore di alcool ¶ 주기가 있다 essere sotto l'influenza di bevanda alcolica

주기 週期 tempo periodico, periodo, ciclo, periodicamente (주기성) ¶ 주기적 periodicamente

주기도문 主祈禱文 il Paternostro

주네브 Ginevra

주년 周年 anniversario ¶ 8주년 l'ottavo anniversario

주눅들다 sentire timido (timoroso), perdere il proprio nervo (nervatura)

주눅좋다 (essere) impudente, svergognato

주다[1] dare, dar via, distribuire, consegnare, regalare, concedere, conferire, accordare ¶ 주는 사람 donatore // 먹을 것을 주다 dare a qlcu. qualcosa da mangiare // 상을 주다 assegnare un premio

주다[2] [조동사] fare per qlcu. ¶ 문을 열어주다 Aprire il porto per qlcu.

주단 紬緞 seta e raso, merce di seta

주당 酒黨 ubriacone

주도 周到 **-하다** (essere) cauto, prudente, esauriente, intransigente

주도 主導 interlineatura **-하다** condurre, guidare, assumere, comando di ¶ 주도권을 잡다 prendere il comando (direzione) * **-자** capo, capopartito, primo violino

주독 酒毒 alcolismo

주동 主動 potenza motore, comando, direzione **-하다** prendere il comando [iniziativa] ¶ 주동자 capo

주되다 主- essere la testa di, prendere il comando di

주두 柱頭 【건축】 capitale 【식물】 stigma

주둔 駐屯 assegnamento di un posto **-하다** essere collocato, assegnare un posto, collocare, fermarsi, postare * **-군** truppe stazionario (fermo), presidio, guarnigione (수비대)

주둥이 [사람] bocca 동물 muso [부리] becco (편편한) rostro (매부리 따위), [물건의] sbocco

주란사 -紗 tessuto la tela da gassoso striato di cotone

주량 酒量 capacità del bere ¶ 주량이 크다 essere bevibile pesante

주렁주렁 in abbondanza, in ammassi

주력 主力 forza (vigore) principale * **-전** impegno principale **-주** 【주식】 articolo di fondo **-함대** flotta principale

주력 注力 mettere fuori forza **-하다** concentrare a qlco. sforzarsi a, dirne a qlco.

주렴 珠簾 ornato scherma pendente

주례 主禮 ① officiare un cerimonia ② [사회자] officiante, signore di cerimonie * **-목사** pastore officiante, ministro, pastore protestante

주로 主- principalmente, soprattutto, originariamente, [대개] generalmente, per lo più

주로 走路 traccia, via, corso

주룩주룩, 쭈룩쭈룩 ① [주름이] con grinza [ruga] ② [비가] piovere

a dirotto ¶ 비가 주룩주룩 온다 La pioggia diluvia.

주류 主流 corrente principale ＊ **-파** fazione principale

주류 酒類 liquore alcolico

주르르, 쭈르르 gocciolamento, dribblare ¶ 주르르 흐르다 gocciolare, scorrere

주르륵, 쭈르륵 gorgogliare

주름 [얼굴의] grinza, solco, [눈가의] piede di corvo, [물건의] piegatura, spiegazzatura, [옷의] treccia ¶ 주름잡힌 얼굴 faccia raggrinzita // 주름을 잡다 intrecciare // 주름이 잡히다 corrugarsi

주름살 [구김살] ruga, grinza, [접은 줄] piega

주름잡다 ① intrecciare, dare la piega ② [지배] dirigere, controllare, prendere il comando

주리다 avere fame, far morire di fame [갈망] essere desideroso, desiderare ardentemente, ambire ¶ 주린 affamato, famelico, avere una fame da lupo

주립 州立 ＊ **-대학** l′Univirsità provinciale [statale]

주마 走馬 cavallo che corre ＊ **-간산**(看山) dare un′occhiata precipitosa (affrettata)

주마가편 走馬加鞭 **-하다** frustare il proprio cavallo a galoppo, [사람을] ispirare [spronare] al lavoro (sforzo) opposto

주마등 走馬燈 [등] caleidoscopio [광경] panorama di scambio (cambiamento) ¶ 주마등 같은 caleidoscopico

주막 酒幕 alberghetto, taverna ＊ **-주인** locandiere, albergatore

주말 週末 fine settimana ¶ 주말에 sul fine settimana (언제나), durante il fine-settimana (이번 주말에) ＊ **-여행** viaggio di fine settimana

주머니 taccuino, portafogli, bustina, borsa, sacco, saccheggio, tasca (호주머니)

주머니칼 temperino

주먹 pugno, calligrafia ¶ 주먹을 쥐다 stringere il proprio pugno

주먹구구 -九九 regola di pollice

주먹다짐 ① [때림] cazzottatura, fare a pugni ② [완력] minaccia di violenza, intimidazione **-하다** battere con proprio pugno, dare qlcu. proprio pugno

주먹밥 riso-palla

주먹질 **-하다** battere con proprio pugno, scambiarsi colpi

주명곡 奏鳴曲【음악】sonata

주모 酒母 [술밑] granello (grano) di distillato, lievito, fermento, [술집의] cameriera al banco

주모 主謀 intestazione di una cospirazione **-하다** condurre una cospirazione [complotto, schema], organizzare ＊ **-자** capo, capobanda, autore《di complotto》

주목 主目 attenzione, avviso, notifica **-하다** fare attenzione, osservare, badare a ¶ 주목할 만한 ragguardevole, notevole // 세인의 주목을 받다. attirare l′attenzione

주목 朱木【식물】tasso (alberno)

주무 主務 controllo principale di un affare funzionario incaricato **-하다** avere l′incarico ＊ **-부**

ministero competente -장관(사무소) il ministro [autorità, ufficio] competente

주무르다 [손으로] palpare, toccare, andare a tastoni, annaspare, [안마] massaggiare, [농락] maneggiare in modo maldestro, fare il burattino di qlcu.

주문 呪文 incantesimo, formula magica, scongiuro, invocazione solenne, fascino, incanto ¶ 주문을 외우다 fare un incantesimo

주문 注文 [마춤] ordine [요구] domanda **-하다** ordinare da, collocare un ordine presso, incavare per i merci ¶ 어려운 주문 una domanda irragionevole // 주문하시는 대로 곧 su ricezione di vostro ordine // 주문에 따라 in conformità al ordine // 주문을 받다 prendere ordini ＊ **-서** foglio d′ordine, ordinazione di merci (dall′estero)

주문 主文 testo, argomento 【문법】 articolo principale

주물 鑄物 merci [manufatto] di ghisa [incrollabile, inflessibile]

주물럭거리다 toccare, annaspare

주물럭주물럭 diteggiatura

주미 駐美 ¶ 주미의 assegnato un posto [collocato, residente] in America ＊ **-한국대사** l′Ambasciatore Coreano negli Stati Uniti

주민 住民 abitante, residenti ＊ **-등록** registrazione di residente **-등록증** certificato di residenza

주밀 周密 prudenza, preparazione intransigente **-하다** (essere) scrupoloso, meticoloso, prudente, esauriente

주발 scodella di ottone per contenere riso ＊ **-뚜껑** coperchio del scodella di ottone per contenere riso

주방 廚房 cucina

주번 主番 obbligo (incarico) settimanale ＊ **-사관** l′ufficiale della settimana

주범 主犯 infrazione principale, offensore principale (사관)

주법 走法 forma [struttura] del correre

주법 奏法 stile [moda] di gioco, esecuzione, attuazione

주벽 酒癖 abitudine del bere

주변 pienezza di risorse, flessibilità, versatilità ¶ 주변이 있다 essere pieno di risorse

주변 周邊 circonferenza, 【기하】 perimetro (평면도의), [토지의] circonda, periferia, sobborghi ¶ 서울 및 그 주변에 in e intorno a Seoul

쭈뼛 **-하다** [솟다] eretto, rialzato, [주저하다] (essere) timido, schivo e esitante ¶ 머리끝이 쭈뼛하다 avere i propri capelli rialzati

쭈뼛쭈뼛 esitantemente, esitanza, esitante

주병 駐兵 **-하다** postare truppe

주보 週報 [신문] settimanale (periodico)

주보 酒保 mensa, borraccia, astuccio con servizio di posate

주봉 主峰 cima [picco] principale [più in alto]

주부 主部 parte principale 【문법】 soggetto

주부 主婦 padrona di casa, casalinga

주부코 naso rosso di bulboso

주빈 主賓 ospite di onore, ospite principale

주사 主事 ufficiale minore [subordinato], sostegno clericale

주사 主辭 【논리】 soggetto di una proposizione

주사 注射 iniezione **-하다** iniettare, immettere, inoculare, immunizzare ¶ 피하주사를 놓다 iniettare 《medicine》 ipodermica * **-기** iniettore, siringa **-약** iniezione, vaccino **-침** siringa di iniezione, ago **근육[정맥 · 피하]** - siringa [iniezione] intramuscolare [endovenosa, ipodermica] **예방-** iniezione preventivo

주사 朱砂 【광물】 cinabro

주사 走査 [텔레비젼의] scansione * **-선** linea di scansione

주사 酒邪 azione disordinato sulla influenza di alcool

주사위 dado ¶ 주사위를 던지다 gettare il dado

주산 珠算 calcolo sul abaco **-하다** calcolare su un abaco

주산물 主産物 prodotto principale

주산지 主産地 distretto (regione) di produzione principale

주상 主上 il Sovrano, il re

주색 酒色 vino e donna ¶ 주색에 빠지다 abbandonarsi al vino e alla donna * **-잡기** vino, donna e gioco d′azzardo

주서 朱書 **-하다** scrivere in inchiostro rosso

주석 主席 [사람] testa, capo, comandante, [자리] il posto più alto

주석 朱錫 stagno

주석 註釋 annotazione, nota ¶ 주석을 달다 annotare, apporre le note

주석 酒席 banchetto, festa, solennità ¶ 주석을 베풀다 dare un banchetto

주석 柱石 pilastro, sostegno

주석 酒石 【화학】 tartaro **-산** acido tartarico

주선 周旋 [알선] buoni uffici [추천] raccomandazione, [중개] azione, agente **-하다** raccomandare, usare proprio influenza [buoni uffici], agire come un intermedio [agente] ¶ ...의 주선으로 Per buoni uffici * **-료** mediazione, commissione **-자** agente, mediatore

주선 酒仙 figlio di Bacco

주섬주섬 ¶ 옷을 주섬주섬 싸다 fare i bagagli i propri abiti a uno a uno

주성분 主成分 ingrediente principale

주세 酒稅 tassa sul liquore, imposta di liquore

주소 住所 abitazione, residenza, indirizzo, dimora 【법】 domicilio ¶ 주소가 부정하다 avere residenza che non fissato

주술 呪術 incantesimo, malia

주스 succo

주시 注視 sguardo fisso, osservazione attento **-하다** guardare fissamente (saldamente), fissare propri occhi a, osservare 《una persona》 accuratamente

주식 株式 quota 《영》,borsa titoli

《미》 ¶ 주식을 모집하다 offrire titoli per abbonamento * **-발행액** il prezzo d′emissione di quota **-배당** dividendo di quota **-시장** [거래소] mercato, [Borsa] di titoli **-시 세** quotazione(citazione) di quota **-회사** società di quota, corporazione

주식 晝食 pranzo

주식 主食 cibo principale ¶ 쌀을 주식으로 한다 Il riso è il cibo principale per loro

주심 主審 arbitro [giudice] principale

주아 主我 ego, io, individuo

주아 珠芽 【식물】 bulbo

주악 奏樂 gioco di musica, rappresentazione musicale **-하다** suonare musica

주안 主眼 oggetto (scopo, obiettivo) principale [primario, originario] ¶ ...에 주안을 두다 mirare a, puntare * **-점** punto essenziale

주안 酒案 tavola liquore

주야 晝夜 giorno e notte

주어 主語 【문법】 soggetto

주역 主役 parte [ruolo, funzione] principale [primo], [배우] primo attore

주역 周易 Libro di Cambiamento

주연 主演 (avere il ruolo di protagonista), recitazione della parte principale **-하다** recitare la parte principale ¶ 제임스 딘 주연 adorno di stelle [stellato] da James Dean * **-자** attore principale (attrice principale), diva, divo

주연 周延 【논리】 distribuzione, ripartizione, scomposizione

주연 酒宴 festa, banchetto, solennità, festeggiamenti ¶ 주연을 열다 dare [sostenere] un banchetto [festa]

주영 駐英 * **-한국대사** l′Ambasciatore Coreano nel Corteo di St. James′s

주옥 珠玉 【보석】 gioielli (집합적), gemma ¶ 주옥같은 시 Poesia da parte della gemma

주요 主要 **-하다** (essere) principale, primo, dominante, essenziale * **-도시** città principale [più importante] **-목적** oggetto capitale **-산물** prodotti principali **-산업** industria principale **-수출품** merce di esportazione principale **-인물** figura centrale

주워 담다 prendere e inoltrarsi

주워 대다 enumerare fluentemente, accennare cose di tutti i generi

주워듣다 udire per caso, trovare 《un po′ d′informazione》

주워 모으다 riunire, raccogliere, riesumare, racimolare, raggranellare

주워 섬기다 chiacchierare [ciarlare] delle cose di tutte le sorti

주위 周圍 [언저리] circonferenza, [환경] ambienti, [부근] vicinanza, prossimità, dintorni, vicinato 【기하】 circonferenza, perimetro, superficie, periferia ¶ 주위의 circostante, vicino

주유 注油 lubrificazione, ungitura, [급유] offerta d′olio **-하다** ungere, lubrificare, [급유] riempire ＊ -기 lubrificatore -소 stazione di rifornimento

주유 周遊 **-하다** fare un viaggio, visitare come turista, viaggiare

주은 主恩 [임금의] benevolenza reale [regale], [주인의] favore (beneficio) di padrone, [신의] Grazia di Dio

주음 主音 【음악】 tonica

주의 主意 [의미] significato principale, [요지] punto, argomento, [목적] scopo ＊ **-론** 【철학】 volontarismo

주의 主義 principio, dottrina, causa, motivo, [방침] politica, linea di condotta

주의 注意 ① [주목] attenzione, avviso **-하다** fare attenzione, notare, osservare, dar retta (a), [귀를 기울이다] ascoltare ¶ 주의하여 attentamente, con attenzione ② [조심] cura, cautela, avvertimento, [경고] preavviso, ammonimento **-하다** Attenzione!, Stai attento!, essere attento, stare in guardia, [경고] avvertire [ammonire] contro ¶ 주의 깊은 accurato, prudente, avaro, cauto, vigile, guardingo // 주의하여 attentamente prudentemente // 건강에 주의하시오 Aver cura della vostro salute ③ [충고] suggerimento, consiglio **-하다** consigliarsi, suggerire, proporre ④ [흥미] interesse **-하다** essere intereressato di ¶ 주의를 끌다 destare [incitare] interesse ＊ **-력** attenzione, sollecitudine **-사항** suggerimento, suggestione, allusione **-산만** distrazione

주익 主翼 aereo principale

주인 主人 [가장] proprio marito, amministratore [손님에 대하여], anfitrione, albergatore, oste, padrona di casa, locandiera(여자), [여관따위의] padrone, padrona, affittacamere (여자), [고용주] datore di lavoro, [물건의] proprietario 《di merci》 ¶ 주인과 손님 padrone e ospite // 주인과 하인 Signore e servitore // 주인 노릇하다 agire da padrone ＊ **상점-** negoziante

주인 主因 motovo (causa) principale [primario], fattore primario

주인공 主人公 [가장] capo 《della famiglia》, [소설따위의] eroe, eroina(여자)

주일 主日 giono di sovrano, giorno festivo, festa, giorno della settimana dedicato al riposo ＊ **-학교** Scuola domenicale

주일 週日 settimana ¶ 다음 주일 settimana prossima [seguente]

주일 駐日 ¶ 주일의 collocato in Giappone ＊ **-미국대사** l'Ambasciatore degli Stati Uniti in Giappone **-한국대사관** l'Ambasciato della Repubblica di Corea in Giappone

주임 主任 persona incaricato, capo, comandante ＊ **-교사** maestro incaricato (di una classe) **-기사** ingegnere principale

주입 注入 versamento, [약 따위의] iniezione, [사상의] infusione, [공부따위의] rimpinzamento **-하다** versare, [약을] iniettare, [고취]

fare un infuso《uno spirito nella mente di una persona》, [공부따위를] rimpinzare * **-식 교육** educazione di rimpinzato

주자 走者 [야구따위에서] corridore

주자 鑄字 tipo di stampa di metallo **-하다** fondere《tipi di metallo》 * **-소** fonderia

주장 主張 asserzione, contesa, opinione, [고집] persistenza, [주창] avvocatura, [권리로서] rivendicazione, diritto, [견해] propria opinione **-하다** asserire, pretendere, esigere, rivendicare, contendere, mantenere, persistere, ostinarsi, [창도] difendere, patrocinare ¶ 권리를 주장하다 asserire il proprio diritto

주장 主將 capitano (경기단의)

주장 主掌 [관장] incarico, [담당자]《la persona》incaricato **-하다** prendere incarico di, avere《una faccenda》incaricato

주재 駐在 residenza, soggiorno **-하다** risiedere, essere di guarnigione a * **-국** paese di residenza **-관** ufficiale residente

주재 主宰 sovrintendenza, sorveglianza **-하다** sovrintendere, sorvegliare, presiedere * **-자** presidente (회의의), ufficiale presidenziale (관청의)

주저 躊躇 esitazione, indecisione **-하다** esitare, oscillare, vacillare, barcollare, essere irresoluto ¶ 주저하면서 con esitazione, riluttantemente

주저앉다 [털썩] mettersi a sedere bruscamente, [정착] stabilirsi, sistemarsi, stabilizzarsi, [함몰] crollare, sprofondare

주저앉히다 forzare《una persona》per mettersi a sedere, [못떠나게] fare《una persona》fermarsi

주전 主戰 guerra difensore, * **-론** avvocatura di guerra **-론자** avvocato di guerra

주전 鑄錢 coniatura **-하다** coniare

주전부리 spuntino fra (tra) pasti **-하다** fare uno spuntino fra i pasti

주전자 酒煎子 bollitore

주절 主節 【문법】 proposizione principale

주점 酒店 taverna, bar

주접들다 essere nano [subnormale], essere in forma cattiva

주접스럽다 essere avido [cupido, bramoso], ghiotto, ingordo

주정 舟艇 imbarcazione barca * **상륙용-** mezzo da sbarco

주정 酒酊 condotra disordinata sotto l'influenza di un liquore **-하다** agire da ubriaco con vita disordinata, essere ubriaco cattivo [brutto]

주정 酒精 alcool, spirito《미》¶ 주정의 alcolico

주제 [몰골] abbigliamento [abiti] malvagio, aspetto logoro ¶ 주제 사납다 avere un'apparenza logora, [비유적] essere impertinente [inadatto, sfacciato, sfrontato] // 이런 주제로 남 앞에 나갈 수가 없다. Non mi presento davanti alla compagnia come questo.

주제 主題 [주제목] soggetto principale, argomento soggettivo, [작품의] tema, motivo ¶ 주제의

soggettivo (주제목의), tematico (작품의) // 주제넘다 (essere) sprontato, avanzato, sfacciato, impudente, impertinente // 주제넘게 impertinente, impudentemente * **-가** canzone di tema

주조 主潮 corrente principale

주조 主調 nota di tono

주조 酒造 mescolato riso-vino * **-장** fabbrica di vino

주조 鑄造 getto **-하다** gettare, fondere, [화폐] coniare

주종 主從 maestro e servitore, signore e impiegato * **-공생** 【생물】 **-관계** relazione tra padrone e servitore

주주 株主 azionesta, * **-총회** incontro senerale delle azioniste **대-** azionista pesante

주지 主旨 significato generale, essenza, punto

주지 住持 prete (di tempio buddista) residente

주지 周知 ¶ 주지의 사실 argomento di conoscenza comune

주지육림 酒池肉林 [술잔치] festa [banchetto] sontuosa [fastosa]

주지주의 主知主義 intellettualismo

주차 駐車 parcheggio **-하다** parcheggiare 《un automobile》 * **-금지** divieto di parcheggio **-위반** violazione[violenza] di parcheggio **-장** area (luogo) di parcheggio 《미》, parco di automobile

주착 主着 vista definita, opinione fissata ¶ 주착이 없다 Non avere un′opinione definita di se stesso * **-바가지** persona indiscreta [sconsiderata, sbadata]

주창 主唱 avvocatura, difesa **-하다** difendere, patrocinare, promuovere, essere il primo * **-자** difensore, promotore, fondatore

주철 鑄鐵 ghisa * **-소** fonderia di ferro

주청 奏請 **-하다** chiedere al re

주체 peso, fardello, carico, seccatura **-하다** aver cura del proprio fardello

주체 主體 soggetto, [중심] contro, 【법】 costituente principale ¶ 주체의 【철학】 soggettivo * **-성** [주관] soggettività, [독립성] indipendenza, autonomia

주체못하다 essere inabile [incapace] per aver cura di 《proprio disturbo》, avere più che a sufficienza [più che sufficiente]

주체스럽다 essere al di là [oltre] della propria capacità, essere troppo per uno

주최 主催 auspici, garanzia, finanziamento di programma a scopo pubblicitario **-하다** essere garante (di), finanziare a scopo pubblicitario ¶ ...의 공동주최로 sotto gli auspici associati di * **-자** garante, mallevadore, promotore

주추 柱- prima pietra, pietra angolare

주축 主軸 asse principale

주춤거리다 restingersi [ritirarsi] indietro, indietreggiare, esitare, [당황] essere indeciso [esitante] ¶ 살까 말까 주춤거리다 esitare a comprare

주춤주춤 con esitazione, con barcollamento

주춧돌 柱- prima pietra, pietra angolare

주치 主治 ＊ **-의** medico incaricato, [가정의] medico famigliare, medico privato

주택 住宅 abitazione, residenza, dimora, rifugio, alloggio 《총칭》 ＊ **-공사** la Corporazione di Abitazione **한국-은행** il Banco d′abitazione Coreano **-난** mancanza[carenza] d′abitazione **-문제** problema d′abitazione **-수당** assegno d′abitazione **-지** sezione residenziale [quartiere]

주파 走破 **-하다** coprire, presentarsi

주파 周波 ondata **-계** frequenziometro **-대** benda di frequenza **-수** frequenza **고[저]-수** ad alta[bassa] frequenza (di onda)

주판 籌板, 珠板 abaco ¶ 주판을 놓다 usare l′abaco

주포 主砲 batteria principale

주폭도 走幅跳 salto principale con rincorsa

주필 主筆 ¶ 주필을 가하다 rettificare, rivedere, riesaminare

주항 周抗 circumnavigazione **-하다** circumnavigare, navigare in giro

주해 註解 nota, annotazione, commentario, commento **-하다** commentare, fare note su, annotare ＊ **-자** annotatore

주행 走行 **-하다** viaggiare 《da A a B》, percorrere ＊ **-거리** distanza percorso, distanza in miglia

주형 鑄型 stampo, modello, forma, getto, [활자의] matrice ¶ 주형을 뜨다 fondere [mutare] un modello

주호 酒豪 bevitore pesante, ubriacone, beone

주홍 朱紅 colore scarlatto, coloro di arancia brillante

주화 鑄貨 coniatura, contanti **-하다** coniare, produrre denaro

주화론 主和論 avvocatura(difesa) di pace

주황 朱黃 colore d′arancia

주효 酒肴 cibo e vino, liquore e qualche mangereccio, [술안주] stuzzichino servito con bevanda

주효 奏效 [성공] successo, [유효] efficacia **-하다** riuscire, prendere effetto, provare ad effetto [effettivo], essere effettuabile, lavorare bene

주휴 週休 vacanza settimanale

주흥 酒興 giovialità, divertimento sopra proprio coppa ¶ 주흥을 깨다 guastare [inumidire, deprimere] giovialità

죽[1] pezzi dia dieci

죽[2] ① [차례로] in fila ¶ 차례로 죽 서다 stare in fila ② [계속해서] completamente, dal principio alla fine ¶ 아침부터 죽 per tutta la mattina ③ [멀리] lontano, distante, ¶ 죽 뒤쳐지다 restare lontano indietro ④ [찢다] con il strappare ¶ 손수건을 죽 찢다 strappare un fazzoletto ⑤ [처지다] abbassamento ⑥ [완전히] recedere completamente ⑦ [대강] rapidamente, rudemente, ¶ 죽 훑어 보다 guardare [dare] una scorsa a, sfogliare, esaminare

죽 粥 (riso-) farinata semiliquida

d′avena, pappa d′avena, ¶ 죽을 끓이다 cuocere un cereale caldo

죽 竹 bambù

죽는 소리 ① [불평 · 비탄] motivo di lagnanza, torto, ingiustizia, dichiarazione [affermazione solenne] lamentosa[triste], lagnanza, brontolio **-하다** fare lamento [lagnanza], dolersi, lagnarsi, lamentarsi, mormorare su ingiustizia ¶ 죽는 소리 하지 마라 Non parlare di morire. ② [비명] grido, strillo, urlo ¶ 죽는 소리를 지르다 emettere un grido, dare un lamento di dolore

죽다 ① [사망] morire, unire[collegare] la maggioranza, [숨지다] emanare l′ultimo respiro, [목숨을 잃다] essere ucciso, [사고 따위로] perdere la propria vità, incontrare la propria morte, [목숨을 버리다] deporre [sacrificare] la propria vita, abbandonare la propria vita, [자살] uccidersi ¶ 죽은 사람 defunto, persona morto // 죽느냐 사느냐의 문제 una faccenda di vità e morto // 죽도록 fino alla fine, all′ultimo // ...으로 죽다 morire di, morire in // 빠져 죽다 essere annegato[sommerso] // 굶어 죽다 essere morto di fame // 전쟁에서 죽다 essere ucciso in guerra // 젊어서[늙어서] 죽다 morire giovane[vecchio] ② [초목이] appassire, avvizzire, disseccare, inaridire, distruggere, rovinare ¶ 이 나무는 죽었다 Questo albero è morto. ③ [기가] essere dispresso, essere con il morale basso ④ [멎다] investire, catturare, esaurirsi, fermare ¶ 시계가 죽었다 L′orologio si è fermato. ⑤ [꺼지다] andare via, scomparire, estinguersi ¶ 죽어가는 불 fuoco morente ⑥ [야구에서] essere fuori, [장기 · 바둑에서] essere catturato

죽담 chiudersi in difesa, fare dell′ostruzionismo parlamentare, ostacolare accanitamente

죽도 竹刀 spada di bambù

죽도화나무 【식물】 rosa gialla

죽림 竹林 boschetto di bambù

죽마 竹馬 trampolo * **-지우** amico (a) d′infanzia, compagno di giochi d′infanzia

죽순 竹筍 germoglio di bambù

죽어지내다 vivere nell′oppressione, vivere una vità di soggiogamento

죽을둥 살둥 disperatamente, terribilmente

죽을 병 -病 malattia fatale

죽을 상 -相 espressione tormentata, espressione frenetica [disperata]

죽을 힘 sforzo ultimo, lavoro disperato ¶ 죽을 힘을 다해서 disperatamente, per la propria vità

죽음 morte decesso ¶ 죽음으로 속죄하다 espiare un crimine con la morte

죽의 장막 竹- 帳幕 tenda [cortina] di bambù

죽이다 ① [살해] uccidere, assassinare(모살), ammazzare, macellare(도살) ¶ 목 졸라 죽이다 strangolare 《una persona》 alla morte

// 때려 죽이다 battere《una persona》alla morte ② [억제] trattenere, reprimere, sopprimere ¶ 숨을 죽이다 trattemere il sospiro ③ [잃다] ¶ 전쟁에 아이를 죽이다 perdere un figlio in guerra

죽일 놈 furfante ¶ 이 죽일놈아 Maledetto!

죽자꾸나 하고 tutto per tutto, disperatamente, freneticamente

죽장 竹杖 canna di bambù

쭉정이 resta vuota di cereale, spighe disseccate

죽죽, 쭉쭉 ① [줄줄이] in fila, fila dopo fila ¶ 줄을 죽죽 긋다 stabilire[disegnare] in fila ② [거침없이] direttamente, rapidamente ¶ 죽죽 내리읽다 leggere correttamente ③ [갈기갈기] in striscia[brandello], in pezzi

죽지 [어깨죽지] giuntura di spalla [날개죽지] congiunzione di ala

죽창 竹窓 finestra di bambù, finestra con grata, vetrata a piombo

죽창 竹槍 lancia di bambù

죽책 竹柵 palizzata di bambù

죽치다 vivere in solitudine[isolamento], rimanere all′interno ¶ 집안에 죽치고 있다rimanere in casa, tenere la casa

죽통 粥 tino di ceppo per mucca [cavallo], mastello, mangiatoia

죽피 竹皮 guaina di bambù

준- 準 quasi-, semi-, associato ＊ **-동사** 【문법】 verbale **-회원** membro associato

준거 準據 **-하다** essere basarsi, conformarsi, seguire, risultare ¶ 준거하여 in conformità, in accordo《con》

준걸 俊傑 uomo di abilità eminente, uomo grande, eroe

준결승(전) 準決勝(戰) semifinale (gioco) ¶ 준결승에 진출하다 andare alla semifinale

준공 竣工 **-하다** essere finito [completato] ＊ **-식** la cerimonia per il compimento《del costruire》

준교사 準敎師 professore assistente

준금치산 準禁治産 quasi- incompetenza ＊ **-자** quasi- incompetente《persona》

준급행 準急行 semi- espresso (treno), espresso locale《미》

준동 蠢動 contorcere, attività **-하다** contorcersi, dimenarsi, mostrare imbarazzo, [책동] essere attivo ¶ 간첩의 준동 attività dell′agente di spionaggio

준령 峻嶺 cima [picco] alta e ripida

준마 駿馬 cavallo rapido [lesto]

준말 abbreviazione

준법 遵法 legge costante [durevole] ＊ **-정신** spirito nell′ubbidire alle leggi

준봉 峻峰 cima ripida

준비 準備 preparazione, accomodamento, [예비] provvedimento **-하다** preparare, accomodare, provvedere, fornire, prepararsi, [기계를] ingranare ¶ 준비의 preparatorio, preliminare // 준비없는 impreparato // 준비된 pronto, preparato // 식사 준비를 하다 provvedere a un pranzo, preparare un pranzo // 시험 준비를 하다 prepararsi per un esame

* -교육 educazione preparatoria -금 fondo di reserva -단계 grado preparatorio -실 stanza di equipaggiamento [completo], camera riservata [disereta], spogliatoio -운동 riscaldamento -위원회 comitato di accomodamento -은행 banco di riserva

준사관 準士官 ufficiale di garanzia [garante]

준사원 準社員 impiegato subordinato

준설 浚渫 il dragare -하다 dragare 《un fiume》 * -기 spargizucchero, spargifarina, draga -선 spargizucchero -작업 lavoro del dragare

준수 遵守 osservanza -하다 osservare, conformarsi

준수 俊秀 -하다 superare [eccellere] in talento ed eleganza

준엄 俊嚴 precisione, esattezza, severità, austerità, rigidezza, rigorosità -하다 (essere) severo, rigoroso, preciso, stretto, esatto

준열 峻烈 -하다 (essere) rigoroso, severa, inflessibile, implacabile, sarcastico

준용 準用 -하다 applicare 《regola》 corrispondentemente, applicare con modificazione necessario

준우승 準優勝 vittoria nella semifinale * -자 vincitore della semifinale

준위 准尉 ufficiale ordine

준장 准將 generale di brigata (육군), commodoro (해군), generale di brigata (공군)

준족 駿足 [말] cavallo rapido, [사람] uomo dotato

준준결승 準準決勝 quarto finale

준치 【물고기】 una specie di pesce di sfumatura

준칙 準則 regola fissa, regolamento, standard, stendardo

준평원 準平原 penepiano

준하다 準- [비례] essere proporzionato, [준용] applicare corrispondentemente, [상응] corrispondere ¶ ...에 준하여 in accordo con, in conformità con, in proporzione

준행 seguito [partito] in accordo con una regola -하다 seguire in accordo con una regola

준행 遵行 osservanza, pratica -하다 seguire in accordo un ordine

준험 峻險 ripidezza, inclinazione -하다 (essere) immergere, impregnare, macerare, ripido, ruvido, rugoso

준회원 準會員 membro associato

줄[1] [끈] fune, corda, filo, strumenti a corda (연 · 악기 따위의), linea (전화 · 낚시 따위의), [선] linea, [열] fila, linea ¶ 줄을 지어 in fila // 줄을 치다 tirare una corda // 줄을 긋다 disegnare una linea * 전기- corda elettrica, linea di capacità 전화- fitto filo metallico di telefono

줄[2] [쇠를 깎는] lima, raspa (굵은)

줄[3] [방법] come, modo, maniera di come si fa, [예상] probabilità ¶ 글 쓸 줄 모르다 Non sapere come scrivere.

줄거리 [가지] stelo, gambo, fusto, [골자] contorno, profilo, abbozzo, sommario

줄걷다 [줄타다] camminare sulla corda tesa per funamboli

줄곧 tutto il momento, per tutto il tempo, costantemente

줄긋다 disegnare una linea, segnare la carta, stabilire un limite, allineare da cima a fondo

줄기 [물줄기] corrente, corso, [산의] serie, catena, [소나기의] rovescio, acquazzone ¶ 산줄기 catena di montagne, [나무 따위의] tronco

줄기차다 (essere) energico, vigoroso, scoppiare [esplodere] con forza, [계속하다] incessante, continuo, costante

줄넘기 corda per saltare **-하다** saltare alla corda

줄다 [감소] diminuzione, diminuire, abbassare, minimizzare, [축소] restringersi indietreggiare, contrarre ¶ 빨아도 줄지 않다 essere irrestringibile

줄다리기 tiro alla fune **-하다** giocare un tiro alla fune

줄달다 seguire uno dopo l'altro ¶ 줄달아서 uno dopo l'altro, in serie, in successione

줄달음질 travolgente, il lanciare, **-하다** scagliare, lanciare, scorrere impetuosamente, precipitarsi

줄담배 ¶ 줄담배를 피우다 fumare una sigaretta dietro l'altra // 줄담배를 피우는 사람 fumatore accanito

줄대다 procedere, continuare, passare, andare avanti ¶ 줄대서 in successione, in fila

줄드리다 [줄을 걸다] appendere una corda, [줄을 꼬다] intrecciare [attorcere, attorcigliare] una corda

줄모 semente di riso messo [sistemato] fuori in fila ¶ 줄모를 심다 pianta giovane di riso piantare [mettere, sistemare] fuori in fila

줄목 punto [argomento] principale

줄무늬 striscia ¶ 줄무늬의 a strisce, a righe

줄사닥다리 scala a pioli di corda, smagliatura di corda

줄어들다 diminuire lontano, restringere, far diminuire, calare, decrescere

줄이다 [감소] ridurre, decrescere, diminuire, [삭감] accorciare, tagliare, [축소] abbreviare, [단축] contrarre ¶ 비용을 줄이다 ridurre [diminuire] il consumo

줄자 metro a nastro

줄잡다 fare una stima conservativa, stimare conservativamente, sottovalutare ¶ 줄잡아서 in una stima moderata

줄줄[1] il gocciolare, in corrente

줄줄[2] [막힘없이] fluentemente, scorrevolmente, senza difficoltà

줄짓다 [줄을 짓다] fare la coda, mettersi in corda, aspettare in coda, allinearsi, [정렬하다] essere in fila, fare la coda, formare una linea

줄치다 disegnare una linea, segnare su carta, [빨래줄 따위를] tirare una corda

줄타다 camminare sulla corda

stretta

줄행랑 [행랑채] le quinte di fronte a una casa, [도망] corrente via, fuga ¶ 줄행랑을 치다 fuggire, darsi alla fuga

줌 [분량] manciata [manata], gruppetto, possesso

줍다 acquistare gradatamente, cogliere, trovare《un borsellino》

줏대 principi fissi, spina dorsale, sostegno, fermezza, tenacia, opinione definito ¶ 줏대가 없다 mancare di sostegno [fibra morale]

중 monaco, bonzo, prete buddista ¶ 중이 되다 entrare nel sacerdozio [clero]

중 中 ① [중앙] centro, in mezzo, [중위] medium, media ¶ 중의 medium, media ② [동안] durante, attraverso, per tutta la durata di, all′interno, dentro, mentre ¶ 부재중에 durante [mentre] in propria mancanza [assenza] ③ [진행중] in via di, in, in corso [andamento, processo] di ¶ 식사중이다 essere a tavola // 공사중이다 in via di costruzione // 통화중이다 La linea è occupata. ④ [중에서] tra, fra, in, di ¶ 10중 8,9는 in nove casi tra[di] dieci ⑤ [내내] dal principio alla fine, tutti

중 重 [겹] piega, spira, [무게] peso, [중요] pesante, grave, importante

중간 中間 medio, intermedio, posto a mezza via, a mezza strada ¶ 중간의 medio, intermedio, [잠정적] temporaneo ∗ **-계급** classe media **-고사** esame di [termine medio] **-노선** neutralità **-상인** intermediario, mediatore, agente di cambio **-선거** elezione nell′anno secondario **-이득** profitto intermedio [intermediario]

중간 重刊 **-하다** ripubblicare, ristampare

중간자 中間子【물리】mesone

중간치 中間- [물건] articolo di mezza misura [prezzo, qualità]

중갑판 中甲板 coperta media

중개 仲介 mediazione, intercessione(조정) **-하다** fare da intermediario, conseguire con la mediazione, interporsi《tra due partiti》¶ ...의 중개로 per la mediazione ∗ **-물** strumento, canale **-자** intermediario, mezzano, mediatore, agente

중개업 仲介業 lavoro [affari] di mediazione, [주선업] agente, interposizione ∗ **-자** mediatore, agente di cambio

중거리 中距離 distanza media [mezzo]

중견 中堅 [사람] spina dorsale, sostegno, [군사] il grosso dell′esercito ∗ **-인물** capo, figura principale **-작가** autore [scrittore] che posizione di mezzo

중경상 重經傷 ferita [offesa] seria e lieve ∗ **-자** persona danneggiato seriamente o leggermente

중계 中繼 collegamento, relais **-하다** controllare a mezzo di relais ∗ **-국** posto d′operazione di relais **-방송** collegamento, relais

현장- relais dal posto
중계무역 中繼貿易 commercio di deposito [transito, magazzino]
중계항 中繼港 posto di transito [passaggio], posto di interposizione
중고 中古 ① [물건] articolo di seconda mano ② 【역사】 epoca medioevale * -사 storia medievale -품 merci di seconda mano
중공 中共 Cina Comunista, il Comunista Cinese
중공업 重工業 industria pesante
중과 衆寡 differenza, disuguaglianza, disparità in numeri ¶ 중과부적이다 Noi siamo superati in numero [vinto dai numeri]
중구 衆口 criticismo popolare ¶ 중구난방이다 È difficile arrestare la voce del popolo.
중국 中國 Cina ¶ 중국의 cinese
중궁 中宮 regina
중궁전 中宮殿 => 중궁
중권 中卷 volume medio (in gruppo di tre)
중금고 重禁錮 arresto con lavori forzati
중금속 重金屬 metallo pesante
중급 中級 grado intermedio * -영어 intermedio d'inglese -품 bello di qualità media
중기 中期 centro 《di un epoca》
중기관총 重機關銃 mitragliare pesante
중길 中- [물건] articolo di qualità media, merci di mezzo
중년 中年 mezza età ¶ 중년신사 gentiluomo di mezza età
중노동 重勞動 lavoro pesante
중농 中農 fattore [agricoltore] borghesia
중농정책 重農政策 politica prima dell'agricoltura
중농주의 重農主義 fisiocrazia * -자 fisiocratico
중늙은이 persona anziana, persona di mezza età
중단 中斷 interruzione, cessazione, sospensione -하다 cessare, interrompere, sospendere
중단 中段 sbarco (계단의), mezzo (중앙부), fila intermedia
중대 重大 importanza, gravità, serio -하다 (essere) importante, serio, essere di grande importanza ¶ 중대한 사건 faccenda seria
중대 中隊 compagnia (보병 · 공병), batteria (포병), squadrone (비행) * -장 comandante di compagnia
중대가리 [머리] testa rasata [tonsurato], tonsura, chierica
중대시 重大視 il prendere 《un affare》 seriamente -하다 attribuire importanza a 《un affare》, prendere seriamente 《un affare》
중대화 重大化 aggravamento, esasperazione -하다 diventare serio, aggravare, accrescere
중도 中途 mezza strada, posto a mezza via ¶ 중도에서 a mezza strada, a mezza via, in medio
중도 中道 [중용] sentiero medio, intermedio della strada * -정책 politica nell'intermedio della strada
중독 中毒 avvelenamento, tossicosi ¶ 중독성의 velenoso, pernicioso, dannoso, spiacevole, odioso,

tossico * -증상 sintomo [indizio] tossico 식- avvelenamento di cibi 아편- oppiomania 알코올- alcolismo

중동 中- parte media

중동 中東 il Medio Oriente

중동무이 中- **-하다** lasciare 《cose》 mezzo-fatto [incompiuto, incompleto], abbandonare a mezza strada

중등 中等 [급] classe [grado] media, [질] qualità media, [중위] media ¶ 중등의 medio, medium, * **-교육** educazione secondaria **-학교** scuola secondaria **-품** articoli di medio-grado

중략 中略 ellissi, omissione (di parte interiore), omesso, dimenticato

중량 重量 peso * **-급 권투선수** pugile[boxer] di peso pesante **-부족[초과]** peso mancante [troppo] **-톤** tonnellata (di peso) **총-** peso di una tonnellata

중력 重力 gravità, gravitazione ¶ 중력의 법칙 la regola di gravità * **-가속도** accelerazione di gravità

중령 中領 tenente colonnello (육군), comandante (해군)

중론 衆論 opinione pubblico, voce del popolo

중류 中流 mezzo-corrente, [사회] classe media * **-계급** classe media

중립 中立 neutralità **-하다** stare neutrale, essere neutrale, fare da spettatore ¶ 중립을 지키다 osservare [tenere, mantenere] neutralità * **-국** forza [stato] neutrale **-선언** dichiarazione di neutralità **-성** neutralità **-의원** indipendente, membro neutrale **엄정-** neutralità stretta

중망 衆望 aapettativa [attesa] popolare (기대), confidenza pubblica (신망), popolarità

중매 仲媒 combinazione, matrimonio **-하다** combinare matrimoni * **-결혼** matrimonio combinato **-인** chi combina matrimoni

중매 仲買 mediazione **-하다** agire come un mediatore * **-구전** commissione di mediatore **-인** mediatore, intermediario, agente di commissione **-점** casa di mediazione

중문 中門 porta inferiore

중문 重文 【문법】 sentenza composta

중미 中美 America Centrale, Media America

중반전 中盤戰 [바둑따위] gioco medio, [선거에서] fase media ¶ 중반전에 들어가다 essere nel bello del gioco (바둑), raggiungere il picco 《dell'elezione di campagna》

중벌 重罰 punizione severa, penalità pesante

중범 重犯 [중범죄] crimine, [거듭 저지름] ripetizione di cirimini, [사람] perpetrazione di alcuni crimini, criminale

중병 重病 malattia seria ¶ 중병에 걸리다 prendere la malattia sul serio [seriamente]

중복 中伏 periodo medio del caldo (canicola)

중복 中腹 [산중턱] pendenza media di un montagna ¶ 중복에 a mezza strada sul colle

중복 重複 sovrapposizione, ripetizione (반복), duplicazione **-하다** duplicare, sovrapporre, essere doppio ¶ 중복된 duplico, sovrapposto

중부 中部 parte centrale [media], centro, mezzo ＊ **-지방** regioni centrali

중뿔나다 imporre, forzare, intromettersi, esser intrigante [importuno, impertinente] ¶ 중뿔난 사람 persona intrigante [invadente, ufficioso]

중사 中士 sergente

중산계급 中産階級 borghesia

중산모 中山帽 bombetta《영》

중상 中傷 calunnia, maldicenza, diffamazione **-하다** calunniare, diffamare, lanciare fango [melma] a《una persona》¶ 중상적 calunnioso, maldicente, diffamatorio ＊ **-자** calunniatore, seminatore di scandali, maldicente

중상 重傷 ferita seria [severa] ¶ 중상을 입다 ricevere [sostenere] una ferita seria, essere ferito seriamente

중상주의 重商主義 mercantilismo

중생 重生【기독교】seconda nascita, rinascita **-하다** essere nato di nuovo

중생 衆生 umanità, mondo

중생대 中生代 mesozoico

중서부 中西部 [미국의] l′Ovest Medio ¶ 중서부의 Medio dell′ ovest

중석 重石 tungsteno

중석기 시대 中石器 時代【고고】l′epoca Mesolitica

중선거구 中選擧區 regione elettorale medio

중성 中性【문법】genere neutro [intransitivo]【화학】neutralità【생물】asessuato ＊ **-반응** reazione neutrale **-자** neutrone

중세 中世 epoca media, era mediovale ¶ 중세의 medievale ＊ **-기** l′epoca media **-사**【역사】storia medievale

중세 中世 tassa pesante, tassazione [imposte] pesante

중소 中蘇 Cino-Soviet ＊ **-분쟁** conflitto di Cino-Soviet

중소기업 中小企業 impresa [iniziativa] piccolo e medio

중소 상공업자 中小 商工業者 commerciante e fabbricante [industriale] medio e piccolo

중수 重修 riparazione [il ripararsi]《una costruzione》**-하다** ripararsi, rimodellare, restaurare, ristabilire

중수 重水【화학】acqua pesante

중수소 重水素 idrogeno pesante

중순 中旬 dieci giorni secondi di un mese ¶ 5월 중순에 circa la metà di maggio

중시 重視 considerazione seria **-하다** prendere una vista seria, porre in rilievo《un punto》

중신 重臣 statista [uomo di stato] che ha più anzianità, dipendente principale

중심 中心 [복판] centro [parte principale], [초점] fuoco, epicentro, [중핵] parte centrale, torsolo, nucleo, [중추] cardine, perno, [중점] spinta, enfasi, importanza, [평형] bilancia, equilibrio ¶ 공업의 중심 centro industriale * **-력** forza centripeto **-사상** idea centrale **-선** linea centrale **-세력** forza centrale

중심 重心 centro di gravità

중심인물 中心人物 figura centrale, carattere principale, protagonista

중압 重壓 pressione pesante, [부담] peso pesante, onere pesante **-하다** premere fortemente * **-감** sentimento oppressivo

중앙 中央 centro, mezzo, cuore ¶ 중앙의 centrale, medio * **-문단** ambiente [cerchio] letterario nella metropoli **-아시아** Asia centrale **-정부** il Governo centrale

중앙아프리카 공화국 中央- 共和國 la Repubbilca Africano Centrale

중앙집권 中央集權 accentrato, regola autoritario * **-제** centralismo

중언부언 重言復言 **-하다** ripetere, reiterare, parlare di nuovo, ripetere (la cosa uguale)

중얼거리다 mormorare di sé stesso, borbottare, brontolare, sussurrare 《contro》

중역 重役 direttore (di una compagnia), esecutivo, dirigente (간부) * **-회** bordo di direttori **-회의** riunione di direttori

중역 重譯 ritraduzione **-하다** ritradurre

중엽 中葉 parte media (di un periodo) ¶ 16세기 중엽 mezzosedicesimo secolo

중외 中外 patria e all'estero [fuori] ¶ 중외에 in patria e all'estero

중요 重要 importanza, conseguenza **-하다** (essere) importante, essenziale, essere importante [conseguenza] * **-성** importanza, gravità

중요시 重要視 **-하다** far attribuire grande importanza a, trarre gran vantaggio da, prendere una vista seria di

중용 中庸 moderazione, giusto mezzo, il mezzo della strada ¶ 중용의 moderato, modico, mediocre, intermedio

중용 重用 promozione al posto responsabile **-하다** promuovere 《una persona》 al posto responsa-bile

중우 衆愚 folla volgare * **-정치** politica di folla, governo di plebaglia

중원 中原 [들판의] centro di un campo, [나라의] centrale, interno

중위 中位 mezzo, medium, mediocrità, media * **-수** 【수학】 mediana

중위 中尉 primo tenente(육군의), sottotenente(영해군의), tenente di grado inferiore(미해군의)

중유 重油 olio pesante, petrolio grezzo, diesel olio

중음 中音 【음악】 mezzosoprano

중음부 中音部 【음악】 basso medio

중의 衆意 opinione pubblica [popolare, generale]

중의 衆議 consultazione generale, discussione pubblica

중이 中耳 orecchio medio, timpano ＊ **-염** otite media

중이층 中二層 【건축】 mezzanino, sottopalco

중인 衆人 pubblico, persona ¶ 중인 앞에서 in pubblico

중임 重任 ① [중한 책임] responsabilità pesante, posto responsabile (중요위치) ② [재임] riappuntamento, rielezione (재선) **-하다** essere rinominato, essere rieletto

중장 中將 tenente generale (육군), ammiraglio (해군)

중장비 重裝備 equipaggiamento pesante

중재 仲裁 arbitrato, intercessione **-하다** arbitrare 《tra》, fare da intermediario, conseguire con la mediazione, interporsi [intervemire, intercedere] 《tra》, agire come un pacificatore ＊ **-인** mediatore, arbitratore **-재판** arbitrato

중전 中殿 regina ＊ **-마마** Sua Maestà la Regina

중절 中絶 interruzione **-하다** essere inferrotto ＊ **임신-** terminazione di gestazione, aborto artificiale

중절모 中折帽 capello liscio, cappello di feltro

중점 中點 punto intermedio, mediana

중점 重點 [강조] enfasi, importanza, [중요] importanza, [우위] primonato primo, [중심점] il punto cardinale ¶ 중점적으로 in priorità, preponderantemente // 중점을 두다 applicare enfasi, mettere in evidenza, dare rilievo (a), accentuare ＊ **-배급** razione di priorità **-주의** politica di priori-tà

중정 重訂 seconda revisione

중조 重曹 bicarbonato di soda

중죄 重罪 crimine, offesa grave ＊ **-(범)인** criminale

중증 重症 caso serio ＊ **-환자** un caso(paziente) serio

중지 中止 sospensione, interruzione **-하다** fermare, sospendere, tenere sospeso, appendere, sopprimere, reprimere, rinunciare 《un gioco》 ¶ 중지되다 essere sospeso, essere fermato, giungere alla fermata (arresto)

중지 中指 dito medio

중지 衆智 saggezza[discernimento] della maggioranza[folla]

중직 重職 affare importante, posto responsabile

중진 重鎭 [문진] fermacarte pesante, [사람] un uomo d′influenza, figura prominente, capo ¶ 영어학계의 중진 letterato principale d′Inglese

중진국 中進國 paese semi-sviluppato

중창 中- [구두의] strato medio del fondo di scarpe

중책 [책임] responsabilità pesante ¶ 중책을 맡다 assumere una responsabilità pesante

중천 中天 tra cielo e terra, a mezza aria

중첩 重疊 [중복] ripetizione **-하다** Si è accumulato uno sull′altro, essere ammucchiato, essere ripetuto

중추 仲秋 a mezzo autunno ¶ 중추명월 luna di settembre

중추 中樞 centro, cardine, epicentro, nucleo, sostegno ¶ 중추의 centrale, principale, cardinale ∗ **-신경** il nervo centrale

중축 中軸 asse centrale

중치 中- [품질] articolo di media qualità, [값] uno che stabilisce il mezzo prezzo, [크기] uno che è messo in ordine di mezza grandezza

중침 中針 ago di mezza grandezza

중크로움산 重-酸 【화학】 acido dicromico ∗ **-염중키** altezza media

중탄산 重炭酸 【화학】 bicarbonato ∗ **-소오다** bicarbonato di soda

중탕 重湯 cucina in un bollitore [caldaia] doppio **-하다** cuocere in un bollitore doppio

중태 重態 condizione seria [criticale] ¶ 중태이다 essere ammalato seriamente, essere in condizione seria

중턱 중- [산의] seno della montagna ¶ 중턱에 a mezza strada su [giù] 《una montagna》

중토 重土 【화학】 barite

중퇴 中退 partire da scuola a mezzo-corso **-하다** partire [lasciare] la scuola a mezzo-corso, lasciare l'università senza laurearsi (대학을) ¶ 대학을 중퇴한 청년 Un giovane che ha abbandonato l'università a metà strada

중파 中波 【전파】 onde medie

중판 中判 【사진】 mezza grandezza

중판 重版 seconda edizione **-하다** ristampare, stampare la seconda edizione

중편 中篇 [제2권] secondo volume, [중편의 글] storia di lunghezza media ∗ **-소설** storia di media lunghezza

중평 衆評 opinione pubblica [generale]

중포 重砲 fucile forte ∗ **-병** artiglieria pesante 《총칭》, un uomo di artiglieria pesante

중폭격 重爆擊 bombardamento pesante **-하다** bombardare pesantemente ∗ **-기** bombardiere pesante

중품 中品 qualità media

중풍 中風 【의학】 paralisi ¶ 중풍의 paralitico

중하 重荷 carico pesante

중하다 重- [무겁다] (essere) pesante, [병이] serio, [일이] importante

중학교 中學校 scuola media inferiore, scuola media, scuola secondaria inferiore ¶ 중학교에 다니다 frequentare la scuola media

중학생 中學生 studente di scuola media

중합 重合 【화학】 polimerizzazione **-체** polimero

중항 中項 【수학】 punto medio ∗ **비례-** mezzo proporzionale

중핵 中核 gheriglio, nucleo

중형 仲兄 il proprio fratello secondo maggiore

중형 重刑 penalità (pena) pesante, punizione severa

중형 中型 media grandezza

[misura] ¶ 중형의 medio-misura
중혼 重婚 bigamia **-하다** commettere bigamia * **-자** bigamo **-죄** bigamia
중화 中和 neutralizzazione (화학적), azione contraria, [평형] equilibrio **-하다** neutralizzare, agire contro, contrapporsi ¶ 중화성의 neutrale
중화기 重火器 arma da fuoco pesante
중화민국 中華民國 Repubblica di Cina
중화학 공업 重化學 工業 industria chimica pesante
중환 重患 malattia seria * **-자** seria paziente
중후 重厚 cortesia e generosità **-하다** (essere) cortese e generoso, gentile e sincero
중흥 中興 restaurazione, rinascita, riabilitazione **-하다** rinascere, restaurare, riabilitare
중히 重- con cura, con rispetto ¶ 중히 여기다 [소중히] valutare, dare importanza, [존중] rispettare, stimare
쥐[1] topo, ratto, sorcio ¶ 쥐잡기 운동 movimento organizzato d′antitopo // 독안에 든 쥐와 같다 essere come un ratto in trappola * **-꼬리** coda di ratto **-덫** trappola per i topi **-약** veleno per i topi
쥐[2] [경련] crampo ¶ 쥐나다 essere preso da un crampo
쥐꼬리 coda di rotto ¶ 쥐꼬리 만한 월급 stipendio piccolo [in basso]
쥐구멍 buco di rotto ¶ 쥐구멍을 찾다 cercare una feritoia [scappatoia]
쥐다 tenere, impossessarsi di, afferrare, prendere ¶ 손을 꽉 쥐다 prendere (tenere) la mano 《di una persona》 strettamente // 주먹을 쥐다 stringere(tenere stretto) di proprio pugno
쥐덫 trappola per i topi
쥐며느리 【곤충】 cimice di scrofa
쥐뿔같다 (essere) immeritevole, indegno, insignificante, banale
쥐약 -藥 veleno per i topi
쥐어뜯다 cogliere, strappare, stracciare
쥐어박다 trattare un colpo di ponce
쥐어짜다 schiacciare, stringere, torcere, comprimere, serrare
쥐어주다 [돈을] mettersi in mano 《a una persona》, [뇌물을] corrompere 《una persona》, [팁을] dare la mancia
쥐어흔들다 acchiappare e scuotere ¶ 어깨를 쥐어 흔들다 scuotere 《una persona》 dalle spalle
쥐엄나무 【식물】 miele di carrubo
쥐엄발이 《una persona con》 piedi accartocciati
쥐여지내다 essere collocato sotto controllo, vivere sotto il potere
쥐이다 essere acchiappato, essere preso
쥐잡듯이 a uno a uno, individualmente, interamente, pienamente **-하다** pettinare [perlustrare]
쥐정신 -精神 amnesia, memoria breve
쥐젖 porro, verruca, bitorzolo
쥐죽은 듯하다 essere silenzioso

come una pietra, essere silenzioso come una tomba

쥐치【물고기】pesce fila

쥘부채 ventaglio pieghevole

쥘쌈지 borsa per il tabacco

즈런즈런 in richezza, in abbondanza **-하다** (essere) abbondante, opulento

즈음 il tempo, un'occasione ¶ 이 즈음 ora, al presente, al giorno d'oggi, recentemente, ultimamente // 그 즈음 per di più tempo, su quell'occasione

즈크 canovaccio ¶ 즈크 신 scarpe di canovacci

-즉 in cui, dunque

즉 [곧] cioè, [바로] appena, esattamente, precisamente

즉각 卽刻 subito, all'istante, nello stesso tempo, immediatamente ¶ 즉각 승낙하다 dare un pronto accordo

즉결 卽決 decisione immediata [diretta],【법】giudizio sommario, giudizio affrettato《미》**-하다** decidere subito [immediatamente]【법】giudicare sommariamente * **-재판** decisione sommaria **-처분** convinzione [persuasione] sommaria

즉답 卽答 risposta pronta **-하다** rispondere subito, dare una risposta pronta

즉매 卽賣 vendita di luogo **-하다** vendere immediatamente

즉사 卽死 morte istantanea **-하다** morire subito, essere ucciso all' istante

즉석 卽席 ¶ 즉석에서 all'improvviso, all'istante, immediatamente, estemporaneamente * **-연주자** improvvisatore **-요리** rapidi piatti, piatti immediati

즉시 卽時 subito, immediatamente, all'istante * **-거래** transazione diretta **-불** pagamento di posto **-불어음** biglietto (di banco) da visita **-인도** consegna sul luogo **-통고** avviso immediato

즉위 卽位 accessione al trono, il mettere sul trono **-하다** salire al trono * **-식** incoronazione

즉응 卽應 conformità pronta **-하다** conformare immediatamente, adattare se stesso immediatamente

즉일 卽日 giorno stesso

즉효 卽效 effetto immediato《di medicine》¶ 즉효가 있다 produrre effetto immediato * **-약** rimedio[medicina] pronto, cura pronta

즉흥 卽興 divertimento improvvisato ¶ 즉흥적 estemporaneo, improvvisato // 즉흥적으로 짓다 comporre improvvisato * **-곡** improvviso **-시** poesia estemporanea

즐거움 gioia, felicità, contentezza, piacere, allegrezza

즐겁다 (essere) piacere, delizioso, felice, lieto, allegro, contento ¶ 즐거이 fortunatamente, felicemente, allegramente, vivacemente // 즐거운 추억 memoria piacere

즐기다 divertirsi, prendere felicità, distrarsi ¶ 독서를 즐기다 piace leggere

즐비 -하다 stare vicina insieme, formare linea, stare in fila continua [ininterrotto]

-쯤 circa, quasi, pressoché, più o meno ¶ 지금쯤 a quest′ora, oramai

즙 汁 * **포도[사과]-** succo di uva[mela]

증 症 ① [증세] sintomo, indizio ② [화증] ira, stizza ③ [싫증] disgusto, avversione

증 證 [증명] prova, testimonianza, [증서] certificato * **학생-** certificato di studente

증가 增加 aumento, addizione, aumento, espansione, guadagno **-하다** accrescere, sorgere, aumentare, crescere, moltiplicarsi, gonfiare ¶ 증가되고 있다 essere sull′ aumento * **-소득세** imposta sul reddito incresciuto **-율** tasso di aumento

증간 增刊 [간행물] numero speciale [straordinario] 《di una rivista》

증감 增減 aumento e diminuzione, salita e caduta, oscillazione, (변동) **-하다** aumentare e diminuire, addizionare e ridurre, levarsi e cadere, oscillare, variare

증강 增强 rinforzo, aumento **-하다** aumentare, rinforzare, crescere

증거 證據 testimonianza, prova, dimostrazione, testimone ¶ 물적 증거 prova importante pertinente // 증거를 모으다 raccogliere prova // 증거가 빈약하다 La prova è sottile * **-능력** ammissione di prova **-물** (un pezzo) di prova, oggetto, raccolta di oggetti esposti in una mostra **-보전** preservazione di testimonianza **-서류** documentario di prova

증결하다 增結- aggiungere una carrozza 《al treno》

증권 證券 [유가] titolo di credito, [상업상의] strumento, [주식의] attestato, diploma, [해운관계] bolletta, lista, [증서] documento * **-매매** commercio [relazione] in obbligazione e titoli **-소유자** proprietario di titoli **-시장** mercato di titoli

증기 蒸氣 vapore * **-기관** motore a vapore * **-기관차** locomotiva a vapore

증대 增大 ampliamento, aumento **-하다** allargare, crescere, aumenta-re, intensificare, valorizzare, gonfiare * **-판** edizione allargata

증류 蒸溜 distillametro, distillazione **-하다** distillare * **-기** distillatoio, distillatore, storta **-수** acqua distillata

증명 證明 prova, testimonianza, [증언] testimone, [확증] autenticazione, [논증] dimostrazione **-하다** [실증] provare, verificare, rappresentare, [증언] attestare, affermare, [입증] verificare, confermare, dimostrare, [진짜임을] autenticare, [신원을] identificare ¶ 무죄를 증명하다 affermare l′ innocenza 《di una persona》 // ...을 증명함 Questo è certificato * **-서** certificato, testimonianza di stima

증모 增模 **-하다** [군인 따위를] reclutare arruolamento più grande, [학생 따위를] ricevere arruolamento più ampio

증발 蒸發 evaporazione, vaporizzazione **-하다** [액체가] evaporare, svanire, annullarsi, esporre al vapore (물이), [사람이] scomparire misteriosamente ¶ 증발하기 쉬운 vaporabile

증발 曾發 [열차의] operazione di un extra treno, [통화의] aumentato di emissione **-하다** [열차를] operare un extra treno, [통화를] emettere una carta moneta supplementare

증배 增配 [배당의] aumentato il dividendo, [배급의] aumento di razione **-하다** dichiarare un aumento di dividendo, aumentare la razione

증보 增補 ampliamento, ingrandimento, supplemento, appendice **-하다** allargare, completare, integrare ¶ 개정 증보판 nuova edizione riveduta e ampliata

증빙 證憑 testimonianza, prova ∗**-서류** documentario [documento] di testimonianza

증산 增産 aumento di produzione [rendimento], produzione in aumento **-하다** aumentare [propagandare] produzione ¶ 쌀의 증산 aumentato il prodotto del riso

증상 症狀 [징후] sintomo, [병세] condizione della paziente

증서 證書 strumento, atto, documenti, obbligazione (채무의), ricevuta(영수증 따위), certificato (증명서), diploma(졸업증서) ∗ **예금-** certificato di deposito **차용-** dichiarazione di debito, documento di debito

증설 增設 aumento《del costruire》, estensione di installazione **-하다** aumentare, affermare di più《scuola, parco》, installare di più

증세 症勢 sintomo, condizione della paziente (용태)

증세 增稅 aumento di tassa **-하다** aumentare la tassa [tassazione, imposte]

증손 曾孫 pronipote ∗**-녀** pronipote

증수 增水 **-하다** sorgere, aumentare ∗ **-기** periodo annuale dell′inondare

증수 增收 aumento supplementare, [수입의] aumento di rendita, [농수산물의] aumento il prodotto **-하다** aumentare in ricezione [rendita, prodotto]

증수회 增收賄 corruzione, corrompimento ∗ **-사건** caso di corrompimento

증식 增殖 moltiplicazione, aumento, propagazione **-하다** moltiplicare, aumentare, riprodurre, propagare

증액 增額 aumentato l′ammontare [importo], aumento《di》**-하다** aumentare, sollevare,

증언 證言 testimonianza verbale, testimone, dimostrazione, [증언조서] deposizione **-하다** attestare, affermare, deporre, testimoniare, dare la prova ¶ ...임을 증언하다 attestare [testimoniare] il fatto ∗ **-대** posto[palco] di testimoni-

anza **-자** testimone
증여 贈與 donazione, dono **-하다** dare, presentare, donare * **-물** dono, regalo **-자** donatore
증오 憎惡 odio, inimicizia, astio, aborrimento, cosa odiosa **-하다** odiare, aborrire, detestare, ¶ 증오할 odioso, pieno di odio, ripugnante
증원 增員 aumento del sostegno [personale] **-하다** rinforzare il bastone [sostegno]
증원 增援 rinforzo **-하다** rinforzare, consolidare * **-대** rinforzi
증인 證人 testimone, testimone oculare, garante(보증인) ¶ 증인이 되다 testimoniare [deporre] 《al fatto》, testimoniare qlco., farsi garante per qlcu.(신원의), dare testimonianza(법정에서) * **-대심권** diritto di confronto **-석** palco [cassa] di testimone
증인 證印 sigillo attaccato per un documento
증자 增資 aumento di capitale **-하다** aumentare il capitale * **-주** titolo supplementare
증정 贈呈 presentazione, con il complimento dell'autore (증정자의 서명) **-하다** presentare 《una persona con una cosa, una cosa alla persona》 * **-본** presentazione, copia complimentosa **-자** donatore, presentatore **-품** presente, regalo
증정 增訂 l'allargare e il rivedere **-하다** riesaminare e allargare, completare e correggere * **-판** edzione riveduta e allargata
증조모 曾祖母 bisnonna
증조부 曾祖父 bisnonno
증진 增進 aumento, promozione, miglioramento, perfezionamento **-하다** aumentare, promuovere, favorire, contribuire
증축 增築 ampliamento di una costruzione **-하다** allargare [stendere] una costruzione, costruire un allegato 《alla costruzione principale》 * **-공사** lavoro di estensione
증파 增派 rinforzo **-하다** mandare [spedire, inviare] truppe supplementari, mandare rinforzo
증폭 增幅 amplificazione **-하다** amplificare * **-기** amplificatore
증표 證票 garante, ricevuta
증회 贈賄 corrompimento, trapianto, corruzione **-하다** corrompere, alterare, offrirsi con allettamento 《una persona》 * **-사건** caso corruzione **-자** corruttore, corrompitore
증후 症候 sintomo
지 至 fino a, a, da, verso
지가 地價 prezzi di terreno, [대장의] valore di terreno * **법정-** valore fissato per il terreno
지가 紙價 prezzo di carta
지각 地殼 crosta (di terra), litosfera
지각 知覺 [인식] percezione, intuizione, [의식] coscienza, consapevolezza, [감각] senso, sensazione **-하다** percepire, scorgere, sentire, essere consapevole di ¶ 지각없는 svenuto, insensibile, imprudente, assonnato, sonnolento * **-기관** organo di percezione

지각 遲刻 ritardo, essere in ritardo **-하다** essere [venire] in ritardo ¶ 학교에 지각하다 essere in ritardo per la scuola

지갑 紙匣 [종이갑] cassetta fatto di carta, [돈지갑] borsetta, portafogli, taccuino

찌개 stufato in pentola * **생선-** pesce stufato in pentola

찌꺼기 feccia, resto, rimanenza

지껄이다 chiacchierare, ciarlare, barbugliare, farfugliare ¶ 잘 지껄이는 loquace, scorrevole linguaggio, chiacchierone

지게 struttura A

지게미 [술의] sediㅌmento, [눈꼽] cispa, [비듬] forfora

지겟군 uomo di struttura, portatore di fardello

지겹다 (essere) tedioso, noioso, disgustoso, detestabile ¶ 일이 지겹다 Sono disgustato di questo lavoro

지경 地境 ① [경계] limite, frontiera ② [형편] condizione, situazione ¶ 파멸할 지경이다 stare sul punto di rovinare

지계 地階 seminterrato (지하실), pianterreno (1층)

지고 至高 supremazia, sublimità, superficialità **-하다** (essere) supremo, sommo, massimo, sublime

지골 指骨【해부】falange

지공무사 至公無私 imparzialità suprema e luminosità **-하다** essere assolutamente giusto

지공지평 至公至平 imparzialità suprema, assolutamente giustizia **-하다** (essere) assolutamente imparzialità

지관 地官 geomante

지구 地球 mondo, terra, globo ¶ 지구의 공전 rivoluzione della terra intorno al sole * **-물리학** geofisica **-역학** geodinamica **-의** palla terrestre **-화학** geochimica

지구 地區 [지역] regione, zona, distretto, circondario, [대지] lotto

지구 持久 persistenza **-하다** sostenere, puntellare, resistere, durare * **-력** resistenza, sopportuzione, **-전** sforzo [lotta, guerra] prolungato, guerra di logoramento

지구 地溝【지리】crepa, spaccatura, fenditura (nella terra), * **-대(帶)** valle [vallata] con crepa

지국 支局 filiale * **-장** direttore di filiale

찌그러뜨리다 schiacciare, frantumare, spremere, colpire ripetutamente

찌그러지다 essere schiacciato, essere premuto

지그르르 l'incominciare a bollire

지그시 ① [참는 모양] pazientemente, perseverantemente, persistentemente ¶ 아픔을 지그시 참다 resistere al dolore stoicamente ② [슬그머니] gentilmente, te-nera-mente, quietamente ¶ 눈을 지그시 감다 chiudere i propri occhi gentilmente

지극 至極 **-하다** (essere) estremo, ultimo, straordinario ¶ 지극히 estremamente, straordinariamente, molto, assai

지근거리다 ① [집적거림] dar noia,

seccare, infastidire, importunare ② [씹다] masticare dolcemente ③ [머리가] avere un dolore lancinante

지끈(덕) 거리다 ① dar noia《una persona》, infastidire, stuzzicare, burlare ② [씹다] masticare delicatamente ③ [골치가] avere un dolore lancinante

지끈(덕) 지끈(덕) il seccare, il molestare, l′infastidire

지끈지끈 ① [부러지는 소리] con il colpo secco ② [아픈 모양] ¶ 골치가 지끈지끈 아프다 avere un terribile mal di testa

지글거리다 sfrigolare, far bollire lentamente, essere in subbuglio

지글지글 sfrigolio, il incominciare a bollire, gorgogliamento, ribollimento

지금 只今 ora, adesso, in questo tempo, [부사적] attualmente, per il momento, immediatamente, subito, al presente ¶ 지금의 presente // 지금까지 fino ad oggi, finora // 지금부터 d′ora in poi, dopo questo, di qui, da cio // 지금으로부터 10년전 dieci anni fa

지금 地金 oro in lingotti, lingotto ∗ **-본위제** standard d′oro

지금거리다 masticare ghiaioso [granuloso], essere ghiaioso ai denti

지금껏 finora, fino ad oggi, in questo momento

지급 支給 [공급] provvedimento, formitura, offerta, supplente, [지불] pagamento, assegno **-하다** dare, assegnare, ammettere, concedere, fornire [provvedere, rifornire]《una persona》con《qualche cosa》 ∗ **-액** un assegno, ammontare [importo] provveduto **-품** articoli fornito, forniture, offerte

지급 至急 urgenza estrema **-하다** (essere) urgente, insistente, pressante ¶ 지급히 urgentemente, con dispaccio, con fretta, il più presto possibile

지긋이 gentilmente, quietamente, teneramente

지긋지긋하다 ① [싫증] (essere) tedioso, faticoso, noioso, seccante ② [잔인] (essere) odioso, nauseante, detestabile, orribile, orrendo ¶ 생각만 해도 지긋지긋하다 Mi sento nauseante che pensare di questo.

지긋하다 essere anziano, essere ferrato ¶ 나이가 지긋한 사람 uomo anziano

찌끼 feccia, sedimento ⇒ 찌꺼기

-지기[1] area di terreno ∗ **닷말-** appezzamento di terra che scotta cinque mal di seme

-지기[2] [사람] custode, sorvegliante, guardia ¶ 산지기 guardia forestale

지기 知己 amico del cuore

지기 地氣 vapore della terra

지기지우 知己之友 amico che apprezza [elogiativo]

지나 支那 Cina ∗ **-해** il mare di Cina

지나가다 ⇒ 지나다

지나다 ① [통과] passare da, passare oltre, passare attraverso ¶ 문

앞을 지나다 passare dal porto ② [경과] passare, trascorrere, procedere, accendersi, scorrere ¶ 지난 달 il mese scorso // 지난 일 passato, cosa passata ③ [초과] spirare, finire, esalare, terminare ¶ 계약 기한이 지났다 Il contratto è scaduto.

지나새나 tutto il tempo, sempre

지나오다 [통과] passare da [attraverso], giungere a destinazione, [겪다] attraversare, scorrere, subire

지나치다 ① [과도] andare troppo in là, eccedere, giungere agli estremi, portare in là, fare troppo ② [지나가다] passare da, passare oltre ¶ 지나친 eccessivo, smodato // 지나치게 eccessivamente, smodatamente, indebitamente, ingiustamente, troppo // 지나치게 먹다 mangiare troppo // 운동을 지나치게 하다 fare troppo moto

지난 scorso, ultimo ¶ 지난 봄 primavera scorsa //지난 날 i giorni passati // 지난 번 tempo scorso, qualche tempo fa

지난 至難 difficoltà estrema **-하다** essere in massima difficoltà, essere vicino a(accanto a) impossibile, essere in difficoltà estremamente

지난번 ultimo, fine, tempo scorso, qualche tempo fa, prima di questo ¶ 지난번의 scorso, ultimo, precedente, primo, anteriore, recente

지남철 指南鐵 magnete

지남침 指南針 ago magnetico * **-방위** ritte rilevamento alla bussola

지내다 ① [세월을] passare il proprio tempo, guidare una vita, andare avanti, procedere, aver successo, [생활] vivere, formare un modo di vivere, guadagnare il proprio vivere ¶ 과부로 지내다 vivere in vedovanza ② [치르다] tenere, osservare ¶ 장사를 지내다 celebrare il funerale ③ [겪다] servire, attraversare, scorrere, esperimentare, provare

지내듣다 non far attenzione 《di》

지내보다 ① [겪어보다] attraversare, esperimentare, andare avanti, prosperare, far progressi ② [건성으로] essere insufficiente all'attenzione, ignorare [trascurare] indulgentemente, perdere la vista di

지네 【동물】 millepiedi

지노 紙- spago[corda] di carta ¶ 지노를 꼬다 intrecciare le carte in uno spago

지느러미 pinna * **등[가슴,꼬리]-** pinna dorsale [pettorale, codale], **배 -** pinna addominale

지능 知能 intelligenza, intelletto, facolta mentale ¶ 지능적 intellettuale, mentale * **-검사** prova [esperimento] d'intelligenza [mentale] **-지수** quoziente d'intelligenza

지니다 [휴대] portare 《con》, possedere, [소유] mantenere, ammettere, [간직] tenere, sostenere, prendere in considerazione, curare teneramente

지다[1] [패배] essere sconfitto, [굴

복] cedere, sottomettersi, [열등] essere inferiore《di》¶ 유혹에 지다 cedere alle tentazione

지다[2] [등에] sorreggere, sopportare, persistere, [의무를] dovere, essere indebitato [obbligato], [책임을] incaricarsi di, impegnarsi a, assumere una responsabilità ¶ 무거운 짐을 지다 sorreggere un carico pesante

지다[3] ① [잎 · 꽃이] cadere, sbiadire e cadere, essere perduto ¶ 지기 시작하다 cominciare a cadere ② [해 · 달이] tramontare, affondare, sprofondare, discendere ¶ 달이 졌다 La luna è tramontata. ③ [얼룩 따위가] essere macchiato, essere stinto ④ [없어지다] essere rimosso, distaccarsi ⑤ [장마 따위] ¶ 장마가 지다 La stagione piovosa è giunta. ⑥ [그늘 따위가] proiettare un′ombra, ombreggiare, prendere ombreggiato

찌다[1] [살이] diventare grasso, aumentare di peso ¶ 살찐 grasso, grosso, tozzo

찌다[2] [날씨가] essere afoso, essere umido, prendere il caldo bollente ¶ 찌는 듯한 더위 il soffocare per il caldo

찌다[3] [김으로] cuocere a vapore《patate》

-지다[1] [되다] essere, diventare, divenire, fare, cambiare ¶ 추워[더워]지다 raffreddarsi [scaldare]

-지다[2] [접미사] ¶ 기름지다 essere grasso [untuoso, oleoso]

지다위 -하다 [의지하다] contare, fare assegnamento su, [전가하다] imputare《un crimine all′ una persona》, passare una responsabilità su un altro

지당 至當 proprietà **-하다** (essere) proprio, naturale, ragionevole ¶ 지당한 요구 domanda ragionevole

지대 地帶 zona, regione, fascia ＊ **비무장-** zona di smilitarizzazione **중립-** zona neutrale

지대 至大 **-하다** (essere) grande, immenso, vasto ¶ 지대한 관심사 cosa di grande interesse

지대 地代 pigione [affitto] di terra

지대 支隊 forza distaccata [obiettiva], distacco (di truppe)

지대공 地代空 ＊ **-미사일** missile terra-aria

지대지 地代地 terra-a-terra ＊ **-미사일** missile di terra-a-terra

지덕 地德 effetto di buon auspicio del terreno

지덕 知德 conoscenza e virtù

지도 地圖 carta geografica, atlante (지도책), carta nautica (해도) ¶ 5만분지 1지도 carta geografica in scala da uno su cinquanta mila ＊ **역사-** atlante storico

지도 指導 guida, comando **-하다** guidare, indurre, condurre, indicare la via ¶ A씨의 지도 아래 sotto la guida del Signora A ＊ **-방침** la guida principale **-법** metodo di guida **-요강** manuale per guida **-원** insegnante, consigliere **-자** direttore, allenatore, capo, guida

지도리 cardine

지독 至毒 **-하다** (essere) rabbioso, crudele, immorale, bizzarro, vizioso, malevolo, [심하다] severo, intenso, estremo, terribile, spaventoso ¶ 지독한 구두쇠 avara severa

지동 地動 * **-설** la teoria Copernicano, il sistema copernicano

지둔 遲鈍 stupidità, ottusità, stolidità **-하다** (essere) stupido, lento, tardo

찌드럭거리다 importunare, seccare, stuzzicare, burlare

찌득찌득하다 (essere) duro, robusto, adesivo, appiccicaticcio

찌들다 [때가 끼다] diventare sporco, infangato [고생으로] (essere) pieno di preoccupazioni essere sfinito (esausto, logoro)

찡긋거리다 [눈을] ammicare a, [옷을 당기다] tirare 《una persona》 per la manica

지등롱 紙燈籠 lanterna di carta

지라 [비장] milza

지랄 attacco, epilettico, epilessia **-하다** perdere la linea, avere un attacco, impazzire * **-병** 【의학】 epilessia

지략 智略 strategia ¶ 지략이 풍부한 사람 una mente piena di risorse

지렁이 【동물】 verme ¶ 지렁이도 밟으면 꿈틀거린다 Anche un verme sarà girato

지레[1] leva * **-작용** azione di una leva, sistema di leve **-질** funziona come una leva

지레[2] [미리] anticipatamente, in anticipo

지레질 **-하다** alzare con una leva, far leva su

지레짐작 congettura, conclusione sconsiderata **-하다** congetturare, fare congetture, fare supposizioni, fare una conclusione frettolosa

지력 地力 fertilità di terra

지력 智力 capacità [facoltà] mentale, intelletto, mentalità

지력 地歷 geografia e storia

지력선 指力線 curva magnetica

지령 指令 ordine, notizia, direttiva, istruzione **-하다** ordinare, notificare, dirigere, dare istruzione * **-서** scritta d'istruzione

지론 持論 teoria prediletta, argomento sostegno

지뢰 地雷 mina di terreno ¶ 지뢰를 묻다 collocare una mina * **-지대** zona minata, campo minato

지루하다 (essere) tedioso ⇒ 지리하다

지류 支流 tributario, ramo di una corrente

지르다[1] [소리를] urlare, gridare, strillare, piangere ad alta voce ¶ 고함을 지르다 urlare, gridare // 비명을 지르다 strillare

지르다[2] ① [손 · 발로] calciare, spingere a calci ¶ 발로 옆구리를 지르다 dare il calcio da parte ② [꽂다] inserire, introdurre, ficcare, spingere ¶ 빗장을 지르다 chiudere la porta con catenaccio ③ [불을] ¶ 집에 불을 지르다 appiccare fuoco alla casa ④ [길을] ¶ 길을 질러가다 prendere una scorciatoia ⑤ [나무의 순을] ¶ 순을 자르다 escludere una gemma ⑥ [돈을]

scommettere, mettere in gioco ¶ 판에 돈을 지르다 fare una scommesso sulla tavola da gioco ⑦ [앞지르다] ¶ 질러가다 avanzare senza esitazioni di una persona

찌르다 ① [칼 따위로]forare, penetrare, pungere, ficcare, pugnalare ¶ 단도로 심장을 찌르다 pugnalare il cuore con uno stiletto ② [비밀을]informare 《contro》, raccontare, avvisare ③ [냄새가] essere odioso ④ [감정을] far male, dolere, ferire《il sentimento di una persona》, offendere 《una persona》 ⑤ [돈을] investire, spendere

지르되다 crescere lentamente, essere tardivo

지르르,찌르르 [기름기 따위가] il dribbiare, lucido con olio lubrificante, [뼈마디가] con un dolore sordo《nella congiunzione》

지르코늄 【화학】 zirconio 《Zr》

지르콘 【화학】 zircone

지르퉁하다 (essere) imbronciato, accigliato

지름 diametro * **반-** raggio, semidiametro

지름길 scorciatoia, via corta ¶ 지름길로 가다 prendere una scorciatoia, tagliare per i campi

지리 地理 lineamenti geografici, topografia, geografia (지리학) ¶ 지리적 위치[분포] posizione geografica * **동물-학** zoogeografia **인문-** geografia descrittiva

지리 地利 [유리한 지세] vantaggio geografico, [토지에서의 이익] profitto della terra

지리다 [냄새가] (essere) l′odorare di orina[urina]

지리다 [조금 싸다] macchiare [sporcare, inumidire] le mutande

지리멸렬 支離滅裂 incoerenza, il fare a pezzi **-하다** (essere) contraddittorio, incoerente, caotico ¶ 지리멸렬하게 되다 dividersi in condizione caotica

지리하다 支離- (essere) tedioso, noioso, fastidioso, monotono, [사람이 주어] essere annoiato, essere stanco, essere esausto 《di》, trovare una cosa monotona

지린내 odore di urine(orina)

-지마는 sebbene, benché, ma, eppure, tuttavia, nondimeno

지망 志望 voglia, desiderio, scelta (선택) **-하다** volere, desiderare, aspirare, scegliere, preferire ¶ 제 1 [2] 지망교 la scuola della prima [seconda] scelta * **-자** postulante, aspirante, candidato **-학과** corso desiderato **-학교** scuola di propria scelta, scuola preferita

지망지망 noncurantemente, negligentemente, disattentamente, sventatamente

지맥 支脈 [지선] sperone, affluente (광산의), [산맥의] ramo [diramazione] della catena di montagne

지맥 地脈 vena《di rocca, metallo》, vena minerale

지면 地面 superficie 《di terra》 (지표), terreno(지상), terreno(토지), lotto(건축용의) ¶ 넓은 지면

grande zona di terra

지면 紙面 carta, spazio(여백) ¶ 지면이 허락하면 se il spazio permette [ammettere]

지면 誌面 spazio [pagina] di una rivista [un giornale]

지명 地名 nome di un posto, designazione geografica * **-사전** dizionario geografico

지명 知名 reputazione [fama] vasta ¶ 지명인사 uomo di fama, celebrità

지명 知命 [50세] età di cinquanta [cinquantenne] **-하다** sapere il proprio destino

지명 指名 nomina, designazione **-하다** dare un nome, nominare, designare ¶ 대통령 후보자로 지명되다 essere nominato come Presidente

지모 智謀 ingenuità pratica, pienezza di risorse

지목 指目 **-하다** indicare, far notare, porre in rilievo, designare ¶ 범인으로 지목하다 punteggiare 《una persona》 come l′imputato

지목 地目 classificazione di terra * **-변경** cambiamento nella categoria di terra

지묵 紙墨 carta e inchiostro (di china)

지문 指紋 impronta digitale, ditata ¶ 지문을 남기다 lasciare le proprie ditate

지문학 地文學 fisiografia(자연지리학)

지물 紙物 merci di carta * **-포** magazzino delle merci di carta

지반 地盤 ① [땅바닥] terra ¶ 단단한 지반 terra solida[fissa] ② [근거] fondazione, [세력범위] circoscrizione elettorale, posizione (지위), territorio, campo, zona(영역) ¶ 지반을 구축하다 posare le fondazioni, prendersi cura degli elettori (정당이) * **-침몰** abbassamento della terra

지방 脂肪 grasso, sugna, brillantina, strutto(돼지의) ¶ 지방질의 grasso, untuoso, olioso * **-과다** in più [in eccedenza] di grasso, obesità **-물** materia grassa

지방 地方 località, distretto, regione, sezione, [시골] campagna, provincia, [부근] vicini, vicinanza, dintorni ¶ 지방적 locale, provinciale * **-검사** procuratore distrettuale **-공무원** impiegato pubblico servizio di locale **-관청** ufficio provinciale del governo **-단체** gruppo locale **-분권** decentramento di potere **-색** colore locale, localismo **-세** imposte locale, tasse locale **-순회** giro(turno) provinciale **-자치** indipendenza[autonomia] locale **-재판소** tribunale distrettuale **-판** edizione provinciale **-행정** amministrazione locale

지배 支配 [관리] controllo, [처리] amministrazione, [지휘] direzione, [통치] ordinanza **-하다** controllare, regolare, dominare, governare, ordinare, dirigere ¶ 지배를 받다 essere [mettere] sotto il controllo di * **-권** controllo, amministrazione **-계급** classe dirigente **-민족** razza di padrone **-자** governatore, sovrano

지배인 支配人 dirigente, direttore, esecutivo * **-대리** dirigente supplente **총-** direttore generale

지벅거리다 avanzare inciampando continuamente

지번 地番 tanto numero

지벌 地閥 posizione sociale e lignaggio

지변 地變 fenomeno geografico straordinario, calamità naturale, cataclisma

지병 持病 malattia cronica, disturbo antico

지복 至福 buono alto di più, feli-ci-tà(beatitudine) suprema

지부 支部 ramo《di una società, di una associazione》, capitolo

찌뿌드드하다 (essere) scomodo, sentirsi a disagio

찌부러뜨리다 sgonfiare, deflazionare, schiacciare

찌부러지다 essere sgonfiato, essere schiacciato, crollare

지부럭거리다 dar noia (a), seccare, importunare, stuzzicare, burlare

지분 脂粉 rossetto e cipria, cosmetici

지분거리다 stuzzicare, seccare, importunare

지불 支拂 pagamento, determinazione **-하다** pagare, sborsare, scaricare, schiarire(빚을), onorare(어음을), ripagare(부채를), riscattare(채권을) ¶ 지불을 청구하다 chiedere《a una persona》di pagare // 지불받는 사람 creditore, beneficiario // 지불 기한이 지나다 essere scaduto, essere in ritardo * **-고** ammontare pagato[pagabile, da pagarsi] **-계** cassiere del pagamento **-기일** data di pagamento **-능력** abilità [capacità] da pagare, solvibilità **-명령** ordine per pagare **-방법** termine di pagamento **-보증수표** assegno legalizzato **-불능** insolvenza **-어음** biglietto pagabile **-연기** rinvio (differimento) di pagamento **-인** debitore **-전표** carta di pagamento **-정지** sospensione di pagamento, sospensione in banca(은행의) **-지** posto di pagamento **-청구서** applicazione scritta per pagamento

지붕 tetto, cima di casa(옥상) ¶ 기와로 지붕을 잇다 coprire di tegole un tetto

지브랄탈 해협 -海峽 lo stretto di Gibilterra

지사 支社 diramazione (ufficio)

지사 志士 patriota

지사 知事 governatore provinciale ¶ 지사직 governatorato

지상 地上 terra ¶ 지상의 terrestre(천국에 대한), sulla terra * **-근무** servizio di terreno **-정비원** equipaggio di terreno **-부대** truppe di terra **-작전** operazione di terra **-표지** segno (marchio) di terra **-포화** fuoco di terreno

지상 紙上 sulla carta, in teoria, nel giornale ¶ 지상의 논쟁 battaglia sulla carta(in teoria) // 본지상에서 nella nostra colonna

지상 誌上 rivista ¶ 지상에 nella rivista[giornale]

지상 至上 supremazia ¶ 지상의 il più alto, supremo, sommo, estremo * **-권** supremazia, potere supremo **-명령** ordine supremo, imperativo categorico

지새다 spunta il giorno, albeggiare

지새우다 svegliarsi tutta la notte

지서 支署 ufficio di diramazione, subposto

지선 至線 linea ferroviaria《di ferrovia》, linea locale(지방철도의)

지성 至誠 sincerità perfetta, devozione ¶ 지성이면 감천이라 La sincerità muove il cielo

지성 知性 intelletto, intelligenza

지세 地勢 terreno(군사상의), topografia, lineamento geografico

지세 地稅 tassa di terra

지세 地貰 affitto del terrerno

지소 支所 diramazione (ufficio)

지속 持續 continuità, durata, continuazione **-하다** continuare, durare, restare, sostenere ¶ 지속적으로 durevole, permanente, continuo, non interrotto * **-기간** durata, periodo di vita **-력** tenacia, potere del sostenere **-성** durabilità

지수 指數 indice numerico, 【수학】 esponente * **-급수** serie esponenziale **물가-** indice dei prezzi **생활비-** indice del costo della vita

지스러기 sciupio, rifiuti, immondizia, scarto

지시 指示 direzione, istruzione, ordini, indicazione **-하다** dirigere, istruire, [가리키다] mostrare, indicare, far notare, porre in rilievo * **-대명사** pronome dimostrativo **-서** istruzione, ordini **-판** albo, indicatore stradale **-형용사** aggettivi dimostrativi

지식 知識 conoscenza, informazione (견문), cognizioni (소양), cultura, erudizione (학문) ¶ 빈약한 지식 conoscenza povera // 지식이 많은 사람 persona ben informata // 법률의 지식이 있다 avere conoscenza legale // 전문적 지식 conoscenza esperta [professionale] * **-계급** classe intellettuale **-인** intellettuale **예비-** conoscenza preliminare

지식욕 知識慾 sete di conoscenza, appetito intellettuale, desiderio d'imparare

지신 地神 divinità della terra

지실 知悉 **-하다** avere una conoscenza completa di, essere informato completamente

지심 地心 centro della terra, parte centrale della terra

지싯거리다 importunare, molestare, importunare con richieste con-tinue, chiedere persistentemente

지아비 marito

지압요법 指壓療法 terapia con pressione del dito

지어내다 [꾸며내다] coniare, inventare, comporre《una storia》, fabbricare ¶ 지어낸 말 storia artefatta[coniata]

지어미 moglie

지엄 至嚴 severità [rigidità] estrema **-하다** (essere) rigido estremamente

지에밥 riso cotto a vapore usato

per preparare il vino di riso

지역 地域 aerea, regione, zona, territorio ¶ 지역적 locale, regionale ∗ **-단체** società territoriale **-대표** unione delegata locale **-사회** comunità locale

지역권 地役權 sollievo, servitù ∗ **-자** proprietario di servitù

지연 遲延 ritardo, indugio, dilazione, rinvio, differimento **-하다** ritardare, differire, indugiare, essere in ritardo ¶ 오래 지연된 molto tempo differito

지연단체 地緣團體 società territoriale

지열 地熱 caldo sotterraneo

지열 止熱 diminuzione [abolizione] di febbre **-하다** la temperatura cade

지엽 枝葉 [가지와 잎] rami e foglie, [중요치 않은 일] dettaglio minore ¶ 지엽적인 secondario, d' importanza minore ∗ **-문제** problema secondario, problema subordinato

지옥 地獄 inferno ¶ 지옥과 극락 paradiso e inferno ∗ **교통-** ingorgo stradale **생-** inferno sulla terra **시험-** tortura d' esame

지용 智勇 saggezza e coraggio

지우 知友 amico vicino, amico del cuore

지우 知遇 amicizia affettuosa, beneficio, favore ¶ 지우를 입다 essere favorito con riconoscimento[amicizia] ∗ **-측량** indagine catastale

지우개 gomma(per cancellare), smacchiatore, tergicristallo

지우다[1] ① [등에] porre《qualche cosa》sulla schiena《di una persona》② [부담] incaricare《una persona con》il dovere, collocare un incarico su《una persona》¶ 책임을 지우다 [전가] riversare la responsabilità su qlcu., biasimare, incolpare qlcu.

지우다[2] [없애다] raschiare, cancellare ¶ 명부에서 이름을 지우다 cancellare un nome dalla lista

지우다[3] [숨을] morire, spirare, esalare l'ultimo respiro, [꽃을] spargersi fiori, [아이를] abortire

지우다[4] [이기다] sconfiggere, vincere, sopraffare, superare, battere ¶ 축구에서 상대방을 지우다 vincere il proprio avversario nel gioco del calcio

지우다[5] [형성] formare, comporre ¶ 그늘을 지우다 ombreggiare

지우산 紙雨傘 ombrello di carta

지원 支援 sostegno, appoggio, rinforzo **-하다** sostenere, appoggiare, dare un sostegno ¶ 정신적 지원 sostegno morale ∗ **-자** sostenitore, garante, patrono

지원 志願 [지망] desiderio, aspirazione, applicazione(신청), volontario(자원), **-하다** desiderare, applicare, offrire, volere ¶ 입학을 지원하다 fare domanda d' ammissione alla scuola ∗ **-서** applicazione scritta **-병** volontario **-자** postulante, candidato, volontario

지위 地位 [신분] posizione, condizione, stato, rango, [직업] posto, situazione, compito ¶ 사회

적 지위가 높은 사람 uomo di alto stato sociale // 책임있는 지위 posizione responsabile

지육 智育 educazione intellettuale [mentale], educazione [elevamento] mentale

지은이 scrittore, costruttore

지의 地衣 【식물】 lichene

지이프 jeep

지인 知人 conoscenza, conoscente

지자 智者 uomo saggio, saggio

지자 知者 uomo d' intelligenza, uomo di conoscenza e esperienza

지자기 地磁氣 magnetismo terrestre

지장 支障 difficoltà (곤란), [장애] impedimento, ostacolo, impaccio ¶ 지장이 없으면 se conveniente a te

지장 指章 impressione di pollice, stampa di pollice ¶ 지장을 찍다 sigillare con il pollice

지저귀다 cinguettare, pigolare, ciarlare, chiacchierare ¶ 새가 지저귀는 소리 il pigolare di uccello

지저분하다 (essere) confuso, in disordine, sporco, trasandato, sciatto ¶ 지저분한 방 camera in disordine, stanza sporca

지적 地籍 registro di terra, documento di registrazione di terra ＊ **-도** mappa di registrazione di terra

지적 指摘 il far notare, indicazione **-하다** far notare, indicare

지적 知的 ¶ 지적인 intellettuale, mentale

지전 紙錢 carta moneta, biglietto di banca

지절거리다 ciarlare, barbugliare

지점 地點 punto, posto, luogo, posizione

지점 支店 ufficio di diramazione ¶ 한국은행 광주지점 la Gwangju diramazione della Banca di Corea ＊ **-장** dirigente [direttore] di diramazione

지점 支點 [지레의] fulcro 【건축】 cuscinetto

지정 指定 appuntamento, designazione, assegnazione, specificazione **-하다** appuntare, assegnare, specificare, designare, nominare ¶ 지정한 물건 articolo specificato // 지정한 시간에 alle ore appuntato // 지정한 대로 come (da) specificato ＊ **-공장** fabbrica designata **-상인** mercante autorizzato **-석** posto riservato

지정학 地政學 geopolitica

지조 志操 principio, fermezza, integrità ¶ 지조를 지키다 essere fedele al proprio principio

지조 地租 imposta di terreno

지족 知足 **-하다** essere contento [soddisfatto] con

지존 至尊 Sua Maestà

지주 支柱 pilastro, sostegno, appoggio, supporto ¶ 일가의 지주 l′appoggio e il supporto della famiglia

지주 地主 proprietario terriero, padrone ＊ **-계급** classe fondiaria **대[소]-** grande[piccolo] proprietario terriero

지주 持株 presa di azioni, proprio titolo ＊ **-회사** compagnia di possesso

지주 蜘蛛【동물】ragno

지중 地中 ¶ 지중의 sotterraneo

지중 至重 **-하다** (essere) molto importante

지중해 地中海 Il Mediterraneo

지지 支持 sostegno, appoggio, rinforzo **-하다** sostenere, appoggiare, puntellare, approvare ¶ 여론의 지지 sostegno dell'opinione pubblica * **-자** sostenitore, sostegno

지지 地誌 topografia * **-학** la scienza della topografia

지지 遲遲 lentezza, rivestimento isolante **-하다** (essere) lento, tardo

지지다 [끓이다] cuocere a fuoco lento, [기름으로] friggere, [머리를] arricciare, [인두지 따위로] bruciare ¶ 생선을 지지다 cuocere il pesce a fuoco lento

지러지다 [놀라서] restringersi, sgomentarsi, farsi piccolo per timore, [병으로] indebolire

지지르다 ① [내리 누르다] premere, pesare ② [억누르다] tenere premuto un tasto

지지리 terribilmente, orribilmente, sorprendentemente ¶ 지지리 못생기다 essere brutto terribilmente

지지부진 遲遲不進 **-하다** fare progresso lento

지지하다 (essere) insignificante, banale, lieve, da poco, di nessun valore, immeritevole, indegno

지진 地震 terremoto, colpo (di terremoto), tremore terrestre ¶ 지진의 terremoto, sismico * **-계** sismografo **-관측** sismografia **-대** zona di terremoto **-학** sismologia **-학자** sismologo

지진아 遲進兒 ragazzo ritardato mentalmente, bambino ritardato

지질 地質 natura di suolo, caratteristica geologica * **-도** mappa geologica **-분석** analisi di suolo **-조사** indagine geologica **-학** geologia **-학자** geologo

지질 紙質 qualità di carta

지질리다 [눌리다] essere pesato 《con》, [억압당하다] essere sopraffato

지질펀펀하다 (essere) piatto, piano, disteso

지질하다 [지리하다] (essere) tedioso, noioso, fastidioso ¶ 지질한 놈 ragazzo di nessun valore [immeritevole]

지짐이 stufato ¶ 고기 지짐이 stufato di carne

지짐질 il friggere su pandella **-하다** friggere su pandella

지참 持參 il portare **-하다** portare, prendere 《una cosa》 con, sostenere ¶ 도시락을 지참했느냐? Avete portato il pranzo? * **-금** dote, porzione di matrimonio **-인** portatore

지척 咫尺 distanza di molto breve ¶ 지척지간이다 essere molto vicino, essere dentro un piede

지척거리다 arrancare

지청 支廳 ufficio di diramazione

지체 lignaggio, stirpe, discendenza ¶ 지체가 높은 di alto lignaggio, di stirpe nobile

지체 肢體 le arti e il corpo

지체 遲滯 ritardo, differimento, dilazione, arretrato **-하다** ritardare, differire, essere rallentato, rimandare, essere in ritardo ¶ 지체없이 senza ritardo, immediatamente

지축 地軸 asse della terra

지출 支出 [비용] spesa, costo, consumo, [수입에 대한] sborsamento, spesa, aggravio **-하다** spendere, pagare, sborsare, appropriare ¶ 수입과 지출 entrata e spesa

지층 地層 strato geologico, strato

지치다 (essere) esaurito, affaticato, sfinito, stancato ¶ 몹시 지치다 essere stancato [consumato] completamente, essere esaurito

지치다 [얼음을] scivolare, pattinare ¶ 얼음을 지치다 pattinare sul ghiaccio

지치다 [문을] chiudere la porta senza il stringere, chiudere la porta delicatamente

지침 指針 [자석의] ago al compasso, [기계의] indicatore, [시계의] lancetta dell' orologio, [지표] guida * **압력-** indicatore di diagramma **수험 -서** guida per l'esame

지칭 指稱 designazione **-하다** designare, nominare

지키다 ① [방어] difendere《dal contro》, proteggere, custodire ¶ 자기를 지키다 difendere sé stesso ② [감시] osservare, guardare ¶ 집을 지키다 badare a casa ③ [고수] aderire strettamente, mantenere, custodire, rimanere fedele(절개를) ¶ 중립을 지키다 osservare la neutralità ④ [약속따위] conservare, conformarsi, osservare ¶ 법을 지키다 osservare la legge

지탄 指彈 **-하다** [손가락을 튀기다] dar buffetti, fare lo schiocco con le dita, [배척] sfuggire, evitare, dare l' ostracismo

지탱 支撑 mantenimento, preservazione, sostegno **-하다** mantenere, sostenere, preservare, sopportare, porgere, conservare ¶ 건강을 지탱하다 preservare la propria salute

지통 止 **-하다** calmare, lenire[alleviare, respingere] dolore * **-제** anodino, calmante

지파 支派 ramo laterale, setta, germoglio, ramo cadetto di una famiglia

지팡이 bastone, bacchetta, bastone da passeggio ¶ 지팡이를 짚고 다니다 riportare un bastone

지퍼 cerniera

지편 紙片 pezzo di carta

지평 地平 orizzonte, contro il cielo, profilo dei monti **-선** orizzonte, linea orizzontale

지폐 紙幣 carta moneta, moneta corrente, biglietto di banca ¶ 100원 짜리 지폐 nota di centowon * **-발행** emissione di carta moneta **-유통고** circolazione di carta moneta **불환-** nota inconvertibile **위조-** nota contraffatta **태환-** nota convertibile

지표 指標 indice【수학】caratteristica

지표 地表 superficie di terra

지푸라기 pezzo di paglia

찌푸리다 [날씨가] nuvola su, essere nuvoloso, [얼굴을] aggrottare ¶ 얼굴을 찌푸리고 con cipiglio // 눈살을 찌푸리다 aggrottare le proprie sopracciglia

지피다 bruciare, ardere, infiammarsi, fare un fuoco

지필 紙筆 *-**묵** carta, spazzola per scrivere e penne d' inchiostro

지하 地下 ¶ 지하의 sotterraneo // 지하에 sotterraneo, nella tomba(묘속에) * -**도** passaggio sotterraneo, sottopassaggio -**수** acqua sotterranea -**수로** canale, condotto sotterraneo -**실** seminterrato, cantina, scantinato -**운동** movimento [attività] sotterraneo -**자원** risorsa sotterranea -**철도** ferrovia sotterranea, metropolitana

지학 地學 geografia fisica

지함 紙函 scatola di cartone, centro di bersaglio

지핵 地核 centro del globo

지향 指向 direzione fissata, il punteggiare -**하다** mettere una punta《a posto》, riguardo a, in direzione di ¶ 지향없이 senza scopo

지향 志向 intenzione, punto di mira -**하다** intendere, destinare

지혈 止血 otturazione del sanguinare -**하다** interrompere il sanguinare[emorragia] * -**대** laccio, pinza emostatica -**법** trattamento emostatico -**제** emostatico, astringente, emorragia

지협 地峽 istmo, ponte di terra ¶ 지협의 istmico

지형 地形 topografia, configurazione della terra, tratti geografici ¶ 지형(학)상의 topografico

지형 紙型 forma di carta, stampo di cartapesta

지혜 知慧 intelligenza, saggezza, ingegno ¶ 지혜있는 saggio, intelligente, sagace, pieno di risorse

지호 指呼 il chiamare con un cenno -**하다** far un cenno《a una persona》

지화 指話《usare》lingua di dito

지화자 un segno per segnare il tempo nell'accompagnare il cantare o il ballare

지환 指環 anello

지휘 指揮 comando, ordine, [지시] direzione -**하다** comandare, assumere comando di, ordinare, condurre, dare istruzione, di-ri-ge-re, controllare, amministrare ¶ 지휘하에 sotto il comando [direzione] di *-**관** comandante -**봉** bastone (di poliziotto), bacchetta (di direttore d' ochestra) -**자** direttore, conduttore(음악의), capopartito

찍 fantastico [straordinario] e furioso [violento]

직 職 [일자리] impiego, lavoro, impresa, [직업] occupazione, [직무] dovere, [관공직] ufficio

직 直 ① [당번] obbligo, veglia, guardia ② [곧은] diritto, liscio

직각 直角 perpendicolare ¶ 직각의 rettangolare, perpendicolare * -**삼각형** triangolo, rettangolo

직각 直覺 intuizione, intuito, il sesto senso(제육감) ¶ 직각적 intuitivo

직간 直諫 **-하다** rimproverare《una persona》 faccia a faccia [alla faccia di una persona]

직감 直感 intuizione, percezione **-하다** percepire immediatamente ¶ 직감적으로 intuitivamente, per intuizione

직거래 直去來 affare[operazione] diretto(a)

직격 直 colpo diretto * **-탄** colpo diretto, bomba diretta

직결 直結 connessione diretta, innesto diretto(전기) **-하다** collegare [accoppiare, unire] direttamente《con》 ¶ 직결되다 essere collegato direttamente, essere unito direttamente

직경 直徑 diametro, distanza attraverso ¶ 직경 5미터 cinque metri di diametro

직계 直系 linea diretta (di una famiglia), discendente diretto (사람) ¶ 직계의 in linea diretta * **-가족** membri di famiglia nella linea diretta **-자손** discendente diretto **-존속[비속]** ascendente in linea diretta, discendenti diretti

직계 職階 classe della propria posizione * **-제도** sistema di classificazione

직고 直告 l'informare sinceramente **-하다** informare veramente

직공 職工 operaio, lavoratore, lavorante * **-장** capo-officina, caporeparto

직관 直觀 intuizione, il sesto senso

직구 直球 【야구】 pallone liscio [diritto]

직권 職權 autorità ufficiale, funzione, competenza, abilità ¶ 직권외의 fuori di propria autorità // 직권에 의하여 in virtù della propria carica

직녀 織女 ① [사람] tessitrice ② [직녀성] la stella, Vega nella costellazione Lyra

직능 職能 funzione * **-급** a seconda che funziona **-대표(제)** rappresentazione professionale

찍다 ① [도장을] timbrare, stam-pigliare, stampare, sigillare, imprimere, (인각) ¶ 도장을 찍다 concludere, porre un timbro, stampare un timbro ② [묻히다] intingere ¶ 잉크를 찍다 immerge la penna nel inchiostro ③ [점찍다] collocare un punto, mettere un punto, marcare i punti ④ [눈여겨두다] delimitare, separare ¶ 도둑이 전부터 그 집을 털려고 점찍고 있었다 Il ladro ha delimitato quella casa per furto con scasso. ⑤ [도기 따위로] spaccare 《con una scure》, tagliare, fare a pezzi(조각조각), intagliare, [차표를] perforare ⑥ [찔러 꿰다] forare, penetrare, traffigere ¶ 작살로 고기를 찍다 tragiggere un pesce con la lancia ⑦ [사진을] ¶ 사진을 찍다 scattare un istantanea, fare una foto

직답 直答 risposta pronta, risposta immediata **-하다** dare una risposta pronta all improvviso

직렬 直列 【전기】 serie elettrica * **-회로** circuito serie

직류 直流 【전기】 corrente diretta * **-발전기**[발동기 · 전압기]

dinamo [generatore, convertitore] di corrente diretta

직립 直立 posizione diritta [eretta] **-하다** stare in posizione eretta[diritta, ritta] ¶ 직립한 in linea retta, in modo eretto, perpendicolare, in posizione eretta

직매 直賣 vendita diretta **-하다** vendere diretto, vendere direttamente * **-소** magazzino [deposito] di vendita diretta

직면 直面 **-하다** fronteggiare, affrontare, essere affrontato a ¶ 죽음에 직면하다 fronteggiare [essere affrontato a] morto

직무 職務 dovere, obbligo, incarico, funzione ¶ 직무상의 ufficiale // 직무상 ufficialmente, in obbligo // 직무를 수행하다 eseguire [compiere, scaricare, realizzare] il proprio dovere, fare proprio lavoro * **-관리** amministrazione funzionale **-규정** regolamento d' ufficio

직물 織物 tessuto, tessile, stoffa * **-공업** industria del tessile **-류** stoffa, drappeggio **-상** negoziante di tessuti e confezioni **-시장** mercato di stoffa **-업** commercio di tessuti, il confezionare di tessile **면[견, 보]-** tessuti di cotone [seta, lana]

직분 職分 dovere ¶ 직분을 다하다 fare il proprio dovere

직사 直射 [포화의] fuoco diretto, fuoco frontale, raggio(del sole) diretto(일광의) **-하다** [포화를] far fuoco direttamente, [태양 따위가] splendere direttamente su ¶ 일광의 직사를 받다 essere esposto direttamente dal sole * **-포** cannone per fare fuoco diretto

직사각형 直四角形 【수학】 forma rettangolare, rettangolo

직삼각형 直三角形 【수학】 triangolo rettangolo

직선 直線 linea diretta[liscia], linea d' aria ¶ 직선의 in linea retta, rettilineo * **-구간** tangente **-코오스** corso diritto, linea diritta

직설법 直說法 【문법】 modo indicativo

직성풀리다 直星- essere soddisfatto, sentirsi liberato

직소 直訴 appello [ricorso, petizione] diretto

찍소리 pigolio, [한마디] una parola, sillaba ¶ 찍소리 없이 복종하다 ubbidire senza un uggiolio

직속 直屬 proprieta diretta **-하다** appartenere direttamente, essere sotto controllo diretto ¶ 직속의 sotto controllo immediato [diretto]

직송 直送 distribuzione diretta **-하다** spedire direttamente

직수굿하다 (essere) docile, ubbidiente, sottomesso

직수입 直輸入 importazione diretta **-하다** importare《una cosa》direttamente《da》

직수출 直輸出 esportazione diretta **-하다** esportare《merci》diretto《a》

직시 直視 il guardare《una persona》di fronte a **-하다** guardare direttamente, guardare《una persona, una cosa, un fatto》 di fronte a

직언 直言 discorso chiaro, conversazione diritta **-하다** parlare sinceramente, parlare senza riserva, dire francamente

직업 職業 occupazione, lavoro vitale, opera, mestiere, professione ¶ 직업적 professionistico, professionale * **-경력** primato [stato di servizio] di lavoro **-군인** soldato professionale **-대표제** sistema di rappresentante professionale **-별 전화부** elenco telefonico classificato **-병** malattia professionale **-여성** donna professionale, ragazza d'ufficio(사무원) **-소개소** agente d'occupazione

직역 直譯 traduzione letterale **-하다** tradurre letteralmente

직영 直營 amministrazione diretta **-하다** controllare [operare, amministrare] direttamente ¶ 정부 직영이다 essere sotto amministrazione diretta del governo * **-사업** impresa sotto controllo diretto

직원 職員 sostegno, personale, corpo insegnante(대학 따위의), [개인] membro di personale, impiegato ¶ 직원일동 tutti (i membri) dei personali

직유 直喩 similitudine

직인 職印 timbro ufficiale

직임 職任 lavori di carico

직장 直腸 【해부】 retto ¶ 직장의 rettale

직장 職場 posto di lavoro, area fabbricabile di lavoro, [공장] officina, laboratorio, bottega

직장 長 capo-officina, caporeparto, capomastro

직전 直前 ¶ 시험 직전에 prima dell'esame

직접 直接 [부사적] direttamente, immediatamente, personalmente, di persona ¶ 직접적 diretto, immediato, personale * **-거래** commercio diretto **-교섭** trattativa diretta **-목적어** 【문법】 oggetto diretto **-세** imposte dirette **-화법** 【문법】 narrazione diretta, discorso diretto

직제 制 organizzazione d' ufficio, organizzazione di sostegno

직조 織造 tessitura, il tessere **-하다** tessere

직종 職種 tipo [genere] di occupazione, categoria occupazionale ¶ 직종별로 da classificazione di lavoro, dall'occupazione * **-별 임금** salario prevalente dall' occupazione

직직 ① [긋는, 찢는 소리] ripetutamente scritto il tratto o il strappare di carta ② [신발을 끎] lo strascicare, il camminare strascicando i piedi

직직거리다, 찍찍거리다 strascicare le scarpe

직진 直進 **-하다** andare rettamente

직책 職責 responsabilità d' ufficio, dovere, obbligo

직통 直通 comunicazione diretta, [신호의] coda diretta **-하다** comunicare direttamente, essere in comunicazione diretta * **-열차** treno diretto **-전화** (telefonata) interurbana, servizio di telefonata

diretta
직필 直筆 **-하다** scrivere evidentemente
직할 直轄 controllo diretto **-하다** controllare immediatamente, tenere sotto giurisdizione diretta ¶ 문교부 직할 학교 scuola sotto controllo diretto del Ministero dell'Educazione
직함 職銜 titolo della posizione, proprio titolo ufficiale
직항 直航 **-하다** navigare diretto ∗ **-로(선)** linea diretta[vapore diretto]
직행 直行 l'andare diritto **-하다** andare diretto, [기차가] scorrere direttamente
직활강 直滑降【스키】discesa diretta
직후 直後 ¶ 직후에 dopo immediatamente[direttamente]
찍히다 prendere stampato, [사진이] essere preso da una foto
진 辰 segno di drago
진 津 [나무의] resina, [생리작용의] secrezione, [담배의] nicotina ∗ **담배-** catrame (di tabacco) **송-** resina di pino
진 陣 [진형] ordine di combattimento, [진영] campo militare, [진지] posizione, [대열] linee ¶ 진을 치다 rizzare un campo, accampare, essere collocato ∗ **장사-** linea lunga
진- 眞 reale, vero, genuino ∗ **-상** verità, vero, fatto reale
진가 眞價 valore reale [vero], pregio[merito] reale[intrinseco]
진가 眞假 vero e falso, reale e inganno
진갑 進甲 compleanno del sessantunesimo anno ∗ **-잔치** celebrazione di compleanno del sessantunesimo
진개 塵芥 polvere e sporcizia, immondizie
진객 珍客 ospite raro
진걸레 straccio umido per lavare il pavimento
진격 進擊 attacco, offensiva, forte colpo, avanzamento **-하다** fare un forte colpo contro a, attaccare ∗ **-군** truppe dell'attaccare **-명령** l'ordine di avanzamento
진공 眞空 vuoto, vuoto pneumatico ¶ 진공의 vacuo, cavo, infossato ∗ **-관** valvola[tubo] vuota
진구렁 pantano, fango ¶ 진구렁에 빠지다 far entrare in una buca di fango
진국 眞- ① [국물] liquore non diluito ② [사람] persona semplice[ingenuo]
진군 進軍 marcia, avanzamento **-하다** mettersi in marcia《contro il nemico》, fare un forte colpo《contro a》¶ 진군을 명령하다 ordinare l'avanzamento ∗ **-가** marcia
진귀 珍貴 preziosità **-하다** (essere) raro e prezioso, inestimabile, costoso
진급 進級 promozione **-하다** essere promosso a, ottenere promozione ¶ 진급시키다 promuovere《una persona》a, avanzare《una persona》∗ **-시험** esame per promozione
진기 珍奇 rarità, radezza, novità

-하다 (essere) raro, insolito, curioso, singolare, bizzarro, omosessuale ¶ 진기한 현상 avvenimento raro, fenomeno strano

진날 giorno piovoso

진노 震怒 ira, rabbia, collera **-하다** scoppiare con ira, essere arrabbiato

진눈 occhi confusi

진눈 nevischio, neve umida

진눈깨비 nevischio ¶ 진눈깨비가 내린다 Cadere neve mista ad acqua

진단 診斷 diagnosi **-하다** diagnosticare, fare una diagnosi di, esaminare ¶ 의사의 진단을 받다 consultare un medico, essere sottoposto a esame medico * **-서** certificato del medico, diagnosi **건강-** esame medico, visita medica generale **조기-** diagnosi scoperta presto

진달래 【식물】 azalea

진담 眞談 conversazione seria, discorso solenne[serio] ¶ 농담을 진담으로 듣다 prendere un scherzo seriamente

진땀 津- ¶ 진땀이 나다 essere sottoposto a terribile avversità

진대 seccatura, il seccare ¶ 진대 붙이다 dar noia《una persona》, scroccare, vivere alle spalle di

진도 震度 intensità sismica

진동 振動 vibrazione, oscillazione, colpo vibrato, dondolio(시계추의) **-하다** far vibrare, oscillare, dondolare * **-시간** durata di sisma (지진의) **-파** ondata di terremoto

진두 陳頭 ¶ 진두 지휘하다 comandare il direttore dell'esercito

진드기 【동물】 acaro, zecca, pidocchio ¶ 진드기 같이 달라붙다 attaccarsi a《una persona》come un acaro, aggrapparsi a《una persona》come un acaro

진득거리다 ① [들러붙다] incollare per sempre ② [검질기다] essere testardo [ostinato]

진득이 gravemente, pazientemente, posatamente

진득진득 testardamente, rigido **-하다** (essere) appiccicaticcio, adesivo, viscoso

진득하다 (essere) quieto e serio, paziente, calmo, ardente ¶ 진득하게 gravamente, dignitosamente

진디 【곤충】 pidocchio di un pianta, afidi

진딧물 tana[nido] degli afidi

진력 盡力 sforzo, esercizio, tentativo, [알선] servizi **-하다** fare uno sforzo, sforzarsi, usare la propria influenza, [타인을 위하여] rendere servizi, tentare ¶ 그는 나를 위해서 진력해 주었다 Lui ha fatto tutti gli sforzi per aiutarmi

진력나다 盡力- essere sofferente [morboso]《di》

진로 進路 corso, direzione, via, percorso ¶ 진로를 바꾸다 cambiare [modificare] il proprio corso

진료 診療 esame medico e trattamento **-하다** diagnosticare e trattare, dare un trattamento medico ¶ 진료를 받다 ricevere un trattamento medico, essere trattato, consultare un medico * -소 clinica, ufficio medico -시간 ore di consultazione

진리 眞理 verità, fatto ¶ 진리를 탐구하다 aspirare alla verità

진맥 診脈 esame dal polso **-하다** sentire il polso, esaminare il polso

진면목 眞面目 proprio carattere vero

진멸 殄滅 annichilamento **-하다** annichilare, sterminare

진묘 珍妙 rovina, stranezza, originalità **-하다** (essere) strano, originale, eccentrico, bizzarro

진무르다 scoppiare da ferito, essere infiammato

진문 珍問 domanda strana [incomprensibile] * **-진답** domanda incomprensibile e risposta ingarbugliata

진문 珍聞 novità(새로운), storia strana[curiosa](기담), rivelazione(새로운 사실)

진물 sanguinare per la ferita, secrezione della ferita

진미 珍味 cibo di gusto delicato, delicatezza, leccornia ¶ 계절의 진미 tutte le ghiottonerie della stagione

진미 眞味 [참맛] gusto vero, [참뜻] significato reale

진발 piede fangoso

찐빵 pane cotto a vapore

진배없다 essere simile, essere come buono

진버짐 eczema, tricofizia

진범 眞犯 vero colpevole

진범인 眞犯人 imputato vero, criminale reale

진법 陣法 disposizione di truppe, formazione di battaglia * **공격-** disposizione del attaccare

진보 珍寶 tesoro, oggetti di valore, preziosi

진보 進步 progresso, avanzamento, miglioramento **-하다** avanzare, progredire, migliorare, portarsi innanzi, far progredire ¶ 진보적 progressivo * **-당** la Parte Progressiva **-주의** progressismo **-주의자** progressista

진본 珍本 libro raro

진본 眞本 [책의] copia originale, [서화의] scrittura [dipinto] genuina[sincera]

진부 眞否 verità o falsità, autenticità ¶ 진부를 확인하다 assicurarsi la realtà

진부 陳腐 banalità, tritolo, **-하다** (essere) trito, privo di originalità, antiquato, stantio, esaurito, fuori moda, comune ¶ 진부한 표현 espressione trita

진사 陳謝 giustificazione **-하다** scusarsi, esprimere il proprio rimpianto

진상 眞相 la verità 《su una faccenda》, fatto reale[vero], lo stato reale d'affare ¶ 진상을 규명하다 venire a fonda di rocca

진상 進上 **-하다** regalare al re, offrire a

진서 珍書 libro raro, volume accumulato

진선미 眞善美 la verità, il buono e il bello

진성 眞性 [천부] proprio carattere

vero, [진짜] genuità, sincerità ¶ 진성의 genuino

진세 塵世 mondo, questo sporco mondo

진솔 [새 옷] vestiti di nuovo, [모시옷] vestiti confezionali in primavera o in autunno * **-저고리** giacca nuovo di zecca

진수 珍羞 leccornie rare, delicatezza * **-성찬** ogni sorta di delicatezza

진수 眞髓 essenza, quintessenza, parte centrale, nucleo, personificazione

진수 進水 varo **-하다** essere varato varo《di una nave》 * **-대** piattaforma di varamento **-식** cerimonia di varo

진술 陳述 esposizione, dichiarazione, [증언] testimonianza **-하다** dichiarare, affermare, spiegare, esporre ¶ 허위진술하다 fare un′ esposizione falsa * **-서** esposizione scritta

진실 眞實 verità, sincerità, realtà **-하다** (essere) vero, sincero, reale, fedele ¶ 진실로 veramente, davvero, in realtà, sinceramente

진실성 眞實性 fedeltà, obbedienza, lealtà, [성명 따위의] la verità, [보고서 따위의] l′autorità, credibilità

진심 眞心 cuore sincero [vero], sincerità ¶ 진심으로 감사하다 ringraziare《a una persona》con cuore sincera

진압 鎭壓 soppressione, soggiogamento, asservimento, repressione **-하다** sopprimere, reprimere, soggiogare, asservire, deporre《una ribellione》, calmare《una rivolta》

진앙 震央 epicentro

진애 塵埃 polline, ceneri, sporcizia

진액 津液 resina, linfa ¶ 진액이 나는 resinoso, succoso, pieno di linfa

진언 進言 consiglio, avviso, offerta, oblazione, suggerimento **-하다** consigliare, suggerire, proporre, consultarsi

진열 陳列 esposizione, mostra, esibizione, ordinamento **-하다** esporre, mostrare, [배열] ordinare ¶ 진열되어 있다 essere in mostra * **-관** museo, [그림의] galleria **-실** sala d′esposizione **-장** vetrinetta **-창** finestra[vetrina] per la mostra **-품** raccolta di oggetti esposti ad una mostra, articolo in mostra

진영 眞影 ritratto, descrizione, disegno

진영 陣營 campo, parte, regione, blocco ¶ 공산진영에 가담하다 collegare in campo di Comunista * **민주-** il campo democratico

진용 陣容 apparato di battaglia, formazione di combattimento, [야구 따위의] l′allineare ¶ 진용을 갖추다 allnearsi per battaglia

진원 震源 centro sismico, epicentro

진위 眞僞 verità o falsità, verità, autenticità

진의 眞意 [본심] intenzione reale, [참뜻] significato vero

진의 眞義 significato vero

진인 眞因 causa [motivo] reale

진일 lavoro domestico umido

진입 進入 penetrazione, introduzione, entrata《in un posto》, ammissione **-하다** penetrare[marciare] in, entrare, andare in ∗ **-구** una parte d′ammissione

진짜 articolo genuino [reale], cosa reale ¶ 진짜의 genuino, vero, reale, naturale(인공에 대하여), autentico

진자 振子 pendolo

진자리 ① [바로 그 자리] il posto, il luogo ¶ 진자리에서 subito, sul luogo ② luogo macchiato dalla urina o dalle feci dei bambini

진작 ① [곧] subito, improvvisato, immediatamente, prontamente ② [더 일찍] prima di più

진작 振作 lo stimolare, entusiasmante

진재 陳材 vecchio medicinale d′erba

진재 震災 disastro di terremoto, terremoto(지진) ∗ **-지** zona di terremoto

진저리 ① [떨림] tremarella dopo l′orinare, tremito, brivido ¶ 진저리 나다 rabbrividire dopo l′orinare, tremare di paura ② disgusto

진저 에일 bevanda allo zenzero

진전 進展 sviluppo, evoluzione, progresso **-하다** sviluppare, fare progresso ¶ 원활하게 진전되다 andare in lisciamente, fare buon progresso

진절머리 disgusto, ripugnanza ¶ 진절머리 나다 essere disgustato con, essere morboso

진정 眞正 **-하다** (essere) genuino, reale, vero

진정 眞情 sentimento vero, cuore vero ¶ 진정의 vero, sincero, serio // 진정으로 veramente, sul serio, di vero cuore

진정 陳情 rappresentazione, petizione, appello **-하다** presentare una supplica, fare una rappresentazione[petizione]《al governo》¶ 진정을 받아들이다 accettare una rappresentazione [petizione] **-서** petizione scritta, petizione **-자** supplicante

진정 鎭靜 quieto, calmo **-하다** diventare calmo[quieto], calmarsi, [고통 따위] essere alleviato ¶ 마음을 진정시키다 calmarsi ∗ **-제** sedativo, tranquillante, ansiolitico

진종일 盡終日 il giorno intero, tutto il giorno

진주 眞珠 perla ¶ 진주색 grigio perla ∗ **-양식** coltura di perla **-양식장** letto di perla **-조개** ostrica perlifera **모조-** perla d′imitazione **양식-** perla coltivato **인조-** perla artificiale

진주 進駐 l′occupare e il sostare **-하다** avanzare in e rimanere ∗ **-군** truppe d′occupazione

진주만 眞珠灣 Porto di perle

진중 珍重 **-하다** (essere) valutabile, prezioso, costoso

진중 陳中 ¶ 진중에서 nella parte anteriore, nel rango, in campo ∗ **-근무** incarico di campo **-생활** vita di campo

진중 鎭重 **-하다** (essere) gentile, posato, riservato, dignitoso

진지 riso, pasto

진지 陣地 posizione, accampamento, campeggio, quartiere ¶ 진지를 철수하다 evacuare[ritirare da] una posizione

진지 眞摯 serio, sincerità **-하다** (essere) serio, importante, sincero, sobrio ¶ 진지하게 seriamente, sul serio

진진 津津 **-하다** essere colmo, essere pieno fino all'orlo, essere pieno di, essere sovrabbondante ¶ 흥미 진진하다 essere molto interessante

진집 apertura, principio

진찰 診察 esame medico, diagnosi (진단) **-하다** esaminare, guardare 《un paziente》, diagnosticare ¶ 진찰을 받다 consultare un medico * **-권** biglietto di consultazione

진창 fango, un posto fangoso [infangato] ¶ 진창속에 빠지다[비유적] essere impantanato, mettersi in un bel pantano

진척 進陟 ① [일의] avanzamento, progresso **-하다 [일이]** fare un progresso, avanzare, progredire ② [계급이] promozione, avanzamento **-하다** essere promosso [avanzato]

진체 振替 trasferimento, cambiamento ¶ 진체 구좌 번호 numero di conto del trasferimento postale

진출 進出 avanzamento【군사】 sbocco, [진입] entrata, ingresso **-하다** avanzare, sboccare, [발전] penetrare ¶ 문단에 진출하다 fare un debutto in lettere // 해외 시장에 진출하다 intaccare il mercato forestiero[estero]

진취 進取 progressione, iniziativa, **-하다** (essere) progressivo, intraprendente, energico ¶ 진취의 기상 spirito progressivo[intraprendente]

진치다 陳- accampare, raccogliere un posizione

진탕 -宕 contento di vero cuore ¶ 진탕 먹다[마시다] mangiare [bere] a sazietà

진탕 震湯 commozione cerebrale, collisione * **뇌-** commozione cerebrale

진토 塵土 polvere e sporcizia

진통 陣痛 doglia, dolore, spasimo, dolore fortissimo di parto(분만시의) ¶ 진통중이다 avere le doglie

진통 鎭痛 alleviamento del dolore **-하다** sollevare[alleviare] il dolore * **-액** liquido di anodino **-제** anodino, analgesico

진퇴 進退 [운동] avanzamento e ritirata, [거동] atteggiamento, [거취] il rinunciare e il rimanere in ufficio

진퇴양난 進退兩難 dilemma, situazione difficile, impiccio ¶ 진퇴양난이다 essere in un dilemma, essere nella situazione difficile

진펄 palude, acquitrino

진폐(증) 塵肺(症)【의학】pneumoconiosis

진폭 振幅【물리】ampiezza di vibrazione * **-변조** modulazione d'amplitudine

진품 珍品 articolo raro
진품 眞品 articolo reale [genuino]
진필 眞筆 proprio scrittura, autografo, scrittura genuina
진하다 津- [빛깔이] (essere) scuro, profondo, [국물 따위가] denso, torbido, grave ¶ 진한 푸른빛 azzuro profondo, blu scuro
진하다 盡- [다하다] essere esaurito, essere consumato ¶ 기운이 진하다 sentirsi esaurito
진학 進學 **-하다** entrare in possesso di uno studio, entrare a scuola di alto grado ¶ 대학에 진학하다 andare all′università
진항 進航 **-하다** navigare fuori, (andare a vapore di navi), avanzare di macchine a vapore, procedere * **-속도** movimento in avanti, l′avanzare di una nave nel mare
진해 震駭 terrore, orrore **-하다** essere spaventato [colpito]
진해제 鎭咳劑 rimedio di tosse
진행 進行 progresso, avanzamento, movimento **-하다** fare progresso [movimento in avanti], avanzare, procedere ¶ 착착 진행하다 fare un progresso continuo // 순조롭게 진행하다 avanzare favorevolmente
진헌 進獻 **-하다** presentare i doni al re
진형 陳形 formazione di battaglia, schiera di combattimento
진혼 鎭魂 serenità d' anima * **-곡** requiem
진홍 眞紅 cremisi, colore scarlatto ¶ 진홍의 cremisi, cardinale
진화 進化 evoluzione(생물의), sviluppo(발달) **-하다** evolversi, sviluppare * **-론** teoria d′evoluzione **-론자** evoluzionista
진화 鎭火 lo spegnere un fuoco **-하다** spegnere, estinguere, tenere sotto controllo
진휼 賑恤 sollievo, ristoro, soccorso **-하다** sollevare, soccorrere 《gente colpito da carestia》, dare sollievo a
진흙 sozzura, fango, melma, pantano, [차진 흙] argilla, creta, ceneri ¶ 진흙 투성이의 fangoso, infangato, coperto con fango
진흥 振興 promozione, sviluppo, incoraggiamento **-하다** sviluppare, far crescere, [조성] promuovere, avanzare, incoraggiare ¶ 무역을 진흥하다 promuovere[stimolare] mestiere estraneo * **-책** provvedimento [mi-sura] per la promozione
-질 (l′atto di) il fare ¶ 양치질 il risciacquare la bocca // 톱질 lo segare
질 帙 ① [책갑] custodia avvolgibile per i libri ② [한벌] serie completa di libri
질 膣 vagina * **-구[벽]** apertura [parete] vaginale
질 質 [물질] qualità, [소질] natura, [성격] carattere, [기질] temperamento ¶ 질적인 qualitativo // 질적으로 qualitativamente
질겁하다 (essere) spaventato [sgormentato], sbalordito, terrorizzato, sorpreso
질겅질겅 ¶ 질겅질겅 씹다 masticare,

rodere

질고 疾苦 sofferenza per la malattia

질곡 桎梏 ceppi, vincoli, manette, catene

질구 疾驅 **-하다** correre [guidare] presto

질권 質權 diritto di garanzia ¶ 질권을 설정하다 affermare il diritto di garanzia * **-설정자** garante

질그릇 terraglie non vetrate, vasellame di creta

질끈 il legare stretto solidamente ¶ 질끈 동여매다 fasciare《una cosa》strettamente

질금거리다, 찔끔거리다 gocciolare, stillare

찔끔하다 (essere) spaventato, essere intimidito

질급 窒急 **-하다** essere sgomeno

질기다 [물건이] (essere) duro, robusto, durevole, permanente, [성질이] tenace, ostinato ¶ 질긴 고기 carne dura

질깃질깃, 찔깃찔깃 -하다 (essere) tenace, ostinato

질깃하다 (essere) piuttosto tenace

질녀 姪女 nipote

질다 [반죽이] (essere) molle, [땅이] fangoso, umido ¶ 밥이 너무 질다 Il riso è cotto troppo mol

질동이 giara di creta

질뚝배기 grande ciotola di terracotta[creta]

질량 質量 massa, quantita di cosa ¶ 질량불변의 법칙 la legge della costanza di massa

질러가다 prendere la via più breve, attraversare, prendere una scorciatoia

질러오다 venire dalla scorciatoia

질름거리다, 찔름거리다 [넘치다] traboccare, scorrere sul orlo, [조금씩 주다] dare a poco a poco

찔름찔름 [액체가] lo stillare, [주는 모양] a poco a poco, fatto pezzo per pezzo

질리다 ① [진력나다] essere disgustato con, essere stufo di ¶ 이 일에는 질렸다 Sono stufo di questo lavoro ② [파랗게] impallidire, perdere colore ¶ 무서워서 파랗게 질리다 essere bianco da paura ③ [기가] farsi piccolo (per timore), essere impaurito[intimidito] ④ [물감이] tingersi inegualmente ⑤ [값이 먹히다] costare

찔리다 essere pugnalato

질문 質問 domanda, quesito, interrogazione, indagine **-하다** chiedere《a una persona》una domanda, interrogare ¶ 넘겨짚는 질문 una domanda con trappola [inganno] // 질문을 퍼붓다 fare molte domande * **-서** scrittura d'indagine, un'interrogazione **-자** interrogatore

질박 質朴 semplicità, ingenuità **-하다** (essere) semplice, chiaro, evidente, sincero e onesto, genuino, naturale

질빵 tracolla, cinghia (총의), spallina

질번질번하다 (essere) ricco, dovizioso agiato, abbondante

질병 疾病 malattia, male, nausea

질산 窒酸 acido nitrico

질색 窒塞 [몹시 싫음] disgusto, odio, abominazione **-하다** disgustare, aborrire, odiare, detestare ¶ 그런 것은 질색이다 Tale atto è odioso al mio sentimento.

질서 秩序 ordine, sistema, metodo, regolarità ¶ 질서있는 ordinato, sistemato, metodico // 질서정연하게 in ben ordine, in una maniera ordinata, sistematicamente

질소 窒素 azoto * **-비료** fertilizzante azotato

질솥 bollitore di tevaglia

질시 疾視 **-하다** riguardare《a una persona》con gelosia, tenere gli occhi gelosi

질식 窒息 soffocazione **-하다** (essere) soffocato, strozzato, ricoperto ¶ 질식시키다 soffocare, strozzare, reprimere, trattenere

질의 質疑 domanda, interrogazione, indagine **-하다** domandare, interrogare

질적 質的 qualitativo ¶ 질적으로 양적으로 sia quantitativamente che qualitativamente

질주 疾走 eccesso di velocità, il correre rapidamente, sgambata **-하다** correre rapido [a tutta velocità], accelerare, correre velocemente

질질 ① [끄는 모양] trascinio, trascinamento ② [흐르는 모양] il stillare, il gocciolare, il fluire ¶ 기름이 질질 흐르다 colare olio // 치마를 질질 끌며 가다 camminare con una gonna trascinata

질책 叱責 sgridata, rimprovero, biasimo **-하다** rimproverare, biasimare, rimbrottare, chiamare《una persona》per metterla a dura prova, censurare, sgridare

질척거리다 (essere) fangoso, melmoso, bagnato ¶ 질척질척한 fangoso, molliccio

질타 叱咤 sgridata **-하다** sgridare, dare una sgridata

질투 嫉妬 gelosia, invidia **-하다** essere geloso, riguardare con gelosia ¶ 질투에서 da gelosia

질퍼덕거리다, 질퍽거리다 schiacciare, colpire lontano

질퍽질퍽 lo schiacciare e lo schiaffare, il colpire lontano

질펀하다 ① [넓다] (essere) largo e piano[livellato] ② [게으르다] (essere) pigro, sudicio, sciatto ③ [그득하다] (essere) immenso, enorme ¶ 질펀한 들 largo spazio del campo

질풍 疾風 vento del forzato, colpo di vento, raffica, bufera, uragano, ciclone ¶ 질풍같이 come una raffica

질항아리 giara di terraglia

질환 疾患 malattia, disturbo, indisposizione, disordine, pasticcio

질흙 [진흙] fango, [차진 흙] creta

짊어지다 ① [짐을] sorreggere, sostenere《una cosa》sulla schiena, spingere con le spalle ② [의무 따위] essere incaricato, incaricarsi di, impegnarsi a, essere in debito, assumere ¶ 무거운 짐을 짊어지다 portare un peso pesante // 빚을 많이 짊어지다 essere in debito pesantemente

짐 carico, peso, [뱃짐] merce imbarcata, [기차의] merce, trasporto, [수하물] bagaglio ¶ 짐을 싣다 caricare《un carro》// 짐을 내리다 scaricare

찜 un piatto cotto a vapore * **닭-** pollo cotto a vapore

짐꾸리기 imballaggio, guarnizione

짐군 facchino

짐마차 -馬車 carro, vagone merci

짐바리 carico del basto, pacco, fagotto, pacco (su animale da soma)

짐스럽다 (essere) gravoso, fastidioso ¶ 짐스럽게 여기다 ottenere gravoso

짐승 bestia, bruto(야수), animale(동물)

짐작 congettura, [판단] giudizio, discernimento **-하다** congetturare, dedurre, far da giudice ¶ 내 짐작으로는 secondo me

짐짝 pacco, involto, pacchetto

찜질 fomentazione, l′applicare un impiastro **-하다** fomentare, applicare un impiastro, applicare zaino caldo[freddo] a ¶ 더운 물수건으로 무릎을 찜질하다 applicare asciugamano caldo al ginocchio

짐짐하다 [맛이] (essere) salato e non gustoso, [마음에] ponderare il proprio animo

찜찜하다 sentirsi male, (essere) scomodo[spiacevole], sentirsi imbarazzato

짐짓 intenzionalmente, premeditamente, apposta

집 ① [사람의] casa, casa signorile, residenza, abitazione, dimora ¶ 집안에서 nella casa // 집에 있다 stare[essere] a casa ② [가족·가정] famiglia ¶ 큰 집 ramo principale di una famiglia // 집을 비우다 essere[stare] fuori, essere fuori da casa ③ [동물의] nido, tana, covo ¶ 개 집 canile // 거미집 ragnatela ④ [물건의] scatola, cassetta, protettore ¶ 두꺼비집 scatola di una valvola ⑤ [바둑의] croce

-집 集 collezione * **단편-** insieme delle storie breve **-수필** collezione di saggio

집게 pinze, tenaglie, pinzette, chela ¶ 집게로 집다 prendere con chele

집게발 chela

집게 손가락 indice, (dito) indice

집결 集結 concentrazione, collezione, assemblea **-하다** concentrare, riunire collezionare * **-소** centro di concentrazione

집계 集計 totale **-하다** sommare, ammontare * **-표** tabella di un totale, lenzuolo di sommario

집구석 interno di casa

집권 執權 potere politico cupido **-하다** tenere le redine del potere * **중앙-** centralizzazione di potere

집기 什器 ¶ 사무용 집기 installazioni d′ufficio

집념 執念 tenacia con scopo[intenzione] **-하다** concentrare il proprio animo, essere intento a

집다 prendere, raccogliere, [가리키다] mettere una punta, [집어먹다] mangiare

집단 集團 gruppo, massa, sostanza collettiva ¶ 집단적으로 collettivamente, come un gruppo * **-농장** fattoria collettiva **-안전보장** cauzione collettiva

집달리 執達吏 chierico di processo, ufficiale giudiziario, fattore, amministratore di una tenuta

집도 執刀 adempimento di una operazione chirurgica **-하다** operare un′operazione chirurgica

집들이 festa per l′inaugurazione di una casa

집례 執禮 officiante, maestro di ceremonia

집무 執務 adempimento del proprio dovere ufficiale **-하다** lavorare, curare proprio mestiere ¶ 집무시간 후 dopo ore ufficiali

집문서 -文書 strumento di casa, carta d′azione ¶ 집문서를 잡히고 돈을 빌리다 prestare denaro con la carta d′azione per cauzione

집물 什物 mobili di famiglia e utensili

집배 集配 collezione e distribuzione **-하다** raccogliere e rilasciare

집비둘기 colomba, piccionaia

집사 執事 amministratore, dirigente, [교회의] diacono

집산 集散 ricevimento **-하다** contenere [collezionare, ricevere] e distribuire * **-지** centro del contenere e il distribuire

집성 集成 **-하다** compilare, raccogliere

집세 -貰 affitto, pigione, affitto di casa ¶ 집세를 내다 pagare un affitto, pagare per la casa

집시 zingaro

집안 [가족, 친척] famiglia, parente, clan ¶ 집안 식구 membri di una famiglia // 집안 일 lavoro domestico

집약 集約 **-하다** integrare, essere intenso ¶ 집약적 방법 metodo intenso * **-농업** agricoltura intensa

집어넣다 [투옥] gettare《una persona》in prigione, imprigionare

집어먹다 [음식을] mangiare con propri dita, prendere e mangiare, [착복] intascare, rubare, fare uso illecito (di), appropriarsi indebitamente

집어삼키다 [먹다] prendere e assorbire, [가로채다] usurpare, rubare, malversare, sgraffignare

집어세다 [함부로 먹다] mangiare avidamente, [닦달하다] spronare, cavillare, trovar da ridire su, [남의 것을] malversare, sgraffignare

집어주다 ① prendere《una cosa》e far passare, tramandare, passare ② [뇌물을] corrompere

집어치우다 [중지] fermare《il fare》, desistere, cessare, interrompere, smettere, [단념] abbandonare, [사직] dare le dimissioni

집오리 anitra domestica

집요 執拗 ostinazione, persistenza **-하다** (essere) ostinato, persistente, testardo, caparbio, tenace ¶ 집요하게 testardamente, ostinatamente, tenacemente, persistentemente

집장사 commercio d′alloggio

집적 集積 accumulazione, mucchio **-하다** accumularsi

집적거리다 [참견] immischiarsi, intromettersi, maneggiare, ficcare il naso negli affari altri, [건드리다] stuzzicare, cucire, provocare

집적집적 ① [건드림] il burlare, lo punzecchiare ② [참견] il maneggiare, lo schizzare

집주 集註 edizione con note di vari commentatori

집주름 mediatore di casa

집주인 -主人 [임자] proprietario di una casa, [가장] capo di una famiglia

집중 集中 concentrazione, convergenza, accentramento **-하다** accentrare《proprio attenzione》, accentrarsi, convergere《su, in》, concentrare su * **-포화** fuoco concentrato **-폭격** bombardamento di saturazione

집진기 集塵器 raccoglitore di polvere

찝찔하다 (essere) salato, [못마땅하다] non soddisfacente

집집 ogni porta ¶ 집집이 dalla porta alla porta, a tutte le porte

집착 執着 [애착] attaccamento, affezione, [고집] tenacia **-하다** rimanere radicato[incollare, sostenere], essere attaccato a ¶ 삶에 집착하다 aggrapparsi alla vita * **-력** tenacia **-심** tenacia d'intenzione, attaccamento

집치장 -治粧 arredamento di una casa **-하다** decorare una casa

집터 area fabbricabile per casa, lotto di terreno

집필 執筆 lo scrivere **-하다** scrivere * **-료** pagamento dallo scrivere **-자** scrittore, autore

집하 集荷 collezione di carico, raccolta di merci

집합 集合 collezione, riunione, raccolta, incontro, assemblea **-하다** riunire, collezionare, raggruppare, accumulare, incontrare * **-나팔** chiamata di assembramento **-명사**【문법】sostantivo [nome] collettivo **-시간** l'ora d'incontro **-장소** posto d'incontro, luogo d'incontro

집행 執行 esecuzione, attuazione, imposizione, rappresentazione **-하다** eseguire, giustiziare, imporre, adempiere, realizzare, mantenere ¶ 형을 집행하다 eseguire una sentenza

집행유예 執行猶豫 libertà condizionata, [일시적 연기] sospensione d'esecuzione, [판결] sentenza sospesa **-하다** collocare《una persona》su libertà condizionata, ammettere di andare in libertà condizionata, [일시적] concedere una sospensione d'esecuzione ¶ 징역 6개월 집행유예 2년에 처하다. Stata pronunciato una sentenza per sei mesi in prigione con due anni di sospensione d'esecuzione della pena.

집회 集會 incontro, assemblea, riunione **-하다** incontrare insieme, raggruppare, assembrarsi, raccogliersi ¶ 집회의 자유 libertà d'assemblea * **-소** luogo d'incontro 불법- un'assemblea illegale

집히다 essere preso, essere tenuto tra le proprie dita

짓 [행위] un atto《di comportamento》, condotta, funzionamento, gesto ¶ 손짓 moto[movimento] della mano // 몸짓 gesto

짓다 ① [만들다] fare, fabbricare ¶ 옷을 짓다 avere confezionato un abito ② [건조] costruire ¶ 집을 짓다 costruire una casa ③ [작성] scrivere, comporre, fare ¶ 작문을 짓다 scrivere una composizione ④ [밥을] bollire, cuocere, preparare, [약을] preparare, comporre, combinare《medicina》¶ 밥을 짓다 bollire il riso, cuocere il riso ⑤ [일을] formare, fare, costituire ¶ 열을 지어 in fila[coda] ⑥ [재배·경작] coltivare, far crescere, prendere in appalto, allevare ¶ 벼농사를 짓다 far crescere il riso ⑦ [죄를] commettere, essere colpevole di ¶ 죄를 짓다 commettere un crimine ⑧ [표정 따위] mostrare, esprimere, aver l'aria di ¶ 미소를 짓다 esprimere con un sorriso, mostrare un sorriso ⑨ [결말 따위] fissare, decidere, risolvere, chiarire, [사물이 주어] giungere a una determinazione ¶ 일의 결말을 짓다 determinare una faccenda ⑩ [허구] inventare, fabbricare, truccare ¶ 지어낸 이야기 una storia inventato, racconto inventato

짓다 [유산] abortire, fallire ¶ 아기를 짓다 avere un aborto

짓밟다 calpestare, passare sopra a, devastare, trasgredire(침해)

짓밟히다 essere calpestato sotto i piedi, essere calpestato giù

짓부수다 colpire ripetutamente, schiacciare

짓씹다 masticare interamente

짓이기다 mischiare, picchiare la polpa, impastare un purè ¶ 감자를 짓이기다 schiacciare le patate

짓찧다 [곡식 따위를] fare a pezzi, frantumare, [이마 따위를] battere, percuotere, colpire

징 gong

징 [구두의] grosso chiodo da scarpe, straccio ¶ 징을 박다 avere le proprie scarpe rattoppate

징건하다 sentire del peso sullo stomaco

징검다리 pietra per guadare, trampolino

징계 懲戒 punizione disciplinare, disciplina, rimbrotto **-하다** rimbrottare, punire, disciplinare, sottomettersi《una persona》all'atto disciplinare * **-면직** congedo [licenziamento] disciplinare **-위원(회)** commissione disciplinare

징그럽다 (essere) fa venire la pelle d'oca, che fa rabbrividire, raccapricciante, ripulsivo, repellente, odioso ¶ 징그러운 벌레 insetto raccapricciante // 징그러운 광경 vista ripulsiva

찡그리다 aggrottare le sopracciglia, guardare qlcu.con cipiglio, fare una faccia contrariata, fare una smorfia

찡긋거리다 [눈을] ammicare

찡긋찡긋 l'intrecciare la propria faccia, lo strizzare l'occhio

징모 徵募 il reclutare **-하다** reclutare soldati, rinforzare, arruolare, imporre (una tassa, un tributo)

징발 徵發 arruolare, il requisire **-하다** requisire, esercitare pressione, premere in servizio, fare richiesta(di) ¶ 징발되다 essere collocato sotto richiesta[istanza]

징벌 懲罰 disciplina, punizione, penalità **-하다** punire, disciplinare, punire con la forza

징병 徵兵 leva, arruolamento, reclutamento, l'imporre, il distaccare **-하다** abbozzare, distaccare, chiamare alle armi ¶ 징병을 기피하다 evitare la leva ＊ **-검사** esame fisico per leva **-제도** sistema di leva

징세 徵稅 collezione d'imposta, arruolamento di tassa **-하다** collezionare tasse, sollevare tasse, imporre tasse

징수 徵收 collezione, arruolamento **-하다** raccogliere, arruolare, incaricare, fissare, imporre(과하다) ¶ 세금을 징수하다 collezionare tasse ＊ **-계** unità di collezione

징악 懲惡 ＊ **권선-** rimprovero d'immoralità e promozione di virtù

찡얼거리다 [불평] lagnarsi [어린애가] piagnucolare, uggiolare

찡얼찡얼 [불평] il lagnarsi, [어린애가] il piagnucolare

징역 懲役 lavori forzati, arresto [prigionia] con lavoro difficile **-하다** servire in prigione, essere in prigione ＊ **무기-** lavori forzati per la vita

징역살이 懲役- vita di prigione, vita in arresto[dietro] sbarre **-하다** servire una sentenza, essere in prigione

징용 徵用 abbozzo, domanda di estradizione, il requisire **-하다** abbozzare, requisire, fare richiesta ＊ **-자** coscritto

징조 徵兆 sintomo, indicazione, presagio, auspicio ¶ ...의 징조가 있다 mostrare segno di, dare indicazione, essere sinistro di

징집 徵集 [징모] arruolamento, ingaggio, reclutamento, [수집] collezione **-하다** arruolare, ingaggiare, reclutare, [수집] colleziona-re, riunire ＊ **-면제** esenzione [esonero] da ingaggio **-연기** rinvio di ingaggio

찡찡하다 [코가 막혀] (essere) afoso, bloccato, inceppato

징크스 scarto ¶ 징크스를 깨뜨리다 rompere uno scarto

징후 徵候 [병의] sintomo, [일반적] segno, indicazione, presagio, auspicio

찢기다 essere stracciato [strappato, lacerato] ¶ 갈기갈기 찢기다 avere stracciato un nastro

짖다 [개가] abbaiare, latrare(사냥개가), urlare, ululare(늑대가), [까마귀] gracchiare, gracidare ¶ 짖는 소리 abbaiamento, urlo, grido

찢다 stracciare, strappare, spaccare, recidere, fendere ¶ 갈기갈기 찢다 stracciare a pezzi

찢뜨리다 [무심히] stracciare in disparte(per caso)
찢어 발기다 strappare in filettatura
찢어지다 essere strappato
짙다 [색채가] (essere) profondo, ricco, scuro, [안개 따위가] denso, torbido, [머리털 따위가] fitto, [액체가] pesante, grave ¶ 짙은 숲 foresta[bosco] fitta(o) 짙은 안개 nebbia folta
짙푸르다 essere blu scuro
짚 paglia * **밀-** paglia di grano **볏-** paglia di riso **밀-모자** paglietta
짚가리 mucchio di paglia, bica
짚다 ① [맥 따위를] sentire, prendere, esaminare ¶ 맥을 짚다 sentire[prendere, esaminare] il polso, mettere [porre] le dita sul polso ② [지팡이를] usare, portare ¶ 지팡이를 짚다 usare un bastone ③ [짐작] adornare con figura, immaginare, calcolare, congetturare, fare supposizioni ④ [손을 받치다] porre, restare, riposare
짚신 scarpe di paglia, sandalo di paglia
짚이다 [마음에] avere in mente, riconoscere [distinguere] di accadere ¶ 짚이는 장소 posto promettente // 짚이는 데가 없다 non aver idea
짚자리 stuoia di paglia
찧다 [곡식을] fare a pezzi《riso》, sgusciare, sbucciare

ㅊ

차 茶 [음료] tè, tè verde(녹차), tè nero(홍차) ¶ 차를 끓이다 preparare il tè

차 車 [일반적] veicolo, [자동차] automobile, autovettura, tassi ¶ 자가용차 automobile di proprietà // 차로 가다 andare con l'auto

차 差 [차이] differenza, [불일치] disparità, [변화] variazione, [차별] discriminazione, 【수학】 resto, rimanenza, [차감의] bilancia, [가격의] margine

차 次 ① [계제] sul punto di, a (questo) proposito, tra parentesi, così, quando ② [목적] a proposito, per il scopo di, allo scopo di ¶ 인사차 내방하다 fare una visita per cortesia, venire a salutare ③ [다음의] prossimo, contiguo ＊ **-기** termine prossimo **-장** vicedirettore, commandante deputato

차가다 [움키어 가다] portar via a forza, portar via, fuggire con, prender la mano (di cavallo), [유괴] rapire

차감 差減 **-하다** arrivare a un compromesso, concludere una bilancia ＊ **-계정** bilancia **-잔액** pareggio, bilancio

차갑다 (essere) freddo, senza cordialità

차꼬 manetti, catene, ceppi

차고 車庫 [자동차의] autorimessa, [전차의] tettoia [capannone] d'auto, [기차의] spaccio [deposito] di treno

차곡차곡 in modo ordinato, nettamente, a forma di quadrato, direttamente, lealmente

차관 次官 vice-ministro, sottosegretario, vice-segretario ＊ **문교부 -** la Vice Ministro di Educazione

차관 借款 prestito, mutuo ¶ 차관을 제공하다 ammettere [offrire] un credito ＊ **-협정** contratto di prestito **공공 [재정]-** prestito pubblico [finanziario] **민간 [상업]** prestito commerciale **연불-** prestito di pagamento ritardato **장기 [단기]-** prestito di lunga [breve] scadenza

차광 遮光 **-하다** ombreggiare[fare scudo, proteggere] la luce ＊ **-막** tendina, schermo, sfumatura **-장치** ombreggiatura, otturatore, serranda

차근차근 in modo ordinato, accuratamente, scrupolosamente **-하다** (essere) minuto, attento, compatto ¶ 일을 차근차근 처리하다 disfarsi [disporre] di una cosa metodicamente

차기 次期 termine prossimo * **-국회** la sessione prossima dell'Assemblea Nazionale **-대통령** Presidente prossimo

차남 次男 proprio secondo figlio

차내 車內 dentro d'automobile ¶ 차내에서 nell'auto * **-금연** Non fumare nell'auto

차녀 次女 propria seconda figlia

차다[1] [한랭] (essere) freddo, freddoloso ¶ 찬바람 vento freddo

차다[2] [충만] compilare, essere tutto preso da, riempire, [달이] essere pieno, [조수가] aumentare, [기한이] scadere ¶ 꽉 들어차다 essere compreso, essere stipato strettamente

차다[3] [발로] calciare, dare un calcio ¶ 개를 차다 dare un calcio al cane

차다 [패용] indossare, fissarsi, portare ¶ 칼을 차다 indossare una spada al proprio fianco, portare la spada al fianco

차단 遮斷 intercettamento, isolamento **-하다** tagliar fuori da, escludere, interrompere, intercettare, isolare * **-기** interruttore, [건널목의] cancello di traversata [passaggio]

차대 車臺 telaio di un'automobile, corpo di automobile

차도 差度 ¶ 차도가 있다 essere per migliorare, far progredire, migliorare

차도 車道 piano stradale, corsia d'auto, autostrada

차돌 quarzo, silicato ¶ 차돌같은 사람 un uomo di carattere fermo [continuo]

차등 差等 grado, gradazione, differenza ¶ 차등이 있다 essere differente in grado * **-세율** tariffa classificata, grado di tassa gradua-to

차디차다 essere freddissimo, essere cosi freddo come un ghiaccio

차라리 piuttosto, preferibilmente

차량 車輛 automobile, veicoli, trasporti, autocari, materiale rotabile(화차, 객차 총칭)

차례 次例 ① [번] ordine, sequenza ¶ 차례로 in ordine, uno dopo l'altro, a turno ② [회수] cerchio, ronda, volta ¶ 여러차례 diverse volte

차례 茶禮 servigio [funzione] di antenato memoriale

차례차례 次例次例 uno dopo l'altro, a uno a uno, [순서로] a turno, [이어서] in serie

차륜 車輪 ruota

차리다 ① [준비] preparare ¶ 살림을 차리다 affermare[fondare] una famiglia // 잔치를 차리다 dare una festa[banchetto] ② [외관을] equipaggiarsi, vestirsi ¶ 옷을 차려입다 vestirsi elegantemente, mettersi in ghingheri ③ [간직] mantenere, preservare ¶ 인사를 차리다 osservare buona creanza ④ [정신을] riprendersi, essere ben sveglio

차림새 [준비] completo, equipaggiamento, preparazione, acco-

ㅊ

modamento, [옷차림] propri abiti, [풍채] apparenza

차마 troppo[anche, inoltre], per tutte le parole ¶ 차마...할 수 없다 Non poter soffrire

차마 車馬 cavalli e veicoli ＊ **-통행금지** Vietato il traffico

차멀미 malattia di auto **-하다** avere mal di auto

차반 茶盤 vassoio da tè

차버리다 calciare fuori, [거절하다] rifiutare, rifiutarsi《una proposta》 ¶ 애인을 차버리다 piantare in asso il proprio amore

차변 借邊 debitore, colonna del dare(부기의) ¶ 차변에 기입하다 addebitare《somma》per《una persona》

차별 差別 distinzione, discernimento, differenza(차이), parzialità **-하다** fare una distinzione《tra》, discriminare《fra, contro》, essere parziale ¶ 차별없이 senza distinzione, indiscriminatamente, imparzialmente

차분하다 (essere) calmo, composto, quieto, pacifico

차비 車費 [운임] prezzo di una corsa in auto, prezzo di una corsa in treno, [운반료] porto

차비 差備 [준비] preparazione, accomodamento preliminare **-하다** preparare, fare preparazione [accomodamento], essere [fare, prendere] pronto

차석 次席 posto [posizione] prossimo, assistente, secondo vincitore ＊ **-검사** accusatore associato pubblico **-자** un ufficiale prossimo ad entrare in rango

차선 次善 ¶ 차선의 il migliore secondo[seguente] ＊ **-책** politica del migliore seguente

차선 車線 corsia ¶ 6차선《autostrada di》sei corsie

차아트 carta nautica, diagramma

차압 差押 [압류] attaccamento, confisca, conquista

차액 差額 differenza(in ammontare), bilancia, margine ¶ 원가와 매가와의 차액 margine, differenza

차양 遮陽 tendone intorno al cornicione, imperiale rinchiuso [창의] tendina, cortina, [모자의] visiera di cuffia

차용 借用 il prendere in prestito, prestito, mutuo **-하다** farsi prestare, prendere a prestito, avere un mutuo ¶ 일금 100만원을 차용함 il prendere in prestito di un milione di won. ＊ **-금** denaro di prestito, mutuo **-증서** accordo di debito

차원 次元【수학】dimensione ¶ 제4차원 dimensione quarta

차월 借越 debito in sospeso [non pagato], [당좌 예금의] scoperto (di conto corrente) **-하다** esagerare, prelevare in eccedenza

차위 次位 rango seguente, posizione prossima

차이 差異 differenza, [구별] distinzione, [불균형] disparità, [부동] dissomiglianza ¶ 능력의 차이 disaccordo in abilità // 현저한 차이 contrasto notevole

차익 差益 vantaggio di margine

차일 遮日 parasole, tenda parasole,

ㅊ

tendone
차일피일 此日彼日 **-하다** rimandare di giorno in giorno
차입 差入 **-하다** far pervenire《una cosa》a un prigioniero * **-식사** un pranzo presentato al detenuto
차입 借入 prestito, mutuo **-하다** prendere in prestito * **-금** mutuo, [빚돈] debito
차자 次子 figlio secondo
차장 次長 vice-comandante [direttore], deputato [delegato, assistente] * **편집-** redattore più ragguardevole, redattore associato
차장 車掌 accompagnatore, guida, bigliettaio, conduttore * **-실** compartimento del conduttore **버스-** ragazza di bus
차점 次點 marchio [numero di punti] secondo altissimo, punteggio secondo
차제 此際 ora, in questo occasione, in questo tempo
차조 【식물】 miglio glutinato
차종 茶鍾 tazza da te
차주 借主 debitore, [부동산] locatore, affittuario, inquilino, abitante
차주 車主 proprietario dell'auto
차중 車中 nell'automobile [treno], nell'auto
차지하다 tenere, occupare, prendere, avere, [가지다] catturare, impadronirsi, prendere possesso ¶ 수석을 차지하다 essere seduto alla sommità // 과반수를 차지하다 avere una maggioranza // 독차지하다 monopolizzare
차지 借地 terra affittata, terreno presso in affitto * **-료** affitto
차지다 (essere) adesivo, glutinato
차질 蹉跌 l'inciampare, insuccesso, fallimento, aborto, disguido, punto morto, situazione insolubile ¶ 차질을 일으키다 inciampare, abortire, fallire, smarrirsi
차차 次次 [점점] gradualmente, gradatamente, sempre più, [나중에] dopo, poi, in seguito ¶ 낮시간이 차차 길어진다 Il giorno(tempo) aumenta di lunghezza gradatamente.
차창 車窓 finestra di auto
차체 車體 struttura, tronco di automobile, telaio
차축 車軸 asse, perno dell'asse
차츰차츰 gradualmente, gradatamente, un poco alla volta, a poco a poco
차치 且置 il mettere da parte, oltre a, fuorché **-하다** permettere senza eguali, mettere da parte
차탄 嗟歎 [탄식] lamento, sospiro, [감탄] ammirazione **-하다** lamentare, sospirare, ammirare
차폐 遮蔽 riparo, rifugio, difesa, coperta, 【군사】 defilare **-하다** ricoprire, comprendere, riparare, proteggere, defilare
차표 車票 biglietto(di bus, tram, ferrovia) ¶ 차표 파는 곳 botteghino, ufficio prenotazioni, biglietteria // 차표를 끊다 comprare un biglietto
차항 次項 articolo seguente
차호 次號 promulgazione prossima, emissione imminente * **-계속**

rimanere nell′emissione prossima

차회 次回 prossima volta, sequenza seguente, [경기] prossimo giro

차후 此後 dopo questo, d′ora innanzi, in futuro, nell′aldilà

착 vicinante, strettamente, in basso, il ficcare presto ¶ 착 들러붙다 ficcare presto

착각 錯角【기하】angolo alternato

착각 錯覺 illusione ottica, allucinazione, malinteso **-하다** avere (essere sotto) un′illusione, capir male

착공 着工 inizio di lavoro [costruzione] **-하다** cominciare il lavoro ∗ **-일자** il giorno del principio di costruzione

착란 錯亂 distrazione, disordine mentale, [무질서] disordine, scompiglio **-하다** essere distratto, essere confuso, essere disordinato mentale ∗ **-상태** stato di demenza **정신-** demenza, disordine mentale

착륙 着陸 sbarco **-하다** sbarcare, fare uno sbarco [atterraggio], discendere ¶ 불시착륙하다 fare un atterraggio d′emergenza [forzato] ∗ **-장** campo di sbarco

착복 着服 ① vestiario ② [횡령] malversazione, appropriazione indebita **-하다** malversare, fare uso illecito (di), appropriarsi indebitamente

착살맞다 (essere) avaro, spilorcio, brutto, sgradevole, meticoloso

착상 着想 un′idea, concenzione **-하다** concepire [immaginare] un′idea

착색 着色 **-하다** colorare, tingere, dipingere ∗ **-유리** vetro istoriato, vetrata a colori **-제** agente co-lo-rante

착석 着席 **-하다** prendere un posto, mettersi a sedere ¶ 착석시키다 far sedere《una persona》

착수 着手 l′avere inizio, principio, inizio **-하다** cominciare, iniziare, mettersi in moto, incominciare ¶ 곧 일에 착수하겠다 Comincero il lavoro subito

착수 着水 **-하다** cadere in acqua, far cadere un liquido(우주선이)

착수금 着手金 anticipo(dato a un avvocato), deposito, denaro per buon affare [contratto] (약조금), [시작하는] denaro pagato a lavoro iniziato

착실 着實 **-하다** (essere) costante e onesto, sano, fidato, sicuro, [부유] agiato, benestante ¶ 착실한 영업방법 gestione aziendale sana

착안 着眼 punto di mira, attenzione, avviso **-하다** avere un occhio su, fare attenzione, prendere avviso di, prendere di mira ∗ **-점** punto di vista, punto preso di mira

착암기 鑿巖機 trapano per roccia

착오 錯誤 sbaglio, errore ∗ **시각-** illusione ottica **시대-** anacronismo

착용 着用 l′indossare, il portare **-하다** indossare, portare

착유기 搾油機 frantoio

착의 着衣 vestiario, vestiti **-하다** essere vestiti, indossare abiti

착잡 錯雜 confusione, intrico, complicazione, groviglio **-하다** (essere) confuso, aggrovigliato, avvolto, complicato, intricato

착착 in modo ordinato, costantemente, a poco a poco ¶ 착착 진척하다 fare un progresso continuo, progredire costantemente

착취 搾取 ① estorsione, sfruttamento **-하다** sfruttare, utilizzare, estorcere, spremere, traspirare ¶ 돈을 착취하다 sfruttare《una persona》il denaro di lui ② [과즙] spremuta, estrazione **-하다** spremere, estrarre, scegliere * **-계급** classe dello sfruttare

착탄거리 着彈距離 distesa del fucile

착탄지점 着彈地點 aerea di impatto

착하 着荷 arrivo di merci * **-인도** [지불] consegna [pagamento] su arrivo

착하다 (essere) bene, gentile, simpatico, benevolo, [온순] docile, ubbidiente ¶ 착한 사람 un uomo buono

찬 饌 piatto secondario, gusti * **-거리** fattura di un piatto secondario, generi di drogheria

찬가 讚歌 inno

찬동 贊同 approvazione, appoggio **-하다** approvare, ratificare, supporre, confermare

찬란 燦爛 lucentezza, splendore, luminosità, fulgore **-하다** (essere) brillante, lucente, luminoso, chiaro, scintillante, splendido ¶ 찬란한 문화 civiltà gloriosa // 찬란하게 빛나다 splendere brillante

찬물 acqua fredda ¶ 찬물을 끼얹다 versare acqua fredda, [비유적] scoraggiare

찬미 讚美 adorazione, lode, glorificazione, esaltazione, ammirazione **-하다** lodare, adorare, elogiare, glorificare * **-자** ammiratore, adoratore

찬반양론 贊反兩論 i pri e i contri

찬부 贊否 approvazione o disapprovazione, sì o no, pro o contro ¶ 찬부의 논쟁 argomenti di pro e contro

찬사 讚辭 adorazione, parole di lode e elogio, complimento ¶ 찬사를 드리다 adorare, fare complimenti, complimentare, elogiare

찬상 讚賞 ammirazione, lode **-하다** ammirare, adorare, esaltare, lodare

찬성 贊成 approvazione, benestare, accordo, assentire, sostegno, appoggio **-하다** [계획에] approvare, dare la propria approvazione, [의견에] accordare a(un′opinione di persona), convenire, dare l′approvazione, [의안에] sopportare, appoggiare, votare, sostenere, favorire, [지지] interessarsi di《un progetto》¶ 찬성을 얻다 prendere approvazione《di una persona》

찬송 讚頌 adorazione, glorificazione, esaltazione **-하다** adorare, glorificare, cantare un inno di adorazione ¶ 하느님을 찬송하다 dare gloria a Dio, adorare Dio * **-가** inno, salmo **-가집** libro degli inni

찬스 caso, sorte, occasione, possibilità 기회 ¶ 절호의 찬스 occasione capitale[magnifica] // 찬스를 잡다 prendere un caso

찬양 讚揚 adorazione, lode, elogio, raccomandazione, ammirazione **-하다** adorare, lodare, elogiare, raccomandare

찬의 贊意 approvazione ¶ 찬의를 표하다 esprimere la propria approvazione

찬장 撰藏 cassetta di dispensa, credenza

찬조 贊助 approvazione, sostegno, patronato, rinforzo, [후원] garanzia, appoggio, annotazione di un′infrazione sulla patente **-하다** sostenere, patrocinare, appoggiare, essere garante ¶ A씨의 찬조하에 sostenuto da Signor A

찬찬하다 [꼼꼼하다] (essere) meticoloso, molto attento, cauto, accurato, [침착] calmo, padrone di sé ¶ 찬찬히 accuratamente, cautamente, meticolosamente

찬탄 讚嘆 ammirazione, adorazione, applauso, lode **-하다** ammirare, adorare, lodare, riempire con ammirazione

찬탈 簒奪 usurpazione **-하다** usurpare, impadronirsi * **-자** usurpatore

찬합 饌盒 recipiente [scatola] per tenere un piatto secondario

찰 [곡식] appiccicaticcio, glutinato * **-밥** riso glutinato

찰가난 povertà severo[estremo]

찰깍거리다 tenere lo schiaffeggiare

찰거머리 【동물】 sanguisuga ¶ 찰거머리처럼 붙어 떨어지지 않는다 aderire strettamente 《a una persona》 come una sanguisuga

찰과상 過像 abrasione, graffio, scalfittura

찰기 -氣 appiccicatura

찰나 刹那 un momento

찰떡 torta di riso fatto con riso glutinato

찰랑거리다 [물결이] incresparsi, mormorare, avvolgere , [쇠붙이가] far tintinnare, tintinnare

찰랑찰랑 il tintinnare

찰밥 riso glutinato

찰벼 pianta di riso glutinato

찰싹 con schiaffo ¶ 찰싹 때리다 sculacciare

찰흙 creta

참[1] [참으로] realmente, veramente, davvero, certamente [감탄] Oh! Bene ¶ 참 재미있었다 Ho veramente avuto dei momenti divertenti.

참[2] verità, realtà, [성실] sincerità, [사실] fatto

참- [접두어] vero, reale, genuino * **-말** commento vero, verità **-사랑** amore vera

참가 參加 partecipazione, l′unire, il collegare, immissione **-하다** partecipare 《ad un progetto》, prendere parte 《in un discorso》, collegare 《in un movimento》, entrare 《la guerra》 ¶ 경기에 참가하다 prendere parte[partecipare] ad un gioco * **자** partecipante, concorrente

참깨 【식물】 sesamo * **-씨** sesamo (seme)

참견 參見 interferenza, l′immischiarsi **-하다** interferire 《in una faccenda, con una persona》, intromettersi

참경 慘景 vista terribile, scena disastrosa

참고 參考 riferimento, consultazione **-하다** rimettere, alludere, consultare ¶ 참고가 되다 essere di gran valore, comportarsi da buon riferimento. * **-서** libro di riferimento

참관 參觀 visita, ispezione **-하다** visitare, guardare, ispezionare, fare un′ispezione * **-인** visitatore, ispettore, verificatore, [선거따위의] testimonio

참극 慘劇 tragedia, catastrofe, avvenimento tragico

참기름 olio di sesamo ¶ 참기름을 치다 condire《cibo》 con olio di sesamo

참나무 una specie di quercia

참다 sopportare, tollerare, resistere, durare, essere paziente, perseverare, trattenersi, [자제] sopprimere, controllare sé stesso ¶ 참을성 있는 paziente // 웃음을 참다 sopprimere il proprio riso, trattenere il proprio riso

참담 慘憺 sofferenza, miseria, indigenza, tragedia, disastro, infelicità, disgrazia, squallore, angoscia, preoccupazione **-하다** (essere) misero, terribile, tragico

참되다 (essere) vero, onesto, fedele, sincero, genuino

참뜻 significato (senso) vero

참람 僭濫 presuntuosità, impertinenza, usurpazione **-하다** (essere) presuntuoso, arrogante, insolente

참례 參禮 assistenza, presenza **-하다** presenziare a, intervenire a 《cerimonia》, prendere parte

참말 commento vero, fatto, una storia autentica, la verità ¶ 참말로 veramente, realmente, davvero // 그게 참말인가? è davvero?

참모 參謀 stato maggiore 《총칭》 ufficiale di stato maggiore(개인), [상담역] consulente, consigliere * **-장** il capo del personale **-총장[차장]** Il Capo[Vice-Capo] di stato maggiore **연합 -본부** Congiunzione dei Capi di Stato maggiore

참배 參拜 adorazione **-하다** andare e prender parte a servizi religiosi in tempio

참변 慘變 incidente tragico, disastro ¶ 참변을 당하다 avere un incidente disastroso

참빗 pettine di bambu, pettinina di bambu

참사 慘死 morta tragica **-하다** essere ucciso 《in un incidente》

참사 慘事 segretario, consulente, consigliere * **-관** consigliere, consulente ¶ 대사관의 참사관 il consigliere d′ambasciata **-회** consigliere

참사 慘事 disastro, tragedia

참사람 uomo onesto [vero] ¶ 참사람이 되다 emendarsi

참살 慘殺 assassino, macello **-하다** assassinare crudelmente, macellare, massacrare * **-시체** corpo lacerato

참상 慘狀 scena terribile, spettacolo

spaventoso, stato pietoso di un affare

참새 passero ¶ 참새떼 stormo di passeri

참석 參席 assistenza, presenza, partecipazione **-하다** essere presente, presentarsi, assistere, prendere parte ¶ 회의에 참석하다 essere presente all′incontro

참선 參禪 meditazione della Zen-buddista **-하다** studiare e praticare il Zen culto

참섭 參涉 l′immischiarsi **-하다** intromettersi, intervenire

참소 讒訴 incarico falso, calunnia **-하다** calunniare

참수 斬首 **-하다** decapitare ¶ 참수를 당하다 essere decapitato

참숯 carbonella di legno duro

참신 斬新 nuovo, freschezza, originalità **-하다** (essere) nuovo, originale, attuale, nuovo e sorprendente, nuovo di zecca

참언 讒言 incarico falso, calunnia **-하다** calunniare, fare una rappresentazione falsa

참여 參與 partecipazione **-하다** partecipare, prender parte, associarsi ¶ 이익 배당에 참여하다 partecipare ＊ **-자** partecipante

참예 參詣 **-하다** visitare [adorazione] in tempo

참외 melone ＊ **-밭** campo di meloni

참으로 veramente, davvero ¶ 그 소식을 들으니 참으로 기쁘다 Sono veramente contento di ascoltarlo.

참을성 pazienza, perseveranza ¶ 참을성 있는[있게] paziente(mente), perseverante(mente)

참의원 參議院 il Senato, la Camera Alta

참작 參酌 considerazione, ponderatezza, riflessione, assegno **-하다** prendere in considerazione, tenere in debito conto, alludere, consultarsi ¶ 정상을 참작하다 tenere in debito conto di circostanza, tenere conto dell′avvenimento

참전 參戰 partecipazione alla guerra **-하다** partecipare[entrare, collegare] in guerra ¶ 미국의 참전 entrata in guerra d′Americano

참정 參政 partecipazione al governo **-하다** partecipare al governo

참정권 參政權 il diritto di voto, facoltà politica, suffragio, franchigia ＊ **여성-** suffragio di donna **여성-운동자** suffragetta

참조 參照 riferimento, comparazione **-하다** rimettere, affidare, paragonare, in confronto a ¶ 35 페이지 참조 conferire in pagina 35

참참 站站 recesso, rientranza, resto ¶ 참참이 a intervallo, che ha tempo, senza fretta

참칭 僭稱 **-하다** arrogarsi il titolo《di》, reclamare, usurpare il nome

참패 慘敗 sconfitta[disfatta] misera, [경기의] farabutto, [야구의] l′escludere **-하다** permettere [sostenere] essere scavato, [경기에서] essere battuto completamente, [야구에서] essere escluso

참하다 [얌전] (essere) piacevole e carino, quieto, dolce, leggero,

ㅊ

mite, mansueto, modesto, riservato, [말쑥] ordinato, lindo, ben tenuto, elegante, considerevole, pulito ¶ 참한 색시 signorina gentile

참하다 斬 - decapitare

참해 慘害 danno pesante, rovina, distruzione, strage, devastazione, disastro ¶ 참해를 입히다 ottenere una rovina // 참해를 입다 soffrire violentemente d′assalto[tumulto]

참호 塹壕 trincea, fosso, piroga, rifugio, ricovero sotterraneo, ricovero per appostamento, trinceramento ＊ **-작업** operazione di trincea, lo scavare **-전** stato di guerra a trincea

참혹 慘酷 crudeltà, terribilità, miseria, disgrazia, infelicità, squallore **-하다** (essere) crudele, brutale, atroce, misero, infelice, disgraziato ¶ 참혹한 죽음을당하다 morire in gran miseria

참화 慘禍 disastro terribile, calamità, orrore, allucinazioni ¶ 전쟁의 참화 orrori[danni] di guerra

참회 懺悔 [고백] confessione [회오] pentimento, penitenza **-하다** [고백] confessare, [회오] essere penitente, pentirsi ¶ 참회의 눈물 lacrima penitenziale ＊ **-록** confessione **-자** penitente, confessore

찹쌀 riso glutinato

찻길 [궤도] binario, traccia di treno[auto], [차도] piano stradale, strada privata, passo carraio

찻삯 prezzo di una corsa in treno

찻잔 茶盞 tazza da tè

찻종 茶鍾 ciotola da tè

찻집 茶- casa di tè, negozio di tè

창[1] [구두의] ¶ 창을 갈다 riparare la pianta del piede, risolare

창[2] 槍 lancia, giavelloto, fiocina (던지는), [기병의] lancia, fiocina ＊ **-던지기** lancio [colpo, il gettare] di giavelloto [dardo]

창[3] 窓 finestra, [올리고 내리는] finestra a ghigliottina, [선박의] oblo, portello ¶ 창을 열다 aprire la finestra ＊ **-구** porta pedonale, cancelletto

창가 唱歌 canzone

창간 創刊 la prima edizione [pubblicazione], fondazione《di giornale》**-하다** fondare, cominciare ¶ 1945년 창간 fondato nel 1945

창갈이 il risolare **-하다** risolare

창건 創建 affermazione, il fondare, fondazione **-하다** fondare, costituire, organizzare

창고 倉庫 magazzino, deposito, negozio ¶ 창고에 보관하다 magazzino[riserva]《merci》 ＊ **-보세** magazzino doganale

창공 蒼空 cielo blu, estensione blu del cielo

창구 窓口 porta pedonale, vetrina, finestra

창궐 猖獗 rabbia, collera, furia, passione **-하다** infuriare, infierire, andare in collera, essere aggressivo, essere rampante

창극 唱劇 Opera classica di Corea

창기 娼妓 prostitura, puttana

창기병 槍騎兵 lanciere

창녀 娼女 prostitura, buttana, put-

ㅊ

tana

창달 暢達 attività ¶ 언론의 창달 promozione della libertà di discorso [linguaggio]

창당 創黨 formazione della parte politica **-하다** formare [organizzare] una parte politica

창던지기 槍 - lancio del giavellotto ＊ **-선수** lanciere di giavellotto

창도 唱導 avvocatura **-하다** difendere, patrocinare, aumentare, anticipare, portare innanzi ＊ **-자** difensore, patrocinatore, divulgatore, esponente

창립 創立 fondazione, instaurazione, stabilimento **-하다** fondare, stabilire, formare, organizzare ¶ 1900년 창립 stabilito nel 1900 ＊ **-10주년 기념일** il decimo anniversario della fondazione《della scuola》**-위원** commissione del organizzare **-자** fondatore **-총회** incontro inaugurale

창문 窓門 finestra

창백 蒼白 pallore **-하다** (essere) pallido, smunto, bianco

창부 娼婦 prostituta, puttana

창살 窓- [문의] gratia, traliccio, inferriata, [감옥의] sbarra di ferro ＊ **-문** porta con grata

창상 創傷 ferita, offesa, danno

창설 創設 fondazione, creazione, instaurazione **-하다** fondare, istituire, creare ¶ 학교를 창설하다 fondare una scuola ＊ **-자** fondatore

창성 昌盛 prosperità **-하다** prosperare, rendere prospero, essere in pieno rigoglio

창세 創世 creazione del mondo ＊ **-기**【성경】Genesi

창시 創始 origine, creazione, fondazione, iniziazione **-하다** iniziare, istituire, originare, creare ＊ **-자** fondatore, iniziatore

창안 創案 [생각] idea originale, originalità, [입안] origine, creazione ¶ 그것은 그의 창안이다 L′idea originata da lui.

창업 創業 fondazione, inaugurazione, creazione] **-하다** cominciare《una iniziativa nuova》, iniziare un′impresa, instaurare, fondare ¶ 창업 50주년을 기념하다 celebrare il cinquantesimo anniversario

창연 蒼然 **-하다** (essere) scoraggiato, depresso, malinconio, buio, tetro ¶ 고색이 창연하다 (essere) oscuro con età, canuto [vecchio] per l′età

창연 蒼鉛【화학】bismuto《Bi》

창유리 窓硫璃 vetro di finestra

창의 創意 un′idea originale, originalità ＊ **-력** spirito iniziale, iniziativa ¶ 창의력이 풍부한 사람 un uomo di grande originalità

창자 intestino, viscere, visceri, budella ¶ (동물의)창자의 intestinale ＊ **큰[작은]** - intestino crasso[tenue]

창작 創作 creazione, opera originale[creativo] (작품), [저작] scrittura creativa **-하다** creare, scrivere un′opera originale ＊**-가** autore, scrittore creativo(저자), romanziere(소설가)

창조 創造 creazione **-하다** creare ¶

ㅊ

창조적 creativo ＊ **-력** potere creativo

창졸간 倉卒間 ¶ 창졸간에 nel mezzo con gran fretta, al momento di precipitazione

창창하다 蒼蒼- ¶ 그는 장래가 창창한 청년이다 Lui è proprio un giovanotto che ha il mondo davanti a lui.

창파 滄波 onda, maroso, onda piena

창포 菖蒲 【식물】 iris profumato, calamo ＊ **-꽃** iris, ireos

창피 猖披 vergogna, disonore, disgrazia, ignominia, infamia **-하다** (essere) vergognoso, ignobile, ignominioso ¶ 창피한 일 una vergogna, disgrazia // 창피를 무릅쓰다 disonorare sé stesso, umiliare sé stesso // 창피를 당하다 essere messo in vergogna

창해 滄海 il vasto mare blu ＊ **-일속** una goccia nel secchio

창호 窓戶 le finestre e le porte, allestimento name

창호지 窓戶紙 carta di schermo scorrevole [mobile], carta per porte scorrevoli ¶ 창호지를 바르다 incartare la porta scorrevole

창황 倉皇 fretta, precipitazione, urgenza ¶ 창황히 affrettatamente, in fretta

찾다 ① [발견] aspirare a, perquisire, frugare, cercare, aspettarsi ¶ 찾아다니다 cercare[osservare] a 《una cosa》 // 사람을 찾다 cercare una persona // 집을 찾다 individuare una casa // 서랍속을 찾다 trovare nel cassetto // 누구를 찾고 계십니까 Chi cerca? ② [저금을] attirare, [임대물을] riscattare, ottenere ¶ 전당포에서 반지를 찾다 riscattare il proprio anello dal banco dei pegni // 우체국에 소포를 찾으러 가다 andare all'ufficio postale per prendere un pacco ③ [방문] passare 《da un luogo》, visitare, andare a trovare una persona ¶ 그는 나를 찾아왔다 Lui è venuto a vedermi. ④ [사전을] consultare un dizionario, consultare una parola nel dizionario

찾아내다 scoprire, rivelare, far conoscere, scovare, discernere, trovare ¶ 군중 속에서 찾아내다 macchiare [punteggiare] 《una persona》 nella moltitudine

채[1] [북·장구의] bacchetta (di tamburo), [채찍] scudiscio, frusta ＊ **종아리** - treccia falsa

채[2] palo di sopportazione, [수레의] asta, manico ＊ **가마-** palo di palanchino

채[3] costruzione, edificio ¶ 집 두 채 due case ＊ **딴-** costruzione separate

채[4] taglio di un oggetto lungo e sottile, [머리채] treccia dei cappelli

채[5] tagliare un vegetale, vegetale tagliato ¶ 오이를 채치다 tagliare un cetriolo 《per insalata》

채[6] [아직] (non) ancora, fino ad ora, [겨우] soltanto, solo ¶ 사과가 채 익지 않았다 Mela non matura completamente

채[7] proprio così si è, intatto, integro ¶ 뼈 채로 다 먹다 mangiare gli ossi e tutto

채결 採決 **-하다** procedere allo scrutino, mettere ai voti, addentrare divisione

채광 採鑛 lo scavare **-하다** scavare, vangare minerale * **-권** diritto dello scavare

채광 採光 l'accendere **-하다** ricevere luce, illuminare ¶ 채광이 좋은 방 una camera illuminata bene * **-창** lucernario

채굴 採掘 lo scavare, sfruttamento **-하다** scavare《oro, carbone》, vangare, sfruttare, [경영] operare, funzionare * **-권** diritto dello scavare, concessione minerale

채권 債券 titolo (di credito), obbligazione ¶ 채권을 발행하다 pubblicare titolo

채권 債權 credito, richiesta, rivendicazione, diritto obbligatorio * **-자** creditore, obbligazionista

채그릇 merci fatte con vimini

채널 canale

채다[1] ① essere calciato ¶ 말에 채다 essere calciato dal cavallo ② [도난] essere depredato

채다[2] [눈치를] avere la sensazione, sospettare, macchiare, fiutare, subodorare ¶ 아무에게도 눈치채지 않고 senza attrarre alcuna attenzione, inosservato

채다[3] [훔치다] depredare, sequestare, sgraffignare, rubacchiare, [잡아당기다] tirare [strappare] con un strattone [scossone] ¶ 낚시대를 잡아채다 scattare la proprio canna da pesca

채다 stringere, completare

채료 彩料 colori, vernice

채마 菜麻 giardino di vegetale * **-밭** fattoria verde, orto

채무 債務 debito, obbligazione finanziario, responsabilità ¶ 채무가 있다 essere responsabile di《una persona》per debiti, essere in debito * **-국** nazione in debito **-면제** rinuncia[sospensione] di obbligazione **-불이행** contumacia[non adempimento] di obbligazione **-이행** adempimento di obbligazione **-자** debitore **-증서** obbligazione

채반 -盤 vassoio di vimini

채벌 採伐 하다 abbattere, tagliare, schiarire campo * **-시기** stagione dell'abbattare, periodo del tagliare **-자** boscaiolo, taglialegna

채산 採算 guadagno(commerciale) ¶ 채산이 맞다 fruttare, essere vantaggioso, essere rimunerativo * **-점** punto di opportunità **독립-제** sistema del sostenere e il render conto di(sé stesso)

채색 彩色 il colorare, colorito, verniciatura **-하다** colorare, tingere, dipingere con colore ¶ 채색한 colorato, dipinto * **-인쇄** stampa in colore **-판** stampa cromatica, stampa colorato

채석 採石 l'estrarre da una cava **-하다** estrarre[tagliare] da una cava le rocce * **-장** cava

채소 菜蔬 vegetale, verdura

채식 菜食 il vivere vegetale, dieta vegetale **-하다** vivere di vegetali * **-동물** animale erbivoro **-자**

vegetariano
채용 採用 [채택] adozione, accoglienza favorevole, approvazione, introduzione, [임용] impegno, promessa, carica, impiego, occupazione **-하다** adottare, scegliere, accettare, introdurre, [임용] impiegare, adoperare, ¶ 서기로 채용하다 impiegare《una persona》come un impiegato * **-시험** esame per servizio **-신청** applicazione per un posizione **-조건** specificazione del prendere servizio
채우다[1] chiudere a chiave, agganciare, legare ¶ 자물쇠를 채우다 chiudere la serratura
채우다[2] mettere in acqua fredda, ghiacciare, raffreddare, refrigerare(냉동) ¶ 냉장고에 채우다 tenere《una cosa》in ghiacciaia
채우다[3] [기한을] completare《un termine》, adempiere, [욕심을] soddisfare, appagare, [충만] riempire, colmare, compilare, [수효를] compensare per ¶ 사복을 채우다 arricchire la propria tasca, arricchirsi // 100을 채우다 fare un cerchio di cento
채우다 fare indossare
채유 採油 **-하다** fare l′olio, estrarre l′olio《da olivo》 * **-권** concessione[diritto] d′olio, diritto del fare l′olio
채점 採點 il marcare, il gradurare, il fare punti(경기의) **-하다** marcare, segnare, dare un segno, classificare, tenere il punteggio ¶ 시험지를 채점하다 graduare le carte d′esame
채찍 scudiscio, frusta, sferza, correggia ¶ 채찍질하다 frustare, sferzare, dare colpi di frusta, [비유] spronare
채집 採集 collezione, raccolta **-하다** collezionare, raccogliere, fare una collezione di, cogliere ¶ 식물을 채집하다 collezionare piante, cogliere erba * **곤충-** collezione di insetto **식물[광물]-** collezione di piante[roccia] **-가** collettore
채취 採取 raccolta, il colpiere, estrazione **-하다** collezionare, cogliere, estrarre
채치다[1] [채찍질] scudisciare, frustare, sferzare, [독촉] dare impulso, spronare
채치다[2] [썰다] tritare, tagliare a fette
채칼 coltello
채탄 採炭 tritare il carbone **-하다** tritare carbone * **-량** produzione di carbone
채택 採擇 adozione, selezione, scelta **-하다** adottare, scegliere
채플 [예배당] cappella
채필 彩筆 pennello
책 冊 libro, volume, [작품] opera ¶ 경제학의 책 un libro di scienze economiche // 책을 읽다 leggere un libro // 형에게는 책이 많다 Mio fratello ha molti libri.
책꽂이 libreria, scaffale(per i libri)
책권 册卷 volume
책동 策動 macchinazione, maneggione, complotto, il progettare **-하다** manovrare, far fare le

manovre, macchinare, fare complotti

책략 策略 stratagemma, abilità, artificio, gioco di abilità (di prestigio), schema maneggione * **-가** intrigante, calcolatore, stratego

책력 冊曆 calendario, elenco

책망 責望 rimprovero, biasimo, disgrazia, rimbrotto, critica avversa **-하다** rimbrottare, rimproverare, trovare a ridere sul conto di qlcu. ¶ 부주의를 책망하다 rimbrottare [biasimare] 《una persona》 noncuranza [negligenza]

책무 責務 [의무] obbligo, incarico, [책임] responsabilità

책방 冊房 libreria

책보 冊褓 copertina [보자기] fazzoletto, sciarpa

책사 策士 intrigante, trattico

책상 冊床 scrivania, scrittoio ¶ 책상에 앉다 sedere alla scrivania * **-보** coperta di scrittoio

책상다리 冊床- gambe di un tavolo, [앉음새] seduta a gambe incrociate

책상물림 冊床- ingenuità accademica

책임 責任 responsabilità, [의무] dovere, [부담] obbligo, abilità, [죄의] colpo, biasimo ¶ 중대한 책임 responsabilità pesante // 사고에 대한 책임 l'abilità per un accidente // 책임있는 회답 risposta responsabile // 책임이 있다 essere responsabile di // 책임을 지다 assumere la responsabilità // 책임을 지우다 tenere 《a una persona》 responsabile // 책임을 묻다 chiedere 《a una persona》 spiegazione[conto] // 책임을 추궁당하다 essere chiesto sul conto, essere rimproverato di //책임을 회피하다 evitare[schivare, invalidare]propria responsabilità * **-관념**[감] senso di responsabilità [dovere] **-자** persona responsabile ¶ 여기 책임자는 누구냐 Chi ha l'incarico di qui?

책자 冊子 libro, opuscolo, fogliolina, manifestino, pubblicazione

책잡다 責- trovare a ridere sul conto di qlcu., rimproverare, biasimare, incolpare

책장 冊欌 scaffale

책장 冊張 un foglio del libro, la pagina ¶ 책장을 넘기다 voltar pagina del libro

챙기다 [모으다] cogliere(tutti insieme), collezionare, [집꾸리다] impacchettare, [정리] mettere in ordine ¶ 소지품을 챙기다 impacchettare[cogliere] la proprietà

처 處 posto, [기구] ufficio * **근무-** proprio posto [luogo] d'impiego, proprio ufficio

처 妻 moglie

처가 妻家 la famiglia dei parenti della moglie, la casa della propria moglie **-살이** il vivere a casa della moglie

처결 處決 **-하다** fissare, posare, decidere, determinare, predisporre

처남 妻男 fratello della propria moglie, fratello per legge

처넣다 [밀어넣다] spingere, stipare, rimpinzare ¶ 책을 상자에 처넣다 impacchettare propri libri in scatola

처네 trapunta, copriletto

처녀 處女 vergine, giovanetta, ragazza, fanciulla [처녀성] verginità ¶ 처녀의 vergine, virgineo // 처녀다운 virginale, casto, verginale // 처녀답게 come una vergine * **-궁** 【천문】 Vergine **-림** boschi puri **-막** 【해부】 imene, verginità **-봉** cima su cui non si è mai saliti **-비행** [항해] volo[navigazione] vergine **-작(품)** capolavoro vergine [prima] **-지** terra vergine

처단 處斷 decisione, determinazione, disposizione **-하다** decidere, determinare, punire ¶ 엄중처단하다 determinare《un offensore》severamente

처덕 妻德 virtù della moglie, aiuto della propria moglie

처덕거리다 [빨래를] dare un colpetto, battere, schiaffeggiare, sbattere, [바르다] incollare [appiccicare] casualmente

처량 凄諒 **-하다** [황량하다] (essere) desolato, monotono, triste, disertato, esposto al vento, [구슬프다] lamentoso, triste, lugubre, misero, infelice ¶ 처량한 광경 scena desolata, vista patetica

처럼 come, simile, da, siccome ¶ 거지처럼 보이다 sembrare come un accattone // 눈처럼 희다 essere così bianco come la neve

처리 處理 trattamento, maneggiamento, disposizione, modo di agire, relazione, accomodamento, manipolazione, determinazione, discrezione **-하다** trattare, maneggiare, accomodare, disporre, occuparsi, determinare, condurre《una cosa》a conclusione ¶ 사무를 처리하다 condurre[trattare] un affare // 자기 일을 스스로 처리하다 Aver cura di propri affari

처마 cornicione

처매다 bendare [fasciare] interamente

처먹다 divorare, mangiare avidamente ¶ 처먹어라 Scorpacciata!

처먹이다 dare da mangiare smoderatamente

처방 處方 prescrizione, ricetta **-하다** prescrivere《una medicina a una persona》 * **-전** prescrizione **-조제소** dispensario

처벌 處罰 punizione, batosta, penalità **-하다** punire, infliggere punizione ¶ 교통 위반으로 처벌받다 essere punito per violazione del regolamento del traffico

처분 處分 disposizione, cessione, sistemazione, trasferimento, maneggiamento, azione, dimensione, misura **-하다** disporre, condurre, trattare, fare azione ¶ 토지[재산] 를 처분하다 disporre di propria terra[proprietà]

처사 處事 amministrazione《di un affare》, transazione, disposizione, condotta, azione ¶ 가혹한 처사 trattamento ruvido [violento]

처상 妻喪 morte dello propria moglie

처세 處世 condotta di vita **-하다** dirigere[condurre] sé stesso, far progressi nel mondo ¶ 그는 처세가 능하다 Lui è saggio in questo mondo * **-술**[법] l′arte della saggezza del vivere in questo mondo, propria maniera di vivere

처소 處所 [장소] posizione, sito, posto, [거처] un posto[luogo]del vivere, residenza, [행방] dove, in che luogo

처신 處身 comportamento, contegno **-하다** comportare[controllare] sé stesso

처우 處遇 trattamento **-하다** trattare, comportarsi, affrontare ¶ 처우를 개선하다 migliorare[perfezionare] trattamento * **-개선** miglioramento [miglioria, perfezionamento, valorazzazione, salto di qualità] di condizione di lavoro, aumento di paga [salario]

처음 il primo, il principio, l′inizio, partenza, esordio, origine(기원), [초기] stadio [grado] primo ¶ 처음의 primo, iniziale, originale // 처음으로 prima, per la prima volta // 처음에 all′inizio, alla partenza // 생전 처음으로 per la prima volta in propria vita // 처음부터 끝까지 dal principio alla fine

처자 妻子 propria moglie e i bambini, la propria famiglia ¶ 처자를 부양하다 sostenere[procurare] la propria famiglia

처절 悽絶 **-하다** (essere) orrendo, spaventoso, spettrale, mortale, raccapricciante, livido, bizzarro

처제 妻弟 sorella per legge, sorella minore della propria moglie

처지 處地 situazione, condizione, circostanza, avvenimento, [형편] proprio posizione, proprio strumento ¶ 비참한 처지 una situazione misera[meschina], una situazione difficile o penosa

처지다 [가라앉다] affondare, sprofondare, discendere, piegarsi, incurvarsi, immergere(지층이), precipitare(용해물이), [늘어지다] appendere, sospendere, languire, abbassare, calare, [뒤떨어지다] lasciare indietro, rimanere indietro, essere in arretrato, trascinare, inzaccherare(낙오), [남다] stare indietro, rimanere, indugiare, bighellonare ¶ 귀가 처진 개 un cane con le orecchie a penzoloni // 축 처진 어깨 le spalle dell′abbassare

처지르다 riempire, stipare ¶ 밥을 처지르다 stipare il proprio stomaco // 난로에 석탄을 처지르다 tagliare il carbone da una stufa

처참 悽慘 **-하다** (essere) orrendo, raccapricciate, macabro, livido, tetro, truce, infelice, disgraziato, scadente, squallido ¶ 처참한 광경 una scena orrenda

처처 處處 alcuni posti, da posto a posto ¶ 처처에 in alcuni [diversi] posti, in posti, qua e là

처치 處置 [처리] disposizione, modo di agire, maneggio, sistemazione, [방책] misura, fase **-하다** affrontare a, disfarsi di **-하**

다 trattare, disfarsi di, adire, liberarsi da, portar via(없애다) ¶ 처치 곤란이다 non sapere come si fa // 적절한 처치를 하다 prendere misura necessaria

처하다 處 - ① [이르다] essere messo, piazzarsi, essere esposto, [다루다] arrivare a, affrontare, controllare, condurre ¶ 역경에 처하여 in avversità ② [처벌] pronunciare una sentenza, condannare, danneggiare gravemente ¶ 절도범을 6개월형에 처하다 pronunciare una sentenza[sentenziare] di sei mesi d'arresto per furto

처형 妻兄 cognata, sorella maggiore della propria moglie

처형 處刑 punizione, [형의 집행] esecuzione **-하다** punire, eseguire ¶ 처형을 받다 essere punito[eseguito]

척[1] pretesa - **체**

척[2] [달라붙음] stretto, fermo, intimo, [축] abbasso, indolentemente, pignamente, torpidamente, [선뜻] senza esitazione [indugio], subito, immediatamente, prontamente, facilmente, senz'altro ¶ 척 달라붙다 aderire strettamente

척[3] 尺 un piede coreano(=0.994ft)

척[4] 隻 ¶ 수 척의 선박 alcune navi // 배 한척 vascello, nave

척결 剔抉 **-하다** scrostare, scavare, svuotare

척골 脊骨 spina dorsale, spina

척골 蹠骨 【해부】 metatarso 《pl. metatarsi》

척도 尺度 misura(lineare), regola, indice, barometro, standard, criterio, principio ¶ 문명의 척도 un barometro di civiltà

척살 刺殺 **-하다** pugnalare 《una persona》 a morto, 【야구】 mettere in imbarazzo

척선 隻船 nave, vascello

척수 尺數 numero(cifra) dei piedi

척수 脊髓 【해부】 midollo spinale [midollo] * **-마비** paralisi spinale **-병** malattia spinale **-신경** nervi spinali

척식 拓殖 colonizzazione

척주 脊柱 【해부】 colonna vertebrale, spina dorsale * **-만곡** 【병리】 curvatura spinale

척척 ① [잘되는] rapidamente, velocemente, saldamente, fermamente, prontamente, con prontezza, senz'altro ¶ 어려운 문제를 척척풀다 risolvere una questione difficile senz'altro ② [달라붙는] attaccarsi, aderire ¶ 풀로 척척 붙이다 attaccare 《una cosa》 con pasta ③ [쌓는] mucchio di mucchio ¶ 쌀가마니를 척척 쌓다 ammucchiare il sacco di riso ④ [감기는] l'avvolgere, spirale, l'attorcigliare, l'aggrapparsi

척척하다 (essere) umido, bagnato

척추 脊椎 【해부】 vertebra, spina dorsale, colonna vertebrale

척출 剔出 **-하다** estrarre, rimuovere

척탄 擲彈 【군사】 granata * **-병** granatiere

척후 斥候 【군사】 [임무] ricognizione, incarico di pattuglia, [사람] pattuglia, esploratore * **-대**

partito dell′esplorare

천 [피륙] tessuto, stoffa ¶ 고급 천 tessuto di qualita buona // 천을 끊다[사다] comprare un pezzo di tessuto

천 千 mille ¶ 2천의 학생 due mila studenti

천개 天蓋 coperchio della bara

천거 薦擧 raccomandazione **-하다** raccomandare ¶ ...의 천거로 con la propria raccomandazione

천격 賤格 stile antipatico, [사람] una persona di umile nascità ¶ 천격스럽다 essere basso [cattivo, umile, debole]

천견 淺見 vista leggera, mia (umile) opinione

천계 天界 cielo

천고 千古 ¶ 천고불멸의 eterno, continuo, semprevivo, immortale

천공 穿孔 perforazione, il perforare **-하다** forare, perforare, trapanare, trivellare * **-기** trapano, perforatrice

천구 天球 globo celestiale * **-도** mappa celestiale **-의** globo(sfera) celestiale

천국 天國 paradiso, cielo ¶ 천국의 celeste, divino // 지상의 천국 paradiso sulla terra

천금 千金 mille pezzi d′oro, moltissimi denari, fortuna

천기 天氣 il tempo * **-도** mappa del tempo

천기 天機 piano nascosto di provvidenza, segreto di natura, [기밀] segreto profondo

천년 千年 mille anni, millennio

천단 擅斷 decisione arbitraria **-하다** decidere arbitrariamente

천당 天堂 paradiso, cielo ¶ 천당가다 morire, andare al cielo

천대 賤待 trattamento sprezzante, accoglienza fredda **-하다** trattare 《una persona》 con disprezzo, umiliare, trattare qlcu. freddamente ¶ 천대받다 essere trattato sprezzantemente, essere disprezzato

천더기 賤 - persona disprezzata, figlio di scherno

천도 遷都 trasferimento della capitale **-하다** trasferire la capitale, muovere[traslocare] il posto del governo

천도교 天道教 religione di chondokyo

천동설 天動說 la teoria geocentrica, teoria tolemaica

천둥 tuono ¶ 천둥이 울린다 tuonare

천둥벌거숭이 un uomo di valore noncurante [temerario]

천랑성 【천문】 Sirio

천래 天來 ¶ 천래의 divino, celeste, delizioso, squisito

천량 denaro e cibo, beni, possedimenti

천려 淺慮 indiscrezione ¶ 천려이다 essere indiscreto

천려일실 千慮一失 scivolata di un uomo saggio

천렵 川獵 pesca (in un fiume) **-하다** pescare in un fiume

천로역정 天路歷程 progresso del pellegrino

천륜 天倫 morale, leggi morali ¶ 천륜을 어기다 violentare le leggi morali

천리 千里 mille miglia, lunga distanza ¶ 천리길도 한걸음 부터 시작된다 Un viaggio di mille miglia deve cominciare con il primo passo.

천리마 千里馬 cavallo rapido

천리안 千里眼 chiaroveggenza ¶ 천리안을 가진 사람 chiaroveggente (남자)

천마 天馬 cavallo volante,

천막 天幕 tenda, padiglione(큰), tenda di cucciolo(작은) ¶ 천막을 치다 [걷다] piantare[percuotere] una tenda

천만 千萬 dieci milioni(수효), miriade(무수), [부사적] molto, estremamente, severamente ¶ 유감천만이다 È spiacevole veramente // 천만의 말씀입니다 Prego, non c'è di che

천만년 千萬年 dieci milioni di anni, miriade di anni

천만다행 千萬多幸 un pezzo di ben fortuna colossale, ventura capitale **-하다** (essere) fortunato estremamente ¶ 천만다행으로 abbastanza fortunatamente, con buona fortuna // 천만 뜻밖의 일 grande sorpresa // 천만 뜻밖에 inaspettatamente affatto

천만부당 千萬不當 **-하다** (essere) completamente ingiusto, non equo assolutamente

천만사 千萬事 tutte le cose, tutto, ogni cosa

천만세 千萬世 generazioni innumerevole

천만 의외 千萬意外 ¶ 천만 의외의 일 una grande sorpresa

천명 天命 ① proprio corso della vita ¶ 천명을 다하다 morire naturalmente, completare [finire] il corso della vita ② destino, fato, previdenza

천명 闡明 chiarificazione, delucidazione **-하다** fare chiarire, delucidare, spiegare, dichiarare

천문 天文 [천문학] astronomia, [현상] fenomeno astronomico ¶ 천문학상의 astronomico * **-학자** astronomo **-대** astronomico osservatorio

천민 賤民 uomo di umile nascita, uomo di origini modeste

천박 淺薄 superficialità **-하다** (essere) leggere, poco profondo, superficiale ¶ 천박한 사람 persona di poco profondo // 천박한 지식 conoscenza superficiale

천방지축 天方地軸 ¶ 천방지축으로 a capofitto, precipitosamente, noncurantemente, avventatamente, avere fretta stupida, essere impaziente

천백번 千百番 moltissime volte

천벌 天罰 collera[ira] di Dio, giudizio del cielo, punizione [vendetta] divina

천변 川邊 disastro naturale * **-지이** disturbi[perturbazioni], convulsione di natura

천변만화 千變萬化 cambiamenti [mutamenti] innumerevoli [incalcolabili], cambiamenti caleidoscopici **-하다** cambiare infinitamente, fare cambiamenti caleidoscopici

천복 天福 benedizione [felicità]

divina.
천부 天賦 ¶ 천부의 naturale, dotato, fornito di talento, innato, congenito, dato in dote
천분 天分 [천성] natura, [특질] globo, sfera, provincia, [천부의 재능] dono naturale, talenti, donazioni ¶ 천분이 있다 essere dotato, essere dotato in dote con talento
천사 天使 angelo ¶ 천사같은 angelico, serafico * **대-** serafino **소-** cherubino, angioletto
천생 天生 [부사적] per natura, da sempre ¶ 천생의 naturale, nato, destinato per natura * **-배필** matrimonio predestinato, coppia ben assortita **-연분** matrimonio [legame] preordinato da provvidenza
천석군 千石君 padrone ricco, grande proprietario terriero
천성 天性 natura, disposizone naturale, [기질] indole, carattere ¶ 천성의 naturale // 사람의 천성 natura umana
천세나다 essere molto richiesto, diventare scarso, essere molto popolare
천수 天水 acqua piovana
천수 天數 periodo naturale della vita
천시 賤視 disprezzo, sdegno
천시 天時 buona occasione
천식 【의학】 asma * **-환자** asmatico
천신 天新 la divinita del cielo * **-지기** il Dio del cielo e della terrra
천신만고 千辛萬苦 **-하다** avere un tempo difficile, essere sottoposto
천심 天心 volontà del cielo, desiderio divino, [하늘의 중심] zenit
천애 天涯 [하늘 끝] orizzonte, profilo contro il cielo, [아득한 땅] terra distante, campagna lontana ¶ 천애의 고아 orfano solitario
천양 天壤 cielo e terra
천양지판 天壤之判 opposizione estrema, palo in disparte ¶ 천양지판이다 è un mondo di differenza.
천언만어 千言萬語 parole innumerabili, argomenti infiniti
천업 賤業 occupazione vile, lavoro faticoso
천역 賤役 lavoro cattivo
천연 天然 natura, stato naturale, [자발] spontaneità ¶ 천연의 naturale, spontaneo, [야생의] selvaggio * **-가스** gas naturale **-기념물** monumento naturale **-색** colori naturali **-색사진** fotografia a colore, [영화] film di tecnocolori **-자원** risorse naturali
천연 遷延 ritardo, procrastinazione
천연두 天然痘 vaiolo ¶ 천연두에 걸리다 essere infettato dal vaiolo, contrarre il vaiolo * **-환자** ammalato di vaiolo
천연스럽다 (essere) naturale, senza affettazione, semplice, insensibile, [태연] (essere) immobile, calmo, quieto, fresco, composto ¶ 천연스런[스럽게] calmo, intrepido(amente), disinvolto, con indifferenza completa
천왕성 天王星 Urano

천우신조 天佑神助 cura divina, la grazia del cielo, Provvidenza ¶ 천우신조로 per la grazia di Dio
천운 天運 destino, fato, fortuna
천은 天恩 la benedizione del cielo
천의 天意 volontà divina
천인 天人 cielo e uomo, uomo di talento ¶ 천인이 공노할 죄다 è un delitto contro Dio e l'uomo
천인 賤人 un uomo di origine umile
천일 千日 * **-염** sale di baia
천일야화 千一夜話 mille giorni e una notte
천자 天子 imperatore, sovrano, [하늘의 아들] il figlio del cielo
천자 千字 * **-문** il testo di mille caratteri, testo elementare in Cinese
천자 天資 donazione naturale ¶ 천자총명한 dato in dote con alta intelligenza
천자만홍 千紫萬紅 mostra colorita
천장 天障 soffitto ¶ 둥근 천장 cupola
천재 天才 [재능] genio, ingegno, talento, dono naturale, [사람] genio, prodigio ¶ 천재적 dotato * **-아** ragazzo dotato **-교육** educazione al genio
천재 天災 calamità (naturale)
천재 千載 mille anni ¶ 천재일우의 기회 rara occasione, il caso della propria vita
천재지변 天災地變 calamità naturale
천적 天敵 nemico naturale
천주 天主 il padrone del cielo
천주교 天主教 cattolicesimo romano * **-신부** padre cattolico romano **-신자** cattolico romano **-교회** chiesa cattolica romana
천지 天地 ① [하늘과 땅] cielo e terra, [우주] l'universo, [세계] il mondo ② [사회] mondo, globo * **-만물** tutte le creature **별-** un mondo da solo **새-** un mondo nuovo
천지 天池 Lago Cheonji, il cratere del lago sul Mt. paektoo
천지개벽 天地開闢 il principio del mondo
천지신명 天地神明 Dio del cielo e della terra ¶ 천지신명에 맹세하다 giurare su Dio del cielo e della terra
천직 天職 occupazione, professione
천진 天眞 innocenza
천진난만 天眞爛漫 innocenza, ingenuità **-하다** (essere) semplice e innocente
천차만별 千差萬別 varietà infinita
천천히 lentamente, senza fretta, calmo
천체 天體 corpo divino, globo celestiale, globo imperiale ¶ 천체의 운동 il movimento di corpo divino * **-관측** osservazione astronomica **-도** mappa celestiale **-망원경** telescopio astronomico **-물리학** astrofisica
천추 千秋 molti anni ¶ 천추의 한 un affare di grande rimpianto
천층만층 千層萬層 classi innumerevoli
천치 天痴 idiota, ebete, imbecille
천태만상 千態萬象 forme e figure di tutti i generi
천트다 [추천받다] essere racco-

mandato per, [손대다] volgere la propria mano, attentare

천편일률 千篇一律 monotonia, mancanza in varietà ¶ 천편일률의 monotono, concezione stereotipata

천품 天稟 disposizione naturale, temperamento, [천질] dono naturale

천하 天下 l′universo, il mondo ¶ 천하에 sotto il sole // 천하에 (둘도)없는 unico, ineguale

천하다 [비열] (essere) basso, vile, indegno, [창피] vergognoso, ignobile, [신분] umile, modesto ¶ 천하지 않다 essere rispettabile // 천한 신분 posto umile nella vita

천하일색 天下一色 donna di bellezza impareggiabile

천하일품 天下一品 ¶ 천하일품이다 essere impareggiabile, essere unico

천하장사 天下壯士 combattente impareggiabile, un uomo fortissimo sulla terra

천학 淺學 conoscenza superficiale

천행 天幸 benedizione di Dio, un pezzo di buona fortuna, dono del cielo ¶ 천행으로 fortunatamente, per fortuna

천험 天險 roccaforte naturale

천형병 天刑病 lebbra

천혜 天惠 benedizione del cielo, dono di natura

천황 l′imperatore(della Giappone)

철[1] [계절] stagione, tempo ¶ 여름철 estate, estivo // 철 이른[늦은] 사과 mela presta[ritardo] // 제철이 아닌 fuori stagione, inopportuno // 제철을 만나다 essere al proprio apice

철 ¶ 철이 없다 non avere senso [discrezione], essere indiscreto [sconsiderativo] // 철이 들다 diventare sensibile, avere tanto buon senso

철 鐵 ferro, ferro da stiro ¶ 철의 di ferro, ferroso // 철의 장막 cortina di ferro

철 撤 legatura, fasciatura, bordura, limatura **-하다** legare, fasciare, schedare ¶ 책을 철하다 legare un libro ＊ **서류-** fasciatura(dei documenti, carte) **신문-** legatura dei giornali

철갑 鐵甲 armatura, copertura di ferro

철강 鐵鋼 ferro e acciaio ＊ **-업** l′industria del ferro e dell′acciaio

철거 撤去 [퇴거] ritirara, ritiro, [제거] rimozione, [명도] evacuazione **-하다** evacuare, rimuovere, ritirare

철꺽 il ficcare stretto

철골 鐵骨 struttura di ferro

철공 鐵工 ＊ **-소[장]** lavoro in ferro, ferriera

철관 鐵管 tubo di ferro

철광 鐵鑛 miniera di ferro, [광석] metallo di ferro

철교 鐵橋 ponte di ferro, ponte della ferrovia

철군 撤軍 **-하다** ritirare[tirare indietro] la truppe, evacuare

철권 鐵拳 pugno forte

철근 鐵筋 acciaio per rinforzare ＊ **- 콘크리트** cemento armato

철금속 鐵金屬 metalli ferrosi ¶ 철금속과 비철금속 metalli ferrosi e non ferrosi

철기 鐵器 ferramenta, apparecchiatura **-시대** l'età del ferro

철기 鐵騎 cavaliere rivestito d'armatura

철나다 diventare sensibile[saggio], ottenere l'età della ragione, conoscere meglio ¶ 철날 나이 l'età della ragione

철도 鐵道 ferrovia, sbarra, rotaia, binario ¶ 철도를 부설하다 costruire la ferrovia * **-공사** costruzione di ferrovia **-노선** linea [via, corso] di ferrovia **-망** rete delle ferrovie **-사고** accidente di ferrovia **-수송** trasporto per ferrovia **-연락** connessione di ferrovia **-우편** il servizio postale in ferrovia **- 운임** prezzo di una corsa in ferrovia [treno], costo di trasporto(화물의)

철두철미 徹頭徹尾 [부사적] dal principio alla fine, dall'inizio alla conclusione, al cento per cento, in tutti i modi, completamente **-하다**(essere) perfetto [intransigente, esauriente], completo

철로 鐵路 ferrovia

철리 哲理 I principi filosofici, filosofia

철마 鐵馬 treno in ferrovia

철망 鐵網 strumento di misura del filo metalico, parafuoco(난로가의), paravento, retticella di ferro

철면 凸面 superficie convessa

철면피 鐵面皮 faccia di bronzo, impudenza ¶ 철면피의 impudente, sfrontato, sfacciato

철모 鐵帽 elmetto, casco

철모르다 non avere senso [discrezione], mancare di giudizio, essere innocente ¶ 철모르는 애 un ragazzo innocente

철문 鐵門 porta di ferro

철물 鐵物 ferramenta, lavoro in ferro, ferriera, metallo conveniente * **-장수** commerciante in ferramenta **-전** negozio di ferramenta

철바람 vento stagionale, monsone

철버덩 con un tonfo

철벅 con uno spruzzo

철벅거리다 schizzare, spruzzare

철벽 鐵壁 muro di ferro * **금성-** fortezza[piazzaforte] inespugnabile

철병 撤兵 ritiro [evacuazione] delle truppe **-하다** ritirare truppe

철봉 鐵捧 bastone di ferro, grimaldello, [체조용] sbarra per esercizio ¶ 철봉을 하다 esercitare sulla sbarra orizzontale

철부지 un bambino mero, una persona del giudizio immaturo

철분 鐵分 ferro(contenuto) ¶ 철분이 있다 contenere ferro, ferroso

철비 鐵扉 porta di ferro

철사 鐵絲 filo metallico * **-그물** rete di filo metallico **-세공** lavoro di filo metallico **가시-** filo spinato

철삭 鐵索 cavo di ferro

철새 uccello stagionale

철썩 con uno spruzzo, con un rumore sordo [sbatacchiamento], tonfo **-하다** spruzzare, frangere la superficie dell′acqua ¶ 철썩 떨어지다 cadere con un rumore sordo

철석 鐵石 ferro e pietra ¶ 철석같은 ostinato, inflessibile, adamantino, solido, indomito

철썩철썩 [파도소리] lo sguazzare, lo spruzzare, [때리는 소리] lo sbattere rumorosamente

철선 鐵線 filo metallico di ferro

철수 撤收 evacuazione, ritiro **-하다** evacuare, ritirare ¶ 군대를 철수시키다 ritirare le truppe

철시 撤市 **-하다** chiudere il negozio completamente

철야 徹夜 veglia notturno **-하다** stare sveglio per la notte ¶ 철야하여 병자를 간호하다 stare sveglio per la notte con un paziente * **-작업** lavoro notturno

철없다 non avere senso, essere indiscreto ¶ 철없는 짓을 하다 agire sconsideratamente, comportarsi come un bambino mero

철옹성 鐵瓮城 fortificazione forte, bastione difesa dal ferro ¶ 철옹성 같다 essere molto forte

철완투수 鐵腕投手 un lanciatore con le braccia di ferro

철의 장막 la tenda di ferro

철인 哲人 un uomo con saggezza, filosofo

철자 綴字 compitazione, ortografia **-하다** compitare, formare con lettere ¶ 철자가 틀리다 avere sbagliato l′ortografia * **-법** sistema della compitazione **한글 -법** la regola d′ortografia del Coreano

철재 鐵材 ferro materiale

철저 徹底 ¶ 철저한 compiuto, perfetto, intransigente, esauriente, spossante, assoluto // 철저히 a tutta velocità, esaurientemente // 일을 철저하게 하다 fare un lavoro completamente

철제 鐵製 [철제품] ferrame, oggetti di ferro ¶ 철제의 di ferro, ferreo

철조망 鐵條網 reticolati di filo spinato (가시 철조망) ¶ 철조망을 치다 alzare reticolati di filo spinato // 철조망으로 둘러싸이다 essere circondato da reticolati di filo spinato

철주 掣肘 ingerenza, restrizione **-하다** restringere, [개입, 간섭] ficcare il naso 《in》, [만류, 제지, 억제] trattenere, frenare

철쭉 azalea reale, rododendro

철창 鐵窓 [창] finestra con sbarre di ferro, [감옥] prigione, le sbarre * **-생활** vita dietro le sbarre, vita in prigione

철책 鐵柵 recinto di ferro, staccionata di ferro

철천지원 徹天之寃 ostilità(rancore, risentimento, inimicizia) radicata profondamente

철천지한 徹天之恨 ⇒ 철천지원

철철 ¶ 철철 넘치다 traboccare 《di》, sprizzare // 마음에 행복이 넘쳐흐르다 l′animo trabocca di felicità. // 철철 넘치는 colmo(pieno fino all′orlo)

철추 鐵椎 martello di ferro ⇒ 철퇴

철칙 鐵則 regola di ferro, regola rigida

철통 鐵桶 secchio di ferro, mastello di ferro ¶ 철통같은 방위진 impenetrabile cordone di difesa(protezione) impenetrabile, difesa di ferro, difesa impenetrabile

철퇴 撤退 evacuazione, sfollamento, ritiro, ritirata **-하다** evacuare, ritirare (da), sfollare, sgomberare

철퇴 鐵槌 martello di ferro ¶ 철퇴를 가하다 dare colpi con un martello di ferro, dare un colpo poderoso

철판 凸版 rilievo, [인쇄] rilievografia, stampa in rilievo

철판 鐵板 (얇은 것) lastra di ferro, piastra di ferro

철편 鐵片 pezzo di ferro

철폐 撤廢 abolizione, rimozione **-하다** abolire, sopprimere, [법률] abrogare, rimuovere ¶ 인종차별 대우를 철폐하다 abolire la discriminazione razziale

철필 鐵筆 stilo

철하다 綴- archiviare, mettere in archivio, schedare, legare

철학 哲學 filosofia * **-개론** introduzione alla filosofia, lineamenti di filosofia **-박사** dottore in filosofia **-자** filosofo

철혈 鐵血 sangue e ferro, forza militare

철회 撤回 ritiro, abrogazione, revoca **-하다** ritirare, [말을] ritrattare ¶ 사표를 철회하다 ritirare le dimissioni

첨가 添加 aggiunta, addizione, appendice **-하다** aggiungere, apporre ¶ 추신을 첨가하다 aggiungere un poscritto // **-물** aggiunta, appendice

첨단 尖端 punta, estremità, cima, cuspide ¶ 첨단의 ultramoderno, modernissimo, aggiornato, avanzato ¶ 첨단 과학 기술 tecnologia avanzatissima // 유행의 첨단 ultima moda // 유행의 첨단을 걷다 lanciare una moda, seguire l′ultima moda

첨벙 ¶ 첨벙 뛰어들다 gettarsi in acqua con schizzi

첨병 尖兵 soldato di punta, soldato d′assalto

첨부 添附 **-하다** allegare, unire // **-서류** documento allegato

첨삭 添削 **-하다** correggere, rivedere, esaminare

첨예 尖銳 **-하다** [급격] acuto, aguzzo, affilato, tagliente, [급진적] radicale ¶ 첨예한 대립 opposizione radicale

첨탑 尖塔 guglia, pinnacolo

첩 妾 concubina ¶ 첩을 두다 avere una concubina

첩 貼 bustina, sacchetto ¶ 약 두 첩 due bustine di medicina

-첩 帖 album //**사진-** album per fotografie

첩경 捷徑 [지름길] scorciatoia, [왕도] via maestra ¶ 성공에의 첩경 scorciatoia del successo

첩보 諜報 informazione segreta // **-기관** agenzia di servizio informazioni **-망** rete d′informazioni segrete, rete di spionaggio **-부** servizi segreti **-원** agente dei servizi segreti

첩약 貼藥 bustina di medicina

첩자 諜者 spia, informatore, agente segreto

첩첩 疊疊 ¶ 산이 첩첩이 쌓이다 // **-산중** recessi dei monti, profondità dei monti

첫- primo, iniziale ¶ 나는 첫 기차로 떠날 것이다 Partirò col primo treno // **-글자** iniziale, lettera iniziale **-항해(처녀 항해)** viaggio inaugurale

첫걸음 [걸음] primo passo, [초보 · 기본] l'ABC, rudimenti, principi, i primi passi ¶ 영어 첫걸음 primi passi in Inglese, Inglese elementare, Inglese per principianti

첫 길 primo viaggio, strada sconosciuta, percorso nuovo

첫나들이 prima uscita ¶ 신부의 친정 첫나들이 prima visita della sposa alla casa dei genitori dopo il matrimonio

첫날 il primo giorno // 4월의 첫날 il primo giorno di aprile, il primo (di) aprile

첫날밤 notte nuziale, prima notte di matrimonio

첫눈 ¶ 첫눈에 a colpo d'occhio, a prima vista, [처음에, 즉시] d'acchito, di primo acchito // 첫눈에 반하다 essere attratto (innamorarsi) a prima vista

첫눈 la prima neve della stagione

첫딸 la prima figlia

첫돌 il primo anniversario (della nascita di un bimbo)

첫마디 la prima parola

첫머리 [시작] inizio, principio // 첫머리에 in principio, all'inizio // 첫머리부터 dall'inizio, da principio

첫무대 -舞臺 esordio, debutto ¶ 첫무대에 서다 debuttare, esordire

첫물 [옷] vestito nuovo mai lavato

첫배 la prima cova

첫번 -番 la prima volta * **-경험** la prima esperienza

첫사랑 il primo amore

첫새벽 prima alba ¶ 첫새벽에 alla prima alba

첫서리 la prima brina (della stagione)

첫선 la prima comparsa in pubblico, la prima esibizione in pubblico, debutto ¶ 첫선을 뵈다 fare la prima comparsa in pubblico

첫소리 suono iniziale, consonante iniziale (della sillaba nel coreano)

첫술 ¶ 첫술에 배부를 수 없다 Non bisogna aspettarsi troppo al primo tentativo

첫아들 il primo figlio

첫여름 la prima estate

첫인상 -印象 la prima impressione ¶ 첫인상이 좋다 fare una buona prima impressione

첫째 il primo ¶ 첫째의 primo, più importante, principale, primario // 첫째(로) come prima cosa, prima di tutto, anzitutto, primariamente // 건강이 첫째다 la salute è la cosa più importante

첫정 -情 prima affetto ¶ 서로 첫정이 들다 affezionarsi l'uno l'altro per la prima volta

첫추위 il primo freddo d'inverno, il primo periodo freddo dell'inverno

첫출발 -出發 primo passo, inizio, avvio, [스포츠] (prima) partenza

첫출전 -出戰 la prima campagna, la prima spedizione ¶ 첫출전하다 andare in spedizione per la prima volta, fare la prima campagna

첫판 ¶ 첫판 씨름에 지다 venire battuto (perdere) nella prima ripresa di Sirm

첫판 -版 prima edizione

첫해 primo anno

첫행보 -行步 [행차] prima visita di qlcu., [장사] primo passo in un′impresa

청 membrana * **귀-** membrana del timpano

청 青 blu, azzurro

청 請 richiesta, domanda, appello **-하다** chiedere, richiedere ¶ 도움을 청하다 chiedere aiuto // 청 하나 해도 될까? potrei chiederti un favore?

청 廳 ufficio, palazzo * **-사** palazzo per uffici **-장** Amministratore del palazzo **중앙-** il Palazzo del Campidoglio 정부 종합 청사 Palazzi degli uffici governativi

청가뢰 青-【곤충】cantaride

청각 聽覺 udito * **오감각** i cinque sensi 시각 vista 후각 odorato 미각 gusto 촉각 tatto * **-신경** nervo acustico **-기관** organi uditivi

청강 聽講 presenza alla lezione **-하다** essere presente alla lezione * **-료** tassa d' ammissione **-무료** ammissione libera

청개구리 青-【동물】raganella

청결 淸潔 pulizia, nettezza, lindezza, purezza **-하다** essere pulito, essere puro, essere lindo ¶ 청결하게 하다 pulire

청과 青果 frutta e verdura * **-시장** mercato di frutta e verdura **-가게** negozio di frutta e verdura

청관 聽官【해부】organi uditivi

청교도 淸教徒 puritano ¶ 청교도주의 puritanesimo

청구 請求 [요구] domanda, [청원] richiesta, [변상따위] reclamo ¶ 지불을 청구하다 richiedere il pagamento // 청구서의 금액을 청산하다 saldare la fattura * **-권** diritto di reclamo **-서** fattura, conto, nota **-액** ammontare richiesto, importo richiesto **-인** ricorrente, richiedente, reclamante **지불-** richiesta di pagamento

청기와 青- tegole verdi

청널 廳- tavolati da pavimento

청년 青年 giovane, giovanotto, [총칭] giovani * **-남녀** giovani, ragazzi e ragazze **-시대** giovinezza, gioventù **-회(단)** associazione giovanile

청대 青-【식물】varieta di bambù, bambù verde

청대콩 青- fagiolo verde

청동 青銅 bronzo ¶ 청동제품 * **-기** età del bronzo bronzo, oggetto di bronzo

청람 晴嵐 ⇒ 아지랭이

청량 淸凉 **-하다** dare refrigerio, essere rinfrescante, essere sereno e fresco * **-음료** bevanda rinfrescante

청력 聽力 facoltà uditiva ¶ 청력을

상실하다 perdere l′udito * -계 audiometro -검사 esame dell′ udito -측정 audiometria

청렴 淸廉 integrità, rettitudine, probità -하다 (essere) integro, retto, avere le mani pulite ¶ 청렴한 사람 un uomo integro

청루 靑樓 postribolo, bordello

청류 淸流 corso d' acqua limpida, ruscello limpido

청맹과니 靑盲- [흑내장] amaurosi [사람] persona amaurotica

청명 淸明 -하다 (essere) chiaro, luminoso, sereno, limpido ¶ 청명한 하늘 un cielo sereno

청바지 靑- blu jeans

청백 淸白 retto, onesto, integro, che ha le mani pulite, innocente, incorrotto ¶ 청백한 관리 funzionario che ha le mani pulite

청부 請負 contratto appalto ¶ 청부로 in appalto, a contratto * -계약 contratto, appalto -공사 lavoro in appalto (a contratto) -업자 imprenditore, appaltatore 건축-업자 imprenditore edile -살인 assassinio su commissione

청빈 淸貧 povertà onesta(onorabile) ¶ 청빈한 생활 povera ma onesta vita

청사 靑史 storia, annali ¶ 이름이 청사에 빛나다 essere famoso immortalato nella storia

청사 廳舍 palazzo del governo

청사진 靑寫眞 cianografia, copia eliografica ¶ 청사진을 뜨다 cianografare, riprodurre mediante cianografia

청산 靑山 montagne verdi

청산 靑酸 acido prussico, cianuro idrogeno * -가리 cianuro di potassio

청산 淸算 liquidazione -하다 liquidare, estinguere ¶ 빚을 청산하다 liquidare(estinguere) un debito // 과거를 청산하다 liquidare il passato

청산유수 靑山流水 fluidità, scorrevolezza ¶ 청산유수같이 fluentemente, scorrevolmente

청상 과부 靑孀寡婦 giovane vedova

청색 靑色 blu

청석 靑石 pietra blu

청소 淸掃 pulizia, lo spazzare [비질] -하다 pulire, fare le pulizie, spazzare [비질], spolverare [먼지-] ¶ 집을 청소하다 pulire la casa //거리를 청소하다 spazzare le strade * -부 addetto(f.-a) alle pulizie 도로 -부 spazzino -차 camion dell′immondizia 도로 -차 spazzatrice -기 macchina per fare la pulizia (aspirapolvere) -도구 arnese per pulire

청소년 靑少年 adolescente(13세-19세), giovane * -기 adolescenza -문제 problemi degli adolescenti -범죄 delinquenza minorile(giovanile)

청순 淸純 purezza ¶ 청순한 처녀 ragazza pura e innocente

청승 condizione pietosa, aspetto miserabile(disgraziata) ¶ 청승떨다 muovere a pietà // 청승궂다〔스럽다〕 ⇒ 청승맞다

청승맞다 pietoso, misero, miserabile, infelice, sventurato ¶ 청승맞은 노인 vecchio misero

청신 淸新 fresco, nuovo **-하다** essere nuovo o fresco ¶ 청신한 작풍 stile fresco e nuovo nella letteratura // 청신한 맛이 없다 mancare di freschezza

청신경 聽神經 nervo acustico

청신체 dolce stil novo

청신호 靑信號 semaforo verde, segnale di "via libera"

청실 靑- filo blu

청아 淸雅 eleganza, grazia, purezza **-하다** (essere) elegante, grazioso, pulito ¶ 청아한 처녀 ragazza graziosa e pura // 청아한 목소리 voce chiara, limpida

청약 請約 sottoscrizione * **-기한** limite di tempo per la sottoscrizione **-서** sottoscrizione scritta **-자** sottoscrittore, contraente

청어 靑魚【물고기】aringa * **-알** uova di aringa

청옥 靑玉【광물】zaffiro

청와대 靑瓦臺 *Chengwadae*, Casa Blu, Palazzo Presidenziale della Corea del Sud, Residenza Presidenziale della Corea del Sud

청요리 淸料理 piatto cinese, gastronomia cinese

청우계 晴雨計 barometro

청운 靑雲 ¶ 청운의 뜻을 품다 aspirare alla grandezza, avere una grande ambizione

청원 請援 **-하다** chiedere assistenza(o aiuto)

청원 請願 petizione, supplica **-하다** rivolgere una supplica a, presentare una petizione a * **-권** diritto di petizione

청음기 聽音機 rivelatore di suoni, [수중의] idrofono

청일 淸日 cino-giapponese * **-전쟁** la Guerra cino-giapponese

청자 靑瓷 celadon (porcellana) * **-색** verde celadon, verde giada

청정 淸淨 purezza, **-하다** (essere) puro, immacolato * **재배** coltura sanitaria(igienica), coltura idroponica

청종 聽從 **-하다** ubbidire a(～를), ascoltare, seguire

청중 聽衆 pubblico, uditorio[집합], ascoltatori, uditori ¶ 청중에게 연설하다 rivolgersi al pubblico(all′uditorio) // 청중을 열광시키다 destare(suscitare) l′entusiasmo dell′uditorio, entusiasmare l′uditorio // 청중에게 질문을 던지다 fare una domanda agli uditori // 약 3천명의 청중 uditorio di circa 3.000 persone * **-석**, posti degli uditori

청지기 廳- maggiordomo

청진 聽診 auscultazione, stetoscopia **-하다** auscultare * **-기** stetoscopio, ¶ 청진기를 대다 appoggiare lo stetoscopio su(～에) // 청진기로 진찰하다 esaminare con lo stetoscopio

청천 靑天 cielo azzuro, cielo sereno, bel tempo, bella giornata

청천 벽력 靑天霹靂 un fulmine a ciel sereno ¶ 청천벽력같이 come un fulmine a ciel sereno

청첩장 請牒狀 invito, lettera d′invito, biglietto d′invito ¶ 청첩장을 보내다 mandare una lettera d′invito * **결혼-** invito di nozze

청청하다 靑靑- essere verde brillante, essere verdeggiante
청초 淸楚 **-하다** (essere) pulito e lindo ¶ 청초한 여자 ragazza pulita e linda
청춘 靑春 gioventù, giovinezza, anni verdi, primavera della vita ¶ 청춘의 giovanile, di(da) giovane // 나는 더 이상 청춘이 아니다 Non ho più vent anni. * **-기** adolescenza, pubertà **-의 정열** ardore giovanile **-남녀** giovani (ragazzi e ragazze)
청출어람 靑出於藍 il discepolo supera il maestro
청취 聽取 **-하다** ascoltare, sentire ¶ 라디오를 청취하다 ascoltare la radio // 증언을 청취하다 ascoltare una testimonianza orale * **-료** tariffa di ascolto radio **-자 참가프로** programma con la patecipazione degli ascoltatori **라디오 -자** radioascoltatore(f. -trice)
청컨대 請- per favore, per piacere, per cortesia, vorrei ⇒ 청하다
청탁 淸濁 [맑음과 흐림] purezza e impurità, [좋고 나쁨] il bene e il male
청탁 請託 richiesta, supplica, **-하다** chiedere di, supplicare di, pregare di
청태 靑苔 [이끼] muschio, [김] alghe verdi, [미역] ulva, lattuga di mare
청풍 淸風 * **-명월** vento fresco e luna chiara
청하다 請- [부탁] chiedere, richiedere, [간청] implorare supplicare, pregare, sollecitare, [초빙] invitare ¶청을 받아들이다 accettare, soddisfare una richiesta // 누구를 집에 청하다 invitare qlcu. a casa //면회를 청하다 chiedere un colloquio, chiedere di vedere (una persona)
청허 聽許 approvazione, benestare, consenso, permesso, concessione, assegnazione **-하다** approvare, assentire, concedere il permesso
청혼 請婚 proposta di matrimonio **-하다** fare una proposta di matrimonio a qlcu., chiedere la mano di qlcu.
체 setaccio, vaglio, staccio, crivello 밀가루를 체로 치다 passare al setaccio(allo staccio) la farina
체 finta, finzione, simulazione **-하다** fingere, fare finta di, simulare, affettare, ostentare ¶ 죽은 체하다 fingersi morto
체 體 corpo, fisico, struttura, corporatura, costituzione
체 滯 indigestione, cattiva digestione, dispepsia
체가 遞加 accelerazione, accrescimento(aumento, incremento) graduale **-하다** accelerare, aumentare gradualmente
체감 遞減 decelerazione, diminuzione graduale **-하다** decelerare, decrescere(diminuire) gradualmente
체격 體格 fisico, costituzione fisica, corporatura ¶ 체격이 호리호리하다 avere una corporatura snella // 건장한 체격이다 essere di corporatura grossa, forte, sana
체결 締結 conclusione (조약을) **-하**

다 concludere un trattato ¶ 평화 조약을 체결하다 concludere un trattato di pace

체경 滯京 **-하다** stare(rimanere) a Seoul(nella capitale)

체계 體系 sistema, organizzazione ¶ 체계적(으로) sistematico(-camente) // 체계를 세우다 sistematizzare, ordinare(organizzare) in sistema * **사상 체계** sistema teorico // **철학 체계** un sistema filosofico

체공 滯空 **-하다** stare in volo * **-기록** registrazione di volo

체구 體軀 corpo, statura, costituzione fisica

체기 滯氣 sintomo di indigestione, lieve indigestione

체납 滯納 insolvenza (nel pagamento), ritardo nel pagamento, mancato pagamento **-하다** essere in arretrato con il pagamento, essere moroso ¶ 세금을 체납하다 essere in arretrato con le tasse, non riuscire a pagare le tasse in tempo, * **-금** arretrati * **-세금** tasse in arretrato

체내 體內 l'interno del corpo ¶ 체내의 nel corpo, interno

체념 諦念 rassegnazione, abbandono, rinuncia **-하다** rassegnarsi, rinunciare a, abbandonare ¶ 운명이라고 체념하다 rassegnarsi al proprio destino

체능 體能 attitudine fisica * **-검사** test di attitudine fisica

체당 替當 **-하다** assumersi, accollarsi

체득 體得 [체험] realizzazione, esperienza, [이해] comprensione, [숙련] padronanza **-하다** imparare per esperienza, imparare a fondo, capire, comprendere ¶ 불교의 교리를 체득하다 imparare a fondo la dottrina del buddismo

체력 體力 forza fisica ¶ 체력이 강하다 avere un fisico forte

체류 滯留 soggiorno, permanenza **-하다** stare, alloggiare, fermarsi, soggiornare ¶ 로마 체류 중에 durante la permanenza(il soggiorno) a Roma 체리 ciliegia * **-나무** ciliegio

체면 體面 [면목] faccia, onore, [위신] dignità, prestigio, [명성] reputazione, buon nome ¶ 체면상 per la faccia, per la reputazione // 체면을 차리다 salvare la faccia 체면을 손상하다 perdere la faccia

체모 體貌 ⇒ **체면** 體面

체미 滯美 **-하다** stare in America

체벌 體罰 punizione corporale, pena corporale ¶ 체벌을 가하다 infliggere una punizione corporale (a qlcu.)

체불 滯拂 proroga di pagamento, pagamento ritardato

체불임금 滯拂賃金 stipendi arretrati

체세포 體細胞 cellula somatica

체스 gioco degli scacchi, scacchi ¶ 체스 놀이를 하다 giocare a scacchi

체신 遞信 comunicazioni * **-부** Ministero delle Poste e delle Telecomunicazioni * **-사무** servizi delle poste e telecomunicazioni

체온 體溫 temperatura corporea ¶

체온을 재다 misurare la temperatura (a qlcu.) * **-계** termometro

체위 體位 standard fisico, condizione fisica ¶ 체위를 향상시키다 migliorare le condizioni fisiche, elevare lo standard fisico

체육 體育 educazione fisica, [과목] ginnastica ¶ 체육을 장려하다 incoraggiare l'educazione fisica * **-가** istruttore attetico, atteta **-관** palestra **대한 -회** Associazione degli Atteti Dilettanti della Corea

체인 catena ¶ 체인점 catena di negozi

체재 體裁 [생김새] stile, [외형] forma, apparenza, [꾸밈새] confezione, veste tipografica ¶ 책의 체재 veste di un libro

체재 滯在 ⇒ 체류

체적 體積 volume, misura di volume, capacità

체제 體制 formazione, costituzione, organizzazione, sistema, struttura, ordinamento ¶ 정부 체제 sistema di governo // 정치 체제 sistema politico

체조 體操 esercizi ginnici, ginnastica **-하다** fare ginnastica, praticare gli esercizi ginnici ¶ 체조 경기 gara di ginnastica

체중 體重 peso ¶ 체중을 달다 pesare, pesarsi // 체중이 얼마나 나가니? Qual è il tuo peso?

체증 滯症 indigestione * **교통 체증** congestione del traffico

체질 setacciatura, stacciatura, cernita **-하다** setacciare, stacciare, passare al crivello

체질 體質 costituzione, [기질] temperamento ¶ 체질적으로 costituzionalmente

체취 體臭 odore del corpo

체코슬로바키아 Cecoslovacchia * **-인(의)** cecoslovacco

체크 assegno (bancario), chèque

체통 體統 decoro, dignità, onore, faccia ⇒ 체면

체포 逮捕 arresto, cattura **-하다** arrestare, catturare

체하다 fingere, fare finta di, simulare, affettare, ostentare ¶ 못들은 체하다 fare finta di non aver sentito

체하다 滯- fare indigestione

체한 滯韓 lo stare in Corea, permanenza in Corea

체험 體驗 esperienza **-하다** sperimentare, fare esperienza di, subire ¶ 직접 체험하다 fare esperienza diretta (di)

체형 體刑 punizione, pena corporale

체화 滯貨 [화물의] congestione di merci, bagagli, [상품의] accumulo di merci

첼로 violoncello ¶ 첼로 연주자 violoncellista

쳄발로 [악기] clavicembalo ¶ 쳄발로 연주자 clavicembalista

쳐내다 togliere via, levare via, rimuovere ¶ 눈을 쳐내다 spalare la neve

쳐다보다 guardare, guardare in alto, alzare lo sguardo, alzare gli occhi ¶ 하늘을 쳐다보다 alzare gli occhi al cielo

쳐들다 sollevare, alzare, tirare su ¶

손을 높이 쳐들다 alzare la mano 쳐들어가다 fare un′incursione in, fare irruzione, invadere, penetrare in

쳐주다 ① [셈하다] calcolare, valutare ¶ 집값을 1억원으로 쳐주다 valutara la casa 100 milioni di won ② [인정하다] ammettere, riconoscere, trattare, considerare ¶ 이겼다고 쳐주다 riconoscere che ha vinto l′altro

쳐죽이다 colpire a morte

초 candela * **-심지** stoppino, lucignolo

초 秒 secondo

초 醋 aceto ¶ 초를 치다 mettere aceto su

초 初 inizio, principio ¶ 연초에 all′inizio dell′anno

초 抄 estratto, brano scelto, selezione ¶ 괴테의 시초(詩抄) selezione di poesie di Goethe

초- 超- super-, sopra-, ultra-, iper- ¶ 초현대적 ultramoderno // 초자연적 soprannaturale

초가 草家 casa col tetto di paglia * **-삼간** piccola casa col tetto di paglia

초가을 初- gli inizi dell′autunno

초개 草芥 cose di nessun valore ¶ 초개같은 인생 vita di nessun valore, vita senza pretese

초겨울 初- inizio dell′inverno

초계 哨戒 pattuglia **-하다** pattugliare, perlustrare * **-정** motovedetta

초고 草稿 prima stesura, abbozzo, appunti (per la lezione) ¶ 소설의 초고 la prima stesura di un romanzo // 초고를 작성하다 abbozzare(fare) la prima stesura (di)

초고속도 超高速度 alta velocità * **-촬영기** rivelatore d′alta velocità

초고주파 超高周波 frequenza ultra alta

초과 超過 eccesso, eccedenza, sovrappiù, extra, surplus **-하다** eccedere, superare, oltrepassare, sorpassare ¶ 제한 속도를 초과하다 superare il limite di velocità // 정원을 초과하다 superare il numero di persone prestabilito

초근목피 草根木皮 radici di erbe e cortecce di alberi, [악식] pasto miserabile, povero, [한약재] erbe medicinali

초급 初級 primo grado, primo livello * **-반** classe per principianti **-이태리어 문법** grammatica italiana per principianti, grammatica elementare dell′italiano

초급 初給 stipendio iniziale ¶ 내 초급은 100만원이었다 Ho cominciato con lo stipendio di un milione won

초기 初期 fase iniziale, primo periodo, gli inizi ¶ 초기의 iniziale, primo, incipiente // 초기의 암 cancro incipiente, cancro nella fase iniziale // 세익스피어의 초기 작품 le prime opere di Shakespeare

초년 初年 [첫해] il primo anno, [초기] i primi anni, [생애] i primi anni di vita * **-병** recluta

초단 初段 il primo grado ¶ 유도 초단자 judoka di primo grado

초단파 超短波 onde ultracorte * -**송(수)신기** trasmettitore(ricevitore) di onde ultracorte

초당파 超黨派 ¶ 초당파의 bipartitico, sovrapartitico, che non parteggia * -**외교**: diplomazia sovrapartitica -**외교정책** politica estera sovrapartitica

초대 初代 fondatore, prima generazione ¶ 초대의 il primo * -**대통령** il primo presidente dello Stato

초대 招待 invito -**하다** invitare ¶ 저녁식사에 초대하다 invitare qlcu. a cena // 파티에 초대하다 invitare qlcu. a un ricevimento * -**권** biglietto omaggio -**석** posto riservato -**작가** artista invitato -**장** biglietto d′invito -**전** [그림 따위의] mostra privata di quadri

초대면 初對面 primo incontro ¶ 초대면인 사람 sconosciuto, estraneo

초동 樵童 ragazzo raccoglilegna

초두 初頭 inizio, avvio, principio

초등 初等 ¶ 초등의 elementare, primario * -**교육** educazione elementare(primaria) -**학교** scuola elementare

초라하다 (essere) dimesso, miserabile, scalcagnato, squallido, misero

초래 招來 -**하다** causare, cagionare, provocare ¶ 좋은 결과를 초래하다 dare buoni risultati

초례 醮禮 cerimonia nuziale * -**청** luogo per cerimonie nuziali

초로 草露 rugiada sull′erba ¶ 초로 같은 인생 vita fuggevole come la rugiada sull′erba, vita effimera

초로 初老 [중년] mezza età ¶ 초로의 신사 un signore di mezza età

초록 抄錄 sommario, riassunto, astratto, estratto, stralcio -**하다** estrarre, stralciare, riassumere, fare un riassunto

초록 草綠 verde (prato), * -**빛** color verde (prato)

초롱 lanterna (di carta o tela)

초롱꽃 【식물】 campanula

초립 草笠 cappello di paglia

초립동 草笠童 uomo molto giovane (sposato) che porta un cappello di paglia (come un anziano)

초막 草幕 capanna(o baracca) con tetto di paglia

초만원 超滿員 -**이다** (essere) al completo, affollato, pieno zeppo, stracolmo ¶ 극장은 초만원이었다 Il teatro era stracolmo

초면 初面 primo incontro ¶ 초면이다 incontrare qlcu. per la prima volta, non aver mai incontrato (visto) prima

초목 草木 alberi e piante, vegetazione ¶ 산천 초목 monti e ruscelli, alberi e piante, natura

초미 焦眉 emergenza ¶ 초미의 urgente, imminente // 초미지급 urgente bisogno

초반 初盤 inizio, parte iniziale ¶ 경기 초반에 all′inizio della partita

초배 草褙 il mettere la sottocarta da pareti

초벌 初- ⇒ 애벌

초범 初犯 prima offesa, primo crimine, prima infrazione * -**자**

primo offensore, primo trasgressore, primo contravventore
초벽 初壁 prima intonacatura
초병 哨兵 sentinella, soldato di quardia
초보 初步 primo passo, primo gradino, primi rudimenti ¶ 초보의 elementare, rudimentale
초복 初伏 i primi giorni del periodo più caldo
초본 草本 erba * **-식물** pianta erbacea
초본 抄本 estratto * **호적-** estratto dello stato di famiglia
초봄 初- gli inizi della primavera ¶ 초봄부터 dagli inizi della primavera
초봉 初俸 ⇒ 초급(初給)
초부 樵夫 taglialegna, tagliaboschi
초빙 招聘 invito ¶ 전문가를 초빙하다 invitare un esperto
초사 焦思 preoccupazione, ansietà **-하다** preoccuparsi, prendersela, impensierirsi, inquietarsi
초사흗날 初- il 3° giorno di un mese ¶ 4월 초사흗날 il 3 aprile
초산 初産 primo parto
초산 硝酸 acido nitrico ⇒ 질산
초산 醋酸 acido acetico
초상 初喪 (periodo di) lutto, [장례] funerale ¶ 초상을 당하다 essere in lutto per qlcu, mettersi il lutto * **-집** casa(famiglia) in lutto
초상 肖像 ritratto, effigie ¶ 황제의
초상 effigie dell'imperatore
초상화 肖像畵 ritratto * **-가** ritrattista
초생 初生 **-달** luna crescente ¶ 초생달 모양의 a forma di falce
초서 草書 * **-체** corsivo, scrittura corsiva ¶ 초서체로 in corsivo
초석 硝石 【화학】 nitrato di potassio * **칠레-** nitrato di sodio
초석 礎石 prima pietra, pietra angolare, fondamento, base ¶ 초석을 놓다 posare la prima pietra
초성 初聲 suono iniziale
초속 秒速 velocità al secondo ¶ 초속 20미터 la velocità di 20 metri al secondo
초속 初速 velocità iniziale
초속도 超速度 altissima velocità
초순 初旬 i primi dieci giorni di un mese ¶ 초순에 nella prima decade del un mese
초승 初- ⇒ 초생
초시계 秒時計 microcronometro, cronometro (a scatto)
초식 草食 il mangiare verdure **-하다** mangiare verdure * **-가** vegetariano **-동물** erbivoro, animale erbivoro
초심 初心 intenzione iniziale, [미숙] immaturità, inesperienza, [초심자] novizio, principiante, esordiente ¶ 초심의 inesperto, principiante, novellino
초심 初審 primo udienza
초아흐렛날 初- il 9° giorno di un mese ¶ 1월 초아흐렛날 il 9 gennaio
초안 草案 abbozzo, schizzo, prima stesura ¶ 초안을 잡다 abbozzare, disegnare, fare la prima stesura di
초야 草野 luogo fuori mano, luogo appartato ¶ 초야에 묻혀 살다 vivere in solitudine, fare vita

ritirata
초야 初夜 prima notte nuziale
초여드렛날 初- lo 8° giorno di un mese ¶ 9월 초여드렛날 l'8 settembre
초여름 初- glli inizi dell'estate ¶ 초여름에 all'inizio dell'estate
초역 抄譯 traduzione compendiata, traduzione di passi scelti **-하다** tradurre passi scelti da
초연 超然 distacco, indifferenza, disinteresse **-하다** essere disinteressato, distaccato
초연 初演 prima rappresentazione
초열흘날 初- il 10° giorno di un mese ¶ 7월 초열흘날 il 10 luglio
초엽 初葉 primi anni, inizio ¶ 20세기 초엽에 nei primi anni del novecento, agli inizi del novecento
초엿샛날 初- il 6° giorno di un mese ¶ 5월 초엿샛날 il 6 maggio
초옥 草屋 capanna ricoperta di paglia
초원 草原 prato, prateria(북미의), pampa(중남미의), steppa(러시아의)
초월 超越 superamento, superiorità, trascendenza **-하다** trascendere, oltrepassare, superare ¶ 초월적 trascendentale, // 상식의 한계를 초월하다 trascendere i limiti del buon senso
초유 初有 primo, iniziale, originale
초음 超音 * **-속** velocità supersonica **-파** onda(o frequenza) ultrasonica
초이렛날 初- il 7° giorno di un mese ¶ 6월 초이렛날 il 7 giugno
초이튿날 初- il 2° giorno di un mese ¶ 3월 초이튿날 il 2 marzo
초인 超人 superuomo ¶ 초인적인 sovrumano * **-주의** dottrina del superuomo
초인종 超人鐘 campanello, cicalino, segnale acustico
초일 初日 primo giorno
초읽기 秒- conteggio alla rovescia
초임 初任 il primo incarico, la prima nomina * **-급** stipendio iniziale
초입 初入 [어귀] entrata, ingresso, accesso, [처음 들어감] prima entrata ¶ 초입에서 all'ingresso, all'entrata
초자연적 超自然的 soprannaturale, preternaturale ¶ 초자연적 현상 fenomeno soprannaturale
초잡다 草- abbozzare, disegnare, fare la prima stesura di
초장 初章 [음악] primo movimento ¶ 심포니 초장에 nel primo movimento della sinfonia, [글] primo capitolo
초장 醋醬 condimento di salsa di soia con aceto e farina di pinoli
초저녁 初- prima serata, prima parte della serata
초점 焦點 fuoco, punto focale, punto centrale, centro, fulcro ¶ 초점을 맞추다 mettere a fuoco
초조 焦燥 inquietudine, impazienza, ansietà, agitazione **-하다** essere inquieto, agitato ¶ 초조하게 inquietamente, con inpazienza
초주검되다 essere mezzomorto, essere quasi morto, essere più morto che vivo

초지 初志 intenzione originale ¶ 초지를 관철하다 portare a compimento l'intenzione originale

초진 初診 prima visita medica ＊ **-료** onorario per la prima visita medica **-환자** nuovo paziente

초창 草創 inizio, origini, fase iniziale ¶ 사업의 초창기 la fase iniziale degli affari

초청 招請 invito **-하다** invitare, ¶ 초청받다 essere invitato ＊ **-국** paese invitante(ospite) **-장** biglietto d'invito, lettera d'invito **피-국** paese invitato

초췌 憔悴 emaciazione **-하다** (essere) emaciato, macilento, smunto ¶ 초췌해 보인다 sembrare emaciato

초침 秒針 lancetta dei secondi

초컬렛 cioccolata, cioccolato

초토 焦土 terra bruciata, rovine ¶ 초토화하다 distruggere completamente ＊ **-정책(전술)** tattica della terra bruciata

초특가 超特價 vendita a prezzi speciali

초특급 超特急 super rapido

초판 初版 prima edizione ¶ 초판으로 5천부 인쇄하다 stampare 5,000 copie come prima edizione

초피 貂皮 pelle di martora, zibellino

초하다 抄- [베끼다] copiare, trascrivere, [요약] riassumere, compendiare

초하다 草- abbozzare, compilare, stendere, redigere ¶ 계약을 초하다 stendere un contratto

초하룻날 初- il primo giorno di un mese ¶ 칠월 초하루 il primo luglio

초학 初學 [처음 배움] primo apprendimento, [학문] primi rudimenti, primi elementi ＊ **-자** principiante, esordiente, novizio

초행 初行 primo viaggio ＊ **-길** via sconosciuta (per qlcu.), primo viaggio (per qlcu.)

초현실주의 超現實主義 surrealismo ＊ **-자** surrealista

초호 礁湖 laguna

초혼 初婚 primo matrimonio

초혼 招魂 invocazione(richiamo) dello spirito di un defunto **-하다** richiamare lo spirito di un defunto

초회 初回 la prima volta

촉 燭 (intensità luminosa espressa in) candele, lume di candela

촉 punta, [살촉] punta di freccia, [펜촉] punta di penna

촉각 觸覺 tatto, senso del tatto

촉감 觸感 sensazione tattile, tatto ¶ 이 옷감은 촉감이 거칠다 Questa stoffa è ruvida al tatto.

촉관 觸官 organo del tatto

촉광 燭光 lume di candela [강도] intensità in candele ¶ 60촉광의 전구 lampadina da 60 candele

촉구 促求 **-하다** [촉진] stimolare, dare impulso, [요구] sollecitare, spingere, incalzare, [격려] spronare

촉대 燭臺 ⇒ 촛대

촉망 囑望 attesa, aspettativa, speranza ¶ 가장 촉망받는 학생 il più promettente studente

촉매 觸媒 catalizzatore * **-반응** catalisi **-반응을 일으키다** catalizzare

촉모 觸毛 filamento, pelo tattile

촉박 促迫 urgenza, imminenza **-하다** (essere) urgente, imminente

촉발 觸發 detonazione di contatto * **-장치** detonatore

촉성 促成 accelerazione della crescita (di piante) **-하다** accelerare la crescita, stimolare la realizzazione * **-재배** coltura forzata

촉수 觸手 antenna, tentacolo [접촉] tocco ¶ 촉수 엄금 giù le mani

촉수 觸鬚 antenna

촉진 促進 accelazione, facilitazione, promozione **-하다** promuovere, facilitare, accelerare ¶ 회복을 촉진하다 accelerare la guazione, fare in fretta a ristabilirsi

촉진 觸診 【의학】 palpazione **-하다** palpare

촉촉하다 (essere) umido, bagnato

촌 寸 ① [단위] pollice coreano(치) (3,03cm) ② [촌수] grado di parentela * **사-** cugino(f. -a)

촌 村 campagna, villaggio, comunità rurale ¶ 촌에서 살다 vivere in campagna

촌각 寸刻 momento, attimo ⇒ 촌음

촌극 寸劇 breve spettacolo drammatico, spettacolino secondario

촌놈 村- zotico, zoticone, villano ¶ 촌놈티가 나다 avere l´aria da contadino

촌뜨기 村- zotico, zoticone, villano ¶ 촌뜨기 같은 여자 ragazza zotica

촌락 村落 villaggio

촌로 村老 anziano di un villaggio

촌민 村民 abitante di un villaggio, paesano

촌백충 寸白蟲 tenia, verme solitario ⇒ 촌충

촌보 寸步 qualche passo

촌부 村婦 donna di campagna

촌사람 村- gente che vive in campagna, campagnolo, contadino, rustico, villano

촌수 寸數 grado di parentela ¶ 촌수가 멀다(가깝다) essere parente lontano(vicino)

촌스럽다 村- (essere) rustico, zotico, inelegante, fuori moda ¶ 촌스럽게 in modo rustico, fuori moda

촌음 寸陰 momento, attimo, istante, il più breve tempo

촌지 寸志 piccolo regalo, piccolo pegno di gratitudine

촌충 寸蟲 tenia, verme solitario

촌티 村- aria rustica ¶ 촌티내다 avere l´aria rustica (da contadino)

촌평 寸評 breve critica, recensione, commento

촐랑거리다 ① [행동] comportarsi in modo frivolo, leggero ② [물이] sciabordare

촐랑이 persona che si comporta in modo frivolo, leggero, persona avventata

촐랑촐랑 ① [경박하게] frivolamente, leggeramente ② ⇒ 찰랑찰랑

촐싹거리다 comportarsi in modo frivolo, [부추키다] istigare, incitare, incoraggiare, provocare

촐촐 con lo stomaco vuoto **-하다** avere un po′ di fame, sentirsi lo stomaco vuoto

촘촘하다 essere denso, fitto, folto, spesso, compatto

촛농 -膿 goccia (di cera) ¶ 촛농이 탁자위로 떨어지다 la candela sgocciola sul tavolo

촛대 -臺 candeliere ¶ 촛대에 초를 꽂다 mettere candele sul candeliere

촛불 lume di candela ¶ 촛불을 켜다(끄다) accendere(spegnere) una candela 촛불빛에 읽다 leggere a lume di candela

총 [말의] crine di cavallo

총 總 tutto, totale, intero, globale, generale, lordo * **-량** quantità totale **-액** importo globale(totale) **-수입** reddito lordo(complessivo), totale entrate **-지출** spesa totale, totale uscite **-예산** preventivo complessivo **-인구** popolazione totale **-자본** capitale totale, intero capitale **-지휘관** comandante in capo, comandante supremo **-파업** sciopero generale

총 銃 fucile, pistola, arma da fuoco ¶ 총을 쏘다 sparare, scaricare

총각 總角 celibe, scapolo, chi non è ammogliato

총검 銃劍 fucili e spade, [무기] armi [총에 꽂는 칼] baionetta

총격 銃擊 sparo, colpo, scarica (di fucile)

총결산 總決算 bilancio, saldo finale (totale) **-하다** fare il bilancio totale

총경 總警 sovrintendente di polizia

총계 總計 totale, somma, importo totale [부사적] in totale, nel complesso, in tutto e per tutto **-하다** addizionare, sommare, ammontare a, giungere a un totale di ¶ 총계하면 약 10만원이 된다 l′importo totale ammonta a circa 100.000 won

총공격 總攻擊 attacco generale **-하다** fare un attacco generale, in forze

총괄 總括 generalizzazione, ricapitolazione, sommario **-하다** generalizzare, ricapitolare, riassumere, riepilogare ¶ 총괄적 generale, tutto compreso // 총괄하면 in generale, nell′insieme, per ricapitolare

총구 銃口 bocca di arma da fuoco

총기 聰氣 intelligenza, acume, brillantezza

총기 銃器 armi portabili (pistola, fucile ecc.), piccole armi da fuoco

총대 銃- fusto(o calcio) del fucile

총독 總督 governatore generale, vicere * **-부** governo generale

총동원 總動員 mobilitazione generale **-하다** fare una mobilitazione generale * **-령** ordine per la mobilitazione dell′intero esercito

총득점 總得點 punti totali, puteggio totale

총람 總攬 soprintendenza, controllo, supervisione **-하다** soprintendere a, controllare, supervisionare

총량 總量 peso lordo, ammontare totale

총력 總力 tutte le energie, tutta la potenza ¶ 총력을 다하여 con tutte le forze * **-전** guerra totale

총렵 銃獵 caccia, il cacciare **-하다** cacciare, dare la caccia a, andare a caccia di

총론 總論 introduzione, osservazioni generali * **민법 총론** introduzione allo studio del diritto civile

총론 叢論 raccolta di trattati, dissertazioni, saggi ecc.

총리 總理 ① soprintendenza, controllo generale **-하다** soprintendere, sorvegliare ②[국무총리] presidente del consiglio, primo ministro

총망 忙 fretta, precipitazione **-하다** essere di fretta, di corsa, essere molto occupato, affrettarsi, sbrigarsi

총명 聰明 intelligenza, acume, sagacia **-하다** essere intelligente, sagace, acuto

총무 總務 [일] affari generali [사람] direttore, manager, dirigente * **-부[과]** sezione Affari Generali **-부장** capo della sezione Affari Generali **-처 장관** ministro degli Affari Generali

총반격 總反擊 contrattacco generale, controffensiva generale **-하다** sferrare un contrattacco generale

총본산 總本山 sede centrale (tempio principale) di una setta (buddista)

총부리 銃- bocca(di fucile) ¶ 총부리를 겨누다 puntare un fucile contro qlcu.

총사냥 總- ⇒ 총렵

총사령관 總司令官 comandante in capo, comandante supremo

총사령부 quartiere generale

총사직 總辭職 dimissioni generali **-하다** dimettersi in massa(in blocco) * **내각 -** dimissioni generali del Consiglio dei ministri

총살 銃殺 fucilazione **-하다** fucilare, giustiziare con un colpo d′arma da fuoco

총상 銃傷 ferita d′arma da fuoco ¶ 어깨에 총상을 입다 riportare una ferita d′arma da fuoco alla spalla

총서 叢書 collana, serie, biblioteca, collezione di libri * 영문학 총서 collana di letteratura inglese

총선거 總選擧 elezioni generali * **-일** giorno delle ellezioni generali

총설 總說 ⇒ 총론

총성 銃聲 ⇒ 총소리

총소리 銃- sparo ⇒ 총소리를 듣다 sentire uno sparo

총수 總帥 capo supremo, comandante in capo

총수 總數 numero totale ¶ 총수 2,000이다 il numero totale è 2.000

총신 銃身 ⇒ 총열

총신 寵臣 dipendente servitore preferito

총아 寵兒 beniamino

총안 銃眼 cannoniera, feritoia

총알 銃- pallottola, proiettile

총애 寵愛 favore, benevolenza **-하다** favorire // 누구의 총애를 받다 godere del favore di qlcu.

총액 總額 importo globale, importo totale

총열 銃- canna di fucile

총영사 總領事 console generale ＊ **-관** consolato generale

총원 總員 numero totale (delle persone), tutto il personale, tutti i membri, [부가적] in tutto ¶ 총원 100명 100 persone in tutto

총의 總意 opinione (volontà) generale ¶ 국민의 총의 il volere del popolo

총장 總長 ① [대학] rettore ② [사무총장] segretario generale ¶ 대학의 명예총장 presidente onorario (di un′università) // 국제연합 사무총장 il segretario generale delle Nazioni Unite

총재 總裁 presidente, governatore ¶ 총재의 직 presidenza, governatorato // 한국은행 총재 il governatore della Banca di Corea

총점 總點 [시험의] somma dei voti, [경기의] punteggio totale

총지배인 總支配人 direttore generale

총지출 總支出 spesa totale, uscite totali

총지휘 總指揮 **-하다** prendere il comando supremo di

총질 銃- sparo **-하다** sparare

총채 spazzola per spolverare, piumino ¶ 총채질하다 spolverare

총체 總體 tutto, intero ¶ 총체적으로 generalmente, in genere, nel complesso, tutto sommato // 총체적 난국 la difficile situazione generale

총총 怱怱 **-하다** essere frettoloso, affrettato, precipitoso ¶ 총총히 frettolosamente, in fretta

총총 叢叢 densamente, fittamente, numerosamente **-하다** essere denso, fitto, affollato, numeroso ¶ 하늘에 별이 총총 박혀있다. il cielo è punteggiato di stelle

총총걸음 passo svelto, andatura svelta ¶ 총총걸음으로 con passo svelto, con passi svelti e corti

총출동 總出動 mobilitazione generale **-하다** essere tutto mobilitato

총칙 總則 regole gerenali ＊ **민법-** regole generali del codice civile

총칭 總稱 termine generale, nome generico **-하다** dare nome generico, chiamare collettivamente

총칼 銃- fucile e spada [무기] armi

총탄 銃彈 pallottola ⇒ 총알

총통 總統 presidente, cancelliere, generalissimo

총판 總販 vendita in esclusiva ＊ **-점** negozio in esclusivo

총평 總評 critica generale, sguardo generale

총포 銃砲 armi da fuoco ＊ **-상** negozio, commerciante d′armi da fuoco

총할 總轄 ⇒ 총람

총화 總和 importo totale, somma, totale **-하다** sommare, ammontare a, giungere a un totale di, riassumere * **-정치** politica d′ integrazione

총회 總會 assemblea generale, sessione plenaria * **임시[정례]-** assemblea generale straordinaria(ordinaria) **유엔-** l′Assemblea generale delle Nazioni Unite

촬영 撮影 il fotografiare, [영화] il filmare **-하다** fare una fotografia, fotografare, [영화를] cinematografare, filmare, girare un film ¶ [영화] 야외촬영하다 girare in esterni

최- 最 il più estremo, ultra ¶ 최하등의 il peggiore * **-남단** il più meridionale, l′estremo sud -첨단 ultrmoderno

최강 最强 il più forte ¶ 최강의 il più forte

최고 最高 il massimo, il primo, il migliore ¶ 최고의 il più alto, supremo, massimo, superlativo * **-가격** prezzo massimo **-가치** valore massimo **-기관** organizzazione suprema **-기록** primato ¶ 최고기록을 깨다 battere(o superare) il primato **-기온** temperatura massima **-봉** cima **-사령관** comandante supremo, comandante in capo **-사령부** comando supremo **-속도** velocità massima **-음[음악]** soprano **-점** punto estremo, [경기의] punteggio massimo **-조** [조수의] livello di piena, livello dell′alta marea [정점] punto culminante, acme, culmine ¶ 최고조에 달하다 culminare, raggiungere il punto culminante **-품** ottimo prodotto, merce di ottima qualità **-한도** limite massimo **-회의** consiglio supremo

최고 催告 notificazione, [호출, 소집, 소환] chiamata **-하다** notificare, avvisare, informare

최근 最近 [때의] ultimo, il più recente, recentissimo [거리의] il più vicino, vicinissimo [부사적] recentemente, ultimamente ¶ 최근 소식 ultime notizie // 최근 5년간 in questi ultimi cinque anni

최근친자 最近親者 parenti più stretti, familiari

최다수 最多數 numero massimo, maggioranza relativa

최단 最短 il più corto * **-거리** il percorso più breve, la distanza più corta **-시일** il tempo più breve

최대 最大 il più grande, il massimo ¶ 최대 다수의 최대 행복 la più grande felicità del più grande numero (di persone) * **-공약수** massimo comune divisore (약 M.C.D.) **-온도** temperatura massima **-압력** pressione massima

최대한도 最大限度 massimo ¶ 최대한도의 비용 spesa massima, 최대한도로 al massimo grande, 최대한도의 능률을 내다 mostrare la massima efficienza, essere in piena efficienza

최루 催淚 * **-탄** bomba lacrimogena **-가스** gas lacrimogeno

최면 催眠 ipnosi ¶ 자기 최면 autoipnotismo * **-상태** stato ipnotico, ipnosi, ipnotismo **-요법**

cura ipnotica, terapia ipnotica, 최면의 ipnotico

최면술 催眠術 ipnotismo, ¶ 최면을 걸다 ipnotizzare ＊ **-사** ipnotizzatore

최상 最上 il migliore, l′ottimo ¶ 최상의 migliore, ottimo ＊ **-급** [문법] grado superlativo [학교] la classe migliore di una scuola

최상등 最上等 il grado più alto, il prim′ordine ¶ 최상등의 di prim′ordine, di grado più elevato, superiore

최상층 最上層 l′ultimo piano, **-계급** alta società, l′elite della società

최선 最善 la cosa migliore, il bene migliore, il meglio ¶ 최선을 다하다 far del(o il) proprio meglio // 정직이 최선이다 l′onestà è il bene migliore

최소 最小, 最少 il meno, ilminimo [부사적] almeno, a dir poco ¶ 이것은 너희들이 할 수 있는 최소한의 것이다 questo è il meno che possiate fare // 최소한 시도는 해봐야한다 devi almeno provare

최신 最新 ＊ **-유행** ultima moda, ultimo grido

최악 最惡 il peggiore, il più cattivo, il più brutto ¶ 최악의 범죄 il peggior di crimine // 내 인생 최악의 날 il giorno più brutto della mia vita // 최악의 결정 la peggiore decisione // 최악의 경우에는 nelle condizioni peggiori, alla peggio, al peggio, (per) male che vada, se le cose volgono al peggio // 최악의 경우에는 며칠 연기해야한다 alla peggio dovremo rimandarlo di qualche giorno

최우등 最優等 eccellenza, superiorità assoluta, il grado (voto) più alto ¶ 최우등으로 졸업하다 laurearsi a pieni voti, laurearsi con lode

최음제 催淫劑 afrodisiaco

최장 最長 il più lungo, lunghissimo ＊ **-거리** la più lunga distanza

최저 最低 il più basso, il minimo, [부사적] almeno, come minimo, a dir poco ＊ **-가격** prezzo minimo **-생활비** minimo costo della vita **-임금** salario minimo

최적 最適 ottimo ¶ 최적의 ottimale, ottimo ＊ **-조건** ottima condizione **-격자** la persona più adatta

최전선 最前線 fronte ¶ 최전선으로 보내지다 essere mandato al fronte

최종 最終 l′ultimo, la fine ¶ 최종의 ultimo, finale ＊ **-결정** la decisione finale **-안** il programma (progetto) finale **-분석** l′ultima analisi **-목적** il fine supremo **-심사** l′ultima prova

최초 最初 il primo, l′inizio ¶ 최초의 primo, iniziale, originale // 최초에 all′inizio, sulle prime, in un primo tempo

최하 最下 il più basso, la cosa peggiore, [부사적] almeno, come minimo, a dir poco ¶ 최하의 il più basso, il peggiore, il più cattivo

최혜국 最惠國 nazione (più) favorita ＊ **-대우** trattamento di nazione (più) favorita **-조관** clausola di nazione (più) favorita

최후 最後 ① l′ultimo, il termine, la fine, la conclusione ¶ 최후의 ultimo, finale // 최후로 da ultimo, alla fine, infine, per concludere, in conclusione // 최후까지 fino alla fine ② [죽음] ultimo momento, morte ¶ 최후의 숨을 거두다 esalare l′ultimo respiro ∗ **-수단** l′ultima risorsa **-통첩** ultimatum

추 錘 pendolo, [낚시줄의] piombino, [저울의] peso ∗ **-시계** orologio a pendolo, pendola

추가 追加 addizione, aggiunta, aumento, [추가물] aggiunta, appendice, supplemento **-하다** aggiungere a ¶ 추가의 aggiuntivo, addizionale, supplementare, extra ∗ **-비용** spesa aggiuntiva **-신청** richiesta supplementare **-요금** costo supplementare

추격 追擊 inseguimento, caccia **-하다** inseguire, dare la caccia a ∗ **-전** battaglia di inseguimento, combattimento in ritirata(해상의)

추경 秋耕 aratura d′autunno

추계 秋季 autunno ⇒ 추기

추계 推計 calcolo, stima **-하다** calcolare, valutare, stimare

추곡 秋穀 grano raccolto in autunno ∗ **-수납** acquisto (da parte del governo) del grano raccolto in autunno

추구 追求 ricerca, perseguimento **-하다** perseguire, cercare di raggiungere ¶ 행복의 추구 la ricerca della felicità

추구 追究 **-하다** indagare, fare indagini, investigare su

추구 推究 **-하다** inferire, dedurre

추궁 追窮 indagine, investigazione **-하다** indagare, investigare, mettere alle strette ¶ 책임을 추궁하다 chiamare qlcu. alla resa dei conti

추근추근 persistentemente, importunamente **-대다** essere importuno

추기 追記 aggiunta, nota aggiuntiva

추기 樞機 ∗ **-경** cardinale **-경 회의** concistoro

추기다 [꾀다] adescare, sedurre, [선동] istigare, incitare

추남 醜男 un ragazzo(uomo) brutto

추녀 angoli sporgenti della gronda

추녀 醜女 una ragazza(donna) brutta

추념 追念 commemorazione ∗ **-식** cerimonia di commemorazione (di una persona)

추다 ¶ 춤을 추다 ballare, danzare // 탱고를 추다 ballare un tango

추단 推斷 [판단] inferenza, deduzione, [처단] giudizio, sentenza, decisione, punizione **-하다** inferire, dedurre, giudicare, punire

추대 推戴 **-하다** essere sotto (la presidenza di)

추도 追悼 lutto, cordoglio **-하다** essere in lutto ∗ **-식** commemorazione, cerimonia commemorativa

추돌 追突 il battere(cozzare) da dietro, urto ∗ **-사고** tamponamento

추락 墜落 caduta, precipitazione **-하다** cadere, precipitare ¶ 거꾸로 추락하다 cadere a testa in giù //

추락사하다 morire cadendo, fare una caduta mortale
추레하다 (essere) dimesso, scalcagnato, malvestito
추려내다 tirare fuori, selezionare
추렴 [모금] colletta, [각자부담] festa(pranzo) in cui ognuno paga la sua parte di spese **-하다** fare una colletta, pagare ciascuno per sé, fare alla romana
추록 追錄 supplemento, aggiunta **-하다** aggiungere
추론 推論 ragionamento, raziocinio, deduzione **-하다** ragionare, dedurre, inferire
추리 推理 ragionamento, raziocinio, deduzione **-하다** ragionare, dedurre, inferire ¶ 귀납[연역] 추리 ragionamento induttivo[deduttivo] * **-력** forza del ragionamento, facoltà del razioncinio **-소설** romanzo giallo
추리다 scegliere, selezionare ¶ 추린 scelto, selezionato
추맥 秋麥 orzo seminato in autunno
추명 醜名 cattiva fama, nomea
추모 追慕 **-하다** commemorare, conservare(onorare) la memoria di * **-비** monumento commemorativo
추문 醜聞 scandalo, ignominia ¶ 추문을 일으키다 sollevare uno scandalo
추밀 樞密 segreto, importanti affari di Stato
추밀원 樞密院 [영국의] consiglio della corona
추방 追放 espulsione, deportazione, esilio **-하다** espellere, deportare, esiliare ¶ 피추방자 persona in esilio, esiliato // 국외로 추방하다 espellere qlcu. da uno stato
추분 秋分 equinozio d′autunno
추사 秋思 sentimento autunnale
추산 推算 stima, calcolo **-하다** stimare, calcolare
추상 抽象 astrazione ¶ 추상적 astratto // 추상적으로 astrattamente, in astratto * **-명사** nome astratto **-미술** arte astratta **-파** astrattismo **-파 화가** astrattista **-화** pittura astratta **-화 작품** opera astratta
추상 秋霜 [서리] brina autunnale, [준엄] severità, rigore, rigorosità ¶ 추상같은 명령 ordine severo
추상 推想 **-하다** indovinare, azzeccare, congetturare, supporre, immaginare
추상 追想 retrospezione, ricordo, reminiscenza **-하다** ricordare, riandare col peusiero, ripensare
추색 秋色 scenario(o paesaggio) autunnale, colori dell′autunno ¶ 추색이 짙다 ci sono i segni chiari dell′autunno
추서 追書 poscritto
추서다 ristabilirsi, riprendersi, rimettersi, guarire
추석 秋夕 Chusok (festa della luna piena il 15 agosto del calendario lunare)
추썩거리다 [어깨를] scrollare le spalle, stringersi nelle spalle, fare spallucce
추세 趨勢 tendenza, corrente ¶ 일반적 추세 tendenza generale

추수 秋收 mietitura, raccolto **-하다** mietere ¶ 추수때 mietitura, il tempo in cui si miete // 곡식을 추수하다 mietere i cereali

추신 追伸 poscritto (P.S)

추심 推尋 riscossione, esazione **-인** esattore

추악 醜惡 essere pessimo, disgustoso, nauseante, ripugnante, abominevole ¶ 추악한 짓 un brutto tiro // 추악한 행동 condotta scandalosa // 추악한 소문 diceria pessima

추앙 推仰 adorazione, riverenza, venerazione **-하다** adorare, riverire, venerare

추어탕 鰍魚湯 brodo di pesce barometro (cobitis barbatula)

추어올리다 ① tirare su, sollevare, alzare, innalzare ¶ 치마를 추어올리다 alzare la gonna ② [사람을] lodare, elogiare, encomiare, complimentarsi con, ⇒ 추어주다

추어주다 lodare, elogiare, encomiare, complimentarsi con, ¶ 일을 잘했다고 추어주다 lodare qlcu. per il buon lavoro svolto, complimentarsi con qlcu. per il buon lavoro svolto

추억 追憶 ricordo, memoria **-하다** ricordare, rammentare ¶ 슬픈 추억 un triste ricordo

추워하다 avere(o sentire, patire) freddo

추월 追越 **-하다** superare, sorpassare ＊ **-금지구역** zona di divieto di sorpasso

추위 freddo, rigore ¶ 살을 에이는 듯한 추위 freddo penetrante, freddo cane // 추위를 타다 essere suscettibile al freddo, soffrire il freddo // 추위에 떨다 rabbrividire per il freddo

추이 推移 transizione, passaggio, vicenda, cambiamento ¶ 시대의 추이 cambiamento dei tempi

추인 追認 conferma, ratifica **-하다** confermare, ratificare

추잡 醜雜 **-하다** essere sporco, osceno, indecente ¶ 추잡한 말 linguaggio osceno

추장 酋長 capo (di tribù, clan)

추장 推奬 raccomandazione **-하다** raccomandare

추적 追跡 caccia, inseguimento **-하다** inseguire, rincorrere ＊ **-자** inseguitore

추접 醜- **-스럽다** essere sporco, basso, indecente

추정 推定 deduzione, supposizione, illazione **-하다** dedurre, supporre, inferire

추종 追從 il seguire, l′andare dietro a ¶ 타의 추종을 불허하다 essere incomparabile, non essere inferiore a nessuno

추진 推進 propulsione, spinta **-하다** spingere (in avanti), promuovere ＊ **-기** propulsore **-력** forza propulsiva

추징 追徵 esazione, riscossione, imposizione supplementare, colletta supplementare **-하다** riscuotere, mettere un imposta supplementare ¶ 세금의 추징 esazione(o riscossione) delle imposte(o tasse) supplementare ＊ **-금** quantità di denaro riscossa per conto terzi

추천 推薦 raccomandazione, (지명) nomina, designazione **-하다** raccomandare, nominare ¶ 누구의 추천으로 su raccomandazione di qlcu. // 교육부 추천 영화 un film raccomandato dalla Pubblica Istruzione * **-자** chi raccomanda presentatore, proponente, nominante **-장** lettera di raccomandazione

추첨 抽籤 lotteria, sorteggio, estrazione **-하다** tirare a sorte, sorteggiare ¶ 추첨에 당첨되다 vincere alla lotteria * **-권** biglietto della lotteria

추축 樞軸 nocciolo, essenza, midollo, asse, perno, fulcro

추출 抽出 astrazione, [화학] estrazione **-하다** estrarre, ricavare

추측 推測 congettura, supposizione, ipotesi **-하다** indovinare, supporre, immaginare ¶ 추측대로 come supposto

추켜들다 alzare, sollevare, elevare ¶ 바위를 추켜들다 sollevare una roccia

추키다 sollevare, alzare, tirare su

추태 醜態 condotta vergognosa, comportamento disonorevole ¶ 추태를 부리다 comportarsi in modo vergognoso, comportarsi disonorevolmente

추파 秋波 sguardo amoroso ¶ 추파를 던지다 lanciare sguardi amorosi, occhieggiare

추하다 醜- (essere) sporco, sudicio, sordido, osceno, indecente, disgustoso, ripugnante

추해당 秋海棠 begonia

추행 醜行 condotta indecente, cattiva condotta, comportamento riprovevole

추호 秋毫 ¶ 추호도 per nulla, affatto

추후 追後 ¶ 추후에 più tardi, dopo

축 gruppo, cerchia, piano di parità ¶ 같은 축에 끼이지 못하다 non poter associarsi su un piano di parità

축 ¶ 축늘어지다 dondolare, ciondolare, penzolare

축 祝 ⇒ 축문 ⇒ 경축

축 軸 [굴대] asse, [두루마리] rotolo ¶ 종이 한 축 un rotolo di carta

축가 祝歌 canto di gioia, canto festivo, (크리스마스) canto di Natale, (결혼식) epitalamio

축구 蹴球 calcio ¶ 축구를 하다 giocare a calcio * **-선수** calciatore, giocatore di calcio **-시합** partita di calcio **-장** campo di calcio **미식-** calcio americano **러식-** rugby pallovale

축나다 縮- mancare, difettare, essere privo di, decrescere, diminuire, [몸이] indebolirsi, perdere peso

축내다 縮- ridurre, defalcare, prendere una fetta della somma, spendere una parte della somma

축농증 蓄膿症 【의학】 empiema

축대 築臺 terrapieno, arginamento, argine ¶ 축대를 쌓다 arginare, cingere di argini, erigere un argine

축도 縮圖 miniatura, rappresentazione in scala ridotta ¶ 인생의 축도 un compendio di vita

축도 祝禱 benedizione

축문 祝文 preghiera rituale scritta, indirizzo di augurio, indirizzo commemorativo

축배 祝杯 brindisi ¶ 축배를 들다 fare un brindisi a, brindare a, bere alla salute di

축복 祝福 benedizione, dono, **-하다** benedire ¶ 축복받은 benedetto // 전도를 축복하다 augurare a qlcu. buona fortuna, augurare il successo a qlcu.

축사 祝辭 indirizzo(messaggio, discorso) d´augurio, indirizzo gratulatorio, congratulazioni, felicitazioni ¶ 축사를 하다 fare(o presentare) le congratulazioni a qlcu., congratularsi con qlcu., leggere un discorso d´auguri ＊ **결혼-** indirizzo d´augurio per il matrimonio

축사 縮寫 copia ridotta, riproduzione in miniatura **-하다** fare una copia ridotta

축사 畜舍 stalla, stalla per bovini

축산 畜産 allevamento di bestiame ＊ **-업** industria dell´allevamento di bestiame **-업자** allevatore di bestiame **-농장** fattoria per l'allevamento di bestiame

축성 築城 **-하다** costruire un castello, fare un castello, fortificare ＊ **-학** la scienza delle fortificazioni

축소 縮小 abbreviazione, riduzione, compendio, limitazione, diminuzione, restrizione **-하다** abbreviare, ridurre, limitare, diminuire, restringere ¶ 군비를 축소하다 limitare(ridurre) gli armamenti ＊ **-사진필름** microfilm **-판** edizione in formato ridotto **군비-** riduzione delle armi

축쇄 縮刷 **-하다** stampare in formato ridotto ＊ **-판** edizione in formato ridotto

축수 祝手 invocazione, preghiera, supplica **-하다** invocare, pregare, supplicare

축시 丑時 il periodo tra l´una e le tre a.m.

축어 逐語 **-적(인)** letterale, alla lettera, testuale, parola per parola ¶ 축어적으로 번역하다 tradurre alla lettera

축연 祝宴 festa, banchetto, convito, festino

축열 蓄熱 ¶ 축열식의 rigenerativo ＊ **-기**【기계】rigeneratore, ricuperatore, accumulatore (di vapore) **-로** forno a ricupero

축우 畜牛 bue domestico, mucca, vacca, bovino

축원 祝願 il pregare, il rivolgere preghiere, preghiera, invocazione, augurio **-하다** pregare, supplicare, implorare, invocare, augurare

축음기 蓄音機 fonografo, giradischi, grammofono ¶ 축음기를 틀다 accendere il fonografo ＊ **-바늘** puntina di fonografo **-판** disco

축의 祝意 auguri, congratulazioni ¶ 축의를 표하다 fare le congratulazioni a qlcu.

축이다 bagnare, inzuppare, inumidire ¶ 목[입술]을 축이다 bagnarsi la gola[le labbra] // 수건을 축이다 inumidire un asciugamano

축일 祝日 (giorno di) festa

축재 蓄財 accumulazione di ricchezze **-하다** accumulare soldi, risparmiare denaro, accumulare una fortuna * **-자** chi fa quattrini, chi ha successo negli affari, affarista * **부정 -자** chi accumula una fortuna illecitamente

축적 蓄積 accumulazione **-하다** accumulare, ammassare ¶ 자본의 축적 accumulazione del capitale

축전 祝典 festival, festeggiamento, celebrazione, gala * **기념-** celebrazione, commemorazione festiva

축전 祝電 telegramma di congratulazioni ¶ 축전을 치다 telegrafare un messaggio d'auguri, mandare un telegramma di congratulazioni a qlcu.

축전기 蓄電器 condensatore elettrico

축전지 蓄電池 batteria di accumulatori

축제 祝祭 festa, festival ¶ 축제를 열다 fare una festa, indire una festa

축제 築堤 arginamento **-하다** arginare (un fiume) * **-공사** opere d'arginamento

축제일 祝祭日 pubblica festività, festa nazionale, giorno di gala, giorno di festa ⇒ 축일

축조 築造 costruzione **-하다** costruire, edificare, erigere

축척 縮尺 scala di riduzione ¶ 10만분의 1 축척도 una cartina in scala di uno a centomila

축축하다 essere bagnato, umido ¶ 축축한 옷 vestito bagnato // 등에 땀이 축축하다 avere la schiena bagnata di sudore

축출 逐出 espulsione, deportazione **-하다** cacciare, scacciare, espellere, estromettere

축포 祝砲 salva ¶ 10발의 축포를 놓다 sparare dieci colpi (di cannone) a salva

축하 祝賀 congratulazione, congratulazioni, felicitazioni, auguri **-하다** congratularsi con, felicitarsi con, fare gli auguri ¶ 축하의 di congratulazioni, gratulatorio // 축하 편지 una lettera di congratulazioni 결혼을 축하하다 congratularsi con qlcu. per il suo matrimonio, fare gli auguri per il matrimonio 축하합니다! Congratulazioni!, (tanti) Auguri!

축항 築港 **-하다** costruire un porto

춘경 春耕 aratura di primavera

춘경 春景 paesaggio primaverile

춘계 春季 primavera ⇒ 춘기

춘곤 春困 stanchezza(o irrequietezza) causata dall'inizio della primavera

춘궁 春宮 il principe ereditario

춘궁기 春窮期 periodo di scarsità in primavera

춘기 春期 primavera, stagione primaverile

춘기 발동기 春機發動機 età della pubertà, adolescenza ⇒ 사춘기

춘몽 春夢 sogno di primavera, fantasie visionarie ¶ 인생은 일장춘몽이다 la vita è un sogno di primavera

춘부장 春府丈, 椿府丈 il vostro rispettabile padre

춘분 春分 equinozio di primavera

춘사 椿事 incidente, [대춘사] disastro, [비극] tragedia

춘삼월 春三月 marzo del calendario lunare ¶ 춘삼월 호시절 i giorni piacevoli di primavera

춘색 春色 scenario(o paesaggio) primaverile, colori primaverili

춘설 春雪 neve di primavera

춘신 春信 segni di primavera, (화신) annuncio dei fiori

춘약 春藥 afrodisiaco, stimolante sessuale, filtro d'amore

춘양 春陽 [햇살] raggi del sole di primavera [계절] stagione primaverile

춘잠 春蠶 bachicoltura di primavera

춘정 春情 voglia(desiderio) sessuale

춘추 春秋 primavera e autunno, [세월] anni, [연령] età

춘풍 春風 brezza(vento) primaverile

춘하추동 春夏秋冬 le quattro stagioni, primavera, estate, autunno e inverno

춘화 春花 fiori di primavera

춘화 春畫 quadro osceno, pornografia

춘화도 春畫圖 ⇒ 춘화

춘흥 春興 allegria primaverile

출가 出家 **-하다** lasciare la casa, diventare bonzo, rinunciare al mondo, farsi monaco, (수녀원으로) prendere il velo

출가 出嫁 matrimonio, nozze di una donna che perciò lascia la sua casa **-하다** sposarsi (e andar via di casa)

출간 出刊 ⇒ 출판

출감 出監 uscita di prigione **-하다** uscire di prigione

출강 出講 **-하다** tenere una conferenza(o lezione), fare lezioni, insegnare

출격 出擊 sortita **-하다** fare una sortita

출고 出庫 **-하다** far uscire (consegnare) la merce dal magazzino **∗ - 지시서** ordine di consegna

출구 出口 uscita ¶ 극장의 출구 l'uscita di un teatro **∗비상-** uscita di sicurezza (d'emergenza)

출국 出國 **-하다** partire dal paese **∗ -허가** permesso d'uscita **-비자** visto d'uscita

출근 出勤 **-하다** andare al lavoro **∗ -부** libro delle presenze **-카드** cartellino di presenza **-시간** ora di andare al lavoro

출금 出金 [지불] pagamento, [예금의] prelevamento, prelievo, [출자] investimento **∗ -전표** foglio paga, distinta(ricevuta) di pagamento

출납 出納 [금전] entrate e uscite **∗ -계** cassiere, [은행] cassiere, impiegato di sportello **-부** libro di cassa, giornale di cassa

출동 出動 [군대·경찰의] intervento, mobilitazione **-하다** intervenire, mobilitarsi, essere chiamato all'azione, (활동) entrare in azione * **-명령** ordine di partenza

출두 出頭 comparizione, comparsa **-하다** comparire, presentarsi ¶ 본인이 출두하다 comparire in persona * **-명령** citazione, ordine di comparizione **자진-** comparizione volontaria

출렁거리다 ondeggiare, fluttuare, ondulare

출력 出力 energia erogata, erogazione

출루하다 出壘- 【야구】 giungere alla prima base ¶ 출루해 있다 essere sulla base

출마 出馬 **-하다** concorrere per, presentarsi come candidato a, presentare la propria candidatura a ¶ 선거에 출마하다 porre la propria candidatura alle elezioni

출몰 出沒 **-하다** fare frequenti apparizioni, presentarsi spesso, frequentare

출발 出發 partenza, (경기) il via! **-하다** partire, cominciare, iniziare, ¶ 부산으로 출발하다 partire per Busan * **-시간** ora di partenza, orario di partenza **-점** punto di partenza [배로 **-하다**] imbarcarsi, partire in nave

출범 出帆 partenza di una nave **-하다** far vela, salpare l'ancora

출병 出兵 **-하다** inviare truppe

출비 出費 spese, uscite

출사 出師 ⇒ 출병

출산 出産 parto **-하다** partorire, mettere al mondo, dare alla luce * **-율** indice di natalità ¶ 출산율이 높은(낮은) alto(basso) indice di natalità

출생 出生 nascita **-하다** essere nato, venire alla luce * **-지** luogo di nascita

출석 出席 presenza, frequenza **-하다** essere presente a, assistere a, intervenire a ¶ 출석을 부르다 fare l'appello // 회의에 출석하다 intervenire a una riunione * **-부(학교)** registro (delle presenze)

출세 出世 successo nella vita **-하다** avere successo nella vita, distinguersi, affermarsi, fare carriera ¶ 출세한 사람 persona di successo // 출세가 빠르다 fare presto carriera, affermarsi in fretta

출신 出身 [태생] nativo, stirpe, famiglia [졸업] laureato, diplomato, [가문] origini, natali, discendenza, stirpe ¶ 그는 제주도 출신이다 è nativo di Jejudo, viene da Jejudo // 양가집 출신이다 venire da una buona famiglia * **-학교** alma mater **-지** la propria città natale

출어 出漁 **-하다** salpare per la pesca

출연 出捐 **-하다** donare, contribuire * **-금** donazione, contributo

출연 出演 apparizione sul palcoscenico, recita, [첫출연] esordio, debutto **-하다** apparire sul palcoscenico, rappresentare, recitare, eseguire ¶ 스타총출연 comparsa di tutti gli attori di primo piano (o famosi) * **-자** interprete, cantante, attore(f. -trice)

출옥 出獄 rilascio dal carcere **-하다** uscire di prigione, essere rilasciato dal carcere

출원 出願 domanda, richiesta, inoltro **-하다** fare domanda, richiedere ¶ 특허를 출원하다 fare richiesta di resistrazione di un brevetto ＊**특허-** richiesta di resistrazione di un brevetto

출입 出入 entrata e uscita **-하다** entrare e uscire ¶ 출입자유 accesso libero ＊ **-구** entrata, ingresso, accesso **-금지** vietato l′accesso, divieto d′accesso ¶ 미성년자 출입금지 divieto d′accesso ai minori

출자 出資 investimento, contributo, finanziamento **-하다** investire (capitali), finanziare ＊ **-금** capitali investiti **-액** ammontare di un investimento **공동-** investimento congiunto

출장 出張 viaggio d′affari (o di lavoro) **-가다** fare un viaggio d′affari, partire per affari ¶ 출장중이다 essere in viaggio d′affari ＊ **-소** agenzia, filiale, succursale

출장 出場 **-하다** partecipare a, prendere parte a, presenziare

출전 出典 fonte

출전 出戰 partenza per il fronte [경기의] partecipazione **-하다** andare al fronte, partecipare a ¶경기에 출전하다 gareggiare, partecipare a una gara

출정 出征 **-하다** partire per il fronte, entrare in guerra ＊ **-군인** soldato al fronte

출정 出廷 comparire in tribunale, presentarsi in tribunale

출제 出題 **-하다** interrogare in (분야), fare domande, preparare i fogli d′esame ¶ 철학에 대하여 출제하다 interrogare in filosofia

출중 出衆 essere straordinario, eminente, eccezionale ¶ 출중한 인물이다 è una figura eminente

출진 出陣 **-하다** andare in battaglia

출찰 出札 rilascio di un biglietto ＊ **-계(원)** bigliettaio **-소(구)** biglietteria

출처 出處 sorgente, fonte, origine ¶ 뉴스의 출처 la fonte delle notizie // 출처가 확실한 fonte attendibile

출출하다 avere un po′ di fame

출타 出他 **-하다** uscire ¶ 출타 중이다 essere fuori

출토 出土 dissotterrare, (ri)portare alla luce, scavare ＊ **-품** ritrovamento (archeologico)

출판 出版 pubblicazione **-하다** pubblicare, stampare ¶ 출판의 자유 libertà di stampa // 출판되다 essere pubblicato ＊ **-기념회** un ricevimento in occasione della pubblicazione di un libro **-목록** catalogo delle pubblicazioni **-물** pubblicazioni, una pubblicazione **-사** editore, casa editrice

출품 出品 esposizione, mostra, [물건] oggetto in esposizione(o esposto) **-하다** esporre, mostrare, mettere in mostra ¶ 그림을 전람회에 출품하다 esporre un quadro in una mostra

출하 出荷 imvio, imbarco, spedizione **-하다** inviare (le merci), imbarcare, spedire

출항 出港 **-하다** uscire dal porto, lasciare il porto, salpare
출항 出航 decollo **-하다** decollare
출현 出現 apparizione, comparsa, venuto, avvento **-하다** apparire, comparire, mostrarsi
출혈 出血 emorragia, perdita di sangue **-하다** sanguinare, perdere sangue ¶ 출혈로 죽다 morire dissanguato * **뇌-** emorragia cerebrale **내-** emorragia interna
춤 ballo, danza ¶ 춤추다 ballare, danzare // 기뻐 춤추다 ballare dalla(o per la) gioia // 춤을 잘 추다 ballare bene
춤 [분량] manciata, manata, pugno
춤 ⇒ 허리춤
춥다 [날씨가] fare freddo, avere freddo ¶ 추운 날씨 tempo freddo // 날씨가 춥다 fa freddo, il tempo è freddo // 매우 춥다 fa molto freddo, fa un freddo cane // 추워지다 raffreddarsi, diventare freddo
충 蟲 insetto, verme, bruco, larva
충격 衝擊 impatto, urto, colpo, cozzo ¶ 충격을 주다 colpire, scioccare, dare una violenta emozione a qlcu. // 전기 충격을 주다 dare una scossa elettrica a
충견 忠犬 cane fedele
충고 忠告 [조언] consiglio [간언] ammonimento, esortazione, avvertimento [경고] avvertimento, avviso, allarme **-하다** consigliare, ammonire, raccomándare, avvisare * **-자** consigliere, consulente
충당 充當 stanziamento, assegnazione **-하다** stanziare, reintegrare, rifornire ¶ 식량을 충당하다 reintegrare le provviste alimentari
충돌 衝突 collisione, scontro, urto, [불일치] conflitto, [전투] scontro, combattimento **-하다** scontrarsi, entrare in collisione con, cozzare contro (o con), essere in urto (o conflitto) con ¶ 이해의 충돌 contrasto d'interessi, collisione d'interessi, conflitto d'interessi // 의견의 충돌 scontro di vedute // 정면 충돌 collisione frontale
충동 衝動 ① impulso, spinta, stimolo, slancio ¶ 충동적으로 impulsivamente, per impulso // 충동적인 사람 un (uomo) impulsivo // 충동에 눈이 멀다 seguire un impulso cieco // 일시적 충동에 못이기다 essere vinto dall'impulso del momento ② [교사, 선동] istigazione, incitamento **-하다** istigare, incitare, sollecitare ¶ 충동질하는 사람 istigatore * **-구매** acquisto d'impulso
충만 充滿 abbondanza, profusione, ricchezza, pienezza, pieno **-하다** essere pieno di, essere permeato di, essere abbondante, abbondare di
충매 蟲媒 * **-식물** piante entomofile
충복 忠僕 servitore fedele
충분 充分 **-하다** essere sufficiente, bastante, abbastanza ¶ 충분히 abbastanza, sufficientemente, a sufficienza // 그것으로 충분하다

basta cosi
충성 忠誠 fedeltà, lealtà, devozione ¶ 충성을 다하다 essere fedele (leale, devoto) a
충신 忠臣 suddito fedele, leale, dipendente fedele
충실 忠實 fedeltà, devonione, lealtà, onestà **-하다** essere fedele, devoto, onesto, leale ¶ 충실하게 fedelmente, lealmente ¶ 충실한 벗 un amico fedele
충실 充實 pienezza, sostanziosità, riempimento, completezza, totalità, perfezione **-하다** (essere) pieno, ben provvisto, completo, solido, sostanzioso ¶ 내용이 충실한 책 un libro sostanzioso
충심 衷心 tutto il cuore, sentimenti più intimi ¶ 충심으로 dal profondo del cuore, con tutto il cuore
충양돌기 蟲樣突起【해부】appendice cecale(o vermiforme) * **-염**(炎) appendicite
충언 忠言 (buon) consiglio **-하다** consigliare bene
충원 充員 integrazione(reclutamento) del personale, (militare) riserve, reclute
충의 忠義 lealtà, fedeltà
충일 充溢 eccesso, sovrabbondanza, esuberanza **-하다** straripare, traboccare di, essere colmo di
충전 充電 caricamento, **-하다** caricare una batteria * **-기** caricabatterie
충절 忠節 fedeltà, lealtà, devozione
충정 衷情 ⇒ 충심
충족 充足 sufficienza, soddisfazione, pienezza **-하다** (essere) sufficiente, pieno, abbastanza ¶ 충족시키다 riempire, soddisfare, appagare
충직 忠直 rettitudine, onestà, fedeltà **-하다** fedele, onesto, retto
충천 衝天 **-하다** volare in alto, elevarsi ¶ 사기가 충천하다 il morale(lo spirito) è alto
충충하다 [빛깔이] (essere) oscuro, tenebroso
충치 蟲齒 carie, dente cariato ¶ 충치가 있다 avere una (brutta) carie, avere un dente cariato
충해 蟲害 malattia delle piante causata dagli insetti, ruggine (delle piante) ¶ 충해를 입다 prendere la ruggine
충혈 充血 iperemia, congestione (cerebrale), **동맥성** - congestione arteriosa **-된 눈** occhi iniettati di sangue
충혼 忠魂 spirito leale, anima fedele
충효 忠孝 devozione (rispetto) leale e filiale
췌액 膵液 succo pancreatico
췌언 贅言 parole superflue, ridondanza
췌장 膵臟【해부】pancreas * **-염**【의학】pancreatite
취객 醉客 ubriacone, beone
취결 就結 [어음의] prelevamento **-하다** prelevare
취관 吹管 cannello ossidrico
취급 取扱 [사람, 사물] trattamento, [사물의] commercio, maneggio, gestione, amministrazione(관리), manipolazione(교묘한) **-하다** [사

람, 사물을] trattare, [물건을] occuparsi di, vendere ¶ 공평한 취급 trattamento imparziale // 사회문제를 취급한 소설 un romanzo che tratta dei problemi sociali * -인 agente -주의[표시] fragile!, attenzione nel maneggiare trattare!

취기 醉氣 l′essere brillo(o alticcio), ebbrezza, inebriamento, effetto dell′alcool, ubriachezza ¶ 취기가 돌다 sentire l′effetto dell′alcool, essere leggermente inebriato da bevande alcoliche

취담 醉談 parole in stato di ubriachezza **-하다** balbettare sotto l′effetto dell′alcool, parlare in stato di ubriachezza

취득 取得 acquisizione, acquisto **-하다** acquisire(권리를), entrare in possesso di, acquistare ¶ 권리를 취득하다 acquisire un diritto * **-물** un acquisto **-세** tassa d′acquisto **-자** acquirente **권리-** acquisizione di un diritto

취락 聚落 comunità, colonia, insediamento

취로 就勞 **-하다** mettersi al lavoro, lavorare * **-사업** progetto di creazione di posti di lavoro

취미 趣味 hobby, passatempo preferito, passione, interesse ¶ 취미로 하다 fare (qlco.) per hobby // 문학 취미 interesse per la letteratura // 취미생활 vita dilettevole

취사 取捨 scelta, selezione **-(선택)하다** scegliere, selezionare ¶ 취사의 자유 libertà di scelta

취사 炊事 cucina, gastronomia, arte culinaria **-하다** cucinare, cuocere * **-계** cuoco **-도구** utensili da cucina **-장** cucina

취색 翠色 verde, verde giada

취생몽사 醉生夢死 **-하다** condurre una vita da imbambolato (in stato di sogno), sprecare la vita oziando

취소 取消 cancellazione, annullamento(무효), ritiro(철회) **-하다** cancellare, annullare, ritirare, ritrattare, revocare ¶ 주문의 취소 cancellazione di un ordine // 계약의 취소 rescissione di un contratto // 취소할 수 없는 irrevocabile

취안 醉眼 sguardo da ubriaco

취약 脆弱 fragilità, delicatezza, gracilità, vulnerabiltà **-하다** essere debole, fragile, gracile, delicato, vulnerabile ¶ 취약점 punto debole

취업 就業 impiego, occupazione, [일의 시작] l′inizio di un lavoro **-하다** essere impiegato, cominciare a lavorare ¶ 취업 중이다 essere al lavoro * **-인터뷰** intervista d′assunzione **-률** percentuale di occupati, tasso di occupazione

취역 就役 **-하다** effettuare(fare) servizio

취음 取音 traslitterazione **-하다** traslitterare

취의 趣意 ⇒ 취지

취임 就任 inaugurazione, investitura, insediamento **-하다** insediarsi, ¶ 대통령으로 취임하다 insediarsi come presidenti * **-식** cerimonia inaugurale(o d′inaugurazione) **-연설** un discorso inaugurale

취입 吹入 **-하다** incidere un disco

취재 取材 scelta di soggetto, selezione di materiale, raccolta di dati **-하다** raccogliere dati, fare la cronaca di (un avvenimento) * **-기자** cronista, reporter, giornalista

취조 取調 indagine, investigazione, interrogatorio **-하다** indagare, investigare, fare delle indagini su qlcu. ¶ 취조중 sotto interrogatorio * **-관** indagatore

취주 吹奏 **-하다** suonare * **-악기** strumento a fiato **-악대(단)** banda degli ottoni **-자** suonatore

취중 就中 soprattutto, particolarmente, specialmente, prima di tutto

취중 醉中 ¶ 취중에 sotto l′effetto dell′alcool, in stato d′ubriachezza

취지 趣旨 [생각] opinione, idea, [목적] oggetto, obiettivo, fine, scopo, intento, proposito, [의의, 요지] senso, significato * **-서** presentazione, prospetto

취직 就職 impiego, occupazione, l′avere un impiego **-하다** trovare lavoro, prendere un impiego

취침 就寢 **-하다** andare a letto, andare a dormire ¶ 취침중 mentre si è a letto

취태 醉態 ubriachezza, sbornia, comportamento da ubriaco ¶ 취태를 부리다 prendere una sbornia, ubriacarsi

취하 取下 revoca, ritirata, rinuncia **-하다** revocare, ritirare, rinunziare ¶ 소송을 취하하다 rinunziare a un′azione legale * **고소-** rinunzia a un′azione legale

취하다 取- ① [채택] adottare, assumere ¶ 강경한 태도를 취하다 comportare un atteggiamento fermo ② [선택] scegliere, preferire, prendere ¶ ~외에 달리 취할 길이 없다 non avere altra alternativa che ~ ③ [섭취] prendere, mangiare

취하다 醉- ① [술에] ubriacarsi, sbronzarsi ¶ 취하여 ubriaco, in stato di ubriachezza // 반쯤 취하다 essere mezzo ubriaco, essere brillo(o alticcio) // 거나하게 취하다 essere ubriaco fradicio ② [배, 차 따위에] provare nausea ③ [열중] essere inebriato, inebriarsi, essere affascinato, essere immerso in ¶ 음악에 취하다 essere affascinato(preso) dalla musica

취학 就學 entrata a scuola, frequenza scolastica **-하다** entrare a scuola, frequentare la scuola ¶ 취학시키다 mandare a scuola * **-률** percentuale di frequenza scolastica **-아동** scolaro **-연령** età scolare

취한 醉漢 ubriacone

취한 取汗 **-하다** curare(farsi passare) il raffreddore con una sudata

취항 就航 navigazione, servizio **-하다** effettare(fare) servizio, spiegare le vele, far vela, salpare, prendere il mare, decollare

취향 趣向 [기호] gusto, predilezione, preferenza, [경향] inclinazione, tendenza ¶ 취향에 맞다 essere secondo il gusto (di qlcu.)

취흥 醉興 giovialità(o festosità) dovuta all'influenza dell'alcool, atmosfera conviviale

측 側 parte ¶ 유엔측 la parte delle N.U. // 우리측 la parte nostra

측근 側近 ¶측근에 vicino a, intorno a

측근자 側近者 entourage, persone che stanno intorno a qlcu. ¶ 대통령의 측근자 le persone che stanno intorno al Presidente

측량 測量 misurazione, [토지의] agrimensura, rilevazione (fotografica) [수심의] scandaglio **-하다** misurare, fare misurazione, sondare, scandagliare, [마음을] scandagliare (le intenzioni di qlcu.), congetturare, indovinare ¶ 토지를 측량하다 fare il rilevamento del terreno * **-기** rilevatore **-기사** geometra, agrimensore, topotrafo **-도** mappa catastale, carta topografica **고저-** livellazione

측면 側面 lato, fianco, parte laterale ¶ 측면의 laterale, di lato // 건물의 측면 i lati di un edificio * **-공격** attacco laterale(o di fianco)

측백나무 側柏- 【식물】tuia orientale

측선 側線 [철도의] binario di raccordo ¶ 측선에 넣다 smistare su un binario di raccordo

측심 測深 scandaglio della profondità, [바다의] scandaglio marino **-하다** sondare, scandagliare * **-기** scandaglio

측연 測鉛 piombino (per scandaglio) * **-선** sagola per scandaglio

측우기 測雨器 pluviometro

측은 惻隱 **-하다** essere compassionevole, pietoso ¶ 측은히 여기다 compassionare, avere compassione di, provare pietà per, avere pietà di

측전기 測電器 elettrometro

측점 測點 punto di misurazione, stazione di misurazione

측정 測定 misurazione, [토지의] agrimensura, [수심의] scandaglio, [구경 따위의] calibratura **-하다** misurare, sondare, scandagliare, calibrare ¶ 거리를 측정하다 misurare la distanza

측지 測地 agrimensura, rilevazione geodetica * **-학** geodesia

측후 測候 osservazione meteorologica * **-기사** meteorologo **-소** osservatorio meteorologico, stazione meteorologica

층 層 [계급] classe, [건물의] piano, [계단의] scale(보통 복수로), scala, scalinata, [지층] strato, giacimento, letto ¶ 1층 pianoterra, pianterreno // 2(3)층 primo(secondo) piano // 3층짜리 집 una casa a tre piani // 나는 5층에 산다 abito al quarto piano

층계 層階 (보통 복수로) scale, scala, scalinata ¶ 층계에서 떨어지다 cadere giù per le scale * **-참** pianerottolo

층나다 層- essere a strati, essere stratificato in classi, mostrare disparità

층대 層臺 ⇒ 층층대

층 돌 層- pietra lidia (o) di paragone, criterio di confronto

층등 層等 gradazione, differenza di grado

층상 層狀 ¶ 층상의 stratiforme, stratificato

층암절벽 層巖絶壁 rupe rocciosa

층애 層崖 scarpata, precipizio

층운 層雲 strato

층적운 層積雲 stratocumulo

층지다 層- ⇒ 층나다

층층다리 層層- ⇒ 층층대

층층대 層層臺 (보통 복수로) scale, scalinata

층층시하 層層侍下 vivere coi genitori e i nonni

치 [길이의 단위] ci (3,03㎝), misura coreana di lunghezza

치 [분량] porzione, razione, parte [사람] tizio, tipo ¶ 이달치 l'ammontare (o reddito, spesa, tariffa, razione) per questo mese

치 値 [값] valore numerico

치 齒 denti ⇒ 이

치가 治家 amministrazione familiare

치가 떨리다 齒- digrignare i denti per lo sdegno, infuriarsi, fare venire i brividi

치감 齒疳 【의학】 piorrea alveolare

치경 齒莖 arcata alveolare, gengiva

치고 ¶ 그것은 그렇다 치고 lasciando da parte questo // 나이치고는 성숙하다 essere maturo rispetto all'età

치골 恥骨 【해부】 pube, osso pubico

치과 齒科 odontoiatria * **-병원** clinica odontoiatrica **-의사** dentista, odontoiatra ¶ 치과에 가다 andare dal dentista

치국 治國 governo di un paese **-하다** governare un paese * **-책** arte di governare

치근 齒根 radice dei denti

치근거리다 infastidire, dare fastidio a, importunare ¶ 치근거리는 사람 persona fastidiosa, importuna

치기 稚氣 fanciullaggine, puerilità ¶ 치기에 찬 fanciullesco, da bambino, infantile, puerile

치기배 -輩 borsaioli(o scippatori)

치다[1] [때리다] colpire, battere(겨냥해서), picchiare(계속해서), schiaffeggiare(손으로), colpire con un pugno, dare un pugno a(주먹으로), piantare(o battere) con il martello(망치로), assestare, appioppare ¶ 북을 치다 suonare il tamburo // 피아노를 치다 suonare il pianoforte // 나는 그를 세게 한 대 쳤다 gli assestai(o diedi) un forte colpo

치다[2] [공격] attaccare, assalire, assaltare ¶ 치고 달리기 attacco di sorpresa con sganciamento immediato

치다[3] ① [나무] potare, sfrondare, sfoltire, cimare ¶ 나무가지를 치다 potare l'albero ② [체질하다] setacciare, stacciare, passare al crivello ¶ 밀가루를 체에 치다 setacciare la farina

치다[4] [깨끗이 하다] pulire, nettare, rimuovere, portare via ¶ 쇠똥을

치다 rimuovere lo sterco delle mucche

치다[5] ① [사육] allevare ¶ 누에를 치다 allevare(o coltivare) i filugelli (bachi da seta) // 닭을 치다 allevare polli // 가축을 치다 allevare bestiame ② [새끼를] figliare ¶ 돼지가 새끼를 열 마리 쳤다 la scrofa ha figliato dieci maialini.

치다[6] [양념] condire, rendere più saporito, insaporire, mettere dentro, aggiungere a ¶ 샐러드에 오일과 식초를 치다 condire l'insalata con olio e aceto

치다[7] [휘장 · 천막] montare, alzare, attaccare ¶ 커튼을 치다 tirare(o aprire) le tende, attacare le tendine

치다[8] ① [셈] contare, calcolare, valutare ¶ 200만 리라로 치다 valutare qlco. due milioni di lire ② [여김] considerare, ritenere ¶ 그건 그렇다고 치더라도 nonostante ciò, ma, tuttavia

치다[9] [차가] investire, mettere sotto ¶ 차로 행인을 치다 investire un passante con l'automobile

치다[10] ① [전보를] trasmettere, mandare, spedire ¶ 급한 전보를 치다 trasmettere un telegramma urgente ② [시험을] dare (un esame) ¶ 필기 시험을 치다 dare un esame scritto // 입학시험을 치다 dare l'esame di ammissione

치닫다 accorrere da(o a, su), salire di corsa, arrivare in tutta fretta ¶ 상황이 극으로 치닫다 la situazione è arrivata al limite

치대다 [문지르다] strofinare, fregare, sfregare

치뜨다 alzare, levare ¶ 눈을 치뜨다 alzare gli occhi

치런치런 strascicando, trascinando, facendo strisciare ¶ 치마를 치런치런 늘어뜨리고 걷다 camminare strascicando la gonna

치레 abbellimento, decorazione, fiorettatura, **-하다** abbellire, ornare, decorare, infiorare, colorire

치료 治療 trattamento, cure, cura **-하다** curare * **-법** rimedio, trattamento medico, terapeutica **-비** spesa medica, retta di degenza ¶ 종양 치료 il trattamento dei tumori // 감기를 치료하다 curare un raffreddore // 치료를 받다 essere in cura // 독감에 뛰어난 치료법을 발견하다 trovare un eccellente rimedio contro l'influenza // 죽음 말고는 모든 것에 치료법이 있는 법이다 A tutto c'è rimedio fuorché alla morte // 치료비를 물어내다 rifondere(rimborsare) le spese mediche

치루 痔瘻 【의학】 fistola anale

치르다 [돈을] pagare, [경험] sperimentare, fare esperienza di, subire ¶ 값을 치르다 pagare il prezzo // 선불로 치르다 pagare qlco. anticipato // 현금으로 치르다 pagare in contanti

치를 떨다 digrignare i denti

치마 gonna ¶ 치맛자락 strascico, coda di gonna // 치마 바람 l'influenza(potenza) della donna

치매 癡呆 【의학】 demenza * **노인**

성- demenza senile

치명 致命 ¶ 치명적인 fatale, mortale, letale // 치명적으로 mortalmente, a morte, (피할 수 없이) fatalmente, inevitabilmente // 치명상을 입은 ferito a morte

치밀 緻密 scrupolosità, precisione, esattezza, accuratezza **-하다** (essere) scrupoloso, esatto, preciso, accurato, minuto, fine, [정교] delicato, elaborato ¶ 치밀하게 scrupolosamente, meticolosamente // 치밀한 성격 un carattere scrupoloso // 일을 치밀하게 하다 lavorare con scrupolo, lavorare scrupolosamente

치밀다 [감정] gonfiarsi di, essere gonfio di, ¶ 분노가 치밀어 오르다 gonfiarsi d'ira

치부 致富 **-하다** diventare ricco, arricchirsi, accumulare una fortuna

치부 恥部 parti intime, genitali

치부 置簿 contabilità

치사 致死 ¶ 치사의 letale, mortale, fatale ¶ 치사량 dose letale

치사 致謝 riconoscimento **-하다** apprezzare, essere grato per, gradire ¶ 그대의 도움에 치사해야겠다 Sarei grato per un tuo aiuto.

치사 恥事 **-하다** (essere) vergognoso, disonorevole, ignominioso, ignobile, [비열] ignobile, abietto, basso

치산 治山 protezione dei boschi, conservazione delle foreste

치수 治水 difesa fluviale, rimboschiamento e volorizzazione del fiume

치살리다 lodare, elogiare, encomiare

치석 齒石 tartaro * **-제거** asportazione del tartaro

치성 致誠 devozione, dedizione, attaccamento

치세 治世 regno, regime ¶ …의 치세(하)에 sotto il regno di …

치솔 齒- spazzolino da denti

치수 -數 misura, taglia, numero ¶ 옷의 치수를 재다 prendere le misure (a qlcu.) per un vestito // 제 치수는 40입니다 Io porto la misura(o taglia) 40. // 한가지 치수 taglia unica

치수 治水 lavoro di controllo delle alluvioni **-하다** (fare lavoro per) controllare le alluvioni, regolare le acque

치수 齒髓 polpa dentaria * **-염** pulpitev(o polpite)

치신 prestigio, dignità, onore ¶ 치신을 잃다 perdere la dignità, perdere prestigio, compromettere il proprio onore

치신경 齒神經 nervi dentari

치신없다 (essere) senza dignità, indegno, degradato, declassato ¶ 치신없는 사람 una persona senza dignità

치아 齒牙 dente ¶ 치아의 dentale, dentario

치안 治安 quiete pubblica, ordine pubblico ¶ 치안을 유지하다 mantenere l'ordine pubblico * **-경찰** polizia di pubblica sicurezza **-방해** turbamento dell'ordine pubblico **-판사** giudice di pace **-국** centrale della polizia di stato

치약 齒藥 dentifricio, pasta dentifricia

치열 齒列 dentatura * **-교정** correzione dei denti, ortodonzia(o ortodontia)

치열 熾烈 **-하다** (essere) intenso, ardente, feroce, accanito ¶ 치열한 경쟁 concorrenza spietata

치열 治熱 * **이열-** (vincere) il caldo con il caldo

치외법권 治外法權 extraterritorialità (o estraterritorialità)

치욕 恥辱 disonore, onta, vergogna, ignominia, insulto, ingiuria, offesa, oltraggio, affronto ¶ 치욕을 참다 patire un insulto

치우다 [정리] mettere in ordine, [없애다] togliere, rimuovere, [한쪽에] mettere da parte, [시집보내다] dare in moglie, accasare, sposare, maritare ¶ 책상의 종이를 치우다 togliere le carte dalla scrivania

치우치다 [기울다] propendere per, essere propenso (o incline) a, tendere a, ¶ 신비주의에 치우치다 tendere al misticismo, [편파적] (essere) parziale, prevenuto, non obiettivo, ¶ 누구에게 치우치다 (편파적이다) esser parziale (prevenuto) verso qlcu.

치유 治癒 cura, rimedio, guarigione **-하다** guarire, porre rimedio a **-되다** rimettersi (in salute), ristabilirsi, riaversi, riprendersi, guarire ¶ 감기를 치유하다 guarire da un raffreddore **-기** convalescenza

치음 齒音 【음성】 consonante dentale, sibilante

치이다 essere investito, essere travolto, essere messo sotto (fam.) ¶ 내 개가 트럭에 치었다 Il mio cane fu investito da un camion.

치이즈 formaggio, cacio * **-케익** torta al formaggio

치인 癡人 idiota, imbecille, stupido

치자 治者 governatore, re, sovrano, dominatore

치자 梔子 **-나무** gardenia

치장 治粧 abbellimento, ornamento, decorazione, [얼굴의] trucco **-하다** abbellire, ornare, decorare, infiorare, adornare ¶ 몸을 치장하다 adornarsi

치적 治績 risultato (positivo) dell′amministrazione politica

치정 癡情 amore cieco, infatuazione * **-살인 사건** caso di omicidio passionale

치조 齒槽 【해부】 alveolo * **-농루** 【의학】 piorrea

치죄 治罪 **-하다** punire un crimine

치중 置重 importanza, rilievo, risalto, enfasi **-하다** dare importanza, porre l′accento su qlco., mettere in risalto qlco., sottolineare qlco. ¶ 어떤 나라들은 운동경기에 치중한다 Certe nazioni danno grande importanza all′atletica.

치질 痔疾 【의학】 emorroidi

치켜세우다 portare qlcu. alle stelle, parlare favorevolmente di qlcu., dire molto bene di qlcu.

치키다 alzare, drizzare, innalzare, levare, elevare, sollevare, erigere

치킨 pollo ¶ 카레 치킨 pollo al

curry // 치킨 파이 pasticcio di pollo

치통 齒痛 mal di denti, odontalgia ¶ 치통이 있다 avere mal di denti, soffrire di mal di denti

치하 治下 sotto il dominio di, sotto il regno di ¶ 영국의 치하에서 sotto il dominio britannico

치하 致賀 congratulazioni, felicitazioni, apprezzamento **-하다** congratularsi, felicitarsi con qlcu. per qlco., ringraziare, rendere grazie a qlcu. ¶ 수고를 치하하다 ringraziare qlcu. per i suoi servizi

치한 癡漢 [호색한] erotomane, maniaco del sesso, molestatore di donne

치환 置換 sostituzione, rimpiazzo, trasposizione, spostamento, 【화학】 metatesi **-하다** sostituire, mettere al posto di, usare invece di (대용), trasporre, spostare

칙령 勅令 decreto reale

칙명 勅命 ordine reale, comando reale

칙사 勅使 inviato (messaggero) reale

칙살스럽다 villano, cattivo, meschino, gretto, avaro, spilorcio, taccagno

칙칙하다 [빛깔이] essere bruno, scuro [무성] fitto, folto, denso

칙허 勅許 permesso reale,

친 親 vero, proprio, di sangue ＊ **-어머니** vera madre, **-남동생** fratello di sangue

친가 親家 ⇒ 친정

친고 親告 denuncia da parte della vittima ＊ **-죄** crimine per il quale necessità la denuncia da parte della vittima

친교 親交 amicizia, intimità, familiarità, rapporti amichevoli ¶ ...와 친교가 있다 essere intimo di qlcu., essere in intimità con qlcu.

친구 親舊 amico, compagno, socio ¶ 내 좋은 친구 un mio buon amico // 절친한 친구 amico intimo // 나의 여자친구 la mia ragazza // 친구가 되다 fare amicizia con qlcu. // 《속담》 필요할 때 친구가 진정한 친구다 Il vero amico si riconosce nel bisogno.

친권 親權 【법】 patria potestà ＊ **-자** persona che ha la patria potestà

친근 親近 amicizia, intimità, dimestichezza, familiarità **-하다** essere intimo di qlcu., essere familiare a, avere familiarità con ＊ **-감** affetto, affezione ¶ ...와 친근한 사이다 avere familiarità con qlcu. ¶ 친근감을 느끼다 provare affetto per qlcu.

친남매 親男妹 fratelli di sangue

친동기 親同氣 ⇒ 친남매

친목 親睦 amicizia, relazioni amichevoli ＊ **-회** raduno, riunione, incontro conviviale ¶ 회원의 친목을 도모하다 promuovere l'amicizia tra i membri

친미 親美 ¶ 친미의 filoamericano ＊ **-정책** politica filoamericana // **-주의자** un filoamericano, persona filoamericana

친밀 親密 intimità, dimestichezza,

familiarità **-하다** essere intimo, essere familiare ¶ 친밀한 사이이다 essere in intimità con qlcu., essere intimo di qlcu., avere intimi rapporti

친부모 親父母 propri, veri genitori, genitori di sangue

친분 親分 amicizia, familiarità ¶ 친분을 가지다 conoscere, fare la conoscenza di qlcu.

친불 親佛 ¶ 친불의 filofrancese

친상 親喪 lutto per la perdita di un genitore ¶ 친상을 당하다 essere in lutto per la perdita del padre (o della madre e sim.)

친생자 親生子 il proprio bambino

친서 親書 lettera autografa

친선 親善 benevolenza, amicizia, cordialità, gentilezza, simpatia * **-관계** rapporti amichevoli **-사절** missione (all′estero) per migliorare i rapporti (con un paese) **-경기** una partita amichevole

친소 親蘇 filosovietico

친손자 親孫子 il proprio nipote, abiatico

친숙 親熟 familiarità, confidenza, intimità, buona conoscenza ¶ 친숙한 관계이다 avere familiarità con qlcu. // 친숙한 정경 paesaggio familiare 친숙한 분위기 atmosfera familiare // 내게는 친숙한 광경이다 Questa vista mi è familiare.

친아버지 親- il proprio padre (di sangue)

친아우 親- fratello minore (di sangue)

친애 親愛 ¶ 친애하는 caro // (편지의 서두에서) 친애하는 김선생님께 Egregio Sig. Kim // 친애하는 신사 숙녀 여러분! Signore e signori!

친어머니 親- la propria madre (di sangue)

친영 親英 ¶ 친영의 anglofilo

친우 親友 un amico intimo

친위대 親衛隊 guardie del corpo, la guardia reale

친일 親日 ¶ 친일의 filogiapponese * **-분자** persona filogiapponese // **-파** gruppo filogiapponese

친자식 親子息 il proprio figlio (di sangue)

친절 親切 gentilezza, cortesia, benevolenza, bontà, cordialità, favore, **-하다** essere gentile, benevolo, compiacente, buono, premuroso, cordiale ¶ 친절한 사람 una persona di cuore buono, gentile, tenero, generoso, umano, indulgente // 친절을 베풀다 fare un favore // 당신이 제 아들을 도와주시니 제게 커다란 친절을 베풀어 주셨군요 Mi ha fatto un grande favore ad aiutare mio figlio

친정 親政 amministrazione (governo) diretta(o)

친정 親庭 la famiglia della sposa ¶ 친정 나들이 하다 recarsi a fare visita ai familiari della sposa dopo il matrimonio

친족 親族 parente, congiunto * **-관계** parentela, consanguineità // **직계-** parenti in linea diretta // **방계-** parenti collaterali

친지 親知 conoscente, amico

친척 親戚 parente, consanguineo, congiunto ¶ 그는 너의 친척이니? È un tuo parente? * **먼-** parente lontano **가까운 친척** parente stretto

친친 ¶ 친친 감다 avvolgere, attorcigliare intorno a // 팔을 끈으로 친친 감았다 avvolgersi la fune intorno al braccio

친필 親筆 un autografo ¶ 친필의 autografo

친하다 親- essere intimo, familiare ¶ 친한 친구 un amico intimo // 친해지다 diventare intimo di qlcu.

친할머니 親- la propria nonna paterna

친할아버지 親- il proprio nonno paterno

친형 親兄 fratello maggiore (di sangue)

친형제 親兄弟 propri fratelli (di sangue)

친화 親和 amicizia * **-력**【화학】affinità

친히 親- ① [친하게]intimamente, familiarmente, con familiarità ② [몸소] personalmente, di persona ¶ 내가 친히 가겠다 Ci andrò di persona.

칠 七 sette ¶ 제 7의 il settimo

칠 漆 [옻] lacca, [도료] vernice ⇒ 칠하다

칠기 漆器 oggetto laccato

칠렁칠렁 pieno fino all′orlo, colmo, traboccante

칠레 Cile

칠면조 七面鳥 tacchino

칠변형 七邊形 ettagono

칠보 七寶 i Sette Tesori (oro 금, argento 은, lapislazzoli 청금석, cristallo 수정, corallo 산호, agata 마노, perla 진주)

칠분도미 七分搗米 riso brillato al settanta per cento

칠생 七生【불교】le Sette Vite

칠석 七夕 il 7 luglio (il settimo giorno del settimo mese) del calendario lunare * **-제** la festa di Vega

칠순 七旬 ① [날] settanta giorni ② [나이] settant′anni di età

칠십 七十 settanta ¶ 제 칠십의 il settantesimo

칠야 漆夜 una notte di buio pesto, una notte fonda

칠월 七月 luglio * **-혁명** la Rivoluzione di Luglio (프랑스의)

칠장이 漆匠- verniciatore

칠전팔기 七顚八起 indomabilità, lotta instancabile contro una avversità **-하다** lottare instancabilmente contro una avversità, tener duro nella difficoltà

칠정 七情 le sette emozioni (gioia, ira, dolore, paura, amore, odio, e lussuria)

칠칠하다 ① [결차다] essere fresco, appena raccolto ¶ 칠칠한 배추 insalata fresca, appena raccolta ② [청결] (essere) nitido, lindo, pulito, chiaro, preciso, terso ③ [민첩] (essere) abile, accorto, astuto, destro, scaltro, dritto ¶ 칠칠한 녀석 un drittone (fam.), un furbacchione // 칠칠치 못한 소년 un ragazzo inetto, poco furbo

칠판 漆板 lavagna

칠하다 漆- [옻을] laccare, [페인트를] verniciare ¶ 담장을 녹색으로 칠하다 verniciare di verde lo steccato, [니스를] verniciare, inverniciare, [에나멜을] smaltare, decorare a smalto, [분을] incipriarsi, [입술연지를] passare il rossetto sulle (labbra o guance) ¶ 갓 칠한 appena laccato (o verniciato) // 기름을 칠하다 lubrificare, oliare // 자전거 체인에 기름을 칠하다 lubrificare la catena di una bicicletta

칠현금 七絃琴 eptacordo

칠흑 漆黑 ¶ 칠흑같이 캄캄한 어둠 buio fitto (pesto) nero come la pece

칡 【식물】 Maranta Arundinacea, arrowroot * **-덩굴** rampicante di Maranta Arundinacea

칡소 bue striato

침 sputo, saliva ¶ 침을 뱉다 sputare, salivare, mandare saliva fuori dalla bocca, espettorare

침 針 [가시] spina, [바늘] ago, lancetta (시계의) ¶ 시침이 분침보다 짧다 la lancetta delle ore è più piccola di quella dei minuti, [곤충의] pungiglione, aculeo ¶ 벌침 il pungiglione dell'ape

침 鍼 agopuntura ¶ 침을 놓다 praticare l'agopuntura * **-술**(術) agopuntura **-술사** agopuntore

침강 沈降 sedimentazione, precipitazione **-하다** precipitare, cadere sul fondo, depositare

침공 侵攻 attacco, assalto, invasione **-하다** attaccare, assalire, invadere

침구 寢具 biancheria e coperte da letto

침낭 寢囊 sacco a pelo

침노 侵擄 **-하다** ① invadere, occupare ② (di malattia) colpire, assalire, affligere

침담그다 沈- curare nell'acqua salata (o di mare)

침대 寢臺 letto, ¶ (기차의) 침대칸 vagone letto, 2인용 침대 un letto matrimoniale (o a due piazze) // 침대를 정리하다 rifare il letto * **물-** letto idrostatico, letto con materasso ad acqua

침략 侵略 aggressione, invasione, irruzione **-하다** invadere, occupare, ¶ 경제적 침략 invasione economica * **-국** paese aggressore **-군** l'esercito invasore **-자** invasore, aggressore **-전쟁** guerra di aggressione **-주의** politica di aggressione

침례 浸禮 【기독교】 immersione, battesimo per immersione * **-교파** Battisti **-교회** Chiesa Battista

침로 針路 rotta(배의) ¶ 침로를 변경하다 cambiare(mutare) la rotta

침맞다 鍼- essere curato con l'agopuntura, farsi l'agopuntura

침모 針母 cucitrice (persona)

침목 枕木 traversina (di binario)

침몰 沈沒 affondamento (di una nave), sommersione, immersione **-하다** andare a fondo, affondare, andare (o colare) a picco, ¶ 배를 침몰시키다 affondare una nave * **-선** nave sommersa, nave affondata

침묵 沈默 silenzio, taciturnità ¶ 침묵을 지키다 mantenere il silenzio, tacere, stare zitto, tener la lingua a freno // 침묵을 깨다 rompere il silenzio.

침방 寢房 ⇒ 침실

침뱉다 sputare, salivare, mandare saliva fuori dalla bocca, espettorare

침범 侵犯 invasione, irruzione, intrusione, intromissione, ingerenza **-하다** invadere, irrompere, violare, intromettersi ¶ 사생활을 침범하다 intromettersi nella vita privata di qlcu., violare l'intimità di qlcu. // 타인의 권리를 침범하다 violare i diritti altrui

침삼키다 [침을] inghiottire saliva, [먹고싶어] venire l'acquolina in bocca (alla vista di), [부러워하다] essere invidioso di, bramare, desiderare ardentemente, concupire

침상 針狀 ¶ 침상의 a forma di ago * **-엽**(葉) foglia a forma di ago, ago

침상 寢牀 letto, giaciglio, telaio del letto

침선 針線 ago e filo

침소 寢所 dormitorio, camerata, camera (o stanza) da letto

침소봉대 針小棒大 esagerazione, affermazione esagerata, magniloquenza, ampollosità **-하다** esagerare, ingrandire

침수 浸水 inondazione, alluvione, sommersione **-되다** essere sommerso, coperto dall'acqua, essere sott'acqua, essere inondato, [배에] imbarcare acqua * **-지대** il quartiere inondato * **-가옥** case sott'acqua, case coperte dall'acqua, case inondate ¶ 포강 계곡지대 일부가 대 홍수로 침수되었다 Parte della Valle Padana era coperta dall'acqua a causa della grande inondazione

침술 鍼術 agopuntura

침식 寢食 mangiare e dormire ¶ 침식을 잊고 간호하다 curare (o assistere) un malato senza mangiare e dormire (con devozione) // 침식을 같이하다 vivere sotto lo stesso tetto

침식 浸蝕 corrosione, erosione **-하다** erodere, corrodere, scavare ¶ 토양의 침식 erosione del terreno * **-작용** erosione, azione erosiva

침실 寢室 camera (o stanza) da letto

침엽 針葉 foglia a forma di ago, ago * **-수** albero con foglie a forma di ago

침울 沈鬱 malinconia, mestizia, tristezza, tetraggine, depressione **-하다** essere malinconico, mesto, triste

침윤 浸潤 **-하다** penetrare in, diffondersi in, infiltrarsi in

침의 鍼醫 agopuntore

침입 侵入 invasione, incursione, irruzione **-하다** invadere, occupare, penetrare, introdursi * **-자** invasore, incursore

침장이 鍼- agopuntore, [아편 중독자] oppiomane

침전 沈澱 precipitazione, sedimentazione **-하다** precipitare * **-농도**

la densità della precipitazione -물 precipitato, sedimento, deposito, fondo (di un liquido)

침착 沈着 padronanza di sé, calma, compostezza **-하다** (essere) calmo, composto, tranquillo, sereno ¶ 침착하게 con calma, tranquillamente

침체 沈滯 ristagno, inattività, stasi, depressione, tristezza [시장의] stagnazione, fiacchezza, fiacca (del mercato, ecc.) **-하다** (essere) abulico, depresso, triste, stagnante, in ristagno, inattivo, fermo ¶ 여름 시즌의 침체 la fiacca della stagione estiva // 침체된 시장 un mercato stagnante // 무역이 침체되어 있다 Il commercio è in ristagno.

침침하다 沈沈- (essere) oscuro, scuro, buio, fosco, tenebroso ¶ 기름 램프의 침침한 불빛 il fioco lume d'una lampada a olio

침통 沈痛 **-하다** (essere) grave, serio, dolente, afflitto, addolorato, triste

침투 浸透 infiltrazione, permeazione, penetrazione, osmosi **-하다** infiltrarsi in, permeare, penetrare in ¶ 시장에 침투하다 penetrare in un mercato * **-성** osmosi, permeabilità **-작용** azione osmotica **-작전** operazione d'infiltrazione

침팬지 【동물】 scimpanzé

침하 沈下 **-하다** abbassarsi, avvallarsi, sprofondare, cedere

침해 侵害 infrazione, contravvenzione, trasgressione, violazione **-하다** infrangere, violare, calpestare ¶ 저작권을 침해하다 violare la legge sul diritto d'autore // 누구의 권리를 침해하다 calpestare i diritti di qlcu.

침흘리개 sbavone, sbavona

침흘리다 sbavare, fare la bava, [부러워하다] essere invidioso di, [탐을 내다] adulare servilmente qlco., fare la bava per qlco., sbavare per (una donna, ecc.)

칩거 蟄居 **-하다** stare in casa, chiudersi in casa, vivere in solitudine, fare vita ritirata (o solitaria) * **-생활** vita ritirata, vita solitaria

칫솔 齒 spazzolino da denti

칭 稱 ①[이름] nome, titolo, denominazione ②[문법의] persona ¶ 3(1,2)인칭 terza(prima, seconda) persona

칭병 稱病 **-하다** simulare una malattia, darsi malato, fare finta di essere ammalato

칭송 稱頌 elogio, panegirico, ammirazione **-하다** elogiare, lodare, ammirare

칭얼거리다 frignare, piagnucolare ¶ 아기가 칭얼거린다 il bambino sta frignando // 칭얼대는 piagnucolante, frignante

칭찬 稱讚 lode, elogio, approvazione, encomio **-하다** lodare, elogiare, encomiare, decantare ¶ 칭찬할 만한 lodevole, lodabile, encomiabile // 누구에게 무엇을 했다고 칭찬하다 lodare qlcu. per avere fatto qlco. // 칭찬받다 essere lodato (o encomiato) da qlcu.

칭탁 稱託 pretesto, scusa

칭탄 稱歎 **-하다** ammirare, applaudire, plaudire

칭탈 稱 scusa, giustificazione, pretesto **-하다** trovare scuse ¶ (무엇을) 칭탈하여 facendo finta di, con il pretesto di

칭하다 稱 metter nome a, nominare, chiamare

칭호 稱號 titolo, appellativo, denominazione, intitolazione ¶ 귀족의 칭호 titolo nobiliare // 백작의 칭호 titolo di conte // 남작의 칭호 titolo baronale // 기사의 칭호 titolo di cavaliere // 세습 칭호 titolo ereditario // 그에게 기사의 칭호가 수여되었다 Gli fu conferito il titolo di cavaliere. // 그는 영웅의 칭호를 받을 만하다 Merita il titolo d′eroe.

ㅋ

카나리아【새】canarino
카네이션【식물】**-하다** garofano
카누 canoa ¶ 카누로 가다 andare in canoa // 카누 젓는 사람 canoista
카니발 carnevale (사육제, 크리스마스와 사순절 사이의 축제기간)
카드 biglietto, tessera, tesserino (멤버쉽), carta da gioco(카드놀이) * **축하-** biglietto d'auguri **전화-** carta telefonica, scheda telefonica **-게임** carte, partita a carte ¶ 카드 게임을 하다 fare una partita a carte
카드뮴【화학】cadmio m. 《Cd》
카라반 carovana
카랑카랑하다 ¶ 목소리가 카랑카랑하다 avere una voce chiara e acuta
카레 curry ¶ 카레 라이스 risotto al curry
카르테【의학】cartella clinica
카르텔【경제】cartello, consorzio
카리브해 Mar Car(a)ibico, Mar delle Antille (o dei Caraibi)
카리에스【의학】carie
카메라 macchina fotografica, apparecchio fotografico ¶ 카메라 앵글 angolo di campo // 카메라맨 cineoperatore, cameraman(영화, TV), fotocronista, fotoreporter(신문)
카메룬 Camerun
카멜레온【동물】camaleonte
카무플라즈 mimetizzazione, mascheramento **-하다** mimetizzare, mascherare
카바레 cabaret ¶ 카바레 쇼 spettacolo cabarettistico
카바이드【화학】carburo
카본【화학】carbonio * **-복사** copia (con carta) carbone **-지** foglio di carta carbone
카빈 carabina
카사블랑카 Casablanca 《모로코》
카세트 cassetta ¶ 카세트
카스텔라 pan di Spagna
카우보이 cowboy
카운슬러 consigliere consulente
카운터 banco, bancone(상점), cassa (캐셔즈 데스크)
카운트 conteggio, conto, calcolo ¶ 카운트다운 conteggio (o conto) alla rovescia // 카운트아웃 (의회) aggiornamento della seduta (per non raggiunto numero legale), (권투) conteggio
카이제르 수염 -鬚髯 baffi, mustacchi rivolti in alto
카인【성경】Caino
카지노 casinò, casa da gioco
카키색 color cachi, cachi, kaki

ㅋ

카타르 【의학】 catarro
카탈로그 catalogo
카테고리 【철학】 categoria
카투사 KATUSA 《Korean Augmentation Troops to the United States Army》 Truppe Coreane Ausiliarie dell'Esercito degli Stati Uniti
카페 bar, caffè
카페인 【화학】 caffeina ¶ 카페인이 없는 decaffeinato
카펫 tappeto ＊ **페르시아산-** tappeto persiano
카피 copia, riproduzione (복제품) ¶ 카피하다 copiare, riprodurre
칵칵거리다 continuare a tossire (per schiarirsi la gola)
칵테일 cocktail(음료), macedonia di frutta (여러 과일을 섞어 만든 것)
칸나 【식물】 canna
칸쪼네 canzone
칸타빌레 【음악】 cantabile
칸타타 【음악】 cantata
칼 coltello, [검] spada, [단검] pugnale, [사브르, 기병도] sciabola (di cavalleria) ¶ 칼로 새기다 incidere con un coltello // 칼을 뽑다 estrarre (o snudare) la spada, dare inizio alle ostilità // 칼을 갈다 affilare (o arrotare) un coltello ＊ **-집** coltelliera **-날** filo (o taglio) del coltello **-가는 숫돌** affilacoltelli
칼 [형구] gogna, berlina ¶ 칼을 쓰는 형벌을 내리다 condannare alla gogna // 칼을 씌워 웃음거리로 만들다 mettere alla gogna
칼국수 (specie di) tagliatelle in brodo
칼깃 penna, piuma, piumaggio
칼날 filo (o taglio) del coltello, la parte tagliente di un coltello ¶ 날이 선 칼 coltello dal taglio affilato // 칼날이 무뎌졌다 Il coltello ha perso il taglio (filo).
칼라 colletto, collo, bavero
칼럼 colonna, rubrica
칼로리 caloria
칼륨 【화학】 potassio
칼리 erba cali
칼리지 istituto per gli studi universitari (o superiori), college
칼맞다 essere accoltellato
칼부림 maneggio della spada **-하다** maneggiare, brandire una spada, accoltellare qlcu. ¶ 칼부림에 이르다 verificarsi spargimento di sangue
칼슘 【화학】 calcio
칼자국 cicatrice da coltello (spada)
칼자루 manico, [단도] impugnatura, [검] elsa
칼잡이 buona spada, macellaio
칼질 taglio, [칼부림] maneggio del coltello (della spada) **-하다** tagliare, maneggiare un coltello
칼집 fodero, guaina ¶ 칼집에서 칼을 뽑다 estrarre la spada dal fodero // 칼집에 칼을 넣다 mettere la spada nel fodero
칼춤 danza delle spade
칼치 cintura d'argento
칼칼하다 essere assetato, avere la gola secca
칼코등이 guardia della spada, guardamano
칼판 -板 tagliere

ㅋ

캄캄하다 (essere) buio, oscuro, tenebroso ¶ 캄캄한 밤이었다 Era una notte buia. * **캄캄한 어둠** buio fitto (o pesto)
캉캉 cancan 《프》
캐나다 Canada
캐다 ① cavare dal suolo, estrarre, [발굴] riportare alla luce ¶ 감자를 캐다 cavare le patate dal terreno // 고대의 항아리를 캐다 riportare alla luce un vaso antico // 다이아 몬드(석탄)를 캐다 estrarre i diamanti (il carbone) ② [규명하다] indagare, investigare
캐디 【골프】 caddie, portamazze ¶ 캐디로 일하다 lavorare come (o fare il) portamazze
캐러멜 caramella morbida
캐럿 carato ¶ 24캐럿의 금 oro a ventiquattro carati
캐묻다 domandare con curiosità, indagare
캐비닛 vetrinetta, mobiletto
캐비지 [양배추] cavolo, cavolo cappuccio
캐빈 [오두막집] capanna, casupola, [막사] baracca, [선실] cabina
캐스터네츠 【악기】 nacchere, castagnette
캐스트 cast, gruppo (di attori)
캐스팅 [배역] assegnazione delle parti (agli attori)
캐스팅보트 voto decisivo
캐시미어 cachemire, cashmere
캐처 【야구】 ricevitore
캐치 -하다 ① [뜻을] afferrare ② 【야구】 ricevere
캐치프레이즈 slogan, frase d′effetto
캐터펄트 catapulta, fionda, frombola
캐터필러 【기계】 caterpillar, [유충] bruco
캐피털리즘 capitalismo
캔디 zucchero candito, caramella, confetto
캔버스 tela * **-그림** tela, dipinto su tela ¶ 마네의 캔버스 그림 una tela di Manet
캘린더 [체계] calendario, [연보] annuario, [목록, 일람] lista, registro
캠페인 campagna ¶ 광고 캠페인 una campagna pubblicitaria
캠퍼 【약】 canfora
캠퍼스 campus, città universitaria, università
캠프 campeggio, ¶ 보이스카웃 캠프 un campeggio di boy scout
캠핑 campeggio, camping
캡 berretto, copricapo, cuffia, cappello
캡슐 capsula
캡틴 capo, capitano, comandante
캥거루 【동물】 canguro
커녕 lungi da, al contrario, invece, viceversa, tutto fuorché, ¶ 칭찬은 커녕 꾸지람을 들었다 Lungi dal ricevere una lode abbiamo ricevuto un rimprovo.
커닝 -하다 copiare in un esame ¶ 제발 커닝하지 마시오! Per favore, non copiate! * **-페이퍼** furtarello, plagio
커다랗다 essere molto grande, enorme, immenso, smisurato, gigantesco ¶ 커다란 손실 una grave perdita
커다래지다 diventare più grande,

ㅋ

più grosso, crescere, diventare adulto, [키] diventare più alto
커리즈마 carisma 《독》
커리큘럼 programma (o curriculum) di studi
커미션 commissione, provvigione ¶ 판매에 대한 10% 커미션 una provvigione del dieci per cento su una vendita
커뮤니케이션 comunicazione ¶ 매스 커뮤니케이션 comunicazione di massa
커버 coperchio, copertura **-하다** [보상] compensare, coprire una perdita, [경기에서] coprire, difendere
커브 curva, svolta, [스포츠] tiro deviato
커스터드 [과자] crema pasticcera
커지다 diventare grande, grosso, [성장] crescere, diventare grande, [확장] espandersi, ampliarsi, estendersi, allargarsi, ingrandirsi, [중대화] diventare grave, diventare serio
커트 ① [가위질] taglio ② [판화·목판화] incisione su legno, xilografia ③ [스포츠] colpo tagliato, colpo di taglio **-하다** tagliare ¶ 머리를 커트하다 tagliarsi i capelli
커튼 tenda, tendina, [영화] cortina, barriera, [연극] sipario, telone, tela ¶ 커튼을 열다 aprire (o tirare) le tende * **-콜** chiamata alla ribalta
커틀렛 cotoletta * **송아지고기 커틀렛** cotoletta di vitello
커프스 polsino, risvolto ¶ 커프스 버튼 bottoni da polso, gemelli
커플 coppia, paio
커피 caffè ¶ 커피를 끓이다 fare (o preparare) il caffè // 커피를 주문하다 ordinare una tazza di caffè (o un caffè) * **-세트** servizio da caffè **-숍** bar, (역의) sala bar, posto di ristoro, piccolo ristorante **-스푼** cucchiaino da caffè **-나무** pianta del caffè
-컨대 ¶ 요컨대 per farla breve, in breve, insomma // 청컨대 mi raccomando
컨디션 condizione, stato
컨테이너 contenitore, container
컨트롤 controllo ¶ 셀프 컨트롤 autocontrollo, padronanza di sé
컬 ricciolo, boccolo ¶ 머리에 컬을 하다 arricciare i capelli
컬러 colore * **-텔레비전** televisione a colori **-방송** programma a colori (TV) **-필름** [사진] pellicola a colori, [영화] film a colori
컴백 ritorno, rientro
컴컴하다 essere buio, oscuro, tenebroso, [마음] oscuro, incomprensibile, infido, malizioso
컴퓨터 computer, calcolatore (o elaboratore) elettronico ¶ 컴퓨터 시대 era dei computer // 컴퓨터화하다 (컴퓨터로 처리하다) computerizzare, controllare(o elaborare) mediante calcolatori elettronici // 컴퓨터화된 computerizzato, comandato da un calcolatore elettronico * **-센터**: centro di calcolo **-언어** linguaggio del calcolatore elettronico **-음악** musica al calcolatore **-프로그래밍** programmazione del computer

컵 bicchiere, tazza, coppa, calice, [스포츠] coppa, trofeo **＊종이-** bicchiere di carta

케냐 Kenia ¶ 케냐 사람 keniota, abitante del Kenia

케이블 cavo, [로프] cavo, gomena, [체인] catena dell′ancora, [전화] cavo telefonico **＊ -카** cabina teleferica (o funivia), vagone (o cabina) di funicolare **-TV** televisione via cavo

케이스 caso, [함] scatola, contenitore, astuccio, custodia ¶ 케이스 바이 케이스 caso per caso

케이오 [스포츠] fuori combattimento (略 K.O.)

케이크 torta, dolce ¶ 생일- torta di compleanno

케이프 타운 Città del Capo《남아프리카》

케첩 ketchup

켈트족 celta, celti ¶ 켈트족의 celtico // 켈트인 celtico

켜 strato

켜다 ① [불을] accendere ¶ 성냥을 켜다 accendere un fiammifero // [전등] 불을 켜다 accendere la lampada ② [톱으로] segare, ③ [악기를] suonare, ④ [기지개를] stiracchiarsi, stirarsi, stendersi, ⑤ [실을] filare, ridurre in filo

켤레 paio ¶ 구두 한 켤레 un paio di scarpe // 양말 두 켤레 due paia di calze

케케묵다 essere antiquato, fuori moda, vecchio, superato, all′antica ¶ 케케묵은 이야기 una storia antica

코 [뜨게 옷 따위의] maglia ¶ 코를 빠뜨리다 perdere una maglia // 코를 줍다 riprendere una maglia

코 ① naso, [코끼리의] tromba, proboscide, [개 · 말의] muso [돼지의] grugno ¶ 누구의 코를 꺾다 far abbassare la cresta a qlcu.

코뼈 osso nasale ② [콧물] moccio, muco, catarro nasale ¶ 코를 흘리다 moccicare // 코를 풀다 soffiarsi il naso // 코를 후비다 scaccolarsi il naso

코골다 russare ¶ 코고는 바람에 스스로 깨다 russare tanto forte da svegliarsi

코끝 punta del naso

코끼리 elefante ¶ 아프리카 코끼리 elefante africano // 인도 코끼리 elefante indiano // 바다코끼리 elefante marino // 흰 코끼리 elefante bianco

코냑 cognac, acquavite, brandy

코너 angolo, [모서리] spigolo ¶ 코너킥 calcio d′angolo // 코너 샵 negozietto all′angolo

코넷【악기】cornetta a pistoni

코드 ① [끈] corda, spago, funicella, [전기] filo elettrico completo di spina ② [암호] codice, cifra ¶ 코드로 연결하다 collegare col filo (elettrico)

코딱지 caccola

코대답 risposta con indifferenza **-하다** rispondere con indifferenza

코뚜레 nasiera

코란 corano

코러스【음악】coro

코르덴 velluto a coste **＊ -바지** pantaloni (di velluto) a coste

코르셋 corsetto, bustino

ㅋ

코르크 sughero
코머 virgola
코뮤니스트 comunista
코뮤니즘 [정치] comunismo, [경제] teoria della comunanza dei beni
코뮤니케 comunicato, bollettino
코미디 commedia
코미디언 comico, attore comico
코믹 -하다 essere comico, buffo
코민테른 il Comintern
코민포름 il Cominform
코바늘 uncinetto
코발트 【화학】 cobalto
코방귀 ¶ 코방귀뀌다 prendere alla leggera, non dare peso a, disprezzare, disdegnare, respingere con sprezzo
코브라 【동물】 cobra
코사인 【수학】 coseno * **-곡선** cosinusoide
코스 corso, [식사] portata, [스포츠] percorso, circuito, (골프코스) campo da golf, percorso normale(페어웨이), (경주코스) pista, [학교] corso ¶ [식사의] 메인 코스 la portata principale // 영어 코스 un corso d'inglese
코스모스 【식물】 cosmea
코스모폴리탄 cosmopolita
코스타리카 Costarica, Costa Rica ¶ 코스타리카 사람 costaricano, costaricense
코스트 costo, prezzo, spese
코웃음 risata beffarda, ghigno, sogghigno ¶ 코웃음치다 ghignare, sogghignare, deridere, dileggiare, schernire
코일 serpentina, bobina, matassa
코작 * **-병**(兵) cosacco
코즈메틱 cosmetico, prodotto di bellezza
코치 [사람] istruttore, (축구) commissario tecnico (약어 CT), (il) mister, [훈련] allenamento **-하다** allenare, preparare, dare istruzioni
코카서스 Caucaso, Caucasia * **-인종** razza caucasica **-산맥** Catena del Caucaso
코카인 【화학】 cocaina
코카콜라 Coca Cola
코코넛 noce di cocco, [나무] cocco, palma di cocco
코코아 cacao
코크스 coke, carbon fossile
코탄젠트 【수학】 cotangente
코털 i peli del naso
코트 soprabito, cappotto
코트 [테니스] campo (da tennis)
코풀다 soffiarsi il naso
코프라 copra
코피 emorragia nasale, epistassi ¶ 코피가 나다 uscire il sangue dal naso
코흘리개 bambino dal (o col) naso moccioso, bambino col moccio al naso
콕 ¶ 바늘로 콕 찌르다 pungere (o punzecchiare) con un ago
콘덕터 capo, guida, dirigente, conduttore, controllore, direttore
콘덴서 condensatore
콘덴스트 밀크 latte condensato
콘돔 preservativo, profilattico
콘베이어 【기계】 portatore, trasportatore, convogliatore * **-밸트** nastro trasportatore
콘서트 concerto

콘센트【전기】uscita, attaco, presa
콘체르토 concerto
콘크리이트 calcestruzzo, conglomerato cementizio ¶ 콘크리트를 바르다 rivestire di calcestruzzo
콘택트렌즈 lente a contatto
콘테스트 concorso, gara, competizione ¶ 미인 콘테스트 un concorso di bellezza
콘트라베이스【악기】contrabbasso
콘트라스트 contrasto
콜걸 ragazza squillo
콜드 게임 partita sospesa
콜드 크림 crema detergente
콜라 Cola ¶ 코카 콜라 Coca Cola
콜레라 colera
콜로이드【화학】colloide ¶ 콜로이드의 colloidale
콜로타이프【인쇄】stampa ottenuta mediante collotipia
콜록거리다 tossire ¶ 심하게 콜록거리다 avere una brutta tosse
콜론 due punti
콜론【경제】prestito a vista
콜롬비아 Colombia ¶ 콜롬비아 사람 colombiano
콜머니【경제】prestito a vista
콜사인 segnale di chiamata
콜타르 catrame minerale (o di carbon fossile)
콜호즈 [집단 농장] kolkhoz《러》, azienda agraria collettiva
콤마 ⇒ 코머
콤바인 [수확 기계] mietitrebbia
콤비나트 un complesso industriale
콤비(네이션) combinazione
콤파스 [제도용구] compasso, [나침반] bussola
콤팩트 [화장품] cipria compatta ¶ 콤팩트 디스크 disco compatto, compact (disk), CD콤프레서【기계】compressore
콤플렉스 complesso, fissazione, mania
콧구멍 narice
콧김 fiato (o respiro) dal naso
콧날 linea del naso ¶ 콧날이 오똑하다 avere il naso prominente
콧노래 canto a bocca chiusa (col naso) ¶ 콧노래 부르다 canticchiare a bocca chiusa (col naso)
콧대 linea (ponte) del naso ¶ 콧대 센 사람 una persona che si fa valere, una persona che fa valere i propri diritti, una persona ostinata (caparbia, cocciuta, testarda)
콧등 sporgenza(linea) del naso
콧마루 sporgenza(linea) del naso
콧물 moccio, muco nasale
콧소리 ① voce nasale ② suono nasale
콧수염 baffi, mustacchi ¶ 콧수염을 기르고 있다 portare i baffi
콩【식물】fagiolo, pisello(완두), soia(대두)
콩가루 farina di fagioli (o di soia)
콩깍지 loppa (o lolla), buccia di fagioli (o di soia)
콩고 Congo ¶ 콩고 사람 congolese
콩과 -科【식물】leguminose(*pl.*)
콩국 fagiolata, zuppa di fagioli
콩기름 olio di soia
콩나물 germogli di soia * **-국** zuppa di germogli di soia
콩밥 riso bollito con soia
콩볶듯하다 crepitare, scoppiettare, sbatacchiare, sbattere, scuotere

con fracasso
콩새 frusone
콩자반 fagioli bolliti in salsa di soia
콩쿨 concorso, gara, competizione
콩트 un racconto cortissimo
콩팥 [신장] rene
콰르텟 【음악】 quartetto
콸콸 ¶ 콸콸 흘러나오다 sgorgare, uscire a fiotti, zampillare
쾅 rombo ¶ 쾅하는 대포소리(천둥소리) il rombo del cannone (del tuono) // 그는 문을 쾅하고 닫고 가버렸다 se ne andò sbattendo la porta
쾌감 快感 sensazione di piacere, di gioia, sensazione gradevole ¶ 쾌감을 느끼다 provare una sensazione di piacere
쾌거 快擧 azione (impresa) valorosa, eroica
쾌남아 快男兒 uomo vivace, uomo energico, uomo vigoroso
쾌락 快諾 acconsentire (o consentire) prontamente (o volentieri e subito) a qlco.
쾌락 快樂 piacere, godimento, diletto, divertimento ¶ 육체적 쾌락 i piaceri sensuali, carnali // 쾌락에 빠지다 essere dedito ai piaceri, prediligere i piaceri * **-주의** edonismo, ricerca del piacere, epicureismo **-주의자** epicureo, edonista
쾌보 快報 buona notizia, buone notizie
쾌사 快事 avvenimento piacevole
쾌속 快速 alta velocità **-하다** andare ad alta velocità, andare molto veloce * **-선** barca ad alta velocità, transatlantico **-조** 【음악】 allegro
쾌승 快勝 vittoria decisiva, vittoria sicura **-하다** riportare una vittoria decisiva su qlcu.
쾌유 快癒 ⇒ 쾌차
쾌재 快哉 ¶ 쾌재를 부르다 gridare di gioia
쾌적 快適 **-하다** essere gradevole, piacevole, comodo
쾌조 快調 buono stato, buone condizioni ¶ 쾌조이다 essere in buone condizioni
쾌주 快走 **-하다** andare in barca velocemente
쾌차 快差 guarigione perfetta **-하다** essere completamente guarito, ristabilirsi completamente
쾌청 快晴 bel tempo, tempo splendido **-하다** il tempo è bello e splendido
쾌활 快活 **-하다** essere allegro, vivace, gaio ¶ 쾌활하게 allegramente, gaiamente, vivacemente
쾌히 快- [유쾌히] piacevolmente, gradevolmente, [기꺼이] prontamente (e di buon grado), volentieri e subito ¶ 쾌히 승낙하다 acconsentire prontamente (a qlco.)
쿠냥 ragazza cinese
쿠데타 colpo di Stato ¶ 쿠데타를 일으키다 effettuare il colpo di Stato
쿠바 Cuba
쿠션 cuscino, [당구] sponda (elastica)
쿠페 coupé, auto sportiva

쿠폰 coupon, buono, scontrino ¶ 주유 쿠우폰 buoni per la benzina

쿡 [요리사] cuoco, [요리하다] cucinare, cuocere

쿨롬 【전기】 coulomb 《C》

쿨룩거리다 tossire, avere dei colpi di tosse secca e insistente

쿼터 un quarto, parte, quota, aliquota

쿼테이션 마아크 virgolette

퀄퀄 ⇒ 콸콸

퀘스천 domanda, interrogativo ＊ **-마크** punto interrogativo

퀘이커 (교도) quacchero

퀭하다 ¶ 피곤해서 눈이 퀭하다 avere gli occhi incavati per la stanchezza // 퀭한 뺨 guance incavate

퀴즈 quiz, indovinello, breve esame (orale o scritto), serie di domande, questionario ＊ **-프로그램** programma (trasmissione) a quiz

퀴퀴하다 essere fetido, puzzolente, fetente, maleodorante

큐 【당구】 stecca

큐비즘 【미술】 cubismo

큐피드 Cupido

크기 dimensione, grandezza, misura, [치수] taglia, misura, (신발) numero, misura, [용적] volume ¶ 같은 크기의 della stessa grandezza (o misura)

크낙새 【새】 picchio

크다 [형상이] essere grande, [거대] grande, enorme, gigantesco, [광대] immenso, vasto, ampio, esteso, spazioso, [덩치가] voluminoso, grosso, ingombrante, [마음이] generoso, d´animo grande, di larghe vedute, di mente aperta, [소리가] forte, alto, [규모] su larga (o vasta) scala, in grande, grosso ¶ 큰 소음 un forte rumore // 마음이 크다 avere un cuore grande // 큰 실수 un grosso sbaglio // 큰 재산 una grande fortuna // 큰 건물 un grande edificio // 큰 형 il maggiore dei fratelli // 큰 규모로 su larga(o vasta) scala // 크게 하다 ingrandire, ampliare, allargare

크다 [자라다] crescere, diventare adulto ¶ 도시에서 큰 아이 un ragazzino cresciuto in città // 모유로 큰 아이 un bambino cresciuto con allattamento al seno

크라운 corona

크라이슬러 [자동차] Chrysler

크래커 [스넥] crack(er), galletta croccante [폭죽] petardo, castagnola

크랭크 [기계] manovella ¶ 크랭크인하다 iniziare a filmare, a riprendere ＊ **-축** albero a gomito, a manovella

크레딧 credito ＊ **-카드** carta di credito

크레믈린 Cremlino

크레센도 【음악】 crescendo

크레오소트 【화학】 creosoto

크레용 pastello

크레인 [새, 기계, 영화, TV] gru, [워터크레인] tubo di rifornimento d´acqua, gru idraulica

크레졸 【화학】 cresolo

크레파스 pastello, matita colorata

크로스워드 cruciverba, parole cro-

ciate
크로켓 crocchetta
크롤 crawl ¶ 크롤로 헤엄치다 nuotare a crawl
크롬 【화학】 cromo
크리스마스 Natale ¶ 메리 크리스마스! Buon Natale!
크리스천 cristiano
크리켓 【경기】 cricket
크림 ① crema ② panna
큰곰자리 【천문】 Orsa maggiore
큰길 strada principale
큰누이 la maggiore delle sorelle
큰딸 la maggiore delle figlie, la figlia maggiore
큰댁 -宅 la casa del maggiore dei fratelli
큰돈 un mucchio di soldi, un sacco di soldi, molto denaro ¶ 큰돈을 벌다 guadagnare un sacco di soldi, fare molto denaro // 큰 돈을 쓰다 spendere un mucchio di soldi
큰마음 [포부] grande ambizione, [관대] cuore grande, generoso
큰물 inondazione, alluvione, allagamento, piena ¶ 큰물이 나다 allagare, inondare
큰북 grancassa ¶ 큰북을 치다 battere la grancassa
큰불 conflagrazione, grande incendio ¶ 큰불이 나다 conflagrare
큰비 forte pioggia ¶ 큰비가 내리다 piovere molto
큰사위 il marito della maggiore delle figlie
큰소리 ① voce alta, voce forte, urlo, grido, strillo ¶ 큰소리로 ad alta voce ② [과장] esagerazione, vanto, vanteria, spacconeria, millanteria - **치다** boriarsi, vantarsi
큰솥 calderone
큰아들 il maggiore dei figli, il figlio maggiore
큰아버지 zio, zio paterno, il fratello maggiore del padre
큰아이 il primo figliolo
큰어머니 zia, la moglie del fratello maggiore del padre
큰언니 la maggiore delle sorelle
큰오빠 il maggiore dei fratelli
큰일 ① [중대사] un affare importante, un affare serio, un disastro, un grave problema ¶ 큰일 나다 succedere un affare serio, accadere un affare importante ② [대업] un grande affare, una grande impresa ¶ 큰일을 하다 fare una grande impresa ③ [예식] cerimonia solenne, circostanza importante (matrimonio, funerale, ecc)
큰절 **-하다** inchinarsi prostrandosi per terra
큰집 ⇒ 큰댁
큰칼 [형구] grande gogna di legno, [칼] una spada grande
큰코다치다 avere (fare) un′amara (brutta) esperienza
큰형 -兄 il maggiore dei fratelli
클라스 classe
클라이맥스 acme, punto culminante, culmine, apice, climax
클라이밍 arrampicata, salita, scalata
클라리넷 【음악】 clarinetto ¶ 클라리넷 연주자 clarinettista
클래식 classico ¶ 클래식 음악 musica classica // 호머는 서사시

ㅋ

의 클래식이다 Omero è un classico della poesia epica.

클랙슨 clacson

클러치 【기계】 frizione ¶ 클러치 페달 pedale della frizione, frizione

클럽 circolo, associazione, società, club ¶ 스포츠 클럽 associazione sportiva // 클럽에 가다 andare al circolo // 클럽의 회원 un membro di un′associazione

클레임 reclamo ¶ 클레임을 제기하다 reclamare, fare reclamo

클로드 tela, tessuto, stoffa, panno ¶ 클로오드 제본 rilegatura in tela

클로로포름 [마취제] cloroformio

클로르 【화학】 cloruro * **-산** acido clorico

클로버 trifoglio

클로즈업 [사진 · 영화 · TV] primo piano

클리닝 pulizia, pulitura, [드라이 클리닝] pulitura a secco

클리어런스세일 svendita, liquidazione

클립 [종이 집는] fermaglio, clip, graffetta, [머리 마는] molletta

큼직하다 essere abbastanza grande, piuttosto grande

킁킁 -대다 fiutare

키 [까부는] vaglio ¶ 키질하다 vagliare, spulare **키** [배의] timone, ruota del timone, ¶ 키를 잡다 governare, guidare, manovrare * **-잡이** timoniere키 [신장] statura, altezza ¶ 키가 크다 essere alto, [자라다] crescere in statura // 키가 6피트이다 essere alto sei piedi // 그는 나이에 비해 키가 크다 è alto per la sua età

키니네 【화학】 chinina

키다리 un tipo alto e magro, un perticone

키순 ordine di statura (o altezza)

키스 bacio ¶ 이마에 키스하다 dare un bacio sulla fronte

키우다 allevare, educare, tirar su ¶ 자식들을 키우다 tirar su i figli [동식물을] allevare ¶ 가축을 키우다 allevare bestiame [희망따위] nutrire, accarezzare ¶ 그는 유명한 작가가 되겠다는 희망을 키웠다. Accarezzava la speranza di diventare uno scrittore famoso.

키잡이 [조타수] timoniere

키퍼 custode, guardiano, sorvegliante * **고울-** portiere

킥 calcio, pedata

킥오프 [스포츠] calcio d′inizio

킥킥거리다 ridacchiare

킬로 chilo ¶ 킬로그램 chilogrammo // 킬로미터 chilometro

킬킬거리다 ridacchiare, ridere di soppiatto, ridere sotto i baffi, sogghignare

킹 re, monarca, sovrano, regnante

킹사이즈 ¶ 킹사이즈의 taglia larga

킹킹거리다 gemere, emettere lamenti, lamentarsi

ㅋ

ㅌ

타 打 dozzina ¶ 타로 팔다 vendere a dozzine

타 他 il resto, gli altri ¶ 타의 추종을 불허하다 essere senza pari, non essere inferiore a nessuno

타개 打開 soluzione, breccia, varco, (경제) ripresa improvvisa, (극복) passo (o salto) avanti, progresso, conquista **-하다** trovare l'uscita, superare, vincere ¶ 난국을 타개하다 trovare il modo per uscire dalle difficoltà * **-책** uscita, contromisura, rimedio

타격 打擊 ① colpo, [충격] shock, violenta emozione, [손해] danno ¶ 예기치 못한 패배의 타격 il colpo (lo shock) di un'inattesa sconfitta ② 【야구】 battuta

타결 妥結 risoluzione, definizione, accordo, compromesso, accomodamento ¶ 타결을 보다 mettersi d'accordo, arrivare a un accordo, accordarsi * **-점** punto d'accordo

타계 他界 ① [다른 세계] l'altro mondo ② [죽음] morte, decesso **-하다** morire, passare a miglior vita, spegnersi

타고나다 essere congenito, innato, destinato a, nato per ¶ 타고난 배우 un attore nato // 복을 타고나다 essere nato sotto una buona stella, fortunato

타고장 他- un altro paese, un luogo estraneo

타관 他關 ⇒ 타향

타구 打球 【야구】 palla battuta

타구 唾具 sputacchiera

타국 他國 paese straniero ¶ 타국의 straniero, forestiero * **-어** lingua straniera **-인** straniero

타닌 【화학】 tannino ¶ 타닌의 tannico * **-산** acido tannico

타다 ① [불] bruciare, ardere, fiammeggiare ¶ 잘타다 bruciare bene // 생나무는 잘 타지 않는다 la legna verde non brucia bene // 불타는 태양 il sole cocente // 타는 듯한 열망 desiderio ardente // 그의 집이 불에 홀라당 타버렸다 La sua casa fu distrutta dal fuoco. ② [눋다] bruciacchiarsi, bruciarsi ③ [볕에] bruciarsi (o scottarsi) al sole, abbronzarsi al sole ¶ 볕에 탄 얼굴 la faccia scottata dal sole ④ [격정으로] ¶ 분노로 타오르다 avvampare (o ardere) d'ira, bruciare di sdegno // 애가 타다 essere pieno di ansie, inquietudine, angoscia

ㅌ

타다 [섞다] mescolare, mischiare, miscelare, aggiungere, [불순물을] adulterare ¶ 물을 타다 aggiungere acqua // 아무것도 타지 않은 puro, genuino, schietto, autentico

타다 ① [탈것에] prendere, montare, salire (su un mezzo pubblico, o a cavallo, in moto, in bicicletta) ¶ 버스가 서고 그들은 올라탔다 L'autobus si fermò ed essi salirono // 우리는 피사에서 비행기를 탔다 Salimmo in aereo (o prendemmo l'aereo) a Pisa. // 말을 타다 montare un cavallo // 네 자전거 좀 타게 해 줘! Fammi montare (o provare) la tua bici! // 나는 매일 오토바이로 학교에 간다 Vado a scuola in motocicletta tutti i giorni. // 기차를 타다 prendere il treno ② [얼음을] scivolare sul ghiaccio, [스케이트를] pattinare sul ghiaccio, [롤러 스케이트를] pattinare con i pattini a rotelle, schettinare, [스키를] sciare, [썰매를] andare in slitta ③ [산·나무 따위를] arrampicarsi, salire, ascendere, scalare ¶ 나무를 타다 arrampicarsi su un albero // 밧줄을 타다 arrampicarsi su una corda // 사다리를 타다 salire su una scala a pioli // 계단을 타다 salire le scale // 담쟁이 덩굴이 벽을 타고 올라갔다 L'edera s'è arrampicata su per il muro. // 산을 타다 scalare il monte

타다 [받다] prendere, ricevere ¶ 월급을 타다 prendere lo stipendio // 연금을 적잖이 타다 prendere una buona pensione // 주급은 얼마나 타냐? Quanto prendi alla settimana?

타다 ① [느끼다] essere sensibile a ¶ 부끄럼을 타다 essere timido, ritroso ② [영향을 받다] soffrire ¶ 추위를 타다 soffrire il freddo, essere freddoso

타다 ① [악기를] suonare ¶ 풍금을 타다 suonare l'organo ② [솜을] cardare il cotone

타닥거리다 [걸음을] camminare a fatica, arrancare, [두드리다] dar colpi leggeri, tamburellare (con le dita o con le mani), fare un leggero rumore, come di colpi

타당 妥當 **-하다** essere appropriato, adatto, adeguato, conveniente, giusto, opportuno, ragionevole, pertinente ¶ 타당한 설명 una spiegazione ragionevole // 타당한 가격 un prezzo ragionevole * **-성** proprietà, opportunità, appropriatezza, adeguatezza, validità **보편 -성** 【철학】 validità universale

타도 打倒 rovescio, disfatta, rovina, sconfitta **-하다** rovesciare, abbattere, far cadere, sconfiggere ¶ 정부를 타도하다 rovesciare il governo

타동 他動 【문법】 transitività * **-사** verbo transitivo

타락 墮落 depravazione, pervertimento morale, corruzione **-하다** diventare depravato, mettersi sulla cattiva strada, darsi alla malavita, andare in rovina ¶ 타락한 남자 un uomo depravato

ㅌ

타래 grappolo, gruppo (di oggetti), mazzo, mucchio, rotolo, bobina, avvolgimento, spira

타력 他力 la forza altrui, aiuto esterno

타력 打力【야구】forza di battuta

타력 惰力 inerzia, indolenza, apatia, passività, forza d′inerzia, forza dell′abitudine

타령 打令 una specie di motivo (o melodia)

타륜 舵輪 timone, barra, ruota del timone

타르 catrame di carbon fossile

타박 cavillosità, criticismo, tendenza al biasimo (o alla critica), ricerca, rilevazione dei difetti (o dei guasti) **-하다** brontolare, borbottare, lagnarsi, lamentarsi, biasimare, criticare, riprendere ¶ 음식을 타박하다 lagnarsi del cibo 공으로 얻은 물건을 -해서는 못쓴다 A caval donato non si guarda in bocca.

타박 打撲 colpo, botta, contusione **-하다** battere, picchiare * **-상** ammaccatura, contusione, livido ¶ 타박상을 입다 farsi un livido, ammaccarsi, illividirsi, contundersi // 그는 한쪽 다리에 타박상을 입었다 S′è fatto un livido in una gamba.

타박거리다 camminare a fatica, arrancare ¶ 타박타박 걸어가다 tirare avanti a stento

타박타박하다 [음식이] secco, duro, difficile da masticare

타방 他方 [다른 방면] un′altra parte, [다른 한편] altra parte, altro canto

타번 打番【야구】turno di battere

타봉 打棒【야구】battuta

타분하다 essere stantio, passato, vecchio, trito

타블로이드 giornale in formato ridotto, tabloid

타사 他事 altri affari, altre cose

타산 打算 calcolo, proprio interesse **-하다** calcolare, tenere conto dei propri interessi ¶ 타산적인 calcolatore, egoista, mercenario, venale

타산지석 他山之石 lezione, esempio **-으로 삼아라** ti serva da lezione

타살 打殺 **-하다** bastonare a morte qlcu., uccidere qlcu. a bastonate, uccidere di botte, picchiare a morte

타살 他殺 assassinio, omicidio, delitto

타석 打席【야구】posto di battuta ¶ 타석에 서다 avere la battuta, essere alla battuta

타선 打線【야구】formazione di battuta

타선 唾線【해부】ghiandola salivare

타성 惰性 inerzia, indolenza, apatia, passività, forza d′inerzia, forza dell′abitudine

타수 舵手 timoniere

타수 打手【야구】battitore,【크리켓】battitore, lanciatore

타수 打數【야구】¶ 5타수 3안타를 치다 mettere a segno 3 colpi su 5

타순 打順【야구】ordine di battuta

타스 ⇒ 타(打)

타악기 打樂器 strumento a percussione

타액 唾液 saliva, sputo ¶ -을 분비하다 salivare, produrre saliva * **-분비** salivazione **-선** ghiandola salivare

타워 torre

타원 楕圓 ellisse, ovale ¶ 타원의 ovale, ellittico * **-궤도** orbita ellittica **-체** ellissoide **-형** ovale

타월 asciugamano

타율 打率 【야구】 percentuale di colpi messi a segno

타율 他律 eteronomia ¶ 타율의 eteronomo

타의 他意 altra intenzione, secondo fine, ¶ 타의를 품고 하다 fare qlco. con un secondo fine

타이 cravatta ¶ 실크 타이 una cravatta di seta

타이 Tailandia ¶ 타이 사람 tailandese // 타이 말 tailandese, siamese

타이르다 rimproverare, ammonire, fare rimostranze, ragionare con, cercare di convincere ¶ 나는 그에게 늦지 말라고 타일렀다 Lo ammonii a non arrivare in ritardo. // 그는 아무리 타일러도 듣지 않는 사람이다 Con lui proprio non si ragiona.

타이밍 tempestività, tempismo ¶ 타이밍이 절묘하다 essere tempestivissimo // 타이밍 감각 tempismo // 타이밍 감각이 좋은 사람 tempista

타이어 pneumatico, gomma, copertone, ruota ¶ 타이어 체인 catene da neve // 타이어를 갈다 cambiare una gomma // 스페어 타이어 ruota di scorta // 타이어를 펑크내다 bucare una gomma, forare // 타이어가 펑크났다 avere una gomma a terra // 당신 차 타이어가 펑크났어 Ha una gomma a terra.

타이업 collaborazione

타이츠 calzamaglia

타이탄 【신화】 Titano

타이트 스커트 gonna stretta, aderente, attillata

타이틀 titolo ¶ 타이틀 매치 combattimento per il titolo // 세계 챔피언 타이틀 il titolo di campione del mondo

타이프라이터 macchina da scrivere ⇒ 타자기

타이피스트 dattilografo, dattilografa

타인 他人 [다른 사람] altra persona, (gli) altri, [미지의 사람] estraneo, straniero [국외자] persona esclusa da un gruppo (o tenuta fuori da un ambiente sociale), estraneo, profano

타일 mattonella, piastrella ¶ 타일 커버링 copertura con piastrelle // 타일 공장 fabbrica di piastrelle // 타일을 깐 바닥 pavimento in piastrelle

타임 tempo ¶ 왈츠 타임 tempo di valzer // 타임 스위치 interruttore a tempo // 킬 타임 passatempo, ammazzatempo

타입 tipo ¶ 나는 저런 타입의 사람들이 싫다 Non mi piace la gente di quel tipo. // 그는 이상한 타입이다 È un tipo strano. // 그(녀)는 내 타입이 아니다 Non è il mio tipo.

타짜, 타짯군 baro, persona che bara

타자 打者【야구】battitore ¶ 다음 타자는 누구인가? A chi tocca battere? // 경기 중 최고의 타자 il miglior battitore della partita

타자 打字 dattilografia, lo scrivere a macchina **-치다** scrivere a macchina, dattilografare, battere (a macchina) * **-속도** velocità di battitura

타자기 打字機 macchina da scrivere ¶ 타자기로 친 편지 una lettera scritta a macchina (o dattiloscritta)

타자수 打字手 dattilografo, dattilografa

타작 打作 [마당질] trebbiatura, battitura (di cerali) [추수] raccolto, messe, mietitura **-하다** battere (il grano, ecc.), trebbiare ¶ 보리를 타작하다 battere l'orzo

타전 打電 invio di un telegramma **-하다** telegrafare, trasmettere per telegrafo, mandare un telegramma ¶ 메시지를 타전하다 trasmettere un messaggio per telegrafo // 나는 로마에 있는 내 친구에게 타전했다 Ho telegrafato al mio amico a Roma.

타점 打點 ① [붓으로] il segnare, il contrassegnare, marcatura **-하다** mettere il puntino su (qlco.) ② [마음 속으로] **-하다** scegliere, selezionare, distinguere ③【야구】corsa (del battitore), punto

타조 駝鳥【새】struzzo

타종 打鐘 **-하다** battere (suonare) una campana, suonare il campanello, suonare a rintocchi ¶ 경고의 종을 타종하다 suonare il campanello d'allarme * **-식** cerimonia del suonare a rintocchi la campana

타진 打診【의학】percussione, [떠봄] sondaggio d'opinione **-하다** battere leggermente su (un malato), sottoporre a percussione, sondare, indagare su, sondare l'animo di, tastare il terreno ¶ 누구의 의견을 타진하다 sondare le opinioni di qlcu. // 이 문제에 대해서 그의 생각을 타진해봤니? Hai tastato il terreno con lui in proposito?

타처 他處 altro posto, altro luogo

타코그래프 tachigrafo

타코미터 tachimetro

타태 墮胎 ⇒ 낙태

타파 打破 rottura, demolizione, distruzione, abolizione, annientamento, **-하다** abbattere, demolire, infrangere, spezzare, abolire

타향 他鄕 terra straniera, paese straniero

타협 妥協 compromesso, accordo **-하다** fare un compromesso, raggiungere (arrivare a) un compromesso * **-안** proposta di compromesso

타협점 punto di compromesso, terreno comune, punto su cui ci si trova d'accordo 비타협 정책 una politica intransigente.

타화수정 他花受精 ⇒ 딴꽃가루받이

탁 crac, schianto, schiocco, colpo forte, botta, percossa ¶ 그는 내 머리를 탁하고 쳤다 Mi diede una

ㅌ

botta (o uno scappellotto) sulla testa

탁견 卓見 [의견] ottima idea, idea eccellente, [식견] previdenza, lungimiranza, prudenza,

탁구 卓球 tennis da tavolo, ping-pong ¶ 탁구 시합 un torneo (partita) di tennis da tavolo

탁구 선수 giocatore di ping-pong

탁류 濁流 torrente fangoso, acque torbide (di fiume)

탁마 琢磨 rifinitura, affinamento, raffinamento **-하다** ingentilire, affinare, ripulire, rifinire, coltivare

탁발 托鉢 * **-승** bonzo mendicante

탁본 拓本 riproduzione (su carta) ottenuta mediante sfregamento **-하다** riprodurre su carta (figure in rilievo) mediante sfregamento (con grafite, un carboncino e sim.)

탁상 卓上 **-에/ -의** sul tavolo, al tavolo * **-계획** progetto a tavolino **-공론** teoria al tavolino, discussione accademica **-전화** telefono da tavolo

탁선 託宣 oracolo

탁설 卓說 opinione eccellente

탁성 濁聲 una voce rauca

탁송 託送 consegna, spedizione, invio **-하다** consegnare, spedire * **-품** merce spedita, partita di merce

탁아소 託兒所 asilo infantile, nido d'infanzia

탁엽 托葉 【식물】 stipola

탁월 卓越 eccellenza, bravura, eminenza, superiorità **-하다** (essere) eccellente, eminente, illustre, celebre

탁음 濁音 sonoro, fonema sonante ¶ 탁음의 sonoro, sonante

탁자 卓子 tavola, tavolo, tavolino ¶ -에 앉다 sedersi a tavola

탁절 卓絶 ⇒ 탁월

탁주 濁酒 liquore non raffinato

탁탁거리다 continuare a schioccare, scoppiettare, scricchiolare

탁탁하다 ① [올차다] essere spesso e forte ② [윤택하다] essere abbondante, copioso

탁하다 濁- (essere) torbido, impuro, immondo, ¶ 탁한 물 acqua torbida, impura // 탁한 공기 aria impura // 탁한 목소리 voce roca

탄갱 炭坑 miniera di carbone

탄고 炭庫 carbonaia, bidone per il carbone, carbonile

탄광 炭鑛 miniera di carbone * **-부** minatore (di carbone) **-업** attività carbonifera, industria del carbone

탄내 odore di bruciato ¶ 탄내가 난다 Si sente odore di bruciato.

탄내 炭- lezzo (fumi) del carbone

탄대 彈帶 cartucciera, giberna

탄도 彈道 traiettoria di missile(o proiettile) * **-탄** missile balistico **-학** balistica **대륙간 -탄** missile balistico intercontinentale

탄두 彈頭 testata * **핵-** una testata nucleare **원자-** una testata atomica

탄띠 彈- ⇒ 탄대

탄력 彈力 elasticità (anche fig.), capacità di recupero, flessibilità ¶ 탄력있는 elastico, dotato di

ㅌ

capacità di recupero flessibile, pieghevole // 가격의 탄력성 la flessibilità dei prezzi

탄로 綻露 rivelazione, scoperta, divulgazione ¶ 비밀이 탄로났다 Il segreto è stato scoperto. // 《속담》나쁜 짓은 반드시 탄로나는 법이다 Tutti i nodi vengono al pettine.

탄막 彈幕 sbarramento

탄미 歎美 ammirazione, adorazione, venerazione **-하다** ammirare, celebrare, decantare, esaltare, lodare, adorare, venerare

탄복 嘆服 ammirazione, meraviglia, stupore, sorpresa **-하다** ammirare, avere grande stima, meravigliarsi, stupirsi, rimanere sorpreso ¶ 탄복할만한 ammirabile, mirabile, ammirevole

탄산 炭酸 【화학】 acido carbonico ＊ **-칼륨** carbonato di potassio **-가스** anidride carbonica, biossido di carbonio **-석회** carbonato di calcio **-소다** carbonato di sodio, soda (per lavare) **-수** acqua gassata, soda

탄상 歎賞 ⇒ 탄미

탄생 誕生 nascita **-하다** nascere, venire al mondo ＊ **-일** compleanno, genetliaco, giorno natalizio **-지** luogo di nascita

탄성 歎聲 [탄식] sospiro, [감탄] ammirazione, esclamazione ¶ 탄성을 발하다 esprimere con un sospiro, emettere un sospiro (di ammirazione)

탄성 彈性 elasticità (anche fig.), capacità di recupero, adattabilità ＊ **-계** elastomero **-고무** gomma elastica

탄소 炭素 【화학】 carbonio 《C》

탄수 炭水 carbone e acqua dolce 【화학】 carbonio e idrogeno

탄수화물 炭水化物 【화학】 carboidrati

탄식 歎息 profondo sospiro, lamentazione **-하다** sospirare, dolersi, lamentarsi, fare un profondo sospiro

탄신 誕辰 giorno natalizio (di un santo, re, saggio)

탄알 彈- pallottola, proiettile

탄압 彈壓 soppressione, abolizione, coerizione, oppressione, angheria, vessazione, sopraffazione **-하다** sopprimere, abolire, annullare ¶ 언론(출판) 탄압 la soppressione della libertà di parola (di stampa)

탄약 彈藥 munizioni ＊ **-고** polveriera

탄우 彈雨 una pioggia di proiettili, un nugolo di proiettili

탄원 歎願 implorazione, preghiera, supplica, petizione **-하다** implorare, pregare, sollecitare, supplicare

탄일 誕日 ⇒ 탄신

탄자니아 Tanzania

탄저병 炭疽病 【의학】 antracosi

탄전 炭田 un giacimento carbonifero

탄젠트 【수학】 tangente 《tan》

탄주 炭柱 【광물】 butta, puntello, gamba, pilastro di minera

탄주 彈奏 【음악】 esecuzione, concerto **-하다** suonare * **-법**【음악】toco, modo caratteristico di suonare **-자** suonatore, suonatrice, esecutore

탄진 炭塵 polvere di carbone

탄질 炭質 qualità del carbone

탄차 炭車 convoglio di carbone

탄착 彈着 * **-거리** portata, gittata ¶ 적선은 탄착거리 밖에 있었다 La nave nemica era fuori portata

탄창 彈倉 caricatore (d'arma da fuoco)

탄층 炭層 strato carbonifero, strato di carbone

탄탄 坦坦 **-하다** (essere) piano, regolare, uniforme * **-대로** una via larga e piana

탄탄하다 essere solido, forte, resistente, stabile, massiccio, ben fondato, concreto ¶ 탄탄한 회사 una ditta solida

탄폐 炭肺【의학】antracosi

탄피 彈皮 bossolo, cartuccia vuota

탄핵 彈劾 accusa, denuncia, incriminazione, messa in stato d'accusa ¶ 미국 대통령은 탄핵에 의해 해임될 수 있다 Il Presidente degli U.S.A. può essere destituito per incriminazione. **-하다** accusare, denunciare, incriminare, mettere in stato d'accusa * **-안** una mozione d'accusa **-연설** discorso d'accusa

탄화 炭化【화학】carbonizzazione **-하다** carbonizzare, carbonizzarsi * **-기** carburatore **-물** carburo **-법** metodi, processi di carbonizzazione **-수소** idrocarburo

탄환 彈丸 proiettile, pallottola

탄흔 彈痕 segno (buco) di proiettile

탈 maschera ¶ …의 탈을 쓰고 sotto la maschera di … // 탈을 벗어 던지다 gettare (o levarsi) la maschera

탈 ① [변고] impedimento, intoppo, difficoltà, ostacolo, guaio, imbroglio, impiccio, pasticcio ¶ 탈없이 senza difficoltà // 예식은 별 탈없이 진행되었다 La cerimonia filò via liscia (o senza difficoltà). ② [병] malattia, male, malanno ¶ 몸에 탈이 나다 ammalarsi ③ [흠] difetto, manchevolezza, pecca, magagna

탈각 脫却 liberazione **-하다** liberarsi (o sbarazzarsi, disfarsi) di qlcu.(o qlco.)

탈각 脫殼【동물】cambiamento di pelle, il mutar pelle (di rettili, ecc.) **-하다** spogliarsi, mutar pelle

탈것 veicolo, vettura, mezzo di trasporto

탈고 脫稿 completamento di un manoscritto **-하다** finire di scrivere, completare il manoscritto

탈곡 脫穀 trebbiatura, battitura (del grano) **-하다** battere il grano, trebbiare ¶ 탈곡기 trebbia, trebbiatrice

탈구 脫臼 slogatura, slogamento, lussazione **-하다** slogarsi, lussarsi ¶ 그는 어깨가 탈구했다 Il ragazzo si slogò la spalla.

탈당 脫黨 defezione, diserzione, ritiro da un partito **-하다** ritirarsi da un partito, lasciare un partito, staccarsi da un partito

탈락 脫落 omissione, dimenticanza, lacuna, esclusione **-하다** (essere) omesso, essere tralasciato, essere escluso, essere lasciato fuori

탈루 脫漏 omissione, dimenticanza, lacuna **-하다** (essere) omesso, tralasciato

탈모 脫毛 perdita(caduta) di capelli **-하다** perdere i capelli, diventare calvo, depilare * **-제** depilatore **-증** alopecia (calvizie)

탈모 脫帽 **-하다** togliersi, levarsi il cappello

탈바가지 maschera ricavata da una zucca

탈바꿈 trasformazione, mutamento radicale, metamorfosi **-하다** trasformarsi, cambiare, mutare radicalmente

탈법 행위 脫法 行爲 evasione della legge

탈싹 con un suono, rumore, tonfo sordo

탈산 脫酸 【화학】 disossidazione **-하다** disossidare

탈상 脫喪 la fine del periodo di lutto **-하다** togliersi il lutto

탈색 脫色 decolorazione **-하다** decolorare ¶ 머리 탈색 decolorazione dei capelli

탈선 脫線 ①[기차 따위가] deragliamento **-하다** deragliare ②[언행의] deviazione, aberrazione **-하다** deviare, fare una digressione, perdersi, lasciare la retta via, tralignare ¶ 자신의 정도에서 탈선하다 deviare dalla propria strada

탈세 脫稅 evasione fiscale **-하다** evadere il fisco * **-자** evasore fiscale **-품** merce di contrabbando

탈속 脫俗 distacco dalle cose terrene, **-하다** essere libero dalle cose mondane, essere libero dalla convenzionalità ¶ 탈속적인 non mondano, spirituale

탈수 脫水 【화학】 disidratazione * **-제** disidratante, essiccante

탈습 脫濕 deumidificazione **-하다** deumidificare **-기** deumidificatore

탈영 脫營 diserzione, abbandono (del posto, ecc.) **-하다** disertare, tradire, assentarsi senza permesso, tagliare la corda ¶ 두명의 군인이 탈영했다 I due soldati disertarono. * **-병** disertore

탈옥 脫獄 evasione dal carcere **-하다** evadere dal carcere ¶ 그 파르티잔은 감옥을 탈옥했다 Il partigiano evase dal carcere. * **-수** fuggiasco, evaso

탈의 脫衣 **-하다** spogliarsi, svestirsi * **-실** spogliatoio

탈자 脫字 parola (o lettera) mancante **-하다** omettere una parola (o lettera), tralasciare una parola (o lettera), mancare una parola (o lettera) ¶ 이 페이지에는 탈자가 많다 In questa pagina mancano tante lettere.

탈잡다 頉- trovare da ridire (su), brontolare (per), lagnarsi (di)

탈장 脫腸 【의학】 ernia

탈저 脫疽 【의학】 cancrena, incancrenimento, necrosi

탈적 脫籍 ⇒ 제적(除籍)

탈주 脫走 fuga, evasione **-하다**

scappare, fuggire, evadere, * -자 evaso, fuggiasco, latitante
탈지 脫脂 rimozione di grasso **-하다** rimuovere il grasso * **-면** cotone idrofilo
탈출 脫出 ① [도망] fuga, evasione ② [빠짐]【의학】prolasso **-하다** scappare, fuggire, evadere, districarsi da, prolassare
탈춤 danza in maschera
탈취 脫臭 deodorazione **-하다** deodorare * **-제** deodorante
탈취 奪取 presa di possesso, cattura **-하다** catturare, arrestare, impadronirsi di
탈퇴 脫退 secessione, separazione **-하다** separarsi, staccarsi, uscire (da un partito, ecc.), fare una secessione * **-자** separatista, secessionista
탈피 脫皮【동물】ecdisi, muta, muta (della pelle), il cambiar guscio, spoglia, scaglia **-하다** mutar pelle, fare la muta
탈항 脫肛【의학】prolasso dell'ano **-하다** avere un prolasso dell'ano
탈환 奪還 ripresa, riconquista **-하다** riprendere, riconquistare ¶ 적으로부터 참호를 탈환하다 riconquistare le trincee al nemico
탈회 脫會 **-하다** separarsi (staccarsi, uscire) da una società
탐 貪 avidità, cupidigia, bramosia **-하다** bramare, desiderare ardentemente, concupire ¶ 탐나는 물건 oggetto di desiderio, cosa che si desidera // 음식을 탐하다 divorare avidamente
탐관오리 貪官汚吏 funzionario avido, funzionario corrotto
탐광 探鑛 prospezione **-하다** fare prospezioni per trovare oro, cercare l'oro, fare prospezioni in (una regione, ecc.), fare ricerche minerarie * **-자** cercatore (specialmente d'oro), prospettore
탐구 探究 ricerca, indagine, inchiesta, studio **-하다** fare ricerche su, indagare su (un argomento), investigare, fare indagini su ¶ 진리를 탐구하다 cercare la verità * **-자** investigatore, indagatore **-심** : spirito d'indagine, di ricerca
탐나다 貪- essere desiderabile, attraente, gradevole, piacevole ¶ 탐나는 물건 oggetto di desiderio, cosa che si desidera // 탐나는 사람 persona che si desidera
탐내다 貪- volere, desiderare molto, anelare a, bramare
탐닉 耽溺 [빠짐] appagamento, compiacimento, soddisfazione dei propri desideri, l'indulgere (a qlco.), [방탕] dissipatezza, dissolutezza, dissipazione, bagordi **-하다** indulgere (a), abbandonarsi (a), lasciarsi andare (a), concedersi il lusso (di) ¶ 흡연에 과도하게 탐닉하는 것은 매우 위험하다 L'eccessivo indulgere al vizio del fumo può essere assai pericoloso. // 술에 탐닉하다 essere dedito al bere, indulgere ai liquori
탐독 耽讀 l'abbandonarsi alla lettura **-하다** leggere avidamente ¶ 소설을 탐독하다 leggere avida-

mente un romanzo * -자 un avido lettore

탐문 探問 richiesta d'informazioni, indagine indiretta **-하다** informarsi su, chiedere notizie di, indagare indirettamente

탐문 探聞 **-하다** ottenere informazioni su, [소문을] aver sentore di, fiutare, [형사가] spiare per cogliere informazioni

탐미 耽美 amore per la bellezza (o il bello) ¶ 탐미적인 estetico * **-주의** estetismo **-주의자** esteta

탐방 探訪 indagine privata, un intervista **-하다** indagare su, svolgere indagini su, fare indagini, assumere informazioni, fare un'intervista

탐사 探査 esplorazione, investigazione, indagine, accertamento **-하다** esplorare, fare ricerche, indagare (su, intorno a), investigare ¶ 석유를 탐사하다 fare ricerche petrolifere

탐색 探索 ricerca, indagine **-하다** cercare, ricercare, esaminare

탐스럽다 essere desiderabile, attraente, gradevole, piacevole, appetitoso ¶ 탐스러운 사과 una mela appetitosa

탐식 貪食 ghiottoneria, golosità, ingordigia, voracità **-하다** mangiare avidamente, divorare

탐욕 貪慾 avidità, bramosia, cupidigia, avarizia ¶ 탐욕의 죄 peccato di avarizia

탐정 探偵 [일] servizio investigativo, [군사상의] spionaggio, [사람] detective, agente investigativo, investigatore, spia **-하다** investigare, indagare, fare indagini su, scoprire * **-견** cane poliziotto **비밀-** agente segreto **사설-** investigatore privato **-소** agenzia investigativa **-소설** racconto poliziesco **-소설** (romanzo) giallo

탐조 探照 **-하다** proiettare il fascio di luce di un riflettore * **-등** proiettore, riflettore

탐지 探知 scoperta, rivelazione **-하다** scoprire, fiutare ¶ 비밀을 탐지하다 fiutare un segreto * **-기** detector, rivelatore **가스-기** rivelatore di gas **거짓말-기** macchina della verità **전파-기** radarlocalizzatore, radar

탐측 探測 lo scandagliare, il sondare **-하다** scandagliare, fare scandagli * **-기** scandaglio **-기구** pallone sonda **-로켓** razzo sonda

탐침 探針 sonda, specillo

탐탁하다 essere soddisfacente, piacevole, accettabile, essere di proprio gusto ¶ 탐탁한 물건 un articolo di proprio gusto

탐폰 【의학】 tampone, stuello, zaffo

탐험 探險 esplorazione, spedizione **-하다** esplorare, fare un'esplorazione (o spedizione) * **-가** esploratore, esploratrice ¶ 북극탐험대 una spedizione al Polo Nord

탑 塔 torre, pagoda, torretta, campanile, obelisco, colonna ¶ 탑을 세우다 costruire (o erigere) una torre // 5층탑 una torre di cinque piani * **기념-** monumento,

ㅌ

colonna commemorativa di qlco.

탑본 榻本 riproduzione (di figure in rilievo) su carta mediante sfregamento ¶ 탑본을 뜨다 riprodurre (figure in rilievo) su carta mediante sfregamento

탑비 塔碑 torre (o pagoda) e monumento

탑승 塔乘 imbarco, il salire a bordo **-하다** salire a bordo di (una nave, un aereo), imbarcarsi, salire su (un treno, un autobus, un tram, ecc.) ⇒ 타다 * **-객** passeggero, passeggera, viaggiatore, viaggiatrice

탑승 搭乘 **-하다** salire a bordo di (una nave, un aereo), imbarcarsi, salire su (un treno, un autobus, un tram, ecc.) * **-원** equipaggio, ciurma

탑재 搭載 carico, caricamento **-하다** caricare ¶ 증기선에 상품을 탑재하다 caricare un vaporetto di merci // 배에 상자들을 탑재하다 caricare casse su una nave

탑파 塔婆 stupa ¶ 탑파를 세우다 erigere una stupa

탓 ① [잘못] colpa, fallo **-하다** dare la colpa a qlcu.¶ 네 탓이지 내탓이 아니다 È colpa tua, non mia. // 누구 탓이란 말인가? Di chi è la colpa? ②[까닭] ragione, causa, motivo ¶ …의 탓으로 per, a causa di, a motivo di // 비가 내린 탓으로 돌아왔다 Sono tornato a causa della pioggia.

탕 [소리] bum ¶ 탕! 하고 총소리가 울렸다 Bum! fece il fucile.

탕 [국] zuppa, brodo, [한약] decotto, infuso

탕 湯 [목욕탕] bagno (pubblico), vasca da bagno (통)

탕감 蕩減 remissione, condono, perdono **-하다** rimettere, condonare, perdonare ¶ 빚을 탕감해 주다 rimettere un debito

탕개 grappa (spranga), morsa, morsetto (나사 따위의), pinza, ganascia

탕관 湯罐 bollitore, tegame di terracotta, bricco (da tè), cuccuma

탕기 湯器 scodella per brodo

탕수육 糖水肉 carne fritta di maiale con condimento agrodolce contenente varie verdure

탕아 蕩兒 dissipatore, scialacquatore

탕약 湯藥 ① decozione ② decotto, infuso

탕자 蕩子 figliol prodigo

탕진 蕩盡 dissipazione, dilapidazione, sperpero, spreco, sciupio, scialacquio **-하다** dissipare, dilapidare, sperperare, sprecare, sciupare, scialacquare ¶ 재산을 탕진하다 dissipare il patrimonio

탕치다 蕩- ① [탕진] dissipare il patrimonio ② [탕감] rimettere, cancellare 빚을- rimettere un debito

탕탕 ① [소리가] bum-bum ② [호언을] in modo pomposo, esagerato ¶ 큰소리를 탕탕 치다 spararle grosse, vantarsi

탕파 湯婆 borsa dell'acqua calda, scaldino per i piedi

태 胎 l'amnio e la placenta

태 態 figura, aspetto, forma, portamento, comportamento, atteggiamento, contegno ¶ 마리아는 우아한 태가 난다 Maria ha un portamento grazioso

태깔 態- [태와 빛깔] forma e colore, [거만한 태도] atteggiamento altezzoso

태고 太古 i tempi antichi, la più remota antichità ¶ 태고의 antico, primitivo // 태고적에 nella più remota antichità, nei tempi antichi * **-사** storia antica

태공망 太公望 pescatore (con la lenza) ⇒ 강태공

태교 胎教 educazione prenatale, educazione prima della nascita

태권도 跆拳道 Tecquondo, l'Arte coreana di autodifesa a mani nude

태그 매치 un incontro di lotta

태극기 太極旗 il Teguck (la bandiera nazionale della Corea)

태극선 太極扇 [부채] ventaglio con disegnato il simbolo Yin e Yang

태기 胎氣 segni di gravidanza

태내 胎內 l'interno del grembo * **-전염** infezione prenatale

태도 態度 atteggiamento, condotta, comportamento, modo di comportarsi, contegno ¶ 우리는 확고한 태도를 견지해야 한다 Dobbiamo tenere un atteggiamento fermo. // 위엄있는 태도 un atteggiamento dignitoso // 애매한 태도를 취하다 rimanere neutrale (in una contesa), essere indeciso

태독 胎毒 【의학】eczema infantile riconducibile a sifilide congenita

태동 胎動 [태아의] movimento del feto **-하다** muoversi (di feto), [징후] mostrare segni (di) ¶ 민주화의 태동 primi segni di democratizzazione

태두 泰斗 grande autorità, persona autorevole, luminare ¶ 과학 분야에서의 태두 un luminare nel campo della scienza

태만 怠慢 negligenza, trascuratezza, noncuranza **-하다** (essere) negligente, trascurato, noncurante, disattento, indifferente, svogliato ¶ 직무에 태만하다 trascurare i propri doveri

태몽 胎夢 sogno di concepimento imminente

태무 殆無 **-하다** (essere) molto scarso, molto poco

태반 太半 la (grande) maggioranza, la maggior parte di ¶ 태반은 perlopiù, principalmente, soprattutto, in linea di massima, per la maggior parte, quasi tutti

태반 胎盤 【해부】placenta

태부족 太不足 una grande mancanza(deficienza, carenza, penuria, scarsità) di qlco. **-하다** mancare molto di qlco. ¶ 직원이 태부족하다 C'è tanta penuria di personale. // 식량이 태부족하다 C'è una grande carenza di cibo.

태산 泰山 una montagna altissima e massiccia ¶ 태산같이 믿다 aver grande fiducia in qlcu., fare completo assegnamento su qlcu.

태산준령 泰山峻嶺 le montagne alte e erte

태생 胎生 【생물】viviparità, [출신] nascita, origine ¶ 내 부인은 영국

태생이다 Mia moglie è inglese di nascita.

태서 泰西 l'Ovest, l'Occidente, i paesi occidentali, il mondo occidentale

태선 苔癬【의학】lichene

태세 態勢 assetto, sistemazione, regolazione, messa a punto, preparazione ¶ 태세를 갖추다 essere pronto a, preparato a, disporsi a, accingersi a, essere sistemato proprio bene

태수 太守 governatore generale, viceré

태아 胎兒 embrione, feto ¶ 태아의 embrionale, fetale, del feto

태양 太陽 il sole ¶ 태양의 solare ＊ **-계** il sistema solare **-광선** raggio di sole **-년** l'anno solare -력 calendario solare **-신** dio del sole, il Sole **-열** calore solare **-열난방** riscaldamento a pannelli solari **-일** il giorno solare **-중심설** il sistema copernicano, la teoria copernicana **-흑점** macchia solare

태어나다 nascere, venire alla luce, venire al mondo ¶ 부자로 태어나다 nascere ricco, nascere con la camicia

태업 怠業 sciopero bianco con il rallentamento del lavoro, sabotaggio **-하다** sabotare, fare lo sciopero bianco con il rallentamento del lavoro

태연 泰然 freddezza, indifferenza, calma, sangue freddo, compostezza, padronanza di sé **-하다** (essere) calmo, tranquillo, imperturbabile, composto ¶ 태연히 con calma, a sangue freddo

태연 자약 泰然自若 compostezza, padronanza di sé, calma **-하다** essere perfettamente calmo, avere la padronanza di sé

태열 胎熱【의학】febbre congenita

태엽 molla ¶ 태엽을 감다 caricare (a mano o con la chiavetta) // 이 시계는 태엽이 쉽게 감긴다 Quest'orologio si carica facilmente. // 시계 태엽 la molla di un orologio

태우다 ① [연소] bruciare, ardere, incenerire, scottare, ustionare, cuocere troppo ¶ 장작을 태우다 bruciare (o ardere) legna // 집이 불에 타고 있다 Sta andando a fuoco la casa. // 담배를 태우다 fumare una sigaretta // 파이프 담배를 태우다 fumare la pipa // 이마가 열 때문에 타는 듯 뜨거웠다 Mi bruciava (o scottava) la fronte per la febbre. // 불에 타죽다 morire carbonizzato ② [그슬리다] ardere, bruciare, bruciacchiare, abbrustolire, scottare, seccare, inaridire ¶ 그는 태양에 검게 탄 얼굴을 하고 있었다 Aveva il viso bruciato (o arso) dal sole ③ [가슴 · 속을] ardere, essere ansioso di, infastidire, importunare, seccare, scocciare ¶ 그녀에 대해 그만 좀 속태워라! Smettila d'infastidirla! 그녀는 그를 만나기를 타는 듯 갈망하고 있었다 Lei ardeva dal desiderio d'incontrarlo.

태우다 [탈것에] portare, trasportare, dare un passaggio, prendere a bordo, far salire, caricare, prendere su, (배 · 비행기) imbarcare ¶ 누구를 역까지 태워주다 dare a qlcu. un passaggio fino alla stazione // 우리는 더 이상 손님을 태울 수 없다 Non possiamo far salire altri passeggeri.

태음 太陰 la luna * **-력** calendario lunare

태자 太子 principe ereditario **-궁** palazzo del principe ereditario **-비** principessa ereditaria

태조 太祖 il primo Imperatore(o Re) (della dinastia)

태질치다 [타작] battere (il grano, ecc.), trebbiare, [메어침] buttare giù, gettare a terra, abbattere ¶ 그들은 나를 냅다 태질 쳤다 Mi hanno gettato a terra violentemente.

태초 太初 il principio (l′inizio) del mondo ¶ 태초에 all′inizio del mondo, in principio

태클 (스포츠) carica, contrasto, intervento, tackle ¶ 강한 태클을 하다 avere un buon tackle // 슬라이딩 태클 tackle in scivolata

태평 泰平 太平 pace, calma, quiete, serenità, tranquillità **-하다** essere in pace, tranquillo, sereno, calmo, [마음이] essere a proprio agio ¶ 태평한 사람 una persona che se la prende comoda, che non si scompone (o che tira a campare) * **-가** canzone della pace **-성대** il regno della pace

태평양 太平洋 l′Oceano Pacifico, il Pacifico * **-연안** la costa del Pacifico **-전쟁** la guerra del Pacifico **-함대** la flotta del Pacifico **-횡단 비행** la trasvolata del Pacifico

태풍 颱風 tifone

태형 笞刑 staffilatura, fustigazione

태환 兌換 conversione **-하다** convertire

태후 太后 la regina madre

택시 taxi, tassì, * **-미터기** tassametro **-요금** prezzo della corsa di un taxi, tariffa dei taxi **-운전수** tassista ¶ 택시를 타다 prendere un taxi // 택시로 가다 andare in taxi // 택시 요금이 얼마입니까? Qual è il prezzo della corsa?

택일 擇日 scelta di un giorno di buon auspicio **-하다** scegliere un giorno di buon auspicio, fissare una data

택지 擇地 selezione di un sito (o lotto) **-하다** selezionare un sito (o lotto)

택지 宅地 ① zona residenziale, ② area fabbricabile

택하다 擇- [선택하다] scegliere, optare per, fare la propria scelta, preferire, decidere, [선발하다] scegliere, eleggere, selezionare ¶ 후보자를 택하다 scegliere un candidato.

탤런트 talento, persona d′ingegno, giovane dotato ¶ 탤런트 스카우트 scopritore di talenti

탬버린 tamburello ¶ 탬버린을 치다 suonare il tamburello

탭댄스 tip tap ¶ 탭 댄서 ballerino di tip tap // 탭 댄스를 추다 ballare il tip tap

탯줄 胎- cordone ombelicale ¶ 탯줄을 끊다 tagliare il cordone ombelicale

탱고 tango ¶ 탱고를 추다 ballare il tango

탱알 【식물】 aster

탱자 【식물】 frutto dell'arancio trifogliato

탱커 [배] nave cisterna, petroliera, [트럭] autobotte, autocisterna, [비행기] aerocisterna ¶ 탱커 운전자 autista di autocisterna

탱크 ① carro armato, ② serbatoio ¶ 물탱크 serbatoio d'acqua

탱탱하다 essere teso, tirato, [피부가] (pelle) tirata ¶ 탱탱하게 당긴 줄 una corda tesa // 탱탱한 피부 la pelle tirata

탱화 탱畵 【불교】 rotolo con pittura di Buddha (da eppendere al muro)

터 ① [땅] sito, luogo, posto, località, lotto, area ¶ 집터 lotto per abitazioni ② [기초] fondamenta, basi ¶ 터를 닦다 preparare le basi, aprire la via a qlcu., preparare (o spianare) la strada a qlcu.

터 [관계] rapporto, relazione ¶ 그와 좋은 관계를 유지하던 터에 essendo in buoni rapporti con lui

터 [예정] intenzione, piano ¶ …할 터이다 intendere, aver intenzione di, pensare di fare

터널 tunnel, galleria, traforo ¶ 터널 입구 imbocco (entrata) di galleria (o traforo) // 터널 출구 sbocco (uscita) di galleria (di traforo) // 터널을 파다 scavare una galleria 단단한 바위산을 뚫어 터널을 만들다 scavare una galleria nella solida roccia // 바다 밑으로 터널을 내다 scavare un tunnel sottomarino

터놓다 liberare, aprire ¶ 터놓고 francamente, liberamente, chiaramente 터놓고 말하다 parlare chiaro (o schietto, francamente) 터다지다 spianare il terreno, consolidare il terreno con il rullo compressore

터닝 포인트 punto di svolta, svolta (di un ciclo economico), svolta decisiva, momento critico

터닦다 gettare le fondamenta, preparare le basi, aprire la via a qlcu., preparare (o spianare) la strada a qlcu.

터덕거리다 ① [걸음을] camminare a fatica, arrancare ② [살림이] sbarcare il lunario

터덜거리다 [걸음을] camminare a fatica, arrancare ¶ 터덜터덜 faticosamente, laboriosamente, lentamente

터뜨리다 scoppiare a, mettersi a, prorompere, far scoppiare, fare esplodere, rompere ¶ 폭탄을 터뜨리다 far scoppiare una bomba // 웃음을 터뜨리다 scoppiare in una risata (o a ridere)// 울음을 터뜨리다 scoppiare in lacrime, rompere in pianto // 종기를 터뜨리다 fare scoppiare un foruncolo // 내가 풍선을 터뜨리자 아기가 울기 시작했다 Quando feci esplodere il palloncino, il bimbo si mise a piangere.

터득 攄得 comprensione, percezione, consapevolezza **-하다** afferrare, percepire, comprendere, capire

터럭 ⇒ 털

터무니없다 (essere) infondato, ingiustificato, immotivato, assurdo, irragionevole, ridicolo ¶ 터무니없는 비난 un'accusa infondata // 터무니없는 거짓말 una bugia grande come una casa // 터무니없는 요구 richiesta assurda // 유괴범들이 요구한 돈은 터무니없다 Le richieste di denaro dei rapitori sono irragionevoli.

터무니없이 assurdamente, illogicamente, irragionevolmente ¶ 가격이 터무니없이 비싸다 Il prezzo è esorbitante.

터미널 stazione terminale, capolinea

터밭 orto

터벅터벅 ¶ 터벅터벅 걷다 camminare a fatica, arrancare

터벅터벅하다 ⇒ 타박타박하다

터번 turbante

터부 tabù, cosa proibita (o vietata), proibizione, interdizione ¶ 터부시하다 dichiarare qlco. tabù

터빈 turbina ¶ 터빈 엔진 motore a turbina 증기 터빈 una turbina a vapore

터세다 essere (un lungo) sfortunato, iellato ¶ 터가 센 집 una casa infestata dagli spettri, una casa iellata

터울 il gap di età, lo scarto di età ¶ 터울이 잦다 avere figli con frequenza, esserci poca differenza di età

터잡다 stabilirsi (in un luogo), stabilire ¶ 우리 새 사무실을 어디에 터잡을까? Dove stabiliremo il nostro nuovo ufficio?

터전 sito, luogo, posto ¶ 삶의 터전이 되는 곳 il luogo della propria vita

터주 -主 ¶ 터주대감 angelo (spirito) tutelare della casa

터주다 aprire ¶ 길을 터주다 aprire una strada a qlcu.

터지다 ①[금가다] rompersi, frangersi, fendersi, incrinarsi, crepare, creparsi, screpolarsi ¶ 내 입술은 쉽게 터진다 Le labbra mi si screpolano facilmente ②[폭발] esplodere, scoppiare ¶ 분노가 터지다 scoppiare dalla rabbia // 그렇게 계속 먹으면 터질 거다 Se continui a mangiare così, scoppierai. // 심장이 터질것만 같았다 Mi sentivo scoppiare il cuore. // 댐이 터졌다 La diga cedette.

터치 tocco, toccata, leggero colpo, colpetto

터치다운 -하다 fare una meta (럭비의)

터키 Turchia ¶ 터어키 사람 turco // 터어키 말 turco, la lingua turca // 터어키 카아펫 tappeto turco // 터어키석 turchese // 터어키탕 bagno turco

터프 resistente, forte, robusto ¶ 터프 가이 un tipo robusto

턱 mento, mascella ¶ 위턱과 아래턱 la mascella superiore e quella inferiore // 아래턱 턱까지 fino al collo // 턱수염 barba // 턱수염을 기르다 farsi crescere la barba // 턱수염을 기르고 있다 portare la barba // 턱을 쓰다듬다 fregarsi il mento // 헬멧의 턱끈 sottogola d′elmo

턱 [높은 곳] altura, elevazione, rialzo ¶ 집은 산 중턱에 위치해 있다 La casa è situata su un′altura.

턱 ¶ 한턱내다 offrire, pagare // 내가 한턱 내지! Offro io, Pago io!

턱 ① [안심하는 모양] ¶ 마음을 턱 놓다 mettersi completamente a proprio agio ② [잡는 모양] ¶ 손을 턱 잡다 tenere qlcu. per la mano con affetto ③ [태연한 모양] ¶ 그 사람이 우리 앞에 턱 나타났다 Presentò da noi come se niente fosse.

턱 [까닭] ragione, causa, motivo ¶ 그럴 턱이 없다 Non c′è motivo, Non può essere così.

턱걸이 -하다 toccare la sbarra con il mento

턱밑 ¶ 턱밑에 sotto il naso (di qlcu.)

턱받이 bavaglino

턱뼈 osso mandibolare, mascella

턱살 mascella inferiore

턱시도 smoking

턱찌끼 avanzi, resti, rimasugli (di roba da mangiare)

턱짓하다 indicare con il mento

턱턱 ¶ 이 안은 숨이 턱턱 막힌다 Qui dentro si soffoca molto.

턴테이블 piatto (전축의), piattaforma girevole (기차의)

털 pelo, pelame, pelliccia, [머리털] capelli, chioma, capigliatura ¶ 털이 많은 irsuto, peloso, villoso // 털이 없는 senza peli, glabro // 토끼털 pelo di coniglio // 내 개는 털이 아주 멋지다 Il mio cane ha un bel pelo. // 털이 덮여있는 동물 animali da pelliccia // 오리의 털을 뽑다 spennare un′oca

털가죽 ⇒ 모피

털갈다 mutare le penne, mutare il pelo, fare la muta

털갈이 muta delle penne, muta del pelo

털구멍 poro

털끝 la punta dei capelli, [근소] il minimo ¶ 털끝만큼도 per nulla, (niente) affatto // 털끝만큼도 개의치 않다 non importa per nulla, non importa un bel niente

털다 scuotere, scuotersi (di dosso), scrollarsi di dosso, sbattere ¶ 신발에 묻은 눈을 털다 scuotere la neve dalle scarpe // 먼지를 털다 spolverare // 어깨를 털다 spolverare le spalle a qlcu. // 입은 옷의 먼지를 털다 scuotersi di dosso la polvere // 머리카락(털)의 물을 털다 scuotersi l′acqua dai capelli (o dal pelo) // 카펫을 털다 sbattere (o scuotere) un tappeto

털다 [도둑이] rubare, derubare, rapinare, svaligiare ¶ 집(은행, 금고)을 털다 svaligiare una casa (una banca, una cassaforte) // 도둑이 내 지갑을 털어갔다 Il ladro mi rubò il portafoglio. // [소매치기가] borseggiare qlcu.

털벙 con un lieve tonfo, con un

piccolo botto ¶ 털벙거리다 fare (o cadere con) un lieve tonfo

털보 un uomo peloso

털북숭이 ¶ 털북숭이 다리 gambe pelose

털썩 ¶ 털썩 앉다 buttarsi a sedere // 털썩 (무릎을 꿇어) 주저앉다 buttarsi in ginocchio // 바닥에 털썩 쓰러지다 cadere a terra con un tonfo, fare un tonfo // 그는 의자에 털썩 주저앉았다 Si lasciò cadere stancamente su una sedia.

털실 lana per lavori a maglia, filo di lana ¶ 털실로 스웨터를 짜다 fare (a maglia) una maglietta di lana

털어놓다 ① [물건을] fare uscire (o cadere) scuotendo, scrollare, scuotere fuori ¶ 주머니에서 동전을 털어놓다 far cadere monete dalle tasche (di un indumento che viene scosso) ② [마음을] confidarsi, aprirsi, aprire il proprio animo, sfogarsi

털옷 (abito di) pelliccia

털터리 ① [빈털터리] una persona con le tasche vuote (o senza un sold), ② [낡은 차] vecchia automobile, macinino

털털하다 (essere) non affettato, senza affettazione, semplice, spontaneo

텀벙 di botto, di peso, di schianto ¶ 그는 강물에 텀벙하고 뛰어들었다 Cadde di peso nel fiume.

텁석 ¶ 텁석 덤비다 saltare addosso a, piombare su, aggredire

텁석나룻 baffi folti

텁석부리 un uomo con i baffi folti

텁수룩하다 (essere) disordinato, trascurato, sciatto ¶ 텁수룩한 스타일 stile sciatto // 텁수룩한 수염 barba incolta

텁텁하다 ¶ 입안이 좀 텁텁하다 avere la bocca un po′ impastata

텃세 -貰 la tangente, il pizzo ¶ 텃세를 내다 pagare una tangente

텃세 -勢 ¶ 텃세를 부리다 dar fastidio a un nuovo arrivato

텅 ¶ 텅 빈 vuoto, vacante

텅스텐 tungsteno, wolframio ¶ 텅스텐 램프 lampada al tungsteno // 텅스텐 강철 acciaio al wolframio

테 ① [둘린 줄] cerchio, cerchione, anello metallico, nastro ¶ 모자테 nastro del (o da) cappello ② [언저리] orlo, margine, bordo ¶ 안경테 montatura (di occhiali) ③ [타래] aspo, rocchetto, matassa

테너 tenore

테니스 tennis ¶ 테니스 공 palla da tennis // 테니스 코트 campo da tennis // 테니스 선수 giocatore di tennis, tennista // 테니스화 scarpe da tennis // 잔디코트 테니스 tennis sull′erba

테두리 ① [둘레] perimetro, contorno, circonferenza ¶ 테두리가 3미터가 되는 떡깔나무 una quercia di circa tre metri di circonferenza ② [테] cerchio, cerchione ③ [윤곽] contorno, profilo, sagoma, [범위] limite, contesto, cornice, quadro ¶ 예산의 테두리 안에서 nel contesto del budget

테라마이신 terramicina

테라스 terrazzo, terrazza, ripiano, gradone

테러 terrore, terrorismo ¶ 테러 활동 attività terroristica
테러리스트 terrorista
테러리즘 terrorismo
테레빈유 essenza di trementina, acquaragia
테리어 [개] terrier ¶ 요크셔 테리어 Yorkshire terrier
테마 tema, argomento, soggetto
테스트 test, esame, prova
테제 tesi ¶ 안티테제 antitesi
테이블 tavola, tavolo, tavolino ¶ 테이블에 앉다 sedersi a tavola // 테이블 매너 buone maniere a tavola // 테이블 매너가 없다 non saper stare a tavola // 테이블 와인 vino da tavola (o da pasto)
테이프 ① nastro (종이, 천 등으로 된), fettuccia, spighetta, nastrino, nastro adesivo (접착용) ¶ 스카치 테이프 nastro adesivo, scotch, ② [레코더용] nastro ¶ 테이프 레코더 registratore (a nastro)
테일라이트 (비행기의) fanalino di coda, (열차의) fanale di coda
테크니컬 녹아웃 knockout (o K.O.) tecnico
테크닉 tecnica, metodo ¶ 저 피아니스트는 테크닉이 약하다 La tecnica di quel pianista è scadente.
테트로 teatro
텍스트 testo, materiale a stampa, libro di testo, manuale
텐트 tenda, padiglione (di tela) ¶ 텐트를 치다 piantare la tenda, alzare una tenda // 텐트 생활을 하다 vivere sotto la tenda
텔레비(전) televisione, tivù ¶ 오늘 저녁 텔레비전에서 뭐하니? Che cosa c'è alla televisione stasera? // 텔레비전 수상기 televisore // 텔레비전 화면 schermo televisivo // 텔레비전 안테나 antenna televisiva // 컬러 텔레비전 televisore a colori // 흑백 텔레비전 televisore in bianco e nero // 텔레비전 프로그램 trasmissione televisiva
텔레타이프 telescrivente ¶ 텔레타이프로 송신하다 trasmettere (un messaggio) per telescrivente, telescrivere
텔렉스 telex, telescrivente
템즈강 -江 il Tamigi
템포 tempo
토 【문법】 particella, particella in lettere coreane posposta ai caratteri cinesi
토건 土建 architettura e ingegneria civile, grandi opere di costruzione (autostrade, dighe, ponti, ecc.) * **-회사** impresa di costruzioni
토건업 土建業 costruzione di grandi opere civili (autostrade, dighe, ponti, ecc.) * **-자** costruttore di grandi opere civili
토관 土管 pipa di terracotta
토굴 土窟 caverna, grotta, spelonca, covo, tana ¶ 토굴에서 사는 사람 uomo delle caverne, cavernicolo, troglodita
토기 土器 terraglie, terrecotte, recipiente di terracotta * **-장이** vasaio **-점** negozio di terrecotte
토기 吐氣 nausea
토끼 coniglio (집토끼), lepre (들토끼) ¶ 토끼 사육 allevamento di conigli, cunicoltura // 토끼털 (가

죽) pelliccia di coniglio
토끼풀 【식물】 trifoglio
토너먼트 torneo ¶ 테니스 토너먼트 un torneo di tennis
토닉 tonico, ricostituente ¶ 토닉 워터 acqua tonica, acqua brillante // 진토닉 gin tonic
토닥거리다 dare un colpetto (affettuoso) a, accarezzare ¶ 소년의 어깨를 토닥거리다 dar colpetti affettuosi a un ragazzo sulla spalla
토담 土- muro di fango * **-집** capanna con mura di fango
토대 土臺 ① [건축의] le fondamenta ② [일의] fondamento, base ¶ 결혼은 그의 성공의 토대였다 Il matrimonio fu la base della sua carriera. // 성공의 토대를 쌓다 preparare (o spianare) la strada per il successo (di qlcu.)
토라지다 fare (o avere) il broncio, tenere il broncio, essere accigliato (o imbronciato), fare lo scontroso
토란 土卵 【식물】 taro
토로 吐露 **-하다** dire quel che si pensa, parlar chiaro, esprimere un sentimento, mettere a nudo il proprio cuore, ¶ …하는데 어려움을 토로하다 dire di avere la difficoltà di fare
토론 討論 dibattito, discussione **-하다** dibattere, discutere, agitare (una questione, ecc.), discutere con qlcu. su un argomento * **-자** chi partecipa a un dibattito, disputante, disputatore **공개-** dibattito pubblico **-회** tribuna, forum, tavola rotonda ¶ 토론 중인 문제 l'argomento in discussione // TV 공개토론 una tavola rotonda in TV // 정치에 대한 토론회를 열다 fare (o tenere) una tribuna politica
토륨 【화학】 torio 《Th》
토르소 torso (조각상의), tronco (사람 몸의)
토리 [실뭉치] rocchetto (o bobina) di filo (di cotone. ecc)
토마토 pomodoro ¶ 토마토주스 succo di pomodoro // 토마토 소스 sugo di pomodoro, salsa di pomodoro // 토마토 통조림 scatola di pelati
토막 pezzo, frammento, brano, parte ¶ 나무(분필) 한 토막 un pezzo di legno (gesso) // 토막토막 pezzo per pezzo
토멸 討滅 **-하다** sterminare, annientare, distruggere, estirpare, sradicare
토목 土木 lavori d'ingegneria, (토목 공사) lavori pubblici, opere pubbliche // 토목 공학 ingegneria civile, genio civile
토박이 土- nativo, indigeno, aborigeno, uno del luogo ¶ 나는 로마 토박이다 Sono nativo di Roma
토박하다 土薄- essere sterile, infruttifero, infecondo, improduttivo
토벌 討伐 soggiogamento, assoggettamento, conquista, sottomissione **-하다** soggiogare, assoggettare, domare, sottomettere, ridurre in soggezione

토벽 土壁 muro di fango
토사 土砂 terra e sabbia
토사 吐瀉 vomito e diarrea **-하다** vomitare e avere la diarrea
토사곽란 吐瀉癨亂 gastroenterite acuta
토산물 土産物 prodotti locali
토색 討索 estorsione, esazione (di denaro), ricatto **-하다** estorcere, strappare (con la forza o con minacce), ricattare
토성 土星【천문】Saturno
토성 土城 castello (bastione) di fango
토속 土俗 usi e costumi di un popolo (o di un gruppo sociale) * **-학** studi folcloristici
토스 sorteggio, lancio (della moneta) **-하다** tirare a sorte, lanciare la moneta
토스트 toast, pane tostato, crostino, pane abbrustolito
토시 manicotto ¶ 토시 한벌 un paio di manicotti
토신 土神 divinità del terreno
토실토실 **-하다** essere paffuto ¶ 토실토실한 어린 소녀 una ragazzina paffuta, una paffutella // 뺨이 토실토실한 dalle guance paffute
토악질 吐- **-하다** vomitare (음식을), tirar fuori (rendere, restituire) il maltolto (부당 이득을)
토양 土壤 suolo, terreno, terra ¶ 메마른 토양 suolo sterile // 비옥한 토양 terreno ricco, suolo fertile, terreno fertile
토역 土役 lavori di sterro, sterramento
토오키 film sonoro, pellicola sonora
토요일 土曜日 sabato
토욕(질) 土浴 **-하다** rotolarsi (o guazzare)(소나 말이)
토우 土雨 [흙비] tempesta (o pioggia) di polvere
토의 討議 discussione, dibattito **-하다** discutere, dibattere ¶ 그 문제는 아직 토의중에 있다 La faccenda è ancora in discussione. * **-사항** questione (o punto) all′ordine del giorno **-안** soggetto da discussione **자유-** discussione libera
토인 土人 aborigeno, indigeno
토일레트 toilet, gabinetto (di decenza), ritirata ¶ 토일레트 페이퍼 carta igienica
토장 土葬 **-하다** inumare, seppellire, sotterrare
토장 土醬 ⇒ 된장
토제 吐劑【약】emetico
토지 土地 ① [땅] terreno, suolo, terra ② [소유지] proprietà ③ [영지] territorio * **-개량** miglioria fondiaria **-개혁** riforma agraria (o fondiaria) **-대장** catasto fondiario **-세** imposta fondiaria **-소유권** diritto di proprietà fondiaria **-소유자** proprietario terriero, possidente ¶ 밀 경작에 적합한 토지 suolo adatto alla coltivazione del grano // 비옥한 토지 terreno ricco // 그는 토스카나에 토지를 샀다 Ha comprato una proprietà in Toscana.
토질 土疾 malattia endemica, endemia
토질 土質 la natura del terreno

토착 土着 ¶ 토착의 aborigeno, indigeno, originario // 토착민 aborigeno, indigeno, nativo

토치카 fortino (speciale. di calcestruzzo), casamatta

토큰 gettone

토탄 土炭 torba

토템 totem * **-숭배** totemismo

토픽 argomento, soggetto, materia

토하다 吐- ① [게우다] vomitare, rigettare [뿜다] emettere, (악담을) lanciare un´imprecazione ¶ 아기가 먹은 것을 토했다 Il bimbo ha vomitato quello che aveva mangiato. // 굴뚝이 연기를 토하다 Il camino emette fumo. ② [토로] (감정을) esprimere un sentimento, dire quel che si pensa, parlar chiaro ¶ 진심을 토하다 dire la verità, dire quel che si ha in mente

토현삼 土玄蔘 【식물】 (Ranunculus ficaria) favagello

토혈 吐血 **-하다** sputare sangue

톡 ① [소리] con un colpetto (o colpettino, buffetto) ¶ 어깨를 톡 치다 dar un colpetto a qlcu. sulla spalla ② [삐져나온 모양] sporgentemente

톡탁 con un ticchettio

톡탁거리다 battere, picchiare, picchiettare, dare un colpetto a qlcu.¶ 비가 창문을 톡탁거렸다 La pioggia picchiettava sui vetri. // 나는 그의 어깨를 톡탁거렸다 Gli diedi un colpetto sulla spalla.

톡톡하다 ① [액체가] essere denso ¶ 톡톡한 기름 olio denso ② [피륙이] (essere) compatto, fitto, serrato ¶ 톡톡한 천 tessuto compatto

톡톡히 ① [많이] molto, assai, una gran quantità di, moltissimo ¶ 돈을 톡톡히 벌다 fare una gran quantità di soldi ② [심하게] severamente, rigorosamente ¶ 꾸지람을 톡톡히 듣다 essere severamente sgridato (o rimproverato)

톤 噸 tonnellata, [톤수] tonnellaggio, (영(미)톤 una tonnellata lunga, tonnellata corta) ¶ 미이터톤 una tonnellata metrica // 용적톤 tonnellaggio di capienza // 총(배수, 적재) 톤수 stazza lorda, tonnellaggio lordo // 그 다리에서는 5톤이상의 차가 통과할 수 있다 Sul ponte possono transitare i veicoli che superano le 5 tonnellate.

톤 tonnellata ¶ 중(경)톤 tonnellata pari a kg 1016 circa (pari a kg 907 circa) // 미터톤 tonnellata metrica (pari a kg 1.000)

톨 grano, granello, chicco, achenio ¶ 쌀 한 톨 un chicco di riso

톱 sega ¶ 톱으로 켜다 segare // 장작할 나무를 톱으로 켜다 segare legna da ardere * **-날** lama di sega **-니** denti di sega **원반-** sega a disco **-밥** segatura (polvere di legno)

톱 top, primo, il massimo, cima ¶ 빈첸초는 학교에서 톱이었다 Vincenzo fu il primo della scuola.

톱니바퀴 ruota dentata

톱상어 -魚 【물고기】 pescesega

톱톱하다 [국물이] essere denso

통 [천 · 필름 따위] rotolo, rullino ¶

광목 한 통 un rotolo di tela di cotone // 필름 한 통 un rullino (di pellicola)

통 ① [사이에] tra, fra, in, nel mezzo di ¶ 그는 난리통에 죽었다 È morto nello scompiglio della guerra. ② [무리] ¶ 한 통이 되다 essere in collusione con

통 [전혀] mai, affatto, per nulla ¶ 그는 요즘 통 오지 않는다 In questi giorni non viene mai.

통 桶 tinozza, tino, mastello, vasca (세탁용), secchio, secchia ¶ 물한 통 un secchio d'acqua // 우유통 bidone per il latte // 얼음통 secchiello da ghiaccio

통 筒 recipiente (metallico), barattolo, latta, lattina, fusto, fustino, barile, bidone, tanica, scatola * **석유-** un bidone di benzina **기름-** una lattina d'olio **성냥 한 통** una scatola di fiammiferi

통 通 [사람] autorità, persona autorevole, specialista ¶ 법률통 specialista legale // 정통한 소식통에 따르면 secondo fonti ben informate

통가리 mucchio di grano (messo al riparo dalla pioggia in un pagliaio)

통각 痛覺 un senso (sensazione) di dolore

통감 痛感 **-하다** sentire intensamente (o profondamente), comprendere (o rendersi conto di) pienamente, entrare nella testa di qlcu.

통겨주다 dischiudere, scoperchiare, rivelare, svelare (un segreto)

통겨지다 ① [드러남] venire alla luce, venire fuori, manifestarsi, essere svelato ② [어긋남] essere staccato, essere sconnesso, essere disarticolato ③ [일이] fallire, fare fiasco, non riuscire, mancare, sbagliare, venir meno

통계 統計 statistica, statistiche ¶ 주택 소유자 수에 대한 통계 statistiche sul numero dei proprietari di case **-하다** fare una statistica ¶ 통계의 statistico // 통계적(상)으로 statisticamente // 통계 샘플 campione statistico // 출생 통계 la statistica delle nascite * **-보고** un rapporto statistico **-역학** dinamica statistica **-연감** annuario statistico **-자료** dati statistici, statistiche **-학** statistica **-학자** studioso di statistica, statistico **인구-** censimento, la statistica della popolazione

통고 通告 annuncio, annunzio, avviso, comunicazione, notifica **-하다** notificare a, comunicare a, avvisare ¶ 사전에 통고하다 dare il preavviso

통곡 痛哭 lamento, lamentazione **-하다** gemere, lamentarsi, emettere alti lamenti, dolersi ¶ (예루살렘의) 통곡의 벽 il muro del pianto (di Gerusalemme)

통과 通過 passaggio, il passare, transito **-하다** passare, andare oltre, essere approvato, essere ammesso, essere promosso, superare ¶ 세관을 통과하다 passare la dogana // 시험을 통과하다 Superare un esame [una prova]

// 그녀는 입학 시험을 통과했다 superò l'esame d'ammissione. // 우리는 여러 도시를 통과했다 passammo attraverso parecchie città. // 의안은 통과되었다 Il disegno di legge è stato approvato.

통관 通關 sdoganamento, svincolo **-하다** passare la dogana * **-세** diritti doganali, spese di dogana **-서류** documenti di sdoganamento **-절차(수속)** pratica di sdoganamento **-허가서** permesso di sdoganamento di merce

통괄 統括 generalizzazione **-하다** generalizzare, sintetizzare, riunire in sintesi

통권 通卷 numero in sequenza di volumi

통근 通勤 pendolarità, pendolarismo **-하다** andare avanti e indietro dal lavoro, fare il pendolare, fare la spola (con mezzi pubblici) * **-시간** ora di andare e venire dal lavoro, (일반적인 러시아워) le ore di punta **-열차** treno di pendolari

통금 通禁 ⇒ 통행금지 * **-사이렌** segnale (sirena) del coprifuoco **-위반** non rispettare il coprifuoco **-해제** la fine del coprifuoco ¶ 통금이 해제되었다 Il coprifuoco è finito.

통기공 通氣孔 spiraglio, sfiatatoio

통김치 cavolo intero in salamoia

통나무 tronco d'albero ¶ 통나무집 una capanna di tronchi d'albero

통념 通念 l'idea corrente, l'opinione comune, l'idea generalmente riconosciuta (accettata) ¶ 이것은 하나의 통념이다 Questa è un'idea corrente (o un'opinione comune).

통뇨 通尿 urinazione, orinazione, minzione

통달 通達 maestria, bravura, abilità, versatilità, padronanza, conoscenza approfondita (di una materia, di un argomento) **-하다** essere pratico di qlco., versato in qlco., al corrente di qlco.

통닭 un pollo intero

통독 通讀 **-하다** leggere attentamente (o a fondo), leggere da cima a fondo

통람 通覽 rassegna (sguardo) generale **-하다** guardare attentamente, esaminare, scrutare, leggere dall'inizio alla fine

통렬 痛烈 severità, austerità, rigore, rigorosità **-하다** (essere) incisivo, tagliente, severo, austero, disadorno, sobrio, rigoroso ¶ 통렬히 비판하다 criticare severamente // 통렬한 비평 osservazioni taglienti

통령 統領 comando, direzione, guida, leadership **-하다** dirigere, capeggiare, comandare, essere in testa a (o a capo di)

통례 通例 costume, pratica comune, consuetudine, abitudine, usanza ¶ 통례로 generalmente, di regola, di norma, di solito, come di costume, come d'abitudine

통로 通路 passaggio, corridoio(극장, 기차, 버스 등의), andito, spazio fra due file di panche (교회의)

통론 通論 profilo, lineamenti, introduzione a ¶ 영국사 통론 lineamenti di storia dell'Inghilterra

통마늘 una testa d'aglio intero

통매 痛罵 **-하다** condannare, denunciare, vituperare, inveire contro, criticare severamente

통메다 桶- ① [통테를] cerchiare (una botte) ② [빽빽이] essere affollato, essere pieno zeppo

통밀어 in media

통발 筒- una trappola per pesci

통보 通報 rapporto, informazione, bollettino, comunicato, dispaccio **-하다** riportare, notificare, riferire, informare (in ogni senso), dare notizie a, avvertire, ragguagliare * **기상-** previsioni del tempo, bollettino meteorologico

통분 痛忿 grande indignazione (o sdegno) **-하다** indignarsi tanto, essere assai indignato (o sdegnato) con qlcu.

통사정 通事情 **-하다** supplicare, chiedere con insistenza

통산 通算 la somma, il totale, la totalità **-하다** sommare, addizionare ¶ 통산 …에 이르다 ammontare a …, raggiungere il numero di … // 희생자 수는 통산 162명에 이르렀다 Le vittime raggiunsero il numero di 162.

통상 通常 ordinariamente, di solito, normalmente, generalmente ¶ 통상의 ordinario, comune, consueto, normale, solito, mediocre

통상 通商 commercio, attività commerciale, scambio (di merci), traffico, traffici, affari **-하다** commerciare, fare affari, negoziare, trafficare, trattare * **-관계** rapporto commerciale

통설 通說 opinione prevalente, opinione comune, teoria universalmente riconosciuta

통성명 通姓名 **-하다** presentarsi (o farsi conoscere) l'un l'altro

통속 [무리] gang, ghenga, banda, combriccola, masnada, [밀약] accordo segreto

통속 通俗 popolarità, convenzionalità ¶ 통속적인 comune, popolare, convenzionale // 통속적으로 popolarmente, generalmente, comunemente * **-문학** letteratura popolare **-음악** musica popolare

통솔 統率 comando, direzione, guida, leadership **-하다** comandare, ordinare, essere a capo di, dirigere * **-권** diritto di comando **-력** leadership, capacità di comando, capacità di dirigere, attitudine al comando **-자** leader, comandante, capo, guida ¶ 탐험대를 통솔하다 comandare una spedizione

통송곳 punteruolo con lama a mezzaluna

통수 統帥 comando supremo **-하다** comandare, essere a capo di, avere il comando * **-권** prerogativa del comando supremo **-자** comandante supremo **국군-권** il comando supremo delle forze armate ¶ 공화국 대통령은 국군 통수권을 가진다 Il Presidente della Repubblica ha il comando supremo delle forze armate.

통신 通信 corrispondenza, comunicazione **-하다** comunicare, comunicarsi, corrispondere con, essere in corrispondenza * **-강의** corso (di studi) per corrispondenza **-교육** formazione (educazione) per corrispondenza **-기관** organo (o canale) di comunicazione **-대** Genio Radiotelegra-fisti e Segnalatori **-대학** scuola per corrispondenza **-망** rete di comunicazione **-수단** mezzo di comunicazione **-위성** satellite per telecomunicazioni

통역 通譯 interpretazione, [사람] interprete **-하다** interpretare * **-관** interprete ufficiale

통용 通用 circolazione, uso corrente **-하다** essere corrente, d′uso corrente, attuale, utilizzabile, valido (차표 따위) ¶ (차표 따위의) 통용 기간 periodo di validità // 통용어 parola d′uso corrente // 통용화폐 moneta corrente, valuta, divisa // 통용되지 않는 화폐 moneta fuori corso

통운 通運 trasporto, spedizione, invio (di merce), **-하다** trasportare * **-회사** società di trasporti, spedizioniere

통으로 ⇒ 통째

통일 統一 unità, unificazione, standardizzazione (평준화) **-하다** unificare, uniformare, riunire, standardizzare ¶ 통일된 unificato, reso uniforme * **-성** armonia, concordia, accordo **-왕국** regno unito **-전선** fronte unito, 영어 철자법을 통일하다 normalizzare l′ortografia inglese

통일천하 統一天下 unificazione di un paese, dominazione del mondo intero

통장 通帳 [은행의] libretto bancario * **저금-** libretto di risparmio **예금-** libretto di deposito

통장작 -長斫 legna (non spaccata) da ardere

통째 completamente, interamente, totalmente, del tutto ¶ 통째로 삼키다 inghiottire qlco. intero

통절 痛切 **-하다** (essere) acuto, acuminato, aguzzo, affilato, tagliente, penetrante ¶ 통절히 acutamente, con acume, con perspicacia

통정 通情 adulterio

통제 統制 controllo, regolazione, regolamentazione, governo **-하다** tenere sotto il proprio controllo (o la propria direzione), essere padrone di, regolare, esercitare il controllo, controllare * **-가격** prezzi controllati **-경제** economia controllata, dirigismo **교통-** regolamentazione del traffico **-본부** centrale di comando

통조림 桶- scatolame **-하다** mettere in scatola, inscatolare ¶ 통조림 고기 (과일) carne (frutta) in scatola

통증 痛症 dolore persistente, male ¶ 통증을 느끼다 sentire male, avere male di

통지 通知 annuncio, annunzio, avviso, comunicazione, notifica, **-하다** notificare a, comunicare a, avvisare, informare, far sapere a qlcu. ¶ 미리 통지하다 dare il preavviso, comunicare in anticipo // 교회의 통지문 annunzi religiosi, manifesti attaccati alla porta d´una chiesa * **-서** un avviso **-예금** deposito (rimborsabile) a vista

통찰 洞察 acume, discernimento, intuito, penetrazione, perspicacia **-하다** discernere, penetrare * **-력** discernimento, intuito, penetrazione ¶ 통찰력있는 정치가 un uomo politico dotato di buon intuito

통첩 通牒 nota, notificazione, circolare * **외교-** nota diplomatica **최후-** ultimatum ¶ 최후 통첩을 보내다 dare l´ultimatum

통치 統治 dominio, governo, amministrazione, impero, regime, regno **-하다** dominare, governare, regnare, reggere (una nazione), tenere saldamente, tenere in pugno ¶ 국가를 통치하다 governare un paese 영국의 통치 하에서 sotto il dominio britannico // 직접 통치 (북아일랜드의) amministrazione diretta // 엘리자베스 1세의 통치 Il regno di Elisabetta Ⅰ. // 왕은 군림하나 통치하지 않는다 Il re regna ma non governa. * **-권** sovranità, potere supremo **-자** governante, re, sovrano

통칙 通則 principi (o norme, regole) generali

통칭 通稱 designazione comune, nomignolo

통쾌 痛快 una sensazione di grande piacere **-하다** essere assai piacevole ¶ 통쾌하게 con grande soddisfazione // 통쾌하게 웃다 ridere con grande soddisfazione 침략자에게 통쾌한 승리를 거두다 riportare una grande vittoria sugli invasori

통탄 痛歎 lamentazione profondo, afflizione amara **-하다** accorarsi, addolorarsi, affliggersi, deplorare, compiangere, lamentarsi di ¶ 통탄할 deplorabile, deplorevole // 통탄할만한 실수 un deplorevole erroreo

통탕 ⇒ 둥탕거리다 battendo

통통하다 essere grassoccio, grassotello, paffuto, tondo, rotondo ¶ 그녀는 약간 통통하긴 하지만 뚱뚱한 것은 아니다 È rotondetta, ma non grassa.

통틀어 in tutto, nell´insieme, in totale, in blocco, per tutto ¶ 전세계를 통틀어 in tutto il mondo // 내 전 생애를 통틀어 in tutta la mia vita // 20세기를 통틀어 durante (o per) tutto il secolo XX // 우리는 통틀어 열한명이었다 Eravamo undici in tutto.

통풍 痛風 【의학】 gotta, podagra, artrite

통풍 通風 ventilazione, aerazione ¶ 통풍이 잘되다 essere ben ventilato * **-관** condotto dell´aria **-구** sfiatatoio **-기** ventilatore, aeratore

통하다 通- ① [길이] condurre, portare (a) ¶ 모든 길은 로마로 통한다 Tutte le strade portano (conducono) a Roma ② [전류가] passare, [감전] sentire una scossa elettrica ¶ 선에 전류가 통하고 있다 la corrente passa attraverso i fili ③ [전화가] essere connesso ④ [혈액 · 공기가] circolare ¶ 공기가 잘 통한다 essere ben ventilato, l′aria circola facilmente ⑤ [언어가] capirsi, essere capito, farsi capire ¶ 이탈리아에서는 영어가 통하지 않는다 In Italia non si capisce l′inglese ⑥ [뜻이] aver senso. ¶ 이 문장은 뜻이 통하지 않는다 Questa frase non ha senso ⑦ [통달] essere esperto in, essere molto versato in ⑧ [인정받다] essere riconosciuto ¶ 그는 이 분야의 권위자로 통한다 È un′autorità riconosciuta in materia. ⑨ [통용] circolare, essere valido ⑩ [용납] essere accettabile, essere permesso ¶ 네 생각은 통하지 않아 La tua idea non è accettabile. ⑪ [통과 · 경유] passare attraverso ¶ 마당을 통해서 attraverso il giardino // 내 동생을 통해서 너에게 알려주마 Te lo farò sapere tramite mio fratello // 인터넷을 통해서 tramite internet ⑫ [내통] comunicare in segreto con qlcu. ⑬ [정을] commettere adulterio con, avere una relazione illecita con

통학 通學 **-하다** frequentare la scuola, andare a scuola ¶ 도보로 통학하다 andare a scuola a piedi

통한 痛恨 profondo dolore, amaro rimpianto

통할 統轄 soprintendenza, sovrintendenza, supervisione, sorveglianza, direzione **-하다** soprintendere a, dirigere, sorvegliare

통합 統合 unità, unificazione, integrazione **-하다** unificare, integrare, unire, ¶ 야당을 통합하다 unificare l′opposizione // 두 회사는 통합되어야 할 것이다 Le due società dovranno unirsi.

통행 通行 passaggio, transito, il passare **-하다** passare, andare avanti, procedere * **-권** o diritto di passaggio (o transito) **-금지** ① divieto di passaggio (o transito) ② coprifuoco **-금지시간** orario del coprifuoco **-료** pedaggio **유료-도로** strada soggetta a pedaggio **-인** passante, viandante **-증** salvacondotto **일방-도로** strada a senso unico **우측-** tenersi sulla destra, direzione di marcia a destra

통혼 通婚 **-하다** fare una proposta di matrimonio

통화 通貨 moneta (circolante), valuta * **-가치** il valore della moneta **-량** l′ammontare della moneta in circolazione **-수축** deflazione monetaria **-정책** politica monetaria **-팽창** inflazione monetaria ¶ 외국 통화 valute estere // 한국 통화 la moneta coreana // 통화의 평가절하 svalutazione monetaria // 유럽연합 단일 통화는 유로입니다 La moneta unica dell′Unione Europea è l′Euro.

통화 通話 telefonata, conversazione per telefono **-하다** parlare per telefono ¶ 통화 중에 parlando al telefono // 통화중이다 La linea è occupata

퇴각 退却 ritirata **-하다** battere in ritirata ¶ 퇴각하여 …에 거점을 잡다 ripiegare su … (una posizione)

퇴거 退去 evacuazione, espulsione * **-명령** ordine di espulsione, evacuazione

퇴고 推敲 finezza, raffinatezza **-하다** rifinire, elaborare, migliorare, perfezionare

퇴골 腿骨【해부】femore

퇴교 退校 l'abbandono degli studi, l'interruzione degli studi **-하다** abbandonare gli studi, lasciare la scuola, interrompere gli studi

퇴근 退勤 uscita dal lavoro **-하다** uscire dal lavoro 퇴근시간은 몇시인가? A che ora è l'uscita dal lavoro?, A che ora finisci di lavorare?

퇴락 頹落 rovina, crollo, disastro, disgrazia, rudere

퇴로 退路 ritirata, via della ritirata ¶ 퇴로를 차단하다 tagliare la ritirata a qlcu.

퇴물 退物 ① [남은 음식] avanzi, residui, rifiuti, rimasugli ② [거절된] rifiuto, scarto, oggetto di scarto ③ [물려받은] oggetto usato (o smesso) ④ [사람] persona ritirata

퇴박맞다 essere rifiutato (o respinto), ricevere un rifiuto, essere rimandato indietro

퇴박하다 rifiutare, ricusare, respingere

퇴보 退步 retrogradazione, moto retrogrado, retrogressione, arretramento, regresso, battuta d'arresto **-하다** retrogradare, aver moto retrogrado ¶ 퇴보적인 retrogrado, regressivo, degenerativo // 퇴보적인 생각 idee retrograde

퇴비 堆肥 concime organico, letame

퇴사 退社 ① [퇴직] **-하다** ritirarsi dagli affari ② [퇴근] **-하다** uscire dal lavoro, finire di lavorare

퇴색 退色 scoloramento, scolorimento **-하다** scolorire, sbiadire, stingersi, svanire ¶ 퇴색한 sbiadito // 행복한 시절에 대한 추억은 그의 마음속에서 퇴색해버렸다 Il ricordo di quel tempo felice è svanito dalla sua mente.

퇴석 堆石 ① una pila di pietre ②【지리】morena

퇴역 退役 ritiro dal servizio militare **-하다** ritirarsi dal servizio militare * **- 장교** un ex-ufficiale

퇴원 退院 **-하다** uscire dall'ospedale, essere dimesso dall'ospedale

퇴위 退位 abdicazione ¶ 에드워드 8세의 퇴위(1936년) l'abdicazione di Re Edoardo VIII (nel 1936) **-하다** abdicare al trono ¶ 퇴위시키다 detronizzare, deporre (un sovrano)

퇴임 退任 andata a riposo, in pensione, collocamento a riposo, pensionamento ¶ 조기 퇴임 pensionamento anticipato **-하다** ritirarsi dall'impiego (o dagli affari), andare in pensione, dimettersi

퇴짜 退- rifiuto, rigetto (bur.),

ripulsa ¶ 퇴짜 놓다 respingere, rifiutare, non accettare, scartare, bocciare, cestinare // 퇴짜 맞다 essere respinto (o rifiutato), ricevere un rifiuto

퇴장 退場 uscire di scena ¶ 햄릿 퇴장 esce Amleto **-하다** uscire, andarsene

퇴장 退藏 accumulazione, accaparramento, incetta **-하다** ammassare, ammucchiare, accumulare, accaparrare, fare incetta di

퇴적 堆積 accumulazione, mucchio, cumulo, ammasso, catasta **-하다** accumularsi, ammassarsi ¶ 화물의 퇴적 l'accumulazione delle merci trasportate // 퇴적물 deposito (di merci)

퇴정 退廷 **-하다** ① [법정] uscire dalla corte, ② [조정] uscire dal palazzo reale

퇴조 退潮 riflusso della marea, bassa marea ¶ 퇴조를 보이다 essere in ribasso (o in declino) * **-기** un periodo di riflusso

퇴주 退酒 liquore sacrificale, del sacrificio, espiatorio, propiziatorio

퇴직 退職 andata a riposo, in pensione, collocamento a riposo, pensionamento **-하다** ritirarsi dall'impiego (o dagli affari), andare in pensione, dimettersi ¶ 그는 퇴직할 나이가 되었다 Ha raggiunto l'età pensionabile (o del collocamento a riposo). // 대부분의 노동자들은 60세에 퇴직해야 한다 La maggior parte dei lavoratori deve andare in pensione a sessant'anni * **-금** indennità di buonuscita **-공무원** un funzionario statale in pensione **-연금** rendita vitalizia differita **-연령** età pensionabile

퇴진 退陣 il toglier le tende, il levare il campo **-하다** levare il campo (o le tende)

퇴청 退廳 **-하다** uscire dall'ufficio (governativo), finire di lavorare (in ufficio)

퇴치 退治 [정벌] conquista, [박멸] eliminazione, sterminio, distruzione **-하다** conquistare, soggiogare, eliminare, estirpare, sopprimere

퇴침 退枕 guanciale di legno

퇴폐 頹廢 decadimento, declino, decadenza, deperimento, deterioramento, corruzione, corruttela, degenerazione, tralignamento **-하다** decadere, deperire, deteriorarsi, andare in rovina, corrompersi, degenerare, tralignare ¶ 퇴폐적인 decadente * **-주의** decadenza, (예술 · 문학의) decadentismo

퇴하다 退- ① [무르다] cancellare un acquisto (o una compera), ② [거절] rigettare, respingere, rifiutare

퇴학 退學 abbandono degli studi, interruzione degli studi **-하다** abbandonare gli studi, lasciare la scuola, interrompere gli studi ¶ 퇴학시키다 [부형이] ritirare il proprio figlio dalla scuola, [학교가] espellere (o cacciare) dalla scuola ¶ 마리오는 학교에서 퇴학당했다 Mario fu espulso dalla scuola.

퇴화 退化 degenerazione, involuzione, degradazione **-하다** degenerare, tralignare, degradare ¶ 퇴화한 기관 organo degenerato

툇마루 pavimento di legno di un portico della casa coreana

투 套 ① [법식] forma, stile ¶ 편지 투 stile di lettera ② [버릇] modo ¶ 나는 그의 웃는 투가 마음에 들지 않는다 Non mi piace il suo modo di ridere.

투견 鬪犬 ① [개싸움] zuffa fra cani ② [싸움개] cane da combattimento

투계 鬪鷄 [닭싸움] combattimento di galli, [싸움닭] gallo da combattimento

투고 投稿 collaborazione (a un giornale) **-하다** scrivere (per un giornale) * **-란** rubrica dei lettori **-자** collaboratore (di un giornale)

투광기 投光器 proiettore, riflettore

투구 elmo, elmetto ¶ 강철 투구 elmetto d'acciaio

투구 投球 lancio (di palla)

투기 妬忌 gelosia, invidia **-하다** (essere) geloso, invidioso, malevolo ¶ 투기하는 아내 una moglie gelosa

투기 投機 speculazione **-하다** speculare, fare speculazioni ¶ 투기적인 speculativo, speculatorio, (d'affare) rischioso // 그는 잘못된 투기로 망했다 Andò in rovina per una speculazione sbagliata. // 투기로 con una speculazione // 주식 투기를 하다 fare speculazioni in Borsa * **-사** speculatore, operatore di Borsa **-사업** impresa speculativa, impresa rischiosa **-열** mania (o moda) per la speculazione

투기 鬪技 competizione, concorso, gara

투덜거리다 brontolare, borbottare, lagnarsi, lamentarsi ¶ 매사에 투덜거리지 마라! Non lagnarti d'ogni cosa!

투망 投網 giacchio, ritrecine (rete da pesca) ¶ 투망을 던지다 gettare una rete (da pesca)

투매 投賣 dumping, vendita sottocosto di merce (specialmente su mercato straniero) **-하다** vendere sottocosto (specialmente all'estero), svendere * **-상품** merci al ribasso (o sottocosto)

투명 透明 trasparenza, traslucidità, limpidezza, chiarezza **-하다** (essere) trasparente, traslucido, limpido, chiaro ¶ 투명한 유리 vetro trasparente * **-도** trasparenza **-지** carta traslucida, carta per lucidi **-체** un corpo trasparente

투묘 投錨 **-하다** gettar l'ancora, ancorare

투미하다 (essere) stupido, scemo, cretino, ottuso, sciocco, stolto

투박하다 (essere) goffo, impacciato, sgraziato, grezzo, ruvido, rozzo ¶ 투박한 옷감 tela spessa e grezza (o ruvida)

투베르쿨린 tubercolina * **-검사(반응)** test della (reazione alla) tubercolina

투병 鬪病 lotta contro una malattia **-하다** lottare contro una malattia

투사 投射 proiezione, incidenza **-하다** proiettare, gettare ¶ 빛을(상을) 투사하다 proiettare un raggio di luce (un′immagine) * **-각** angolo d′incidenza

투사 鬪士 combattente, lottatore

투사 透寫 ricalco, calco, lucido **-하다** fare il lucido di un disegno, ricalcare un disegno * **-지** carta da ricalco, carta per lucidi, carta lucida

투서 投書 una lettera anonima **-하다** spedire una lettera anonima

투석 投石 lanci di una pietra(o un sasso) **-하다** lanciare una pietra, attaccare (o criticare) aspramente qlcu.

투성이 essere coperto di, essere pieno di ¶ 그는 먼지 투성이였다 Era coperto di polvere.

투수 投手 [야구 · 크리켓의] lanciatore * **-전** duello dei lanciatori **-판** base del lanciatore

투숙 投宿 **-하다** prendere alloggio, sistemarsi, alloggiare ¶ 별 네 개짜리 호텔에 투숙하다 Alloggiare in un albergo a quattro stelle * **-자** cliente, ospite (d′albergo)

투시 透視 ① il vedere attraverso, ② chiaroveggenza **-하다** vedere attraverso, intuire, indovinare * **-력** capacità chiaroveggente **-자** chiaroveggente

투신 投身 [자살] suicidio gettandosi **-하다** suicidarsi (o uccidersi) gettandosi (o lanciandosi) ¶ 창문에서 투신하다 gettarsi dalla finestra // 강물에 투신하다 buttarsi in un fiume [종사] **-하다** lanciarsi, buttarsi anima e corpo in un′impresa ¶ 창문에서 투신하다 gettarsi dalla finestra // 강물에 투신하다 buttarsi in fiume // 정계에 투신하다 lanciarsi in politica

투약 投藥 medicazione, prescrizione, somministrazione **-하다** prescrivere (o somministrare) una medicina a qlcu.

투영 投影 proiezione **-하다** proiettare, gettare, riflettere ¶ 그림자를 투영하다 proiettare ombra

투옥 投獄 imprigionamento, incarcerazione **-하다** gettare (o mettere) qlcu. in carcere, imprigionare, rinchiudere

투우 鬪牛 corrida, toro da corrida * **-사** torero **-장** arena (per corride)

투원반 投圓盤 lancio del disco * **-선수** lanciatore di disco, discobolo

투입 投入 il gettare dentro【심리】 introiezione, investimento **-하다** gettare dentro, introiettare, investire

투자 投資 investimento, collocazione, impiego (di denaro) **-하다** investire denaro, fare investimenti ¶ 채권과 주식에 투자하다 investire denaro in titoli e azioni * **-시장** mercato degli investimenti **-신탁** fondo comune d′investimento **-액** somma investita **-고문** esperto (o consulente) finanziario **-정책** politica degli investimenti

투쟁 鬪爭 lotta, contesa, combattimento **-하다** lottare, combattere, battersi * **계급-** lotta di classe **무장-** lotta armata **생존-** lotta per l'esistenza **-심** spirito combattivo

투전 鬪牋 gioco d'azzardo * **-군** giocatore d'azzardo, biscazziere

투정 **-하다** brontolare, borbottare, lagnarsi, lamentarsi

투지 鬪志 spirito combattivo, combattività, volontà di combattere ¶ 투지에 불타다 essere pieno di combattività

투창 投槍 lancio del giavellotto **-하다** lanciare il giavellotto * **-선수** lanciatore di giavellotto

투척 投擲 lancio **-하다** lanciare

투철 透徹 penetrazione, lucidità, profondità **-하다** (essere) penetrante, profondo, acuto ¶ 투철히 completamente, esaurientemente, a fondo

투포환 投砲丸 lancio del peso * **-선수** pesista, lanciatore di peso

투표 投票 [행위] votazione, suffragio, scrutinio, [표] un voto **-하다** votare (per, contro), dare il voto (a, contro) * **-개시** [마감] apertura [chiusura] delle votazioni **-검사** scrutinio **-결과** risultato della votazione **-권** diritto di voto **-수** numero dei voti **-소(장)** seggio elettorale **-용지 기입소** cabina elettorale **-일** giorno delle votazioni **-용지** scheda elettorale **거수-** votazione per alzata di mano **기명[무기명]-** voto palese [segreto] **기립-** voto per alzata e seduta **무효-** voto nullo **발성-** votazione per acclamazione **신임-** un voto di fiducia **불신임-** un voto di sfiducia, un voto di censura **-제** sistema elettorale

투피스 un abito a due pezzi

투하 投下 **-하다** sganciare (bombe) ¶ 폭탄을 투하하다 sganciare bombe // 비행기는 열 대의 폭탄을 투하했다 L'aeroplano sganciò dieci bombe

투하 投荷 getto del carico **-하다** [배에서] gettare a mare (il carico o parte di esso), [비행기에서] sganciare in volo, alleggerirsi di qlco.

투함 投函 impostazione **-하다** impostare, imbucare

투항 投降 resa, capitolazione **-하다** capitolare, venire a patti, arrendersi ¶ 무조건적인 투항 resa incondizionata * **-자** chi si arrende, uno che si è arreso **-조약** trattato di resa

투해머 投- lancio del martello **-선수** lanciatore di martello

투혼 鬪魂 spirito combattivo, combattività

툭 ① [소리] con un colpetto, ② [튀어나온 모양] sporgente ¶ 툭 튀어나온 바위 una rupe sporgente // 툭 튀어나온 눈 occhi sporgenti

툭툭하다 essere spesso

툭하면 troppo spesso, subito, ben volentieri

툰드라 tundra ¶ 툰드라 기후 clima da tundra

툴툴거리다 brontolare, borbottare, lagnarsi, lamentarsi

퉁기다 balzare indietro, rinculare, scattare indietro, tornare di scatto, [기회를] perdere, mancare, [뼈를] storcersi, slogarsi, prendere una storta a, [악기] pizzicare, suonare

퉁명스럽다 (essere) brusco, reciso, rude ¶ 퉁명스럽게 bruscamente, recisamente

퉁소 -簫 flauto di bambù 퉁탕 con (serie di) colpi ripetuti, con (serie di) detonazioni violente

퉁탕거리다 far rumore sordo, continuare a battere

퉁퉁 ① [부은] ¶ 퉁퉁붓다 gonfiarsi, dilatarsi, enfiarsi, inturgidire, tumefarsi // 그의 손이 퉁퉁 붓기 시작했다 Gli si cominciò a gonfiare la mano ② [살진] ¶ 퉁퉁한 grassoccio, largo // 퉁퉁한 엉덩이 fianchi larghi

퉈각 foglie di fuco tostate

튀기다 ① dare un buffetto (o un colpetto) a ¶ 벌레를 튀기다 cacciar via un insetto // (먼지 따위를) 튀겨서 떨어버리다 togliere (per es., polvere) con un colpetto ② [물·흙탕] schizzare, spruzzare acqua tutt'intorno ¶ 물 좀 그만 튀겨라! Smetti di schizzare acqua!

튀기다 friggere ¶ 기름에 튀기다 friggere nell'olio

튀김 fritto, frittura ¶ 새우 튀김 frittura di gamberetti // 생선 튀김 pesce fritto // 모듬 튀김 fritto misto

튀니지 Tunisi ¶ 튀니지의 (튀니지 사람) tunisino

튀다 ① [오르다] saltare, balzare, scattare, (공이) rimbalzare ② [달아나다] scappare, fuggire

튀밥 riso soffiato

튜너 accordatore, [라디오 TV] sintonizzatore ¶ 피아노의 튜너 accordatore di pianoforti

튜브 tubo, [자전거·자동차의] camera d'aria (di pneumatico)

튜튼 teutone ¶ 튜튼의 teutonico

튤립 【식물】 tulipano

트기 [혼혈·잡종] uomo di sangue misto, meticcio, meticcia, animale ibrido, pianta ibrida, bastardo

트다 ① [싹이] germogliare, germinare ② [피부가] screpolarsi ¶ 손이 트다 screpolarsi le mani ③ [먼동이] albeggiare, farsi giorno 트다 aprire, schiudere, cominciare, iniziare ¶ 새로운 길을 트다 aprire una nuova strada

트더지다 fendersi, spaccarsi, squarciarsi, strapparsi ¶ 소매가 트더지다 strapparsi la manica

트라이앵글 triangolo

트라코마, 트라홈 【의학】 tracoma

트랙 [자취] traccia, [스포츠] pista ¶ 트랙을 벗어나다 uscire di pista // (디스크의) 타이틀 트랙 brano che dà il titolo al disco // 트랙 경주 corsa su pista // 사운드 트랙 colonna sonora

트랙터 trattore [견인용] motrice ¶ 트랙터와 트레일러 motrice e rimorchio

트랜스 trasformatore

트랜지스터 transistor, transistore ¶ 트랜지스터 라디오 radio a tran-

sistor, transistor, radiolina
트랩 trappola, (fig.) inganno, insidia, tranello
트러블 agitazione, afflizione, ansietà, dolore, preoccupazione, pena ¶ 삶이란 사소한 트러블로 가득찬 것이다 La vita è piena di piccole afflizioni.
트러스 【건축】 capriata (del tetto)
트러스트 독점적 기업활동 trust, consorzio monopolistico, monogolio
트럭 autocarro, camion ¶ 트럭 운전수 autotrasportatore, camionista
트럼펫 tromba ¶ 트럼펫을 연주하다 suonare la tromba
트럼프 carte da gioco
트렁크 [자동차의] bagagliaio, vano bagagli, [여행용 큰 가방] valigia
트레몰로 【음악】 tremolo 《이》
트레이너 istruttore, trainer, allenatore (특히 축구 감독)
트레이닝 addestramento, allenamento
트레이드 commercio, attività commerciale, scambio (di merci), traffico, traffici, affari * **-마아크** marchio di fabbrica, marca, marchio (o nome) depositato
트레일러 rimorchio, (anche) carrello da rimorchio
트로이 Troia * **-전쟁** la guerra di Troia **-목마** cavallo di Troia
트로이카 troika, troica
트로피 trofeo, (스포츠) coppa
트롤 * **-그물(망)** rete a strascico, sciabica, paranza **-선** battello da pesca (con sciabica o paranza) **-어업** pesca con la sciabica (o con la paranza)
트롤리버스 filobus (무궤도 버스)
트롬본 trombone
트리니다드 · 토바고 Trinidad e Tobago
트리밍 【사진】 taglio, il lasciar fuori (nella stampa) **-하다** tagliare, lasciar fuori (nella stampa)
트리오 trio
트리콧 [옷감] tessuto lavorato a maglia, tricot
트리폴리 Tripoli 《프》
트릭 trucco, espediente, artificio, stratagemma, tiro, frode, inganno
트림 eruttazione, rutto **-하다** eruttare, ruttare
트릿하다 ① [속이] sentirsi un peso allo stomaco, soffrire di cattiva digestione ② [흐릿하다] essere lento, indeciso, dubbioso, esitante, incerto, indistinto ¶ 트릿한 불빛 luce incerta
트위스트 [비틀림] contorsione, torcimento, torsione, storta, strizzatina, giro, [춤] twist
트이다 ① [길 · 장래가] essere aperto, aprirsi, aprire, schiudersi ¶ 트인 장소 un luogo aperto ② [생각이] (essere) aperto, assennato, ragionevole, saggio, sensato ¶ 생각이 트인 여자 una donna ragionevole, saggia // 운이 트이다 essere fortunato
트집 ① [틈] fessura, fenditura (anche geol.), crepa, spaccatura ② [결점] difetto, manchevolezza, menda, magagna
트집잡다 trovare da ridire su, brontolare per, lagnarsi di, trovare difetti

트집장이 chi trova da ridire su tutto, criticone, brontolone

특가 特價 prezzo speciale, prezzo di favore, prezzo di offerta * **-제공** offerta speciale **-판매** vendita speciale

특공대 特攻隊 un reparto di truppe (speciali) d'assalto

특과 特科 corso speciale, 【군사】 reparti tecnici

특권 特權 privilegio, prerogativa ¶ 특권을 주다 privilegiare, accordare un privilegio a qlcu., concedere a qlcu. il privilegio di fare qlco. // 국회의 면책특권 prerogativa parlamentare // 외교관의 특권 franchigia diplomatica * **-계급(층)** la classe privilegiata **-침해** violazione d'un privilegio

특근 特勤 lavoro straordinario **-하다** fare del lavoro straordinario, fare lo straordinario * **-수당** indennità di lavoro straordinario

특급 特急 espresso * **-열차** treno espresso ¶ 소포를 특급으로 보내다 mandare un pacco per espresso

특급 特級 prima qualità, qualità superiore, prim'ordine * **-품** una merce di prima qualità ¶ 그는 특급 배우이다 È un attore di prim'ordine.

특기 特技 abilità (talento) speciale, specialità

특기 特記 **-하다** far menzione speciale ⇒ 특필

특대 特大 taglia (o misura) superiore alla media, taglia forte, king-size, più grande del normale * **-호 (잡지)** edizione straordinaria ampliata

특대 特待 **-하다** fare un trattamento speciale * **-생** borsista

특등 特等 classe (livello) speciale * **-석** posto speciale **-실** camera (di classe) speciale

특례 特例 caso speciale, eccezione * **전시-** eccezione in tempo di guerra

특매 特賣 vendita speciale **-하다** vendere a prezzo di favore * **-기간** periodo della vendita speciale

특명 特命 comando speciale * **-전권 대사** ambasciatore straordinario e plenipotenziario

특무 特務 servizio speciale * **-기관** agenzia di servizio speciale (di segreto militare)

특배 特配 distribuzione speciale **-하다** fare una distribuzione speciale

특별 特別 specialità, eccezione, **-하다** (essere) speciale, straordinario, eccezionale, raro, particolare, peculiare ¶ 특별히 specialmente, straordinariamente, particolarmente * **-공채** prestito speciale **-세** imposta speciale **-수당** indennità speciale, compenso aggiuntivo (oltre la paga), supplemento **-급행** superespresso **-기획** progetto speciale, (TV의) uno special televisivo **-배달** servizio di consegna per espresso **-배당** dividendo straordinario **-상여** pagamento straordinario, premio **-석** posto riservato **-의회** la sessione straordinaria del Parlamento **-임무** missione speciale **-재판소** tribunale straordinario **-호** edizione speciale **-회계** conto speciale, bilancio straordinario

특보 特報 (TV나 라디오의) notizia lampo, flash **-하다** trasmettere flash di notizie speciali

특사 特赦 amnistia **-하다** amnistiare ＊ **-령** atto di clemenza, legge di amnistia

특사 特使 inviato (rappresentante) straordinario, emissario ¶ 대통령 특사 inviato straordinario del presidente // 중동에 파견된 미국의 특사 l'emmissario americano in Medio Oriente

특산물 特産物 specialità, prodotto speciale ¶ 특산물 가게 negozi specializzati // 제주도의 특산물 specialità di Chejudo

특상 特上 ¶ 특상의 di prima scelta, (il) migliore ＊ **-품** merce scelta (o di prima scelta)

특상 特賞 premio speciale

특색 特色 caratteristica, qualità particolare ¶ 특색있는 caratteristico, tipico, particolare // 특색이 없는 comune, ordinario

특선 特選 selezione (o scelta) speciale ＊ **-품** merce scelta (o di prima scelta)

특설 特設 fondazione speciale, installazione speciale **-하다** fare una installazione (fondazione) speciale

특성 特性 caratteristica, qualità particolare, proprietà, qualità peculiare, aspetto saliente, peculiarità ¶ 국민적 특성 caratteristica nazionale

특수 特殊 peculiarità, caratteristica, particolarità **-하다** (essere) peculiare, caratteristico, particolare ¶ 특수한 예 un esempio particolare

특수경기 特需景氣 boom approvvigionamento speciale

특약 特約 contratto speciale ¶ A.P. 특약 sotto un contratto speciale con l'A.P. ＊ **-점** agenzia (o filiale di una catena di negozi)

특용 特用 uso particolare (o speciale) ＊ **-작물** prodotto agricolo per uso speciale (destinato alla vendita)

특유 特有 qualità particolare **-하다** (essere) peculiare, particolare, caratteristico ＊ **-성** peculiarità

특이 特異 **-하다** (essere) unico, singolare, peculiare, particolare ＊ **-성** peculiarità, specificità, singolarità, particolarità

특작 特作 produzione speciale ＊ **-품** (영화의) lungometraggio, film a soggetto

특장 特長 il (punto) forte, merito

특전 特典 privilegio, prerogativa, favore particolare 특전으로서 면제하다 esonerare, in via di privilegio

특전 特電 dispaccio (o telegramma) speciale ¶ 로이터 특전 uno special della Reuter

특정 特定 specificazione ¶ 특정한 specifico, preciso, esatto

특제 特製 manifattura speciale ¶ 특제의 fatto specialmente, manifattura speciale

특종 特種 ① [종류] tipo speciale, genere particolare ② [기사] scoop, colpo giornalistico, notizia (in) esclusiva

특지 特志 ① intenzione (o interessa) speciale, ② volontario, persona interessata

특진 特進 promozione speciale **-하다** ricevere una promozione speciale

특질 特質 caratteristica, qualità particolare, proprietà

특집 特輯 edizione straordinaria ＊ **-기사** pezzo importante, servizio speciale (in un giornale)

특징 特徵 caratteristica, tratto distintivo, qualità particolare, idiosincrasia ¶ 특징적인 caratteristico, tipico // 별 특징이 없는 comune, usuale

특채 特採 occupazione straordinaria **-하다** impiegare (o assumere) straordinariamente

특출 特出 eccellenza, eminenza, distinzione **-하다** distinguersi, (essere) eminente, distinto, notevole ¶ 토마스 하디는 특출한 작가이다 Thomas Hardy è uno scrittore eminente

특칭 特稱 designazione speciale, titolo distintivo, 【논리】 particolare

특파 特派 spedizione (o invio) speciale, dispaccio **-하다** spedire (o inviare, mandare) straordinariamente ＊ **-원** un inviato speciale

특필 特筆 articolo speciale su un giornale, menzione speciale **-하다** far menzione speciale, mettere in evidenza (o in risalto) su un giornale

특허 特許 ① concessione di un permesso speciale, ② brevetto, ③ decreto, documento ufficiale, ④ patente ¶ 특허를 출원하다 fare (o inoltrare) domanda di un brevetto ＊ **-국** ufficio brevetti **-권** diritto di brevetto **발명-** un brevetto d'invenzione **-소유자** concessionario (o titolare) di brevetto **-침해** violazione di brevetto **-품** articolo brevettato

특혜 特惠 un favore particolare, preferenza, privilegio ¶ 특혜의 di favore, preferenziale, privilegiato ＊ **-관세** tariffa preferenziale

특효 特效 efficacia speciale ＊ **-약** rimedio (o medicina) efficace

특히 特- specialmente, particolarmente, soprattutto ¶ 특히 조심하다 prestare attenzione speciale

튼튼하다 (essere) forte, gagliardo, energico, robusto, vigoroso, solido ¶ 튼튼한 몸 un corpo robusto

틀 ① [테·구조] telaio, cornice, intelaiatura, centina, ossatura, traliccio, struttura ¶ 창문 틀 il telaio d'una finestra // 그림 틀 la cornice d'un quadro // 사회의 틀 l'ordinamento della società ② [모형] forma, matrice, modello, stampo ¶ 석고 틀 una forma per calchi in gesso ③ [공식] formalità, modalità ¶ 틀에 박힌 stereotipato, stereotipo // 틀에 박힌 생각 idee stereotipe ④ [기계] macchina, apparecchiatura, strumento

틀거지 dignità, atteggiamento imponente (o grandioso, maestoso, solenne)

틀누비 trapuntura a macchina

틀니 dentiera, denti falsi ¶ 틀니 칫솔 spazzolino per dentiera.

틀다 ① [비틀다] torcere, ritorcere, storcere, attorcigliare, intrecciare ¶ 누구의 팔을 틀다 torcere il braccio a qlcu. // 젖은 스펀지를 틀어 짜다 torcere (o strizzare) una spugna bagnata ② [돌리다] girare, far girare, voltare ¶ 오른쪽으로 틀다 girare a destra // 라디오를 틀다 accendere la radio ③ [솜을] battere (cotone, lana, ecc.) col battitoio ④ [머리를] annodarsi i capelli ⑤ [일을] agire in opposizione a, ostacolare

틀리다 (essere) errato, sbagliato, falso, inesatto, scorretto ¶ 틀린 가설 un′ipotesi inesatta // 틀린 대답 risposta sbagliata // 틀린 생각 un′idea sbagliata

틀림 ① [잘못] errore, colpa, fallo, sbaglio ② [다름] differenza ¶ 틀림없이 senza altro, correttamente, esattamente, senza dubbio, sicuramente, certamente

틀어막다 ① [구멍을] tappare, tamponare, chiudere, otturare, zaffare, turare ¶ 귀를 솜으로 틀어막다 turarsi le orecchie con la bambagia ② [행동·말을] tenere a freno

틀어박다 turare, riempire, inzeppare, imbottire, ricolmare

틀어박히다 chiudersi in ¶ 그녀는 방안에 틀어박혔다 Si chiuse in camera.

틀어지다 ① [빗나가다] deviare, piegare, sterzare, svoltare ② [사이가] essere allontanato (o alienato, estraniato) da ③ [일이] andare male, non avere successo

틀지다 (essere) dignitoso, nobile, solenne

틀톱 sega per tronchi, segone (da boscaiolo)

틈 ① [벌어진 사이] crepa, fessura, fenditura ¶ 창문 틈 una fessura (o uno spiraglio) nella finestra ② [겨를] tempo libero ¶ 틈이 없다 non avere un minuto libero ③ [간격] spazio, posto ¶ 빈틈없이 들어차다 essere pieno zeppo ④ [기회] opportunità, occasione, possibilità ¶ 틈을 타다 cogliere un′occasione ⑤ [불화] attrito, antagonismo, dissenso, disaccordo ¶ 두 사람 사이에 틈이 벌어질 것이다 Ci sarà attrito fra i due.

틈새기 fessura, spiraglio * **-바람** corrente d′aria, spiffero

틈입 闖入 ⇒ 침입(侵入)

틈타다 approfittare di qlco., trarre profitto da qlco., cogliere un′occasione ¶ 어둠을 틈타서 col favore delle tenebre

틈틈이 ① [틈마다] ad ogni apertura (o buco) ② [기회마다] nei ritagli di tempo

티 [먼지] granello di polvere, elemento estraneo ¶ 눈에 티가 들어가다 avere un granello di polvere nell′occhio

티 [결점] difetto, macchia, imperfezione, incrinatura, pecca ¶ 옥의 티 un piccolo difetto che sciupa tutto, un′incrinatura nel cristallo

티 [모양] stile, maniere, aspetto, aria ¶ 부티가 나다 avere l′aria da ricco

티격태격하다 litigare, altercare, bisticciare, disputare

티끌 granello, atomo ¶ 티끌만큼도 없다 non avere neanche un granello di

티눈 callo, durone * **-약** cerotto per calli, callifugo

티뜯다 ① [흠잡다] trovare da ridire su, brontolare per, lagnarsi di, dare addosso a, prendersela con qlcu., sfottere, criticare ¶ 왜 항상 아내를 티뜯는가? Perché se la prende sempre con la moglie? ② [티를 뜯다] nettare, pulire

티스푼 cucchiaino da tè

티이 ① [글자] la lettera "T" ② [차] tè ③ [골프의] (golf) tee (supporto su cui si poggia la palla)

티케이오 knockout (o K.O.) tecnico

티크재 -材 tek, legno di tek

티켓 biglietto ¶ 연극공연 티켓 un biglietto per il teatro

티타늄 【화학】 titanio

티티새 【새】 tordo sassello

티파티 ricevimento (all′ora) del tè

티푸스 [발진티푸스] tifo, [장티푸스] (febbre) tifoidea

틴에이저 teen-ager, adolescente

팀 squadra, gruppo ¶ 축구 팀 una squadra di calcio // 팀워크 lavoro di gruppo (o di squadra), collaborazione

팀파니 【악기】 timpani

팁 mancia ¶ 팁을 주다 dare la mancia // 웨이터에게 팁 주는 거 잊지마! Non dimenticare di dar la mancia al cameriere!

ㅍ

파 【식물】[대파] porro, [쪽파] cipollina [양파] cipolla

파【음악】fa

파 派 [당파] partito, parte politica, fazione, [학파 · 유파] scuola, [종파] setta religiosa, [파벌] chiesuola, conventicola, cricca, [단체] gruppo ∗ **급진-** i radicali **보수-** i conservatori **소장-** gruppo giovane **우-** la destra **장로교-** setta (religiosa) presbiteriana **좌-** la sinistra **신좌-** la nuova sinistra **혁신-** i riformisti ¶ 시칠리아 학파 la scuola siciliana

파격 破格 eccezione, irregolarità, 【문법】solecismo, barbarismo, sgrammaticatura ¶ 파격적인 speciale, eccezionale, insolito, straordinario, [변칙의] anormale // 파격적인 가격 prezzi eccezionali // 파격적인 행동 comportamento anomalo

파견 派遣 spedizione, invio, distaccamento (분견) **-하다** spedire, inviare, mandare, distaccare

파경 破鏡 [이혼] divorzio, annullamento di matrimonio ¶ 파경에 이르다 essere divorziato

파계 破戒 ① trasgressione (o infrazione, violazione) di un comandamento ② apostasia **-하다** trasgredire a un comandamento buddista, apostatare ∗ **-승** monaco peccaminoso, depravato

파고 波高 altezza di un'onda

파고다 pagoda

파고들다 indagare su, svolgere indagini su, [규명하다] esaminare minuziosamente, [가슴을] entrare nel pensiero, entrare nella testa di qlcu.

파과기 破瓜期 (età della) pubertà

파괴 破壞 distruzione, demolizione, rovina, annientamento, sterminio **-하다** distruggere, annientare, rovinare, sterminare ¶ 파괴적인 dannoso, rovinoso, sovversivo, sovvertitore // 파괴적인 생각 idee sovversive ∗ **-자** distruttore, distruttrice **-작용** metabolismo distruttivo(세포의) // 누구의 명성을 파괴하다 rovinare il buon nome di qlcu.

파국 破局 [판국의] catastrofe, crollo, rovina, collasso ¶ 파국적인 catastrofico, disastroso

파급 波及 diffusione, propagazione, divulgazione **-하다** spargere, diffondere, disseminare, propagare, propalare, trasmettere

파기 破棄 [파괴] distruzione, [무효] annullamento, rescissione, abrogazione, [약속의] il venir meno (a un impegno, una promessa), [법률 계약의] inadempimento, inadempienza, revoca, annullamento (di una sentenza) **-하다** revocare, annullare, rescindere, abrogare ¶ 계약의 파기 inadempimento di un contratto, inadempienza contrattuale, rescissione di un contratto // 원심을 파기하다 annullare la sentenza originale

파김치 [김치] cipolline in salamoia, [지쳐서] ¶ 파김치가 되다 essere stanco morto

파나마 Panama

파나마 운하지대 -運河地帶 Canale di Panama

파내다 tirar fuori scavando, dissotterrare, riesumare [광물을] estrarre (un minerale)

파노라마 panorama

파니 [하는 일 없이] oziosamente, pigramente

파다 ① [구멍] scavare, forare, [굴을] scavare, costruire ¶ 우물을 파다 scavare un pozzo // 산을 뚫어 턴널을 파다 scavare una galleria in un monte // 제 손으로 무덤을 파다 scavarsi la fossa con le proprie mani ②[새기다] intagliare (가구, 돌, 상아 등), incidere, scolpire ¶ 소년은 나무에 자신의 이름을 팠다 Il ragazzo incise il suo nome su un albero.

파다하다 播多- essere molto esteso, assai diffuso

파닥거리다 [새가] agitare, battere, sbattere, starnazzare, [물고기가] dimenarsi, dibattersi, sbattere (qua e là) ¶ 비둘기가 날개를 파닥거리고 있었다 Il piccione sbatteva le ali.

파도 波濤 onda, ondata ¶ 해변의 파도소리 il mugghiare delle onde sulla spiaggia // 파도가 높다 le onde sono alte, il mare è grosso, burrascoso.

파동 波動 ondulazione, ondeggiamento, fluttuazione, moto ondulatorio **-하다** fluttuare, ondulare, ondeggiare *** 정치-** sconvolgimento politico **-이론** teoria ondulatoria (빛의)

파두 巴豆 【식물】 crotone

파라솔 parasole, ombrellino

파라슈트 paracadute

파라오 faraone

파라티푸스 【의학】 paratifo

파라핀 【화학】 idrocarburo paraffinico, paraffina ¶ 파라핀유 olio di paraffina // 파라핀지 carta oleata (o paraffinata) // 파라핀 왁스 cera di paraffina

파란 [법랑] oggetto smaltato, smalto

파란 波瀾 ① [파도] onda, ondata ② [소란] agitazione, confusione, disordine, scompiglio, tumulto, [성쇠] alti e bassi ¶ 파란많은 인생 gli alti e bassi (o le alterne vicende) della vita // 정치적 파란은 오늘날에는 늘상 있는 일이다 Le agitazioni di carattere politico sono comuni oggigiorno

파랑 blu, azzurro * **-새** uccello azzurro

파랑 波浪 maroso, cavallone, onda grossa, ondata

파랗다 (essere) azzurro, celeste, blu, turchino ¶ 파란 하늘 cielo azzurro // 파란 연기 fumo azzurrino // 파란 눈의 dagli occhi blu

파래 alga verde commestibile

파래지다 diventare blu (o verde), [안색이] impallidire

파렴치 破廉恥 **-하다** (essere) spudorato, impudente, sfacciato, sfrontato, svergognato, infame, scellerato, ignominioso, turpe * **-죄** un infame delitto **-한** briccone, canaglia, farabutto, furfante, mariolo ¶ 파렴치한 행동 condotta vituperevole

파르르 ① [떠는] con i brividi, tremante, tremulo, fremente ¶ 파르르 떨다 rabbrividire, tremare 추위로 (두려움으로) 파르르 떨다 tremare di freddo [di paura] // 그녀의 입술이 파르르 떨렸다 Le tremavano le labbra. ② [끓는] sfrigolante ③ [화내는] stizzito, imbronciato

파르스름하다 (essere) bluastro, azzurrognolo

파릇파릇 -하다 (essere) verde, verdeggiante ¶ 파릇파릇한 들판 campi verdeggianti

파리 【곤충】 mosca ¶ 그는 파리 한 마리도 해치지 못하는 사람이다 non farebbe male a una mosca. // 파리미끼 낚시 pesca con la mosca

파리 Parigi 《프랑스》

파리하다 (essere) esile, magro, scarno, smilzo, sparuto, pallido, emaciato ¶ 파리한 얼굴 il volto scarno, emaciato

파먹다 fare un buco con i denti in ¶ 쥐가 치즈를 파먹었다 Un topo ha fatto un buco nel formaggio.

파면 罷免 destituzione, rimozione, licenziamento **-하다** congedare, licenziare, mandar via, accommiatare, destituire, rimuovere ¶ 파면되다 venire licenziato, essere sollevato dal proprio incarico

파멸 破滅 rovina, crollo, disastro, disgrazia, rudere **-하다** andare in rovina, essere rovinato ¶ 너 스스로 파멸을 자초했잖어! La rovina, te la sei cercata!

파문 波紋 ① [수면의] increspatura, ondulazione, piccola onda ② [영향] sensazione, scalpore, impressione, colpo ¶ 파문을 일으키다 far scalpore, far sensazione, far colpo, destare scalpore

파문 破門 [종교상의] scomunica, [일반적] espulsione, cacciata **-하다** scomunicare, espellere, cacciare, scacciare

파묻다 seppellire, sotterrare ¶ 파묻히다 essere sepolto // 생각에 파묻히다 essere assorto nei propri pensieri

파미르고원 -高原 l'altopiano del Pamir

파벌 派閥 conventicola, cricca, fazione, setta * **-다툼** conflitto di fazioni

파병 派兵 spedizione dei militari (o dei soldati, delle truppe) **-하다**

spedire (o inviare, mandare) i militari (o i soldati, le truppe)

파삭파삭 essere friabile, croccante ¶ 파삭파삭한 비스켓 biscotti croccanti

파산 破産 insolvenza, fallimento, bancarotta **-하다** far fallimento, fallire ¶ 파산 선고를 받다 essere dichiarato fallito * **-자** fallito, debitore insolvente

파상 波狀 ¶ 파상의 ondeggiante, ondulante, fluttuante, 【식물】 ondulato, pieghettato * **-공격** attacco ripetuto

파상풍 破傷風【의학】tetano

파생 派生 derivazione **-하다** derivare da, discendere da, provenire da ¶ 파생적인 단어의 파생 la derivazione delle parole // 이태리어는 라틴어에서 파생했다 L'italiano deriva dal latino. // 우리의 모든 골칫거리는 여기서 파생한 것이다 Tutti i nostri guai provengono da questo. 파생 접사 un affisso derivativo * **-어** parola derivata

파선 破船 naufragio, [난파선] nave che ha fatto naufragio, [난파선의 잔해] relitto **-하다** naufragare, far naufragio ¶ 해변은 난파선의 잔해들로 뒤덮였다 La spiaggia era coperta di relitti.

파손 破損 danno, danneggiamento **-하다** danneggiare, portare (o recare) danno a, guastare, avariare ¶ 파손된 danneggiato, guasto, avariato // 파손된 상품들 merci danneggiate // 파손되기 쉬운 fragile

파송 派送 ⇒ 파견

파쇄 破碎 **-하다** fracassare, frantumare, mandare in frantumi, spezzare, rompere

파쇼 [주의] fascismo, [사람] fascista

파수 把守 [일] custodia, guardia, sorveglianza, vigilanza [사람] sorvegliante, chi è di guardia, guardiano, 【군사】 picchetto (전초) **-하다** [보다] custodire, badare, sorvegliare, far la guardia a, vigilare * **-군** sorvegliante, guardiano, guardia giurata **-병** sentinella, soldato di guardia

파스 【약】[붙이는] cerotto all'acido para-aminosalicilico, [물파스] acido para-aminosalicilico

파스텔 pastello ¶ 파스텔 그린 verde pastello

파시 波市 mercato stagionale del pesce

파시스트 fascista

파시즘 fascismo

파악 把握 comprensione, controllo, dominio, padronanza **-하다** afferrare, comprendere, capire ¶ 개념을 파악하다 afferrare il concetto // 사태를 파악하다 afferrare la situazione // 말하는 의미를 파악하다 comprendere quello che qlcu. vuol dire

파안대소 破顔大笑 **-하다** fare un largo sorriso, scoppiare in una risata fragorosa

파약 破約 **-하다** rompere un accordo (o contratto), mancare a una promessa, venire meno alla pro-

ㅍ

pria promessa [alla parola data]

파업 罷業 sciopero **-하다** scendere in sciopero, scioperare ¶ 파업 중이다 essere in sciopero * **-권** diritto di sciopero **-자** scioperante **-방해자** crumiro **동정-** sciopero di solidarietà **총파업** sciopero generale

파열 破裂 esplosione, scoppio, rottura, eruzione (화산의) **-하다** esplodere, scoppiare, eruttare ¶ 보일러가 파열해서 화재가 발생했다 Le caldaie esplosero e scoppiò un incendio.

파운데이션 [여자의 속옷] bustino, modellatore, [기초 화장용] fondotinta

파운드 libbra (무게 단위, 454그램에 해당. 약어 lb.), sterlina (주화)

파울 [스포츠] fallo, infrazione

파이 torta, crostata ¶ 애플 파이 una torta di mele

파이버 fibra

파이프 tubo, canna, condotto, [담배의] pipa ¶ 파이프 오르간 organo a canne

파인애플 ananasso, ananas

파일 八日 anniversario della nascita di Budda, l'otto d'aprile del calendario lunare

파일럿 pilota

파장 波長 lunghezza d'onda

파장 罷場 la chiusura di un mercato * **-시세** prezzo di chiusura

파적 破寂 **-하다** far passare il tempo, ammazzare il tempo **-거리** ammazzatempo

파종 播種 semina, seminagione **-하다** seminare, fare la semina, disseminare, spargere, cospargere * **-기** seminatrice **-시기** stagione della semina

파죽지세 破竹之勢 ¶ 파죽지세로 나아가다 avanzare spazzando via tutto, facendo piazza pulita

파지 破紙 carta straccia

파천황 破天荒 ¶ 파천황의 senza precedenti, inaudito

파출 派出 spedizione, invio, [파생] derivazione, [군대 따위의] distaccamento **-하다** mandare fuori, fare uscire, spedire, inviare, distaccare * **-간호사** infermiera (o infermiere) che visita i malati (a domicilio) **-소** filiale, succursale [경찰] posto (o ufficio) di polizia, commissariato

파충 爬蟲 【동물】 rettile * **-류** i rettili

파치 破- oggetto di scarto, prodotto malriuscito

파킨슨 * **-씨 병** morbo di Parkinson

파탄 破綻 [실패] insuccesso, fallimento, fiasco, [결렬] rottura, [파산] fallimento, bancarotta **-하다** fallire, fare bancarotta, fare fiasco, non riuscire, andare in rovina, rovinarsi

파트너 partner, compagno, compagna

파트타임 part time, orario ridotto ¶ 파아트타임 일 un lavoro a orario ridotto // 파아트타임 노동자 lavoratore a orario ridotto

파티 festa, ricevimento, riunione, party ¶ 파아티를 열다 dare un ricevimento (o un party), organizzare una festa

파파이아【식물】papaia

파편 破片 frammento, coccio, pezzo, pezzetto, scheggia ¶ 포탄의 파편 le schegge di una bomba

파피루스【식물】papiro

파하다 破- battere, vincere, superare, sconfiggere, stroncare, respingere ¶ 적의 공격을 파하다 respingere l'attacco (del) nemico

파하다 罷- finire, terminare, cessare, concludersi ¶ 콘서트는 자정에 파했다 Il concerto terminò a mezzanotte. // 학교가 파한 후 dopo la fine delle lezioni

파행 爬行 **-하다** strisciare, trascinarsi per terra

파행 跛行 **-하다** zoppicare, procedere con difficoltà

파혼 破婚 **-하다** rompere il fidanzamento

파흥 破興 guastafeste **-하다** rovinare una festa, fare il guastafeste, soffocare l'entusiasmo di qlco.

팍 ⇒ 퍽

팍삭 ⇒ 퍽석

팍팍하다 essere secco e crespo

판 ① [장소] punto, posto, luogo, scena ② [판국] stato, fase, circostanza, condizione, disposizione, grado, situazione, congiuntura, frangente, momento ¶ 이러한 판에 in questa congiuntura, in questo frangente // 위급한 판에 nel momento critico ③ [승부] gara, incontro, partita * **싸움-** campo di battaglia **씨름-** ring di Sirm (lotta coreana)

판 板 [판자] cartone, asse, tavola, tavolone * **유리-** lastra di cristallo, vetro da specchi **금속-** foglio (di metallo), piastra, placca, lamina, lastra **목-** asse di legno **장기-** scacchiera **철-** lastra(o piastre) d'acciaio **레코드-** disco

판 版【인쇄】stampa, pubblicazione [출판] edizione (증보 · 개정의) * **개정-** edizione riveduta

판 判 dimensione, grandezza, statura: taglia [서적의] formato ¶ 대판의 grande // 중판의 di mezza taglia, formato medio // 2절판의 책 volume in-folio

판 瓣 ① [화판] petalo ② [기계의] valvola, [악기의] ventilabo (오르간의), ancia (피리의) ③ [판막] valvola ¶ 심장 판막 le valvole del cuore

판가름 [시비의] giudizio (tra giusto e sbagliato), decisione, chiarimento [결전] una battaglia(scontro) decisiva **-하다** giudicare, decidere, combattere una battaglia decisiva

판각 板刻 incisione su legno, intarsio su legno **-하다** incidere su legno * **-본** libro stampato con intarsio su legno

판검사 判檢事 giudici e pubblici accusatori

판결 判決 ① [시비의] giudizio (tra giusto e sbagliato), ② [법] decisione, giudizio, sentenza **-하다** decidere, fare da giudice, emettere la sentenza, pronunciare un giudizio su qlcu. ¶ 판결에 불복하

다 protestare contro la decisione // 판결을 언도하다 emettere una sentenza contro qlcu. // 판결을 보류하다 sospendere il giudizio // 법원의 판결에 따라 per decisione del tribunale ∗ -문 (il testo de) la sentenza -례 precedente giudiziario -유예 sospensione del giudizio 무죄- sentenza di assoluzione 유죄- sentenza di condanna 최종- sentenza inappellabile, decreto irrevocabile

판공비 辦公費 conto spese, nota spese

판국 版局 situazione, condizione, stato delle cose, complesso di circostanze

판권 版權 copyright, diritto d'autore, proprietà letteraria riservata ⇒ 저작권 ¶ 판권을 침해하다 violare la legge sul diritto d'autore ∗ -소유 proprietà di copyright -소유자 possessore di copyright -침해 violazione della legge sul diritto d'autore

판금 板金 targhetta di metallo, lamiera sottile, lamierino, lastra ∗ -공 lamierista, battilastra, lattoniere -업 fabbricazione di lamiere

판나다 ① [끝나다] essere finito (terminato, concluso), arrivare alla fine, finire, cessare ② [없어지다] esaurirsi, finire

판단 判斷 giudizio, discernimento, senno, criterio, avviso, parere, conclusione (결론) -하다 giudicare, esprimere giudizi (su), farsi un'opinione (di), reputare, stimare, ritenere ¶ 내 판단으로는 a mio giudizio, a mio avviso // 판단 착오 un errore di giudizio // 겉모양만으로 판단하다 giudicare solo dalle apparenze

판도 版圖 territorio, dominazione, territorio dominato, dominio ¶ 판도를 넓히다 estendere il dominio // 러시아는 아시아로 그 판도를 넓혀갔다 La Russia estese il suo dominio sull'Asia.

판독 判讀 interpretazione, deciframento, decifrazione (암호의) -하다 decifrare ¶ 판독하기 어려운 indecifrabile, illeggibile

판돈 scommessa, [경마에 건] premi, corse ippiche a premi ¶ 판돈은 5유로였다 La scommessa era di cinque euro. // 판돈을 쓸다 vincere tutte le poste in gioco, far saltare il banco, vincere tutti i premi

판례 判例 【법】 precedente giuridico, caso che fa testo, sentenza che serve da precedente ∗ -법 leggi sancite da casi precedenti -집 raccolte di giurisprudenza

판로 販路 mercato, sbocco, punto di vendita ¶ 독일에는 우리 제품의 판로가 없다 Non c'è mercato per i nostri prodotti in Germania. // 우리 제품의 새로운 판로를 찾아야 한다 Dobbiamo trovare nuovi mercati per i nostri prodotti.

판막 瓣膜 【해부】 valvola ∗ -증 【의학】 malattia alle valvole cardiache (o mitralica) ¶ 심장 판막 le valvole del cuore

판매 販賣 vendita, smercio **-하다** vendere, smerciare, spacciare ¶ 올해는 판매가 5% 하락했다 Quest'anno le vendite hanno subito un calo del 5%. // 우리 제품의 판매는 심한 슬럼프를 겪었다 Le nostre vendite hanno subito una forte flessione. // 무게 단위로 판매되다 essere venduto a peso * **-가격** prezzo di vendita, prezzo di saldo stagionale **-과** [부] reparto (o ufficio) vendite **-수익** margine (lordo) **-술** arte del vendere, abilità nel vendere **-원** commesso (di negozio), [외근 담당] commesso viaggiatore, piazzista **자동-기** distributore automatico **특가-** vendita speciale **총-점** commissionario, agenzia di vendita

판명 判明 ¶ 판명되다 dimostrarsi, rivelarsi, diventare chiaro // 정보가 허위임이 판명되었다 Le informazioni si rivelarono false.

판목 版木 cliché (in legno)

판몰이하다 vincere tutte le poste in gioco, far saltare il banco, vincere tutti i premi

판무식 判無識 ⇒ 일자무식

판박이 ① [책의] libro stampato ② [모양의] stereotipo, due goccie d'acqua (uguali)

판별 判別 distinzione, discernimento **-하다** distinguere 《A da B》, fare distinzione 《tra A e B》 ¶ 판별할 수 있는 distinguibile * **-력** capacità di discernimento

판본 板本 ⇒ 판각본

판사 判事 giudice, magistratura 《총칭》 ¶ 판사와 변호사 i giudici e gli avvocati * **-보** aiuto giudice **-장** primo giudice **-직** carica (o ufficio) di giudice, la magistratura **예심-** giudice preliminare

판상 -上 la cosa migliore (di tutte)

판새류 瓣鰓類 【동물】 mollusco bivalve

판설다 (essere) poco familiare, estraneo, non abituato, non assuefatto, non avvezzo

판세 版勢 ① [형세] stato, condizione, situazione ② [전망] prospettiva

판소리 Pansori, (un tipo di melodramma coreano cantato da un solista, accompagnato di solito da un tamburo)

판수 ① [점장이] indovino cieco ② [맹인] cieco

판시 判示 **-하다** decidere (su un caso), decretare

판연 判然 **-하다** (essere) certo, esplicito, chiaro, distinto, netto, evidente ¶ 판연히 distintamente, chiaramente, nettamente

판유리 板琉璃 lastra di vetro

판이 判異 **-하다** (essere) completamente diverso, diametralmente opposto

판자 板子 cartone, asse, tavola, tavolone ¶ 판자를 대다 coprire (o chiudere) con assi (o con tavole) * **-울타리** staccionata di assi

판정 判定 giudizio, decisione, dichiarazione, verdetto (배심원의) **-하다** giudicare, esprimere giudizi (su), farsi un'opinione (di), reputare, stimare, ritenere,

decidere ¶ 판정으로 이기다 vincere in un giudizio
판지 板紙 cartone
판초 poncho, poncio
판치다 superare gli altri nel fare qlco., essere senza rivali
판토마임 pantomima, pantomimo
판판이 ogni volta, tutte le volte, sempre, ogni volta che, tutte le volte che
판판하다 (essere) piano, piatto, liscio, uguale, uniforme ¶ 판판한 땅 terreno piatto, terreno piano // 판판한 지붕 un tetto piano
판판히 pianamente, scorrevolmente, facilmente
판화 stampa, [목판화] incisione su legno, xilografia, [동판화] incisione su rame, [부식판화] incisione all′acquaforte, acquaforte
팔 braccio ¶ 시험에 통과하기 위해서라면 내 오른팔이라도 내놓겠다 Darei il braccio destro per superare l′esame. // 두팔 벌려 환영하다 ricevere qlcu. a braccia aperte팔 八 otto ¶ 제 8의 ottavo // 팔세된 소년 un ragazzo di otto anni
팔각 八角 ¶ 팔각의 ottagonale ＊ **-당** un edificio ottagonale **-정** un padiglione ottagonale **-형** ottagono
팔걸이 appoggiabraccio, bracciolo ＊ **-의자** poltrona, sedia a braccioli
팔꿈치 gomito, curva, 【해부】 cubito, ulna ¶ 팔꿈치로 쿡 찌르다 urtare col gomito, dar gomitate a
팔난봉 libertino, depravato, debosciato, persona dissoluta, corrotta
팔다 ① [판매] vendere, smerciare, spacciare ¶ 동물사료도 팝니까? vendete alimenti per animali? // 그는 성공을 위해서라면 악마에게 영혼이라도 팔 것이다 Venderebbe l′anima al diavolo pur d′aver successo. ② [배반] tradire ¶ 조국을 팔아넘기다 vendersi al nemico, tradire la patria // ③ [정신 · 눈을] ¶ 한눈을 팔다 guardare da una parte, distogliere lo sguardo, essere distratto // 한눈 팔지마! Non essere distratto!
팔다리 arti (braccia e gambe)
팔딱거리다 ① [가슴이] battere, palpitare, pulsare ¶ 심장이 이상하게 팔딱거렸다 il cuore mi batteva in modo strano ② [물고기 · 개구리가] saltare, far salti, balzare, fare un balzo
팔도 八道 le otto regioni della Corea ＊ **-강산** il panorama di tutte le parti della Corea
팔도 음정 八度音程 【음악】 ottava, serie di otto toni, ottava di scala diatonica
팔뚝 avambraccio
팔등신 八等身 ¶ 팔등신의 미녀 una donna bellissima, alta e di belle forme
팔랑개비 girandola
팔랑거리다 ondeggiare, sbattere, sventolare, tremolare
팔레스타인, 팔레스티나 Palestina ¶ 팔레스타인 해방기구 ⇒ 피엘오 (PLO)

팔레트 tavolozza

팔리다 essere venduto, vendersi, trovare smercio ¶ 카세트테이프가 레코드판보다 더 잘 팔린다 Le musicassette si vendono meglio dei dischi. // 이 제품들은 잘 팔린다 Questi articoli hanno facile smercio, si vendono bene.

팔림새 vendita, smercio ¶ 팔림새가 좋다 vendersi bene, avere facile smercio

팔매질 ¶ 돌팔매질 lancio di un sasso // 돌팔매질 하다 lanciare un sasso // 수면을 스치는 돌팔매질을 하다 far slittare un sasso a fior d'acqua

팔면 八面 tutti gli aspetti, 【수학】 otto facce ¶ 팔면의 ottaedrico * **-체** ottaedro ¶ 팔면체의 ottaedrico

팔모 八- otto angoli ⇒ 팔각 * **-꼴** ottagono

팔목 polso, 【해부】 carpo * **-시계** orologio da polso

팔방 八方 tutte le direzioni ¶ 팔방에(으로) in tutte le direzioni

팔방미인 八方美人 factotum, uomo tuttofare

팔베개 ¶ 팔베개를 베다 appoggiare la testa sul braccio (come cuscino)

팔불용 八不用 un buono a nulla, un inconcludente

팔불출 八不出 ⇒ 팔불용

팔삭동이 八朔童- [조산아] un (bambino) nato prematuro (nell'ottavo mese), [바보] stupido, idiota, sicocco, imbecille, 【심리】 frenastenico

팔씨름 braccio di ferro

팔심 forza del braccio

팔십 八十 ottanta ¶ 제 80의 ottantesimo * **-노인** ottuagenario, ottantenne

팔월 八月 agosto

팔월한가위 八月- festa della luna settembrina (del plenilunio più vicino all'equinozio d'autunno), il 15° giorno dell'ottavo mese lunare

-팔이 venditore ambulante ¶ 신문팔이 venditore di giornali per la strada, strillone // 품팔이 giornaliero, bracciante

팔자 八字 destino, fato, sorte ¶ 팔자 좋게 fortunatamente, per fortuna // 팔자가 좋다 essere fortunato, fausto, avere fortuna

팔자걸음 八字- **-로 걷다** incedere con i piedi divaricati

팔짱 ¶ 팔짱을 끼다 incrociare le braccia, mettersi a braccia conserte // 팔짱을 끼고 a braccetto (con qlcu.), sottobraccio, a braccia conserte

팔절판 八折版 volume in ottavo ¶ 팔절판의 책 un libro stampato in ottavo, volume in ottavo

팔죽지 la parte superiore del braccio

팔찌 ① [팔가락지] braccialetto, catenella ② [활 쏠때의] bracciale, fascia al braccio

팔촌 八寸 [촌수] cugino di terzo grado ¶ 사돈의 팔촌 persona di parentela molto lontana

팔팔 [끓는 모양] bollente ¶ 물이 팔팔 끓다 L'acqua bolle forte.

팔팔하다 ① [성질이] essere di carattere focoso, impaziente ② [생기있다] (essere) attivo, energico, vivace, pieno di vita

팜플렛 opuscolo, pamphlet

팡파아르 fanfara

팥 soia indiana

팥고물 polvere (farina) di soia indiana

팥밥 riso cotto con soia indiana

팥죽 pappa difarina di riso e soia indiana

패 牌 ① [명패 따위] targhetta, piastrina, medaglietta ② [무리] gruppo, crocchio, squadra, banda ¶ 도둑 패거리 una banda di ladri

패가 敗家 rovina di una famiglia * **-망신** rovina sia di se stesso sia della propria famiglia

패검 佩劍 **-하다** portare la spada

패군 敗軍 esercito sconfitto

패권 覇權 supremazia, primato, egemonia ¶ 패권을 다투다 competere per ottenere la supremazia, [경기에서] battersi per vincere il campionato

패기 覇氣 spirito ambizioso, ambizione, aspirazione ¶ 패기 있는 ambizioso, aspirante

패널 【건축】 pannello, [TV · 라디오] tavola rotonda, gruppo di oratori (o di esperti) che discute di qlco.

패다 ① [장작을] ¶ 장작을 패다 spaccare la legna ② [때리다] battere, picchiare, percuotere ¶ 멍이 들도록 흠씬 패주다 picchiare a sangue qlcu., pestare qlcu. ③ [이삭이] spigare, fare la spiga

패담 悖談 chiacchiere indecenti

패덕 悖德 immoralità, dissolutezza, licenziosità * **-자** uomo immorale, dissoluto, licenzioso **-행위** condotta immorale, malcostume

패도 覇道 dominio (o governo) con la forza

패랭이 cappello di bambù

패랭이꽃 【식물】 garofano

패러다이스 paradiso

패러독스 paradosso

패류 貝類 mollusco, crostaceo * **-학** conchiliologia

패륜 悖倫 immoralità ¶ 패륜의 immorale

패러디 parodia **-하다** fare la parodia di

패망 敗亡 sconfitta, disfatta, rovina **-하다** (essere) sconfitto, rovinato

패물 佩物 ornamento, addobbo, decorazione, ninnolo, soprammobile, accessori

패배 敗北 sconfitta, disfatta **-하다** subire una sconfitta, essere sconfitto ¶ 그들은 용감하게 싸웠지만 결국 패배했다 Combatterono valorosamente ma furono sconfitti. * **-주의자** disfattista

패보 敗報 rapporto della sconfitta

패사 稗史 storia non ufficiale

패싸 牌- scontro tra bande **-하다** fare una lotta tra bande

패색 敗色 presagio (segno) di sconfitta, avvisaglie di inferiorità (sconfitta) ¶ 패색이 짙다 esserci segni crescenti di sconfitta

패석 貝石 conchiglia fossile

패설 悖說 chiacchiere indecenti

ㅍ

패설 稗說 [항담] pettegolezzi (del villaggio), [설화] fiaba (storia) popolare
패세 敗勢 corrente contraria in una guerra, presagio di sconfitta
패션 moda, voga ¶ 매 시즌 패션이 바뀐다 La moda cambia ogni stagione. * **-쇼우** sfilata di moda **-모델** modella, indossatrice
패소 敗訴 causa persa **-하다** perdere una causa
패스 tessera, [무료 이용권] biglietto gratuito (철도·극장), tessera di libero ingresso (o circolazione), [정기·정액권] abbonamento
패쓰다 覇- [위기 모면] fare un tiro a qlcu.
패스포트 passaporto
패역 悖逆 **-하다** (essere) ribelle, rivoltoso, riottoso
패용 佩用 il portare (indumenti), uso **-하다** portare, indossare, avere addosso (al collo, al polso, ecc.)
패인 敗因 un motivo della sconfitta, fattore che contribuisce alla sconfitta
패자 敗者 perdente, sconfitto
패자 覇者 governante supremo, sovrano, [경기의] campione, vincitore
패잔 敗殘 sopravvivenza dopo la sconfitta * **-병** soldato sbandato
패장 敗將 generale sconfitto
패적 敗敵 nemico sconfitto
패전 敗戰 sconfitta, disfatta, battaglia persa * **-국** nazione sconfitta
패주 敗走 rotta, disfatta, sconfitta **-하다** essere messo in rotta, essere sbaragliato, essere sgominato
패총 貝塚 cumulo preistorico d′ossa, conchiglie, ecc.
패키지투어 viaggio tutto compreso, viaggio organizzato
패트런 patrono, protettore, mecenate, patrocinatore
패트롤 pattugliamento, vigilanza, perlustrazione * **-카아** auto della polizia (in servizio di pattugliamento), autopattuglia, gazzella
패하다 敗- subire una sconfitta, essere sconfitto, perdere, essere battuto ¶ 우리 팀은 대패했다 La nostra squadra è stata battuta duramente. // 소송에 패하다 perdere una causa
패혈증 敗血症 【의학】 setticemia, avvelenamento del sangue
팩시밀리 telefax, fax, facsimile
팬 ammiratore, appassionato, fanatico, tifoso ¶ 축구팬 tifosi del calcio // 영화팬 un fanatico del cinema // 팬클럽 club di tifosi (o di ammiratori) // 팬레터 lettere di ammiratori (ad attori, ecc.).
팬둥거리다 ⇒ 빈둥거리다
팬츠 calzoni, pantaloncini, mutande da uomo
팬케이크 pan di Spagna
팬티 mutande, mutandine * **-스타킹** calzamaglia, collant
팸프 mezzano, ruffiano, lenone, magnaccia, pappone
팽 rotondo, tondo, vorticante ¶ 팽돌다 girare // 머리가 팽돈다 Mi

ㅍ

gira la testa.

팽개치다 ① gettare (o mettere) via (o da parte) ② [내버려두다] trascurare, mettere da parte, abbandonare ¶ 공부를 팽개치다 abbandonare gli studi

팽그르르 ¶ 팽그르르 돌다 girarsi di colpo, velocemente

팽글팽글 più volte intorno, in giro, in tondo

팽대 膨大 **-하다** gonfiarsi, dilatarsi, espandersi, allargarsi, ampliarsi, dilatarsi

팽배 澎湃 **-하다** agitarsi, ondeggiare, rifluire, sollevarsi ¶ 팽배하는 민주사상 la marea crescente della democrazia

팽이 trottola ¶ 팽이를 돌리다 far girare la trottola

팽창 膨脹 espansione, allargamento, ampliamento, dilatazione, inflazione, aumento **-하다** gonfiarsi, dilatarsi, enfiarsi, inturgidirsi, espandersi, allargarsi, ampliarsi, dilatarsi ¶ 수증기의 팽창 l′espansione del vapore // 통화의 팽창 l'aumento della circolazione monetaria, inflazione // 과도한 열이 선로를 팽창시켜놓았다 L'eccessivo calore aveva dilatato le rotaie. * **-경제** un' economia in espansione **-계** dilatometro **-력** la forza espansiva, tensione **-성** espansibilità, dilatabilità **-률** l'indice di espansione **-정책** una politica espansionista **-주의** espansionismo

팽팽 più volte intorno, in giro, in tondo ¶ 머리가 팽팽돌다 avere le vertigini (o il capogiro)

팽팽하다 ① [밧줄 따위가] teso, tirato ¶ 팽팽한 줄 una corda tesa ② [성질이] (essere) permaloso, suscettibile, rigido, stretto ③ [세력이] (essere) uguale, eguale, pari ¶ 팽팽한 접전 una lotta pari, una lotta a parità di condizioni

팽팽하다 膨膨- [가득차다] essere pieno zeppo (o ricolmo, stracolmo) di, scoppiare, traboccare di, essere pieno al punto di rottura

퍅하다 愎- (essere) irritabile, irascibile, permaloso, stizzoso

퍼내다 pompare (acqua, ecc.), cavare, sgottare ¶ 배에서 물을 퍼내다 pompare l'acqua dalla barca, aggottare, sgottare (una barca piena d'acqua) // 국자로 퍼내다 cavare con un mestolo

퍼니 oziosamente, pigramente ¶ 퍼니 놀다 sciupare, passare nell' ozio (il tempo)

퍼덕거리다 ⇒ 파닥거리다

퍼뜨리다 spargere, diffondere, disseminare, propagare, propalare, trasmettere ¶ 소문을 퍼뜨리다 diffondere voci

퍼뜩 al volo ¶ 퍼뜩 알아차리다 afferrare (o cogliere) qlco. al volo

퍼렇다 essere blu scuro

퍼레이드 parata, rassegna, rivista

퍼머 permanente **-하다** fare la permanente

퍼먹다 ① [퍼서] immergere (il cucchiaio) e mangiare ② [많이] ingozzarsi, mangiare a quattro palmenti

퍼붓다 ① [물 따위를] versare, gettare, spruzzare (un liquido) ¶ 그 위에 찬물을 퍼부어라! Gettaci sopra dell' acqua fredda! // [욕설 따위를] coprire, lanciare ¶ 모욕을 퍼붓다 coprire qlcu. d' insulti // 협박을 [모욕을, 비난을] 퍼붓다 lanciare minacce [insulti, rimbrotti] a qlcu. // 선물을 퍼붓다 coprire qlcu. di doni ② [비가] 비가 억수같이 퍼붓다 piovere a catinelle (o a dirotto)

퍼석퍼석 -하다 (essere) friabile, fragile

퍼센트 percento

퍼센티지 percentuale

퍼스트 레이디 first lady, moglie del Presidente

퍼지다 spargersi, diffondersi, disseminarsi, propagarsi, sparpagliarsi ¶ 승전보는 눈깜짝할 사이에 퍼졌다 La notizia della vittoria si sparse in un baleno. // 식민자들은 방대한 영토에 퍼져있었다 I coloni si sparpagliarono su un vasto territorio. // …라는 소문이 퍼지다 correre voce che …

퍼펙트 게임 【야구】 gara perfetta

퍽 ¶ 칼로 퍽 찌르다 piantare un coltello in // 그의 가슴을 칼로 퍽 찔렀다 Gli piantò un coltello nel petto. // 퍽 쓰러지다 Cadere con un colpo sordo (con un rumore sordo)

퍽 [매우] assai, molto, oltremodo ¶ 퍽 어려운 assai difficile // 퍽 우스운 assai buffo // 퍽 흥미로운 molto interessante // 나는 퍽 기뻤다 [놀랐다] fui molto compiaciuto sorpreso]

펵석 [맥없이] pesantemente, gravemente, faticosamente, di botto, di peso, di schianto [깨지는 모양] facilmente

펀둥거리다 ⇒ 빈둥거리다

펀뜻 in un attimo, in un istante, in un lampo, in un baleno ⇒ 언뜻

펀치 ① [주먹] pugno, colpo (dato col pugno) ¶ 펀치를 먹이다 colpire col pugno, dar pugni a qlcu. ② [음료] punch, ponce ¶ 럼 펀치 ponce al rum

펀펀하다 ⇒ 판판하다

펀하다 (essere) vasto, ampio, esteso, enorme, grande, immenso

펄 immensa distesa di terra pianeggiante, vasta pianura

펄떡거리다 ⇒ 팔딱거리다

펄럭거리다 ondeggiare, sbattere, sventolare, tremolare ¶ 깃발들이 바람에 펄럭거렸다 Le bandiere sventolavano al vento.

펄쩍 all' improvviso, improvvisamente ¶ 펄쩍 뛰다 saltare su (o balzare in piedi, scattare in piedi) all' improvviso

펄펄 ① [끓는 모양] bollente ¶ 물이 펄펄 끓고 있다 L' acqua sta bollendo forte. ② [뜨거운 모양] febbricitante(체온이), rovente (온돌방이) ¶ 열이 펄펄 끓다 avere la febbre alta

펄펄하다 ⇒ 팔팔하다

펄프 pasta (polpa) di legno (per fare la carta)

펌프 pompa ¶ 손으로(페달을 밟아) 작동하는 펌프 pompa a mano (a pedale) // 자전거 펌프 pompa da

bicicletta
펑 ¶ 펑하고 con un botto, facendo pum
펑크 foratura, bucatura ¶ 펑크난 타이어 gomma a terra, pneumatico sgonfio (bucato)
펑퍼짐하다 essere piatto e rotondo ¶ 펑퍼짐한 엉덩이 fondo schiena piatto e largo
펑펑 ① [물이] di slancio, d'impeto ¶ 물이 펑펑 나오다 l'acqua zampilla(sgorga) ② [눈이] abbondantemente ¶ 함박눈이 펑펑 내린다 nevicare abbondantemente a larghi fiocchi
페넌트 vessillo, stendardo
페널티 penalità, multa, ammenda, sanzione penale, penale, pena, [축구] rigore ¶ 페널티킥 calcio di rigore, penalty // 페널티 에리어 area di rigore // 페널티 박스 (축구) area di rigore, (아이스 하키) zona di rigore
페니실린 【약】 penicillina
페닉스 fenice, araba fenice
페달 pedale ¶ 액셀레이터 페달 pedale dell'acceleratore // 클러치 페달 pedale della frizione
페더급 -級 peso piuma
페루 Perù
페르시아 Persia ⇒ 이란
페리보우트 traghetto, nave traghetto
페미니즘 femminismo
페미니스트 femminista
페소 peso (unità monetaria di alcuni paesi dell'America centrale e meridionale)
페스트 peste, pestilenza
페어 corretto (경기의), giusto, equo, equanime, imparziale, leale, onesto ¶ 페어플레이 fair play, comportamento (o gioco) corretto, correttezza, lealtà, lo stare alle regole del gioco
페이 paga, retribuzione, compenso, salario, stipendio
페이스 passo, andatura, velocità ¶ 자기의 페이스를 지키다 tenere il proprio passo, reggere il proprio ritmo
페이지 pagina ¶ 10페이지에(서) a pagina dieci
페이퍼 carta, foglio
페인트 colore, vernice, pittura ¶ 스프레이 페인트 vernice a spruzzo
페킹 北京 Pechino《중국》
페티코우트 sottoveste, sottana
펜 penna, penna d'oca, pennino
펜스 pence (pl. di penny)
펜습자 -習字 calligrafia, scrittura
펜싱 scherma, arte della scherma ¶ 펜싱 선수 schermidore
펜치 pinza, pinzetta
펜타건 pentagono, [미국방성 건물] il Pentagono
펜팔 corrispondente, amico di penna
펠트 feltro * **-모자** cappello di feltro
펭귄 pinguino
펴다 ① [벌리다] stendere, spiegare, aprire, [구김살을] distendere, [굽은 것을] raddrizzare, drizzare, [평평하게] spianare ¶ 카펫을 펴다 stendere un tappeto // 돛을 펴다 spiegare le vele // 식탁보를 펴다 stendere una tovaglia // 주름을 펴다 distendere le rughe //

철판을 펴다 spianare una lamiera // 날개를 펴고 ad ali spiegate ② [마음을] trovarsi a proprio agio, sentirsi alleggerito, sentirsi sollevato ¶ 기를 펴다 essere animato, sollevato ③ [공포하다] diffondere, propagare, divulgare, promulgare ¶ 새로운 이론을 펴다 propagare una nuova teoria ④ [세력을] estendere, allargare, ampliare

펴지다 [펼쳐지다] stendersi, distendersi, allungarsi, estendersi, [굽은 것이] raddrizzarsi, diventare diritto

편 dolce di riso

편 便 ① [한쪽] lato, fianco, banda, canto, parte, faccia, [방향] direzione, verso, senso ¶ 양편의 말을 모두 듣다 ascoltare entrambe le parti in causa, sentire le due campane // 한편에 두다 mettere da parte (o in serbo) qlco. ② [한패] parte, fazione, partito, squadra (경기에서) ¶ 이긴 편 la squadra che ha vinto // 그는 우리편이다 È dalla nostra parte., È dei nostri. // 편을 짜다 formare le squadre // 편들다 prendere partito per qlcu. (가담), prendere le difese di qlcu. (옹호) ③ [인편] ¶ 인편에 mediante qlcu., per mezzo di qlcu.

편 編 compilazione, editing, elaborazione redazionale ¶ …편 a cura di …

편 篇 [권] volume, tomo [장 · 절] capitolo, parte ¶ 백과사전 제 10편 il decimo tomo dell'enciclopedia

편가르다 便- dividere in due parti (squadre)

편각 偏角 【지리】 angolo di deviazione, declinazione

편견 偏見 pregiudizio, preconcetto, prevenzione ¶ 편견이 있는 che ha pregiudizi (verso qlcu. o qlco.) // 편견이 없는 senza recare pregiudizio, imparziale, giusto, equo, equanime // 외국인에 대해 편견을 갖다 aver pregiudizi contro gli stranieri

편곡 編曲 adattamento, arrangiamento **-하다** adattare, arrangiare

편광 偏光 【물리】 luce polarizzata

편년 編年 * **-사** cronaca, cronistoria **-체** stile cronologico

편달 鞭撻 [격려] incoraggiamento, [채찍질] frustate, sferzate **-하다** incoraggiare, incitare, favorire, promuovere, stimolare

편대 編隊 formazione ¶ 비행 편대 formazione di volo

편도 片道 senso unico, strada a senso unico * **-승차권** biglietto di sola andata **-요금** tariffa di sola andata

편도선 扁桃腺 tonsilla ¶ 편도선이 붓다 gonfiarsi le tonsille (a qlcu.) * **-수술** tonsillectomia **-염** tonsillite

편두통 偏頭痛 【의학】 emicrania

편들다 便- schierarsi (con), prendere le parti (di qlcu.), prender partito, parteggiare (per) ¶ 마르코는 항상 어머니 편을 든다 Marco prende sempre le parti di sua madre.

편람 便覽 manuale, prontuario, guida

편력 遍歷 viaggiare, viaggi, pellegrinaggio **-하다** viaggiare in, percorrere, spostarsi (o viaggiare) di luogo in luogo ¶ 그는 전 세계를 편력했다 Ha viaggiato per tutto il mondo. * **-자** pellegrino, itinerante

편리 便利 convenienza, utilità, vantaggio **-하다** (essere) comodo, utile, conveniente ¶ 편리한 장소 un luogo comodo // 원예에 편리한 연장 un arnese utile per il giardinaggio // 사용하기에 편리하다 essere utile (o comodo) da usare // 신용카드는 매우 편리하다 Le carte di credito sono molto comode.

편린 片鱗 [조각] pezzo, parte, [흘끗봄] occhiata di sfuggita, rapido sguardo, [어렴풋한 생각] barlume, vaga idea ¶ 편린을 엿보다 intravvedere, vedere di sfuggita qlcu. (qlco.)

편마암 片麻巖 【광물】 gneiss

편모 偏母 madre vedova ¶ 편모 슬하에서 자라다 crescere sotto la cura della madre vedova, crescere con la madre vedova

편무 片務 ¶ 편무적 unilaterale * **-계약** un contratto unilaterale

편물 編物 [뜨개질] lavoro (o lavorazione) a maglia, lavoro ai ferri, [뜬 것] tessuto a maglia * **-산업** l'industria magliera (o della maglieria) **-기** macchina per maglieria **-바늘** ferro da calza.

편발 編髮 treccina, codino (alla cinese)

편법 便法 una scorciatoia, un mezzo rapido, spiccio (d'ottenere qlco.)

편벽 偏僻 parzialità, favoritismo, eccentricità ¶ 편벽된 parziale, eccentrico

편쌈 便- uno scontro tra due bande **-하다** scontrarsi tra bande ⇒ 패쌈

편상화 編上靴 stivali con stringhe

편성 編成 organizzazione, formazione, composizione **-하다** organizzare, formare, foggiare, costituire, comporre ¶ 예산을 편성하다 impostare un bilancio (di previsione), fare un bilancio preventivo

편수 編修 edizione, compilazione **-하다** compilare, curare l'edizione di, dare alle stampe (opere altrui), editare * **-관** curatore, redattore

편술 編述 ⇒ 편수(編修)

편승 便乘 passaggio (in auto) **-하다** prendere un passaggio (in auto), [기회에] approfittare di qlco., trarre profitto da qlco., [시류에] mettersi dalla parte di chi ha successo, adottare la moda prevalente

편식 偏食 dieta sbilanciata, alimentazione errata **-하다** fare una dieta sbilanciata, seguire un'alimentazione errata

편심 偏心 idea unilaterale 【기계】 eccentricità

편안 便安 agio, comodo, calma,

riposo, quiete, serenità, tranquillità, sicurezza **-하다** (essere) pacifico, calmo, quieto, tranquillo, sicuro, sentirsi a proprio agio

편암 片岩 【광물】 scisto

편애 偏愛 favoritismo, parzialità **-하다** amare con parzialità, mostrare favoritismo

편액 扁額 placca, piastra, targa

편역들다 schierarsi (con), prendere le parti (di qlcu.)

편의 便宜 agio, comodo, convenienza, beneficio, comodità ¶ 편의상 per comodità (o convenienza) // 당신 편의대로 일해도 좋아 puoi fare il lavoro a tuo comodo // 집에는 온갖 편의시설이 다 갖추어져 있다 La casa è provvista di tutte le comodità.

편이 便宜 **-하다** (essere) agevole, facile, comodo, conveniente ¶ 사용하기에 편이하다 essere facile da usare

편익 便益 beneficio, giovamento, utilità, vantaggio

편입 編入 ① entrata, ammissione, incorporazione, 【군사】 arruolamento ② [짜넣기] tessitura **-하다** [부류에] classificare, includere, [학급에] ammettere, [예산에] inserire, [군에] arruolarsi, [합병] incorporare ¶ 루이지애나는 1803년에 미국에 편입되었다 La Louisiana fu incorporata negli Stati Uniti nel 1803. * **-생** studente trasferitosi in altra scuola

편자 ferro di cavallo ¶ 편자를 박다 ferrare (un cavallo) * **-공** maniscalco

편자 編者 curatore, redattore, compilatore

편짜다 便- formare le squadre, dividere in gruppi

편재 偏在 cattiva distribuzione **-하다** (essere) mal distribuito, distribuito inegualmente ¶ 부의 편재 una cattiva distribuzione della ricchezza

편재 遍在 onnipresenza, ubiquità **-하다** essere onnipresente

편제 編制 ⇒ 편성

편주 片舟 barca a remi, barchetta

편중 偏重 preponderanza, prevalenza **-하다** [무게] predominare, prevalere, avere un maggior peso, [중점] dare grande importanza a qlco.

편지 片紙, 便紙 lettera, [사업상의] lettera d'affari ¶ 편지를 쓰다 scrivere una lettera // 편지를 부치다 spedire una lettera * **-내왕** corrispondenza **연애-** lettere d'amore **-통** cassetta per le lettere, buca delle lettere

편집 偏執 ostinatezza, ostinazione, caparbietà * **-광** monomania, monomane

편집 編輯 editing, elaborazione redazionale, revisione, compilazione **-하다** curare l'edizione di, dare alle stampe (opere altrui), editare, compilare * **-마감** termine massimo di redazione **-부** reparto di redazione **-실** (ufficio di) redazione **-자** curatore, redattore **-국장** direttore responsabile **-장** redattore capo (신문의), coordinatore della redazione (책의)

편차 偏差 deviazione, scostamento, scarto quadratico **＊표준-** scarto tipo, scarto quadratico medio

편찬 編纂 compilazione, editing, elaborazione redazionale **-하다** compilare, curare l'edizione di **＊ -위원회** commissione di redazione **-자** compilatore, curatore, redattore

편찮다 [불편] (essere) incomodo, scomodo, fastidioso, a disagio, non conveniente, sconveniente [병으로] indisposto, ammalato ¶ 오늘은 몸이 편찮다 Oggi sono indisposto., Oggi sto poco bene. // 마음이 편찮다 sentirsi a disagio

편취 騙取 **-하다** defraudare qlcu. di qlco., sottrarre qlco. a qlcu. con l'inganno

편친 偏親 un solo genitore

편파 偏頗 parzialità ¶ 편파적인 parziale, non obiettivo, ingiusto // 편파적으로 parzialmente // 누구에게 편파적이다 esser parziale verso qlcu.

편평 扁平 **-하다** (essere) piano, piatto

편하다 便- ① [편안] (essere) confortevole, comodo, [마음이] (essere) tranquillo, sentirsi a proprio agio ¶ 편하게 comodamente, a proprio agio // 편한 집 una casa comoda // 편한 옷 un abito comodo // 편한 일 un lavoro comodo // 마음이 편하니? ti senti a tuo agio? ② [편리] (essere) comodo, utile, conveniente, andare bene ③ [용이] (essere) agevole, facile, comodo ¶ 편하게 senza difficoltà, agevolmente, facilmente // 쓰기 편한 facile da usare

편향 偏向 inclinazione, tendenza, propensione, 【물리】 deflessione **-하다** tendere a, inclinare a, deflettere

편협 偏狹 ristrettezza di mente, di vedute, intolleranza, grettezza, meschinità **-하다** essere di mente ristretta, intollerante, gretto, meschino

편형동물 扁形動物 【동물】 platelminti

펼치다 stendere, spiegare, aprire ¶ 새가 날개를 펼쳤다 L'uccello spiegò le ali. // 지도를 펼치다 stendere una cartina // 펼쳐지다 stendersi, distendersi, allungarsi, estendersi // 불확실한 미래가 그의 앞에 펼쳐져 있었다 Un futuro incerto gli si apriva dinanzi. // 신문을 펼치다 aprire (o spiegare) il giornale // 너무나 멋진 경치가 우리 앞에 펼쳐졌다 Davanti a noi s'apriva un magnifico paesaggio.

폄하다 貶- svilire, sminuire il valore di, screditare, denigrare, disprezzare ¶ 그는 나의 저서를 폄(하)했다 Ha denigrato il mio libro.

평 平 ① [평평한] piano, piatto, liscio, uguale, uniforme ¶ 평지 terreno piatto, terreno piano ② [보통의] comune, usuale, ordinario, grossolano ¶ 평사원 un semplice impiegato

평 評 commento, osservazione, critica **-하다** fare commenti (o osservazioni), commentare, fare la critica, criticare ¶ 평이 좋다(나쁘다) ricevere critiche favorevoli (sfavorevoli) // 이것은 공정한 평이다 Questa osservazione è giusta // 그의 최신작은 혹평을 받았다 Il suo ultimo romanzo ha ricevuto critiche feroci. ＊ **영화-** commento su un film

평 坪 pyong (unità di superficie pari a 3,305㎡) ＊ **-수** superficie in pyong **-건평** area totale edificata

평가 平價【경제】parità, pari ＊ **-절하** svalutazione, devalutazione ¶ 파운드의 평가절하 la svalutazione della sterlina

평가 評價 valutazione, il valutare, apprezzamento, perizia, stima, [사람의] considerazione, apprezzamento, conto **-하다** valutare, apprezzare, stimare, [사람을] giudicare una persona ¶ 높게 평가되다 essere tenuto in grande considerazione // 손해를 평가하다 stimare (o periziare) i danni // 자산 평가 la stima di una proprietà ＊ **-액** valore di stima **재-** rivalutazione, riapprezzamento

평각 平角【기하】angolo piatto

평결 評決 decisione, giudizio, sentenza, verdetto (della giuria) ¶ 평결을 내리다 emettere un verdetto

평균 平均 media **-하다** calcolare (o fare) la media ¶ 평균의 (평균적인) medio, comune, ordinario // 평균하여 in media // 평균을 웃도는(밑도는) sopra (sotto) la media // 평균에 달하는 pari alla media // 평균적인 지성의 소유자 un uomo d'intelligenza media // 우리는 하루 평균 8시간을 일한다 In media facciamo 8 ore di lavoro al giorno. // 평균적으로 생산하다 produrre in media // 평균 …에 달하다 ammontare in media a …, avere … in media // 손실액은 연간 평균 15%에 달한다 Le perdite ammontano in media al 15% l'anno ＊ **-수(율) -속도** la velocità media **-수명** vita media **-연령** età media **인구-** la media della popolazione

평년 平年 anno normale (non bisestile) (윤년아닌) ¶ 기온은 평년과 같다 abbiamo la temperatura media (o normale)

평등 平等 uguaglianza, eguaglianza, parità **-하다** (essere) uguale, eguale, pari ¶ 평등하게 ugualmente, egualmente // 모든 인간은 평등하게 창조되었습니다 (미국 독립 선언문 중에서) Tutti gli uomini sono stati creati uguali (nella Dichiarazione d'Indipendenza americana). ＊ **-주의** il principio di uguaglianza

평론 評論 critica, commento, recensione **-하다** criticare, recensire, fare la recensione di, commentare ＊ **-가** critico, recensore ¶ 연극 평론가 un critico teatrale

평맥 平脈 polso(pulsazione) normale

평면 平面 piano, livello ¶ 평면의

piano * **-기하** geometria piana
평미리치다 平- livellare, uguagliare, rendere uguale (o uniforme)
평민 平民 la gente comune, plebeo, popolano ¶ 평민적인 plebeo, popolano
평방 平方 quadrato ¶ 평방의 quadrato // 1미터 평방 un metro quadrato * **-근** radice quadrata
평범 平凡 l'essere comune (o usuale, ordinario), mediocrità **-하다** (essere) comune, usuale, ordinario, di routine, mediocre ¶ 평범한 사람 persona mediocre
평복 平服 abito di tutti i giorni, abito ordinario
평분 平分 **-하다** dividere equamente
평사원 平社員 semplice impiegato
평상 平常 solito ¶ 평상시 대로 come al solito
평상 平床 piano in legno che fa da letto
평생 平生 tutta la vita ¶ 평생에 단 한번 una volta sola nella vita // 평생을 두고 per tutta la durata della vita
평소 平素 ¶ 평소에 di solito, generalmente, abitualmente, solitamente
평시 平時 ① [평화시] tempo di pace ¶ 평시에 in tempo di pace ② [평상시] tempo ordinario, normale ¶ 평시에 solitamente, in tempo ordinario
평안 平安 benessere, pace, calma, tranquillità **-하다** stare bene, essere in pace, essere tranquillo
평야 平野 aperta campagna, piano, pianura ¶ 포 평야 la Pianura del Po
평열 平熱 temperatura normale (di qlcu.)
평영 平泳 nuoto a rana, **-하다** nuotare a rana ¶ 평영 선수 ranista
평온 平溫 [평균 온도] temperatura media
평온 平穩 calma, quiete, tranquillità, serenità **-하다** (essere) calmo, quieto, tranquillo, sereno, a proprio agio
평원 平原 pianura, prateria
파다나 평원 la Pianura Padana
평의원 評議員 consigliere, membro d'un consiglio
평의회 評議會 consiglio
평이 平易 agevolezza, facilità, [평범] l'essere comune (o ordinario), [단순] semplicità **-하다** (essere) agevole, facile, semplice ¶ 문제의 평이함 la facilità d'un problema
평일 平日 [공휴일에 대한] giorno feriale, giornata lavorativa, [평소] giorno ordinario
평전 評傳 biografia critica
평점 評點 punto, voto, [평균 학점] la media dei voti
평정 平靜 calma, quiete, tranquillità, compostezza **-하다** (essere) calmo, quieto, tranquillo, sereno ¶ 마음의 평정 pace dello spirito, tranquillità d'animo
평정 平定 repressione, soppressione, soggiogazione, soffocamento **-하다** reprimere, domare, soggiogare, soffocare, vincere ¶ 반란을 평정하다 reprimere (o

domare) una rivolta // 적을 평정하다 vincere i propri nemici

평주 評註 commento, commentario

평준 平準 [수준] livello, [평균] uguaglianza, eguaglianza, parità ∗ **-화** equalizzazione, pareggiamento, uguagliamento, livellamento ¶ 평준화하다 livellare, equalizzare, standardizzare

평지 【식물】 ravizzone

평지 平地 terreno piatto, terreno piano ¶ 평지풍파를 일으키다 combinare guai dove non c'è nessun motivo

평직 平織 armatura semplice

평탄 平坦 calma, tranquillità, regolarità, piattezza, monotonia, uniformità **-하다** (essere) calmo, tranquillo, regolare, piano, piatto, liscio, uguale, uniforme ¶ 평탄한 일생 una vita tranquilla

평토 平土 **-하다** spianare il terreno (dopo la sepoltura)

평판 平版 litografia, riproduzione litografica, offset, [플레이트] lastra litografica ¶ 평판의 litografico ∗ **-인쇄** litografia, procedimento litografico, stampa offset **-인쇄공** litografo

평판 評判 reputazione, fama, nome ¶ 평판이 좋다 godere buona reputazione // 그녀는 평판이 나쁘다 È donna di dubbia reputazione.

평평 平平 **-하다** (essere) piatto, piano, spianato

평하다 評- fare commenti (o osservazioni), commentare, fare critica, criticare

평행 平行 parallele, parallelismo **-하다** essere (o correre) parallelo a ¶ 고속도로가 철로와 평행해서 달린다 La strada corre parallela alla ferrovia. ∗ **-봉** parallele **-사변형** parallelogramma **-선** rette parallele

평형 平衡 equilibrio, bilico ¶ 평형을 유지하다 mantenersi in equilibrio // 곡예사는 줄 위에서 평형을 이루고 있었다 L'acrobata stava in bilico (o in equilibrio) sulla corda. ∗ **-이론** teoria dell'equilibrio

평화 平和 pace, armonia(화합) **-스럽다** (essere) pacifico, calmo, quieto, tranquillo ¶ 평화적으로 pacificamante, in pace // 평화조약에 조인하다 firmare un trattato di pace ∗ **-공세** un'offensiva di pace **-공존** coesistenza pacifica **-조약** un trattato di pace **-주의자** pacifista

평화적 정권교체 平和的 政權交替 trasferimento pacifico del potere politico

폐 肺 【해부】 polmone ¶ 폐의 polmonare // 이 공기는 폐에 좋다 Quest'aria fa bene ai polmoni ∗ **-동맥** arteria polmonare **-정맥** vene polmonari **-렴** polmonite **-암** cancro al polmone, tumore al polmone **인공-** polmone artificiali

폐 弊 ① [폐단] male, malvagità, vizio, abuso, cattivo costume ¶ 음주의 폐단 vizio del bere ② [괴로움] disturbo, fastidio, incomodo, molestia, seccatura ¶ 폐를 끼치다 dar fastidio, essere molesto, essere un seccatore // 저 소년이 너희들에게 큰 폐가 될까봐 걱정이다 Temo che quel ragazzo sia una gran seccatura per voi.

폐가 廢家 ① [집] una casa disabitata ② [절손] una famiglia estinta

폐간 廢刊 cessazione (di pubblicazione) **-하다** smettere (cessare) di pubblicare ¶ 폐간시키다 interdire la pubblicazione // 신문을 폐간하다 smettere di pubblicare un giornale

폐갱 廢坑 ⇒ 폐광

폐결핵 肺結核 【의학】 tisi, etisia, tubercolosi polmonare * **-환자** tubercoloso, tubercolotico

폐경기 閉經期 menopausa ¶ 폐경기의 여자 una donna in menopausa

폐관 閉館 **-하다** chiudere, chiudersi, serrarsi

폐광 廢鑛 una miniera abbandonata **-하다** abbandonare una miniera

폐교 廢校 **-하다** chiudere (abolire) una scuola

폐기 廢棄 [풍속 · 제도의] disuso, abbandono, abolizione, [법의] abrogazione, annullamento, revoca **-하다** abrogare, abolire, annullare, revocare ¶ 폐기되다 cadere in disuso

폐농 廢農 **-하다** abbandonare l' agricoltura

폐단 弊端 male, malvagità, vizio, abuso, cattivo costume ¶ 여러 가지 폐단이 따른다 Seguono tanti vizi.

폐렴 肺炎 polmonite

폐막 閉幕 calata del sipario **-하다** chiudere la tenda (il sipario), finire, porre fine a, chiudere

폐문 閉門 chiusura della porta **-하다** chiudere la porta, chiudere gli sportelli * **-시간** l' orario di chiusura

폐문 肺門 ilo del polmone * **-임파선염** adenite tubercolare dell' ilo (di un polmone)

폐물 廢物 materiale di scarto, cascame

폐백 幣帛 ① [신부의] i doni offerti dalla sposa ai genitori dello sposo ② [신랑의] la seta offerta dallo sposo alla sposa

폐병 肺病 tubercolosi (polmonare), tisi * **-환자** tubercoloso, tubercolotico

폐부 肺腑 ① [폐] i polmoni ② [마음 속] il profondo del cuore ③ [급소] punto vitale ¶ 폐부를 찌르다 toccare il profondo del cuore di qlcu.

폐사 弊社 la nostra compagnia (ditta)

폐색 閉塞 blocco, bloccaggio **-하다** bloccare, frenare, intasare, ostruire * **-신호** 【철도】 segnale di blocco **-음(音)** occlusiva

폐쇄 閉鎖 chiusura, serrata (공장 폐쇄) **-하다** chiudere, attuare una serrata contro (operai, ecc.)

폐수 廢水 liquame, acque di scolo, effluenti urbani (o dell' industria) * **-처리 (장치)** (impianto di) trattamento degli effluenti urbani, trattamento delle acque di scolo **공장-** effluenti dell' industria

폐습 弊習 le cattive usanze ¶ 폐습

을 없애다 abolire le cattive usanze

폐암 肺癌 cancro al polmone, tumore al polmone

폐어 肺魚 【물고기】 dipnoi, pesce polmonato

폐어 廢語 parola desueta

폐업 廢業 chiusura dell' attivià(ufficio, negozio) **-하다** chiudere bottega, cessare l' attività, smettere di lavorare

폐염 肺炎 polmonite ＊**급성-** polmonite acuta

폐원 閉院 **-하다** chiudere il Parlamento ＊ **-식** cerimonia di chiusura del Parlamento

폐위 廢位 **-하다** detronizzare, deporre (un sovrano)

폐인 廢人 disabile, invalido, incapace(법률상 무능력자)

폐일언하고 蔽一言- in breve, in poche parole, in una parola

폐장 閉場 **-하다** chiudere, essere chiuso

폐적 廢嫡 diseredamento, diseredazione **-하다** diseredare

폐점 閉店 [파함] chiusura di un negozio, [폐함] cessazione dell' attività **-하다** [파하다] chiudere il negozio, [폐하다] cessare l' attività ＊ **-시간** orario di chiusura dei negozi

폐정 弊政 malgoverno, cattiva amministrazione

폐지 閉止 arresto, fermata, interruzione, sospensione, sosta **-하다** arrestare, fermare, bloccare, far fermare

폐지 廢止 abolizione, abrogazione, annullamento **-하다** abolire, eliminare, abrogare, annullare ¶ 그 법은 폐지되었다 La legge fu abrogata.

폐진증 肺塵症 【의학】⇒ 진폐증

폐질 廢疾 malattia inguaribile ＊ **-자** malato incurabile, malato cronico

폐차 廢車 [차] macchina in demolizione, [일] rottamazione ¶ 폐차 처분하다 fare la rottamazione, portare alla rottamazione ＊ **-장** un deposito per rottamazione

폐첨 肺尖 apice del polmone

폐침윤 肺浸潤 【의학】 infiltrazione dei polmoni

폐품 廢品 materiale di scarto, cascame ¶ 폐품을 모으다 raccogliere i cascami

폐하 陛下 [2인칭] Vostra Maestà, [3인칭] Sua Maestà

폐하다 廢- ① [법률 · 제도 따위를] abolire, abrogare, annullare ② [군주를] detronizzare, deporre (un sovrano) ③ [일 따위를] cessare l' attività, smettere di lavorare

폐함 廢艦 **-하다** mettere (una nave da guerra) in disarmo (o fuori servizio)

폐합 廢合 ristrutturazione e unificazione **-하다** ristrutturare e unificare **-되다** essere ristrutturato e unificato

폐해 弊害 male, malvagità, danno ¶ 폐해를 주다 fare del male, fare [causare, portare] danno

폐허 廢墟 rovine, ruderi, resti

폐활량 肺活量 capacità dei polmoni

폐회 閉會 chiusura (di una riunione), aggiornamento **-하다** chiudere una riunione, aggiornare una seduta * **-사** discorso di chiusura

폐회로 閉回路 circuito chiuso

-포 un periodo (di tempo) ¶ 달포 un periodo di circa un mese

포 苞【식물】brattea

포 砲 arma da fuoco, [대포] cannone, [총칭] cannoni, artiglieria ¶ 포를 쏘다 sparare un colpo

포 脯 ⇒ 포육(脯肉)

포가 砲架 affusto di cannone a ruote

포개다 [접어 포개다] piegare, [축적] accatastare, accumulare, mettere uno sull' altro

포격 砲擊 bombardamento, cannoneggiamento **-하다** bombardare, cannoneggiare

포경 捕鯨 caccia alla balena * **-선** baleniera **-업** attività di caccia alla balena

포고 布告 proclamazione, dichiarazione, promulgazione, decreto, ordinanza **-하다** proclamare, dichiarare, promulgare, decretare, mettere un' ordinanza

포괄 包括 inclusione, **-하다** includere, annoverare, comprendere ¶ 포괄적으로 inclusivamente, comprensivamente, generalmente

포교 布教 propagazione, lavoro missionario **-하다** propagare, evangelizzare, propagandare * **-자** predicatore evangelico, evangelizzatore

포구 浦口 estuario, braccio di mare, piccola baia, insenatura

포구 砲口 bocca (d' arma da fuoco), volata, calibro (구경)

포근하다 ① (essere) lanuginoso, morbido, soffice, vellutato ② essere mite ¶ 올해 겨울은 포근하다 Quest' anno abbiamo un inverno mite.

포기 cesto, cespo, testa ¶ 배추 세포기 tre cespi di cavoli

포기 抛棄 abbandono, rinuncia **-하다** abbandonare, lasciare, rinunciare a ¶ 모든 희망을 포기하다 lasciare ogni speranza // 선원들은 가라앉는 배를 포기해야만 했다 I marinai dovettero abbandonare la nave che affondava. // 포기하지 말고 계속 시도해! Non rinunciare, Continua a tentare! // 권리를 포기하다 rinunciare a un diritto

포달 ¶ 포달부리다 inveire, maledire, imprecare, prendersela con // 그들은 항상 그에게 포달부린다 inveiscono sempre contro di lui. // 포달스럽다 (essere) perverso, ostinato, bisbetico, litigioso

포대 布袋 sacco di tela ruvida

포대 砲臺 batteria, posizione di tiro, postazione, [요새] forte, fortino, posto fortificato, fortezza, casamatta

포도 葡萄 uva, [나무] vite * **-당** zucchero d' uva, destrosio **-원** vigneto, vigna **-주** vino **-주스** succo d' uva

포도 鋪道 舖道 marciapiede

포동포동 -하다 (essere) paffuto,

grassoccio, grassotello ¶ 포동포동 한 아기 un bambino paffuto

포드 [차] una (macchina) Ford

포로 捕虜 prigioniero ¶ 전쟁포로 prigioniero di guerra // 포로로 하다 far prigioniero, catturare qlcu. * **-수용소** campo di concentramento, campo di prigione

포르노 pornografia * **-영화** film porno **-잡지** rivista porno

포르말린 formalina

포르투갈 Portogallo ¶ 포르투갈의 portoghese // 포르투갈 사람 portoghese

포름알데히드 formaldeide

포마아드 pomata (per capelli), brillantina

포만 飽滿 **-하다** (essere) sazio, satollo *-**감** un senso di sazietà

포말 泡沫 bolla, schiuma, spuma

포목 布木 lino e cotone, stoffe, tessuti * **-상** negoziante di stoffe (o di tessuti) **-점** negozio di stoffe

포문 砲門 bocca (d'arma da fuoco) ¶ 포문을 열다 aprire il fuoco

포물선 抛物線【수학】parabola **-을 그리다** descrivere una parabola

포박 捕縛 **-하다** arrestare, catturare

포병 砲兵 [병사] artigliere, [부대] artiglieria * **-과(대)** artiglieria ¶ 중포병대 artiglieria pesante // 야전포병대 artiglieria da campo

포복 匍匐 strisciamento **-하다** strisciare, trascinarsi per terra, camminare carponi

포복절도 抱腹絶倒 **-하다** sbellicarsi dalle risa

포부 抱負 aspirazione, ambizione ¶ 포부가 큰 ambizioso // 대단한 포부 la massima ambizione di qlcu.

포상 褒賞 premio, ricompensa ¶ 포상을 주다 dare un premio // 포상을 받다 ottenere (o vincere) un premio // 범인을 잡은데 대한 포상 premio per la cattura d'un criminale // 포상을 기대하다 aspettarsi una ricompensa

포석 鋪石 pietra da selciato ¶ 포석을 깔다 pavimentare una strada con pietre

포섭 包攝 **-하다** tirare qlcu. dalla propria parte, accaparrarsi l'appoggio di

포성 砲聲 rombo di cannone ¶ 땅이 진동할 정도의 포성 fitto cannoneggiamento da far tremare la terra

포수 砲手 cacciatore (사냥군), artigliere (대포수), capo cannoniere (해군의)

포수 捕手【야구】ricevitore

포술 砲術 artiglieria

포스겐가스【화학】fosgene

포스터 poster, affisso, avviso, cartello, cartellone, manifesto ¶ 포스터 디자이너 cartellonista, disegnatore di poster

포승 捕繩 corda per legare i criminali

포식 捕食 **-하다** predare, depredare, far preda di, saccheggiare * **-자** un predatore

포식 飽食 ghiottoneria, golosità, ingordigia, sazietà, appagamento **-하다** saziarsi, satollarsi

포신 砲身 canna di fucile, canna

(d'arma da fuoco)

포실하다 (essere) benestante, ricco, danaroso, agiato, opulento, abbondante

포악 暴惡 atrocità, violenza, oltraggio **-하다** (essere) atroce, feroce, oltraggioso, gravemente offensivo

포안 砲眼 cannoniera, feritoia per cannone

포연 砲煙 fumo di cannone ¶ 포연 탄우 아래 sotto una pioggia di proiettili

포열 砲列 posizione di tiro, postazione

포옹 抱擁 abbraccio, amplesso, stretta **-하다** abbracciare, stringere fra le braccia ¶ 서로 포옹하다 abbracciarsi

포용 包容 [포괄] portata, implicazione, coinvolgimento, [관용] tolleranza, indulgenza **-하다** [뜻을] comprendere, contenere, includere, abbracciare, [사람을] tollerare, sopportare, indulgere a ¶ 포용력 capacità d'intendere // 사람을 포용할 아량이 있다 avere una capacità di tolleranza

포위 包圍 assedio, avvolgimento, l'avviluppare **-하다** [둘러싸다] circondare, cingere, accerchiare, attorniare, [군대가] investire, assalire, assediare ¶ 우리는 적에게 포위당했다 Eravamo circondati dal nemico. // 요새를 포위하다 accerchiare (o assediare) un forte // 포위를 강화하다 rafforzare l'assedio, farsi più insistente (o pressante) // 적군이 마을을 포위하고 있었다 I nemici assediarono la città. * **-망** rete di recinzione

포유 哺乳 lattazione, lattante, poppante **-하다** allattare, dare il latte a * **-동물** mammifero

포육 脯肉 carne secca a fette e compressa

포인터 [개] cane da punta (o da ferma), pointer

포인트 ① [요점] punto essenziale, punto principale ¶ 담화의 포인트 i punti principali di un discorso // 논제의 포인트 il punto essenziale (o il succo) d'un argomento ② [소수점] punto (decimale) ¶ 함대는 구경 4,7 포인트의 포를 장비하고 있다 La nave ha cannoni da quattro virgola sette (4,7). ③ [득점] punto, punteggio ¶ 득점하다 fare un punto, segnare un punto ④ [마침표] punto

포자 胞子【식물】spora * **-낭** sporangio

포장 布帳 tenda, tendina * **-마차** carro coperto con un telone

포장 包裝 impacchettamento, imballaggio, involucro **-하다** impaccare, impacchettare, imballare, mettere in scatola (o in cassa), fare un pacco, incartare, involtare * **-지** carta da imballaggio

포장 鋪裝 pavimentazione, lastrico, lastricato, selciato **-하다** pavimentare, lastricare ¶ 마당은 판석으로 포장되었다 Il cortile era pavimentato con lastre di pietra. * **-도로** strada lastricata

포장 章 medaglia (al merito)

포주 抱主 ruffiano, lenone, magnaccia, pappone

포즈 posa, positura, atteggiamento ¶ 포우즈를 취하다 posare, mettersi (o stare) in posa, assumere una posa, atteggiarsi // 사진을 찍기위해 포우즈를 취하다 posare per una foto // (모델에게) 포우즈를 잡게 하다 mettere in posa, far posare (un modello)

포지션 posizione

포진 布陣 **-하다** essere schierato, allinearsi, mettersi in fila ¶ 포진시키다 schierare, allineare, mettere in fila (o in riga) // 군대가 정부에 대항해서 포진하고 있다 L'esercito è schierato contro il governo.

포차 砲車 affusto di cannone a ruote

포착 捕捉 comprensione **-하다** comprendere, capire, intendere, afferrare, cogliere ¶ 포착하기 어려운 elusivo, evasivo // 의미를 포착하기 어려운 답변 una risposta elusiva // 기회를 포착하다 cogliere un'occasione // 의미를 순식간에 포착하다 afferrare al volo

포커 poker (gioco di carte) * **-페이스** faccia da poker, indivi-duo impassibile

포켓 tasca, taschino

포크 [식사용] forchetta

포크 [돼지고기] carne di maiale, carne suina * **-찹** braciola di maiale **-파이** pasticcio di carne di maiale

포크 댄스 danza folcloristica

포크송 canto popolare, canzone folk

포토블 portatile ¶ 포토블 라디오 una radio portatile

포트와인 porto (vino liquoroso portoghese), vino di Oporto

포탄 砲彈 palla da cannone, granata, bomba ¶ 포탄을 빗발치듯 퍼붓다 fioccare i proiettili (pallottole, bombe) // 내 주위로 포탄이 빗발치듯 쏟아졌다 Mi fioccavano intorno le pallottole (bombe).

포탈 逋脫 evasione fiscale **-하다** evadere il fisco

포탑 砲塔 torretta, torre (corazzata)

포퓰러 popolare, popolaresco, popolano, di popolo, per il popolo, alla moda, in voga ¶ 포퓰러 뮤직 musica popolare, musica pop

포플러 pioppo

포플린 [피륙] popeline

포피 包皮【해부】prepuzio

포학 暴虐 tirannia, atrocità, oltraggio **-하다** (essere) tirannico, atroce, feroce, oltraggioso

포함 包含 inclusione, implicazione, portata **-하다** includere, annoverare, comprendere ¶ 그의 이름은 목록에 포함되었다 Il suo nome è stato incluso nella lista. // 나는 그를 내 가장 친한 친구들 속에 포함시킨다 Lo annovero tra i miei amici migliori. // 가격 속에 부가가치세가 포함되어있다 Nel prezzo è compresa l' I.V.A.

포함 砲艦 cannoniera

포행성 匍行性 * **-궤양** 【의학】

ulcera serpiginosa

포화 砲火 fuoco, sparatoria, cannoneggiamento

포화 飽和 【화학】 saturazione **-하다** essere saturo ＊ **-기** saturatore **-상태** (situazione di) saturazione **-용액** soluzione satura **-점** punto di saturazione **-지방** grassi saturi ¶ 내수 시장의 포화상태 la saturazione del mercato interno

포환 던지기 砲丸- lanciamento di peso

포획 捕獲 presa, cattura **-하다** prendere, catturare

포효 咆哮 rugghio, urlo **-하다** ruggire, urlare

폭 ⇒ 푹

폭 幅 [넓이] larghezza, [도량] magnanimità, generosità, [족자·그림의] pezza ＊ **무명 한-** una pezza di cotone

폭거 暴擧 [난폭] violenza, [폭동] rivolta

폭격 爆擊 bombardamento **-하다** bombardare ＊ **-기** bombardiere

폭군 暴君 tiranno, despota, autocrate

폭도 暴徒 rivoltanti, sommovitori, insorgenti

폭동 暴動 rivolta, sommossa, insurrezione ¶ 폭동을 일으키다 insorgere, rivoltarsi

폭등 暴騰 aumento improvviso **-하다** aumentare improvvisamente

폭락 暴落 recessione, crollo, abbassamento improvviso **-하다** crollarsi, abbassarsi, ribassare

폭력 暴力 violenza, forza brutale ¶ 폭력을 행사하다 fare violenza, maltrattare ＊ **-단** banda di malfattori, ganga **-행위** atto violente **-혁명** rivoluzione bolscevica

폭로 暴露 divulgazione, rivelazione **-하다** divulgare, rivelare

폭뢰 爆雷 granata sottomarina

폭리 暴利 profitto eccessivo, usura

폭발 爆發 esplosione, detonazione, scoppio, [화산의] eruzione **-하다** esplodere, detonare, [화산이] eruttare

폭삭 per intero, interamente, completamente ¶ 건물이 폭삭 주저앉았다 L'edificio si è crollato completamente.

폭서 暴暑 caldo terribile

폭설 暴雪 neve forte, tempesta di neve

폭소 爆笑 scoppio di riso **-하다** scoppiare a ridere

폭식 暴食 ingordigia, voracità **-하다** mangiare con ingordigia [voracemente]

폭신하다 essere soffice

폭약 爆藥 esplosivo, detonante ＊ **고성능-** un esplosivo ad alto potenziale

폭양 曝陽 sole ardente

폭언 暴言 parola violente, ingiuria, insulto **-하다** dire veementemente, ingiuriare, insultare

폭우 暴雨 pioggia dirotta [torrenziale]

폭위 暴威 tirannia, abuso di potere, grande violenza [천재, 질병, 전쟁 따위가] **-를 떨치다** devastare, sconvolgere

폭음 爆音 [폭발의] rumore di esplosione [detonazione], [발동

의] rumore assordante
폭음 暴飮 troppo bere **-하다** bere troppo
폭정 暴政 tirannia, dispotismo
폭주 輻輳 [상품.주문의] affluenza ,[교통량의] congestione, ingorgo
폭죽 爆竹 petardo ¶ 폭죽을 터뜨리다 tirare dei petardi
폭탄 爆彈 bomba ¶ 폭탄을 투하하다 gettare bombe, bombardare ∗ **수소-** bomba all'idrogeno **시한-** bomba a orologeria **원자-** bomba atomica **핵-** bomba nucleare
폭파 爆破 esplosione, far esplodere
폭포 瀑布 cascata, cateratta
폭풍 暴風 tempesta, uragano
폭풍우 暴風雨 tempesta, uragano
폭한 暴漢 mascalzone, furfante
폭행 暴行 violenza, brutalità **-하다** violentare ∗ **-자** violentatore
폼 forma, figura, posa, posizione
퐁당 tonfo
표 表 tavola, lista [도표], diagramma
표 票 [차표 따위] biglietto, [회수권 따위] scontrino, tagliando, tessera, cedola, [투표의] voto
표 標 [증거] prova, testimonianza, [기호 따위] segno, simbolo, [휘장] marca. emblema **-하다** marcare, segnare
표결 表決 decisione **-하다** decidere
표결 票決 votazione **-하다** votare
표구 表具 montaggio **-하다** montare (un dipinto, un quadro)
표기 表記 iscrizione, dichiarazione
표기 標記 marca, segno
표나다 表- distinguersi, (essere) caratteristico, cospicuo
표독 標毒 ferocia, brutalità **-하다** (essere) feroce, brutale.
표류 漂流 deriva, scarroccio **-하다** derivare, scarrocciare
표리 表裏 **-없는** semplice, sincero, assoluto **표리 있는** traditore, sleale, perfido
표말 標抹 palo, cartello stradale
표면 表面 superficie, faccia, [외면] esteriore, esteriorità, esterno, [외견] apparenza ¶ 표면적으로 in apparenza, apparentemente ∗ **-장력** tensione superficiale
표면화 表面化 manifestazione **-하다** rivelarsi, manifestarsi
표명 表明 espressione, manifestazione **-하다** esprimere, manifestare, dimostrare
표박 漂迫 vagabondaggio **-하다** vagare
표방 標榜 professione **-하다** professare, fare professione
표백 漂白 bianchimento **-하다** bianchire
표범 豹- leopardo, gattopardo, pantera, giaguaro
표변 豹變 **-하다** cambiare all'improvviso, mutare bruscamente
표본 標本 modello, campione, tipo ∗ **-추출** prelevamento di campione
표상 表象 [상징] simbolo, [철학] idea, [심리] rappresentazione
표석 漂石 blocco erratico
표시 表示 indicazione, manifestazione, espressione, dimostrazione **-하다** indicare, manifestare, esprimere, dimostrare

표식 標識 segnale, indicatore
표어 標語 motto, slogan
표연히 飄然- inaspettatamente, repentinamente, per caso
표음 表音 rappresentazione fonetica ＊ **-문자** simboli fonetici
표의 表意 rappresentazione semantica ＊ **-문자** ideogramma, simboli semantici
표적 表迹 [부호] segno, marca, [흔적] traccia, pista
표적 標的 bersaglio ＊ **-사격** tiro al bersaglio
표절 剽竊 plagio, pirateria **-하다** plagiare ＊ **-자** plagiario
표정 表情 espressione, fisionomia ¶ 표정이 풍부한 espressivo, significante // -이 없는 inespressivo // 멍한 - un' espressione vacua
표제 表題, 標題 titolo ＊ **-어** rubrica
표주 標註 nota marginale
표주박 瓢- borraccia
표준 標準 standard, [사회적 · 정신적] modello, tipo, norma, [비판의] criterio misura ＊ **-가격** prezzo standard **-시** ora legale **-어** lingua comune (standard) **-형** tipo standard
표지 表紙 coperta
표지 標識 marca, nota, segnale
표징 標徵 segno, marca, simbolo
표창 表彰 lode, elogio, raccomandazione **-하다** lodare, raccomandare
표토 表土 terra arabile
표피 表皮 [해부] epidermide, [나무의] scorza, corteccia
표하다 表- esprimere
표하다 標- marcare, segnare
표현 表現 espressione, rappresentazione, manifestazione **-하다** esprimere, rappresentare, manifestare ＊ **-력** espressività
푸념 [불평] lamento, lagnanza, [무당의] rimprovero stregonesco **-하다** lamentarsi, lagnarsi
푸다 [물을] attingere ¶ 우물물을 푸다 attingere acqua da un pozzo [밥을] prendere con un cucchiaio
푸닥거리 esorcismo **-하다** esorcizzare
푸대접 -待接 accoglienza cattiva, inospitalità **-하다** trattare freddamente
푸드덕거리다 battere[sbattere] le ali
푸르다 (essere) blu, azzurro, verde
푸릇푸릇 con le macchie di verdura
푸석이 cosa fragile, persona debole
푸석돌 pietra friabile
푸석푸석하다 essere friabile
푸성귀 vegetale, ortaggio
푸접없다 (essere) scortese, poco socievole, freddo
푸주 -廚 macelleria ＊ **-한** macellaio
푸지다 (essere) abbondante, pieno, ricco
푸짐하다 (essere) abbondante, ricco
푸푸하다 soffiare
푸하다 essere gonfio
푹 [빈틈없이] bene, perfettamente, [깊이] profondamente, [흠뻑] completamente, interamente
푹신하다 (essere) molle, soffice,

spugnoso, elastico

푼 soldo ¶ 한 푼의 가치도 없다 non valere un soldo

푼거리질 acquisto [vendita] di legna per piccoli fasci **-하다** acquistare [vendere] la legna per piccoli fasci

푼나무 legna venduta per piccoli fasci

푼더분하다 [얼굴이] (essere) paffuto, pieno, [후하다] (essere) abbondante, ricco

푼돈 spicciolo ¶ 푼돈을 모으다 fare economia

푼푼이 soldo per soldo ¶ 푼푼이 돈을 모으다 accumulare soldo per soldo

푼푼하다 [넉넉하다] (essere) abbondante, sufficiente, [활달하다] (essere) liberale, generoso

풀 erba

풀 pasta, colla ¶ -을 먹이다 inamidare, incollare

풀기 [옷의] 풀기가 있는 amidaceo, [활기] vitalità, animazione

풀다 [짐, 끈 따위를] sciogliere, slegare, [문제를] risolvere, [의심을] dissipare, [원한을] vendicare, [울적한 기분을] divertirsi, [해제하다] rimuovere, [꿈 따위를] leggere, interpretare, [코를] soffiare il naso

풀럭거리다 sbattere [battere] le ali

풀리다 [맨 것이] (essere) sciolto, slegato, [실밥이] scucirsi, [얽힌 것이] sbrogliarsi, [추위가] raddolcirsi, [문제가] essere risolto, [의심이] dissiparsi, [해제되다] essere rimosso, [용해되다] dissolversi, [돈이] essere messo in circolazione

풀먹이다 inamidare

풀무 soffietto, mantice

풀무질 azionamento di un soffietto **-하다** azionare un soffietto

풀밭 erbaio, prato

풀숲 cespuglio, boscaglia

풀어놓다 [맨 것을] disfare, slacciare ¶ 소포를 풀다 disfare un pacco, [놓아주다] liberare, rilasciare ¶ 개를 풀어놓다 liberare un cane, [사람을] mandare, inviare

풀어지다 [국수가] diventare molle, [눈이] diventare offuscato

풀이 [설명] spiegazione, interpretazione **-하다** spiegare, interpretare, [민속] esorcismo

풀잎 filo d'erba

풀죽다 [옷이] perdere il suo amido, [기세가] abbattersi, essere depresso

풀칠하다 [종이에] incollare, [생계] vivere in miseria

풀풀하다 (essere) irascibile, irritabile

품 [옷의] larghezza, [가슴] petto, seno ¶ 품에 안다 abbracciare, prendere nelle braccia

품 lavoro

품 [됨됨이] apparenza, personalità, [행실] condotta

품 品 [품질] qualità, [물품] articolo, merce, prodotto, oggetto, [품격] dignità, nobiltà

품값 salario, paga

품격 品格 grazia, eleganza, dignità ¶ 품격이 있다 essere elegante

품계 品階 rango, classe, ordine
품귀 品貴 carenza, mancanza ¶ 품귀 상태이다 essere scarso
품다 [안다] prendere, [portare] nelle braccia, abbracciare, stringere al seno ¶ 아기를 품에 안다 stringere un bambino al seno, [알을] covare, [마음에] mantenere, nutrire // 원한을 품다 nutrire rancore
품등 品等 qualità, classe
품목 品目 categoria, lista di articoli ¶ 품목별로 per categorie
품사 品詞 parti del discorso
품삯 salario, paga
품성 品性 carattere
품성 稟性 natura, carattere innato
품속 petto, seno ¶ 품속에 in seno
품앗이 aiuto reciproco **-하다** aiutarsi reciprocamente
품위 品位 [품격] eleganza, grazia, dignità, raffinatezza ¶ 품격있는 elegante, grazioso, dignitoso, raffinato, [품직·직위] rango, posizione, [품질] qualità
품의하다 稟議- sottoporre il caso a
품절 品切 esaurimento **-되다** esaurirsi
품종 品種 [종류] specie * **-개량** miglioramento di una razza
품질 品質 qualità ¶ 품질이 좋다 essere di buona qualità // 품질이 나쁘다 essere di qualità inferiore
품팔다 lavorare alla giornata
품팔이 lavoro giornaliero * **-꾼** giornaliero
품평 品評 valutazione, critica **-하다** valutare, criticare
품평회 品評會 mostra, esibizione, fiera
품행 品行 condotta, comportamento ¶ 품행이 좋다 tenere una buona condotta
풋- [덜 익은] immaturo, verde, acerbo, [새로운] nuovo, novizio
풋고추 peperoncino verde
풋곡식 -穀食 cereali immaturi
풋과실 -果實 frutto verde
풋나기 novizio, pivello, inesperto
풋내 odore di verdura verde
풋바심하다 raccogliere presto (prima di maturità)
풋사랑 amore da adolescente
풍 風 [바람] vento
-풍 風 [양식] stile, maniera ¶ 미국풍의 건물 l'edificio di stile americano, [풍습] usanze, costumi
풍각쟁이 cantante di strada, sonatore ambulante
풍격 風格 carattere, personalità, apparenza(풍채)
풍경 風景 paesaggio, scena, veduta * **-화** paesaggio **-화가** paesaggista
풍경 風磬 campanella eolica
풍광 風光 paesaggio, scena, veduta
풍구 風- vagliatrice, [풀무] soffietto, mantice
풍금 風琴 organo ¶ 풍금을 치다 suonare l'organo.
풍기 風紀 disciplina (규율), moralità (사회의), usanze (풍속) * **-문란** demoralizzazione
풍기다 [냄새를] esalare, emanare
풍년 豊年 anno d'abbondanza, buon raccolto
풍덩 tonfo

풍도 風度 attitudine, aspetto, apparenza
풍랑 風浪 vento e onda, tempesta
풍력 風力 forza di vento
풍로 風爐 fornello portatile.
풍류 風流 eleganza, gusto, raffinatezza ¶ 풍류를 아는 gustoso, elegante, raffinato, romantico, [음악] musica
풍만 豊滿 [풍부] abbondanza, pienezza, [비만] corpulenza **-하다** (essere) abbondante, pieno , [비만] (essere) grasso, corpulento
풍매의 風媒- anemofilo * **풍매화** fiore anemofilo
풍모 風貌 figura, aspetto, apparenza
풍문 風聞 voci, diceria, rumore
풍물 風物 [경치] paesaggio, [풍속·사물] scenario, cosa pittoresca
풍미 風味 sapore, gusto ¶ 풍미 있는 delizioso, saporoso, gustoso
풍미 風靡 **-하다** sopraffare, dominare, predominare.
풍병 風病 paralisi, disturbi nervosi
풍부 豊富 abbondanza, pienezza, ricchezza **-하다** (essere) abbondante, pieno, ricco ¶ 미국은 천연 자원이 풍부하다 Gli Stati Uniti sono ricchi in risorse naturali.
풍비박산 風飛雹散 dispersione, sparpagliamento **-하다** disperdersi, spargersi, sparpagliarsi
풍상 風霜 vento e brina, [고생] pena, difficoltà ¶ 풍상을 겪다 darsi pena, essere in difficoltà
풍선 風船 pallone, palloncino
풍설 風雪 vento e neve, tempesta di neve
풍설 風說 diceria, voci, rumore ¶ 풍설이 유포되다 corrono voci
풍성 豊盛 abbondanza, pienezza, affluenza **-하다** (essere) abbondante, pieno, affluente
풍세 風勢 forza del vento, velocità del vento
풍속 風俗 usanze, costumi, moralità pubblica * **-도** quadro [pittura] di genere **-문학** letteratura di genere
풍속 風速 velocità del vento * **-계** anemometro
풍수설 風水說 teoria della configurazione terrestre
풍수해 風水害 danno della tempesta
품습 風習 costumi, usanze
풍식 風蝕 erosione eolica
풍신 風神 dei [spiriti] del vento
풍악 風樂 musica classica
풍압 風壓 pressione del vento
풍어 豊漁 pesca abbondante
풍요 豊饒 abbondanza, ricchezza **-하다** (essere) abbondante, ricco
풍우 風雨 vento e pioggia, tempesta, temporale ¶ 풍우에 시달린 rovinato dalle intemperie
풍운 風雲 vento e nuvole, [형세] situazione ¶ 풍운의 뜻 ambizione grande, aspirazione alla fama
풍운아 風雲兒 avventuriere fortunato
풍월 風月 vento e luna, bellezza della natura, [시가] poesia, poema **-하다** scrivere un poema, fare della poesia * **-객** poeta
풍유 諷喩 parabola, allegoria
풍자 諷刺 ironia, satira, epigramma **-하다** epigrammatizzare, ironiz-

zare, satireggiare * **-가** satirico, ironista, epigrammista **-문학** letteratura satirica **-화** caricatura

풍작 豊作 buon raccolto, raccolta abbondante

풍장 風葬 esposizione di un cadavere al vento

풍재 風災 danni del vento.

풍전등화 風前燈火 precarietà estrema **-같다** essere attacato a un filo

풍조 風潮 [바닷물] marea nella stessa direzione del vento, [추세] tendenza, corrente

퐁족 豊足 abbondanza, pienezza, ricchezza **-하다** (essere) abbondante, pieno, ricco

풍진 風塵 [티끌] polvere, [속세] secolo, questo mondo

풍차 風車 mulino a vento

풍채 風采 apparenza, aspetto ¶ 풍채가 좋다 avere bell' apparenza

풍치 風致 eleganza, bel paesaggio * **-지구** zona verde

풍토 風土 clima ¶ 풍토의 climatico, endemico * **-기** topografia **-병** endemia

풍파 風波 ① vento e onde, tempesta ¶ 풍파를 무릅쓰고 malgrado la tempesta, ② [불화] disturbo 가정풍파 disturbi familiari ③ [고생] difficoltà ¶ 풍파를 겪다 subire le difficoltà

풍해 風害 danni del vento

풍향 風向 direzione del vento * **-계** anemoscopio

풍화 風化 【지질】 erosione eolica 【화학】 efflorescenza

풍흉 豊凶 buono e cattivo raccolto

피 [혈액] sangue * **핏자국** macchia di sangue ¶ 피에 굶주린 assetato di sangue // 피나다 sanguinare // 피를 흘리다 versare il sangue // 피를 멎게하다 arrestare il sangue // 피투성이가 된 sanguinante // [혈연] legame di sangue, consanguineità (혈족)

피 【식물】 miglio di risaia

피 [경멸] puah! **-하다** sogghignare

피검 被檢 arresto **-되다** essere arrestato * **-자** persona arrestata

피격당하다 被擊- (essere) attaccato, assalito

피고 被告 [민사의] convenuto, imputato, [형사의] accusato

피고름 pus e sangue

피곤 疲困 fatica, stanchezza **-하다** (essere) stanco, faticoso

피골 皮骨 pelle e osso

피나무 【식물】 tiglio

피난 避難 rifugio **-하다** rifugiarsi * **-민** rifugiato **-처** rifugio

피눈물 lacrime di sangue

피다 [꽃이] fiorire, sbocciare, [불을] bruciare, dare fuoco, incendiare

피땀 sangue e sudore

피대 皮帶 cinghia

피동 被動 passività ¶ 피동적으로 passivamente

피똥 escrementi sanguinanti

피둥피둥하다 [몸이] (essere) grasso, corpulento, [행동이] ostinarsi, essere cocciuto

피라미 pesciolino

피력 披瀝 affermazione, dichiarazione **-하다** affermare, dichiarare ¶ 견해를 피력 하다 esprimere l′

opinione
피로 披露 [발표] annunzio, [소개] presentazione * **결혼-연** pasto di nozze
피로 疲勞 fatica, stanchezza, esaurimento **-하다** (essere) stanco, esaurito, faticoso
피뢰침 避雷針 parafulmine
피륙 panno, stoffa
피리 flauto, piffero ¶ 피리를 불다 pifferare, suonare il flauto
피마자 ricino * **-유** olio di ricino
피막 皮膜【해부】epitelio
피맺히다 (essere) contuso, ammaccarsi
피보험자 被保險者 assicurato
피보호자 被保護者 protetto
피복 被服 abbigliamento, vestiario, abiti * **-비** spese di abbigliamento
피복 被覆 copertura, rivestimento * **-선** filo coperto
피봉 皮封 busta
피부 皮膚【해부】pelle, epidermide ¶ 피부가 곱다 [약하다] avere pelle liscia [delicata] * **-감각** sensazione cutanea **-과 의사** dermatologo **-병** dermatosi
피비린내 odore di sangue ¶ 피비린내 나는 싸움 battaglia sanguinante
피살 被殺 assassinio, massacro **-되다** (essere) morto, assassinato
피상적 皮相的 superficiale
피상속인 被相續人 persona che trasmette un' eredità, testatore, autore di un testamento
피서 避署 vacanze [ferie] d' estate **-하다** trascorrere l'estate, estivare * **-객** visitatori estivi **-지** stazione estiva
피선되다 被選- (essere) eletto, scelto
피선거권 被選擧權 eleggibilità
피선거인 被選擧人 persona eleggibile
피습 被襲 **-하다** (essere) attaccato, assalito
피승수 被乘數 moltiplicando
피신 避身 fuga, evasione **-하다** fuggire, evadere, rifugiarsi
피아 被我 lui e io, loro e noi ¶ 피아의 mutuo
피안 彼岸 [불교] Paramita, Nirvana, [맞은편] altro lato
피어나다 [불이] riaccendersi, [소생] rinvenire, risuscitare, [생활이] migliorarsi, [꽃이] sbocciare
피우다 [불을] accendere, [담배를] fumare, [냄새를] spandere, esalare, emanare, [먼지를] fare della polvere
피의자 被疑者 imputato, persona sospetta
피임 被任 **되다** essere nominato * **-자** persona nominata
피임 避妊 contraccezione **-하다** praticare la contraccezione, prevenire la concezione * **-기구** preservativo **-약** contraccetivo
피장파장이다 essere pari
피제수 被除數 dividendo
피지 皮脂【생리】sebo * **-루** seborrea **-선** ghiandole sebacee
피진 皮疹【의학】efflorescenza, esantema
피차 彼此 l' uno e l' altro, tutti e due ¶ 피차간에 tra due, tra di

noi
피천되다 被薦- essere raccomandato
피치자 被治者 governati
피침 被侵 **-하다** essere invaso
피탈 被奪 **-하다** (essere) pirateggiato, saccheggiato
피톨 globulo
피폐 疲弊 spossatezza, sfinimento, esaurimento **-하다** spossarsi, sfinirsi, esaurirsi ¶ 재정의 피폐 esaurimento finanziario // 피폐해 있다 essere in condizioni esaurite
피하 皮下 sottocutaneo, ipodermico ＊ **-주사** iniezione ipodermica [sottocutanea] **-주입(이식)** implantologia **-지방** grasso sottocutaneo **-출혈** emorragia ipodermica
피하다 避- [비키다·멀리하다] evitare, sfuggire ¶ 피할 수 없는 inevitabile, [피신] fuggire, evadere, rifugiarsi, [책임·의무를] sottrarsi
피한 避寒 ibernazione, svernamento **-하다** svernare ＊ **-지** stazione climatica d' inverno
피해 被害 danno, guasto ¶ 피해를 입다 essere danneggiato ＊ **-망상** mania della persecuzione **-범위** estensione dei danni **-자** [천재의] sinistrato [도난 따위의] vittima
피혁 皮革 cuoio, pelle
픽 [쓰러지는 모양] ¶ 픽 쓰러지다 cadere debolmente // [웃는 모양] 픽 웃다 prendere in giro, burlarsi di // [새는 모양] 픽 소리를 내며 타이어의 바람이 빠졌다 Il pneumatico si è sgonfiato con un fischio.
핀잔 rimprovero, biasimo **-하다** biasimare, rimproverare
필 匹 [마소의] capo
필 疋 [옷감 따위의] rotolo
필 畢 fine, termine, compimento **-하다** finire, terminare, compire ＊ **지불-** "Pagato"
필경 畢竟 infine, alla fine, finalmente
필경 筆耕 copia ＊ **-료** tassa di copia **-생** copista
필공 筆工 fabbricante di pennelli
필기 筆記 notazione per scritto, nota(필기한 것) **-하다** prendere nota. ＊ **-시험** esame scritto
필담 筆談 conversazione per scritto **-하다** intrattenere per scritto
필답 筆答 risposta scritta **-하다** rispondere per scritto ＊ **-시험** esame scritto
필독 必讀 necessità di leggere ¶ 필독의 책 libri che si deve leggere
필두 筆頭 [붓끝] punta [estremità] di un pennello, [연명의 첫째] testa di lista, [우두머리] capo
필력 筆力 forza [vigore] dello stile
필마 匹馬 un cavallo ＊ **-단창(單槍)** cavaliere solo e poco arma.
필멸 必滅 ¶ **-의** mortale, deperibile ＊ **생자-** L' uomo [Tutto il mondo] è mortale.
필명 筆名 nome di penna, pseudonimo ¶ 필명이 높다 essere un famoso calligrafo [scrittore]
필묵 筆墨 pennello e inchiostro, penna e inchiostro
필법 筆法 [운필법] calligrafia, [문

체] stile

필봉 筆鋒 [붓끝] punta di pennello, [필력] forza dello stile ¶ 필봉이 날카롭다 avere stile mordace

필부 匹夫 [한 남자] un uomo, [신분이 낮은] uomo comune

필사 必死 [꼭 죽음] morte inevitabile ¶ 필사적으로 disperatamente

필사 筆寫 copia, trascrizione **-하다** copiare, trascrivere

필산 筆算 calcolo per scritto **-하다** calcolare [fare un calcolo, contare] per scritto

필생 筆生 copista

필생 畢生 vita intera ¶ 필생의 di tutta la vita

필설 筆舌 ¶ 필설로 다할 수 없는 al di là di tutta l'espressione, indicibile, inesprimibile, ineffabile

필세 筆勢 tratto del pennello [della penna]

필수 必須 essenzialità, necessità assoluta * **-과목** materia obbligatoria **-조건** condizione indispensabile

필수품 必需品 necessario, necessità, indispensabile * **생활-** necessario per vivere, necessità della vita

필승 必勝 vittoria sicura ¶ 필승을 기하다 essere sicuro di vincere

필시 必是 certamente, sicuramente, di sicuro, senza dubbio

필연 必然 necessità ¶ 필연적 necessario, inevitabile, ineluttabile, [논리] apodittico * **-성** necessità, ineluttabilità

필요 必要 necessità, bisogno **-하다** occorrere, essere necessario, avere bisogno di, bisognare ¶ 필요없는 non necessario, inutile, senza bisogno // 필요에 의해서 per necessità // 필요할 경우 in caso di necessità // 필요는 발명의 어머니 Necessità è madre dell'invenzione. * **-성** necessità

필유곡절 必有曲折 Non c'è niente senza ragione

필자 筆者 autore, scrittore

필적 筆跡 [글씨] grafia, scrittura ¶ 여자의 필적 la mano di una donna // 필적을 감정하다 stimare la grafia

필적 匹敵 rivalità, egualità **-하다** (essere) eguale, uguale, rivale, comparabile ¶ 필적할 자가 없다 essere senza rivale

필주 筆誅 ¶ 필주를 가하다 denunziare qlcu. per scritto

필지 必至 ¶ 필지의 inevitabile

필치 筆致 [필력] tocco, [문체] stile ¶ 그의 필치는 경묘하고 원숙하다 Il suo stile è scorrevole e maturo.

필통 筆筒 astuccio per penne e matite

필하다 畢- finire, compire, terminare

필화 筆禍 guaio in seguito a uno scritto ¶ 필화를 입다 attirarsi dei guai per il suo scritto

핍박 逼迫 [급박] tensione, urgenza, pressione, [박해] persecuzione **-하다** essere urgente, perseguitare

핍진 逼眞 => 박진(迫眞)

핏기 -氣 carnagione, colore, colorito ¶ 핏기가 없다 avere la carnagione pallida, avere brutto colore

핏대 vaso sanguigno ¶ 핏대를 올리다 arrabbiarsi, andare in collera

핏덩어리 grumo di sangue, [갓난아이] neonato

핏발 congestione

핏발 서다 congestionarsi ¶ 핏발 선 눈 occhi iniettati di sangue

핏줄 【혈관】 vaso sanguigno, [혈통] sangue, parentela, linea, discendenza

핑 [도는 모양] in cerchio ¶ 핑 돌다 girare su se stesso, [현기증] con una sensazione di vertigine // 머리가 핑 돌다 avere le vertigini

핑계 scusa, scappatoia, pretesto, sotterfugio ¶ 아프다는 핑계로 con la scusa di avere male, con pretesto di avere male

핑그르르 in cerchio ¶ 팽이가 핑그르르 돈다 La trottola gira.

핑핑하다 [꽉 켕기다] (essere) stretto, teso, [비슷비슷함] essere uguale

ㅎ

하 [입김] con un soffio caldo e umido

하 [감탄 · 웃음] ha!

하 下 [하등] grado inferiore, qualità inferiore, [아래] basso, parte inferiore ¶ 감독하에 sotto sorveglianza, [하권] ultimo tomo

하감 下疳 【의학】 ulcera

하강 下降 discesa, discensione, caduta, abbassamento **-하다** discendere, cadere, abbassare

하객 賀客 persona che viene a congratularsi

하계 夏季 estate

하계 下界 [현재] questo mondo, [지상] terra ¶ 하계의 mondiale, terrestre

하고 [및] e [함께] con, insieme a [대해서] contro ¶ 아버지하고 나 padre e io // 적하고 싸우다 combattere contro i nemici

하고많다 (essere) numeroso, innumerabile, incalcolabile

하곡 夏穀 cereali d'estate, grano e orzo

하관 下棺 **-하다** discendere una bara in una tomba

하교 下敎 [명령] ordine, [교시] istruzione, insegnamento

하구 河口 foce, bocca

하권 下卷 ultimo tomo, tomo secondo (두 권 중의), tomo terzo (세 권 중의)

하급 下級 classe [rango, grado] inferiore ¶ 하급의 inferiore, subalterno, basso ＊**-관리** funzionari subalterni **-관청** ufficio subordinato **-사원** impiegato subalterno **-선원** marinaio **-장교** uffiaciale subalterno **-재판소** tribunale inferiore

하급생 下級生 allievo di una classe inferiore

하기 下記 ¶ 하기의 seguente, susseguente // 하기와 같이 come seguito ＊ **-사항** punti seguenti

하기 夏期 estate ＊ **-강습회** corso d'estate **-방학** vacanze d'estate

하기는 in fatto, in realtà, difatti ¶ 하기는 그래 E' vero. Sì, hai ragione.

하기야 davvero, infatti, tuttavia

하나 [한개] uno ¶ 하나의 singolo (단일의), solo, unico (유일의) // 단 하나 uno solo // 하나하나 a uno a uno // 하나도 남김없이 senza eccezione, [동일한] stesso, medesimo, uguale // 한 하숙에 nella stessa pensione, [한번] una volta

하나 comunque, però, ma

하나님 ⇒ 하느님

하녀 下女 domestica, serva

하느님 Dio, Divinità ¶ 하느님을 믿다 credere in Dio

하늘 cielo ¶ 맑은 하늘 cielo sereno // 하늘 높이 alto nel cielo // [천당] paradiso // 하늘에 계신 우리 아버지 Nostro Padre che sei nei cieli // [섭리] provvidenza, [하느님] Dio

하늘다람쥐 【동물】 scoiattolo volante

하늘소 【곤충】 cervo volante (사슴벌레)

하다 ① [행하다] fare, eseguire ¶ 일을 하다 lavorare // 공부를 하다 studiare // 영어를 하다 parlare l' inglese // 어리석은 짓을 하다 fare sciocchezze // 만날 약속을 하다 fare appuntamento ② [삼다] prendere per ¶ 양자로 삼다 adottare ③ [종사] occuparsi di ④ [노릇] fare da ¶ 무역을 하다 occuparsi del commercio nazionale // 안내역을 하다 fare da guida ⑤ [경험] fare l' esperienza di ¶ 고생을 하다 penare ⑥ [비용] costare, valere ¶ 이것은 10원 한다 Questo costa 10 won. ⑦ [음식을] mangiare, prendere, bere (마시다), fumare (피우다) ¶ 그는 술도 담배도 하지 않는다 Lui non beve né fuma. ⑧ [착용] mettersi, portare ¶ 귀걸이를 하다 portare gli orecchini * **공부-** studiare **결혼-** sposarsi **분주-** essere occupato

하다못해 infine, finalmente, alla fine, almeno, per lo meno ¶ 하다못해 그에게 10원을 주었다 Finalmente, gli ho dato 10 won.

하단 下段 [글의] basso (di una pagina), [계단의] basso (di una scala)

하달 下達 trasmissione, ordine ¶ 상의 하달 la trasmissione della volontà delle autorità superiori

하대 下待 **-하다** trattare sprezzantemente, [말을] chiamare qlcu. per nome senza nessun titolo onorifico

하도 troppo, eccessivamente ¶ 이 책은 하도 어려워서 못 읽겠다 Questo libro è troppo difficile per leggere.

하등 下等 [열등] inferiorità, [하급] classe [grado] inferiore, [질이] qualità inferiore, [상스러움] volgarità ¶ 하등의 inferiore, volgare * **-동물** animale inferiore **-사회** le classi inferiori

하등 何等 comunque, in [ad] ogni modo

하락 下落 [가격의] calo, diminuzione, ribasso, [품질의] deterioramento **-하다** ribassare, deteriorarsi ¶ 쌀값의 하락 ribasso del prezzo di riso

하략 下略 omissione del resto **-하다** omettere il resto (di un testo)

하례 賀禮 felicitazioni, congratulazioni **-하다** felicitarsi, congratularsi

하루 [un] giorno [una] giornata ¶ 하루 세 번 tre volte al giorno // 하루만에 in un giorno // 하루 종일 tutto il giorno [어느날] // 하

루는 un giorno
하루거리 paludismo, malaria
하루바삐 al più presto possibile ¶ 하루바삐 회복되시기를 빕니다 Prego che guarisca al più presto.
하루살이 【곤충】 effimero ¶ 하루살이 같은 인생 vita effimera
하루 아침 una mattina ¶ 하루 아침에 in breve tempo, in un giorno
하루
하루 giorno per giorno, di giorno in giorno
하룻날 [초하루] il primo (del mese)
하룻밤 una notte, [밤새] di notte ¶ 하룻밤 사이에 in una notte // 하룻밤을 자다 fermarsi durante la notte.
하류 下流 [하천의] valle ¶ 한강 하류에 a valle del fiume Han // [하류사회] classe inferiore
하륙 下陸 **-하다** sbarcare, scaricare
하르르하다 (essere) leggero, lieve
하리놀다 caluniare, diffamare
하릴없다 [불가피] essere inevitabile ¶ 하릴없이 inevitabilmente, malgrado // [틀림 없다] (essere) certo, indubbio // 하릴없이 esattamente, precisamente
하마 下馬 **-하다** discendere dal cavallo * **-석** predellino per discendere dal cavallo **-평** opinione pubblica
하마 河馬 【동물】 ippopotamo
하마터면 [거의] quasi, pressoché, [간신히] appena, a mala pena ¶ 하마터면 물에 빠질 뻔했다 Mi sono quasi sommerso.
하명 下命 [명령] comando, ordine, [주문] ordine **-하다** comandare, ordinare
하물 荷物 bagaglio, carico
하물며 [긍정] ancora più, [부정] ancora meno ¶ 그는 영어를 잘 쓴다, 하물며 읽는데 있어서야 말할 것도 없다 Lui è abile nello scrivere l' inglese, ancora più leggerlo.
하박 下膊 【해부】 avambraccio * **-골** osso dell′avambraccio
하반 下半 parte seconda [inferiore] * **-기** secondo semestre **-신** parte inferiore del corpo
하복 夏服 vestito [abito] d' estate
하복부 下腹部 ipogastrio, addome
하부 下部 parte inferiore, base * **-조직** infrastruttura
하사 下賜 donazione reale **-하다** dare, donare
하사 下士 sergente, caporale maggiore
하사관 下士官 sottufficiale
하산 下山 discesa dal monte **-하다** scendere dal monte
하상 河床 letto di un fiume
하선 下船 sbarco **-하다** sbarcare
하선 下線 sottolineatura ¶ 하선 친 부분 sottolineato
하소연 appello, petizione, supplica, sollecitazione **-하다** appellare, supplicare, sollecitare
하수 下手 [솜씨] incapacità, inabilità, [사람] maldestro, persona inabile
하수 下手 **-하다** [살인] assassinare, uccidere, ammazzare * **-인** assassino
하수 下水 acque di scarico * **-관** tubo di fogna **-구** fogna **-도**

fogna
하숙 下宿 pensione **-하다** prendere a pensione, alloggiare, ospitare ∗ **-집** pensione
하순 下旬 l'ultima decade ¶ 3월 하순에 verso l'ultima decade di marzo
하야 下野 **-하다** dimettersi
하얗다 essere bianco
하얘지다 biancheggiare
하여간 何如間 comunque, in ogni caso, in ogni modo, in qualunque modo
하여튼 何如- ⇒ 하여간
하역 荷役 scarico, scaricatura **-하다** scaricare ∗ **-인부** stivatore
하염없다 (essere) assente, distratto, sognante
하염없이 distrattamente, sognantemente
하오 下午 pomeriggio **-2시에** alle due del pomeriggio
하옥 下獄 arresto, carcerazione, prigionia **-하다** carcerare, mettere in prigione, mettere agli arresti
하원 下院 camera dei deputati, assemblea legislativa(입법의회) ∗ **-의원** deputato
하위 下位 rango inferiore ¶ 하위의 inferiore
하의 下衣 calzoni, pantaloni
하인 下人 servente, domestico
하인방 下引枋【건축】soglia
하자 瑕疵【법】difetto
하자마자 appena che, subito che
하잘것없다 (essere) insignificante, trascurabile, poco importante
하저 河底 fondo [letto] di un fiume
하전 荷電 carica elettrica
하절 夏節 estate, stagione dell' estate
하정 賀正 saluti dell'anno nuovo
하제 下劑 purgante, lassativo
하주 荷主 speditore, mittente
하지 下肢 membra inferiori, gambe
하지 夏至 solstizio d'estate ∗ **-선** tropico del cancro
하지만 ma, però, tuttavia, eppure, nondimeno
하지하 下之下 il più inferiore, il peggiore
하직 下直 congedo, **-하다** lasciare, congedarsi
하차 下車 discesa dal treno [dall' autobus] **-하다** scendere da ¶ 이 표는 도중 하차가 안됩니다 Con questo biglietto, non si può interrompere il viaggio.
하찮다 ⇒ 하치않다
하천 河川 corso d'acqua, fiume
하체 下體 parte inferiore del corpo [음부] sesso
하층 下層 strato indigente, sostrato, classe inferiore, pianterreno, pianoterra ∗ **-사회** bassifondi
하치 下- oggetto [articolo, merce] di qualità inferiore
하치않다 (essere) insignificante, minimo, infimo ¶ 하치않은 일 inezia, nonnulla, cosa [affare] insignificante [poco importante]
하퇴 下腿 gamba ∗ **-골** osso della gamba **-동맥** arteria crurale
하편 下篇 ⇒ 하권
하품 sbadiglio **-하다** sbadigliare ¶ 하품을 참다 trattenere lo sbadiglio

하품 下品 ⇒ 하치
하하 ha! ha!
하학 下學 fine dei corsi, uscita dalla scuola ¶ 하학후에 dopo la lezione ＊ **-시간** ora dell' uscita (da una scuola)
하항 河港 porto fluviale
하행 下行 ＊ **-열차** treno discendente
하향 下向 ¶ 하향 기미다 cominciare a declinare [scendere] ＊ **-세 [경향]** tendenza discendente
하향 下鄕 ritorno al paese natio
하현 下弦 l' ultimo quarto ¶ 하현의 달 luna all' ultimo quarto
하혈 下血 emoragia, flusso del sangue **-하다** perdere del sangue
하환어음 荷換- effetto documentario
하회 下廻 inferiorità **-하다** essere inferiore a
학 學 studio, scienza
학 鶴 gru
학감 學監 soprintendente della scuola, (대학의) preside di facoltà
학계 學界 mondo accademico
학과 學科 [과목] materia, [과정] corso, programma di studi
학과 學課 lezione ＊ **-시간표** orario delle lezioni
학관 學館 accademia, istituto
학교 學校 scuola, istituto, liceo, collegio ¶ 학교가 파한 후 dopo la lezione // 학교에 다니다 frequentare la scuola // 학교에 들어가다 entrare nella scuola // 학교에 보내다 mandare alla scuola // 학교를 그만두다 lasciare dalla scuola ＊ **-교육** educazione scolastica **-장** direttore, soprintendente **초등-** scuola elementare **중-** scuola media **고등-** liceo **대-** università **음악-** conservatorio
학구 學究 studio, ricerca, [사람] studioso, scienziato, ricercatore ＊ **-적** accademico
학구 學區 circoscrizione scolastica ＊ **-제** sistema delle circoscrizioni scolastiche
학군 學群 gruppo scolastico ＊ **-제** sistema dei gruppi scolastici
학급 學級 classe
학기 學期 semestre ¶ 제1학기 il primo semestre ＊ **-말** fine del semestre **-말시험** esame semestrale
학년 學年 anno scolastico ¶ 너는 몇학년이냐? - 1학년입니다 In quale anno frequenti? Frequento il primo anno.
학당 學堂 scuola, istituto
학대 虐待 maltrattamento, sevizie, violenza **-하다** maltrattare, seviziare
학덕 學德 sapere [erudizione] e virtù
학도 學徒 studente, allievo
학동 學童 scolaro, allievo
학력 學力 conoscenza, sapere ＊ **-고사** esame del conseguimento scolastico
학력 學歷 studi ¶ 학력을 불문하고 senza riguardare i diplomi scolastici
학령 學齡 età scolare ＊ **-아동** bambino dell' età scolare
학리 學理 teoria, principi scientifici

¶ 학리적 teorico
학명 學名 nome scientifico * **동물-** nome zoologico
학무 學務 amministrazione scolastica
학문 學問 [학업] studio, [학식] conoscenza, sapere, [학교 교육] istruzione, educazione, [면학] studi ¶ 학문적으로 scientificamente, dal punto di vista scientifica
학벌 學閥 settarismo accademico
학병 學兵 studente mobilitato
학부 學府 centro d'insegnamento * **최고-** università, insegnamento superiore
학부 學部 facoltà, collegio
학부형 學父兄 parenti di uno studente * **-회** associazione dei parenti
학비 學費 spese di studio, tasse scolastiche **-를 대다** fornire a uno studente le tasse scolastiche
학사 學士 laureato * **-학위** laurea **-회** associazione dei laureati **문-** laureato in lettere **의-** laureato in medicina
학사 學事 affari scolastici * **-보고** rapporto sugli affari scolastici
학살 虐殺 massacro, carnaio, carnaggio, strage, carneficina, genocidio **-하다** massacrare * **-자** massacratore **대량-** carnaggio grande, massacro in massa
학생 學生 studente, allievo, scolaro * **-기질** spirito dello studente **-복** uniforme di studente **-생활** vita di studente **-시절** anni di studente [scuola]
학설 學說 teoria, dottrina
학수고대 鶴首苦待 **-하다** attendere con impazienza, essere impaziente di
학술 學術 [과학] scienza, [학문] scienze, studio, [학문과 예술] scienze e arte ¶ 학술상의 scientifico, accademico // 학술상 scientificamente, accademicamente * **-강연** conferenza scientifica **-논문** trattato scientifico, studio scientifico, tesi accademica
학술원 學術院 accademia delle scienze e dell'arte
학습 學習 studio **-하다** studiare, imparare
학식 學識 conoscenza, sapere, sapienza, erudizione
학업 學業 studi ¶ 학업을 중단하다 abbandonare gli studi, lasciare la scuola
학예 學藝 scienze e arte, cultura (문화) * **-란** pagina [colonna, cronaca] letteraria e artistica **-부** sezione delle scienze e dell'arte **-부장** editore di penna (신문사의) **-회** rappresentazione degli scolari
학용품 學用品 forniture scolastiche
학우 學友 compagno di scuola [classe, collegio, studi]
학원 學院 istituto, scuola * **자동차-** scuola di guida
학원 學園 scuola, istituto ¶ 학원의 자유 libertà scolastica * **-생활** vita scolastica [di studente]
학위 學位 titolo universitario, diploma universitario ¶ 학위를 받다 ottenere il titolo universitario * **-논문** tesi **-수여식** cerimonia

ㅎ

della consegna di diplomi **박사-** dottorato **명예-** titolo onorario

학자 學者 studioso, erudito

학자금 學資金 ⇒ 학비

학장 學長 preside, presidente

학적 學籍 iscrizione alla scuola * **-부** registro scolastico

학점 學點 punto

학정 虐政 governo oppressivo [crudo, tirannico], tirannia

학제 學制 sistema educativo [scolastico]

학질 【의학】 paludismo, malaria

학창 學窓 scuola, istituto, mondo universitario * **-생활** vita scolastica

학칙 學則 regola scolastica

학파 學派 scuola, setta

학풍 學風 spirito scolastico, tradizione accademica (전통), metodo di studio (연구법) ¶ 학풍을 세우다 stabilire lo spirito scolastico

학회 學會 società colta, congresso, accademia * **한글-** Società di Hangeul [della lingua coreana]

한 ① [하나의] un, uno, una * **-해** un anno ② [같은] stesso, medesimo ¶ 한 집에 alla stessa casa ③ [온] intero, tutto ¶ 한 고을을 차지하다 occupare l'intero villaggio ④ [한창] pieno ¶ 한 가운데 in mezzo a ⑤ [약] circa, verso ¶ 한 열흘 circa 10 giorni

한 恨 [원한] rancore, risentimento, [한탄] rimpianto, desolazione, afflizione, lamentazione ¶ 천추의 한 rimpianto eterno // 한이 되는 일 affare lamentevole // 한많은 odioso, pieno di rimpianto

한 限 ① [한계] limite ② [기한] termine, periodo ¶ 이달 25일 한 al massimo il 25 di questo mese ③ [범위] finchè, per quanto ¶ 살아있는 한 finchè vivo // 될수있는 한 per quanto possibile // 내가 아는 한 per quanto riguarda che io sappia // 따로 규정이 없는 한 a meno che non c'è un altro provvedimento

한가 閑暇 **-하다** (essere) libero, inattivo, disoccupato, avere del tempo libero ¶ 한가로이 liberamente

한가운데 metà, mezzo, centro, cuore ¶ 한가운데의 centrale, medio

한가위 il 15 agosto secondo il calendario lunare, festa della mietitura

한가을 [수확기] mietitura, stagione del raccolto, [가을] pieno autunno

한가지 ① [일종] una sorte, una specie ¶ 그것도 일종의 방법이다 È un altro metodo. ② [동일] lo stesso, medesimo, equivalente ③ [비슷한] simile, comune (공통)

한갓지다 (essere) calmo, tranquillo, silenzioso

한개 -箇 un, uno, una ¶ 사과 한개 una mela // 비누 한장 un pezzo di sapone

한거 閒居 ozio, vita tranquilla

한꺼번에 tutto d'un fiato, tutto di seguito, [동시에] al tempo stesso, ad un tempo, contemporaneamente, simultaneamente ¶ 사람이 한꺼번에 밀어닥치다 Tutta la gente si affolla ad un tempo.

한걱정 ansia, noia, preoccupazione, paura

한걸음 un passo ¶ 한걸음에 di getto // 한걸음 한걸음 gradualmente, passo a passo

한껏 più che mai, estremamente, pienamente, appieno ¶ 한껏 즐기다 divertirsi pienamente

한겨울 pieno inverno

한결 [눈에 띄게] cospicuamente, notevolmente, visibilmente, evidentemente, [한층] ancor più, specialmente (특히) ¶ 한결 눈에 띄다 spiccare cospicuamente

한결같다 (essere) costante, coerente, stabile

한결같이 coerentemente, costantemente, stabilmente ¶ 한결같이 사랑하다 amare qlcu. costantemente

한겻 un quarto di giorno

한계 限界 limite, confine ¶ 한계를 짓다 limitare, delimitare, porre i limiti a ＊ **-가격** prezzo del limite massimo **-능률** efficienza marginale **-생산비** costo marginale **-선** limite

한계 韓係 origine coreana ＊ **-미국인** americano d'origine coreana

한고비 momento critico, momento il più difficile, punto culminante, apogeo ¶ 한고비를 넘기다 passare la fase pericolosa, superare una crisi (병 따위가)

한교 韓橋 residente coreano all'estero

한구석 angolo, recesso ¶ 한구석에 in un angolo

한국 韓國 Corea ＊ **-국민** popolo coreano **-전쟁** guerra della Corea **-사람** coreano **-요리** piatti coreani **-은행** Banca della Corea

한군데 un posto, un luogo ¶ 그 시계를 파는 가게가 한군데 있다 C'è un negozio, in cui si vende quell'orologio.

한근심 ⇒ 한걱정

한글 Hangeul, alfabeto coreano

한끝 punta, estremità ¶ 줄 한끝에 돌을 달다 legare un sasso ad un'estremità dello spago

한기 寒氣 freddo

한끼 un pasto ¶ 하루에 한끼만 먹다 mangiare solo un pasto al giorno

한길 [큰길] strada ampia, via larga

한나절 mezza giornata ¶ 한나절 일 lavoro di mezza giornata

한낮 mezzogiorno, pieno giorno

한낱 [하나] un, uno, una, [하잘 것 없는] semplice, solo, niente, nulla

한눈 팔다 guardare altrove, voltare gli occhi

한다하는 eminente, influente ¶ 한다하는 학자 studioso eminente

한담 閒談 chiacchierata, chiacchiere **-하다** chiacchierare ¶ 한담으로 시간을 보내다 passare del tempo chiacchierando

한대 寒帶 zona glaciale, regione artica ＊ **-동물** fauna artica, animale della zona glaciale

한때 un tempo, un momento ¶ 한때 번창하다 Un tempo si prospera.

한댕거리다 oscillare leggermente

한더위 caldo intenso, grande caldo
한데 esterno, luogo aperto ¶ 한데서 자다 dormire fuori [all' aperto]
한데 ⇒ 한군데
한도 限度 limite, confini ¶ 최대한도 limite massimo
한독 韓獨 la Corea e la Germania ¶ 한독의 germano-coreano, coreano-tedesco
한동안 un tempo
한되다 恨- rimpiangere, serbare rancore
한두 uno o due, un pugno di ¶ 한두 사람 una o due persona
한둘 uno o due
한란 寒暖 caldo e freddo, temperatura (온도) ¶ 한란의 차 differenza di temperatura
한란계 寒暖計 termometro ＊ **섭씨[화씨]-** termometro centigrado [Fahrenheit]
한랭 寒冷 freddo **-하다** essere freddo ＊ **-전선** [기상] fronte freddo
한량 限量 limite, quantità limitata, confini ¶ 한량없는 senza limite
한류 寒流 corrente marina fredda
한마디 una parola **-하다** dire due parole ¶ 한마디도 없이 senza una parola
한마음 un cuore solo, unanimità, accordo, concordia ¶ 한마음으로 concordemente, in concordia, all' unanimità
한모금 sorso, sorsata ¶ 한모금에 di una sorsata sola
한목 tutto insieme, ad una volta sola
한몫 una parte, una porzione, un contingente ¶ 한몫 보다 avere parte, partecipare a
한문 漢文 composizione cinese, scritto cinese ＊ **-자** caratteri cinesi
한물 piena stazione, vertice, sommo, apogeo ¶ 한물이 지나다 passare la stagione di
한미 韓美 la Corea e gli Stati Uniti ¶ 한미의 americano-coreano ＊ **-관계** relazioni tra la Corea e gli Stati Uniti **-상호방위협정** accordo sulla difesa mutua tra la Corea e gli Stati Uniti **-문제** problema tra la Corea e gli Stati Uniti **-재단** fondazione americo-coreana
한밑천 fortuna, patrimonio ¶ 한밑천 장만하다 fare una bella fortuna
한바닥 centro, cuore
한바퀴 un giro ¶ 한바퀴 돌다 fare un giro
한바탕 una scenata, una partita ¶ 한바탕 울다 piangere profondamente
한발 旱魃 siccità, secchezza, aridità ¶ 한발의 계속 siccità lunga
한발짝 un passo
한밤중 mezzanotte, piena notte ¶ 한밤중에 in mezzo alla notte, verso la mezzanotte, in piena notte
한방 漢方 medicina cinese ＊ **-약** farmaco cinese ¶ 한방의 medico praticante la medicina cinese
한방울 una goccia ¶ 한방울씩 a goccia a goccia
한배 [동물의] una figliata, [사람의] un utero ¶ 한배의 uterino
한번 una volta ¶ 단한번 una volta

sola // 한번에 nello stesso tempo // 한벌 completo // 여름옷 한벌 una roba d' estate

한복 韓服 abito [costume] coreano ¶ 한복을 입고 있다 essere in costume coreano

한복판 mezzo, centro, cuore ¶ 서울 한복판 il centro di Seoul

한불 韓佛 la Corea e la Francia ¶ 한불의 franco-coreano

한사코 限死- a rischio e pericolo, persistentemente ¶ 한사코 달려들다 gettarsi a corpo morto // 한사코 싸우다 combattere a corpo morto

한산 閑散 ① [한가] tempo libero **-하다** essere libero, ② [불경기] recessione stagnamento, ristagno **-하다** ristagnarsi, stagnare ¶ 한산한 시장 mercato stagnante

한색 寒色 colore freddo

한서 寒署 caldo e freddo, temperatura

한서 漢書 libro [classico] cinese

한선 汗腺【해부】ghiandole sudoripare

한세상 -世上 [일평생] tutta la vita, [한창때] apice, apogeo, bella epoca, buon tempo

한소 韓蘇 ¶ 한소의 coreano-sovietico

한속 ¶ 한속이다 essere dello stesso parere // 한속이 되다 cospirare, complottare

한수 -手 abilità, destrezza ¶ 한수 높다 essere più abile di qlcu.

한순배 -巡杯 un giro

한술 un cucchiaio, [적은 음식] un boccone

한숨 ① [탄식] sospiro ¶ 한숨 쉬다 sospirare ② [호흡·휴식] respiro, fiato ¶ 한숨에 tutto d' un fiato

한시 漢詩 poesia cinese, poema cinese

한식 韓式 stile coreano ＊ **-집** casa di stile coreano

한심 寒心 **-하다** (essere) deplorevole, lamentevole, increscioso, spiacevole ¶ 한심한 일 affare spiacevole

한아름 una bracciata ¶ 한아름의 책 una bracciata dei libri

한약 漢藥 medicina cinese, farmaco cinese

한없다 限- (essere) illimitato, infinito, immenso ¶ 한없이 senza fine, enormemente, illimitatamente, infinitamente, immensamente

한여름 ① [한창] in mezzo dell' estate, piena estate ¶ 한여름 더위 caldo della piena estate ② [한철] tutta l' estate

한역 漢譯 traduzione [versione] in cinese **-하다** tradurre in cinese

한역 韓譯 traduzione [versione] in coreano **-하다** tradurre in coreano

한영 韓英 la Corea e l' Inghilterra. ＊ **-사전** dizionario coreano-inglese

한옆 un lato, un fianco ¶ 한옆으로 비키다 farsi da parte

한외 발행 韓外發行 emissione eccessiva

한웅큼 una manciata ¶ 한웅큼의 소금 una manciata di sale

한음 漢音 pronuncia dei caratteri

cinesi
한의 漢醫 medico della medicina orientale
한이 韓伊 la Corea e l'Italia ¶ 한이의 italiano-coreano
한인 閒人 persona che ha tempo libero, persona inattiva
한인 韓人 coreano
한인 韓印 la Corea e l'India ¶ 한인의 coreano-indiano
한인 漢人 cinese
한일 韓日 la Corea e il Giappone ¶ 한일의 coreano-giapponese ∗ **-각료회담** conferenza ministeriale tra la Corea e il Giappone **-경제협의회** associazione economica tra la Corea e il Giappone **-회담** conferenza tra la Corea e il Giappone
한입 un boccone ¶ 한입에 a un boccone
한자 漢字 caratteri cinesi ∗ **-어** parola scritta in caratteri cinesi **-철폐** abolizione dei caratteri cinesi
한잔 una tazza, un bicchiere ¶ 한잔의 물 un bicchiere d'acqua, [술] un bicchiere, un sorso ¶ 한잔 하다 bere un bicchiere
한잠 sonno, sonnellino, siesta ¶ 한잠 자다 fare un sonnellino
한장 -帳 un pezzo, un foglio, una pagina
한재 旱災 danni [calamità, disastro] per la secchezza
한적 閒寂 tranquillità, calma, silenzio **-하다** (essere) tranquillo, calmo, silenzioso ¶ 한적한 곳 luogo tranquillo
한적 漢籍 libro [classico] cinese
한점 -點 un punto, una macchia ¶ 하늘에는 구름 한점 없다 Non c'è una nuvola nel cielo.
한정 限定 limitazione, restrizione, [논리] determinazione, definizione (뜻의) ∗ **-가격** prezzo del limite massimo **-판** edizione limitata
한족 韓族 popolo coreano
한족 漢族 razza cinese
한줄 una linea, un rango, una fila, un filo ¶ 한줄로 in una fila
한줄기 ① [한가닥] striscia, raggio, barlume ¶ 한줄기의 희망 un raggio di speranza // 한줄기 빛 una striscia di luce ② [한바탕] stessa stirpe, striscia
한줌 manciata, un po' ¶ 한줌의 토지 un piccolo lotto
한중 寒中 ¶ 한중에 in mezzo all' inverno, nel pieno inverno ∗ **-훈련** allenamento d'inverno
한중 韓中 la Corea e la Cina ¶ 한중의 cino-coreano ∗ **-무역** commercio tra la Corea e la Cina **-합작 영화** film in coproduzione cino-coreano
한증 汗蒸 bagno di vapore **-하다** prendere un bagno di vapore ∗ **-막** bagno turco
한직 閒職 sinecura, posto di tutto riposo
한집안 una famiglia, membri della stessa famiglia, [친척] parentela, parente ¶ 한집안같이 취급하다 trattare qlcu. come un membro della famiglia
한차례 un giro, una volta, una par-

tita ¶ 씨름을 한차례 하다 fare una partita di lotta

한참 ① [한동안] qualche tempo, per un breve tempo, per un momento ¶ 한참만에 dopo molto tempo ② [휴식] riposo, pausa

한창 ① [절정] apogeo, sommo, sommità, cima, vetta ② [꽃의] gran fioritura ③ [인생의] fiore degli anni, il pieno del vigore ④ [부사적] ¶ 한창일 때 in mezzo a, nel pieno di

한천 寒天 ⇒ 우무

한촌 寒村 villaggio povero

한층 -層 ① [더욱] più, ancor più ¶ 한층 더 노력하다 fare di più gli sforzi ② [층계] scalino, gradino

한칼 un solo colpo di spada ¶ 한칼로 베다 tagliare di un solo colpo di spada, [고기] fetta di carne

한탄 恨歎 gemito, lamentazione **-하다** gemere, lamentarsi ¶ 한탄할 deplorevole, lamentevole

한턱 festa, trattenimento, ospitalità ¶ 저녁을 한턱 내다 pagare una cena a qlcu

한테 ⇒ 에게

한통속 stesso gruppo, aderenti, un partito ¶ 한통속이 되어 d'intesa, in cospirazione di

한파 寒波 onda fredda ¶ 한파가 전국을 엄습했다 Un'ondata fredda ha spazzato tutto il paese.

한판 un giro, una partita (씨름 따위의) ¶ 장기를 한판 두다 fare una partita di scacchi

한편 -便 [한쪽] un lato, una parte ¶ 한편에 da un lato // 한편에 치우치다 (essere) parziale, unilaterale

한평생 -平生 tutta la vita ¶ 한평생을 통하여 per tutta la vita

한푼 un soldo, una moneta ¶ 한푼 없는 senza i soldi

한풀꺾이다 flettere, piegare, scoraggiarsi

한풀다 恨- soddisfare un desiderio

한풀이하다 恨- vendicare, fare le vendette

한풍 寒風 vento freddo [glaciale]

한하다 限- limitare, restringere ¶ 성인에 한한 영화 film riservato agli adulti // 사원에 한하여 입장을 허가함 Entrata riservata agli impiegati.

한학 漢學 letteratura cinese, sinologia * **-자** sinologo

한해 旱害 danno per la secchezza * **-지구** regione che ha sofferto la secchezza

한해 寒害 danno per il freddo

한화 韓貨 [화폐] moneta coreana

할 割 dieci per cento ¶ 3할 할인해서 팔다 vendere con lo sconto del 30 per cento

할거 割據 **-하다** dividere [spartire] i territori * **군웅 (群雄)-** rivalità tra i signori potenti

할딱거리다 ansare, ansimare, soffiare

할딱할딱 ansantemente

할당 割當 assegnamento, attribuzione, quota **-하다** assegnare, attribuire, quotare ¶ 일을 할당하다 assegnare un compito a ciascuno * **-금** assegnamento **-제** sistema di quota

할뚱말뚱 con esitanza, senza entusiasmo **-하다** esitare a, fare senza brio

할듯할듯 -하다 sembrare pronto a fare, avere l'aria di volere fare

할례 割禮 [종교] circoncisione **-하다** circoncidere

할말 ciò che si vuol dire ¶ 네게 할 말이 있다 Ho qualcosa che voglio dirti.

할머니 nonna, anziana, vecchia

할멈 nonnina

할미꽃【식물】anemone selvaggio

할미새【새】cutrettola

할복 割腹 sventramento da sé **-하다** sventrarsi

할선 割線【기하】secante

할아버지 nonno, anziano, vecchio

할애 割愛 **-하다** dividere, condividere, risparmiare ¶ 식량을 할애하다 risparmiare una parte delle provviste (per un altro)

할양 割讓 cessione, alienazione **-하다** cedere, alienare ¶ 토지의 할양 cessione del terreno

할인 割引 sconto, ribasso, riduzione **-하다** scontare, fare un ribasso, fare una riduzione ¶ 할인하여 sottoprezzo, a prezzo ridotto * **-가격** prezzo ridotto **-권** biglietto di sconto (승차권) **-기간** periodo di sconto **-수표** assegno scontato **-요금** prezzo ridotto, tariffa ridotta **-율** tasso di sconto **단체-** riduzione per gruppi **재-** risconto **현금-** sconto per contanti

할인 割印 sigillo ¶ 할인을 찍다 apporre i sigilli, mettere un sigillo

할짝거리다 leccare, lambire

할쭉거리다 ⇒ 할짝거리다

할증 割增 [요금따위의] supplemento, [주식따위의] premio * **-금** premio **-배당금** extradividendo **-요금** sovrapprezzo

할퀴다 graffiare, scalfire ¶ 할퀸 상처 graffio // 손톱으로 얼굴을 할퀴다 graffiare la figura di qlcu. con le unghie

핥다 leccare, lambire

핥아먹다 ① [혓바닥으로] leccare, lambire ② [남의 물건을] scroccare qc. a qlcu., estorcere qc. a qlcu., spillare qc. a qlcu

함 函 scatola, cassetta * **우편-** casella postale

함께 insieme, assieme, con, in compagnia di ¶ 영문이력서 및 최근 사진 2매와 함께 assieme al curriculum vitae in inglese e 2 foto prese di recente

함교 艦橋 passerella

함구 緘口 silenzio **-하다** tacere, osservare il silenzio * **-령** bavaglio

함대 艦隊 flotta, squadra (소함대) ¶ 함대를 파견하다 spedire [inviare] una squadra

함락 陷落 [토지의] crollo, depressione, sprofondamento, [적진의] resa, capitolazione **-하다** crollare, sprofondare, capitolare

함량 含量 contenuto, tenore * **알콜-** tenore alcolico

함몰 陷沒 crollo, depressione, sprofondamento **-하다** crollare, sprofondare

함미 艦尾 poppa * **-닻** ancora

poppiera -포 cannone poppiera

함빡 del tutto, perfettamente ¶ 함빡 젖은 옷 vestito tutto bagnato // 비에 함빡젖다 essere tutto bagnato di pioggia

함박꽃 peonia

함박꽃나무 【식물】 magnolia

함박눈 larghe falde di neve ¶ 함박눈이 오다 La neve cade a larghe falde.

함부로 indiscriminatamente, ciecamente, a caso, a casaccio, a vanvera, senza ragione ¶ 사람을 함부로 치다 picchiare senza ragione

함석 zinco, lamiera galvanizzata ＊ **-집** casa coperta di lamiera

함선 艦船 vascello, nave da guerra

함성 喊聲 grido ¶ 함성을 올리다 dare [emettere] un grido

함수 含水 ¶ 함수의 【화학】 idrato, idrico ＊ **-탄소** idrato di carbone **-화합물** composto idrato

함수 函數 【수학】 funzione ＊ **-식** formula funzionale

함수 鹹水 acqua salata ＊ **-어(漁)** pesce di mare **-호**(湖) lago salato

함수 艦首 prua, prora ＊ **-포(砲)** cannone di prua

함수초 含羞草 sensitiva

함씨 咸氏 suo [vostro] nipote

함양 涵養 formazione, cultura **-하다** coltivare, sviluppare, promuovere ¶ 덕성을 함양하다 coltivare la virtù

함유 含有 **-하다** contenere, comprendere, includere ＊ **-성분** componente

함자 銜字 suo [vostro] nome

함장 艦長 capitano, comandante

함재 艦載 carico **-하다** caricare qc. su un vascello

함정 陷穽 trappola, trabocchetto ¶ 함정에 빠지다 cadere in trappola

함정 艦艇 vascello da guerra

함지 mastello, tinozza

함축 含蓄 implicazione, comprensione **-하다** implicare, significare, suggerire ¶ 함축성 있는 implicito, significativo

함포 艦砲 cannone ＊ **-사격** tiro con cannone

함호 鹹湖 lago salato

함흥차사 咸興差使 messaggero che non ritorna

합 合 [합계] somma, totale

합 盒 scodella [ciotola] di ottone

합격 合格 successo, ammissione **-하다** [시험에] passare a un esame, avere successo in un esame, [심사에] (essere) ammesso, scelto ＊ **-자** candidato ammesso, essere promosso

합계 合計 somma, totale **-하다** totalizzare, sommare, addizionare ¶ 합계하여 in totale, in tutto

합금 合金 lega **-하다** legare

합당 合當 convenienza, proprietà, adattabilità, opportunità **-하다** (essere) conveniente, adeguato, opportuno

합당 合黨 fusione dei partiti politici

합동 合同 combinazione, unione, incorporazione, fusione, coalizione, [수학] congruenza **-하다** combinare, unirsi, incorporarsi, fondersi ＊ **-관리** controllo comune -사업 impresa associata

합력 合力【물리】risultante, [협력] collaborazione, cooperazione **-하다** collaborare, concorrere, cooperare, associarsi

합류 合流 ① [냇물] affluenza, confluenza **-하다** confluire, affluire ¶ 그 강은 한강과 합류한다 Quel fiume confluisce nel fiume Han. ② [합동] congiunzione, unione, riunione **-하다** congiungersi, unirsi, riunirsi ＊ **-점** confluente

합리 合理 razionalità, ragionevolezza ¶ 합리적으로 razionalmente, ragionevolmente ＊ **-성** razionalità **-주의** razionalismo **-주의자** razionalista

합명회사 合名會社 società in nome collettivo

합방 合邦 annessione, unificazione **-하다** annettere, unificare ＊ **한일** - annessione della Corea al Giappone

합법 合法 legalità, legittimità ¶ 합법적 legale, legittimo ＊ **-성** legalità, legittimità

합병 合併 associazione, unione, fusione (정당의), [병합] annessione (영토의) **-하다** associare, unire, fondersi, annettere

합본 合本 ⇒ 합자 [책의] rilegatura, libro rilegato **-하다** rilegare

합산 合算 addizione **-하다** addizionare, totalizzare

합석 合席 **-하다** sedersi insieme, riunirsi

합성 合成【물리】composizione,【화학】sintesi **-하다** comporre, sintetizzare ＊ **-고무** caucciù sintetico **-섬유** fibre sintetiche **-금** lega

합세 合勢 congiunzione [unione] delle forze **-하다** congiungere [unire] le forze

합숙 合宿 alloggio in comune, campeggio d'allenamento **-하다** alloggiare insieme, campeggiare ＊ **-소** pensione, dormitorio, campeggio d'allenamento **-훈련** allenamento in campeggio.

합승 合乘 **-하다** salire nella stessa auto, prendere lo stesso tassì

합심 合心 accordo, concerto, unisono **-하다** accordarsi, concertarsi

합의 合意 consenso [consentimento, accordo] mutuo **-하다** consentire, accordarsi ¶ 쌍방 합의하에 di comune accordo ＊ **-이혼** divorzio consensuale

합의 合議 consultazione, conferenza, consiglio **-하다** consultarsi, conferire, consigliarsi ¶ 합의하에 di comune accordo

합일 合一 fusione, unione, unificazione

합자 合資 associazione, messa dei fondi in comune **-하다** mettere i fondi in comune

합작 合作 collaborazione, coproduzione **-하다** collaborare ＊ **-자** collaboratore

합장 合掌 **-하다** congiungere le mani ＊ **-배례** salutazione in mani congiunte

합장 合葬 seppellimento nella stessa tomba, sepoltura comune **-하다** seppellire nella stessa tomba

합주 合奏 concerto **-하다** concertare ＊ **-곡** concerto **2부-** duetto **3부-**

trio 4부- quartetto 5부- quintetto
합죽거리다 borbottare, biascicare
합죽이 persona sdentata
합중국 合衆國 federazione, stati uniti * **미-** gli Stati Uniti
합창 合唱 coro **-하다** cantare un coro * **-곡** coro, corale **-대** coro **-자** corista **남성-** coro maschile **2 [3, 4, 5] 부-** coro a duetto [trio, quartetto, quintetto] **혼성 [남녀]-** coro misto
합치 合致 conformità, concordanza, corrispondenza, accordo **-하다** coincidere, concordare con, corrispondere a, accordarsi
합치다 合- ① [하나로] congiungere, unire ② [병합] fondere, annettere ¶ 손을 합치다 congiungere le mani ③ [합계] sommare, totalizzare, addizionare ④ [혼합] mescolare, confondere ¶ 물과 술을 합치다 mescolare il liquore e l'acqua
합판 合板 compensato
합판 合辦 impresa in comune
합판화 合瓣花 fiore gamopetalo
합하다 合- ① [여럿이] unire, congiungere ② [마음에] essere conforme a, convenire a, rispondere a.
합환주 合歡酒 coppa nuziale
핫바지 [옷] pantaloni imbottiti di ovatta, [사람] zotico
항 項 clausola (조항), paragrafo (문장의), articolo (항목), termine (수학의) ¶ 제3조 제2항 articolo III, clausola II
항간 巷間 mondo, strada, città, villaggio ¶ 항간에 떠도는 이야기 rumore che corre nel villaggio
항거 抗拒 resistenza, opposizione, rivolta **-하다** resistere, opporre, rivoltare
항고 抗告 【법】 ricorso, appello **-하다** ricorrere, appellarsi * **-기간** periodo durante cui un condannato può appellarsi **-심** esame di un'azione in ricorso **-인** ricorrente, appellante
항공 航空 aviazione, navigazione * **-계** aviazione **-기** aereo, aeroplano **-모함** portaerei **-사** aviatore **-사진** fotografia aerea **-수송** trasporto aereo **-우편** posta aerea **-회사** compagnia d'aviazione, compagnia aerea
항구 恒久 permanenza, perpetuità, eternità **-하다** (essere) permanente, perpetuo, eterno ¶ 항구적 permanente, perpetuo, eterno * **-성** permanenza
항구 港口 porto
항내 港內 * **-시설** facilitazioni di porto
항도 港都 porto
항독소 抗毒素 antitossina
항등식 恒等式 identità
항렬 行列 grado di parente
항례 恒例 ⇒ 상례
항로 航路 linea, rotta * **-도** carta di navigazione **비행-** aerolinea **정기-** servizio regolare
항만 港灣 porto, baia * **-공사** costruzione di porto **-시설** facilitazioni di porto
항목 項目 articolo, capitolo, rubrica ¶ 항목별로 나누다 dividere in articoli * **-별표** elenco

항문 肛門 【해부】 ano ¶ 항문의 anale

항법 航法 navigazione * **극지 [무선]-** navigazione polare [radio]

항변 抗辯 [피고의] difesa, [항론] protestazione, contraddizione, arringa **-하다** difendere, protestare, contraddire, arringare

항복 降伏 capitolazione, resa **-하다** capitolare, rendersi * **-기** bandiera bianca **무조건-** capitolazione [resa] senza condizioni

항상 恒常 sempre, costantemente, abitualmente, ordinariamente

항생물질 抗生物質 【의학】 antibiotico

항설 巷說 rumore, voci, chiacchiera, pettegolezzo ¶ ～에 대한 항설이 분분하다 Si parla molto di

항성 恒星 stella 항성의 siderale * **-주기** ciclo siderale

항소 抗訴 [법] appello **-하다** appellarsi ¶ 항소를 기각하다 respingere un appello * **-권** diritto d' appello **-심** giudizio [processo] d' appello **-인** appellante **-장** petizione d' appello

항속 航速 volo continuo * **-거리** autonomia di volo **-력** autonomia **-시간** durata di volo

항시 恒時 ⇒ 항상

항아리 giara, brocca

항용 恒用 ⇒ 항상

항원 抗原, 抗元 【생리】 antigene

항의 抗議 protesta, reclamo **-하다** protestare, reclamare * **-서[문]** protesta scritta **-자** protestatore

항일 抗日 resistenza al Giappone * **-운동** movimento antigiapponese

항쟁 抗爭 opposizione, lotta, resistenza **-하다** lottare contro, opporsi a, resistere a

항전 抗戰 resistenza, lotta **-하다** resistere a, lottare contro * **대일-** resistenza al Giappone

항정 航程 [배의] traversata, [항공기의] tragitto, percorso, tappa

항진 亢進 accelerazione, esacerbazione (병세 따위의) **-하다** accelerare * **심계-** palpitazione cardiaca

항체 抗體 【생리】 anticorpo

항해 航海 navigazione, viaggio per mare, traversata **-하다** veleggiare, navigare, viaggiare per mare, traversare ¶ 항해중이다 essere in viaggio per mare * **-권** diritto di navigazione **-도** carta di navigazione **-사** ufficiale di rotta **1등 [2등, 3등] 항해사** primo[secondo, terzo] ufficiale di rotta **-술** navigazione, arte nautica **원양-** navigazione oceanica

항행 航行 navigazione **-하다** navigare

해 sole ¶ 해가 뜨다 il sole sorge // 해가 지다 il sole tramonta // 해가 저물다 Si fa notte.

해 ① [일년] anno ¶ 해마다 tutti gli anni, ogni anno // 해가 다 가다 essere alla fine dell' anno ② [낮] giorno, giornata ¶ 해가 길다 [짧다] Le giornate si allungano [si accorciano].

해 亥 cinghiale

해 害 [위해] male, danno, offesa,

lesione, ferita, [손상] detrimento, danno **-하다** fare del male a, dannare, offendere ¶ 해로운 nocivo, dannoso

해- 該- il suddetto, la suddetta, (la persona, la cosa) in questione

해갈하다 解渴- [갈증을] placare la sete, dissetarsi, [가뭄을] placare la secchezza [siccità]

해결 解決 soluzione, risoluzione **-하다** risolvere ¶ 원만 [만족] 한 해결 soluzione amichevole [soddisfacente] * **-조건** condizione per risolvere un problema **-책** soluzione

해고 解雇 licenziamento, congedo **-하다** licenziare, congedare ¶ 해고되다 (essere) licenziato, congedato

해골 骸骨 scheletro

해괴 駭怪 stranezza, straordinarietà, eccentricità **-하다** (essere) strano, eccentrico, straordinario ¶ 해괴한 처사 decisione bizzara

해구 海狗 foca * **-신** pene della foca

해구 海寇 pirata

해군 海軍 marina, forze di mare, armi navali ¶ 해군의 navale * **-성** Ministero della Marina Mercantile **-기지** base navale **-력** potenza navale **-병원** ospedale della marina **-사관 [장교]** ufficiale della marina **-사관학교** Accademia navale **-함선** nave da guerra

해끄무레하다 essere bello ¶ 해끄무레한 얼굴 bel viso

해금 解禁 levata di un divieto [di una proibizione]

해기 海技 arte nautica

해난 海難 disastro sul mare, catastrofe marittima, naufragio ¶ 해난을 당하다 naufragare * **-구조선** barca di salvataggio **-구호** salvataggio **-구조작업** opera di salvataggio

해내다 ① [완수] compire, raggiungere, finire, realizzare ¶ 맡은 일을 해내다 finire il compito ② [이겨내다] battere, vincere, trionfare, superare

해넘이 tramonto

해녀 海女 tuffatrice, sommozzatrice

해달 海獺 【동물】 lontra marina

해답 解答 soluzione, risposta **-하다** risolvere, rispondere * **-자** solutore, rispondente **시험문제-** risposte alle questioni dell'esame

해당 該當 **-하다** corrispondere a ¶ 제2조에 해당하다 corrispondere all'articolo 2

해당화 海棠花 【식물】 rosa selvatica

해대다 attaccare, picchiare, battere ¶ 사람에게 해대다 attaccare una persona

해도 海圖 carta marina

해독 害毒 male, veleno, danno ¶ 해독을 끼치다 recare danno a

해독 解毒 disintossicazione **-하다** disintossicare * **-제** antidoto

해독 解讀 deciframento, decifrazione **-하다** decifrare, decodificare

해돋이 alba ¶ 해돋이에 all'alba

해동 解凍 disgelo **-하다** disgelare

해득 解得 comprensione, apprensione, conoscenza **-하다** comprendere, apprendere, conoscere

해로 海路 via marina, via mare ¶

해로로 가다 andare per via mare
해로 偕老 **-하다** invecchiare insieme ¶ 백년해로하다 vivere insieme fino alla morte
해롭다 害- (essere) dannoso, nocivo, malefico, pernicioso ¶ 과음은 건강에 해롭다 L'abuso dell' alcool nuoce alla salute.
해롱거리다 comportarsi con leggerezza, comportarsi come bambino mal educato
해류 海流 corrente marina * **-도** carta delle correnti marine
해륙 海陸 terra e mare ⇒ 수륙 * **-양용** 비행기 [전차] aereo [carro armato] anfibio **-양면작전** operazione anfibia
해리 海里 miglio marittimo
해리 海狸 【동물】 castoro
해리 解離 【화학】 dissociazione **-시키다** dissociare
해마 海馬 [물고기 · 하마] ippocampo, [해상] tricheco
해마다 ogni anno, tutti gli anni, annualmente
해말갛다 avere il colore chiaro
해말쑥하다 essere chiaro e bello
해먹다 truffare, profittare del potere per arrichirsi
해면 海面 superficie del mare, livello del mare
해면 海綿 spugna * **-고무** gomma spugnosa **-조직** tessuto spugnoso **-질** spugnosità **-체** corpo spugnoso
해명 解明 chiarificazione, spiegazione **-하다** chiarire, spiegare
해몽 解夢 interpretazione di un sogno **-하다** interpretare un sogno
해무 海霧 nebbia, foschia
해묵다 [물건이] essere conservato un anno, [일이] essere trascinato per un anno
해물 海物 ⇒ 해산물
해바라기 【식물】 girasole
해박 該博 erudizione **-하다** essere erudito ¶ 해박한 지식 conoscenza estesa
해발 海拔 altitudine ¶ 그 산은 해발 3,000 미터이다 La montagna ha l'altitudine di tre mila metri.
해방 解放 liberazione, rilascio, emancipazione, disimpegno **-하다** liberare, rilasciare, emancipare, disimpegnare ¶ 노예를 해방하다 emancipare i schiavi * **-자** liberatore, emancipatore **-지구** regione [zona] liberata
해법 解法 soluzione, chiave
해변 海邊 spiaggia, lido, riva del mare, costa ¶ 해변을 산책하다 passeggiare sulla spiaggia
해병 海兵 marina * **-대** fanteria di marina **-대원** fuciliere di marina, marinaio
해보다 ① [시험] provare, tentare ② [경험] sperimentare ¶ 일을 해보다 fare l'esperienza di un lavoro // 고생을 해보다 sperimentare le difficoltà 끝까지 해보다 combattere
해부 解剖 [의학상의] dissezione, autopsia, [분석] analisi **-하다** sezionare, anatomizzare, analizzare ¶ 해부상의 anatomico * **-대** tavola di dissezione **-도** carta anatomica **시체-** autopsia

해빙 解氷 scioglimento dei ghiacci, disgelo **-하다** disgelarsi ¶ 한강이 해빙 되다 Il fiume Han si disgela. * **-기** periodo di disgelo

해사 海事 affari marittimi * **-법규** diritto marittimo

해산 解散 [흩어짐] dispersione [해체] dissoluzione, scioglimento **-하다** disperdersi, fare a pezzi, andare in pezzi, dissolversi, sciogliersi ¶ 의회를 해산하다 sciogliere il parlamento * **강제-** dissoluzione forzata **임의-** dissoluzione volontaria

해산 解産 parto **-하다** partorire

해산물 海産物 prodotti [frutti] del mare

해삼 海蔘 oloturia

해상 海上 sul mare ¶ 해상에서 sul mare * **-근무** servizio in mare **-무역** commercio marittimo **-법** diritto marittimo **-보험** assicurazione marittima

해상 海床 fondo del mare

해상 解喪 **-하다** deporre [smettere, togliersi] il lutto

해서 楷書 scrittura diritta

해석 解析 analisi **-하다** analizzare * **-기하학 [수학]** geometria analitica **-학** analitica

해석 解釋 [판단] interpretazione, [번역] traduzione, [설명] spiegazione, [해설] esposizione, [주석] commento **-하다** interpretare, tradurre, spiegare, esporre, commentare ¶ 법의 해석 interpretazione della legge // 선의 [악의]로 해석하다 prendere in buona [male] parte

해설 解說 spiegazione, commentario, esposizione, interpretazione **-하다** spiegare, commentare, esporre, interpretare * **-자** commentatore, interprete **뉴스-** commentario delle notizie

해소 解消 ① [해산] dissoluzione **-하다** dissolvere ② [해약] annullamento, cancellazione **-하다** annullare, cancellare ③ [해결] soluzione, risoluzione **-하다** risolvere

해손 海損 avaria * **-계약 [계약서]** contratto d'avaria **-정산** regolamento d'avaria **-조항** clausola d'avaria

해수 咳嗽 tosse * **-약** sciroppo [medicina] contro la tosse

해수 海水 acqua di mare * **-욕** bagni di mare 해수욕을 하다 fare il bagno di mare

해쓱하다 essere pallido

해시계 -時計 meridiana

해식 海蝕 erosione marina

해신 海神 dio del mare, divinità marina, Nettuno, Poseidone

해안 海岸 riva del mare, costa, spiaggia ¶ 해안의 costiero, litorale // 해안에서 alla costa * **-경비** difesa costiera **-경비대** guardia costiera **-도** isola costiera **-선** linea costiera **-지방** costiera, litorale

해약 解約 annullamento

해양 海洋 oceano, mare * **-성 기후** clima oceanico [marittimo] **-학** oceanografia

해어뜨리다 logorare ¶ 옷을 해어뜨리다 logorare un'abito, scipare

un abito

해어지다 logorarsi, essere stracciato

해열 解熱 caduta della febbre ＊ **-제** antifebbrile, febbrifugo, antipiretico

해오라기 【새】 airone bianco

해왕성 海王星 【천문】 Nettuno

해외 海外 paesi stranieri, estero ¶ 해외로 all'estero // 해외로부터 dall'estero // 해외로 가다 andare all'estero ＊ **-무역** commercio estero **-시장** mercato estero **-이주** emigrazione **-전보** cablo(gramma)

해우 海牛 【동물】 lamantino, vacca di mare

해운 海運 trasporto per mare, trasporti marittimi, messagerie marittime ＊ **-계** mondo di messagerie marittime **-업** servizio di messagerie marittime

해원 海員 marinaio

해이 解弛 rilassatezza, rilassamento, distensione **-하다** rilassarsi, distendersi ¶ 마음이 해이해지다 L'attenzione si rilassa.

해일 海溢 maremoto, mareggiata

해임 解任 destituzione, congedo, licenziamento **-하다** destituire, congedare, licenziare

해자 垓字 fosso

해장 bere per alleviare i postumi di una sbornia ＊ **-국** minestra per alleviare i postumi di una sbornia

해저 海底 fondo marino ＊ **-전선** cavo sottomarino

해적 海賊 pirata ＊ **-선** vascello pirata -행위 pirateria

해전 海戰 combattimento navale, battaglia navale

해제 解除 ① [취소] cancellazione, revocazione, dissoluzione ② [해방] rilascio, assoluzione, liberazione **-하다** cancellare, revocare, dissolvere, rilasciare, liberare, assolvere ＊ **무장-** disarmo, smilitarizzazione

해제 解題 nota [spiegazione] bibliografica **-하다** mettere un'introduzione bibliografica

해조[1] 害鳥 uccello nocivo

해조[2] 海鳥 uccello marino, pianta marina

해조[3] 海藻 alga

해주다 fare qlco. per qlcu

해중 海中 해중에 sotto il mare, nel mare

해지다 ⇒ 해어지다

해직 解職 destituzione, congedo, licenziamento **-하다** destituire, congedare, licenziare

해질녘 ¶ 해질녘에 al tramonto, al crepuscolo

해체 解體 ① [분해] smontaggio, demolizione, messa in pezzi ② [해산] dissoluzione, liquidazione **-하다** smontare, mettere in pezzi, dissolvere ¶ 기계를 해체하다 smontare una macchina // 정당을 해체하다 dissolvere un partito politico

해초 海草 ⇒ 해조[3]

해충 害蟲 insetto nocivo, vermine (총칭)

해치다 害- fare del male a qlcu., fare torto a qlcu., nuocere, ferire, danneggiare, guastare ¶ 건

강을 해치다 nuocere alla salute
해탈 解脫 **-하다** essere rilasciato (dalle passioni), distaccarsi (dal mondo)
해태 海苔 lattuga marina
해파리 【동물】 medusa
해판 解版 **-하다** distruggere un cliché
해학 諧謔 umore, scherzo ¶ 해학적인 umoristico * **-가** umorista **-소설** romanzo umoristico
해해거리다 far risatine sciocche, ridacchiare
해협 海峽 stretto, canale * **대한-** stretto di Corea
해후 邂逅 incontro **-하다** incontrare per caso, incontrarsi dopo una lunga separazione
핵 核 [세포의] nucleo, [과실의] nocciolo * **-물리학** fisica nucleare **-반응** reazione nucleare **-분열** fissione nucleare
핵무기 核武器 armi nucleari
핵무장 核武裝 armamento nucleare **-하다** armarsi delle armi nucleari
핵물질 核物質 materie nucleari
핵산 核酸 acido nucleare
핵실험 核實驗 esperienza nucleare
핵심 核心 nucleo, nocciolo, essenza, essenziale, cuore, centro ¶ 문제의 핵심 essenziale di un problema
핵우산 核雨傘 ombrello nucleare
핵(입)자 核(粒)子 【물리】 nucleone
핵전쟁 核戰爭 guerra atomica [nucleare]
핵질 核質 【생물】 nucleoplasma
햅쌀 riso nuovo * **-밥** riso nuovo cotto
햇 nuovo, il primo prodotto dell' anno ¶ 햇곡식 cereale nuovo // 햇무리 alone, aureola
햇발 raggio di sole
햇볕 raggio di sole, luce del sole ¶ 햇볕을 쬐다 mettersi al sole, esporsi al sole
햇빛 luce del sole ¶ 햇빛에 쬐다 esporre al sole
햇살 raggio di sole, luce del sole
햇수 -數 numero degli anni
햇콩 fava nuova, fagiolo nuovo
햇팥 fava rossa nuova
행 行 linea, fila, [시의] verso
행 幸 felicità, fortuna
행 行 [가는 곳] per, diretto a ¶ 서울행 열차 il treno per Seoul, il treno diretto a Seoul.
행각 行脚 viaggiare a piedi, pellegrinare ¶ 사기행각을 하다 commettere una frode
행간 行間 interlinea
행군 行軍 marcia **-하다** marciare * **-대형** formazione di marcia 강- marcia forzata
행길 strada grande ⇒ 한길
행낭 行囊 sacco postale
행내기 persona ordinaria
행동 行動 azione, atto, movimento, condotta, comportamento **-하다** agire, comportarsi, condursi ¶ 행동에 옮기다 attuare, muoversi * **-대** gruppo d' azione **-주의 [심리]** psicologia del comportamento **군사-** azione militare **단독-** atto individuale **단체-** azione di gruppo
행동거지 行動擧止 comportamento, maniere

행락 行樂 piacere, divertimento **-하다** avere piacere di ql.co., divertirsi

행렬 行列 [행진] processione, corteo, [물건을 살 때의] coda, fila ¶ 행렬을 짓다 stare in fila, mettersi in coda

행로 行路 via, strada, sentiero ∗ **인생-** via della vita

행방 行方 direzione, pista ¶ 행방을 감추다 scomparire, non lasciare alcuna traccia

행방불명 行方不明 ¶ 행방불명의 disparito, smarrito ∗ **-자** persona smarrita, disparito

행복 幸福 felicità **-하다** essere felice ¶ 행복을 누리다 godere la felicità // 행복을 빌다 augurare a qlcu. di essere felice

행불행 幸不幸 felicità ed infelicità, fortuna e sfortuna

행사 行使 esercizio **-하다** esercitare ¶ 권리를 행사하다 avvalersi dei diritti

행사 行事 avvenimento, funzione, cerimonia ∗ **연중-** avvenimento annuale, cerimonia annuale

행상 行商 ① [일] giro per vendere ② [행상인] ambulante, venditore ambulante

행색 行色 [차림새] apparenza, aspetto, [행동] attitudine, comportamento, condotta

행서 行書 scrittura corsiva

행세 行世 **-하다** condursi, comportarsi [가장] fingere ¶ 중으로 행세하다 assumere un′aria di monaco

행세 行勢 influenza **-하다** essere influente, influenzare

행수 行數 numero di linee

행실 行實 condotta, comportamento

행여 幸- per caso, possibilmente

행운 幸運 buona fortuna, buona sorte ¶ 행운의 fortunato ∗ **-아** persona fortunata

행원 行員 impiegato di banca

행위 行爲 atto, azione, comportamento, condotta ∗ **-능력** capacità **법률-** atto giuridico **부정-** irregolarità **불법-** infrazione della legge, atto illegale, illecito **상-** commercio **자선-** atto di carità **정당-** atto legittimo [giustificato]

행인 行人 passante, pedone

행장 行裝 necessario per viaggiare

행적 行蹟 via (dei santi), opere di qlcu.

행정 行政 amministrazione ¶ 행정적 [상의] amministrativo, esecutivo ∗ **-감독** ispezione amministrativa **-개혁** riforma amministrativa **-관** amministratore, funzionario dell′amministrazione **-관청** amministrazione **-권** potere amministrativo [esecutivo] **-기구** organizzazione dell′amministrazione **-사무** amministrazione, affari amministrativi **-소송** contenzioso amministrativo **-재판소** tribunale amministrativo **-조치** misura amministrativa **-학** scienze amministrative

행정 行程 distanza a percorrere, viaggio

행주 strofinaccio ∗ **-치마** grembiule

행진 行進 marcia, sfilata **-하다**

marciare, sfilare * **-곡** marcia

행차 行次 andare [venuta, visita, viaggio] di un' alta persona **-하다** andare, venire, visitare, viaggiare

행패 行悖 **-하다** comportarsi male, fare violenza ¶ 행패를 부리다 oltraggiare

행하 行下 mancia, gratificazione

행하다 行- ① fare, agire, comportarsi, [실행] attuare, effettuare, praticare, commettere ¶ 선을 행하다 fare il bene ② [거행] celebrare, tenere, eseguire ¶ 의식을 행하다 celebrare una cerimonia

향 香 profumo, incenso ¶ 향을 피우다 incensare, bruciare l' incenso

향교 鄕校 scuola confuciana

향긋하다 (essere) fragrante, profumato, aromatico

향기 香氣 fragranza, profumo aroma ¶ 향기로운 fragrante, profumato, aromatico

향나무 香-【식물】albero aromatico, sabina cinese

향년 享年 età della morte ¶ 그는 향년 60세 였다 Lui è morto all' età di 60 anni.

향도 嚮導 guida, capofila (군대의), condotta, direzione **-하다** guidare, condurre, dirigere

향락 享樂 godimento, gioia, piacere **-하다** provare gioia, godere * **-주의** epicureismo **-주의자** epicureo [epicurea]

향로 香爐 incensiere, turibolo

향료 香料 ① [식품의] spezie, aroma ② [화장품의] profumo * **-류** profumeria

향리 鄕里 paese nativo

향미 香味 gusto, sapore * **-료** spezie, aroma, condimento

향방 向方 direzione, destinazione

향배 向背 il pro e il contro

향불 香- fuoco di un incenso ¶ 향불을 피우다 bruciare un incenso

향사 向斜【지질】depressione

향상 向上 elevazione, [개선] miglioramento, [진보] progressione **-하다** progredire, elevarsi, migliorarsi ¶ 지위의 향상 promozione // 질의 향상 miglioramento della qualità * **-심** aspirazione, ambizione

향수 享壽 **-하다** godere di una vecchiaia lunga

향수 香水 profumo ¶ 향수를 바르다 [뿌리다] profumarsi * **-병** flacone di profumo **-분무기** vaporizzatore [atomizzatore] a profumo

향수 享受 **-하다** godere

향수 鄕愁 nostalgia ¶ 향수를 느끼다 avere nostalgia, sentire la nostalgia

향습성 向濕性【식물】idrotropismo

향연 饗宴 banchetto, festino

향유 享有 godimento, possessione **-하다** godere, possedere

향유 香油 ① [참기름] olio di sesamo ② [머리기름] olio profumato [aromatico]

향유고래 香油-【동물】capodoglio, capidoglio

향응 饗應 trattenimento **-하다** trattenere, offrire un festino a qlcu.

향일성 向日性【식물】eliotropismo

향지성 向地性【식물】geotropismo

향토 鄕土 paese nativo * **-문학** letteratura folcloristica **-색** colore locale

향하다 向- ① [대하다] fronteggiare, essere di fronte a ② [가다] dirigersi verso, avanzarsi verso, partire per ③ [쏠리다] fare attenzione

향학심 向學心 desiderio di studiare

향학열 向學熱 entusiasmo [zelo, ardore, passione] per gli studi

향후 向後 fin d'ora, in futuro, d'ora innanzi, d'ora in avanti

허 ah! oh! ohimè!

허가 許可 permesso, autorizzazione, licenza **-하다** permettere, autorizzare, ammettere ¶ 허가를 얻어 con permesso // 허가없이 senza permesso * **-증** permesso, patente, brevetto **건축-** permesso di costruire **입학-** ammissione in una scuola

허깨비 fantasma, spettro, apparizione, visione

허겁지겁 in fretta, in gran [tutta] fretta **-하다** affrettarsi, sbrigarsi

허공 虛空 spazio, aria, cielo

허구 虛構 finzione, fantasia, fabbricazione, invenzione ¶ 허구의 inventato, immaginario, falso

허구렁 虛- vuoto, cavo, cavità

허기 虛飢 fame ¶ 허기지다 avere fame, essere affamato

허다 許多 abbondanza, numerosità **-하다** (essere) numeroso, abbondante, pieno, frequente

허덕거리다 [숨이 차서] ansimare, avere il fiato grosso, [애쓰다] sforzarsi, fare sforzo [di tutti gli sforzi], faticare ¶ 숨이 차서 허덕거리다 ansimare, soffocare

허두 虛頭 ¶ 허두를 꺼내다 iniziare a dire

허둥거리다 agitarsi, confondersi, perdere la testa, essere confuso

허둥지둥 in fretta e furia, in gran [tutta] fretta **-하다** essere in furia, avere fretta

허드레 oggetti vari, rimasugli, avanzi, briciole ¶ 허드렛군 uomo di lavoro saltuario // 허드렛일 lavoro saltuario

허락 許諾 [승인] consenso, assenso, approvazione [허가] permesso, autorizzazione, licenza, ammissione **-하다** consentire, assentire, approvare, permettere, autorizzare, ammettere

허랑방탕 虛浪放蕩 **-하다** (essere) disordinato, sregolato

허례 虛禮 formalità

허룩하다 essere quasi vuoto

허름하다 (essere) liso, logoro, [싸다] essere a buon mercato

허리 ① [신체의] cintola, vita, reni, anca, fianco ② [옷의] cintura

허리띠 cintura

허리춤 interiore della cintura

허리통 taglia di vita

허릿매 linea di vita

허망 虛妄 falsità, menzogna **-하다** (essere) vano, falso

허무 虛無 vanità, futilità **-하다** (essere) vano, vuoto, futile * **-사상** pensiero nichilista **-주의** nichilismo **-주의자** nichilista

허물[1] pelle, epidermide, [흉터] cicatrice, sfregio ¶ 허물이 있다

essere sfregiato

허물[2] [과실] errore, cantonata, gaffe, colpa [결점] difetto, mancanza, imperfezione, vizio ¶ 허물 있는 difettivo, imperfetto // 허물 없는 senza difetti, perfetto

허물다 distruggere, demolire

허물벗다[1] ① [뱀따위가] cambiare la pelle, spellarsi ¶ 뱀이 허물벗다 Un serpente si spella. ② [피부] spellarsi, squamarsi

허물벗다[2] [누명벗다] scagionarsi, discolparsi

허물어지다 crollare, andare in rovina

허물없다 (essere) familiare, semplice e senza cerimonie

허방짚다 calcolare male, sbagliare

허벅다리 coscia

허벅지 interiore della coscia.

허비 虛費 sciupio, spreco, sperpero, spesa inutile **-하다** sciupare, sprecare, sperperare, spendere inutilmente.

허사 虛事 tentativo vano [inutile], fallimento ¶ 허사로 돌아가다 fallire, terminare in fallimento

허상 虛像【물리】immagine virtuale

허송세월 虛送歲月 perdita di tempo **-하다** perdere il tempo

허수 虛數 numero immaginario

허수룩하다 essere quasi vuoto

허수아비 spaventapasseri

허수하다 ⇒ 허전하다

허술하다 (essere) povero, umile, misero, miserabile

허식 虛飾 affettazione, ostentazione, parata **-하다** affettare, ostentare ¶ 허식적 ostentativo, appariscente

허실 虛實 verità e falsità

허심탄회 虛心坦懷 serenità, sincerità, franchezza **-하다** (essere) franco, sincero

허약 虛弱 debolezza, fiacchezza, gracilità, 【의학】adinamia **-하다** (essere) debole, fiacco, infermo, gracile

허언 虛言 menzogna, bugia

허여멀겋다 (essere) chiaro, bianco, pallido

허영 虛榮 vanità, gloria vana ¶ 여자의 허영 vanità femminile ＊ **-심** vanità

허옇다 (essere) molto bianco, pallido

허욕 虛慾 avidità, cupidigia ¶ 허욕 많은 avido, cupido

허용 許容 permesso, autorizzazione, approvazione, sanzione, ammissione, [용서] perdono **-하다** permettere, approvare, sancire, ammettere, perdonare ＊ **-범위** limite permesso

허울 apparenza, aspetto 허울이 좋다 avere una bell' apparenza

허위 虛僞 falsità, menzogna, finzione ¶ 허위 진술을 하다 fare una deposizione falsa ＊ **-신고** dichiarazione falsa **-고소** accusa falsa

허위단심 lotta, sforzo ¶ 허위단심으로 con tutti gli sforzi

허위대 prestanza ¶ 허위대가 좋다 avere una bella prestanza

허위적거리다 contorcersi, dimenarsi, dibattersi

허장성세 虛張聲勢 fanfaronata,

spacconata

허전하다 sentirsi isolato [solo, solitario]

허탈 虛脫 【의학】 collasso, prostrazione, atrofia, abbattimento **-하다** avere un collasso, atrofizzarsi, essere prostrato, essere abbattuto

허탕 sforzo vano, sforzo inutile ¶ 허탕치다 fare gli sforzi invano

허투루 senza cura, negligentemente, con negligenza

허튼계집 donna frivola, sciattona

허튼맹세 giuramento irresponsabile

허튼소리 parola vana [inutile, inattendibile], scherzo

허튼수작 ⇒ 허튼소리

허파 polmone

허풍 虛風 fanfaronata, spacconata, esagerazione ＊ **-선이** fanfarone, spaccone

허하다 虛- [속이] essere vuoto, [기력이] essere debole [fiacco]

허하다 許- [허가] permettere, autorizzare, dare un permesso [una autorizzazione] a qlcu. [허락] ammettere

허행 虛行 ⇒ 헛걸음

허허바다 oceano vasto, mare immenso

허허벌판 pianura immensa

허혼 許婚 **-하다** consentire al matrimonio

헌 vecchio, usato, fuori uso ＊ **-옷** vestito usato, abito vecchio

헌걸차다 (essere) dignitoso, robusto, forte

헌것 cosa usata, oggetto fuori uso

헌계집 donna già sposata

헌금 獻金 contribuzione [교회에서] questua, colletta, offerta **-하다** contribuire, donare, dare il contributo ＊ **-자** contributore, donatore

헌납 獻納 contribuzione, donazione, offerta **-하다** offrire, contribuire, donare ＊ **-자** contributore, donatore **-품** donazione, offerta

헌데 ascesso, tumore, ulcera

헌법 憲法 costituzione ¶ 헌법상의 costituzionale ＊ **-기관** istituzione costituzionale **대한민국-** la Costituzione coreana **성문[불문]-** costituzione scritta [non scritta]

헌병 憲兵 membro della polizia militare, 《총칭》 polizia militare ＊ **-대** polizia militare

헌상 獻上 **-하다** regalare [a un superiore], offrire ＊ **-물** regalo

헌신 獻身 dedizione, sacrificio **-하다** dedicarsi, consacrarsi, sacrificarsi

헌신짝 scarpa usata [vecchia]

헌장 憲章 carta ＊ **국제연합-** Carta delle Nazioni Unite **대- [영국의]** Magna Carta

헌정 憲政 governo costituzionale, costituzionalismo

헌정 獻呈 presentazione **-하다** offrire, presentare

헌칠하다 (essere) elegante, grande e distinto

헐값 歇- prezzo basso [bassisimo]

헐겁다 (essere) allentato, disfatto

헐다[1] [옷이] usarsi, [피부가] ulcerarsi

헐다[2] ① [쌓은 것을] distruggere, demolire ② [험담] sparlare, diffamare ③ [돈을] spezzare, cambiare
헐떡거리다 ansimare, avere il fiato grosso
헐뜯다 sparlare, diffamare, calunniare
헐렁거리다 ① [물건이] essere allentato, disfatto ② [행동을] essere imprudente [leggero, frivolo]
헐렁이 persona frivola
헐렁하다 (essere) allentato, disfatto
헐레벌떡 senza fiato, in fretta
헐벗다 essere vestito poveramente
헐하다 歇- ① [값이] (essere) buon mercato, poco costoso ② [쉽다] (essere) facile, semplice ③ [벌이] (essere) leggero, poco severo
험구 險口 calunnia, insulto **-하다** calunniare, insultare, diffamare
험난 險難 pericolo, difficoltà **-하다** (essere) difficile, pericoloso
험담 險談 calunnia, sparlamento, ingiuria, insulto **-하다** calunniare, parlare male, sparlare, insultare, ingiuriare
험로 險路 strada difficile [pericolosa]
험상 險狀 ruvidezza, rudezza, asprezza ¶ 험상궂다 (essere) sinistro, minaccioso
험악 險惡 **-하다** [위험] essere pericoloso, [날씨가] (essere) minaccioso, inquieto, [사태가] (essere) grave, critico
험준 險峻 ripidezza, ertezza **-하다** (essere) ripido, erto, scosceso
험하다 險- ① [험준] (essere) ripido, erto ② [날씨가] (essere) minaccioso, inquieto ③ [험상] (essere) ruvido, rude, sinistro ④ [험악] (essere) serio, grave
헙수룩하다 [머리털이] essere scarmigliato, [차림새가] (essere) povero, miserabile
헙헙하다 ① [사람이] (essere) generoso, liberale ② [씀씀이가] essere prodigo
헛 falso, vano, vuoto, inutile
헛간 granaio, fienile, ripostiglio
헛걸음 gita inutile, viaggio senza frutti
헛구역 -嘔逆 【의학】 nausea, vomito
헛기침 tosse, chiarimento della gola **-하다** tossire, chiarire la gola
헛다리짚다 sbagliare, calcolare male, cadere in errore
헛돌다 [바퀴가] slittare, [기계가] funzionare male
헛되다 (essere) vano, futile, vuoto, inutile ¶ 헛되이 in vano, inutilmente, futilmente
헛듣다 sentire [ascoltare] male
헛디디다 fare un passo falso ¶ 계단을 헛디디다 fare un passo falso sulla scala
헛맹세 giuramento vano, spergiuro
헛물켜다 fare gli sforzi inutili, lavorare in vano
헛방 -放 colpo a vuoto, pallottola persa
헛배 ¶ 헛배 부르다 avere lo stomaco gonfio
헛소리 [정신 없는 말] discorsi incoerenti, delirio, [빈말] parola

vuota, parola priva di senso. **-하다** delirare, parlare all' aria

헛소문 -所聞 rumore falso [infondato]

헛손질 gesto inconscio, azione di toccare qlco. senza ragione

헛수 colpo fallito

헛수고 sforzo vano, lavoro inutile **-하다** fare gli sforzi vani, lavorare in vano

헛웃음 riso forzato, sorriso affettato [falso]

헛일 sforzo vano, lavoro inutile **-하다** fare gli sforzi inutili, lavorare in vano

헛헛증 -症 fame [malaticcia], fame cronica

헛헛하다 avere fame

헝겊 pezzo di tessuto

헝클다 aggrovigliare, arruffare, ingarbugliare ¶ 머리를 헝클다 aggrovigliare i capelli

헝클어지다 aggrovigliarsi, ingarbugliarsi

헤뜨리다 disperdere, spargere, disseminare

헤매다 ① [돌아다니다] vagare, errare, gironzolare ② [불안] (essere) imbarazzato, perplesso

헤먹다 (essere) lento, allentato

헤벌어지다 (essere) aperto, socchiuso

헤살 disturbo, ostacolo ¶ 헤살놓다 disturbare, ostacolare

헤식다 (essere) fragile, friabile

헤아리다 ① [고려] considerare, prendere in considerazione, contare, tenere conto ② [추측] indovinare, prevedere ③ [수를] contare, calcolare ¶ 헤아릴 수 없다 essere incalcolabile

헤어나다 sfuggire, fuggire, scappare, uscire

헤어지다 ① [이별] separarsi, divorziare, lasciare ② [흩어지다] separarsi, disperdersi ③ [갈라지다] screpolare

헤엄 nuoto ¶ 헤엄치다 nuotare

헤적이다 perquisire, frugare, rovistare

헤집다 estrarre, tirar fuori, girare, rivolgere

헤치다 ① [파다] scavare ② [흩뜨리다] disperdere, sparpagliare ③ [좌우로] spingere, aprirsi ¶ 군중을 헤치고 나아가다 aprirsi un varco tra la folla

헤프다 ①[물건이] non essere durevole, logorarsi facilmente ¶ 이 비누는 헤프다 Questo sapone si logora facilmente. ② [돈이] essere prodigo, sprecare, sperperare ¶ 돈을 헤프게 쓰다 spendere i denari inutilmente ③ [입이] essere chiacchierone, avere la lingua lunga

헹구다 sciacquare, risciacquare ¶ 빨래를 헹구다 risciacquare la biancheria

혀 lingua ¶ 혀를 차다 schioccare la lingua

혀짤배기 persona blesa

혁대 革帶 cintura

혁명 革命 rivoluzione * **-가** rivoluzionario **산업-** rivoluzione industriale **프랑스-** rivoluzione francese

혁신 革新 riforma, rinnovazione,

innovazione ¶ 정계의 혁신 riforma politica * -파 gruppo riformista
혁혁 赫赫 **-하다** (essere) brillante, radiante, splendente, illustre
현 弦 ① [활의 시위] corda d'arco ② [악기의] corda ③ 【기하】 corda ④ [달의] quarto
현 現 presente, attuale ¶ 현 장관 ministro attuale
현가 現價 prezzo corrente
현격 懸隔 differenza grande **-하다** essere differente
현관 玄關 anticamera, androne, entrata
현관 顯官 alto funzionario, dignitario
현군 賢君 re saggio, buon monarca
현금 現今 ¶ 현금의 presente, attuale // 현금에는 presentemente, attualmente, oggigiorno, in questi giorni
현금 現金 contante, denaro contante ¶ 현금으로 사다 [팔다] comprare [vendere] in contanti
현기 眩氣 capogiro, stordimento * **-증** vertigini, capogiro
현대 現代 presente, nostra età, tempo moderno, età contemporanea ¶ 현대의 presente, moderno, corrente, contemporaneo * **-교육** educazione moderna **-문학** letteratura contemporanea **-작가** autor e [scrittore] contemporaneo **-전** guerra moderna
현란 絢爛 splendore, magnificenza, lucentezza **-하다** (essere) splendido, magnifico, lucente
현명 賢明 saggezza, sapienza, assennatezza, intelligenza, sagacia **-하다** (essere) saggio, sapiente, assennato, intelligente, sagace
현모 賢母 madre virtuosa [esemplare] * **-양처** donna esemplare come moglie e come madre
현몽 現夢 **-하다** apparire in sogno
현묘 玄妙 **-하다** (essere) astruso, enigmatico, occulto, misterioso, recondito
현물 現物 oggetto, articolo, merce ¶ 현물로 지불하다 ripagare in natura * **-급여** prestazione in natura **-출자** apporto in natura
현미 玄米 riso non decorticato
현미경 顯微鏡 microscopio ¶ 백배의 현미경 microscopio che ingrandisce 100 volte
현상 現狀 situazione [stato] presente [attuale]
현상 現象 fenomeno, apparenza * **사회-** fenomeno sociale **자연-** fenomeno naturale
현상 現像 sviluppo **-하다** sviluppare
현상 懸賞 premio, premiazione **-하다** premiare * **-당선소설** romanzo coronato **-당선자** premiato
현세 現世 questo mondo, vita presente ⇒ 이승
현손 玄孫 discendente della quarta generazione, figlio del pronipote
현송 現送 invio [trasporto] dei contanti **-하다** inviare i contanti, inviare le merci
현수 懸垂 sospensione * **-막** stendardo sospeso
현숙 賢淑 **-하다** essere saggio e virtuoso

현시 現時 tempo presente, nostra età, nostri giorni, oggi

현시 顯示 **-하다** rivelare, manifestare

현실 現實 attualità, realtà, reale ¶ 현실적 reale, attuale, realistico ＊ **-성** attualità, realità **-주의** attualismo, realismo, laicismo **-주의자** realista

현악 絃樂 musica a corda ＊ **-기** strumenti a corda **-사중주** quartetto a corda

현안 懸案 questione indecisa [in sospeso] ¶ 한미간의 현안 questione in sospeso tra la Corea e gli Stati Uniti

현양 顯揚 **-하다** esaltare

현역 現役 servizio attivo ¶ 현역에 복무중이다 essere in servizio attivo

현인 賢人 saggio, sapiente

현임 現任 posto attuale, occupazione presente

현장 現場 posto, luogo, scena ¶ 현장에서 sul posto ＊ **-감독** caporeparto, capomaestro **-시찰** ispezione sul posto **-조사** indagine sul posto

현재 現在 ① presente ¶ 현재의 presente, attuale, corrente // 현재까지 fino ad ora, fino adesso ② [문법] presente ③ [실제] 현재의 회원 membro attuale

현저 顯著 **-하다** (essere) notevole, cospicuo, evidente

현존 現存 esistenza, sussistenza **-하다** esistere, sussistere ¶ 현존의 esistente, vivente, attuale, sussistente ＊ **-작가** scrittore vivente

현지 現地 luogo, posto ＊ **-연구** ricerca sul posto **-조사** indagine sul posto **-보고** reportage

현직 現職 posto attuale, occupazione presente

현찰 現札 denaro contante, contanti

현처 賢妻 buona moglie, moglie virtuosa

현철 賢哲 saggio

현충일 顯忠日 giorno commemorativo dei morti patriottici

현충탑 顯忠塔 monumento dedicato ai morti patriottici

현판 懸板 tavola sospesa

현품 現品 articolo, merce, merce in magazzino

현학 衒學 pedanteria ¶ 현학적인 pedante ＊ **-자** pedante

현행 現行 in vigore ＊ **-규정** regolamento in vigore **-범** [죄] delitto flagrante, [사람] criminale preso [a] in delitto flagrante

현혹 眩惑 abbagliamento, seduzione, fascino **-하다** abbagliare, sedurre, fascinare, affascinare

현화식물 顯花植物 fanerogama

현황 現況 stato attuale, situazione attuale, circostanze presenti, condizioni presenti

혈거 穴居 abitazione trogloditica ＊ **-인** troglodita, cavernicolo

혈관 血管 【해부】 vaso sanguigno ＊ **-경화** sclerosi dei vasi sanguigni

혈구 血球 globulo ＊ **백-** globulo bianco, leucocito **적-** globulo rosso, emazia

혈기 血氣 ① [체력] vitalità, vivacità, vigore ② [의기] morale,

brio, lena ¶ 혈기가 왕성하다 essere pieno di vigore [energia]

혈뇨 血尿 ematuria

혈담 血痰 espettorazione [flemma] sanguinante

혈로 血路 ¶ 혈로를 열다 aprirsi un varco (tra il nemico)

혈맥 血脈 [혈관] vaso sanguigno, [혈연] legami di sangue, consanguineità

혈맹 血盟 giuramento proferito con il sangue

혈반 血班 ecchimosi

혈변 血便 escrementi sanguinanti

혈색 血色 colore, colorito, carnagione ¶ 혈색이 좋다 [나쁘다] avere un bel [brutto] colore

혈색소 血色素 emoglobina

혈서 血書 scritto con il sangue

혈안 血眼 occhi iniettati di sangue ¶ 혈안이 되서 pazzamente, mattamente, disperatamente, freneticamente

혈압 血壓 pressione arteriosa * **고[저]-** ipertensione [ipotensione]

혈액 血液 sangue * **-검사** analisi del sangue **-순환** circolazione del sangue ¶ 혈액순환을 잘 되게 하다 promuovere [stimolare] la circolazione del sangue **-형** gruppo del sangue

혈연 血緣 legami di sangue * **-관계** consanguineità

혈육 血肉 ① [피와 살] carne e sangue ② figli (자녀), parente * **-상쟁** conflitti domestici

혈장 血漿 plasma, siero

혈전 血戰 combattimento sanguinoso, lotta sanguinosa **-하다** combattere con accanimento

혈족 血族 [관계] parentela, legami di sangue, [사람] parente

혈청 血淸 【의학】 siero * **-요법** sieroterapia **-주사** iniezione di siero **-학** sierologia

혈통 血統 razza, sangue, stirpe, lignaggio * **-서** pedigree (소·양 따위의)

혈판 血判 **-하다** firmare con il sangue di qlcu. * **-서[장]** giuramento firmato con il sangue

혈행 血行 circolazione del sangue

혈혈 孑孑 solitario, solo **-하다** essere tutto solo * **-단신** tutto solo nel mondo

혈흔 血痕 macchia di sangue

혐기 嫌氣 혐기성의 anaerobico * **-성** 생물 anaerobio

혐오 嫌惡 avversione, ripugnanza, abominazione, disgusto, orrore **-하다** avere [nutrire, sentire] avversione per qlcu., prendere qlcu.. in avversione, ripugnare, abominare, disgustarsi, avere qlco. in orrore

혐의 嫌疑 sospetto **-하다** sospettare, avere dei sospetti su qlcu., mettere [tenere] qlcu. in sospetto * **-자 (범죄의)** persona sospettata

협객 俠客 persona cavalleresca

협격 挾擊 ⇒ 협공

협곡 峽谷 gola, burrone

협공 挾攻 attacco d´ambo le parti * **-작전** operazione a tenaglia

협궤 狹軌 scartamento ridotto * **-철도** ferrovia a scartamento ridotto

협기 俠氣 spirito cavalleresco

협동 協同 cooperazione, collaborazione, associazione **-하다** cooperare, collaborare * **-기업** impresa in comune **-작전** operazione combinata **-정신** spirito cooperativo **-조합** cooperativa

협력 協力 cooperazione, collaborazione, concerto **-하다** cooperare, collaborare ¶ 협력하여 in collaborazione, d' intesa

협문 夾門 porta piccola

협박 脅迫 minaccia, intimidazione **-하다** minacciare, intimidire * **-장** lettera minacciosa **-죄** minaccia, intimidazione

협상 協商 negoziazione, trattativa **-하다** negoziare

협소 狹小 **-하다** (essere) piccolo, stretto, ristretto

협심 協心 **-하다** unirsi ¶ 협심하여 일하다 lavorare all′unisono

협심증 狹心症 angina pectoris

협약 協約 accordo, convenzione, patto **-하다** concludere un accordo

협의 協議 conferenza, consiglio, consultazione, deliberazione, discussione **-하다** conferire, consigliarsi, consultarsi, deliberare, discutere * **-사항** soggetto di una deliberazione **-회** conferenza, consiglio

협의 狹議 senso stretto

협잡 挾雜 frode, imbroglio, inganno, raggiro **-하다** frodare, raggirare, imbrogliare, ingannare * **-꾼** frodatore, ingannatore, imbroglione

협정 協定 accordo, convenzione, patto, accomodamento **-하다** concludere un accordo ¶ 잠정적 협정 accordo provvisorio * **-가격** prezzo accordato **-서** convenzione, accordo

협조 協助 cooperazione, concerto, collaborazione **-하다** cooperare, collaborare

협주곡 協奏曲 concerto

협죽도 夾竹桃 oleandro

협착 狹搾 【의학】 stenosi, 【음성】 costrizione (음성의) * **요도-** stenosi dell′uretere

협찬 協贊 approvazione, autorizzazione **-하다** approvare, sancire, consentire, autorizzare

협화 協和 armonia * **-음** 【음악】 consonanza

협회 協會 società, associazione * **농구-** associazione di pallacanestro **저작가-** associazione di autori

혓바늘 eruzione sulla lingua

혓바닥 superficie della lingua

혓소리 【음성】 suono linguale

형 兄 fratello [maggiore], [선배] anziano, maggiore

형 刑 pena, punizione, sanzione, penalità, condanna (선고) ¶ 형을 받다 essere condannato

형 形 forma, formato * **대 [중, 소]-** taglia [formato] grande [medio, piccolo]

형 型 [원형] modello, [양식] stile, tipo

형광 螢光 fluorescenza * **-등** lampada fluorescente

형구 刑具 strumento di tortura [supplizio]

형극 荊棘 spina, sofferenza, difficoltà, pena ¶ 형극의 길 seguito di sofferenze, via spinosa

형기 刑期 durata di una pena ¶ 형기가 만료되어 출옥하다 uscire di prigione a scadenza di una pena

형무소 刑務所 prigione, penitenziario

형벌 刑罰 pena, punizione, penalità **-하다** punire, infliggere una condanna, applicare una pena ¶ 형벌을 받다 subire una pena

형법 刑法 【법】 diritto penale [criminale] ¶ 형법상의 criminale, penale

형부 兄夫 cognato, marito della sorella maggiore

형사 刑事 ① [사건] causa penale, crimine penale ¶ 형사상의 criminale, penale ② [사람] investigatore, detective * **-문제** causa penale **-범** criminale **-재판** processo penale

형상 形狀 forma, configurazione

형상 形象 sagoma, forma, configurazione, figura

형석 螢石 【광물】 fluorite

형설 螢雪 studio assiduo ¶ 형설의 공을 쌓다 studiare [lavorare] assiduamente

형성 形成 formazione **-하다** formare

형세 形勢 ① [사물의] situazione, stato di cose, congiuntura, [전망] prospettiva, veduta ② [살림의] circostanze

형수 兄嫂 cognata, moglie del fratello maggiore

형식 形式 forma, formalità, modo ¶ 형식상 per la forma // 형식적 formale * **-주의** 【예술】 formalismo

형안 炯眼 occhio perspicace, sguardo perspicace, perspicacia ¶ 형안의 perspicace

형언 形言 descrizione, espressione **-하다** descrivere, esprimere ¶ 형언할 수 없는 indescrivibile, indicibile, inesprimibile

형용 形容 * **-사** aggettivo **-사구[절]** locuzione [proposizione] aggettiva

형이상 形而上 ¶ 형이상의 metafisico, astratto, immateriale * **-학** metafisica **-학자** metafisico

형이하 形而下 ¶ 형이하의 fisico, concreto, materiale * **-학** scienza fisica

형장 刑場 ¶ 형장의 이슬로 사라지다 morire sul patibolo

형적 形迹 [흔적] traccia, segno, [증거] indizio, evidenza

형정 刑政 amministrazione penale

형제 兄弟 fratelli (남), sorelle (여), fratelli (동포) ¶ 형제의 fraterno, di sorella

형제자매 兄弟姉妹 fratelli e sorelle

형질 形質 ① forma di natura ② [생물] caratteristica

형체 形體 forma, sagoma, apparenza, aspetto

형태 形態 forma, sagoma, 【심리】 configurazione ¶ 형태를 취하다 prendere forma

형통 亨通 **-하다** andare bene ¶ 만사가 형통하다 Tutto va bene

형편 形便 ① [일의 경로, 결과] situazione, stato [piega] di cose,

aspetto (di affari) ¶ 형편에 따라 secondo la situazione [le circostanze] ② [살림의] tenore di vita ¶ 형편이 어렵다 essere povero ③ ⇒ 형세 ¶ 형편없이 indescrivibilmente, terribilmente, estremamente

형평 衡平 equilibrio, bilancia

형형색색 形形色色 ¶ 형형색색의 di tutti i generi, di ogni specie [sorte], vario, diverso // 형형색색으로 variamente, in modo vario

혜서 惠書 lettera [ricevuta di un superiore]

혜성 彗星 cometa ¶ 혜성과 같은 meteorico, splendente

혜안 慧眼 occhio [sguardo] perspicace, perspicacia

혜존 惠存 [증정본에] con i complimenti dell' autore

혜택 惠澤 beneficio, favore ¶ 혜택을 입다 ottenere un favore, beneficiare, essere beneficato

호 戶 casa, famiglia, porta

호 號 ① [아호] pseudonimo ② [번호] numero * **일-** numero uno

호 好 buono, favorevole * **-기** opportunità, occasione favorevole

호가 呼價 prezzo offerto [domandato] **-하다** dare un prezzo, offrire

호각 號角 fischietto

호감 好感 simpatia, favore, buona impressione ¶ 호감을 사다 ispirare simpatia a qlcu., cattivarsi la simpatia di qlcu., prendere il favore di qlcu.

호강 benessere, agiatezza, lusso, sontuosità **-하다** vivere nel lusso [nell' opulenza]

호걸 豪傑 eroe, uomo coraggioso [valoroso] ¶ 호걸스럽다 essere eroico [prode, valoroso]

호경기 好景氣 prosperità, animazione, boom

호구 戶口 numero di case [famiglie], popolazione * **-조사** censimento ¶ 호구 조사하다 fare il censimento della popolazione, censire la popolazione

호구 虎口 gola di tigre [비유적] pericolo, crisi ¶ 호구를 벗어나다 evitare un pericolo, sfuggire al pericolo

호구 糊口 [겨우 먹고 삶] sussistenza, [생활] vita **-하다** guadagnarsi difficilmente da vivere ¶ 호구지책 mezzi di sussistenza

호국 護國 difesa della patria

호기 好機 opportunità, buona occasione, occasione favorevole ¶ 호기를 포착하다 cogliere la buona occasione, cogliere [avere] l' opportunità

호기 豪氣 carattere intrepido, temperamento eroico, intrepidezza, audacia, eroismo

호기심 好奇心 curiosità ¶ 호기심에서 per curiosità

호농 豪農 coltivatore ricco, contadino ricco

호다 cucire ampiamente, cucire grosso

호담 豪膽 arditezza, intrepidezza, audacia **-하다** (essere) intrepido, ardito, audace

호떡 胡- una specie di pane cinese

호도 糊塗 palliativo, espediente,

ripiego **-하다** ricorrere a un palliativo, servirsi degli espedienti

호되다 (essere) severo, duro, atroce, violente, crudo, intenso ¶ 호되게 atrocemente, severamente, violentemente

호두 胡- noce ＊ **-까기** schiaccianoci ¶ 호두를 까다 schiacciare una noce

호드기 cannello di zampogna

호드득거리다 [튀는 소리] crepitare, scoppiettare, [사람이] agire all' avventata, essere imprudente [sventato, sbadato]

호들갑떨다 agire con avventatezza, essere sventato

호락호락 facilmente, con facilità, agevolmente **-하다** (essere) facile, agevole

호란 胡亂 【역사】 invasione mancese

호랑나비 farfalla macchiata

호랑이 ① 【동물】 tigre ＊ **-새끼** tigrotto ② [사람] persona temibile [formidabile]

호래아들 zotico, persona insolente

호렴 胡- sale grezzo

호령 號令 ordine, comando [호통] urlo, grido **-하다** comandare, ordinare, dare un ordine

호리다 [매혹] affascinare, incantare, stregare, [유혹] sedurre

호리병 bottiglia in forma di zucca ＊ **-박** 【식물】 zucca

호리호리하다 (essere) slanciato, snello, sottile

호매 豪邁 **-하다** (essere) intrepido, audace, coraggioso, vigoroso, ardito

호명 呼名 appello **-하다** appellare, fare l'appello

호미 sarchio, sarchiello

호밀 胡- segale

호박 zucca ＊ **-밭** piantaggione di zucca **-씨** semi di zucca

호박 琥珀 【광물】 ambra, succino, succinite ¶ 호박의 ambrato, succinico

호반 虎班 nobiltà militare

호반 湖畔 sponde di un lago, riva di un lago ¶ 호반의 호텔 hotel sulla riva di un lago ＊ **-도시** città sulle sponde di un lago

호반새 【새】 martin pescatore

호방 豪放 호방한 magnanimo, generoso

호배추 胡- cavolo cinese

호별 戶別 ogni casa, ogni famiglia ¶ 호별로 di porta in porta, casa per casa

호부 好否 il pro e il contro

호사 好事 avvenimento felice ＊ **-다마** C'è spesso un impedimento al momento degli avvenimenti felici.

호사 豪奢 lusso, fasto, sontuosità **-하다** vivere nel lusso ¶ 호사스럽다 (essere) lussuoso, fastoso, sontuoso

호상 豪商 commerciante ricco

호상 護喪 [사람] persona che si occupa dei funerali **-하다** organizzare il funerale ＊ **-소** ufficio funebre

호색 好色 sensualità, licenziosità, lussuria, lascivia **-하다** sensuale, licenzioso, lussurioso, lascivo ＊ **-가[꾼]** sensuale, uomo licenzioso

[lussurioso, lascivo]

호생 互生【식물】alternanza ¶ 호생의 alterno

호선 互選 elezione mutua **-하다** eleggere con un voto mutuo

호선 弧線 arco

호소 呼訴 appello, supplica, petizione **-하다** appellare ¶ 이성에 호소하다 appellare alla ragione

호송 護送 scorta, convoglio **-하다** scortare, convogliare, accompagnare ¶ 호송하에 sotto la scorta * **-선** nave di scorta **-차** cellulare

호수 戶數 numero di case [famiglie]

호수 湖水 lago

호시절 好時節 bella stagione, tempo propizio

호시탐탐 虎視耽耽 **-하다** spiare, fare la posta a qlcu, essere a caccia di, essere in agguato

호신 護身 difesa personale ¶ 호신용으로 per la difesa personale * **-술** arte di difesa personale

호심 湖心 centro di un lago

호안공사 護岸工事 opere della protezione di una riva [costa]

호양 互諒 **-하다** fare una concessione mutua

호언 豪言 ampollosità, fanfaronata, vantamento **-하다** vantarsi, gloriarsi * **-장담** ampollosità

호연 浩然 **-하다** (essere) grande, vasto, magnanimo

호연지기 anima della virtù, spirito magnanimo

호열자 虎列刺 ⇒ 콜레라

호외 戶外 esterno ¶ 호외의 all'aria aperta, fuori di casa

호외 號外 edizione straordinaria ¶ 호외를 발행하다 pubblicare un' edizione straordinaria

호우 豪雨 pioggia forte [violenta, torrenziale]

호위 護衛 guardia, scorta, convoglio **-하다** scortare * **-병** guardia scorta militare

호유 豪遊 **-하다** abbandonarsi ai divertimenti costosi

호응 呼應 ① [대답] risposta, replica **-하다** rispondere a ② [기맥상통] unisono **-하다** agire di concerto [all' unisono]

호의 好意 [선의] benevolenza, buona volontà, buona intenzione, [우의] fraternità, [친절] gentilezza, compiacenza, favore, [알선] buoni uffici ¶ 호의적 benevolente, favorevole, gentile // 호의로 con benevolenza [bontà, buona intenzione, gentilezza] // 호의를 가지다 avere il favore di qlcu., conservare benevolenza a qlcu.

호의호식 好衣好食 **-하다** vivere bene, vivere negli agi

호인 好人 buon uomo, bravo uomo

호인 胡人 mancese

호적 好適 **-하다** (essere) appropriato, conveniente * **-지(地)** luogo ideale

호적 戶籍 [등록] stato civile, registrazione del censo, [호적부] registro del censo, registro di una famiglia * **-등 [초] 본** copia [estratto] del registro di una famiglia

호적수 好敵手 avversario grosso, emulo, rivale ¶ 호적수를 만나다 incontrare un avversario

호전 好戰 bellicismo, aggressività ¶ 호전적 bellicoso, aggressivo, guerresco

호전 好轉 miglioramento **-하다** migliorare

호젓하다 [쓸쓸하다] (essere) solitario, isolato, appartato, deserto, [고요하다] (essere) calmo, tranquillo, silenzioso

호정 糊精 【화학】 destrina

호조 戶曹 【역사】 ministero delle Finanze

호조 好調 buono stato, buona condizione, condizioni favorevoli ¶ 호조이다 essere in condizioni favorevoli

호주 戶主 capofamiglia, padrone di casa

호주머니 tasca * **조끼-** tasca di un panciotto

호출 呼出 chiamata, appello, convocazione **-하다** chiamare, appellare, convocare * **-장** citazione

호칭 呼稱 nome, denominazione, appellazione

호콩 胡- ⇒ 땅콩

호탕 豪宕 **-하다** (essere) magnanimo, generoso

호통 **-하다** gridare, strillare, rimproverare crudamente

호평 好評 buona reputazione, critica favorevole **-하다** fare una critica favorevole, approvare ¶ 호평이다 essere popolare, avere successo * **대-** grande successo, grande approvazione

호피 虎皮 pelle di tigre

호학 好學 amore dello studio **-하다** amare lo studio

호헌운동 護憲運動 movimento [campagna] per difendere il regime costituzionale

호협 豪俠 spirito cavalleresco, galanteria, coraggio **-하다** (essere) cavalleresco, galante, coraggioso

호형 弧形 arco, curva

호혜 互惠 reciprocità, beneficio mutuo * **-관세율** tariffa reciproca **-무역협정** accordo commerciale di reciprocità **-조약** trattato di reciprocità **-주의** sistema di reciprocità **-통상** commercio reciproco

호호 **-하다** soffiare

호호 호호 웃다 ridere, fare una risata

호호백발 皓皓白髮 capelli canuti

호화 豪華 lusso, splendore, sontuosità, fasto **-하다** (essere) lussuoso, splendido, sontuoso, fastoso * **-선** nave lussuosa **-판** edizione lussuosa, banchetto sontuoso

호황 好況 situazione prospera, prosperità, boom, (시황) mercato sostenuto ¶ 호황이다 essere prospero, essere nella prosperità * **-시대** giorni prosperi

호흡 呼吸 ① [숨] respiro, respirazione, fiato **-하다** respirare ¶ 호흡이 곤란하다 avere una respirazione difficile ② [장단] tempo, ritmo ¶ 호흡을 맞추다 accordarsi, battere il tempo * **-기** apparato respiratorio **인공-** respirazione artificiale

혹 gobba, bernoccolo (타박으로), protuberanza, escrescenza

혹 ① [마시는 모양] d' un fiato ¶ 한 숨에 혹 들이마시다 bere tutto d' un fiato ② [입김소리] con un soffio ¶ 혹 불어 끄다 spegnere con un soffio

혹 或 ① [혹시] può darsi, forse, probabilmente ② [간혹] qualche volta, di quando in quando, talvolta ③ [또는] o, oppure ④ [혹자] alcuni, qualcuno

혹간 或間 ⇒ 간혹

혹독 酷毒 severità, austerità, rigore **-하다** (essere) severo, austero, rigoroso

혹부리 gobbo

혹사 酷使 surmenage **-하다** affaticare eccessivamente, sovraccaricare

혹사 酷似 **-하다** assomigliare molto a qlcu., avere una grande assomiglianza con qlcu.

혹서 酷暑 gran caldo, caldo intenso

혹설 或說 una certa opinione [teoria]

혹성 惑星 【천문】 pianeta * **대[소]-** pianeta maggiore [minore]

혹세무민 惑世誣民 **-하다** sedurre il pubblico, ingannare il popolo

혹시 或是 ① [때로는] qualche volta, di quando in quando ② [아마] può darsi, forse, probabilmente ③ [만약] se, in caso di

혹심 酷甚 **-하다** (essere) severo, estremo

혹자 或者 ① [사람] qualcuno, una certa persona ② [혹시] può darsi, forse, probabilmente

혹평 酷評 critica severa **-하다** criticare severamente, fare una critica severa

혹하다 惑- ① [반하다] (essere) affascinato, incantato ② [현혹되다] (essere) illuso, ingannato

혹한 酷寒 gran freddo, freddo intenso

혹형 酷刑 pena [punizione] severa

혼 魂 anima (넋), spirito (정신), fantasma, spettro (유령)

혼기 婚期 età nubile ¶ 혼기를 놓치다 passare l' età nubile

혼나다 ① [놀라다] (essere) spaventato, sorpreso, allarmato [무서워하다] atterrirsi, sgomentarsi, avere paura di [곤란을 겪다] subire le grandi difficoltà, avere un′esperienza amara

혼내다 ① [놀래다] spaventare, sorprendere, allarmare ② [겁주다] atterrire, sgomentare, fare paura ③ [야단치다] sgridare, rimproverare

혼담 婚談 trattative di matrimonio ¶ 혼담이 있다 avere una proposta di matrimonio, essere in trattative di matrimonio

혼담 魂膽 anima, spirito

혼돈 混沌 caos, confusione, disordine **-하다** (essere) caotico, confuso ¶ 혼돈 상태에 있다 (essere) in disordine, in caos

혼동 混同 confusione, mescolanza **-하다** confondere, mescolare

혼란 混亂 confusione, disordine, caos **-하다** (essere) confuso, in disordine

혼령 魂靈 ⇒ 영혼
혼례 婚禮 matrimonio, nozze
혼미 昏迷 **-하다** (essere) stupido, confuso
혼방 混紡 tessuto misto * **-사** filo misto
혼백 魂魄 anima
혼비백산 魂飛魄散 **-하다** (essere) sorpreso, spaventato
혼사 婚事 matrimonio, nozze
혼색 混色 mescolanza di colori, colore misto **-하다** mescolare i colori
혼선 混線 ① [전신 전화의] disturbo **-되다** (essere) disturbato, confuso ¶ 전화가 혼선되어 있다 La comunicazione telefonica è disturbato. ② [혼란] confusione **-하다** confondere
혼성 混成 mescolanza, composizione **-하다** comporre * **-물** composto, miscuglio, miscela
혼성 混聲 voci miste * **-사부합창** coro a quattro voci misti
혼수 昏睡 coma, stupore, letargo ¶ 혼수상태에 빠지다 entrare in coma
혼수 婚需 articoli necessari al matrimonio, corredo nuziale (신부의)
혼식 混食 pasto composto di vari cereali **-하다** mangiare del riso mescolato con altri cereali
혼신 渾身 tutto il corpo
혼약 婚約 fidanzamento ⇒ 약혼
혼연 渾然 [혼연히] interamente, in totale ¶ 혼연 일체가 되다 congiungersi, unirsi
혼욕 混浴 bagno promiscuo [misto]
혼용 混用 **-하다** usare (uno) insieme con (un' altro)
혼인 婚姻 matrimonio, nozze **-하다** sposarsi, contrarre matrimonio, unirsi in matrimonio, celebrare le nozze
혼자 solo ¶ 혼자 여행하다 viaggiare solo // 혼자 살다 vivere solo, rimanere solo
혼작 混作 **-하다** fare della coltivazione mista
혼잡 混雜 confusione, disordine, congestione, affollamento **-하다** (essere) in confusione [disordine], congestionato [affollato]
혼잣말 monologo, soliloquio **-하다** parlare a sé, parlare da solo
혼잣손 da solo, senza aiuto ¶ 혼잣손으로 일하다 lavorare da solo
혼전 混戰 combattimento confuso, rissa, mischia **-하다** combattere in confusione, battersi in rissa [mischia]
혼처 婚處 famiglia [persona] da matrimonio
혼천의 渾天儀【천문】globo celeste
혼탁 混濁 torbidezza **-하다** essere torbido ¶ 혼탁한 세상 mondo corrotto
혼합 混合 mescolanza, miscuglio, mischiata **-하다** mescolare, confondere * **-교육** educazione mista, coeducazione **-물** miscuglio, misto **-비례** proporzione mista **-비료** concime [fertilizzante] composto
혼혈 混血 incrocio di razze ¶ 혼혈의 meticcio * **-아** meticcio, mulatto, sangue misto, mezzo

sangue

혼효 混淆 **-하다** mescolare, confondere * **옥석-** mescolanza del buono e del cattivo

홀- mono-, solo, singolo

홀 笏 mazza, bastone, bacchetta, scettro (제왕의)

홀가분하다 (essere) leggero, libero e facile ¶ 홀가분한 마음으로 a cuor leggero

홀딱 ① [벗는 모양] interamente, rapidamente [뛰어 넘는 모양] in un salto, d'un balzo ¶ 옷을 홀딱 벗다 spogliarsi interamente [rapidamente] ② [반하는 모양] follemente, pazzamente

홀랑 tutto nudo ¶ 옷을 홀랑 벗다 spogliarsi tutto nudo

홀로 solo, da solo

홀리다 [현혹] (essere) invasato, stregato, [매혹] affascinato, incantato, [유혹] (essere) tentato, sedotto ¶ 귀신한테 홀리다 essere invasato dal diavolo

홀몸 celibe, nubile

홀소리 vocale ⇒ 모음

홀시 忽視 **-하다** disprezzare, disdegnare

홀아비 vedovo * **-살림** vedovanza (홀어미 살림)

홀앗이살림 famiglia senza persone a carico

홀어미 vedova

홀연 忽然 improvvisamente, bruscamente, all'improvviso, inaspettatamente, in un tratto, a un tratto, tutt'a un tratto

홀짝거리다 [액체를] sorsare, succhiare, [콧물을] aspirare rumorosamente col naso, [울다] moccicare, frignare ¶ 국을 홀짝거리다 succhiare la minestra

홀쭉하다 (essere) sottile, fine, esile, magro, snello, smilzo, [뾰족하다] (essere) aguzzo, acuto, appuntito, assottigliato ¶ 볼이 홀쭉하다 avere le guance incavate

홀태 [생선] pesce senza uova

홀태바지 pantaloni striminziti

홀태질하다 sgranare, trebbiare

홈 solco ¶ 홈을 파다 incavare, scanalare, scavare

홈빡 tutto ¶ 홈빡 젖다 essere tutto bagnato

홈질 cucitura ampia [grossa] **-하다** cucire ampiamente [grosso]

홈통 -桶 grondaia, canale [문지방의] scanalatura

홋홋하다 essere semplice, non essere complicato, non avere ingombro, non impacciarsi

홍당무 carota

홍두깨 ① rotolo di legno che serve a lisciare il tessuto ② [쇠고기] una specie di carne di bue

홍등가 quartiere frequentato da prostitute, quartiere di prostituzione

홍모 鴻毛 piume d'oca ¶ 목숨을 홍모같이 가볍게 여기다 non dare nessuna importanza alla vita

홍보 弘報 informazione, pubblicità * **-과** servizio pubblicitario **-활동** relazioni pubbliche

홍보석 紅寶石 rubino

홍삼 紅蔘 ginseng rosso

홍색 紅色 rosso, colore rosso, [홍색짜리] sposa novella

홍소 哄笑 **-하다** ridere ad alta voce
홍수 洪水 diluvio, inondazione ¶ 홍수가 나다 diluviare, essere inondato * **-예보** annunzio d'inondazione **-지대** zona inondata
홍순 紅脣 labbra rosse, [꽃] fiore appena aperto
홍시 紅柿 caco rosso maturo
홍안 紅顔 guance rosate, faccia rosata ¶ 홍안의 미소년 bell'adolescente, adolescente [giovane] con le guance rosate
홍업 洪業 鴻業 grande impresa, fondazione di uno stato
홍역 紅疫 morbillo ¶ 홍역에 걸리다 prendere il morbillo
홍염 紅焰 fiamma rossa
홍엽 紅葉 foglia rossa, fogliame autunnale
홍예 虹霓 arcobaleno, arco * **-대** pilone **-문** porta ad arco
홍옥 紅玉 rubino, [사과] mela rossa
홍은 鴻恩 gran favore
홍인종 紅人種 razza rossa, indiano americano
홍일점 紅一點 unica donna tra gli uomini
홍조 紅潮 ① arrossamento ② [바다] flutti scarlatti, onde scarlatte ③ [월경] regole, mestruazione
홍진 紅塵 polvere rosse * **-만장** nuvola di polvere **-세계** mondo pieno di guai
홍차 紅茶 tè
홍채 虹彩 iride
홍합 紅蛤 【조개】 muscolo, mitilo
홍해 紅海 mare rosso
홑- singolo, semplice
홑겹 strato singolo
홑눈 【동물】 ocello
홑실 filo singolo
홑옷 vestito senza fodera
홑이불 lenzuolo
홑지다 essere semplice
화 火 ① [성] collera, ira, stizza ¶ 화를 내다 stizzirsi, irritarsi, arrabbiarsi, andare in collera ② [불] fuoco
화 禍 disastro, calamità, male, sfortuna
화가 畵家 pittore * **인물-** ritrattista **풍경-** paesaggista
화가 畵架 cavalletto
화간 和姦 adulterio, fornicazione
화강석 花崗石 granito
화강암 花崗岩 granito
화경 火鏡 lente convesso, specchio ustorio
화공 火攻 attacco con armi da fuoco **-하다** attaccare facendo fuoco
화공 畵工 pittore
화관 花冠 [관] corona cerimoniale di donne, [꽃의] corolla
화광 火光 luce del fuoco
화교 華僑 commercianti cinesi, residenti cinesi all'estero
화구 火口 [아궁이] porta del focolare, [분화구] cratere
화근 禍根 germe [radice] di un male ¶ 화근을 없애다 estirpare la radice di un male
화끈거리다 bruciare, scottare, ardere
화끈달다 arrabbiarsi, infuriarsi, irritarsi
화급 火急 urgenza, imminenza,

emergenza **-하 다** (essere) urgente, imminente, emergente
화기 火器 [무기] armi da fuoco
  * **소-** fucile, armi portatile
  자동- armi automatiche
  중- armi pesanti
화기 和氣 armonia, accordo, [날씨] tempo, temperatura ¶ 화기애애한 가정 famiglia in pace e armonia
화나다 火- irritarsi, arrabbiarsi, infuriarsi, stizzirsi ¶ 화나게 하다 irritare, stizzire, infuriare, far andare in collera
화내다 火- irritarsi, arrabbiarsi, infuriarsi, stizzirsi
화냥년 donna dissoluta [frivola]
화냥질 ⇒ 서방질
화농 化膿 purulenza, suppurazione **-하다** suppurare ¶ 화농성의 suppurativo
화닥닥 ⇒ 후닥닥
화단 花壇 aiola, giardino fiorito
화단 畵壇 mondo di pittura, [전시장] galleria
화대 花代 mancia per prostituta, costo di prostituzione
화덕 火- forno, fornello, [화로] stufa, braciere
화독 火毒 infiammazione causata da una bruciatura * **-내** bruciato
화동 和同 armonia, concordanza
화락 和樂 armonia, unità, pace **-하다** essere in pace, vivere in armonia
화랑 花郎 ragazzo eccellente in bellezza, bravura e arti militari nell' epoca di Silla
화랑 畵廊 galleria
화려 華麗 splendore, magnificenza, sontuosità **-하다** (essere) splendido, magnificente, sontuoso
화력 火力 potere calorifico, potenza del fuoco * **-발전** produzione elettrica **-발전소** centrale termico **-전기** termoeletttricità
화로 火爐 stufa, braciere
화룡점정 畵龍點睛 ultimo tocco, finitura, finissaggio
화류 樺榴 legno di sandalo rosso * **-장** armadio di legno di sandalo
화류계 花柳界 mondo di prostituzione * **-여자** prostituta
화류병 花柳病 malattie veneree
화면 畵面 [영사막의] schermo, [그림의] tela
화목 火木 legna da ardere
화목 和睦 armonia, pace, concordanza **-하다** (essere) armonioso, unito, amichevole ¶ 화목하게 지내다 essere amico di qlcu, farsi amico
화문 花紋 disegno dei fiori * **-석** stuoia di giunco con disegno dei fiori
화물 貨物 merci, carico * **-계** sezione di carico **-보관증** certificato [bolla] di deposito **-선** nave da carico **-요금** tariffa di carico **-자동차** camion **-증권** polizza di carico **-차** vagone merci
화방수 -水 vortice, mulinello
화백 畵伯 pittore
화법 畵法 pittura, arte di dipingere
화법 話法 【문법】 discorso * **직접[간접]-** discorso diretto [indiretto]
화병 花甁 vaso ¶ 화병에 꽃을 꽂다 porre dei fiori nel vaso

화보 畵報 illustrato, rivista * **시사-** rivista d'attualità illustrata, notizie in illustrazione

화복 禍福 fortuna e sfortuna, bene e male, felicità e infelicità

화본과 禾本科【식물】graminacee

화부 火夫 fuochista, vigile del fuoco, pompiere

화분 花粉 polline * **-열(熱)** febbre da fieno

화분 花盆 vaso da fiori

화불단행 禍不單行 La sfortuna non viene mai da sola.

화사 華奢 lusso, sontuosità, splendore **-하다** (essere) lussuoso, sontuoso, splendido, pomposo

화산 火山 vulcano * **-대** zona vulcanica **-맥** catena vulcanica **-석** rocce vulcaniche **활 [휴, 사]-** vulcano attivo [dormiente, spento]

화살 freccia, strale, dardo ¶ 화살처럼 빠르다 essere rapido come una freccia * **-대** stelo di freccia **-촉** punta di freccia **-표** freccia

화상 火床 focolare

화상 火傷 bruciatura, ustione, scottatura ¶ 화상을 입다 bruciarsi, (essere) scottato, ustionato

화상 和尙 monaco, bonzo

화상 畵商 commerciante di quadri

화상 畵像 ritratto

화상 華商 commerciante cinese

화색 和色 espressione dolce

화서 花序 infiorescenza

화석 化石 fossile **-하다** fossilizzare, pietrificare * **동물 [식물] 의 화석** fossile d' animale [vegetale]

화성 火星 Marte * **-인** marziano

화성 化成 trasformazione, metamorfosi **-하다** trasformarsi

화성 和聲【음악】armonia, consonanza ¶ 화성적 armonico * **-학** armonia

화성암 火成岩 rocce ignee * **심성**(深成)- rocce plutoniano.

화수분 serbatoio inesauribile di tesoro

화수회 花樹會 associazione (riunione) di membri di una famiglia

화술 話術 arte di conversazione ¶ 화술에 능한 사람 abile parlatore

화승 火繩 miccia * **-총** fucile a miccia, moschetto

화씨 華氏 Fahrenheit ¶ 화씨 50도 50 gradi Fahrenheit, 50°F. * **-한란계** termometro Fahrenheit

화식 火食 cibo cotto **-하다** mangiare del cibo cotto

화식도 花式圖【식물】diagramma di un fiore

화신 化身 incarnazione, personificazione ¶ 악마의 화신 diavolo personificato [in persona]

화신 花信 annuncio [notizie] della fioritura

화실 畵室 studio, atelier

화약 火藥 polvere (da sparo) * **-고** polveriera

화염 火焰 fiamma * **-방사기** lanciafiamme

화용 花容 bel viso * **-월태** bel viso e maniere graziose

화원 花園 giardino

화음 和音【음악】accordo * **-계** armonometro **기초-** accordo fondamentale **5도-** accordo di quinta

화의 和議 trattative di pace, conciliazione 【법】 composizione (채권자와) **-하다** fare delle trattative di pace

화인 火因 causa di un incendio

화장 -長 lunghezza di manica

화장 火葬 cremazione **-하다** cremare, incenerire * **-터** crematorio

화장 化粧 toilette, trucco **-하다** fare toilette, truccarsi * **-대** toletta **-실** toletta **-품** cosmetici **-품점** profumeria

화재 火災 fuoco, incendio ¶ 화재가 나다 Un fuoco [un incendio] scoppia * **-경보기** segnale d' allarme **-보험** assicurazione contro il fuoco **-방지주간** settimana per la prevenzione del fuoco

화재 畵才 talento [genio] artistico

화저 火箸 tenaglie, strumenti per attizzare il fuoco

화전 火田 terreno dissodato con il fuoco * **-민** coltivatore che dissoda un campo con il fuoco

화젓가락 火- ⇒ 화저

화제 話題 soggetto [argomento] (di conversazione) ¶ 화제에 오르다 divenire un soggetto di conversazione, (essere) sull' argomento, discusso // 화제를 바꾸다 cambiare soggetto [argomento]

화주 火酒 [주정] alcool, [독한 술] acquavite

화주 花柱 stile (di un fiore)

화주 貨主 proprietario (delle merci)

화중지병 畵中之餠 oggetto desiderabile ma inaccessibile

화증 火症 collera, ira, stizza

화차 貨車 vagone [treno] merci, furgone

화창 和暢 **-하다** [날씨가] (essere) bello, sereno, [마음이] (essere) calmo, tranquillo, sereno ¶ 화창한 날씨 bel tempo

화채 花菜 bevanda dolce contenente le fette dei frutti

화첩 畵帖 album da disegno

화초 花草 pianta * **-마** bel cavallo **-밭** giardino [dei fiori] **-재배** floricoltura

화촉 華燭 [초] candela colorata, [결혼식] nozze, matrimonio ¶ 화촉을 밝히다 celebrare il matrimonio [le nozze] * **-동방(洞房)** camera nuziale **-지전(之典)** matrimonio

화친 和親 amicizia, relazioni amichevoli **-하다** avere delle relazioni amichevoli ¶ 화친을 맺다 stringere un' amicizia * **-조약** trattato d' amicizia

화탁 花托 【식물】 ricettacolo

화톳불 falò

화통 火筒 ciminiera

화투 花鬪 gioco coreano di carte, carte coreane da gioco ¶ 화투치다 giocare a carte

화평 和平 pace, placidità, placidezza **-하다** (essere) pacifico, placido, calmo, tranquillo * **-교섭** negoziato di pace

화폐 貨幣 valuta, moneta, contanti, valuta corrente (통화), valuta forte (경화) * **-가치** valore monetario **-위조** contraffazione di moneta [biglietti di banca] **-위조자** contraffattore **-유통액** totale monetario [in circolazione] **-제도**

sistema monetario **법정-** valuta a corso legale **보조-** moneta sussidiaria **위조-** moneta contraffatta

화포 畫布 tela

화폭 畫幅 dipinto, quadro

화풀이 -하다 sfogare la collera su qlcu., sfogarsi contro [su] qlcu., scaricare l'ira, riversare l'ira su qlcu.

화풍 畫風 stile [maniera] di un pittore [una scuola di pittura]

화피 花被 perianzio

화필 畫筆 pennello

화하다 化- [자동사] cambiarsi, trasformarsi, mutarsi, [타동사] cambiare, trasformare, mutare

화하다 和- [섞다] mescolare, mischiare, confondere, [온화하다] essere mite, dolce, temperato

화학 化學 chimica 화학적 ¶ chimico // 화학적으로 chimicamente ＊ **-결합** combinazione chimica **-공업** industria chimica **-기계** strumenti chimici **-비료** concimi chimici **-섬유** fibra chimica **-식** formula chimica **-약품** prodotti chimici **-자** chimico **-작용** azione chimica **무기-** chimica inorganica **분석-** chimica analitica **유기-** chimica organica

화합 化合 combinazione chimica **-하다** combinarsi ＊ **-물** composto

화합 和合 armonia, unione, accordo **-하다** unirsi, accordarsi, essere in armonia

화해 和解 riconciliazione, accomodamento, compromesso **-하다** riconciliarsi, accomodarsi, venire in accomodamento, compromettersi

화형 火刑 rogo [종교 재판에서의] autodafé

화환 花環 ghirlanda, corona ¶ 화환을 바치다 porre una corona (su una tomba)

화훼 花卉 pianta decorativa (in fiori) ＊ **-원예** floricoltura

확 [세게] improvvisamente, brutalmente, molto forte, [불이] bruscamente ¶ 확 타오르다 infiammarsi ad un tratto

확고 -하다 (essere) fermo, fisso, solido, stabile, determinato, fissarsi

확답 確答 risposta decisiva [definitiva] **-하다** rispondere definitivamente, dare una risposta decisiva

확대 擴大 ingrandimento, amplificazione, ingrossamento **-하다** ingrandire, amplificare, ingrossare ＊ **-경** ingranditore, lente d'ingrandimento **-율** ingrandimento, potenza **-재생산** riproduzione estensiva

확론 確論 argomento inconfutabile

확률 確率 probabilità ¶ 성공할 확률은 3분의 1이다 La probabilità di successo è un terzo.

확립 確立 stabilimento, consolidazione **-하다** stabilire, consolidare

확보 確保 assicurazione, garanzia **-하다** assicurare, garantire

확산 擴散 빛의 확산 diffusione della luce

확성기 擴聲器 diffusore, megafono

확신 確信 convinzione, persuasione **-하다** essere convinto, credere, persuadersi

확실 確實 certezza, infallibilità, autenticità, attendibilità **-하다** (essere) certo, sicuro, infallibile [신뢰할 수 있는] attendibile, [정확한] autentico, [견실한] solido ∗ **-성** certezza

확약 確約 impegno formale, promessa ferma **-하다** promettere seriamente, fare una promessa solida, dare la propria parola

확언 確言 asserzione, affermazione, assicurazione **-하다** asserire, affermare, assicurare

확연 確然 **-하다** (essere) certo, chiaro, definito, preciso

확인 確認 conferma, verifica, affermazione, certificazione **-하다** confermare, verificare, affermare, certificare

확장 擴張 estensione, espansione, ingrandimento, ingrossamento **-하다** estendere, espandere, ingrandire, ingrossare ∗ **군비-** espansione degli armamenti

확정 確定 decisione, definizione, determinazione, fissazione, conclusione, [확인] conferma **-하다** decidere, definire, determinare, fissare, confermare ¶ 확정된 deciso, fissato, definito, determinato ∗ **-안** progetto decisivo **-일자** data fissata

확증 確證 prova positiva, evidenza conclusiva **-하다** provare positivamente, dare le prove irrevocabile, corroborare ¶ 확증적 corroborativo, confermativo

확충 擴充 espansione, amplificazione (부연) **-하다** espandere, amplificare

확확 ① [세게] improvvisamente, brutalmente, molto forte ¶ 바람이 확확 불다 Il vento soffia molto forte. ② [불이] bruscamente

환 丸 pillola ⇒ 환약

환 換 cambio, vaglia (postale), lettera di cambio, [환전] cambio ∗ **-관리** controllo di cambio **-시세** tasso di cambio **내국-** valuta domestica **외국-** valuta straniera

환각 幻覺 allucinazione ¶ 환각을 일으키다 allucinare, avere delle allucinazioni

환갑 還甲 sessantesimo anniversario ∗ **-노인** sessagenario **-잔치** banchetto del sessantesimo anniversario ¶ 환갑잔치를 베풀다 dare un banchetto del sessantesimo anniversario

환경 環境 ambiente, condizioni ambientali, circostanze ¶ 환경에 좌우되다 essere influenzato dalle circostanze // 새로운 환경에 순응하다 adattarsi alle nuove circostanze ∗ **가정-** ambiente familiare **생활-** ambiente della vita

환관 宦官 eunuco

환국 還國 ⇒ 귀국(歸國)

환금 換金 cambio **-하다** cambiare ∗ **-수수료** commissione di cambio **-업자** agente di cambio

환급 還給 **-하다** rimborsare

환기 喚起 richiamo, sveglia, risveglio **-하다** richiamare, svegliare, destare, risvegliare, ridestare ¶ 주위를 환기시키다 destare l'attenzione di qlcu. su qlco.

환기 換氣 ventilazione, aerazione **-하다** ventilare, aerare ¶ 환기가 잘 되다 avere una buona ventilazione, essere ben aerato * **-구** ventilatore **-장치** sistema di ventilazione [aerazione] **-창** spiraglio

환난 患難 sfortuna, guaio, male

환담 歡談 conversazione piacevole, colloquio cordiale **-하다** avere una conversazione piacevole [un colloquio cordiale]

환대 歡待 buona accoglienza, accoglienza cordiale, ospitalità **-하다** fare una buona accoglienza a qlcu, accogliere, ospitare

환도 環刀 sciabola, spada

환도 還都 **-하다** ritornare alla capitale

환등 幻燈 proiezione * **-기(계)** proiettore **-판** diapositiva

환락 歡樂 piacere, divertimento, gioia

환류 還流 [퇴류] riflusso, [해류 · 전기의] corrente di ritorno

환매 換買 baratto **-하다** barattare

환멸 幻滅 disillusione, disincanto

환문 喚問 convocazione, citazione **-하다** convocare, citare in giudizio

환부 患部 parte affetta ¶ 환부를 치료하다 medicare una parte affetta

환부 還付 rimborso, retrocessione, ritorno, restituzione **-하다** rimborsare, retrocedere, ritornare, restituire

환불 還拂 rimborso **-하다** rimborsare, rifondere

환산 換算 conversione **-하다** convertire ¶ 리라를 원으로 환산하다 convertire lire in won * **-율** tasso di cambio **-표** tavola di conversione

환상 幻想 illusione, chimera, fantasia, fantasma, visione, immagine, fantasticheria ¶ 환상적인 fantastico, sognante, chimerico

환상 幻像 fantasma, spettro, illusione, visione

환상 環狀 forma anulare [circolare] ¶ 환상의 anulare, circolare * **-도로** strada circolare

환생 還生 **-하다** rinascere, risuscitare, risorgere

환성 歡聲 grido della gioia, acclamazione ¶ 환성을 올리다 acclamare, dare un grido della gioia

환송 還送 **-하다** rinviare, rimandare

환송 歡送 saluti (per chi parte) **-하다** dare saluti a qlcu. * **-회** festa di addio

환시 環視 **-하다** osservare, gettare [lanciare] uno sguardo a qlcu. ¶ 중인 환시리에 attirando gli sguardi di tutto il mondo

환심 歡心 favore, buone grazie ¶ 환심을 사다 essere nelle buone grazie di qlcu.

환약 丸藥 pillola

환언 換言 **-하다** esprimere in altri termini

환영 幻影 fantasma, spettro, visione

환영 歡迎 buona accoglienza, benvenuto **-하다** fare buona

accoglienza, dare il benvenuto a qlcu. ¶ 환영 받다 essere accolto a braccia aperte * -사 allocuzione di benvenuto -회 accoglienza, ricevimento 대- ovazione, cordiale benvenuto

환우기 換羽期 muda

환원 還元 restituzione 【화학】 riduzione, deossidazione (산화물의) **-하다** (essere) restituito, restaurato, (essere) ridotto, deossidato * **-작용** processo di riduzione

환율 換率 tasso di cambio * **-변동** fluttuazione [oscillazione] del tasso di cambio **-인상** aumento del tasso di cambio **대이(對伊)-** tasso di cambio sull′Italia **고정-제** sistema del tasso di cambio fisso **변동-제** sistema del tasso di cambio fluttuante

환자 患者 ammalato, paziente, caso (di colera) ¶ 격리 환자가 2명 발생했다 Due casi di colera sono accaduti * **-명부** elenco degli ammalati **외래-** ammalato venuto in consultazione **입원-** ammalato ricoverato

환장 換腸 **-하다** diventare matto, impazzire, (essere) sconvolto, pazzo, perdere la testa

환전 換錢 ⇒ 환금

환절 換節 cambio di stagione * **-기** cambio di stagione

환절 環節 【동물】 segmento, anello di un verme

환초 環礁 atollo

환표 換票 [선거의] scheda cambiata, cambiamento delle schede elettorali **-하다** cambiare le schede di voto

환풍기 換風機 ventilatore

환하다 ① [앞이] (essere) aperto, libero, [밝다] (essere) chiaro, luminoso, ben luminato, [얼굴이] (essere) bello, vivace ② [명백] (essere) chiaro, evidente, ovvio, [통달] (essere) esperto in [di], (essere) al corrente di ¶ 시세에 환하다 essere esperto in prezzi di mercato

환형 環形 forma anulare * **-동물** anellidi

환호 歡呼 applauso, grido della gioia, acclamazione, ovazione **-하다** applaudire, acclamare, dare un grido della gioia

환희 歡喜 gioia, allegrezza, delizia **-하다** (essere) gioioso, allegro, delizioso

활 arco, archetto (di violino)

활강 滑降 discesa * **-경기** discesa libera

활개 [팔] braccia, membra superiori [inferiori], [날개] ali ¶ 활개 치다 [팔] dondolare le braccia [날개] battere le ali

활갯짓 **-하다** camminare impettito (가슴을 펴고 걷다) muoversi con boria, dondolare le braccia

활극 活劇 scena di lotta (소동), film d′ azione (영화)

활기 活氣 vigore, vita, vitalità, energia, attività, animazione, vivacità ¶ 활기 있다 essere pieno di vita [vigore], essere vigoroso [attivo, vivace]

활달 豁達 magnanimità, generosità, liberalità, spirito largo **-하다**

(essere) magnanimo, generoso, liberale, avere lo spirito largo
활대 pennone
활동 活動 attività, azione, operazione **-하다** essere attivo, lavorare energicamente, mostrare una grande attività ¶ 활동적인 attivo, energico, dinamico * **-가** uomo d'azione **-력** attività, vitalità, dinamismo **-사진** film
활량 ① arciere ② ⇒ 한량(閑良)
활력 活力 vitalità, energia * **-설** vitalismo **-소** tonico
활로 活路 uscita, sistema di vita ¶ 활로를 개척하다 cercare un'uscita della difficoltà
활무대 活舞臺 sfera [campo] d'attività
활발 活潑 **-하다** (essere) attivo, vivace, vigoroso, pieno di vita [animazione] ¶ 활발히 vivacemente, attivamente
활보 闊步 **-하다** camminare a grandi passi, camminare impettito, camminare con boria ¶ 거리를 활보하다 percorrere la strada a grandi passi
활석 滑石 talco * **-분** polvere di talco
활성 活性 ¶ 활성의 attivo, attivato * **-탄소** carbonio attivato
활수 滑手 liberalità, generosità **-하다** (essere) liberale, generoso
활시위 corda d'arco
활액 滑液【해부】sinovia
활약 活躍 attività, azione **-하다** essere attivo in, prendere parte attiva a, far parte attiva di ¶ 정계에서 활약하다 far parte del mondo politico
활엽수 闊葉樹 albero latifoglio
활용 活用 utilizzazione, uso, applicazione【문법】coniugazione (동사의) **-하다** utilizzare, usare, applicare, (동사가) coniugare
활자 活字 carattere tipografico, tipi * **-인쇄** stampa tipografica, tipografia **-주조** gettata dei caratteri tipografici **-주조기** fonditore dei caratteri tipografici **-화** stampa, composizione
활짝 [넓게] largamente, [완전히] interamente, perfettamente ¶ 활짝 갠 하늘 cielo rasserenato perfettamente // 활짝 열린 문 porta tutta aperta
활주 滑走 scivolata, pattinaggio, volovelismo, corsa di decollo, volo **-하다** scivolare, pattinare, [비행기의] rullare, correre sulla pista (지상에서), volare (공중에서) ¶ 비행기가 활주하다 Un aereo corre sulla pista * **-기** aliante, volovelismo **-로** pista di volo **-륜** carrello di atterraggio
활집 fodero d'arco
활차 滑車 puleggia * **가동-** puleggia mobile **고정-** puleggia fissa
활촉 -鏃 punta di freccia
활터 campo di tiro all'arco
활판 活版 composizione di stampa, tipografia * **-기계** macchina per stampare **-소** stamperia **-인쇄** stampa tipografica
활화산 活火山 vulcano attivo
활활 vigorosamente ¶ 활활 타다 bruciare vigorosamente
활황 活況 attività, stato attivo

홧김 火- 홧김에 in un momento di collera, in un accesso d' ira

홧홧하다 essere [sentirsi] caldo, essere infiammato [febbrile, ardente]

황 黃 giallo

황갈색 黃褐色 bruno giallastro, colore fulvo

황감 惶感 sentimento molto grato **-하다** essere molto grato

황겁 惶怯 timore, paura, soggezione

황고집 -固執 testardaggine, ostinatezza, caparbietà

황공 惶恐 **-하다** essere timoroso, avere soggezione **-무지하다** avere grande soggezione

황국 黃菊 crisantemo giallo

황금 黃金 oro ¶ 황금의 d' oro, dorato * **-국** eldorado **-률** regola d' oro **-만능 (주의)** mammonismo **-만능주의자** mammonista **-색** colore d' oro **-숭배** adorazione di mammona, mammonismo **-시대** età d' oro

황급 遑急 fretta, urgenza, precipitazione **-하다** essere urgente [pressante] ¶ 황급히 in gran fretta, pressantemente, precipitosamente

황녀 皇女 principessa imperiale

황달 黃疸 itterizia

황당 (무계) 荒唐(無稽) **-하다** (essere) assurdo, favoloso ¶ 황당무계한 이야기 storia assurda, assurdità

황도 黃道 【천문】 eclittica * **-대** zodiaco

황동 黃銅 ottone * **-색** colore di ottone **-전** moneta di ottone

황량 荒凉 **-하다** (essere) desolato, desertico, devastato

황록색 黃綠色 verde oliva, verde giallastro

황린 黃燐 【화학】 fosforo giallo

황마 黃麻 【식물】 iuta, canapa gialla

황막 荒漠 **-하다** essere vasto e deserto ¶ 황막한 평야 piano immenso e deserto

황망 惶忙 **-하다** essere molto occupato

황망 慌忙 **-하다** (essere) affrettato, precipitoso, agitato ¶ 황망히 affrettatamente

황무 荒蕪 **-하다** (essere) selvaggio, incolto, sterile, arido * **-지** terreno incolto

황밤 黃- castagna secca

황비 皇妃 imperatrice

황산 黃酸 acido solforico * **-동** rame solfato **-염** solfato **-지** carta pergamenata

황새 【새】 cicogna

황새걸음 passo lungo **-하다** camminare a passi lunghi

황색 黃色 giallo, colore giallo * **-인종** razza gialla

황석 黃石 【광물】 calcite gialla

황성 皇城 capitale imperiale

황소 【동물】 bue

황소걸음 passo lento, andatura lenta **-하다** camminare lentamente [senza fretta]

황송 惶悚 **-하다** [황공] essere timoroso, avere soggezione, [죄송] (essere) obbligato, grato

황실 皇室 famiglia [casa] imperiale

황아장수 ambulante

황야 荒野 deserto, landa, piano selvaggio [incolto]

황열(병) 黃熱(病) 【의학】 febbre gialla

황옥 黃玉 【광물】 topazio, giada gialla

황위 皇位 trono imperiale ∗ **-계승** successione al trono

황은 皇恩 favore [grazia] imperiale

황음 荒淫 eccesso carnale [sensuale], dissolutezza, libertinaggio

황인종 黃人種 razza gialla

황제 皇帝 impero ¶ 황제의 imperiale ∗ **-폐하** Sua Maestà

황족 皇族 famiglia imperiale ∗ **-회의** consiglio della famiglia imperiale

황진 黃塵 polveri gialle

황차 況且 ⇒ 하물며

황천 黃泉 inferno, terreno dei morti ∗ **-객** morto **-길** via dell' altro mondo

황철광 黃鐵鑛 【광물】 pirite

황탄 荒誕 ⇒ 황당(荒唐)

황태자 皇太子 principe ereditario ∗ **-비** principessa ereditaria

황태후 皇太后 madre di un imperatore, regina madre

황토 黃土 terra gialla, loess

황통 皇統 linea [stirpe] imperiale

황폐 荒廢 devastazione, desolazione **-하다** (essere) devastato, desolato, andare in rovina

황혼 黃昏 crepuscolo, tramonto ¶ 황혼에 all' imbrunire

황홀 恍惚 rapimento, estasi, trance **-하다** estasiarsi, andare [cadere] in estasi, essere estatico ¶ 황홀하여 in estasi // 황홀하게 하다 estasiare, affascinare, incantare ∗ **-경** stato estatico, estasi, trance

황화 黃化 【화학】 solforazione ∗ **-고무** gomma vulcanizzata **-물** solfuro **-수소[은]** idrogeno [argento] solforato

황화 黃禍 pericolo giallo

황후 皇后 imperatrice

홰[1] posatoio

홰[2] torcia, fiaccola

홰치다 battere le ali

홰홰 in cerchio

홱 [재빠르게] rapidamente, prontamente, [힘차게] con forza ¶ 책을 홱 던지다 far volare via un libro con forza

홱홱 [재빠르게] rapidamente, prontamente, [힘차게] con forza

횃대 gruccia per abiti

횃불 torcia, fiaccola ¶ 횃불을 들다 portare una torcia

횅댕그렁하다 essere vuoto

횅하다 ① [정통하다] essere ben informato, essere al corrente di ② [텅 비어 있다] (essere) vuoto, deserto

회 灰 calce ⇒ 석회 [벽토] malta, calcina ¶ 회를 바르다 intonacare, stuccare

회 會 [집회] riunione, convegno, raduno, assemblea, [회의] conferenza, [단체] società, circolo, associazione

회 膾 pesce crudo

회 回 [회수] volta, [경기의] giro, partita, ripresa, [야구의] turno

회갑 回甲 sessantesimo anniversario di qlcu. ¶ 회갑잔치 (를 베풀다) (dare) un banchetto del sessantesimo anniversario di qlcu. * -노인 sessagenario

회개 悔改 pentimento, penitenza -하다 pentirsi, fare penitenza

회견 會見 intervista, colloquio -하다 intervistare, avere un colloquio * -담 intervista -자 intervistatore

회계 會計 conto, contabilità -하다 regolare un conto, contare * -감사 revisione dei conti -감사관 revisore dei conti -감사원 ministero della revisione -서류 documenti finanziari -연도 anno finanziario -학 ragioneria, contabilità 일반- conto ordinario 특별- conto speciale

회고 回顧 ricordo, retrospezione, evocazione -하다 ricordare, evocare -록 reminiscenze, memorie

회고 懷古 reminiscenza, retrospezione ¶ 회고적인 retrospettivo * -담 reminiscenza

회관 會館 sala, casa, auditorio

회교 回教【종교】islam, islamismo, maomettismo * -국 paese islamico -도 islamita, maomettano, musulmano

회구 懷舊 ⇒ 회고(懷古)

회군 回軍 ritirata delle truppe -하다 fare ritirare le truppe

회귀 回歸 ricorrenza (주기), rivoluzione, 【수학】regressione * -곡선 curva di regressione -년 anno tropico 남-선 tropico del Capricorno 북-선 tropico del Cancro

회기 會期 sessione ¶ 국회 회기중 durante la sessione dell' assemblea

회담 會談 conversazione, colloquio, abboccamento, conferenza (회의), intervista (회견) -하다 avere un abboccamento [un colloquio], fare conversazione [conferire, colloquiare] con qlcu., abboccarsi * 3국- conferenza tripartita 한일- conferenza tra la Corea e il Giappone

회답 回答 risposta, replica -하다 rispondere, replicare

회당 會堂 [예배당] cappella, tempio, sinagoga, [공회당] sala municipale

회독 回讀 -하다 leggere a turno * -회 riunione di lettura

회동 會同 -하다 riunirsi, radunarsi

회람 回覽 circolazione * -문고 biblioteca circolante -잡지 rivista circolante -판 bollettino circolante

회랑 回廊 corridoio, galleria, chiostro

회로 回路 ① [전기] circuito ② via di ritorno

회뢰 賄賂 corruzione, bustarella (물건) * -사건 caso di corruzione

회류 會流 -하다 confluire, unirsi * -점(點) confluenza

회리바람 turbine, vortice, tornado (큰)

회백색 灰白色 grigio chiaro

회벽 灰壁 muro intonacato

회보 回報 rapporto, risposta -하다 dare risposta, rispondere, fare rapporto

회보 會報 bollettino, rapporto di una società [associazione] * 동

창- bollettino degli ex allievi

회복 回復 ricupero, ripresa, restauro (복구), riabilitazione (명예 따위), rinascita (부활) **-하다** ricuperare, restaurare, rinascere ¶ 건강을 회복 하다 ricuperare la salute ＊ **-기** convalescenza

회복 恢復 restaurazione, riabilitazione, ristabilimento **-하다** restaurare, riabilitare, ristabilire

회부 回附 rinvio, trasmissione **-하다** rinviare, trasmettere

회비 會費 quota, tassa ¶ 회비는 한 달에 1,000원이다 La quota è un mille won al mese.

회사 會社 società, compagnia, ditta, azienda ¶ 회사에 다니다 lavorare [essere impiegato] in una compagnia ＊ **-원** impiegato di una ditta

회사 回謝 **-하다** ringraziare, esprimere la sua gratitudine

회상 回想 ricordo, reminiscenza **-하다** ricordare, ricordarsi di ¶ 과거를 회상하다 ricordarsi del passato ＊ **-록** reminiscenze

회색 灰色 grigio

회생 回生 ⇒ 소생(蘇生)

회서 回書 ⇒ 회신

회석 會席 riunione, assemblea

회선 回線 circuito ＊ **전화-** circuito telefonico

회선 回旋 rotazione, rivoluzione **-하다** rotare, girare ＊ **-포** cannone a perno **-포대** torretta rotante

회송 回送 **-하다** rinviare, ritornare

회수 回收 riscossione, ricupero **-하다** riscuotere, ricuperare

회수 回數 numero di volta, frequenza ¶ 회수를 거듭하다 ripetere

회수권 回數券 tagliando, tessera d' abbonamento

회식 會食 **-하다** pranzare insieme, pranzare con qlcu.

회신 回信 risposta, lettera di risposta

회심 會心 contentezza, soddisfazione, compiacenza ¶ 회심의 미소 sorriso soddisfatto

회심 回心 **-하다** convertirsi

회양목 【식물】 bosso

회오 悔悟 pentimento, rammarico, rimorso **-하다** pentirsi, rammaricarsi, sentire rimorso ¶ 회오의 눈물 lacrime di pentimento

회오리바람 ⇒ 회리바람

회원 會員 membro, socio ＊ **-기장** distintivo di associazione **-명부** lista dei membri **-증** tessera di associazione **명예-** membro [socio] onorario **정-** membro regolare **종신-** membro perpetuo, socio a vita

회유 懷柔 pacificazione, placamento **-하다** pacificare, placare ＊ **-책** misura di placamento

회음 會飮 **-하다** bere insieme

회의 會議 congresso, conferenza, assemblea, consiglio **-하다** congregarsi, conferire, tenere una conferenza ¶ 회의에 참석하다 intervenire a una conferenza ＊ **-록** verbale **-실** sala di conferenza [consiglio] **국무-** Consiglio dei ministri **국제-** conferenza internazionale **비밀-** consiglio segreto

회의 懷疑 dubbio, scetticismo **-하다** avere un dubbio su qlco., essere in dubbio ¶ 회의적인 scettico, incredulo * **-론자** scettico **-주의** scetticismo

회자 膾炙 **-하다** essere in tutte le bocche, essere ben noto

회장 會長 presidente ¶ 회장이 되다 assumere la presidenza * **-석** seggio

회장 會場 luogo [sala] di riunione * **박람-** sala di esposizione

회장 回章 circolare, lettera circolare ¶ 회장을 돌리다 inviare una circolare

회장 回腸【해부】ileo

회장 會葬 presenza al funerale **-하다** assistere al funerale

회전 會戰 battaglia, combattimento **-하다** scontrarsi, combattersi

회전 回電 telegramma di risposta

회전 回轉 rivoluzione, rotazione, giro **-하다** rotare, girare * **-경기** slalom (스키) **-목마** giostra **-무대** palcoscenico girevole **-의** giroscopio **-의자** sedia girevole **자금-** giro dei capitali **-문** porta girevole **-축** asse di rotazione

회전 回戰【야구】turno

회절 回折【물리】diffrazione

회중 會衆 uditorio, pubblico, spettatori, congregazione (교회의)

회중 懷中 회중물을 조심하시오 attenti al borsaiolo (소매치기를 조심하시오)! * **-물** portafoglio, portafogli **-시계** orologio da tasca **-전등** lampada tascabile

회진 回診 giro di visite (di dottore) **-하다** fare un giro di visite, visitare gli ammalati

회집 會集 **-하다** radunarsi, ammassarsi, riunirsi

회초리 verga ¶ 회초리로 때리다 battere con le verghe, vergare

회춘 回春 ricupero, ringiovanimento **-하다** ricuperare le forze, ringiovanire

회충 蛔蟲 ascaride, vermi intestinali

회칙 會則 regolamenti [regole] di una società [un′associazione]

회포 懷抱 pensiero intimo

회피 回避 evasione, elusione, scansamento **-하다** evitare, evadere, eludere, schivare, scansare ¶ 회피할 수 없는 inevitabile * **-전술** tattica di scansamento

회한 悔恨 rimorso, pentimento **-하다** pentirsi, sentire rimorso ¶ 회한의 눈물 lacrime di pentimento

회합 會合 riunione, assemblea, congregazione **-하다** riunirsi, congregarsi

회항 回航 **-하다** navigare, viaggiare per mare, tornare al porto

회향 懷鄕 nostalgia **-하다** avere mal del paese, essere nostalgico * **-병** mal del paese, nostalgia

회향 茴香 finocchio

회화 會話 conversazione, dialogo **-하다** conversare, dialogare ¶ 그녀는 영어 회화를 잘한다 Lei parla bene l′inglese., Lei è forte nella conversazione inglese.

회화 繪畫 pittura 회화적인 pittoresco * **-관** galleria **-전람회** esposizione di pittura

회교 回教 islam, islamismo, maomettismo * **-교도** islamita, maomettano, musulmano
획 improvvisamente, prontamente
획 劃 tratto, tocco ¶ 3획의 한자 carattere cinese di tre tratti
획기적 劃期的 che fa epoca, straordinario ¶ 획기적 사건 avvenimento che fa epoca
획득 獲得 acquisizione, ottenimento **-하다** acquistare, ottenere * **-물** acquisto
획일 劃一 uniformità ¶ 획일의 uniforme, standardo * **-화** uniformazione, standardizzazione
획정 劃定 demarcazione, delimitazione **-하다** demarcare, delimitare
획책 劃策 piano, progetto, pianificazione, progettazione **-하다** pianificare, progettare, manovrare (책동하다)
횟돌 灰- calcare
횡격막 橫隔膜 【해부】 diaframma ¶ 횡격막의 diaframmatico
횡단 橫斷 traversata **-하다** traversare * **-면** sezione trasversale **-보도** passaggio pedonale **-선** linea trasversale
횡대 橫隊 riga ¶ 횡대로 in riga
횡듣다 橫- udire male, fraintendere
횡령 橫領 appropriazione, usurpazione, malversazione **-하다** appropriarsi, usurpare, malversare ¶ 재산을 횡령하다 * **-자** usurpatore, malversatore **-죄** malversazione
횡보다 橫- vedere [guardare] male
횡사 橫死 morte violenta **-하다** morire violentemente
횡서 橫書 **-하다** scrivere orizzontalmente
횡선 橫線 linea orizzontale, 【수학】 ascissa (횡좌표) * **-수표** assegno sbarrato
횡설수설 橫說竪說 parole incoerenti [incomprensibili] **-하다** parlare in modo incoerente [incomprensibile]
횡액 橫厄 accidente, sfortuna [disgrazia] imprevista
횡재 橫財 buona fortuna, fortuna inaspettata **-하다** avere fortuna inaspettata
횡포 橫暴 oppressione (압제), violenza, tirannia (포악), brutalità **-하다** (essere) arbitrario, tirannico, oppressivo, violento, brutale
횡행 橫行 prevalenza, predominio, diffusione **-하다** prevalere, predominare, diffondersi, imperversare, infestare
효 孝 rispetto [devozione] filiale
효과 效果 effetto, efficacia (약의), efficienza (능률), [결과] risultato, frutto ¶ 효과 있는 effettivo, [약이] efficace
효녀 孝女 figlia devota [doverosa]
효능 效能 effetto, efficacia, virtù ¶ 효능이 있다 essere effettivo [efficace, efficiente]
효도 孝道 rispetto [devozione] filiale **-하다** essere devoto [ubbidiente] ai suoi genitori
효력 效力 effetto, efficacia, virtù, [법적] validità ¶ 효력이 있다 essere effettivo [efficace, valido]
효모 酵母 lievito, fermento * **-균** saccaromicete

효부 孝婦 nuora [moglie] devota [doverosa]

효성 孝誠 rispetto [devozione] filiale ¶ 효성스럽다 essere devoto ai suoi genitori

효성 曉星 Venere (금성), stella di mattina (샛별)

효소 酵素 enzima, fermento

효수 梟首 **-하다** appendere la testa di un criminale decapitato

효시 嚆矢 principio, inizio, il primo

효심 孝心 devozione filiale

효용 效用 [용도] uso, [유용성] utilità, [효험] effetto, efficacia ¶ 효용이 있다 essere utile [effettivo]

효율 效率 efficienza

효자 孝子 figlio devoto

효행 孝行 devozione filiale, dovere filiale

효험 效驗 efficacia, effetto, virtù ¶ 효험이 있다 essere efficace [effettivo]

후 ¶ 후불다 emettere sbuffi, sbuffare

후 後 dopo, dietro a ¶ 며칠 후에 fra qualche giorno

후각 嗅覺 odorato, olfatto, senso olfattivo ∗ **-기관** organo olfattivo **-신경** nervo olfattivo

후견 後見 tutela, protezione, cura **-하다** tutelare, avere la tutela di qlcu., proteggere ∗ **-인** tutore, protettore, curatore

후계 後繼 successione **-하다** succedere a qlcu. ∗ **-자** successore, erede

후고 後顧 **-하다** [뒤를 돌아봄] guardare indietro, [후환] essere inquieto per l'avvenire

후관 嗅官 organo olfattivo

후광 後光 [윤광] alone, nembo (원광), aureola, corona (태양의)

후굴 後屈 【의학】 retroflessione ∗ **자궁-** retroflessione dell'utero

후궁 後宮 [궁] harem, [사람] concubina reale

후끈 **-하다** avere caldo

후끈거리다 sentirsi caldo [febbrile]

후기 後期 seconda metà (di un'epoca)

후기 後記 poscritto ∗ **편집-** poscritto di un editore

후년 後年 [내내년에] in due anni, [훗날에] qualche anno dopo, nell'avvenire ∗ **내후년에** in tre anni

후딱 rapidamente, velocemente, vivacemente, prontamente, sollecitamente, immediatamente

후닥닥 precipitosamente, in fretta, in gran [tutta] fretta, in fretta e furia

후닥닥거리다 affrettarsi, precipitarsi, agitarsi, agire in tutta fretta

후대 後代 generazione futura, posterità

후대 厚待 buona accoglienza, ospitalità **-하다** fare (una) buona accoglienza a qlcu., dare [offrire] ospitalità a qlcu.

후덕 厚德 liberalità, generosità

후덥지근 **-하다** essere caldo e umido

후두 喉頭 【해부】 laringe ¶ 후두의 laringeo ∗ **-염** laringite

후두 後頭 【의학】 occipite ∗ **-부** occipite

후드득거리다 [방정떨다] agire con

leggerezza [alla sbadata]
후들거리다 tremare, tremolare, fremere, rabbrividire
후들후들 tremante, tremolante, fremente ¶ 후들후들 떨리는 손으로 con le mani tremanti
후레아들 zotico, maleducato
후려 後慮 inquietudine per l' avvenire
후려치다 frustare, sferzare, battere
후련하다 (sentirsi) alleviato [sollevato], scaricato, alleggerito
후렴 後斂 ritornello
후루루 [불다] fischiare, fischiettare, soffiare, [타다] bruciare, ardere
후루룩 [날다] battendo le ali, [마시다] chiassosamente, rumorosamente
후리다 ① radere, tagliare, abbattere ¶ 낫으로 풀을 후리다 tagliare l' erba con la falce ② [혹하다] affascinare, incantare, sedurre, cattivare ③ [그물로] radunare, raccogliere, pescare con la rete ④ [채가다] portar via a forza, fuggire con, strappare
후리질 pesca con le reti **-하다** pescare con le reti
후리후리하다 (essere) slanciato, snello
후릿그물 rete a strascico
후면 後面 parte posteriore, retro, deretano
후무리다 rubare [nascondere] con destrezza, far sparire qlco., malversare, intascare, appropriarsi di
후문 後門 porta posteriore ⇒ 뒷문
후물림 後- usato
후미 piccola baia, insenatura
후미 後尾 fine, coda, retro, [배의 고물] poppa
후미지다 [강 · 해변이] essere rientrante, [장소가] (essere) profondo, ritirato
후반 後半 seconda metà * **-기** seconda metà (dell' anno) **-전** seconda metà di una partita
후방 後方 retro ¶ 후방의 posteriore // 후방에 dietro, indietro, posteriormente * **-근무** servizio al retro **-부대** retroguardia
후배 後輩 giovani, nuova generazione, minore
후보 候補 candidato, aspirante * **-생** candidato, aspirante, postulante **공천-** candidato riconosciuto (di un partito politico)
후보 後報 ulteriori informazioni, notizie addizionali
후부 後夫 secondo marito
후부 後部 parte posteriore, retro, [배의] poppa
후분 後分 sorte [fortuna] negli ultimi anni ¶ 후분이 좋다 essere fortunato negli ultimi anni
후불 後拂 pagamento dilazionato
후비다 scavare, vangare, estrarre, tirar fuori, [귀를] pulirsi, nettarsi [코를] mettersi le dita nel naso
후비적거리다 scavare, estrarre, pulirsi, nettarsi
후사 後事 [죽은 뒤의] affari dopo la morte, [장래의] affari futuri ¶ 후사를 부탁하다 affidare gli affari futuri a qlcu.
후사 後嗣 erede, [후계자] successore

후사 厚謝 rimunerazione [ricompensa] abbondante **-하다** rimunerare [ricompensare] abbondantemente

후산 後産 placenta

후살이 後- seconde nozze (di una donna) **-하다** risposarsi

후생 後生 [후진] minori, giovane generazione, [내세] vita futura

후생 厚生 benessere ∗ **-사업** opera sociale **-시설** installazione per il benessere pubblico

후성 後成 epigenesi ∗ **-설** 【생물】 epigenesi

후세 後世 altro mondo, aldilà, futuro, generazione futura, posterità

후속 後續 후속의 seguente, susseguente ∗ **-부대** rinforzi

후손 後孫 discendenti, discendenza, prole, posterità

후송 後送 **-하다** mandare [inviare, spedire] al retro, evacuare (verso il retro)

후신 後身 essere futuro di qlcu., [후계자] successore

후실 後室 seconda moglie

후안 厚顔 impudenza, sfacciataggine, sfrontatezza

후열 後列 fila [rango] posteriore

후예 後裔 discendenti ⇒ 후손

후원 後園 giardino [cortile] dietro la casa

후원 後援 patronato, protezione, appoggio, sostegno **-하다** patrocinare, proteggere, appoggiare, sostenere ¶ ...의 후원하에 sotto il patronato di ∗ **-자** protettore, patrono, sostenitore **-회** associazione dei sostenitori [dei patroni]

후위 後衛 [군] retroguardia, [축구] terzino

후유증 後遺症 ① 【의학】 sequela ② [비유적] conseguenza

후은 厚恩 gran favore

후의 厚意 cortesia, benevolenza, bontà, gentilezza

후의 厚誼 amicizia fedele [devota]

후일 後日 un altro giorno, avvenire ¶ 후일에 in futuro, in avvenire, dopo ∗ **-담** reminiscenze, memorie, avvenimenti seguenti

후임 後任 successione, [사람] successore ¶ ...의 후임으로 come successore di qlcu.

후자 後者 il secondo, questi ¶ 전자와 후자 il primo e il secondo, quegli e questi

후작 侯爵 marchese ∗ **-부인** marchesa

후정 厚情 ⇒ 후의(厚誼)

후조 候鳥 uccello migratore

후진 後進 [후배] giovani, generazione giovane, [후진성] ritardo essere sottosviluppato ∗ **-국** paese sottosviluppato

후처 後妻 seconda moglie

후천 後天 후천적 acquisito

후추 pepe

후취 後娶 seconde nozze, seconda moglie

후탈 後 [병후, 산후의] disturbi convalescenti, disturbi dopo il parto, [사건의] conseguenze spiacevoli

후터분하다 essere afoso [soffocante, pesante], fare caldo e

umido
후텁지근하다 fare caldo e umido
후퇴 後退 ritirata, retrocessione, arretramento, ritiro, regressione **-하다** ritirarsi, recedere, retrocedere, tornare indietro, regredire
후편 後便 messaggero posteriore, [뒤쪽] retro
후편 後篇 secondo volume, seguito
후하다 厚- [인심이] (essere) ospitale, gentile, generoso ¶ 후한 대접 accoglienza ospitale, ospitalità
후학 後學 successore, minore
후항 後項 【수학】 conseguente
후환 後患 disturbi futuri, complicazioni, conseguenze spiacevoli
후회 後悔 pentimento, rimpianto, rincrescimento, rimorso **-하다** pentirsi, rimpiangere, rincrescere, sentire rimorso
후후년 後後年 tre anni dopo, in tre anni
훈 訓 senso [di un carattere cinese]
훈 暈 [해·달무리] alone, [획에서 먹이 번진 흔적] macchia
훈계 訓戒 ammonizione, esortazione, rimprovero, monito, riprensione, [경고] avvertimento, avviso **-하다** ammonire, esortare, rimproverare, avvertire, avvisare
훈공 勳功 azioni meritorie, merito, azione eroica
훈기 薰氣 aria calda, caldo, calore ¶ 몸의 훈기 calore di corpo
훈김 薰- [훈기] aria calda, [세력] influenza, potere
훈도 薰陶 **-하다** disciplinare, istruire, educare, allenare
훈독 訓讀 lettura [traduzione] dei caratteri cinesi
훈련 訓練 esercizio, addestramento, allenamento, istruzione **-하다** esercitare, addestrare, allenare, istruire * **-교관** istruttore
훈련소 訓練所 campo d'allenamento
훈령 訓令 istruzioni, direttive **-하다** dare le istruzioni [le direttive]
훈민정음 訓民正音 [한글] alfabeto coreano
훈사 訓辭 allocuzione
훈수 訓手 [장기·바둑의] suggerimento, avvertimento, allusione **-하다** suggerire una tattica, avvertire, alludere
훈시 訓示 istruzioni, allocuzione, arringa **-하다** dare istruzioni, fare un'allocuzione, arringare
훈위 勳位 rango nell'ordine del merito
훈육 訓育 insegnamento, istruzione, educazione, disciplina **-하다** insegnare, istruire, educare, disciplinare
훈장 訓長 maestro, insegnante
훈장 勳章 medaglia, decorazione, ordine ¶ 훈장을 수여하다 decorare, conferire una decorazione
훈제 燻製 affumicatura ¶ 훈제의 fumato, affumicato // 훈제로 하다 fumare, affumicare
훈증 燻蒸 [소독] fumigazione **-하다** fumigare
훈풍 薰風 brezza leggera, vento mite
훈화 訓話 discorso edificante [moralizzante]

훈훈하다 薰薰- essere caldo [tiepido] ¶ 몸이 훈훈해지다 scaldarsi, riscaldarsi

훌떡 rapidamente, agilmente, sveltamente, assolutamente, completamente ¶ 훌떡 벗고 completamente nudo // 훌떡 벗다 spogliarsi nudo

훌렁 ⇒ 훌떡

훌렁거리다 essere sciolto [largo, ampio] ¶ 옷이 훌렁거리다 L' abito è sciolto.

훌렁하다 essere sciolto [largo, ampio]

훌륭하다 ① [좋다] (essere) bello, eccellente, splendido, superbo, magnifico. ② [존경할만하다 · 칭찬할만하다] (essere) ammirabile, onorabile, lodevole, stimabile ¶ 훌륭한 인물 persona ammirabile ③ [고상] (essere) nobile, alto ¶ 훌륭한 인격자 uomo di carattere ④ [위대] (essere) grande, eminente ¶ 훌륭한 학자 studioso eminente

훌부시다 pulire [risciacquare] a fondo

훌쩍 [날쌔게] rapidamente, sveltamente, [마시는 모양] ingoiare, trangugiare ¶ 훌쩍 말에 올라타다 balzare in sella // 훌쩍 들이마시다 vuotare un bicchiere d' un fiato

훌쩍거리다 [액체를] sorsare, succhiare, [콧물을] aspirare rumorosamente col naso, [울다] moccicare, frignare

훑다 sgranare, trebbiare, pettinare, spanare, togliere ¶ 벼를 훑다 trebbiare il riso

훑어보다 dare una scorsa a qlco., sfogliare ¶ 사람을 위 아래로 훑어보다 sguardare dall' alto in basso qlco.

훑이다 essere sgranato [trebbiato]

훔쳐내다 ⇒ 훔치다

훔치개질 -하다 ⇒ 훔치다

훔치다 ① [절도] rubare, sottrarre, rubacchiare, sgraffignare ② [닦다] asciugare, pulire, strofinare

훗날 後- giorno successivo, qualche giorno, un giorno o l' altro ¶ 훗날에 qualche giorno, poi, più tardi, in avvenire

훗배앓이 後- malattia dopo un parto

훗일 後- futuro ¶ 훗일을 계획하다 fare un programma per il futuro

훗훗하다 essere un po' caldo

훤칠하다 (essere) elegante, grande, svelto

훤하다 ① [흐릿하게 밝다] (essere) fiocamente chiaro, grigio ② [앞이] (essere) aperto, esteso, [얼굴이] essere chiaro, [통달] conoscere bene, sapere a fondo

훨씬 molto (più, meno) ¶ 이것이 훨씬 낫다 Questo è molto meglio.

훨훨 ① [나는 모양] lentamente ② [불이] con delle grandi fiamme ③ [부채질] con un gesto lento

훼방 毁謗 [비방] calunnia, maldicenza, diffamazione, [방해] interferenza, interruzione **-하다** calunniare, diffamare, [방해] interferire, ostacolare, interrompere

훼손 毁損 danno, guasto, ferita,

lesione, offesa, [명예를] diffamazione, calunnia scritta (문서에 의한) **-하다** danneggiare, guastare, rovinare, ferire, lesionare, ledere, offendere, menomare, sciupare, viziare [명예를] diffamare * **명예-** diffamazione

휑뎅그렁하다 ⇒ 휑하다

휑하다 (essere) cavo, vuoto, infossato, deserto

휘 한숨을 휘 쉬다 sospirare, fare un sospiro, dare un sospiro

휘감기다 (essere) avvolto, arrotolato ¶ 담쟁이가 휘감긴 나무 L'albero avvolto con l'edera

휘감다 avvolgere, arrotolare

휘갑치다 [일을] sistemare, liquidare, regolare, risolvere, [가장자리를] orlare, fare l'orlo

휘날리다 [바람에] sventolare, svolazzare, fluttuare, ondeggiare, [명성을] avere fame, risonare

휘늘어지다 pendere, abbassarsi, cadere

휘다 ① [휘어지다] curvarsi, piegarsi, flettersi, sottomettersi, deformarsi ② curvare, piegare, flettere ③ [휘어 잡다] curvare la volontà di qlcu., dominare, sottomettere

휘돌리다 girare rapidamente, roteare, turbinare

휘두르다 ① [칼 따위] brandire, agitare ② [정신을] confondere, rendere perplesso, disorientare ③ [사람을] fare ciò che si vuole di qlcu.

휘둥그래지다 spalancare gli occhi, essere sorpreso, spaventarsi, allarmarsi

휘둥그렇다 esssere spalancato

휘발 揮發 volatilizzazione **-하다** volatilizzarsi ¶ 휘발성의 volatile * **-성** volatilità **-유** benzina, gasolina

휘석 輝石 【광물】 pirosseno

휘선 輝線 【물리】 linea spettrale

휘어잡다 ① afferrare, aggrappare ② [사람을] domare, dominare

휘어지다 curvarsi, piegarsi, flettersi, arcuarsi, inarcarsi

휘장 徽章 insegne, distintivo, gallone

휘젓다 ① girare, mescolare, agitare, [팔을] agitare le braccia ② [어지럽게] sconvolgere, mettere sottosopra, mettere in disordine

휘지다 esaurirsi, sfiancarsi, spossarsi

휘지비지 諱之秘之 **-하다** soffocare, strozzarsi ¶ 휘지비지되다 essere mandato all'aria [in fumo]

휘청거리다 barcollare, vacillare, oscillare, dondolare

휘추리 bacchetta, verga

휘파람 fischio, fischietto, zufolo ¶ 휘파람을 불다 fischiare, fischiettare, zufolare

휘하 麾下 sotto il vessillo [lo stendardo, il comando]

휘호 揮毫 [서] calligrafia [화] disegno **-하다** scrivere con calligrafia, disegnare a pennello

휘황찬란하다 輝惶燦爛- essere splendido [brillante, iridescente]

휘휘 in cerchio ¶ 휘휘 감다 arrotolare [avvolgere] in cerchio

휩싸이다 essere avvolto [circonda-

to, cinto, attorniato, accerchiato]
휩쓸다 spazzare, scopare, invadere ¶ 휩쓸리다 essere spazzato
휴가 休暇 congedo, ferie, vacanza, permesso ¶ 휴가중에 in vacanza // 휴가를 얻다 avere le vacanze // 휴가를 주다 dare le vacanze ∗ **생리-** congedo per le lavoratrici **유급-** congedo pagato
휴간 休刊 sospensione della pubblicazione **-하다** sospendere la pubblicazione
휴강 休講 sospensione del corso [della lezione] **-하다** sospendere il corso, non dare la lezione
휴게 休憩 riposo, intervallo (막간의) **-하다** riposare, riposarsi, prendere riposo ∗ **-시간** ora di riposo, intervallo **-실** sala di riposo, ridotto
휴교 休校 chiusura (temporale) di una scuola **-하다** chiudere una scuola temporalmente
휴대 携帶 **-하다** portare con sé ¶ 휴대용의 portatile // 휴대용 라디오 radio portatile ∗ **-품** effetti personali **-품 보관소** guardaroba
휴식 休息 riposo, ricreazione **-하다** riposare, riposarsi, prendere riposo, rilassarsi ∗ **-소** luogo di riposo **-시간** ora di riposo, ricreazione
휴양 休養 riposo, rilassamento, distensione, ricreazione **-하다** riposare, riposarsi, prendere riposo, rilassarsi
휴업 休業 chiusura, sospensione di lavoro (영업의) **-하다** [상점 따위가] chiudere, sospendere il lavoro
휴일 休日 festa, giorno festivo, vacanza, giorno di riposo
휴전 休戰 armistizio, tregua, cessazione delle ostilità **-하다** sospendere [cessare] le ostilità ∗ **-교섭** trattative armistiziali **-명령** ordine di sospendere le ostilità **-조약** trattato di armistizio **-회담** conferenza armistiziale
휴정 休廷 sospensione dell' udienza **-하다** sospendere l' udienza
휴지 休止 pausa, cessazione, sospensione, arresto **-하다** pausare, cessare, sospendere, arrestare ∗ **-부호** [음악] pausa [문법] punto
휴지 休紙 carta igienica (화장지), carta straccia ∗ **-통** cestino per la carta straccia
휴직 休職 disponibilità, arresto di lavoro **-하다** essere in disponibilità, arrestare il lavoro ¶ 휴직한 in disponibilità
휴진 休診 sospensione dei consulti **-하다** sospendere i consulti
휴학 休學 interruzione degli studi **-하다** interrompere gli studi
휴한지 休閑地 terreno in riposo
휴항 休航 **-하다** sospendere la navigazione
휴화산 休火山 vulcano spento [inattivo]
휴회 休會 aggiornamento, vacanza (parlamentare) **-하다** aggiornare (il parlamento), entrare in vacanza
흉 ① cicatrice, sfregio ¶ 흉 있는

얼굴 viso sfregiato ② [결점] difetto, imperfezione ¶ 흉잡다 trovare a ridere sul conto di, cercare il pelo nell' uovo

흉가 凶家 casa del male augurio, casa frequentata da spettri

흉계 凶計 macchinazione, complotto, intrigo ¶ 흉계를 꾸미다 macchinare, complottare, intrigare

흉골 胸骨 【해부】 sterno

흉곽 胸廓 【해부】 torace, gabbia [cavità] toracica

흉금 胸襟 cuore ¶ 흉금을 털어놓다 aprire il cuore a qlcu., aprirsi con qlcu.

흉기 凶器 arma micidiale

흉내 ① imitazione ② (몸짓, 손짓으로 하는) mimica, simulacro * -**낼 수 없는** inimitabile, unico -**내다** imitare, copiare, contraffare, parodiare, mimare -**말** [언어] onomatopea -**장이** imitatore

흉년 凶年 anno di carestia [fame], raccolto cattivo

흉당 凶黨 ① [악당] banda di malfattori ② [역적의 무리] banda ribelle [rivoltante]

흉도 凶徒 ① [악당] banda di malfattori ② [모반인] ribelli, insorti, rivoltanti, cospiranti

흉막 胸膜【해부】 pleura * -**염** 【의학】 pleurite

흉몽 凶夢 brutto sogno, incubo ¶ -을 꾸다 fare un brutto sogno

흉문 凶聞 ① brutta notizia ② [부고] annuncia di decesso

흉물 凶物 sornione, persona subdola ¶ -**스럽다** essere sornione [subdolo] -**스럽게** subdolamente

흉배 胸背 [가슴과 등] petto e dosso

흉변 凶變 sfortuna, disgrazia, disastro, catastrofe

흉보다 parlar male di qlcu., maledire, denigrare

흉복 胸腹 ① [가슴과 배] petto e ventre ② [가슴의 복부] regione diaframmatica * -**통** 【한의】 crampi allo stomaco

흉부 胸部 【해부】 torace, petto * -**질환** 【의학】 affezione polmonale

흉사 凶事 ① sfortuna, avvenimento funesto ② [죽는 일] morte, decesso

흉상[1] 凶相 ① [상격] fisionomia funesta ② [외모] aspetto feroce

흉상[2] 胸像 【미술】 busto

흉악 凶惡 atrocità, ferocia, crudeltà, barbarie -**하다** essere atroce [feroce, crudele, barbaro, selvaggio]

흉어 凶漁 pesca cattiva

흉일 凶日 giorno nefasto [funeste]

흉작 凶作 raccolto cattivo

흉잡다 trovare a ridere sul conto di, cercare il pelo nell' uovo

흉잡히다 essere screditato [denigrato]

흉장 胸墻 【군사】 parapetto, piazzola

흉조 凶兆 male augurio, sinistro presagio

흉중 胸中 cuore, pensiero

흉추 胸椎 【해부】 vertebra dorsale

흉측하다 凶測- essere atroce [feroce, crudele, terribile]

흉탄 凶彈 pallottola micidiale
흉터 cicatrice, sfregio
흉포 凶暴 brutalità, atrocità, ferocia, crudeltà, barbarie **-하다** essere brutale [atroce, violento, feroce, crudele]
흉하다 凶- essere sgradevole [brutto, ributtante]
흉한 兇漢 ① [악한] malfattore, malvivente, bandito ② [살인자] criminale, assassino
흉행 兇行 ① [폭행] violenza ② [살인] omocidio, assassinio [범죄] crimine
흉허물없다 intendersi, essere intimo con qlcu.
흉험하다 凶險- essere sornione [subdolo]
흉흉하다 凶凶- torbido, confuso, agitato
흐느끼다 singhiozzare
흐느낌 singhiozzo
흐느적흐느적하다 oscillare [dondolarsi] leggermente
흐늘어지다 ⇒ 휘늘어지다
흐늘쩍거리다 muoversi lentamente
흐르다 [액체가] correre, scorrere, [부동하다] flottare, galleggiare, [넘치다] traboccare, [감정 따위가] inclinare a, propendere a, [세월 따위가] passare, scorrere
흐리다[1] [날씨가] coprirsi, oscurarsi, [액체 따위를] intorbidare, inquinare, [명예를] offuscare
흐리다[2] [기억, 판단 따위가] essere confuso [vago, indistinto, indeciso, impreciso]
흐리멍덩하다 [기억 따위가] essere vago [confuso]
흐릿하다 essere vago [confuso]
흐물흐물하다 essere troppo tenero [morbido]
흐뭇하다 essere contento [soddisfatto, felice, lieto]
흐지부지되다 finire in niente, ridursi al niente
흐트러뜨리다 mettere ql.co. in disordine, sparpagliare, disperdere
흐트러지다 essere disordinato [sparpagliato, disturbato, dissipato]
흑 黑 nero, colore nero * **-인종** razza nera
흑귀자 黑鬼子 [흑인] negro, [피부가 검은 사람] moro
흑기 黑旗 bandiera nera
흑내장 黑內障【의학】amaurosi
흑노 黑奴 [노예] schiavi negri, [흑인] nero, negro, moro
흑단 黑檀【식물】ebano
흑막 黑幕 [장막] tenda, [cortina] nera, sipario nero, [내막] segreto, retroscena
흑맥주 黑麥酒 birra scura
흑반 黑斑 macchia nera
흑발 capelli neri
흑백 黑白 [색깔] bianco e nero, [옳고 그름] giustizia e ingiustizia, vero e falso * **-사진** [영화] fotografia [film] in bianco e nero
흑사병 黑死病【의학】peste nera
흑색 黑色 nero, colore nero ¶ -의 nero
흑선 黑線 linea nera
흑수 黑手 ① [손] mano nera ② [수단] mezzo illecito
흑수병 黑穗病【의학】carbonchio

흑심 黑心 cattivo pensiero, intenzione perversa
흑암 黑暗 oscurità, tenebre fitte [dense]
흑야 黑夜 notte nera
흑연[1] 黑鉛 【광물】 grafite, piombaggine * **-광** -鑛 miniera di grafite, giacimento di grafite
흑연[2] 黑煙 ① fumo nero ② [화공의 먹줄] cordicella di pittore
흑요석 黑曜石 【광물】 ossidiana
흑운 黑雲 nuvola nera
흑운모 黑雲母 【광물】 biotite, mica nera
흑의 黑衣 ① abito nero ② [고제] abbigliamento nero
흑인 黑人 nero, negro * **-매매** tratta dei negri **-영가** 【음악】 musica negra
흑자 黑字 ① lettera nera ② 【경제】 eccedenza dell'attivo sul passivo, beneficio
흑점 黑點 ① macchia nera ② 【천문】 [태양의] macchia solare
흑칠 黑漆 laccatura nera
흑탄 黑炭 【광물】 carbone semi grasso
흑토 黑土 terra nera
흑판 黑板 lavagna **-을 지우다** cancellare la lavagna
흔극 隙 fessura, crepa, disaccordo, discordia
흔단 端 seme [pomo] della discordia, causa della disputa
흔덕거리다 traballare
흔덕이다 traballare
흔들거리다 oscillare, dondolare
흔들다 ① agitare, dondolare ¶ 병을 흔들다 agitare una bottiglia // 꼬리를 흔들다 agitare la coda ② [민심, 마음 따위를] agitare, commuovere, turbare
흔들리다 agitarsi, dondolare, oscillare, turbarsi ¶ 등이 바람에 흔들리다 La lampada dondola al vento. // 배가 물 위에서 흔들리다 La barca oscilla sull' acqua.
흔들의자 -倚子 sedia a dondolo
흔들이 【물리】[진자] pendolo, bilanciere
흔모 欣慕 ⇒ 흠모
흔적 痕迹 impronta, segno, traccia ¶ 흔적을 남기다 segnare * **-기관** 【생물】 rudimento, organo rudimentale
흔쾌히 欣快- con gran piacere
흔하다 ① [많다] essere abbondante [ricco, numeroso], essere pieno di qlco. ② [구하기 쉽다] abbondare
흔히 ① [많이] molto, abbondantemente, a profusione ② [보통] in generale, d' ordinario, ordinariamente, [종종] spesso, frequentemente, comunemente
흘끗 occhiata furtiva ¶ -보다 guardare con la coda dell' occhio, lanciare un' occhiata furtiva, dare un' occhiata
흘기다 guardare male [storto, di traverso, in cagnesco]
흘리다 ① [액체 따위를] far correre, versare, spandere ② [잃다] perdere
흘수 吃水 pescaggio * **-선** flottazione
흙 terra, suolo
흙덩이 zolla

흙받이 [자동차의] parafango
흙손 cazzuola
흙탕물 acqua fangosa [melmosa]
흙투성이인 coperto di fango
흠 欠 ① [상처자국] sfregio, cicatrice ② [하자] difetto, imperfezione, [갈라진 틈] fessura, crepa **-내다** cicatrizzare, danneggiare, guastare
흠모 欽慕 adorazione **-하다** adorare
흠뻑 in abbondanza, a profusione, abbondantemente, copiosamente * **-젖다** essere tutto bagnato **땀에 -젖다** essere madido di sudore
흠잡다 欠- biasimare, cercare il pelo nell'uovo
흠집 ⇒ 흠
흡수[1] 吸收 ①【물리】assorbimento ② [동화] assimilazione **-하다** assorbire, assimilare * **-기** assorbitore, **-력** potere assorbente [assorbimento] **-제**【화학】assorbente
흡수[2] 吸水 pompaggio, aspirazione (dell'acqua) **-하다** pompare, aspirare l'acqua * **-기** sifone **-펌프** pompa dell'acqua
흡연 吸煙 fumata **-하다** fumare
흡연하다 洽然- essere contento [soddisfatto] di
흡열의 吸熱-【화학】endotermico
흡인 吸引 aspirazione **-하다** aspirare * **-력** aspirazione
흡입 吸入 inalazione **-하다** inalare * **-기** inalatore
흡족 洽足 soddisfazione, sufficienza, pienezza **-하다** essere soddisfatto [sufficiente, pieno] **-히** sufficientemente, pienamente
흡혈 吸血 succhiamento del sangue **-하다** succhiare il sangue * **-귀** vampiro
흥 興 interesse, piacere **-에 겨워** con piacere
흥건하다 ① [물 따위가] essere stagnante [inondante] ② [음식 따위가] essere pieno di sugo
흥겹다 興- essere divertente [gioioso] **-겹게** con gran piacere
흥망 興亡 destino, sorte, fortune, vicissitudine
흥미 興味 interesse [호기심] curiosità ¶ -있다 essere interessante [curioso] -없다 non essere interessante [curiosità] -를 갖다 interessarsi di, avere interesse per qlcu. -를 잃다 disinteressarsi di
흥분 興奮 ① eccitazione, esaltazione ② [동요] agitazione **-하다** eccitarsi, esaltarsi, agitarsi **-시키다** eccitare, esaltare, agitare * **-제**【약학】eccitante, stimolante
흥신소 興信所【사회】agenzia privata d'informazioni, agenzia degli investigazioni private
흥얼거리다 ① [노래부르다] canticchiare, canterellare ② [입속으로 말하다] biascicare, borbottare
흥정 ① negoziato, contrattazione, ② [매매] vendita e acquisto **-하다** negoziare, contrattare, mercanteggiare, comprare e vendere, commerciare
흥청망청 ① senza pensieri ② [함부로 쓰는 모양] senza contare

흥취 興趣 interesse, fascino, grazia ¶ -가 있는 interessante, pieno di interesse -가 없는 senza interesse, insipido

흥하다 興- prosperare, svilupparsi, fiorire

흥행 興行 organizzazione di uno spettacolo **-하다** organizzare [dare] uno spettacolo * **-가치** valore commerciale **-계** mondo dello spettacolo **-물** spettacolo, attrazione

흩날리다 disperdersi, sparpagliarsi

흩다 disperdere, sparpagliare

흩어지다 disperdersi, sparpagliarsi, dissiparsi

희가극 喜歌劇 【연극】 opera buffa [comica]

희곡 戲曲 【문학】 teatro, dramma -화하다 drammatizzare * **-작가** drammaturgo, autore drammatico **-작법** drammaturgia

희구 希求 aspirazione, desiderio, voglia **-하다** aspirare a ql.co., desiderare

희귀 稀貴 rarità **-하다** essere raro

희극 喜劇 【연극】 commedia **-적** comico * **-배우** commediante, comico **-영화** film comico **-작가** comico

희금속 稀金屬 【화학】 metallo raro

희년 稀年 70 anni

희다 essere bianco

희어지다 biancheggiare ¶ 흰 bianco // 눈같이 흰 bianco come la neve

희랍 希臘 Grecia * **-신화** mitologia greca **-어** greco, lingua greca **-인** greco

희로 喜怒 gioia e collera * **-애락** gioia, collera, tristezza e piacere, sentimenti

희롱 戲弄 scherzo, burla, gioco **-하다** scherzare, burlare, giocare, prendere in giro, canzonare

희망 希望 speranza, voglia, desiderio, aspirazione **-하다** sperare, avere voglia di, aspirare a ¶ 희망을 잃다 perdere la speranza // 한 가닥 희망 un filo [raggio] di - * **-봉** Capo di Buona Speranza **-자** candidato

희미하다 essere vago [confuso, impreciso, indeciso]

희박하다 稀薄- essere raro [rarefatto, diluito, poco denso, debole, fievole, scarso]

희비 喜悲 gioia e tristezza * **-극** 【문학】 tragicommedia

희사 喜捨 dono, donazione, offerta **-하다** fare [dare] dono di ql.co. a qlcu., offrire

희색 喜色 faccia [fisionomia] gioiosa, viso radioso

희생 犧牲 sacrificio **-하다** sacrificare * **-물** vittima **-자** vittima **자기 희생** sacrificio di sé

희소 稀少 rarità

희수 稀壽 70 anni

희수 喜壽 77 anni

희열 喜悅 gioia, allegria, allegrezza, esultanza, esultazione

희염산 稀鹽酸 【화학】 soluzione diluita d'acido cloridrico

희우 喜雨 pioggia benvenuta

희원 希願 ⇒ 희망

희초산 稀硝酸 【화학】 soluzione diluita d'acido azoico

희한 稀罕 rarità, eccezionalità, straordinarietà **-하다** essere raro [eccezionale, straordinario] **-한 일** rarità, eccezione

희화 戲畵 【미술】 caricatura, disegno umoristico

희황산 稀黃酸 【화학】 soluzione diluita d' acido solforico

희희낙락 嬉嬉諾諾 gioia viva, allegria, esultanza **-하다** esultare

흰개미 【곤충】 termite * **-집** termitaio

흰소리 vanto, fanfaronata, **-하다** vantare, esagerare * **-하는 사람** vantatore, fanfarone, esagerazione

흰자 ⇒ 흰자위

흰자위 [알, 눈의] bianco

힐끔 (곁눈질의) di sbieco [traverso]

힐난 詰難 biasimo, rimprovero **-하다** biasimare, dare biasimo, rimproverare, fare [muovere] un rimprovero a qlcu.

힐문 詰問 domanda severa di una spiegazione **-하다** chiedere severamente una spiegazione

힐책 詰責 rimprovero severo, biasimo aspro, riprensione **-하다** rimproverare [biasimare, riprendere] severamente

힘 forza, potenza, vigore, energia, autorità, influenza * **-이 있는** forte, robusto, vigoroso, energico, potente **-이 없는** debole, impotente, gracile **-없이** senza vigore, senza energia, debolmente **있는 -을 다해** con tutti gli sforzi **-으로** [무리하게] di forza, [완력으로] con la forza, **경찰의 -** forza della polizia **전통의 -** autorità della tradizione **-주어 말하다** insistere, mettere l' accento su qlco.

힘들다 essere difficile [arduo, duro]

힘들이다 sforzarsi di, fare gli sforzi

힘세다 essere forte [robusto, potente]

힘쓰다 ① fare gli sforzi, sforzarsi di ② [애쓰다] cercare di, [도와주다] aiutare, dare una mano a qlcu.

힘줄 【해부】 ① tendine, nerbo ② [혈관] vena, [섬유] fibra

힘차다 essere forte [potente, energico, vigoroso]

참고부록

주지하다시피 이탈리아어는 넓게는 인도 유럽 어족, 좁게는 신 라틴아족에 속한다. 따라서 어휘에 있어서 영어와 상관관계를 맺고 있다. 보다 정확히 말하면 영어가 라틴어와 이탈리아어의 어휘에서 많은 부분을 차용하였다. 특히 영어는 추상명사와 형용사 그리고 학문적 어휘에서 라틴어와 이탈리아에 크게 의존하고 있다. 본 장에서는 영어에 능숙한 독자들이 보다 쉽게 이탈리아어 어휘를 습득할 수 있도록 영어 - 이탈리아 단어의 유사성을 비교 분석하여 보았다.

1. 어미가 -or 로 끝나는 영어의 명사, 형용사는 이탈리아어에서 -ore 로 끝나는 명사, 형용사에 해당된다.

예 motor — motore
agitator — agitatore
author — autore
superior — superiore
inferior — inferiore
interior — interiore

2. 어미가 -nt 인 영어 명사, 형용사는 이탈리아어로는 -nte 이다.

예 president — presidente
accident — accidente
agent — agente
intelligent — intelligente
frequent — frequente
ignorant — ignorante

3. 어미가 -id 인 영어 명사, 형용사는 이탈리아어로는 -ido 이다.

예 liquid — liquido
acid — acido
florid — florido
placid — placido
candid — candido
vivid — vivido

4. 어미가 -ty 인 영어 명사는 이탈리아어로는 -tà 이다.

예 liberty — libertà
ability — abilità
capacity — capacità
necessity — necessità
authority — autorità
dignity — dignità

5. 어미가 -ive 인 영어 명사, 형용사는 이탈리아어로는 -ivo 이다.

예 primitive — primitivo
creative — creativo
conclusive — conclusivo
abusive — abusivo
aggresive — aggresivo
dative — dativo

6. 어미가 -ry 인 영어 명사, 형용사는 이탈리아어로는 -rio 이다.

예 salary — salario
accesory — accessorio
monetary — monetario
contrary — contrario
oratory — oratorio
ordinary — ordinario

7. 어미가 -ble 인 영어 형용사는 이탈리아어로는 -bile 이다.

예 dirigible — dirigibile
compressible — compressibile
imitable — imitabile
adorable —adorabile
impossible —impossibile
insensible — insensibile

8. 어미가 -ction, -tion 인 영어 명사는 이탈리아어로는 -zione 이다.

예 station — stazione
abolition — abolizione
celebration — celebrazione
operation — operazione
citation — citazione
contemplation—contemplazione

9. 어미가 -ion 인 영어 명사는 이탈리아어로는 -ione 이다.

예 television — televisione
conclusion — conclusione
diffusion — diffusione
vision — visione
confession — confessione
tension — tensione

10. 어미가 -al 인 영어 명사, 형용사는 이탈리아어로는 -ale 이다.

예 artificial — artificiale
canal — canale
cardinal — cardinale
animal — animale
central — centrale
annual —annuale

11. 어미가 -nce, -ncy 인 영어 명사는 이탈리아어로는 -nza 이다.

예 ambulance — ambulanza
clemency — clemenza
conference — conferenza
adolescence — adolescenza
confidence — confidenza
importance — importanza

12. 어미가 -ic 인 영어 형용사는 이탈리아어로는 -ico 이다.

예 ionic — ionico angelic — angelico
arabic — arabico aristocratic — aristocratico
automatic — automatico critic — critico

13. 어미가 -te 인 영어 명사, 형용사는 이탈리아어로는 -to 이다.

예 brute — bruto accurate — accurato
attribute — attributo appetite — appetito
acut — acuto minute — minuto

14. 어미가 -cious 인 영어 형용사는 이탈리아어로는 -ce 이다.

예 rapacious — rapace audacious — audace
sagacious — sagace ferocious — feroce
tenacious — tenace precocious — precoce

아울러 어미 -eous 인 영어 형용사는 이탈리아어로 -eo 이다.

예 errneous — erreneo arboreous — arboreo
cupreous — cupero spontaneous — spontaneo

아울러 어미 -uous 인 영어 형용사는 이탈리아어로 -uo 이다.

예 ambiguous — ambiguo contiguous — contiguo
innocuous — innocuo promicuous —promicuo

기타 영어 형용사 -ferous, -vorous 는 이탈리아어로 -fero, -voro 이다. 또한 영어 형용사 -ous 는 이탈리아어로 -oso 이다.

예 auriferous — aurifero carnivorous — carnivoro
famous — famoso furious — furioso

15. 어미가 -tude, -ite 인 영어 명사, 형용사는 이탈리아어로는 -tudine 이다.

예 altitude —altitudine attitude — attitudine
gratitude — gratitudine longitude — longitudine
similitude — similitudine habitude — abitudine

아울러 어미 -ite 인 영어 명사는 이탈리아어에서도 동일하다.

예 ammonite — ammonite cordite — cordite

16. 어미가 -ment 인 영어 명사는 이탈리아어로는 -mento 이다.

예 monument — monumento / aliment — alimento
cement — cemento / document — documento
element — elemento / ferment — fermento
lament — lamento / moment —momento

17. 어미가 -cle 인 영어 명사는 이탈리아어로는 -colo 이다.

예 circle — circolo / article — articolo
miracle — miracolo / muscle — muscolo
vehicle — veicolo / oracle — oracolo

아울러 영어 명사 -le 는 이탈리아어로 -olo 이고, 특이하게도 영어 명사 -ple 는 이탈리아어로 -plo 이다.

예 angle — angolo / apostle — apostolo
title — titolo / single — singolo
triple — triplo / multiple — multiplo

18. 어미가 -ist 인 영어 명사는 이탈리아어로는 -ista 이다.

예 violinist — violinista / alienist — alienista
anarchist — anarchista / egoist — egoista
fatalist — fatalista / realist — realista

아울러 영어 명사 -gram, -em 은 이탈리아어로 -gramma, -ema 이다.

예 gram — gramma / monogram — monogramma
program — programma / telegram — telegramma
diadem — diadema / poem — poema

19. 어미가 -us, -um 인 영어 명사는 이탈리아어로는 -o 이다.

예 caduceus — caduceo / colosseum — colosseo
argus — argo / circus — circo
corpus — corpo / museum — museo

20. 어미가 -a 인 영어 명사(주로 지명, 인명)는 이탈리아어와 동일하다.

예 America, India, Africa, Asia, Argentina
acacia, area, aorta, idea, lava, gala, cupola, bosa, algebra

아울러 어미가 -o 인 명사도 동일하다.

예 radio, cacao, gusto, negro, bravo, domino, veto, zero,

21. 어미가 -ss, -x 인 영어 명사는 이탈리아어로는 -sso 이다.

예 cypress — cipresso abyss — abisso
affix — affisso process — processo
progress — progresso prefix — prefisso

아울러 -oid 인 영어 명사, 형용사는 이탈리아어로 -oide 이다.

예 aneroiod — aneroide conoid — connoide
asteroid — asteroide ovoid — ovoide

아울러 -arch 인 영어 명사는 이탈리아어로 -arca 이다.

예 monarch — monarco petrarch — petrarca
oligarch — oligarca patriarch — patriarca

아울러 -cide 인 영어 명사는 이탈리아어로 -cida 이다.

예 suicide — suicida regicide — regicida
homicide — omicida fratricide — fratricida

아울러 -ogue 인 영어 명사는 이탈리아어로 -ogo 이다.

예 analogue — analogo apologue — apologo
dialogue — dialogo epilogue — epilogo

22. 어미가 -ogy 인 영어 명사는 이탈리아어로는 -ogia 이다.

예 analogy — analogia anthology — antologia
biology — biologia apology — apologia
pedagogy — pedagogia theology — teologia

아울러 어미가 -phy, thy 인 영어 명사는 이탈리아어로 -fia, -tia 이다.

예 autography — autografia　　bibliography — bibliografia
sympathy — simpatia　　telepathy — telepatia

아울러 어미가 -my, -ny 인 영어 명사는 이탈리아어로 -mia, nia 이다.

예 anatomy — anatomia　　astronomy — astronomia
colony — colonia　　irony — ironia

23. 어미가 -ic, -ics 인 영어 명사는 이탈리아어로는 -ica 이다.

예 music — musica　　clinics — clinica
critics — critica　　ethics — etica
poetics — poetica　　magic — magica

아울러 어미가 -sis, -lis 인 영어 명사는 이탈리아어로 -si, -li 이다.

예 acropolis — acropoli　　crisis — crisi
genesis — genesi　　oasis — oasi

아울러 어미가 -itis 인 영어 명사는 이탈리아어로 -ite 이다.

예 bronchitis — bronchite　　slenitis — splenite

24. 어미가 -ism 인 영어 명사는 이탈리아어로는 -ismo 이다.

예 americanim — americanismo　　egoism — egoismo
fatalism — fatalismo　　animism — animismo
realism — realismo　　socialismo — socialismo

아울러 어미가 -meter 인 영어 명사는 이탈리아어로 -metro 이다.

예 micrometer — micrometro　　barometer — barometro
centimeter — centimetro　　diameter — diametro

아울러 어미가 -ular 인 영어 형용사는 이탈리아어로 -olare 이다.

예 angular — angolare　　particular — particolare
regular — regolare　　singular — singolare

25. 어미가 -ure 인 영어 명사는 이탈리아어로는 -ura 이다.

예 adventure — avvemtura　agriculture — agricoltra
capture — cattura　culture — cultura
nature — natura　figure — figura

아울러 -ure 인 영어 형용사는 -uro(혹은 -ura) 이다.

예 impure — impuro　mature— maturo

26. 어미가 -ile 인 영어 형용사는 이탈리아어와 동형이다.

예 agile, docile, facile, mobile, fissile, fertile, fragile

아울러 어미가 -it 인 영어의 명사는 이탈리아어로 -ito 이다.

예 bandit — bandito　credit — credito
debit — debito　merit — merito

아울러 어미가 -et 인 영어 명사는 이탈리아어로는 -etto 이다.

예 ballet — balletto　duet — duetto
clarinet — clarinetto　minuet — minuetto

27. 어미가 -ice, -ade 인 영어 명사는 이탈리아어로는 -izio, -ata 이다.

예 edificie — edifizio　artifice — artifizio
benefice — benefizio　sacrifice — sacrifizio
arcade — arcata　brigade — brigata
cascade — cascata　serenade — serenata

28. 어미가 -age 인 영어 명사는 이탈리아어로는 -aggio 이다.

예 message — messaggio　village — villaggio
vantage — vantaggio　sage — saggio
passage — passaggio　personage — personaggio

아울러 어미가 -scope 인 영어 명사는 이탈리아어로는 -scopio 이다.

예 cinemascope — cinemascopio　telescope — telescopio
periscope — periscopio　microscope — microscopio

아울러 어미가 -ine, -in 인 영어 명사는 이탈리아어로는 -ina 이다.

예 benzine — benzina
cocaine — cocaina
morphine — morfina
nicotine — nicotina

아울러 어미가 -cy 인 영어명사는 이탈리아어로 -zia 이다.

예 abbacy — abbazia
democracy — democrazia
diplomacy — diplomazia
prophecy — profezia

29. 어미가 -an, -in 인 영어 명사, 형용사는 이탈리아어로는 -ano, -ino 이다.

예 american — americano
christian — cristiano
indian — indiano
latin — latino
median — mediano
ocean — oceano

30. 어미가 -ne 인 영어 명사, 형용사는 이탈리아어로 -no 이다.

예 aeroplane — aeroplano
alpine — alpino
divine — divino
humane — umano
serene — sereno
pine — pino
tone — tono
marine — marino

31. 어미가 -e 인 영어의 명사, 형용사는 이탈리아어로 -o 이다.
(-ble, -nce, -tude 는 앞서 살펴보았으므로 여기에서는 제외한다.)

예 abuse — abuso
bronze — bronzo
centre — centro
case — caso
sense — senso
verse — verso
globe — globo
intense — intenso

DIZIONARIO COREANO-ITALIANO

한국어-이탈리아어사전

초　판 1쇄 발행　2003년　3월 10일
수정판 1쇄 발행　2006년　9월 20일
수정판 3쇄 발행　2017년　1월 31일

편저자　한국외국어대학교 이탈리아어과
발행인　김인철 Publisher
총괄 · 기획　가정준 Director
편집장　신선호 Editor in Chief
도서편집　정재원 Managing Editor
　김민정 Managing Editor
전자책편집　최인우 Digital Publishing Manager
마케팅　곽용창 Marketing Manager
재무관리　김은혜 Finance Manager
발행처　한국외국어대학교 지식출판원
02450 서울특별시 동대문구 이문로 107
전화 02)2173-2493~7
팩스 02)2173-3363
홈페이지 http://press.hufs.ac.kr
전자우편 press@hufs.ac.kr
출판등록 제6-6호(1969. 4. 30.)

표지디자인　(주)이환디앤비　02)2254-4301
인쇄 · 제본　네오프린텍(주)　02)718-3111

ISBN 978-89-7464-415-4　11780　정가 35,000원

* 잘못된 책은 교환하여 드립니다.

AUSTRIA
SWITZERLAND
LIECHTENSTEIN
SLOVENIA
CROATIA
BOSNIA
HERZE
ITALY
MONACO
SAN MARINO
VATICAN CITY
CORSICA (CORSE) (France)
ADRIATIC SEA
Ligurian Sea
Golfo di Genova
Golfo di Venezia
Arcipelago Toscano
Innsbruck
Graz
Ljubljana
Zagreb
Trieste
Venice (Venezia)
Padua (Padova)
Verona
Vicenza
Milan (Milano)
Turin (Torino)
Genoa (Genova)
Bologna
Florence (Firenze)
Pisa
Livorno
La Spezia
Rimini
Ravenna
Ancona
Pescara
Perugia
Rome (Roma)
Bergamo
Brescia
Bolzano
Trento
Parma
Modena
Ferrara
Rijeka
Pula
Split
Zadar
Nice
Cannes
Bastia
Ajaccio